Das Buch

Dieses Lexikon der Interpreten klassischer Musik im 20. Jahrhundert bringt die Biographien aller national und international renommierten Dirigenten, Orchesterchefs, Instrumental- und Gesangssolisten. Allgemeinverständlich und präzise werden Ausbildungs- und Werdegang, Auszeichnungen und Preise, Lieblingsrollen und Spezialfächer sowie Wirkungsstätten angegeben. Die weltberühmten Stars sind ebenso zu finden wie oft zu Unrecht vergessene Größen der Opernbühne, des Dirigentenpultes oder des Soloinstrumentes.

Das Lexikon ist darüber hinaus eine unerschöpfliche Informationsquelle zu Geschichte, Tradition und gegenwärtiger Ausrichtung, zu Besetzung und Zusammensetzung von Opernhäusern, Chören, Symphonieorchestern, Spezialorchestern und Kammermusikensembles, kurz: zu allen Institutionen, die Musik machen. Es wurde vom Autor und vom Übersetzer für die deutsche Ausgabe wesentlich erweitert und auf den neuesten Stand gebracht. Das macht dieses Buch zu einem zuverlässigen und aktuellen Nachschlagewerk.

Der Autor

Alain Pâris, geb. 1947 in Paris, hat in den sechziger Jahren an der Ecole Normale de Musique in Paris bei Pierre Dervaux Orchesterleitung studiert und sich bei Louis Fourestier in Nizza perfektioniert. Als jüngster Preisträger erhielt er 1968 den ersten Preis beim Concours international de Besançon. Danach arbeitete er mit verschiedenen Orchestern, gründete 1980 das Ensemble à Vent de Paris und wurde 1983 Erster Kapellmeister der Straßburger Opéra du Rhin. Seit 1987 arbeitet er wieder als freier Dirigent, von 1986 bis 1989 war er Professor für Orchesterleitung am Konservatorium in Straßburg.

Alain Pâris:
Lexikon der Interpreten
klassischer Musik im 20. Jahrhundert

Übersetzt und bearbeitet von Rudolf Kimmig
Mit einer Einleitung von Peter Gülke

Deutscher
Taschenbuch
Verlag

Bärenreiter
Verlag

Redaktionsschluß: Sommer 1992

Oktober 1992
Gemeinsame deutsche Erstausgabe:
Deutscher Taschenbuch Verlag GmbH & Co. KG,
München, und
Bärenreiter-Verlag Karl Vötterle GmbH & Co. KG,
Kassel
© 1992 Bärenreiter-Verlag Kassel
© 1989 Editions Robert Laffont S. A., Paris
Dictionnaire des interprètes et de l'interprétation musicale au XXe siècle ISBN 2-221-06660-X
Umschlagtypographie: Celestino Piatti
Umschlagbild: Yehudi Menuhin bei einem Konzert in Berlin (dpa)
Gesamtherstellung: C. H. Beck'sche Buchdruckerei,
Nördlingen
Printed in Germany ISBN 3-423-03291-X (dtv)
ISBN 3-7618-3291-5 (Bärenreiter)

Inhalt

Vorwort zur deutschen Ausgabe
Von Alain Pâris VII

Einleitung
Von Peter Gülke XI

Erster Teil:
Biographien

Instrumentalisten, Dirigenten, Sänger
Von Abbado bis Zylis-Gara 3

Zweiter Teil:
Ensembles

Opernhäuser
  (nach Städten geordnet) 805
Chöre und Vokalensembles
  (nach Städten geordnet) 844
Symphonieorchester
  (nach Städten geordnet) 862
Kammerorchester und spezialisierte Instrumentalensembles
  (nach Städten geordnet) 923
Kammermusikensembles
  (nach Namen geordnet) 947

Register der Interpreten
  (nach Instrument oder Stimmlage geordnet) 985
Register der Kammerorchester und spezialisierten Instrumentalensembles
  (nach Namen geordnet) 1031
Register der Chöre und Vokalensembles
  (nach Namen geordnet) 1033

Die Artikel zu diesem Buch wurden von Alain Pâris selbst bzw. unter seiner Leitung von folgenden Autoren geschrieben: Jean-Ives Bras, Pierre Breton, Martine Cadieu, Michel Cresta, Pierre Flinois, Pierre-Paul Lacas, Antoine Livio, Michel Louvet, Alain Pâris, Roger-Claude Travers, Marcel Weiss und Jean Ziegler.

Alain Pâris möchte sich bei folgenden Informanten, die in besonderer Weise zur Redaktion dieses Buches beigetragen haben, bedanken: Viorel Cosma (Bukarest), Hedvig Gergely (Magyar Zenemüvészek Szövetsége, Budapest), Matthew Greenall (British Music Information Centre, London), Dieter Härtwig (Dresden), Leena Hirvonen (Esittävän Säveltaiteen Edistämiskeskus, Helsinki), Bodil Høgh (Dansk Musik Informations Center, Kopenhagen), Rudolf Kimmig (Paris), Volker Mettig (Deutscher Musikrat, Bonn), Oleg Podgorný (Hudební Informačni Středisko, Prag), Viera Polakovicová (Slovenský Hudobný Fond, Preßburg), Michel Royer (Paris), Tadeusz-Lech Sobiecki (Polska Agencja Artystyczna PAGART, Warschau) und Jérôme Spycket (Paris).

Vorwort zur deutschen Ausgabe

Wer hätte sich vor hundert Jahren die wichtige Rolle vorstellen können, die der Interpret heute im Musikleben einnimmt? Wurde damals der Name des Interpreten auf Plakaten nur in der kleinsten Schriftgröße gedruckt, die sich im Setzerkasten fand, so ist er heute vielfach wichtiger als der des Komponisten. Man geht heute nicht mehr in ein Konzert, um die *Eroica* zu hören, sondern um einem Star-Dirigenten oder -Solisten zu applaudieren.

An der fundamentalen Rolle und Aufgabe des Interpreten vor allem bei der Wiedergabe klassischer Werke hat sich allerdings kaum etwas geändert. Vielleicht nimmt er bei der Wiedergabe zeitgenössischer Musik einen wichtigeren Platz ein, da er zum Teil an der Ausarbeitung einer Partitur aktiv mitwirkt oder aber gewagte Abschnitte selbst übernimmt.

Die äußeren Bedingungen haben sich dagegen grundlegend gewandelt: Der Interpret ist zu einem bedeutenden sozialen Faktor innerhalb des Musiklebens geworden. Vor Anbruch des 20. Jahrhunderts war er, von wenigen Ausnahmen abgesehen (Franz Liszt, Clara Schumann, Hans von Bülow, Niccolò Paganini u. a.), nichts anderes als der Diener des Komponisten, ein Mittelsmann zwischen der Partitur und dem Hörer, wobei dieser Hörer häufig selbst (Amateur-)Interpret war. Die Grenze war fließend und das Starwesen nahezu unbekannt.

Im 20. Jahrhundert hat sich der Graben zwischen dem Interpreten und seinem Publikum verbreitert. Die Aura des Geheimnisvollen, die ihn umgibt, hat sich verstärkt. Die Möglichkeiten der Klangaufzeichnung und die Erleichterungen selbst bei weiten Reisen machen ihn bei einem breiteren Publikum bekannt. Die Zahl der Stars, die geboren werden, ist naturgemäß beschränkt. Auch wenn sie in der Regel zu den Talentiertesten gehören, bleiben viele Interpreten, die mindestens so begabt sind wie die Stars, im Schatten der Großen, da sie nicht zu »vermarkten« sind, wobei die Gründe offensichtlich nichts mit ihrer Kunst zu tun haben.

Der Ruhm der Stars wuchs so sehr, daß heute nicht mehr die Komponisten als die »Urheber« bestimmter Meisterwerke angesehen werden, sondern ihre Interpreten; wir sprechen gerne von Furtwänglers, Böhms oder Karajans *Eroica,* und behaupten, der *Figaro* oder die *Carmen* gehörten einem bestimmten Dirigenten und dessen Regisseur. Die Rollen scheinen vertauscht worden zu sein.

Diese a priori schockierende Situation birgt mehrere positive Aspekte in sich. Der Interpret wird zur »Lokomotive«, die das »Fan-Publikum« in die Konzertsäle und Opernhäuser zieht, das ansonsten vielleicht auf jeden Kontakt mit der Musik verzichten würde. Auch haben Stars die Möglichkeit, ein breiteres Publikum mit selten gespielten Werken oder gar Kompositionen aus der heutigen Zeit vertraut zu machen. Für den Komponisten stellen die Interpreten den Kontakt zum Publikum her. In manchen Fällen helfen sie Jüngeren auf die Sprünge, nicht nur mit der Vermittlung ihres Wissens, sondern auch durch gemeinsame Auftritte. Auf diese Weise erneuert sich die Musik unaufhörlich. Natürlich entsprechen nur wenige diesem Ideal, doch es gibt sie, und gerade deshalb wird die beherrschende Rolle des Interpreten nicht in Frage gestellt. Die Aufgaben des Interpreten haben sich im Gegensatz zu seinem Ansehen nicht geändert: Er erweckt die Partitur zum Leben und schafft sie während der Aufführung nach. Nur die Art, mit der er an die Musik herangeht, ändert sich mit den Epochen.

In den allgemeinen Musiknachschlagwerken tauchen Interpreten nur spärlich auf, denn bis zur Erfindung der Schallplatte war ihr Ruhm sehr vergänglich. Heute besitzen wir zu diesem Berufsstand Tondokumente, die knapp hundert Jahre zurückreichen und für die letzten sechzig Jahre sogar als repräsentativ betrachtet werden müssen. So war es an der Zeit, dieses bisher so wenig ergründete Terrain in der Musikwelt systematisch zu untersuchen. Aufgrund der zahlreichen Überlagerungen von Schulen und Epochen entschieden wir uns für die Form des Lexikons.

Dieses Lexikon der Musikinterpreten schließt Komponisten aus, über die andere Nachschlagewerke ausführlich Auskunft geben, und Komponisten-Interpreten, die sich ausschließlich der Interpretation eigener Werke gewidmet haben. Komponisten dagegen, die Werke von Kollegen interpretiert haben (Gustav Mahler, Richard Strauss, Bruno Maderna, Pierre Boulez u.a.), sind selbstverständlich vertreten.

Im 20. Jahrhundert erfuhr die Welt der musikalischen Interpretation die größten Umwälzungen; es erscheint deshalb nur logisch, daß wir uns auf dieses Jahrhundert beschränken. Daß dabei die noch lebenden Interpreten den größten Raum einnehmen, ist verständlich, da hier die Zeit noch keine Auswahl getroffen hat.

Wir sind uns der Beziehungen bewußt, die zwischen den verschiedenen Generationen und Schulen herrschen, und haben versucht, bestimmten Persönlichkeiten, die innerhalb der Entwicklung der Interpretation eine bedeutende Rolle gespielt haben und inzwischen dem Vergessen anheimgefallen sind, den Platz einzuräumen, der ihnen gebührt.

Ein Lexikon dient in erster Linie der Information. Die Biographien der Künstler enthalten daher in der Regel nur Daten, die ihre Karriere betreffen, unter Vermeidung aller Subjektivität, soweit dies eben möglich ist. Wir bitten unsere Leser, *keine Beziehung* zwischen der Länge eines Artikels und der Bedeutung des Künstlers herzustellen. Das Leben verschiedener herausragender Interpreten verlief ohne äußere Erschütterungen, während andere, weniger bedeutende, oft ein bewegtes Leben führten.

Wir sind uns bewußt, daß die Auswahl der 2352 Künstler, die im ersten Teil dieses Buches vorgestellt werden, zwangsläufig subjektiv ist. Sie beruht auf den Kriterien der Bekanntheit und Kohärenz, auf keinen Fall auf dem Kriterium Qualität. Auch bei größter Sorgfalt können wir es nicht vermeiden, daß wichtige Künstler fehlen. Dieser Mangel soll in weiteren Auflagen behoben werden. Bei manchen Biographien mögen sich die Leser fragen, ob die Aufnahme begründet ist. Wir bitten hier, das gesamte Buch im Auge zu behalten: Jede Biographie findet ihre Rechtfertigung zum einen in der reproduzierenden Aktivität des Künstlers, zum anderen in einer darüber hinausweisenden Tätigkeit (Schulen, Generationen, Überlagerungen der Aktivitäten usw.). So haben auch große Pädagogen, deren Karrieren als Interpreten allein keinen Grund geliefert hätten, sie aufzunehmen, in diesem Werk genauso ihren Platz gefunden wie junge Interpreten, die Anlaß zu berechtigten Hoffnungen geben.

Jeder Lexikon-Autor ist in erster Linie bemüht, dem Leser genaue Daten zu liefern. Die meisten Künstler, Künstleragenturen, Pressereferenten und andere Institutionen, die der Verbreitung von Informationen dienen, haben uns bereitwillig Auskunft gegeben, während einige wenige es ablehnten, auch die elementarsten Daten mitzuteilen. Falls uns in diesen Fällen kein Material aus anderen Quellen zur Verfügung stand, mußten wir schweren Herzens auf die Aufnahme des betreffenden Künstlers verzichten. Zeitweilig arbeiteten die Mitarbeiter dieses Buches als Privatdetektive, die sich nicht scheuten, die Unterlagen von Standesämtern einzusehen, um gewisse Daten zu überprüfen, die ihnen

Vorwort

suspekt vorkamen, auch wenn sie von allen anderen Nachschlagewerken abgedruckt wurden.

Das Lexikon erlebt in Frankreich mit dieser korrigierten und erweiterten Version seine dritte Auflage. Für die deutsche Ausgabe wurden zusätzlich 400 Stichwörter aufgenommen, von denen viele für das deutsche Musikleben unverzichtbar sind. Auch der die Ensembles betreffende Teil mit 615 Einträgen wurde stark erweitert; viele Angaben über Künstler aus der ehemaligen DDR sind zum ersten Mal veröffentlicht. Selbstverständlich haben wir uns bemüht, die jüngsten politischen Entwicklungen zu berücksichtigen und alle neu zugänglichen Informationen mit einzuarbeiten.

Wir wissen, daß das Ergebnis trotz der neuerlichen Überarbeitung notgedrungen fehlerhaft ist und werden uns weiterhin bemühen, es auch in der Zukunft ständig zu verbessern. Vielleicht verhilft dieses Buch jedem vertretenen Interpreten, ohne den die Musik nicht lebendig wäre, zu dem ihm gebührenden Platz im Musikleben des 20. Jahrhunderts.

Alain Pâris

Einleitung

Dies ist ein Buch für hier und heute. Von der Menge und der Verläßlichkeit der gegebenen Informationen absehend, könnte man von ihm nichts Besseres sagen, als daß es die getreue Momentaufnahme einer bewegten Szenerie gebe – und so wäre eine durch die Genauigkeit der Aufnahme bald notwendig gemachte Revision und Ergänzung der beste Beweis für die Qualität der Arbeit des Herausgebers und seiner Helfer. Die französische Originalausgabe dieses Lexikons ist schnell in erweiterter Form neu aufgelegt worden.

Fixierung auf einen aktuellen Stand und das ihr anhaftende Risiko des Veraltens helfen erklären, weshalb dieses Buch kaum Vorgänger hat – am ehesten in Lexika, die mit Interpreten freundlicher umgingen als die meisten im deutschen Sprachraum erschienenen. Bei denen sollte Solidität wohl auch bewiesen werden, indem man, das Gesicherte, Etablierte, Bleibende bevorzugend, die wechselnden, oft unangemessen spektakulären Aktualitäten des Tages zu kompensieren suchte. Dafür gibt es gute Gründe. Daß Paganini bei seinen Besuchen in Wien mehr Furore machte als Beethoven oder gar Schubert, daß der komponierende Mahler auch noch nach seinem Tode zunächst im Schatten des dirigierenden blieb, daß heute im öffentlichen Bewußtsein Interpreten weit vor Komponisten rangieren, erscheint ungerecht.

Aber es ist nun einmal so – und hat im übrigen mehr für sich als das dreiste Recht der Tatsächlichkeit. Die Beachtung, der Interpreten sich erfreuen, entschädigt teilweise dafür, daß sie mehr als alle anderen an einen Wesenszug der Musik gekettet sind, der gleicherweise deren Glanz und deren Elend ausmacht: Vergänglichkeit.

Indem Musik erklingt, verklingt sie zugleich; »meditatio mortis« hat ein philosophierender Komponist des 16. Jahrhunderts sie genannt. Wer alte Lexika durchblättert, die ausübenden Musikern einigen Raum gegönnt haben, blickt nahezu in einen Abgrund des Vergessens. Neben dem Umstand, daß deren Leistung sich nicht als gegenständliches Werk von ihnen ablösen und überdauern kann, ist es vor allem der auf jenen Abgrund fixierte *horror vacui,* der ihr Angewiesensein aufs Hier und Jetzt und mancherlei Merkwürdigkeiten erklärt, die, mit menschlicher Souveränität selten vereinbar, von der Öffentlichkeit mit tolerantem, amüsiertem, geschwätzigem Interesse zur Kenntnis genommen werden. Das reicht von schwierigen kollegialen Verhältnissen und übergroßer Empfindlichkeit gegenüber Kritik (als dem, was unverrückbar geschrieben steht, während nach zwei Konzert- oder vier Opernstunden von der Musik nichts übrig scheint) über viele Formen von Geltungsdrang und das Bedürfnis, sich komponierend oder schreibend zu verewigen, bis zu Versuchen, sich dem Bewußtsein der Mitwelt, möglichst auch noch dem der Nachwelt, einzuprägen; es reicht von paradoxen, ebenso anmaßenden wie bescheidenen Formen von Selbstbewußtsein (»Ich verstehe zwar von Musik fast nichts, bin aber der einzige, der überhaupt etwas versteht«) bis zum »Altern als Problem für Künstler«, der Unfähigkeit, sich zurückzuziehen, auf öffentliche Beachtung zu verzichten und Jüngere anzuerkennen, wo nicht zu einem testamentarischen Furor, der den Anspruch eines jeweils letzten Wortes, wie er verklingender Musik allemal anhaftet, mit demjenigen des letzten Überlebenden vermischt, der noch eine Ahnung hat und der Nachwelt überliefern muß, wie es richtig ist.

Daß diese Nachwelt dem Mimen keine Kränze flicht, scheint im Zeitalter der Klangaufzeichnung für Musiker, wie erstaunliche Beispiele von Schallplatten-Nachruhm zeigen, kaum noch zu gelten. Indes hat sich das Problem eher verlagert denn erledigt. Gerade der Reiz, letzte akustische Schatten von Caruso, Debussy, Mahler oder Nikisch erhaschen und nachprüfen zu können, wie Toscanini, Mengelberg oder Furtwängler dieses Tempo, jenen Übergang genommen haben, befördert die Historisierung des Klingenden, die Transposition der Eindrücke im Sinne des »imaginären Museums«. Die Einmaligkeit, in der eine bestimmte Musik, ein bestimmter Ton unser Ohr in dieser Sekunde, in diesem Raum, bei dieser Gemütslage antrifft, läßt sich auch mit aufwendigster Technik nicht hintergehen und vermeintlich retten – und es ist gut so. Gerettet wird sie, indem sie verlorengeht; an ihr zerschellt ein Teil der Kompetenz derjenigen, deren Töne erklingen, ohne daß sie anwesend sind. Inwiefern das Hier und Jetzt des klingenden Tons sich nicht antasten läßt, wissen wir genauer, seitdem wir es technisch unterlaufen. Manche Lieblingsplatte ähnelt – je öfter angehört, desto mehr – vergilbten, ikonenhaft gewordenen Photographien. Wie immer die Auseinandersetzung mit Interpretationen großer Kollegen von gestern und heute unverzichtbar und die Musikausübung durch sie bereichert worden ist – allemal überwiegt in ihnen das Protokoll von etwas, was zunächst vornehmlich Mitteilung war.

Fast ließe sich sagen, das Musikleben werde durch die Klangaufzeichnung zum zweiten Mal von Vergangenheit eingeholt, entsprechend zu der Historisierung der Programme seit Beginn des 19. Jahrhunderts durch früher Komponiertes nur durch frühere Interpretationen. Nicht mehr nun für den Komponierenden, sondern auch für den Musizierenden treten im Steinbruch des Gewesenen verschiedene Schichten zutage, kann er nicht einfach mehr auf der zuoberst liegenden weiterbauen, ausschließlich zum unmittelbar Erfahrenen und Gehörten sich verhalten und das Problem der Geschichtlichkeit als erledigt sehen, weil in die jüngste Schicht genug von den daruntergelegenen eingegangen, diese genauer zu kennen also nicht nötig ist – eine Hürde mehr für die Naivität, die der Musizierende allemal beanspruchen darf, und die so oft auf falsche Weise beansprucht wird. Daß uns bei Komponierenden Rückgriffe auf Gewesenes als Anstoß und Rechtstitel für Neuerungen früher begegnen als die zumeist auf Mendelssohns Wiederaufführung der Matthäuspassion datierte Historisierung des Musiklebens, taugt als Einwand in bezug auf Interpretation kaum; denn hier ließ sich nicht zurückgreifen. Wie es in einer jeweils jüngstvergangenen Zeit ganz genau geklungen hat, wie dieses und jenes Detail empfunden und geformt worden ist, wußte man schon bald nicht mehr, und lange genug sah man die ausführenden Mittel so sehr in Vervollkommnung begriffen, daß man es nicht wissen wollte; das Jüngere erschien schlichtweg besser. In den Jahrzehnten, als die klassische Musik blühte, veränderte sich das musikalische Hören auf eine Weise, die durchaus ein Paradigmenwechsel genannt werden könnte und vielerlei zuvor selbstverständlich Bekanntes und Gültiges vergessen machte, so daß man fragen muß, wie vertraut uns eine Musik sein könne, deren Umfeld fremd geworden ist. Wie die Uraufführung einer Beethoven-Sinfonie oder wie es anno 1876 in Bayreuth geklungen hat, wissen wir nicht mehr, aber auch nicht mehr ganz genau, wie es bei Mahler, Nikisch oder Furtwängler war, zumal sich an entscheidender Stelle Klang und emotionaler Nachklang nicht unterscheiden lassen; und auch der bislang aufwendigste Versuch, Dämme gegen Vergänglichkeit und Vergessen zu errichten, wird nicht verhindern, daß man eines nicht fernen Tages nicht mehr genau wissen wird, wie es bei Karajan war.

Dies mag herausfordernd einseitig formuliert erscheinen, weil die Technik heute nicht eben wenig zu bewahren vermag und wir von Glück sagen würden, wäre von Bach, Mozart oder Beethoven nur ein Bruchteil dessen aufbewahrt, was heute von manchem *musicus minor* erhalten bleibt.

Wenn es dennoch so wäre, müßten wir weiter fragen, was mit dieser Kenntnis anzufangen sei. Ein Zurück gibt es nicht; und solange wir Authentizität nicht als stures Beharren auf irgendeiner vermeintlichen Buchstäblichkeit begreifen, sondern als Vermittlung zwischen vorgegebenem Text, den Bedingungen seiner Verwirklichung und den Zuhörenden, könnten die durch einen zeitaufhebenden Salto mortale in einen heutigen Konzertsaal gelangten, am Klavier sitzenden Mozart, Beethoven oder Schubert nicht einmal als ihre authentischsten Interpreten gelten – und im übrigen uns vielerlei Ratlosigkeit bescheren. Mozart gehörte einer Zeit an, da – nicht nur in Schuberts Augen – noch »das vermaledeyte Hacken« im Schwange war; dessen *Unvollendete* gilt heute als bequem zu hörendes Werk und greift doch, gemessen am seinerzeit Üblichen, in vieler Hinsicht so kühn aus, daß man es beinahe als freundliches Geschick ansehen kann, wenn sie die Ohren der Zeitgenossen nicht erreicht hat. Wie sehr immer die Konfiguration großer Musik teilweise zu retten vermag, was bei ihren Mitteln dem Verbrauch, der mildernden und neutralisierenden Gewöhnung ausgesetzt ist, etliches einstmals Gewagte liegt heute im Mittelfeld unserer Eindrücke, Herausforderungen sind verblaßt; und wie immer große Musik ihrem Wesen nach auch an eine besser verstehende Nachwelt appelliert, so bleibt doch ihre eigene Gegenwart die erste Umwelt, zu der sie sich verhält und deren Maßstäbe sie sich, und sei es protestierend, zu eigen macht.

Hier liegt das Problem des oben zunächst pauschal mit »Geschichtlichkeit« Bezeichneten: zu erkennen und, soweit möglich, musizierend wahrzunehmen, inwiefern die Werke sich nicht aus den einkomponierten Zeitbezügen lösen lassen; inwiefern zum Wesen einer bestimmten Struktur, eines Ausdruckscharakters unabdingbar gehört, daß sie Ohren und Verständnis seinerzeit aufs Äußerste strapazierten. Das heißt auch zu erkennen, inwiefern heute bestimmte Musiziergewohnheiten einem allzu friedfertigen, nahe bei Beschönigung liegenden Schönheitsbegriff zuarbeiten, Musiker zu Handlangern von Verdrängung werden können, oder auch, daß wir mit vielen uns wichtigen Werken dem Hörer nicht so auf den Leib zu rücken vermögen, wie in ihnen intendiert ist.

Es gehört zu den Vorzügen der insgesamt distanzierter angehörten Klangaufzeichnung, daß sie derlei genauer nachzuvollziehen erlaubt, immer unter der Einschränkung, daß sie allemal fragmentarischer bleibt als sie fürs erste erscheint. Eben im Fragmentarischen der klingenden Überlieferung liegt das Problem, im Wegfall zugehöriger Kontexte – des Raumes, des Hörklimas, des akustischen wie emotionalen Widerhalls –, welche als lediglich akzessorisch falsch begriffen wären, da sie an der Unmittelbarkeit der musikalischen Hervorbringung teilhaben. Und weil in der Musik Mitteilung und Protokoll einander nicht ausschließen, sondern sich als Momente einer unteilbaren ästhetischen Wahrheit bedingen – eine »mitgeteilte«, in Furtwänglers Formulierung »in die Wirklichkeit hereingerissene« Sinfonie protokolliert zugleich, was in der Partitur steht; auch in der sterilsten Studioproduktion erlischt das Moment Mitteilung nie restlos –, vergrößert die Gegenwart früherer Interpretationen die Gefahr, daß in heute Musiziertes immer mehr Reproduktion fremder Höreindrücke, immer weniger Ergebnis selbständiger Erarbeitung des Textes einfließt. Die Möglichkeit, sich durch erste Höreindrücke rasch einen ersten Zugang zu verschaffen, kann nur gepriesen werden; ihr steht gegenüber, daß an jeder technologisch-mechanischen Erarbeitung von Musik, schon in der simplen Lektüre auch substanzielle Momente teilhaben und spieltechnische Behinderungen oft den »Humus« für interpretatorische Lösungen schaffen. So gibt es einigen Anlaß, gegen alle staunenswerten Rationalisierungen der »Erfindung der Langsamkeit« das Wort zu reden. Sofern wir nicht die einzigartige Chance der Musik vertun wollen, auf unendlich vielfältige Weise verinnerlicht zu werden, müssen wir die Gefahr reflektieren, daß technische Lernprozesse die anderen überholen und also nicht genug Zeit lassen, zu verstehen, was wir spielen, daß wir technisch überlegen Ereignisse befehligen, deren Art und Dimension wir nur sehr teilweise erkennen und mitvollziehen. »Alles Machen der Kunst« aber sollte »eine einzige Anstrengung« bleiben, »zu sagen, was nicht das Gemachte selbst wäre« (Adorno). Man bringt sich nicht in den Verdacht, Begabung, Könnerschaft und den Zauber spieltechnischer Brillanz geringzuschätzen, wenn man die Bedeutung derer herausstreicht, die sich schwertun – zumal, da der hochtourig laufende Musikbetrieb die flinken, leicht ins Gegebene sich fügenden und dieses geschickt bedienenden Begabungen so sehr begünstigt. Nicht zufällig mutet es fast schon wie moralische Ehrenrettung der Interpretation an, wenn einer der großen Könner sich – und sei es zeitweise – verweigert oder aussteigt.

Mit derlei Überlegungen scheinen diese einleitenden Bemerkungen endgültig in Fragestellungen hineingeraten zu sein, welche am ehesten als ihre Aufgabe betrachtet werden könnten: durch das Terrain der wohl lexikalisch geordneten, dennoch verwirrend vielfältigen Einzelheiten ein paar Fährten zu legen, wenn nicht gar eine Lagebeschreibung der musikalischen Interpretation, eine Bestimmung von deren aktuellem Stand zu versuchen. Indes liegt auf der Hand, daß das nicht möglich ist, daß deren Bild sich kaum triftig aufgliedern läßt etwa nach verschiedenen Generationen, Schulen, örtlich gebundenen Traditionen usw. Die Ubiquität der großen, einem durch Überfülle irritierten Publikum unaufhörlich neu eingehämmerten Namen gehört zu ihm ebenso wie das Schwinden von Seßhaftigkeit und »Treue« oder, gut erklärbar durch zunehmende administrative Komplizierungen, der teilweise beängstigende Kompetenzzuwachs vermittelnder, nicht direkt an der musikalischen Produktion beteiligter Instanzen. All das erschwert die Pflege der notwendigen Vertrauensverhältnisse zwischen Musizierenden und Zuhörenden, Orchestern und Dirigenten und damit auch längerfristige Strategien, in die außergewöhnliche Unternehmungen allemal gebettet sein müssen. Je stärker angewiesen auf Erfolg hier und heute – wer weiß, wann er am gleichen Ort sein Bild als Interpret vervollständigen oder auch eine Scharte auswetzen kann? –, desto weniger wird der Interpret für Risiken zu haben sein. Und dies wiederum mindert die Chancen dessen, wozu andererseits heute bessere Voraussetzungen bestehen als früher: Universalität – die Chance, Werke unterschiedlichen Zuschnitts und Stils gegeneinanderzusetzen, aus den Erfahrungen mit dem einen für das Musizieren und Hören des anderen Gewinn zu ziehen. Der ortsansässige Pianist oder Generalmusikdirektor, der sein Publikum kontinuierlich mit Musik etwa ab Bach und Händel bis zu den Zeitgenossen bedient, befindet sich im Rückzug – auch, weil im Gewirr der Namen und Angebote der Ruf einer speziellen Zuständigkeit besser weiterhilft als das Ansehen dessen, der heute eine Uraufführung dirigiert, morgen *Die Walküre* und demnächst die *Abschiedssinfonie*.

Den Möglichkeiten der Universalität, dem Gespräch unterschiedlicher Werke untereinander steht überdies zunehmend ein »enzyklopädischer« Zug entgegen, einer Einstellung Genüge leistend, die nicht weitab liegt vom törichten Bürgerstolz auf goldgeprägte Klassikerausgaben im Bücherschrank, und Unmittelbarkeit des Erlebens preiszugeben bereit ist für das Bewußtsein, alles zusammen zu haben: jeweils alle Konzerte, Sonaten oder Sinfonien eines Komponisten in einer Saison oder in einer Kassette oder auch (wessen Aufmerksamkeit könnte sich ununterbrochen auf der Höhe dieser Musik halten?) alle *Brandenburgischen Konzerte* oder die *Kunst der Fuge* an einem Abend o. ä. So begrüßenswert dies in mancher Hinsicht erscheinen mag – ganz und gar im Vergleich mit Zeiten, da man lange darauf warten mußte, eine Sinfonie zum zweiten Mal hören zu können oder Schuberts Liedzyklen als solche wahrgenommen zu erleben –, um die Chancen jäh und unvermutet treffender Eindrücke, für die einordnende, neutralisierende Kategorien nicht von vornherein bereitliegen, steht es hier nicht gut, eben solcher Eindrücke, in denen sich die Unmittelbarkeit ästhetischer Wahrheit je neu herstellt. Inwiefern und warum es um sie besser stand in den – nicht selten schlimmen – Stückelprogrammen des 19. Jahrhunderts wie auch für den, der an einer Radioskala dreht, wäre mehr als eine Überlegung wert.

Gegen das Lamento über mangelhaft wahrgenommene Universalität freilich läßt sich einwenden, daß sich heutzutage auch für unübliche Intentionen und Vorhaben Spielräume finden, vielleicht auch, daß Universalität z.B. als Forderung, sich neben durchschnittlicher Repertoirearbeit aufführungspraktische Ergebnisse prominenter Spezialensembles anzueignen, deren Übertragung für heutige Instrumente und Ensembles zu versuchen, zuviel verlangt sei. Ist es wirklich so? Ist es nicht »selbstverschuldete Unmündigkeit«, die sich dagegen sperrt, bei entsprechenden Aufgabenstellungen die Lehrschriften des 18. Jahrhunderts, Leibowitz oder Kolisch oder Mottls oder Porges' Bayreuther Notizen heranzuziehen? Der Pragmatismus des Normalbetriebes, mitunter verbunden mit dem Stolz des Analphabeten, hat ohne Not Terrain und Ansprüche preisgegeben – so sehr, daß man fragen muß, ob die interpretatorischen Anstöße, die heute von Außenseitern oder Seiteneinsteigern ausgehen, später nicht einmal wichtiger erscheinen werden als die mit den berühmten Namen verbundenen; oder auch, ob nicht allzu spät die Beweggründe reflektiert werden, derentwegen hochbegabte junge Musiker oft sich für Spezialensembles entscheiden, die sich den Regulationen des Normalbetriebs entziehen; oder dies: ob die großen Alibi-Sonderlinge, die der Musikbetrieb sich leistet, nicht vor allem als Ausnahmen von der Regel, kraft repressiver Toleranz überdauern.

Sei dem wie immer: sie tun es. Wer solche Fragen stellt, setzt sich dem Verdacht aus, nach Klagemauern Ausschau zu halten aus der Hypochondrie dessen, der nicht mehr weiß oder wissen will, was er hat. Die in diesem Lexikon versammelten Namen stehen insgesamt für Vielfalt, Reichtum und Vitalität eines Musiklebens, dessen Motivationen auf keine Weise sich reduzieren lassen auf Geltungsdrang, Geschäft, Publicity usw. und nicht zuletzt bei den vielen, gerade auch Liebhabermusikern, in guten Händen sind, deren Namen hier nicht auftauchen. Auch ehrt es den Musikbetrieb, daß er Außenseiter ermöglicht und durch sie, mit Brecht zu reden, viel »pontifikale Linie« rettet gegen die »profane«. Und es wiegt nicht gering, daß historisches Wissen und Musikausübung in ein besseres Verhältnis zueinander getreten sind, daß die einstmalige Gegenüberstellung von »historischer« und »lebendiger« Musik verblaßt ist und auf historischen Instrumenten, durch historische Quellen beglaubigt, heutzutage unterschiedlichere Aufführungen zustandekommen als bei Brahms-Sinfonien, daß der spontanen Gestaltung im früher »historisch« genannten Bereich neue Spielräume erschlossen worden sind. Die Wirkungen betreffen das Musizierklima insgesamt, besonders in bezug auf ein neues Miteinander von Reflexion und interpretatorischer Phantasie – das letztere eine Sache, um deren theoretischen Stellenwert es schlecht bestellt war, solange man Stil- und Werktreue vor allem als Befolgung von Vorschriften und durch dasjenige definiert ansah, was man nicht tun dürfe. Von den fortschreitenden Einengungen der Freiheiten Musizierender – zwischen der Besetzungsfreiheit geselliger Musik im 16. Jahrhundert über die zunehmend präzisen Vorschriften der Komponisten des 18. bis 20. Jahrhunderts bis hin zur elektronischen Musik – ist viel geredet worden, viel weniger davon, wie Phantasie und Treue einander zuarbeiten könnten.

Die Frage, ob wir uns nicht eher in einem nachschöpferischen, in einem Zeitalter der Interpretation als einem der Komposition befänden, scheint angesichts der »zweiten Welle« von Historizität besondere Dringlichkeit zu erhalten. Nicht aber nur, weil derlei pauschales Problematisieren wenig nützt, muß sie nicht weiterverfolgt werden, sondern vor allem, weil allemal triftiger und wichtiger erscheint, in welchem Verhältnis Komponieren und Musizieren zueinander stehen, auf welche Weise das im zeitgenössischen Komponieren artikulierte Bewußtsein auf die Interpretation und dasjenige der Musizierenden aufs Komponieren einwirke. Angesichts der Breite unserer Möglichkeiten gibt es hier mindestens ebensoviel Universalität wahrzunehmen bzw. zu retten (z. B. die Erfahrung Schönberg auf Beethoven oder Wagner zurückzuspiegeln) wie bei dem Anliegen, eine mittlere Haydn-Sinfonie zugänglich zu halten für ein Orchester, das *Sacre du printemps* fast vom Blatt spielt, den Sinn für den intimen, unspektakulären Diskurs vieler Musik des 18. Jahrhunderts zu pflegen in einer Zeit, die es in bezug auf äußerliche Komponenten, insbesondere beim spieltechnischen Vermögen, weit gebracht hat, oder, noch allgemeiner: der Neugier das Feld offenzuhalten in einer Kunst, in der Wiederholung und die Freuden des Wiedererkennens eine größere Rolle spielen als in jeder anderen, und deren spezifische Wirkungsmöglichkeiten noch die Aggressivität des Widerstandes belegt, der Neuem oft entgegenschlägt. »Das Ohr ist der Seele am nächsten« (Herder); nicht nur kann man es nicht verschließen wie das Auge; die von ihm vermittelten Eindrücke, entwicklungsgeschichtlich Derivate des Tastsinnes, laufen in tiefer gelegenen, elementareren Schichten unserer Rezeptivität ein als optische oder gar durch das logische Wort vermittelte. Musiker vermögen mehr zu usurpieren als bildende Künstler und Literaten, können mehr und innigere Kommunikation herstellen; aus denselben Gründen aber provozieren sie auch stärker, sobald sie sich auf ungewohntes Terrain begeben und das Identifikationsbedürfnis der Zuhörenden am Gehörten zunächst abprallt.

An dem Bann, in den große Interpretation den Zuhörer schlägt, hat allemal das Paradoxon teil, daß sie »die Kopie eines nicht vorhandenen Originals« darstellt (Adorno), daß erst in ihr das vom Komponisten Gemeinte ans Ziel gelangt, aber stets zugleich mehr, weniger und anderes als dieses. Auch von der Faszination der dem Interpreten vorbehaltenen letzten Wegstrecke rührt her, wofür Musik den Preis der Vergänglichkeit erlegt: ihre Fähigkeit, das Hier und Jetzt, die Gegenwart prall zu besetzen, Zeit aufzuheben bzw. in ein ideales Jetzt zusammenzuziehen, ein Vermögen übrigens, mit dem sie sich in ihren anspruchsvollen, auf zeitübergreifende Vermittlungen angewiesenen Formen selbst auseinandersetzen muß, zugleich dasjenige, das fast alle Reflexionen beiseiteschieben und den »manufakturellen« Stolz der Musiker, das Bewußtsein der besonderen Unmittelbarkeit ihres Tuns begründen hilft, und, auch nicht ganz ohne Recht, den alten Zwiespalt von musikalischer Theorie und Praxis, welcher ebenso als Problem neu ansteht, wie er, mit der tiefen Verschiedenheit von Wissen und Machen, Reflektieren und Handeln zusammenhängend, auf keine Weise endgültig aufgelöst werden kann. Es gehört nicht zu den geringsten und zu den ganz und gar humanitären Anreizen anspruchsvollen Musizierens, an diesem Problem sich immer neu bewähren und abarbeiten, nach einer durch viel Überlegung und Zweifel hindurchgegangenen Spontaneität bzw. »zweiten Naivität« fahnden zu müssen, gleich nah zu Kleists Philosophie des Marionettentheaters wie zur Kunst der Zen-Meister.

Mit Informationen zur Hand zu sein, welche ebenso der Annäherung an solche Erlebnisse dienen und zu ihrem Umfeld gehören, wie sie angesichts dieser dann fast überflüssig erscheinen (wo es die Sache ganz trifft, wird Musizieren wieder anonym), die Aufgeschlossenheit zu befördern für den Zauber dieser Stimme, jener Melodie, dieses Tons, jenes Instruments, für eine Unmittelbarkeit, die alles bedingende Drumherum vergessen macht, mag als besonderes Anliegen dieses Buches verstanden werden – auch hierin also für hier und heute.

Peter Gülke

Erster Teil:
Biographien

Abbado, Claudio
Italienischer Dirigent, geb. 26. 6. 1933 Mailand.
Er studiert am Konservatorium Giuseppe Verdi in Mailand Orchesterleitung, Komposition und Klavier (bis 1955) und geht dann nach Wien zu Hans Swarowsky (1957). 1958 gewinnt er in Tanglewood, USA, den Kussewitzky-Preis. Anschließend unterrichtet er am Konservatorium von Parma Kammermusik. 1960 debütiert er an der Scala im Rahmen der Festwochen zum 300. Geburtstag Alessandro Scarlattis. 1963 gewinnt er beim Mitropoulos-Wettbewerb in New York den 1. Preis. Karajan lädt ihn ein, in Salzburg Gustav Mahlers *Zweite Symphonie* zu dirigieren, seine erste Zusammenarbeit mit den Wiener Philharmonikern, zu deren ständigen Gastdirigenten er 1971 ernannt wird. Nach dem Salzburger Konzert leitet er an der Scala die Uraufführung von Giacomo Manzonis Oper *Atomtod* (1965). Zwei Jahre später eröffnet er am gleichen Haus die Saison mit Vincenzo Bellinis *I Capuleti e i Montecchi*. 1968 leitet er in Salzburg Gioacchino Rossinis *Il barbiere di Siviglia;* im gleichen Jahr wird er ständiger Dirigent und drei Jahre später musikalischer Direktor der Scala. 1975 leitet er die Uraufführung von Luigi Nonos Oper *Al gran sole carico d'amore*, 1988 von Wolfgang Rihm *Die Abreise*. 1982 gründet er das Philharmonische Orchester der Scala, das ausschließlich Konzerte gibt. 1977 hatte er bereits die Leitung des Jugendorchesters der Europäischen Gemeinschaft übernommen.
1971 erhält er die Mozart-Medaille der Wiener Mozartgemeinde und beginnt mit Tourneen, die ihn in alle Länder führen. Als musikalischer Leiter der Scala erteilt er jungen Komponisten Aufträge. 1979–88 ist er Principal Conductor und musikalischer Direktor des Londoner Symphonie-Orchesters, mit dem er zahlreiche Tourneen und Einspielungen realisiert. Ab 1988 behält er nur noch die Funktion des musikalischen Direktors bei. Seit 1971 eng mit den Wiener Philharmonikern verbunden, übernimmt er 1986 die musikalische Leitung der Wiener Oper und der Wiener Philharmoniker. 1987 wird er zum GMD der Stadt Wien ernannt. Ab 1991 wird er als künstlerischer Berater der Wiener Staatsoper tätig werden, die eigentliche Leitung allerdings niederlegen.
W: *La casa dei suoni* (Mailand 1986).

Abendroth, Hermann
Deutscher Dirigent, geb. 19. 1. 1883 Frankfurt a. M., gest. 29. 5. 1956 Jena.
Der Schüler von Felix Mottl und Ludwig Thuille debütiert als Dirigent des Münchner Orchestervereins (1903–04). 1905 wird er nach Lübeck berufen, wo er das Orchester des Vereins der Musikfreunde und ab 1907 als 1. Kapellmeister das Orchester des Stadttheaters leitet. 1911 wird er zum Städtischen Musikdirektor Essens ernannt, später Leiter des Gürzenich in Köln (Chor und Orchester; 1915–34). Gleichzeitig steht er an der Spitze des Kölner Konservatoriums. 1918 erfolgt die Ernennung zum GMD, 1922 die zum Direktor des Niederrheinischen Musikfestes. 1922–23 dirigiert er Konzerte mit dem Berliner Staatsopernorchester. Nachdem er 1930–33 GMD in Bonn ist, wird er 1934 Nachfolger Bruno Walters als künstlerischer Leiter des Leipziger Gewandhausorchesters (bis 1945). 1945 übernimmt er das Nationaltheater Weimar und die Leitung des dortigen Konservatoriums, bis er 1949 an die Spitze des Leipziger Radio-Symphonie-Orchesters berufen wird. 1953–56 gibt er auch viele Konzerte mit dem Ostberliner Radio-Symphonie-Orchester.

Abravanel, Maurice de
Amerikanischer Dirigent griechischer Herkunft, geb. 6.1.1903 Thessaloniki.

Nach seiner in Lausanne verbrachten Schulzeit, wo seine Familie seit 1909 lebt, geht er auf Ferruccio Busonis Empfehlung 1922 als Student zu Kurt Weill. Er arbeitet in Deutschland (Neustrelitz, Altenburg, Berliner Oper), Australien, Paris (1932) und London, wo er musikalischer Leiter der Compagnie Balanchine wird. Drei Monate verbringt er jährlich als Gastdirigent in Sydney und Melbourne. Bruno Walter und Wilhelm Furtwängler fordern ihn zu ersten Gastspielen in Amerika auf. 1936 erregt er an der Metropolitan Opera Aufsehen: Er dirigiert innerhalb von neun Tagen sieben Vorstellungen von fünf Opern. 1940–41 arbeitet er an der Chicagoer Oper. Am Broadway beschäftigt er sich vor allem mit Kurt Weills Werk. Ab 1947 ist er musikalischer Direktor des Symphonie-Orchesters Utah, wo er sich für die Verbreitung der Musik des 20. Jahrhunderts einsetzt. Während des Sommers ist er in Santa Barbara (Cal.) Leiter der Music Academy of the West. Er zeichnet für viele Schallplatteneinspielungen verantwortlich, darunter eine wichtige Gesamtaufnahme von Gustav Mahlers Symphonien.

Accardo, Salvatore
Italienischer Geiger, geb. 26.9.1941 Turin.

Nach dem Studium bei Luigi d'Ambrosio erhält er am Konservatorium von Neapel einen 1. Preis. Anschließend bildet er sich bei Yvonne Astruc an der Accademia Musicale Chigiana in Siena weiter. 1955 gewinnt er den Internationalen Wettbewerb von Vercelli, 1956 den von Genf und 1958 den von Genua, wo er gleichzeitig den Preis des italienischen staatlichen Rundfunks erhält. Er beginnt mit ausgedehnten Tourneen in Europa, Nord- und Südamerika. 1968 gründet er in Turin das Orchestra da Camera Italiana; 1972–77 ist er 1. Geiger des Ensembles I Musici. Sein Repertoire reicht von Vivaldi und Bach bis zur zeitgenössischen Musik. In Siena realisiert er die Uraufführung von Salvatore Sciarrinos *Capricci*, ohne deswegen Niccolò Paganinis *24 Capricci* aus dem Programm zu streichen, dessen Violinkonzerte er integral einspielt.

Er organisiert jedes Jahr eine der Kammermusik gewidmete Woche in Neapel. Er musiziert mit dem Italienischen Kammerorchester und unterrichtet an der Accademia Musicale Chigiana (1973–80). Walter Piston widmet ihm seine *Fantasia* für Violine und Orchester und Iannis Xenakis *Dikhtas*, das von ihm 1980 uraufgeführt wird. Er besitzt drei Stradivari, die *Ex-Reiffenberg* (1717), die *Feuervogel* (1718) und die *Reynier* (1727). Zwischenzeitlich spielt er auch auf der *Zaha*, die er wieder verkauft. 1987 arbeitet er zum ersten Mal als Dirigent und leitet in Pesaro Gioacchino Rossinis *L'occasione fa il ladro*. Er leitet die internationalen Musikwochen in Neapel mit dem Ziel, eine ähnliche Atmosphäre wie in Prades oder Lockenhaus zu schaffen.

W: *L'Arte del violino* (Mailand 1987).

Achron, Joseph
Amerikanischer Geiger und Komponist litauischer Herkunft, geb. 13.5.1886 Łódźeje (Polen), gest. 29.4.1943 Hollywood.

Er studiert am Konservatorium von Petersburg bei Leopold Auer Violine und bei Anatolij K. Ljadow Komposition. Ab 1913 leitet er die musikalische Abteilung am Konservatorium von Charkow. 1916–18 ist er Soldat. Nach dem Krieg wird er zum Professor für Violine und Kammermusik der Leningrader Künstlervereinigung ernannt. 1925 wandert er nach den USA aus, wo er 1927 mit der amerikanischen Erstaufführung seines *Konzerts für Violine Nr. 1*, begleitet vom Bostoner Symphonie-Orchester, debütiert. Joseph Achron, eher als Komponist denn als Geiger bekannt, schreibt viel für sein Instrument, darunter das *Konzert für Violine Nr. 2*, das von Jascha Heifetz bestellt und 1939 in Los Angeles uraufgeführt wird. Neben den drei Violinkonzerten sind vor allem die *Hebräische Melodie*, von Jascha Heifetz bekannt gemacht, und die *Golem*-Suite (1932) erwähnenswert.

Achucarro, Joaquín
Spanischer Pianist, geb. 1. 11. 1937 Bilbao.
Nach seinen Studien am Colegio Indachu in Bilbao sowie am Konservatorium in Madrid verläßt er Spanien und setzt seine Studien an der Accademia Musicale Chigiana in Siena sowie an der Hochschule für Musik in Saarbrücken fort. 1950 tritt er zum ersten Mal in Masaven (Spanien) auf. 1953 gewinnt er den Viotti-Preis und 1959 den Preis der Stadt Liverpool. 1966 und 1969 nimmt er am Cheltenham-Festival in England teil. Er lehrt an der Accademia Musicale Chigiana in Siena.

Ackermann, Otto
Schweizer Dirigent rumänischer Herkunft, geb. 18. 10. 1909 Bukarest, gest. 9. 3. 1960 Bern.
Er studiert an der Hochschule für Musik in Berlin und an der königlichen Akademie in Bukarest. Nach seiner Kapellmeisterzeit in Düsseldorf (1927–32) wird er 1932 zum Leiter des deutschen Theaters in Brünn ernannt. 1935–47 leitet er das Berner Stadttheater. 1947–52 ist er musikalischer Direktor der Wiener und 1949–53 der Züricher Oper. Anschließend kehrt er nach Deutschland zurück und leitet die Kölner Oper (1953–58), wobei er häufig in Wien, Monaco usw. Gastdirigate übernimmt; zwei Jahre vor seinem Tod kehrt er an die Züricher Oper zurück.
Ackermann gilt als einer der besten Dirigenten der Opern von Wolfgang Amadeus Mozart und der Operetten von Johann Strauß.

Adam, Theo
Deutscher Bassist, geb. 1. 8. 1926 Dresden.
Als Zehnjähriger wird er Mitglied des Dresdner Kreuzchors und erhält dort seine erste musikalische Ausbildung. Nach dem Krieg arbeitet er als Grundschullehrer und studiert gleichzeitig bei Rudolf Dittrich Gesang. Als Dreiundzwanzigjähriger debütiert er an der Dresdner Oper. Hans Knappertsbusch rät ihm, vom Helden-Bariton zum Baß zu wechseln. Ab 1953 gehört er zum Ensemble der Berliner Staatsoper. Ein Jahr zuvor war er bereits von Wieland Wagner nach Bayreuth engagiert worden: er singt den König (*Lohengrin*), Amfortas (*Parsifal*), Sachs (*Die Meistersinger von Nürnberg*), den Wanderer und Wotan (*Der Ring des Nibelungen*). In Salzburg tritt er unter der Leitung von Karl Böhm im *Rosenkavalier* (Richard Strauss) und an der New Yorker Met in den *Meistersingern* auf (als Hans Sachs).
Ab 1972 arbeitet er auch als Regisseur und inszeniert Wolfgang Amadeus Mozarts *Le nozze di Figaro*, Peter I. Tschaikowskijs *Eugen Onegin* und Richard Strauss' *Capriccio*.
Die hohe Lage seiner Baß-Stimme erklärt sein reichhaltiges Repertoire, das von Giuseppe Verdi und Modest P. Mussorgskij bis zu Alban Berg reicht. Theo Adam singt die Oratorien Georg Friedrich Händels, aber auch den *Wozzeck* von Alban Berg (Salzburg 1972), ohne Beethoven und Schubert zu vergessen. 1981 nimmt er in Salzburg an der Uraufführung von Friedrich Cerhas *Baal* und 1985 an der von Heinrich Sutermeisters *Le roi Bérenger* teil.
WW: *Seht, hier ist Tinte, Feder, Papier... Aus der Werkstatt eines Sängers* (München 1981); *Die Hundertste Rolle oder ›Ich mache einen neuen Adam‹, Sängerwerkstatt II* (München 1986).

Adler, Kurt
Amerikanischer Dirigent tschechoslowakischer Herkunft, geb. 1. 3. 1907 Neuhaus, gest. 21. 9. 1977 Butler (N.J.).
Er studiert an der Wiener Hochschule für Musik bei Ferdinand Foll Klavier und bei Guido Adler sowie Robert Lach Notation und Komposition. 1927–29 ist

er Assistent von Erich Kleiber an der Staatsoper Berlin. Anschließend arbeitet er an der Deutschen Oper in Prag (1929–32) sowie ein weiteres Jahr in Berlin (1932), bevor er in die UdSSR emigriert. 1933–35 ist er 1. Dirigent an der Oper Kiew, 1935–37 Leiter des Philharmonischen Orchesters von Stalingrad. 1938 geht er nach Amerika; er wird als Pianist sowie als Chorleiter bekannt und dirigiert in New York eine bedeutende Serie von Johann Sebastian Bach gewidmeten Konzerten (1938–43). 1943 wird er zum Chorleiter an der Met ernannt, wo er 1951–1973 als ständiger Dirigent arbeitet.

WW: *The Art of Accompanying and Coaching* (1965); *Phonetics and Diction in Singing* (1967).

Adler, Kurt Herbert
Amerikanischer Dirigent österreichischer Herkunft, geb. 2. 4. 1905 Wien, gest. 9. 2. 1988 Ross (Cal.).
Er studiert an der Wiener Hochschule für Musik und debütiert 1925 am Theater Max Reinhardts; 1925–28 arbeitet er an der Volksoper, 1928–37 in Prag. 1936–37 assistiert er Arturo Toscanini in Salzburg. 1938 wandert er nach Amerika aus und wird von der Chicagoer Oper engagiert. 1943 wird er an der Oper von San Francisco zum Chorleiter, 1953 zum Musikdirektor und 1956 endlich zum Generaldirektor des gleichen Hauses ernannt (bis 1981). Er zeichnet sich vor allem durch die Entdeckung junger Talente aus und durch die Bedeutung, die er der Inszenierung beimißt.

Adler, Larry (= Lawrence Adler)
Virtuose der amerikanischen Harmonika, geb. 10. 2. 1914 Baltimore.
Als Dreizehnjähriger spielt er bereits in verschiedenen Revuen Harmonika und Klavier. Erst 1940 beschließt er, Notenlesen zu lernen. Er wird Schüler von Ernst Toch. Komponisten interessieren sich für ihn und schreiben verschiedene Werke für Harmonika: Darius Milhaud (*Suite pour harmonica et orchestre*, 1942), Ralph Vaughan Williams (*Romance*, 1951), Paul Hindemith, Gordon Jacob, Malcolm Arnold u.a.
1949 verläßt er aufgrund einer Kampagne, die ihn kommunistischer Umtriebe verdächtigt, die USA und läßt sich für längere Zeit in England nieder. Er ist der erste Harmonika-Virtuose, der sein Instrument in der Welt der klassischen Musik bekannt macht.

Adorján, András
Dänischer Flötist ungarischer Herkunft, geb. 26. 9. 1944 Budapest.
Nach dem Aufstand im Jahre 1956 flieht seine Familie nach Dänemark. Er studiert in Kopenhagen Zahnmedizin und schließt sein Studium 1968 mit Auszeichnung ab. Gleichzeitig studiert er bei Jean-Pierre Rampal und Aurèle Nicolet Querflöte. 1968 gewinnt er den Jacob-Gade-Preis (Dänemark) und den Internationalen Flötenwettbewerb in Montreux. Er ist nacheinander Soloflötist an der Stockholmer Oper (1970–72), des Kölner Gürzenich (1972–73), des Symphonie-Orchesters des Südwestfunks Baden-Baden (1973–74) und des Symphonie-Orchesters des Bayerischen Rundfunks (1974–88).
Neben seiner brillanten, internationalen Solisten-Karriere gibt er Franz Dopplers *Konzert für zwei Flöten* heraus, das er zusammen mit Jean-Pierre Rampal einspielt. Der dänische Komponist Sven-Erik Werner widmet ihm das Flötenkonzert *Ground*, das von Adorján 1981 uraufgeführt wird. Seit 1971 lehrt er jedes Jahr an der Sommerakademie in Nizza. Seit 1988 ist er Professor für Flöte an der Musikhochschule in Köln.

Aeschbacher, Adrian
Schweizer Pianist, geb. 10. 5. 1912 Langenthal.
Bis zum Alter von siebzehn Jahren studiert er bei seinem Vater Carl Klavier. Anschließend arbeitet er am Züricher Konservatorium bei Emil Frey und Volkmar Andreae und in Berlin bei Artur Schnabel. 1934 beginnt mit einer Europa-Tournee seine Konzerttätig-

keit. Nach und nach erarbeitet er sich ein hauptsächlich klassisches und romantisches Repertoire. 1965 wird er zum Professor an der Hochschule für Musik in Saarbrücken ernannt. Er hat viele Werke Schweizer Komponisten, so von Othmar Schoeck, Heinrich Sutermeister und Arthur Honegger, uraufgeführt.

Afanassiew, Walerij P.
Russischer Pianist, geb. 1947 in Moskau.
Er studiert am Moskauer Konservatorium bei Jakow I. Sak und Emil G. Gilels. Er gewinnt den 1. Preis beim Internationalen Leipziger Bach-Wettbewerb (1969) und beim Brüsseler Concours Reine Elisabeth (1972). 1974 verläßt er die UdSSR und läßt sich in Brüssel nieder. Anschließend zieht er nach Versailles bei Paris. Seine Karriere nimmt rasch internationale Ausmaße an. Er ist einer der Kammermusikpartner des Violinisten Gidon Kremer. Afanassiew ist auch als Schriftsteller hervorgetreten.

Agosti, Guido
Italienischer Pianist und Komponist, geb. 11. 8. 1901 Forlì, gest. 2. 6. 1989 Mailand.
Er studiert am Konservatorium von Bologna bei Ferruccio Busoni und Bruno Mugellini Klavier sowie privat bei Giacomo Benvenuti Komposition. Gleichzeitig studiert er an der Universität von Bologna Literatur. Nachdem er an den Konservatorien von Venedig und Mailand unterrichtet hat, wird er 1945 an die Accademia Nazionale di Santa Cecilia in Rom und 1947 an die Accademia Musicale Chigiana in Siena berufen.
Seine Kompositionen umfassen vor allem Werke für Klavier und Stimme. Außerdem beschäftigt er sich intensiv mit Transkriptionen für Klavier. Ernest Bloch widmete ihm seine *Sonate für Klavier*.

Aguessy, Frédéric
Französischer Pianist, geb. 3. 4. 1956 Paris.
Als Vierjähriger beginnt er bei Jacqueline Evstigneef-Roy mit dem Klavierunterricht. Ein Jahr später ist er Preisträger beim Concours du Royaume de la Musique und spielt zum ersten Mal mit einem Orchester. 1968 wird er am Pariser Konservatorium aufgenommen und studiert bei Monique de La Bruchollerie, Yvonne Lefébure, Pierre Barbizet, Dominique Merlet und Jeanne Vieuxtemps. 1974 erhält er den 1. Preis in Kammermusik in der Klasse von Geneviève Joy-Dutilleux.
Der Preisträger des Genfer (Silbermedaille) und des Neapolitaner Wettbewerbes (2. Preis) zeichnet sich auch in Budapest und Santander aus (jeweils 2. Preise), bevor er 1979 den 1. Preis im Long-Thibaud-Wettbewerb erhält.

Ahlersmeyer, Matthieu
Deutscher Bariton, geb. 29. 6. 1896 Köln, gest. 23. 7. 1979 Garmisch-Partenkirchen.
Er studiert in seiner Heimatstadt bei Karl Niemann und debütiert 1929 in Mönchengladbach als Wolfram (*Tannhäuser*, Wagner). 1930–31 singt er an der Berliner Kroll-Oper, danach bis 1934 in Hamburg und bis 1944 in Dresden. Nach dem Krieg wird er wieder Mitglied der Hamburger Oper (1946–73). Bei der Uraufführung von Richard Strauss' Oper *Die schweigsame Frau* singt er den Barbier, bei der der Oper *Die Hochzeit des Jobs* von Joseph Haas den Hieronymus Jobs. An der Berliner Oper übernimmt er bei der Uraufführung von Werner Egks *Peer Gynt* die Titelrolle. In Salzburg, wo er 1941 den Almaviva singt (*Le nozze di Figaro*, Mozart), alterniert er 1947 bei der Uraufführung von Gottfried von Einems Oper *Dantons Tod* mit Paul Schöffler in der Titelrolle. Zu seinem Repertoire zählen unter anderem Don Giovanni (Mozart), Rigoletto (Verdi), Jago (*Otello*, Verdi), Scarpia (*Tosca*, Puccini), Sachs (*Die Meistersinger von Nürn-*

berg, Wagner) und Mathis (*Mathis der Maler*, Hindemith).

Ahlgrimm, Isolde
Österreichische Cembalistin, geb. 31. 7. 1914 Wien.
Als Kind lernt sie zunächst Klavier spielen, bevor sie an der Wiener Akademie als Schülerin von Viktor Ebenstein, Franz Schmidt und Emil von Sauer ihre Ausbildung abschließt. 1935 entscheidet sie sich für das Cembalo und studiert als Autodidaktin die theoretischen Schriften des 17. und 18. Jahrhunderts. Sie schlägt eine internationale Karriere ein und nimmt viele Schallplatten mit vor allem österreichischer Musik auf (vor allem das Werk von Johann Joseph Fux). Richard Strauss schreibt für sie 1944 nach einer Melodie aus seiner Oper *Capriccio* eine Suite für Cembalo. Ab 1945 lehrt sie an der Wiener Akademie, von den Jahren 1958–62 abgesehen, die sie als Professorin am Mozarteum in Salzburg verbringt.

Ahnsjö, Claes-Håkan
Schwedischer Tenor, geb. 1. 8. 1942 Stockholm.
Er studiert Pädagogik und tritt erst nach Abschluß des Studiums 1967 in die Schule der Stockholmer Oper ein. Zwei Jahre später debütiert er an der königlichen Oper Stockholm, deren Ensemblemitglied er wird, als Tamino in Mozarts *Zauberflöte*. 1973 geht er an die Münchner Oper und singt dort vor allem Mozart: Belmonte (*Die Entführung aus dem Serail*), Ferrando (*Così fan tutte*), Ottavio (*Don Giovanni*), Idamantes (*Idomeneo*), Tamino (*Die Zauberflöte*). 1977 wird er zum Kammersänger ernannt. Er tritt auch als Konzertsänger auf. Seine Tourneen führen ihn durch ganz Europa, Amerika und Japan. Sein Repertoire umfaßt den Ernesto (*Don Pasquale*, Donizetti), Armand (*Boulevard Solitude*, Henze), Des Grieux (*Manon*, Massenet), Nicias (*Thaïs*, Massenet), Almaviva (*Il barbiere di Siviglia*, Rossini), Leukippos (*Daphne*, R. Strauss), Tom (*The Rake's Progress*, Strawinsky), Fenton (*Falstaff*, Verdi).

Ahronowitsch, Jurij
Israelischer Dirigent russischer Herkunft, geb. 13. 5. 1932 Leningrad.
Nach dem Studium am Konservatorium seiner Heimatstadt studiert er bei Natan G. Rachlin und Kurt Sanderling Orchesterleitung. 1956 wird er zum Leiter des Orchesters von Saratow, anschließend zu dem von Jaroslawl ernannt, bevor er 1964 das Symphonie-Orchester des Moskauer Rundfunks übernimmt. 1972 verläßt er die UdSSR und läßt sich in Israel nieder. Er leitet das Israelische Philharmonische Orchester und schlägt eine internationale Karriere ein. 1975–86 leitet er als Nachfolger Günter Wands das Kölner Gürzenich-Orchester, 1982–87 außerdem die Stockholmer Philharmonie.

Aimard, Pierre-Laurent
Französischer Pianist, geb. 9. 9. 1957 Lyon.
Als Siebenjähriger beginnt er am Konservatorium seiner Heimatstadt mit dem Studium. 1969 erhält er in Lyon den 1. Preis für Klavier, 1972 am Konservatorium von Paris die gleiche Auszeichnung, gefolgt 1973 von der für Kammermusik. Im gleichen Jahr ist er Preisträger des Olivier-Messiaen-Wettbewerbs in Royan. Er studiert Klavier bei Yvonne Loriod, Kammermusik bei Geneviève Joy-Dutilleux, Harmonielehre bei Roger Boutry und Kontrapunkt bei Jean-Claude Henry. Seit 1976 ist er Pianist des Ensemble Inter-Contemporain.

Akl, Walid
Libanesischer Pianist, geb. 13. 7. 1945 Bikfaya (Libanon).
1963 läßt er sich in Frankreich nieder und studiert an der Académie Marguerite Long sowie am Pariser Konservatorium und an der Ecole Normale de Musique bei Yvonne Lefébure, Germaine Mounier und Jacques Février. Nach

seinem Studium schlägt er in den westlichen Ländern eine brillante Karriere ein und nimmt Joseph Haydns sowie Alexander P. Borodins Gesamtwerk für Klavier und Franz Liszts Transkription von Beethovens *Eroica* auf.

Akoka, Gérard
Französischer Dirigent, geb. 2. 11. 1949 Paris.
Beim Abschluß seines Studiums am Pariser Konservatorium erhält er einen 1. Preis in Orchesterleitung. 1975–76 vervollständigt er sein Studium bei Jean Martinon und an der Accademia Nazionale di Santa Cecilia in Rom. 1975 erhält er ein französisches Staatsstipendium, arbeitet unter der Leitung von Igor Markevitch (Monte Carlo), Sergiu Celibidache (Bologna), Franco Ferrara (Siena) und erhält zahlreiche Preise (Respighi, Markevitch, Malko, BBC, Rupert Foundation). Er wird Assistent von Leonard Bernstein und Daniel Barenboim. 1977 engagiert ihn Pierre Boulez als zweiten Dirigenten des Orchestre de Paris für die europäische Aufführungsserie von George Crumbs *Star Child*. 1983–84 leitet er das Orchestre Philharmonique de Lorraine.

Akoka, Pierre
Französischer Pianist, geb. 17. 7. 1952 Paris.
Vetter von Gérard Akoka; er studiert zuerst bei Lucette Descaves und anschließend am Pariser Konservatorium (1968) und bei Yvonne Loriod Klavier; 1974 erhält er einen 1. Preis in Klavier und in der Klasse von Guy Deplus in Kammermusik; an der Wiener Hochschule für Musik legt er bei Dianko Iliev seine Diplomprüfung ab.

Alain, Marie-Claire
Französische Organistin, geb. 10. 8. 1926 Saint-Germain-en-Laye.
Die Tochter des Komponisten Albert Alain und Schwester von Jehan und Olivier Alain studiert am Pariser Konservatorium, wo sie zahlreiche Preise erhält.

Als international bekannte Organistin interpretiert sie nicht nur das Werk Bachs, sondern auch die Romantiker (hier vor allem César Franck) und das Werk ihres Bruders Jehan, das sie in der ganzen Welt bekannt gemacht hat. Die Amerikaner, die sie mit dem Ehrendoktor der Universitäten von Colorado und Texas auszeichnen, nennen sie »The first Lady of the Organ«.
Die sehr gesuchte Pädagogin gründet ihren Unterricht wie ihre Interpretationen auf vertiefte musikologische Studien, die das Gebiet der Orgelliteratur verlassen. Charles Chaynes widmete ihr sein *Konzert für Orgel*.

Albanese, Licia
Amerikanische Sopranistin italienischer Herkunft, geb. 22. 7. 1909 Bari.
Sie studiert zuerst am Konservatorium in Bari und anschließend bei Giuseppina Baldassare-Tedeschi, bevor sie am Stadttheater in Bari (unter dem Namen Alicia Albanese) als Mimi in Giacomo Puccinis *La Bohème* debütiert. 1935 tritt sie zum ersten Mal in der Arena von Verona und etwas später an der Mailänder Scala auf, wo sie als Partnerin von Benjamino Gigli bekannt wird. Nach einer erfolgreichen inneritalienischen Karriere wird sie 1940 von der Met eingeladen, die Cio-Cio-San in Puccinis *Madame Butterfly* zu singen. Als Violetta erlebt sie in Giuseppe Verdis *La Traviata* ihren größten Erfolg. Zwanzig Jahre gehört sie zum Ensemble der Met und unternimmt während dieser Zeit häufig Tourneen durch Amerika und Europa. 1951 feiert sie an der Scala in *Madame Butterfly* neue Triumphe. Als lyrische Sopranistin nimmt sie unter der Leitung von Arturo Toscanini die großen Opern Puccinis und Verdis auf.

Albani, Dame Emma (= Marie-Louise Cécile Emma Lajeunesse)
Kanadische Sopranistin, geb. 1. 11. 1847 Chambly (Provinz Quebec), gest. 3. 4. 1930 London.
Als Neunjährige tritt die Tochter von

Musikern zum ersten Mal als Pianistin und Sängerin in Mechanics' Hall in Montreal auf. Die Familie wandert in die USA aus. Emma wird als Solistin, Organistin und Chorleiterin an der Kirche des Hl. Joseph von Albany (N. Y.) engagiert. Der Bischof von Albany ermöglicht ihr eine Reise nach Europa. Sie studiert in Paris bei Gilbert Duprez (1868) und in Mailand bei Francesco Lamperti (1869). 1870 debütiert sie an der Oper von Messina als Amina in *La sonnambula* (Die Nachtwandlerin, Bellini) und feiert anschließend in Florenz und Malta in den Opern *Il barbiere di Siviglia* (Rossini), *Martha* (Flotow), *Robert le diable* (Meyerbeer), *L'Africaine* (Die Afrikanerin, Meyerbeer) und *Lucia di Lammermoor* (Donizetti) Triumphe. 1871 studiert sie in Paris mit Ambroise Thomas dessen Oper *Mignon* ein, in der sie auch in Florenz erfolgreich ist. 1872 debütiert sie in *La sonnambula* am Covent Garden in London. Bis 1896 tritt sie fast jedes Jahr auf dieser Bühne auf. 1873 ist sie in Moskau und Petersburg erfolgreich und singt in London für Königin Victoria, deren Freundin und Vertraute sie wird. Sie fährt nach Amerika und wagt sich zum ersten Mal an Richard Wagner (*Lohengrin*), dessen Werke sie später auch in Europa singt (Nizza, *Tannhäuser*). 1877 tritt sie am Pariser Théâtre-Italien auf; 1878 wirkt sie wieder in Paris an einer Aufführung von *La Traviata* mit und singt als Weltpremiere die ihr von Flotow gewidmete *Alma l'incantatrice*. Im gleichen Jahr heiratet sie in London Ernest Guy, den Sohn des Direktors von Covent Garden, der kurz darauf die Stelle seines Vaters übernimmt. 1880 wird sie nach Erfolgen an der Brüsseler Oper de la Monnaie von der Scala engagiert, wo sie den einzigen Mißerfolg in ihrer Karriere hinnehmen muß. Zwei Jahre später nimmt sie an der Uraufführung von Charles Gounods Oratorium *Rédemption* unter der Leitung des Komponisten teil, der anschließend für sie das Oratorium *Mors et Vita* schreibt, das während des Birminghamer Festivals 1885 uraufgeführt wird. Im gleichen Jahr singt sie unter der Leitung Antonín Dvořáks in seiner Kantate *Die Geisterbraut*. 1886 interpretiert sie in London in Franz Liszts Anwesenheit dessen Oratorium *Die Heilige Elisabeth*. In Berlin singt sie in deutscher Sprache *Lohengrin* und *Der fliegende Holländer* (1887). Nach zahlreichen Tourneen in Europa und Amerika debütiert sie 1893 an der Met in der Rolle der Donna Anna in *Don Giovanni* (Mozart). 1896 zieht sie sich von der Bühne zurück, singt aber weiter Oratorien, bevor sie 1911 endgültig zu singen aufhört und sich ausschließlich ihrer pädagogischen Tätigkeit widmet.
W: *40 Years of Song* (Autobiographie, 1911).

Albert, Eugen d'
Deutscher Pianist und Komponist schottischer Herkunft, geb. 10. 4. 1864 Glasgow, gest. 3. 3. 1932 Riga.
Er studiert bei Emile Pauer in London und Franz Liszt in Weimar Klavier. Der Interpret von Beethoven und Bach realisiert zahlreiche Transkriptionen von Bachschen Orgelwerken für Klavier. Er ist mit Edvard Grieg, Max Reger, Hans Pfitzner und Engelbert Humperdinck befreundet und erhält von Johannes Brahms Hinweise, die Interpretation seiner Werke betreffend. 1907 wird er Nachfolger Joseph Joachims an der Spitze der Berliner Musikhochschule. Zu seinen Schülern zählen Edwin Fischer und Wilhelm Backhaus. D'Albert wird neben Ferruccio Busoni und Ignacy Jan Paderewski zu den letzten romantischen Pianisten gerechnet. Als Pädagoge spielt er bei der Vermittlung des Lisztschen Erbes eine herausragende Rolle.
Seine Kompositionen für Klavier und Kammermusikensembles sind stark von Johannes Brahms geprägt. Er schreibt 21 Opern, von denen die meisten Wagnerschem Einfluß unterworfen sind. Seine komische Oper *Die Abreise* (1898 in Frankfurt am Main uraufgeführt) und seine Oper *Tiefland* (Prag 1903) bele-

gen allerdings seine Originalität. Neben den beiden Opern wird nur noch *Flauto Solo* (1905) berühmt. Seine zweite von insgesamt sechs Frauen ist die Pianistin Teresa Carreño. Richard Strauss schrieb für sie das Orchesterwerk mit Klavier *Burleske*, das 1890 uraufgeführt wurde.

Albert, Herbert
Deutscher Dirigent, geb. 26.12. 1903 Lausick (Sachsen), gest. 15.9. 1973 Bad Reichenhall.
Albert studiert bei Karl Muck in Hamburg sowie bei Hermann Grabner und Robert Teichmüller in Leipzig. Er debütiert als Pianist, wendet sich aber relativ schnell der Laufbahn eines Dirigenten zu: 1926–34 ist er nacheinander Kapellmeister in Rudolstadt, Kaiserslautern und Wiesbaden. 1934 wird er zum GMD in Wiesbaden ernannt, wo er die Internationalen Musikfeste ins Leben ruft. Dann wechselt er an die Staatsoper Stuttgart (GMD 1937–44) und an die Oper Breslau (1944–46). 1946–48 ist er Gewandhauskapellmeister in Leipzig und als solcher für den schwierigen Neuaufbau des Musiklebens in der zerstörten Stadt verantwortlich. 1950–52 ist er in Graz tätig (GMD), bevor er in der gleichen Funktion an das Nationaltheater Mannheim wechselt (1952–63), wo er gleichzeitig die Akademiekonzerte leitet. Ab 1963 ist er bis zu seinem Tod als freier Dirigent tätig. Als ausgezeichneter Pianist übernimmt er bei Klavierkonzerten häufig den Solopart und dirigiert vom Flügel aus. Er leitet die Uraufführung der *Orchestervariationen über ein Thema von N. Paganini* von Boris Blacher (1947).

Alberth, Rudolph
Deutscher Dirigent, geb. 25.3. 1918 Frankfurt, gest. 1992 München.
Er studiert am Konservatorium seiner Heimatstadt und wird nacheinander Chefdirigent in Frankfurt (1945, Hessischer Rundfunk), Baden-Baden (1948, SWF), München (bis 1964, Bayerischer Rundfunk) und Hannover (ab 1964, Niedersächsische Philharmonie). Im Rahmen der Konzertreihe Domaine Musical leitet er zahlreiche Uraufführungen in Paris. Seit 1968 ist er Mitglied der Jury des Besançoner Dirigentenwettbewerbs.
Alberth ist auch als Komponist hervorgetreten.

Albin, Roger
Französischer Cellist und Dirigent, geb. 30.9. 1920 Beausoleil.
Als Sechsjähriger beginnt er bei Umberto Benedetti in Monte Carlo mit Cello-Unterricht. Am Pariser Konservatorium studiert er später Cello bei Paul Bazelaire (1. Preis 1936), Notation bei Noël Gallon, Komposition bei Henri Büsser und Darius Milhaud und Analyse bei Olivier Messiaen. Er debütiert als Cellist im Orchester von Monte Carlo, bevor er an die Pariser Oper geht und in die Société des Concerts du Conservatoire eintritt. 1949–57 bildet er mit dem Pianisten Claude Helffer ein Duo und beginnt, von Roger Désormière, Carl Schuricht und Hans Rosbaud beraten, eine Dirigentenlaufbahn. 1957 debütiert er als Chorchef der Pariser Opéra-Comique, bevor er in die französische Provinz geht (Nancy 1960, Toulouse 1962, Straßburg, Rundfunkorchester 1966–75). Nach der Auflösung des Straßburger Orchesters wird er wieder Cellist und spielt 1978–81 im Orchestre National de France und in dessen Streichsextett. Er leitet die Uraufführungen von *Gam(m)es* von Ivo Malec (1971) und *Faces* von André Boucourechliev (1972.)
Albin tritt auch als Komponist hervor.

Albrecht, George Alexander
Deutscher Dirigent, geb. 15.2. 1935 Bremen.
Er studiert zuerst Violine, Klavier und Komposition (1942–54). 1948–56 ist er Konzertmeister im Kammerorchester Hermann Grevesmühl. 1949 debütiert er als Dirigent. 1954 erhält er den Prix d'excellence der Accademia Musicale

Chigiana in Siena. 1959–61 ist er 1. Kapellmeister in Bremen, 1961–65 in Hannover. Seit 1965 ist er GMD der Oper Hannover und Professor am Konservatorium daselbst. Er wird, unter anderem, von der Staatskapelle Dresden und der Berliner Philharmonie als Gast eingeladen. Unter seiner Leitung werden Wilhelm Killmayers *Symphonie Nr. 1* (1971) und Wolfgang Rihms *Symphonie Nr. 1* (1984) uraufgeführt.

Albrecht, Gerd
Deutscher Dirigent, geb. 19. 7. 1935 Essen.
Der Sohn des Musikologen Hans Albrecht (1902–61) studiert in Kiel und Hamburg und gewinnt 1957 in Besançon und 1958 in Hilversum jeweils 1. Preise. 1958–61 Assistent an der Stuttgarter Oper, 1961–63 1. Kapellmeister am Städtischen Theater in Mainz, 1963–66 GMD in Lübeck, 1966–72 GMD in Kassel; 1972–74 hat er die musikalische Oberleitung der Deutschen Oper Berlin inne. 1975–81 leitet er das Tonhalle-Orchester, Zürich. Ab 1989 ist er als GMD an der Hamburger Oper tätig. Unter seiner Leitung finden die Uraufführungen der Opern *Telemanniana* (1967) und *Barcarola* (1980) von Hans Werner Henze, *Elisabeth Tudor* (1972) von Wolfgang Fortner, *Lear* (1978) und *Troades* von Aribert Reimann und dessen Orchesterwerk *Ein apokalyptisches Fragment* (1987) sowie Werke von Klaus Huber, György Ligeti, Milko Kelemen, Wolfgang Rihm (*Umriß*, 1986) und Hans-Jürgen von Bose (*Labyrinth*, 1987) statt.
W: *Wie eine Opernaufführung zustande kommt* (Zürich 1988).

Aldulescu, Radu
Rumänischer Cellist, geb. 17. 9. 1922 Piteasca-Pasares.
Er studiert am Konservatorium von Bukarest, debütiert 1941 am Bukarester Rundfunk und arbeitet gleichzeitig als Instrumentalist und Solocellist des Staatsorchesters George Enescu in Bukarest sowie nach seiner Übersiedlung von Rumänien nach Italien (1964) des Orchesters der Accademia Nazionale di Santa Cecilia in Rom. Ab 1964 ist er Assistent von Gaspar Cassadó in Santiago de Compostela. 1972 bildet er zusammen mit Salvatore Accardo und Luigi Bianchi das Trio D'Archi di Roma. Er spielt regelmäßig mit Carlo Cecchi Sonaten. Er unterrichtet an der Accademia Nazionale di Santa Cecilia in Rom.

Aler, John
Amerikanischer Tenor, geb. 4. 10. 1949 Baltimore.
Nach anfänglicher Tätigkeit im Kirchenchor seiner Heimatstadt besucht er die katholische Universität in Washington und studiert an der New Yorker Juilliard School. Der Mozart-Spezialist, der sich gleichzeitig intensiv mit dem italienischen Belcanto des 19. Jahrhunderts auseinandersetzt, verschmäht weder die leichte französische Musik des gleichen Jahrhunderts noch die Operetten Jacques Offenbachs. Er gastiert auf zahlreichen amerikanischen (New York City Opera, in San Diego, Santa Fe, Baltimore und Washington) und europäischen Bühnen (Covent Garden, Théâtre de la Monnaie in Brüssel, in Lyon, beim Festival in Aix-en-Provence, TMP in Paris, Genf, Wien, München und Hamburg). 1988 tritt er zum ersten Mal bei den Salzburger Festspielen auf (in der Rolle des Don Ottavio in Mozarts *Don Giovanni*).

Alexejew, Dmitrij
Russischer Pianist, geb. 10. 8. 1947 Moskau.
Er studiert bis zu seinem achtzehnten Lebensjahr am Moskauer Konservatorium. Anschließend perfektioniert er sich bei Dmitrij A. Baschkirow. 1969 gewinnt er bei dem Internationalen Pariser Marguerite Long-Jacques Thibaud-Wettbewerb den 2., im darauffolgenden Jahr in Bukarest beim George-Enescu-Wettbewerb, 1974 beim Tschaikowskij-Wettbewerb in Moskau

und 1975 beim Wettbewerb von Leeds jeweils den 1. Preis. Seine Karriere nimmt in Westeuropa, vor allem in Großbritannien, wo er 1975–78 mehr als 70 Konzerte gibt, einen steilen Aufschwung. 1976 debütiert er unter der Leitung von Carlo Maria Giulini in den Vereinigten Staaten (Chicago); zehn Jahre später spielt er zum ersten Mal mit den Berliner Philharmonikern und dem Concertgebouw-Orchester Amsterdam. Mit seiner Frau, der Pianistin Tatjana Sarkissowa, spielt er häufig Duos. Außerdem ist er ständiger pianistischer Begleiter von Barbara Hendricks.

Alix, René
Französischer Chorleiter, Organist und Komponist, geb. 14. 9. 1907 Sotteville-les-Rouen, gest. 30. 12. 1966 Paris.
Der Schüler von Marcel Lanquetuit, Georges Caussade und Albert Bertelin beginnt seine Karriere als Organist an der Kirche Saint-Michel in Le Havre (1929–39). 1945 wird er zum Chorleiter des RTF ernannt, 1954 zum stellvertretenden Direktor der Ecole César Franck berufen.
Als Komponist hinterließ er Lieder, Musik für Orgel und Klavier, verschiedene Motetten und Messen, ein Streichquartett, ein Oratorium: *Les Saintes Heures de Jeanne d'Arc* (1954) und symphonische Dichtungen, darunter *Les Revenants* und *Danses et Confidences*. Auch seine musikalische *Grammaire* ist von großer Bedeutung.

Allard, Maurice
Französischer Fagottist, geb. 25. 5. 1923 Sin-le-Noble.
Sein Onkel war 25 Jahre lang 1. Fagottist des Bostoner Symphonie-Orchesters. 1940 erhält er den 1. Preis für Fagott des Pariser Konservatoriums; 1942 ist er 1. Fagottist des Orchestre des Concerts Lamoureux und des Orchestre Oubradous. 1949 erhält er den 1. Preis im Internationalen Wettbewerb von Genf. Im gleichen Jahr tritt er in das Orchester der Pariser Oper ein. Seit 1957 ist er Professor am Pariser Konservatorium. Er ist Gründer und Präsident der französischen Vereinigung der Fagottfreunde. Unter den zahlreichen Uraufführungen, die wir ihm zu verdanken haben, seien die Fagottkonzerte von Charles Brown, Ida Gotkovski, André Jolivet, Marcel Landowski, Jean Rivier, Antoine Tisné und Henri Tomasi erwähnt.

Alldis, John
Englischer Chorleiter, geb. 10. 8. 1929 London.
Er studiert am King's College in Cambridge, bevor er sich als Chorleiter spezialisiert und schon bald zu einem der herausragenden englischen Fachleute auf diesem Gebiet wird. 1962 gründet er in London den John Alldis Choir, der sich sowohl mit zeitgenössischen wie auch mit den großen klassischen Werken beschäftigt. 1966–69 dirigiert er gleichzeitig den London Symphony Chorus, der von ihm gegründet worden war. 1966–77 unterrichtet er an der Guildhall School of Music in London. 1969 übernimmt er die Leitung des London Philharmonic Choir, mit dem er 1974 für die jahresbeste Chorleistung ausgezeichnet wird. 1972–77 leitet er zusätzlich den Dänischen Rundfunkchor, bevor er 1979–83 an der Spitze der Groupe Vocal de France steht. Er leitete die Uraufführung von Hans Werner Henzes *Orpheus behind the Wire*.

Allen, Thomas
Englischer Bariton, geb. 10. 9. 1944 Seaham Harbour (Durham).
Nach dem Studium von Gesang und Orgel am Royal College of Music in London (1964–68) singt er als Chormitglied beim Festival von Glyndebourne, bevor er 1969 als Figaro in *Il barbiere di Siviglia* (Rossini) an der Welsh National Opera sein Debüt als Solist absolviert. 1971 singt er am Covent Garden den Donald in Benjamin Brittens *Billy Budd* und wird im darauffolgenden Jahr Mitglied des Ensembles. 1973 singt er zum ersten Mal als Solist in Glynde-

bourne (den Papageno in Mozarts *Zauberflöte*) und debütiert an der Scala; 1976 erfolgt in der Rolle des Ford (*Falstaff*, Verdi) sein Debüt an der Pariser Oper.
Sein Repertoire umfaßt die wichtigen Bariton-Rollen Mozarts (Der Graf und Figaro, beide *Le nozze di Figaro*, Guglielmo, *Così fan tutte*, Don Giovanni, Papageno, *Zauberflöte*), aber auch Belcore (*L'Elisir d'amore*, Der Liebestrank, Donizetti), Marcello (*La Bohème*, Puccini), Valentin (*Faust*, Gounod), Pelléas (*Pelléas et Mélisande*, Debussy) und Oreste (*Iphigénie en Tauride*, Gluck). 1974 übernimmt er während des Festivals von Aldeburgh bei der Uraufführung von Thea Musgraves Oper *The Voice of Ariadne* den Valerio. Auch bei der Uraufführung von Monteverdi-Henzes *Il Ritorno d'Ulisse in patria* (Salzburger Festspiele, 1985) wirkt er mit.

Allers, Franz
Amerikanischer Dirigent tschechoslowakischer Herkunft, geb. 6. 8. 1905 Karlsbad.
Er studiert am Prager Konservatorium bei Jan Mařák (Violine) und am Berliner bei Gustav Havemann (Violine) und Julius Prüwer (Orchesterleitung). Ein Jahr lang arbeitet er als Geiger innerhalb der Berliner Philharmonie, beginnt aber dann zu dirigieren. Im Sommer ist er Assistent in Bayreuth, das restliche Jahr über ständiger Dirigent an den Städtischen Bühnen in Wuppertal. 1933–38 ist er GMD in Aussig/Elbe. 1938 emigriert er und übernimmt die musikalische Leitung der Ballets Russes de Monte-Carlo, mit denen er bis 1945 Tourneen durch Nord- und Südamerika, Kanada und England unternimmt. Er läßt sich in Amerika nieder und dirigiert am Broadway sowie im Fernsehen. 1954 unternimmt er seine erste Nachkriegstournee in Europa. 1973–76 ist er GMD am Gärtnerplatztheater in München. Anschließend arbeitet er wieder frei und unternimmt zwei Tourneen mit dem Niederösterreichischen Tonkünstler-Orchester (1978/1980).

Alliot-Lugaz, Colette
Französische Sopranistin, geb. 20. 7. 1947 Notre-Dame-de-Bellecombe.
Als Fünfzehnjährige beginnt sie in Bonneville Gesang zu studieren. Anschließend arbeitet sie mit Magda Fonay-Besson und am Centre Lyrique in Genf sowie am Opéra-Studio Paris mit René Koster und Vera Rosza. Beim Internationalen Wettbewerb des UFAM erhält sie einen 1. Preis in Gesang und den Mozart-Preis, am Conservatoire National Supérieur in Lyon im Fach Gesang eine Goldmedaille. Sie debütiert als Pamina in einer Inszenierung des Opéra-Studio (*Zauberflöte*, Mozart). Weiterhin das Hauptgewicht auf Mozart legend (Pamina, Cherubin, *Le nozze di Figaro*, Zerlina, *Don Giovanni*), baut sie ihr Repertoire aus und studiert Opern von André Messager, Gioacchino Rossini, Claudio Monteverdi, Joseph Haydn, Jean-Philippe Rameau und Carl Maria von Weber ein. 1980 feiert sie als Mélisande (*Pelléas et Mélisande*, Debussy) an der Lyoner Oper Triumphe. Die Pariser Oper, die Brüsseler Oper de la Monnaie, die Festspiele in Avignon und Glyndebourne sowie alle wichtigen Opernbühnen laden sie regelmäßig ein. Sie wirkt bei der Uraufführung von Philippe Boesmans' *La passion de Gilles* mit (1983).

Almeida, Antonio de
Französischer Dirigent, geb. 20. 1. 1928 Neuilly-sur-Seine.
Der Sohn eines portugiesischen Vaters und einer amerikanischen Mutter erhält seine erste Ausbildung in Argentinien bei Alberto Ginastera (Theorie und Komposition) sowie bei Washington Castro (Cello), bevor er zu Paul Hindemith nach Yale geht, in Tanglewood unter Sergej A. Kussewitzky arbeitet (1949–50) und endlich seine Ausbildung bei George Szell abschließt (1953). 1945 gründet er die MIT Symphony in Boston und 1947 das Kammerorchester von New Haven. 1953 leitet er die Opern-Abteilung der Western University in Los Angeles. 1957–60 leitet er die Orquestra Sinfónica da Emissaro Nacio-

nal in Lissabon und 1963–64 die Stuttgarter Philharmoniker. 1965–67 arbeitet er an der Pariser Oper, bevor er 1969–71 zum Principal Guest Conductor des Houston Symphony Orchestra ernannt wird. Er verteidigt die französische Musik und zeichnet für die Einspielung von Georges Bizets *Le Docteur Miracle* verantwortlich. Er ist Herausgeber der Gesamtausgabe von Luigi Boccherinis Symphonien und bereitet den *Catalogue thématique des œuvres complètes de Jacques Offenbach* vor. Er leitet die Uraufführungen von *Eloge de la folie* (1966) und *Chaconne et Marche militaire* (1968) von Marius Constant.

Alonso, Odón
Spanischer Dirigent, geb. 28.2. 1925 Bañeza (León).
Er studiert am Madrider Konservatorium sowie an der geisteswissenschaftlichen Fakultät (Literatur und Philosophie) der Universität und schließt seine Ausbildung in Siena und Wien ab. 1952 wird er zum Direktor der Madrider Solisten ernannt, einem auf Werke aus der Renaissance und dem Barock spezialisierten Ensemble. 1956–57 leitet er das Zarzuela-Theater, das damals wiedereröffnet wurde. Ab 1960 ist er Direktor der Orquesta Filharmónica de Madrid. Er dirigiert an der Wiener Volksoper, dem City Center New York, am Licéo in Barcelona und beim Madrider Opern-Festival. Seit 1969 ist er Direktor der Orquesta Sinfónica de la Radio-Televisión Española.

Altmeyer, Janine
Schweizer Sopranistin amerikanischer Herkunft, geb. 2.5. 1948 Los Angeles.
Sie studiert bei Martial Singher, Lotte Lehmann und Luigi Ricci Gesang. 1971 erhält sie bei dem Gesangswettbewerb der Met den 1. Preis und wird engagiert. In ihrer ersten Saison (1971–72) singt sie in der *Zauberflöte* (Mozart) die Erste Dame der Königin, in *Parsifal* (Wagner) das Erste Blumenmädchen und in *Carmen* (Bizet) die Frasquita. 1972 singt sie in Chicago wie auch im darauffolgenden Jahr unter Herbert von Karajans Leitung während der Salzburger Oster-Festspiele die Freia in Wagners *Rheingold*. 1973 wird sie nach Zürich engagiert und singt dort die Eva (*Meistersinger*, Wagner). 1974 singt sie neben der Eva die Elisabeth (*Tannhäuser*, Wagner) und nimmt an den Produktionen von *Der Freischütz* (C. M. v. Weber) und *Lohengrin* (Wagner) teil. 1975 wird sie Mitglied der Stuttgarter Oper und singt dort die Salome in der gleichnamigen Oper von Richard Strauss (Regie führt Jean-Pierre Ponnelle). Ab dieser Zeit wird sie von allen wichtigen Häusern eingeladen. Sie singt in Stuttgart wie in Bayreuth die Sieglinde (*Walküre*, Wagner), wo sie unter Pierre Boulez' Leitung in der Inszenierung von Patrice Chéreau auch als Gutrune (*Götterdämmerung*, Wagner) auftritt. Sie nimmt an Karajans Filmversion von Wagners *Rheingold* teil. Während der Saison 1979–80 erarbeitet sie sich in Stuttgart die Rolle der Chrysothemis (*Elektra*, R. Strauss) und singt die Sieglinde (*Der Ring des Nibelungen*, Wagner) in der neuen Neapler Produktion.

Altmeyer, Theo
Deutscher Tenor, geb. 16.3. 1931 Eschweiler bei Aachen.
Nach seinem Studium bei Clemens Glettenberg an der Kölner Musikhochschule gewinnt er 1955 den 2. Preis beim Wettbewerb des Bayerischen Rundfunks. Das Ensemblemitglied der Berliner Oper (1956–60) singt dort unter anderem die Titelrolle in Humphrey Searles Oper *Tagebuch eines Irren*. 1960 wird er als 1. lyrischer Tenor an die Städtische Oper Hannover berufen und glänzt dort in Opern von Wolfgang Amadeus Mozart, Albert Lortzing und Gioacchino Rossini. Die Titelrolle Palestrina in Hans Pfitzners gleichnamiger Oper gehört zu seinen wichtigsten Leistungen (Stuttgart 1958; Wien 1969). Seine Karriere als Konzertsänger ist dennoch wichtiger als die als Opernsänger und führt ihn nach Frankreich,

Österreich, Schweiz, England, Italien, Belgien und Holland. Zwei große Konzertreisen nach Amerika weisen ihn als einen Meister der Lied-Interpretation sowohl klassischer wie auch zeitgenössischer Musik aus. Seit 1974 unterrichtet er am Konservatorium in Hannover.

Alva, Luigi (= Luis Ernesto Alva Talledo)
Peruanischer Tenor, geb. 10. 4. 1927 Lima.
Er erhält in Lima, wo er 1949 zum ersten Mal in einem Konzert auftritt, von Rosa Mercedes Unterricht in Gesang. Sein Operndebüt erfolgt ebenfalls in seiner Heimatstadt (Alfredo in *La Traviata*, Verdi). Er setzt anschließend seine Ausbildung in Italien fort und singt 1954 zum ersten Mal am Teatro Nuovo in Mailand. Zwei Jahre später triumphiert er an der Scala, wo er ab diesem Zeitpunkt regelmäßig auftritt. 1957–58 singt er bei den Salzburger Festspielen den Fenton (*Falstaff*, Verdi). 1960 wird er vom Festival in Aix-en-Provence und 1961 von der Wiener Oper engagiert. Ein Erfolg reiht sich an den anderen, und die wichtigsten Bühnen laden ihn ein. 1963 wird er Mitglied der Met.
Seine natürliche Eleganz und der Charme seiner Bühnenpräsenz machen ihn zu einem der gesuchtesten lyrischen Tenöre der Rossini-, Cimarosa- und teilweise auch der Mozart-Opern. Seine große musikalische Kultur hat ihn zu einem anspruchsvollen Künstler werden lassen, der seine Grenzen kennt und sich weigert, sie zu überschreiten. Seine beste Rolle bleibt der Graf Almaviva in Rossinis *Il barbiere di Siviglia*. Manche Kritiker betrachten ihn als den Nachfolger Tito Schipas.

Amaducci, Bruno
Schweizer Dirigent, geb. 5. 1. 1925 Lugano.
Er studiert an der Pariser Ecole Normale de Musique und am Mailänder Konservatorium. 1960 erhält er in Triest einen Preis beim nationalen italienischen Wettbewerb der Operndirigenten. Als Gastdirigent widmet er sich vor allem der Oper und der alten Musik. Er dirigiert an der Met, der Pariser, Berliner, Wiener Oper ... Er leitet die Musikabteilung des schweizerischen Rundfunks in Lugano (in italienischer Sprache).
WW: *L'Amfiparnaso de Orazio Vecchi* (1951); *Walter Jesinghaus* (1954); *The Music of the Five Composers of the Puccini Dynasty* (1973); *La Musica nella Svizzera Italiana e la presenza della Radiorchestra* (1973).

Amar, Liko (Licco)
Türkischer Violinist, geb. 4. 12. 1892 Budapest, gest. 19. 7. 1959 Freiburg/Br.
Amar, aus einer jüdischen Familie mit türkischer Staatsangehörigkeit stammend, studiert zuerst an der Budapester Akademie bei Emil Bare (bis 1911) und dann bei Henri Marteau an der Berliner Hochschule für Musik, in dessen Quartett er 1912 als zweiter Geiger eintritt. 1915–20 ist er Konzertmeister der Berliner Philharmoniker, 1920–23 der Mannheimer Nationaltheaters. 1921 gründet er das Quartett, das seinen Namen trägt und das eigentlich nur Paul Hindemiths *Zweites Streichquartett* aufführen wollte. In der Folge wird das Quartett in der Besetzung Liko Amar, Walter Caspar, Paul und Rudolf Hindemith zu einem der bekanntesten der Zwanziger Jahre. Es widmet sich in der Hauptsache zeitgenössischer Musik und tritt regelmäßig während der Donaueschinger Musiktage auf, wo Amar Meisterkurse gibt. Nachdem Paul Hindemith 1927 zum Professor in Berlin ernannt wurde, geht das Quartett 1929 auseinander. 1933 flieht Amar vor den Nazis und geht zuerst nach Paris, anschließend dann in die Türkei, wo er 1935 am Konservatorium von Ankara eine Professur verliehen bekommt. 1957 kehrt er nach Deutschland zurück und übernimmt am Freiburger Konservatorium einen Lehrauftrag für Violine und Kammermusik.

Ambrosini, Jean-Claude
Französischer Pianist, geb. 7.5. 1916 Oujda (Marokko), gest. 4.8. 1984 Paris.
Er beginnt als Sechsjähriger, in Marokko Klavier zu studieren und geht dann nach Paris, um sich bei Vlado Perlemuter, der ihm zu einer Solisten-Laufbahn rät, weiterzubilden.
1937 tritt er in die Klasse von Lazare-Lévy am Konservatorium ein; 1939 wird er mobilisiert, nachdem er einen 2. Preis gewonnen hat. 1940 nimmt er bei Marcel Champi sein Studium wieder auf und gewinnt 1942 einen 1. Preis. Er verläßt heimlich Frankreich und geht nach Algerien, wo er sich der französischen Armee anschließt. Bei der Befreiung Italiens wird er schwer verletzt. Am Ende des 2. Weltkriegs studiert er bei Robert Casadesus und anschließend bei Jacques Février weiter. 1948 erhält er in der Klasse von Joseph Calvet einen 1. Preis in Kammermusik. Für die Jeunesses Musicales führt er zahlreiche Tourneen durch, bevor er zum Professor am Konservatorium in Bobigny ernannt wird. Als leidenschaftlicher Kammermusiker spielt er vor allem mit Pierre Fournier, Christian Ferras und Luben Yordanoff.
Er begleitet Boris Christoff, Régine Crespin, Ernst Haefliger und Mady Mesplé.

Ameling, Elly (= Elisabeth Ameling)
Holländische Sopranistin, geb. 8.2. 1934 Rotterdam.
Die Schülerin von Jo Bollekamp und Jacoba Dresden-Dhont gewinnt 1956 den Noordewier-Preis beim Gesang-Wettbewerb in Herzogenbusch und 1958 den 1. Preis beim Internationalen Wettbewerb in Genf. Sie vervollständigt ihre Studien bei Pierre Bernac in Paris, bevor sie eine erfolgreiche Karriere als Konzert- und Oratorien-Sängerin einschlägt. Sie setzt sich als eine der großen Bach-Interpretinnen durch, singt aber auch Händel, Mozart, Mendelssohn und vor allem die barocke Literatur. Sie beschäftigt sich mit dem deutschen und dem französischen Lied und spielt mit Gérard Souzay als Begleiter die erste Gesamtaufnahme der Fauréschen Lieder ein. 1959 kreiert sie Frank Martins *Le Mystère de la Nativité*; im gleichen Jahr singt sie während der Salzburger Festspiele unter der Leitung von Rafael Kubelik die Sopran-Partie in Gustav Mahlers *Symphonie Nr. 4*. 1968 erfolgt ihr stark beachtetes Debüt am Lincoln Center (New York). 1973 debütiert sie an der Amsterdamer Oper mit der Rolle der Ilia (*Idomeneo*), die sie auch während des Mozart-Festivals des Kennedy Centers in Washington singt.

Amoyal, Pierre
Französischer Geiger, geb. 22.6. 1949 Paris.
Schon früh von der Musik angezogen, erhält er am Pariser Konservatorium bereits als Zwölfjähriger einen 1. Preis. Etwas später lädt Jascha Heifetz ihn in die Vereinigten Staaten ein. Amoyal wird fünf Jahre in der Tradition der russischen, direkt von Leopold Auer beeinflußten Schule unterrichtet, ohne deswegen zu einer »Kopie« von Jascha Heifetz zu werden. Nach seiner Rückkehr aus Amerika lädt ihn Sir Georg Solti ein, Alban Bergs Violinkonzert zu spielen. Kurz darauf nimmt er unter Paul Parays Leitung seine erste Schallplatte auf: Edouard Lalos *Symphonie espagnole*.
Seit dieser Zeit führen ihn zahlreiche Tourneen um die Welt. Die Kritiker loben seine hervorragende Tongebung, seine fehlerlose Technik und seinen besonders ausgeprägten musikalischen Sinn.
1977–86 ist er am Pariser Konservatorium Professor für Violine. Er besitzt eine berühmte Stradivari, die *Kochanski*, die ihm 1987 in Italien gestohlen wurde. 1991 tauchte die Stradivari in Turin wieder auf. 1990 hatte Pierre Amoyal eines der Instrumente von Christian Ferras gekauft, die *Minaloto* (1728).

Amy, Gilbert
Französischer Dirigent und Komponist, geb. 29. 8. 1936 Paris.
In seiner Jugend von der Philosophie, der Architektur und der Literatur gleichermaßen angezogen, studiert er u.a. bei Darius Milhaud und Olivier Messiaen am Pariser Konservatorium. 1965 nimmt er an den Kursen von Pierre Boulez in Basel teil, dessen Nachfolger an der Spitze der Domaine Musical er 1967–72 ist. Er legt seiner Tätigkeit als Komponist ebensoviel Gewicht bei wie der des Dirigenten. 1973 wird er zum Direktor der Musikprogramme des ORTF ernannt. 1976–81 leitet er das Nouvel Orchestre Philharmonique de Radio-France. Jean-Louis Barrault engagiert ihn als stellvertretenden musikalischen Leiter an das Théâtre Odéon, wo er sich besonders mit der Verbindung von Theater und Musik auseinandersetzt.
In Berlin komponiert er intensiv. *Strophe* und *Cycle* werden in Angriff genommen. Seine 1968 während des Festivals in Royan uraufgeführte Komposition *Trajectoires* ist ein Übergangswerk. 1970 erreicht er mit *Cette étoile enseigne à s'incliner* die wahre Meisterschaft. 1979 erhält er den Grand Prix National de la Musique. Seine Werke werden auf allen Festivals zeitgenössischer Musik gespielt.
Als Dirigent arbeitet er im In- und Ausland. Er widmet einen Großteil seines Schaffens der Musik des 20. Jahrhunderts und leitet Uraufführungen von Werken von Betsy Jolas, Roman Haubenstock-Ramati, Luís de Pablo Costales und vieler anderer. 1984 wird er zum Direktor des Conservatoire National Supérieur in Lyon ernannt.

Ančerl, Karel
Tschechischer Dirigent, geb. 11. 4. 1908 Tučapy, gest. 3. 7. 1973 Toronto.
1925–29 studiert er am Konservatorium von Prag u.a. bei Jaroslav Křička und Alois Hába und wird schließlich Schüler von Václav Talich und Hermann Scherchen, bei dem er 1929–31 in Berlin sowie München Assistent ist. 1931–33 dirigiert er am Osvobozené divadlo (Freies Theater) in Prag; 1933–39 leitet er das Symphonie-Orchester des Prager Rundfunks. Von den Nazis mit Arbeitsverbot belegt, überlebt er die Konzentrationslager Theresienstadt und Auschwitz. Nach dem Krieg arbeitet er unermüdlich an der Erneuerung des Prager Musiklebens (1945–48 Dirigent an der Oper, 1947–50 Chefdirigent des Symphonie-Orchesters des Prager Rundfunks, 1948–52 Professor an der Prager Akademie), bevor er 1950 die Leitung der tschechischen Philharmonie übernimmt, die er bis 1968 beibehält.
Nach dem Einmarsch der Russen in Prag im Jahre 1968 emigriert er nach Kanada und übernimmt die Leitung des Toronto Symphony Orchestra.
Seine Konzentration, Reflexion und Hellsichtigkeit zeichnen seine Einspielungen aus. Johannes Brahms, Gustav Mahler, Antonín Dvořák und vor allem Leoš Janáček (*Glagolská mše*, Glagolitische Messe) liegen ihm besonders am Herzen.

Anda, Géza
Schweizer Pianist ungarischer Herkunft, geb. 19. 11. 1921 Budapest, gest. 14. 6. 1976 Zürich.
Der Schüler Ernst von Dohnányis stammt aus einer musikbegeisterten Familie und gewinnt schon früh den Franz-Liszt-Preis. Sein Budapester Konzertdebüt gibt er unter Josef Willem Mengelberg, sein Berliner unter Wilhelm Furtwängler. 1942 emigriert er in die Schweiz. Er fällt Clara Haskil auf, die mit ihm zusammen Schallplatten einspielt. Anda tritt gewissermaßen ihr Erbe an, vor allem, was die Interpretation der Werke Mozarts betrifft. Unter Ferenc Fricsay nimmt er das Bartóksche Klavierwerk auf; diese Einspielung gilt lange Zeit als verbindlich. Er unterrichtet in Luzern (1959–68) und Zürich (ab 1969); seine Kurse werden von jungen Pianisten aus aller Welt besucht.
Gegen Ende seines Lebens nimmt er

sämtliche Klavierkonzerte Mozarts auf und dirigiert dabei das Kammerorchester des Salzburger Mozarteums vom Flügel aus.

Anders, Peter
Deutscher Tenor, geb. 1. 7. 1908 Essen, gest. 10. 9. 1954 Hamburg.
Er studiert (nach seiner Ausbildung zum Buchhalter) an der Berliner Hochschule für Musik bei Ernst Grenzebach Gesang. 1932 debütiert er in Heidelberg und arbeitet in der Folge am Landestheater Darmstadt (1933-35), der Kölner Oper (1935-36) und der Oper Hannover (1937-38). Clemens Krauss holt ihn nach München (1938-40). Anschließend geht er nach Berlin (1940-48) und Hamburg (1948-54), wo er viel zu jung bei einem Autounfall ums Leben kommt. Zunächst tritt er als Buffo auf (Pedrillo, *Die Entführung aus dem Serail*, Mozart; Jaquino, *Fidelio*, Beethoven), bevor er sich auf Anraten der Altistin Lula Mysz-Gmeiner das Repertoire des lyrischen Tenors, besonders aber Mozart-Rollen aneignet (1943 ist er in Salzburg ein vielbeachteter Tamino, *Zauberflöte*); gegen Ende seines Lebens wendet er sich immer stärker Charakterrollen zu. Seine perfekte Diktion und sein Verständnis für das Wort sind die Grundlagen seiner Karriere als Liedersänger.

Anderson, June
Amerikanische Sopranistin, geb. 30. 12. 1952 Boston.
Sie studiert an der Universität Yale (Gesang und Musikwissenschaften) und debütiert 1978 an der New York City Opera als Königin der Nacht in Mozarts *Zauberflöte*, die sie auch in Milos Formans Film *Amadeus* verkörpert. Die Rollen der Rosina (*Il barbiere di Siviglia*, Rossini), Gilda (*Rigoletto*, Verdi) und Lucia (*Lucia di Lammermoor*, Donizetti) sind wichtige Etappen ihrer Entwicklung. In Europa debütiert sie 1982 in Rom (Semiramis, *Semiramide*, Rossini); 1985 singt sie an der Scala die Amina (*La sonnambula*, Die Nachtwandlerin, Bellini). Ab dieser Zeit gastiert sie an allen großen europäischen Bühnen (München, Covent Garden in London, Paris, La Fenice in Venedig usw.). Sie setzt sich aufgrund ihres kunstvollen Belcanto durch und nimmt einige unterbewertete Werke dieser Gattung auf.

Anderson, Marian
Amerikanische Altistin, geb. 17. 2. 1902 Philadelphia.
Die Schülerin von Agnes Reifsneider, Giuseppe Boghetti und Frank la Forge gewinnt den 1. Preis eines von der New Yorker Philharmonie organisierten Gesang-Wettbewerbes. Sie tritt 1925 zum ersten Mal in den Staaten und 1930 in Europa auf; zwei bedeutende Europa-Tourneen (1930-32 und 1933-34) machen sie bekannt. 1936 debütiert sie in New York; nachdem ihr Auftritt 1939 verboten worden war, erzielt sie im darauffolgenden Jahr vor 7500 Personen, von Mrs. Roosevelt unterstützt, in der gleichen Stadt einen großen Erfolg. 1955 wird sie als erste schwarze Sängerin an die Met verpflichtet (Ulrica in *Un ballo in maschera*, Verdi). Toscanini bezeichnet ihre Stimme als die des Jahrhunderts. Sie zeichnet sich auch bei der Wiedergabe der Schubertschen Lieder aus. 1942 ruft sie einen Marian-Anderson-Preis ins Leben.
W: *My Lord, what a Morning* (Autobiographie, 1956, deutsch Wien 1960).

Andia, Rafaël
Französischer Gitarrist, geb. 30. 11. 1942 Mont-de-Marsan.
Als Sechsjähriger erhält er bereits klassischen Unterricht in den Grundbegriffen der allgemeinen Musiklehre, Violine, Harmonie- und Orchesterlehre. Doch die Gitarre zieht ihn schon früh an. Als Achtzehnjähriger reist er durch Spanien auf der Suche nach Flamenco-Lehrern. Alberto Ponce und später Emilio Pujol weisen ihm den Weg zurück zur klassischen Gitarre; es gelingt ihm, die beiden Bereiche miteinander zu versöhnen. Er erhält die Konzertreife an der Pariser Ecole Normale de Mu-

sique und dissertiert gleichzeitig an der Sorbonne im Fachgebiet Experimentalphysik. 1971 wird er zum Professor an der Ecole Normale de Musique ernannt. 1973 beginnt seine Solisten-Laufbahn, nachdem er beim 15. Wettbewerb des ORTF einen 2. Preis gewonnen hat. 1974 spielt er eine Gitarren-Anthologie ein; 1976 gründet er am Pariser Konservatorium eine Klasse für barocke Gitarre (die erste in Frankreich). Er leitet im Verlag Transatlantique eine Veröffentlichungsreihe zeitgenössischer Gitarrenmusik. Claude Ballif widmet ihm *Solfegietto*, das genau wie *Tellur* von Tristan Murail und *Tombeau de R. de Visée* von André Jolivet von ihm uraufgeführt wird. Er spielt auf einer klassischen spanischen Gitarre (Ramirez).
WW: *La Guitare baroque* (1977); *Le Flamenco* (1981).

André, Franz
Belgischer Dirigent, geb. 10. 6. 1893 Forest (bei Brüssel), gest. 20. 1. 1975 Woluwé Saint Lambert (Brabant).
Nach seinem Studium am Brüsseler Konservatorium (Violine bei César Thomson) und der Berliner Musikhochschule (bei Felix von Weingartner) wird er als Neunzehnjähriger zum stellvertretenden Professor für Violine am Brüsseler Konservatorium ernannt. Nach dem 1. Weltkrieg nimmt er aktiv an der Gründung von Radio Belge teil (1920): Er ist Mitglied des Trio de la Radio Belge und beginnt regelmäßig zu dirigieren. 1935 gründet er das Orchestre de L'Institut national belge de radiodiffusion, aus dem später das Grand Orchestre Symphonique de la R.T.B. wird, das er bis 1958 leitet. 1940–44 unterrichtet er am Brüsseler Konservatorium Orchesterleitung.
Franz Andrés Rolle im musikalischen Leben seiner Heimat ist nicht zu unterschätzen, vor allem bei der Vermittlung zeitgenössischer Musik. Karl Amadeus Hartmann widmet ihm seine *Symphonie Nr. 1;* er leitet die Uraufführungen von Darius Milhauds *Les Euménides* (1949) und der *Symphonie Nr. 7* (1946), von Charles Koechlins *Symphonie Nr. 1* (1946) und *Le buisson ardent* (1957), von André Jolivets *Konzert für Schlagzeug* (1959), Henri Sauguets *Sinfonia I.N.R.* (1955) und Alexandre Tansmans *Konzert für Orchester* (1955).
Als Komponist schrieb er mehrere Dichtungen für Violine und Orchester in der Tradition Eugène Ysaÿes, außerdem Bühnen- und Hörspielmusik.

André, Maurice
Französischer Trompeter, geb. 21. 5. 1933 Alès.
Als Vierzehnjähriger beginnt er eine Lehre als Bergbauarbeiter und lernt gleichzeitig Trompete. Kurz darauf erhält er aufgrund seiner außerordentlichen Begabung das Recht, in das Pariser Konservatorium einzutreten, wo er im ersten Jahr bereits einen 1. Ehrenpreis bekommt, nicht für Trompete – diesen erhält er erst ein Jahr später –, sondern für Kornett. Er ist nacheinander der Solotrompeter des Orchestre des Concerts Lamoureux (1953–60), des Orchestre Philharmonique de l'O.R.T.F. (1953–62) und der Pariser Opéra-Comique (1962–67).
Nach seinen Triumphen bei den Internationalen Wettbewerben in Genf (1955) und München (1963) schlägt er eine Solisten-Laufbahn ein, die ihn über Deutschland und England nach Skandinavien und Nord- sowie Südamerika führt.
1967–78 ist er Professor für Trompete am Pariser Konservatorium und bildet viele Hundert Trompeter aus, vor allem Bernard Soustrot und Guy Touvron. Sein Sohn Lionel sowie sein Enkel Nicolas sind ebenfalls Trompeter.
Maurice André hat sich nicht nur damit zufriedengegeben, mit Transkriptionen die Literatur für sein Instrument zu erweitern (darunter die so berühmte wie überraschende Transkription der Glöckchen-Arie aus Léo Delibes' Oper *Lakmé*), sondern hat auch neue Werke bei Komponisten angeregt und diese dann uraufgeführt: *Konzert für Trompe-*

te von Boris Blacher (1971), *Arioso barocco* (1968) und *Heptade* von André Jolivet, *Cahier pour quatre jours* von Marcel Landowski (1978), *Héraldique* von Antoine Tisné sowie Werke von Jean-Claude Éloy, Bernhard Krol u.a.

Andreae, Marc
Schweizer Dirigent, geb. 8. 11. 1939 Zürich.
Der Enkel von Volkmar Andreae und Sohn des Pianisten und Cembalisten Hans Andreae sowie der Pianistin Lis Andreae-Keller erhält 1962 am Züricher Konservatorium das Diplom für Klavier und Orchesterleitung. 1960-62 leitet er das Orchester Pro Arte in Zürich. Anschließend studiert er bei Nadia Boulanger in Paris Komposition und Orchesterleitung (1962-63). 1964-68 studiert er an der Accademia Nazionale di Santa Cecilia in Rom (bei Franco Ferrara) und der Accademia Musicale Chigiana in Siena. 1966 erhält er beim nationalen Züricher Wettbewerb den 1. Preis. Zu Beginn der 60er Jahre schlägt er eine internationale Laufbahn ein. Seit 1969 ist er Dirigent des Schweizerischen Rundfunkorchesters Lugano. Marc Andreae kreiert zahlreiche Werke, darunter Kompositionen von Vinko Globokar, Conrad Beck, Gerhard Wimberger u.a.
Er beschäftigt sich auch mit Komposition und musikologischen Forschungsarbeiten, die es ihm erlauben, vergessene Werke Robert Schumanns (*Symphonie in g-moll*, die Originalversion des *Konzerts für Klavier*), Franz Schuberts (*Großes Duo*, von Joseph Joachim orchestriert), Modest P. Mussorgskijs oder Gioacchino Rossinis aufzuspüren und einzuspielen.

Andreae, Volkmar
Schweizer Dirigent, geb. 5. 7. 1879 Bern, gest. 18. 6. 1962 Zürich.
Er studiert in Bern bei Carl Munzinger und in Köln bei Franz Wüllner (1897-1900). Er arbeitet ein Jahr an der Münchner Oper als Solorepetitor und geht dann nach Zürich, wo er die Leitung des Gemischten Chors übernimmt (1902-49); gleichzeitig leitet er den Stadtsängerverein Winterthur (1902-04). 1906-49 leitet er zusätzlich das Orchester der Tonhalle-Gesellschaft, ist Direktor des Züricher Konservatoriums (1914-39), Leiter des Studentengesangvereins (1914-16) und musikalischer Direktor der Universität (1915). Trotz seiner regelmäßigen Tourneen mit den Berliner und Wiener Philharmonikern bleibt er Zürich treu. Als Gustav Mahler 1911 New York verläßt, lehnt er es ab, dessen Nachfolger zu werden. Er verteidigt Max Regers und Gustav Mahlers Musik leidenschaftlich, beschäftigt sich aber am intensivsten mit Anton Bruckners Schaffen, zu dessen Verbreitung er in entscheidendem Maße beiträgt. Andreae dirigiert als erster Johann Sebastian Bachs *Matthäus-Passion* in Italien (Mailand, 1911).

Anfuso, Nella
Italienische Sopranistin, geb. 5. 10. 1942 Alia bei Palermo.
Sie studiert klassische Literatur an der Universität Florenz und gleichzeitig Gesang am Cherubini-Konservatorium daselbst. Nach ihrer Dissertation geht sie nach Rom an die Accademia Nazionale di Santa Cecilia, um ihre Stimme bei Guglielmina Rosati Ricci weiterzubilden, und wird gleichzeitig Mitglied des Nationalen Forschungsinstitutes für Musik. 1971 debütiert sie in Florenz im Palazzo Vecchio mit einem Giulio Caccini gewidmeten Abend. Sie entwickelt sich zu einer Spezialistin des Komponisten und verfolgt eine zweifache Karriere: als Interpretin und als Musikwissenschaftlerin. Ihre Bücher über die Musik des 15. und 16. Jahrhunderts, vor allem die über die Gesangsvirtuosen in Italien zur Zeit der Entstehung der Oper, sowie ihre Interpretationen und Einspielungen stellen alle bisher vertrauten Theorien in Frage. Obwohl sie selbst kaum von der Bühne angezogen wird (nur einmal übernimmt sie eine Opernrolle, 1974 in der Schweiz, in Monteverdis *Il Combatimento*), ist sie aktives

Gründungsmitglied einer Opern-Truppe in Florenz, die ab 1985 ihre Forschungsergebnisse in die Praxis umsetzt. Sie ist Professorin für Poesie und Drama am Boccherini-Konservatorium in Lucca.

Angeles, Victoria de los
siehe Los Angeles, Victoria de

Angelici, Marta
Französische Sopranistin, geb. 22. 5. 1907 Cargese, gest. 11. 9. 1973 Ajaccio.
Sie studiert in Brüssel bei Alfred Mahy und dessen Frau und gewinnt einen 1. Preis in Gesang sowie die Medaille der belgischen Regierung.
Ab 1933 arbeitet sie für den belgischen, luxemburgischen und holländischen Rundfunk. 1934 gibt sie ihr erstes öffentliches Konzert im Kursaal von Ostende. 1936 tritt sie in Marseille in Giacomo Puccinis *La Bohème* als Mimi neben Gaston Micheletti zum ersten Mal als Opernsängerin auf. 1936 nimmt sie an der von Albert Wolff innerhalb der Konzert-Reihe Pasdeloup geleiteten Uraufführung von Henri Tomasis *Chants de Cyrnos* teil, ein Triumph. 1937 wird sie von Jacques Rouché an die Pariser Oper engagiert und singt dort 1938 die Mimi. 1939 unternimmt sie mit der Truppe der Opéra-Comique eine Tournee nach Brasilien. Vierzehn Jahre lang bleibt sie Mitglied des Ensembles und singt die Mimi, Nedda (*I Pagliacci*, Der Bajazzo, Leoncavallo), Leila und Micaëla (*Les pêcheurs de perles*, Die Perlenfischer, und *Carmen*, Bizet), Baucis und Mireille (*Philémon et Baucis* und *Mireille*, Gounod), Sophie (*Der Rosenkavalier*, R. Strauss), Yniold (*Pelléas et Mélisande*, Debussy) u.a. 1953 wird sie Mitglied der Pariser Oper und singt die Xenia in *Boris Godunow* von Modest P. Mussorgskij.
Sie bleibt sieben Jahre und tritt in Opern wie *Oberon*, *Les Indes galantes* von Jean-Philippe Rameau, in Wolfgang Amadeus Mozarts *Zauberflöte* u.a. auf. 1954 singt sie in der Uraufführung von Henri Tomasis Oper *L'Atlantide* (Mülhausen, Elsaß) die Tanit-Zerga.

Angerer, Paul
Österreichischer Dirigent, geb. 16. 5. 1927 Wien.
Er studiert an der Wiener Staatsakademie und der Musikschule der Stadt Wien. 1948 erhält er beim Internationalen Wettbewerb in Genf eine Medaille. Er wird Mitglied des Orchestre de la Suisse Romande (1949–52) und anschließend des Orchesters der Tonhalle-Gesellschaft Zürich. 1953–56 ist er 1. Solobratscher der Wiener Symphoniker. Er dirigiert anschließend das Wiener Kammerorchester (1956–63) und arbeitet am Wiener Burgtheater (1960–70), der Bonner Oper (1964–66), dem Ulmer Theater (1966–68) und als Opernchef am Salzburger Landestheater (1967–72). 1970–71 ist er künstlerischer Direktor der Hellbrunner Spiele; 1971 übernimmt er die Leitung des Südwestdeutschen Kammerorchesters. 1977 leitet er die Uraufführung von Boris Blachers *Divertimento für Streicher*.

Anido, Maria-Luisa
Argentinische Gitarristin, geb. 25. 1. 1907 Moron.
Sie studiert am Konservatorium von Buenos Aires, an dem sie später selbst Professorin wird, Gitarre. Mit Miguel Llobet Soles als Gitarristen-Partner tritt sie international auf. Heute lebt sie in Barcelona im Ruhestand. Sie hat neben vielen anderen Schülern das Gitarren-Duo Graciela Pomponio/Martínez Sarate unterrichtet.

Anievas, Agustin
Amerikanischer Pianist, geb. 11. 6. 1934 New York.
Sein Vater ist Spanier und seine Mutter Mexikanerin. Ab seinem vierten Lebensjahr gibt ihm seine Mutter Klavierunterricht. Er belegt bei Eduard Steuermann und Olga Samaroff Kurse. Nach einigen Auftritten als Wunderkind tritt er in der Juilliard School of Music in die Klasse von Adele Marcus ein (1953–58). Er gewinnt den Concert Artists Guild Award und tritt 1959 als Preisträger in New York an die Öffentlichkeit.

Zwei Jahre später gewinnt er den Mitropoulos-Preis, ein weiteres Jahr später einen Preis beim Brüsseler Concours Reine Elisabeth. 1964 läßt er sich in Belgien nieder und lebt hier zehn Jahre, bevor er nach Amerika zurückgeht, um am Brooklyner College ein Lehramt zu übernehmen.
Seine Interpretationen der Konzerte von Béla Bartók und Sergej S. Prokofjew werden sehr gelobt. Er nimmt sämtliche Konzerte Sergej W. Rachmaninows auf sowie zahlreiche Zyklen Frédéric Chopins.

Anossow, Nikolaj Pawlowitsch
Russischer Dirigent, geb. 18.2. 1900 Borissoglebsk, gest. 2.12. 1962 Moskau.
Der seine Generation als Dirigent beherrschende Anossow ist der Vater von Gennadi N. Roshdestwenskij. Anossow unterrichtet am Moskauer Konservatorium 1940–62 und leitet die Moskauer Symphoniker ab Ende der 40er Jahre.

Ansermet, Ernest
Schweizer Dirigent, geb. 11.11. 1883 Vevey, gest. 20.2. 1969 Genf.
Aus einem musikalischen Elternhaus stammend, studiert er nacheinander Klarinette, Geige und alle Blechblasinstrumente, die in Fanfaren Verwendung finden; später schreibt er dann Militärmärsche für die Schweizer Armee, die ihm weiter nicht wichtig sind. Neben Musik studiert er in Lausanne Mathematik und schließt 1903 mit Diplom ab; bis 1906 unterrichtet er am Lausanner Gymnasium; dann beschließt er, an der Sorbonne weiterzustudieren und gleichzeitig Kurse am Pariser Konservatorium zu belegen. Nach der Rückkehr nach Lausanne unterrichtet er ein weiteres Jahr Mathematik, bevor er sich ganz der Musik widmet. Er erhält die öffentlich ausgeschriebene Stelle eines Leiters der Kursaal-Konzerte in Montreux. Mit Charles Ramuz befreundet, lernt er über ihn Igor Strawinsky kennen, der damals in Clarens wohnt. So erlebt er die Entstehung von *Le Sacre du Printemps, Pétrouchka, L'Histoire du Soldat, Bajka* und *Svadebka* (Les noces) aus nächster Nähe. Die Begegnung mit Sergej P. Diaghilew in Genf wird entscheidend: am 20.12. 1915 dirigiert er anläßlich einer Gala zugunsten des Roten Kreuzes zum ersten Mal das Orchestre des Ballets Russes, die Uraufführung von *Soleil de nuit*, eine Choreographie von Leonid Massine nach der Musik von Nikolaj A. Rimskij-Korssakow. 1916 unternimmt er mit den Ballets Russes die erste Amerika-Tournee.
1918 leitet er die Uraufführung von *L'Histoire du Soldat*, 1920 die von *Solowej* (Le chant du rossignol) und *Pulcinella*, 1922 die von *Bajka* und 1923 die von *Svadebka* (Les noces). Neben den Werken Strawinskys leitet Ansermet die Uraufführungen von Werken vieler anderer Komponisten: *Parade* (Eric Satie, 1917), *Le tricorne* (Manuel de Falla, 1919), *Der Schut* (Sergej S. Prokofjew, 1923) sowie Igor Strawinskys *Capriccio für Klavier* (1929) und seine *Messe* (1948).
Seit 1915 in Genf wohnend, leitet er drei Orchester gleichzeitig: das der Ballets Russes, das Orchestre Romand (O.R., 1918 von ihm gegründet) und das argentinische Nationalorchester in Buenos Aires, ebenfalls von ihm gegründet. Zehn Jahre lang verbringt er den Winter in Genf und den Sommer in Argentinien. Alle Spitzenorchester laden ihn ein, doch er lehnt die meisten Angebote ab mit dem Ziel, in der Schweiz eine lebendige musikalische Tradition zu etablieren. 1940 entsteht das Orchestre de la Suisse Romande (vom Schweizerischen Rundfunk gefördert), das mit seinem Namen eng verbunden ist. Er leitet das Orchester bis 1967.
Ansermet setzt sich für die Schweizer Komponisten Arthur Honegger und Frank Martin besonders ein; er leitet die Uraufführungen folgender Werke Arthur Honeggers: *Horace victorieux* (1921), *Chant de joie* (1923), *Rugby* (1928) und *Pacific 231*, das ihm gewid-

met ist, und Frank Martins: *Symphonie* (1938), *In terra pax* (1945), *Der Sturm* (1956), *Le mystère de la Nativité* (1959), *Monsieur de Pourceaugnac* (1963) und *Les Quatre Eléments*, die ihm gewidmet sind. Wichtig sind noch die Uraufführungen von zwei Werken von Benjamin Britten: *The Rape of Lucretia* (1946) und *Cantata misericordium* (1963).
WW: *Le geste du chef d'orchestre* (1943); *Les fondements de la musique dans la conscience humaine* (Neuchâtel 1962, dt.: Die Grundlagen der Musik im menschlichen Bewußtsein, München 1965); Ernest Ansermet/J. Claude Piguet: *Gespräche über Musik* (München 1985).

Appia, Edmond
Schweizer Dirigent, geb. 7. 5. 1894 Turin, gest. 12. 2. 1961 Genf.
Er studiert in Genf (bei Henri Marteau), Paris (bei Lucien Capet) und am Konservatorium von Brüssel, das ihn 1920 mit einem 1. Preis entläßt, Violine. Im gleichen Jahr wird er 1. Geiger an der Genfer Oper und gründet 1920 die Société des musiciens professionnels de Genève, die er als erster Präsident bis 1935 leitet. Er macht als Konzertgeiger eine internationale Karriere (1932–35), wechselt als 1. Geiger zum Orchestre de la Suisse Romande. 1935 wird er zum 2. Kapellmeister des Orchesters von Radio Lausanne ernannt, ab 1938 zum ständigen Dirigenten des Orchesters von Radio Genf. Er dirigiert mehr als fünfzig verschiedene Orchester in Europa, Afrika und Amerika. Seine Liebe gilt der französischen und italienischen Musik des 17. und 18. Jahrhunderts. Gleichzeitig fördert er die zeitgenössische Schweizer Musik und leitet u.a. folgende Uraufführungen: *Konzert für Violine und Orchester* (Wladimir Vogel, 1948), *Konzert für Klavier und Orchester* (Raffaele d'Alessandro, 1950), *Sieben Aspekte einer Zwölftonreihe* (Wladimir Vogel, 1951), *Konzert für Klavier und Orchester Nr. 2* (Frank Martin, 1960). Er ist Mitarbeiter internationaler Musikzeitschriften, führt die französische *Jeunesses Musicales* in der Schweiz ein und lehrt am Lausanner (1928–43) und Genfer (1934–61) Konservatorium.

Aragall, Giacomo (= Jaime Aragall)
Spanischer Tenor, geb. 6. 6. 1939 Barcelona.
Als Zwanzigjähriger beginnt er bei Francesco Puig in Barcelona mit seinem Gesangsstudium. Nach einem 2. Preis beim Wettbewerb von Bilbao erhält er ein Stipendium und geht nach Mailand zu Vladimiro Badiali. 1963 gewinnt er den Verdi-Wettbewerb von Busseto und wird von der Scala engagiert. Der Erfolg ist so groß, daß er ohne Verzögerung eine internationale Karriere einschlagen kann. 1966 singt er an der Wiener Oper den Rodolfo (*La Bohème*, Puccini, Inszenierung von Franco Zeffirelli). 1967 tritt er in Venedig, Palermo, Neapel, Rom, Turin, Bologna, Verona (Arena), Barcelona, Berlin, Hamburg und London (Covent Garden) auf. 1969 gastiert er zum ersten Mal an der Met. Aragall, der auch ein ausgezeichneter Schauspieler ist, besticht mit seiner kräftigen, warmen und strahlenden Stimme vor allem im italienischen Repertoire.

Araiza, Francisco
Mexikanischer Tenor, geb. 4. 10. 1950 Mexico City.
Nach dem Studium an der Universität seiner Heimatstadt schreibt er sich am Konservatorium Mexico Citys bei Irma Gonzales (Gesang) ein und debütiert als Zwanzigjähriger als Jaquino in Ludwig van Beethovens *Fidelio* an der Oper von Mexico City. 1974 geht er nach München und studiert an der Musikhochschule bei Richard Holm und Erich Werba. Er wird von der Karlsruher und anschließend von der Zürcher Oper engagiert und arbeitet an seinem Mozart-Repertoire. Weitere Etappen seiner internationalen Karriere sind die Festspiele in Aix-en-Provence (*Così fan tutte*, Mozart, 1977 und 1980, *Semiramis*,

Rossini, 1980), Bayreuth (*Der fliegende Holländer*, Wagner, 1978 und 1979), die Opern in Stuttgart, Wien und Paris sowie die Salzburger Festspiele (*Così fan tutte*, 1982).

Arányi, Jelly d'
Englische Violinistin ungarischer Herkunft, geb. 30. 5. 1893 Budapest, gest. 30. 3. 1966 Florenz.
Jelly d'Arányi, Enkelin von Joseph Joachim, studiert an der Königlichen Akademie Budapest bei Jenő Hubay. Sie debütiert 1909 in Wien und läßt sich nach Konzertreisen in Europa und Amerika 1923 in London nieder, wo sie 1922 und 1923 die beiden *Violinsonaten* Béla Bartóks, die ihr gewidmet sind, zum ersten Mal in England spielt. Maurice Ravel widmet ihr *Tzigane* für Violine und Klavier, Ralph Vaughan Williams das *Concerto*, das sie 1924 zur Uraufführung bringt, und Gustav Holst sein *Doppelkonzert*, das nicht nur ihr, sondern auch ihrer Schwester Adila Fachiri gewidmet ist.
Sie spielt im Trio mit Guilhermina Suggia und Fanny Davies oder Felix Salmond und Myra Hess; Myra Hess ist außerdem mehr als zwanzig Jahre lang ihre Sonatenpartnerin.

Arbós, Enrique Fernández
siehe **Fernández-Arbós, Enrique**

Arco, Annie d'
Französische Pianistin, geb. 28. 10. 1920 Marseille.
Sie studiert am Konservatorium von Marseille bei der Mutter des Flötisten Alain Marion Klavier, bevor sie von Marguerite Long ans Pariser Konservatorium eingeladen wird, wo sie 1934 beginnt und 1938 einen 1. Preis erhält. 1938–43 ist sie am Konservatorium Begleiterin des Violinisten Jules Boucherit; sie begleitet auch die Studenten der Klassen für Gesang und Blasinstrumente. Eugène Bigot lädt sie zum ersten Konzert mit dem Orchestre des Concerts Lamoureux ein. Anschließend spielt sie mit den anderen Pariser Orchestern und auch im Ausland. 1946 gewinnt sie den Genfer Wettbewerb. Neben ihrer Karriere als Solistin tritt sie auch als Begleiterin von Henryk Szeryng, André Navarra, Jean-Pierre Rampal, Pierre Pierlot u.a. auf. Seit 1966 unterrichtet sie an der Ecole Normale de Musique. Sie ist mit dem Hornisten Gilbert Coursier verheiratet.

Arena, Maurizio
Italienischer Dirigent, geb. 13. 3. 1935 Messina.
Er studiert zuerst in Palermo und anschließend als Schüler von Franco Ferrara in Perugia. Er wird Assistent von Tullio Serafin und Antonino Votto, bevor er 1963–69 das Teatro Massimo in Palermo leitet. Anschließend dirigiert er alle großen italienischen Orchester und gastiert an den wichtigsten Opernhäusern. Seit 1968 ist er für die Uraufführung der beim Triester Komponistenwettbewerb ausgezeichneten Werke verantwortlich. Für das italienische Staatsfernsehen nimmt er unbekannte Opern von Anton Rubinstein, Riccardo Zandonai und Italo Montemezzi auf.

Arens, Rolf-Dieter
Deutscher Pianist, geb. 16. 2. 1945 Zinnwald.
Der Schüler von Oswin Kellet (1950–60) bildet sich an der Hochschule für Musik in Leipzig bei Heinz Vogler (Klavier) und Ludwig Schuster (Kammermusik) weiter. 1966 gewinnt er den Internationalen Budapester Wettbewerb, 1968 den Leipziger Bach-Wettbewerb und 1971 den Internationalen Pariser Marguerite Long-Jacques Thibaud-Wettbewerb. Er geht zu Paul Badura-Skoda nach Wien. 1970 wird er an der Leipziger Hochschule Assistent und 1973 Oberassistent. Ab 1976 übt er an der Franz-Liszt-Hochschule in Weimar die gleiche Funktion aus; 1979 wird er zum Dozenten ernannt. Er zählt zur Zeit zu den wichtigsten Repräsentanten der Klavierschule der ehemaligen DDR.

Argenta, Ataúlfo
Spanischer Dirigent, geb. 19. 11. 1913 Castro Urdiales (Santander), gest. 21. 1. 1958 Los Molinos bei Madrid.
Als Dreizehnjähriger tritt er ins Madrider Konservatorium ein und studiert Klavier, Violine sowie Notation. Er erhält den Kristina-Nilsson-Preis und kann so sein Studium in Belgien fortsetzen. Nach seiner Rückkehr nach Madrid wird er Repetitor und anschließend Kapellmeister an der dortigen Oper. Den Bürgerkrieg verbringt er als Soldat in Francos Armee. 1939 gibt er Konzerte in Deutschland und lernt Carl Schuricht kennen, der ihn auffordert, seine Studien fortzusetzen. Vier Jahre lang folgt er diesem Rat und beginnt, in Kassel zu unterrichten. 1944 gründet er das Madrider Kammerorchester; 1947 übernimmt er die Orquesta Nacional in Madrid.
Seine Karriere nimmt einen steilen Aufschwung. Er ist ständiger Gast der Pariser Société des Concerts und des Orchestre de la Suisse Romande in Genf. Ansermet möchte ihn als Nachfolger, doch ein Unfall unterbricht seine Karriere.

Argerich, Martha
Argentinische Pianistin, geb. 5. 6. 1941 Buenos Aires.
Sie gibt als Vierjährige ihr erstes Konzert. Als Achtjährige arbeitet sie mit Vicente Scaramuzza und gibt anschließend jedes Jahr ein Konzert. 1955 übersiedelt sie mit ihrer Familie nach Europa und bildet sich in Wien bei Friedrich Gulda und in Genf bei Madeleine Lipatti und Nikita Magaloff weiter. 1957 gewinnt sie den Bozener Busoni-Wettbewerb sowie den Genfer Wettbewerb und beginnt eine internationale Karriere, die sie 1960 unterbricht, um sich bei Stefan Askenase und dessen Frau zu perfektionieren. 1964 nimmt sie ihre Konzerttätigkeit wieder auf, gewinnt 1965 den Chopin-Wettbewerb in Warschau und heiratet in zweiter Ehe den Dirigenten Charles Dutoit. Vladimir Horowitz und Arturo Benedetti Michelangeli (dessen Schülerin sie ist) schätzen sie. Mit der Aufnahme des *Klavierkonzert Nr. 3* von Sergej S. Prokofjew unter der Leitung von Claudio Abbado wird sie berühmt. Sie beschäftigt sich intensiv mit Kammermusik, widmet sich Chopin, Liszt, Schumann, Prokofjew, Ravel und Strawinsky. Seit Mitte der 80er Jahre spielt sie immer häufiger mit dem Geiger Gidon Kremer Duette. Sie ist in dritter Ehe mit dem englischen Pianisten Stephen Bishop verheiratet, lebt aber getrennt von ihm.

Argiris, Spiros
Griechischer Dirigent, geb. 24. 8. 1948 Athen.
Er studiert in Genf klassische Literatur, läßt sich aber gleichzeitig von Alfons Kontarsky als Pianist ausbilden. Anschließend geht er nach Wien zu Hans Swarowsky, der ihm Unterricht im Dirigieren erteilt, und zu Nadia Boulanger nach Paris. Er beginnt seine Karriere in der Bundesrepublik, wo er heute lebt, und setzt sich als Operndirigent sowie als Spezialist für zeitgenössische Musik durch (an den Opern von Berlin, Hamburg und Köln, beim WDR usw.). Er wird von der Biennale in Venedig und vom Maggio Musicale Fiorentino zu Gastdirigaten eingeladen. 1986 wird er zum musikalischen Leiter des Festival dei due mondi (Spoleto, Italien und Charleston, USA) und im darauffolgenden Jahr zum GMD der Oper von Triest bestellt. Er ist Musikdirektor der Nizzaer Oper. Argiris leitet u.a. folgende Uraufführungen: *El Rey de Harlem* (Hans Werner Henze, 1980), *Passionen* (Dimitris Terzakis), *Die Nacht aus Blei* (Hans Jürgen von Bose, 1981), *Secondatto* (Alberto Bruni Tedeschi, 1987).

Arié, Raphael
Israelischer Bassist bulgarischer Herkunft, geb. 22. 8. 1920 Sofia, gest. 17. 3. 1988 Schweiz.
Er will zuerst Violine studieren, doch dann entdeckt der Bariton Christo Brambaroff seine Stimme und bildet sie aus. 1939 debütiert er in Sofia in Georg Friedrich Händels *Messias*. 1945 wird

er von der Sofioter Oper engagiert. 1946 gewinnt er beim Genfer Wettbewerb den 1. Preis. Er debütiert 1947 mit großem Erfolg an der Mailänder Scala und wird in der Zukunft jedes Jahr eingeladen. Zwischendurch gastiert er bei den Festspielen in Aix-en-Provence, beim Maggio Musicale Fiorentino und an den wichtigsten Opernhäusern Deutschlands, Frankreichs und Nordamerikas. Am 11. 9. 1951 nimmt er in Venedig an der Uraufführung von Igor Strawinskys *The Rake's Progress* teil (mit Elisabeth Schwarzkopf und Otakar Kraus als Partner). 1953 singt er in Salzburg den Komtur in *Don Giovanni* (Mozart), 1960 den Großinquisitor in *Don Carlos* (Verdi). 1962 interpretiert er anläßlich der Wiedereröffnung des Grand-Théâtre de Genève Philipp II. (*Don Carlos*). Aufgrund seiner mächtigen Baß-Stimme ist er herausragender Boris Godunow (Modest P. Mussorgskij), aber er glänzt auch im italienischen Fach und in zeitgenössischer Musik.

Arkhipowa, Irina
Russische Mezzosopranistin, geb. 2. 12. 1925 Moskau.
1948–53 studiert sie in Moskau Architektur, bevor sie ins Konservatorium in die Klasse Leonid F. Sawranskijs eintritt. Sie debütiert an der Oper von Swerdlowsk (1954–56), bevor sie als Carmen (Bizet) ans Bolschoi-Theater geholt wird. Aufgrund ihres unmittelbaren Erfolges werden ihr die verschiedenartigsten Rollen angeboten, von der Ljubascha in Nikolaj A. Rimskij-Korssakows *Zarenbraut* über die Marina und die Marfa (*Boris Godunow* und *Chowanschtschina*, Modest P. Mussorgskij), die Eboli (*Don Carlos*, Verdi), die Charlotte (*Werther*, Massenet) bis zur Hélène in *Krieg und Frieden* (Sergej S. Prokofjew). Sie wirkt auch in zeitgenössischen russischen Opern mit. Sie gilt als ihn ihrer Epoche wichtigste sowjetische Sängerin ihres Faches. Die größten Triumphe feiert sie an der Mailänder Scala (Marfa, 1967; Marina, 1971). 1972 singt sie in San Francisco die Amneris (*Aida*, Verdi). Es gelingt ihr, das traditionelle, schwere Vibrato der russischen Schule zu überwinden. Aufgrund ihres dramatischen Naturells eignet sie sich eher zur Opern- denn zu einer Konzertsängerin.

Armengaud, Jean-Pierre
Französischer Pianist, geb. 17. 6. 1943 Clermont-Ferrand.
Er beginnt als Fünfjähriger mit dem Klavierspiel, wird von Marcel Jacquinot und Pierre Sancan unterrichtet, bevor er an der Ecole Normale de Musique bei Jean Micault weiterstudiert. 1965 legt er am Institut d'Etudes Politiques sein Examen ab und promoviert an der Sorbonne als Musikwissenschaftler; 1966 erhält er die Konzertreife. Er bildet sich bei Guido Agosti (Siena), Jacques Février und Reine Gianoli (Paris) weiter und erhält bei dem Vercelli- und dem Pozzoli-Wettbewerb in Italien jeweils Auszeichnungen. Er macht als Redner, Rundfunkautor und Pianist mit einem eher eklektischem, in der Hauptsache der Musik des 20. Jahrhunderts gewidmetem Repertoire rasch Karriere. Der Gründer der Fêtes musicales von Sainte-Baume realisiert zahlreiche Uraufführungen. Er spielt als erster in Frankreich Sergej S. Prokofjews *Sechs Klavierstücke op. 52*. 1970 gründet er mit Alain Sabouret und Michel Arrignon ein Trio (Klavier, Violine und Klarinette) und ist Mitglied der Gruppe Intervalles von Jean-Yves Bosseur. 1975 wird er zum Delegierten des französischen Kultusministeriums der Region Provence-Côte d'Azur und 1982 zum Kulturattaché an der französischen Botschaft in Stockholm ernannt.
W: *Histoire de la musique de Beethoven à nos jours.*

Armstrong, Karan
Amerikanische Sopranistin, geb. 14. 12. 1941 Dobson (Montana).
Sie studiert Klavier und Klarinette am Concordia College Moorhead (Minnesota), anschließend bei Lotte Lehmann,

Fritz Zweig und Tilly de Garmo Gesang. Sie gewinnt den 1. Preis beim Wettbewerb der Oper von San Francisco, singt an der Met und der New York City Opera, bevor sie mit Salome ihre erste Europa-Tournee unternimmt und in Frankfurt, Straßburg, Hamburg, Toulouse, Oslo und Berlin gastiert. Vor allem aufgrund ihrer zeitgenössischen Rollen wird sie bekannt: Lulu, Marie (*Wozzeck*), die sie in London (Covent Garden) und Zürich singt; in Gottfried von Einems Oper *Jesu Hochzeit* übernimmt sie bei der Uraufführung 1980 die Rolle der Tödin, bei der Uraufführung von Giuseppe Sinopolis *Lou Salomé* 1981 in München die Titelrolle. Neben ihren ersten Rollen, der Norina und Adina (*Don Pasquale* und *L'elisir d'amore*, Der Liebestrank, Donizetti), Musetta (*La bohème*, Puccini) und Gilda (*Rigoletto*, Verdi) erarbeitet sie sich die Rollen der Nedda (*I Pagliacci*, Der Bajazzo, Leoncavallo), Mimi, Manon Lescaut, Cio-Cio-San und Tosca (*La bohème, Madame Butterfly*, Puccini) sowie die der Eva und Elsa (*Die Meistersinger von Nürnberg, Lohengrin*, Wagner) – die beiden letzten singt sie seit 1979 in Bayreuth – und der Mélisande (*Pelléas et Mélisande*, Debussy, 1980, Pariser Oper). Sie ist mit dem Regisseur Götz Friedrich verheiratet.

Armstrong, Sheila
Englische Sopranistin, geb. 13. 8. 1942 Ashington (Northumberland).
Nach ihrem Studium an der Royal Academy of Music in London gewinnt sie den Kathleen-Ferrier- und den Mozart-Preis. Sie debütiert an der Sadler's Wells Opera als Despina in Mozarts *Così fan tutte* und wird 1966 Mitglied des Chors des Glyndebourne-Festivals, wo sie später als Solistin auftritt (Pamina und Zerline, *Zauberflöte* und *Don Giovanni*, Mozart, Fiorilla, *Il Turco in Italia*, Der Türke in Italien, Rossini). 1973 gastiert sie zum ersten Mal in New York während der Philharmoniker-Konzerte und in London am Covent Garden. 1970 kreiert sie beim Three Choirs Festival *Notturni ed alba* von John McCabe, die ihr gewidmet sind.

Arndt, Günther
Deutscher Dirigent, geb. 1. 4. 1907 Berlin-Charlottenburg, gest. 25. 12. 1976 Berlin.
Er studiert an der Akademie in Berlin Schul- und Kirchenmusik sowie an der Universität Musikwissenschaft. 1934 gründet er den Heinrich-Schütz-Kreis. Nach 1945 leitet er beim Berliner Rundfunk die Abteilung für Kammermusik, später übernimmt er dann beim RIAS die Abteilung für symphonische Musik. 1949 gründet er den Motettenchor, den er bis 1964 leitet; ab 1955 leitet er zusätzlich den RIAS-Kammerchor. Als er 1964 stellvertretender Leiter der Musikabteilung des RIAS wird, legt er die Chordirektionen nieder. Mit dem RIAS-Kammerchor zeichnet er für viele Uraufführungen von Werken von Hans Werner Henze, Ernst Krenek, Günter Bialas, Aribert Reimann, Darius Milhaud u.a. verantwortlich und setzt sich gleichzeitig für die Wiederentdeckung der Vorläufer von Johann Sebastian Bach, vor allem für Heinrich Schütz, ein.

Aronowitz, Cecil
Englischer Bratschist, geb. 4. 3. 1916 King William's Town (Südafrika), gest. 7. 9. 1978 Ipswich.
Aus einer russisch-litauischen Familie stammend, studiert er am Royal College of Music in London bei Ralph Vaughan Williams, Gordon Jacob und (nur Violine) bei Achille Rivarde. Erst nach dem 2. Weltkrieg wendet er sich der Bratsche zu. Er spielt in den meisten Londoner Orchestern und ist 1. Bratschist des Kammerorchesters Boyd Neel, der London Mozart Players und des English Chamber Orchestra. Er ist Gründungsmitglied des Melos Ensemble und spielt häufig mit dem Amadeus Quartett. Er unterrichtet am Royal College of Music in London (1950–75), dem in Manchester (1975–77) und an der Snape Maltings School (1977–78).

Arrau, Claudio
Amerikanischer Pianist chilenischer Herkunft, geb. 6. 2. 1903 Chillàn, gest. 9. 6. 1991 Mürzzuschlag (Österreich).
Als Fünfjähriger gibt das Wunderkind in seiner Heimatstadt sein erstes Konzert. Als Elfjähriger tritt er in Berlin auf. 1913–18 studiert er, von der chilenischen Regierung unterstützt, in Berlin bei Martin Krause, einem der letzten Schüler Franz Liszts. 1919 und 1920 erhält er jeweils den Liszt-Preis, der 45 Jahre lang nicht vergeben worden war. 1923 erste Amerika-Tournee; 1925–40 Professor am Sternschen Konservatorium in Berlin; 1926 erste Schallplattenaufnahme. 1927 erhält er den 1. Preis im Genfer Pianistenwettbewerb (in der Jury sitzen Arthur Rubinstein und Alfred Cortot). 1928 gibt er sein erstes Konzert mit den Berliner Philharmonikern. 1935 spielt er in Berlin Johann Sebastian Bachs gesamtes Klavierwerk (12 Abende). Im darauffolgenden Jahr spielt er Wolfgang Amadeus Mozarts Klavierwerk, bevor er sich 1937 Franz Schubert widmet. Er heiratet die Sängerin Ruth Schneider. Bei seinen Tourneen um die ganze Welt – über 100 Konzerte pro Jahr – bietet er seinem Publikum ein reichhaltiges Repertoire von Bach bis zur zeitgenössischen Musik an, wobei seine Vorliebe eindeutig den Romantikern gilt.
1967 ruft er die Claudio-Arrau-Stiftung ins Leben, die junge Musiker unterstützt. Für den Musikverlag Peters gibt er Beethovens Klaviersonaten neu heraus (ab 1973). 1978 erhält er von den Berliner Philharmonikern aus Anlaß der fünfzigjährigen Zusammenarbeit die Hans-von-Bülow-Medaille.
W: *Leben mit der Musik. Aufgezeichnet von Joseph Horowitz* (München 1984).

Arrauzau, Francine
Französische Mezzosopranistin, geb. 10. 10. 1935 Bordeaux, gest. 20. 4. 1981 Tours.
Sie studiert am Konservatorium von Bordeaux, wo sie drei 1. Preise erhält, und am Konservatorium von Paris, wo sie gleichfalls ausgezeichnet wird. Nach einem zaghaften Debüt mit kleinen Rollen in Bordeaux und Paris schafft sie 1963 an der Pariser Oper mit einer explosiven Carmen (Bizet) den Durchbruch. Nach einer Amerika-Tournee mit der Pariser Oper wird sie von der New York City Opera engagiert. Wieder in Paris, triumphiert sie in *Samson et Dalila* von Camille Saint-Saëns. Auf der Rückreise von Tours, wo sie die Périchole von Jacques Offenbach singt, kommt sie bei einem Autounfall ums Leben.

Arroyo, Martina
Amerikanische Sopranistin, geb. 2. 2. 1935 Harlem (N. Y.).
Sie studiert Klavier, bildet ihre Stimme bei Marinka Gurewich aus und studiert gleichzeitig am Hunter College Sprachen und romanische Literatur. Sie arbeitet anfänglich als Lehrerin, Sozialhelferin und Pädagogin. 1958 debütiert sie mit einem Konzert in der Carnegie Hall, doch erst nach dem 1. Preis beim Wettbewerb der Metropolitan Opera wird sie von der Met engagiert, allerdings nur in kleinen Rollen. Sie geht nach Europa und singt an der Berliner, anschließend an der Wiener Oper. Als sie in der Saison 1964–65 die erkrankte Birgit Nilsson als Aida vertritt (an der Met), schafft sie den endgültigen Durchbruch. Besonders im italienischen Fach feiert sie als Amelia und Lady Macbeth (*Un ballo di maschera*, Ein Maskenball, und *Macbeth*, Verdi), Tosca (Puccini) und Donna Anna (*Don Giovanni*, Mozart) auf den amerikanischen und europäischen Bühnen Triumphe. Sie tritt auch als Konzertsängerin hervor und interessiert sich für die zeitgenössische Musik. So singt sie bei den Uraufführungen von Samuel Barbers *Andromache's Farewell* (1963) und Karlheinz Stockhausens *Momente* (1965). Sie ist mit dem Violinisten Emilio Poggioni verheiratet.

Artaud, Pierre-Yves
Französischer Flötist, geb. 13.7.1946 Paris.

1969 erhält er in der Klasse von Gaston Crunelle am Pariser Konservatorium einen 1. Preis für Flöte und 1970 in der Klasse von Christian Lardé einen 1. Preis für Kammermusik. 1970–71 vervollkommnet er seine kammermusikalische Ausbildung am Konservatorium und studiert gleichzeitig an der Universität Paris IV Akustik. 1964–68 spielt er im Orchestre Philharmonique d'Ile de France Pikkoloflöte. 1971 wird er zum Soloflötist des Orchestre Laetitia Musica und 1972 zu dem der Ensembles Itinéraire und 2e2m ernannt. Seit 1965 ist er Professor am Konservatorium von Asnières, seit 1970 leitender Mitarbeiter der Jeunesses musicales française; 1973–80 leitet er bei den Fêtes musicales de la Sainte-Baume die Klasse für zeitgenössische Flöte. Seit 1978 leitet er in Ungarn (Pécs und Csongrád) musikalische Sommerkurse. 1981 wird er innerhalb des IRCAM zum Leiter der instrumentalen Forschungsgruppe ernannt; 1982 ist er Gastprofessor in Darmstadt. Er ist in verschiedenen Verlagen für die Herausgabe von Partituren verantwortlich. 1964 gründet er das Flötenquartett Arcadie. 1970–72 gehört er zum Bläserquintett Da Camera, 1973–74 zum Quintett Albert Roussel. Seit 1971 tritt er regelmäßig mit der Harfistin Sylvia Beltrando auf und seit 1978 mit dem Cembalisten Pierre Bouyer. 1985 wird er zum Professor für Kammermusik am Konservatorium von Paris ernannt. Artaud kreiert zahlreiche Werke von Brian Ferneyhough, Luís de Pablo Costales, Betsy Jolas, Yoshihisa Taïra, Michael Levinas, Tristan Murail, Paul Mefano, Franco Donatoni, André Boucourechliev, Maurice Ohana, Michel Decoust, Antoine Tisné u.a.

W: *La flûte* (Paris 1986).

Ashkenazy, Wladimir Dawidowitsch
Isländischer Pianist und Dirigent russischer Herkunft, geb. 6.7.1937 Gorkij.

Er studiert am Moskauer Konservatorium bei Lew N. Oborin. Als Achtzehnjähriger gewinnt er einen 2. Preis beim Warschauer Chopin-Wettbewerb; 1956 dann den 1. Preis beim Brüsseler Concours Reine Elisabeth. Aufgrund dieser Auszeichnungen wird er zu einer großen Tournee durch Amerika und Kanada eingeladen. 1962 erzielt er beim Tschaikowskij-Wettbewerb den 1. Preis. Er wird international bekannt. 1963 wechselt er mit Frau und Kindern in den Westen und läßt sich in London nieder. Er spielt mit den größten Interpreten seiner Zeit, André Previn, Itzhak Perlman u.a., mit dem er sämtliche *Sonaten für Violine und Klavier* Ludwig van Beethovens aufnimmt. Für die BBC spielt er Beethovens 32 *Sonaten für Klavier* ein. 1968 läßt er sich in Island nieder, wo er alle zwei Jahre das Festival in Reykjavík organisiert. Sein Repertoire spannt sich von Wolfgang Amadeus Mozart bis zu Dmitrij D. Schostakowitsch, wobei Frédéric Chopin im Mittelpunkt steht.

Seit einiger Zeit ist Ashkenazy auch als Dirigent tätig, vornehmlich von Werken von Peter I. Tschaikowskij, Sergej S. Prokofjew und Jean Sibelius. Seit 1982 lebt er hauptsächlich in der Schweiz. 1987 wird er zum musikalischen Direktor des Londoner Royal Philharmonic Orchestra ernannt; 1989 übernimmt er als Chefdirigent das Berliner Radio-Symphonie-Orchester.

W: *Beyond the frontiers* (1984, dt.: Jenseits von Grenzen, Zürich 1987).

Askenase, Stefan
Belgischer Pianist polnischer Herkunft, geb. 10.7.1896 Lwów (Lemberg), gest. 18.10.1985 Bonn.

In seiner Heimatstadt wird er von seiner Mutter, Schülerin von Karol Mikuli, die selbst Schüler von Franz Liszt war, unterrichtet. Er studiert bei Emil Sauer, Schüler von Liszt, an der Wiener Musikakademie.

Schon zu Beginn seiner Karriere fällt er als Chopin-Interpret auf. Er gibt Konzerte in ganz Europa. Nach dem 1. Weltkrieg, an dem er als Mitglied der österreichischen Armee teilnimmt, widmet er sich der Unterrichtstätigkeit: 1922–25 Konservatorium Kairo (während dieser Zeit auch sein fester Wohnsitz), 1937–1940 Konservatorium Rotterdam, 1954–61 Konservatorium Brüssel (wo er ab 1925 seinen Wohnsitz hatte).

Zu seinen Schülern gehören Martha Argerich und André Tschaikowskij. Er spielt viele Werke des romantischen Repertoires ein, vor allem die Chopins.

W: *Wie Meister üben I* (Zürich 1966).

Atherton, David
Englischer Dirigent, geb. 3. 1. 1944 Blackpool.
Er studiert am Trinity College in Cambridge, an der Royal School of Music sowie der Guildhall School of Music, beide in London. 1967 gründet er die London Sinfonietta und ist bis 1973 ihr künstlerischer Leiter. 1968 wird er Mitglied des leitenden Direktoriums des Covent Garden und ist jüngster Gastdirigent in der Geschichte des Hauses. 1976 dirigiert er zum ersten Mal an der Scala, 1978 an der Oper von San Francisco, bevor er zum musikalischen Direktor des Symphonie-Orchesters von San Diego (Cal., 1980–81) und zum Chefdirigenten des Royal Liverpool Philharmonic Orchestra (1980–83) ernannt wird. Er setzt sich besonders für die zeitgenössische Musik ein und leitet die Uraufführungen von *The Whale* (John Tavener, 1968), *Punch and Judy* (Harrison Birtwistle, 1968), *Verses for Ensembles* (Harrison Birtwistle, 1969), *Voyage* (Iain Hamilton, 1971) und *We come to the River* (Hans Werner Henze, 1976). Er nimmt als erster Arnold Schönbergs Kammermusik und dessen Musik für kleines Orchester integral auf.

Atlantow, Wladimir Andrejewitsch
Russischer Tenor, geb. 19. 2. 1939 Leningrad.
Der Sohn eines Berufssängers zeigt schon früh seine Begabung; er studiert am Leningrader Konservatorium bei N. Bolotina, wo er, noch nicht einmal zwanzig Jahre alt, die Abschlußprüfung besteht. Er wird Mitglied des Ensembles im Kirow-Theater. 1963–65 ist er Praktikant an der Mailänder Scala, wo er mit Barra arbeitet. 1967 wird er Mitglied des Bolschoi. Er singt den Don José (*Carmen*, Bizet), Alfredo (*La Traviata*, Verdi) und Cavaradossi (*Tosca*, Puccini) und natürlich alle großen russischen Tenorpartien. Mit der Truppe des Bolschoi erobert er das schwierige Publikum der Scala, der Met und der Pariser sowie der Wiener Oper. Wie seine Freunde Jelena W. Obraszowa, Wladimir N. Petrow oder Jurij A. Masurok wird er schnell zu einem international gesuchten Star. Er debütiert an der Münchner Oper in der Rolle des Canio in Ruggiero Leoncavallos *I Pagliacci* (Der Bajazzo), singt merkwürdigerweise die Bariton-Rolle des Rodrigo in Giuseppe Verdis *Don Carlos*, erhält die Goldmedaille beim Tschaikowskij-Wettbewerb 1966 und Preise bei den Wettbewerben in Montreal und Sofia (1967). 1987 singt er unter Wolfgang Sawallisch in München den Siegmund in Richard Wagners *Walküre*.

Atzmon, Moshe (= Moshe Groszberger)
Israelischer Dirigent, geb. 30. 7. 1931 Budapest.
Als Kind erhält er in Budapest Cellounterricht, bevor er 1949 nach Israel emigriert, wo er am Tel Aviver Konservatorium Horn und Klavier studiert (1958–62). Anschließend geht er nach London, wo er Antal Doratis Rat befolgt und an der Guildhall School of Music Orchesterleitung studiert (1962–64). Beim Mitropoulos-Wettbewerb in New York erhält er 1963 einen 2. und 1964 beim Liverpooler Wettbewerb einen 1. Preis. Von den meisten europäischen Orchestern als Gastdirigent eingeladen,

debütiert er 1967 an der Spitze der Wiener Philharmoniker bei den Salzburger Festspielen. Zwei Jahre später dirigiert er zum ersten Mal an der Oper Berlin, bevor er die Leitung des Symphonie-Orchesters Sydney übernimmt (1969–72). 1972 wird er zum Chef des Basler Symphonie-Orchesters und des Orchesters des WDR ernannt (bis 1976). Anschließend wird er musikalischer Berater und ständiger Dirigent des Tokyo Metropolitan Symphony Orchestra und gleichzeitig erster Dirigent des American Symphony Orchestra. 1986 leitet er die Uraufführung von Conrad Becks *Nachklänge*.

Auberson, Jean-Marie
Schweizer Dirigent, geb. 2. 5. 1920 Chavornay (Vaud).
Neben dem Studium der klassischen Sprachen studiert er am Lausanner Konservatorium Violine und Bratsche. Vom Lausanner Kammerorchester und anschließend dem Orchestre de la Suisse Romande engagiert, setzt er seine Studien an der Accademia Musicale Chigiana in Siena und anschließend an den Konservatorien Wien und Köln fort. Bei Ernest Ansermet und Carl Schuricht studiert er Orchesterleitung (1956–60). Er dirigiert das Orchester von Radio Beromünster und das von Sankt-Gallen. Ab 1961 dirigiert er neben den großen Konzerten für Radio Beromünster auch öfters das Orchestre de la Suisse Romande, das Tonhalle-Orchester Zürich sowie die Orchester von Basel und Bern. Er leitet die Uraufführungen von Julien-François Zbindens Oper *Faits divers* (Radio Genf), Henri Sauguets *Pâris* (Théâtre des Champs-Elysées) u.a. Rolf Liebermann holt ihn an die Hamburger Staatsoper, wo er Ballettabende leitet und sich mit französischer Musik beschäftigt (1968–73); in diese Zeit fällt die Uraufführung von Antonio Bibalos *Pinocchio*. An der Genfer Oper arbeitet er eng mit den Choreographen Peter van Dyck und Oscar Araiz zusammen. 1977 leitet er die Uraufführung von Alberto Ginasteras *Konzert für Klavier und Orchester* und 1980 die von Armin Schiblers *Tristans Wahnsinn*. Er ist der Vater der Sopranistin Audrey Michael (geb. 1950 Lausanne), die an der Düsseldorfer Oper engagiert ist.

Auclair, Michèle
Französische Violinistin, geb. 16. 11. 1924 Paris.
Nach dem Studium am Pariser Konservatorium bei Jules Boucherit geht sie zu Boris Kamenski und Jacques Thibaud. 1943 erhält sie den Preis Marguerite Long-Jacques Thibaud und beginnt eine internationale Karriere. 1945 gewinnt sie den Genfer Wettbewerb.
Seit dieser Zeit gibt sie zahlreiche Konzerte in Europa und Südamerika. Ihre Technik ist eine Synthese aus russischer und französischer Schule. 1969 wurde sie zur Professorin für Violine am Pariser Konservatorium ernannt. Sie ist mit dem Komponisten Antoine Duhamel verheiratet.

Auer, Leopold (von)
Ungarischer Violinist, geb. 7. 6. 1845 Veszprém, gest. 17. 7. 1930 Dresden-Loschwitz.
Der Schüler von Ridley Kohne in Budapest, von Jacob Dont (bis 1858) und Joseph Hellmesberger in Wien, beginnt eine Karriere als Wunderkind, bevor er sich bei Joseph Joachim in Hannover perfektioniert (1863–64). 1863–65 ist er Konzertmeister in Düsseldorf, 1865–67 in Hamburg, bevor er ans kaiserliche Konservatorium in Petersburg geht, wo er Nachfolger von Henryk Wieniawski wird und bis 1917 unterrichtet. Besonders am Zarenhof erzielt er als Geiger Triumphe. Er gründet 1899 in Petersburg ein Quartett, das ebenfalls sehr bekannt wird. Ihm ist Peter I. Tschaikowskijs *Konzert für Violine und Orchester* gewidmet, das er sich lange weigert zu spielen, bevor es durch ihn weltbekannt wird, außerdem Tschaikowskijs *Melancholische Serenade* sowie Alexander Glasunows *Konzert für Violine und Orchester* sowie dessen *Streichquartett Nr. 5*.

Leopold Auer wird als Instrumentalist im allgemeinen als Nachfolger von Joseph Joachim angesehen; trotzdem wurde er vor allem als Pädagoge bekannt. Zu seinen Schülern in Petersburg sowie am Curtis Institute in Philadelphia zählen u. a. Jascha Heifetz, Mischa Elman, Efrem Zimbalist, Toscha Seidel, Nathan Milstein, Cecilia Hansen und Samuel Dushkin.

WW: *Violin playing as I teach it* (New York 1921 und London 1961); *My Long Life in Music* (New York 1923); *Violin Master Works and their Interpretation* (Boston 1925).

Augér, Arleen
Amerikanische Koloratursopranistin, geb. 13. 9. 1939 Long Beach.
Sie besucht das College in Long Beach und legt dort auch ihr Examen ab. 1963–68 studiert sie Gesang. Sie gewinnt verschiedene Wettbewerbe, bevor sie aufgrund einer Tournee mit dem Philharmonischen Orchester von Los Angeles bekannt wird. Nach ersten Erfolgen als Gilda in *Rigoletto* (Verdi) und Königin der Nacht in *Die Zauberflöte* (Mozart) erhält sie ein Stipendium, das ihr erlaubt, ihre Ausbildung in Wien fortzusetzen. Die Wiener Oper, wo sie als Königin der Nacht begeistert, bietet ihr einen langfristigen Vertrag an (1967–74). Die Met engagiert sie, die Hamburger Staatsoper (1970), München, Salzburg ...
Als Koloratursopranistin zeichnet sie sich durch kristallklare Obertöne aus. Sie unterrichtet an der Musikhochschule Frankfurt.

Auriacombe, Louis
Französischer Dirigent, geb. 22. 2. 1917 Paris, gest. 12. 3. 1982 Toulouse.
Er studiert am Konservatorium Toulouse Violine (1. Preis 1931), Gesang und Deklamation (1. Preis 1937) und Harmonie (1. Preis 1939). Später studiert er bei Igor Markevitch in Salzburg Orchesterleitung (1951–56) und assistiert seinem Lehrer bei dessen internationalen Tourneen. 1953 gründet er das Toulouser Kammerorchester (12 Streicher und Cembalist), das in der ganzen Welt Gastspiele gibt. Er leitet die Uraufführung von André Boucourechlievs *Ombres* (1970) sowie die amerikanische Erstaufführung von György Ligetis *Ramifications* (Washington 1970). Seit 1971 zwingt eine langjährige Krankheit Auriacombe zur Untätigkeit.

Aussel, Roberto
Argentinischer Gitarrist, geb. 13. 7. 1954 Ciudad de la Plata.
Nach dem Studium in seiner Heimatstadt erhält er beim Porto-Alegre-Wettbewerb in Brasilien, beim Wettbewerb in Caracas sowie 1975 beim internationalen Wettbewerb von Radio-France jeweils 1. Preise. Er bildet sich bei Jorge Martínez Sarate und Maria-Luisa Anido fort und tritt heute in der ganzen Welt auf.

Austbö, Haakon
Norwegischer Pianist, geb. 22. 10. 1948 Kongsberg.
Als Vierzehnjähriger tritt er erstmals mit dem Philharmonischen Orchester in Bergen und als Fünfzehnjähriger in Oslo auf. Anschließend bildet er sich am Pariser Konservatorium in der Klasse von Lelia Gousseau (1. Preis 1969) und an der Ecole Normale de Musique bei Blanche Bascourret de Gueraldi weiter (1970 Konzertreifeprüfung). Im darauffolgenden Jahr erhält er in Royan den 1. Preis beim Internationalen Messiaen-Wettbewerb und beim Concours de la guilde française des artistes solistes. 1970 gewinnt er den Debussy-Wettbewerb in Saint-Germain-en-Laye, 1972 den Skrjabin-Wettbewerb in Oslo und 1975 den Ravel-Wettbewerb in Paris. Mit seiner Frau Marina Horak als Partnerin gewinnt er den Münchner Duo-Wettbewerb (1974) und mit dem Trio du Nord den 1. Preis von Bratislava (1975). Seit 1974 lebt er in den Niederlanden. Er unterrichtet seit 1979 am Konservatorium von Utrecht.

Ax, Emmanuel
Amerikanischer Pianist weißrussischer Herkunft, geb. 8. 6. 1949 Lwów (Lemberg).
Er wird zuerst in Lwów von seinem Vater unterrichtet, bevor er sich in Kanada und ab 1961 in New York niederläßt. Er studiert an der Juilliard School und debütiert 1969. Nach seinem ersten New Yorker Konzert (1975) steht seiner internationalen Karriere nichts mehr im Wege. Er gewinnt 1972 den belgischen Concours Reine Elisabeth sowie 1974 den Rubinstein-Wettbwerb in Tel Aviv.

Ayo, Félix
Italienischer Violinist spanischer Herkunft, geb. 1. 7. 1933 Sestao.
Als Vierzehnjähriger legt er die Konzertreifeprüfung als Solist ab, bevor er in Paris und in Rom bei Rémy Principe weiterstudiert. Das Gründungsmitglied des Ensembles I Musici ist bis 1967 dessen Konzertmeister und wird in dieser Eigenschaft international bekannt. 1968 gründet er das Beethoven-Quartett mit Marcello Abbado (Klavier), Alfonso Ghedin (Bratsche) und Vincenzo Altobelli (Violoncello). Zwei Jahre später verläßt Abbado das Quartett; Carlo Bruno nimmt seinen Platz ein. Ayo unterrichtet ab 1972 an der Accademia Nazionale di Santa Cecilia in Rom. Er spielt auf einer sehr schönen, 1768 in Neapel hergestellten Gennaro-Gagliano-Geige.

Azaïs, Julien
Französischer Pianist, geb. 19. 7. 1939 Boynes.
Azaïs studiert am Pariser Konservatorium und erhält 1959 den 1. Preis in Klavier (Klasse von Jean Doyen), 1960 den 1. Preis im Instrumentalensemblespiel (Klasse von Jacques Février) und 1961 in Kammermusik für das Duo mit Marie-José Billard (Klasse von Joseph Calvet); ein solcher Preis wurde zum ersten Mal verliehen. Ab dieser Zeit tritt er ausschließlich mit Marie-José Billard als Partnerin auf. 1964 gewinnen sie beim Internationalen Wettbewerb des Bayerischen Rundfunks als Duo einen Preis; 1965 wird ihnen der Jehan-Alain-Preis für ihre Einspielung von Johann Sebastian Bachs Konzerten verliehen; 1969 erhalten sie die silberne Medaille der Stadt Paris. Daniel-Lesur, Pierre Max Dubois und Alphonse Stallaert komponieren für sie. Am 16. August geben sie während der Festspiele in Cluny ihr letztes Konzert. Aufgrund einer Gelenkversteifung in der rechten Hand konnte Marie-José Billard nicht mehr weiterspielen. Seit dieser Zeit leiten sie die Künstleragentur B/A Musique.

B

Babin, Victor
Amerikanischer Pianist und Komponist russischer Herkunft, geb. 13.12. 1908 Moskau, gest. 1.3. 1972 Cleveland (Ohio).
Er studiert Klavier und Komposition am Konservatorium von Riga und geht anschließend nach Berlin (1928-31) zu Artur Schnabel (Klavier) und Franz Schreker (Komposition). 1933 heiratet er die Pianistin Vitya Vronsky. Er bildet mit seiner Frau ein erfolgreiches Klavierduo, das auf ausgedehnten Tourneen Europa und Amerika bereist. 1950 wird er zum Professor am Aspen Institute and School of Music, 1951 zu dessen Direktor ernannt (bis 1954). Er unterrichtet auch am Berkshire Music Center in Tanglewood und leitet von 1961 bis zu seinem Tod das Cleveland Music Institute. Im gleichen Jahr erhält er die Ehrendoktorwürde der University of New Mexico (Albuquerque). Er ist der Urheber zahlreicher Transkriptionen für zwei Klaviere (darunter die *Circus Polka* von Strawinsky) und schreibt eigene Stücke für seine Formation sowie zwei Konzerte für zwei Klaviere und Kammermusik. Darius Milhaud schreibt für das Duo Babin-Vronsky sein *Konzert für zwei Klaviere Nr. 1*.

Baccaloni, Salvatore
Italienischer Bassist, geb. 14.4. 1900 Rom, gest. 31.12. 1969 New York.
Er singt als Knabe im Chor der Cappella Sistina und beginnt als Fünfzehnjähriger ein Architekturstudium (an der römischen Akademie), bevor er von dem Bariton Giuseppe Kaschmann ausgebildet wird. 1922 debütiert er am Teatro Adriano in Rom als Bartolo (*Il barbiere di Siviglia*, Rossini). 1925 holt ihn Arturo Toscanini an die Scala nach Mailand, wo er bis 1940 regelmäßig auftritt. Toscanini empfiehlt ihm, ins Buffo-Fach zu wechseln. Er studiert mehr als 150 Rollen in verschiedenen Sprachen ein und trägt zu vielen Uraufführungen bei: *La farsa amorosa* (Der verliebte Schwank) von Riccardo Zandonai (Rom 1933), *La vigna* (Der Weinberg) von Guido Guerrini (Rom 1935) und *Il filosofo di campagna* (Der Philosoph vom Land) von Baldassare Galuppi (Venedig 1938). 1940 wird er Mitglied der Met (bis 1962). Es existieren historische Schallplattenaufnahmen, auf denen er die Rollen des Don Pasquale (Donizetti), Falstaff (Verdi), Warlaam (*Boris Godunow*, Mussorgskij; er war der bevorzugte Partner Schaljapins) interpretiert, vor allem aber die des Leporello in *Don Giovanni* (Mozart), bei dessen erster Einspielung er mitwirkt (Glyndebourne, 1936, unter der Leitung von Fritz Busch). Seine kräftige, sichere Stimme und seine unvergleichliche Diktion stehen oft im Dienst der Komik. So ist es nur folgerichtig, daß er nach seinem Abschied von der Bühne als Filmkomiker eine kurze, aber erfolgreiche zweite Karriere beginnt.

Bachauer, Gina
Englische Pianistin griechischer Herkunft, geb. 21.5. 1913 Athen, gest. 22.8. 1976 daselbst.
Neben dem Jurastudium besucht die Tochter einer italienisch-österreichischen Familie gleichzeitig das Athener Konservatorium, wo sie bei Woldemar Freeman Kurse belegt. Anschließend geht sie zu Alfred Cortot an die Ecole Normale de Musique nach Paris. Etwas später schließt sie bei Sergej W. Rachmaninow ihre Ausbildung ab (1935). Zwei Jahre zuvor hatte sie beim Internationalen Wiener Wettbewerb eine Medaille erhalten. 1935 tritt sie unter der Leitung von Dimitri Mitropoulos in ihrer Geburtsstadt zum ersten Mal öffentlich auf. Die sich anschließende,

eindrucksvolle Karriere mit Tourneen durch ganz Europa wird durch den Krieg unterbrochen. Sie geht nach Ägypten und gibt mehr als 600 Konzerte für die Alliierten. 1947 nimmt sie mit einem Konzert in der Londoner Albert Hall ihre Tourneetätigkeit wieder auf. 1950 feiert sie in der New Yorker Carnegie Hall einen Triumph. Mit dem amerikanischen Dirigenten Alec Sherman verheiratet, verläuft ihre restliche Karriere in den Vereinigten Staaten. Sie gibt zahlreiche Wohltätigkeitskonzerte und weiht, unter anderem, das Kennedy Center in Washington mit einem Klavierabend ein. Gina Bachauer weigert sich zeitlebens, sich auf einen bestimmten musikalischen Bereich zu spezialisieren, obwohl sie die Werke des 19. und des beginnenden 20. Jahrhunderts besonders liebt.

Backhaus, Wilhelm
Deutscher Pianist, geb. 26. 3. 1884 Leipzig, gest. 5. 7. 1969 Villach.
Er studiert bei Alois Reckendorf am Konservatorium seiner Heimatstadt (1891–98), bevor er nach Frankfurt zu Eugen d'Albert geht. 1895 lernt er Johannes Brahms kennen, dessen Werke er später mit Vorliebe interpretiert. Als Sechzehnjähriger gibt Backhaus in London sein erstes Konzert. 1905–08 ist er Professor am Royal College in Manchester. 1905 gewinnt er den Artur-Rubinstein-Preis. 1910 realisiert er die erste Gesamtaufnahme eines Konzerts, Edvard Griegs *Konzert in a-moll*. In seiner Jugend von Johann Sebastian Bach fasziniert, beschäftigt er sich später auch intensiv mit Ludwig van Beethoven und Johannes Brahms. Die Theorie und das Notenstudium ist für ihn ebenso wichtig wie die Spielpraxis. Er ist zeitlebens streng notentreu und versucht, die Gedanken der Komponisten so getreu wie nur möglich umzusetzen. Backhaus gehört keiner Schule an; seine Musikauffassung ist zeitlos. Als Gegner romantischer Übertreibungen versucht er, seinen Interpretationen eine solide Basis zu verschaffen. Seine Schallplatteneinspielungen der 32 Klaviersonaten und der 5 Klavierkonzerte Beethovens gehören zu den richtungweisenden Aufnahmen. Nach dem 2. Weltkrieg läßt er sich in Lugano nieder. 1953 erhält er den Wiener Bösendorfer-Preis. Bis zu seinem Tod gibt er Konzerte und nimmt Schallplatten auf.

Bacquier, Gabriel
Französischer Bariton, geb. 17. 5. 1924 Béziers.
Er studiert am Pariser Konservatorium (1. Preis für Oper, Operette und Gesang 1950) und debütiert in der Truppe José Beckmans' (1950–52). Anschließend geht er für drei Jahre an das Théâtre royal de la Monnaie in Brüssel (1953–56). 1960 singt er zum ersten Mal während der Festspiele in Aix-en-Provence die Titelrolle des *Don Giovanni* (Mozart), die er mehrere Jahre hindurch verkörpert. Wien engagiert ihn. Später singt er neben Renata Tebaldi den Baron Scarpia in *Tosca* (Puccini). Ab 1966 tritt er regelmäßig an der Met auf. Er reist sehr viel und nimmt an den wichtigsten Festspielen teil (Glyndebourne, 1962, Graf Almaviva in Mozarts *Le nozze di Figaro*, den er 1973 in der berühmten Girogio Strehler/Georg Solti-Produktion ebenfalls interpretiert). In Aix-en-Provence tritt er als Golo in *Pelléas et Mélisande* (Debussy) auf. Neben Buffo-Rollen (*Falstaff*, Verdi) beschäftigt er sich mit dem französischen Lied (Poulenc, *Les Chansons gaillardes*). Er gilt als einer der wichtigsten Vertreter der französischen Gesangskunst. Bis 1987 unterrichtet er am Pariser Konservatorium.

Bader, Roland
Deutscher Chor- und Orchesterdirigent, geb. 24. 8. 1938 Wangen/Allgäu.
Er studiert an der Hochschule für Musik in Stuttgart Kirchenmusik und Orchesterleitung (bei Hans Hörner). 1970–74 ist er Chefdirigent in Oberhausen und unterrichtet an der Folkwangschule Essen Orchesterleitung. 1974 wird er zum Domkapellmeister und Chorleiter der

Hedwigs-Kathedrale Berlin ernannt. Er dirigiert die wichtigsten deutschen Orchester. Seine Karriere gewinnt schnell internationale Ausmaße (Amerika, Japan, Australien). Er ist ständiger Gastdirigent der Krakauer Philharmonie und des Symphonieorchesters von Maastricht. 1983 übernimmt er die Leitung des NDR-Chores. Ab 1984 dirigiert er regelmäßig während der Salzburger Festspiele.

Badura-Skoda, Paul
Österreichischer Pianist und Musikwissenschaftler, geb. 6. 10. 1927 Wien.
Am Konservatorium seiner Heimatstadt studiert er Klavier und Orchesterleitung (1945–48). Anschließend bildet er sich in Luzern bei Edwin Fischer weiter, wo er Alfred Brendel kennenlernt. Edwin Fischer, dessen Assistent er wird, beeinflußt ihn stark. Dabei hütet er sich, einseitig zu werden: Einflüsse außermusikalischer Art, die seine Kunst bereichern können, werden laufend assimiliert. Der feinfühlige Musikwissenschaftler begeistert sich auch für die Literatur und die Architektur, Gebiete, in denen er sich ausgezeichnet auskennt.
Er debütiert 1948 und fällt Herbert von Karajan sowie Wilhelm Furtwängler, die ihm bei seiner Karriere entscheidend helfen, sofort auf. Während seiner zahlreichen Tourneen durch die ganze Welt greift Badura-Skoda immer häufiger zum Dirigentenstab, bleibt aber weiterhin in erster Linie Pianist. Schon früh spezialisiert er sich auf die Wiener Klassik und Romantik (J. Haydn, Mozart, Beethoven, Schubert), denen auch seine Forschungen gewidmet sind. Mit Jörg Demus teilt er die Leidenschaft für alte Musikinstrumente. Er besitzt eine bedeutende Sammlung alter Hammerklaviere. Seine Interpretationen der Werke Johann Sebastian Bachs, Wolfgang Amadeus Mozarts und Ludwig van Beethovens, in verschiedenen Büchern veröffentlicht, basieren auf seiner intimen Kenntnis des Klangverhaltens von Hammerklavieren und -flügeln.

1966 wird er zum artist in residence der University of Wisconsin ernannt. Er unterrichtet regelmäßig in Salzburg, Wien, Siena und Paris.
Obwohl er das Hammerklavier perfekt beherrscht, verschmäht er moderne Flügel keineswegs. So spielt er Frédéric Chopin und Johannes Brahms auf einem Bösendorfer. Er hat Ludwig van Beethovens Sonaten sowie Werke von Franz Schubert, Wolfgang Amadeus Mozart und Frédéric Chopin herausgegeben.
Aus seiner Feder stammt eine *Missa in D* sowie zahlreiche Kadenzen für Klavier und Violine Mozartscher und Haydnscher Konzerte.
WW: *Mozart-Interpretation, Anregungen zur Interpretation der Klavierwerke* (zusammen mit Eva Badura-Skoda, Wien 1957); *Die Klaviersonaten von Ludwig van Beethoven* (zusammen mit Jörg Demus, Wiesbaden 1970); *Bach-Interpretation* (Laaber, 1988).

Baer, Olaf
Deutscher Bariton, geb. 19. 12. 1957 Dresden.
Als Zehnjähriger wird er Mitglied des Dresdner Kreuzchores. 1978 tritt er in die Dresdner Musikhochschule ein. 1982 gewinnt er beim Internationalen Dvořák-Wettbewerb in Karlovy Vary (Karlsbad) den 1. Preis, der mit dem Felix-Mendelssohn-Stipendium verbunden ist. Im darauffolgenden Jahr gewinnt er in London beim Lieder-Wettbewerb Walter Gruner ebenfalls einen 1. Preis und beginnt eine Karriere als Lieder- und Opernsänger. Er wird Mitglied der Semper-Oper in Dresden, debütiert am Londoner Covent Garden (1985) und in *Ariadne auf Naxos* (R. Strauss) während der Festspiele in Aix-en-Provence (1986). An der Wiener Oper und an der Mailänder Scala singt er 1986 den Papageno (*Die Zauberflöte*, Mozart), in Frankfurt (1986) und wiederum Aix-en-Provence (1988) den Guglielmo (*Così fan tutte*, Mozart) und in Glyndebourne 1987 den Grafen (*Capriccio*, R. Strauss). 1988 debütiert er

unter Sir Georg Solti in Chicago in Johann Sebastian Bachs *Johannespassion.* Seine ersten Aufnahmen mit Liedern (mit Geoffrey Parsons am Flügel) belegen, daß er zu den wichtigen Persönlichkeiten auf diesem Gebiet gehört.

Bailey, Norman
Englischer Baßbariton, geb. 23. 3. 1933 Birmingham.
Er studiert an der Universität Rhodes in Südafrika und anschließend an der Musikakademie Wien. 1960 gewinnt er den 1. Preis beim internationalen Wiener Gesangswettbewerb. Er debütiert 1959 an der Wiener Kammeroper in Gioacchino Rossinis *La cambiale di matrimonio* (Der Heiratswechsel). 1960-67 ist er Mitglied der Opern von Linz, Wuppertal und Düsseldorf und singt die verschiedensten Rollen. 1967 tritt er in London in das Ensemble der Sadler's Wells Opera ein, gibt aber weiterhin Gastspiele, so im gleichen Jahr an der Scala, wo er in Luigi Dallapiccolas *Sacra rappresentazione Job* die Titelrolle übernimmt. Schnell behauptet er sich als Wagner-Bariton, vor allem als Hans Sachs (*Die Meistersinger von Nürnberg*), den er in London, Hamburg, München, Brüssel und Bayreuth singt, wo er auch den Gunther (*Götterdämmerung*) und den Amfortas (*Parsifal*) interpretiert. Bailey hat inzwischen alle wichtigen Bariton-Rollen einstudiert.

Bailleux, Odile
Französische Organistin und Cembalistin, geb. 30. 12. 1939 Trappes.
Sie studiert am Konservatorium von Versailles Klavier und allgemeine Musiklehre. An der Pariser Ecole César Franck besucht sie anschließend die Klassen von Jean Fellot und Edouard Souberbielle und erhält 1965 ihr Diplom als Organistin. Sie studiert anschließend Klavier, Harmonielehre und Kontrapunkt und geht 1969-70 zu Helmut Walcha nach Frankfurt/M. Sie gehört zu den wenigen französischen Schülerinnen des großen Organisten. 1964 nimmt sie an der Internationalen Orgelakademie in Saint-Maximin teil; 1966 wird sie zur Stellvertreterin von Antoine Reboulot an der Großen Orgel von Saint-Germain-des-Prés ernannt. Ab 1973 wird sie, gleichzeitig mit André Isoir, Hauptorganistin der wichtigen Orgel. Seit 1980 lehrt sie am Konservatorium Bourg-la-Reine Orgel. Sie gibt zahlreiche Konzerte in Frankreich und einigen europäischen Ländern. Sie beschäftigt sich auch mit dem Cembalo und übernimmt innerhalb der 1973 zusammen mit Michel Henry (Barock-Oboe) gegründeten Gruppe Musique-Ensemble das Continuo, so wie sie innerhalb der Grande Ecurie et la Chambre du Roy für das Orgel-Continuo verantwortlich zeichnet. Helmut Walcha, Gustav Leonhardt, Scott Ross und Michel Chapuis haben sie, ihrer Aussage zufolge, beeinflußt.

Baker, George C.
Amerikanischer Organist, geb. 1951 Dallas.
Als Vierjähriger erhält er Klavier- und als Zehnjähriger Orgelunterricht. Phil Baker von der Highland Park Methodist Church in Dallas unterrichtet ihn, bevor er als Fünfzehnjähriger zu Dr. Robert Anderson an die Southern Methodist University geht (bis 1973).
1969 gewinnt er den regionalen American Guild of Organist Wettbewerb, im darauffolgenden Jahr den gleichen Preis auf nationaler Ebene; er ist der jüngste Preisträger in der Geschichte dieses wichtigen amerikanischen Orgelwettbewerbes. 1973 erhält er das Diplom als Bachelor of Music; als Stipendiat kommt er nach Frankreich und arbeitet mit Marie-Claire Alain sowie Jean Langlais. Direkt nach seiner Ankunft wird er zum stellvertretenden Organisten der anglikanischen Kirche Saint-Georges in Paris ernannt. Im Sommer 1973 gibt er in der Kathedrale Notre-Dame sein erstes großes Orgelkonzert in Frankreich. 1974 beschließt die Jury des Orgelwettbewerbes in Chartres einstimmig, ihm den 1. Preis zu verleihen. Er zeichnet für die Gesamtaufnahmen

des Orgelwerkes von Johann Sebastian Bach und Darius Milhaud verantwortlich.
Mitte der 80er Jahre bricht er seine brillante Karriere ab, um sich der Psychiatrie zu widmen.

Baker, Dame Janet
Englische Mezzosopranistin, geb. 21. 8. 1933 Hatfield (Yorkshire).
Die Schülerin von Helena Isepp in London gewinnt 1956 den 2. Preis beim Kathleen-Ferrier-Wettbewerb und erhält ein Stipendium für das Salzburger Mozarteum, wo sie von Lotte Lehmann unterrichtet wird. 1960 singt sie die Hedwig in Georg Friedrich Händels *Rodelinde*. Im darauffolgenden Jahr gibt sie zwei Konzerte, die sie einem breiteren Publikum bekannt machen. 1961-76 gehört sie zum Ensemble der English Opera Group und singt die Dido (*Dido and Aeneas*, Purcell) sowie die Hauptrollen in den Opern Benjamin Brittens. Der Komponist widmet ihr seine Kantate *Phaedra*. 1966 triumphiert sie in Amerika und Kanada und debütiert am Covent Garden (als Dido in Berlioz' *Les Troyens*, Die Trojaner, und als Idamantes in Mozarts *Idomeneo*). Sie singt regelmäßig in Glyndebourne und unterstützt Raymond Leppard bei dessen Bemühungen, frühe Opern neu zu beleben (Pier Francesco Cavalli, Claudio Monteverdi). Ihre klare Mezzosopranstimme zeichnet sich durch eine außerordentliche Homogenität aus. Ihre Phrasierung, ihre Expressivität und ihre reine Technik machen sie zu einer der großen zeitgenössischen Interpretinnen. Als Vertreterin der englischen Schule macht sie weder zwischen dem großen Opern-Repertoire und der alten Musik noch zwischen Oper und Konzert Unterschiede. 1982 nimmt sie in Christoph Willibald Glucks *Orfeo ed Euridice* in Glyndebourne ihren Abschied von der Bühne.
W: *Full Circle* (1982).

Balatsch, Norbert
Österreichischer Chorleiter, geb. 10. 3. 1928 Wien.
Er studiert Medizin und gleichzeitig Musik (Kammermusik und Chorleitung an der Wiener Akademie) sowie im privaten Rahmen Cello und Klavier. Als Kind gehört er den Wiener Sängerknaben an, bei denen er nach seinem Studium zum ersten Mal als Chorleiter tätig wird. Er gründet seinen eigenen Kinderchor und gewinnt in Österreich verschiedene Preise. Anschließend wird er, nachdem er den Wiener Männerchor geleitet hat, 1952 von der Wiener Oper engagiert und 1978 zum Leiter des Opernchors ernannt (bis 1984). 1972 übernimmt er als Nachfolger von Wilhelm Pitz die Leitung des Bayreuther Chores. Gleichzeitig dirigiert er 1974-79 den Londoner Philharmonia Chorus. Ab 1984 leitet er den Chor der Accademia Musicale Chigiana in Siena. In Wien übt er die Funktion eines Hofkapellmeisters aus und dirigiert die wichtigsten religiösen Werke (Messen von Mozart, Haydn usw.).

Baldwin, Dalton
Amerikanischer Pianist, geb. 19. 12. 1931 Summit (N. J.).
Nach seinem Studium an der Juilliard School in New York und am Oberlin-Konservatorium (Ohio), geht er nach Europa und bildet sich bei Madeleine Lipatti und Nadia Boulanger weiter. Schon kurz darauf beginnt er, sich mit der Begleitung von Sängern und Sängerinnen auseinanderzusetzen, wobei er einen vertieften Dialog mit Interpreten und Komponisten anstrebt. Er arbeitet mit Jennie Tourel, Pierre Fournier, Elly Ameling, Jessye Norman, Nicolai Gedda, vor allem aber mit Gérard Souzay zusammen, zu dessen unzertrennlichem Partner er wird; ihr Repertoire reicht vom französischen Liedgut (Fauré bis Poulenc) bis zum zeitgenössischen Schaffen, wobei sie eine enge Zusammenarbeit mit den Komponisten, vor allem mit Frank Martin, Ned Rorem (anläßlich der Aufführung von dessen *War*

Scenes), Alberto Ginastera usw. anstreben. Dem einfühlsamen und diskreten Begleiter wurde von seinen Sängerfreunden während des Festivals von Roque d'Anthéron im Jahre 1982 ein eigener Abend gewidmet. Er leitet das jährlich stattfindende Gesangs-Festival in Princeton (USA) und unterrichtet in Genf, Royaumont und in den Vereinigten Staaten.

Ballista, Antonio
Italienischer Pianist und Komponist, geb. 30. 3. 1936 Mailand.
Er studiert am Verdi-Konservatorium seiner Heimatstadt bis 1955 und beschäftigt sich in der Hauptsache mit zeitgenössischer Musik und Kammermusik. Ab 1953 formt er mit dem Pianisten Bruno Canino ein Duo, das sich aufgrund der vielen Uraufführungen und auch der von dem Duo in Auftrag gegebenen Werke sehr schnell als eines der wichtigsten seiner Zeit durchsetzt. Das Duo kreiert folgende Werke: *Tableaux vivants* (Lebende Bilder, 1964), Ausschnitt aus der *Passion selon Sade* (Passion nach Sade) von Sylvano Bussotti, *Ode* (1966) von Niccolò Castiglioni und *Konzert für zwei Klaviere* von Luciano Berio (1973). Als Solist kreiert er folgende Werke, die ihm fast alle gewidmet werden: *Wasserklavier* (1964) und *Erdenklavier* (1970) von Luciano Berio, *Foglio d'album* (Albumblatt, 1969, Auszug aus *Rara Requiem*) von Sylvano Bussotti, *Impromptu Nr. 2* (1969) von Bruno Canino, *Estratto* (Auszug, 1969) von Franco Donatoni und *De la nuit* (Über die Nacht, 1971) von Salvatore Sciarrino. 1963 wird er zum Professor am Konservatorium von Param und 1964 zum Professor am Verdi-Konservatorium in Mailand ernannt.

Balsam, Artur
Amerikanischer Pianist polnischer Herkunft, geb. 8. 2. 1906 Warschau.
Der Schüler der Konservatorien von Lódź und Berlin gewinnt 1930 beim Berliner Internationalen Wettbewerb den 1. Preis und im darauffolgenden Jahr den Mendelssohn-Preis. Neben seiner bereits als Zwölfjähriger begonnenen Karriere als Solist räumt er der Tätigkeit als Begleiter einen bedeutenden Platz ein und spielt vor allem mit Yehudi Menuhin, Szymon Goldberg, Erica Morini, Joseph Fuchs, Nathan Milstein, Mstislaw L. Rostropowitsch, Zino Francescatti, dem Budapester sowie dem Kroll-Quartett. 1960 nimmt er den Platz von Erich Itor Kahn innerhalb des Trio Albeneri ein. Als Solist widmet er sich hauptsächlich der klassischen Musik und nimmt fast 250 Schallplatten auf, darunter sämtliche Klaviersonaten von Joseph Haydn, Wolfgang Amadeus Mozart und Johann Nepomuk Hummel. Er leitet die Klavier-Klassen an der Akademie Kneisel für Kammermusik in Blue Hill (Maine, USA) und an der Musikschule von Manhattan in New York, nachdem er früher schon an der Universität von Boston und der Eastman School of Music unterrichtet hatte.

Balslev, Lisbeth
Dänische Sopranistin, geb. 21. 2. 1945 Abenrade.
Nach ihrem Studium an der Opernakademie der Königlichen Oper in Kopenhagen, an der sie 1976 als Jaroslawna in Alexander P. Borodins Oper *Fürst Igor* debütiert, wird sie von Hamburg engagiert und von Berlin, Dresden und Stuttgart eingeladen, wo sie als Senta (*Der fliegende Holländer*, Wagner) bekannt wird, die sie dann ab 1978 auch in Bayreuth singt. Zu ihrem Repertoire zählen außerdem die Elisabeth (*Tannhäuser*) und die Elsa (*Lohengrin*, beide Wagner), die Fiordiligi (*Così fan tutte*) sowie die Königin der Nacht (*Zauberflöte*, beide Mozart) und verschiedene klassische (Iphigenie in *Iphigénie en Aulide*, Gluck, die sie 1979 in München singt) und italienische Rollen.

Baltsa, Agnes
Griechische Mezzosopranistin, geb. 19. 11. 1944 Lefkas.
Sie studiert in Athen, München und Frankfurt und wird beim Internationa-

len Bukarester Wettbewerb ausgezeichnet. 1964 erhält sie das Maria-Callas-Stipendium. 1968 debütiert sie an der Frankfurter Oper als Cherubin in Wolfgang Amadeus Mozarts *Le nozze di Figaro*. Bis 1982 gehört sie zur Frankfurter Oper und wechselt dann an die Deutsche Oper nach Berlin. 1976 debütiert sie am Covent Garden und der Wiener Staatsoper, 1977 als Eboli (*Don Carlos*, Verdi) während der Salzburger Festspiele und 1980 an der Pariser Oper. Zu ihrem Repertoire zählen Orfeo in Christoph Willibald Glucks *Orfeo ed Euridice*, Sextus (*La clemenza di Tito*, Mozart), Dorabella (*Cosi fan tutte*, Mozart), Dido in *Les Troyens* von Hector Berlioz, Octavian (*Der Rosenkavalier*) und der Komponist in *Ariadne auf Naxos* (beide R. Strauss), Rosina (*Il barbiere di Siviglia*, Rossini) und Carmen (Bizet), die sie unter Herbert von Karajans Leitung in Wien und Salzburg singt.

Bamberger, Carl
Amerikanischer Dirigent österreichischer Herkunft, geb. 21. 2. 1902 Wien, gest. 18. 7. 1987 New York.
Studiert an der Universität Musiktheorie, bei Heinrich Schenker Klavier und bei Friedrich Buxbaum Cello. Als Dirigent debütiert er an der Danziger Oper (1924–27). Anschließend geht er an das Landestheater Darmstadt (1927–31), bevor er einige Jahre in der UdSSR verbringt (1931–1935). 1937 arbeitet er in Ägypten. Im gleichen Jahr läßt er sich endgültig in den Vereinigten Staaten nieder, wo er hauptsächlich als Lehrer arbeitet. Er gründet (1938) und leitet das Orchester des Mannes College in New York. Seit 1938 gehört er zum Lehrkörper des Instituts und übernimmt auch leitende Funktionen. Gleichzeitig leitet er die New School of Music in Philadelphia. 1942–50 ist er musikalischer Direktor des Columbia Spring Festival; 1940–45 leitet er die New Choral Group of Manhattan und die Brooklyn Oratorio Society. Als Gastdirigent arbeitet er mit dem Orchester der Columbia Broadcasting Corporation, der NBC, des SDR und den New Yorker sowie Chicagoer Philharmonikern zusammen. 1950–52 leitet er die Kammerkonzerte in Montreal; ab 1952 dirigiert er regelmäßig an der New York City Opera.
W: *The Conductor's Art* (1965).

Bamert, Matthias
Schweizer Dirigent, geb. 5. 7. 1942 Ersingen.
Er studiert in Bern, Zürich, Paris und Darmstadt Oboe, Komposition und Orchesterleitung. 1965–69 ist er 1. Oboist des Salzburger Mozarteum-Orchesters. Dann geht er in die Staaten und wird Assistent von Leopold Stokowski beim New Yorker American Symphony Orchestra (1970–71). Anschließend arbeitet er mit dem Orchester von Cleveland als resident conductor (bis 1977). Nach seiner Rückkehr nach Europa wird er zum ständigen Leiter des Basler Radio-Symphonie-Orchesters ernannt (1977–83).

Barbier, Jean Noël
Französischer Pianist, geb. 25. 3. 1920 Belfort.
Er studiert klassische Sprachen (Latein und Griechisch, mit Diplom-Abschluß) und Musik (bei Blanche Selva und Lazare-Lévy). Der 2. Weltkrieg hindert ihn daran, in das Pariser Konservatorium einzutreten. Nach dem Krieg wird er als Schriftsteller tätig und veröffentlicht *Le théâtre de minuit* (1945), *Les eaux fourrées* (1951), *Irradiante* (1954) und 1965 ein *Dictionnaire des musiciens français*. In den Fachzeitschriften *La Revue musicale*, *Le Journal musical* und *Disques* veröffentlicht er viele Artikel. Ab 1950 tritt er als Pianist auf und widmet sich in der Hauptsache der französischen Musik: Déodat de Séverac, Emmanuel Chabrier, Claude Debussy, Jacques Ibert und vor allem Erik Satie – seine Gesamtaufnahme (1971–72) von dessen Werken für Klavier solo wird von der Académie du disque français ausgezeichnet – gehören zu seinen be-

vorzugten Komponisten. Er veröffentlicht eine dem Werk Wilhelm Rusts gewidmete Schallplatte. Seit 1974 leitet er das Konservatorium von Charenton.

Barbieri, Fedora
Italienische Mezzosopranistin, geb. 4. 6. 1920 Triest.
Sie studiert anfänglich in ihrer Heimatstadt bei Federico Bugamelli und Luigi Toffolo und anschließend in Mailand bei Giulia Tess Gesang. 1940 debütiert sie in Florenz als Fidalma in Domenico Cimarosas *Il matrimonio segreto* (Die heimliche Ehe). Nach ersten Erfolgen in ihrer Heimat unternimmt sie 1943 eine Tournee durch Deutschland, Belgien und die Niederlande. Im gleichen Jahr heiratet sie Luigi Barlozzetti und unterbricht ihre Karriere. 1945 tritt sie als Azucena in *Il Trovatore* (Verdi) in Florenz wieder auf. Bald feiert sie auf allen großen italienischen Bühnen Triumphe. 1966 singt sie an der Scala die Angelina in Gioacchino Rossinis *La Cenerentola* (Aschenbrödel). 1947 triumphiert sie am Teatro Colón in Buenos Aires. Anschließend wird sie von London, Paris, Wien, San Francisco und Chicago eingeladen. Ihre Lieblingsrolle ist Mrs. Quickly in Giuseppe Verdis *Falstaff*, in der sich ihr Temperament und ihre beeindruckend tiefe Stimme bestens ergänzen. An der Met, zu deren Ensemble sie 1950–54 und 1956 gehört, triumphiert sie als Amneris (*Aida*) und als Eboli (*Don Carlos*, beide Verdi). 1955–58 gehört sie zu den gefeiertsten Sängerinnen der Festspiele von Verona. In Italien wird sie auch für ihre Interpretationen von Carmen (Bizet) und Orfeo in Christoph Willibald Glucks italienischer Version (*Orfeo*) gerühmt.
Ihre Persönlichkeit, ihre schauspielerische Begabung, ihre szenische Präsenz sowie die Schönheit und Musikalität ihrer Stimme lassen sie zu einer der wichtigsten Mezzosopranistinnen ihrer Zeit werden.

Barbirolli, Sir John
Englischer Dirigent, geb. 2. 12. 1899 London, gest. 29. 7. 1970 daselbst.
Seine Familie ist französisch-italienischer Herkunft. Er beginnt mit seinem Studium am Trinity College (Cambridge, 1911–12), bevor er an die Royal Academy of Music nach London geht (1912–17), wo er eine solide Ausbildung als Cellist erhält. 1916 wird er Mitglied des Queen's Hall Orchestra; ein Jahr später tritt er zum ersten Mal als Solist auf. Als Mitglied des Kutcher-Quartetts beschäftigt er sich intensiv mit Kammermusik. Er gründet sein eigenes Streichorchester und beginnt zu dirigieren. 1925 übernimmt er die Leitung des Chenil Orchestra in Chelsea. Im darauffolgenden Jahr wird er von der British National Opera Company engagiert; 1929–33 ist er 1. Kapellmeister der Covent Garden Touring Company, bevor er die Leitung des Scottish Orchestra in Glasgow und gleichzeitig die des Symphonie-Orchesters von Leeds übernimmt (1933–36). 1936 debütiert er in den Vereinigten Staaten. 1937 wird er Nachfolger von Arturo Toscanini an der Spitze der New Yorker Philharmoniker und behält diesen Posten bis 1943 bei. Im gleichen Jahr noch kehrt er nach England zurück und übernimmt das Hallé Orchestra in Manchester (1943–70), das er zu einem der besten englischen Orchester formt. 1961–67 leitet er gleichzeitig das Symphonie-Orchester von Houston. Er stirbt während einer Probe mit dem New Philharmonia Orchestra.
Barbirolli leitete die Uraufführungen vieler englischer Werke, darunter die 2. Suite aus *Façade* von William Walton, die *Sinfonia da Requiem* von Benjamin Britten, die *Symphonie Nr. 8* von Ralph Vaughan Williams, die ihm gewidmet ist, sowie Darius Milhauds *Ouverture philharmonique* (1962). Er war mit der Oboistin Evelyn Rothwell verheiratet, für die er ein *Konzert für Oboe* (nach Giovanni Battista Pergolesi) schrieb.

Barbizet, Pierre
Französischer Pianist, geb. 20. 9. 1922 Arica (Chile), gest. 18. 1. 1990 Marseille.
Er studiert am Pariser Konservatorium und erhält 1. Preise in den Fächern Klavier (1940), Geschichte der Musik und Kammermusik. Sehr jung schon widmet er sich ausschließlich der Musik. Er gewinnt den Großen Preis des Internationalen Wettbewerbes von Scheveningen (1948) sowie den Concours Marguerite Long-Jacques Thibaud (1949). Seit 1963 ist er Direktor des Marseiller Konservatoriums. Viele Jahre hindurch tritt er vor allem im Duo mit dem Geiger Christian Ferras auf, das in der Tradition des französischen Stils steht. Das Duo nimmt die *Zehn Sonaten für Klavier und Violine* von Ludwig van Beethoven auf. Pierre Barbizet, dessen Repertoire von Wolfgang Amadeus Mozart bis zu den Zeitgenossen reicht, setzt sich besonders für Emmanuel Chabrier ein, dessen Klavierwerk er in geschlossenen Zyklen spielt. Seine elegante Technik steht ganz im Zeichen einer ausdrucksstarken, sensiblen Authentizität.

Barboteu, Georges
Französischer Hornist, geb. 1. 4. 1924 Algier.
Sein Vater, Professor für Horn am Konservatorium in Algier, kauft ihm ein F-Horn, als er gerade neun Jahre alt ist. Als Elfjähriger erhält er einen 1. Preis am Konservatorium. Drei Jahre später wird er Mitglied des Symphonie-Orchesters von Radio Algier. Als er 1938 als 2. Solist während der Sommersaison in Biarritz spielt, wird er von Charles Münch beeindruckt. Während des 2. Weltkriegs studiert er Harmonielehre, Kontrapunkt, Fugentechnik und Kammermusik. 1948 bewirbt er sich beim französischen Orchestre National und wird genommen. Er nimmt als 2. Solist an einer Amerika- und Kanada-Tournee teil. 1950 setzt er am Pariser Konservatorium sein Studium fort. Im gleichen Jahr erringt er dort einen Ehrenpreis. 1951 wird ihm beim Internationalen Genfer Wettbewerb der 1. Preis zugesprochen. Er wird Mitglied der Pariser Opéra-Comique sowie anschließend der Pariser Oper, bevor er als 1. Hornist zum Orchester der Concerts Lamoureux geht; 1969 wechselt er in gleicher Funktion zum Orchestre de Paris. Er wird Professor am Pariser Konservatorium und gründet das Quintett *Ars Nova*. Georges Barboteu komponiert für sein Instrument und bemüht sich, das Repertoire für Horn zu erweitern.

Bardon, Claude
Französischer Violinist und Dirigent, geb. 20. 4. 1942 Angers.
Sein Vater war 30 Jahre lang Konzertmeister der Concerts Populaires in Angers. Seine sieben Söhne werden alle Instrumentalisten und spielen ab und zu als Kammermusikensemble zusammen. Claude Bardon studiert zuerst am Konservatorium von Angers Violine, Kammermusik, Harmonielehre und Gesang. 1966 erhält er am Pariser Konservatorium als Violinist einen 1. Preis. 1967 wird er von Charles Münch als Konzertmeister an das soeben von ihm gegründete Orchestre de Paris verpflichtet. Gleichzeitig schlägt er eine Solistenkarriere ein und spielt im Trio Courmont. 1974 nimmt er bei Pierre Dervaux Unterricht in Orchesterleitung. Daniel Barenboim ernennt ihn zu seinem Assistenten und vertraut ihm die ersten Konzerte an. In dieser Zeit beginnt er, als Gast zu dirigieren. 1984 wird er zum stellvertretenden Chefdirigenten des Orchestre de Paris ernannt. Nach seiner Ernennung zum stellvertretenden Chefdirigenten des Orchestre National de Lyon (1985–86) und zum Professor am Conservatoire National Supérieur daselbst, gibt er 1986 seine Pariser Stelle auf.

Barenboim, Daniel
Israelischer Pianist und Dirigent, geb. 15. 11. 1942 Buenos Aires.
Als Siebenjähriger absolviert Baren-

boim, dessen Vater und Mutter Klavierpädagogen sind, sein erstes Konzert. 1951 kehrt seine Familie, die sich später in Israel niederläßt, nach Europa zurück. Als Zehnjähriger gibt er in Wien und Salzburg Klavierabende. Später begegnet er Edwin Fischer (bei dem er Unterricht nimmt) und Wilhelm Furtwängler. Er besucht Dirigentenkurse bei Igor Markevitch und perfektioniert sich bei Nadia Boulanger. 1955 debütiert er in London unter der Leitung von Josef Krips. Sechs Jahre später beginnt er seine Dirigentenlaufbahn, zuerst in Israel, später dann in Österreich. 1964 spielt er mit dem English Chamber Orchestra zum ersten Mal in London, Paris und New York sämtliche *Konzerte für Klavier* von Wolfgang Amadeus Mozart. 1973 leitet er in Edinburgh eine Aufführung des *Don Giovanni* und 1975 des *Le nozze di Figaro* (beide Mozart). Im gleichen Jahr wird er Nachfolger von Sir Georg Solti an der Spitze des Orchestre de Paris. Er dirigiert ab dieser Zeit die wichtigsten Orchester der Welt, vor allem in London, wo er seinen ständigen Wohnsitz hat. 1981 leitet er mit Richard Wagners *Tristan und Isolde* seine erste Bayreuther Aufführung. Seit 1967 ist er mit der Cellistin Jacqueline Du Pré verheiratet. Barenboim spielt die 32 *Sonaten für Klavier* von Ludwig van Beethoven ein sowie dessen 5 *Konzerte für Klavier*, einmal als Pianist unter der Leitung von Otto Klemperer, einmal als Dirigent mit Arthur Rubinstein am Flügel. Barenboim spielt als Pianist Johann Sebastian Bach, Frédéric Chopin oder Johannes Brahms genauso mühelos wie die zeitgenössische Klavierliteratur, während er als Dirigent sich vor allem mit den Wiener Klassikern, der französischen Musik, Anton Bruckner, Peter I. Tschaikowskij sowie Sir Edward Elgar beschäftigt. Er begleitet große Sänger, darunter Janet Baker und Dietrich Fischer-Dieskau, von dem er, eigener Aussage zufolge, viel gelernt hat. Seit 1982 veranstaltet er zusammen mit Jean-Pierre Ponnelle (gest. 1988) und den Musikern des Orchestre de Paris einen ausschließlich Mozart vorbehaltenen Zyklus. 1989 legt er die Leitung des Orchestre de Paris nieder, um die der neuen Opéra de Paris (an der Place de la Bastille) zu übernehmen. Noch bevor er die Stelle antritt, legt er aufgrund von Streitigkeiten mit dem Intendanten das Amt wieder nieder. Er übernimmt 1991 die Leitung des Symphonie-Orchesters von Chicago und 1992 gleichzeitig als Generalmusikdirektor die Staatsoper Berlin.

Barenboim zeichnet für die Uraufführung von Alexander Goehrs *Konzert für Klavier* (1972) sowie dessen *Sinfonia* (1980), für Darius Milhauds *Ode pour Jérusalem* (1973), Pierre Boulez' *Notations II* (1982), Richard Wagners *La Descente de la Courtille* (1983) und Hans Werner Henzes *Fandango* (1986) verantwortlich.

Barentzen, Aline van
Französische Pianistin amerikanischer Herkunft, geb. 7.7. 1897 Somerville (USA), gest. 30. 10. 1981 Paris.
Als Wunderkind wird sie im Alter von neun Jahren in das Pariser Konservatorium aufgenommen. Sie besucht die Klasse von Marguerite Long und Elie-Miriam Delaborde. Sie verläßt das Konservatorium mit einem 1. Preis und geht an die Kaiserliche Akademie in Berlin zu Ernst von Dohnányi und später dann nach Wien, um sich bei Theodor Leschetizky zu perfektionieren. Nach ihrer Rückkehr in die Vereinigten Staaten unterrichtet sie am Konservatorium von Philadelphia, bevor sie als Professorin nach Buenos Aires berufen wird. 1954 kehrt sie nach vielen Tourneen, die sie um die ganze Welt führen, nach Paris zurück und wird Professorin am Pariser Konservatorium. Heitor Villa-Lobos widmet ihr *A Prole do Bebê Nr. 2*. Sie wirkte 1943 an der Uraufführung von Florent Schmitts Klavierquartett *Hasards* (Zufälle) mit.

Barrientos, Maria
Spanische Sopranistin, geb. 10. 3. 1883 Barcelona, gest. 8. 8. 1946 Ciboure (Frankreich).

Seit ihrer frühesten Kindheit mit einer soliden musikalischen Ausbildung versehen, studiert sie nur sechs Monate lang Gesang, bevor sie als Fünfzehnjährige in Barcelona am Teatro Novedades als Selika in Giacomo Meyerbeers Oper *L'Africaine* auftritt. Trotz der nur kurzen Ausbildungszeit besticht ihre Technik, und sie überrascht die Kenner aufgrund der Leichtigkeit und Präzision ihrer Vokalisen. Ihre Stimme ist nicht sehr groß; trotzdem dringt sie aufgrund ihrer hervorragenden Technik immer durch. Die romantischen Rollen liegen ihr so gut wie die überschäumende Rosina (*Il barbiere di Siviglia*, Rossini).

Sie singt viel in Spanien und gibt Gastspiele an der Scala oder am Covent Garden; doch ihre eigentliche Karriere spielt sich in Nord- und Südamerika ab. 1904–17 gehören die »Barrientos-Tourneen«, an denen die besten Sänger der Epoche teilnehmen, zu den wichtigsten Saison-Ereignissen der südamerikanischen Opernhäuser und Theater. 1916–20 gehört sie zum Ensemble der Met, die für sie, nachdem sie in der Titelrolle von Gaetano Donizettis *Lucia di Lammermoor* debütiert hatte, Vincenzo Bellinis *I puritani* (Die Puritaner) neu inszeniert. Sie nimmt an der amerikanischen Erstaufführung von Nikolai A. Rimskij-Korssakows Oper *Der goldene Hahn* teil. 30 Jahre lang singt sie alles, was in ihr Fach als Koloratursopran fällt, von Lakmé (Delibes) bis zu Mireille (Gounod) und von der Amina (*La sonnambula*, Die Nachtwandlerin, Bellini) bis zur Gilda (*Rigoletto*, Verdi).

Nachdem sie ein Vermögen verdient und wieder verloren hat, verbringt sie als gefürchtete Bridge-Spielerin in Südwest-Frankreich einen ruhigen Lebensabend.

Barrios, Augustin Pio (genannt ›Mangoré‹)
Paraguayischer Gitarrist, geb. 5. 5. 1885 San Juan Bautista de las Missiones, gest. 7. 8. 1944 San Salvador.

Im Rahmen eines kleinen Familienorchesters spielt er als Achtjähriger bereits Harfe, Flöte und Geige, bevor er sich der Gitarre widmet. Er arbeitet mit Gustavo Josa Escalada. 1910 geht er nach Uruguay zu Antonio Gimenez Manjon. Ein Mäzen, Don Tomas Salomini, organisiert für ihn Konzerte in Mexiko und Kuba. 1934 unternimmt er seine einzige Europa-Tournee. 1936 kehrt er nach Lateinamerika zurück. 1933–44 unterrichtet er am Konservatorium von San Salvador. Er gilt als einer der wichtigsten lateinamerikanischen Komponisten. Als erster spielt er eine für Gitarre transkribierte Suite Bachs. Ab 1910 nimmt er mehr als fünfzig Schallplatten auf, die neu herausgegeben werden sollen.

Barrueco, Manuel
Amerikanischer Gitarrist kubanischer Herkunft, geb. 16. 12. 1952 Santiago de Cuba.

Er studiert am Konservatorium von Havanna. 1974 erhält er den 1. Preis des Concerts Artists Guild Award und debütiert in New York, Beginn einer internationalen Karriere. Der Preisträger des Peabody-Konservatoriums in Baltimore ist inzwischen artist in residence der gleichen Institution. 1985 realisiert er unter der Leitung von Seiji Ozawa die amerikanische Erstaufführung von Tôru Takemitsus *Konzert für Gitarre*. Er unterrichtet an der Manhattan School of Music, an der er bei der Einrichtung des Studienfachs Gitarre mitgewirkt hat.

Barschaj, Rudolf Borissowitsch
Israelischer Bratschist und Dirigent russischer Herkunft, geb. 28. 9. 1924 Staniza Labinskaja bei Krasnodar.

Wadim Borisowskij, der ihn am Moskauer Konservatorium in Bratsche unterrichtet, und Lew Zeitlin, der Leiter der Violin-Klasse am gleichen Institut, sind schnell von der Begabung ihres vierzehnjährigen Schülers überzeugt, der 1945 als Bratschist seine Karriere beginnt. Zehn Jahre lang spielt er Kammermusik, zuerst im Moskauer Philharmonischen Quartett, heute Borodin-Quartett, dann im Tschaikowskij-Quartett. Der Preisträger des Bukarester Wettbewerbes (Jugend-Festspiele 1949) erweitert unaufhörlich sein klassisches Repertoire. Zusammen mit Emil G. Gilels, Leonid B. Kogan und Mstislaw L. Rostropowitsch spielt er in verschiedenen Kammermusikensembles. 1955 wendet er sich der Dirigentenlaufbahn zu und gründet 1956 das Moskauer Kammerorchester, das unter seiner Leitung zu einer der besten Formationen auf diesem Gebiet wird und sich vor allem der in Rußland nahezu unbekannten Barock-Literatur widmet. Daneben führt er die Klassiker des 20. Jahrhunderts auf und regt sowjetische Komponisten zu neuen Werken an. Er transkribiert Sergej S. Prokofjews *Visions fugitives* (Flüchtige Visionen) sowie Dmitrij D. Schostakowitschs *Streichquartett Nr. 14*, in der neuen Fassung *Kammer-Symphonie* betitelt. 1969 leitet er die Uraufführung von Schostakowitschs *Symphonie Nr. 14*. Barschaj verdanken wir ebenfalls Transkriptionen von Bachs *Musikalischem Opfer* und der *Kunst der Fuge*. Zusammen mit David Oistrach spielt er Mozarts *Sinfonia concertante* sowie Hector Berlioz' *Harold en Italie* ein, heute historische Aufnahmen. 1977 emigriert er nach Israel und übernimmt die Leitung des Israelischen Kammerorchesters, die er bis 1982 beibehält. Im gleichen Jahr wechselt er an die Spitze des Symphonie-Orchesters von Bournemouth, 1985 dann an die des Symphonie-Orchesters von Vancouver (Kanada).

Barstow, Josephine
Englische Sopranistin, geb. 27. 9. 1940 Sheffield.
Sie studiert an der Universität von Birmingham und am London Opera Center, unterrichtet zwei Jahre lang Englisch, bevor sie 1964 Mitglied des Ensembles Opera for All wird. 1967 geht sie zur Sadler's Wells Opera (Cherubin); 1969 debütiert sie am Covent Garden. An diesem Haus nimmt sie an folgenden Uraufführungen teil: *The Knot Garden* (Der Irrgarten) von Sir Michael Tippett (1970, Denise), *We come to the River* (Wir kommen zum Fluß) von Hans Werner Henze (1976, Junge Frau), *The Ice Break* (Der Eisbruch) von Tippett (1977, Gayle). An der Sadler's Wells Opera singt sie bei der Uraufführung von *The Story of Vasco* (1974) von Gordon Crosse die Marguerite. Ihr breit angelegtes Repertoire umfaßt weitere zeitgenössische Rollen, so die Autonoe (*Die Bassariden*, Hans Werner Henze), Natascha (*Krieg und Frieden*, Sergej S. Prokofjew), Jeanne (*Diably z Loudun,* Die Teufel von Loudun, Krzysztof Penderecki), Jenufa, Emilia Marty (*Die Sache Makropoulos*, beide Janáček) sowie viele Rollen aus dem Repertoire des 19. Jahrhunderts: Violetta (*La Traviata*), Lady Macbeth, Alice Ford (*Falstaf*) und Leonora (*Il Trovatore*, alle Verdi), Salome (R. Strauss), die vier Hauptrollen aus *Les contes d'Hoffmann* (Hoffmanns Erzählungen, Offenbach), Elektra (*Idomeneo*, Mozart) u.a. Sie singt regelmäßig an der Met, in Berlin, Genf, Lyon, in Glyndebourne usw.

Bartholomée, Pierre
Belgischer Dirigent und Komponist, geb. 5. 8. 1937 Brüssel.
Er studiert am Konservatorium von Brüssel (1953–58) und schlägt zunächst eine Karriere als Pianist ein. Er bildet sich bei Wilhelm Kempff weiter, studiert die Musik Arnold Schönbergs und wird von Henri Pousseur beraten. 1962 gründet er das Ensemble Musiques Nouvelles und erhält am Brüsseler Konservatorium die Professur für Analyse. Seit 1977 steht er an der Spitze des Philharmonischen Orchesters in Lüttich. Er leitet die Uraufführungen von *Cena*

(Berio, 1979), dem *Konzert für Violine und La Passion de Gilles* (Boesmans, 1980 und 1983), der *Symphonie Nr. 10* (Schubert, 1983) sowie *Viatges/Flors* (de Pablo, 1985).

Bartoletti, Bruno
Italienischer Dirigent, geb. 10. 6. 1926 Sesto Fiorentino.
Er studiert am Konservatorium von Florenz Flöte (bei Virgilio Bruscalupi) und Klavier (bei Rio Nardi) und tritt als Flötist in das Orchester des Maggio Musicale Fiorentino ein. Sehr schnell interessiert er sich für Orchesterleitung und wird innerhalb des Maggio Musicale Assistent von Tullio Serafin, Dimitri Mitropoulos und Artur Rodziński (1948–53). 1953 leitet er an der Oper von Florenz *Rigoletto*, sein erstes eigenständiges Dirigat. 1957–64 ist er 1. Kapellmeister in Florenz. 1957–60 dirigiert er außerdem die italienischen Werke an der Oper von Kopenhagen. Seine Karriere nimmt immer bedeutendere Ausmaße an: Er wird von den Festspielen in Salzburg und in Aix-en-Provence eingeladen, die USA melden sich, auch das Teatro Colón in Buenos Aires. 1964 wird er zum 1. Kapellmeister der Oper in Chicago ernannt. 1965–73 ist er musikalischer Direktor der römischen Oper sowie künstlerischer Leiter des Teatro Verdi in Pisa. Er dirigiert ausschließlich Opern und gehört auf diesem Gebiet, vor allem im italienischen Fach, zu den Spitzenkräften. Seit 1985 ist er musikalischer Berater des Maggio Musicale Fiorentino und unterrichtet Orchesterleitung an der Accademia Musicale Chigiana in Siena. Er zeichnet für die Uraufführung verschiedener Opern verantwortlich, darunter *Venere prigioniera* (Gefangene Venus, Gian Francesco Malipiero, 1957), *Don Rodrigo* (Alberto Ginastera, 1964) und *Paradise Lost* (Krzysztof Penderecki, 1978).

Barzin, Léon
Amerikanischer Dirigent belgischer Herkunft, geb. 27. 11. 1900 Brüssel.
Er studiert Violine und Bratsche bei Pierre Henrotte, Eugène Meergerhin und Eugène Ysaÿe sowie Komposition bei Abraham W. Lilienthal. Vier Jahre lang ist er Solobratscher der New Yorker Philharmoniker (1925–29), bevor er sich dem Dirigieren zuwendet. Er wird Assistent der American Orchestral Society (1929–30) und musikalischer Leiter der National Orchestral Association (1930–59 und 1969–76). 1940–45 leitet er das Orchester von Hartford und gibt in Tanglewood Kurse. Nach dem 2. Weltkrieg wird er Dirigent des New York City Ballet (1948–58). Dann geht er nach Paris und gründet die Société Philharmonique, ein Orchester, das zu Beginn der 60er Jahre regelmäßig Konzerte gibt. Er ist Gründungsmitglied der Fondation des Musicoliers (1968) und des Festival du Baalbek im Libanon. Er leitet die Uraufführung von Gian Carlo Menottis *The Telephone* (1947).

Basarab, Mircea
Rumänischer Dirigent, geb. 4. 5. 1921 Bukarest.
Er studiert am Konservatorium von Bukarest bei Ioan D. Chirescu, George Breazul, Mihail Jora, Ion Ghiga, Constantin Brăiloiu und Vasile Popovici. Gleichzeitig studiert er an der Handelsakademie Bukarest und schließt 1945 mit Diplom ab. Er wird als Komponist wie auch als Pädagoge bekannt und ist nacheinander Assistent (1951–55), Dozent (1955–60) und endlich Privatdozent (1960–64) am Konservatorium von Bukarest. 1954 wird er zum 1. Kapellmeister des philharmonischen Orchesters George Enescu in Bukarest ernannt, dessen musikalische Direktion er 1964–68 innehat. Er widmet sich neben seiner Arbeit als Orchesterleiter auch der Komposition. Ab 1974 ist er außerdem Generalmusikdirektor des staatlichen Symphonie-Orchesters in Istanbul.

Baschkirow, Dmitrij Aleksandrowitsch
Georgischer Pianist, geb. 1. 11. 1931 Tiflis.
Er studiert am Moskauer Konservatorium bei Alexander B. Goldenweiser und erhält 1954 sein Diplom, studiert aber bis 1957 weiter. Nach einem 2. Preis beim Internationalen Wettbewerb Marguerite Long-Jacques Thibaud (1955) beginnt seine internationale Karriere. Ab 1957 unterrichtet er am Moskauer, ab 1968 am Kiewer Konservatorium. 1970 erhält er den Robert-Schumann-Preis in Zwickau. 1965–72 bildet er mit Igor Besrodny und Michail Chomitzer ein Trio. Er kreiert Rodion K. Schtschedrins *Sonate*.

Baschmet, Jurij
Russischer Bratschist, geb. 24. 1. 1953 Rostow.
Er studiert am Konservatorium von Lwów (Lemberg), bevor er 1971 zu Wadim Borisowskij ans Moskauer Konservatorium überwechselt. Nach dessen Tod geht er zu Fjodor S. Drushinin. 1975 gewinnt er den 2. Preis beim Internationalen Wettbewerb in Budapest und im darauffolgenden Jahr den 1. Preis beim Internationalen Wettbewerb des Bayerischen Rundfunks in München. 1986 kreiert er das *Konzert für Bratsche* von Edisson W. Denissow, 1987 das von Alfred G. Schnittke, das ihm gewidmet ist und 1988 das von Allan Pettersson. 1984 gründet er das Streicherensemble »Die Moskauer Solisten«, das er selbst leitet und das seit 1990 in Montpellier beheimatet ist. Baschmet ist Professor am Moskauer Konservatorium.

Bastianini, Ettore
Italienischer Bariton, geb. 24. 9. 1922 Siena, gest. 25. 1. 1967 Sirmione.
Er begann seine Karriere 1945 in Ravenna als seriöser Baß, als Collin in Giacomo Puccinis *La Bohème*. Seine Lehrerin, Rucciana Bettarini, bildet ihn, da sich seine Stimme schnell nach oben entwickelt, als Bariton aus. In dieser Stimmlage feierte er dann auch Triumphe. 1951 trat er in Bologna als Germont in Giuseppe Verdis *La Traviata* zum ersten Mal als Bariton auf. In der Saison 1953–54 debütiert er an der Scala in der Titelrolle von Peter I. Tschaikowskijs *Eugen Onegin*. Im darauffolgenden Jahr interpretiert er den Germont an der Seite von Maria Callas in der berühmten Visconti-Inszenierung an der Scala. Mehr als zehn Jahre beherrscht er alle großen Bariton-Rollen des Verdi-Repertoires, auch an der New Yorker Met. Mit aller Energie kämpft er gegen einen Kehlkopfkrebs, der ihn mitten aus seinen größten Erfolgen reißt. Bastianinis dunkel gefärbte Stimme fiel durch ihre Schönheit und ihren Umfang auf.

Bastin, Jules
Belgischer Bassist, geb. 18. 8. 1933 Brüssel.
Er studiert bei Frédéric Anspach am Konservatorium in Brüssel und beginnt als 1. Baß an der Oper in Lüttich (bis 1964). Er gewinnt die Wettbewerbe von Toulouse, 's-Hertogenbosch und München. 1964 geht er an das Brüsseler Théâtre de la Monnaie, wo er seine ersten großen Erfolge erzielt. Er gibt in Holland, der Schweiz, Deutschland und Italien Gastspiele. Rolf Liebermann vertraut ihm verschiedene wichtige Rollen an der Pariser Oper an. 1979 singt er bei der Uraufführung der dreiaktigen Version von Alban Bergs *Lulu* den Theaterdirektor und Bankier. Seine beeindruckende Bühnenpräsenz und sein unwiderstehlicher Sinn für Komik prädestinieren ihn aber auch für Rollen wie den Großinquisitor in *Don Carlos* (Verdi) und den Agamemnon in *La belle Hélène* (Offenbach).

Bathori, Jeanne (= Jeanne-Marie Berthier)
Französische Mezzosopranistin, geb. 14. 6. 1877 Paris, gest. 25. 1. 1970 daselbst.
Sie studiert am Pariser Konservatorium bei Hortense Parent (Klavier) und Marie-Hélène Lamoureux (Gesang). Sie

debütiert im Jahre 1900 in Nantes. Arturo Toscanini holt sie für die italienische Erstaufführung von Engelbert Humperdincks *Hänsel und Gretel* an die Mailänder Scala. Sie wirkt auch an der Uraufführung von Alberto Franchettis Oper *Germania* mit. An der Brüsseler Oper de la Monnaie singt sie an der Seite des belgischen Tenors Emile Engel, den sie 1908 heiratet. 1904 lernt sie Claude Debussy kennen. In der Folge beschäftigt sie sich mit dem französischen Lied und begleitet sich selbst am Flügel. Es ist mit ihr Verdienst, daß Maurice Ravels *Shéhérazade* zu einem Erfolg wird, während die Uraufführung der *Histoires naturelles* (1907; der Liederzyklus ist ihr gewidmet) zu einem Skandal ausartet. 1914 kreiert sie Ravels *Trois poèmes de Mallarmé* und 1926 dessen *Chansons madécasses*. Während des 1. Weltkriegs leitet sie das Théâtre du Vieux-Colombier und bringt Emmanuel Chabriers *Une éducation manquée*, Claude Debussys *La Damoiselle élue* sowie Arthur Honeggers *Le Dit des jeux du monde*. Im privaten Kreis führt sie Werke zeitgenössischer Komponisten auf, so Debussys *Sonate für Flöte, Bratsche und Harfe* (entstanden 1914).

Sie verwirklicht die Uraufführungen zahlreicher Lieder der Komponisten Claude Debussy, Albert Roussel, Georges Migot, Louis Durey, Bohuslav Martinů, Darius Milhaud, Arthur Honegger. Erik Satie widmet ihr *La Statue de bronze, Le Chapelier* und *Daphénéo*; Francis Poulenc schrieb zu ihrem 80. Geburtstag *Une chanson de porcelaine*.

Ab 1926 gibt sie häufig Gastspiele in Argentinien und wirkt an den lateinamerikanischen Erstaufführungen von Honnegers *Le Roi David* sowie dessen *Judith* und Ravels *L'Heure espagnole* mit. Während des 2. Weltkriegs lebt sie in Buenos Aires im Exil und leitet dort das Institut français des Hautes Etudes. Nach ihrer Rückkehr nach Paris beschäftigt sie sich mit Radiosendungen und unterrichtet.

WW: *Conseils sur le chant* (1928); *Sur l'interprétation des mélodies de Claude Debussy* (1953).

Battistini, Mattia
Italienischer Bariton, geb. 27. 2. 1856 Rom, gest. 7. 11. 1928 Colle Baccaro (bei Rieti).

Gegen den Willen des Vaters, Anatomieprofessor an der Universität Rom, der für seinen Sohn die gleiche Laufbahn wünscht, studiert der junge Mattia Gesang, zuerst bei Venceslao Persichini und anschließend bei Luigi Mancinelli sowie Augusto Rotoli. 1878 debütiert er am Teatro Argentina in Rom in Gaetano Donizettis Oper *La Favorite* (Die Favoritin); er war in letzter Sekunde für den verhinderten 1. Lokal-Bariton eingesprungen. Vor allem in Rußland, wo er von 1888 bis 1914 während jeder Spielzeit Gastspiele gibt, feiert er Triumphe (aus Angst vor der Seekrankheit hatte er sich geweigert, in Amerika aufzutreten). Die Familie des Zaren sowie der Hochadel behandeln ihn als ihresgleichen. Er triumphiert nicht nur in den großen, italienischen Bariton-Rollen wie Rigoletto (Verdi), Alfonso (*La Favorite*, Donizetti), Riccardo (*I puritani*, Bellini), Don Carlo (*Ernani*), Giorgio Germont (*La Traviata*) und Simon Boccanegra (alle Verdi; die Oper wird extra für ihn an der Scala neu inszeniert), sondern auch als Telramund (*Lohengrin*, Wagner), Nelusko (*L'Africaine*, Meyerbeer), Athanael (*Thaïs*) und Werther (beide Massenet), den Massenet seiner Stimmlage anpaßt, sowie in den großen Rollen des russischen Repertoires. Battistini akzeptiert nur noble Rollen; man behauptet, er habe Falstaff nie singen wollen, da es sich zwar um einen Adligen, aber auch um einen derben, triebhaften, dem Alkohol verfallenen Charakter handele. Seine Liebe gilt den Fiorituren. Aufgrund seiner langen Karriere wird er zum Zeitgenossen Enrico Carusos und Antonio Scottis; trotzdem bleib er zeitlebens ein »Vor-Verist«.

Die zahlreichen erhaltenen Schallplatteneinspielungen bezeugen die Schönheit seines Timbres und eine so perfekte Technik, daß fünfzig Jahre Bühnentätigkeit kaum eine Spur hinterlassen haben, aber auch eine gewisse Freiheit, um nicht Improvisation zu sagen, die zuweilen Überraschungen bietet.

Battle, Kathleen
Amerikanische Sopranistin, geb. 13. 8. 1948 Portsmouth (Ohio).
Sie studiert zuerst Mathematik, bevor sie sich der Musik zuwendet (Universität von Cincinnati). 1972 debütiert sie während des Festivals von Spoleto in Johannes Brahms' *Deutschem Requiem*. 1978 singt sie zum ersten Mal auf der Bühne: an der Met den jungen Hirten in *Tannhäuser* von Richard Wagner sowie die Pamina in Wolfgang Amadeus Mozarts *Zauberflöte*. Anschließend erobert sie sich die europäischen Bühnen: Straßburg, Glyndebourne (*La fedeltà premiata*, Die belohnte Treue, Haydn), Salzburg (Despina in *Così fan tutte*, Mozart, 1982). Sie setzt sich in den Mozart- (Zerlina, *Don Giovanni* in Salzburg, Susanna, *Le nozze di Figaro*, während der Mozart-Festspiele des Orchestre de Paris) und Strauss-Rollen durch (Zdenka in *Arabella*, Sophie in *Der Rosenkavalier*). An der Pariser Oper tritt sie erstmals 1984 auf (Blonde, *Die Entführung aus dem Serail*, Mozart). Sie triumphiert auch als Rosina (*Il barbiere di Siviglia*, Rossini), Sophie (*Werther*, Massenet), Adina (*L'elisir d'amore*, Der Liebestrank, Donizetti) in Chicago, an der Met, in San Francisco. In Wien sowie bei ihrem ersten Auftritt am Covent Garden (1985) singt sie die Zerbinetta (*Ariadne auf Naxos*, R. Strauss).

Baudo, Serge
Französischer Dirigent, geb. 16. 7. 1927 Marseille.
Der Sohn des Oboisten Etienne Baudo studiert am Konservatorium von Paris, wo er 1. Preise in Harmonielehre, Kammermusik, Schlagzeug und Orchesterleitung erhält (1949, Klasse von Louis Fourestier). Er beginnt seine Karriere als Schlagzeugspieler des Orchesters der Concerts Lamoureux; 1959–62 ist er musikalischer Direktor des Orchesters von Radio-Nice-Côte-d'Azur. Während dieser Zeit dirigiert er regelmäßig bei den Festspielen in Aix-en-Provence. 1962–65 ist er 1. Kapellmeister der Pariser Oper. 1966 beginnt seine internationale Karriere: Er springt für Herbert von Karajan ein und dirigiert an der Scala Claude Debussys *Pelléas et Mélisande*. Im darauffolgenden Jahr holt ihn Charles Münch als 1. Kapellmeister an das Orchestre de Paris (bis 1970). 1969–71 ist er musikalischer Direktor der Oper von Lyon. 1970 debütiert er an der Met und der Wiener Oper und gibt seither regelmäßig Gastspiele an den beiden Häusern. 1971 wird er zum Chefdirigenten des Orchestre Philharmonique Rhône-Alpes ernannt, das ein Jahr später in Orchestre de Lyon umbenannt wird. Unter seiner Leitung entwickelt sich das Orchester, das verschiedene Auslandstourneen unternimmt (darunter China und Korea, 1979), schnell zu einem der besten Frankreichs. Im gleichen Jahr gründet er in Lyon und La Côte-Saint-André die Berlioz-Festspiele. Baudo wird von den bedeutendsten Orchestern eingeladen. Er arbeitet regelmäßig in der Tschechoslowakei, wo er zahlreiche Schallplattenaufnahmen verwirklicht, darunter sämtliche *Sinfonien* und das Oratorium *Jeanne d'Arc au bûcher* (Johanna auf dem Scheiterhaufen) von Arthur Honegger. 1987 verläßt er das Orchestre de Lyon, behält aber die Leitung des Berlioz-Festivals bis 1989 bei. Er beschäftigt sich stark mit der französischen Musik; wir verdanken ihm viele Uraufführungen: *Lavinia* (Barraud, 1961), *Turner* (Constant, 1961), *Sinfonia cantata* (Mihalovici, 1965), *Et expecto resurrectionem mortuorum* und *La Transfiguration* (Messiaen, 1965 und 1969), *La Mère coupable* (Milhaud, 1967), *Tout un monde lointain* (Dutilleux, 1971), *Fastes de l'imaginaire* (Nigg, 1974), *Symphonie Nr. 2* (Bailly, 1974), *Le livre des prodiges* (Ohana, 1979).

Bauer, Harold
Amerikanischer Pianist englischer Herkunft, geb. 28. 4. 1873 London, gest. 12. 3. 1951 Miami.
Bei seinem Vater und bei Adolf Politzer erhält er Geigenunterricht und tritt als Neunjähriger zum ersten Mal auf. 1892 entscheidet er sich für das Klavier, Ignacy Jan Paderewskis Rat folgend, der ihn in diesem Instrument unterrichtet. 1893 triumphiert er in Paris und Rußland. Schnell wird er in ganz Europa bekannt, nicht nur als Solist, sondern auch als herausragender Kammermusiker. Er ist ständiger Partner von Jacques Thibaud und Pablo Casals. Während des 1. Weltkriegs lebt Bauer in den Vereinigten Staaten. Er gründet in New York die Beethoven Association, eine renommierte Kammermusikvereinigung, die er bis 1940 leitet. Bedeutende Künstler treten im Rahmen der Association auf. Seine Liebe gilt der Musik von Johannes Brahms, Robert Schuman und César Franck, aber auch der seiner Zeitgenossen Claude Debussy und Maurice Ravel. Ravel widmet ihm *Ondine* und Enrique Granados das fünfte Stück aus dem Klavierzyklus *Goyescas: El amor y la muerte*. Er leitet die Uraufführungen von Claude Debussys *Children's Corner* sowie Ernest Blochs *Quintett Nr. 1* (1923).
W: *Harold Bauer, His Book* (1948).

Baugé, André
Französischer Bariton, geb. 6. 1. 1892 Toulouse, gest. 25. 5. 1966 Paris.
Er möchte Maler werden und besucht die Kunstakademie. Es gelingt ihm sogar, ein Portrait in der Société des artistes français auszustellen. Doch der Sohn einer berühmten Operetten-Diva, Madame Tariol-Baugé, und eines Gesangspädagogen möchte gleichfalls Sänger werden und entschließt sich trotz des Widerstands von seiten seiner Mutter für diese Karriere. Er debütiert unter dem Pseudonym André Grillaud 1912 in Grenoble als Vittelio in Jules Massenets Oper *Hérodiade* und wirkt in *Le grand mogol* (Der Großmogul) und in *Gillette de Narbonne*, Operetten von Edmond Audran, mit; seine klaren, hohen Töne bestechen von Anfang an. Während seiner ersten Spielzeit in Grenoble singt er Opern und Operetten und auch den Figaro (*Le nozze di Figaro*, Mozart), eine Rolle, die er sein ganzes Leben lang immer wieder darstellt. Während des 1. Weltkriegs wird er eingezogen und zweimal verletzt. Noch nicht ganz wiederhergestellt, tritt er 1917 in das Ensemble der Pariser Opéra-Comique ein, das er 1925 verläßt, um sich ganz der Operette zu widmen. Er singt am Théâtre Marigny den *Monsieur Beaucaire* von André Messager und übernimmt für eine gewisse Zeit die Leitung des Châtelet und des Mogador. Er wirkt auch in zahlreichen Filmen mit. 1946 nimmt er Abschied von der Bühne, um sich ganz seiner Arbeit als Pädagoge zu widmen.

Baumann, Hermann
Deutscher Hornist, geb. 1. 8. 1934 Hamburg.
Er findet erst relativ spät zu seinem Instrument. Als Gymnasiast leitet er Chöre und spielt Schlagzeug, Klavier und Cello. An der Musikhochschule Hamburg ist er zwei Jahre lang Schüler von Fritz Huth; anschließend geht er als 1. Hornist nach Dortmund und 1961 in der gleichen Funktion an das Radio-Symphonieorchester des Süddeutschen Rundfunks. Seit 1975 unterrichtet er an der Folkwang-Hochschule in Essen, wo er 1969 eine eigene Professur erhält. Er gilt als der beste zeitgenössische deutsche Hornist. Sein internationales Renommee beruht auf seinen außerordentlichen technischen Fähigkeiten. Er beherrscht nicht nur das alte Natur- oder Waldhorn aus der Zeit Mozarts, sondern auch die zeitgenössischen Ventilhörner. Er arbeitet häufig mit Nicolaus Harnoncourt, Gustav Leonhardt, Jaap Schröder und anderen Spezialisten alter Musik zusammen.

Baumgartner, Paul
Schweizer Pianist, geb. 21. 7. 1903 Altstätten, gest. 19. 10. 1976 Locarno.
Er studiert in Sankt Gallen bei Paul Müller und in München bei Walter Braunfels Klavier. Als Braunfels 1925 den Auftrag erhält, zusammen mit Hermann Abendroth die Kölner Musikhochschule zu leiten, nimmt er seinen Schüler mit. Baumgartner perfektioniert sich in Köln in der Klasse von Eduard Erdmann. 1927–35 wirkt er als Lehrer an der Rheinischen Musikschule und der Hochschule für Musik in Köln. 1937 übernimmt er die Leitung der Klavier-Abteilung am Basler Konservatorium. Er unternimmt zahlreiche Tourneen. Als Kammermusiker spielt er in der Hauptsache mit Pablo Casals, Jean Fournier und Sándor Végh. Seine Einspielung der 32 *Sonaten für Klavier* Ludwig van Beethovens wird aufgrund ihrer großen Musikalität allgemein bewundert. 1953–61 leitet er eine Meisterklasse für Klavier an der Musikhochschule Hannover, wo er zum Professor ernannt wird; seit 1960 hält er am Basler Konservatorium Meisterklassen ab. Baumgartner verteidigt die Musik des 20. Jahrhunderts, obwohl er im Konzert sich hauptsächlich der Literatur des 19. Jahrhunderts widmet. 1962 wird ihm der Kulturpreis der Stadt Sankt Gallen verliehen.

Baumgartner, Rudolf
Schweizer Dirigent, geb. 14. 9. 1917 Zürich.
Er studiert am Konservatorium seiner Heimatstadt bei Stefi Geyer und Paul Müller, bevor er seine Violin-Studien in Paris und Wien fortsetzt. Ab 1938 führt ihn seine Solistenlaufbahn in verschiedene europäische Länder. Auf kammermusikalischem Gebiet arbeitet er mit dem Quartett Stefi Geyer, dem Züricher Streichtrio und dem Züricher Kammertrio zusammen. Nachdem er lange Jahre hindurch Konzertmeister in verschiedenen Kammerorchestern gewesen war, gründet er 1955 zusammen mit Wolfgang Schneiderhan das Ensemble ›Festival Strings Lucerne‹, das er als Dirigent zu Weltruhm führt. Unter den Ur- und Erstaufführungen, die die Festival Strings unter seiner Leitung durchführen, zählen Kompositionen von Conrad Beck, Jean Françaix, Ernst Krenek, Rafael Kubelík, Enrico Mainardi, Ivo Malec (*Lumina*, 1968), Frank Martin (*Et la vie l'emporta*, 1975), Bohuslav Martinů, Toshirō Mayuzumi, Marcel Mihalovici, Maurice Ohana (*Silenciaire*, 1969), Krzysztof Penderecki (*Capriccio*, 1965), Alexandre Tscherepnin und Iannis Xenakis (*Aroura*, 1971). Seit 1960 leitet er das Konservatorium von Luzern. 1968–80 steht er an der Spitze der Festspiele von Luzern.

Bazelaire, Paul
Französischer Cellist und Komponist, geb. 4. 3. 1886 Sedan, gest. 11. 12. 1958 Paris.
Der Schüler von Jules Delsart erhält am Pariser Konservatorium als Elfjähriger einen 1. Preis für Cello und auch für Harmonielehre sowie Kontrapunkt und Fuge. Bei Louis Vierne studiert er Orgel. Bazelaire verfolgt einerseits eine brillante Solistenkarriere, ist aber andererseits auch ein engagierter Pädagoge, der während seiner Zeit am Pariser Konservatorium (1918–57) mehrere Bücher über die französische Cello-Schule veröffentlicht. Er schreibt Instrumentalmusik für verschiedene Instrumente, darunter das Cello, aber auch Orchestermusik, Psalmen für gemischte Chöre und verschiedene profane Werke. Einige seiner Transkriptionen für Cello nach Werken alter Komponisten wie das *Konzert in e-moll* nach Antonio Vivaldi sind bekannt geworden.

Beaucamp, Albert
Französischer Dirigent, geb. 13. 5. 1921 Rouen, gest. 22. 9. 1967 daselbst.
Der Sohn des Organisten der Kathedrale von Rouen, Henri Beaucamp (1885–1937), studiert am Konservatorium von Paris, das er 1945 mit verschiedenen

Preisen verläßt: Er wurde in den Fächern Harmonielehre, Kontrapunkt und Fuge ausgezeichnet. Nach dem 2. Weltkrieg gründet er das Konservatorium in Rouen, zu dessen Direktor er 1949 berufen wird. 1963 ruft er das Kammerorchester Rouen ins Leben. Das Ensemble wird schnell zu einem der besten auf seinem Gebiet und widmet sich in der Hauptsache früher französischer Musik für Streicher, die von ihm wieder zum Leben erweckt wird.

Becht, Hermann
Deutscher Bariton, geb. 29. 3. 1939 Karlsruhe.
Der Schüler von E. Wolf-Dengel in Karlsruhe und Josef Greindl in Saarbrücken erringt 1968 beim Berliner Gesangs-Wettbewerb den 1. Preis. Erste Engagements an den Opern von Braunschweig und Wiesbaden folgen. 1974 geht er als Heldenbariton an die Deutsche Oper am Rhein. Ab 1979 singt er regelmäßig in Bayreuth (Alberich, *Der Ring des Nibelungen*, Kurwenal, *Tristan und Isolde*, beide Wagner). München, Hamburg, Stuttgart, Bonn und Köln laden ihn ein, das Ausland folgt mit Wien, Covent Garden, den Salzburger Festspielen und der Met, an der er die großen Wagner-Rollen, die zu seinem Fach gehören (Amfortas, *Parsifal*, Telramund, *Lohengrin*, Kurwenal, *Tristan und Isolde*), den Mandryka (*Arabella*, R. Strauss) und den Falstaff (Verdi) singt. Er wirkt 1986 an der Uraufführung von Volker David Kirchners Oper *Belshazar* mit.

Becker, Hugo
Deutscher Cellist, geb. 13. 2. 1863 Straßburg, gest. 30. 7. 1941 Geiselgasteig bei München.
Der Sohn des Geigers Jean Becker (1833–84), des Gründers des Florentiner Quartetts, erhält zuerst von seinem Vater Unterricht, bevor er in Mannheim von Kanut Kündinger und in Dresden von Friedrich Grützmacher und Karl Heß unterrichtet wird. Als Fünfzehnjähriger tritt er als zweiter Cellist in das Orchester des Nationaltheaters Mannheim ein. Zahlreiche Tourneen mit Mitgliedern seiner Familie schließen sich an. Er geht zu Alfredo Piatti, um sich zu perfektionieren, und wird anschließend Solocellist der Frankfurter Oper (1884–86). 1890–1906 gehört er dem Heermann-Quartett an, 1895 wird er Professor an der Frankfurter Musikhochschule. Mit dem Pianisten Daniel Quast und dem Violinisten Willy Heß bildet er ein Trio; bis 1906 gehört er zum Frankfurter Quartett. Sein Ruf wächst unaufhörlich, und er wird in die USA eingeladen. Zu seinen Partnern der späteren Trios gehören Ernst von Dohnányi und Henri Marteau, Ferruccio Busoni und Eugène Ysaÿe oder auch, noch etwas später, Artur Schnabel und Carl Flesch. 1902 wird er von der Königlichen Musikakademie in Stockholm zum Professor ernannt. 1909 wird er Nachfolger von Robert Hausmann an der Hochschule für Musik in Berlin (1909–29), wo er eine ganze Generation von Cellisten prägt, vor allem Enrico Mainardi und Ludwig Hoelscher. Max Reger widmet ihm seine *Sonate für Violoncello Solo Nr. 2*. Zehn Tage nach der Uraufführung spielt er als zweiter Cellist *Don Quixote* von Richard Strauss (Frankfurt/M., 1898), ein Stück, das zu seinen Glanzpartien zählt und in dem er auch unter der Leitung von Strauss brilliert. Als Komponist schreibt er hauptsächlich für sein Instrument, darunter das *Konzert in A-Dur* (1898), Variationen und Etüden. Er besitzt zwei Stradivari, darunter das *Christiani*-Cello (1720), das er 1884 erwirbt, und ein Instrument aus dem Jahr 1719, das heute seinen Namen trägt, *Becker*, und das früher *Duke of Marlborough* genannt wurde.

W: *Mechanik und Ästhetik des Violoncellospiels* (Wien 1929), zusammen mit Dago Rynar.

Beckmans, José
Französischer Bariton belgischer Herkunft, geb. 4. 1. 1897 Lüttich, gest. 13. 8. 1987 Vichy.
Nach dem Besuch des Gymnasiums

wird seine musikalische Ausbildung durch den Ausbruch des 1. Weltkrieges erschwert. Um zu überleben, ist er auf die verschiedenartigsten Gelegenheitsarbeiten angewiesen und singt auch in Music Halls, eine harte Lehre, die er zeitlebens nicht vergißt. 1916 erhält er am Ende seiner Ausbildungszeit am Lütticher Konservatorium einen 1. Preis in Gesang; er hatte gleichzeitig Harmonielehre und Komposition studiert. Im gleichen Jahr gibt er in Verviers in der Rolle des Escamillo (*Carmen*, Bizet) sein Debüt. Kurz darauf wird er von der Truppe des Pavillon du Flore engagiert, anschließend vom Trianon Lyrique in Lüttich. Er singt vor allem Baß-Rollen. Nach einem längeren Engagement am Königlichen Theater von Antwerpen, wo er weiterhin Baß-Rollen übernimmt, singt er an verschiedenen Provinztheatern, bevor er als Escamillo an der Pariser Opéra-Comique debütiert. Auf dieser Bühne nimmt er an den Uraufführungen von *Le Cloître* von Michel-Maurice Levy, *Risurrezione* von Franco Alfano und *Scémo* von Alfred Bachelet teil und singt nicht weniger als 25 verschiedene Partien, vom Mephistopheles (*Margarethe*, Gounod) über den Figaro aus *Il barbiere di Siviglia* (Rossini), den Baron Scarpia (*Tosca*, Puccini), Golo (*Pelléas et Mélisande*, Debussy), Karnac (*Le Roi d'Ys*, Lalo), den Teufel in *Grisélidis* (Massenet) und den François in *Le Chemineau* (Leroux), eine seiner Lieblingsrollen. Er wird vom Covent Garden eingeladen und singt den Escamillo an der Seite von Conchita Supervia und José Luccioni, von der römischen Oper, dem Brüsseler Théâtre de la Monnaie und schließlich von Monte Carlo, wo er als erster Franzose den Mandryka singt (*Arabella*, R. Strauss). 1935 debütiert er an der Pariser Oper als Rigoletto (während seiner Karriere sang er übrigens verschiedene Rollen in *Rigoletto*: Sparafucile, Graf von Monterone und Rigoletto). Hier singt er als erster den Karnac in *Le Roi d'Ys*, den Kardinal Carlo Borromeo in *Palestrina* (Pfitzner), den Bernhard in Paul und Lucien Hillemachers *Le Drac* sowie den Kreon in Arthur Honeggers *Antigone* und die Titelrolle in *Peer Gynt* von Werner Egk. Neben diesen Pariser Erstaufführungen singt er mehr als dreißig verschiedene Rollen an der Oper der französischen Hauptstadt, von Boris Godunow (Mussorgskij) über den Mercutio, den Pizarro (*Fidelio*, Beethoven) und Jago (*Otello*, Verdi).

1957 wird Beckmans zum Oberspielleiter der Pariser Oper ernannt. Seit dieser Zeit arbeitet er als Gesangspädagoge und Opernregisseur.

Beecham, Sir Thomas
Englischer Dirigent, geb. 29. 4. 1879 Saint Helens (Lancashire), gest. 8. 3. 1961 London.

Der Sohn einer reichen Kaufmannsfamilie wird in Oxford erzogen; auf musikalischem Gebiet ist er reiner Autodidakt. 1902–04 leitet er ein kleines Opern-Ensemble. 1906 gründet er in London das New Symphony Orchestra. 1910 übernimmt er, von der Familie finanziell unterstützt, die künstlerische und wirtschaftliche Leitung des Covent Garden. Er spielt als erster in England *Die Meistersinger von Nürnberg* (Wagner), *Elektra* und *Salome* (beide R. Strauss) und bereichert auf diese Weise das Musikleben der englischen Hauptstadt. Er lädt Fjodor Schaljapin, die Ballets Russes, Wilhelm Furtwängler, Erich Kleiber, kurz, alles, was damals Rang und Namen hat, nach London zu Gastspielen ein. Während des 1. Weltkriegs gründet er die Beecham Opera Company. Doch die Ausgaben wachsen ständig, so daß er 1920 sein eigenes Ensemble wieder aufgeben muß. 1932 kehrt er an den Covent Garden zurück; im gleichen Jahr gründet er das London Philharmonic Orchestra, das auch am Covent Garden eingesetzt wird. Während des 2. Weltkriegs unternimmt er eine ausgedehnte Tournee nach Australien, Kanada und in die Vereinigten Staaten, wo er in Seattle und an der Met dirigiert (1942–44). Nach seiner Rückkehr nach England ist ihm der Weg zum Covent Garden versperrt; sein ehemaliges Orchester, das London Philharmonic, wählt die Selbstverwaltung und lehnt Beecham als alleinigen Leiter ab. So gründet er das Royal Philharmonic Orchestra (1947), das er bis an sein Lebensende leitet.

Sir Thomas Beecham setzt sich ständig für die englische Musik ein, vor allem für Frederick Delius, dessen Hauptwerke er als erster spielt. Er kämpft für das Werk von Jean Sibelius in England und verteidigt das von Richard Strauss, dem er sich eng verbunden fühlt. Auf dem Gebiet der alten Musik gilt seine Liebe vor allem den Oratorien Georg Friedrich Händels, die er in sehr persönlichen und überraschenden Bearbeitungen aufführt. Auch die französische Musik zieht ihn an, und wir verdanken ihm Schallplatteneinspielungen der großen Symphonien des 19. Jahrhunderts sowie eine richtungweisende *Carmen* (Bizet). Sein Humor ist legendär, und seine eher auf dem Instinkt denn auf dem Intellekt beruhende Art zu dirigieren kann als beispielhaft für eine Generation von Musikern gelten, der der Enthusiasmus wichtiger ist als unerbittliche Strenge.

WW: *A Mingled Chine* (Autobiographie, 1944); *F. Delius* (1959).

Behrend, Siegfried
Deutscher Gitarrist und Komponist, geb. 19. 11. 1933 Berlin.

Er studiert am Klindworth-Scharwenka-Konservatorium seiner Geburtsstadt Klavier, Gitarre, Komposition und Orchesterleitung. 1953 tritt er zum ersten Mal in Leipzig öffentlich auf. Zahlreiche Tourneen schließen sich an. Er komponiert für sein Instrument und schreibt über 200 Filmmusiken. Sylvano Bussotti, Roman Haubenstock-Ramati, Xavier Benguerel, Thea Musgrave, Krzysztof Penderecki und Isang Yun schreiben für ihn, von den neuen instrumentalen Möglichkeiten angezogen, die er den Komponisten bietet.

Behrens, Hildegard
Deutsche Sopranistin, geb. 9. 2. 1937 Varel.

Aus einer Ärzte-Familie stammend, studiert sie Jura und macht erst ihr Examen, bevor sie sich dem Gesang widmet, von dem sie unwiderstehlich angezogen wird. Nach Studentenchor und Freiburger Musikschule wird sie vom Opernstudio Düsseldorf engagiert. Nach einigen kleineren Rollen singt sie die Marie (*Wozzeck*, Berg). Herbert von Karajan hört sie während einer der Proben und bietet ihr die Titelrolle in Richard Strauss' *Salome* an; die Aufführung der Salzburger Festspiele 1977 wird von EMI aufgenommen. Ab dieser Zeit ist sie Gast aller bedeutenden Bühnen.

Sie debütiert als Unbekannte 1975 an der Met in Giacomo Puccinis Oper *Il tabarro* (Der Mantel). Anschließend singt sie unter Karl Böhms Leitung in München den *Fidelio* (Beethoven), nimmt unter Karajan an den Salzburger Osterfestspielen teil, bevor sie, wieder unter Böhm, an der Met ihr wirkliches, strahlendes Debüt feiert. Ihre starke Persönlichkeit, ihr Sinn für das Theater und ihr Rollenverständnis ermöglichen es ihr, die verschiedenartigsten Rollen zu übernehmen. Sie singt alles, von Mozart bis Berg, *Katja Kabanowa* (Janáček), *Die verkaufte Braut* (Smetana), *Rusalka* (Dvořák), *Die Frau ohne Schatten* (R. Strauss) und schließlich in Salzburg zu Böhms 85. Geburtstag *Ariadne auf Naxos* (R. Strauss). Ihre Wagner-Interpretationen werden zu einer Offenbarung: *Tannhäuser* und *Lohengrin* gehen einem unvergleichlichen *Fliegenden Holländer* voraus. Als sie 1979 in Peter Busses Inszenierung in Monte Carlo die Sieglinde singt (*Die Walküre*), ist ihr Erfolg so groß, daß sie anschließend von Düsseldorf, München und der Met (1981) in der gleichen Rolle eingeladen wird. Zuvor war sie in Zürich und München (unter Wolfgang Sawallisch) bereits als Isolde (*Tristan und Isolde*) aufgetreten, die sie unter Leonard Bernstein auch auf Schallplatte einspielt. 1982 singt sie *Turandot* und unter Lorin Maazel die *Tosca* (Puccini, ebenfalls als Schallplatteneinspielung), 1983 in Bayreuth und 1984 an der Met dann die Brünnhilde (*Der Ring des Nibelungen*, Wagner). 1987 singt sie an der Pariser Oper zum ersten Mal die Titelrolle in *Elektra* (R. Strauss).

Beinum, Eduard van
Holländischer Dirigent, geb. 3. 9. 1900 Arnheim, gest. 13. 4. 1959 Amsterdam.
Er studiert am Konservatorium in Amsterdam Violine, Bratsche und Klavier. Als Siebzehnjähriger wird er vom Arnheimer Orchester als Violinist engagiert. Sem Dresden unterrichtet ihn in Komposition. Er wird nacheinander in Schiedam und Zutphen Dirigent, bevor er 1927 nach Haarlem geht, wo er sich vor allem für die junge holländische Musik engagiert. 1931 wird er zum 2., 1938 zum 1. Dirigenten des Concertgebouw-Orchesters in Amsterdam ernannt, bis er die Nachfolge Willem Mengelbergs als Chefdirigent antritt (1945–49). Er unternimmt zahlreiche Auslandstourneen und spielt viele Schallplatten ein. 1946 wird er Nachfolger von Albert Coates an der Spitze des Philharmonischen Orchesters am Stoll Theater in London. Bis 1950 leitet er dieses Orchester und bleibt dabei dem Concertgebouw eng verbunden. 1954 gibt er an der Spitze des Orchesters von Philadelphia sein Debüt in Nordamerika. Nach seinem Tod wird die Stiftung Eduard van Beinum gegründet, die ein internationales Zentrum in Brenkelen leitet, das der Begegnung von Musikern untereinander dient. Beinum hat Werke folgender holländischer Komponisten uraufgeführt: Hendrik Andriessen, Henk Badings, Hans Henkemans, Anthon van der Horst, Léon Orthel, Willem Pijper und Matthijs Vermeulen. In England leitete er Uraufführungen von Werken Malcolm Arnolds und Benjamin Brittens (*Spring Symphony*, 1949).

Beirer, Hans
Österreichischer Tenor, geb. 23. 6. 1911 Wiener Neustadt.
Nach dem Studium der Chemie, Medizin und Philosophie tritt er in die Wiener Musikakademie ein und debütiert 1936 in einer Operette eines gewissen Leo Ascher. Anschließend verbringt er eine Spielzeit in Basel und eine in Sankt Gallen. Er singt weiter Operetten, bis er 1943 von der Berliner Oper engagiert wird und in der *Verkauften Braut* (Smetana) debütiert. 1949 singt er in Rom an der Seite von Maria Callas und Cesare Siepi als Parsifal (Wagner) zum ersten Mal eine Heldentenor-Partie. Innerhalb von kurzer Zeit erarbeitet er sich das Heldentenor-Repertoire und feiert Triumphe, was angesichts seiner machtvollen Stimme und beeindruckenden Gestalt nicht verwundert: Siegmund und Siegfried (beide *Der Ring des Nibelungen*, Wagner), Samson (*Samson et Dalila*, Saint-Saëns), Florestan (*Fidelio*, Beethoven), Otello (Verdi), aber auch den Tambourmajor in *Wozzeck* (Berg) oder den Bürgermeister in *Der Besuch der alten Dame* (von Einem), ohne den hinreißenden Herodes (*Salome*, R. Strauss) zu vergessen, der vom Fernsehen aufgenommen wurde.

Belkin, Boris
Israelischer Geiger russischer Herkunft, geb. 26. 1. 1948 Swerdlowsk.
Als Sechsjähriger beginnt er mit dem Geigenunterricht, zuerst an der Moskauer Zentralschule für Musik und anschließend am Konservatorium in den Klassen von Jurij Jankelewitsch und Felix Andriejewskij. 1972 gewinnt er beim nationalen Violinisten-Wettbewerb den 1. Preis. 1974 erhält er die Erlaubnis, nach Israel auszuwandern. Er schließt mit wichtigen Dirigenten Bekanntschaft und wird von Zubin Mehta sowie Leonard Bernstein in die Vereinigten Staaten eingeladen (Los Angeles, New York). Sein Gastspiel in Paris (unter der Leitung von Leonard Bernstein) im Jahre 1975 bleibt unvergessen, nicht nur aufgrund seines großarti-

gen Spiels: Er ließ seine Geige in einem Taxi liegen.

Belliard, Jean
Französischer Counter-Tenor, geb. 25. 7. 1935 Hué (Vietnam).
Er studiert bei Jean Giroud in Grenoble. 1959–64 arbeitet er als Musiklehrer in Rabat (Marokko) und 1964–70 am Centre culturel français von Oran (Algerien) als Veranstalter von Musikabenden, Ausstellungen und Vorträgen. Seit 1970 arbeitet er als Dozent für die Alliance Française und hält in mehr als vierzig Ländern Vorträge. 1973 gründet er in Paris das Kammermusikensemble Guillaume de Machaut, das sich hauptsächlich der alten Musik widmet, vom gregorianischen Choral bis zur Renaissance, zeitweise aber auch Konzerte mit zeitgenössischer Musik gibt (Avignon, 1980).
Jean Belliard besitzt eine natürliche Alt-Stimme und ist nicht gezwungen, die für Counter-Tenor geschriebene Musik zu transponieren wie andere Sänger, die in einem ihrer natürlichen Stimmlage nicht entsprechenden Register singen. Er beschäftigt sich intensiv mit der Musik des Mittelalters und mit dem Einfluß der mohammedanischen Kultur auf die christliche Zivilisation in Spanien und Nordafrika; er versucht, eine Brücke zu schlagen zwischen der Ars nova im 14. Jahrhundert und unserer Epoche (Strawinsky, Boulez).

Bellugi, Piero
Italienischer Dirigent, geb. 14. 7. 1924 Florenz.
Er studiert zuerst in Florenz und anschließend an der Accademia Musicale Chigiana in Siena und am Mozarteum in Salzburg. Er reist in die USA, um sich bei Rafael Kubelík und Leonard Bernstein weiterzubilden, und erlebt dort seine ersten Erfolge als Dirigent. 1956–58 ist er Lehrer an der University of California in Berkeley. 1958–59 leitet er das Oakland Symphony Orchestra, 1959–61 ist er künstlerischer Direktor des Portland Symphony Orchestra.

1961 kehrt er nach Europa zurück und dirigiert an der Scala. Anschließend wird er von den meisten bedeutenden Orchestern eingeladen. Er wird zum künstlerischen Leiter des Symphonie-Orchesters von Radio Lissabon bestellt. Sein Repertoire reicht von Claudio Monteverdi bis zu Luigi Nono. Als Chefdirigent des Symphonie-Orchesters der RAI in Turin (1969–72) unterrichtet er gleichzeitig am dortigen Konservatorium Orchesterleitung, bevor er nach Rom an die Accademia Nazionale di Santa Cecilia, nach Florenz und nach Siena an die Accademia Musicale Chigiana geht (1977). Er ist künstlerischer Berater des Festivals von Barga und Musikdirektor des Symphonie-Orchesters der Region Emilia Romagna (bis 1982). Er zeichnet für die Uraufführungen von Darius Milhauds *Symphonie Nr. 10* (1961) sowie Goffredo Petrassis *Settimo Concerto* (1965) verantwortlich.

Bělohlávek, Jiří
Tschechoslowakischer Dirigent, geb. 24. 2. 1946 Prag.
Er studiert am Prager Konservatorium Cello, bevor er sich an der Akademie bei Alois Klíma, Bohumír Liška, Josef Veseluka und Robert Brock mit Orchesterleitung beschäftigt. 1966 übernimmt er die Leitung des Orchesters Puellarum Pragensis. Der Preisträger des Wettbewerbs für junge Dirigenten in Olomouc (Olmütz) wird zum Assistenten der Tschechischen Philharmonie ernannt. 1972–77 leitet er das Philharmonische Orchester von Brno (Brünn), bevor er 1977 zum ständigen Dirigenten des Prager Philharmonischen Orchesters FOK ernannt wird. Seit 1982 dirigiert er regelmäßig die Tschechische Philharmonie.

Beňačková-Čápová, Gabriela
Tschechoslowakische Sopranistin, geb. 25. 3. 1947 Bratislava (Preßburg).
Sie studiert am Konservatorium ihrer Heimatstadt und schließt 1971 mit Diplom ab. Sie ist Mitglied der Prager

(1970–73 und 1974–80) und der Preßburger Oper (1973–74), bevor sie von der Wiener Staatsoper engagiert wird (1980). Es folgen Gastspiele am Covent Garden, bei den Salzburger Festspielen, in München und Köln; sie singt die großen Rollen eines dramatischen Soprans, vor allem die des tschechischen Repertoires: Bedřich Smetana (*Die verkaufte Braut*), Antonín Dvořák (*Der Jakobiner*) und Leoš Janáček (*Jenufa*). Zu ihrem Repertoire gehören weiter *Margarethe* (Gounod), *André Chénier* (Giordano), *Pique-Dame* (Tschaikowskij), *Krieg und Frieden* (Prokofjew) und *Katerina Ismailowa* (Schostakowitsch). 1983 singt sie aus Anlaß der Wiedereröffnung der Prager Staatsoper die Titelrolle von Smetanas Oper *Libuše*. Im Konzertsaal wirkt sie an Aufführungen von Janáčeks *Glagolskà mše* (Glagolitische Messe) und Dvořáks *Requiem* mit.

Benbow, Charles
Amerikanischer Organist, geb. 28.12.1947 Dayton (Ohio).
Er studiert an der Universität von Oklahoma in Norman und erhält ein Stipendium (für Orgel und Cembalo). 1970–71 verbringt er in Deutschland und studiert an der Kölner Musikhochschule bei Michael Schneider Orgel und bei Hugo Ruf Cembalo. Anschließend geht er zu Marie-Claire Alain nach Frankreich. Der Preisträger des Prager Wettbewerbs und des Wettbewerbs des Bayerischen Rundfunks (1971) gewinnt 1972 den Wettbewerb von Chartres. Er läßt sich in London nieder, von wo aus er regelmäßig Tourneen nach Polen, Deutschland, Frankreich und in die Vereinigten Staaten unternimmt, die er regelmäßig jährlich besucht.

Bender, Paul
Deutscher Baßbariton, geb. 28.7.1875 Driedorf (Westerwald), gest. 25.11.1947 München.
Er studiert in Berlin Medizin und nimmt gleichzeitig bei Luise Ress und Baptist Hoffmann Gesangs-Unterricht. Er debütiert 1900 an der Oper von Breslau. Ab 1902 singt er regelmäßig in Bayreuth. 1903 wird er Mitglied der Münchner Oper und gehört ihr bis zu seinem Lebensende an. 1907 wird er zum Kammersänger ernannt. 1914 tritt er zum ersten Mal am Covent Garden auf (als Amfortas; erste Aufführung von Wagners *Parsifal* außerhalb Bayreuths). Er setzt sich in den großen Wagner-Rollen durch (Wotan und Hagen, *Der Ring des Nibelungen*, Marke, *Tristan und Isolde*, Gurnemanz, *Parsifal*, Hans Sachs und Pogner, *Die Meistersinger von Nürnberg*). Auch im komischen Repertoire feiert er Triumphe (Osmin, *Die Entführung aus dem Serail*, Mozart; Baron Ochs, *Der Rosenkavalier*, R. Strauss). 1922 tritt er ersten Mal in den USA auf, an der Met, wo er bis 1927 das deutsche Repertoire vertritt. Ab 1926 wird er regelmäßig zu den Salzburger Festspielen eingeladen. In seiner Arbeit nehmen das Lied und das Oratorium einen breiten Raum ein; er gehört zu den leidenschaftlichsten Verteidigern der Balladen Carl Loewes. Ab 1931 unterrichtet er an der Münchner Akademie der Tonkunst. Zu seinen wichtigsten Schülern gehören Josef Greindl und Hans Hopf. Er nimmt an den Uraufführungen von Ermanno Wolf-Ferraris Opern *Le Donne curiose* (Die neugierigen Frauen, 1903) und *I quattro rusteghi* (Die vier Grobiane, 1906) sowie an Hans Pfitzners Oper *Palestrina* (1917) und Carl Orffs *Der Mond* (1939) teil.

Bender, Philippe
Französischer Dirigent, geb. 25.2.1942 Besançon.
Er beginnt mit seinem Studium am Konservatorium seiner Geburtsstadt. Als Fünfzehnjähriger wird er am Konservatorium in Paris zugelassen; zwei Jahre später erhält er dort drei 1. Preise (Flöte, Kammermusik und allgemeine Grundlagen der Musik). Später gewinnt er die internationalen Wettbewerbe von München, Genf und Montreux. Er wird Flötist im Orchester der Oper von Monte Carlo. Von Paul Paray beraten,

nimmt er am Wettbewerb junger Dirigenten in Besançon teil. 1970 gewinnt er den 1. Preis beim Mitropoulos-Wettbewerb in New York. Er wird Chefassistent bei den New Yorker Philharmonikern und arbeitet dort ein Jahr unter Leonard Bernstein und Pierre Boulez. 1975 wird er zum künstlerischen Leiter und ständigen Dirigenten des Orchestre Régional Provence-Côte-d'Azur ernannt, das 1979 in Orchestre de Cannes-Provence-Côte-d'Azur umbenannt wird.

Benedetti Michelangeli, Arturo
Italienischer Pianist, geb. 5. 1. 1920 Brescia.
Er beginnt als Vierjähriger mit Klavier- und Violin-Unterricht. Als Folge einer Kinderkrankheit gibt er das Violinspiel auf; er studiert drei Jahre bei Giovanni Anfossi am Konservatorium von Mailand. 1939 gewinnt er beim Internationalen Genfer Wettbewerb den 1. Preis. Im gleichen Jahr gewinnt er ein Automobilrennen. In seiner Jugend tritt er auch als Skirennläufer auf und macht seinen Pilotenschein. Zehn Jahre lang reist er als Solist bis in die Vereinigten Staaten (1948), als er zum zweiten Mal krank wird. Er unterrichtet in Brescia und gründet dort 1964 ein Festival für Pianisten, dessen künstlerische Leitung er bis 1969 beibehält. Seit 1959 kann er wieder Konzerte geben; Legenden bilden sich um ihn. Man hält ihn für einen rätselhaften, mit anderen Maßstäben zu messenden Pianisten, der fähig ist, ein Konzert zu unterbrechen, wenn er sich nicht wohl fühlt. Als Perfektionist hat er gelernt, seinen Flügel, den er zu jedem Konzertort transportieren läßt, selbst auseinanderzunehmen und wieder zusammenzusetzen. Benedetti Michelangeli verbringt ein Jahr in einem Franziskaner-Kloster und beschäftigt sich intensiv mit der Orgel. 1968 verläßt er Italien und läßt sich in der Schweizer Bergwelt nieder, wo er ganz nach seinem persönlichen Rhythmus lebt. Sein Repertoire umfaßt Werke von Maurice Ravel und Claude Debussy, aber auch die alten italienischen Meister (z. B. Baldassare Galuppi) sowie Johann Sebastian Bach, Wolfgang Amadeus Mozart, Joseph Haydn, Ludwig van Beethoven, Frédéric Chopin, Robert Schumann, Max Reger und Sergej W. Rachmaninow. Sonore Dichte, transparente Strukturen, verhaltene Leidenschaft und sparsamer Umgang mit Ausdrucksmitteln charakterisieren sein Spiel.

Benoît, Jean-Christophe
Französischer Bariton und Komponist, geb. 18. 3. 1925 Paris.
Bei seiner Mutter, der Komponistin Léontine Benoît-Granier, und seinem Vater, dem Bratscher im Capet Quartett, lernt er zusammen mit seiner Schwester, der zu früh verstorbenen Sängerin und Schauspielerin Denise, bereits als Kind die Grundlagen, die ihm später bei seiner Karriere als Sänger und Musiker als Basis dienen. Am Pariser Konservatorium studiert er bei Olivier Messiaen (Harmonie), Noël Gallon (Kontrapunkt) und Gabriel Dubois (Gesang). Insgesamt erringt er während seiner Ausbildung drei 1. Preise.
Er komponiert; verschiedene Werke für Yves Jolys Marionettentheater entstehen, doch schon nach kurzer Zeit entscheidet er sich für Oper, Lied, Oratorium, Rundfunk und später für pädagogische Aufgaben. Er bevorzugt die komische Oper, obwohl er sich auch in Werken von Jules Massenet sowie Georges Bizet auszeichnet wie in Charakterrollen wie z. B. dem Meßner in *Tosca* (Puccini). Sein Repertoire reicht von Claudio Monteverdi bis zu den zeitgenössischen Komponisten, wobei er Rollen, bei denen das dramatisch-schauspielerische Moment wichtig ist, bevorzugt. Als Lieder- und Oratorien-Sänger spezialisiert er sich auf die Interpretation französischer Komponisten. An der Scala singt er in Maurice Ravels *L'enfant et les sortilèges* (Das Kind und die Zauberdinge), in Rom kreiert er *Pilate*, den Frank Martin für ihn schreibt, in Genf den Figaro in Darius Milhauds

La mère coupable (Die schuldige Mutter). Vor allem aber arbeitet er auf den Bühnen der Opéra und der Opéra-Comique in Paris.
Im Rundfunk und im Fernsehen nimmt er an mehr als tausend Sendungen aller Art teil, darunter auch an Uraufführungen von Werken vieler Komponisten wie Yves Baudrier, Benjamin Britten, Luigi Dallapiccola, Georges Delerue, Serge Nigg, Luigi Nono, Maurice Ohana, Sergej S. Prokofjew, Ivan Semenoff und anderer. Er ist Professor für Gesang am Konservatorium von Paris, Gast des Centre d'Art in Mont Orford (Quebec) und zeichnet für einige Inszenierungen verantwortlich.

Benzi, Roberto
Französischer Dirigent, geb. 12.12. 1937 Marseille.
Sein Vater, ein Musikpädagoge, unterrichtet ihn schon früh im Klavierspiel. Als Elfjähriger dirigiert er seine ersten Konzerte (Juli 1948, Bayonne; November 1948, Paris, Orchestre Colonne). 1949 und 1950 spielt das Wunderkind in zwei Filmen mit, *Prélude à la gloire* und *L'Appel du destin*. Er studiert bis 1958 (1947–50 bei André Cluytens). Ab 1954 beschäftigt er sich mit Opern-Partituren. Fünf Jahre später erzielt er mit Georges Bizets *Carmen*, die er als erster im Palais Garnier, der Pariser Oper, dirigiert, einen großen Erfolg. Mit der gleichen Oper geht er auf Japan-Tournee. Er reist viel, in ganz Europa, auch im Osten und in Nordafrika, und geht 1966 erstmals nach Kanada. 1972 dirigiert er zum ersten Mal an der Met (*Margarethe*, Gounod). Im darauffolgenden Jahr wird er zum musikalischen Direktor des Orchestre de Bordeaux-Aquitaine ernannt. Er ist mit der Sängerin Jane Rhodes verheiratet.

Berberian, Cathy
Amerikanische Mezzosopranistin, geb. 4.7. 1925 Attleboro, gest. 6.3. 1983 Rom.
Sie studiert in Amerika Gesang, Tanz, Theater und Literatur (in New York und an der New Yorker Columbia University). In der ersten Zeit arbeitet sie als Solistin der New Yorker Armenian Folk Dance Group. 1950 erhält sie ein Stipendium der Fulbright-Stiftung. Ihre Begegnung mit Luciano Berio (den sie 1950 heiratet; Scheidung 1965) öffnet ihr den Weg zur zeitgenössischen Musik. Sie lernt von ihm und inspiriert ihn. Cathy Berberian ist die typische Interpretin der Musik ihrer Zeit. Ihr Verhältnis zu den Komponisten ist entscheidend. Sylvano Bussotti, von dem sie verschiedene Werke kreiert (*Voix de femme, Torso* und *La Passion selon Sade*), bekräftigt dies. Viele Komponisten schreiben für sie: Igor Strawinsky (*Elegy for J.F.K.*), aber auch Luciano Berio (*Chamber Music, Circles, Epifanie, Visage, Sequenza 3, Folk Songs*) und John Cage (*Solo for voice*), der sie bewundert und an dessen Konzerten in Amerika und Europa sie regelmäßig mitwirkt. Sie nimmt an weiteren Uraufführungen bedeutender Werke des 20. Jahrhunderts teil (*Votre Faust*, Pousseur, und *Adieu*, Milhaud). Sie ist Gast der wichtigsten internationalen Festivals zeitgenössischer Musik und unterrichtet an der Universität von Vancouver sowie an der Rheinischen Musikschule in Köln. Sie versteht es, auch mit einem schwierigen Publikum Kontakt aufzunehmen. Die Diva der Bühne bleibt in ihrem persönlichen Leben einfach und bescheiden. Sie unterrichtet gern und liebt jede Art von Kommunikation. Auch als Komponistin tritt sie auf (*Stripsody*, 1966, *Morsicat(h)y*, 1971). Ihre Vorliebe gilt Claudio Monteverdi, aber sie fühlt sich auch in den verschiedenartigsten Volksmusiken, Sprachen und Dialekten zu Hause. Die »Proustschen Soirées«, die sie zusammen mit Bruno Canino gibt und bei denen sie Erté-Kleider trägt, bleiben unvergessen.

Berbié, Jane (= Jeanne Bergougne)
Französische Mezzopranistin, geb. 6.5. 1931 Villefranche-de-Lauragais.
Nach dem Studium am Konservatorium von Toulouse debütiert Jane Berbié an

der Mailänder Scala in Maurice Ravels Oper *L'enfant et les sortilèges* (Das Kind und die Zauberdinge). Anschließend wird sie in Frankreich, aber auch in ganz Europa engagiert. 1967 singt sie zum ersten Mal in Glyndebourne; nach den Festspielen von Aix-en-Provence wird sie als ideale Rossini-Interpretin angesehen (1969, Rosina in *Il barbiere di Siviglia*). Im darauffolgenden Jahr singt sie in Aix in Gioacchino Rossinis *L'italiana in Algeri* (Die Italienerin in Algier) und tritt in London am Covent Garden sowie an der Scala auf (als Rosina). Als Koloratur-Mezzosopran besitzt sie eine ausgesprochen homogene Stimme, und ihre darstellerischen Fähigkeiten (vor allem in Rossini- und Mozart-Opern) beeindrucken. So ist es nicht erstaunlich, daß sie sich auch in den Rollen der italienischen komischen Oper auszeichnet. 1982 wird sie zur Professorin am Pariser Konservatorium ernannt.

Berchot, Erik
Französischer Pianist, geb. 14. 2. 1958 Paris.
Einer der brillantesten jungen französischen Pianisten. Erik Berchot gewinnt einen 1. Preis am Pariser Konservatorium in der Klasse von Germaine Mounier (1977) und einen 1. Preis auf dem Gebiet der Kammermusik. 1979 gewinnt er beim Concours Long-Thibaud einen Preis; auch im Ausland ist er erfolgreich: Premio Senigallia (Italien, 1977), Prix Alex de Vries (Belgien, 1977), 1. Preis beim Viotti-Wettbewerb (Italien, 1977), 6. Preis beim Warschauer Chopin-Wettbewerb (Polen, 1980).

Berganza, Teresa
Spanische Sopranistin, geb. 16. 3. 1935 Madrid.
Sie studiert Klavier, Orgel, Harmonielehre und Komposition; als Achtjährige äußert sie den Wunsch, Sängerin zu werden. Ihre Lehrerin, Lola Rodriguez Aragón, Schülerin von Elisabeth Schumann, erweitert den Umfang ihrer Stimme, gibt ihr Stilsicherheit, bildet sie aus und macht sie mit Gioacchino Rossini und Wolfgang Amadeus Mozart vertraut. Lange wird man den Namen Berganza mit den Rollen des Cherubin (*Le nozze di Figaro*, Mozart) und der Rosina (*Il barbiere di Siviglia*, Rossini) in Verbindung bringen. 1958 interpretiert sie bei den Festspielen von Aix-en-Provence die Dorabella (*Così fan tutte*, Mozart), 1959 in Glyndebourne den Cherubin. Unter der Leitung von Claudio Abbado singt sie *La Cenerentola* (Aschenbrödel, Rossini) und begeistert ihr Publikum. Ihre internationale Karriere beginnt. Sie überzeugt mit einer einfachen, wahrhaften Carmen (Bizet). Neben ihren Auftritten an verschiedenen Opernhäusern, dem Covent Garden, der Scala, gibt sie Liederabende, bei denen sie häufig von ihrem Mann, dem Pianisten und Komponisten Felix Lavilla, begleitet wird. Teresa Berganza liebt das Familienleben und bleibt Spanien treu. So singt sie gerne spanische Volkslieder, in Zarzuelas oder in Manuel de Fallas *La vida breve* (Das kurze Leben). Sie unterrichtet gerne. In Joseph Walton Loseys Verfilmung des *Don Giovanni* singt sie unter der Leitung von Lorin Maazel die Zerlina.

Bergel, Erich
Deutscher Dirigent rumänischer Herkunft, geb. 1. 6. 1930 Rîsznov.
Er studiert zuerst in Sibiu (Hermannstadt) und wird Flötist am dortigen Philharmonischen Orchester, während er gleichzeitig in Cluj (Klausenburg) Schüler von Ciolan und Violine, Klavier, Orchesterleitung, Komposition sowie Orgel studiert (1950–55). Bevor er die Leitung des Philharmonischen Orchesters von Oradea übernimmt (1955–59), arbeitet er als Organist. Anschließend wird er Chefdirigent der Philharmonie von Klausenburg (1959–72). 1972 geht er in die Bundesrepublik und übernimmt die Leitung der Nordwestdeutschen Philharmonie (1972–74). Anschließend arbeitet er hauptsächlich als Gastdirigent, vor allem als Principal Guest Conductor des Symphonie-Or-

chesters von Houston, bevor er die Leitung des BBC Welsh Orchestra (Cardiff) übernimmt. Bergel hat sich intensiv mit der Musik Johann Sebastian Bachs, vor allem mit dessen *Kunst der Fuge*, auseinandergesetzt.

Berger, Erna
Deutsche Sopranistin, geb. 19. 10. 1900 Cossebaude (bei Dresden), gest. 14. 6. 1990 Essen.
Sie studiert in Dresden bei Melitta Hirzel Gesang. 1925 debütiert sie unter Fritz Busch an der Dresdner Staatsoper (als Erster Knabe in Mozarts *Zauberflöte*). 1927 nimmt sie an der Uraufführung von Paul Graeners Oper *Hanneles Himmelfahrt* teil. 1929 wird sie von der Städtischen Oper Berlin engagiert und singt in der Uraufführung von Hans Pfitzners Oper *Das Christ-Elflein*. 1929–33 singt sie in Bayreuth, ab 1932 in Salzburg. 1934 wechselt sie an die Staatsoper Berlin und triumphiert in zwei Mozart-Rollen: als Königin der Nacht (*Die Zauberflöte*) und als Konstanze (*Die Entführung aus dem Serail*), die sie auch mit großem Erfolg am Covent Garden in London singt (1934–38). 1949 tritt sie zum ersten Mal an der Met auf. 1955 nimmt sie von der Bühne Abschied und gibt ab dieser Zeit ausschließlich Liederabende. Am 15. 2. 1968 tritt sie zum letzten Mal im Münchner Cuvilliés-Theater auf. 1955 wurde Erna Berger Mitglied der Berliner Akademie der Künste. 1959–71 leitet sie eine Meisterklasse an der Hamburger Musikhochschule. Ihre extrem hohe Stimme machte sie zu einer der wenigen dramatischen Koloratur-Sopranistinnen ihrer Zeit.
W: *Auf Flügeln des Gesangs* (Kassel 1988).

Berglund, Paavo
Finnischer Dirigent, geb. 14. 4. 1929 Helsinki.
Er beginnt sein Studium bei Joonas Kokkonen an der Sibelius-Akademie in Helsinki und setzt sie bei Otto Rieger in Wien und anschließend in Salzburg fort. 1949–56 ist er als Violinist beim finnischen Radio-Symphonie-Orchester tätig, 1956–62 als Kapellmeister und 1962–71 Chef-Dirigent. Er wird in der angelsächsischen Musikwelt schnell als einer der wichtigsten Spezialisten von Jean Sibelius und Dmitrij D. Schostakowitsch bekannt. 1972–79 leitet er das Symphonie-Orchester von Bournemouth und 1975–79 gleichzeitig das philharmonische Orchester von Helsinki. 1987 übernimmt er die Leitung der Stockholmer Philharmoniker. Berglund gehört zu den wenigen lebenden Dirigenten, die den Dirigentenstab in der linken Hand halten. Er zeichnet für eine Gesamtaufnahme der *Symphonien* von Jean Sibelius verantwortlich.

Bergonzi, Carlo
Italienischer Tenor, geb. 13. 7. 1924 Vidalenzo bei Parma.
Er studiert am Konservatorium Arrigo Boito in Parma und debütiert 1948 als Bariton in Lecce in Gioacchino Rossinis *Il barbiere di Siviglia*. Er singt den Rigoletto in der gleichnamigen Oper Giuseppe Verdis sowie den Marcel (*La Bohème*, Puccini). Drei Jahre später nimmt er sein Studium wieder auf und wechselt die Stimmlage. Als Tenor findet er sein ihm gemäßes Fach. Am 12. 1. 1951 beginnt er in Bari als André Chénier in Umberto Giordanos gleichnamiger Oper seine zweite Karriere. Der italienische Rundfunk engagiert ihn anläßlich der Festwochen zu Verdis fünfzigstem Todestag. Er singt in *Giovanna d'Arco* (Die Jungfrau von Orléans), *La forza del destino* (Die Macht des Schicksals) und *Simone Boccanegra*, bevor er sich auch in London, Chicago (1955) und an der Met (1956) durchsetzt. Er singt neben Maria Callas in *Lucia di Lammermoor* (Donizetti). In der Folge wird er von allen bedeutenden Opernhäusern zu Gastspielen eingeladen. Sein weitgespanntes Repertoire (mehr als 60 Rollen) reicht von Amilcare Ponchielli bis Jules Massenet. Er verfügt über eine ausgezeichnete Atemtechnik, eine geschmeidige Stimmführung und einen

makellosen Ansatz. Der Alvaro in der Oper *La forza del destino*, die er zusammen mit Maria Callas und Tito Gobbi aufnimmt, bleibt seine Lieblingsrolle.

Berkes, Kálmán
Ungarischer Klarinettist, geb. 8. 5. 1952 Budapest.
Er beginnt als Vierjähriger, Violine und Klavier zu lernen. 1966 entscheidet er sich für die Klarinette. Er studiert am Budapester Konservatorium vier Jahre bei István Vécsei, bevor er 1977 an der Franz-Liszt-Akademie in Budapest unter der Leitung von György Balassa und Béla Kovács die Konzertreifeprüfung ablegt. Vorher hatte er bereits eine Silbermedaille beim Genfer Internationalen Wettbewerb (1972) erspielt und war zum Solo-Klarinettisten der Budapester Oper ernannt worden. Er gehört dem Budapester Kammerensemble sowie dem Bläserquintett der Jeunesses Musicales an (1973). Als einer der ersten Bläser Ost-Europas schafft er den Durchbruch zu einer internationalen Solisten-Karriere. Auf dem Gebiet der Kammermusik spielt er mit dem Pianisten Zoltán Kocsis und dem Geiger Miklós Szenthelyi zusammen.

Berman, Lazar
Russischer Pianist, geb. 26. 2. 1930 Leningrad.
Das Wunderkind tritt 1937 während der Festspiele junger Solisten erstmals auf (im Bolschoj Theater) und erzielt einen solchen Erfolg, daß er zu einer Schallplattenaufnahme mit Mozart-Werken eingeladen wird. Zwei Jahre später wird er in die Moskauer Zentralschule für Musik aufgenommen. Alexander B. Goldenweiser kümmert sich um seine Ausbildung. 1948 folgt Berman seinem Lehrer an das Moskauer Konservatorium und bleibt dort bis 1953 als Schüler; anschließend perfektioniert er sich am gleichen Institut bei Swjatoslaw T. Richter und Wladimir W. Sofronizkij (bis 1957). Sein eigentliches Debüt als Solist gibt er im Jahre 1940 mit Mozarts *Konzert für Klavier Nr. 25* mit den Moskauer Philharmonikern. Er feiert im Festival Hall Recital Room in London Triumphe. 1956 erzielt er beim Brüsseler Concours Reine Elisabeth einen 5. Preis, anschließend beim Internationalen Budapester Wettbewerb einen 3. Preis. In den 60er Jahren spielt er ausschließlich im Ostblock, wo vor allem in Rußland sein Ruf ständig wächst. Man hält ihn für den idealen Interpreten von Franz Liszt, Ludwig van Beethoven und vor allem der heimischen russischen Komponisten. 1971 nimmt er eine Einladung nach Italien an. Mit dem Erscheinen einer Einspielung von Tschaikowskijs *Konzert für Klavier Nr. 1* unter der Leitung von Herbert von Karajan wird er auch in Europa und den Vereinigten Staaten bekannt.
Lazar Berman geht der Ruf voraus, sich besonders um Klarheit, Virtuosität und lyrische Aussage zu bemühen. Neben Arturo Benedetti Michelangeli und Wladimir W. Sofronizkij erkennt er nur noch Alexander B. Goldenweiser als Vorbild an.

Bernac, Pierre (= Pierre Bertin)
Französischer Bariton, geb. 12. 1. 1899 Paris, gest. 17. 10. 1979 Avignon.
Von André Caplet ermutigt, studiert er bei Walther Straram Gesang und gibt 1925 seinen ersten Liederabend. Im darauffolgenden Jahr zeichnet er für die Uraufführung von Francis Poulencs Liederzyklus *Chansons gaillardes* verantwortlich. 1930 geht er nach Salzburg, um bei Reinhold von Warlich Unterricht zu nehmen. In der Mozart-Stadt läßt er sich 1934 zum ersten Mal von Poulenc bei einem Liederabend am Flügel begleiten. Der Komponist schreibt in der Folge verschiedene Zyklen für Bernac: *Cinq poèmes d'Eluard, Tel jour telle nuit, Calligrammes, La Fraîcheur et le feu, Le Travail du peintre*. Eine lange, beispielhafte Zusammenarbeit beginnt, während der Bernac weltweit für die Ur- und Erstaufführungen von Liedern und Liederzyklen von Albert Roussel, Arthur Honegger (*Trois poèmes de Paul*

Claudel, 1941), André Jolivet (*Les trois complaintes du soldat*, 1943, *Poèmes intimes*, 1944), Daniel-Lesur, Maurice Jaubert, Jean Françaix, Paul Hindemith, Lennox Berkeley, Samuel Barber u.a. verantwortlich zeichnet. 1940–60 vertritt er in der Nachfolge von Claire Croiza und Jeanne Bathori das Ideal einer spezifisch französischen Vokalkunst, bei der dem Wort die gleiche Bedeutung zukommt wie der Musik. Seine von Natur aus eher kleine Stimme gleicht er durch Raffinesse aus, die zum französischen Lied ausgezeichnet paßt, beim deutschen und englischen dagegen, das Bernac ebenfalls in sein Repertoire aufnimmt, leicht affektiert erscheinen mag. 1961 gibt er die Konzerttätigkeit auf und widmet sich in zunehmendem Maße pädagogischen Aufgaben. Er unterrichtet am amerikanischen Konservatorium in Fontainebleau, an der Sommerakademie von Saint-Jean-de-Luz sowie an verschiedenen Meisterklassen in den USA. Gérard Souzay ist sein berühmtester Schüler.

WW: *The Interpretation of French Song* (London und New York 1970); *Francis Poulenc et ses mélodies* (Paris 1978).

Bernard, André
Französischer Trompeter und Dirigent, geb. 6. 4. 1946 Gap.
Er studiert zuerst in Grenoble und erhält dort 1964 einen 1. Preis. Nach einem Zwischenaufenthalt am Konservatorium von Marseille wird er vom Konservatorium in Paris aufgenommen und erhält dort ebenfalls einen 1. Preis (1969). 1968 ist er Preisträger beim Internationalen Genfer Wettbewerb gewesen. André Bernard gehört zu den wenigen Trompetern, die sich ausschließlich auf ihre Solisten-Karriere konzentrieren. Er wird häufig vom Heidelberger Kammerorchester eingeladen und spielt regelmäßig mit Edgar Krapp an der Orgel im Duo. 1982 wird er zum ständigen Dirigenten des New Symphony Orchestra in London ernannt.

Bernard, Claire
Französische Violinistin, geb. 31. 3. 1947 Rouen.
Schon früh erhält sie wichtige 1. Preise: als Siebenjährige am Konservatorium ihrer Heimatstadt, als Zwölfjährige am Pariser Konservatorium in der Klasse von Marcel Reynal und als Vierzehnjährige am gleichen Institut in der Klasse von Jean Hubeau (Instrumentalensemble). Henryk Szeryng kümmert sich um sie. Als Siebzehnjährige verläßt sie mit einem 1. Preis in Kammermusik (Klasse von Joseph Calvet) das Konservatorium. Vorher tritt sie bereits in verschiedenen Ländern als Solistin auf. 1964 überreicht ihr Henryk Szeryng die Goldmedaille der Carl-Flesch-Kurse; beim Enescu-Wettbewerb in Bukarest erhält sie den 1. Preis.
Unter der Leitung des Komponisten nimmt sie das *Konzert für Violine* von Aram I. Chatschaturian auf Schallplatte auf (1965). Ab dieser Zeit spielt sie in der ganzen Welt und tritt neben Yehudi Menuhin in Nizza, Paris und während des Festivals von Bath auf. Sie ist Mitglied in verschiedenen internationalen Jurys. Claire Bernard wird Konzertmeisterin im Orchestre de Chambre von Rouen und anschließend im Orchester von Chambéry. Sie unterrichtet am Konservatorium von Asnières. Wir verdanken ihr die Uraufführung von Gilbert Amys Komposition für Violine und Orchester, *Trajectoires*.

Bernède, Jean-Claude
Französischer Violinist und Dirigent, geb. 19. 9. 1935 Angers, gest. 16. 8. 1991 Evreux.
Sein Vater erteilt ihm den ersten Musikunterricht. Als Dreizehnjähriger erhält er den 1. Preis des Konservatoriums seiner Heimatstadt, später den des Konservatoriums von Paris. Er studiert bei Joseph Calvet Kammermusik und bei Pierre Dervaux sowie Igor Markevitch Orchesterleitung. 1958 tritt er in das Orchester der Société des Concerts ein; wenig später wird er zum Konzertmeister des Ensemble de musique contem-

poraine de Paris ernannt. 1965 gründet er das Quartett, das seinen Namen trägt und schnell bekannt wird. Seit 1977 leitet er das Konservatorium von Evreux und kümmert sich um das musikalische Leben in der Stadt. Gleichzeitig ist er künstlerischer Berater des Orchestre des Concerts Lamoureux. 1981–85 leitet er das Orchester und die Oper der Stadt Rennes. 1983 wird er zum Präsidenten und Chefdirigenten des Orchestre des Concerts Lamoureux ernannt. 1984 erhält er eine Professur für Kammermusik am Konservatorium von Paris.

Bernstein, Leonard
Amerikanischer Dirigent, Komponist und Pianist, geb. 25.8.1918 Lawrence (Massachusetts), gest. 14.10.1990 New York.
Seine Familie, russische Juden, emigriert in die Vereinigten Staaten. Er lernt bereits als Kind Klavierspielen und geht dann an die Harvard University, wo er von Helen Coates und Heinrich Gebhard Unterricht erhält. Er besucht auch Kurse und Vorlesungen von Edward Burlingham Hill, Walter Piston und Arthur Tillmann Merritt. 1939 erhält er sein Diplom. Anschließend schreibt er sich in Philadelphia am Curtis Institute ein und studiert bei Isabella Vengerova (Klavier), bei Fritz Reiner (Orchesterleitung) sowie bei Randall Thompson (Orchestration). Er beschäftigt sich in immer stärkerem Maße mit Orchesterleitung und geht 1940/41 nach Tanglewood; 1941 wird er Schüler und 1942 Assistent von Sergej A. Kussewitzky. Im darauffolgenden Jahr wird er von Artur Rodziński als Hilfskapellmeister der New Yorker Philharmoniker verpflichtet. Am 14. November 1943 springt er in letzter Minute für den erkrankten Bruno Walter ein und leitet ein Konzert des berühmten Orchesters. 1945–48 steht er bei dem New York City Orchestra unter Vertrag. 1947 dirigiert er das philharmonische Orchester Israels, das er bis 1949 musikalisch berät. Anschließend unternimmt er mit Kussewitzky eine längere Tournee. Er arbeitet mit den großen Orchestern von Wien, Mailand, Paris und London. Nach Kussewitzkys Tod lehrt er in Tanglewood Orchesterleitung (1951–55) und arbeitet gleichzeitig an der Brandeis University (1951–56). 1957 geht er zu den New Yorker Philharmonikern, die er abwechselnd mit Dimitri Mitropoulos leitet. 1958–69 ist er musikalischer Direktor dieser Formation, bevor er auf Lebenszeit zum Laureate Conductor ernannt wird. Er wird als erster amerikanischer Dirigent von der Scala eingeladen (1953) und dirigiert dort *Médée* (Cherubini), *La Bohème* (Puccini) und *La Sonnambula* (Die Nachtwandlerin, Bellini, 1955). An der Met dirigiert er 1964 und an der Wiener Oper 1966 zum ersten Mal.
Seit 1969 wird er von allen wichtigen Häusern und Orchestern der Welt eingeladen. Intensiver arbeitet er mit den Wiener Philharmonikern zusammen, mit denen er sämtliche *Symphonien* Ludwig van Beethovens aufnimmt (seine zweite Gesamtaufnahme), und mit den Philharmonikern des Staates Israel, mit denen er seine eigenen *Symphonien* einspielt, sowie mit dem Londoner Symphonie-Orchester, mit dem er in der Hauptsache Gustav Mahler und Igor Strawinsky spielt, und mit dem Orchestre National de France.
Sein Repertoire ist erstaunlich eklektisch, doch bei Werken von Gustav Mahler, George Gershwin und Igor Strawinsky gibt er jedes Mal sein Bestes. Der zeitgenössischen Musik gegenüber aufgeschlossen, setzt er Kussewitzkys Werk fort und engagiert sich in starkem Maß für amerikanische Komponisten. So leitet er 1951 eine aufsehenerregende Aufführung von Charles Ives' *Symphonie Nr. 2*. Zu den wichtigsten Uraufführungen, für die er verantwortlich zeichnet, zählen *Turangalîla-Symphonie* von Olivier Messiaen (1949), *Symphonie Nr. 5* von Hans Werner Henze (1963), die *Sonate für Klarinette und Klavier* von Francis Poulenc, die *Symphonie Nr. 9* von David Leo Diamond sowie Werke von Alberto Gina-

stera, Aaron Copland, Walter Piston, Carlos Chávez, William Howard Schuman, Samuel Barber, Richard Rodney Bennett, Rodion K. Schtschedrin und anderen. Marius Constant widmet ihm seine *24 Préludes*.
Seine Vitalität und sein Enthusiasmus machen ihn schnell populär. Er findet eine neue und sehr erfolgreiche Art, im Fernsehen Musik zu vermitteln.
Tourneen, Unterrichtstätigkeit und Konzerte können zwei Bereiche, denen er sich seit seiner Jugend widmet, nicht verdrängen: das Klavier und die Komposition, wobei er von Anfang an nicht nur für den Konzertsaal, sondern auch für die Bühne schreibt: *Sonate für Klarinette* (1942), *Jeremiah* (1944, Symphonie mit Altsolo), *I Hate Music* (Ich hasse Musik, 1943, Liederzyklus), *Fancy Free* (Freien Lauf der Phantasie, 1944, Ballett), *La bonne cuisine* (Die gute Küche, 1948, Liederzyklus). Er arbeitet *Fancy Free* zu einem Musical um; unter dem neuen Titel *On the Town* (Über der Stadt) erlebt es am Broadway einen großen Erfolg. Er beschäftigt sich auch mit Filmmusik. Nach seiner *Symphonie Nr. 3* wendet er sich religiösen Themen zu und schreibt *Chichester Psalms* (1965, eine Auftragsarbeit der Kathedrale Chichester für die im gleichen Jahr dort stattfindenden Festspiele religiöser Musik). Zur Einweihung des John-F.-Kennedy-Center in New York schreibt er eine *Messe* (1971).
Bernstein verleugnet weder seine Herkunft noch seine Erfahrungen. So wird sein Stil von verschiedenen Einflüssen geprägt: Jazz, Volksmusik, religiöse Choräle, Songs und Balladen vereinen sich zu einer breit angelegten Sprache. Sein Musical *West Side Story* (1957) beweist, wie leicht er mit Rhythmus und Melodie umzugehen vermag. Daneben entstehen ein weiteres Musical, *Candide* (1956), eine Oper, *Trouble in Tahiti* (Schwierigkeiten in Tahiti, 1952), sowie Vertonungen von Werken von Rainer Maria Rilke und Jean Anouilh. Er folgt der Einladung von Justus Frantz und dirigiert während der Musiktage in Schleswig-Holstein.
WW: *The Joy of Music* (New York 1959, dt. Freude an der Musik, Stuttgart 1961); *Young People's Concerts* (New York 1962, dt. Konzert für junge Leute, Tübingen 1969); *The Infinite Variety of Music* (New York 1966, dt. Von der unendlichen Vielfalt der Musik, Tübingen 1968); *The Question without answer* (New York 1974, dt. Musik, die offene Frage, München 1976); *Finding* (New York 1982, dt. Erkenntnisse. Beobachtungen aus fünfzig Jahren, Hamburg 1983).

Beroff, Michel
Französischer Pianist, geb. 9. 5. 1950 Epinal.
Er beginnt sein Studium am Konservatorium von Nancy und wechselt dann an das von Paris, wo er 1966 einen 1. Preis erhält. 1967 gibt er in Paris sein erstes Konzert und gewinnt den Olivier-Messiaen-Wettbewerb in Royan. Von Zeit zu Zeit zieht sich der junge Pianist vom Konzertleben zurück, um sich ohne den ständigen Druck weiterzubilden. Er spielt unter der Leitung der wichtigsten Dirigenten. Sein weitgespanntes Repertoire reicht von Wolfgang Amadeus Mozart bis zu Olivier Messiaen; aufgrund seiner Begabung für Rhythmik und musikalische Farbgebung zeichnet er sich besonders bei der Wiedergabe der Musik von Claude Debussy, Igor Strawinsky, Béla Bartók und Sergej S. Prokofjew aus. Mit Augustin Dumay und Pierre Amoyal spielt er Kammermusik. Unter seinen zahlreichen Schallplatteneinspielungen sind vor allem die Gesamtaufnahme der Klavierkonzerte von Prokofjew, das Werk für Klavier und Orchester von Franz Liszt sowie zahlreiche Ersteinspielungen zu erwähnen. Aufgrund einer inzwischen wieder abgeklungenen Lähmung eines Fingers der rechten Hand muß er sich für mehrere Jahre auf die Literatur für die linke Hand beschränken. Seit einiger Zeit beschäftigt er sich auch mit Orchesterleitung. Ab

1988 unterrichtet er an der Universität von Bloomington (USA).

Berry, Walter
Österreichischer Baßbariton, geb. 8. 4. 1929 Wien.
Nach seinem Studium bei Hermann Gallos an der Musikakademie seiner Heimatstadt tritt er 1960 in das Ensemble der Wiener Staatsoper ein. Als Graf Almaviva feiert er in *Le nozze di Figaro* (Mozart) seinen ersten großen Triumph. Innerhalb von wenigen Jahren erweitert er sein Repertoire; er wird von Deutschland und den Vereinigten Staaten zu ersten Gastspielen eingeladen (1966 an der Met in New York). Früh schon beschäftigt er sich auch mit zeitgenössischer Musik und singt ab 1952 bei den Salzburger Festspielen, wo er an den Uraufführungen von Gottfried von Einems *Der Prozeß* (1953), Rolf Liebermanns *Penelope* (1954) und Werner Egks *Irische Legende* (1955) mitwirkt.
1957–1971 singt er häufig als Partner von Christa Ludwig, die er heiratet. Sein Repertoire reicht von Wolfgang Amadeus Mozart über Richard Wagner, Richard Strauss und Béla Bartók bis zu Alban Berg. Er ist ein überschäumender Papageno (*Die Zauberflöte*, Mozart), ein kräftiger Wotan (*Der Ring des Nibelungen*, Wagner) und ein beunruhigender Blaubart (*Herzog Blaubarts Burg*, Bartók). Auch der Barak in *Frau ohne Schatten* (R. Strauss) gehört zu seinen wichtigen Rollen. In Paris feiert er als Wozzeck (Berg) unter der Leitung von Pierre Boulez Triumphe.

Bertini, Gary
Israelischer Dirigent und Komponist, geb. 1.5. 1927 Brischewo (UdSSR).
Er verbringt seine Kindheit in Palästina, wo er als Sechsjähriger Geigenunterricht erhält. Er studiert am Mailänder (1946–47) und Pariser Konservatorium (1951–54), hier bei Nadia Boulanger, Jacques Chailley, Arthur Honegger und Olivier Messiaen. Er kehrt nach Israel zurück und gründet 1955 den Rinat-Kammerchor, der später der offizielle Chor des Staates Israel wird. Im gleichen Jahr leitet er zum ersten Mal die israelische Philharmonie, mit der er 1960 eine Tournee in die USA unternimmt. 1965–75 ist er musikalischer Direktor des Israel Chamber Ensemble; 1977–86 steht er an der Spitze des Jerusalemer Symphonie-Orchesters. 1975 vertraut Rolf Liebermann ihm die Wiederaufnahme von Paul Dukas' lyrischem Märchen *Ariane et Barbe-Bleu* (Ariadne und Blaubart) an der Pariser Oper an. Damals ist er principal guest conductor des Schottischen Nationalorchesters. Er nimmt als erster die zwei *Symphonien* von Kurt Weill sowie *Die drei Pintos* auf, eine von Carl Maria von Weber begonnene und von Gustav Mahler fertiggestellte komische Oper.
Gary Bertini, der neun Sprachen beherrscht, ist auch als Komponist tätig; es existieren ungefähr fünfzig Werke, darunter Kammermusik und Musik für Ballett und Film.
Seit 1958 unterrichtet er an der Universität von Tel Aviv. 1976–83 leitet er die israelischen Festspiele. Als Nachfolger von Antal Dorati steht er 1981–84 an der Spitze des Symphonie-Orchesters von Detroit. 1983 übernimmt er gleichzeitig die Leitung des Symphonie-Orchesters des Westdeutschen Rundfunks. 1987–92 ist er Generalmusikdirektor der Frankfurter Oper. Wir verdanken ihm die Uraufführung von Werken folgender Komponisten: Darius Milhaud (*Cantate de l'initiation*, 1962), Josef Tal (*Ashmedai*, Hamburger Oper, 1971 und *Massada*, Festspiele von Jerusalem, 1973), Niccolò Castiglioni (*Le favole di Esopo*, Die Fabeln des Äsop, 1980), Udo Zimmermann, Wolfgang Rihm (*Abkehr*, 1986) und Dieter Schnebel (*Mahler-Moment*, 1986).

Berton, Liliane
Französische Koloratursopranistin, geb. 1929 Lille.
Sie studiert am Konservatorium ihrer Heimatstadt, bevor sie an das in Paris wechselt. 1952 debütiert sie an der

Opéra-Comique anläßlich der Uraufführung von *Dolorès* von Michel-Maurice Lévy. Ihre Karriere nimmt einen steilen Aufschwung. Sie wechselt an die Pariser Oper und setzt sich als eine der wichtigsten Koloratursopranistinnen ihrer Generation durch. Vor allem als Cherubin und später als Susanna (beide *Le nozze di Figaro*, Mozart), als Rosine (*Il barbiere di Siviglia*, Rossini), als Euridice (*Orphée*, Gluck) und als Marguerite (*Faust*, Gounod). Sie verleiht der Titelrolle der *Noces de Jeannette* von Victor Massé neuen Glanz. 1957 singt sie während der Uraufführung von Francis Poulencs *Dialogues des carmélites* (Die Gespräche der Karmelitinnen) die Constance.

Besrodny, Igor
Georgischer Violinist und Dirigent, geb. 7. 5. 1930 Tiflis.
Sein Vater erteilt ihm ersten Geigenunterricht, bevor er am Moskauer Konservatorium von Abram Yampolski ausgebildet wird (bis 1955). 1949 gewinnt er beim Internationalen Prager Wettbewerb einen 1. Preis, im darauffolgenden Jahr beim Leipziger Bach-Wettbewerb gleichfalls. 1957 beginnt er, am Moskauer Konservatorium zu unterrichten; 1972 wird er zum Professor ernannt. 1965–72 bildet er mit Dmitrij A. Baschkirow und Michail Chomitzer ein Trio. 1970 dirigiert er zum erstenmal in Moskau und wird Nachfolger von Rudolf B. Barschaj an der Spitze des Moskauer Kammerorchesters (1977–83).

Bianco, René
Französischer Bariton, geb. 21. 6. 1908 Constantine (Algerien).
Schon als Kind streift er um das Theater seiner Heimatstadt, das ihn nach und nach als Requisiteur, Statist und schließlich als Chorsänger anstellt ... und dabei entdeckt, daß er über eine ausgezeichnete Stimme verfügt. Er wird aufs Konservatorium geschickt, wo er alle nur möglichen Preise gewinnt. Er singt an allen nordafrikanischen Bühnen, bis er von dem großartigen Baß und berühmten Mephisto (*Faust*, Gounod) Fred Bordon entdeckt wird, der ihn Georges Hirsch vorstellt. Er wird auf der Stelle engagiert. Bianco debütiert am 2. Mai 1948 in der Rolle des Dapertutto (*Les contes d'Hoffmann*, Hoffmanns Erzählungen, Offenbach) in der Salle Favart. Kurz darauf singt er an der Pariser Oper den Telramund (*Lohengrin*, Wagner). Trotz der fulminanten Anfangserfolge bleibt der großartige, leidenschaftlich seiner Kunst hingegebene Mann bescheiden; stolz, den beiden großen Pariser Häusern, der Opéra und der Opéra-Comique anzugehören, schlägt er viele schmeichelhafte Angebote aus, da er ›seine‹ Häuser nicht verraten will. In der Salle Favart (Opéra-Comique) singt er den Escamillo (*Carmen*, Bizet), Tonio (*I Pagliacci*, Der Bajazzo, Leoncavallo), Georg Germont (*La Traviata*, Verdi), Scarpia (*Tosca*, Puccini), Zurga (*Les Pêcheurs des perles*, Die Perlenfischer, Bizet), Alfio (*Cavalleria rusticana*, Mascagni), die vier Rollen in *Les Contes d'Hoffmann* (Lindorf, Coppelius, Dapertutto und Mirakel) und nimmt an der Uraufführung von *Dolorès* von Michel-Maurice Lévy teil. An der Pariser Oper singt er den Amonasro (*Aida*), Jago (*Otello*), Rigoletto (alle Verdi) und in deutscher Sprache den Kurwenal (*Tristan und Isolde*, Wagner). Sein Pizarro (*Fidelio*, Beethoven) ist besonders furchterregend. Und wer wird je seinen ›Vater‹ in *Louise* (Charpentier) vergessen, den er trotz seiner mehr als siebzig Jahre besser singt als alle anderen? Er setzt sich in Budapest, Genf, Lissabon, Florenz, Bologna, den Vereinigten Staaten und natürlich auch in Kanada für die französische Gesangskultur ein. Auch als Pädagoge leistet er Überdurchschnittliches.

Bigot, Eugène
Französischer Dirigent, geb. 28. 2. 1888 Rennes, gest. 17. 7. 1965 Paris.
Nach seinem Studium am Pariser Konservatorium bei Xavier Leroux, André Gédalge und Paul Vidal beginnt er seine Karriere als Chorleiter am Théâtre des

Champs-Elysées im gleichen Jahr, in dem das berühmte Theater unter der Leitung von Désiré-Emile Inghelbrecht eröffnet wird (Spielzeit 1913–14). Der 1. Weltkrieg unterbricht seine Karriere. 1920–23 leitet er das Orchester der Ballets Suédois, bevor er zweiter Dirigent der Société des Concerts du Conservatoire wird (1923–25). Er kehrt ans Théâtre des Champs-Elysées zurück (1925–28), bevor er zum Chef des französischen Rundfunk-Orchesters ernannt wird (1928–34). Die Saison 1934–35 verbringt er in Monte Carlo. 1935 löst er Albert Wolff als Präsident und Chefdirigent des Orchestre des Concerts Lamoureux ab und behält diese Stelle bis 1951 bei. Gleichzeitig ist er als 1. Dirigent an der Opéra-Comique tätig (1936–47). Nach dem 2. Weltkrieg ist er Gründungsmitglied des französischen Radio-Symphonie-Orchesters, aus dem später das Philharmonie-Orchester des R. T. F. hervorgeht, dessen Leitung er bis zu seinem Lebensende innehat.

Eugène Bigot unterrichtet 1947–58 am Konservatorium von Paris. Der gewissenhafte Dirigent findet sich in allen Sparten zurecht, zeichnet sich aber besonders bei der Wiedergabe der Musik seiner Zeit aus. Er tritt auch als Komponist hervor und hinterläßt verschiedene Orchestersuiten, Ballettmusik (*La Princesse d'Elide*, *Laurenza*, *Pyrrhique*, *Waffentanz*), Kammermusik und Lieder.

Bilgram, Hedwig
Deutsche Organistin und Cembalistin, geb. 31. 3. 1933 Memmingen.
Sie studiert bei Karl Richter (Orgel und Klavier) und Friedrich Wührer (Klavier), bevor sie eine Solisten-Karriere einschlägt. 1961 überträgt ihr die Münchner Hochschule für Musik eine Cembalo-Klasse. 1984 wird sie zur Professorin ernannt. Bis zum Tod von Karl Richter (1981) tritt sie häufig mit ihrem Lehrer in wechselnden Formationen auf; sie ist Partnerin des Trompeters Maurice André, mit dem sie die *Arioso barocco* von André Jolivet kreiert.

Billard, Marie-José
Französische Pianistin, geb. 4. 9. 1939 Joué-les-Tours.
Sie studiert am Konservatorium von Paris und gewinnt 1. Preise für Klavier (1958, Klasse von Jean Doyen), Instrumentalensemble (1959, Klasse von Jacques Février) und Kammermusik (Duo mit Julien Azaïs, 1961, Klasse von Joseph Calvet). Zum ersten Mal wird eine derartige Auszeichnung an ein Pianistenduo vergeben. Ab dieser Zeit tritt sie ausschließlich mit Julien Azaïs als Partner auf. 1964 gewinnen sie den Internationalen Wettbewerb des Bayerischen Rundfunks; 1965 wird ihnen der Jehan-Alain-Preis für ihre Einspielung von Johann Sebastian Bachs Konzerten verliehen; 1969 erhalten sie die Silbermedaille der Stadt Paris. Daniel-Lesur, Pierre Max Dubois und Alphonse Stallaert schreiben für das Duo. Am 16. August 1980 geben sie während der Festspiele in Cluny ihr letztes Konzert. Aufgrund einer Gelenkversteifung in der rechten Hand kann Marie-José Billard nicht mehr weiterspielen. Seit dieser Zeit leiten sie die Künstleragentur B/A Musique.

Bilse, Benjamin
Deutscher Dirigent, geb. 17. 8. 1816 Liegnitz, gest. 13. 7. 1902 daselbst.
1843 wird Bilse von seiner Heimatstadt zum Stadtmusikus ernannt. Er gründet dort ein Orchester, bevor er nach Berlin geht (1868–84), wo er im Rahmen des Konzerthauses eine neue, qualitätvolle Formation gründet, mit der er die ›Bilse-Konzerte‹ gibt. Aus diesem Orchester entstehen 1882 die Berliner Philharmoniker. 1884 zieht er sich, mit dem Titel Hofmusikus geehrt, in seine Heimat zurück.

Biret, Idil
Türkische Pianistin, geb. 21. 11. 1941 Ankara.
Bereits als Zweieinhalbjährige fiel sie aufgrund ihres außergewöhnlichen musikalischen Talents auf. Einige Jahre später beschließt das türkische Parla-

ment ein Gesetz, ohne das es ihr nicht möglich gewesen wäre, in Paris zu studieren. Zum Abschluß ihres Studiums am Pariser Konservatorium erringt sie je einen 1. Preis in Klavier (Klasse von Jean Doyen), Begleitung (Klasse von Nadia Boulanger) und Kammermusik (Klasse von Jacques Février). Als Elfjährige spielt sie in Paris mit Wilhelm Kempff, der sie unterstützt, Wolfgang Amadeus Mozarts *Konzert für zwei Klaviere*. Auch Alfred Cortot gibt ihr wertvolle Hinweise. Ab 1957 beginnt ihre internationale Karriere. 1973 spielt sie während der Festspiele von Istanbul mit Yehudi Menuhin Ludwig van Beethovens *Sonaten für Violine und Klavier*. 1969 und 1971 ist sie Mitglied der Jury des Olivier-Messiaen-Wettbewerbes in Royan (für Klavier), 1978 der Jury des Brüsseler Concours Reine Elisabeth. Ihr sehr breites Repertoire reicht von der Klassik über die Romantik bis zur Moderne (Webern, Bartók, Strawinsky, Boucourechliev). Sie spielt gern vernachlässigte Werke wie die von Franz Liszt durchgeführte Transkription für Klavier von Hector Berlioz' *Symphonie fantastique*.

Bishop-Kovacevitch, Stephen
Amerikanischer Pianist, geb. 17.10. 1940 Los Angeles.
Seine Eltern stammen aus Jugoslawien. Als Achtjähriger geht er als Schüler zu Lev Schorr; 1951 tritt er in San Francisco zum ersten Mal öffentlich auf. 1959 geht er nach London, um sich bei Myra Hess zu perfektionieren. 1961 spielt er in der Wigmore Hall in London die *Diabelli-Variationen* von Ludwig van Beethoven und erntet einen triumphalen Erfolg. Mit diesem Abend beginnt seine eigentliche Karriere. 1969 und 1970 spielt er mit dem Geraint Jones Orchestra sämtliche *Konzerte für Klavier und Orchester* von Wolfgang Amadeus Mozart. Er gibt eine Anthologie mit Schubertscher Klaviermusik heraus. 1969 kreiert er das *Konzert für Klavier und Orchester* von Richard Rodney Bennett, 1974 das von Sir Michael Kemp Tippett und 1979 das von John Tavener; die Werke von Bennett und Tavener sind ihm gewidmet. Seit 1985 beginnt er eine Dirigenten-Laufbahn; er arbeitet hauptsächlich mit dem Australian Chamber Orchestra. Bishop-Kovacevitch ist mit der Pianistin Martha Argerich verheiratet, lebt aber von ihr getrennt.

Bitetti, Ernesto
Spanischer Gitarrist argentinischer Herkunft, geb. 20.7. 1943 Rosario.
Er studiert in Santa Fe bei Graziella Pomponio und Jorge Martínez Zárate. Als Fünfzehnjähriger tritt er in seiner Heimatstadt zum ersten Mal auf. 1964 wird er zum Professor an der Musikhochschule von Del Litoral ernannt. Ab 1965 beginnt seine internationale Karriere. 1968 läßt er sich in Madrid nieder. Neben seiner solistischen Tätigkeit bildet er immer häufiger mit dem Cellisten Ruggiero Ricci ein Duo. Mario Castelnuovo-Tedesco, John Duarte, Gilardo Gilardi, Joaquín Rodrigo, Federico Moreno Torroba und Valdo de Los Rios komponieren für ihn.

Björling, Jussi (= Johann Jonatan Björling)
Schwedischer Tenor, geb. 5.2. 1911 Stora Tuna, gest. 9.9. 1960 Siarœ bei Stockholm.
Sein Vater Karl David Björling ist ein renommierter Tenor, der in Wien wie in New York auftritt, seine Mutter eine ausgezeichnete Pianistin. Als Fünfjähriger erhält er von seinem Vater seinen ersten Gesangs-Unterricht. Mit seinen Brüdern Olle und Gösta und seinem Vater bildet er ein Quartett, das in der ganzen Welt Konzerte gibt. John Forsell, ein berühmter Bariton, damals Direktor der Stockholmer Oper, hört das Quartett und nimmt 1928 Jussi als Schüler an. Am 11. Juli 1930 betritt er zum ersten Mal die Bühne der Stockholmer Oper und singt die kleine Rolle des Lampenanzünders in *Manon Lescaut* von Giacomo Puccini. Offiziell debütiert er am 20. August des gleichen Jah-

res als Don Ottavio (*Don Giovanni*, Mozart); kurz darauf singt er den Arnold (*Guillaume Tell*, Rossini). Fünf Jahre bleibt er Ensemblemitglied der Stockholmer Oper und studiert zwanzig Rollen (kurz vor seinem Tod beherrscht er sechzig). Seine internationale Karriere beginnt in Skandinavien (Kopenhagen, Oslo, Helsinki) und im Baltikum (Riga). 1936 wird er von der Wiener Staatsoper eingeladen, unter der Leitung von Victor de Sabata den Radames (*Aida*, Verdi) zu singen. Anschließend wird er von Prag und Chicago eingeladen (*Rigoletto*, Verdi). 1938 interpretiert er neben Mafalda Favero und John Brownlee an der Met *La Bohème* (Puccini); in Luzern singt er im gleichen Jahr unter der Leitung von Arturo Toscanini im *Requiem* von Giuseppe Verdi. Während des 2. Weltkriegs singt er an der Stockholmer Oper. Am 29. November 1945 feiert er an der Met an der Seite von Bidu Sayão und Leonard Warren in *Rigoletto* einen neuen Triumph. Erst sein viel zu früher Tod beendet die Zusammenarbeit mit der wichtigsten nordamerikanischen Bühne.

Er zieht sein Publikum mit seiner runden, warmen, strahlenden und zugleich samtenen Stimme in Bann, die als die schönste seit der Enrico Carusos gilt.

W: *Med bagaget i strupen* (Stockholm 1945).

Björling, Sigurd
Schwedischer Bariton, geb. 2.11.1907 Stockholm, gest. 8.4.1983 Helsingborg.
Er studiert in seiner Heimatstadt bei Louis Condé und Torsten Lennartson, bevor er 1934 an der Königlichen Oper Stockholm in der Rolle des Billy Jackrabbit (*La fanciulla del West*, Das Mädchen aus dem goldenen Westen, Puccini) debütiert. Der Dirigent Leo Blech empfiehlt ihm, sich ans Wagner-Fach zu wagen. Bei der Wiedereröffnung der Bayreuther Festspiele nach dem 2. Weltkrieg im Jahre 1951 singt er den Wotan (*Der Ring des Nibelungen*, Wagner). Im gleichen Jahr singt er in London (Covent Garden) den Kurwenal (*Tristan und Isolde*), den Amfortas (*Parsifal*) und den Wotan. An der Met nimmt er die Wagner-Rollen in der Saison 1952–53 wieder auf. An der Pariser Oper singt er 1955 und 1958 den Wotan.

Bjoner, Ingrid
Norwegische Sopranistin, geb. 8.11.1928 Kråkstad.
Sie studiert bei Paul Lohmann an der Frankfurter Musikhochschule und bei Franziska Martiens-Lohmann am Düsseldorfer Konservatorium, bevor sie 1957 an der Osloer Oper als Donna Anna (*Don Giovanni*, Mozart) debütiert. Anschließend führen sie verschiedene Engagements nach Wuppertal (1957–59), Düsseldorf (1959–61) und München (1961), wo sie im gleichen Jahr zur Kammersängerin ernannt wird. Ab dieser Zeit gibt sie weltweit Gastspiele, in Wien und Frankfurt, London und San Francisco und wird überall gefeiert. Sie bindet sich vertraglich an die Opernhäuser von Stockholm und Oslo. 1960 singt sie in Bayreuth Freia und Gutrune (*Der Ring des Nibelungen*, Wagner). 1961 wird sie als Elsa (*Lohengrin*, Wagner) von der Met engagiert. Als dramatischer Sopran setzt sie sich als eine der großen Wagner-Interpretinnen durch. Es gibt kaum eine bedeutende Bühne, an der sie nicht auftritt. 1970 singt sie bei den Salzburger Festspielen die Leonore (*Fidelio*, Beethoven). Die Mailänder Scala, die Stuttgarter, Berliner und die Pariser Oper bieten ihr bedeutende Rollen an.

Blachut, Beno
Tschechoslowakischer Tenor, geb. 14.6.1913 Ostrau-Witkowitz (Nordmähren, heute Ostrava-Vitkovice), gest. 10.1.1985 Prag.
Er studiert am Konservatorium von Prag bei Luis Kadeřábek und debütiert in Olmütz (Olomouc) 1939 als Hans in *Prodaná nevěsta* (Die verkaufte Braut, Smetana). 1941 wird er Mitglied der Prager Oper; er bleibt bis zum Ende seiner aktiven Zeit an dieses Haus gebun-

den. Nach dem 2. Weltkrieg wird er von verschiedenen europäischen Bühnen eingeladen und wirkt vor allem bei der Aufführung von Opern aus seinem Heimatland mit: Holland-Festival (1959, *Katja Kabanowa*), Festspiele von Edinburgh (1964, *Z mrtvého domu,* Aus einem Totenhaus, beide Janáček), Bolschoi-Theater, Moskau, La Fenice, Venedig, Théâtre de la Monnaie, Brüssel u.a. Daneben singt er so verschiedene Rollen wie den Don José (*Carmen*, Bizet), Radames (*Aida*), Otello (beide Verdi), Florestan (*Fidelio*, Beethoven), Faust (Gounod) und Fernando (*Così fan tutte*, Mozart). Er wirkt 1970 an der Uraufführung von Jiří Pauers Oper *Zdravý nemocný* (Der eingebildete Kranke) mit.

Blake, Rockwell
Amerikanischer Tenor, geb. 10. Januar 1951 Plattsburgh (N. Y.).
Nach seinen Anfängen in *L'Italiana in Algeri* (Die Italienerin in Algier, Rossini) an der Washingtoner Oper (1976) setzt er sich schnell als einer der wenigen Rossini-Tenöre des ausgehenden Jahrhunderts durch. Die Brüsseler Oper de la Monnaie, die Wiener Oper, die von Dallas und die Met (1981) laden ihn ein; er singt den Almaviva (*Il barbiere di Siviglia*), die Titelrolle in *Le Comte Ory* und in *La donna del lago* (Die Frau vom See, alle Rossini). 1983 singt er auf dem Festival von Aix-en-Provence den Mithridate (Mozart); ab 1984 wird er regelmäßig von den Rossini-Festspielen in Pesaro eingeladen. 1985 debütiert er in Giacomo Meyerbeers *Robert le diable* (Robert der Teufel).

Blanc, Ernest
Französischer Bariton, geb. 1. 11. 1923 Sanary-sur-Mer.
1946 nimmt er an einem der damals sehr beliebten Gesangswettbewerbe in Südfrankreich teil. Der Direktor des Konservatoriums von Toulon sitzt in der Jury; er nimmt ihn sofort als Schüler an. Drei Jahre später verläßt er das Konservatorium mit einem ausgezeichneten Diplom und wird von der Marseiller Oper engagiert, wo er aufgrund seiner großartigen Stimme, seiner Natürlichkeit und seiner Bühnenpräsenz innerhalb kurzer Zeit zum Publikumsliebling avanciert. 1954 geht er nach Paris und singt mit großem Erfolg den Rigoletto (Verdi). Es folgen Valentin (*Faust*, Gounod), dem er eine Dimension verleiht, die seit Arthur Endrèze nicht mehr erreicht wurde, Amonasro (*Aida*, Verdi), den Oberpriester (*Samson et Dalila*, Saint-Saëns) Wolfram (*Tannhäuser*, Wagner), Renato (*Un ballo in maschera*, Ein Maskenball, Verdi) und Don Giovanni (Mozart), bei dem Blancs Bühnenpräsenz und seine Stimme an Ezio Pinza erinnern. In der Opéra-Comique feiert er als Zurga (*Les Pêcheurs de perles*, Die Perlenfischer, Bizet), Eugen Onegin (Tschaikowskij) und als Tonio (*I Pagliacci*, Der Bajazzo, Leoncavallo) Triumphe. 1958 und 1959 singt er an der Seite von Leonie Rysanek und Astrid Varnay in Bayreuth den Telramund (*Lohengrin*, Wagner). Doch später weigert er sich, dort zu singen: »Bayreuth frißt die Hälfte des Sommers!« Der bescheidene und ausgeglichene Ernest Blanc ist der Überzeugung, daß ein Künstler, der auf eine lange Karriere Wert legt, Perioden benötigt, in denen er zur Besinnung kommt und sich seiner Familie widmen kann. Trotzdem reist er viel. Er singt an der Mailänder Scala, wo er als Escamillo (*Carmen*, Bizet) das schwierige Publikum begeistert, sowie in Glyndebourne, Edinburgh, London, Neapel, Chicago, New York und vielen anderen wichtigen Städten. Unter Liebermann kehrt er wieder an die Pariser Oper zurück und singt in *Il trovatore* (Der Troubador, Verdi), *Samson et Dalila* (Saint-Saëns), *La Damnation de Faust* (Fausts Verdammnis, Berlioz), *Herzog Blaubarts Burg* (Bartók) und anderen wichtigen Opern. Bei der Uraufführung von Henry Barrauds Oper *Numance* (1955) singt er den Théogène. 1987 nimmt er Abschied von der Bühne.

Blankenheim, Toni
Deutscher Bariton, geb. 12. 12. 1921 Köln.
Er studiert am Konservatorium seiner Heimatstadt und debütiert 1945 an der Frankfurter Oper, der er bis 1950 angehört. Er wechselt nach Hamburg. 1954–60 feiert er in Bayreuth als Beckmesser (*Die Meistersinger von Nürnberg*), Donner (*Das Rheingold*) und Klingsor (*Parsifal*, alle Wagner) Triumphe. Schon bald spezialisiert er sich auf das zeitgenössische Musiktheater. Er ist ein herausragender Wozzeck (Berg). Blankenheim nimmt an den Uraufführungen oder deutschen Erstaufführungen folgender Opern teil: *Der Mond* (Orff, 1950), *The Rake's Progress* (Der Wüstling, Strawinsky, 1951), *The Rape of Lucretia* (Der Raub der Lukretia, Britten, 1953), *Il campiello* (Der kleine Platz, Wolf-Ferrari), *Der Prozeß* (von Einem), *The Marriage* (Die Heirat, Martinů, 1954), die zweite Fassung von *Die Heimkehr* (Mihalovici, 1955), *Der Prinz von Homburg* (Henze), *Der goldene Bock* (Krenek, 1964), *Le sourire au pied de l'échelle* (Das Lächeln am Fuße der Leiter, Bibalo, 1964), *Arden Must Die* (Arden muß sterben, Alexander Goehr, 1967), *Hamlet* (Searle, 1968), *Der Belagerungszustand* (Kelemen, 1970), *Candide* (Marius Constant, 1971), *Die Abenteuer des Tartarin de Tarascon* (Niehaus, 1977). In letzter Zeit inszeniert er immer häufiger.

Blareau, Richard
Französischer Dirigent, geb. 19. 8. 1910 Lille, gest. 16. 1. 1979 Paris.
Er studiert am Pariser Konservatorium bei Rabaud und Philippe Gaubert (Violine, Notation und Orchesterleitung). Nach einem 1. Preis für Violine und einem weiteren 1. Preis für Orchesterleitung perfektioniert er sich bei André Cluytens. 1946 gewinnt er den Großen Walther-Straram-Preis. Er dirigiert im Kasino von Vichy, bevor er vier Jahre lang musikalischer Direktor in Monte Carlo wird. Anschließend übernimmt er das Orchester des Théâtre des Champs-Elysées und die Nizzaer Philharmoniker, bevor er zum musikalischen Leiter der Oper von Nizza ernannt wird. 1947–72 dirigiert er regelmäßig an der Pariser Opéra-Comique.

Blech, Leo
Deutscher Dirigent und Komponist, geb. 21. 4. 1871 Aachen, gest. 25. 8. 1958 Berlin.
Er studiert an der Hochschule für Musik in Berlin bei Waldemar Bargiel (Komposition) und Ernst Rudorff (Klavier). Anschließend studiert er bei Engelbert Humperdinck. 1893 wird er Kapellmeister am Stadttheater in Aachen und bleibt dort bis 1899. Dann geht er als 1. Kapellmeister an das deutsche Theater in Prag (1899–1906) und in der gleichen Funktion an die Hofoper Berlin (1906–18), wo damals auch Richard Strauss tätig ist. 1918 wird er Generalmusikdirektor des Staatlichen Opernhauses Berlin, der Nachfolgeorganisation der Hofoper. 1923 wechselt er dann als Operndirektor an das Berliner Deutsche Opernhaus. 1925 geht er in der gleichen Funktion zur Wiener Volksoper, kehrt aber 1926 bereits nach Berlin zurück und arbeitet neben Erich Kleiber gleichberechtigt als Dirigent an der Berliner Staatsoper. 1924–29 dirigiert er gleichzeitig die Stuttgarter Philharmoniker. 1937 emigriert er zuerst nach Riga, bevor er sich 1941 in Stockholm niederläßt, wo er an der Königlichen Oper als Dirigent tätig wird (bis 1949). Nach seiner Rückkehr nach Berlin wird er zum Generalmusikdirektor der Städtischen Oper berufen (1949–54).
Auch als Komponist arbeitet Leo Blech hauptsächlich für die Bühne. Wir verdanken ihm sechs Opern (darunter *Versiegelt*, 1908), eine Operette (*Die Strohwitwe*, 1920), drei symphonische Dichtungen und verschiedene Lieder.

Blegen, Judith
Amerikanische Sopranistin, geb. 22. 4. 1941 Lexington (Kentucky).
Sie studiert am Curtis Institute Violine

und Gesang (1959–64). 1962 gewinnt sie den Philadelphia Award; ein Jahr später gibt sie ihr erstes Konzert. 1964 nimmt sie an dem Festival von Spoleto teil und studiert bei Luigi Ricci das italienische Repertoire. Sie beschließt, in Europa zu bleiben. 1963–66 ist sie Mitglied der Nürnberger Oper. 1968 singt sie zum ersten Mal in Wien die Rosina (*Il barbiere di Siviglia*, Rossini). 1969 wird sie Mitglied der Oper von Santa Fe in den Vereinigten Staaten und singt bei der amerikanischen Erstaufführung von Gian Carlo Menottis Oper *Help! Help! the Globolinks!* (Hilfe! Die Globolinks!) die Emilie. Kurz darauf wird sie von der Met eingeladen, die Papagena (*Die Zauberflöte*, Mozart) zu singen. Ihre leichte, strahlende Stimme eignet sich vorzüglich zur Interpretation der Rollen der Zerlina (*Don Giovanni*, Mozart), der Sophie (*Der Rosenkavalier*, R. Strauss) und der Mélisande (*Pelléas et Mélisande*, Debussy). Die Interpretation von Claude Debussys Oper bedeutet ihren endgültigen Durchbruch. Sie wird von Salzburg (1974), Edinburgh (1976) und Paris eingeladen (1977). Judith Blegen ist mit dem Konzertmeister der Met, Raymond Gniewek, verheiratet.

Blomstedt, Herbert
Schwedischer Dirigent, geb. 11. 7. 1927 Springfield (USA).
Er studiert bis 1950 in Stockholm, bevor er nach Salzburg geht, um sich bei Igor Markevitch zu perfektionieren, dessen Assistent er wird. 1954–62 leitet er das Symphonie-Orchester von Norrköping, 1962–68 die Osloer Philharmoniker. 1965–71 unterrichtet er Orchesterleitung am Stockholmer Konservatorium. 1968–78 steht er an der Spitze des Symphonie-Orchesters des Dänischen Rundfunks. Er gibt viele Gastspiele in der DDR, bevor er die Leitung der Dresdner Staatskapelle übernimmt (1975–85). 1977–82 ist er gleichzeitig 1. Kapellmeister des Symphonie-Orchesters des Schwedischen Rundfunks. 1985 übernimmt er die Leitung des Symphonie-Orchesters von San Francisco.
W: *Lars-Erik Larsson och hans concertinor* (Stockholm 1957).

Bloomfield, Theodore
Amerikanischer Dirigent, geb. 14. 6. 1923 Cleveland.
Er studiert bis 1944 in Oberlin, geht dann an die Juilliard School und perfektioniert sich anschließend bei Pierre Monteux. 1945 debütiert er in New York. Ein Jahr später wird er Assistent von George Szell in Cleveland. 1947–52 leitet er das Cleveland Little Symphony Orchestra; ab 1949 ist er Direktor der Civic Opera der gleichen Stadt. 1955 wird er zum Leiter des Symphonie-Orchesters von Portland ernannt. 1958 wechselt er zu den Philharmonikern von Rochester. 1964–66 ist er 1. Kapellmeister der Hamburger Oper und 1966–68 GMD in Frankfurt. 1973–82 leitet er das Symphonie-Orchester Berlin.

Blumenthal, Felicja
Brasilianische Pianistin polnischer Herkunft, geb. 28. 12. 1915 Warschau.
Am Warschauer Konservatorium studiert sie bei Karol Szymanowski Komposition und bei Zdigniew Drzewiecki sowie Josef Goldberg Klavier. Kurz vor Ausbruch des 2. Weltkrieges beginnt ihre internationale Karriere. 1942 ist sie gezwungen zu emigrieren und geht zuerst in die Vereinigten Staaten, später dann nach Brasilien, wo sie bei ihrem ersten Konzert in Rio de Janeiro einen triumphalen Erfolg feiert. 1954 beschließt Heitor Villa-Lobos aufgrund des starken Eindrucks, den ihre Interpretation seiner *Bachianas Brasileiras Nr. 3* auf ihn macht, für sie das *Konzert für Klavier Nr. 5* zu komponieren. Die Uraufführung findet 1955 in London statt. Ab 1960 schlägt sie immer entschiedenere Wege ein: Sie spezialisiert sich auf Werke, die aus dem Rahmen des üblichen Konzertbetriebes fallen. Zu ihren bevorzugten Komponisten zählen Ferdinand Ries, Ignacy Jan Pa-

derewski, Carl Czerny, Leopold Anton Kozeluch, Johann Nepomuk Hummel, Muzio Clementi, John Field. Sie wird zur Spezialistin der Klavierversion von Ludwig van Beethovens *Konzert für Violine*. Krysztof Penderecki widmet ihr seine *Partita für Cembalo und Orchester*, die sie kreiert (1972).

Bobescú, Lola
Belgische Violinistin rumänischer Herkunft, geb. 9. 8. 1921 Craiova.
Das Wunderkind gibt als Sechsjährige ihr erstes Konzert, von ihrem Vater Aurel Bobescú begleitet, der sie sorgfältig ausbildet. 1934 gewinnt sie am Pariser Konservatorium einen 1. Preis für Violine. Im gleichen Jahr debütiert sie unter der Leitung von Paul Paray bei einer Aufführung der Concerts Colonne. 1937 gewinnt sie als jüngste Preisträgerin den Eugène-Ysaÿe-Wettbewerb in Brüssel. Ab dieser Zeit spielt sie als Solistin unter der Leitung von Karl Böhm, Otto Klemperer, Rudolf Kempe, Ernst Ansermet, Paul Paray oder Lovro von Matačić. Gleichzeitig gibt sie zusammen mit ihrem französischen Partner, dem Pianisten Jacques Genty, Sonatenabende oder spielt als Konzertmeisterin und (bis 1979) Leiterin des 1963 gegründeten Kammermusikensembles Solistes de Bruxelles, das später in Ensemble d'archets Eugène Ysaÿe umgetauft wurde. Die Professorin am Brüsseler Konservatorium spielt in der letzten Zeit hauptsächlich in Belgien.

Bockelmann, Rudolf
Deutscher Baßbariton, geb. 2. 4. 1892 Bodenteich, gest. 9. 10. 1958 Dresden.
Er studiert in Leipzig bei Oscar Lassner und Karl Scheidemantel Gesang. Er debütiert 1920 an der Oper von Celle als Heerrufer des Königs in *Lohengrin* (Wagner). 1926 verläßt er Leipzig und geht als Heldenbariton nach Hamburg, wo er bis 1932 bleibt. 1932–44 ist Bokkelmann Mitglied der Staatsoper Berlin. 1928–42 tritt er regelmäßig in Bayreuth auf und singt dort den Holländer (*Der fliegende Holländer*), den Kurwenal (*Tristan und Isolde*), Hans Sachs (*Die Meistersinger von Nürnberg*) und Wotan (*Der Ring des Nibelungen*, alle Wagner). Auch außerhalb Deutschlands wird seine kraftvolle Heldenbariton-Stimme sehr geschätzt (London, Chicago, New York, Mailand, Paris, Rom, Brüssel, Amsterdam und Wien). Nach dem 2. Weltkrieg läßt er sich in Hamburg nieder, wo er privat unterrichtet. Aufgrund seiner während des Nazi-Regimes kompromittierten Vergangenheit erhält er nur wenige Engagements (Hamburger Staatsoper, 1946–51). Er ist mit der Sängerin Maria Weigand verheiratet. 1955 folgt er einem Ruf der Musikhochschule Dresden, die ihn 1956 zum Professor ernennt.

Bodanzky, Artur
Österreichischer Dirigent, geb. 16. 12. 1877 Wien, gest. 23. 11. 1939 New York.
Nach seinem Studium am Konservatorium von Wien arbeitet er mit Alexander von Zemlinsky und beginnt seine Karriere als Violinist im Wiener Hofopernorchester. 1900 dirigiert er während einer Saison Operetten in Budweis; 1903 wird er Assistent von Gustav Mahler an der Wiener Oper. 1904 geht er als Dirigent zum Theater an der Wien, 1905 in der gleichen Funktion nach Berlin und 1906 nach Prag, bevor er 1909 zum 1. Kapellmeister in Mannheim ernannt wird. 1914 dirigiert er *Parsifal* (Wagner) am Covent Garden (erste Aufführung außerhalb Bayreuths). 1915 wird er von der Met engagiert, wo er bis zu seinem Lebensende regelmäßig das deutsche Repertoire dirigiert. Er ist Direktor der New Yorker Society of Friends of Music (1918–31) und des Symphonie-Orchesters von New York (1919–22). Viele wichtige Werke des 20. Jahrhunderts werden von ihm zum ersten Mal in Amerika aufgeführt: *Das Lied von der Erde* (Mahler), die *Glagolská Mše* (Glagolitische Messe, Janáček), *König David* (Honegger), *Jonny spielt auf* (Krenek)

oder *Švanda Dudák* (Schwanda, der Dudelsackpfeifer, Jaromír Weinberger). Bodanzky ist der Autor verschiedener Rezitative für *Die Zauberflöte* (Mozart), *Fidelio* (Beethoven) und *Der Freischütz* (Weber).

Boegner, Michèle
Französische Pianistin, geb. 12. 8. 1941 Lyon.
Die Schülerin von Marguerite Long, Vlado Perlemuter und Jacques Février erhält als Fünfzehnjährige am Pariser Konservatorium 1. Preise in Klavier und Kammermusik. 1958 gewinnt sie den Enescu-Wettbewerb in Bukarest. Sie perfektioniert sich bei Wilhelm Kempff und in der Scaramuzza-Schule von Buenos Aires. Ihr hauptsächlich romantisches Repertoire umfaßt auch Werke des frühen 20. Jahrhunderts. Pierre Amoyal und Frédéric Lodéon spielen häufig mit ihr Kammermusik.

Böhm, Karl
Österreichischer Dirigent, geb. 28. 8. 1894 Graz, gest. 14. 8. 1981 Salzburg.
Der Sohn eines Juristen studiert Jura, bevor er in das Grazer und dann in das Wiener Konservatorium eintritt, wo er bei Eusebius Mandyczewski, dem Freund von Johannes Brahms, studiert. 1917 wird er Repetitor in seiner Heimatstadt, 1919 2. Kapellmeister, 1920 1. Kapellmeister. Bruno Walter holt ihn 1921 nach München. 1927 wird er zum Generalmusikdirektor in Darmstadt berufen, 1931–34 übt er die gleiche Funktion an der Hamburger Oper aus und wird zum Professor ernannt. 1933 dirigiert er zum ersten Mal in Wien (*Tristan und Isolde*, Wagner). Er wird der Nachfolger des in die Emigration gegangenen Fritz Busch an der Spitze der Dresdner Oper (1934–42). Eine wichtige Zeit für ihn, während der er die Uraufführungen von Werken von Richard Strauss leitet, *Die schweigsame Frau* (1935) und *Daphne* (1938; das Werk ist ihm gewidmet). Er leitet auch die Uraufführungen von *Romeo und Julia* (1940) und *Die Zauberinsel* (1942, beide Sutermeister) sowie das *Konzert Nr. 2 für Horn* (1943, R. Strauss). 1938 nimmt er zum ersten Mal an den Salzburger Festspielen teil (*Don Giovanni*, Mozart) und wird in der Folge ständiger Gast. 1943–44 leitet er die Wiener Oper. Aus Anlaß des 80. Geburtstags von Richard Strauss leitet er die Festaufführung von *Ariadne auf Naxos*. 1948 dirigiert er an der Scala den *Don Giovanni*, 1949 gibt er mit der Wiener Oper in Paris ein Gastspiel. 1950–53 leitet Böhm die deutsche Saison am Teatro Colón in Buenos Aires und dirigiert dabei die zu diesem Zweck ins Spanische übersetzte Oper *Wozzeck* von Alban Berg als spanische Erstaufführung. 1953 zeichnet er für die Uraufführung von Gottfried von Einems Werk *Der Prozeß* verantwortlich. 1954–56 leitet er die inzwischen wiederaufgebaute Wiener Oper. 1957 dirigiert er den *Don Giovanni* an der Met. 1962 gibt er mit Richard Wagners Oper *Tristan und Isolde*, die er bis 1970 dirigiert, sein Bayreuther Debüt. 1964: *Die Meistersinger von Nürnberg* (Wagner, Bayreuth); 1965: *Fidelio* (Beethoven, Tokio); 1965–67: *Der Ring des Nibelungen* (Wagner, Bayreuth; Wieland Wagners letzte Inszenierung); 1971: Gastspiel in Moskau und *Der fliegende Holländer* (Wagner) in Bayreuth.

Seine unerbittliche Strenge und sein jugendlicher Geist, seine Sensibilität, seine Autorität und seine völlige Hingabe an die Musik charakterisieren diesen Dirigenten, der immer hinter den Werken, die er dirigiert, zurücktritt. Seinen weltweiten Erfolg verdankt er einem arbeitsreichen Leben. Er schätzt Richard Strauss, Ludwig van Beethoven, Richard Wagner, Anton Bruckner, Alban Berg, doch seine große Liebe gilt Wolfgang Amadeus Mozart, dessen Symphonien er 1974 einspielt.

WW: *Begegnung mit Richard Strauss* (Wien 1964); *Ich erinnere mich ganz genau* (Zürich 1968).

Böhme, Kurt
Deutscher Bassist, geb. 5. 5. 1908 Dresden, gest. 20. 12. 1989 München.
Nach seinem Studium am Konservatorium seiner Heimatstadt bei Dr. Kluge debütiert er 1930 in der Rolle des Kaspar (*Der Freischütz*, Weber) an der Dresdner Oper. Seine internationale Karriere führt ihn an alle großen Opernhäuser (Wien ab 1934, Covent Garden ab 1936, Salzburg 1941-59, Met ab 1954). Er singt Wolfgang Amadeus Mozart (Osmin, *Entführung aus dem Serail*, Sarastro, *Die Zauberflöte*), Richard Strauss (Baron Ochs, *Rosenkavalier*, Morosus, *Die schweigsame Frau*), und Richard Wagner (Fafner, *Der Ring des Nibelungen*, Pogner, *Die Meistersinger von Nürnberg*, Heinrich der Vogler, *Lohengrin*). 1949-61 ist er Mitglied der Münchner, seit 1955 auch Mitglied der Wiener Staatsoper. Er nimmt als Dominik an der Uraufführung von *Arabella* (R. Strauss, Dresden 1932), als Odysseus an der von *Penelope* (Liebermann, Salzburg 1954) und als Aleel an der von *Irische Legende* (Egk, Salzburg 1955) teil.

Boettcher, Wilfried
Deutscher Cellist und Dirigent, geb. 11. 8. 1929 Bremen.
Er studiert in Hamburg bei Arthur Troester und in Paris bei Pierre Fournier. Er besucht auch Kurse Pablo Casals'. 1956-58 ist er Solocellist der Oper in Hannover, 1958-65 Professor für Cello an der Wiener Musikakademie. 1959 gründet er die Wiener Solisten, ein Kammerorchester, das er selbst leitet. 1965-74 ist er Professor für Cello und Kammermusik der Musikhochschule Hamburg. 1967-71 leitet er das Hamburger Symphonie-Orchester. 1970-73 ist er gleichzeitig 1. Kapellmeister der Hamburger Oper, 1974-78 künstlerischer Berater des Symphonie-Orchesters der RAI in Turin. Er dirigiert regelmäßig an der Deutschen Oper Berlin (1975-82) und der Wiener Staatsoper (1977-82). 1986 wird er zum principal guest conductor des Northern Symphony Orchestra in Manchester ernannt.

Boettcher, Wofgang
Deutscher Cellist, geb. 30. 1. 1935 Bremen.
Er studiert zuerst bei Richard Klemm und anschließend bei Hans Mahlke, Ernst Pepping und Boris Blacher an der Berliner Hochschule für Musik (bis 1959). Er gewinnt den Wettbewerb des Bayerischen Rundfunks (1959). Er wird Solocellist des Orchesters des RIAS Berlin, bevor er 1958 zu den Berliner Philharmonikern wechselt (ab 1963 Solocellist). Im gleichen Jahr gründet er das Westphal-Quartett, das bis 1963 besteht. 1970 erhält er von der Berliner Hochschule einen Lehrauftrag; 1976 wird er dort zum Professor ernannt und gibt seine Funktion als Solocellist der Berliner Philharmoniker auf. Im gleichen Jahr ist er Gründungsmitglied des Brandis-Quartetts. 1986 wird er zum künstlerischen Leiter der Sommerlichen Musiktage Hitzacker ernannt. Mit seiner Schwester, der Pianistin Ursula Trede, und dem Cellisten Ulf Hoelscher tritt er als Duo bzw. Trio auf.

Boeykens, Walter
Belgischer Klarinettist, geb. 6. 1. 1938 Bornem.
Er studiert am Brüsseler Konservatorium. 1964 wird er vom Symphonie-Orchester des belgischen Rundfunks als Solist engagiert. Schnell schlägt er eine internationale Laufbahn ein und spielt unter der Leitung der wichtigsten Dirigenten. Auf dem Gebiet der Kammermusik spielt er mit dem Grumiaux-Quartett, dem Quartett Via Nova und dem Amadeus-Quartett zusammen. Seit 1969 unterrichtet er an den Konservatorien von Antwerpen und von Utrecht und an der Nizzaer Sommerakademie. Pierre Boulez vertraut ihm 1968 die Uraufführung der Version für Klarinette und Orchester von *Domaines* an. Zeitgenössische Komponisten wie Philippe Boesmans, Marcel Poot, René

Chevreuille und André Laporte widmen ihm Kompositionen.

Bohnen, Franz Michael
Deutscher Bassist, geb. 2. 5. 1887 Köln, gest. 26. 4. 1965 Berlin.
Er studiert am Kölner Konservatorium bei Fritz Steinbach und Richard Schulz-Dornburg und debütiert 1910 in Düsseldorf im *Freischütz* (Weber). Er singt auf den meisten deutschen und skandinavischen Bühnen. 1914 debütiert er in Bayreuth und London (Drury Lane). Er wird Mitglied der Berliner Hofoper. 1923 singt er zum ersten Mal an der Met, an der er bis 1933 regelmäßig auftritt. Er nimmt an der amerikanischen Erstaufführung von Ernst Kreneks Oper *Jonny spielt auf* teil (1929). 1935-45 gehört er zum Ensemble des Deutschen Opernhauses Berlin. 1939 singt er während der Salzburger Festspiele den Kaspar (*Freischütz*). 1945-47 ist er Intendant der Städtischen Oper Berlin, an der er bis 1951 singt. Er ist in erster Ehe mit der Sopranistin Mary Lewis und in zweiter mit der Tänzerin La Jana verheiratet.

Bolét, Jorge
Amerikanischer Pianist kubanischer Herkunft, 15. 11. 1914 Havanna, gest. 16. 10. 1990 Mountain View.
Am Curtis Institute von Philadelphia ist er Schüler von D. Saperton, Fritz Reiner, Leopold Godowsky und Moriz Rosenthal (1926-35). Emil Sauer beeinflußt ihn am stärksten. Er debütiert in den Vereinigten Staaten. 1939-42 ist er Assistent von Rudolf Serkin am Curtis Institute in Philadelphia. Zu seinen bevorzugten Komponisten gehören Franz Liszt und Frédéric Chopin, wobei seine besondere Liebe den *Ungarischen Rhapsodien* von Liszt gehört.
Neben seiner Karriere als Pianist verfolgt er eine diplomatische Laufbahn; 1942-45 ist er Kulturattaché an der kubanischen Botschaft in Washington. 1946 wird er zum musikalischen Direktor des amerikanischen Hauptquartiers in Tokio ernannt und dirigiert die japanische Erstaufführung von *The Mikado*, Operette von Sir William Schwenk Gilbert und Sir Arthur Sullivan, bekanntgeworden unter ihrem ›Markenzeichen‹ Gilbert and Sullivan. 1969 wird er zum Professor an der Indiana School of Music ernannt. Er unterrichtet gleichzeitig an der Universität von Bloomington, bevor er Nachfolger von Rudolf Serkin am Curtis Institute in Philadelphia wird. In dem Film *Song without End* war er das Double von Dirk Bogarde, der Franz Liszt verkörperte.

Bonaldi, Clara
Französische Violinistin, geb. 9. 3. 1937 Dombasle-sur-Meurthe.
Sie fällt René Benedetti während eines Wettbewerbs des Konservatoriums in Nancy auf; sie wird Mitglied seiner Klasse am Pariser Konservatorium und erhält 1955 einen 1. Preis in Violine und in der Klasse von Joseph Calvet eine Auszeichnung in Kammermusik. Als Achtzehnjährige gewinnt sie den Internationalen Wettbewerb Long-Thibaud; anschließend zeichnet sie sich bei dem von der ORTF und der RAI gemeinsam veranstalteten Wettbewerb Junger Talente aus (1959), bevor sie beim Paganini-Wettbewerb in Genua einen Preis gewinnt (1961), beim Curci-Wettbewerb in Neapel erfolgreich ist und 1963 beim Internationalen Wettbewerb des Bayerischen Rundfunks mit Sylvaine Billier als Partnerin am Klavier einen 1. Preis gewinnt. Sie spielt bei den wichtigsten Festpielen und nimmt Sonaten von Giuseppe Tartini und François Francœur auf, die bis dahin nicht eingespielt waren. Luciano Sgrizzi und seit 1980 Noel Lee sind ihre Kammermusikpartner. Ihr Mann Bernard Bonaldi ruft das Pariser Festival Estival ins Leben und ist dessen künstlerischer Leiter.

Bongartz, Heinz
Deutscher Dirigent und Komponist, geb. 31. 7. 1894 Krefeld, gest. 2. 5. 1978 Dresden.
Nach seinem Studium in Krefeld und Köln (1908-14) bei Otto Neitzel, Fritz

Steinbach und Elly Ney arbeitet er als Kapellmeister an verschiedenen Opernhäusern des Rheinlands (Düren, Mönchengladbach), bevor er 1924 die Leitung des Blüthner-Orchesters in Berlin übernimmt (bis 1926). 1926–30 leitet er die Landeskapelle Meiningen, 1931–33 ist er Musikalischer Oberleiter in Gotha, bevor er zum 1. Staatskapellmeister in Kassel ernannt wird (1933–37) und als Generalmusikdirektor die Leitung der Saarbrücker Oper übernimmt (1937–44). Nach dem 2. Weltkrieg wird er 1945 Chefdirigent des Pfalzorchesters Ludwigshafen. 1946 erhält er einen Ruf an die Musikhochschule Leipzig als Leiter der Dirigentenklasse (bis 1947). 1947 übernimmt er die Leitung der Dresdner Philharmonie, deren Ehrenmitglied er 1964 wird, als er seine Stelle niederlegt. Bongartz erhält hohe Auszeichnungen der DDR (Nationalpreis, 1950, Vaterländischer Verdienstorden 1954 und 1969) und ist korrespondierendes Mitglied der Deutschen Akademie der Künste Berlin (1969).
Bongartz trat auch als Komponist hervor.

Bonisolli, Franco
Italienischer Tenor, geb. 1938 in Rovereto.
1961 gewinnt er beim Festival dei due Mondi in Spoleto einen Preis und debütiert dort in Giacomo Puccinis Oper *La rondine* (Die Schwalbe). 1963 singt er auf dem gleichen Festival in *Die Liebe zu den drei Orangen* von Sergej S. Prokofjew. Schnell wird er international bekannt: 1969 Mitglied der Wiener Oper, 1971 Debüts an der Met, der Scala und den wichtigsten Bühnen. Er setzt sich in den großen italienischen Rollen durch: des Grieux (*Manon Lescaut*, Puccini), Alfredo (*La Traviata*, Verdi), Cavaradossi (*Tosca*, Puccini), Linkerton (*Madame Butterfly*, Puccini), Manrico (*Il Trovatore*, Der Troubadur, Verdi).

Bonnet, Joseph
Französischer Organist, geb. 17. 3. 1884 Bordeaux, gest. 2. 8. 1944 Sainte-Luce (Kanada).
Der Schüler seines Vaters Georges Bonnet, Organist der Kirche Sainte-Eulalie in Bordeaux, von Charles Tournemire und Louis Vierne erhält 1906 am Pariser Konservatorium in der Orgelklasse von Alexandre Guilmant einen 1. Preis. Damals ist er bereits Organist der Kirche Saint-Eustache in Paris (ab 1905). Er setzt sich besonders für die französische Musik des 17. und 18. Jahrhunderts ein, hierin seinem Lehrer Guilmant folgend, und versucht, die vorromantische Orgelauffassung wieder zu beleben. Wir verdanken ihm Sammlungen mit *Pièces d'orgue* (Orgelstücke, Paris 1908) und mit *Poèmes d'automne* (Herbstgedichte, Paris 1908), sechs Bände *Historian Organ Recitals* (New York, 1940) sowie die Herausgabe von *Fiori musicali de Girolamo Frescobaldi* (Die musikalischen Blumen des Girolamo Frescobaldi, Paris 1922). André Marchal bezeichnet ihn als eines seiner Vorbilder.

Bonynge, Richard
Australischer Dirigent, geb. 29. 9. 1930 Sydney.
Er studiert am Konservatorium seiner Heimatstadt bei Lindley Evans Klavier und geht dann zu Herbert Fryer nach London. Er heiratet die Sopranistin Joan Sutherland, die er bereits in Australien kennengelernt hatte, und wird in London ihr künstlerischer Berater. Sein Einfluß wird für die vokale und ästhetische Entwicklung der Sängerin entscheidend. Nach und nach spezialisiert sich Bonynge auf Operndirigate. Er debütiert auf diesem Gebiet 1963 in Vancouver (*Faust*, Gounod). Anschließend dirigiert er in San Francisco *La sonnambula* (Die Nachtwandlerin, Bellini). Am Covent Garden debütiert er 1964 mit *I Puritani* (Die Puritaner, Bellini). Anschließend geht er in die Vereinigten Staaten. 1970 dirigiert er zum ersten Mal an der Met (*Norma*, Bellini

und *Orphée et Euridice*, Gluck). 1974–78 ist er künstlerischer Direktor der Oper in Vancouver und 1976–78 gleichzeitig musikalischer Direktor der Australian Opera in Sydney.

Borg, Kim
Finnischer Bassist und Komponist, geb. 7. 8. 1919 Helsinki.
Er studiert zuerst Chemie (Dipl.-Ing. 1946), bevor er an der Sibelius-Akademie in Helsinki bei Heikki Teittinen, in Kopenhagen bei Magnus Andersen und in Stockholm bei Adelaida von Skilondz Gesang studiert. 1947 debütiert er als Konzertsänger, vier Jahre später auf der Opernbühne (Stadttheater Aarhus). Ab 1952 ist er Mitglied der Opernhäuser von Kopenhagen und Helsinki. Wien, München und Berlin laden ihn ein, dann die Festivals von Glyndebourne, Edinburgh und Salzburg. Borg wird international gefeiert. An der Met debütiert er als Graf Almaviva in *Le nozze di Figaro* (Mozart). Seit 1960 ist er Mitglied der Stockholmer Oper, 1965–68 auch der Hamburger. Er wohnt in Glostrup (Dänemark) und unterrichtet seit 1972 an der Königlichen Akademie Dänemarks. Seine kräftige, tiefe Stimme erlaubt es ihm, die mannigfaltigsten Partien zu singen, auf der Bühne wie im Konzertsaal, wo er Liederabende gibt und an Oratorienaufführungen mitwirkt. Seine in den letzten Jahren heller gewordene Stimme erlaubt es ihm, bestimmte Bariton-Rollen zu interpretieren.
Kim Borg ist auch als Komponist bekannt geworden.

Bori, Lucrezia (= Lucrezia Borja y Gonzáles de Riancho)
Spanische Sopranistin, geb. 24. 12. 1887 Gandia (bei Valencia), gest. 14. 5. 1960 New York.
Die Tochter eines Offiziers und einer Amateursängerin studiert am Konservatorium ihrer Heimatstadt Klavier und Harmonielehre. Erst 1905 beginnt sie, ihre Stimme auszubilden, und geht zu Melchiorre Vidal nach Mailand. Sie debütiert 1908 als Micaëla (*Carmen*, Bizet) in Rom. 1910 nimmt sie in Paris mit Enrico Caruso und Ensemblemitgliedern der Met an einer Aufführung von *Manon Lescaut* (Puccini) teil. 1911 singt sie an der Mailänder Scala bei der italienischen Erstaufführung des *Rosenkavaliers* (R. Strauss) den Octavian. Ab dieser Zeit gastiert sie regelmäßig an diesem Haus. Ab 1911 wird sie vom Teatro Colón in Buenos Aires eingeladen; 1912 beginnt ihre Zusammenarbeit mit der New Yorker Met (*Manon Lescaut*). Im darauffolgenden Jahr nimmt sie in Italien an vielen Veranstaltungen aus Anlaß des hundertsten Geburtstags Giuseppe Verdis teil. Aufgrund eines Halsleidens pausiert sie 1915–19 und beginnt den zweiten Abschnitt ihrer Karriere mit einer Aufführung von Giacomo Puccinis Oper *La Bohème* in Monte Carlo. 1921 wird sie wieder Mitglied des Ensembles der Met und nimmt dort bis zu ihrem endgültigen Abschied von der Bühne 1936 an insgesamt fast 450 Aufführungen teil. Nach ihrem Abschied wird sie als erste Frau in die Leitung der Met aufgenommen. 1943–48 ist sie Präsidentin und 1936–43 sowie 1948–60 Ehrenpräsidentin des Metropolitan Opera Guild.

Borkh, Inge (= Ingeborg Simon)
Schweizer Sopranistin deutscher Herkunft, geb. 26. 5. 1917 Mannheim.
Sie nimmt zuerst am Reinhardt-Seminar in Wien Schauspielunterricht und spielt 1937 in Linz und 1938 in Basel. Dann geht sie nach Mailand und studiert bei Muratti Gesang. Sie debütiert in Luzern als Agathe (*Der Freischütz*, Weber). Während des 2. Weltkriegs singt sie in Luzern, Basel und Zürich. 1950 beginnt in München und Berlin ihre großartige internationale Karriere. 1952 singt sie in Bayreuth die Sieglinde (*Der Ring des Nibelungen*, Wagner). Ihre Auftritte in Wien, Hamburg und Stuttgart werden jedesmal zu einem Ereignis. Lissabon, Barcelona und Neapel laden sie ein. 1954 feiert die Presse ihre Interpretation der Eglantine (*Euryanthe*, Weber)

während des Maggio Musicale Fiorentino einstimmig. 1955 singt sie während der Salzburger Festspiele bei der Uraufführung von Werner Egks Oper *Irische Legende* die Cathleen. San Francisco lädt sie ein, die Scala, Covent Garden und Berlin folgen; sie setzt sich als dramatische Sopranistin durch. Die Titelrollen der Opern von Richard Strauss, *Salome* und *Elektra*, gehören zu ihren Glanzrollen (als Salome debütiert sie übrigens 1957 an der Met). In der neuen Met im Lincoln Center verkörpert sie eine pathetische Färberin (*Die Frau ohne Schatten*, R. Strauss).

Ihr dramatisches Temperament und ihre kraftvolle, warme, umfassende Stimme machen sie zu einer der besten zeitgenössischen Strauss- und Wagner-Sängerinnen. Inge Borkh ist mit dem Bariton Alexander Welitsch verheiratet.

Borries, Siegfried Paul Otto
Deutscher Violinist, geb. 10. 3. 1912 Münster (Westfalen), gest. 12. 8. 1980 Berlin.
Er studiert an der Musikhochschule Köln; 1929 besucht er die Meisterklasse von Bram Eldering. 1932 erhält er den Mendelssohn-Preis. Ein Jahr später holt ihn Wilhelm Furtwängler als 1. Konzertmeister zu den Berliner Philharmonikern. 1941–45 ist er als Sonderkonzertmeister der Berliner Staatskapelle unter der Leitung von Herbert von Karajan tätig. Nach dem Ende des 2. Weltkrieges wird er wieder 1. Konzertmeister der Berliner Philharmoniker und behält diese Stelle bis 1956 bei.

Seit 1936 ist er Dozent am Städtischen Konservatorium Berlin; 1945 übernimmt er die Meisterkurse an dem neugegründeten Internationalen Musikinstitut Berlin. 1949 erhält er an der Berliner Hochschule eine Professur für Violine. Er gründet ein Trio und unternimmt mit ihm zahlreiche Tourneen im In- und Ausland.

Boschi, Hélène
Französische Pianistin, geb. 11. 8. 1917 Lausanne, gest. 9. 7. 1990 Straßburg.
Sie studiert in Paris an der Ecole Normale de Musique bei Yvonne Lefébure, die bereits über die Entwicklung der Siebenjährigen wacht. Auch Alfred Cortot kümmert sich um sie. Der 2. Weltkrieg unterbricht ihre Karriere, die erst 1946 richtig beginnt. Sie spielt als eine der ersten Frank Martins *Préludes* und beschäftigt sich intensiv mit dem Werk André Jolivets. 1950 spielt sie unter der Leitung von George Enescu. In Weimar richtet sie einen Interpretationskurs ein (1960), den sie fünfzehn Jahre lang regelmäßig abhält. Seit 1965 ist sie Professorin am Straßburger Konservatorium. Auf der Schallplatte wie im Konzert widmet sich Hélène Boschi vor allem der französischen Musik.

Boskovsky, Alfred
Österreichischer Klarinettist, geb. 9. 2. 1913 Wien.
Der Bruder des Violinisten Willi Boskovsky studiert Violine, bevor er sich der Klarinette zuwendet und zu Leopold Wlach an die Wiener Musikakademie geht (1929–36). 1936 wird er Mitglied des Wiener Opernorchesters. Im daraufffolgenden Jahr wechselt er zu den Wiener Philharmonikern und wird 1941 Soloklarinettist. 1940 wird er zum Professor der Wiener Musikakademie ernannt. 1947 ist er zusammen mit seinem Bruder Gründungsmitglied des Wiener Oktetts.

Boskovsky, Willi
Österreichischer Violinist und Dirigent, geb. 16. 6. 1909 Wien, gest. 21. 4. 1991 Schweiz.
Als Neunjähriger wird er von der Musikakademie seiner Heimatstadt aufgenommen; als Siebzehnjähriger gewinnt er den Kreisler-Preis. Im gleichen Jahr schließt er sein Studium ab. 1932 wird er Mitglied der Wiener Philharmoniker; 1939–71 ist er Konzertmeister des gleichen Orchesters. 1935 wird er zum Professor für Violine an der Wiener Musik-

akademie ernannt; im gleichen Jahr wird er Sologeiger an der Wiener Oper. Nach und nach gibt er seine Solistenkarriere auf und widmet sich in immer stärkerem Maße der Kammermusik; 1937 gründet er ein Trio; 1947 ein Quartett und das berühmte Wiener Oktett, in dem auch sein Bruder Alfred, der Klarinettist, mitwirkt. Als würdiger Nachfolger von Clemens Kraus dirigiert er ab 1955 aus Liebe zu Johann Strauß die Neujahrskonzerte der Wiener Philharmoniker (bis 1979). 1960 gründet er das Wiener philharmonische Quartett (mit Otto Strasser, Rudolf Streng und Robert Schweiwen), das die Nachfolge des Barylli-Quartetts antritt und bis 1975 existiert. Er nimmt mit Lili Kraus und Nikolaus Hübner sämtliche *Sonaten für Violine und Klavier* und sämtliche *Klaviertrios* Wolfgang Amadeus Mozarts auf. Er zeichnet für die Gesamtaufnahme von dessen *Tänzen* mit dem Wiener Mozartensemble verantwortlich.

Bosse, Gerhard
Deutscher Violinist, geb. 23. 1. 1922 Wurzen bei Leipzig.
Er studiert am Leipziger Konservatorium bei Edgar Wollgandt und Walter Davisson. 1943 wird er vom Bruckner-Orchester in Linz engagiert. 1946 wird er zum Dozent und 1949 zum Professor an der Franz-Liszt-Hochschule in Weimar ernannt. Zwei Jahre später wechselt er an die Musikhochschule Leipzig und wird gleichzeitig Konzertmeister des Rundfunk-Symphonie-Orchesters der selben Stadt. 1948–55 ist er Primarius des Bosse-Quartetts. 1955 wird er zum Konzertmeister des Gewandhausorchesters Leipzig ernannt (bis 1987). 1955–77 ist er Primarius des Gewandhaus-Quartetts, 1963–87 künstlerischer Leiter und Konzertmeister des Bach-Orchesters innerhalb des Gewandhausorchesters.

Boué, Geori (= Georgette Boué)
Französische Sopranistin, geb. 16. 10. 1918 Toulouse.
Als Siebenjährige besucht sie bereits das Konservatorium ihrer Heimatstadt und belegt Vorlesungen in allgemeiner Musiklehre, Klavier, Harfe und Harmonielehre; nach kurzer Zeit begleitet sie die Klassen für Vokalensemble und Gesang am Klavier. Als Fünfzehnjährige erlaubt es ihre damals schon außergewöhnliche Stimme, am Gesangs-Wettbewerb teilzunehmen; sie erhält eine Belobigung. Sie kommt in die Klasse von Claude Jean und wird mit zwei 1. Preisen ausgezeichnet. Auf Rat ihres Lehrers geht sie nach Abschluß ihres Studiums nicht sofort nach Paris, sondern debütiert am Toulouser Capitole (der dortigen Oper) als Urban (*Les Huguenots*, Die Hugenotten, Meyerbeer) und als Siebel (*Faust*, Gounod). Anschließend singt sie die Hilda in *Sigurd* (Reyer), Mathilde in *Guillaume Tell* (Wilhelm Tell, Rossini), die Micaëla (*Carmen*, Bizet), aber auch alle möglichen Operettenheldinnen. Jacques Rouché, der Leiter der Pariser Oper, hört sie und engagiert sie auf der Stelle. Sie debütiert in der Opéra-Comique als Mimi (*La Bohème*, Puccini). Ihre Karriere wird durch den 2. Weltkrieg unterbrochen. Geori Boué zieht sich nach Südfrankreich zurück. Eines Abends singt sie an der Seite von Miguel Villabella in Toulon die Violetta (*La Traviata*, Verdi). Reynaldo Hahn, der Gounods Oper *Mireille* von allen Verfälschungen befreit und die Erstfassung wiederhergestellt hat, sucht nach einer Sängerin für die gereinigte Fassung, hört sie und spürt, daß er die richtige gefunden hat. Der Triumph 1941 im antiken Theater von Arles gibt ihm recht. Anschließend singt sie die Manon (Massenet), Cio-Cio-San (*Madame Butterfly*, Puccini), Margarethe (*Faust*, Gounod), Leila (*Les Pêcheurs de perles*, Die Perlenfischer, Bizet), Violetta und sogar die Leonora (*Il Trovatore*, Der Troubadour, Verdi). Im Radio verkörpert sie die Ophelia (*Hamlet*, Thomas), Norina

(*Don Pasquale*, Donizetti), aber auch die Salome (R. Strauss). Sie kehrt nach Paris zurück. In der Opéra-Comique begeistert ihre Mimi. 1942 debütiert sie an der Opéra als Marguerite (Gounod), wirkt an der Aufführung des *Roi d'Ys* (Lalo) mit und auch an der Wiederaufnahme von Jules Massenets *Thaïs* (aus Anlaß des 100. Geburtstags des Komponisten). Als Sacha Guitry sie in dieser Rolle sieht, ist er begeistert und engagiert sie für seinen Film *La Malibran*. 1943 singt sie die Desdemona (*Otello*, Verdi), 1944 die Juliette (*Roméo et Juliette*, Gounod), 1945 die Nedda (*I Pagliacci*, Der Bajazzo, Leoncavallo) und die Salomé (*Hérodiade*, Massenet). An der Scala singt sie an der Seite ihres Mannes Roger Bourdin unter der Leitung von Victor de Sabata die Mélisande (*Pelléas et Mélisande*, Debussy). In Rußland singt sie die Tatjana (*Eugen Onegin*, Tschaikowskij), und Cio-Cio-San (*Madame Butterfly*, Puccini). Sie verläßt die Pariser Oper, die gegen ihre Rußland-Tournee Einspruch erhoben hat, und nimmt an der Uraufführung von *Mozart* (Guitry und Hahn) teil. Zu Beginn der 60er Jahre wirkt sie am Théâtre Mogador an Aufführungen von *La Belle Hélène* (Die schöne Helena, Offenbach) und *Die lustige Witwe* (Lehár) mit. Nach ihrem erfolgreichen Ausflug in das Gebiet der Operette singt sie wieder die Mireille, aber auch die Carmen (Bizet), Tosca (Puccini), Charlotte (*Werther*, Massenet). Anschließend widmet sie sich pädagogischen Aufgaben.

Boukoff, Yuri
Französischer Pianist bulgarischer Herkunft, geb. 1. 5. 1923 Sofia.
Seine Mutter, eine Sängerin russischer Herkunft, erteilt ihm früh Klavierunterricht. Er wird Schüler von Brzoniowski und vor allem von Andrey Stoyanov. Als Fünfzehnjähriger gibt er in Sofia sein erstes Konzert. Nach dem 2. Weltkrieg gewinnt er beim Nationalen Wettbewerb Bulgariens einen 1. Preis und damit verbunden ein Stipendium für einen Studienaufenthalt in Frankreich. Er tritt am Pariser Konservatorium in die Klasse von Yves Nat ein und erhält 1946 einen 1. Preis. George Enescu, Edwin Fischer und Marguerite Long fördern ihn. Er gewinnt zahlreiche internationale Wettbewerbe: Genf 1947, Long-Thibaud, Paris, 1949, Diémer, 1951, Concours Reine Elisabeth, Brüssel, 1952. Seine internationale Karriere nimmt einen steilen Aufschwung. Als erster europäischer Pianist gibt er in China Gastspiele (1956). Er fühlt sich besonders im romantischen Repertoire zu Hause und nimmt sämtliche *Klaviersonaten* von Sergej S. Prokofjew auf. Daneben interessiert er sich für zeitgenössische Musik und spielt Kompositionen von Gian Carlo Menotti, André Hossein und anderen.

Boulanger, Nadia Juliette
Französische Dirigentin, Organistin, Komponistin und Pädagogin, geb. 16. 9. 1887 Paris, gest. 22. 10. 1979 daselbst.
Sie ist die Enkelin der Sängerin Marie-Julie Boulanger. Ihr Vater Ernest ist Komponist und unterrichtet am Pariser Konservatorium Violine. Ihre Mutter ist eine russische Prinzessin. Ihre jüngere Schwester Lili (1893–1918) stirbt jung, so daß ihr großes Talent als Komponistin nicht voll zum Tragen kommen kann.
Nadia studiert am Konservatorium von Paris (1897–1904); sie erhält 1. Preise in Harmonielehre, Kontrapunkt, Fuge, Orgel und Begleitung. Ihre Lehrer sind Louis Vierne, Félix Alexandre Guilmant, Gabriel Fauré und Charles-Marie Widor. 1906 wird sie Assistentin von Henri Dallier an der Orgel der Madeleine in Paris. 1908 erhält sie den 2. Rom-Preis. Sie beginnt eine Karriere als Komponistin und schreibt die Oper *La Ville morte* (Die tote Stadt, 1913). Nach dem Tod ihrer Schwester hört sie mit dem Komponieren auf und macht das Werk der Verstorbenen bekannt. Sie arbeitet als Pädagogin und Dirigentin. 1909–24 ist sie Dozentin für Harmonielehre am Pariser Konservato-

rium. 1920–39 unterrichtet sie an der Ecole Normale de Musique und ab 1921 auch am amerikanischen Konservatorium in Fontainebleau. Sie leitet als erste Frau Symphonie-Konzerte in London, New York und Boston. Sie setzt Gabriel Faurés *Requiem* durch und erfüllt das Werk von Claudio Monteverdi mit neuem Leben (1937 und 1950 nimmt sie jeweils eine Serie *Madrigale* auf). Ihr ist es zu verdanken, daß *Médée* von Marc Antoine Charpentier, die Opern von Jean-Philippe Rameau, die Werke von Heinrich Schütz und die Lieder der Renaissance wiederentdeckt werden. Während des 2. Weltkriegs lebt sie in den Vereinigten Staaten und unterrichtet am Radcliffe College (Mass.), am Wellesey College (Mass.) und an der Juilliard School (New York). 1946 kehrt sie nach Frankreich zurück und wird am Pariser Konservatorium zur Professorin ernannt. 1950 übernimmt sie die Leitung des amerikanischen Konservatoriums in Fontainebleau. In der Folge widmet sie sich vor allem dem privaten Unterricht, an dem Schüler aus aller Welt teilnehmen. Sie gibt außerdem Kurse an der Yehudi Menuhin Music School in Stoke d'Abernon (Surrey). Sie wird zum maître de chapelle des Fürsten von Monaco ernannt und behält dieses Amt bis zu ihrem Tod bei.

Die unvergleichliche Pädagogin forderte von ihren Schülern ein hohes technisches Niveau. Ist dies erreicht, begnügt sie sich mit der Rolle der Ratgeberin für Komponisten wie Interpreten und weckt häufig schlummernde Begabungen auf. Die meisten amerikanischen Komponisten des 20. Jahrhunderts haben bei ihr studiert: Aaron Copland, Leonard Bernstein, Elliott Carter, Roy Harris, aber auch Igor Markevitch, Daniel Barenboim, Dinu Lipatti, Hugues Cuenod, Jean Françaix, Lennox Berkeley oder Michel Legrand. Sie zeichnet für die Uraufführung von *Dumbarton Oaks* von Igor Strawinsky verantwortlich (1938).

Boulay, Laurence
Französische Cembalistin, geb. 19.1. 1925 Boulogne-sur-Seine.
Sie studiert am Pariser Konservatorium und erhält Preise in den Fächern Harmonielehre, Kontrapunkt, Fuge, Musikästhetik, Cembalo und Musikgeschichte und erwirbt zwei Diplome mit Lehrbefugnis (Harmonielehre, Kontrapunkt, Fuge). Sie arbeitet als Musikwissenschaftlerin, Pädagogin und Solistin und promoviert über die Interpretation der französischen Musik des 18. Jahrhunderts, begeistert sich für die Partituren des 17. und 18. Jahrhunderts und veröffentlicht einige bisher unbekannte. Als Solistin nimmt ihre Karriere schnell internationale Ausmaße an. Seit 1968 unterrichtet sie am Pariser Konservatorium (Generalbaß am Cembalo). Seit 1972 gibt sie im gleichen Fach Sommerkurse in Aix-en-Provence.

Boulez, Pierre
Französischer Komponist und Dirigent, geb. 26.3. 1925 Montbrison.
Als Siebenjähriger erhält er zusammen mit seiner Schwester Klavierunterricht. Er geht auf eine religiöse Schule, spielt dort Kammermusik und singt im Schulchor. Sein Vater (ein Industrieller) wünscht sich für seinen Sohn eine wissenschaftliche Laufbahn. Er bereitet in Lyon das Polytechnikum vor, entscheidet sich aber dann für die Musik. Er fährt nach Paris und schreibt sich im Oktober 1944 im Konservatorium in der Klasse für Harmonielehre von Olivier Messiaen ein. Er entdeckt Igor Strawinsky, Béla Bartók und die Wiener Schule. Gleichzeitig studiert er bei Andrée Vaurabourg Kontrapunkt und bei René Leibowitz serielle Technik.

1946 verläßt Boulez Messiaen, so wie er Leibowitz verläßt, nachdem er sich mit atonaler und serieller Musik vertraut gemacht hat. Im gleichen Jahr wird er von der Compagnie Renaud-Barrault zum Leiter der Bühnenmusik ernannt. Er dirigiert, schreibt Artikel, greift die »neue Romantik« Alban Bergs an, komponiert und beschäftigt sich mit

Malerei und Dichtung. Als Autodidakt studiert er Orchesterleitung. Mit der Hilfe von Madeleine Renaud und Jean Louis Barrault gründet er 1954 die Concerts du Petit Marigny, eine Konzertreihe, die ab 1955 unter dem Namen Domaine Musical bekannt wird. Er führt die Komponisten der Wiener Schule auf, aber auch die neuen, damals aktuellen Strömungen.

Ab 1955 setzt sich Boulez endgültig als Komponist durch (*Le Marteau sans maître*). 1959 folgt er einer Einladung des Südwestfunks und geht nach Baden-Baden. Er unterrichtet in Darmstadt und Baden-Baden Musikanalyse und Orchesterleitung. 1962 hält er an der Harvard University Vorlesungen. Er dirigiert immer häufiger: 1962 bei den Salzburger Festspielen die Wiener Philharmoniker, 1963 in Paris das Orchestre National (Strawinskys *Sacre du printemps*; die Aufführung fällt so überzeugend aus, daß kurz darauf eine Schallplattenaufnahme mit dem gleichen Stück eingespielt wird), die französische Erstaufführung von *Wozzeck* (Berg, 1963) an der Pariser Oper, 1966 in Bayreuth den *Parsifal* (Wagner). Bei seinen Dirigaten strebt Boulez absolute Präzision an, eine Art objektive Perfektion. Von der zeitgenössischen Musik ausgehend, geht Boulez in der Geschichte der Musik immer weiter zurück. Sein Weg wird von Widersprüchen gezeichnet, aber er steht zu seinen Widersprüchen: Er verleugnet zuerst Igor Strawinsky und wird dann einer seiner bevorzugten Interpreten, er verleugnet Béla Bartók, Richard Wagner und Franz Liszt und deckt dann neue Seiten der Komponisten auf. Boulez polemisiert heftig gegen Marcel Landowski (damals der Leiter der Abteilung Musik, Oper und Tanz im französischen Kultusministerium) und dessen Politik. 1967 beschließt er, nicht mehr in Frankreich zu dirigieren. Gilbert Amy wird sein Nachfolger an der Spitze der Domaine Musical. Boulez schlägt eine internationale Karriere ein. Er wird 1969 principal guest conductor des Orchesters von Cleveland, anschließend musikalischer Direktor des Symphonie-Orchesters der BBC (1971–75) und der New Yorker Philharmoniker (1971–77). Bayreuth lädt ihn ein, aus Anlaß der Hundertjahrfeier Richard Wagners *Ring des Nibelungen* zu dirigieren. In New York ruft er die »Rugs« ins Leben, eine Konzertreihe, die von den Londoner »Proms« inspiriert ist und ein breiteres Publikum als sonst üblich erreichen soll. 1976 kehrt er nach Frankreich zurück und übernimmt die Leitung des IRCAM (Institut de recherche et de coordination acoustique – musique, bis 1991) und des Ensemble InterContemporain. Er wird regelmäßig vom Orchestre de Paris eingeladen und leitet die Uraufführung der integralen Fassung von Alban Bergs *Lulu* (Pariser Oper, 1979). Boulez dirigiert inzwischen weniger und widmet sich in der Hauptsache der Komposition und der Forschung. Er ist Präsident des Musikrats der UNESCO und der erste Musiker, der vom Collège de France zu Vorlesungen eingeladen wird. Neben seinen eigenen Kompositionen, deren Uraufführung er in der Regel selbst verwirklicht, kreiert er folgende Werke anderer Komponisten: *Serenata für Flöte und 14 Instrumente* (1957), *Konzert für zwei Klaviere* (1973) und *Concerto II* (1988) von Luciano Berio, *...agm...* (1979) von Harrison Birtwhistle, *Penthode* (1985) von Elliott Carter, *Movimento continuata* (1959) von Niccolò Castiglioni, *Starchild* (Sternenkind, 1977) von George Crumb, *Blind Man's Buff* (Das Leder des blinden Mannes, 1972) von Peter Maxwell Davies, *Cadeau* (Geschenk, 1985) von Franco Donatoni, *L'Heure des Thraces* (Die Stunde der Thrakier, 1986) von Hugues Dufourt, *Equivalences* (Äquivalenzen, 1963) und *Polychromies* (1964) von Jean-Claude Eloy, Bühnenmusik zu *Le Soulier de satin* (Der seidene Schuh, Paul Claudel, 1943) von Arthur Honegger, *Allégories d'exil IV* (Allegorien über das Exil IV, 1980) von Jacques Lenot, *Divertimento* (1977) von Jeoffrey

Levine, *U-Mai* (1958) von Yoritsuné Matsudaira, *Couleurs de la cité céleste* (Farben der himmlischen Stadt, 1964) und *Un vitrail et des oiseaux* (Ein Glasfenster und Vögel, 1988) von Olivier Messiaen, *Rimes* (Reime, 1959) und *Couleurs croisées* (Gegenüberstehende Farben, 1968) von Henri Pousseur, *L'Invitation au voyage* (Aufforderung zur Reise, 1978) von Tona Scherchen, *Arc part I et II* (Bogen Teil I und II, 2. Version, 1977) von Toru Takemitsu, *Eonta* (1964) und *Jalons* (Fluchtstäbe, 1987) von Iannis Xenakis, *The Perfect Stranger* (Der vollkommene Fremde, 1984) von Frank Zappa.

WW: *La Musique et les problèmes contemporains* (Paris 1963); *Penser la musique d'aujourd'hui* (Paris 1964, dt. Musikdenken heute 1 und 2, Wiesbaden 1964 und 1985); *Relevés d'apprenti* (Paris 1967); *Par volonté et par hasard, entretiens avec Célestin Deliège* (Paris 1975); *La Musique en projet* (Paris 1975); *Points de repère* (Paris 1981).

Boult, Sir Adrian Cedric
Englischer Dirigent, geb. 8. 4. 1889 Chester, gest. 24. 3. 1983 Farnham.
Er studiert an der Westminster School und anschließend an der Oxforder Christ Church bei Sir Hugh Allen. Er schließt seine Ausbildung in Leipzig bei Max Reger ab und hat das Glück, Arthur Nikisch bei der Arbeit beobachten zu können. Wieder zurück in Großbritannien, gibt er Konzerte am Covent Garden. 1919 dirigiert er auf Bitten des Komponisten die Uraufführung von einem Teil der Suite *The Planets* von Gustav Holst. 1919–30 gehört er zum Lehrkörper des Royal College of Music (London). Er dirigiert in England und im Ausland, übernimmt 1924 die Leitung des Birmingham Festival Chorus und des City of Birmingham Symphonie Orchestra (bis 1930). 1926 wird er zum Assistenten des Musikdirektors des Covent Garden ernannt. 1928–31 leitet er den Bach Choir und 1930–50 das Symphonie-Orchester der BBC, eine Stelle, die ihm zu internationalem Ruf verhilft. Er gastiert mit seinem Orchester in Wien (1933), Boston und Salzburg (1935), New York (1938 und 1939). 1942–50 ist er stellvertretender Leiter der Londoner »Proms« (Promenadenkonzerte). 1936 dirigiert er während der Krönungszeremonie von George VI. Ab 1950 leitet er die Londoner Philharmoniker. 1957 gibt er die Stelle auf und arbeitet fortan nur noch als Gastdirigent. 1968 dirigiert er für das Fernsehen in der Kathedrale von Canterbury Edward Elgars *Gerontius*. 1959–60 übernimmt er wieder das City of Birmingham Symphony Orchestra. 1962–66 unterrichtet er am Royal College of Music. 1979 hört er auf zu dirigieren.

Sir Adrian Boult, eine markante Figur des englischen Musiklebens, setzt sich in England wie im Ausland für die Musik seines Landes ein. Ralph Vaughan Williams widmet ihm *Job, a Masque of Dancing* (Hiob, eine Tanzmaske), Herber Howells *Konzert für Streicher* und Malcolm Williamson das *Konzert für Orgel und Orchester*. Er leitet folgende Uraufführungen: *Music for strings* (1935, Musik für Streicher) und *Konzert für Klavier und Orchester* (1939) von Arthur Bliss, *A Pastoral Symphony* (1922) sowie die *Symphonien Nr. 4* und *6* (1935 und 1948) von Ralph Vaughan Williams und *Trauermusik* von Paul Hindemith (1936).

WW: *The Point of the Stick, a Handbook on the Technique of Conducting*, mit Walter Emery (Oxford 1921 und London 1949, überarbeitet London 1968); *The Saint-Matthew Passion, its Preparation and Performance*, mit Walter Emery (London 1949); *Thoughts on Conducting* (London 1963, dt. Zur Kunst des Dirigierens, München 1965), *My own Trumpet, Autobiography* (London 1973).

Bour, Ernest
Französischer Dirigent, geb. 20. 4. 1913 Thionville.
Er studiert Klavier, Orgel und Musiktheorie am Konservatorium Straßburg

bei Fritz Münch und famulierte bei Dirigierkursen von Hermann Scherchen (1933–34). Er debütiert bei Radio Genf als Chorchef, geht dann als Kapellmeister zu Radio Straßburg (1935–39) und unterrichtet Klavier (1940–41). 1941–47 ist er Leiter des Orchesters der Stadt Mülhausen (Elsaß), 1945–47 auch Leiter des dortigen Konservatoriums. 1950 übernimmt er das Orchester der Stadt Straßburg, ab 1955 leitet er zusammen mit Fritz Adam die Straßburger Oper. Er setzt sich für die zeitgenössische Musik ein. Als Nachfolger Hans Rosbauds geht er 1964 als Chefdirigent zum Orchester des Südwestfunks Baden-Baden (bis 1979). Er ist ständiger Gast des Holländischen Rundfunkorchesters Hilversum. Der Nachfolger Hans Rosbauds setzt sich stark für die zeitgenössische Musik ein und leitet folgende Uraufführungen: *Cosmogonie* (Jolivet, 1947), *Apparitions* und *Lontano* (Ligeti, 1960 und 1967), *Etude III* (Éloy, 1962), *Réak* (Yun, 1966), *Fantasia elegiaca* (Serokki, 1972), *Epicycle* (Ferneyhough, 1974), *Opus cygne* (Bussotti, 1979), *Diapason* (Schnebel, 1977), *Zeitgehöft* (Ruzicka, 1985), *Andere Schatten* (Rihm, 1985), *Alax* (Xenakis, 1985).

Bourdin, Roger
Französischer Bariton, geb. 14. 6. 1900 Levallois, gest. 14. 9. 1973 Paris.
Der Schüler von André Gresse und Jacques Isnardon erhält 1922 1. Preise am Pariser Konservatorium. Im gleichen Jahr debütiert er an der Opéra-Comique, Paris, in der Rolle des Lescaut (*Manon*, Massenet). 1942 singt er zum ersten Mal an der Pariser Oper; er verkörpert die Titelrolle in Henri Rabauds Oper *Mârouf, savetier de Caire* (Mârouf, Flickschuster von Kairo). Beiden Häusern bleibt er bis 1959 treu und singt mehr als 100 verschiedene Rollen, darunter 30 Uraufführungen. Daneben ist er Gast verschiedener anderer Bühnen (vor allem als Operetten-Sänger) und gibt Liederabende. Er tritt in allen großen Städten auf und singt sogar im Bolschoi-Theater den Eugen Onegin (Tschaikowskij). Der ausgezeichnete Musiker und bemerkenswerte Schauspieler zeichnet sich in Rollen wie Athanael (*Thaïs*, Massenet), Metternich (*L'Aiglon*, Honegger), Valentin (*Faust*, Gounod), Bolivar (Milhaud) oder Lheureux (*Madame Bovary*, Bondeville) aus und verkörpert besser als jeder andere die Eleganz und offene Fröhlichkeit in *Mârouf, savetier de Caire* oder in *Le roi malgré lui* (König wider Willen) von Emmanuel Chabrier.

Bourdin, Roger
Französischer Flötist, geb. 27. 1. 1923 Mülhausen (Elsaß), gest. 23. 9. 1976 Paris.
Er studiert am Pariser Konservatorium bei Marcel Moyse und Fernand Caratgé Flöte und bei Claude Delvincourt, Henri Challan und Paul Bédouin Harmonielehre und Kontrapunkt. 1939 gewinnt er einen 1. Preis für Flöte und 1943 einen 1. Preis für Harmonielehre am Konservatorium von Versailles. 1938 tritt er als Solist im Rundfunk auf; 1939 wird der Sechzehnjährige Soloflötist des Orchesters der Concerts Lamoureux; siebenundzwanzig Jahre sollte er diese Funktion ausüben. Als Solist spielt er mit den wichtigsten Orchestern in Frankreich, den Vereinigten Staaten und Afrika. 1943 wird er an der Ecole Nationale de Musique in Versailles zum Professor für Flöte ernannt; 1945 gründet er ein Flöten-Quartett (mit Pol Mule, Jean-Pierre Rampal und Masson). 1967 bildet er mit Annie Challan und Colette Lequien das Trio von Versailles. Mit Annie Challan spielt er auch im Duo (Flöte und Harfe). Seit 1971 leitet er das Konservatorium von Marly-le-Roi.

Roger Bourdin ist auch als Komponist hervorgetreten. Er widmet sich in der Hauptsache der Kammer- und Filmmusik. Er zeichnet für folgende Uraufführungen verantwortlich: *Concerto pour quatre flûtes successives* (Konzert für vier nacheinander gespielte Flöten: Baßflöte, G-Flöte, C-Flöte, Pikkoloflöte, Ancelin, 1964); *Ascèses* für Soloflöte (Askesen, Jolivet, 1969), *Konzert für Flöte und Orchester* (Marischal) und *Rhapsodie* (Wal-Berg),

Bourgue, Daniel
Französischer Hornist, geb. 12. 2. 1937 Avignon.
Sein Vater, ein Grundschullehrer, ist gleichzeitig Schriftsteller (in provenzalischer Sprache) und Amateurgeiger. Daniel Bourgue studiert am Konservatorium von Avignon Cello und Horn und erhält 1959 am Pariser Konservatorium in der Klasse von Jean Devemy (Horn) einen 1. Preis. Anschließend bildet er sich selbständig weiter und gibt im Rahmen der Jeunesse Musicale de France mit dem Bläserquintett Musica und dem Pianisten Jean-Claude Ambrosini Konzerte (1961–67). Er ist Solohornist in Cannes (1958), bei der Republikanischen Garde (1963), im Orchester der Concerts Pasdeloups (1964), an der Pariser Opéra-Comique (1967), an der Pariser Oper (ab 1969), des Ensemble InterContemporain (seit seiner Gründung 1976), des Ensemble Orchestral de Paris (seit seiner Gründung 1978) und des Pariser Oktetts (1965–82). Daniel Bourgue zeichnet für zahlreiche Uraufführungen verantwortlich: *Pièce pour cor seul* (Stück für Horn solo, Messiaen, Royan 1971), das später unter dem Titel *Appel interstellaire* (Interstellarer Ruf) in den Zyklus *Des canyons aux étoiles* (Von den Cañons zu den Sternen) aufgenommen wird, *Divertimento* (Françaix), *Anaktoria* (Xenakis, Avignon 1965) und *Konzert für Horn und Orchester* (Delerue), das ihm gewidmet ist. Auch seine pädagogische Laufbahn verläuft äußerst erfolgreich: Er ist Professor für Horn und Kammermusik am Konservatorium von Champigny und an den Akademien von Albi, Orvieto, Wallonien und an der Universität von Los Angeles. Er ist Präsident und Gründer der Vereinigung französischer Hornisten und gibt die Verbandszeitschrift *Revue du corniste* heraus. Bei seinen Schallplatteneinspielungen achtet er darauf, auch unbekannte Werke von Komponisten wie Louis François Dauprat, Charles Gounod, Vincent d'Indy, Saverio Mercadante, Paul Dukas, Emmanuel Chabrier, Michel Corette und Jean-Baptiste Bréval dem Publikum zugänglich zu machen.

Bourgue, Maurice
Französischer Oboist, geb. 6. 11. 1939 Avignon.
Er studiert am Pariser Konservatorium bei Etienne Baudo und Fernand Oubradous und erhält 1. Preise in Oboe (1958) und Kammermusik (1959). Der Preisträger des Internationalen Genfer Wettbewerbes (1963) gewinnt auch bei den anderen Wettbewerben, an denen er teilnimmt, jeweils einen 1. Preis: Birmingham (ex aequo mit James Galway), München (1967), Prag (1968), Budapest (1970). 1967 wird er als 1. Oboist Mitglied des Orchestre de Paris. Er versteht es, seine Orchestertätigkeit mit seiner internationalen Karriere als Solist in Einklang zu bringen. 1979 wird er am Pariser Konservatorium zum Professor ernannt. Seit 1972 widmet er einen bedeutenden Teil seiner Arbeitszeit dem Bläseroktett, das er gründet und das aus Mitgliedern des Orchestre de Paris besteht. Mit Heinz Holliger spielt er häufig Werke für zwei Oboen. Er zeichnet für die Uraufführung von Luciano Berios *Chemins IV* (Wege IV) verantwortlich.

Boutard, André
Französischer Klarinettist, geb. 30. 6. 1924 Auxonne.
Er studiert Klavier und anschließend Klarinette. 1937 erhält er den Preis der Confédération musicale de France. 1939 tritt er in das Konservatorium von Toulouse ein, verläßt es allerdings bereits 1940 mit einem 1. Preis für Klarinette und einer Medaille für Klavier. 1942 geht er zu Auguste Périer und Henri Challan an das Pariser Konservatorium und gewinnt 1944 wiederum einen 1. Preis für Klarinette. Er wird nacheinander Solo-Klarinettist folgen-

der Orchester: Musique des équipages de la Flotte, Orchestre de la Garde Républicaine (1946), Société des Concerts du Conservatoire (1956), Opéra-Comique (1961), Pariser Oper (1973). Seit 1944 gehört er zum Ensemble Instrumental à Vent de Paris, das 1964 in Quintette à Vent de Paris umbenannt wird. 1962 kreiert er mit Jacques Castagner die *Sonatine pour flûte et clarinette* von André Jolivet, 1963 die *Sonate für Klarinette und Klavier* von Francis Poulenc. Er ist Professor an den Konservatorien von Rueil-Malmaison und Versailles sowie am Europäischen Konservatorium.

Boutry, Roger
Französischer Pianist, Dirigent und Komponist, geb. 27. 2. 1932 Paris.
Während seines brillant absolvierten Studiums erhält er am Pariser Konservatorium nicht weniger als sechs 1. Preise, darunter einen für Klavier (1948) und einen für Orchesterleitung (1953, in der Klasse von Louis Fourestier). 1954 gewinnt er den 1. Rom-Preis. Er schlägt eine erfolgreiche internationale Pianistenlaufbahn ein. Als Komponist wird er 1963 mit dem Grand Prix musical de la Ville de Paris ausgezeichnet. Als Dirigent übernimmt er 1972 die Leitung des Orchestre de la Garde Républicaine, das trotz seines militärischen Auftretens zu den besten französischen Symphonie-Orchestern gehört und im Ausland sehr viel höher eingeschätzt wird als in der Heimat.

Bouvier, Hélène
Französische Mezzosopranistin, geb. 20. 6. 1905 Paris, gest. 11. 3. 1978 daselbst.
Sie debütiert in der Provinz, wird aber schon bald vom Teatro Colón in Buenos Aires engagiert. 1939 singt sie an der Pariser Oper, 1945 an der Opéra-Comique. Sie zeichnet sich in Opern von Richard Wagner, aber auch in *Aida* und *Otello* (beide Verdi), *Faust* (Gounod), *Samson et Dalila* (Saint-Saëns), *Le Roi d'Ys* (Der König von Ys, Lalo), und *Ariadne auf Naxos* (R. Strauss) aus. In den Werken Arthur Honeggers (*Antigone*), Darius Milhauds (*Bolivar*) und Henri Büssers (*Les Noces corinthiennes*, Hochzeit in Korinth) kommt ihre warme Stimme und ihre Expressivität voll zur Geltung. Bei zahlreichen Liederabenden setzt sie sich besonders für zeitgenössische Komponisten ein. 1947 nimmt sie zuerst im Radio und anschließend im Konzertsaal an der Uraufführung von Maurice Duruflés *Requiem* teil.

Bowman, James
Englischer Counter-Tenor, geb. 6. 11. 1941 Oxford.
Er gehört zum Knabenchor der Kathedrale von Ely. Während seines Geschichts-Studiums in Oxford beginnt er 1960, sich ernsthaft um die Ausbildung seiner Stimme in dem seltenen Alt-Register zu bemühen. Schnell stellen sich seine besonderen Möglichkeiten heraus. Er singt Benjamin Britten vor, der ihn sofort für seine English Opera Group engagiert. Er debütiert bei einem Konzert, das aus Anlaß der Eröffnung der Queen Elizabeth Hall gegeben wird. Bis zu seinem Tod arbeitet Britten mit James Bowman zusammen und schreibt für ihn *Canticle IV* (Das Hohelied IV), *The Journey of the Magi* (Die Reise der drei Weisen aus dem Morgenland) sowie die Stimme Apollos in *Death in Venice* (Tod in Venedig). Bowman studiert besonders die Altkastraten-Rollen in Georg Friedrich Händels Opern *Alcina, Ariodante, Giulio Cesare*, aber auch die anderer Komponisten. Er singt auch Werke von Claudio Monteverdi, Antonio Vivaldi (*Orlando furioso*) oder die zeitgenössischer Komponisten wie Sir Michael Tippett und Peter Maxwell Davies. Er feiert an der English National Opera, dem Covent Garden, dem Festival von Glyndebourne, dem von Aix-en-Provence und an der Scottish sowie der Welsh Opera Triumphe. James Bowmans für sein Register ungewöhnlich kräftige Stimme ist auf mehr als fünfzig Einspielungen festgehalten.

Boyer, Jean
Französischer Organist, geb. 4. 10. 1948 Sidi-bel-Abbès (Algerien).
Er studiert am Konservatorium von Toulouse und erhält 1969 in der Klasse von Xavier Darasse einen 1. Preis. Er interessiert sich auch für Orgelbau und beschäftigt sich mit den Orgeln in Südwestfrankreich, einer Gegend, in der es viele historische Instrumente gibt. 1971 nimmt er seine erste Schallplatte auf der Godefroy-Schmidt-Orgel in Gimont (Gers) auf und erhält im darauffolgenden Jahr den Grand Prix du Disque. Im gleichen Jahr wird er als Nachfolger von Michel Chapuis Organist der Kirche Saint-Nicolas-des-Champs in Paris. Seit 1975 ist er gleichzeitig Organist an der Pariser Kirche Saint-Séverin. 1978 gewinnt er den Internationalen Wettbewerb von Arnheim-Nimwegen. Er unterrichtet regelmäßig an der Orgelakademie in Semur-en-Auxois. Seit 1980 ist er Professor am Konservatorium von Brest und an der Schola Cantorum von Paris, bevor er an das Konservatorium von Lille wechselt. Wie die meisten der jungen französischen Organisten erkennt er den Einfluß von Michel Chapuis an. Die Orgel von Saint-Nicolas-des-Champs begünstigt einen Improvisationsstil, der in der französischen Tradition des 17. und 18. Jahrhunderts steht, aber auch zeitgenössische Musik erlaubt. Jean Boyer spielt am liebsten auf Instrumenten mit ausgeprägtem Klang.

Brailowski, Alexander
Amerikanischer Pianist russischer Herkunft, geb. 16. 2. 1896 Kiew, gest. 25. 4. 1976 New York.
Er studiert am Konservatorium von Kiew bei Puchalskij, bevor er 1911 nach Wien zu Theodor Leschetizky geht. Während des 1. Weltkrieges lebt er in der Schweiz und arbeitet mit Ferruccio Busoni. 1919 spielt er zum ersten Mal in Paris. Nach zahlreichen Tourneen durch Europa feiert er 1924 in New York einen Triumph und beschließt, sich in den Vereinigten Staaten niederzulassen. Im gleichen Jahr spielt er in Paris in einer Konzertserie sämtliche Werke für Klavier von Frédéric Chopin. Er wiederholt dieses wagemutige Unternehmen 1938 in Paris und New York und 1960 zum 150. Geburtstag des Komponisten in Brüssel und New York. Als Spezialist von Frédéric Chopin und Franz Liszt begreift er sich in deren Sinne als Virtuose. Von der Menge vergöttert, wird Brailowskis Technik von Puristen als ›Effekthascherei‹ kritisiert. Belgien stiftet 1936 einen für junge Pianisten ausgeschriebenen Brailowski-Preis.

Brain, Dennis
Englischer Hornist, geb. 17. 5. 1921 London, gest. 1. 9. 1957 Hatfield.
Dennis Brain, der Sohn von Aubrey Brain (1893–1955), viele Jahre lang Solohornist des BBC-Symphonie-Orchesters, wird als der Begründer der englischen Hornisten-Schule betrachtet. Er studiert bei seinem Vater an der Royal Academy of Music in London Horn und bei G. D. Cunningham Orgel, während er an der St. Paul's School eine gründliche Allgemeinbildung erhält. 1938 debütiert er unter Adolf Busch im *Brandenburgischen Konzert Nr. 1* von Johann Sebastian Bach. Im darauffolgenden Jahr wird er zur Royal Air Force eingezogen. Sieben Jahre lang ist er Mitglied der (militärischen) Central Band. Anschließend beginnt er eine Solistenkarriere und gründet das D. Brain Wind Ensemble. Sir Thomas Beecham holt ihn als Solohornist an das Royal Philharmonic Orchestra. Anschließend übernimmt er innerhalb des Philmonic Orchestra die gleiche Funktion. Unter Herbert von Karajan spielt er mit dieser Formation die vier *Konzerte für Horn* von Wolfgang Amadeus Mozart ein. 1955 erweitert er seine Bläsergruppe zu einem Kammerorchester, das er selbst dirigiert. Ein Unfall setzt seiner Karriere ein jähes Ende.
Dennis Brain bevorzugt die französische Horn-Technik, entscheidet sich aber 1951 aufgrund der breiteren Klangfülle für ein deutsches Instru-

ment. Benjamin Britten schreibt für ihn die *Serenade für Tenor, Horn und Streicher* (1943) und *Canticle III* (Das Hohelied III, 1955) und Paul Hindemith sein *Konzert für Horn* (1949). Elisabeth Lutyens, Gordon Jacob und Malcolm Henry Arnold komponieren ebenfalls für ihn.

Brandis, Thomas
Deutscher Violinist, geb. 23.6. 1935 Hamburg.
Er studiert Violine bei Evelyn Distler und Eva Hauptmann an der Musikhochschule Hamburg (1952–57), bevor er zu Max Rostal nach London geht, wo er sich vervollkommnet. 1957 gewinnt er den Münchner Rundfunk-Wettbewerb. 1957–59 ist er Konzertmeister des Bach-Orchesters Hamburg, 1959–61 der Hamburger Symphoniker, bevor er in der gleichen Funktion zu den Berliner Philharmonikern geht. 1968 wird er von der Musikhochschule Hamburg zum Professor ernannt. 1976 gründet er mit Peter Brehm, Wilfried Strehle und Wolfgang Boettcher, alle drei Mitglieder der Berliner Philharmoniker, sein eigenes Quartett. 1983 geht er an die Berliner Musikhochschule. Im gleichen Jahr verläßt er die Berliner Philharmoniker, um sich neben der Kammermusik und der pädagogischen Tätigkeit seiner Karriere als Solist zu widmen.

Brandt, Marianne (= Marie Bischoff)
Österreichische Mezzosopranistin, geb. 12.9. 1842 Wien, gest. 9.7. 1921 daselbst.
Sie studiert in Wien bei Therese Janda und anschließend in Baden-Baden bei Pauline Viardot (1869). 1867 debütiert sie als Rachel (*La Juive*, Halévy) in Olmütz (heute Olomouc). Im darauffolgenden Jahr singt sie an der Berliner Oper die Azucena (*Il Trovatore*, Der Troubadour, Verdi) und wird Mitglied des Ensembles (bis 1882). 1872 debütiert sie in *Fidelio* (Beethoven) am Covent Garden in London. 1876 singt sie in Bayreuth bei der Uraufführung der *Götterdämmerung* (Wagner) die Waltraute. 1884–88 singt sie regelmäßig an der Met (Donna Elvira, *Don Giovanni*, Mozart; Brangäne, *Tristan und Isolde*, Wagner; Siebel, *Faust*, Gounod, u.a.). 1890 nimmt sie Abschied von der Bühne und läßt sich in Wien als Pädagogin nieder. Der außerordentliche Umfang ihrer Stimme ermöglicht ihr nicht nur die Mezzosopran-, sondern auch viele Sopran-Rollen.

Branzell, Karin
Amerikanische Mezzosopranistin schwedischer Herkunft, geb. 24.9. 1891 Stockholm, gest. 15.12. 1974 Altadena (Cal.).
Sie studiert zuerst Orgel, bevor sie von Thekla Hafer in Stockholm und anschließend von Ludwig Mantler und Louis Nachner in Berlin sowie von Enrico Rosati in New York ihre Stimme ausbilden läßt. Sie debütiert 1912 an der Königlichen Oper Stockholm und bleibt dem Haus bis 1918 verbunden. 1918–33 ist sie Mitglied der Berliner Staatsoper, 1924–44 gehört sie zum Ensemble der New Yorker Metropolitan Oper, wo sie noch in der Saison 1950–51 die Erda (*Der Ring des Nibelungen*, Wagner) singt. In Bayreuth gastiert sie 1930 und 1931 als Fricka und Waltraute (beide *Der Ring des Nibelungen*). Sie gastiert als Ortrud (*Lohengrin*), Brangäne (*Tristan und Isolde*), Venus (*Tannhäuser*), Brünnhilde (*Der Ring des Nibelungen*, alle Wagner), Herodias (*Salome*), Klytemnästra (*Elektra*, beide R. Strauss), Dalila (*Samson et Dalila*, Saint-Saëns), Fides (*Le Prophète*, Meyerbeer), Azucena (*Il Trovatore*, Der Troubadur, Verdi), Amneris (*Aida*, Verdi) und mit anderen Rollen ihres Fachs an den Opernhäusern von London, Buenos Aires, Mailand, Paris, München und Wien. 1946–50 unterrichtet sie an der Juilliard School of Music, wo Jean Madeira und Mignon Dunn zu ihren Schülern zählen, und 1952–58 am Adelphi College in New York. 1967 wird sie zum Ehrenmitglied der Stockholmer Oper ernannt.

Braun, Victor
Kanadischer Bariton, geb. 4. 8. 1935 Windsor.
Braun stammt aus einer deutsch-russischen Mennoniten-Familie. Er beginnt an der Universität von Ontario mit dem Studium der Geologie, gewinnt aber schon bald einen Gesangs-Wettbewerb des kanadischen Rundfunks. Er studiert in London (Kanada) und am Konservatorium von Toronto Gesang. Als Mitglied der Canadian Opera Company tritt er in Montreal und Vancouver auf. 1963 erhält er ein Stipendium und geht nach Wien, um sich zu perfektionieren. 1964 wird er von der Frankfurter Oper engagiert, wo er auf Anhieb in den verschiedensten Rollen Erfolge verzeichnet. Er tritt in Köln, Düsseldorf und Hamburg auf. 1969 debütiert er in der Rolle des Wolfram (*Tannhäuser*, Wagner) an der Mailänder Scala. In Madrid nimmt er an einer Aufführung der *Matthäus-Passion* von Johann Sebastian Bach teil, in Brüssel an einer des *Deutschen Requiems* (Brahms). 1969–71 feiert er am Covent Garden Triumphe. 1970 singt er während der Salzburger Festspiele den Grafen in *Le nozze di Figaro* (Mozart). An der Münchner Oper interpretiert er in der Inszenierung von Jean-Pierre Ponnelle einen pathetischen Golo (*Pelléas et Mélisande*, Debussy).

Bream, Julian
Englischer Gitarrist und Lautenspieler, geb. 15. 7. 1933 Battersea (bei London).
Sein Vater, ein Amateurgitarrist, ermöglicht ihm die erste Begegnung mit dem Instrument, besteht aber darauf, daß er Klavier und Cello studiert. Als Zwölfjähriger gibt er sein erstes Konzert. 1945 geht er an das Royal College of Music und studiert Klavier, Cello und Harmonielehre. Er hört Schallplattenaufnahmen von Andrés Segovia und beschließt, sich der Gitarre zu widmen. Er studiert ein Jahr bei Dr. Perrot, bevor er 1947 Segovia begegnet, der ihn ermutigt und unterrichtet. 1947 tritt er zum ersten Mal als Gitarrist in Cheltenham öffentlich auf; ein Jahr später feiert er in London bereits einen großen Erfolg. 1950 lernt er Thomas Goff kennen, den berühmten Lauten- und Cembalo-Bauer, der für ihn eine Laute realisiert, die sich für die elisabethanische Musik, auf die sich Bream spezialisiert, besser eignet als eine Gitarre. Goff organisiert für ihn Konzerte und führt ihn in die englische musikalische Gesellschaft ein, wo er George Malcolm kennenlernt. 1952 bildet er mit dem Tenor Peter Pears ein Duo, das viele Tourneen unternimmt. 1959 beginnt seine internationale Karriere. Benjamin Britten schreibt für ihn *Nocturnal*, Hans Werner Henze *Drei Tentos* und Sir Lennox Berkeley ein *Konzert für Gitarre*. Auch Sir William Walton, Richard Rodney Bennett, Malcolm Arnold, Peter Racine Fricker und Alan Rawsthorne widmen ihm Kompositionen. 1961 gründet er aus Anlaß der Aufführung von *Morley Consort Lessons* das Julian Bream Consort (Laute, Violine, Flöte, Bratsche, Baßviola, Mandora, Kithara), das zur wichtigsten englischen Instrumentalgruppe für Musik aus der Elisabethanischen Zeit wird.

Brediceanu, Mihai
Rumänischer Dirigent und Komponist, geb. 14. 6. 1920 Braszov (Kronstadt).
Der Sohn des Komponisten Tiberiu Brediceanu (1877–1968) studiert am Konservatorium seiner Heimatstadt bei Emmanuel Bernfeld Klavier (1931–39). Er wechselt an das Bukarester Konservatorium zu Mihail Jora und Fiorica Musiescu (1943–47). Gleichzeitig studiert er Rechtswissenschaft (Diplom 1944). Er debütiert an der Bukarester Oper als Repetitor: er wird am gleichen Haus nacheinander Chorleiter (1946–48), Kapellmeister (1948–59), Chefdirigent und musikalischer Direktor (1955–1966). Seit 1958 gehört er zu den ständigen Dirigenten der Bukarester Philharmonie George Enescu. 1945 erhält er für seine kompositorische Tätigkeit, die hauptsächlich der Bühne gilt (Oper und Ballett), den George-Enescu-Preis. 1969–71 ist er Principal Guest

Conductor und musikalischer Berater des Symphonie-Orchesters von Syracuse (N. J.). Der Doktor der Mathematik ist ab 1971 Gastdozent im interdisziplinären Bereich Musik/Mathematik an der Universität von Syracuse. 1979–81 ist er Generalmusikdirektor der Istanbuler Oper, bevor er 1982 zum Generaldirektor der Bukarester Philharmonie George Enescu ernannt wird.

Brendel, Alfred
Österreichischer Pianist, geb. 5. 1. 1931 Wiesenberg (Nordmähren).
Seine Familie stammt aus Österreich, Deutschland, Italien und der Tschechoslowakei. Als Sechsjähriger beginnt er mit dem Klavierunterricht und als Zehnjähriger mit Harmonielehre. Er wird von Paul Baumgartner, Eduard Steuermann und später in Luzern von Edwin Fischer unterrichtet. 1948 gibt er in Graz, wo er sein Studium der Orchesterleitung und Komposition abschließt, sein erstes Konzert. Ein Jahr später erhält er den Busoni-Preis. Zu Beginn seiner Karriere gibt er nur wenig Konzerte und beschäftigt sich ausgiebig mit Malerei, Literatur und Philosophie. 1960 spielt er während der Salzburger Festspiele mit den Wiener Philharmonikern. In den letzten zwanzig Jahren spielt er mit großem Erfolg in der ganzen Welt. Sein Repertoire reicht von Ludwig van Beethoven bis Arnold Schönberg, wobei er immer alles in Frage stellt und sich, ohne sich um Publikum oder Erfolg zu kümmern, mit jeder Komposition auseinandersetzt. 1974 läßt er sich in London nieder, wo er auch unterrichtet. Unter seinen zahlreichen Schallplatteneinspielungen erregen besonders die Aufnahmen sämtlicher *Konzerte für Klavier* und sämtlicher *Sonaten für Klavier* von Ludwig van Beethoven Aufsehen. Er bevorzugt Live-Aufnahmen. Seit einiger Zeit zieht er einen Steinway dem weicheren Klang eines Bösendorfers oder Bechsteins vor.
W: *Thoughts and Afterthoughts* (London 1976, dt. Nachdenken über Musik, München 1978).

Brendel, Wolfgang
Deutscher Bariton, geb. 20. 10. 1947 München.
Er debütiert 1970 als Don Giovanni (Mozart) an der Oper von Kaiserslautern. Im darauffolgenden Jahr wird er bereits von der Münchner Oper fest engagiert und singt den Wolfram (*Tannhäuser*, Wagner), Papageno (*Zauberflöte*, Mozart), Pelléas (*Pelléas et Mélisande*, Debussy), Germont (*La Traviata*, Verdi) und andere. Die wichtigsten deutschen Opernhäuser engagieren ihn (darunter Hamburg). 1975 debütiert er als Graf (*Le nozze di Figaro*, Mozart). Die Wiener Oper lädt ihn ein, die Scala (1984) und endlich Bayreuth, wo er 1985 den Wolfram (*Tannhäuser*, Wagner) singt.

Bress, Hyman
Kanadischer Violinist, geb. 30. 6. 1931 Kapstadt (Südafrika).
Er debütiert als Neunjähriger in seiner Geburtsstadt, vom städtischen Orchester begleitet. Sechs Jahre später legt er am Curtis Institute in Philadelphia und am Konservatorium von Toronto seine Abschlußexamen ab. Er läßt sich in Montreal nieder und wird Konzertmeister des dortigen Symphonie-Orchesters (1956–60) sowie Primgeiger des Montrealer Quartetts (1958–60). 1956 gewinnt er den 1. Preis der Concert Artist's Guild und 1957 den Jascha-Heifetz-Preis von Tanglewood. Er arbeitet mit Heifetz. Konzertreisen führen ihn durch die Vereinigten Staaten und nach Europa. Bess nimmt sämtliche *Sonaten für Violine solo* von Eugène Ysaÿe auf. Er läßt sich in Neuilly bei Paris nieder und veröffentlicht eine Violin-Schule, die »eine Einführung in die moderne Musik« darstellt und »alle Aspekte der atonalen Musik berücksichtigt«.

Bréval, Lucienne (= Bertha Schilling)
Französische Sopranistin Schweizer Herkunft, geb. 4. 11. 1869 Männedorf, gest. 15. 8. 1935 Neuilly-sur-Seine.
Sie studiert an den Konservatorien von Genf (1. Preis in Klavier) und Paris

(1. Preis in Gesang). 1892 debütiert sie an der Pariser Oper als Selika in Giacomo Meyerbeers Oper *L'Africaine* (Die Afrikanerin). Dreißig Jahre gehört sie zum Ensemble der Pariser Oper und nimmt an den Uraufführungen der Opern *La Montagne noire* (Das schwarze Gebirge, Holmès, 1895), *La Burgonde* (Duval, 1898), *Le Fils de l'étoile* (Der Sternensohn, Erlanger, 1904), *Ariane* (Ariadne, Massenet, 1906) teil; an anderen Häusern kreiert sie *Grisélidis* (Massenet, Opéra-Comique, 1901), *Macbeth* (Ernest Bloch, Opéra-Comique, 1910) und *Pénélope* (Fauré, Monte Carlo, 1913). In der französischen Erstaufführung (1893) der *Walküre* (Wagner) interpretiert sie unter der Leitung von Edouard Colonne die Rolle der Brünnhilde beispielhaft. Sie weigert sich, Deutsch zu lernen; aus diesem Grund bleiben ihr die Türen Bayreuths verschlossen. 1900–02 singt sie an der Met. Ab 1921 widmet sie sich pädagogischen Aufgaben.

Brewer, Bruce
Amerikanischer Tenor, geb. 12. 10. 1941 San Antonio (Texas).
Er studiert in den USA bei Josephine Lucchese und anschließend in Europa bei Richard Bonynge, Pierre Bernac und Nadia Boulanger sowie bei Rosalyn Turek in New York. 1970 debütiert er als Ottavio (*Don Giovanni*, Mozart); kurz darauf wird er von den Opern in San Francisco, Berlin, Boston, Washington und den Festspielen in Spoleto und Aix-en-Provence eingeladen. 1979 debütiert er in *La Princesse de Navarre* (Die Prinzessin von Navarra, Rameau) am Covent Garden und 1980 in *L'Enfance du Christ* (Die Kindheit Christi, Berlioz) an der Mailänder Scala. Er spezialisiert sich auf die französische und italienische Barock-Musik und interpretiert auf der Bühne wie im Konzertsaal hauptsächlich Werke von Jean-Baptiste Lully, Jean-Philippe Rameau, Marc-Antoine Charpentier, André Campra, Giovanni Battista Pergolesi, Leonardo Pacini, Fernando Paër und Christoph Willibald Gluck. Gleichzeitig setzt er sich für die originalgetreue Aufführung von Werken des italienischen Belcanto der Komponisten Vincenzo Bellini, Gaetano Donizetti und Gioacchino Rossini ein. Daneben singt er Werke von Wolfgang Amadeus Mozart, Jacques Offenbach, Maurice Ravel, Richard Strauss und Carl Orff. Er ist mit der Sängerin Joyce Castle verheiratet.

Brilioth, Helge
Schwedischer Tenor, geb. 7. 5. 1931 Växjö.
Er studiert am Stockholmer Konservatorium und singt gleichzeitig in Kirchenchören der Stadt. Anschließend geht er an das Mozarteum in Salzburg und an die Accademia Nazionale di Santa Cecilia in Rom. 1959 wird er von der Stockholmer Oper als Bariton engagiert. Erst jetzt stellt sich heraus, daß sich seine Stimme für die Rollen eines Heldentenors eignet. 1965 singt er den Don José (*Carmen*, Bizet). Kurz darauf erzielt er mit der Rolle des Otello (Verdi) den entscheidenden Durchbruch. Ab 1969 singt er regelmäßig in Bayreuth (Siegmund und Siegfried, beide *Der Ring des Nibelungen*, Tristan, *Tristan und Isolde*, alle Wagner). 1970 singt er an der Met den Parsifal (Wagner); 1974 wird er von Herbert von Karajan als Siegfried für die Osterfestspiele in Salzburg engagiert. Brilioth gibt auch Liederabende.

Brodsky, Adolf Dawidowitsch
Russischer Violinist, geb 21. 3. (2.4.) 1851 Taganrog, gest. 22. 1. 1929 Manchester.
Brodsky studiert am Wiener Konservatorium bei Joseph Hellmesberger (1860–63). Nach Abschluß seines Studiums wird er Mitglied des Hellmesberger-Quartetts und des Wiener Hofopernorchesters (1868–70). Er geht als Professor an das Moskauer Konservatorium (1875–79) und anschließend an das von Leipzig (1882–92). 1881 kreiert er unter der Leitung von Hans Richter Peter I. Tschaikowskijs *Konzert für Violine*, das Auer nicht spielen wollte;

der Komponist widmet es Brodsky. 1890–94 ist er Konzertmeister der New Yorker Symphoniker; 1895 übernimmt er als Nachfolger von Charles Hallé die Direktion des Royal College of Music in Manchester. Wie bereits in Leipzig (mit Hugo Becker, Hans Siff und Julius Kluengel) gründet er in Manchester ein hervorragendes Streichquartett (mit Rawdon Briggs, Simon Speelman und Karl Fuchs). Diesem Quartett widmet Edward Elgar sein *Quartett in e-moll*. 1902 wird er von der Universität Victoria (Kanada) zum Doktor honoris causa ernannt. 1921 nimmt er seinen Abschied vom Konzertleben. 1927 tritt er ein letztes Mal auf und spielt Elgars *Konzert für Violine* aus Anlaß des siebzigsten Geburtstages des Komponisten. Ferruccio Busoni widmet ihm seine *Sonate für Violine und Klavier Nr. 1*.
W: *Recollections of a Russian* (London 1904).

Bronfman, Yefim
Israelischer Pianist russischer Herkunft, geb. 10. 4. 1958 Taschkent.
Seine Mutter, eine Klavierlehrerin, gibt ihm den ersten Unterricht. 1973 emigriert seine Familie nach Israel, wo er Schüler von Arie Vardi an der Musikakademie Rubin wird, die zur Universität von Tel Aviv gehört. Anschließend geht er in die Vereinigten Staaten und perfektioniert sich zuerst an der Juilliard School of Music in New York und dann bei Rudolf Serkin am Curtis Institute in Philadelphia. In der Mitte der 70er Jahre gibt er seine ersten Konzerte; Bronfman setzt sich als Solist wie als Kammermusiker (er spielt mit dem Juilliard-, dem Guarneri- und dem Cleveland-Quartett) schnell durch. Mit dem Violinisten Shlomo Mintz bildet er ein Duo und mit dem Violinisten Chio-Liang Li und dem Cellisten Gary Hoffman ein Trio.

Brosa, Antonio
Spanischer Violinist, geb. 17. 6. 1894 Caronja, gest. 23. 3. 1979 Barcelona.
Er studiert in Barcelona bei dem belgischen Violinisten Mathieu Crickboom. Als Zehnjähriger gibt er sein erstes Konzert. Der größte Teil seiner Karriere spielt sich in London ab. Er gründet in der englischen Hauptstadt sein Quartett (1924–38), das vor allem in den Vereinigten Staaten bekannt wird und seine Nachfolger stilistisch stark beeinflußt. Mit Mathilde Verne bildet er ein Duo (1924–27), ebenso mit Kathleen Long (1948–66). 1940 leitet er das Pro-Arte-Quartett. Er zeichnet für die Uraufführung von Benjamin Brittens *Konzert für Violine* (1940) und für die Erstaufführung von Arnold Schönbergs *Konzert für Violine* in der BBC verantwortlich. Brosa unterrichtet am Royal College of Music in London. Er besitzt die Stradivari *Vesuvius* und verdankt der belgischen Violinschule seinen präzisen und warmen Stil.

Brosse, Jean-Patrice
Französischer Cembalist und Organist, geb. 23. 6. 1950 Le Mans.
Er stammt aus einer Musikerfamilie – sein Vater ist Dirigent und seine Mutter Violinistin – und studiert am Konservatorium seiner Heimatstadt Orgel, Cembalo, Notation, Orchesterleitung und Kammermusik, ohne sich mit dem Klavier zu beschäftigen. Aufgrund seiner Liebe zur barocken Musik beschäftigt er sich schon früh mit alten Instrumenten. Seine Lehrerin Françoise Petit stellt ihn 1971 Ruggero Gerlin vor, der ihm ein Stipendium für die Accademia Musicale Chigiana in Siena vermittelt. Er perfektioniert sich bei Robert Veyron-Lacroix und Laurence Boulay und studiert dabei an der Pariser Ecole des Beaux-Arts Architektur. Ab 1973 tritt er als Solist mit zahlreichen verschiedenen Orchestern, aber auch in Kammermusikformationen auf. Er ist Organist der Kirche Saint-Bertrand-de-Comminges und ist Partner von Jean-Pierre Wallez, Frédéric Lodéon und Michel Debost. Er spielt als erster das Gesamtwerk für Orgel und Cembalo von Henry Purcell und Louis-Nicolas Clérambeau, das erste *Livre d'orgue* (Orgelbuch) von Nicolas

Lebègue sowie die vier *Livres de clavecin* (Cembalobücher) von Jacques Duphly auf Schallplatte ein. Brosse unterrichtet an der Akademie von Albi.

Brothier, Yvonne
Französische Sopranistin, geb. 6. 6. 1889 Saint-Julien-l'Ars, gest. 22. 1. 1967 Paris.
Die vielseitig Interessierte besucht Kurse und Vorlesungen an der Sorbonne, der Ecole du Louvre und am Konservatorium, wo sie bei Albert Wolff, Paul Vidal, Marguerite Long und Jane Granier (Schauspielkunst) studiert. Diese solide Ausbildung erklärt den Erfolg der großen Künstlerin, eine begnadete Sängerin, charmante Schauspielerin und geistreiche Rednerin.
Sie schließt ihr Studium mit 1. Preisen ab und debütiert 1916 an der Opéra-Comique, an der sie den größten Teil ihrer Laufbahn verbringt, in *Lakmé* (Delibes). Die Rosina (*Il barbiere di Siviglia*, Rossini), Micaëla (*Carmen*, Bizet), Mireille (Gounod), Cho-Cho-San (*Madame Butterfly*) und Mimi (*La Bohème*, beide Puccini), Olympia (*Les Contes d'Hoffmann*, Hoffmanns Erzählungen, Offenbach), Rozenn (*Le Roi d'Ys*, Der König von Ys, Lalo) und der Cherubin (*Le nozze di Figaro*, Mozart) gehören zu ihren wichtigsten Rollen. In der Opéra-Comique nimmt sie an den Uraufführungen der Opern *La Forêt bleue* (Der blaue Wald, Aubert), *Le Hulla* (Samuel-Rousseau), *Le Joueur de viole* (Der Viola-Spieler, Laparra) und *Le Sauteriot* (Der kleine Tänzer, Lazzari) teil. An der Pariser Oper debütiert sie 1931 in der Titelrolle bei der Uraufführung von Alfred Bruneaus Oper *Virginie*. Anschließend singt sie an diesem Haus die Sophie (*Rosenkavalier*, R. Strauss) und die Rosina. Obwohl Paris immer die wichtigste Stadt für sie bleibt, unternimmt sie zahlreiche Tourneen ins Ausland und singt unter Willem Mengelbergs Leitung bei der Amsterdamer Erstaufführung von *Pelléas et Mélisande* (Debussy). An der Scala singt sie 1917 die Lakmé (Delibes). 1934-39 nimmt sie an den von Maurice Lehmann organisierten Opernaufführungen in Porte-Saint-Martin teil. Ab 1940 widmet sie sich auschließlich pädagogischen Aufgaben und Vorträgen, bei denen sie auch als Sängerin tätig wird.

Brouwenstijn, Gré (= Gerarda Demphina van Swol)
Niederländische Sopranistin, geb. 26. 8. 1915 Den Helder.
Sie studiert am Muzieklyceum in Amsterdam bei Jap Stroomenbergh, Boris Pelsky und Ruth Horn. Während des 2. Weltkriegs tritt sie vor allem als Konzertsängerin auf. Sie wird Mitglied des Chores der Nederlandse Opera von Amsterdam, an der sie 1946 in *Tosca* (Puccini) als Solistin debütiert. Schnell wird sie international bekannt. Ab 1953 singt sie am Covent Garden in London, wo sie vor allem als Aida (Verdi) besticht. 1954-56 singt sie während der Bayreuther Festspiele die Elisabeth (*Tannhäuser*) und Eva (*Die Meistersinger von Nürnberg*, beide Wagner). Ab 1959 wird sie von den Opernhäusern von Chicago und San Francisco eingeladen. 1960 feiert sie in Chicago als Jenufa (Janáček) einen großen Erfolg. Im gleichen Jahr triumphiert sie am Teatro Colón. Ab 1965 wird sie von der Wiener Oper eingeladen. Auch das französische und italienische Repertoire ist ihr vertraut. 1971 nimmt sie Abschied von der Bühne.

Brouwer, Leo
Kubanischer Gitarrist und Komponist, geb. 1. 3. 1939 Havanna.
1955-59 studiert er in Havanna und geht dann an die Juilliard School of Music nach New York, wo er von Vincent Persichetti, Carl Bamberger und Stefan Wolpe unterrichtet wird. Anschließend wechselt er zu Isadore Freed an die Universität von Hartford. 1961 übernimmt er die Leitung des kubanischen Filminstitutes. Er unterrichtet am Konservatorium von Havanna Harmonielehre, Kontrapunkt (1961-66) und Komposition (1963-66) und wird musikalischer

Berater des kubanischen Rundfunks. Er entwickelt im Dienst der zeitgenössischen Musik neue Techniken, geht weit über den folkloristischen Charakter der auf seiner Heimatinsel gespielten Musik hinaus und stößt zur Avantgarde vor. Als Interpret wie als Komponist erweitert er die Möglichkeiten der Gitarre beträchtlich.

Browning, John
Amerikanischer Pianist, geb. 23. 5. 1933 Denver (Colo.).
Er gibt als Zehnjähriger sein erstes öffentliches Konzert und studiert am Occidental College in Los Angeles, bevor er zu Lee Pattison, ebenfalls in Los Angeles, und zu Rosina Lhévinne an der Juilliard School of Music in New York geht. Er gewinnt 1954 den Steinway Centennial Award, 1955 den Leventritt-Preis und 1956 den 2. Preis und eine Goldmedaille beim Brüsseler Concours Reine Elisabeth. Im gleichen Jahr debütiert er in der Carnegie Hall mit den New Yorker Philharmonikern; seine internationale Karriere beginnt. Ab 1968 unterrichtet er an der Northwestern University und wechselt dann an die Manhattan School of Music. 1986 wird er von der Juilliard School of Music zum Professor ernannt. Seine Liebe gilt der zeitgenössischen Musik, der er in seinem Repertoire einen besonderen Platz einräumt. 1962 kreiert er Samuel Barbers *Konzert für Klavier*.

Bruchollerie, Monique de La
siehe **La Bruchollerie, Monique de**

Bruck, Charles
Französischer Dirigent rumänischer Herkunft, geb. 2. 5. 1911 Timisoara.
Er studiert am Konservatorium in Wien, bevor er zu Nadia Boulanger (Komposition) und Vlado Perlemuter (Klavier) an das Pariser Konservatorium geht. 1934 besucht er die Kurse von Pierre Monteux in Orchesterleitung. Zwei Jahre später gewinnt er den Wettbewerb des Pariser Symphonie-Orchesters und wird dessen Chefassistent. Er leitet das Orchester von Cannes-Deauville (1949–50), das Orchester der Nederlandse Opera (1950–54), das Symphonie-Orchester des Straßburger Rundfunks (1955–65) und die Philharmonie des französischen Rundfunks (1965–70). 1936 unternimmt er seine erste Tournee in die Vereinigten Staaten. 1970 kehrt er dorthin zurück und übernimmt die Leitung von Pierre Monteux' Schule für Orchesterleitung in Hancock (Maine).
Bruck liebt das klassische und romantische Repertoire, setzt sich aber auch stark für die zeitgenössische Musik ein. So leitet er 1971 in Rouen am Théâtre des Arts die Uraufführung der französischen Version von Martine Cadieu von Luigi Dallapiccolas Oper *Ulisse* sowie die französischen Erstaufführungen von *Il prigioniero* (Der Gefangene) und *Requiescant* des gleichen Komponisten. Er zeichnet für folgende Uraufführungen verantwortlich: *Ognennyi angel* (Der feurige Engel, Konzertversion, 1954, Prokofjew), *Edina* (1946) und *Symphonie Nr. 3* (1965, Landowski), *Symphonie Nr. 2* (1958, Koechlin), *Jérôme-Bosch-Symphonie* (1960, Nigg), *Le Cœur de la matière* (Das Herz der Materie, 1965, Jolivet), *Akrata* (1966) und *Nomos Gamma* (1969, Xenakis), *Incidences* (Auswirkungen, 1967, Méfano), *Juliette ou la Clé des songes* (Juliette oder Der Schlüssel zu den Träumen, 1962, Martinů), *Etude III* (1966, Éloy) sowie Werke von Maurice Ohana, Claude Ballif, Henri Tomasi, Jean-Louis Martinet, Louis Saguer und anderer.

Brüggen, Frans
Niederländischer Flötist, geb. 30. 10. 1934 Amsterdam.
Er studiert bei Kees Otten Blockflöte und erhält am Amsterdamer Muzieklyceum einen 1. Preis in Flöte. An der Universität seiner Heimatstadt erwirbt er ein Diplom als Musikwissenschaftler. Er perfektioniert, ohne zu einem Lehrer zu gehen, sein Block- und Querflötenspiel, sich hauptsächlich mit der Musik der Renaissance und des Barocks

beschäftigend, und erwirbt eine ausgezeichnete Technik, die es ihm erlaubt, alle Möglichkeiten seiner Instrumente auszuschöpfen. Er spielt häufig mit Gustav Leonhardt und Anner Bylsma. Nach und nach gibt er die modernen Böhm-Flöten auf und greift auf Originale oder Kopien des 18. Jahrhunderts zurück. Neben seiner Professur am Konservatorium von Den Haag gibt er Meisterkurse in der ganzen Welt. Die Harvard-University lädt ihn 1972–73 zu Vorträgen über Barock-Musik ein. Doch er interessiert sich auch für die zeitgenössische Musik. Luciano Berio widmet ihm 1966 seine *Gesti*, die das traditionelle Spiel mit theatralischen Gesten verbinden. Er gehört zur avantgardistischen Gruppe Sourcream. An der Spitze des Orchesters des 18. Jahrhunderts verleiht er der symphonischen Musik dieser Zeit auf alten Instrumenten einen neuen Aufschwung und scheut auch vor Ausflügen in die frühromantische Musik nicht zurück. Er ist Professor für Blockflöte und Querflöte sowie für die Musik des 18. Jahrhunderts an den Konservatorien Den Haag und Amsterdam.

Brumaire, Jacqueline
Französische Sopranistin, geb. 5. 11. 1921 Herblay.
Sie besucht das Pariser Konservatorium und debütiert 1946 an der Opéra-Comique als Gräfin Almaviva (*Le nozze di Figaro*, Mozart). Am gleichen Haus interpretiert sie die großen Rollen des italienischen und französischen Repertoires: Mimi (*La Bohème*, Puccini), Micaëla (*Carmen*, Bizet), Manon (Massenet), Antonia (*Hoffmanns Erzählungen*, Offenbach), Mireille (Gounod) und andere. Kurz darauf macht sie sich mit den Opern Wolfgang Amadeus Mozarts vertraut und singt die Fiordiligi (*Così fan tutte*) und 1962 an der Pariser Oper die Donna Anna (*Don Giovanni*). Sie wird von den wichtigsten Bühnen Frankreichs, Belgiens und der Schweiz eingeladen und gibt viele Konzertabende. Nach ihrem Abschied von der Bühne unterrichtet sie am Konservatorium von Lyon und wird Chordirektorin der Oper von Nancy. Im Auftrag der französischen Regierung studiert sie die Chöre für die Pekinger Aufführung von *Carmen* ein, die von Jean Périsson und René Terrasson geleitet wird.

Brumberg, Leonid
Russischer Pianist, geb. 1925 in Rostow.
Er studiert als Schüler von Heinrich G. Neuhaus am Moskauer Konservatorium und wird dessen Assistent am Gnessin-Institut. Er setzt die von Swjatoslaw T. Richter und Emil G. Gilels begründete Tradition fort, auch wenn seine Karriere nicht so aufsehenerregend verläuft. 1981 verläßt er die UdSSR und geht nach Wien, wo er zum Professor am dortigen Konservatorium ernannt wird.

Brun, François-Julien
Französischer Dirigent, geb. 18. 6. 1909 Saint-Etienne, gest. 13. 5. 1990 Paris.
Er studiert am Pariser Konservatorium bei Paul Dukas, Roger Ducasse, Philippe Gaubert und Marcel Moyse. Er erhält einen 1. Preis in Flöte und Auszeichnungen in Fuge und Harmonielehre. Er wird 1937 zum 1. Soloflötisten der Musique de la Garde Républicaine ernannt und erhält im darauffolgenden Jahr den 1. Großen Preis für Flöte beim Internationalen Wiener Wettbewerb. 1945–69 leitet er die Musique de la Garde Républicaine und erweitert durch die Hinzufügung der Streicher (1948) deren Bereich beträchtlich.

Brunhoff, Thierry de
Französischer Pianist, geb. 9. 11. 1934 Paris.
Als Neunjähriger beginnt er, mit Alfred Cortot zu arbeiten und wird zu einem seiner privilegierten Schüler an der Ecole Normale de Musique in Paris. Blanche Bascourret de Guéraldi kümmert sich gleichfalls um seine Ausbildung. 1957 debütiert er in der Salle Gaveau vor einem begeisterten Publikum. Er eignet sich schnell ein breites Repertoire an, das von Johann Sebastian Bach

bis zu Sergej W. Rachmaninow reicht und besonders Werke von Robert Schumann und Frédéric Chopin berücksichtigt. Nach einem schweren Autounfall feiert er 1967 im Théâtre des Champs-Elysées mit Werken von Chopin ein erfolgreiches Comeback. Er unterrichtet an der Ecole Normale de Musique. 1974 gibt er seine pianistische Laufbahn auf und tritt in das Benediktiner-Kloster in En Calquat ein.

Brunner, Eduard
Schweizer Klarinettist, geb. 14. 7. 1939 Basel.
Er studiert zuerst am Konservatorium seiner Heimatstadt und geht dann zu Louis Cahuzac nach Paris. Ab 1959 verfolgt er als Solist und Kammermusiker vor allem in Deutschland und der Schweiz eine erfolgreiche Karriere: 1962–63 ist er Solo-Klarinettist der Bremer Philharmoniker; 1963 wechselt er in der gleichen Funktion zum Symphonie-Orchester des Bayerischen Rundfunks. Er setzt sich als einer der wichtigsten Klarinettisten der deutschen Schule durch. Als Kammermusiker spielt er mit Gidon Kremer, besonders während der Festivals von Lockenhaus, sowie mit Heinz Holliger und Aurèle Nicolet u. a. verschiedenen Bläserensembles. Er wirkt an der Uraufführung von Werken von Jean Françaix, *Tema con variazioni* und *Quintett für Klarinette und Streicher* (beide 1978) mit.

Brunner, Evelyn
Schweizer Sopranistin, geb. 17. 12. 1943 Lausanne.
Sie beginnt früh mit dem Gesangs-Studium in der Klasse von Paul Sandoz am Konservatorium ihrer Heimatstadt und geht dann zur Weiterbildung nach Mailand und an das damals gerade von Herbert Graf gegründete Genfer Opéra-Studio. Sie nimmt an den ersten Aufnahmen des Ensemble Vocal de Lausanne unter der Leitung von Michel Corboz und des Kammerorchesters Lausanne unter der Leitung von Victor Desarzens und Armin Jordan teil. Ihre ›französische‹ Stimme und ihre ›italienische‹ Technik machen sie zur idealen Interpretin der Micaëla (*Carmen*, Bizet) und vor allem der Marguerite (*Faust*, Gounod), die sie zuerst am Genfer Grand-Théâtre und später dann in Frankreich singt (Toulouse, Avignon, Nantes u. a.). In Nantes entdeckt sie, von René Terrasson gefördert, die Musik Mozarts und zeichnet sich vor allem in der Rolle der Gräfin Almaviva (*Le nozze di Figaro*) aus, die sie zuerst in Lyon und Straßburg und dann an den großen Häusern von Paris, Hamburg und Berlin singt. Auch als Fiordiligi (*Così fan tutte*) und Donna Anna (*Don Giovanni*, beide Mozart), Anna Liu (*Turandot*, Puccini), Violetta (*La Traviata*) und Elisabeth (*Don Carlos*, beide Verdi) zeichnet sie sich aus. Sie kreiert *La Solitude* (Einsamkeit, 1985, Julien-François Zbinden).

Bruscantini, Sesto
Italienischer Baßbariton, geb. 10. 12. 1919 Porto Civitanova (bei Macerata).
Er studiert zuerst Rechtswissenschaft, bevor er bei Luigi Ricci in Rom mit dem Gesangs-Studium beginnt. 1947 gewinnt er einen Wettbewerb des italienischen Rundfunks. Er debütiert 1948 an der Mailänder Scala als Don Geronimo in Domenico Cimarossas Oper *Il matrimonio segreto* (Die heimliche Ehe). Auf Anhieb wird er von den großen Bühnen Italiens sowie dem italienischen Rundfunk eingeladen. 1951 erzielt er als Don Alfonso (*Così fan tutte*, Mozart) bei den Festspielen von Glyndebourne einen großen Erfolg. Ein Jahr später singt er in der gleichen Oper den Guglielmo. 1953 interpretiert er die Rolle des Dandini in *La Cenerentola* (Aschenbrödel) und den Figaro in *Il barbiere di Siviglia* (beide Rossini). Auf den Bühnen von Wien, Brüssel, Monaco und Zürich erzielt er immer größere Erfolge. Seit 1953 ist er mit der Sopranistin Sena Jurinac verheiratet.

Brusilow, Anshel (= Anshel Brusilowski)
Amerikanischer Violinist und Dirigent, geb. 14. 8. 1928 Philadelphia.
Er studiert bei Efrem Zimbalist am Curtis Institute in Philadelphia Violine, bevor er zu Jani Szanto an die Musikakademie der gleichen Stadt geht und mit einem Preis ausgezeichnet wird. 1944 wird er der jüngste Assistent Pierre Monteux'; er arbeitet zehn Jahre mit dem berühmten Dirigenten. Gleichzeitig debütiert er unter der Leitung von Eugene Ormandy als Solist mit dem Orchester von Philadelphia. 1955 wird er Konzertmeister des Cleveland Orchestra, bevor er 1959 in der gleichen Funktion zum Orchester von Philadelphia wechselt (bis 1966). 1961 gründet er das Kammerorchester von Philadelphia und leitet es bis 1965. 1966–68 steht er der Chamber Symphony of Philadelphia vor. 1970–73 ist er musikalischer Direktor des Symphonie-Orchesters von Dallas. 1973 wird er zum Professor an der Universität von Nord-Texas in Denton ernannt. 1951 zeichnet er für die Uraufführung des *Konzerts für Violine* von Richard Yardumian verantwortlich.

Bruson, Renato
Italienischer Bariton, geb. 13. 1. 1936 Este (bei Padua).
Sein Vater ist Landwirt. Er studiert bei Elena Fava-Ceriati Gesang und erhält 1960 ein Stipendium, mit dem er sein Studium fortsetzen kann. 1962 debütiert er als Graf von Luna in *Il Trovatore* (Der Troubadour, Verdi). 1967 singt er an der Seite von Franco Corelli in Parma. Die Met lädt ihn ein. Ist er im Alltag bescheiden und zurückhaltend, besticht er auf der Bühne durch seine große, mitreißende Ausstrahlung. So verwandelt er 1980 in Florenz den Jago in einen jungen, eleganten und gefährlich ehrgeizigen Offizier, endlich ein Otello (Verdi) würdiger Gegenspieler! 1981 interpretiert er am Covent Garden einen menschlichen, zärtlichen Macbeth (Verdi). 1982 singt er in San Francisco unter der Leitung von Carlo Maria Giulini zum ersten Mal die Titelrolle in *Falstaff* (Verdi). Die Liebe seines Lehrers zu Gaetano Donizetti färbt auf ihn ab. Während der Spielzeit 1981–82 interpretiert er in Florenz mit dem Herzog von Alba seine sechzehnte und 1985 in Reggio d'Emilia und Ferrara mit dem *Torquato Tasso* seine siebzehnte Donizetti-Rolle. Bruson beherrscht mehr als achtzig Rollen, darunter alle großen Verdi-Partien (*Un ballo in maschera*, Ein Maskenball, *Luisa Miller*, *Simon Boccanegra*, *Rigoletto* usw.) und die Donizettis. 1986 inszeniert er am Teatro San Carlo in Neapel erstmals selbst (*Simon Boccanegra*, Verdi).

Brymer, Jack
Englischer Klarinettist, geb. 27. 2. 1915 South Shields (Durham).
Er studiert an der Londoner Universität. Sir Thomas Beecham ernennt ihn bei der Gründung des Royal Philharmonic Orchestra zum Soloklarinettisten (1947–63). Anschließend übt er die gleiche Funktion am BBC-Symphony-Orchestra (1963–72) und bei den Londoner Symphonikern (1972–86) aus. Er ist Gründungsmitglied des Wigmore Ensembles, des London Baroque Ensembles und des Prometheus Ensembles. Er dirigiert gleichzeitig die London Wind Soloists, mit denen er sämtliche Werke für Bläserensembles von Wolfgang Amadeus Mozart aufnimmt. Brymer gilt als der wichtigste Klarinettist der englischen Schule, deren Möglichkeiten er durch Einführung von Elementen aus der französischen und amerikanischen Schule erheblich erweitert. 1950–59 unterrichtet er an der Royal Academy of Music, anschließend an der Royal Military School of Music und seit 1982 an der Guildhall School of Music.
WW: *Clarinet* (London 1976); *From where I seat* (London 1979); *How to play clarinet in the orchestra* (London 1987).

Buchbinder, Rudolf
Österreichischer Pianist, geb. 11.2. 1946 Litoměřice (Leitmeritz, ČSSR).
Ab 1947 lebt er in Wien, wo er als Fünfjähriger an der Musikakademie mit dem Klavierunterricht beginnt. 1956 tritt er zum ersten Mal im Saal des Wiener Musikvereins öffentlich auf. Zwei Jahre später wird er Schüler von Bruno Seidlhofer, bei dem auch Alfred Brendel und Friedrich Gulda Unterricht nehmen. 1961 gewinnt er mit dem Wiener Trio den 1. Preis beim Wettbewerb des Bayerischen Rundfunks. Nach und nach gibt er die Kammermusik auf, um sich ausschließlich seiner Laufbahn als Solist zu widmen. 1962 erhält er die Lipatti-Medaille; 1966 den Van-Cliburn-Preis. Ab diesem Jahr nimmt seine Karriere internationale Ausmaße an. Er beschäftigt sich wieder mit Kammermusik; Josef Suk und János Starker sind seine Partner. So spielt er sämtliche *Sonaten für Klavier* von Joseph Haydn ein. Er zeichnet für die Uraufführung von Werken von Gerhard Wimberger (*Konzert für Klavier und Orchester Nr. 2*, 1984) und von Gottfried von Einem verantwortlich.

Bucquet, Marie-Françoise
Französische Pianistin, geb. 28.10. 1937 Montvilliers.
Sie studiert am Pariser Konservatorium und an der Wiener Akademie, wo sie ihr Diplom erwirbt. Als Elfjährige tritt sie an der Schule von Marguerite Long-Jacques Thibaud zum ersten Mal öffentlich auf. Die Schülerin von Wilhelm Kempff, Alfred Brendel und Leon Fleisher studiert gleichzeitig Klavier und Psychologie (mit Diplomabschluß). Sie besucht die Salzburger Kurse von Eduard Steuermann, um Arnold Schönbergs Werk besser kennenzulernen, und die Basler von Pierre Boulez. Ihre Liebe gilt der zeitgenössischen Musik. Sylvano Bussotti, Betsy Jolas, Luís de Pablo und Iannis Xenakis schreiben für sie. Ihr Repertoire reicht von Johann Sebastian Bach bis Karlheinz Stockhausen, von Joseph Haydn bis Igor Strawinsky. In Konzerten stellt sie gerne klassische und moderne Musik gegeneinander und erklärt sie dabei häufig jungen Konzertbesuchern. 1986 wird sie zur Professorin für Begleitung am Pariser Konservatorium ernannt.

Bugarinović, Melania (= Milada Bugarinović)
Jugoslawische Altistin, geb. 29.6. 1905 Bela Crkva.
Sie studiert am Belgrader Konservatorium und debütiert an der dortigen Oper. Nach einer steilen Karriere in ihrer Heimat wird sie Mitglied der Wiener Oper und gehört an diesem Institut bis 1944 zu den beliebtesten Sängerinnen. 1942 singt sie unter der Leitung des Komponisten die Herodias (*Salome*, R. Strauss). 1945 kehrt sie an die Oper von Belgrad zurück und setzt dort ihre erfolgreiche Karriere fort. Allein oder mit dem Ensemble wird sie häufig nach Westeuropa eingeladen. 1952 singt sie in Bayreuth. Zu ihren Glanzrollen zählen die Marfa (*Chowanschtschina*, Mussorgskij), Katherina (*Katja Kabanowa*, Janáček) und die junge Wanja (*Ein Leben für den Zaren*, Glinka), Rollen, die die Spannbreite einer der schönsten slawischen Stimmen belegen; daneben singt sie die Amneris (*Aida*), Azucena (*Il trovatore*, Der Troubadour) und Ulrica (*Un ballo in maschera*, Ein Maskenball, alle Verdi), Carmen (Bizet), Brangäne (*Tristan*), Fricka, Erda und Waltraute (*Der Ring des Nibelungen*, alle Wagner). Auch als Konzertsängerin feiert sie Triumphe.

Bumbry, Grace (= Ann Melzia)
Amerikanische Mezzosopranistin, geb. 4.1. 1937 Saint Louis (Mo.).
Sie studiert an der Universität von Boston und anschließend an der Musikakademie von Santa Barbara. 1955–58 arbeitet sie mit Lotte Lehmann. Bei einem Vorsing-Termin an der Met ist sie erfolgreich. 1958 gibt sie am Stadttheater Basel ihr Bühnendebüt. 1960 singt sie an der Pariser Oper die Amneris (*Aida*, Verdi), nachdem sie zwischen-

zeitlich mehrere Preise gewonnen hat. Sie wird vom Stadttheater Basel engagiert. 1961 und 1962 singt sie als erste farbige Sängerin in Bayreuth (Venus, *Tannhäuser*, Wagner). 1964 triumphiert sie als Lady Macbeth (Verdi) bei den Salzburger Festspielen und 1985 als Eboli (*Don Carlos*, Verdi) an der Met. 1964–66 singt sie an der Scala Lady Macbeth und Carmen (Bizet). In Wien interpretiert sie 1970 zum ersten Mal eine reine Sopran-Rolle, die Santuzza (*Cavalleria Rusticana*, Leoncavallo). Im gleichen Jahr tritt sie als Salome (R. Strauss) am Covent Garden auf, wo sie 1973 die Tosca (Puccini) interpretiert. Grace Bumbry erarbeitet sich immer mehr Sopran-Rollen, ohne die Mezzosopran-Rollen deshalb zu vernachlässigen. Auf dem Gebiet der zeitgenössischen Musik besticht sie als Jenůfa (Janáček, Scala 1974) und Ariane (*Ariane et Barbe-Bleue*, Ariane und Blaubart, Dukas, Paris 1975). Auch als Liedsängerin leistet sie Außerordentliches.

Bunin, Stanislaw Alexandrowitsch
Russischer Pianist, geb. 25.11. 1966 Moskau.
Der Schüler von Elena Richter am Moskauer Konservatorium (1973–84) gewinnt 1983 in Paris den 1. Preis beim Internationalen Wettbewerb Marguerite Long-Jacques Thibaud und 1985 den 1. Preis beim Chopin-Wettbewerb in Warschau. Nach seinem Auftritt beim Münchner Klaviersommer 1987 nimmt seine Karriere schnell internationale Ausmaße an (allein zwei Japan-Tourneen). 1988 verläßt er die UdSSR. Er ist mit einem überschäumenden Temperament ausgestattet und überrascht durch Interpretationen, die keine Gleichgültigkeit zulassen.

Bunlet, Marcelle
Französische Sopranistin, geb. 3.10. 1900 Fontenay-le-Comte, gest. 13.12. 1991 Paris.
Bei einem von Walther Straram geleiteten Konzert debütiert sie 1926 in Paris. Die Oper engagiert sie noch im gleichen Jahr; zwei Jahre später singt sie die Brünnhilde (*Götterdämmerung*, Wagner). Ihre Karriere spielt sich in der Hauptsache an der Pariser und der Brüsseler Oper ab, und ihr Repertoire umfaßt fast alle wichtigen Sopran-Rollen. In Antwerpen, Athen, Rom, Genua und Südamerika gibt sie Liederabende. Toscanini lädt sie 1931 als Kundry (*Parsifal*, Wagner) nach Bayreuth ein. 1935 nimmt sie in Monte Carlo an der französischen Erstaufführung der *Arabella* (R. Strauss) teil. In der Folge singt sie häufig in Straßburg, wo sie auch am Konservatorium unterrichtet. 1950 nimmt sie Abschied von der Bühne. Neben Germaine Lubin ist sie die bedeutendste französische Wagner-Sängerin ihrer Zeit. Sie wirkt 1927 an der Uraufführung von *Agamemnon* (Milhaud), 1937 an der von *Poèmes pour Mi* (Gedichte für Mi), 1938 an der von *Chants de terre et de ciel* (Gesänge von Himmel und Erde) und 1946 an der von *Harawi* (alle Messiaen) mit.

Burchuladze, Paata
Georgischer Bassist, geb. 12.2. 1955 Tiflis.
Eigentlich soll er Landwirt werden; am Konservatorium von Tiflis studiert er als Schüler von Otar Kheleschwili Gesang, bevor er nach Moskau zu Larisa Nikitina an die Schule des Bolschoi wechselt. 1976 debütiert er an der Oper von Tiflis. Er geht für zwei Jahre zur Weiterbildung nach Italien und wird in Mailand Schüler von Giulietta Simionato. Er gewinnt 1981 den Verdi-Wettbewerb in Bussetto und 1982 den Tschaikowskij-Wettbewerb in Moskau. Anschließend kehrt er nach Tiflis zurück und macht als Mephisto (*Faust*, Gounod), Basilio (*Il barbiere di Siviglia*, Rossini), Leporello (*Don Giovanni*, Mozart) und Boris Godunow (Mussorgskij) seine ersten Bühnenerfahrungen. Er perfektioniert sich am Konservatorium von Odessa bei Jewgenij Iwanow. Das Bolschoi in Moskau lädt ihn ein, Boris Godunow zu singen. Kurz darauf melden sich die westeuropäischen Bühnen

(Ramphis in *Aida*, Verdi, Covent Garden, als Partner von Luciano Pavarotti, 1984). Ein Jahr später singt er an der Scala den Banco in *Macbeth*, sowie den Ramphis und den Zacharias (*Nabucco*, alle Verdi). Er setzt sich im italienischen Repertoire durch. Herbert von Karajan lädt ihn ein, 1987 anläßlich der Zweihundertjahrfeier in Salzburg den Komtur (*Don Giovanni*, Mozart) zu singen. Im gleichen Jahr nimmt er in Florenz an einer Aufführung von *Simon Boccanegra* und in Verona an der von *Aida* (beide Verdi) teil. 1987 gewinnt er den Preis der Maria-Callas-Stiftung. 1988 interpretiert er an der Pariser Oper den Boris Godunow.

Burmeister, Annelies
Deutsche Altistin, geb. 1930 in Ludwigslust (Mecklenburg), gest. 16.6.1988 Berlin.
Sie debütiert als Schauspielerin am Stadttheater von Schwerin. Dann geht sie nach Weimar und studiert bei Helene Jung Gesang. 1956 debütiert sie in Erfurt als Niklaus (*Hoffmanns Erzählungen*, Offenbach). Sie wird vom Nationaltheater Weimar engagiert und geht dann 1959 an die Staatsoper Dresden. Ab 1962 gehört sie zum Ensemble der Ostberliner Oper. Sie wird von den wichtigsten Bühnen Westeuropas (vor allem Hamburg und Wien) eingeladen, feiert aber auch als Lied- und Oratorien-Sängerin Triumphe. Sie zeichnet sich in den Kantaten und Passionen Johann Sebastian Bachs aus und besticht als Wagner-Sängerin (Fricka und Siegrune, *Der Ring des Nibelungen*).

Burmester, Willy
Deutscher Violinist, geb. 16.3.1869 Hamburg, gest. 16.1.1933 daselbst.
Er studiert bei seinem Vater Johann Andreas Wilhelm Burmester (1843-1902), bevor er 1882-85 zu Joseph Joachim nach Berlin geht. 1886 unternimmt er seine erste Konzertreise; er spezialisiert sich auf ein hochvirtuoses Repertoire, in dessen Mittelpunkt die Werke von Niccolò Paganini stehen. Hans von Bülow wird auf ihn aufmerksam und fördert ihn. 1890 wird er Konzertmeister in Sondershausen. Anschließend lebt und arbeitet er in Helsingfors, Darmstadt und Berlin. 1895 tritt er zum ersten Mal in London, 1899 in den Vereinigten Staaten auf (die er erst 1930 wieder besucht). Technik und Repertoire erweitern sich schnell, und neben Paganini spielt er nun Werke von Johann Sebastian Bach und Georg Friedrich Händel. Die Virtuosität tritt hinter der Musikalität zurück. Bei seiner Programmgestaltung legt er viel Wert auf kleine Stücke und Tänze aus dem 18. Jahrhundert; auf diesem Gebiet war er ein Vorläufer von Fritz Kreisler. Am Ende seiner Laufbahn leidet er an einer Deformation der Finger der linken Hand, was ihm das Spielen erheblich erschwert.
W: *50 Jahre Künstlerleben* (Berlin 1926).

Burrowes, Norma Elizabeth
Englische Sopranistin, geb. 24.4.1944 Bangor.
Sie studiert an der Royal Academy of Music bei Flora Nielsen und Rupert Bruce-Lockhart und singt dort 1968-69 die Thérèse in der komischen Oper *Les Mamelles de Tirésias* (Die Brüste des Tiresias, Poulenc), Poppea (*Die Krönung der Poppea*, Monteverdi) und Magda (*La Rondine*, Die Schwalbe, Puccini). 1970 erhält sie den Preis der Gulbenkian-Stiftung und debütiert als Zerlina (*Don Giovanni*, Mozart) bei der Glyndebourne Touring Opera. Im gleichen Jahr singt sie in Glyndebourne die Papagena (*Die Zauberflöte*, Mozart) und die Fiakermilli (*Arabella*, R. Strauss) an der English Opera Group und am Covent Garden. 1971 wird sie vom Festival von Wexford eingeladen und singt die Elisa (*Il re pastore*, Der König als Hirte, Mozart); in Salzburg singt sie im gleichen Jahr das Blondchen (*Die Entführung aus dem Serail*, Mozart), mit dem sie auch 1976 an der Pariser Oper debütiert. Während der Festspiele von Aix-en-Provence interpre-

tiert sie 1977 die Despina (*Così fan tutte*, Mozart). In Carpentras singt sie die Juliette (*Roméo et Juliette*, Gounod) und in Paris 1980 wieder die Despina. Ihr Repertoire umfaßt außerdem Oscar (*Un ballo in maschera*, Ein Maskenball) und Ännchen (*Falstaff*, beide Verdi), Susanna (*Le nozze di Figaro*, Mozart), Sophie (*Der Rosenkavalier*) und Zerbinetta (*Ariadne auf Naxos*, beide R. Strauss). 1969–80 ist sie mit dem Dirigenten Steuart Bedford verheiratet.

Burrows, Stuart
Englischer Tenor, geb. 7.2. 1933 Cilfynydd.
Er wird zuerst Lehrer. Burrows gewinnt einen 1. Preis bei einem Laienwettbewerb, beschließt, Sänger zu werden und läßt seine Stimme ausbilden. 1963 debütiert er in Cardiff als Ismael (*Nabucco*, Verdi). 1965 wird er von Igor Strawinsky persönlich gebeten, in Athen den Oedipus zu singen (*Oedipus Rex*), Beginn seiner internationalen Karriere. Erstaunlicherweise singt er 1967 am Covent Garden den Zweiten Gefangenen in *Fidelio* (Beethoven) und kurz darauf die sehr viel bedeutendere Rolle des Tamino (*Zauberflöte*). Die Kritik ernennt ihn ohne zu zögern als Mozart-Tenor zum würdigen Nachfolger von Walter Ludwig, Anton Dermota und Léopold Simoneau. Auf allen international wichtigen Bühnen (auch Salzburg) singt er den Tamino, Ottavio (*Don Giovanni*), Belmonte (*Entführung aus dem Serail*) und andere Mozart-Rollen. Doch auch in Donizetti-, Verdi- und sogar Puccini-Rollen feiert er Triumphe. Als Nachfolger von Georges Jouatte zeichnet er sich in Hector Berlioz' Werken *La Damnation de Faust* (Die Verdammung Fausts) und *Requiem* aus. Stuart Burrows ist auch ein geschätzter Lied- und Oratoriensänger.

Busch, Adolf Georg Wilhelm
Schweizer Violinist und Komponist deutscher Herkunft, geb. 8.8. 1891 Siegen, gest. 9.6. 1952 Guilford (Vt., USA).
Er stammt aus einer Musiker-Familie. Am Kölner Konservatorium studiert er Violine bei Willy Heß und Bram Eldering. Ab 1907 spielt er mit Max Reger, der für ihn Meister und Partner ist, Kammermusik. 1912 geht er als Konzertmeister zum Orchester des Wiener Konzertvereins. 1918 wird er von der Berliner Hochschule für Musik zum Professor ernannt. Ein Jahr später gründet er das seinen Namen tragende und berühmt werdende Streichquartett (mit Adolf Busch, Karl Reitz, Emil Bohnke, Paul Grümmer; später Adolf Busch, Gösta Andreasson, Karl Doktor, Paul Grümmer). Er gründet mit seinem Bruder Hermann Busch und dem Pianisten Rudolf Serkin, seinem späteren Schwiegersohn, mit dem er als Duo auftritt, ein Trio. 1927 läßt er sich in Basel nieder, wo Yehudi Menuhin zu seinen berühmtesten Schüler zählt. Als die Nazis ihm verbieten, mit dem Juden Serkin aufzutreten, verläßt er Deutschland endgültig und pendelt zwischen der Schweiz und England hin und her. Gegen Ende der 30er Jahre gründet er in London ein Kammerorchester, das er, eine Tradition aus dem 18. Jahrhundert aufnehmend, von seinem Platz als Konzertmeister aus dirigiert. 1939 läßt er sich in den Vereinigten Staaten nieder. 1950 gründet er die Schule in Marlboro, deren Bedeutung auch nach seinem Tod dank der Arbeit von Pablo Casals und Rudolf Serkin ständig wächst. Er spielte auf einer Stradivari aus dem Jahre 1732.

Busch, Fritz
Deutscher Dirigent, geb. 13.3. 1890 Siegen, gest. 14.9. 1951 London.
Der ältere Bruder von Adolf Busch beginnt mit Klavierunterricht und gibt als Siebenjähriger sein erstes Konzert. Am Kölner Konservatorium unterrichtet ihn Fritz Steinbach in Orchesterleitung. 1909 wird er am Deutschen Theater in Riga zum Kapellmeister ernannt. Im gleichen Jahr noch wechselt er als Kapellmeister und Leiter der Kurkonzerte nach Bad Pyrmont. 1911–12 bekleidet er die Stelle eines Chorleiters des Musikvereins in Gotha, bis er 1912 nach

Aachen wechselt und dort zum Städtischen Musikdirektor ernannt wird. 1918–22 geht er in gleicher Funktion nach Stuttgart. Er erweitert das in Aachen und Stuttgart übliche Programm um einige Verdi-Opern, die es damals noch durchzusetzen gilt, und führt auch den jungen Paul Hindemith auf. 1922–33 wird er als Nachfolger von Fritz Reiner Generalmusikdirektor der Dresdner Oper und arbeitet bei seiner Gasttätigkeit an der Berliner Oper eng mit dem Regisseur Carl Ebert zusammen. Von dem Generalintendanten Alfred Reucker gefördert, entwickelt er eine neue Konzeption der Oper, bei der Bühnenbild und Regie zu wichtigen Elementen werden. Das Dresdner Haus erlebt eine seiner Glanzperioden. 1924 dirigiert er bei der Wiederaufnahme der Bayreuther Festspiele *Die Meistersinger von Nürnberg* (Wagner). Richard Strauß widmet ihm und dem Intendanten Reuckert seine Oper *Arabella*. Noch vor der Uraufführung werden die beiden von den Nationalsozialisten ihres Amtes enthoben (Clemens Krauss leitet schließlich am 1. 6. 1933 die Uraufführung). Über England, Holland, die Schweiz und Italien geht Fritz Busch 1933 nach Buenos Aires und dirigiert am Teatro Colón (1933–36 und 1941–45). Er ist Mitbegründer der Festspiele von Glyndebourne und dirigiert dort 1934–39. Er besteht auf Carl Eberts Mitarbeit. Das Team realisiert denkwürdige Mozart-Inszenierungen. 1937–41 leitet er die Stockholmer Philharmoniker und dirigiert regelmäßig das Symphonie-Orchester des Dänischen Rundfunks, mit dem er bis zu seinem Lebensende zusammenarbeitet. Nach Beendigung des 2. Weltkrieges dirigiert er regelmäßig an der Met (1945–50) und ist künstlerischer Leiter des May Festival in Cincinnati (1948–50). 1950–51 dirigiert er wieder bei den Festspielen von Glyndebourne. Fritz Busch zeichnet für die Uraufführung bedeutender Werke des 20. Jahrhunderts verantwortlich: *Intermezzo* (1924) und *Die ägyptische Helena* (R. Strauss), *Doktor Faust* (Busoni, 1925), *Cardillac* (Hindemith, 1926), *Der Protagonist* (Weill, 1926), *Penthesilea* (Schoeck, 1927), *Tänze aus Marosszék* (Kodály, 1930).

Busoni, Ferruccio Benvenuto
Italienischer Pianist, Komponist, Dirigent und Theoretiker, geb. 1. 4. 1866 Empoli (Toskana), gest. 27. 7. 1924 Berlin.
Er stammt aus einer Musikerfamilie. Schon früh machen ihn sein Vater, der virtuose Klarinettist Ferdinando Busoni, und seine deutschstämmige Mutter, die nicht minder virtuose Pianistin Anna Weiß-Busoni, mit den Grundlagen der Musik vertraut. Im Alter von siebeneinhalb Jahren debütiert er in Triest in Anwesenheit von Anton G. Rubinstein. Ab dieser Zeit verfolgt der russische Rivale Franz Liszts die Karriere Ferruccio Busonis aus nächster Nähe. 1875 schreibt der gefürchtete Kritiker der Neuen Freien Presse, Eduard Hanslick, nach einem Konzert in Wien, sein Spiel sei »keine frühreife Sentimentalität oder gesuchte Bizarrerie, sondern naive Freude am Tonspiel« und sei frei von dem »süßen Gift der Romantiker«. Vom Enthusiasmus des österreichischen Musikmilieus fasziniert, zieht die Familie nach Graz. Der berühmte Komponist Wilhelm Mayer wird mit der weiteren Ausbildung des jungen Busoni betraut. Als Zwölfjähriger dirigiert er sein heute verlorenes *Stabat Mater* sowie zwei *Ave Maria* aus eigener Feder (op. 1 und 2) und spielt seine *Fünf Klavierstücke* (op. 3). Das Grazer Publikum feiert ihn. 1881 wird der Fünfzehnjährige zum Professor an der Reale Accademia Filarmonica in Bologna ernannt.
1883 verläßt er Bologna wieder, geht nach Wien und gibt dort sein erstes großes Konzert. Er lernt Johannes Brahms kennen und widmet ihm seine *Sechs Etüden* (op. 16). 1886 geht er, von Brahms empfohlen, zu Carl Heinrich Carsten Reinecke nach Leipzig, wo er Studienkollege von Peter I. Tschaikowskij, Gustav Mahler, Christian Sinding und Frederick Delius wird. 1888

erzielt er als Pianist seinen Durchbruch. Damals beginnt er mit der Herausgabe und Bearbeitung der Fugen von Johann Sebastian Bach, die von Spezialisten heftig kritisiert werden. Hugo Riemann rät ihm, an das Konservatorium von Helsiniki zu gehen, wo er Jean Sibelius und Edvard Armas Järnefelt kennenlernt. 1890 heiratet er Gerda Sjöstrand, die Tochter eines schwedischen Bildhauers. Im gleichen Jahr erhält er für sein *Konzertstück* (op. 31 a) den Rubinstein-Preis; er schlägt das Angebot aus, am Moskauer Konservatorium eine Professur zu übernehmen, um sich weiterhin seiner Konzerttätigkeit widmen zu können. Er reist nach Boston und New York. 1894 läßt er sich in Berlin nieder. 1901–02 hält er in Weimar Vorlesungen und setzt sich für die Kunst Franz Liszts ein. Busoni engagiert sich in immer stärkerem Maße für die zeitgenössische Musik und kreiert neben eigenen Werke zahlreiche Kompositionen von Jean Sibelius, Frederick Delius und später von Béla Bartók. 1907 veröffentlicht er sein wichtigstes theoretisches Werk, *Entwurf einer neuen Ästhetik der Tonkunst*, das Rainer Maria Rilke gewidmet ist. Die Abhandlung löst heftige Kontroversen aus. In seinem Buch *Futuristengefahr* (München und Leipzig 1917) greift Hans Pfitzner Ferruccio Busoni an.

Busoni gibt sich nicht damit zufrieden, ein ausgezeichneter Virtuose, Ästhet der Moderne und berühmter Komponist zu sein: er entwickelt darüber hinaus eine neue Philosophie der Oper, bei der psychologische Momente die Handlung bestimmen. Seine Oper *Brautwahl* (nach E. T. A. Hoffmann, Hamburg 1912), mit der er einen großen Erfolg erringt, sei hier als Beispiel zitiert. Bei Ausbruch des 1. Weltkrieges geht er über Italien in die Schweiz, wo der größte Teil seiner letzten Oper *Doktor Faust* entsteht. Nach Kriegsende kehrt er nach Berlin zurück und hält an der Akademie Vorlesungen. 1922 tritt er zum letzten Mal in der Öffentlichkeit auf. Sein Schüler Philipp Jarnach stellt seine Oper *Doktor Faust* fertig, die 1925 in Leipzig uraufgeführt wird.

Ferruccio Busonis Beitrag zur modernen Interpretationsgeschichte ist bedeutend. Er kämpft gegen die ausgehende Romantik und unterstützt die Rückkehr zur ›jungen Klassik‹, das heißt, zur ›Einfachheit‹ von Johann Sebastian Bach oder Wolfgang Amadeus Mozart. Seine Bewunderung Franz Liszts stellt keine Ausnahme von der Regel dar, sondern beruht auf der Erkenntnis, daß Franz Liszt nicht nur Romantiker, sondern auch der Vater des modernen Klavierspiels ist. Die revolutionäre Technik Liszts beschäftigt Busoni, der in ihm so etwas wie einen Doktor Faustus der Musik sieht, zeitlebens. Diese Haltung prägt auch seinen Interpretationsstil, wie seine Schüler, darunter Vladimir Horowitz, bezeugen, und führt schließlich zum Bruch mit dem Publikum und zu einer immer stärker werdenden Isolierung. Einige treue Schüler wie Theophyl Schnapp, Kurt Weill und Philipp Jarnach bleiben bis zu seinem Tod bei ihm.

WW: *Entwurf einer neuen Ästhetik der Tonkunst* (Triest 1907, Leipzig 1917, 1973); *Versuch einer organischen Klavier-Notenschrift* (Leipzig 1910); *Von der Einheit der Musik* (Berlin 1923, revidiert und ergänzt von J. Herrmann, Berlin 1956); *Über die Möglichkeit der Oper* (Leipzig 1926).

Bychkov, Semyon
Amerikanischer Dirigent russischer Herkunft, geb. 30. 11. 1952 Leningrad.
Er studiert am Glinka-Konservatorium seiner Heimatstadt. Als er bei einem von Herbert von Karajan geleiteten Konzert keine Eintrittskarte bekommen kann, versucht er, über ein Glasdach in den Konzertsaal zu gelangen; das Glas bricht, was von der Polizei nicht sonderlich geschätzt wird. 1977 verläßt er die Sowjetunion; er dirigiert in der Bundesrepublik und in den Vereinigten Staaten, wo er 1981 als ›bester Musiker des Jahres‹ ausgezeichnet wird. 1984 dirigiert er während der Festspiele von Aix-

en-Provence *La Finta Giardiniera* (Die Gärtnerin aus Liebe, Mozart). Auch in der Folge bleibt er den Festspielen treu. Er springt für den erkrankten Eugen Jochum ein und dirigiert die Berliner Philharmoniker. Er wird Chefdirigent des Symphonie-Orchesters von Grand Rapids (USA) und ab 1985 Chefdirigent der Philharmoniker von Buffalo. 1989 verläßt er Buffalo und wird musikalischer Direktor des Orchestre de Paris.

Bylsma, Anner
Niederländischer Cellist, geb. 17.2. 1935 Den Haag.
Er wird von seinem Vater, der als Violinist, Posaunist, Komponist und Dirigent tätig ist, unterrichtet, bevor er an das Königliche Konservatorium in Den Haag zu Carel van Leeuwen Boomkamp geht (1950–55), der ihn in die Kunst des barocken Cello-Spiels einführt. 1958 wird er zum Solo-Cellisten der Niederländischen Oper ernannt. Im darauffolgenden Jahr gewinnt er den 1. Preis beim Pablo-Casals-Wettbewerb in Mexiko. 1962–68 ist er Solo-Cellist des Concertgebouw-Orchesters Amsterdam. Er wird in immer stärkerem Maße als Solist tätig. Sein Repertoire umfaßt romantische und zeitgenössische Werke; auf dem Gebiet der barocken und klasssischen Musik arbeitet er mit Gustav Leonhardt, Frans Brüggen und den Gebrüdern Kuijken zusammen. 1970 wird er Professor an den Konservatorien von Amsterdam und Den Haag. Die barocke Literatur spielt er auf einem Goffriller aus dem Jahre 1695, die moderne auf einem Pressenda aus dem Jahre 1835. Für die Suiten Johann Sebastian Bachs benutzt er ein drittes Instrument tirolischer Herkunft, das um 1700 gebaut wurde.

C

Caballé, Montserrat
Spanische Sopranistin, geb. 12. 4. 1933 Barcelona.
Sie beginnt 1942 ihr Studium am Konservatorium Liceo von Barcelona, wo sie eine Goldmedaille im Fach Gesang erhält. Anschließend wechselt sie nach Mailand. 1956 debütiert sie am Stadttheater Basel, zu dessen Ensemble sie bis 1959 gehört. Von Basel geht sie nach Bremen. 1962 unternimmt sie eine Konzertreise nach Mexiko. Im darauffolgenden Jahr erlebt sie in ihrer Heimatstadt einen Triumph; trotzdem muß sie immer wieder Rückschläge einstecken, so daß sie schon ans Aufhören denkt. 1965 bekommt sie ihre große Chance: Marilyn Horne erkrankt; ohne eine einzige Probe springt Montserrat Caballé für sie ein und singt ihre Rolle bei einer konzertanten Aufführung von *Lukrezia Borgia* (Donizetti). Die Met engagiert sie; sie debütiert als Marguerite (*Faust*, Gounod). Die internationale Karriere einer der herausragendsten Koloratursopranistinnen der siebziger und achtziger Jahre beginnt. Sie beschäftigt sich mit allen Gattungen und Stilen, singt einerseits den gewagtesten ›Belcanto‹ und andererseits Wagner-Lieder bis hin zu *Isoldes Liebestod*. Sie wird von den wichtigsten Bühnen eingeladen und feiert überall Triumphe. Im Gegensatz zu Maria Callas, mit der sie viele Rollen teilt, legt sie kaum Wert auf die darstellerische Seite. Ihre Hauptsorge gilt perfektem Stimmansatz, subtilen Schattierungen und gehauchtem Pianissimo. Ihre Violetta (*La Traviata*, Verdi) an der Met (1967), Norma (Bellini) an der Pariser Oper und an der Scala (1972) und ihre Interpretationen der verschiedensten Rollen von Gioacchino Rossini, Vincenzo Bellini oder Gaetano Donizetti am Covent Garden in London, dem Teatro Colón in Buenos Aires, in Rio de Janeiro, am Liceo in Barcelona oder der Oper San Carlos in Lissabon belegen ihre einmaligen Fähigkeiten. Die Wiener Oper sowie die wichtigsten Bühnen Italiens, Mexikos und der Vereinigten Staaten bemühen sich um die Sängerin mit der außergewöhnlich schönen Stimme, sicheren Technik und intelligenten Interpretationen, auch wenn man ihr eine gewisse Unbeweglichkeit auf der Bühne vorwerfen mag. 1974 feiert sie auf dem Festival von Orange als Norma einen triumphalen Erfolg. 1979 singt sie an der Met zum ersten Mal die Titelrolle der Oper *Adriana Lecouvreur* (Cilea). Sie erweitert noch ihr Repertoire und studiert Rollen veristischer Opern ein; als Tosca (Puccini) feiert sie zuerst in New York und anschließend auf der ganzen Welt Triumphe. Sie ist mit dem Tenor Bernabé Marti verheiratet. 1989 nimmt sie in Barcelona an der Uraufführung von Lleonardo Baladas Oper *Christophe Colomb* teil.

Cabanel, Paul
Französischer Bassist, geb. 29. 6. 1891 Oran, gest. 5. 11. 1958 Paris.
Er studiert in Toulouse Jura, wird aber schon bald vom Gesang angezogen. 1911 tritt er in das Konservatorium von Toulouse ein, das er zwei Jahre später mit zwei 1. Preisen wieder verläßt. Er wechselt zum Konservatorium in Paris und wird 1914 eingezogen. 1916 bei Verdun schwer verletzt, kann er erst 1919 seine künstlerische Tätigkeit wieder aufnehmen. Am Pariser Konservatorium erhält er 1920 einen 1. Preis in Gesang und 1921 einen 1. Preis im Liedvortrag. Er wird vom Königlichen Theater in Kairo engagiert, wo er 1921 in der Oper *Hérodiade* (Massenet) debütiert. Anschließend übernimmt er Rollen in *Faust* (Gounod), *Thaïs* und *Manon* (beide Massenet). Tourneen in die Provinz Frankreichs, durch Belgien

und die Schweiz schließen sich an. Sieben Winterspielzeiten verbringt er in Bordeaux und sieben Sommerspielzeiten in Vichy. Endlich meldet sich auch Paris. 1932 debütiert er als Scarpia (*Tosca*, Puccini) an der Opéra-Comique, zu der er fünfzehn Jahre gehört. Er singt dort den Escamillo (*Carmen*, Bizet), Basilio (*Il barbiere di Siviglia*, Rossini), den Vater in *Louise* (Charpentier), Tonio (*I Pagliacci*, Der Bajazzo, Leoncavallo), Figaro (*Le nozze di Figaro*, Mozart), Nilakhanta (*Lakmé*, Delibes), Collin (*La Bohème*, Puccini) und die drei Bariton-Rollen in *Les Contes d'Hoffmann* (Hoffmanns Erzählungen, Coppelius, Dapertutto und Mirakel, Offenbach). An der Opéra tritt er 1922 in *La Damnation de Faust* (Berlioz) zum ersten Mal auf. 1934 singt er dort unter Bruno Walter den Leporello (*Don Giovanni*, Mozart); am gleichen Haus interpretiert er den Wotan (*Walküre*, Wagner), Athanael (*Thaïs*, Massenet), Mephisto (*Faust*, Gounod; insgesamt singt er diese Rolle während seiner Karriere 995 Mal), Papageno (*Die Zauberflöte*, Mozart) und den Saint-Bris (*Les Huguenots*, Meyerbeer). Bei der Uraufführung des *Marchand de Venise* (Der Händler von Venedig, R. Hahn, 1935) singt er den Antonio. Ab 1942 unterrichtet er am Pariser Konservatorium Stimmtechnik und Gesang. Bis zum Ende seiner Karriere behält seine Stimme ihren schönen Klang. Drei Tage, bevor er in *Armide* (Lully) in Bordeaux auftreten soll, stirbt er unerwartet. Leider hat er nur an wenigen Schallplattenaufnahmen mitgewirkt.

Caceres, Oscar
Uruguayischer Gitarrist, geb. 1928 Montevideo.
Er studiert in seiner Heimatstadt bei Ramon Ayertaran, Marin Sanchez und Atilio Rapat. Als Dreizehnjähriger gibt er sein 1. Konzert. 1957 tritt er zum ersten Mal in Europa auf. Wieder in seine Heimat zurückgekehrt, verwirklicht er die uruguayische Erstaufführung von Joaquín Rodrigos *Concierto de Aranjuez*. Sein breites Repertoire reicht von der Renaissance bis zu Werken zeitgenössischer Komponisten. 1967 läßt er sich in Paris nieder, wo er zahlreiche Schallplatten einspielt. Mit seinem Schüler Turibio Santos spielt er häufig im Duo.

Cachemaille, Gilles
Schweizer Bariton, geb. 25. 11. 1951 Orbe.
Er studiert bei Juliette Bise am Konservatorium von Lausanne. Erste Engagements führen ihn an die Theater von Bern, Lausanne und Genf. Der Preisträger des Pariser Gesang-Wettbewerbs 1982 debütiert in Frankreich im gleichen Jahr während der Festspiele von Aix-en-Provence in *Les Boréades* (Rameau). Auch in der Folgezeit singt er regelmäßig in Aix: Papageno (*Zauberflöte*, Mozart), Thésée (*Hippolyte et Aricie*, Rameau), Nardo (*La finta giardiniera*, Die Gärtnerin aus Liebe, Mozart). 1985 wird er von Herbert von Karajan nach Salzburg verpflichtet und singt dort den Morales (*Carmen*, Bizet). Im gleichen Jahr gewinnt er den Großen Opern-Preis von Monte Carlo, der seinen endgültigen Durchbruch sichert: Leporello (*Don Giovanni*, Hamburg 1987 und Wien 1988), Figaro (*Le nozze di Figaro*, beide Mozart, Frankfurt 1987), Belcore (*L'elisir d'amore*, Der Liebestrank, Donizetti) und Orpheus (Gluck) in Lausanne, Lyon, Amsterdam und anderen Städten. Er wirkt an der Uraufführung von Rolf Liebermanns Oper *La Forêt* (Der Wald, Genf 1987) mit.

Caillard, Philippe
Französischer Chorleiter, geb. 31. 7. 1924 Paris.
Der Autodidakt beginnt mit dem Klavierspiel, bevor er sich mit der Welt der Chöre beschäftigt und 1944 sein eigenes Vokalensemble gründet, das drei Jahre später seine volle Stärke erreicht hat und in der Hauptsache aus Musikstudenten besteht. 1951–66 unterrichtet er als Musiklehrer an Grund- und Haupt-

schulen sowie Gymnasien. 1955–70 verwirklicht er an der Spitze seines Ensembles zahlreiche Schallplatteneinspielungen, von denen viele ausgezeichnet werden, so die Messe *Pange Lingua* von Josquin des Prés. Er arbeitet mit dem Kammerorchester Jean-François Paillard und dem Dirigenten Louis Frémaux zusammen und trägt entscheidend dazu bei, die Renaissance- und Barock-Literatur einem breiteren Publikum zugänglich zu machen. Ab 1966 leitet Philippe Caillard innerhalb des französischen Ministeriums für Jugend und Sport Fortbildungsseminare für Chorleiter. Pädagogische Probleme interessieren ihn in immer stärkerem Maße. 1977 stellt er seine künstlerischen Aktivitäten ein und gibt sein Ensemble ab, das den neuen Namen Vokalensemble Jean Bridier erhält, um sich ganz den pädagogischen Aufgaben widmen zu können. Erst 1982 leitet er wieder Konzerte und Schallplattenaufnahmen kleinerer, der Barock-Musik gewidmeter Ensembles.

Caillat, Stéphane
Französischer Chorleiter, geb. 24.1. 1928 Lyon.
Er studiert am Konservatorium von Lyon Orgel, Harmonielehre und Orchesterleitung. 1950 geht er nach Paris und studiert bei Pierre Dervaux und Igor Markevitch. 1955 gründet er das Ensemble Stéphane Caillat, das regelmäßig als Vokalensemble oder kleiner Chor auftritt. 1949–61 unterrichtet er als Musiklehrer, bevor er 1961 vom französischen Ministerium für Jugend und Sport zum Fortbildungsleiter für Chorleiter ernannt wird. Seit 1979 leitet er gleichzeitig das Centre d'études polyphoniques et chorales in Paris. 1965–73 steht er an der Spitze des Vokalquartetts Stéphane Caillat; seit 1977 leitet er das Ensemble Per Cantar e Sonar, das sich aus sechs Sängern zusammensetzt und von Fall zu Fall von einigen Instrumentalisten ergänzt wird. 1979 wird er zum künstlerischen Leiter des Festival d'art sacré der Stadt Paris ernannt.

Callas, Maria (= Maria Anna Cecilia Sofia Kalogeropoulos)
Italienische Sopranistin amerikanischer und griechischer Herkunft, geb. 2.12. 1923 New York, gest. 16.9. 1977 Paris.
1937 tritt sie, als ihre Mutter nach Griechenland zurückkehrt, in das Athener Konservatorium ein und wird Schülerin von Elvira de Hidalgo. Als Fünfzehnjährige debütiert sie als Santuzza in *Cavalleria Rusticana* (Mascagni). 1940–45 singt sie regelmäßig an der Athener Oper und beweist bereits bei ihren ersten Rollen starke Originalität und Bühnenpräsenz (*Suor Angelica, La Tosca*, beide Puccini, *Fidelio*, Beethoven). 1943 wirkt sie an der Uraufführung der Oper des griechischen Komponisten Manolis Kalomiris *O Protomastoras* (Der Vorarbeiter) mit. Sie kehrt zu ihrem Vater nach New York zurück und fällt dem Tenor Giovanni Zenatello auf. Verona engagiert sie: Unter der Leitung von Tullio Serafin, der sich für sie interessiert, wirkt sie 1947 an einer Aufführung von Amilcare Ponchiellis Oper *La Gioconda* (Mona Lisa) mit. 1948 singt sie, wieder unter der Leitung Serafins, in *Turandot* (Puccini), *Aida* und *La forza del destino* (Die Macht des Schicksals, beide Verdi). In Florenz interpretiert sie im gleichen Jahr zum ersten Mal die Rolle der Norma (Bellini), mit der sie berühmt wird. Ein Jahr später ersetzt sie in Venedig Margherita Carosio in *I Puritani* (Die Puritaner, Bellini) und wird gefeiert. Mit großer Begeisterung studiert sie Richard Wagner und singt zuerst die Brünnhilde (*Walküre*) und anschließend in Rom die Kundry (*Parsifal*). Sie heiratet den Industriellen G. B. Meneghini, der ihr Manager wird, und erhält die italienische Staatsbürgerschaft. 1959 trennt sie sich von ihm. Sie singt in Neapel die Abigail (*Nabucco*), bevor sie an der Scala für die erkrankte Renata Tebaldi einspringt und an einer *Aida*-Aufführung teilnimmt (beide Verdi). Ein Jahr später singt sie in Florenz zum ersten Mal die Violetta Valery (*La Traviata*) und wirkt an einer Aufführung der *Vêpres siciliennes* (Die

sizilianische Vesper, beide Verdi) mit. 1952 begeistert sie das Publikum der Scala in der Rolle der Konstanze (*Die Entführung aus dem Serail*, Mozart), nachdem sie bereits in Florenz in *L'anima del filosofo* (Die Seele des Philosophen, Joseph Haydn), auch unter dem Titel *Orfeo et Euridice* bekannt, geglänzt hatte. Die Spannbreite ihrer Kunst und ihre darstellerische Kraft, mit der sie die Rollen zum Leben erweckt, da sie auf der Bühne die Musik und ihre Rollen intensiv ›lebt‹, faszinieren das Publikum schnell. Wichtig in diesem Jahr 1952 ist die erste moderne Aufführung von Gioacchino Rossinis Oper *Armida*, an der sie mitwirkt (Maggio Musicale Fiorentino). Weiter singt sie die Lucia di Lammermoor (Donizetti) und die Gilda in *Rigoletto* (Verdi).

Im gleichen Jahr tritt sie als Norma zum ersten Mal am Covent Garden auf; am 7. Dezember 1952 eröffnet sie unter der Leitung von Victor de Sabata mit *Macbeth* (Verdi) die Wintersaison an der Scala. 1953 singt sie die Medea (Cherubini) beim Maggio Musicale Fiorentino und an der Scala. Inzwischen ist sie so bekannt, daß sich das Publikum darum reißt, sie zu hören. Fieberhaft studiert sie Rolle um Rolle ein. 1954 singt sie, schlank geworden und schöner als je zuvor, die Alceste (Gluck). Die Lehren Elvira de Hidalgos und Tullio Serafins, die Maria Callas in der romantischen Tradition unterrichten, tragen ihre Früchte; ihre Expressivität triumphiert. Als Margarete füllt sie die Ränge der Arena von Verona (*Mefistofele*, Boito) und begeistert das Publikum der Scala als Elisabeth (*Don Carlos*, Verdi). Die Liste ihrer Erfolge, Tourneen und neuen Rollen wird immer länger: *André Chénier* (Giordano, Chicago 1955), *La somnambula* (Die Nachtwandlerin, Bellini) und vor allem eine unvergeßliche Traviata (Verdi) in der Inszenierung von Luchino Visconti, der behauptet, sie sei die größte Schauspielerin seit der Duse (Leitung: Carlo Maria Giulini). In Chicago folgt *Madame Butterfly* (Puccini) (diese Oper sollte sie insgesamt nur zweimal singen), dann ihr Debüt in Wien unter der Leitung Herbert von Karajans (*Lucia di Lammermoor*, Donizetti), ihr Debüt an der Met als Norma (1956), *Un ballo in maschera* (Ein Maskenball, Verdi, Mailand 1957) und wieder in einer Inszenierung von Visconti *Anna Bolena* (Donizetti) sowie Vincenzo Bellinis *Il pirata* in New York, Lissabon, London und anderen Städten.

Eines Abends bricht sie in Rom trotz der Anwesenheit des italienischen Staatspräsidenten eine Vorstellung der *Norma* nach dem 1. Akt ab, da sie sich nicht wohl fühlt. Ein Skandal! 1958 singt sie zum ersten Mal an der Pariser Oper; 1960 kehrt sie nach Griechenland zurück und singt im Theater von Epidauros die Norma. Als letzte Oper studiert sie *Poliuto* (Die Märtyrer) von Gaetano Donizetti ein. Ihre Karriere neigt sich langsam ihrem Ende zu. 1962 gibt sie in England, Deutschland und den Vereinigten Staaten Konzerte. Am 7. Mai singt sie zum letzten Mal an der Scala die Medea. 1964 singt sie in London die Tosca und in Paris die Norma. Im November 1965 muß sie in Paris eine Vorstellung der Norma aufgrund eines Schwächeanfalls abbrechen.

1971–72 unterrichtet sie an der Juilliard School of Music in New York; 1973 geht sie nach langer Zeit wieder auf Konzertreise und tritt mit Giuseppe di Stefano als Partner in Europa, den Vereinigten Staaten und dem Fernen Osten auf. Ihre Kunst ist immer noch bewegend, doch ihre stimmlichen Fähigkeiten lassen nach. Maria Callas wird als romantische, tragische, veristische Heroine zur Legende ihrer Epoche.

Calvayrac, Albert
Französischer Trompeter, geb. 20. Juli 1934 Conques-sur-Orbiel.
Den ersten Unterricht erhält er von seinem Vater, bevor er an das Konservatorium von Carcassone und 1948 an das von Toulouse geht, das er drei Jahre später mit einem 1. Preis für Trompete und Kornett verläßt. 1952 tritt er in die

Klasse von Raymond Sabarich am Pariser Konservatorium ein und erringt ein Jahr später einen 1. Preis (Kornett). 1957 wird er vom Symphonie-Orchester Radio-Toulouse engagiert. 1965 wird er zum Professor am Konservatorium von Toulouse und zum Solo-Trompeter an der dortigen Oper ernannt. Als Solist spielt er klassische und zeitgenössische Werke. Er gehört außerdem einem Bläserensemble an, den Philharmonistes de Châteauroux.

Calvé, Emma (= Rose Calvet de Roquer)
Französische Sopranistin, geb. 15. 8. 1859 Decazeville, gest. 6. 1. 1942 Millau.
Die Schülerin von Jules Puget und vor allem von Mathilde Marchesi, von der sie in den italienischen Belcanto eingeführt wird, debütiert während eines Wohltätigkeitskonzertes in Nizza; ihr Bühnendebüt feiert sie als Marguerite (*Faust*, Gounod) in Brüssel. Marie Miolan-Carvalho gibt ihr wertvolle Hinweise, die Phrasierung betreffend. 1884 wirkt sie in Paris am Théâtre des Nations an der Uraufführung der Oper *Aben Hamed* von François Clément Théodore Dubois mit. Im darauffolgenden Jahr wird sie Mitglied der Opéra-Comique und singt bei der Uraufführung von Victorin de Joncières Oper *Le Chevalier Jean* die Hélène. Weitere Uraufführungen an der Opéra-Comique, an denen sie mitwirkt: *Sapho* (Massenet, 1887) und *La Carmélite* (R. Hahn, 1902). Aber auch im Ausland, vor allem in Italien, feiert sie Triumphe. An der Scala wirkt sie an der Uraufführung von Spyros Samaras Oper *Flora Mirabilis* mit und in Rom 1891 an der von *L'amico Fritz* (Mascagni). Im darauffolgenden Jahr singt sie die gleiche Rolle am Covent Garden in London und kreiert dort *La Navarraise* von Jules Massenet. Ihre Interpretationen der Carmen (Bizet), deren tausendste Aufführung an der Opéra-Comique ihr anvertraut wird, und der Santuzza (*Cavalleria rusticana*, Mascagni), die sie schon bei der französischen Erstaufführung singt, bleiben legendär. Ab 1904 schränkt sie ihre Auftritte ein, singt aber 1907 und 1908 noch an der Oper von Manhattan und gibt bis 1918 Konzerte. In ihrem Schloß in Cabières leitet sie eine Schule für Gesang und schreibt ihre Memoiren.
WW: *My Life* (New York und London 1922); *Sous tous les ciels j'ai chanté* (Paris 1940).

Cambon, Charles (Marius)
Französischer Bariton, geb. 3. 5. 1892 Florensac, gest. 11. 9. 1965 Paris.
Er studiert an den Konservatorien von Toulouse und Paris, debütiert in der französischen Provinz und geht 1923 an die Pariser Oper, wo er über dreißig Jahre lang 1. Heldenbariton bleibt. Er wirkt 1923 an der Uraufführung von Albert Roussels Oper *Padmavati* und an den französischen Erstaufführungen von *Turandot* (Puccini), *Elektra* (R. Strauss) und *Palestrina* (Pfitzner) mit. Zu seinen wichtigsten Rollen gehören Telramund (*Lohengrin*, Wagner), Amonasro (*Aida*, Verdi) und Pollux (*Castor et Pollux*, Rameau).

Cambreling, Frédérique
Französische Harfenistin, geb. 21. 1. 1956 Amiens.
Die Schwester von Sylvain Cambreling studiert am Konservatorium von Amiens und erhält 1973 einen 1. Preis. Anschließend tritt sie am Pariser Konservatorium in die Klasse von Gérard Devos ein und gewinnt dort 1976 wieder einen 1. Preis. Gleichzeitig nimmt sie bei Pierre Jamet Unterricht. Bei drei internationalen Wettbewerben wird sie ausgezeichnet: Guilde des Jeunes Artistes in Paris (3. Preis, 1976), Internationaler Wettbewerb von Israel (1976, 2. Preis), Marie-Antoinette-Cazala-Wettbewerb (1977, 1. Preis). 1976 ist sie auch Preisträgerin der Fondation de la Vocation. 1977 wird sie zur Soloharfenistin des Orchestre National de France ernannt (bis 1985).

Cambreling, Sylvain
Französischer Dirigent, geb. 2. 7. 1948 Amiens.

Der Bruder von Frédérique Cambreling studiert am Konservatorium von Amiens Allgemeine Musiktheorie, Harmonielehre, Kontrapunkt, Posaune, Tuba, Klavier, Kontrabaß und Schlagzeug, bevor er an das Pariser Konservatorium geht, wo er einen 1. Preis für Tenorposaune erhält. Er beginnt seine Karriere 1971 in Lyon, studiert aber gleichzeitig an der Ecole Normale de Musique in Paris bei Pierre Dervaux Orchesterleitung und legt ein Jahr später sein Diplom ab. 1974 gewinnt er den Internationalen Wettbewerb von Besançon. Er geht als Assistent zu Serge Baudo nach Lyon. 1975–81 ist er stellvertretender Direktor des dortigen Orchesters. Seine Interpretationen von *La Cenerentola* (Aschenbrödel, Rossini, 1977) und *Salome* (R. Strauss, 1978) finden weite Beachtung. 1977 dirigiert er zum ersten Mal an der Pariser Oper. Seine Karriere nimmt internationale Ausmaße an. Ab 1979 ist er 1. Gastdirigent des Ensemble InterContemporain und in dieser Funktion für zahlreiche Uraufführungen verantwortlich. 1981 dirigiert er in Glyndebourne. Im gleichen Jahr wird er stellvertretender musikalischer Direktor und 1. Kappellmeister des Théâtre de la Monnaie in Brüssel, das ihn 1987 zu seinem musikalischen Direktor ernennt. 1984 debütiert er mit *Lucio Silla* (Mozart) an der Scala. Sein Bruder Philippe (Jahrgang 1954) wird ebenfalls Dirigent; 1981 gewinnt dieser den 1. Preis des Internationalen Wettbewerbs von Besançon.

Campanella, Michele
Italienischer Pianist, geb. 5. 6. 1947 Neapel.

Er studiert am Konservatorium von Neapel bei Vincenzo Vitale. Noch als Student gewinnt er den Internationalen Casella-Wettbewerb und unternimmt eine Serie erfolgreicher Tourneen in ganz Europa und den Vereinigten Staaten. 1969 schließt er am Konservatorium von Neapel mit Diplom ab. Er geht an das Konservatorium von Mailand und unterrichtet dort bis 1973. Von Meisterkursen an der Accademia Musicale Chigiana in Siena abgesehen (ab 1987), verzichtet er auf die Lehrtätigkeit, um sich ganz seiner Konzerttätigkeit widmen zu können.

Seine vollkommene und äußerst brillante Technik und seine immer wieder neue Bereiche erforschende Vorstellungskraft lassen ihn zum idealen Interpreten von Modest P. Mussorgskij, Sergej S. Prokofjew, Maurice Ravel und vor allem von Franz Liszt werden. Seine Interpretationen der großen Werke Liszts machen ihn zurecht berühmt (*Etüden, Sonate, Années de Pèlerinage*, aber auch die *Paraphrasen*).

Campoli, Alfredo
Englischer Violinist italienischer Herkunft, geb. 20. 10. 1906 Rom, gest. 27. 3. 1991 Princess-Borough (London).

Sein Vater ist Professor für Violine an der Accademia Nazionale di Santa Cecilia und Konzertmeister am Teatro Massimo in Rom, seine Mutter Sopranistin, die häufig mit Benjamino Gigli auftritt. Als sie 1911 vom Covent Garden engagiert wird, zieht die Familie nach London. Alfredo wird in der englischen Hauptstadt zunächst als ›Salongeiger‹ bekannt, denn er spielt mit einem kleinen Ensemble in den Salons der großen Hotels in London Unterhaltungsmusik. Erst als Vierzigjähriger beschließt er, sich ausschließlich mit klassischer Musik zu beschäftigen. Der außerhalb Englands völlig Unbekannte verdankt seine rasche Karriere vor allem einer Einspielung von Ludwig van Beethovens *Konzert für Violine* unter Josef Krips.

Campoli beherrscht praktisch das ganze Repertoire seines Instruments, wobei er sich besonders bei Werken von Peter I. Tschaikowskij, Edouard Lalo (*Symphonie espagnole*), Camille Saint-Saëns, Max Bruch und Niccolò Paganini auszeichnet, ohne deswegen die kleinen

Violinstücke ›à la Kreisler‹ zu vernachlässigen. Campoli tritt nicht nur in England auf; seine Tourneen führen ihn mehrmals um die ganze Welt. Arthur Drummond Bliss widmet ihm sein *Konzert für Violine*. Er spielt auf einer Stradivari aus dem Jahre 1700, der *Dragonetti*.

Cangalovic, Miroslav
Jugoslawischer Bassist, geb. 3. 4. 1921 Glamoč.
Aufgrund des 2. Weltkriegs verzögert sich seine musikalische Ausbildung. Erst 1947 kann er seine Laufbahn beginnen: er wird von der Oper in Belgrad engagiert und steigt schnell zu einem der wichtigen Ensemblemitglieder des Hauses auf. Er zeichnet sich vor allem im slavischen Repertoire aus und singt mit großem Erfolg den Boris Godunow und den Dosifej (*Chowanschtschina*, beide Mussorgskij), wobei der Umfang seiner Stimme, aber auch seine Musikalität und seine schauspielerischen Fähigkeiten voll zur Geltung kommen. Er wünscht, sein Repertoire zu erweitern, und bittet den Dirigenten der Belgrader Oper, Oskar Danon, auch Werke aus Westeuropa wie *Don Quichotte* (Massenet) oder *Faust* (Gounod) aufs Programm zu setzen; er ist ein unvergeßlicher Mephisto. Cangalovic erhält zahlreiche Preise im In- und Ausland (unter anderem von der UNESCO, Paris). Er gilt als einer der größten Sänger in der Geschichte der serbischen Musik. So nimmt es nicht Wunder, daß er aus aller Welt Einladungen erhält und alle großen Baßrollen im Opern- wie Oratorienbereich singt.

Caniglia, Maria
Italienische Sopranistin, geb. 5. 5. 1905 Neapel, gest. 16. 4. 1979 Rom.
Sie studiert in Neapel bei Agostino Roche Gesang und debütiert in Turin als Chrysotemnis (*Elektra*, R. Strauss). Ihre Erfolge als Magda in *La campagna sommersa* (Überflutetes Land, Respighi) und als Elsa (*Lohengrin*, Wagner) öffnen ihr den Weg zur Scala, wo sie 1931 als Maria in *Straniero* (Der Fremde, Pizzetti) debütiert. Bis 1951 tritt sie regelmäßig an der Scala auf, gastiert aber auch an allen anderen wichtigen Bühnen Italiens, am Covent Garden in London, in Salzburg (unter der Leitung von Arturo Toscanini), am Teatro Colón in Buenos Aires und an der Met in New York, wo sie in der Saison 1938-39 nicht weniger als fünf verschiedene Rollen interpretiert.

Canino, Bruno
Italienischer Pianist und Komponist, geb. 30. 12. 1935 Neapel.
Er studiert bei Enzo Calace und Bruno Bettinelli am Verdi-Konservatorium in Mailand und erhält dort 1. Preise in Klavier und Komposition; so auch bei den internationalen Wettbewerben in Bozen und Darmstadt (1956/58/60).
Er setzt sich als Pianist und Cembalist stark für die zeitgenössische Musik ein und arbeitet auch in verschiedenen Kammermusikformationen mit. So spielt er unter anderem mit Severino Gazzelloni, Salvatore Accardo und Itzhak Perlman. Mit Cathy Berberian gibt er phantasievolle Abende, bei denen Musik, Theater und Literatur miteinander verschmelzen. Mit dem Pianisten Antonio Ballista bildet er ein international bekanntes Duo; mit Rocco Filippini und Cesare Ferraresi, später Angelo Stefanato und Mariana Sirbu, spielt er im Mailänder Trio zusammen. Er ist ständiger Gast der Festivals zeitgenössischer Musik in Europa und Japan und nimmt jedes Jahr am Kammermusik-Festival von Marlboro (USA) teil. Bruno Canino ist Professor am Verdi-Konservatorium in Mailand und zeichnet für die Uraufführung zahlreicher Werke zeitgenössischer Komponisten verantwortlich. Mit seinem Partner Antonio Ballista kreiert er *Tableaux vivants* (Lebende Bilder, 1964), ein Auszug aus *Passion selon Sade* von Sylvano Bussotti, *Ode* (1966) von Niccolò Castiglioni, *Konzert für zwei Klaviere* (1973) von Luciano Berio und *Rapsodia* (1984) von Davide Anzaghi. Als Solist ver-

wirklicht er die Uraufführungen folgender Werke: *Dikhtas* (1980) von Iannis Xenakis, *Liaison* (1984) von Rolf Liebermann, *Trio* (1984) von Wolfgang Rihm und die vieler anderer Komponisten wie Sylvano Bussotti, Paolo Castaldi, Niccolò Castiglioni und Franco Donatoni.

Cantelli, Guido
Italienischer Dirigent, geb. 27. 4. 1920 Novara, gest. 24. 11. 1956 Orly.
Er bekommt schon sehr früh Musikunterricht und gibt als Vierzehnjähriger sein erstes Konzert als Pianist. Kurze Zeit später tritt er in das Verdi-Konservatorium in Mailand ein und beschäftigt sich bei Giorgio Federico Ghedini und Arrigo Pedrollo mit Komposition und Orchesterleitung. 1943 arbeitet er als künstlerischer Leiter des Teatro Coccia in Novara (an dem sein Vorbild Arturo Toscanini dreiundfünfzig Jahre zuvor gearbeitet hatte) und dirigiert auch das dortige Orchester, bis er eingezogen wird. Er weigert sich, dem faschistischen Regime zu dienen und wird in ein deutsches Arbeitslager verbannt. Von dort aus wird er in das Stettiner Lager überstellt, wo er fliehen kann.
1945 debütiert er an der Scala. Toscanini holt ihn in die Vereinigten Staaten, wo er 1949 das Orchester der NBC dirigiert. In rascher Folge wird er von den wichtigsten amerikanischen Orchestern eingeladen. Er dirigiert 1950 auf den Edinburgher Festspielen und nimmt mit dem Londoner Philharmonia Orchestra eine Reihe von Schallplatten auf; die Serie wird aufgrund seines frühen Todes bei einem Flugzeugunglück jäh abgebrochen. Wenige Tage vor seinem Tod wird er zum künstlerischen Leiter der Scala ernannt.
Cantelli setzt die Tradition seines Vorbilds Toscanini fort; mit dem gleichen Temperament ausgestattet, spricht er die Sprache seiner Generation, die genauso präzis und dynamisch ist, aber menschlicher und dramatischer. Toscanini sagt über ihn: »Niemals in meinem langen Leben habe ich einen so begabten jungen Künstler kennengelernt. Er wird es weit, sehr weit bringen.«
Die Stadt Novara und die Mailänder Scala organisieren zu seinem Gedächtnis einen Dirigenten-Wettbewerb, der seinen Namen trägt. Riccardo Muti und Eliahu Inbal gehören zu den Preisträgern.

Capdevielle, Pierre
Französischer Dirigent und Komponist, geb. 1. 2. 1906 Paris, gest. 9. 7. 1969 Bordeaux.
Sein Vater ist Solo-Hornist an der Pariser Opéra-Comique und Mitglied der Société d'instruments à vent. Er macht seinen Sohn mit dem Klavier vertraut. Am Konservatorium studiert dieser bei Armand Ferté, Isidore Philipp, André Gédalge und Pierre Vidal; gleichzeitig ist er Privatschüler von Vincent d'Indy. Seine Kompositionen nehmen viel Arbeitszeit in Anspruch; trotzdem verfolgt er auch eine bedeutende Dirigentenkarriere. 1938 erhält er den Blumenthal-Preis. 1944 wird er zum Leiter der Abteilung für Kammermusik des französischen Rundfunks ernannt. 1947–56 ist er Leiter der französischen Abteilung der Société internationale de musique contemporaine. 1952 gründet er das Kammerorchester des französischen Rundfunks, das er bis 1964 als Chefdirigent leitet.
Er komponiert in der Hauptsache für Orchester.

Capecchi, Renato
Italienischer Bariton, geb. 6. 11. 1923 Kairo.
Er lernt zuerst Geige. Erst nach dem 2. Weltkrieg studiert er Gesang, nachdem er seine ›Stimme‹ entdeckt hat. Er gewinnt einige kleinere, unbedeutende Regionalwettbewerbe, bevor er 1948 bei einem Radio-Konzert debütiert. 1949 interpretiert er in Reggio Emilia seine erste große Rolle, Amonasro (*Aida*, Verdi). Schnell wird er zu einem der wichtigsten italienischen Sänger, der sich auch durch seine schauspielerische Begabung auszeichnet. In rascher

Folge öffnen ihm die Mailänder Scala, die New Yorker Met, die Wiener und Chicagoer Oper sowie das Teatro Colón in Buenos Aires ihre Türen. Die wichtigsten Festspiele feiern ihn: Aix-en-Provence, wo sein Don Giovanni (Mozart) unvergeßlich bleibt, Glyndebourne, der Maggio Musicale Fiorentino, Osaka und andere. Er glänzt als Figaro sowohl in *Il barbiere di Siviglia* (Rossini) als auch in *Le nozze di Figaro* (Mozart) und begeistert als Bartolo (*Il barbiere di Siviglia*) und als Meßner (*Tosca*, Puccini). Innerhalb von dreißig Jahren studiert er mehr als zweihundert verschiedene Rollen ein; weiterhin als Sänger auftretend, arbeitet er in letzter Zeit immer häufiger und mit Erfolg als Regisseur.

Capet, Lucien
Französischer Violinist, geb. 8. 1. 1873 Paris, gest. 18. 12. 1928 daselbst.
Er studiert am Pariser Konservatorium bei Jean-Pierre Maurin (1888–93) und geht mit einem 1. Preis ab. Er beginnt eine Karriere als Solist und gründet 1893 sein Streichquartett, das vor allem aufgrund seiner Beethoven-Interpretationen international bekannt wird. 1896–99 ist er Konzertmeister des Orchestre des Concerts Lamoureux; 1899–1903 unterrichtet er am Konservatorium von Bordeaux; gleichzeitig verfolgt er in Frankreich, aber auch im übrigen Europa seine Karriere als Solist. In Deutschland gehört er zu den wenigen bekannten französischen Interpreten seiner Zeit. 1907 übernimmt er am Pariser Konservatorium eine Professur für Kammermusik; ab 1924 leitet er in Paris das Institut de violon. Zu seinen Schülern gehört unter anderem Ivan Galamian. Er kreiert zusammen mit dem Komponisten Gabriel Fauré dessen *Sonate für Violine und Klavier Nr. 2* (1917).
WW· *La Technique supérieure de l'archet* (Paris 1916); *Les 17 quatuors de Beethoven* (Paris 1916).

Caplet, André Léon
Französischer Dirigent und Komponist, geb. 23. 11. 1878 Le Havre, gest. 22. 4. 1925 Neuilly-sur-Seine.
Er studiert an der Musikschule seiner Heimatstadt Violine und Klavier, bevor er zu Henry Woollett geht und sein Studium mit Harmonielehre und Kontrapunkt fortsetzt. 1896 tritt er in das Pariser Konservatorium ein, das er mit 1. Preisen in Harmonielehre und Begleitung wieder verläßt. Um seinen Lebensunterhalt zu verdienen, spielt er nachts in Cabarets. Edouard Colonne engagiert ihn als Paukenschläger und macht ihn kurz darauf zu seinem Assistenten. 1897 springt er für den erkrankten Xavier Leroux ein und dirigiert sehr erfolgreich eine Vorstellung am Théâtre de la Porte-Saint-Martin; er beschließt, Dirigent zu werden. Zwei Jahre später wird er bereits zum Musikdirektor am Théâtre de l'Odéon ernannt. 1901 erhält er den Rompreis; die drei folgenden Jahre verbringt er als Stipendiat in der Villa Medicis. Nach seiner Rückkehr lernt er Claude Debussy kennen und wird dessen bevorzugter Schüler. Er stellt einige Werke des Meisters fertig oder orchestriert sie (*The Children's Corner*, Die Kinderecke, *La Boîte à joujoux*, Die Spielzeugschachtel, Kinderballett) und leitet 1911 die Uraufführung des Mysterienspieles *Le Martyre de Saint-Sébastien*. 1910–14 leitet er die Wintersaison an der Bostoner Oper und führt dabei eine beträchtliche Anzahl französischer Kompositionen auf. 1913 dirigert er in Boston die Uraufführung von Louis Auberts Märchenspiel *La Forêt bleue* (Der blaue Wald). 1914 wird er zum Musikdirektor der Pariser Oper ernannt, kann aber aufgrund des ausbrechenden 1. Weltkrieges seine Stelle nicht übernehmen. Während des Krieges erleidet er einen Gasangriff; er muß lange mit der künstlerischen Arbeit aussetzen. Erst 1922 dirigiert er wieder; inzwischen ist er 2. Kapellmeister des Orchestre des Concerts Pasdeloups. Er kreiert Werke von Florent Schmitt, Maurice Delage

und Jean Cras und leitet die französische Erstaufführung von Arnold Schönbergs *Fünf Orchesterstücke* (op. 16). Als großer Debussy-Dirigent wurde ihm 1912 die Wiederaufnahme von *Pelléas et Mélisande* am Covent Garden anvertraut. Seine rigorose Auffassung und seine Präzision stehen im Gegensatz zu der noch herrschenden romantischen Tradition.

Capolongo, Paul
Französischer Dirigent, geb. 17. 3. 1940 Algier.
Sein Vater ist Violinist. Er studiert bis 1958 am Konservatorium von Algier und wechselt dann an das von Paris, wo er bis 1961 bleibt und zum Abschluß seines Studiums insgesamt sechs 1. Preise erhält, darunter für Orchesterleitung (in der Klasse Louis Fourestiers) und Klavier. 1963 gewinnt er den Eleanor Crane Memorial Award (USA) und den Kussewitzky-Preis in Tanglewood, 1967 den Mitropoulos-Preis. 1963–67 ist er Musikdirektor des Symphonie-Orchesters von Quito (Ecuador) und leitet das dortige Konservatorium (1963–66). 1967–68 verbringt er als Assistent von Leonard Bernstein an der New Yorker Philharmonie. 1975–85 ist er Musikdirektor von Mülhausen (Elsaß) und gleichzeitig Chefdirigent des Orchestre Symphonique du Rhin. Aubert Lemeland widmet ihm seine *Dritte Symphonie* (1981) und Antoine Tisné seine *Reliefs irradiants sur New York* (Strahlenreliefs über New York).

Cappucilli, Piero
Italienischer Bariton, geb. 4. 6. 1930 Triest.
Schon als Knabe gehört er dem Chor von San Carlo an. Er studiert Architektur und Gesang. Er läßt fünf Jahre lang von Luciano Donagio am Teatro Verdi in Triest seine Stimme ausbilden, gewinnt den Viotti-Wettbewerb und debütiert am Mailänder Teatro Nuovo als Tonio (*I Pagliacci*, Der Bajazzo, Leoncavallo). Anschließend geht er an die Scala, wo er zwölf Jahre hindurch jeweils an den Saisoneröffnungsabenden teilnimmt. Die wichtigsten Etappen seiner Karriere: *Rigoletto* (Verona 1966), *La Traviata* (Covent Garden, London 1967, Inszenierung: Luchino Visconti), *I Due Foscari* (Lyric Opera, Chicago 1969), *Simone Boccanegra* (alle Verdi, Scala, Mailand 1971, Inszenierung: Giorgio Strehler, Leitung: Claudio Abbado, und Paris 1978). Neben Verdi singt er Mozart, Bellini und Donizetti. Seine warme, umfangreiche Stimme läßt ihn zu einem Nachfolger der großen italienischen Baritone zu Beginn des Jahrhunderts werden.

Capsir, Mercedes
Italienische Sopranistin spanischer Herkunft, geb. 20. 7. 1895 Barcelona, gest. 13. 3. 1969 Suzzara (Italien).
Nach einer gründlichen Ausbildung in Barcelona, die sie mit 1. Preisen in den Fächern Gesang, Klavier und Komposition abschließt, debütiert sie 1913 in Gerona als Gilda (*Rigoletto*, Verdi). 1916 singt sie an der Madrider Oper wieder die Gilda und die Violetta (*La Traviata*, Verdi). Im gleichen Jahr noch singt sie die beiden Rollen in Barcelona, Lissabon und Buenos Aires. 1917 debütiert sie als Gilda anläßlich einer Wiederaufnahme des *Rigoletto* in Paris. Italien bemüht sich um die spanische Sängerin, die das italienische Fach so erfolgreich vertritt. 1918 debütiert sie in Bologna in *Il barbiere di Siviglia* (Rossini). Aufgrund des großen Erfolges wird sie von Venedig eingeladen und wirkt dort neben einem Bühnenanfänger namens Giacomo Lauri-Volpi an einer Aufführung der *Puritani* (Die Puritaner, Bellini) mit. Auch das Teatro Costanzi in Rom lädt sie ein. 1924 debütiert sie unter der Leitung Arturo Toscaninis neben dem Bariton Carlo Galeffi und dem Tenor Miguel Fleta in einer elektrisierenden Aufführung des *Rigoletto* an der Scala. Ab dieser Zeit singt sie dort die Gilda regelmäßig, nimmt aber 1929 auch an einer Aufführung von Umberto Giordanos Oper *Il Rè* (Der König) teil.

Trotz ihres relativ beschränkten Repertoires wird sie dank ihrer kraftvollen Stimme als Koloratursopranistin in ganz Europa berühmt. Neben den oben erwähnten Opern studiert sie noch *La Traviata* (Verdi) und *Lucia di Lammermoor* (Donizetti) ein. 1949 nimmt sie am Liceo in Barcelona an einer Aufführung von *Il matrimonio segreto* (Die heimliche Ehe, Cimarosa) teil. Nach Beendigung ihrer Bühnenlaufbahn wird sie als Pädagogin tätig.

Capuana, Maria
Italienische Altistin, geb. 29. 9. 1891 Fano (Pesaro), gest. 22. 2. 1955 Cagliari (Sardinien).
Die ältere Schwester des Dirigenten Franco Capuana studiert am Konservatorium von Neapel Gesang und Klavier. 1918 debütiert sie als Page Urban in *Les Huguenots* (Meyerbeer) am Teatro di San Carlo (Neapel). 1920 erringt sie am Teatro Regio in Turin als Brangäne (*Tristan*, Wagner) einen großen Erfolg. Sie entwickelt sich zu einer Wagner-Spezialistin. 1922 debütiert sie an der Scala als Ortrud (*Lohengrin*, Wagner); anschließend singt sie dort die Herodias (*Salome*, R. Strauss), Fricka (*Walküre*, Wagner), Amneris (*Aida*, Verdi) und Nerone (Boito). 1925 tritt sie am Teatro Colón in Buenos Aires, am Liceo in Barcelona, am San Carlos in Lissabon, in Kairo und in Südafrika auf. Ihre dunkle, expressive Stimme erlaubt ihr selbst in Italien, wo sie von allen wichtigen Bühnen und von den Festspielen in Verona eingeladen wird, eine große Karriere als Wagner-Sängerin.

Caracciolo, Franco
Italienischer Dirigent, geb. 29. 3. 1920 Bari.
Er studiert am Konservatorium von Neapel Klavier und Komposition und legt 1938 und 1939 seine Abschlußexamen ab. Anschließend geht er zu Bernadino Molinari nach Rom an die Accademia Nazionale di Santa Cecilia und studiert Orchesterleitung. 1944 debütiert er. Rasch wird er von den wichtigsten italienischen Orchestern eingeladen. 1949–64 leitet er das Orchester Alessandro Scarlatti in Neapel. Anschließend wird er Chefdirigent des Symphonie-Orchesters der RAI in Mailand (1964–71), bevor er 1971 die Leitung des Orchesters Alessandro Scarlatti ein zweites Mal übernimmt (bis 1987). Wir verdanken ihm viele ›Ausgrabungen‹ vergessener Werke, darunter die des *Dettinger Te Deums* von Georg Friedrich Händel (1955).

Cardon, Stéphane
Französischer Dirigent, geb. 6. 12. 1940 Bethune.
Er beginnt mit seinem Studium am Konservatorium von Lille und setzt es an dem von Paris fort, wo er sechs Preise erhält, darunter für Partituranalyse in der Klasse von Olivier Messiaen (1960) und für Orchesterleitung in der Klasse von Manuel Rosenthal. 1968–72 ist er Kontrabassist im Kammerorchester des französischen Rundfunks. 1970 gewinnt er den 2. Preis beim Internationalen Nikolai-Malko-Wettbewerb von Kopenhagen und den 1. Preis beim Internationalen Wettbewerb von Besançon. Er dirigiert die wichtigsten französischen Orchester und wird am Konservatorium von Paris zum Professor ernannt, behält aber die Leitung des Instrumentalensembles von Grenoble bei (1972–84). 1984 wird er zum stellvertretenden Chefdirigenten der Toulouser Oper ernannt.

Caridis, Miltiades
Griechischer Dirigent, geb. 9. 5. 1923 Danzig.
Er studiert am Konservatorium von Athen und geht dann zu Hans Swarowsky nach Wien, wo er an der Musikakademie 1947 sein Diplom ablegt. Anschließend besucht er Meisterkurse bei Herrmann Scherchen und Herbert von Karajan. Er debütiert als Chefdirigent der Bregenzer Oper (1947–48), geht dann nach Graz (1949–59) und Köln (1959–62), bevor er von der Wiener Oper engagiert wird (1962). In der Fol-

ge arbeitet er auch im Konzertsaal: 1960–67 ist er ständiger Dirigent der Philharmonia Hungarica und des Symphonie-Orchesters des Dänischen Rundfunks (1962–66). Anschließend wird er künstlerischer Direktor der Osloer Philharmoniker (1966–76), Generalmusikdirektor in Duisburg (1975–81) und künstlerischer Direktor des Niederösterreichischen Tonkünstlerorchesters in Wien (1979–85).

Cariven, Marcel
Französischer Dirigent, geb. 18. 4. 1894 Toulouse, gest. 5. 11. 1979 Paris.
Er studiert am Konservatorium seiner Heimatstadt und geht dann nach Paris, wo er am Konservatorium bei Xavier Leroux, Paul Vidal und André Gédalge seine Ausbildung mit drei 1. Preisen für Harmonielehre, Geschichte der Musik und Komposition abschließt. Er wird Konzertmeister an verschiedenen Pariser Theatern; am Théâtre de l'Apollo springt er für den erkrankten Dirigenten bei einer Aufführung von Franz Lehárs Operette *Die lustige Witwe* ein: sein erstes Dirigat. Er fängt Feuer und dirigiert die Orchester der Bouffes-Parisiens, der Theater Marigny und Michodière, der Variétés, der Gaïté-Lyrique und des Mogador (*La Belle Hélène*, Die schöne Helena, Offenbach). Schon bald erweitert sich sein Repertoire beträchtlich; er dirigiert symphonische Musik, Opern und Operetten, Unterhaltungsmusik, Ballett- und Filmmusik. Er arbeitet eng mit Komponisten zusammen, unter anderem mit Reynaldo Hahn, André Messager, Louis Beydts und Maurice Yvain. Die Opéra und die Opéra-Comique öffnen ihm ihre Pforten. 1936 gewinnt er eine öffentliche Ausschreibung des französischen Rundfunks und arbeitet dort bis 1973.

Carmirelli, Pina (= Giuseppina Carmirelli)
Italienische Violinistin, geb. 23. 1. 1914 Varzi.
Sie studiert am Mailänder Konservatorium Violine (bei Michelangelo Abbado) und Komposition und schließt 1930 bzw. 1936 mit Diplomen ab. In der Klasse von Arrigo Serato gewinnt sie an der Accademia Nazionale di Santa Cecilia in Rom den 1. Preis für Kammermusik; 1940 erhält sie den Paganini-Preis. 1937 gibt sie ihre ersten Konzerte und beginnt eine internationale Karriere. 1949 gründet sie das Boccherini-Quintett und entwickelt sich zu einer Spezialistin des Komponisten. Sie gibt eine revidierte Neuausgabe der Instrumentalwerke Luigi Boccherinis heraus. 1954 gründet sie das Carmirelli-Quartett, mit dem sie zahlreiche Tourneen und Schallplattenaufnahmen durchführt.
Neben ihrer solistischen Tätigkeit spielt sie mit dem Pianisten Sergio Lorenzi häufig im Duo. 1970 interpretiert sie in der Carnegie Hall in New York mit Rudolf Serkin am Flügel sämtliche *Sonaten für Violine und Klavier* von Ludwig van Beethoven. 1977 ersetzt sie Salvatore Accardo als Konzertmeister des Ensembles I Musici. 1979 gründet sie das Quintetto Fauré di Roma (zusammen mit Maureen Jones, Klavier, Federico Agostini, Violine, Massimo Paris, Bratsche und Francesco Strano, Violoncello).
Seit 1941 unterrichtet sie am Konservatorium von Rom. An der Accademia Nazionale di Santa Cecilia hält sie Meisterkurse ab; sie spielt auf der Stradivari *Toscan* aus dem Jahre 1690, die 1953 von der italienischen Regierung erworben wurde; vor ihr hatte Gioconda de Vita das Instrument leihweise benutzt.

Caron, Rose (= Rose-Lucile Meuniez)
Französische Sopranistin, geb. 17. 11. 1857 Monnerville, gest. 9. 4. 1930 Paris.
Zu Beginn ihrer Karriere muß sie viele Schwierigkeiten überwinden, nicht nur am Pariser Konservatorium, wo sie nur einen 2. Preis in Gesang und eine Belobigung im Fach Oper (in der Klasse von Nicolas-Jean-Jacques Masset) erhält. Ernest Reyer entdeckt und fördert sie. Er vermittelt sie an die Oper in Lille und an das Théâtre de la Monnaie in Brüssel, wo sie 1882–1885 regelmäßig

auftritt und die Brünnhilde im Meisterwerk ihres Förderes, *Sigurd*, kreiert. 1885–87 ist sie Mitglied der Pariser Oper, ohne große Erfolge zu erzielen, da man ihr nur für sie ungeeignete Rollen gibt. Sie zieht sich nach Brüssel zurück, um 1890 mit Reyers Oper *Salammbô*, an deren Brüsseler Uraufführung sie mitwirkt, im Triumph wieder nach Paris zurückzukehren. An der Opéra wirkt sie an den französischen Erstaufführungen der *Walküre* (Wagner) und des *Otello* (Verdi) mit. Sie beweist sich als große Wagner-Sängerin und interpretiert die Rollen der Elsa (*Lohengrin*), Sieglinde (*Der Ring des Nibelungen*) und Elisabeth (*Tannhäuser*). An der Opéra-Comique singt sie die Iphigenie (*Iphigénie en Tauride*) und den Orpheus (*Orphée et Euridice*, beide Gluck) sowie die Leonora (*Fidelio*, Beethoven). Sie wirkt an den Uraufführungen der Oper *Jocelyn* (Godard, Brüssel 1888) und der szenischen Version der *Damnation de Faust* (Fausts Verdammnis, Berlioz, Monte Carlo 1893) mit. 1902 nimmt sie Abschied von der Bühne und geht als Pädagogin an das Pariser Konservatorium.

Carreras, José
Spanischer Tenor, geb. 5. 12. 1946 Barcelona.
Er beginnt, Chemie zu studieren, bevor er als Siebzehnjähriger beschließt, Sänger zu werden; er wird Schüler von Jaime Francisco Puig und geht an das Konservatorium seiner Heimatstadt. 1970 debütiert er am Liceo, der Oper Barcelonas, als Ismael in *Nabucco* (Verdi); 1971 gewinnt er den Verdi-Wettbewerb in Busseto. Sein Riccardo (*Un ballo in maschera*, Ein Maskenball, Verdi), den er in Parma interpretiert, erregt Aufsehen. Montserrat Caballé unterstützt ihn; er debütiert an ihrer Seite noch im gleichen Jahr in London in einer konzertanten Aufführung von *Maria Stuarda* (Donizetti), nachdem er von Rafael Frühbeck de Burgos an die Madrider Oper engagiert worden war. Ab 1972 erhält er von allen Seiten Einladungen: An der New York City Opera singt er den Linkerton (*Madame Butterfly*, Puccini). 1973 singt er am Teatro Colón in Buenos Aires und an der Oper von Chicago. 1974 erzielt er den endgültigen Durchbruch: Er debütiert als Cavaradossi (*Tosca*, Puccini) an der Met, als Alfredo (*La Traviata*, Verdi) am Covent Garden und an der Wiener Oper. Ein Jahr später singt er zum ersten Mal an der Scala (Riccardo). Anschließend singt er an der Met (*Un ballo in maschera*, Ein Maskenball) und in Salzburg, wo er unter der Leitung von Herbert von Karajan an einer Aufführung des *Don Carlos* (1976, Verdi) mitwirkt. 1977 nimmt er zur Saisoneröffnung an der Scala an einer Aufführung des *Don Carlos* teil (Leitung: Claudio Abbado, Inszenierung: Giorgio Strehler). Hamburg, München, Brüssel und San Francisco melden sich. In London arbeitet er mit Luchino Visconti und Franco Zeffirelli. Bei den Festspielen von Aix-en-Provence wirkt er an der Wiederentdeckung der Oper *Roberto Devereux* von Gaetano Donizetti mit. Er wendet sich im Laufe der Zeit dramatischeren Rollen zu und studiert den Radames (*Aida*, Verdi, Salzburg 1979 und 1980), Werther (Massenet, Covent Garden 1980), Don José (*Carmen*, Bizet, Salzburg und Verona 1984), André Chénier (Giordano, Verona 1986), Des Grieux (*Manon*, Massenet) und den Romeo (*Roméo et Juliette*, Gounod) ein. Leukämie zwingt ihn, seine Karriere jäh zu unterbrechen. Seit dem Sommer 1988 nimmt er seine künstlerischen Tätigkeiten langsam wieder auf. Er setzt sich vor allem mit Hilfe von Schallplattenaufnahmen für die ›Ausgrabung‹ vergessener Werke ein.
W: *Singen mit der Seele* (München 1989).

Carteri, Rosanna
Italienische Sopranistin, geb. 14. 12. 1930.
Die Schülerin von Ferruccio Cusinati tritt als Zwölfjährige zum ersten Mal in einem Konzert auf, gewinnt als Acht-

zehnjährige einen Wettbewerb des italienischen Rundfunks und debütiert 1949 in den Caracalla-Thermen Roms als Elsa (*Lohengrin*, Wagner). 1951 singt sie zum ersten Mal an der Scala; 1952 singt sie unter der Leitung von Wilhelm Furtwängler bei den Salzburger Festspielen die Desdemona (*Otello*, Verdi). 1954 debütiert sie als Mimi (*La Bohème*, Puccini) in San Francisco und 1955 als Marguerite (*Faust*, Gounod) in Chicago. 1958 singt sie zum ersten Mal in der Arena von Verona (Mimi); 1960 folgt ihr Debüt am Covent Garden (*La Traviata*, Verdi) und 1961 das an der Pariser Opéra (Tosca, Puccini). Auch als Konzert- und Liedersängerin feiert sie bedeutende Erfolge; 1961 nimmt sie in Paris an der europäischen Erstaufführung von Francis Poulencs *Gloria* teil. Weitere Uraufführungen, an denen sie maßgeblich beteiligt ist: *Ifigenia* (1950) von Ildebrando Pizzetti; *Proserpine e lo straniero* (Proserpine und der Fremde, 1952) von Juan José Castro, *Calzare d'argento* (1961) von Ildebrando Pizzetti sowie *Il mercante di Venezia* von Mario Castelnuovo-Tedesco.

Caruso, Enrico
Italienischer Tenor, geb. 27. 2. 1873 Neapel, gest. 2. 8. 1921 daselbst.
Als Knabe singt er als Alt in Kirchenchören, bevor er von Guglielmo Vergine und Vincenzo Lombardi unterrichtet wird. Das meiste seiner Kunst bringt er sich allerdings als Autodidakt selbst bei. Er debütiert, ohne aufzufallen, 1894 am Teatro Nuovo in Neapel. 1897 wird er von der Oper von Palermo engagiert (*La Gioconda*, Ponchielli), anschließend von Livorno (*La Bohème*, Puccini) und Mailand, Teatro Lirico (*L'Arlesiana*, Cilea). Im darauffolgenden Jahr feiert er wieder am Teatro Lirico bei der Uraufführung von Umberto Giordanos Oper *Fedora* einen bedeutenden Erfolg. Petersburg und London (1902) laden ihn ein. 1903 fährt er zum ersten Mal in die Vereinigten Staaten, wo die Met schon bald zu seiner ›Hausoper‹ wird: innerhalb von 17 Jahren interpretiert er in mehr als 600 Vorstellungen 36 verschiedene Rollen. Er nimmt als erster Tenor an Schallplattenaufnahmen teil. 1921 kehrt er in seine Heimat zurück, wo er in der Zwischenzeit kaum aufgetreten war, und stirbt kurz nach seiner Ankunft an einem Lungenleiden und den Folgen verschiedener Operationen.
In seiner Jugend verkörpert er vor allem Rollen des lyrischen Faches, in den letzten zehn Jahren seines Lebens dagegen die Heldentenor-Rollen in *Rigoletto*, *Aida* (beide Verdi) und *Carmen* (Bizet). Er wirkt an folgenden Uraufführungen mit: *Fedora* (Giordano), *Adrienne Lecouvreur* (Cilea), *La fanciulla del West* (Das Mädchen aus dem goldenen Westen, Puccini). Caruso ist auch als talentierter Karikaturist bekanntgeworden.

Carvalho, Eleazar de
Brasilianischer Dirigent, geb. 28. 6. 1912 Iguatu (Ceará).
Er studiert in Fortaleza und anschließend an der Universität von Rio de Janeiro; 1940 erwirbt er den Grad eines Doktors der Musik. Er beginnt als Instrumentalist und spielt zehn Jahre lang im Orchester der Oper von Rio de Janeiro Tuba. 1940 wird er zum Chefassistenten des brasilianischen Symphonie-Orchesters ernannt. 1947 wird er 1. Kappellmeister der Oper von Rio de Janeiro. Ab 1946 besucht er Meisterkurse bei Sergej A. Kussewitzky in Tanglewood und wird zuerst sein Assistent und schließlich sein Nachfolger als Professor für Orchesterleitung. 1952–59 leitet er das brasilianische Symphonie-Orchester. 1954 gründet er die brasilianische Jeunesses Musicales und die Musikakademie von São Paulo. Trotzdem bleibt seine Karriere hauptsächlich auf die Vereinigten Staaten beschränkt. Er ist regelmäßiger Gast des Bostoner Symphonie-Orchesters, Musikdirektor des Symphonie-Orchesters von Saint Louis (1963–68) sowie des Orchesters der Hofstra University (Hempstead, N. Y., 1969–73). 1973 kehrt er in seine Heimat zurück und wird zum Leiter auf

Lebenszeit des brasilianischen Symphonie-Orchesters ernannt. Er unterrichtet an der Musikhochschule von Rio de Janeiro und an der Juilliard School of Music in New York. Als Komponist verdanken wir ihm zwei Opern. Er ist mit der Pianistin Jocy de Oliveira verheiratet.

Casa, Lisa della
siehe **Della Casa, Lisa**

Casadesus, Gaby (= Gabrielle L'Hôte)
Französische Pianistin, geb. 10. 8. 1901 Marseille.
Sie studiert bei Marguerite Long und Louis Diémer am Konservatorium von Paris. Als Sechzehnjährige erhält sie einen 1. Preis und das Privileg, mit Gabriel Fauré, Alexander Moszowski, Florent Schmitt und Maurice Ravel deren Werke persönlich einzustudieren. Sie heiratet Robert Casadesus; sie spielen häufig Werke für zwei Klaviere und manchmal sogar zusammen mit ihrem Sohn Jean Werke für drei Klaviere. Mit Zino Francescatti und dem Guarneri- sowie dem Juilliard-Quartett spielt sie häufig Kammermusik. Sie ist eine bedeutende Pädagogin und unterrichtet an den wichtigsten amerikanischen Universitäten sowie an der Ravel-Akademie in Saint-Jean-de-Luz.

Casadesus, Jean
Französischer Pianist, geb. 7. 7. 1927 Paris, gest. 21. 1. 1972 Renfrew (Kanada).
Der Sohn von Gaby und Robert Casadesus tritt 1938 in das Pariser Konservatorium ein. Bei Kriegsausbruch folgt er seiner Familie in die Vereinigten Staaten und setzt sein Studium an der Princeton University fort, wobei er von seinen Eltern weiterhin Klavierunterricht erhält. Er gewinnt den Wettbewerb junger Solisten des Philharmonia Orchestra (1946), debütiert unter der Leitung von Eugene Ormandy und gibt die ersten Klavierabende. 1947 gewinnt er den Internationalen Genfer Wettbewerb. Neben seiner Karriere als Pianist unterrichtet er am amerikanischen Konservatorium in Fontainebleau bei Paris (ab 1954) und an der Staatsuniversität von New York in Binghampton, wo er ›artist in residence‹ ist. Ein Autounfall in Kanada setzt seiner Karriere ein jähes Ende.

Casadesus, Jean-Claude (= Jean-Claude Probst)
Französischer Dirigent, geb. 7. 12. 1935 Paris.
Der Enkel des Komponisten Henri Casadesus und der Schauspielerin Gisèle Casadesus beginnt seine Karriere als Schlagzeuger und gewinnt einen 1. Preis am Konservatorium von Paris. Anschließend wird er Paukenschläger beim Orchestre des Concerts Colonne und Solist innerhalb der Veranstaltungsreihe Domaine Musical. Er schreibt Bühnen- und Filmmusiken, spielt das klassische Repertoire, zeitgenössische Werke und Jazz-Kompositionen. Erst relativ spät wendet er sich der Orchesterleitung zu und studiert bei Pierre Dervaux an der Ecole Normale de Musique (Diplom 1965) und bei Pierre Boulez in Basel. 1969 ist er zusammen mit Dervaux maßgeblich an der Gründung des Orchestre Philharmonique des Pays de la Loire beteiligt und wird der ständige Dirigent der Abteilung von Nantes. Auch international steigt sein Ansehen. 1976 wird er zum Direktor des neuen Philharmonischen Orchesters der Stadt Lille ernannt. Er dirigiert sowohl Konzerte wie Opern (Aix-en-Provence, Vaison-la-Romaine, Carpentras, Lüttich, Pariser Oper) und widmet sich neben dem klassischen Repertoire vor allem der zeitgenössischen Musik. Er zeichnet für die Uraufführungen folgender Werke verantwortlich: *i 330* (Bondon, 1975), *Symphonèmes* und *Sinfonia sui cenci* (beide Capdenat, 1975 bzw. 1982).

Casadesus, Robert
Französischer Pianist und Komponist, geb. 12. 4. 1899 Paris, gest. 19. 9. 1972 daselbst.
Aus einer Musikerfamilie stammend,

wird er bis zu seinem zehnten Lebensjahr von seiner Tante Rose Casadesus unterrichtet und geht dann an das Pariser Konservatorium zu Louis Diémer. Als Vierzehnjähriger erzielt er bereits einen 1. Preis im Fach Klavier. Seine ersten Kompositionen stammen aus dem Jahr 1916; sein erstes Konzert gibt er 1917. 1918 wird er eingezogen. 1919 erhält er nach Beendigung seines Wehrdienstes am Pariser Konservatorium in der Klasse von Xavier Leroux einen 1. Preis in Harmonielehre. Im darauffolgenden Jahr gewinnt er den Louis-Diémer-Preis. 1921 heiratet er Gabrielle L'Hôte (Gaby Casadesus); im gleichen Jahr kreiert er Gabriel Faurés *Fantaisie*, die er mit dem Komponisten einstudiert hat. 1922 befreundet er sich mit Maurice Ravel. 1924 gibt er den ersten, einzig Ravel vorbehaltenen Klavierabend; auch hierfür hatte er die Werke mit dem Komponisten einstudiert. Er lernt Manuel de Falla, Florent Schmitt und Albert Roussel kennen, der ihm sein jüngstes Werk für Klavier widmet. 1927 weiht er die Salle Pleyel ein und beginnt, mit seiner Frau Konzerte für zwei Klaviere oder Klavierkonzerte für vier Hände zu geben. 1935 wird er zum Professor am amerikanischen Konservatorium in Fontainebleau bei Paris ernannt. Im gleichen Jahr spielt er unter der Leitung von Arturo Toscanini zum ersten Mal in den Vereinigten Staaten. 1940 siedelt er in die USA über; 1940 gibt er seinen ersten Klavierabend in der Carnegie Hall. Er befreundet sich mit Zino Francescatti, mit dem er viele Kammermusikabende gibt. 1946 kehrt er nach Europa zurück und wird Direktor des amerikanischen Konservatoriums in Fontainebleau. Er ist weltweit berühmt und spielt unter der Leitung von Dimitri Mitropoulos und George Szell. Auch als Komponist leistet er Bedeutendes.

Casals, Pablo (= Pau Carlos Salvador Defilló Casals)
Spanischer Cellist, geb. 29. 12. 1876 Vendrell (Katalonien), gest. 22. 10. 1973 San Juan (Puerto Rico).
Als Vierjähriger wird er von seinem Vater, einem Organisten und Musiklehrer, in Klavier, Geige und Flöte unterrichtet. Als Neunjähriger beginnt er mit dem Orgelunterricht. 1888 geht er an das Konservatorium von Barcelona zu José Garcia (Cello) und José Rodoreda (Harmonielehre). 1890 gibt er am Teatro Novedaes sein erstes Konzert; er kauft die Partitur der *Sechs Suiten für Violoncello solo* von Johann Sebastian Bach, die er später weltberühmt macht. Damals spielt er, um seinen Lebensunterhalt zu sichern, in den Cafés Tost und Pajarera. Er fällt Isaac Albéniz auf, der ihm ein Empfehlungsschreiben für den Grafen Guillermo de Morphy am spanischen Hof ausstellt. Die Königinmutter vermittelt ihm ein Stipendium für das Madrider Konservatorium, wo er bei Tomás Bretón Komposition und bei Jesús de Monasterio Kammermusik studiert (1894). 1895 geht er nach Belgien, um sich zu perfektionieren, verläßt aber Belgien bald zugunsten von Paris, wo er sich mit der Stelle eines 2. Cellisten im Orchester des Théâtre des Folies-Marigny begnügen muß. Er kehrt nach Barcelona zurück, wird am städtischen Konservatorium Nachfolger seines Lehrers und außerdem Professor am Liceo (1897–99). Er gründet ein Streichquartett mit Mathieu Crickboom als Primarius, Galvez und Enrique Granados. 1899 fährt er zum zweiten Mal nach Paris, lernt Charles Lamoureux kennen, der sein Talent erkennt; das Konzert unter Lamoureux wird zum Beginn seiner internationalen Karriere. Er spielt in London vor Königin Victoria, in Brüsssel vor Königin Elisabeth, die ihn ihr ganzes Leben über schätzt. 1901 unternimmt er seine erste Tournee in die Vereinigten Staaten (während der er sich an der Hand verletzt), 1904 eine zweite. Bei dieser Gelegenheit verwirklicht er die amerikanische Erstaufführ-

rung des *Don Quichotte* (R. Strauss) unter der Leitung des Komponisten. 1903 wagt er sich an seine erste ›Einspielung‹ (auf Zylinder). 1905 gründet er mit Alfred Cortot und Jacques Thibaud ein Trio, das die Musikliebhaber in aller Welt mehr als dreißig Jahre lang begeistert. Er unternimmt seine erste Tournee nach Rußland, lernt Nikolaj A. Rimskij-Korssakow und Alexander N. Skrjabin kennen und spielt unter der Leitung von Sergej W. Rachmaninow. Während des 1. Weltkriegs lebt er hauptsächlich in New York. 1919 übersiedelt er nach Katalonien und gründet in Barcelona mit ortsansässigen Musikern auf eigenes Risiko das Orchester Pau Casals. Unter seiner Leitung erreicht das Orchester ein hohes Niveau, so daß er Dirigenten wie Fritz Busch, Sergej A. Kussewitzky, Richard Strauss, Pierre Monteux, Otto Klemperer oder Igor Strawinsky bedenkenlos einladen kann. Er gründet eine Organisation mit dem Ziel, die Musik auch den unbemittelten Schichten zugänglich zu machen und wendet dafür seine ganze Energie auf. Er unterstützt die junge spanische Republik leidenschaftlich und weigert sich bereits 1933, im Nazi-Deutschland aufzutreten. Während des Spanischen Bürgerkriegs spielt er unter Bombenhagel. 1939 geht er ins Exil nach Prades, einer kleinen Pyrenäenstadt dicht an der spanischen Grenze, in deren Nähe es verschiedene Flüchtlingslager gibt. Casals gibt zugunsten der politischen Flüchtlinge viele Benefizkonzerte. 1943 beginnt er mit der Komposition seines Oratoriums *El pessebre* (Die Krippe). 1945 gibt er seine Konzerttätigkeit auf, um mit seinem Schweigen gegen die Nachsicht zu protestieren, die die Westmächte der Diktatur Francos gegenüber hegen. Erst 1950 nimmt er aus Anlaß des zweihundertsten Todestages von Johann Sebastian Bach den Bogen wieder in die Hand. Prades wird zu einem Wallfahrtsort, der von allen, die in der Welt der Musik Rang und Namen besitzen, aufgesucht wird: so von Clara Haskil, Joseph Szigeti, Rudolf Serkin, David F. Oistrach, Wilhelm Kempff, Julius Katchen und vielen anderen. 1954 zieht Casals nach Puerto Rico, der Heimat seiner Familie mütterlicherseits. 1957 gründet er zusammen mit Alexander Schneider das Musikfestival und das Symphonie-Orchester Puerto Ricos. In Berkeley und an der Accademia Musicale Chigiana in Siena (1959–62) gibt er Meisterkurse. 1962 unternimmt er mit *El pessebre* eine Tournee um die Welt. 1966 nimmt er aus Anlaß seines neunzigsten Geburtstages ein letztes Mal an dem Festival von Prades teil. Neben seinem Oratorium kennen wir eine Messe, eine symphonische Dichtung sowie ein Streichquartett aus seiner Feder.

1906 heiratet er eine seiner Schülerinnen, die portugiesische Cellistin Guilhermina Suggia, von der er sich 1912 wieder scheiden läßt. 1914 heiratet er die amerikanische Sängerin Susan Metcalfe und 1957 Marta Montañez, ebenfalls eine seiner Schülerinnen, die nach seinem Tod Eugene Istomin heiratet.

Casals ist zeit seines Lebens nicht nur ein leidenschaftlicher Propagandist seines Instruments, sondern auch ein ausgezeichneter ›Techniker‹, der die Möglichkeiten des Cellos vor allem in Hinsicht auf die Bogenführung beträchtlich erweitert. Gabriel Fauré widmet ihm seine *Serenade für Violoncello und Klavier*, Louis-Victor-Jules Vierne seine *Sonate*, Alexander K. Glasunow seine *Konzert-Ballade* op. 108 und George Enescu seine *Sonate Nr. 2*. Schönberg transkribiert für ihn Matthias Georg Monns *Konzert in g-moll*; Casals kreiert die Transkription 1913. 1930 zeichnet er für die Uraufführung von Ralph Vaughan Williams' *Fantasie on Sussex Folk Tunes* (Phantasie über Volkslieder aus Sussex) verantwortlich. Seit 1910 spielt er auf einem Goffriller.

WW: *The Memoirs of Pablo Casals as Told to Th. Dozier* (New York 1959); *Joys and Sorrows. Reflections as Told to A. Kahn* (New York 1970, dt. Licht und Schatten auf einem langen Weg. Erinnerungen. Aufgezeichnet von Albert E. Kahn, Frankfurt/M. 1971).

Casier, Robert
Französischer Oboist, geb. 15. 7. 1924 Champigny-sur-Marne.
Er studiert bei Louis Bleuzet, Etienne Baudo und Pierre Bajeux Oboe, bei Yvonne Desportes Harmonielehre und bei Fernand Oubradous Kammermusik. 1944 erhält er am Pariser Konservatorium 1. Preise für Oboe und Kammermusik. 1952 gewinnt er den Internationalen Kritiker-Preis in Buenos Aires und 1954 den Internationalen Wettbewerb. 1953–67 ist er Solo-Oboist der Société des Concerts du Conservatoire und seit 1959 1. Oboist an der Pariser Oper. Neben seiner Tätigkeit als Orchestermusiker tritt er häufig als Solist auf. Er gründet 1944 das Pariser Bläser-Quintett, das er bis 1985 leitet, 1960 die Association française de musique de chambre, 1971 das Duo Musette-Cembalo und 1973 das Couperin-Festival in Centre-Brie. 1968 schließt er die Entwicklung einer neuen Musette ab, ein Instrument aus der Familie der Oboen, das Musetten aus früheren Epochen nachgebaut ist. Er zeichnet für folgende Uraufführungen verantwortlich: *Sonate für Oboe und Piano* von Roger Boutry (zusammen mit dem Komponisten), *Sonate für Oboe und Klavier* von Francis Poulenc (zusammen mit Jacques Février) und *Sonate für Oboe und Fagott* von André Jolivet (1954). Neben dem traditionellen Repertoire seines Instruments nimmt er Schallplatten mit zeitgenössischen Werken auf (Auric, Hindemith, Ibert, Jolivet, Malipiero, Milhaud, Poulenc, Roland-Manuel und Schönberg). 1945–51 ist er Professor am Konservatorium von Rouen, zur Zeit an dem von Montreuil.

Caskel, Christoph
Deutscher Schlagzeuger, geb. 12. 1. 1932 Greifswald.
Er studiert an der Kölner Musikhochschule Schlagzeug bei W. Pricha (1949–53) und anschließend bis 1955 Musikwissenschaft an der Kölner Universität. Während seines letzten Studienjahres gibt er seine ersten Konzerte. Er spielt fast ausschließlich zeitgenössische Werke. Er gehört zum Darmstädter Internationalen Kammerensemble und spielt mit Alfons und Aloys Kontarsky die *Sonate für zwei Klaviere und Schlagzeug* von Béla Bartók. 1963 gründet er mit dem Pianisten Franzpeter Goebels ein Duo. Im darauffolgenden Jahr wird er Mitglied des Stockhausen-Ensembles. Er leitet Meisterklassen in Darmstadt (1959), Köln (1968, 1970, 1974) und in Holland. 1963 wird er an der Rheinischen Musikhochschule in Köln zum Dozent ernannt.
Seine Vitalität, seine Präzision und seine Kraft machen ihn zum idealen Interpreten der großen Werke Karlheinz Stockhausens, dessen *Zyklus für einen Schlagzeuger* er 1959 kreiert und dessen *Kontakte* er häufig interpretiert, und Mauricio Kagels (*Transicion II*). Er ist Mitglied des Ensembles Capella Coloniensis.

Cassadó, Gaspar David Ramón
Spanischer Cellist, geb. 30. 9. 1897 Barcelona, gest. 24. 12. 1966 Madrid.
Der Sohn des Komponisten, Organisten und Dirigenten Joaquín Cassadó Valls (1867–1926) wird zuerst von seinem Vater unterrichtet, bevor er als Siebenjähriger in das Konservatorium Las Mercedes in Barcelona eintritt. Zwei Jahre später gibt er sein erstes Konzert. 1908 erhält er ein Stipendium; er geht nach Paris zu seinem Landsmann Pablo Casals. Seine internationale Karriere als Solist wie auch als Kammermusiker beginnt 1918. Er spielt mit Harold Bauer, Arthur Rubinstein, José Iturbi, Joseph Szigeti und Bronislaw Hubermann. Später gründet er ein Trio mit Yehudi Menuhin und Louis Kentner. Der pädagogischen Tätigkeit räumt er einen bedeutenden Platz ein: er unterrichtet an der Accademia Musicale Chigiana in Siena (1946–52; 1955–63) und ab 1958 an der Musikhochschule Köln. Er zieht nach Florenz, wo er bis zu seinem Lebensende bleibt und wo heute ein internationaler Cellisten-Wettbewerb seinen Namen trägt. Er setzt sich für die zeitge-

nössische Musik ein. Luigi Dallapiccola widmet ihm seine *Dialoghi*, die er 1960 kreiert. Joaquín Turina transkribiert für ihn *Jeudi Saint à Minuit* (Gründonnerstag um Mitternacht). Er zeichnet für die Uraufführung von Borislav Martinůs *Konzert für Violoncello Nr. 1* (1. Fassung von 1931), für Joaquín Rodrigos *Concierto galante* (1947), das *Konzert für Violoncello* von Wladimir Vogel (1956), die *Prozession* von Hermann Reutter (1957), für das *Konzert für Violoncello* von Riccardo Malipiero (1958) und das *Konzert für Violoncello Nr. 2* von Grażyna Bacewicz (1963) verantwortlich.

Als Komponist schreibt er neben einem Oratorium in der Hauptsache für sein Instrument. 1959 heiratet er die japanische Pianistin Chieko Hara. Er spielt auf einem Stradivari aus dem Jahr 1709, das sich einmal im Besitz Luigi Boccherinis befand.

Cassily, Richard
Amerikanischer Tenor, geb. 14. 12. 1927 Washington.
Nach seinem Studium am Peabody-Konservatorium in Baltimore (1946–52) debütiert er am Broadway als Chorsänger, bevor er von der New York City Opera engagiert wird, wo er ab 1954 große Erfolge verzeichnen kann. 1965 lädt Rolf Liebermann ihn ein, in Hamburg den Radames zu singen (*Aida*, Verdi). Er wird als Heldentenor Ensemblemitglied der Hamburger Staatsoper. Die wichtigsten Bühnen und Festspiele laden ihn ein. Zu seinen Lieblingsrollen gehören Radames, Cania (*I Pagliacci, Der Bajazzo*, Leoncavallo), Florestan (*Fidelio*, Beethoven), Otello (Verdi), Parsifal und Tannhäuser (Wagner), Herodes (*Salome*, R. Strauss), der Kardinal (*Mathis der Maler*, Hindemith), Max (*Der Freischütz*, Weber) und Don José (*Carmen*, Bizet). Cassily gehört lange Zeit zu den wichtigsten Mitgliedern der Hamburger Oper.

Caussé, Gérard
Französischer Bratscher, geb. 26. 6. 1948 Toulouse.
Er stammt aus einer Musikerfamilie und studiert zuerst am Toulouser und ab 1967 am Pariser Konservatorium (in der Klasse von Léon Pascal) Bratsche. Zwei Jahre später erhält er 1. Preise für Bratsche und Kammermusik (in der Klasse von Jean Hubeau). Er ist bereits Mitglied des Via-Nova-Quartetts (1969–71), während er noch Meisterkurse besucht. 1971 ist er Preisträger der Fondation de la Vocation. 1972–80 gehört er zum Parrenin-Quartett und ab 1976 zum Ensemble InterContemporain. 1980 wird er Professor am Konservatorium von Boulogne, 1981 Stellvertreter von Jean Hubeau am Konservatorium von Paris (Klasse für Kammermusik), 1982 Professor am Konservatorium von Lyon und ab 1987 Professor für Bratsche am Pariser Konservatorium. Er unterrichtet auch an der Accademia Musicale Chigiana in Siena. 1982 verläßt er das Ensemble InterContemporain, um sich innerhalb des Ivaldi-Quartetts noch stärker der Kammermusik widmen zu können. Er spielt auf einem von Gasparo da Salo 1570 gebauten Instrument. Caussé wirkt an folgenden Uraufführungen mit: *Konzert für Bratsche* von Rose (1975), *Prolog für Bratsche* von Gérard Grisey (1975), *Jeremy Voyageur* (Jeremy, der Reisende) von René Koering (1978) und *Einspielung* von Emmanuel Nunes (1981).

Cebotari, Maria (= Maria Cebutaru)
Österreichische Sopranistin russischer Herkunft, geb. 10. 2. 1910 Kischinjow (Bessarabien), gest. 9. 6. 1949 Wien.
Sie singt zuerst in Kirchenchören, bevor sie als Schauspielerin Mitglied des Moskauer Künstlertheaters (1926) wird, dessen Direktor Alexander von Wiburow sie 1927 in Berlin heiratet, wo sie kurze Zeit bei Oskar Daniel studiert. Sie debütiert 1931 an der Dresdner Oper als Mimi (*La Bohème*, Puccini) und singt noch im gleichen Jahr bei den

Salzburger Festspielen. 1936 wechselt sie von Dresden nach Berlin (1936–44) und Wien (1946–49). 1934 zur Kammersängerin ernannt, hebt sie folgende Rollen aus der Taufe: die Aminta in *Die schweigsame Frau* (R. Strauss, Dresden 1935), die Julia in *Romeo und Julia* (Sutermeister, 1942), die Lucile in *Dantons Tod* (v. Einem, Salzburg 1947) und die Isot in *Vin herbé* (Der Zaubertrank, F. Martin, Salzburg 1948). Die Gräfin und die Susanna (*Le nozze di Figaro*), Donna Anna und Zerline (*Don Giovanni*, alle Mozart), Sophie (*Der Rosenkavalier*), Ariadne (*Ariadne auf Naxos*), Die Gräfin (*Capriccio*) und Salome (alle R. Strauss – der Komponist ändert die Orchestrierung von *Salome* für die Sängerin!) gehören ebenso zu ihren Glanzrollen wie Carmen (Bizet), Violetta (*La Traviata*, Verdi) Manon (Massenet), Cho-Cho-San (*Madame Butterfly*) und Turandot (beide Puccini) sowie Tatjana (*Eugen Onegin*, Tschaikowskij). Sie interpretiert die Turandot (Puccini) bei der amerikanischen Erstaufführung 1926 an der Met. 1933–41 dreht sie sechs Filme (darunter zwei mit Benjamino Gigli als Partner). Nur neunundreißig Jahre alt, stirbt sie auf dem Höhepunkt ihres Ruhms an Krebs.

Ceccato, Aldo
Italienischer Dirigent, geb. 18. 2. 1934 Mailand.
Er studiert am Konservatorium von Mailand Klavier, Komposition und Orchesterleitung. Anschließend geht er an die Musikhochschule Berlin, wo er 1961 sein Diplom ablegt. Er perfektioniert sich bei Sergiu Celibidache an der Accademia Musicale Chigiana in Siena (1961–63) und debütiert 1964 in Mailand mit einer Vorstellung des *Don Giovanni* (Mozart). In der Folge dirigiert er an verschiedenen italienischen Bühnen und arbeitet 1967 einige Monate mit Victor de Sabata, dessen Tochter Eliana er heiratet. In das gleiche Jahr fällt auch sein Debüt an der Scala. Zwei Jahre später gewinnt er den 1. Preis beim Dirigenten-Wettbewerb des italienischen Rundfunks und wird von den Edinburgher Festspielen sowie von der Chicagoer Oper eingeladen. 1970 dirigiert er am Covent Garden und 1971 in Glyndebourne. 1973–77 ist er Musikdirektor des Symphonie-Orchesters von Detroit. 1972–83 leitet er zusätzlich die Hamburger Philharmoniker. 1985 übernimmt er die Leitung des Symphonie-Orchesters von Bergen und des Symphonie-Orchesters des NDR, Hannover. 1991 übernimmt er zusätzlich die Leitung des Spanischen Nationalorchesters. Er leitet die Uraufführungen von Bruno Bettinellis *Symphonie Nr. 6* und von dessen *Alternanze*.

Celibidache, Sergiu
Rumänischer Dirigent, geb. 28. 6. 1912 Roman bei Iaszi.
Er studiert an der Universität von Bukarest Philosophie und Mathematik. 1936 geht er nach Berlin und setzt seine Studien fort; er beschäftigt sich vor allem mit Wellenmechanik, aber auch mit Musikwissenschaften und schreibt eine Doktorarbeit über Josquin des Prés. 1939–45 ist er bei Fritz Stein, Kurt Thomas und Walter Gmeindl Student an der Berliner Musikhochschule. Nach Studienabschluß kann er sofort bei den Berliner Philharmonikern einspringen, da ihr ehemaliger Chef, Wilhelm Furtwängler, als Belasteter kein Recht zu öffentlichen Auftritten hat. Drei Jahre lang leitet er die meisten Konzerte des berühmten Orchesters und beweist seine außergewöhnliche Persönlichkeit. Nach Furtwänglers Rückkehr an die Spitze der Berliner Philharmoniker arbeitet er vor allem als Gastdirigent, ohne sich längere Zeit an ein bestimmtes Orchester zu binden, denn seine Forderungen sind kaum erfüllbar und er selbst zu keinen Konzessionen seinen Musikern oder dem Publikum gegenüber bereit. In der ersten Zeit arbeitet er weiterhin hauptsächlich mit Berliner Orchestern, den Philharmonikern, aber auch dem Orchester des RIAS Berlin. 1948 debütiert er in London. Anschließend dirigiert er häufig in Italien. Ab

1959 wird er regelmäßig vom Rundfunkorchester Stuttgart eingeladen. 1960–62 hält er an der Accademia Musicale Chigiana in Siena Meisterkurse ab; die jungen Dirigenten reißen sich darum, zugelassen zu werden. 1962 übernimmt er die Leitung des Symphonie-Orchesters von Radio Stockholm, das er völlig neu aufbaut (bis 1971). 1973–75 ist er 1. ständiger Gastdirigent des französischen Orchestre National. 1979 übernimmt er die Leitung der Münchner Philharmoniker; in der bayerischen Hauptstadt hält er auch Meisterkurse für Orchesterleitung ab.

Er leitet die Uraufführungen von Günther Bialas' *Lamento di Orlando* (1986), von Harald Genzmers *Symphonie Nr. 3* (1986), von Peter Michael Hamels *Symphonie in sechs Teilen* (1988) und von Hans Werner Henzes *Undine* sowie dessen *Jeux des Tritons*. Celibidache komponiert auch, verweigert aber die Aufführung seiner Kompositionen.

Cellier, Alexandre (=Alexandre-Eugène Cellier)
Französischer Organist und Komponist, geb. 17.6. 1883 Molières-sur-Cèze (Gard), gest. 4.3. 1968 Paris.

Der Organist, Musikwissenschaftler und Komponist studiert bei Louis Diémer, Xavier Leroux, Alexandre Guilmant und Charles-Marie Widor. 1908 erhält er einen 1. Preis für Orgel. Zwei Jahre später wird er zum Organisten an der Eglise Réformée de l'Etoile in Paris ernannt, der er bis zu seinem Lebensende treu bleibt.

Alexandre Cellier, der 1918–39 der Organist der Société Bach ist und als Inspektor innerhalb des französischen Kultusministeriums eine bedeutende Rolle für die Konservatorien in der Provinz spielt, verfaßt einige Bücher über sein Instrument und hinterläßt bedeutende Kompositionen für Orgel, Klavier, Kammerensemble und Orchester.

WW: *L'Orgue moderne* (Paris 1913); *Les Passions et l'oratorio de Noël de Bach* (Paris 1929); *L'Orgue, ses éléments, son histoire et son esthétique* (Paris 1933); *Traité de la registration d'orgue* (Paris 1957).

Cernay, Germaine (=Germaine Pointu)
Französische Mezzosopranistin, geb. Le Havre 1900, gest. Paris 1943.

Ihr Name bleibt mit der Opéra-Comique verbunden, wo sie 1927 debütiert und in den Rollen der Charlotte (*Werther*, Massenet), Margared (*Le Roi d'Ys*, Der König von Ys, Lalo), Pénélope (Fauré), Carmen (Bizet) und Mignon (Thomas) brilliert. Bei der historischen Aufnahme von *Pelléas et Mélisande* (Debussy) unter der Leitung von Roger Désormière im Jahre 1942 singt sie die Geneviève. Auch am Théâtre de la Monnaie in Brüssel und in der französischen Provinz wird sie gefeiert. Sie gibt auch Konzerte und entwickelt sich zu einer bewegenden Bach-Sängerin. Vor dem Ende ihres kurzen Lebens tritt sie in ein Nonnenkloster ein.

Cerquetti, Anita
Italienische Sopranistin, geb. 13.4. 1931 Montecosaro (Macerata).

Sie studiert am Liceo Musicale Pareggiato G. Morlacchi in Perugia. Sie gewinnt einige Preise und debütiert 1951 als Aida (Verdi) in Spoleto. Aufgrund ihres Erfolges wird sie von allen bedeutenden italienischen Bühnen eingeladen; 1953 tritt sie in Verona in zwei Verdi-Opern auf: *Aida* und *Il Trovatore* (Der Troubadour). Die Chicagoer Oper engagiert sie; sie nimmt an Aufführungen von *Un ballo in maschera* (Ein Maskenball, Verdi), *Il Trovatore* und *Don Giovanni* (Mozart) teil. 1958 macht sie Schlagzeilen: sie singt in Neapel die Norma (Bellini), während Maria Callas in der gleichen Rolle die neue römische Oper einweiht. Maria Callas muß aufgrund einer Krankheit die erste Vorstellung abbrechen. Die weiteren Vorstellungen übernimmt Anita Cerquetti, die zwischen Neapel und Rom hin- und herfährt, große Erfolge feiert, aber auch ihrer Gesundheit schadet. Kurz darauf muß sie sich einer schweren Operation unterziehen und ist gezwungen, 1961 von der Bühne abzutreten.

Chabrun, Daniel
Französischer Dirigent, geb. 26. 1. 1925 Mayenne.
Er studiert in Paris an der Sorbonne Literaturwissenschaft und gleichzeitig am Konservatorium bei Yves Nat Klavier, bei H. Challan und F. Lamy Harmonielehre, Kontrapunkt und Fuge und bei Louis Fourestier Orchesterleitung. 1954 erhält er einen 1. Preis in Orchesterleitung. Auf Anhieb werden ihm im In- und Ausland Dirigate anvertraut. Er setzt sich stark für die zeitgenössische Musik ein: 1961 erhält er den Prix Italia für seine Interpretation von Maurice Ohanas *La véridique histoire de Jakotin* (Jakotins wirkliche Geschichte); 1963 den gleichen Preis für *Le Cœur révélateur* (Das sich offenbarende Herz) von Claude Prey. Im gleichen Jahr erhält er für seine Interpretation von Ivo Malecs *Les douze mois* (Die zwölf Monate) den Preis der Communauté d'expression française. 1965 erzielt er in Paris mit dem Ars-Nova-Ensemble bei einem Anton-Webern-Festival große Erfolge. 1966 leitet er die französische Erstaufführung von Henry Purcells *The Indian Queen* (Die indische Königin); im gleichen Jahr zeichnet er für die Uraufführung von Preys Oper *Jonas* verantwortlich.

Als Mitarbeiter von Jean Vilar ruft er im Rahmen des Festivals von Avignon die Aufführungsreihe ›Musiktheater‹ ins Leben, innerhalb der er ab 1969 Werke von Claude Prey (*On veut la lumière, allons-y*, Wir wollen Licht, packen wir's an und *Les Fêtes de la faim*, Hungerfeste), Maurice Ohana (*Trois Contes de l'honorable fleur*, Drei Märchen der ehrenwerten Blume), Ivo Malec (*Un contre tous*, Einer gegen alle), Georges Aperghis (*Pandemonium*) und Georges Couroupos (*Dieu le veut!*, Gott will es!) zur Uraufführung bringt.

Mehr als hundert zeitgenössische Werke erleben unter seiner Stabführung ihre Uraufführung bzw. europäische oder französische Erstaufführung, wobei das Spektrum der Komponisten sehr breit angelegt ist: Girolamo Arrigo, Henry Barraud, Charles Chaynes, Edisson W. Denissow, René Koering, Witold Lutosławski, Goffredo Petrassi, Yoshihisa Taira, Gilles Tremblay, Iannis Xenakis und andere. Auch als Pädagoge tritt er hervor; er arbeitet zehn Jahre lang für die Stadt Paris auf dem Gebiet der Wiedereingliederung seelisch oder sozial Gestörter und veröffentlicht darüber zahlreiche Artikel in medizinischen und pädagogischen Zeitschriften. Seit 1972 gibt er am Pariser Konservatorium Kurse für Orchesterleitung; seit 1975 ist er Professor am Konservatorium von Montreuil. 1975–78 hat er im französischen Kultusministerium die Oberaufsicht über die Musiktheater inne. 1978 wird er zum Inspecteur principal de la musique und 1980 zum Inspecteur général de la musique ernannt.

Chailly, Riccardo
Italienischer Dirigent, geb. 20. 2. 1953 Mailand.
Der Sohn des Komponisten Luciano Chailly erhält von seinem Vater den ersten Unterricht, bevor er in das Mailänder Verdi-Konservatorium in die Klasse von Franco Caracciolo eintritt. Anschließend besucht er die Meisterkurse von Piero Guarino in Perugia und von Franco Ferrara an der Accademia Musicale Chigiana in Siena (bis 1972). 1970 gibt er in Mailand sein erstes Konzert. Zwei Jahre später leitet er *Werther* (Massenet) am Teatro Nuovo. Claudio Abbado holt ihn als Assistent an die Scala. Gleichzeitig wird er immer häufiger von wichtigen Bühnen zu Gastdirigaten eingeladen. So arbeitet er ab 1974 regelmäßig mit der Oper von Chicago (*Madame Butterfly*, Puccini, *Rigoletto*, Verdi, *I Pagliacci*, Der Bajazzo, Leoncavallo, *Cavalleria Rusticana*, Mascagni) und ab 1977 mit der von San Francisco. 1978 debütiert er mit *I Masnadieri* (Die Räuber, Verdi) offiziell an der Scala. Im darauffolgenden Jahr wird er von Sir Colin Davis an den Covent

Garden eingeladen und dirigiert dort *Don Pasquale* (Donizetti). Chailly dirigiert auch die wichtigsten Symphonie-Orchester. 1982 wird er zum ständigen Dirigenten des Berliner Radio-Symphonie-Orchesters ernannt (bis 1989). 1986–89 ist er gleichzeitig Musikdirektor der Oper von Bologna. 1988 übernimmt er die Leitung des Concertgebouw-Orchesters in Amsterdam. Er verwirklicht die Uraufführungen von Werken von Luciano Berio (*Formazioni*, 1987), Luciano Chailly (*Kinderrequiem*, 1979, und *Es-Konzert*, 1984), Alfred G. Schnittke (*Concerto grosso Nr. 4*, 1984), Arnold Schönberg (*Frühlingstod*, unvollendete symphonische Dichtung, 1984), Marco Tutino (*La Foresta incantata*, Der verzauberte Wald, 1983) Manfred Trojahn (*Symphonie Nr. 3*, 1985, und *5 Epigraphes*, 1987).

Chajkin, Boris Emmanuilowitsch
Russischer Dirigent, geb. 13. (26). 10. 1904 Minsk, gest. 10. 5. 1978 Moskau.
Er studiert am Moskauer Konservatorium bei Alexander F. Goedicke Klavier (1927) und bei Nicolaj A. Malko sowie Konstantin Saradschew Orchesterleitung. 1928 legt er sein Diplom ab. Noch im gleichen Jahr wird er vom Stanislawskij-Theater engagiert (1928–35). Anschließend übernimmt er die künstlerische Leitung des Kleinen Operntheaters Malegot (1936–43) und des S.-Kirow-Theaters (1943–54) in Leningrad, bevor er nach Moskau zurückkehrt und die Leitung des Bolschoi-Theaters übernimmt (1954–78). Er gilt als einer der wichtigsten russischen Operndirigenten des 20. Jahrhunderts und zeichnet für die Uraufführungen von Dmitrij B. Kabalewskijs Oper *Colas Breugnon*, Sergej S. Prokofjews Oper *Die Verlobung im Kloster* sowie von Aram I. Chatschaturians *Symphonie Nr. 2* verantwortlich. Am Moskauer Konservatorium (1925–28, 1930–36 und 1954–78) und an dem von Leningrad (1939–49 und 1946–55) bildet er die Elite der neuen sowjetischen Dirigentengeneration aus, darunter Kyrill P. Kondraschin.

Chalabala, Zdeněk
Tschechoslowakischer Dirigent, geb. 18. 4. 1899 Uherské Hradiště (Mähren), gest. 4. 3. 1962 Prag.
Er studiert zuerst Rechtswissenschaft, bevor er sich der Musik zuwendet und am Konservatorium von Brno (Brünn) bei František Neumann Orchesterleitung studiert (1919–22). 1924 gründet er sein eigenes Orchester mit Amateur-Musikern, die Mährisch-Slowakische Philharmonie. 1921–36 lehrt er am Konservatorium von Brünn; 1925 wird er zum Kapellmeister und 1930 zum künstlerischen Leiter der dortigen Oper ernannt. 1936–45 arbeitet er als Kapellmeister am Nationaltheater in Prag. Anschließend leitet er die Opernhäuser von Ostrava (Ostrau, 1945–49), Brünn (1949–52) und Bratislava (1952–53), bevor er als Chefdirigent an das Nationaltheater in Prag zurückkehrt. 1956–60 wird er regelmäßig vom Bolschoi-Theater in Moskau eingeladen.
Chalabala gehört zu den wichtigsten Persönlichkeiten der tschechoslowakischen Musik- und Opernwelt und hat entscheidend zur Verbreitung der Opern von Antonín Dvořák, Bedřich Smetana und Leoš Janáček beigetragen.

Challan, Annie
Französische Harfenistin, geb. 5. 11. 1940 Toulouse.
Ihr Vater ist Komponist und ihr Onkel Professor für Harmonielehre am Pariser Konservatorium. Sie ist noch jung, als sie in die Hauptstadt zieht. Zuerst interessiert sie sich nur für das Ballett, bevor sie sich dem Klavier zuwendet. Da ihre Hände zu klein sind, gibt sie schon bald dieses Instrument wieder auf und wählt die Harfe. Sie wird Schülerin von Lily Laskine und macht rasch Fortschritte: Als Zwölfjährige erhält sie am Konservatorium von Versailles und drei Jahre später an dem von Paris einen 1. Preis für Harfe; als Sechzehnjährige wird sie Harfenistin im Orchestre des Concerts Colonne, mit dem sie zehn Jahre zusammenarbeitet; als Achtzehnjährige wird sie gleichzeitig Mitglied des Orchesters

der Pariser Opéra. Mit Suzanne Cotelle bildet sie das erste französische Harfenistinnen-Duo. Mit Roger Bourdin als Partner spielt sie Musik für Harfe und Flöte. Sie liebt jede Art von Musik, von Wolfgang Amadeus Mozart bis Frank Sinatra, vor allem aber die von Maurice Ravel.

Chapelet, Francis
Französischer Organist, geb. 3. 3. 1934 Paris.
Er studiert bei Édouard Mignan, dem Organisten der Pariser Eglise de la Madeleine, Klavier und wird von dem gleichen Lehrer in die Harmonielehre eingeführt. An der Ecole César Franck besucht er die Kurse von Édouard Souberbielle (Orgel), bevor er in das Konservatorium von Paris eintritt, wo er 1961 einen 1. Preis für Orgel (Interpretation und Improvisation) erhält. 1964 wird er Titularorganist an der Eglise Saint-Séverin in Paris. Einer alten französischen Tradition gemäß teilt er sich die Stelle; Jacques Marichal und Michel Chapuis sind die beiden weiteren Titularorganisten. Er arbeitet gleichzeitig wissenschaftlich über die spanische Orgel (Bau und Musik). Seine ersten Schallplatteneinspielungen auf bis dahin unbeachteten Instrumenten in Covarrubias, Salamanca (Kathedrale), Ciudad Rodrigo oder Trujillo, um nur einige Städte zu nennen, sind das direkte Ergebnis dieser Forschungsarbeit, die mit insgesamt fünf Schallplattenpreisen gewürdigt wird. Seit 1972 ist er korrespondierendes Mitglied der Königlichen Akademie der Schönen Künste in Madrid. 1979 gründet er in Parades-Fuentes de Nava (Kastilien) die Akademie für iberische Musik, die er heute noch leitet. Seit 1980 ist er Professor für Orgel am Konservatorium von Bordeaux. Im gleichen Jahr wird er Mitglied der Denkmalschutzkommission (Abteilung Orgel) für die Region Aquitaine. 1981 ernennt ihn der spanische Staat zum offiziellen Experten für historische Orgeln der Provinzen Kastilien und Leon. Er ist davon überzeugt, daß das Studium von Orgelbau und -geschichte bei der Interpretation der Literatur für dieses Instrument hilfreich ist.

Chapuis, Michel
Französischer Organist, geb. 15. 1. 1930 Dole.
Als Neunjähriger spielt er sonntags bereits auf der großen Orgel in der Kathedrale seiner Heimatstadt. Nach dem 2. Weltkrieg tritt er in die Ecole César Franck ein und nimmt vier Jahre bei René Malherbe und Édouard Souberbielle Unterricht. 1950 wechselt er in die Klasse von Marcel Dupré an das Pariser Konservatorium. Im gleichen Jahr noch verläßt er das Konservatorium wieder mit einem 1. Preis für Orgel (Interpretation und Improvisation). 1951 wird er Organist der Kirche Saint-Germain-l'Auxerrois (Paris). Um sein Instrument besser kennen zu lernen, arbeitet er zwei Jahre bei dem Orgelbauer Müller in Saint-Germain-en-Laye. 1954 geht er als Organist an die Kirche Saint-Nicolas-des-Champs (Paris), in der sich eine Cliquot-Orgel befindet. Auf diesem Instrument entdeckt er die französische Orgelmusik des 17. und 18. Jahrhunderts. Bereits in Dole hatte er 1942 bei Emile Borrel das Spiel mit ›inegalen‹ Werten kennengelernt, bei dem im allgemeinen die erste von zwei Noten länger gespielt wird, ohne daß dies extra notiert ist. 1954–72 ist er Titularorganist dieser Orgel. Er spielt Werke von Nicolas de Grigny, Louis Marchand, Louis-Nicolas Clérambault oder auch Jehan Titelouze und entwickelt sich in dieser Zeit zu einem der Wortführer einer neuen Organisten-Generation. Neun Jahre lang spielt er ab 1954 an der Chororgel in Notre-Dame in Paris während der Messen.

1964 wird er zum Titularorganisten der Kirche Saint-Séverin in Paris ernannt, deren Orgel von Albert Kern restauriert wurde (Chapuis hat an der Restaurierung mitgewirkt). Er teilt sich diese Aufgabe, französischer Tradition gemäß, mit zwei weiteren Organisten, Jacques Marichal und Francis Chapelet. Er be-

reichert die Liturgie mit freien Improvisationen auf der Orgel und folgt auch hierin einer alten französischen Tradition. Bei seinen Improvisationen spielt er gern mit voll gezogenen Registern. Seine besondere Vorliebe gilt dem deutschen Choral, der Fuge und dem französischen Präludium.
1956–79 ist er Professor am Straßburger Konservatorium. 1979 wechselt er an das Konservatorium von Besançon; 1986 bekommt er eine Professur am Konservatorium von Paris. Seit 1963 nimmt er regelmäßig an den Sommerakademien für Orgel in Burgund und Saint-Maximin teil.
Musikwissenschaftliche Forschungen und eine intime Kenntnis der Geschichte des Orgelbaus verhelfen ihm zu einem besseren Verständnis der Orgelmusik des 17. und 18. Jahrhunderts. Er kämpft seit langer Zeit für eine behutsame Restaurierung der historischen Instrumente Frankreichs im Sinne größtmöglicher Authentizität. Chapuis ist Mitglied der nationalen Denkmalschutzkommission (Abteilung Orgel) sowie staatlich bestellter Experte.

Charbonnier, Jean-Louis
Französischer Gambenspieler, geb. 17. 3. 1951 Joinville-le-Pont.
Als Siebenjähriger beginnt er mit Klavierunterricht und wechselt als Zehnjähriger am Konservatorium von Saint-Maur zum Cello. Als Sechzehnjähriger lernt er ein drittes Instrument, das Fagott. Er beschäftigt sich auch mit Musiktheorie. 1970 legt er am Konservatorium von Saint-Maur sein Diplom in Fagott und 1971 in Violoncello ab. Alte Instrumente ziehen ihn an. Er schreibt sich an der Schola Cantorum in Basel ein, studiert bei Jordi Savall Viola da gamba und gibt vergessene Werke für sein Instrument heraus. 1975 heiratet er die Cellistin Claire Giardelli. 1976 veröffentlicht er eine Gambenschule; mit seiner Gattin gründet er ein Ensemble für alte Musik. 1977 wird er Mitglied des Ensembles La Grande Ecurie et la Chambre du Roy. Er gründet an den Konservatorien von Dieppe und Fontenay-aux-Roses Klassen für Viola da gamba. Jean-Louis Charbonnier beherrscht alle Violen (Diskant-, Tenor-, Baß- und Kontrabaß-Viola).

Charlier, Olivier
Französischer Violinist, geb. 17. 2. 1961 Albert (Somme).
Als Fünfjähriger erhält er von seinem Vater ersten Geigenunterricht. 1971 wird er Schüler von Jean Fournier; 1975 erhält er als Vierzehnjähriger am Pariser Konservatorium einen 1. Preis für Violine und im darauffolgenden Jahr einen 1. Preis für Kammermusik. Er perfektioniert sich bei Jean Hubeau und Pierre Doukan und gewinnt zahlreiche internationale Preise: München (1978), Montreal (1979), Sibelius-Wettbewerb in Helsinki (1980), 2. Preis beim Long-Thibaud-Wettbewerb in Paris (1981) und Grand-Prix-Rainier in Monaco (1981).

Chauvet, Guy
Französischer Tenor, geb. 2. 10. 1933 Montluçon.
Seine Familie zieht nach Tarbes, wo er seine musikalischen Studien beginnt. Seine Lehrer zögern, ob er eher als Bariton oder Tenor ausgebildet werden soll. Nach einer Auszeichnung am Konservatorium gewinnt er 1954 den 1. Preis im Internationalen Tenor-Wettbewerb in Cannes und 1955 den 1. Preis beim Internationalen Gesangs-Wettbewerb in Toulouse. 1958 gewinnt er den Wettbewerb Voix d'Or und wird daraufhin von der Pariser Opéra engagiert. Nach einigen kleineren Rollen interpretiert er 1960 den Faust in *La Damnation de Faust* (Fausts Verdammnis, Berlioz). In der Folge singt er die Heldentenorrollen in *Tosca* und *Turandot* (beide Puccini), *Boris Godunow* (Mussorgskij), *Carmen* (Bizet), *Fidelio* (Beethoven), *Les Troyens* (Die Trojaner, Berlioz), *Iphigénie en Tauride* (Gluck), *Don Carlos* (Verdi) und in anderen Opern.
Er gehört zu den großen europäischen

Tenören und fühlt sich im Wagnerschen Fach genauso zu Hause wie im Verdischen. 1971 nimmt er in der Arena von Verona an den Feierlichkeiten zum hundertsten Geburtstag der *Aida* (Verdi) teil und singt abwechselnd mit Carlo Bergonzi den Radames. Er interessiert sich auch für das zeitgenössische Fach und interpretiert den Tambourmajor (*Wozzeck*, Berg), den Kurfürst (*Prinz von Homburg*, Henze) und den Jim Mahoney (*Aufstieg und Fall der Stadt Mahagonny*, Weill). Lorin Maazel engagiert ihn in West-Berlin sowie Osaka als Lohengrin (Wagner). Am Théâtre de la Monnaie in Brüssel singt er den Lohengrin und in Genf den Samson (*Samson et Dalila*, Saint-Saëns); Gastspiele an der Scala, der Met und der Pariser Opéra folgen, bevor er in Wien in *Les Troyens* debütiert und kurz darauf dort den Otello zum ersten Mal singt.

Chenal, Marthe
Französische Sopranistin, geb. 28. 8. 1881 Saint-Maurice, gest. 29. 1. 1947 Paris.
Sie beginnt 1901, am Konservatorium von Paris Gesang zu studieren, obwohl ihr Direktion und Professoren abraten. Man empfiehlt ihr sogar, ein Engagement am Moulin-Rouge anzunehmen. Doch sie läßt sich nicht entmutigen, arbeitet intensiv mit Celina-Maria de Martini und gewinnt 1905 einen 1. Preis. Im gleichen Jahr noch debütiert sie an der Pariser Oper als Brünnhilde (*Sigurd*, Reyer) und an der Opéra-Comique als Aphrodite (Erlanger). Sie gibt erfolgreiche Gastspiele in Monte Carlo und New York, doch ihre Karriere spielt sich in der Hauptsache in Paris ab, wo sie 1923 bei der Festaufführung von *Le Roi d'Ys* (Der König von Ys, Lalo) aus Anlaß des hundertsten Geburtstags des Komponisten mitwirkt. Sie besticht nicht nur aufgrund ihrer stimmlichen, sondern auch aufgrund ihrer schauspielerischen Fähigkeiten. Nach der Uraufführung von *La Sorcière* (Die Hexe, Erlanger) vergleicht sie ein Kritiker mit Sarah Bernhardt.

Cherkassky, Shura (= Alexander Cherkassky)
Amerikanischer Pianist russischer Herkunft, geb. 7. 10. 1911 Odessa.
Seine Mutter ist seine erste Lehrerin. Als Neunjähriger gibt er sein erstes öffentliches Konzert. 1923 reist er mit seiner Mutter in die Vereinigten Staaten und schreibt sich bei Josef C. Hofmann am Curtis Institute in Philadelphia ein. 1928 beginnt seine internationale Karriere. Er ist häufiger Gast der Salzburger Festspiele und feiert 1936 in London und ab 1946 in Deutschland große Triumphe.
Sein Spiel ist von der russischen Schule geprägt; man kann ihn mit Fug und Recht als ›temperamentvollen‹ Pianisten bezeichnen. Mit viel Erfolg interpretiert er Franz Liszt und Frédéric Chopin. Zu seinem in der Hauptsache romantischen Repertoire zählen auch die Sonaten von Johannes Brahms, Ludwig van Beethoven und Wolfgang Amadeus Mozart.

Chevillard, Camille Paul Alexandre
Französischer Dirigent und Komponist, geb. 14. 10. 1859 Paris, gest. 30. 5. 1923 Chatou.
Er ist der Sohn von Pierre-Alexandre Chevillard (1811–77), Professor für Violoncello am Pariser Konservatorium, der die Franzosen mit den späten Streichquartetten Ludwig van Beethovens vertraut macht. Camille studiert am Pariser Konservatorium bei Georges Mathias Klavier und erhält 1880 einen 2. Preis. 1887 wird er von Charles Lamoureux als Chorleiter für die französische Erstaufführung von *Lohengrin* (Wagner) engagiert. 1905 wendet er sich der Kammermusik zu und gründet das Trio Chevillard-Hayot-Salmon. 1897 ernennt ihn Lamoureux, dessen Tochter er heiratet, zum Stellvertreter und schließlich zum Nachfolger an der Spitze seines Orchesters. Diese Stelle behält er bis zu seinem Tod inne. 1907 wird er vom Pariser Konservatorium zum Professor ernannt und übernimmt die Klasse für Ensembles. Ab 1914 ist

er gleichzeitig Musikdirektor der Pariser Oper. Chevillard ist ein glühender Wagner-Anhänger und setzt dessen Werk als würdiger Nachfolger seines Schwiegervaters in Paris durch, ohne deswegen die junge französische Schule zu vernachlässigen: Er leitet die Uraufführungen von *Pelléas et Mélisande* (1901), *3 Nocturnes* (1900 und 1901) und *La Mer* (1905, alle Debussy), *Le Palais hanté* (Das Spukschloß, 1905) und *Rhapsodie viennoise* (Wiener Rhapsodie, 1911, beide F. Schmitt), *2. und 3. Symphonie* (1904 und 1906, d'Indy), *Le Poème de la forêt* (1907, Roussel) und *La Valse* (1920, Ravel). Florent Schmitt widmet ihm *Antoine et Cléopâtre* und Joseph-Guy Marie Ropartz *La Chasse du prince Arthur* (Die Jagd von Prinz Arthur).

Als Komponist bleibt er relativ unbekannt; er schreibt für fast alle Gattungen: eine symphonische Dichtung, Kammermusik und Lieder.

Chiara, Maria
Italienische Sopranistin, geb. 24. 1. 1939 Oderzo (bei Venedig).

Sie studiert an der Akademie Benedetto Marcello in Venedig und debütiert als Desdemona (*Otello*, Verdi) während einer Gala-Vorstellung im Dogenpalast zu Venedig. Kurz darauf wird sie von Amsterdam, Brüssel, Paris und Neapel eingeladen. 1969 singt sie in der Arena von Verona die Liu (*Turandot*, Puccini) und im Jahr darauf die Micaëla (*Carmen*, Bizet). In München und Wien tritt sie als Partnerin von Placido Domingo auf. 1971 gastiert sie auf dem Maggio Musicale Fiorentino und an der Oper von West-Berlin. 1974 erzielt sie als Tosca (Puccini) an der Oper Sao Carlo in Neapel einen herausragenden Erfolg. Ab dieser Zeit singt sie an allen bedeutenden Bühnen. 1977 debütiert sie als Violetta (*La Traviata*, Verdi) an der Met. Sie ist mit dem Bassisten Antonio Cassinelli, ihrem ehemaligen Lehrer, verheiratet.

Chiffoleau, Yvan
Französischer Cellist, geb. 18. 7. 1956 Nantes.

Von seinem Vater, ebenfalls Cellist, tief beeinflußt, beginnt er als Neunjähriger mit dem Cellospielen. Am Konservatorium seiner Heimatstadt erhält er 1970 einen 1. Preis und geht anschließend an das Konservatorium von Paris zu André Navarra, wo er 1973 einen 1. Preis in Violoncello und 1974 einen 1. Preis für Kammermusik (Klasse von Jean Hubeau) erhält. Er gewinnt den Tschaikowskij- (1974) und den Cassadó-Wettbewerb (1975), den 2. Preis beim Leipziger Bach-Wettbewerb (1976), den Budapester Casals-Wettbewerb (1980) sowie einen 2. Preis beim Rostropowitsch-Wettbewerb in Paris (1981). Seine Karriere nimmt schnell internationale Ausmaße an; er hebt *Une soirée à Nohant* (Ein Abend in Nohant) von Michel Merlet aus der Taufe.

Chmura, Gabriel
Israelischer Dirigent, geb. 7. 5. 1946 Wrocław (Breslau).

Er ist noch sehr klein, als seine Familie nach Israel übersiedelt. In Tel Aviv studiert er Klavier und Komposition (1965–68), bevor er nach Paris geht und bei Pierre Dervaux Orchesterleitung studiert (1968). 1969 schreibt er sich bei Franco Ferrara an der Accademia Musicale Chigiana in Siena ein, bevor er seine Ausbildung bei Hans Swarowsky in Wien abschließt. 1970 gewinnt er den Internationalen Dirigentenwettbewerb von Besançon. Im darauffolgenden Jahr gewinnt er in Mailand eine Goldmedaille bei dem Guido-Cantelli-Wettbewerb und bleibt Sieger beim Karajan-Wettbewerb in Berlin. Die wichtigsten Orchester und Opern laden ihn ein. 1974–83 ist er in Aachen Generalmusikdirektor. Die Münchner Oper vertraut ihm die Einstudierung von *Otello* (Verdi) und *Carmen* (Bizet) an. 1982 wird er Generalmusikdirektor in Bochum; 1987 übernimmt er die Leitung des Orchesters von Ottawa (bis 1990).

Chojnacka, Elisabeth
Französische Cembalistin polnischer Herkunft, geb. 10. 9. 1939 Warschau.
Als Sechsjährige beginnt sie, Musik zu studieren, und erhält 1962 an der Ecole Supérieure de Musique das Diplom Master of Arts; sie geht nach Paris und studiert bei Aimée van de Wiele das barocke Repertoire. In Vercelli erhält sie 1968 einen 1. Preis für Cembalo. Sie wendet sich der zeitgenössischen Musik zu. Alle großen Festivals zeitgenössischer Musik laden sie ein. Viele Komponisten schreiben für sie, und sie verwirklicht eine beeindruckende Zahl von Uraufführungen folgender Komponisten: André Boucourechliev (*Archipel Vb*, 1974); Charles Chaynes (*Joutes*, Turniere, 1975); Marius Constant (*Moulin à prières*, Gebetsmühle, 1970, *Candide*, 1971); Franco Donatoni (*Jeux pour deux*, Spiele für zwei, 1975, *Portrait* für Cembalo und Orchester, 1977); Henryk Mikolaj Górecki (*Konzert für Cembalo und Orchester*, 1980); Cristóbal Halffter (*Tiempo para espacios* für Cembalo und Streicher, 1974, *Adieu*, 1978); Betsy Jolas (*Autour*, Rings umher, 1973); György Ligeti (*Hungarian Rock*, 1978, *Passacaglia ungharese*, Ungarische Passacaglia, 1983); François-Bernard Mâche (*Korwar*, 1972, *Solstice*, Sonnenwende, 1975); Krzysztof Meyer (*Sonate für Cembalo*, 1973); Costin Miereanu (*Trilogie Trajectoire*, Triologie Flugbahn, 1988); Antoine Tisné (*Hommage à Calder*, 1970, *Cristaux de feu*, Feuerkristalle, 1975); Anatole Vieru (*Museum Music*, 1970); Iannis Xenakis (*Khoai*, 1976, *Komboi*, 1981).
Sie spielt auf einem modernen, ausdrucksstarken Cembalo und setzt sich leidenschaftlich für eine Renaissance ihres Instruments ein. Neben der zeitgenössischen Literatur, ihrer Spezialität, spielt sie auch alte Musik, besonders die aus ihrer Heimat.

Chomitzer, Michail
Ukrainischer Cellist, geb. 30. 6. 1935 Charkow.
Er studiert bis 1958 in der Klasse von Swjatoslaw Knuschewitzkij am Moskauer Konservatorium. Seit 1957 ist er Solo-Cellist der Moskauer Philharmoniker. 1961 wird er zum Professor am Moskauer Konservatorium ernannt, verfolgt aber weiterhin seine Karriere als Solist. Er gewinnt den Vigan-Wettbewerb in Prag, 1962 den Tschaikowskij-Wettbewerb in Moskau und 1963 den Pablo-Casals-Wetbewerb in Budapest. Die zeitgenössische Musik nimmt einen bedeutenden Stellenwert in seinem Repertoire ein. So spielt er in der Sowjetunion als erster die *Konzerte für Violoncello* von Jacques Ibert und Henri Dutilleux.

Chorafas, Dimitri
Griechischer Dirigent, geb. 23. 10. 1918 Svozonata.
Er studiert am Konservatorium seiner Geburtsstadt Violine und geht gleichzeitig dem Studium der Rechtswissenschaft nach. 1936 erhält er eine Goldmedaille. Er geht nach Paris, um sich bei André Touret zu perfektionieren. Nach Ausbruch des 2. Weltkrieges kehrt er in seine Heimat zurück. Er wird Professor für Violine am Athener Konservatorium und Konzertmeister des Symphonie-Orchesters des griechischen Rundfunks. Nach Kriegsende kehrt er nach Frankreich zurück und studiert bei André Cluytens Orchesterleitung. Gleichzeitig besucht er am Pariser Konservatorium die Klasse von Louis Fourestier (Orchesterleitung). 1951 wird er mit einem 1. Preis ausgezeichnet. Seine Karriere als Gastdirigent vor allem von Rundfunk-Orchestern beginnt. Er arbeitet regelmäßig an der Opéra du Rhin in Straßburg und am Théâtre de la Monnaie in Brüssel. Er betreut als Dirigent verschiedene Choreographien von Maurice Béjart. 1957 kehrt er nach Griechenland zurück und übernimmt die musikalische Leitung der Athener Nationaloper.

Chorzempa, Daniel
Amerikanischer Organist und Komponist, geb. 7. 12. 1944 Minneapolis.
Er studiert an der Universität von Minnesota (1955–65) und geht dann an die Kölner Musikhochschule. Der virtuose Organist, der auch als Pianist und Cembalist auftritt – er debütiert 1968 in Köln als Pianist –, ist in den Vereinigten Staaten und in Europa, hier vor allem in London, erfolgreich. Seit 1970 gehört er dem Kölner Studio für elektronische Musik an und arbeitet auch als Komponist. Er gilt als ein hervorragender Interpret der Werke Johann Sebastian Bachs und Franz Liszts und als ein Kenner der Werke von Julius Reubke, die er herausgibt.

Christ, Wolfram
Deutscher Bratscher, geb. 17. 10. 1955 Hachenburg (Westerwald).
Er beginnt als Sechsjähriger, Geige zu lernen, und beschäftigt sich schon früh mit Kammermusik, wobei er die Bratsche kennenlernt, der er sich 1967 endgültig zuwendet. Er gewinnt den Wettbewerb des Bayerischen Rundfunks, den Wiesbadener Mozart-Preis sowie den Gebrüder-Busch-Preis. 1978 wird er, noch bevor er sein Meisterstudium bei Ulrich Koch abschließt, zum Solo-Bratscher der Berliner Philharmoniker ernannt. Er unterrichtet an der Berliner Hochschule der Künste und verfolgt gleichzeitig eine Karriere als Solist. Er kreiert *Nachtstück* von Volker David Kirchner (1981) und das *Konzert für Bratsche* von Detlef Müller-Siemens (1984).

Christie, William
Amerikanischer Cembalist und Dirigent, geb. 19. 12. 1944 New York.
Er wird von seiner Mutter, die einen Kirchenchor leitet, in die Musik eingeführt, und beginnt als Siebenjähriger, bei Laura Kelzy Klavier zu lernen (1951–59). Als Zwölfjähriger beginnt er darüber hinaus bei Reed Jerome mit dem Orgelunterricht. Vier Jahre lang studiert er in Harvard Kunstgeschichte (1962–66) und begleitet während dieser Zeit den Harvard Glee Club, ein Männervokalensemble, das vor allem mit dem Symphonie-Orchester von Boston viele Tourneen unternimmt. 1964–65 ist er Stipendiat in Tanglewood. Ralph Kirkpatrick hörend, dessen Schüler an der Universität von Yale er wird (1967), entdeckt er die Musik des Barocks. 1970 wird er von der Universität von Dartmouth (New Hampshire) zum Professor für Musikologie ernannt. Im gleichen Jahr gründet er ein aus Sängern und Instrumentalisten zusammengesetztes Collegium, mit dem er alte Musik unter Berücksichtigung historischer Erkenntnisse betreibt. Zwei Jahre später gibt er seine pädagogische Arbeit auf und beginnt, sich mit französischer Musik zu beschäftigen. Er zieht nach London und schließt mit dem französischen Rundfunk einen Vertrag über die Aufnahme unbekannter Werke von Claude Balbastre und Nicolas Siret. Christie gibt viele Konzerte. Er schließt sich dem von John Patrick Thomas gegründeten Five Centuries Ensemble an (1971–72) und einige Zeit später gemeinsam mit René Jacobs und Judith Nelson dem Concerto Vocale von Amsterdam (1975). Ab 1978 schart er die Vertreter der neuen Interpreten-Generation um sich, die das tragende Gerüst seiner eigenen Gruppe, der Arts florissants, bilden. Seit 1979 unterrichtet er an den Konservatorien von Paris (Musikwissenschaft) und Lyon (Chorleitung). An dem von Philippe Beaussant in Versailles gegründeten Institut für alte Musik und Tanz ist er für die Ausbildung der Sänger verantwortlich. 1976–83 ist er an der Innsbrucker Akademie für alte Musik Professor für Kammermusik. 1962 wird ihm die Klasse für alte Musik am Pariser Konservatorium übertragen; 1984 wird er außerdem Professor am Centre d'études polyphoniques et chorales in Paris. An der Spitze seines Ensembles hat er zahlreiche französische Barockwerke wieder zum Leben erweckt, so 1981 aus Anlaß des Gipfeltreffens der industrialisierten

Länder in Versailles *Les Arts florissants* von Marc-Antoine Charpentier, 1983 aus Anlaß der Dreihundertjahrfeier von Jean-Philippe Rameau *Anacréon, Hippolyte et Aricie* und 1987 aus Anlaß des dreihundertsten Todestages von Jean-Baptiste Lully *Atys*. Er betrachtet sich als französisch-amerikanischen, voll in der französischen Kultur integrierten Musiker.

Christoff, Boris
Bulgarischer Bassist, geb. 18. 5. 1914 Plowdiw.

Der in der slawischen Tradition aufgewachsene Boris Christoff – sein Vater war Solist im Gemeindechor – singt bereits als Kind. Der Zehnjährige schwänzt die Schule, um einer Aufführung des *Freischütz* (Weber) beiwohnen zu können. Als Achtzehnjähriger wird er Mitglied des Gusla-Chores. Er studiert Rechtswissenschaft und wird in Sofia zum Richter ernannt; während eines Festkonzertes aus Anlaß des bulgarischen Nationalfeiertags fällt er dem König auf. Er erhält ein Stipendium und kann in Italien seine Stimme bei Riccardo Stracciari ausbilden lassen. 1943 kehrt er für kurze Zeit nach Bulgarien zurück, bevor er ans Mozarteum in Salzburg wechselt. Als er in die Schweiz emigrieren will, wird er interniert. Mit seinen russischen Mitgefangenen gründet er einen Chor. 1945 debütiert er während eines Konzertes der Accademia Nazionale di Santa Cecilia in Rom. Ein Jahr später nimmt er an der Mailänder Scala an einer Aufführung des *Deutschen Requiems* von Johannes Brahms teil. An der römischen Oper und an der Mailänder Scala singt er den Pimen (*Boris Godunow*, Mussorgskij). 1949 debütiert er am Covent Garden in der Rolle des Boris, die zu seiner Glanzrolle werden soll. 1958–74 kehrt er regelmäßig nach London zurück und feiert auch als Philipp II. (*Don Carlos*, Verdi) große Triumphe. 1950 wird er von der Met engagiert, um dort ebenfalls den Philipp II. zu singen, doch die Vereinigten Staaten verweigern ihm das Einreisevisum. So feiert er erst 1956 in San Francisco als Boris sein amerikanisches Debüt. 1957–63 tritt er regelmäßig in Chicago auf. Die wichtigsten internationalen Bühnen laden ihn ein: Salzburg (1949 und 1960), Florenz (1951), Verona, Paris (1953). Nur an der Met tritt er nie auf. Zu seinen wichtigsten Rollen zählen neben den bereits erwähnten Mephisto (*Faust*, Gounod), Rocco (*Fidelio*, Beethoven) und Gurnemanz (*Parsifal*, Wagner). Natürlich interpretiert er auch die großen russischen und Verdischen Baß-Rollen. Er wird als würdiger Nachfolger Fjodor I. Schaljapins angesehen. Boris Christoff setzt sich auch für das Lied ein und singt vorzugsweise Werke von Modest P. Mussorgskij, Lischkin und Antonio Caldara.

Chuchro, Josef
Tschechoslowakischer Cellist, geb. 3. 7. 1931 Prag.

Er erhält zuerst Privatunterricht, bevor er 1946–50 in der Klasse von Karel Pravoslav Sádlo (1946–50) am Prager Konservatorium studiert und sich anschließend an der dortigen Akademie perfektioniert (1950–53). 1951–56 ist er Mitglied des Trio Suk; ab 1960 spielt er regelmäßig in wechselnden Duo-Formationen mit den Pianisten Jan Panenka und Josef Hala. 1959 gewinnt er beim Internationalen Pablo-Casals-Wettbewerb in Mexiko den 1. Preis, der Beginn seiner internationalen Karriere. Seit 1961 ist er Solo-Cellist der Tschechischen Philharmonie. Mit Jan Panenka nimmt er sämtliche *Sonaten für Violoncello und Klavier* von Ludwig van Beethoven auf. Seit 1965 unterrichtet er am Prager Konservatorium; seit 1969 ist er Professsor an der Akademie in Prag.

Chung, Kyung-Wha
Koreanische Violinistin, geb. 26. 3. 1948 Seoul.

Das Wunderkind spielt als Neunjährige das *Konzert für Violine und Orchester* von Felix Mendelssohn Bartholdy. Sie studiert bei Ivan Galamian an der Juilliard School of Music in New York (1960–67) und gewinnt 1967 den Leventritt-Wettbewerb (ex-aequo mit Pinchas Zukerman). 1968 debütiert sie in New York mit den New Yorker Philharmonikern und 1970 in London unter der Leitung von André Previn mit dem Londoner Symphonie-Orchester. Ihr Repertoire reicht von Johann Sebastian Bach bis Igor Strawinsky und schließt auch Werke von Henri Vieuxtemps und William Walton ein. Auf dem Gebiet der Kammermusik spielt sie häufig mit ihrer Schwester, der Cellistin Myung-Wha Chung, und ihrem Bruder, dem Pianisten Myung-Whun Chung. Sie spielt auf einer Guarneri aus dem Jahre 1735, die einst Jan Kubelík gehörte, und einer Stradivari aus dem Jahre 1693, der *Harrison*.

Chung, Myung-Wha
Amerikanische Violoncellistin koreanischer Herkunft, geb. 19. 3. 1944 Seoul.
Sie studiert an der Juilliard School of Music in New York und geht dann zu Gregor Piatigorsky an die Universität von Südkalifornien. 1957 debütiert sie in ihrer Heimatstadt. Beim Internationalen Wettbewerb von San Francisco (1968) und dem von Genf (1971) erhält sie jeweils 1. Preise. Sie bildet mit ihrer Schwester Kyung-Wha Chung (Violine) und ihrem Bruder Myung-Whun Chung (Klavier) ein Trio. Sie spielt auf einer Stradivari aus dem Jahre 1731, der *Braga*.

Chung, Myung-Whun
Amerikanischer Pianist und Dirigent koreanischer Herkunft, geb. 22. 1. 1953 Seoul.
Er studiert an der Mannes School und anschließend an der Juilliard School of Music in New York, wo er seine Diplome erhält. Er debütiert 1960 als Pianist in seiner Heimatstadt und leitet ab 1971 das Koreanische Symphonie-Orchester. 1976 dirigiert er die New York Youth und im darauffolgenden Jahr das Pre-College-Orchester der Juilliard School. Carlo Maria Giulini engagiert ihn als Assistent für die Philharmoniker von Los Angeles (1978). Als Pianist gewinnt er 1970 den von der New York *Times* ausgeschriebenen Wettbewerb und 1974 den 2. Preis beim Moskauer Tschaikowskij-Wettbewerb. 1984 übernimmt er die Leitung des Symphonie-Orchesters des Saarländischen Rundfunks. 1986 dirigiert er zum ersten Mal an der Met. 1989 wird er zum Musikdirektor der Opéra-Bastille in Paris ernannt. Er zeichnet für die Uraufführung von Isang Yuns *Symphonie Nr. 3* verantwortlich.

Ciampi, Marcel
Französischer Pianist, geb. 29. 5. 1891 Paris, gest. 2. 9. 1980 daselbst.
Er studiert bei Louis Diémer am Pariser Konservatorium und wird 1909 mit einem 1. Preis ausgezeichnet, nachdem er zwischenzeitlich bei Perez de Brambilia studiert, die ihrerseits Schülerin von Clara Schumann und Anton Rubinstein war. Er unternimmt zahlreiche Tourneen, allein oder als Begleiter von Pablo Casals, George Enescu oder Jacques Thibaud. 1941–61 ist er Professor für Klavier am Pariser Konservatorium. Zu seinen wichtigsten Schülerinnen und Schülern gehören Hephzibah, Yaltah und Jeremy Menuhin, Marcel Gazelle, Yvonne Loriod, Éric und Tania Heidsieck, Cécile Ousset und Jean-Paul Sevilla.
Er heiratet die Violinistin Yvonne Astruc. George Enescu widmet ihm seine *Sonate für Klavier Nr. 3*, die er 1938 zur Uraufführung bringt. Ciampi gehört sicher zu den sensibelsten französischen Musikern seiner Zeit und hat leider nur wenige, unauffindbare Schallplatten eingespielt.

Ciani, Dino
Italienischer Pianist, geb. 16. 6. 1941 Fiume, gest. 28. 3. 1974 Rom.
Er studiert bei Marta del Vecchio in Genua, bevor er an das Konservatorium von Rom geht. 1958–62 besucht er die Sommerkurse, die Alfred Cortot an der Accademia Nazionale di Santa Cecilia

in Rom, aber auch in Lausanne und Paris gibt. Der 2. Preis beim Liszt-Bartók-Wettbewerb in Budapest markiert den Beginn einer bedeutenden Karriere. 1970 spielt er in einem Konzertzyklus sämtliche *Sonaten für Klavier* von Ludwig van Beethoven; seine Einspielung der *Préludes* von Claude Debussy wird vom Publikum sehr positiv aufgenommen. Bei einem Autounfall kommt er viel zu früh ums Leben.

Ciccolini, Aldo
Französischer Pianist italienischer Herkunft, geb. 15. 8. 1925 Neapel.
Er studiert am Konservatorium seiner Heimatstadt bei Paolo Denza Klavier und Komposition und erhält 1940 einen 1. Preis für Klavier. Im darauffolgenden Jahr debütiert er in Neapel mit Frédéric Chopins *Konzert für Klavier und Orchester* in f-moll. 1944 erhält er einen 1. Preis für Komposition. 1947 wird ihm am Konservatorium von Neapel eine Klasse anvertraut. Er gewinnt verschiedene internationale Auszeichnungen und Wettbewerbe, darunter 1949 den Long-Thibaud-Wettbewerb. Im gleichen Jahr läßt er sich in Paris nieder. 1950 debütiert er in New York unter der Leitung von Dimitri Mitropoulos. Er setzt sich international und auch bei seinen Schallplatteneinspielungen für die französische Musik ein. 1971 wird er zum Professor für Klavier am Pariser Konservatorium ernannt.

Cigna, Gina
Französische Sopranistin, geb. 6. 11. 1900 Angères bei Paris.
Sie studiert am Konservatorium von Paris Allgemeine Musiklehre und Klavier. 1923 heiratet sie den Tenor Maurice Sens, der während der beiden ersten Jahrzehnte des Jahrhunderts an der Pariser Opéra-Comique die wichtigsten Rollen seines Fachs interpretiert. Er entdeckt die stimmlichen Fähigkeiten seiner Gattin und bringt sie dazu, bei Lucette Korsoff zu studieren. Unter dem Namen Ginette Sens debütiert sie 1927 an der Mailänder Scala als Freia in *Rheingold* (Wagner). Sie fällt nicht auf und beschließt, sich weiter zu perfektionieren. Zwei Jahre später wagt sie, wieder an der Scala, einen zweiten Anlauf. Unter dem Namen Gina Cigna singt sie die Donna Elvira (*Don Giovanni*, Mozart) und erzielt einen bemerkenswerten Erfolg. Einige Wochen später interpretiert sie die Elisabeth in *Tannhäuser* (Wagner). Eine unvergleichliche Karriere beginnt. Fast sechzig Rollen studiert sie ein, darunter Gioconda (Ponchielli) und Turandot (Puccini). Sie wird von Arturo Toscanini sehr geschätzt, da ihr überschäumendes, dramatisches Temperament ihre Musikalität nie überdeckt.
Aufgrund eines Autounfalls ist sie gezwungen, ihre Karriere auf dem Höhepunkt abzubrechen. Sie wendet sich pädagogischen Aufgaben zu und unterrichtet an den Konservatorien von Mailand und Toronto (1953–57) und an der Accademia Musicale Chigiana in Siena (1957–65).

Cillario, Carlo Felice (= Carlos Felix Cillario)
Italienischer Dirigent und Violinist argentinischer Herkunft, geb. 7. 2. 1915 San Rafael (Provinz Mendoza).
Er studiert am Konservatorium von Bologna bei Angelo Consolini und Sandro Materassi Violine und Komposition und geht dann nach Odessa zu N. Cerniatinski, um Orchesterleitung zu studieren (1942). Anschließend kehrt er nach Argentinien zurück und dirigiert das Symphonie-Orchester der Universität von Tucumán. Nach dem 2. Weltkrieg arbeitet er wieder in Italien. Ab 1946 dirigiert er in Bologna. Er unterrichtet an der Accademia Nazionale di Santa Cecilia in Rom sowie am Konservatorium von Odessa und läßt sich 1958 endgültig in Italien nieder. Seine Karriere nimmt internationale Ausmaße an. 1988 wird er zum Principal Guest Conductor der Australischen Oper in Sydney ernannt.

Civil, Alan
Englischer Hornist, geb. 13.6. 1928 Northampton, gest. 19.3. 1989 London.
Er studiert bei Aubrey Brain an der Royal Academy of Music in London, bevor er nach Hamburg zu Willi von Stemm geht. 1952–55 ist er unter Sir Thomas Beecham Mitglied des Royal Philharmonic Orchestra. 1952–55 ist er zusammen mit Dennis Brain Horn-Solist des Philharmonia Orchestra, bevor er 1957–66 alleiniger Horn-Solist des gleichen Orchesters wird. Anschließend geht er in der gleichen Funktion zum Symphonie-Orchester der BBC (bis 1988). Er ist Professor für Horn am Royal College of Music in London. Er ist nicht nur als Orchestermusiker, sondern auch als Solist tätig; seine Schallplatteneinspielungen unter Otto Klemperer und Rudolf Kempe sind berühmt. Alan Civil gehört außerdem verschiedenen Bläser-Ensembles wie den London Wind Soloist, dem London Wind Quintet, dem Wigmore Ensemble und dem Alan Civil Horn Trio an. Aus seiner Feder stammen verschiedene Werke für Blasinstrumente.

Clemencic, René
Österreichischer Flötist und Musikwissenschaftler, geb. 27.2. 1928 Wien.
Er studiert Cembalo und Klavier und anschließend in Nimwegen bei Hans Ulrich Staeps und Johannes Collette Blockflöte. In Wien und in Paris (am Collège de France) hört er musikwissenschaftliche und philosophische Vorlesungen und schließt in beiden Fächern ab. Seit 1957 arbeitet er auf dem Gebiet der alten Musik; er plädiert für eine wissenschaftlich fundierte Aufführungspraxis auf Instrumenten der Epoche. In seiner eigenen Musikinstrumentensammlung befindet sich eine von Georg Neuschel signierte Posaune (Nürnberg 1557).
1958 gründet René Clemencic das Ensemble Musica Antiqua. Zwei Jahre später wird er an der Musikhochschule Wien zum Professor ernannt. 1969 gründet er das Clemencic Consort, dessen Sitz sich in Wien befindet. Das Clemencic Consort beschäftigt sich mit der Musik des 17. Jahrhunderts und bringt kaum oder gar nicht bekannte Opern zur Aufführung. René Clemencic betont in seiner Arbeit die Verbindungen zwischen der Musik der Troubadoure und Minnesänger und der Avantgarde, was Improvisation und Freiheit der Interpretation angeht. Er arbeitet an Ariane Mnouchkines Film *Molière* mit und zeichnet für zahlreiche Schallplattenaufnahmen verantwortlich. Seit 1987 unterrichtet er an der Accademia Musicale Chigiana in Siena.
WW: *Alte Instrumente* (Wien 1970); *Allgemeine Musikgeschichte* (Wien 1972); *Carmina Burana – übertragen, kommentiert und erprobt von René Clemencic* (München 1979).

Clément, Edmond
Französischer Tenor, geb. 28.3. 1867 Paris, gest. 23.2. 1928 Nizza.
Der Preisträger des Pariser Konservatoriums debütiert 1889 an der Opéra-Comique als Vincent in *Mireille* (Gounod). Er interpretiert an diesem Haus mehr als 30 Rollen und verläßt es erst 38 Jahre nach seinem Eintritt. An folgenden Uraufführungen wirkt er mit: *L'Attaque du moulin* (Der Angriff der Mühle, Bruneau, 1893), *Le Juif polonais* (Der polnische Jude, Erlanger, 1900), *Phryné* (Saint-Saëns). Folgende Rollen hob er in Paris aus der Taufe: Pedrito (*La Cabrera*, Dupont, 1905), Don Ottavio (*Don Giovanni*, Mozart), Ernesto (*Don Pasquale*, Donizetti), Fenton (*Falstaff*, Verdi), Georges (*La Vivandière*, Die Marketenderin, Godard). Sein Repertoire reicht von George Brown (*La Dame blanche*, Die weiße Dame, Boieldieu) über Tamino (*Die Zauberflöte*, Mozart) und Don José (*Carmen*, Bizet) bis zum Werther (Massenet).
Der berühmteste französische Tenor seiner Zeit wird vom Covent Garden, dem Théâtre de la Monnaie in Brüssel und dem Réal in Madrid eingeladen. Während der Saison 1909–10 singt er an der Met in New York Manon und

Werther (beide Massenet) sowie *Fra Diavolo* (Auber); seine Partnerinnen sind Geraldine Farrar bzw. Frances Alda. In den beiden darauffolgenden Spielzeiten gehört er dem Ensemble der Bostoner Oper an, bevor er nach Paris zurückkehrt. Gegen Ende seiner Karriere widmet er sich in immer stärkerem Maße pädagogischen Aufgaben und singt häufig in Konzerten, ohne der Bühne deshalb untreu zu werden.

Cliburn, Van (= Harvey Lavan jr.)
Amerikanischer Pianist, geb. 12. 7. 1934 in Shreveport (La.).
Seine Mutter bringt ihm bis zu seinem 17. Lebensjahr das Klavierspielen bei. Sie selbst war Schülerin von Arthur Friedheim gewesen. Als Vierjähriger tritt er zum ersten Mal öffentlich auf und als Dreizehnjähriger gewinnt er in Texas seinen ersten (lokalen) Wettbewerb. Ein Jahr später gewinnt er den 1. Preis beim National Musical Festival in der Carnegie Hall (New York), so daß er über Nacht bekannt wird. Ab 1951 perfektioniert er sich bei Rosine Lhévinne an der Juilliard School of Music in New York und gewinnt einen Preis nach dem anderen, doch erst der Gewinn des Tschaikowskij-Wettbewerbes in Moskau im Jahre 1958 verhilft ihm zum endgültigen Durchbruch. Mitten im kalten Krieg und kurz nach dem spektakulären Sputnik-Erfolg der Russen empfinden die Amerikaner den Erfolg Van Cliburns in Moskau als einen nationalen Sieg. Mitte der 60er Jahre verliert der technisch perfekte Stil des Pianisten an Kraft und Größe, und sein Repertoire beschränkt sich auf immer wenigere Werke. Seine berühmte Phrasierung artet in immer stärkerem Maße zu reiner Effekthascherei aus. In dieser Zeit beginnt Van Cliburn jedes Konzert mit der amerikanischen Hymne. Er versucht sich erfolglos als Dirigent und zieht sich zurück, nachdem er den Wettbewerb von Fort Worth in Texas gegründet hat, der seinen Namen trägt.

Cluytens, André
Französischer Dirigent belgischer Herkunft, geb. 26. 3. 1905 Antwerpen, gest. 3. 6. 1967 Neuilly-sur-Seine.
Der Sohn von Alphonse Cluytens, Dirigent am königlichen französischen Theater von Antwerpen, wird 1914 Student am königlich-flämischen Konservatorium und erhält 1921 in der Klasse von Emile Bosquet einen 1. Preis für Klavier und 1922 einen 1. Preis für Harmonielehre, Kontrapunkt und Fuge. Sein Vater vermittelt ihm eine erste Anstellung als Chorleiter am Königlichen Theater von Antwerpen (1921–32). 1927 springt er für seinen erkrankten Vater ein und dirigiert eine Aufführung von *Les Pêcheurs de perles* (Die Perlenfischer, Bizet). Er beschließt, die Chorleitung aufzugeben und sich ausschließlich mit Orchesterleitung zu beschäftigen. Er dirigiert die erste Aufführung von *Salome* (R. Strauss) in Antwerpen. 1932 geht er als Orchesterleiter an das Capitole von Toulouse; ab 1935 arbeitet er in Lyon. Während des Sommers dirigiert er in Vichy und erhält die Gelegenheit, für Josef Krips einzuspringen. 1942 wird er zum Musikdirektor der Oper von Lyon ernannt; im darauffolgenden Jahr wird er von der Société des Concerts du Conservatoire in Paris sowie vom Orchestre National de la Radio engagiert. 1947–53 ist er Musikdirektor der Opéra-Comique; er leitet die ersten Auslandstourneen. 1949 wird er Chefdirigent und Vize-Präsident der Société des Concerts du Conservatoire und behält diese Funktion bis zu seinem Lebensende bei. 1955 dirigiert er als erster Franzose in Bayreuth (*Tannhäuser*, Wagner). Bis 1958 kehrt er regelmäßig dorthin zurück und leitet Aufführungen von *Die Meistersinger von Nürnberg, Parsifal* und *Lohengrin* (alle Wagner). 1956 lädt ihn die Wiener Oper zum ersten Mal ein; ab 1959 ist er dort ständiger Gast. Mit dem Orchestre National führt er mehrere Tourneen in die Vereinigte Staaten, die UdSSR und nach Japan durch. 1960 wird er zum Musikdirektor des Belgischen Staatsor-

chesters ernannt. 1965 wird er erneut von Bayreuth eingeladen, doch aufgrund einer Krankheit ist er gezwungen, sich einzuschränken.

Zwanzig Jahre lang ist Cluytens eng mit dem französischen Musikleben verbunden und zeichnet unter anderem für folgende Uraufführungen verantwortlich: *Fantaisie pour violoncelle et orchestre* (Françaix, 1934), *Symphonie* (Aubin, 1944), *Danses rituelles* (Ritualtänze) und *Poèmes intimes* (Intime Gedichte, Jolivet, 1944), *Les Forains* (Die Schausteller, Sauguet, 1945), *La Carrosse du Saint Sacrement* (Die Karrosse des Heiligen Sakraments, Büsser, 1948), *Trois Talas* (Messiaen, 1948), *Konzert für Violine und Orchester Nr. 2* und *Bolivar* (Milhaud, 1948 und 1950), *Trois mouvements symphoniques* (Drei symphonische Sätze) und *Miguel Mañara* (Tomasi, 1949 und 1965), *Rake's Progress* (Strawinsky, französische Erstaufführung 1953), *Gaultier-Gargille* und *Symphonie lyrique* (Bondeville, 1953 und 1957).

Er gehört zu den wenigen französischen Dirigenten seiner Zeit, die international einhellig anerkannt werden. Vor allem in Deutschland hat er mit den Berliner Philharmonikern, mit denen er sämtliche *Symphonien* Ludwig van Beethovens einspielt, einen großen Erfolg zu verzeichnen.

Coates, Albert
Englischer Dirigent und Komponist, geb. 23. 4. 1882 St. Petersburg, gest. 11. 12. 1953 Milnerton (Südafrika).

Er geht in Liverpool auf die Schule und kehrt dann aus familiären Gründen nach Rußland zurück. Ab 1902 studiert er am Konservatorium von Leipzig bei Julius Klengel Cello, bei Robert Teichmüller Klavier und bei Arthur Nikisch Orchesterleitung. Die Leipziger Oper engagiert ihn als Kapellmeister. 1906–08 dirigiert er in Elberfeld, bevor er Assistent von Ernst von Schuch wird. Nach einem Aufenthalt in Mannheim geht er als Dirigent an die Oper von St. Petersburg (1911–1918). Er befreundet sich mit Alexander N. Skrjabin. In England dirigiert er ab 1919 abwechselnd mit Sir Thomas Beecham die British National Opera Company und ist regelmäßiger Gastdirigent des Symphonie-Orchesters von London. An der Spitze des philharmonischen Orchesters von Rochester verbringt er einige Jahre in den Vereinigten Staaten (1923–25). In London setzt er sich als einer der wichtigsten Dirigenten seiner Generation durch und dirigiert den *Ring des Nibelungen* (Wagner, 1929) sowie 1935–38 am Covent Garden *Boris Godunow* (Mussorgskij) mit Fjodor I. Schaljapin in der Titelrolle. 1936 gründet er die Coates Rosing Opera Company. Nach dem 2. Weltkrieg zieht er nach Südafrika (1946) und verbringt dort seine letzten Lebensjahre; er dirigiert das Symphonie-Orchester von Johannesburg und unterrichtet an der Universität von Kapstadt. Er verwirklicht zahlreiche Uraufführungen: *Chowanschtschina* (die Bearbeitung der Mussorgskij-Oper durch Rimskij-Korssakow, mit Fjodor I. Schaljapin), *A London Symphony* (Vaughan Williams, 1920), *The Planets* und *Choral Symphony* (Holst, 1920 und 1925), *Symphonie Nr. 1* (Bax, 1922), *Requiem* (Delius, 1922), *Cuban-Ouverture* (Gershwin, 1932), *Symphonie Nr. 2* (Kabalewskij, 1934). Er verwirklicht die erste Schallplattenaufnahme von Maurice Ravels *La Valse* (1927). Karol Szymanowski widmet ihm seine *Symphonie Nr. 3*.

Als Komponist hinterläßt er mehrere Opern und eine symphonische Dichtung.

Cochereau, Pierre
Französischer Organist und Komponist, geb. 9. 7. 1924 Saint-Mandé, gest. 5. 3. 1984 Lyon.

Er lernt bei Marius-François Gaillard und Marguerite Long (1933–36) Klavier und bei Marie-Louise Girod (1938) sowie bei Paul Delafosse (1941) Orgel, bevor er 1944 ins Pariser Konservatorium eintritt. 1942 wird er zum Organisten der Großen Orgel in der Kirche

Saint-Roch in Paris ernannt. Diese Stelle behält er bis 1954 inne, während er bei André Fleury und Maurice Duruflé weiter studiert. Am Pariser Konservatorium studiert er bei Henri Challan und Maurice Duruflé Harmonielehre, bei Maurice Dupré Orgel, bei Noël Gallon Fuge, bei Tony Aubin Komposition und bei Norbert Dufourcq Geschichte der Musik. 1946–50 erhält er 1. Preise in Harmonielehre, Geschichte der Musik, Orgel und Komposition. 1950 wird er bereits zum Direktor des Konservatoriums von Mans ernannt (bis 1956). 1955 übernimmt er als Nachfolger von Louis Vierne und Léonce de Saint-Martin die Große Orgel von Notre-Dame in Paris. 1961 übernimmt er die Leitung des Konservatoriums in Nizza; 1980 wird er zum Direktor des Conservatoire National Supérieur de Musique in Lyon ernannt. Seit 1966 ist er Mitglied des Conseil Supérieur de la Musique. Cochereau wird besonders für seine Improvisationen auf seinem Instrument geschätzt. Er tritt auch als Komponist hervor, schreibt für sein Instrument, aber auch Orchester- und Kammermusik.

Cohen, Harriet
Englische Pianistin, geb. 2.12. 1895 London, gest. 13.11. 1967 daselbst.
Sie studiert an der Royal Academy of Music in London (1912–17) und an der Matthay School. Aufgrund ihrer kleinen Hände kann sie nur ein beschränktes Repertoire einstudieren. Sie zeichnet sich vor allem als Bach-Interpretin aus und setzt sich stark für die zeitgenössische Musik ein. So ist sie 1924 Gast der Salzburger Festspiele zeitgenössischer Musik und 1930 des Coolidge Festivals in Chicago. Sie verwirklicht folgende Uraufführungen: *Symphonic Variations* (Bax, 1917; dieses Stück ist ihr auch gewidmet), *Konzert für Klavier und Orchester* (Vaughan Williams, 1933), *Sonatine op. 354* (Milhaud), *Sonate für Oboe und Klavier* (Hindemith, 1938), *Tänze zu bulgarischen Rhythmen* (aus *Mikrokosmos*, Bartók) und *Konzert für Klavier und Orchester* (Fricker, 1954).
Sie verletzt sich 1948 an der rechten Hand und ist gezwungen, sich auf für die linke Hand geschriebene Werke zu beschränken. Arnold Bax, mit dem sie befreundet ist, schreibt für sie *Concertante für die linke Hand* (1948) und gründet 1951 den Internationalen Harriet-Cohen-Preis. 1960 zieht sie sich aus dem aktiven Konzertleben zurück.
WW: *Music's Handmaid* (London 1936, überarbeitete Ausgabe London 1950); *A Bundle of Time* (London 1969).

Cohen, Joel
Amerikanischer Lautenspieler und Chorleiter, geb. 29.5. 1942 Providence (Rhode Island).
In Harvard studiert er bei Randall Thompson Komposition, bevor er an die Brown Universität wechselt und bei Nino Perotta und John Ward Musikwissenschaften studiert. Anschließend geht er zu Nadia Boulanger nach Paris. Als Lautenspieler arbeitet er zu Beginn seiner Karriere mit dem Cambridge Consort zusammen, das er zuweilen auch dirigiert. Er gibt häufig Solo-Abende. 1968 kehrt er in die Vereinigten Staaten zurück und übernimmt die Leitung der Boston Camerata, deren Repertoire und Stil er nachhaltig ändert. Das Ensemble wird auf seinem Gebiet zum wichtigsten der USA. Ab 1975 unternimmt er regelmäßig Tourneen nach Europa und organisiert hier Kurse für alte Musik. Zwei Jahre hindurch arbeitet er für France Music. Er spielt mit vielen namhaften Solisten, darunter Hugues Cuenod. In den Vereinigten Staaten gilt er als Pionier für eine neue Interpretationsweise alter Musik. Er ist Professor an den Universitäten Harvard und Yale und tritt häufig zusammen mit seiner Frau, der Sopranistin Anne Azéma (geb. 1957), auf.
W: *Reprise: The Extraordinary Revival of Early Music* (zusammen mit dem Photographen Herb Snitzer).

Coin, Christophe
Französischer Cellist und Gambenspieler, geb. 26. 1. 1958 Caen.
Er beginnt sein Studium in seiner Heimatstadt und geht dann zu André Navarra an das Pariser Konservatorium (1974 1. Preis für Cello). 1976 wechselt er zu Nicolaus Harnoncourt an die Wiener Akademie (1976–77) und an die Schola Cantorum Basiliensis (1977–79), wo er bei Jordi Savall Viola da gamba studiert. 1977–83 spielt er regelmäßig mit den wichtigsten europäischen Ensembles alter Musik (Concentus Musicus, Wien; Hesperion XX, Basel; Academy of Ancient Music, Cambridge). Ab 1984 kann man von einer internationalen Karriere sprechen; gleichzeitig setzt er sich als einer der wichtigsten Initiatoren des Wiederauflebens des barocken Cello-Spiels in Frankreich durch. Er läßt sich in Paris nieder und gründet seine eigene Gruppe, das Ensemble Mosaïques, das sich mit barocker und klassischer Musik beschäftigt. 1984 wird für ihn am Pariser Konservatorium eine eigene Klasse eingerichtet: er unterrichtet Viola da gamba und barockes Violoncello.

Collado, José Maria Cerbera
Spanischer Dirigent, geb. 13. 11. 1945 Bunol (Valencia).
Er studiert am Konservatorium von Valencia Violine, Komposition und Orchesterleitung. 1972–73 geht er zu Franco Ferrara an die Accademia Musicale Chigiana in Siena und wird mit dem Ehrenpreis der Akademie ausgezeichnet. 1975–79 holt ihn Hans Werner Henze als musikalischen Leiter zum Festival von Montepulciano (Italien). 1976–79 leitet er das städtische Orchester von Valencia, das er zugunsten einer internationalen Karriere wieder abgibt. 1984–87 ist er Generalmusikdirektor der Karlsruher Oper.

Collard, Catherine
Französische Pianistin, geb. 11. 8. 1947 Paris.
Die Tochter des Pianisten André Collard studiert am Pariser Konservatorium bei Yvonne Lefébure und Jean Hubeau und erhält 1964 für Klavier und 1966 für Kammermusik jeweils einen 1. Preis. Sie perfektioniert sich anschließend bei Yvonne Lefébure und Yvonne Loriod (Klavier) sowie in Kammermusik, wo sie mit ihrer Partnerin Anne Queffélec ein Klavier-Duo bildet. Sie gewinnt beim Claude-Debussy-Wettbewerb 1969 und beim Internationalen Olivier-Messiaen-Wettbewerb, ebenfalls 1969, je einen 1. Preis. 1970 wird sie von der Fondation de la vocation ausgezeichnet. Auf internationaler Ebene gewinnt sie den Viotti-, Casella- und Busoni-Wettbewerb. Bei dem Festival zeitgenössischer Musik in Royan kreiert sie 1970 André Boucourechlievs *Archipel IV*, das sie im gleichen Jahr noch auf Schallplatte aufnimmt. Seit 1976 ist sie Professorin am Konservatorium von Saint-Maur. Mit Catherine Courtois als Partnerin gibt sie Kammermusikabende.

Collard, Jean-Philippe
Französischer Pianist, geb. 27. 1. 1948 Mareuil-sur-Aÿ.
Er lernt zuerst innerhalb der Familie und dann in Epernay Klavier, bevor er an das Pariser Konservatorium geht, wo er 1964 einen 1. Preis erhält. Er perfektioniert sich bei Pierre Sancan. 1968 gewinnt er den 1. Preis beim nationalen französischen Wettbewerb der Guilde française des artistes solistes und der Fondation Roussel. 1969 gewinnt er den internationalen Wettbewerb Long-Thibaud und den Gabriel-Fauré-Preis. 1970 wird er mit dem Großen Preis beim Cziffra-Wettbewerb ausgezeichnet. Seine Einspielung der *Barcarolles* von Gabriel Fauré fällt Vladimir Horowitz auf, der ihn fördert. Mit Augustin Dumay (Violine), Frédéric Lodéon (Cello) und Michel Beroff (Klavier) spielt er häufig Kammermusik.
In seinem umfangreichen Repertoire spielt die französische Musik, vor allem die Gabriel Faurés, eine herausragende Rolle. Er gehört zu den wichtigsten

Vertretern der jungen französischen Pianistengeneration.

Collingwood, Lawrance Arthur
Englischer Dirigent und Komponist, geb. 14. 3. 1887 London, gest. 19. 12. 1982 Killin.
Er studiert an der Guildhall School of Music in London und am Exeter College in Oxford (1908–12), bevor er nach St. Petersburg geht und am dortigen Konservatorium bei Alexander Glasunow, Joseph Wihtol, Maximilian O. Steinberg und Nikolaj N. Tscherepnin studiert. Er wird Assistent von Albert Coates. 1918 kehrt er nach England zurück und dirigiert am Old Vic Theatre und am Sadler's Wells Theatre, dessen Chefdirigent (1931–41) und Musikdirektor (1941–47) er ist, hauptsächlich Opern. Ab 1947 arbeitet er als Berater der Schallplattenfirma EMI. Seine Schallplatteneinspielungen sind bemerkenswert.
Als Komponist hinterläßt er zwei Opern, ein Konzert und Sonaten für Klavier.

Collins, Anthony (= Vincent Benedictus)
Englischer Dirigent, geb. 3. 9. 1893 Hastings, gest. 11. 12. 1963 Los Angeles.
Er studiert Bratsche und wird als Siebzehnjähriger Mitglied des städtischen Orchesters von Hastings. Dann geht er nach London und studiert am Royal College of Music bei Achille Rivarde Violine und bei Gustav Theodor Holst Komposition. 1925–36 ist er Solo-Bratscher des Londoner Symphonie-Orchesters und des Orchesters des Covent Garden. Dann wendet er sich der Orchesterleitung zu. Er dirigiert die Carl Rosa Opera Company und am Sadler's Wells Theatre. Collins gründet das London Mozart Orchestra und arbeitet ab 1938 für viele Jahre als ständiger Gastdirigent mit dem Londoner Symphonie-Orchester. 1939 läßt er sich in Kalifornien nieder und beschäftigt sich in immer stärkerem Maße mit der Komposition von Filmmusik. Nach dem 2. Weltkrieg besucht er regelmäßig England und nimmt mit dem Symphonie-Orchester London viele Schallplatten auf.

Collot, Serge
Französischer Bratscher, geb. 27. 12. 1923 Paris.
Er studiert am Pariser Konservatorium Bratsche und Kammermusik, erhält in beiden Disziplinen 1. Preise (1944 bzw. 1948) und belegt bei Arthur Honegger Kurse in Komposition. Er gehört zur ersten Formation des Parrenin-Quartetts (1944–57) sowie des Quartetts des ORTF (1957–60) und des Französischen Streichtrios (ab 1960). Die zeitgenössische Musik beschäftigt ihn; im Rahmen der Konzertreihe Domaine Musical ist er Solo-Bratscher und verwirklicht viele Uraufführungen, darunter *Points d'aube* (Beginnende Morgendämmerung) von Betsy Jolas, *Eglogues* (Hirtengedichte) von André Jolivet und *Sequenza VI* für Bratsche, die Luciano Berio für ihn schreibt. Er übernimmt zusammen mit Colette Lequien den Vorsitz der Association internationale des amis de l'alto (gegründet 1979). Seit 1969 unterrichtet er am Pariser Konservatorium. Bis 1986 ist er als Solo-Bratscher am Orchester der Pariser Opéra tätig.

Colombo, Pierre
Schweizer Dirigent, geb. 22. 5. 1914 Tour de Peilz (Waadt).
Schon früh beginnt er Klavier und Flöte zu lernen und seine Stimme zu schulen. Neben seiner musikalischen Weiterbildung studiert er an der Universität von Lausanne. Er beginnt, sich mit Orchesterleitung zu beschäftigen, geht zu Hermann Scherchen und Clemens Krauss und wird 1942 vom Konservatorium in Basel als Dirigent diplomiert. Er leitet verschiedene Amateurchöre, bis ihn Ernest Ansermet als Assistent für das Orchestre de la Suisse Romande engagiert. 1950 gründet er das Genfer Kammerorchester. 1953 wird er zum Chefdirigenten des Städtischen Orche-

sters Johannesburg (Südafrika) ernannt. 1954 unternimmt er mit diesem Ensemble eine größere Tournee. 1955 tritt er in die Direktion von Radio Genf ein und wird stellvertretender Direktor, ohne seine Arbeit als Dirigent aufzugeben. Gastspiele führen ihn nach Belgien, Deutschland, Frankreich, Griechenland, Italien, Jugoslawien, Österreich, Polen, Portugal und Spanien. Bis 1980 ist er innerhalb der UNESCO Präsident der Tribune internationale des compositeurs.

Colonne, Edouard (= Judas Colonna)
Französischer Dirigent, geb. 23. 7. 1838 Bordeaux, gest. 28. 3. 1910 Paris.
Er stammt aus einer kinderreichen, unbegüterten Familie und verdient mit seiner Violine schon früh Geld. 1856 tritt er in das Pariser Konservatorium ein und studiert bei Narcisse Girard und Charles-Eugène Sauzay Violine, bei Antoine Aimable Elie Elwart Harmonielehre sowie bei Ambroise Thomas Fuge. Er tritt als Violinist in das Orchester des Théâtre Lyrique und anschließend in das der Oper und der Concerts Populaires (unter der Leitung von Jules Pasdeloup) ein. Zum Abschluß seines Studiums erhält er einen 1. Preis in Violine. Er gründet zusammen mit Charles Lamoureux, Louis Adam und Marie Pilet die Société de musique de chambre, die dem Pariser Publikum Kammermusik der deutschen Romantiker nahebringt. 1873 ruft der Verleger Georges Hartmann die Konzertreihe Concert National im Théâtre de l'Odéon ins Leben und bestellt Colonne als Dirigenten. Ein Jahr später übernimmt er in eigener Verantwortung die künstlerische und organisatorische Leitung des Orchesters. Die Konzerte finden im Châtelet statt; die Musiker sind als Teilhaber der Gesellschaft an den Einnahmen beteiligt. Die Aufführung von *La Damnation de Faust* (Fausts Verdammnis, Berlioz) ist der erste große Erfolg. Colonne entwickelt sich zum herausragenden Interpreten von Berlioz und wendet sich in immer stärkerem Maße der Musik seiner Zeit zu. 1878 dirigiert er die Konzerte, die im Trocadéro aus Anlaß der Weltausstellung in Paris gegeben werden. 1892–93 ist er Musikdirektor der Pariser Oper und leitet die französische Erstaufführung der *Walküre* (Wagner). Seine Vorliebe gilt allerdings weiterhin seinem Orchester, dessen Leitung er bis 1909 beibehält.

Colonne spielt bei der Verbreitung der symphonischen Musik Frankreichs zu Ende des 19. Jahrhunderts eine herausragende Rolle. Er setzt die Arbeit von Jules Pasdeloup fort, führt Kompositionen junger Zeitgenossen auf und kümmert sich besonders um das Werk von Hector Berlioz. Unter anderem brachte er folgende Werke zur Uraufführung: *Danse macabre* (Saint-Saëns, 1874), *Les Djinns, Le Chasseur maudit* und *Les Béatitudes* (Die Dschinn, Der fluchbeladene Jäger und Glückseligkeiten, alle César Franck), *L'Impressions d'Italie* (Italienische Impressionen, G. Charpentier), *Poème roumain* (Rumänisches Gedicht, 1889) und *Symphonie Nr. 1* (1906, beide Enescu), *Jour d'été à la montagne* (Sommertag im Gebirge, d'Indy, 1906). Henri Rabaud widmet ihm seine *Procession nocturne* (Nächtliche Prozession), Edouard Lalo seine *Rhapsodie norvégienne* (Norwegische Rhapsodie), Ernest Chausson seinen *Soir de fête* (Festabend) und George Enescu seine *Symphonie Nr. 2*.

Comissiona, Sergiu
Amerikanischer Dirigent rumänischer Herkunft, geb. 16. 6. 1928 Bukarest.
Am Konservatorium von Bukarest studiert er Violine und Notation. Bei Constantin Silvestri und Edouard Lindenberg belegt er Vorlesungen in Ochesterleitung. Er debütiert an der Spitze des Rumänischen Rundfunks und leitet anschließend das Rumänische Staatsensemble (1948–55), 1955–58 arbeitet er an der Oper von Bukarest und dirigiert regelmäßig das Orchester George Enescu. 1956 gewinnt er den Internationalen Wettbewerb von Besançon. Er geht 1959 nach Israel und wird Musikdirek-

tor des Symphonie-Orchesters von Haifa (1959–64). Er gründet 1960 das israelische Kammerorchester und leitet es bis 1964. Gleichzeitig ist er ständiger Gast der Londoner Philharmoniker (1960–63). 1964–66 dirigiert er regelmäßig die Stockholmer Philharmoniker und 1965–67 das Radio-Symphonie-Orchester Berlin. 1967–72 ist er Chefdirigent des Symphonie-Orchesters von Göteborg und des Ulster Orchestra in Belfast. Er läßt sich 1969 in den Vereinigten Staaten nieder und übernimmt ein Jahr später das Symphonie-Orchester von Baltimore (1970–84). 1978–82 ist er gleichzeitig künstlerischer Berater des American Symphony Orchestra; 1980 übernimmt er bei dem Symphonie-Orchester von Houston, dessen Musikdirektor er 1982 wird (bis 1987), die gleiche Funktion. Ebenfalls 1982 wird er zum Leiter des philharmonischen Orchester von Radio Hilversum ernannt. 1987 legt er dieses Amt nieder und wird Musikdirektor der New York City Opera. Im Jahre 1990 wird er Musikdirektor der Philharmoniker von Helsinki. Er zeichnet für die Uraufführungen von Elliott Carters *A Celebration of some 100 x 150 notes* (Das Zelebrieren von ungefähr 100 x 150 Noten, 1987) und Jacob Druckmans *Prism* (1980) verantwortlich.

Command, Michèle
Französische Sopranistin, geb. 27. 11. 1946 Caumont.
Sie beginnt ihr Studium am Konservatorium von Grenoble und geht dann an das von Paris, von dem sie mit einem 1. Preis für Gesang und einem für Oper abgeht. Sie debütiert an der Lyoner Oper und singt die Musette (*La Bohème*, Puccini) und die Barberina (*Le nozze di Figaro*, Mozart) und wirkt an Uraufführungen von Werken von Maurice Ohana und Jean Prodomidès mit. Michel Plasson lädt sie ein, am Toulouser Capitole die Fiordiligi (*Così fan tutte*, Mozart) zu singen. Sie verzeichnet einen bedeutenden Erfolg und beginnt eine klug eingeteilte Laufbahn mit den Rollen der Donna Elvira (*Don Giovanni*, Mozart), Micaëla (*Carmen*, Bizet) und Violetta (*La Traviata*, Verdi) und zahlreichen Konzerten. Rolf Liebermann vertraut ihr anläßlich der Wiederaufnahme von *Le Marchand de Venise* (Der Händler von Venedig) von Reynaldo Hahn die schwere Rolle der Portia an und Bernard Lefort wählt sie als Micaëla für seine Aufführung der *Carmen* im Pariser Palais des Sports (1981). Serge Baudo bittet sie, bei seiner Einspielung von Claude Debussys *Pelléas et Mélisande* die Mélisande zu singen.

Commette, Edouard
Französischer Organist und Komponist, geb. 12. 4. 1883 Lyon, gest. 21. 4. 1967 daselbst.
Edouard Commette, der seiner Heimatstadt so verbunden ist, daß er sie nie verläßt, studiert am Konservatorium bei Neuville. Charles-Marie Widor schätzt und unterstützt ihn. Commette schließt sein Studium mit herausragenden 1. Preisen ab und wird 1900 Organist der Eglise du Bon Pasteur. 1904 wechselt er an die Primatialkirche Saint-Jean, wo er bis zu seinem Tod tätig ist, von einer kurzen Unterbrechung abgesehen, während der er als Organist der Kirche Saint-Polycarpe arbeitet.
Auf der von ›Michel-Merklin et Kuhn‹ gebauten Orgel seiner Hauptgemeinde spielt er als erster französischer Organist für die Columbia 1927 Schallplatten ein. Der tief gläubige Musiker überzeugt aufgrund der Reinheit seines Spieles und seiner Werktreue. Er gilt als einer der großen Interpreten Johann Sebastian Bachs, beschäftigt sich aber auch intensiv mit den großen französischen Orgel-Romantikern wie César Franck, Eugène Gigout, Léon Boëllman und Charles-Marie Widor. Er wird 1944 Nachfolger von Georges-Martin Witkowski an der Akademie von Lyon. Sein Werk als Komponist umfaßt Lieder, Stücke für Chöre und für Orgel.

Conlon, James
Amerikanischer Dirigent, geb. 18. 3. 1950 New York.
Er studiert an der Juilliard School in New York bei Jean Morel Orchesterleitung. Er debütiert in Spoleto mit einer Aufführung des *Boris Godunow* (Mussorgskij, 1971) und erzielt im Opernbereich rasch internationale Erfolge. Ab 1976 dirigiert er regelmäßig an der Met. Im darauffolgenden Jahr wird er zum Leiter des Cincinnati May Festival ernannt. Die wichtigsten amerikanischen Orchester laden ihn ein. In Europa dirigiert er am Covent Garden 1979 *Don Carlos* (Verdi). Er unterrichtet an der Juilliard School. 1983 wird er zum Musikdirektor der Rotterdamer Philharmoniker (bis 1989) und 1988 zum Musikdirektor der Kölner Oper ernannt. Ab 1990 ist er Chefdirigent des Gürzenich-Orchesters in Köln.

Conrad, Doda (= Doda Freund)
Amerikanischer Bassist polnischer Herkunft, geb. 19. 2. 1905 Szczytnik.
Der Sohn von Marya Freund studiert in Mailand und in New York bei Emilio de Gogorza Gesang. Er debütiert in Paris am Théâtre de la Porte-Saint-Martin und gibt 1932 sein erstes Konzert an der Ecole Normale de Musique. Ab 1936 arbeitet er mit Nadia Boulangers Vokalensemble zusammen. Als Liedsänger spezialisiert er sich auf das französische Repertoire, singt aber auch Franz Schubert und Frédéric Chopin. 1947–57 gibt er jedes Jahr verschiedene Lieder für Baß in Auftrag, die er in New York aus der Taufe hebt. So entsteht *Mouvement du cœur* (Herzensregung), ein Gemeinschaftswerk der Komponisten Henri Sauguet, Francis Poulenc, Georges Auric, Jean Françaix, Léo Préger und Darius Milhaud nach Gedichten von Louise Lévêque de Vilmorin zum Andenken Chopins, *Visions infernales* (Höllenvisionen, Sauguet), *Cantate Méphisto* (Françaix), *Cornet-Rilke* (Sauguet) und andere. 1965 nimmt er Abschied vom aktiven Konzertleben. Er ruft die Société l'Erémurus in der Salle Favart ins Leben und gründet in Royaumont die Saison Musicale, deren künstlerische Leitung er 1956–65 innehat. Er ist ebenfalls Direktor der Journées musicales von Langeais.

Constant, Marius
Französischer Dirigent und Komponist, geb. 7. 2. 1925 Bukarest.
Nach ersten Studien in Rumänien läßt er sich 1945 in Paris nieder und studiert am dortigen Konservatorium bei Tony Aubin, Olivier Messiaen, Nadia Boulanger, Arthur Honegger und Jean Fournet. 1949 erhält er den 1. Preis des Konservatoriums für Komposition; kurze Zeit später erwirbt er in Orchesterleitung das Diplom der Ecole Normale de Musique. Er arbeitet mit der Groupe de Recherches Musicales du Club d'Essai de la Radiodiffusion Française zusammen, die 1953 für das Musikprogramm des französischen Rundfunks zuständig ist. Als das Musikprogramm einen eigenen Sender erhält, France Musique, wird Marius Constant zum ersten Programmdirektor (1963–67). 1957–63 ist er Dirigent der Ballets de Roland Petit und unternimmt zahlreiche Tourneen. 1963 gründet er das Ensemble Ars Nova, das sich ausschließlich mit zeitgenössischer Musik beschäftigt, und leitet es bis 1971. 1967 unterrichtet er Analyse und Komposition an der Stanford University in Kalifornien; 1970 unterrichtet er in Hilversum und 1977 wird er zum Professor für Instrumentation und Orchestration am Pariser Konservatorium ernannt. 1971–76 ist er musikalischer Direktor der Ballettabteilung der Pariser Oper und ebnet John Cage, Edgar Varèse, Hans Werner Henze und anderen den Weg in den Palais Garnier. Er lehnt es ab, ausschließlich als Spezialist für zeitgenössische Musik zu gelten, obwohl er viele Uraufführungen leitet, darunter *Signes* (Zeichen, 1965), *Syllabaire pour Phèdre* (Silben-Manual für Phädra, 1969) und *L'Anneau du Tamarit* (Der Ring des Tamarit, 1971, alle Ohana), *Imaginaire I* (Ballif), *Songe à nouveau rêvé* (Von neuem geträumter

Traum, 1971, Jolivet), *Kraanerg* (1971, Xenakis), *Koskom* (1971, Dao). Bei der Auswahl der Programme seiner Konzerte legt er viel Wert auf außergewöhnliche Zusammenstellungen. So kombiniert er Don Carlo Gesualdo mit Iannis Xenakis oder Richard Strauss mit Nguyen Thien Dao.
Er gehört zu den wichtigsten zeitgenössischen Komponisten Frankreichs.

Conta, Iosif
Rumänischer Dirigent, geb. 14. 9. 1924 Bîrzava.
Er studiert in Timişoara und anschließend am Konservatorium von Bukarest, wo er Seminare von Constantin Silvestri und George Georgescu (Orchesterleitung) besucht. Anschließend perfektioniert er sich in England. Er wird zum Leiter des Ensembles des Bukarester Volksrates ernannt, übernimmt aber schon bald die Leitung des Symphonie-Orchesters des rumänischen Rundfunks, wo er einen großen Teil seiner Karriere verbringt (1954–86). Gleichzeitig unterrichtet er am Konservatorium von Bukarest Orchesterleitung. 1986 übernimmt er die Stelle eines Generalmusikdirektors der Oper von Izmir (Türkei). Unter anderem leitet er die Uraufführung von George Enescus *Vox Maris* (1964), Marcel Mihalovicis *Symphonie Nr. 5* (1971) und der Gemeinschaftsproduktion von Stefan Niculescu und Tiberiu Olah, *Colonne infinie* (Unendliche Säule, 1965).

Coppola, Piero
Italienischer Dirigent und Komponist, geb. 11. 10. 1888 Mailand, gest. 13. 3. 1971 Lausanne.
Er studiert am Verdi-Konservatorium seiner Heimatstadt Klavier und Komposition und dirigiert anschließend an fast allen italienischen Bühnen. Schnell wird er auch von den großen europäischen Bühnen eingeladen: Brüssel (1912), London (1914), Oslo (1915–18 Leiter der dortigen Komischen Oper), Kopenhagen (die ganze Saison 1918–19) und Paris, wo er sich 1922 niederläßt. Fjodor I. Schaljapin schlägt ihm vor, ihn bei einer langen Konzertreise durch die Vereinigten Staaten zu begleiten, doch die Schallplattenfirma Grammophon bietet ihm gleichzeitig die Leitung der französischen Zweigstelle an. Elf Jahre hindurch verwirklicht er ein Programm mit von ihm selbst oder von anderen geleiteten Einspielungen, die Schallplattengeschichte gemacht haben. Das Orchester der Concerts Pasdeloup, mit dem er häufig Schallplatten aufnimmt, lädt ihn regelmäßig zu Konzerten ein. Später gründet er das Symphonie-Orchester der Grammophon, das sich ausschließlich Schallplattenaufnahmen widmet und das aus den besten Instrumentalisten der französischen Hauptstadt besteht. Ab 1931 nimmt er auch mit dem Orchester der Société des Concerts auf. 1939 zieht er nach Lausanne und verringert seine Aktivitäten beträchtlich.
Vor allem auf dem Gebiet der französischen Musik des 19. und 20. Jahrhunderts leistet er Bedeutendes. Doch sein Repertoire umfaßt auch viele Werke anderer Stilrichtungen. Er verwirklicht französische Erstaufführungen von Werken von Sergej S. Prokofjew, Arthur Honegger, Béla Bartók (*Der wunderbare Mandarin*), Edgar Varèse (*Offrandes*, Opfer), Ottorino Respighi, Alexander K. Glasunow und Igor Strawinsky.
Seine Kompositionen umfassen Opern, Orchesterwerke und ein Ballett.
WW: *Dix-sept ans de musique à Paris* (Lausanne 1944); *Les Affres du roi Marke* (Lausanne 1945).

Corazza, Rémey
Französischer Tenor, geb. 16. 4. 1933 Revin (Ardennen).
Er studiert an den Konservatorien von Toulouse und Paris. 1959 gewinnt er den Internationalen Wettbewerb von Toulouse; im gleichen Jahr debütiert er an der Pariser Opéra-Comique als Beppo in *I Pagliacci* (Der Bajazzo, Leoncavallo). 1960 singt er an der Opéra den Gonzalvo (*L'Heure espagnole*, Die spanische Stunde, Ravel). Schnell erweitert er sein Repertoire um *Madame Butterfly*, *La*

Bohème (beide Puccini), *Les Contes d'Hoffmann* (Hoffmanns Erzählungen, Offenbach), *Les Pêcheurs de perles* (Die Perlenfischer, Bizet) und die wichtigen Tenor-Rollen Mozarts. Er gehört ab 1974 zur Opéra du Rhin in Straßburg und ist seit 1978 Gast der Salzburger Festspiele, wo er den Monostatos (*Die Zauberflöte*, Mozart) und die vier Tenorrollen in *Les Contes d'Hoffmann* singt. 1963 wirkt er in Paris an der Uraufführung von Gian Carlo Menottis Oper *Le dernier sauvage* (Der letzte Wilde) mit und 1965 wieder in Paris an der von Manuel Rosenthal, *Hop Signor*, sowie 1982 in Avignon an der von Alain Vanzo, *Chouans*. 1985 wird er zum Professor für Gesang am Konservatorium von Paris ernannt. 1987 debütiert er in Glyndebourne.

Corboz, Michel
Schweizer Chorleiter und Dirigent, geb. 14. 2. 1934 Marsens.

Der Familientradition gemäß soll er Grundschullehrer werden und studiert in Fribourg, wo bei der Ausbildung großen Wert auf die Musik gelegt wird. Sein Onkel hatte in seiner Heimatgemeinde Bulle in der Nähe des Greyerzer Sees einen Kinderchor gegründet; mit dem Chor der Kirche Saint-Pierre-aux-Liens in Bulle führt der Neffe Gabriel Faurés *Requiem* auf und verwirklicht so einen Traum seines Onkels, der ihm die ersten Musikkenntnisse vermittelt hat (Klavier, Stimmbildung, Improvisation, Begleitung, Harmonielehre). Als Zwanzigjähriger wird er zum Leiter des Kirchenchores von Notre-Dame in Lausanne bestellt und behält diese Stelle sechzehn Jahre. Neben dem Hauptchor ist er für einen kleinen Chor a capella verantwortlich. Während der Gottesdienste begleitet er die Sänger auf der Orgel und leitet in verschiedenen Kirchen der Stadt Instrumentalkonzerte. Er unterrichtet am Konservatorium von Lausanne Gesang. 1961 gründet er das Ensemble Vocal de Lausanne. Michel Garcin, der künstlerische Leiter der französischen Schallplattenfirma Erato, bemerkt den Amateurchor und vertraut ihm die Schallplatteneinspielung von Claudio Monteverdis *Orfeo* an. Die Aufnahme (1968) wird ein überragender Erfolg. Inzwischen heißt die Gruppe Ensemble vocal et instrumental de Lausanne. Seit 1969 leitet Michel Corboz gleichzeitig den Chor der Gulbenkian-Stiftung in Lissabon. Seine Interpretationen verbinden dramatischen Ausdruck mit innerer Intensität, wie die Aufnahmen der *Messe in h-moll* von Johann Sebastian Bach und der *Vespro della Beata Vergine* von Claudio Monteverdi belegen. Sein zu Beginn noch übergroßes Interesse an den Chören verblaßt zugunsten eines harmonischen Gleichgewichtes zwischen Chor und Orchester. Corboz ist ein herausragendes Beispiel für einen Chorleiter, der es versteht, den Instrumenten die Dynamik von Stimmen zu verleihen.

Corelli, Franco
Italienischer Tenor, geb. 8. 4. 1921 Ancona.

Er studiert an den Konservatorien von Pesaro und Mailand und gewinnt 1950 den Gesangswettbewerb des Maggio Musicale Fiorentino. 1962 interpretiert er während des Festivals in Spoleto den Don José (*Carmen*, Bizet). Zwei Jahre lang singt er im italienischen Rundfunk und auf fast allen Provinzbühnen, bevor er in der Rolle des Licino in *La Vestale* (Die Vestalin, Spontini) als Partner von Maria Callas an der Scala debütiert, der Beginn einer triumphalen Karriere, die ihn nicht nur in Italien bekannt macht (1955–61 singt er jedes Jahr in der Arena von Verona und während des Maggio Musicale Fiorentino), sondern ihn auch an die Wiener Oper, den Covent Garden, nach Paris, Chicago und San Francisco führt. 1960 debütiert er als Manrico in *Il Trovatore* (Der Troubadour, Verdi) an der Met und wird gefeiert. Er versteht es, eine gewisse metallische Resonanz seiner Stimme mit Hilfe einer großen Musikalität und begeisterndem Spiel auszugleichen.

Corena, Fernando
Schweizer Bassist, geb. 22.12. 1916 Genf, gest. 26.11. 1984 Lugano.
Sein Vater ist Türke, seine Mutter Italienerin. Er beginnt an der Universität von Fribourg katholische Theologie zu studieren, doch der Dirigent Vittorio Gui überzeugt ihn, Sänger zu werden. Er läßt sich von Enrico Romani in Mailand ausbilden. Radio Zürich erteilt ihm erste kleinere Aufträge. 1947 feiert er in Triest als Warlaam (*Boris Godunow*, Mussorgskij) sein Bühnendebüt. Im gleichen Jahr noch singt er an der Züricher Oper den Daland (*Der fliegende Holländer*, Wagner). Kurz darauf meldet sich die Mailänder Scala, an der er anläßlich der Uraufführung von Gioffredo Petrassis Oper *Il Cordovano* (Der Mann aus Córdoba, 1949) debütiert. Ein Jahr später nimmt er am gleichen Haus an der Uraufführung von Gian Francesco Malipieros Oper *L'allegra brigata* (Die beschwingte Gesellschaft) teil. Die großen italienischen Bühnen laden ihn ein: der Maggio Musicale Fiorentino (wo er 1957 an der Uraufführung von Malipieros Oper *I figlinal prodigo*, Der verlorene Sohn, mitwirkt), die Arena von Verona usw. 1953 besticht er auf den Festspielen von Edinburgh als Falstaff (Verdi), den er 1955 auch in Glyndebourne singt. 1954 debütiert er an der Met als Leporello (*Don Giovanni*, Mozart, Inszenierung Herbert Graf). Diese Rolle wird zu einer seiner wichtigsten, die er auch bei seinem Debüt bei den Salzburger Festspielen singt. Er wird von allen wichtigen Bühnen der Welt eingeladen, von Paris bis London (wo er 1960 als Bartolo, *Il barbiere di Siviglia*, Rossini, debütiert) und von Chicago bis San Francisco. 1965 feiert er als Osmin (*Die Entführung aus dem Serail*, Mozart) bei den Salzburger Festspielen einen ganz besonderen Triumph. Ansonsten zeichnet er sich in den Rollen Rossinis und Verdis, der italienischen Romantik und Veristik aus.

Cortez, Viorica
Französische Mezzosopranistin rumänischer Abstammung, geb. 26.12. 1935 Bucium.
Sie beginnt ihr Studium in Iaszi und beendet es am Konservatorium von Bukarest. Während ihres Studiums gehört sie dem Philharmonischen Chor Moldava in Iaszi und einer ähnlichen Gruppierung in Bukarest an. 1964–65 nimmt sie an zahlreichen internationalen Wettbewerben teil und gewinnt unter anderem den Kathleen-Ferrier-Preis in s'Hertogenbosch sowie den 1. Preis beim Toulouser Wettbewerb, dessen Jury von dem Komponisten Emmanuel Bondeville präsidiert wird. Aufgrund dieses Preises wird sie 1965 von der Oper in Toulouse, dem Capitole, engagiert; sie interpretiert Dalila (*Samson et Dalila*, Saint-Saëns). Im gleichen Jahr debütiert sie auch an der Staatsoper Bukarest. Sie singt in Berlin, Sofia, Bordeaux, Dublin, London und erzielt überall große Erfolge. 1973 wird sie von der Scala eingeladen. Ein Jahr später feiert sie als Adalgisa in *Norma* (Bellini) an der Seite von Montserrat Caballé einen Triumph. Ihr dunkles Timbre verhilft ihr zu herausragenden Interpretationen der Amneris (*Aida*), Eboli (*Don Carlos*, beide Verdi), Charlotte (*Werther*, Massenet) und Carmen (Bizet). 1974 wirkt sie in Rouen an der Uraufführung von Emmanuel Bondevilles Oper *Antoine et Cléopâtre* mit; im gleichen Jahr heiratet sie den Komponisten. 1985 gehört sie in Lille zu dem Ensemble, das die Uraufführung von Zygmunt Krauzes Oper *La Star* verwirklicht.

Cortot, Alfred Denis
Französischer Pianist und Dirigent, geb. 26.9. 1877 Nyon (Schweiz), gest. 15.6. 1962 Lausanne.
Die ersten Klavierstunden erhält er im Familienkreis, bis Emile Decombes, ein Schüler Frédéric Chopins, 1886 in Paris die Ausbildung des Neunjährigen übernimmt. 1892 wird er am Pariser Konservatorium in die Klasse von Louis Diémer aufgenommen. Ein um vier

Cortot

Jahre älterer Freund, Edouard Risler, gibt ihm Privatunterricht. Nebenbei nimmt er Gesangs-Unterricht und kultiviert Phrasierung und Deklamation. Sein Interesse für Dichtung und Tragödie zielt in die gleiche Richtung.

1896 erhält Cortot einen 1. Preis für Klavier; er ›pilgert‹ nach Bayreuth, um sich dort mit seinem Freund Risler zu treffen. Wie alle Pilger ist er völlig fasziniert; Risler lädt ihn ein, ihm bei seiner Arbeit als Chorchef, Repetitor, Souffleur usw. unter der Leitung von Hans Richter zur Hand zu gehen.

Er wird in Wahnfried empfangen und spielt Cosima, mit der er in der Folge engere Kontakte unterhält, Werke von Franz Liszt vor. Er verbringt den Sommer als Korrepetitor in Bayreuth und gerät immer stärker in den Bann der dort herrschenden Atmosphäre. Wieder zurück in Paris, kann die Aussicht auf eine Solisten-Karriere den Wagnerianer in ihm nicht mehr befriedigen. Er will Dirigent werden, um der deutschen Musik und ihrem Gott ›dienen‹ zu können.

Er pflegt Umgang mit Marcel Proust und lernt die Gräfin de Greffulhe kennen, die ihn noch im Jahre 1896 mit Gabriel Fauré bekannt macht, der ihn für lange Zeit fördert.

1902 kann er nach dem Tod von Charles Lamoureux endlich seinen langgehegten Traum verwirklichen und Wagner-Opern dirigieren. Von der Gräfin de Greffuhle finanziell unterstützt, gründet er die Société des Concerts Lyriques und verwirklicht 1902 in Paris mit Cosima Wagners Einverständnis die französische Erstaufführung von *Die Götterdämmerung*. Kurz darauf spielt er *Tristan und Isolde*. Die Presse protestiert. Claude Debussy greift Cortot persönlich an. Das Unterfangen artet zu einer Katastrophe aus, und Cortot sieht sich gezwungen, die Veranstaltungsreihe abzubrechen. Trotz allem steht Cortot noch im gleichen Jahr anläßlich der Kabale um *Pelléas et Mélisande* Debussy zur Seite und verteidigt das Werk sehr energisch. Im Unterschied zu Kollegen findet es der erst Fünfundzwanzigjährige keineswegs erniedrigend, Sänger am Flügel zu begleiten, und sein Repertoire an Liedern wächst beständig.

1904 gründet er die Société des Concerts Cortot, die es zur Aufgabe hat, junge Komponisten zu fördern. 1905 entsteht das berühmte Trio mit Jacques Thibaud, Pablo Casals und Alfred Cortot, das bis 1944 zusammenbleibt. Cortots eigenen Worten zufolge ist diese Kammermusikgruppe für ihn von fundamentaler Bedeutung. Aufgrund des Zusammenspiels lernt er, sein Instrument zum Singen zu bringen und den zuweilen harten Klang des Klaviers zu unterdrücken. Er spricht in solchen Fällen von »Zärtlichkeit«. 1904–07 kümmert er sich intensiv um die Verwaltung verschiedener Musikgesellschaften, immer das finanzielle Fiasko vor Augen, das er einige Jahre zuvor mit den Volkskonzerten der Stadt Lille erlitten hatte.

1907 wird er auf Betreiben Faurés Nachfolger von Stéphane Raoul Pugno im Konservatorium von Paris und entdeckt seine Liebe zur Pädagogik.

1918 reist er im Auftrag der Regierung als Repräsentant Frankreichs in die Vereinigten Staaten. 1919 gründet er in Paris die Ecole Normale de Musique. 1921 zählt er Jacques Thibaud, Pablo Casals, Marguerite Long, Wanda Landowska, Lucien Capet, Isidore Philipp, Reynaldo Hahn, Igor Strawinsky und andere zu seinen Mitarbeitern. Daneben verfolgt er seine internationale Karriere, vor allem in Deutschland, wo man ihn für den besten Schumann-Interpreten hält, und den Vereinigten Staaten.

1928 nimmt er an der Gründung des Symphonie-Orchesters von Paris teil und dirigiert es während der ersten Saison.

Während des 2. Weltkriegs gehört er zuerst als Hochkommissar der Schönen Künste und später unter Pierre Laval in noch bedeutenderen Funktionen der Vichy-Regierung an. Er deckt mit seinem Namen die Verfolgung jüdischer Künstler. Am Ende des Krieges wird er verhaftet und vor allem aufgrund einer

Tournee, die er 1942, von Wilhelm Furtwängler eingeladen, in Deutschland durchführte, verurteilt. Er geht nach Lausanne. 1947 gibt er in Paris ein Konzert, das heftige Proteste auslöst. Erst am 17. 10. 1949 wird er anläßlich eines Konzertes in der Salle Pleyel, das er zum 100. Todestag Frédéric Chopins gibt, rehabilitiert.
Gabriel Fauré widmet ihm seine *Fantaisie* und Albert Roussel sein *Poème de la forêt* (Waldgedicht). Er verwirklicht neben anderem die Uraufführung von Albert Roussels *Résurrection* (Auferstehung, 1904) und Claude Debussys *Fantaisie* (1919).
WW: *Principes rationnels de la technique pianistique* (Paris 1928); *La Musique française de piano* (Paris 1930; dt.: Französische Klaviermusik, Wiesbaden 1956); *Aspects de Chopin* (Paris 1949).

Cossotto, Fiorenza
Italienische Mezzosopranistin, geb. 22. 4. 1935 Crescentino de Vercelli.
Noch während ihrer Schulzeit wird sie von ihrer Umgebung aufgefordert, sich als Sängerin ausbilden zu lassen. Sie geht zu Paola della Torre an das Turiner Verdi-Konservatorium, legt dort 1956 ihr Diplom ab und besucht anschließend die Nachwuchsschule der Scala. Noch als Studentin debütiert sie bei der Uraufführung von Francis Poulencs Oper *Les Dialogues des Carmélites* (Die Dialoge der Karmeliterinnen) in der Rolle der Schwester Mathilde. Sie studiert viele Nebenrollen ein und lernt ihren Beruf von Grund auf. 1961 schafft sie in *La favorite* (Die Favoritin, Donizetti) den endgültigen Durchbruch, nachdem sie 1959 am Covent Garden an der Seite von Maria Callas die Neris in *Medea* (Cherubini) und 1960 in der Arena von Verona die Amneris (*Aida*, Verdi) gesungen hatte. Sie gilt als würdige Nachfolgerin einer Ebe Stignani, Cloe Elmo, Fedora Barbieri und Giulietta Simionato. Auf den großen Bühnen der Welt singt sie die Azucena (*Il Trovatore*, Der Troubadour) Eboli (*Don Carlos*), Amneris (*Aida*), Preziosilla (*La forze del destino*, Die Macht des Schicksals, alle Verdi), Santuzza (*Cavalleria rusticana*, Mascagni), Adalgisa (*Norma*, Bellini), Dalila (*Samson et Dalila*, Saint-Saëns) und die Altisten-Rolle in Giuseppe Verdis *Requiem*.

Cossutta, Carlo
Italienischer Tenor, geb. 8. 5. 1932 Triest.
Während er noch ein Kleinkind ist, zieht seine Familie nach Argentinien, wo man seine außergewöhnliche Stimme entdeckt. Sehr schnell steigt er zum 1. Tenor am Teatro Colón in Buenos Aires auf. An diesem Theater kreiert er 1964 die Titelrolle der Oper *Don Rodrigo* von Alberto Evaristo Ginastera. Er verspricht sich viel von Europa, verläßt Argentinien und debütiert 1964 als Herzog von Mantua in *Rigoletto* (Verdi) am Covent Garden. In der darauffolgenden Saison wird er wieder eingeladen und nimmt mit viel Erfolg an einer Aufführung der *Cavalleria rusticana* (Mascagni) teil. 1969 feiert er am Covent Garden mit *Don Carlos* (Verdi) einen regelrechten Triumph. Die Türen der europäischen Opernhäuser öffnen sich, Wien und Berlin laden ihn als erste ein. 1970 interpretiert er in Chicago unter Carlo Maria Giulini und 1971 in Paris unter Herbert von Karajan Giuseppe Verdis *Requiem*. In Berlin singt er den Gabriele Adorno in *Simon Boccanegra* (Verdi) und nimmt die Rolle in Wien wieder auf. Anschließend vertraut ihm Wien die Rolle des Macduff in *Macbeth* (Verdi) an, während er in Berlin in *Aida* (Verdi) und *Manon* (Massenet) auftritt. 1975 beweist er an der Pariser Oper als Manrico (*Il Trovatore*, Der Troubadour, Verdi) seine besonderen Fähigkeiten: mühelose, kräftige hohe Töne, eine gute Mittellage und eine für einen Tenor ausgeprägt tiefe Lage.

Costa, Jean
Französischer Organist, geb. 15. 6. 1924 Bastia.
Als Achtzehnjähriger wird Jean Costa Organist der Kirche Saint-Jean in Lyon

und behält dieses Amt bis zu seinem Weggang nach Paris (1944) inne. Er entwickelt sich zu einem der brillantesten Studenten des Konservatoriums. 1949 gewinnt er in der Klasse von Marcel Dupré einen 1. Preis für Orgel und Improvisation. 1952 wird er zum Organisten der Kirche Saint-Vincent-de-Paul ernannt, deren Instrument von Cavaillé-Coll/Gonzalez gebaut wurde. 1963-70 ist Costa gleichzeitig Professor am Konservatorium von Nantes, bevor er 1971 von dem Konservatorium in Aix-en-Provence berufen wird.

Jean Costa erarbeitet sich ein breites, weitgefächertes Repertoire und gilt auch auf dem Gebiet der Orgelimprovisation als sehr talentiert. Er nimmt viele Schallplatten auf, darunter die Werke von César Franck und das Gesamtwerk für Orgel von Franz Liszt.

Cotrubas, Ileana
Rumänische Sopranistin, geb. 9. 6. 1939 Galaţi.
Als Kind singt sie im Chor von Radio Bukarest; sie studiert am Konservatorium ihrer Heimatstadt bei Constantin Stroesco, der ihr seine Liebe zum französischen Lied vermittelt (Debussy, Ravel, Fauré, Poulenc u.a.). Sie debütiert als Yniold in *Pelléas et Mélisande* (Debussy) und singt anschließend den Cherubin (*Le nozze di Figaro*, Mozart) und den Oscar (*Un ballo in maschera*, Ein Maskenball, Verdi). 1965-66 gewinnt sie verschiedene Preise, darunter den von s'Hertogenbosch. Am Théâtre de la Monnaie in Brüssel singt sie die Pamina (*Zauberflöte*) und die Konstanze (*Die Entführung aus dem Serail*, beide Mozart). Beim Wettbewerb des Bayerischen Rundfunks erzielt sie einen 1. Preis; die Salzburger Festspiele laden sie ein (*Zauberflöte*). 1969 singt sie die Pamina in Wien und die Mélisande in Glyndebourne. Am Covent Garden debütiert sie 1971 als Tatjana in *Eugen Onegin* (Tschaikowskij). Anschließend singt sie 1973 an der Pariser Opéra die Manon (Massenet) und die Mimi (*La Bohème*, Puccini) an der Scala (1975) und der Met (1977). Sie studiert die Rollen der Violetta (*La Traviata*, Verdi), Micaëla (*Carmen*, Bizet), Ilia (*Idomeneo*, Mozart) und verschiedene, zum Belcanto-Bereich gehörende Rollen ein, zu denen sich ihre Stimme aufgrund der klaren hohen Töne eignet. Einen großen Teil ihrer Karriere widmet sie Liederabenden und Oratorien.

Cotte, Roger
Französischer Musikwissenschaftler und Dirigent, geb. 21. 7. 1921 Clamart.
Er studiert 1940-45 am Pariser Konservatorium bei Gaston Cranesse Flöte und bei Marcel Samuel-Rousseau Harmonielehre; Maurice Martenot führt ihn persönlich in sein einstimmiges Tasteninstrument, die »Ondes Martenot«, ein. Bei Paul Brunold studiert er Orgelwesen (1942-48). 1958-61 unterrichtet ihn Alexandre Cellier in Orgel. Er begeistert sich für alte Instrumente und gründet 1953 die Groupe d'Instruments Anciens de Paris, die unter seiner Leitung viele unbekannte oder vergessene Werke zu neuem Leben erweckt. Seit 1977 leitet er in São Paulo das Institut San Bernardo.

Couraud, Marcel
Französischer Chorleiter, geb. 20. 10. 1912 Limoges, gest. 14. 9. 1986 Loches.
Er studiert in Paris bei Nadia Boulanger Notation, bei André Marchal Orgel, bei Igor Strawinsky Komposition und bei Charles Münch Orchesterleitung. Er weigert sich, einen Unterschied zwischen Chor- und Orchesterleitung zu machen. »Als ich bemerkte, daß es bei Aufführungen häufig eine Kluft zwischen Chor und Orchester gibt, habe ich mich für den Chor entschieden.« Er versucht, soviel wie möglich über die menschliche Stimme zu erfahren, während er weiterhin Orchesterleitung studiert.

Nach dem Ende des 2. Weltkriegs gründet er ein Vokalensemble, das seinen Namen trägt und das er bis 1954 leitet. Das Ensemble gibt in ganz Europa, vor allem aber in Deutschland und Italien,

Gastspiele und wirkt insbesondere bei Oratorien mit. 1967 wird er zum künstlerischen Direktor der Chöre des französischen Rundfunks ernannt. Er bemüht sich, vergessene Meisterwerke wieder bekanntzumachen; wir verdanken ihm die Kenntnis mancher vergessener Partituren von Franz Schubert und Johannes Brahms, aber auch der barocken Literatur, vor allem in Zusammenarbeit mit der Capella Coloniensis. Innerhalb des französischen Rundfunks gründet er kurz nach seinem Dienstantritt die Gruppe der Solistes des chœurs, »ein neues Instrument für eine neue Musik«, um seine eigenen Worte zu gebrauchen. Das Ensemble widmet sich der zeitgenössischen Musik und nimmt an avantgardistischen Festivals wie dem von Royan teil. Das *Stabat Mater* von Krzysztof Penderecki, die *Cinq Rechants* von Olivier Messiaen und die *Cantigas* von Maurice Ohana gehören ebenso zu ihrem Repertoire wie die *Nuits* von Iannis Xenakis. Er spielt Xenakis' Werk, das ihm gewidmet ist, mehr als 130 Mal. Nach Beendigung seiner Tätigkeit beim französischen Rundfunk geht er in die Vereinigten Staaten und unterrichtet an den Universitäten von Los Angeles und Princeton. 1976 ruft er die Groupe Vocal de France ins Leben, die er bis 1978 leitet. Unter den Werken, die er zur Uraufführung bringt, befinden sich *Epithalame* (1956) von André Jolivet und *Cris* (Schreie, 1969) von Maurice Ohana.

Cox, Jean
Amerikanischer Tenor, geb. 16.1. 1922 Gadsden (Ala.).
Er studiert bei William Steven an der Universität von Alabama und bei Marie Sundelius am Konservatorium von Boston. Fünfzehn Jahre lang tritt er an kleineren amerikanischen Bühnen auf, bevor er nach Europa geht, wo er sich bei Max Lorenz in München und Luigi Ricci in Rom perfektioniert und 1953 als Rodolfo (*La Bohème*, Puccini) in Spoleto debütiert. Sein Weg führt ihn über Kiel (1954–55) und Braunschweig (1955–59) an die Mannheimer Oper (ab 1959), von wo aus er viele Gastspiele in Deutschland und Österreich unternimmt. Mit viel Erfolg singt er an den Opern von Wien, Stuttgart, München und Frankfurt. Er tritt 1958–73 regelmäßig an der Hamburger Oper sowie der Wiener Volksoper auf. Bei den Bregenzer Festspielen nimmt er an einer Aufführung von *Fra Diavolo* (Bruder Teufel, Auber) und an der Uraufführung von *Trauminsel* (Stolz) teil. 1961 debütiert er an der Lissaboner Oper, 1971 an der Pariser (Siegmund, *Der Ring des Nibelungen*, Wagner), 1974 an der Berliner, 1975 am Covent Garden in London und 1976 an der Met in New York (Walther, *Die Meistersinger von Nürnberg*, Wagner). In Bayreuth singt er 1956 den Steuermann (*Der fliegende Holländer*), 1967–68 den Parsifal, 1970–75 den Siegfried (*Der Ring des Nibelungen*) und 1969–74 den Walther (*Die Meistersinger von Nürnberg*, alle Wagner).

Craft, Robert
Amerikanischer Dirigent, geb. 20.10. 1923 Kingston (N.Y.).
Er studiert bis 1946 an der Juilliard School of Music in New York und am Berkshire Music Center in Tanglewood, bevor er sich bei Pierre Monteux perfektioniert. 1947–50 leitet er die Choral Art Society in New York sowie verschiedene Bläserensembles. Anschließend übernimmt er die Leitung der Evenings-on-the-Roof und der Monday-Evening-Concerts in Los Angeles (1950–68). Entscheidend für seine Karriere wird seine Begegnung mit Igor Strawinsky im Jahr 1948: Craft wird Privatsekretär des Komponisten und gewinnt entscheidenden Einfluß auf ihn; so bringt er ihn dazu, gegen Ende seines Lebens noch das Zwölftonsystem in sein kompositorisches Schaffen zu integrieren.
Dreiundzwanzig Jahre arbeiten sie zusammen. Bei ungefähr 150 Konzerten wechseln sie sich als Dirigenten ab. Craft wird zum mächtigsten Fürspre-

cher der Wiener Schule in den Vereinigten Staaten. Er nimmt das Gesamtwerk von Anton von Webern auf, leitet die amerikanische Erstaufführung von Alban Bergs *Lulu* und Paul Hindemiths *Cardillac* und begeistert sich für Don Carlo Gesualdo. Er verwirklicht die Uraufführung von Edgar Varèses *Nocturnal* und Igor Strawinskys *In memoriam D. Thomas* sowie dessen *Requiem canticles*. Craft arbeitet an der Gesamtaufnahme von Strawinskys symphonischem Schaffen mit und leitet die Orchesterproben; der Komponist selbst dirigiert nur die Generalproben und die Aufnahmen. 1959–69 veröffentlicht er sechs Bände mit Erinnerungen an Igor Strawinsky.

WW: *Avec Stravinski* (mit Texten von I. Strawinsky, P. Boulez und K. Stockhausen, Monaco 1958, dt. gekürzt unter dem Titel Strawinsky, München 1962); *Conversations with I. Stravinsky* (Garden City/N. Y. und London 1959, dt. in I. Strawinsky, Gespräche mit R. C., Zürich 1961); *Memories and Commentaries* (Garden City/N. Y. und London 1960, dt. in Gespräche); *Expositions and Developments* (Garden City/N. Y. und London 1962); *Dialogue and Diary* (Garden City/N. Y. 1963, London 1968); *Themes and Episodes* (New York 1967); *Retrospections and Conclusions* (New York 1969); *Chronicle of a Friendship* (New York 1972); *Prejudices in Disguise* (New York 1974); *Current Convictions* (New York 1976).

Crass, Franz
Deutscher Baßbariton, geb. 9. 2. 1928 Wipperfürth.
Er gehört zuerst als Schauspieler zu einer fahrenden Truppe, bevor er an der Musikhochschule Köln bei Clemens Glettenberg Gesang studiert. Er debütiert 1954 am Stadttheater Krefeld. Zwei Jahre später wird er von der Oper in Hannover engagiert. 1962 wird er Mitglied der Kölner und später dann der Hamburger Oper. Wien, Berlin und Düsseldorf laden ihn ein. In Bayreuth singt er ab 1954 kleinere Rollen, bevor er 1959 mit Heinrich der Vogeler (*Lohengrin*) seine erste große Rolle interpretiert. 1960–61 singt er den Holländer (*Der fliegende Holländer*), 1967–70 den Gurnemanz (*Parsifal*, alle Wagner). An der Scala singt er 1960 den Komtur (*Don Giovanni*, Mozart) und bei den Salzburger Festspielen 1967 den Sarastro (*Die Zauberflöte*, Mozart) und 1970 den Rocco (*Fidelio*).

Crespin, Régine
Französische Sopranistin, geb. 22. 3. 1927 Marseille.
Sie debütiert 1948 in Reims als Charlotte (*Werther*, Massenet), bevor sie 1950 in Mülhausen (Elsaß) die Elsa (*Lohengrin*, Wagner) interpretiert. Schon im darauffolgenden Jahr feiert sie in Paris an der Opéra-Comique als Tosca (Puccini) und an der Opéra als Elsa unter der Leitung von André Cluytens erste Triumphe. Trotzdem geht sie zunächst wieder in die französische Provinz und erarbeitet sich ein reichhaltiges Repertoire: *Faust* (Gounod), *Hérodiade* (Massenet), *Sigurd* (Reyer), aber auch *Otello* und *Il Trovatore* (Der Troubadour, beide Verdi), *Fidelio* (Beethoven), *Oberon* (Weber) und die *Walküre* (Wagner). 1956 kehrt sie nach Paris zurück und singt an der Seite von José Luccioni die Desdemona (*Otello*), als Partnerin von Renée Doria und Suzanne Sarroca die Marschallin (*Der Rosenkavalier*, R. Strauss), und endlich neben Albert Lance, Denise Scharley und René Bianco die Amelia (*Un ballo in maschera*, Ein Maskenball, Verdi). Im gleichen Jahr wirkt sie in Bordeaux an der Uraufführung von Henri Tomasis Oper *Sampiero Corso* mit, während sie 1957 an der Pariser Oper an der französischen Erstaufführung von Francis Poulencs Oper *Les Dialogues des Carmélites* (Die Gespräche der Karmeliterinnen) teilnimmt. Im gleichen Jahr noch tritt sie in *La Damnation de Faust* (Fausts Verdammnis) und *Les Troyens* (Die Trojaner, beide Berlioz) sowie in *Tannhäuser* (Wagner) auf. 1958 debütiert sie als Kundry (*Parsifal*, Wagner) in Bay-

reuth und 1959 in Glyndebourne als Marschallin (*Der Rosenkavalier*, R. Strauss), als Sieglinde (*Der Ring des Nibelungen*, Wagner) in Wien und an der Scala in *Fedra* (Phädra, Pizzetti); 1960 debütiert sie wiederum als Marschallin am Covent Garden; sie glänzt in dieser Rolle und prägt ihr in gleichem Maße wie Lotte Lehmann ihren Stempel auf. 1961 singt sie in Bayreuth die Sieglinde. Ein Jahr später singt sie zum ersten Mal in den Vereinigten Staaten: sie interpretiert in Chicago die Tosca (Puccini). Im gleichen Jahr noch tritt sie am Teatro Colón in Buenos Aires und an der Met in New York auf. Sie wirkt an Aufführungen der Pénélope (Fauré), der *Troyens* und der *Iphigenie auf Tauris* (Gluck) mit. Régine Crespin wird vom amerikanischen Publikum vergöttert. In Europa erzielt sie bei den Festspielen in Aix-en-Provence (1966) und bei den Osterfestspielen in Salzburg, wo sie 1966-67 unter der Leitung von Herbert von Karajan die Brünnhilde (*Walküre*, Wagner) singt, große Erfolge.

Zu Beginn der siebziger Jahre gibt sie allmählich die großen dramatischen Sopran-Rollen auf und greift auf das Repertoire der Mezzosopranistinnen zurück: Santuzza (*Cavalleria rusticana*, Leoncavallo), Charlotte (*Werther*, Massenet, Met 1971), Giulietta (*Les Contes d'Hoffmann*, Hoffmanns Erzählungen, Offenbach), Carmen (Bizet, Miami 1972, Met 1975), Gräfin (*Pique-Dame*, Tschaikowskij). 1977 wirkt sie an der Met wieder an einer Aufführung der *Dialogues des Carmélites* mit, diesmal allerdings in der Rolle der Madame de Croissy. 1978 verblüfft sie in Toulouse ihre Anhänger als Großherzogin (*La Grand-Duchesse de Gerolstein*, Die Großherzogin von Gerolstein, Offenbach). 1976 wird sie vom Pariser Konservatorium zur Professorin ernannt. Sie widmet einen bedeutenden Teil ihrer Karriere dem Lied und entwickelt sich zur Botschafterin der französischen Tradition im Ausland. Ihren Rollen drückt sie einen unverwechselbaren Stempel auf. Sie bleibt eine der bedeutendsten Marschallinnen und eine der größten Wagner-Sopranistinnen der zweiten Hälfte des zwanzigsten Jahrhunderts.
W: *La Vie et l'amour d'une femme* (Paris 1952).

Crickboom, Mathieu
Belgischer Violinist, geb. 2. 3. 1871 Hodimont (bei Lüttich), gest. 30. 10. 1947 Brüssel.
Der bedeutendste Schüler Eugène Ysaÿes spielt in dessen Quartett 1888-94 die zweite Geige, bevor er im Quartett der Société Nationale in Paris Primgeiger wird (1894-96). 1886 wird er zum Konzertmeister der Sociedad Filarmónica von Barcelona berufen (bis 1905). Gleichzeitig unterrichtet er am Konservatorium von Barcelona. Er lernt Pablo Casals kennen, mit dem er ein neues Quartett gründet. Enrique Granados (Klavier) spielt häufig mit diesem Quartett. 1910 kehrt er nach Belgien zurück und wird am Lütticher Konservatorium zum Professor ernannt (1911); 1919 wechselt er an das Konservatorium von Brüssel und unterrichtet dort bis 1944. Ernest Amédée Chausson widmet ihm sein *Streichquartett* und Eugène Ysaÿe seine *Sonate für Violine Solo Nr. 6*.

Cristescu, Mircea
Rumänischer Dirigent, geb. 22. 11. 1928 Braszov.
Er studiert am Konservatorium von Astra und an dem von Bukarest. Als Instrumentalist gehört er dem Orchester George Enescu in Bukarest an und unterrichtet gleichzeitig am dortigen Konservatorium. Erst spät schlägt er eine Dirigenten-Laufbahn ein; seit 1962 ist er einer der ständigen Dirigenten des Orchesters George Enescu.

Croiza, Claire (= Claire Conelly)
Französische Sopranistin, geb. 14. 9. 1882 Paris, gest. 27. 5. 1946 daselbst.
Als Kind wird sie in Allgemeiner Musiklehre, Klavier und Gesang unterrichtet. 1905 debütiert sie in Nancy in *Mes-*

saline von Isidore de Lara. Ein Jahr später wird sie vom Théâtre de la Monnaie in Brüssel engagiert. Sie interpretiert dort Dalila (*Samson et Dalila*, Saint-Saëns), Carmen (Bizet), Dido (*Les Troyens*, Die Trojaner, Berlioz), Klytemnästra (*Iphigenie in Aulis*, Gluck und *Elektra*, R. Strauss), Erda (*Der Ring des Nibelungen*, Wagner), Leonora (*La favorite*, Die Favoritin, Donizetti), Charlotte (*Werther*, Massenet) und Pénélope (Fauré) und kreiert *Eros vainqueur* (Der siegreiche Eros, Bréville). 1908 debütiert sie an der Pariser Oper in *Samson et Dalila* (Saint-Saëns). 1913 wirkt sie unter der Leitung von Jacques Rouché im Théâtre des Arts an einer Aufführung von *L'incoronazione di Poppea* (Die Krönung der Poppea, Monteverdi). Im gleichen Jahr singt sie in *Les Eléments* (Die Elemente, Destouches), in zwei Werken von Vincent d'Indy und in einem Akt von *Orphée* (Gluck). 1919 kreiert sie die szenische Version von Claude Debussys *La Damoiselle élue* (Die auserwählte Jungfrau) und 1926 Gustave Dorets *La Tisseuse d'orties* (Die Nesselweberin). Paul Valéry rühmt sie als die »sensibelste Stimme unserer Generation«. Die französische Liedschule von César Franck bis Henri Duparc widmet ihr Arbeiten. 1924 kreiert sie *6 poèmes de Cocteau* (6 Gedichte von Cocteau) und *Chanson* von Arthur Honegger, der für sie *Judith* schreibt (Uraufführung 1925). 1928 bringt sie unter der Leitung von Louis Fourestier *Sarabande*, *Le Bachelier de Salamanque* (Der Abiturient von Salamanca) und *Réponse d'une épouse sage* (Antwort einer weisen Gattin) von Albert Roussel zur Uraufführung. Ab 1922 unterrichtet sie an der Ecole Normale de Musique Interpretation. 1934 wechselt sie an das Pariser Konservatorium. Janine Micheau, Jacques Jansen, Camille Maurane und Gérard Souzay gehören zu ihren wichtigsten Schülern. Sie ist eine begeisterte Anhängerin des Theaters und übernimmt die Rolle der Sprecherin in *Le Roi David* (König David, Honegger) und *Le Martyre de Saint-Sébastien* (Das Martyrium des Heiligen Sebastian, Debussy) und unterrichtet auch Regie.

Cross, Joan
Englische Sopranistin, geb. 7. 9. 1900 London.
Sie studiert bei Gustav Holst an der St. Paul's Girl's School und bei Dawson Freer am Trinity College of Music in London. 1924 wird sie Mitglied des Chores des Old Vic Theatre, an dem sie als Solistin den Cherubin (*Le nozze di Figaro*) und die Erste Dame der Königin (*Zauberflöte*, beide Mozart) singt. 1931–46 ist sie 1. Sopranistin an der Sadler's Wells Opera in London und wirkt unter anderem an den Uraufführungen von *Snegurotschka* (Schneeglöckchen) und *Skaska o zare Saltane* (Das Mädchen vom Zaren Saltan, 1933, beide Rimskij-Korssakow) mit. 1931 debütiert sie als Mimi (*La Bohème*, Puccini) am Covent Garden, an dem sie bis 1954 regelmäßig singt. 1943–45 leitet sie die Sadler's Wells Company und nimmt an der Wiedereröffnung des Theaters im Jahre 1945 teil (Uraufführung von Brittens Oper *Peter Grimes*). Weitere Uraufführungen von Werken Benjamin Brittens, an denen sie mitwirkt: *The Rape of Lucretia* (Der Raub der Lukretia, Glyndebourne 1946), *Albert Herring* (Glyndebourne 1947), *Gloriana* (Krönungsoper, Covent Garden 1953) und *The Turn of the Screw* (Venedig 1954). 1946 gehört sie zu den Gründungsmitgliedern der English Opera Group; 1948 gründet sie zusammen mit Anne Wood die Opera School, aus der 1955 die National School of Opera wird. Ab 1946 inszeniert sie in Großbritannien, Norwegen und den Niederlanden Opern; ab 1955 widmet sie sich pädagogischen Aufgaben.

Cuberli, Lella
Amerikanische Sopranistin, geb. 29. 9. 1945 Austin (Texas).
Ihre Familie stammt aus Italien; sie studiert in Dallas und läßt sich nach dem

Gewinn des Internationalen Wettbewerbs von Bussetto in Mailand nieder. Ihr europäisches Debüt feiert sie als Violetta (*La Traviata*, Verdi) an der Budapester Oper. Anschließend wird sie von der Mailänder Scala engagiert; sie singt dort die Konstanze (*Die Entführung aus dem Serail*) und nimmt an einer Aufführung von *Lucio Silla* (beide Mozart) teil. Ihr Repertoire reicht von Wolfgang Amadeus Mozart über den Belcanto bis zu Claude Debussy. Sie nimmt 1984 an den Rossini-Festspielen in Pesaro teil, bei denen das vergessene Werk *Viaggio a Reims* (Reise nach Reims) ausgegraben wird. An der Met debütiert sie an der Seite Marilyn Hornes in *Il combattimento di Tancredi e Clorinda* (Der Kampf Tancredis mit Clorinda, Monteverdi). Die Gräfin in *Le nozze di Figaro* (Mozart) entwickelt sich in immer stärkerem Maße zu ihrer Glanzrolle: Aix-en-Provence 1985, Salzburg 1986, Paris (beim Mozart-Festival des Orchestre de Paris, 1986).

Cubiles, José
Spanischer Pianist, geb. 15. 5. 1894 Cadix, gest. 5. 4. 1971 Madrid.
Er studiert am Konservatorium von Paris in der Klasse von Louis Diémer und unternimmt Tourneen durch Europa, bevor er nach Spanien zurückkehrt und ab 1916 am Madrider Konservatorium unterrichtet. Er verwirklicht zahlreiche Schallplattenaufnahmen spanischer Musik. Er ist außerhalb seines Landes nicht so bekannt geworden wie José Iturbi, obwohl er zu den herausragenden spanischen Pianisten gehört und entscheidend zur Verbreitung der Musik von Isaac Albéniz, Manuel de Falla, Joaquín Turina und Enriquo Granados beiträgt. Mit Jacques Thibaud und Gaspar Cassadó betreibt er Kammermusik. 1943 wird er vom Madrider Konservatorium zum ordentlichen Professor bestellt.

Cuenod, Hugues
Schweizer Tenor, geb. 26. 6. 1902 Vevey.
Er läßt sich am Institut Ribaupierre in Lausanne, an den Konservatorien in Genf und Basel sowie in Basel von Frau Singer-Burian ausbilden, die ihm rät, nicht als Baßbariton weiter zu studieren, sondern in das Tenor-Fach zu wechseln. Innerhalb von wenigen Monaten schafft er mit ihrer Hilfe die Umstellung. 1928 debütiert er in Paris im Saal des Konservatoriums anläßlich eines Konzerts mit Vokaltrios von Florent Schmitt, der ihn engagiert und ihm an der Seite von Marcelle Bunlet und Lina Falk zum Durchbruch verhilft. Im gleichen Jahr noch kreiert er am Théâtre Grammont die Hauptrolle in *Pont d'Or* (Goldene Brücke) von Maxime Jacob und verwirklicht die französische Erstaufführung von Ernst Kreneks *Jonny spielt auf*, bei der Firmin Gémier Regie führt und Désiré-Emile Inghelbrecht dirigiert. Er singt in Jacques Iberts Oper *Angélique* den Teufel und in der Salle Gaveau unter der Leitung von Vincent d'Indy Kantaten von Johann Sebastian Bach. In London verwirklicht er die Uraufführung von Noël Cowards *Bitter Sweet*, das er anschließend in ganz Amerika vorstellt. 1932–34 verbringt er in der Schweiz, nimmt an der Uraufführung der provenzalischen Oper *Misé brun* von Pierre Maurice teil und singt in verschiedenen komischen Opern (von Offenbach, Adam, Delibes, Planquette und anderen). Er gründet mit Jane Lequien das Duo Bob und Bobette und singt moderne Chansons, aber auch Spirituals. Nur wenig später begleitet ihn Clara Haskil bei Schumann-Liedern am Klavier. In Genf singt er unter der Leitung von Ernest Ansermet *Les Noces* (Die Hochzeit, Strawinsky) und nimmt dann unter der Leitung von Hermann Scherchen in Paris das gleiche Werk wieder auf. Zurück in Genf, wirkt er an einer von Scherchen geleiteten Aufführung der *L'Histoire du soldat* (Strawinsky) mit. Er lernt Nadia Boulanger kennen, die ihn häufig begleitet.

1935 kreiert er in London *Le paradis perdu* (Das verlorene Paradies) von Igor Markevitch. In der Hauptsache aber interpretiert er Werke von Johann Sebastian Bach, Claudio Monteverdi, Heinrich Schütz und Marc-Antoine Charpentier, wenn er nicht mit Clara Haskil zusammen auftritt. 1937 nimmt er mit der Gruppe um Nadia Boulanger die berühmten Monteverdi-Einspielungen auf. Eine triumphale Amerika-Tournee schließt sich an. 1940-46 unterrichtet er am Konservatorium von Genf. 1940 kreiert er in Basel unter der Leitung von Paul Sacher Arthur Honeggers *La danse des morts* (Der Tanz der Toten) und Frank Martins *Le Vin herbé* (Der Zaubertrank). 1943 singt er zum ersten Mal den Evangelisten in Johann Sebastian Bachs *Matthäus-Passion*, den er anschließend in der ganzen Welt interpretiert. Nach dem Ende des 2. Weltkriegs kehrt er nach Paris zurück und gibt mit Nadia Boulanger neue Konzerte. Er ändert sein Repertoire und beschränkt sich auf Kantaten sowie zeitgenössische Musik (Milhaud, Françaix, Strawinsky, Binet, Britten u.a.). 1951 nimmt er in Venedig an der Uraufführung von *The Rake's Progress* (Strawinsky) unter der Leitung des Komponisten teil. Im darauffolgenden Jahr interpretiert er in Mailand unter der Leitung von Herbert von Karajan wieder an der Seite von Elisabeth Schwarzkopf im *Rosenkavalier* (R. Strauss) den Haushofmeister. Auf der gleichen Bühne begeistert er mit seinem Hauptmann (*Wozzeck*, Berg). In Aix-en-Provence singt er den Basilio (*Le nozze di Figaro*, Mozart). 1954 interpretiert er den Astrologen in *Solotoj petuschok* (Der goldene Hahn, Rimskij-Korssakow) am Covent Garden und feiert einen solchen Erfolg, daß ihn daraufhin Glyndebourne einlädt, wo er bis 1975 regelmäßig auftritt (die wichtigsten Opern: *The Rake's Progress*, Strawinsky, *Ariadne auf Naxos* und *Capriccio*, beide R. Strauss, *Falstaff*, Verdi, *Ormindo*, Cavalli, *L'Heure espagnol*, Die spanische Stunde, Ravel, *Eugen Onegin*, Tschaikowskij und vor allem *La Calisto*, Cavalli, in der er die alte Nymphe Linfea interpretiert).

Cupido, Alberto
Italienischer Tenor, geb. 19. 3. 1948 Portofino.

Er beginnt am Konservatorium von Mailand zu studieren und geht dann an das Centro di Perfezzionamento della Scala di Milano und an die Accademia Musicale Chigiana in Siena. Der Preisträger der Wettbewerbe von Parma (1975) und Bussetto (1976) debütiert in Genua als Linkerton (*Madame Butterfly*, Puccini). In Frankfurt singt er mit großem Erfolg den Rodolfo (*La Bohème*, Puccini) und wird daraufhin von allen wichtigen deutschen Opernhäusern eingeladen: Berlin, Hamburg, Köln (*Werther*, Massenet) und München (*Faust*, Gounod und *Manon*, Massenet). 1978 singt er in Glyndebourne den Rodolfo. In Frankreich debütiert er 1977 an der Straßburger und an der Pariser Oper (in *La Traviata*, Verdi, und *La Bohème*). Im gleichen Jahr singt er zum ersten Mal an der Scala (*Lucia di Lammermoor*, Donizetti). An der Wiener Oper interpretiert er *Werther, Faust, Macbeth* (Verdi), *La Bohème* und andere Opern. 1983 debütiert er in den Vereinigten Staaten (in San Francisco) und 1986 in Montreal (*Roméo et Juliette*, Berlioz).

Curtis, Alan
Amerikanischer Cembalist und Dirigent, geb. 17. 11. 1934 Masone (Michigan).

Er studiert an der Staatsuniversität von Michigan (Diplom 1955) und an der Universität von Illinois (Diplom 1956). Anschließend schlägt er eine doppelte Karriere als Cembalist und Dirigent ein. Mit seinen Konzerten, aber auch mit seinen Einspielungen barocker Musik und seinen Vorträgen macht er sich in den Vereinigten Staaten schnell einen Namen. Curtis ist Professor für Musik und Direktor des Collegium Musicum an der Berkeley University. Er gibt Werke für Cembalo von Louis Couperin, die Werke Claude Balbastros sowie die Cembalo-Konzerte von Carl Philipp Emanuel Bach heraus. Hauptsächlich in Holland, Belgien und den Vereinigten Staaten dirigiert er häufig nach selbst herausgegebenen Partituren Barockopern.

W: *Sweelinck Keyboard Music* (London und Leiden 1969).

Curzon, Sir Clifford
Englischer Pianist, geb. 18. 5. 1907 London, gest. 1. 9. 1982 daselbst.

1919 tritt er in die Londoner Royal Academy of Music ein und wird Schüler von Charles Reddie und Katherine Goodson. Er gewinnt die McFarren-Goldmedaille für Klavier. Als Sechzehnjähriger debütiert er unter Sir Henry Woods Leitung anläßlich eines Queen's Hall Promenade Concert mit dem *Tripel-Konzert* von Johann Sebastian Bach. Er perfektioniert sich bei Tobias Matthay, geht 1928 für zwei Jahre nach Berlin zu Artur Schnabel und dann nach Paris zu Wanda Landowska und Nadia Boulanger. Bis 1932 unterrichtet er an der Royal Academy of Music in London, gibt aber dann diese Tätigkeit zugunsten seiner Solisten-Laufbahn auf. Nach und nach wendet er sich in immer stärkerem Maße der Kammermusik zu, während seine Interpretationen der Klavierkonzerte von Wolfgang Amadeus Mozart ihn einstimmig zum größten ›Mozartianer‹ seiner Zeit machen. 1952 gründet er zusammen mit Joseph Szigeti, William Primrose und Pierre Fournier das Edinburgh Festival Piano Quartett und spielt viele Jahre lang während der Festspiele Klavierquartette.

Curzon ist dafür bekannt, daß er sich immer wieder für längere Zeit vom aktiven Konzertleben zurückzieht und über Interpretationsfragen nachdenkt. Lennox Berkeley widmet ihm seine *Sonate für Klavier*, die er 1946 zur Uraufführung bringt. Er kreiert außerdem 1951 das *Konzert für Klavier Nr. 2* von Alan Rawsthorne. Seit 1931 ist er mit der amerikanischen Cembalistin Lucille Wallace verheiratet.

Cvejič, Biserka (=Biserka Tzveych)
Jugoslawische Altistin, geb. 5. 11. 1923 Jesenice.

Ihre Eltern ziehen nach Belgien, als sie kaum ein Jahr alt ist. Am Ende des 2. Weltkriegs zieht sie es vor, in ihre Heimat zurückzukehren. Bis dahin interessiert sie sich nur für den Jazz und singt Spirituals. In Belgrad verdient sie ihren Lebensunterhalt als Dolmetscherin, bekommt aber bald ein Stipendium, das es ihr ermöglicht, bei José Riavez Gesang zu studieren. Noch während ihres Studiums springt sie an der Belgrader Oper für eine erkrankte Sängerin ein und interpretiert die Maddalena (*Rigoletto*, Verdi). 1954 debütiert sie offiziell als Charlotte (*Werther*, Massenet) und feiert unter dem Namen Biserka Tzveych, den sie lange beibehält, einen Triumph, der ihr hilft, sich im russischen, aber auch im italienischen und französischen Repertoire durchzusetzen. Bei den Gastspielen der Belgrader Oper in Wiesbaden, Lausanne und Paris fällt sie auf. Die Wiener Oper lädt sie 1959 ein. Im darauffolgenden Jahr wird sie Mitglied des Ensembles der Wiener Staatsoper. 1961 gehört sie bereits gleichzeitig zum Ensemble der Met, wo sie als Amneris (*Aida*, Verdi) debütiert. 1962 wird sie vom Covent Garden eingeladen und 1963 vom Teatro Colón in Buenos Aires. Sie zieht nach Wien und gibt viele Gastspiele in Rußland und den nordischen Ländern. In Paris wirkt sie 1977 neben Régine Crespin bei einer Aufführung von Jules Massenets Oratorium *Marie-Madeleine* mit.

Czerny-Stefańska, Halina
Polnische Pianistin, geb. 31. 12. 1922 Krakau.

Ihr Vater führt sie in das Klavierspiel ein. Als Zehnjährige gewinnt sie in Warschau einen Wettbewerb für junge Talente. Anschließend geht sie nach Paris zu Alfred Cortot an die Ecole Normale de Musique (1932–33). Wieder zurück in Polen, perfektioniert sie sich am Konservatorium von Warschau bei Ignacy Jan Paderewski und Józef Turczyński

(1935–39) und ab 1945 an der Musikhochschule von Krakau bei Zbigniew Drzewiecki. 1949 erringt sie (ex-aequo mit der russischen Pianistin Bella Davidovich) beim Chopin-Wettbewerb in Warschau den 1. Preis. Ihre internationale Karriere nimmt einen steilen Aufschwung, wobei sie dem Werk Frédéric Chopins und anderer polnischer Komponisten einen bedeutenden Platz einräumt. Bei vielen wichtigen internationalen Wettbewerben ist sie Mitglied der Jury. Mit ihrem Mann Ludwig Stefański spezialisiert sie sich auf Klavierduos; mit ihrer Tochter Elzbieta Stefańska-Łukowicz setzt sie die Familientradition fort und widmet sich auch der sehr seltenen Kombination Cembalo/Klavier. Sie unterrichtet an der Musikhochschule von Krakau Klavier.

Cziffra, Georges (= György Cziffra)
Französischer Pianist ungarischer Herkunft, geb. 5. 11. 1921 Budapest.
Sein Vater, ein Pianist, führt ihn in sein Instrument ein. Als Fünfjähriger gibt er in einem Zirkus sein erstes Konzert: das Publikum verlangt Improvisationen über ein volkstümliches Thema. Als Neunjähriger geht er an die Franz-Liszt-Akademie in Budapest zu Ernst von Dohnányi. 1933–41 gibt er Konzertabende in Ungarn, Holland und Skandinavien. Er kann seine Ausbildung nicht abschließen, da er eingezogen wird. 1941 wird er Kriegsgefangener. Erst 1947 kann er sein Studium bei György Ferenczy fortsetzen. Um seinen Lebensunterhalt zu verdienen, spielt er in Budapest in Bars. 1950 wird er aus politischen Gründen verhaftet und erst 1953 wieder freigelassen. Er gibt Konzerte und gewinnt als erster Nicht-Komponist 1955 den Franz-Liszt-Preis. 1956 flieht er mit seiner Frau und seinem Sohn nach Wien. Das Publikum reagiert auf seine ersten Konzerte begeistert, die er nach seiner Übersiedelung nach Paris einen Monat später im Théâtre du Châtelet gibt. 1969 stiftet er in Versailles den Cziffra-Preis. Mit seinem Sohn Georges (1942–81), einem Dirigenten, trat er häufig gemeinsam auf.

Czyż, Henryk
Polnischer Dirigent, geb. 16. 6. 1923 Grudziadz.
An der Universität von Torún studiert er Rechtswissenschaft und Philosophie, während er gleichzeitig am Konservatorium von Posen Komposition und Orchesterleitung studiert (1948–52). Er debütiert 1948 an der Spitze des Orchesters des polnischen Rundfunks. Er wird der Assistent von Grzegorz Fitelberg, Chefdirigent des gleichen Orchesters. 1957 wird er zum Chef der Philharmoniker von Łódź ernannt. Als er die Krakauer Philharmonie übernimmt (1962–68), beginnt seine internationale Karriere. Er leitet die Musikhochschule von Krakau und gibt dort Unterricht (1962–66). Czyż ist für die Uraufführung von Krzysztof Pendereckis *Johannespassion* und dessen Oper *Diabły z Loudoun* (Die Teufel von Loudoun) verantwortlich. 1971–74 ist er Generalmusikdirektor in Düsseldorf. 1968 übernimmt er die künstlerische Leitung der Philharmonie von Łódź.

D'Albert, Eugen
siehe **Albert, Eugen d'**

Dähler, Jörg Ewald
Schweizer Pianist, Cembalist und Dirigent, geb. 16. 3. 1933 Bern.
Er studiert bei Sava Savoff am Berner Konservatorium und bei Fritz Neumeyer an der Musikhochschule in Freiburg (Breisgau). 1964 gewinnt er den Wettbewerb des Bayerischen Rundfunks sowie den Berner Jürg-Stucki-Preis. 1962–67 unterrichtet er an der Schola Cantorum Basiliensis. Ab 1962 ist er gleichzeitig Professor für Cembalo, Kammermusik und beziffertem Baß am Berner Konservatorium. Ab 1974 leitet er den Berner Kammerchor. Als Gastdirigent arbeitet er mit den meisten Schweizer Kammerorchestern zusammen. Er begleitet auf zeitgenössischen und historischen Instrumenten häufig Sänger, vor allem Ernst Haefliger, mit dem er viele Konzerte gibt und Schallplatten aufnimmt.

Dalberto, Michel
Französischer Pianist, geb. 2. 6. 1955 Paris.
Er studiert am Pariser Konservatorium bei Vlado Perlemuter, Raymond Trouard und Jean Hubeau. 1975 gewinnt er den Clara-Haskil-Preis. Im gleichen Jahr gewinnt er beim ersten Salzburger Mozart-Wettbewerb den 1. Preis. Drei Jahre später ist er beim Wettbewerb von Leeds erfolgreich. 1980 debütiert er als Solist mit dem Orchestre de Paris unter der Leitung von Erich Leinsdorf. Er beschäftigt sich intensiv mit Kammermusik, spielt regelmäßig in wechselnden Formationen mit Henryk Szeryng, Augustin Dumay, Viktoria Mullova (Violinsonaten) und Nikita Magaloff (Kammermusik für zwei Klaviere) und leitet die Sommerakademien in Les Arcs in Savoyen.

Dal Monte, Toti (= Antonietta Meneghelli)
Italienische Koloratursopranistin, geb. 27. 6. 1893 Mogliano Veneto, gest. 25. 1. 1975 Treviso.
Sie beginnt, Klavier zu studieren, doch aufgrund eines Unfalls kann sie ihre Hand nicht mehr gebrauchen und ist gezwungen, das Klavierspiel aufzugeben. Sie beschließt, sich als Sängerin ausbilden zu lassen und geht zu Barbara Marchisio. 1916 debütiert sie an der Mailänder Scala in der kleinen Rolle der Biancafiore (*Francesca da Rimini*, Zandonais). Zu Beginn ihrer Laufbahn singt sie Rollen, die zum Fach des lyrischen Soprans gehören, bevor sie sich entschließt, ihr Studium bei dem Bariton Antonio Pini-Corsi fortzusetzen und ins Fach des soprano leggiero zu wechseln. 1918 singt sie unter der Leitung von Arturo Toscanini in Turin die Gilda (*Rigoletto*, Verdi) und nimmt an einer Aufführung der *Symphonie Nr. 9* (Beethoven) teil; Toscanini lädt sie ein, während der Saison 1921–22 an der Scala die Gilda zu interpretieren. In den darauffolgenden Jahren singt sie am gleichen Haus unter anderem die Rosina (*Il barbiere di Siviglia*, Rossini), Lucia (*Lucia di Lammermoor*), Adina (*L'elisir d'amore*, Der Liebestrank), Norina (*Don Pasquale*), Linda (*Linda di Chamounix*) und Marie (*La Fille du régiment*, Marie oder die Regimentstochter, alle Donizetti). Sie tritt auch häufig in Rom und Neapel auf und singt dort zusätzlich die Violetta (*La Traviata*, Verdi), die Mimi (*La Bohème*) und die Cho-Cho-San (*Madame Butterfly*, Puccini). 1924 interpretiert sie an der Pariser Oper die Gilda, 1925 am Covent Garden in London die Lucia und die Rosina. Sie singt auf allen großen amerikanischen Bühnen (Debüt an der Met 1924; regelmäßige Gastspiele in Chicago 1924–28). Nach dem 2. Weltkrieg

widmet sie sich ausschließlich pädagogischen Aufgaben.
W: *Una voce nel mondo* (Mailand 1962).

Dam, José van (= Joseph van Damme)
Belgischer Bariton, geb. 25.8.1940 Brüssel.
Er studiert bei Frederic Anspach am Konservatorium seiner Heimatstadt und wird 1960, direkt nach Verlassen des Konservatoriums, von der Pariser Oper engagiert. Er singt kleine Rollen, bis ihm 1965 der Escamillo (*Carmen*, Bizet) anvertraut wird. 1965–67 gehört er zum Ensemble der Genfer Oper, 1967–73 zu dem der Deutschen Oper Berlin, wo er u.a. den Figaro (*Le nozze di Figaro*) und den Leporello (*Don Giovanni*, beide Mozart) interpretiert. 1968 debütiert er als Die Zeit (*Rappresentazioni di Anima e di Corpo*, Das Spiel von Seele und Körper, de' Cavalieri) bei den Salzburger Festspielen; seither singt er dort regelmäßig sowohl bei den Sommerfestspielen (Jochanaan, *Salome*, R. Strauss; Figaro; Sprecher, *Zauberflöte*, Mozart; die vier Bariton-Rollen in *Les Contes d'Hoffmann*, Hoffmanns Erzählungen, Offenbach) als auch bei den Osterfestspielen (Rocco und Don Fernando, *Fidelio*, Beethoven; Ferrando, *Il Trovatore*, Der Troubadour, Verdi; Amfortas, *Parsifal* und der Holländer, *Der fliegende Holländer*, beide Wagner). Ab 1970 nimmt seine Karriere verstärkt internationale Ausmaße an; er debütiert an der Mailänder Scala und an Covent Garden, beide Male als Escamillo, den er 1975 auch an der Met singt. In Wien interpretiert er den Leporello; San Francisco lädt ihn ein, und in Chicago, Boston, Los Angeles und Tokio tritt er in Konzerten auf.
Ab 1973 kehrt er regelmäßig an die Pariser Oper zurück und singt hier wichtige Rollen seines Faches (in *La Bohème*, Bizet, *Margarethe*, Gounod, *Les Contes d'Hoffmann*, *Don Giovanni*, *Le nozze di Figaro*, *Dardanus*, Rameau und *Der fliegende Holländer*). Zu seinem Repertoire zählen außerdem Athanael (*Thaïs*, Massenet), Golo (*Pelléas et Mélisande*, Debussy), Wozzeck (Berg), Philipp II. (*Don Carlos*, Verdi). 1968 wirkt er an der Uraufführung von Luigi Dallapiccolas Oper *Ulisse* mit. 1983 nimmt er an der Uraufführung von Olivier Messiaens *Saint François d'Assise* an der Pariser Oper teil.

Damm, Peter
Deutscher Hornist, geb. 27.7.1937 Meiningen (Thüringen).
Er studiert 1951–57 bei Karl Biehling an der Franz-Liszt-Musikhochschule in Weimar. 1957–59 ist er Solo-Hornist an der Oper von Gera und geht dann in der gleichen Funktion zum Gewandhaus-Orchester nach Leipzig (bis 1959). 1960 gewinnt er den Wettbewerb des Bayerischen Rundfunks. 1969 wird er zum Kammermusiker und 1971 zum Kammervirtuosen ernannt. Ab 1969 ist er Solo-Hornist der Staatskapelle Dresden. Im gleichen Jahr nimmt er am dortigen Konservatorium seine pädagogische Tätigkeit auf, ohne deshalb seine Karriere als Konzerthornist zu vernachlässigen. Er ist für die Uraufführung zahlreicher Werke von Komponisten aus der ehemaligen DDR verantwortlich (Kurz, Herchet) und gibt klassische Werke für sein Instrument heraus.

Damrosch, Walter Johannes
Amerikanischer Dirigent deutscher Herkunft, geb. 30.1.1862 Breslau, gest. 22.12.1950 New York.
Walter Johannes Damrosch ist der Sohn des Dirigenten Leopold Damrosch (1832–85), der die New York Symphony Society gründete. Sein Vater erteilt ihm den ersten Musikunterricht. In Dresden und Frankfurt studiert Walter Johannes dann bei Felix August Bernhard Draeseke und Hans von Bülow Klavier und Komposition. 1884 wird er an der New Yorker Met Assistent seines Vaters, der für die deutschen Opern zuständig ist. Als 1885 Anton Seidl die Nachfolge von Leopold Damrosch antritt, behält Walter Johannes Damrosch die Stelle. Im gleichen Jahr übernimmt

er die Leitung der New York Symphony Society (1885–94) und der Oratorio Society (1885–98 und 1917–21). 1894 gründet er die Damrosch Opera Company, ein aus deutschen Sängern zusammengesetztes Ensemble, das bis 1899 in den Vereinigten Staaten deutsche Opern aufführt. So ist Walter Johannes Damrosch für die amerikanische Erstaufführung des *Parsifal* (Wagner) verantwortlich. Die Met holt ihn ein zweites Mal (1900–1902) als Dirigent deutscher Opern. Anschließend übernimmt er wieder die Leitung der New York Symphony Society (1902–28), die unter seiner Leitung 1903 reorganisiert wird. Das Orchester entwickelt sich zu einem der bedeutendsten der Vereinigten Staaten und setzt sich stark für die europäische Musik ein; Damrosch zeichnet für die amerikanischen Erstaufführungen von Gustav Mahlers *Symphonie Nr. 4* und Anton Bruckners *Symphonie Nr. 3* verantwortlich. 1928 verschmilzt die New York Symphony Society mit den New Yorker Philharmonikern, die von Willem Mengelberg und Arturo Toscanini geleitet werden. Walter Johannes Damrosch wird zum musikalischen Berater der NBC ernannt (1927–47). Er gehört zu den Gründungsmitgliedern des amerikanischen Konservatoriums in Fontainebleau. Unter den von ihm geleiteten Uraufführungen sind *Tapiola* (Sibelius, 1926), das *Klavierkonzert in f* (1925) sowie *An American in Paris* (Ein Amerikaner in Paris, beide Gershwin, 1928) erwähnenswert.
W: *My musical Life* (New York 1923, London 1924).

Danco, Suzanne
Belgische Sopranistin, geb. 22.1.1911 Brüssel.
Sie studiert am Brüsseler Konservatorium, gewinnt 1936 in Wien einen Gesangswettbewerb und setzt ihre Studien bei Fernando Carpi in Prag fort. 1941 debütiert sie an der Oper von Genua in der Rolle der Fiordiligi (*Così fan tutte*, Mozart). In der Folge tritt sie vor allem in italienischen Opernhäusern auf, darunter Mailand und Rom. 1947 singt sie in London die Ellen Orford in *Peter Grimes* (Britten), 1948 an der Scala bei der Uraufführung von *Oedipus Rex* (Strawinsky) die Jokaste. Sie nimmt auf der Bühne und im Konzertsaal an zahlreichen Uraufführungen teil, wird aber vor allem als Mozart-Sängerin bekannt. Edinburgh, Glyndebourne und Aix-en-Provence sind ihre wichtigsten Festspielstationen. Die Wiener Oper ruft sie, der Covent Garden sowie die wichtigsten französischen und nordamerikanischen Bühnen. Konzert-Tourneen führen sie mehrmals um die Welt. Nach ihrem Abschied von der Bühne unterrichtet sie an der Accademia Musicale Chigiana in Siena.

Dangain, Guy
Französischer Klarinettist, geb. 12.7. 1935 Sains-en-Gohelle.
Er studiert am Konservatorium in Lille, wo er 1952 einen Preis erhält, und anschließend bei Ulysse Delécluse am Pariser Konservatorium (1. Preis für Klarinette 1953; 1. Preis für Kammermusik 1955 in der Klasse von Fernand Oubradous). Er tritt in das Orchester von Radio Lille ein und wechselt 1963 als Solo-Klarinettist an das Orchestre National de France, mit dem er als Solist an zahlreichen Uraufführungen mitwirkt: *Hommage à Kennedy* (Strawinsky), *Atmosphères* (Louvier) sowie Werke von Marcel Mihalovici und Pierre-Max Dubois. Er ist nacheinander Professor für Klarinette am Konservatorium von Limoges (1955), Valenciennes (1960) und an der Ecole Normale de Musique in Paris (1973). Seit 1975 ist er am Pariser Konservatorium Professor; er unterrichtet das für Anfänger so schwere Vom-Blatt-Spielen. Er ist Autor vieler pädagogischer Werke.
W: *A propos de... la clarinette* (Paris 1978).

Danon, Oskar
Jugoslawischer Dirigent, geb. 7.2.1913 Sarajewo.
Er studiert 1933–38 in Prag am Konser-

vatorium und an der Universität (Dissertation in Musikwissenschaften 1938). Nach seiner Rückkehr in seine Geburtsstadt wird er zum Dirigenten am dortigen Theater ernannt (1938–41). Während des 2. Weltkrieges kämpft er im Widerstand aktiv gegen die deutsche Besatzung; 1945 beginnt der zweite Teil seiner Laufbahn; er wird zum Generalmusikdirektor der Belgrader Oper und der Belgrader Philharmoniker ernannt. 1960 gibt er diese Stellung auf, bleibt aber als Dirigent der Oper verbunden. Im gleichen Jahr wird er an der Musikakademie Belgrad zum Professor ernannt. Die Wiener Oper lädt ihn regelmäßig zu Gastdirigaten ein. Er wird als Spezialist für die russische Oper bekannt und nimmt sogar in der UdSSR einige russische Opern auf Schallplatten auf. So zeichnet er für die erste Einspielung von *Fürst Igor* (Borodin) verantwortlich (1955).

Darasse, Xavier
Französischer Organist und Komponist, geb. 3. 9. 1934 Toulouse.
Seine Mutter, Organistin an der Kathedrale Saint-Etienne in Toulouse, macht ihn schon früh mit der Musik vertraut. 1952 tritt er in das Pariser Konservatorium ein und wird Schüler von Maurice Duruflé und Rolande Falcinelli (in deren gemeinsamer Klasse er 1959 einen 1. Preis für Orgel bekommt), Simone Plé-Caussade (1954 1. Preis für Harmonielehre, 1955 für Kontrapunkt und Fuge), Jean Rivier (Komposition) und Olivier Messiaen (1965 1. Preis für Analyse). 1964 erhält er den 2. Rom-Preis; zwei Jahre später wird er von der Vereinigung Amis de l'Orgue mit dem 1. Preis für Improvisation und Ausführung auf der Orgel ausgezeichnet. Im gleichen Jahr wird er vom Konservatorium in Toulouse zum Professor für Orgel ernannt. 1962–75 produziert er regelmäßig Sendungen für den französischen Rundfunksender France-Musique. 1967–73 ist er für das Musikprogramm des Kulturzentrums von Toulouse verantwortlich. Er beschäftigt sich sowohl mit alter wie mit zeitgenössischer Musik und kreiert zahlreiche Werke, darunter *Volumina* (Ligeti), und unternimmt zahlreiche Tourneen durch Europa und Nordamerika. 1969 wird er zum Mitglied der französischen Kommission für Orgelwesen ernannt, deren Berichterstatter er im Augenblick ist. Er unterrichtet an verschiedenen Musikakademien (Saint-Maximin, Saint-Hubert in Belgien, Saint-Dié, Haarlem in Holland, Oberlin College in den USA und während der Internationalen Studienwoche in Sinzig, BRD). Seit 1978 leitet er die Sommerakademie in Toulouse. In letzter Zeit beschäftigt er sich in immer stärkerem Maße mit eigenen Kompositionen und als Professor am Konservatorium von Lyon mit pädagogischen Aufgaben. Unter seiner Leitung werden Werke folgender Komponisten uraufgeführt: Pierre Batholomée (*Récit*, Bericht, 1970), André Boucourechliev (*Archipel Vc*, 1972; *Anarchipel*, 1972), Jean-Pierre Guézec (*Stück Nr. 1*, 1973), Cristóbal Halffter (*Pinturas negras*, Schwarze Bilder, 1975), Betsy Jolas (*Musique d'hiver*, Wintermusik, 1974), Iannis Xenakis (*Gmeeoorh*, 1975). Folgende Komponisten schreiben Werke speziell für ihn: Gilbert Amy (*7 Bagatelles*), Charles Chaynes (*Séquences pour l'Apocalypse* und *Joutes*, Sequenzen für die Apokalypse und Wettkämpfe), Franco Donatoni (*Jeux pour deux*, Spiele für zwei) und Antoine Tisné (*Volutes sonores*, sonore Voluten).

Darré, Jeanne-Marie
Französische Pianistin, geb. 30. 7. 1905 Givet.
Als Zehnjährige tritt sie am Pariser Konservatorium in die Klassen von Marguerite Long und Isidore Philipp (Klavier) und in die von Jean Gallon (Harmonielehre) ein. Als Vierzehnjährige verläßt sie es mit einem 1. Preis für Klavier. Ein Jahr später gibt sie in Paris ihren ersten Klavierabend. In Belgien spielt sie zum ersten Mal mit einem Orchester. 1923 beginnt ihre eigentliche

Karriere, als sie unter der Leitung von Paul Paray mit dem Orchestre des Concerts Lamoureux in Paris auftritt. Ein Jahr später spielt sie unter der Leitung von Philippe Gaubert mit dem Orchestre de la Société des Concerts du Conservatoire. 1958 wird sie zur Professorin für Klavier am Pariser Konservatorium ernannt. 1959 unterrichtet sie an der Nizzaer Sommerakademie. 1969–70 leitet sie je eine Master Class in Ithaca (N.Y.).
Sie spielt das traditionelle Repertoire, setzt sich aber auch für zeitgenössische Musik ein und kreiert *Sonatine* (Gallon, 1931), *Sonate für Violine und Klavier* (Martelli, 1938), *Präludium und Toccata für Klavier und Orchester* (Rabaud, 1944) und *Fantasia Iberica* (Grovlez, 1944).

Dart, Thurston Robert
Englischer Cembalist und Musikwissenschaftler, geb. 3. 9. 1921 Kingston (Surrey), gest. 6. 3. 1971 London.
Er geht auf die Grammar School in Hampton und ist Chorknabe in der königlichen Kapelle. 1938–39 studiert er am Royal College of Music. Gleichzeitig studiert er am University College in Exeter Mathematik (Abschluß 1942). 1945 setzt er seine musikalischen Studien in Belgien bei Charles van der Borren fort. Ein Jahr später beginnt er seine Karriere als Cembalist. 1947 wird er von der musikalischen Fakultät der Universität Cambridge zum Assistenten ernannt. Wichtige Funktionen innerhalb der englischen musikalischen Welt folgen: Seit seiner Gründung leitet er das Galpin Society Journal (1947–54); 1950–65 ist er Sekretär der Musica Britannica, der er bis zu seinem Tod verbunden bleibt. 1952 wird er Mitglied des Verwaltungsrats der Royal Society of Music und später Mitglied des Redaktionskomitees der Purcell Society. In dieser Periode tritt Dart häufig als Harpsichord- und Clavichordspieler sowie als Cembalist und Organist auf. 1948–55 ist er für das Continuo im Orchester Boyd Neel verantwortlich. Gegen 1950 beginnt seine Zusammenarbeit mit der Schallplattenfirma L'Oiseau-Lyre in Monaco, für die er mehr als 100 Schallplatten einspielt. 1952 wird er Dozent in Cambridge und 1954 in Harvard. Ein Jahr später übernimmt er die Leitung der Philomusica in London. 1959 muß er aus gesundheitlichen Gründen seine Tätigkeit als Orchestermusiker aufgeben, arbeitet aber als Solist und als Pädagoge weiter. 1964 übernimmt er den King-Edward-Lehrstuhl für Musik an der Universität London und baut am Londoner King's College eine musikalische Fakultät auf.
WW: *The Interpretation of Music* (London 1954, dt. Practica musica. Vom Umgang mit alter Musik, Bern und München 1959); *Editing Early Music: notes on preparation of printer's copy* (zusammen mit W. Emery und C. Morris, London 1963).

Daveluy, Raymond
Kanadischer Organist und Komponist, geb. 23. 12. 1926 Victoriaville (Quebec).
Er studiert in Montreal bei Gabriel Cusson Komposition und bei Conrad Letendre Orgel und geht dann zur Fortbildung zu dem Organisten Hug Tiler nach New York. Er gewinnt den Europa-Preis (Montreal 1948) und den Haarlemer Improvisationswettbewerb (1959). Neben seiner Tätigkeit an den Orgeln der Montrealer Kirchen Saint-Jean-Baptiste (1946–51), L'Immaculée-Conception (1951–54), Saint-Sixte (1954–59) und seit 1960 Saint-Joseph, in der ein berühmtes Instrument des deutschen Orgelbauers Rudolf von Beckerath steht, gibt er auf dem nordamerikanischen Kontinent und in Europa zahlreiche Konzerte.
Sein Repertoire reicht von Johann Sebastian Bach über die Familie Marchand und Gaspard Corrette bis zu Franz Liszt und César Franck. Er ist Professor am Konservatorium von Montreal (1956–60), Trois-Rivières (1966–67), stellvertretender Direktor des Konservatoriums von Montreal

(1967–70) und Leiter des Konservatoriums von Trois-Rivières (1974–78), dem er auch nach der Niederlegung der Direktorenstelle als Professor verbunden bleibt. Seit 1966 arbeitet er außerdem als Dozent an der McGill-Universität in Montreal. Er ist Mitglied des kanadischen Musikrates und des Royal Canadian College of Organists und greift auch gelegentlich zum Dirigentenstab. Raymond Daveluy gehört zu den wichtigsten Persönlichkeiten des kanadischen Musiklebens der letzten fünfzig Jahre.

Davezac, Betho (= Beethoven Davezac)
Uruguyaischer Gitarrist, geb. 3. 8. 1938 Rocha.
Seine Familie stammt aus Tarbes. Sein Vater ist Professor am Konservatorium seiner Heimatstadt und unterrichtet ihn ab seinem sechsten Geburtstag. Später studiert er dann bei Guido Santorsola, einem italienischen, nach Montevideo ausgewanderten Komponisten, Harmonielehre und Kontrapunkt. In der Folge perfektioniert er sich bei Andrés Segovia und Alirio Diaz. 1954 gründet er das Ensemble Grupe Artemus, mit dem er 1965 den Preis der uruguyaischen Kritikervereinigung erhält und das er bis 1966 leitet. 1966 läßt er sich in Paris nieder und unterrichtet dort. Er gewinnt den Wettbewerb des französischen Rundfunks (1966), den internationalen Wettbewerb der Stadt Lüttich (1967) und den der Stadt Alexandrien (1969). Er leitet in Trossingen (BRD) und in Uro-Preto (Brasilien) Meisterklassen.

Davidovich, Bella
Amerikanische Pianistin asserbaidschanischer Herkunft, geb. 16. 7. 1928 Baku.
Sie entstammt einer Musikerfamilie. Ihre Mutter, Repetitorin an der Oper ihrer Heimatstadt, erteilt ihr den ersten Klavierunterricht. Anschließend geht sie ans Moskauer Konservatorium zu Jakow W. Flijer und Heinrich G. Neuhaus. 1949 gewinnt sie den Warschauer Chopin-Wettbewerb und debütiert im gleichen Jahr noch in Italien und Holland. 1977 verläßt ihr Sohn, der junge Geiger Dmitry Sitkovetsky, die UdSSR. Ein Jahr später erhält auch sie ein Ausreisevisum, so daß sie zu ihrem Sohn nach New York ziehen kann. 1979 debütiert sie in der Carnegie Hall, von der Presse begeistert gefeiert. Ihre nordamerikanische, aber auch internationale Karriere erlebt einen steilen Aufschwung. Sie spielt ein hauptsächlich romantisches Repertoire, aber auch die Russen von Peter I. Tschaikowsky bis Dmitrij D. Schostakowitsch. In letzter Zeit spielt sie auch Musik von George Gershwin. Seit 1982 unterrichtet sie an der Juilliard School of Music in New York.

Davies, Meredith
Englischer Dirigent und Organist, geb. 30. 7. 1922 Birkenhead.
Er studiert am Keble College in Oxford und am Royal College of Music in London Orgel. Nacheinander wird er Organist an den Kathedralen von Saint-Alaban (1947–49) und Hereford (1949–56). 1952–56 leitet er das Three Choirs Festivals. 1954 und 1956 besucht er Kurse von Fernando Previtali an der Accademia Nazionale di Santa Cecilia in Rom (Orchesterleitung). 1957–60 ist er Organist am New College in Oxford, Leiter des City of Birmingham Choir und 2. Kapellmeister des City of Birmingham Symphony Orchestra. Später wird er stellvertretender Musikdirektor des gleichen Orchesters. Benjamin Britten holt ihn zum Festival von Aldeburgh, wo Davies 1962 die Uraufführung von *War Requiem* (Britten) leitet. 1962–64 ist er Musikdirektor der English Opera Group, 1964–71 des Symphonie-Orchesters von Vancouver und 1969–72 des BBC Training Orchestra in Bristol. 1972 wird er an die Spitze der Royal Choral Society berufen. Seit 1979 ist er principal am Trinity College. Er ist für die Uraufführungen verschiedener Kompositionen von Benjamin Britten, Sir Lennox Berkeley und Richard Rodney Bennett verantwortlich.

Davis, Andrew
Englischer Dirigent, geb. 2.2. 1944 Ashridge (Kent).
Er studiert bei Peter Hurford und Piet Kee Orgel und perfektioniert sich am King's College in Cambridge (1963–67). Anschließend geht er zu Franco Ferrara an die Accademia Nazionale di Santa Cecilia in Rom und studiert Orchesterleitung. 1969 nimmt er in Liverpool an dem Seminar für junge englische Dirigenten teil. Im darauffolgenden Jahr wird er zum 2. Dirigenten des BBC Scottish Orchestra ernannt (bis 1972). 1971 dirigiert er zum ersten Mal während des Festivals von Glyndebourne (*Capriccio*, R. Strauss). 1973 übernimmt er beim New Philharmonia Orchestra die Stelle eines 2. Dirigenten. 1975–88 ist er Musikdirektor des Symphonie-Orchesters von Toronto und wird zu dessen conductor laureatus ernannt. Seit 1988 ist er Musikdirektor des Festivals von Glyndebourne, wo er 1971 zum ersten Mal dirigiert (*Capriccio*, R. Strauss), und seit 1989 Chefdirigent des Symphonie-Orchesters der BBC. Neben dem klassischen Repertoire kümmert er sich in besonderem Maße um die französische Musik.

Davis, Sir Colin Rex
Englischer Dirigent, geb. 25.9. 1927 Weybridge (Surrey).
Er studiert am Royal College of Music in London Klarinette. Aufgrund einer Aufführung von *L'enfance du Christ* (Berlioz), die ihn aufwühlt, beschließt er, Dirigent zu werden. Er debütiert 1949 mit dem Kalmar Orchestra, einem schwedischen Kammerorchester, und übernimmt 1950 die Leitung der Chelsea Opera Group. 1952 wird er Leiter der Ballettmusik an der Royal Festival Hall. 1957–59 ist er 2. Dirigent des BBC Scottish Orchestra. 1959 springt er für den erkrankten Otto Klemperer ein und dirigiert eine Vorstellung des *Don Giovanni* (Mozart). Kurz darauf wird er Chefdirigent des Sadler's Wells Theater. 1961 übernimmt er die musikalische Leitung des Hauses. Zu dieser Zeit arbeitet er immer häufiger mit dem Symphonie-Orchester London zusammen, mit dem er zahlreiche Schallplatten aufnimmt und regelmäßig Tourneen im In- und Ausland unternimmt. 1967 debütiert er an der Met. 1967–71 leitet er das Symphonie-Orchester der BBC, bevor er als Musikdirektor zum Covent Garden geht (1971–86). Als erster Engländer dirigiert er in Bayreuth (1977–78). Zur Zeit ist er principal guest conductor der Symphonie-Orchester von London und Boston sowie (seit 1983) Musikdirektor des Symphonie-Orchesters des Bayerischen Rundfunks. Wolfgang Amadeus Mozart und Georg Friedrich Händel gehören zu seinen Lieblingskomponisten; er begeistert sich für Hector Berlioz und macht das englische Publikum mit dem Werk des französischen Komponisten vertraut, dessen Gesamtwerk er auf Schallplatten einspielt. Daneben pflegt er das häufig vernachlässigte Werk von Jean Sibelius und nimmt dessen sämtliche Orchesterwerke auf. Wir verdanken ihm folgende Uraufführungen: *Celebration* (Crosse, 1972), *Sinfonia* (P. Maxwell Davies, 1962), *Ariosi* (1964) und *Tristan* (1974) von Hans Werner Henze, *Variationen für Streicher* (D. Mathews, 1987), *The Knot Garden* (Das Labyrinth, 1970), *Symphonie Nr. 2* (1972), *The Ice Break* (Der Eisbruch, 1978) und *The Mask of Time* (Die Zeitmaske, 1984), alle Sir Michael Tippet.

Dean, Stafford
Englischer Bassist, geb. 20.6. 1937 Kingswood.
Schon früh zeigt sich seine musikalische Begabung. Er studiert am Royal College of Music in London bei Howell Glynne und Otakar Kraus. Als Zuniga (*Carmen*, Bizet) debütiert er 1964 am Sadler's Wells Theater in London. In England nimmt seine Karriere rasch einen steilen Aufschwung. Er singt sowohl am Covent Garden wie auch an den Opern von Cardiff und Glasgow und wird von den Festspielen in Glyndebourne, Aldeburgh und Edinburgh ein-

geladen. Das Ausland meldet sich. Er gibt in Prag, Bordeaux, Straßburg und Toulouse und später dann in Berlin, Hamburg, Stuttgart, München und vor allem in Amsterdam Gastspiele. Leporello (*Don Giovanni*), Sarastro (*Zauberflöte*), Figaro (*Le nozze di Figaro*, alle Mozart), Basilio (*Il barbiere di Siviglia*, Rossini), Padre Guardian (*La forza del destino*, Die Macht des Schicksals, Verdi), Rocco (*Fidelio*, Beethoven), Daland (*Der fliegende Holländer*, Wagner) und Don Pasquale (Donizetti) gehören zu seinen wichtigsten Rollen. Er ist außerdem als Lied- und Konzertsänger bekannt geworden. 1984 nimmt er an der Uraufführung von Krzysztof Pendereckis *Polnischem Requiem* teil.

Debost, Michel
Französischer Flötist, geb. 20. 1. 1934 Paris.
Er lernt zuerst Klavier; Jan Merry empfiehlt dem Zehnjährigen, Flötist zu werden. Der Cellist Maurice Maréchal überzeugt ihn von der Notwendigkeit, in das Pariser Konservatorium einzutreten; 1952 wird er Mitglied der Klasse von Gaston Crunelle und erhält 1954 einen 1. Preis. Er wird eingezogen und nimmt am Algerien-Krieg teil. Anschließend zeichnet er sich u.a. bei folgenden internationalen Wettbewerben aus: 1. Preis und Goldmedaille in Moskau (1957), Sieger in Prag (1959), München (1960), Genf (1961), Rom (1982). 1958 wird er zum Solo-Flötisten des Orchesters von Vichy ernannt; im darauffolgenden Jahr bildet er mit dem Pianisten Christian Ivaldi ein Duo, das bald weltweit auftritt. 1960 wird er zum Solo-Flötisten der Société des Concerts du Conservatoire ernannt; die gleiche Stelle nimmt er heute im Orchestre de Paris ein. 1965 gründet er mit Gaston Maugras (Oboe), Amaury Wallez (Fagott) und Christian Ivaldi (Cembalo) die Gruppe Secolo Barocco. 1981 wird er als Nachfolger Jean-Pierre Rampals vom Pariser Konservatorium zum Professor ernannt.

Decker, Franz-Paul
Deutscher Dirigent, geb. 22. 6. 1923 Köln.
Er studiert an der Musikhochschule seiner Heimatstadt bei Eugen Papst und Philipp Jarnach. 1944 wird er 1. Kapellmeister an der Oper von Gießen und im darauffolgenden Jahr an der von Köln. 1946 wird er in Krefeld zum Städtischen Musikdirektor ernannt. 1950 geht er als Chefdirigent nach Wiesbaden, wo er 1953 die Stelle eines Städtischen Musikdirektors übernimmt. In Bochum ist er 1956–64 Generalmusikdirektor. 1962 übernimmt er gleichzeitig die künstlerische Leitung der Rotterdamer Philharmoniker (bis 1968), bevor er 1967 an die Spitze des Symphonie-Orchesters von Montreal berufen wird (bis 1975). 1973 wird er zum Professor für Orchesterleitung an der Sir-George-Williams-Universität in Montreal ernannt. Er ist künstlerischer Berater und principal guest conductor der Philharmoniker von Calgary (seit 1976). 1981 geht er in gleicher Funktion zum Symphonie-Orchester von Winnipeg, bevor er 1986 die Leitung des Orchesters von Barcelona übernimmt.

De Fabritiis, Oliviero
Italienischer Dirigent, geb. 13. 6. 1902 Rom, gest. 12. 8. 1982 daselbst.
Er studiert in seiner Heimatstadt bei Giacomo Setaccioli und Licinio Refice Orchesterleitung und Komposition und debütiert am Teatro Adriano in Rom; er wechselt dann an die römische Oper, wo er schon bald zum 1. Kapellmeister ernannt wird. Anschließend geht er in der gleichen Funktion an die Fenice in Venedig. 1938 ruft er mit Beniamino Gigli und Toti dal Monte die Opernsaison in den Caracalla-Thermen ins Leben. 1943 kehrt er als segretario artistico an die römische Oper zurück. Er spezialisiert sich auf Operndirigate und schlägt nach dem 2. Weltkrieg hauptsächlich als Gastdirigent eine internationale Karriere ein, nachdem er 1947 in den Vereinigten Staaten debütiert. 1971 wird er zum künstlerischen Bera-

ter der Wiener Festspiele und 1977 des Theaters Massimo Bellini in Catania ernannt.

Defauw, Désiré
Amerikanischer Dirigent belgischer Herkunft, geb. 5. 9. 1885 Gent, gest. 25. 7. 1960 Gary (Ind.).
Er studiert in seiner Heimat bei Johan Smit Violine und beginnt 1914 in London, wo er sich während des 1. Weltkriegs aufhält, eine Instrumentalistenkarriere. Er gründet dort mit Charles Woodhouse, Lionel Tertis und Emile Doehard das Allied-Quartett. 1918 kehrt er nach Belgien zurück, unterrichtet am Konservatorium von Antwerpen und dirigiert für den belgischen Rundfunk. 1926 wird er am Konservatorium von Brüssel zum Professor für Orchesterleitung ernannt. Bis 1940 dirigiert er die Konservatoriums-Konzerte. 1937 übernimmt er die Leitung des belgischen National-Orchesters. Im darauffolgenden Jahr debütiert er mit dem Orchester der NBC in den Vereinigten Staaten. 1940–48 leitet er das Symphonie-Orchester von Montreal und 1943–47 das von Chicago. Für einige Jahre kehrt er in seine Heimat zurück, läßt sich aber dann endgültig in den USA nieder. 1950 wird er zum Chefdirigenten des Symphonie-Orchesters von Gary ernannt und behält diese Stelle bis 1958.

Deffayet, Daniel
Französischer Saxophonist, geb. 23. 5. 1922 Paris.
1941 trittt er in das Konservatorium von Paris ein und studiert bei Marcel Mule Saxophon, bei M. Tourret Violine, bei Maurice Duruflé Harmonielehre und bei Joseph Benvenutti Kammermusik. Zwei Jahre später gewinnt er einen 1. Preis in Saxophon und eine Belobigung in Violine. 1953 tritt er mit den Concerts de chambre Fernand Oubradous zum ersten Mal als Solist auf. Im gleichen Jahr gründet er das Saxophon-Quartett, das seinen Namen trägt und das 1956 zum ersten Mal auftritt. 1964 unterrichtet er an der internationalen Sommerakademie in Nizza. 1968 wird er zum Nachfolger von Marcel Mule am Konservatorium von Paris ernannt (bis 1988). 1971 übernimmt er eine Professur an der Indiana University und wird Co-Präsident der Association des saxophonistes de France. Unter anderem ist er für die Uraufführung folgender Werke verantwortlich: *Concertino* für Alt-Saxophon und Klavier von Pierre Hasquenoph (1961), *Divertimento* für Saxophon und Streichorchester von Roger Boutry (1965), *Trois chants incantatoires* (Drei Inkantations-Gesänge) für Saxophon und Kammerorchester von Marc Carles, *Alliages* (Mischungen) für Saxophon-Quartett von Antoine Tisné (1972), *Linéaire I* für Saxophon und Orchester von Alain Weber, *Quatuor de saxophones* von Jean-Michel Damase (1976), *Concerto lyrique* für Saxophon-Quartett und Orchester von Jean Martinon (1976).

Defossez, René
Belgischer Dirigent und Komponist, geb. 4. 10. 1905 Spa, gest. 20. 5. 1988 Etterbeek.
Er studiert an den Konservatorien von Spa und Lüttich, wo er bei François Rasse in Komposition unterrichtet wird. 1935 erhält er den belgischen Rom-Preis. Nach seiner Rückkehr wird er zum Professor für Harmonielehre am Lütticher Konservatorium ernannt. 1946 übernimmt er die Professur für Orchesterleitung am Brüsseler Konservatorium (bis 1973). 1936–59 dirigiert er regelmäßig am Théâtre Royal de la Monnaie, zu dessen Musikdirektor er ernannt wird. 1969 wird er Mitglied der Königlichen Belgischen Akademie. 1972 gründet er die belgische Kammeroper.

De Greef, Arthur
Belgischer Pianist und Komponist, geb. 10. 10. 1862 Louvain, gest. 29. 8. 1940 Brüssel.
Er studiert am Konservatorium von Brüssel bei Louis Brassin (Klavier), Au-

guste Dupont (Harmonielehre), Hubert Ferdinand Kufferath (Fuge) und François Auguste Gevaert (Komposition). 1879 erhält er ex-aequo mit Isaac Albéniz einen 1. Preis. Dem Rat seines Lehrers Gevaert folgend, geht er nach Leipzig zu Franz Liszt und anschließend nach Paris zu Camille Saint-Saëns. 1887 wird er am Konservatorium von Brüssel zum Professor für Klavier ernannt, wo er bis 1930 unterrichtet. Mit Edvard Griegs *Klavierkonzert* erzielt er besondere Erfolge; der Komponist hält ihn für seinen idealen Interpreten. Er widmet ihm seine *Symphonischen Tänze op. 64*.

De Groot, Cor
Holländischer Pianist und Komponist, geb. 7. 7. 1914 Amsterdam.
Er studiert am Konservatorium seiner Heimatstadt. 1936 gewinnt er den Wettbewerb von Wien. 1938–47 unterrichtet er am Konservatorium von Den Haag und fängt an zu komponieren. Ab 1947 unternimmt er viele Konzertreisen durch Europa, ohne deshalb seine kompositorische Arbeit aufzugeben.

De Klerk, Albert
Holländischer Organist und Komponist, geb. 4. 10. 1917 Haarlem.
Der Sohn des Komponisten Joseph De Klerk wird als Sechzehnjähriger Nachfolger Hendrik Andriessens an der Orgel der Josephs-Kirche in seiner Heimatstadt, während er noch bei Anton van der Horst am Konservatorium von Amsterdam studiert, wo er 1941 mit einem Preis ausgezeichnet wird. Er arbeitet als Organist hauptsächlich in Haarlem. 1956 wird er zum Professor für Orgel am Konservatorium von Amsterdam ernannt. Ab dieser Zeit setzt er sich als Interpret in Europa und den Vereinigten Staaten durch und besticht aufgrund seiner improvisatorischen Fähigkeiten. Als Komponist arbeitet er hauptsächlich für sein Instrument; seine Werke können als ›konventionell‹ bezeichnet werden.

Delacôte, Jacques
Französischer Dirigent, geb. 16. 8. 1942 Remiremont.
Er studiert an den Konservatorien von Nancy (1959–60) und Paris (1960–63) Flöte. Im Internationalen Orchester von Turin sammelt er als Solo-Flötist erste Erfahrungen (1963–65), bevor er bei Hans Swarowsky an der Wiener Musikakademie Orchesterleitung studiert (1965–70) und mit Darius Milhaud arbeitet. 1970 erhält er beim Mitropoulos-Wettbewerb den 1. Preis und dirigiert im gleichen Jahr zum ersten Mal die New Yorker Philharmoniker. 1972 debütiert er in Wien als Operndirigent (*Madame Butterfly*, Puccini, *Carmen*, Bizet, *La Traviata*, Verdi). Im gleichen Jahr wird er Leonard Bernsteins Assistent. 1973 springt er in London für den erkrankten Claudio Abbado ein und dirigiert die *Symphonie Nr. 3* von Gustav Mahler. Ab dieser Zeit arbeitet er mit den führenden Orchestern der Welt zusammen.

De Lancie, John
Amerikanischer Oboist, geb. 26. 6. 1921 Berkeley.
Als Fünfzehnjähriger wird er Schüler von Marcel Tabuteau am Curtis Institute in Philadelphia, wo er 1940 sein Diplom erwirbt. Anschließend wird er zum Solo-Oboisten des Symphonie-Orchesters von Pittsburgh ernannt und gehört zum Robin Hood Dell Orchestra in Philadelphia. Während des 2. Weltkriegs ist er Soldat der amerikanischen Armee und kämpft drei Jahre in Europa. Nach Kriegsende lernt er Richard Strauss kennen und regt diesen zu seinem *Konzert für Oboe* an. 1954 löst er Marcel Tabuteau als Solo-Oboisten des Orchesters von Philadelphia ab, zu dem er seit 1946 gehört. Er unterrichtet am Curtis Institute in Philadelphia und übernimmt 1977–86 dessen Leitung. Er ist Mitglied des Bläser-Quintetts von Philadelphia. Jean Françaix schreibt für ihn *Horloge de Flore* (Die Wanduhr der Flora) und Benjamin Lees sein *Konzert für Oboe*.

Delécluse, Ulysse
Französischer Klarinettist, geb. 22. 1. 1907 Nœux-les-Mines.
Er studiert bis 1924 am Konservatorium von Lille und geht dann an das von Paris, wo er 1925 einen 1. Preis für Klarinette erhält. Er wird Mitglied des Orchesters der Concerts Colonne und anschließend der Société des Concerts du Conservatoire. Charles Münch holt ihn als Solo-Klarinettist zu den Pariser Philharmonikern. 1940–50 ist er in der gleichen Funktion bei der Garde Républicaine tätig. 1948–78 ist er Professor für Klarinette am Pariser Konservatorium. Mehr als dreißig Partituren wurden ihm gewidmet, darunter Werke von Darius Milhaud und Henri Tomasi. Delécluse ist der Verfasser vieler Transkriptionen und Studienpartituren. Zeitlebens versteht er es, drei Karrieren nebeneinander zu pflegen: die des Orchestermusikers mit Solo-Aufgaben, die des Solisten und die des Pädagogen, der für die Ausbildung der französischen Klarinettisten-Elite verantwortlich ist.

Della Casa, Lisa (= Lisa della Casa-Debeljevic)
Schweizer Sopranistin, geb. 2. 2. 1919 Burgdorf bei Bern.
Sie studiert bei Margarete Haeser in Zürich Gesang und debütiert 1941 in Solothurn-Biel in der Rolle der Cho-Cho-San (*Madame Butterfly*, Puccini). 1943–50 ist sie Mitglied des Züricher Stadttheaters und interpretiert dort die Serena (*Porgy and Bess*, Gershwin), Pamina (*Die Zauberflöte*, Mozart) und Gilda (*Rigoletto*, Verdi). 1947 debütiert sie als Zdenka (*Arabella*, R. Strauss) bei den Salzburger Festspielen und wird Mitglied der Wiener Oper. 1951 singt sie zum ersten Mal in Glyndebourne (Die Gräfin, *Le nozze di Figaro*, Mozart) und München (Sophie, *Arabella*). Ein Jahr später debütiert sie in Bayreuth (Eva, *Die Meistersinger*, Wagner) und wird zur Kammersängerin ernannt. 1953 singt sie zum ersten Mal an der Met. Vor allem in den großen Mozart- und Strauss-Rollen (Octavian, Sophie und die Feldmarschallin, alle *Der Rosenkavalier*, Ariadne, *Ariadne auf Naxos*, Arabella, Chrysothemis, *Elektra*, Salome). Sie gilt als die ideale Interpretin der Arabella. 1949 singt sie in Zürich bei der Uraufführung von *Die schwarze Spinne* (Burkhard) die Rolle des Mädchens und 1953 bei der von *Der Prozeß* (von Einem) während der Salzburger Festspiele alle drei weiblichen Rollen. 1974 nimmt sie Abschied von der Bühne.

Deller, Alfred
Englischer Counter-Tenor, geb. 31. 5. 1912 Margate (Kent), gest. 16. 7. 1979 Bologna.
Als Kind ist er Mitglied des Kirchenchores seiner Heimatgemeinde. Nach dem Stimmbruch entdeckt er, daß er über eine natürliche Alt-Stimme verfügt. Er sucht einen Lehrer, findet aber in England niemand, da seine Stimme keinem der geläufigen Fächer entspricht. In Büchern und Archiven entdeckt er, daß es auf diesem Gebiet eine lange englische Tradition gibt, die er zu neuem Leben erweckt. Seine Stimme und seine Technik verbessernd, schafft er sich sein eigenes Repertoire. 1940 wird er Mitglied des Chores der Kathedrale von Canterbury. 1947 wechselt er zum Chor der St. Paul's Cathedral in London (bis 1962). Er fällt Michael Tippet auf und gibt sein erstes Konzert als Solist. 1948 gründet er seine eigene Gruppe, das Deller Consort. Mit dieser Formation ruft er viele vergessene Literatur wieder ins Leben und schafft einen Gesangsstil, der weltweit Aufsehen erregt. Als Professor und Musikwissenschaftler – er unterrichtet an der University of Kent und an den Sommerakademien von Sénanque (Südfrankreich) – setzt er sich dafür ein, die alte Musik so getreu wie nur möglich zu interpretieren. Den Komponisten William Byrd, Thomas Morley und Thomas Tallis gehört sein besonderes Interesse. Daneben beschäftigt er sich mit alter Volksmusik, dem gregorianischen Choral und Komponisten des 18. Jahrhunderts. Er ar-

beitet mit Musikwissenschaftlern wie Thurston Dart, Anthony Lewis und Gustav Leonhardt zusammen, die die von seinem Ensemble aufgeführten Werke wissenschaftlich betreuen. Sein Beispiel macht Schule. Wir verdanken es Deller, daß der Altist (Countertenor) seinen Platz im Musikleben wiedergefunden hat. 1960 kreiert er die Rolle des Oberon in Benjamin Brittens Oper *A Midsummer Night's Dream* (Sommernachtstraum).

Deller, Mark
Englischer Counter-Tenor, geb. 27. 9. 1938 St. Leonards-on-Sea.
Er beginnt seine Karriere als Mitglied des Chores der Kathedrale von Canterbury und gewinnt in Cambridge am Saint John's College einen Preis als Chorsänger. 1962 wird er Mitglied des Deller Consort, das den Namen seines Vaters trägt und von ihm geleitet wird. 1979 übernimmt Mark Deller die Leitung des Ensembles, mit dem er bereits seit 1962 Schallplatten einspielt. Auch mit seinem Vater nimmt er zahlreiche Schallplatten mit Duetten auf. 1969–73 leitet er den Chor der St. Paul's Cathedral in London. Neben seiner Dirigentenlaufbahn – er leitet verschiedene englische Chöre – verfolgt er weiterhin seine Sängerlaufbahn. 1970 wird er zum Leiter des Petersfield Musical Festival ernannt. Gleichzeitig ist er Direktor des von seinem Vater gegründeten International Festival of Stour Music und leitet jeden Sommer die Deller Academy in Lacoste (Provence). Mark Deller setzt das Werk seines Vaters getreu fort.

Del Mar, Norman René
Englischer Dirigent, geb. 31. 7. 1919 London.
Er studiert am Royal College of Music in London bei Mátyás Seiber Horn und bei Ralph Vaughan Williams Komposition. Nach dem 2. Weltkrieg gehört er verschiedenen Orchestern an, darunter dem Royal Philharmonic Orchestra, wo er neben Dennis Brain das 2. Horn spielt. Der Schüler Constant Lamberts beginnt 1944 mit einem Laien-Orchester, aus dem das Symphonie-Orchester von Chelsea ensteht, seine Laufbahn als Dirigent und beschäftigt sich mit einem in England kaum bekannten Repertoire (Werke von Hindemith, Poulenc, Mahler, Busoni u. a.). 1947–48 ist er Assistent von Sir Thomas Beecham; anschließend ist er Kapellmeister der English Opera Group (1948–56). 1954–56 ist er gleichzeitig Assistent von Nicolai Malko am Symphonie-Orchester von Yorkshire. Anschließend leitet er das BBC Scottish Orchestra (1960–65), das Symphonie-Orchester von Göteborg (1968) und die Akademie der BBC (1974–77).

Einen bedeutenden Teil seiner Arbeit nimmt seine pädagogische Tätigkeit in Anspruch: 1953–60 unterrichtet er an der Guildhall School of Music, seit 1972 am Royal College of Music und 1974–77 an der Royal Academy of Music, alle London. Norman del Mar zeichnet für die Uraufführungen von Benjamin Brittens Kinderoper *Let's Make an Opera* (Machen wir eine Oper, 1949), Peter Maxwell Davies' *Five Motets* (1965) und Charles Koechlins *Seven Star Symphony* (Sieben-Sterne-Symphonie, 1966) verantwortlich. 1983–85 ist er principal guest conductor der Bournemouth Sinfonietta; 1985–88 leitet er das Symphonie-Orchester von Aarhus (Dänemark).
WW: *Modern Music and the Conductor* (London 1960, 1968, 1970); *Richard Strauss, a Critical Commentary of his Life and Works* (2 Bände, London und Philadelphia 1962–68); *Anatomy of the Orchestra* (London 1981); *A Companion to the Orchestra* (London 1987).

Delmas, Jean-François
Französischer Bassist, geb. 14. 4. 1861 Lyon, gest. 29. 9. 1933 Saint-Alban-de-Monthiel.
Er studiert am Pariser Konservatorium bei Romain Bussine und Louis-Henri Obin und debütiert 1886 an der Pariser Oper als Saint-Bris in *Les Huguenots* (Die Hugenotten, Meyerbeer). Sehr

schnell wird er zu einem der Beliebtesten des Hauses und singt bis 1911 mehr als fünfzig verschiedene Rollen. Er nimmt an vielen Uraufführungen teil, darunter *Le Mage* (Der Magier) und *Thaïs* (beide Massenet), *Messidor* (Bruneau), *Monna Vanna* (Février), *Roméo et Juliette* (Gounod), *Salammbô* (Reyer), *I Pagliacci* (Der Bajazzo, Leoncavallo, franz. Erstaufführung), *L'Etranger* (Der Fremde, d'Indy) und *Ariane et Barbe-Bleue* (Ariadne und Blaubart, Dukas). Er wird vor allem als Wagner-Sänger bekannt und nimmt als Wotan, Hans Sachs und Gurnemanz an den französischen Erstaufführungen folgender Opern des Bayreuther Meisters teil: *Der Ring des Nibelungen, Die Meistersinger von Nürnberg, Parsifal*. Daneben gehören der Leporello und Don Giovanni (beide *Don Giovanni*, Mozart), Wilhelm Tell (Rossini) und Jago (*Otello*, Verdi) zu seinen Standardrollen.

Del Monaco, Mario
Italienischer Tenor, geb. 27.7. 1915 Florenz, gest. 16. 10. 1982 Mestre.
Als Dreizehnjähriger singt er als Laie in einer Aufführung der Kantate *Narcise* (Massenet) am Teatro Beniamino Gigli in Mondaldo mit. Er fällt Tullio Serafin auf, der ihn dazu überredet, an einem vom Studio der römischen Oper ausgeschriebenen Wettbewerb teilzunehmen, bei dem er seine 80 Konkurrenten überflügelt. Er beschließt, mit Hilfe von Schallplattenaufnahmen großer Sänger seine Stimme selbst auszubilden. Später erst geht er ans Konservatorium von Pesaro zu Luisa Melzi-Palazzini und Arturo Melocchi. 1939 debütiert er an der dortigen Oper in *Cavalleria rusticana* (Mascagni). Nach dem Zweiten Weltkrieg beginnt 1945 mit einer Vorstellung von *Madame Butterfly* (Puccini) an der Mailänder Scala seine eigentliche Karriere. 1946 übernimmt er Rollen in *Tosca, La Bohème* (beide Puccini) und *I Pagliacci* (Der Bajazzo, Leoncavallo) und debütiert am Covent Garden in London. Stockholm und Rio de Janeiro melden sich. An der Scala nimmt er an einer Aufführung von *Manon* (Massenet) teil. In der Folge wird er zu einem der gefragtesten Tenöre der zweiten Hälfte des 20. Jahrhunderts: Er singt in der Arena von Verona den Radames (*Aida*, Verdi), in Neapel am Teatro San Carlo den Cavaradossi (*Tosca*) und den Linkerton (*Madame Butterfly*), in Buenos Aires am Teatro Colón und an der Met den Des Grieux (*Manon Lescaut*, Puccini). Der größte Teil seiner Karriere spielt sich in den 60er Jahren an der Met und der Scala ab. 1961 tritt er in Moskau am Bolschoi-Theater auf; ab 1962 gastiert er regelmäßig in der BRD; so wirkt er 1966 in Stuttgart an einer vielbeachteten Aufführung der *Walküre* (Wagner) mit. 1973 nimmt er während der Feier zum hundertsten Geburtstag von Enrico Caruso Abschied von der Bühne, nachdem er 427 Mal den Otello (Verdi) gesungen hat. Er wirkt auch an verschiedenen Filmen mit (u.a. *Maschera d'Oro*, Goldmasken) und schreibt für Fachzeitschriften Musikkritiken. Sein Sohn Giancarlo (geb. 1945) ist als Opernregisseur tätig.
W: *La mia vita* (1982).

Delmotte, Roger
Französischer Trompeter, geb. 20. 9. 1925 Roubaix.
Er beginnt sein Studium am Konservatorium von Roubaix bei M. Leclercq, tritt 1944 am Pariser Konservatorium in die Klasse von Eugène Fiveaux ein und erhält zwei Jahre später einen 1. Preis für Trompete. Er wird Solo-Trompeter des Orchesters der Concerts Fernand Oubradous und gewinnt als Fünfundzwanzigjähriger den internationalen Genfer Wettbewerb. Im gleichen Jahr wird er am Konservatorium von Versailles zum Professor für Trompete ernannt. Er unternimmt eine erste Auslandstournee. 1951 wechselt er als Solo-Trompeter an die Pariser Oper und das Orchester der Concerts Lamoureux. 1953 geht er wieder zu Fernand Oubradous zurück. 1963–74 spielt er mit dem Blechbläser-Ensemble Gabriel Masson; 1976 gründet er sein eigenes Blechblä-

ser-Ensemble. Mit dem Organisten Pierre Cochereau spielt er Musik für Orgel und Trompete. Er unterrichtet an der Internationalen Sommerakademie in Salzburg und gibt in Japan Kurse. Mit Nadia Boulangers Formation spielt er alte und zeitgenössische Musik. Hier die wichtigsten von ihm realisierten Uraufführungen: *Suite pour trompette et piano* (Schmitt), *Concerto pour saxophone, trompette et cordes* (Rivier), *Concertino pour trompette et cordes* (Hasquenoph), *Konzert Nr. 7* (J. Charpentier).

Delna, Maria (=Marie Ledan)
Französische Altistin, geb. 3. 4. 1875 Meudon, gest. 24. 6. 1932 Paris.
Sie singt in der Küche des Hotels ihres Vaters und wird dabei, gerade fünfzehn Jahre alt, entdeckt. Rosine Laborde bildet ihre Stimme aus. Als Siebzehnjährige debütiert sie an der Pariser Oper: sie singt die Dido (*Les Troyens*, Die Trojaner, Berlioz). 1893 interpretiert sie an der Opéra-Comique anläßlich der französischen Erstaufführung von Jules Massenets Oper *Werther* die Charlotte. Im gleichen Jahr singt sie bei einer weiteren französischen Erstaufführung in Anwesenheit des Komponisten auf der gleichen Bühne die Rolle der Mrs. Quickly (*Falstaff*, Verdi) und nimmt an der Uraufführung von *L'Attaque du Moulin* (Angriff auf die Mühle, Bruneau) teil. Ein Jahr später gehört sie, wieder an der Opéra-Comique, zu dem Ensemble, das die Uraufführung von *La Vivandière* (Die Marketenderin, Godard) realisiert. 1907 triumphiert sie an der Scala unter Arturo Toscanini in Christoph Willibald Glucks *Orfeo ed Euridice*. Am Covent Garden erzielt sie große Erfolge, während ihr Auftritt an der Met (1910) eher unbeachtet bleibt. 1912 wirkt sie an der Opéra-Comique in der Uraufführung von Sylvia Lazzaris Oper *La Lépreuse* (dt. unter dem Titel Die Ausgestoßenen, Mainz 1913) mit. Im darauffolgenden Jahr nimmt sie an den Feierlichkeiten zu Ehren Giuseppe Verdis am Teatro Regio in Parma teil.

Sie stirbt in einem Armenasyl. Einige wenige erhaltene Walzen und Schallplatten belegen ihre außergewöhnliche Stimme.

Delogu, Gaëtano
Italienischer Dirigent, geb. 14. 4. 1934 Messina.
Er studiert zuerst Violine, bevor er sich der Orchesterleitung zuwendet und zu Franco Ferrara an die Accademia Nazionale di Santa Cecilia in Rom geht. Er gewinnt den Wettbewerb junger Dirigenten in Florenz. Einige Jahre dirigiert er in Italien, bevor ihm der große Durchbruch gelingt: er gewinnt 1968 den 1. Preis beim New Yorker Mitropoulos-Wettbewerb. George Szell und Leonard Bernstein laden ihn ein, die New Yorker Philharmoniker sowie das Washingtoner National-Orchester zu dirigieren. Rasch nimmt seine Tätigkeit als Gastdirigent bedeutende Ausmaße an. 1979 wird er zum Musikdirektor des Symphonie-Orchesters von Denver ernannt; als er 1986 den Posten niederlegt, wird er von dem Orchestervorstand mit dem Titel conductor emeritus ausgezeichnet.

Del Pueyo, Eduardo
Spanischer Pianist, geb. 29. 8. 1905 Saragossa, gest. 18. 11. 1986 Rhode-Saint-Genèse (bei Brüssel).
Er verläßt 1918 das Konservatorium von Madrid mit einem 1. Preis für Klavier und zieht nach Paris. Seine wichtigsten Lehrer sind Raoul Laparra und Bosch van s'Gravamoer. 1921 debütiert er in Paris. 1927 unterbricht er seine Karriere. Während einer zehnjährigen Konzertpause studiert er Werke von Isaac Albéniz, Ludwig van Beethoven, Claude Debussy und Enrique Granados ein, die später seinen Ruf begründen. 1937 nimmt er seine Karriere als Solist wieder auf und feiert weltweit Triumphe. 1948 geht er als Pädagoge an das Brüsseler Konservatorium. In den 50er Jahren unterrichtet er an der Chapelle Musicale de la Reine Elisabeth und am Mozarteum in Salzburg.

De Luca, Giuseppe
Italienischer Bariton, geb. 25. 12. 1876 Rom, gest. 26. 8. 1950 New York.
Er studiert in Rom bei Ottavio Bartolini und geht dann an die Accademia Nazionale di Santa Cecilia zu Venceslao Persichini. 1897 debütiert er am Stadttheater Piacenza als Valentin (*Faust*, Gounod). In der Folge wird er von verschiedenen italienischen Bühnen engagiert. Die Spielzeit 1900–01 verbringt er am Teatro de San Carlos in Lissabon. De Luca interpretiert bei verschiedenen wichtigen Uraufführungen folgende Rollen: Michonnet (*Adriana Lecouvreur*, Cilea, 1902), Gleby (*Siberia*, Sibirien, Giordano, 1903) und Sharpless (*Madame Butterfly*, Puccini, 1904). Gastspiele in Santiago de Chile (1905), am Teatro Colón in Buenos Aires (1906–10), in Bukarest (1907) und Wien (1909) machen ihn weltweit bekannt. In Italien tritt er vor allem an der Scala in Mailand und am Teatro Costanzi in Rom auf. Auch die Opernhäuser in London, Paris und Brüssel laden ihn regelmäßig ein. 1915 debütiert er an der Met; dreißig Jahre lang singt er an dem berühmten Haus als 1. Bariton. Er nimmt dort an den Uraufführungen von *Goyescas* (Granados, 1916) und *Gianni Schicchi* (Puccini, 1918) und an der amerikanischen Erstaufführung von *Don Quichotte* (Massenet) teil. Er ist der berühmteste Belcanto-Bariton seiner Zeit.

De Luca, Libero
Schweizer Tenor, geb. 13. 3. 1913 Kreuzlingen.
Nach einem Architekturstudium geht er an die Konservatorien von Stuttgart und Zürich (zu Alfredo Cairati) und studiert dort Gesang. 1937 gewinnt er in Paris bei einem anläßlich der Weltausstellung ausgeschriebenen Wettbewerb einen Preis; 1941 ist er Sieger beim internationalen Genfer Wettbewerb. 1942 debütiert er am Stadttheater von Solothurn. Er verbringt eine Spielzeit am Berner Theater, bevor er als 1. Tenor an die Zürcher Oper geht (1943–49). Nach dem Zweiten Weltkrieg ist er am Teatro Colón in Buenos Aires und am Teatro San Carlo in Neapel (1948) erfolgreich. Im darauffolgenden Jahr gastiert er zum ersten Mal am Covent Garden in London, am Théâtre de la Monnaie in Brüssel und an der Wiener sowie Münchner Oper. Gleichzeitig geht er mit der Pariser Opéra-Comique als 1. Tenor eine feste Verbindung ein. Er tritt auch an der dortigen Oper auf, vor allem im französischen Repertoire. 1961 nimmt er von der Bühne Abschied und zieht nach Horn am Bodensee, wo er sich pädagogischen Aufgaben widmet.

Delvallée, Georges
Französischer Organist, geb. 15. 3. 1937 Fourmies.
Er studiert an der Pariser Ecole Normale de Musique bei Alfred Cortot Klavier, bei Henri Challan Harmonielehre und Komposition und erwirbt die Konzertreife. Er folgt dem Rat von Marcel Dupré, André Marchal und Marie-Louise Girod, sich der Orgel zuzuwenden. Heute ist er selbst Professor an der Ecole Normale de Musique; gleichzeitig unterrichtet er an verschiedenen Konservatorien der Region Ile de France. Die Fernsehaufzeichnung von Paul Hindemiths *Konzert für Orgel* macht ihn in Frankreich bei einem breiteren Publikum bekannt. Delvallée zeichnet sich durch Rundfunk- und Schallplattenaufnahmen aus, bei denen er dem Werk von Charles Tournemire einen breiten Platz einräumt.

Del Vescovo, Pierre
Französischer Hornist, geb. 1. 6. 1929 Nizza.
Er studiert am Konservatorium von Paris und erhält 1949 einen 1. Preis für Horn. Er ist nacheinander Solo-Hornist am Symphonie-Orchester Basel, bei den Israelischen Philharmonikern sowie den Philharmonikern von Montreal und seit 1977 an der Toulouser Oper. Als Solist trägt er zum Ruhm der französischen Hornisten-Schule bei.

Demessieux, Jeanne
Französische Organistin und Komponistin, geb. 14. 2. 1921 Montpellier, gest. 11. 11. 1968 Paris.
Sie studiert am Pariser Konservatorium bei Magda Tagliaferro, Jean und Noël Gallon sowie Marcel Dupré und erhält zahlreiche 1. Preise, darunter für Harmonielehre (1937) und Orgel (1941). Jeanne Demessieux wird in Europa und den Vereinigten Staaten schnell berühmt und gilt als eine der bedeutendsten Vertreterinnen der französischen Orgelschule in der Tradition ihres Lehrers Marcel Dupré. 1933 wird sie als Zwölfjährige noch während ihres Studiums am Konservatorium Titularorganistin der Pariser Eglise du Saint-Esprit; 1962 übernimmt sie dann bis zu ihrem Tod die Orgel in der Pariser Madeleine. Als Pädagogin arbeitet sie am Konservatorium von Nancy (1953) und ab 1952 bis zu ihrem Tod am Konservatorium von Lüttich. Als Komponistin hinterläßt sie Werke für ihr Instrument.

Demus, Jörg
Österreichischer Pianist, geb. 2.12. 1928 St. Pölten.
Als Sechsjähriger beginnt er mit dem Klavierspiel; als Elfjähriger tritt er in die Wiener Musikakademie ein. Er studiert bei Walther Kerschbaumer Klavier, bei Karl Josef Walter Orgel, bei Hans Swarowsky und Joseph Krips Orchesterleitung sowie bei Joseph Marx Komposition (1940–45). Anschließend geht er nach Paris zu Yves Nat (1951–53) bevor er 1953 am Konservatorium von Saarbrücken Schüler von Walter Gieseking wird. Er perfektioniert sich auf den Sommerkursen von Edwin Fischer, Wilhelm Kempff und Arturo Benedetti Michelangeli. Er debütiert als Vierzehnjähriger und gibt in der Folge viele Konzerte in Wien, Italien und der Schweiz. 1950 debütiert er in London; 1953 feiert er in Paris und 1955 in New York einen großen Triumph. Ein Jahr später gewinnt er in Bozen den Ferruccio-Busoni-Preis, Bestätigung einer internationalen Karriere. Demus arbeitet nicht nur als Solist, sondern auch als Begleiter, vor allem von Dietrich Fischer-Dieskau, und erteilt in dieser Disziplin bei Kursen in aller Welt Unterricht.
Josef Suk, Antonio Janigro, Edith Peinemann und Paul Badura-Skoda sind seine Kammermusik-Partner. Er sammelt und restauriert alte Klaviere und macht einige Schallplattenaufnahmen auf historischen Instrumenten (darunter auf den Flügeln Schumanns und Beethovens). Neben dem romantischen Repertoire, dem seine große Liebe gehört, spielt er auch Werke von Paul Hindemith, Béla Bartók und Alban Berg.
WW: *Abenteuer der Interpretation* (3. Auflage Wiesbaden 1976); *Die Klaviersonaten von Ludwig van Beethoven* (mit Paul Badura-Skoda, Wiesbaden 1970).

Denize, Nadine
Französische Mezzosopranistin, geb. 6. 11. 1943 Rouen.
Sie studiert am Konservatorium von Rouen und beschäftigt sich intensiv mit den Oratorien von Johann Sebastian Bach, bevor sie als Achtzehnjährige am Pariser Konservatorium in die Klasse von Camille Maurane eintritt, der sie mit der französischen Musik vertraut macht. Zwei Jahre später erhält sie einen 1. Preis und wird sofort von der Pariser Oper engagiert. Sie singt soviel wie möglich, die Kassandra (*Les Troyens*, Die Trojaner), Margarethe (*La Damnation de Faust*, Fausts Verdammnis, beide Berlioz) und lernt dabei ihren Beruf von Grund auf. An der Opéra-Comique singt sie die Charlotte (*Werther*, Massenet). 1971 scheidet sie aus dem Ensemble der Pariser Oper aus und gibt in Prag, Budapest, Berlin und Wien Gastspiele. 1974–77 gehört sie der Opéra du Rhin in Straßburg an und singt hier u.a. die Margarethe und die Fricka (*Walküre*, Wagner), die sie in Orange (Südfrankreich) wieder aufnimmt. Liebermann lädt sie ein, an der Pariser Oper die Kundry (*Parsifal*, Wagner) zu singen. Anschließend interpretiert sie in Straßburg und Wien den Octavian (*Der*

Rosenkavalier, R. Strauss). Als Prinzessin Eboli (*Don Carlos*, Verdi) glänzt sie an der Scala, der Met und verschiedenen deutschen Häusern. Im Konzertsaal interpretiert sie *Nuits d'été* (Sommernächte, Berlioz), *Die Gurrelieder* (Schönberg), das *Requiem* (Verdi), die *Shéhérazade* (Ravel) und *Das Lied von der Erde* (Mahler). In letzter Zeit singt sie immer häufiger die großen Wagner-Rollen: Venus (*Tannhäuser*), Ortrud (*Lohengrin*), Brangäne (*Tristan und Isolde*) und Kundry.

Dens, Michel (= Marcel Maurice)
Französischer Bariton, geb. 22. 6. 1911 Roubaix.
Der Sohn eines Journalisten studiert am Konservatorium seiner Heimatstadt. Er debütiert an der Oper von Lille. Engagements führen ihn anschließend nach Bordeaux, Grenoble, Toulouse und Marseille. Nach dem 2. Weltkrieg beginnt seine strahlende Karriere an der Pariser Oper und Opéra-Comique, die ihn lange Jahre hindurch regelmäßig einladen. 1954 interpretiert er bei den Festspielen von Aix-en-Provence den Ourrias (*Mireille*, Gounod). Er spezialisiert sich auf italienische Opern (*Rigoletto*, Verdi, und *Il barbiere di Siviglia*, Rossini), zeichnet sich aber vor allem in der ›opéra comique‹ und der französischen sowie Wiener Operette aus (*Les pêcheurs de perles*, Die Perlenfischer, Bizet, *Les Noces de Jeannette*, Jeannettes Hochzeit, Massé, *Monsieur Beaucaire*, Messager, *La Fille de Madame Angot*, Die Tochter von Madame Angot, Lecocq, *La Mascotte*, Das Maskottchen, Audran, *Das Land des Lächelns*, Léhar), die er auf allen französischen Bühnen, aber auch in der Schweiz, Belgien, Kanada und Nordafrika singt. Er ist Direktor der Présence de l'Art lyrique, eine Truppe, die für mehrere Bühnen Nordfrankreichs Opern und Operettten inszeniert.

Denzler, Robert
Schweizer Dirigent, geb. 19. 3. 1892 Zürich, gest. 25. 8. 1972 daselbst.
Er studiert in Zürich bei Volkmar Andreae und geht dann an das Kölner Konservatorium und belegt dort die Fächer Klavier, Violine und Komposition. 1911 debütiert er als Repetitor an der Kölner Oper und bei den Bayreuther Festspielen. Ein Jahr später wird er zum Musikdirektor von Luzern ernannt. Anschließend geht er als 1. Kapellmeister an die Züricher Oper (1915–22) und als Chefdirigent an die Berliner Oper (1927–32), bevor er die musikalische Oberleitung der Züricher Oper übernimmt (1934–47). 1920–30 dirigiert er, von Ernest Ansermet eingeladen, regelmäßig das Orchestre de la Suisse Romande. Wir verdanken ihm die Uraufführungen zweier wichtiger zeitgenössischer Opern: *Lulu* (Berg, 1937) und *Mathis der Maler* (Hindemith, 1938).

De Peyer, Gervase
Englischer Klarinettist, geb. 11. 4. 1926 London.
Er studiert bei Frederick Thurston am Royal College of Music in London und anschließend bei Louis Cahuzac am Konservatorium von Paris. 1955 wird er zum Solo-Klarinettisten des Symphonie-Orchesters von London ernannt (bis 1971). Er ist Gründungsmitglied des Melos-Ensembles, leitet das London Symphony Wind Ensemble und dirigiert gleichzeitig das Londoner Haydn-Orchester. Er ist mit dem klassischen und romantischen Repertoire vertraut, setzt sich aber auch für die zeitgenössische Musik ein und zeichnet für die Uraufführung von Werken folgender Komponisten verantwortlich: Arnold Cooke, Sebastian Forbes, Alan Hoddinott, Thea Musgrave, Joseph Horowitz. Seit 1959 unterrichtet er an der Royal Academy of Music. De Peyer schlägt zwischen der französischen und der deutschen Klarinettenschule einen Mittelweg ein und legt Wert auf reine, fließende Phrasierungen.

Deplus, Guy
Französischer Klarinettist, geb. 29. 8. 1924 Vieux-Condé.
1943–46 studiert er am Pariser Konservatorium bei Auguste Périer und P. Lefèvre Klarinette und bei Fernand Oubradous Kammermusik; Yvonne Desportes erteilt ihm privat Unterricht in Harmonielehre. Er erzielt einen 1. Preis in Klarinette und eine Auszeichnung in Kammermusik und gibt 1946 sein erstes Konzert. Ein Jahr später wird er Mitglied des Orchesters der Garde Républicaine. 1950 wechselt er zum Orchester der Concerts Colonne, 1953 zum Ensemble der Domaine Musical, bevor er 1968 zum Solo-Klarinettisten der Pariser Oper ernannt wird. Er ist Mitglied des 1963 von Marius Constant ins Leben gerufenen Ensembles Ars Nova; 1965 gründet er das Ensemble Octuor de Paris. Er unterrichtet bei den Sommerkursen in Darmstadt (1958), in Denver (1974), an den wichtigsten japanischen Konservatorien (1975 und 1978), an der Akademie von Albi (1977) und wird 1978 am Konservatorium von Paris zum Professor für Klarinette ernannt, wo er bereits 1972 und 1974 als Dozent tätig gewesen war (Partiturstudium und Kammermusik). Zu den wichtigsten Uraufführungen, für die er verantwortlich ist, gehören: *Concerto pour le Marigny* (Konzert für Marigny, 1956, Henze), *Musique à trois* (Musik für drei, 1958), *Musiques nocturnes* (Nachtmusiken, 1966), *Tombeau à la mémoire de Jean-Pierre Guézec* (Stele zur Erinnerung an Jean-Pierre Guézec, 1971, alle Boucourechliev), *Ballade pour clarinette* (1959), *Deux fragments d'Algabal* (1975, beide Casanova), *Double Concerto pour clarinette et basson* (Doppelkonzert für Klarinette und Fagott, 1964, Martelli), *Musique nocturne* (Nachtmusik, 1964, Mihalovici), *Ascèses*, version pour clarinette (Askesen, Version für Klarinette, 1969, Jolivet), *Charmes* (1969), *Vagues, chemins, le souffle* (Wogen, Wege, der Atem, 1975, beide Grisey), *D'un désastre obscur* (Über ein unergründliches Unheil, 1971, G. Amy), *Solfegietto* (1974, Ballif), *Les trois S* (Die drei S, 1975, Rivier).

Depraz, Xavier (=Xavier Delaruelle)
Französischer Bassist, geb. 22. 4. 1926 Albert (Departement Somme).
Fernand Francel (Gesang), Louis Musy (Bühne) und René Simon (Theater) unterrichten ihn ab 1947 am Pariser Konservatorium; drei Jahre später erhält er für seine Interpretationen des Boris Godunow (Mussorgskij), des Don Carlos (Verdi) und des Don Quichotte (Massenet) jeweils 1. Preise. 1951 nimmt er an der Uraufführung von Marcel Landowskis Oper *Le Rire de Nil Halerius* (Das Lachen des Nil Halerius) in Mülhausen (Elsaß) teil. Ein Jahr später singt er an der Pariser Opéra-Comique mit viel Erfolg den Basilio (*Il barbiere di Siviglia*, Rossini). Am gleichen Haus übernimmt er Rollen in *Ritter Blaubart* (Bartók), *The Last Savage* (Der letzte Wilde, Menotti), während er an der Oper ebenfalls 1952 debütiert, und zwar als Palémon in *Thaïs* (Massenet). In der Folge wirkt er hier in *Rigoletto*, *Falstaff* (beide Verdi), *Die Meistersinger von Nürnberg* (Wagner), *Les Dialogues des Carmélites* (Die Gespräche der Karmeliterinnen, Poulenc) mit. Für den französischen Rundfunk singt er den *Œdipe* (Enescu). Er tritt auch in der französischen Provinz auf (Lyon, Bordeaux, Monte Carlo, Marseille) und interpretiert während der Festspiele in Glyndebourne den Comte Ory (Rossini). In Venedig singt er den Tiresias (*Oedipus Rex*, Strawinsky). Depraz nimmt an der Uraufführung einer weiteren Oper von Marcel Landowski teil, *Le Fou* (Der Narr), sowie an der Uraufführung der Konzertversion von *Feuerengel* (Prokofjew). 1973 wird er am Pariser Konservatorium zum Professor für Gesang ernannt.

De Reszké, Edouard
siehe **Reszké, Edouard de**

De Reszké, Jean
siehe **Reszké, Jean de**

Dermota, Anton
Österreichischer Tenor jugoslawischer Herkunft, geb. 4. 6. 1910 Kropa, gest. 22. 6. 1989 Wien.
Er studiert in Laibach Orgel und Komposition und in Wien bei Elisabeth Rado Gesang. 1936 debütiert er in der österreichischen Hauptstadt als Erster geharnischter Mann (*Die Zauberflöte*, Mozart). Im gleichen Jahr gibt er unter Arturo Toscanini in Salzburg als Balthasar Zorn (*Die Meistersinger von Nürnberg*, Wagner) sein Debüt. Bis 1959 interpretiert er hier regelmäßig die großen Mozart-Rollen seines Faches. 1946 wird er zum Kammersänger ernannt. 1955 nimmt er als Florestan (*Fidelio*, Beethoven) an der Aufführung aus Anlaß der Wiedereröffnung der Wiener Staatsoper teil. Er gastiert in den Rollen des Hoffmann (*Les Contes d'Hoffmann*, Hoffmanns Erzählungen, Offenbach), Schujskij (*Boris Godunow*, Mussorgskij), Palestrina (Pfitzner), Lenskij (*Eugen Onegin*, Tschaikowskij) und Des Grieux (*Manon Lescaut*, Puccini) auf allen wichtigen internationalen Bühnen. 1966 wird ihm an der Wiener Akademie eine Lied- und Oratorienklasse übertragen. Dermota beschäftigt sich auch mit dem Lied und wird bei seinen Auftritten häufig von seiner Frau, der Pianistin Hilde Berger-Weyerald, begleitet.

Dernesch, Helga
Österreichische Sopranistin, geb. 13. 2. 1939 Wien.
Sie studiert am Wiener Konservatorium und beginnt ihre Laufbahn als Kantaten- und Oratoriensängerin. Am Berner Stadttheater debütiert sie 1961 als Opernsängerin; sie bleibt bis 1963 Mitglied des Ensembles, singt dort die Fiordiligi (*Così fan tutte*, Mozart), Antonia (*Les Contes d'Hoffmann*, Hoffmanns Erzählungen, Offenbach) und Marina Mnischek (*Boris Godunow*, Mussorgskij) und studiert die ersten Wagner-Rollen ein. 1963–66 ist sie am Staatstheater Wiesbaden unter Vertrag, wo sie sich auf Wagner-Rollen spezialisiert. 1965 wird sie von Wieland Wagner eingeladen, in Bayreuth kleinere Rollen zu interpretieren, bevor sie dort 1967 Anja Silja als Elisabeth im *Tannhäuser* ablöst. 1958 singt sie bei den Festspielen die Freia und die Gutrune (*Der Ring des Nibelungen*) und 1969 die Eva (*Die Meistersinger von Nürnberg*, alle Wagner). 1966–70 gehört sie zum Ensemble der Kölner Oper und gibt gleichzeitig erfolgreiche Gastspiele an der Wiener und Berliner Oper. 1969 nimmt sie zum ersten Mal unter der Leitung von Herbert von Karajan an den Salzburger Festspielen teil; als Brünnhilde (*Der Ring des Nibelungen*) und Isolde (*Tristan und Isolde*, Wagner) ist sie die bevorzugte Sopranistin des Dirigenten. 1971 interpretiert sie mit großem Erfolg in Salzburg die Leonore (*Fidelio*, Beethoven). Seit 1970 gibt sie in Edinburgh, am Covent Garden, in Hamburg und München regelmäßig Gastspiele. 1972 interpretiert sie in Berlin bei der Uraufführung von Wolfgang Fortners Oper *Elizabeth Tudor* die Titelrolle. 1973 singt sie zum ersten Mal in den Vereinigten Staaten, in New York und Chicago. 1982 nimmt sie an der Uraufführung von Aribert Reimanns *Requiem* teil. Seit Ende der 70er Jahre wendet sie sich den Mezzosopranrollen zu. 1983 feiert sie als Marfa (*Chowanschtschina*, Mussorgskij) ihr Debüt an der Met.

Dervaux, Pierre
Französischer Dirigent und Komponist, geb. 3. 1. 1917 Juvisy-sur-Orge (bei Paris).
Er studiert am Pariser Konservatorium bei Isidore Philipp, Armand Ferté und Yves Nat Klavier sowie bei Jean und Noël Gallon und Marcel Samuel-Rousseau Schlagzeug und Notation. Er debütiert als Paukenschläger. Nach dem 2. Weltkrieg ist er Kapellmeister an der Opéra-Comique (1945–53) und Stellvertretender Direktor der Concerts Pas-

deloups (1949–55). 1956–70 arbeitet er als 1. Kapellmeister an der Pariser Oper; seit 1958 ist er gleichzeitig Chefdirigent und Leiter der Concerts Colonne. Schon bald nimmt seine Karriere internationale Ausmaße an; 1968–71 steht er an der Spitze des Symphonie-Orchesters von Quebec. Er ist der erste Dirigent des 1971 gegründeten Orchestre Philharmonique des Pays de la Loire (bis 1978) und übernimmt anschließend die Funktion eines Musikdirektors von Nizza (1979–82).

Ab 1964 arbeitet er auch als Pädagoge. Er ist der Nachfolger Jean Fournets an der Pariser Ecole Normale de Musique (bis 1986). 1965–72 unterrichtet er gleichzeitig am Konservatorium von Montreal und seit 1971 bei der Sommerakademie in Nizza (bis 1982). Zu seinen wichtigsten Schülern zählen Georges Aperghis, Jean-Claude Bernède, Sylvain Cambreling, Jean-Claude Casadesus, Gabriel Chmura, Alexandre Myrat, Alain Pâris und Antoni Wit. Gioacchino Rossini, Georges Bizet, Albert Roussel, Maurice Ravel, Claude Debussy, Gabriel Fauré, Florent Schmitt und Vincent d'Indy sind seine bevorzugten Komponisten. Sein eigenes kompositorisches Schaffen umfaßt Symphonien, Konzerte, Kammermusik und Lieder.

De Sabata, Victor
Italienischer Dirigent und Komponist, geb. 10. 4. 1892 Triest, gest. 11. 12. 1967 Santa Margherita Ligure.
Sein Vater ist Gesangslehrer und Chordirigent an der Scala. Victor de Sabata studiert am Mailänder Giuseppe-Verdi-Konservatorium bei Michele Saladino Theorie und bei Giacomo Orefice Komposition (1902–10). 1910 erhält er einen 1. Preis. Früh schon tritt er mit eigenen Werken hervor, die relativ erfolgreich sind. Erst nach dem 1. Weltkrieg wendet er sich der Orchesterleitung zu: 1918–29 ist er Chefdirigent der Oper von Monte Carlo und zeichnet dort für die Uraufführung von Maurice Ravels *L'Enfant et les sortilèges* (Das Kind und der Zauberspuk) verantwortlich. Anschließend geht er als 1. Kapellmeister an die Mailänder Scala, wo er 1929 als Nachfolger Arturo Toscaninis die Funktionen des künstlerischen Direktors übernimmt. 1953–57 ist er künstlerischer Intendant der Scala. 1933–43 gastiert er regelmäßig in Florenz. Ab 1936 führt er mit den Berliner Philharmonikern verschiedene Tourneen durch. In Bayreuth dirigiert er 1939 *Tristan und Isolde* (Wagner). Nach dem 2. Weltkrieg arbeitet er viel in England, bevor er aufgrund einer schweren Krankheit gezwungen ist, ab 1953 seine Tätigkeit einzuschränken (im gleichen Jahr debütiert er allerdings noch bei den Salzburger Festspielen). 1956 tritt er während der Begräbnisfeierlichkeiten für Arturo Toscanini zum letzten Mal als Dirigent an die Öffentlichkeit. Bis in die 60er Jahre hinein bleibt er der Scala als Berater verbunden. Als Komponist steht er in der Tradition Ottorino Respighis.

Desarzens, Victor
Schweizer Dirigent, geb. 27. 10. 1908 Château d'Oex (Kanton Waadt), gest. 13. 2. 1986 Lausanne.
Im Alter von fünf Jahren beginnt er, Violine zu lernen. Neben seiner normalen Schulausbildung geht eine intensive musikalische Ausbildung einher. Er geht an das Genfer Konservatorium zu José Porta (Patensohn von Pablo de Sarasate) und befreundet sich mit ihm. 1925 erhält er den Preis für Virtuosität in der Violin-Klasse. Im gleichen Jahr erteilt ihm George Enescu Unterricht. Das Orchestre de la Suisse Romande engagiert ihn als Violinist. Er verläßt es wieder, um ein Quartett und später dann ein Trio zu gründen, mit denen er in der Schweiz, aber auch im Ausland Tourneen unternimmt. Nach der Auflösung des Orchestre de Radio-Lausanne gründet er 1941 ein Kammermusikensemble, das am 28. 1. 1942 unter dem Namen Orchestre de Chambre de Lausanne sein erstes Konzert gibt. Ab 1949 leitet er als Nachfolger von Hermann

Scherchen gleichzeitig das Orchester von Winterthur. Mit seinem Lausanner Ensemble setzt er sich stark für die zeitgenössische Schweizer Musik ein und zeichnet für Uraufführungen von Werken von Frank Martin, Julien François Zbinden, Arthur Honegger (*Symphonie Nr. 1*, 1953, Desarzens gewidmet, und *Orchalau-Concerto*, 1963) sowie aller Mitglieder der ›Gruppe der Sechs‹ verantwortlich. 1973 zieht er sich vom aktiven Musikleben zurück.

Descaves, Lucette
Französische Pianistin und Pädagogin, geb. 1. 4. 1906 Paris.
Als Siebenjährige erhält sie Privatunterricht von Marguerite Long, bevor sie 1916 in deren Klasse am Pariser Konservatorium eintritt; sie wechselt später in die von Yves Nat und verläßt das Konservatorium 1923 mit einem 1. Preis für Klavier. In der Folge wird sie 1941 Assistentin von Marguerite Long und anschließend von Yves Nat, bevor sie 1941 zur Professorin ernannt wird. Zu ihren wichtigsten Schülern gehören Brigitte Engerer, Pascal Rogé, Jean-Claude Pennetier, Georges Pludermacher und Jean-Yves Thibaudet. Neben ihrer pädagogischen Arbeit findet sie Zeit für ihre Solistenlaufbahn und gibt unter der Leitung von Philippe Gaubert, Charles Münch, André Cluytens, Pierre Dervaux und Louis Fourestier, den sie heiratet, zahlreiche Konzerte. 1932 arbeitet sie in Paris mit Sergej S. Prokofjew anläßlich einer Aufführung von dessen *Konzert Nr. 3 für Klavier und Orchester* eng zusammen. Sie verwirklicht zahlreiche Uraufführungen, darunter das *Konzert für Klavier und Orchester* (1954) von Jean Rivier und *Danses rituelles* (Ritualtänze, 1942) sowie das *Konzert für Klavier und Orchester* (1951) von André Jolivet, das einen Skandal auslöst. Später wird dieses Werk für den Komponisten wie für sie besonders erfolgreich – Lucette Descaves spielt es mehr als hundertmal.
W: *Un nouvel art du piano* (Paris 1966).

Deslogères, Françoise
Französische Ondes-Martenot-Spielerin, geb. 9. 5. 1929 Boulogne-sur-Seine.
Sie studiert am Pariser Konservatorium bei Henri Challan Harmonielehre und bei Jeanne Blancard sowie bei Geneviève Joy Klavier. 1955 gibt sie ihre ersten Konzerte als Pianistin. Ab 1957 macht sie sich bei Maurice Martenot und dessen Schwester Ginette mit dem neuen Ondes-Martenot-Instrument vertraut und gibt auf ihm ab 1960 ihre ersten Konzerte. 1967 gründet sie das Deslogères-Trio für Ondes-Martenot, Klavier und Schlagzeug, eine außergewöhnliche Formation. Das Trio verwirklicht zahlreiche Tourneen und Uraufführungen. Seit 1971 ist sie Professorin für Ondes-Martenot am Konservatorium von Boulogne-Billancourt; gleichzeitig unterrichtet sie an der musikalischen Fakultät der Universität Pau (1973–78). Zu den wichtigsten Uraufführungen, die sie als Solistin verwirklicht, gehören *De Voci* (Stimmen, 1958) und *Pièces de chair* (Stücke aus Fleisch, 1967) von Sylvano Bussotti, das *Konzert für Ondes Martenot* (1965) von Raymond Depraz, *Impacts* (Wirkungen, 1972) für zwei Streichorchester und Ondes-Martenot sowie *Ragas* von Antoine Tisné. In einer Duo-Formation mit einem Schlagzeuger kreiert sie folgende Werke: *Antiphonaire* (Antiphonar, 1968) von Jean-Jacques Werner, *Mirages* (Fata Morgana, 1973) von Patrice Sciortino und *Points de rencontre* (Treffpunkte, 1977) von Charles Chaynes.

Désormière, Roger
Französischer Dirigent und Komponist, geb. 13. 9. 1898 Vichy, gest. 25. 10. 1963 Paris.
Der Schüler von Charles Koechlin gehört als Komponist zusammen mit Henri Sauguet, Maxime Jacob und Henri Cliquet-Pleyel zur Schule von Arcueil. 1924–25 ist er Kapellmeister beim Schwedischen Ballett in Paris, 1925–29 in der gleichen Funktion bei den Ballets Russes. 1930 übernimmt er die Leitung

der Société de Musique d'Autrefois. 1934 schließt er einen Vertrag mit dem französischen Rundfunk. Zwei Jahre später wird er Chefdirigent des Pariser Symphonie-Orchesters und gleichzeitig 1. Kapellmeister der Opéra-Comique (1936–44). 1946–47 dirigiert er regelmäßig das Symphonie-Orchester der BBC, anschließend das Orchestre National in Paris. In der Nachkriegszeit gründet er mit Serge Nigg und Elsa Barraine die Association française des musiciens progressistes. 1952 erleidet er einen Schlaganfall und muß gelähmt seine Tätigkeit als Dirigent aufgeben.

Sich zeitlebens für die zeitgenössische Musik einsetzend, zeichnet er für viele bedeutende Uraufführungen verantwortlich: *Salade* (Salat, 1924) und *Symphonie Nr. 3* (1946, beide Milhaud), *Mercure* (Merkur, Satie, 1924), *La Chatte* (Die Katze, 1927, Sauguet), *La Course de printemps* (Frühlingsrennen, 1932, Koechlin), *Le Testament de tante Caroline* (Das Testament von Tante Caroline, 1936, Roussel), die Bühnenmusik zu *14 juillet* (14. Juli, 1936, Kollektiv), *Les Animaux modèles* (Beispielhafte Tiere, 1942) und *Sinfonietta* (1948, beide Poulenc), *3 Petites Liturgies de la Présence Divine* (3 kleine Liturgien über die göttliche Präsenz, 1945, Messiaen), *Le Soleil des eaux* (Die Sonne der Gewässer, 1950, Boulez), *Symphonie Nr. 1* (1951, Dutilleux), *Symphonie Nr. 4* (1952, Rivier), *La Création du monde* (Die Erschaffung der Welt) und *Symphonie Nr. 4* von Darius Milhaud sind ihm gewidmet.

Destinn, Emmy (= Emilie Pavlína Kittlová, dann Ema Kittl, dann Ema Destinnová)
Tschechoslowakische Sopranistin, geb. 26. 2. 1878 Prag, gest. 28. 1. 1930 České Budějovice (Budweis).
Sie studiert in Prag bei Marie Loewe-Destinn, deren Namen sie im Ausland als Pseudonym benutzt, und debütiert 1897 als Santuzza (*Cavalleria rusticana*, Leoncavallo) an der Dresdner Oper. 1901 und 1902 singt sie auf Wunsch Cosima Wagners in Bayreuth die Senta (*Der fliegende Holländer*, Wagner). Bis 1908 gehört sie zum Ensemble der Berliner Oper; im gleichen Jahr wird sie zur Kammersängerin ernannt. Ihre Karriere nimmt rasch internationale Ausmaße an: 1904–21 tritt sie regelmäßig am Covent Garden, 1908–21 an der Met auf. Ihre Interpretation der Aida (Verdi) wird allgemein gepriesen. In Berlin singt sie 1905 als erste die Salome (R. Strauss), in London als erste Cho-Cho-San (*Madame Butterfly*, Puccini) und Tatjana (*Eugen Onegin*, Tschaikowskij). 1910 interpretiert sie in New York bei der Uraufführung von Giacomo Puccinis Oper *La fanciulla del West* (Das Mädchen aus dem goldenen Westen) die Minnie. 1927 zieht sie sich von der Bühne zurück.

Deutekom, Cristina (= Christine Angel)
Holländische Sopranistin, geb. 28. 8. 1932 Amsterdam.
Sie studiert bei Johan Thomas und Coby Riemersma am Konservatorium von Amsterdam. Die Holländische Staatsoper engagiert sie als Chormitglied; nach und nach werden ihr kleine Solo-Rollen übertragen (unter anderem eine der Walküren). Ihre hohen Töne überzeugen. 1964 erzielt sie als Königin der Nacht (*Die Zauberflöte*, Mozart) einen geradezu sensationellen Triumph. Der Covent Garden und die Opern von Wien, Hamburg und Frankfurt laden sie daraufhin ein, die Rolle in ihren Häusern zu interpretieren. 1968 debütiert sie wiederum als Königin der Nacht an der Met. Sie beschäftigt sich eingehend mit den Opern Verdis, auch mit den vergessenen, studiert die Rollen ihres Faches ein und wird von der Fenice, der Scala und der römischen Oper zu Gastspielen eingeladen. 1970 singt sie in Chicago die Lucia di Lammermoor (Donizetti). 1972 debütiert sie als Elvira in *I Puritani* (Die Puritaner, Bellini) am Teatro Colón in Buenos Aires. Selbst als Norma (Bellini) feiert sie einen großen Erfolg. 1974 gelingt ihr mit der Rolle der Herzogin Elena (*Les*

Vêpres siciliennes, Die sizilianische Vesper, Verdi) an der Met, in Paris und schließlich in der ganzen Welt ihr endgültiger Durchbruch.

Devernay, Yves
Französischer Organist, geb. 9. 5. 1937 Tourcoing, gest. 10. 12. 1990 Tourcoing.
Er stammt aus einer Musikerfamilie; vor allem sein Onkel Edouard Devernay (1889–1952), der 40 Jahre lang Titular-Organist der großen Orgel von Trouville war, wurde als Organist und Komponist berühmt. Yves Devernay erhält den ersten Unterricht von seinem Vater, geht anschließend an das Konservatorium von Roubaix und wechselt dann zu Jeanne Joulain an das Konservatorium von Lille, an dem er 1958 einen 1. Preis für Orgel und Improvisation erhält. Er schließt sein Studium am Pariser Konservatorium bei Rolande Falcinelli mit 1. Preisen für Orgel und für Improvisation ab. Anschließend perfektioniert er sich bei Marie-Claire Alain. Er gewinnt die internationalen Wettbewerbe von Haarlem (1962) und Saint Alban (1964) und erhält 1969 beim Improvisations-Wettbewerb in Lyon sowie 1971 bei dem von Chartres jeweils einen 1. Preis. Er ist Professor für Orgel an den Konservatorien von Roubaix und Valenciennes, seit 1962 Organist an der Kirche Saint-Christoph in Tourcoing und seit 1985 Titular-Organist an der Kathedrale Notre-Dame in Paris.

Devetzi, Vasso
Griechische Pianistin, geb. 9. 9. 1927 Thessaloniki, gest. 1. 11. 1987 Paris.
Sie studiert am Konservatorium des griechischen Staates in Athen und an der Wiener Musikakademie. Anschließend geht sie zu Marguerite Long nach Paris. Sie begleitet häufig Mstislaw L. Rostropowitsch und dessen Frau Galina P. Wischnewskaja, mit denen sie befreundet ist. Nach dem Tod von Maria Callas gibt sie ihre Solisten-Karriere auf und widmet sich als Präsidentin ausschließlich der Maria-Callas-Stiftung, die Stipendien an junge Künstler vergibt.

De Vito, Gioconda
Italienische Violinistin, geb. 26. 7. 1907 Martina Franca.
Die Schülerin von Remy Principe am Liceo Musicale in Pesaro (1918–21) debütiert 1923 in Rom. 1932 erhält sie beim Internationalen Wettbewerb von Wien einen 1. Preis. Ihre Karriere führt sie anschließend um die ganze Welt; auch in der Sowjetunion feiert sie Triumphe. 1945 nimmt sie an den ersten Edinburgher Festspielen teil. Sie spielt häufig mit anderen bedeutenden Geigern wie Yehudi Menuhin, Isaac Stern oder Nathan Milstein. Große Dirigenten wie Wilhelm Furtwängler laden sie ein. Idebrando Pizzetti widmet ihr sein *Konzert für Violine und Orchester*, dessen Uraufführung sie 1945 verwirklicht. Das Konzert ist das einzige zeitgenössische Werk, das sie in ihr Repertoire aufnimmt.
Auch als Pädagogin tritt sie hervor. Sie unterrichtet am Konservatorium von Bari (1925–34), an dem von Rom (1934–45), an der Accademia Nazionale di Santa Cecilia in Rom (1945–58) sowie an der Accademia Musicale Chigiana in Siena (1949). Sie spielte während ihrer aktiven Laufbahn auf einer Geige von Nicola Gagliano aus dem Jahre 1762 und auf einer Stradivari aus dem Jahre 1690, der *Toskana*, die ihr von der italienischen Regierung zur Verfügung gestellt wird und auf der heute Pina Carmirelli spielt.

Devos, Gérard
Französischer Dirigent und Komponist, geb. 28. 2. 1927 Lille.
Er stammt aus einer Musikerfamilie (seine Mutter war Harfenistin des Orchestre Philharmonique und des Orchestre National in Paris). Am Pariser Konservatorium erhält er 1. Preise in Harfe (1947, in der Klasse von Marcel Tournier), Harmonielehre (1949, in der Klasse von Jean de la Presle), in Fuge und Kontrapunkt (1950, in der Klasse

von Noël Gallon) und einen 2. Preis in Komposition (1952, in der Klasse von Tony Aubin). 1947 gewinnt er beim Internationalen Prager Wettbewerb einen 1. Preis für Harfe und 1956 bei dem von Besançon den für Orchesterleitung. In der Folge übernimmt er viele Gastdirigate. Seit 1963 ist er Professor am Pariser Konservatorium. 1970 wird er als Nachfolger von Albert Wolff Präsident und Chefdirigent der Association des Concerts Pasdeloup. Gérard Devos tritt auch als Komponist hervor.

Er zeichnet für folgende Uraufführungen verantwortlich: *Chant pour le Viêtnam* (Lied für Vietnam, 1969) von Henri Tomasi und *Symphonie Nr. 4* von Henri Sauguet.

Devos, Louis
Belgischer Tenor und Chorleiter, geb. 15. 6. 1926 Brüssel.

Neben dem Studium der klassischen Sprachen studiert er gleichzeitig am Konservatorium seiner Heimatstadt Violine. 1948 zieht er nach Österreich und setzt dort seine musikalischen Studien fort. Er spielt zwei Jahre in einem Orchester, bevor er ab 1950 in Graz seine Stimme ausbilden läßt. Wieder in Belgien, verwirklicht er 1952 die europäische Erstaufführung von Igor Strawinskys *Kantate*. 1954 nimmt er an der Uraufführung von *Orestes* teil, eine Radio-Oper von Henk Badings, die mit dem Premio Italia ausgezeichnet wird. 1958 leitet er in Genf zusammen mit Ernest Ansermet die Uraufführung von Frank Martins *Le Mystère de la Nativité* (Das Mysterium der Geburt Christi); 1964 realisiert er in Rom die Uraufführung der Kantate *Pilate* (Pilatus) vom gleichen Komponisten. 1971 spielt er den Aaron in Jean-Marie Straubs Film *Moses und Aaron*, der aus Anlaß von Arnold Schönbergs 100. Geburtstag gedreht wird. An der Wiener Oper und während der Salzburger Festspiele interpretiert er die gleiche Rolle. 1972 wirkt er an der Uraufführung von *Utrenia* (Penderecki) mit. Das Théâtre de la Monnaie in Brüssel, die Opern in Rom und Amsterdam sowie der Covent Garden und die Scala laden ihn zu Gastspielen ein. Sein Repertoire umfaßt alte, klassische und zeitgenössische Werke. Die Konservatorien von Brüssel und Amsterdam ernennen ihn zum Professor. 1950 gründet er das Ensemble Musica Polyphonica, mit dem er alte Musik aufnimmt.

Devoyon, Pascal
Französischer Pianist, geb. 6. 4. 1953 Paris.

Nach seinem Studium am Pariser Konservatorium gewinnt er verschiedene internationale Preise (Viotti, Leeds, Busoni) sowie 1978 beim Moskauer Tschaikowskij-Wettbewerb die Silbermedaille, die ihm in den UdSSR zu anhaltendem Erfolg verhilft. Sein Debüt 1980 an der Carnegie Hall in New York wird zum Triumph. Eine Tournee durch die Vereinigten Staaten schließt sich an. Sein Repertoire umfaßt Werke von Maurice Ravel sowie technisch höchste Ansprüche stellende Werke von Franz Liszt und Sergej S. Prokofjew.

De Waart, Edo
Holländischer Dirigent, geb. 1. 6. 1941 Amsterdam.

Er studiert bis 1963 am Music Lyceum seiner Heimatstadt Oboe und wird dann sofort vom Concertgebouw in Amsterdam als Solist engagiert. Neben seiner Orchestertätigkeit studiert er bei Franco Ferrara in Hilversum Dirigieren. 1964 gewinnt er in New York den Mitropoulos-Wettbewerb. 1965–66 ist er Assistent von Leonard Bernstein. Anschließend geht er als Assistent an das Concertgebouw zurück (1966–67) und gründet 1967 das Niederländische Bläser-Ensemble, das er bis 1971 leitet. Gleichzeitig ist er neben Jean Fournet ständiger Dirigent der Rotterdamer Philharmoniker (1967–73). 1973–79 ist er Musikdirektor der gleichen Formation. Vor allem in den Vereinigten Staaten, wo er von dem Symphonie-Orchester von San Francisco 1975 zum principal guest conductor ernannt wird

(1977–85 ist er Musikdirektor des Orchesters), nimmt seine internationale Karriere einen steilen Aufschwung. 1970 debütiert er während des Holland-Festivals als Operndirigent; 1979 stellt sein Debüt in Bayreuth – er dirigiert *Lohengrin* (Wagner) – einen ersten Höhepunkt auf diesem Gebiet dar. 1985 wird ihm die Leitung der Niederländischen Oper anvertraut, die er allerdings alsbald wieder abgibt, um 1986 die des Orchesters von Minnesota zu übernehmen. 1989 wird er zum Chefdirigenten des Philharmonie-Orchesters von Radio Hilversum ernannt. Er zeichnet für die Uraufführungen folgender Werke verantwortlich: *Harmonium* und *Harmonielehre* (beide 1985) von John Adams, *Variations for Winds, Strings and Keyboards* (1980) von Steve Reich und *Gitimalya* (1975) von Toru Takemitsu.

Deyanova, Marta
Bulgarische Pianistin, geb. November 1948 Sofia.
Nach dem Besuch des Bulgarischen Staatskonservatoriums in Sofia gewinnt sie 1964 bei dem für Kinder und Jugendliche ausgeschriebenen Wettbewerb ihrer Heimatstadt den 1. Preis. Im darauffolgenden Jahr erhält sie beim Busoni-Wettbewerb die Goldmedaille und 1967 in Mailand den Ettore-Pozzoli-Preis. Der Premio Casagrande in Rom (1970) und der Preis von Montreal runden die vielen Auszeichnungen ab, die ihr zu einer internationalen Karriere verhelfen. Ihr Repertoire umfaßt vor allem die romantische Literatur, aber auch Werke von Sergej W. Rachmaninow und Alexander N. Skrjabin, die sie mit Hilfe von Schallplatten auch in Westeuropa einem breiteren Publikum näherbringt.

Diaz, Alirio
Venezuelanischer Gitarrist, geb. 12. 11. 1923 La Calendaria.
Er beginnt sein Studium in Caracas bei Raúl Borges und Clement Pimentel und erhält ein Stipendium, das ihm erlaubt, sein Studium bei Regino Sainz de La Maza am Königlichen Konservatorium von Madrid fortzusetzen, wo er einen Ehrenpreis erhält. 1951–58 besucht er die masterclasses von Andrés Segovia an der Accademia Musicale Chigiana in Siena; 1957–64 ist er Segovias Akademie-Assistent. Gleichzeitig arbeitet er als Solist international.

Díaz, Justino
Amerikanischer Bassist, geb. 29. 1. 1940 San Juan (Puerto Rico).
Er studiert an der Universität von Puerto Rico und geht dann an die New England University in Boston. Als Privatschüler arbeitet er mit Ralph Errolle und Frederick Jagel. 1961 debütiert er am New England Opera Theatre; 1963–64 gehört er zum Ensemble der American Opera Society. 1963 tritt er zum ersten Mal an der Met auf; im gleichen Jahr nimmt er am Casals-Festival in Puerto Rico teil. 1965 debütiert er in Spoleto. 1966 wirkt er an der Uraufführung von Samuel Barbers Oper *Anthony and Cleopatra* (Regie: Franco Zeffirelli) mit, die zur Einweihung des neuen Saals der Met im Lincoln Center gegeben wurde. Seine Karriere nimmt schnell internationale Ausmaße an: 1969 lädt ihn die Scala ein (*L'assedio di Corinto*, Der Sitz in Korinth, Rossini), das Teatro Colón in Buenos Aires sowie die Salzburger Festspiele, wo er 1966 unter der Leitung von Herbert von Karajan den Escamillo (*Carmen*, Bizet) interpretiert. Wien, Hamburg, Paris, London und Barcelona folgen. Doch der wichtigste Teil seiner Karriere spielt sich an der Met ab, wo er als Baßbariton die Tradition von Ezio Pinza fortsetzt.

Dichter, Misha
Amerikanischer Pianist, geb. 17. 9. 1945 Schanghai.
Er beginnt als Sechsjähriger in Los Angeles mit dem Klavierunterricht. Während der Sommerkurse an der Universität von Los Angeles lernt er 1964 Rosina Lhévine kennen und geht noch im Herbst des gleichen Jahres zu ihr an die Juilliard School of Music nach

Diederich

New York. 1966 erhält er beim Moskauer Tschaikowskij-Wettbewerb einen 3. Preis. Im gleichen Jahr debütiert er mit dem Symphonie-Orchester von Boston in Tanglewood. Er beschäftigt sich, von einigen Ausflügen in die zeitgenössische Musik abgesehen, in der Hauptsache mit der Romantik. Seit 1972 tritt er mit seiner Frau Cipa Dichter (geb. 20. 5. 1944 Rio de Janeiro) als Klavier-Duo auf.

Diederich, Cyril
Französischer Dirigent, geb. 2. 10. 1945 Marseille.
Er beginnt mit seinem Studium in Aix-en-Provence und setzt es in Toulouse, Rennes und Rouen fort – er studiert hier vor allem Klavier, Horn und Schlagzeug und bei Jean-Sébastien Béreau Orchesterleitung –, bevor er am Konservatorium von Paris seine Studien abschließt. 1969 gründet er sein eigenes Kammerorchester, mit dem er ab 1970 jährlich während der Semaines Musicales du Lubéron auftritt. Beim Wettbewerb von Florenz erhält er 1973 einen Preis für Orchesterleitung. 1975–76 ist er Assistent von Serge Baudo in Lyon, bevor er zum stellvertretenden Chefdirigenten des Orchestre National de Lille ernannt wird (Leiter ist Jean-Claude Casadesus). 1980 erhält er beim Wettbewerb von Katowice (Kattowitz, Polen) den Preis der Jury. Seit 1984 ist er Musikdirektor des Orchesters von Montpellier. Ein Jahr später wird er zum Musikdirektor der Oper von Montpellier ernannt. 1988 leitet er dort die Uraufführung von Charles Chaynes' Oper *Noces de sang* (Bluthochzeit).

Diémer, Louis Joseph
Französischer Pianist und Komponist, geb. 14. 2. 1843 Paris, gest. 21. 12. 1919 daselbst.
1853 tritt er in das Pariser Konservatorium ein und studiert bei Antoine François Marmontel Klavier, bei Ambroise Thomas Komposition und bei François Benoist Orgel. Aufgrund finanzieller Schwierigkeiten kann er bei dem Wettbewerb um den Rom-Preis nicht teilnehmen. 1863 gibt er erste Konzerte in der französischen Provinz, bevor er in Paris debütiert. Er nimmt an den Soirées von Gioacchino Rossini und als Interpret von Kammermusik an den Concerts Alard teil. Pablo de Sarasate lädt ihn zu einer Tournee ein. Diémer wird dank seiner Virtuosität schnell bekannt. 1887 tritt er die Nachfolge seines Lehrers Marmontel am Pariser Konservatorium an. Zu seinen Schülern zählen Alfred Cortot, Edouard Risler und Robert Casadesus. Während der Pariser Weltausstellung im Jahre 1889 gibt er eine Konzertserie auf dem Cembalo, einem damals fast vollständig vergessenen Instrument. Das Publikum reagiert begeistert, so daß Diémer beschließt, mit Louis van Waefelghem, Laurent Grillet und Louis Bleuzet die Société des Instruments Anciens zu gründen. Ab dieser Zeit setzt er sich stark für die alte Musik ein und transkribiert viele alte französische, für das Cembalo geschriebene Werke, die man für verloren glaubte, für Klavier. 1902 ruft er in Paris einen alle drei Jahre stattfindenden Wettbewerb für Cembalisten ins Leben. Sein Interesse für die alte Musik hat nicht nur seinen Stil, sondern auch seine Pädagogik beeinflußt.
Doch auch die Musik seiner Zeit interessiert ihn sehr. Viele Werke sind ihm gewidmet, darunter *Variations symphoniques* von César Franck, *Konzert Nr. 3 für Klavier und Orchester* von Peter I. Tschaikowskij, *Barcarolle Nr. 12* von Gabriel Fauré, *Konzert für Klavier und Orchester* von Edouard Lalo, *Suite für Klavier Nr. 2* von George Enescu, *Konzert für Klavier und Orchester* von Jules Massenet sowie das *Konzert für Klavier und Orchester Nr. 5* und die *Rhapsodie d'Auvergne* von Camille Saint-Saëns.
Als Komponist schreibt er hauptsächlich für das Klavier; er entwickelt und veröffentlicht eine eigene Klavierschule.

Dikov, Anton
Bulgarischer Pianist, geb. 29. 7. 1938 Sofia.
Er studiert bis 1961 bei Luba Entcheva am Bulgarischen Staatskonservatorium in Sofia, tritt aber bereits seit 1954 im In- und Ausland als Solist auf. 1956 erhält er beim Franz-Liszt-Wettbewerb in Budapest, 1962 beim Wettbewerb in Rio de Janeiro und 1963 beim Pariser Marguerite-Long-Wettbewerb je einen Preis. Nadia Boulanger, Arthur Rubinstein und Robert Casadesus fördern ihn bei seiner internationalen Karriere.

Dimitrowa, Ghena
Bulgarische Sopranistin, geb. 6. 5. 1941 Pleven.
1959 tritt sie in das Bulgarische Staatskonservatorium in Sofia ein, studiert bei Christo Brumbarov und legt 1967 ihre Abschlußprüfung ab. Die Sofioter Oper engagiert sie sofort. Sie debütiert als Abigail (*Nabucco*, Verdi). 1970 erhält sie beim Internationalen Wettbewerb von Treviso den 1. Preis. Zwei Jahre später nimmt sie in Parma an der Seite von José Carreras und Piero Cappucilli an einer Aufführung von *Un ballo in maschera* (Ein Maskenball, Verdi) teil. 1975 interpretiert sie zusammen mit Placido Domingo Umberto Giordanos Oper *André Chénier*. In *Turandot* (Puccini) debütiert sie 1977 am Teatro Colón in Buenos Aires. Im darauffolgenden Jahr singt sie zum ersten Mal am Moskauer Bolschoi-Theater. In Italien interpretiert sie die großen Verdi- und Puccini-Rollen ihres Faches (Aida, Nabucco, Turandot und Tosca). 1980 debütiert sie in der Arena von Verona in der Titelrolle von Amilcare Ponchiellis Oper *La Gioconda* (Mona Lisa) und gastiert in der Folge dort regelmäßig. An der Wiener Oper singt sie die Tosca, in Berlin 1982 in *La fanciulla del West* (Das Mädchen aus dem goldenen Westen, Puccini) und 1983 in Mailand an der Scala unter Lorin Maazel Turandot sowie in Paris im Palais des Sports de Bercy Aida. 1984 interpretiert sie während der Salzburger Festspiele die Lady Macbeth (*Macbeth*, Verdi).

Di Stefano, Giuseppe
Italienischer Tenor, geb. 24. 7. 1921 Motta Santa Anastasia (bei Catania).
Seine Familie nimmt große Opfer auf sich, um ihm sein Studium bei Luigi Montesanto in Mailand zu ermöglichen. Während des 2. Weltkriegs muß er seine Ausbildung unterbrechen; er ist in einem Lager in Vidy (Lausanne) interniert und fällt bei einer im Lager mit den Insassen produzierten Sendung auf. Radio Lausanne setzt durch, daß er seine Stimme weiter ausbilden und bei einigen Sendungen mitwirken kann. Sein eigentliches Debüt findet 1946 am Stadttheater von Reggio Emilia statt: er singt den Des Grieux (*Manon Lescaut*, Massenet). Im gleichen Jahr noch wird er vom Liceo in Barcelona eingeladen. Ein Jahr später singt er an der römischen Oper und 1948 an der Scala. 1948–50 feiert er an der Met Triumphe. Ab 1951 gehört er zum festen Ensemble der Scala. Wien, London, Paris, Chicago, San Francisco, Mexico City, Buenos Aires, Rio de Janeiro und Johannesburg laden ihn ein; die Festspiele in Verona und Edinburgh bitten ihn um seine Mitwirkung. Über Jahre hinweg ist seine Karriere eng mit der von Maria Callas verbunden, seine bedeutendste Partnerin, mit der er auch viele Schallplatten einspielt. Als sein Ruhm als Verdi-Tenor zu verblassen beginnt, lädt ihn die Berliner Oper zu einer Aufführung von Franz Lehárs Operette *Das Land des Lächelns* ein; die Produktion ist so erfolgreich, daß sich Tourneen durch ganz Europa und Nordamerika anschließen. Zur Wiedereröffnung des Teatro Regio in Turin inszeniert er *Les Vêpres siciliennes* (Die sizialinische Vesper, Verdi) mit Maria Callas in der Hauptrolle, mit der er anschließend eine große Konzerttournee unternimmt, die er 1974 abrupt abbrechen muß.

Dixon

Dixon, Dean
Amerikanischer Dirigent, geb. 10. 1. 1915 New York, gest. 4. 11. 1976 Zug.
Dean Dixon ist der erste farbige Dirigent, der international erfolgreich ist. Er studiert bei Albert Stoessel an der Juilliard School of Music (1936–39) und an der Columbia University, beide in New York. 1937 leitet er sein erstes Konzert. Im darauffolgenden Jahr gründet er das New York Chamber Orchestra. Nach und nach setzt er sich durch. Er benutzt seinen wachsenden Ruhm, um anderen farbigen Musikern wie Marian Anderson zum Durchbruch zu verhelfen. 1941 ist er Gastdirigent des Orchesters der NBC, 1942 der New Yorker Philharmoniker und 1943 des Orchesters von Philadelphia. 1944 gründet er das American Youth Orchestra, das er bis 1949 leitet. Ende der 40er Jahre gibt er seine ersten Gastspiele in Europa. 1950–51 ist er Chefdirigent des Philharmonischen Orchesters von Israel und 1953–60 Musikdirektor des Symphonie-Orchesters von Göteborg. 1961 übernimmt er die Leitung des Symphonie-Orchesters des Hessischen Rundfunks in Frankfurt/M. (bis 1974). In diese Zeit fällt auch seine Tätigkeit in Australien als Chefdirigent des Symphonie-Orchesters von Sydney (1964–67). Neben seinem Einsatz für farbige Musiker fördert Dean Dixon unermüdlich die zeitgenössische amerikanische Musik, die er in Europa bekanntmacht.

Djuraitis, Algis
Litauischer Dirigent, geb. 1928 Kaunas (Litauen).
Nach Beendigung seines Studiums am Konservatorium von Vilnius (Wilna, 1950) wird er Repetitor an der Oper der gleichen Stadt (1952–54). 1954–58 studiert er am Konservatorium von Moskau bei Nikolaj P. Anossow und Alexander W. Gauk Orchesterleitung. 1958–60 arbeitet er regelmäßig mit dem Symphonie-Orchester des sowjetischen Rundfunks und Fernsehens zusammen, bevor er 1960 zum 1. Kapellmeister am Bolschoi-Theater ernannt wird, wo er zuerst für das italienische Repertoire und später für die Ballett-Aufführungen verantwortlich ist. Mit dem berühmten Moskauer Ballett unternimmt er Gastspielreisen in der ganzen Welt. 1968 gewinnt er beim Internationalen Wettbewerb der Accademia Nazionale di Santa Cecilia in Rom den 2. Preis. Er ist mit der Sängerin Elena Obraszowa verheiratet.

Dmitriew, Alexander
Russischer Dirigent, geb. 19. 1. 1935 Leningrad.
Er studiert ab 1944 an der Schule des Akademischen Chores von Leningrad und wechselt dann an das Konservatorium der gleichen Stadt, wo er bei E. Kudrjawzewa Orchesterleitung und bei Jurij N. Tjulin Komposition studiert. Jewgenij A. Mrawinskij fördert ihn. 1957 gewinnt er bei den Leningrader Festspielen den 1. und 1966 beim Dirigentenwettbewerb der Sowjetunion den 6. Preis. 1968–69 perfektioniert er sich bei Hans Swarowsky in Wien. 1961–70 leitet er das Symphonie-Orchester des Karelischen Rundfunks in Petrosawodsk. 1970–77 ist er 1. Kapellmeister des Maly-Theaters in Leningrad, bevor er ab 1977 als 1. Kapellmeister des Symphonie-Orchesters der Leningrader Philharmonie Stellvertreter von Mrawinskij wird.

Dobrowen, Issay A. (= Ischok Israelewitsch Barabejtschik)
Norwegischer Dirigent russischer Herkunft, geb. 15. (27.) 2. 1891 Nischnij Nowgorod, gest. 9. 12. 1953 Oslo.
Er studiert am Moskauer Konservatorium bei Sergej I. Tanejew, bevor er nach Wien zu Leopold Godowsky geht. Er debütiert 1919 in Moskau am Bolschoi-Theater; 1923 wechselt er nach Dresden, wo er neben Fritz Busch arbeitet. Hier verwirklicht er die deutsche Erstaufführung von *Boris Godunow* (Mussorgskij). 1924–27 ist er Kapellmeister an der Berliner und 1927–28 an der Sofioter Oper. Anschließend geht er in die Vereinigten Staaten: 1929–34

leitet er das Symphonie-Orchester von San Francisco. Nach seiner Rückkehr nach Europa wird er 1936 zum Musikdirektor der Oper von Budapest ernannt; 1939 verläßt er Budapest und übernimmt die Leitung des Symphonie-Orchesters von Göteborg, die er bis zu seinem Tod beibehält. Gleichzeitig dirigiert er an der Stockholmer Oper, an der er auch als Regisseur tätig wird. 1948–53 dirigiert er an der Mailänder Scala das russische Repertoire. Zu Beginn der 20er Jahre spielt er Ludwig van Beethovens *Appassionata* vor Lenin. Das Ereignis ist auf einem Bild festgehalten, dessen Reproduktion in allen Übungssälen der russischen Konservatorien hing.

Dohnányi, Christoph von
Deutscher Dirigent, geb. 8. 9. 1929 Berlin.
Er studiert in München und erhält 1951 nach dem Ablegen des Kapellmeister-Examens den Richard-Strauss-Preis. Der Enkel von Ernst von Dohnányi geht zu seinem Großvater nach Amerika und setzt dort sein Studium fort. 1952 holt ihn Georg Solti als Repetitor und später als Kapellmeister an die Frankfurter Oper. 1957–63 ist er Generalmusikdirektor in Lübeck und 1963–66 in Kassel. 1964–69 ist er Chefdirigent des Symphonie-Orchesters des WDR Köln, 1968–77 Generalmusikdirektor und Operndirektor der Städtischen Bühnen Frankfurt. 1975 übernimmt er die Intendanz der Hamburger Staatsoper, ohne deshalb seine internationale Karriere als Gastdirigent aufzugeben. Er ist für die Uraufführungen von Hans Werner Henzes Opern *Der junge Lord* (Berlin 1965) und *Die Bassariden* (Salzburg 1966) sowie von Gottfried von Einems *Kabale und Liebe* (Wien 1976), Friedrich Cerhas *Baal* (Salzburg 1981) und Manfred Trojahns *Variationen für Orchester* (1987) verantwortlich. 1984 übernimmt er als Nachfolger Lorin Maazels die Leitung des Orchesters von Cleveland. Er ist mit der Sängerin Anja Silja verheiratet.

Dohnányi, Ernst von (= Ernő von Dohnányi)
Ungarischer Pianist, Dirigent und Komponist, geb. 27. 7. 1877 Preßburg, gest. 9. 2. 1960 New York.
Sein Vater, ein Amateurcellist, ist sein erster Lehrer, bevor Karl Forstner, der Organist der Kathedrale von Preßburg, seine Ausbildung übernimmt. 1894 geht er an die Musikakademie von Budapest und studiert bei Stefan Thomán Klavier und bei Hans Koessler Komposition. 1897 erhält er den Preis des ungarischen Königs. Er perfektioniert sich bei Eugen d'Albert und beginnt 1898 in London unter Hans Richter seine internationale Karriere. In dieser Zeit fängt er an zu komponieren. Er setzt sich für wenig gespielte Werke von Wolfgang Amadeus Mozart und Ludwig van Beethoven ein und beschäftigt sich mit der Kammermusik Franz Schuberts. Sein Freund Joseph Joachim lädt ihn 1905 ein, an der Berliner Hochschule Klavier zu unterrichten, wo er 1908 zum Professor ernannt wird. 1915 kehrt er nach Budapest zurück und setzt sich entschieden für die junge ungarische Musik ein (Kodály, Bartók). Ab 1916 unterrichtet er an der Budapester Musikakademie Klavier; 1919 übernimmt er die Leitung des Hauses. Einige Monate später wird ihm die Leitung aus politischen Gründen wieder entzogen. 1919–44 ist er Chefdirigent der Budapester Philharmoniker, mit denen er 1921–27 verschiedene Tourneen durch Europa und die Vereinigten Staaten unternimmt. Ab 1928 unterrichtet er wieder an der Budapester Akademie (Klavier und Komposition). 1931–44 ist er Musikdirektor des ungarischen Rundfunks; ab 1934 leitet er ein zweites Mal die Budapester Musikakademie. Aufgrund der Nationalsozialisten ist er gezwungen, Ungarn zu verlassen (sein Sohn Hans war an dem Attentatsversuch 1943 gegen Hitler beteiligt; er wurde 1945 hingerichtet). Er geht zuerst nach Argentinien und 1949 in die Vereinigten Staaten, wo er in Tallahassee als Professor der Universität Florida unterrichtet.

1956 dirigiert er während der Edinburgher Festspiele zum letzten Mal.
Ernst von Dohnányi zählt zu den wichtigsten Pianisten seiner Generation. Er gehört zu den ersten, die Beethovens 32 *Sonaten für Klavier* als Zyklus spielen, setzt sich aber auch überzeugend für die Musik seiner Zeit ein. Wir verdanken ihm folgende Uraufführungen: als Pianist *3 Burlesken* (op. 9a) und *4 Klagelieder* (op. 8c) von Béla Bartók (1917); als Dirigent *Vier Orchesterstücke* (op. 12, 1922), *Tanz-Suite* (1923), *Der wunderbare Mandarin* (1928) und *Der holzgeschnitzte Prinz* (1931), alle Béla Bartók, und den *Psalmus hungaricus* von Zoltán Kodály (1923).

Dokschitser, Timofej
Russischer Trompeter, geb. 13. 12. 1921 Tschernigowschtschina.
Er studiert an der Glazunow-Schule bei einem Solisten des Bolschoi-Orchesters, Iwan Wasilewskij, und anschließend am Moskauer Gnessin-Institut bei Mikhail Tabakow. 1941 gewinnt er den sowjetischen Interpreten-Wettbewerb. 1945 wird er Solo-Trompeter am Bolschoi-Theater, wo er den größten Teil seiner Karriere verbringt. Zwei Jahre später gewinnt er bei den Jugend- und Studenten-Festspielen in Prag einen 1. Preis. Neben seiner Orchestertätigkeit arbeitet er als Solist. Er interessiert sich für Orchesterleitung und nimmt bei Leo Ginsburg am Moskauer Konservatorium Unterricht. 1983 verläßt er das Bolschoi und widmet sich in der Hauptsache seiner pädagogischen Arbeit am Gnessin-Institut in Moskau. Dokschitser ist der wichtigste sowjetische Trompeter seiner Generation. Verschiedene Komponisten haben für ihn geschrieben: Gedike, Pachmutowa, Weinberg.

Doktor, Paul
Amerikanischer Bratscher österreichischer Herkunft, geb. 28. 3. 1919 Wien, gest. 21. 6. 1989 New York.
Er erhält zuerst von seinem Vater Karl, dem Bratscher des Busch-Quartetts, Geigenunterricht und geht dann an die Wiener Musikakademie, wo er 1938 seine Diplomprüfung ablegt. Erst jetzt wechselt er zur Bratsche und spielt im Busch-Quartett 1938–39 in Zürich und London die zweite Bratsche. 1939–47 ist er Solo-Bratscher des Symphonie-Orchesters von Luzern und des Collegium Musicum in Zürich. 1942 gewinnt er den Genfer Wettbewerb. 1947 läßt er sich in den Vereinigten Staaten nieder. Im darauffolgenden Jahr debütiert er auf amerikanischem Boden in Washington. 1948–51 unterrichtet er an der Universität von Michigan und spielt in dem zur Universität gehörenden Streichquartett. Ab 1953 unterrichtet er am Mannes College in New York, bevor er nach Philadelphia ans Curtis Institute (1970) und dann an die Juilliard School of Music in New York wechselt (1971). Er arbeitet mit verschiedenen Kammermusikensembles zusammen, so mit dem Ensemble Roccoco, dem New York String Quartett und dem Paul Doktor String Trio. Er kreiert die *Konzerte für Bratsche und Orchester* von Quincy Porter und Walter Piston. Paul Doktor spielt auf einer Bratsche aus dem 17. Jahrhundert, die Pietro Guarneri aus Mantua zugeschrieben wird.

Dolmetsch, Arnold
Englischer Cembalist und Musikwissenschaftler, geb. 24. 2. 1858 Le Mans, gest. 28. 2. 1940 Haslemere.
Er stammt aus einer Musikerfamilie und tritt als Dreizehnjähriger in die Klasse von Henri Vieuxtemps am Brüsseler Konservatorium ein, wo er Klavier, Orgel und Violine studiert (1881–83). Anschließend studiert er in London am Royal College of Music bei Henry Holmes Violine und bei Sir John Frederick Bridge Harmonielehre. Er selbst unterrichtet am Dulwich College Violine (1885–89), doch seine Liebe zur alten Musik überwiegt bald. Er konstruiert sein eigenes Cembalo, das er 1896 ausstellt. Ab 1889 beschäftigt er sich in immer stärkerem Maße mit der Musik des Mittelalters und der Renaissance; er

kauft und restauriert alte Instrumente (Lauten und Clavichorde). Ab 1890 gibt er die ersten Konzerte auf alten Instrumenten. 1904 geht er zu dem Klavierbauer Chickering and Sons nach Boston und stellt dort Lauten, Violen, Clavichorde und Cembalos (auch das von Ferruccio Busoni) her (1905–11). 1911–14 arbeitet er in Paris für die Firma Gaveau. 1914 kehrt er nach England zurück. 1917 gründet er in Haslemere seine eigene Firma, die schon bald zu einem Zentrum der alten Musik wird, vor allem aufgrund der Festspiele, die er 1925 in dieser Stadt ins Leben ruft. Mit seinem Sohn Carl zusammen kümmert er sich um die Verbreitung der Blockflöte in England (Herstellung und Unterricht) und gründet 1937 die Society of Recorder Player. 1929 hat er bereits die Dolmetsch-Stiftung und die Zeitschrift Consort ins Leben gerufen.
WW: *Select English Songs and Dialogues of 16th and 17th Centuries* (London 1912); *The Interpretation of the Music of the 17th and 18th Centuries* (London 1915).

Domgraf-Fassbaender, Willy
Deutscher Bariton, geb. 19. 2. 1897 Aachen, gest. 13. 2. 1978 Nürnberg.
Er studiert in Berlin bei Jacques Stückgold und Paul Bruns und in Mailand bei Giuseppe Borgatti. 1922 debütiert er in seiner Heimstadt als Graf (*Le nozze di Figaro*, Mozart). 1923–25 gehört er zum Ensemble des Deutschen Opernhauses in Berlin, 1925–27 zu dem der Düsseldorfer und 1927–30 zu dem der Stuttgarter Oper, bevor ihn die Staatsoper Berlin 1930 engagiert (bis 1948). 1942 wird er zum Kammersänger ernannt. Seit der Gründung der Festspiele von Glyndebourne zeichnet er sich dort als Mozart-Sänger aus. 1937 singt er in Salzburg den Papageno (*Die Zauberflöte*, Mozart). Paris, Mailand und andere wichtige Bühnen laden ihn ein. Er wirkt in zahlreichen Filmen mit, darunter auch in *Aufforderung zum Tanz*. 1946 wird er Hausregisseur an der Nürnberger Oper, tritt aber weiterhin als Sänger in München, Wien und Hannover auf. 1954 wird er am Nürnberger Konservatorium zum Professor ernannt; seine wichtigste Schülerin ist seine Tochter, die Mezzosopranistin Brigitte Fassbaender.

Domingo, Plácido
Spanischer Tenor, geb. 21. 1. 1934 Madrid.
Als Sechzehnjähriger übernimmt er innerhalb der Zarzuela-Truppe seiner Eltern eine kleine Bariton-Rolle. Doch schon bald steht eindeutig fest, daß Domingo eigentlich über eine Tenor-Stimme verfügt. Er erhält eine solide musikalische Ausbildung: Klavier, Komposition und Orchesterleitung. Er perfektioniert sich bei Igor Markevitch am Konservatorium von Mexico City. In der gleichen Stadt singt er zum ersten Mal vor. Er geht nach Dallas und Tel Aviv. Die Saison 1967–68 verbringt er in Europa. 1968 debütiert er an der Met. Im darauffolgenden Jahr singt er in der Arena von Verona und an der Mailänder Scala (*Ernani*, Verdi). 1971 debütiert er in *Tosca* (Puccini) am Covent Garden, 1973 in *Il Trovatore* (Der Troubadour, Verdi) in Paris und 1975 bei den Salzburger Festspielen (*Don Carlos*, Verdi). Doch nicht nur als Verdi-Sänger wird er bekannt; er zeichnet sich auch in *L'elisir d'amore* (Der Liebestrank, Donizetti), *La Bohème* (Puccini) und den *Meistersingern von Nürnberg* (Wagner) aus. Im Film interpretiert er 1982 den Alfredo (*La Traviata*, Verdi, Regie Franco Zeffirelli), 1983 den Don José (*Carmen*, Bizet, Regie Rosi) und 1986 den Otello (Verdi, Regie Zeffirelli). Gelegentlich tritt er auch als Dirigent hervor: 1973 und 1974 an der New York City Opera (*La Traviata* und *Tosca*), 1983 an Covent Garden (*Die Fledermaus*, Johann Strauß) und 1984 an der Met (*La Bohème*). 1985 führt er zum ersten Mal Regie (*Don Giovanni*, Mozart). Er nimmt an zwei wichtigen Opern-Uraufführungen teil: *El Poeta* von Federico Moreno Torroba (1980) und *Goya* von Gian Carlo Me-

notti (1986). Im gleichen Jahr wird er musikalischer Berater der Oper von Los Angeles. Im Jahre 1988 tritt er in Wien bei einer Vorstellung von *La fanciulla del West* (Das Mädchen aus dem goldenen Westen, Puccini) zum zweitausendsten Mal auf. 1989 interpretiert er aus Anlaß der Zweihundertjahrfeier der Französischen Revolution in Versailles die Rolle des André Chénier (Giordano). Er ist mit der mexikanischen Sopranistin Marta Ornelas verheiratet.
W: *Die Bühne, mein Leben* (München 1983).

Dominguez, Oralia
Mexikanische Altistin, geb. 15.10.1927 San Luiz Potosí.
Sie studiert am Nationalkonservatorium in Mexiko; während des ersten Jahres wird ihr bereits eine Solistenrolle in Claude Debussys *La Damoiselle élue* (Die auserwählte Jungfrau) anvertraut. 1950 debütiert sie an der Oper von Mexiko; drei Jahre später unternimmt sie ihre erste Europa-Tournee, die in der Londoner Wigmore Hall beginnt und über Frankreich, Spanien und Deutschland bis nach Holland führt. 1953 wird sie von der Scala eingeladen, in *Adriana Lecouvreur* (Cilea) die Fürstin von Bouillon zu singen. Anschließend tritt sie am Teatro San Carlo in Neapel, am Théâtre de la Monnaie in Brüssel sowie an der Wiener und Pariser Oper auf. 1955 nimmt sie am Covent Garden an der Uraufführung von Michael Tippets Oper *A Midsummer Marriage* (Hochzeit im Sommer) teil. 1955 und 1957 ist sie Gast der Festspiele von Glyndebourne. 1960 wird sie Mitglied der Düsseldorfer Oper, gibt aber weiterhin Gastspiele in der ganzen Welt.

Donat, Zdislava
Polnische Sopranistin, geb. 4.7.1936 Posen.
Sie studiert zuerst am Konservatorium von Warschau, anschließend dann in Italien. Die Preisträgerin verschiedener internationaler Wettbewerbe (Toulouse, Helsinki) wird 1964 von der Oper in Poznań (Posen) engagiert. 1971 wechselt sie an die Warschauer Oper, wo sie die großen Koloratur-Rollen einstudiert. Die wichtigen Bühnen Europas und Nordamerikas laden sie ein; die größten Erfolge feiert sie in München, wo sie zur Kammersängerin ernannt wird. Im Sommer 1980 fährt sie zwischen den Bregenzer Festspielen, wo sie die Konstanze singt (*Die Entführung aus dem Serail*) und den Salzburgern, wo sie die Königin der Nacht (*Zauberflöte*, beide Mozart) interpretiert, hin und her. Ihrem Erfolg als Königin der Nacht verdankt sie Einladungen nach Japan, Frankreich und in die Schweiz. Doch auch im italienischen Repertoire zeichnet sie sich als Lucia di Lammermoor, Norina (*Don Pasquale*, beide Donizetti), Violetta (*La Traviata*), Gilda (*Rigoletto*) und Oscar (*Un ballo in maschera*, Ein Maskenball, alle Verdi) aus.

Donath, Helen (= Helen Erwin)
Amerikanische Sopranistin, geb. 10.7. 1940 Corpus Christi (Tex.).
Als Zehnjährige singt sie bereits in einem Kirchenchor. Sie studiert bei Carl Dapholl, am Del Mar College bei Carl Duckwall und bei Paola Novikova und debütiert als Achtzehnjährige in New York als Liedsängerin. 1961 kommt sie nach Europa und debütiert an der Kölner Oper als Opernsängerin (Zweite Rheintochter in *Rheingold*, Wagner). 1963 wechselt sie an die Oper von Hannover, debütiert als Pamina (*Die Zauberflöte*, Mozart) und bleibt hier bis 1966. Sie heiratet den Dirigenten Klaus Donath. 1967 wird sie von der Münchner Oper engagiert; ihre eigentliche Karriere beginnt. Herbert von Karajan lädt sie wiederholt zu den Salzburger Oster- und Sommerfestspielen ein. Wien, Hamburg, Paris, Zürich und viele andere, wichtige Häuser melden sich. Auch als Liedsängerin feiert sie Triumphe.

Dondeyne, Désiré
Französischer Dirigent, geb. 20. 7. 1921 Laon.
Er studiert an den Konservatorien von Lille und Paris und schließt mit 1. Preisen in Klarinette, Kammermusik, Harmonielehre und Komposition ab. Die Musique de l'Air engagiert ihn als Solo-Klarinettisten; 1954 wird er zum Leiter der Musique des Gardiens de la Paix ernannt (bis 1981). Innerhalb weniger Jahre gelingt es ihm, das Ensemble zu einem der besten französischen Blasorchester zu formen. Zeitgenössischen Komponisten, darunter Darius Milhaud, Marcel Landowski, Jacques Ibert und Louis Edmond Durey schreiben speziell für diese Formation. Er gräbt die vergessene *Symphonie funèbre et triomphale* von Hector Berlioz sowie Stücke für Harmonien von Richard Wagner, Felix Mendelssohn Bartholdy, François-Joseph Gossec und Luigi Cherubini aus.
W: *Nouveau traité d'orchestration* (zusammen mit Frédéric Robert, Paris 1968).

Doneux, Edgard
Belgischer Dirigent, geb. 25. 3. 1920 Lüttich, gest. 31. 1. 1984 Anderlecht.
Er studiert am Konservatorium von Lüttich. Als Zwanzigjähriger dirigiert er bereits an der Oper seiner Heimatstadt. 1946 wird er zum 1. Kapellmeister am Théâtre de la Monnaie in Brüssel ernannt. 1949 geht er als Chefdirigent zum Belgischen Rundfunk und arbeitet sowohl mit dem Kammerorchester wie auch mit dem Nouvel Orchestre Symphonique de la RTBF. Er ist Widmungsträger zahlreicher Kompositionen, darunter *Lo spirito di contradizione* (Der Geist des Widerspruchs, Legley, Ouvertüre zu einem Stück von Goldoni), *Hommage à Rossini* (Bozza), *Suite symphonique* (Quinet) und Werke von Otmar Nussio, Raymond Loucheur, Florent Schmitt und André Charles Gabriel Ameller. Er ist Gründungsmitglied des Ballet Royal und der Opéra Royal de Wallonie sowie der Festspiele von Chimay; er war längere Zeit künstlerischer Direktor von Spa Musical.

Dong-Suk Kang
siehe **Kang Dong-Suk**

Dorati, Antal
Amerikanischer Dirigent und Komponist ungarischer Herkunft, geb. 9. 4. 1906 Budapest, gest. 12. 11. 1988 Gerzensee (Bern).
Sein Vater ist Cellist und seine Mutter Klavier- und Geigenlehrerin. Als Vierzehnjähriger tritt er in die Budapester Musikakademie ein und studiert u.a. bei Béla Bartók und Zoltán Kodály Cello, Klavier, Komposition und Orchesterleitung. Anschließend geht er an die Wiener Universität, bevor er 1924 zum jüngsten Kapellmeister in der Geschichte der Budapester Oper ernannt wird. 1928 leitet er die ungarischen Erstaufführungen von Igor Strawinskys Werken *Le chant du rossignol* (Der Gesang der Nachtigall) und *Œdipus-Rex*. Er geht als Assistent zu Fritz Busch nach Dresden, bevor er in Münster 1. Kapellmeister wird (1929–32). Acht Jahre lang arbeitet er mit den Ballets Russes in Monte Carlo zusammen, 1933–38 als 2. Kapellmeister und 1938–41 als Musikdirektor, und gibt mit der Truppe Gastspiele in der ganzen Welt. 1941 läßt er sich in New York nieder und wird zum Musikdirektor des American Ballet Theatre ernannt (bis 1945). Gleichzeitig arbeitet er immer häufiger als Gastdirigent. So ist er während der Saison 1941–42 Musikdirektor der New York Opera Company. 1945 wird ihm der Aufbau des Symphonie-Orchesters von Dallas anvertraut, das er bis 1949 leitet. Anschließend ist er Chefdirigent folgender Formationen: Symphonie-Orchester von Minneapolis (1949–60), Symphonie-Orchester der BBC (1963–67), Stockholmer Philharmoniker (1966–74), Washingtoner Nationalorchester (1970–76), Royal Philharmonic Orchestra (1975–78) und Symphonie-Orchester von Detroit (1977–81).

Sein Gedächtnis ist sagenumwoben und sein Repertoire auffallend breit: Er verkörpert die direkte Tradition der Interpretation von Werken Béla Bartóks und Zoltán Kodálys und setzt sich für Igor Strawinsky, Olivier Messiaen und vor allem Luigi Dallipiccola ein, dem er auf der ganzen Welt zum Durchbruch verhilft. Er beschäftigt sich intensiv mit Joseph Haydn, dessen Sinfonien und Opern (jeweils Gesamtaufnahmen) innerhalb seiner mehr als 500 Schallplatten umfassenden Diskographie einen besonderen Platz einnehmen.

Gunther A. Schuller widmet ihm seine *7 Studies on Themes of Paul Klee* (Sieben Studien zu Themen von Paul Klee, 1959). Die Liste der von ihm realisierten Uraufführungen ist beeindruckend: *Sinfonia serena* (Hindemith, 1947), *Suite Nr. 2* und *Symphonie Nr. 4* (Piston, 1948 bzw. 1951), *Konzert für Bratsche und Orchester* (Bartók, 1949), *Symphonie Nr. 6* und *Symphonie Nr. 10* (1949 bzw. 1976, W. Schuman), *Sinfonia minneapolitana* (Veress, 1953), *Thanksgiving and/or Forefather's Day* (Erntedankfest und/oder Ahnentag, Ives, 1954), *Musica per archi* (Musik für Streicher, Vlad, 1959), *Julietta* (Erbse, 1959), *Symphonie Nr. 4* (Sessions, 1960), *Konzert für Orchester* (R. Gerhard, 1965), *Visages d'Axel* (Gesichter Axels, Nigg, 1967), *Symphonie Nr. 7* (A. Petterson, 1968), *Konzert für Orchester Nr. 2* (G. A. Schuller, 1976) und *Zodiac* (Tierkreis, R. R. Bennett, 1976). Auch als Komponist war er äußerst produktiv.
W: *Notes of Seven Decades* (Wayne 1979).

Dorfmann, Ania
Amerikanische Pianistin russischer Herkunft, geb. 9. 7. 1899 Odessa.
Sie studiert bei Iljia S. Aisberg, der selbst Schüler von Theodor Leschetizky ist, bevor sie sich am Pariser Konservatorium in der Klasse von Isidore Philipp perfektioniert, die sie mit einem 1. Preis abschließt. 1914–20 kehrt sie nach Rußland zurück, bevor sie eine internationale Laufbahn einschlägt. 1926 zieht sie nach Paris und unterrichtet auch dort. 1936 übersiedelt sie in die Vereinigten Staaten und spielt unter Arturo Toscanini. Ab 1966 unterrichtet sie an der Juilliard School of Music in New York.

Doria, Renée
Französische Sopranistin, geb. 13. 2. 1921 Perpignan.
Sie erhält eine umfassende musikalische Ausbildung (Klavier, Allgemeine Musiklehre, Harmonielehre), bevor sie ihre Stimme ausbildet und als Achtzehnjährige ihr erstes Konzert gibt. 1942 debütiert sie an der Marseiller Oper als Rosina (*Il barbiere di Siviglia*, Rossini) und feiert einen Triumph. Kurz darauf wird sie eingeladen, die Olympia (*Les Contes d'Hoffmann*, Hoffmanns Erzählungen, Offenbach) und die Lakmé (Delibes) zu singen, die zu ihrer Glanzrolle wird und in der sie auch 1944 an der Pariser Opéra-Comique debütiert. Schnell erarbeitet sie sich ein umfassendes Repertoire, interpretiert die Leila (*Les Pêcheurs de perles*, Bizet), Gilda (*Rigoletto*), Violetta (*La Traviata*, beide Verdi), Konstanze (*Die Entführung aus dem Serail*, Mozart), die sie in Cannes unter Reynaldo Hahn interpretiert, Mireille (Gounod), Philine (*Mignon*, Thomas) und die Norina (*Don Pasquale*, Donizetti). Ihre wichtigsten Partner sind Luis Mariano, Mario Altéry und Tito Schipa. An der Pariser Oper debütiert sie 1947 als Königin der Nacht (*Zauberflöte*, Mozart); später nimmt sie am gleichen Haus an Aufführungen von *Rigoletto, La Traviata, Les Indes galantes* (Rameau) und *Les Dialogues des Carmélites* (Die Gespräche der Karmeliterinnen, Poulenc) teil. Vanni Marcoux lädt sie nach Holland und Italien ein; sie studiert für ihn die Margarethe (*Faust*), Juliette (*Roméo et Juliette*, beide Gounod), Lucia (*Lucia di Lammermoor*, Donizetti) und die drei Sopran-Rollen in *Les Contes d'Hoffmann* (Hoffmanns Erzählungen, Offenbach) ein, die sie auch in Straßburg singt, wo

sie außerdem die Fiordiligi (*Così fan tutte*), Susanna (*Le nozze di Figaro*), Pamina (*Zauberflöte*, alle Mozart), Ophélie (*Hamlet*, Thomas), die Gräfin (*Le Comte Ory*, Rossini) und auch die Concepcion (*L'Heure espagnole*, Die spanische Stunde, Ravel) interpretiert. Während ihrer dreißig Jahre dauernden Karriere studiert sie sechzig Rollen ein.

Doucet, Clément
Belgischer Pianist, geb. 9. 4. 1894 Lakken (bei Brüssel), gest. 11. 9. 1950 Brüssel.
Sein Vater war Kammerdiener des belgischen Königs, sein Onkel Leiter des Königlichen Kirchenchores. Er studiert am Brüsseler Konservatorium bei Arthur de Greef, spielt als Dreizehnjähriger bereits in einem Orchester in Ostende, verläßt seine Familie und schifft sich als Pianist ein. Jahrelang spielt er auf Dampfern mit kleinen Orchestern alles, was verlangt wird. Er liebt die Freiheit und das Abenteuer, geht immer mal wieder an Land, spielt in einem Cabaret Polkas und Tangos und anschließend auf den großen Kirchenorgeln die Choräle von Johann Sebastian Bach, die er auswendig kennt. Er spielt täglich im Durchschnitt acht Stunden.
Jean Wiéner lernt ihn in einer kleinen Atelierwohnung an der Place Italie in Paris kennen; Doucet erklärt ihm dort 1923 das Orphéal, ein merkwürdiges Tasteninstrument irgendwo zwischen Klavier und Harmonium. Damals begeistert er sich für Jazz und Ragtime. Er erklärt sich bereit, in dem *Konzert für zwei Klaviere* von Wiéner den zweiten Klavierpart zu übernehmen und mit dem Komponisten im Théâtre des Champs-Elysées auch ein Konzert für zwei Klaviere zu geben. Wiéner und Doucet werden zu unzertrennlichen Partnern; innerhalb von 15 Jahren treten sie auf der ganzen Welt mehr als zweitausend Mal gemeinsam auf.
In *Bœuf sur le toit* von Jean Cocteau wird er an der Seite Jean Wiéners endgültig berühmt. Während seiner ›ernsten‹ Konzerte verbindet er in einem Programm Ludwig van Beethoven mit Gioacchino Rossini, die Chansons von Yvonne Georges und Johann Sebastian Bach; er interpretiert auf hinreißende Art Francis Poulencs *Rhapsodie nègre* (Negerrhapsodie) und komponiert auch (*Chopinata*).

Doukan, Pierre
Französischer Violinist, geb. 11. 10. 1927 Paris.
Er studiert am Pariser Konservatorium und schließt mit einem 1. Preis in Violine ab. Seine Karriere nimmt schnell einen steilen Aufschwung. 1955 gewinnt er beim Brüsseler Concours-Reine-Elisabeth den 3. Preis. Vor allem auf dem Gebiet der Kammermusik wird er bekannt. Seit 1969 ist er Professor am Pariser Konservatorium.

Downes, Edward
Englischer Dirigent, geb. 17. 6. 1924 Birmingham.
Er besucht die Universität von Birmingham (1941–44), bevor er am Royal College of London Horn und Komposition studiert. 1948 erhält er ein Stipendium, das Carnegie Scholarship, mit dessen Hilfe er zwei Jahre lang bei Hermann Scherchen Orchesterleitung studieren kann. Wieder zurück in England, wird er zum Chefassistenten der Carl Rosa Opera Company (1950–51) und anschließend zum Kapellmeister am Covent Garden ernannt (1952–69). In dieser Funktion assistiert er Sir Georg Solti und dirigiert 1967 als erster Engländer seit Sir Thomas Beecham den *Ring des Nibelungen* (Wagner). 1972–76 ist er Musikdirektor der Australischen Oper in Sydney. 1980 übernimmt er die Leitung des BBC Northern Symphony Orchestra in Manchester, aus dem das spätere BBC Philharmonic Orchestra hervorgeht. Er dirigiert auch das Omroep Orkest bei Radio Hilversum. Downes hat einige russische Opern ins Englische übersetzt (*Krieg und Frieden*, Prokofjew, *Chowanschtschina*, Mussorgskij). Er leitet folgende

Uraufführungen: *Victory* (Sieg, R. R. Bennett, 1970), *Taverner* (Der Schenkkellner, 1972) und *Symphonie Nr. 3* (1985, beide P. M. Davies).

Doyen, Jean (= Abel Jean Doyen)
Französischer Pianist und Komponist, geb. 9. 3. 1907 Paris, gest. 21. 4. 1982 Versailles.
Als Neunjähriger beginnt er am Pariser Konservatorium sein Studium. Seine Lehrer sind Emile Schvartz (Allgemeine Musiklehre) und Sophie Chéné, Louis Diémer und Marguerite Long (Klavier). 1922 erhält er einen 1. Preis für Klavier. Drei Jahre später debütiert er mit den Concerts Colonne. An der Pariser Oper nimmt er an der Einstudierung von Jacques Iberts Ballett *Les Rencontres* (Begegnungen) teil. Georges Caussade unterrichtet ihn am Konservatorium in Kontrapunkt und Fuge. Ab 1926 arbeitet er für den französischen Rundfunk, studiert aber gleichzeitig weiter, erhält 1930 einen 2. Preis für Kontrapunkt und Fuge und wird Schüler von Pierre Vidal und Henry Büsser (Komposition). Als Dreißigjähriger wird er mit dem Gabriel-Fauré-Preis ausgezeichnet. 1941 wird er Nachfolger von Marguerite Long als Professor für Klavier am Pariser Konservatorium (bis 1977).
Wir verdanken ihm verschiedene Uraufführungen und Entdeckungen: *Variations sur un thème de Don Juan* (Variationen über ein Don-Juan-Thema, Chopin), *Pièces brèves* (Kurze Stücke) und *Cyrnos* (beide Tomasi), *Pièces françaises* (Französische Stücke, Canteloube), *Fantaisie sur un vieil air de ronde française* (Phantasie über ein altes französisches Rondo-Thema, d'Indy) und *Trois danses* (Drei Tänze, Samazeuilh). Er tritt auch als Komponist hervor.

Drenikow, Iwan
Bulgarischer Pianist, geb. 28. 12. 1945 Sofia.
Er studiert am Bulgarischen Staatskonservatorium in Sofia bei Pančo Wladigerov und Panka Pelischek Klavier und verläßt es 1966, um zu Vicenzo Vitale an die Accademia Nazionale di Santa Cecilia in Rom zu gehen. 1968–70 ist er Schüler von Arturo Benedetti Michelangeli in Bergamo und Lugano. 1965 erhält er beim Busoni-Wettbewerb den 3. Preis.

Dreyfus, Huguette
Französische Cembalistin, geb. 30. 11. 1928 Mülhausen (Elsaß).
Als Fünfjährige wird sie in Allgemeiner Musiklehre und Klavier unterrichtet. 1939 tritt sie in das Konservatorium von Clermond-Ferrand ein, wo sie als Sechzehnjährige einen 1. Preis in Klavier erhält. Zur weiteren Ausbildung geht sie nach Paris, studiert Klavier, Notation, Ästhetik und Geschichte der Musik, erwirbt an der Ecole Normale de Musique ein Diplom und geht ans Konservatorium von Paris. In der Klasse von Norbert Dufourcq macht sie mit dem Cembalo Bekanntschaft und beschließt, sich fortan ausschließlich diesem Instrument zu widmen. Sie geht zu J. Masson und 1963 zu Ruggero Gerlin an die Accademia Musicale Chigiana in Siena. 1958 gewinnt sie beim Internationalen Genfer Wettbewerb den 1. Preis für Cembalo. Ihre Familie schenkt ihr ein französisches Cembalo, das zu Beginn des 18. Jahrhunderts von Nicolas Blanchet gebaut worden war. Ihre internationale Karriere beginnt. 1963 unternimmt sie mit dem Orchester von Paul Kuentz eine lange Tournee durch die Vereinigten Staaten und unterrichtet erstmals während der Sommerkurse in Saint-Maximin. 1967 wird sie in Paris an der Schola Cantorum zur Professorin ernannt. Neben ihrer Solistentätigkeit, die sie bei verschiedenen Tourneen um die ganze Welt führt, spielt sie mit Christian Lardé (Flöte), András Adorjan (Flöte) und Eduard Melkus (Violine) Kammermusik.
Johann Sebastian Bach, Joseph Haydn und François Couperin zählen zu ihren Lieblingskomponisten; in dem *Mikrokosmos* von Béla Bartók fühlt sie sich allerdings genauso zu Hause. 1973 kre-

iert sie das Konzert für Cembalo und Orchester von Günther Bialas. Neben ihrer Tätigkeit als Cembalo-Pädagogin hält sie am musikwissenschaftlichen Institut der Sorbonne Kurse.

Drouet, Jean-Pierre
Französischer Schlagzeuger und Komponist, geb. 30. 10. 1935 Bordeaux.
Er erhält am Konservatorium von Bordeaux einen 1. Preis in Trompete und geht dann nach Paris, wo er 1958 einen 1. Preis für Schlagzeug erhält. Er studiert bei René Leibowitz und Michel Puig Komposition, schreibt Bühnenmusik für *Le jardin des délices* und *Une saison au Congo* und Ballettmusiken. Er interessiert sich für den Jazz, spielt zunächst mit der Gruppe um André Hodeir und dann mit Michel Portal, entdeckt die zeitgenössische Musik und setzt sich, nachdem er 1960 Luciano Berio kennenlernt, in immer stärkerem Maße für sie ein. Auch die persische und indische Musik faszinieren ihn. Er lernt die Instrumente Zarb (sechs Jahre lang bei Chémirami) und Tablas (bei Chatur Lal). Er spielt mit dem Ensemble Musique Vivante von Diego Masson und nimmt an Uraufführungen von Werken von Pierre Boulez (*Domaines, Bereiche*), Berio (*Laborintus*), Karlheinz Stockhausen und anderen teil. Mit W. Coquillat und Gaston Silvestre gründet er das Trio Cercle; mit dem 1969 gegründeten Ensemble New Phonic Art (Michel Portal, Vinko Globokar, Carlos Roqué Alsina) improvisiert er. Er gehört zu den überzeugendsten Interpreten zeitgenössischer Musik und nimmt die Trennung zwischen ernster und leichter Musik nicht ernst. Er tritt auch als Komponist hervor.

Duchâble, François-René
Französischer Pianist, geb. 22. 4. 1952 Paris.
Sein Vater bringt ihm Grundkenntnisse im Klavierspiel bei. 1964 tritt er am Pariser Konservatorium in die Klasse von Joseph Benvenutti und die von Madeleine Giraudeau-Basset ein. 1968 gewinnt der Sechzehnjährige beim Concours-Reine-Elisabeth in Brüssel einen Preis. 1973 erhält er den Preis der Fondation Sacha Schneider, die ihm im darauffolgenden Jahr ein Konzert in der Pariser Salle Gaveau ermöglicht. Arthur Rubinstein fördert ihn. Im Gegensatz zu vielen Kollegen benötigt Duchâble immer wieder Perioden, während derer er sich aus dem aktiven Konzertleben zurückzieht, so daß Publikum und Presse oftmals den Eindruck gewinnen, ihn wiederzuentdecken. 1980 begegnet er Herbert von Karajan, für seine Karriere ein entscheidender Wendepunkt. Noch im gleichen Jahr spielt er unter dem Meister mit den Berliner Philharmonikern sechsmal Béla Bartóks *Konzert für Klavier und Orchester Nr. 3*.

Dufranne, Hector
Belgischer Bariton, geb. 25. 10. 1871 Mons, gest. 3. 5. 1951 Paris.
Er studiert am Königlichen Konservatorium von Brüssel und debütiert 1896 am Théâtre de la Monnaie als Valentin (*Faust*, Gounod). Ab 1900 macht er in Paris an der Opéra-Comique Karriere. 1902 singt er bei der Uraufführung von *Pelléas et Mélisande* (Debussy) den Golo. Weitere wichtige Uraufführungen, an denen er teilnimmt: *Les Armaillis* (Doret, 1906), *Fortunio* (Messager, 1906), *Le Chemineau* (Der Eisenbahner, Leroux, 1907), *Thérèse* (Massenet, 1907), *Die Liebe zu den drei Orangen* (Prokofjew, 1921), *El Retablo de Maeso Pedro* (Meister Pedros Puppenspiel, de Falla, 1923). Außerdem wirkt an den französischen Erstaufführungen der *Tosca* (Puccini) und der *Salome* (R. Strauss) mit. Er gehört zu dem Ensemble der Manhattan Opera New York (1908–10), der Oper von Chicago (1910–22), von Philadelphia und des Teatro Colón in Buenos Aires. 1932 zieht er sich von der Bühne zurück.

Dumay, Augustin
Französischer Violinist, geb. 17. 1. 1949 Paris.
Er stammt aus einer Musikerfamilie.

Sehr früh schon fängt er an, Klavier zu spielen, und wendet sich als Fünfjähriger dann der Geige zu. Als Zehnjähriger tritt er am Konservatorium von Paris in die Klasse von Roland Charmy ein. Drei Jahre später verläßt er sie wieder mit einem 1. Preis. 1963 gibt er im Théâtre des Champs-Elysées sein erstes Konzert. Yehudi Menuhin und Henryk Szeryng werden auf ihn aufmerksam. Er spielt 1962 Arthur Grumiaux vor, der ihn bis 1967 in Belgien regelmäßig unterrichtet und ihn vor einer vorschnellen Karriere warnt. Ab 1967 tritt er als Solist, aber auch als Kammermusiker mit Jean-Philippe Collard, Frédéric Lodeon und Michel Beroff als Partner an die Öffentlichkeit. 1979 spielt er unter der Leitung von Herbert von Karajan zum ersten Mal mit den Berliner Philharmonikern. In letzter Zeit spielt er häufig mit den Cellisten Yo Yo Ma und Lynn Harell sowie mit den Pianistinnen Katia und Marielle Labèque zusammen. 1988 übernimmt er die Leitung des Orchestre de Chambre National in Toulouse. Isang Yun widmet ihm sein *Konzert für Violine und Orchester*. Er spielt auf einer Stradivari aus dem Jahre 1721, die sich früher in dem Besitz von Fritz Kreisler befand.

Dumond, Arnaud
Französischer Gitarrist, Lautenspieler und Komponist, geb. 2. 6. 1950 Paris.
An der Pariser Ecole Normale de Musique legt er 1971 in der Klasse von Alberto Ponce die Konzertreifeprüfung ab und geht dann zu Narciso Yepes, Emilio Pujol und John Williams, um sich zu perfektionieren. 1973 gewinnt er beim Internationalen Gitarristen-Wettbewerb in Paris den 1., ein Jahr später in Brüssel beim Wettbewerb der Jeunesses Musicales internationales den 3. und 1979 in Rotterdam beim internationalen, für zeitgenössische Musik ausgeschriebenen Gaudeamus-Wettbewerb wieder einen 3. Preis. Er ist Professor am Konservatorium des 1. Pariser Arrondissements und gründet innerhalb der Ecole Nationale de Musique in Evreux eine Gitarren-Klasse. Seit 1979 bildet er mit der Cembalistin Michèle Delfosse ein Duo. Der Preisträger des Internationalen Wettbewerbs in Japan (1982) hält in den Vereinigten Staaten und in Europa regelmäßig Meister-Klassen ab.
Er komponiert nicht nur für Gitarre und Laute, sondern auch für Violine und Cembalo.

Dunn, Mignon
Amerikanische Mezzosopranistin, geb. 17. 6. 1928 Memphis (Tenn.).
Schon als Kind hat sie keinen anderen Wunsch, als Sängerin zu werden. Die sonntäglichen Radio-Übertragungen aus der Met bestärken sie darin. Sie arbeitet intensiv an ihrer Stimme und erhält ein Stipendium des berühmten New Yorker Opernhauses, das es ihr ermöglicht, bei Karin Branzell und Beverley Johnson Unterricht zu nehmen. 1956 debütiert sie an der New York City Opera als Carmen (Bizet). Zwei Jahre später wechselt sie an die Met. Ihre Karriere ist nicht mehr aufzuhalten. Als Amneris (*Aida*) und Azucena (*Il Trovatore*, Der Troubadour, beide Verdi), als Santuzza (*Cavalleria rusticana*, Mascagni) oder in Giuseppe Verdis *Requiem* macht sie den großen italienischen Sopranistinnen Konkurrenz, so wie sie die deutschen in den Rollen der Ortrud (*Lohengrin*) und der Fricka (*Der Ring des Nibelungen*), der Venus (*Tannhäuser*), der Brangäne (*Tristan und Isolde*) oder der Waltraute (*Die Walküre*, alle Wagner) herausfordert. Als Mutter Marie in *Les Dialogues des Carmélites* (Die Gespräche der Karmeliterinnen, Poulenc) und als Genoveva (*Pelléas et Mélisande*, Debussy) oder auch als Mutter in *Louise* (G. Charpentier) beweist sie, daß sie auch mit der französischen musikalischen Sprache bestens vertraut ist. Als Lied- und Konzertsängerin leistet sie ebenfalls Außergewöhnliches.

Dupré, Desmond
Englischer Lauten- und Gambenspieler, geb. 19.12.1916 London, gest. 16.8.1974 Tonbridge.
Er studiert am Royal College of Music in London bei Ivor Jame und Herbert Howells. 1948–49 gehört er als Cellist dem Boyd Neel Orchestra an. 1950 begleitet er Alfred Deller bei einer Schallplattenaufnahme zum ersten Mal auf der Gitarre. Dupré ist Partner des Cembalisten Thurston Dart. Er gilt als einer der englischen Pioniere der Lauten-Renaissance, spielt regelmäßig mit dem Deller Consort und gehört während seiner Laufbahn verschiedenen Ensembles alter Musik an (Morley Consort, Joy Consort of Viols, Musica reservata u. a.).

Du Pré, Jacqueline
Englische Cellistin, geb. 26.1.1945 Oxford, gest. 19.10.1987 London.
Sie studiert an der Guildhall School of Music in London bei William Pleeth Cello, bevor sie nach Paris zu Paul Tortelier, in die Schweiz zu Pablo Casals und nach Moskau zu Mstislaw L. Rostropowitsch geht. Sie debütiert 1961; ihre Karriere nimmt schnell internationale Ausmaße an. 1967 tritt sie zum jüdischen Glauben über und heiratet Daniel Barenboim, mit dem sie häufig Sonaten spielt. Das Ehepaar bildet zusammen mit Pinchas Zukerman ein Trio. 1972 muß sie aufgrund einer schweren Krankheit ihre Karriere unterbrechen. Sie besaß zwei Stradivari, die sie von einem unbekannten Gönner geschenkt bekommen hatte; das eine stammt aus dem Jahre 1672 und das zweite, das *Dawidoff*, das sie Yo Yo Ma vermachte, aus dem Jahre 1712. Sie spielte auch auf einem modernen, in Philadelphia von Sergio Peresson hergestellten Instrument. 1968 kreiert sie *Romance* von Alexander Goehr; das Stück ist ihr gewidmet.

Dupré, Marcel
Französischer Organist und Komponist, geb. 3.5.1886 Rouen, gest. 30.5.1971 Meudon.
Er stammt aus einer Musikerfamilie. Sein Vater, Organist an der Kirche Saint-Ouen in Rouen, erteilt ihm den ersten Unterricht. Als Zwölfjähriger wird er zum Titular-Organisten der Kirche Saint-Vivien in Paris ernannt. Dies hält ihn nicht davon ab, ins Pariser Konservatorium einzutreten. Er besucht die Klasse von Louis Diémer (Klavier, 1. Preis 1905), von Félix Alexandre Guilmant und Louis Vierne (Orgel, 1. Preis 1907), von Charles-Marie Widor (Fuge, 1. Preis 1909) und Komposition (Großer Rom-Preis 1914). 1906 holt ihn Widor als Assistent an die Orgel der Pariser Kirche Saint-Sulpice. Nach dem 1. Weltkrieg beginnt seine internationale Karriere. Auf zehn Konzerte verteilt, spielt er als einer der ersten Franzosen das Gesamtwerk für Orgel von Johann Sebastian Bach (1920). Regelmäßige Tourneen durch England und die Vereinigten Staaten folgen. 1934 wird er Widors Nachfolger an der großen Orgel in Saint-Sulpice. 1939 führt ihn eine Tournee um die Welt. 1926–54 ist er Professor für Orgel am Pariser Konservatorium, wobei er die von Guilmant und Widor geschaffene Tradition nahtlos fortsetzt. Zu seinen wichtigsten Schülern zählen Olivier Messiaen, Marie-Claire Alain und Pierre Cochereau. 1947 übernimmt er gleichzeitig die Leitung des amerikanischen Konservatoriums in Fontainebleau und 1954–56 die des Pariser Konservatoriums.
Seine Orgel-Improvisationen machen ihn auf der ganzen Welt berühmt. Einige seiner Improvisationen werden übrigens im nachhinein als Partitur herausgegeben: *Variations sur un thème de vieux Noël* (Variationen zu einem alten weihnachtlichen Thema, 1924), *Le Chemin de la Croix* (Der Kreuzweg, 1931). Als Komponist arbeitet er in der Hauptsache für sein Instrument, wobei ihm überraschende Kombinationen von

Orgel und Klavier gelingen. Er gibt Orgelwerke von Johann Sebastian Bach, Felix Mendelssohn Bartholdy, Robert Schumann und César Franck heraus.
W: *Philosophie de la musique* (Paris 1985).

Dupuy, Martine
Französische Mezzosopranistin, geb. 10. 12. 1952 Marseille.
Ihre Mutter rät ihr, am Konservatorium von Marseille Gesangs-Unterricht zu nehmen und sich auf diese Weise von dem anstrengenden Universitätsstudium abzulenken. Kurze Zeit später überträgt ihr die Oper ihrer Heimatstadt bereits die ersten kleinen Rollen. 1972 nimmt sie an einem Belcanto-Wettbewerb teil und gewinnt den 1. Preis (zusammen mit Lella Cuberli). Sie geht zu Rodolfo Celleti, dem Lehrer Ruggero Raimondis, und studiert verschiedene Belcanto-Rollen ein. Nur eine Rolle gehört nicht zu diesem Fach, die Charlotte in *Werther* (Massenet). An der Pariser Oper wirkt sie an Aufführungen von *Moisë* (Moses), *L'assedio di Corinto* (Der Sitz in Korinth), *Mahomet II* (alle Rossini) und in *Lucio Silla* (Mozart) mit. 1987 feiert sie am gleichen Haus als Norma (Bellini) einen überwältigenden Erfolg. 1988 debütiert sie in *Les Contes d'Hoffmann* (Hoffmanns Erzählungen, Offenbach) und *Werther* an der Met.

Duruflé, Maurice
Französischer Organist und Komponist, geb. 11. 1. 1902 Louviers, gest. 16. 6. 1986 Louveciennes.
Er macht seine ersten musikalischen Erfahrungen an der Sängerschule der Kathedrale von Rouen, St. Evode, bis er ans Pariser Konservatorium geht und bei Charles Tournemire, Paul Dukas und Louis Vierne studiert, dessen Stellvertreter an den Orgeln in Sainte-Clotilde und Notre-Dame er wird. Er erzielt 1. Preise in Orgel, Harmonielehre und Komposition. 1930 wird er zum Titular-Organisten der Orgel in der Kirche Saint-Etienne-du-Mont in Paris ernannt und teilt diese Stelle mit seiner Frau, Madeleine Duruflé-Chevalier. Er spielt gerne auf Orgeln des Hauses Cavaillé-Coll (in Sainte-Clotilde und Notre-Dame) und setzt sich für das Werk seines Lehrers Tournemire ein. Er zeichnet für die Uraufführungen von Louis Viernes *Symphonie Nr. 6* (1935) und Francis Poulencs *Konzert für Orgel und Orchester* (1941) verantwortlich.
Als Komponist arbeitet er hauptsächlich für sein Instrument, schreibt aber auch ein international erfolgreiches Requiem.

Dushkin, Samuel
Amerikanischer Violinist polnischer Herkunft, geb. 13. 12. 1891 Suwalki (Polen), gest. 24. 6. 1976 New York.
Er studiert an der New Yorker Music School Settlement und am Konservatorium von Paris (bei Guillaume Rémy und Jean-Baptiste Ganaye). Darüber hinaus wird er von Leopold Auer und Fritz Kreisler unterrichtet. Seine Karriere beginnt nach dem 1. Weltkrieg mit einer Europa-Tournee (1918) und einer großen Tournee durch die Vereinigten Staaten (1924). Seine Virtuosität besticht. Für seinen Eigenbedarf transkribiert er berühmte Melodien, die er zuweilen bei Konzerten als Zugaben spielt. Er setzt sich in besonderem Maße für die Musik seiner Zeit ein. Aaron Copland widmet ihm seine *Two Pieces* für Violine und Klavier, die er 1926 kreiert, Igor Strawinsky sein *Konzert für Violine und Orchester* und sein *Duo concertante* (er verwirklicht beide Uraufführungen 1931 bzw. 1932). Bohuslav Martinů widmet ihm sein *Konzert Nr. 1*, das Dushkin selbst nie spielt, und seine *Suite concertante*, die er 1945 zur Uraufführung bringt. Er spielt auf einer Guarneri aus dem Jahre 1739, die sich heute im Besitz von Pinchas Zukerman befindet.

Dussaut, Thérèse
Französische Pianistin, geb. 20. 9. 1939 Versailles.
Die Tochter des Komponisten Robert

Dussaut und der Musikpädagogin Hélène Covattis (Allgemeine Musiklehre, Pariser Konservatorium) besucht als Vierjährige bereits die Ecole Normale de Musique. Ein Jahr später fällt sie Marguerite Long auf, die sie 1946 in ihre Klasse aufnimmt. Im Alter von zwölf Jahren wechselt sie ans Pariser Konservatorium in die Klasse von Jean Doyen, die sie zwei Jahre später mit einem 1. Preis verläßt. In der Klasse von Pierre Pasquier erhält sie als Fünfzehnjährige einen 1. Preis für Kammermusik. Anschließend geht sie an die Musikhochschule Stuttgart zu Wladimir Horbowski und nach Genf zu Louis Hiltbrand. 1956 gewinnt sie beim Wettbewerb des Bayerischen Rundfunks den 1. Preis. Sie perfektioniert sich anschließend bei Pierre Sancan. Ihre Karriere nimmt einen steilen Aufschwung; verschiedene Tourneen führen sie um die Welt, so auch im Ravel-Jahr 1975. 1984 wird sie am Konservatorium von Toulouse zur Professorin ernannt.

Dutoit, Charles
Schweizer Dirigent, geb. 7. 10. 1936 Lausanne.
Er beginnt sein Studium am Konservatorium von Lausanne (Violine, Klavier und Orchesterleitung) und setzt es auf dem von Genf fort (Bratsche und Orchesterleitung). 1958 erhält er sein Diplom als Dirigent und geht zu Alceo Galliera an die Accademia Musicale Chigiana in Siena. 1959 bildet er sich in Tanglewood in Orchesterleitung fort. 1957–59 arbeitet er als Bratscher in verschiedenen Orchestern Europas und Südamerikas, bevor er in die Schweiz zurückkehrt und Studentenchöre und -orchester leitet. Ab 1959 dirigiert er als Gast das Orchestre de la Suisse romande und das Lausanner Kammerorchester. 1964–66 arbeitet er als Dirigent für Radio Zürich. 1965–67 dirigiert er an der Wiener Oper Ballette (*Der Dreispitz*, de Falla, mit Massine, und *Schwanensee*, Tschaikowskij, mit Nurejew). Er übernimmt als Nachfolger von Paul Klecki das Symphonie-Orchester von Bern (1968–78). Die Scala und die Berliner Philharmoniker laden ihn ein, eine Reihe von Konzerten zu dirigieren. Neben seiner Tätigkeit in Bern leitet er 1973–75 das nationale Symphonie-Orchester von Mexiko und 1975–78 das Symphonie-Orchester von Göteborg. 1977 übernimmt er das Symphonie-Orchester von Montreal. Er macht in erster Linie auf dem amerikanischen Kontinent Karriere. So ist er jedes Jahr künstlerischer Leiter der Sommersaison des Orchesters von Philadelphia. 1990 wird er zum Musikdirektor des Orchestre National de France ernannt. Er beschäftigt sich vor allem mit der französischen Musik und den Klassikern des 20. Jahrhunderts, setzt sich aber auch für die junge Komponistengeneration Quebecs ein. Wir verdanken ihm die Kreation folgender Werke: *Quadrifoglio* (Heinrich Sutermeister, 1977), *Symphonie Nr. 3* (John McCabe, 1978), *Konzert für Trompete, Pauken und Orchester* (Siegfried Matthus), *Konzert für Bratsche und Orchester* (Edisson W. Denissow, 1986).

Duval, Denise
Französische Sopranistin, geb. 23. 10. 1923 Paris.
Sie studiert am Konservatorium von Bordeaux und debütiert am dortigen Grand Théâtre. Kurz darauf wendet sie sich dem Chanson zu und wirkt sogar bei einer Revue der Folies-Bergères mit, wo sie von Jean Cocteau und Francis Poulenc entdeckt wird. Der Komponist schreibt eigens für sie Werke. 1947 wird sie von der Pariser Oper engagiert und wirkt an der Uraufführung von *Les Mamelles de Tirésias* (Die Brüste des Tiresias, Poulenc) mit. Sie feiert einen außergewöhnlichen Triumph. In der Folge beschäftigt sie sich auch an der Opéra-Comique mit den Sopran-Rollen der französischen Literatur, wobei sie sich besonders für die zeitgenössische Musik einsetzt, 1953 wirkt sie an der amerikanischen Erstaufführung der *Mamelles* mit. 1957 feiert sie an der Pariser Oper einen zweiten großen Erfolg

mit der französischen Erstaufführung eines Werkes von Poulenc, *Les Dialogues des Carmélites* (Die Gespräche der Karmeliterinnen), genau wie 1959 mit *Voix humaine* (Menschliche Stimme) des gleichen Komponisten (nach einem Text von Jean Cocteau). Sie wird von Köln, Brüssel, Amsterdam, Lüttich, Buenos Aires und anderen wichtigen Städten eingeladen. 1964 kreiert sie im Studio von Radio Genf *Faits divers* (Vermischte Nachrichten, Zbinden). Kurz darauf zieht sie sich von der Bühne zurück, um sich pädagogischen Aufgaben zu widmen.

Dvořákova, Ludmilla
Tschechoslowakische Sopranistin, geb. 11. 7. 1923 Kolin.
Sie studiert 1942–49 am Prager Konservatorium bei Jarmila Vavrdova und debütiert 1949 in Ostrava (Ostrau) in *Katja Kabanowa*. Zu ihrem Repertoire gehören schon bald Jenufa (beide Janáček), Rusalka (Dvořák), die Gräfin (*Le nozze di Figaro*, Mozart), Leonore (*Il Trovatore*, Der Troubadour), Aida (beide Verdi), Milada (*Dalibor*, Smetana), Leonore (*Fidelio*, Beethoven), Elisabeth (*Tannhäuser*) und Senta (*Der fliegende Holländer*, beide Wagner). 1960 debütiert sie an der Berliner Staatsoper als Octavian (*Der Rosenkavalier*, R. Strauss). In der Folge studiert sie eher dramatische Rollen ein: Venus (*Tannhäuser*), Isolde (*Tristan und Isolde*), Brünnhilde (*Der Ring des Nibelungen*, alle Wagner), Ariadne (*Ariadne auf Naxos*, R. Strauss), Tosca (Puccini) und die Marschallin (*Der Rosenkavalier*). 1965 debütiert sie als Katarina Ismailowa (Lady Macbeth von Mzensk, Schostakowitsch) an der Wiener Oper, 1966 an der Met (Leonore) und am Covent Garden (Brünnhilde) und 1967 in Paris (Brünnhilde). In Bayreuth singt sie 1965–71 die Gutrune, Brünnhilde (beide *Der Ring des Nibelungen*), Venus (*Tannhäuser*), Kundry (*Parsifal*) und Ortrud (*Lohengrin*, alle Wagner).

Dyck, Ernest van
Belgischer Tenor, geb. 2. 4. 1861 Antwerpen, gest. 31. 8. 1923 Berlaer-lez-Lierre.
Er studiert zuerst Jura und Zeitungswissenschaften, bevor er bei Saint Yves Bax seine Stimme ausbilden läßt. 1884 debütiert er in Antwerpen in *Lohengrin* (Wagner). 1887 nimmt er an der berühmt gewordenen französischen Erstaufführung des *Lohengrin* im Eden Théâtre in Paris teil. Er perfektioniert sich bei Felix Mottl und feiert bei seinem Bayreuther Debüt als Parsifal (Wagner, 1888) einen aufsehenerregenden Erfolg. Bis 1912 interpretiert er diese Rolle auf dem grünen Hügel (die einzige andere Rolle, die er dort interpretiert, ist der Lohengrin, 1894). Ab 1888 gehört er zum Ensemble der Wiener Oper und wird dort als Werther, Des Grieux (*Manon*, beide Massenet), Tristan, Tannhäuser, Stolzing (*Die Meistersinger von Nürnberg*) und Loge (*Der Ring des Nibelungen*, alle Wagner) berühmt. Mit diesen Rollen tritt er auch in London (1891–1907) und New York (1898–1902) auf. 1914 zieht er sich von der Bühne zurück. 1892 gehört er zum Ensemble, das die Uraufführung von Jules Massenets Oper *Werther* verwirklicht.

Eda-Pierre, Christiane
Französische Sopranistin, geb. 24. 3. 1932 Fort-de-France (Martinique).
Sie studiert am Konservatorium von Paris, das sie 1957 mit drei 1. Preisen (für Lied, Oper und Operette) verläßt. Im darauffolgenden Jahr debütiert sie in Nizza als Leila (*Les Pêcheurs de perles*, Die Perlenfischer, Bizet). Ab 1960 singt sie an der Pariser Oper und Opéra-Comique; sie tritt unter anderem in *Lakmé* (Delibes), *Les Indes galantes* (Das galante Indien), *Zoroastre*, *Dardanus* (alle Rameau) auf. Auch im italienischen Repertoire (*Lucia di Lammermoor*, Donizetti, *La Traviata*, *Rigoletto*, beide Verdi, *Orfeo*, Monteverdi und *Il barbiere di Siviglia*, Rossini) sowie als Mozartsängerin (*Zauberflöte*, *Don Giovanni*, *Le nozze di Figaro*, *Die Entführung aus dem Serail*) besticht sie. Auch international kann sie sich durchsetzen. Am Moskauer Bolschoi-Theater singt sie die Gilda (*Rigoletto*); 1966 debütiert sie in London in *L'Enfant et les sortilèges* (Das Kind und die Zauberdinge, Ravel). Im gleichen Jahr tritt sie zum ersten Mal in den Vereinigten Staaten auf. Die Festspiele von Wexford, Salzburg und Aix-en-Provence laden sie ein. 1980 debütiert sie an der New Yorker Met als Konstanze (*Die Entführung aus dem Serail*); am gleichen Haus singt sie in der Folge die Antonia (*Les Contes d'Hoffmann*, Hoffmanns Erzählungen, Offenbach) und die Gilda. Auch für die zeitgenössische Musik setzt sie sich ein. So wirkt sie an folgenden Uraufführungen mit: *Les Amants captifs* (Die gefangenen Geliebten, Capdevielle, 1958), *D'un espace déployé* (Entfalteter Raum, Amy, 1974), *Pour un monde noir* (Für eine schwarze Welt, 1979, vom Komponisten für sie geschrieben), *Erszebet* (1983, beide Chaynes), *Saint François d'Assise* (Messiaen, 1983). An der Pariser Oper nimmt sie an der französischen Erstaufführung von Darius Milhauds *Médée* (Medea) teil. Seit 1977 ist sie Professorin am Pariser Konservatorium.

Eddy, Nelson
Amerikanischer Bariton, geb. 29. 6. 1901 Providence (Rhode Island), gest. 6. 3. 1967 Miami.
Nach seinem Studium an der Universität von Südkalifornien, das er als Bachelor of Arts abschließt, läßt er seine Stimme ausbilden. Er arbeitet zuerst als Kameramann, Werbefachmann und Zeichner für verschiedene Zeitungen, bevor er an der Oper von Philadelphia und 1924 an der Met als Tonio in *I Pagliacci* (Der Bajazzo, Leoncavallo) debütiert. Kurz darauf tritt er auch in *Wozzeck* (Berg) und *Carmen* (Bizet) auf. Doch erst 1933 wird er berühmt, als er als Partner von Jeanette MacDonald in Musical-Filmen wie *Rose-Marie*, *The Chocolate Soldier* (Der Schokoladen-Soldat) und *New Moon* (Neumond) auftritt. Auch bei anderen Musikfilmen wirkt er mit: *Balalaika* (in dem er die Wolgaschiffer auf russisch und die Torero-Arie aus *Carmen*, Bizet, auf französisch singt), *Das Gespenst der Oper* (Version 1943, mit einem Ausschnitt aus *Boris Godunow*, Mussorgskij). Nelson Eddy tritt auch als Liedsänger auf und interpretiert auf diesem Gebiet in der Hauptsache Werke von Mozart, Schubert und Mussorgskij.

Edelmann, Otto
Österreichischer Baßbariton, geb. 5. 2. 1917 Wien.
Er studiert an der Musikakademie Wien bei Theo Lierhammer und Grüner Graarud und debütiert 1937 in Gera (in *Le nozze di Figaro*, Mozart). 1938 wird er von der Nürnberger Oper engagiert, bevor Krieg und Gefangenschaft seine Karriere unterbrechen. 1947 debütiert

er an der Wiener Staatsoper als Eremit (*Der Freischütz*, Weber); er bleibt dem Haus zeitlebens verbunden. Bei der Wiedereröffnung Bayreuths 1951 singt er den Hans Sachs (*Die Meistersinger von Nürnberg*, Wagner) und nimmt die Rolle ein Jahr später wieder auf. 1954 debütiert er in der gleichen Rolle an der Met und in Edinburg. 1948–64 ist er regelmäßig Gast der Salzburger Festspiele, wo er bei der Einweihung des neuen Festspielhauses den Ochs singt (*Der Rosenkavalier*, R. Strauss). 1951–54 tritt er regelmäßig an der Mailänder Scala auf. 1960 wird er zum Kammersänger ernannt. Er unterrichtet an der Hochschule für Musik in Wien. Seine wichtigsten Rollen sind der Leporello (*Don Giovanni*, Mozart), Amfortas und Gurnemanz (beide *Parsifal*), Heinrich (*Lohengrin*, beide Wagner), Rocco (*Fidelio*, Beethoven), Plunkett (*Martha*, Flotow) und Dulcamara (*L'elisir d'amore*, Der Liebestrank, Donizetti).

Edinger, Christiane
Deutsche Violinistin, geb. 20.3. 1945 Potsdam.
Die Tochter des Pianisten Gerhard Puchelt (1914–87) studiert in Berlin an der Musikakademie bei Vittorio Brero und anschließend in New York an der Juilliard School of Music bei Nathan Milstein und Joseph Fuchs Violine. Sie debütiert 1962 in Berlin. 1969 erhält sie den Berliner Förderpreis. Ihr breites Repertoire reicht von Johann Sebastian Bach bis zur zeitgenössischen Musik, für die sie sich in besonderem Maße einsetzt. Sie spielt, nach Isaac Stern, als eine der ersten Krzysztof Pendereckis *Konzert für Violine*, beschäftigt sich mit dem Werk von Boris Blacher und Bruno Maderna und zeichnet für folgende Uraufführungen verantwortlich: *Konzert für Violine und Orchester* (1976) und *Doppelkonzert für Violine und Bratsche* (1986) von Cristóbal Halffter, das *Konzert für Violine und Orchester* von Aldo Clementi (1977), die *Sonate für Violine solo* von Gottfried von Einem (1977) sowie *Magnétiques* (Magnetismen, 1984) von Francis Miroglio.

Egmond, Max van
Holländischer Baßbariton, geb. 1.2. 1936 Semarang (Java).
Er studiert in Holland und schwankt lange, welche Richtung er einschlagen soll. So beschäftigt er sich mit Soziologie und Psychologie, arbeitet als Sprecher für Radio Hilversum und läßt gleichzeitig von Tine van Willingen seine Stimme ausbilden. 1959 beschließt er, sich ausschließlich der Musik zu widmen. Im gleichen Jahr gewinnt er den Wettbewerb von s'Hertogenbosch, 1962 den von Brüssel und 1964 den des Bayerischen Rundfunks in München. Er tritt als Oratoriensänger vor allem im Konzertsaal auf und wird in seinem Fach schnell international bekannt. So reist er einige Male in die Vereinigten Staaten und nach Kanada. Dabei pflegt er nicht nur das Werk von Johann Sebastian Bach und die Barockliteratur überhaupt, sondern auch zeitgenössische Kompositionen und das Lied. Als Opernsänger tritt er nur sehr gelegentlich in hauptsächlich klassischen Rollen auf.

Egorov, Juri
Holländischer Pianist russischer Herkunft, geb. 28.5. 1954 Kazan, gest. 16.4. 1988 Amsterdam.
Als Sechsjähriger beginnt er in seiner Heimat mit dem Klavierspiel. 1971 gewinnt er beim Internationalen Wettbewerb Marguerite Long-Jacques Thibaud den 4. Preis und geht ans Moskauer Konservatorium. 1975 gewinnt er den Königin-Elisabeth-Wettbewerb in Brüssel. Im gleichen Jahr noch verläßt er die Sowjetunion und läßt sich zuerst in Farva Sabina in Italien nieder, bevor er nach Amsterdam übersiedelt. Seine Karriere nimmt einen raschen Aufschwung. Bei seinem Debüt in der Carnegie Hall wird er von den Amerikanern mit Vladimir Horowitz verglichen. Egorov hat die besten Aussichten

auf eine strahlende Karriere, als er viel zu früh an einer unheilbaren Krankheit stirbt.

Ehrling, Sixten
Schwedischer Dirigent, geb. 3. 4. 1918 Malmö.
Er studiert am Konservatorium von Stockholm Klavier, bevor er nach Paris zu Albert Wolff, nach London und endlich nach Dresden zu Karl Böhm geht, um sich in Orchesterleitung auszubilden. 1940 debütiert er in Stockholm; 1943 übernimmt er in der gleichen Stadt die Leitung der Konzertgesellschaft. 1953–60 ist er musikalischer Leiter der Königlichen Oper Stockholm. Einen bedeutenden Teil seiner Arbeitszeit räumt er pädagogischen Aufgaben ein: 1954 unterrichtet er am Mozarteum Salzburg, ab 1956 an der Königlichen Akademie Stockholm. 1963 wird er Nachfolger von Paul Paray an der Spitze des Symphonie-Orchesters von Detroit (bis 1973); 1964 leitet er außerdem das Meadow Brook Music Festival. Ab 1973 dirigiert er regelmäßig an der Met und unterrichtet an der Juilliard School of Music in New York (bis 1987). 1974–76 steht er an der Spitze des Symphonie-Orchesters von Göteborg. 1978 wird er zum musikalischen Berater und principal guest conductor des Symphonie-Orchesters von Denver ernannt; ab 1985 ist er künstlerischer Berater des Symphonie-Orchesters von San Diego.
Unter seiner Leitung fanden unter anderem folgende Uraufführungen statt: *Aniara*, Oper von Karl-Birger Blomdahl (1959), *Kantate* op. 34 von Giselher Klebe (1960), *Colloïdes sonores* (Sonore Kolloide, 1961) von Isang Yun, *Lions* (Löwen) von Ned Rorem.

Eichhorn, Kurt Peter
Deutscher Dirigent, geb. 4. 8. 1908 München.
Er studiert am Konservatorium von Würzburg und debütiert 1932 als Chordirigent und Kapellmeister in Bielefeld. 1938 geht er nach Teplitz-Schönau und zwei Jahre später nach Karlsbad. 1941 wird er an der Dresdner Oper zum Musikdirektor ernannt; gleichzeitig arbeitet er mit den Dresdner Philharmonikern. 1945 übernimmt er die Leitung der Münchner Philharmoniker; ein Jahr später beginnt er, an der Münchner Oper zu dirigieren, an der sich ein Großteil seiner Karriere abspielt. 1956–67 ist er Chefdirigent des Theaters am Gärtnerplatz in München, 1967–75 verantwortlicher Leiter des Orchesters des Bayerischen Rundfunks. Seit 1954 unterrichtet er an der Münchner Musikhochschule.

Eisenberg, Matthias
Deutscher Organist, geb. 15. 1. 1956 Dresden.
Seine Eltern vermitteln ihm die ersten musikalischen Kenntnisse; als Neunjähriger spielt er bereits in einer kleinen Dorfkirche Orgel. 1966–71 singt er im Dresdner Kreuzchor. 1972–78 studiert er an der Hochschule für Musik in Leipzig und schließt mit Diplomen in den Fächern Kirchenmusik, Orgel, Orchesterleitung und Musikerziehung ab. Er beginnt, als Organist und Cembalist zu arbeiten. 1980 wird ihm die Orgel im neuen Saal des Gewandhauses zu Leipzig anvertraut; gleichzeitig arbeitet er als Cembalist mit dem Bachorchester. In Rötha, in der Nähe von Leipzig, veranstaltet er eine bedeutende Konzertserie auf der dortigen Silbermann-Orgel (1980–86). 1985 nimmt er als Gastprofessor am Internationalen Musikseminar in Weimar teil. Auch außerhalb der DDR verzeichnet er Erfolge: 1983 Bachfest in Graz, 1985 Internationale Bach-Akademie in Stuttgart usw. Mit dem Gewandhaus- und dem Bachorchester tritt er häufig als Solist auf. 1986 übersiedelt er in die BRD; seit dieser Zeit arbeitet er als Gastorganist und Pädagoge.

Ekier, Jan Stanislaw
Polnischer Pianist und Komponist, geb. 29. 8. 1913 Krakau
Der Sohn eines Komponisten studiert

an der Universität seiner Heimatstadt und besucht gleichzeitig die Zeleński-Musikschule (bis 1933), wo er sich mit Komposition und Klavier beschäftigt. 1934–39 ist er Schüler von Zbigniew Drzewiecki an der Musikakademie von Warschau. 1937 gewinnt er den Chopin-Wettbewerb. Nach dem 2. Weltkrieg beginnt seine internationale Karriere, wobei er einen bedeutenden Teil seiner Arbeitszeit pädagogischen Aufgaben widmet. 1955 wird er an der Warschauer Musikakademie zum Professor ernannt. Er ist bei vielen internationalen Wettbewerben Jury-Mitglied. 1967 beginnt er in Krakau mit einer Neuausgabe von Frédéric Chopins Gesamtwerk. Als Komponist arbeitet er in der Hauptsache für Kammermusikensembles.

Elder, Mark
Englischer Dirigent, geb. 2.6.1947 Hexham (Northumberland).
Er beginnt sein Studium am Corpus Christi College in Cambridge (1966–69) und geht dann an die Royal Academy of Music in London. Er debütiert als Assistent bei den Festspielen von Wexford in Irland (1969–70). Anschließend wird er Chorleiter und Chefassistent bei den Festspielen von Glyndebourne (1970–72) und am Covent Garden (1970–72). Die Australische Oper in Sydney engagiert ihn als 1. Kapellmeister (1972–74), bevor er als staff conductor an die English National Opera nach London zurückkehrt (1974–77). 1977–79 ist er am gleichen Haus Chefdirigent und ab 1979 Musikdirektor. Als Gast debütiert er 1976 am Covent Garden (*Rigoletto*, Verdi) und 1981 in Bayreuth (*Die Meistersinger von Nürnberg*, Wagner). Er dirigiert regelmäßig die Londoner Orchester und ist principal guest conductor der London Mozart Players (1980–83) und des BBC Symphony Orchestra (1982–85). Ab 1989 wirkt er als Musikdirektor der Philharmoniker von Rochester. Für folgende Uraufführungen zeichnet er verantwortlich: *Ringed by the Flat Horizon* (Vom flachen Horizont umringt, 1980) von George Benjamin, *Sonate Nr. 5 »Landscape«* (Sonate Nr. 5 »Landschaft«, 1983) von Colin Matthews und *Odyssey* (1987) von Nicholas Maw.

Ellis, Osian
Englischer Harfenist, geb. 8.2.1928 Ffynnongroew (Flintshire).
Er studiert an der Royal Academy of Music in London und arbeitet gleichzeitig als Solist und als Solo-Harfenist des Symphonie-Orchesters von London. Innerhalb des Melos Ensembles oder als Begleiter von Sängern widmet er sich auch der Kammermusik. 1959 wird er an der Royal Academy of Music zum Professor ernannt. Alun Hoddinott widmet ihm 1957 sein *Konzert für Harfe und Orchester*, William Mathias 1970 ebenfalls sein *Konzert für Harfe und Orchester* und Benjamin Britten seine *Suite für Harfe Nr. 3*. Neben diesen Werken, deren Uraufführungen er verwirklicht, kreiert er weitere: *Five Herrick Poems* (Fünf Gedichte von Herrick, 1974) von Lennox Berkeley, *The Death of St Narcissus* (Der Tod des Heiligen Narziß, 1975) und *A Birthday Hansel* (Ein Geburtstagsgeschenk, 1976) von Britten sowie *Ballad* (1985) von Robin Holloway. Er setzt sich für die Volksmusik aus Wales ein und führt häufig Werke aus seiner Heimat auf, wobei er singt und sich selbst auf der Harfe begleitet. 1970 verlieh ihm die University of Wales den Titel eines Doktors der Musikwissenschaft.

Elman, Mischa (= Michail Saulowitsch Elman)
Amerikanischer Violinist ukrainischer Herkunft, geb. 8.(20.)1.1891 Talnoj (Ukraine), gest. 5.4.1967 New York.
Er studiert am Konservatorium von Odessa bei Alexander Fiedelmann (1897–1902), tritt 1899 mit Charles Auguste de Bériots *Konzert für Violine* zum ersten Mal öffentlich auf und perfektioniert sich 1902–04 am Kaiserlichen Konservatorium in Petersburg bei Leopold von Auer. 1904 debütiert er

außerhalb der Grenzen des russischen Reiches in Berlin; eine bedeutende Tournee, die sich über mehrere Jahre erstreckt und über Deutschland, England (London 1905) und Frankreich in die Vereinigten Staaten führt (New York 1908), schließt sich an. Mischa Elman ist zweifellos einer der wichtigsten Vertreter der russischen Violinschule Petersburger Tradition. Sein Repertoire ist weit gespannt und reicht bis in die Musik seiner Zeit, unter besonderer Betonung der Romantiker (vor allem Johannes Brahms) und der slawischen sowie russischen Komponisten (hier vor allem Antonín Dvořák und Peter I. Tschaikowskij). Eugène Ysaÿe widmet ihm seine symphonische Dichtung *Extase* und Bohuslav Martinů sein *Konzert für Violine und Orchester Nr. 2*. 1907 kauft er die Stradivari, die einst Joseph Joachim gehörte, und spielt auf ihr bis zu seinem Lebensende, ab und zu zwei andere Instrumente des Meisters benützend, die *Madame Récamier* aus dem Jahre 1717, ein Hochzeitsgeschenk seiner Frau (1925), und die *Samazeuilh* aus dem Jahre 1735, die er 1923 erwirbt.

Von 1924 bis zum Ende des 2. Weltkriegs spielt er in dem von ihm gegründeten Elman-Quartett.

Elmendorff, Karl Eduard Maria
Deutscher Dirigent, geb. 25. 1. 1891 Düsseldorf, gest. 21. 10. 1962 Hofheim.
Er studiert am Kölner Konservatorium bei Fritz Steinbach und Hermann Abendroth. Sein erstes Engagement führt ihn nach Düsseldorf; anschließend geht er von Mainz über Hagen nach Aachen, bevor er an der Staatsoper Berlin 1925 zum 1. Kapellmeister ernannt wird. Gleichzeitig ist er an der Münchner Oper in der gleichen Funktion tätig. 1927 debütiert er in Bayreuth und dirigiert dort bis 1942 *Tristan, Ring des Nibelungen, Die Meistersinger von Nürnberg* sowie den *Fliegenden Holländer* (alle Wagner). 1932 wird er in Wiesbaden zum Generalmusikdirektor ernannt (bis 1936); 1943 wird er Nachfolger von Karl Böhm an der Spitze der Staatskapelle Dresden (bis 1944). Nach dem Krieg ist er in Kassel (1948–51) sowie Wiesbaden (1951–55) als Generalmusikdirektor tätig. Er leitet die Uraufführungen von *Die Hochzeit des Jobs* von Joseph Haas (1944) und von *Sonatine für dreizehn Blasinstrumente* von Richard Strauss (1944).

Endrèze, Arthur (= Arthur E. Kraeckmann)
Amerikanischer Bariton, geb. 28. 11. 1893 Chicago, gest. 15. 4. 1975 daselbst.
Er studiert an der University of Illinois Agrarwissenschaften und singt nebenher zu seinem Vergnügen. Bei einer Wohltätigkeitsveranstaltung fällt er Walter Damrosch auf, der ihm rät, seine Stimme in Frankreich ausbilden zu lassen. 1918 beginnt er am amerikanischen Konservatorium in Fontainebleau bei Jean de Reszké mit dem Studium und bleibt drei Jahre. 1925 debütiert er in Nizza als Don Giovanni (Mozart) und Hamlet (Thomas). Er fällt Reynaldo Hahn auf, der ihn nach Cannes und Deauville holt. 1928 debütiert er als Karnac (*Le Roi d'Ys*, Der König von Ys, Lalo); am gleichen Haus interpretiert er während der kommenden Jahre den Sharpless (*Madame Butterfly*), Scarpia (*Tosca*, beide Puccini), Georg Germont (*La Traviata*, Verdi), Valentin (*Faust*, Gounod) und Hautecœur (*Le Rêve*, Der Traum, Bruneau). An der Pariser Oper interpretiert er ab 1929 ebenfalls den Valentin, später dann den Oberpriester des Dagon (*Samson et Dalila*, Saint-Saëns), Nevers (*Les Huguenots*, Die Hugenotten, Meyerbeer), Telramund (*Lohengrin*), Kurwenal (*Tristan und Isolde*, beide Wagner) und Athanaël (*Thaïs*, Massenet). Vor allem aber besticht er als Jago (*Otello*, Verdi); er gilt als der beste Interpret dieser Rolle seit Victor Maurel, der sie während der Mailänder Uraufführung gesungen hatte.

Endrèze verwirklicht zahlreiche Uraufführungen; zu den wichtigsten zählen *Guercœur* (Magnard, 1931, Titelrolle),

Maximilien (Milhaud, 1932, die Rolle des Beraters Herzfeld), *Un jardin sur l'Oronte* (Ein Garten an der Oronte, Bachelet, 1932, die Rolle des Prinzen von Antiochia), *L'Aiglon* (Napoleon, Honegger und Ibert, 1937, Prinz Metternich), *La Chartreuse de Parme* (Die Kartause von Parma, Sauguet, Graf Mosca).
Während des 2. Weltkrieges wird er als amerikanischer Staatsbürger von den Deutschen interniert; er kann fliehen und in die Vereinigten Staaten zurückkehren. Nach dem Krieg geht er wieder nach Paris und interpretiert 1946 an der Pariser Oper den Jakob (*Joseph*, Méhul). Er nimmt Abschied von der Szene und widmet sich in der Folge pädagogischen Aufgaben.

Enescu, George
Rumänischer Violinist, Dirigent, Pianist und Komponist, geb. 7. (19.) 8. 1881 Liveni-Vîrnav (heute George Enescu), gest. 4. 5. 1955 Paris.
Als Siebenjähriger gibt er sein erstes Konzert. Seine Eltern schicken ihn zur Ausbildung zu Joseph Hellmesberger jr. und Robert Fuchs nach Wien, wo er Johannes Brahms und Hans Richter kennenlernt. Er nimmt sogar an einer Aufführung der *Symphonie Nr. 1* von Brahms in Anwesenheit des Komponisten teil. 1893 zieht er nach Paris und geht an das dortige Konservatorium zu Martin Marsick (Violine), André Gédalge, Théodore Dubois und Ambroise Thomas (Notation) sowie zu Jules Massenet und Gabriel Fauré (Komposition). 1898 führen die Concerts Colonne sein *Poème roumain* (Rumänisches Gedicht) auf, Debüt seiner Komponisten-Karriere in Frankreich. 1899 erhält er am Konservatorium einen 1. Preis für Violine. Ab dieser Zeit arbeitet er bis zu seinem Lebensende als Komponist und gleichzeitig als vielseitiger Interpret: Dirigent, Violinist, Pianist und Kammermusiker, zuerst in einer Trioformation mit Louis Fournier und Alfredo Casella (1902), dann mit seinem eigenen Streichquartett (1904 gegründet) und endlich in verschiedenen Sonatenformationen mit Alfred Cortot (Klavier), Jacques Thibaud (Violine) oder Dinu Lipatti (Klavier). 1912 stiftet er in Bukarest den Enescu-Preis für Komposition. Fünf Jahre später nimmt er an der Gründung des Orchesters von Iaszi teil. Enescu gehört auch zu den Gründungsmitgliedern der rumänischen Komponistenvereinigung. Innerhalb von wenigen Jahren schafft er in Rumänien das Fundament des modernen Musiklebens und erweckt bei den Musikern seines Landes ein Nationalbewußtsein.
1925 übernimmt er die Ausbildung des jungen Yehudi Menuhin und macht ihn zu dem universellen Musiker, als der er bekannt geworden ist. Gegen Ende seines Lebens widmet er sich in immer stärkerem Maße pädagogischen Aufgaben, so an der Harvard University, der New Yorker Mannes School, der Ecole Normale de Musique in Paris, am amerikanischen Konservatorium in Fontainebleau und an der Accademia Musicale Chigiana in Siena (1950–54). Zu seinen Schülern zählen unter anderem Arthur Grumiaux, Christian Ferras und Ivry Gitlis. Eugène Ysaÿe schreibt für ihn seine *Sonate für Violine solo Nr. 3* und Guy Ropartz seine *Sonate für Violine und Klavier Nr. 3*. Zu den von ihm uraufgeführten Werken gehören die *Sonaten für Violine und Klavier Nr. 1* und *2* (1897 bzw. 1927) sowie das *Trio* (1914) von Maurice Ravel, die *Suite Nr. 2* (1918) und die *Symphonie op. 17* von Mihail Jora, das *Trio* (1925) von Ildebrando Pizzetti, die endgültige Version der *Sonate für Violine und Klavier Nr. 1* von Marcel Mihalovici (1929) sowie dessen *Rumänisches Capriccio* (1937), die *Suite Nr. 3* (1945) von Ion Dumitrescu, die *Symphonie Nr. 1* (1946) von Mihail Andricu und das Oratorium *Patimile szi Învierea Domnului* (1946) von Paul Constantinescu. Er spielt nacheinander auf einer Stradivari und einer Guarneri, bevor er sich für ein von Paul Koll für ihn gebautes, modernes Instrument entscheidet.

Seine Kompositionen, die alle musikalischen Gebiete umfassen, sind stark von der Volksmusik seiner Heimat geprägt.

Engel, Karl
Schweizer Pianist, geb. 1. 6. 1923 Basel.
Er studiert am Konservatorium seiner Heimatstadt bei Paul Baumgartner (1942–45) und geht dann nach Paris zu Alfred Cortot an die Ecole Normale de Musique. Er gewinnt die internationalen Wettbewerbe von Brüssel (1952) und Bozen (1953) und beginnt eine Solistenkarriere, bei denen er das Sonatenwerk Ludwig van Beethovens und Wolfgang Amadeus Mozarts gerne geschlossen als Zyklen spielt und dabei auch Mozarts *Phantasien* und Beethovens *Diabelli-Variationen* mit einschließt. Diese Konzerte stoßen auf starke Beachtung, vor allem seine Mozart-Interpretationen, die neue Einblicke öffnet. Auch im romantischen Repertoire zeichnet er sich aus. In den 50er und 60er Jahren begleitet er Dietrich Fischer-Dieskau und Hermann Prey häufig bei Liederabenden. Mit Pablo Casals spielt er in der gleichen Zeit häufig in Trio-Formationen. Seit 1954 ist er Professor an der Musikakademie in Hannover.

Engen, Kieth
Amerikanischer Bassist, geb. 5. 4. 1925 Frazee (Minn.)
Er studiert zuerst in den Vereinigten Staaten, bevor er nach Wien an die Musikakademie geht. 1954 debütiert er am Stadttheater Graz. 1955 wird er als 1. Bassist an die Bayerische Staatsoper nach München verpflichtet. 1958 gibt er als König Heinrich (*Lohengrin*, Wagner) sein Bayreuther Debüt. Ab dieser Zeit wird er von allen wichtigen Bühnen Deutschlands und Österreichs eingeladen; nach und nach erobert er sich auch das übrige Europa. Auch als Oratoriensänger erzielt er große Erfolge (Bach, Händel). 1957 gehört er in München zu dem Ensemble, das die Uraufführung von Paul Hindemiths Oper *Die Harmonie der Welt* verwirklicht.

Engerer, Brigitte
Französische Pianistin, geb. 27. 10. 1952 Tunis.
Ihre Grundausbildung erhält sie in Tunesien; anschließend geht sie zweimal jährlich zu Lucette Descaves nach Paris, um sich zu perfektionieren. Als Zehnjährige erhält sie beim Tournoi du royaume de la musique den 1. Preis; ein Jahr später tritt sie in die Klasse von Lucette Descaves am Pariser Konservatorium ein. 1968 erhält sie in der Klasse von Jean Hubeau einen 1. Preis in Kammermusik. 1969 gewinnt sie den Internationalen Wettbewerb Marguerite Long-Jacques Thibaud; ein Jahr später geht sie nach Moskau und studiert bis 1975 bei Stanislaw Neuhaus am Moskauer Konservatorium. 1974 gewinnt sie den Tschaikowskij-Wettbewerb in Moskau und 1978 den Königin-Elisabeth-Wettbewerb in Brüssel. Im Dezember 1979 lernt sie Herbert von Karajan kennen, der sie einlädt, mit den Berliner Philharmonikern Konzerte zu geben. Auf kammermusikalischem Gebiet spielt sie häufig mit dem Orlando-Quartett und mit Maurice Gendron. Sie ist mit dem Schriftsteller Yann Queffélec verheiratet, der 1985 mit dem Prix Goncourt ausgezeichnet wurde.

Entremont, Philippe
Französischer Pianist und Dirigent, geb. 7. 6. 1934 Reims.
Sein Vater ist während seiner Jugend Dirigent an der Straßburger Oper. Seine Mutter, eine Pianistin, erteilt ihm den ersten Unterricht. 1944–46 geht er zu Rose Aye und Marguerite Long, bevor er zu Jean Doyen an das Pariser Konservatorium wechselt. 1948 erhält er einen 1. Preis für Kammermusik und 1949 einen 1. Preis für Klavier. 1951 debütiert er in Barcelona. 1952 ist er Finalist beim Brüsseler Königin-Elisabeth-Wettbewerb. 1953 gewinnt er den 2. Preis beim Internationalen Wettbewerb Marguerite Long-Jacques Thibaud und die Harriet Cohen Piano Medal. Im gleichen Jahr debütiert er in der Carnegie Hall in New York mit André Jolivets

Konzert für Klavier und Orchester. Er spielt unter der Leitung von Igor Strawinsky, Darius Milhaud und Leonard Bernstein. Seit 1967 dirigiert er. 1976 wird er zum Chefdirigenten und musikalischen Leiter des Wiener Kammerorchesters ernannt. Er bildet mit Pierre Guth und Jean-Pierre Rampal Duo-Formationen und tritt auch mit den großen internationalen Streichquartetten auf. 1974–80 ist er Präsident der Ravel-Akademie in Saint-Jean-de-Luz, 1980–86 Musikdirektor der Philharmoniker von New Orleans und 1985–89 in der gleichen Funktion bei dem Symphonie-Orchester von Denver; seit 1988 leitet er zusätzlich das Orchester Colonne in Paris (bis 1990).

Eötvös, Peter
Ungarischer Dirigent und Komponist, geb. 2. 1. 1944 Székelyndvarhely.
Er studiert an der Budapester Musikakademie bei Pál Kardos Klavier und Komposition (1958–65). Noch während seines Studiums arbeitet er am Budapester Vigszinház-Theater als Dirigent (1962–64). 1965 erhält er ein Stipendium, das es ihm ermöglicht, nach Darmstadt zu gehen. Ein Jahr später belegt er Kurse an der Musikhochschule in Köln, wo er 1968 als Orchesterleiter sein Diplom ablegt. Er arbeitet mit der Stockhausen-Gruppe zusammen und unternimmt viele Tourneen mit dem deutschen Komponisten. 1971 nimmt ihn das Studio für Neue Musik des Westdeutschen Rundfunks in Köln unter Vertrag. Seine Erfahrungen auf dem Gebiet der zeitgenössischen Musik sind so bedeutend, daß Pierre Boulez ihn 1979 zum Leiter des Ensemble Inter-Contemporain in Paris bestellt (bis Ende 1991). Hier die wichtigsten der zahlreichen Uraufführungen, für die er verantwortlich zeichnet: *Missa cum jubilo* von Gilbert Amy (1988), *Symphonie concertante* von Alain Bancquart (1981), *Earth Dances* (Erdtänze, 1986) von Harrison Birtwistle, *Lit de neige* (Bett aus Schnee, 1984) von André Boucourechliev, *Konzert mit mehreren Instrumenten Nr. 6* (1986) von Paul-Heinz Dittrich, *Duo per Bruno* von Franco Donatoni (1975), *L'Heure des traces* (Stunde der Spuren, 1986) von Hugues Dufourt, *Hop'* (1985) von Pascal Dusapin, *Jour, contre-jour* (Licht, Gegen-Licht, 1980) von Gérard Grisey, *Mouvement – Vor der Erstarrung* (1984) von Helmut Lachenmann, *The Desert Music* (Die Wüstenmusik, 1984) von Steve Reich, *Michaels Reise um die Erde* (1978) von Karlheinz Stockhausen sowie *Chu Ky V* (1983) von Ton-That Tiêt.

Ephrikian, Angelo
Italienischer Dirigent, geb. 20. 10. 1913 Treviso, gest. 30. 10. 1982 Rom.
Ab 1919 lernt er Geige, wird Schüler von Luigi Ferro und schließt seine musikalische Ausbildung als Autodidakt ab. Gleichzeitig studiert er Jura und wird in Verona zum Richter ernannt; aufgrund des in Italien herrschenden Faschismus gibt er diese Stelle bald wieder auf. Den 2. Weltkrieg verbringt er im Untergrund. 1945–47 arbeitet er als Musikkritiker einer venezianischen Tageszeitung. 1945 springt er für den erkrankten Antonio Guarnieri ein und dirigiert in der Fenice unter einem Pseudonym Ludwig van Beethovens *Symphonie Nr. 5*. Guarnieri rät ihm zur Dirigentenlaufbahn. Er befreundet sich mit Gian Francesco Malipiero, mit dem er 1947 das Istituto Italiano Antonio Vivaldi gründet. Neben seiner Arbeit als Dirigent des ersten italienischen Kammerorchesters, der Scuola Veneziana, mit dem er 1947–48 zahlreiche Konzerte mit italienischer Barockmusik gibt, beschäftigt er sich mit der ›Ausgrabung‹ vergessener Werke Vivaldis und gibt unter der Leitung Malipieros die ersten Bände der Gesamtausgabe bei Ricordi in Mailand heraus. Seine Karriere als Dirigent nimmt rasch einen steilen Aufschwung, und sein Repertoire reicht von Claudio Monteverdi bis Gian Francesco Malipiero. 1960 unterbricht er seine Konzerttätigkeit, um für die Schallplattenfirma Arcophon, die er

gründet und leitet, ausschließlich alte italienische Musik einzuspielen. Seine Aufnahmen der *Madrigale* von Don Carlo Gesualdo, der *Euridice* von Jacopo Peri sowie mit Werken von Alessandro Stradella und Antonio Vivaldi werden in der ganzen Welt ausgezeichnet. 1971 übernimmt er die Leitung der Filarmonici del Teatro Communale di Bologna, mit der er zahlreiche Tourneen durch Italien und Osteuropa unternimmt. 1973 löst er seine Firma wieder auf. 1978 übernimmt er die Aufgabe, das Mailänder Kammerorchester Angelicum neu zu strukturieren und wird bis zu seinem Tod dessen ständiger Leiter. So arbeitet er während der letzten Jahre seines Lebens gleichzeitig in Bologna, Mailand, Treviso und Venedig. Ephrikian leitet die erste moderne Aufführung von Antonio Vivaldis Oper *La Fida Ninfa* (Die treue Nymphe, Brüssel und Paris 1958) und von dessen Psalm *Dixit Dominus* (1955).

Equiluz, Kurt
Österreichischer Tenor, geb. 13. 6. 1929 Wien.
Seine Großmutter Eva von Lamarque war Sängerin. Als Sechsjähriger lernt er Violine und später dann Klavier. 1939 wird er Mitglied der Wiener Sängerknaben, die damals von Ferdinand Grossmann geleitet werden, und singt zuerst die Sopran- und anschließend die großen Alt-Arien in den Passionen Johann Sebastian Bachs. Noch während seiner Chortätigkeit studiert er an der Musikhochschule bei Hubert Jelinek Harfe, bei Adolf Vogel Gesang und bei Ferdinand Grossmann sowie Hans Gillesberger Chorleitung. 1944 verläßt er die Wiener Sängerknaben und wird Mitglied des Rundfunkchors. 1944–51 gehört er gleichzeitig dem Kammerchor der Musikakademie an. 1950 engagiert ihn die Wiener Staatsoper als Chorsänger; 1957 wird er in den Rang eines Solisten erhoben. Gleichzeitig entwickelt sich seine Karriere als Konzertsänger. Singt er zu Beginn vor allem zeitgenössische Werke, so beschäftigt er sich später in der Hauptsache mit den Kantaten und Passionen Johann Sebastian Bachs. Helmuth Rilling, Nikolaus Harnoncourt und Michel Corboz engagieren ihn als Evangelist. Seit 1964 leitet er am Grazer Konservatorium eine Oratorien-Klasse. 1980 wird ihm der Titel eines Kammersängers verliehen. Seit 1981 unterrichtet er an der Wiener Musikhochschule Liedvortrag.

Erb, Karl
Deutscher Tenor, geb. 13. 7. 1877 Ravensburg, gest. 13. 7. 1958 daselbst.
Als Dreißigjähriger debütiert der Autodidakt an der Stuttgarter Oper in *Der Evangelimann* (Kienzl). Die Jahre 1908–10 verbringt er an der Lübecker Oper, kehrt dann nach Stuttgart zurück und wechselt 1913 nach einem erfolgreich verlaufenen Gastspiel als Lohengrin (Wagner) nach München. Die Uraufführung von Hans Pfitzners Oper *Palestrina* unter Bruno Walter stellt einen Höhepunkt in seiner Karriere dar, während der er mehr als siebzig Rollen interpretiert. Er wird vor allem als Interpret von Mozart-Opern bekannt, in denen er häufig an der Seite seiner Frau, der Sopranistin Maria Ivogün, auftritt. Aber auch in *Parsifal* (Wagner), *Euryanthe* (v. Weber), *Der Corregidor* (H. Wolf), *Iphigenie in Aulis* (Gluck) leistet er Außergewöhnliches. Zwei schwere Unfälle beeinträchtigen seine Leistungsfähigkeit. 1925 verläßt er die Münchner Oper, bleibt dem Haus aber als Gast noch bis 1930 verbunden. Als Florestan (*Fidelio*, Beethoven) nimmt er 1930 in Berlin unter der Leitung von Wilhelm Furtwängler Abschied von der Bühne. Anschließend wird er aufgrund seiner hohen Gesangskultur und der intelligent eingesetzten Diktion ein unvergleichlicher Lieder- und Oratoriensänger (vor allem als Evangelist in Johann Sebastian Bachs *Matthäus-Passion*). Thomas Mann hält ihn in seinem Roman *Doktor Faustus* fest, in dem ein gewisser ›Erbe‹ das Oratorium des Helden Adrian Leverkühn aus der Taufe hebt.

Erdély, Miklós
Ungarischer Dirigent, geb. 9. 2. 1928 Budapest.
Er studiert an der Franz-Liszt-Akademie in Budapest bei János Ferencsik und Rezső Kókai und debütiert 1947 an der Komischen Oper seiner Heimatstadt. 1950–52 ist er Musikdirektor des Chors des ungarischen Rundfunks und ab 1951 1. Kapellmeister an der Budapester Oper. Er beschäftigt sich in erster Linie mit der Oper, wendet sich aber in letzter Zeit vor allem für Radio Hilversum, dessen ständiger Gast er ist, dem Konzert zu. 1960 erhält er den Liszt- und 1975 den Kossuth-Preis.
W: *Franz Schubert* (Budapest 1963).

Erede, Alberto
Italienischer Dirigent, geb. 8. 11. 1908 Genua.
Er studiert in Genua und Mailand, bevor er nach Basel zu Felix von Weingartner (1929–31) und nach Dresden zu Fritz Busch geht (1930). Er debütiert an der Accademia Nazionale di Santa Cecilia in Rom (1930); 1935 dirigiert er in Turin den *Ring des Nibelungen* (Wagner). Glyndebourne lädt ihn kurz darauf ein. 1935–38 ist er Musikdirektor der Salzburger Oper, bevor er 1939 zum ersten Mal in den Vereinigten Staaten dirigiert. Nach dem 2. Weltkrieg steht er an der Spitze des Symphonie-Orchesters der RAI Turin (1945–46), bevor er die musikalische Leitung der New London Opera Company übernimmt (1946–48), die im Cambridge Theatre auftritt. 1949 dirigiert er am Stoll Theatre. 1950–55 ist er fest an der New Yorker Met engagiert. 1956–58 ist er 1. Kapellmeister und 1958–62 Generalmusikdirektor der Deutschen Oper am Rhein. Auch nach seinem Ausscheiden dirigiert er dort regelmäßig bis 1989. 1961 übernimmt er gleichzeitig die Direktion des Symphonie-Orchesters von Göteborg (bis 1967). 1968 gastiert er in Bayreuth und dirigiert den *Lohengrin* (Wagner). Trotz seiner internationalen Karriere hält er enge Verbindung zu seiner Heimat und dirigiert sechs Jahre hindurch regelmäßig an der Scala. Seit 1975 ist er künstlerischer Direktor des Paganini-Wettbewerbes in Genua. 1941 leitet er die Uraufführung von Gian Carlo Menottis Oper *The Old Maid and the Thief* (Die alte Jungfer und der Dieb).

Eresco, Victor
Russischer Pianist, geb. 6. 8. 1942 Kiew.
1960 erhält er am Konservatorium von Lwow (Lemberg) einen 1. Preis; 1962 gewinnt er den innersowjetischen Klavierwettbewerb. Anschließend geht er an das Moskauer Konservatorium zu Lew Wlassenko und Heinrich G. Neuhaus. Im darauffolgenden Jahr triumphiert er in Paris beim Internationalen Wettbewerb Marguerite Long-Jacques Thibaud; 1966 gewinnt er beim Moskauer Tschaikowskij-Wettbewerb den 3. Preis. Marguerite Long beschreibt ihn als »inspirierten Dichter, der die Tastatur und die Kunst des Anschlags perfekt beherrscht und mich an Rachmaninow erinnert«.

Ericson, Eric
Schwedischer Chorleiter und Organist, geb. 26. 12. 1918 Borås.
Er studiert an der Stockholmer Musikhochschule (1941–43) und geht dann an die Schola Cantorum nach Basel (1943–49). 1943–48 ist er Organist und Kantor in Stockholm-Bromma. 1949 wird er zum Organisten und Kantor an der Jakobskirche in Stockholm ernannt. Seit 1952 unterrichtet er am Stockholmer Konservatorium Chorleitung und wird dort 1968 zum Professor ernannt. Sergiu Celibidache hält ihn für den »größten Chorchef unserer Epoche«. Seit 1945 leitet er den Stockholmer Kammerchor, seit 1951 den Chor von Radio Stockholm (bis 1984) und seit 1951 ebenfalls den Männerchor von Uppsala, Orphei Drängar (bis 1985). Bei Ingmar Bergmans Film *Die Zauberflöte* (Mozart) ist er für die musikalische Aufnahme verantwortlich. Zu den Werken, die er kreiert, gehören *Zwei Chöre a cappella* (1970) und *Drei Phantasien* (1983) von György Ligeti.

Erlih, Devy
Französischer Violinist und Komponist, geb. 5. 11. 1928 Paris.
1942 erhält er am Pariser Konservatorium in der Klasse von Jules Boucherit einen 1. Preis. 1946 gibt er in Paris sein erstes Konzert. Seine Karriere nimmt schnell internationale Ausmaße an. So führen ihn dreimal hintereinander Tourneen in die Vereinigten Staaten. 1955 gewinnt er beim Internationalen Wettbewerb Marguerite Long-Jacques Thibaud den 1. Preis. 1968 wird er am Konservatorium von Marseille zum Professor ernannt. 1973 gründet er die Solistes de Marseille und leitet sie. Sein Repertoire ist breit gefächert; er setzt sich stark für die zeitgenössische Musik ein und kreiert Werke von Darius Milhaud (*Konzert für Violine und Orchester Nr. 2*, 1959), Charles Chaynes (*Konzert für Violine und Orchester*, 1961), Marius Constant (*Le Temps*, Die Zeit, 1962), Henri Tomasi (*Konzert für Violine und Orchester*, 1964), Raymond Loucheur (*Konzert für Violine und Orchester*, 1965), Henri Sauguet (*Konzert für Violine und Orchester*, 1965), André Jolivet (*Suite rhapsodique, Incantation*, 1967). Er ist mit der Tochter André Jolivets, Catherine, verheiratet. Seit 1977 leitet er das von der Stadt Marseille geschaffene Centre provençal de musique de chambre. 1982 wird er am Pariser Konservatorium zum Professor ernannt.

Ermler, Mark
Russischer Dirigent, geb. 5. 5. 1932 Leningrad.
Er studiert am Konservatorium seiner Heimatstadt und erhält 1956 sein Diplom als Orchesterleiter. 1957 wird er vom Bolschoi-Theater als 1. Kapellmeister engagiert; seit dieser Zeit klettert er beständig die Stufen der sowjetischen Hierarchie nach oben.

Eschenbach, Christoph
Deutscher Pianist und Dirigent, geb. 20. 2. 1940 Breslau.
Er ist der Sohn des Musikwissenschaftlers H. Ringmann. Seine gesamte Familie kommt während des 2. Weltkriegs um. Er nimmt den Namen seiner Adoptiveltern an.
Seine erste Ausbildung erhält er bei Wallydore Eschenbach (1948–59). Als Zehnjähriger gewinnt er beim Hamburger Steinway-Wettbewerb den 1. Preis. Er geht an die Kölner Musikhochschule zu Hans-Otto Schmidt-Neuhaus und kehrt anschließend nach Hamburg zurück, wo er bei Eliza Hansen Klavier und Wilhelm Brückner-Rüggeberg Orchesterleitung studiert. 1965 gewinnt er den Clara-Haskil-Wettbewerb in Luzern, der Beginn einer Solisten-Karriere, die ihn in die ganze Welt führt. Er wird regelmäßig von Salzburg, Aix-en-Provence, Spoleto, Tanglewood, Berlin und anderen wichtigen Städten als Solist und Dirigent eingeladen. Er arbeitet mit Herbert von Karajan und Georg Szell zusammen. Seine Liebe gilt Mozart, Beethoven, den deutschen Romantikern, Chopin und Bartók. Gleichzeitig setzt er sich für die zeitgenössische Musik ein. Mit Justus Frantz spielt er Klaviermusik zu vier Händen oder zwei Flügeln; er betreibt Kammermusik und begleitet Dietrich Fischer-Dieskau. 1972 findet mit einer Aufführung von Anton Bruckners *Symphonie Nr. 3* sein Debüt als Dirigent statt. 1978 leitet er in Darmstadt zum ersten Mal eine Opernaufführung, *La Traviata* (Verdi). Neben seiner Tätigkeit als Gastdirigent ist er 1979–83 Generalmusikdirektor in Ludwigshafen (Philharmonie von Rheinland-Pfalz). 1981 wird er zum 1. Gastdirigenten des Tonhalle-Orchesters in Zürich ernannt, dessen Leitung er 1982 übernimmt (bis 1986). 1988 wird er zum Chefdirigenten des Symphonie-Orchesters von Houston (Texas) ernannt. Er zeichnet für folgende Uraufführungen verantwortlich: *Concerto lirico* von Günther Bialas (1968), *Konzert für Klavier und Orchester Nr. 2* von Hans Werner Henze (1968), *Spiegelzeit* von Werner Egk (1979), *Ferdinand* von Rolf Liebermann (1984), *Prelude und Konzertarie* von Boris Blacher

(1985), *Drei Bruchstücke* von Peter Ruzicka (1986), *Unbenannt* (1986) und *Ritualtänze* (1988) von Wolfgang Rihm. Aribert Reimann widmet ihm 1979 seine *Variationen für Klavier*.

Esposito, Andrée
Französische Sopranistin, geb. 7. 2. 1934 Algier.
Sie studiert am Konservatorium ihrer Heimatstadt und erhält dort 1. Preise in Lied und Oper und den Großen Aletti-Preis. Anschließend geht sie an das Pariser Konservatorium und erhält die gleichen 1. Preise sowie den Osiris-Preis. Sie debütiert in Metz an der Seite ihres Lehrers Louis Noguéra in der Rolle der Suzel (*Le Juif polonais*, Der polnische Jude, Erlanger) und wird stark beachtet, so daß sie im Anschluß von allen großen französischen Provinzbühnen für die Rollen des leichten Koloratursoprans engagiert wird. An der Pariser Oper debütiert sie 1959 als Violetta (*La Traviata*) und singt in der Folge am gleichen Haus unter anderem den Oscar (*Un ballo in maschera*, Ein Maskenball), die Gilda (*Rigoletto*, alle Verdi), Juliette (*Roméo et Juliette*, Gounod) und Xenia (*Boris Godunow*, Mussorgskij). An der Opéra-Comique interpretiert sie unter anderem die Mireille (Gounod), Micaëla (*Carmen*, Bizet) und die Manon (Massenet). Als die Truppe des R.T.L.N. (Réunion des Théâtres Lyriques Nationaux, eine Dachorganisation der Pariser Opéra und der Opéra-Comique) aufgelöst wird, gehört sie zum Entsetzen des Pariser und zur Freude des Provinzpublikums zu den in Paris arbeitslos gewordenen Sängern und Sängerinnen, die gezwungen sind, viele Tourneen zu unternehmen. Andrée Esposito erweitert noch ihr Repertoire und studiert die Rollen der Lucia (*Lucia di Lammermoor*, Donizetti), Margarete (*Faust*, Gounod), Thaïs (Massenet) und Philine (*Mignon*, A. Thomas) ein.

Sie engagiert sich auch für die zeitgenössische Musik und nimmt an folgenden Uraufführungen teil: *Le Chevalier de neige* (Der Schneeritter, Delerue), *Andrea del Sarto* (Daniel-Lesur); zu den französischen Erstaufführungen, an denen sie mitwirkt, gehören *The Mines of Sulphur* (Schwefelminen, Bennett), *Diabły z Loudoun* (Die Teufel von Loudoun, Penderecki), *Cymbeline* (Arrieu) und *Hamlet* (Bentoiu). Auch als Liedsängerin leistet sie Hervorragendes; ihre Aufnahme des *Chanson perpétuelle* von Ernest Chausson wird ausgezeichnet. Sie ist sich nicht zu schade, in Operetten mitzuwirken, und hat eine besondere Vorliebe für *Die Fledermaus* (Johann Strauss) und *Die lustige Witwe* (Lehár). Sie ist mit dem Bariton Julien Haas verheiratet.

Estes, Simon
Amerikanischer Bassist, geb. 2. 3. 1938 Centerville.
Er studiert zuerst Medizin und Theologie an der Universität von Iowa und geht dann, mit einem Stipendium versehen, an die Juilliard School of Music in New York und nach Europa, um seine Stimme ausbilden zu lassen. 1965 gewinnt er den Wettbewerb des Bayerischen Rundfunks in München und 1966 den erstmals für Gesang ausgeschriebenen Tschaikowskij-Wettbewerb in Moskau. Im gleichen Jahr lädt Rolf Liebermann ihn ein, in Hamburg bei der Uraufführung von Gunther A. Schullers Oper *The Visitation* (Die Heimsuchung) teilzunehmen. Anschließend rufen ihn die Opern in Berlin und Rom. Wieder zurück in den Vereinigten Staaten, singt er an den Opern von San Francisco, Chicago, Boston und Philadelphia. 1976 debütiert er in *Norma* (Bellini) an der Met. Im darauffolgenden Jahr verkörpert er an der Scala die Rolle des Arkel (*Pelléas et Mélisande*, Debussy). 1977 wird er Mitglied der Züricher Oper und singt dort den Holländer (*Der fliegende Holländer*, Wagner), den er 1978 auch in Bayreuth interpretiert. Er kehrt jedes Jahr auf den grünen Hügel zurück und singt dort 1982 außerdem den Amfortas (*Parsifal*, Wagner). 1982–85 gehört er zum Ensemble der

Met und interpretiert dort den Hermann (*Tannhäuser*), Wotan (*Der Ring des Nibelungen*, beide Wagner), Boris (*Boris Godunow*, Mussorgskij), Amfortas und den Orest (*Elektra*, R. Strauss). Seine geschmeidige Stimme erlaubt ihm hervorragende Interpretationen bedeutender Rollen wie Escamillo (*Carmen*, Bizet), Don Giovanni (Mozart), König Marke (*King Arthur*, Purcell), Amonasro (*Aida*) und Zacharias (*Nabucco*, beide Verdi). Im Konzertsaal interpretiert er ein breites Repertoire, das von Georg Friedrich Händel bis zu Igor Strawinsky reicht. Seit 1986 unterrichtet er an der Juilliard School of Music in New York.

Estournet, Jean
Französischer Violinist, geb. 28. 6. 1944 Paris.
1959 tritt er in die Klasse von André Asselin am Pariser Konservatorium ein und erhält dort 1963 einen 1. Preis. Er debütiert als Solo-Violinist im Orchester der Oper von Lille. 1967–72 gehört er dem Orchester der Pariser Opéra-Comique und anschließend (bis 1976) dem der Pariser Oper an. Innerhalb des Ensemble Instrumental de France gründet er mit Martine Roche (Cembalo) und Franky Dariel (Cello) das auf alten Instrumenten spielende Ensemble Rameau. 1971–76 ist er Konzertmeister des Ensemble Instrumental de France, 1976–83 des Nouvel Orchestre Philharmonique de Radio-France und geht dann an die Oper von Lyon. Er spielt auf einer von Paolo Maggini gebauten Violine aus dem Jahre 1620.

Estrella, Miguel Angel
Argentinischer Pianist, geb. 8. 7. 1936 San Miguel de Tucumán.
Aus einfachen Verhältnissen stammend, ist es ihm erst als Achtzehnjährigem möglich, Musik zu studieren. 1955 geht er nach Buenos Aires zu dem Pianisten Oreste Castronuovo. Bis 1964 wird er von Celia de Bronstein, einer ehemaligen Schülerin von Vicente Scaramuzza, sowie den Komponisten Jacobo Fischer und Erwin Leuchter unterrichtet. Gleichzeitig macht er innerhalb des Collegium Musicum von Buenos Aires erste Bekanntschaft mit dem Gebiet der Kammermusik. Er erhält zahlreiche internationale Preise wie den der argentinischen Nationalstiftung, den Pro Musicis, den des Collegium Musicum (für Kammermusik), des British Council und der französischen Botschaft in Argentinien. Stipendien erlauben es ihm, sich in London und Paris zu perfektionieren. 1965–70 gehört er zu den Schülern von Marguerite Long, Vlado Perlemuter, Tamara Osborne, Maria Curcio, Magda Tagliaferro, Ilona Cabos und Yvonne Loriod. Das Jahr, das er bei Nadia Boulanger verbringt (1970–71), prägt ihn in besonderem Maße.
Aus familiären Gründen muß er seine Solistenkarriere schon bald auf Südamerika beschränken. 1977 wird er in Uruguay verhaftet, ins Gefängnis geworfen und gefoltert, da er einem Gegner des dort herrschenden Regimes Unterschlupf gewährt hat. Nadia Boulanger, Yehudi Menuhin und Henri Dutilleux setzen sich an der Spitze eines Komitees aktiv für seine Freilassung ein, die erst im Februar 1980 erfolgt, obwohl viele international bedeutende Künstler und Politiker ihn unterstützen. Inzwischen lebt Miguel Angel Estrella in Paris.
W: *Musique pour l'espérance* (1983).

Etcheverry, Jésus
Französischer Dirigent, geb. 14. 11. 1911 Bordeaux, gest. 12. 1. 1988 Paris.
Schon früh zeigt sich seine außergewöhnliche musikalische Begabung. Er tritt als Wunderkind (Violine) auf. Um seine Lehrer zu bezahlen und seinen Lebensunterhalt zu sichern, arbeitet er mit den verschiedensten Orchestern zusammen, auch mit denen von Tanz- und Biergärten. Als Zwanzigjähriger wird er vom Symphonie-Orchester von Casablanca als Konzertmeister engagiert und übernimmt in der gleichen Stadt am Konservatorium eine Professur. Beim Ausbruch des 2. Weltkriegs wird er Mit-

glied der französischen Armee. In Marokko, wohin sich viele berühmte Sänger wie César Vezzani und Fred Bordon zurückziehen, organisiert er zusammen mit Jean Mauran eine Opernsaison. Während der ersten Proben erweist sich der Dirigent als untauglich, und Etcheverry greift zum Taktstock, um die Situation zu retten. Der unter seiner Leitung aufgeführte *Rigoletto* (Verdi) ist so erfolgreich, daß er beschließt, die Dirigentenlaufbahn einzuschlagen. Nach dem Krieg rühmen die nach Frankreich Zurückgekehrten den jungen, ausgezeichneten Dirigenten. Der Leiter der Oper von Nancy holt ihn als Musikdirektor an sein Haus, wo er zehn Jahre bleibt (1947–57); während der Sommerpausen arbeitet er in Luchon, Enghien und Angoulême. 1957 wird er an der Opéra-Comique zum 1. Kapellmeister ernannt und bleibt an dem Haus bis zur Schließung der Salle Favart (1972); 1966–72 dirigiert er gleichzeitig an der Pariser Oper. 1972–77 übernimmt er die Leitung der Oper von Nantes und 1977–79 die der Oper von Nancy. Neben seiner Tätigkeit in Frankreich tritt er häufig im Ausland auf: Deutschland, Schweiz (zehn Jahre lang leitet er die Opernsaison in Lausanne), Italien, Spanien (mehr als zehn Jahre dirigiert er die französischen Opern am Liceo in Barcelona), England (sechs Jahre hindurch leitet er an der Royal Festival Hall in London Konzerte und Opern) sind die wichtigsten Länder, die ihn einladen. Er leitet die Uraufführungen folgender Werke: *Le Fou* (Der Narr, Landowski), *Thyl de Flandres* (Chailley), *Le Chevalier de neige* (Der Schneeritter, Delerue).

Ethuin, Paul
Französischer Dirigent, geb. 24. 9. 1924 Bruay-sur-Escaut.
1943 tritt er am Pariser Konservatorium in die Klasse von Gaston Crunelle ein (Querflöte). 1946 erhält er einen 1. Preis für Flöte und eine Medaille für Kammermusik. 1944–51 ist er Professor für Flöte am Konservatorium von Reims. In dieser Stadt dirigiert er auch zum ersten Mal. Bis 1948 ist er am dortigen Grand Théâtre 2. Kapellmeister und wird dann zum 1. ernannt (bis 1955). Er wechselt zum Capitole nach Toulouse und bleibt dort bis 1961. Er geht nach Dijon (1961–62) und von dort aus als Musikdirektor an die Oper von Avignon (1962–66) und anschließend an das Théâtre des Arts in Rouen. 1968 wird er Kapellmeister an der Pariser Oper und gleichzeitig an der Opéra-Comique. 1974 leitet er die Uraufführung von Emmanuel Bondevilles Oper *Antoine et Cléopâtre*. 1984–89 ist er Generaldirektor des Théâtre des Arts in Rouen.

Evans, Sir Geraint
Englischer Bariton, geb. 16. 2. 1922 Pontypridd (Südwales).
Er studiert in Cardiff Gesang, nimmt an Laienaufführungen teil und arbeitet nach dem 2. Weltkrieg in Hamburg bei den British Forces Radio Network, wo er Theo Herrmann auffällt, der ihn weiter ausbildet. Er perfektioniert sich anschließend bei Fernando Carpi in Genf und bei Walter Hyde in London. 1948 debütiert er am Covent Garden als Nachtwächter (*Die Meistersinger von Nürnberg*, Wagner). 1949 übernimmt er dort seine erste große Rolle, den Figaro (*Le nozze di Figaro*, Mozart), den er auch 1960 an der Scala, 1961 in Wien und 1962 während der Salzburger Festspiele singt. 1964 debütiert er an der Met als Falstaff. Zu seinem Repertoire zählen noch der Wozzeck (Berg), Escamillo (*Carmen*, Bizet), Lescaut (*Manon*, Massenet), die Mozart-Rollen seines Faches und verschiedene Buffo-Rollen wie Coppelius (*Les Contes d'Hoffmann*, Hoffmanns Erzählungen, Offenbach), Don Pasquale und Dulcamara (*L'elisir d'amore*, Der Liebestrank, beide Donizetti). Bei der Uraufführung von Benjamin Brittens Oper *Billy Budd* singt er 1951 den Mister Flint, bei der von *Gloriana* (ebenfalls Britten) 1953 den Montjoy und bei der von Sir William Waltons Oper *Troilus*

and Cressida 1954 den Antenor. 1975 debütiert er als Leporello (*Don Giovanni*, Mozart) an der Pariser Oper. In den 70er Jahren beschäftigt er sich auch mit Opernregie.

Evrard, Jane
Französische Violinistin und Dirigentin, geb. 5. 2. 1893 Neuilly-Plaisance, gest. 4. 11. 1984 Paris.
1912 erhält sie am Pariser Konservatorium einen 1. Preis für Violine. Im gleichen Jahr heiratet sie den Violinisten und Dirigenten Gaston Poulet. Sie wird Mitglied des Orchesters der Ballets Russes von Sergej P. Diaghilew und nimmt an der Uraufführung von Igor Strawinskys *Sacre du printemps* (Frühlingsopfer) unter der Leitung von Pierre Monteux teil. Nach dem 1. Weltkrieg wird sie Mitglied des Gaston-Poulet-Quartetts. Ab den 20er Jahren erteilt sie Privatunterricht und gibt mit ihren Schülern auch kleine Konzerte. Emile Vuillermoz ermutigt sie, 1930 das Orchestre Féminin de Paris zu gründen, das am 3. Juni in der Salle Iéna zum ersten Mal an die Öffentlichkeit tritt. Bis zu Beginn der 40er Jahre tritt das in der Hauptsache aus 25 Streicherinnen bestehende Orchester in ganz Europa auf. Sie kreiert *Variations pour piano et cordes* von Daniel-Lesur (1943), *Prélude, arioso et fughette sur le nom de BACH* von Arthur Honegger (1936), *Andante pour cordes* von André Jolivet (1936), *Symphonie Nr. 3* von Jean Rivier (1940), *Sinfonietta* von Albert Roussel (1934), *Janiana* von Florent Schmitt (1942) sowie Werke von Eugène Bozza, Maurice Jaubert, Georges Migot und Darius Milhaud. Nach der Befreiung Frankreichs nimmt sie ihre Tätigkeit innerhalb der Tanzveranstaltungen Janine Solanes im Palais de Chaillot wieder auf. Sie dirigiert die verschiedenen Formationen des französischen Rundfunks sowie Orchester aus der Provinz.

Evstatieva, Stefka
Bulgarische Sopranistin, geb. 7. 7. 1947 Russé.
Sie studiert am Konservatorium von Sofia bei Elena Kisselova und debütiert an der Nationaloper ihrer Heimatstadt, an der sie unter anderem die Rollen der Amelia (in *Un ballo in maschera*, Ein Maskenball und in *Simone Boccanegra*), Leonora (*Il Trovatore*, Der Troubadour, alle Verdi) und Mimi (*La Bohème*, Puccini) interpretiert. 1974 teilt sie sich mit Sylvia Sass beim Tschaikowskij-Wettbewerb in Moskau den 2. Preis. 1978 gewinnt sie den internationalen Belcanto-Wettbewerb des belgischen Rundfunks und im darauffolgenden Jahr den großen Preis beim Sofioter internationalen Wettbewerb für junge Sänger. Sie wird Mitglied des Ensembles der Oper in Sofia. Die wichtigsten europäischen Bühnen laden sie ein: Covent Garden (Desdemona, *Otello*, Verdi, 1980, Donna Elvira, *Don Giovanni*, Mozart, 1981, Elisabeth, *Don Carlos*, Verdi, 1983), Berlin (1982), Wien (*Il Trovatore*, 1982), Verona (*Otello*, 1982), die Scala (*André Chénier*, Giordano) und Paris (*Otello*, 1983). In Philadelphia feiert sie ihr Debüt auf dem nordamerikanischen Kontinent. Zu ihrem Repertoire zählen die wichtigsten Rollen Verdis sowie des italienischen Verismus und der russischen Oper.

Ewing, Maria
Amerikanische Mezzosopranistin, geb. 27. 3. 1950 Detroit.
Die Schülerin von Eleanor Steber (Cleveland Institute of Music) und Jennie Tourel debütiert 1973 während des Festivals von Ravinia. 1976 singt sie zum ersten Mal an der Met als Cherubin (*Le nozze di Figaro*, Mozart); in der Folge tritt sie regelmäßig an diesem Haus auf und interpretiert die Rollen der Zerlina (*Don Giovanni*), Dorabella (*Così fan tutte*, beide Mozart), Rosina (*Il barbiere di Siviglia*, Rossini), des Komponisten (*Ariadne auf Naxos*, R. Strauss), der Blanche de la Force (*Les*

Dialogues des Carmélites, Die Gespräche der Karmeliterinnen, Poulenc) und Carmen (Bizet). Ab 1978 ist sie regelmäßig Gast der Festspiele von Glyndebourne und singt dort Dorabella, Rosina, den Komponisten, Poppea (*L'incoronazione di Poppea*, Die Krönung der Poppea, Monteverdi) und Carmen. 1981 debütiert sie als Zerlina an der Pariser Oper; an der Pariser Opéra-Comique singt sie 1983 die Blanche. In Genf interpretiert sie die Périchole (Offenbach, 1982) und die Susanna (*Le nozze di Figaro*, Mozart). 1989 debütiert sie in Los Angeles mit der Tosca (Puccini). Seit 1982 ist sie mit dem Opernregisseur und künstlerischen Leiter der Festspiele von Glyndebourne, Sir Peter Hall, verheiratet.

Faber, Lothar
Deutscher Oboist, geb. 7. 2. 1922 Köln.
Sein Vater, Oboist am Gürzenich-Orchester in Köln, erteilt ihm den ersten Unterricht. Er geht anschließend an die Musikhochschule seiner Heimatstadt und später an das Pariser Konservatorium und studiert klassische und zeitgenössische Musik. 1946 wird er zum Solisten des Symphonie-Orchesters des WDR in Köln ernannt. Er nimmt an Avantgarde-Festivals teil (Warschau, Venedig, Berlin, Holland, Royan) und unterrichtet während des Sommers in Darmstadt sowie an der Accademia Musicale Chigiana in Siena (1972–77). Viele Komponisten schreiben für ihn: Tadeusz Baird (*Vier Dialoge*, 1964, und *Konzert für Oboe*, 1973), Wolfgang Fortner (*Aulodie*, 1. Version, 1973), Włodzimierz Kotoński (*Konzert für Oboe*, 1972), Krzysztof Meyer (*Konzert für Oboe, Percussion und Streicher*, 1972), Gunther A. Schuller und Bernd Alois Zimmermann. Mit dem italienischen Komponisten Bruno Maderna, dessen Werke *Konzert für Oboe und Kammerorchester Nr. 1* (Darmstadt 1962), *Konzert für Oboe und Instrumentalisten Nr. 2* (Köln 1967) und *Grande Aulodia* für Flöte, Oboe und Orchester (Rom 1970) er zur Uraufführung bringt, ist er eng befreundet. Der hervorragende Techniker versteht es, die großen Linien eines Werkes freizulegen, so daß die zeitgenössische Musik, die häufig so schwer anmutet, ganz einfach zu sein scheint.

Fábián, Márta
Ungarische Zimbalspielerin, geb. 27. 4. 1946 Budapest.
Als Achtjährige beginnt sie mit dem Studium des Zimbal. 1960–64 verbringt sie am Konservatorium Béla Bartók, bevor sie zu Ferenc Gerencsér an die Musikakademie Franz Liszt in Budapest geht und dort 1967 ihr Diplom ablegt. Sie gehört zum Orchester des Tanzensembles des Ungarischen Staates (1967–73) und zum Budapester Kammerensemble (1969). Der bedeutenden Tradition ihres Landes verpflichtet, spielt sie folkloristische und klassische Musik. Viele Komponisten schreiben für sie: György Kurtág, László Sáry, Endre Székely, Sándor Szokolay u. a. Die Botschafterin der ungarischen Musik in Europa, Nord- und Lateinamerika nimmt an zahlreichen Festivals zeitgenössischer Musik teil (u. a. Warschau, Graz und Zagreb). Die Liszt-Preisträgerin fällt in *Eclats* von Pierre Boulez auf, in dem der Zimbal-Anteil sehr hoch ist, sowie in dem *Konzert für Cello, Zimbal und Orchester* von Bernd Alois Zimmermann.

Fabritiis, Oliviero de
siehe **De Fabritiis, Oliviero**

Fachiri, Adila (= Adila d'Aránvi)
Englische Violinistin ungarischer Abstammung, geb. 26. 2. 1886 Budapest, gest. 15. 12. 1962 Florenz.
Die Großnichte Joseph Joachims und Schwester der Violinistin Jelly d'Aránvi studiert in ihrer Heimatstadt bei Jenő Hubay und später dann in Berlin (1905–07) bei Joachim, von dem sie eine Stradivari aus dem Jahre 1715 erbt. 1906 debütiert sie in Wien mit dem *Konzert für Violine und Orchester* von Ludwig van Beethoven. 1909 übersiedelt sie nach England und heiratet dort 1919 Alexandre Fachiri. 1902 realisiert sie die Uraufführung von Béla Bartóks *Andante für Violine und Klavier* und 1930 zusammen mit ihrer Schwester Jelly das für die beiden Künstlerinnen geschriebene *Konzert für zwei Violinen und Orchester* von Gustave Theodor Holst.

Faerber, Jörg
Deutscher Dirigent, geb. 18.6. 1929 Stuttgart.
Nach seinem Studium an der Hochschule für Musik in Stuttgart arbeitet er an den Opern von Stuttgart und Heilbronn (1952–60). 1961 gründet er das Württembergische Kammerorchester in Heilbronn, das sich schnell zu einem der wichtigsten deutschen Kammerorchester entwickelt und sich auch international durchsetzt. Er widmet sich hauptsächlich der barocken Literatur und schlägt einen eigenständigen Weg ein, der in der Mitte zwischen dem Erneuerungsbestreben in den 50er und 60er Jahren und den »Puristen«, die auf alten Instrumenten bestehen, liegt.

Falcinelli, Rolande
Französische Organistin und Komponistin, geb. 18. 2. 1920 Paris.
Sie beginnt als Fünfjährige mit dem Klavierunterricht und geht später an das Pariser Konservatorium zu Abel Estyle, Simone Plé-Caussade und Henri Büsser. 1938 erhält sie einen 1. Preis in Harmonielehre und 1939 einen 1. Preis in Fuge und einen 2. in Komposition. Während des 2. Weltkriegs wendet sie sich der Orgel zu und studiert bei Gaston Litaize. 1942 erhält sie 1. Preise für Orgel und Improvisation, den 2. Großen Rompreis und den Rossini-Preis. 1945 wird sie zur Titularorganistin von Sacré-Cœur in Montmartre ernannt und als solche die erste Frau, die in Paris Titularorganistin einer bedeutenden Orgel wird. 1948 erhält sie vom amerikanischen Konservatorium in Fontainebleau einen Ruf als Professorin für Orgel; gleichzeitig ist sie Stellvertreterin von Marcel Dupré am Pariser Konservatorium. Im gleichen Jahr spielt sie an 6 Abenden hintereinander das gesamte Orgelwerk Duprés. 1951 wird sie Professorin an der Ecole Normale de Musique in Paris, bevor sie 1955 den Lehrstuhl für Orgel am Pariser Konservatorium übernimmt (bis 1986). Sie komponiert hauptsächlich, aber nicht ausschließlich, für ihr Instrument, und veröffentlicht Werke über Orgelunterricht, über das Geistige in der Musik und verschiedene Werkanalysen. Zu den Werken, die ihr gewidmet sind, zählen *Variations* (Guillou), *Variations sur un Noël imaginaire* (Variationen über ein imaginäres Weihnachten, Wissmer) und *Psaume pour notre temps* (Psalm für unsere Zeit, Tisné).

Falcon, Ruth
Amerikanische Sopranistin, geb. 2. 11. 1946 New Residence (La.).
Sie studiert in ihrer Heimatstadt an der Tulane University und erhält dann ein Stipendium des Marthe Baird Rockefeller Fund for Music und studiert am amerikanischen Operninstitut in New York, auch von der Sullivan Foundation unterstützt. 1973 perfektioniert sie sich bei Tito Gobbi in Florenz. Kurz darauf debütiert sie mit der New York City Opera am State Theater in New York als Micaëla in *Carmen*. Schon bald wird sie von verschiedenen amerikanischen Städten zu Opern- und Konzertgastspielen eingeladen. 1975 debütiert sie in Europa. Sie singt am Stadttheater Bern die Medea (Cherubini). Ihre Karriere verläuft zu gleichen Teilen in Nord- und Südamerika sowie in Europa, wo sie zum Ensemble der Bayerischen Staatsoper gehört. An der Pariser Oper und an der Scala singt sie vor allem die großen Mozart-Rollen ihres Faches, in denen sie sich genauso auszeichnet wie in den großen Rollen des italienischen und deutschen Faches.

Farley, Carole
Amerikanische Sopranistin, geb. 29. 11. 1946 LeMars (Ia.).
Sie studiert bei Dorothy Barnes in Moskau (nicht in der UdSSR, sondern im amerikanischen Bundesstaat Iowa) Gesang, geht dann zu William Shriner an die Indiana University in Bloomington und zu Marianne Schech nach München. 1969 debütiert sie in Linz; relativ schnell wird sie von großen deutschen Bühnen (Köln, Deutsche Oper am Rhein), vom Théâtre de la Monnaie in

Brüssel, der Straßburger Oper und anderen eingeladen. 1975 debütiert sie als Mimi (*La Bohème*, Puccini) an der Met; ein Jahr später nimmt sie an der New York City Opera an einer Aufführung von *La Belle Hélène* (Die schöne Helena, Offenbach) teil. Anschließend singt sie die Lulu (Berg, 1978 an der Met, später dann in Köln und Zürich), die Manon (Massenet), die Violetta (*La Traviata*, Verdi), die Donna Anna (*Don Giovanni*, Mozart) und die Titelrolle in *La Voix humaine* (Die menschliche Stimme, Poulenc). Auch als Konzertsängerin ist sie erfolgreich. Sie ist mit dem Dirigenten José Serebrier verheiratet.

Farnadi, Edith (= Edith Sugar)
Österreichische Pianistin ungarischer Herkunft, geb. 25. 9. 1921 Budapest, gest. 14. 12. 1973 Graz.
Das Wunderkind wird als Neunjährige von der Budapester Akademie Franz Liszt aufgenommen und von Arnold Székely, Leo Weiner, Béla Bartók und Ilona Deckers unterrichtet. Als Zwölfjährige debütiert sie mit dem *Konzert für Klavier und Orchester Nr. 1* von Ludwig van Beethoven und dirigiert selbst vom Klavier aus. Sie wird zweimal mit dem Liszt-Preis ausgezeichnet und legt 1938 ihr Diplom ab; zwei Jahre später kehrt sie an die Budapester Akademie als Professorin zurück. In den 50er Jahren wird sie als Spezialistin von Franz Liszt und Béla Bartók bekannt. Sie spielt mit bedeutenden Violinisten: Jenő Hubay, Bronislaw Huberman, André Gertler, Gerhard Taschner und Ede Zathureczky sowie den wichtigsten Dirigenten ihrer Zeit.

Farncombe, Sir Charles
Englischer Dirigent, geb. 29. 7. 1919 London.
Er studiert an der Universität London Ingenieurwissenschaften (1936–40) und nimmt aktiv am 2. Weltkrieg teil. Nach dem Krieg geht er an die Royal Academy of Music in London (Diplom 1952). Er beginnt, sich auf die Musik des 18. Jahrhunderts zu spezialisieren. 1955 gründet er mit Edward J. Dent die Handel Opera Society, deren musikalischer Direktor er wird; er gräbt viele vergessene Werke von Georg Friedrich Händel, aber auch von Joseph Haydn, Wolfgang Amadeus Mozart und Thomas Augustine Arne aus. 1972–79 ist er 1. Kapellmeister am Königlichen Hoftheater in Drottningholm, Schweden. Anschließend wird er principal guest conductor des Badischen Staatstheaters in Karlsruhe, wo er das gesamte Repertoire des 18. Jahrhunderts betreut. Er gibt zahlreiche Werke Händels neu heraus. 1983 wird er zum musikalischen Direktor der London Chamber Opera ernannt.

Farrar, Geraldine
Amerikanische Sopranistin, geb. 28. 2. 1882 Melrose (Mass.), gest. 11. 3. 1967 Richfield.
Die Schülerin von J. H. Long in Boston, Emma Thursby in New York und Trabadello in Paris debütiert 1901 als Margarethe (*Faust*, Gounod) und fällt Lilli Lehmann auf, die sie während ihrer ersten Berliner Jahre (1901–07) unterrichtet und ihr wertvolle Ratschläge erteilt. An der Seite der Lehmann singt sie während der Salzburger Festspiele die Zerlina (*Don Giovanni*, Mozart). Sie nimmt in Europa an den Uraufführungen der Opern *Amica* (Freundin, Mascagni, Monte Carlo 1905), *L'Ancêtre* (Der Vorfahr, Saint-Saëns, Monte Carlo, 1906) und *Le Clown* (Der Clown, Camondo, Paris, Nouveau Théâtre, 1906) teil. 1906 debütiert sie als Juliette (*Roméo et Juliette*, Gounod) an der Met, wo sich der wichtigste Teil ihrer Karriere abspielen sollte. Bis 1922 triumphiert sie hier vor allem in zwei Opern, in *Madame Butterfly* (Puccini) und *Carmen* (Bizet). 1910 kreiert sie an diesem Haus *Die Königskinder* (Humperdinck), 1914 *Julien* (Gustave Charpentier) und 1918 *Suor Angelica* (Schwester Angelica, Puccini). Ihre Stimme mit dem hellen Timbre und der unvergleichlichen Phrasierung eignet

sich besonders für das Repertoire des lyrischen Soprans; so gehören die Zerlina (*Don Giovanni*), der Cherubin (*Le nozze di Figaro*, beide Mozart), Manon (Massenet) und Mignon (Thomas) zu ihren weiteren Glanzrollen.
W: *Such Sweet Compulsion* (New York 1938, Neuauflage New York und Freeport 1970).

Farrell, Eileen
Amerikanische Sopranistin, geb. 13. 2. 1920 Willimantic (Conn.).
Sie studiert bei Merle Alcock und später bei Eleanor McLellan in New York. 1940 debütiert sie anläßlich eines Konzertes von Radio Columbia. Fünf Jahre lang singt sie in der Sendung »Eileen Farrell presents« des gleichen Senders. Erst 1947 tritt sie zum ersten Mal öffentlich auf und erringt auf Anhieb große Erfolge. 1950 singt sie in der Carnegie Hall, New York, in einer konzertanten Aufführung die Marie (*Wozzeck*, Berg). 1955 interpretiert sie in der Town Hall in New York die Medea (Cherubini). Als Leonore (*Il Trovatore*, Der Troubadour, Verdi) tritt sie in San Francisco zum ersten Mal in einer richtigen Inszenierung auf. Ein Jahr später singt sie in Chicago die Gioconda (Ponchielli). 1960 debütiert sie als Alkeste (Gluck) an der Met, an der sie bis 1965 regelmäßig auftritt. Während der gleichen Zeit gibt sie häufig Gastspiele an der Oper von Rom. 1971 zieht sie sich von der Bühne zurück und beginnt, an der Indiana University (bis 1980) und anschließend an der Maine University (ab 1984) zu unterrichten. Sie hat eine ausgesprochen umfangreiche und kräftige Stimme und singt im Konzertsaal und auf Schallplatten häufig Wagner, jedoch nie auf der Bühne.

Fassbaender, Brigitte
Deutsche Mezzosopranistin, geb. 3. 7. 1939 Berlin.
Die Tochter des Baritons Willy Domgraf-Fassbaender und der Schauspielerin Sabine Peters studiert bei ihrem Vater am Nürnberger Konservatorium Gesang (1959–61) und debütiert 1961 an der Münchner Oper als Niklaus (*Les Contes d'Hoffmann*, Hoffmanns Erzählungen, Offenbach). Sie bleibt dem Haus treu und singt hier alle wichtigen Rollen ihres Faches: Hänsel (*Hänsel und Gretel*, Humperdinck), Sextus (*La clemenza di Tito*), Cherubin (*Le nozze di Figaro*), Dorabella (*Così fan tutte*, alle Mozart), Carmen (Bizet), Eboli (*Don Carlos*, Verdi), Marina (*I quatro rusteghi*, Die vier Grobiane, Wolf-Ferrari), Charlotte (*Werther*, Massenet) sowie die Wagner-Rollen. Ihre internationale Karriere führt sie über den Covent Garden (1971), Paris (Brangäne, *Tristan und Isolde*, Wagner, 1972, und Octavian, *Der Rosenkavalier*, R. Strauss, 1977), Salzburg (Dorabella, 1972–78, Fricka, *Der Ring des Nibelungen*, Wagner), die Scala, Wien und Berlin an die Met (1974). Die Hosenrollen in den Opern von Mozart und Strauss gehören zu ihren bekanntesten Interpretationen. Auch im Konzertsaal wird sie als Oratorien- und Lied-Sängerin gefeiert. 1988 übernimmt sie mit dem *Rosenkavalier* ihre erste Opernregie (München). Einen bedeutenden Teil ihrer Freizeit widmet sie der Malerei; sie hat schon mehrmals ausgestellt.

Fedossejew, Wladimir
Russischer Dirigent, geb. 5. 8. 1932 Leningrad.
Während des 2. Weltkriegs beginnt er an der Leningrader Musikschule sein Studium, das er in Moskau am Gnessin-Institut und am Konservatorium fortsetzt. Noch als Student springt er für einen erkrankten Dirigenten ein und leitet mit großem Erfolg im Radio eine Aufführung von Dmitrij D. Schostakowitschs *Symphonie Nr. 5*, der Beginn seiner Karriere. Er arbeitet mit den wichtigsten Orchestern der Sowjetunion und leitet unter anderem einen Zyklus mit den Symphonien Peter I. Tschaikowskijs mit den Leningrader Philharmonikern. 1974 wird er zum 1. Kapellmeister des Symphonie-Orchesters des sowjetischen Rundfunks ernannt. Er

Fellegi, Ádám
Ungarischer Pianist, geb. 30. 12. 1941 Budapest.
Er studiert bei Lajos Hernádi an der Akademie Franz Liszt in Budapest (1958–63) und debütiert bereits 1963, noch bevor er sich 1966 in Wien bei Paul Badura-Skoda, Alfred Brendel und Jörg Demus perfektioniert. Im gleichen Jahr erhält er beim Internationalen Budapester Wettbewerb einen Spezialpreis für die beste Interpretation zeitgenössischer ungarischer Musik. Auch weiterhin beschäftigt er sich mit diesem Gebiet, ohne deshalb die »Klassiker« seines Faches zu vernachlässigen. Er spielt Werke von Arnold Schönberg, Alban Berg, Béla Bartók und Igor Strawinsky, aber auch von István Láng, József Soproni u.a. Er gehört zu den besten Interpreten der jungen ungarischen Musik.

Feltsman, Wladimir
Russischer Pianist, geb. 8. 1. 1952 Moskau.
Er stammt aus einer Musikerfamilie: sein Vater, ein in der UdSSR bekannter Chanson-Komponist, und seine Mutter, eine Pianistin, erteilen ihm den ersten Klavierunterricht. Als Sechsjähriger geht er zu Jewgenij Timakhin an die zentrale Moskauer Musikschule. Mit dem *Konzert für Klavier und Orchester* und der *Rhapsodie* von Dmitri B. Kabalewski tritt er als Zwölfjähriger erstmals öffentlich auf. 1967 gewinnt er den Prager Radio-Wettbewerb. Anschließend geht er zu Jakow W. Flijer. 1971 gewinnt er den Long-Thibaud-Wettbewerb und führt größere Tourneen im Westen wie im Osten durch. Sein Repertoire reicht von Olivier Messiaen zu Frédéric Chopin und von Arnold Schönberg zu Claude Debussy. Er äußert den Wunsch, nach Israel auszuwandern, und wird daraufhin von den sowjetischen Behörden in seiner Freiheit stark beschränkt. Seine Karriere kommt praktisch zum Erliegen. 1987 gehört er zu den ersten, die von der Perestroika profitieren: Er gibt in Moskau ein Konzert und erhält die Erlaubnis, in die USA zu emigrieren.

Ferencsik, János
Ungarischer Dirigent, geb. 18. 1. 1907 Budapest, gest. 12. 6. 1984 daselbst.
Er studiert am Budapester Nationalkonservatorium bei Anton Fleischer und László Lajtha. 1927 debütiert er an der Budapester Oper als Repetitor; 1930 wird er dort zum Kapellmeister ernannt. 1930–31 ist er gleichzeitig Assistent in Bayreuth. Seine Karriere spielt sich hauptsächlich in seiner Heimatstadt ab: 1947–51 leitet er das Symphonie-Orchester des Ungarischen Rundfunks, 1950 wird er zum Generalmusikdirektor der Oper und 1952 zum Musikdirektor der Ungarischen Nationalphilharmonie ernannt. 1948–50 ist er gleichzeitig Kapellmeister an der Wiener Oper. Er unterrichtet an der Franz-Liszt-Akademie in Budapest. 1960–68 leitet er gleichzeitig die Budapester Philharmoniker. Ferencsik gilt als einer der herausragenden Spezialisten Béla Bartóks und Zoltán Kodálys, deren Werke er in der ganzen Welt dirigiert.

Fernandez, Wilhelmenia (= Wilhelmenia Wiggins)
Amerikanische Sopranistin, geb. 5. 1. 1949 Philadelphia.
Sie studiert an der Musikakademie ihrer Heimatstadt Gesang und perfektioniert sich an der Juilliard School of Music in New York (1969–73). 1977 debütiert sie als Bess in *Porgy and Bess* (Gershwin) am Broadway; mit dieser Rolle wird sie in den Vereinigten Staaten und Europa bekannt. Die Oper von Philadelphia, die New York City Opera sowie das Michigan Opera Theatre sind ihre wichtigsten Stationen auf dem Weg nach oben, bevor sie der Film *Diva* von Jean-Jacques Beinex in der ganzen Welt berühmt macht.
Ab 1979 singt sie auch an der Pariser

Oper (Musette und Mimi, beide *La Bohème*, Puccini) und an verschiedenen französischen Provinzbühnen. 1984 gehört sie zu den Sängerinnen, die anläßlich der Einweihungsfeierlichkeiten des Palais des Sports de Bercy in Paris die Aida (Verdi) singen. *Don Giovanni* (Mozart), *Luisa Miller*, *Il Trovatore* (Der Troubadour, beide Verdi), *Dido and Aeneas* (Purcell), *Carmen* (Bizet), *Tosca* und *Turandot* (beide Puccini) gehören zu ihren Repertoire-Opern.

Fernández Arbós, Enrique
Spanischer Dirigent, Violinist und Komponist, geb. 24. 12. 1863 Madrid, gest. 2. 6. 1939 San Sebastián.
Er studiert am Konservatorium von Madrid bei Jesús de Monasterio und geht dann nach Brüssel, um bei Henri Vieuxtemps Violine und François Auguste Gevaert Komposition zu studieren. Anschließend verbringt er drei Jahre in Berlin und perfektioniert sich bei Joseph Joachim und Heinrich von Herzogenberg. Er wird zum Professor am Hamburger Konservatorium ernannt und übernimmt die Funktion eines Konzertmeisters des Orchesters von Glasgow. Später übt er die gleiche Funktion bei den Berliner Philharmonikern und beim Symphonie-Orchester von Boston aus. Wieder in England, wird er Professor für Violine am Royal College of Music (1894–1916). Während dieser Zeit beschäftigt er sich zum ersten Mal mit Dirigieren. 1904 übernimmt er die Leitung des neuen Symphonie-Orchesters von Madrid, die er bis zum Spanischen Bürgerkrieg beibehält. Er unterrichtet am Madrider Konservatorium und wird zum Konzertmeister des Orchesters der Königlichen Kapelle ernannt. Er setzt sich in besonderem Maße für die Musik seiner Zeit ein, leitet die Uraufführung von *Noches en los jardines de España* (Nächte in spanischen Gärten, 1916) von Manuel de Falla und die spanische Erstaufführung (1932) des *Sacre du printemps* (Frühlingsopfer) von Igor Strawinsky. Als Präsident der spanischen Sektion der internationalen Gesellschaft für Neue Musik bereitet er das Musikfest 1936 in Barcelona vor, bei dem das *Konzert für Violine und Orchester, Dem Andenken eines Engels gewidmet* von Alban Berg uraufgeführt wird. Sein kompositorisches Schaffen umfaßt u. a. eine komische Oper und verschiedene Orchestrierungen nach Fragmenten von Albéniz.

Ferrara, Franco
Italienischer Dirigent, geb. 4. 7. 1911 Palermo, gest. 6. 9. 1985 Florenz.
Er studiert an den Konservatorien von Palermo und Bologna Klavier, Violine, Orgel und Komposition und debütiert mit Klavier- und Violinabenden. 1938 beginnt er in Florenz zu dirigieren; er setzt sich schnell als einer der wichtigsten italienischen Dirigenten seiner Zeit durch. Ein Nervenleiden hindert ihn schon bald an öffentlichen Auftritten, und auch im Studio kann er kurze Zeit später nicht mehr arbeiten. So verlegt er sich ganz auf die Unterrichtstätigkeit. Ab 1958 unterrichtet er in Perugia und ab 1959 in Hilversum und an der Accademia Nazionale di Santa Cecilia in Rom; die meiste Zeit unterrichtet er allerdings an der Accademia Musicale Chigiana in Siena (1966–67, 1969–76 und ab 1978). Zu seinen Schülern zählen Edo de Waart, Emil Tschakarow, Gabriel Chmura, Zoltán Pesko, Riccardo Chailly, Aldo Ceccato, Gaetano Delogu, Gabriele Ferro, Hubert Soudant und Andrew Davis.

Ferras, Christian
Französischer Violinist, geb. 17. 6. 1933 Le Touquet, gest. 14. 9. 1982 Paris.
Als Siebenjähriger erhält er von seinem Vater den ersten Geigenunterricht. Ein Jahr später geht er zu Charles Bistesi an das Konservatorium von Nizza. 1942 spielt er in Nizza zum ersten Mal öffentlich mit Orchesterbegleitung. Zwei Jahre später erhält er vom dortigen Konservatorium einen 1. Preis mit Auszeichnung. Anschließend geht er an das Pariser Konservatorium und studiert bei René Benedetti Violine und bei Joseph

Calvet Kammermusik. 1946 erhält er in beiden Disziplinen 1. Preise. 1948 gewinnt er beim Internationalen Wettbewerb von Scheveningen den 1. Preis. 1949 perfektioniert er sich bei George Enescu und gewinnt beim Internationalen Long-Thibaud-Wettbewerb den 2. Preis. Anschließend bildet er mit dem Pianisten Pierre Barbizet ein Duo, das in der ganzen Welt auftritt. Gleichzeitig beginnt er eine internationale Solisten-Karriere. 1975 wird er am Pariser Konservatorium zum Professor ernannt.

Zu den wichtigsten von Christian Ferras realisierten Uraufführungen gehören das *Konzert für Violine und Orchester* von Federico Elizalde, *Sonate für Violine solo* von Arthur Honegger (1948), *Sonate für Violine und Klavier* von Claude Pascal (1952), *Konzert für Violine und Orchester* von Gyulia Bando (1959), *Konzert für Violine und Orchester* und *Sonate für Violine solo* von Serge Nigg (1956). Er besitzt zwei Stradivari, die *Präsident* (1721) und die *Minaloto* (1728).

Ferrier, Kathleen Mary
Englische Altistin, geb. 22. 4. 1912 Higher Walton (Lancashire), gest. 8. 10. 1953 London.
Sie lernt Klavier und gewinnt beim Carlisle Competitive Festival 1. Preise in Klavier und Gesang; sie läßt bei J.-H. Hutchinson und Roy Henderson ihre Stimme ausbilden. Während des Zweiten Weltkriegs beginnt sie ihre Karriere in der englischen Provinz; sehr schnell tritt sie auch mit dem Londoner Bach Choir auf. 1946 feiert sie anläßlich der Uraufführung von Benjamin Brittens *The Rape of Lucretia* (Der Raub der Lukretia) während der Festspiele in Glyndebourne ihre Bühnenpremiere.
Sie interpretiert nur noch eine zweite Rolle auf der Bühne, den Orfeo (Gluck), den sie zuerst in Glyndebourne (1947) und anschließend in Amsterdam und London (Covent Garden) singt, wo sie 1953 eine Vorstellungsreihe abbrechen muß, da sie bereits zu krank ist. In der kurzen Zeitspanne, die ihr zur Verfügung steht, feiert sie internationale Erfolge, vor allem unter der Leitung von Bruno Walter. Ihre Interpretation von Gustav Mahlers *Lied von der Erde* (Edinburgh 1947, Salzburg 1949) bleibt unvergessen.
Ihre ausdrucksstarke Stimme läßt sie zur idealen Interpretin von Bachs und Händels Oratorien und Passionen werden. Sie zeichnet sich auch in den Liedern Franz Schuberts, Robert Schumanns, Johannes Brahms' und Gustav Mahlers sowie in Werken zeitgenössischer Komponisten aus, so als Engel in *The Dream of Gerontius* (Der Traum des Gerontius) von Edward Elgar. Die Alt-Partie in *Canticle II* (Hohelied II) von Benjamin Britten ist ihr gewidmet, genau wie *The Enchantress* (Die Zauberin) von Arthur Bliss. Auch an der Uraufführung von Brittens *A Spring Symphony* (Frühlingssymphonie, 1949) wirkt sie mit.

Ferro, Gabriele
Italienischer Dirigent, geb. 15. 11. 1937 Pescara.
Der Sohn des Komponisten Pietro Ferro studiert bei Franco Ferrara an der Accademia Nazionale di Santa Cecilia in Rom Komposition und Orchesterleitung. 1964 gewinnt er den von der RAI ausgeschriebenen Wettbewerb für junge Dirigenten. 1967 gründet er das Symphonie-Orchester von Bari. Claudio Abbado lädt ihn ab 1974 regelmäßig ein, an der Mailänder Scala die Symphonie-Konzerte zu dirigieren. 1978 debütiert er an der Spitze des Orchesters von Cleveland in den Vereinigten Staaten. Bei den Settimane Senensi dirigiert er selten gespielte Werke von Christoph Willibald Gluck, Luigi Cherubini, Gioacchino Rossini und Saverio Mercadante. Auch die zeitgenössische Musik nimmt einen breiten Raum in seinem Repertoire ein. Er ist Musikdirektor des Sizilianischen Symphonie-Orchesters in Palermo; 1988 wechselt er an die Spitze des Symphonie-Orchesters der RAI Rom. 1992 wird er zum Gene-

ralmusikdirektor der Stuttgarter Oper ernannt.

Ferro, Luigi
Italienischer Violinist, geb. 1. 7. 1903 Murano, gest. in Venedig.
Als Professor für Violine unterrichtet er die Dirigenten Angelo Ephrikian und Claudio Scimone sowie zahlreiche Violinisten, die an der Gründung der Scuola Veneziana (1947–48) und den I Virtuosi di Roma teilnehmen oder zu deren erster Gruppierung gehören (1948–61). Seinen Schülern vermittelt er die sogenannte »venezianische« Bogentechnik, die sich durch einen besonders weichen Bogenansatz und die Benutzung der ganzen Bogenlänge auszeichnet. I Solisti Veneti unter Claudio Scimone setzen diese Tradition auch heute noch fort. Luigi Ferro ist Konzertmeister der Scuola Veneziana sowie der Virtuosi di Roma, bevor er sich als Sechzigjähriger erkrankt zurückzieht. 1931–57 unterrichtet er am Konservatorium von Venedig und 1957–63 an dem von Mailand. Er ist einer der Pioniere der neuen venezianischen Interpretationsschule.

Feuermann, Emanuel
Amerikanischer Cellist österreichischer Herkunft, geb. 22. 11. 1902 Kołmyja (Galizien), gest. 25. 5. 1942 New York.
Er wird zuerst von seinem Vater unterrichtet, bevor er nach Wien geht und bei Anton Walter studiert. Als Elfjähriger gibt er sein 1. Konzert. Anschließend geht er zu Julius Klengel nach Leipzig. Als Fünfzehnjähriger wird er vom Gürzenich-Orchester zum Solocellisten und an der dortigen Musikhochschule zum Professor ernannt. Gleichzeitig gehört er dem Bram-Eldering-Quartett an. 1923 kehrt er nach Wien zurück und schlägt eine internationale Karriere ein. 1929–33 ist er Professor an der Berliner Musikhochschule. Er gründet mit Szymon Goldberg und Paul Hindemith ein Streichtrio. 1935 debütiert er in den Vereinigten Staaten. 1937–38 verbringt er in Zürich, bevor er 1938 aufgrund der Nazis endgültig in die Vereinigten Staaten emigriert, wo er 1941 am Curtis Institute in Philadelphia zum Professor ernannt wird. Mit Jascha Heifetz und Arthur Rubinstein gründet er wieder ein Trio, doch sein viel zu früher Tod unterbricht jäh seine Karriere. Feuermann zählt zu den markantesten Cellisten des 20. Jahrhunderts. Er spielte auf einer Stradivari aus dem Jahre 1727, der *De Monk*. 1933 nimmt er an der Uraufführung von Paul Hindemiths *Trio Nr. 2* teil; Schönberg transkribiert für ihn das *Konzert für Cello und Orchester in d* von Mathias Monn, das er 1938 kreiert.

Février, Jacques
Französischer Pianist, geb. 26. 7. 1900 Saint-Germain-en-Laye, gest. 2. 9. 1979 Epinal.
Der Sohn des Komponisten Henri Février, selbst Schüler von André Messager und Gabriel Fauré, studiert am Pariser Konservatorium in der Klasse von Edouard Risler und Marguerite Long. Er ist seit seiner Kindheit mit Francis Poulenc befreundet, tritt häufig mit ihm auf und spielt zusammen mit ihm dessen Klavierwerk für vier Hände ein.
Maurice Ravel vertraut dem bedeutenden Spezialisten für die französische Musik des 20. Jahrhunderts ganz offiziell 1933 die Aufführung seines *Konzertes für die linke Hand* an, da er mit der Uraufführung des Werkes durch Paul Wittgenstein 1931 unzufrieden gewesen war. Mit Francis Poulenc und Georges Auric spielt er abwechselnd die Klavierduos Erik Saties (einige Aufnahmen sind erhalten). Poulenc widmet ihm sein *Konzert in d-moll für 2 Klaviere und Orchester*, das er 1932 zusammen mit dem Komponisten zur Uraufführung bringt. 1952 wird er am Pariser Konservatorium zum Professor ernannt.

Fiedler, Arthur
Amerikanischer Dirigent, geb. 17. 12. 1894 Boston, gest. 10. 7. 1979 daselbst.
Sein Vater, Mitglied des Symphonie-Orchesters in Boston, unterrichtet ihn

in Violine. Anschließend setzt er seine musikalischen Studien als Schüler von Willy Heß in Berlin fort. Wieder in den Vereinigten Staaten, wird er 1915 als Violinist Mitglied des Symphonie-Orchesters von Boston. Später wechselt er zur Bratsche. 1924 gründet er die Boston Sinfonietta, ein Orchester aus 25 Musikern, die alle gleichzeitig dem Symphonie-Orchester angehören. Mit aufgrund des leichteren Repertoires erzielt er große Erfolge, vor allem ab 1929 mit den »Esplanade Concerts« am Ufer des Charles River. Arthur Fiedler wird Nachfolger von Alfredo Casella an der Spitze der Boston »Pops«, der Volkskonzerte, die im Sommer gegeben werden und deren Repertoire sowohl die großen symphonischen Klassiker wie auch besondere Arrangements umfaßt.

Fiedler, Max
Deutscher Pianist und Dirigent, geb. 31. 12. 1859 Zittau (Oberlausitz), gest. 1. 12. 1939 Stockholm.
Er studiert zuerst bei seinem Vater und später am Konservatorium von Leipzig (1877–80) Klavier und bei G. Albrecht Orgel und Notation. 1882 wird er am Konservatorium Hamburg zum Professor ernannt und unterrichtet dort bis 1908; 1903–08 leitet er es gleichzeitig. Er tritt als Solist auf. Als er 1904 zum Dirigenten der Hamburger Philharmoniker ernannt wird (bis 1908), verzichtet er auf seine Laufbahn als Pianist. 1905 debütiert er in Amerika; in der Folge wird er regelmäßig von den New Yorker Philharmonikern zu Gastkonzerten eingeladen. 1908–12 leitet er das Symphonie-Orchester von Boston. Er kehrt nach Deutschland zurück und wird Generalmusikdirektor der Stadt Essen (1916–34). In seinen letzten Jahren dirigiert er vor allem in Schweden.

Figueras, Montserrat
Spanische Sopranistin, geb. 7. 3. 1940 Barcelona.
Sie studiert in ihrer Heimatstadt Gesang und Schauspielkunst und singt im Cor Alleluia sowie innerhalb des Ensembles Ars Musicae. Ab 1966 beschäftigt sie sich mit den alten Gesangstechniken, von den Troubadouren bis zum Ende des 18. Jahrhunderts. Dabei stützt sie sich, die post-romantischen Einflüsse außer acht lassend, auf die alten Ideale des Rezitar cantando. 1968 geht sie zur weiteren Ausbildung an die Schola Cantorum Basiliensis und an die Musikakademie Basel zu Jordi Albareda, Kurt Widmer und Eva Kraznai. Kurz darauf unterrichtet sie selbst an der Schola Cantorum Basiliensis. Sie tritt häufig zusammen mit ihrem Mann auf, dem Gambenspieler Jordi Savall; zusammen gründen sie die Ensembles Hesperion XX und Capella Reial.

Fink, Siegfried
Deutscher Schlagzeugspieler und Komponist, geb. 8. 2. 1928 Zerbst/Anhalt.
Er studiert an der Weimarer Musikhochschule bei Alfred Wagner (Schlagzeug) und Helmut Riethmüller (Komposition). Anschließend wird er Mitglied des Weimarer Orchesters. Sein Weg führt ihn über verschiedene Orchester- und Lehrstellen an die Musikakademie Lübeck, wo er 1960 sein erstes Schlagzeugensemble gründet. 1965 geht er an die Musikhochschule Würzburg, wo er später zum Professor ernannt wird. Er gründet und leitet das Würzburger Percussions-Ensemble und setzt sich als einer der führenden Schlagzeuger Deutschlands durch. Er gibt in Spanien, der Türkei, Ägypten und anderen Ländern Kurse. Als Komponist schreibt er hauptsächlich für Percussions-Ensembles. Wir verdanken ihm ein *Konzert für Vibraphon und Orchester.*

Finnilä, Birgit
Schwedische Altistin, geb. 20. 1. 1931 Falkenberg.
Als Siebzehnjährige beginnt sie bei Ingalill Linden mit dem Gesangsstudium. Sie heiratet, lebt mehrere Jahre in Finnland, kehrt 1961 nach Göteborg zurück und nimmt ihr Studium bei I. Linden

wieder auf, das sie bei Roy Henderson an der Londoner Academy of Music abschließt. Seit 1963 gibt sie in den skandinavischen Ländern zahlreiche Konzerte. 1966 debütiert sie in London mit einem Liederabend, an den sich Konzerte in Berlin, Hamburg, Hannover, Stuttgart und Düsseldorf sowie mehrere Rundfunkkonzerte anschließen. 1968 gibt sie ihr erstes Konzert in den Vereinigten Staaten. Die wichtigsten Orchester und Dirigenten laden sie ein. Birgit Finnilä gilt als eine der bedeutendsten Bach-Interpretinnen ihrer Epoche. 1970–71 führt sie eine Tournee nach Australien, Nordamerika, in die UdSSR, nach Kanada und Israel. Zu den seltenen Fällen, bei denen sie auf der Bühne auftritt, gehört ihre Interpretation der Erda (*Der Ring des Nibelungen*, Wagner) während der Osterfestspiele in Salzburg 1973–74; 1976 nimmt sie die Rolle an der Pariser Oper wieder auf.

Firkušný, Rudolf
Amerikanischer Pianist und Komponist tschechoslowakischer Herkunft, geb. 11. 2. 1912 Napajedla (Mähren).
Er studiert am Konservatorium von Brno (Brünn) und wird gleichzeitig von Leoš Janáček in Musiktheorie und Komposition unterrichtet. 1928 tritt er in das Konservatorium von Prag ein und studiert bei Vilém Kurz und Josef Suk. 1929 schließt er sein Studium ab; seine Karriere beginnt noch im gleichen Jahr. 1938 lernt er während einer Tournee durch die Vereinigten Staaten Artur Schnabel kennen und perfektioniert sich bei ihm. 1940 läßt er sich in den Vereinigten Staaten nieder. Ab 1965 unterrichtet er an der Juilliard School of Music in New York. Gleichzeitig ist er einer der Direktoren des Berkshire Music Center in Tanglewood. Er setzt sich für die Musik des 20. Jahrhunderts, besonders für die von Leoš Janáček, ein und verwirklicht folgende Uraufführungen: *Konzerte für Klavier Nr. 2* (1935), *Nr. 3* (1949) und *Nr. 4, »Incantation«* (1956) von Bohuslav Martinů sowie dessen *Sonate für Violoncello und Klavier Nr. 1* (1940; das *Klavierkonzert Nr. 3* ist Firkušný gewidmet), das *Konzert für Klavier und Orchester* von Gian Carlo Menotti (1945) und das *Konzert für Klavier und Orchester* von Howard Hanson (1948).
Als Komponist arbeitet er für sein Instrument (Konzerte), schreibt aber auch viel Kammermusik.
W: *The Story of Twentieth Century Music* (New York 1948).

Fischer, Adam
Ungarischer Dirigent, geb. 9. 9. 1949 Budapest.
Er studiert am Konservatorium Béla Bartók in Budapest Klavier und Komposition und geht dann zu Hans Swarowsky nach Wien, um Orchesterleitung zu studieren. Bei Franco Ferrara perfektioniert er sich in Venedig und Siena (1970–71). 1971–72 ist er Assistent in Graz, 1972–73 Kapellmeister in Sankt Pölten und 1973–74 Assistent an der Wiener Oper. 1973 gewinnt er den Guido-Cantelli-Wettbewerb, der von der Mailänder Scala ausgeschrieben wird. 1974–77 ist er 1. Kapellmeister an der Oper von Helsinki, bevor er in der gleichen Funktion an die Karlsruher Oper geht (1977–79). 1981–84 ist er Generalmusikdirektor in Freiburg/Br. Er dirigiert regelmäßig an der Münchner und Wiener Oper. 1984 debütiert er mit dem *Rosenkavalier* (R. Strauss) an der Pariser Oper. 1987 wird er zum Generalmusikdirektor der Oper in Kassel ernannt.

Fischer, Annie
Ungarische Pianistin, geb. 5. 7. 1914 Budapest.
Sie wird in ihrer Heimatstadt von Ernst von Dohnányi und Arnold Székely ausgebildet. Als Achtjährige ist sie in Ungarn bereits bekannt. 1933 gewinnt sie den Liszt-Preis. In der Folge erhält sie zahlreiche nationale und internationale Auszeichnungen. Während des Krieges emigriert sie nach Schweden und kehrt erst 1946 nach Budapest zurück. 1965

wird ihr von der Budapester Musikakademie der Professorentitel ehrenhalber verliehen; sie unterrichtet aber nicht.
Annie Fischer gehört zu den wichtigsten Pianistinnen der Nachkriegszeit. Vor allem als Interpretin der Romantiker, und hier insbesondere von Liszt und Schumann, zeichnet sie sich aus.

Fischer, Edwin
Schweizer Pianist, geb. 6.10. 1886 Basel, gest. 24.1. 1960 Zürich.
Er stammt aus einer Musikerfamilie und studiert am Basler Konservatorium bei Hans Huber (1896–1904), bevor er nach Berlin zu Martin Krause ans Sternsche Konservatorium geht, an dem er 1905 zum Professor ernannt wird (bis 1914). Während dieser Zeit lernt er Eugen d'Albert kennen, der ihn fördert und berät. Seine Karriere nimmt schnell internationale Ausmaße an. 1930 wird er von der Berliner Musikhochschule zum Nachfolger Artur Schnabels berufen. Auch die Orchesterleitung interessiert ihn: er dirigiert den Musikverein Lübeck (1926–28), den Münchner Bachverein (1928–32) und gründet dann sein eigenes Orchester in Berlin. Er ist einer der ersten, der die Musik des 18. Jahrhunderts pflegt und die Tradition, Bach- und Mozartkonzerte vom Flügel aus zu leiten, wieder aufnimmt. 1942 kehrt er in die Schweiz zurück und gründet mit Georg Kulenkampff (später durch Wolfgang Schneiderhan ersetzt) und Enrico Mainardi ein Trio, das sehr bekannt wird. Einen wichtigen Teil seiner Zeit widmet er ab 1945 Interpretationskursen, die er in Luzern abhält. Zu seinen Schülern zählen Alfred Brendel, Paul Badura-Skoda und Reine Gianoli. Er gründet eine Stiftung, die junge Musiker unterstützt.
Fischer setzt sich aufgrund seiner überlegenden Haltung, die sich mit einer tiefen musikalischen Botschaft und einem Sinn für Dramatik verbindet, in einer Zeit durch, die noch durch die Exzesse einer Post-Romantik geprägt ist. Der große Bach-Interpret (er nimmt als erster das *Wohltemperierte Klavier* geschlossen auf) fühlt sich bei Wolfgang Amadeus Mozart und im romantischen Repertoire genauso zu Hause. Fischer gibt Werke für Klavier von Johann Sebastian Bach, die *Sonaten für Violine und Klavier* von Ludwig van Beethoven und die *Sonaten für Klavier* von Wolfgang Amadeus Mozart heraus.
WW: *Johann Sebastian Bach* (Potsdam 1945); *Musikalische Betrachtungen* (Wiesbaden 1949); *Ludwig van Beethovens Klaviersonaten* (Wiesbaden 1956); *Von den Aufgaben des Musikers* (Wiesbaden 1960).

Fischer, István
Ungarischer Dirigent, geb. 20.1. 1951 Budapest.
Er studiert am Konservatorium Béla Bartók in seiner Heimatstadt Cello, Komposition und Orchesterleitung (1965–70) und geht dann zu Hans Swarowsky an die Wiener Musikakademie (1970–74). In Salzburg studiert er bei Nicolaus Harnoncourt die Interpretation der Barockmusik. Beim Premio Firenze (1974) und beim Wettbewerb der Rupert Foundation in London (1976) gewinnt er je einen 1. Preis. Seine internationale Karriere beginnt in Italien und England. 1977 wird er Nicolaus Harnoncourts Assistent an der Züricher Oper. 1979–82 ist er Chefdirigent der Northern Sinfonia in Newcastle upon Tyne. 1980 springt er für Claudio Abbado bei einer Tournee mit dem Symphonie-Orchester von London ein. 1983 gründet er das Festspiel-Orchester Budapest, das erste ungarische Orchester, das sich selbst verwaltet. Im gleichen Jahr wird er zum Musikdirektor der Kent Opera ernannt, dessen künstlerische Gesamtleitung er 1989 übernimmt. 1988 wird er außerdem zum principal guest conductor des Symphonie-Orchesters von Cincinnati ernannt.

Fischer-Dieskau, Dietrich
Deutscher Bariton, geb. 28.5. 1925 Berlin.
Als Sechzehnjähriger beginnt er, seine Stimme von Georg A. Walter ausbilden

zu lassen. 1942 geht er zu Hermann Weißenborn an die Berliner Musikakademie, bevor er eingezogen wird; am Ende des Zweiten Weltkriegs gibt er in einem amerikanischen Gefangenenlager in Italien die ersten Konzerte. 1947 nimmt er sein Studium bei Weißenborn wieder auf und singt für den Berliner Rundfunk *Die Winterreise* (Schubert). 1948 feiert er an der Berliner Oper, die ihn als 1. Bariton engagiert, mit dem Posa (*Don Carlos*, Verdi) sein Bühnendebüt. 1949 heiratet er die Cellistin Irmgard Poppen (gest. 1963). Aus dieser Ehe gehen drei Söhne hervor. 1978 heiratet er die Sopranistin Julia Varady. 1951 singt er bei den Salzburger Festspielen unter der Leitung von Wilhelm Furtwängler Gustav Mahler. Ein Jahr später debütiert er in den Vereinigten Staaten; in Prades singt er während der Festspiele *Die Winterreise*; wieder unter Furtwänglers Leitung interpretiert er den Kurwenal (*Tristan und Isolde*). 1954 debütiert er als Wolfram (*Tannhäuser*) in Bayreuth. Zwei Jahre später singt er dort den Amfortas (*Parsifal*, alle Wagner). Ab 1957 gehört er zum Ensemble der Wiener Staatsoper.

Fischer-Dieskau ist stark von seiner Liebe zur deutschen Literatur geprägt. Er ist als Liedsänger mindestens so bedeutend wie als Opernsänger, auch wenn man den Liedsänger zuweilen als wichtiger beurteilt. Sein Salzburger Wotan (*Rheingold*, Wagner) bleibt ebenso unvergessen wie sein Wiener Falstaff (Verdi) in der Inszenierung von Luchino Visconti. Er setzt seine szenische Präsenz, seine Intelligenz und seine große Sensibilität bevorzugt für zeitgenössische Musik ein; sein erstaunlich weitgespanntes Repertoire reicht von Heinrich Schütz über Richard Strauss und Hugo Wolf bis zu Aribert Reimann. Unter anderem werden Werke folgender Komponisten von ihm uraufgeführt: Samuel Barber (*Three Songs* op. 45, 1974), Boris Blacher, Benjamin Britten (*War Requiem*, 1962; *Cantata misericordium*, 1963), Ferruccio Busoni, Luigi Dallapiccola, Gottfried von Einem (*Rosa mystica*, Acht Lieder op. 40, 1973; *Leb wohl, Frau Welt*, Lieder op. 43, 1974; *An die Nachgeborenen*, Kantate op. 42, 1975), Wolfgang Fortner, Karl Amadeus Hartmann (*Gesangsszene*, 1964), Hans Werner Henze (*Fünf napolitanische Lieder*, 1956; *Elegie für junge Liebende*, 1961), Ernst Krenek, Witold Lutosławski (*Les Espaces du sommeil*, Schlafflächen, 1978), Siegfried Matthus (*Holofernes*, 1981), Aribert Reimann (*Ein Totentanz*, 1960; *Requiem*, 1963; *Zyklus*, 1971; *Lear*, 1978; *Drei Gedichte von Michelangelo*, Lieder, 1986), Wolfgang Rihm (*Dies*, 1986), Igor Strawinsky (*Abraham and Isaac*, A Sacred Ballad, 1964), Sir Michael Tippett (*The Vision of Saint Augustin*, 1966), Isang Yun (*Symphonie Nr. 5*, 1987).

Gegen Ende der 70er Jahre greift er selbst zum Taktstock. Im Jahre 1985 hat er bereits knapp 3 000 Lieder von mehr als 100 verschiedenen Komponisten aufgenommen. Seit 1982 unterrichtet er an der Hochschule für Künste in Berlin. Zu seinem 60. Geburtstag 1985 wird eine große Ausstellung mit Gemälden Fischer-Dieskaus eingerichtet. Er wird in München und in Berlin zum Kammersänger ernannt.

Sein älterer Bruder Klaus (geb. 1921) arbeitet seit 1989 in Berlin als Organist und Chordirigent, vor allem an der Dreifaltigkeitskirche und an der Spitze des Hugo-Distler-Chores. Sein zweiter Sohn, Matthias Fischer-Dieskau, ist als Dirigent in Hagen tätig.

WW: *Texte deutscher Lieder* (Herausgeber, erstmals veröffentlicht München 1968); *Auf den Spuren der Schubert-Lieder. Werden, Wesen, Wirkung* (Stuttgart 1971); *Wagner und Nietzsche. Der Mystagoge und sein Abtrünniger* (Stuttgart 1974); *Robert Schumann, Wort und Musik; das Vokalwerk* (Stuttgart 1981); *Töne sprechen, Worte klingen* (München 1985); *Nachklang, Ansichten und Erinnerungen* (Stuttgart 1987); *Von Berlin aus...* (Stuttgart 1987).

Fistoulari, Anatol Grigorjewitsch
Englischer Dirigent russischer Abstammung, geb. 7.(20.) 8. 1907 Kiew.
Er studiert in seiner Heimatstadt; bereits als Achtjähriger dirigiert er Peter I. Tschaikowskijs *Symphonie Pathétique*. Zu Beginn der 30er Jahre wird er von Fjodor I. Schaljapin für dessen Grand Opéra Russe als Dirigent engagiert (1931). Später holt Leonide Massin ihn zu den Ballets Russes nach Monte Carlo (1937), mit denen er auch Tourneen in die Vereinigten Staaten unternimmt. 1940 läßt er sich in England nieder und arbeitet hauptsächlich als Gastdirigent, von dem einen Jahr abgesehen (1943–44), in dem er sich fest an die Londoner Philharmoniker bindet. Mit dem gleichen Orchester unternimmt er 1959 eine Tournee in die UdSSR. Anatol Fistoulari war mit Anna Mahler, der Tochter Gustav Mahlers, verheiratet.

Fitelberg, Grzegorz
Polnischer Dirigent und Komponist, geb. 18. 10. 1879 Dwinsk (Dünaburg, Lettland), gest. 10. 6. 1953 Katowice (Kattowitz).
Er studiert am Konservatorium von Warschau bei Stanislas Barcewicz Violine und bei Zygmunt Noskowski Komposition. Er gehört als sehr junger Mann bereits zu der Gruppe Junges Polen, die verschiedene Komponisten seiner Generation vereint: Karol Szymanowski, Mieczysław Karłowicz, Ludomir Rózycki, Apolinary Szeluto. 1907–11 leitet er die Warschauer Philharmoniker. Anschließend verbringt er drei Jahre in Wien (1911–14), bevor er nach Rußland geht (1914–21): er dirigiert dort am Großen Moskauer Theater und in Sankt Petersburg. Sergej P. Diaghilew holt ihn nach Paris an die Ballets Russes (1921–24), mit denen er Igor Strawinskys Buffo-Oper *Mavra* kreiert. Er geht nach Polen zurück und übernimmt zum zweiten Mal die Leitung der Warschauer Philharmoniker (1924–34). 1935 gründet er in Warschau das Symphonie-Orchester des polnischen Rundfunks, das er bis 1939 leitet. Während des Zweiten Weltkriegs geht er ins Exil und arbeitet vor allem mit portugiesischen und amerikanischen Orchestern. 1947 kehrt er in seine Heimat zurück und arbeitet wieder mit dem Symphonie-Orchester des polnischen Rundfunks, das sich in Kattowitz ansiedelt. Er leitet u. a. die Uraufführungen von Werken von Mieczysław Karłowicz (*Litauische Rhapsodie*, 1909), Witold Lutosławski (*Symphonische Variationen*, 1939; *Symphonie Nr. 1*, 1947), Karol Szymanowski (*Symphonie Nr. 1*, 1911, und *Sinfonia concertante*, 1932, die ihm gewidmet ist).

Fizdale, Robert
Amerikanischer Pianist, geb. 12. 4. 1920 Chicago.
Nach seinem Studium an der Juilliard School of Music in New York bei Ernest Hutcheson gründet er mit Arthur Gold ein Klavier-Duo. 1944 geben sie in der New School for Social Research ein erstes, der zeitgenössischen Musik gewidmetes Konzert, bei dem das präparierte Klavier eine zentrale Rolle spielt. Sie werden als Klavier-Duo international erfolgreich. Verschiedene Komponisten schreiben für sie: Samuel Barber, Norman Dello Joio, Darius Milhaud (*Carnaval pour La Nouvelle-Orléans*, Karneval für New Orleans, 1947; *Suite*, op. 300, 1951; *Concertino d'automne*, Herbst-Concertino, 1951), Georges Auric (*Partita*), Francis Poulenc (*Sonate für zwei Klaviere*), Germaine Tailleferre, Henri Sauguet, Ned Rorem, Virgil Thomson, Vittorio Rieti (*Konzert für zwei Klaviere und Orchester*, 1952). Sie zeichnen für die Uraufführungen verschiedener Kompositionen John Cages für präparierte Klaviere sowie für die von Luciano Berios *Konzert für zwei Klaviere und Orchester* (1972) verantwortlich. Wir verdanken ihnen die Wiederentdeckung und moderne Erstaufführung von zwei Konzerten für zwei Klaviere von Felix Mendelssohn Bartholdy.
W: *Misia* (1980, zusammen mit Arthur Gold).

Fjeldstad, Øivin
Norwegischer Dirigent, geb. 2. 5. 1903 Oslo, gest. 16. 10. 1983 daselbst.
Er studiert am Konservatorium von Oslo bei Gustav Fr. Lange (1913–23). 1921 debütiert er als Violinist; 1923–45 ist er als Konzertmeister der Osloer Philharmoniker tätig. Während dieser Zeit studiert er bei Walter Davisson in Leipzig (1928) und Clemens Krauss in Berlin Orchesterleitung. In Oslo dirigiert er 1931 zum ersten Mal, doch erst nach dem Zweiten Weltkrieg beginnt seine eigentliche Karriere als Dirigent. 1946–62 ist er Chefdirigent des Orchesters des norwegischen Rundfunks. 1958–60 leitet er gleichzeitig die neu gegründete norwegische Staatsoper. 1962–69 ist er Musikdirektor der Osloer Philharmoniker. Wir verdanken ihm die erste Gesamtaufnahme der *Götterdämmerung* (Wagner) mit Kirsten Flagstad.

Flachot, Reine
Französische Cellistin, geb. 10. 10. 1922 Santa Fe.
Als Zwölfjährige beginnt sie in Paris das Studium bei Jean Dumont. Ein Jahr später tritt sie in die Klasse von Gérard Hekking am Pariser Konservatorium ein, wo sie 1937 einen 1. Preis in Cello und einen Ehrenpreis beim Belland-Wettbewerb erzielt. 1939 debütiert sie mit dem Orchester der Concerts Colonne und spielt Edouard Lalos *Konzert für Violoncello und Orchester*.
1954 gewinnt sie den Großen Gregor-Piatgorski-Preis und elf Jahre später den Internationalen Preis von Orense. 1966 wird sie an der Ecole Normale de Musique in Paris zur Professorin ernannt. 1971 gibt sie den Lehrstuhl ab und geht nach Tokio, um an der Kunstuniversität und der Toho-Gakuen-Universität zu unterrichten. Reine Flachot ist für die Uraufführungen von Werken verschiedener Komponisten verantwortlich, darunter von Darius Milhaud (*Suite cisalpine*), Jean-Michel Damase, Pierre-Max Dubois, Georges Migot, Aram I. Chatschaturjan (*Konzertrhapsodie*), André Jolivet (*Konzertsuite*), Henri Sauguet (*Sonate für Violoncello solo*) und Raymond Loucheur.

Flämig, Martin
Deutscher Chorleiter, geb. 19. 8. 1913 Aue.
Er beginnt seine Studien bei Alfred Stier und geht dann an die Hochschule für Musik in Leipzig zu Karl Straube und Johann Nepomuk David. Er wird als Kantor Nachfolger von Franciscus Nagler an der Matthäus-Kirche in Leisnig, eine der traditionsreichsten Kantor-Stellen Deutschlands (gegründet 1581). 1948 wird er zum Landeskirchenmusikdirektor der evangelischen Kirche von Sachsen ernannt. Ein Jahr später übernimmt er außerdem die Leitung der 1949 gegründeten Landeskirchenmusikschule in Dresden (bis 1959). Er unterrichtet auch an der Hochschule für Musik in Dresden und wird dort 1953 zum Professor ernannt. 1959–71 arbeitet er in der Schweiz: er dirigiert verschiedene Chöre und im Schweizer Rundfunk und unterrichtet am Berner Konservatorium, bevor er die Nachfolge von Rudolf Mauersberger als Leiter des Kreuzchores und Kantor an der Kreuzkirche in Dresden übernimmt (1971–91).

Flagstad, Kirsten Malfrid
Norwegische Sopranistin, geb. 12. 7. 1895 Hamar, gest. 7. 12. 1962 Oslo.
Die Tochter des Dirigenten Michael Flagstad (1869–1930) und der Pianistin Marie Flagstad-Johnsrud studiert bei Ellen Schytte-Jacobsen in Oslo Gesang. 1913 debütiert sie in Oslo als Nuri (*Tiefland*, d'Albert). Sie setzt ihr Studium bei Albert Westwang in Oslo und Gillis Bratt in Stockholm fort. 1922–24 ist sie am Mayoltheater in Oslo, wo sie auch Operetten singt, genau wie am Casino in Oslo (1924–27). 1928–30 gehört sie zum Ensemble des Stadttheaters Göteborg. 1933 wird sie von Bayreuth für kleinere Rollen engagiert. Ein Jahr später erzielt sie dort als Sieglinde (*Walküre*) und Gutrune (*Götterdämme-*

rung) überragende Erfolge. 1935 debütiert sie als Sieglinde an der Met; anschließend singt sie dort die Isolde (*Tristan und Isolde*), Brünnhilde (*Der Ring des Nibelungen*), Elisabeth (*Tannhäuser*), Elsa (*Lohengrin*) und Kundry (*Parsifal*, alle Wagner); man hält sie für die bedeutendste Wagner-Sängerin ihrer Zeit. Bis 1941 feiert sie an der Met einen Triumph nach dem anderen. 1936 singt sie mit großem Erfolg am Covent Garden und an der Wiener Staatsoper. Auch in Chicago, San Francisco, Zürich und Buenos Aires wird sie gefeiert. 1941–45 verbringt sie in Norwegen. Nach dem Krieg werden sie und ihr Mann Henry Johansen völlig ungerechtfertigterweise wegen Kollaboration mit den Nazis angeklagt. 1947–48 unternimmt sie eine sehr erfolgreiche Tournee durch die Vereinigten Staaten. 1948–51 singt sie auf unvergeßliche Weise alle großen Wagner-Rollen ihres Faches am Covent Garden; 1949–50 nimmt sie unter der Leitung von Wilhelm Furtwängler während der Salzburger Festspiele an Aufführungen des *Fidelio* (Beethoven) teil. Am Mermaid Theatre in London singt sie 1951 die Dido (*Dido and Aeneas*, Purcell); ein Jahr später kehrt sie an die Met zurück und triumphiert dort als Alkeste (Gluck). 1955 gibt sie in ganz Europa Konzerte, bevor sie sich von der Bühne zurückzieht. 1958–60 leitet sie die von ihr mitbegründete norwegische Staatsoper in Oslo.

Ihre jüngste Schwester, Karen-Marie Flagstad (geb. 24. 11. 1904 Oslo), ist ebenfalls eine erfolgreiche Sopranistin.

Kirsten Flagstad gehört zweifellos zu den herausragenden Sängerinnen des 20. Jahrhunderts. Die Qualität ihrer Stimme, ihre Kraft und ihr strahlendes Timbre sind außergewöhnlich; ihre szenische Präsenz fasziniert das Publikum. 1950 zeichnet sie für die Uraufführung der *Vier letzten Lieder* von Richard Strauss verantwortlich.

Fleisher, Leon
Amerikanischer Pianist und Dirigent, geb. 23. 7. 1928 San Francisco.
Er studiert bei Artur Schnabel und debütiert 1935 in San Francisco. 1952 gewinnt er den Reine-Elisabeth-Wettbewerb in Brüssel. Tourneen durch Europa und Nordamerika schließen sich an. 1959 wird er vom Peabody-Konservatorium in Baltimore zum Professor ernannt. Ein Jahr später zwingen ihn Lähmungserscheinungen in der rechten Hand, seine Konzerttätigkeit erheblich einzuschränken und sich auf die linke Hand geschriebene Werke zu beschränken. 1965 wird er Direktor der Walter Naumburg Foundation. Ab 1968 dirigiert er am Chamber Players Theater in Washington, doch erst 1970 erzielt er bei einem Konzert mit dem New York Chamber Orchestra seinen endgültigen Durchbruch. Im gleichen Jahr feiert er auf dem Mozart-Festival in der New York Philharmonic Hall einen bedeutenden Triumph. 1974–77 ist er Chefdirigent des Symphonie-Orchesters von Baltimore. Er dirigiert auch häufig das Symphonie-Orchester von Annapolis.

Intensive Behandlungen beseitigen die Lähmungserscheinungen in der rechten Hand so weit, daß er wieder als Pianist auftreten kann. So spielt er César Francks *Variations symphoniques* und realisiert die Uraufführung von Leon Kirchners *Konzert für Klavier und Orchester Nr. 2*. 1983 tritt er endgültig zum letzten Mal als Pianist auf. 1986 wird er zum künstlerischen Direktor des Tanglewood Music Center ernannt. Inzwischen unterrichtet er am Curtis Institute in Philadelphia.

Flesch, Carl
Ungarischer Violinist, geb. 9. 10. 1873 Wieselburg (heute Moson, Ungarn), gest. 15. 11. 1944 Luzern.
Er studiert zuerst bei Jakob M. Grün am Wiener Konservatorium, bevor er zu Martin Marsick an das Pariser Konservatorium wechselt (1890–94). George Enescu, Fritz Kreisler und Jacques Thi-

baud sind seine Studienkollegen. 1894 bekommt er einen 1. Preis für Violine und beginnt seine Karriere als Solist, die ihn ab 1895 vor allem nach Deutschland und Österreich führt. 1897–1902 unterrichtet er in Bukarest, 1903–08 in Amsterdam, 1921–22 und wieder ab 1928 in Berlin, 1924–28 in Philadelphia und 1926–34 in Baden-Baden.

Mit dem Pianisten Artur Schnabel und dem Cellisten Jean Gérardy, der später von Hugo Becker und dann von Gregor Piatigorsky abgelöst wird, bildet er ein berühmtes Trio. 1921 übernimmt Carl Friedberg Schnabels Platz. 1934 flieht er vor den Nazis nach London. Später wechselt er dann in die Schweiz, wo er ab 1943 bis zu seinem Tod am Konservatorium von Luzern unterrichtet. Zu seinen Schülern gehören Max Rostal, Henryk Szeryng, Ginette Neveu und Szymon Goldberg. Er gibt Werke von Johann Sebastian Bach, Georg Friedrich Händel, Wolfgang Amadeus Mozart, Ludwig van Beethoven, Felix Mendelssohn Bartholdy, Johannes Brahms und Peter I. Tschaikowskij heraus. Er spielt auf einer Goffriller und einer Guadagnini, bevor er 1907 eine Stradivari kauft, die *Brancaccio* (1725), die er 1931 wieder verkauft, um bis zu seinem Tod auf einer Petrus Guarneri zu spielen.

WW: *Die Kunst des Violinspiels* (2 Bände, Berlin 1923/28); *Das Klangproblem im Geigenspiel* (Berlin 1931); *Erinnerungen eines Geigers* (Freiburg/Br. 1960).

Fleta, Miguel B.
Spanischer Tenor, geb. 28. 12. 1893 Albalate del Cinca (Huesca), gest. 30. 5. 1938 La Coruña.
Er erhält ersten Unterricht von seinem Vater, bevor er an das Konservatorium von Barcelona geht und dann an das von Mailand wechselt, um sich bei der Sopranistin Louise Pierrick, die er später heiratet, zu perfektionieren. Er debütiert 1919 in Triest in *Francesca da Rimini* (Zandonai). In Madrid tritt er 1922 in *Carmen* (Bizet) zum ersten Mal auf, der Beginn einer internationalen Karriere, die ihn schon bald in die Vereinigten Staaten führt. 1922 nimmt er in Rom an der Uraufführung von Riccardo Zandonais Oper *Giulietta e Romeo* teil. 1922–27 singt er regelmäßig am Teatro Colón in Buenos Aires und 1923–25 an der Met, wo er vor allem als Cavaradossi (*Tosca*, Puccini) besticht, also in der Rolle, in der er dort debütiert. Puccini betrachtet ihn als den idealen Interpreten seiner Komposition. 1926 nimmt er an der posthumen Uraufführung von *Turandot* (Puccini) an der Mailänder Scala teil. Als Cavaradossi debütiert er 1928 an der Pariser Oper. Er stirbt an den Folgen einer Operation. Sein Sohn, Pierre Fleta (geb. 4. 7. 1925 Villefranche-sur-Mer), ist als Tenor in Belgien erfolgreich.

Fleury, André
Französischer Organist und Komponist, geb. 25. 7. 1903 Neuilly-sur-Seine.
Er stammt aus einer musikbegeisterten Familie (sein Vater betrieb intensive Studien bei Paul Vidal und Vincent d'Indy). Noch während er am Pariser Konservatorium studiert, vertritt er an der Orgel der Pariser Kirche Saint-Augustin häufig Eugène Gigout. 1926 erhält er in der Klasse von Marcel Dupré einen 1. Preis für Orgel und Improvisation. Er wird Stellvertreter von Charles Tournemire an der Kirche Sainte-Clotilde und nach dem Tod von Jean Huré 1. Organist an der Großen Orgel von Saint-Augustin (bis 1949). Gleichzeitig unterrichtet er an der Ecole Normale de Musique. 1949–71 ist er Professor am Konservatorium von Dijon und Organist der dortigen Kathedrale; er kehrt dann wieder nach Paris zurück, um an der Schola Cantorum zu unterrichten und als hauptamtlicher Organist in der Kirche Saint-Eustache zu arbeiten. Gleichzeitig ist er Organist der Großen Orgel in der Kathedrale von Versailles. Neben seiner Tätigkeit als Pädagoge und Organist komponiert er für sein Instrument.

Flipse, Eduard
Holländischer Dirigent, geb. 26. 2. 1896 Wissekerke, gest. 11. 9. 1972 Breda.
Er erhält von seinem Vater Orgelunterricht und gleichzeitig eine allgemeine Einführung in die Musik, geht dann nach Goes zu Otto Lies (Klavier und Musiktheorie) und nach Rotterdam zu Henri Zagwijn. Ab 1919 arbeitet er in Rotterdam als Pianist, Chorleiter und Professor am dortigen Konservatorium. Bei einem Studienaufenthalt in Paris (1929) studiert er bei Albert Roussel, Maurice Ravel und Louis Aubert. 1927 wird er 2. und 1930 1. Dirigent der Rotterdamer Philharmoniker (bis 1962); 1959–70 ist er außerdem Direktor der Antwerpener Philharmoniker. Er tritt auch als Komponist hervor, doch sein ganzes Werk wird bei der Zerstörung von Rotterdam 1940 vernichtet. Nach dem Zweiten Weltkrieg engagiert er sich leidenschaftlich für die zeitgenössische Musik seines Landes. Während des Holland Festivals setzt er sich besonders für die Werke Gustav Mahlers ein.

Flipse, Marinus
Holländischer Pianist, geb. 28. 8. 1908 Wissekerke.
Der Bruder von Eduard Flipse wurde zuerst von seiner Familie ausgebildet, bevor er zu Alfred Cortot nach Paris geht (1928–30). Er debütiert unter der Leitung seines Bruders Eduard und ist in Holland als Konzertpianist sehr erfolgreich. Auch Marinus setzt sich stark für die zeitgenössische Musik ein und verwirklicht viele holländische Erstaufführungen bedeutender Werke. Auf dem Gebiet der Kammermusik tritt er vor allem als Begleiter von Jacques Thibaud, Hermann Krebbers und Henryk Szeryng hervor.

Flor, Claus Peter
Deutscher Dirigent, geb. 16. 3. 1953 Leipzig.
Er studiert am Robert-Schumann-Konservatorium in Zwickau Violine und Klarinette, geht 1968 an die Franz-Liszt-Hochschule nach Weimar und von dort aus an die Felix-Mendelssohn-Hochschule nach Leipzig. Anschließend perfektioniert er sich als Dirigent bei Rolf Reuter und Kurt Masur. 1979 wird er zum 1. Dirigenten der Suhler Philharmoniker ernannt. Im gleichen Jahr gewinnt er bei dem Internationalen Grzegorz-Fitelberg-Wettbewerb in Kattowitz den 1. Preis. 1982 ist er beim Rafael-Kubelík-Wettbewerb in Luzern und 1983 beim Nicolai-Malko-Wettbewerb in Kopenhagen erfolgreich. Seine Karriere nimmt rasch einen steilen Aufschwung. 1984 wird er zum Chefdirigenten und 1985 zum Generalmusikdirektor des Symphonie-Orchesters von Berlin (DDR) ernannt. 1987 leitet er die Uraufführung von Günter Kochans *Symphonie Nr. 5*.

Fodor, Eugene
Amerikanischer Violinist, geb. 5. 3. 1950 Turkey Creek (Col.).
Seine Familie stammt aus Ungarn und Italien (sein Urgroßvater gründet in Ungarn ein Konservatorium). Er beginnt als Siebenjähriger bei Harold Whippler, dem Konzertmeister des Orchesters von Denver, Geigenunterricht zu nehmen. Als Elfjähriger gibt er mit dem gleichen Orchester, bei dem auch sein älterer Bruder John arbeitet, sein erstes Konzert. Als Schüler der Golden High School erhält er 1967 ein Stipendium, das ihm erlaubt, an die Juilliard School of Music zu Ivan Galamian zu gehen. Anschließend perfektioniert er sich bei Jascha Heifetz an der Universität von Südkalifornien. Beim National Symphony Contest erhält er einen 1. Preis, bevor er an der University of Bloomington (Ind.) seine Studien abschließt. 1972 gewinnt er als erster Amerikaner den Paganini-Wettbewerb in Genua; 1974 gewinnt er beim Tschaikowskij-Wettbewerb in Moskau einen 2. Preis. Seine Karriere entwickelt sich in den Vereinigten Staaten schnell, auch wenn er einige Mühe hat, das Bild des ›Virtuosen‹ abzustreifen, das er zu Beginn seiner Laufbahn kultiviert. Er spielt auf einer Guarneri del Gesù aus dem Jahre 1736.

Foldes, Andor
Amerikanischer Pianist ungarischer Herkunft, geb. 21. 12. 1913 Budapest, gest. 9. 2. 1992 Herrliberg (Zürich).
Seine Mutter, selbst eine große Pianistin, erteilt ihm schon sehr früh Klavierunterricht. Tibor Szatmari übernimmt dann die Ausbildung des jungen Andor, der als Achtjähriger mit Wolfgang Amadeus Mozarts *Konzert für Klavier und Orchester*, KV 450, debütiert. Ein Jahr später geht er an die Franz-Liszt-Akademie in Budapest und studiert bei Ernst von Dohnányi Klavier, bei Leo Weiner Komposition und bei Ernst Unger Orchesterleitung. 1929 debütiert er in Wien und lernt Béla Bartók kennen, der sich stark für ihn interessiert. 1932 legt er seine Diplomprüfung ab und beginnt sofort mit einer ausgedehnten Tournee. Mit seinem Spiel unzufrieden, das er als zu virtuos und zu wenig reflektiert empfindet, zieht er sich vom aktiven Musikleben zurück und studiert Philosophie und Sprachwissenschaften. Erst 1939 betrachtet er sich als ausgereiften Pianisten. Im gleichen Jahr interpretiert er unter Erich Kleibers Leitung Ludwig van Beethovens *Konzert für Klavier und Orchester Nr. 2*. 1939–54 lebt er in New York. 1940 debütiert er dort mit dem NBC Symphony Orchestra. 1948 wirkt er in Europa an zahlreichen Uraufführungen von Werken von Béla Bartók und Zoltán Kodály mit. 1965 wird er Nachfolger Walter Giesekings an der Saarbrücker Musikhochschule. Er läßt sich in Zürich nieder.

Fonda, Jean (= Jean-Pierre Fournier)
Französischer Pianist, geb. 12. 12. 1937 Boulogne-sur-Seine.
Der Sohn des Cellisten Pierre Fournier wird von einer Freundin der Familie, Madame Obolenska, ausgebildet. Während seiner ganzen Studienzeit besucht er keine einzige offizielle Institution; Nikita Magaloff und Alfred Cortot unterrichten und fördern ihn. 1958 debütiert er in Deutschland. Vor allem als Kammermusiker, im Duo mit seinem Vater, das mit Pierre Amoyal zum Trio erweitert wird, setzt er sich durch. Zur Zeit spielt er mit Jean-Pierre Wallez. Er lebt in Genf. Der ungarische Komponist János Solyom widmet ihm sein *Konzert für Klavier und Orchester*.

Fondary, Alain
Französischer Bariton, geb. 9. 10. 1932 Bagnolet.
Seine Eltern arbeiten als Glasbläser am Boulevard Voltaire in Paris. Auch er läßt sich in diesem Beruf ausbilden und legt sogar die Meisterprüfung darin ab. Gleichzeitig studiert er auf Empfehlung eines Freundes der Familie, José Luccioni, zuerst bei Georges Jouatte und Andrée Hauth und anschließend bei Yvonne Pons, Alice Monfort und Gaetano Abrami Gesang. 1968 debütiert er als Tonio in *I Pagliazzi* (Der Bajazzo, Leoncavallo) in Cherbourg. Im darauffolgenden Jahr singt er an der Toulouser Oper den Ourrias (*Mireille*, Gounod). Er wird regelmäßig von der Opéra du Rhin in Straßburg eingeladen. 1980 wirkt er bei der konzertanten Uraufführung von Jean-Philippe Rameaus *Boréades* in London mit. 1984 nimmt seine Karriere einen steilen Aufschwung: er springt bei einer Aufführung im Palais du Bercy in Paris für Piero Cappucilli als Amonasro (*Aida*, Verdi) ein und erhält sofort darauf Vertragsangebote der wichtigsten Bühnen. Im gleichen Jahr wirkt er an der Pariser Oper an einer Aufführung von Giuseppe Verdis Oper *Jérusalem* mit; 1985 laden ihn die Chorégies von Orange (*Simone Boccanegra*), die Scala (*Aida*, beide Verdi) und der Londoner Covent Garden (*La fanciulla del West*, Das Mädchen aus dem goldenen Westen, Puccini) ein. 1987 singt er wieder in Bercy (*Nabucco*, Verdi) und debütiert in den Vereinigten Staaten als Scarpia (*Tosca*, Puccini, Oper von San Francisco). In München wirkt er an einer Aufführung der *Contes d'Hoffmann* (Hoffmanns Erzählungen, Offenbach) mit. 1988 singt er an der Pariser Oper in *Thaïs* (Massenet) und in *Rigoletto* (Verdi). Im gleichen Jahr debütiert er an der Met in *Cavalleria Rusticana* (Mascagni)

und *Aida*. 1989 singt er in Venedig im La Fenice und in Chicago (*Samson et Dalila*, Saint-Saëns) und wieder in Bercy (*Carmen*, Bizet). 1989 interpretiert er während der Salzburger Osterfestspiele den Scarpia *(Tosca)*.

Fontanarosa, Frédérique
Französische Pianistin, geb. 13. 5. 1944 Paris.
Sie debütiert als Fünfjährige und geht dann zu Charlotte Causeret an die Ecole Normale de Musique (1958–59). 1959 tritt sie in die Klasse von Lucette Descaves am Pariser Konservatorium ein, wo sie 1964 einen 1. Preis gewinnt. Im darauffolgenden Jahr wird ihr in der Klasse für Instrumentalmusik (Pierre Pasquier) ebenfalls ein 1. Preis zuerkannt. Bei Joseph Calvet studiert sie Kammermusik. Seit 1961 bildet sie mit ihren Brüdern Patrice (Violine) und Renaud (Cello) das Fontanarosa-Trio.

Fontanarosa, Patrice
Französischer Violinist, geb. 4. 9. 1942 Paris.
Der Sohn des Malers Lucien Fontanarosa wächst in einem künstlerisch geprägten Milieu auf. Nach 1. Preisen am Pariser Konservatorium (Violine bei Line Talluel 1959, Instrumentalensemble bei Pierre Pasquier und Kammermusik bei Joseph Calvet) gewinnt er zahlreiche internationale Preise: Ginette Neveu, Enescu, Long-Thibaud, Villa-Lobos, Paganini u. a. Mit seiner Schwester Frédérique (Klavier) und seinem Bruder Renaud (Cello) bildet er das international erfolgreiche Fontanarosa-Trio. 1976–85 ist er Konzertmeister am Orchestre National de France. Auch mit seiner Frau, der Harfenistin Marielle Nordmann, tritt er auf. Er spielt auf einer Geige von Joseph Guarneri del Gesù. 1984–89 ist er Musikdirektor des Orchestre des Pays de Savoie (Chambéry).

Fontanarosa, Renaud
Französischer Cellist, geb. 14. 3. 1946 Paris.
Er studiert zuerst Violine, bis er als Elfjähriger zum Cello wechselt und Schüler von Paul und Maud Tortelier wird. 1959 tritt er in das Pariser Konservatorium in die Klasse von Paul Tortelier ein. 1963 erhält er einen 1. Preis für Cello und 1965 in der Klasse von Pierre Pasquier einen weiteren für Kammermusik. Gleichzeitig besucht er die Kurse und Vorlesungen von Nadia Boulanger. Seit 1961 tritt er mit dem Fontanarosa-Trio auf. Er ist Preisträger des Casals-Wettbewerbs in Budapest (1968) und des Cassado-Wettbewerbs in Florenz (1969). 1968–80 gehört er als Cellist dem Orchester der Pariser Oper an. 1972 vertraut ihm die Stadt Orly die Gründung und Leitung des dortigen Konservatoriums an (bis 1979). Renaud Fontanarosa tritt regelmäßig mit Bruno Rigutto und Maria de La Pau auf.

Forrai, Miklós
Ungarischer Chorleiter und Dirigent, geb. 19. 10. 1913 Nagyarszék.
Er studiert an der Franz-Liszt-Akademie Budapest bei Zoltán Kodály, Artur Harmat und Lajos Bárdos (1931–37, Chorleitung, Gesangspädagogik und Trompete). 1936–44 leitet er in Budapest eine Konzertserie für Kinder. 1936 wird er Mitglied der Programmdirektion des Ungarischen Rundfunks. Ab 1941 unterrichtet er an der Musikakademie Budapest. 1948–78 leitet er den Chor von Budapest und entfaltet eine bedeutende Tätigkeit auf dem Gebiet der Chorsymphonie. 1973 wird er zum Generalsekretär der Liszt-Gesellschaft in Budapest ernannt; er spielt eine bedeutende Rolle bei der Wiederentdeckung des Chorschaffens des großen Komponisten.

Forrester, Maureen (= Kathleen Stewart)
Kanadische Altistin, geb. 5. 7. 1930 Montreal.
Sie studiert bei Bernard Diamant in Toronto und bei Sally Martin sowie Franck Rowe in Berlin Klavier und Gesang. 1953 gibt sie in Montreal ihr erstes

Konzert. 1956 nimmt sie unter der Leitung von Bruno Walter an einer Aufführung von Gustav Mahlers *Symphonie Nr. 8* teil. 1961 debütiert sie als Orphée (*Orphée et Euridice*, Gluck) in Toronto auf der Bühne. Die Festspiele von Montreux, Edinburgh, Bournemouth und Berlin laden sie ein. Nach der Interpretation der Rollen der Cornelia (*Giulio Cesare*, Händel, 1966 zur Einweihung der New York City Opera im Lincoln Center aufgeführt), der Blinden (*La Gioconda*, Ponchielli, San Francisco 1967), Erda (*Der Ring des Nibelungen*, Wagner, Met 1974), Madame Flora (*Medium*, Menotti), Mrs. Quickly (*Falstaff*, Verdi) und Madame de la Haltière (*Cendrillon*, Aschenbrödel, Massenet, im Théâtre Musical von Paris 1981 aufgeführt) wendet sie sich in immer stärkerem Maße dem Lied zu. Aber vergessen wir ihre schauspielerischen Fähigkeiten vor allem in komischen Rollen nicht, die ihr bei der Interpretation der Hexe in *Hänsel und Gretel* (Humperdinck) im kanadischen Fernsehen zu einem großen Erfolg verhelfen. 1966-71 zeichnet sie für den Gesangs-Unterricht am Konservatorium von Philadelphia verantwortlich. 1984 wird sie zur Präsidentin des Canada Council ernannt.

Forster, Karl
Deutscher Chorleiter und Komponist, geb. 1. 8. 1904 Großklenau (Oberpfalz), gest. 13. 8. 1963 Tirschenreuth (Oberpfalz).
Er studiert in Regensburg katholische Theologie und in München an der Akademie der Tonkunst katholische Kirchenmusik sowie an der Universität Musikwissenschaft (Dissertation 1933). 1934 wird er an der St. Hedwigs-Kathedrale in Berlin zum Domkapellmeister ernannt. Er baut den gemischten Chor der Kathedrale auf und unternimmt mit ihm viele In- und Auslandstourneen. 1952 wird er an der Berliner Technischen Universität zum Honorarprofessor und 1954 an der Freien Universität Berlin zum Musikdirektor ernannt. 1953 erhält er den Musikpreis der Stadt Berlin, nachdem er bereits 1948 zum Päpstlichen Geheimkämmerer ernannt und 1950 mit dem Titel Monsignore ausgezeichnet worden war. Als Komponist schreibt er ausschließlich Kirchenmusik, vor allem für Chöre.

Forster, Lawrence
Amerikanischer Dirigent, geb. 23. 10. 1941 Los Angeles.
Seine Eltern stammen aus Rumänien. Er studiert in Los Angeles bei Fritz Zweig und Joanna Graudan; Bruno Walter und Karl Böhm (in Bayreuth) ermutigen ihn. 1960-64 leitet er das Young Musicians Foundation Debut Orchestra und 1960-65 das San Francisco Ballet. Anschließend wird er Assistent von Zubin Mehta bei den Philharmonikern von Los Angeles (1965-68). 1966 gewinnt er in Tanglewood den Kussewitzky-Preis; zwei Jahre später debütiert er in Europa. 1969 wird er zum principal guest conductor des Royal Philharmonic Orchestra in London ernannt (1969-74). In den Vereinigten Staaten übernimmt er die Leitung des Symphonie-Orchesters von Boston (1971-78). 1979-89 leitet er die Philharmoniker von Monte Carlo. Neben seiner Konzerttätigkeit dirigiert Foster häufig Opern, so am Covent Garden, an der Met und in Hamburg. Er interessiert sich in hohem Maße für die zeitgenössische Musik. Zu den Werken, die unter seiner Leitung uraufgeführt werden, gehören *Tragoedia* (1965) und *The Triumph of Time* (Der Triumph der Zeit, 1972) von Harrison Birtwistle, *Symphonie Nr. 2* (1972) von Gordon Crosse und die *Sinfonia pathetica* (1983) von Jürg Baur. 1981-87 ist er Generalmusikdirektor der Stadt Duisburg und 1985-90 Musikdirektor des Kammerorchesters von Lausanne.

Foster Jenkins, Florence
Amerikanische Sopranistin, an einem Tag, den wir nicht einmal unter der Folter verraten, an einem unbekannten Ort geboren und 76 Jahre später zur tiefen Betrübnis aller Opernliebhaber auf der ganzen Welt an dem gleichen Ort verstorben.
Schon als Kleinkind zeigt sie keinerlei Begabung für die Musik. So ist es nur folgerichtig, daß sich keiner der berühmten Professoren um ihre Ausbildung kümmert. Auch ihre Familie neigt dazu, sich auf diesem Gebiet jeglicher Ermunterung zu enthalten. Erst eine Scheidung, eine Erbschaft (wie nützlich es doch sein kann, einen Bankier zum Vater zu haben!) und wahrscheinlich drei, vier seismische Erschütterungen bringen sie dazu, ihre wahre musikalische Berufung zu erkennen. Ihre Liebe zur Musik beginnt mit der Liebe zu den Kostümen. In der löblichen Absicht, ihr außergewöhnliches Talent nicht zu verschleudern, beschränkt sie sich auf einen einmaligen Auftritt pro Jahr, in den Salons des Hotels Ritz Carlton in New York oder, ein Höhepunkt in ihrer Karriere, am 25. 10. 1944 in der Carnegie Hall. In die unwahrscheinlichsten Tülls gehüllt und mit Brillanten behängt singt sie, von Palmen umgeben, und wirft dabei Rosen in ihr begeistertes Publikum. Mit dem vielleicht bescheidensten Stimmumfang aller Sängerinnen ausgestattet, scheut sie sich nicht, schwierigste Arien wie die der Königin der Nacht (*Zauberflöte*, Mozart) und die Schmuck- oder Glöckchenarien aus *Lakmé* (Delibes) zu singen und für die Nachwelt auf Schallplatte festzuhalten. Wie bedauern wir es, daß sie Giacomo Puccinis *Katzenduett* nicht im Re-recording-Verfahren aufgenommen hat!

Fourestier, Louis Félix André
Französischer Dirigent, geb. 31. 5. 1892 Montpellier, gest. 30. 9. 1976 Paris.
Er studiert am Konservatorium seiner Heimatstadt Violoncello und geht dann zu Xavier Leroux, André Gedalge, Pierre Vidal, Félix Alexandre Guilmant, Vincent d'Indy und Paul Dukas an das Pariser Konservatorium. Er gewinnt 1. Preise in Harmonielehre (1911) und Kontrapunkt (1912). 1925 wird ihm der 1. Große Rom-Preis verliehen. Als Dirigent debütiert er in Marseille und Bordeaux und wird dann an die Opéra-Comique berufen (1927–32). 1928 gründet er zusammen mit Ernest Ansermet und Alfred Cortot das Symphonie-Orchester von Paris, das er bis zu dessen Auflösung leitet. Einige Jahre hindurch leitet er die Saison-Aufführungen in Angers, Vichy und Cannes, bevor er 1938 Kapellmeister der Pariser Oper wird (bis 1945). Nach dem Krieg wird er am Pariser Konservatorium zum Professor für Orchesterleitung ernannt (bis 1962). 1946–48 dirigiert er die französischen Opern an der Metropolitan Opera in New York. Seine Tätigkeit als Pädagoge, die er auch nach seiner Pensionierung bei den Sommerakademien in Nizza fortsetzt, revolutioniert das französische Ausbildungssystem für Dirigenten. Er formt eine ganze Generation.
Die französische Musik verdankt ihm viel, auch wenn er nur wenige Werke zur Uraufführung bringt: *Guignol et Pandore*, (Der Kasperl und der Gendarm, Jolivet, 1944), *Le Chevalier errant* (Der irrende Ritter, Ibert, 1950), *Numance* (Barraud, 1955). Er setzt sich für die Musik um die Jahrhundertwende in besonderem Maße ein und macht sie bekannt.

Fournet, Jean
Französischer Dirigent, geb. 14. 4. 1913 Rouen.
Sein Vater, ein begabter Flötist, unterrichtet ihn in seinem Instrument. Als Fünfzehnjähriger tritt er als Flötist in das Orchestre du Théâtre des Arts in Rouen ein. Nebenher läßt er sich von Gaston Blaquart privat weiter ausbilden, bevor er am Pariser Konservatorium in die Klasse von Philippe Gaubert und anschließend in die von Marcel Moyse eintritt; schon im 2. Studienjahr erhält er einen 1. Preis. Er geht wieder

in die Klasse von Philippe Gaubert zurück, um sich weiter als Dirigent ausbilden zu lassen, schließt wieder mit einem 1. Preis ab und beschäftigt sich gleichzeitig mit Komposition. Er wird von der Oper in Rouen (1938) und von der in Marseille (1940) engagiert, bevor er 1941 zu Radio France nach Paris geht. Ab 1944 dirigiert er auch an der Opéra-Comique, der Oper und arbeitet mit den verschiedenen großen Pariser Orchestern. Seine internationale Karriere beginnt in Holland. 1950 springt er dort für den erkrankten Eduard van Beinum ein und dirigiert das Concertgebouw-Orchester Amsterdam bei einer Konzert-Serie, bei der das gesamte Werk für Orchester von Maurice Ravel aufgeführt wird. Holland wird praktisch zu seiner zweiten Heimat, in der er jährlich mehrmals dirigiert und die Leitung von verschiedenen Orchestern übernimmt (1961–73). So ist er ständiger Dirigent des philharmonischen Orchesters von Radio Hilversum und wird Musikdirektor der Rotterdamer Philharmoniker (1968–73). Jedes Jahr dirigiert er außerdem am Teatro Colón in Buenos Aires und der Oper von Chicago. In Japan zeichnet er für die dortige Erstaufführung von *Pelléas et Mélisande* (Debussy) verantwortlich. 1974 kehrt er nach Frankreich zurück und übernimmt die Leitung des Orchestre de l'Ile-de-France (bis 1982). Er arbeitet auch als Pädagoge; er unterrichtet 1944–62 an der Ecole Normale de Musique in Paris und hält anschließend in Hilversum Meisterklassen ab. Fournet setzt sich in besonderem Maße für die zeitgenössische französische Musik ein. Wir verdanken ihm viele Uraufführungen, darunter Werke von Alexandre Tansman und Frank Martin.

Fournier, Jean
Französischer Violinist, geb. 3. 7. 1911 Paris.
Der Bruder des Cellisten Pierre Fournier studiert am Konservatorium von Paris und nimmt gleichzeitig bei George Enescu, Pierre Thibaud und Boris Kamenski Unterricht. Mit einer soliden Technik und einer profunden Musikalität ausgestattet, schlägt er eine erfolgreiche Solisten-Laufbahn ein. Ab 1950 widmet er sich in immer stärkerem Maße der Kammermusik; so bildet er mit Antonio Janigro und Paul Badura-Skoda ein Trio und mit seiner Frau Ginette Doyen ein Duo. Am Mozarteum Salzburg hält er Sommerkurse ab. 1966–79 ist er Professor am Pariser Konservatorium.

Fournier, Pierre Léon-Marie
Französischer Cellist, geb. 24. 6. 1906 Paris, gest. 8. 1. 1986 Genf.
Pierre Fournier stammt aus einer tief musikalischen Familie. Er nimmt zuerst Klavierunterricht, doch eine beginnende Kinderlähmung zwingt den Neunjährigen, das Klavierspiel einzustellen. Er wendet sich dem Cello zu und wird von der Schwester von Robert Krettly unterrichtet. 1919 wird er Mitglied der Cello-Klasse von Paul Bazelaire am Konservatorium von Paris und wechselt später in die von André Hekking, in der er 1923 einen 1. Preis erhält. Damals spielt Pierre Fournier so ziemlich bei allen Gelegenheiten, die sich ihm bieten, begleitet Stummfilme, spielt in Musik-Pavillons in Parkanlagen und schließlich auf Bitten von Jacques Copeau in Vieux Colombier in einem Ensemble, in dem niemand anderer als Arthur Honegger der Schlagzeuger ist. 1923–28 gehört er dem Krettly-Quartett an. 1928 beginnt seine brillante Solisten-Karriere in Paris. Er spielt mit und unter den bedeutendsten Musikern seiner Zeit: Charles Münch, Darius Milhaud, Paul Sacher, Francis Poulenc, Alfred Cortot, Pierre Thibaud, Artur Schnabel, Joseph Szigeti, Solomon, Zino Francescatti, Wilhelm Furtwängler, Herbert von Karajan, Wilhelm Kempff, Paul Hindemith und Swjatoslaw T. Richter. Auch als Pädagoge leistet er Bedeutendes: 1937–39 unterrichtet er an der Ecole Normale de Musique in Paris, 1939–49 am Konservatorium von Paris. In Zürich, Genf und Berlin hält er Sommerkurse ab.

Zahlreiche Cello-Konzerte sind ihm gewidmet, darunter die von Othmar Schoeck (1947), Jean Martinon (1963) und Frank Martin (1966) sowie Sonaten von Arthur Honegger (1939), Bohuslav Martinů und Francis Poulenc (1948). Er verwirklicht die Uraufführungen von Albert Roussels *Concertino für Violoncello* (1937) und der zweiten Version von Bohuslav Martinůs *Konzert für Violoncello und Orchester* (1939). Er spielt auf einem Goffriller und einem Miremont.

Fou Ts'ong
Englischer Pianist chinesischer Herkunft, geb. 10. 3. 1934 Schanghai.
Der italienische Pianist und Dirigent Mario Paci unterrichtet ihn bis zum Ausbruch des Chinesischen Bürgerkrieges im Jahre 1948 im Klavierspiel. Fou Ts'ong verläßt seine Heimat und geht in den Westen. Bei dem Bukarester und Warschauer Wettbewerb gewinnt er je einen 3. Preis (1953 bzw. 1955). Die Warschauer Jury verleiht ihm für sein Mazurka-Spiel einen Spezialpreis und ein Stipendium, so daß er bei Zbigniew Drzewiecki am Konservatorium der polnischen Hauptstadt studieren kann. 1958 beschließt er, nicht nach China zurückzukehren, und läßt sich in England nieder. 1961 heiratet er Zamira Menuhin, die Tochter Yehudis. Vor allem in Partituren, die eher Feinheit und Raffinesse als Kraft und Energie verlangen, zeichnet er sich aus.

Fox, Virgil
Amerikanischer Organist, geb. 3. 5. 1912 Princeton, gest. 25. 10. 1980 Palm Beach.
Er studiert bei Louis Robert am Konservatorium von Baltimore, bei Wilhelm Middelschulte an dem von Chicago (1928–29) und bei Marcel Dupré in Paris. Noch während seiner Ausbildung debütiert er als Vierzehnjähriger in Cincinnati. Fünf Jahre später spielt er zum ersten Mal in London in der Kingsway Hall und in New York in der Carnegie Hall. 1962 weiht er zusammen mit Catharine Crozier und Edward Power-Biggs die Große Orgel in der Philharmonic Hall in New York ein. Der virtuose Organist, der in den Vereinigten Staaten so bekannt ist wie Power-Biggs, fasziniert sein Publikum sowohl an der klassischen als auch an der elektronischen Orgel.

Frager, Malcolm
Amerikanischer Pianist, geb. 15. 1. 1935 Saint Louis, gest. 20. 6. 1991 Lennox (Mass.).
1949–55 studiert er bei Carl Friedberg, Schüler von Clara Schumann, in New York. 1959 gewinnt er den Leventritt-Wettbewerb. Ein Jahr später wird ihm beim Brüsseler Reine-Elisabeth-Wettbewerb der 1. Preis zugesprochen. Die außerordentliche Geschmeidigkeit seines Spiels erlaubt ihm, sich allen Stilen anzupassen. Auch musikwissenschaftlich sehr interessiert, hat er viele vergessene, dabei bedeutende Partituren ausgegraben. So stellt er 1968 die originale Version des 1. Satzes von Robert Schumanns *Konzert für Klavier und Orchester* vor. Seine zahlreichen Pianoforte-Interpretationen von Joseph Haydns und Wolfgang Amadeus Mozarts Sonaten verdanken wir ebenfalls diesem »Entdecker-Geist«.

Francescatti, Zino (= René-Charles Francescatti)
Französischer Violinist, geb. 9. 8. 1902 Marseille, gest. 16. 9. 1991 La Ciotat.
Er studiert bei seinem Vater René Francescatti, einem Schüler Ernesto Camillo Sivoris (dieser war wiederum Schüler von Niccolò Paganini). Als Fünfjähriger spielt er bereits Ludwig van Beethovens *Konzert für Violine und Orchester*. Sein reiner und gleichzeitig klassischer Stil hinterläßt beim Publikum einen großen Eindruck. Bei seinem ersten Auftreten in Paris, 1925 im Palais Garnier, beeindruckt er von neuem. Ein Jahr später unternimmt er mit Maurice Ravel eine England-Tournee. Zino Francescatti spielt die klassischen Werke seines Faches, ohne Paganini zu vernachlässigen,

den er wie kaum ein zweiter interpretiert, und kümmert sich in besonderem Maße um die französische Musik. Mit dem Pianisten Robert Casadesus als Partner – das Duo wird genauso berühmt wie das von Jacques Thibaud und Alfred Cortot gebildete – spielt er das große französische Repertoire für die Duo-Formation. 1939 zieht er nach New York. Nach dem Zweiten Weltkrieg lebt er abwechselnd in Frankreich und den Vereinigten Staaten, während Tourneen ihn um die ganze Welt führen. Ab 1970 schränkt er seine Konzerttätigkeit sukzessive ein. 1987 gründet er einen internationalen Geigen-Wettbewerb in Aix-en-Provence, den er mit dem Verkauf seiner Stradivari aus dem Jahre 1727, der *Hart*, die er 1942 gekauft hatte, finanziert. Das Instrument gehört heute Salvatore Accardo. Zino Francescatti kreiert 1945 die *Englische Suite für Violine und Orchester* von Darius Milhaud und ist der Autor verschiedener Kompositionen für Klavier sowie einer *Berceuse sur le nom de Ravel*.

Francesch, Homero
Uruguayischer Pianist, geb. 6.12. 1947 Montevideo.
Ab 1953 studiert er in Santiago Baranda Reyes. 1965 erhält er bei dem Wettbewerb der Jeunesses Musicales einen 1. Preis. Nach einer ersten Südamerika-Tournee geht er nach München und perfektioniert sich bei Hugo Steurer und Ludwig Hoffmann an der dortigen Musikhochschule. Vor allem deutsche Rundfunk- und Fernsehsender engagieren ihn häufig. 1973 erhält er für seine Interpretation von Maurice Ravels *Konzert für Klavier und Orchester G-Dur* den italienischen Fernsehpreis. 1974 nimmt er an der Uraufführung von Hans-Werner Henzes Ballett *Tristan* teil, Francesch Londoner Debüt. Mit der Violinistin Miriam Fried spielt er häufig Kammermusik.

François, Andrée
Französische Sopranistin, geb. 11.9. 1938 Dombasle.
Sie studiert am Konservatorium von Nancy und an der Ecole Normale de Musique in Paris und geht dann zu Ettore Campogalliani nach Italien. 1964 gewinnt sie beim Voix-d'Or-Wettbewerb einen 2. Preis, ein Jahr später den 1. Preis beim Lütticher Wettbewerb und eine ehrende Erwähnung beim Pariser UFAM-Wettbewerb. 1967 debütiert sie am Centre Lyrique in Lüttich als Musette (*La Bohème*, Puccini). Vierzehn Jahre später gehört sie immer noch dem gleichen Haus an; sie gibt Gastspiele an allen wichtigen Bühnen Frankreichs, nur nicht in Paris, wo man weiterhin ignoriert, daß es augenblicklich keine bessere Mireille, Margarethe (*Faust*, beide Gounod), Micaëla (*Carmen*, Bizet) oder Antonia (*Les Contes d'Hoffmann*, Hoffmanns Erzählungen, Offenbach) gibt, daß ihre Mélisande (*Pelléas et Mélisande*, Debussy) einfach ein Traum ist und sie sich als Desdemona (*Otello*, Verdi) vor den berühmtesten Italienerinnen, Angelsächsinnen und Bulgarinnen nicht zu verstecken braucht, zumal sie nicht nur sehr schön, sondern auch eine ausgezeichnete Schauspielerin ist. 1975 wirkt sie in Nancy an der Uraufführung von Jacques Boudons Oper *i 330* mit.

François, Samson
Französischer Pianist, geb. 18.5. 1924 Frankfurt/M., gest. 22.10. 1970 Paris.
Der Sohn eines französischen Konsuls erlebt aufgrund des Berufes seines Vaters eine unruhige Kindheit mit vielen Ortswechseln. Knapp sechs Jahre alt, fällt er Pietro Mascagni auf. Ein Jahr später erhält er am Konservatorium von Belgrad einen brillanten 1. Preis. Am Konservatorium von Nizza, wo er ebenfalls einen 1. Preis erhält, fällt er Alfred Cortot auf, der ihn einlädt, bei ihm an der Ecole Normale de Musique in Paris zu studieren. Anschließend geht er zu Yvonne Lefébure und schließlich auf Anraten Cortots zu Marguerite Long an

das Pariser Konservatorium, wo er 1940 einen weiteren 1. Preis erhält. 1943 ist er Preisträger des damals national ausgeschriebenen Marguerite Long-Jacques Thibaud-Wettbewerbes, der Beginn einer großartigen Karriere, während der er zum bemerkenswertesten Vertreter der modernen französischen Klavierschule wird. 1951 kreiert er sein selbst komponiertes *Konzert für Klavier und Orchester*. Er ist der erste westliche Pianist, der von der Volksrepublik China zu Gastspielen eingeladen wird. Claude Santelli dreht 1967 einen Film über ihn.

Frankl, Peter
Englischer Pianist ungarischer Herkunft, geb. 2. 10. 1935 Budapest.
Als Zwölfjähriger tritt er zum ersten Mal öffentlich auf. Sein berühmtester Lehrer an der Franz-Liszt-Akademie in Budapest ist Zoltán Kodály. Er studiert auch bei Ernő Szegedi, Lajos Hernadi, Leo Weiner und Ilona Kabos und gewinnt die Wettbewerbe von Bukarest, Warschau und Brüssel. 1957 gewinnt er den Marguerite Long-Jacques Thibaud-Wettbewerb und den Münchner Rundfunk-Wettbewerb, 1959 den Internationalen Wettbewerb in Rio de Janeiro. Frankl fühlt sich besonders im romantischen Repertoire zu Hause und gilt als hervorragender Interpret der Werke von Franz Liszt und Frédéric Chopin. Während er noch bei Leo Weiner studiert, gründet er mit dem Violinisten György Pauk ein Duo. Seit 1972 spielen sie mit dem Cellisten Ralph Kirshbaum als Trio.

Frantz, Ferdinand
Deutscher Bariton, geb. 8. 2. 1906 Kassel, gest. 25. 5. 1959 München.
Als Mitglied eines Kirchenchores wird seine Stimme entdeckt. Ohne eine besondere Ausbildung zu absolvieren, wird er 1930 vom Stadttheater Halle engagiert. 1932–37 singt er in Chemnitz und 1937–43 an der Hamburger Oper, von der aus er nach München wechselt, wo auch seine Frau, die Sopranistin Helena Braun, engagiert ist. Er gastiert regelmäßig und mit viel Erfolg an der Wiener und Dresdner Oper. 1940–41 ist er Gast des Festivals von Zoppot. Nach dem Zweiten Weltkrieg wird er von der Scala, dem Covent Garden, dem San Carlo in Neapel und anderen international wichtigen Bühnen eingeladen. 1952–53 gastiert er an der Met und den Salzburger Festspielen. Auf dem Höhepunkt seiner Karriere als einer der großen Heldenbaritone seiner Zeit erleidet er einen Schlaganfall.

Frantz, Justus
Deutscher Pianist, geb. 20. 6. 1945 Hohensalza.
Er erhält in seiner Heimatstadt Klavierunterricht, bevor er 1967 zu Eliza Hansen an das Hamburger Konservatorium geht. Im gleichen Jahr gewinnt er den Wettbewerb des Bayerischen Rundfunks in München. Ab 1969 tritt er unter Herbert von Karajan, Carlo Maria Giulini, Bernard Haitink, Rudolf Kempe und Leonard Bernstein auf.
1975 debütiert er unter der Leitung von Bernstein mit dem New York Philharmonic Orchestra in New York und gibt sechs Antonín Dvořák gewidmete Konzerte. Mit Christoph Eschenbach spielt er häufig Klavierduos. Neben seiner Tätigkeit als Solist leitet er das Schleswig-Holstein-Musik-Festival.

Freccia, Massimo
Italienischer Dirigent, geb. 19. 9. 1906 Florenz.
Er studiert am Konservatorium von Florenz und geht dann zu Franz Schalk an die Wiener Musikakademie. 1933–35 leitet er das Symphonie-Orchester von Budapest. Anschließend arbeitet er drei Jahre lang als Gast an der Scala. 1938 debütiert er in den Vereinigten Staaten. 1939–43 ist er Leiter des Symphonie-Orchesters von Havanna. Von dort aus geht er zu den Philharmonikern von New Orleans (1944–52) und zum Symphonie-Orchester von Baltimore (1952–59). 1947–58 wird er regelmäßig vom Orchester der NBC eingeladen.

Anschließend kehrt er nach Italien zurück und übernimmt die Direktion des Symphonie-Orchesters der RAI von Rom (1959–65). Seither ist er als Gastdirigent tätig. Er leitet 1932 die Uraufführung von Béla Bartóks Suite *Ungarische Bilder*.

Freire, Nelson
Brasilianischer Pianist, geb. 18. 10. 1944 Minas Gerais.
Das Wunderkind beweist bereits als Dreijähriger seine Begabung. Am Konservatorium seiner Heimatstadt wachen Nise Obino und Lucià Branco über seine Ausbildung. 1957 gewinnt er die erste Ausschreibung des Wettbewerbs von Rio de Janeiro. Das damit verbundene Stipendium erlaubt ihm, sich bei Bruno Seidlhofer in Wien zu perfektionieren. Zwei Jahre später beginnt der Fünfzehnjährige regelmäßig als Solist auf Tourneen aufzutreten. 1964 erhält er in London die Dinu-Lipatti-Medaille. Im gleichen Jahr gewinnt er den Vianna-da-Motta-Wettbewerb in Lissabon. 1972 erhält er für seine Aufnahme der 24 *Préludes* von Frédéric Chopin den Edison-Preis. Als Solist spielt er regelmäßig mit den großen amerikanischen Orchestern, während er auf dem Gebiet der Kammermusik mit Martha Argerich (Musik für zwei Klaviere) und dem Cellisten Misha Maisky zusammenarbeitet.

Freitas Branco, Pedro da Costa
Portugiesischer Dirigent, geb. 31. 10. 1896 Lissabon, gest. 24. 3. 1963 daselbst.
Er arbeitet zuerst als Violinist, bevor er 1924 beschließt, Dirigent zu werden und zum Studium nach London zu gehen. 1927 kehrt er nach Lissabon zurück und gründet die portugiesische Oper. Im darauffolgenden Jahr ruft er die Lissaboner Symphonie-Konzerte ins Leben, die schon bald stark beachtet werden. Er führt bei den Konzerten häufig zeitgenössische Musik auf, darunter Manuel de Fallas *L'amour sorcier*. Er befreundet sich mit Maurice Ravel, der ihn einlädt, ein Festival seiner Werke in Paris zu leiten, bei dem das *Konzert in G* des Komponisten uraufgeführt wird (1931).
1934 leitet er den Aufbau des Symphonie-Orchesters des portugiesischen Rundfunks in Lissabon, mit dem er in der Folge zahlreiche Erst- und Uraufführungen verwirklicht (u. a. die portugiesische Erstaufführung von Alban Bergs *Wozzeck* im Teatro de San Carlos). Gastspielreisen führen ihn regelmäßig nach Frankreich, Italien und Deutschland. Bei der Verbreitung französischer Musik in Portugal spielt er eine ausschlaggebende Rolle.

Frémaux, Louis
Französischer Dirigent, geb. 13. 8. 1921 Aire-sur-la-Lys.
Er studiert am Konservatorium von Valenciennes und wird dann Schüler von Louis Fourestier am Konservatorium von Paris, wo er 1952 einen 1. Preis in Orchesterleitung erhält. Seine Karriere nimmt schnell einen steilen Aufschwung: 1956–65 leitet er das Nationalorchester der Oper von Monte Carlo, das er mit den Hofkonzerten und wichtigen Schallplattenaufnahmen zu neuen Erfolgen führt. 1969–78 ist er Musikdirektor des City of Birmingham Symphony Orchestra; 1969–71 ist er gleichzeitig der erste Leiter des neugegründeten Orchestre Philharmonique Rhône-Alpes (heute Orchestre de Lyon). 1979–82 leitet er das Symphonie-Orchester von Sydney. Er zeichnet für folgende Uraufführungen verantwortlich: *Konzert für Orchester Nr. 2* von Charles Chaynes (1962), *Columbia Falls* von Nicola LeFanu (1975), *Symphonie Nr. 2* von John McCabe (1971), *Sinfonia sacra* von Andrzej Panufnik (1964).

Frémy, Gérard
Französischer Pianist, geb. 12. 3. 1935 Bois-Colombes.
Er studiert am Konservatorium von Paris in der Klasse von Yves Nat und erhält als Sechzehnjähriger einen 1. Preis. Marcel Dupré und die Association fran-

çaise d'action artistique verhelfen ihm zu einem Stipendium der sowjetischen Regierung. Drei Jahre studiert er am Moskauer Konservatorium in der Klasse von Heinrich G. Neuhaus, dessen Assistent er für ein Jahr wird. Er gibt 40 Konzerte in der UdSSR und nimmt mit dem sowjetischen Rundfunk verschiedene Konzerte auf, bevor er nach Westeuropa zurückkehrt. Ab 1965 nimmt er an allen wichtigen Festivals teil und spielt in Europa sowie in den Vereinigten Staaten.

Der Preisträger der Fondation de la Vocation setzt sich in besonderem Maße für die zeitgenössische Musik ein: er spielt mit den Ensembles Ars Nova, Musique Vivante und 1970 in Osaka fünf Monate lang mit dem Stockhausen-Ensemble. Er verwirklicht viele Uraufführungen, darunter die von *Société II* (Gesellschaft II), *Si le piano était un corps* (Wenn das Klavier ein Körper wäre) und *Und so weiter* von Luc Ferrari sowie von *Pole für zwei* von Karlheinz Stockhausen. 1985 wird er am Konservatorium von Paris zum Professor für Klavier und Kammermusik ernannt.

Freni, Mirella (= Mirella Fregni)
Italienische Sopranistin, geb. 27. 2. 1935 Modena.

Sie stammt aus einer Musiker-Familie. Als Zehnjährige singt sie die große Arie aus *La Traviata* (Verdi), »Sempre libera«, von einem Elfjährigen, Leone Magiera, am Klavier begleitet, den sie später heiratet. Als Fünfzehnjährige tritt sie in das Konservatorium in Bologna ein und besucht gleichzeitig die Kurse von Ettore Campogalliani in Mantua. Als Micaëla (*Carmen*, Bizet) debütiert sie 1955 in Modena. Zwei Jahre später gewinnt sie als Mimi (*La Bohème*, Puccini) den Viotti-Wettbewerb in Vercelli. Die Niederländische Oper (Zerlina, *Don Giovanni*, Mozart, 1960) und die Festspiele von Glyndebourne (Susanna, *Le nozze di Figaro*, Mozart und Adina, *L'elisir d'amore*, Der Liebestrank, Donizetti, beide 1962) laden sie ein. 1961 springt sie auf Bitten Carlo Maria Giulinis am Covent Garden als Ännchen (*Falstaff*, Verdi) für eine erkrankte Kollegin ein. Ein Jahr später debütiert sie in der gleichen Rolle an der Scala und wird nach dem Abdanken von Maria Callas zu einer der dortigen Primadonnen. 1963 nimmt sie unter der Leitung von Herbert von Karajan an einer Aufführung der *Bohème* teil. 1965 debütiert sie als Mimi (*La Bohème*) an der Met und in Chicago. An der Met singt sie außerdem noch die Margarethe (*Faust*), Juliette (*Roméo et Juliette*, beide Gounod), Liù (*Turandot*, Puccini), Manon (Puccini) und andere wichtige Rollen. 1966 singt sie während der Salzburger Festspiele unter der Leitung von Herbert von Karajan, der sie in der Folge für dramatische Rollen (Desdemona, *Otello*, 1970, Elisabeth von Valois, *Don Carlos*, 1975, und Aida, 1979, alle Verdi) engagiert, die Micaëla. Die Pariser Oper lädt sie 1970 ein, mit der Wiener unternimmt sie 1986 eine Japan-Tournee, und das Bolschoi-Theater in Moskau fordert sie mehrmals zu Gastspielen auf.

Freund, Marya
Französische Sopranistin polnischer Herkunft, geb. 12. 12. 1876 Breslau, gest. 21. 5. 1966 Paris.

Sie studiert bei Pablo de Sarasate Violine und bei Henri Criticos sowie Raymond zur Mühlen Gesang. Sehr früh setzt sie sich für die Musik ihrer Zeit ein und wird die bevorzugte Interpretin von Gustav Mahler, Gabriel Fauré, Igor Strawinsky, Manuel de Falla, Francis Poulenc und Karol Szymanowski. Einige wichtige Uraufführungen, darunter die der *Gurrelieder* (Schönberg, Wien 1913), markieren ihre Karriere. In Frankreich, England und Belgien singt sie jeweils die Erstaufführung von *Pierrot Lunaire* (Schönberg), dessen wichtigste Interpretin sie wird. Am Ende ihrer hauptsächlich der Musik aus der 1. Hälfte des 20. Jahrhunderts gewidmeten Karriere wendet sie sich der Ausbildung des Nachwuchses zu; ihre Schülerinnen sind unter anderen Germaine

Lubin, Jennie Tourel, Marie Powers und Anne Brown.

Frick, Gottlob
Deutscher Bassist, geb. 28. 7. 1906 Ölbronn.
Der Sohn eines Försters soll eigentlich einen technischen Beruf ergreifen, doch er setzt sich gegen seinen Vater durch und studiert an der Stuttgarter Musikhochschule bei Fritz Windgassen, dem Vater des berühmten Tenors, ohne an der Hochschule wirklich eingeschrieben zu sein. Anschließend übernimmt Julius Neudörffer-Opitz die weitere Ausbildung seiner Stimme. Siegfried Wagner engagiert ihn für den Chor in Bayreuth. Als Solist debütiert er 1934 in Coburg und geht von dort aus über Freiburg/Br. nach Königsberg, wo er Karl Böhm auffällt, der ihn an die Dresdner Oper holt. Dort singt er 1940–50 alle großen Rollen seines Faches: Osmin (*Die Entführung aus dem Serail*), Sarastro (*Die Zauberflöte*), Der Komtur (*Don Giovanni*, alle Mozart), Rocco (*Fidelio*, Beethoven), Philipp II. (*Don Carlos*, Verdi, seine Lieblingsrolle) und natürlich alle großen Wagner-Partien. Anschließend geht er an die Oper von Berlin und gibt an allen wichtigen Bühnen Gastspiele, vor allem in München und Wien, für die er 25 bzw. 20 Abende pro Jahr reserviert. Frick ist sicher der bedeutendste Caspar (*Der Freischütz*, v. Weber) und Gurnemanz (*Parsifal*, Wagner) seiner Generation. Merkwürdig, daß der alle Staralluren vermeidende Sänger es zeitlebens ablehnt, den Baron Ochs (*Der Rosenkavalier*, R. Strauss) zu singen, »da er die Rolle nicht spürt«.

Fricke, Heinz
Deutscher Dirigent, geb. 1. 2. 1927 Halberstadt.
Er studiert bei Hermann Abendroth in Weimar und bei Erich Kleiber in Berlin und beginnt seine Karriere als Repetitor und anschließend als 1. Kapellmeister an der Dresdner Oper. 1954–58 leitet er den Gewandhaus-Chor und dirigiert regelmäßig das berühmte Gewandhaus-Orchester. 1960–61 ist er Generalmusikdirektor in Mecklenburg. 1961 geht er als ständiger Dirigent an die Staatsoper Berlin; 1971 wird er dort 1. Kapellmeister und anschließend stellvertretender Generalmusikdirektor. Seit 1964 unterrichtet er an der Hochschule für Musik Hanns Eisler in Ostberlin, wo er 1973 zum Professor ernannt wird. 1980 gründet er in Berlin das Brandenburgische Kammerorchester.

Fricsay, Ferenc
Österreichischer Dirigent ungarischer Herkunft, geb. 9. 8. 1914 Budapest, gest. 20. 2. 1963 Basel.
Sein Vater, ein bekannter Militärkapellmeister, erteilt ihm ersten Musikunterricht. Als Sechsjähriger tritt er in die Franz-Liszt-Musikakademie in Budapest ein, studiert nahezu alle Orchesterinstrumente und gehört zu den Schülern von Béla Bartók (Klavier) und Zoltán Kodály (Komposition). Dem Beispiel seines Vaters folgend, für den er als Fünfzehnjähriger einmal einspringt, wird er für kurze Zeit Militärkapellmeister. 1934–44 dirigiert er das Symphonie-Orchester und das Orchester der Oper von Szeged. 1939 gastiert er zum ersten Mal an der Budapester Oper, zu deren Musikdirektor er 1945 ernannt wird. In dieser Funktion lernt er Otto Klemperer kennen, für den er die Leitung der Uraufführung von Gottfried von Einems Oper *Dantons Tod* während der Salzburger Festspiele 1947 übernimmt. Dieses Dirigat verhilft ihm zu internationalem Renomee. Die Salzburger Festspiele übertragen ihm 1948 die Uraufführung der szenischen Fassung von *Le Vin herbé* (Der Zaubertrank) von Frank Martin und 1949 die von Carl Orffs *Antigone*. 1948–54 ist er Musikdirektor des Symphonie-Orchesters des RIAS Berlin und 1949–52 gleichzeitig Generalmusikdirektor der Deutschen Oper Berlin. 1950 dirigiert er bei den Festspielen von Edinburgh *Le nozze di Figaro* (Mozart). 1953 unternimmt er seine erste Tournee in die

Vereinigten Staaten (Boston und San Francisco). Ein Jahr später übernimmt er die Leitung des Symphonie-Orchesters von Houston, kehrt aber schon bald wieder nach Europa zurück und wird Generalmusikdirektor der Münchner Oper (1956–58). Er leitet hier unter anderem Aufführungen von *Otello* (Verdi), *Chowanschtschina* (Mussorgskij), *Lucia di Lammermoor* (Donizetti) und *Oedipus Rex* (Strawinsky). 1959 geht er wieder zum Symphonie-Orchester des RIAS Berlin. 1958 leitet er die Vorstellung zur Wiedereröffnung des Münchner Cuvilliés-Theaters und 1961 die der Deutschen Oper Berlin. Neben den bereits erwähnten Uraufführungen leitet er die folgenden Werke: *Konzert für Orchester* von Boris Blacher (1950), *Serenade für doppeltes Streichorchester* op. 10 von Gottfried von Einem (1950), *Symphonie* von Zoltán Kodály.
Vor allem in den Werken Wolfgang Amadeus Mozarts und Béla Bartóks zeichnet er sich aufgrund der extremen Präzision seiner Orchesterleitung aus, die sich mit eher zurückhaltenden Interpretationen verbindet. Er interessiert sich stark für das Medium Schallplatte und wird für viele Aufnahmen ausgezeichnet.

Fried, Miriam
Israelische Violinistin rumänischer Herkunft, geb. 9. 9. 1946 Satu Mare.
Sie ist noch sehr jung, als ihre Familie nach Israel emigriert. Sie studiert an der Rubin-Akademie in Tel Aviv. Ein Stipendium der American Israel Cultural Foundation ermöglicht es ihr, in den Vereinigten Staaten bei Josef Gingold an der Indiana University in Bloomington (1966–67) und bei Ivan Galamian an der Juilliard School of Music in New York (1967–69) zu studieren. 1968 gewinnt sie beim Paganini-Wettbewerb in Genua und 1971 beim Brüsseler Reine-Elisabeth-Wettbewerb je einen 1. Preis. 1969 debütiert sie in New York; sie hat in den Vereinigten Staaten und in Europa schnell viel Erfolg. Auf dem Gebiet der Kammermusik arbeitet sie mit dem Pianisten Homero Francesch zusammen.
W: *Über Mozart und Bartók* (Frankfurt/M. 1962).

Fried, Oskar
Russischer Dirigent und Komponist deutscher Herkunft, geb. 10. 8. 1871 Berlin, gest. 5. 7. 1941 Moskau.
Er wird als Hornist ausgebildet und studiert in Frankfurt/M. bei Engelbert Humperdinck und anschließend in Berlin bei Philipp Scharwenka Komposition. Nach ersten Orchestererfahrungen wird er 1899 Mitglied des Frankfurter Opernorchesters. Er erzielt als Komponist erste Erfolge; Karl Muck dirigiert seine Werke. Erst als Fried zum Leiter des Sternschen Gesangvereins ernannt wird (1904–10), beschäftigt er sich intensiv mit Dirigieren. 1907–10 dirigiert er für die neugegründete Gesellschaft der Musikfreunde in Berlin; ab 1908 arbeitet er zusätzlich mit dem Blüthnerorchester. Nach dem 1. Weltkrieg arbeitet er von Berlin aus hauptsächlich als Gastdirigent. 1925–26 steht er an der Spitze des Symphonie-Orchesters von Berlin. Nach der Machtergreifung der Nationalsozialisten in Deutschland emigriert er in die Sowjetunion; 1934 wird er zum 1. Kapellmeister der Oper von Tiflis ernannt.
Er zeichnet sich vor allem als Interpret der Werke von Gustav Mahler, Frederick Delius und Igor Strawinsky aus und setzt sich in Berlin stark für die Musik seiner Zeit ein. Ferruccio Busoni widmet ihm seine *Nocturne symphonique* op. 43.

Friedberg, Carl
Deutscher Pianist, geb. 18. 9. 1872 Bingen, gest. 8. 9. 1955 Merano.
Er studiert am Hochschen Konservatorium bei Clara Schumann, Iwan Knorr, James Kwast Klavier und bei Engelbert Humperdinck Orchesterleitung. Seine Karriere beginnt in den letzten Jahren des 19. Jahrhunderts. Friedberg stellt ein wichtiges Verbindungsglied innerhalb der deutschen Klavierschule zwi-

schen der Romantik und dem 20. Jahrhundert dar. Er unterrichtet am Hochschen Konservatorium in Frankfurt (1893–1904) und am Kölner Konservatorium (1904–1914). 1914 unternimmt er seine erste Tournee durch die Vereinigten Staaten. Ab 1924 unterrichtet er an der Juilliard School of Music in New York; Elly Ney und Percy Grainger gehören zu seinen wichtigsten Schülern. 1928 wird er zum Direktor der Klavierabteilung des Institute of Musical Art in New York ernannt.

Friedheim, Arthur
Deutscher Pianist, Dirigent und Komponist, geb. 26. 10. 1859 Sankt Petersburg, gest. 19. 10. 1932 New York.
Als Achtjähriger beginnt er mit dem Klavierunterricht. Ein Jahr verbringt er bei Anton Rubinstein, bis er sich, völlig uneins mit seinem Lehrer, wieder von ihm trennt. Er geht zu Franz Liszt und arbeitet 1878–86 eng mit ihm zusammen; als eine Art Privatsekretär begleitet er den Meister nach Rom, Weimar und Bayreuth.
Friedheim wird zum unbestrittenen Interpreten Franz Liszts. Nach dem Tod Liszts dirigiert er in ganz Deutschland auch an Opernhäusern und lernt das Handwerk von Grund auf. 1891 zieht er in die Vereinigten Staaten und arbeitet dort als Pianist und Pädagoge. 1895 wird er am Royal Manchester College of Music zum Professor ernannt. 1908–11 dirigiert er in München. 1913 geht er in die Vereinigten Staaten zurück. Ab 1921 unterrichtet er an der Canadian Academy of Music in Toronto.
Sein kompositorisches Werk ist nicht sehr umfangreich, aber interessant und umfaßt 2 Konzerte, verschiedene Ouvertüren und Opern.
W: *Life and Liszt* (veröffentlicht posthum von seinem Schüler Theodor L. Bullock, New York 1961).

Friedman, Erick
Amerikanischer Violinist, geb. 16. 8. 1939 Newark (N. J.).
Der Schüler von Ivan Galamian, Nathan Milstein und Jascha Heifetz studiert nach Abschluß seines Violinstudiums bei Mario Castelnuovo-Tedesco Komposition und beginnt gleichzeitig, von Heifetz gefördert, als Solist zu arbeiten; Konzertreisen führen ihn durch Europa und Nordamerika. Mit dem Pianisten André Previn spielt er Sonaten. Sehr bald schon schränkt er seine Konzerttätigkeit ein, um sich pädagogischen Aufgaben zu widmen. 1975 wird er von der Manhattan School of Music in New York zum Professor ernannt. Später übernimmt er an der Southern Methodist University von Dallas die Leitung der Abteilung für Streichinstrumente.

Friedman, Ignaz (= Ignacy Friedman)
Polnischer Pianist und Komponist, geb. 14. 2. 1882 Podgorze bei Krakau, gest. 26. 1. 1948 Sidney.
Er studiert in Krakau Musik, bevor er vier Jahre zu Theodor Leschetizky geht und in Wien debütiert. In Leipzig studiert er bei Guido Adler und Hugo Riemann Komposition. Ab 1905 führen ihn Konzertreisen durch Europa, Südamerika und Australien. Bis 1914 lebt er in Berlin, ab 1918 dann in Kopenhagen. Ab 1920 lebt er in den Vereinigten Staaten und ab 1940 in Australien. Er gibt mehr als 2800 Konzerte als Solist oder als Partner des Violinisten Bronislaw Hubermann und des Cellisten Pablo Casals, mit denen er 1927 in Wien aus Anlaß des hundertsten Todestages von Ludwig van Beethoven dessen Trios aufführt. Neben eigenen Kompositionen und Transkriptionen von Werken aus dem 18. Jahrhundert gibt er Partituren von Franz Liszt und Robert Schumann, vor allem aber das Gesamtwerk von Frédéric Chopin heraus.

Froidebise, Pierre Jean Marie
Belgischer Organist und Komponist, geb. 15. 5. 1914 Uhey (Namur), gest. 28. 10. 1962 Lüttich.
Der Schüler von René Barbier (Orgel) am Konservatorium von Namur und von Raymond Moulaert (Komposition) sowie Joseph Jongen (Fuge) und Roger

Malengrau (Orgel) am Konservatorium von Brüssel erhält einen 1. Preis in Orgelinterpretation sowie 1941 den Agniez-Preis für Komposition. Er bildet sich bei Paul Gilson und Jean Absil auf dem Gebiet der Komposition weiter, bevor er zu Charles Tournemire nach Paris geht. 1943 erhält er für seine Kantate *La Navigation d'Ulysse* (Die Seefahrt des Odysseus) den 2. belgischen Rompreis. 1947 wird er am Lütticher Konservatorium zum Professor für Harmonie ernannt; gleichzeitig ist er Kapellmeister am Grand Seminaire und Titularorganist der Kirche Saint Jacques in der gleichen Stadt. 1958 gibt er eine vielbeachtete *Anthologie de la musique d'orgue des primitifs à la Renaissance* (Anthologie der Orgelmusik von den Primitiven bis zur Renaissance) heraus, die von drei Schallplatten begleitet wird.

Froment, Louis de
Französischer Dirigent, geb. 5. 12. 1921 Toulouse.
Er studiert am Konservatorium seiner Geburtsstadt Violine, Flöte und Harmonielehre und geht dann an das Pariser Konservatorium zu Louis Fourestier, Eugène Bigot und André Cluytens. 1948 erhält er einen 1. Preis in Orchesterleitung. Ein Jahr später gründet er im Rahmen des französischen Rundfunks das Orchestre du Club d'Essai, mit dem er junge Komponisten bekanntmacht. Außerdem gründet er sein eigenes Kammerorchester. 1953–69 ist er Musikdirektor des Kasinos von Vichy; bis 1956 ist er gleichzeitig der musikalische Leiter des Kasinos von Cannes und des von Deauville. 1958–59 ist er außerdem ständiger Dirigent des Kammerorchesters von Radio Nizza. 1958 wird er außerdem zum Leiter des Orchesters der Pariser Opéra-Comique und des Symphonie-Orchesters von Radio-Télé-Luxembourg (bis 1980) berufen, dessen principal guest conductor er auch nach seinem Ausscheiden bleibt.

Frühbeck de Burgos, Rafael (= Rafael Frühbeck)
Spanischer Dirigent, geb. 15. 9. 1933 Burgos.
Seine Eltern stammen aus Deutschland. Er hispanisiert seinen Namen, indem er ihm den Namen seiner Geburtsstadt hinzufügt. Er studiert am Konservatorium von Bilbao und anschließend an dem von Madrid (1950–53) und dirigiert dabei gleichzeitig Operetten. 1953–55 ist er Militärkapellmeister. Anschließend perfektioniert er sich an der Hochschule für Musik in München bei Kurt Eichhorn (Orchesterleitung) und Harald Genzmer (Komposition). 1958 übernimmt er die Leitung des Symphonie-Orchesters von Bilbao (bis 1962) und die Direktion des Spanischen Nationalorchesters (1962–77). Auch international hat er viel Erfolg. Er arbeitet eng mit dem New Philharmonia Orchestra zusammen und ist 1966–71 Generalmusikdirektor in Düsseldorf. 1975–77 ist er Musikdirektor des Symphonie-Orchesters von Montreal. 1980–83 leitet er das Yomiuri Nippon Symphony Orchestra, dem er auch nach seinem Ausscheiden als principal guest conductor eng verbunden bleibt.

Frugoni, Orazio
Amerikanischer Pianist, geb. 28. 1. 1921 Davos.
Seine Eltern stammen aus Italien. Er studiert bei Gaspare Scuderi und legt 1939 am Giuseppe-Verdi-Konservatorium in Mailand sein Diplom ab. Anschließend geht er an die Accademia Nazionale di Santa Cecilia in Rom und besucht gleichzeitig die Meisterkurse von Alfredo Casella an der Accademia Musicale Chigiana in Siena und die von Dinu Lipatti am Konservatorium von Genf, wo er 1945 den Preis für Virtuosität bekommt. Konzertreisen führen ihn um die ganze Welt; er spielt zahlreiche Schallplatten ein. Er wird von der Eastman School of Music in Rochester zum Professor ernannt. 1967 bietet man ihm die Stelle eines Direktors der Villa Schifanoia in Florenz an. Seit 1972 un-

terrichtet er auch am dortigen Konservatorium.

Fuchs, Marta
Deutsche Sopranistin, geb. 1. 1. 1898 Stuttgart, gest. 22. 9. 1974 daselbst.
Sie studiert in Stuttgart, München und Mailand und debütiert 1923 als Konzertsängerin und 1928 in Aachen als Opernsängerin (jeweils als Altistin). 1930–36 gehört sie zum Ensemble der Dresdner Oper und wechselt in ihr eigentliches Fach, den dramatischen Sopran. 1933 tritt sie zum ersten Mal in Bayreuth auf (Kundry, *Parsifal*); bis 1942 singt sie dort die Isolde (*Tristan und Isolde*) und die Brünnhilde (*Der Ring des Nibelungen*, alle Wagner). 1936–44 gehört sie zur Berliner Staatsoper und 1945–52 zur Stuttgarter Oper. Neben den Wagner-Rollen, in denen sie sich auszeichnet (auch als Ortrud, *Lohengrin*), interpretiert sie noch die Ariadne (*Ariadne auf Naxos*), die Marschallin und Octavian (beide in *Der Rosenkavalier*, beide R. Strauss), Donna Anna (*Don Giovanni*, Mozart), Eboli (*Don Carlos*, Verdi) und die Leonore (*Fidelio*, Beethoven).

Fugère, Lucien
Französischer Bariton, geb. 22. 7. 1848 Paris, gest. 15. 1. 1935 daselbst.
Durch Zufall entdeckt der Vertreter in Schmuckwaren und Bronzegießer, daß er über eine schöne Stimme verfügt. Das Pariser Konservatorium lehnt ihn ab, so daß er sich privat ausbilden läßt. Er debütiert im Café-Concert Ba-Ta-Clan in Paris. Nach dem Krieg von 1870–71 singt er in den Bouffes-Parisiens Operetten. 1877 debütiert er an der Opéra-Comique als Jean in den *Noces de Jeannette* (Jeannettes Hochzeit, Massé). Dreiundfünfzig Jahre bleibt er dem Haus verbunden und spielt mehr als hundert verschiedene Rollen, darunter den Falstaff (Verdi), Papageno (*Die Zauberflöte*, Mozart) und den Figaro (*Le nozze di Figaro*, Mozart). Er kreiert an diesem Haus unter anderem den Sancho (*Don Quichotte*, Massenet), Schaunard (*La Bohème*, Puccini), den Vater in *Louise* (Charpentier), den Boniface (*Le Jongleur de Notre Dame*, Massenet) und den Duc de Longueville (*La Basoche*, Der Gerichtsbeamte, Messager), dessen Arie im letzten Akt er bis zu sieben Mal jeweils auf unterschiedliche Art singen muß, da das Publikum von ihm begeistert ist. An seinem achtzigsten Geburtstag singt er diese Rolle ein letztes Mal, bevor er endgültig Abschied von der Bühne nimmt.

Fujiwara, Mari
Japanische Cellistin, geb. 1949 Osaka.
Als Siebenjährige beginnt sie bei Hideo Saito mit dem Cello-Unterricht und folgt ihrem Lehrer an die Toho Gakuen School nach Tokio. 1972 legt sie ihr Diplom ab und beginnt eine hauptsächlich auf Kammermusik ausgerichtete Karriere. Sie spielt regelmäßig mit dem Violinisten Jean-Jacques Kantorow und dem Bratscher Vladimir Mendelssohn, mit denen sie das Mozart String Trio gründet.

Fukai, Hirofumi
Japanischer Bratscher, geb. 10. 2. 1942 Saitama.
Er studiert bei Jeanne Isnard und Toshiya Etoh an der Toho School of Music in Tokio und geht dann zu Ivan Galamian an die Juilliard School of Music nach New York. Er perfektioniert sich bei Joseph Szigeti in Montreux und Max Lesueur am Konservatorium von Basel, wo er 1969 sein Diplom erhält. Er wird Solo-Bratscher des Symphonie-Orchesters in Bern, bevor er in der gleichen Funktion zu den Hamburger Philharmonikern geht (1970–87). Gleichzeitig tritt er häufig als Solist auf. 1974 wird er am Konservatorium von Hamburg zum Professor ernannt. 1988 wechselt er als Solo-Bratscher zum Symphonie-Orchester des NDR in Hamburg. Er spielt auf einer Bratsche von Alessandro Gagliano (Neapel, 1722). Wir verdanken ihm folgende Uraufführungen: *Trio für Oboe, Bratsche und Harfe* von Frank Michael Beyer (1981), *Compases para*

preguntas ensimismadas von Hans Werner Henze (1971), *Neues Divertissement* von Udo Zimmermann (1988) sowie Werke von Wolfgang Rihm und Robert Suter.

Fulton, Thomas
Amerikanischer Dirigent, geb. 18. 9. 1950 Memphis (Tenn.).
Er beginnt, Klavier zu studieren, und debütiert als Vierzehnjähriger mit diesem Instrument. Anschließend geht er ans Curtis Institute of Philadelphia zu Max Rudolf und Eugene Ormandy und studiert Orchesterleitung. Er ist 1975–77 in San Francisco und 1977–78 in Hamburg Assistent; 1978 holt ihn James Levine ebenfalls als Assistent an die Met. Er dirigiert während der amerikanischen Tourneen der Met, bevor er 1981 schließlich in New York selbst eine Aufführung von *Manon Lescaut* (Puccini) leitet. In Europa dirigiert er bei den Chorégies in Orange (1984), an der Opéra du Rhin in Straßburg (1985), in Rom und Berlin (1986). Die wichtigsten Opernbühnen der Welt laden ihn inzwischen ein.

Funke, Christian
Deutscher Violinist, geb. 18. 4. 1949 Dresden.
Er studiert an der Musikhochschule in Dresden (1955–66) und geht dann zu Igor Besrodny an das Tschaikowskij-Konservatorium in Moskau (1966–72). Er ist Preisträger des Moskauer Tschaikowskij-Wettbewerbes (1966), des Leipziger Bach-Wettbewerbes (1968), des Internationalen Wettbewerbes von Montreal (1969) und des Sibelius-Wettbewerbes in Helsinki (1970). 1972–79 arbeitet er als Erster Konzertmeister der Staatskapelle Dresden, bevor er zum Gewandhaus-Orchester nach Leipzig geht. Seit 1987 ist er gleichzeitig Musikdirektor und Konzertmeister des Bachorchesters in Leipzig. Neben seiner Orchestertätigkeit tritt er auch häufig als Solist auf.

Furlanetto, Ferruccio
Italienischer Bassist, geb. 16. 5. 1949 Sacile.
Er studiert Naturwissenschaften, bevor er sich ab 1972 bei Ettore Campogalliani und Casagrande der Ausbildung seiner Stimme widmet. In den beiden darauffolgenden Jahren gewinnt er viele nationale Preise und Auszeichnungen. 1974 debütiert er als Sparafucile (*Les Contes d'Hoffmann*, Hoffmanns Erzählungen, Offenbach) in Lonigro (Vicenza). Einige Monate später nimmt er in Triest neben José Carreras und Katia Ricciarelli an der Aufführung der *Bohème* (Puccini) teil. Die wichtigsten deutschen und internationalen Bühnen laden ihn ein. 1980 debütiert er an der Met, 1986 in Salzburg als Philipp II. (*Don Carlos*, Verdi) unter der Leitung von Herbert von Karajan, mit dem er ein Jahr später den *Don Giovanni* (Mozart) aufnimmt, eine Jubiläumseinspielung zum 200. Geburtstag der Oper. 1988–89 gastiert er in San Diego (*Faust*, Gounod), am Covent Garden (Leporello, *Don Giovanni*) und Genf (*Le nozze di Figaro*, beide Mozart). Auch auf dem Gebiet des Oratoriums ist er international tätig.

Furtwängler, Wilhelm
Deutscher Dirigent und Komponist, geb. 25. 1. 1886 Berlin, gest. 30. 11. 1954 Baden-Baden.
Der Sohn des Archäologen Adolf Furtwängler verbringt seine Jugend in München, wo sein Vater an der Universität unterrichtet. Er wächst in einem humanistisch geprägten Elternhaus auf. Seine musikalische Ausbildung übernehmen Anton Beer-Waldbrunn, Joseph Rheinberger und Max von Schillings. Konrad Ansorge macht aus ihm einen guten Pianisten. 1906 wird er in Berlin 2. Repetitor. In München dirigiert er als Zwanzigjähriger Anton Bruckners *Symphonie Nr. 9*, bevor er über Breslau nach Zürich geht, wo er 1907–09 als Chorleiter tätig ist. Er geht nach München zurück und übt dort unter Felix Mottl die gleiche Tätigkeit aus. Als Hans Pfitzner

die Leitung der Straßburger Oper übernimmt, engagiert er Furtwängler als 3. Kapellmeister. 1911 dirigiert er das Orchester des Vereins der Musikfreunde in Lübeck. 1915 wird er Nachfolger von Arthur Bodanzky am Hoftheater in Mannheim.
1920 übernimmt er von Richard Strauss die Leitung der Symphonie-Konzerte der Berliner Oper. Innerhalb von zwei Jahren erwirbt er sich ein solches Renommee, daß er als Nachfolger von Arthur Nikisch an die Spitze des Leipziger Gewandhaus-Orchesters sowie der Berliner Philharmoniker berufen wird. 1925 unternimmt er seine erste Tournee in die Vereinigten Staaten. 1928 tritt er als Leiter der Wiener Philharmoniker die Nachfolge von Felix Weingartner an, weigert sich aber, auch gleichzeitig die Direktion der Oper zu übernehmen. 1931 ist er mit Arturo Toscanini gleichberechtigter musikalischer Leiter der Bayreuther Festspiele. Im gleichen Jahr zeichnet er in Berlin für die Uraufführung von Hans Pfitzners Oper *Das Herz* verantwortlich. Zwei Jahre später übernimmt er die Leitung des Hauses; er engagiert zahlreiche jüdische Künstler, was vom nationalsozialistischen Regime scharf kritisiert wird. Im Dezember 1934 tritt er »aus politischen Gründen« von seinem Amt zurück. In der Folge erhält er aus der ganzen Welt Einladungen zu Gastdirigaten von Symphonie-Konzerten und Opernaufführungen vornehmlich der Werke Richard Wagners. Philadelphia, New York und Wien bieten ihm die Leitung ihrer Opernhäuser an, doch Furtwängler lehnt ab, da er Deutschland nicht verlassen will. Er möchte frei leben können und im Ausland die Werke dirigieren, die ihm wesentlich erscheinen. Die »Affäre Hindemith« gehört zu den schwierigsten Augenblicken seiner Karriere (Adolf Hitler und Hermann Göring hatten es ihm untersagt, an der Berliner Oper *Mathis der Maler* aufzuführen; aus diesem Grund hatte er seinen Abschied eingereicht). 1936 bieten ihm die New Yorker Philharmoniker an, Arturo Toscaninis Nachfolger zu werden.
Er ist bereit, ins Exil zu gehen. In einer geheimnisumwitterten Depesche der Berliner Filiale der Associated Press wird behauptet, Furtwängler sei bereit, wieder die Leitung der Berliner Oper zu übernehmen. Die falsche Nachricht löst in New York eine heftige Polemik gegen den Dirigenten aus, der daraufhin auf die Übernahme des New Yorker Orchesters verzichtet. Im gleichen Jahr dirigiert er zum ersten Mal seit 1931 wieder in Bayreuth. Auch in den Jahren 1937, 1943 und 1944 dirigiert er dort. Zwischendurch leitet er in Paris während der Weltausstellung 1937 und in London Konzerte und Opernaufführungen. Der Zweite Weltkrieg macht jeden weiteren Kontakt zum Ausland unmöglich, und er muß sich auf wenige Konzerte in Berlin beschränken. 1945 wird seine Lage immer bedenklicher, da die Gestapo ihn immer stärker bedrängt. Er flieht in die Schweiz. Während dieser Zeit ist er hauptsächlich als Komponist tätig. So entstehen das *Symphonische Konzert für Klavier und Orchester* (1937), die *Sonate in e-moll für Klavier und Violine* (1938) sowie die *Sonate in E-Dur für Klavier und Violine* (1940). Erst am 17. Dezember 1946 wird er von allen Anschuldigungen, für die Nationalsozialisten gearbeitet zu haben, freigesprochen. Zwei Musiker setzen sich in besonderem Maße für ihn ein: Yehudi Menuhin und Ernest Ansermet.
1947 übernimmt er wieder die Leitung der Berliner Philharmoniker. Zur Wiedereröffnung der Bayreuther Festspiele leitet er 1951 eine denkwürdige Aufführung von Ludwig van Beethovens *Symphonie Nr. 9*. Seit 1947 arbeitet er bereits unermüdlich für die Salzburger Festspiele. Tourneen durch Südamerika, in die Schweiz (vor allem zu den Festspielen in Luzern), nach Italien (auch an die Scala) sowie nach Paris und London jagen sich.
1948 schließt er seine *Symphonie Nr. 2 in e-moll* ab. Nach seinem Tod finden

sich in seinen Papieren drei Sätze einer unvollendeten dritten Symphonie.

Wir verdanken ihm viele Uraufführungen: *5 Orchesterstücke* op. 16 (2. Version, 1922) sowie *Variationen für Orchester* op. 31 (1928) von Arnold Schönberg, *Konzert für Klavier Nr. 1* von Béla Bartók (1927), *Konzertmusik für Solo-Bratsche* op. 48 (1930), *Philharmonisches Konzert* (1932) sowie die Symphonie *Mathis der Maler* (1934) von Paul Hindemith, *Mouvement symphonique Nr. 3* von Arthur Honegger (1933), *Konzert für Klavier und Orchester Nr. 5* von Sergej S. Prokofjew (1932) und *Vier letzte Lieder* von Richard Strauss (1950).

WW: *Nietzsche und Wagner* (Leipzig 1941); *Johannes Brahms und Anton Bruckner* (Leipzig 1942); *Gespräche über Musik* (Zürich 1948); *Ton und Wort* (Wiesbaden 1954); *Der Musiker und sein Publikum* (Zürich 1954); *Aufzeichnungen 1924–54* (Wiesbaden 1980).

G

Gabos, Gábor
Ungarischer Pianist, geb. 4. 1. 1930 Budapest.
Er studiert in Budapest an der Franz-Liszt-Akademie, gewinnt beim Marguerite Long-Jacques Thibaud-Wettbewerb in Paris und beim Concours Reine Elisabeth in Brüssel Preise und wird 1961 bei dem von der ungarischen Regierung veranstalteten Internationalen Liszt-Bartók-Wettbewerb in Budapest mit dem 1. Preis ausgezeichnet. In der Folge führen ihn zahlreiche Tourneen rund um die Welt. Sein Repertoire erstreckt sich von Johann Sebastian Bach bis zu Béla Bartók; auch Wolfgang Amadeus Mozart, Frédérique Chopin und Peter I. Tschaikowskij gehören zu den von ihm häufig gespielten Komponisten. Doch vor allem als Interpret der *Konzerte für Klavier und Orchester* von Béla Bartók wird er weltweit und besonders in Japan bekannt.

Gabrilowitsch, Ossip Solomonowitsch
Amerikanischer Pianist, Dirigent und Komponist russischer Herkunft, geb. 7. 2. 1878 St. Petersburg, gest. 14. 9. 1936 Detroit.
Er studiert am Konservatorium von St. Petersburg bei Anton Rubinstein Klavier, bei Karl Navratil, Anatoli K. Ljadow und Alexander K. Glasunow Komposition und erhält 1894 den Rubinstein-Preis. 1895–96 studiert er bei Theodor Leschetizky in Wien. 1896 tritt er in Berlin zum ersten Mal öffentlich auf. 1900 gastiert er erstmals in den Vereinigten Staaten. 1905 studiert er einige Monate Orchesterleitung bei Arthur Nikisch in Leipzig. 1910–14 arbeitet er regelmäßig mit dem Orchester des Konzertvereins München. 1914 emigriert er in die Vereinigten Staaten, wo er 1918 zum Leiter des Symphonie-Orchesters von Detroit ernannt wird. Er bleibt diesem Orchester bis 1936 treu. Als Pianist zeichnet er sich vor allem im romantischen Repertoire aus. 1909 heiratet er die Sopranistin Clara Clemens, eine Tochter Mark Twains, die er häufig bei Liederabenden begleitet.

Gadsky, Johanna Emilia Agnes
Deutsche Sopranistin, geb. 15. 6. 1872 Anklam (Pommern), gest. 22. 2. 1932 Berlin.
Sie studiert in Stettin bei Frau Schroeder-Chalupka und debütiert 1889 als Siebzehnjährige an der Berliner Kroll-Oper. Anschließend gehört sie den Bühnen Stettin, Mainz und Bremen an, gastiert in den Niederlanden und in den Vereinigten Staaten, wo sie 1895 mit der Damrosch Opera Company an der Met auftritt (als Elsa in *Lohengrin*). Um die Jahrhundertwende beginnt ihre internationale Karriere mit Gastspielen am Covent Garden (1898–1901), in Bayreuth (1899, Eva in *Die Meistersinger von Nürnberg*, beide Wagner) und an der Met, wo sie bis 1917 als 1. Sopranistin engagiert ist. Sie muß nach Deutschland zurückkehren und beendet ihre Karriere als Liedsängerin in Berlin. 1928 gründet sie die German Opera Company, die zwei Jahre durch die Vereinigten Staaten reist. Sie gehört zu den wichtigsten Wagner-Sängerinnen ihrer Zeit, besticht aber auch als Mozart-Interpretin (Münchner Mozart-Festspiele 1905 und Salzburger Mozart-Festspiele 1906 und 1910, die von Lotte Lehmann organisiert werden). Auch als Leonore (*Il Trovatore*, Der Troubadour) und als Amelia (*Un ballo in maschera*, Ein Maskenball, beide Verdi) sowie als Valentine (*Les Huguenots*, Die Hugenotten, Meyerbeer) ist sie erfolgreich.

Gage, Irwin
Amerikanischer Pianist, geb. 4. 9. 1939 Cleveland.
Er studiert an den Universitäten von

Michigan und Yale Literatur, Klavier und Musikwissenschaften. Vom Lied besonders fasziniert, geht er zur Weiterbildung nach Wien zu Erik Werba, Kurt Schmidek und Hilde Langer-Rühl. Er begleitet die größten europäische Liedsängerinnen und -sänger, darunter Elly Ameling, Gundula Janowitz, Aafje Heynis, Christa Ludwig, Walter Berry, Dietrich Fischer-Dieskau, Ernst Haefliger, Tom Krause, Peter Schreier, Martti Talvela und Jessye Norman, von denen viele an den Wiener Liedertagen teilnehmen, die er seit 1968 organisiert. 1973 debütiert er als Solist unter der Leitung von Claudio Abbado mit den Wiener Philharmonikern. In der Folge räumt er der Solisten-Tätigkeit einen immer größeren Platz ein. Er hält verschiedene masterclasses ab. Mit der großen Sensibilität der bedeutenden Liedbegleiter ausgestattet, gehört er zu den würdigen Nachfolgern eines Gerald Moore. Irwin Gage hat die Originalpartituren auch bekannter Lieder ausgegraben, die zum Teil erheblich von dem bisher gewohnten Klangbild abweichen.

Gaillard, Marius-François
Französischer Pianist, Dirigent und Komponist, geb. 13. 10. 1900 Paris, gest. 20. 8. 1973 Evecquemont (Yvelines).
Der Schüler von Louis Diémer (Klavier) und Xavier Leroux (Harmonielehre) am Pariser Konservatorium schlägt zuerst die Pianisten-Laufbahn ein und spielt als erster in Konzertzyklen Claude Debussys Gesamtwerk für sein Instrument. Später gründet er das Kammerorchester Marius-François Gaillard, das er auch während des Zweiten Weltkrieges leitet.
Als Komponist inspiriert er sich auf zahlreichen Reisen nach Asien und Südamerika und entwickelt eine sehr persönliche, keiner Schule verpflichtete Ästhetik.

Gaillard, Paul-André
Schweizer Chorleiter und Komponist, geb. 26. 4. 1922 Veytaux-Montreux.
Er studiert in Lausanne, Genf und Zürich Musikwissenschaften, Philosophie und Kirchengeschichte; gleichzeitig nimmt er bei Edmond Appia Unterricht in Violine, bei Hermann Scherchen in Orchesterleitung sowie bei Paul Hindemith in Komposition. Zu Beginn seiner Laufbahn arbeitet er als Bratschist in verschiedenen Kammerorchestern, interessiert sich aber in immer stärkerem Maße für Orchesterleitung. 1951 wird er zum Nachfolger von Carlo Boller an der Spitze von zahlreichen Laienchören in der französischen und der deutschen Schweiz ernannt. Er arbeitet bei den Bayreuther Festspielen und den Rencontres internationales de la Jeunesse, ebenfalls in Bayreuth, mit (1950–69). 1963 erhält er die Richard-Wagner-Medaille. 1964 gründet er in Montreux die Rencontres chorales internationales. 1973–79 unterrichtet er an der Technischen Hochschule Zürich Musikwissenschaften. Er dirigiert in der ganzen Welt.
Der Autor zahlreicher Aufsätze über die Musik der Renaissance sowie über Richard Wagner ist Mitarbeiter verschiedener Fachzeitschriften. 1969–87 ist er Chorleiter am Grand-Théâtre von Genf.

Galais, Bernard
Französischer Harfenist, geb. 30. 1. 1921 Le Havre.
Bei seiner Mutter erhält er ersten Unterricht in Klavier und allgemeiner Musiklehre. Er studiert zwei Jahre am Konservatorium von Straßburg, bevor er in die Klasse von Marcel Tournier am Pariser Konservatorium eintritt, wo er 1939 einen 1. Preis erhält. Nach dem Zweiten Weltkrieg beginnt seine Karriere: 1945 wird er Solo-Harfenist am Pariser Orchestre de la Garde Républicaine. Die Pariser Oper engagiert ihn 1947 und ernennt ihn 1957 zum Solo-Harfenisten. Gleichzeitig ist er Solo-Harfenist des Orchesters der Société

des Concerts du Conservatoire (1947–67). Seit 1967 übt er innerhalb des Orchestre Colonne die gleiche Funktion aus. Er tritt auch als Solist und als Kammermusiker auf. Jean-Michel Damase widmet ihm seine *Introduktion und Toccata.*

Galamian, Ivan
Amerikanischer Violinist und Pädagoge russischer Herkunft, geb. 5. 2. 1902 Täbris (Iran), gest. 14. 4. 1981 New York.
Er stammt aus einer armenischen Familie und beginnt als Vierzehnjähriger am Philharmonischen Institut in Moskau sein Studium (1916–22). 1923–24 arbeitet er bei Lucien Capet in Paris als Privatschüler. 1924 debütiert er in der französischen Hauptstadt. Ein Jahr später beginnt er, am Pariser Rachmaninow-Konservatorium zu unterrichten (1925–39); 1936–39 ist er gleichzeitig Professor an der Pariser Ecole Normale de Musique. In dieser Zeit tritt er vor allem in Frankreich und Deutschland häufig als Solist auf. Seit dem Beginn der 30er Jahre reist er ständig in die Vereinigten Staaten, wo er sich nach Ausbruch des 2. Weltkrieges endgültig niederläßt. 1944 wird er am Curtis Institute in Philadelphia zum Professor ernannt, der eigentliche Beginn seiner Karriere als Pädagoge. 1946 übernimmt er die Violin-Klasse an der Juilliard School of Music in New York. Er unterrichtet an den beiden wichtigsten amerikanischen Instituten gleichzeitig und verzichtet auf die Fortführung seiner Solisten-Karriere. Ab 1944 gibt er an der Meadowmount School, die er gründet, Sommerkurse.
Ivan Galamian gehört wie Joseph Joachim in Deutschland, Leopold Auer in Rußland und Eugène Ysaÿe in Belgien zu den Violinpädagogen, die eine ganze Generation prägen. Zu seinen Schülern zählen unter anderem Itzhak Perlman, Pinchas Zukerman, Erick Friedman, Jaime Laredo, Paul Zukofsky und Michael Rabin. Die meisten Konzertmeister der großen amerikanischen Orchester kommen aus seiner Schule und geben seine Methode weiter, die auf der genauen Analyse der einzelnen Persönlichkeit beruht und alle Prinzipien und Regeln, die nach Einheitlichkeit abzielen, ablehnt. Seine Technik beruht auf einer geglückten Synthese zwischen der russischen und der französischen Schule. Er spielt auf einem besonders wertvollen Instrument, der *Ex-Walton* aus dem Jahre 1680, von Nicolo Amati gebaut.

Galard, Jean
Französischer Organist, geb. 19. 2. 1949 Vincennes.
Er studiert am Pariser Konservatorium bei Rolande Falcinelli (Orgel) und Norbert Dufourcq (Geschichte der Musik) und arbeitet gleichzeitig mit Noëlie Pierront. 1970 gewinnt er den Tournemire-Preis und 1974 den internationalen Wettbewerb für Improvisation in Lyon. 1975 schließt er sein Studium am Pariser Konservatorium mit einem 1. Preis in Orgel ab. 1979 wird ihm der Maurice-Duruflé-Preis der Amis de l'Orgue zugesprochen (für Improvisation). Jean Galard ist Titularorganist der Großen Orgel der Kathedrale von Beauvais und der Kirche Saint-Médard in Paris.

Galimir, Felix
Amerikanischer Violinist österreichischer Herkunft, geb. 12. 5. 1910 Wien.
Er studiert am Wiener Konservatorium bei Adolf Bak (1922–28) und debütiert 1929. Im gleichen Jahr gründet er mit Familienmitgliedern das Galimir-Quartett, das 1936 als erstes die *Lyrische Suite* von Alban Berg auf Schallplatte aufnimmt. 1932–33 arbeitet er mit Carl Flesch in Baden-Baden. 1938 emigriert er in die Vereinigten Staaten, wo er ein neues Quartett gründet, das bis in die Mitte der 80er Jahre auftritt (zu der letzten Besetzung gehören außer ihm Hiroko Yajima, Violine, John Graham, Bratsche, Timothy Eddy, Cello). Das NBC Symphony Orchestra engagiert ihn; er wird anschließend Konzertmei-

ster des Symphony of the Air Orchestra, dessen Nachfolgeorganisation. 1954 wird er am City College in New York zum Professor ernannt; 1962 wechselt er an die Juilliard School of Music in New York (Kammermusik), 1972 an das Curtis Institute in Philadelphia und 1976 an das Mannes College (New York), wo sein Quartett zum quartet in residence ernannt wird. Er spielt auf einer Stradivari aus dem Jahre 1720, der *Woolhouse*.

Gall, Yvonne
Französische Sopranistin, geb. 6. 3. 1885 Paris, gest. 22. 8. 1972 daselbst.
Die Schülerin von Auguste Dubulle am Pariser Konservatorium debütiert an der dortigen Oper 1908 als Mathilde in *Wilhelm Tell* (Rossini), nachdem sie bereits 1906 unter der Leitung von Désiré-Emile Inghelbrecht an der Uraufführung von *Psaume XLVII* (Psalm XLVII) von Florent Schmitt teilgenommen hat. Schnell bekommt sie bedeutende Rollen übertragen wie die Gilda (*Rigoletto*), Desdemona (*Otello*, beide Verdi), Elsa (*Lohengrin*, Wagner), Thaïs (Massenet), Valentine (*Les Huguenots*, Die Hugenotten, Meyerbeer) und vor allem die Margarethe (*Faust*, Gounod), die sie auch 1934 aus Anlaß der 2 000. Aufführung des Werkes an der Seite von Georges Thill, André Pernet und Edouard Rouard unter der Leitung von Philippe Gaubert singt. Ab 1921 interpretiert sie an der Opéra-Comique die Manon (Massenet), Tosca (Puccini), Louise (G. Charpentier), Ariadne (*Ariadne auf Naxos*, R. Strauss), Juliette (*Roméo et Juliette*, Gounod) und die Donna Anna (*Don Giovanni*, Mozart). Sie kreiert die Rolle der Daphne in der Oper ihres Mannes, Henry Büsser, *Les Noces Corinthiennes* (Hochzeit in Korinth). Doch der größte Teil ihrer Karriere spielt sich im Ausland ab, in den Vereinigten Staaten und dort vor allem an der Oper von Chicago, in Italien, England, Belgien und in Deutschland, wo sie große Triumphe feiert. Nach Beendigung ihrer aktiven Laufbahn entwickelt sie sich zu einer der bedeutendsten Pädagoginnen am Pariser Konservatorium.

Galli-Curci, Amelita
Italienische Sopranistin, geb. 18. 11. 1882 Mailand, gest. 26. 11. 1963 La Jolla (Cal.).
Die bedeutende Pianistin und Lieblingsschülerin Vicenzo Appianis verläßt das Mailänder Konservatorium 1903 mit ersten Preisen in allen Disziplinen, die sie studiert hatte. Von ihren begüterten Eltern unterstützt, schlägt sie eine Solisten-Laufbahn ein und singt zu Hause am Klavier die Melodien, die sie in der Scala gehört hat. Bei Freunden wird sie eines Abends gebeten zu singen. Pietro Mascagni, einer der Gäste, ist begeistert und rät ihr, Gesang zu studieren. Noch bevor sie eine Entscheidung getroffen hat, wird sie 1906 von dem Theater der italienischen Kleinstadt Trani eingeladen, die Gilda (*Rigoletto*, Verdi) zu singen. Auf der Rückreise nach Rom singt sie an der dortigen Oper vor; sie wird für eine Reihe von Vorstellungen des *Rigoletto* und des *Don Procopio* (Bizet) engagiert. Die Scala lädt sie ein, an einer Vorstellung von *La sonnambula* (Die Nachtwandlerin, Bellini) mitzuwirken, doch da man ihr die Rolle der Lisa und nicht die der Amina anbietet, lehnt sie ab (auch später singt sie nie an diesem Haus). Tourneen führen sie nach Spanien, Südamerika, Rußland, Chicago und an die Manhattan Opera in New York; an der Met herrscht damals noch Maria Barrientos. Die Schallplattenfirma Victor nimmt mit ihr die Glöckchenarie (*Lakmé*, Delibes) und Paminas Arie (*Zauberflöte*, Mozart) auf. Die Verkaufszahlen übertreffen die ähnlicher Aufnahmen mit Enrico Caruso. 1921 singt sie zum ersten Mal an der Met und erzielt bei der Eröffnungsvorstellung der Saison 1921–22 einen durchschlagenden Erfolg. Zehn Jahre lang ist sie der unumstrittene Star der Met und interpretiert insbesondere die Lucia (*Lucia di Lammermoor*, Donizetti), Juliette (*Roméo et Juliette*, Gounod)

und Dinorah (*Le Pardon de Ploërmel*, Dinorah oder Die Wallfahrt nach Ploërmel, Meyerbeer). Aufgrund eines Kropfes muß sie auf dem Höhepunkt ihres Ruhms 1930 mit dem Singen aufhören. Nach einer erfolgreich verlaufenen Operation (1935) tritt sie 1936 in Chicago wieder als Mimi (*La Bohème*, Puccini) auf, beschließt aber dann doch, ihre Karriere endgültig zu beenden. In erster Ehe mit dem Maler Luigi Curci verheiratet, läßt sie sich scheiden und heiratet 1921 ihren Begleiter, den Pianisten Homer Samuels (1889–1956).

Galli-Marié, Célestine Laurence (= Célestine Laurence Marié de l'Isle)
Französische Mezzosopranistin, geb. November 1840 Paris, gest. 22. 9. 1905 Vence.
Die Tochter des Tenors und Dirigenten Félix Mécène Marié de l'Isle studiert bei ihrem Vater und debütiert 1859 in Straßburg. 1862 tritt sie als Serpina in *La Serva Padrona* (Die Magd als Herrin, Pergolesi) an der Pariser Opéra-Comique zum ersten Mal auf; bis 1885 gehört sie dem Ensemble an. An diesem Haus singt sie bei den Uraufführungen von *Mignon* (Thomas) und *Carmen* (Bizet) die Titelrollen. Sie spezialisiert sich auf das französische Repertoire. 1886 feiert sie in London einen großen Triumph.

Galliera, Alceo
Italienischer Dirigent, geb. 3. 5. 1910 Mailand.
Bei seinem Vater Arnaldo (1871–1934), Komponist und Professor am Konservatorium von Parma, erhält er ersten Musikunterricht. Anschließend geht er an das Konservatorium von Mailand, wo er kurz nach seinem Studienabschluß selbst zum Professor für Komposition ernannt wird (1932). Er debütiert als Solist; erst 1941 wendet er sich der Orchesterleitung zu. Während des Zweiten Weltkriegs lebt er in der Schweiz. 1950–51 leitet er das Symphonie-Orchester von Melbourne und 1957–60 das Teatro Carlo Felice in Genua; 1964–72 ist er Chefdirigent des Orchestre Municipal von Straßburg. Die wichtigsten Orchester laden ihn zu Gastdirigaten ein. Unter seiner Leitung nehmen Clara Haskil, David F. Oistrach, Henryk Szeryng, Claudio Arrau und Pierre Fournier Schallplatten auf. Wir verdanken ihm auch eine Einspielung des *Il barbiere di Siviglia* (Der Barbier von Sevilla, Rossini) mit Maria Callas und Tito Gobbi.

Galway, James
Irischer Flötist, geb. 8. 12. 1939 Belfast.
Als Zwölfjähriger gewinnt er den Wettbewerb von Ulster; 1956–59 studiert er am Royal College of Music in London bei John Francis und anschließend an der Guildhall School of Music bei Geoffrey Gilbert. Ein Stipendium erlaubt ihm, sich am Konservatorium von Paris bei Gaston Crunelle und Jean-Pierre Rampal zu perfektionieren (1960–61). Marcel Moyse übt allerdings den größten Einfluß auf den jungen Flötisten aus. Er debütiert als Theatermusiker am Royal Shakespeare Theatre in Stratford-on-Avon, geht dann zum Sadler's Wells Theatre (1961) und an den Covent Garden (1964), wo er schon bald zum Solo-Flötisten ernannt wird. 1966 wechselt er, nachdem er den Birminghamer Wettbewerb gewonnen hat, zum Symphonie-Orchester von London; ein Jahr später wird er zum Solo-Flötisten des Royal Philharmonic Orchestra ernannt. 1969 holt ihn Herbert von Karajan in der gleichen Funktion zu den Berliner Philharmonikern (bis 1975). Dann beginnt er eine Karriere als Solist, die durch einen Unfall jäh unterbrochen wird. Er reduziert die Zahl der von ihm gegebenen Konzerte, unterrichtet an der Eastman School of Music, schreibt seine Memoiren und realisiert für das englische Fernsehen verschiedene Sendungen, in denen er klassische und Popmusik miteinander verbindet.
Verschiedene Werke sind ihm gewidmet: *Konzert für Flöte und Orchester* und *Cadence 5* von Henri Lazarof, *Konzert für Flöte und Orchester* von John

Carigliano, *Orpheus* von Thea Musgrave, *Variationen für Flöte und Orchester* von Hanning Schroeder, *Concierto pastorale* von Joaquín Rodrigo. Er verwirklicht viele Transkriptionen für sein Instrument. Galway besitzt mehrere Flöten aus Gold aus der Werkstatt von A. K. Cooper.
WW: *James Galway, An Autobiography* (New York 1979); *Flute* (London 1982).

Gamba, Piero
Italienischer Dirigent, geb. 16. 9. 1937 Rom.
Der Vater, ein Violinist, versucht, aus dem Knaben ein Wunderkind zu machen. Als Achtjähriger leitet er an der Accademia Nazionale di Santa Cecilia in Rom sein erstes Konzert, während er noch Klavier studiert. Die größten Orchester laden diesen »Dirigenten in kurzen Hosen« ein, der 1948 in London debütiert. Eine Karriere als Gastdirigent vor allem englischer Orchester schließt sich an, die weit weniger auffällig verläuft. 1962 leitet er die Uraufführung von Marcel Landowskis *Les Noces de nuit* (Nachthochzeit). 1970–80 steht er an der Spitze des Symphonie-Orchesters von Winnipeg (Kanada). 1982 wird er zum principal guest conductor des Symphonie-Orchesters von Adelaide (Australien) ernannt.

Garaguly, Carl von
Schwedischer Dirigent ungarischer Herkunft, geb. 28. 12. 1900 Budapest.
Der Schüler von Jenő Hubay an der Franz-Liszt-Akademie in Budapest (1907–09) und von Henri Marteau an der Berliner Musikhochschule (1911–16) wird 1917 als Violinist Mitglied der Berliner Philharmoniker; 1918–19 unterrichtet er in Arad (Ungarn) Violine. Anschließend perfektioniert er sich am Sternschen Konservatorium in Berlin bei Géza von Kresz und privat bei Henri Marteau (1920–23). Er beginnt eine Karriere als Solist, läßt sich in Schweden nieder und arbeitet als Konzertmeister des Symphonie-Orchesters von Göteborg (1923–30) und der Stockholmer Philharmoniker (1930–40). 1940 gründet er das Garaguly-Quartett. Ein Jahr später wird er an die Spitze der Stockholmer Philharmoniker berufen (bis 1955). 1952–59 ist er musikalischer Direktor des Symphonie-Orchesters von Bergen, 1959–72 in der gleichen Funktion beim Orchester von Arnheim in Holland und 1965–79 beim Symphonie-Orchester von Sønderborg in Dänemark. Er unterrichtet an der Musikakademie in Stockholm.

García Asensio, Enrique
Spanischer Dirigent, geb. 22. 8. 1937 Valencia.
Er studiert am Madrider Konservatorium und geht dann an die Musikakademie München zu Gotthold Ephraim Lessing und Kurt Eichhorn und an die Accademia Musicale Chigiana in Siena zu Sergiu Celibidache. 1962 gewinnt er einen Preis der RAI und ein Jahr später den Preis der Accademia Musicale Chigiana in Siena. 1962–64 leitet er die Philharmonische Gesellschaft sowie das Konservatorium von Las Palmas (Kanarische Inseln); 1964 geht er dann zum Städtischen Orchester von Valencia. 1966 wird er zum ständigen Dirigenten des Symphonie-Orchesters des Spanischen Rundfunks in Madrid ernannt. Im darauffolgenden Jahr gewinnt er den Mitropoulos-Wettbewerb in New York, worauf er für ein Jahr vom National Symphony Orchestra in Washington als Assistent eingeladen wird (1967–68). Seine Funktionen beim Spanischen Rundfunk beibehaltend, übernimmt er 1969 die Leitung der Königlichen Akademie von Valencia und 1970 des Madrider Konservatoriums. Sein Bruder José Luis García ist Konzertmeister des English Chamber Orchestra.

García Navarro, Luis
Spanischer Dirigent, geb. 30. 4. 1941 Chiva.
Er beginnt sein Studium am Konservatorium von Valencia und geht dann an das von Madrid (Oboe, Klavier und

Komposition); 1963 erhält er einen 1. Preis. Die französische und die italienische Regierung verleihen ihm je ein Stipendium, so daß er sich in Frankreich und Italien bei Karl Österreicher und Franco Ferrara fortbilden kann. Anschließend geht er an die Wiener Akademie und perfektioniert sich bei Hans Swarowsky und Reinhold Schmid.
Er gründet 1963 das Nationalorchester der spanischen Universitätsgesellschaft. 1967 gewinnt er den Wettbewerb von Besançon. 1970–74 leitet er das Symphonie-Orchester von Valencia; gleichzeitig dirigiert er regelmäßig als Gast in den Niederlanden. 1976 wird er zum Direktor des Symphonie-Orchesters des Portugiesischen Rundfunks ernannt. 1979–82 ist er Musikdirektor des Teatro de San Carlos in Lissabon. 1987 wird er zum Generalmusikdirektor der Stuttgarter Oper ernannt. Er dirigiert häufig an der Wiener Oper.

Garcisanz, Isabel
Spanische Sopranistin, geb. 29. 6. 1934 Madrid.
Sie studiert am Madrider Konservatorium Musiktheorie und Gesang (bei Angeles Ottein) und erhält drei Große Preise (Gesang, Musiktheorie, Klavier). Anschließend beschäftigt sie sich mit Harmonielehre, Begleitung und Schauspielkunst. Dank eines Stipendiums kann sie sich an der Wiener Akademie fortbilden. Die Wiener Oper engagiert sie für drei Jahre; sie debütiert in *Le Comte Ory* (Der Graf Ory), singt die Rosina (*Il barbiere di Siviglia*, Der Barbier von Sevilla, beide Rossini), die Adina (*L'Elisir d'amore*, Der Liebestrank, Donizetti) und interpretiert das Kind in *L'Enfant et les sortilèges* (Das Kind und die Zauberdinge, Ravel). In Straßburg singt sie die Serpetta (*La finta giardiniera*, Die Gärtnerin aus Liebe, Mozart).
Wolfgang Amadeus Mozart steht immer mehr im Zentrum ihrer Kunst: Cherubin, Susanna, Gräfin Almaviva (alle *Le nozze di Figaro*, Figaros Hochzeit), Zerlina und Elvira (*Don Giovanni*), Dorabella und Fiordiligi (*Così fan tutte*).
Daneben nimmt sie in ganz Europa an Aufführungen von Werken von Gaetano Donizetti, Gioacchino Rossini, Jacques Offenbach, Richard Strauss und Maurice Ravel teil. In Glyndebourne interpretiert sie Pier Francesco Cavalli und Wolfgang Amadeus Mozart. Auch für die zeitgenössische Musik setzt sie sich ein und kreiert: *Le Bonheur dans le crime* von André Casanova (Das Glück im Verbrechen, Toulouse 1972), *Symphonie Nr. 5* von Marcel Mihalovici (Radio France, Paris 1972), *Ancient Voices of Children* von George Crumb (Verklungene Kinderstimmen, Domaine Musical, Paris 1973), *Aliana* von Pierre Ancelin (Radio France, Paris 1973), *Sibylle* und *Messe* von Maurice Ohana (Avignon 1976), *Les Noces d'ombres* von Tolia Nikiprowetzky (Schattenhochzeit, Toulouse 1973), *Medis et Alissio* von Georges Delerue (Straßburg 1974). Sie spricht fünf Sprachen und ist so in der Lage, Rollen wie Tatjana (*Eugen Onegin*, Tschaikowskij) in der Originalsprache zu interpretieren. Auch als Liedsängerin leistet sie Bedeutendes.

Gardelli, Lamberto
Schwedischer Dirigent und Komponist italienischer Herkunft, geb. 8. 11. 1915 Venedig.
Er studiert bei Amilcare Zanella und Adriano Ariani am Konservatorium Rossini in Pesaro und geht dann zu Goffredo Petrassi und Alessandro Bustini nach Rom an die Accademia Nazionale di Santa Cecilia. Anschließend wird er Assistent von Tullio Serafin und dirigiert verschiedene italienische Orchester bei Konzerten. 1944 debütiert er in Rom mit *La Traviata* (Verdi) als Operndirigent. Zwei Jahre später engagiert ihn die Stockholmer Oper als ständigen Dirigenten (bis 1955). Er belebt dort das italienische Repertoire und setzt sich gleichzeitig für zeitgenössische Werke aus dem skandinavischen Raum ein. 1955–61 leitet er das Symphonie-Orchester des Dänischen Rundfunks,

bevor er die Budapester Oper übernimmt (1961–65). 1964 leitet er in der Carnegie Hall in New York eine Aufführung von *I Capuleti e i Montecchi* (Bellini). 1966 debütiert er an der Met mit *André Chénier* (Giordano); bis 1968 bleibt er dem Haus eng verbunden. 1964 und 1968 dirigiert er in Glyndebourne *Macbeth* (Verdi) bzw. *Anna Bolena* (Donizetti). 1969 debütiert er mit *Otello* (Verdi) am Covent Garden. 1978–84 ist er Musikdirektor an der Berner Oper. 1982 wird er zum Chefdirigenten des Münchner Rundfunkorchesters ernannt (bis 1985), bevor er nach Kopenhagen geht und zum zweiten Mal das Symphonie-Orchester des Dänischen Rundfunks übernimmt (1986–89). 1988 leitet er die Uraufführung von Gottfried von Einems *Symphonie Nr. 4*. Als Komponist schreibt er Opern und Orchesterwerke.

Garden, Mary
Englische Sopranistin, geb. 20. 2. 1874 Aberdeen, gest. 3. 1. 1967 daselbst.
Als Sechsjährige übersiedelt sie in die Vereinigten Staaten und studiert in Chicago Violine und Klavier; anschließend widmet sie sich ausschließlich dem Gesang und geht zur weiteren Ausbildung nach Paris zu Mathilde Marchesi, Trabadello, Lucien Fugère und Jules-César Chevallier. 1900 debütiert sie an der Opéra-Comique als *Louise* (G. Charpentier). Im darauffolgenden Jahr interpretiert sie *Manon* (Massenet) und *La Traviata* (Verdi). 1902 kreiert sie die Rolle der Mélisande (*Pelléas et Mélisande*, Debussy). London lädt sie ein. Sie singt dort die Manon. 1904 kreiert sie *La Damoiselle élue* (Die auserwählte Jungfrau, Debussy), *La Reine Fiamette* (Die Königin Fiamette, Leroux) und 1905 die Oper *Chérubin* (Massenet). 1907–10 begeistert sie in *Le Jongleur de Notre-Dame* (Der Gaukler unserer lieben Frau), *Sapho* und *Griselidis* (alle Massenet) das Publikum des Manhattan Theater in New York. 1909 singt sie am gleichen Haus die Salome (R. Strauss). Ein Jahr später wird sie Mitglied der Oper von Chicago, die sie 1919–20 leitet und der sie bis 1931 angehört. Gleich im ersten Jahr begeistert sie als Carmen (Bizet). 1927 nimmt sie an der amerikanischen Erstaufführung von Arthur Honeggers *Judith* und 1927 an der von Franco Alfanos *Risurrezione* (Auferstehung) teil. Nach einer Reihe großer Triumphe in Amerika – in *Don Quichotte* und *Cléopâtre* von Massenet, *Tosca* (Puccini), *Monna Vanna* (H. Février) – zieht sie sich von der Bühne zurück und beschränkt sich auf den Konzertsaal. 1935 unterrichtet sie an der Musikschule von Chicago. Die *Ariettes oubliées* (Vergessene Ariettes) von Claude Debussy und *Vœu* (Glückwunsch) von Albert Roussel sind ihr gewidmet.
W: *Mary Garden's Story* (London 1951).

Gardiner, John Eliot
Englischer Dirigent, geb. 20. 4. 1943 Fontmell Magna.
Er studiert am King's College in Cambridge, schließt sein Diplom in Geschichte und Arabistik ab und geht dann nach London, um bei Thurston Dart Musik zu studieren. Ein Stipendium der französischen Regierung ermöglicht ihm, zwei Jahre bei Nadia Boulanger in Paris zu studieren. Anschließend geht er zu George Hurst und studiert Orchesterleitung. 1964 gründet er den Monteverdi Choir, mit dem er 1966 in der Londoner Wigmore Hall zum ersten Mal auftritt. Im darauffolgenden Jahr führt er in der Kathedrale Ely zum vierhundertsten Geburtstag Claudio Monteverdis dessen *Vesperae Mariae Virginis* in einer neuen, von ihm selbst revidierten Fassung auf. Nachdem er mit diesem Werk auch beim Publikum großen Erfolg hat, gründet er das Monteverdi Orchestra als Ergänzung zu seinem Chor und gibt weitere Werke des 17. und 18. Jahrhunderts in Neubearbeitungen heraus (*Dardanus*, *Les Fêtes d'Hébé*, *Les Boréades*, alle Rameau), die er in London zur Aufführung bringt (1973–75). Auch mit Wolfgang Ama-

deus Mozart, Christoph Willibald Gluck und Georg Friedrich Händel beschäftigt er sich intensiv. 1969 dirigiert er am Sadler's Wells Theatre *Die Zauberflöte* (Mozart) und 1973 am Covent Garden *Iphigénie en Tauride* (Iphigenie auf Tauris, Gluck). 1982 leitet er während der Festspiele von Aix-en-Provence eine vielbeachtete Aufführung der *Boréades* (Rameau). 1980–83 ist er Musikdirektor des Orchesters des Kanadischen Rundfunks und 1983–88 Musikdirektor der Oper von Lyon. 1991 wird er zum Chefdirigenten des Symphonie-Orchesters des NDR in Hamburg ernannt.

Gardon, Olivier
Französischer Pianist, geb. 29. 7. 1950 Nizza.
Er studiert am Konservatorium von Nizza und geht dann an das Pariser Konservatorium, wo er 1970 einen 1. Preis in Klavier und 1971 einen 1. Preis in Kammermusik (Klasse von Jean Hubeau) erhält. 1973 gewinnt er den Pariser Marguerite-Long-Wettbewerb und 1975 den Brüsseler Reine-Elisabeth-Wettbewerb. Der Preisträger vieler anderer internationaler Wettbewerbe (Viotti, Casella, Manza, Sinigalia) unterrichtet heute am Straßburger Konservatorium.

Garner, Françoise
Französische Sopranistin, geb. 17. 10. 1933 Nérac.
Sie studiert am Pariser Konservatorium bei Marcel Samuel-Rousseau Musiktheorie und entdeckt ihre eigentliche Berufung als Sängerin erst einige Jahre später in Italien. Sechs Jahre studiert sie an der Accademia Nazionale di Santa Cecilia in Rom, bevor sie nach Wien geht. 1963 debütiert sie an der Opéra-Comique anläßlich der Uraufführung von *The Last Savage* (Der letzte Wilde) von Gian Carlo Menotti. In der Folge werden ihr alle großen Koloratur-Rollen anvertraut: Rosina (*Il barbiere di Siviglia*, Der Barbier von Sevilla, Rossini), Lakmé (Delibes), Olympia (*Les Contes d'Hoffmann*, Hoffmanns Erzählungen, Offenbach), Leila (*Les Pêcheurs de perles*, Die Perlenfischer, Bizet). An der Oper singt sie die Lucia (*Lucia di Lammermoor*, Donizetti) und die Gilda (*Rigoletto*, Verdi). 1971 interpretiert sie während der Festspiele von Aix-en-Provence die Königin der Nacht (*Zauberflöte*, Mozart). In den darauffolgenden Jahren gewinnt ihre Stimme an Umfang; sie studiert Rollen ein, die zum lyrischen Sopran gehören: 1977 singt sie an der Scala die Margarethe (*Faust*) und in Verona die Juliette (*Roméo et Juliette*, beide Gounod) sowie die Cho-Cho-San (*Madame Butterfly*, Puccini). In der Folge studiert sie die großen Rollen Vincenzo Bellinis ein, die sie vor allem in Italien und in Frankreich interpretiert.

Gasdia, Cecilia
Italienische Sopranistin, geb. 14. 8. 1960 Verona.
Sehr früh schon beginnt sie in ihrer Heimatstadt mit dem Musikstudium; drei Jahre lang ist sie Mitglied des Arena-Chores. 1980 gewinnt sie beim Callas-Wettbewerb in Mailand den 1. Preis. Ihre Karriere nimmt einen steilen Aufschwung: sie debütiert in Padua als Luise Miller (Verdi) und springt 1982 an der Scala für die erkrankte Montserrat Caballé in *Anna Bolena* (Donizetti) ein. In Italien setzt sie sich in *La sonnambula* (Die Nachtwandlerin, Bellini), als Ännchen (*Falstaff*, Verdi) und Liù (*Turandot*, Puccini) durch. 1983 debütiert sie in *Moïse* (Moses, Rossini) an der Pariser Oper. Unter der Leitung von Claudio Abbado, Carlo Maria Giulini und Riccardo Muti singt sie die Mimi (*La Bohème*, Puccini), Gilda (*Rigoletto*, Verdi) und Violetta (*La Traviata*, Verdi). Sie arbeitet mit berühmten Regisseuren wie Franco Zeffirelli oder Ken Russell zusammen. 1985 debütiert sie an der Oper von Chicago und an der von Wien (Luise Miller). Ein Jahr später singt sie an der Met die Juliette (*Roméo et Juliette*, Gounod) und unternimmt ihre erste Japan-Tournee. 1990 singt sie in Venedig die Manon (Massenet).

Gaubert, Philippe
Französischer Dirigent und Komponist, geb. 5. 7. 1879 Cahors, gest. 8. 7. 1941 Paris.

Als Siebenjähriger erhält er von Simon Taffanel ersten Flötenunterricht, bevor er zu dessen Sohn Paul Taffanel geht; am Konservatorium wird er gleichzeitig von Raoul Pugno (Harmonielehre), Georges Caussade (Notation) und Charles Lenepveu (Komposition) unterrichtet. 1894 erhält er einen 1. Preis in Flöte, 1903 in Fuge und 1905 den 2. Großen Rompreis. Er wird zum Soloflötisten der Société des Concerts du Conservatoire und der Pariser Oper ernannt. 1904 wird er außerdem 2. Kapellmeister der Société des Concerts und assistiert Georges Marty. 1919 löst er André Messager als Leiter des Orchesters der Société ab (bis 1938). Im gleichen Jahr wird er am Pariser Konservatorium zum Nachfolger seines Flötenlehrers Paul Taffanel ernannt. 1920 wird er außerdem 1. Kapellmeister und 1924 Musikdirektor der Pariser Oper (bis 1941). 1931 übernimmt er am Pariser Konservatorium den Lehrstuhl für Orchesterleitung.

Sowohl an der Oper wie auch innerhalb der Société des Concerts setzt er sich leidenschaftlich für die Musik seiner Zeit ein. So leitet er die Uraufführungen von *Masques et Bergamasques* von Gabriel Fauré (1919), *Padmâvati* (1923) und *Bacchus et Ariane* von Albert Roussel, *Œdipe* von George Enescu (1936), *La Chartreuse de Parme* von Henri Sauguet (1939) sowie zahlreicher Werke von Gabriel Pierné, Jacques Ibert und Maurice Emmanuel. 1934 und 1935 verwirklicht er mit der Société des Concerts die ersten modernen Aufführungen von Claudio Monteverdis *Orfeo*. An der Oper dirigiert er neben den zeitgenössischen Werken die großen Opern von Richard Wagner und Hector Berlioz. Als Komponist war er äußerst produktiv; er schrieb für die Bühne, vor allem aber Orchesterwerke und Kammermusik.

Gauk, Alexander Wassiljewitsch
Russischer Dirigent, geb. 15. 8. 1893 Odessa, gest. 30. 3. 1963 Moskau.

Er studiert am Konservatorium von St. Petersburg bei Felix M. Blumenfeld Klavier, bei Wassilij P. Kalafti, Joseph Wihtol und Alexander K. Glasunow Komposition und bei Nikolai N. Tscherepnin Orchesterleitung. 1917 debütiert er an der Oper von St. Petersburg; 1923–31 ist er Kapellmeister an der Oper von Leningrad. 1931–33 leitet er die Leningrader Philharmoniker und geht dann nach Moskau, wo er 1933–36 das Symphonie-Orchester des Sowjetischen Rundfunks und 1936–41 das Symphonie-Orchester der UdSSR leitet. 1953–61 ist er künstlerischer Direktor und Chefdirigent des Großen Symphonie-Orchesters des Sowjetischen Rundfunks. Zeitlebens nimmt er seine Aufgaben als Pädagoge ernst: Er unterrichtet 1927–33 am Konservatorium von Leningrad und 1939–41 am Konservatorium von Moskau sowie 1948–63 am Konservatorium von Tiflis. Zu seinen Schülern gehören Jewgenij A. Mrawinskij, Alexander S. Melik-Paschajew und Jewgenij F. Swetlanow.

Er setzt sich für die zeitgenössische Musik ein und zeichnet für die Uraufführungen vieler Werke von Sergej S. Prokofjew, Dmitrij D. Schostakowitsch (*Symphonie Nr. 3*, 1930, *Das goldene Zeitalter*, 1930, *Der Bolzen*, 1931) und Aram I. Chatschaturian verantwortlich. Er stellt *Jenitba* (Die Hochzeit) von Modest P. Mussorgskij nach den Skizzen fertig und rekonstruiert, von dem Material ausgehend, das die Revolution überstanden hat, Sergej W. Rachmaninows *Symphonie Nr. 1*, deren Neufassung er 1945 aus der Taufe hebt.

W: *Die Kunst eines Interpreten* (veröffentlicht in russischer Sprache, Moskau 1972).

Gavazzeni, Gianandrea
Italienischer Dirigent, Komponist und Schriftsteller, geb. 27. 7. 1909 Bergamo.

Er studiert 1921–31 in Rom und Mailand bei Renzo Lorenzoni (Klavier), Ildebrando Pizzetti und Mario Pilato (Komposition). 1948 debütiert er als Dirigent an der Scala und bleibt diesem Haus treu, dessen künstlerische Leitung er 1966–68 innehat. Gleichzeitig dirigiert er in den wichtigsten italienischen Musikzentren sowie in Moskau, Chicago, Buenos Aires und Wien. Er verwirklicht die Uraufführungen von *La figlia di Jorio* (Jorios Tochter, 1954) und *Assassinio nella cattedrale* (Mord im Dom, 1958, Mailänder Scala) von Ildebrando Pizzetti. Seine Liebe zur italienischen Oper des 19. Jahrhunderts macht sich auch in seinen eigenen Werken bemerkbar.

WW: *La morte del opera* (Mailand 1954); *La musica e il teatro* (Pisa 1954); *La casa di Arlecchino* (Mailand 1957); *Trent'anni di musica* (Mailand 1958); *Diario d'Edimburgo e d'America* (Mailand 1960); *Carta da musica* (Mailand 1968); *Non eseguire Beethoven e altro scritti* (Mailand 1974); *La bacchetta spezzata* (Pisa 1987).

Gawriloff, Saschko (= Siegfried Jordan Gawriloff)
Deutscher Violinist, geb. 20. 10. 1929 Leipzig.
Seine Familie stammt aus Bulgarien. Bis 1937 erhält er von seinem Vater, Violinist am Gewandhaus Orchester, ersten Unterricht; anschließend geht er ans Leipziger Konservatorium zu Hans Hilf und Walter Davisson (1942–44). In Berlin perfektioniert er sich bei Gustav Havemann und Martin Kovacz (1945–47). Er ist Konzertmeister bei den Dresdner Philharmonikern (1947–48), den Berliner Philharmonikern (1948–49), beim Berliner Rundfunksinfonie-Orchester (1949–53), beim Frankfurter Opern- und Museumsorchester (1953–57) sowie beim Hamburger Rundfunksinfonie-Orchester (1961–66). 1953 gewinnt er die Internationalen Wettbewerbe in München und Berlin und 1959 den Paganini-Wettbewerb in Genua. Er unterrichtet nacheinander in Nürnberg (1957–61), Detmold (1961–69), und ab 1969 an der Folkwang-Hochschule in Essen. 1982 wechselt er als Nachfolger von Max Rostal an die Hochschule für Musik nach Köln. Seit 1963 unterrichtet er bei den Internationalen Ferienkursen für Neue Musik in Darmstadt. Er spielt häufig mit dem Pianisten Aloys Kontarsky und dem Cellisten Siegfried Palm, seit 1971 auch mit dem Pianisten Alfons Kontarsky und dem Cellisten Klaus Storck. Wir verdanken ihm folgende Uraufführungen: *Sonate für Violine und Klavier* (1978) von Frank Michael Beyer, *Sonate für Violine solo* (1976) von Hans Jürgen von Bose, *Trio* (1985) von Mauricio Kagel, *Trio für Klavier, Violine und Horn* (1982) von György Ligeti, *Widmung* (1971) von Bruno Maderna, *Rhapsodie für Violine, Horn und Klavier* (1984) und *Notturno für Violine, Klarinette und Kontrabaß* (1987) von Hans Georg Pflüger, *Trio* (1984) von Wolfgang Rihm, *Sonate für zwei Violinen* (1983) von Isang Yun sowie von Werken von Dieter Haufmann, Werner Heider und Alfred G. Schnittke. Er spielt als erster die Version für Violine des *Konzert für Violoncello und Orchester* von Robert Schumann (1987). Gawriloff spielt auf einer Stradivari.

Gawrilow, Andrej
Russischer Pianist, geb. 1. 9. 1955 Moskau.
Seine Mutter, Schülerin von Heinrich G. Neuhaus, unterrichtet ihn, bevor er an die Moskauer Hochschule und an das Konservatorium zu Swjatoslaw T. Richter geht. 1974 gewinnt er beim Moskauer Tschaikowskij-Wettbewerb den 1. Preis. Aufgrund einer hervorragenden Technik kann er fast alles spielen, wobei ihn sein extremer Sinn für Musikalität vor reinem Virtuosentum rettet. Bei russischen Komponisten, hier vor allem Sergej W. Rachmaninow, Peter I. Tschaikowskij und Sergej S. Prokofjew, aber auch bei den Wienern zeichnet er sich besonders aus. 1985 erhält er die Erlaubnis, für zwei Jahre nach London zu ziehen.

Gazeau, Sylvie
Französische Violinistin, geb. 30. 1. 1950 Nizza.
Sie beginnt ihre musikalische Ausbildung am Konservatorium von Nizza, wo sie 1959 einen Preis erhält. Henryk Szeryng empfiehlt ihr, an das Pariser Konservatorium zu wechseln, wo sie Schülerin von Gabriel Bouillon und Joseph Calvet wird und 1. Preise in Violine und Kammermusik erhält. Sie gewinnt 1967 den Wettbewerb von Barcelona, erhält 1968 beim Londoner Wettbewerb einen 2. Preis, ist 1969 beim Enlow-Wettbewerb in Evansville (USA) erfolgreich und erhält das performer's certificate der Universität Indiana, wo sie von János Starker und Josef Gingold ausgebildet wird. 1983 gewinnt sie beim Internationalen Wettbewerb von Montreal den 3. Preis. 1976–82 ist sie Solistin des Ensemble InterContemporain, das sie verläßt, um sich in stärkerem Maße der Kammermusik zu widmen, vor allem innerhalb des Ivaldi-Quartetts mit Gérard Caussé, Christian Ivaldi und Alain Meunier. 1985 wird sie am Pariser Konservatorium zur Professorin für Violine und Kammermusik ernannt. Sie spielt auf einer Stradivari, die vorher im Besitz von Christian Ferras gewesen war.

Gazzelloni, Severino
Italienischer Flötist, geb. 5. 1. 1919 Roccasecca Frosinone.
Er beginnt bei Giambattista Creati als Siebenjähriger mit dem Flötenunterricht und geht dann zu Arrigo Tassinari an die Accademia Nazionale di Santa Cecilia in Rom. Er debütiert in einem Tanzorchester, bevor er als Solo-Flötist zuerst zum Symphonie-Orchester von Belgrad und dann zum Orchester der RAI in Rom geht. Er fällt Dirigenten und Komponisten auf und scheint besonders für das zeitgenössische Repertoire geeignet zu sein, obwohl er auch klassische Musik spielt. 1952 unterrichtet er während der Internationalen Ferienkurse für Neue Musik in Darmstadt und lernt dort die musikalische Avantgarde kennen. Er befreundet sich mit Theodor W. Adorno, Karl Amadeus Hartmann und Heinrich Strobel. Später unterrichtet er in Dartington, Köln, an der Sibelius-Akademie in Helsinki, an der Accademia Musicale Chigiana in Siena (ab 1966) und an der Accademia Nazionale di Santa Cecilia in Rom.
Sein Repertoire reicht von Johann Sebastian Bach bis zum Jazz. Sein besonderer Einsatz für die zeitgenössische Musik schlägt sich in den mehr als 150 Werken nieder, die für ihn geschrieben wurden und die er kreierte: *Serenata für Flöte und 14 Instrumente* von Luciano Berio (1957), *Ideogrammi Nr. 2* (1960) und *Triplum* (1961) von Aldo Clementi, *Sequenza* (1958) und *Puppenspiel 2* (1966) von Franco Donatoni, *Hi-kya, Mei* und *Kadha Karuna* (alle 1962) von Kazuo Fukushima, *Sonata da concerto für Flöte und Orchester* (1958) von Giorgio Federico Ghedini, *Diagrame* (1961) von Henryk Nikołaj Gorecki, *Honeyrêves* (1961) und *Hyperion* (1963) von Bruno Maderna, *Somaksah* (1961) von Yoritsune Matsudaira, *Y su sangre ya viene cantando* (1954) von Luigi Nono, *Reciproco* (1963) von Luís de Pablo, *Konzert für Flöte und Orchester* (1961), *Tre per sette* (1967) und *Souffle* (1969) von Goffredo Petrassi, *Sonatine für Flöte und Klavier* (1968) von Gerard Schurmann, *I magico flauto di Severino* (1977) von Roman Vlad, *Dal quaderno di Francine Settene* (1952) von Wladimir Vogel, *Tempus loquendi* (1964) von Bernd Alois Zimmermann.

Gedda, Nicolai (= Nicolai Ustinov)
Schwedischer Tenor, geb. 11. 7. 1925 Stockholm.
Sein Vater ist Russe, seine Mutter Schwedin; er studiert in seiner Heimatstadt bei Carl Martin Oehmann und debütiert 1952 am Königlichen Theater von Stockholm in *Le Postillon de Longjumeau* (Der Postillion von Longjumeau, Adam). Seine internationale Karriere beginnt ohne Verzögerung: 1952 wirkt er an der Pariser Oper an einer Aufführung des *Oberon* (v. We-

ber) mit; 1953 interpretiert er an der Scala den Don Ottavio (*Don Giovanni*, Mozart) und 1954 bei den Festspielen in Aix-en-Provence den Belmonte (*Die Entführung aus dem Serail*, Mozart), den Orphée (*Orphée et Eurydice*, Gluck, Pariser Fassung), den Thespis (*Platée*, Rameau) und den Ferrando (*Così fan tutte*, Mozart) und am Covent Garden den Herzog von Mantua (*Rigoletto*, Verdi). In Wien wirkt er im Musikverein im gleichen Jahr bei einer konzertanten Aufführung von *Carmen* (Bizet) mit. 1957 debütiert er an der Met (*Faust*, Gounod) und in Salzburg (*Die Entführung aus dem Serail*), wo er auch an der europäischen Erstaufführung von Rolf Liebermanns *Schule der Frauen* mitwirkt. Im gleichen Jahr noch singt er an der Met anläßlich der Uraufführung von Samuel Barbers Oper *Vanessa* den Anatol. Er singt an allen großen Bühnen der Welt, auch am Bolschoi-Theater (1980), ohne sich auf ein bestimmtes Fach zu spezialisieren. Sein Repertoire umfaßt mehr als 60 Rollen.
W: *Gåan är inte gratis* (Stockholm 1968).

Gelber, Bruno-Leonardo
Argentinischer Pianist, geb. 19. 3. 1941 Buenos Aires.
Seine Vater ist Bratschist am Teatro Colón in Buenos Aires und seine Mutter Pianistin. Als Dreijähriger erhält er bereits Klavierunterricht. Ab 1946 arbeitet er mit Vicente Scaramuzza. 1948 zwingt ihn der Ausbruch einer Kinderlähmung zu einer einjährigen Pause. Doch sein Zustand bessert sich rasch wieder, so daß er 1949 sein erstes Konzert im Argentinischen Rundfunk geben kann. Während er in vielen Konzertsälen seines Landes auftritt, setzt er seine allgemeine und musikalische Ausbildung fort. Als Fünfzehnjähriger gibt er unter der Leitung von Lorin Maazel im Teatro Colón ein Konzert. Ein Stipendium der französischen Regierung erlaubt es ihm, drei Jahre nach Paris zu gehen, wo er schon bald der Lieblingsschüler von Marguerite Long wird. 1960 erhält er bei dem ihren Namen tragenden Wettbewerb einen 3. Preis. Der dadurch ausgelöste Skandal – die meisten Zeugen sahen ihn eindeutig als Sieger – half ihm, in Europa bekannt zu werden. Sein Repertoire beschränkt sich auf die großen klassischen und romantischen Werke.

Géliot, Martine
Französische Harfenistin, geb. 8. 12. 1948 Paris, gest. 7. 2. 1988 daselbst.
Sie stammt aus einer Harfenisten-Familie und erhält bereits als Fünfzehnjährige am Pariser Konservatorium in der Klasse von Pierre Jamet (Harfe) einen 1. Preis. 1965 gewinnt sie den israelischen Wettbewerb. Die Gulbenkian-Stiftung in Lissabon lädt sie ein. 1976 gibt sie in New York in der Carnegie Hall ein vielbeachtetes Konzert. Die National Academy of Recording Arts (USA) verleiht ihr gemeinsam mit Ravi Shankar, Yehudi Menuhin und Jean-Pierre Rampal, mit denen sie zusammen aufgenommen hat, einen Großen Preis. 1976 zeichnet sie für die Uraufführung von Malcolm Williamsons *Konzert für Harfe und Orchester* verantwortlich; im gleichen Jahr gründet sie am Konservatorium von Luxemburg die Harfenisten-Klasse. 1978–88 ist sie Solistin des Orchestre National de France. Mit André Guilbert und Jean Barthe gründet sie das Trio von Paris (Flöte, Cello und Harfe), Nachfolger des Nordmann-Trios.

Gelmetti, Gianluigi
Italienischer Dirigent, geb. 11. 9. 1945 Rom.
Er studiert an der Accademia Nazionale di Santa Cecilia in Rom und erhält dort 1965 sein Diplom als Dirigent. Der Schüler von Franco Ferrara (in Rom und an anderen Akademien) perfektioniert sich bei Sergiu Celibidache und bei Hans Swarowsky. Er wird zum Musikdirektor der Pomeriggi Musicale in Mailand ernannt (bis 1980). Anschließend übernimmt er die künstlerische Leitung des Symphonie-Orchesters der RAI

Rom (1980–84). 1984–85 ist er Musikdirektor der Oper von Rom. Ab 1987 ist er principal guest conductor des Symphonie-Orchesters des Süddeutschen Rundfunks in Stuttgart, zu dessen Chefdirigent er 1989 ernannt wird. Ab 1990 übernimmt er gleichzeitig die musikalische Direktion der Philharmoniker von Monte Carlo.

Er zeichnet für die Uraufführung von *Sacro Concerto* (1982) von Niccolò Castiglioni, von *In cauda* (Im Schwanz, 1983) von Franco Donatoni, *Ombres* (Schatten, 1984) von Lorenzo Ferrero und *Symphonie Nr. 7* von Hans Werner Henze verantwortlich.

Gencer, Leyla
Türkische Sopranistin, geb. 10. 10. 1927 Ankara.
Sie studiert am Konservatorium von Istanbul bei Gianina Arangi-Lombardi. 1953 geht sie nach Italien und debütiert als Santuzza (*Cavalleria rusticana*, Mascagni) bei einer Freiluftaufführung in Neapel. Kurz darauf singt sie am Teatro San Carlo, ebenfalls in Neapel, die Cho-Cho-San (*Madame Butterfly*), die Tosca (beide Puccini) in München und die Francesca da Rimini (Zandonai) in San Francisco. 1957 debütiert sie anläßlich der Uraufführung von *Les Dialogues des Carmélites* (Die Gespräche der Karmeliterinnen, Poulenc) an der Mailänder Scala. Kurz darauf lädt Herbert von Karajan sie als Violetta (*La Traviata*, Verdi) an die Wiener Oper ein.

Zwei Ereignisse lenken sie in eine neue Richtung: eine Radioaufnahme der *Anna Bolena* (Donizetti) und eine Aufführung von *La Battaglia di Legnano* (Die Schlacht bei Legnano, Verdi) in Florenz. Sie studiert das Repertoire der Koloratur-Sopranistinnen zu Beginn des 19. Jahrhunderts ein und feiert Triumphe: Lucia (*Lucia di Lammermoor*, Donizetti) in San Francisco, Amina (*La sonnambula*, Die Nachtwandlerin, Bellini) in Neapel, Gilda (*Rigoletto*, Verdi), Norma (Bellini), Lucrezia Borgia (Donizetti) usw. Da sie ihr Privatleben vor der Öffentlichkeit abschirmt und zudem in Maria Callas eine Konkurrentin mit einem gewichtigen Zeitvorsprung hat, schafft sie es nie, sich wirklich in das Bewußtsein des Publikums zu bringen. Vergleichen wir aber ihre Schallplattenaufnahmen, dann stellen wir fest, daß ihr nicht der Platz eingeräumt wurde, der ihr gebührt hätte.

Gendron, Maurice
Französischer Cellist und Dirigent, geb. 26. 12. 1920 Nizza, gest. 20. 8. 1990 Grez-sur-Loing.
Sehr früh schon zeigt sich seine außergewöhnliche musikalische Begabung. Als Fünfjähriger erhält er ein extra für ihn gebautes Cello. Stéphane Odero erteilt ihm ersten Cello-Unterricht. Emmanuel Feuermann ermutigt ihn. Als Zwölfjähriger tritt er am Konservatorium von Nizza in die Klasse von Jean Mangot ein und erhält 1935 einen 1. Preis. Anschließend geht er an das Pariser Konservatorium zu Gérard Hekking und erhält auch dort 1938 einen 1. Preis. Er tritt in das Symphonie-Orchester von Paris ein und ersetzt den erkrankten Gaspar Cassadó bei einer Aufführung von Antonín Dvořáks *Konzert für Violoncello und Orchester* unter der Leitung von Willem Mengelberg. Nach diesem erfolgreichen Debüt studiert er bei Roger Désormière, Hermann Scherchen und Willem Mengelberg Orchesterleitung, ohne deswegen seine Karriere als Cellist zu vernachlässigen.

1945 realisiert er die europäische Erstaufführung von Sergej S. Prokofjews *Konzert für Violoncello und Orchester* op. 58 und erhält für drei Jahre die Exklusivität eingeräumt. Paul Hindemith widmet ihm sein *Konzert für Violoncello und Orchester Nr. 2*, Francis Poulenc eine *Serenade* und Jean Françaix eine *Fantasie* sowie *Konzertvariationen*. Pablo Casals lädt ihn nach Prades ein und akzeptiert, das Orchester zu leiten, das Gendron bei den Cello-Konzerten von Joseph Haydn und Luigi Boccherini begleitet. 1953–70 leitet er an der Saarbrücker Musikhochschule und 1970–87 am Pariser Konservatorium eine Meisterklasse für Cello. Ab 1967 unterrichtet er gleichzeitig an der Yehudi Menuhin School in Abernon. Mit Yehudi Menuhin als Partner spielt er regelmäßig Kammermusik. Er beginnt, sich immer stärker für Orchesterleitung zu interessieren. 1971–73 ist er Chefdirigent der Bournemouth Sinfonietta. Er spielt auf einem Stradivari.

Georgescu, George
Rumänischer Dirigent, geb. 12. 9. 1887 Sulina, gest. 1. 9. 1964 Bukarest.
Als Fünfjähriger erhält er bereits Geigen-Unterricht; etwas später wendet er sich dem Cello zu. 1910–14 studiert er am Konservatorium von Bukarest bei Constantin Dimitrescu und in Berlin bei Hugo Becker Cello; in Berlin studiert er außerdem noch Komposition und Orchesterleitung. 1911–14 gehört er dem Marteau-Quartett an, muß aber das Cello-Spiel aus gesundheitlichen Gründen aufgeben. Richard Strauss überzeugt ihn von seinen Qualitäten als Dirigent. 1918 debütiert er mit den Berliner Philharmonikern; anschließend wird er Assistent von Arthur Nikisch beim Gewandhausorchester in Leipzig, bevor er in seine Heimat zurückkehrt und die künstlerische Leitung der Bukarester Philharmoniker (1920–44 und 1954–64) übernimmt. Gleichzeitig ist er Musikdirektor der Oper von Bukarest (1922–26 und 1932–34) und Professor am dortigen Konservatorium (1950–53). Doch auch international ist er erfolgreich. Ab 1926 gibt er regelmäßig Gastspiele in den Vereinigten Staaten. In Frankreich arbeitet er eng mit dem Symphonie-Orchester von Paris zusammen, und auch in Österreich und Deutschland ist er häufig zu Gast. Er setzt sich in der ganzen Welt für die Musik seiner Heimat ein, macht aber auch Rumänien mit den Entwicklungen in Westeuropa vertraut.
Er leitete die Uraufführungen von Werken von Mihail Andricu (*Orchestersuite* op. 2, 1925, *Sinfonietta Nr. 3*, 1948, *Symphonien Nr. 5* und *6*, 1957), Paul Constantinescu (*Nunta în Carpați*, Hochzeit in den Karpaten, Ballett, 1939, *O noapte furtunoasă*, Eine stürmische Nacht, Oper, 1951, revidierte Fassung, *Rhapsodie Nr. 2*, 1956), Ion Dumitrescu (*Sinfonietta*, 1957), George Enescu (*Sinfonia concertante für Violine und Orchester*, 1930), Ludovic Feldman (*Suite Nr. 2*, 1949) und Marcel Mihalovici (*Notturno*, 1925).

Georgian, Karin
Russische Cellistin, geb. Moskau 5. 1. 1944.
Als Fünfjährige erhielt sie von ihrem Vater, Professor am Moskauer Musikinstitut, ersten Cello-Unterricht. Als Siebzehnjährige tritt sie in die Klasse von Mstislav L. Rostropowitsch am Tschaikowskij-Konservatorium ein und bleibt dort sieben Jahre. 1966 gewinnt sie beim Tschaikowskij-Wettbewerb den 1. Preis und beginnt eine rege Tourneetätigkeit, die sie um die ganze Welt führt. Sie läßt sich zuerst in London und dann in der Bundesrepublik Deutschland nieder, wo sie 1986 Nachfolgerin von André Navarra an der Musikhochschule Detmold wird. Sie realisiert die Uraufführung von Werken von Aram I. Chatschaturian (*Konzertrhapsodie*), Alfred G. Schnittke und Arvo Pärt (*Doppelkonzert für Violine und Violoncello und Orchester*, zusammen mit Gidon Kremer).

Gergiew, Walery
Russischer Dirigent, geb. 21. 9. 1953 Moskau.
Er studiert in Ordschonikidse Klavier und Orchesterleitung und geht dann an das Konservatorium von Leningrad zu Ilja Mussin. Noch als Student gewinnt er 1975 beim Dirigenten-Wettbewerb der Sowjetrepubliken einen 1. Preis; 1976 bleibt er beim Herbert-von-Karajan-Wettbewerb in Berlin siegreich. Er geht als Assistent von Jurij Temirkanow an das Kirow-Theater in Leningrad. 1981–85 leitet er das armenische Staatsorchester und arbeitet mit den wichtig-

gsten sowjetischen Ensembles. Tourneen nach Westeuropa und Japan schließen sich an. 1988 wird er zum Musikdirektor am Kirow-Theater ernannt.

Gericke, Wilhelm
Österreichischer Dirigent, geb. 18. 4. 1845 Schwanberg (Steiermark), gest. 27. 10. 1925 Wien.
Er studiert am Wiener Konservatorium bei Felix Otto Dessoff (1862–65) und wird dann an der Oper Linz zum Kapellmeister ernannt. 1874 geht er als Kapellmeister an die Wiener Oper und leitet dort die Uraufführung der Oper *Die Königin von Saba* von Karl Goldmark. Er dirigiert auch die erste Wiener Vorstellung des *Tannhäuser* (Wagner). Anschließend wird er Nachfolger von Johannes Brahms an der Spitze der Gesellschaftskonzerte (1880–84) und leitet gleichzeitig den Wiener Singverein (1881–84). Er setzt seine Karriere in den Vereinigten Staaten fort und prägt das Symphonie-Orchester von Boston (1884–89 und 1898–1906), das einen Wiener Klang annimmt und vor allem das österreichische Repertoire pflegt. In der Zwischenzeit, 1890–95, übernimmt er wieder die Gesellschaftskonzerte. Zum Abschluß seiner Karriere lebt er als freier Dirigent in Wien.

Geringas, David
Litauischer Cellist, geb. 29. 7. 1946 Vilnius (Wilna).
Er stammt aus einer litauischen Familie. In seiner Heimatstadt tritt er als Wunderkind auf. 1963 wird er vom Konservatorium in Moskau zugelassen und studiert fast acht Jahre bei Mstislav L. Rostropowitsch (bis 1968). 1969 erhält er beim Wettbewerb von Baku den 1. Preis. Im darauffolgenden Jahr gewinnt er den Moskauer Tschaikowskij-Wettbewerb, Beginn seiner Karriere: 1970 unternimmt er eine Tournee in die Bundesrepublik Deutschland und 1973 nach Ungarn. 1976 läßt er sich zusammen mit seiner Frau, der Pianistin Tatjana Schatz, mit der er viele Kammermusikabende gibt, in der Bundesrepublik nieder. Die Herbert-von-Karajan-Stiftung zeichnet ihn aus. Er wird Solocellist des Symphonie-Orchesters des NDR und Professor am Hamburger Konservatorium. Er spielt auf einem Guadagnini aus dem Jahre 1761. Sein weitgespanntes Repertoire umfaßt auch zeitgenössische Musik; er pflegt besonders die Werke von Arthur Honegger, Darius Milhaud, Paul Hindemith und Dmitri B. Kabaleswki. Vytautas Paltanavičius widmet ihm 1974 sein *Konzert für Violoncello und Orchester*. 1987 kreiert er Gottfried von Einems *Sonate für Violoncello und Klavier*. Mit dem Pianisten Gerhard Oppitz und dem Violinisten Dmitry Sitkovetsky bildet er ein Trio. Er gründet das Geringas-Trio und spielt an der Seite des Bratschisten Wladimir Mendelssohn und des Cellisten Emil Klein das heute selten gewordene Streichinstrument Baryton.

Gerle, Robert
Amerikanischer Violinist ungarischer Herkunft, geb. 1. 4. 1924 Abazzia (Italien).
Er studiert in Budapest an der Franz-Liszt-Akademie und debütiert in dieser Stadt. Aus politischen Gründen verläßt er Ungarn und geht in die Vereinigten Staaten, von wo aus er eine rege Konzerttätigkeit entfaltet, die ihn durch die USA, Europa und Lateinamerika führt. Er unterrichtet am Konservatorium von Baltimore (1955–68), am Mannes College of Music in New York (1959–70), an der Manhattan School of Music in New York (1967–70), leitet die Streicherabteilung an der Universität von Ohio (1968–72), der von Maryland (Baltimore, seit 1972) und ist seit 1973 Professor an der katholischen Universität von Washington.
Robert Gerle interpretiert die klassischen und romantischen Meister, setzt sich aber auch für die zeitgenössische Musik ein, besonders für die Violinkonzerte von Frederick Delius und Kurt Weill. Er verwirklicht die Uraufführung von Leon Kirchners *Konzert für Violine, Violoncello und Orchester* (1960,

zusammen mit Aldo Parisot) und das *Konzert für Violine und Orchester Nr. 2* von Ross Lee Finney (1976).

Gerlin, Ruggero
Italienischer Cembalist, geb. 5. 1. 1899 Venedig, gest. 17. 6. 1983 Paris.
Er studiert am Verdi-Konservatorium in Mailand Klavier und geht 1920 nach Paris zu Wanda Landowska, deren Assistent er bis 1940 bleibt. Bei Konzerten für zwei Cembali tritt er häufig als ihr Partner auf. 1941 geht er an das Konservatorium von Neapel. Ab 1947 unterrichtet er gleichzeitig an der Accademia Musicale Chigiana in Siena. Zu einer Zeit, als man von einer Renaissance des Cembalos noch nicht sprechen kann, setzt er sich tatkräftig für sein Instrument ein und bereitet den Boden für seine Nachfolger vor.

Germani, Fernando
Italienischer Organist, geb. 5. 4. 1906 Rom.
Er studiert am Konservatorium seiner Heimatstadt bei Francesco Bajardi Klavier und bei Cesare Dobici Theorie, an der Accademia Nazionale di Santa Cecilia in Rom bei Ottorino Respighi Komposition und am Pontificio Istituto di Musica Sacra bei Raffaele Manari Orgel und Gregorianik. 1921 wird er Organist beim Augusteo-Orchester und beginnt seine Solisten-Karriere. Er unterrichtet an der Accademia Musicale Chigiana in Siena (1932–72) und an der Accademia Nazionale di Santa Cecilia in Rom (1935). 1931–33 ist er außerdem Professor für Orgel am Curtis Institute in Philadelphia. 1935 unterrichtet er auch am römischen Konservatorium. Ab 1936 besucht er häufig England und gehört der Organ Music Society in St. Alban's an. Direkt nach dem Ende des Zweiten Weltkriegs spielt er auf der Orgel der Kirche Santo Ignacio in Rom das Gesamtwerk für Orgel von Johann Sebastian Bach. Er wiederholt das gigantische Unternehmen noch sieben Mal in der Basilika Maria-in-Ara Coeli. 1948 wird er zum 1. Organisten der vatikanischen Peterskirche ernannt (bis 1959). Er setzt sich für den damals stark vernachlässigten Max Reger ein.
W: *Metodo per organo* (4 Bände, Rom 1942–52).

Gertler, André
Belgischer Violinist ungarischer Herkunft, geb. 26. 7. 1907 Budapest.
Der Schüler von Jenő Hubay und Zoltán Kodály an der Franz-Liszt-Akademie in Budapest (1914–25) und große Freund von Béla Bartók, mit dem er häufig Sonaten spielt, beginnt 1920 mit seiner internationalen Konzerttätigkeit. 1928 zieht er nach Belgien. Ab 1940 unterrichtet er am Konservatorium von Brüssel, 1954–59 an der Hochschule für Musik in Köln und 1964–78 an der von Hannover. 1931–51 leitet er ein Quartett, das seinen Namen trägt. Er zeichnet für die europäische Erstaufführung von Béla Bartóks *Sonate für Violine solo* (London 1945) verantwortlich. Er ist mit der Pianistin Diane Andersen verheiratet. Als großer Interpret Béla Bartóks hat er dessen Gesamtwerk für Violine auf Schallplatte aufgenommen.

Geszty, Sylvia
Ungarische Sopranistin, geb. 26. 2. 1934 Budapest.
Sie studiert am Konservatorium ihrer Heimatstadt. 1959 debütiert sie an der Nationaloper in Budapest und verzeichnet auf Anhieb einen großen Erfolg. 1959–61 ist sie Solistin der ungarischen philharmonischen Gesellschaft. 1961 wird sie von der Deutschen Staatsoper in Ostberlin verpflichtet; sie bleibt dort bis 1970 und perfektioniert sich gleichzeitig bei Dagmar Freiwald-Lange. Als Königin der Nacht (*Die Zauberflöte*, Mozart) feiert sie in München und Salzburg einen großen Erfolg. Die Wiener Oper lädt sie häufig zu Gastspielen ein. 1963–70 gehört sie als ständiger Gast auch zum Ensemble der Ostberliner Komischen Oper und gibt Gastspiele in München, Hamburg, Westberlin, am Covent Garden, in Paris, Brüssel, Amsterdam und auf den wichtigen italieni-

schen Bühnen. Mit der Zeit bestätigt sich ihr Rang als eine der wichtigsten Koloratur-Sängerinnen ihrer Epoche. Im Konzertsaal verschafft sie sich einen Namen als Lied- und Oratoriensängerin, vor allem mit Koloraturliedern. Sylvia Geszty verschmäht auch Operetten nicht, in denen sie als Soubrette wahre Triumphe feiert.

Gheorghiu, Valentin
Rumänischer Pianist und Komponist, geb. 21. 3. 1928 Galaţi.

Er studiert am Konservatorium von Bukarest als Schüler von Constanţa Erbiceanu und Mihail Jora (1934–37) und anschließend in Paris bei Lazare-Lévy, Marcelle Meyer und Noël Gallon (1937–39). 1949 gewinnt er den Budapester, 1950 und 1953 den Prager sowie 1953 und 1958 den Bukarester Wettbewerb. Ab 1950 führen ihn Konzertreisen ins In- und Ausland. Er gründet das Bukarester Trio (mit seinem Bruder Stefan Gheorghiu, Violine, und Radu Aldulescu, Cello). Er gilt als einer der bedeutendsten Pianisten Rumäniens und widmet sich in besonderem Maß der Musik von George Enescu. Als Komponist schreibt er für Orchester, vor allem aber für Kammermusikensembles.

Ghiauroff, Nicolai
Bulgarischer Bassist, geb. 13. 9. 1929 Velingrad.

Der Sohn eines Messners singt als Kind im Kirchenchor. Während seines Militärdienstes entdeckt er die Kraft seiner Stimme. Er studiert am Konservatorium von Sofia Gesang und geht dann nach Moskau an das Tschaikowskij-Konservatorium (1950–55). 1955 debütiert er als Don Basilio (*Il barbiere di Siviglia*, Der Barbier von Sevilla, Rossini) in Sofia. 1955 gewinnt er auch den internationalen Pariser Wettbewerb, was ihm bei seiner Karriere sehr hilfreich wird. 1957 lädt ihn die Wiener Oper ein (Ramphis, *Aida*, Verdi), einige Monate später triumphiert er wieder am Bolschoi-Theater. 1959 debütiert er an der Scala; in der Folge sollte er zu einem der beliebtesten Sänger dieses Hauses werden. 1961–64 nimmt er an den Festspielen von Verona teil. Während der ganzen Zeit allerdings bleibt er der Sofioter Oper treu, mit der er eine große Deutschland-Tournee unternimmt. 1965–66 gibt er unter Herbert von Karajan als Boris (*Boris Godunow*, Mussorgskij) sein Debüt bei den Salzburger Festspielen. 1974 singt er an der Pariser Oper den Don Quichotte (Massenet). Ab 1965 gastiert er auch häufig an der Met.

Ghiglia, Oscar
Italienischer Gitarrist, geb. 13. 8. 1938 Livorno.

Erst spät besucht der Autodidakt die Kurse von Diponio an der Accademia Nazionale di Santa Cecilia in Rom, wo er gleichzeitig Vorlesungen in Musiktheorie und Harmonielehre belegt. 1958–63 perfektioniert er sich bei Andrés Segovia an der Accademia Musicale Chigiana in Siena und in Santiago de Compostela. Als Konzertgitarrist debütiert er bei dem Festival von Spoleto. 1963 gewinnt er den Gitarren-Wettbewerb des französischen Rundfunks; das damit verbundene Stipendium ermöglicht ihm, ein Jahr bei Jacques Chailley an der Schola Cantorum in Paris zu studieren. 1964 ernennt ihn Segovia zu seinem Assistenten in Berkeley und Siena. Er debütiert in New York, London (1966) und Paris (1968). Er beschäftigt sich mit barocker und zeitgenössischer Musik gleichermaßen. Seit 1976 unterrichtet er an der Accademia Musicale Chigiana in Siena.

Ghiuseleff, Nicolai
Bulgarischer Bassist, geb. 14. 8. 1936 Pawlikeni.

Von der Malerei fasziniert, studiert er zuerst sechs Jahre an der Akademie für Bildende Künste in Sofia, entdeckt aber dann die Schönheit seiner Stimme. Er gewinnt 1959 den nationalen Gesangswettbewerb und debütiert ein Jahr später an der Sofioter Staatsoper als Timur

(*Turandot*, Puccini). 1960 gewinnt er den Prager Wettbewerb und 1962 den von Helsinki, der im Rahmen der Weltjugendfestspiele ausgeschrieben war. 1965 unternimmt er mit der bulgarischen Staatsoper eine ausgedehnte Europa-Tournee, während der er die großen Rollen des russischen Repertoires interpretiert. 1965 debütiert er an der Met als Ramphis (*Aida*, Verdi). Paris, Mailand, Wien, Moskau und Chicago laden ihn ein. Die Salzburger Festspiele melden sich genauso wie die von Holland, wo er 1966 Philipp II. (*Don Carlos*, Verdi) singt. Seine Interpretation des Moses (*Moses in Ägypten*, Rossini) in Stockholm (1974) wird zu einem außergewöhnlichen Triumph. Neben dem russischen Repertoire pflegt er auch das italienische (*La Gioconda*, Ponchielli) und französische (Meyerbeer und Offenbach).

Gianoli, Reine
Französische Pianistin, geb. 13. 3. 1915 Paris, gest. 21. 2. 1979 daselbst.
Sie erhält zuerst privat Klavier-Unterricht, bevor sie in die Klasse von Alfred Cortot an der Ecole Normale de Musique eintritt. Gleichzeitig besucht sie die Kurse von Yves Nat am Konservatorium, bevor sie nach Luzern zu Edwin Fischer geht, um sich zu perfektionieren. 1948–60 tritt sie häufig zusammen mit ihrem Lehrer auf und interpretiert mit ihm Werke für zwei, drei oder vier Klaviere. 1946 ruft Alfred Cortot sie an die Ecole Normale de Musique in Paris. Sie interessiert sich stark für Kammermusik und spielt mit Pablo Casals, George Enescu, Pierre Fournier und Sándor Végh. 1965 wird sie am Pariser Konservatorium zur Professorin ernannt. Vor allem auf dem Gebiet der Kammermusik und als Pädagogin leistet sie Herausragendes.

Gibault, Claire
Französische Dirigentin, geb. 31. 10. 1945 Le Mans.
Als Kind lernt sie Geige und spielt zuerst in Laienorchestern, bevor sie Mitglied der Société des Concerts du Mans und kurz darauf im Orchester der Städtischen Oper ihrer Heimatstadt wird. Vom Konservatorium geht sie mit 1. Preisen in Violine, Kammermusik, Geschichte der Musik, Kontrapunkt, Harmonielehre und Fuge ab. Auf die Empfehlung von Eniss Djemil beginnt sie, sich mit Orchesterleitung zu beschäftigen und dirigiert barocke Kammermusik (Corelli, Vivaldi u. a.). Sie geht an das Pariser Konservatorium (Klasse für Harmonielehre) und nimmt als Zwanzigjährige am Dirigenten-Wettbewerb von Besançon teil, wo sie lobend erwähnt wird. Ein Jahr später wechselt sie am Pariser Konservatorium in die Klasse von Manuel Rosenthal (Orchesterleitung). 1969 gewinnt sie den 1. Preis der Fondation de la Vocation (für Orchesterleitung). Sie dirigiert anschließend das Philharmonische Orchester des Französischen Rundfunks und das des Konservatoriums. Die Oper von Lyon holt sie; sie wird Assistentin von Theodor Guschlbauer (1971) und später dort 1. Kapellmeisterin (1974–79). 1980–83 leitet sie das Kammerorchester von Chambéry, bevor sie 1983 zur stellvertretenden Chefdirigentin der Lyoner Oper ernannt wird. In Lyon leitet sie folgende Uraufführungen: *Jacques le Fataliste* (Jacques der Fatalist, Aperghis), *Crypte* (Krypta, Ohana), *Gambara* (Duhamel).

Gibson, Sir Alexander
Englischer Dirigent, geb. 11. 2. 1926 Motherwell.
Er studiert an der Universität von Glasgow und anschließend am Royal College of Music in London, bevor er sich bei Igor Markevitch am Mozarteum Salzburg und bei Paul van Kempen an der Accademia Musicale Chigiana in Siena perfektioniert. 1961 gewinnt er den Wettbewerb von Besançon und wird daraufhin vom Sadler's Wells Theatre zuerst als Repetitor und dann als Kapellmeister engagiert. Anschließend geht er in der gleichen Funktion an das BBC Scottish Orchestra, kommt als

1. Kapellmeister wieder an das Sadler's Wells zurück, arbeitet 1957–59 dort als Musikdirektor, bevor er als Chefdirigent zum Scottish National Orchestra geht (1959–84). 1962 wirkt er an der Gründung der Scottish Opera als Musikdirektor mit, die er bis 1987 leitet. Er ist für die englische Erstaufführung der vollständigen Fassung der *Troyens* (Die Trojaner, Berlioz, 1969) und für die erste deutschsprachige Aufführung des *Ring des Nibelungen* (Wagner) in Schottland (1971) verantwortlich. Seit 1981 ist er principal guest conductor des Symphonie-Orchesters von Houston (bis 1987).

Giebel, Agnes
Deutsche Sopranistin, geb. 10. 8. 1921 Heerlen (Niederlande).
Sie studiert an der Folkwang-Hochschule in Essen bei Hilde Wesselmann und wird als Bach-Sängerin bekannt, als sie 1950 in Berlin beim RIAS an der wöchentlichen Ausstrahlung von Bach-Kantaten teilnimmt. Seit dieser Zeit gilt sie als eine der bedeutendsten deutschen Konzertsängerinnen ihrer Generation. Sie nimmt an verschiedenen internationalen Festwochen teil und feiert auch in Nordamerika große Triumphe. Sie tritt nie auf einer Bühne auf, singt aber auf Schallplatten manche Opern-Rollen. 1960 verwirklicht sie die Uraufführung von Benjamin Brittens *Cantata academica*.

Gielen, Michael Andreas
Österreichischer Dirigent und Komponist argentinischer Herkunft, geb. 20. 7. 1927 Dresden.
Der Sohn des Regisseurs Josef Gielen studiert bei Erwin Leuchter in Buenos Aires (1942–49) und anschließend bei Josef Polnauer in Wien (1950–53). Der ausgezeichnete Pianist debütiert 1949 in Buenos Aires und spielt in Konzertzyklen das Gesamtwerk für Klavier von Arnold Schönberg. Er wird Korrepetitor am Teatro Colón und geht dann als Korrepetitor (1950–52) und Kapellmeister (1952–60) an die Wiener Oper.

1960–65 ist Gielen Chefdirigent der Oper von Stockholm. 1965 leitet er in Köln die Uraufführung einer der bedeutendsten Opern des 20. Jahrhunderts: *Die Soldaten* von Bernd Alois Zimmermann. 1969–72 ist er Chefdirigent des belgischen Nationalorchesters und seit 1969 ständiger Gast des Symphonie-Orchesters des Süddeutschen Rundfunks. 1972–75 steht er an der Spitze der Niederländischen Nationaloper. 1977–87 ist er Generalmusikdirektor in Frankfurt und 1980–86 gleichzeitig Musikdirektor des Symphonie-Orchesters von Cincinnati. 1979 wird er außerdem zum principal guest conductor des Symphonie-Orchesters der BBC London ernannt. 1986 übernimmt er die Leitung des Symphonie-Orchesters des Südwestfunks Baden-Baden. Am Mozarteum Salzburg unterrichtet er Orchesterleitung.
Michael Gielen setzt sich in besonderem Maße für die Musik seiner Zeit ein und leitet unter anderem folgende Uraufführungen: *Dramatische Szenen aus Orpheus* von Hans Werner Henze (1982), *D'un opéra de voyage* (Aus einer Reiseoper, 1967) von Betsy Jolas, *Requiem* (1965) und *Ramifications* (Verästelung, 1. Version 1969) von György Ligeti, *Zwei Stücke* (1978) von Detlev Müller-Siemens, *L'Effacement du prince Igor* (Prinz Igor entschwindet, 1971) von Henri Pousseur, *Carré* und *Mixtur* (1965) von Karlheinz Stockhausen, *Symphonische Szene* (1961) und *Namo* (1971) von Isang Yun, *Die Soldaten* (1965) und *Requiem für einen jungen Dichter* (1969) von Bernd Alois Zimmermann. Seine eigenen Kompositionen knüpfen häufig an die Zweite Wiener Schule an.

Gieseking, Walter
Deutscher Pianist, geb. 5. 11. 1895 Lyon, gest. 26. 10. 1956 London.
Sein Vater war Entomologe, Flötist und Pianist. Walter Gieseking, der nie eine Schule besucht, bekommt als Vierjähriger ersten Musikunterricht (Flöte, Klavier und Geige). Als seine Familie nach

Hannover übersiedelt, erhält er zum ersten Mal am Städtischen Konservatorium bei Karl Leimer geregelten Klavierunterricht (1911–16). Als Zwanzigjähriger interpretiert er bereits in einer Konzertreihe Ludwig van Beethovens 32 *Sonaten für Klavier*. 1916–18 ist er Regimentsmusiker. Nach dem Ersten Weltkrieg arbeitet er an einer eigenen Klavierschule, die besonderen Wert auf Konzentrations- und Gedächtnisübungen legt. 1921 unternimmt er die ersten Tourneen durch Europa und 1926 durch Nordamerika. Während des Zweiten Weltkriegs spielt er unter Wilhelm Furtwängler und Willem Mengelberg. 1947 übernimmt er an der Saarbrücker Hochschule für Musik eine Professur. Neben Wolfgang Amadeus Mozart und Claude Debussy, denen seine ganze Liebe gilt, setzt er sich in besonderem Maß für die zeitgenössische Musik ein. Francis Poulenc widmet ihm seine *Humoresque* und Hans Pfitzner sein *Konzert für Klavier und Orchester*, die er beide auch kreiert. Weitere Uraufführungen: *Suite 1922* und *Klaviermusik* op. 37 (1925) von Paul Hindemith, *Konzert für Klavier und Orchester* (1926) von Ernst Toch, *Konzert für Klavier und Orchester Nr. 1* (1936) von Frank Martin, *Sinfonische Fantasie* (1938) von Hermann Reutter, *Konzert für Klavier und Orchester* (1939) von Goffredo Petrassi.
W: *So wurde ich Pianist* (Wiesbaden 1963).

Gigli, Beniamino
Italienischer Tenor, geb. 20. 3. 1890 Recanati, gest. 30. 11. 1957 Rom.
Sein Vater ist Schuhmacher. Als Kind singt er im Kirchenchor. Seine Stimme fällt auf, so daß seine Eltern, von Freunden ermutigt, ihm von Quirino Lazzarini ersten Gesangs-Unterricht geben lassen und ihn dann an die Accademia Nazionale di Santa Cecilia in Rom zu Antonio Cotogni und später zu Enrico Rosati am gleichen Institut schicken. Mit den verschiedenartigsten »Jobs« verdient er seinen Lebensunterhalt. Nach siebenjähriger Ausbildung gewinnt er 1914 den Gesangswettbewerb von Parma und debütiert in Rovigo in *La Gioconda* (Ponchielli). Tullio Serafin engagiert ihn für die Spielzeit 1914–15 an die Oper von Genua, wo er in *Tosca*, *Manon Lescaut* (beide Puccini) und *La Gioconda* große Erfolge feiert. In der darauffolgenden Spielzeit arbeitet er erfolgreich in Palermo und Bologna, bevor er noch im gleichen Jahr am Teatro San Carlo in Neapel in *Mefistofeles* (Boito) einen sensationellen Erfolg erzielt, der ihm den Weg nach Rom und dann nach Mailand zuerst ans Lirico, wo er an der Uraufführung von *Lodoletta* (Mascagni) teilnimmt, und 1918 an die Scala ebnet (ebenfalls *Mefistofeles*). 1919 debütiert er am Teatro Colón in Buenos Aires und 1920 an der Met (wieder in *Mefistofeles*), zu deren Ensemble er zwölf Jahre gehört und an der er in der Spielzeit 1938–39 noch ein Comeback gibt. Die Kritik ist zu Beginn wenig begeistert von dem äußerst unbegabten Schauspieler, doch das Publikum adoptiert ihn auf Anhieb als würdigen Nachfolger Enrico Carusos.

Gigout, Eugène
Französischer Organist und Komponist, geb. 23. 3. 1844 Nancy, gest. 9. 12. 1925 Paris.
Seine erste Ausbildung erhält er an der Sängerschule der Kathedrale von Nancy und geht dann an die eben in Paris von Louis Niedermeyer gegründete Ecole de Musique Religieuse, wo er von Gustave Lefèvre und Camille Saint-Saëns unterrichtet wird. Auch nach Beendigung seines Studiums bleibt er dem Institut treu und wird dort selbst Lehrer für Choralgesang, Fuge, Kontrapunkt und Orgel. Zu seinen Schülern gehören Gabriel Fauré, André Messager und Léon Boëllmann.
1863 wird Gigout zum Organisten der Kirche Saint-Augustin in Paris ernannt und bleibt dort 62 Jahre, ohne deshalb seine Gastspieltätigkeit in ganz Frankreich und im Ausland aufzugeben. 1911 wird er Nachfolger von Félix Alexandre

Guilmant als Professor für Orgel am Konservatorium von Paris. Sein umfangreiches Werk als Komponist beschäftigt sich hauptsächlich mit Orgelmusik.

Gil, Jean-Louis
Französischer Organist, geb. 5. 8. 1951 Angers, gest. 8. 11. 1991 Angers.
Er studiert am Konservatorium von Angers bei André Isoir. 1968 wird er zum Organisten der Kirche Saint-Rémi in Maisons-Alfort ernannt. Zwei Jahre später holt ihn André Isoir als seinen Nachfolger an die Orgel der Kirche Saint-Médard in Paris. 1975 gibt er diese Stelle wieder auf, um ausschließlich als freier Solist tätig zu sein. 1979 übernimmt er eine Professur am Konservatorium von Angers.

Gilbert, Kenneth
Kanadischer Cembalist, geb. 16. 12. 1931 Montreal.
Er studiert am Konservatorium in Montreal und gewinnt 1953 den Europa-Preis. Er geht nach Paris und studiert bei Nadia Boulanger, Sylvie Spycket und Gaston Litaize. Anschließend arbeitet er vier Jahre an der Accademia Musicale Chigiana in Siena bei Ruggero Gerlin. 1957 ernennt ihn das Konservatorium von Montreal zum Professor für Cembalo. Er tritt in Nordamerika und im Kanadischen Rundfunk auf und debütiert 1968 in London mit einem François Couperin gewidmeten Abend. Er wird schnell als einer der großen Interpreten des französischen Repertoires bekannt und nimmt aus Anlaß des dreihundertsten Geburtstages von Couperin dessen Gesamtwerk auf, dessen Partituren er auch in einer musikwissenschaftlich überarbeiteten Neuausgabe herausgibt (1969), genau wie die sämtlicher *Sonaten* Domenico Scarlattis sowie verschiedener Werke von Jean Henri d'Anglebert und von Jean-Philippe Rameau. Er unterrichtet an der Laval-Universität in Quebec (1969), am Königlichen Konservatorium von Antwerpen (1971) und wird zum Nachfolger von Gustav Leonhardt an der Sommerakademie von Haarlem ernannt (1973). Seit 1981 unterrichtet er an der Hochschule für Musik in Stuttgart, ist am Konservatorium von Straßburg verantwortlich für die Abteilung für alte Musik und leitet die Cembalo-Klasse an der Accademia Musicale Chigiana in Siena. Er ist gleichzeitig Professor für Cembalo am Mozarteum Salzburg. Die M.-Gill-Universität in Montreal ernennt ihn 1981 zum Doktor honoris causa.

Gilels, Emil Grigorjewitsch
Ukrainischer Pianist, geb. 6. (19.) 10. 1916 in Odessa, gest. 14. 10. 1985 Moskau.
Der Schüler von Berta M. Reingbal am Konservatorium von Odessa und von Heinrich G. Neuhaus am Moskauer Konservatorium (1935–38) tritt als Dreizehnjähriger erfolgreich in seiner Heimatstadt auf. 1931 gewinnt er einen Wettbewerb ukrainischer Pianisten, 1933 den Klavier-Wettbewerb von Moskau, 1936 beim Wiener Wettbewerb einen 2. Preis und 1938 beim Brüsseler Ysaÿe-Wettbewerb den 1. Preis. 1946 erhält er den Stalin-Preis, 1954 wird er als Künstler des Volkes ausgezeichnet und 1962 mit dem Lenin-Preis geehrt. Ab 1945 unternimmt er regelmäßig Europa-Tourneen; 1956 tritt er zum ersten Mal in den Vereinigten Staaten auf. 1951 wird er am Moskauer Konservatorium zum Professor ernannt. Zeitlebens interessiert er sich stark für die Kammermusik, die in Odessa bereits im Familienkreis gespielt wurde. Seine Schwester Elisabeth ist mit Leonid B. Kogan verheiratet. Mit seiner Tochter Elena, geb. 5. 9. 1948, einer guten Pianistin, tritt er zuweilen gemeinsam auf. Er zeichnet sich vor allem im klassischen und romantischen Repertoire aus.

Gimpel, Bronislav (= Bronisław Gimpel)
Amerikanischer Violinist polnischer Herkunft, geb. 29. 1. 1911 Lwów (Lemberg), gest. 1. 5. 1979 Los Angeles.

Er studiert in Wien bei Robert Pollak (1922–26) und in Berlin bei Carl Flesch (1928–29). 1925 debütiert er mit dem Symphonie-Orchester von Wien; 1929–31 ist er Konzertmeister des Orchesters von Radio Königsberg und 1931–37 des Symphonie-Orchesters von Göteborg. Der Preisträger des Henryk-Wieniawski-Wettbewerbes in Posen (1935) verläßt 1937 Europa und geht als Konzertmeister zu den Philharmonikern von Los Angeles (bis 1941). Er gründet das Hollywood Youth Orchestra (1941). 1942–45 nimmt er am Zweiten Weltkrieg teil. Nach dem Krieg arbeitet er wieder als Solist. 1949–50 ist er Konzertmeister des Symphonie-Orchesters der NBC und beginnt zu dirigieren. Ab den fünfziger Jahren beschäftigt er sich hauptsächlich mit Kammermusik: er gehört dem Mannes-Klavier-Trio an (1950–56), dem Warschauer Quintett (1962–67) und dem New England String Quartet (ab 1968). 1959–60 hält er an der Musikhochschule Karlsruhe Meisterklassen ab. 1967 wird er von der Universität Connecticut zum Professor ernannt. Er tritt häufig mit seinem Bruder, dem Pianisten Jakob Gimpel (1906–89), auf.

Gingold, Josef
Amerikanischer Violinist russischer Herkunft, geb. 28. 10. 1909 Brest-Litowsk.
1920 läßt sich seine Familie in den Vereinigten Staaten nieder. Er studiert bei Wladimir Graffmann (1922–27) und geht dann nach Brüssel zu Eugène Ysaÿe (1927–30). Während des größten Teils seiner Laufbahn arbeitet er als Konzertmeister bedeutender amerikanischer Orchester: NBC (1937–47), Detroit (1943–46), Cleveland (1947–60). Als Kammermusiker gehört er dem Primrose Quartet (1939–42) und dem Quartett der NBC an (1941–43). 1950–60 unterrichtet er an der Case Western Reserve University, 1955–81 an der Meadowmount School of Music (Fachgebiet Kammermusik) und ab 1960 an der Universität von Indiana in Bloomington. 1980–81 unterrichtet er auch an der Manhattan School of Music. In Paris, Tokio und Montreal hält er Meisterklassen ab. Zu seinen Schülern zählen Oscar Shumsky, Jaime Laredo, Miriam Fried, Ulf Hoelscher und Joshua Bell. Er gehört zu den Gründern des Internationalen Wettbewerbs von Indianapolis. Gingold spielt auf einer Stradivari aus dem Jahre 1683, der *Martinelli*.

Giovaninetti, Reynald
Französischer Dirigent, geb. 11. 3. 1932 Sétif (Algerien).
Er beginnt seine musikalische Ausbildung in Bône (Algerien), setzt sie an den Konservatorien von Nantes und Rennes fort, studiert Cello und geht dann an das Konservatorium in Paris zu Louis Fourestier (1. Preis in Orchesterleitung); gleichzeitig studiert er an der Sorbonne Mathematik (mit Abschluß). 1959 wird er beim Dirigenten-Wettbewerb von Besançon lobend erwähnt. Im gleichen Jahr debütiert er im französischen Rundfunk und arbeitet in dessen Forschungsabteilung mit. 1961–62 ist er für viele Sendungen verantwortlich. 1962–63 übernimmt er die musikalische Leitung der Oper von Besançon und geht dann in der gleichen Funktion nach Mülhausen (Elsaß, 1963–68). 1968 wird er Chefdirigent und 1972 Musikdirektor der Oper von Marseille (bis 1975). Die wichtigsten deutschen und italienischen Bühnen laden ihn regelmäßig zu Gastdirigaten ein. Giovaninetti zeichnet für die Uraufführung von Werken folgender Komponisten verantwortlich: Pascal Bentoiu (*Hamlet*, erste Bühnenaufführung 1974), Georges Migot *L'Arche* (Der Bogen, 1974), Louis Saguer (*Mariana Pineda*, 1970), Ivan Semenoff, Alexandre Tansman und Henri Tomasi.

Girard, André
Französischer Dirigent, geb. 30. 3. 1913 Paris, gest. 20. 10. 1987 Le Vesinet.
Sein Vater ist Brigadegeneral. Der Sohn studiert an den Konservatorien von Metz, Chalon-sur-Saône, Ver-

sailles, Rennes, Toulouse und Paris, den Versetzungen seines Vaters entsprechend. In dem Fach Violine wird er mehrfach ausgezeichnet. Er gründet ein Jazz-Orchester, das er drei Jahre leitet, und studiert gleichzeitig bei André Bloch Harmonielehre und bei Claude Delvincourt Kontrapunkt. Als Violinist wird er Mitglied des Symphonie-Orchesters von Paris und ab 1938 des Orchesters der Société des Concerts du Conservatoire. 1942 heiratet er, aus der Gefangenschaft entlassen, die Geigerin Jacqueline Brilli. Er tritt am Pariser Konservatorium in die Klasse für Orchesterleitung ein und studiert bei Charles Münch und Roger Désormière. 1944 erhält er einen 1. Preis. Er gründet das Kammerorchester André Girard, das fünf Jahre lang für den französischen Rundfunk arbeitet. Nacheinander ist er Chefdirigent des Orchesters der Ballets des Champs-Elysées (1945–50), des Orchesters des marokkanischen Rundfunks (1950–53), Musikdirektor des Grand Ballet du Marquis de Cuevas (1953–56), der Oper von Bordeaux (1956–58) und seit 1958 der Compagnie Renaud-Barrault. 1964–74 leitet er das Kammerorchester des französischen Rundfunks; 1976–78 ist er ständiger Dirigent des Orchestre Philharmonique des Pays de Loire.
Die Liste der von ihm uraufgeführten Werke umfaßt mehr als dreihundert Titel. Zu den wichtigsten gehören *Symphonie de danses* (Tanzsymphonie) von André Jolivet und *Le Tombeau de Claude Debussy* (Das Grab von Claude Debussy) von Maurice Ohana. Unter den Komponisten, deren Werke er zur Uraufführung bringt, seien folgende erwähnt: Paul Arma, Alain Bancquart, Henri Barraud, André Casanova, Jean Guillou, Georges Hugon, Betsy Jolas, Joseph Kosma, Marcel Mihalovici, Michel Philippot, Jean Rivier, Henri Sauguet, Antoine Tisné und Nikolai N. Tscherepnin. Lange Jahre hindurch ist Girard der Präsident der französischen Vereinigung der Dirigenten und leitenden Angestellten im Musikbereich.

Giraudeau, Jean
Französischer Tenor, geb. 1. 7. 1916 Toulon.
Seine Eltern unterrichten am Konservatorium von Toulon. Nach glänzenden Studien erhält er 1. Preise in Gesang, Oper und Cello, eine Lizenz in Rechtswissenschaften und eine Stelle als Organist. Er entscheidet sich für die Oper. 1942 debütiert er in Montpellier in *Mignon* (Thomas). Sechs Jahre lang singt er in der französischen Provinz und im Ausland, nimmt in Straßburg an der Uraufführung von Henri Rabauds *Martine* teil und in London an einer Wiederaufnahme der *Troyens* (Die Trojaner, Berlioz). 1947 interpretiert er an der Opéra-Comique den Nadir (*Les Pêcheurs de perles*, Die Perlenfischer, Bizet); dreizehn Tage später singt er an der Pariser Oper den Tamino (*Die Zauberflöte*, Mozart). Mehr als zwanzig Jahre lang gehört er als eines der wichtigsten Ensemble-Mitglieder den beiden Häusern an.
1968 wird er zum Direktor der Opéra-Comique ernannt; er muß drei Jahre später ohnmächtig die Auflösung des Ensembles hinnehmen. Er unterrichtet, ermutigt, gibt Ratschläge und dirigiert, unermüdlicher Motor des Pariser Musiklebens. Niemand wird je seinen Chouisky (*Boris Godunow*, Mussorgskij) und auch nicht die glänzende Leistung bei der Uraufführung von Claude Preys *Le Cœur révélateur* (Das Herz läßt tief blicken) vergessen.

Girod, Marie-Catherine
Französische Pianistin, geb. 19. 8. 1949 Peyrehorade (Landes).
Sie beginnt ihre Ausbildung am Konservatorium von Bordeaux und geht dann als Zehnjährige an das von Paris, wo sie 1966 in der Klasse von Jules Gentil einen 1. Preis erhält. Gleichzeitig studiert sie bei Maurice Crut und Joseph Calvet Kammermusik. Sie perfektioniert sich bei György Sebők und Paul Badura-Skoda. 1973 gewinnt sie den Casagrande-Preis; beim Clara-Haskil-Wettbewerb ist sie 1975 Finalistin. Sie spielt

vorwiegend dem großen Publikum unbekannte Werke (von Dutilleux, Jolivet, Szymanowski, Magnard, Chausson).

Girod, Marie-Louise
Französische Organistin, geb. 12. 10. 1915 Paris.
Sie studiert am Pariser Konservatorium bei Marcel Dupré, Norbert Dufourq und Noël Gallon. 1941 erhält sie einen 1. Preis in Improvisation und 1944 je einen in Musikgeschichte, Fuge und Kontrapunkt. Im gleichen Jahr tritt sie zum ersten Mal in der Öffentlichkeit auf. 1941 wird sie zur Organistin an der reformierten Kirche im Oratoire du Louvre ernannt, schlägt aber gleichzeitig eine Laufbahn als Konzertorganistin ein. Sie ist Direktorin der Orgelakademie in Saint-Dié. 1960 heiratet sie André Parrot, den Direktor des Musée du Louvre.

Gitlis, Ivry
Israelischer Violinist, geb. 22. 8. 1922 Haifa.
Er stammt aus einer russischen Musiker-Familie (seine Mutter ist Sängerin und sein Großvater Kantor), beginnt als Sechsjähriger Geige zu lernen und gibt als Zehnjähriger sein erstes Konzert. Bronislaw Hubermann empfiehlt ihm, an das Pariser Konservatorium zu gehen, wo er als Dreizehnjähriger einen 1. Preis erhält. Nach dem Konservatoriums-Besuch perfektioniert er sich bei Carl Flesch, George Enescu, Jacques Thibaud und Théodore Pashkus. Bis zum Kriegsende bleibt er in England. Die sich anschließende Karriere führt ihn um die ganze Welt. 1951 nimmt er erfolgreich am Long-Thibaud-Wettbewerb in Paris teil. Bruno Maderna widmet ihm sein *Pièce pour Ivry* (Stück für Ivry). 1972 kreiert er *Mikka* von Iannis Xenakis.
W: *L'Ame et la corde* (Paris 1980).

Giulini, Carlo Maria
Italienischer Dirigent, geb. 9. 5. 1914 Barletta.
Er studiert an der Accademia Nazionale di Santa Cecilia in Rom Bratsche und Komposition und spielt unter der Leitung von Otto Klemperer und Bruno Walter. Später entscheidet er sich, Dirigent zu werden, und studiert bei Bernadino Molinari. Ab 1946 dirigiert er für die RAI, deren Symphonie-Orchester in Mailand er bei der Gründung 1950 übernimmt. 1948 dirigiert er seine erste Oper, *La Traviata* (Verdi). 1951 lernt er Arturo Toscanini kennen; ein Jahr später debütiert er mit *La vida breve* (Das kurze Leben, de Falla) an der Scala. Er arbeitet mit Lucchino Visconti am Covent Garden in London (*Don Carlos*) und mit Franco Zeffirelli (*Falstaff*, beide Verdi) zusammen. 1955 dirigiert er zum ersten Mal in den Vereinigten Staaten (Chicago); 1960 unternimmt er eine große Japan-Tournee. 1963 kehrt er an die Scala zurück und dirigiert *Don Giovanni* (Mozart). 1969 ernennt ihn das Symphonie-Orchester von Chicago zum principal guest conductor; 1973 übernimmt er das Symphonie-Orchester von Wien (bis 1976). 1978–84 ist er Nachfolger Zubin Mehtas als Musikdirektor der Philharmoniker von Los Angeles und unternimmt mit dem Orchester mehrere Europa-Tourneen. Der Spezialist der italienischen Oper verbringt trotz seiner internationalen Tätigkeit mindestens sechs Monate im Jahr in seiner Heimat. Seit einigen Jahren beschränkt er sich auf Konzerte und arbeitet mit einigen wenigen Orchestern zusammen (Orchestre de Paris, Philmonisches Orchester der Scala, die Philharmonien von Berlin, Chicago und Los Angeles). Für die Uraufführung von Werken folgender Komponisten ist er verantwortlich: Boris Blacher (*Poème*, Gedicht, 1976), Gottfried von Einem (*An die Nachgeborenen*, 1975), Giorgio Federico Ghedini (*Concerto dell'albatro*, Das Konzert des Albatros, 1945), Ezra Ladermann (*Symphonie Nr. 4*, 1981), Goffredo Petrassi (*Ottavo con-*

certo, Achtel-Konzert, 1972), Mario Zafred (*Symphonie Nr. 3*, 1950).

Giuranna, Bruno
Italienischer Bratschist, geb. 6. 4. 1933 Mailand.
Der Sohn der Pianistin und Komponistin Barbara Giuranna studiert in Rom bei V. Emanuele und Mario Corti Violine und bei Rémy Principe sowie Giovanbattista Leone Bratsche. Schon als junger Musiker erwirbt er sich als Bratschist und Gambenspieler internationales Ansehen. Tourneen führen ihn durch Europa, Nord- und Südamerika, Afrika und den Fernen Osten. Bruno Giuranna gehört zu den Gründern des Ensembles I Musici (1951) und bleibt der Formation bis 1961 treu. Mit Franco Gulli und Amadeo Baldovino bildet er ein Streich-Trio. Er unterrichtet am Konservatorium von Mailand (1961–65), an der Accademia Musicale Chigiana in Siena (1966–72) und an der Musikhochschule Detmold (1969–72). 1978–80 gehört er dem Vegh-Quartett an. Sich immer mehr für Orchesterleitung interessierend, übernimmt er 1983 das Kammerorchester von Padua. Im gleichen Jahr wird er von der Berliner Musikhochschule zum Professor ernannt. Ab 1985 spielt er mit Anne-Sophie Mutter und Mstislav Rostropowitsch in einem Streich-Trio. 1954 kreiert er Giorgio Federico Ghedinis *Musica da concerto* für Bratsche und Streicher. Er spielt auf einer Bratsche von Carlo Tononi aus dem Jahre 1690.

Glaetzner, Burkhard
Deutscher Oboist, geb. 29. 5. 1943 Posen.
Er studiert an der Ostberliner Hans-Eisler-Musikhochschule bei Hans-Werner Wätzig (1962–66). 1967 engagiert ihn das Symphonie-Orchester von Radio Leipzig als Solo-Oboisten. Ein Jahr später beginnt er, an der dortigen Musikhochschule zu unterrichten. Er gewinnt die internationalen Wettbewerbe von Genf, Prag (1968) und Budapest (1970) und tritt immer häufiger als Solist in Erscheinung. Auf dem Gebiet der Kammermusik spielt er mit dem Aulos-Trio und der Gruppe Neue Musik Hans Eisler. Er beschäftigt sich nicht nur mit dem traditionellen Oboen-Repertoire, sondern setzt sich auch stark für die zeitgenössische Musik ein, vor allem für die Komponisten Reiner Bredemeyer, Paul-Heinz Dittrich, Friedrich Goldmann und Gerd Schenker.

Glazer, David
Amerikanischer Klarinettist, geb. 7. 5. 1913 Milwaukee.
Er studiert an der Universität von Wisconsin und in Boston bei Victor Polatschek (Klarinette). Anschließend geht er an das Berkshire Music Center in Tanglewood (1940–42). 1946–51 ist er Klarinettist am Orchester von Cleveland. Ab 1951 ist er Mitglied des New Yorker Bläser-Quintetts. Er tritt auch als Pädagoge hervor.

Glazer, Frank
Amerikanischer Pianist, geb. 19. 2. 1915 Chester.
Er studiert an der New York Trade School bei Artur Schnabel Klavier und bei Arnold Schönberg Komposition. 1936 debütiert er in New York. Er ist Mitglied des Eastman-Quartetts und unterrichtet an der Eastman School of Music in Rochester. Glazer setzt sich für die zeitgenössische amerikanische Musik, besonders für Charles Ives, ein. Auch Erik Satie wird von ihm gepflegt.

Glossop, Peter
Englischer Bariton, geb. 6. 7. 1928 Sheffield.
Er macht zuerst eine Ausbildung als Bankkaufmann und bildet in seiner Freizeit bei Leonard Mosley seine Stimme aus. 1952 wird er Chorsänger am Sadler's Wells Theatre in London. Ein Jahr später schon wird er zum 1. Bariton ernannt. Er bleibt dem Haus zehn Jahre verbunden, bevor er zum Covent Garden wechselt. 1961 gewinnt er beim internationalen Gesangswettbewerb in Sofia den 1. Preis. Er interpretiert auf

den wichtigsten Bühnen Rigoletto, Rodrigo (*Don Carlos*), Germont (*La Traviata*, alle Verdi), Scarpia (*Tosca*, Puccini) und Tonio (*I Pagliacci*, Der Bajazzo, Leoncavallo). Herbert von Karajan engagiert ihn als Tonio (*I Pagliacci*) und als Jago (*Otello*, Verdi) für zwei seiner Opernfilme.

Gobbi, Tito
Italienischer Bariton, geb. 24. 10. 1913 Bassano del Grappa, gest. 5. 3. 1984 Rom.
Er studiert an der Universität von Padua Jura, bevor er zu Giulio Crimi nach Rom geht, um seine Stimme ausbilden zu lassen. 1935 debütiert er in Gubbio (Umbrien) als Rodolfo (*La sonnambula*, Die Nachtwandlerin, Bellini). Im darauffolgenden Jahr gewinnt er beim Wiener Gesangs-Wettbewerb den 1. Preis; 1937 bleibt er beim Wettbewerb, der von der Schule der Scala ausgeschrieben wird, erfolgreich. In Rom debütiert er als Germont (*La Traviata*, Verdi) 1937 am Teatro Adriano und 1939 an der Oper. Er beschäftigt sich mit Richard Wagner und Richard Strauss (*Salome*), gibt dies aber bald wieder auf. 1942 singt er bei der italienischen Erstaufführung den Wozzeck (Berg). Im gleichen Jahr debütiert er als Becore (*L'elisir d'amore*, Der Liebestrank, Donizetti) an der Mailänder Scala. 1948 debütiert er in San Francisco (in *Il barbiere di Siviglia*, Der Barbier von Sevilla, Rossini), 1950 als Don Giovanni (Mozart) in Salzburg und 1951 am Covent Garden, wo er 1958 als Posa (*Don Carlos*, Verdi) in der Inszenierung von Lucchino Visconti einen bedeutenden Erfolg erzielt. 1954-73 singt er regelmäßig an der Lyric Opera in Chicago (Jago, Macbeth, Amonasro, *Aida*, Falstaff, Simone Boccanegra, alle Verdi; Tonio, *I Pagliacci* (Der Bajazzo, Leoncavallo). Paris, München, Hamburg und Stuttgart laden ihn ein. 1956 debütiert er als Scarpia (*Tosca*, Puccini) an der Met. Ein Jahr später singt er unter der Leitung von Herbert von Karajan in Salzburg den Falstaff. Gobbi ist sicher der markanteste italienische Bariton seiner Generation. Er dreht 26 Filme, inszeniert ab 1965 an der Met und am Covent Garden (*Don Giovanni*, Mozart, *Il barbiere di Siviglia*, Der Barbier von Sevilla, Rossini und *Falstaff*, Verdi) und entwirft auch die Kostüme selbst.
W: *My Life* (New York und London 1979).

Godowsky, Leopold
Amerikanischer Pianist und Komponist polnischer Herkunft, geb. 13. 2. 1870 Soshly bei Wilna, gest. 21. 11. 1938 New York.
Der Sohn eines Physikers aus Wilna (damals zu Polen gehörend) debütiert als Wunderkind im Alter von neun Jahren, bevor er 1884 an die Berliner Musikhochschule und anschließend nach New York geht. 1885 beginnt seine Karriere in den Vereinigten Staaten. Wieder in Europa, arbeitet er 1887-90 mit Camille Saint-Saëns und spielt in den Pariser und Londoner Salons. 1890 wird er vom New York College of Music zum Professor ernannt. Ein Jahr später heiratet er Frieda Saxe und wird amerikanischer Staatsbürger. Er unterrichtet anschließend an den Konservatorien von Philadelphia (1894-95) und Chicago (1895-1900). 1900 unternimmt er eine ausgedehnte Europa-Tournee und läßt sich in Berlin nieder, wo er eine Professur annimmt, bevor er Nachfolger von Ferruccio Busoni in Wien wird (1909-14). Während des Ersten Weltkriegs lebt er wieder in den Vereinigten Staaten. Nach dem Krieg nimmt er seine Tourneereisen rund um die Welt wieder auf, die 1930 durch eine teilweise Lähmung, die während einer Aufnahme der *Nocturnes* von Frédéric Chopin auftritt, jäh unterbrochen werden. Er komponiert fast ausschließlich für das Klavier, darunter viele Werke für die linke Hand.

Goebel, Reinhard
Deutscher Violinist, geb. 31. Juli 1952 Siegen.
Der Schüler von Saschko Gawriloff in Köln und Marie Leonhardt in Amsterdam gründet 1973 das Ensemble Musica Antiqua Köln, mit dem er eine neue Lesart der italienischen und französischen Musik des 17. und der ersten Hälfte des 18. Jahrhunderts vorschlägt. Anschließend erweitert er das Programm auf Johann Sebastian Bach und dessen deutsche Zeitgenossen. Ab 1979 dringt der Ruf des Ensembles über die deutschen Grenzen ins Ausland. 1983 gliedert Reinhard Goebel dem Ensemble ein Kammerorchester an, das bis zu dreißig Musiker umfaßt und das er selbst dirigiert. Seine Karriere ist eng mit der seines Ensembles verwoben.

Goebels, Franzpeter
Deutscher Pianist und Cembalist, geb. 5.3. 1920 Mülheim/Ruhr, gest. 28.9. 1988 Detmold.
Er studiert an den Universitäten Köln und Berlin Philosophie, Romanistik und Musikwissenschaften und an der Kölner Musikhochschule bei Karl Hermann Pillney Klavier und Cembalo sowie bei Karl Gustav Fellerer und Ernst Bücken Musikwissenschaften. 1940 legt er sein Diplom ab und wird vom Deutschlandsender Berlin engagiert, während er sich bei Raoul von Koczalski perfektioniert. Die Jahre 1942–45 verbringt er als Kriegsteilnehmer. In den fünfziger Jahren beginnt seine internationale Karriere, wobei er dem zeitgenössischen Repertoire einen breiten Platz einräumt. 1947 wird er am Robert-Schumann-Konservatorium in Düsseldorf zum Professor ernannt, wo er auch das Studio für Neue Musik leitet. 1958 übernimmt er in Detmold die Professur für Klavier und Cembalo. Auch dort ist er für das Studio für Neue Musik zuständig. Unter dem Pseudonym Angfield Traudger komponiert er.
WW: *Das Sammelsurium – Kunst und Kitsch* (Wilhelmshaven 1963); *Handbuch der Klavierliteratur* (mit Klaus Wolters, Zürich 1967); *Klaviermusik des jungen Mozart* (Wolfenbüttel 1984).

Goehr, Walter (= Georg Walter)
Englischer Dirigent deutscher Herkunft, geb. 28.5. 1903 Berlin, gest. 4.12. 1960 Sheffield.
Er studiert an der Preußischen Akademie der Künste in Berlin bei Arnold Schönberg. 1925–31 arbeitet er als Dirigent am Berliner Rundfunk. 1933 emigriert er nach England. 1933–39 ist er Musikdirektor der Columbia Gramophone Company. Etwas später unterrichtet er am Morley College in London (1943–60), während er weiterhin als Dirigent arbeitet: 1946–49 leitet er das BBC Theatre Orchestra und ist Gast der meisten Londoner Orchester. Ab 1948 tritt er nur noch unter seinem Pseudonym Walter Goehr auf. Er macht die Musik Claudio Monteverdis in England bekannt und ediert Neuausgaben der *L'incoronazione di Poppea* (Die Krönung der Poppea) und der *Vesperae Mariae Virginis*. 1943 leitet er die Uraufführung von Benjamin Brittens *Serenade für Tenor*. Sein Sohn Alexander Goehr (geb. 1932) wird ein bekannter Komponist.

Gönnenwein, Wolfgang
Deutscher Chorleiter und Dirigent, geb. 29.1. 1933 Schwäbisch Hall.
Er studiert an den Universitäten Heidelberg und Tübingen Philosophie und in Stuttgart Musik. 1959 wird er zum Musikdirektor des Südwestdeutschen Madrigalchors Stuttgart ernannt, Nachfolger des Bruckner-Chores, der von Johann Nepomuk David gegründet worden ist. Unter Gönnenweins Leitung entwickelt sich der Chor zu einem der bedeutendsten seiner Art in Deutschland. Der Chor unternimmt viele Auslandstourneen und wird häufig zu Schallplattenaufnahmen herangezogen. Seine Repertoire umfaßt die Oratorien Johann Sebastian Bachs, die Messen Wolfgang Amadeus Mozarts und die

Anton Bruckners. 1960 wird er in Mittelbach zum Professor ernannt. 1969–73 leitet er gleichzeitig den Kölner Bach-Chor. Ab 1968 unterrichtet er an der Stuttgarter Musikhochschule, deren Leitung er 1973 übernimmt, Chorleitung. 1972 wird er zum künstlerischen Leiter der Ludwigsburger Festspiele ernannt und dirigiert zum ersten Mal Opern. 1985 wird ihm die Intendanz der Stuttgarter Oper anvertraut.

Golan, Ron
Schweizer Bratschist deutscher Herkunft, geb. 18. 8. 1924 Gladbach.
Er studiert in Jerusalem und geht dann zu William Primrose an das Curtis Institute in Philadelphia. 1941 debütiert er; er wird Mitglied des neu gegründeten Philharmonischen Orchesters von Israel, bevor er 1951 von Ernest Ansermet als Solo-Bratschist an das Orchestre de la Suisse Romande geholt wird. 1953 übernimmt er eine Professur am Konservatorium von Genf, verfolgt aber gleichzeitig seine Solisten-Karriere weiter. Er arbeitet mit Paul Hindemith zusammen und setzt sich stark für dessen Werke ein. Bohuslav Martinů schreibt für ihn eine *Konzert-Rhapsodie* und Frank Martin die *Ballade für Bratsche*; beide Werke werden von ihm uraufgeführt. Auch Robert Starer und Herbert Brun komponieren für ihn. 1970 wird er zum Verwaltungsdirektor des Orchestre de la Suisse Romande ernannt.

Gold, Arthur
Kanadischer Pianist, geb. 6. 2. 1917 Toronto, gest. 3. 1. 1990 New York.
Er studiert an der Juilliard School of Music in New York bei Josef und Rhosina Lhévinne und gründet dann mit dem Pianisten Robert Fizdale ein Duo. 1944 treten sie mit einem Programm zeitgenössischer Musik, bei dem das präparierte Klavier eine wichtige Rolle spielt, in der New School for Social Research zum ersten Mal öffentlich auf. Mehrere Komponisten schreiben für sie: Georges Auric (*Partita*), Samuel Barber, Dello Joio, Darius Milhaud (*Carnaval pour la Nouvelle Orléans*, Karneval in New Orleans, 1947, *Suite* op. 300, 1951, *Concertino d'automne*, Herbst-Concertino, 1951), Francis Poulenc (*Sonate für zwei Klaviere*), Vittorio Rieti (*Konzert für zwei Klaviere und Orchester*, 1952), Ned Rorem, Henri Sauguet und Virgil Thomson. Sie verwirklichen die Uraufführungen verschiedener Kompositionen für präparierte Klaviere von John Cage. Wir verdanken dem Duo die Entdeckung und moderne Erstaufführung von zwei Konzerten für zwei Klaviere von Felix Mendelssohn Bartholdy.

Goldberg, Reiner
Deutscher Tenor, geb. 17. 10. 1939 Crostau.
Nach einer Handwerksausbildung studiert er an der Dresdner Akademie bei Arno Schellenberg Gesang (1962–67). Nach Abschluß seines Studiums wird er Mitglied des Nationalchores Serbische Volkskultur. 1973 engagiert ihn die Dresdner Oper als Tenor. 1977 wechselt er an die Ost-Berlins. Bei Gastspielen in Hamburg und München singt er den Bacchus (*Ariadne auf Naxos*, R. Strauss) und den Walther (*Die Meistersinger von Nürnberg*, Wagner). 1981 unternimmt er mit der Dresdner Oper eine Japan-Tournee. 1982 singt er in Paris bei einer konzertanten Aufführung den Midas (*Die Liebe der Danae*, Richard Strauss), am Covent Garden den Walther, bei den Salzburger Osterfestspielen auf Einladung von Herbert von Karajan den Erik (*Der fliegende Holländer*, Wagner). Unter der Leitung von Armin Jordan interpretiert er für das Tonband, das dem Film *Parsifal* von Hans-Jürgen Syberberg zugrunde liegt, die Titelrolle.

Goldberg, Szymon
Amerikanischer Violinist und Dirigent polnischer Herkunft, geb. 1. 6. 1909 Włocławeck.
Mieczyslaw Michałowicz erteilt ihm in Warschau den ersten Unterricht, bevor er als Achtjähriger zu Carl Flesch nach Berlin geht. Als Dreizehnjähriger debü-

tiert er in Warschau und drei Jahre später in Berlin. 1925 wird er Konzertmeister der Dresdner Philharmonie (1925). 1929 geht er in der gleichen Funktion zu den Berliner Philharmonikern (bis 1934). Während dieser Zeit spielt er häufig mit Paul Hindemith (Bratsche) und Emanuel Feuermann (Cello) Streichtrios (1933 kreiert diese Formation das *Streichtrio Nr. 2* von Paul Hindemith). Mit der Pianistin Lili Kraus, mit der er eine epochenmachende Schallplatte der *Sonaten für Violine und Klavier* von Wolfgang Amadeus Mozart einspielt, unternimmt er zahlreiche Tourneen durch Europa. 1938 debütiert er in New York. Während des 2. Weltkriegs ist er auf Java Gefangener der Japaner (1942–45). 1955–79 leitet er das Niederländische Kammerorchester und gibt zahlreiche Gastdirigate bei englischen und amerikanischen Kammerorchestern. Im Rahmen der Festspiele von Aspen gründet er das Festival Piano Quartet (1954–62) mit Victor Babin (Klavier), William Primrose (Bratsche) und Nikolai Graudan (Cello). 1969 läßt er sich in England nieder. 1977–79 leitet er die Manchester Camerata. 1978 wird er in New York an der Juilliard School of Music zum Professor ernannt; 1981 geht er an das Curtis Institute in Philadelphia. Er spielt auf einer Guarneri del Gesù aus dem Jahre 1734, der *Baron Vita*.

Goldenweiser, Alexander Borisowitsch
Russischer Pianist, geb. 26. 2. (10. 3.) 1875 Kischinjow, gest. 26. 11. 1961 Moskau.
Wassilij P. Prokunin erteilt ihm den ersten Musikunterricht, bevor er in das Moskauer Konservatorium eintritt und Schüler von Alexander I. Siloti und Paul A. Pabst (Klavier, 1889–95) sowie von Mikhail M. Ippolitow-Iwanow, Antonij S. Arensky und Sergej I. Tanejew (Komposition, 1893–97) wird. 1904–06 unterrichtet er am Nikolai-Institut in Moskau Klavier, bevor er an das Moskauer Konservatorium berufen wird (1906–59), das er zweimal leitet (1922–24 und 1939–42). Neben seiner pädagogischen Tätigkeit verfolgt er eine internationale Solisten-Laufbahn. Goldenweiser gehört zahlreichen Jurys an. Er ist eines der aktivsten Mitglieder des sowjetischen Komponistenverbandes und gilt neben Heinrich G. Neuhaus als der wichtigste russische Pädagoge seiner Generation, der die wichtige Brücke zwischen der russischen Klavierschule des 19. Jahrhunderts und der zeitgenössischen sowjetischen schlägt. Zu seinen Schülern gehören unter anderem Lazar Berman, Dmitrij A. Baschkirow, Dmitrij B. Kabalewski und Tatjana Nikolajewa. Als Komponist arbeitet er hauptsächlich für das Klavier. Als glühender Bewunderer Aleksej K. Tolstojs veröffentlicht er ein Buch mit Erinnerungen an den Schriftsteller (Moskau 1922–23) und zusammen mit N. N. Gussew einen Essay über Tolstoj und die Musik (Moskau 1958). Er schrieb auch ein Buch über Beethovens *Klaviersonaten*.

Golowanow, Nicolaij Semjonowitsch
Russischer Dirigent, geb. 9. (21.) 1. 1891 Moskau, gest. 28. 8. 1953 daselbst.
Er beginnt sein Studium an der Synodal-Lehranstalt in Moskau, wo er bis 1909 vor allem bei Alexander D. Kastalski studiert. Dann geht er an das Moskauer Konservatorium zu M. M. Ippolitow-Iwanow und Sergej N. Wassilenko. 1914 legt er sein Diplom ab. Ein Jahr später wird er als Chorleiter an das Bolschoi-Theater engagiert, an dem er 1918–28 als 1. Kapellmeister tätig ist. Gleichzeitig dirigiert er die Moskauer Philharmoniker (1926–29) und unterrichtet am Konservatorium (1925–29). 1937–53 leitet er die Opernabteilung von Radio Moskau; ab 1938 ist er gleichzeitig Musikdirektor des Stanislawski-Theaters. Am Konservatorium von Moskau unterrichtet er noch ein zweites Mal (1943–48). 1948 wird er zum Chefdirigenten des Bolschoi-Theaters ernannt (bis 1953). Wir verdanken ihm die Uraufführung der *Symphonien Nr. 5*, *Nr. 6* und *Nr. 22* von Nicolai Miaskowski. Er war mit der Sopranistin Antonina W. Neshdanowa verheiratet.

Golschmann, Vladimir
Französischer Dirigent russischer Herkunft, geb. 16. 12. 1893 Paris, gest. 1. 3. 1972 New York.
Er studiert an der Schola Cantorum in Paris und ist als Violinist zu Beginn seiner Karriere Mitglied verschiedener Pariser Orchester. 1919 gründet er die Concerts Golschmann, ein dreißig Musiker umfassendes Orchester, das sich vor allem mit zeitgenössischer Musik beschäftigt. Die Gruppe der Sechs wird bevorzugt gespielt, doch auch Werke von Jacques Ibert, Sergej S. Prokofjew und Alexandre Tansman stehen auf dem Programm. Sergej P. Diaghilew vertraut ihm 1920 die Wiederaufnahme des *Sacre du printemps* (Das Frühlingsopfer, Strawinsky) an, das seit seiner stürmischen Premiere sieben Jahre zuvor nicht mehr gespielt worden war. Er dirigiert auch die Ballets Suédois (1923) und debütiert 1924 in den Vereinigten Staaten mit den New Yorker Philharmonikern. 1928–30 leitet er das Scottish National Orchestra. Anschließend geht er in die Vereinigten Staaten und leitet das Symphonie-Orchester von Saint Louis (1931–58) sowie das Symphonie-Orchester von Denver (1964–70). Er setzt sich zeitlebens leidenschaftlich für die Musik seiner Zeit ein und realisiert folgende Uraufführungen: *Pastorale d'été* (Sommer-Pastorale, Honegger, 1921), *Les Tréteaux de Maître Pierre* (Die Leiter von Meister Pierre, de Falla, 1923), *Angélique* (1926) und *Divertissement* (1930, beide Ibert), *Le Bœuf sur le toit* (Das Rind auf dem Dach, 1920), *La Création du monde* (Die Erschaffung der Welt, 1923), *La Sultane* (Die Sultanin, 1924) und *Konzert für Marimba und Orchester* (1949, alle Milhaud), *Symphonie Nr. 7* (Tansman, 1947) und *Symphonie Nr. 2* (1965, Hasquenoph).

Goltz, Christel
Deutsche Sopranistin, geb. 8. 7. 1912 Dortmund.
Sie debütiert als Tänzerin, nimmt bei Ornelli-Leeb in München Gesangs-Unterricht und singt als Zwanzigjährige im Deutschen Theater Operetten. 1935 debütiert sie an der Fürther Oper als Agathe (*Der Freischütz*, v. Weber), verbringt dann eine Spielzeit in Plauen (Santuzza, *Cavalleria rusticana*, Mascagni; Eva, *Die Meistersinger von Nürnberg*, Wagner; Octavian, *Der Rosenkavalier*, R. Strauss) und geht dann 1936 an die Dresdner Oper, der sie bis 1950 angehört. Ab 1947 singt sie gleichzeitig an den Opern von Berlin, Wien und München und entwickelt ihr Repertoire als dramatische Sopranistin (Elektra, Salome, beide R. Strauss; Alkeste, Gluck; Leonore, *Fidelio*, Beethoven; Tosca, Verdi). Seit 1951 gibt sie auch in London (Salome) und Salzburg (bis 1958, Erste Dame der Königin der Nacht, *Die Zauberflöte*, Mozart; Leonore; Uraufführung 1954 von Liebermanns *Penelope*) Gastspiele. 1954 debütiert sie an der Met. 1970 zieht sie sich nach mehr als 120 einstudierten Rollen von der Bühne zurück.

Gomez, Jill
Englische Sopranistin, geb. 21. 9. 1942 Trinidad.
Sie studiert in London an der Royal Academy of Music und an der Guildhall School, debütiert mit der Cambridge University Opera (als Meermädchen in *Oberon*, v. Weber), wird 1967 Chorsängerin in Glyndebourne, interpretiert 1968 bei einer Aufführung der Touring Company die Adina (*L'elisir d'amore*, Der Liebstrank, Donizetti) und 1969 beim Festival in Glyndebourne die Mélisande (*Pelléas et Mélisande*, Debussy). Bei der Uraufführung von Sir Michael Tippetts Oper *The Knot Garden* (Der Irrgarten) kreiert sie 1970 die Rolle der Flora. Bei den Festspielen von Aix-en-Provence singt sie 1971 die Pamina (*Die Zauberflöte*). 1974 nimmt sie an der Uraufführung von Thea Musgraves Oper *The Voice of Ariadne* (Die Stimme der Ariadne) teil und singt die Gräfin. Auch als Händel-Sängerin wird sie bekannt: *Acis and Galatea* und *Admeto*. Beim Mozart-Zyklus in Zürich glänzt sie als

Cinna (*Lucio Silla*). Unter den zeitgenössischen Komponisten bevorzugt sie Igor Strawinsky, Hans Werner Henze und Benjamin Britten.

Gómez-Martínez, Miguel-Angel
Spanischer Dirigent, geb. 17. 9. 1949 Grenada.
Das Wunderkind dirigiert als Siebenjähriger im Rahmen der Internationalen Musikfestspiele in Grenada zum ersten Mal. Er studiert am Konservatorium seiner Heimatstadt, bekommt das Manuel-de-Falla-Stipendium und geht an das Madrider Konservatorium, wo er 1. Preise in Klavier, Violine und Komposition erhält. Er besucht verschiedene masterclasses in den Vereinigten Staaten, bevor er zu Hans Swarowsky an die Wiener Musikakademie geht, wo er gleichzeitig den Hochschulchor leitet. Er erhält den Preis des östereichischen Kultusministeriums und gewinnt den Nikolaj-Malko-Wettbewerb für junge Dirigenten. 1971 engagiert ihn die Oper von Sankt Pölten und 1972 die von Luzern. 1973 springt er an der Deutschen Oper Berlin für einen erkrankten Kollegen ein und dirigiert *Fidelio* (Beethoven). Er erhält daraufhin einen Dreijahres-Vertrag und wird von den Opern in Hamburg, Frankfurt und München zu Gastdirigaten eingeladen. 1977–82 ist er 1. Kapellmeister der Wiener Oper. 1984 übernimmt er die Leitung des Symphonie-Orchesters des Spanischen Rundfunks.

Gonzalez, Dalmacio (= Dalmaù Gonzalez)
Spanischer Tenor, geb. 12. 5. 1946 Olot.
Er studiert in Barcelona bei Gilbert Price Gesang und geht dann nach Salzburg zu Arleen Augér und Paul Schilhawsky. Anton Dermota führt ihn in die Kunst des Liedes ein. 1972 gewinnt er beim Wettbewerb in Barcelona den 1. Preis, genau wie 1975 beim Wettbewerb des Mozarteums Salzburg. Er debütiert im gleichen Jahr an der Oper von Barcelona. 1978 singt er an der Seite von Montserrat Caballé in *Parisina d'Este* (Donizetti). Ein Jahr später debütiert er an der Met als Alfredo (*La Traviata*, Verdi), wo er später noch den Nemorino (*L'elisir d'amore*, Der Liebestrank, Donizetti) und den Almaviva (*Il barbiere di Siviglia*, Der Barbier von Sevilla, Rossini) interpretiert. 1981 debütiert er an der Scala in *Ariodante* (Händel) und in Aix-en-Provence in *Tancredi* (Rossini). 1984 und 1985 wirkt er in Pesaro und an der Scala bei Aufführungen der selten gespielten Oper *Il viaggio a Reims* (Die Reise nach Reims) von Gioacchino Rossini mit. Er wird von den großen internationalen Bühnen eingeladen, das Belcanto-Repertoire zu interpretieren, aber auch den Don Ottavio (*Don Giovanni*, Mozart).

Goodall, Sir Reginald
Englischer Dirigent, geb. 13. 7. 1901 Lincoln, gest. 5. 5. 1990 London.
Er ist zuerst Chorsänger an der Kathedrale von Lincoln, bevor er bei Arthur Benjamin Klavier, bei William Henry Reed Violine und am Royal College of Music in London Orchesterleitung studiert. Er beginnt seine Karriere als Organist und Chorleiter an der Kirche St. Alban in Holborn. 1936–39 ist er Assistent von Albert Coates am Covent Garden; gleichzeitig arbeitet er mit Sir Malcolm Sargent in der Royal Choral Society. Anschließend wird er Assistent von Wilhelm Furtwängler an der Berliner Philharmonie. 1942–43 leitet er das Wessex Orchestra. 1944 geht er zum Sadler's Wells Theatre. Er dirigiert dort unter anderem die Uraufführung von *Peter Grimes* (Britten), mit dem das Theater 1945 eröffnet wird. 1946 besorgt er zusammen mit Ernest Ansermet die Uraufführung von *The Rape of Lucretia* (Der Raub der Lukretia, Britten) in Glyndebourne. 1947 wechselt er zum Covent Garden und dirigiert dort *Manon* (Massenet), *Die Meistersinger von Nürnberg* (Wagner), *Peter Grimes*, *Gloriana* (beide Britten). Während Georg Solti die Leitung des Hauses innehat, werden ihm nur Korrepetitor-Aufgaben anvertraut, doch seine triumpha-

len Erfolge mit den *Meistersingern von Nürnberg* (1968), dem *Ring des Nibelungen* am Sadler's Wells Theatre und dem *Parsifal* am Covent Garden bestätigen seinen Ruf als herausragender Wagner-Dirigent.

Goodman, Benny (= Benjamin David Goodman)
Amerikanischer Klarinettist, geb. 30. 5. 1909 Chicago, gest. 13. 6. 1988 New York.
Benny Goodman, der keine Ausbildung im klassischen Sinn genießt, widmet sein ganzes Talent dem Jazz. Er wäre in dieses Lexikon nicht aufgenommen worden, wären nicht einige Komponisten aufgrund der Erfolge, die er in den 40er und 50er Jahren erzielt und die sich heute aus kritischer Distanz als berechtigt erweisen, auf ihn aufmerksam geworden. Aaran Copland, Paul Hindemith und Darius Milhaud widmen ihm je ein Klarinettenkonzert, Béla Bartók schreibt für ihn seine *Contrastes* (1940) und Aram I. Chatschaturian *Jazzcomposition* (1966). 1963 verwirklicht er die Uraufführung der *Sonate für Klarinette und Klavier* von Francis Poulenc. Unter der Leitung von Charles Münch nimmt er Wolfgang Amadeus Mozarts *Konzert für Klarinette und Orchester* auf. Die Schallplatte bestätigt, daß Benny Goodman rein technisch gesehen auch klassische Musik hätte spielen können, auch wenn er sicher auf dem Gebiet des Jazz Wichtigeres leistete.

Goossens, Sir Eugene
Amerikanischer Dirigent und Komponist englischer Herkunft, geb. 26. 5. 1893 London, gest. 13. 6. 1962 Hillingdon.
Er studiert am Konservatorium von Brügge (1903), am College of Music in Liverpool (bis 1907) und am Royal College of Music in London (1907-10). 1911-15 gehört er als Geiger dem Orchester der Queen's Hall an; 1912 debütiert er als Dirigent mit einer eigenen Komposition (bei einem Konzert der Promenade Concerts). Er gehört zum Langley-Mukley-Quartet und gründet selbst das Philharmonic String Quartet. 1916-20 ist er Assistent von Sir Thomas Beecham. Anschließend dirigiert er Aufführungen der Carl Rosa Opera Company und der Ballets Russes am Covent Garden (1921-23). 1921 leitet er die erste konzertante Aufführung des *Sacre du printemps* (Frühlingsopfer, Strawinsky) in England. Im gleichen Jahr übernimmt er die Leitung der Handel Society. Der Rest seiner Karriere spielt sich hauptsächlich in den Vereinigten Staaten ab, auch wenn er jeden Sommer in England dirigiert: 1923-31 ist er Musikdirektor des philharmonischen Orchesters von Rochester und 1931-46 des Symphonie-Orchesters von Cincinnati. Anschließend geht er nach Australien und übernimmt die Leitung des Symphonie-Orchesters von Sydney (1947-56) und des dortigen Konservatoriums. Aufgrund eines Zoll-Skandals muß er zurücktreten.

Goossens, Leon
Englischer Oboist, geb. 12. 6. 1897 Liverpool, gest. 12. 2. 1988 London.
Der Bruder von Eugene Goossens studiert am Royal College of Music in London. 1913-24 ist er Solo-Oboist am Orchester der Queen's Hall und geht anschließend in der gleichen Funktion zu verschiedenen Londoner Orchestern (Covent Garden, Londoner Philharmoniker, 1932-39, Royal Philharmonic Orchestra) und ist der von Sir Thomas Beecham bevorzugte Oboist. Er unterrichtet an der Royal Academy of Music und später am Royal College of Music und formt die neue Oboisten-Generation Englands zu einer Zeit, da die Oboisten-Solisten der meisten großen Orchester Ausländer sind. In den 50er Jahren gibt er seine Orchestertätigkeit auf, um sich ausschließlich der Kammermusik zu widmen. Seine wichtigsten Partner sind George Malcolm und Yehudi Menuhin. Zahlreiche Komponisten schreiben für ihn: Benjamin Britten (*Fantasie op. 2*), Arnold Cooke (*Quartett für Oboe und Streicher*), Sir

Edward Elgar (*Soliloquy*, Selbstgespräch), Eugene Goossens (*Konzert für Oboe und Orchester*), Gordon Jacob und Ralph Vaughan Williams je ein *Konzert für Oboe und Orchester*. Leon Goossens verwirklicht 1938 die Uraufführung von Paul Hindemiths *Sonate für Oboe und Klavier*.
W: *Oboe* (London 1977).

Goritzki, Ingo
Deutscher Oboist, geb. 22. 2. 1939 Berlin.
Als Siebenjähriger erhält er Klavierunterricht und lernt schon bald zusätzlich Flöte. In Freiburg/Br. studiert er bei Gustav Scheck Flöte und Edith Picht-Axenfeld Klavier. Ab 1960 studiert er bei Helmut Winschermann in Detmold Oboe. 1962 wird er in die Studienstiftung des Deutschen Volkes aufgenommen und erhält von dieser Stiftung 1964 einen 1. Preis. Anschließend studiert er in Paris weiter, bevor er 1966 zum Solo-Oboisten des Symphonie-Orchesters von Basel ernannt wird. 1968 gewinnt er den internationalen Prager Wettbewerb. 1969–77 ist er Solo-Oboist des Symphonie-Orchesters Frankfurt. Ab 1972 unterrichtet er an der Hochschule für Musik in Hannover, wo er 1977 zum Professor ernannt wird. Ab dieser Zeit arbeitet er gleichzeitig als Pädagoge, Solist und Kammermusiker. Er verwirklicht viele Uraufführungen, darunter folgende Werke von Isang Yun: *Inventionen für zwei Oboen*, 1984, und *Duetto concertante für Oboe, Violoncello und Streicher* (mit Johannes Goritzki), 1987.

Goritzki, Johannes
Deutscher Cellist, geb. 1942 Tübingen.
Er perfektioniert sich nach seinem Studium bei André Navarra und Pablo Casals und wird schon bald von den wichtigsten internationalen Zentren (Marlboro, Gstaad u. a.) eingeladen. Zu Beginn der 70er Jahre gründet er die Deutsche Kammerakademie Neuss, ein aus sechzehn Solisten bestehendes Ensemble, das er dirigiert und mit dem er in der ganzen Welt Gastspiele gibt. 1976 wird er am Robert-Schumann-Konservatorium in Düsseldorf zum Professor ernannt. Mit dem Violinisten Saschko Gawriloff und dem Pianisten David Levine spielt er regelmäßig Trios. Er interessiert sich besonders für vom Konzertbetrieb vernachlässigte Werke; so grub er verschiedene Konzerte Luigi Boccherinis aus. Er setzt sich auch für die Musik seiner Zeit ein und kreiert unter anderem *Duetto concertante für Oboe, Violoncello und Streicher* (zusammen mit Ingo Goritzki) von Isang Yun (1987). Er spielt auf einem Cello von Francesco Goffriller aus dem Jahre 1730.

Gorog, André
Französischer Pianist, geb. 22. 10. 1938 Paris.
Seine Familie stammt aus Ungarn; er studiert am Pariser Konservatorium und erhält 1. Preise in Klavier (1959), Kammermusik (1960) und Musikästhetik (1964). 1964 gewinnt er auch den 1. Preis beim Enescu-Wettbewerb in Bukarest und beim Genfer Wettbewerb; die Türen zu einer internationalen Karriere sind ihm geöffnet. Er realisiert ständig Sendungen für France-Musique und unterrichtet an der Ecole Normale de Musique. Daneben hält er regelmäßig Interpretationskurse in Frankreich, Belgien, Kanada und den Vereinigten Staaten ab.

Gorr, Rita (= Marguerite Geimaert)
Belgische Mezzosopranistin, geb. 18. 2. 1926 Gent.
1946 gewinnt sie beim Gesangs-Wettbewerb von Verviers den 1. Preis und debütiert in Antwerpen als Fricka (*Der Ring des Nibelungen*, Wagner). 1949–52 gehört sie unter Roger Lalande und Frédéric Adam zum Ensemble der Straßburger Oper und lernt ihren Beruf von Grund auf. Mit unbedeutenden Nebenrollen beginnend, singt sie schon bald die Mercédès (*Carmen*, Bizet), Genoveva (*Pelléas et Mélisande*, Debussy), Amneris (*Aida*) und Orpheus (*Orphée*

et Euridice, Gluck, Pariser Fassung). 1952 gewinnt sie den Wettbewerb von Lausanne triumphal und wird daraufhin von der Pariser Oper eingeladen. Doch erst sieben Jahre später wird sie vom Pariser Publikum, das in die Oper gekommen war, um Renata Tebaldi als Aida zu applaudieren, als Amneris wirklich entdeckt und gefeiert. Bayreuth (1958), Mailand, London, alle Hauptstädte des Gesangs laden sie ein. Neben den bereits erwähnten Rollen glänzt sie als Prinzessin Eboli (*Don Carlos*, Verdi), Iphigenie (*Iphigénie en Tauride*, Gluck), Kundry (*Parsifal*, Wagner), Margared (*Le Roi d'Ys*, Der König von Ys, Lalo) und Dalila (*Samson et Dalila*, Saint-Saëns). Ihre Ortrud (*Lohengrin*) ist wirklich angsteinflößend. Ihre Stimme, eine natürliche Mezzosopran-Stimme, eignet sich allerdings nicht für Rollen des dramatischen Soprans wie die Medea (Cherubini). Ein amüsanter Zufall will, daß Rita Gorr in einer kleinen belgischen Stadt in der Rue de Crespin wohnt!

Gotkovsky, Nell
Französische Violinistin, geb. 26. 9. 1939 Athis-Mons.
Sie erhält von ihrem Vater, einem ehemaligen Schüler von Lucien Capet, ersten Geigen-Unterricht. Als Sechzehnjährige erhält sie am Pariser Konservatorium einen Ehrenpreis. Sie fällt David F. Oistrach auf. Isaac Stern und Yehudi Menuhin raten ihr, sich in den Vereinigten Staaten zu perfektionieren. Sie geht zu Ivan Galamian und anschließend zu Joseph Szigeti. Als Siebzehnjährige spielt sie unter Otto Klemperer das *Konzert für Violine und Orchester* von Johannes Brahms. Carlo Maria Giulini lädt sie zu Konzerten ein, Ernest Ansermet, Antal Dorati, Sir Malcom Sargent, Sir Adrian Boult, Wolfgang Sawallisch, Joseph Keilberth, Hans Schmidt-Isserlstedt und viele andere folgen. Mit ihrem Bruder Ivar spielt sie häufig Sonaten für Violine und Klavier. Sie spielt auf einer Guadagnini aus dem Jahre 1770.

Gottlieb, Peter
Französischer Baßbariton tschechoslowakischer Herkunft, geb. 18. 9. 1930 Brünn.
Seine Familie zieht, als er noch sehr klein ist, nach Rio de Janeiro; dort studiert er Gesang und debütiert in *La Bohème* (Puccini). Anschließend geht er nach Florenz, um sich bei Raoul Frazzi zu perfektionieren. Er tritt in Italien, Belgien und Südamerika auf, bevor er sich in Paris niederläßt und dort 1962 an der Uraufführung von Gilbert Bécauds Oper *L'Opéra d'Aran* (Die Oper von der Insel Aran) teilnimmt. Aufgrund seiner musikalischen wie schauspielerischen Begabung kann er sich ein überraschend breites Repertoire erarbeiten. Wolfgang Amadeus Mozart (Graf Almaviva, *Le nozze di Figaro*, Figaros Hochzeit; Don Giovanni; Don Alfonso, *Così fan tutte*; Papageno, *Die Zauberflöte*) und Giacomo Puccini (Scarpia, *Tosca*; Sharpless, *Madame Butterfly*; Gianni Schichi) stehen zunächst im Vordergrund. In Genf erzielt er in *Eugen Onegin* (Tschaikowskij) einen großen Erfolg. Auch Richard Strauss (Orest, *Elektra*; der Barbier, *Die schweigsame Frau*; der Graf, *Capriccio*) und Giuseppe Verdi (Jago, *Otello*; Don Carlo di Vargas, *La forza del destino*, Die Macht des Schicksals) spielen eine immer wichtigere Rolle. Dabei dürfen wir seinen außergewöhnlichen Einsatz für die zeitgenössische Musik nicht vergessen. Er nimmt an folgenden Uraufführungen teil: *Egmont* (Meulemans, 1960), *Sud* (Süden, Coe, 1965), *Ondine* (Undine, Sancan, 1966), *Pastoralsymphonie* (Landré, 1968), *Madame de ...* (Damase, 1970), *Les Liaisons dangereuses* (Gefährliche Liebschaften, Prey, 1974), *Les Traverses du temps* (Die Mängel der Zeit, Prodromidès, 1979), *La Passsion de Gilles* (Boësmans, 1983) und *H. H. Ulysse* (Prodromidès, 1984); er nimmt an den französischen Erstaufführungen von *Le Grand Macabre* (Ligeti) und *Lear* (A. Reimann) teil. Seit 1982 ist er Professor am Konservatorium von Paris.

Gottwald, Clytus
Deutscher Chorleiter und Komponist, geb. 20. 11. 1925 Bad Salzbrunn (Schlesien).
Von Kurt Thomas und Gerhard Hüsch läßt er seine Stimme ausbilden; gleichzeitig studiert er an den Universitäten Tübingen und Frankfurt/M. Musikwissenschaften, Soziologie und Theologie. Er ist zuerst Assistent von Marcel Couraud, bevor er in Stuttgart die Schola Cantorum gründet; das Repertoire dieses Chores reicht vom 15. Jahrhundert bis zur zeitgenössischen Musik. Wir verdanken ihm eine bedeutende Zahl von Aufträgen und Aufführungen (von Werken von Dieter Schnebel, György Ligeti, Pierre Boulez, Karlheinz Stockhausen und Krzysztof Penderecki). 1967 wird er zum Leiter der Abteilung Neue Musik des Süddeutschen Rundfunks ernannt. 1972 wird er auf Wunsch von Pierre Boulez Mitglied der Gruppe, die das IRCAM vorbereitet. Wir verdanken Gottwald eine bedeutende Anzahl musikwissenschaftlicher Veröffentlichungen.

Gould, Glenn Herbert
Kanadischer Pianist, geb. 25. 9. 1932 Toronto, gest. 3. 10. 1982 daselbst.
Als Dreijähriger erhält er von seiner Mutter ersten Klavier-Unterricht. 1943–53 studiert er am Konservatorium von Toronto bei Alberto Huerrero Klavier. Er beschäftigt sich auch mit Orgel und nimmt als Vierzehnjähriger an einem internationalen Orgelwettbewerb teil. 1946 tritt er auch zum ersten Mal öffentlich auf: er spielt mit dem Symphonie-Orchester von Toronto das *Konzert für Klavier und Orchester Nr. 4* von Ludwig van Beethoven. 1955 schließt er in New York mit der Schallplattenfirma Columbia Records einen Vertrag. Er wird als erster amerikanischer Pianist von der sowjetischen Regierung eingeladen und feiert 1957 mit den *Goldberg-Variationen* (Bach) in Moskau und Leningrad einen einmaligen Triumph. Als Zweiunddreißigjähriger beschließt er, nicht mehr öffentlich aufzutreten und nur noch Schallplatten aufzunehmen. Sein Repertoire reicht von Johann Sebastian Bach bis zu Arnold Schönberg. Seine Interpretationen sind immer eigenständig und überraschend und beruhen auf einer sehr persönlichen Technik: im Vergleich zu anderen Pianisten sitzt er am Klavier sehr viel tiefer.
WW: *Von Bach bis Boulez* (Schriften zur Musik Bd. 1, München 1986); *Vom Konzertsaal zum Tonstudio* (Schriften zur Musik Bd. 2, München 1987); *Telefongespräche* (mit Jonathan Cott, Berlin 1987).

Gousseau, Lélia
Französische Pianistin, geb. 11. 2. 1909 Paris.
Sie stammt aus einer Musiker-Familie: ihr Vater ist Organist und Chorleiter und ihre Mutter, die ihr ersten Unterricht erteilt, bevor sie ins Pariser Konservatorium eintritt, Pianistin. Sie erhält 1. Preise in Klavier (Klasse von Lazare-Lévy, 1925) und Geschichte der Musik (Klasse von Maurice Emmanuel, 1926). 1928 gewinnt sie den Claire-Pagès-Wettbewerb, 1937 den Internationalen Wettbewerb von Warschau und 1939 den Albert-Roussel-Wettbewerb in Paris. Sie gibt auf internationaler Ebene Klavierabende und spielt unter der Leitung der wichtigsten Dirigenten. 1961–78 ist sie Professorin am Pariser Konservatorium und wechselt dann an die Ecole Normale de Musique.

Goverts, Hans
Holländischer Cembalist, geb. 8. 12. 1921 Den Haag.
Er studiert am Konservatorium seiner Heimatstadt Klavier und schließt 1953 mit verschiedenen Preisen ab. Um sich zu perfektionieren, geht er zu Marguerite Long ans Pariser Konservatorium. Er interessiert sich in immer stärkerem Maß für die Musik des 17. und 18. Jahrhunderts und für das Cembalo, das er, wieder zurück in Den Haag, bei Janny van Wering studiert. 1962 bereits gilt er in seiner Heimat als einer der

wichtigsten Spezialisten dieses Instruments. Trotzdem perfektioniert er sich noch bei Robert Veyron-Lacroix in Paris und Eduard Müller in Basel. Seit 1967 unterrichtet er an der Schola Cantorum in Basel.

Gracis, Ettore
Italienischer Dirigent, geb. 24. 9. 1915 La Spezia, gest. 12. 4. 1992 Treviso.
Er studiert am Konservatorium von Venedig bei Gian Francesco Malipiero Komposition und geht dann zum Studium der Violine an das Konservatorium von Parma und an die Accademia Musicale Chigiana in Siena (1941–42) zu Antonio Guarnieri (Orchesterleitung). 1942–48 leitet er das Instrumentalensemble Benedetto Marcello und 1948–50 das Orchester des Maggio Musicale Fiorentino. 1950–59 ist er Chef der Pomeriggi Musicali in Mailand, bevor er zum Direktor der Oper in Venedig ernannt wird (bis 1971). Er unterrichtet am Konservatorium der Lagunenstadt. Während der Biennale dirigiert er regelmäßig zeitgenössische Werke (u. a. von Malipiero, Sinopoli, Halffter, Zafred, G. Turchi, A. del Monaco).

Graf, Hans
Österreichischer Dirigent, geb. 15. 2. 1949 Linz.
Der Sohn eines Violin-Professors am Bruckner-Konservatorium beginnt seine musikalische Ausbildung zuerst bei seinem Vater und geht dann an die Musikakademie in Graz (Klavier und Orchesterleitung, bis 1971), bevor er sich an der Accademia Musicale Chigiana in Siena, in Hilversum bei Franco Ferrara und in Bologna bei Sergiu Celibidache perfektioniert. 1972 arbeitet er mit Arvid Jansons in Leningrad zusammen. 1975 wird zum Musikdirektor des Symphonie-Orchesters von Teheran ernannt. 1979 gewinnt er den Karl-Böhm-Wettbewerb in Salzburg; im gleichen Jahr noch debütiert er bei den Wiener Festspielen. Die Wiener (1981) und die Pariser (1984) Oper laden ihn ein. Seit 1984 ist er Musikdirektor des Mozarteum-Orchesters und des Landestheaters in Salzburg.

Graf, Peter-Lukas
Schweizer Flötist, geb. 5. 1. 1929 Zürich.
Er beginnt sehr früh mit dem Flöten-Unterricht und gibt als Dreizehnjähriger, als er noch auf das Zürcher Gymnasium geht, sein erstes Konzert. Anschließend geht er zu Alfred Jaunet und studiert gleichzeitig Orchesterleitung. Nach dem Abitur geht er an das Pariser Konservatorium zu Marcel Moyse und Roger Cortet. 1949 erhält er einen 1. Preis in Flöte und 1950 in der Klasse von Eugène Bigot das Diplom in Orchesterleitung. Als Einundzwanzigjähriger wird er Nachfolger von Aurèle Nicolet als Solo-Flötist am Orchester von Winterthur (1950–56). Gleichzeitig unterrichtet er am dortigen Konservatorium Flöte. 1951 wird er außerdem als jüngster Solist Mitglied des Orchesters, das alljährlich für die Luzerner Festspiele zusammengestellt wird. Er spielt unter Wilhelm Furtwängler, Otto Klemperer, Clemens Krauss und Joseph Keilberth. Mit Edwin Fischer und Günther Ramin unternimmt er in den 50er Jahren eine Reihe von Tourneen durch Europa. 1953 gewinnt er den Münchner Rundfunk-Wettbewerb und in London den Bablock-Preis des H. Cohen International Music Award. Da er seine Karriere als Dirigent und Solist nicht vernachlässigen will, lehnt er mehrere Orchesterangebote ab. 1961–67 ist er Opernkapellmeister in Luzern. In letzter Zeit tritt er immer häufiger mit dem English Chamber Orchestra, der Academy of St. Martin-in-the-Fields und den Festival Strings Lucerne auf. Er unterrichtet an der Basler Musikakademie.

Graffman, Gary
Amerikanischer Pianist, geb. 14. 10. 1928 New York.
Der Sohn des Violinisten Wladimir Graffman, Schüler von Leopold Auer in Sankt Petersburg, beginnt als Sieben-

jähriger bei Isabelle Vengerova am Curtis Institute in Philadelphia mit dem Musikstudium und legt 1946 sein Diplom ab. Er debütiert unter der Leitung von Eugene Ormandy, bevor er sich bei Vladimir Horowitz und Rudolf Serkin perfektioniert. 1950 erhält er den Leventritt Award und beginnt mit seiner Konzerttätigkeit, die ihn um die ganze Welt führt. Aufgrund einer Krankheit kann er die rechte Hand immer schlechter gebrauchen. Den Ärzten gelingt es, die unheilvolle Entwicklung einzudämmen. Trotzdem muß er in dem Moment, in dem er sich als einer der wichtigsten amerikanischen Pianisten seiner Generation beweist, seine Karriere aufgeben. Er widmet sich pädagogischen Aufgaben und wird 1980 Professor sowie 1986 künstlerischer Direktor des Curtis Institute in Philadelphia.
W: *I Really Should be Practising* (New York 1981).

Grandjany, Marcel Georges Lucien
Amerikanischer Harfenist französischer Herkunft, geb. 3. 9. 1891 Paris, gest. 24. 2. 1975 New York.
Er studiert bei Henriette Renié am Konservatorium von Paris und erhält 1905 einen 1. Preis. Er wird Harfenist des Orchesters der Concerts Lamoureux und gibt als Siebzehnjähriger sein Debüt als Solist in der Salle Erard. Gleichzeitig ist er Organist der Kirche Sacré-Cœur am Montmartre. Nach dem Ersten Weltkrieg beginnt er eine weltweite, ausschließlich der Harfe gewidmete Karriere. 1921–35 unterrichtet er am amerikanischen Konservatorium von Fontainebleau. 1936 läßt er sich in New York nieder. Ab 1938 unterrichtet er bis zu seinem Tod an der Juilliard School of Music in New York; zwanzig Jahre lang unterrichtet er gleichzeitig am Konservatorium von Montreal, 1956–65 ebenfalls an der Manhattan School of Music. Zu pädagogischen Zwecken komponiert er eine Reihe von Harfen-Werken. Er ist Mitbegründer der International Association of Harpists and Friends of the Harpe und Gründer von deren amerikanischer Sektion.

Graubin, Eva
Lettische Violinistin, geb. 24. 5. 1947 Riga.
Die Tochter des renommierten lettischen Komponisten Jēkabs Graubinš wird zuerst von ihrem Vater unterrichtet, bevor sie zu Voldemar Sturesteps geht, dem Lehrer Gidon Kremers. Anschließend perfektioniert sie sich in Moskau an der Zentralschule für Musik und am dortigen Konservatorium bei Felix Andriewski und Jurij Jankelewitsch und schließt in London bei Szymon Goldberg ihr Studium ab. 1968 heiratet sie den chilenischen Diplomaten Roberto Bravo und erhält die Erlaubnis, ihren ständigen Wohnsitz außerhalb der UdSSR zu nehmen. Sie gewinnt die Wettbewerbe von Orense und Santiago de Compostela (1972) und beginnt eine brillante Karriere, die 1976 durch einen Verkehrsunfall in New York jäh unterbrochen wird. Nach dreijähriger Unterbrechung arbeitet sie in Barcelona als Pädagogin und nimmt auch ihre Tourneetätigkeit wieder auf. Ihre beiden Schwestern Hilse und Daina sind in der Sowjetunion bekannte Pianistinnen.

Greef, Arthur de
siehe **De Greef, Arthur**

Greindl, Josef
Deutscher Bassist, geb. 23. 12. 1912 München.
Er studiert an der Münchner Musikakademie in den Klassen von Paul Bender und Anna Bahr-Mildenburg und debütiert 1936 am Stadttheater Krefeld als Hunding (*Die Walküre*, Wagner). 1938–42 gehört er zum Ensemble der Düsseldorfer Oper, bis ihn Heinz Tietjen an die Berliner Staatsoper holt, der er bis 1948 angehört. 1943 singt er zum ersten Mal in Bayreuth (Pogner in *Die Meistersinger von Nürnberg*, Wagner). Ab 1948 gehört er zum Ensemble der Städtischen Oper Westberlin. 1949–52

singt er bei den Salzburger Festspielen. 1952 kehrt er nach Bayreuth zurück und singt dort bis 1969 jeden Sommer. Er nimmt auch an den Festspielen von Salzburg und Edinburgh teil. Paris, London, Mailand und Buenos Aires feiern ihn. 1952 debütiert er an der Met; sein Ruf als einer der besten Wagner-Interpreten seiner Generation bestätigt sich. Vor allem als Daland (*Der fliegende Holländer*) und Hagen (*Götterdämmerung*) leistet er Außergewöhnliches. 1956 wird er in Berlin zum Kammersänger ernannt. Im gleichen Jahr wird er Mitglied der Wiener Oper. Seit 1961 unterrichtet er an der Musikhochschule von Saarbrücken; 1973 wechselt er an die Wiener Akademie.

Er ist in den tragischen Rollen genauso zu Hause wie in den komischen und wird auch als Oratorien- und Liedsänger bekannt. 1973 nimmt er an der Uraufführung von Carl Orffs *De temporum finae comoedia* teil.

Grémy-Chauliac, Huguette
Französische Cembalistin, geb. 8. 7. 1928 Paris.
Sie studiert 1947–49 an der Ecole du Louvre römische Archäologie, bevor sie sich ausschließlich der Musik widmet und bei Blanche Bascourret de Gueraldi, Germaine Willaume, Joseph Morpain, Lucette Descaves und Yves Nat Klavier sowie bei Paule Lantier und Jean Gallon Harmonielehre studiert. Anschließend geht sie zum Studium des Cembalos zu Robert Veyron-Lacroix. Seit 1961 ist sie Cembalistin des Orchesters Antiqua Musica in Paris; 1961–63 auch beim Orchester Paul Kuentz. 1966 gibt sie ihren ersten Cembalo-Abend. Mit Robert Casier, Maxence Larrieu oder Denise Mégevand tritt sie in wechselnden Duo-Formationen auf.

1963 wird sie am Konservatorium von Nizza zur Professorin für Cembalo, Generalbaß und Harmonielehre ernannt. Zwischenzeitlich unterrichtet sie auch am amerikanischen Konservatorium in Fontainebleau. Sie beschäftigt sich intensiv mit dem Werk von Dietrich Buxtehude, Louis Marchand, Louis-Nicolas Clérambault, Johann Pachelbel und Georg Friedrich Händel. Doch auch für die zeitgenössische Musik setzt sie sich ein. Sie kreiert das *Konzert für Cembalo und Orchester* von Jacques Charpentier (1972) und die *Suite dans le goût ancien* (Suite im alten Geschmack) von Georges Delerue. Sie besitzt die Replik eines von Pascal Taskin 1770 gebauten Cembalos.

Gressier, Jules
Französischer Dirigent, geb. 24. 6. 1897 Roubaix, gest. 27. 6. 1960 Aix-les-Bains.
Er studiert am Konservatorium seiner Heimatstadt. In Lille lernt er Julien Dupuis kennen, der ihn die ganze Opernliteratur durcharbeiten läßt, die den jungen Mann seit jeher interessiert, und ihm erste Dirigieraufträge erteilt. Nach Lille dirigiert er in Toulouse. Henri Büsser wird auf ihn aufmerksam und holt ihn nach Aix-les-Bains, wo er Reynaldo Hahn kennenlernt, der ihn als seinen Assistenten nach Cannes holt. Er bleibt dort mehrere Jahre und geht dann nach Paris, wo er während der Spielzeit 1930-31 auch Operetten dirigiert. 1947-51 leitet er die Opéra-Comique. Gleichzeitig dirigiert er für den französischen Rundfunk, für den er fünfzehn Jahre lang Sendungen produziert.

Grey, Madeleine
Französische Mezzosopranistin, geb. 11. 6. 1896 Villaines-le-Juhel (Mayenne).
Sie studiert am Konservatorium von Paris bei Alfred Cortot Klavier und bei Amédée-Louis Hettich Gesang, debütiert mit den Concerts Pasdeloup und fällt Gabriel Fauré und Maurice Ravel auf. Von Fauré kreiert sie den Liederzyklus *Mirages* (Trugbilder, 1919) und von Ravel zwei der *Chansons hébraïques* (Hebräische Lieder, 1922) sowie die *Chansons madécasses* (Madagassische Lieder), die sie 1932, vom Komponisten begleitet, auf Schallplatte auf-

nimmt. 1926 kreiert sie die *Chants d'Auvergne* (Lieder aus der Auvergne) von Marie-Joseph Canteloube in Okzitanisch, außerdem Lieder von Darius Milhaud, Louis Aubert und Henri Tomasi. Während einer Spanien-Tournee mit Ravel lernt sie Manuel de Falla kennen, dessen Werke sie anschließend ebenfalls in ihr Repertoire aufnimmt. Sie wird zur Botschafterin des französischen Liedes, das sie auf den Festspielen von Venedig (1930), Siena (1932) und Florenz (1934) vertritt. Aufgrund ihrer unvergleichlichen Diktion und ihrer Sprachbegabung fühlt sie sich in den Liedern von Ottorino Respighi und Gian Francesco Malipiero genauso zu Hause wie in denen von Heitor Villa-Lobos, Arthur Honegger oder Darius Milhaud. 1939–47 verbringt sie im Exil. Bis 1952 setzt sie ihre Karriere hauptsächlich im Mittleren Osten und in Südamerika fort.

Gridenko, Tatjana
Ukrainische Violinistin, geb. 29. 3. 1946 Charkow.
Sie studiert am Konservatorium von Leningrad und geht dann zu Jurij Jankelewitsch nach Moskau. 1964 gewinnt sie beim Wieniawski-Wettbewerb in Poznań (Posen) den 1. Preis und beginnt eine Solisten-Karriere. Zusammen mit Gidon Kremer, dessen erste Frau sie ist, zeichnet sie für die Uraufführung von Alfred Schnittkes *Konzert für zwei Violinen und Orchester* und Arvo Pärts *Tabula rasa* (beide 1977) verantwortlich. Sie widmet einen bedeutenden Teil ihres Repertoires der zeitgenössischen Musik und spielt in leitender Position in verschiedenen Kammermusikensembles.

Grimbert, Jacques
Französischer Chorleiter, geb. 10. 5. 1929 Colombes.
Er studiert am Konservatorium von Paris bei Darius Milhaud und Olivier Messiaen und läßt sich dann bei Louis Fourestier, Manuel Rosenthal, Edouard Lindenberg und Pierre Boulez zum Dirigenten ausbilden. Bei Alfred Deller spezialisiert er sich auf Chorleitung. 1954 übernimmt er die Leitung des Chores La Faluche, der dem Institut Catholique de Paris angeschlossen ist. 1960 gründet er seine eigene Gruppe, das Ensemble Vocal Jacques Grimbert, aus dem 1967 der Chœur National entsteht. 1972 ruft er das der alten Musik gewidmete Instrumentalensemble Ars Europea ins Leben. Zwei Jahre später lösen Chor und Orchester der Universität Paris-Sorbonne La Faluche ab. 1977 wird Jacques Grimbert zum Musikdirektor der Sorbonne ernannt. Als Musikwissenschaftler trägt er zur Veröffentlichung und Aufführung von unbekannten Werken Pier Francesco Cavallis, Marc-Antoine Charpentiers, Andrea Gabrielis, Carlo Gesualdos und Claudio Monteverdis bei. Seine *Messe Novale*, die für eine Eurovisions-Sendung entsteht, wird mit dem Preis der William Copland Foundation ausgezeichnet.

Grist, Reri
Amerikanische Sopranistin, geb. 1932 New York.
Als Kind singt sie bereits auf den Bühnen am Broadway. Nach ihrem Gesangsstudium wirkt sie noch an einigen Musicals mit. 1957 singt sie bei der Uraufführung von Leonard Bernsteins *West Side Story* die Consuela. Unter der Leitung des Komponisten feiert sie kurz darauf als Solo-Sopranistin in Gustav Mahlers *Symphonie Nr. 4* ihren ersten großen Triumph. Die Oper von Santa Fe lädt sie zu einer Tournee ein, bei der sie die Adele (*Die Fledermaus*, Johann Strauß) und die Blonde (*Die Entführung aus dem Serail*, Mozart) singt. Nach diesen Erfolgen wird die schwarze Sängerin von der Kölner Oper engagiert, wo sie als Königin der Nacht (*Zauberflöte*, Mozart) debütiert. In Zürich singt sie 1961 die Zerbinetta (*Ariadne auf Naxos*, R. Strauss) und erhält daraufhin einen Dreijahresvertrag. Covent Garden, die Scala, München, San Francisco und Glyndebourne laden

sie ein. 1963 debütiert sie an der Wiener Oper als Zerbinetta; ab 1964 gehört sie zum Ensemble dieses Hauses. Ein Jahr später debütiert sie bei den Salzburger Festspielen als Blonde, Zerbinetta und Susanna (*Le nozze di Figaro*, Figaros Hochzeit, Mozart) und 1966 als Rosina (*Il barbiere di Siviglia*, Der Barbier von Sevilla, Rossini) an der Met. Seit 1970 gehört sie zum Ensemble der Münchner Oper. Sie ist mit dem Musikwissenschaftler Ulf Thompson verheiratet.

Grobe, Donald
Amerikanischer Tenor, geb. 16. 12. 1929 Ottawa (Ill.), gest. 1. 4. 1986 Berlin.
Er studiert an der Mannes School in New York und geht dann zu Martial Singher und Robert Weede. Er debütiert 1952 in Chicago in *Rigoletto* (Verdi), singt 1953-56 in New York Operetten und geht dann nach Europa, wo sich der bedeutendste Teil seiner Karriere abspielt: Krefeld/Mönchengladbach, Hannover (1957-60), Deutsche Oper Berlin (1960-86). Er gastiert regelmäßig an der Münchner (Debüt 1961 als Ottavio, *Don Giovanni*, Mozart) und der Hamburger (ab 1968) Oper. 1968 singt er zum ersten Mal an der Met. Salzburg, Covent Garden und Wien laden ihn ein. 1971 wird er vom Berliner Senat zum Kammersänger ernannt. Zehn Jahre später übernimmt er eine Professur an der Musikhochschule in Berlin. Er wirkt an wichtigen Uraufführungen mit: *Der Junge Lord* (Henze, 1965), *Elisabeth Tudor* (Fortner, 1972) und *Gespenstersonate* (Reimann, 1984).

Gronostay, Uwe
Deutscher Chorleiter, 25. 10. 1939 Hildesheim.
Er studiert in Hannover und Bremen, bevor er 1961 an die Accademia Musicale Chigiana in Siena geht. 1963 wird er in Bremen zum Kantor und Organisten ernannt. 1966 gründet er den Norddeutschen Figuralchor. 1972 löst er Günther Arndt an der Spitze des RIAS-Kammerchores in Berlin ab (bis 1987). 1982 übernimmt er gleichzeitig die Leitung des Philharmonischen Chors in Berlin. 1986 wird er als Nachfolger Helmuth Rillings in Frankfurt/M. zum Professor für Chorleitung ernannt. Zwei Jahre später übernimmt er die künstlerische Leitung des Niederländischen Kammerchores. Er verwirklicht die Uraufführungen von Werken von Aribert Reimann, Mauricio Kagel, Milko Kelemen, Krzysztof Penderecki, Carl Orff und anderen.

Groot, Cor de
siehe De Groot, Cor

Grossmann, Ferdinand
Österreichischer Chorleiter, Dirigent und Komponist, geb. 4. 7. 1887 Tulln (Niederösterreich), gest. 5. 12. 1970 Wien.
Er studiert am Bruckner-Konservatorium in Linz bei August Göllerich und geht dann zu Felix von Weingartner nach Wien, um Orchesterleitung zu studieren. 1923 gründet er das Wiener Volkskonservatorium, das 1938 in das Konservatorium der Stadt Wien übergeht. Er ist Chorleiter der Wiener Singakademie und des Wiener Männergesangvereins. 1930 wird er zum Chordirektor der Wiener Oper ernannt. 1933 wird er geschäftsführender Kapellmeister der Hofmusikkapelle und Professor für Gesang an der Musikakademie (bis 1957). 1939-45 leitet er die Wiener Sängerknaben. 1946 gründet er den Wiener Akademie-Kammerchor, mit dem er Tourneen um die ganze Welt unternimmt. 1956-66 übernimmt er zum zweiten Mal die Direktion der Wiener Sängerknaben. 1967 gründet er deren Institut. Als Komponist hinterläßt er eine *Deutsche Messe* (1952) und Kammermusik.

Groves, Sir Charles
Englischer Dirigent, geb. 10. 3. 1915 London.
Er ist Chorknabe an der St. Paul's Ca-

thedral und erhält schon früh Klavier- und Orgel-Unterricht. Als erste wichtige Aufgabe bereitet er die Chöre für eine Aufführung des *Deutschen Requiems* von Johannes Brahms unter Arturo Toscanini vor. 1938–42 ist er Chorleiter bei der BBC, bevor er stellvertretender Dirigent am BBC Theatre Orchestra wird (1942–44). 1944–51 leitet er das BBC Northern Orchestra und übernimmt dann das Symphonie-Orchester von Bournemouth (bis 1961). Er wird Musikdirektor der Walisischen Nationaloper (bis 1963) und des Royal Liverpool Philharmonic Orchestra (1963–77); ab 1967 ist er gleichzeitig stellvertretender Leiter des Royal Philharmonic Orchestra. 1977 wird er als Nachfolger von Sir Charles Mackerras Musikdirektor des Sadler's Wells Theatre.

Gruberova, Edita
Tschechoslowakische Koloratursopranistin, geb. 23. 12. 1946 Bratislava (Preßburg).
Sie studiert am Konservatorium ihrer Heimatstadt bei Marka Medvecká und Ruthilde Boesch und debütiert 1968 an der dortigen Nationaloper als Rosina in *Il barbiere di Siviglia* (Der Barbier von Sevilla, Rossini). 1970 wird sie von der Wiener Oper eingeladen; sie singt dort die Königin der Nacht (*Die Zauberflöte*, Mozart). Nach triumphalen Erfolgen in *Lucia di Lammermoor* (Donizetti) und *Ariadne auf Naxos* (R. Strauss) wird sie in den siebziger Jahren zur absoluten Primadonna dieses Hauses. Sie gibt Gastspiele an der Scala und der Met, bei den Festspielen von Bregenz, Glyndebourne und München sowie in London. Seit 1974 tritt sie auch bei den Salzburger Festspielen auf (Königin der Nacht, Zerbinetta, *Ariadne auf Naxos* und Konstanze, *Die Entführung aus dem Serail*, Mozart). Zu ihrem Repertoire gehören Oscar (*Un ballo in maschera*, Ein Maskenball, Verdi), Olympia (*Les Contes d'Hoffmann*, Hoffmanns Erzählungen, Offenbach), Aminta (*Die schweigsame Frau*), Fiaker-Milli (*Arabella*), eine italienische Sängerin (*Capriccio*, alle R. Strauss), Giunia (*Lucio Silla*, Mozart) und Marzelline (*Fidelio*, Beethoven). 1989 nimmt sie während der Zweihundertjahrfeier der Französischen Revolution in Versailles an einer Aufführung der *Traviata* (Verdi) teil.

Grüber, Arthur
Deutscher Dirigent, geb. 21. 8. 1910 Essen, gest. 5. 10. 1990.
Er beginnt in Schweden als Vierzehnjähriger eine Karriere als Pianist und geht erst dann an die Folkwang-Hochschule Essen zu Ludwig Weber und an die Hochschule für Musik in Köln zu Walter Braunfels und Hermann Abendroth (1930–32). 1932 wird er als Korrepetitor an die Frankfurter Oper berufen und steigt dort 1934 zum Kapellmeister auf (bis 1948); er dirigiert unter anderem den *Ring des Nibelungen* (Wagner, 1934). 1938 wird er zum Musikdirektor in Wuppertal, 1939 zum 1. Kapellmeister am Deutschen Opernhaus in Berlin und 1944 zum Generalmusikdirektor in Halle ernannt. Im gleichen Jahr noch wird er eingezogen und gerät in Gefangenschaft. 1947 kann er als 1. musikalischer Oberleiter der Hamburger Staatsoper seine Karriere fortsetzen. 1951–55 ist er 1. Kapellmeister an der Komischen Oper in Berlin und wird dann Generalmusikdirektor in Braunschweig (1955–62). 1962–76 ist er Generalmusikdirektor in Karlsruhe, wo er ab 1963 auch an der Musikhochschule unterrichtet. Seit seinem Ausscheiden arbeitet er als Gastdirigent.

Grümmer, Elisabeth
Deutsche Sopranistin, geb. 31. 3. 1911 Niederjetz (Lothringen, heute Yutz-Base, Departement Moselle), gest. 6. 11. 1986 Warendorf.
Sie verbringt ihre Jugend in Meiningen und geht auf die dortige Schauspielschule. Als Sängerin wird sie erst relativ spät von Herbert von Karajan entdeckt. Sie debütiert 1941 am Stadttheater Aachen. Ein Jahr später geht sie nach

Duisburg. Ihr Mann, der Geiger Detlev Grümmer, kommt 1944 bei einem Bombenangriff ums Leben; sie selbst arbeitet während des Rests der Kriegszeit bei der Post. 1946 wird sie von der Berliner Oper engagiert, der sie bis zum Ende ihrer aktiven Laufbahn verbunden bleibt. Schnell wird sie international berühmt: Die Scala und die römische Oper laden sie ein, das Theâtre de la Monnaie in Brüssel, der Covent Garden in London, die Opern von Wien, München, Hamburg und Paris sowie das Teatro Colón in Buenos Aires. Bei den Bayreuther Festspielen singt sie 1958 die Eva (*Die Meistersinger von Nürnberg*, Wagner). Sie nimmt auch an den Festspielen von Salzburg und Glyndebourne teil, wo sie sich vor allem als Mozart-Sängerin betätigt. Auch als Lied- und Oratoriensängerin wird sie gefeiert (so für die Sopran-Partie der *Matthäus-Passion* von Johann Sebastian Bach). Ab 1965 unterrichtet sie an der Berliner Musikhochschule. Sie lehrt auch in Hamburg und auf Einladung von Bernard Lefort an der Ecole de chant der Pariser Oper.

Grümmer, Paul
Deutscher Cellist, geb. 26. 2. 1879 Gera, gest. 30. 10. 1965 Zug (Schweiz).
Der Sohn des Violinisten und Konzertmeisters in Gera, Detlef Grümmer, studiert in Leipzig bei Julius Klengel sowie in Frankfurt bei Hugo Becker und wird 1899 vom Orchester des Covent Garden als Cellist engagiert. Neben der Orchestertätigkeit interessiert er sich für Kammermusik und spielt mit dem Quartett von Jan Kubelík sowie dem Busch-Quartett (1913–30). 1905 wird er von den Wiener Philharmonikern und der Wiener Oper zum Solo-Cellisten ernannt. 1907–13 ist er Professor an der Wiener Musikakademie, 1926–33 an der Musikhochschule Köln, 1933–40 an der von Berlin und 1940–46 wieder an der Musikakademie Wien. Anschließend zieht er sich in die Schweiz zurück und gibt in Zürich Interpretationskurse. Er beschäftigt sich auch mit der Viola da gamba und trägt zur Renaissance dieses Instrumentes bei. Grümmer verfaßt zahlreiche pädagogische Werke. Er spielte auf einem Stradivari, dem *Stanlein* (1707), das sich früher im Besitz von Vincenzo Merighi, Niccolò Paganini und Jean-Baptiste Vuillaume befand.
W: *Begegnung. Aus dem Leben eines Violoncellisten* (München 1963).

Grünenwald, Jean-Jacques
Französischer Organist und Komponist, geb. 2. 2. 1911 Annecy, gest. 19. 12. 1982 Paris.
Grünenwald studiert Architektur (mit Diplom) und Musik, letztere am Konservatorium von Paris, wo er 1. Preise in Orgel und Komposition erhält. 1939 bekommt er einen 2. Großen Rompreis (für Komposition). 1956 wird er zum Organisten an der Pariser Kirche Saint-Pierre-de-Montrouge ernannt und wechselt nach dem Tod von Maurice Dupré als dessen Nachfolger an die Orgel von Saint-Sulpice (1971). Er wird vor allem für seine Improvisationen bekannt. Jean-Jacques Grünenwald unterrichtet Orgel und Orgelimprovisation am Konservatorium von Genf. Als Komponist arbeitet er in der Hauptsache für sein Instrument.

Grumiaux, Arthur
Belgischer Violinist, geb. 21. 3. 1921 Villers-Perwin, gest. 16. 10. 1986 Brüssel.
Er stammt aus einer musikbegeisterten Familie und zeigt schon früh erstaunliches Talent. Sein Großvater führt ihn in die Musik ein und kauft ihm die erste Geige. Noch nicht einmal sechs Jahre alt, spielt er zum ersten Mal in der Öffentlichkeit. Seine Eltern weigern sich, ihn zum Wunderkind zu machen, und legen Wert auf eine fundierte Ausbildung. So lernt er nicht nur Geige, sondern auch Klavier und legt am Konservatorium von Charleroi in beiden Disziplinen Diplomprüfungen ab. Anschließend geht er zu Alfred Dubois an das Konservatorium von Brüssel, dessen

Lehrstuhl er 1949 übernimmt. Er erzielt als Vierzehnjähriger einen 1. Preis in Violine, studiert bei Jean Absil Fuge und erhält einen 1. Preis in Harmonielehre. Anschließend geht er nach Paris, um seine Ausbildung bei George Enescu abzuschließen. Er gewinnt wichtige Preise, darunter den belgischen Nationalwettbewerb und den Henri-Vieuxtemps-Wettbewerb, doch der Zweite Weltkrieg unterbricht seine vielversprechende Karriere, zumal er sich weigert, mit der deutsche Besatzungsmacht zusammenzuarbeiten. Doch sofort nach Ende des Kriegs beginnt eine internationale Karriere, die ihn rund um die Welt führt.

Der ausgezeichnete Mozart-Interpret verfügt über ein breites Repertoire, das von Johann Sebastian Bach über Maurice Ravel, Gabriel Fauré und Claude Debussy bis zu Igor Strawinsky reicht. 1950 lernt er bei den von Pablo Casals veranstalteten Festspielen in Prades Clara Haskil kennen und gründet mit ihr ein berühmt werdendes Duo. 1967 bildet er mit Georges Janzer und Eva Czako ein Trio. Arthur Grumiaux besaß eine Stradivari, die *Titan* (1727) und eine Guarneri del Gesù, die *Hemmel* (1744), auf der er regelmäßig spielte.

Guadagno, Anton
Amerikanischer Dirigent italienischer Herkunft, geb. 2. 5. 1925 Castellammare del Golfo.

Er studiert an den Konservatorien von Parma und Palermo und an der Accademia Nazionale di Santa Cecilia in Rom bei Bernardino Molinari und Franco Ferrara sowie am Mozarteum Salzburg bei Carlo Zecchi und Herbert von Karajan (1948) und debütiert als Operndirigent in Südamerika. Anschließend geht er nach Mexiko. 1958 wird er von der Met als Chefassistent engagiert, bevor er 1966 zum Musikdirektor der Philadelphia Lyric Opera ernannt wird (bis 1972). Er dirigiert gleichzeitig die Sommersaison in Cincinnati. Anschließend teilt er seine Zeit zwischen Europa, wo er ständiger Dirigent der Wiener Volksoper wird, und den Vereinigten Staaten. 1982 debütiert er als eigenständiger Dirigent an der Met. 1984 übernimmt er die Musikdirektion der Oper von Palm Beach.

Gualda, Sylvio
Französischer Schlagzeuger, geb. 12. 4. 1939 Alger.

Er wird am Konservatorium von Paris zum Abschluß seines Studiums mit einem 1. Preis ausgezeichnet, geht als Solist zum Orchester der Concerts Lamoureux und 1968 als 1. Pauker an die Pariser Oper. Von der Musik seiner Zeit fasziniert, arbeitet er mit verschiedenen auf dieses Gebiet spezialisierten Ensembles: Domaine musical (Leitung Pierre Boulez), Musique vivante (Leitung Diego Masson), Ensemble instrumental (Leitung Konstantin Simonovitch) und Ars Nova (Leitung Marius Constant, der ihn 1970 bittet, während des Festivals in Royan seine *Quatorze Stations*, Vierzehn Stationen, zu kreieren). Mit Jean-Pierre Drouet und den Schwestern Katia und Marielle Labèque gründet er die Gruppe Puissance Quatre. Am 20. Februar 1977 verwirklicht er allein auf der Bühne der Pariser Oper die Uraufführung von *Psappha* von Iannis Xenakis, das ihm gewidmet ist. Viele Komponisten schreiben für ihn, so Elliott Carter (*Pièces pour timbales*, Stücke für Pauken), André Jolivet (*Heptade*) und Georges Barboteu (*Tournoi*, Turnier). 1981 kreiert er in München *Aïs* von Iannis Xenakis.

Gueden, Hilde
Österreichische Sopranistin, geb. 15. 9. 1917 Wien, gest. 17. 9. 1988 Klosterneuburg bei Wien.

Sie studiert an der Wiener Akademie Gesang, Tanz und Klavier. 1938 debütiert sie an der Züricher Oper als Cherubin (*Le nozze di Figaro*, Figaros Hochzeit, Mozart). 1942 wird sie Nachfolgerin von Adele Kern an der Münchner Oper, der sie bis 1947 angehört. Tullio Serafin lädt sie zwischenzeitlich nach

Rom und Florenz ein. Auf den Salzburger Festspielen erzielt sie 1946 mit Zerlina (*Don Giovanni*, Mozart) einen durchschlagenden Erfolg. Die Wiener Oper engagiert sie, wo sie in kürzester Zeit zu einer der beliebtesten Sängerinnen aufsteigt. Ganz Europa steht ihr offen: die Scala, die Pariser Oper, der Covent Garden, die Festspiele von Salzburg, Edinburgh und Glyndebourne laden sie genauso ein wie Venedig und der Maggio Musicale Fiorentino. 1950 debütiert sie an der Met, zu deren Truppe sie ab 1952 gehört und wo sie gleich zu Beginn als Rosalinda (*Die Fledermaus*, Johann Strauß) einen ungewöhnlichen Erfolg feiert. 1954 wird ihre Zerbinetta (*Ariadne auf Naxos*, R. Strauss) dort ebenso stürmisch gefeiert. Aus Anlaß der Einweihungsfeierlichkeiten des Großen Festspielhauses in Salzburg singt sie 1960 die Sophie (*Der Rosenkavalier*, R. Strauss). Auch im Konzertsaal ist sie sehr erfolgreich. Obwohl sie eher als lyrische Sopranistin anzusehen ist, setzt sie sich auch als außergewöhnliche Koloratursopranistin durch, fähig, die größten technischen Schwierigkeiten zu meistern. Aufgrund ihrer schauspielerischen Begabung ist sie auch auf dem Gebiet der Operette (*Die lustige Witwe, Giuditta*, beide Lehár, *Die Fledermaus*, Johann Strauß) beeindruckend. Neben den bereits erwähnten Opern gehören folgende zu ihren wichtigsten: *The Rake's Progress* (Der Wüstling, Strawinsky), *Arabella* (R. Strauss), *L'elisir d'amore* (Der Liebestrank, Donizetti), *La Bohème* (Puccini) und *Le nozze di Figaro* (Figaros Hochzeit, Mozart).

Gülke, Peter
Deutscher Dirigent und Musikwissenschaftler, geb. 29. 4. 1934 Weimar.
Er studiert an der Musikhochschule seiner Heimatstadt (Cello und Musikwissenschaften), geht dann an die Friedrich-Schiller-Universität in Jena und die Karl-Marx-Universität in Leipzig (Musikwissenschaften, Literaturwissenschaften und Philosophie) und promoviert 1958 zum Dr. phil. 1957–59 unterrichtet er an der Universität Leipzig. 1959–60 dirigiert er an der Oper von Rudolstadt. Anschließend ist er an den Theatern von Stendal (1964–66), Potsdam (1966–69) und Stralsund (1972–76) jeweils Chefdirigent. 1976 wird er an der Dresdner Oper zum Kapellmeister ernannt; er unterrichtet an der Universität der gleichen Stadt. 1981 wird er Generalmusikdirektor von Weimar. 1983 verläßt er die DDR. Ab 1984 unterrichtet er an der Technischen Universität Berlin. 1986 wird er zum Generalmusikdirektor von Wuppertal ernannt. Er legt bedeutende musikwissenschaftliche Arbeiten vor, besonders zu unveröffentlichten Werken Ludwig van Beethovens und über symphonische Fragmente von Franz Schubert. So rekonstruiert er, von erhaltenen Fragmenten ausgehend, Franz Schuberts *Symphonie Nr. 10* (Erstaufführung im Rundfunk der DDR und beim Schubert-Kongreß in Detroit 1978).
WW: *Mönche, Bürger, Minnesänger. Musik in der Gesellschaft des europäischen Mittelalters* (Köln, 2., erw. Auflage 1980); *Bruckner, Brahms, zwei Studien* (Kassel 1989); *Schubert und seine Zeit* (Laaber 1989).

Guest, George
Englischer Dirigent und Organist, geb. 9. 2. 1924 Bangor.
Er studiert am St. John's College in Cambridge (dessen Direktor er 1951 wird), geht vier Jahre in die Bundesrepublik und kehrt dann wieder nach Cambridge zurück, um in die Orgelklasse von Robin Orr einzutreten. Er gründet den Knabenchor von Bangor und den der Kathedrale von Chester, deren stellvertretender Organist er gleichzeitig ist. Von der Gregorianik im Kloster Solesmes stark beeinflußt, macht George Guest aus dem Chor des St. John's College einen der besten Englands. 1967–70 ist er ständiger Gast des Berkshire Boys Choir (USA).

Gui, Vittorio
Italienischer Dirigent und Komponist, geb. 14. 9. 1885 Rom, gest. 17. 10. 1975 Florenz.

Er studiert am Konservatorium von Rom bei Stanislao Falchi und Giacomo Setaccioli. 1907 debütiert er im Adriano-Theater der italienischen Hauptstadt und dirigiert anschließend an allen großen Bühnen Italiens. 1923–25 ist er Assistent Arturo Toscaninis an der Scala. 1925–27 arbeitet er am Theater von Turin. 1928 gründete er in Florenz das Orchestra Stabile, das zum Kern des Maggio Musicale Fiorentino wird, dessen erster künstlerischer Direktor er ist (1933–36). 1932–34 ist er wieder an der Scala tätig. 1933 beginnt er auch, regelmäßig in Salzburg zu dirigieren. Nach dem 2. Weltkrieg arbeitet er als Gastdirigent und wirkt 1947 entscheidend an der Feier zum fünfzigsten Todestag von Johannes Brahms mit, der in Italien erst allmählich bekannt wird. Er wird häufig von Glyndebourne eingeladen. Nach dem Tod von Fritz Busch übernimmt er die musikalische Leitung des Festivals (1952–60), für das er anschließend als Berater tätig wird (1960–69). Er hinterläßt Opern, Orchesterwerke, Lieder, Kammermusik und Transkriptionen.

WW: *Nerone di A. Boito* (Mailand 1924); *Battute d'aspetto* (Florenz 1944).

Guillou, Jean
Französischer Organist und Komponist, geb. 18. 4. 1930 Angers.

Er ist erst zwölf Jahre alt, als man ihm die Orgel in der Kirche Saint-Serge in Angers anvertraut. Er erarbeitet sich zuerst das Repertoire für Klavier und Orgel allein, bevor er 1953 zu Marcel Dupré an das Pariser Konservatorium geht. Kurz darauf schon wird er als Professor nach Lissabon an das Institut Alta Cultura berufen. Anschließend verbringt er einige Jahre in Deutschland und komponiert dort. In Berlin werden seine ersten Werke uraufgeführt (1966). Gleichzeitig gibt er viele Orgelabende und spielt auch regelmäßig während Gottesdiensten. Seit 1972 hält er in Zürich Meisterklassen ab. Guillou interpretiert das klassische und romantische Repertoire, aber auch Werke der heutigen Zeit. Er zeichnet für folgende Uraufführungen verantwortlich: *Mandala* (Jolivet, 1969) und *Luminescences* (Tisné).

W: *L'Orgue, souvenir et avenir* (Paris 1978, 2., erweiterte Auflage Paris 1989).

Guilmant, Félix Alexandre
Französischer Organist und Komponist, geb. 12. 3. 1837 Boulogne-sur-Mer, gest. 29. 3. 1911 Meudon.

Er stammt aus einer Familie von Orgelbauern; sein Vater Jean-Baptiste (1794–1890), Organist an der Kirche Saint-Nicolas in Boulogne, erteilt ihm ersten Unterricht. Bei Gustave Carulli erhält er Unterricht in Harmonielehre; anschließend geht er zu Jacques-Nicolas Lemmens an das Brüsseler Konservatorium, wird Chormeister an der Kirche Saint-Nicolas (Boulogne), erteilt Musikunterricht und organisiert in seiner Heimatstadt Konzerte. Bei der Einweihung der Orgel in Saint-Sulpice in Paris fällt sein Talent auf; 1871 wird er Nachfolger von Alexis Chauvet an der Kirche La Trinité in Paris. Tourneen führen ihn durch Europa und die Vereinigten Staaten. Seine Konzertabende im Trocadéro (1878–97 und 1901–06) sind berühmt. 1884 gründet er mit Charles Bordes und Vincent d'Indy die Schola Cantorum in Paris; 1896 übernimmt er am Pariser Konservatorium die Orgelklasse von Charles-Marie Widor. Er gibt die *Archives des maîtres de l'orgue* heraus, die in der Hauptsache den französischen Organisten des 16. bis 18. Jahrhunderts gewidmet sind, und die *Ecole classique de l'orgue*, die sich mit den ausländischen Organisten beschäftigt. Sein Einfluß auf die Organisten des 20. Jahrhunderts, vor allem auf deren Repertoire-Wahl, ist beachtlich.

Guiot, Andréa
Französische Sopranistin, geb. 11.1. 1928 Garons-Saint-Gilles (Gard).
1955 erhält sie am Pariser Konservatorium 1. Preise in Gesang und Oper sowie den Osiris-Preis. Sie debütiert an der Opéra-Comique in den *Contes d'Hoffmann* (Hoffmanns Erzählungen, Offenbach). Als Micaëla (*Carmen*, Bizet) erlebt sie an der Opéra-Comique einen solchen Erfolg, daß sie die Rolle auch an der Pariser Oper interpretiert, als diese *Carmen* im November 1959 zum ersten Mal auf den Spielplan setzt. Im Frühjahr des gleichen Jahres debütierte sie dort bereits als Margarethe (*Faust*, Gounod). Bis 1973 gehört sie zum Ensemble der Pariser Oper. Unter Arthur Honegger nimmt sie an der Schallplattenaufnahme von dessen manchmal auch szenisch aufgeführten Oratoriums *Le Roi David* (König David) teil. 1963 debütiert sie in den Vereinigten Staaten. 1964 singt sie zur Hundertjahrfeier der Premiere von *Mireille* (Gounod) die Titelrolle. Seit 1977 unterrichtet sie am Pariser Konservatorium.

Gulbranson, Ellen (= Ellen Norgren)
Schwedische Sopranistin, geb. 4.3. 1863 Stockholm, gest. 2.1. 1946 Oslo.
Sie studiert in Stockholm und anschließend in Paris bei Blanche Marchesi und debütiert im Konzertsaal; 1899 singt sie an der Stockholmer Oper ihre erste Rolle, die Amneris (*Aida*, Verdi). Ab 1896 tritt sie in Bayreuth auf. In diesem Jahr teilt sie sich die Rolle der Brünnhilde (*Der Ring des Nibelungen*, Wagner) mit Lilli Lehmann; 1897–1914 ist sie die einzige Brünnhilde. 1899–1904 singt sie auf der gleichen Bühne die Kundry (*Parsifal*, Wagner). Ellen Gulbranson gehört zu den großen skandinavischen Wagner-Sängerinnen ihrer Zeit.

Gulda, Friedrich
Österreichischer Pianist und Komponist, geb. 16.5. 1930 Wien.
Er besucht zuerst das Grossmann-Konservatorium, nimmt dann bei Felix Pazofsky Privatunterricht (1937–42) und geht anschließend an die Wiener Musikakademie zu Bruno Seidlhofer (Klavier) und Joseph Marx (Musiktheorie), wo er bis 1947 bleibt. Er debütiert 1944 und gewinnt 1946 den Genfer Wettbewerb. Sehr schnell nimmt seine Karriere internationale Ausmaße an. Er debütiert 1950 an der Carnegie Hall. Zu dieser Zeit spielt er häufig alle 32 *Sonaten für Klavier* von Ludwig van Beethoven in Konzertzyklen. Mit Migliedern des Symphonie-Orchesters von Wien gründet er das Klassische Orchester Gulda, das sich mit Kammermusik beschäftigt. Er interesssiert sich in immer stärkerem Maß für den Jazz. 1956 spielt er im Birdland in New York und während des Newport Festivals. 1960 nimmt er an der Gründung einer Big Band teil, des Eurojazz Orchestra. Ab 1962 konfrontiert er in immer stärkerem Maße klassische Musik und Jazz, wobei er, vereinfacht ausgedrückt, in Konzertsälen Jazz spielt und in Jazz-Tempeln klassische Musik. So ist es nur folgerichtig, daß er in Wien einen internationalen Jazz-Wettbewerb und in Ossiach (Kärnten) 1968 eine Improvisationsschule ins Leben ruft, die Internationale Musikform. Dieser aus dem Rahmen fallende Pianist greift gerne zum Bariton-Saxophon, zur Flöte und zum elektrischen Klavier und komponiert sowohl für Jazz-Orchester, als auch auf klassischem Gebiet (Kadenzen zu Klavierkonzerten von Mozart).
W: *Worte zur Musik* (München 1971).

Guller, Youra (= Georgette Guller)
Französische Pianistin, geb. 16.5. 1895 Marseille, gest. 11.1. 1981 Paris.
Sie erhält zuerst Privatunterricht und geht dann an das Pariser Konservatorium, wo sie 1909 den 1. Preis erhält (Alfred Cortot hat sie ihrer Freundin Clara Haskil vorgezogen). Der größte Teil ihrer Karriere spielt sich außerhalb der französischen Grenzen ab, vor allem in England. Darius Milhaud schreibt für sie *Printemps* (Frühling) und *Suite Nr. 8.*

Gulli, Franco
Italienischer Violinist, geb. 1. 9. 1926 Triest.
Er erhält von seinem Vater ersten Geigen-Unterricht und geht dann an die Konservatorien von Triest, Siena (zu Arrigo Serato) und Paris (Théodore Pashkus). Er debütiert 1932 und wird Konzertmeister der Pomeriggi Musicali di Milano und anschließend der I Virtuosi di Roma. 1959 gründet er mit Amadeo Baldovino und Bruno Giuranna das Trio Italiano d'Archi. Mit seiner Frau, der Pianistin Enrica Cavallo (geb. 19. 5. 1921 Mailand), gibt er häufig Kammermusikabende. Der bedeutende Pädagoge unterrichtet 1964–70 und wieder ab 1972 an der Accademia Musicale Chigiana in Siena und 1971–72 in Luzern. 1972 wird er gleichzeitig zum Professor der Indiana University in Bloomington (USA) ernannt. 1959 führt er als erster in der heutigen Zeit das lange verschollene *Konzert für Violine und Orchester Nr. 5* von Niccolò Paganini auf. Er kreiert Werke von Riccardo Malipiero und Giulio Viozzi. Er spielt auf einer Guadagnini aus dem Jahre 1747 und besitzt auch die Stradivari, die früher Franz von Vecsey gehört hatte.

Gurlitt, Manfred
Deutscher Dirigent und Komponist, geb. 6. 9. 1890 Berlin, gest. 29. 4. 1973 Tokio.
Der Enkel des Kunstmalers Louis Gurlitt, Großneffe des Komponisten Peter Gurlitt (1820–1901) und Vetter des Musikwissenschaftlers Willibald Gurlitt (1889–1963) studiert in Berlin bei Engelbert Humperdinck Komposition, bei Rudolf Maria Breithaupt Klavier und bei Karl Muck Orchesterleitung. Er debütiert als Korrepetitor an der Berliner Oper (1908) und geht dann als Assistent nach Bayreuth (1911). Über Essen und Augsburg geht er 1914 als 1. Kapellmeister nach Bremen und wird dort 1924 zum Generalmusikdirektor ernannt. Er gründet in der Hansestadt die Neue Musikgesellschaft. Er ist Gastdirigent an der Berliner Oper und am Berliner Rundfunk und unterrichtet gleichzeitig an der Berliner Musikakademie. 1933 entheben ihn die Nationalsozialisten seines Amtes. 1939 emigriert er nach Japan, wo er schon bald eine führende Rolle im Musikleben Tokios spielen sollte. Er gründet dort 1953 die Gurlitt Opera Company. Ab 1969 unterrichtet er an der Schôwa-Hochschule für Musik. Als Komponist hinterläßt er verschiedene Opern.

Guschlbauer, Theodor
Österreichischer Dirigent, geb. 14. 4. 1939 Wien.
Er studiert bei Hans Swarowsky am Wiener Konservatorium. 1959 erhält er das Diplom als Dirigent, 1964 als Klavierbegleiter und 1969 als Cellist. Gleichzeitig besucht er die Sommerkurse von Herbert von Karajan und Lovro von Matačić am Mozarteum in Salzburg. 1961 wird er an die Spitze des Wiener Barockensembles berufen, mit dem er seine ersten Konzerte gibt und das er bis 1969 leitet. 1964–66 ist er gleichzeitig Chorchef an der Wiener Volksoper und 1966–68 1. Kapellmeister am Landestheater in Salzburg. 1969–71 arbeitet er in der gleichen Funktion an der Oper von Lyon, wo er anschließend zum Musikdirektor ernannt wird (bis 1975). Er geht dann als Generalmusikdirektor nach Linz und arbeitet gleichzeitig als 2. Kapellmeister an der Wiener Oper. 1983 übernimmt er die Leitung der Straßburger Philharmoniker und gleichzeitig die Musikdirektion der Opéra du Rhin. Er zeichnet für folgende Uraufführungen verantwortlich: *Autodafé* (Ohana, 1972), *Symphonie Nr. 6* (Wellesz, 1976), *Symphonie Nr. 5* (Eder, 1981), *Tourbillons* (Strudel, Taira, 1984).

Gutheil-Schoder, Marie
Deutsche Mezzosopranistin, geb. 10. 2. 1874 Weimar, gest. 4. 10. 1935 Ilmenau.
Sie studiert in ihrer Heimatstadt und debütiert 1891 als Erste Dame der Köni-

gin (*Die Zauberflöte*, Mozart). 1899 singt sie in Berlin und Leipzig. 1900 wird sie von der Wiener Oper engagiert, zu deren Ensemble sie bis 1926 gehört (Carmen, Bizet; Pamina, *Die Zauberflöte*, Mozart; Salome, Elektra, Octavian, *Der Rosenkavalier*, alle R. Strauss). Während der österreichischen Erstaufführung von *Louise* (G. Charpentier, 1903) interpretiert sie die Titelrolle. 1906 singt sie bei den Salzburger Mozart-Festen die Susanna (*Le nozze di Figaro*, Figaros Hochzeit); 1913 debütiert sie am Covent Garden als Octavian. 1908 verwirklicht sie die Sopran-Partie bei der Uraufführung von Arnold Schönbergs *Quartett Nr. 2* und 1924 dessen *Erwartung*. Gegen Ende ihres Lebens inszeniert sie in Wien und Salzburg selbst. In erster Ehe ist sie mit dem Dirigenten Gustav Gutheil (1868–1914) und in zweiter mit dem Photographen Franz Setzer verheiratet.

Gutiérrez, Horacio
Amerikanischer Pianist kubanischer Herkunft, geb. 28. 8. 1948 Havanna.
Er studiert in Havanna und anschließend in Los Angeles, wohin seine Familie 1962 ausgewandert ist. Sergej Tarnowski wird sein Lehrer. 1970 gewinnt er beim Tschaikowskij-Wettbewerb in Moskau den 2. Preis. In der Folge gibt er in Moskau und Leningrad Konzerte. Auch an der Juilliard School of Music in New York legt er ein Diplom ab. Er tritt inzwischen in der ganzen Welt auf und ist mit der Pianistin Patricia Ascher verheiratet.

Güttler, Ludwig
Deutscher Trompeter, geb. 13. 6. 1943 Sosa (Sachsen).
Er studiert an der Hochschule für Musik in Leipzig bei Armin Männel Trompete und beschäftigt sich auch mit Chorleitung (1961–65). 1965 wird er zum Solo-Trompeter des Händel-Festspiel-Orchesters in Halle ernannt; 1969 geht er in der gleichen Funktion zu den Dresdner Philharmonikern. Er unterrichtet an der Hochschule für Musik in Dresden, wo er 1980 zum Professor ernannt wird. Gleichzeitig verfolgt er seine Solisten-Karriere und beschäftigt sich hauptsächlich mit dem Barock-Repertoire. Er gibt viele alte Werke in wissenschaftlich überprüften Fassungen heraus, so vor allem eine Variante des *Brandenburgischen Konzertes Nr. 2* von Johann Sebastian Bach. Er dirigiert auch das Ensemble Virtuosi saxoniae, mit dem er als Solist auftritt.

Gutmann, Natalia
Russische Cellistin, geb. 14. 6. 1942 Moskau.
Als Fünfjährige erhält sie ersten Cello-Unterricht. Mit neun Jahren tritt sie zum ersten Mal öffentlich auf. 1962 gewinnt sie beim Moskauer Tschaikowskij-Wettbewerb eine Silbermedaille. 1967 erhält sie in der Duo-Formation mit Alexej Nassedkin beim Münchner Rundfunk-Wettbewerb den 1. Preis; der Westen wird auf sie aufmerksam. Sie ist mit dem Violinisten Oleg Kagan verheiratet. Zusammen kreieren sie das *Konzert für Violine und Violoncello* von Alfred G. Schnittke (1982). Natalia Gutmann komponiert auch.

Gutnikow, Boris
Russischer Violinist, geb. 14. 7. 1931 Witebsk, gest. 7. 4. 1986 Leningrad.
Er gewinnt 1. Preise bei den internationalen Wettbewerben von Bukarest (1953), Prag (1956), Marguerite Long-Jacques Thibaud (Paris 1957) sowie die Goldmedaille beim Tschaikowskij-Wettbewerb in Moskau. Er beginnt eine brillante Karriere, die leider viel zu früh abgebrochen wird. Gutnikow gilt als einer der wichtigsten Vertreter der Leningrader Violinschule seiner Generation. Er unterrichtet an den Konservatorien Leningrad und Moskau; Sergej Stadler ist wohl sein wichtigster Schüler.

Haas, Monique
Französische Pianistin, geb. 20. 10. 1909 Paris, gest. 9. 6. 1987 daselbst.
Sie studiert am Pariser Konservatorium bei Lazare-Lévy Klavier, Charles Tournemire Kammermusik, Maurice Emmanuel Musikgeschichte und Suzanne Demarquez Harmonielehre. 1927 gewinnt sie einen 1. Preis (Klavier). Sie perfektioniert sich anschließend bei Robert Casadesus, Rudolf Serkin und George Enescu. Ab 1928 beginnt ihre Karriere als Solistin und als Partnerin von George Enescu und Pierre Fournier auf dem Gebiet der Kammermusik. Sie heiratet den Komponisten Marcel Mihalovici. Der 2. Weltkrieg unterbricht ihre Laufbahn. Direkt nach dem Ende des Krieges nimmt sie ihre weltweite Konzerttätigkeit wieder auf und bevorzugt dabei das zeitgenössische Repertoire. Sie gibt auch viele Kurse und hält masterclasses. 1968–69 ist sie Professorin am Konservatorium von Paris. Darius Milhaud widmet ihr seine *Sonate für Klavier Nr. 2* (1950), Florent Schmitt seine *Enfants* (Kinder) und Marcel Mihalovici die *Toccata für Klavier und Orchester* sowie *Ricercari*.

Haas, Werner
Deutscher Pianist, geb. 5. 3. 1931 Stuttgart, gest. 11. 10. 1976 Nancy.
Als Vierjähriger erhält er seinen ersten Klavier-Unterricht. 1947–54 studiert er an der Stuttgarter Hochschule für Musik bei Lili Kroeber-Asche und wechselt dann an die Saarbrücker Hochschule, wo er zu den Meisterschülern Walter Gieseking gehört (bis 1956). Im November 1955 tritt er in Stuttgart zum ersten Mal öffentlich auf. Im Dezember 1956 folgt sein Pariser Debüt. Seine brillante, internationale Karriere wird durch einen Autounfall jäh unterbrochen. Als Schallplattenaufnahmen hinterläßt er die Einspielung des Gesamtwerkes für Klavier von Claude Debussy und Maurice Ravel sowie die Klavierkonzerte von Peter I. Tschaikowskij.

Hacker, Alan
Englischer Klarinettist, geb. 30. 9. 1938 Dorking.
Er studiert an der Royal Academy of Music in London, wo er den Dove-Preis und die Boise Scholarship gewinnt. Er studiert auch in Paris, Wien und Bayreuth. 1959 wird er an der Royal Academy zum Professor ernannt. Im gleichen Jahr wird er Mitglied der Londoner Philharmoniker (bis 1966). Während dieser Zeit ist er Gründungsmitglied der Pierrot Players, aus denen die Fires of London und schließlich das Music Theatre Ensemble hervorgeht. 1971 gründet er seine eigene Gruppe, die Matrix. Im gleichen Jahr wird er am Institut für zeitgenössische Kunst zum Professor ernannt; er arbeitet auch für die ISCM, den internationalen Verband zeitgenössischer Musik. Hacker interessiert sich stark für die Rekonstruierung vergangener Werke. So gräbt er die verlorengeglaubte Solo-Partie in Wolfgang Amadeus Mozarts *Konzert für Klarinette* aus, die genau der Klarinette Anton Stadlers entspricht, für den das Konzert geschrieben worden war.
Er setzt sich auch für die zeitgenössische Musik ein und verwirklicht die englischen Erstaufführungen von Werken von Pierre Boulez, Harrison Birtwistle, Alexander Goehr und Peter Maxwell Davies.

Haebler, Ingrid
Österreichische Pianistin, geb. 20. 6. 1929 Wien.
Ihre Mutter, die Pianistin Charlotte von Haebler, gibt ihr den ersten Unterricht. Als Wunderkind debütiert sie als Elfjährige in Salzburg und geht dann nach Genf zu Nikita Magaloff, nach Paris zu

Marguerite Long und ans Mozarteum in Salzburg zu Steniz Scholz. 1951 und 1952 gewinnt sie beim internationalen Genfer Wettbewerb je einen 2. Preis und 1954 den Münchner Rundfunk-Wettbewerb. Neben ihrer Karriere als Solistin, bei der sie regelmäßig bei den Festspielen von Salzburg und Edinburgh und beim Holland Festival auftritt, spielt sie mit Henryk Szeryng häufig Kammermusik. Sie wird vor allem aufgrund ihrer hervorragenden, lebendigen Schallplatteneinspielungen bekannt. 1969 wird sie am Mozarteum in Salzburg zur Professorin ernannt.

Haefliger, Ernst
Schweizer Tenor, geb. 6. 7. 1919 Davos.
Er will zuerst Musiklehrer werden und studiert in Zürich an der Universität, bevor er in Wien bei Julius Patzak und in Prag bei Fernando Carpi Gesang studiert (1939–42). 1943 debütiert er als Evangelist in Johann Sebastian Bachs *Johannes-Passion*. Im gleichen Jahr noch wird er Mitglied der Züricher Oper. Bei der Uraufführung von Carl Orffs Oper *Antigone* (Salzburger Festspiele 1949) interpretiert er den Tiresias. 1951 gastiert er bei den Festspielen von Aix-en-Provence. Ab 1952 gehört er zum Ensemble der Deutschen Oper Berlin. 1956 wird er von Glyndebourne eingeladen. Unter der Leitung von Wilhelm Furtwängler singt er den Florestan (*Fidelio*, Beethoven). Günther Ramin lädt ihn häufig zu Passions- und Kantatenaufführungen mit Werken von Bach ein. Auch Ferenc Fricsay engagiert ihn regelmäßig. Haefliger interessiert sich für die Geschichte und die Zusammenhänge zwischen den einzelnen Künsten; sein Repertoire ist breit angelegt und trennt nicht zwischen alten und neuen Werken. Die Wiener Klassik liegt ihm besonders. Er liebt Wolfgang Amadeus Mozart und glänzt als Tamino (*Die Zauberflöte*), Don Ottavio (*Don Giovanni*) und Ferrando (*Così fan tutte*), aber auch als Steuermann (*Der fliegende Holländer*, Wagner). Bei den Passionen von Bach ist er aufgrund seiner stimmlichen Präsenz Karl Richters bevorzugter Evangelist.
Er gibt auch zahlreiche Liederabende. Franz Schuberts *Winterreise* gehört zu seinen beeindruckenden Erfolgen. Er kreiert verschiedene Werke, darunter die *Motetten Nr. 3, 5, 9, 13* (1960) und *Sechs Lieder* (1964) von Paul Hindemith, *Le Vin herbé* (Der Zaubertrank), *Golgotha* und *In terra Pax* von Frank Martin sowie Werke von Aribert Reimann. 1971 wird er an der Münchner Musikhochschule zum Professor ernannt. Der Berliner Senat zeichnet ihn mit dem Titel eines Kammersängers aus.
W: *Die Singstimme* (Mainz und Berlin 1983).

Haenchen, Hartmut
Deutscher Dirigent, geb. 21. 3. 1943 Dresden.
Das Mitglied des Dresdner Kreuzchors (1953–60) erhält innerhalb dieser Formation ersten Musikunterricht, bevor er an der Musikhochschule seiner Heimatstadt bei Werner Matschke, Rudolf Neuhaus und Horst Förster Gesang, Chor- und Orchesterleitung studiert. 1966–72 ist er Leiter der Robert-Franz-Singakademie und des Symphonie-Orchesters von Halle. 1971 gewinnt er beim Carl-Maria-von-Weber-Wettbewerb in Dresden den 1. Preis. Anschließend wird er 1. Kapellmeister an der Oper von Zwickau (1972–73), Chefdirigent der Dresdner Philharmoniker (1973–76) und des Philharmonischen Chors von Dresden (1974–76). Während dieser Zeit dirigiert er regelmäßig an der Dresdner Oper. 1976–79 ist er stellvertretender Musikdirektor in Schwerin und gleichzeitig Chefdirigent der Mecklenburgischen Staatskapelle. 1980–86 unterrichtet er an der Hochschule für Musik in Dresden, an der er 1985 zum Professor ernannt wird, Orchesterleitung. 1986 übernimmt er die Leitung des Carl-Philipp-Emanuel-Bach-Kammerorchesters, das aus Instrumentalisten der Berliner Staatsoper besteht. Im gleichen Jahr wird er zum

Generalmusikdirektor der Niederländischen Oper in Amsterdam ernannt.

Haendel, Ida
Englische Violinistin polnischer Herkunft, geb. 15.12.1924 Cholm.
Nach ihrem Studium am Konservatorium von Warschau perfektioniert sie sich bei Carl Flesch und George Enescu. Als Elfjährige gewinnt sie den Wieniawski-Wettbewerb. Zwei Jahre später beginnt ihre Karriere. 1946 debütiert sie in den Vereinigten Staaten, doch ihre Karriere spielt sich in der Hauptsache in Europa und Israel ab. Obwohl sie von Fachleuten für eine der wichtigsten Geigerinnen ihrer Zeit gehalten wird, tritt sie nie so recht ins Rampenlicht der Öffentlichkeit und nimmt kaum Schallplatten auf. Sie läßt sich in London nieder und gehört zahlreichen internationalen Jurys an. 1957 verwirklicht sie die Uraufführung von Luigi Dallapiccolas *Tartiniana seconda*.
W: *Woman with Violin* (London 1970).

Hagen-Groll, Walter
Deutscher Chorchef, geb. 15.4.1927 Chemnitz.
Er studiert an der Hochschule für Musik in Stuttgart (1947–52) und geht dann nach München zu Josef Pembaur d. J., um Klavier zu studieren. 1952 wird er an der Stuttgarter Oper zum Korrepetitor und stellvertretenden Chorleiter ernannt. 1957 wird er Chordirektor in Heidelberg und 1961 an der deutschen Oper Berlin. Er bereitet dort gleichzeitig die Chöre für die Konzerte der Berliner Philharmoniker vor. 1960–62 ist er Assistent von Wilhelm Pitz in Bayreuth. Ab 1965 ist er bei den Salzburger Festspielen ständiger Chordirektor. 1971–74 leitet er den Philharmonia Chorus in London. 1984–88 ist er Chordirektor der Wiener Oper; 1987 übernimmt er gleichzeitig die Leitung der Wiener Singakademie. Seit 1986 unterrichtet er am Mozarteum in Salzburg Chorleitung.

Hager, Leopold
Österreichischer Dirigent, geb. 6.10.1935 Salzburg.
Er studiert am Mozarteum Salzburg bei Bernhard Paumgartner, Gerhard Wimberger, Cesar Bresgen und Johann Nepomuk David Orgel, Cembalo, Orchesterleitung und Komposition (1945–57), debütiert 1957 in Mainz als Korrepetitor und Chorleiter und wird schon bald zum 1. Kapellmeister ernannt. Anschließend geht er in gleicher Funktion an die Opern von Linz (1962–64) und Köln (1964–65), bevor er in Freiburg/Br. zum Generalmusikdirektor ernannt wird (1965–69). 1969 übernimmt er die Leitung des Orchesters des Mozarteums in Salzburg (bis 1981). 1980 wird er zum künstlerischen Direktor des Symphonie-Orchesters der RTL (Luxemburg) ernannt. Dem auf dem Gebiet der zeitgenössischen Musik sehr regen Dirigenten verdanken wir Uraufführungen von Werken von Helmut Eder (*Metamorphosen*, 1971; *Serenade* op. 69, Nr. 1, 1977; »...*Missa est ...*« 1986), Jean Françaix (*Cassation*, 1975), Wilhelm Killmayer (*Nachtgedanken*, 1973), Giselher Klebe (*Notturno*, 1988) und Alfred G. Schnittke (*(K)ein Sommernachtstraum*, 1985).

Haitink, Bernard
Holländischer Dirigent, geb. 4.3.1929 Amsterdam.
Er studiert am Konservatorium in Amsterdam Violine und bei Felix Hupka Orchesterleitung. Er wird als Violinist Mitglied des philharmonischen Orchesters des niederländischen Rundfunks und bildet sich gleichzeitig bei Ferdinand Leitner in Orchesterleitung weiter, der ihm 1955 die Stelle eines 2. Dirigenten am Orchester der Niederländischen Radio-Union anvertraut. 1961 wird er zum Nachfolger von Eduard van Beinum als musikalischer Direktor des Concertgebouw-Orchesters in Amsterdam ernannt; er behält diese Funktion 27 Jahre bei. Die führenden Orchester der Welt laden ihn ein. 1967 wird er zum Chefdirigenten und musikalischen

Berater der Londoner Philharmoniker ernannt; zwei Jahre später übernimmt er die künstlerische Leitung des Orchesters. 1977 verläßt er die Londoner Philharmoniker und wird Nachfolger von Sir John Pritchard als Leiter der Festspiele von Glyndebourne. Er beschäftigt sich intensiv mit dem Werk Gustav Mahlers, Anton Bruckners und Ludwig van Beethovens. 1988 verläßt er das Concertgebouw in Amsterdam und die Festspiele von Glyndebourne, um sich ausschließlich dem Londoner Covent Garden zu widmen, dessen Musikdirektor er seit 1987 ist. Er setzt sich dort für zeitgenössische englische Komponisten ein und verwirklicht Uraufführungen von Werken von Nicholas Maw, Colin Matthews u. a.

Hájossyová, Magdalena
Tschechoslowakische Sopranistin, geb. 25. 7. 1946 Bratislava (Preßburg).
Sie studiert am Konservatorium von Bratislava bei Mária Smutná-Vlková und Anna Hrušovská und erhält 1971 ihr Diplom. 1970–79 gehört sie dem Ensemble der Oper von Bratislava an und ab 1978 gleichzeitig dem der Deutschen Staatsoper Berlin, mit der sie eine Japan-Tournee unternimmt, bei der sie die Fiordiligi (*Così fan tutte*), die Donna Anna und die Donna Elvira (beide *Don Giovanni*, alle Mozart) singt. In Berlin interpretiert sie außerdem die Elsa (*Lohengrin*, Wagner), Pamina (*Die Zauberflöte*) Gräfin Almaviva (*Le nozze di Figaro*, beide Mozart), Leonore (*Fidelio*, Beethoven), Margarethe (*Faust*, Gounod), Arabella (R. Strauss) und das tschechische Repertoire. Sie wird von Wien und München sowie von französischen, englischen und italienischen Opernhäusern eingeladen. Sie tritt auch als Oratorien- und Liedsängerin auf.

Hall, Marie
Englische Violinistin, geb. 8. 4. 1884 Newcastle, gest. 11. 11. 1956 Cheltenham.
Sie studiert zunächst bei Privatlehrern, von bedeutenden Persönlichkeiten wie Sir Edward Elgar, August Wilhelmj und Max Mossel immer wieder ermutigt. 1900 geht sie an die Royal Academy of Music nach London zu Johann Kruse. Im darauffolgenden Jahr spielt sie Jan Kubelìk vor, der sie nach Prag kommen läßt, wo sie bei Otakar Ševčík studiert (1903). Um diese Zeit gibt sie auch ihre ersten Konzerte, die auf Anhieb Aufsehen erregen. Bevor sie sich pädagogischen Aufgaben widmet, tritt sie vor allem in England erfolgreich als Solistin auf, so daß man mit Fug und Recht behaupten kann, sie dominiere eine ganze Generation englischer Violinisten. Ralph Vaughan Williams widmet ihr *The Lark Ascending* (›Aufsteigender‹ Ulk, 1921).

Hale, Robert
Amerikanischer Bariton, geb. 22. 8. 1938 San Antonio (Tex.).
Er studiert bei Gladys Miller am Konservatorium von Neuengland in Boston, bei Ludwig Bergmann an der Universität von Boston und bei Orcenith Smith an der Universität von Oklahoma. Anschließend perfektioniert er sich bei Boris Goldovsky in New York. 1965 debütiert er in Denver als Figaro (*Le nozze di Figaro*, Mozart). Anschließend gehört er zehn Jahre lang zum Ensemble der New York City Opera und tritt gleichzeitig an den Opern von Philadelphia, San Antonio und San Diego auf, bevor er von Frankfurt und Zürich eingeladen wird. 1980 debütiert er am Teatro Colón in Buenos Aires in *Les Contes d'Hoffmann* (Hoffmanns Erzählungen, Offenbach). 1983 läßt er sich in der Bundesrepublik nieder; er wird Mitglied des Ensembles der Kölner Oper. Ist er zuerst auf Mozart (Graf Almaviva, *Le nozze di Figaro*, Don Giovanni), Händel und den Belcanto spezialisiert, erweitert sich sein Repertoire bald. Er singt den Pizzaro (*Fidelio*, Beethoven), Escamillo (*Carmen*, Bizet) und die beiden Mephisto-Rollen (*Faust*, Gounod und *Mefistofele*, Boito). Endlich beschäftigt er sich mit Richard Wagner

und feiert als Holländer (*Der fliegende Holländer*) und Wotan (*Der Ring des Nibelungen*) Triumphe.

Halffter, Cristóbal (Cristóbal Halffter Jiménez-Encina)
Spanischer Dirigent und Komponist, geb. 24. 3. 1930 Madrid.
Der Neffe von Rodolfo und Ernesto Halffter studiert am Königlichen Konservatorium in Madrid bei Conrado del Campo (1947–51), bevor er sich in Paris bei Alexandre Tansmann perfektioniert. Ab 1952 dirigiert er regelmäßig das Orchester des Spanischen Rundfunks und 1955–60 auch das Manuel-de-Falla-Orchester. 1960–66 unterrichtet er am Madrider Konservatorium, das er 1964–66 auch leitet. An der Spitze der wichtigsten europäischen und amerikanischen Orchester dirigiert er eigene Werke; nach und nach erweitert sich sein Repertoire als Dirigent, wobei die zeitgenössische Musik immer im Mittelpunkt bleibt. 1976–78 unterrichtet er in Darmstadt. 1983 wird er von der Real Academia de Bellas Artes von San Fernando zum Mitglied ernannt. 1988 übernimmt er den Lehrstuhl für Komposition am Konservatorium von Bern.

Hamari, Julia
Deutsche Altistin ungarischer Herkunft, geb. 21. 11. 1942 Budapest.
Sie lernt als Kind Klavier; bei der türkischen Musikpädagogin Fatime Martin entscheidet sie sich dann für Gesang. Sie studiert am Konservatorium von Bukarest und schließt mit Diplomen als Sängerin und Gesangslehrerin ab (1961–66). 1964 gewinnt sie in Budapest den internationalen Ferenc-Erkel-Preis, der ihr die Fortsetzung ihres Studiums in Stuttgart ermöglicht (1966–67). 1966 debütiert sie unter der Leitung von Karl Richter in Johann Sebastian Bachs *Matthäus-Passion*. Im gleichen Jahr singt sie unter Vittorio Gui in Rom die *Altrhapsodie* von Johannes Brahms. Als Opernsängerin debütiert sie 1967 in Salzburg; ein Jahr später interpretiert sie in Stuttgart die Rolle der Carmen (Bizet). 1973–74 gehört sie zum Ensemble der Deutschen Oper am Rhein (Düsseldorf-Duisburg) und studiert Rollen wie Dorabella (*Così fan tutte*), Cherubin (*Le nozze di Figaro*, beide Mozart), Octavian (*Der Rosenkavalier*, R. Strauss) ein. In Glyndebourne wirkt sie 1979 an einer Aufführung von Joseph Haydns *La fedeltà premiata* (Belohnte Treue) mit. 1984 debütiert sie als Angelina in Philadelphia in *La Cenerentola* (Aschenbrödel) und als Rosina (*Il barbiere di Siviglia*, Der Barbier von Sevilla, beide Rossini) an der Met, wo sie auch die Despina (*Così fan tutte*) interpretiert.

Hambourg, Mark
Englischer Pianist russischer Herkunft, geb. 31. 5. (12. 6.) 1879 Bogutschar (Südrußland), gest. 26. 6. 1960 Cambridge.
Der Sohn des Pianisten und Pädagogen Michael Hambourg (1855–1912) wird von seinem Vater unterrichtet und gibt als Neunjähriger in Moskau sein erstes Konzert. 1891 geht er dann zu Theodor Leschetizky nach Wien (bis 1895), bevor er eine glanzvolle Karriere als Solist beginnt, die ihn um die ganze Welt führt. Er gehört zu den beliebtesten Pianisten seiner Zeit. 1906 gibt er bereits sein 1000. Konzert. Mit seinen Brüdern Jan (Violinist, 1882–1947) und Boris (Cellist, 1885–1954) bildet er ein Klavier-Trio, das vor allem in den Vereinigten Staaten auftritt. Als Virtuose steht er in der romantischen Tradition und ist berühmt für seine leidenschaftlichen (und manchmal wohl auch etwas exzessiven) Interpretationen. Er ist der Lehrer von Gerald Moore.

Hampson, Thomas
Amerikanischer Bariton, geb. 28. 6. 1955 Elkharst (Ind.).
1981 gewinnt er den 1. Preis bei dem von der New Yorker Metropolitan Opera ausgeschriebenen Wettbewerb und wird noch im gleichen Jahr von der Deutschen Oper am Rhein (Düsseldorf-

Duisburg) engagiert, wo er drei Jahre bleibt und den Guglielmo (*Così fan tutte*, Mozart), den Belcore (*L'elisir d'amore*, Der Liebestrank, Donizetti) und den Figaro (*Il barbiere di Siviglia*, Der Barbier von Sevilla, Rossini) interpretiert. 1984 geht er an die Züricher Oper und wirkt an dem Mozart-Zyklus von Jean-Pierre Ponnelle und Nicolaus Harnoncourt mit; vor allem seine Interpretation des Don Giovanni (Mozart, 1987) wird gelobt. 1986 singt er dort auch den Germont (*La Traviata*, Verdi) und den Lescaut (*Manon Lescaut*, Massenet). 1986 debütiert er an der Met als Graf Almaviva in *Le nozze di Figaro* (Mozart). Mit dieser Rolle unternimmt er mit der Met 1988 eine Japan-Tournee; auch bei seinem Debüt bei den Salzburger Festspielen singt er den Grafen, wo er an der Seite von Mirella Freni und Luciano Pavarotti auch an einer Aufführung der *Bohème* (Puccini) mitwirkt. Ab 1984 gibt er auch Liederabende.

Handman, Dorel
Französischer Pianist rumänischer Herkunft, geb. 17. 2. 1906 Iaszi.
Er studiert in Berlin bei Leonid Kreutzer und Artur Schnabel und bekommt 1928 den Preis der Musikakademie. Anschließend perfektioniert er sich in Paris bei Marguerite Long, bevor er eine internationale Karriere einschlägt. Der Zweite Weltkrieg unterbricht seine Laufbahn. Er wird Musikkritiker und arbeitet an den wichtigsten französischen Zeitungen mit. Er gehört der Académie Charles Cros an und unterrichtet an der Pariser Schola Cantorum und an der Sorbonne. Als er zum künstlerischen Direktor der Guilde internationale du disque ernannt wird, gibt er seine Lehrämter auf. 1972 nimmt er seine Karriere als Solist wieder auf und spielt zahlreiche Schallplatten ein.

Harasiewicz, Adam
Polnischer Pianist, geb. 1. 7. 1932 Chodzierz.
Er studiert bis 1950 bei Kasimierz Mirski und geht dann nach Krakau an die Hochschule für Musik zu Zbigniew Drzewiecki. 1949 scheitert er beim Chopin-Wettbewerb in Warschau. Beim zweiten Anlauf im Jahre 1955 gewinnt er vor Vladimir Ashkenazy, Fou Ts'ong und Bernard Ringeissen den 1. Preis. Er perfektioniert sich bei Arturo Benedetti Michelangeli und beginnt eine internationale Karriere, in deren Zentrum das Werk Frédérique Chopins steht.

Harnoncourt, Nicolaus (= Johann Nicolaus Graf de la Fontaine und d'Harnoncourt-Unverzagt)
Österreichischer Dirigent und Cellist, geb. 6. 12. 1929 Berlin.
Er stammt aus einer Musiker-Familie und studiert bei Paul Grümmer am Konservatorium in Graz und bei Emanuel Brabec an der Wiener Musikakademie Cello. Er schließt sein Studium mit vielen Auszeichnungen ab und wird vom Symphonie-Orchester Wien als Cellist engagiert (1952–69), was ihn nicht befriedigt. 1953 gründet er mit Orchester-Kollegen das Ensemble Concentus Musicus, das sich vornimmt, einen lebendigeren Kontakt vor allem zu der alten Musik vom Ende des Mittelalters bis zum Barock herzustellen, als dies bisher üblich war. Sie beschließen, auf alten Instrumenten oder Kopien alter Instrumente zu spielen. Nach vierjähriger Vorbereitungszeit geben sie ab 1957 ihre ersten Konzerte. 1960 schließen sich die ersten Tourneen an. Die Aufnahme der *Brandenburgischen Konzerte* von Johann Sebastian Bach verhilft ihnen 1962 zum ersten internationalen Erfolg. Harnoncourt lernt andere Musiker wie Gustav Leonhardt kennen, die die gleichen Ziele verfolgen. Die beiden arbeiten seit zusammen, vor allem bei der Einspielung sämtlicher *Kantaten* von Bach. Harnoncourt besteht aus künstlerischen, nicht aus histori-

schen Gründen auf der Verwendung alter Instrumente, mit deren Hilfe man in seinen Augen alte Musik auf bessere und natürlichere Weise spielen kann. Doch Harnoncourt versteift sich nicht auf Theorien oder bestimmte Epochen; er versteht sich in erster Linie als Interpret und nicht als Musikwissenschaftler. In letzter Zeit weitet er sein Repertoire beträchtlich aus, bis hin zur zeitgenössischen Musik. Seit 1980 ist er Professor am Mozarteum Salzburg.

Seine Frau Alice Harnoncourt, geb. 26. 9. 1930 in Wien, ist eine ausgezeichnete Violinistin; sie studiert bei Ernst Moravec und Gottfried Feist an der Wiener Akademie und bei Jacques Thibaud in Paris und ist Konzertmeisterin des Ensembles Concentus Musicus (bis 1985). Sie spielt auch Bratsche, Viola d'amore und die fünf- und sechssaitige Viola da gamba. In ihren ästhetischen Ansichten stimmt sie mit ihrem Mann überein.

WW: *Musik als Klangrede. Wege zu einem neuen Musikverständnis* (5. Auflage, Salzburg 1985); *Der musikalische Dialog. Gedanken zu Monteverdi, Bach und Mozart* (Salzburg 1984).

Harper, Heather
Englische Sopranistin, geb. 8. 5. 1930 Belfast.
Sie studiert am Trinity College of Music in London Gesang und debütiert als Chorsängerin mit den Ambrosian Singers und dem Chor der BBC. 1954 debütiert sie auf der Bühne bei einer Vorstellung des Oxford University Opera Club. 1957 singt sie in Glyndebourne die Erste Dame der Königin (*Die Zauberflöte*, Mozart) und Anne Trulove (*The Rake's Progress*, Der Wüstling, Strawinsky). 1962 debütiert sie am Covent Garden als Helena (*A Midsummer Night's Dream*, Ein Sommernachtstraum, Britten). Sie singt an diesem Haus auch die Micaëla (*Carmen*, Bizet), Blanche de la Force (*Les Dialogues des Carmélites*, Die Gespräche der Karmeliterinnen, Poulenc), Antonia (*Les Contes d'Hoffmann*, Hoffmanns Erzählungen, Offenbach), Gutrune (*Der Ring des Nibelungen*), Eva (*Die Meistersinger von Nürnberg*), Elsa (*Lohengrin*, alle Wagner), Arabella (R. Strauss) und vor allem Rollen von Benjamin Britten: Ellen Orford (*Peter Grimes*) und Mrs. Coyle in *Owen Wingrave*, eine Fernsehoper, an deren Weltpremiere sie mitwirkt (für die BBC). Sie nimmt auch an den Uraufführungen von *War Requiem* (Kriegsrequiem, Britten, 1962), *Symphonie Nr. 3* (1972) und *The Ice Break* (Der Eisbruch, 1977, beide Tippett) teil. 1967–68 singt sie in Bayreuth die Elsa; ab 1969 gibt sie regelmäßig Gastspiele am Teatro Colón in Buenos Aires. 1976 wird sie zum ersten Mal von der Scala eingeladen. 1979 macht sie eine große Japan- und Südkorea-Tournee. 1985 wird sie am Royal College of Music in London zur Professorin und ein Jahr später an der Britten-Pears School in Snape zur Direktorin der Gesangsstudien ernannt.

Harrell, Lynn
Amerikanischer Cellist, geb. 30. 1. 1944 New York.
Der Sohn des Baritons Mack Harrell (1909–60) studiert an der Juilliard School of Music in New York bei Leonard Rose, bevor er an das Curtis Institute nach Philadelphia geht. Er besucht Meisterklassen von Pablo Casals und Gregor Piatigorsky und debütiert 1960. 1965–71 ist er Solo-Cellist am Orchester von Cleveland und wird dann von der Universität in Cincinnati zum artist in residence ernannt. Er spielt in Marlboro und Aspen und debütiert in London 1975. Nach dem Gewinn des Avery Fische Prize unterrichtet er ab 1977 an der Juilliard School of Music in New York (bis 1986). 1986 übernimmt er den Piatigorsky-Lehrstuhl an der Universität von Südkalifornien (Los Angeles) und unterrichtet gleichzeitig an der Royal Academy of Music in London. Mit Vladimir Ashkenazy und Itzhak Perlman spielt er häufig Klaviertrios. 1988 wird er zum künstlerischen Direktor des Los Angeles Philharmonic

Institute ernannt. Er spielt auf einem Montagnana aus dem Jahre 1720. 1976 kreiert er das *Konzert für Violoncello und Orchester* von Donald Erb, das ihm gewidmet ist.

Hartemann, Jean-Claude
Französischer Dirigent, geb. 18.12. 1929 Vezet.

Er studiert in Clermont-Ferrand und am Konservatorium von Paris, gewinnt den Wettbewerb von Besançon und wird von der Oper in Dijon verpflichtet. Zu den Dirigenten, die während seiner Zeit dort gastieren, gehört Jésus Etcheverry, von dem Hartemann behauptet, er habe ihm die Grundlagen seines Berufes beigebracht. 1960 wird er zum 2. Kapellmeister an der Oper in Metz ernannt. Gleichzeitig gründet er mit Suzanne Lafaye die Truppe Baladins Lyriques. Außerdem berät er die künstlerische Leitung der Schallplattenfirma Véga, die sich damals sehr um das französische Lied bemüht. Außerdem leitet er noch die Sommerspielzeiten im Theater von Angoulême. 1963 wechselt er als Kapellmeister an die Opéra-Comique, zu deren Musikdirektor er 1968 ernannt wird; er behält diesen Posten bis zur Schließung der Salle Favart inne. 1972–73 reorganisiert er das Orchester und den Chor von Saint-Etienne. 1973–77 unterrichtet er an der Pariser Schola Cantorum. 1977 wird er von der Stadt Evry zum Musikdirektor bestellt. Er gründet das Streichensemble Solistes de France, das wachsenden Erfolg verzeichnet. Hartemann setzt sich auch für die zeitgenössische Musik ein und zeichnet für die Uraufführung von Werken folgender Komponisten verantwortlich: Jacques Bondon, Michel Ciry, Joseph Kosma und Claude Prey. Er verwirklicht die französische Erstaufführung von Frank Martins *Monsieur de Pourceaugnac* und die Uraufführung von Jacques Bondons *Anna et l'Albatros* (Anna und der Albatros).

Harth, Sidney
Amerikanischer Violinist und Dirigent, geb. 5.10.1929 Cleveland (Oh.).

Er studiert am Cleveland Institute of Music bei Joseph Fuchs und Joseph Knitzer (1945–49) und bei George Enescu (1949–51). 1948 gewinnt er den Naumburg-Preis. Ein Jahr später debütiert er in der Carnegie Hall. Das Orchester von Louisville engagiert ihn als Konzertmeister (1953–59); gleichzeitig unterrichtet er an der Universität der Stadt (1953–58). 1957 gewinnt er beim Wieniawski-Wettbewerb in Poznań (Posen) den 2. Preis. Er geht als Konzertmeister zu dem Symphonie-Orchester von Chicago (1959–62, Leitung Fritz Reiner) und zu dem philharmonischen Orchester von Los Angeles (1973–79, Leitung Zubin Mehta; 1976–81 ist er gleichzeitig Dirigent des Orchesters). Seine Unterrichtstätigkeit setzt er an der DePaul University (1959–62) und der Carnegie-Mellon University in Pittsburgh (1963–71) fort, ohne seine Arbeit als Solist oder Dirigent zu vernachlässigen. Er gründet sein eigenes Quartett. 1977–79 ist er Musikdirektor des Symphonie-Orchesters von Puerto Rico. 1981 wird er am Mannes College zum Direktor der Orchesterstudien und an der Stony-Brook University in New York zum Professor ernannt. Er zeichnet für die Uraufführungen von Werken von Norman Dello Joio (*Colloquies*), Edmund Rubbra (*Improvisations*, 1959) und Wallingford Riegger (*Variationen für Violine und Orchester*, 1959) verantwortlich. Mit seiner Frau, der Geigerin Teresa Testa Harth, spielt er häufig Violin-Duos. Er spielt auf einer Stradivari, der *Graf Armaille* aus dem Jahre 1737.

Harty, Sir Hamilton
Irischer Dirigent, Organist und Komponist, geb. 4.12.1879 Hillsborough (Irland), gest. 19.2.1941 Hove (England).

Bevor er selbst komponiert, arbeitet er in Irland als Organist; anschließend leitet er die British National Opera Company und das Hallé Orchestra in Manchester (1920–33). Später arbeitet er hauptsächlich als Gastdirigent, vor allem mit dem Symphonie-Orchester von London. Er leitet die Uraufführungen von Sir William Waltons *Symphonie Nr. 1* (1934) und Sir Arnold Baxs *Symphonie Nr. 6* (1935).

Harwood, Elizabeth
Englische Sopranistin, geb. 27. 5. 1938 Barton Seagrave, gest. 22. 6. 1990 London.
Sie studiert am Royal Manchester College of Music 1956–60 und gewinnt zum Abschluß den Kathleen Ferrier Memorial Prize. Sie debütiert als Chorsängerin bei den Festspielen von Glyndebourne; als erste kleine Rolle singt sie den Zweiten Knaben (*Die Zauberflöte*, Mozart). 1961 geht sie zum Sadler's Wells Theatre und singt dort die Susanna (*Le nozze di Figaro*), Konstanze (*Die Entführung aus dem Serail*, beide Mozart), Adele (*Le Comte Ory*, Der Graf Ory, Rossini), Gilda (*Rigoletto*, Verdi), Manon (*Manon Lescaut*, Puccini) und Zerbinetta (*Ariadne auf Naxos*, R. Strauss). 1963 gewinnt sie den Verdi-Wettbewerb in Busseto; 1967–69 gastiert sie bei den Festspielen von Aix-en-Provence als Fiordiligi (*Così fan tutte*, Mozart) und Konstanze. 1968 debütiert sie am Covent Garden; an diesem Haus singt sie die Fiaker-Milli (*Arabella*, R. Strauss), Marcellina (*La nozze di Figaro*), Gilda, Bella (*Midsummer Marriage*, Mittsommer-Hochzeit, Tippett), Norina (*Don Pasquale*, Donizetti), Elvira (*Don Giovanni*, Mozart) und Teresa (*Benvenuto Cellini*, Berlioz). 1970 gastiert sie bei den Salzburger Festspielen als Konstanze und Gräfin Almaviva (*Le nozze di Figaro*), 1972 an der Scala, 1973 an der Met und 1974 an der Pariser Oper (Gräfin Almaviva). Sie singt auch Lieder (R. Strauss), Kirchenmusik (Poulenc) und Operetten. Ihre Schallplattenaufnahme der *Lustigen Witwe* (Lehár) unter Herbert von Karajan hat Geschichte gemacht.

Haselböck, Hans
Österreichischer Organist und Komponist, geb. 26. 7. 1928 Nesselstauden (Niederösterreich).
Er studiert an der Universität Wien Literatur- und Musikwissenschaft (1947–52) und an der Wiener Musikakademie Orgel, Improvisation und Kirchenmusik bei Walter Pach (1948–53). 1953 wird er zum Organisten der Dominikanerkirche ernannt. Dreimal hintereinander gewinnt er den Internationalen Orgelwettbewerb von Haarlem (1958–60). 1961 wird er an der Hochschule für Musik in Wien zum Professor für Orgel und Improvisation ernannt. 1964 übernimmt er die Leitung der Kirchenmusikabteilung. Als Komponist schreibt er hauptsächlich religiöse Musik. Wir verdanken ihm auch bedeutende musikwissenschaftliche Arbeiten.
W: *Barocker Orgelschatz in Niederösterreich* (Wien 1972).

Haselböck, Martin
Österreicherischer Organist, geb. 23. 11. 1954 Wien.
Der Sohn des Organisten Hans Haselböck studiert in Wien und Paris bei Michael Radulescu, Friedrich Cerha, Hans Haselböck und Jean Langlais Orgel, Cembalo und Komposition. Er gewinnt den 1. Preis beim internationalen Orgel-Wettbewerb von Melk. Seine Karriere beginnt 1970. 1972 gewinnt er den Improvisations-Wettbewerb von Melk. Er wird an der Wiener Hofkapelle und der Augustinerkirche zum Organisten ernannt und leitet die Orgelkunst-Festspiele. 1979 übernimmt er eine Professur an der Musikhochschule Wien; 1986 geht er an die Musikhochschule Lübeck. Seit 1986 leitet er die Wiener klassische Akademie, ein Barock-Ensemble, das auf alten Instrumenten spielt, und gibt Partituren heraus (Universal Orgel Edition). Zu den Komponisten, die für ihn schreiben, gehören Ernst Krenek (zwei Orgelkonzerte), Alfred G. Schnittke, Cristóbal Halffter, Zsolt Durkó, Gilbert Amy und William Albright.

Haskil, Clara
Schweizer Pianistin rumänischer Herkunft, geb. 7.1. 1895 Bukarest, gest. 7.12. 1960 Brüssel.
Schon früh zeigt sich ihre außergewöhnliche Begabung. 1901 geht sie bereits auf das Bukarester Konservatorium. Der Dirigent Dimitri Dinicu stellt sie der rumänischen Königin Elisabeth vor, die ihr die Fortsetzung ihres Studiums in Wien ermöglicht. 1902 nimmt sie ihr Studium bei Richard Robert in Wien auf, der noch ein anderes Wunderkind unterrichtet, George Szell. Ihr Onkel Avram kümmert sich ab 1902 intensiv um sie und sollte bis zu seinem Tod im Jahr 1934 einen großen Einfluß auf sie ausüben, der zu Beginn durchaus günstig für ihre Entwicklung ist, sie ab 1919 aber eher lähmt. Sie studiert auch Violine – spaßeshalber tauscht sie privat mit Arthur Grumiaux öfter die Instrumente – und gibt 1905 ihr erstes Konzert. Im gleichen Jahr geht sie nach Paris und lernt Gabriel Fauré kennen. Bei Joseph Morpain nimmt sie ihr Studium wieder auf. Nach zwei Jahren Vorbereitungsklassen am Pariser Konservatorium wird sie 1907 in die Klasse von Alfred Cortot aufgenommen, mit dem sie aber sich nie richtig anfreunden kann, so daß sie meistens mit Lazare-Lévy arbeitet. 1909 gewinnt sie beim Wettbewerb der Union Française de la Jeunesse einen 1. Preis für Violine – Präsident der Jury ist Jacques Thibaud – und am Konservatorium einen 2. Preis für Klavier – Aline van Barentzen und Youra Guller werden ihr vorgezogen. 1910 erhält sie endlich einen 1. Preis für Klavier.
1911 lernt sie Ferruccio Busoni und etwas später Ignacy Jan Paderewski kennen. Seit langem leidet sie bereits an einer seitlichen Verkrümmung der Wirbelsäule. Clara Haskil ist gezwungen, ein Gipskorsett zu tragen, und muß auf jede pianistische Tätigkeit verzichten. Erst 1920 tritt sie wieder in der Öffentlichkeit auf. Sie gibt in der Schweiz, in Belgien und den Vereinigten Staaten Konzertabende, doch trotz der Unterstützung durch die Prinzessin von Polignac und bedeutender Musikerkollegen ignoriert Paris weiterhin ihren Stil, der mit dem damals herrschenden Geschmack nichts gemein hat. Sie hat nur selten Möglichkeit aufzutreten.
Bis 1933 spielt sie hauptsächlich in der Schweiz. 1934 nimmt sie ihre ersten Schallplatten auf, die von befreundeten Mäzenen finanziert werden; erst 1947 geht eine offizielle Schallplattenfirma das Wagnis ein, mit ihr zu produzieren. 1936 lernt sie Dinu Lipatti kennen. Die beiden außergewöhnlichen Musiker befreunden sich. Ein Jahr später scheint der Rundfunk auf sie aufmerksam zu werden. Désiré-Emile Inghelbrecht, der gerade das Orchestre National gegründet hat, in dem Claras Schwester, Jeanne Haskil, als Geigerin einen der vorderen Plätze einnimmt, interessiert sich für sie. Sie spielt öfter unter ihm. 1941 überschreitet sie mit einem Teil des Orchesters und Inghelbrecht selbst heimlich die Demarkationslinie und flieht in den freien Teil Frankreichs. In Marseille wird sie erfolgreich an einem Gehirntumor operiert. 1942 kann sie einen Tag vor der Besetzung der freien Zone in die Schweiz fliehen.
Nach dem Zweiten Weltkrieg nimmt ihre Karriere einen neuen Aufschwung. Sie gibt 1949 in Holland eine Konzertserie, die ihr endgültig zum Durchbruch verhilft. 1950 lädt Pablo Casals sie zu seinem Festival nach Prades ein; sie lernt dort Arthur Grumiaux kennen. Eines der berühmtesten Duos dieser Zeit entsteht. 1951 feiert sie in Paris ihren ersten großen Triumph.
Aufgrund ihrer hervorragenden Technik bewältigt Clara Haskil auch die schwierigsten Partituren. Ihr Repertoire baut auf der Klassik und Romantik auf (Beethoven, Schumann, Schubert, dessen Sonaten sie als eine der ersten spielt, und Chopin). Erst spät, 1929, beschäftigt sie sich mit dem Werk Wolfgang Amadeus Mozarts, und der Beginn ist eher zaghaft, denn erst in den 50er Jahren nimmt sie einen zweiten Anlauf, die *Konzerte für Klavier und Orchester* des Salzburgers zu interpre-

tieren, dann allerdings so überzeugend, daß ihre Interpretationen zu den richtungweisenden des 20. Jahrhunderts gehören. Sie spielt kaum zeitgenössische Musik, von einigen Werken Béla Bartóks, Henri Sauguets und Paul Hindemiths einmal abgesehen.

Hasson, Maurice
Venezolanischer Violinist französischer Herkunft, geb. 6. 7. 1934 Berck-Plage.
Er stammt aus einer jüdisch-sephardischen Familie und studiert bei Line Talluel, Joseph Benvenuti und Joseph Calvet am Pariser Konservatorium (1948–50), wo er zum Abschluß einen Ehrenpreis in Violine und einen Preis in Kammermusik erhält. Anschließend perfektioniert er sich bei Henryk Szeryng. 1951 tritt er erstmals in Paris auf. 1953 ist er Preisträger des Marguerite Long-Jacques Thibaud-Wettbewerbes. 1960–67 ist er Professor für Violine an der Anden-Universität (Merida, Venezuela), 1967–70 für Kammermusik am Konservatorium von Caracas. 1973 tritt er mit großem Erfolg in London auf; seine internationale Karriere beginnt. 1978 spielt er in den Vereinigten Staaten unter Lorin Maazel. Zahlreiche venezolanische Komponisten (Rhazès Hernandez Lopez, Gonzalo Castellanos Yumar u. a.) schreiben für ihn. Maurice Hasson spielt zur Zeit auf einer Antonius Stradivari aus dem Jahre 1727 und einer Etienne Vatelot aus dem Jahre 1981.

Haudebourg, Brigitte
Französische Cembalistin, geb. 5. 12. 1942 Paris.
Sie beginnt als Vierjährige bei Marguerite Long und Jean Doyen mit dem Klavier-Unterricht. Als Fünfzehnjährige geht sie zu Robert Veyron-Lacroix und lernt Cembalo. Anschließend besucht sie die Klasse von Marcelle de Lacour am Konservatorium von Paris, wo sie 1963 einen 1. Preis erhält. Sie perfektioniert sich bei Pierre Pierlot und gewinnt 1968 beim Viotti-Wettbewerb eine Goldmedaille. Ihre Karriere beginnt. Ihr Repertoire ist eher ungewöhnlich; so nimmt sie unter Kurt Redel die *Konzerte für Cembalo und Orchester* von Wilhelm Friedemann Bach auf, spielt Kompositionen von Pierre d'Andrieu, Louis-Claude Daquin und Johann Schobert, mit Marielle Nordmann die *Sonaten für Harfe und Cembalo* von Pierre Baur, mit Michel Debost die *Sonaten für Flöte und Cembalo* von François Devienne und mit Jean-Jacques Kantorow die *Sonaten für Violine und Cembalo* des Chevalier de Saint-Georges. Sie interessiert sich auch für zeitgenössische Musik, zeichnet für die Uraufführung von Werken von Jean-Paul Holstein, Michel Merlet und Patrice Mestral verantwortlich und nimmt auch an einigen vom Théâtre du Silence durchgeführten Uraufführungen teil.

Hauschild, Wolf-Dieter
Deutscher Dirigent, geb. 6. 9. 1937 Greiz (Thüringen).
Er studiert bei Ottmar Gerster, Hermann Abendroth und Gerhard Pflüger an der Musikhochschule Weimar und perfektioniert sich bei Hermann Scherchen und Sergiu Celibidache. Das Deutsche Nationaltheater engagiert ihn als 1. Kapellmeister. 1963 wird er ständiger Dirigent am Kleist-Theater in Frankfurt/Oder und dirigiert auch die dortige Philharmonie. 1971–74 leitet er den Rundfunkchor der DDR, 1974–78 ist er stellvertretender Direktor des Symphonie-Orchesters von Radio Berlin. Er geht als Chefdirigent zum Chor und zum Symphonie-Orchester von Radio Leipzig (1978–85). 1981 wird er an den Musikhochschulen Berlin und Leipzig zum Professor für Orchesterleitung ernannt. Er dirigiert regelmäßig an der Staatsoper und der Komischen Oper in Berlin sowie an der Semper-Oper in Dresden, wo er 1985 die Festaufführung zum Abschluß des Wiederaufbaus des Hauses leitet. Im gleichen Jahr übersiedelt er in die Bundesrepublik und wird Musikdirektor der Stuttgarter Philharmoniker (bis 1991). Er ist gleichzeitig ständiger Gastdirigent des

Symphonie-Orchesters in Berlin. 1988 übernimmt er an der Musikhochschule in Stuttgart eine Professur für Orchesterleitung. 1991 wird er Generalmusikdirektor in Essen.

Hausegger, Siegmund von
Österreichischer Dirigent und Komponist, geb. 18. 8. 1872 Graz, gest. 10. 10. 1948 München.
Er erhält von seinem Vater, dem berühmten Wagner-Spezialisten Friedrich von Hausegger (1837–99), ersten Unterricht und geht dann zu Erich W. Degner, Karl Pohlig und Martin Plüddemann. Während der Spielzeit 1895–96 debütiert er als Dirigent an der Oper seiner Heimatstadt. Anschließend leitet er in München das Kaim-Orchester (1898–1903, gleichzeitig mit Felix von Weingartner). 1903–06 dirigiert er in Frankfurt/M. die Museumskonzerte. Anschließend geht er als ständiger Dirigent nach Glasgow und Edinburgh, bevor er die Leitung der Philharmonischen Konzerte in Hamburg übernimmt (1910–20). Zur gleichen Zeit dirigiert er die Symphonie-Konzerte des Blüthner-Orchesters in Berlin. 1920 geht er nach München und übernimmt die Leitung des Konzertverein-Orchesters (später Münchner Philharmoniker, bis 1938). Er steht auch an der Spitze der Münchner Akademie der Tonkunst (bis 1934). Er wird eine herausragende Gestalt des Münchner Musiklebens und bringt sein Orchester auf ein bemerkenswertes Niveau. Hausegger spielt als einer der ersten Dirigenten die Werke Anton Bruckners in der Originalfassung, darunter auch die der *Symphonie Nr. 9*, die er als erster aufführt. Er ist in erster Ehe mit der Sängerin Hertha Ritter verheiratet. Als Komponist hinterläßt er Opern, Kirchenmusik, Musik für Orchester und Lieder.

Hausmann, Robert
Deutscher Cellist, geb. 13. 8. 1852 Rottleberode (Harz), gest. 18. 1. 1909 Wien.
Er studiert in Braunschweig bei Theodor Müller (bis 1869); anschließend geht er an die Berliner Akademie (bis 1871) und schließlich zu Alfredo Piatti nach London. 1872–76 ist er Cellist des Gräflich Hochbergschen Quartetts in Dresden. 1876 wird er an der Berliner Akademie zum Professor ernannt. 1879–1907 ist er Cellist des berühmten Joachim-Quartetts. Gleichzeitig gehört er dem Barth-Trio an (mit dem Pianisten Karl Heinrich Barth und dem Geiger Heinrich de Ahna). 1886 kreiert er die *Sonate für Violoncello und Klavier Nr. 2* von Johannes Brahms. Am 21. 9. 1887 realisiert er zusammen mit Joseph Joachim in Baden-Baden die Uraufführung der Klavierfassung von Johannes Brahms' *Konzert für Violine, Violoncello und Orchester*, wobei Brahms den Orchesterpart selbst auf dem Klavier spielt, und am 18. Oktober des gleichen Jahres die Fassung mit Orchester in Köln. 1891 endlich kreiert er das *Klarinetten-Trio*, ebenfalls von Johannes Brahms. Max Bruch widmet ihm *Kal Nidrei*. Er spielt auf einem Stradivari aus dem Jahre 1724.

Heger, Robert
Deutscher Dirigent und Komponist, geb. 19. 8. 1886 Straßburg, gest. 14. 1. 1978 München.
Er studiert in Straßburg bei Franz Stockhausen, in Zürich bei Lothar Kempter und in München bei Max von Schillings. 1907 beginnt er in Straßburg als Kapellmeister. Über Ulm (1908) und Barmen (1909) geht er 1911 an die Wiener Volksoper. 1913–1920 ist er Kapellmeister in Nürnberg und leitet dort auch die Philharmonischen Konzerte. 1920 wird er an die Münchner Oper berufen (bis 1925), geht dann an die Wiener Oper (1925–33), leitet dort gleichzeitig die Konzerte der Gesellschaft der Musikfreunde (1928–34). 1933 geht Heger als Kapellmeister nach Berlin; gleichzeitig übernimmt er die Funktion eines Generalmusikdirektors in Kassel (1935–44) und der Waldoper Zoppot. 1950 geht er als 1. Staatskapellmeister zurück an die Münchner Oper und übernimmt 1950–54 die Lei-

tung der Münchner Hochschule für Musik. Heger ist einer der wichtigsten Operndirigenten Deutschlands und Österreichs seiner Generation. Aufgrund seiner perfekten Kenntnis des Repertoires und der verschiedenen Theater ist es ihm möglich, problemlos bei bereits fertigen Produktionen einzuspringen und hat so manche schwierige Situation retten können. Als Komponist hinterläßt er verschiedene Opern und Orchesterwerke.

Heidsieck, Eric
Französischer Pianist, geb. 21. 8. 1936 Reims.
Er stammt aus einer musikalischen Familie. 1944–52 besucht er die Klasse von Blanche Bascourret de Gueraldi an der Ecole Normale de Musique in Paris und gibt in seiner Heimatstadt regelmäßig Konzerte. 1952 geht er zu Marcel Ciampi an das Pariser Konservatorium und erhält dort zwei Jahre später einen 1. Preis. Er perfektioniert sich bei Wilhelm Kempff und wird von Alfred Cortot unterstützt. Er verfügt über ein ausgezeichnetes Gedächtnis und ein umfangreiches Repertoire, so daß es ihm möglich ist, große Konzertzyklen zu veranstalten, darunter die zwölf letzten *Konzerte für Klavier und Orchester* von Wolfgang Amadeus Mozart (1964) oder die 32 *Sonaten für Klavier* von Ludwig van Beethoven (1969) oder auch die *Suiten* von Georg Friedrich Händel (1973). Seit 1960 spielt er mit seiner Frau Tania Klavierduos. Auch mit Paul Tortelier tritt er gemeinsam auf. Wir verdanken ihm die Uraufführung und Einspielung der *Ostersonate* von Felix Mendelssohn Bartholdy. Er ist Professor am Konservatorium Lyon.

Heifetz, Jascha (= Iossif Robertowitsch Heifetz)
Amerikanischer Violinist litauischer Herkunft, geb. 2. 2. 1901 Vilnius (offizielles Geburtsdatum; in Wirklichkeit 1899), gest. 10. 12. 1987 Los Angeles.
Der Sohn von Ravin Heifetz, Geiger am Theater von Wilna, erhält von seinem Vater ersten Geigen-Unterricht und geht dann ans Konservatorium von Wilna zu Elias Malkin. Als Sechsjähriger erhält er bereits einen Großen Ersten Preis, der ihm sein Debüt mit Felix Mendelssohn Bartholdys *Konzert für Violine und Orchester* in Kowno ermöglicht. Leopold Auer, Professor am Kaiserlichen Konservatorium in Sankt Petersburg, hört das achtjährige und bereits relativ bekannte Wunderkind, ist begeistert und fordert es auf, an sein Konservatorium zu kommen. Obwohl es Juden verboten ist, in Sankt Petersburg zu wohnen, folgt Heifetz Auers Aufforderung und macht unglaubliche Fortschritte. 1914 debütiert er mit den Berliner Philharmonikern unter Arthur Nikisch. 1916 fährt er nach einer Skandinavien-Tournee in die Vereinigten Staaten; am 27. 10. 1917 gibt er in der Carnegie Hall sein erstes Konzert auf amerikanischem Boden. Ab dieser Zeit tritt er in der ganzen Welt auf, einschließlich Israel. 1934 besucht er zum letzten Mal die Sowjetunion.
Neben seiner Solisten-Karriere unterrichtet Heifetz seit 1959 in Los Angeles. Zu seinen Schülern gehören u. a. Pierre Amoyal und Erick Friedmann.
Wie Fritz Kreisler transkribiert Jascha Heifetz viele Werke für sein Instrument (um die 250). Für die Violinkonzerte von Ludwig van Beethoven und Johannes Brahms sowie das 4. von Mozart schreibt er Kadenzen. Violinkonzerte folgender Komponisten sind ihm gewidmet und von ihm uraufgeführt: Miklos Rosza, Erich Wolfgang Korngold, Louis Gruenberg, Mario Castelnuovo-Tedesco (das zweite) und Sir William Walton. Heifetz realisiert die amerikanische Ersttaufführung von Sergej S. Prokofjews *Konzert für Violine und Orchester Nr. 2*. Mit den bedeutendsten Musikern seiner Zeit betreibt er Kammermusik: Arthur Rubinstein, Emanuel Feuermann, Gregor Piatigorski oder William Kapell, um nur einige zu nennen.
Aus gesundheitlichen Gründen zieht er sich 1973 vom Konzertbetrieb zurück. Er besaß die berühmte Guarneri del

Gesù aus dem Jahre 1742, auf der Ferdinand David das *Konzert für Violine und Orchester Nr. 2* von Felix Mendelssohn Bartholdy bei der Uraufführung gespielt hatte und die später in den Besitz von Pablo de Sarasate übergegangen war, und eine Stradivari aus dem Jahre 1731.

Heiller, Anton
Österreichischer Organist, Komponist und Dirigent, geb. 15.9. 1923 Wien, gest. 25.3. 1979 daselbst.
Er studiert an der Wiener Akademie für Musik bei Bruno Seidlhofer (Klavier, Cembalo und Orgel) und Friedrich Reidinger (Komposition) und schließt 1942 ab. Bereits 1939 beginnt seine Solisten-Karriere. Er gilt schon bald als der beste Bach-Interpret seiner Generation. 1945 übernimmt er selbst eine Orgelklasse an der Akademie, die er bis zu seinem Tod beibehält. 1952 gewinnt er den Wettbewerb in Haarlem. Seit dieser Zeit gastiert er jährlich in Holland. 1963 verwirklicht er die Uraufführung von Paul Hindemiths *Konzert für Orgel und Orchester*. Als Komponist ist er von Johann Nepomuk David, Frank Martin, Paul Hindemith und Igor Strawinsky beeinflußt.

Heintze, Hans Paul Heinrich Werner
Deutscher Organist und Chorleiter, geb. 4.2. 1911 Wehre bei Goslar (Harz).
Der Schüler von Günther Ramin in Leipzig arbeitet 1932–34 als Kantor und Organist in Bad Oldesloe und geht dann in den gleichen Funktionen an die Sophienkirche nach Dresden (1934–40). 1940 wird er in Leipzig zum Thomasorganisten ernannt. 1949–57 ist er als Kantor und Organist an St. Johannis in Lüneburg tätig. An der Berliner Musikhochschule unterrichtet er 1955–57. 1958–75 arbeitet er als Kantor und Organist an St. Petri in Bremen; er unterrichtet auch am dortigen Konservatorium.

Heisser, Jean-François
Französischer Pianist, geb. 7.12. 1950 Saint-Etienne.
Er beginnt sein Studium am Konservatorium von Saint-Etienne und geht dann an das von Paris, wo er Schüler von Vlado Perlemuter, Marcel Ciampi, Pierre Pasquier und Henriette Puig-Roget wird. 1973 erhält er einen 1. Preis (Klavier). Er zeichnet sich auch in den Klassen für Kammermusik, Begleitung, Harmonielehre, Kontrapunkt und Fuge aus. 1974 erhält er beim Jaen-Wettbewerb in Spanien einen Sonderpreis für seine Interpretationen spanischer Musik. Im gleichen Jahr gewinnt er in Lissabon den Vianna-da-Motta-Wettbewerb. Seine internationale Karriere beginnt, als Solist und auf dem Gebiet der Kammermusik als Partner von Régis Pasquier, mit dem er 1976 im Lincoln Center in New York ein vielbeachtetes Konzert gibt. 1976–85 gehört er als Solo-Pianist dem Nouvel Orchestre Philharmonique de Radio France an. Sein Repertoire ist weit gespannt und reicht von Ludwig van Beethoven und Franz Schubert bis zu Vincent d'Indy, Paul Dukas, Arnold Schönberg, Luciano Berio und George Crumb.

Heitmann, Fritz
Deutscher Organist, geb. 9.5. 1891 Ochsenwerder bei Hamburg, gest. 7.9. 1953 Berlin.
Sein Vater erteilt ihm ersten Klavier-Unterricht. Anschließend geht er an das Bernutsche Konservatorium in Hamburg und von dort aus zu Joseph Pembaur jr. an das Konservatorium von Leipzig (1909–11); dort wird er auch von Karl Straube (Orgel) und Max Reger (Komposition) unterrichtet. 1912 wird er am Dom zu Schleswig zum Organisten ernannt und geht 1918 an die Kaiser-Wilhelm-Gedächtniskirche nach Berlin; ab 1919 ist er auch Organist der Berliner Singakademie. 1923 nimmt er seine Unterrichtstätigkeit an der Staatlichen Akademie für Kirchen- und Schulmusik auf, wo er 1925 zum Professor ernannt wird. 1923 gründet er die Berli-

ner Motettenvereinigung und 1928 den Verein zur Pflege der Kirchenmusik an der Kaiser-Wilhelm-Gedächtniskirche. 1932 ist er Nachfolger Walter Fischers als Berliner Domorganist. Im gleichen Jahr übernimmt er an der Berliner Hochschule für Musik eine Professur, die er bis zu seinem Tod beibehält.

Hekking, André
Französischer Cellist, geb. 30. 7. 1866 Bordeaux, gest. 14. 12. 1925 Paris.
Sein Vater Robert Hekking (1820–75) führt ihn in die Musik ein. Seine Karriere nimmt nach seinem Umzug nach Paris einen bedeutenden Aufschwung. Nach dem Ersten Weltkrieg wendet er sich pädagogischen Aufgaben zu und unterrichtet zuerst am Pariser Konservatorium (1919–25) und dann am amerikanischen in Fontainebleau.

Hekking, Anton
Holländischer Cellist, geb. 7. 9. 1856 Den Haag, gest. 18. 11. 1935 Berlin.
Der Bruder von André studiert bei Joseph Giese, Camille Chevillard und Léon Jacques Jacquard am Pariser Konservatorium. 1882 unternimmt er mit Eugène Ysaÿe eine Europa- und 1888 eine Amerika-Tournee. Er wird Solo-Cellist bei den Berliner Philharmonikern (1884–88), bei dem Symphonie-Orchester von Boston (1889–91) und den New Yorker Philharmonikern (1895–98) und kehrt dann zu den Berliner Philharmonikern zurück (1898–1902). Ab 1898 unterrichtet er in Berlin am Sternschen Konservatorium; mit Artur Schnabel und Alfred Wittenberg bildet er ein Trio.

Hekking, Gérard
Französischer Cellist, geb. 22. 8. 1879 Nancy, gest. 5. 6. 1942 Paris.
Der Vetter von André und Anton Hekking studiert am Konservatorium von Paris und erhält 1899 einen 1. Preis. 1903–14 wirkt er als Solo-Cellist am Concertgebouw-Orchester in Amsterdam. Den 1. Weltkrieg verbringt er in Frankreich. Nach dem Krieg kehrt er nach Holland zurück, bis er 1927 als Professor an das Pariser Konservatorium geht und gleichzeitig als Solo-Cellist an der Pariser Oper arbeitet. Er prägt die französische Cello-Schule vor allem aufgrund der Betonung der Bogenführung. Mit Richard Strauss, Alexander K. Glasunow, Raoul Pugno, Fritz Kreisler und Alfred Cortot als Partner spielt er regelmäßig Kammermusik.

Heldy, Fanny (= Marguerite Virginie Emma Clementine Deceuninck)
Französische Sopranistin belgischer Herkunft, geb. 29. 2. 1888 Ath (Belgien), gest. 13. 12. 1973 Neuilly-Seine.
Ihr Vater ist Belgier, ihre Mutter Engländerin, durch Heirat wird sie Französin. Sie studiert an den Konservatorien von Lüttich und Brüssel und debütiert 1910 in Brüssel am Théâtre de la Monnaie. Sie lernt an den belgischen Bühnen ihren Beruf von Grund auf, studiert viele kleine Rollen ein und singt während der Saison zwei Jahre lang in Vichy und Aix-les-Bains. 1917 debütiert sie an der Pariser Opéra-Comique als Violetta (*La Traviata*, Verdi). An diesem Haus kreiert sie die Titelrolle von *Gismonda* (H. Février) und triumphiert in *Il barbiere di Siviglia* (Der Barbier von Sevilla, Rossini), *Les Contes d'Hoffmann* (Hoffmanns Erzählungen, Offenbach), *Louise* (G. Charpentier), *Madame Butterfly* (Puccini), *Manon* (Massenet), *Pelléas & Mélisande* (Debussy) und *Tosca* (Puccini). An der Oper debütiert sie 1920 als Juliette (*Roméo et Juliette*, Gounod), Beginn einer zwanzig Jahre dauernden absoluten Herrschaft; ihre prächtig eingerichtete Künstlergarderobe an der Pariser Oper ist erhalten geblieben und spricht Bände. An diesem Haus singt sie die Nedda (*I Pagliacci*, Der Bajazzo, Leoncavallo), Margarethe (*Faust*, Gounod), Thaïs (Massenet), Elsa (*Lohengrin*, Wagner), Ophelia (*Hamlet*, Thomas), Manon (Massenet) und Violetta. Sie wirkt an zahlreichen Uraufführungen mit: *Antar* (G. Dupont, die Rolle der Abla), *Le Jardin du paradis* (Der Paradiesgarten, Bru-

neau, die Rolle der Arabella), *Nerto* (Widor, Titelrolle), *La Tour de feu* (Der Feuerturm, Lazzari, Naïc), *Persée et Andromède* (Ibert, Andromeda), *L'illustre Frégona* (Die berühmte Frégona, Laparra, Titelrolle), *Le Marchand de Venise* (Der Händler von Venedig, Hahn, Portia). Sie ist an der Oper auch die erste Violetta, die erste Conception (*L'Heure espagnole*, Die spanische Stunde, Ravel), die erste Salome (*Hérodiade*, Massenet) und der erste Herzog von Reichstadt (*L'Aiglon*, Napoleon, Honegger und Ibert – sie hatte diese Rolle 1937 in Monte Carlo kreiert).

Ihr Vertrag mit der Pariser Oper läßt ihr die Freiheit, auch im Ausland aufzutreten. So gibt sie am Covent Garden in London, am Liceo in Barcelona, am Teatro Colón in Buenos Aires und vor allem an der Scala in Mailand, wo sie Arturo Toscaninis bevorzugte Louise und Mélisande ist, Gastspiele. Auf dem Höhepunkt ihres Ruhms zieht sie sich kurz vor dem Ausbruch des Zweiten Weltkriegs zurück, noch bevor ihre so schöne Stimme und ihr so ausdrucksvolles Gesicht Altersspuren zeigen.

Helffer, Claude
Französischer Pianist, geb. 18. 6. 1922 Paris.
In seiner Familie gehört Kammermusik zum täglichen Brot. Er studiert am Polytechnikum und gleichzeitig an der Sorbonne Musiktheorie bei René Leibowitz. Dann beschließt er, Pianist zu werden, und geht zu Robert Casadesus. Helffer besitzt ein außergewöhnlich gutes Gedächtnis und eine hervorragende Technik. Er beschäftigt sich mit dem klassischen Repertoire (Mozart, Beethoven, Schumann), studiert die Werke von Béla Bartók, Claude Debussy und Maurice Ravel und begeistert sich endlich für die zeitgenössische Musik. Viele Komponisten widmen ihm Werke, die er selbst kreiert: Gilbert Amy (*Epigrammes*, 1965), André Boucourechliev (*Konzert für Klavier und Orchester*, 1975), Betsy Jolas (*Stances*, 1978), Philippe Manoury (*Cryptophones*, 1974), Luís de Pablo (*Konzert für Klavier und Orchester Nr. 1*, 1980), Gilles Tremblay (*Envois*, Sendungen, 1983), Iannis Xenakis (*Erikhthon*, 1974). Folgende Werke werden von ihm uraufgeführt, ohne daß sie ihm gewidmet wären: *Inventions I* und *II* (Amy), *Musique nocturne, Archipel II* (Boucourechliev), *Konzert für Klavier und Orchester* (Hamilton), *Triple et trajectoire* (Koering), *Sonate Nr. 3* (Nigg), *Eclipse* (Tabachnik).

Helmerson, Frans
Schwedischer Cellist, geb. 3. 11. 1945 Ängelholm.
Er beginnt als Achtjähriger bei Guido Vecchi an der Musikschule Göteborg mit dem Cello-Unterricht. Anschließend geht er nach Rom zu Giuseppe Selmi und nach London zu William Pleeth. 1968 wird er zum Solo-Cellisten des Symphonie-Orchesters von Radio Stockholm ernannt (damals unter der Leitung von Sergiu Celibidache). Ab 1970 tritt er als Solist auf. 1971 gewinnt er in Florenz den Gaspar-Cassadó-Wettbewerb; zwei Jahre später beim Münchner Rundfunk-Wettbewerb einen 2. Preis. 1973–78 unterrichtet er an der Musikhochschule Oslo und ab 1978 an der Musikhochschule des Schwedischen Rundfunks in Stockholm. 1979 spielt er unter Mstislav L. Rostropowitsch; kurz darauf springt er für den erkrankten Meister ein und spielt in London das *Konzert für Violoncello und Orchester* von Antonín Dvořák, der Beginn einer internationalen Karriere.

Hempel, Frieda
Amerikanische Koloratursopranistin deutscher Herkunft, geb. 26. 6. 1885 Leipzig, gest. 7. 10. 1955 Berlin.
Sie wird am Leipziger Konservatorium zur Pianistin ausgebildet und studiert dann bei Selma Nikiaß-Kempner am Sternschen Konservatorium in Berlin Gesang (1902–05). Sie debütiert in Breslau. 1905 singt sie an der Berliner Oper, verbringt zwei Jahre in Schwerin

und kehrt 1907 wieder nach Berlin zurück (bis 1912), wo sie als erste Berliner Marschallin (*Der Rosenkavalier*, R. Strauss) einen großen Erfolg erzielt. 1907 debütiert sie am Covent Garden (*Bastien und Bastienne*, Mozart), an der Münchner Oper (Susanna, *Le nozze di Figaro,* und Fiordiligi, *Così fan tutte,* beide Mozart), 1910 an der Pariser Oper und 1912 an der Met (in *Les Huguenots,* Die Hugenotten, Meyerbeer). Sieben Jahre lang singt sie regelmäßig an der Met (Violetta, *La Traviata,* Verdi; Rosina, *Il barbiere di Siviglia,* Der Barbier von Sevilla, Rossini; Susanna, *Le nozze di Figaro,* Mozart; Olympia, *Les Contes d'Hoffmann,* Hoffmanns Erzählungen, Offenbach). 1920 verkörpert sie bei einer Konzertserie zu Ehren der schwedischen Sängerin Jenny Lind ihre Kollegin; 1921 tritt sie in San Francisco auf. Im gleichen Jahr nimmt sie Abschied von der Bühne und beschränkt sich auf Liederabende. Ihre Stimme ermöglicht ihr reine Koloraturrollen wie die Königin der Nacht (*Zauberflöte,* Mozart) oder Gilda (*Rigoletto,* Verdi) wie auch dramatische Rollen wie die Eva (*Die Meistersinger von Nürnberg,* Wagner) oder Euryanthe (v. Weber), die sie unter Arturo Toscanini singt. Bis 1955 lebt sie in den Vereinigten Staaten und kehrt erst kurz vor ihrem Tod nach Deutschland zurück.
W: *Mein Leben dem Gesang* (Berlin 1955).

Hendl, Walter
Amerikanischer Dirigent, geb. 12.1. 1917 New York.
Er studiert zuerst bei Clarence Adler und David Saperton Klavier (1934–37), bevor er zu Fritz Reiner an das Curtis Institute in Philadelphia geht (1937–41). 1939 unterrichtet er bereits am Sarah Lawrence College in Bronxville (N.Y.) (bis 1941) und geht dann ans Berkshire Center (1941–42). 1945–49 ist er Dirigent der New Yorker Philharmoniker, bevor er als Musikdirektor an das Symphonie-Orchester von Dallas geht (1949–58). Gleichzeitig ist er principal guest conductor des Symphony of the Air Orchestra. 1953 übernimmt er zusätzlich die musikalische Direktion des Symphonie-Orchesters von Chautauqua (1953–72). Fritz Reiner holt ihn als seinen Stellvertreter nach Chicago (1958–64). 1964–72 ist er Direktor der Eastman School of Music in Rochester (N.Y.) und künstlerischer Berater des philharmonischen Orchesters der gleichen Stadt. 1976 wird er zum Direktor der Philharmoniker von Erie (Pa.) ernannt. Er setzt sich für die Musik seiner Zeit ein und dirigiert 1947 die Uraufführung der *Symphonie Nr. 3* von Peter Mennin, 1949 das *Konzert für Klavier und Orchester Nr. 3* von Bohuslav Martinů und 1954 das *Konzert für Violoncello und Orchester Nr. 2* von Heitor Villa-Lobos.

Hendricks, Barbara
Amerikanische Sopranistin, geb. 20.11. 1948 Arkansas City.
Sie studiert an der Universität von Nebraska Chemie und Mathematik, bevor sie an die Juilliard School of Music in New York zu Jennie Tourel geht, um ihre Stimme auszubilden. 1976 debütiert sie in San Francisco in *L'incoronazione di Poppea* (Die Krönung der Poppea, Monteverdi). Im gleichen Jahr nimmt sie während des Holland-Festivals an einer Aufführung von *Orfeo* (Monteverdi) teil. In Glyndebourne singt sie die Marzelline (*Fidelio,* Beethoven). 1978 interpretiert sie an der Deutschen Oper in Berlin die Susanna (*Le nozze di Figaro,* Mozart) und in Orange die Gilda (*Rigoletto,* Verdi). Bei den Salzburger Festspielen debütiert sie 1981 als Pamina (*Die Zauberflöte,* Mozart) und an der Pariser Oper 1982 als Juliette (*Roméo et Juliette,* Gounod). 1986 singt sie in Wien die Susanna und die Sophie (*Der Rosenkavalier,* R. Strauss). Als Sophie debütiert sie im gleichen Jahr noch an der Met und als Susanna ein Jahr später an der Scala. In Luigi Comencinis Film *La Bohème* (nach Bizet) interpretiert sie die Mimi. 1988 erhält sie von der Universi-

tät von Nebraska den Titel eines Doktors der Musikwissenschaften.
Sie singt auch häufig im Konzertsaal. Unter der Leitung von Claudio Abbado, Herbert von Karajan und Carlo Maria Giulini nimmt sie an wichtigen Oratorien-Aufführungen teil. Ihr Lied-Repertoire reicht von Franz Schubert bis zu George Gershwin.

Henkel, Christoph
Deutscher Cellist, geb. 26. 9. 1946 Marburg.
Als Sechsjähriger erhält er bereits Cello-Unterricht. Er studiert bei Georg Ulrich von Bülow und wird bei dem Wettbewerb Jugend musiziert ausgezeichnet. Ein Stipendium ermöglicht es ihm, in die Vereinigten Staaten zu Janós Starker zu gehen, dessen Assistent er zwei Jahre lang ist. 1971 erhält er das Artist Diploma und unterrichtet an der Illinois State University. Er gewinnt den Wettbewerb Young Concert Artist. Nach seiner Rückkehr nach Europa unterrichtet er ab 1973 an der Hochschule für Musik in Freiburg/Br. In Frankreich, Spanien und Japan gibt er Interpretationskurse. In den siebziger Jahren tritt er immer häufiger als Solist auf und spielt mit bedeutenden Orchestern. Mit dem Violinisten Gérard Poulet und der dänischen Pianistin Elisabeth Westenholz bildet er ein Klavier-Trio. Auch mit Michel Dalberto, Jean-Philippe Collard und Augustin Dumay spielt er häufig Kammermusik. Er besitzt ein Goffriller aus dem Jahre 1700, das *Ex-Barbirolli*, das einst dem großen englischen Dirigenten gehörte.

Henschel, Sir George (= Isidor Georg Henschel)
Englischer Dirigent und Bariton deutscher Herkunft, geb. 18. 2. 1850 Breslau, gest. 10. 9. 1934 Aviemore (Schottland).
Bevor er eine umfassende musikalische Ausbildung genießt, debütiert er 1862 in Berlin, geht dann zuerst an das Konservatorium von Leipzig zu Ignaz Moscheles und Benjamin Robert Papperitz (Klavier) sowie zu Franz Goetze (Gesang) (1867–70) und anschließend an das von Berlin zu Adolf Schulze (Gesang) und Friedrich Kiel (Komposition). 1868 singt er bereits in München den Hans Sachs (*Die Meistersinger von Nürnberg*, Wagner). 1874 begegnet er Johannes Brahms, unter dessen Leitung er mehrmals auftritt. 1877–79 verbringt er in England; anschließend geht er als ständiger 1. Dirigent an das Symphonie-Orchester Boston (1881–84). Von den Vereinigten Staaten kehrt er wieder zurück nach England, wo er den Rest seines Lebens verbringt. 1886–88 ist er am Royal College of Music in London Professor für Gesang. Er gründet die London Symphony Concerts (1886), die er bis 1896 leitet. 1893–96 steht er auch an der Spitze des Scottish Orchestra in Glasgow. Er verbringt seinen Lebensabend auf seinem schottischen Landsitz, komponiert, gibt Gesangs-Unterricht und Gastdirigate.
WW: *Personal Recollections of J. Brahms* (Boston 1907); *Musing and Memories of a Musician* (London 1918); *Articulation in Singing* (London 1924).

Herbig, Günther
Deutscher Dirigent, geb. 30. 11. 1931 Usti nad Labem (Aussig, Böhmen).
Er studiert bei Hermann Abendroth an der Musikhochschule in Weimar (1951–56) und perfektioniert sich später bei Hermann Scherchen, Arvid Jansons und Herbert von Karajan. 1957–62 leitet er in Weimar das Nationaltheater und die zwei zur Musikhochschule gehörenden Orchester und geht dann als Musikdirektor an das Hans-Otto-Theater in Potsdam (1962–66). Anschließend dirigiert er das Symphonie-Orchester von Berlin (1966–73), wird Chefdirigent der Dresdner Philharmoniker (1972–77), bevor er, diesmal als Chefdirigent, an das Symphonie-Orchester von Berlin zurückgeht (1977–83). 1984 übernimmt er die musikalische Leitung des Symphonie-Orchesters von Detroit (bis 1989) und geht dann zuerst als

künstlerischer Berater (1988–89) und dann als Musikdirektor (ab 1989) zum Symphonie-Orchester von Toronto. Er dirigiert nicht nur das klassische Repertoire, sondern auch zeitgenössische Werke vor allem deutscher Komponisten (Eisler, Jentzsch, Katzer, Kunad, Matthus, Thiele, M. Schubert, Zechlin).

Herreweghe, Philippe
Belgischer Chorleiter, geb. 2. 5. 1947 Gent.
Er studiert am Konservatorium von Gent bei Marcel Gazelle Klavier. Auf Wunsch seines Vaters, eines Arztes, schließt er ein Medizinstudium an, spezialisiert sich als Psychiater und arbeitet ein Jahr als Assistent der psychiatrischen Universitätsklinik in Gent (1973–74). Gleichzeitig nimmt er sein Studium am Konservatorium bei G. Verschraegen (Orgel) wieder auf. Er lernt Johann Huys kennen, ein Freund der Gebrüder Kuijken, die sich besonders für die alte Musik einsetzen.

Er hatte zwölf Jahre lang das Jesuitenkolleg in Gent besucht und war als Siebenjähriger Mitglied des Kinderchores geworden. Als Vierzehnjähriger hatte man ihn bereits zum Repetitor des Chores ernannt, seine ersten Erfahrungen als Chorleiter.

Als Student gründet er ein kleines Vokalensemble und geht von dem Grundsatz aus, die Interpretationsprinzipien, die ihm die Musikwissenschaft vermittelt, auch auf den Chorgesang anzuwenden. So entsteht 1969 das Collegium Vocale von Gent, sicher das erste Ensemble dieser Art in Europa.

Herreweghe lernt Ton Koopman kennen, der auf instrumentalem Gebiet von den gleichen Prinzipien ausgeht. Sie erarbeiten zusammen eine Aufführung von Johann Sebastian Bachs *Johannespassion*. Gustav Leonhardt wird auf die jungen Musiker aufmerksam. Philippe Herreweghe perfektioniert sich unterdessen bei Johann Huys am Konservatorium im Cembalo-Spiel (1975 erhält er einen 1. Preis) und erweitert seine Kenntnisse auf dem Gebiet von Harmonielehre und Kontrapunkt. Die Begegnung mit Philippe Beaussant in Paris führt zur Gründung des Vokalensembles La Chapelle Royale (1977), dem wenig später das Orchestre de la Chapelle Royale angeschlossen wird. Das Repertoire der beiden Gruppen besteht hauptsächlich aus barocken und klassischen Werken.

1977 übernimmt Philippe Herreweghe zusätzlich die Leitung des philharmonischen Chors von Lüttich, mit dem er Werke zeitgenössischer Komponisten aufführt. Er hält in dieser Zeit zahlreiche Vorträge zur alten Musik und arbeitet eng mit Nicolaus Harnoncourt und Gustav Leonhardt zusammen, die ihn bei ihrer Gesamtaufnahme der Bachschen *Kantaten* mit einbeziehen. Seine Interpretation der *Messe in h-moll* zu Beginn der 80er Jahre beeinflußt die Interpretation barocker Musik in Frankreich entscheidend. 1989 übernimmt er die Leitung des neugegründeten Europäischen Vokalensembles, deren Mitglieder den zwölf Staaten der Europäischen Gemeinschaft angehören.

Herzog, Colette
Französische Sopranistin, geb. 25. 10. 1923 Straßburg, gest. 6. 7. 1986 Paris.
Sie studiert zuerst Literaturwissenschaften, bevor sie zu Lucie Schaeffer an das Konservatorium von Nancy geht. Ab 1945 unterrichtet sie am Konservatorium von Besançon (bis 1955). Antoine Goléa (den sie heiratet) entdeckt sie bei einer *Messe* von Joseph Haydn, die 1957 in Besançon aufgeführt wird. 1958 interpretiert sie in Straßburg *Le Visage nuptial* (Das Hochzeitsgesicht) von Pierre Boulez und in Paris *Das Buch der hängenden Gärten* von Arnold Schönberg. Sie wird Mitglied des Ensembles der Pariser Oper und interpretiert dort Zerlina (*Don Giovanni*), Susanna (*Le nozze di Figaro*), die Gräfin (*Le nozze di Figaro*, alle Mozart), Céphise (*Zoroastre*, Rameau), Eurydike (*Orfeo ed Euridice*, Gluck), Mélisande (*Pelléas et Mélisande*, Debussy), Ma-

dame Fabien (*Vol de nuit*, Nachtflug, Dallapiccola) und in Rouen Calypso (*Ulysse*, Dallapiccola). Sie gibt Liederabende, nimmt im Ausland an verschiedenen Festspielen teil und wirkt in Bordeaux an einer Aufführung von Wolfgang Fortners *Bluthochzeit* mit. Sie kreiert Werke von Antonio Bibalo, Jacques Bondon, André Casanova, Jacques Chailley, Werner Egk und Henri Tomasi. Ivo Malec schreibt für sie *Cantate pour elle* (Kantate für sie, 1966) und André Jolivet *Songe à nouveau rêvé* (Von neuem geträumter Traum, 1971) nach Gedichten von Antoine Goléa. 1971 kreiert sie *Vocalises pour Colette Herzog*, ein kollektives Werk von André Bourourechliev, Jean-Pierre Guézec, André Jolivet, Ivo Malec und Maurice Ohana, das ihr gewidmet ist. 1981 singt sie von Adrienne Clostre *El tigro de Oro* (Der Tiger von Oro), ein Auftragswerk von Radio France.

Herzog, Gerty
Deutsche Pianistin, geb. 14. 7. 1922 Aachen.
Nach ihrem Studium in Berlin bei Sava Savoff (1938–40) und Wladimir von Horbowski (1940–43) beginnt sie 1947 in Berlin ihre sich relativ schnell entwickelnde Karriere. Sie spielt in ganz Deutschland, dann im europäischen Ausland, in Japan und in den Vereinigten Staaten, wo sie 1976 in Cleveland debütiert. Sie ist mit dem Komponisten Boris Blacher verheiratet, der seine zwei *Konzerte für Klavier und Orchester* und die *Variationen über ein Thema von Clementi* für Klavier und Orchester für sie schreibt, die sie 1948, 1952 bzw. 1961 kreiert. Gottfried von Einem widmet ihr ebenfalls zwei *Konzerte für Klavier und Orchester*, deren Uraufführungen sie 1956 und 1978 verwirklicht. Von dem gleichen Komponisten kreiert sie außerdem noch eine Sonate und zwei Sonatinen (1948).

Hess, Dame Myra
Englische Pianistin, geb. 25. 2. 1890 London, gest. 25. 11. 1965 daselbst.
Sie studiert bei Julian Pascal und Orlando Morgan, bevor sie zu Tobias Matthay geht, der sie am stärksten beeinflußt. 1907 debütiert sie in London unter Sir Thomas Beecham mit Ludwig van Beethovens *Konzert für Klavier und Orchester Nr. 4*. Nach vielen Tourneen spezialisiert sie sich auf Kammermusik und spielt mit ihrer Kusine Irene Scharrer Klavierduos. Während des Zweiten Weltkriegs wirkt sie in London häufig und wie alle Künstler ohne Bezahlung an den zwischen zwölf und vierzehn Uhr stattfindenden Lunchtime Concerts mit. Nach dem Krieg schränkt sie ihr bisher weitgespanntes, vom Barock bis zur zeitgenössischen Musik reichendes Repertoire ein und beschränkt sich auf einige Werke Johann Sebastian Bachs, von dem sie zahlreiche Werke transkribiert, Domenico Scarlattis, Robert Schumanns, Johannes Brahms', Frédérique Chopins, ohne Claude Debussy oder Howard Ferguson zu vergessen. Zu den zahlreichen Schülern von Myra Hess gehören Stephen Bishop-Kovacevitch und Solomon.

Heß, Willy
Deutscher Violinist, geb. 14. 7. 1859 Mannheim, gest. 17. 2. 1939 Berlin.
Er erhält von seinem Vater, einem Schüler Louis Spohrs, ersten Unterricht, geht 1865 in die Vereinigten Staaten, unternimmt dort 1868 seine erste Tournee, kehrt 1872 nach Europa zurück und geht über die Niederlande und Heidelberg 1875 nach Berlin, wo er zu einem der wichtigsten Schüler Joseph Joachims wird. Er arbeitet vor allem als Orchester- und Kammermusiker. Hess ist nacheinander Konzertmeister in Frankfurt (1876 86), Rotterdam (1886–88) und am Hallé Orchestra in Manchester (1888–95). In Rotterdam unterrichtet er gleichzeitig am Konservatorium. Ab 1895 nimmt die pädagogische Arbeit einen immer größeren Platz ein: er ist Professor am Kölner

Konservatorium (1895–1903) und gleichzeitig Konzertmeister am Gürzenich-Orchester und geht dann an die Royal Academy of Music in London (1903–04), bevor er die Stelle eines Konzertmeisters des Symphonie-Orchesters von Boston übernimmt (1904–10). Er gründet auch ein Streichquartett, das seinen Namen trägt. Wieder zurück in Deutschland, übernimmt er 1910 eine Professur an der Berliner Musikhochschule (bis 1928). Zu seinen bekanntesten Schülern zählen Georg Kulenkampff und Henryk Szeryng. Während dieser Zeit gehört er dem Halîr-Quartett an. Mit Hugo Dechert und Gustav Schumann bildet er ein Trio. Er beeinflußt eine ganze deutsche Geiger-Generation, der er die Tradition Joachims vermittelt. Hess spielte auf einer Geige aus der Hand von Guadagnini. Nicht zu verwechseln mit seinem Namensvetter, dem Schweizer Musikwissenschaftler und Komponisten Willy Hess (geb. 1906).

Hesse, Ruth
Deutsche Mezzosopranistin, geb. 18. 9. 1936 Wuppertal.
Sie studiert bei Peter Offermanns in Wuppertal und Hildegard Scharf in Hamburg und perfektioniert sich in Mailand. Sie debütiert am Stadttheater Lübeck. Seit 1960 wird sie regelmäßig von der Hamburger Oper eingeladen. 1962 wird sie von der Westberliner Oper engagiert, wo sie große Erfolge feiert. Die führenden Opernhäuser Europas laden sie ein. 1960–79 gastiert die bedeutende Wagner-Sängerin in Bayreuth. 1966 besticht sie an der Wiener Oper als Ortrude (*Lohengrin*), Brangäne (*Tristan und Isolde*, beide Wagner) und Eboli (*Don Carlos*, Verdi). Im gleichen Jahr begeistert sie als Carmen (Bizet) auch das Pariser Publikum. 1967 wird sie von Bordeaux eingeladen. 1972 singt sie an der Pariser Oper die Amme (*Die Frau ohne Schatten*, R. Strauss); diese Rolle interpretiert sie an vielen großen Bühnen (Salzburger Festspiele, Met usw.). Sie gilt auch als eine herausragende Interpretin zeitgenössischer Musik. 1965 wirkt sie in Berlin an der Uraufführung von Hans Werner Henzes Oper *Der junge Lord* mit. Auch als Oratorien- und Liedsängerin ist sie erfolgreich. 1970 wird sie zur Kammersängerin ernannt.

Hesse-Bukowska, Barbara
Polnische Pianistin, geb. 1. 6. 1930 Łódź.
Seit 1938 studiert sie bei Czesław Aniołkiewicz und Maria Glińska-Wąsowska, bevor sie 1940 zu Margerita Kazuro-Trombini an das Konservatorium in Warschau geht. 1945–49 studiert sie an der Warschauer Musikhochschule. 1949 erhält sie beim Chopin-Wettbewerb in Warschau den 2. und 1953 beim Marguerite Long-Wettbewerb in Paris den 1. Preis. 1963 verleiht ihr die Harriet Cohen Foundation die British Medal. Seit 1963 leitet die anerkannte Chopin-Interpretin am Konservatorium von Wrocław (Breslau) eine Klasse; seit 1973 gehört sie zum Lehrkörper der Musikakademie in Warschau.

Hewitt, Maurice
Französischer Violinist und Dirigent, geb. 6. 10. 1884 Asnières, gest. 7. 11. 1971 Paris.
Er studiert am Konservatorium von Paris und debütiert als Kammermusiker: 1904 gehört er dem Tourret-Quartett, später dann dem Saïller- und dem Dorson-Quartett an, bevor er 1909–14 und 1919–28 im Capet-Quartett die zweite Geige spielt. Dann gründet er in Paris ein eigenes Quartett (1928–30). Er geht in die Vereinigten Staaten, unterrichtet in Cleveland und gründet dort von neuem ein eigenes Quartett (1930–34). Wieder zurück in Frankreich, gründet er das dritte Hewitt-Quartett (1935–39 und 1946–48).
Ab 1934 unterrichtet er am amerikanischen Konservatorium in Fontainebleau, bevor er 1942 am Pariser Konservatorium die Professur für Kammermusik übernimmt (bis 1955). 1939 gründet er ein eigenes Kammerorche-

ster, das seinen Namen trägt und das bei der Renaissance der barocken und klassischen Musik in Frankreich in den 40er und 50er Jahren eine bedeutende Rolle spielen sollte. Er bemüht sich besonders um das Werk von Jean-Philippe Rameau, Michel Corrette, François Couperin und Michel-Richard de Lalande.

Heynis, Aafje
Holländische Altistin, geb. 2. 5. 1924 Krommenie.
Sie studiert bei Aalthe Noordewier-Reddingius, Laurens Bogtman und Bodi Rapp. Anschließend perfektioniert sie sich in England bei Roy Henderson und in der Schweiz bei Hussler. 1948 erhält sie ihr Diplom. Sie erlangt schnell einen guten Ruf als Kirchenmusiksängerin. Als sie zum ersten Mal die *Altrhapsodie* von Johannes Brahms in der Öffentlichkeit singt (mit dem Concertgebouw-Orchester), wird sie vom Publikum gefeiert. Sie interpretiert barocke Lieder (Monteverdi, Händel) und verehrt Gustav Mahler. Sie nimmt häufig unter Bernard Haitink auf. 1984 zieht sie sich zurück.

Hidalgo, Elvira de
Spanische Sopranistin, geb. 27. 12. 1888 Val de Robles (Aragón), gest. 21. 1. 1980 Mailand.
Das Wunderkind studiert zuerst Klavier und dann in Mailand bei Melchiorre Vidal Gesang. 1908 debütiert sie am Teatro San Carlo in Neapel als Rosina (*Il barbiere di Siviglia*, Der Barbier von Sevilla, Rossini); ein Jahr später singt sie in Monte Carlo und Paris. In den Spielzeiten 1910–11 und 1924–26 singt sie an der Met (zuerst die Rosina und die Amina, *La sonnambula*, Die Nachtwandlerin, Bellini, beim zweiten Mal die Gilda, *Rigoletto*, Verdi, und die Lucia, *Lucia di Lammermoor*, Donizetti). 1916 debütiert sie bei der Festaufführung zur Hundertjahrfeier des *Il barbiere di Siviglia* an der Scala, 1919 in Rom, 1922 am Teatro Colón in Buenos Aires und 1924 am Covent Garden. Am Ende der 20er Jahre heiratet sie den Direktor des Kasinos von Ostende und tritt nicht mehr so häufig auf. Dafür arbeitet sie als Pädagogin um so intensiver. Sie entwickelt sich zu einer der wichtigsten Gesangslehrerinnen des 20. Jahrhunderts, läßt sich auf der Insel Korfu nieder und unterrichtet an den Konservatorien von Athen (1940–47) und Ankara (1949–58). Während ihrer Athener Zeit unterrichtet sie auch Maria Callas. Ihren Lebensabend verbringt sie in Athen. Ihre umfangreiche Stimme erlaubt ihr alle großen Koloratur-Rollen: Rosina, Die Königin der Nacht (*Die Zauberflöte*, Mozart), Gilda u. a.

Hillebrecht, Hildegard
Deutsche Sopranistin, geb. 26. 11. 1927 Hannover.
Sie studiert zuerst Medizin, bevor sie zu Margarete von Winterfeld an die Hochschule für Musik in Freiburg/Br. und zu Franziska Martienssen-Lohmann nach Düsseldorf geht. 1951 debütiert sie in Freiburg/Br. als Leonore (*Il Trovatore*, Der Troubadour, Verdi). Anschließend singt sie an der Oper von Zürich (1952–54), an der Deutschen Oper am Rhein (Düsseldorf-Duisburg, 1954–59), bevor sie 1961 nach München geht und dort bedeutende Erfolge feiert. Auch die Wiener und Hamburger Oper laden sie häufig ein. Seit 1972 gehört sie zu den Publikumslieblingen der Züricher und der Berliner Oper. Sie nimmt auch an zahlreichen Festspielen teil (Salzburg, München, Holland) und tritt häufig in Rio de Janeiro, Paris und Rom auf. Sie beeindruckt im italienischen (Rossini, Verdi) wie im deutschen Repertoire (von Mozart bis Wagner und R. Strauss). Der Freistaat Bayern ernennt sie zur Kammersängerin.

Hindemith, Paul
Amerikanischer Bratschist, Dirigent und Komponist deutscher Herkunft, geb. 16. 11. 1895 Hanau/M., gest. 28. 12. 1963 Frankfurt/M.
Ab 1904 beginnt er mit dem Geigen-Unterricht. 1907 wird er Privatschüler von Anna Hegner (die an der Frankfur-

ter Musikhochschule unterrichtet). Ein Jahr später geht er zu Adolf Rebner und wird 1909 dessen offizieller Schüler am Hochschen Konservatorium (bis 1912). Gleichzeitig studiert er dort bei Arnold Mendelssohn und Bernhard Sekles Komposition sowie Klarinette und Klavier (bis 1917). 1915 übernimmt er im Rebner-Quartett die zweite Geige; an der Frankfurter Oper wird er zum Konzertmeister ernannt. Nach dem Tod seines Vaters, der 1915 fällt, spielt er in Kaffeehäusern, um seine Familie zu ernähren. 1917 wird er eingezogen, doch musikliebende Offiziere ermöglichen es ihm, weiterhin Quartett zu spielen. 1919 wird er zum zweiten Mal Mitglied des Rebner-Quartetts, diesmal als Bratschist, und geht wieder an die Frankfurter Oper (bis 1923). 1921 gehört er neben Licco Amar, Walter Kaspar und seinem Bruder Rudolf (der ein Jahr später durch Maurits Frank ersetzt wird) zu den Gründungsmitgliedern des Amar-Quartetts. Dieses Quartett, das eigentlich nur zusammentrat, um sein *Streichquartett Nr. 2* zur Uraufführung zu bringen, besteht bis 1929 und entwickelt sich zu einem der wichtigsten auf dem Gebiet der zeitgenössischen Musik. 1923 wird Hindemith in die Direktion der Kammermusik-Feste von Donaueschingen berufen. Ein Jahr später heiratet er Gertrud Rottenberg, die Tochter eines Kapellmeisters der Frankfurter Oper. 1927 wird er an der Hochschule für Musik in Berlin zum Kompositionslehrer ernannt. 1929 gründet er mit Josef Wolfsthal, der 1931 nach seinem Tod durch Szymon Goldberg ersetzt wird, und Emanuel Feuermann ein Streich-Trio, das bis 1934 bestehen bleibt. 1929 verwirklicht er auch die Uraufführung von Sir William Waltons *Konzert für Bratsche und Orchester*. Seine Karriere als Instrumentalist (Bratsche und Viola d'amore) tritt langsam in den Hintergrund, da der Komponist Hindemith einen immer größeren Erfolg verzeichnen kann. Von Joseph Goebbels immer stärker in seiner Arbeit behindert, geht er 1938 in die Schweiz und von dort aus 1940 in die Vereinigten Staaten, wo er an der Yale University zum Professor für Musiktheorie ernannt wird (bis 1953). Er organisiert dort Konzerte alter Musik, die ihm erlauben, seine Tätigkeit als Instrumentalist wieder aufzunehmen. 1951 wird er von der Universität Zürich zum Professor ernannt. 1953 zieht er in die Schweiz. Gegen Ende seines Lebens dirigiert er immer häufiger, zuerst eigene Werke, aber sehr rasch auch die anderer Komponisten. 1949 tritt er zum ersten Mal seit seinem Exil mit den Berliner Philharmonikern wieder in Deutschland auf. 1953 dirigiert er bei der Eröffnung der Bayreuther Festspiele die *Symphonie Nr. 9* von Ludwig van Beethoven. Mit dem Kölner Gürzenich-Orchester, dem Hallé Orchestra aus Manchester und den Wiener Philharmonikern führt er mehrere Tourneen durch.

Hines, Jerome (= Jerome Heinz)
Amerikanischer Bassist, geb. 8. 11. 1921 Hollywood.
Er studiert an der Universität von Kalifornien Chemie, Mathematik und Physik und gleichzeitig bei Gennaro Curci Gesang. Trotz eines vielversprechenden Debüts als Graf von Monterone (*Rigoletto*, Verdi) 1941 an der Oper von San Francisco und guter Angebote arbeitet er während des Zweiten Weltkriegs als Chemiker. Erst 1946, nachdem er den Caruso-Preis gewinnt, der ihm eine Einladung an die Met einbringt, widmet er sich völlig dem Gesang. Er wird Mitglied der Met und gastiert in ganz Amerika und wird vielfach von Arturo Toscanini auch für Schallplattenaufnahmen verpflichtet (1953 nehmen sie zusammen die *Missa solemnis* von Ludwig van Beethoven auf). Die ersten Einladungen nach Europa folgen: 1953 singt er in Glyndebourne den Nick Shadow (*The Rake's progress*, Der Wüstling, Strawinsky); 1954 interpretiert er in München den Don Giovanni (Mozart). 1958 debütiert er an der Scala (*Herkules*, Händel) und in Bayreuth (*Parsifal*),

1960 singt er dort den Wotan (*Der Ring des Nibelungen*, beide Wagner). 1962 interpretiert er auf dem Höhepunkt seiner Karriere am Bolschoi-Theater in Moskau den Boris Godunow (Mussorgskij), neben Philipp II. (*Don Carlos*, Verdi) seine wichtigste Rolle. Den Einstudierungen seiner Rollen haftet beinahe etwas Wissenschaftliches an. Hines hat übrigens mathematische Abhandlungen genauso veröffentlicht wie eine Oper über das Leben Christi »*I Am The Way*«, Ich bin der Weg, die in den Vereinigten Staaten recht erfolgreich war.
WW: *This is My Story. This is My Life* (Westwood, N.J., 1968); *Great Singers on Great Singing* (London 1983).

Hirte, Klaus
Deutscher Bariton, geb. 28.12.1937 Berlin.
Er verbringt seine Jugend als Mechanikerlehrling in Calw und gibt während dieser Zeit in Privatkreisen Liederabende. Nach seinem Militärdienst wird er in einer Stuttgarter Automobilfabrik Chauffeur. 1964 wird er dort von der Oper engagiert und erzielt auf Anhieb einen großen Erfolg. 1971 singt er an der Nürnberger Oper den Beckmesser (*Die Meistersinger von Nürnberg*, Wagner). Anschließend wird er in der gleichen Rolle von München, Stuttgart, der Deutschen Oper am Rhein (Düsseldorf-Duisburg) und endlich auch von Bayreuth (1973–74) eingeladen. Bei den Salzburger Festspielen fällt er als Antonio auf (*Le nozze di Figaro*) und bei den Ludwigsburgern als Papageno (*Die Zauberflöte*, beide Mozart).

Höffgen, Marga
Deutsche Altistin, geb. 26.4.1921 Mülheim an der Ruhr.
Sie studiert an der Folkwang-Hochschule Essen bei Anna Erler-Schnaudt, anschließend an der Hochschule für Musik in Berlin bei Hermann Weißenborn und debütiert 1954 in Berlin in einer Aufführung der *Matthäus-Passion* von Johann Sebastian Bach unter Wilhelm Furtwängler. Ein Jahr später feiert sie in Wien unter Herbert von Karajan in einer Aufführung der gleichen Passion wieder einen großen Erfolg. Sie beginnt eine große internationale Karriere als Oratorien- und Liedsängerin und zeichnet sich vor allem bei Festspielen aus. Auf der Bühne interpretiert sie nur eine Rolle, die Erda (*Der Ring des Nibelungen*, Wagner), die sie 1950 am Covent Garden, in Wien und am Teatro Colón in Buenos Aires und ein Jahr später in Bayreuth singt. Sie lebt in Müllheim (Baden) und ist mit dem Leiter des Freiburger Bach-Chores, Theodor Egel, (geb. 16.4.1915 Müllheim) verheiratet. Ihre Kinder Barbara (Altistin) und Martin (Bassist) stehen am Anfang hoffnungsvoller Karrieren.

Högner, Günter
Österreichischer Hornist, geb. 16.7.1943 Wien.
Er studiert am Wiener Konservatorium (1956–62). 1965 wird er an der Wiener Volksoper zum Solo-Hornisten ernannt. Zwei Jahre später wechselt er als Hornist an die Wiener Oper, wo er 1971 zum Solisten ernannt wird. Er setzt sich rasch als einer der wichtigsten Vertreter der österreichischen Horn-Schule durch, vor allem aufgrund der Schallplattenaufnahmen der Horn-Konzerte von Wolfgang Amadeus Mozart, die er unter der Leitung von Karl Böhm realisiert.

Höll, Hartmut
Deutscher Pianist, geb. 1.3.1933 Heilbronn.
Er studiert in Stuttgart, München und Mailand und beginnt sehr früh, Liedbegleitung zu unterrichten. 1979 wird er an der Frankfurter Musikhochschule zum Professor ernannt. Elisabeth Schwarzkopf wählt ihn als Begleiter für ihre Interpretationskurse, was ihn auf dem Gebiet des Lieds bekannt werden läßt. Seit 1982 begleitet er Dietrich Fischer-Dieskau. Er ist mit der Mezzosopranistin Mitsuko Shirai verheiratet.

Hoelscher, Ludwig
Deutscher Cellist, geb. 23. 8. 1907 Solingen.
Er beginnt sein Studium in Köln, geht dann zu Wilhelm Lamping, Julius Klengel (Leipzig) und Hugo Becker (Berlin). 1930 erhält er den Mendelssohn-Preis. 1931–42 gehört er dem Elly-Ney-Trio und dem Strub-Quartett an. 1936 wird er an der Hochschule für Musik in Berlin zum Professor ernannt. Anschließend wechselt er ans Mozarteum Salzburg. 1946 gründet er mit Walter Gieseking und dem Geiger Gerhard Taschner wieder ein Trio. Er spielt und unterrichtet in Tokio, wo er 1953 zum Professor ehrenhalber ernannt wird. 1954 übernimmt er an der Stuttgarter Hochschule für Musik eine Professur. Er gehört zu den ersten, die sich für Paul Hindemiths Werke für Violoncello einsetzen. Er kreiert zahlreiche zeitgenössische Kompositionen, darunter Werke von Hans Pfitzner, Karl Höller, Heinrich Sutermeister (*Konzert für Violoncello und Orchester Nr. 1*, 1956), Wolfgang Fortner, Hans Werner Henze und Ernst Krenek.

Hoelscher, Ulf
Deutscher Violinist, geb. 17. 1. 1942 Kitzingen.
Als Siebenjähriger erhält er ersten Geigen-Unterricht. Drei Jahre später geht er an das Konservatorium von Heidelberg zu Bruno Masurat. 1956 debütiert er bei den Pfälzer Philharmonikern, setzt aber seine Ausbildung bei Max Rostal fort, der ihn auf die internationalen Wettbewerbe vorbereitet. 1963–66 perfektioniert er sich mit Hilfe eines Stipendiums bei Joseph Gingold an der Universität von Indiana und bei Ivan Galamian und Paul Makanowitzky am Curtis Institute von Philadelphia. Wieder zurück in Deutschland, spielt er wichtige Konzerte, so 1971 während des Beethoven-Festivals in Bonn und in Berlin bei der deutschen Erstaufführung von Hans Werner Henzes *Konzert für Violine und Orchester Nr. 1*. Sein Repertoire umfaßt viele selten gespielte Werke von Sergej S. Prokofjew, Dmitrij D. Schostakowitsch, Frank Martin, Robert Schumann und Richard Strauss. Er zeichnet sich durch eine hervorragende Technik und eigenständige Interpretationen aus. Zeitweilig spielt er mit Michel Beroff Sonaten oder mit dem Cellisten Heinrich Schiff und dem Pianisten Christian Zacharias Trios. Zu den von ihm uraufgeführten Werken zählen Kompositionen von Rodion K. Schtschedrin (*Echo-Sonate*, 1985), Volker David Kirchner (*Konzert für Violine und Orchester*, 1984), Aribert Reimann (*Doppelkonzert für Violine, Violoncello und Orchester*, 1989) und Hans Vogt (*Movimenti*, 1986). Er unterrichtet an der Musikhochschule Karlsruhe und geht 1987 an die von Berlin. Er spielt auf einer Stradivari aus dem Jahre 1730, der *Tritton*, und einer Guarneri del Gesú aus dem Jahre 1742.

Höngen, Elisabeth
Deutsche Mezzosopranistin, geb. 7. 12. 1903 Gevelsberg.
Sie studiert in Berlin bei Hermann Weißenborn, debütiert in Wuppertal und geht anschließend an die Düsseldorfer (1935–40) und Dresdner Oper (1940–43), bevor sie eine der beliebtesten Sängerinnen der Wiener Oper wird. 1947–60 gibt sie regelmäßig an Covent Garden Gastspiele, 1948–59 auch in Salzburg, 1950 an der Met und 1951 in Bayreuth. Zu ihren wichtigsten Rollen gehören die Lady Macbeth (Verdi), Klytemnästra (*Elektra*), Herodias (*Salome*, beide R. Strauss), Ortrud (*Lohengrin*), Fricka und Waltraute (beide *Der Ring des Nibelungen*, alle Wagner). Bei der Uraufführung von Heimo Erbses Oper *Julietta* (Salzburg 1959) interpretiert sie die Babett. 1957–60 unterrichtet sie an der Wiener Akademie.

Hoerner, Germaine
Französische Sopranistin, geb. 26. 1. 1905 Straßburg, gest. 19. 5. 1972 daselbst.
Sie studiert in ihrer Heimatstadt und

geht dann an das Konservatorium von Paris, das sie mit 1. Preisen für Lied und Oper verläßt. Sie debütiert 1929 an der Pariser Oper in *Die Walküre* (Wagner) und singt bald darauf die Sieglinde und Gutrune (beide *Der Ring des Nibelungen*), Elisabeth (*Tannhäuser*), Elsa (*Lohengrin*) und kreiert an der Pariser Oper die Rolle der Senta (*Der fliegende Holländer*, alle Wagner). Ihre strahlende Stimme macht sie zur idealen Interpretin der Marguerite (*La damnation de Faust*, Fausts Verdamnis, Berlioz), vor allem der Margarethe (*Faust*, Gounod), der Valentine (*Les Huguenots*, Die Hugenotten, Meyerbeer), der Desdemona (*Otello*). Sie ist die strahlendste, mächtigste Aida (beide Verdi), die die Pariser Oper je erlebt hat, ohne ihre Leonore (*Fidelio*, Beethoven) zu vergessen, ihre Marschallin (*Der Rosenkavalier*, R. Strauss), Alkeste (Gluck) und Brunnehilde (*Sigurd*, Reyer), mit der sie in Paris genau wie in Monte Carlo große Triumphe feiert. Sie kreiert die Rolle der Bonté anläßlich der Uraufführung von *Guercœur* von Albéric Magnard und die der Plotine bei der Uraufführung von *La Samaritaine* von Max d'Ollone. 1932 ist sie die erste Chrysotemis (*Elektra*, R. Strauss) der Pariser Oper. Als Fünfzigjährige zieht sie sich von der Bühne zurück; sie unterrichtet bis zu ihrem Lebensende am Konservatorium ihrer Heimatstadt.

Hoesslin, Franz von
Deutscher Dirigent, geb. 31. 12. 1885 München, gest. 25. 9. 1946 bei Sète.
Er studiert in München bei Felix Mottl und Max Reger. 1907–11 ist er als Kapellmeister an den Opern von Dresden und Sankt Gallen. Anschließend dirigiert er in Riga 1912–14 und Lübeck 1919–20 die Konzertspielzeiten und geht dann an die Mannheimer Oper (1920–22). 1922–23 ist er 1. Kapellmeister an der Berliner Volksoper. Anschließend ist er Generalmusikdirektor in Dessau (1923–26), Barmen-Elberfeld (1926–32) und Breslau (1932–36). 1927–40 dirigiert er regelmäßig in Bayreuth. 1936 verläßt er Deutschland und läßt sich mit seiner jüdischen Frau in Florenz nieder. Der große Wagner-Dirigent hat als erster in Paris eine vollständige Aufführung des *Ring des Nibelungen* geleitet.

Hoffman, Gary
Amerikanischer Cellist, geb. 24. 6. 1956 Vancouver.
Der Sohn des Dirigenten Irwin Hoffman und der Violinistin Esther Glazer wird wie seine Brüder Joel (Pianist und Komponist), Toby (Bratschist) und seine Schwester Deborah (Harfenistin) schon als Kind mit der Musik vertraut gemacht. Die Familie tritt gemeinsam als die Hoffman Chamber Solists auf. Als Elfjähriger gibt er sein erstes Konzert, studiert bei János Starker und debütiert 1979 in New York. Er gewinnt den Piatgorsky-Wettbewerb, ist Finalist beim Moskauer Tschaikowskij-Wettbewerb (1978) und gewinnt 1986 in Paris den Rostropowitsch-Wettbewerb. Vor allem aufgrund seiner Teilnahme am Festival von Marlboro wird er in den Vereinigten Staaten schnell bekannt. Mit dem Pianisten Yefim Bronfman und dem Violinisten Cho-Liang Lin bildet er ein Trio. Er spielt auf einem Cello von Niccolo Amati (1662), das früher Leonard Rose gehörte.

Hoffman, Grace
Amerikanische Mezzosopranistin, geb. 14. 1. 1925 Cleveland.
Sie studiert bei Friedrich Schorr in New York und geht dann zu Mario Basiola nach Mailand. 1951 debütiert sie in New York mit der Wagner Opera Company in *Cavalleria Rusticana* (Mascagni) und beim Maggio Musicale Fiorentino. 1952–53 gehört sie zum Ensemble der Züricher Oper und ab 1955 zu dem der Stuttgarter Oper. Ab 1955 singt sie regelmäßig am Covent Garden und ab 1961 an der Wiener Oper. 1957–70 interpretiert sie in Bayreuth die Brangäne (*Tristan und Isolde*), Ortrud (*Lohengrin*) und

Fricka (*Der Ring des Nibelungen*, alle Wagner). 1958 debütiert sie am Teatro Colón in Buenos Aires und in New York an der Met (als Brangäne). 1962 singt sie zum ersten Mal an der Pariser Oper (Waltraute, *Der Ring des Nibelungen*, Wagner). Im gleichen Jahr wird sie von der deutschen Oper am Rhein engagiert. Sie ist von der Baden-Württembergischen Regierung zur Kammersängerin ernannt worden.

Hoffnung, Gerard
Englischer Tubist und Karikaturist, geb. 22. 3. 1925 Berlin, gest. 28. 9. 1959 London.
Tagsüber Lehrer, Maler und Karikaturist und nachts Baßtuba-Spieler in fragwürdigen Londoner Orchestern. Er organisiert 1956 das Hoffnung-Festival, bei dem eine bedeutende Zahl unvergänglicher Meisterwerke aus der Taufe gehoben werden, darunter dieses einzigartige *Konzert für Gartenschlauch und Orchester* (für seine alten Kumpels geschrieben), das *Concerto Popolare oder Befindet sich ein Arzt im Saal?*, die Erstaufführung der einzig authentischen *Sinfonie mit dem Paukenschlag* von Joseph Haydn (die andere kann bedenkenlos in den Papierkorb geworfen werden) oder auch die Welturaufführung von *Leonore 4*, deren Partitur unlängst in einer Hutschachtel gefunden wurde, die *Contes d'Hoffnung*, *Horrotorio* (featuring as guest stars Dracula, Frankenstein, Fu Manchu, Moriarty and some Zombies) – das Lektorat bittet, die fehlenden Untertitel zu entschuldigen, der Übersetzer macht gerade wohlverdiente Brotzeit – und natürlich diese sublime Transkription einer Chopinschen Mazurka für vier Tubas, dessen luftige Anmut nachgerade sprichwörtlich geworden ist. Diese Epidemie musikalischer Kreativität ist leider auf die Britischen Inseln beschränkt geblieben. God save the Queen!

Hofmann, Josef Casimir
Amerikanischer Pianist und Komponist polnischer Herkunft, geb. 20. 1. 1876 Podgorze bei Krakau, gest. 16. 2. 1957 Los Angeles.
Er stammt aus einer Musikerfamilie; sein Vater, ein Dirigent, erteilt ihm, als er drei Jahre ist, ersten Klavier-Unterricht. Bereits als Siebenjähriger unternimmt er als Pianist wie als Komponist Tourneen durch Europa. Sein Debüt in New York am 29. 11. 1887 im Metropolitan Opera House begeistert das amerikanische Publikum. Doch Hofmann zieht sich vom Konzertleben wieder zurück, um in Deutschland zu studieren. Anton Rubinstein, dessen Einfluß auf den jungen Hofmann ausschlaggebend wird, nimmt ihn als einzigen Privatschüler auf. Erst nach dem Tod Rubinsteins (1894) tritt Hofmann wieder öffentlich auf. Er unternimmt erfolgreiche Tourneen durch Europa und die Vereinigten Staaten. 1924 geht er als Professor an das soeben gegründete Curtis Institute in Philadelphia, das er 1926–38 leitet. Am 19. 1. 1946 tritt er in New York zum letzten Mal öffentlich auf. Sergej W. Rachmaninow widmet ihm sein *Konzert für Klavier und Orchester Nr. 3*. Als Komponist verfaßt er mehr als hundert Werke, die zumeist unter dem Pseudonym Michel Dvorski veröffentlicht sind.
WW: *Piano Playing* (New York 1908); *Piano Questions Answered* (New York 1909).

Hofmann, Peter
Deutscher Tenor, geb. 12. 8. 1944 Marienbad.
Er studiert an der Hochschule für Musik in Karlsruhe und privat bei Emmy Seiberlich. 1972 debütiert er in Lübeck als Tamino (*Die Zauberflöte*, Mozart). 1974 studiert er in Wuppertal den Siegmund ein (*Der Ring der Nibelungen*, Wagner); 1976 singt er in Stuttgart, Wuppertal, Hamburg und Bayreuth den Parsifal; auf den grünen Hügel singt er auch aus Anlaß der Hundertjahrfeier der Premiere des *Ring des Nibelungen* den Siegmund, genau wie 1988 in der Inszenierung von Harry Kupfer. 1980 debütiert er bei den Salzburger Oster-

festspielen. Seit 1974 gehört er der Stuttgarter und seit 1977 der Wiener Oper an. In Paris singt er 1976 den Siegmund, 1977 den Loge (*Der Ring des Nibelungen*) und 1981 den Lohengrin (Wagner); Einladungen an den Covent Garden und an das Bolschoi-Theater folgen. 1980 debütiert er an der Met als Lohengrin und singt hier in der Folge fast alle Wagner-Rollen seines Faches. Zu seinem Repertoire zählen außerdem der Tamino (*Die Zauberflöte*, Mozart), Florestan (*Fidelio*, Beethoven), Tristan (*Tristan und Isolde*), Stolzing (*Die Meistersinger von Nürnberg*, beide Wagner) und Bacchus (*Ariadne auf Naxos*, R. Strauss). Er ist auch durch seine Fernsehauftritte und seine Rock-Konzerte bekannt geworden. 1983 wird die amerikanische Sopranistin Deborah Sasson seine zweite Frau.

Hogwood, Christopher
Englischer Cembalist und Dirigent, geb. 10. 9. 1941 Nottingham.
Während seines Musikstudiums besucht er am Pembroke College in Cambridge Vorlesungen zur klassischen Literatur und schließt mit dem Grad eines Bachelors ab. Raymond Leppard und Thurston Dart beeinflussen ihn; dann geht er als Schüler zu Rafael Puyana und Gustav Leonhardt. Das British Council ermöglicht ihm, ein Jahr in Prag zu studieren. Wieder in Cambridge zurück, lernt er David Munrow kennen und arbeitet bis 1967 als Cembalist an dessen Early Music Consort of London mit. 1973 gründet er die Academy of Ancient Music, die sich mit barocker und klassischer Musik beschäftigt und dabei alle bekannten historischen Quellen ausschöpft. Seit 1981 leitet er regelmäßig die großen amerikanischen Symphonie-Orchester. 1983 dirigiert er in Saint Louis seine erste Oper, den *Don Giovanni* (Mozart). 1983–85 ist er künstlerischer Leiter des London Mostly Mozart Festival im Barbican Center. 1988 wird er zum Musikdirektor des Kammerorchesters von Saint Paul (Minn.) ernannt.
WW: *Music at Court* (London 1977); *The Trio Sonata* (London 1979); *Haydn's Visits to England* (London 1980); *Handel* (London 1985).

Hokanson, Leonard
Amerikanischer Pianist, geb. 13. 8. 1931 Vinalhaven (Me.).
Seine Familie stammt aus Schweden. Er studiert bei Hedwig Rosenthal, Julian de Gray, Claude Frank sowie bei Artur und Karl-Ulrich Schnabel. Er debütiert als Achtzehnjähriger mit dem Philadelphia Orchestra. Im gleichen Jahr gewinnt er den Busoni-Wettbewerb. Seit 1964 spielt er mit der Violinistin Jenny Abel mit großem Erfolg Sonaten. Auch im Odeon-Trio (mit dem Geiger Kurt Guntner und der Cellistin Angelica May) und als Begleiter von Grace Bumbry, Lucretia West, Martina Arroyo und vor allem Hermann Prey macht er sich einen Namen. Er unterrichtet an der Hochschule für Musik in Freiburg/Br. (1979–86) und geht dann an die Universität von Indiana.

Hollander, Lorin
Amerikanischer Pianist, geb. 19. 7. 1944 New York.
Der Sohn des Violinisten Max Hollander erhält von seinem Vater zuerst Geigen-Unterricht, bevor er an die Juilliard School of Music in New York zu Edward Steuermann geht (1955–64). Er studiert außerdem bei Leon Fleisher und Max Rudolf (Orchesterleitung). Als Elfjähriger debütiert er als Wunderkind in der Carnegie Hall in New York. Als Solist schlägt er gerne ausgefallene Wege ein und spielt in Krankenhäusern, Altersheimen, Gefängnissen und ähnlichen Institutionen. Als Anhänger der Musiktherapie forscht er auf dem Gebiet der psychologischen Mechanismen der Kreativität. Konzertreisen führen ihn durch die Vereinigten Staaten und seit Beendigung seines Studiums auch nach Europa. Er ist für die Uraufführungen verschiedener zeitgenössischer Werke verantwortlich, darunter *Fantasie und Variationen für Klavier und Orchester* von Norman Dello Joio.

Holliger, Heinz
Schweizer Oboist und Komponist, geb. 21. 5. 1939 Langenthal.
Er studiert am Konservatorium von Bern bei Emile Cassagnaud Oboe, Sava Savoff Klavier und Sandor Veresse Komposition (1955–1959) und geht dann an das Konservatorium in Paris zu Yvonne Lefébure (Klavier) und Pierre Pierlot (Oboe, 1962–63). Anschließend studiert er bei Pierre Boulez in Basel noch Komposition. 1959–64 ist er Solo-Oboist am Symphonie-Orchester Basel und ab 1966 Professor an der Hochschule für Musik in Freiburg/Br.
Zwei wichtige 1. Preise kennzeichnen den Beginn seiner Karriere als Solist: 1959 gewinnt er den Genfer und 1961 den Münchner Rundfunk-Wettbewerb. Mit seinem weitgespannten, von der barocken bis zur zeitgenössischen Musik reichenden Repertoire, seiner großartigen Technik und seiner sonoren Präzision feiert er in Europa und in den Vereinigten Staaten Triumphe. Verschiedene Komponisten schreiben für ihn oder für das Duo Flöte/Harfe, in dem seine Frau Ursula Holliger die Harfe übernimmt: Gilbert Amy, Luciano Berio, Frank Michael Beyer (*Trio für Oboe, Bratsche und Harfe*, 1981), Attila Bozay (*Deux mouvements*, op. 18, 1970, Zwei Sätze oder Zwei Bewegungen), Elliott Carter (*Konzert für Oboe, Concertino und Orchester*, 1988), Niccolò Castiglioni, Edison W. Denissow (*Romantic Music* für Oboe, Harfe und Streichquartett, 1969; *Doppelkonzert für Flöte und Oboe*, 1979); Paul-Heinz Dittrich (*Konzert mit verschiedenen Instrumenten Nr. 3*, 1979), Brian Ferneyhough (*Coloratura*, 1972), Wolfgang Fortner (*Aulodie*, 2. Version, 1966), Hans Werner Henze (*Doppio Concerto*, 1966), Vinko Globokar, Klaus Huber (*Noctes intelligibilis lucis* für Oboe und Cembalo, 1961), André Jolivet (*Controversia* für Oboe und Harfe, 1968), Miko Kelemen, György Ligeti (*Doppelkonzert für Flöte und Oboe*, 1972), Witold Lutosławski (*Doppelkonzert für Oboe und Harfe*, 1980), Frank Martin (*Drei Tänze* für Oboe, Harfe und Orchester, 1970), Krzysztof Penderecki, Karlheinz Stockhausen, Tôru Takemitsu (*Eucalypts I*, 1970; *Eucalypts II*, 1971; *Distance*, 1973), Isang Yun (*Doppelkonzert für Oboe und Harfe*, 1977; *Sonate für Oboe und Harfe*, 1979).
Eng mit Paul Sachers Aktivitäten in Basel und Zürich verbunden, wird er an der Spitze der beiden Kammerorchester dessen Nachfolger. Als Komponist arbeitet er häufig für Oboe und Harfe, aber auch in immer stärkerem Maße für die Stimme und das Theater.

Holliger, Ursula (= Ursula Hänggi)
Schweizer Harfenistin, geb. 8. 6. 1937 Basel.
Sie studiert in Basel und Brüssel und tritt in der ganzen Welt als Solistin oder als Partnerin ihres Mannes, des Oboisten, Komponisten und Dirigenten Heinz Holliger, auf. Sie setzt sich in der Schweiz und in Deutschland als eine der wichtigsten Harfenistinnen ihrer Generation durch, vor allem auf dem Gebiet der zeitgenössischen Musik. Viele Werke, die häufig für sie oder für ihren Mann geschrieben sind, werden von ihr uraufgeführt (siehe die obenstehende Biographie Heinz Holligers).

Hollreiser, Heinrich
Deutscher Dirigent, geb. 24. 6. 1913 München.
Er studiert bei Karl Elmendorff in München und debütiert 1932 in Wiesbaden als Operndirigent; anschließend geht er nach Darmstadt, wird in Mannheim 1938 1. Kapellmeister, geht von dort aus nach Duisburg und endlich nach München (1942–45). 1945–51 ist er Generalmusikdirektor der Stadt Düsseldorf. Von dort aus geht er als 1. Kapellmeister nach Wien (1952–61) und anschließend an die Deutsche Oper Berlin (1961–64). Nach dieser Zeit verpflichtet er sich nicht mehr fest, sondern arbeitet hauptsächlich, zwischen München und Wien hin- und herpendelnd, als Gastdirigent. 1973–75 dirigiert er

in Bayreuth. Wir verdanken ihm die szenische Erstaufführung von Darius Milhauds *Orestie* (Berlin 1963); von den von ihm verwirklichten Uraufführungen sind Gottfried von Einems Ballett *Medusa* (1957) und die Opern *Alkmene* von Giselher Klebe (1961), *Montezuma* von Roger Sessions (1964) und *200 000 Taler* von Boris Blacher (Berlin 1969) zu nennen.

Hollweg, Werner
Deutscher Tenor, geb. 13. 9. 1936 Solingen.
Er macht zuerst eine Banklehre und arbeitet als Bankangestellter, bevor er 1958 an den Konservatorien von Detmold, München und Lugano Gesang studiert. Er debütiert an der Wiener Kammeroper, geht dann an das Bonner Stadttheater (1963–67) und von dort aus nach Gelsenkirchen (1967–68). 1969 lädt ihn der Maggio Musicale Fiorentino ein, den Belmonte (*Die Entführung aus dem Serail*, Mozart) zu singen. Er verzeichnet einen großen Erfolg. Hamburg, München, Berlin und die Deutsche Oper am Rhein (Düsseldorf-Duisburg) engagieren ihn. Auch die ausländischen Bühnen melden sich: Rom, Paris, Helsinki, New York und Los Angeles. Er nimmt regelmäßig an den Salzburger Festspielen teil und läßt sich in der Mozart-Stadt nieder. 1970 fordert Herbert von Karajan ihn auf, bei der Festaufführung anläßlich der Weltausstellung in Osaka in Ludwig van Beethovens *Symphonie Nr. 9* das Tenor-Solo zu singen. Hollweg wird zu den großen Mozart-Sängern seiner Zeit gezählt: Don Otavio (*Don Giovanni*), Belmonte, Ferrando (*Così fan tutte*), Tamino (*Die Zauberflöte*) und Titus (*La clemenza di Tito*) gehören zu seinen Paraderollen. Hollweg gibt auch viele Konzert- und Liederabende. Seit neuestem inszeniert er auch.

Hopf, Hans
Deutscher Tenor, geb. 2. 8. 1916 Nürnberg.
Er studiert bei Paul Bender in München und bei Ragnvald Bjärne in Oslo. 1936 debütiert er an der Münchner Oper; 1939–42 gehört er als lyrischer Tenor zum Ensemble der Augsburger Bühnen und geht dann nach Dresden, wo er sich auf das Fach des Heldentenors spezialisiert. 1946–49 gehört er der Berliner und anschließend der Münchner Oper an und gibt jährlich eine bestimmte Zahl von Vorstellungen an der Wiener Oper. Ab 1951 nimmt er regelmäßig an den Bayreuther Festspielen teil. 1952 debütiert er als Walter (*Die Meistersinger von Nürnberg*, Wagner) an der Met und verzeichnet einen großen Erfolg. Die Scala, der Covent Garden, die Pariser Oper und das Teatro Colón in Buenos Aires laden den großen Wagner-Tenor ein. Seit 1950 ist er auch mit einem Gastvertrag mit der Deutschen Oper am Rhein (Düsseldorf-Duisburg) verbunden. Bei den Salzburger Festspielen singt er 1954 den Max (*Der Freischütz*, v. Weber).

Horenstein, Jascha
Amerikanischer Dirigent russischer Herkunft, geb. 24. 4. (6. 5.) 1898 Kiew, gest. 2. 4. 1973 London.
Als Sechsjähriger verläßt er Rußland und geht nach Königsberg, wo er Schüler von Max Brode wird. 1911 übersiedelt er nach Wien und studiert Philosophie. 1917 geht er endlich nach Berlin, um seine musikalischen Studien bei Joseph Marx (Musiktheorie), Adolf Busch (Violine) und Franz Schreker (Komposition) abzuschließen (1920). 1920 wird er Assistent von Siegfried Ochs beim Philharmonischen Chor Berlin. 1922 übernimmt er in Berlin die Leitung des Schubert-Chores und des Gemischten Chores. 1923 debütiert er mit dem Symphonie-Orchester von Wien. 1925–28 ist er Gastdirigent der Berliner Philharmoniker sowie des Berliner Blüthner-Orchesters. 1928 wird er zum Musikdirektor der Düsseldorfer Oper ernannt und führt dort, vom Komponisten beraten, *Wozzeck* (Berg) auf. Die Nationalsozialisten fordern seine Entlassung. Ab 1933 dirigiert er in Au-

stralien, Neuseeland und Skandinavien, arbeitet mit den Ballets Russes in Monte Carlo (1937) und dirigiert 1938 in Palästina. 1940 geht er in die Vereinigten Staaten und dirigiert die großen Orchester, einschließlich der von Südamerika. 1951 leitet er die französische Erstaufführung von Leoš Janáčeks *Z mrtvého domu* (Aus einem Totenhaus) und 1964 die amerikanische von Ferruccio Busonis *Doktor Faust* (mit der American Opera Society). Er wird häufig von der Berliner Oper und dem Covent Garden eingeladen. Seinen Lebensabend verbringt er in Lausanne. Horenstein gilt als einer der großen Mahler- und Bruckner-Spezialisten, deren Symphonien er in der ganzen Welt spielt. 1929 leitet er die Uraufführung von Alban Bergs *Suite lyrique*.

Horne, Marilyn
Amerikanische Mezzosopranistin, geb. 16. 1. 1934 Bradford (Pa.).
Ihr Vater, ein talentierter, halb-professioneller Tenor, führt sie schon als Kind in die Grundlagen des Gesangs ein. Ihre Familie zieht nach Kalifornien; sie erhält ein Stipendium der Universität von Südkalifornien, wo sie von William Vennard unterrichtet wird, der sich auch um ihre Karriere kümmert. 1953 unternimmt sie mit dem Robert Wagner-Chor eine Europa-Tournee. Robert Craft erkennt als erster ihre Begabung und veranstaltet mit ihr Konzerte mit alter und zeitgenössischer Musik. 1954 debütiert sie an der Oper von Los Angeles als Agnes in *Prodoná nevěsta* (Die verkaufte Braut, Smetana). 1955 singt sie für Dorothy Dandridge in dem Film *Carmen Jones*; merkwürdigerweise klingt ihre Stimme hier so hell wie die einer lyrischen Sopranistin. Anschließend verbringt sie drei Jahre an der Oper von Gelsenkirchen, wo sie die Mimi (*La Bohème*), Minnie (*La Fanciulla del West*, Das Mädchen aus dem goldenen Westen, beide Puccini), Amelia (*Simon Boccanegra*, Verdi), Tatjana (*Eugen Onegin*, Tschaikowskij) und die Marie (*Wozzeck*, Berg) singt.

Wieder zurück in den Vereinigten Staaten, debütiert sie als Marie (*Wozzeck*) in San Francisco und interpretiert dort kurz darauf die Rolle der Tante in *Gianni Schicchi* (Puccini), eine reine Alt-Rolle. Ein Impressario schlägt Richard Bonynge für eine Aufführung der *Beatrice di Tenda* (Bellini) Marilyn Horne als Partnerin für seine Frau Joan Sutherland vor. Das bedeutendste Frauenstimmen-Duo seit Adelina Patti/Emma Albani entsteht, das in *Norma* (Bellini) und *Semiramis* (Rossini) wahre Triumphe feiert.

1964 debütiert sie, wieder als Marie, am Covent Garden in London, 1969 als Jokaste (*Oedipus Rex*, Strawinsky) an der Scala und 1970 als Adalgisa (*Norma*, Bellini) an der Met. Sie singt auf der wichtigsten Bühne der Vereinigten Staaten unter anderem die Rosina (*Il barbiere di Siviglia*, Der Barbier von Sevilla, Rossini), die Carmen (Bizet), Orfeo (*Orfeo ed Euridice*, Gluck), Eboli (*Don Carlos*, Verdi) und Dalila (*Samson et Dalila*, Saint-Saëns). In Houston wirkt sie 1975 an einer Aufführung des *Rinaldo* (Händel) mit. Ab dem Ende der siebziger Jahre singt sie nur noch Rollen aus dem Fach des Mezzosoprans, obwohl ihre Stimme das hohe C noch problemlos erreicht: Carmen, Rosina, Azucena, (*Il trovatore*, Der Troubadour, Verdi), Tancredi (Rossini) und Fidès (*Le Prophète*, Meyerbeer). In immer stärkerem Maße setzt sie sich für die alte Musik ein (*Orlando furioso*, Der rasende Roland, Vivaldi, Paris 1981). Sie gibt auch viele Lieder- und Konzertabende, bei denen sie sogar Ausschnitte aus Wagner-Opern singt. In erster Ehe mit dem Dirigenten Henry Lewis verheiratet (1960–76), ist sie inzwischen die Frau des Bassisten Nicola Zaccaria.
W: *My Life* (New York 1983).

Horowitz, Vladimir Samojlowitsch
Amerikanischer Pianist ukrainischer Herkunft, geb. 18. 9. (1. 10.) 1904 Kiew, gest. 5. 11. 1989 New York.
Sein Vater ist Elektroingenieur und sei-

ne Mutter nicht öffentlich auftretende Pianistin, die am örtlichen Konservatorium mit Abschluß studiert hat. Sie erteilt ihm ersten Unterricht. Als Zwölfjähriger geht er mit dem Wunsch, Komponist zu werden, an das Konservatorium von Kiew. 1918 wird die Elektrofirma, die sein Vater in Kiew leitet, verstaatlicht. Alexander N. Skrjabin ermutigt ihn auf dem Weg zum Pianisten, und noch als Student gibt er 1920 mit beträchtlichem Erfolg ein erstes Konzert in Charkow. Ein Jahr studiert er bereits bei Felix Blumenfeld in Kiew, diesem bemerkenswerten Musiker aus der Schule von Sankt Petersburg, der ihm die Tradition des großen Anton Rubinstein vermittelt. 1920 verläßt er das Konservatorium, mit allen nur denkbaren Preisen versehen, und spielt 1922–25 überall in der Sowjetunion. Allein während der Saison 1924–25 gibt er als Solist oder mit seinem Freund Nathan Milstein mehr als siebzig Konzerte, davon 23 in Leningrad.

1925 verläßt er die UdSSR. Zu Beginn seines Aufenthalts im Westen muß er in Deutschland die Konzertsäle selbst anmieten (Début in Berlin Januar 1926), doch auch hier sowie in Paris, London, Rom usw. stellt sich schon bald der Erfolg ein. Am 12. Januar 1928 debütiert er in den Vereinigten Staaten unter der Leitung von Sir Thomas Beecham und in Anwesenheit von Musikern wie Sergej W. Rachmaninow, Josef Hofmann oder Josef Lhévinne. In diesem Jahr entstehen auch seine ersten Schallplattenaufnahmen. In den 30er Jahren lebt er eher zurückgezogen in Paris. Willem Mengelberg (1930) und Arturo Toscanini (1932), dessen Tochter Wanda er 1933 heiratet, laden ihn zu Konzerten ein, die letzten, die er gibt, bevor er sich für einige Zeit aus dem Konzertleben zurückzieht. Erst 1938 tritt er wieder an die Öffentlichkeit. 1939 übersiedelt er endgültig in die Vereinigten Staaten und nimmt wieder seine rastlose Tätigkeit auf: Konzerte und Schallplattenaufnahmen überschlagen sich, bis er sich nach einem Konzert am 23. Februar 1953 in der New Yorker Carnegie Hall von neuem vom Konzertleben zurückzieht. Er spielt nur noch für wenige Freunde und Schüler wie Gary Graffman und Byron Janis. Seine Schallplattenfirma CBS richtet bei ihm ein Aufnahmestudio ein, so daß er mit Hilfe von Neueinspielungen den Kontakt zu seinem Publikum aufrechterhalten kann. Erst zwölf Jahre später, am 9. Mai 1965 nimmt er seine Konzerttätigkeit in der Carnegie Hall wieder auf. Jeder seiner Auftritte, die fünfzehn Jahre lang dem New Yorker Publikum vorbehalten sind, wird zu einem Ereignis. Erst dann ist er bereit, wieder in London, Paris und Mailand zu spielen, bevor er sogar in seine Heimat zurückkehrt und 1985–86 in Moskau und Leningrad Konzerte gibt. Eine Japan-Tournee schließt sich an.

Horowitz gehört zweifellos zu den größten Klavier-Idolen des 20. Jahrhunderts. Sein Repertoire ist für seine Generation sehr weit gespannt; neben den Werken der großen Komponisten des 19. Jahrhunderts spielt er die nicht so bekannter wie Ernst von Dohnányi, Alexander Scrjabin, Carl Czerny oder Muzio Clementi. Samuel Barber widmet ihm eine *Sonate für Klavier*, die er 1949 zur Uraufführung bringt, und Sergej S. Prokofjew die *Etude* op. 52.

Horszowski, Mieczysław
Amerikanischer Pianist polnischer Herkunft, geb. 23. 6. 1892 Lwów (Lemberg).
Er studiert am Konservatorium von Lwów und geht dann als Siebenjähriger zu Theodor Leschetizky nach Wien (bis 1904). 1901 erregt seine Interpretation von Ludwig van Beethovens *Konzert für Klavier und Orchester Nr. 1* in Warschau unter Emil Młynarski Aufsehen; er gilt fortan als Wunderkind. 1906 debütiert er in den Vereinigten Staaten. Er schlägt eine brillante Solistenkarriere ein. 1940 läßt er sich in den Vereinigten Staaten nieder. In den 40er Jahren beschäftigt er sich immer intensiver mit dem Gebiet der Kammermusik, tritt mit

Pablo Casals und Joseph Szigeti auf und hilft dieser Musik in den Vereinigten Staaten zu größerer Verbreitung. Als Spezialist der Wiener Musik interpretiert er häufig die Sonaten Wolfgang Amadeus Mozarts sowie die letzten Werke Ludwig van Beethovens. Seit 1952 unterrichtet er am Curtis Institute in Philadelphia. Selbst mit fünfundneunzig Jahren gibt er noch Klavierabende. 1923 verwirklicht er die Uraufführung von Karol Szymanowskis *Sonate für Klavier Nr. 3*.

Hotter, Hans
Österreichischer Baßbariton deutscher Herkunft, geb. 19.1. 1909 Offenbach/ M.
In München studiert er nebeneinander an der Universität Philosophie und Musikwissenschaften und an der Hochschule für Musik Orgel und Gesang, ohne ernsthaft daran zu denken, Sänger zu werden. Er lernt Matthäus Römer kennen, der ihn mit dem Lied und der Oper vertraut macht. Der Erfolg, den er bei seinem ersten Konzert in München im Jahre 1929 erzielt, steht bei seinem Beschluß, Sänger zu werden, Pate. Im darauffolgenden Jahr singt er sein erstes Oratorium, den *Messias* (Händel), und macht sein Debüt als Opernsänger in Troppau und Breslau. Das deutsche Theater in Prag engagiert ihn (1932–34); er lernt dort Fjodor I. Schaljapin kennen, der zu seinem künstlerischen Vorbild wird. Seinen Erfolgen an der Hamburger Oper (1934–37), wo er unter Eugen Jochum in *Giulio Cesare* (Händel) glänzt, verdankt er den Titel eines Kammersängers. 1937 debütiert er an der Münchner Oper, an der er nahezu alle Heldenbariton-Rollen interpretiert. Unter der Leitung von Clemens Krauss wirkt er an den Uraufführungen verschiedener Werke von Richard Strauss mit: *Friedenstag* (1938), *Capriccio* (1942), *Die Liebe der Danae* (1944). Er ist häufig Gast an der Wiener Oper. Aufgrund der Kriegswirren gibt er immer häufiger Liederabende; 1941 singt er in Hamburg zum ersten Mal Franz Schuberts *Winterreise*, die er anschließend in der ganzen Welt interpretiert. Nach dem Krieg schließt er 1946 mit der englischen Columbia einen Vertrag und debütiert 1947 am Covent Garden; der Weg zu internationalem Ruf steht ihm offen. Er nimmt in London an Aufführungen von *Le nozze di Figaro* und *Don Giovanni* (beide Mozart) teil und singt ein Jahr später den Hans Sachs (*Die Meistersinger von Nürnberg*, Wagner). Die Met engagiert ihn 1950–54, die Bayreuther Festspiele 1952–66; innerhalb eines Jahrzehnts entwickelt er sich zum bedeutendsten Wagnerschen Heldenbariton seiner Generation. 1961–64 nimmt er am Covent Garden an einer Inszenierung des *Rings des Nibelungen* teil. 1972 verabschiedet er sich mit einigen Liederabenden von seinem Publikum. Er unterrichtet und wird 1977 von der Wiener Musikakademie zum Professor ernannt.

Houbart, François-Henri
Französischer Organist, geb. 26.12. 1952 Orléans.
Als Siebenjähriger beginnt er mit dem Klavier- und als Elfjähriger mit dem Orgel-Unterricht, während er bei den Dominikanern in Sorèze (Departement Tarn) zur Schule geht. In Paris studiert er am Konservatorium bei Pierre Lantier Harmonielehre und Kontrapunkt und bei Suzanne Chaisemartin, Michel Chapuis und Pierre Cochereau Orgel und Improvisation (1970–78). Beim Internationalen Improvisations-Wettbewerb in Lyon gewinnt er den 2. Preis. 1968 wird er an der Kirche Saint-Paterne in Orléans zum Organisten ernannt; 1974 geht er als 2. Organist an die Große Orgel von Saint-Séverin in Paris, wo er ein Jahr später zum Ko-Titular ernannt wird. 1979 übernimmt er die Orgel in der Kirche La Madeleine. 1980 wird er am Konservatorium von Orléans zum Professor ernannt; er gehört der Orgelkommission des französischen Kultusministeriums an.

Houtmann, Jacques
Französischer Dirigent, geb. 27. 3. 1935 Mirecourt.
Er studiert am Konservatorium von Nancy, wo er 1. Preise für Violine, Kammermusik, Horn, Schlagzeug und Notation erhält, und geht dann nach Paris an die Ecole Normale de Musique zu Jean Fournet und Henri Dutilleux. Schließlich perfektioniert er sich bei Franco Ferrara an der Accademia Nazionale di Santa Cecilia in Rom. 1961 erhält er beim Wettbewerb in Besançon und 1964 beim Mitropoulos-Wettbewerb jeweils den 1. Preis. 1965–66 ist er Assistent von Leonard Bernstein bei den New Yorker Philharmonikern. 1969–71 leitet er das philharmonische Orchester Rhône-Alpes, wird dann Musikdirektor des Symphonie-Orchesters von Richmond (USA) und kehrt 1984 nach Frankreich zurück, um die Leitung des Orchestre philharmonique de Lorraine zu übernehmen.

Howarth, Elgar
Englischer Trompeter, Dirigent und Komponist, geb. 4. 11. 1935 Cannock.
Er studiert an der Universität von Manchester und belegt gleichzeitig Kurse am Royal Manchester College of Music. 1958–63 gehört er zum Orchester des Covent Garden und 1963–69 zum Royal Philharmonic Orchestra. 1968–71 ist er Mitglied der London Sinfonietta und 1965–76 des Philip Jones Brass Ensembles. Seine Karriere als Dirigent beginnt erst 1969 und bleibt eng mit der London Sinfonietta verbunden, die er ab 1973 regelmäßig dirigiert. 1972–76 ist er gleichzeitig Musikdirektor der Grimethorp Colliery Brass Band. Er setzt sich stark für die zeitgenössische Musik ein und bringt Werke folgender Komponisten zur Uraufführung: Harrison Birtwistle (*The Mask of Orpheus*, Die Maske des Orpheus, 1986), Charles Chaynes (*Erzsebet*, 1983), Brian Ferneyhough (*La Terre est un homme*, Die Erde ist ein Mann, 1979), Robin Holloway (*Domination of Black*, Domination von Schwarz, 1984), György Ligeti (*Le grand Macabre*, 1978; *Kammerkonzert*, 1983), Aribert Reimann (*Invenzioni*, 1979), Iannis Xenakis (*Waarg*, 1988).

Hubay, Jenő
Ungarischer Violinist und Komponist, geb. 15. 9. 1858 Budapest, gest. 12. 3. 1937 Wien.
Er wird zuerst von seinem Vater, selbst Violinist, unterrichtet, bevor er zu Joseph Joachim nach Berlin geht. 1872 übersiedelt er nach Paris, wo er sich bei Henri Vieuxtemps perfektioniert haben soll. 1878 tritt er hier mit den Concerts Pasdeloup zum ersten Mal auf und verzeichnet einen Erfolg. 1882–86 unterrichtet er am Konservatorium von Brüssel, kehrt dann wieder nach Ungarn zurück und wird Professor an der Akademie von Budapest, deren Leitung er 1919–34 übernimmt. Zu seinen Schülern zählen so bedeutende Geiger wie Joseph Szigeti, Jelly d'Arànyi und Franz von Vecsey.
Als Komponist schreibt er viel für sein Instrument, aber auch Opern und Symphonien. Jascha Heifetz und Alfredo Campoli spielen hin und wieder Stücke von ihm, doch insgesamt ist sein Werk heute vergessen. Er verwirklicht 1886 die Uraufführung des *Trio Nr. 3* und 1888 die der *Sonate für Violine und Klavier Nr. 3* von Johannes Brahms sowie 1903 die der *Sonate für Violine und Klavier Sz 20* von Béla Bartók. Er spielte auf einer Pietro Guarneri, die sich vorher im Besitz von Henryk Wieniawski befand.

Hubeau, Jean
Französischer Pianist und Komponist, geb. 22. 6. 1917 Paris, gest. 19. 8. 1992 daselbst.
Er geht als Neunjähriger an das Konservatorium von Paris und studiert bei Jean und Noël Gallon sowie bei Paul Dukas und Lazare Lévy. Er schließt mit 1. Preisen in Klavier (1930), Harmonielehre (1930), Begleitung (1931), Fuge (1933) und Komposition (1933) ab. 1934 erhält er den 2. Großen Rompreis, ein Jahr später gewinnt er den Diémer-Wettbewerb. Ein Stipendium

ermöglicht es ihm, zu Felix von Weingartner nach Wien zu gehen, wo er Orchesterleitung studiert. 1942 wird er zum Direktor des Konservatoriums von Versailles ernannt. Gleichzeitig gibt er am Konservatorium von Paris Kurse. Mit Pierre Fournier, Maurice Maréchal, Alfred Loewenguth, Paul Tortelier, André Navarra, Henri Merckel und anderen spielt er Kammermusik. Mit dem Via-Nova-Quartett nimmt er das gesamte Kammermusik-Werk von Gabriel Fauré und Robert Schumann auf.

Hubermann, Bronislaw
Polnischer Violinist, geb. 19. 12. 1882 Czestochowa (Tschenstochau), gest. 15. 6. 1947 Corsier sur Vevey.
Hubermann studiert am Konservatorium von Warschau bei Mieczyslaw Mihalowicz und debütiert als Siebenjähriger mit dem *Konzert für Violine und Orchester Nr. 2* von Louis Spohr. Er wird Mitglied des Rode-Quartetts und nimmt gleichzeitig in Warschau bei Izydor Lotto Unterricht. 1892 spielt er in Berlin, wo er sich bei Joseph Joachim perfektioniert, zum ersten Mal öffentlich. 1895 debütiert er in Wien beim Abschiedskonzert der Adelina Patti. Ein Jahr später spielt er dort in Anwesenheit von Johannes Brahms dessen *Konzert für Violine und Orchester*. Der Komponist ist so angetan, daß er sich mit einer Fantasie bedanken möchte, die er vor seinem Tod leider nicht mehr komponieren konnte. Bis zur Machtergreifung der Nationalsozialisten lebt Hubermann praktisch ständig in Wien, auch wenn er viel auf Reisen ist. 1934–36 unterrichtet er an der Wiener Musikhochschule. 1936 gründet er in Palästina das Palestine Orchestra – Hubermann konnte Arturo Toscanini als Dirigent für das 1. Konzert gewinnen –, aus dem 1948 das Israel Philharmonic Orchestra hervorgeht. Hubermann spielt auf einer Guarneri del Gesù aus dem Jahre 1733. Er besitzt auch eine Stradivari aus dem Jahre 1713, die *Gibson*, die ihm 1936 gestohlen wird und erst 1987 in Connecticut wieder auftaucht.

WW: *Aus der Werkstatt des Virtuosen* (Leipzig und Wien 1912); *Vaterland Europa* (Berlin 1932).

Hüsch, Gerhard
Deutscher Bariton, geb. 2. 2. 1901 Hannover, gest. 21. 11. 1984 München.
Er studiert 1920–23 bei Hans Emge Gesang. 1923 debütiert er in Osnabrück in *Der Waffenschmied* (Lortzing) und singt zu Beginn auch Operetten. 1924 geht er nach Bremen (bis 1927) und über Köln (1927–30) nach Berlin, wo er zuerst an der Städtischen Oper, dann am Deutschen Opernhaus (1932–35) und endlich an der Staatsoper (1937–44) arbeitet. An der Städtischen Oper lernt er den Dirigenten Hanns Udo Müller kennen, der zu seinem ständigen Klavierbegleiter wird. 1930 singt er unter Bruno Walter am Covent Garden den Falken (*Die Fledermaus*, Johann Strauß) und 1931 sowie 1938 (unter Sir Thomas Beecham) den Papageno (*Die Zauberflöte*, Mozart). Seine Interpretation des Wolfram (*Tannhäuser*, Wagner) bei den Bayreuther Festspielen 1930–31 macht ihn endgültig international bekannt.
Der finnische Komponist Yrjö Kilpinen, Autor von fast 700 Liedern, bringt ihm diese Gattung nahe. Ab 1932 gibt er, von Michael Raucheisen, Coenraad von Bos und vor allem Hanns Udo Müller begleitet, der 1943 bei einem Bombenangriff auf Berlin ums Leben kommt, regelmäßig Liederabende. Auch als Oratoriensänger wird er bekannt. Er arbeitet mit den Komponisten Paul Graener, Hans Pfitzner und Richard Strauss zusammen. Er singt bis zur Spielzeit 1957–58. Seit 1938 unterrichtet er an der Wiener Musikakademie. Später hält er Interpretationskurse in Japan, der Schweiz, Finnland und England.

Hunter, Rita
Englische Sopranistin, geb. 15. 8. 1933 Wallasey.
Auch wenn sie als Achtjährige bereits auf der Bühne auftritt, ist der Beginn

ihrer Karriere recht wechselhaft. Als Fünfzehnjährige tanzt sie in Liverpooler Clubs. Zwei Jahre lang wird sie von Edwin Francis ausgebildet, unternimmt als Chorsängerin in Operettentruppen einige Tourneen und wird endlich Mitglied des Chores der Sadler's Wells Opera, wo sie als Brautjungfer in *Le nozze di Figaro* (Mozart) einen eher bescheidenen Anfang als Solistin macht. Sie geht zur Carl Rosa Company und bekommt auch dort zunächst nur kleinere Rollen: Inez (*Il trovatore*, Der Troubadour, Verdi), Frasquita (*Carmen*, Bizet). 1959 kehrt sie ans Sadler's Wells zurück und springt öfter für erkrankte Kolleginnen ein (Senta, *Der fliegende Holländer*, Wagner; Santuzza, *Cavalleria Rusticana*, Mascagni; Odabella, *Attila*, Verdi). Doch trotz der Erfolge beim Publikum schweigt die Fachwelt. Im gleichen Jahr noch geht sie an den Covent Garden und singt die dritte Norne in *Die Götterdämmerung* (Wagner); Auftritte in *Il Trovatore* (Der Troubadour, Verdi), *Euryanthe* (v. Weber) und *Don Giovanno* (Mozart) folgen. Endlich nimmt ihre Karriere einen steilen Aufschwung nach oben. 1970 wirkt sie bei der *Walküre* mit, ein Jahr später bei der *Götterdämmerung* und 1973 schließlich beim *Siegfried* (alle Wagner). Berlin lädt sie ein, München und die Met. Sie ergänzt ihr Repertoire mit den Rollen der Aida, Lady Macbeth (beide Verdi) und Elisabeth (*Tannhäuser*, Wagner).
W: *Wait Till the Sun Shines* (London 1986).

Hurst, George
Englischer Dirigent, geb. 20. 5. 1926 Edinburgh.
Hurst stammt aus einer russisch-rumänischen Familie. Er studiert bei Julius Isserli Klavier. Mit seiner Familie zieht er nach Kanada und setzt sein Studium am Konservatorium von Toronto bei Léon Barzin fort. Abschließend besucht er die Kurse von Pierre Monteux. Seit 1947 unterrichtet er am Peabody-Konservatorium von Baltimore, dessen Orchester er 1951–55 leitet. Gleichzeitig ist er der Direktor des Symphonie-Orchesters von York in Pennsylvania (1950–55). Dann geht er nach England zurück und wird Assistent von Sir Adrian Boult bei den Londoner Philharmonikern (1955–57). 1957 wird er zum ständigen Dirigenten des BBC Northern Symphony Orchestra ernannt (bis 1968). 1968–74 ist er künstlerischer Berater der Western Orchestral Society, die die Geschicke der Orchester von Bournemouth bestimmt. 1968–71 leitet er gleichzeitig die Bournemouth Sinfonietta. Seit dieser Zeit arbeitet er als freier Dirigent; 1986 wird er zum principal guest conductor des BBC Scottish Symphony Orchestra ernannt (bis 1990).

Huttenlocher, Philippe
Schweizer Bariton, geb. 29. 11. 1942 Neuchâtel.
Er studiert zunächst Geige (mit Abschluß) und beginnt erst 1963 bei Juliette Bise mit der Ausbildung seiner Stimme; 1967 erhält er einen 1. Preis. Michel Corboz lädt ihn als Solist zu verschiedenen Aufführungen mit seinem Ensemble Vocal de Lausanne ein (*Requiem* von Gabriel Fauré, *Madrigale* von Claudio Monteverdi, die *Passionen* von Johann Sebastian Bach). Erst später singt er auch in Opern, so in Zürich in *Orfeo* (Monteverdi). *Les Indes galantes* (Rameau), *Faust* (Gounod), *Così fan tutte* (Mozart), *Le Maître de chapelle* (Der Kantor, Paër) und *Pelléas et Mélisande* (Debussy).

Igumnow, Konstantin Nikolajewitsch
Russischer Pianist, geb. 19. 4. (1. 5.) 1873 Lebedjana (Gouvernement Tambor), gest. 4. 3. 1948 Moskau.

Er studiert am Konservatorium von Moskau bei Alexander I. Siloti und Nikolaj Swerew Klavier sowie bei Sergej I. Tanjew, Anton S. Arenski und Mikhail M. Ippolitow-Iwanow Notation (1888–94). Gleichzeitig ist er an der Universität Moskau eingeschrieben (1892–95). 1895 gewinnt er den Rubinstein-Preis und beginnt sofort darauf eine Solisten-Karriere. Ein Jahr später unterrichtet er bereits am Konservatorium von Moskau (1896–98) und geht dann nach Tiflis (1898–99). 1899 wird er am Moskauer Konservatorium zum Professor für Klavier ernannt, dessen Direktion er 1924–29 übernimmt und an dem er nahezu 50 Jahre unterrichtet. Neben Alexander B. Goldenweiser und Heinrich G. Neuhaus gehört er zu den Gründern der sowjetischen Klavier-Schule. Zu seinen Schülern zählen Lew N. Oborin, Issay A. Dobrowen und Jakow M. Flijer, der wiederum sein Wissen an Bella Davidovich, Lew Wlassenko, Wladimir Feltsman und Mikail Rudy weitergibt.

Iliev, Constantin
Bulgarischer Dirigent und Komponist, geb. 9. 3. 1924 Sofia, gest. 6. 3. 1988 daselbst.

Er studiert bis 1946 am Konservatorium von Sofia bei Pančo Wladigerov, Parashkev Hadjeev und Marin Goleminov Violine, Orchesterleitung und Komposition. Anschließend perfektioniert er sich an der Prager Musikakademie bei Jaroslav Řídký, Alois Hába und Vàclav Talich. 1948 debütiert er mit dem Symphonie-Orchester von Russe, dirigiert 1948–49 die Ballettabende in Sofia und übernimmt dann die künstlerische Leitung der Oper von Russe (1949–52), geht als Chefdirigent zum Symphonie-Orchester von Varna (1952–56) und wird schließlich zum Chefdirigenten der Bulgarischen Staatsphilharmonie in Sofia ernannt (1956–71), dessen künstlerische Leitung er 1978 übernimmt (bis 1979). Seit 1970 ist er Professor am Konservatorium von Sofia. Als Komponist hinterläßt er ein breitgelagertes, umfangreiches Werk.
W: *Ljubomir Pipkov* (Sofia 1958).

Immerseel, Jos van
Belgischer Cembalist, geb. 9. 11. 1945 Antwerpen.

Er studiert am Konservatorium von Antwerpen bei Eugène Traey (Klavier), Flor Peeters (Orgel) und Kenneth Gilbert (Cembalo) und erhält als erster Belgier 1. Preise für drei verschiedene Instrumente: Klavier (1963), Orgel (1967) und Cembalo (1972). Er gewinnt verschiedene internationale Wettbewerbe: München 1963, Antwerpen 1966 für Orgel und 1967 für Komposition. Er interessiert sich in immer stärkerem Maße für die alte Musik. Seit 1972 unterrichtet er selbst am Konservatorium in Antwerpen Generalbaß und Cembalo. 1973 gewinnt er den Internationalen Cembalo-Wettbewerb in Paris. An 1982 gibt er an der Internationalen Akademie im Museum Vleeshuis in Antwerpen Meisterkurse; 1981–85 ist er künstlerischer Direktor des Sweelinck-Konservatoriums in Amsterdam. 1985 gründet er das Barockorchester Dell anima eterna, dessen Repertoire nach kurzer Frist auch klassische Werke umfaßt.

Inbal, Eliahu
Israelischer und englischer Dirigent, geb. 16. 2. 1936 Jerusalem.

Er studiert am Konservatorium von Jerusalem und geht dann zu Louis Fourestier an das Konservatorium von Paris

(1960–63) und an die Accademia Musicale Chigiana in Siena zu Sergiu Celibidache (1961–62). 1963 erhält er an der Mailänder Scala den Guido-Cantelli-Preis. Zwei Jahre später debütiert er mit dem Orchester der berühmten Oper und leitet kurz darauf die Londoner Philharmoniker. 1969 dirigiert er bei den Salzburger, Berliner und Luzerner Festspielen und debütiert mit *Don Carlos* (Verdi) als Operndirigent in Verona. 1974–89 ist er Chefdirigent des Symphonie-Orchesters des Hessischen Rundfunks und 1985 zusätzlich musikalischer Leiter des Teatro La Fenice, der Oper von Venedig. Wir verdanken ihm die Uraufführungen von Claude Debussys Fragment *La Chute de la maison Usher* (Der Untergang des Hauses Usher) (1977) und der *Symphonie Nr. 1* von Detlev Müller-Siemens (1981).

Inghelbrecht, Désiré-Emile
Französischer Dirigent und Komponist, geb. 17. 9. 1880 Paris, gest. 14. 2. 1965 daselbst.

Sein Großvater ist Belgier und seine Mutter Engländerin. Sein Vater arbeitet als Bratschist im Orchester der Pariser Oper. Er studiert am Pariser Konservatorium, ohne aufzufallen. 1902 entdeckt er anläßlich der Uraufführung von *Pelléas et Mélisande* das Werk Claude Debussys. Jacques Rouché engagiert ihn (1908) als Dirigent für das Théâtre des Arts. Er leitet hier die Uraufführung von Florent Schmitts *La Tragédie de Salomé* (Die Tragödie der Salome). 1912 gründet er die Association Chorale Professionnelle, da es in Paris an einem großen Chor aus Berufssängern mangelt. Im gleichen Jahr wird er zum Musikdirektor des Théâtre des Champs-Elysées ernannt und leitet hier die großen Abende der Eröffnungssaison: *Benvenuto Cellini* (Berlioz), *Boris Godunow* (Mussorgskij) und *La Péri* (ein Ballett von Paul Dukas). Nach dem Ersten Weltkrieg gründet er die Concerts Ignace Pleyel (1919) und spielt mit jungen Instrumentalisten Werke aus dem 18. und 19. Jahrhundert. 1920–23 unternimmt er mit den Ballets Suédois eine ausgedehnte Tournee durch Europa. Nach seiner Rückkehr wird er zum Musikdirektor der Opéra-Comique ernannt (1924–25). Anschließend wird er 2. Kapellmeister der Concerts Pasdeloup (1928–32), Direktor der Oper von Algier (1929–30) und 1932–33 zum zweiten Mal Musikdirektor der Opéra-Comique in Paris. 1934 gründet er das Orchestre National de la Radio Française und leitet es bis zum Ende des Zweiten Weltkriegs. 1945–50 ist er Dirigent der Paris Oper. Bis zu seinem Lebensende leitet er regelmäßig das Pariser Rundfunkorchester.

Inghelbrecht spezialisiert sich vor allem auf das Werk Claude Debussys – er kennt den Komponisten persönlich sehr gut – und dirigiert darüber hinaus einige Opern wie *Boris Godunow* und *Pénélope* (Fauré) regelmäßig in konzertanten Aufführungen. Seine Einspielung des Gesamtwerks von Claude Debussy belegt, daß er sich als Träger einer bestimmten Tradition sieht, die er nie verleugnet. So kreiert er *La Marche écossaise* (Schottischer Marsch, 1913) und *La Boîte à joujoux* (Die Spielzeugschachtel, Kinderballett, 1919). Unter den anderen von ihm verwirklichten Uraufführungen sind folgende hervorzuheben: *Les Mariés de la Tour Eiffel* (Das Hochzeitspaar am Eiffelturm, Gemeinschaftswerk der Groupe des Six, 1921), *L'Homme et son désir* (Der Mensch und seine Sehnsüchte, Milhaud, 1921). Seine eigenen Kompositionen können den Einfluß Debussys nicht verleugnen.

WW: *Comment on ne doit pas interpréter Carmen, Faust et Pelléas* (Paris 1933); *Diabolus in musica* (Paris 1933); *Mouvement contraire: souvenirs d'un musicien* (Paris 1947); *Le Chef d'orchestre et son équipe* (Paris 1949); *Claude Debussy* (Paris 1953); *Le Chef d'orchestre parle au public* (1957).

Inoue, Mischiyochi
Japanischer Dirigent, geb. 23. 12. 1946 Tokio.

Er ist Schüler von Hideo Saitō an der

Toho Gakuen High School und studiert gleichzeitig an der Musikakademie Tokio (1963–70), an der er selbst ab 1970 unterrichtet. 1970 gewinnt er den internationalen Min-On-Wettbewerb in Tokio. Er wird künstlerischer Leiter des Toho Gakuen Symphony Orchestra und stellvertretender Dirigent am Tokyo Metropolitan Symphony Orchestra. 1971 gewinnt er den Cantelli-Wettbewerb der Mailänder Scala. Er perfektioniert sich bei Sergiu Celibidache in Bologna; seine Karriere nimmt in Europa und den Vereinigten Staaten einen steilen Aufschwung. 1976–80 ist er principal guest conductor des Symphonie-Orchesters von Neuseeland. 1983 wird er zum Musikdirektor des New Japan Philharmonic Orchestra in Tokio ernannt.

Irving, Robert Augustine
Englischer Dirigent, geb. 28. 8. 1913 Winchester.
Er studiert in Oxford und anschließend am Royal College of Music in London (1934–36). Seine Karriere als Dirigent beginnt 1945, als er zum stellvertretenden Dirigenten am BBC Scottish Orchestra ernannt wird (bis 1948). 1949 geht er als Musikdirektor zum Sadler's Wells Ballet (bis 1958) und anschließend an das New York City Ballet, wo er bei allen wichtigen Arbeiten Georges Balanchines mitwirkt (bis 1978). Anschließend arbeitet er als Gastdirigent, häufig mit dem Londoner Royal Ballet, aber auch mit Symphonie-Orchestern.

Ishii, Shizuko
Japanische Violinistin, geb. 31. 8. 1942 Yamaguchi.
Sie studiert bei Saburô Sumi in Japan und geht 1959 zu Gabriel Bouillon an das Konservatorium von Paris, wo sie ein Jahr später bereits einen 1. Preis bekommt. 1959 und 1961 ist sie Preisträgerin des Pariser Marguerite-Long-Jacques-Thibaud-Wettbewerbes; 1963 gewinnt sie den Paganini-Wettbewerb in Genua. Ab 1965 tritt sie in der ganzen Welt als Solistin auf.

Isoir, André
Französischer Organist, geb. 20. 7. 1935 Saint-Dizier.
Er studiert bei Edouard Souberbielle an der Ecole César Franck Orgel. Anschließend geht er zu Rolande Falcinelli an das Pariser Konservatorium. Er gewinnt verschiedene internationale Wettbewerbe: Saint-Alban (England, 1965), Haarlem (Holland, 1966, 1967, 1968). 1952–67 ist er Kantor und Organist an der Großen Orgel der Kirche Saint-Médard in Paris, wird gleichberechtigter zweiter Organist an der Kirche Saint-Séverin (1967–73) und übernimmt dann die Große Orgel der Kirche Saint-Germain-des-Prés in Paris. 1965–78 unterrichtet er am Konservatorium von Angers und ab dieser Zeit am Konservatorium von Orsay. In Saint-Maximin, Haarlem, Luxemburg, Boston, Helsinki und Reykjavik hält er Kurse und Vorträge. Er gehört der Orgelkommission des französischen Staates an und interessiert sich intensiv für den Orgelbau und die Restaurierung alter Orgeln, Kenntnisse, die in seinen Augen auch für einen Interpreten wichtig sind. Unter den zeitgenössischen Komponisten bevorzugt er Jehan Alain und Pierre Vidal.

Issakadze, Liana
Georgische Violinistin, geb. 2. 7. 1946 Tiflis.
Sie studiert ab 1953 am Konservatorium ihrer Heimatstadt und tritt 1957 in Moskau bei den Internationalen Musikfestspielen zum ersten Mal öffentlich auf; sie ist noch zu jung, um an dem Wettbewerb teilzunehmen. 1960 gewinnt sie beim sowjetischen Jugendwettbewerb einen 2. Preis. Ab 1963 studiert sie bei David F. Oistrach, dessen Lieblingsschülerin sie wird. Zwei Jahre später gewinnt sie in Paris beim Marguerite Long-Jacques Thibaud-Wettbewerb den 1. Preis, genau wie 1970 in Helsinki beim Sibelius-Wettbewerb. Beim Tschaikowskij-Wettbewerb in Moskau, ebenfalls 1970, erhält sie einen 2. Preis. Ab dieser Zeit tritt sie als

Solistin im In- und Ausland auf. Im Laufe der siebziger Jahre beschäftigt sie sich immer stärker mit Orchesterleitung. 1980 übernimmt sie die künstlerische Leitung des Kammerorchesters von Georgien, das in Tiflis beheimatet ist, und macht es innerhalb kurzer Zeit zu einem der führenden sowjetischen Kammerensembles. 1983 gründet sie in Pitsuda am Schwarzen Meer Festspiele, in deren Mittelpunkt ihr Orchester steht.

Istomin, Eugene
Amerikanischer Pianist, geb. 26.11. 1925 New York.
Er studiert am Curtis Institute in Philadelphia bei Rudolf Serkin und Mieczysław Horszowski. 1943 gewinnt er den Leventritt-Wettbewerb. Im gleichen Jahr debütiert er mit Johannes Brahms' *Konzert für Klavier und Orchester Nr. 2* mit den New Yorker Philharmonikern. Zu dieser Zeit tritt er auch mit dem Busch-Ensemble öfters auf. Seine erste Schallplattenaufnahme, Johann Sebastian Bachs *Konzert für Klavier und Orchester c-moll*, erregt großes Aufsehen. Sein Repertoire besteht in der Hauptsache aus den bedeutenden Werken des 19. Jahrhunderts, doch er beschäftigt sich auch mit zeitgenössischer Musik und gibt bei Roger Sessions ein *Konzert für Klavier und Orchester* in Auftrag, das er 1956 kreiert. Mit Isaac Stern und Leonard Rose spielt er in einer Trio-Formation. 1975 heiratet er Martitta, die Witwe Pablo Casals'. Seit 1980 ist er künstlerischer Leiter des Kennedy Center in New York.

Iturbi, José
Spanischer Pianist, Dirigent und Komponist, geb. 28.11. 1895 Valencia, gest. 28.6. 1980 Los Angeles.
Der Sohn eines Klavierstimmers studiert am Konservatorium von Valencia bei Joaquín Malats und geht dann zu Victor Staub an das Pariser Konservatorium, wo er 1913 einen 1. Preis erhält. Während des Ersten Weltkriegs arbeitet er als Bar-Pianist, bevor er 1918 am Genfer Konservatorium zum Professor ernannt wird (bis 1922). Er schlägt eine internationale Solisten-Laufbahn ein und läßt sich 1928 in New York nieder. 1933 debütiert er mit einer gewaltigen Serie, die 29 Konzerte umfaßt, in Mexiko als Dirigent. Anschließend übernimmt er die musikalische Leitung der Philharmoniker von Rochester (USA, 1936–43), ohne deshalb seine Solisten-Laufbahn als Pianist aufzugeben. Er dirigiert nicht nur bei klassischen Werken von Wolfgang Amadeus Mozart oder Franz Liszt, sondern auch bei George Gershwins *Rhapsodie in Blue* häufig vom Flügel aus. 1956 übernimmt er die Leitung des Symphonie-Orchesters von Valencia, bis er die des Symphonie-Orchesters von Bridgeport (Conn.) übernimmt. Seine Teilnahme an verschiedenen Filmen – in *A Song to Remember* ›leiht‹ er seine Finger Frédérique Chopin – macht ihn bekannt.
Seine Schwester Amparo Iturbi (1898–1969) wird ebenfalls als Pianistin bekannt. Zuweilen tritt das Geschwisterpaar als Duo auf. Als Komponist arbeitet er ausschließlich für sein Instrument. Er verwirklicht die Uraufführungen von *Solitude* (Einsamkeit, 1918) und *Fantasie für Klavier und Orchester* (1926) von Louis Vierne und das *Concertino für Klavier und Orchester* von Alexandre Tansman, das ihm gewidmet ist.

Ivaldi, Christian
Französischer Pianist, geb. 2.9. 1938 Paris.
Er studiert am Konservatorium von Paris und erzielt 1. Preise in Kammermusik (bei Jacques Février), Klavier (bei Aline van Barentzen), professioneller Kammermusik (bei Joseph Calvet), Klavierbegleitung (bei Henriette Puig-Roget) und Kontrapunkt (bei Simone Plé-Caussade). Ab 1961 arbeitet er als Solist für Radio France. 1969 wird er am Pariser Konservatorium zum Professor ernannt. Sein Repertoire ist weit gespannt: mit Noel Lee spielt er vor allem Franz Schuberts Werke für Klavier für vier Hände, er tritt als Begleiter bedeu-

tender Sänger wie Gabriel Bacquier, Cathy Berberian, Boris Christoff, Régine Crespin, Hugues Cuenod, Tito Gobbi, Rita Streich oder Gérard Souzay auf und kreiert zeitgenössische Kompositionen wie *Cette étoile enseigne à s'incliner* (Dieser Stern lehrt, sich zu verbeugen, 1970, Amy), *Simata* (1974, Aperghis), *Anarchipel* (1971, Boucourechliev), *Batteries* (Schlagzeuge, 1969), *Concerto italiano* (1971) und *Croce e delicia* (Kreuz und Wonnen, 1973, alle Capdenat), *Concordances* (Übereinstimmungen, 1968, Chaynes), *Colloques* (Kolloquien, Guillou), *Synaxis* (1976, Ohana), *Por diversos motivo* (Aus verschiedenen Motiven, 1970) und *Protocolo* (Protokoll, 1972, de Pablo).

Vor allem als Begleiter und auf dem Gebiet der Kammermusik leistet er Besonderes; 1982 gründet er zusammen mit Sylvie Gazeau, Gérard Caussé und Alain Meunier das Ivaldi-Quartett.

Ivogün, Maria (= Ilse von Günther)
Deutsche Sopranistin ungarischer Herkunft, geb. 18. 11. 1891 Budapest, gest. 2. 10. 1987 Beatenberg (Schweiz).
Die Tochter der berühmten Sängerin Ida von Günther lernt in ihrer Kindheit bereits, ihre Stimme richtig zu benutzen. Von den Eltern bei ihrem Wunsch, Sängerin zu werden, unterstützt, geht sie 1907–13 zu Amalie Schlemmer-Ambros an die Wiener Musikakademie. Sie singt an der Wiener Hofoper vor und wird abgelehnt, doch der dem Vorsingen beiwohnende Bruno Walter, damals dort Assistent, erkennt ihre Qualitäten und holt sie 1913 nach einem Probekonzert, bei dem sie die Arien der Mimi (*La Bohème*, Puccini) singt, an die Münchner Oper. Aus den Anfangsbuchstaben des Namens ihrer Mutter stellt sie ihr Pseudonym zusammen. Innerhalb von zwölf Jahren wird sie unter der Leitung von Bruno Walter zur wichtigsten Koloratursopranistin ihrer Zeit und glänzt vor allem als außergewöhnliche Königin der Nacht (*Die Zauberflöte*, Mozart). Doch auch als lyrischer Sopran ist sie erfolgreich. Zu ihren wichtigsten Rollen gehören die Konstanze (*Die Entführung aus dem Serail*, Mozart), Rosina (*Il barbiere di Siviglia*, Der Barbier von Sevilla, Rossini), Gilda (*Rigoletto*, Verdi) und Mimi. Nacheinander nimmt sie in München an wichtigen Uraufführungen teil: 1916 kreiert sie auf ausdrücklichen Wunsch von Richard Strauss bei der endgültigen Fassung von *Ariadne auf Naxos* die Rolle der Zerbinetta; im gleichen Jahr wirkt sie bei der Uraufführung von *Der Ring des Polykrates* (Korngold) mit; 1917 kreiert sie bei der Uraufführung von Hans Pfitzners *Palestrina* die Rolle der Ighino und wird dafür mit dem Titel einer Kammersängerin ausgezeichnet; 1920 interpretiert sie schließlich bei der Uraufführung der Oper *Die Vögel* (Braunfels) die Rolle der Nachtigall.

Auch international ist sie sehr erfolgreich: Mary Garden lädt sie 1921 und 1922 an die Oper von Chicago ein; 1924 debütiert sie am Covent Garden in London, an der Mailänder Scala und an der Met in New York. 1925 triumphiert sie auf den Salzburger Festspielen; sie singt dort zum ersten Mal die Norina (*Don Pasquale*, Donizetti) und gibt mit ihrem Mann, dem Tenor Karl Erb, mit dem sie 1921–32 verheiratet ist, einen Liederabend mit berühmten Duetten. Als Bruno Walter die Leitung der Berliner Oper übernimmt, folgt sie ihm und singt an diesem Haus, bis sie 1932 Abschied von der Bühne nimmt. Mit ihrem zweiten Mann, dem Pianisten Michael Raucheisen (1889–1984) unterrichtet sie an der Musikakademie Wien (1948–50) und an der Berliner Hochschule für Musik (1950–58). 1956 wird sie von der Berliner Akademie der Künste zum Mitglied ernannt. Elisabeth Schwarzkopf und Rita Streich sind ihre berühmtesten Schülerinnen.

Iwaki, Hiroyuki
Japanischer Dirigent, geb. 6. 9. 1932 Tokio.
An der Kunstuniversität in Tokio studiert er 1951–54 bei Hideo Saitō und

Akeo Watanabe Schlagzeug und Orchesterleitung. 1954 wird er am Japanischen Rundfunkorchester zum Chefassistent ernannt, doch erst drei Jahre später erlebt seine Karriere einen bedeutenden Aufschwung: 1957–60 dirigiert er mehr als dreißig Ur- oder japanische Erstaufführungen. Damals ist er ständiger Leiter des Philharmonischen Chores von Tokio. Mit dem Symphonie-Orchester des Japanischen Rundfunks unternimmt er viele Tourneen. 1965–67 ist er Musikdirektor der Fujiwara Opera Company. 1966–69 lebt er als Gastdirigent in Hamburg und arbeitet mit den wichtigsten europäischen Orchestern. 1969 wird er vom Symphonie-Orchester des Japanischen Rundfunks zum Chefdirigenten auf Lebenszeit ernannt; 1974 übernimmt er gleichzeitig die Leitung des Symphonie-Orchesters von Melbourne und 1988 die Musikdirektion des neugegründeten Orchester-Ensembles von Kanazawa. Er leitet die Uraufführungen von Werken von Luigi Dallapiccola (*Concerto per la notte di natale de l'anno 1956*, Konzert für die Weihnachtsnacht 1956, 1957), Toshi Ichiyanago (*Berlin Renshi-Symphonie*, 1988), Tôru Takemitsu (*Marginalia*, 1976; *Dreamtime*, Traumzeit, 1982; *A Way of Love II*, Ein Weg zur Liebe II, 1982; *Star-Isle*, Sterneninsel, 1982; *Uta*, 1983; *Arc part I* und *part II*, Bogen, Teil I und II, 1983 bzw. 1984) und Isang Yun (*Symphonie Nr. 4*, 1966).

Iwanow, Konstantin

Russischer Dirigent, geb. 21. 5. 1907 Jefremow, gest. 15. 5. 1984 Moskau.

Er studiert am Konservatorium in Moskau bis 1937 bei Lew S. Ginsburg und wird anschließend am Staatlichen Symphonie-Orchester in Moskau zum Assistenten ernannt. 1938 gewinnt er den nationalen Dirigenten-Wettbewerb. Ein Jahr später geht er an das Moskauer Stanislawski-Nemiworitsch-Danschenko-Theater (1939–41) und arbeitet gleichzeitig als einer der festen Dirigenten des Symphonie-Orchesters des sowjetischen Rundfunks (1941–46). Anschließend wird er zum Chefdirigenten des Staatlichen Symphonie-Orchesters in Moskau ernannt (1946–65). 1963 leitet er die Uraufführung der *Ouvertüre über russische und kirghisische Themen* von Dmitrij D. Schostakowitsch.

Jacob, Werner
Deutscher Organist und Komponist, geb. 4. 3. 1938 Mengersgereuth (Thüringen).
Er studiert an der Musikhochschule Freiburg/Br. bei Walter Kraft, Fritz Neumeyer, Wolfgang Fortner und Carl Ueter Orgel, Cembalo, Komposition und Orchesterleitung. 1962 besucht er die Sommerkurse von György Ligeti und Bruno Maderna in Darmstadt. Ein Jahr später wird er Organist an der Dreieinigkeitskirche in Nürnberg. 1969 wird er an der Sebaldkirche in Nürnberg zum Kirchenmusikdirektor ernannt; er leitet gleichzeitig die Capella Sebaldiana und die Nürnberger Bachsolisten. 1971–79 unterrichtet er an der Internationalen Sommerakademie in Haarlem (Niederlande) Orgel. 1976 wird er an der Stuttgarter Hochschule für Musik zum Professor ernannt. Seit 1985 ist er künstlerischer Leiter der Nürnberger Orgelwoche. Seine eigenen Werke sind fast ausnahmslos für Orgel oder für kirchliche Zwecke geschrieben; er beschäftigt sich ebenfalls mit elektronischer Musik.

Jacobs, René
Belgischer Counter-Tenor, geb. 30. 10. 1946 Gent.
Er studiert an der Universität Gent Philosophie und in Brüssel bei Louis Devos sowie in Den Haag bei Lucie Frateur Gesang. Sehr schnell spezialisiert er sich auf Barockmusik und singt unter Gustav Leonhardt, Nicolaus Harnoncourt und Alan Curtis; er zeichnet sich unter anderem in Opern von Georg Friedrich Händel aus. René Jacobs ist einer der maßgeblichen Sänger, die die männliche Alt-Stimme wiederbeleben. Er unterrichtet an der Schola Cantorum Basiliensis sowie in Innsbruck und in den Vereinigten Staaten. In letzter Zeit beschäftigt er sich in immer stärkerem Maße mit Chor- und Orchesterleitung; er dirigiert nicht nur auf Barockmusik spezialisierte Ensembles, sondern auch ganze Opern wie 1987 an der Hamburger Oper *Le Cinesi* und *Orfeo ed Euridice* oder 1989 in Tourcoing *Die Pilger nach Mekka* von Christoph Willibald Gluck.
W: *La Controverse sur le timbre de contre ténor* (Arles 1985).

Jacquillat, Jean-Pierre
Französischer Dirigent, geb. 13. 7. 1935 Versailles, gest. 11. 8. 1986 Le Chambon-sur-Lignon (Haute-Loire).
Er studiert an den Konservatorien von Versailles und Paris Klavier, Kammermusik, Schlagzeug und Harmonielehre. Mit Samson François als Solist gibt er 1965 sein erstes Konzert; er interessiert sich in immer stärkerem Maße für Orchesterleitung und arbeitet als Gastdirigent. 1967 wird er am Orchestre de Paris zum Chefassistenten ernannt; er leitet viele Konzerte des Orchesters im In- und Ausland. 1970 übernimmt er die Leitung des Orchesters von Angers. Ein Jahr später geht er als 1. Kapellmeister an die Oper von Lyon und an das philharmonische Orchester Rhône-Alpes. 1975–78 ist er musikalischer Berater des Orchesters der Concerts Lamoureux; anschließend dirigiert er regelmäßig in Reykjavik. Unter den Uraufführungen, die er verwirklicht, ist besonders *Dolor* von Jean Rivier hervorzuheben.

Järvi, Neeme
Estischer Dirigent, geb. 6. 6. 1937 Tallin.
Er studiert zuerst bei seinem Bruder Vallo und dann an der Musikschule Tallins Schlagzeug und Chorleitung. Anschließend geht er an das Konservatorium von Leningrad und studiert bei Nikolaj Rabinowitsch und Jewgenij A.

Mrawinskij Orchesterleitung (1955–60). Er wird Schlagzeuger im Orchester des Estnischen Rundfunks, dessen musikalische Leitung er 1963 übernimmt. Im gleichen Jahr gründet er das Kammerorchester von Tallin. 1966–79 ist er Chefdirigent an der Oper von Tallin. 1971 gewinnt er den Wettbewerb der Accademia Nazionale di Santa Cecilia in Rom. In Tallin leitet er die sowjetische Erstaufführung des *Rosenkavaliers* (R. Strauss) und von *Porgy and Bess* (Gershwin). 1976 übernimmt er zusätzlich die Leitung des soeben gegründeten Symphonie-Orchesters von Estland. 1980 geht er in die Vereinigten Staaten, wo er von den führenden Orchestern zu Gastdirigaten eingeladen wird. 1982 übernimmt er die Leitung des Symphonie-Orchesters von Göteborg und 1984 die des Scottish National Orchestra (Glasgow) (bis 1988). Seit 1990 ist er Musikdirektor des Symphonie-Orchesters von Detroit.

Jamet, Marie-Claire
Französische Harfenistin, geb. 27. 11. 1933 Reims.
Die Tochter Pierre Jamets studiert am Konservatorium von Paris und erhält 1948 1. Preise in Harfe und Kammermusik. 1956 wird sie vom philharmonischen Orchester des französischen Rundfunks zur Solo-Harfenistin ernannt. 1963 geht sie in der gleichen Funktion zum Orchestre National de France. 1976 wird sie Solistin des Ensemble InterContemporain. Sie gibt viele Konzerte, als Solistin, als Partnerin ihres Mannes, des Flötisten Christian Lardé, oder mit dem von ihr geleiteten Quintette Instrumental. Sie ist Professorin an der Ecole Normale de Musique in Paris und professeur intérimaire am Konservatorium von Lyon, bevor sie 1984 zur Professorin am Pariser Konservatorium ernannt wird.
Ihre musikalische Sensibilität und ihr modernes, intelligentes Spiel veranlassen zeitgenössische Komponisten, für sie zu schreiben. Werke folgender Komponisten werden von ihr uraufgeführt: Alain Bancquart (*Ma manière de chat*, Meine Katzenmanier; *Symphonie concertante* und andere), Pierre Boulez (*Repons*, 1981), Jacques Castérède, Jean-Michel Damase, Jean Françaix, Raymond Loucheur und Yoshihisa Taira.

Jamet, Pierre
Französischer Harfenist, geb. 21. 4. 1893 Orléans, gest. 17. 6. 1991 Gargilesse.
Als Zehnjähriger lernt er bei seiner Mutter Klavier und chromatische Harfe. 1903 geht er an das Pariser Konservatorium in die Klasse von Marie-Angélique Tassu-Spencer und gibt die chromatische Harfe auf. Er lernt bei Alphonse Hasselmans die Pedalharfe und erhält 1912 einen 1. Preis. 1913 wird er Mitglied des von Désirée-Emile Inghelbrecht geleiteten Orchesters am Théâtre des Champs-Elysées. Ab 1917 tritt er auch als Solist auf. Claude Debussy bittet ihn, seine *Sonate für Flöte, Bratsche und Harfe* bei der Uraufführung 1917 auf der Pedalharfe zu spielen. 1920 geht Pierre Jamet als Harfenist zum Orchester der Concerts Lamoureux; zwei Jahre später gibt er seinen ersten Harfenabend in Paris. 1922 gründet er das Quintette instrumental de Paris, das 1945 in Quintette Pierre Jamet umgetauft wird. 1922–40 spielt er als Kammermusiker und als Solist in der ganzen Welt. 1936–59 ist er Solo-Harfenist an der Pariser Oper, 1936–38 gleichzeitig am Orchester der Concerts Pasdeloup und 1938–48 am Orchester der Concerts Colonne. 1948–63 unterrichtet er am Konservatorium in Paris. Ab 1964 gibt er in Gargilesse Sommerkurse und hält so die französische Harfenisten-Schule am Leben; seit 1968 organisiert er auch das jährlich in Gargilesse stattfindende Harfen-Festival und seit 1977 den Internationalen Marie-Antoinette Cazala-Wettbewerb.

Janigro, Antonio
Italienischer Cellist und Dirigent, geb. 21. 1. 1918 Mailand, gest. 1. 5. 1989 daselbst.

Als Sechsjähriger beginnt er mit Klavier-Unterricht; anschließend geht er an das Mailänder Konservatorium zu Gilberto Crepax. 1929 wechselt er auf Empfehlung von Pablo Casals an die Ecole Normale de Musique nach Paris und studiert bei Diran Alexanian Cello. Er wird mit sechs nationalen und internationalen Preisen ausgezeichnet und beginnt 1933 seine internationale Karriere. Nach dem Zweiten Weltkrieg beschäftigt er sich mit Orchesterleitung und debütiert 1948 auf diesem Gebiet. 1954 gründet er die Zagreber Solisten, die sich unter seiner Leitung zu einem der besten Streichorchester der Welt entwickeln (bis 1967). Gleichzeitig leitet er das Symphonie-Orchester von Radio Zagreb (1954–64) und das Orchester des Angelicum in Mailand (1965–67). Anschließend geht er als Nachfolger von Karl Ristenpart zum Kammerorchester des Saarländischen Rundfunks (1968–71). 1965–74 unterrichtet er an der Musikhochschule in Düsseldorf und ab 1975 an der in Stuttgart. Seit 1971 unterrichtet er gleichzeitig am Mozarteum in Salzburg. 1971–74 leitet er die Camerata des Mozarteums.
Vor allem auf dem Gebiet der Kammermusik macht er sich einen Namen. Mit Dinu Lipatti oder Carlo Zecchi spielt er Sonaten und mit Paul Badura-Skoda und Jean Fournier Trios. Er besitzt zwei alte Instrumente, ein Amati und ein Guadagnini. Antonio Janigro zeichnet für die Uraufführung von Werken von Albert Roussel, György Ligeti und Krzysztof Penderecki verantwortlich.

Janis, Byron (= Byron Yanks)
Amerikanischer Pianist und Komponist, geb. 24. 3. 1928 McKeesport (Pa.).

Als Siebenjähriger beginnt er in New York bei Adele Marcus, Rosina und Josef Lhévinne mit dem Klavier-Unterricht. 1943 tritt er zum ersten Mal mit einem Orchester auf (Symphonie-Orchester des NBC) und spielt das *Konzert für Klavier und Orchester Nr. 2* von Sergej W. Rachmaninow. Als er das Werk unter Lorin Maazel mit dem Symphonie-Orchester von Pittsburgh zum zweiten Mal öffentlich spielt, ist er erst sechzehn und Lorin Maazel erst vierzehn Jahre alt. Vladimir Horowitz hört ihn und unterrichtet ihn drei Jahre lang. 1963 unternimmt er eine Tournee in die UdSSR. Die Kritik und das Publikum sind begeistert. Als virtuoser Pianist glänzt er vor allem mit Werken von Frédéric Chopin, Sergej W. Rachmaninow, Sergej S. Prokofjew und Isaac Albéniz. Als Komponist schreibt er Balladen und volkstümliche Lieder. 1967 entdeckt er im Schloß von Thoiry (Frankreich) handschriftliche Varianten von zwei *Walzern* aus der Feder Chopins und in der Bibliothek der Universität von Yale zwei weitere Varianten der gleichen *Walzer*. 1975 dreht er den Film *Frédéric Chopin, a Voyage with Byron Janis*. Er muß seine aktive Tätigkeit aufgrund von Arthritis-Anfällen häufig unterbrechen und 1985 für ein Jahr ganz aussetzen. Geheilt gründet er 1986 eine Stiftung zur Erforschung dieser Krankheit. Seit 1966 ist er mit einer Tochter Gary Coopers verheiratet.

Jankelewitsch, Jurij
Russischer Violinist, geb. 7. 3. 1909 Basel, gest. 13. 9. 1973 Moskau.

Er ist Schüler von Abram I. Jampolski, der ihn während seiner gesamten Ausbildungszeit betreut. 1961 wird er am Konservatorium von Paris zum Professor ernannt; seit 1969 führt er die Oberaufsicht über alle Violin-Klassen. In Weimar und Salzburg gibt er regelmäßig Kurse. Auch von den Konservatorien in Paris und Tokio wird er zu Interpretationskursen eingeladen. Zu seinen wichtigsten Schülern zählen Vladimir Spirakov, Viktor Tretjakow, Irina Botschkowa, Nelly Schkolnikowa und Dmitry Sitkovetsky.

Janopoulo, Tasso
Französischer Pianist griechischer Herkunft, geb. 16.10. 1897 Alexandria, gest. Paris.
Seine Eltern sterben früh. Janopoulo beginnt, in Lokalen als Pianist seinen Lebensunterhalt zu verdienen. Rein zufällig reist er mit einem Freund nach Belgien und wird dort Schüler von Arthur de Greef, während er nebenbei arbeitet, um sich über Wasser zu halten. De Greef stellt ihn Eugène Ysaÿe vor, der ihn später als Begleiter engagiert. 1923 lernt er in Brüssel Jacques Thibaud kennen. Im gleichen Jahr noch unternehmen sie ihre erste gemeinsame Tournee, der Beginn einer Freundschaft, die bis zu dem Tod des Geigers dauern sollte. Tasso Janopoulo, der als Begleiter den Durchschnitt weit hinter sich läßt, ist der Partner von Fritz Kreisler, Nathan Milstein, Yehudi Menuhin, Zino Francescatti, Henryk Szeryng, Kirsten Flagstadt und Ninon Vallin. Vierzig Jahre lang wird er von den größten Künstlern um seine Mitarbeit gebeten. Dabei beschränkt er sich nicht auf die sogenannte ernste Musik, sondern begleitet auf Tourneen durch Südamerika auch Sänger von Operetten. 1947 steht er seinem Neffen Georges Guétary, einem Sänger der leichten Muse, bei dessen Beginn in London bei. Auch als Pädagoge ist er erfolgreich.

Janowitz, Gundula
Deutsche Sopranistin, geb. 2.8. 1937 Berlin.
Sie studiert am Konservatorium von Graz bei Herbert Thöny Gesang. 1959 wird sie von Herbert von Karajan entdeckt, der ihr einen Vertrag als Schülerin mit der Wiener Oper vermittelt, wo sie ein Jahr später bereits die Marzellina (*Fidelio*, Beethoven), Micaëla (*Carmen*, Bizet) und Flora (*La Traviata*, Verdi) interpretiert. In München singt sie unter Hans Knappertsbusch die Pamina (*Die Zauberflöte*, Mozart). 1960–63 nimmt sie an den Bayreuther Festspielen teil. 1963 wirkt sie bei den Festspielen von Salzburg (bei einer Aufführung der *Symphonie Nr. 9* von Ludwig van Beethoven unter Karajan) und von Aix-en-Provence mit. 1964 interpretiert sie in Glyndebourne die Ilia (*Idomeneo*, Mozart) und in Wien die Kaiserin (*Die Frau ohne Schatten*, R. Strauss), während sie in Salzburg bei den Osterfestspielen wieder unter Karajan die Sieglinde (*Der Ring des Nibelungen*, Wagner) interpretiert. 1969 beschäftigt sie sich zum ersten Mal mit dem italienischen Repertoire und singt in Wien und Berlin die Amelia (*Simone Boccanegra*, Verdi). Seit 1970 tritt sie auch, von dem Pianisten Irwin Gage begleitet, als Liedsängerin auf. In Paris singt sie in Giorgio Strehlers Inszenierung von *Le nozze di Figaro* (Mozart) die Gräfin Almaviva. 1988 wird sie in Graz zur Operndirektorin ernannt.

Janowski, Marek
Deutscher Dirigent, geb. 18.2. 1939 Warschau.
Sein Vater ist Pole und seine Mutter Deutsche. Er ist noch nicht sehr klein, als die Familie nach Deutschland übersiedelt. Janowski studiert an der Hochschule für Musik in Köln bei Wolfgang Sawallisch. Anschließend perfektioniert er sich an der Accademia Musicale Chigiana in Siena, bevor er als Chefassistent nach Aachen, Köln und Düsseldorf geht. Die Kölner Oper engagiert ihn als 1. Kapellmeister; anschließend geht er in der gleichen Funktion nach Hamburg (1969–74). 1973–75 ist er in Freiburg und 1975–80 in Dortmund Musikdirektor. Anschließend ist er als principal guest conductor des Royal Liverpool Philharmonic Orchestra tätig. 1983–87 ist er Musikdirektor des gleichen Orchesters. 1984 wird er gleichzeitig zum Chefdirigenten des Nouvel Orchestre Philharmonique de Radio France ernannt, dessen musikalische Leitung er 1988 übernimmt. 1986–90 ist er gleichzeitig Musikdirektor des Gürzenich-Orchesters in Köln.

Jansen, Jacques (= Jacques Toupin)
Französischer Bariton, geb. 22. 11. 1913 Paris.
Er studiert am Konservatorium von Paris zuerst Violine und Cello, bevor er sich bei Charles Pancéra, Claire Croiza, Raymond Rouleau und Louis Jouvet als Sänger und Schauspieler ausbilden läßt. 1940 erhält er einen 1. Preis in Gesang, debütiert aber als Schauspieler an der Comédie-Française. Relativ schnell gibt er seine Schauspielerkarriere auf und wechselt an die Opéra-Comique, wo er an den Uraufführungen von *Fragonard* von Gabriel Pierné und *Malvina* von Reynaldo Hahn mitwirkt. Er wird aber vor allem als Pelléas (*Pelléas et Mélisande*, Debussy), den er mehr als 40 Jahre lang singt und 1942 unter der Leitung von Roger Désormière aufnimmt, bekannt. In dieser Rolle gastiert er auch am Covent Garden, an der Met, der Scala und am Teatro Colón in Buenos Aires. Bevor er endgültig in das Ensemble der Opéra-Comique aufgenommen wird, nimmt er an vielen Operettenaufführungen teil und singt mehr als 1500 Mal den Danilo (*Die lustige Witwe*, Lehár), vor allem am Théâtre Mogador. Am Teatro Colón nimmt er an der südamerikanischen Erstaufführung von Darius Milhauds *Christophe Colomb* teil.

Jansons, Arvid
Lettischer Dirigent, geb. 24. 10. 1914 Liepaja, gest. 21. 11. 1984 Manchester.
Er studiert am Konservatorium seiner Heimatstadt Violine (1925–35). Später geht er dann an das Konservatorium in Riga und studiert dort Violine, Orchesterleitung und Komposition (1940–44). Ab 1940 arbeitet er bereits als Geiger im Orchester der Oper von Riga. 1944 wird er dort Kapellmeister (bis 1952). 1946 gewinnt er beim nationalen Dirigenten-Wettbewerb den 2. Preis. Zwei Jahre später übernimmt er neben seiner Tätigkeit in Riga bei dem Symphonie-Orchester von Leningrad die Stelle des stellvertretenden Dirigenten; 1952 wird er am gleichen Orchester zum Chefdirigenten ernannt. Er unternimmt zahlreiche Gastspielreisen in den Fernen Osten und nach Australien. Ab 1965 ist er principal guest conductor des Hallé Orchestra in Manchester. Er hält in Deutschland Kurse ab und wird 1972 in Leningrad zum Professor ernannt.

Jansons, Mariss
Lettischer Dirigent, geb. 14. 1. 1943 Riga.
Der Sohn von Arvid Jansons studiert an der Universität und am Konservatorium von Leningrad (Violine, Bratsche, Klavier und Orchesterleitung). Nach dem Studienabschluß 1969 perfektioniert er sich in Wien bei Hans Swarowsky und in Salzburg bei Herbert von Karajan. 1971 gewinnt er beim Berliner Karajan-Wettbewerb den 2. Preis und wird Assistent von Jewgenij A. Mrawinskij bei den Leningrader Philharmonikern, bevor er 1979 als ständiger Dirigent zu den Osloer Philharmonikern geht. Er arbeitet im Westen wie im Osten und dirigiert regelmäßig die wichtigsten sowjetischen Orchester, vor allem die Leningrader Philharmoniker; in der Hauptsache aber lebt er in Großbritannien und den Vereinigten Staaten. 1988 debütiert er bei den Berliner Philharmonikern.

Janssen, Herbert
Amerikanischer Bariton deutscher Herkunft, geb. 22. 9. 1895 Köln, gest. 3. 6. 1965 New York.
Er studiert zuerst in Köln und dann bei Oskar Daniel in Berlin, wo er 1924 debütiert. Rasch gewinnt er internationales Ansehen. So singt er ab 1926 am Covent Garden (bis 1939) und 1930–37 regelmäßig in Bayreuth, wo er den Wolfram (*Tannhäuser*), Amfortas (*Parsifal*), Günther (*Die Götterdämmerung*), Kothner (*Die Meistersinger von Nürnberg*), Donner (*Das Rheingold*) und den Heerrufer des Königs (*Lohengrin*, alle Wagner) interpretiert. 1937 verläßt er Deutschland, singt ein Jahr an der Wiener Oper und gehört ab 1939 zum Ensemble der New Yorker Met (bis 1951). Gleichzeitig gibt er Gast-

spiele in Chicago, San Francisco und Buenos Aires. Neben den restlichen Baritonrollen in den Opern Richard Wagners, Kurwenal (*Tristan und Isolde*) und Der Holländer (*Der fliegende Holländer*), wagt er sich während des Zweiten Weltkrieges sogar an den Wotan (*Der Ring des Nibelungen*) und den Hans Sachs (*Die Meistersinger von Nürnberg*). Außerdem interpretiert er den Papageno (*Die Zauberflöte*, Mozart), Pizzaro (*Fidelio*, Beethoven), Jochanaan (*Salome*), Orest (*Elektra*, beide R. Strauss) sowie Rollen aus dem italienischen Bereich wie Rigoletto, Renato (*Un ballo in maschera*, Ein Maskenball), Lina (*Il Trovatore*, Der Troubadour), Amonasro (*Aida*) und Don Carlos (alle Verdi).

Jarsky, Irène
Französische Sopranistin, geb. 8.7. 1939 Toulouse.
Sie nimmt zuerst klassischen Ballett-Unterricht und will Tänzerin werden, lernt dann Harfe, besucht Zeichenkurse und entscheidet sich erst spät für den Gesang. Am Konservatorium von Paris erhält sie 1964 und 1965 je einen 1. Preis für Gesang und Oper, wobei sie bereits vom Theater Renaud-Barrault engagiert ist (1961-64). 1967 gewinnt sie den Erik-Satie-Preis. Sie gehört zu den Gründern des experimentellen Konservatoriums von Pantin (ein Vorort von Paris) und unterrichtet dort ab 1972 Gesang; 1977-80 leitet sie das Konservatorium. 1980 gründet sie in Paris La Voix contemporaine (Die zeitgenössische Stimme), ein experimentelles Studio, für das sie vom Kultusministerium bezuschußt wird. Seit 1982 ist sie im Rahmen des französischen Forschungsinstitutes CNRS mit bestimmten Aufgaben im Bereich Stimme und Stimmbildung betraut, wobei sie eng mit Komponisten (Aperghls, Pulg) und Regisseuren zusammenarbeitet. Sie setzt sich stark für die zeitgenössische Musik ein und wirkt an folgenden Uraufführungen mit: *Petrus Hebraicus* (Pousseur, Berlin 1974), *Les Liaisons dangereuses* (Gefährliche Liebschaften, Prey, Aix-en-Provence 1980), ... *au-delà du hasard* (Jenseits des Zufalls, Barraqué, Venedig 1980), *L'Homme aux liens* (Der Mensch und seine Bindungen, Dusapin, 1980). Sie ist auch die erste Interpretin von *La Chute de la maison Usher* (Der Untergang des Hauses Usher, Debussy). Sie ist mit dem Komponisten Michel Decoust verheiratet.

Jeritza, Maria (= Mimi Jedlitzková, Marie Jedlitzka)
Tschechoslowakische Sopranistin, geb. 6.10.1887 Brünn, gest. 10.7.1982 Orange (N.J.).
Sie studiert in Brünn und Prag, bevor sie nach zu Marcella Sembrich nach New York geht. 1910 debütiert sie in Olmütz als Elsa (*Lohengrin*, Wagner). 1911 wird sie von der Wiener Volksoper engagiert. Ein Jahr später interpretiert sie an der Staatsoper die Titelrolle in Max Oberleithners Oper *Aphrodite*. Mehr als zwanzig Jahre bleibt sie der österreichischen Hauptstadt treu (1911-35) und triumphiert in Werken von Giacomo Puccini (*Tosca, Turandot* und *La fanciulla del West*, Das Mädchen aus dem goldenen Westen) und von Leoš Janáček (in Wien und in New York nimmt sie an der Erstaufführung von *Jenůfa* teil), Pietro Mascagni, Jules Massenet oder Richard Wagner. Auch ihre Interpretationen von Werken von Richard Strauss sind unvergeßlich (so kreiert sie die beiden Fassungen der *Ariadne auf Naxos*, Stuttgart 1912 und Wien 1916, sowie die Rolle der Kaiserin in *Frau ohne Schatten*, Wien 1919, und interpretiert *Salome, Rosenkavalier* und die *Ägyptische Helena*. Sie kreiert auch die Rolle der Marietta in *Die tote Stadt* von Erich Wolfgang Korngold. Mit dieser Rolle debütiert sie auch 1921 an der Met, wo sie zwölf Jahre lang regelmäßig auftritt. In London debütiert sie 1925 und in Paris 1928, jeweils in *Tosca*. Ihre letzten Auftritte nach dem Zweiten Weltkrieg werden in Wien (1949-52) und in New York (Carnegie

Hall 1946; Met 1951) vom Publikum stürmisch bejubelt.
W: *Sunlight and Song* (Appleton 1924).

Jerusalem, Siegfried (=Siegfried Salem)
Deutscher Tenor, geb. 14. 4. 1940 Oberhausen.
Als Achtjähriger beginnt er mit dem Klavier- und als Zehnjähriger mit dem Geigen-Unterricht. Anschließend lernt er noch Fagott und perfektioniert sich in den drei Instrumenten an der Folkwanghochschule in Essen. Vom Städtischen Orchester in Hof an der Saale wird er 1961 als 1. Fagottist engagiert. Ein Jahr später geht er zum Symphonie-Orchester von Reutlingen; 1971–77 ist er 2. Fagottist am Radiosinfonie-Orchester des Süddeutschen Rundfunks in Stuttgart. Gleichzeitig beginnt er an der Musikhochschule Stuttgart bei Hertha Kalcher Gesang zu studieren. 1975 debütiert er an der Stuttgarter Oper in kleineren Rollen. 1976 singt er in Darmstadt den Linkerton (*Madame Butterfly*, Puccini) und in Aachen, Darmstadt und Hamburg den Lohengrin (Wagner). Ein Jahr später tritt er in Brüssel als Siegmund (*Die Walküre*, Wagner) und in Berlin als Pamino (*Die Zauberflöte*, Mozart) auf. 1978 wird er Mitglied der Deutschen Oper Berlin. 1979 singt er in Wien und Bayreuth den Parsifal (Wagner). Ein Jahr später lädt ihn die Met als Lohengrin ein. Siegfried Jerusalem verschafft sich weltweit einen Namen als Wagner-Sänger, beschäftigt sich aber auch mit dem zeitgenössischen Repertoire. So nimmt er an den deutschen Premieren von *Wir erreichen den Fluß* von Hans Werner Henze (1977) und von *The Paradise Lost* von Krzysztof Penderecki teil. Bei der Verfilmung des *Zigeunerbarons* (J. Strauß, 1957) interpretiert er den Barinkay.

Joachim, Irène
Französische Sopranistin, geb. 13. 3. 1913 Paris.
Die Enkelin von Joseph Joachim wird zuerst von ihrer Mutter, der Geigerin des Chaigneau-Trios, unterrichtet, bevor sie am Pariser Konservatorium in die Klasse von Suzanne Cesbron-Viseur eintritt und zahlreiche Preise erhält (1936–39). Sofort nach Abschluß ihrer Ausbildung wird sie von der Opéra-Comique engagiert, an der sie 1940 zum ersten Mal die Mélisande interpretiert (*Pelléas et Mélisande*, Debussy). Diese Rolle sollte zu ihrer Lieblingsrolle werden. Bis 1956 gehört sie zum Ensemble der Opéra-Comique. 1942 nimmt sie Debussys Meisterwerk unter Roger Désormière auf Schallplatte auf. Diese Einspielung gilt bis heute als beispielhaft. Irène Joachim glänzt auch im deutschen Repertoire und singt zeitgenössische Musik. So kreiert sie die Titelrolle in Marcel Delannoys Oper *Ginevra*, die Azenor in Paul Le Flems Werk *Le Rossignol de Saint-Malo* (Die Nachtigall von Saint-Malo), und auch die Titelrolle in Pierre Wissmers *Jeu de Marion* (Marions Spiel). Im Konzertsaal kreiert sie *Le Soleil des eaux* (Sonne der Gewässer) von Pierre Boulez sowie Werke von Henri Dutilleux, Jean Wiéner und Serge Nigg. Sie setzt sich für die Musik der Groupe des Six ein und widmet sich intensiv dem französischen und dem deutschen Lied. 1954 wird sie an der Schola Cantorum in Paris zur Professorin ernannt.

Joachim, Joseph
Österreichisch-ungarischer Violinist, Dirigent und Komponist, geb. 28. 6. 1831 Kittssee (bei Preßburg), gest. 15. 8. 1907 Berlin.
Josef Joachim ist der Schüler von Georg Hellmesberger und Joseph Böhm in Wien (ab 1839), bevor er an das Leipziger Konservatorium zu Ferdinand David geht (1843). Im gleichen Jahr debütiert er als Wunderkind. Das Gewandhaus-Orchester in Leipzig lädt ihn ein, London, Wien und Prag folgen. 1847 unternimmt er seine erste große England-Tournee. Im gleichen Jahr wird er am Gewandhaus-Orchester zum Konzertmeister ernannt. Zwei Jahre später übernimmt er in Weimar die gleiche Stelle. Dort befreundet er sich mit

Franz Liszt und Hans von Bülow. 1854 geht er als Konzertdirektor nach Hannover. 1866 wird er als Leiter der Musikhochschule nach Berlin berufen. Drei Jahre später gründet er dort das Joachim-Quartett, mit dem er bis zu seinem Lebensende in wechselnder Zusammensetzung auftritt und die Quartette Ludwig van Beethovens in Europa bekanntmacht; in London gründet er mit Ilona Eibenschütz und Alfredo Piatti ein Trio. Der weltbekannte Pädagoge bildet mehr als 400 Geiger aus und wird auf diesem Gebiet mindestens so berühmt wie Leopold Auer in Sankt Petersburg, als dessen geistiger Nachfolger er angesehen wird.

Als Komponist hinterläßt er hauptsächlich Konzerte, Sonaten und Kadenzen für sein Instrument; nur die Kadenzen werden heute noch regelmäßig aufgeführt.

Der Freund von Johannes Brahms verwirklicht die Uraufführungen von dessen *Konzert für Violine und Orchester* op. 77 und *Doppelkonzert für Violine und Violoncello mit Orchester* op. 102. Max Bruch widmet ihm sein *Konzert für Violine und Orchester Nr. 1*, das er ebenso kreiert wie die Violinkonzerte von Antonín Dvořák und Robert Schumann, die *Ungarische Rhapsodie Nr. 12* von Franz Liszt und die *Sonate für Violine und Klavier Nr. 1* sowie die *Serenade Nr. 1* von Johannes Brahms und die *Sonate F. A. E.* von Brahms, Schumann und Dietrich. Er besaß vier Stradivari, die *Gillott* (1715), die *De Barrau* (1715), die *Alard* und die *Dolphin*.

Jobin, Raoul
Kanadischer Tenor, geb. 8. 4. 1906 Quebec, gest. 13. 1. 1974 daselbst.
Er studiert in seiner Heimatstadt, bevor er an das Pariser Konservatorium geht. Direkt nach Abschluß seines Studiums wird er Mitglied der Pariser Oper, wo er 1930 als Tybalt (*Roméo et Juliette*, Gounod) debütiert und mit vielen kleinen Rollen auf seine Laufbahn vorbereitet wird. Ab 1935 singt an der Oper wie an der Opéra-Comique erstmals größere Rollen: Faust (Gounod), Romeo (*Roméo et Juliette*), Lohengrin (Wagner), Raoul (*Les Huguenots*, Die Hugenotten, Meyerbeer), den Herzog von Mantua (*Rigoletto*, Verdi) und Don José (*Carmen*, Bizet), Cavaradossi (*Tosca*, Puccini), Werther (Massenet), Hoffmann (*Les Contes d'Hoffmann*, Hoffmanns Erzählungen, Offenbach), Julien (*Louise*, G. Charpentier) und Canio (*I Pagliacci*, Der Bajazzo, Leoncavallo). Die Anhänger von Raoul Jobin und von José Luccioni streiten sich, wer wohl das größere Genie sei... Während des Zweiten Weltkriegs geht Jobin in die Vereinigten Staaten. 1940 debütiert er an der Met als Des Grieux (*Manon*, Massenet). Zehn Spielzeiten lang gehört er zu dem berühmten Haus, an dem er vierzehn Rollen interpretiert, vom Pelléas (*Pelléas et Mélisande*, Debussy) bis zum Samson (*Samson et Dalila*, Saint-Saëns). Er wird regelmäßig von San Francisco, Cincinnati, Chicago, Montreal und dem Teatro Colón in Buenos Aires eingeladen. 1946 kehrt er mit Triumph an die Pariser Oper zurück; auch die französischen Provinzbühnen feiern ihn als Radames (*Aida*, Verdi), Samson, Marouf (*Marouf, Savetier de Caire*, Marouf, Flickschuster von Kairo, Rabaud). Seine wohl spektakulärste Kreation ist die des Fabrice del Donge in Henri Sauguets *La Chartreuse de Parme* (Die Kartause von Parma). 1957 zieht er sich von der Bühne zurück und eröffnet in Montreal eine Gesangsschule.

Jochum, Eugen
Deutscher Dirigent, geb. 1. 11. 1902 Babenhausen, gest. 26. 3. 1987 München.
Der zweite von drei Söhnen eines Lehrers und musikbegeisterten Laien – sein älterer Bruder Otto wird Komponist und sein jüngerer Bruder Georg Ludwig Dirigent – geht in Augsburg aufs Gymnasium und erhält dort auch Unterricht in Klavier und Orgel (1914–22), bevor er an die Münchner Musikakademie geht und dort bei Siegmund von Hausegger und Hermann von Waltershausen

Orchesterleitung und Komposition studiert. Er beginnt als Korrepetitor an der Münchner Oper (1924–25), geht dann in der gleichen Funktion nach Kiel (1926–27) und debütiert 1927 mit den Münchner Philharmonikern. Sein erstes Konzert ist programmatisch: er leitet die *Symphonie Nr. 7* von Anton Bruckner. 1927 wird er in Kiel zum Kapellmeister ernannt (bis 1929). Gleichzeitig dirigiert er in Lübeck Symphonie-Konzerte. Von Kiel aus geht er über Mannheim (1929–30) nach Duisburg (1930–32), wo er zum Generalmusikdirektor ernannt wird, und von dort aus als Musikdirektor zum Berliner Rundfunk und als Kapellmeister an die Berliner Oper (1932–34). Er wird als Generalmusikdirektor in Hamburg Nachfolger von Karl Böhm (1934–49). 1949 wird er erster Dirigent des neugegründeten Symphonie-Orchesters des Bayerischen Rundfunks, das er bis 1960 leitet. Anschließend ist er Chefdirigent des Concertgebouw-Orchesters in Amsterdam (1961–64). 1969–73 leitet er das Symphonie-Orchester Bamberg und 1975–78 als ›laureatus‹ das Symphonie-Orchester von London. Neben seinen festen Verpflichtungen dirigiert er in allen Musikzentren, vor allem in Bayreuth (1953–54, 1971) und Salzburg. Eugen Jochum, der als einer der größten deutschen Dirigenten seiner Generation gilt, ist noch vom Ende der deutschen Romantik beeinflußt und reicht diese Tradition seinen Nachfolgern weiter. Unter den Partituren, die er uraufführt, befinden sich *Konzert für Streicher* von Boris Blacher (1942), *Concerte per il principe Eugenio* (Konzert für Prinz Eugen, 1951) von Alberto Bruno Tedeschi, *Suite française* von Werner Egk (1950), *Tanz-Rondo* von Gottfried von Einem (1959) und *Symphonie Nr. 6* von Karl-Amadeus Hartmann.

Jochum, Georg Ludwig
Deutscher Dirigent, geb. 10. 12. 1909 Babenhausen, gest. 1. 11. 1970 Mülheim/Ruhr.
Der Bruder von Eugen Jochum studiert bis 1932 in Augsburg und München bei Siegmund von Hausegger und Joseph Haas. 1932–34 arbeitet er als Musikdirektor in Münster. Anschließend wird er an der Frankfurter Oper zum 1. Kapellmeister ernannt; gleichzeitig leitet er dort die Museumskonzerte. 1937–40 ist er 1. Kapellmeister an der Oper von Plauen, bevor er 1940 als Generalmusikdirektor nach Linz (bis 1945) und anschließend nach Duisburg geht (1946–70). 1943 leitet er das Bruckner-Orchester des deutschen Rundfunks und ist gleichzeitig für die Bruckner-Feste in Sankt Florian verantwortlich. 1948–50 leitet er neben seiner Duisburger Tätigkeit, wo er zugleich Direktor des Konservatoriums ist, das Symphonie-Orchester von Bamberg. Zu Beginn der 50er Jahre ist er darüber hinaus gleichberechtigter Leiter des Symphonie-Orchesters des RIAS Berlin.

Johannesen, Grant
Amerikanischer Pianist, geb. 30. 7. 1921 Salt Lake City (Ut.).
Er studiert an der Universität von Utah, bevor er zu Robert Casadesus an die Princeton University (1941–46) und zu Egon Petri an die Cornell University in Ithaca (N. Y.) geht. 1944 debütiert er in New York; er schlägt eine internationale Solisten-Laufbahn ein, tritt aber auch als Kammermusiker auf, vor allem zusammen mit seiner Frau, der Cellistin Zara Nelsova, mit der er 1963–73 verheiratet ist. Er liebt die französische Musik und macht in den Vereinigten Staaten nicht nur Claude Debussy und Maurice Ravel, sondern auch Emmanuel Chabrier, Gabriel Fauré, Camille Saint-Saëns und die Groupe des Six bekannt. Er beschäftigt sich intensiv mit pädagogischen Aufgaben und unterrichtet an der Aspen Music School (1960–66) sowie am Cleveland Institute of Music, dessen Berater (1973), künstlerischer Direktor (1974) und Präsident (1977–85) er ist.

Jones, Gwyneth
Englische Sopranistin, geb. 7. 11. 1936 Pontewynydd.
Mit Hilfe eines Stipendiums studiert sie vier Jahre lang am Royal College of Music in London und erhält dort zahlreiche Preise. Anschließend geht sie an die Accademia Musicale Chigiana in Siena und zu Maria Carpi nach Genf. In der Spielzeit 1962–63 debütiert sie in Zürich als Mezzosopranistin, doch man stellt schon rasch fest, daß sie eine wunderbare Sopran-Stimme hat. 1964 tritt sie zum ersten Mal am Covent Garden auf; ein Jahr später setzt sie sich dort als Sieglinde (*Walküre*, Wagner) unter Sir Georg Solti endgültig durch. In London singt sie außerdem noch die Senta (*Der fliegende Holländer*, Wagner) und die Elisabeth (*Don Carlos*, Verdi) und nimmt an einer Aufführung des *Fidelio* (Beethoven) teil. 1966 gelingt ihr der große Durchbruch. Rom, Genf, Wien, München, Mailand und Berlin laden sie ein; sie nimmt zum ersten Mal an den Bayreuther Festspielen teil und singt dort, vom Publikum begeistert aufgenommen, die Sieglinde. Sie wird ständiger Gast der Festspiele und interpretiert 1968 die Eva (*Die Meistersinger von Nürnberg*), 1969–70 die Kundry (*Parsifal*) und Senta, 1970 die Sieglinde, 1972 die Elisabeth und Venus (*Tannhäuser*); vor allem aber besticht sie in der Inszenierung von Patrice Chéreau und unter Pierre Boulez als außergewöhnliche Brünnhilde (*Der Ring des Nibelungen*, alle Wagner). 1967 wirkt sie unter Leonard Bernstein in New York an einer Aufführung von Gustav Mahlers *Symphonie Nr. 8* mit. Im gleichen Jahr singt sie dort in einer Aufführung der American Opera Society die Titelrolle in *Médée* von Luigi Cherubini. Seit 1972 gehört sie zum Ensemble der Met. Nach Aufführungen bei den Salzburger Festspielen wird sie von der Kritik mit Lotte Lehmann verglichen. Seit 1970 wird sie regelmäßig von Hamburg, Wien und Paris eingeladen, wo sie als Walküre, Tosca und Poppea (*L'incoronazione di Poppea*, Die Krönung der Poppea, Monteverdi) triumphiert.

Jordá, Enrique
Amerikanischer Dirigent spanischer Herkunft, geb. 24. 3. 1911 San Sebastian.
Er studiert in seiner Heimatstadt und geht dann an die Universität von Madrid und nach Paris, wo er an der Sorbonne und gleichzeitig am Konservatorium bei Paul Le Flem, Marcel Dupré und François Rühlmann studiert. 1938 debütiert er mit dem Symphonie-Orchester von Paris. 1940–45 leitet er das Symphonie-Orchester von Madrid und geht dann nach Südafrika, wo er 1948–54 als Chefdirigent des Symphonie-Orchesters von Kapstadt wirkt. Anschließend wird er als Nachfolger von Pierre Monteux zum Musikdirektor des Symphonie-Orchesters von San Francisco ernannt (1954–63). Wieder zurück in Europa, übernimmt er die Leitung der Philharmoniker von Antwerpen (1970–75) und geht dann an das neugegründete Orchester von San Sebastian, dem Orquesta de Euzkadi (1982–84). Er leitet die Uraufführungen der *Symphonie Nr. 8* und *Nr. 12* von Darius Milhaud, der *Symphonie Nr. 8* von Roy Harris sowie der *Fantasía para un gentilhombre* (Fantasie für einen Edelmann) von Joaquín Rodrigo.
WW: *El director de orquesta ante la partitura* (Madrid 1969); *De canciones, denzas y musicos del Pais Vasco* (Madrid 1978).

Jordan, Armin
Schweizer Dirigent, geb. 9. 4. 1932 Luzern.
Er beginnt als Zwölfjähriger mit dem Musikunterricht und geht dann an die Konservatorien von Freiburg (Schweiz) und Lausanne und schließlich zu Maroussia Lemarc-Hadour nach Genf. 1949 gründet er in Freiburg ein kleines Orchester. Sechs Jahre lang arbeitet er an der Oper von Biel-Solothurn und wechselt dann an die von Zürich und

Sankt Gallen, bevor er 1969 an der Basler Oper zum 1. Kapellmeister und 1973 zum Musikdirektor ernannt wird (bis 1989). 1973 übernimmt er gleichzeitig das Kammerorchester von Lausanne, das er von Grund auf renoviert und das sich zu einem der gefragtesten Schweizer Ensembles entwickelt. 1985 verläßt er Lausanne und übernimmt die Leitung des Orchestre de la Suisse Romande. Gleichzeitig ist er principal guest conductor des Ensemble Orchestral de Paris. Er verwirklicht Uraufführungen von Werken von Jean Françaix (*Psyché*, 1982), Luciano Berio (*Requies*, 1984) und Julien-François Zbinden (*La Solitude*, Die Einsamkeit, 1985).

Jouatte, Georges
Französischer Tenor, geb. 17. 6. 1892 Monaco, gest. 13. 2. 1969 Paris.
Am Ende des Ersten Weltkriegs arbeitet er als Tänzer am Casino de Paris. Als Bariton tritt er in Konzerten auf und übernimmt 1932 einige Operetten-Rollen am Théâtre Mogador in Paris. Paul Cabanel und Louis Fourestier veranlassen ihn, die Stimmlage zu wechseln. Er studiert wieder und debütiert 1935 an der Pariser Oper in *La Damnation de Faust* (Fausts Verdammnis, Berlioz) als Tenor. Er überzeugt und wird noch im gleichen Jahr zu Vorstellungen von *Faust* (Gounod), *Die Zauberflöte* (Mozart), und *Castor et Pollux* (Rameau) eingeladen. Ein Jahr später studiert er den Sänger (*Der Rosenkavalier*, R. Strauss) und den Admetos (*Alkeste*, Gluck) ein, 1937 den Florestan (*Fidelio*, Beethoven), 1938 den Ottavio (*Don Giovanni*, Mozart), Äneas (*Les Troyens*, Die Trojaner, Berlioz), Lohengrin (Wagner), Shahabarim (*Salammbô*, E. Reyer) und 1941 den Armel in *Gwendoline* (Chabrier). 1937 singt er bei der französischen Erstaufführung des *Fliegenden Holländers* (Wagner) den Erik und 1943 bei der Uraufführung von Gabriel Faurés *Pénélope* den Ulysseus. 1937 debütiert er als Belmonte (*Die Entführung aus dem Serail*, Mozart) an der Opéra-Comique. Er singt hier noch den Bacchus (*Ariadne auf Naxos*, R. Strauss), Nerone (*L'incoronazione di Poppea*, Die Krönung der Poppea, Monteverdi) und 1941, als die Oper aus passivem Protest gegen die deutsche Besatzung geschlossen wird, den Faust (Gounod) und an der Seite seiner bevorzugten Partnerin, Germaine Lubin, den Werther (Massenet).

Jourdan-Morhange, Hélène
Französische Violinistin, geb. 30. 1. 1888 Paris, gest. 15. 5. 1961 daselbst.
Als Zehnjährige tritt sie am Pariser Konservatorium in die Klasse von Charles-Gustave Nadaud ein. Später perfektioniert sie sich bei George Enescu und Lucien Capet. Sehr früh lernt sie Gabriel Fauré kennen; sie nimmt bei ihm Unterricht in Kammermusik und tritt gemeinsam mit dem Komponisten auf. Auch mit der jungen, mit 24 Jahren viel zu früh verstorbenen Pianistin Juliette Meerovitch spielt sie Kammermusik. Sie gehört zum Quartett von Jacques Thibaud, bevor sie ihr eigenes gründet. Als Solistin debütiert sie mit den Concerts Lamoureux, spielt häufig in den tonangebenden Pariser Salons (Murat, de Polignac, Clemenceau) und lernt Maurice Ravel kennen, der ihr seine *Sonate für Violine und Klavier* widmet. Sie ist auch Widmungsträgerin von Kompositionen von Florent Schmitt und Paul Paray und zeichnet für die Uraufführungen von Werken folgender Komponisten verantwortlich: Alexandre Tansmann, Claude Delvincourt, Georges Migot, Nikolai N. Tscherepnin, Arthur Honegger (*Sonate für Violine und Klavier Nr. 1*, 1918), Maurice Ravel (*Sonate für Violine und Violoncello* und *Berceuse sur le nom de Fauré*, Wiegenlied über den Namen Fauré, 1922). Sie hält mit der Groupe des Six Kontakt, befreundet sich mit der Colette und heiratet den Radierer Luc-Albert Moreau. Ab 1919 muß sie aufgrund einer Arm-Erkrankung das Violin-Spiel in immer stärkerem Maße einstellen und beginnt,

Musikartikel in zahlreichen Zeitungen und Zeitschriften zu veröffentlichen.

WW: *Ravel et nous* (Paris 1945); *Mes amis musiciens* (Paris 1955); *Ravel d'après Ravel*, zusammen mit Vlado Perlemuter (Paris 1955).

Journet, Marcel
Französischer Bassist, geb. 25. 7. 1868 Grasse, gest. 5. 9. 1933 Vittel.
Er studiert am Pariser Konservatorium und debütiert 1893 in Montpellier. Ein Jahr später verzeichnet er in Brüssel einen ersten großen Erfolg, der ihm viele Einladungen an französische Provinzbühnen einbringt. Ende 1900 debütiert er an der Met in New York als Ramphis (*Aida*, Verdi) und wird in das Ensemble aufgenommen; bis 1908 singt er dort bei 383 Vorstellungen insgesamt 43 verschiedene Rollen. Wieder zurück in Frankreich, debütiert er 1908 als Heinrich der Vogeler (*Lohengrin*, Wagner) mit überragendem Erfolg an der Pariser Oper. Zwanzig Jahre bleibt er dem Ensemble treu, singt insgesamt 38 verschiedene Rollen und wirkt an verschiedenen Erstaufführungen (*Parsifal, Der Ring des Nibelungen*, beide Wagner, *Chowanschtschina*, Mussorgskij, *Marouf, Savetier de Caire*, Marouf, Flickschuster aus Kairo, Rabaud, und *Roma*, Massenet) mit. Er kreiert an diesem Haus die Rollen des Don Jacintho (*La Tour de feu*, Der Feuerturm, Lazzari) und des Antonius (*La Tentation de saint Antoine*, Die Versuchung des Heiligen Antonius, Brunel). Auch international setzt er sich durch; so singt er zehn Jahre lang am Covent Garden, an der Oper von Chicago und an der von Monte Carlo. 1924 fordert Arturo Toscanini ihn auf, bei der Uraufführung von *Nerone* von Arrigo Boito die Rolle des Zauberers Simon zu interpretieren. Unter Toscanini singt er an der Scala außerdem den Hans Sachs (*Die Meistersinger von Nürnberg*, Wagner), den Vater in *Louise* (G. Charpentier), Golo (*Pelléas et Mélisande*, Debussy), Mefistofele (Boito) und den Escamillo (*Carmen*, Bizet). Insgesamt singt er während seiner mehr als vierzig Jahre dauernden Karriere hundert verschiedene Rollen.

Joy, Geneviève
Französische Pianistin, geb. 4. 10. 1919 Bernaville.
Als Zwölfjährige geht sie an das Konservatorium von Paris und studiert dort bei Jeanne Chapart, Yves Nat und Lucette Descaves Klavier, bei Jean Gallon Harmonielehre, bei Noël Gallon Kontrapunkt und Fuge, bei Pierre Pasquier Kammermusik und bei Abel Estyle Begleitung. Sie erhält 1. Preise in Klavier, Harmonielehre und Begleitung. Bis 1948 gehört sie dem Gremium des französischen Rundfunks an, das über die Aufführung neuer Werke entscheidet. 1944 wird sie zur Chorleiterin beim Orchestre National bestimmt. Ab 1947 tritt sie mit Jacqueline Robin als Klavier-Duo auf. Sie ist seit 1946 mit dem Komponisten Henri Dutilleux verheiratet. 1950 wird sie am Pariser Konservatorium Lehrerin für Vom-Blatt-Lesen; bis 1965 spielt sie mit der Geigerin Jeanne Gautier Sonaten. 1952 bildet sie mit Jeanne Gautier und André Lévy das Trio de France. 1962–66 arbeitet sie als Professorin für Kammermusik an der Ecole Normale de Musique in Paris, bis sie den Lehrstuhl für Kammermusik von Jacques Février am Pariser Konservatorium übernimmt (1966–86).
Sie setzt sich in besonderem Maß für die Musik ihrer Zeit ein und ist für die Uraufführungen von Klavierkonzerten von Henri Barraud, Marius Constant, Alan Rawsthorne und Jean Rivier sowie von Werken von Henri Dutilleux, Pierre-Petit und Louis Saguer verantwortlich; zum 25. Geburtstag ihrer Duo-Formation mit Jacqueline Robin schreiben zehn Komponisten für sie (Auric, Constant, Daniel-Lesur, Dutilleux, Jolivet, Louvier, Mihalovici, Milhaud, Ohana, Pierre-Petit).

Jürgens, Jürgen
Deutscher Chorleiter und Dirigent, geb. 5. 10. 1925 Frankfurt/M.
Er studiert an der Musikhochschule sei-

ner Heimatstadt bei Kurt Thomas und geht dann zu Konrad Lechner nach Freiburg/Br. 1955 übernimmt er die Leitung des Hamburger Monteverdi-Chores. Mit dieser Formation gibt er in ganz Europa und in den Vereinigten Staaten Konzerte. Sein Repertoire erstreckt sich von der Renaissance bis zur zeitgenössischen Musik, wobei er besonders unbekannte Werke wie *Dafne* von Marco da Gagliano oder *L'oca del Cairo* (Die Gans aus Kairo, Mozart) pflegt. 1960 wird er zum Direktor der Musikakademie an der Hamburger Universität ernannt. Er gibt Werke von Claudio Monteverdi und Domenico Scarlatti heraus und nimmt viele Schallplatten auf.

Jung, Manfred
Deutscher Tenor, geb. 9. 7. 1940 Oberhausen.
Er studiert an der Folkwang-Hochschule in Essen bei Hilde Wesselmann. 1970–73 ist er Chorsänger in Bayreuth; in dieser Zeit debütiert er als Solist in Dortmund. Anschließend geht er nach Kaiserslautern und 1977 an die Deutsche Oper am Rhein (Düsseldorf/Duisburg). 1976 debütiert er als Siegfried (*Der Ring des Nibelungen*) in Bayreuth. 1979–81 singt er dort den Tristan und den Parsifal. Die gleichen Rollen werden ihm in Salzburg von Herbert von Karajan anvertraut. 1980 singt er an der Met Siegmund (*Walküre*) und Siegfried (alle Wagner).

Junghänel, Konrad
Deutscher Lautenspieler, geb. 27. 2. 1953 Gütersloh.
Er studiert an der Musikhochschule Köln und setzt sich rasch als eine der markantesten Persönlichkeiten seines Instruments auf dem Gebiet der vorklassischen Musik durch; er spielt mit den Gebrüdern Kuijken, der Petite Bande, den Art Florissants und dem Concerto Vocale. Als Solist bereist er Europa und die Vereinigten Staaten. Er widmet sich in besonderem Maße der französischen Literatur für sein Instrument, dirigiert das Kölner Vokalensemble Cantus Coeln und unterrichtet an der Musikhochschule Köln. Er spielt auf einer Barock-Laute mit dreizehn Saiten, die der niederländische Instrumentenbauer Nico B. van der Waals 1985 für ihn als Kopie nach einem Original von Johann Christian Hoffmann (Leipzig, um 1730), einem der bevorzugten Instrumentenbauer Johann Sebastian Bachs und Sylvius Leopold Weiss', gebaut hat.

Jurinac, Sena (= Srebrenka Jurinac)
Jugoslawische Sopranistin, geb. 26. 10. 1921 Travnik (Bosnien).
Die Tochter eines jugoslawischen Arztes und einer Wienerin studiert am Konservatorium von Zagreb und bei Milka Kostrenčič und debütiert als Mimi (*La Bohème*, Puccini) an der Oper von Zagreb. 1944 geht sie an die Wiener Oper, wo sie allerdings erst 1945 in einer der ersten Vorstellungen nach dem Zweiten Weltkrieg als Cherubin (*Le nozze di Figaro*, Mozart) debütieren kann. Auf Anhieb feiert sie einen großen Erfolg. Die großen Bühnen Europas laden sie ein, und auch die Festspiele lassen nicht auf sich warten: Salzburg (Dorabella, *Così fan tutte*, Mozart), die Scala (Cherubin), Edinburgh, Glyndebourne, Maggio Musicale Fiorentino, das Holland-Festival, San Francisco (*Madame Butterfly*), Chicago (Desdemona, *Otello*, Verdi) und andere rufen sie. Am Covent Garden und am Teatro Colón singt sie italienische Rollen; ihr Mitwirken an *Madame Butterfly* (Puccini) ist unvergessen. 1953 heiratet sie den Bariton Sesto Bruscantini, von dem sie sich später wieder scheiden läßt. Bei der Eröffnung des Großen Salzburger Festspielhauses interpretiert sie einen hinreißenden Octavian (*Der Rosenkavalier*, R. Strauss). 1957 singt sie in Bayreuth die Eva (*Die Meistersinger von Nürnberg*, Wagner). 1951 wird sie zur Kammersängerin ernannt; bis 1982 gehört sie dem Ensemble der Wiener Oper an.

Juyol, Suzanne
Französische Sopranistin, geb. 1.1. 1920 Paris.

Sie studiert mit viel Erfolg am Konservatorium von Paris und verzeichnet bereits 1942 bei ihrem Debut an der Pariser Oper als Margared (*Le Roi d'Ys*, Der König von Ys, Lalo) einen großen Erfolg. Sie singt an diesem Haus noch die Dame Marthe (*Faust*, Gounod) und eine der Damen der Königin der Nacht (*Die Zauberflöte*), bis sie von Germaine Lubin die hinreißende Rolle der Pénélope (Fauré) übernimmt. Anschließend studiert sie die großen Wagner-Rollen ein, Brünnhilde (*Der Ring des Nibelungen*, Isolde (*Tristan und Isolde*), und Kundry (*Parsifal*), die sie in Monte Carlo singt, nachdem sie dort bereits als explosive Carmen (Bizet) an der Seite von José Luccioni sowie in *Tosca* (Puccini), *Werther* (Massenet), *Faust* (Gounod) und *La Damnation de Faust* (Fausts Verdammnis, Berlioz) triumphiert hatte. Die Wagner-Rollen interpretiert sie auch an der Berliner Oper. An der Pariser Opéra-Comique besticht sie als Carmen, Charlotte (*Werther*), Tosca und Santuzza (*Cavalleria Rusticana*, Mascagni). Sie gilt als eine der großen dramatischen Sopranistinnen ihrer Zeit. Als ihr die Türen zu allen Bühnen der Welt offenstehen, beschließt sie, sich zurückzuziehen, und bleibt diesem Entschluß treu.

K

Kabaiwanska, Raina
Bulgarische Sopranistin, geb. 15.12. 1934 Bourgas.
Sie studiert an der Sofioter Musikakademie und erhält den Dimitroff-Preis. An der Nationaloper von Sofia erzielt sie ihre ersten Erfolge. Schon bald wird sie an das Bolschoi-Theater in Moskau sowie nach Leningrad und Budapest eingeladen. Ihr wachsendes Renommee veranlaßt westliche Bühnen, sie zu engagieren. Seit 1962 tritt sie regelmäßig am Covent Garden auf, wo ihre Desdemona (*Otello*, Verdi) an der Seite von Mario del Monaco 1964 Publikum und Kritik begeistert. Im gleichen Jahr noch debütiert sie an der Scala, von der sie in der Folge ebenfalls regelmäßig eingeladen wird. Ihre beste Rolle an diesem Haus ist wohl die Irene (*Rienzi*, Wagner). Sie singt in Paris, Wien und an allen wichtigen Bühnen Italiens: 1973 interpretiert sie die Tosca (Puccini) am Teatro Carlo Felice in Genua, ein Jahr später wirkt sie in Triest an einer Aufführung von *La Gioconda* (Ponchielli) und in Turin an einer von *Francesca da Rimini* (Zandonai) mit. Seit 1971 hat sie mit der Hamburger Staatsoper einen Gastvertrag. 1979 nimmt sie an den Festspielen in Aix-en-Provence und 1981 an denen in Salzburg teil: sie singt die Alice Ford (*Falstaff*, Verdi) in der Produktion von Herbert von Karajan.

Kabasta, Oswald
Österreichischer Dirigent, geb. 29.12. 1896 Mistelbach (Niederösterreich), gest. 6.2. 1946 Kufstein.
Er studiert an den Musikakademien von Wien und Klosterneuburg und debütiert in Florisdorf als Chorleiter. Gleichzeitig unterrichtet er an Wiener Mittelschulen Musik. 1924 wird er in Baden bei Wien zum Kapellmeister ernannt. 1926–31 ist er als Generalmusikdirektor in Graz tätig; während dieser Zeit wird er laufend von der Wiener Gesellschaft der Musikfreunde und den Wiener Sinfonikern eingeladen. 1935–45 ist er Musikdirektor des Wiener Singvereins; 1938 übernimmt er zusätzlich die Leitung der Münchner Philharmoniker (bis 1945). Kabasta ist ein überzeugter Anhänger des Hitler-Regimes und erhält 1945 Dirigierverbot. Kurz nachdem ihm sein ehemaliger Lehrer Franz Schmidt, für dessen Werk er sich unermüdlich einsetzt, seine *Symphonie Nr. 4* widmet, wählt er in einer in seinen Augen aussichtslosen Situation den Freitod.

Kästner, Hannes
Deutscher Organist und Cembalist, geb. 27.10. 1929 Markkleeberg (Sachsen).
Er ist Schüler der berühmten Leipziger Thomasschule und studiert 1948–51 vor allem bei Günther Ramin an der Musikhochschule von Leipzig. 1951 wird er zum Thomasorganisten ernannt. Seit 1960 unterrichtet er an der dortigen Hochschule (Orgel und Cembalo) und beginnt als Solist eine internationale Karriere. Als er 1986 in Leipzig zum Professor ernannt wird, gibt er seine Stelle als Thomasorganist auf.

Kagan, Oleg
Russischer Violinist, geb. 22.11. 1946 Sachalinsk, gest. 15.7. 1990 München.
Er studiert ab 1953 bei Joachim Braun am Latwian-Konservatorium in Riga. 1959 wechselt er zu Boris Kusnetzow und David F. Oistrach, dessen Lieblingsschüler er wird, an die Zentrale Musikschule in Moskau. Beim Enescu-Wettbewerb erhält er 1964 in Bukarest den 4. Preis. 1965 geht er an das Moskauer Konservatorium; im gleichen Jahr gewinnt er in Helsinki den Sibelius-Wettbewerb. Ein Jahr später gewinnt er in Moskau beim Tschaikowskij-Wettbewerb einen 2. Preis und 1968 in Leipzig beim Bach-Wettbewerb den 1. Preis. Er

ist mit der Cellistin Natalia Gutmann verheiratet, mit der er häufig gemeinsam auftritt. Seit 1969 gibt er mit Swatoslaw T. Richter regelmäßig Kammermusikabende. Er gründet in Wildbad Kreuth südlich von München ein Festival. Alfred G. Schnittke widmet ihm sein *Konzert für Violine und Orchester Nr. 3* (1979), Anatol Vieru sein *Konzert für Violine und Violoncello* (1980) und Sofia Gubaidulina ihre *Sonate für Violine und Violoncello »Giosci«;* er bringt diese Werke genau wie die *Sonate für Violine und Orchester* von Alfred G. Schnittke (1984) zur Uraufführung.

Kahn, Claude
Französischer Pianist, geb. 9. 11. 1939 Paris.
Seine Mutter, eine ausgezeichnete Musikerin, entdeckt schon früh die Begabung ihres Kindes. Marguerite Long, Nadia Boulanger, Yves Nat und Rose Lejour kümmern sich um seine Ausbildung. Er gewinnt die internationalen Wettbewerbe von Genf, Neapel und Budapest und spielt regelmäßig als Solist. 1980 ruft er den Claude-Kahn-Wettbewerb ins Leben; im gleichen Jahr gründet er das Konservatorium von Antibes, das er seither leitet.

Kajanus, Robert
Finnischer Dirigent und Komponist, geb. 2. 12. 1856 Helsinki, gest. 6. 7. 1933 daselbst.
Er studiert in Helsinki bei Richard Faltin, Adolf Leander und Gustav Adolf Niemann, geht dann zu Carl Reinecke und Hans Richter nach Leipzig (1877–79), nach Paris zu Johan Svendsen und kehrt über Dresden nach Leipzig zurück (1880–82). 1882 gründet er in Helsinki eine Orchestergesellschaft und 1885 eine Orchesterschule. Aus dem Orchester wird später das philharmonische Orchester von Helsinki, das einzige Orchester des Nordens, das seit seiner Gründung ununterbrochen besteht. 1888 gründet er den Sinfoniekören, mit dem er bis 1911 Oratorien und Werke für Chor und Orchester aufführt. Kajanus setzt sich leidenschaftlich für die zeitgenössische finnische Musik ein, fördert Jean Sibelius und gibt diesem Komponisten auch Aufträge (*Eine Sage*, 1893), wobei seine eigenen Kompositionen in den Hintergrund treten. In den 30er Jahren bittet Sibelius Kajanus, seine Werke für die Schallplattenfirma Columbia einzuspielen.

Kalichstein, Joseph
Israelischer Pianist, geb. 15. 1. 1946 Tel Aviv.
Er studiert bei Ilona Kabos und Eduard Steuermann an der Juilliard School of Music in New York und perfektioniert sich dann bei Vladimir D. Ashkenazy. 1967 gibt er in New York sein erstes Konzert. 1969 gewinnt er beim Leventritt-Wettbewerb und beim Eduard-Steuermann-Gedächtniswettbewerb jeweils den 1. Preis. Kurz darauf tritt er zum ersten Mal in Europa auf. Kalichstein beschäftigt sich in der Hauptsache mit dem klassischen Repertoire. Mit Jaime Laredo und Sharon Robinson bildet er eine Trio-Formation. Seit 1983 unterrichtet er an der Juilliard School of Music in New York.

Kamu, Okko
Finnischer Dirigent und Violinist, geb. 7. 3. 1946 Helsinki.
Der Sohn des Kontrabassisten der Philharmoniker von Helsinki erhält privat Geigen-Unterricht von Väinö Arjava, bevor er zu Onni Suhonen an die Sibelius-Musikakademie in seiner Heimatstadt geht. Direkt nach Studienabschluß wird er ebenfalls Mitglied der Philharmoniker von Helsinki. Als Achtzehnjähriger spielt er bereits als Primarius im Suhonen-Quartett. 1965 wird er zum 1. Geiger der zweiten Geigen der Philharmoniker von Helsinki ernannt. Ein Jahr später wird er zum Konzertmeister befördert. 1968 wechselt er an die finnische Nationaloper (bis 1969). Als Dirigent ist er Autodidakt; 1969 gewinnt er den Karajan-Wettbewerb. Er wird daraufhin von vielen europäischen, amerikanischen, israelischen und japanischen

Orchestern zu Gastdirigaten eingeladen. 1971–77 ist er Chefdirigent des Symphonie-Orchesters des finnischen Rundfunks und 1976–79 künstlerischer Direktor des philharmonischen Orchesters von Oslo. 1981 übernimmt er die Musikdirektion der Philharmoniker von Helsinki (bis 1988). 1973 bzw. 1975 verwirklicht er die Uraufführung der *Symphonie Nr. 2* und der *Symphonie Nr. 3* von Aulis Sallinen.

Kang, Dong-Suk
Koreanischer Violinist, geb. 28. 4. 1954 Seoul.
Der Schüler von Ivan Galamian an der Juilliard School of Music in New York (1967) besucht auch die Kurse am Curtis Institute in Philadelphia und die Interpretationskurse von Zino Francescatti und Leonid Kogan. 1971 gewinnt er in San Francisco und in Washington Wettbewerbe; daraufhin wird er vom Kennedy Center eingeladen. Auch international bleibt er erfolgreich und gewinnt den Wettbewerb in Montreal, den Carl-Flesch-Wettbewerb in London und den Königin-Elisabeth-Wettbewerb in Brüssel. Er fällt Yehudi Menuhin und Rudolf Serkin auf. Konzertreisen führen ihn durch die Vereinigten Staaten, Kanada und ganz Europa. Seit 1974 spielt er mit Gordon Back auch Duos.

Kantorow, Jean-Jacques
Französischer Violinist, geb. 3. 10. 1945 Cannes.
Er studiert zuerst am Konservatorium von Nizza und geht dann an das von Paris, wo er 1960 und 1963 1. Preise in Violine und Kammermusik erhält. 1962 gewinnt er beim Londoner Carl-Flesch-Wettbewerb eine Goldmedaille und 1964 beim Genfer Paganini-Wettbewerb einen 1. Preis. Weitere 1. Preise beim Königin-Elisabeth-Wettbewerb in Brüssel, beim Sibelius-Wettbewerb in Helsinki und beim Montrealer Wettbewerb folgen. Als Solist gibt er weltweit Konzerte. Er wird für einige Zeit Konzertmeister am Orchestre de Paris. Am Straßburger Konservatorium und in den Niederlanden unterrichtet er auch. Er ist Konzertmeister des Niederländischen Kammerorchesters bis zu dessen Auflösung und übernimmt 1985 in Clermont-Ferrand die Leitung des Regionalorchesters der Auvergne. Mit dem Bratschisten Vladimir Mendelssohn und dem Cellisten Herre-Jan Stegenga gründet er das Ludwig-Trio und mit Vladimir Mendelssohn und Mari Fujiwara das Mozart String Trio. Sein Repertoire reicht von Johann Sebastian Bach bis zu Earle Brown.

Kapell, William
Amerikanischer Pianist, geb. 20. 9. 1922 New York, gest. 29. 10. 1953 in der Nähe von San Francisco.
Seine Familie stammt aus Polen und Rußland. Kapell studiert am Konservatorium von Philadelphia und bei Olga Samaroff an der Juilliard School of Music in New York. 1941 gewinnt er den Wettbewerb des Orchesters von Philadelphia und den Naumburg Award, der es ihm erlaubt, in New York noch im gleichen Jahr zu debütieren. Seine Karriere entwickelt sich rasch. Sein Repertoire ist sehr breit gelagert; vor allem im *Konzert für Klavier und Orchester* von Aram I. Chatschaturjan und im *Konzert für Klavier und Orchester Nr. 1* von Dmitri D. Schostakowitsch zeichnet er sich aus. Man hält ihn für einen der bedeutendsten Pianisten seiner Generation, und die Anfänge seiner Zusammenarbeit mit Jascha Heifetz sind vielversprechend, doch ein Flugzeugabsturz setzt seinem Leben ein viel zu frühes Ende.

Kaplan, Mark
Amerikanischer Cellist, geb. 30. 12. 1953 Cambridge (Mass.).
Als Sechsjähriger beginnt er bei einem Mitglied des Symphonie-Orchesters von Syracuse, Carl Sifter, mit dem Cello-Unterricht. Anschließend wird er Schüler von Dorothy DeLay an der Juilliard School of Music in New York, bevor er sich bei Isaac Stern, Robert Mann, Felix Galimir und Joseph Szigeti perfektio-

niert. 1973 gewinnt er den Leventritt-Wettbewerb. Im gleichen Jahr noch springt er für die erkrankten Pinchas Zukerman und Yehudi Menuhin bei einer Israel-Tournee ein, was seiner Karriere einen großen Aufschwung verleiht. Mit dem amerikanischen Pianisten David Golub und dem englischen Cellisten Colin Carr bildet er ein Trio.

Karabtchevsky, Isaac
Brasilianischer Dirigent, geb. 27. 12. 1934 São Paulo.
Er studiert an der Universität Bahia bei Hans Joachim Koellreutter Chor- und Orchesterleitung und gründet 1956 in Belo Horizonte den Chor Madrigal Renascentista, den er bis 1962 leitet. Ab 1958 kommt er regelmäßig nach Europa und bildet sich an der Musikhochschule Freiburg/Br. bei Wolfgang Fortner (Komposition) und Carl Ueter (Orchesterleitung) weiter. 1965 wird er in Rio de Janeiro Chefassistent des Orquesta Sinfônica Brasileira, dessen musikalische Leitung er 1969 übernimmt. 1988 wird er zum Leiter des Niederösterreichischen Tonkünstlerorchesters in Wien ernannt. 1972 leitet er die Uraufführung von Jorge Antunes' *Poetica*.

Karajan, Herbert von (= Heribert Ritter von Karajan)
Österreichischer Dirigent, geb. 5. 4. 1908 Salzburg, gest. 16. 7. 1989 Anif bei Salzburg.
Als Vierjähriger beginnt er mit dem Klavier-Unterricht. Er geht in Salzburg aufs Gymnasium und besucht gleichzeitig das Mozarteum. Bernhard Paumgartner empfiehlt ihm, zu Franz Schalk und Alexander Wunderer an die Wiener Musikakademie zu gehen. 1926–28 studiert er an der Musikhochschule Wien. 1928–34 ist er Chorleiter und dann Dirigent am Stadttheater Ulm. 1929 gibt er sein erstes Konzert am Mozarteum. 1930–34 ist er Leiter der internationalen Dirigentenkurse während der Salzburger Festspiele. 1934 wird er von der Aachener Oper engagiert und ein Jahr später dort bereits als jüngster Dirigent Deutschlands zum Generalmusikdirektor ernannt (bis 1941). 1937 debütiert an der Wiener und ein Jahr später an der Berliner Oper, wo er 1939–45 als Staatskapellmeister arbeitet. Ende der 30er Jahre nimmt er seine ersten Schallplatten auf. Während der deutschen Besetzung dirigiert er häufig an der Pariser Oper.
1946 debütiert er mit den Wiener Philharmonikern, der Beginn einer langjährigen Zusammenarbeit, auch wenn er zu Beginn aufgrund seiner Mitgliedschaft bei der NSDAP Schwierigkeiten hat. 1948 debütiert er bei den Salzburger Festspielen mit *Le nozze di Figaro* (Mozart). Ein Jahr später leitet er an der Scala die Aufführungen deutscher Opern. In den 50er Jahren dirigiert er regelmäßig an Italiens wichtigster Oper. 1950 übernimmt er die künstlerische Leitung der Festspiele von Luzern; im gleichen Jahr wird er zum Leiter auf Lebenszeit des Wiener Singvereins ernannt (Wiener Gesellschaft der Musikfreunde). Walter Legge holt ihn als Dirigent des soeben gegründeten Philharmonia Orchestra nach London. 1951 wird er zur Wiedereröffnung der Bayreuther Festspiele eingeladen. Nach dem Tod von Wilhelm Furtwängler im Jahre 1955 ernennen ihn die Berliner Philharmoniker zu ihrem musikalischen Leiter auf Lebenszeit. 1956 übernimmt er zusätzlich die künstlerische Leitung der Salzburger Festspiele (bis 1960) und 1957 als Nachfolger Karl Böhms die der Wiener Oper (bis 1965). Als er 1965 die gewünschten Arbeitsbedingungen in der österreichischen Hauptstadt nicht durchsetzen kann, verläßt er Wien und wird wieder Mitglied des Direktoriums der Salzburger Festspiele (bis 1988). In diesem Jahr nimmt er auch seinen ersten Opernfilm auf, *La Bohème*, der von Franco Zefirelli inszeniert wird. Zu diesem Anlaß gründet er seine eigene Produktionsgesellschaft, die Cosmotel. 1967 ruft er die Salzburger Osterfestspiele ins Leben; jedes Jahr inszeniert er eine Oper, die er selbst dirigiert, beginnend mit dem *Ring*

des Nibelungen (Wagner). 1968 gründet er die Karajan-Stiftung, die sich der medizinischen Forschung widmet, aber auch internationale Wettbewerbe für junge Dirigenten und Laien-Orchester ausschreibt. 1969–71 ist Herbert von Karajan künstlerischer Berater des Orchestre de Paris, gibt aber diese Stelle wieder auf, als seine Arbeitsbedingungen nicht anerkannt werden. 1977 schließt er mit der Wiener Oper Frieden. Die Möglichkeiten moderner Video-Filme faszinieren ihn. Er arbeitet zuerst mit der München Firma Unitel zusammen, bevor er 1982 in Monte Carlo seine eigene gründet, Telemondial. Er wird schwer krank und kann sechs Jahre lang kaum arbeiten, da ein Bein fast vollständig gelähmt ist. Ein chirurgischer Eingriff im Jahre 1983 gelingt; er kann wieder laufen und sich aufrecht halten. Trotzdem zieht er es 1989 vor, die Leitung der Berliner Philharmoniker abzugeben.

Karajan, geliebt und gehaßt, ist zweifelsohne der markanteste Dirigent des 20. Jahrhunderts. Die Berliner Philharmoniker werden aufgrund seiner perfekten Kenntnis der Möglichkeiten eines Orchesters und der einzelnen Instrumentalisten, aufgrund seiner Hartnäckigkeit und der Forderungen, die er unablässig an seine Musiker stellt, zu einem Klangkörper, dessen Perfektion von keinem anderen erreicht wird. Dabei stellt er sich selbst dauernd in Frage: vergleicht man die verschiedenen Einspielungen gleicher Werke, die während seines Lebens entstehen (etwa die Symphonien von Brahms oder Beethoven), spürt man, daß es für ihn keinen Stillstand gibt.

Herbert von Karajan setzt sich häufig für junge Solisten ein, die er mit Vorliebe selbst entdeckt und denen er die Türen zu erfolgsversprechenden Karrieren öffnet (Christoph Eschenbach, Gundula Janowitz, Anne-Sophie Mutter, Hildegard Behrens, François-René Duchâble u. a.). Die zeitgenössische Musik interessiert ihn nicht über die Maßen. Zu den Uraufführungen, für die er verantwortlich zeichnet, zählen das *Konzert für Orchester* von Gottfried von Einem (1944), die *Missa da Requiem* von Heinrich Sutermeister (1953), *Trionfo di Afrodite* (1953) und *De temporum fine comoedia* (1973) von Carl Orff und *Antifone* von Hans Werner Henze (1962).
W: *Von Karajan. Ein autobiographischer Bericht* (Wien-München 1988).

Károlyi, Julian Julius von (= Gyula)
Deutscher Pianist ungarischer Herkunft, geb. 31. 1. 1914 Losonc.
Er beginnt 1926 seine Studien in Budapest und geht dann zu Joseph Pembaur nach München, zu Max von Pauer nach Leipzig und zu Alfred Cortot nach Paris, um dann nach Budapest zurückzukehren und sich bei Ernst von Dohnányi zu perfektionieren (1932–34). Als Zwölfjähriger spielt er bereits Werke von Frédéric Chopin in der Öffentlichkeit. Seine Karriere, die ihn zuerst durch Europa und dann durch Nord- und Südamerika führt, stützt sich im wesentlichen auf das romantische Repertoire. Seit 1972 unterrichtet er an der Hochschule für Musik in Würzburg.

Karr, Gary
Amerikanischer Kontrabassist, geb. 20. 11. 1941 Los Angeles.
In seiner Familie wird der Kontrabaß bereits seit sieben Generationen gespielt; er studiert Klavier, Cello und (bei Jennie Tourel) Gesang, bevor er sich dem Kontrabaß zuwendet und bei einem ehemaligen Mitglied der New Yorker Philharmoniker, Harman Reinshagen, Unterricht nimmt. Anschließend geht er zu Gabor Rejto an die University of South Carolina, an die Aspen Music School und an die Juilliard School of Music in New York. Die wichtigsten amerikanischen Orchester engagieren ihn als Solo-Kontrabassisten; neben seiner Orchestertätigkeit tritt er auch als Solist auf und versucht, sein Instrument der sonst üblichen Orchesteranonymität zu entreißen. 1962 debütiert er unter Leonard Bernstein mit den

New Yorker Philharmonikern. Kurz darauf vertraut ihm die Witwe von Sergej A. Kussewitzky den Kontrabaß ihres Mannes an, ein Amati aus dem Jahre 1661. 1967 gründet er das International Institute for the String Bass. Er unterrichtet an verschiedenen amerikanischen und kanadischen Universitäten. Zahlreiche Komponisten schreiben für ihn, darunter Hans Werner Henze (*Konzert für Kontrabaß und Orchester*, 1966), Malcolm Arnold und Gunther Schuller (*Konzert für Kontrabaß und Orchester*, 1968).

Kars, Jean-Rodolphe
Österreichischer Pianist, geb. 15. 3. 1947 Kalkutta.
1958–64 studiert er am Pariser Konservatorium, bei Julius Katchen und schließlich bei Jeanne Manchon. 1966 nimmt er an der Endrunde beim Wettbewerb in Leeds teil; ein Jahr später gibt er mit triumphalem Erfolg ein Konzert in London. 1968 gewinnt er den Messiaen-Wettbewerb in Royan. Der ausgezeichnete Pianist setzt sich vor allem für die zeitgenössische Musik ein. Nach zehnjähriger Karriere als Solist zieht er sich zurück und beschließt, Priester zu werden. Seit 1988 tritt er sporadisch wieder auf.

Kashkashian, Kim
Amerikanische Bratscherin, geb. 31. 8. 1952 Detroit.
Sie stammt aus einer armenischen Familie und studiert bei Walter Trampler und Karen Tuttle am Peabody Konservatorium in Vernon Place (Md.). Nach dem Gewinn verschiedener internationaler Wettbewerbe (Lionel Tertis, Münchner Rundfunkwettbewerb und andere) unterrichtet sie einige Jahre am Mannes College of Music in New York, bevor sie an der Indiana University in Bloomington zur Professorin für Bratsche ernannt wird. Gleichzeitig unterrichtet sie an der Musikakademie von Lausanne. Sowohl als Solistin wie auch als Kammermusikerin ist sie schnell erfolgreich; so nimmt sie an den Festivals von Marlboro, Spoleto und Lockenhaus teil und spielt mit dem Guarneri-, dem Galimir- und dem Tokyo-Quartett. 1984 entdeckt sie zwei unveröffentlichte Sonaten für Bratsche solo von Paul Hindemith, die sie kreiert und aufnimmt. Auf dem Gebiet der zeitgenössischen Musik arbeitet sie eng mit Komponisten wie Sofia Gubaidulina, Krzysztof Penderecki, Alfred G. Schnittke oder Betsy Jolas zusammen. Alvon Brehm und Meyer Kupfermann schreiben für sie.

Kasprzyk, Jacek
Polnischer Dirigent, geb. 1952 Warschau.
Er studiert in Warschau Musiktheorie, Komposition, Orchesterleitung und Psychologie und schließt 1975 mit dem Diplom ab. Im gleichen Jahr noch debütiert er an der Warschauer und ein Jahr später an der Düsseldorfer Oper. 1977–82 ist er Chefdirigent des Großen Symphonie-Orchesters des polnischen Rundfunks in Kattowitz. 1978 gewinnt er den Karajan-Wettbewerb. Ab dieser Zeit wird er von wichtigen europäischen Orchestern zu Gastdirigaten eingeladen. 1982 läßt er sich in London nieder und arbeitet mit den meisten englischen Orchestern zusammen. Er leitet das Wren Orchestra.

Katchen, Julius
Amerikanischer Pianist, geb. 15. 8. 1926 Long Branch (N.J.), gest. 29. 4. 1969 Paris.
Er studiert in New York bei David Saperton und debütiert 1937 mit dem Orchester von Philadelphia. 1945 schließt er seine Studien am Haverford College ab. 1946 läßt er sich in Paris nieder und beginnt eine glänzende Karriere als Solist und als Kammermusiker. Pablo Casals lädt ihn mehrmals zu seinem Festival in Prades ein. Mit Josef Suk spielt er bis 1968 Sonaten. Noch bevor er seinen endgültigen Höhepunkt als Künstler erreicht hat, tritt er aus gesundheitlichen Gründen ab. Er beschäftigt sich nur wenig mit zeitgenössischer Musik; festzu-

halten ist allerdings die Uraufführung von Ned Rorems *Konzert für Klavier und Orchester Nr. 2* (1954).

Katims, Milton
Amerikanischer Dirigent und Bratschist, geb. 24. 6. 1909 New York.
Er studiert an der Columbia University bei Herbert Dittler Violine und Bratsche und anschließend bei Léon Barzin Orchesterleitung (1933–35). 1935–43 ist er Bratschist und Chefassistent bei Radio WOR. Anschließend geht er als Solo-Bratschist und Assistent von Arturo Toscanini zum NBC Symphony Orchestra. Er unterrichtet an der Juilliard School of Music in New York (1946–54) und ist Mitglied des New York Piano Quartet. Pablo Casals lädt ihn nach Prades ein. 1954–74 leitet er das Symphonie-Orchester von Seattle. 1960–67 gehört er zur Musikabteilung des US Information Service und wird 1961 Mitglied der Washingtoner Kunstkommission. 1976 wird er zum künstlerischen Leiter der Musikhochschule an der Universität Houston ernannt (bis 1984). Als Dirigent leitet er wichtige Uraufführungen, darunter *Visions of Poets* (Dichtervisionen, 1962) und *Spectrum* (1964) von Benjamin Lees, das *Konzert für Klavier und Orchester Nr. 2* von Leon Kirchner (1964) und *Graffiti* von Roger Reynolds (1966).

Katsaris, Cyprien
Französischer Pianist, geb. 5. 5. 1951 Marseille.
Als Vierjähriger beginnt er in Kamerun sein Musikstudium. 1964 geht er zu Alice van Barentzen und Monique de La Bruchollerie an das Pariser Konservatorium und erhält 1969 einen 1. Preis in Klavier. 1974 gewinnt er beim Cziffra-Wettbewerb den 1. Großen Preis. Zwei Jahre später gründet er mit Noëlla Pontois, Etoile an der Pariser Oper, ein Duo Tanz/Klavier. 1977 ist er Preisträger der Tribune internationale des jeunes interprètes. Konzerte unter Leonard Bernstein und Antal Dorati schließen sich an. Im September 1978 wird er zum Musikdirektor der Internationalen Musikfestspiele Echternach (Luxemburg) ernannt.

Kazandžiev, Vasil Ivanov
Bulgarischer Dirigent und Komponist, geb. 10. 9. 1934 Russe.
Er erhält zuerst Klavierunterricht und geht dann als Privatschüler zu Konstantin Iliev (Musiktheorie und Komposition), bevor er sich am Staatskonservatorium in Sofia bei Pančo Wladigerov und Vladi Simoneov in Komposition bis 1957 perfektioniert. Im gleichen Jahr wird er von der Sofioter Nationaloper als Dirigent engagiert. 1963 wird er am Konservatorium von Sofia zum Professor für Komposition ernannt. Gleichzeitig übernimmt er die Leitung des dortigen Kammerorchesters, mit dem er bis 1979 viele Tourneen ins westliche Ausland und nach Japan unternimmt. 1972 wird ihm der Dimitrov-Preis verliehen. 1980 wird er Chefdirigent des Symphonie-Orchesters von Radio Sofia. Als Komponist schreibt er viel für Orchester und Kammermusikensembles.

Kegel, Herbert
Deutscher Dirigent, geb. 29. 7. 1920 Dresden, gest. 20. 11. 1990 daselbst.
Am Konservatorium seiner Heimatstadt ist er Schüler von Boris Blacher (Komposition), Karl-Heinz Diener von Schönberg (Klavier), Alfred Stier (Chorleitung), Siegfried Grosse (Violoncello) und Karl Böhm (Orchesterleitung). Nach dem Zweiten Weltkrieg debütiert er als Kapellmeister am Volkstheater von Rostock (1946–49). Dann geht er zu Radio Leipzig, wo er nacheinander Chorleiter (1949), Dirigent (1953) und Chefdirigent (1960) des Symphonie-Orchesters wird. 1975–78 ist er Professor an der Musikhochschule Leipzig. 1977 übernimmt er die Leitung der Dresdner Philharmoniker (bis 1985). Er beschäftigt sich intensiv mit zeitgenössischer Musik und leitet viele Uraufführungen von Werken von

Komponisten aus der ehemaligen DDR (Eisler, Wagner-Régeny, Geissler, Schenker, Dessau u. a.).

Kehr, Günter
Deutscher Dirigent und Violinist, geb. 16. 3. 1920 Darmstadt, gest. 22. 9. 1989.
Er studiert bei Alma Moodie in Frankfurt und bei Hermann Zitzmann in Köln und gleichzeitig an den Universitäten Berlin und Köln Musikwissenschaften. 1949 bildet er mit Georg Schmid und Hans Rudolf Münch-Holland das Kehr-Trio. Er interessiert sich in immer stärkerem Maße für Orchesterleitung und gründet 1955 das Kammerorchester Mainz. 1953–61 leitet er das dortige Konservatorium. 1961 übernimmt er eine Klasse für Kammermusik am Kölner Konservatorium und wird 1963 zum Professor ernannt (bis 1987).

Keilberth, Joseph
Deutscher Dirigent, geb. 19. 4. 1908 Karlsruhe, gest. 20. 7. 1968 München.
Er studiert am Konservatorium seiner Heimatstadt, beginnt als Siebzehnjähriger als Korrepetitor an der Münchner Oper seine Laufbahn und wird nach Jahren als Kapellmeister 1935 zum Generalmusikdirektor ernannt. 1940 wird er als Leiter an das Deutsche Philharmonische Orchester in Prag und 1945 als musikalischer Oberleiter nach Dresden (bis 1951). 1951 übernimmt er die künstlerische Leitung der Hamburger Philharmoniker. Im gleichen Jahr gründet er mit ehemaligen Mitgliedern des Deutschen Philharmonischen Orchesters in Prag die Bamberger Symphoniker, die er bis 1968 leitet. 1959 wird er als bayerischer Generalmusikdirektor an die Münchner Oper berufen (bis 1968). 1952–56 dirigiert er regelmäßig bei den Bayreuther Festspielen. Gastdirigate führen ihn nach Salzburg, Wien (Festwochen, Oper und Philharmonie), Luzern, zu den Berliner Philharmonikern, dem Symphonie-Orchester des WDR, dem NHK-Orchester Tokio, dem Tonhalle-Orchester Zürich und den Münchner Philharmonikern. Er setzt sich als einer der bedeutendsten deutschen Opern-Dirigenten durch und räumt dem Werk Hans Pfitzners und Max Regers bei seinen Konzerten einen besonderen Platz ein. Er stirbt, während er am Münchner Nationaltheater eine Vorstellung von *Tristan und Isolde* leitet.

Kelemen, Zoltán
Ungarischer Baß-Bariton, geb. 2. 3. 1926 Budapest, gest. 9. 5. 1979 Zürich.
Er studiert an der Franz-Liszt-Akademie seiner Heimatstadt und anschließend bei Maria Teresa Pediconi an der Accademia Nazionale di Santa Cecilia in Rom. 1959 debütiert er in Augsburg als Kezal (*Prodaná Nevěsta*, Die verkaufte Braut, Smetana) und geht dann nach einem kurzen Aufenthalt in Wuppertal 1961 an die Kölner Oper. 1962 debütiert er in Bayreuth, wo er ab 1964 vor allem als Alberich (*Der Ring des Nibelungen*, Wagner) besticht, den er auch in Salzburg, an der Met und am Covent Garden mit viel Erfolg singt (in Salzburg debütiert er 1966 als Rangoni, *Boris Godunow*, Mussorgskij). Sein Repertoire reicht von Osmin (*Die Entführung aus dem Serail*, Mozart) bis zu Klingsor (*Parsifal*, Wagner), von Leporello (*Don Giovanni*, Mozart) bis zu den beiden Falstaff-Rollen (Verdi und Nicolai), vom Großinquisitor (*Don Carlos*, Verdi) bis zu Gianni Schicchi (Puccini).

Kempe, Rudolf
Deutscher Dirigent, geb. 14. 6. 1910 Niederpoyritz bei Dresden, gest. 11. 5. 1976 Zürich.
Er studiert in Dresden bei Fritz Busch (1924–28), Johannes König, Karl Schütte, Theodor Blumer und Kurt Striegler. 1928 debütiert er in Dortmund als Oboist und geht ein Jahr später als Solo-Oboist zum Gewandhaus-Orchester in Leipzig. 1935 wird er an der Leipziger Oper zum Chorleiter und anschließend zum Chefassistenten ernannt (bis 1942). Er wechselt als 1. Kapell-

meister an die Oper von Chemnitz und wird dort schließlich 1946 zum Generalmusikdirektor ernannt. 1948–49 geht er in der gleichen Funktion an das Nationaltheater Weimar, bis ihn Joseph Keilberth als seinen Nachfolger an die Spitze der Sächsischen Staatskapelle (Oper und Konzert) holt. 1950 wird er auch dort zum Generalmusikdirektor ernannt (bis 1952). 1952–54 arbeitet er in der gleichen Funktion an der Münchner Oper. 1954–56 dirigiert er regelmäßig an der Met. Ab dieser Zeit arbeitet er als Gastdirigent. 1960–67 wird er jährlich von Bayreuth eingeladen. Nach dem Tod von Sir Thomas Beecham im Jahre 1961 übernimmt er die Leitung des Royal Philharmonic Orchestra in London; er wird zum Chefdirigenten auf Lebenszeit ernannt, gibt aber die Stelle 1975, ein Jahr vor seinem Tod, wieder auf, um die Leitung des BBC Symphony Orchestra zu übernehmen. 1965–72 ist er gleichzeitig künstlerischer Direktor des Tonhalle-Orchesters Zürich und 1967–76 Generalmusikdirektor der Münchner Philharmoniker. Wichtige Gastdirigate führen ihn zeitlebens zu den Festspielen von Edinburgh, Salzburg, München und Bayreuth.

Kempen, Paul van
Holländischer Dirigent, geb. 16. 5. 1893 in Zoeterwoude bei Leiden, gest. 8. 12. 1955 Amsterdam.
Er studiert am Konservatorium von Amsterdam Violine und geht als Siebzehnjähriger bereits als Violinist zum Concertgebouw-Orchester in Amsterdam, wo er kurz darauf zum Konzertmeister ernannt wird. In der gleichen Funktion geht er 1916 nach Posen und anschließend nach Bad Nauheim und Dortmund, wo er auch am Städtischen Konservatorium Violine unterrichtet. Ab 1932 beschäftigt er sich in zunehmendem Maß mit Orchesterleitung. 1932 wird er Musikdirektor in Oberhausen. 1934–42 leitet er die Dresdner Philharmonie, bevor er als Generalmusikdirektor in Aachen Nachfolger von Herbert von Karajan wird. 1949–55 unterrichtet er an der Accademia Musicale Chigiana in Siena Orchesterleitung, wobei er gleichzeitig als Gastdirigent ein gewaltiges Pensum absolviert und auch das Philharmonische Orchester von Radio Hilversum leitet. 1953–55 erfüllt er außerdem die Funktion eines Generalmusikdirektors in Bremen. Paul van Kempen, der als einer der Nachfolger Willem Mengelbergs gilt, stirbt zu früh, als daß er sich international wirklich hätte durchsetzen können.

Kempff, Wilhelm
Deutscher Pianist und Komponist, geb. 25. 11. 1895 Jüterborg, gest. 23. 5. 1991 Positano.
Sehr früh schon erhält er von seinem Vater, dem Organisten und Komponisten Wilhelm Kempff, ersten Klavier-Unterricht. Er geht dann zu Ida Schmidt-Schlesicke, die den Jungen so fördert, daß er als Neunjähriger die Aufnahmeprüfung für die Königliche Hochschule für Musik ohne Schwierigkeiten besteht. Robert Kahn (Komposition) und Karl Heinrich Barth (Klavier) werden seine Lehrer. An der Universität studiert er Philosophie und Musikwissenschaften. 1916 gibt er seine ersten Konzerte. Mit dem Berliner Domchor unternimmt er als Organist Konzertreisen. Lange Zeit teilt er seine Aktivitäten zwischen Klavier, Orgel und pädagogischer Arbeit auf. 1924–29 ist er Direktor der Stuttgarter Hochschule für Musik, an der er auch Klavier unterrichtet. 1931–41 gibt er außerdem im Marmorpalais in Potsdam Sommerkurse. Seit 1957 hält er in Positano Interpretationskurse ab, in deren Mittelpunkt das Werk Ludwig van Beethovens steht. Eric Heidsieck, Sylvie Mercier, Ventislav Yankoff, Idil Biret und Gerhard Oppitz gehören dort zu seinen Schülern. Kempff gilt als einer der großen Interpreten der deutschen Klassik und Romantik. Beethovens Sonaten und Klavierkonzerte spielt er in allen wichtigen Musikstädten.
Aber er widmet sich auch der Kammermusik: so bildet er mit Georg Kulen-

kampff ein Duo Violine-Klavier und begleitet Lotte Lehmann und Germaine Lubin. Später spielt er häufig mit Wolfgang Schneiderhan, Pierre Fournier, Henryk Szeryng, Christian Ferras, Mstislaw L. Rostropowitsch oder Yehudi Menuhin zusammen. Mit Menuhin verwirklicht er verschiedene Konzerte aus Anlaß von Beethovens 200. Geburtstag (1970).
Wilhelm Kempffs Spiel wird jeweils aus dem Augenblick geboren, wobei die Interpretation im musikwissenschaftlichen Sinn nicht immer exakt ist. Der direkte Kontakt mit dem Publikum ist für ihn von entscheidender Bedeutung, und es ist erstaunlich, daß er trotz seiner Abneigung gegen Studioeinspielungen so hervorragende Schallplattenaufnahmen verwirklicht. Als Komponist zeichnet er sich durch das Festhalten an tonalen Beziehungen aus.
WW: *Unter dem Zimbelstern. Das Werden eines Musikers* (Stuttgart 1951); *Was ich hörte, was ich sah. Reisebilder eines Pianisten* (München 1981).

Kennedy, Nigel
Englischer Violinist, geb. 28. 12. 1956 Brighton.
Er studiert an der Yehudi Menuhin School und anschließend an der Juilliard School of Music in New York. Er beginnt als Jazz-Violinist und arbeitet auf diesem Gebiet 1974–76 eng mit Stéphane Grappelli zusammen. 1977 gibt er in London unter Riccardo Muti sein erstes bedeutendes Konzert. Ab 1980 tritt er regelmäßig mit den Berliner Philharmonikern auf. Seine Karriere nimmt rasch einen steilen Aufschwung. Er spielt mit Gidon Kremer in Lockenhaus, nimmt an den Festspielen von Gstaad, Luzern, Tanglewood und Stresa teil und arbeitet ab 1985 regelmäßig mit den bedeutenden amerikanischen Orchestern zusammen. Er spielt auf einer Stradivari aus dem Jahre 1787, der *Cathédrale*, die er im Jahre 1986 erwarb und die sich 1955–84 im Besitz von Marius Casadesus befunden hatte. Er spielt auch Bratsche.

Kenny, Yvonne
Australische Sopranistin, geb. 25. 11. 1950 Sydney.
Sie debütiert 1975 an der Queen Elizabeth Hall in *Rosamunda d'Inghilterra* (Rosamunda von England, Donizetti); im gleichen Jahr noch gewinnt sie den Kathleen-Ferrier-Preis und wird Mitglied des Covent Garden, wo sie die Adina (*L'elisir d'amore*, Der Liebestrank, Donizetti), Marcellino (*Fidelio*, Beethoven), Semele (Händel) und Suzanne (*Le nozze di Figaro*, Mozart) interpretiert. Sie wird von den Festspielen in Edinburgh, Aix-en-Provence (1983, Aspasia in *Mitridate, Re di Ponto*), Vicenza, Salzburg (1984, Ilia in *Idomeneo*, beide Mozart) und Glyndebourne (1985, Ilia) eingeladen. Die großen internationalen Bühnen melden sich: Wien, München, Hamburg, Zürich (Mozart-Zyklus von Ponnelle und Harnoncourt), Lyon, Paris (Théâtre des Champs-Elysées), Sydney und Frankfurt/M. Sie gibt auch viele Konzert- und Liederabende.

Kentner, Louis Philip
Englischer Pianist ungarischer Herkunft, geb. 19. 7. 1905 Karwin (Österreichisch-Schlesien, heute Karwina, Polen), gest. 22. 9. 1987 London.
Er studiert an der Königlichen Musikakademie in Budapest bei Arnold Székely und Leo Weiner Klavier, bei Hans Koessler und Zoltán Kodály Komposition (1911–22). Er gewinnt den Chopin-Wettbewerb in Warschau und den Liszt-Wettbewerb in Budapest. 1918 gibt er seine ersten Konzerte, doch seine Karriere beginnt erst 1920 wirklich, als er eine Tournee durch mehrere Länder Europas unternimmt. 1933 verwirklicht er die ungarische Erstaufführung des *Konzerts für Klavier und Orchester Nr. 2* von Béla Bartók. Zwei Jahre später läßt er sich in England nieder. In den 40er Jahren tritt er regelmäßig mit Konzertzyklen in London auf. 1945 verwirklicht er unter Sir Adrian Boult die europäischen Erstaufführungen von Béla Bartóks *Konzert für Klavier und*

Orchester Nr. 3 und zusammen mit seiner ersten Frau Ilona Kabos dessen *Konzert für zwei Klaviere*. William Walton widmet ihm und Kentners Schwager Yehudi Menuhin eine *Sonate für Violine und Klavier* (1949). Kentner zeichnet auch für die Uraufführung von Michael Tippetts *Konzert für Klavier und Orchester* verantwortlich. Er unterrichtet an der Musikschule Yehudi Menuhins seit deren Gründung.
W: *Piano* (London 1976).

Kerns, Robert
Amerikanischer Bariton, geb. 1933 Detroit, gest. 19. 2. 1989 Wien.
Als Kind singt er als Sopran in einem Chor und nimmt die ersten Schallplatten auf. Er studiert an der Universität Michigan Musikwissenschaft (mit Dissertation). Nach seinem Wehrdienst studiert er Gesang und wird am Ende seiner Ausbildung Mitglied der New York City Opera. 1960–63 gehört er zum Ensemble der Züricher Oper. Seine internationale Karriere beginnt mit seinem Debüt 1963 bei den Salzburger Festspielen, als er die Titelrolle von *Simone Boccanegra* (Verdi) interpretiert. Noch im gleichen Jahr singt er an der Wiener Oper dieselbe Rolle und wird daraufhin ins Ensemble übernommen. 1963 findet auch sein Debüt in Covent Garden und bei den Festspielen von Aix-en-Provence statt (als Papageno in *Die Zauberflöte*). Zu den großen Rollen seines Repertoires gehören außerdem *Don Giovanni* (beide Mozart), den er 1966 in Aix interpretiert, Scarpia (*Tosca*, Puccini), Rigoletto (Verdi) und Orfeo (Monteverdi). Auch als Heldenbariton der großen Wagner-Rollen leistet er aufgrund seiner Intelligenz und seiner dramatischen Ausdruckskraft Besonderes.

Kertész, István
Deutscher Dirigent ungarischer Herkunft, geb. 28. 8. 1929 Budapest, gest. 16. 4. 1973 Kfar Saba (Israel).
Er studiert an der Musikakademie von Budapest bei Zoltán Kodály und Leó Weiner Klavier und Komposition und wird 1949–53 Schüler von László Somogyi (Orchesterleitung); Otto Klemperer, damals Musikdirektor der Budapester Oper, ermutigt und berät ihn. 1953–55 ist er als Dirigent in Györ tätig, bevor er 1955 als Kapellmeister an die Budapester Oper geht (bis 1957). 1957 emigriert er nach Deutschland. Er nimmt ein Jahr später bei Fernando Previtali an der Accademia Nazionale di Santa Cecilia in Rom sein Studium wieder auf; im selben Jahr noch wird er als Generalmusikdirektor an die Städtischen Bühnen Augsburg verpflichtet (bis 1963); 1964 geht er in der gleichen Funktion nach Köln. Zur selben Zeit leitet er auch das Symphonie-Orchester von London (1965–68) und als Gastdirigent viele Konzerte mit den Wiener und den Israelischen Philharmonikern. Bei einem Badeaufenthalt zwischen Konzerten mit diesem Orchester ertrinkt er. Kurz zuvor war er noch zum Leiter der Bamberger Symphoniker ernannt worden. Kertész zeichnet sich als Interpret der großen Klassiker des 20. Jahrhunderts (Bartók, Kodály und Strawinsky) und, insbesondere mit den Wiener Philharmonikern, des romantischen Repertoires aus.

Kientzy, Daniel
Französischer Saxophonist, geb. 13. 6. 1951 Périgueux.
Er erlernt zuerst allein Gitarre, Viola da gamba, Blockflöte und verschiedene alte Instrumente, bevor er am Konservatorium von Versailles Kontrabaß und an dem von Paris Saxophon und Kammermusik studiert und dort auch einen 1. Preis erhält (für Saxophon). Bei Antoine Geoffroy Dechaume studiert er gleichzeitig alte Musik. 1966–72 spielt er vor allem Jazz und Rock. 1972–74 ist er Kontrabassist am Grand Théatre von Limoges, wird dann Mitglied des Ensembles alter Musik Musica Ficta (1974–78), bevor er sich wieder dem Saxophon zuwendet und innerhalb des IRCAM Forschungen auf diesem Gebiet betreibt. Seit dieser Zeit widmet er

sich in der Hauptsache zeitgenössischer Musik und erweitert beträchtlich die technischen Möglichkeiten seines Instruments. Er arbeitet eng mit folgenden Komponisten zusammen, von denen er viele Werke zur Uraufführung bringt: Claude Ballif, György Kurtag, Costin Miereanu, Renaud Gagneux, Betsy Jolas, Jacques Lenot und Cornel Țăranu.
WW: *Les Sons multiples au saxophone* (Paris 1982); *Saxology* (Paris 1987); *Le Saxophone* (Paris 1987).

Kiepura, Jan
Amerikanischer Tenor polnischer Herkunft, geb. 16. 5. 1902 Sosnowiec, gest. 15. 8. 1966 Harrison (N. Y.).
Er erhält die erste Ausbildung vom Gesanglehrer seines Gymnasiums, bevor er in Warschau zu Tadeusz Leliwa und Waclaw Brzezinski geht. 1922 schließt er sein Studium ab; 1923 singt er kleinere Rollen. Ein Jahr später interpretiert er in Lwów (Lemberg) als Ersatzmann für einen erkrankten Tenor den Faust (Gounod). Auch an der Oper von Poznań (Posen) hilft er aus und gewinnt 1925 einen Wettbewerb. Die Warschauer Oper engagiert ihn daraufhin als Faust, Turiddu (*Cavalleria Rusticana*, Mascagni), Herzog von Mantua (*Rigoletto*, Verdi) und Jontek (*Halka*, Moniuszko). 1926 debütiert er an der Seite von Maria Jeritza an der Wiener Oper in *Tosca*. Er glänzt auch als Kalaf in *Turandot* (beide Puccini), die Wien als erste Oper nach der Mailänder Scala aufführt. 1927 unternimmt er eine große Europa-Tournee mit bedeutenden Gastspielen in London (am Covent Garden und in der Albert Hall). 1928 debütiert er bei einem Gastspiel der Wiener Staatsoper unter Franz Schalk an der Pariser Oper mit *Tosca*. Im gleichen Jahr nimmt er in Hamburg an der Uraufführung von *Das Wunder der Heliane* (Korngold) teil und debütiert in *Rigoletto* an der Berliner Oper. 1929 endlich wird er von der Scala eingeladen und nimmt dort an einer Aufführung der *Tosca* teil. 1930 singt er am Teatro Colón in Buenos Aires, 1931 an der Civic Opera in Chicago. Ab 1931 arbeitet er mit viel Erfolg für den Film und lernt die Sopranistin und Schauspielerin Martha Eggerth (geb. 1912) kennen, die er 1936 heiratet. Doch er widmet sich auch weiterhin der Bühne, debütiert 1938 als Rodolphe in *La Bohème* (Puccini) an der Met, die ihn in der Folge regelmäßig einlädt, und kehrt 1939 in *Manon* (Massenet) und *Rigoletto* (Verdi) an die Pariser Oper zurück, bevor er Konzerttourneen zur Unterstützung der polnischen und alliierten Soldaten unternimmt. 1943 wirkt er am Broadway an einer Aufführung von *Die lustige Witwe* (Lehár) mit, sein Debüt als Operettensänger. 1949–50 singt er zusammen mit seiner Frau in Paris in der *Czardasfürstin* (Kálmán). Kaum einer der polnischen Sänger dieses Jahrhunderts war beim Publikum so beliebt wie Jan Kiepura; eine unübersehbare Menschenmenge wohnte seiner Beisetzung in Warschau bei.

Kikuchi, Yoshinori
Japanischer Dirigent, geb. 16. 9. 1938 Yawatahama (Ehime-Ken).
Er studiert an der Kunstuniversität von Tokio und debütiert als Korrepetitor und Chefassistent an der Oper Nikkai in Tokio (1961–64). Anschließend perfektioniert er sich bei Kazuo Yamada (ab 1965). 1968 besucht er die Kurse von Peter Maag an der Accademia Musicale Chigiana in Siena und geht dann zu Franco Ferrara an die Accademia Nazionale di Santa Cecilia in Rom. 1971–72 ist er Kapellmeister am Staatstheater Kassel. 1973–77 arbeitet er mit Gina Cigna am Centro di Avviamento Teatro Lirico in Palermo und dirigiert gleichzeitig am Teatro Massimo. Anschließend wird er vom Hessischen Staatstheater in Wiesbaden engagiert (1978–84). Ab 1980 arbeitet er in Europa und Japan auch häufig als Gastdirigent, wobei er von den wichtigsten deutschen (Berlin, Frankfurt und München) und französischen Bühnen eingeladen wird. 1986 debütiert er an der

Mailänder Scala und ein Jahr später in der Arena von Verona.

Killebrew, Gwendolyn
Amerikanische Mezzosopranistin, geb. 26. 8. 1939 Philadelphia.
Sie studiert an der Temple University ihrer Heimatstadt, bevor sie an die Juilliard School of Music in New York geht. 1967 debütiert sie als Waltraute (*Der Ring des Nibelungen*, Wagner) an der Met und interpretiert dort kurz darauf die Carmen (Bizet); 1971 singt sie die Ulrica (*Un ballo in maschera*, Ein Maskenball, Verdi) an der New York City Opera. Die Fenice in Venedig, die Salzburger Festspiele und die Deutsche Oper am Rhein (Düsseldorf-Duisburg) laden sie regelmäßig ein. Sie spezialisiert sich auf Hexenrollen, singt aber auch die Carmen und die Alcina in *Orlando paladino* (Ritter Roland) von Joseph Haydn.

King, James
Amerikanischer Tenor, geb. 22. 5. 1925 Dodge City (Kan.).
Er studiert zuerst an der Universität von Kansas City Violine und Klavier und debütiert in seiner Heimatstadt als Bariton. Anschließend perfektioniert er sich bei Martial Singher und Max Lorenz und gewinnt die American Opera Auditions; das damit verbundene Stipendium ermöglicht ihm, nach Europa zu gehen, wo er 1961 in Florenz am Teatro della Pergola als Cavaradossi (*Tosca*, Puccini) debütiert. 1962–65 gehört er dem Ensemble der Berliner Oper an und singt dort italienische und französische Rollen. 1962 gibt er als Achilles (*Iphigenie in Aulis*, Gluck) bei den Salzburger Festspielen sein Debüt. Er singt dort in der Folge den Aegisth (*Elektra*), Bacchus (*Ariadne auf Naxos*), den Kaiser (*Die Frau ohne Schatten*, alle R. Strauss) und den Florestan (*Fidelio*, Beethoven). 1963 debütiert er als Bacchus in Wien und nimmt dort später regelmäßig an Aufführungen von Wagner- und Strauss-Opern teil. 1965–75 singt er in Bayreuth den Siegmund (*Die Walküre*), Lohengrin und Parsifal (alle Wagner). Seit 1966 gastiert er an der Met (Florestan, Lohengrin) und an der Pariser Oper (Kalaf, *Turandot*, Puccini, Lohengrin, Manrico, *Il trovatore*, Der Troubadour, Verdi) und ab 1968 an der Scala.

Kipnis, Alexander
Amerikanischer Bassist ukrainischer Herkunft, geb. 1. (13.) 2. 1891 Schitmor (Ukraine), gest. 14. 5. 1978 Westport (Conn.).
Er studiert zuerst am Konservatorium in Warschau Gesang und geht dann zu Ernst Grenzebach nach Berlin. 1915 debütiert er in Hamburg; 1916–18 gehört er zum Ensemble der Oper von Wiesbaden. 1917 wird er interniert, 1918 aber nach einem Konzert vor Mitgefangenen wieder entlassen, so daß er seine Tätigkeit an der Wiesbadener Oper wieder aufnehmen kann. Nach dem Ende des Ersten Weltkriegs kehrt er nach Berlin zurück und wird Mitglied der Oper von Charlottenburg (der späteren Städtischen Oper), wo er vor allem als Interpret von Wagner-Rollen (König Marke, *Tristan und Isolde*, Hagen, *Götterdämmerung*, Gurnemanz, *Parsifal*) große Erfolge feiert. Elf Jahre bleibt er an diesem Haus und gibt während dieser Zeit Gastspiele an der Civic Opera in Chicago (1923–32 singt er dort mehr als 30 Rollen), am Teatro Colón in Buenos Aires (1926–36), bei den Bayreuther Festspielen (1927–33), am Covent Garden (hier interpretiert er 1927 den Marcel, *Les Huguenots*, Die Hugenotten, Meyerbeer) und in Paris, wo er 1929 in der Salle Pleyel seinen ersten Konzertabend gibt. 1930 geht er an die Berliner Staatsoper. 1933 verläßt er endgültig Deutschland und zieht in die Vereinigten Staaten. 1940 feiert er als Gurnemanz sein spätes Debüt an der Met; ein Jahr später singt er dort unter Bruno Walter den Sarastro (*Die Zauberflöte*, Mozart), den er bereits 1936 in Glyndebourne und 1937 in Salzburg unter Arturo Toscanini auf hervorragende Weise interpretiert hatte. 1943 singt er

zum ersten Mal den Boris Godunow (Mussorgskij); bis zum Ende seiner aktiven Bühnenlaufbahn spezialisiert er sich in immer stärkerem Maße auf die russische Literatur und singt den Galitzky (*Fürst Igor*, Borodin) sowie Fürst Gremin (*Eugen Onegin*, Tschaikowskij). Seit 1966 unterrichtet er an der Juilliard School of Music in New York. Auch als Liedsänger erzielt der fünf Sprachen perfekt beherrschende große Bassist aufgrund der Geschmeidigkeit seiner Stimme und der Eleganz seiner Phrasierung große Erfolge.

Kipnis, Igor
Amerikanischer Cembalist, geb. 27. 9. 1930 Berlin.

Der Sohn von Alexander Kipnis studiert an der Westport School of Music (Conn.) und geht dann an das Harvard College, wo er 1952 seine Diplomprüfung ablegt. Anschließend arbeitet er an der New Yorker Rundfunkstation WNYC als Musikdirektor, bevor er sich auf Empfehlung von Thurston Dart ausschließlich dem Cembalo widmet. 1959 debütiert er während einer Rundfunksendung; zwei Jahre später gibt er sein erstes Konzert. Tourneen führen ihn anschließend durch die Vereinigten Staaten und Kanada, Europa (1967–75), Südamerika (1968–75), Israel (1969–76) und Australien (1971), wobei er mit den größten amerikanischen Orchestern auftritt. 1964–67 ist er Chairman des Baroque Department am Berkshire Music Center in Tanglewood (Mass.) und 1975–77 Professor an der University of Fairfield (Conn.). 1974–85 gibt er in Indianapolis Sommerkurse (Harpsichord Workshop). Am Royal Northern College of Music in Manchester ist er Professor für Barockmusik und Cembalo. Er ediert zahlreiche Werke für Cembalo und schreibt häufig Artikel. Viele Komponisten schreiben für ihn, darunter George Rochberg, Ned Rorem, John McCabe und Richard Rodney Bennett, dessen *Konzert für Cembalo und Orchester* er 1980 aus der Taufe hebt.

Kirkpatrick, Ralph
Amerikanischer Cembalist, geb. 10. 6. 1911 Leominster (Mass.), gest. 13. 4. 1984 Guilford (Conn.).

Er studiert bis 1931 in Harvard Klavier und Notation. Anschließend perfektioniert er sich mit Hilfe eines Stipendiums der Harvard University in Paris bei Nadia Boulanger und Wanda Landowska, in Haslemere bei Arnold Dolmetsch, in Berlin bei Heinz Tiessen und in Leipzig bei Günther Ramin. Er debütiert bereits 1930. 1933–34 unterrichtet er am Mozarteum Salzburg. 1937 unternimmt er mit Hilfe eines Guggenheim-Stipendiums eine ausgedehnte Reise durch Europa, bei der er nach alten Instrumenten und Manuskripten forscht. Seit 1940 unterrichtet er an der Yale-Universität. Er gibt einen neuen Katalog der Werke von Domenico Scarlatti heraus, der so fundiert ist, daß er den bisherigen von Alessandro Longo ablöst. Doch er beschäftigt sich auch mit zeitgenössischer Musik und kreiert Darius Milhauds *Sonate für Violine und Cembalo* (1960), Quincy Porters *Konzert für Cembalo und Orchester* (1960) sowie das *Doppelkonzert für Cembalo, Klavier und Kammerorchester* von Elliott Carter (1961), das ihm gewidmet ist. Mit Alexander Schneider und Pierre Fournier spielt er häufig Kammermusik.

W: *Domenico Scarlatti* (Princeton 1953); *Interpreting Bach's Well Tempered Clavier: a Performer's Discourse of Method* (Yale, 1984); *Early Years* (1984).

Kirshbaum, Ralph
Amerikanischer Cellist, geb. 4. 3. 1946 Denton (Tex.)

Er wird zuerst von seinem Vater, dem Violinisten und Dirigenten Joseph Kirshbaum, unterrichtet und nimmt dann bei Leo Aronson in Dallas Cello-Unterricht. Mit dem dortigen Orchester debütiert er als Dreizehnjähriger und setzt dann seine Studien in Yale bei Aldo Parisot fort. Er verbringt zwei Jahre in Paris. 1969 gewinnt er den Cassadó-Wettbewerb in Florenz und 1970 den

Tschaikowskij-Wettbewerb in Moskau. Aufgrund dieser Erfolge wird er weltweit eingeladen. Er spielt auf einem Montagnana aus dem Jahre 1729, das sich früher im Besitz von Alfredo Piatti befand. Seit 1972 spielt er mit Peter Frankl und György Pauk häufig Trios. Zusammen kreieren sie 1980 das *Konzert für Violine, Violoncello, Klavier und Orchester* von Sir Michael Tippett. Ralph Kirshbaum lebt seit 1971 in London. Er unterrichtet am Royal Northern College of Music in Manchester.

Kissin, Jewgenij
Russischer Pianist, geb. 10. 10. 1971 Moskau.
Als Zweijähriger beginnt er mit dem Klavier-Unterricht. 1977 tritt er in die Gessin-Musikschule in Moskau ein, wo er von Pawlowna Kantor unterrichtet wird. Als Zehnjähriger gibt er in Moskau sein erstes Konzert mit Orchesterbegleitung. Seit 1983, gerade dreizehn Jahre alt, geht er mit den Moskauer Philharmonikern auf Tournee und spielt die beiden Klavierkonzerte Frédéric Chopins. 1986 wird er nach Japan und 1987 zu den Berliner Festspielen eingeladen, wo ihm ein vielbeachtetes Debüt in Westeuropa gelingt. Trotz seiner Jugend gilt er heute als einer der bemerkenswertesten sowjetischen Pianisten.

Kitajenko, Dmitri Georgijewitsch
Russischer Dirigent, geb. 18. 8. 1940 Leningrad.
Er studiert an den Konservatorien von Leningrad und Moskau. 1970 wird er am Stanislawskij-Nemirowitsch-Danschenko-Theater in Moskau zum 1. Kapellmeister ernannt, bevor er 1976 als Nachfolger von Kyrill P. Kondraschin die Leitung der Moskauer Philharmoniker übernimmt. 1990 wird er zum Chefdirigenten des Symphonie-Orchesters von Bergen und des Radiosymphonie-Orchesters von Frankfurt/M. ernannt.

Klas, Eri
Estnischer Dirigent, geb. 7. 6. 1939 Tallin (Reval).
Sein Vater ist Cellist und seine Mutter Anna Klas Pianistin; sie erteilt ihm ersten Unterricht. Anschließend geht er an die Musikschule von Tallin und studiert Violine, Schlagzeug und Chorleitung. Gustav Ernesaks ist sein wichtigster Lehrer. 1964 erhält er sein Diplom. Er wird als Instrumentalist Mitglied des Symphonie-Orchesters von Radio Tallin. Erst jetzt beschließt er, Dirigent zu werden, und wird dabei von einem langjährigen Freund der Familie, David F. Oistrach, unterstützt. Er geht an das Leningrader Konservatorium zu Nikolaj Rabinowitsch und anschließend an die Bolschoi-Schule zu Boris E. Chajkin (1969–72). 1972 beginnt er, am Bolschoi zu dirigieren. 1975 wird er Musikdirektor der Oper von Tallin. Zwei Jahre später gründet er das estnische Kammerorchester, dessen künstlerischer Direktor er ist. Er dirigiert an der Pariser Oper, in der Bundesrepublik Deutschland und in Japan; 1985 wird er von der Stockholmer Oper als Chefdirigent engagiert.

Klecki, Pawel
siehe **Kletzki, Paul**

Klee, Bernhard
Deutscher Dirigent, geb. 19. 4. 1936 Schleiz (Thüringen).
Er studiert anfänglich Klavier, Violine und Kontrabaß und wird durch Vermittlung von Günther Ramin Mitglied des Leipziger Thomanerchors (1948–55). Dann geht er an das Konservatorium in Köln und studiert bei Günter Wand sowie Fritz Stiedry Orchesterleitung, bei Else Schmitz-Goht Klavier und bei Maurits Frank Kammermusik. 1957 wird er Korrepetitor an der Kölner Oper und geht 1958 in der gleichen Funktion nach Bern. Wolfgang Sawallisch, damals Generalmusikdirektor in Köln, holt ihn als seinen Assistenten zurück und macht ihn schon bald zum Kapellmeister (1958–62). Zum Einstand,

der gleichzeitig sein Debüt ist, dirigiert er eine Vorstellung der *Zauberflöte* (Mozart) mit Elisabeth Grümmer, Edith Mathis, Fritz Wunderlich und Franz Crass. 1962 wird er Kapellmeister am Landestheater Salzburg und geht 1963 in der gleichen Funktion nach Oberhausen und 1965 nach Hannover, bevor er als Generalmusikdirektor in Lübeck die Nachfolge von Gerd Albrecht antritt (bis 1971). Anschließend arbeitet er hauptsächlich in Deutschland und Österreich als Gastdirigent. 1976–79 leitet er das Symphonie-Orchester des NDR in Hannover. 1977 wird er an die Spitze des Symphonie-Orchesters von Düsseldorf berufen (bis 1987). Er heiratet die Sopranistin Edith Mathis. Wir verdanken ihm verschiedene wichtige Uraufführungen: *Heliogabalus-Imperator* von Hans Werner Henze (1972), *Triptychon* von Wolfgang Fortner (1978), *Passacaglia* von Detlev Müller-Siemens und *Idyllen* von Hans-Jürgen von Bose.

Kleiber, Carlos
Österreichischer Dirigent argentinischer Herkunft, geb. 3. 7. 1930 Berlin.
Der Sohn Erich Kleibers verläßt mit seiner Familie 1935 Deutschland und übersiedelt nach Buenos Aires, wo er 1950 seine musikalische Ausbildung beginnt. Wieder zurück in Europa, beginnt er in Zürich, Chemie zu studieren, doch die Musik gewinnt die Oberhand. 1952 wird er Korrepetitor am Gärtnerplatztheater in München; 1954 geht er als Kapellmeister nach Potsdam. In der gleichen Funktion arbeitet er anschließend an der Deutschen Oper am Rhein (Düsseldorf-Duisburg, 1958–64), in Zürich (1964–66), in Stuttgart (1966–68) und in München (ab 1968). Seither ist er als Gastdirigent in Bayreuth, Wien, München, Stuttgart, Salzburg und beim Prager Frühling tätig. Der Feind jeglicher Routine mag sich nicht mehr fest an ein Haus binden und zieht es vor, als Gast mit den bedeutendsten Orchestern und Opernhäusern zu arbeiten.

Kleiber, Erich
Argentinischer Dirigent österreichischer Herkunft, geb. 5. 8. 1890 Wien, gest. 27. 1. 1956 Zürich.
Er studiert am Prager Konservatorium Violine und Komposition und an der dortigen Universität Philosophie und Kunstgeschichte. 1911 debütiert er als Chorleiter am Landestheater von Prag und geht dann als Kapellmeister an die Darmstädter Oper (1912–19). Über Barmen-Elberfeld (heute Wuppertal, 1919), Düsseldorf (1922) und Mannheim (1923) geht er an die Staatsoper Berlin, wo er 1923 zum Generalmusikdirektor ernannt wird (bis 1934). Das altehrwürdige Haus erlebt unter seiner Leitung einen beträchtlichen Aufschwung. Er zeichnet für wichtige Uraufführungen verantwortlich: *Wozzeck* (Berg, 1925), *Der singende Teufel* (Schreker, 1928) und *Christophe Colomb* (Milhaud, 1930). Der erbitterte Gegner der Nationalsozialisten setzt sich für Paul Hindemith ein und nimmt 1934 seinen Abschied, als ihm verboten wird, die Oper *Lulu* von Alban Berg, die dieser für Berlin fertigstellen wollte, zur Uraufführung zu bringen. Als Abschiedskonzert kreiert er 1934 die *Fünf symphonische(n) Stücke aus Lulu für den Konzertgebrauch*. Einige Jahre lang arbeitet er als Gastdirigent, unter anderem in Amsterdam, wo er 1933–38 regelmäßig dirigiert, an der Scala (1935), in Moskau, wo er 1936 als Chefdirigent des Symphonie-Orchesters des sowjetischen Staates arbeitet, und natürlich in Südamerika, wo er sich niederläßt. Am Teatro Colón in Buenos Aires leitet er 1937–49 die Aufführungen deutscher Opern, ist 1944–47 Chefdirigent des Philharmonischen Orchesters von Havanna und 1945–46 principal guest conductor des Symphonie-Orchesters des NBC. Nach dem Zweiten Weltkrieg kehrt er nach Europa zurück und dirigiert regelmäßig am Covent Garden (1950–53). 1954 wird er zum Leiter der Deutschen Staatsoper in Berlin ernannt, gibt diese Stelle aber ein Jahr später aus Protest gegen die Einmi-

schung des Staates in künstlerische Belange wieder auf. Albert Roussel widmet ihm seine *Rhapsodie flamande* (Flämische Rhapsodie), die er 1936 kreiert.

Klemperer, Otto
Deutscher Dirigent und Komponist, geb. 14. 5. 1885 Breslau, gest. 6. 7. 1973 Zürich.
Er studiert am Hochschen Konservatorium in Frankfurt und geht dann nach Berlin zu James Kwast (Klavier) und Hans Pfitzner (Komposition und Orchesterleitung). 1906 debütiert er mit einer Aufführung von *Orphée aux enfers* (Orpheus in der Unterwelt, Offenbach). Ein Jahr später lernt er Gustav Mahler kennen, der ihm eine Stelle als Chorleiter an der Deutschen Oper in Prag vermittelt. Nach kurzer Zeit wird er dort zum Kapellmeister ernannt und debütiert mit einer Aufführung des *Freischütz* (v. Weber). 1910 wird er, wieder aufgrund von Mahlers Vermittlung, zum Kapellmeister am Stadttheater Hamburg ernannt. 1913–14 ist er Kapellmeister in Barmen; 1914–17 holt ihn Hans Pfitzner nach Straßburg. Er geht anschließend nach Köln und wird hier 1923 zum Generalmusikdirektor ernannt; 1920 leitet er hier die Uraufführung von *Die tote Stadt* (Korngold). 1924 geht er in gleicher Funktion nach Wiesbaden und 1927 an die Kroll-Oper nach Berlin, wo er sich in besonderem Maße für die zeitgenössische Musik einsetzt und mit den vielen Uraufführungen international Beachtung findet: Während seiner Ära werden *Oedipus Rex* (Strawinsky, 1928) und *Neues vom Tage* (Hindemith, 1929) uraufgeführt; er leitet die Berliner Erstaufführungen von *Erwartung* (Schönberg), *Cardillac* (Hindemith) und *Z mrtvého domu* (Aus einem Totenhaus, Janáček).
Nach der Schließung der Kroll-Oper 1931 geht Klemperer an die Staatsoper, bevor er 1933 emigriert. Im gleichen Jahr noch übernimmt er die Leitung des Los Angeles Philharmonic Orchestra (bis 1939); 1937–38 leitet er gleichzeitig das Symphonie-Orchester von Pittsburgh. Er studiert bei Arnold Schönberg Komposition. 1939 wird er an einem Gehirntumor operiert und bleibt teilweise gelähmt. Lange Jahre dirigiert er kaum, bis er 1947 zum Musikdirektor der Budapester Oper ernannt wird (bis 1950). 1951 kehrt er in die Vereinigten Staaten zurück; bei einem Sturz auf dem Flughafen Montreal bricht er sich den Oberschenkelhalsknochen. Seine Behinderung verstärkt sich. Er kann nur noch im Sitzen dirigieren. Trotzdem arbeitet er wieder regelmäßig, so mit dem Londoner Philharmonia Orchestra, das ihn 1955 zum Chefdirigenten auf Lebenszeit ernennt. Ab 1961 dirigiert er auch wieder Opern. Er gastiert jedes Jahr am Covent Garden und inszeniert dort auch selbst: *Fidelio* (Beethoven, 1961), *Die Zauberflöte* (Mozart, 1962) und *Lohengrin* (Wagner, 1963).
Otto Klemperer setzt die Tradition der großen deutschen Dirigenten des 20. Jahrhunderts fort und ist vor allem von Gustav Mahler beeinflußt. Seine Einspielungen zeichnen sich durch große, dramatische Kraft aus. Neben den Opern-Uraufführungen, die bereits erwähnt wurden, kreiert er im Konzertsaal das *Konzert für Bratsche und Orchester* von Paul Hindemith (1927), die *Begleitungsmusik zu einer Lichtspielszene* (1930) und die *Suite für Streichorchester* (1935) von Arnold Schönberg. Als Komponist verdanken wir ihm eine Oper, sechs Symphonien, eine Messe, Kammermusik und Liedkompositionen.
W: *Meine Erinnerungen an Gustav Mahler und andere autobiographische Skizzen* (Zürich 1960).

Klengel, Julius
Deutscher Cellist und Komponist, geb. 24. 9. 1859 Leipzig, gest. 27. 10. 1933 daselbst.
Er stammt aus einer Musiker-Familie. Emil Hegar unterrichtet ihn in Cello und Salomon Jadassohn in Musiktheorie und Komposition. Als Fünfzehnjähriger wird er bereits Mitglied des Gewandhaus-Orchesters, das ihn 1881

zum Solo-Cellisten ernennt. Er behält dieses Amt bis 1924 bei. 1881 wird er am Leipziger Konservatorium zum Professor ernannt. Er ist Mitglied des Gewandhaus-Quartetts, mit dem er in ganz Europa auftritt. Klengel gilt als Begründer der deutschen Cello-Schule. Zu seinen Schülern zählen Emanuel Feuermann, Paul Grümmer, Ludwig Hoelscher, Gregor Piatigorsky und Alfred Wallenstein. Als Komponist arbeitet er hauptsächlich für sein Instrument.

Klerk, Albert de
siehe **De Klerk, Albert**

Kletzki, Paul (= Pawel Klecki)
Schweizer Dirigent und Komponist polnischer Herkunft, geb. 21. 3. 1900 Łódź, gest. 5. 3. 1973 Liverpool.
Er erhält in seiner Heimatstadt von Emil Młynarski ersten Geigenunterricht und gehört 1914–19 bereits zum philharmonischen Orchester von Łódź. 1921 setzt er seine Studien in Berlin bei Friedrich Ernst Koch fort. Er debütiert in der deutschen Hauptstadt 1923 als Dirigent; 1932 wird er von Wilhelm Furtwängler zum Dirigenten der Berliner Philharmoniker berufen. 1933 verläßt er Deutschland und geht über Charkow und Venedig (1933–34) nach Mailand, wo er am Konservatorium zum Professor für Komposition berufen wird. 1938 läßt er sich in Clarens in der Schweiz nieder. Ab 1940 unterrichtet er am Konservatorium von Lausanne. Gleichzeitig arbeitet er lange als Gastdirigent, bis er 1954 die Leitung des Royal Liverpool Philharmonic Orchestra übernimmt (bis 1955). 1958–61 ist er Chefdirigent des Symphonie-Orchesters von Dallas, 1965–68 des Symphonie-Orchesters von Bern und 1967–70 schließlich des Orchestre de la Suisse Romande. Alexandre Tansmann widmet ihm seine *Symphonie Nr. 5*, deren Uraufführung er 1943 leitet. Er zeichnet auch für die Uraufführungen von Werken von Darius Milhaud (*Symphonie Nr. 11*, 1960) und Pierre Wissmer (*Symphonie Nr. 3*, 1956, *L'Enfant et la rose*, *Das Kind und die Rose*, 1961 und *Symphonie Nr. 4*, 1964) verantwortlich. Als Komponist hinterläßt er Symphonien, Instrumentalkonzerte und Kammermusik.

Klien, Walter
Österreichischer Pianist, geb. 27. 11. 1928 Graz, gest. 10. 2. 1991 Wien.
Er studiert 1946–49 am Konservatorium von Graz und perfektioniert sich dann bei Joseph Dichter an der Wiener Musikakademie. Er wird auch von Arturo Benedetti Michelangeli und Paul Hindemith (Komposition) unterrichtet. 1952 gewinnt er den Busoni-Wettbewerb und 1953 den Marguerite Long-Jacques Thibaud-Wettbewerb. Seit 1963 tritt er regelmäßig mit Wolfgang Schneiderhan als Partner auf und spielt mit seiner ersten Frau Beatrice Kompositionen für zwei Klaviere oder für Klavier für vier Hände.

Klíma, Alois
Tschechoslowakischer Dirigent, geb. 21. 12. 1905 Klatovy, gest. 11. 6. 1980 Prag.
Er beginnt als Vierjähriger, Geige zu lernen, und gibt als Siebenjähriger sein erstes Konzert. Anschließend studiert er bei Jaroslav Řídký Kontrapunkt, bei Jaroslav Křička Komposition und bei Method Doležil sowie bei Pavel Dědeček Orchesterleitung (bis 1935). Seit der Gründung im Jahre 1934 gehört er dem FOK-Orchester an. Zwei Jahre später wird er an die Spitze des Orchesters von Košice berufen. Anschließend übernimmt er das Orchester von Brno (Brünn, 1939–45) und leitet zur gleichen Zeit das Prager Opern-Studio (1939–46), bevor er 1945 zum ständigen Dirigenten und 1952 zum Chefdirigenten des Symphonie-Orchesters von Radio Prag ernannt wird. Einen beträchtlichen Teil seiner Arbeitszeit räumt er am Prager Konservatorium und an der dortigen Musikakademie pädagogischen Aufgaben ein.

Klinda, Ferdinand
Tschechoslowakischer Organist, geb. 12. 3. 1929 Košice.
Er studiert in Bratislava (Preßburg) am Konservatorium (1947–50) und der Musikakademie (1950–54) bei Ernest Riegler-Skaliský Orgel, bei Štefan Németh-Šamorínsky Klavier und bei Alexander Moyzes Komposition, perfektioniert sich anschließend in Prag bei Jiří Reinberger und in Weimar bei Johannes-Ernst Köhler. Gleichzeitig studiert er an der Universität Bratislava Medizin (1947–52, mit Abschluß). Seit 1962 ist er Dozent an der Musikhochschule von Bratislava und seit 1965 Solist des dort beheimateten Slowakischen Philharmonischen Orchesters. Sein Repertoire umfaßt die Werke von Johann Sebastian Bach sowie die alte slowakische Orgelliteratur, aber auch romantische und zeitgenössische Werke. Er zeichnet für verschiedene Uraufführungen verantwortlich, darunter *Symphonie Nr. 2, Heroická* für Orgel und Orchester von Simon Jurovský (1960), *Konzert für Orgel und Orchester* von Charles Chaynes (1969) und *Symphonische Phantasie über den Namen BACH für Orgel und Orchester* von Eugen Suchoň (1971).
WW: *A. Albrecht* (Bratislava 1959); *Interpretation an der Orgel* (Bratislava 1981); *Orgelregistrierung* (Leipzig, in Vorbereitung).

Klobučar, Berislav
Jugoslawischer Dirigent, geb. 28. 8. 1924 Zagreb.
Er studiert an der Musikakademie in Zagreb und perfektioniert sich in Orchesterleitung bei Lovro von Matačić und Clemens Krauss. Er debütiert am Kroatischen Nationaltheater in Zagreb (1941–51) und geht dann nach Wien, wo er ab 1953 regelmäßig an der Oper dirigiert. 1961–73 ist er Musikdirektor der Grazer und 1972–81 der Stockholmer Oper. 1964 debütiert er in Bayreuth mit dem *Ring des Nibelungen*. 1967 dirigiert er dort *Lohengrin* und *Tannhäuser*, 1968 *Tristan* und 1969–70 *Die Meistersinger von Nürnberg* (alle Wagner). 1968 debütiert er an der Met. 1982–88 ist er Musikdirektor der Oper und des Philharmonischen Orchesters von Nizza.

Klose, Margarete
Deutsche Mezzosopranistin, geb. 6. 8. 1902 Berlin, gest. 14. 12. 1968 daselbst.
Sie studiert am Klindworth-Scharwenka-Konservatorium in Berlin bei Franz Marschalk und Bültemann (den sie später heiratet), debütiert 1927 in Ulm, geht dann nach Mannheim (1928–31) und wird schließlich von der Berliner Staatsoper engagiert (1931–49), von der aus sie zur Städtischen Oper Berlin wechselt (1949–58), um die letzten Jahre ihrer Karriere wieder an der Staatsoper zu verbringen (1958–61). Die berühmte Wagner-Sängerin gastiert 1936–42 in Bayreuth. 1935 und 1937 tritt sie auch am Covent Garden und am Teatro Colón in Buenos Aires auf. Sie interpretiert sowohl die Klytämnestra (*Elektra*, R. Strauss) wie auch die Iphigenie (*Iphigenie in Aulis*, Gluck), Carmen (Bizet) oder Mrs. Herring (*Albert Herring*, Britten). 1964 wird sie am Mozarteum Salzburg zur Professorin ernannt und unterrichtet dort bis zu ihrem Tod.

Kmentt, Waldemar
Österreichischer Tenor, geb. 2. 2. 1929 Wien.
Er studiert an der Wiener Musikakademie bei Elisabeth Rado, Adolf Vogel und Hans Duhan. 1950 debütiert er unter Karl Böhm als Solist in Ludwig van Beethovens *Symphonie Nr. 9*. Ein Jahr später singt er zum ersten Mal an der Oper seiner Heimatstadt. Ab 1955 gastiert er regelmäßig bei den Salzburger Festspielen. Der größte Teil seiner Karriere spielt sich zwischen diesen beiden Städten ab. Seit 1958 ist er auch ständiger Gast an der Deutschen Oper am Rhein (Düsseldorf-Duisburg). 1962 wird er in Wien zum Kammersänger ernannt. 1968–70 singt er bei den Bayreuther Festspielen den Walther (*Die Meistersinger von Nürnberg*, Wagner). 1968

debütiert er als Idomeneo (Mozart) an der Scala.

Knappertsbusch, Hans
Deutscher Dirigent, geb. 12. 3. 1888 Elberfeld, gest. 25. 10. 1965 München.
Er studiert zuerst an der Universität von Bonn Philosophie, wendet sich aber dann der Musik zu und studiert an der Hochschule für Musik in Köln bei Fritz Steinbach und Otto Lohse (1908–12). Er debütiert als Dirigent in Mülheim an der Ruhr (1910–12). Während des Sommers ist er Assistent in Bayreuth, wo er in den Bann des Wagner-Kults gerät. Er wird Kapellmeister in Bochum, bevor er 1913–18 als 1. Kapellmeister an der Elberfelder Oper (heute Wuppertal) arbeitet. Über Leipzig (1918–19) und Dessau (1919–22) geht er nach München, wo er 1922 Nachfolger von Bruno Walter als Generalmusikdirektor wird. Aufgrund einer Intrige muß er 1936 sein Amt aufgeben. Er geht nach Wien und dirigiert dort sowohl die Philharmoniker wie auch an der Oper (1937–45). Ab 1951 arbeitet er regelmäßig in Bayreuth, wo er die größten Triumphe seiner Laufbahn feiert. Obwohl er einige wenige Uraufführungen leitet (Pfitzner, Coates), beschränkt er sich in der Regel auf das romantische Repertoire und setzt die Tradition der großen Interpreten des 19. Jahrhunderts fort. In der Musik von Richard Wagner und Anton Bruckner findet er seine Erfüllung, wobei er bei Bruckner nie die originalen, sondern immer nur die revidierten Versionen dirigiert.

Kneisel, Franz
Amerikanischer Violinist österreichischer Herkunft, geb. 26. 1. 1865 Bukarest, gest. 26. 3. 1926 New York.
Er studiert am Konservatorium seiner Heimatstadt und legt dort 1879 seine Diplomprüfung ab. Anschließend perfektioniert er sich in Wien bei Joseph Hellmesberger d. J. und Jakob M. Grün. 1882 debütiert er in der österreichischen Hauptstadt. 1884–85 arbeitet er als Konzertmeister des Bilse-Orchesters in Berlin. 1885 geht er in der gleichen Stellung zum Boston Symphony Orchestra (bis 1903); während dieser Zeit tritt er auch häufig als Solist auf. 1886 gründet er das Quartett, das seinen Namen trägt und das bis 1917 besteht. Kneisel setzt sich in den Vereinigten Staaten stark für die Kammermusik ein. Ab 1905 leitet er das Institute of Musical Art in New York.

Knie, Roberta
Amerikanische Sopranistin, geb. 13. 3. 1938 Cordell (Okla.).
Sie studiert bei Elisabeth Parham, Eva Turner und Judy Bonds-Coleman Gesang. Anschließend geht sie nach Europa, um sich dort zu perfektionieren. 1964 debütiert sie an der Oper in Hagen, bleibt dort bis 1966 und interpretiert die Elisabeth (*Tannhäuser*), Freia (*Das Rheingold*), Sieglinde (*Die Walküre*), Gutrune (*Götterdämmerung*, alle Wagner), Leonore (*Il Trovatore*, Der Troubadour) und Desdemona (*Otello*, beide Verdi). 1966–69 gehört sie der Oper in Freiburg/Br. an und singt dort die Senta (*Der fliegende Holländer*, Wagner), Fiordiligi (*Così fan tutte*, Mozart) und die Marschallin (*Der Rosenkavalier*, R. Strauss). Nach und nach wendet sie sich einem dramatischeren Repertoire zu. 1969 geht sie an die Grazer Oper und interpretiert dort die Salome (R. Strauss), Tosca (Puccini) und Leonore (*Fidelio*, Beethoven). In dieser Rolle debütiert sie auch an der Oper von Wien. Auch von Köln wird sie eingeladen. 1973–74 singt sie die Brünnhilde (*Der Ring des Nibelungen*, Wagner) in Lyon, 1976 in Bayreuth und 1977 in Paris. Die Türen der wichtigsten Bühnen stehen ihr ab dieser Zeit offen.

Knuschewitzky, Swjatoslaw
Russischer Cellist, geb. 6. 1. 1908 Petrowsk, gest. 19. 2. 1963 Moskau.
Er studiert bei Semyon M. Kozopulow am Moskauer Konservatorium, wird 1934 zum Solo-Cellisten am Bolschoi-

Theater ernannt und behält diese Stelle bis 1943 inne. 1933 wird er mit dem Großen Preis des Sowjetischen Musikerverbandes ausgezeichnet, was ihm bei seiner Karriere als Solist erheblich hilft. Mit David F. Oistrach und Lew N. Oborin bildet er ein Trio, das ebenfalls viel Erfolg verzeichnet. 1958 tritt er zum ersten Mal im Westen auf: eine Tournee führt ihn durch England, Österreich und Deutschland. Er wird von Pablo Casals zu dessen Festspielen nach Puerto Rico eingeladen. Verschiedene Komponisten schreiben für ihn, darunter Aram I. Chatschaturjan, Reinhold M. Glier und Sergej N. Wassilenko. Ab 1942 bis zu seinem Tod unterrichtet er am Moskauer Konservatorium und ist für die Ausbildung einer ganzen Generation sowjetischer Cellisten verantwortlich.

Kobayashi, Ken-Ichiro
Japanischer Dirigent, geb. 9. 4. 1940 Fukushima.
Er studiert an der Kunstuniversität Tokio (1960–64) bei Akeo Watanabe und Kazuo Yamada Orchesterleitung sowie bei Mareo Ishikata Komposition. 1970 gewinnt er den internationalen Min-On-Wettbewerb in Tokio; zwei Jahre später debütiert er mit dem Symphonie-Orchester von Tokio. 1974 gewinnt er den Budapester Wettbewerb. Er wird ständiger Dirigent am Metropolitan Symphony Orchestra von Tokio und ab 1985 am Symphonie-Orchester von Kyoto, ist principal guest conductor des Symphonie-Orchesters von Tokio und Professor am Tokyo College of Music. Auch in Europa wird er schnell bekannt, vor allem in Holland, wo er regelmäßig die Amsterdamer Philharmoniker leitet, und in Ungarn. 1987 wird er als Nachfolger von János Ferencsik zum Chefdirigenten der Ungarischen Nationalphilharmonie ernannt.

Koch, Helmut
Deutscher Chorleiter, geb. 5. 4. 1908 Barmen, gest. 26. 1. 1975 Berlin.
Er studiert 1926–28 in Köln und Essen bei Max Fiedler, Fritz Lehmann und Hermann Scherchen, legt in Düsseldorf das Examen als Aufnahmeleiter für den Rundfunk ab und arbeitet bei Radio Ostmark. 1931–38 dirigiert er in Berlin unter anderem den Schubert-Chor. 1938–45 arbeitet er als Toningenieur und Aufnahmeleiter für die Schallplattenfirmen Kristall und Odeon und geht 1945 zu Radio Berlin, wo er die Solistenvereinigung gründet und leitet. Im gleichen Jahr ruft er das Berliner Kammerorchester ins Leben. 1948 gründet er den Großen Chor von Radio Berlin; diese Formationen leitet er bis an sein Lebensende. 1951 wird er an der Hochschule für Musik in Ostberlin zum Professor ernannt. Seit 1963 ist er Leiter der von ihm gegründeten Berliner Singakademie. 1972 gründet er das Jugendstreichorchester. Seit 1960 ist er ständiger Gastdirigent an der Staatsoper in Berlin.

Koch, Lothar
Deutscher Oboist, geb. 1. 7. 1935 Velbert (Rheinland).
1950–53 studiert er an der Folkwang-Hochschule Essen und debütiert als Solo-Oboist der Freiburger Philharmoniker. 1957 geht er in der gleichen Stellung zu den Berliner Philharmonikern. Ab 1959 ist er außerdem Mitglied der Camerata Instrumentale der Hamburger Telemann-Gesellschaft. Im gleichen Jahr gewinnt er den Prager Wettbewerb. Seit 1961 ist er Professor am Konservatorium und seit 1968 an der Hochschule für Musik in Berlin.

Koch, Ulrich
Deutscher Bratschist, geb. 14. 3. 1921 Braunschweig.
Er studiert in Berlin und debütiert 1945 im Orchester des Staatstheaters Braunschweig. Während dieser Zeit gehört er dem Bruinier-Quartett an. Anschließend geht er als Solo-Bratschist zum Symphonie-Orchester des SWF Baden-Baden (1949–67) und tritt gleichzeitig als Solist auf. Ab 1955 unterrichtet er an der Musikhochschule Freiburg/Br.,

wo er 1967 zum Professor ernannt wird. Zu seinen Schülern gehören unter anderem Wolfram Christ und Tabea Zimmermann. Die alte Musik beschäftigt ihn in besonderem Maße; so spielt er auch Viola d'amore und ist Mitglied der Cappella Coloniensis sowie des Bell'Arte-Trios. Er beschäftigt sich mit zeitgenössischer Musik und kreiert Werke von Karel Husa und Johann Nepomuk David.

Kochánski, Paul (= Pavel Kochánski)
Polnischer Violinist, geb. 14.9. 1887 Odessa, gest. 12.1. 1934 New York 1934.
Er studiert bei Emil Młynarski in Warschau und debütiert 1901 als Konzertmeister der Warschauer Philharmoniker. 1903 geht er nach Brüssel und perfektioniert sich bei César Thomson. 1907 wird er am Konservatorium von Warschau, 1916 an dem von Sankt Petersburg, wo er Nachfolger von Leopold Auer wird (bis 1918), und 1919 an dem von Kiew zum Professor ernannt (bis 1920). 1921 zieht er in die Vereinigten Staaten. Ab 1924 unterrichtet er an der Juilliard School of Music in New York. Der große Virtuose glänzt auch als Solist, vor allem in den Werken seines Freundes Karol Szymanowski, der ihm sein *Konzert für Violine und Orchester Nr. 1* und *Mythes* widmet. Igor Strawinsky transkribiert für ihn drei Auszüge aus *L'Oiseau de feu* (Feuervogel) für Violine und Klavier. Er selbst transkribiert *Siete canciones populares españolas* (Sieben populäre spanische Weisen) von Manuel de Falla.

Kocsis, Zoltán
Ungarischer Pianist, geb. 30.5. 1952 Budapest.
Als Elfjähriger tritt er in das Béla-Bartók-Konservatorium ein, wo er Klavier und Komposition studiert (1963–68) 1968 wird er von der Franz-Liszt-Akademie aufgenommen, wo er von Pál Kadosa und Ferenc Rados ausgebildet wird. 1970 debütiert er in Budapest. Im gleichen Jahr gewinnt er den Beethoven-Preis des Ungarischen Rundfunks, 1973 als jüngster Preisträger den Liszt-Preis und den Kossuth-Preis. Er spielt mit den wichtigsten europäischen Orchestern. Swjatoslaw T. Richter lädt ihn zu seinem Festival in der Grange de Meslay ein. Ab und zu spielt er mit seinem Landsmann Desző Ranki in einer Duo-Formation. Seit 1976 unterrichtet er an der Franz-Liszt-Akademie in Budapest.

Koczalski, Raoul von
Polnischer Pianist, geb. 3.1. 1884 Warschau, gest. 24.11. 1948 Poznań (Posen).
Seine Mutter erteilt ihm ersten Unterricht. Anschließend geht er zu Julian Gadomski nach Warschau (Klavier) und zu Karol Mikuli (Klavier und Komposition) sowie zu dem Liszt-Schüler Ludwik Marek (Klavier) nach Lemberg und zu Anton Rubinstein (Klavier) nach Sankt Petersburg. Während der ganzen Ausbildungszeit gibt das Wunderkind laufend Konzerte. Als Zwölfjähriger ist er bereits mehr als 1200 Mal aufgetreten. Zwischen den beiden Weltkriegen setzt er sich als der wichtigste Chopin-Interpret seiner Generation durch. Ab 1945 unterrichtet er am Konservatorium von Poznań, bis er 1948 an dem von Warschau zum Professor ernannt wird.

Köhler, Johannes-Ernst
Deutscher Organist, geb. 24.6. 1910 Meran.
Er studiert an der Akademie für Schul- und Kirchenmusik in Berlin bei seinem Vater Ernst Köhler sowie bei Wolfgang Heimann Orgel, bei Hans Beltz Klavier und bei Hans Chemin-Petit Musiktheorie. 1933–34 ist er Organist an der Pauluskirche in Berlin und geht dann in der gleichen Stellung an die Herderkirche nach Weimar, wo er 1950 zum Kirchenmusikdirektor ernannt wird. Bis 1975 behält er diese Stelle bei. 1934–80 unterrichtet er an der Hochschule für Musik in Weimar, wo er 1950 zum Professor ernannt wird. Er setzt sich rasch als

einer der besten Interpreten des Orgelwerkes von Johann Sebastian Bach durch. Auch seine Improvisationen überzeugen. Köhler transkribiert die *Kunst der Fuge* von Bach für Orgel.

Köhler, Siegfried
Deutscher Dirigent, geb. 30. 9. 1923 Freiburg/Br.
Er studiert an der Musikhochschule seiner Heimatstadt Harfe und Dirigieren bei Julius Weismann, debütiert 1942 am Theater von Heilbronn, geht 1946 nach Freiburg/Br. und 1954 an die Düsseldorfer Oper. Seit 1957 arbeitet er an der Kölner Oper, ist dort stellvertretender Generalmusikdirektor und leitet das Opernstudio an der dortigen Hochschule für Musik. 1964 wird er an der Oper von Saarbrücken zum Generalmusikdirektor ernannt. 1974 geht er in der gleichen Funktion nach Wiesbaden (bis 1988). Wir verdanken ihm die Uraufführung von *Bildnisse I* von Volker David Kirchner (1983).

König, Klaus
Deutscher Tenor, geb. 26. 5. 1934 in Beuthen (Oberschlesien).
Er erhält eine Ausbildung als Malergehilfe, bis er sich eines Tages ein Herz faßt und in Dresden an der Musikhochschule vorspricht. Johannes Kemter erkennt auf Anhieb das Talent des jungen Mannes. Nach vierjähriger Ausbildung debütiert er in Cottbus. Nur wenig später geht er nach Dessau, wo ihm die Rollen des italienischen Fachs anvertraut werden. 1978 wechselt er nach Leipzig, wo er sich mit den verschiedensten Rollen innerhalb des qualitätvollen Ensembles perfektioniert. 1978 springt er für einen erkrankten Kollegen ein und singt den Tristan (*Tristan und Isolde*, Wagner). Das Publikum entdeckt in ihm einen Wagner-Tenor. Sein Erfolg ist so groß, daß er von der römischen Oper ebenfalls als Tristan eingeladen wird. Er geht an die Dresdner Oper und tritt in immer stärkerem Maße als Gast an den verschiedensten Bühnen auf: in Berlin singt er den Italienischen Tenor (*Capriccio*, R. Strauss), Erik (*Der fliegende Holländer*, Wagner) und Florestan (*Fidelio*, Beethoven), in Prag den Stoltzing (*Die Meistersinger von Nürnberg*, Wagner), in Zürich und Frankfurt den Florestan, in Karlsruhe den Tristan und Tannhäuser (Wagner), in Straßburg den Florestan und Tannhäuser, in Edinburgh den Bacchus (*Ariadne auf Naxos*, R. Strauss), in Paris den Tannhäuser. Zu seinem Repertoire gehören außerdem die Rollen des Radames (*Aida*), Don Carlos (beide Verdi), Max (*Der Freischütz*, v. Weber), Don José (*Carmen*, Bizet) und Hoffmann (*Les Contes d'Hoffmann*, Hoffmanns Erzählungen, Offenbach).

Köth, Erika
Deutsche Koloratursopranistin, geb. 15. 9. 1927 Darmstadt, gest. 20. 2. 1989 in Speyer.
Sie studiert an der Hochschule für Musik ihrer Heimatstadt bei Elsa Blank und gewinnt 1947 ex-aequo mit Christa Ludwig den 1. Preis beim Wettbewerb des Hessischen Rundfunks in Frankfurt. Im darauffolgenden Jahr debütiert sie als Adele (*Die Fledermaus*, J. Strauß) in Kaiserslautern. 1950–53 gehört sie zum Ensemble der Karlsruher Oper und geht dann nach München und Wien. Ab 1961 ist sie auch Mitglied der Deutschen Oper in Berlin. 1955–64 gastiert sie regelmäßig bei den Salzburger Festspielen (Königin der Nacht, *Zauberflöte*, und Konstanze, *Die Entführung aus dem Serail*, beide Mozart) und 1965–68 in Bayreuth. Ihre Stimme ermöglicht ihr die höchsten Koloraturrollen (Zerbinetta, *Ariadne auf Naxos*, R. Strauss; Lucia, *Lucia di Lammermoor*, Donizetti). 1956 wird sie in Bayern und 1970 in Berlin zur Kammersängerin ernannt. 1973 beruft die Musikhochschule Köln sie zur Professorin.

Kogan, Leonid Borisowitsch
Ukrainischer Violinist, geb. 14. 11. 1924 in Dnjepropetrowsk, gest. 17. 12. 1982 Moskau.
Der Sohn eines Photographen zeigt

schon bei den ersten Unterrichtsstunden eine erstaunliche Begabung. Seine Eltern ziehen nach Moskau, um ihm die bestmögliche Ausbildung zu sichern. Er wird nach einmaligem Vorspielen vom Moskauer Konservatorium aufgenommen. Abram I. Jampolski unterrichtet den gerade zehn Jahre alt Gewordenen. Er macht erstaunliche Fortschritte. Ab 1944 ist er Solist der Moskauer Philharmoniker. 1947 gewinnt er den Königin-Elisabeth-Wettbewerb in Brüssel. Seine Karriere beschränkt sich nicht auf die Sowjetunion, wo er seit 1952 am Konservatorium von Moskau unterrichtet (und 1968 zum Professor ernannt wird) und eine rege Konzerttätigkeit entfaltet; er tritt in ganz Europa und ab 1954 auch in Kanada und den Vereinigten Staaten auf. Seine betörende Virtuosität und seine ausgeprägte Sensibilität erregen überall Bewunderung. Seit 1980 unterrichtet er auch an der Accademia Musicale Chigiana in Siena. Mit seiner Frau Elisabeth Gilels (1919–82), der Schwester des großen Pianisten, spielt er häufig Kammermusik und Konzerte für zwei Violinen. Zusammen mit ihrem Sohn Pavel verwirklichen sie 1965 die Uraufführung von Franco Manninos *Konzert für drei Violinen und Orchester*. Leonid B. Kogan werden verschiedene Violinkonzerte gewidmet, die er auch aus der Taufe hebt, darunter die von Tichon N. Chrennikow (1959), Kara Abulfas-ogly Karajew (1967) und Lew K. Knipper. Er kreiert auch die *Konzert-Rhapsodie* von Aram I. Chatschaturjan sowie Sonaten von Moissej S. Weinberg und Levitin.

Kogan, Pavel
Russischer Violinist und Dirigent, geb. 6. 6. 1952 Moskau.
Der Sohn von Leonid B. Kogan und Elisabeth Gilels beginnt als Sechsjähriger an der Moskauer Zentralschule für Musik mit dem Violin-Unterricht und geht dann an das Moskauer Konservatorium zu dem Vater der sowjetischen Geigenschule, Jurij Jankelewitsch. 1970 schließt er sein Studium ab; im gleichen Jahr gewinnt er in Helsinki den Sibelius-Preis. In der ersten Zeit tritt er hauptsächlich zusammen mit seinem Vater auf. Doch dann beginnt er, sich von ihm zu lösen, spielt aber kaum in Westeuropa. Er beschäftigt sich in immer stärkerem Maße mit Orchesterleitung und wird von den meisten sowjetischen Orchestern eingeladen. Ab 1988 ist er Musikdirektor und Chefdirigent der Zagreber Philharmoniker; im gleichen Jahr wird er zum ständigen Dirigenten am Bolschoi-Theater und 1989 zum ständigen Dirigenten am Symphonie-Orchester von Moskau ernannt.

Koizumi, Kazuhiro
Japanischer Dirigent, geb. 16. 10. 1949 Kyoto.
Ab 1963 beginnt er mit dem Klavier-Unterricht. Zwei Jahre später geht er an das Konservatorium von Kyoto, wo er auch Gesang studiert. 1969 wird er von der Kunstuniversität in Tokio aufgenommen, wo er seine Ausbildung als Pianist und Orchesterleiter abschließt. Er dirigiert regelmäßig das Orchester des Konservatoriums und wird 1970 mit dem Min-On-Preis ausgezeichnet. Seiji Ozawa holt ihn daraufhin als Assistent an das Philharmonische Orchester von Japan. 1972 geht er an die Hochschule für Musik in Berlin in die Klasse von Rubenstein, um sich zu perfektionieren. Ein Jahr später gewinnt er den Karajan-Wettbewerb. Seine europäische Karriere beginnt. In Paris leitet er in der Saison 1975–76 viele Konzerte des Orchestre National de France. 1976 wird er von den Salzburger Festspielen eingeladen. 1975 übernimmt er die Leitung des New Japan Philharmonic Orchestra (bis 1980). In den Vereinigten Staaten debütiert er 1978 an der Spitze des Symphonie-Orchesters von Chicago. 1983 übernimmt er die Leitung des Symphonie Orchesters von Winnipeg (Kanada). 1984–87 ist er gleichzeitig ständiger Dirigent des Tokio Metropolitan Symphony Orchestra.

Kolassi, Irma
Griechische Mezzosopranistin, geb. 28. 5. 1918 Athen.
Sie studiert am Konservatorium von Athen bei Maggie Karadja und E. Gibhando und wird mit 1. Preisen in Gesang und Klavier ausgezeichnet. Anschließend geht sie an die Accademia Nazionale di Santa Cecilia in Rom zu Alfredo Casella. 1940–49 unterrichtet sie am Konservatorium ihrer Heimatstadt. In Frankreich wird sie durch ihre einfühlsame Interpretation der Lieder von Maurice Ravel bekannt. Sie nimmt an der ersten integralen und konzertanten Aufführung von Sergej S. Prokofjews *Ognennyi angel* (Der feurige Engel) teil und interpretiert die Rollen der Hexe sowie der Äbtissin; 1954 wirkt sie an der französischen Erstaufführung von *Wozzeck* (Berg) mit. Sie unterrichtet an der Pariser Schola Cantorum.

Kolisch, Rudolf
Amerikanischer Violinist österreichischer Herkunft, geb. 20. 7. 1896 Klamm (Niederösterreich), gest. 1. 8. 1978 Watertown (Mass.).
Er studiert an der Wiener Musikakademie bei Otakar Ševčik und erhält 1913 sein Diplom. Er besucht auch die Vorlesungen von Franz Schreker und studiert privat bei Arnold Schönberg Komposition (1919–21). Die beiden Männer befreunden sich. Schönberg heiratet 1924 Gertrude Kolisch, die Schwester von Rudolf. 1922 gründet er das Kolisch-Quartett, das sich für die zeitgenössische Musik und hier besonders für die Wiener Schule einsetzt. 1935 emigriert er in die Vereinigten Staaten; sein Quartett löst sich auf. Er unterrichtet an der Universität von Wisconsin, bevor er als artist in residence an das Konservatorium von Boston geht. Zu Beginn der 50er Jahre gastiert er wieder in Europa und hält in Darmstadt Sommerkurse ab. Er hat wenig Gelegenheit, als Solist zu arbeiten, spielt aber dafür bei der Verbreitung zeitgenössischer Kammermusik als Interpret und als Pädagoge eine um so bedeutendere Rolle. Er gehört zu den wenigen Geigern, die ihr Instrument, in seinem Fall eine Stradivari, in der rechten Hand halten.

Kollo, René (= René Kollodzievski)
Deutscher Tenor, geb. 20. 11. 1937 Berlin.
Der Enkel des Operettenkomponisten Walter Kollo (1878–1940) debütiert als Operettensänger und beginnt seine eigentliche Ausbildung erst 1958. Bis 1965 studiert er bei Elsa Varena in Berlin und debütiert dann in Braunschweig. Anschließend geht er an die Kölner Oper (1967–71) und interpretiert dort die Rollen des lyrischen Tenors. 1969 debütiert er als Steuermann (*Der fliegende Holländer*, Wagner) in Bayreuth und gastiert dort auch in den folgenden Jahren regelmäßig: Erik (*Der fliegende Holländer*, 1970), Lohengrin (1971–72), Walther (*Die Meistersinger von Nürnberg*, 1973–74 und 1976), Parsifal (1975–76), Siegfried (1976–78), Tristan (1981–82, alle Wagner). Auch die Scala lädt ihn ein (*Arabella*, R. Strauss), die Wiener Oper (Parsifal, 1971), die Salzburger Osterfestspiele (1974), die Met (Lohengrin, 1976), der Covent Garden (Siegmund, *Die Walküre*, Wagner). Er singt alle Wagner-Rollen seines Faches, obwohl seine Stimme sich eher für lyrische Rollen eignet. 1986 inszeniert er in Darmstadt den *Parsifal*, seine erste Arbeit als Opernregisseur.

Kondraschin, Kyrill Petrowitsch
Russischer Dirigent, geb. 6. 3. 1914 Moskau, gest. 8. 3. 1981 Amsterdam.
Er stammt aus einer Familie von Instrumentalisten. Kondraschin studiert bei Nikolaj Tschulajew Klavier und Musiktheorie und debütiert als Dirigent 1931 am Stanislawskij-Newirowitsch-Dantschenko-Theater in Moskau. Er beschließt, Orchesterleitung zu studieren, und geht zu Alexander W. Gauk und Boris E. Chajkin an das Moskauer Konservatorium (1932–36); 1934 wird er bereits zum Chef-Assistenten an dem Stanislawskij-Newirowitsch-Dantschen-

ko-Theater ernannt. Bei dem ersten innersowjetischen Wettbewerb für Dirigenten bekommt er einen Ehrenpreis (1938). Im gleichen Jahr noch wird er am Maly-Opernhtheater in Leningrad zum 1. Kapellmeister ernannt (1938–43). Anschließend geht er an das Bolschoi-Thater nach Moskau und klettert dort während seiner dreizehnjährigen Tätigkeit die Rangleiter hoch. Er inszeniert sogar einige Opern selbst. 1956 wird er einer der Chefdirigenten der Moskauer Philharmoniker und dirigiert auch die anderen wichtigen sowjetischen Orchester regelmäßig. 1960–76 ist er schließlich künstlerischer Direktor der Moskauer Philharmoniker und öffnet dieser Formation den Weg zum westlichen Repertoire. Ab 1976 wird er in immer stärkerem Maße international tätig. Im gleichen Jahr wird er am Moskauer Konservatorium zum Professor ernannt. 1979 bittet er während einer Holland-Tournee um politisches Asyl. Das Amsterdamer Concertgebouw-Orchester wählt ihn sofort zum zweiten Chefdirigenten (neben Bernhard Haitink). Kondraschin setzt sich besonders für seinen Freund Dmitri D. Schostakowitsch ein, von dem er verschiedene Werke uraufführt: die *Symphonie Nr. 4* (1961), *Nr. 12* (1961) und *Nr. 13* (1962), die *Hinrichtung des Stepan Rasin* (1964) und das *Konzert für Violine und Orchester Nr. 2* (1967). Er nimmt alle fünfzehn Symphonien Schostakowitschs auf. Auch Werke von Aram I. Chatschaturjan, Georgij W. Swiridow, Rodion K. Schtschedrin (*Konzert für Orchester Nr. 1*) und Tichon N. Chrennikow werden von ihm kreiert.

Konetzni, Anny
Österreichische Sopranistin, geb. 12.2. 1902 Ungarisch-Weißkirchen, gest. 6.9. 1968 Wien.
Sie beginnt als Chorsängerin an der Wiener Volksoper, geht dann an das dortige Konservatorium zu Erik Schmedes und anschließend zu Jacques Stückgold nach Berlin. 1927 debütiert sie in Chemnitz als Mezzosopranistin. Sehr schnell wechselt sie das Fach und wird dramatische Sopranistin. Heinz Titjen holt sie 1931 nach Berlin, wo sie die Herzogin Elena (*Les Vêpres siciliennes*, Die sizilianische Vesper, Verdi), Ariadne (*Ariadne auf Naxos*) und die Feldmarschallin (*Der Rosenkavalier*, beide R. Strauss) singt. Ab 1933 gehört sie (bis 1954) zum Ensemble der Wiener Oper; ihre wichtigsten Rollen sind dort die Selika (*L'Africaine*, Die Afrikanerin, Meyerbeer), Ortrud (*Lohengrin*), Kundry (*Parsifal*, beide Wagner), Leonore (*Fidelio*, Beethoven) und die Eboli (*Don Carlos*, Verdi). 1933 gastiert sie auch zum ersten Mal am Teatro Colón in Buenos Aires (Isolde, *Tristan und Isolde*, Kundry), 1934 an der Met (Brünnhilde, *Der Ring des Nibelungen*, Ortrud, Venus, *Tannhäuser*, Kundry, alle Wagner) und bei den Salzburger Festspielen (Isolde, Rezia, *Oberon*, v. Weber) und am Covent Garden (Brünnhilde), wo sie bis 1951 regelmäßig gastiert. 1955 zieht sie sich von der Bühne zurück und unterrichtet an der Wiener Akademie. Die Krankheit zwingt sie 1957, alle Tätigkeit aufzugeben. Die österreichische Regierung ernennt sie zur Kammersängerin.

Konetzni, Hilde
Österreichische Sopranistin, geb. 21.3. 1905 Wien, gest. 20.4.1980 daselbst.
Sie studiert am Konservatorium ihrer Heimatstadt bei Rudolf Nilius, geht dann nach Prag zu Ludmilla Prohaska-Neumann und debütiert 1929 in Chemnitz als Sieglinde an der Seite ihrer Schwester Anny, die die Brünnhilde interpretiert (*Die Walküre*). 1932–35 gehört sie zum Ensemble der Prager Oper. 1936 debütiert sie in Wien als Elisabeth (*Tannhäuser*, beide Wagner). 1936 springt sie mitten im ersten Satz für Lotte Lehmann ein, die eine Aufführung des *Rosenkavaliers* (R. Strauss) abbrechen muß. Ihr Repertoire umfaßt unter anderem folgende Rollen: Chrysothemis (*Elektra*), die Kaiserin und die Färberin (beide *Die Frau ohne Schatten*, alle R. Strauss), Elvira (*Don Giovanni*,

Mozart), Rezia (*Oberon*, v. Weber), Leonore (*Fidelio*, Beethoven), Rosalinde (*Die Fledermaus*, J. Strauß), Elisabeth von Valois (*Don Carlos*) und Amelia (*Un ballo in maschera*, Ein Maskenball, beide Verdi). 1946 kreiert sie bei der Uraufführung von Heinrich Sutermeisters Oper *Niobe* die Titelrolle. Die österreichische Regierung ernennt sie zur Kammersängerin. Gegen Ende ihrer Karriere arbeitet sie als Professorin am Opernstudio der Wiener Musikakademie und singt bis in die 70er Jahre hinein kleinere Rollen.

Konoye, Hidemaro
Japanischer Dirigent und Komponist, geb. 18. 11. 1898 Tokio, gest. 2. 6. 1973 daselbst.
Hidemaro Konoye gehört dem japanischen Hochadel an; er studiert zuerst in seiner Heimatstadt und geht dann an die Schola Cantorum in Paris, wo er Schüler von Vincent d'Indy wird. Anschließend perfektioniert er sich bei Franz Schreker und Georg Schumann am Berliner Konservatorium. 1924 debütiert er mit den Berliner Philharmonikern. 1926 gründet er das Neue Symphonie-Orchester von Tokio (aus dem später das Symphonie-Orchester des japanischen Rundfunks und noch etwas später das HK-Orchester wird) und leitet es bis 1935. Er spielt eine entscheidende Rolle bei der Verbreitung westlicher Musik in Japan und setzt sich stark für die zeitgenössische Musik ein. Mehrfach gibt er in Europa und den Vereinigten Staaten Gastspiele. Er unterrichtet an der Kunstuniversität in Tokio, wo er lange Jahre hindurch die Abteilung Musik leitet. Auch sein Sohn Hidetake Konoye schlägt die Dirigentenlaufbahn ein.

Kontarsky, Alfons
Deutscher Pianist, geb. 9. 10. 1932 Iserlohn.
Er studiert an der Hochschule für Musik in Köln bei Else Schmitz-Gohr Klavier und bei Maurits Frank Kammermusik (1953–55). Mit seinem Bruder Aloys bildet er ein Klavier-Duo, das 1955 beim Münchner Rundfunkwettbewerben den 1. Preis gewinnt. Anschließend perfektionieren sie sich bei Eduard Erdmann in Hamburg (1955–57). Mit ihren Interpretationen zeitgenössischer Musik während der Darmstädter Sommerkurse werden sie schnell bekannt. Sie spielen aber auch romantische Werke (vor allem von Franz Schubert und Johannes Brahms) und das französische Repertoire (von Claude Debussy und Maurice Ravel). 1967 wird Alfons an der Kölner Musikhochschule zum Professor ernannt. 1979 geht er an die Hochschule für Musik in München und 1983 an das Mozarteum Salzburg. 1970–75 bildet er mit dem Violinisten Saschko Gawriloff und dem Cellisten Klaus Storck ein Trio; mit Klaus Storck spielt er häufig auch Musik für Klavier und Violoncello. Viele Werke zeitgenössischer Komponisten sind dem Klavier-Duo gewidmet, das er mit seinem Bruder Aloys bildet; neben den ihnen gewidmeten Werken kreieren sie auch andere, darunter Kompositionen von Pierre Boulez, György Ligeti, Karlheinz Stockhausen und Bernd Alois Zimmermann.

Kontarsky, Aloys
Deutscher Pianist, geb. 14. 5. 1931 Iserlohn.
Er studiert an der Kölner Musikhochschule bei Else Schmitz-Gohr Klavier und bei Maurits Frank Kammermusik (1953–55). Mit seinem Bruder Alfons bildet er ein Klavier-Duo, das 1955 beim Münchner Rundfunkwettbewerb den 1. Preis gewinnt. Anschließend perfektionieren sie sich bei Eduard Erdmann in Hamburg (1955–57). Mit ihren Interpretationen zeitgenössischer Musik während der Darmstädter Sommerkurse werden sie schnell bekannt. Sie spielen aber auch romantische Werke (vor allem von Franz Schubert und Johannes Brahms) und das französische Repertoire (von Claude Debussy und Maurice Ravel). 1960 wird Aloys in Darmstadt zum Professor ernannt. Als Solist kreiert er zahlreiche Werke für Piano solo

von Luciano Berio, Henri Pousseur, Earle Brown, Sylvano Bussoti, Bernd Alois Zimmermann und Karlheinz Stockhausen. Mit Siegfried Palm spielt er häufig zeitgenössische Kammermusik für Violoncello und Klavier.

Kontarsky, Bernhard
Deutscher Dirigent und Pianist, geb. 26. 4. 1937 Iserlohn.
Er studiert in Köln an der Hochschule für Musik und an der Universität und debütiert in Bonn als Korrepetitor. 1964 erhält er den Mendelssohn-Preis für Kammermusik. Im gleichen Jahr noch beginnt seine Laufbahn als Dirigent: die Stuttgarter Oper engagiert ihn zuerst als Korrepetitor und dann als Kapellmeister. Mit dem Regisseur Ernst Poettgen leitet er dort am Kammertheater die Aufführungsreihe »Beispiele«, die der zeitgenössischen Musik gewidmet ist. Er zeichnet für verschiedene wichtige Uraufführungen verantwortlich, darunter *El Rey de Harlem* von Hans Werner Henze (1982) und *Die Erschöpfung der Welt* von Mauricio Kagel. Der ausgezeichnete Pianist spielt ab und zu auch mit seinen Brüdern Alfons und Aloys. Seit 1981 ist er Professor für Orchesterleitung an der Hochschule für Musik in Frankfurt/M.

Konwitschny, Franz
Deutscher Dirigent, geb. 14. 8. 1901 Fulnek (Nordmähren), gest. 28. 7. 1962 Belgrad.
Er studiert in Brünn, geht dann an das Konservatorium von Leipzig (1923–25) und debütiert zunächst als Violinist und Bratschist in verschiedenen Orchestern, darunter dem Gewandhaus. 1925 zieht er nach Wien und wird Mitglied des Fitzner-Quartetts. Er unterrrichtet dort am Volkskonservatorium. Seine Dirigentenlaufbahn beginnt 1927 an der Stuttgarter Oper: zuerst Korrepetitor (1927–30), steigt er zum Kapellmeister auf (1930–33). Er geht dann als Generalmusikdirektor nach Freiburg/Br. (1933–37) und Frankfurt/M. (1937–45), wo er auch die Museumskonzerte leitet. Nach dem Zweiten Weltkrieg wird er Generalmusikdirektor in Hannover (1946–49), bevor er die künstlerische Leitung des Gewandhaus-Orchesters in Leipzig (1949–62) und gleichzeitig der Staatskapelle Dresden (1953–55) sowie der Staatskapelle Berlin (1955–62) übernimmt. Während einer Tournee durch Jugoslawien erleidet er bei einer Probe einen Herzinfarkt. Er gilt als einer der großen Bewahrer der deutschen Dirigententradition, die sich nach dem Zweiten Weltkrieg in der DDR fortsetzt. Er interessiert sich in besonderem Maße für die zeitgenössische Musik und zeichnet für eine Reihe wichtiger Uraufführungen verantwortlich, darunter *Symphonie Nr. 2* von Paul Dessau (1962), *Kolumbus* (1942) und *Orchestermusik* (1956) von Werner Egk und *Odysseus* (1942) sowie *Doktor Johannes Faust* (2. Version, 1955) von Hermann Reutter.

Konya, Sándor
Deutscher Tenor ungarischer Herkunft, geb. 23. 9. 1923 Sarkad.
Er studiert bei Ferenc Székelyhidy an der Franz-Liszt-Akademie in Budapest. Von dort aus geht er an das Konservatorium Detmold zu Frederick Hüsler, zu R. Namcini und nach Mailand zu Rico Lani. 1951 debütiert er in Bielefeld als Turridu (*Cavalleria rusticana*, Mascagni). Die Städtische Oper Berlin engagiert ihn 1955. 1958 debütiert er mit Lohengrin in Bayreuth (auch 1967) und singt dort 1960 den Parsifal (beide Wagner). 1960 gibt er sein Debüt an der Scala und ein Jahr später an der Met, wo er in der Folge als 1. Tenor engagiert ist.

Koopman, Ton
Holländischer Organist, Cembalist und Dirigent, geb. 2. 10. 1944 Zwolle.
Er studiert an der Universität Amsterdam Musikwissenschaften und erhält am dortigen Konservatorium 1969 den Großen Preis für Orgel und 1970 für Cembalo. Er tritt im In- und Ausland als Solist oder auch mit Ensembles auf,

die er häufig selbst leitet (Musica da Camera und Musica Antiqua). Er unterrichtet an den Konservatorien von Amsterdam und Rotterdam und gehört zu der neuen Generation von Interpreten, die sich besonders um eine werkgetreue Auslegung barocker und klassischer Partituren bemüht. Er arbeitet eng mit René Jacobs, Jordi Savall, Hopkinson Smith und dem Collegium Vocale von Gent zusammen. 1979 gründet er mit holländischen, englischen und französischen Instrumentalisten das Amsterdamer Barock-Orchester.

Kopčák, Sergej
Tschechoslowakischer Bassist, geb. 23. 4. 1948 Dačov.
Er studiert am Konservatorium von Košice und bei Anna Korínska an der Musikhochschule von Bratislava (Preßburg) (1968–70), bevor er nach Leipzig und anschließend an die Sofioter Musikakademic zu Michail Popoff geht (1970–71). Er beginnt seine Solisten-Karriere als Ensemblemitglied der Oper von Košice (1972–74), geht an die Oper von Bratislava (1974–81) und anschließend an das tschechische Nationaltheater in Prag. Er gewinnt die Wettbewerbe von Prag (1974), München (1976) und Rio de Janeiro (1977), perfektioniert sich an der Mailänder Scala (1977–78) und der Wiener Oper (1978–79) und feiert schon bald auf den internationalen Bühnen Triumphe: 1982 debütiert er als Fürst Gremin (*Eugen Onegin*, Tschaikowskij) am Covent Garden, 1983 als Pimen (*Boris Godunow*, Mussorgskij) an der Met, 1985 in Wien in der gleichen Rolle und 1987 an der Scala in *Don Giovanni* (Mozart). Vor allem im italienischen und slawischen Repertoire feiert er Triumphe: Boris Godunow, Kontschak (*Knjas Igor*, Fürst Igor, Borodin), Phillip II. (*Don Carlos*, Verdi), Collin (*La Bohème*, Puccini), Heinrich (*Lohengrin*, Wagner) und Mephisto (*Faust*, Gounod). Auch als Konzertsänger (Oratorien und Lieder) verzeichnet er beträchtliche Erfolge.

Kord, Kazimierz
Polnischer Dirigent, geb. 18. 11. 1930 Pagorze.
Er studiert in Polen Klavier, Orgel und Cello und geht dann an das Konservatorium von Leningrad, wo er in Klavier einen 1. Preis erhält. Am Konservatorium von Krakau vervollkommnet er seine Ausbildung in Komposition und Orchesterleitung. 1960 debütiert er an der Warschauer Oper. 1962 wird er bereits zum 1. Kapellmeister und künstlerischen Leiter dieses Hauses ernannt. 1968–73 leitet er das Orchester des polnischen Rundfunks, mit dem er viele Tourneen unternimmt. 1972 debütiert er in *Pikowaja dama* (Pique-Dame, Tschaikowskij) an der Met. Ab dieser Zeit arbeitet er international. 1977 wird er zum Chefdirigenten der Warschauer Nationalphilharmonie und 1980 als Nachfolger von Ernest Bour zum Leiter des Symphonie-Orchesters des Südwestfunks Baden-Baden ernannt (bis 1986).

Kórody, András
Ungarischer Dirigent, geb. 24. 5. 1922 Budapest, gest. 17. 9. 1986 Venedig.
Er studiert an der Franz-Liszt-Akademie in Budapest bei Leo Weiner und László Lajtha Komposition und bei János Ferencsik Orchesterleitung. Daneben lernt er Klavier und Klarinette. 1946 debütiert er noch während seines Studiums als Korrepetitor an der Oper von Budapest. Kurz darauf wird er an diesem Haus zum Kapellmeister und 1973 zum 1. Kapellmeister ernannt. 1957 beruft man ihn als Professor an die Franz-Liszt-Akademie. 1967 wird er Chefdirigent der Budapester Philharmoniker. Seine Karriere, die sich zumeist an Opernhäusern abspielt, beschränkt sich in der Hauptsache auf sein Land, doch auch in Japan, Deutschland und der UdSSR, wo er als erster ungarischer Dirigent vom Bolschoi-Theater eingeladen wird, feiert er Erfolge. Er leitet die Uraufführung der Oper *Vérnász* (Bluthochzeit) von Sándor Sozokolay (1964). 1952 und 1958 wird er mit dem Liszt- und

1970 mit dem Kossuth-Preis ausgezeichnet.

Korsakow, Andrej
Russischer Violinist, geb. 7. 5. 1946 Moskau, gest. 22. 1. 1991 Moskau.
Er stammt aus einer Musikerfamilie und studiert zuerst an der Moskauer Zentralschule (1952–64) und anschließend am dortigen Konservatorium bei Leonid B. Kogan (1964–69). 1965 gewinnt er den Paganini-Wettbewerb in Genua und 1966 den internationalen Wettbewerb von Montreal; beim Marguerite Long-Jacques Thibaud-Wettbewerb wird er 1967 mit dem 2., beim Tschaikowskij-Wettbewerb in Moskau 1970 mit dem 4. und beim Königin-Elisabeth-Wettbewerb in Belgien wieder mit dem 2. Preis ausgezeichnet. Der in Westeuropa noch fast unbekannte Geiger ist 1969–71 Assistent von Leonid B. Kogan am Moskauer Konservatorium und verfolgt in der Sowjetunion sowie in den Ostblockländern eine bedeutende Karriere. Er ist künstlerischer Leiter des in Moskau beheimateten Ensembles alter Musik Concertino. Er ist mit der Pianistin Jolanta Miroschnikowa (geb. 12. 2. 1947 Batumi) verheiratet, einer Schülerin Jakow W. Flijers, mit dem er häufig Kammermusik für Violine und Klavier spielt.

Košler, Zdeněk
Tschechoslowakischer Dirigent, geb. 25. 3. 1928.
Er studiert an der Akademie Prag bei Method Doležil und Karel Ančerl (1948–52) und debütiert 1951 am dortigen Nationaltheater. 1956 gewinnt er beim Dirigenten-Wettbewerb in Besançon den 1. Preis. 1958–62 ist er Musikdirektor der Oper von Olomouc (Olmütz) und 1962–66 der Oper von Ostrava (Ostrau). 1963 gewinnt er in New York den Mitropoulos-Preis und wird von Leonard Bernstein, dem Leiter der New Yorker Philharmoniker, für ein Jahr als Assistent verpflichtet. 1964–68 ist er Musikdirektor der Komischen Oper in Berlin (DDR), während er gleichzeitig ständiger Dirigent des Symphonie-Orchesters von Prag (1966–67) und der dortigen Oper (1966–71) ist, bis er zu einem der Chefdirigenten der Tschechischen Nationalphilharmonie ernannt wird (1969–81). Gleichzeitig arbeitet er als 1. Kapellmeister an der Slowakischen Nationaloper in Bratislava (Preßburg). 1979–85 ist er künstlerischer Direktor der Prager Nationaloper, wo er ab 1989 wieder als Chefdirigent arbeitet. Er leitet die Uraufführungen des *Konzerts für Violoncello und Orchester Nr. 2* von Bohuslav Martinů (1965), *Coriolan* von Jan Cikker (1974) und *Jezero Ukereve* (Der See Ukereve, 1966) von Otmar Mácha.

Kostelanetz, André
Amerikanischer Dirigent russischer Herkunft, geb. 22. 12. 1901 Sankt Petersburg, gest. 13. 1. 1980 Haiti.
Er studiert am Konservatorium seiner Heimatstadt. 1922 verläßt er die Sowjetunion und geht in die Vereinigten Staaten, wo er ab 1930 als Dirigent für die Columbia Broadcasting System arbeitet. Kostelanetz macht rasch eine internationale Karriere, vor allem zusammen mit seiner Frau, der französischen Sängerin Lily Pons, die er 1938 heiratet. Er ist Chefdirigent der New York Philharmonic Promenades. Sir William Walton widmet ihm sein *Capriccio burlesco*, dessen Uraufführung er 1968 in der New Yorker Philharmonie leitet. Er ist vor allem für seine Arrangements auf dem Gebiet der leichten Musik bekannt geworden. Auf diesem Gebiet zeichnet er sich auch mit seinem eigenen Orchester aus.

Kout, Jiří
Tschechoslowakischer Dirigent, geb. 26. 12. 1937 Prag.
Er studiert am Konservatorium von Prag Orgel und Orchesterleitung und gewinnt die Wettbewerbe von Besançon (1965) und Brüssel (1969). 1969 geht er als Kapellmeister an das Nationaltheater in Prag und anschließend an die

Deutsche Oper am Rhein (Düsseldorf-Duisburg, 1976–85). Seine Karriere entwickelt sich rasch; vor allem als Spezialist der Werke von Leoš Janáček wird er bekannt. Die Opern von Wien, Berlin (Deutsche Oper), München und Stuttgart laden ihn ein. 1988 debütiert er an der Pariser Oper und in den Vereinigten Staaten (Los Angeles, Chicago).

Kovács, Dénes
Ungarischer Violinist, geb. 18. 4. 1930 Vac.
Als Achtjähriger erhält er ersten Musikunterricht; 1944 geht er an die Musikakademie in Budapest zu Ede Zathureczky (bis 1951). Direkt nach Abschluß seines Studiums wird er Konzertmeister der Budapester Philharmoniker und des Orchesters der Budapester Oper (bis 1960). 1955 gewinnt er in London den Carl-Flesch-Preis, was seine internationale Karriere sehr fördert. 1957 wird er an der Franz-Liszt-Akademie in Budapest zum Professor für Violine ernannt. 1966 wird er Sektionsleiter und 1971 Rektor der Akademie. Ab 1980 übernimmt er wieder die Leitung der Abteilung Streichinstrumente. 1954 und 1958 erhält er den Liszt- und 1970 den Kossuth-Preis. Mit dem Pianisten Mihály Bächer bildet er ein Duo. Zahlreiche Komponisten schreiben für ihn Werke, die er kreiert. Er spielt auf einer Guarneri del Gesù aus dem Jahre 1742.

Krainew, Wladimir
Russischer Pianist, geb. 1. 4. 1944 Moskau.
Er erhält von seiner Mutter ersten Musikunterricht und geht dann als Sechsjähriger an die Musikschule von Charkow. Zwei Jahre später gibt er seine ersten Konzerte. Anschließend wird er an der Moskauer Zentralschule und am Konservatorium der sowjetischen Hauptstadt zugelassen, wo er Schüler von Heinrich G. Neuhaus wird. 1962 gewinnt er beim internationalen Wettbewerb von Leeds einen 2. Preis, vor allem aufgrund seiner Interpretation der sowjetischen Musik des 20. Jahrhunderts. 1964 gewinnt er den Vianna-da-Mota-Wettbewerb in Lissabon. Während er sich bei Stanislaw Neuhaus am Moskauer Konservatorium perfektioniert (1969), gibt er bereits regelmäßig Konzerte. Ein Jahr später gewinnt er in Moskau den Tschaikowskij-Wettbewerb. Er wird auch im Ausland schnell bekannt, als Solist und als Partner seiner Frau, der Cellistin Karin Georgian. 1984 kreiert er die *Kammersymphonie für Klavier und Orchester* von Alfred G. Schnittke.

Krapp, Edgar
Deutscher Organist, geb. 3. 6. 1947 Bamberg.
Der Chorsänger der Regensburger Domspatzen beginnt als Zehnjähriger mit dem Orgel-Unterricht. Später studiert er bis 1970 an der Münchner Musikhochschule bei Franz Lehrndorfer, dessen Assistent er wird. Anschließend perfektioniert er sich in Paris bei Marie-Claire Alain; er wird in der französischen Hauptstadt zum Organisten der Deutschen Evangelischen Kirche ernannt. 1970 gewinnt er in München den Felix-Mottl-Wettbewerb und in Berlin den Mendelssohn-Wettbewerb sowie 1971 den Münchner Rundfunkwettbewerb; im gleichen Jahr noch erringt er beim internationalen Prager Wettbewerb einen 2. Preis. 1974 wird er als Nachfolger von Helmut Walcha an der Musikhochschule Frankfurt/M. zum Professor für Orgel ernannt. Er unterrichtet auch am Mozarteum in Salzburg. 1988 verwirklicht er die Uraufführung von *Symbolum* für Orgel und Orchester von Hans-Jürgen von Bose.

Krasner, Louis
Amerikanischer Violinist ukrainischer Herkunft, geb. 21. 6. 1903 Tscherkassy (Ukraine).
Er verläßt als Kind mit seiner Familie Europa und zieht in die Vereinigten Staaten. Dort studiert er am Konservatorium von Boston bei Erich Gruenberg Violine und bei Frederick Converse

Komposition. 1923 legt er die Diplomprüfung ab. Er geht nach Europa, um sich bei Carl Flesch, Lucien Capet und Otakar Ševčik zu perfektionieren. Er interessiert sich in starkem Maße für die zeitgenössische Musik und kreiert zahlreiche Werke, darunter das *Konzert für Violine und Orchester, Dem Andenken eines Engels* von Alban Berg, das er 1934 bestellt und 1936, ein Jahr nach dem Tod des Komponisten, auf dem Musikfest der IGNM in Barcelona uraufführt. An weiteren wichtigen Uraufführungen verzeichnen wir die Violinkonzerte von Arnold Schönberg (Philadelphia 1940), Alfredo Casella (Boston 1928) und Roger Sessions (Minneapolis 1946). Dimitri Mitropoulos engagiert ihn als Konzertmeister für das Symphonie-Orchester von Minneapolis (bis 1949). Anschließend gibt er seine Tätigkeit als Interpret auf und widmet sich ganz pädagogischen Aufgaben: 1949–72 unterrichtet er an der Universität von Syracuse Violine und Kammermusik.

Kraus, Alfredo (= Alfredo Kraus Trujillo)
Spanischer Tenor, geb. 24. 9. 1927 Las Palmas (Kanarische Inseln).
Er studiert in Barcelona bei Mercedes Llopart und geht dann zur weiteren Ausbildung nach Mailand. 1956 debütiert er in Kairo als Herzog von Mantua (*Rigoletto*, Verdi). Schon bald melden sich die wichtigsten Bühnen Italiens. 1959 debütiert er am Covent Garden als Edgardo (*Lucia di Lammermoor*, Donizetti). Ein Jahr später interpretiert er an der Scala den Elvino (*La sonnambula*, Die Nachtwandlerin, Bellini). 1962 singt er zum ersten Mal in den Vereinigten Staaten, und zwar an der Civic Opera von Chicago; 1966 erfolgt dann sein Debüt an der Met (*Rigoletto*), an der sich der wesentliche Teil seiner Karriere abspielt. Er interpretiert dort die Rollen des Alfred (*La Traviata*, Verdi), Roméo (*Roméo et Juliette*), Faust (beide Gounod), Werther (Massenet), Ottavio (*Don Giovanni*, Mozart). Herbert von Karajan lädt ihn 1980 ein, die letztgenannte Rolle in Salzburg zu singen. Im gleichen Jahr triumphiert er in Orange in *Rigoletto*.

Kraus, Ernst
Deutscher Tenor, geb. 8. 6. 1863 Erlangen, gest. 6. 9. 1941 Waldstadt (Wörthersee).
Er wird zuerst Bierbrauer, bevor er in München bei Anna Schimon-Regan und in Mailand bei Cesare Galliera Gesang studiert. Er debütiert bei einem Konzert 1893 in München; im gleichen Jahr noch singt er in Mannheim den Tamino (*Die Zauberflöte*, Mozart). Er gehört dem Ensemble bis 1896 an und geht dann nach Berlin, wo er sich zu einem der größten Wagner-Tenöre seiner Zeit entwickelt (bis 1923). In Bayreuth interpretiert er 1899–1909 den Walther (*Die Meistersinger von Nürnberg*), Siegmund und Siegfried (*Der Ring des Nibelungen*). Ab 1924 unterrichtet er in München an der Musikhochschule Gesang.

Kraus, Lili
Englische Pianistin ungarischer Herkunft, geb. 4. 3. 1905 Budapest, gest. 6. 11. 1986 Asheville (N. C.).
Als Achtjährige tritt sie am Königlichen Konservatorium von Budapest in die Klasse von Zoltán Kodály und Béla Bartók ein. 1922 geht sie an die Musikakademie nach Wien, um sich bei Artur Schnabel und Eduard Steuermann zu perfektionieren. 1925 wird sie selbst Professorin an dieser Akademie. Sie unterrichtet sechs Jahre und gibt dann die Stelle auf, um sich ungehindert ihren Konzertreisen widmen zu können. 1942 wird sie von den Japanern gefangen genommen und drei Jahre interniert. Nach dem Zweiten Weltkrieg lebt sie einige Zeit in Neuseeland, bevor sie in die Vereinigten Staaten zieht. Während der Saison 1966–67 spielt sie mehrmals hintereinander in Konzertzyklen sämtliche *Konzerte für Klavier und Orchester* von Wolfgang Amadeus Mozart. Ein Jahr später wagt sie sich an die Klavier-

sonaten Mozarts, die sie ebenfalls in geschlossenen Zyklen spielt. 1968 wird sie in Fort Worth von der christlichen Universität in Texas zum artist in residence ernannt und unterrichtet dort bis 1983. Mit Szymon Goldberg und Willi Boskovsky spielt sie häufig Kammermusik.

Kraus, Otakar
Englischer Bariton tschechoslowakischer Herkunft, geb. 10.12. 1909 Prag, gest. 28.7. 1980 London.
Er studiert in Prag bei Konrad Wallerstein und geht dann nach Mailand zu Fernando Carpi. 1935 debütiert er als Amonasro (*Aida*, Verdi) in Brno (Brünn). 1936–39 gehört er zum Ensemble der Oper von Bratislava (Preßburg). Während des Zweiten Weltkriegs lebt er in England und arbeitet mit der Carl Rosa Company zusammen. 1946 geht er zu der English Opera Group. Ab 1951 singt er regelmäßig am Covent Garden. Vor allem als Alberich (*Der Ring des Nibelungen*), den er 1960–63 in Bayreuth singt, verschafft er sich einen Ruf als Wagner-Sänger. Er nimmt an den Uraufführungen zahlreicher moderner Opern teil und kreiert dabei folgende Rollen: Tarquinus, *The Rape of Lucretia* (Der Raub der Lukretia, Britten, 1946), Nick Shadow, *The Rake's Progress* (Der Wüstling, Strawinsky, 1951), Diomedes, *Troilus and Cressida* (Walton, 1954), König Fischer, *The Midsummer Marriage* (Mittsommerhochzeit, Tippett, 1955). Als bedeutender Pädagoge bildet er eine ganze Generation englischer Sänger aus.

Kraus, Richard
Deutscher Dirigent, geb. 16.11. 1902 Charlottenburg, gest. 11.4. 1978 Walchstadt.
Der Sohn des Wagner-Tenors Ernst Kraus studiert an der Hochschule für Musik in Berlin, wird als Zwanzigjähriger von der Staatsoper als Korrepetitor engagiert und steigt zum Assistenten von Erich Kleiber auf (1923–27). Anschließend ist er Kapellmeister in Kassel (1927–28), Hannover (1928–33) und Stuttgart (1933–37), bevor er in Halle zum Generalmusikdirektor (1933–37) ernannt wird. 1942 dirigiert er in Bayreuth (*Der fliegende Holländer*, Wagner). Nach dem Zweiten Weltkrieg arbeitet er zuerst an der Düsseldorfer Oper und geht dann als Generalmusikdirektor nach Köln (1948–53). Anschließend geht er, wieder als Generalmusikdirektor, an die Deutsche Oper in Berlin (1954–61) und unterrichtet an der dortigen Musikhochschule ab 1961 Orchesterleitung. 1963–69 leitet er die Nordwestdeutsche Philharmonie.

Krause, Martin
Deutscher Pianist, geb. 17.6. 1853 Lobstädt (Sachsen), gest. 2.8. 1918 Plattling (Niederbayern).
Er erhält von seinem Vater, einem Kantor, ersten Unterricht und geht dann zu Ernst Ferdinand Wenzel und Carl Reinecke an das Leipziger Konservatorium (1975–76), bevor er Tourneen durch Deutschland, Holland und die Schweiz unternimmt (1878–80). Aufgrund einer Depression muß er zwei Jahre unterbrechen. 1883 gibt er im Beisein von Franz Liszt ein Konzert; er wird ein begeisterter Anhänger des Komponisten und gründet 1885 in Leipzig den Liszt-Verein, der bis 1900 im musikalischen Leben Deutschlands eine wichtige Rolle spielen sollte. Krause geht nach Dresden, unterrichtet am dortigen Konservatorium, wechselt 1901 an die Münchner Akademie und 1904 endlich ans Sternsche Konservatorium in Berlin. Edwin Fischer und Claudio Arrau sind seine zwei bedeutendsten Schüler.

Krause, Tom
Finnischer Baßbariton, geb. 5.7. 1934 Helsinki.
Er studiert zuerst Medizin, bevor er 1956 an die Wiener Musikakademie geht und drei Jahre lang Gesang studiert. 1957 gibt er in Helsinki einen ersten Liederabend. Ab 1958 singt er an der Deutschen Oper Berlin; 1962 wird er Ensemblemitglied der Hamburger

Oper, wo er zum Kammersänger ernannt wird. 1962 gibt er als Heerrufer (*Lohengrin*, Wagner) sein Debüt in Bayreuth, 1963 als Graf (*Capriccio*, R. Strauss) in Glyndebourne. Im gleichen Jahr debütiert er mit Benjamin Brittens *War Requiem* (Kriegsrequiem) in den Vereinigten Staaten (Tanglewood und Carnegie Hall, New York). 1967 singt er zum ersten Mal an der Met, und zwar den Figaro (*Le nozze di Figaro*, Mozart). Vor allem in Chicago und San Francisco gibt er in der Folge viele Gastspiele auf amerikanischem Boden. 1968 singt er auf den Salzburger Festspielen den Don Giovanni (Mozart). Ein Jahr später nimmt er in Philadelphia an der amerikanischen Erstaufführung der *Symphonie Nr. 13* von Dmitri D. Schostakowitsch teil. Zu seinen wichtigsten Rollen gehören außer den bereits erwähnten Malatesta (*Don Pasquale*, Donizetti), Guglielmo (*Così fan tutte*, Mozart), Pizarro (*Fidelio*, Beethoven), Escamillo (*Carmen*, Bizet), Wolfram (*Tannhäuser*, Wagner) und Orest (*Elektra*, R. Strauss). Während seiner Hamburger Zeit nimmt er an den Uraufführungen von *Der goldene Bock* (Krenek, 1964) und *Hamlet* (Searle, 1968) teil.

Krauss, Clemens
Österreichischer Dirigent, geb. 31. 3. 1893 Wien, gest. 16. 5. 1954 Mexico City.
Er studiert am Konservatorium in Wien bei Hermann Grädener und Richard Heuberger. Er debütiert als Chorleiter in Brünn (1912) und geht dann als Kapellmeister ans Deutsche Theater in Riga (1913–14), nach Nürnberg (1915–16), Stettin (1916–21) und Graz (1921). 1922–24 ist er neben Franz Schalk Dirigent an der Wiener Staatsoper und lernt dort Richard Strauss kennen. Die beiden Männer befreunden sich; Krauss wird in der Folge einer der von Strauss bevorzugten Interpreten. 1924 geht Krauss als Intendant an die Frankfurter Oper und leitet gleichzeitig die Museumskonzerte. Wien ruft ihn 1929 als Musikdirektor an die Oper, bis er 1935 in der gleichen Funktion nach Berlin geht und 1937 in München zum Generalmusikdirektor ernannt wird. Nach dem Zweiten Weltkrieg darf er bis 1947 aufgrund seiner Haltung während des Nazi-Regimes nicht dirigieren. Er reorganisiert das Mozarteum in Salzburg und unterrichtet an der Musikhochschule Wien (1949–51), bevor er wieder an der Wiener Oper dirigiert (1950–54). 1953 leitet er bei den Bayreuther Festspielen den *Ring des Nibelungen* und *Parsifal* (beide Wagner). Er stirbt während einer Konzerttournee durch Mittelamerika. Er war mit der Sopranistin Viorica Ursuleac (1894–1985) verheiratet.
Richard Strauss widmet ihm *Friedenstag* (1938) und *Capriccio* (1942), dessen Textbuch von Clemens Krauss stammt. Neben diesen Werken leitet er noch die Uraufführungen folgender: *Tanzsuite nach Klavierstücken von F. Couperin* (1923), *Arabella* (1933), *Die Liebe der Danae* (1952) und *Divertimento* op. 86 (1943, alle Strauss) sowie *Der Golem* von Eugen d'Albert (1926) und *Der Mond* von Carl Orff (1939).
W: *Selbstbiographie à la minute* in Joseph Gregor, *Clemens Krauss* (Wien 1953).

Krebbers, Herman
Niederländischer Violinist, geb. 18. 6. 1923 Hengelo.
Er studiert in Amsterdam bei Oskar Back und debütiert als Solist im Alter von neun Jahren. 1950 wird er zum Konzertmeister des Residenzorchesters in Den Haag ernannt und geht 1962 in gleicher Funktion zum Concertgebouw-Orchester nach Amsterdam. Neben seiner Orchestertätigkeit tritt er häufig auch als Solist auf. Er unterrichtet am Amsterdamer Muzieklyceum. 1963 gründet er mit dem Pianisten Danièle Delorme und dem Cellisten Jean Decroos das Guarneri-Trio. Mit dem Violinisten Theo Olof spielt er häufig im Duo. Hermann Krebbers besitzt eine Guarneri del Gesù aus dem Jahre 1741.

Er unterrichtet an der Musikhochschule von Düsseldorf.

Krebs, Helmut
Deutscher Tenor und Komponist, geb. 8.10.1913 Dortmund.
Er studiert zuerst in seiner Heimatstadt Gesang, geht dann an die Musikhochschule in Berlin und studiert dort Orchesterleitung und Komposition (1934–37). Er debütiert an der Volksoper Berlin, zu deren Ensemble er 1937–41 gehört. Nach dem Zweiten Weltkrieg ist er zuerst Mitglied der Düsseldorfer Oper und geht dann 1947 an die Städtische Oper Berlin. 1963 wird ihm hier der Titel eines Kammersängers verliehen. Krebs wird auch als Oratoriensänger sehr berühmt, vor allem als Evangelist in den Passionen von Johann Sebastian Bach. Er nimmt an wichtigen Uraufführungen teil. So kreiert er 1954 in Hamburg unter Hans Rosbaud bei einer konzertanten Aufführung die Rolle des Aron in Arnold Schönbergs nicht fertiggestellter Oper *Moses und Aron* und wirkt an den Uraufführungen von *König Hirsch* (Berlin 1956) und *Der junge Lord* (Berlin 1965, beide Henze) mit. Seit 1957 unterrichtet er an der Berliner Musikhochschule Gesang; ab 1966 auch an der Frankfurter. Er komponiert auch, insbesondere Lieder nach Texten von Wilhelm Busch und Christian Morgenstern.

Kreisler, Fritz
Amerikanischer Violinist und Komponist österreichischer Herkunft, geb. 2.2.1875 Wien, gest. 29.1.1962 New York.
Er erhält ersten Violin-Unterricht von seinem Vater, wird dann von Jacques Auber unterrichtet, dem Konzertmeister des Wiener Ringtheaters, und am Konservatorium von Joseph Hellmesberger d. J. (1882–85) und Anton Bruckner. Anschließend geht er nach Paris zu Joseph Massart und Léo Delibes (1885–87) und schließt sein Studium am dortigen Konservatorium als Zwölfjähriger mit einem 1. Großen Preis ab. Er unternimmt mit Moritz Rosenthal seine erste Tournee in die Vereinigten Staaten. Wieder zurück in Wien, wird ihm von Arnold Rosé, dem Konzertmeister der Philharmoniker, die Stelle eines Stellvertreters verweigert, da er angeblich nicht vom Blatt lesen kann. Er legt die Geige für einige Zeit beiseite, holt den Schulabschluß nach, studiert Medizin und leistet seinen Militärdienst ab. Erst 1898 gibt er wieder ein Konzert, zu dessen Vorbereitung er nur wenige Wochen benötigt. Bis 1925 unternimmt Kreisler von Wien aus Konzertreisen um die Welt. Während des Ersten Weltkriegs wird er schwer verwundet; im November 1914 schifft er sich nach New York ein. 1925–32 lebt er in Berlin. Sofort nach der Machtergreifung durch Hitler emigriert er 1933 nach Paris und nimmt die französische Staatsbürgerschaft an. 1939 muß er Frankreich verlassen. Er geht in die Vereinigten Staaten. 1941 wird er bei einem Verkehrsunfall in New York schwer verletzt, erholt sich aber wieder und ist bis zu seinem berühmten Abschiedskonzert aktiv, das am 1. November 1947 stattfindet. Anschließend tritt er nicht mehr in der Öffentlichkeit auf, spielt aber noch Schallplatten ein.

Auch auf dem Gebiet der Kammermusik ist Kreisler tätig: 1901–02 bildet er mit dem Pianisten Josef Hofmann und dem Cellisten Jean Gérardy ein Trio. Einige Jahre später sind Harold Bauer und Pablo Casals seine Partner. Mit Ferruccio Busoni und – zwischen den beiden Weltkriegen – Sergej W. Rachmaninow spielt er Kammermusik für Klavier und Violine.

Der geniale Virtuose wird auch als Komponist bekannt, wobei er sich nicht scheut, eigene Kompositionen als Bearbeitungen angeblich von ihm entdeckter Manuskripte auszugeben, was ihm aufgrund seiner Geschicklichkeit, sich in verschiedenen Stilen auszudrücken, nicht schwerfällt. Was als Scherz gedacht ist, wird von der Kritik ernstgenommen und ihm vorgehalten. Auch als Philanthrop hat er sich durch zahlreiche Stiftungen und Unterstützungen in Not

geratener Künstler ein Denkmal gesetzt.
Edward Elgar widmet ihm sein *Konzert für Violine und Orchester* (1910), Eugène Ysaÿe die *Sonate für Violine Solo* op. 27, Nr. 4, Bohuslav Martinů seine *Tschechische Rhapsodie* und Sergej W. Rachmaninow seine *Variationen über ein Thema von Corelli*. Kreisler spielte auf einer Stradivari aus dem Jahre 1733.
W: *Four Weeks in the Trenches. The War Story of a Violinist* (Boston und New York 1915).

Kremer, Gidon Markowitsch
Lettischer und deutscher Violinist, geb. 27. 2. 1947 Riga.
Sein Großvater Karl Brückner (1893-1963) war Konservatoriums-Professor, sein Vater Pädagoge und Solist. Er führt Gidon in die Musik ein, der anschließend die Kurse von Voldemar Sturesteps an der Musikschule seiner Heimatstadt besucht und dann an das Moskauer Konservatorium zu David F. Oistrach und P. Bondarenko geht (1965-73). 1967 gewinnt er beim Königin-Elisabeth-Wettbewerb in Brüssel eine Bronzemedaille; andere Auszeichnungen und Preise in Montreal, Genua und Moskau folgen. Seine Virtuosität und Originalität fallen schon früh auf. Er erarbeitet sich ein beträchtliches Repertoire, sowohl auf dem Gebiet der zeitgenössischen Musik wie auf dem der Kammermusik, und setzt sich als einer der wenigen großen Geiger durch, die fähig sind, die vorgezeichneten Bahnen zu verlassen.
1980 verläßt er mit seiner Frau Elena, der Tochter des Pianisten Dmitrij A. Baschkirow, die Sowjetunion und läßt sich in Deutschland nieder. Bis 1979 spielt er auf einer Guadagnini, die sich bereits im Besitz seines Großvaters befand, und seither auf einer Stradivari aus dem Jahre 1734, der *Ex-Baron von Feilitzsch*.
Er setzt sich für die zeitgenössische Musik ein und ist für viele Uraufführungen verantwortlich, darunter: *Offertorium* von Sofia Gubajdulina (1980), *Il vitalo radopiatto* von Hans Werner Henze (1978), *Tabula rasa für zwei Violinen* (zusammen mit seiner ersten Frau Tatjana Gridenko, 1977) und *Stabat Mater* (1985) von Arvo Pärt sowie *Concerto grosso für zwei Violinen* (1977), *Konzert für Violine und Orchester Nr. 4* (1984) und *Trio* (1985) von Alfred G. Schnittke.

Krenz, Jan
Polnischer Dirigent und Komponist, geb. 14. 7. 1926 Włocławek.
Er studiert an den Musikhochschulen von Warschau und Łódź bei Kazimierz Sikorski Komposition, bei Zbigniew Drzewiecki Klavier, und bei Kazimierz Wiłkomirski sowie Zdzisław Górzyński Orchesterleitung. 1945 debütiert er in Łódź; 1949 wird er Assistent von Grzegorz Fitelberg am Symphonie-Orchester von Radio Katowice (Kattowitz). 1951-53 leitet er das Philharmonische Orchester von Poznań (Posen) und wird dann Nachfolger von Fitelberg als künstlerischer Direktor des Symphonie-Orchesters von Radio Katowice (1966-68). 1968-73 ist er künstlerischer Direktor der Warschauer Oper, der er auch nach seinem Ausscheiden als principal guest conductor verbunden bleibt. 1978-82 verbringt er als Generalmusikdirektor in Bonn. Er zeichnet für viele Uraufführungen verantwortlich, darunter: *Trauermusik* (Lutosławski, 1958), *Symphonische Variationen* (1958) und *Musik für Streicher* (1959, beide Bacewicz), *Symphonie Nr. 1* und *Scontri* (Gefechte, 1960, beide Gorecki), *Kanon* (1962, Penderecki), *Symphonie Nr. 3* (1968, Baird) und *Ad libitum* (1977, Serocki). Als Komponist beschäftigt er sich mit allen musikalischen Gebieten.

Krips, Henry
Australischer Dirigent österreichischer Herkunft, geb. 10. 2. 1912 Wien, gest. 25. 1. 1987 Adelaide.
Der Bruder von Josef Krips studiert an der Musikakademie und der Universität

seiner Heimatstadt. 1932 debütiert er am Burgtheater. Ein Jahr später wird er in Innsbruck Kapellmeister, geht dann als Musikdirektor 1934–35 nach Salzburg und 1935–38 an die Wiener Volksoper und das dortige Stadttheater. Die Nationalsozialisten vertreiben ihn aus seiner Heimat. Er geht nach Australien, wo er die Krips-de Vries Opera Company ins Leben ruft. Ab 1941 ist er Musikdirektor des Kirsowa-Balletts in Sydney. 1947 wird er vom australischen Rundfunksender ABC als Dirigent engagiert. Ein Jahr später wird er Chefdirigent des Symphonie-Orchesters von Perth und 1949 des Symphonie-Orchesters von Adelaide. Ab 1967 unternimmt er regelmäßig Tourneen nach England, wo er ständiger Gast der Sadler's Wells Opera ist. 1972 löst er alle australischen Verträge und zieht nach England, um fortan nur noch als Gastdirigent zu arbeiten.

Krips, Josef Alois
Österreichischer Dirigent, geb. 8. 4. 1902 Wien, gest. 13. 10. 1974 Genf.
Der Bruder von Henry Krips studiert in Wien bei Eusebius Mandyczewski und Felix von Weingartner. 1918–21 arbeitet er als Violinist im Orchester der Volksoper in Wien. Anschließend wird er, ebenfalls an der Wiener Volksoper, Assistent Weingartners und Chorleiter. Anschließend geht er als Kapellmeister nach Aussig (1924–25) und Dortmund (1925–26), bevor er 1926 in Karlsruhe zum Generalmusikdirektor ernannt wird. 1933 geht er als ständiger Dirigent an die Wiener Oper. Ab 1935 unterrichtet er gleichzeitig an der Wiener Musikakademie. 1938 muß er aufgrund des Einmarsches der Nationalsozialisten Wien verlassen; 1938–39 leitet er die Belgrader Philharmoniker und das Orchester der dortigen Oper. Anschließend unterliegt er bis 1945 einem von den Nationalsozialisten ausgesprochenen Berufsverbot, so daß er gezwungen ist, als Gastdirigent im Ausland zu arbeiten. Direkt nach Kriegsende kommt er zur Wiedereröffnung der Wiener Oper zurück; ein Jahr später wirkt er an der Neugründung der Salzburger Festspiele mit. 1950–54 leitet er das Symphonie-Orchester von London. Anschließend geht er in die Vereinigten Staaten, wo er die Leitung des Symphonie-Orchesters von Buffalo (1954–63) und des Cincinnati May Festival (1954–60) übernimmt. Anschließend wird er zum künstlerischen Leiter des Symphonie-Orchesters von San Francisco ernannt (1963–70). Ab 1968 dirigiert er wieder regelmäßig an der Wiener Oper. 1970–73 wird er Nachfolger von Wolfgang Sawallisch an der Spitze des Symphonie-Orchesters von Wien, ohne wirklich zum Leiter ernannt zu sein.

Krivine, Emmanuel
Französischer Dirigent und Violinist, geb. 7. 5. 1947 Grenoble.
Er studiert zuerst in Grenoble bei Louise Mercier Violine und geht dann 1960 an das Pariser Konservatorium zu René Benedetti. 1963 erhält er in Violine einen 1. Preis. Anschließend perfektioniert er sich bei Henry Szeryng und Yehudi Menuhin. 1965 verleiht ihm das Konservatorium von Brüssel einen Preis für Virtuosität; 1968 gewinnt er dort den Königin-Elisabeth-Wettbewerb. Er geht wieder zurück an das Pariser Konservatorium, um sich weiter zu perfektionieren. Anschließend gewinnt er die Wettbewerbe von Genua, London, Neapel und Bratislava (Preßburg). Neben seiner Solisten-Karriere beginnt er ab 1964 vor allem in Belgien zu dirigieren. 1975 dirigiert er das Neujahrskonzert des Philharmonischen Orchesters von Radio France; ein Jahr später wird er principal guest conductor dieser Formation. 1981–83 ist er Leiter des Philharmonischen Orchesters von Lothringen. Ein Autounfall zwingt ihn 1981, das Violinspiel aufzugeben. 1979–81 unterrichtet er am Konservatorium von Lyon Orchesterleitung. 1983–85 ist er principal guest conductor des National-Orchesters von Lyon, zu dessen musikalischem Leiter er 1987 ernannt wird. 1989 dirigiert er die Uraufführung von

Concertoratorio 89 von Michel Legrand, eine Arbeit, die aus Anlaß der Zweihundertjahrfeier der Französischen Revolution in Auftrag gegeben wurde.

Krombholc, Jaroslav
Tschechoslowakischer Dirigent, geb. 30. 1. 1918 Prag, gest. 16. 7. 1983 daselbst.

Er studiert an der Universität und am Konservatorium seiner Heimatstadt bei Otakar Šín, Vítězslav Novák und Alois Hába Komposition (1937–42) und anschließend bei Pavel Dědeček und Václav Talich Orchesterleitung. 1944 debütiert er als Dirigent am Theater von Ostrava (Ostrau, bis 1945) und geht dann als Kapellmeister an die Prager Nationaloper (1945–46 und 1948–62); 1963 wird er am gleichen Haus zum 1. Kapellmeister und 1968 zum Musikdirektor ernannt (bis 1974). Anschließend übernimmt er die Leitung des Symphonie-Orchesters des Tschechischen Rundfunks (1973–77). Als einer der wichtigsten Operndirigenten seiner Generation trägt er entscheidend dazu bei, die tschechische Oper weltweit bekannt zu machen.

Kruysen, Bernard
Niederländischer Bariton, geb. 28. 3. 1933 Montreux.

Er studiert am Konservatorium von Den Haag, wird von der Amsterdamer Oper engagiert, die er schon bald wieder verläßt, um sich bei Pierre Bernac in Paris zu perfektionieren. Er wird am dortigen Konservatorium mit dem 1. Großen Preis für die Interpretation französischen Liedguts und einem weiteren 1. Großen Preis beim Gabriel-Fauré-Wettbewerb ausgezeichnet – da er die ersten fünfzehn Jahre seines Lebens in der Provence verbracht hat, spricht er fließend französisch. 1958 wird er bei dem internationalen Gesangswettbewerb in Bois-le-Duc zum besten holländischen Sänger gekürt. Zahlreiche Konzertreisen führen ihn durch Europa und die Vereinigten Staaten. Er tritt häufig mit dem Pianisten Noel Lee auf; 1972 wird er, allerdings mit Paul Niessing am Flügel, als bester Klavierlied-Interpret ausgezeichnet. Sein Repertoire reicht von Johann Sebastian Bach über Claudio Monteverdi, Robert Schumann, Modest P. Mussorgskij, Claude Debussy, Maurice Ravel und Gabriel Fauré bis zu Francis Poulenc.

Kubelík, Jan
Ungarischer Violinist und Komponist tschechoslowakischer Herkunft, geb. 5. 7. 1880 Michle bei Prag, gest. 5. 12. 1940 Prag.

Der Schüler von Otakar Ševčík am Prager Konservatorium beginnt in Wien 1898 eine brillante Karriere als Solist, die zweiundvierzig Jahre andauern sollte. Er gilt als der beste tschechische Violinist seiner Generation, der über die Linie Ševčík-Bennewitz-Pixis-Viotti als ein entfernter Schüler Giovanni Battista Viottis angesehen werden kann und der aufgrund seiner exzellenten Technik häufig mit Niccolò Paganini verglichen wird. Er gründet ein eigenes Quartett, dem lange Zeit Paul Grümmer angehört, der später zum Busch-Quartett geht. Er besitzt sechzehn historische Geigen, darunter eine Stradivari aus dem Jahre 1715, die berühmte *Emperor*, und eine Guarneri aus dem Jahre 1735, die sich zur Zeit im Besitz von Kyung-Wha Chung befindet. Die Sammlung wird 1932 aufgelöst. Als Komponist arbeitet er im wesentlichen für sein Instrument.

Kubelík, Jeronym Rafael
Schweizer Dirigent und Komponist tschechoslowakischer Herkunft, geb. 29. 6. 1914 Býchory bei Prag.

Der Sohn von Jan Kubelík studiert am Prager Konservatorium bei Otakar Šín, Pavlak Dědeček und Jindřich F. Feld Komposition, Klavier, Violine und Orchesterleitung. Als Neunzehnjähriger gibt er sein erstes Konzert. Ein Jahr lang tritt er als Begleiter seines Vaters auf. 1936–39 ist er Dirigent am Tschechischen Philharmonischen Orchester in Prag. 1939 wird er zum Musikdirektor der Oper in Brno (Brünn) ernannt; 1941 kehrt er als künstlerischer Leiter an die Tschechische Philharmonie nach Prag zurück. 1948 verläßt er seine Heimat und verbringt einige Jahre in den Vereinigten Staaten, wo er 1950–53 das Symphonie-Orchester von Chicago leitet. 1955–58 ist er Musikdirektor am Covent Garden. 1961–68 leitet das Symphonie-Orchester des Bayerischen Rundfunks. 1973–74 geht er als Musikdirektor an die Metropolitan Opera in New York. 1985 muß er aus gesundheitlichen Gründen seine Tätigkeit als Dirigent einstellen. Bohuslav Martinů widmet ihm seine *Fresken des Piero della Francesca*, die er 1956 kreiert; weitere Uraufführungen: *Feldmesse auf Psalmentexte* (1946) und *Symphonie Nr. 5* (1947, beide Martinů), *Sechs Monologe aus Jedermann* (F. Martin, 1949), *Die Jakobsleiter* (Schönberg, 1961), *Symphonie Nr. 8* (1963) und *Symphonische Hymnen* (1975, beide Hartmann).

Küchl, Rainer
Österreichischer Violinist, geb. 25. 8. 1950 Waidhofen/Ybbs.
Er studiert bei Franz Samohyl an der Wiener Musikakademie und gibt 1967 seine ersten Konzerte. 1970 gewinnt er den Tschaikowskij-Wettbewerb in Moskau. Ein Jahr später wird er Konzertmeister der Wiener Philharmoniker. 1973 gründet er mit anderen Solisten der Philharmoniker das Quartett des Wiener Musikvereins, das sich innerhalb von wenigen Jahren einen Namen macht; es entwickelt sich zu einem würdigen Nachfolger der großen österreichischen Quartette. 1982 wird er an der Wiener Hochschule für Musik zum Professor ernannt.

Kuentz, Paul
Französischer Dirigent, geb. 4. 5. 1930 Mülhausen (Elsaß).
Er studiert am Konservatorium seiner Heimatstadt und geht 1947 nach Paris zu Georges Hugon, Noël Gallon und Eugène Bigot. 1950 gewinnt er am dortigen Konservatorium einen 1. Preis in Orchesterleitung. Im gleichen Jahr noch ruft er das aus fünfzehn Mitgliedern bestehende Kammerorchester Paul Kuentz ins Leben, das ab 1951 an die Öffentlichkeit tritt und sich innerhalb kurzer Zeit unter der Leitung des Gründers einen guten Namen schafft. 1960 feiert es während einer großen Nordamerika-Tournee einen großen Erfolg. 1956 heiratet Paul Kuentz Monique Frasca-Colombier, die Konzertmeisterin seines Orchesters. In der Pariser Kirche Saint-Séverin spielt das Ensemble sämtliche Werke für Orchester von Johann Sebastian Bach in einem Konzertzyklus. 1968 tritt das Kammerorchester, das auch zahlreiche Uraufführungen verwirklicht (Werke von Castérède, J. Charpentier, Dubois, Vittoria und Zbar), in der New Yorker Carnegie Hall auf. 1972 gründet Kuentz seinen eigenen Chor. Vor allem im Ausland setzt er sich für die französische Musik des 17. und 18. Jahrhunderts ein.

Kuhn, Gustav
Österreichischer Dirigent, geb. 28. 8. 1947 Salzburg.
Als Vierjähriger beginnt er mit dem Geigen- und Klavier-Unterricht. 1964 geht er an das Mozarteum in Salzburg und studiert bei Bruno Maderna und Herbert von Karajan Orchesterleitung; gleichzeitig besucht er die Kurse von Hans Swarowsky an der Hochschule für Musik in Wien. 1969 gewinnt er beim internationalen Wettbewerb des österreichischen Rundfunks den 1. Preis. Im darauffolgenden Jahr promoviert er an der Salzburger Universität und legt am dortigen Mozarteum die Kapellmeisterprüfung ab. 1970–73 ist er 1. Kapellmeister an der Oper von Istanbul und geht dann in der gleichen Funktion an die Opern von Enschede (Holland, 1974–75) und Dortmund (1975–77). Die bedeutendsten Opernhäuser der Welt laden ihn zu Gastdirigaten ein. 1978 wird er Kapellmeister an der Wie-

ner Oper; ein Jahr später geht er als Generalmusikdirektor nach Bern. 1982 übernimmt er die gleiche Stellung in Bonn (bis 1985). 1980 debütiert er bei den Festspielen von Glyndebourne, München und Salzburg. 1986 wird er zum künstlerischen Direktor der römischen Oper ernannt. Im gleichen Jahr leitet er die Uraufführung von Lorenzo Ferreros Oper *Salvatore Giuliano*.

Kuijken, Barthold
Belgischer Flötist, geb. 8.3. 1949 Dilbeek bei Brüssel.
Er besucht die Konservatorien von Brügge, Brüssel und Den Haag; Frans Vester (Querflöte) und Frans Brüggen (Blockflöte) sind seine Lehrer. Wie seine Brüder Wieland und Sigiswald, die auf barocken oder barocken Originalen nachgebauten Instrumenten spielen, beschäftigt auch er sich mit der barocken Querflöte und beginnt als Solist und als Orchestermusiker eine brillante Karriere. Er gehört dem Ensemble Parnassus und dem Ensemble La Petite Bande an, das von seinem Bruder Sigiswald geleitet wird, und arbeitet mit dem Collegium Aureum zusammen. An den Konservatorien von Den Haag und Brüssel unterrichtet er Barockflöte. Frans Brüggens Beispiel folgend, sucht er nach neuen Interpretationsformen für die alte Flötenmusik. Er übt einen entscheidenden Einfluß auf die Entwicklung der Flöteninterpretation aus.

Kuijken, Sigiswald
Belgischer Violinist und Gambenspieler, geb. 16.2. 1944 Dilbeek bei Brüssel.
Als Achtjähriger beginnt er am Konservatorium von Brügge mit dem Violin-Unterricht. 1960 geht er als Schüler von Maurice Raskin an das Konservatorium von Brüssel und erhält dort 1964 einen 1. Preis. Ab 1970 lernt er, wie sein älterer Bruder Wieland, als Autodidakt auf barocken Instrumenten zu spielen. Er arbeitet mit Wieland innerhalb des Ensembles Musiques Nouvelles und auch des Ensembles Alarius zusammen. Am Konservatorium von Den Haag unterrichtet er ab 1971 Barockgeige. 1972 gründet er ein Barockorchester, La Petite Bande, das er mit großem Erfolg leitet.

Kuijken, Wieland
Belgischer Gambenspieler, geb. 31.8. 1938 Dilbeek bei Brüssel.
Er beginnt als Fünfzehnjähriger am Konservatorium von Brügge, wo seine Familie seit 1952 wohnt, Klavier und Cello zu studieren. 1957 geht er an das Konservatorium von Brüssel und erhält dort zum Abschluß seines Studiums 1962 einen 1. Preis. Im gleichen Jahr schließt er sich der Brüsseler Avantgarde-Gruppe Musiques Nouvelles an; 1959–72 arbeitet er gleichzeitig mit dem auf barocke Musik spezialisierten Ensemble Alarius zusammen. Seit 1972 spielt er auch mit seinen beiden Brüdern Barthold und Sigiswald (Kuijken Early Music Group). Seit dem Beginn der 70er Jahre unterrichtet er an den Konservatorien von Antwerpen, Brüssel und Den Haag; seit 1973 hält er auch in Innsbruck regelmäßig Vorlesungen. In England und den Vereinigten Staaten hält er 1973 bzw. 1974 Vorträge. Er nimmt am flandrischen Festival, an dem von Saintes und am English Bach Festival teil. Mit Gustav Leonhardt, Alfred Deller und Frans Brüggen spielt er alte Kammermusik. Er gilt als einer der besten Baßviola-Spieler seiner Generation und beherrscht die Literatur, die zur Blütezeit seines Instruments entstand.

Kulenkampff, Georg
Deutscher Violinist, geb. 23.1. 1898 Bremen, gest. 4.10. 1948 Schaffhausen.
Er studiert in seiner Heimatstadt bei Erich Wendel und geht dann zu Willy Hess nach Berlin (1913–16). Die Bremer Philharmoniker ernennen ihn 1916 zum Konzertmeister. 1919 kehrt er nach Berlin zurück, wo er als Solist schon bald Erfolge zu verzeichnen hat, vor allem mit der Uraufführung von Paul Kletzkis *Konzert für Violine und Orchester* im Jahre 1923. 1923–26 und

1931–43 unterrichtet er an der Berliner Hochschule für Musik; Helmut Zacharias, der berühmte Geiger der leichten Musik, gehört zu seinen Schülern. Aufgrund beträchtlicher Schwierigkeiten mit der Diktatur der Nationalsozialisten geht er 1943 in die Schweiz, wird Nachfolger von Carl Flesch am Konservatorium von Luzern und setzt seine Karriere als Solist fort. Vor allem in den Werken Ludwig van Beethovens, Antonín Dvořáks und Max Bruchs zeichnet er sich aus. Berühmte Dirigenten wie Wilhelm Furtwängler und Carl Schuricht laden ihn ein. Auch auf dem Gebiet der Kammermusik ist er tätig: mit Edwin Fischer und Enrico Mainardi bildet er ein berühmtes Klavier-Trio und mit Wilhelm Kempff sowie Georg Solti (als Pianist) Duos. Wir verdanken ihm die Uraufführungen von Ottorino Respighis *Poema autunnale* (Herbstgedicht, 1926), von Robert Schumanns *Konzert für Violine und Orchester* (Berlin 1937 unter Karl Böhm), die deutsche Erstaufführung des *Konzerts für Violine und Orchester* von Jean Sibelius (Berlin 1943 unter Wilhelm Furtwängler).
W: *Geigerische Betrachtungen* (Regensburg 1952).

Kulka, János
Deutscher Dirigent ungarischer Herkunft, geb. 11. 12. 1929 Budapest.
Er studiert am Konservatorium seiner Heimatstadt bei János Ferencsik, László Somogyi, Leo Weiner und Zoltán Kodály. 1950–56 ist er Kapellmeister an der Budapester Oper. Dann geht er in die Bundesrepublik Deutschland. Ferenc Fricsay holt ihn als Kapellmeister an die Münchner Oper. 1959 wechselt er als 1. Kapellmeister nach Stuttgart; zwei Jahre später geht er in der gleichen Funktion nach Hamburg, bevor er 1964 in Wuppertal zum Generalmusikdirektor ernannt wird (bis 1976). 1976 kehrt er als Chefdirigent an die Stuttgarter Oper zurück (bis 1987) und leitet gleichzeitig die Nordwestdeutsche Philharmonie. Er leitet die Uraufführungen verschiedener Opern, darunter *Yvonne,* *Prinzessin von Burgund* (Blacher, 1973), *Jacobowsky und der Oberst* (Klebe, 1982) und *Doktor Faustus* (Boehmer, 1985).

Kulka, Konstanty Andrzej
Polnischer Geiger, geb. 5. 3. 1947 Gdańsk (Danzig).
Er studiert in seiner Heimatstadt an der Musikschule und geht dann zu Stefan Herman an die Musikhochschule (1960–65). 1964 gewinnt er den Paganini-Wettbewerb in Genua und 1966 den Münchner Rundfunkwettbewerb. Die berühmtesten Orchester laden ihn ein. Auf dem Gebiet der Kammermusik spielt er mit Jerzy Marchwinski. Er wird der bevorzugte Solist von Karl Münchinger, mit dessen Kammerorchester er in Westeuropa die größten Erfolge verzeichnet. 1980 hebt er Zygmunt Krauzes *Konzert für Violine und Orchester* aus der Taufe.

Kuntzsch, Matthias
Deutscher Dirigent, geb. 22. 9. 1935 Karlsruhe.
Er studiert 1954–58 an der Hochschule für Musik in Hannover bei Karl Engel (Klavier) und Fritz von Bloh (Orchesterleitung). Anschließend perfektioniert er sich bei Pablo Casals, Lovro von Matačić, Herbert von Karajan und Hermann Scherchen (1957–62). Er ist Assistent an der Oper von Hannover (1957–58) und in Bayreuth (1959–64), arbeitet als Kapellmeister am Staatstheater Braunschweig (1958–62), als 1. Kapellmeister an der Oper von Bonn (1962–64), am Nationaltheater von Mannheim (1964–66) und an der Hamburger Oper (1966–69), bevor er in München zum Staatskapellmeister ernannt wird (1969–73). Anschließend geht er als Generalmusikdirektor nach Lübeck (1973–77) und Saarbrücken (1977–86). 1973–77 ist er Professor für Orchesterleitung an der Hochschule für Musik in Hamburg und 1977–81 an der von Saarbrücken. 1987 wird er zum Musikberater des Symphonie-Orchesters von Euskadi (San Sebastian) ernannt. Wir

verdanken ihm u. a. folgende Uraufführungen: *Help! Help! The Globolinks!* (Eine Kinderoper, Gian Carlo Menotti, Hamburg 1968), *Hamlet* (Humphrey Searle, Hamburg 1968) und *Die Geschichte von Aucassin und Nicolette* (Günter Bialas, München 1969).

Kunz, Erich
Österreichischer Baßbariton, geb. 20. 5. 1909 Wien.
Er studiert an der Wiener Musikakademie; seine Karriere führt ihn über die Opern in Troppau (1935), Plauen (1936) und Breslau (1937–41) 1941 an die Wiener Oper, wo er neben Paul Schöffler, Anton Dermota, Julius Patzak, Emmy Loose und Irmgard Seefried schon bald zu einer der tragenden Säulen wird. Vor allem in den Werken Wolfgang Amadeus Mozarts (Leporello, *Don Giovanni*, Papageno, *Die Zauberflöte* und Guglielmo, *Così fan tutte*) und in Wiener Operetten (Falke, *Die Fledermaus*, J. Strauß, Danilo, *Die lustige Witwe*, Lehár) feiert er Triumphe. Er nimmt an den Festspielen von Glyndebourne (1935), Salzburg und Bayreuth (Beckmesser, *Die Meistersinger von Nürnberg*, Wagner) teil. Auch international ist er erfolgreich. So laden ihn die Met (1952 als Leporello, *Don Giovanni*, Mozart), die Oper von Tokio und das Teatro Colón in Buenos Aires ein.

Kurtz, Efrem
Amerikanischer Dirigent russischer Herkunft, geb. 7. 11. 1900 Sankt Petersburg.
Er studiert am Konservatorium seiner Heimatstadt bei Nikolai N. Tscherepnin und Alexander K. Glasunow und geht anschließend an die Universität von Riga sowie an das Sternsche Konservatorium nach Berlin. 1921 debütiert er in Berlin. 1929–33 ist er Leiter der Stuttgarter Philharmoniker und geht dann als Musikdirektor zu den Ballets Russes nach Monte Carlo (bis 1941), mit dem er viele Tourneen durch Europa und die Vereinigten Staaten unternimmt. 1941 emigriert er in die Vereinigten Staaten, wo er 1943–47 Musikdirektor des Symphonie-Orchesters von Kansas City und 1948–54 des Symphonie-Orchesters von Houston ist; 1955 geht er zum Royal Liverpool Philharmonic Orchestra (bis 1957). Anschließend arbeitet er als Gastdirigent auch in seiner ehemaligen Heimat, wo er seit 1919 nicht mehr gewesen ist. Er war mit der Flötistin Elaine Shaffer verheiratet.

Kurz, Selma
Deutsche Sopranistin, geb. 15. 11. 1874 Bielitz (Schlesien), gest. 10. 5. 1933 Wien.
Graf Nikolaus Esterházy finanziert ihre Ausbildung bei Johannes Ress in Wien. Anschließend geht sie zu Mathilde Marchesi nach Paris und debütiert als Mezzosopranistin in der Titelrolle von *Mignon* (Thomas) in Hamburg. Die Frankfurter Oper engagiert sie (1896–99); sie singt dort die Elisabeth (*Tannhäuser*, Wagner) und Carmen (Bizet). Gustav Mahler holt sie 1899 an die Wiener Staatsoper, wo ihre eigentliche Karriere beginnt; sie bleibt dem Haus bis 1929 zuerst als dramatische und dann als Koloratursopranistin verbunden und kreiert hier 1916 die Rolle der Zerbinetta (*Ariadne auf Naxos*, R. Strauss, 2. Version). Die bedeutendsten Bühnen laden sie ein: Covent Garden (1904), Paris (1909), Salzburg (1922, Konstanze, *Die Entführung aus dem Serail*, Mozart). 1921 debütiert sie in den Vereinigten Staaten. Ihre mit einer Leichtigkeit ohnegleichen gesungenen Triller und ihre strahlende Höhe machen sie weltberühmt. Sie war mit dem Wiener Frauenarzt Josef Halban verheiratet.
W: *Selma Kurz. Die Sängerin und ihre Zeit* (unter Mitarbeit von Ursula Ebbers, Stuttgart 1983).

Kurz, Siegfried
Deutscher Dirigent und Komponist, geb. 18. 7. 1930 Dresden.
Er studiert in seiner Heimatstadt an der Staatlichen Akademie für Musik und

Theater bei Ernst Hintze Orchesterleitung, bei Fidelio Finke Komposition und Trompete und beginnt seine Karriere als Leiter der Schauspielmusik am Staatstheater Dresden (1949–60). 1960 wird er zum Kapellmeister an der Dresdner Oper ernannt; 1965 wird er dort Staatskapellmeister und 1971 Generalmusikdirektor (bis 1983). Seit 1979 ist er Professor an der Dresdner Musikhochschule und seit 1983 außerdem ständiger Kapellmeister an der Staatsoper Berlin.

Kussewitzky, Serge Alexandrowitsch
Amerikanischer Dirigent russischer Herkunft, geb. 26. 7. 1874 Wyschnij-Wolotschok, gest. 4. 6. 1951 Boston (Mass.).
Als Kind spielt er im Familienkreis Trompete. Am Moskauer Konservatorium studiert er bei Josef Rambušek Kontrabaß und bei Pawel I. Blaramberg sowie bei Semjon N. Kruglikow Musiktheorie und Komposition. 1894 wird er als Kontrabassist Mitglied des Orchesters des Bolschoi-Theaters, das ihn 1901 zum Solo-Kontrabassisten ernennt (bis 1905). Im gleichen Jahr beginnt er mit einem Repertoire, das in der Hauptsache aus Transkriptionen von Werken für Violoncello und aus eigenen Kompositionen besteht, eine Karriere als Solist.

1905 heiratet er Natalie Uschkowa, die Tochter eines reichen Tee-Händlers. Sein Schwiegervater wird sein Mäzen. Kussewitzky zieht 1907 nach Berlin und debütiert dort 1908 als Dirigent an der Spitze der Berliner Philharmoniker.
1909 kehrt er nach Moskau zurück und gründet dort das berühmte Kussewitzky-Orchester, mit dem er viele Uraufführungen und lange Tourneen durch Rußland durchführt – darunter drei auf gemieteten Schiffen auf der Wolga (1910, 1912, 1914) –, bei denen er sich für die zeitgenössische Musik einsetzt, sowie den Russischen Musikverlag, der zu einem der wichtigsten Hilfsmittel seiner Arbeit zugunsten der jungen russischen Musik wird. Er verlegt Werke von Alexander N. Skrjabin, Sergej W. Rachmaninow, Sergej S. Prokofjew, Igor Strawinsky, Alexander K. Glasunow u.a. 1915 kauft er das Moskauer Verlagshaus K. Gutheil, vereint es mit seinem Russischen Musikverlag und eröffnet in Berlin eine Zweigstelle seines Verlagsunternehmens. Nach der Revolution wird er zum Leiter des Staatsorchesters von Petrograd ernannt, der Nachfolgeorganisation des ehemaligen Hoforchesters, aus dem später die Leningrader Philharmoniker hervorgehen. Er behält diese Stellung bis 1920.
Er verläßt die Sowjetunion, geht über Berlin und Rom nach Paris und gründet dort die Concerts Symphoniques Koussevitzky, ein aus ausgezeichneten Musikern zusammengesetztes Orchester, mit dem er die Werke von russischen und jungen französischen Komponisten aufführt (1921–28). Gleichzeitig dirigiert er an der Oper das russische Repertoire. 1924 übernimmt er die musikalische Leitung des Symphonie-Orchesters von Boston, die er bis 1949 beibehält. Unter seiner Leitung entwickelt sich dieses Orchester zu einem der besten der Welt. Ohne die russische oder die französische Musik zu verleugnen, setzt er sich mit den Bostonern in besonderem Maße für die junge amerikanische Musik ein. Ab 1935 entwickelt er innerhalb des Festivals von Tanglewood seine Vorstellungen von der Dezentralisierung des amerikanischen Musiklebens und gründet dort 1940 das Berkshire Music Center, eine Akademie, bei der die größten lebenden Musiker jeden Sommer unterrichten. 1943 gründet er die Kussewitzky-Stiftung zur Erinnerung an seine ein Jahr zuvor verstorbene Frau. Diese Stiftung setzt das Mäzenatentum fort, das er selbst seit langen Jahren mit Aufträgen an Komponisten aller Länder und aller Stilrichtungen betreibt. 1947 heiratet er Olga Naoumoff, eine Nichte seiner ersten Frau, die sich für die Stiftung aufopfert. 1949 übergibt er die Leitung des Symphonie-Orchesters von Boston an Charles Münch, behält aber die des Berkshire Music Centers bis zu seinem Tod bei. Inner-

halb der UNESCO regt er die Gründung eines Fonds auf Gegenseitigkeit an, mit dem Komponisten unterstützt werden sollen.

Kussewitzky, dieser vielseitige Musiker, spielt für die Entwicklung der Musik im 20. Jahrhundert eine nicht zu überschätzende Rolle. Sein Enthusiasmus wirkt ansteckend und wird durch seine Werktreue in beste Bahnen gelenkt. Er versteht es, die besten Instrumentalisten um sich zu scharen und so Orchester von einzigartiger Güte zu formen. Kein anderer Interpret hat so viele wichtige Werke angeregt und uraufgeführt.

Mit seinem Pariser Orchester kreiert er u. a. folgende Werke: *Prométhée* (Prometheus, Skrjabin, 1911), *Horace victorieux* (Der siegreiche Horaz, 1921), *Chant de joie* (Freudengesang, 1923), *Pacific 231* (1923), *Concertino für Klavier* (1925) und *Konzert für Violoncello und Orchester* (1930, alle Honegger – *Horace victorieux* ist Kussewitzky gewidmet), *Kartinki s wystawki* (Bilder einer Ausstellung, Mussorgskij, Orchesterfassung von Ravel, 1922), *Oktuor* (1923) und *Konzert für Klavier und Bläser* (1924, beide Strawinsky), *Mirages* (Trugbilder, Schmitt, 1924), *Konzert für Violine und Orchester Nr. 1* (1923) und *Symphonie Nr. 2* (1925, beide Prokofiew).

In Boston setzt er diese Arbeit fort. Als erstes verwirklicht er die Uraufführung von Albert Roussels *Suite in F* (1927). Zum 50. Geburtstag des Orchesters im Jahre 1930 bestellt er zehn Werke, die er selbst aus der Taufe hebt: *Symphonie Nr. 4* (Prokofiew), *Symphonie Nr. 1* (Honegger), *Symphonie Nr. 3* (Roussel), *Symphonie Nr. 2* (Hanson), *Konzertmusik op. 50* (Hindemith), *Psalmensymphonie* (Strawinsky), *Symphonie in A* (Ferroud), *Métamorphoses* (Respighi), *Symphonie concertante* (Schmitt) und *Ode* (Hill).

Ferner kamen in Boston u. a. zur Uraufführung: *Concerto* für Orchester (1943, Bartók), *Symphonie Nr. 3* (Copland), *Thema mit vier Variationen (The Four Temperaments*, 1940) und *Konzert für Violoncello und Orchester* (1941, beide Hindemith), *Symphonie Nr. 4* (1948, Malipiero), *Concerto grosso* (1941 und die *Symphonie Nr. 1* (1942) sowie *Nr. 3* (1945, alle Martinů), *Symphonie Nr. 2* (1946, Milhaud), *Symphonie Nr. 3* (1948, Piston), *Symphonie Nr. 3* (1941) und *Nr. 5* (1943, beide W. Schuman), *Ode* (1943, Strawinsky). Unter den zahlreichen Kompositionen, die von der Kussewitzky-Stiftung in Auftrag gegeben werden, ohne daß Kussewitzky die Uraufführung selbst leitet, seien hier nur *Peter Grimes* (Britten) und *Turangalîla-Symphonie* (Messiaen) erwähnt.

Kvapil, Radoslav

Tschechoslowakischer Pianist, geb. 15. 3. 1934 Brno (Brünn).

Er studiert an der Musikakademie von Brünn bei Ludvík Kundera, einem Schüler Leoš Janáčeks. Kundera ist der Vater des berühmten Schriftstellers Milan Kundera. 1957 legt er sein Diplom ab, nachdem er bereits 1956 erste Konzerte gegeben hatte. 1958 ist er Preisträger des Leoš-Janáček-Klavierwettbewerbes. Er perfektioniert sich bei Heinrich G. Neuhaus in Moskau und bei Paul Baumgartner in Hannover. Schon bald tritt er in den wichtigsten Ländern Europas, den Vereinigten Staaten sowie in Japan auf. 1963–73 unterrichtet er am Konservatorium von Prag und 1973–77 an der Südböhmischen Universität in České Budovice (Budweis). Seit 1977 hält er vor allem in England, Deutschland, Frankreich und Skandinavien Vorträge und Meisterkurse. 1974 gehört er zu den Gründungsmitgliedern der Südböhmischen Festspiele, dessen künstlerischer Leiter er seither ist. Er beschäftigt sich vor allem mit der Musik seiner Heimat und führt Werke der Komponisten Anton Reicha, Jan Václav Voříšek, Bedřich Smetana, Antonín Dvořák, Leoš Janáček und Bohuslav Martinů auf.

Kyriakou, Rena
Griechische Pianistin, geb. 25. 2. 1918 Heraklion (Kreta).
Als Dreijährige spielt sie bereits Klavier und komponiert kleine Stücke, die sie bei ihrem ersten Konzert, das sie mit sechs Jahren gibt, aufführt. Sie studiert in Wien bei Paul Weingarten und Richard Stohr und geht dann nach Paris zu Isidor Philipp. In Paris studiert sie auch bei Henri Büsser Komposition. Als Sechzehnjährige erhält sie einen 1. Preis (Klavier). Ihre Konzertreisen als Solistin führen sie um die Welt. Sie spielt unter den größten Dirigenten ihrer Zeit.

Kyung-Wha Chung
siehe **Chung, Kyung-Wha**

Labèque, Katia
Französische Pianistin, geb. 11. 3. 1950 Bayonne
und
Labèque, Marielle
Französische Pianistin, geb. 6. 3. 1952 Bayonne.
Sie erhalten ersten Klavier-Unterrricht von ihrer Mutter Ada Cecchi, einer Schülerin Marguerite Longs, die sie auch dann noch berät und unterrichtet, als sie am Pariser Konservatorium, wo sie 1968 einen 1. Preis bekommen, bei Lucette Descaves studieren. Bei Jean Hubeau perfektionieren sie sich in der Musik für zwei Klaviere. 1970 nehmen sie bereits zwei Schallplatten auf (mit den *Visions de l'amen*, Visionen des Amens, Messiaen, und *Sonate für 2 Klaviere und Schlagzeug*, Bartók), die die Aufmerksamkeit der Fachwelt erwecken. Ab dieser Zeit treten sie regelmäßig als Klavier-Duo auf. Sie spielen auch viel mit den Schlagzeugern Jean-Pierre Drouet und Sylvio Gualda zusammen. Sie lernen Luciano Berio 1972 kennen und verwirklichen 1973 in Royan die europäische Erstaufführung seines *Konzertes für zwei Klaviere und Orchester*. Einige Jahre später heben sie in London ein für sie geschriebenes Stück Berios aus der Taufe, *Linea*. Auch das *Konzert für zwei Klaviere und Orchester* von Philippe Boesmans wird von ihnen kreiert. Mit Augustin Dumay, Frédéric Lodéon, Lynn Harrell und Richard Stoltzman spielen sie regelmäßig zeitgenössische Kammermusik; von dem Gitarristen John McLaughlin begleitet, spielt Katia auch Jazz.

La Bruchollerie, Monique Adrienne Marie Yver de
Französische Pianistin, geb. 20. 4. 1915 Paris, gest. 15. 12. 1972 daselbst.
Sie studiert bei Alfred Cortot und vor allem bei Isidore Philipp, dessen Tradition sie fortsetzt. 1928 erhält sie am Pariser Konservatorium einen 1. Preis. Anschließend perfektioniert sie sich in Dresden und Wien bei Emil von Sauer. Neben ihrer Karriere als Solistin, die 1933 beginnt und die sie um die Welt führt, arbeitet sie als Pädagogin, insbesondere am Pariser Konservatorium. 1938 gewinnt sie den Warschauer und 1939 den Brüsseler Wettbewerb. Während einer Konzertreise durch Mitteleuropa erleidet sie einen Autounfall, der bleibende Schäden hinterläßt, so daß sie ihre Karriere vorzeitig aufgeben muß. Jean Rivier widmet ihr verschiedene Stücke für Klavier.

Lafont, Jean-Philippe
Französischer Bariton, geb. 4. 2. 1951 Toulouse.
Der Schüler von Denise Dupleix beginnt sein Gesangs-Studium in Toulouse und setzt es dann ab 1973 an der Schule des Opéra-Studio fort. Ein Jahr später debütiert er – ebenfalls am Opéra-Studio – als Papageno (*Die Zauberflöte*, Mozart). Er nimmt an allen Aufführungen des Studios teil und wirkt auch bei der Uraufführung von Claude Preys Oper *Young Libertad* mit. 1977 interpretiert er noch den Nick Shadow (*The Rake's Progress*, Der Wüstling, Strawinsky); dann verläßt er das Studio und geht nach Toulouse, wo er als Guglielmo (*Così fan tutte*, Mozart) debütiert. Nach einer Saison kehrt er an das Opéra-Studio zurück und nimmt an Aufführungen von *Le Médecin malgré lui* (Arzt wider Willen, Gounod), *Tom Jones* (Philidor) und an einem Erik Satie gewidmeten Abend teil. Die Berliner Oper lädt ihn ein, eine der Hauptrollen bei der Uraufführung von Claude Debussys Fragment *La Chute de la maison Usher* (Der Untergang des Hauses Usher) zu interpretieren. Am Capitole in Toulouse singt er den Ourrias (*Mi-*

reille, Gounod). 1980 nimmt er an der Opéra-Comique maßgeblich an einer Aufführung von *Les deux journées ou le porteur d'eau* (Der Wasserträger, Cherubini) teil. Im gleichen Jahr wirkt er an dem Berlioz-Festival in Lyon mit (*Les Troyens*, Die Trojaner). 1981 gibt er in Straßburg (*Le nozze di Figaro*, Mozart), Genf (*Le Comte Ory*, Graf Ory, Rossini) und Lille (*La serva padrona*, Die Magd als Herrin, Pergolesi) Gastspiele. Im Pariser Châtelet wirkt er an der Seite von Placido Domingo an Aufführungen des *Cid* (Massenet) und von *Les Pêcheurs de perles* (Die Perlenfischer, Bizet) mit. Die Festspiele von Herrenhausen (Hannover) laden ihn ein (*Rodelinda*, Händel). In Nîmes und an der Hamburger Oper singt er den Escamillo (*Carmen*, Bizet) und 1982 bei den Festspielen von Aix-en-Provence den Borée (*Les Boréades*, Rameau); im gleichen Jahr interpretiert er an der Pariser Opéra-Comique die vier Teufels-Rollen in *Les Contes d'Hoffmann* (Hoffmanns Erzählungen, Offenbach). 1984 interpretiert er in Brüssel am Théâtre de la Monnaie den Golo (*Pelléas et Mélisande*, Debussy). Ein Jahr später gehört er am Capitole in Toulouse zu dem Ensemble, das die Uraufführung der Oper *Montségur* (Landowski) verwirklicht. 1987 singt er zum ersten Mal in Edinburgh und Lyon den Falstaff (Verdi). In dem Film *Le Festin de Babette* (1987) spielt er einen französischen Sänger. 1989 interpretiert er am Théâtre des Champs-Elysées die Titelrolle in *Guillaume Tell* (Wilhelm Tell, Rossini).

Laforge, Jean
Französischer Chorleiter, geb. 7. 8. 1925 Toulouse.
Der Sohn eines Amateur-Klarinettisten beginnt als Fünfjähriger mit dem Klavier-Unterricht. 1935 wird er Schüler von Magda Tagliaferro und geht dann zu Alfred Cortot an die Ecole Normale de Musique, wo er 1943 seine Konzertlizenz erhält. Am Konservatorium von Paris wird er anschließend Schüler von Jean Doyen. Er beginnt seine Karriere als Pianist; in ganz Frankreich gibt er zahlreiche Konzerte für die Jeunesse musicale française. Laforge wird Mitglied der Groupe Instrumental de Paris, bevor er bei Ballett-Aufführungen erstmals als Dirigent arbeitet. 1958 wird er Stellvertreter von René Duclos, dem Chorleiter an der Pariser Oper, dessen Nachfolge er 1964 übernimmt (bis 1987). Er leitet das staatliche Ausbildungsinstitut für Opernberufe in Marseille (CNIPAL) und ist seit 1987 Chorleiter am Grand Théâtre in Genf.

Lagacé, Bernard
Kanadischer Organist, geb. 21. 11. 1930 Saint-Hyacinthe.
Er studiert in Kanada Klavier bei Yvonne Hubert, Orgel bei Conrad Letendre und Musiktheorie bei Gabriel Cusson, bevor er nach Paris kommt und zuerst Schüler und anschließend Assistent von André Marchal an der Kirche Saint-Eustache wird (1954–56). Anschließend geht er zu Anton Heiller nach Österreich. Er gewinnt den Münchner Rundfunk-Wettbewerb und den Internationalen Wettbewerb von Gent. 1957 kehrt er nach Kanada zurück und wird am Konservatorium von Montreal zum Professor ernannt. Lagacé gilt als einer der aktivsten Organisten seines Landes, der entscheidend zur Renaissance dieses Instrumentes in Kanada beiträgt. Er unternimmt zahlreiche Konzertreisen durch Europa und die Vereinigten Staaten, wo er seit 1969 in Wallingford (Conn.) die Choate Music Seminars leitet. Seine Frau Mireille Lagacé ist Cembalistin. 1978 wechselt er als Professor vom Konservatorium an die Concordia University in Montreal.

Lagoya, Alexandre
Französischer Gitarrist ägyptischer Herkunft, geb. 29. 6. 1929 Alexandria.
Als Achtjähriger beginnt er mit dem Gitarre-Unterricht und gibt als Dreizehnjähriger bereits sein erstes Konzert. Als Fünfzehnjähriger unterrichtet er Gitarre und allgemeine Musiklehre. Er geht nach Paris. 1952 heiratet er die franzö-

sische Gitarristin Ida Presti, mit der er ein Gitarren-Duo bildet, das weltweit bekannt wird. Sie entwickeln die Gitarren-Technik weiter und erreichen durch eine veränderte Haltung der rechten Hand ein größeres Ton-Volumen, entwickeln eine Methode, Triller auf zwei Saiten zu spielen, beschleunigen die pizzicati und perfektionieren die staccati. Er leitet die Gitarrenklasse am Pariser Konservatorium seit deren Gründung im Jahr 1969. Er hält in den Vereinigten Staaten häufig master classes ab. Zahlreiche Werke sind ihm gewidmet und werden von ihm uraufgeführt, darunter *Thema und Variationen* (Pierre-Petit), *Konzert für Gitarre und Orchester Nr. 2* (J. Charpentier), *Hildagoyas* (Aubin), *Ballade* (Damase).

Lagrange, Michèle
Französische Sopranistin, geb. 29. 5. 1947 Couches (Burgund).
Sie studiert am Konservatorium von Paris (1972–74) und am dortigen Opéra-Studio (1974–77). 1978–83 gehört sie zum Ensemble der Oper von Lyon (Mireille, Gounod; Agathe, *Der Freischütz*, v. Weber; Fiordiligi, *Così fan tutte*, Mozart). 1982 singt sie zum ersten Mal in Aix-en-Provence (*Il turco in Italia*, Der Türke in Italien, Rossini). Im gleichen Jahr nimmt sie am Teatro Colón in Buenos Aires an einer Aufführung des *Benvenuto Cellini* (Berlioz) teil. 1984 debütiert sie in *Jérusalem* (Verdi) an der Pariser Oper. In der Folge nimmt sie dort an Aufführungen von *Il matrimonio segreto* (Die heimliche Ehe, Cimarosa), *I puritani* (Die Puritaner, Bellini), *Robert le diable* (Robert der Teufel, Meyerbeer), *Manon* (Massenet), *Norma* (Bellini) und *Don Carlos* (Verdi) teil. Die Norma singt sie auch in Quebec.

Lakes, Gary
Amerikanischer Tenor, geb. 26. 9. 1950 Woodward (Okla.)
Er studiert an der Southern Methodist University in Dallas und beginnt eine Karriere als Berufsfußballer, die durch einen Unfall jäh unterbrochen wird. Bei William Eddy an der südkalifornischen Universität intensiviert er die Ausbildung seiner Stimme, die er auch als Sportler nie vernachlässigt hat. 1980 gewinnt er den Grane Award und ein Jahr später den für Heldentenöre ausgeschriebenen Lauritz-Melchior-Wettbewerb. 1981 debütiert er in Seattle als Froh (*Das Rheingold*, Wagner). Sehr schnell wird seine Karriere international: 1983 singt er in Mexico City den Florestan (*Fidelio*, Beethoven), 1985 in London den Don José (*Carmen*, Bizet) und Samson (*Samson et Dalila*, Saint-Saëns), den Bacchus (*Ariadne auf Naxos*, R. Strauss) und in Stuttgart den Admetos (*Alkeste*, Gluck). 1986 debütiert er als Oberpriester (*Idomeneo*, Mozart) an der Met und wird schon bald von der New Yorker Oper regelmäßig eingeladen: er singt dort den Erik (*Der fliegende Holländer*), Parsifal (beide Wagner), Dimitri (*Boris Godunow*, Mussorgskij), den Florestan und andere wichtige Rollen. 1987 unternimmt er eine Japan-Tournee und wirkt an den Berlioz-Festspielen in Lyon (Aeneas in *Les Troyens*, Die Trojaner) sowie bei den Festspielen von Orange (Siegmund, *Die Walküre*, Wagner) mit.

Laki, Krisztina
Ungarische Sopranistin, geb. 16. 9. 1944 Erd.
Sie studiert in Budapest und debütiert als Gilda (*Rigoletto*, Verdi) an der Berner Oper, zu deren Ensemble sie 1971–74 gehört. 1974 geht sie an die Deutsche Oper am Rhein (Düsseldorf-Duisburg, bis 1979) und wird dann von den wichtigsten internationalen Opernhäusern eingeladen (Scala, Covent Garden, die Opern von München, Stuttgart, Paris, Wien u. a.). 1979 nimmt sie an den Festspielen von Glyndebourne und 1980 an denen von Salzburg teil. Zu ihren wichtigsten Rollen gehören das Blondchen (*Die Entführung aus dem Serail*), Zerline (*Don Giovanni*), Susanna (*Le nozze di Figaro*), Die Königin der Nacht (*Zauberflöte*, alle Mozart), Sophie (*Der Rosenkavalier*, R. Strauss),

Oscar (*Un ballo in maschera*, Ein Maskenball, Verdi) und Adele (*Die Fledermaus*, J. Strauß). Sie interpretiert regelmäßig Kantaten von Johann Sebastian Bach und die religiöse Musik Wolfgang Amadeus Mozarts.

Lamandier, Esther
Französische Mezzosopranistin, geb. 13. 2. 1946 Saint-Raphaël.
Ihre Mutter ist Pianistin und ihr Großvater Flötist; Nadia Boulanger führt sie in die Musik ein. Als Vierjährige lernt sie Violine und als Sechsjährige Klavier. Nach dem Abitur beschließt sie, Musiklehrerin zu werden, und beginnt, in Nizza zu studieren. Gleichzeitig bildet sie ihre Stimme aus. Sie interessiert sich insbesondere für die elisabethanische Musik und das Lied am französischen Hof. Sie wird Mitglied des Ensemble Vocal de France. Gérard Le Vot bringt ihr die mittelalterliche Musik nahe. Sie arbeitet zwei Jahre mit dem Studio der Frühen Musik (1976–77) und geht dann zu der Groupe Guillaume Dufay, die von Arsène Bedois geleitet wird, und wirkt an Aufführungen von *Office des fous* (Narrenmesse, Pierre de Corbeil), *Messe* (G. de Machaut) und *Planctus* (Abaelard) mit. Ab 1977 gibt sie immer häufiger Liederabende und begleitet sich dabei selbst (Laute, Harfe, Portativ, Fiedel); im monodischen Repertoire ist sie besonders erfolgreich (*Cantigas de Santa Maria*, *Decamerone*, *Ballate*).

Lance, Albert (= Albert-Lance Ingram)
Französischer Tenor australischer Herkunft, geb. 12. 7. 1925 Adelaide.
Schon als Kind fällt seine Sopran-Stimme auf. Seine Mutter kümmert sich um einen ersten Lehrer und schickt ihn dann nach Melbourne auf das Konservatorium. Sechs Jahre lang tritt er in Nachtclubs oder bei Café-Concerts auf und singt bei Vaudevilles mit. Der Direktor einer dieser Vaudeville-Truppen rät ihm, an der Melbourner Oper vorzusingen. Er bekommt auf Anhieb einen Vertrag, der ihm ein Jahr Vorbereitungszeit einräumt. Bei seiner Debüt-Vorstellung, *Tosca*, hat er auf Anhieb Erfolg. Eine Tournee durch Australien mit *Tosca*, *La Bohème* und *Madame Butterfly* (alle Puccini) schließt sich an. Er nimmt sogar an einer Gala zu Ehren der englischen Königin teil (*Les Contes d'Hoffmann*, Hoffmanns Erzählungen, Offenbach). Dann wird er unversehens vergessen und muß in einer Fabrik arbeiten, um sich über Wasser zu halten. Er fällt der Frau von Professor Modesti auf, der wir die Entdeckung vieler Stimmen verdanken; sie nimmt den jungen Mann mit nach Frankreich und läßt ihn von Simone Féjart gründlich ausbilden. 1956 debütiert er an der Opéra-Comique (*Tosca*) und kurz darauf an der Oper (*Faust*, Gounod). Bis 1972 gehört er den Ensembles der beiden Häuser an und gibt zwischendurch Gastspiele in Lyon, Marseille und Bordeaux, aber auch in London, San Francisco, Los Angeles, Philadelphia, Wien, Moskau, Leningrad, Kiew, Buenos Aires und Rio de Janeiro. In San Francisco nimmt er an der Aufführung von *Bloody Moon* (Blutiger Mond) von Dello Joio teil. Als 1972 der Dachverband aufgelöst wird, mit dem Oper und Opéra-Comique gemeinsam geleitet werden, geht er nach Straßburg und singt hier vier Jahre lang die Hauptrolllen, u. a. Erik (*Der fliegende Holländer*, Wagner), Canio (*I pagliazzi*, Der Bajazzo, Leoncavallo), Herodes (*Salome*, R. Strauss) und Linkerton (*Madame Butterfly*, Puccini).

Lancelot, Jacques
Französischer Klarinettist, geb. 24. 4. 1920 Rouen.
Er studiert bei Fernand Blachet am Konservatorium von Caen (1933–38) und geht dann an das von Paris, wo er 1939 in der Klasse von Auguste Périer einen 1. Preis erhält. 1942 wechselt er in die Kammermusik-Klasse Fernand Oubradous'. 1941–50 gehört er dem Orchestre Lamoureux an. Gleichzeitig gibt er Klarinetten-Abende und tritt als Solist unter der Leitung von Jean Four-

net, Willem Mengelberg, Franz von Hoesslin und Paul van Kempen mit dem Orchester von Radio France, dem Kammerorchester Marius-François Gaillard und der von Fernand Oubradous geleiteten Société des instruments à vents auf. 1945–46 gehört er dem Orchester der Garde Républicaine und 1947–55 dem des Kasinos von Vichy an. Doch seine Karriere als Solist triumphiert schon bald über die des Orchestermusikers. Er kreiert Werke von Jean-Paul Beugniot, Roger Calmel und Jean Françaix und gräbt die Sonaten von François Devienne, die Klarinettenkonzerte von Johann Melchior Molter und die *Variationen für Klarinette und Orchester* von Gioacchino Rossini aus. Er gehört dem Quintette à Vent Français an und unterrichtet an den Konservatorien Rouen (1974–80) und Lyon (ab 1980) sowie während der Sommerakademie in Nizza.

Lancie, John De
siehe **De Lancie, John**

Landowska, Wanda (= Alexandra Landowska)
Französische Cembalistin und Pianistin polnischer Herkunft, geb. 5. 7. 1879 Warschau, gest. 16. 8. 1959 Lakeville (Conn.).
Sie beginnt als Dreijährige mit dem Klavier-Unterricht; Jan Kleczyński und Alexander Michałowski sind ihre ersten Lehrer am Warschauer Konservatorium, das sie als Vierzehnjährige verläßt. Sie geht nach Berlin und studiert bei Heinrich Urban Komposition. Henri Lew, den sie später heiratet, empfiehlt ihr, nach Paris zu gehen, wo sie Lehrerin an der Schola Cantorum wird. Sie widmet sich der Renaissance der alten Musik. Das Haus Pleyel baut ihr ein großes Konzert-Cembalo, das sie 1912 während der Bach-Festspiele in Breslau einweiht. 1913–19 unterrichtet sie an der Berliner Hochschule für Musik; der Lehrstuhl war extra für sie eingerichtet worden. Nach einem kurzen Aufenthalt in Basel, wo sie unterrichtet und Konzerte gibt, kehrt sie 1920 nach Paris zurück und lehrt dort an der Ecole Normale de Musique. 1923 nimmt sie ihre ersten Schallplatten auf. Zwei Jahre später läßt sie sich in Saint-Leu-la-Forêt nieder und gründet dort ihre eigene Schule, die Ecole de Musique Ancienne, die sie im Beisein von Alfred Cortot einweiht. Jedes Jahr hält sie dort Sommerkurse ab. Zu ihren wichtigsten Schülern gehören Ruggero Gerlin, Ralph Kirkpatrick, Rafaël Puyana, Sir Clifford Curzon und Aimée van de Wiele. Im Winter unterrichtet sie am Curtis Institute in Philadelphia (1925–28). Sie beauftragt Komponisten, für ihr Instrument zu schreiben und so das Repertoire zu erweitern. Manuel de Falla widmet ihr sein *Konzert für Cembalo und Orchester*, das sie 1926 uraufführt. Francis Poulenc widmet ihr sein *Concert Champêtre* (Ländliches Konzert, Uraufführung 1929). 1933 spielt sie als erste den geschlossenen Zyklus der *Goldberg-Variationen* von Johann Sebastian Bach. 1940 gibt sie vor der heranrückenden deutschen Wehrmacht Saint-Leu-la-Forêt auf, trifft nach vielen Umwegen 1941 in den Vereinigten Staaten ein und beginnt dort, nachdem sie die Sechzig bereits überschritten hat, eine zweite Karriere. 1947 läßt sie sich in Lakeville nieder und nimmt dort ab 1950 ihre pädagogische Arbeit wieder auf. Als Fünfundsiebzigjährige gibt sie in New York ihr Abschiedskonzert.
W: *Landowska on Music* (eine Sammlung ihrer Aufsätze, herausgegeben von D. Restout und R. Hawkins, New York 1964).

Lane, Louis
Amerikanischer Dirigent, geb. 25. 12. 1923 Eagle Pass (Tex.).
Er studiert bei Kent Kenna an der Universität von Texas bis 1943 Komposition und geht dann an die Eastman School of Music nach Rochester (bis 1947); 1946 studiert er bei Bohuslav Martinů am Berkshire Music Center. Von Sarah Caldwell läßt er sich in die Welt der Oper einführen (1950). 1947

gewinnt er den Wettbewerb für junge Dirigenten, der vom Orchester von Cleveland ausgeschrieben wird; 1956 wird er stellvertrender Leiter des Orchesters (bis 1973). Ab 1959 leitet er gleichzeitig das Akron Symphony Orchestra (Oh.); ab 1969 ist er als Professor an der dortigen Universität tätig. 1960 beginnt seine internationale Karriere in Vancouver (mit Glenn Gould als Solist). 1973 gibt er seine bisherigen Posten auf und geht als Leiter an das Symphonie-Orchester von Dallas (bis 1978) und 1977 an das von Atlanta. Er setzt sich stark für die zeitgenössische amerikanische Musik ein und verwirklicht viele Uraufführungen.

Langlais, Jean
Französischer Organist und Komponist, geb. 15.2. 1907 La Fontenelle, gest. 8.5. 1991 Paris.
Er erblindet im Alter von drei Jahren und beginnt am Institut National des Jeunes Aveugles in Paris, wo er auch auf die Schule geht, bei André Marchal Orgel zu lernen. Gleichzeitig lernt er Violine. Anschließend geht er zu Marcel Dupré und Noël Gallon (Orgel und Kontrapunkt) an das Pariser Konservatorium, wo er ab 1934 bei Paul Dukas auch Komposition studiert. Bis 1939 nimmt er bei Charles Tournemire Unterricht in Improvisation. Als Organist debütiert er 1934 als Titularorganist an der Kirche Saint-Pierre-de-Montrouge in Paris. 1945 wird er als Nachfolger von Charles Tournemire, der selbst Nachfolger von Gabriel Pierné und César Franck gewesen war, Titularorganist der großen Orgel der Kirche Sainte-Clotilde in Paris. 1930–68 unterrichtet er am Institut National des Jeunes Aveugles und 1961–76 an der Schola Cantorum. 1988 gibt er sein Amt in Sainte-Clotilde ab. Als Komponist arbeitet er in der Hauptsache für sein Instrument.

Langridge, Philip
Englischer Tenor, geb. 16.12. 1939 Hawkhurst.
Bis 1958 studiert er an der Royal Academy of Music in London Violine und debütiert 1964 als Instrumentalist, obwohl er seit 1962 seine Stimme bereits bei Bruce Boyce und anschließend bei Celia Bizoni ausbilden läßt. Er zeichnet sich im barocken Repertoire aus (Monteverdi, Rameau), interessiert sich aber auch für die zeitgenössische Musik und verwirklicht Uraufführungen von Werken von Richart Rodney Bennett, Alexander Goehr und Heinz Holliger. Nach seinem vielbeachteten Debüt beim Holland Festival 1973, wo er an einer Aufführung der selten gespielten Oper *Il borgomastro di Saardam* (Der Bürgermeister von Saardam) von Gaetano Donizetti teilnimmt, beginnt seine internationale Karriere. 1976 singt er in Aix-en-Provence und 1977–78 in Glyndebourne den Don Ottavio (*Don Giovanni*); 1983–85 singt er wieder in Glyndebourne den Idomeneo (beide Mozart). Frankfurt und Zürich laden ihn ein. 1985 debütiert er in *Orfeo* von Luigi Rossi an der Mailänder Scala; 1989 kehrt dorthin als Oberon (v. Weber) zurück. Er ist mit der Mezzosopranistin Ann Murray verheiratet.

Lanza, Mario (= Alfredo Cocozza)
Amerikanischer Tenor, geb. 31.1. 1921 New York, gest. 7.10. 1959 Rom.
Der Lastwagenfahrer bildet seine Stimme als Autodidakt aus, bis er Sergej A. Kussewitzky auffällt, der ihn auf das Bostoner Konservatorium zu Enrico Rosati schickt. Nach dem Krieg gründet er mit George London und Frances Yeend das Bel Canto Trio und spezialisiert sich auf Operette und Musical. Der Film macht ihn berühmt, darunter *The Louisiana Fisherman*, *Old Heidelberg* und *Serenade*, vor allem aber *The Great Caruso* (1951), dessen Erfolg er nie ganz verkraftet. Er stirbt an einem Herzinfarkt in Rom, wo er seit 1956 wohnte. Seine strahlende Stimme ist nicht sehr subtil, so daß sie für ein über

Operette und Musical hinausgehendes Repertoire nicht geeignet ist.

Lardé, Christian
Französischer Flötist, geb. 3. 2. 1930 Paris.
Er erhält am Pariser Konservatorium 1. Preise in Flöte (1948) und Kammermusik und gewinnt 1951 beim Genfer Wettbewerb einen 2. Preis. 1949 wird er Soloflötist am Orchester des irischen Rundfunks in Dublin und geht dann in der gleichen Funktion zum Orchestre Colonne. Neben seiner Tätigkeit als Orchestermusiker tritt er in der ganzen Welt als Solist auf. 1969 wird er am Konservatorium in Montreal zum Professor ernannt; ein Jahr später geht er als Professor für Kammermusik an das Pariser Konservatorium. Ab 1981 unterrichtet er an der Ecole Normale de Musique Flöte. Als Solist oder zusammen mit seiner Frau, der Harfenistin Marie-Claire Jamet, oder auch mit dem Quintette instrumental Marie-Claire Jamet gibt er mehr als dreitausend Konzerte.
Die Liste der von ihm realisierten Uraufführungen ist beträchtlich: *Konzert für Flöte und großes Orchester* (Andriesen), *Konzert für Flöte und neun Instrumente* (Bancquart), *Konzert für Flöte und Orchester* (Casanova), *Konzert für Flöte, Orchester und Harfe* (Taira) und viele Werke von Jacques Castérède, Jean Françaix, Pierrick Houdy, Raymond Loucheur, Pierre-Petit und Akira Tamba.

Laredo, Jaime
Amerikanischer Violinist bolivianischer Herkunft, geb. 7. 6. 1941 Cochabamba.
Schon als Kind zieht er in die Vereinigten Staaten. Er studiert ab 1953 in Cleveland bei Josef Gingold Violine und geht 1964 zu Ivan Galamian an das Curtis Institute in Philadelphia. Bei dem R.-Elis-Wettbewerb gewinnt er 1959 einen 1. Preis. Er wird daraufhin im In- und Ausland eingeladen. Er spielt mit Glenn Gould und Rudolf Serkin Kammermusik und tritt auch auf dem Festival von Marlboro auf. Seit 1971 unterrichtet er am Curtis Institute of Philadelphia. 1976 gründet er mit dem Pianisten Joseph Kalichstein und seiner zweiten Frau, der Cellistin Sharon Robinson, ein Trio. 1983 wird er am Konservatorium von Saint Louis zum Professor ernannt. 1959 verwirklicht er die Uraufführung von Darius Milhauds *Concerto royal*. Er spielt auf einer Stradivari aus dem Jahre 1717, der *Ex-Gabriel*.

Laretei, Käbi
Schwedische Pianistin estnischer Herkunft, geb. 14. 7. 1922 Tartu/Dorpat.
Sie studiert am Konservatorium in Tallin. Den Zweiten Weltkrieg verbringt sie als politischer Flüchtling in Schweden und studiert bei Annie Fischer in Stockholm, wo sie 1946 debütiert. Anschließend perfektioniert sie sich bei Edwin Fischer, Anna Hirzel-Langenhan und Paul Baumgartner in der Schweiz, bevor sie ihre Ausbildung in Stuttgart bei Marialuisa Strub-Moresco abschließt.
Sie spezialisiert sich auf zeitgenössische Musik und verwirklicht die schwedische Erstaufführung von *Ludus Tonalis* (Hindemith) in Anwesenheit des Komponisten. Sie setzt sich auch für die Werke schwedischer Komponisten wie Lars-Erik Larsson, Gösta Nystroem und Hilding Rosenberg ein. Sie ist Professorin am pädagogischen Institut in Stockholm. Seit 1959 ist sie mit dem schwedischen Filmregisseur Ingmar Bergman verheiratet.

Larrieu, Maxence
Französischer Flötist, geb. 27. 10. 1934 Marseille.
Er studiert zuerst in Marseille bei Joseph Rampal und geht dann an das Pariser Konservatorium zu Gaston Crunelle, wo er 1. Preise in Flöte (1951) und Kammermusik (1953) erhält. 1954 gewinnt er den Genfer Wettbewerb und 1958 den Münchner Rundfunk-Wettbewerb und gibt zahlreiche Konzerte mit Francis Poulenc, Rafaël Puyana, Lily Laskine und Maurice André als Part-

nern. Er spielt Luciano Berios *Sequenza I* unter der Leitung des Komponisten und verwirklicht die Uraufführung von Marcel Landowskis *Konzert für Flöte und Orchester* (1969). 1964–77 ist er Solo-Flötist an der Pariser Oper. Seit 1977 ist er Professor am Konservatorium von Genf; 1980 wechselt er an das von Lyon. Unter den zahlreichen Kompositionen, die ihm gewidmet sind und die er zur Uraufführung bringt, sind folgende besonders erwähnenswert: *Voltiges* (Akrobatik, Rivier), *Konzert für Flöte und Orchester* (Damase), *Sonate für 2 Flöten* (Dorati) sowie verschiedene Kompositionen von Marc Carles und Serge Lancen.

Larrocha, Alicia de (= Y de la Calle)
Spanische Pianistin, geb. 23. 5. 1923 Barcelona.
Als Fünfjährige gibt sie ihr erstes Konzert, wird dann Schülerin von Frank Marshall in Barcelona und tritt als Zwölfjährige mit den Madrider Philharmonikern auf. Nach dem Krieg wird sie von Arthur Rubinstein bei dem Beginn ihrer internationalen Karriere (1947) unterstützt. 1950 heiratet sie den Pianisten Juan Torra, mit dem sie in der Folge zahlreiche Konzerte gibt. Auch mit dem Violoncellisten Gaspar Cassadó tritt sie regelmäßig auf. 1959 wird sie in Barcelona zur Leiterin der F.-Marshall-Akademie ernannt. 1961 erhält sie die Paderewski-Medaille. Neben dem spanischen Repertoire – sie ist eine ausgezeichnete Interpretin der Musik von Enrique Granados und Isaac Albéniz – pflegt sie besonders die romantische Musik.

Larsén-Todsen, Nanny
Schwedische Sopranistin, geb. 2. 8. 1884 Hagby (Län Kalmar), gest. 26. 5. 1982 Stockholm.
Sie studiert in Stockholm und Berlin und debütiert 1906 als Agathe (*Freischütz*, v.Weber) an der Königlichen Oper Stockholm, deren 1. Sopranistin sie 1907–23 ist. Ihre Stimme entwickelt sich im Lauf der Zeit zu der einer dramatischen Sopranistin, und sie spezialisiert sich auf Wagner-Rollen (Brünnhilde, *Der Ring des Nibelungen*, Isolde, *Tristan und Isolde* und Kundry, *Parsifal*), die sie an der Scala (1923), der Met (1925–27), am Covent Garden (1927–30) und in Bayreuth (1927–31) singt. Auch in Wien, München, Berlin und Amsterdam verzeichnet sie als glänzende Leonore (*Fidelio*, Beethoven), Gioconda (Ponchielli) und als Rachel (*La Juive*, Die Jüdin, Halévy) Erfolge. Nach Beendigung ihrer aktiven Laufbahn widmet sie sich der Unterrichtstätigkeit.

Laskine, Lily
Französische Harfenistin, geb. 31. 8. 1893 Paris, gest. 4. 1. 1988 daselbst.
Sie studiert am Konservatorium von Paris bei Jean Hasselmans und Georges Marty, gibt als Zwölfjährige ihr erstes Konzert und erhält ein Jahr später einen 1. Preis (Harfe). Als Vierzehnjährige begibt sie sich bereits auf Konzertreisen. 1909–26 ist sie Harfenistin im Orchester der Pariser Oper, 1921–40 und 1943–45 Solistin der Concerts Lamoureux, ab 1921 auch der Concerts Koussevitzky, ab 1926 der Concerts Straram und ab 1934 des Orchestre National, der Comédie Française und des Orchestre Philharmonique de Paris. Bei den Salzburger Festspielen und in Donaueschingen gibt sie Gastspiele. Ihr brillanter, raffinierter Stil eignet sich besonders für die Werke Maurice Ravels, Claude Debussys und Jacques Iberts. Sie setzt sich für die Musik ihrer Zeit ein. Albert Roussel schreibt für sie ein *Impromptu* und André Jolivet sein *Konzert für Harfe und Orchester*. Auch Henri Martelli, Georges Migot, Claude Pascal und Pierre Sancan komponieren für sie. Sie erweckt auch vergessene oder verlorengeglaubte Partituren verschiedener Komponisten wieder zu neuem Leben (u. a. von Bochsa, Gossec, Hasselmans, Krumpholz, Nadermann, Reinecke, Saint-Saëns). 1948–58 ist sie Professorin am Pariser Konservatorium. Sie versteht es, eine ganze Gene-

ration junger, französischer Harfenisten mit ihrer Begeisterung für die Harfe als gleichberechtigtes Solo-Instrument zu prägen.

Lateiner, Jacob
Amerikanischer Pianist kubanischer Herkunft, geb. 31. 5. 1928 Havanna.
Er studiert in seiner Heimatstadt bei Jascha Fischermann (1934–40), geht dann zu Isabella Vengerova, William Primrose und Gregor Piatigorsky an das Curtis Institute in Philadelphia und studiert Kammermusik. Bei Arnold Schönberg belegt er Vorlesungen über Komposition. 1945 gewinnt er die Philadelphia Youth Competition und debütiert unter Eugene Ormandy mit dem Orchester von Philadelphia. Seine Karriere nimmt in den Vereinigten Staaten und ab 1954 auch in Europa einen steilen Aufschwung. 1963–70 unterrichtet er am Mannes College und ab 1966 an der Juilliard School of Music in New York. In der ganzen Welt hält er Interpretationskurse ab (Peking, Tokio, Weimar, Paris usw.). Lateiner ist Jury-Mitglied der wichtigsten internationalen Wettbewerbe. Er verwirklicht die Uraufführungen von Elliott Carters *Konzert für Klavier und Orchester* (1967) und Roger Sessions' *Sonate für Klavier Nr. 3* (1968).

Laubenthal, Horst Rüdiger (= Horst Rüdiger Neumann)
Deutscher Tenor, geb. 8. 3. 1938 Duderstadt (Thüringen).
Er studiert privat bei seinem Adoptivvater, dem berühmten Heldentenor Rudolf Laubenthal (1959–67) und 1962–65 auch an der Münchner Hochschule für Musik. 1967 debütiert er bei den Mozart-Festspielen in Würzburg als Don Ottavio (*Don Giovanni*). Ein Jahr später wird er Mitglied der Stuttgarter Oper, wo er vor allem als Mozart-Tenor eine glänzende Karriere macht. Schon bald werden auch andere Bühnen auf ihn aufmerksam. Hamburg, Berlin, Wien und München laden ihn zu Gastspielen ein. 1973 geht er als 1. lyrischer Tenor an die Deutsche Oper Berlin. Ab diesem Jahr wird er regelmäßig von den Opern in Paris und Lissabon eingeladen. Auch als Oratoriensänger macht er sich einen Namen, besonders in den Passionen von Johann Sebastian Bach. Er gibt erfolgreich Liederabende.

Laubenthal, Paul Rudolf
Deutscher Tenor, geb. 10. 3. 1886 Düsseldorf, gest. 2. 10. 1972 Pöcking bei München.
Er studiert an den Universitäten in München, Straßburg und Berlin Medizin und nimmt gleichzeitig bei Lilli Lehmann privat Gesangs-Unterricht. Als der Direktor der Berliner Oper ihn singen hört, wird er auf Anhieb engagiert. 1913–23 gehört er diesem Haus an. 1922 gastiert er mit großem Erfolg am Covent Garden. Ein Jahr später debütiert er in der Rolle des Walther (*Die Meistersinger von Nürnberg*, Wagner) an der Met; bis 1930 gehört er dem Haus an, an dem er bei Erstaufführungen viele wichtige Rollen interpretiert: Stewa Buryja (*Její pastorkyňa*, Jenůfa, Janáček), Menelas (*Die ägyptische Helena*, R. Strauss), Babinsky (*Švanda Dudák*, Schwanda, der Dudelsackpfeifer, J. Weinberger). Auch in Wien, Chicago und San Francisco gibt er vielbeachtete Gastspiele. Gegen Ende des Zweiten Weltkriegs zieht sich Rudolf Laubenthal, der zu Recht als einer der bedeutendsten Wagner-Tenöre seiner Generation gilt, in sein Haus in Pöcking am Starnberger See zurück und akzeptiert nur einen einzigen Schüler, seinen Adoptivsohn Horst Laubenthal.

Lauri-Volpi, Giacomo
Italienischer Tenor, geb. 11. 12. 1892 Lanuvio (bei Rom), gest. 17. 3. 1979 Valencia.
Der früh zum Vollwaisen Gewordene hat eine schwere Kindheit und muß sich sein Studium – er will zuerst Jurist werden – selbst verdienen. Als ihm bewußt wird, wie strahlend seine Stimme ist, geht er zu Enrico Rosati und Antonio Cotogni an die Accademia Nazionale di

Santa Cecilia in Rom. 1919 debütiert er unter dem Namen Giacomo Rubini in Viterbo als Lord Arthur Talbot (*I puritani*, Die Puritaner, Bellini). Drei Monate später triumphiert er bereits als Des Grieux (*Manon*, Massenet) an der Seite von Rosina Storchio am Teatro Costanzi in Rom. Er wird über Nacht berühmt und bekommt Einladungen nach Buenos Aires und Madrid. Wieder zurück in Italien, debütiert er 1922 unter Arturo Toscanini an der Mailänder Scala in *Rigoletto* (Verdi). 1929–40 gastiert er hier regelmäßig und interpretiert u. a. den Manrico (*Il trovatore*, Der Troubadour, Verdi) und Arnold (*Guillaume Tell*, Wilhelm Tell, Rossini). 1923 debütiert er in *Rigoletto* an der Met und bleibt bis 1933 Ensemblemitglied; er singt hier bei 299 Vorstellungen 28 verschiedene Rollen, vom Grafen Almaviva (*Il barbiere di Siviglia*, Der Barbier von Sevilla, Mozart) bis zu Radames (*Aida*, Verdi). In *Lucia di Lammermoor* (Donizetti) sollte er zum letzten Mal an der berühmten amerikanischen Bühne auftreten. 1927 singt er bei der Eröffnung des Königlichen Theaters in Rom die Titelrolle in *Nerone* (Boito). 1932 interpretiert er an der Scala aus Anlaß der Hundertjahrfeier der Uraufführung von *Guillaume Tell* den Arnold. Er wird regelmäßig vom Covent Garden in London, vom Teatro Colón in Buenos Aires und den Opern in Wien, Monte Carlo, Barcelona und Paris eingeladen; 1965 zieht er sich mit seiner Frau, der Sängerin Maria Ros, nach Spanien zurück. Vor allem seine Frau achtet darauf, daß er sich nicht verschleißt, so daß er bis ins hohe Alter hinein immer wieder auftreten kann.

WW: *L'equivoco* (Mailand 1939); *Cristali viventi* (Rom 1948); *A viso aperti* (Mailand 1953); *Voci parallele* (Mailand 1955); *Misteri della voce umana* (Mailand 1957).

Lautenbacher, Susanne
Deutsche Violinistin, geb. 19. 4. 1932 Augsburg.
Sie studiert an den Hochschulen für Musik in München und Karlsruhe und perfektioniert sich anschließend bei Henryk Szeryng. Die Kammermusik nimmt einen breiten Raum in ihrer Tätigkeit ein; sie gründet mit dem Bratschisten Ulrich Koch und dem Cellisten Thomas Blees das Bell'Arte-Trio. Seit 1960 unterrichtet sie an der Hochschule für Musik in Karlsruhe und wechselt später an die in Stuttgart.

Layer, Friedemann
Österreichischer Dirigent, geb. 30. 10. 1941 Wien.
Er studiert bei Hans Swarowsky an der Musikakademie seiner Heimatstadt und debütiert an der Ulmer Oper als Kapellmeister. Anschließend geht er nach Salzburg. Hier wird er während der Festspiele Assistent von Herbert von Karajan und Karl Böhm. 1974 geht er als 1. Kapellmeister an die Deutsche Oper am Rhein (Düsseldorf-Duisburg); 1987 wird er in Mannheim zum Generalmusikdirektor ernannt. Er wird vor allem als Operndirigent bekannt und gilt als Spezialist der Bühnenwerke von Wolfgang Amadeus Mozart, aber auch der zeitgenössischen Musik. Wir verdanken ihm Uraufführungen verschiedener Werke Aribert Reimanns, darunter *Chacun sa chimère* (Jedem seine Chimäre, 1982) und *Gespenstersonate* (1984) sowie die französische Erstaufführung von *Lear* (Pariser Oper 1982).

Lawrence, Marjorie Florence
Australische Sopranistin, geb. 17. 2. 1909 Dean's March, gest. 13. 1. 1979 Little Rock.
Sie studiert zunächst am Konservatorium von Melbourne und geht dann nach Paris zu Renée Gilly. 1932 debütiert sie bei der Saisoneröffnung in Monte Carlo als Elisabeth (*Tannhäuser*, Wagner). Ein Jahr später singt sie bereits an der Pariser Oper die Ortrud (*Lohengrin*, Wagner). Im gleichen Jahr noch überträgt man ihr die Rollen der Brünnhilde (*Der Ring des Nibelungen*, Wagner), Hérodiade (Massenet) und Rachel (*La Juive*, Die Jüdin, Halévy).

Etwas später wirkt sie an Aufführungen des *Don Giovanni* (Mozart, die Rolle der Donna Anna), *Sigurd* (Reyer), *Salome* (R. Strauss, die Titelrolle), *Tristan* (Wagner, Brangäne) und *Les Huguenots* (Die Hugenotten, Meyerbeer, Valentine) mit. Bei der Uraufführung der Oper *Vercingétorix* von Marie-Joseph Canteloube singt sie die Keltis. 1935-41 gehört sie zum Ensemble der Met und teilt sich die großen Wagner-Rollen mit Kirsten Flagstadt, singt aber auch die Tosca (Puccini), Salome, Alkeste (Gluck) und Thaïs (Massenet). In den gleichen Rollen tritt sie auch in Chicago, San Francisco und Buenos Aires auf. 1941 erkrankt sie in Mexico City an Kinderlähmung und muß sich für lange Zeit von der Bühne zurückziehen. Erst viel später kann sie in besonders für sie arrangierten Inszenierungen wieder auftreten, obwohl ihre Beine weiterhin den Dienst versagen (an der Met, in Cincinnati, Montreal und Paris). 1956-60 unterrichtet sie an der Tulane University (La.) und ab 1960 an der Southern Illinois University.
W: *Interrupted Melody: The Story of my Life* (New York 1949).

Lazarew, Alexander
Russischer Dirigent, geb. 5.7. 1945 Moskau.
Er geht auf die Moskauer Zentralschule für Musik und studiert anschließend an den Konservatorien von Leningrad und Moskau, wo er Schüler von Lew Ginzburg wird (1967-72). 1971 gewinnt er in Moskau den innersowjetischen Dirigentenwettbewerb und ein Jahr später mit dem Orchester des Moskauer Konservatoriums die Goldmedaille beim Karajan-Wettbewerb, der für junge Symphonie-Orchester ausgeschrieben ist. 1973 debütiert er am Bolschoi mit einer Vorstellung des *Don Carlos* (Verdi). Anschließend wird er an diesem Haus zum Kapellmeister und schließlich zum Musikdirektor ernannt. 1978 gründet er das Ensemble der Solisten des Bolschoi und wird dessen künstlerischer Leiter. Mit dieser Formation widmet er sich vor allem der zeitgenössischen Musik. 1988 wird er zum Leiter des Symphonie-Orchesters von Duisburg und Generalmusikdirektor der gleichen Stadt ernannt. Wir verdanken ihm die Uraufführung der *Symphonie Nr. 6* von Awet Terterjan.

Lear, Evelyn
Amerikanische Sopranistin, geb. 8.1. 1928 Brooklyn.
Sie studiert an der Juilliard School of Music in New York Horn und Gesang und entschließt sich erst nach langem Zögern und ersten Auftritten als Hornistin, Sängerin zu werden. Mit ihrem Mann, dem Bariton Thomas Stewart, geht sie an die Berliner Hochschule für Musik, um sich dort zu perfektionieren. 1959 singt sie in der Londoner Albert Royal Hall die *Vier letzten Lieder* von Richard Strauss. Im gleichen Jahr debütiert sie an der Deutschen Oper Berlin, deren Ensemble sie bis 1964 angehört, in der Rolle des Komponisten (*Ariadne auf Naxos*, R. Strauss). Die Wiener und Münchner Opern und die Salzburger Festspiele laden sie ein. 1963 nimmt sie in München an der Uraufführung von Werner Egks Oper *Die Verlobung in San Domingo* teil. 1967 debütiert sie an der Met als Rosina (*Il barbiere di Siviglia*, Der Barbier von Sevilla, Rossini). Ab dieser Zeit wird sie von der Met, aber auch von der Oper in San Francisco und vom Covent Garden regelmäßig eingeladen. Sie gibt in den amerikanischen und europäischen Großstädten zahlreiche Liederabende, allein oder mit ihrem Mann.

Leblanc, Georgette
Französische Sopranistin, geb. 8.2. 1875 Tancarville, gest. 27.10. 1941 Le Cannet.
Die Schwester des Schriftstellers Maurice Leblanc debütiert 1893 als Françoise in *L'Attaque du moulin* (Der Sturm auf die Mühle, Bruneau) an der Pariser Opéra-Comique. 1894 geht sie ans Théâtre de la Monnaie nach Brüssel und hofft, dort ihr Idol Maurice Maeter-

linck kennenzulernen, was ihr auch gelingt. Eine romantische Idylle entsteht. In Brüssel wirkt sie an Aufführungen von *Carmen* (Bizet), *Thaïs* und *La Navarraise* (Die Navarresin, beide Massenet) mit. Mit ihrem Lebensgefährten kehrt sie nach Paris zurück, gibt Schubert- und Schumann-Abende (wobei Maeterlinck die Texte übersetzt), singt 1897 an der Opéra-Comique die Sapho (Gounod) und nimmt ein Jahr später als Carmen (Bizet) an der Eröffnung der neuen Räume der Opéra-Comique (der berühmten Salle Favart) teil, nicht ohne sich vorher die Räumlichkeiten kritisch anzuschauen. Bei der Uraufführung von *Ariane et Barbe-Bleue* (Ariadne und Blaubart) von Paul Dukas singt sie die Titelrolle. Gleichzeitig spielt sie als Schauspielerin in Stücken ihres Freundes Maurice Maeterlinck mit, so in *Monna Vanna* (1903), *Marie-Magdeleine* (1913) und *Pelléas et Mélisande* (Sarah Bernhardt übernimmt die Rolle des Pelléas). 1918 trennt sie sich von Maeterlinck und setzt ihre Karriere vor allem als Liedsängerin fort. Bei der Uraufführung von *L'Oiseau bleu* (Der blaue Vogel, A. Wolff) an der Met im Jahre 1919 interpretiert sie die Rolle des Lichts.

Le Conte, Pierre-Michel
Französischer Dirigent, geb. 6. 3. 1921 Rouen.
Als Fünfjähriger wird er Mitglied des Kirchenchores von Saint-Evode in Rouen. Später studiert er Klavier und Violine an der Pariser Ecole Normale de Musique und geht dann an das dortige Konservatorium, wo er 1. Preise in Fagott (1944) und Orchesterleitung (1947) erhält. Seit 1944 leitet er bereits das im gleichen Jahr von Claude Delvincourt ins Leben gerufene Orchester der Anfänger am Konservatorium. 1945 gründet er sein eigenes Kammerorchester. 1947–49 ist er Musikdirektor und Dirigent an Radio Nizza; 1949 geht er in der gleichen Funktion zu Radio Toulouse (bis 1950). Anschließend ist er mehr als zehn Jahre lang als Gastdirigent tätig und arbeitet vor allem mit dem Orchestre National, dem Symphonie-Orchester des französischen Rundfunks und von Radio-Lyrique, dessen Leitung er 1960–73 übernimmt. Mit dem Orchester von Radio-Lyrique verwirklicht er viele Uraufführungen. Er ist Lehrbeauftragter am Pariser Konservatorium und Direktor des Konservatoriums des 7. Pariser Arrondissements (1981–86). In dem Film *Le Silencieux* von Claude Pinoteau spielt Pierre-Michel Le Conte einen Dirigenten.

Ledroit, Henri
Französischer Counter-Tenor, geb. 11. 3. 1946 Villacourt, gest. 10. 5. 1988 Nancy.
Er studiert an den Konservatorien von Nancy und Straßburg Klavier, Harmonielehre und Gesang. 1972 lernt er Alfred Deller kennen, der ihn ermutigt, barocken Gesang zu studieren. Ledroit perfektioniert sich bei René Jacobs, Nigel Rogers und Nicolaus Harnoncourt. 1977 gründet er mit seiner Frau, der Sopranistin Michèle Ledroit, das Ensemble Nuove Musiche, das Duette aus der Barockzeit zu neuem Leben erweckt. Ledroit nimmt auch an Aufführungen barocker Opern teil, so 1981 in Brüssel und Spoleto (*L'incoronazione di Poppea*, Die Krönung der Poppea, Monteverdi). In Lyon wirkt er an einer Aufführung von Marc-Antoine Charpentiers *David et Jonathas* mit. Er arbeitet auf internationaler Ebene mit Alain Curtis, Jean-Claude Malgoire, Philippe Herreweghe und René Clemencic zusammen. Ledroit leitet am Institut de musique ancienne in Metz einen Interpretationskurs.

Lee, Noel
Amerikanischer Pianist und Komponist, geb. 25. 12. 1924 Nanking (China).
Er beginnt als Fünfjähriger mit dem Studium von Klavier und Harmonielehre und tritt bereits als Sechsjähriger öffentlich auf. Mit Hilfe eines Stipendiums kann er an der Harvard University bei Irving Fine und Walter Piston

Komposition studieren; anschließend perfektioniert er sich am Konservatorium in Boston und in Paris, wo er von Nadia Boulanger unterrichtet wird, in Klavier. Er erhält verschiedene Aufträge und widmet sich eine Zeitlang ausschließlich kompositorischen Aufgaben. 1953–54 erhält er den Lili-Boulanger-Preis und den Preis des Orchesters von Louisville.
Er wendet sich wieder dem Klavier zu. Sein Repertoire als Komponist ist ausgesprochen umfangreich und auch auf kammermusikalischem Gebiet stark auf die zeitgenössische Musik orientiert (Werke u. a. von J. Field, Ives, Barraqué, Debussy, Ravel, Copland, Strawinsky). Der ausgezeichnete Liedbegleiter komponiert selbst Lieder.

Lefébure, Yvonne
Französische Pianistin, geb. 29.6. 1898 Ermont, gest. 10.5. 1986 Paris.
Als Neunjährige erhält sie bei einem für Kinder ausgeschriebenen Wettbewerb eine Goldmedaille und als Dreizehnjährige in der Klasse von Alfred Cortot einen 1. Preis für Klavier (weitere 1. Preise in Harmonielehre bei Georges Caussade und in Fuge bei Charles-Marie Widor). Sie debütiert unter Camille Chevillard bei den Concerts Lamoureux und unter Gabriel Pierné bei den Concerts Colonne. Ihre Karriere nimmt rasch einen steilen Aufschwung. Sie setzt sich besonders für Maurice Ravels *Konzert für Klavier und Orchester in G* ein, das sie im Lauf ihres Lebens im In- und Ausland über hundert Mal spielt. Pablo Casals lädt sie 1950 zu seinem Festival nach Prades ein; seit dieser Zeit spielt sie häufig mit dem Cellisten Kammermusik. Mit dem Violinisten Sandor Végh interpretiert sie auf Schallplatte und in Konzertzyklen sämtliche *Sonaten für Violine und Klavier* von Ludwig van Beethoven. 1947 heiratet sie den Musikwissenschaftler Fred Goldbeck.
Viele Komponisten schreiben für sie; folgende Werke möchten wir besonders hervorheben: *5 danses* (5 Tänze, Martelli), *Sechste Sonatine* (Emmanuel), *Torrents* (Sturzbäche, Rivier), *Scorpion* (Migot) und *4 Impromptus* (Barraud).
Auch als Pädagogin ist sie von großer Bedeutung: Sie unterrichtet an der Pariser Ecole Normale de Musique (1930–39), am Konservatorium von Paris (1952–67) und am Europäischen Konservatorium (ab 1967). 1964 gründet sie den Juillet musical de Saint-Germain-en-Laye und gibt dort Interpretationskurse. 1968 stiftet sie innerhalb des Juillet musical den Debussy-Preis.

Lefebvre, Philippe
Französischer Organist, geb. 2.1. 1949 Roubaix.
Er beginnt sein Studium am Konservatorium von Nizza, geht auf Empfehlung von Pierre Cochereau nach Lille und erhält dort 1. Preise in der Klasse von Jeanne Joulain, seiner Orgellehrerin sowie in Harmonielehre und Kontrapunkt. Anschließend geht er nach Paris und erhält auch dort 1. Preise in Orgel und Improvisation (Klasse von Rolande Falcinelli), Harmonielehre, Kontrapunkt und Fuge. Als Neunzehnjähriger wird er zum Titular-Organisten der großen Orgel in der Kathedrale von Arras ernannt. Philippe Lefebvre gewinnt 1972 den Preis der SACEM (dem französischen Äquivalent der deutschen GEMA) und den 1. Preis beim Lyoner Interpretations-Wettbewerb sowie 1973 den 1. Preis beim Improvisations-Wettbewerb von Chartres. 1976 wird er nach dem Tod von Victor Ruello zum Titular-Organisten der großen Orgel der Kathedrale von Chartres und 1985 zu dem der großen Orgel von Notre-Dame in Paris ernannt. Seit 1980 ist er Direktor des Konservatoriums von Lille.

Lehel, György
Ungarischer Dirigent, geb. 10.2. 1926 Budapest.
Er studiert an der Franz-Liszt-Akademie in Budapest bei Pál Kadosa (Komposition) und László Somogyi (Orchesterleitung) und debütiert 1947. 1955 und 1962 wird er mit dem Liszt-Preis ausgezeichnet. 1962 wird er zum Mu-

sikdirektor des Symphonie-Orchesters von Budapest ernannt, das er zu einem der besten Orchester seines Landes formt. 1973 erhält er den Kossuth-Preis. Er gilt weltweit als einer der Spezialisten der Musik von Béla Bartók und Zoltán Kodály. 1974 wird er principal guest conductor des Symphonie-Orchesters von Basel.

Lehmann, Fritz
Deutscher Dirigent, geb. 17. 5. 1904 Mannheim, gest. 30. 3. 1956 München.
Er studiert an der Musikhochschule seiner Heimatstadt (1918–21) und geht dann an die Universitäten von Heidelberg und Göttingen. 1918 debütiert er mit Klavierabenden. 1923 geht er als Chorleiter nach Göttingen. Er wird dort schon bald zum Kapellmeister ernannt und bleibt bis 1927. Anschließend geht er an die Oper von Hildesheim (1927–29), Hannover (1929–35) und Bad Pyrmont (1935–38). Gleichzeitig unterrichtet er an der Folkwang-Hochschule in Essen (1927–29) und an der Hochschule für Musik in Hannover (1929–38). 1934 ruft er in Göttingen die Händel-Festspiele ins Leben, die er auch leitet. 1939–46 ist er Generalmusikdirektor in Wuppertal, bevor er in die Stadt seiner Anfänge, Göttingen, zurückkehrt und dort 1946–50 als Intendant und Generalmusikdirektor tätig ist. Ab 1953 ist er Professor an der Hochschule für Musik in München. Er stirbt in der Pause während einer Aufführung der *Matthäus-Passion* von Johann Sebastian Bach.

Lehmann, Lilli (= Elisabeth Maria Kalisch)
Deutsche Sopranistin, geb. 24. 11. 1848 Würzburg, gest. 17. 5. 1929 Berlin.
Ihre Mutter Maria-Theresia Lehmann-Löw ist eine bekannte Sängerin und Harfenistin; ihr Vater Karl-August Lehmann Tenor. Auch ihre jüngere Schwester Marie Lehmann (1851–1931) wird Sängerin. Lilli Lehmann verbringt ihre Kindheit in Prag und wird von ihrer Mutter ausgebildet. 1867 debütiert sie am Prager Landestheater als 1. Knabe (*Die Zauberflöte*, Mozart). Ein Jahr später wechselt sie an das Stadttheater Danzig und von dort aus wieder ein Jahr später an die Oper von Leipzig. 1870 wird sie von der Berliner Oper eingeladen und singt dort die Margarethe von Valois (*Les Huguenots*, Die Hugenotten, Meyerbeer). Noch im gleichen Jahr bekommt sie einen festen Vertrag mit der Berliner Oper, an der sie die größten Triumphe feiert. 1876 wird sie von Richard Wagner eingeladen, in Bayreuth bei der Uraufführung des *Ring des Nibelungen* die Woglinde, Ortlinde und die Stimme eines Waldvogels zu singen. 1896 kehrt sie als Brünnhilde (*Der Ring des Nibelungen*) dorthin zurück. In der Zwischenzeit gastiert sie in London, Paris, Prag, Stockholm und Wien, wo sie wie eine Königin empfangen wird. 1886 debütiert sie als Sulamith (*Die Königin von Saba*, Goldmark) an der Met. Aufgrund dieses Erfolges löst sie den Vertrag mit der Berliner Oper und bleibt bis 1891 an der Met. In dieser relativ kurzen Zeitspanne interpretiert sie mehr als 170 Rollen, die zum Koloratur-, aber auch zum Wagner-Fach gehören, eine in der Geschichte der Oper wohl einmalige Leistung. Sie nimmt dabei an einer beträchtlichen Anzahl von örtlichen Premieren teil. 1888 heiratet sie den Tenor Paul Kalisch (1855–1946). 1891 kehrt sie nach Berlin zurück. Wilhelm II. protegiert sie, so daß sie ihren Platz an der Berliner Oper wieder erhält.
Der Einfluß der Sängerin auf das musikalische Leben ihrer Zeit ist beträchtlich. Auf ihre Anregung hin werden in Salzburg 1901 die Mozartfeste ins Leben gerufen, die bis 1910 jährlich stattfinden (Vorläufer der Salzburger Festspiele) und bei denen sie als Sängerin und als Regisseurin aktiv mitwirkt. Seit 1916 unterrichtet sie am Mozarteum in Salzburg und bildet eine unübersehbare Anzahl von Schülern und Schülerinnen aus, darunter Geraldine Farrar, Olive Fremstadt, Germaine Lubin und Emmy Krüger. Aufgrund ihrer großartigen

Technik kann sie es sich als Siebzigjährige noch leisten, Liederabende zu geben.
WW: *Meine Gesangskunst* (Berlin 1902); *Studie zu Fidelio* (Berlin 1904); *Mein Weg* (Leipzig 1913).

Lehmann, Lotte
Amerikanische Sängerin deutscher Herkunft, geb. 27. 2. 1888 Perleberg, gest. 26. 8. 1976 Santa Barbara (Calif.).

Sie studiert in Berlin bei Erna Thiele, Helene Jordan und Mathilde Mallinger und debütiert 1910 an der Hamburger Oper, wo sie sogleich fest engagiert wird. Bis 1916 gehört sie zum Ensemble und singt bei 562 Aufführungen 52 verschiedene Rollen. Ihre Elsa (*Lohengrin*, Wagner) wird 1913 mit besonderem Beifall bedacht. 1914 gastiert sie zum ersten Mal an der Wiener Oper, die in der Folge zu ihrer eigentlichen künstlerischen Heimat werden sollte. 1919 interpretiert sie hier bei der Uraufführung von *Die Frau ohne Schatten* die Färberin und 1924 in Dresden bei der von *Intermezzo* (beide R. Strauss) die Christine; 1926 singt sie bei der Wiener Premiere von *Turandot* (Puccini) und 1933 bei der von *Arabella* (R. Strauss) jeweils die Titelrolle. Nach dem Einmarsch der Nationalsozialisten verläßt sie Österreich und zieht in die Vereinigten Staaten.

1922 unternimmt sie eine große Südamerika-Tournee. Sie wird regelmäßig vom Covent Garden und den Opern in Paris, Stockholm, Berlin und Dresden eingeladen und überall als eine der großartigsten Sängerinnen ihrer Zeit gefeiert. 1930 gibt sie an der Oper von Chicago ihr amerikanisches Debüt. Im gleichen Jahr interpretiert sie unter Bruno Walter in London und Paris die Rosalinda (*Die Fledermaus*, J. Strauß). 1934 debütiert sie endlich als Sieglinde (*Die Walküre*, Wagner) an der Met. Bis 1945, das Jahr, in dem sie ihren Abschied von der Bühne nimmt, bleibt sie die 1. Sopranistin der wichtigsten Bühne der Vereinigten Staaten. Bis 1951 gibt sie noch Liederabende.

Lotte Lehmann zeichnet sich vor allem im Werk von Richard Strauss aus. Neben ihrer Karriere als Opernsängerin setzt sie sich intensiv mit dem Lied auseinander und erreicht auch auf diesem Gebiet einsame Höhen.
WW: *Anfang und Aufstieg* (Wien 1937); *Orplid, mein Land* (Roman, Wien, Leipzig, Zürich 1937); *My Many Lives* (New York 1948); *Five Operas and Richard Strauss* (New York 1964, unter dem Titel *Singing with Richard Strauss* auch London 1964); *Eighteen Song Cycles. Studies in Their Interpretation* (London 1971, New York 1972).

Lehotka, Gábor
Ungarischer Organist, geb. 20. 7. 1938 Vác.

Er beginnt sein Studium 1947 am Béla-Bartók-Konservatorium in Budapest (Orgel und Komposition) und geht dann an die Franz-Liszt-Akademie zu Sebestyén Pécsi, Ferenc Gergely, Rezső Sugár und Endre Szervánszky. 1963 legt er seine Diplomprüfung ab. 1967 gewinnt er beim Wettbewerb der ungarischen Komponisten den 1. Preis. 1969 wird er in Budapest am musikalischen Gymnasium Béla Bartók zum Lehrer ernannt; 1975 geht er als Stellvertreter von Ferenc Gergely an die Franz-Liszt-Akademie. 1974 erhält er den Franz-Liszt-Preis. Er verwirklicht die Uraufführung von *Volumina* von György Ligeti.

Lehrndorfer, Franz Xaver
Deutscher Organist und Cembalist, geb. 10. 8. 1928 Salzburg.

Der Sohn des Chorleiters Franz Lehrndorfer studiert an der Musikhochschule München Orgel und Kirchenmusik (1948–52). 1951 gewinnt er den Münchner Rundfunkwettbewerb und beginnt eine Karriere als Solist. Sein Repertoire umfaßt barocke und klassische, aber auch zeitgenössische Werke. 1951–62 unterrichtet er am Gymnasium der Regensburger Domspatzen. 1962 wird er an der Musikhochschule München zum Professor ernannt; 1965 erhält er den Förderpreis der Kunst. 1969 übernimmt er an der Musikhochschule München die Abteilung für katholische Kirchenmusik und wird gleichzeitig Domorganist.

Leider, Frida
Deutsche Sopranistin, geb. 18. 4. 1888 Berlin, gest. 4. 6. 1975 daselbst.
Sie studiert in Berlin bei Otto Schwarz und debütiert 1915 als Venus (*Tannhäuser*, Wagner) in Halle. Etwas später geht sie an die Opern in Rostock (1917–18), Königsberg (1918–19) und Hamburg, wo sie als Brünnhilde (*Der Ring des Nibelungen*) besonders gefeiert wird. 1923 wird sie Mitglied der Berliner Staatsoper und bleibt dort bis 1940. 1924 beginnt mit ihrem Debüt am Covent Garden ihre internationale Karriere; Einladungen nach Paris, Mailand und New York folgen. In Bayreuth, wo sie 1928–38 gastiert, wird sie als die größte Isolde (*Tristan und Isolde*, Wagner) und Brünnhilde gefeiert. Neben anderen Wagner-Rollen (Kundry, Parsifal, und Senta, *Der fliegende Holländer*) interpretiert sie die Armide (Gluck), Donna Anna (*Don Giovanni*, Mozart), die Marschallin (*Der Rosenkavalier*, R. Strauss), Leonore (*Il trovatore*, Der Troubadour) und Amelia (*Un ballo in maschera*, Ein Maskenball, beide Verdi), Tosca (Puccini), Rachel (*La Juive*, Die Jüdin, Halévy) oder die Leonore aus *Fidelio* (Beethoven). 1938 begleitet sie ihren Mann, Rudolf Deman, Konzertmeister an der Berliner Oper, in die Emigration. 1941–46 widmet sie sich, von Michael Raucheisen am Flügel begleitet, vor allem dem Lied. Nach dem Zweiten Weltkrieg inszeniert sie in Berlin 1945 *Hänsel und Gretel* (Humperdinck), 1946 *Der Wildschütz* (Lortzing) und 1947 *Tristan und Isolde* und unterrichtet an der dortigen Hochschule für Musik.
W: *Das war mein Teil. Erinnerungen einer Opernsängerin* (Berlin 1959).

Leinsdorf, Erich (= Erich Landauer)
Amerikanischer Dirigent österreichischer Herkunft, geb. 4. 2. 1912 Wien.
Er studiert an der Musikakademie seiner Heimatstadt Cello, Komposition und bei Paul Emerich Klavier (1931–33). 1933 debütiert er an der Spitze des Orchesters der Musikakademie. 1934 engagiert ihn Bruno Walter als Assistent zu den Salzburger Festspielen; Arturo Toscanini verlängert den Vertrag um drei Jahre (1935–37). 1937 holt ihn die Met als Assistent; 1938 wird er an dem gleichen Haus zum 2. Kapellmeister ernannt. Nach Artur Bodanzkys Tod übernimmt er 1939 das deutsche Repertoire und legt einen besonderen Akzent auf Wagner; unter seiner Leitung singen u. a. Kirsten Flagstadt, Lauritz Melchior, Ezio Pinza und Friedrich Schorr. 1945–46 ist er Musikdirektor des Orchesters von Cleveland, bevor er 1947 zu dem von Rochester geht und es zu einem der Spitzenorchester entwickelt. Während seiner Tätigkeit gliedert er dem Orchester den Chor der Universität Rutgers an. 1956 wird er zum Direktor der New York City Opera ernannt, 1957 engagiert ihn die Met als musikalischen Berater, eine Stelle, die für ihn geschaffen wird und die er 1962 wieder aufgibt, um Nachfolger von Charles Münch an der Spitze des Symphonie-Orchesters von Boston zu werden (bis 1969). Nach seinem Ausscheiden arbeitet er als Gastdirigent (u. a. Bayreuth 1972) und unterrichtet in Tanglewood. Er ist mit der Violinistin Vera Graf verheiratet. Erich Leinsdorf setzt sich für die zeitgenössische Musik ein und zeichnet für die Uraufführung der *Symphonie Nr. 2* von Bohuslav Martinů (1942) und der *Walzersuite* aus dem *Rosenkavalier* von Richard Strauss (1946) verantwortlich; daneben kreiert er viele Werke amerikanischer Komponisten (u. a. von Colgrass, Imbre, Persichetti, Schuller und Wuorinen).
WW: *Candenza, a musical career* (Boston 1976); *The Composer's Advocate: a Radical Orthodoxy for Musicians* (New Haven 1981).

Leister, Karl
Deutscher Klarinettist, geb. 15. 6. 1937 Wilhelmshaven.

Sein Vater erteilt ihm ersten Klarinetten-Unterricht, bevor er zu Heinrich Geuser an die Musikhochschule Berlin geht. 1957–59 ist er Solo-Klarinettist in der Komischen Oper Berlin und geht dann in der gleichen Funktion zu den Berliner Philharmonikern. Er macht sich auch als Kammermusiker einen Namen und arbeitet häufig mit dem Amadeus-Quartett zusammen. Mit den maßgeblichen Solisten der Berliner und Wiener Philharmoniker gründet er das Ensemble Wien-Berlin. 1984 kreiert er mit dem Brandis-Quartett das *Quintett für Klarinette und Streicher* von Helmut Eder und mit dem Ensemble Wien-Berlin 1988 *Musik* von Hans-Jürgen von Bose.

Leitner, Ferdinand
Deutscher Dirigent, geb. 4. 3. 1912 Berlin.

Er studiert an der Musikhochschule seiner Heimatstadt bei Franz Schreker und Julius Prüwer (1926–31). Auch Artur Schnabel und (Karl Muck unterrichten ihn. Nach Abschluß seines Studiums beginnt er als Pianist tätig zu sein und tritt besonders als Begleiter von Georg Kulenkampff und Ludwig Hoelscher hervor. In der gleichen Zeit debütiert er in Berlin als Dirigent. 1935 holt ihn Fritz Busch als Assistent nach Glyndebourne. 1943–45 ist er Kapellmeister am Theater am Nollendorfplatz in Berlin; 1945–46 ist er in der gleichen Funktion in Hannover tätig, 1946–47 in München und ab 1947 in Stuttgart. Hier wird er 1949 zum Generalmusikdirektor ernannt (bis 1969). 1947–51 ist er musikalischer Oberleiter der Bach-Wochen in Ansbach. 1951 leitet er in Venedig die Proben für die Uraufführung von Igor Strawinskys *The Rake's Progress* (Der Wüstling); der Komponist leitet die Uraufführung selbst; anschließend wechseln sich Strawinsky und Leitner ab. Ab 1956 dirigiert er als Nachfolger von Erich Kleiber die deutschen Opern am Teatro Colón in Buenos Aires. 1969–84 ist er musikalischer Oberleiter an der Züricher Oper und 1976–80 gleichzeitig Chefdirigent am Residenzorchester in Den Haag. Seit 1988 ist er principal guest conductor des Symphonie-Orchesters der RAI Turin.

Ferdinand Leitner wird vor allem als Operndirigent bekannt. Er setzt sich für die deutsche Oper des 20. Jahrhunderts ein, besonders für die Werke Carl Orffs und Karl-Amadeus Hartmanns. Auch für Ferruccio Busoni leistet er Entscheidendes. Zu den Uraufführungen, die unter ihm stattfinden, gehören unter anderem die Opern *Ödipus der Tyrann* von Carl Orff (1959) und *Don Juan und Faust* (1950) sowie *Hamlet* (1980) von Hermann Reutter.

Lemnitz, Tiana
Deutsche Sopranistin, geb. 26. 10. 1897 Metz.

Sie studiert zuerst in Metz und geht dann an das Hochsche Konservatorium nach Frankfurt/M. zu Antoni Kohmann. 1920 debütiert sie in Heilbronn als Undine (Lortzing). 1922–28 gehört sie als 1. lyrischer Sopran zur Oper von Aachen, 1928–33 zu der in Hannover. 1934 geht sie dann an die Berliner Staatsoper, wo sie unter Leo Blech fest engagiert wird und bis 1957 Ensemblemitglied bleibt. Sie lehnt alle Auslandsangebote ab, auch das der Met 1938; nur der Covent Garden (Eva, *Die Meistersinger von Nürnberg*, Wagner, 1938) und das Teatro Colón in Buenos Aires (Titelrolle in *Jenůfa*, Janáček, 1950) haben mit ihren Einladungen Erfolg. Ihr Repertoire, das die großen dramatischen Rollen umfaßt (Mimi, *La Bohème*, Bizet; Micaëla, *Carmen*, Bizet; Desdemona, *Otello*, und Aida, beide Verdi; Sieglinde, *Die Walküre*, Wagner), wird aber vor allem von zwei Rollen beherrscht: Octavian im *Rosenkavalier* (R. Strauss) und Pamina in *Die Zauberflöte*, Mozart (sie ist 1938 unter Sir Thomas Beecham die erste Pamina der Schallplattengeschichte). Auch die slawischen und tschechischen Heldinnen liegen ihr (Nastasie, *Tscharodejky*, Die Zauberin, Tschaikowskij; Marie, *Prodaná Nevěsta*, Die verkaufte Braut und Milada, *Dalibor*, beide Smetana). Auch als Liedsängerin verzeichnet sie große Erfolge.

Lenya, Lotte (= Karoline Wilhelmine Blamauer)
Amerikanische Mezzosopranistin österreichischer Herkunft, geb. 18. 10. 1898 Wien, gest. 28. 11. 1981 New York.
Sie will zuerst Tänzerin werden und studiert in Zürich 1914–20 die Methode Jaques-Dalcroze. Sie wird dort Mitglied des Corps de Ballet, lernt Frank Wedekind kennen und entdeckt eine neue Form der Ballade, eine neue Art zu singen. 1920 geht sie nach Berlin und arbeitet als Tänzerin und Schauspielerin. Über Georg Kaiser (1878–1945), ein damals vielgespielter Dramatiker, lernt sie den Komponisten Kurt Weill kennen, den sie 1925 heiratet. 1927 trifft sie Bertolt Brecht, der Beginn einer Zusammenarbeit, die eine ganze Epoche prägen sollte. Zwei der wichtigsten Stücke entstehen: Noch im gleichen Jahr wird in Baden-Baden während der Festspiele zeitgenössischer Musik das Songspiel *Mahagonny* (nicht die 1930 uraufgeführte Oper!) von Brecht/Weill in einem Boxring kreiert, wobei Lotte Lenyas sanfte und doch aggressive Stimme voll zur Geltung kommt. Bei der Uraufführung der *Dreigroschenoper* ein Jahr später interpretiert sie die Jenny. Im Publikum befinden sich Otto Klemperer und Erwin Piscator. 1931 entsteht dann der Film von G. W. Pabst. 1933 kreiert sie die Rolle der Anna bei der Uraufführung von *Die sieben Todsünden*, die in Paris stattfindet, wohin Lotte Lenya, Kurt Weill und Bertolt Brecht vor den Nationalsozialisten fliehen, bevor sie endgültig in die Vereinigten Staaten gehen. 1937 interpretiert sie bei der Uraufführung von Kurt Weills biblischem Musikdrama *The Eternal Road* (Die ewige Straße) die Rolle der Myriam und 1945 bei der von *The Firebrand of Florence* (Brand in Florenz, Weill) die der Herzogin. Nach dem Tod von Kurt Weill 1950 überwacht sie die Wiederaufnahme seiner zwei großen Meisterwerke, die *Dreigroschenoper* und *Aufstieg und Fall der Stadt Mahagonny*. Am Broadway singt sie in allen amerikanischen Musicals ihres Mannes mit. Die bekanntesten sind *Street Scene* (Straßenszene), *Johnny Johnson* und *Lost in the Stars* (In den Sternen verloren).

Leonhardt, Gustav
Holländischer Cembalist und Organist, geb. 30. 5. 1928 's-Graveland.
Er studiert zuerst in Holland und geht dann zu Eduard Müller an die Schola Cantorum Basiliensis (1947–50). In Wien tritt er mit einer Aufführung der *Kunst der Fuge* (Bach) zum ersten Mal an die Öffentlichkeit. 1950–51 perfektioniert er sich an der Musikakademie Wien, wo er 1952 selbst zum Professor für Cembalo ernannt wird (bis 1955). Seit 1954 ist er auch Professor am Konservatorium von Amsterdam und Organist an der dortigen Waalsekerk. 1969–70 hält er in Harvard Vorlesungen. 1955 gründet er das Leonhardt Consort, das bei der Renaissance der alten Musik eine bedeutende Rolle spielt, auch wenn es noch moderne Instrumente benutzt. Er arbeitet regelmäßig mit den Gebrüdern Kuijken, Nikolaus Harnoncourt und Philippe Herreweghe und dem Ensemble La Petite Bande zusammen. Sein eigenes Ensemble stellt sich im Lauf der Zeit auf alte Instrumente um. Seine Tätigkeit als Organist tritt immer stärker in den Hintergrund. In Jean-Marie Straubs Film *Chronik der Anna Magdalena Bach* (1967) spielt er Johann Sebastian Bach. Seit 1988 unterrichtet er an der Accademia Musicale Chigiana in Siena.
W: *The Art of Fugue. J. S. Bach's Last Harpsichord Work* (Den Haag 1952).

Leonskaja, Elisabeth
Georgische Pianistin, geb. 23. 11. 1945 Tiflis.
Als Siebenjährige erhält sie Klavier-Un-

terricht. Vier Jahre später gibt sie bereits ihr erstes Konzert mit Orchesterbegleitung und 1959 ihren ersten Klavierabend. 1964–72 besucht sie das Konservatorium von Moskau. Während dieser Zeit gewinnt sie bereits eine Reihe wichtiger internationaler Preise: 1964 Enescu-Wettbewerb in Bukarest, 1965 Marguerite Long-Jacques Thibaud-Wettbewerb in Paris, 1968 Königin-Elisabeth-Wettbewerb in Brüssel. Konzertreisen führen sie durch die Sowjetunion, die Tschechoslowakei, Rumänien, Österreich (Wiener Festwochen 1977) und Frankreich. Seit 1978 wohnt sie in Wien.

Leppard, Raymond
Englischer Dirigent und Cembalist, geb. 11. 8. 1927 London.
Er studiert bei Hubert Middleton und Boris Ord am Trinity College in Cambridge (1948–52) und debütiert 1952 als Dirigent in der Wigmore Hall in London. Seine Interpretationen barocker und klassischer Werke fallen auf. 1957 kehrt er als Dozent ans Trinity College zurück und bleibt dort zehn Jahre lang. Während dieser Zeit ist er regelmäßig Gastdirigent des English Chamber Orchestra; er dirigiert auch am Covent Garden (1959) und in Glyndebourne (1962) sowie an verschiedenen kleineren Orchestern. 1973–80 ist er als Chefdirigent des BBC Northern Chamber Orchestra tätig. 1983 wird Leppard zum principal guest conductor des Symphonie-Orchesters von Saint Louis ernannt. Als Cembalist spielt er hauptsächlich Werke von Jean-Philippe Rameau, François Couperin und Georg Friedrich Händel. Leppard veröffentlicht als Herausgeber zahlreiche Partituren aus der Barockzeit.

Le Roux, Maurice
Französischer Dirigent und Komponist, geb. 6. 2. 1923 Paris.
Er studiert am Konservatorium von Paris bei Olivier Messiaen (Komposition), Yves Nat (Klavier) und Louis Fourestier (Orchesterleitung, 1944–52); 1947 erhält er in Orchesterleitung einen 1. Preis. Er studiert außerdem bei René Leibowitz Komposition und bei Dimitri Mitropoulos Orchesterleitung. Ende der 40er Jahre tritt er sowohl als Komponist wie auch als Dirigent an die Öffentlichkeit. Ab 1951 arbeitet er im Studio für konkrete Musik des französischen Rundfunks. 1960–68 ist er Musikdirektor des Orchestre National; 1969 wird er musikalischer Berater der Pariser Oper und ab 1973 Inspecteur général de la musique im französischen Kultusministerium (bis 1988). Gleichzeitig arbeitet er regelmäßig als Gastdirigent und setzt sich dabei für unbekannte Werke ein. So gehört er zu den ersten, die Claudio Monteverdis *Vesperae Mariae Virginis* aufführen und aufnehmen. Auf dem Gebiet der zeitgenössischen Musik setzt er sich für die Komponisten der Wiener Schule, für Xenakis und Messiaen ein.
Er interessiert sich für den Film und schreibt mehr als 25 Filmmusiken, unter anderem für François Truffaut und Jean-Luc Godard. Er komponiert außerdem Kammermusik, zwei Ballette und mehrere Orchesterwerke. Er veröffentlicht einige bedeutende Bücher.
WW: *Introduction à la musique contemporaine* (Paris 1947); *Claudio Monteverdi* (Paris 1951); *La Musique* (Paris 1979); *Moussorgski, Boris Godunov* (Paris 1980).

Leschetizky, Theodor
Polnischer Pianist, geb. 22. 6. 1830 Łańcut bei Lemberg, gest. 14. 11. 1915 Dresden.
Sein Vater, Musikmeister der Familie Potocki in Łańcut, erteilt ihm ersten Unterricht. 1940 übersiedelt die Familie nach Wien, wo er Schüler von Carl Czerny (Klavier) und Simon Sechter (Komposition) wird. Ab 1844 unterrichtet er mit viel Erfolg selbst. 1845 beginnt er an der Universität Wien mit dem Studium der Philosophie. 1852 geht er nach Sankt Petersburg und befreundet sich mit Anton Rubinstein. Sein Ruf als Pädagoge wächst beständ-

dig, auch am Zarenhof. Er springt häufig für Rubinstein ein (als Dirigent oder als Pädagoge) und wird 1862 am kaiserlichen Konservatorium zum Leiter der Klavierklassen ernannt. 1878 kehrt er nach Wien zurück und unterrichtet fortan nur noch privat. Die Musikgesellschaft, die er in Wien gründet, spielt schon bald eine wichtige Rolle im Musikleben der ungarisch-österreichischen Hauptstadt. 1886 tritt er zum letzten Mal öffentlich auf. Trotz seiner Erfahrungen als Dirigent zieht er das Klavierspiel zeitlebens vor, da ihm das Dirigieren als zu leicht erscheint. Der leidenschaftliche Pädagoge (der vier seiner Schülerinnen heiratet) übernimmt die Czerny-Schule, paßt sie aber individuell an jeden Schüler an. Die Technik erscheint ihm nicht so wichtig wie vielmehr die Beziehungen aller Details des zu interpretierenden Werkes untereinander. Sein Gehör ist unfehlbar und wird von seinen Schülern gefürchtet, obwohl er versucht, deren Möglichkeiten zu berücksichtigen. Dabei betreibt er nur wenig Theorie und zieht es vor, das, was er dem Schüler beibringen will, vorzuspielen. Zu seinen wichtigsten Schülern gehören Ignacy Jan Paderewski, Artur Schnabel, Elly Ney, Benno Moiseiwitsch, Ossip Gabrilowitsch, Erick Friedmann und Mark Hambourg. Als Komponist hinterläßt er kleine Stücke für Klavier und zwei Opern.

Levi, Hermann
Deutscher Dirigent, geb. 7. 11. 1839 Gießen, gest. 13. 5. 1900 München.
Er studiert am Konservatorium von Mannheim bei Vinzenz Lachner (1852–55) und geht dann an das von Leipzig zu Moritz Hauptmann und Julius Rietz. 1859 wird er in Saarbrücken zum Musikdirektor ernannt. Zwei Jahre später wird er Stellvertreter des 2. Kapellmeisters an der Nationaloper Mannheim. Im gleichen Jahr noch geht er als Kapellmeister an die deutsche Oper in Rotterdam (1861–64), bevor er die Leitung der Karlsruher Hofoper übernimmt (1864–72) und hier die ersten Wagner-Opern leitet (*Rienzi, Die Meistersinger von Nürnberg*). Er befreundet sich während seiner Karlsruher Zeit mit Clara Schumann und Johannes Brahms. 1972–80 ist er als Hofkapellmeister in München tätig. 1882 leitet er als Dirigent des Münchner Hofopernorchesters in Bayreuth die Uraufführung des *Parsifal* und wird von Richard und nach Richards Tod von Cosima Wagner als der bedeutendste Interpret dieses Werkes angesehen, das er bis 1887 und 1889–94 leitet. 1894 wird er in München zum Generalmusikdirektor ernannt. Zwei Jahre später hört er mit dem Dirigieren auf. 1897 soll er auf Wunsch von Cosima Wagner in Bayreuth Ludwig van Beethovens *Symphonie Nr. 9* dirigieren, muß aber die Proben aus gesundheitlichen Gründen abbrechen. Wir verdanken ihm die Übersetzungen der Textbücher von *Gwendolyne* (Chabrier) und *Les Troyens* (Die Trojaner, Berlioz).

Levine, James
Amerikanischer Dirigent und Pianist, geb. 23. 6. 1943 Cincinnati (O.).
Als Zehnjähriger debütiert er als Pianist mit dem Symphonie-Orchester von Cincinnati, bevor er auf die Juilliard School of Music in New York geht und bei Rosina Lhévinne Klavier und bei Jean Morel Orchesterleitung studiert. Das American Conductors Project der Ford Foundation ermöglicht ihm mit einem Stipendium, sich bei Alfred Wallenstein, Max Rudolf und Fausto Cleva zu perfektionieren. Sofort nach Abschluß seines Studiums wird er von George Szell als jüngster Assistent in der Geschichte des Orchesters an das Orchester von Cleveland geholt (1964–70). In San Francisco (1970) und an der Met (1971) leitet er *Tosca* (Puccini). 1973 geht er als Chefdirigent an die Met, wo er 1975 zum Musikdirektor ernannt wird. Auch sein Ruf als Konzertdirigent wächst beständig; auf Konzertreisen durch Europa dirigiert er die wichtigsten europäischen Orchester. Seit 1973 leitet er das Ravinia Sommerfestival mit dem Symphonie-Orchester von Chicago

und das Cincinnati May Festival. 1975 debütiert er bei den Salzburger Festspielen, wo er seither regelmäßig gastiert, und 1982 in Bayreuth, wo er die Hundertjahrfeier der Uraufführung des *Parsifal* (Wagner) leitet. Seit 1986 ist er künstlerischer Leiter der Metropolitan Opera in New York.

Levitzki, Mischa
Ukrainischer Pianist und Komponist russischer Herkunft, geb. 25. 5. 1898 Krementschug (Ukraine), gest. 2. 1. 1941 Avon-by-the-Sea (N. J.).
Er erhält ersten Musikunterricht in Polen bei Alexander Michalowski, geht dann zur weiteren Ausbildung nach Rußland und endlich als Achtjähriger mit seinen Eltern in die Vereinigten Staaten, wo er 1906–11 bei Sigismund Stojowski am Institute of Musical Art in New York ausgebildet wird. Anschließend geht er nach Berlin und studiert an der dortigen Musikhochschule bei Ernst von Dohnányi (1911–15). Er gewinnt den Mendelssohn-Wettbewerb und kehrt 1916 in die Vereinigten Staaten zurück, wo er im gleichen Jahr bei seinem New Yorker Debüt einen bedeutenden Erfolg erringt, der ihm den Weg zu einer international bedeutenden Karriere eröffnet. Als Komponist hinterläßt er viele kleinere Stücke für sein Instrument.

Lévy, Lazare
Französischer Pianist, geb. 18. 1. 1882 Brüssel, gest. 20. 9. 1964 Paris.
Er studiert am Konservatorium von Paris bei Louis Diémer Klavier, Albert Lavignac Harmonielehre und André Gédalge Komposition (1894–98). Er erhält einen 1. Preis in Klavier und beginnt sofort nach Abschluß seines Studiums mit ausgedehnten Konzertreisen. Doch schon bald interessiert er sich für pädagogische Aufgaben und formt am Konservatorium von Paris eine ganze Generation französischer Pianisten; sein bedeutendster Schüler ist sicher Alfred Cortot, der 1920 seinen Lehrstuhl übernimmt. Lazare-Lévy, so die etwas ungewöhnliche Schreibweise seines Namens, die er selbst vorzieht, ist für die Geschichte der Interpretation als Pädagoge sehr viel bedeutender denn als Instrumentalist.

Lewis, Henry
Amerikanischer Dirigent, geb. 4. 10. 1932 Los Angeles.
Er studiert in seiner Heimatstadt Klavier, Klarinette und Kontrabaß und wird 1948 als Kontrabassist Mitglied des philharmonischen Orchesters von Los Angeles. 1955–59 gehört er zu dem in Stuttgart stationierten Teil der amerikanischen Armee und wird Mitglied des dort sich bildenden Orchesters. Wieder zurück in den Vereinigten Staaten, gründet er das Kammerorchester von Los Angeles und wird vom dortigen philharmonischen Orchester als Assistent verpflichtet (1961–65). 1963 leitet er sein erstes Konzert als selbstständiger Dirigent. 1965 geht er als Musikdirektor an die Oper von Los Angeles und 1968 in der gleichen Funktion zum Symphonie-Orchester des Staates New Jersey, das in Newark beheimatet ist (1968–75). Anschließend arbeitet er ausschließlich als Gastdirigent, wobei die bedeutendsten Bühnen (u. a. Met und Scala) ihn einladen. Häufig begleitet er auch seine Frau, die Sängerin Marilyn Horne, am Flügel, die er 1960 heiratet und von der er sich 1976 scheiden läßt.

Lewis, Richard (= Thomas Thomas)
Englischer Tenor, geb. 10. 5. 1914 Manchester.
Er studiert zuerst bei Norman Allin am Royal College of Music in Manchester und geht dann mit seinem Lehrer an die Academy of Music in London. 1947 debütiert er in der Rolle des Männlichen Chores in Benjamin Brittens *The Rape of Lucretia* (Der Raub der Lukretia) bei den Festspielen in Glyndebourne. Im gleichen Jahr noch interpretiert er am Covent Garden in London bei der Wiederaufnahme von *Peter Grimes* (Britten) die Titelrolle, die 1945 von Peter Pears am Sadler's Wells kreiert worden

war. Sehr schnell wird dieser außergewöhnlich begabte Sänger und Schauspieler zu einer der Stützen der Festspiele von Glyndebourne, wo er den Ottavio (*Don Giovanni*), Ferrando (*Così fan tutte*), Idomeneo (alle Mozart), Admetos (*Alkeste*, Gluck), Bacchus (*Ariadne auf Naxos*, R. Strauss), Tom Rakewell (*The Rake's Progress*, Der Wüstling, Strawinsky) und den Florestan (*Fidelio*, Beethoven) singt. Auch am Covent Garden gehört er zum Ensemble. Hier kreiert er bei der Uraufführung von *Troilus and Cressida* (Walton, 1954) die Rolle des Troilus, bei der Uraufführung von *Midsummer Marriage* (Mittsommerhochzeit, Tippett, 1955) die Rolle des Mark und bei der Uraufführung von *King Priam* (König Priamus, Tippett, 1962) die Rolle des Achilles. Doch seine Mitarbeit beschränkt sich nicht nur auf die zeitgenössischen Opern. Er singt auch den Schwachsinnigen (*Boris Godunow*, Mussorgskij), den Don José (*Carmen*, Bizet), Tamino (*Die Zauberflöte*, Mozart), Alfredo (*La Traviata*, Verdi) und den Hoffmann (*Les Contes d'Hoffmann*, Hoffmanns Erzählungen, Offenbach). Auch als Konzert- und Liedersinger leistet er Bedeutendes. So verwirklicht er 1956 die Uraufführung von *Canticum sacrum* von Igor Strawinsky. Er nimmt an zahlreichen Tourneen durch Europa und Nordamerika teil und unterrichtet 1968–71 am Curtis Institute in Philadelphia. Seit 1975 ist Richard Lewis hauptsächlich als Dirigent tätig, ohne den Gesang ganz aufzugeben. Er singt vor allem noch Oratorien.

Lhévinne, Josef (= Jossip Arkadjewitsch)
Russischer Pianist, geb. (1.) 13.12.1874 Orel bei Moskau, gest. 2.12.1944 New York.
Er studiert am Konservatorium in Moskau bei Wassili I. Safonow. 1889 gibt er unter der Leitung von Anton Rubinstein sein erstes Konzert. 1891 schließt er sein Studium mit Diplom ab; 1895 gewinnt er den Rubinstein-Wettbewerb. Er beginnt als Solist wie als Pädagoge eine brillante Karriere. 1902–06 arbeitet er als Professor für Klavier am Moskauer Konservatorium. 1906 debütiert er in den Vereinigten Staaten. In den kommenden acht Jahren unternimmt er Konzertreisen rund um die Welt. Beim Ausbruch des Ersten Weltkriegs hält er sich gerade in Berlin auf; als feindlicher Ausländer wird er bis 1918 interniert. Sofort nach seiner Freilassung geht er in die Vereinigten Staaten, wo er ab 1921 an der Juilliard School of Music in New York unterrichtet.
Josef Lhévinne ist sicher einer der brillantesten Vertreter der russischen Klavier-Schule; er vereint eine hervorragende Technik mit einem ausgesprochen lyrischen Empfinden, bei dem die Werktreue nicht immer Oberhand behält, die Interpretationen aber immer interessant sind.
W: *Basic Principles in Pianoforte Playing* (Philadelphia 1924).

Ligabue, Ilva Palmina
Italienische Sopranistin, geb. 23.5.1932.
Schon als Kind beweist sie ihre außergewöhnliche Begabung. Sie studiert am Verdi-Konservatorium in Mailand und an der Nachwuchsschule der Scala. Nach Erfolgen an den meisten italienischen Bühnen gibt sie in Deutschland und England Gastspiele. 1957–60 ist sie die Primadonna der Festspiele in Glyndebourne und singt dort die Fiordiligi (*Così fan tutte*, Mozart) und Alice Ford (*Falstaff*, Verdi), die sich mit der Zeit zu ihrer Glanzrolle entwickelt. 1961 wird sie an der Scala für ihre Interpretation der Beatrice di Tenda (Bellini) gefeiert; im gleichen Jahr singt sie dort auch die Margarete (*Mefistofele*, Boito). Wien und Buenos Aires laden sie ein, Aix-en-Provence, Wiesbaden, Chicago, Paris und New York folgen. Aufgrund ihrer schauspielerischen Begabung ist ihre Gestaltung von Rollen wie der Desdemona (*Otello*) und Amelia (*Un ballo in maschera*, Ein Maskenball, beide Verdi) unvergleichlich.

Ligendza

Ligendza, Catarina (= Katarina Beyron)
Schwedische Sopranistin, geb. 18. 10. 1937 Stockholm.
Die Tochter der Sopranistin Brita Hertzberg und des Tenors Einar Beyron studiert an der Musikakademie Wien, am Konservatorium in Würzburg und schließlich bei Josef Greindl an der Musikhochschule in Saarbrücken. 1965 debütiert sie als Gräfin Almaviva (*Le nozze di Figaro*, Mozart) in Linz und geht dann über Braunschweig und Saarbrücken 1969 an die Deutsche Oper Berlin. Sie gastiert in Stuttgart und Hamburg und (1970–71) bei den Osterfestspielen in Salzburg (3. Norn in *Götterdämmerung*, Wagner; Leonore, *Fidelio*, Beethoven). 1971 debütiert sie als Leonore an der Met. Im gleichen Jahr singt sie auch zum ersten Mal in Bayreuth, wo sie bis 1977 und 1987 abwechselnd die Brünnhilde (*Der Ring des Nibelungen*) und die Isolde (*Tristan und Isolde*, beide Wagner) interpretiert. Die Scala, der Covent Garden sowie die Münchner und Wiener Oper laden sie regelmäßig ein.

Lill, John
Englischer Pianist, geb. 17.3. 1944 London.
1955–64 studiert er am Royal College of Music in London; gleichzeitig besucht er die Meisterkurse von Wilhelm Kempff in Positano. 1963 debütiert er in der Festival Hall in London; 1969 spielt er zum ersten Mal in der Carnegie Hall in New York. Ein Jahr später gewinnt er in Moskau den Tschaikowskij-Wettbewerb, der Ausgangspunkt seiner internationalen Karriere wird. Lill setzt sich als ein Beethoven-Spezialist durch, der häufig in Konzertzyklen alle 32 Sonaten oder alle 5 Klavierkonzerte in der gleichen Stadt spielt.

Lima, Luis
Argentinischer Tenor, geb. 12. 9. 1950 Córdoba (Argentinien).
Er beginnt sein Studium an der Schule des Teatro Colón in Buenos Aires und erhält dann ein Stipendium des Konservatoriums von Madrid, das ihm einen Studienaufenthalt in Europa ermöglicht. 1972 gewinnt er beim internationalen Wettbewerb in Toulouse einen 2. Preis und ein Jahr später beim Francisco-Viñas-Wettbewerb eine Auszeichnung sowie den 1. Preis beim internationalen Lauri-Volpi-Wettbewerb. 1974 debütiert er in Lissabon als Turiddu (*Cavalleria rusticana*, Mascagni). In Deutschland wird er nach seinen Anfängen in Mainz von den Opern in Stuttgart, Hamburg, München und Berlin eingeladen und interpretiert den Don Carlos, Alfred Germont (*La Traviata*, beide Verdi), Linkerton (*Madame Butterfly*, Puccini) und Sir Edgard (*Lucia di Lammermoor*, Donizetti). 1975 singt er in Avignon eine seiner Lieblingsrollen, den Faust (Gounod). In der gleichen Rolle debütiert er an der Scala. 1978 singt er zum ersten Mal an der Met (Alfred Germont). Bei der Aufführung des *Requiems* von Verdi, die Herbert von Karajan in Tokio leitet, übernimmt er die Tenor-Partie. In Wien nimmt er an einer Aufführung der *Lucia di Lammermoor* teil und in Sydney singt er den Herzog von Mantua (*Rigoletto*, Verdi).

Lin, Chio-Liang
Chinesischer Violinist, geb. 29.1. 1960 Taiwan.
Er beginnt sein Studium bei Robert Pikler am Konservatorium von Sydney und gibt als Siebenjähriger sein erstes Konzert. Drei Jahre später gewinnt er in Taiwan den nationalen Jugendwettbewerb. 1975 geht er an die Juilliard School of Music in New York und wird Schüler von Dorothy DeLay. Seit dieser Zeit lebt er in den Vereinigten Staaten. Nach dem Gewinn des 1. Preises beim Königin-Sophie-Wettbewerb in Madrid 1977 nimmt seine Karriere einen steilen Aufschwung. Mstislav Rostropowitsch lädt ihn 1979 nach Washington ein; 1980 arbeitet er mit Isaac Stern. 1981 unternimmt er eine ausgedehnte Tournee durch die Volksrepublik China und hält dort auch master classes ab. Mit

dem Pianisten Yefim Bronfman und dem Cellisten Gary Hoffman bildet er ein Trio. 1989 hebt er das *Konzert für Violine und Orchester* von Joel Hoffmann aus der Taufe, das ihm gewidmet ist. Er spielt auf einer Stradivari aus dem Jahre 1707, die sich früher im Besitz von Samuel Dushkin befand.

Linde, Hans-Martin
Schweizer Flötist und Komponist deutscher Herkunft, geb. 24. 5. 1930 Werne bei Dortmund.
Er studiert 1947–51 an der Musikhochschule Freiburg/Br. bei Gustav Scheck Flöte und bei Konrad Lechner Komposition. Nach seinem Studium wird er Flötist in der Capella Coloniensis, wo er August Wenziger kennenlernt, den Direktor der Schola Cantorum Basiliensis. Ab 1957 unterrichtet er selbst in Basel. Seit 1971 ist er stellvertretender Leiter des Vokalensembles an der Schola Cantorum. Als Instrumentalist (Block- und Querflöte) genießt er im Bereich des barocken und klassischen Repertoires einen hervorragenden Ruf. Mit der Querflöte spielt er Werke von Jean-Marie Leclair, Wolfgang Amadeus Mozart, Karl Stamitz und Karl Ditters von Dittersdorf und mit der Blockflöte Werke von Giovanni Battista Sammartini, Antonio Vivaldi und Jacques-Christophe Naudot. Mit dem Linde-Consort nimmt er Werke des 16. und 17. Jahrhunderts auf.
WW: *Kleine Anleitung zum Verzieren alter Musik* (Mainz 1958); *Handbuch des Blockflötenspiels* (Mainz 1962).

Lindenberg, Edouard
Französischer Dirigent rumänischer Herkunft, geb. 8. 1. 1908 Bukarest, gest. 5. 8. 1973 Paris.
Er studiert in seiner Heimatstadt und debütiert an der Spitze der Bukarester Philharmoniker, die er während der 30er Jahre regelmäßig leitet. Nach dem Zweiten Weltkrieg läßt er sich in Paris nieder. Einige Jahre lang leitet er das Nationalorchester in Tokio. Anschließend arbeitet er eng mit dem philharmonischen Orchester Israels und der Nordwestdeutschen Philharmonie zusammen, mit der er viele wichtige Schallplatten aufnimmt. Zeitlebens hat er allerdings nie den Beifall genossen, den er verdient hätte.

Lindenstrand, Sylvia
Schwedische Mezzosopranistin, geb. 24. 6. 1941 Stockholm.
Sie studiert an der Musikakademie ihrer Heimatstadt Oper und Lied und debütiert an der Stockholmer Oper 1962 als Olga in *Eugen Onegin* (Tschaikowskij), wo sie sehr schnell als Zerlina (*Don Giovanni*), Cherubin (*Le nozze di Figaro*, beide Mozart), Marina (*Boris Godunow*, Mussorgskij) und Paulina (*Pikowaja dama*, Pique Dame, Tschaikowskij) und Carmen (Bizet) bekannt wird. Sie singt auch an der Oper von Drottningholm, der Sommerresidenz der schwedischen Könige. In Bayreuth gastiert sie 1964 zum ersten Mal, in Edinburgh 1969 und in Glyndebourne 1975. In Frankreich wird sie als Idamantes (*Idomeneo*), in der Produktion von Jorge Lavelli in Angers und Paris (1975–76) sowie als Zerlina (*Don Giovanni*, beide Mozart) bei den Festspielen von Aix-en-Provence bekannt. An der Genfer Oper interpretiert sie den Octavian (*Der Rosenkavalier*, R. Strauss). 1982 wird sie zur schwedischen Hofsängerin ernannt.

Lindholm, Berit Maria (= Berit Maria Jonsson)
Schwedische Sopranistin, geb, 18. 10. 1934 Stockholm.
Als Kind nimmt sie an einer Aufführung einer Gluck-Oper teil, die von Opernschülern realisiert wird. Sie studiert am Konservatorium von Stockholm und debütiert im Mai 1963 an der dortigen Oper als Gräfin Almaviva (*Le nozze di Figaro*, Mozart). Sie interpretiert dort in der Folge die Elisabeth (*Tannhäuser*, Wagner), Aida (Verdi), Tosca (Puccini), Leonore (*Fidelio*, Beethoven) und endlich als Partnerin von Birgit Nilsson Chrysothemis (*Elek-

tra, R. Strauss). Birgit Nilsson empfiehlt sie an die Wiener Oper, wo sie einen großen Erfolg erringt. Im gleichen Jahr singt sie die Chrysothemis auch am Covent Garden. Nach und nach setzt sie sich als eine der großen Wagner-Sopranistinnen ihrer Generation durch; 1967 debütiert sie als Brünnhilde (*Der Ring des Nibelungen*, Wagner) in Bayreuth. Die Münchner Oper und die großen nordamerikanischen Bühnen laden sie ein. 1972 singt sie am Liceo in Barcelona die Isolde (*Tristan und Isolde*, Wagner); die Rolle interpretiert sie auch an der Pariser und Amsterdamer Oper. 1973-74 gehört sie zum Ensemble der Deutschen Oper am Rhein (Düsseldorf-Duisburg) und gibt gleichzeitig mehrere Gastspiele am Covent Garden. 1975 debütiert sie als Brünnhilde an der Met.

Lipatti, Dinu (= Constanti Lipatti)
Rumänischer Pianist und Komponist, geb. 19. 3. 1917 Bukarest, gest. 2. 12. 1950 Genf.
Er stammt aus einem Musiker-Milieu: seine Mutter ist Pianistin und sein Vater Violinist, der bei Pablo de Sarasate und Carl Flesch studiert hat. Niemand anderer als George Enescu ist sein Pate. Als Vierjähriger gibt er Wohltätigkeitskonzerte und beginnt zu komponieren. Aufgrund einer Sonderregelung wird er am Bukarester Konservatorium zugelassen, wo er bei Florica Muzicescu Klavier und bei Mihail Jora Komposition studiert. Beim Wiener Wettbewerb 1933 erhält er einen 2. Preis. Aus Protest legt Alfred Cortot sein Amt als Jury-Mitglied nieder. Im gleichen Jahr noch geht Lipatti an die Ecole Normale de Musique in Paris und studiert bei Alfred Cortot und Yvonne Lefébure Klavier und bei Charles Münch Orchesterleitung. Kurz vor seinem Tod nimmt Paul Dukas ihn noch als Kompositions-Schüler an. Bei Nadia Boulanger und Igor Strawinsky vervollständigt er seine Ausbildung nach dem Tod von Dukas. Ab 1936 führen ihn Konzertreisen nach Deutschland und Italien. Er fällt Walter Legge auf, der mit ihm Schallplatten einspielt. 1939-43 lebt er in Rumänien und gibt mit George Enescu sowie Willem Mengelberg Konzerte. Anschließend emigriert er mit seiner Frau, der Pianistin Madeleine Cantacuzène, in die Schweiz, wo er ab 1944 am Genfer Konservatorium unterrichtet. Er wird schwer krank. Trotzdem nimmt er 1946-50 noch einige Schallplatten auf. Von der Krankheit bereits stark gezeichnet, gibt er am 16. September 1950 in Besançon sein letztes Konzert. Als Komponist hinterläßt er einige Werke für sein Instrument sowie für Orchester.

Lipovšek, Marjana
Jugoslawische Mezzosopranistin, geb. 3. 12. 1946 Ljubljana.
Sie studiert in Graz und geht dann ab 1978 an das Opernstudio in Wien. Ein Jahr später wird sie von der Wiener Oper engagiert. 1981 debütiert sie anläßlich der Uraufführung von Friedrich Cerhas Oper *Baal* bei den Salzburger Festspielen. Im gleichen Jahr noch wird sie Mitglied der Hamburger Staatsoper und singt dort 1982 die Anna (*Les Troyens*, Die Trojaner, Berlioz). 1982 debütiert sie als Mrs. Quickly (*Falstaff*, Verdi) an der Mailänder Scala. Ab 1983 wird sie regelmäßig von den großen internationalen Bühnen eingeladen, wobei sie zur Münchner Oper ein besonders enges Verhältnis hat. Der Komponist (*Ariadne auf Naxos*, R. Strauss), Ulrica (*Un ballo in maschera*, Ein Maskenball, Verdi) und Marina (*Boris Godunow*, Mussorgskij) gehören zu ihren wichtigsten Rollen. 1986 nimmt sie bei den Salzburger Festspielen an der Uraufführung von Krzysztof Pendereckis Oper *Die schwarze Maske* teil. Auch als Lied- und Oratoriensängerin ist sie erfolgreich.

Lipp, Wilma
Österreichische Sopranistin, geb. 26. 4. 1925 Wien.
Sie studiert bei Anna Bahr-Mildenburg und Alfred Jerger in Wien und debü-

tiert 1943 als Rosina (*Il barbiere di Siviglia*, Der Barbier von Sevilla, Rossini). Seit 1945 ist sie an der Wiener Staatsoper als Koloratursopran engagiert; sie singt auch die Soubretten-Rollen und die Zwischenlagen. Als berühmte Königin der Nacht (*Die Zauberflöte*, Mozart) debütiert sie in dieser Rolle 1950 an der Scala und 1953 an der Pariser Oper. Am Covent Garden singt sie ab 1951 die Gilda (*Rigoletto*) und Violetta (*La Traviata*, beide Verdi), 1957 in Glyndebourne die Konstanze (*Die Entführung aus dem Serail*, Mozart) und 1962 in San Francisco die Nannetta oder das Ännchen (*Falstaff*, Verdi). Seit 1982 unterrichtet sie am Mozarteum in Salzburg. Sie wird in Österreich zur Kammersängerin ernannt.

List, Emmanuel (= Emanuel Fleißig)
Amerikanischer Bassist österreichischer Herkunft, geb. 22. 3. 1888 Wien, gest. 21. 6. 1967 daselbst.
Als Schneiderlehrling ist er Chorsänger im Theater an der Wien, nimmt bei Emil Steger Unterricht, reist mit einem Vokalquartett durch Europa, arbeitet in London in einem Vaudeville-Theater und geht dann nach New York, wo er bei Josiah Zuro seine Stimme weiter ausbilden läßt. Er kehrt wieder nach Wien zurück und debütiert 1922 als Mephistopheles (*Faust*, Gounod) an der Wiener Volksoper. 1923 gastiert er an der Städtischen Oper Berlin und 1924 an der dortigen Staatsoper, deren Mitglied er wird (bis 1933). 1925-34 gastiert er regelmäßig am Covent Garden und 1931-35 in Salzburg, wo er den Komtur (*Don Giovanni*), Osmin (*Die Entführung aus dem Serail*, beide Mozart), Don Fernando (*Fidelio*, Beethoven) und König Marke (*Tristan und Isolde*, Wagner) singt. In Bayreuth tritt er nur 1933 auf; er interpretiert den Fafner (*Das Rheingold*), Hunding (*Die Walküre*), Hagen (*Die Götterdämmerung*), Pogner (*Die Meistersinger von Nürnberg*) und Gurnemanz (*Parsifal*). 1933 muß er emigrieren und geht nach New York, wo er im gleichen Jahr im Dezember debütiert und bis 1950 dem Haus verbunden bleibt. Über Berlin (1950) kehrt er nach Wien zurück (1952). List ist nicht nur aufgrund seiner Wagner-Interpretationen berühmt; auch als Baron Ochs (*Der Rosenkavalier*, R. Strauss) begeistert er seine Anhänger.

List, Eugene
Amerikanischer Pianist, geb. 6. 7. 1918 Philadelphia, gest. 1. 3. 1985 New York.
Er studiert in Los Angeles und debütiert als Zwölfjähriger. Anschließend geht er zu Olga Samaroff an das Curtis Institute in Philadelphia. 1934 gewinnt er den Wettbewerb des Orchesters von Philadelphia. Er beginnt eine verheißungsvolle Karriere, die durch den Zweiten Weltkrieg unterbrochen wird. Vier Jahre ist er Soldat. 1945 spielt er in Potsdam vor Churchill, Truman und Stalin. 1946 bildet er mit seiner Frau, der Pianistin Carrol Glenn, ein Duo. Als Solist verläßt er gerne die ausgetretenen Pfade und spielt häufig Werke von unbekannteren amerikanischen Komponisten (Gottschalk, Mac Dowell usw.). 1964-75 ist er Professor an der Eastman School of Music in Rochester und ab 1975 an der Universität von New York. Wir verdanken ihm viele Uraufführungen (u. a. von Barraud, Chavez, Fuleihan und Villa-Lobos).

Litaize, Gaston
Französischer Organist und Komponist, geb. 11. 8. 1909 Menil-sur-Belvitte (Vogesen).
Gaston Litaize, der von Kindheit an blind ist, studiert am Konservatorium von Paris in den Klassen von Marcel Dupré, Georges Caussade und Henri Büsser. Er erhält 1. Preise in Improvisation (1931), Fuge (1933) und Komposition (1937). 1938 erhält er den 2. Großen Rompreis und den Rossini-Preis, der ihm für seine musikalische Legende *Fra Diavolo* (Bruder Teufel) verliehen wird. Er wird zum Organisten an der Kirche Saint-Léon in Nancy, anschließend in Saint-Cloud und endlich an der

Großen Orgel von Saint-François-Xavier in Paris ernannt. Mehrere Jahre lang leitet er die Abteilung Kirchenmusik des französischen Rundfunks. Er ist Professor am Institut National des Jeunes Aveugles und später dann am Konservatorium von Saint-Maur. Er bildet viele bedeutende Organisten aus. Als Interpret wie als Improvisator unternimmt er zahlreiche Konzertreisen im In- und Ausland. Litaize ist Mitglied der wichtigsten internationalen Jurys. Als Komponist arbeitet er fast ausschließlich für sein Instrument.

Litton, Andrew
Amerikanischer Dirigent, geb. 16. 5. 1959 New York.
Er studiert an der Juilliard School of Music in New York bei Nadia Reisenberg Klavier und bei Sixten Ehrling Orchesterleitung. Anschließend perfektioniert er sich bei Neeme Järvi in Hilversum und Walter Weller in Salzburg. 1982 gewinnt er den 1. Preis der Rupert-Stiftung in London; die wichtigsten englischen Orchester laden ihn daraufhin ein. Das Symphonie-Orchester von Washington engagiert ihn als Chefassistenten für Mstislav L. Rostropowitsch; bei einer Konzertreihe im Jahre 1983 springt er für ihn ein und macht sich so bei dem amerikanischen Publikum bekannt. 1988 wird er zum Musikdirektor des Symphonie-Orchesters von Bournemouth ernannt.

Litvinne, Felia (= Françoise Jeanne Vasil'yevna Schütz)
Französische Sopranistin russischer Herkunft, geb. 11.10. 1863 Sankt Petersburg, gest. 12.10. 1936 Paris.
Sie studiert bei Barthe-Bauderali, Pauline Viardot und Victor Maurel und debütiert 1883, als sie für die erkrankte Fides Devries als Maria Boccanegra (*Simone Boccanegra*) einspringt; als Elvira (*Ernani*, beide Verdi) debütiert sie dann offiziell. Ihre Schwester Hélène heiratet Edouard de Reszké, der ihr den Weg zu den internationalen Bühnen öffnet: sie singt in New York (Mapleson Company, 1885), Paris (1886), Moskau (1889), Sankt Petersburg (1890), Mailand, Rom, Venedig, New York (Met, 1897) und in London am Covent Garden (1899). Vor allem als Wagner-Sängerin wird sie berühmt. So ist sie die erste französische Brünnhilde in der *Walküre* in Brüssel (1887), die erste Pariser Isolde (1889), die Brünnhilde bei der ersten Gesamtaufführung des *Ring des Nibelungen* in Brüssel (1903) und Paris (1911) und schließlich die erste Kundry in Monte Carlo (1913). Man hält sie auch für die größte Alkeste (Gluck) der Operngeschichte.
1917 verläßt sie die Bühne; 1924 gibt sie ihren letzten Liederabend. Ab 1927 unterrichtet sie am amerikanischen Konservatorium in Fontainebleau. Nina Koshetz und Germaine Lubin sind ihre bekanntesten Schülerinnen.
W: *Ma vie et mon art* (Paris 1933).

Lively, David
Amerikanischer Pianist, geb. 27. 6. 1953 Ironto (Ohio).
Als er fünf Jahre alt ist, erhält er von seiner Mutter ersten Klavierunterricht. 1963–69 studiert er bei Gail Delente. 1967 gibt er mit dem Symphonie-Orchester von Saint-Louis sein 1. Konzert. 1969 erhält er ein Stipendium der französischen Regierung und kann so bei Jules Gentil an der Ecole Normale de Musique in Paris studieren, wo er als Sechzehnjähriger sein Diplom ablegt. Bis 1974 perfektioniert er sich noch bei Jules Gentil in Paris. 1971 erhält er beim Genfer Wettbewerb den 2. Preis. Außerdem wird er 1971 beim Marguerite-Long-Jacques-Thibaud-Wettbewerb in Paris, 1972 beim Königin-Elisabeth-Wettbewerb in Brüssel und 1974 beim Tschaikowskij-Wettbewerb in Moskau ausgezeichnet. 1975 besucht er die Beethoven-Kurse Wilhelm Kempffs in Positano. 1977 wird er mit dem Dino-Giani-Preis der Mailänder Scala ausgezeichnet. 1975–79 wird er von Claudio Arrau beraten. Inzwischen tritt er in der ganzen Welt auf. Seit 1980 ist er künstlerischer Direktor des Festivals von Saint-Lizier.

Llacuna, Teresa
Französische Pianistin spanischer Herkunft, geb. 27. 5. 1935 Igualada (Barcelona).
Sie debütiert als Zwölfjährige in ihrer Heimatstadt. Alfred Cortot, der dem Konzert beiwohnt, lädt sie ein, seine Kurse in Paris zu besuchen. Nach dem Abschluß ihres Studiums am Konservatorium von Paris perfektioniert sie sich drei Jahre lang in der Schweiz bei einem Schüler Dinu Lipattis, Béla Siki. Anschließend geht sie an die Londoner Schule von Artur Schnabel, wo sie von Maria Curcio Diamond ausgebildet wird. Sie beschäftigt sich intensiv mit der spanischen Musik und spielt häufig dem breiten Publikum unbekannte Werke.

Llobet Soles, Miguel
Spanischer Gitarrist, geb. 18. 10. 1875 Barcelona, gest. 22. 2. 1938 daselbst.
Er wird als Zeichner und Gitarrist ausgebildet. Sein erster Lehrer, Magin Alegre, stellt ihn Francisco Tárrega vor, dessen bedeutendster Schüler er wird. Während der Weltausstellung im Jahr 1900 tritt er zum ersten Mal in Paris auf. 1902–14 lebt er in der französischen Hauptstadt. Er fällt Claude Debussy auf. Konzertreisen führen ihn durch Europa und durch Nord- und Südamerika. In Buenos Aires unterrichtet er Maria Luisa Anido und gründet mit ihr das erste Gitarren-Duo. Manuel de Falla schreibt für ihn seine *Homenajes. Pour le tombeau de Claude Debussy* (Huldigung. Für das Grab von Claude Debussy).

Lloyd, Ronert
Englischer Bassist, geb. 2. 3. 1940 Southend-on-Sea.
Während seines Studiums in Oxford gehört er am Klebe College, an dem er Geschichte studiert, dem Opern-Club an. Er ist so erfolgreich, daß ihn sein Weg direkt auf die Bühne der Sadler's Wells und des Covent Garden führt, wo er 1972 Mitglied des Ensembles wird. 1975 debütiert er in den Vereinigten Staaten; in San Francisco interpretiert er den Sarastro (*Die Zauberflöte*). An der Pariser Oper debütiert er als Komtur (*Don Giovanni*, beide Mozart), während er bei den Festspielen in Aix-en-Provence die Rolle des Masetto aus der gleichen Oper interpretiert. Bei den Festspielen in Glyndebourne wirkt er an Aufführungen der *Zauberflöte* und von *Il ritorno d'Ulisse in patria* (Die Heimkehr des Odysseus, Monteverdi) mit. An der Scottish Opera singt er den Arkel (*Pelléas et Mélisande*, Debussy), Don Fernando (*Fidelio*, Beethoven), Osmin (*Die Entführung aus dem Serail*) und endlich den Don Giovanni (beide Mozart). Die Münchner Oper lädt ihn ein, an Aufführungen von *Simone Boccanegra* (Verdi) und *Der fliegende Holländer* (Wagner) mitzuwirken. In Amsterdam interpretiert er den Gurnemanz (*Parsifal*, Wagner) und am Covent Garden nimmt er unter Riccardo Muti an einer Aufführung des *Macbeth* (Verdi) teil. In Hans-Jürgen Syberbergs Film *Parsifal* ist er der einzige Sänger, der seine Rolle selbst spielt.

Lockhart, James (= Lawrence)
Englischer Dirigent, Pianist und Organist, geb. 16. 10. 1930 Edinburgh.
Er studiert an der Universität seiner Heimatstadt und am Royal College of Music in London und beginnt als Organist und Assistent des Kantors an der St. Giles Cathedral und der St. Mary's Episcopal Church (1946–51). Anschließend arbeitet er als Organist und Kantor an verschiedenen Londoner Kirchen, bevor er 1954 Chefassistent von Nicolai Malko wird (bis 1955). Er geht nach Deutschland, wird Korrepetitor in Münster (1955–56) und München (1956–57) und kehrt dann nach England zurück, um bei den Festspielen in Glyndebourne die gleiche Funktion zu übernehmen (1957–59 und 1962–68). 1957–59 leitet er gleichzeitig die Opernabteilung an der Universität von Texas in Austin. 1959–60 ist er Korrepetitor am Covent Garden und geht dann als Chefassistent an das BBC Scot-

tish Orchestra (1960–61), wird Kapellmeister an der Sadler's Wells Opera (1961–62), am Covent Garden (1962–68) und endlich Musikdirektor der Welsh National Opera (1968–73). 1962–72 unterrichtet er gleichzeitig am Royal College of Music, wo er anschließend die Opernabteilung übernimmt. 1972–80 ist er Generalmusikdirektor in Kassel und dirigiert ab 1973 regelmäßig als Gast in Stuttgart. 1981 übernimmt er die musikalische Leitung der Rheinischen Philharmonie in Koblenz. Er begleitet gerne Sänger bei Liederabenden am Flügel, vor allem Margaret Price. James Lockhart zeichnet für die Uraufführungen der Opern *The Bear* (Der Bär, 1967, W. Walton) und *Dramma per musica* (1982, Brandmüller) verantwortlich.

Lodéon, Frédéric
Französischer Cellist, geb. 26. 1. 1952 Paris.
Er stammt aus einer musikalischen Familie und lernt als Vierjähriger Klavier und als Neunjähriger Violoncello. 1967 tritt er in die Klasse von André Navarra am Konservatorium von Paris ein und erhält zwei Jahre später dort einen 1. Preis. Ein Jahr später erhält er in der Klasse von Jean Hubeau, in der er sich 1970–72 perfektioniert, ebenfalls einen 1. Preis (Kammermusik). Er gewinnt 1971 den Wettbewerb von Florenz, 1972 den Maurice-Maréchal-Wettbewerb in Paris und 1977 den internationalen Wettbewerb von La Rochelle. Mstislav L. Rostropowitsch lädt ihn ein, unter seiner Leitung zu spielen. Lodéon widmet sich häufig der Kammermusik.

Loehrer, Edwin
Schweizer Dirigent und Chorleiter, geb. 27. 2. 1906 Andwil (Sankt Gallen), gest. 10. 8. 1991 Orselina (Locarno).
Er studiert am der Musikakademie in München Komposition und Orchesterleitung und geht dann an das Konservatorium von Zürich, wo er bei Ernst Isler Orgel studiert. An der Universität Zürich promoviert er in Musikwissenschaften. 1930–35 ist er Generalmusikdirektor in Lichtensteig. 1936 gründet er den Chor des italienischsprachigen Schweizer Rundfunks in Lugano und führt mit ihm die damals fast unbekannte polyphone Musik vor allem italienischen Ursprungs auf. Im Vordergrund steht die Vokalkunst Claudio Monteverdis. Trotz der großen musikwissenschaftlichen Fortschritte, die inzwischen gemacht wurden, sind seine damaligen Aufnahmen auch heute noch mustergültig. 1961 gründet er die Società Cameristica di Lugano und nimmt mit ihr unbekannte Werke Gioacchino Rossinis wie z.B. *Péchés de ma vieillesse* (Sünden meines Alters) auf.

Lohmann, Heinz
Deutscher Organist, geb. 8. 11. 1934 Gevelsberg.
Er studiert bei Helmut Kahlöfer und geht dann zu Michael Schneider an die Akademie für evangelische Kirchenmusik in Detmold (1955–58). 1958–59 ist er Organist an der Christuskirche in Wolfsburg und geht dann für zwei Jahre nach Paris zu Gaston Litaize. Während seines Paris-Aufenthaltes ist er Organist an der evangelischen Kirche in der Rue Blanche, die auf sein Betreiben hin eröffnet wird. 1961–71 ist er Organist an der Christuskirche in Düsseldorf; während dieser Zeit gibt er viele Konzerte. 1971 geht er als Nachfolger Hans Heintzes und Michael Schneiders nach Berlin an die Kirche Zum Heilbronnen. Er setzt sich für das Orgelwerk Max Regers ein, dessen 100. Geburtstag während seiner Berliner Zeit gefeiert wird, fördert das Schaffen zeitgenössischer Komponisten (A. Boucke, J. N. David, J. Drwiessler, G. Gruschwitz, J. Kenesci) und tritt auch als Herausgeber des Orgelwerks von Johann Sebastian Bach an die Öffentlichkeit.

Lohmann, Ludgers
Deutscher Organist, geb. 9. 3. 1954 Herne.
Er studiert an der Hochschule für Musik und an der Universität in Köln und er-

hält in den Klassen von Wolfgang Stockmeier und Hugo Ruf (Orgel und Cembalo) 1. Preise. Anschließend perfektioniert er sich bei Marie-Claire Alain und Anton Heiller. 1979 gewinnt er den Münchner Rundfunkwettbewerb, 1980 den beim Festival des jeunes solistes in Bordeaux ausgeschriebenen Wettbewerb und 1982 den Grand Prix de Chartres. Er unterrichtet an den Musikhochschulen Köln (1979–83) und Stuttgart (ab 1983).

Loibner, Wilhelm
Österreichischer Dirigent, geb. 1909 Wien, gest. 1971.
Er studiert an der Musikakademie seiner Heimatstadt bei Clemens Krauss und Franz Schmidt und debütiert als Repetitor 1931 an der Wiener Oper, wo er 1937 zum Kapellmeister ernannt wird. 1949–53 unterrichtet er an der Wiener Musikakademie. Er arbeitet vor allem als Gastdirigent. 1957–59 ist er ständiger Dirigent des NHK-Orchesters in Tokio; 1963 wird er zum künstlerischen Leiter der Elizabethan Trust Opera Company in Australien ernannt.

Lombard, Alain
Französischer Dirigent, geb. 4. 10. 1940 Paris.
Als Siebenjähriger beginnt er bei Line Talluel mit dem Geigen-Unterricht. Ein Jahr später unterrichtet ihn Suzanne Demarquez in Klavier und allgemeiner Musiklehre. Wieder ein Jahr später nimmt ihn Gaston Poulet in seine Klasse am Pariser Konservatorium auf. Als Elfjähriger tritt er in der Pariser Salle Gaveau zum ersten Mal auf. Neben dem Studium von Klavier und Violine besucht er das Gymnasium und legt mit 16 Jahren sein Abitur ab. Anschließend geht er zu Ferenc Fricsay, um sich in Orchesterleitung zu perfektionieren. Als Achtzehnjähriger beginnt er zu dirigieren. 1961–65 ist er als Kapellmeister an der Oper in Lyon tätig und dort zusammen mit Georges Prêtre für die Uraufführung der *Opéra d'Aran* (Oper von Aran) von Gilbert Bécaud verantwortlich. 1963 debütiert er in den Vereinigten Staaten; er dirigiert für die American Opera Society *Hérodiade* (Massenet, mit Régine Crespin und Rita Gorr in den Hauptrollen). 1966 gewinnt er beim Mitropoulos-Wettbewerb die Goldmedaille und wird daraufhin Assistent von Leonard Bernstein bei den New Yorker Philharmonikern. Im Sommer des gleichen Jahres ist er Assistent von Herbert von Karajan bei den Salzburger Festspielen. 1967 debütiert er an der Met. Im gleichen Jahr wird er Musikdirektor des Orchesters von Miami. Ein Jahr später wird er Kapellmeister an der Met. Er arbeitet auch als Gastdirigent. 1972–83 ist er Musikdirektor der Straßburger Philharmoniker; 1974–80 ist er gleichzeitig künstlerischer Direktor der dortigen Opéra du Rhin. 1979 wird er vom Residenzorchester in Den Haag zum principal guest conductor ernannt. 1981–83 ist er Musikdirektor der Pariser Oper und ab 1988 Leiter des Orchestre National de Bordeaux-Aquitaine.

Londeix, Jean-Marie
Französischer Saxophonist, geb. 20. 9. 1932 Libourne.
Er lernt zuerst Klavier und geht dann als Siebenjähriger an das Konservatorium in Bordeaux, um Saxophon zu lernen. 1951 wechselt er nach Paris und besucht die Klassen von Marcel Mule (Saxophon) und Fernand Oubradous (Kammermusik). 1953 erhält er einen 1. Preis in Saxophon und wird am Konservatorium von Dijon zum Professor für Saxophon und allgemeine Musiklehre ernannt (bis 1971). 1960 gründet er das Bläsersextett von Dijon (ein um ein Saxophon erweitertes Bläserquintett). Knapp zwanzig Werke werden für diese außergewöhnliche Besetzung geschrieben. 1968 wird er an der Universität von Michigan Dozent. Eine Konzertreise durch die UdSSR führt zu der Gründung von Saxophon-Klassen an den Konservatorien von Moskau und Leningrad. Der Gründer und Präsident der Association des Saxophonistes de France

organisiert in Bordeaux den 4. Weltkongreß für Saxophon. 1977 ruft er dort das Ensemble international des saxophones ins Leben. Mehr als 80 Werke sind ihm gewidmet, die fast alle von ihm uraufgeführt werden, darunter *Konzert für Alt-Saxophon und Streichorchester* von Pierre-Max Dubois, *Sérénade* von Roger Boutry, *Etudes* von Charles Koechlin, *Konzert für Saxophon und Orchester* und *Gavambode II* von Jacques Charpentier, *Sonate* und *Concerto-piccolo* von Edison W. Denissow, *Oraison* (Gebet) und *Arbre* (Baum) von Henri Sauguet und *Concertante* von Marius Constant. Londeix ist der Autor von zwölf Lehrbüchern für sein Instrument und hat das erste bekannte Quartett für Saxophon rekonstituiert, das von Jean-Baptiste Singelee komponiert und 1858 von Adolphe Sax verlegt worden ist.

London, George (= George Burnstein) *Amerikanischer Baßbariton, geb. 30. 5. 1919 Montreal, gest. 24. 3. 1985 Armonk bei New York.*
Seine Familie stammt aus Rußland. Der Schüler von Richard Lert in Los Angeles debütiert 1942 in Hollywood unter dem Namen George Burnson als Grenvil (*La Traviata*, Verdi). Anschließend setzt er sein Studium in New York fort und singt gleichzeitig in Operetten und Musicals. 1947 wird er von einem Impresario für eine Welttournee an der Seite von Mario Lanza und Frances Yeend (als Belcanto-Trio) engagiert. 1949 holt ihn Karl Böhm an die Wiener Oper, wo er ohne eine einzige Probe als Amonasro (*Aida*, Verdi) debütiert. Er bleibt dieser Bühne treu, wird 1954 zum Kammersänger erhoben und feiert hier jedes Jahr Triumphe. 1950 singt er bei den Festspielen von Glyndebourne die Titelrolle in *Le nozze di Figaro* (Mozart). 1951 debütiert er in Bayreuth; bis 1964 sollte er jeden Sommer als einer der besten Wagner-Baritone hier gastieren (Amfortas, *Parsifal*, und der Holländer, *Der fliegende Holländer*, beide Wagner). 1964 lädt ihn die Met ein. Er debütiert als Amonasro und wird Mitglied des Ensembles. Auf der Bühne wie im Konzertsaal feiert er ab dieser Zeit im internationalen Rahmen glänzende Erfolge. Die Scala lädt ihn ein, der Covent Garden, das Teatro Colón in Buenos Aires sowie das Bolschoi-Theater in Moskau folgen. In den Sechziger Jahren ist er einer der gefeierten Helden am Broadway und leitet eine Musikschule in New York. 1968 wird er zum künstlerischen Direktor des Kennedy Center in Washington ernannt. Auch als Schauspieler ist er überdurchschnittlich begabt. Neben den großen Wagner- und Mozart-Opern gehören Arabella (R. Strauss), *Die Fledermaus* (J. Strauß), *Tosca* (Puccini) und *Les Contes d'Hoffmann* (Hoffmanns Erzählungen, Offenbach) zu seinem Repertoire. Er ist der erste Nichtrusse, der am Bolschoi 1960 die Titelrolle des *Boris Godunow* interpretiert. 1967 muß er seine Karriere abbrechen, da seine Stimmbänder Lähmungserscheinungen zeigen. Er beginnt zu inszenieren, so 1975 in Seattle den *Ring des Nibelungen* (Wagner). 1972-73 ist er Leiter des Opera Theater of Southern California der University of Southern California in Los Angeles. 1975-80 leitet er die Opera Society in Washington, bevor er sich aus gesundheitlichen Gründen ins Privatleben zurückzieht.

Long, Marguerite (= Marie-Charlotte Long)
Französische Pianistin, geb. 13. 11. 1874 Nîmes, gest. 13. 2. 1966 Paris.
Die Schülerin am Konservatorium von Nîmes wird als Zwölfjährige von Théodore Dubois entdeckt, der sich auf einer Inspektionsreise befindet und sie einlädt, die Kurse von Tissot am Pariser Konservatorium zu besuchen. Sie erhält einen 1. Preis und perfektioniert sich anschließend bei Jean François Marmontel, dessen Pädagogik sie später bei ihren Schülern selbst anwendet. 1893 debütiert sie in Paris in der Salle Pleyel-Wolff, zieht sich dann aber vom aktiven Konzertleben zurück, bis sie 1903 mit

großem Erfolg mit den Concerts Lamoureux zum zweiten Mal debütiert. 1906 wird sie am Pariser Konservatorium zur Professorin ernannt und erarbeitet sich eine Klavierschule, die sie 1963 veröffentlicht. Sie legt größten Wert auf Fingersätze und Tonleitern, die sie täglich selbst ausgiebig übt, und auf die berühmte gekrümmte Fingerhaltung, die erst das perlende Spiel, das die französische Klavierschule ausmacht, ermöglicht. Ohne die Komponisten zu entwerten, ist sie von der wichtigen Aufgabe des Interpreten überzeugt, der die »auf dem Papier schlafende Musik« erst zum Leben erwecken muß.

Sie hat zwei Hauptschwierigkeiten zu überwinden; einmal werden Pianisten damals noch häufig als virtuos und damit beinahe als frivol angesehen, und zum zweiten sind die Musikerkollegen, Gabriel Fauré an der Spitze, davon überzeugt, daß eine Frau »rein biologisch gesehen« weder als Virtuose noch als Pädagogin Besonderes leisten könne. Marguerite Long widerlegt diese Auffassungen ein für allemal.

Sie befreundet sich mit Claude Debussy, bespricht mit ihm alle Interpretationsfragen, seine Musik betreffend, und setzt sich nach dem Tod Debussys auch für die Kompositionen Maurice Ravels ein. 1919 kreiert sie *Le Tombeau de Couperin* (Couperins Grab, Ravel), dessen *Toccata* ihrem Mann, Joseph de Marliave, der 1914 gefallen war, gewidmet ist. Nach dem Tod von Louis Diémer übernimmt sie dessen Klasse am Konservatorium, trotz der frauenfeindlichen Umtriebe ihrer Kollegen, allen voran immer noch Fauré. Trotzdem setzt sich Marguerite Long für die Musik Gabriel Faurés zeitlebens ein und spielt dessen *Ballade* bis zu ihrem Tod. Ab 1921 unterrichtet sie an der eben gegründeten Ecole Normale de Musique. Auf Bitten ihres Gründers Auguste Mangeot hält sie öffentliche Vorlesungen über Debussy und Fauré. 1932 verwirklicht sie die Uraufführung von Maurice Ravels *Konzert für Klavier und Orchester G-Dur*, das ihr gewidmet ist. Die Verleumder verstummen. 1941 eröffnet sie die Musikschule Marguerite Long-Jacques Thibaud und stiftet ein Jahr später den berühmten Wettbewerb, der ihren Namen trägt. Zu ihren berühmtesten Schülern zählen Samson François, Yvonne Lefébure, Lucette Descaves, Jean Doyen, Jacques Février und Nicole Henriot. Nach dem Ende des Zweiten Weltkriegs kümmert sie sich mit viel Geduld um den Wettbewerb, von dem sie sich viel verspricht. Hier ein Teil der Werke, die ihr gewidmet sind und die von ihr uraufgeführt werden: *Impromptu Nr. 4* (Fauré), *Péccadilles importunes* (Kleine, lästige Fehler, Satie), *Improvisation Nr. 1* (Poulenc), *Le Retour des muletiers* (Die Rückkehr der Maultiertreiber, Séverac), *Konzert für Klavier und Orchester Nr. 1* (Milhaud) und *Rhapsodie portugaise* (E. Halffter). André Messager reorchestriert für sie das *Konzert für Klavier und Orchester Nr. 2* von Frédéric Chopin. Viele Werke, die ihr nicht gewidmet sind, werden ebenfalls von ihr uraufgeführt, darunter: *Etudes pour les arpèges composés* (Etüden für auskomponierte Arpeggios) und *Etudes pour les 5 doigts* (Etüden für die fünf Finger) (alle Debussy), die *Barcarolles Nr. 9* und *Nr. 12* (Fauré), *Parc d'attraction* (Vergnügungspark, ein Gemeinschaftswerk, das für die Weltausstellung 1937 entsteht).

WW: *Le Piano de Marguerite Long. Méthode* (Paris 1959); *Au piano avec Claude Debussy* (Paris 1960); *Au piano avec Gabriel Fauré* (Paris 1963, mit J. Weill); *Au piano avec Maurice Ravel* (Paris 1971, mit P. Laumonier).

Loose, Emmy
Deutsche Sopranistin, geb. 22. 1. 1914 Karbitz bei Aussig (Böhmen), gest. 14. 10. 1987 Wien.
Sie studiert am Konservatorium in Prag und debütiert 1939 als Blonde (*Die Entführung aus dem Serail*, Mozart) an der Oper von Hannover. Die Wiener Oper lädt sie 1941 ein, die Rolle des Ännchen (*Der Freischütz*, v. Weber) zu in-

terpretieren und bietet ihr kurz darauf einen Vertrag an. Schnell setzt sie sich als lyrischer Sopran vor allem in den Opern Wolfgang Amadeus Mozarts durch und studiert auch Rollen aus dem Soubretten-Repertoire ein. 1954 wird ihr der Titel einer Kammersängerin verliehen. Jedes Jahr gastiert sie bei den Salzburger Festspielen; auch von Glyndebourne und dem Maggio Musicale Fiorentino wird sie eingeladen. Bei den Festspielen von Aix-en-Provence triumphiert sie als Blonde, Zerlina (*Don Giovanni*, Mozart) und Lisetta (*Il matrimonio segreto*, Die heimliche Ehe, Cimarosa). Auch an der Scala, am Covent Garden und in Südamerika gibt sie Gastspiele. Seit 1967 hält sie während der Internationalen Sommerakademie des Mozarteums in Salzburg Kurse ab und unterrichtet bis 1970 an der Wiener Akademie.

López Cobos, Jesús
Spanischer Dirigent, geb. 25.2. 1940 Toro (Zamora).
Er studiert an der Universität Madrid Philosophie und schließt mit einer Dissertation ab; gleichzeitig studiert er an den Konservatorien in Málaga und Madrid Klavier und Komposition (1959–66). Anschließend geht er an die Wiener Akademie zu Hans Swarowsky und Reinhold Schmid (Orchesterleitung) (1966–69). 1969–70 perfektioniert er sich an der Juilliard School of Music in New York. 1968 gibt er in Prag sein erstes Konzert; im gleichen Jahr gewinnt er den Wettbewerb in Besançon. 1969 gewinnt er den Mitropoulos-Wettbewerb in New York und dirigiert zum ersten Mal an der Oper von Venedig. 1970 wird er dort zum Kapellmeister ernannt; 1971 geht er in der gleichen Funktion nach Berlin (bis 1976). 1972 debütiert er bei den Salzburger Festspielen. Er wird von wichtigen Orchestern und Opernhäusern eingeladen, darunter Aix-en-Provence 1976 (*Don Giovanni*, Mozart), Paris 1978 (*La Cenerentola*, Aschenbrödel, Rossini), Covent Garden. 1981 wird er an der Deutschen Oper Berlin zum Generalmusikdirektor ernannt (bis 1990). 1981–83 ist er gleichzeitig stellvertretender Leiter und 1984–89 Musikdirektor des Spanischen Nationalorchesters. 1987 übernimmt er zusätzlich die Leitung des Symphonie-Orchesters von Cincinnati und 1990 die Leitung des Kammerorchesters von Lausanne. Wir verdanken ihm die Uraufführungen von *Remembrance* (Erinnerung, E. Carter, 1989), *Symphonie Nr. 4* (Marco, 1988) und *Symphonie Nr. 2* (Yun, 1984).

Lorengar, Pilar (= Lorenza Pilar García Lorengar)
Spanische Sopranistin, geb. 12.10. 1921 Saragossa.
Sie studiert am Konservatorium von Barcelona und bei Angeles Ottein in Madrid und debütiert 1949 als Mezzosopranistin 1949 in Barcelona, wo sie 1951 einen Gesangswettbewerb gewinnt. Sie wendet sich dem reinen Sopranistinnen-Repertoire zu, gastiert an den Bühnen ihres Landes, aber auch in Paris und London (1954). 1955 gastiert sie zum ersten Mal in den Vereinigten Staaten und singt in San Francisco und Chicago. 1957 interpretiert sie bei den Festspielen von Glyndebourne die Pamina (*Die Zauberflöte*) und in den beiden darauffolgenden Jahren die Gräfin Almaviva (*Le nozze di Figaro*, beide Mozart). Die Wiener und die Münchner Oper laden sie ein. Nach einem Engagement bei den Festspielen von Aix-en-Provence singt sie wieder in ihrer Heimat in Barcelona und Madrid. 1959 wird sie Mitglied der Berliner Oper. 1961 wirkt sie bei den Salzburger Festspielen an Aufführungen von *Idomeneo* und *Die Zauberflöte* (beide Mozart) mit. 1966 debütiert sie an der Met. Im italienischen Repertoire zeichnet sie sich vor allem in *La Bohème* (Puccini) und *Medea* (Cherubini) aus.

Lorenz, Max (= Max Sülzenfuß)
Deutscher Tenor, geb. 17.5. 1901 Düsseldorf, gest. 11.1. 1975 Salzburg.
Er studiert in Berlin bei Ernst Grenze-

bach und debütiert 1927 an der Dresdner Oper als Walther von der Vogelweide (*Tannhäuser*, Wagner). 1930 wird er Mitglied der Berliner und 1941 der Wiener Oper. 1933–44 und 1953–54 feiert er in Bayreuth Triumphe. Sein bemerkenswert umfangreiches Repertoire reicht vom Florestan (*Fidelio*, Beethoven) über Otello (Verdi), als der er besonders gefeiert wird, bis zu Rienzi (Wagner) und Bacchus (*Ariadne auf Naxos*, R. Strauss). Er nimmt auch, vor allem in Salzburg, an zahlreichen Uraufführungen teil. Gastspiele führen ihn unter anderem nach New York, Mailand, Paris, London und Buenos Aires. Er wirkt auch bei der denkwürdigen Schallplattenaufnahme von *Ariadne auf Naxos* mit, die 1944 live in Wien aus Anlaß des 80. Geburtstags von Richard Strauss eingespielt wurde.

Loriod, Jeanne
Französische Ondes-Martenot-Spielerin, geb. 13. 7. 1928 Houilles (Departement Seine-et-Oise).
Sie studiert am Pariser Konservatorium bei Lazare-Lévy Klavier und bei Maurice Martenot die Ondes-Martenot; auf Anhieb erkennt sie die Möglichkeiten dieses neuen Instruments. Sie debütiert 1950 wird auch Mitglied eines von Ginette Martenot gegründeten Ondes-Martenot-Quartetts.
Auch als Pädagogin spielt sie eine bedeutende Rolle. Sie unterrichtet nacheinander am Konservatorium von Saint-Maur bei Paris, an der Ecole Normale de Musique, an der Pariser Schola Cantorum und am dortigen Konservatorium.
1974 gründet sie ein Ondes-Martenot-Sextett mit Antoinette und Valérie Hartmann, Pascale Rousse-Lacordaire, Tristan Murail und Françoise Pellié, wobei die beiden letztgenannten 1978 durch Philippe Raynaud und Christine Clément ersetzt werden. Unter den drei- bis vierhundert Uraufführungen, die sie verwirklicht, sind folgende besonders erwähnenswert: *Konzert für Ondes Martenot und Orchester* (Bondon, 1957), *Suite karnatique* (1958) und *Konzert für Ondes Martenot und Orchester* (1964, J. Charpentier), *Brève* (Kurz, Bussotti, 1966), *Mach 2,5* (Murail, 1974), *Hymne à Saint-André* (Jolivet, 1977), *Froissement d'ailes* (Rauschende Flügel, Levinas, 1977) und zahlreiche Werke von Henri Barraud, Charles Kœchlin, Roger Tessier, Henri Tomasi, Jean Rivier und Iwan A. Wyschnegradsky, ohne die bedeutenden Kompositionen von Olivier Messiaen zu vergessen, die Jeanne Loriod in der ganzen Welt aufführt.

Loriod, Yvonne
Französische Pianistin, geb. 20. 1. 1924 Houilles (Departement Seine-et-Oise).
Sie beginnt sehr jung mit dem Klavier-Unterricht und gibt jeden Monat in dem Salon ihrer Patentante – einer Klavierlehrerin – einen Klavierabend, der ein klassisches, ein romantisches und ein zeitgenössisches Werk umfaßt. Als Vierzehnjährige hat sie sich bereits ein beeindruckendes Repertoire erarbeitet: *Das wohltemperierte Klavier* von Johann Sebastian Bach, sämtliche *Sonaten für Klavier* von Ludwig van Beethoven, die 22 *Konzerte für Klavier und Orchester* von Wolfgang Amadeus Mozart und das gesamte Klavierwerk Frédéric Chopins.
Sie studiert am Pariser Konservatorium, wo sie mit sieben 1. Preisen ausgezeichnet wird, bei Lazare-Lévy und Olivier Messiaen, den sie später heiratet, sowie bei Marcel Ciampi, Simon Plé-Caussade, Joseph Calvet, Abel Estyle und Darius Milhaud. In der Klasse von Messiaen lernt sie viele Komponisten kennen, die später erfolgreich arbeiten, darunter Pierre Boulez. Sie beschäftigt sich mit dem Werk von Claude Debussy, Maurice Ravel und Arnold Schönberg und fügt ihrem Repertoire später noch Kompositionen von André Jolivet, Pierre Boulez und Béla Bartók hinzu.
Sie verwirklicht sämtliche Uraufführungen der Kompositionen für Klavier ihres Mannes, der ihr 1943 *Visions de l'amen* (Visionen des Amens) und 1945

Vingt regards de l'enfant Jésus (Zwanzig Blicke des Jesuskindes) widmet, sowie die der *Sonate Nr. 2* (1950) und *Structures* (1962, beide Boulez), *Konzert für Klavier und Orchester* (1945, Nigg), *Sonate für Klavier* (1957, Barraqué), *Konzert für Klavier und Orchester* (1961, Chaynes) und *Sonate Nr. 2 für Klavier* (1959, Jolivet).

Sie wird häufig gebeten, bei internationalen Wettbewerben als Jury-Mitglied zu arbeiten und hält in verschiedenen Ländern Europas, in Argentinien und in den Vereinigten Staaten master classes ab. Seit 1967 ist sie Professorin am Konservatorium von Paris.

Los Angeles, Victoria de (= Victoria Lopez Garcìa)
Spanische Sopranistin, geb. 1.11.1923 Barcelona.

1940 beginnt sie am Konservatorium von Barcelona Gesang und Klavier zu studieren und schließt drei Jahre später mit verschiedenen Preisen ab. 1942 wirkt sie bereits an einer Aufführung von *Orfeo* (Monteverdi) mit. Sie nimmt an einigen Konzerten teil, bevor sie am Teatro Liceo in Barcelona als Gräfin Almaviva (*Le nozze di Figaro*, Mozart) debütiert. 1947 gewinnt sie den Genfer Wettbewerb. Ein Jahr später nimmt sie für die BBC an einer Aufnahme von *La vida breve* (Ein kurzes Leben, de Falla) teil und debütiert an der Pariser Oper als Margarete (*Faust*, Gounod). 1950 singt sie unter Sir Thomas Beecham am Covent Garden die Mimi (*La Bohème*, Puccini); im gleichen Jahr debütiert sie an der Scala (*Ariadne auf Naxos*, R. Strauss). 1951 wird sie von der Met eingeladen (*Faust*), wo sie in der Folge noch in *Madame Butterfly*, *La Bohème* (beide Puccini) und *Die Meistersinger von Nürnberg* mitwirkt. Gastpiele am Teatro Colón in Buenos Aires (1952-54) und Stuttgart folgen. Sie erweitert ihr Repertoire und studiert *Don Giovanni* (Mozart), *Il Mithridate Eupatore* (D. Scarlatti), *Der Freischütz* (v. Weber) und *Il barbiere di Siviglia* (Der Barbier von Sevilla, Rossini) ein. In Bayreuth singt sie 1961-62 die Elisabeth (*Tannhäuser*, Wagner). Sie widmet sich in immer stärkerem Maß dem Lied, und hier besonders dem Repertoire ihrer Heimat.

Lott, Felicity
Englische Sopranistin, geb. 8.5.1947 Cheltenham.

Sie studiert an der Royal Academy of Music in London und debütiert 1975 als Pamina (*Die Zauberflöte*, Mozart) an der English National Opera. Ein Jahr später nimmt sie am Covent Garden an der Uraufführung von Hans Werner Henzes Oper *We come to the River* (Wir erreichen den Fluß) teil. Sie wird regelmäßig von Glyndebourne eingeladen (Octavian, *Der Rosenkavalier*, Arabella, beide R. Strauss, Pamina) und gibt in ganz Europa Konzertabende. 1983 singt sie am Théâtre de la Monnaie in Brüssel die Titelrolle in Gustave Charpentiers Oper *Louise* und ein Jahr später die Gräfin Almaviva (*Le nozze di Figaro*, Mozart). 1986 debütiert sie in *Capriccio* (R. Strauss) an der Met. Als Mozart- und Strauss- sowie als Konzert-Sängerin tritt sie inzwischen weltweit auf.

Loughran, James
Englischer Dirigent, geb. 30.6.1931 Glasgow.

Er studiert in Bonn (bei Peter Maag), Amsterdam und Mailand Orchesterleitung und debütiert als Korrepetitor am Theater der Stadt Bonn. 1961 gewinnt er einen Wettbewerb des Philharmonia Orchestra in London und wird noch im gleichen Jahr von diesem Orchester zu Konzerten eingeladen. 1962 geht er als Assistent zum Symphonie-Orchester von Bournemouth, wo er 1964 zum stellvertretenden Leiter ernannt wird. 1965 übernimmt er die Leitung des BBC Scottish Symphony Orchestra, bevor er 1971 als Nachfolger von Sir John Barbirolli das Hallé Orchestra von Manchester übernimmt (bis 1983). 1979-83 leitet er zusätzlich die Bamberger Sinfoniker. Als Operndirigent gibt er viele Gastdirigate, darunter auch am Covent Garden (*Aida*, Verdi, 1963). Wir verdanken ihm die Uraufführungen von *Our Man in Havana* (Unser Mann in Havanna, M. Williamson, 1963) und *The Chagall Windows* (Die Glasfenster von Chagall, McCabe, 1975).

Lubin, Germaine Léontine Angélique
Französische Sopranistin, geb. 1. 2. 1890 Paris, gest. 17. 10. 1979 daselbst.
Sie erhält ersten Unterricht von Martini. Als Achtzehnjährige geht sie ans Pariser Konservatorium, wo sie drei 1. Preise erhält und von Gabriel Fauré bewundert wird. 1912 debütiert sie an der Opéra-Comique und feiert in Anwesenheit von Claude Debussy und Paul Dukas als Antonia in *Les Contes d'Hoffmann* (Hoffmanns Erzählungen, Offenbach) einen Triumph. Sie interpretiert dort viele heute vergessene Opern (*Zampa*, Hérold, *Le Pays*, Das Land, Ropartz), während sie sich bei Jean de Rezké und Felia Litvinne perfektioniert. Sie heiratet den Dichter Paul Géraldy. Nach der Wiedereröffnung der Pariser Oper nach dem Ersten Weltkrieg singt sie dort Werke von Charles Gounod, Vincent d'Indy, Jules Massenet und Giuseppe Verdi und interpretiert 1918 die Télaire in der selten gespielten Oper *Castor et Pollux* von Jean-Phillipe Rameau. 1919 wirkt sie bei Aufführungen von *Le Retour* (Die Rückkehr) von Max d'Ollone und von *Saint-Christophe* von Vincent d'Indy mit. 1921 werden in Paris Wagner-Opern wieder auf den Spielplan gesetzt, ein wichtiges Ereignis in der Karriere von Germaine Lubin: 1921 singt sie die Sieglinde (*Die Walküre*) und 1923 unter Camille Chevillard die Eva (*Die Meistersinger von Nürnberg*). Clemens Krauss lädt sie daraufhin nach Wien ein, der Beginn einer triumphalen internationalen Karriere: *Ariadne auf Naxos* unter Richard Strauss, *Boris Godunow* (Mussorgskij) unter Serge Kussewitzky und *Alkeste* (Gluck) an der Seite von Georges Thill. Unter Felix Weingartner singt sie Maurice Ravel, während sie trotz ihrer Erfolge sich von Lilli Lehmann in Gesang und Schauspiel perfektionieren läßt. 1930 singt sie in Paris zum ersten Mal die Isolde (*Tristan und Isolde*, Wagner). Sie arbeitet mit den bedeutendsten Musikern ihrer Zeit zusammen (Lauritz Melchior, Philippe Gaubert, Bruno Walter, Sir Thomas Beecham). 1935 wirkt sie bei der Wiederaufnahme von Paul Dukas' Oper *Ariane et Barbe-Bleue* (Ariane und Blaubart) mit. 1938 wird sie als zweite französische Sängerin nach Bayreuth eingeladen, wo sie als Kundry (*Parsifal*) einen Triumph feiert. Adolf Hitler möchte sie kennenlernen. Ein Jahr später feiert sie als Isolde (*Tristan und Isolde*, beide Wagner) an der Seite von Max Lorenz und Margarete Klose und unter Victor de Sabata den Höhepunkt ihrer an Erfolgen reichen Karriere. Während der deutschen Besetzung Frankreichs zieht sie sich nicht zurück, sondern wirkt an verschiedenen Aufführungen mit (*Fidelio*, Beethoven, 1940; *Der Rosenkavalier*, R. Strauss, 1941; *Tristan und Isolde* unter Herbert von Karajan; *Die Fledermaus*, J. Strauß, an der Seite von Elisabeth Schwarzkopf). Einige unkluge Bemerkungen und ein nicht gerade diplomatisches Verhalten tun ihr übriges: nach der Befreiung Frankreichs 1944 werden ihr die bürgerlichen Ehrenrechte auf Lebenszeit aberkannt; später wird die Strafe auf fünf Jahre verkürzt. 1950 gibt sie in der Pariser Salle Gaveau ihr letztes Konzert, doch ihre Stimme ist gebrochen und ihre Energie erloschen. Sie widmet sich im letzten Lebensabschnitt pädagogischen Aufgaben. Zu ihren bedeutendsten Schülerinnen und Schülern gehören Régine Crespin und Udo Reinemann.

Lubin, Eliane
Französische Sopranistin, geb. 10. 4. 1938 Paris.
Nach dem Abitur geht sie an das Giuseppe-Verdi-Konservatorium in Mailand und studiert dort bis zur Konzertreife. Sie kehrt nach Paris zurück, um

sich bei Mario Podesta zu perfektionieren. Sie debütiert als Mélisande (*Pelléas et Mélisande*, Debussy) bei den Festspielen in Aix-en-Provence, gibt in Monte Carlo in Gian Carlo Menottis *The Medium* ein Gastspiel und debütiert anschließend an der Pariser Oper in *Les Dialogues des Carmélites* (Die Gespräche der Karmeliterinnen, Poulenc). Ab 1974 gehört sie zum Ensemble der Pariser Oper und wirkt an Aufführungen von *Manon* (Massenet), *Faust* (Gounod), *La Cenerentola* (Aschenbrödel, Rossini), *Peter Grimes* (Britten) und der französischen Erstaufführung von György Ligetis Oper *Le Grand Macabre* (1981) mit. 1986 übernimmt sie die Leitung des Théâtre de Paris, das sie wieder zu einem der führenden Häuser der französischen Hauptstadt macht, vor allem auf dem Gebiet der Operette.

Luca, Giuseppe de
siehe **De Luca, Giuseppe**

Luca, Libero de
siehe **De Luca, Libero**

Lucchesini, Andrea
Italienischer Pianist, geb. 8. 7. 1965 Massa e Cozzile bei Pistoia.
Als Siebenjähriger geht er an das Konservatorium von Florenz zu Maria Tipo. 1976 gewinnt er den Alfred-Cortot-Preis und 1981 den Preis von Treviso. 1982 erhält er am Istituto Musicale Giuseppe Verdi in Ravenna sein Diplom; im gleichen Jahr gewinnt er den internationalen Dino-Ciani-Wettbewerb in Mailand. Die großen europäischen Musikzentren wie Paris, München und Frankfurt und die Schallplattenfirmen melden sich. Seine internationale Karriere beginnt.

Luccioni, José
Französischer Tenor, geb. 14. 10. 1903 Bastia, gest. 5. 10. 1978 Marseille.
Er wird als Jugendlicher von der Leidenschaft zu Automobilen gepackt, verläßt das Gymnasium vorzeitig, um bei Citroën Versuchsfahrer zu werden, und singt nur zu seinem Vergnügen. Während seiner Militärzeit drängen ihn andere Wehrpflichtige, die das Konservatorium besucht haben, er solle seine Begabung doch ernst nehmen. Er geht zu Léon David, der ihn in stilistischen Fragen berät, und Léon Escalaïs, der ihm Stimmtechnik beibringt, an das Pariser Konservatorium und erhält einen 2. Preis. Jacques Rouché engagiert ihn an die Oper, wobei er es ihm ermöglicht, seine Ausbildung fortzusetzen. 1931 debütiert er dort in *Virginie* von Alfred Bruneau. Sein wahres Debüt allerdings feiert er noch im gleichen Jahr in Rouen als Mario in *Tosca* (Puccini); er begeistert und wird sofort eingeladen, dort auch den Cavarradossi (*Tosca*) und den Canio (*I Pagliacci*, Der Bajazzo, Leoncavallo) zu singen. 1932 findet sein Canio auch beim kritischen Publikum Marseilles Beifall. Die französischen Bühnen bemühen sich um dieses neue Talent, und interpretiert mit dem Canio seine erste große Rolle an der Pariser Oper. Die Opéra-Comique lädt ihn ein, den Don José (*Carmen*, Bizet) zu singen; mehr als dreihundertfünfzig Mal sollte er diese Rolle dort interpretieren. Monte Carlo holt ihn zu einer Aufführung des *Boris Godunow* (Mussorgskij); an der Seite des unsterblichen Fjodor I. Schaljapin singt er den Dimitri. Der Covent Garden, das Liceo in Barcelona und schließlich die Römische Oper folgen, wo er 1936 an der Uraufführung von Franco Alfanos Oper *Cyrano de Bergerac* mitwirkt (was ihm die Scala nie verzeihen sollte), das Teatro Colón in Buenos Aires, die Oper von Chicago, wo er in *L'amore dei tre re* (Die Liebe der drei Könige, Montemezzi) einen großen Triumph feiert (was wiederum die Met beleidigt veranlaßt, ihn zu schneiden). Gleichzeitig wächst auch sein Repertoire: Des Grieux (*Manon*, Massenet), Samson (*Samson et Dalila*, Saint-Saëns), Mathô (*Salammbô*, Reyer, in der großartigen Wiederaufnahme an der Pariser Oper), Romeo (*Roméo et Juliette*) und Faust (beide

Gounod), Faust (*La damnation de Faust*, Fausts Verdammnis, Berlioz), Kalaf (*Turandot*) und Linkerton (*Madame Butterfly*, beide Puccini), André Chénier (Giordano), Radames (*Aida*, Verdi), Werther (Massenet), und Mylio (*Le Roi d'Ys*, Der König von Ys, Lalo). 1943 singt er an der Pariser Oper den *Otello* (Verdi), den er in der Folge noch mehr als einhundertzwanzig Mal singen sollte. Er wirkt in zwei Filmen mit, *Colomba* und *Le Bout de la route*.

Ludwig, Christa
Deutsche Mezzosopranistin, geb. 16. 3. 1928 Berlin.
Ihre Eltern, Anton Ludwig und Eugenie Besalla-Ludwig, sind beide Sänger in Wien. Sie erhält von ihrer Mutter ersten Unterricht und geht dann zu Felice Hüni-Mihaček. Sie debütiert mit Liederabenden und Operetten (*Die Fledermaus*, Frankfurt/M. 1946). Anschließend geht sie über Darmstadt, Hannover und Hamburg an die Wiener Staatsoper, zu deren Ensemble sie seit 1956 gehört, nachdem sie 1954 als Cherubin (*Le nozze di Figaro*, Mozart) bei den Salzburger Festspielen bereits erfolgreich gewesen war. Sie setzt sich als die beste Mozart- und Strauss-Mezzosopranistin ihrer Generation durch. 1959 debütiert sie an der Met. 1962 singt sie unter Herbert von Karajan die Leonore (*Fidelio*, Beethoven). Im gleichen Jahr wird sie zur Kammersängerin ernannt. Mit der Zeit eignet sie sich immer mehr Rollen aus dem Fach des dramatischen Soprans an, singt 1966–67 in Bayreuth die Brangäne (*Tristan und Isolde*) und Kundry (*Parsifal*, beide Wagner) und 1968 an der Met die Marschallin (*Der Rosenkavalier*). An der Pariser Oper gastiert sie als Färberin (*Die Frau ohne Schatten*, beide R. Strauss), Fricka (*Der Ring des Nibelungen*, Wagner) und Ottavia (*L'incoronazione di Poppea*, Die Krönung der Poppea, Monteverdi). 1971 singt sie in Wien bei der Uraufführung von Gottfried von Einems Oper *Der Besuch der alten Dame* die Claire. 1976 debütiert sie am Covent Garden als Carmen (Bizet). Auch als Liedsängerin feiert sie Triumphe und singt als zweite Frau nach Lotte Lehmann *Die Winterreise* von Franz Schubert. In erster Ehe ist sie mit dem Bariton Walter Berry und in zweiter mit dem Schauspieler Paul-Emile Deiber verheiratet.

Ludwig, Leopold
Deutscher Dirigent, geb. 12. 1. 1908 Witkowitz (heute Ostrava, Böhmisch-Mähren), gest. 24. 4. 1979 Lüneburg.
Er studiert an der Wiener Akademie bei Emil Paur Klavier und Musiktheorie. 1931 debütiert er als Dirigent in Opava (Troppau) und geht dann nach Brno (Brünn), bevor er 1936 in Oldenburg zum Generalmusikdirektor ernannt wird (bis 1939). Anschließend wird er Kapellmeister in Wien und geht 1943 an die Städtische Oper in Berlin, an der er auch nach 1945 genau wie an der Deutschen Oper gastweise arbeitet. 1951–70 ist er als Generalmusikdirektor in Hamburg tätig. 1969–70 berät er gleichzeitig das Symphonie-Orchester von Basel. Neben seinen festen Verpflichtungen arbeitet er aktiv als Gastdirigent an allen wichtigen Musikzentren und setzt sich dabei besonders für Richard Wagner und die deutschen Opern des 20. Jahrhunderts ein. Während seiner Hamburger Zeit verwirklicht er wichtige Uraufführungen: *Pallas Athene weint* (Krenek, 1955), *Prinz von Homburg* (Henze, 1960), *Figaro läßt sich scheiden* (1963) und *Jacobowsky und der Oberst* (1965, beide Klebe).

Lukács, Ervin
Ungarischer Dirigent, geb. 9. 8. 1928 Budapest.
Er studiert am Béla-Bartók-Konservatorium (1950–51) und geht dann an die Franz-Liszt-Akademie in Budapest zu György Kálmán und Arnold Székely (Klavier), Rezső Sugár (Komposition) und László Somogyi (Orchesterleitung), während er gleichzeitig an der Universität erfolgreich Medizin studiert. 1954–56 ist er 2. Kapellmeister des Ensembles der Ungarischen Volksarmee. An-

schließend übernimmt er die Leitung der Oper und des Symphonie-Orchesters von Miskolc (1956–57), bevor er 1957 als Repetitor an die Oper in Budapest geht, wo er ein Jahr später zum Kapellmeister ernannt wird. Er unterrichtet an der Franz-Liszt-Akademie Orchesterleitung (1957–59), während er gleichzeitig die Kurse von Franco Ferrara in Venedig und an der Accademia Nazionale di Santa Cecilia in Rom besucht. 1962 gewinnt er beim internationalen Wettbewerb in Rom den 1. Preis. Er dirigiert regelmäßig die wichtigsten ungarischen Orchester und arbeitet häufig im westlichen Ausland (USA, Japan, Deutschland) und in der UdSSR. 1987 wird er zum Musikdirektor der Budapester Oper ernannt.

Lukomska, Halina
Polnische Sopranistin, geb. 29. 4. 1929 Suchedniów (Woiwodschaft Kielce).
Sie studiert an der Opernschule in Poznań (Posen, 1951–54) und geht dann an die Warschauer Musikhochschule. Anschließend perfektioniert sie sich bei Giorgio Favoretto an der Accademia Musicale Chigiana in Siena (1958) und bei Toti dal Monte in Venedig (1959–60). 1956 gewinnt sie beim internationalen Gesangswettbewerb in s'-Hertogenbosch den 1. Preis. Sie wird von verschiedenen Festspielen eingeladen, gibt Konzerte mit klassischer Musik (Bach, Händel, Mozart) und nimmt auch an Konzerten mit Kammermusik teil. Auf dem Gebiet der Oper macht sie sich als Interpretin von Monteverdi einen Namen (*Orfeo*, *L'incoronazione di Poppea*, Die Krönung der Poppea). Halina Lukomska gehört zu den Sängerinnen, die die Musik des 17. Jahrhunderts gerne mit der des 20. in Verbindung bringen. Sie interpretiert neben den Klassikern des 20. Jahrhunderts wie Arnold Schönberg, Alban Berg, Anton Webern und Igor Strawinsky auch die markantesten Kompositionen unserer Zeit von Pierre Boulez, Luigi Nono, Witold Lutosławski, Bruno Maderna und Kazimierz Serocki. Hans Zender und Augustyn Bloch schreiben für sie.

Lupu, Radu
Rumänischer Pianist, geb. 30. 11. 1945 Galaţi.
Als Zwölfjähriger gibt er sein erstes Konzert, studiert aber noch mehrere Jahre bei Florica Muzicescu und Cella Delavrancea weiter. 1961 erhält er ein Stipendium für das Moskauer Konservatorium, wo er bis 1968 bei Heinrich G. Neuhaus und dessen Sohn Stanislaw studiert. 1966 gewinnt er den Van-Cliburn- und 1967 den Enescu-Wettbewerb. 1969 ist er auch in Leeds erfolgreich. Er läßt sich in London nieder und spielt ab 1972 mit den bedeutendsten Orchestern und Dirigenten (Cleveland, Barenboim; Chicago, Giulini; Los Angeles, Mehta). Mit Herbert von Karajan tritt er verschiedene Male in Berlin und Salzburg auf. Die Musik Wolfgang Amadeus Mozarts, Franz Schuberts und Ludwig van Beethovens liegt ihm besonders. Radu Lupu verwirklicht die Uraufführung des *Konzert für Klavier und Orchester* von André Tschaikowskij.

Lympany, Moura (= Moura Johnstone)
Englische Pianistin, geb. 18. 8. 1916 Saltash.
Sie gibt als Wunderkind einige Konzerte, bevor sie als Zwölfjährige Schülerin von Ambroise Covielle an der Royal Academy of Music in London und anschließend von Paul Weingarten in Wien wird. Auch von Mathilde Verne, Tobias Matthay und Eduard Steuermann wird sie unterrichtet. 1948 debütiert sie in New York. Vor allem in den Vereinigten Staaten ist sie sehr erfolgreich.

Lysy, Alberto
Argentinischer Violinist und Dirigent, geb. 11. 2. 1935 Buenos Aires.
Er studiert in seiner Heimat bei Ljerko Spiller und gewinnt beim Königin-Elisabeth-Wettbewerb in Brüssel 1955 den 6. Preis. 1961 gibt er in New York seinen ersten Soloabend. Ab dieser Zeit spielt er mit allen großen Orchestern. 1963 wird er in Rom zum Professor und Leiter der Accademia Internazionale di Musica da Camera ernannt. 1966 grün-

det er in Buenos Aires die Accademia Interamericana und kurz darauf ein Kammerorchester, die Camerata Bariloche, die er selbst leitet. Einige Jahre hindurch wird er von Yehudi Menuhin zu dessen Festival in Bath eingeladen. Alberto Lysy unterrichtet an der Menuhin School in Stoke d'Abernon. Er läßt sich in Gstaad in der Schweiz nieder und leitet dort die 1977 gegründete Camerata Lysy sowie die Internationale Akademie Yehudi Menuhin. Auf dem Gebiet der Kammermusik spielt er mit Pablo Casals, Yehudi Menuhin, Benjamin Britten und Nadia Boulanger zusammen.

M

Ma, Yo-Yo
Amerikanischer Cellist chinesischer Herkunft, geb. 7. 10. 1955 Paris.
Als Vierjähriger erhält er von seinem Vater ersten Unterricht in seinem Instrument; zwei Jahre später gibt er in Paris bereits sein erstes Konzert. Seine Eltern ziehen in die Vereinigten Staaten, wo er 1962 zu János Scholz und Leonard Rose an die Juilliard School of Music in New York geht. 1963 tritt er unter der Leitung von Leonard Bernstein im Fernsehen auf, was seiner Karriere auf die Sprünge hilft. Zwei Jahre lang nimmt er während der Saison in der Carnegie Hall in New York und im Kennedy Center in Washington an den Konzerten mit »Isaac Stern and his Friends« teil. Er bereist fast alle europäischen Länder. Mit dem Pianisten Emmanuel Ax spielt er häufig Kammermusik. 1978 gewinnt er den Avery Fischer Prize. Zu Beginn seiner Karriere spielt er auf einem Goffriller aus dem Jahre 1722, das sich früher im Besitz von Pierre Fournier befunden hat; inzwischen spielt er auf einem Montagnana und dem Stradivari von Jacqueline du Pré, dem *Davidov* (1712).

Maag, Peter
Schweizer Dirigent, geb. 10. 5. 1919 Sankt Gallen.
Er studiert in Zürich und Genf bei Czeslaw Marek, Alfred Cortot, Ernest Ansermet, Wilhelm Furtwängler und Franz von Hösslin (1942–46) und debütiert am Theater von Biel (1949–51). 1952–54 ist er als 1. Kapellmeister in Düsseldorf und 1954–59 als Generalmusikdirektor in Bonn tätig. Anschließend arbeitet er fünf Jahre als Gastdirigent, bis er 1964 Chefdirigent an der Wiener Volksoper wird (bis 1967), 1971–76 ist er Musikdirektor der Oper von Parma und 1974–76 künstlerischer Berater des Teatro Regio in Turin; 1984–91 ist er Chefdirigent des Symphonie-Orchesters und 1986–91 Musikdirektor der Oper von Bern. Gleichzeitig ist er ständiger Dirigent am Kammerorchester von Padua und Venetien. 1968–69 gibt er an der Accademia Musicale Chigiana in Siena Kurse in Orchesterleitung.

Maazel, Lorin Varencove
Amerikanischer Dirigent, geb. 6. 3. 1930 Neuilly-sur-Seine.
Als Fünfjähriger beginnt er mit dem Klavier- und Violin-Unterricht und studiert dann bei Wladimir Bakaleinikoff in Pittsburgh Orchesterleitung. Als Neunjähriger dirigiert er während der New Yorker Weltausstellung zum ersten Mal in der Öffentlichkeit; er leitet ein Studentenorchester und noch im gleichen Jahr das Philharmonische Orchester von Los Angeles, wobei ihm Leopold Stokowski während des Konzerts hilfreich zur Seite steht. 1941 lädt Arturo Toscanini ihn ein, das Symphonie-Orchester der NBC zu dirigieren. Der Erfolg ist so groß, daß er im Sommer darauf die Konzerte der New Yorker Philharmoniker dirigieren darf, darunter auch im Lewisohn Stadium in Manhattan vor 8500 Menschen. Die wichtigsten amerikanischen Orchester laden daraufhin das Wunderkind »Little Maazel« ein: Cleveland, Philadelphia, Chicago, Los Angeles und San Francisco. 1946–50 studiert er an der Universität Pittsburgh Mathematik, Philosophie und Sprachen und setzt auch seine musikalische Ausbildung fort (Harmonielehre, Komposition, Kontrapunkt). Gleichzeitig arbeitet er als Violinist im Orchester von Pittsburgh und ist Primgeiger im Fine Arts Quartet. 1951 lädt ihn Kussewitzky ein, während des Festivals von Tanglewood Igor Strawinskys *Psalmensymphonie* zu dirigieren. 1952 ermöglicht ihm die Fulbright-Stiftung, nach Italien zu gehen und dort die ba-

rocke Musik zu studieren. Im gleichen Jahr gibt er in Catania, wo er für Pierre Dervaux einspringt, sein erstes Konzert in Europa. In der Folge dirigiert er als Gast in ganz Europa (Wien 1955, Berlin 1956); 1960 debütiert er als erster Amerikaner und gleichzeitig jüngster Dirigent in Bayreuth (*Lohengrin*, Wagner). Mit dem Orchester des französischen Rundfunks unternimmt er 1961 eine Australien- und 1962 eine Nordamerika-Tournee. Im gleichen Jahr dirigiert er an der Met den *Don Giovanni*. 1963 debütiert er bei den Salzburger Festspielen (*Le nozze di Figaro*, beide Mozart) und in Japan. 1964 übernimmt er als Nachfolger von Ferenc Fricsay das Radio-Symphonie-Orchester Berlin (bis 1975); 1965–71 ist er gleichzeitig Generalmusikdirektor der Deutschen Oper Berlin. 1970–72 ist er neben Otto Klemperer Chefdirigent am New Philharmonia Orchestra in London und übernimmt 1972 als Nachfolger von George Szell das Orchester von Cleveland, mit dem er zahlreiche Werke zeitgenössischer amerikanischer Komponisten aufführt und das er bis 1982 leitet. 1977 wird er zum principal guest conductor des Orchestre National de France ernannt. 1982 übernimmt er die Leitung der Wiener Oper; 1984 bricht er, mit der österreichischen Bürokratie völlig zerstritten, seinen Vertrag. Im gleichen Jahr wird er zum musikalischen Berater des Orchesters von Pittsburgh und 1988 zu dessen Musikdirektor ernannt. 1988–90 ist er gleichzeitig Musikdirektor des Orchestre National de France. In zweiter Ehe heiratet er 1969 die Pianistin Israela Margalit, von der er sich 1983 wieder scheiden läßt, um 1986 in dritter Ehe die deutsche Schauspielerin Dietlinde Turban zu heiraten. Unter den Uraufführungen, die wir ihm verdanken, sind vor allem die Opern von Luigi Dallapiccola, *Ulysse* (1968) und Luciano Berio (*Un re in ascolto*, Ein König horcht auf) wichtig; von Luciano Berio hatte er bereits 1951 die *Due pezzi* für Violine und Klavier kreiert. Weiter sind *Rondeau imaginaire* (Imaginäres Rondo, 1972) von Frank Michael Beyer, *Chiaroscuro* von Jacob Druckmann (1977), *Konzert für Violine und Orchester* (1985) von Henri Dutilleux und *Mitternachtstanz* (1988) von Detlev Glanert von Bedeutung.
Er leitet die Tonaufnahmen für Joseph Loseys Film *Don Giovanni* (1979) sowie für *Carmen* (Regie Francesco Rosi, 1983) und *Otello* (Regie Franco Zeffirelli, 1985). Immer bereit, sich auf ungewöhnliche Dinge einzulassen, dirigiert er in London 1988 im Rahmen einer Wohltätigkeitsveranstaltung an einem Tag alle neun Symphonien Beethovens mit drei verschiedenen Orchestern. Im gleichen Jahr organisiert er in Paris nach dem Wiener Vorbild zum ersten Mal ein Neujahrskonzert.
Als Komponist verdanken wir ihm ein Werk, *Veronica*, das er für die New Yorker Philharmoniker komponierte.

Mačal, Zdeněk
Tschechoslowakischer Dirigent, geb. 8. 1. 1936 Brno (Brünn).
Er studiert bei Břetislav Bakala, František Jílek und Josef Veselka am Konservatorium von Brünn (1951–60) und geht dann an die Janáček-Akademie in Prag (1956–60). Ab 1963 ist er als Dirigent an der Mährischen Philharmonie in Olomouc (Ostrau) tätig (bis 1967). 1965 gewinnt er den Wettbewerb in Besançon und 1966 den Mitropoulos-Wettbewerb in New York. 1966–68 dirigiert er regelmäßig das Symphonie-Orchester von Prag und die Tschechische Philharmonie, mit der er mehrere Tourneen unternimmt. 1968 läßt er sich in der Schweiz nieder. 1970–74 ist er Chefdirigent des Symphonie-Orchesters des WDR Köln; anschließend arbeitet er mehrere Jahre als Gastdirigent, bis er 1979 die Leitung des Symphonie-Orchesters des NDR in Hannover übernimmt (bis 1983). Anschließend wird er zum Musikdirektor des Symphonie-Orchesters von Milwaukee ernannt; 1986–88 ist er Chefdirigent des Symphonie-Orchesters von Sydney. Wir verdanken ihm folgende Uraufführungen: *Oratio-*

nes Christi (1975) von Goffredo Petrassi, *Erinnerungen an Orpheus* (1979) von Rudolf Kelterborn, *Symphonie Nr. 1* von Volker David Kirchner und *Tre scalini* (1983, Drei Stufen) von Pascal Dusapin.

Mackerras, Sir Alan Charles
Australischer Dirigent, geb. 17. 11. 1925 Schenectady (N. Y.).
Er studiert am Konservatorium in Sydney, debütiert als Solo-Oboist am dortigen Symphonie-Orchester (1943–46) und geht dann nach England. 1947–48 studiert er bei Václav Talich in Prag Orchesterleitung. Wieder zurück in England, debütiert er 1948 am Sadler's Wells Theatre, wo er bis 1953 als Dirigent tätig ist. 1954 geht er zum BBC Concert Orchestra (bis 1956). Lange Jahre arbeitet er als Gastdirigent in Europa, Kanada, Australien und Südafrika, bis er 1966 als 1. Kapellmeister der Hamburger Oper wieder eine feste Verpflichtung eingeht. 1970 verläßt er Hamburg, um die musikalische Leitung des Sadler's Wells Theatre zu übernehmen (bis 1977). 1977–79 ist er als principal guest conductor beim Symphonie-Orchester der BBC unter Vertrag. Auch die Pariser Oper und der Covent Garden laden ihn regelmäßig ein. Als Spezialist von Leoš Janáček dirigiert er die englischen Erstaufführungen von *Katja Kabanowa* und *Věc Makropoulos* (Die Sache Makropoulos). An der Pariser Oper übernimmt er die Leitung der französischen Erstaufführung von *Jenůfa* (Janáček). Als Musikwissenschaftler gibt er Werke von Georg Friedrich Händel und Leoš Janáček heraus. 1982–85 leitet er das Symphonie-Orchester von Sydney; 1986–89 ist er principal guest conductor des Royal Liverpool Philharmonic Orchestra und ab 1987 gleichzeitig Musikdirektor der Welsh National Opera in Cardiff. Er leitet die Uraufführung von Benjamin Brittens Oper *Noye's Fludde* (Noahs Sintflut, Oxford 1958).

MacNeill, Cornell
Amerikanischer Bariton, geb. 24. 9. 1922 Minneapolis.
Er studiert an der Julius Hartt School of Music innerhalb der Hartford University und debütiert 1946 am Broadway. 1950 wirkt er an der Uraufführung von Gian Carlo Menottis Oper *The Consul* mit. 1953–55 gehört er zum Ensemble der New York City Opera, an der er als Georg Germont (*La Traviata*, Verdi), debütiert. 1955 ruft ihn die Oper von San Francisco und 1957 die von Chicago, bis er 1959 an der Scala (*Ernani*) und der Met (*Rigoletto*, beide Verdi) debütiert. Er zeichnet sich vor allem als Verdi-Bariton aus. In Franco Zeffirellis Verfilmung der *Traviata* interpretiert er den Germont.

Madeira, Jean (= Jean Browning)
Amerikanische Altistin, geb. 14. 11. 1918 Centralia (Ill.), gest. 10. 7. 1972 Providence (R. I.).
Sie erhält von ihrer Mutter Klavier-Unterricht, gibt, von den Symphonie-Orchester aus Saint Louis begleitet, als Fünfzehnjährige ein Klavierkonzert und beginnt dann erst, an der Juilliard School of Music in New York Gesang zu studieren. 1943 debütiert sie unter ihrem richtigen Namen als Nancy (*Martha*, Flotow) an der Chautauqua Summer Opera. Anschließend wird sie Mitglied der San Carlo Company Touring Opera und singt dort die Ulrica (*Un ballo in maschera*, Ein Maskenball), Amneris (*Aida*), Azucena (*Il Travotore*, Der Troubadour, alle Verdi), Dalila (*Samson et Dalila*, Saint-Saëns) und Carmen (Bizet). 1947 heiratet sie Francis Madeira, damals Leiter des Philharmonischen Orchesters von Rhode Island. Ein Jahr später debütiert sie an der Met als Erste Norn (*Götterdämmerung*, Wagner). Hier singt sie in der Folge die Amneris, Preziosilla (*La forza del destino*, Die Macht des Schicksals, Verdi), Suzuki (*Madame Butterfly*, Puccini) und Erda (*Der Ring des Nibelungen*, Wagner). 1954 gibt sie in Stockholm ihr europäisches Debüt; in der Folge singt

sie regelmäßig in London, Bayreuth (1955–67), Salzburg (1956–57), Wien (1955–62) und München (1965–71). 1968 singt sie in Berlin bei der Uraufführung von Luigi Dallapiccolas Oper *Ulisse* (Odysseus) die Circe.

Maderna, Bruno
Italienischer Dirigent und Komponist, geb. 21. 4. 1920 Venedig, gest. 13. 11. 1973 Darmstadt.
Als Kind verdient er in Cafés als Geiger seinen Lebensunterhalt. Die Comtesse de Polignac hilft ihm, so daß er an der Accademia Nazionale di Santa Cecilia in Rom bei Alessandro Bustini studieren kann. Anschließend perfektioniert er sich in Venedig bei Gian Francesco Malipiero; er besucht auch die Kurse Antonio Guarnieris und Hermann Scherchens. Kurz nach Beendigung seiner Ausbildung unterrichtet er am Konservatorium in Venedig und seit 1954 während der Sommerkurse in Darmstadt und ab 1960 auch in Darlington; 1957–58 unterrichtet er am Konservatorium von Mailand, ab 1967 in Rotterdam, 1967–70 am Mozarteum Salzburg, 1971–72 in Tanglewood und an der Juilliard School of Music in New York.

1955 gründet er zusammen mit Luciano Berio das Studio di fonologia musicale der RAI Mailand; mit Berio organisiert er auch die musikalischen Begegnungen in Mailand, Rom und Neapel, die von der RAI gefördert werden. Neben Berio und Luigi Nono gilt Maderna als der Wortführer der jungen italienischen Komponistengeneration, die nach dem Zweiten Weltkrieg an die Öffentlichkeit treten, und es ist unbestreitbar, daß der weitreichende Einfluß, den er auf seine Nachfolger ausübt, heute noch nicht abzuschätzen ist. Aber auch als Interpret gehört er zu den entscheidenden Persönlichkeiten des 20. Jahrhunderts. Als Dirigent setzt er sich mit Nachdruck für die Werke anderer, vor allem jüngerer Komponisten ein. Ab 1961 bis zu dessen Auflösung 1967 leitet er das Internationale Kranichsteiner Kammerensemble und 1971–73 das Symphonie-Orchester der RAI Mailand. Maderna tritt als Gastdirigent mit fast allen wichtigen Orchestern Europas und der Vereinigten Staaten auf und verwirklicht zahlreiche bedeutende Uraufführungen folgender Komponisten: Carlos Roqué Alsina (*Symptom für Orchester*, 1969), Gilbert Amy (*Antiphonies*, 1965), Luciano Berio (*Allelujah II*, 1958), Sylvano Bussotti (*Bergkristall*, 1973), Niccolò Castiglioni (*Sinfonia en do*, Sinfonie in C, 1971), Jakob Druckman (*Windows*, Fenster, 1972), Sandro Gorli (*Me-Ti*, 1973), Giselher Klebe (*Deux Nocturnes*, 1952), Giacomo Manzoni (*Insiemi*, Mengen, 1969), Paul Méfano (*Paraboles*, Gleichnisse, 1965), Luigi Nono (*Intoleranza*, 1961), Luís de Pablo (*Imaginario II*, 1968), Karlheinz Stockhausen (*Gruppen* für drei Orchester, 1958), Anatole Vieru (*Eden*, 1971), Róbert Wittinger (*Espressioni*, 1969; *Divergenti*, 1970), Iannis Xenakis (*Stratégie*, 1963), Hans Zender (*Canto IV*, 1971).

Auch seine Tätigkeit als Herausgeber von Partituren Claudio Monteverdis und Jean-Philippe Rameaus ist bemerkenswert.

Maerzendorfer, Ernst
Österreichischer Dirigent, geb. 26. 5. 1921 Oberndorf bei Salzburg.
Er studiert in Graz bei Robert Wagner und beginnt seine Dirigenten-Karriere 1940 an der dortigen Oper. 1951 wird er am Mozarteum in Salzburg zum Professor ernannt. Die Saison 1952–53 verbringt er als Kapellmeister am Teatro Colón in Buenos Aires. 1953 kehrt er nach Österreich zurück und übernimmt die Leitung des Mozarteum-Orchesters. 1958 geht er als Kapellmeister an die Städtische Oper Berlin und in der gleichen Funktion 1961 nach Wien, wo er für viele zeitgenössische Produktionen verantwortlich ist. Wir verdanken ihm die Uraufführungen von *Turandot*, vier Episoden für Orchester (1951) und *Medusa*, drei Sätze für Orchester (1954) von Gottfried von Einem sowie

Tancredi e Cantilena (Ballett, 1965) von Hans Werner Henze. Er zeichnet für die Rekonstruktion des 4. Satzes der *Symphonie Nr. 9* von Anton Bruckner verantwortlich, die er 1966 in Graz selbst zum ersten Mal aufführt.

Mága, Othmar
Deutscher Dirigent tschechoslowakischer Herkunft, geb. 30. 6. 1929 Brno (Brünn).
Seine Vorfahren stammen aus Ungarn und Deutschland. Als Sechzehnjähriger übersiedelt er in die Bundesrepublik. Er studiert an der Stuttgarter Hochschule für Musik (1948–52) und an der Universität in Tübingen (1952–58) und perfektioniert sich anschließend an der Accademia Musicale Chigiana in Siena bei Paul van Kempen (1954–55) und Sergiu Celibidache (1960–62). 1963 wird er zum Leiter des Symphonie-Orchesters von Göttingen ernannt (bis 1967). 1968 übernimmt er das Symphonie-Orchester von Nürnberg, bis er 1971 als Generalmusikdirektor nach Bochum geht (bis 1982), das Symphonie-Orchester in Odense (Dänemark) übernimmt und schließlich seit 1987 das Orchester der Pomeriggi Musicali di Milano leitet. Er unterrichtet an der Folkwang-Hochschule Essen Orchesterleitung.

Magaloff, Nikita
Schweizer Pianist russischer Herkunft, geb. 8. 2. 1912 Sankt Petersburg.
Seine Familie verläßt Rußland während der Oktoberrevolution und geht zuerst für vier Jahre nach Finnland, bevor sie beschließt, nach Paris überzusiedeln, wo Nikita Magaloff bei Isidore Philipp am Pariser Konservatorium Klavier studiert und 1917, von Maurice Ravel tatkräftig gefördert, einen 1. Preis erhält. Anschließend studiert er bei dem nach Paris geflohenen Sergej S. Prokofjew Komposition. Seine erfolgreiche Karriere führt ihn um die Welt, und auch wichtige Festspielorte wie Salzburg, Edinburgh, Berlin, Zürich und Lausanne laden ihn ein. 1949 übernimmt er als Nachfolger von Dinu Lipatti am Genfer Konservatorium die Meisterklasse für Klavier, bis er sie 1960 aufgrund seiner regen Konzerttätigkeit aufgeben muß. Seine pädagogische Tätigkeit beschränkt sich seit dieser Zeit auf Sommerkurse an der Accademia Musicale Chigiana in Siena und in Taormina. Nach Alexander Brailowski ist er der erste Pianist, der Frédéric Chopins Werk für Klavier geschlossen in Konzertzyklen spielt. Mit Clara Haskil und Joseph Szigeti, dessen Tochter er heiratet, spielt er Kammermusik.

Maggio Ormezowski, Franco
Italienischer Cellist, geb. 17. 4. 1939 Cosenza.
Seine Mutter ist Polin. Sehr früh beginnt er mit dem Cello-Unterricht. Am Istituto Musicale Luigi Bocherini in Lucca legt er ein erstes Diplom ab und geht dann an die Accademia Musicale Chigiana in Siena zu Gaspar Cassadó und André Navarra. Als Zwölfjähriger gibt er in Florenz sein erstes Konzert. Zwei Jahre später erhält er an der Accademia Nazionale di Santa Cecilia in Rom, an die er übergewechselt war, einen 1. Preis. 1957 gewinnt er den Genfer und 1959 den Wiener Wettbewerb. Er unterrichtet zuerst in Cagliari (Sardinien) und anschließend an den Konservatorien von Rom und Mailand. Innerhalb des Mailänder Brahms-Trios spielt er mit dem Pianisten Leonardo Leonardi und dem Violinisten Felice Cusano zusammen. Seine Karriere als Solist wie auch als Kammermusiker führt ihn um die ganze Welt.

Mahler, Gustav
Österreichischer Dirigent und Komponist, geb. 7. 7. 1860 Kalischt (Böhmen), gest. 18. 5. 1911 Wien.
Das Wunderkind beginnt als Sechsjähriger mit dem Klavier-Unterricht und gibt als Zehnjähriger sein erstes Konzert. Er studiert am Konservatorium in Wien bei Julius Epstein Klavier, bei Robert Fuchs Harmonielehre und bei Franz Krenn Komposition (1875–78). 1880

debütiert er in Bad Hall; ein Jahr später finden wir ihn in Laibach, 1882–83 in Olmütz, 1883–85 in Kassel und 1885–86 in Prag. 1886 geht er als 2. Kapellmeister nach Leipzig, bevor er 1888 in Budapest zum musikalischen Leiter der Oper in Budapest berufen wird (bis 1891). 1889 leitet er dort die Uraufführung seiner *Symphonie Nr. 1*. Anschließend wird er in Hamburg (1891–97) und Wien (1898–1907) jeweils Generalmusikdirektor. Er kann seine Auffassungen, was Opernaufführungen anbelangt, durchsetzen, ändert Inszenierung und Bühnenbild grundlegend und sorgt vor allem für korrekte Arbeitsbedingungen für seine Musiker. Er versucht, die besten Mitarbeiter (unter anderem Bruno Walter) und Sänger zu verpflichten, und macht aus der Wiener Oper das weltweit führende Haus. Doch seine starke Persönlichkeit ist für Wiener Verhältnisse auf die Dauer nicht geschaffen; aufgrund zahlreicher Intrigen demissioniert er 1908. Noch im gleichen Jahr gibt er an der Met sein amerikanisches Debüt mit *Tristan und Isolde*, Wagner). 1909–11 reorganisiert er die New Yorker Philharmoniker grundlegend und führt mit ihnen sämtliche Symphonien Anton Bruckners auf. Er erkrankt und muß vorzeitig nach Wien zurückkehren.

Um seine musikalischen Vorstellungen zu verwirklichen, scheut er nicht davor zurück, bestimmte Partituren von Ludwig van Beethoven, Franz Schubert oder Robert Schumann neu zu orchestrieren, damit diese »besser klingen«. Er setzt sich auch für Zeitgenossen ein und verwirklicht die Uraufführungen von Werken von Anton Bruckner (*Symphonie Nr. 6*, 1899), Ferruccio Busoni (*Berceuse élégiaque*, 1911) und Antonín Dvořák (*Heldenlied*, Symphonische Dichtung op. 111, 1898).

Maier, Franzjosef
Deutscher Violinist und Dirigent, geb. 27. 4. 1925 Memmingen.
Er stammt aus einer Musiker-Familie und lernt schon früh Klavier, Violine und Bratsche. 1938 geht er an die Musikhochschule Augsburg, anschließend an die Münchner Akademie und schließlich zu Wilhelm Isselmann und Kurt Thomas nach Frankfurt/M. Während des Zweiten Weltkriegs gibt er seine ersten Konzerte, gründet in Frankfurt ein Streichquartett und geht dann als Lehrer an die Landesmusikschule Saarbrücken. Gegen Ende des Krieges gerät er in Gefangenschaft. Nach seiner Entlassung nimmt er an der Kölner Hochschule für Musik bei Philipp Jarnach sein Studium wieder auf (Komposition). Gleichzeitig spielt er innerhalb des Schäffer-Quartetts und des Schubert-Trios Kammermusik. Er unterrichtet zuerst am Robert-Schumann-Konservatorium in Düsseldorf (1949–59) und anschließend an der Musikhochschule Köln. Gleichzeitig tritt er häufig als Solist auf. 1964 gründet er das Collegium Aureum, ein Kammermusikensemble, das sich der barocken und klassischen Musik widmet und das er als Konzertmeister leitet. 1970 gründet er innerhalb des Collegium Aureum ein Streichquartett. Der Entwicklung auf dem Gebiet der Interpretation folgend, optiert auch er für barocke Originalinstrumente und einen der Epoche entsprechenden Interpretationsstil. Das Collegium Aureum gehört inzwischen zu den bedeutendsten Ensembles auf dem Gebiet der Musik des 17. und 18. Jahrhunderts.

Mainardi, Enrico
Italienischer Cellist und Komponist, geb. 19. 5. 1897 Mailand, gest. 10. 4. 1976 München.
Als Vierjähriger erhält er von seinem Vater ersten Violoncello-Unterricht und geht dann an das Konservatorium seiner Heimatstadt, wo er bis 1910 bei Giuseppe Magrini Violoncello und bei Giacomo Orefice Komposition studiert. 1912 besucht er in Berlin einen Meisterkurs bei Hugo Becker. Ab 1910 gibt er in Mailand, Genf, Berlin, Paris, London und Wien erste Konzerte. 1933–69 unterrichtet er an der Accademia Na-

zionale di Santa Cecilia in Rom Violoncello und Kammermusik; an den Konservatorien von Salzburg, Luzern, Edinburgh, Stockholm, Hamburg und Helsinki hält er Kurse ab. Mit Ernst von Dohnányi und ab 1945 mit Carlo Zecchi spielt er Kammermusik für Violoncello und Klavier. Mit Edwin Fischer und Georg Kulenkampff, der 1949 durch Wolfgang Schneiderhan ersetzt wird, bildet er ein berühmtes Trio. Später gründet er mit Severino Gazzelloni und Guido Agosti ein weiteres Trio. Enrico Mainardi ist für die Uraufführungen der Cello-Konzerte von Paul Hindemith, Gian Francesco Malipiero und Ildebrando Pizzetti verantwortlich. Auf Bitten von Richard Strauss spielt er bei der Schallplattenaufnahme des *Don Quichotte* unter der Leitung des Komponisten den Cello-Part. Als Komponist hinterläßt er ein reichhaltiges Werk für Violoncello und Orchester sowie Kammermusik.

Maisenberg, Oleg
Ukrainischer Pianist, geb. 29. 4. 1945 Odessa.
Seine Mutter erteilt ihm ersten Klavier-Unterricht; als Elfjähriger geht er an die Zentrale Musikschule in Kischinjow, der Hauptstadt der Moldauischen Sozialistischen Sowjetrepublik. 1964 gewinnt er den Wettbewerb der Moldauischen Republik und 1965 den aller Sowjetrepubliken. 1966–71 studiert er am Gnessin-Institut in Moskau bei Alexander Joscheles und wird anschließend dessen Assistent. 1967 gewinnt er in Wien bei dem Wettbewerb »Musik des 20. Jahrhunderts« einen Preis; er beginnt eine Karriere als Solist und spielt auf dem Gebiet der Kammermusik häufig mit Gidon Kremer zusammen. 1971–81 ist er Solist der Moskauer Philharmoniker. 1981 emigriert er nach Wien; zwei Jahre später debütiert er in den Vereinigten Staaten. Inzwischen tritt er in der ganzen Welt auf und hält in Wien sowie in Berlin master classes ab.

Maisky, Mischa
Israelischer Cellist lettischer Herkunft, geb. 10. 1. 1948 Riga.
Noch als Student wird er 1965 beim sowjetischen nationalen Wettbewerb mit dem 1. Preis ausgezeichnet. Ein Jahr später gewinnt er den Tschaikowskij-Wettbewerb in Moskau und wird als der »Rostropowitsch der Zukunft« bezeichnet. Er perfektioniert sich bei Mstislaw L. Rostropowitsch am Moskauer Konservatorium und tritt in seiner Heimat als Solist auf. Als seine Schwester 1969 nach Israel emigriert, wird er verhaftet. Beinahe drei Jahre verbringt er in Gefängnissen, Arbeitslagern und psychiatrischen Krankenhäusern, bis er 1972 endlich die Erlaubnis erhält, selbst nach Israel auszuwandern. 1973 gewinnt er den internationalen Gaspar-Cassadó-Wettbewerb in Florenz. Im gleichen Jahr noch debütiert er in den Vereinigten Staaten in der Carnegie Hall in New York mit dem Orchester von Pittsburgh unter der Leitung von William Steinberg. 1974 perfektioniert er sich bei Gregor Piatigorsky. Mischa Maisky spielt in wechselnden Formationen häufig Kammermusik, so mit Martha Argerich und Ivry Giltis oder aber mit Boris Belkin, Radu Lupu oder Malcolm Frager. Er lebt abwechselnd in Israel und Frankreich und spielt auf einem Montagnana.

Maison, René
Belgischer Tenor, geb. 24. 11. 1895 Frameries, gest. 11. 7. 1962 Mont-d'Or.
Er studiert in Brüssel und Paris, debütiert in Genf in *La Bohème* (Puccini) und hat schon als junger Sänger in Nizza und in Monte Carlo (Uraufführung von *Fay-Yen-Fah*, Crocker und Redding) viel Erfolg. 1927 wird er Ensemblemitglied der Pariser Opéra-Comique und debütiert dort 1927 als Prinz Dimitri in *Rissurezione* (Auferstehung, nach Tolstoi) von Franco Alfano an der Seite von Mary Garden. Er singt an diesem Haus den Don José (*Carmen*, Bizet), Mylio (*Le Roi d'Ys*, Der König von Ys, Lalo), Werther (Massenet), Cavarados-

si (*Tosca*, Puccini), Canio (*I Pagliacci*, Der Bajazzo, Leoncavallo) und Jean Gaussin (*Sapho*, Massenet). An der Pariser Oper debütiert er 1929 in *Monna Vanna* (H. Février); bis 1940 gastiert er dort regelmäßig, interpretiert die beiden großen Faustrollen (*La Damnation de Faust*, Fausts Verdammnis, Berlioz, und *Margarethe*, Gounod), Lohengrin, Siegmund (*Die Walküre*, beide Wagner), Radames (*Aida*, Verdi) und Samson (*Samson et Dalila*, Saint-Saëns) und kreiert hier 1934 die Rolle des Eumolphe bei der Uraufführung von Igor Strawinskys Oper *Perséphone* unter der Leitung des Komponisten.

Neben seinen Pariser Engagements gibt er regelmäßig in Chicago (1928–40), am Teatro Colón in Buenos Aires (1934–37), am Covent Garden in London (1931–36) und an der Met (1936–43) Gastspiele; in New York interpretiert er den Lohengrin, Loge (*Das Rheingold*), Erik (*Der fliegende Holländer*), Walther (*Die Meistersinger von Nürnberg*, alle Wagner), Don José, Florestan (*Fidelio*, Beethoven), Samson, Hoffmann (*Les Contes d'Hoffmann*, Hoffmanns Erzählungen, Offenbach), Des Grieux (*Manon*, Massenet), Herodes (*Salome*, R. Strauss), Julien (*Louise*, G. Charpentier) und den Admetos (*Alkeste*, Gluck).

Ab 1943 unterrichtet er auch, zuerst in Mexico City, dann an der Juilliard School of Music in New York und endlich ab 1957 bis zu seinem Tod an der Chalof School in Boston.

Maksymiuk, Jerzy
Polnischer Dirigent, geb. 9. 4. 1936 Grodno.
Er studiert an der Musikhochschule in Warschau bei Jerzy Lefeld Klavier, bei Piotr Perkowski Komposition und bei Boguslaw Madey Orchesterleitung. Beim Fitelberg-, Malawski- und Paderewski-Wettbewerb bleibt er siegreich und wird 1973 vom polnischen Premierminister für seine Arbeit für die Jugend ausgezeichnet. In diesem Lebensabschnitt dirigiert er fast ausschließlich polnische Symphonie-Orchester. Mit dem polnischen Rundfunk-Orchester verwirklicht er viele Aufnahmen. 1970–72 arbeitet er als Kapellmeister an der Warschauer Oper. 1972 gründet er das Polnische Kammerorchester, das sich auch international rasch als eines der besten Ensembles auf diesem Gebiet durchsetzt und mit dem er bis 1986 in der ganzen Welt Gastspiele gibt. 1975 wird er außerdem zum Chefdirigenten des Großen Rundfunkorchesters von Radio Katowice (Kattowitz) ernannt, dessen künstlerische Leitung er 1976–77 innehat. 1983 übernimmt er die Direktion des BBC Scottish Symphony Orchestra in Glasgow. Er ist für die Uraufführungen von Werken folgender Komponisten verantwortlich: George Benjamin (*A Mind of Winter*, Ein Hauch von Winter, 1981; *Still Movement*, Noch Bewegung oder Ruhe und Bewegung, 1984), Harrison Birtwistle, Krzysztof Meyer (*Symphonie Nr. 5*, 1979), Paul Patterson (*Sinfonia for Strings*, Sinfonia für Streicher, 1983), Kasimierz Sikorski, Gilles Tremblay (*Katadrone*, 1988).

Malcolm, Sir George
Englischer Cembalist und Dirigent, geb. 28. 2. 1917 London.
Er studiert an der Universität in Oxford und am Royal College of Music in London. 1947–59 ist er als Kantor an der Westminster Cathedral tätig. 1962–66 ist er künstlerischer Direktor der Philomusica von London und 1965–67 ständiger Dirigent des BBC Scottish Orchestra. George Malcolm ist einer der besten englischen Cembalisten seiner Generation und tritt häufig gemeinsam mit Künstlern wie Julien Bream, Alfredo Campoli und Yehudi Menuhin auf. Benjamin Britten widmet ihm seine *Missa brevis*, die er 1959 kreiert. 1965 dirigiert er abwechselnd mit Britten die ersten Vorstellungen von *A Midsummer Night's Dream* (Sommernachtstraum) des Komponisten. Er unterrichtet an der Royal Academy of Music in London.

Małcuzyński, Witold
Argentinischer Pianist polnischer Abstammung, geb. 10. 5. 1914 Koziczyn (bei Wilna), gest. 17. 7. 1977 Palma de Mallorca.
Er studiert bis 1936 bei Josef Turczyński am Konservatorium von Warschau und perfektioniert sich anschließend bei Ignacy Jan Paderewski. 1939 heiratet er die französische Pianistin Colette Gaveau. Er zieht nach Paris und anschließend in die Schweiz. Sein Repertoire ist relativ beschränkt und umfaßt Werke von Franz Liszt, César Franck und vor allem Frédéric Chopin, dessen Werk für Klavier er in Konzertzyklen wiederholt geschlossen aufführt. Gegen Ende seiner Laufbahn wirkt sein Stil, wie Schallplattenaufnahmen belegen, etwas verstaubt, obwohl die Qualitäten unbestreitbar sind.

Malfitano, Catherine
Amerikanische Sopranistin, geb. 18. 4. 1948 New York.
Sie studiert an der Manhattan School of Music und debütiert 1972 in Central City (Col.). 1974 wird sie als Mimi (*La Bohème*, Puccini) von der New York City Opera engagiert und gehört deren Ensemble an, bis sie 1979 als Gretel (*Hänsel und Gretel*, Humperdinck) an der Met debütiert, wo sie in der Folge die Violetta (*La Traviata*, Verdi), Konstanze (*Die Entführung aus dem Serail*, Mozart), Juliette (*Roméo et Juliette*, Gounod), Micaëla (*Carmen*, Bizet) und Manon (Massenet) interpretiert. Auch auf den anderen wichtigen amerikanischen Bühnen (Chicago, Houston, San Francisco) gibt sie Gastspiele. 1976 debütiert sie bei den Salzburger Festspielen als Servilia (*La clemenza di Tito*, Mozart). In Wien singt sie die Violetta (1982); ihre wichtigsten weiteren Stationen sind der Maggio Musicale Fiorentino (*Suor Angelica*, Schwester Angelika, Puccini, 1983), Paris (*Manon*, 1983, und *Thaïs*, 1988, beide Massenet), München (*Lulu*, Berg, 1985, und *Daphne*, R. Strauss, 1988), Covent Garden (*Madame Butterfly*, 1988), Genf (*Manon*, 1989).

Malgoire, Jean-Claude
Französischer Dirigent und Oboist, geb. 25. 11. 1940 Avignon.
Er studiert am Konservatorium seiner Heimatstadt und geht dann zu Pierre Bajeux, Roland Lamorlette und Etienne Baudo an das Pariser Konservatorium. 1960 erhält er einen 1. Preis in Oboe und in der Klasse von René le Roy auch in Kammermusik. 1968 wird er beim Genfer internationalen Wettbewerb mit dem 2. Preis ausgezeichnet. Er ist zuerst Solist der Société des Concerts du Conservatoire (1965–67) und geht 1967 als Solo-Hornist an das Orchestre de Paris; im gleichen Jahr gründet er mit einigen Freunden das Ensemble La Grande Ecurie et la Chambre du Roy. Als Autodidakt beschäftigt er sich mit Orchesterleitung und Musikwissenschaften und beginnt, sich leidenschaftlich mit alter Musik auseinanderzusetzen und das Repertoire der heutigen Interpreten zu erweitern. 1970 gründet er das aus Instrumentalisten und Sängern bestehende Ensemble Florilegium Musicum de Paris, das sich mit der polyphonen Musik des Mittelalters beschäftigt.
Seit 1981 ist er als Direktor des Atelier Lyrique de Tourcoing für die fruchtbare Zusammenarbeit zwischen der Opéra du Nord und der Grande Ecurie zuständig. Bei der Interpretation barocker Musik geht er von den gleichen Voraussetzungen aus wie Nicolaus Harnoncourt oder Gustav Leonhardt, wobei sich bei seinen Interpretationen das südfranzösische Temperament bemerkbar macht. Fünfzehn Jahre lang kämpft er ohne jede Unterstützung von seiten des Staates, bis er endlich die Anerkennung findet, die ihm als einem der bemerkenswertesten französischen Dirigenten des barocken und klassischen Repertoires gebührt.
Als Oboist wird er innerhalb des Ensembles 2e?m auch auf dem Gebiet der zeitgenössischen Musik tätig.

Malinin, Jewgenij Wassiljewitsch
Russischer Pianist, geb. 8. 11. 1930 Moskau.
Als Dreijähriger begleitet er bereits die

Lieder seiner Mutter, der Sängerin Maria Malinina, am Klavier und wird ein Jahr später an der Moskauer Zentralschule für Musik zugelassen. Während des Zweiten Weltkriegs muß er seine Ausbildung abbrechen. Sofort nach Kriegsende wird er Schüler von Heinrich G. Neuhaus am Moskauer Konservatorium. 1949 gewinnt er den Budapester Wettbewerb; beim Chopin-Wettbewerb in Warschau wird er ebenso ausgezeichnet wie beim Marguerite Long-Jacques Thibaud Wettbewerb in Paris (1953, 2. Preis zusammen mit Philippe Entremont). 1958 wird er bei den Moskauer Philharmonikern Solist. Ab 1965 bildet er mit dem Violinisten Eduard Gratch und der Cellistin Natalia Chakoskaja ein Trio. In Westeuropa ist er beim breiten Publikum nicht so bekannt geworden wie Emil G. Gilels oder Swjatoslaw T. Richter, obwohl er innerhalb der sowjetischen Klavierschule einen sehr bedeutenden Rang einnimmt und in seiner Heimat gerne als »Dichter am Flügel« bezeichnet wird.

1957 wird er Assistent von Neuhaus; 1972 wird er am Moskauer Konservatorium zum Professor ernannt. Sein bedeutendster Schüler ist sicher Ivo Pogorelich. 1988 wird in Dijon ein Malinin-Institut ins Leben gerufen, an dem er jeden Sommer Kurse gibt.

Maliponte, Adriana (= Adriana Macciaioli)
Italienische Sopranistin, geb. 26.12. 1938 Brescia.
Als Vierzehnjährige zieht sie nach Frankreich und studiert am Konservatorium von Paris Gesang. 1956 erhält sie einen 1. Preis; anschließend perfektioniert sie sich bei Carmen Melis in Mailand. 1958 debütiert sie am dortigen Teatro Nuovo. 1960 gewinnt sie den Genfer Wettbewerb und kurz darauf den der Scala und den der RAI. Die römische Oper meldet sich, das Liceo in Barcelona, das San Carlos in Lissabon, die Pariser Oper und das Théâtre de la Monnaie in Brüssel. 1970 debütiert sie an der Scala (*Manon*, Massenet) und 1971 an der Met (*La Bohème*, Puccini), wo sie ein Jahr später in *Luisa Miller* (Verdi) einen besonders nachhaltigen Triumph feiert. Sie gastiert regelmäßig in Neapel, Venedig, Toulouse, New Orleans und Paris.

Malko, Nikolai Andrejewitsch
Amerikanischer Dirigent russischer Herkunft, geb. 22.4. (4.5.) 1883 Brailow (Podolien), gest. 22.6. 1961 Sydney.
Er studiert an der Universität von Sankt Petersburg Philologie und am dortigen Konservatorium bei Nikolaj A. Rimskij-Korssakow, Anatoli K. Ljadow und Alexander K. Glasunow Komposition sowie bei Nikolaj N. Tscherepnin Orchesterleitung. Er perfektioniert sich bei Felix Mottl in München und debütiert, wieder zurück in Sankt Petersburg, an der dortigen Oper, wo er zuerst Ballette und später dann Repertoire-Vorstellungen leitet (1908–18). Anschließend geht er nach Moskau, wird am dortigen Konservatorium Professor (1922–25) und kehrt dann als Direktor der Philharmoniker (1926–29) und Professor am Konservatorium (1925–29) nach Leningrad zurück. 1929 verläßt er die Sowjetunion und geht nach Dänemark, wo er die Leitung des Symphonie-Orchesters von Radio Kopenhagen übernimmt (1929–32). Gleichzeitig unterrichtet er in Kopenhagen am Konservatorium und zählt den dänischen König zu seinen Schülern. Anschließend geht er für längere Zeit nach England. 1938 debütiert er in New York, kehrt im gleichen Jahr noch nach Kopenhagen zurück (1938–40), unterrichtet am Mozarteum in Salzburg (1940) und läßt sich 1940 endgültig in Chicago nieder, wo er am Mills College und an der De Paul University zum Professor ernannt wird. 1941–42 wird er vom Symphonie-Orchester von Boston regelmäßig eingeladen. 1943 verbringt er eine Saison in Mexico City. 1945–54 ist er Leiter des Grant Park Orchestra in Chicago und geht dann nach England zurück, wo er in Leeds das Symphonie-Orchester von Yorkshire übernimmt

(1954-56). Als das Orchester aufgelöst wird, geht er als Leiter des Symphonie-Orchesters von Sydney nach Australien (1956-61) und vermittelt diesem Land eine bis dahin unbekannte symphonische Tradition.
Zu den von ihm geleiteten Uraufführungen gehören die der *Symphonie Nr. 5* von Nikolaj J. Mjaskowski und die *Symphonie Nr. 1* (1926) und *Nr. 2* (1927) von Dmitri D. Schostakowitsch. In Dänemark, wo er viele Jahre seines Lebens verbringt, wird ihm zu Ehren ein alle drei Jahre stattfindender Dirigenten-Wettbewerb gegründet, der seinen Namen trägt.
WW: *The Conductor and his Baton* (Kopenhagen 1950); *A Certain Art* (New York 1966).

Mandeal, Christian
Rumänischer Dirigent, geb. 18. 4. 1946 Rupea.
Am Musikgymnasium in Braşov erhält er Klavier-Unterricht; anschließend geht er an das Konservatorium von Bukarest, wo er Orchesterleitung (bei Constantin Bugeanu) und Komposition studiert (1970-75). 1973-74 nimmt er in Bayreuth an den während der Festspiele organisierten Sommerkursen teil. 1980 kehrt er als Chefassistent dorthin zurück. Er debütiert als Dirigent am Philharmonischen Orchester von Tirgu Mureş und geht dann über das Philharmonische Orchester von Cluj-Napoca (1982-87) an das Philharmonische Orchester George Enescu in Bukarest (ab 1987). Gleichzeitig arbeitet er als Gastdirigent mit vielen ausländischen Orchestern.

Mander, Francesco
Italienischer Dirigent und Komponist, geb. 26. 10. 1915 Rom.
Er studiert zunächst in Mailand Klavier und Komposition und geht dann an die Accademia Nazionale di Santa Cecilia in Rom; 1942 debütiert er an der Oper von Venedig. Anschließend übernimmt er die Leitung des italienischen Kammerorchesters, bevor er 1949 zum Symphonie-Orchester von Madrid geht (bis 1951). In der Folge arbeitet er hauptsächlich als Gastdirigent und komponiert viel, bevor er diesen Tätigkeitsbereich aufgibt, da er meint, seine schöpferische Kraft reiche nicht aus. 1969-76 leitet er das National Symphony Orchestra in Johannesburg. 1978 gibt er seine musikalische Arbeit auf und beginnt, Romane und Erzählungen zu schreiben.

Mannino, Franco
Italienischer Dirigent und Komponist, geb. 25. 4. 1924 Palermo.
Er studiert an der Accademia Nazionale di Santa Cecilia in Rom bei Renzo Silvestri Klavier (bis 1940) und bei Virgilio Mortari Komposition (bis 1947). 1941 beginnt er, als Pianist aufzutreten, und gibt viele Konzerte. Erst ab 1952 dirigiert er auch. Er arbeitet mit den meisten italienischen Bühnen zusammen und wird häufig vom Ausland eingeladen, Opern von Vincenzo Bellini und Gioacchino Rossini zu dirigieren. 1969-70 ist er Musikdirektor des Teatro San Carlo in Neapel. Ab dieser Zeit widmet er sich hauptsächlich der Komposition. 1982 wird er zum Chefdirigenten und künstlerischen Berater des Orchesters von Ottawa ernannt (bis 1986). Er leitet auch das dortige Festival Opera Plus. Als Komponist zeichnet er sich vor allem durch viele Opern aus.

Manowarda, Josef von
Österreichischer Bassist, geb. 3. 7. 1890 Krakau, gest. 24. 12. 1942 Berlin.
Er studiert in Graz Gesang und debütiert 1911 am dortigen Stadttheater; 1915 geht er an die Volksoper in Wien und 1918 nach Wiesbaden, bis er 1919 von der Wiener Staatsoper engagiert wird und dort bei der Uraufführung von *Die Frau ohne Schatten* (R. Strauss) den Geisterboten singt. Er bleibt bis 1935 und wird 1929 mit dem Titel eines Kammersängers ausgezeichnet. Ab 1935 gehört er dem Ensemble der Berliner Oper an. 1931-42 gastiert er regelmäßig in Bayreuth und singt dort Kö-

nig Marke (*Tristan und Isolde*), Heinrich der Vogeler (*Lohengrin*), Gurnemanz (*Parsifal*), Pogner (*Die Meistersinger von Nürnberg*), Daland (*Der fliegende Holländer*), Hunding, Hagen, Fasolt und Fafner (alle *Der Ring des Nibelungen*, alle Wagner). In Salzburg gastiert er 1922–38 als Alfonso de Cosi (*La Favorite*, Die Favoritin, Donizetti), Rocco (*Fidelio*, Beethoven), Kalchas (*Iphigenie in Aulis*, Gluck), Barak (*Die Frau ohne Schatten*, R. Strauss), Kurwenal (*Tristan und Isolde*, Wagner) und als Sprecher (*Die Zauberflöte*, Mozart). Auf englischen, italienischen und französischen Bühnen interpretiert er den Wotan (*Der Ring des Nibelungen*), Sachs (*Die Meistersinger von Nürnberg*), Kurwenal (*Tristan und Isolde*, alle Wagner), Philipp II. (*Don Carlos*, Verdi) und Osmin (*Die Entführung aus dem Serail*, Mozart). 1932–35 unterrichtet er an der Wiener Musikakademie.

Manuguerra, Matteo
Französischer Bariton, geb. 5. 10. 1924 Tunis.
Als Fünfunddreißigjähriger beginnt er am Konservatorium von Buenos Aires Gesang zu studieren. Er debütiert als Tenor in Wolfgang Amadeus Mozarts *Requiem*. 1963 kehrt er nach Frankreich zurück. Drei Jahre lang gehört er der Oper von Lyon an, wo er u. a. in *Faust* (Gounod), *Rigoletto, La Traviata, Nabucco* (alle Verdi), *Carmen* (Bizet) und *Lucia di Lammermoor* (Donizetti) auftritt. Er gibt in Genf, Wien, Athen und Santiago Gastspiele; in den Vereinigten Staaten gastiert er 1968 in Seattle und ab 1971 an der Met.

Mar, Norman del
siehe **Del Mar, Norman**

Marchal, André
Französischer Organist, geb. 6. 2. 1894 Paris, gest. 28. 8. 1980 Hendaye.
André Marchal, der als Kleinkind erblindet, studiert am Konservatorium von Paris und erhält 1913 in der Klasse von Eugène Gigout einen 1. Preis für Orgel und in der von Georges Caussade einen 1. Preis für Kontrapunkt. Ab 1913 springt er für Eugène Gigout an der Orgel von Saint-Augustin in Paris ein; 1915 wird er Titularorganist an der Kirche Saint-Germain-des-Prés in Paris und wechselt erst 1945 an die Kirche Saint-Eustache. 1963 gibt er die Stelle nach Meinungsverschiedenheiten mit dem Orgelbauer, der das Instrument restaurieren soll, auf.
Trotz seiner Körperbehinderung unternimmt er Konzertreisen durch ganz Europa. Als Pädagoge am Institut National des Jeunes Aveugles in Paris (1913–59) übt er einen entscheidenden Einfluß auf den Orgelunterricht in seinem Land aus und hat auch beim Orgelbau ein gewichtiges Wort mitzureden. Er setzt sich für das Werk von Johann Sebastian Bach und die französischen Meister des 17. und 18. Jahrhunderts ein, aber auch für die Romantiker und hier vor allem für César Franck, den er auf einzigartige Weise interpretiert. Auch auf dem Gebiet der Improvisation erreicht er Überdurchschnittliches. Er zeichnet für den Orgelpart bei der Uraufführung der *Symphonie Nr. 4* von Louis Vierne verantwortlich (1923).

Marcoux, Vanni (= Jean-Emile Marcoux)
Französischer Bassist, geb. 12. 6. 1877 Turin, gest. 22. 10. 1962 Paris.
Er studiert Jura und wird als Rechtsanwalt zugelassen; 1894 singt er unter einem angenommenen Namen den Sparafucile (*Rigoletto*, Verdi); ein Jahr später nimmt er an der Seite von zwei bekannten Sängern seiner Epoche, Francesco Tamagno und Antonio Magini-Coletti an einem Konzert teil. Der große Erfolg bestärkt ihn in seinem Entschluß, die Anwaltsrobe an den Nagel zu hängen. Er studiert bei ausgezeichneten italienischen Gesangslehrern und debütiert 1900 in Bayonne als Bruder Laurent in *Roméo et Juliette* (Gounod). Von Bayonne aus geht er nach Nizza, Turin und Den Haag, bevor er 1905 vom Cov-

ent Garden als 1. Baß engagiert wird (bis 1912 verbringt er hier jede Sommersaison). Über das Théâtre de la Monnaie in Brüssel und die Civic Opera in Chicago geht er an die Pariser Oper, an der er vierzig Jahre singt. 1922 interpretiert er bei der 1. Aufführung in französischer Sprache in Paris den Boris Godunow (Mussorgskij) und vier Jahre später bei der des *Rosenkavaliers* (R. Strauss) in Monte Carlo den Baron Ochs. Arturo Toscanini holt ihn als Boris Godunow an die Scala. Jules Massenet wünscht, daß er bei der Pariser Wiederaufnahme seiner Oper *Don Quichotte* die Titelrolle übernimmt. Hunding (*Der Ring des Nibelungen*), Pogner (*Die Meistersinger von Nürnberg*, beide Wagner), Méphisto (*Faust*, Gounod) und Arkel (*Pelléas et Mélisande*, Debussy) gehören zu seinen Standardrollen. Gegen Ende seiner Laufbahn singt er auch Bariton-Rollen wie den Gianni Schicchi, Scarpia (*Tosca*, beide Puccini), Jago (*Otello*, Verdi), Golo (*Pelléas et Mélisande*).

Am Pariser Konservatorium unterrichtet er 1938–43. Er nimmt an verschiedenen wichtigen Uraufführungen teil, darunter *Lorenzaccio* (Moret), *Polyphème* (Cras), *L'Aiglon* (Honegger) und *Monna Vanna* (H. Février). Nach mehr als vierzig Jahren Tätigkeit auf der Bühne übernimmt er 1948 die Leitung des Grand Théâtre in Bordeaux, bevor er sich 1951 nach Paris zurückzieht, aber weiterhin für jeden ein offenes Ohr hat, der ihn um Hilfe bittet.

Marcovici, Silvia
Rumänische Violinistin, geb. 30. 1. 1952 Bacău.
Sie studiert am Konservatorium von Bacău und geht dann zu Stefan Gheorghiu an das Konservatorium in Bukarest, der sie bis zu ihrem zwölften Lebensjahr betreut. Als Fünfzehnjährige tritt sie zum ersten Mal an die Öffentlichkeit. 1969 gewinnt sie beim Marguerite Long-Jacques Thibaud-Wettbewerb in Paris einen 2. Preis (der 1. wird in diesem Jahr nicht vergeben) und ein Jahr später in Bukarest beim Enescu-Wettbewerb den 1. Preis. 1971 debütiert sie in London in der Festival Hall. 1972 lädt sie Leopold Stokowski zu dem Konzert ein, das er aus Anlaß seines 90. Geburtstages gibt. 1976 emigriert sie nach Israel und beginnt eine internationale Karriere. Zu Beginn der achtziger Jahre übersiedelt sie in die Bundesrepublik; sie unterrichtet an der Musikhochschule Saarbrücken.

Maréchal, Maurice
Französischer Cellist, geb. 3. 10. 1892 Dijon, gest. 19. 4. 1964 Paris.
Er erhält zuerst Privatunterricht und geht dann an das Pariser Konservatorium, wo er u. a. von Paul Dukas unterrichtet wird (Komposition) und 1911 einen 1. Preis erhält. Nach dem Ersten Weltkrieg debütiert er 1919 unter Camille Chevillard bei den Concerts Lamoureux und wird dann Solo-Cellist der Société des Concerts. Er beginnt eine internationale Karriere, die ihn auch in die Vereinigten Staaten (wo er 1926 unter der Leitung von Leopold Stokowski mit dem Orchester von Philadelphia debütiert), in die Sowjetunion und nach China führt. Er gilt als der beste Vertreter der französischen Celloschule seiner Generation.

Auf dem Gebiet der Kammermusik spielt er u. a. mit Robert Casadesus, Jacques Thibaud und Marguerite Long zusammen. Unter den Uraufführungen, die er verwirklicht, sind folgende besonders wichtig: *Sonate für Violine und Violoncello* (Ravel, 1922), *Konzert für Violoncello und Orchester* (Ibert, 1925, und auch Honegger, 1930), *Fantaisie* (Françaix), *Konzert für Violoncello und Orchester Nr. 1* (Milhaud, 1935), *Poème* (Gedicht, Gaubert), *Sonate für Violoncello und Klavier* (Tansman), *Fantaisie concertante* (Durey, 1956).

Marion, Alain
Französischer Flötist, geb. 25. 12. 1938 Marseille.
Als Vierzehnjähriger erhält er am Konservatorium seiner Heimatstadt in der

Klasse von Joseph Rampal einen 1. Preis für Flöte; anschließend folgt er seinem Lehrer nach Paris. 1961 gewinnt er den Genfer Wettbewerb. 1964 wird er zum Solo-Flötisten am Kammerorchester des Französischen Rundfunks ernannt. Seit der Gründung im Jahre 1967 gehört er dem Orchestre de Paris an. 1972 wird er Solo-Flötist des Orchestre National de France und 1977 des Ensembles InterContemporain. Er unterrichtet am Konservatorium in Paris und bei der internationalen Sommerakademie in Nizza. 1986 übernimmt er die Leitung des Centre international de formation musical in Nizza, der Nachfolgeorganisation der Sommerakademie.

Markevitch, Igor
Französischer Dirigent und Komponist ukrainischer Herkunft, geb. 14. (27.) 7. 1912 Kiew, gest. 7. 3. 1983 Antibes.
Im Jahr seiner Geburt verlassen seine Eltern Rußland und gehen in die Schweiz. Schon früh erhält er Klavier-Unterricht. Als Achtjähriger spielt er Werke von Frédéric Chopin in der Öffentlichkeit. Alfred Cortot, der ihn 1926 hört, bewegt seine Eltern dazu, nach Paris zu ziehen, damit ihr Sohn dort umfassend ausgebildet wird. Er selbst nimmt ihn in seine Klasse an der Ecole Normale de Musique auf; außerdem wird er von Nadia Boulanger (Komposition) und privat von Vittorio Rieti (Orchestration) sowie von Hermann Scherchen (Orchesterleitung) unterrichtet. 1929 bestellt Sergej P. Diaghilew bei ihm die Musik zu einem Ballett, *L'Habit du roi* (Die Gewänder des Königs). Ein Jahr später debütiert er als Dirigent an der Spitze des Concertgebouw-Orchesters. Er heiratet die Tochter von Václav Nijinskij und arbeitet bis zum Ausbruch des Zweiten Weltkriegs, der ihn in Italien überrascht, hauptsächlich als Komponist.
Nach dem Ende des Krieges erhält er den Auftrag, den Maggio Musicale Fiorentino neu zu organisieren und zu leiten; in zweiter Ehe heiratet er Topazia Caetani. Seine Karriere als Dirigent entwickelt sich schnell: 1952–55 ist er Musikdirektor des Symphonie-Orchesters von Stockholm, geht dann zu den Concerts Lamoureux (1957–61), dirigiert gleichzeitig das Symphonie-Orchester von Havanna (1957–58) und das von Montreal (1958–61) und übernimmt schließlich die Leitung des Symphonie-Orchesters des spanischen Rundfunks (1965–72). 1968 wird er außerdem zum Direktor des Orchesters der Oper von Monte Carlo ernannt (bis 1973), bevor er 1973 das Orchester der Accademia Nazionale di Santa Cecilia in Rom übernimmt (bis 1975). Zunehmende Taubheit hindert ihn in immer stärkerem Maße am Dirigieren, während er pädagogische und schriftstellerische Aufgaben weiterverfolgt.
1949–56 hält er am Mozarteum in Salzburg jeweils Sommerkurse in Orchesterleitung ab; in der Folge unterrichtet er in Moskau, Mexico City, Madrid, Monte Carlo und Weimar. Zu seinen Schülern gehört sein Sohn Oleg Caetani (geboren 1956), der auch von Franco Ferrara und Kyrill D. Kondraschin ausgebildet wird. Er zeichnet für verschiedene Uraufführungen verantwortlich, darunter *Marsia* (Ballett, 1948) von Luigi Dallapiccola, *Ouverture pour un festival* (1951) von Daniel-Lesur, *Variations concertantes* (1953) von Alberto Ginastera und *Symphonie Nr. 3* (1945) von Gian Francesco Malipiero. Als Komponist hinterläßt er Ballettmusik, Werke für Orchester, Kammermusik und ein Oratorium.
WW: *Introduction à la musique* (Lausanne 1940); *Made in Italy* (Genf 1946); *Point d'Orgue* (Paris 1959); *Etre ou avoir été* (Paris 1980); *Edition encyclopédique des 9 symphonies de Beethoven* (Paris 1982, dt. Die Sinfonien von Ludwig van Beethoven, 3 Bde., Frankfurt/M. 1983); *Le Testament d'Icare* (Paris 1984).

Markiz, Lev
Holländischer Violinist und Dirigent russischer Herkunft, geb. 1. 11. 1930 Moskau.
Er studiert am Moskauer Tschaikowskij-Konservatorium und am Gnessin-Institut als Schüler von Abram Jampolski und Jurij Jankelewitsch (Violine) sowie Kyrill P. Kondraschin (Orchesterleitung). 1956 wird er von Rudolf B. Barschaj bei der Gründung des Moskauer Kammerorchesters als Konzertmeister engagiert. 1963 gründet er sein eigenes Kammerorchester und beginnt, als Solist zu arbeiten. 1969 ruft er eine zweite Formation ins Leben, die Moskauer Solisten. Er ist Mitglied des Georgischen Quartetts und gewinnt mit ihm bei den internationalen Wettbewerben von Budapest und Evian jeweils 1. Preise. Er ist Professor an den Konservatorien von Moskau und gewinnt mit dem Orchester des Konservatoriums von Tiflis, an dem er ebenfalls unterrichtet, den Karajan-Wettbewerb in Berlin. 1981 verläßt er seine Heimat und läßt sich in Holland nieder, wo er am Konservatorium von Den Haag zum Professor ernannt wird.

Markowski, Andrzej (= Marek Andrzejwski)
Polnischer Dirigent, geb. 22. 8. 1924 Lublin, gest. 30. 10. 1986 Warschau.
Er studiert am Konservatorium von Lublin bei Artur Malawski (1939–41) und geht nach dem Zweiten Weltkrieg an das Trinity College in London (1946–47) und zu Piotr Rytel, Tadeusz Szeligowski und Witold Rowicki an das Konservatorium von Warschau (1947–55). 1949 debütiert er am Theater von Sczcecin (Stettin, bis 1950). 1954 übernimmt er die Leitung des Philharmonischen Orchesters von Poznań (Posen), seine erste wichtige Stellung. 1955 geht er zum Orchester von Katowice (Kattowitz), bis er 1959 als Chefdirigent an das philharmonische Orchester von Kraków (Krakau) wechselt, zu dessen künstlerischem Leiter er 1962 ernannt wird. 1965 geht er in der gleichen Funktion zu den Philharmonikern von Wrocław (Breslau, bis 1969). 1971 wird er zum stellvertretenden künstlerischen Leiter der Nationalphilharmonie in Warschau ernannt. Er ist der Gründer und Leiter der Kantaten- und Oratorien-Festspiele Wratislavia Cantans in Breslau.
Er interessiert sich stark für die zeitgenössische Musik und zeichnet für viele Uraufführungen verantwortlich, darunter: *Strofy* (Strophen, 1959), *De Natura Sonoris* (1966) und *Utrenja – Grablegung Christi und Auferstehung* (1971), alle von Krzysztof Penderecki, *Symphonie Nr. 2* (1973) von Henryk Mikołaj Górecki, *Spiegel I* von Friedrich Cerha und verschiedene Werke von Giacomo Manzoni.

Marriner, Sir Neville
Englischer Dirigent und Violinist, geb. 15. 4. 1924 Lincoln.
Er studiert am Royal College of Music in London und tritt dann in die Violinklasse von René Benedetti am Pariser Konservatorium ein. Er verbringt eine Saison am College von Eton (1947–48) und wird dann als 2. Geiger Mitglied des Martin-Quartetts. Zusammen mit Thurston Dart gründet er das Jacobean Ensemble. 1949–50 unterrichtet er am Royal College of Music Violine und besucht gleichzeitig die Sommerkurse in Orchesterleitung, die Pierre Monteux in dem amerikanischen Bundesstaat Maine gibt. Ab 1952 gehört er als Violinist zum Philharmonia Orchestra in London; 1956 geht er als Chef der zweiten Geigen zum Symphonie-Orchester von London (bis 1968). Während dieser Zeit gründet er das Virtuoso String Trio und 1959 die Academy of Saint-Martin-in-the-Fields, deren Leiter er wird und mit der er zahlreichen Tourneen unternimmt sowie viele Schallplatten einspielt. 1969–79 ist er außerdem Musikdirektor des Kammerorchesters von Los Angeles, 1971–73 stellvertretender Leiter des Northern Sinfonia Orchestra, 1979–86 Musikdirektor des Orchesters von Minnesota und 1983–89 Chefdirigent des Symphonie-Orchesters des Süddeutschen Rundfunks.

Mars, Jacques
Französischer Bassist, geb. 25. 3. 1926 Paris.
Er stammt aus einfachen Verhältnissen und wird schon als Kind von der Musik unwiderstehlich angezogen. Sehr früh lernt er als Autodidakt Harmonium und Geige und macht sich später daran, seine Stimme auszubilden. Ohne je ein Konservatorium besucht zu haben, wird er 1955 von der Pariser Oper nach einem einmaligen Vorsingen engagiert. Er debütiert als Herzog in *Roméo et Juliette* (Gounod). Nach und nach erarbeitet er sich ein umfangreiches Repertoire: Komtur (*Don Giovanni*, Mozart), Montano (*Otello*) und Monterone (*Rigoletto*, beide Verdi), Angelotti (*Tosca*, Puccini) und Zuniga (*Carmen*, Bizet) und wird beim Pariser Publikum immer beliebter. Zu Beginn des Jahres 1963 singt er unter Désiré-Emile Inghelbrecht den Golo (*Pelléas et Mélisande*, Debussy) und ein Jahr später in Maurice Béjarts Inszenierung von *La Damnation de Faust* (Fausts Verdammnis, Berlioz) den Mephisto. 1965 interpretiert er bei der Wiederaufnahme des *Contes d'Hoffmann* (Hoffmanns Erzählungen, Offenbach) an der Opéra-Comique die vier Baß-Rollen. 1966 singt er zum ersten Mal den Faust von Gounod, der zu einer seiner Paraderollen wird, die er auch heute noch interpretiert. In Giuseppe Verdis *Don Carlos* interpretiert er in der originalen französischen Fassung Karl V., später dann in der gleichen Oper Philipp II. und den Großinquisitor. In Dijon singt er den Boris Godunow (Mussorgskij) und in Monte Carlo bei der Feier zum hundertsten Geburtstag der dortigen Oper den Don Quichotte (Massenet). In *Ritter Blaubarts Burg* von Béla Bartók interpretiert er den Blaubart; auf italienisch singt er den Basilio (*Il barbiere di Siviglia*, Der Barbier von Sevilla, Rossini) und den Scarpia (*Tosca*, Puccini). Mit fortschreitendem Alter widmet er sich in immer stärkerem Maße pädagogischen Aufgaben. Jacques Mars nimmt an den Uraufführungen von *i 330* (Bondon), *Sire Allewynn* (Semenow) und an der konzertanten Uraufführung von *Andrea del Sarto* (Daniel-Lesur) teil.

Marsalis, Wynton
Amerikanischer Trompeter, geb. 18. 10. 1961 New Orleans.
Der Sohn des Jazzpianisten Ellis Marsalis und Bruder des Saxophonisten Branford Marsalis erhält eine klassische Musikausbildung und spielt als Vierzehnjähriger mit dem Philharmonischen Orchester seiner Heimatstadt das *Konzert für Trompete und Orchester* von Joseph Haydn. Er perfektioniert sich an der Juilliard School of Music in New York und beginnt 1980, neben klassischer Musik auch Jazz zu spielen. Er arbeitet mit Art Blackey und den Jazz Messengers zusammen und gehört gleichzeitig dem Brooklyn Philharmonic Orchestra an. In beiden Bereichen leistet er Außergewöhnliches.

Marschner, Wolfgang
Deutscher Violinist, geb. 23. 5. 1926 Dresden.
Er studiert an der Musikakademie seiner Heimatstadt und perfektioniert sich anschließend am Mozarteum in Salzburg. In den frühen fünfziger Jahren beginnt seine Karriere als Solist. Schon früh beginnt er neben seiner Konzerttätigkeit in Essen (1956–57), Köln (1958–63) und anschließend in Freiburg/Br. zu unterrichten.

Marsick, Martin Pierre Joseph
Belgischer Violinist und Komponist, geb. 9. 3. 1848 Jupille bei Lüttich, gest. 21. 10. 1924 Paris.
Er wird zuerst von seinem Vater unterrichtet und studiert dann an den Konservatorien von Lüttich und Brüssel Klavier, Orgel, Violine (bei Hubert Léonard) und Komposition (bei Hubert-Ferdinand Kufferath). Anschließend geht er nach Paris und setzt sein Violinstudium bei Lambert-Joseph Massart am Pariser Konservatorium fort, wo er 1869 einen 1. Preis erhält. Er spielt bereits im Orchester der Pari-

ser Oper (1868–69). Anschließend geht er nach Berlin und perfektioniert sich 1870–71 bei Joseph Joachim. 1873 erzielt er in Paris bei den Concerts populaires mit dem *Konzert für Violine und Orchester Nr. 4* von Henri Vieuxtemps einen großen Erfolg. 1877 gründet er mit Antoine Rémy, Louis van Waefelghem und Jules Delsart das Marsick-Quartett. 1884 ruft er mit dem Pianisten Breitner und dem Cellisten Burger ein Trio ins Leben. Konzertreisen führen ihn nach Rußland und in die Vereinigten Staaten. 1892–1900 unterrichtet er am Pariser Konservatorium, wo er verschiedene bedeutende Geiger ausbildet, unter anderem Carl Flesch, George Enescu und Jacques Thibaud. Als Komponist hinterläßt er in der Hauptsache Werke für sein Instrument. Camille Saint-Saëns widmet ihm seine *Sonate für Violine und Klavier Nr. 1*.

Marteau, Henri
Schwedischer Violinist und Komponist französischer Herkunft, geb. 31. 3. 1874 Reims, gest. 3. 10. 1934 Lichtenberg (Bayern).
Sein Vater ist ein Amateurgeiger und seine Mutter Schülerin von Clara Schumann. Als Fünfjähriger beginnt er mit dem Violin-Unterricht. Camillo Sivori fördert ihn; als Zehnjähriger tritt er bereits mit den Wiener Philharmonikern unter Hans Richter auf. Bis zu seinem siebzehnten Lebensjahr wird er von Bünzli und vor allem von Hubert Léonard in Paris ausgebildet. Nach dem Tod seines Lehrers geht er zu Jules Garcin an das Pariser Konservatorium, wo er ein Jahr später mit einem 1. Preis ausgezeichnet wird. Er perfektioniert sich bei Bernhard Molique in Paris und bei Joseph Joachim in Berlin. 1893 beginnt seine Karriere, die schon bald internationale Ausmaße annimmt: Konzertreisen führen ihn in die Vereinigten Staaten, nach Rußland und Skandinavien. Neben seiner Konzerttätigkeit unterrichtet er schon früh: 1900–07 am Konservatorium in Genf und 1908–15 als Nachfolger von Joseph Joachim an der Hochschule für Musik in Berlin. Während des Ersten Weltkriegs geht er als Dirigent an das Orchester von Göteborg (1915–21) und ruft dort eine Stiftung ins Leben, die sich für die schwedische Musik einsetzt; er selbst spielt in Konzerten häufig Werke von Franz Adolf Berwald. 1921 nimmt er an der deutschen Musikakademie in Prag seine Unterrichtstätigkeit wieder auf (bis 1924); 1926–28 ist er Professor am Konservatorium von Leipzig und 1928–34 an dem von Dresden. 1934 gibt er in Stockholm sein letztes Konzert. Max Reger, dessen Werke er vorbildlich interpretiert, widmet ihm sein *Konzert für Violine und Orchester*. Als Komponist hinterläßt er verschiedene Werke für sein Instrument sowie eine Oper. Er spielt auf einer Maggini (Brescia), die aus dem Besitz seines Lehrers Hubert Léonard stammt, sowie auf einer Guarneri del Gesù aus dem Jahre 1731, die sich heute im Besitz von Gérard Poulet befindet.

Martenot, Ginette
Französische Ondes-Martenot-Spielerin, geb. 27. 1. 1902 Paris.
Sie studiert am Konservatorium von Paris bei André Gédalge und Lazare-Lévy sowie an der Sorbonne. Nach Abschluß ihres Studiums beginnt sie eine internationale Karriere, zuerst als Pianistin und anschließend als Ondes-Martenot-Spielerin. Sie arbeitet mit ihrem Bruder, dem Komponisten und Erfinder der Ondes Martenot, Maurice Martenot, bis zu dessen Tod eng zusammen und macht das Instrument noch vor Darius Citanova und Jeanne Loriod bekannt. Sie unterrichtet an der Ecole d'Art Martenot, an der die pädagogischen Grundsätze ihres Bruders in die Praxis umgesetzt werden, und ist für eine bedeutende Anzahl von Uraufführungen für dieses Instrument verantwortlich, darunter für die beiden *Konzerte für Ondes Martenot* von André Jolivet (1948) und Marcel Landowski (1956).

Martinelli, Germaine
Französische Sopranistin, geb. 30. 9. 1887 Paris, gest. 8. 4. 1964 daselbst.
Sie studiert bei den bedeutendsten Lehrern ihrer Zeit, Jean Lasalle, Jean Bourbon, Gandubert und vor allem Albert Petit, der bei seinem Unterricht die Tradition Manuel Garcias respektiert. 1908 debütiert sie an der Seite von Raoul Pugno, Pablo Casals und Jacques Thibaud. Sie heiratet den Sänger und Schauspieler Charles Martinelli. Während des Ersten Weltkriegs gibt sie Wohltätigkeitskonzerte. Erst am Ende des Krieges beginnt ihre eigentliche Karriere: sie singt vor allem bei konzertanten Aufführungen unter der Leitung von Gabriel Pierné, Eugène Ysaÿe, Ernest Ansermet und Paul Paray (Iphigenie, *Iphigénie en Aulide*, Iphigenie in Aulis, Gluck; Isolde, *Tristan und Isolde*; Elisabeth, *Tannhäuser*, beide Wagner; Margarethe, *La Damnation de Faust*, Fausts Verdammnis, Berlioz). Ihr Repertoire umfaßt die wichtigsten Werke der Kirchenmusik. Ab 1928 gibt sie hauptsächlich Liederabende. 1941 zieht sie sich aus den Konzertsälen zurück und widmet sich am amerikanischen Konservatorium in Fontainebleau bis 1963 pädagogischen Aufgaben. Ein von der französischen Académie nationale du disque lyrique für Liedaufnahmen ausgeschriebener Schallplattenpreis trägt ihren Namen.

Martinelli, Giovanni
Italienischer Tenor, geb. 22. 10. 1885 Montagnana (Venetien), gest. 2. 2. 1969 New York.
Er studiert bei Giuseppe Mandolini und debütiert 1910 in der schwierigen Tenor-Partie in Gioacchino Rossinis *Stabat Mater* im Teatro del Verme in Mailand; drei Wochen später interpretiert er auf der Bühne des gleichen Hauses die Titelrollen in *Ernani* (Verdi). Giacomo Puccini hört ihn und ist begeistert; er bestimmt, daß Martinelli 1911 bei der europäischen Erstaufführung seiner Oper *La fanciulla del West* (Das Mädchen aus dem goldenen Westen) den Dick Johnson singt; er interpretiert diese Rolle in Monte Carlo, an der römischen Oper und schließlich an der Scala. Ein Jahr später triumphiert er am Covent Garden in *Tosca* (Puccini). Bis 1937 gastiert er in unregelmäßigen Abständen an diesem Haus. 1913 debütiert er an der Met, der Beginn einer langjährigen Zusammenarbeit, die bis 1946 dauern sollte. Er gibt hier 662 Vorstellungen und interpretiert 37 verschiedene Rollen, vom Radames (*Aida*, Verdi) über Faust (Gounod), Don José (*Carmen*, Bizet), Arnold (*Guillaume Tell*, Rossini), Eléazar (*La Juive*, Die Jüdin, Halévy), Raoul (*Les Huguenots*, Die Hugenotten) und Vasco da Gama (*L'Africaine*, Die Afrikanerin, beide Meyerbeer) bis zum Otello (Verdi). Während dieser Zeit singt er nur selten in Europa; auch wenn er nicht die strahlende Stimme eines Enrico Caruso oder den unübertrefflichen Charme eines Beniamino Gigli besitzt, ist Giovanni Martinelli unter den Tenören der großen Opernepoche zweifellos der perfekteste Musiker und der edelste Sänger und Schauspieler. Er zieht sich 1950 ins Privatleben zurück, tritt aber als Zweiundachtzigjähriger noch einmal in Seattle auf und singt dort den Altoum (*Turandot*, Puccini).

Martinon, Jean
Französischer Dirigent und Komponist, geb. 10. 1. 1910 Lyon, gest. 1. 3. 1976 Paris.
Er studiert am Konservatorium seiner Heimatstadt und perfektioniert sich anschließend an dem von Paris bei Albert Roussel, Vincent d'Indy, Roger Désormière und Charles Münch (1923–39). 1928 erhält er einen 1. Preis in Violine. Vor dem Zweiten Weltkrieg debütiert er als Dirigent eigener Kompositionen; während des Krieges komponiert er hauptsächlich. Erst nach der Befreiung Frankreichs beginnt seine Karriere als Dirigent wirklich: Er ist Kapellmeister in Bordeaux und gleichzeitig Assistent von Charles Münch an der Société des Concerts in Paris (1944–46). Anschlie-

ßend geht er als Dirigent zu den Londoner Philharmonikern (1946–48), wird Chefdirigent des Symphonie-Orchesters von Radio Dublin (1947–50), geht in der gleichen Funktion zu den Concerts Lamoureux (1951–58) und dem Philharmonischen Orchester von Israel (1958–60), wird in Düsseldorf zum Generalmusikdirektor ernannt (1960–66), ist gleichzeitig künstlerischer Direktor des Symphonie-Orchesters von Chicago (1963–68), des Orchestre National de l'ORTF (1968–74) und des Residenzorchesters in Den Haag (1974–76). Ab 1975 unterrichtet er am Pariser Konservatorium. Er setzt sich stark für die französische Musik ein und fördert Komponisten seiner Generation. Neben zahlreichen Uraufführungen eigener Kompositionen verwirklicht er die von Werken von Marius Constant (*Faciebatanno 1973*), Hans Werner Henze (*Tancred und Cathylene*, 1953, und *Drei symphonische Etüden*, 1956), Jacques Ibert (*Tropismes pour des amours imaginaires* (Tropismen für eingebildete Lieben, 1975), Serge Nigg (*Musique funèbre*, Trauermusik, 1959).

Marton, Eva (= Eva Heinrich)
Ungarische Sopranistin, geb. 18. 6. 1943 Budapest.
Sie studiert an der Musikakademie Franz Liszt ihrer Heimatstadt bei Endre Rösler und Jenő Sipos. Direkt nach dem Abschluß ihres Studiums wird sie 1968 von der Budapester Oper übernommen und wirkt an Aufführungen von *Madame Butterfly*, *Tosca* (beide Puccini), *Solotoj pentuschok* (Der goldene Hahn, Rimskij-Korssakow), *Rodelinda* (Händel) und *Le nozze di Figaro* (Mozart) mit. Als Gräfin Almaviva (*Le nozze di Figaro*) debütiert sie unter Christoph von Dohnányi in der Bundesrepublik, wo sie 1972–77 der Frankfurter Oper angehört. Während dieser Zeit gibt sie an den wichtigsten internationalen Bühnen Gastspiele: Bolschoi (Manon Lescaut, 1971), Wien (Tosca, beide Puccini, 1973), München (Donna Anna, *Don Giovanni*, 1974), Met (Eva, *Die Meistersinger von Nürnberg*, Wagner, 1976), San Francisco (Aida), Scala (Leonora, *Il trovatore*, Der Troubadour, beide Verdi, 1978), Buenos Aires (Elsa, *Lohengrin*, Wagner, 1979) und Chicago (Maddalena, *André Chénier*, Giordano). 1977–80 gehört sie zum Ensemble der Hamburger Staatsoper. Sie nimmt auch an zahlreichen Festspielen teil: Maggio Musicale Fiorentino (Mathilde, *Guillaume Tell*, Rossini, 1972, und Tosca, 1986), Bayreuth (Elisabeth und Venus, *Tannhäuser*, Wagner, 1977–78), München (Donna Anna; Ariadne, *Ariadne auf Naxos*; Helena, *Die ägyptische Helena*, beide R. Strauss), Salzburg (*Fidelio*, Beethoven, 1982–83), Verona (Tosca), Macerata (*Manon Lescaut*, 1987). 1986 wird sie an der Wiener Oper mit dem Titel einer Kammersängerin ausgezeichnet.

Marty, Georges Eugène
Französischer Dirigent, geb. 16. 5. 1860 Paris, gest. 11. 10. 1908 daselbst.
Er studiert am Konservatorium von Paris bei Théodore Dubois, César Franck und Jules Massenet, erhält 1. Preise in Allgemeiner Musiklehre (1875) und Harmonielehre (1878) und gewinnt 1882 den 1. Großen Rompreis. 1890 debütiert er als Chorleiter am Pariser Théâtre Lyrique. Zwei Jahre später wird er am dortigen Konservatorium zum Professor ernannt und 1893 an der Oper zum Chorleiter. Zusammen mit Paul Vidal übernimmt er die Leitung der Konzerte des Pariser Opernorchesters, bis er 1900 an der Opéra-Comique zum Kapellmeister ernannt wird. Als Nachfolger Paul Taffanels übernimmt er 1901 das Orchester der Société des Concerts du Conservatoire (bis 1908) und führt als erstes die großen Choralwerke von u. a. Johann Sebastian Bach, Jean-Philippe Rameau, Franz Liszt, Joseph Haydn und Camille Saint-Saëns auf.

Marty, Jean-Pierre
Französischer Pianist und Dirigent, geb. 12. 10. 1932 Paris.
Als Zehnjähriger fängt er mit dem Klavier-Unterricht an; zu seinen Lehrern gehören Marcel Ciampi, Alfred Cortot und Julius Katchen. An der Seite von Pierre Fournier gibt er 1946 sein erstes Konzert. 1947–57 studiert er am Pariser Konservatorium Harmonielehre, Kontrapunkt und Komposition und perfektioniert sich bei Nadia Boulanger. Gleichzeitig studiert er Jura und Politikwissenschaften. Aufgrund von Gesundheitsproblemen muß er das Klavierspiel unterbrechen. Er geht in die Vereinigten Staaten. 1958 fängt er beim New York City Ballet wieder als Pianist an; der dortige Dirigent, Robert Irving, führt ihn in die Orchesterleitung ein. 1963 wird er vom American Ballet Theater als Dirigent angestellt. Er bleibt bis 1965. In diesem Jahr leitet er in Marseille und Paris die Uraufführung von Kenton Coes Oper *Sud* (Süden). Diese erste Begegnung mit der Welt der Oper wird entscheidend: 1965–73 dirigiert er als Gastdirigent an fast allen Opernhäusern Frankreichs. 1973–80 ist er der Leiter der Opernabteilung des französischen Rundfunks. Seit 1979 tritt er auch wieder als Pianist auf. 1987 wird er zum Leiter des amerikanischen Konservatoriums in Fontainebleau ernannt.
W: *The Tempo Indications of Mozart* (New Haven 1988).

Mas, Salvador (= Salvador Mas Conde)
Spanischer Dirigent, geb. 27. 2. 1951 Barcelona.
Er studiert an der Escolonía von Montserrat Musik (1959–65) und geht dann an das städtische Konservatorium in Barcelona (1965–74), wo er bei Antonio Ros Marbá Orchesterleitung studiert (1970–74). Während dieser Zeit besucht er den Sommerkurs von Bruno Maderna in Salzburg (1969) und den Franco Ferraras an der Accademia Musicale Chigiana in Siena (1971). Anschließend erhält er ein Stipendium der Juan-March-Stiftung, das es ihm ermöglicht, nach Wien zu gehen und sich bei Hans Swarowsky, Otmar Suitner und Karl Österreicher zu perfektionieren (1974–77). Er debütiert in Deutschland und geht dann als leitender Dirigent 1978 zum Orchester Ciudad in Barcelona (bis 1981). 1980 gewinnt er den Hans-Swarowsky-Wettbewerb in Wien. 1983–85 leitet er die Orfeó Catalá und übernimmt dann die Württembergische Philharmonie in Reutlingen.

Masini, Gianfranco
Italienischer Dirigent, geb. 26. 11. 1937 Reggio Emilia.
Er studiert an den Konservatorien von Parma und Bologna und perfektioniert sich dann bei Hermann Scherchen in Wien. Ab 1963 ist er als Dirigent aktiv und widmet sich fast ausschließlich dem Opernbereich. Die meisten italienischen Bühnen laden ihn zu Gastdirigaten ein; er wird zum Musikdirektor des Teatro Verdi in Triest und der Arena von Verona ernannt (bis 1989). Berlin, München, Paris, die Met, das Teatro Colón und die Festspiele in Aix-en-Provence und Bregenz laden ihn ein. Seit 1987 ist er principal guest conductor des Symphonie-Orchesters von Berlin.

Massard, Robert
Französischer Bariton, geb. 15. 8. 1925 Pau.
Er sammelt in seiner Heimatstadt erste Bühnenerfahrung und wird dann von der Pariser Oper engagiert, an der er 1951 als Oberpriester des Dagon (*Samson et Dalila*, Saint-Saëns) debütiert. Sehr schnell ist er auch international gefragt: 1952 singt er bei den Festspielen in Aix-en-Provence den Thoas (*Iphigénie en Tauride*, Iphigenie auf Tauris, Gluck) und anschließend an der Scala sowie bei den Festspielen von Glyndebourne (1955) den Ramino (*L'Heure espagnole*, Die spanische Stunde, Ravel). Beim Maggio Musicale Fiorentino, am Covent Garden (1960) und bei den Festspielen von Edinburgh (1961) interpretiert er den Orest (*Iphigénie en*

Tauride). Er gilt als einer der besten französischen Baritone seiner Generation und beherrscht das französische Repertoire von Fieramosca (*Benvenuto Cellini*, Berlioz) und Escamillo (*Carmen*, Bizet) über den Valentin (*Faust*, Gounod) bis zu Orphée (*Les Malheurs d'Orphée*, Die Leiden des Orpheus, Milhaud), aber auch die großen italienischen Rollen. 1957 singt er an der Opéra-Comique bei der französischen Erstaufführung von *Capriccio* (R. Strauss) den Grafen.

Massini, Egizzio
Rumänischer Dirigent italienischer Herkunft, geb. 26. 7. 1894 Alexandria, gest. 18. 2. 1966 Bukarest.
Der Sohn des Baritons und Opernleiters Enrico Massini, der sich in Ägypten niedergelassen hatte, studiert am Konservatorium von Pesaro bei Dalessio Violine, bevor er von seinem Vater in die Welt der Oper eingeführt wird. Anschließend studiert er bei Ricardo Bonicioli und Bavagnoli Orchesterleitung und debütiert als Dreizehnjähriger. Zwei Jahre später dirigiert er bereits in Istanbul *I Pagliacci* (Der Bajazzo, Leoncavallo). Er beginnt in Griechenland, Bulgarien und Rußland eine beeindruckende Karriere als Operndirigent. 1914 läßt er sich in Rumänien nieder. 1919 wird er zum Leiter der Oper von Bukarest ernannt, an der sich seine ganze Karriere abspielt und die er 1945–49 als Generalmusikdirektor leitet. Er spielt eine wesentliche Rolle im Musikleben Rumäniens, führt insgesamt 41 wichtige Werke des 19. und 20. Jahrhunderts in seiner neuen Heimat zum ersten Mal auf und leitet Uraufführungen von Opern von Gheorghe Dumitrescu und Alfred Mendelsohn.

Masson, Diego
Französischer Dirigent, geb. 21. 6. 1935 Tossa (Spanien).
Der Sohn des Malers André Masson studiert 1953–59 am Pariser Konservatorium Schlagzeug, Harmonielehre und Kammermusik. 1955–59 studiert er bei René Leibowitz Fuge und Kontrapunkt. 1964 führt ihn Bruno Maderna in die Komposition und ein Jahr später Pierre Boulez in Orchesterleitung ein. Er beginnt als Schlagzeuger der Gruppe Domaine Musical und gründet 1966 das Ensemble Musique Vivante, das sich mit zeitgenössischer Musik beschäftigt. Diego Masson leitet die Uraufführungen von *Stop* (1969), *Setz die Segel zur Sonne* (1972, Teil des Zyklus *Aus den sieben Tagen*) und der Bonner Version von *Momente* von Karlheinz Stockhausen sowie die von *Domaines* (Bereiche) und ... *explosante fixe* ... (Starr-Explodierendes) von Pierre Boulez sowie verschiedener Werke von Earle Brown, Morton Feldman und Vinko Globokar. Er wird Musikdirektor der Oper von Marseille (bis 1982), übernimmt dann die Leitung des Ballet Théâtre von Amiens und des Maison de la Culture in Angers und arbeitet mit der Tanzabteilung an der Sadler's Wells Opera in London (1971–73).

Masterson, Valerie
Englische Sopranistin, geb. 3. 6. 1937 Birkenhead.
Sie studiert am Royal College of Music in London und anschließend noch viele Jahre bei ihrem Privatlehrer Eduardo Asquez. Sie beginnt ihre Laufbahn am Salzburger Stadttheater und geht dann als 1. Sopranistin zur D'Oyly Carte Opera Company. 1971 debütiert sie als Konstanze (*Die Entführung aus dem Serail*, Mozart) an der Sadler's Wells Opera, gehört ab 1972 zu deren Ensemble und wirkt hier an Aufführungen von *Das Rheingold* und *Götterdämmerung* (beide Wagner), *Fidelio* (Beethoven), *La Traviata* (Verdi) und an der Uraufführung von *We come to the river* (Wir kommen zum Fluß) von Hans Werner Henze mit. 1975 feiert sie bei den Festspielen von Aix-en-Provence an der Seite von Montserrat Caballé in *Elisabetta, regina di Inghilterra* (Elisabeth, Königin von England, Rossini) einen Triumph. An der Pariser Oper wirkt sie an Aufführungen von *Faust* (Gounod), *L'inco-*

ronazione di Poppea (Die Krönung der Poppea, Monteverdi) und *Die Entführung aus dem Serail* mit. Bei ihrem Münchner Einstand singt sie ebenfalls die Konstanze. In Toulouse tritt sie in *Manon* (Massenet) und *La Traviata* auf, in Straßburg als Pamina (*Die Zauberflöte*, Mozart), in London in *Giulio Cesare* (Händel) und anschließend in Genf in *Rigoletto* (Verdi) und *Mireille* (Gounod). 1980 debütiert sie in den Vereinigten Staaten und wirkt in San Francisco an einer Aufführung von *La Traviata* mit.

Mastilovic, Danica
Deutsche Sopranistin jugoslawischer Herkunft, geb. 7. 11. 1933 Negotin (Serbien).
Sie studiert bis 1959 an der Musikakademie von Belgrad bei Nikola Cvejić und wird dann von Georg Solti 1960 an die Frankfurter Oper geholt. Sie singt zunächst kleinere Rollen, bis sie 1964 als Turandot (Puccini) ihren ersten großen Triumph feiert. Sie gibt an den Opern von Düsseldorf-Duisburg, Zagreb, Wien und München regelmäßig Gastspiele. 1972 wird sie am Teatro Colón als Abigail (*Nabucco*, Verdi) bejubelt. 1973 singt sie in Zürich die Ortrud (*Lohengrin*, Wagner) und in München Elektra (R. Strauss). 1972–73 gibt sie an der Stockholmer Oper und in Bayreuth, wo sie eine der Walküren (Wagner) singt, Gastspiele.

Masur, Kurt
Deutscher Dirigent, geb. 18. 7. 1927 Brieg (Schlesien).
Er studiert an der Landesmusikschule in Breslau (1942–44) und geht dann an die Musikhochschule von Leipzig (1946–48) zu Heinz Bongartz und Kurt Soldan (Orchesterleitung), Sigfrid Grundeis, Franz Langer und Franz Weitzman (Klavier) und zu Arnold Matz (Komposition). 1948 wird er am Theater von Halle Korrepetitor und leitet hier zum ersten Mal Opernaufführungen. 1951–53 ist er als 1. Kapellmeister in Erfurt, 1953–55 in Leipzig und 1955–58 als Dirigent bei den Dresdner Philharmonikern tätig. 1958 wird er in Schwerin zum Generalmusikdirektor ernannt; 1960 geht er als musikalischer Oberleiter an die Komische Oper Berlin (bis 1964), wo er auch nach seinem Ausscheiden regelmäßig Gastdirigate gibt. 1967 geht er als Chefdirigent zu den Dresdner Philharmonikern zurück (bis 1972) und übernimmt 1970 gleichzeitig die Stelle des Gewandhaus-Kapellmeisters in Leipzig. Seit 1975 unterrichtet er auch am dortigen Konservatorium. 1976 ernennt ihn das Symphonie-Orchester von Dallas zum principal guest conductor. Kurt Masur ist einer der bekanntesten Dirigenten der ehemaligen DDR, der mit den bedeutendsten Orchestern der ganzen Welt arbeitet. Das Gewandhaus-Orchester erreicht unter seiner Leitung Weltniveau, und er macht es mit Hilfe von Tourneen und Schallplattenaufnahmen auch international bekannt. 1991 übernimmt er zusätzlich die Musikdirektion der New Yorker Philharmoniker. Er leitet die Uraufführungen von Werken folgender Komponisten: Bernd Franke (*Chagall-Musik*, 1988), Gija Kantschelli (*Symphonie Nr. 6*, 1981, *Orchesterkonzert*, 1985), Siegfried Matthus (*Holofernes*, 1981, *Die Windsbraut*, 1986), Minoru Miki (*Sinfonie zweier Welten*, 1984), Friedrich Schenker (*Michelangelo-Sinfonie*, 1985), Manfred Schubert (*Symphonie Nr. 1*, 1983), Siegfried Thiele (*Gesänge an die Sonne*, 1981).

Masurok, Jurij
Sowjetischer Bariton, geb. 18. 7. 1931 Kraśnik (Polen).
Er studiert am Konservatorium von Moskau bei Sergej Migai und O. Sweschnikow. 1962 wird er Mitglied des Bolschoi-Theaters und spezialisiert sich auf die Rollen des lyrischen Baritons (Eugen Onegin, Tschaikowskij; Germont, *La Traviata*, Verdi; Fürst Andrej Bolkonski, *Woina i mir*, Krieg und Frieden, Prokofiew; Fürst Jelezki, *Pikowaja dama*, Pique Dame, Tschaikowskij). Er wird regelmäßig von westeuropäischen

Bühnen eingeladen und debütiert 1975 am Covent Garden als Renato (*Un ballo in maschera*, Ein Maskenball, Verdi), 1976 in Aix-en-Provence und 1978 an der Met als Georg Germont (*La Traviata*, Verdi) und als Escamillo (*Carmen*, Bizet) 1979 in Wien. Er unterrichtet am Moskauer Konservatorium.

Mata, Eduardo
Mexikanischer Dirigent und Komponist, geb. 5. 9. 1942 Mexico City.
Er studiert in Mexico City bei Rodolfo Halffter (1954–60) und am Berkshire Music Center in Tanglewood (1960–65) bei Carlos Chávez, Erich Leinsdorf, Max Rudolf, Gunther Schuller und Igor Kipnis (Orchesterleitung und Komposition). Mit Dirigaten zeitgenössischer mexikanischer Kompositionen beginnt er sich einen Namen zu machen. Seine Karriere entwickelt sich zuerst in Mexiko: 1963–64 Musikdirektor des Mexikanischen Balletts, 1964–66 des Symphonie-Orchesters von Guadalajara und 1966–72 des Philharmonischen Universitätsorchesters UNAM in Mexico City. Anschließend geht er in die Vereinigten Staaten und übernimmt 1972 die Leitung des Symphonie-Orchesters von Phoenix, bis er 1977 zum Musikdirektor von Dallas ernannt wird. 1976 ist er technischer Leiter und Chefdirigent bei Pablo Casals' Festspielen in Mexiko. Ab 1974 führen ihn Gastdirigate nach Europa; im gleichen Jahr erhält er den Preis der mexikanischen Musikervereinigung und den Elias-Sorasky-Preis. Neben dem großen symphonischen Repertoire setzt er sich für die zeitgenössische Musik seiner Heimat ein. Er leitet viele Uraufführungen, darunter *Sirocco* von Włodzimierz Kotonski (1981). Er räumt einen bedeutenden Teil seiner Arbeitszeit seiner Tätigkeit als Komponist ein und schreibt Orchesterwerke sowie Kammermusik.

Matačić, Lovro von
Jugoslawischer Dirigent, geb. 14. 2. 1899 Sušak (heute Rijeka), gest. 4. 1. 1985 Zagreb.
Er studiert in Wien, wo er Mitglied der Wiener Sängerknaben ist, bei Oskar Nedbal. 1916 debütiert er als Korrepetitor an der Kölner Oper. 1919 dirigiert er in Osjek und 1920–22 in Novi Sad, bevor er 1924 als Kapellmeister an die Oper von Laibach geht, 1926 nach Belgrad und 1932 nach Zagreb wechselt. 1938–42 ist er Generalmusikdirektor der Belgrader Oper. 1942–45 arbeitet er als Dirigent an der Wiener Oper. Nach dem Zweiten Weltkrieg ist er einer der Mitbegründer der Festspiele von Skopje und Dubrovnik. Als Nachfolger von Franz Konwitschny übernimmt er 1956 die Leitung der Dresdner Staatskapelle; bis 1958 teilt er mit seinem Vorgänger die Leitung der Berliner Staatsoper. Dann arbeitet er drei Jahre als Gastdirigent, kehrt 1958 an die Wiener Oper zurück (bis 1964), debütiert im gleichen Jahr an der Scala und ein Jahr später an der Oper von Chicago. 1961–66 ist er Generalmusikdirektor in Frankfurt/M. 1970 kehrt er nach Jugoslawien zurück und übernimmt die Musikdirektion der Zagreber Philharmoniker (bis 1980); 1973–79 leitet er gleichzeitig das Orchester der Oper von Monte Carlo.

Mathis, Edith
Schweizer Sopranistin, geb. 11. 2. 1936 Luzern.
Sie studiert an den Konservatorien von Luzern und Zürich (bei Elisabeth Bosshart) und debütiert 1956 am Stadttheater Luzern. 1959–63 gehört sie der Kölner Oper an. 1963 wird sie Mitglied der Deutschen Oper Berlin. Ab 1960 wird sie von den Salzburger Festspielen eingeladen und ab 1962 von denen in Glyndebourne. Als ideale Mozart-Interpretin (Pamina, *Die Zauberflöte*, Zerlina, *Don Giovanni*, Susanna, *Le nozze di Figaro*, Servilia, *La clemenza di Tito* und Ilia, *Idomeneo*) gastiert sie an allen großen Häusern und scheut sich

auch nicht, in weniger bekannten Opern Wolfgang Amadeus Mozarts wie *La finta giardiniera* (Die Gärtnerin aus Liebe), *La finta semplice* (Die verstellte Einfalt) und *Il re pastore* (Der König als Hirte) aufzutreten. 1961–72 hat sie einen Gastvertrag mit der Hamburger Oper und nimmt dort unter anderem an den Uraufführungen von Gottfried von Einems Oper *Der Zerrissene* (1964) und von Gian Carlo Menottis Kinderoper *Help! Help! The Globolinks!* (Hilfe! Hilfe! Die Globolinks, 1968) teil. 1970 debütiert sie als Pamina an der Met und als Susanna am Covent Garden. Zwei Jahre später singt sie die Zerlina an der Wiener Oper. Anschließend studiert sie Rollen wie Marzelline (*Fidelio*, Beethoven) und Sophie (*Der Rosenkavalier*, R. Strauss) ein. 1980 wird sie in München mit dem Titel einer Kammersängerin ausgezeichnet. Auch als Kantaten- und Oratoriensängerin vor allem der Werke Johann Sebastian Bachs ist sie sehr gesucht, genau wie als Liedsängerin (Schubert, Schumann, Mahler und Wolf). Sie ist mit dem Dirigenten Bernhard Klee verheiratet, der sie bei ihren Liederabenden häufig am Flügel begleitet.

Matthay, Tobias Augustus
Englischer Pianist und Komponist, geb. 19. 2. 1858 London, gest. 14. 12. 1945 High Marley bei Haslemere (Surrey).
Der Sohn eines deutschen Sprachlehrers studiert ab 1871 an der Royal Academy of Music bei William Dorrell Klavier. Anschließend wird er Schüler von Sir George MacFarren und rundet seine Ausbildung bei Sir Sterndale Bennett, Ebenezer Prout und Arthur Sullivan ab. 1876 unterrichtet er bereits selbst an der Royal Academy, noch bevor er 1880 zum ersten Mal öffentlich auftritt. 1880–1925 ist er Professor an der Royal Academy. 1895 gibt er für seine Laufbahn als Solist auf und gründet seine eigene Musik-schule, an der er nach selbsterarbeiteten Grundsätzen unterrichtet, die auf die körperlichen Gegebenheiten der Schüler Rücksicht nehmen. Die großen englischen Pianisten zu Beginn des 20. Jahrhunderts wie Myra Hess, Harriet Cohen, York Bowen oder Moura Lympany kommen aus seiner Schule. Als Komponist arbeitet er hauptsächlich für sein Instrument.
WW: *The Act of Touch* (London 1903); *The First Principles of Pianoforte Playing* (London 1905, dt. Leipzig 1914); *Relaxation Studies* (London 1908); *Commentaries on the Teaching of Pianoforte Technique* (London 1911); *Thé Rotation Principle* (London 1912); *The Child's First Steps in Piano Playing* (London 1912); *Musical Interpretation* (London 1913); *On Memorizing and Playing from Memory* (London 1926); *The Visible and Invisible in Piano Technique* (London 1932); *Piano Fallacies of To-day* (London 1939).

Matthews, Denis James
Englischer Pianist und Musikwissenschaftler, geb. 27. 2. 1919 Coventry.
Er geht 1935 an die Royal Academy of Music in London und studiert bei Harold Craxton Klavier und bei William Alwyn Theorie. 1939 debütiert er in der Queen's Hall in London. Während des Zweiten Weltkriegs ist er Pilot. Bei den Bach-Festspielen in Wien spielt er 1950 *Das Wohltemperierte Klavier* ungekürzt. Er beschäftigt sich intensiv mit Kammermusik und spielt mit Edwin Fischer, Ralph Holmes, seiner zweiten Frau Brenda McDermott und dem Griller-, dem Aeolian- und dem Amadeus-Quartett zusammen. Seit 1971 ist er als Professor für Musikwissenschaften an der Universität von Newcastle upon Tyne. 1956 zeichnet er für die Uraufführung des *Konzerts für Klavier und Orchester* von Edmund Rubbra verantwortlich.
WW: *In Pursuit of Music* (Autobiographie, London 1966); *Beethoven's Piano Sonatas* (London 1967).

Mattila, Karita
Finnische Sopranistin, geb. 5. 9. 1960 Somero.
Sie studiert bei Liisa Linko-Malmio und

Kim Borg an der Sibelius-Akademie in Helsinki und geht 1984 nach London, um sich bei Vera Rosza zu perfektionieren. 1982 debütiert sie bereits an der Oper von Helsinki als Gräfin Almaviva (*Le nozze di Figaro*, Mozart). 1983 gewinnt sie in Cardiff den Voices of the World-Wettbewerb und beginnt sowohl als Konzert- wie als Opernsängerin eine internationale Karriere: Théâtre de la Monnaie in Brüssel (Gräfin Almaviva, 1985), Staatsoper München (1985), Washington (Donna Elvira, *Don Giovanni*), Théâtre des Champs-Elysées, Paris (Fiordiligi, *Così fan tutte*, im Mozart-Zyklus Barenboim/Ponnelle, 1986) und Covent Garden (Pamina, *Die Zauberflöte*, 1986, alle Mozart); Gastspiele führen sie anschließend nach Houston, Chicago, Hamburg und Wien. Die Mozart-Spezialistin glänzt auch als Eva (*Die Meistersinger von Nürnberg*, Wagner) und Rosalinde (*Die Fledermaus*, J. Strauß).

Matzenauer, Margarete
Amerikanische Altistin, später Sopranistin österreichisch-ungarischer Herkunft, geb. 1.6.1881 Temesvár (Ungarn, heute Timișoara, Rumänien), gest. 19.5. 1963 Van Nuys (Cal.).
Die Tochter eines Dirigenten und einer Sängerin studiert in Graz, Berlin und München und debütiert 1901 in Straßburg als Puck und Fatime in *Oberon* (v. Weber), wechselt 1904 von Straßburg nach München und bleibt dort bis 1911. In diesem Jahr debütiert sie als Amneris (*Aida*, Verdi) an der Met, zu deren Ensemble sie bis 1930 gehört. Während dieser Zeit tritt sie nicht selten an anderen Bühnen auf, darunter 1911 in Bayreuth (Waltraute, 1. Norn und Floßhilde, *Der Ring des Nibelungen*, Wagner), 1912 am Teatro Colón in Buenos Aires, 1914 am Covent Garden und am Théâtre des Champs-Elysées in Paris. Ab 1914 wechselt sie, die ursprünglich Alt-Rollen gesungen hat, über das Fach des Mezzosoprans in das des dramatischen Soprans und studiert Rollen wie Brünnhilde (*Der Ring des Nibelungen*), Isolde (*Tristan und Isolde*) und Kundry (*Parsifal*, alle Wagner) sowie die großen Sopran-Rollen Giuseppe Verdis ein.

Matzerath, Paul Otto
Deutscher Dirigent, geb. 26.10.1914 Düsseldorf, gest. 21.11.1963 Zama (Japan).
Er studiert am Konservatorium seiner Heimatstadt bei Bram Eldering Violine, bei W. König Klavier und bei Johann Neyses Theorie und geht dann zu Hans Weisbach, um sich als Dirigent ausbilden zu lassen. 1935–36 ist er Korrepetitor in Mönchengladbach; 1936–38 ist er als Dirigent an der Krefelder Oper tätig, wo er hauptsächlich Operetten betreut. 1938–40 ist er Musikdirektor an der Würzburger Oper und geht dann als Generalmusikdirektor nach Karlsruhe (1940–55), wo er 1946–48 gleichzeitig als Intendant des Badischen Staatstheaters fungiert. Anschließend wird er Chefdirigent des Symphonie-Orchesters des Hessischen Rundfunks in Frankfurt (1955–61), geht dann zum türkischen Staatsorchester nach Ankara (1962–63), bis er in Tokio das Yomiuri Nippon Symphony Orchestra übernimmt.

Mauceri, John
Amerikanischer Dirigent, geb. 12.9. 1945 New York.
Er studiert an der Yale University und wird 1968 Musikdirektor des Yale Symphony Orchestra (bis 1974). 1976 debütiert er bei einer Aufführung des *Fidelio* (Beethoven) an der Met. Die meisten amerikanischen Opernhäuser laden ihn zu Gastdirigaten ein, bevor er mit der New York City Opera (1977–82) und der Washingtoner Oper (1979–82) feste Gastverträge abschließt. 1982 wird er in Washington zum Musikberater am Kennedy Center ernannt. Am Broadway und im Londoner West End dirigiert er auch Musicals. 1984 debütiert er an der Scala. 1984–87 leitet er das American Symphony Orchestra in New York, bevor er 1987 die musikali-

sche Leitung der Scottish Opera in Glasgow übernimmt.

Mauersberger, Erhard
Deutscher Chorleiter, geb. 29. 12. 1903 Mauersberg (Erzgebirge), gest. 11. 12. 1982 Leipzig.
Der Bruder von Rudolf Mauersberger studiert bei seinem Vater und gehört 1914–20 dem Leipziger Thomanerchor an. 1920–25 studiert er am Leipziger Konservatorium bei Karl Straube und Otto Weinreich. 1925–28 ist er in Aachen an der Christus- und der Annenkirche und 1928–30 in Mainz an der Christuskirche Kantor. In Mainz ist er auch Professor an der Hochschule für Musik. 1930–61 ist er in Eisenach Kirchenmusikdirektor der evangelischen Landeskirche Thüringen; 1932–60 ist er gleichzeitig Professor an der Franz-Liszt-Akademie in Weimar, bevor er als Thomaskantor nach Leipzig (1961–71) geht. 1964–73 ist er Präsident des Bach-Komitees in der DDR.

Mauersberger, Rudolf
Deutscher Chorleiter und Komponist, geb. 29. 1. 1889 Mauersberg (Erzgebirge), gest. 22. 2. 1971 Dresden.
Der Bruder von Erhard Mauersberger studiert in Leipzig bei Robert Teichmüller Klavier, bei Karl Straube Orgel, bei Stephan Krehl Theorie und bei Hans Sitt Orchesterleitung (1912–14 und 1918–19). 1914 gewinnt er den Nikisch-Preis für Komposition. 1915–18 ist er Soldat. Nach dem Ersten Weltkrieg wird er in Aachen an der Annenkirche und am Konzerthaus (1919–25) und in Eisenach (1925–30), wo er den Bach-Chor gründet, als Kantor und Organist tätig. Anschließend übernimmt er die Leitung des Dresdner Kreuzchors und setzt sich als einer der bedeutendsten deutschen Chorleiter durch. Er trägt zur Renaissance des Werkes von Heinrich Schütz wie auch zur Verbreitung des zeitgenössischen Chorschaffens bei. 1938 wird er zum Professor ernannt. Als Komponist hinterläßt er Werke für Chor (a capella oder mit Orchester), insbesondere das *Dresdner Requiem* (1948) zum Gedenken an die Zerstörung der Stadt durch die alliierten Bomber.

Maurane, Camille
Französischer Bariton, geb. 29. 11. 1911 Rouen.
Sein Vater, ein Gesangslehrer, erteilt ihm ersten Unterricht; anschließend geht er an die Musikschule Saint-Évode in Rouen und zu Claire Croiza an das Konservatorium von Paris. 1940 debütiert er an der Pariser Opéra-Comique und wird unter seinem Pseudonym Camille Moreau bekannt. Seinen größten Erfolg erzielt er in der Rolle des Pelléas (*Pelléas et Mélisande*, Debussy), die er an allen französischen Bühnen interpretiert. Auch als Konzertsänger ist er erfolgreich, unter anderem im *Requiem* von Gabriel Fauré, genau wie als Liedsänger, wobei er sich auf das französische Fach spezialisiert. Bis 1981 unterrichtet er am Pariser Konservatorium.

Maurel, Victor
Französischer Bariton, geb. 17. 6. 1848 Marseille, gest. 22. 10. 1923 New York.
Er studiert bei Vauthrot und Duvernoy am Konservatorium von Paris, debütiert 1868 in Paris in der Salle Le Peletier als Graf von Luna (*Il Trovatore*, Der Troubadour, Verdi) und singt kurz darauf den Grafen von Nevers in *Les Huguenots* (Die Hugenotten, Meyerbeer), ohne besonderes Aufsehen zu erregen. Die französischen Operndirektoren bieten ihm keine tragenden Rollen an. So geht er ins Ausland und singt erfolgreich in Sankt Petersburg, Kairo und Venedig. An der Scala wirkt er an zwei Uraufführungen von Opern von Antonio Carlos Gomes mit, *Il Guarany* (1870) und *Fosca* (1873). Er singt dort auch den Telramund (*Lohengrin*, Wagner). Anschließend geht er für sieben Spielzeiten nach London, singt bei den englischen Erstaufführungen von *Lohengrin* und *Tannhäuser* (beide Wagner) den Telramund und den Wolfram, interpretiert die Rollen des Hoël und

des Peter in Giacomo Meyerbeers selten gespielten Werken *Le Pardon de Ploërmel* (Dinorah oder die Wallfahrt nach Ploërmel) und *L'Etoile du Nord* (Der Nordstern) sowie den Almaviva (*Le nozze di Figaro*, Mozart), Tell (*Guillaume Tell*, Rossini), Renato (*Un ballo in maschera*, Ein Maskenball, Verdi), Nelusko (*L'Africaine*, Die Afrikanerin, Meyerbeer), Valentin (*Faust*, Gounod), Don Giovanni (Mozart) und den Holländer (*Der fliegende Holländer*, Wagner). Er kehrt an die Pariser Oper zurück und singt dort den Hamlet (A. Thomas), Don Giovanni, Mephisto (*Faust*, Gounod) und den Alfonso (*La Favorite*, Die Favoritin, Donizetti). Giuseppe Verdi hört ihn in seiner Oper *Ernani* und vertraut ihm die Titelrolle des *Simone Boccanegra* bei der Erstaufführung der Überarbeitung an der Mailänder Scala (1881) und bei den Uraufführungen von *Otello* (1886) sowie *Falstaff* (1893) die Rolle des Jago bzw. die Titelrolle an, die der berühmte Mattia Battistini mit der Begründung abgelehnt hatte, es handele sich zwar um einen Adligen, aber doch um einen grobschlächtigen Säufer. Maurel singt in der Folge diese beiden Rollen auf nahezu allen wichtigen Opernbühnen. Am Teatro del Verme kreiert er 1892 bei der Uraufführung von *I Pagliacci* (Der Bajazzo, Leoncavallo) die Rolle des Tonio. Er singt bis zum Beginn des 20. Jahrhunderts und zieht sich dann nach New York zurück, wo er vereinsamt und vergessen stirbt.
WW: *A propos de la mise en scène du drame lyrique Otello* (Paris 1888); *Dix ans de carrière* (Memoiren, Paris 1898, dt. von Lilli Lehmann unter dem Titel Zehn Jahre aus meinem Künstlerleben, Berlin 1899); *Le Chant renouvelé par la science* (Paris 1892); *A propos de la mise en scène de Don Juan* (Paris 1897); *L'Art du chant* (Paris, o.J.).

May, Angelica (= Angelica Petry-May)
Deutsche Cellistin, geb. 17.9. 1933 Stuttgart.
Sie stammt aus einer Musikerfamilie und erhält sehr früh Geigen- und Klavier-Unterricht. Sie geht dann an die Musikhochschule in Stuttgart und studiert bei Ludwig Hoelscher und Walter Reichardt Cello. 1954–55 perfektioniert sie sich bei Pablo Casals in Zermatt und Prades. Ihre Karriere entwickelt sich rasch. Angelica May spielt gerne Werke, die von ihren Kollegen nicht beachtet werden. Mit dem Pianisten Leonard Hokanson und dem Violinisten Kurt Guntner bildet sie das Odeon-Trio. Sie unterrichtet zuerst an der Düsseldorfer Musikhochschule und geht 1984 an die in Wien. 1977 gräbt sie das *Konzert für Violoncello und Orchester* op. 3 von Paul Hindemith aus, das seit seiner Uraufführung im Jahre 1916 nicht mehr gespielt worden war. 1982 verwirklicht sie die Uraufführung von Werner Egks *Konzert für Violoncello und Orchester*. Sie spielt auf einem Guarneri aus dem Jahre 1689.

Mayr, Richard
Österreichischer Bassist, geb. 18.11. 1877 Henndorf bei Salzburg, gest. 1.12. 1935 Wien.
Er studiert an der Universität Wien Medizin, läßt aber gleichzeitig am dortigen Konservatorium seine Stimme ausbilden. 1902 debütiert er bei den Festspielen in Bayreuth, wird dort von Gustav Mahler entdeckt und an die Wiener Oper verpflichtet, wo er bis zu seinem Tod Ensemblemitglied bleibt, insgesamt 33 Jahre. Während dieser Zeit ist er einer der beliebtesten Sänger in der österreichischen Hauptstadt. 1902 debütiert er auch in Bayreuth und singt dort den Hagen (*Götterdämmerung*) und den Gurnemanz (*Parsifal*). 1906–10 nimmt er an den Salzburger Mozart-Festen teil und erwirbt sich den Ruf eines genialen Mozart-Sängers. Als die Salzburger Festspiele 1922 ins Leben gerufen werden, gehört er zum Aufgebot der ersten Stunde. 1911 kreiert er in Wien bei der Uraufführung des *Rosenkavaliers* (R. Strauss) die Rolle des Baron Ochs, mit der er in der Folge in der ganzen Welt glänzt. Auch der Barak

(*Frau ohne Schatten*, R. Strauss) wird von ihm kreiert (Wien 1919). 1933 nimmt er an der Uraufführung von *Arabella* (R. Strauss) in Leipzig teil. Auch an der Met, wo er als Pogner (*Die Meistersinger von Nürnberg*, Wagner) debütiert, feiert er 1927–39 große Erfolge.

Mazura, Franz
Österreichischer Bariton, geb. 21. 4. 1924 Salzburg.
Er studiert in Detmold bei Frederick Husler und debütiert 1949 in Kassel; anschließend geht er über Mainz, Braunschweig und Mannheim nach Berlin (1961); seit 1973 gehört er auch der Hamburger Oper an. An der Kölner Oper gibt er regelmäßig Gastspiele. In Frankreich gastiert er in Brüssel, Nizza, Straßburg und Paris (ab 1972). Ab 1971 nimmt er in Bayreuth an den Festspielen teil und singt dort den Gunther (*Götterdämmerung*), Alberich (*Der Ring des Nibelungen*), Klingsor (*Parsifal*), Biterolf (*Tannhäuser*) und Gurnemanz (*Parsifal*, alle Wagner); in diesen Rollen gastiert er auch in Buenos Aires, Wien, Mailand, San Francisco, Los Angeles, Salzburg und an anderen wichtigen Bühnen. 1979 wirkt er an der Pariser Oper an der Uraufführung der integralen Version von Alban Bergs *Lulu* mit; in dem gleichen Werk debütiert er ein Jahr später an der Met.

McCormack, John Count
Amerikanischer Tenor irischer Herkunft, geb. 14. 6. 1884 Athlone (Irland), gest. 16. 9. 1945 Glena Booterstown (bei Dublin).
Er studiert bei Vincenzo Sabatini in Mailand und debütiert 1906 in Savona in der Titelrolle von *L'amico Fritz* (Freund Fritz, Mascagni). Ein Jahr später interpretiert er bereits am Covent Garden den Turiddu (*Cavalleria rusticana*, Mascagni) und tritt bis 1914 regelmäßig an dieser Bühne auf. Zwei Jahre später singt er zum ersten Mal in den Vereinigten Staaten (Manhattan Opera, New York) und gastiert dann in Boston (1910–11), Philadelphia und Chicago (1912–14) sowie in unregelmäßigen Abständen an der Met. Ab 1923 singt er nur noch im Konzertsaal. Sein Repertoire umfaßt nur 23 Rollen, doch seine Interpretationen des Ottavio (*Don Giovanni*, Mozart), Elvino (*La sonnambula*, Die Nachtwandlerin, Bellini), Edgar (*Lucia di Lammermoor*, Donizetti), Rodolfo (*La Bohème*, Puccini) und des Herzogs von Mantua (*Rigoletto*, Verdi) sind von beeindruckender Schönheit. 1911 kreiert er bei der Uraufführung von *Natoma* (V. Herbert) die Rolle von Leutnant Paul Merrill.

McCracken, James
Amerikanischer Tenor, geb. 16. 12. 1926 Gary (Ind.), gest. 6. 5. 1988 New York.
Noch während seines Studiums bei Wellington Ezekiel und Mario Pagano singt er am Broadway in Musicals mit. Als Opernsänger debütiert er 1952 in Central City (Col.). Ein Jahr später debütiert er an der Met in *La Bohème* (Puccini) und singt hier bis 1957 kleine Rollen. 1957–59 perfektioniert er sich bei Marcello Donati in Mailand. 1959 wird er Mitglied der Bonner und der Züricher Oper. Ein Jahr später singt er seine erste große Rolle, Otello (Verdi), mit der er in Washington, Zürich, Wien und 1964 anläßlich seines Debüts am Covent Garden in London auftritt. Ab 1963 singt er vor allem an der Met (Florestan, *Fidelio*, Beethoven; Radames, *Aida*, Verdi; Don José, *Carmen*, Bizet; Canio, *I Pagliacci*, Leoncavallo und Samson, *Samson et Dalila*, Saint-Saëns). 1963 gibt er bei den Salzburger Festspielen als Manrico (*Il Trovatore*, Der Troubadour, Verdi) sein Debüt. Er war mit der Mezzosopranistin Sandra Warfield (geb. 1929) verheiratet.
W: *A Star in the Family. An Autobiography in Diary Form* (zusammen mit Sandra Warfield, New York 1971).

McDaniel, Barry
Amerikanischer Bariton, geb. 18. 10. 1930 Lyndon (Kan.).
Er beginnt sein Studium an der Juilliard

School of Music in New York. Mit Hilfe eines Stipendiums der Fulbright Foundation kann er sich an der Musikhochschule Stuttgart bei Alfred Paulus und Hermann Reutter perfektionieren. Er debütiert 1954 am Städtischen Theater Mainz. 1957–59 gehört er zur Stuttgarter und 1959–62 zur Karlsruher Oper, bevor er nach Berlin geht und dort große Erfolge erringt. 1970 wird er hier zum Kammersänger ernannt. Sein Repertoire erstreckt sich von der barocken Musik über Wolfgang Amadeus Mozart, den Romantikern und Richard Wagner bis zur zeitgenössischen Musik. 1972 singt er bei der New Yorker Erstaufführung von *Pelléas et Mélisande* (Debussy) den Pelléas. Auch als Lied- und Oratoriensänger wird er in ganz Europa bekannt, vor allem mit den Werken Johann Sebastian Bachs. So interpretiert er jedes Jahr die *Matthäus-Passion* in Amsterdam. 1964 debütiert er als Wolfram (*Tannhäuser*, Wagner) in Bayreuth und 1968 als Allazim (*Zaide*, Mozart) in Salzburg.

McInnes, Donald
Amerikanischer Bratschist, geb. 7. 3. 1939 San Francisco.
Er studiert an der Universität von Südkalifornien; 1966 wird er bereits an der Washington University in Seattle zum Professor ernannt. Die Ford Foundation zeichnet ihn 1971 aus. Neben seiner pädagogischen Arbeit gibt er mit den wichtigsten amerikanischen Orchestern Konzerte. Unter Leonard Bernstein, mit dem er *Harold en Italie* von Hector Berlioz einspielt, tritt er auch in Europa auf. William Schuman schreibt für ihn *Concerto on old English Rounds* (Konzert über altenglische Rondos), das er 1974 in Boston uraufführt.

McIntyre, Donald
Neuseeländischer Bariton, geb. 22. 10. 1934 Auckland.
Er studiert am Auckland Teachers Training College in seiner Vaterstadt und geht dann an die Guildhall School of Music in London. 1959 debütiert er an der Welsh National Opera Company als Nabucco (Verdi). 1960–67 gehört er dem Ensemble der Sadler's Wells Opera an und setzt sich dort als Heldenbariton vor allem in Wagner-Rollen durch. 1967 wechselt er an den Covent Garden, wo er als Pizzaro (*Fidelio*, Beethoven) debütiert. Er interpretiert auch hier die Wagner-Rollen seines Faches sowie Jochanaan (*Salome*), Barak (*Die Frau ohne Schatten*, beide R. Strauss), Scarpia (*Tosca*, Puccini), Rigoletto (Verdi), Wozzeck (Berg) und Kaspar (*Der Freischütz*, v. Weber). 1967 beginnt seine großartige Karriere bei den Bayreuther Festspielen, bei denen er als Telramund (*Lohengrin*) debütiert und in der Folge den Holländer (*Der fliegende Holländer*), Klingsor (*Parsifal*), Kurwenal (*Tristan*) und Wotan (*Der Ring des Nibelungen*, alle Wagner) singt. Seit 1971 verbindet ihn ein Gastvertrag mit der Hamburger Oper. 1973–74 gibt er Gastspiele an der Pariser Oper. 1975 debütiert er als Wotan an der Met und singt dort später Pizzaro und Orest (*Iphigénie en Tauride*, Iphigenie auf Tauris, Gluck).

Mdviani, Marina
Georgische Pianistin, geb. 6. 10. 1938 Georgien.
Sie studiert bei Emil G. Gilels am Moskauer Konservatorium. 1961 gewinnt sie den Marguerite Long-Jacques Thibaud-Wettbewerb vor Jean-Claude Pennetier und Bruno-Leonardo Gelber und beginnt eine glänzende Karriere in der Sowjetunion und den Ostblockländern.

Méfano, Paul
Französischer Dirigent und Komponist, geb. 6. 3. 1937 Basra (Irak).
Er studiert zunächst an der Ecole Normale de Musique und geht dann an das Konservatorium von Paris (1959–64), wo er die Fächer Fuge, Harmonielehre, Ondes Martenot, musikalische Analyse (bei Olivier Messiaen) und Komposition (bei Darius Milhaud) belegt. Gleichzeitig studiert er bei Pierre Bou-

lez in Basel Komposition und Analyse (1962–64) und bei Karlheinz Stockhausen (1964) und Henri Pousseur (1962–64) Orchesterleitung. Er setzt sich als Dirigent mit großer Begeisterung für die Musik seiner Zeit ein und stellt wie Bruno Maderna sein eigenes kompositorisches Schaffen in den Hintergrund. Die Biennale in Paris (1962) und die Fondation de la Vocation (1965) zeichnen ihn aus. Die Harkness Foundation lädt ihn in die Vereinigten Staaten ein (1966–68); anschließend geht er als Gast des Künstlerprogrammes des DAAD nach Berlin, bevor er sich endgültig in Paris niederläßt und mit seinen Kompositionen viel Erfolg erzielt. Als Dirigent arbeitet er in der Hauptsache mit dem von ihm 1971 gegründeten Ensemble 2e2m zusammen, das sich ausschließlich zeitgenössischer Musik widmet.

Mehta, Zubin
Indischer Dirigent, geb. 29. 4. 1936 Bombay.
Der Sohn des Violinisten Melhi Mehta, der das Symphonie-Orchester von Bombay gründete, studiert zuerst bei seinem Vater Violine und Orchesterleitung, bevor er an die Musikakademie in Wien geht (1954–60) und dort Kontrabaß, Schlagzeug, Komposition und vor allem bei Hans Swarowsky Orchesterleitung studiert. Anschließend perfektioniert er sich bei Alceo Galliera und Carlo Zecchi an der Accademia Musicale Chigiana in Siena und bei Eleazar de Carvalho in Tanglewood. 1958 gewinnt er den Wettbewerb von Liverpool und wird für ein Jahr Assistent am dortigen Orchester. 1960 debütiert er in den Vereinigten Staaten und wird auf Anhieb stellvertretender Leiter der Philharmoniker von Los Angeles. 1961 wird er zum künstlerischen Direktor des Symphonie-Orchesters von Montreal ernannt; er bleibt bis 1967 in dieser Stadt und ist gleichzeitig ebenfalls als künstlerischer Direktor bei den Philharmonikern von Los Angeles tätig (1962–78). 1962 gastiert er in Salzburg, 1965 an der Met und 1966 an der Scala. Mit dem Philharmonischen Orchester Israels unternimmt er verschiedene Tourneen; 1968 wird er dessen musikalischer Berater und zehn Jahre später dessen musikalischer Leiter. 1978 verläßt er Los Angeles und übernimmt als Nachfolger von Pierre Boulez die Leitung der New Yorker Philharmoniker (bis 1991). 1981 wird er vom Philharmonischen Orchester Israels zum Musikdirektor auf Lebenszeit ernannt. Seit 1985 leitet er neben seinen anderen Verpflichtungen das Orchester des Maggio Musicale Fiorentino. Krzysztof Penderecki widmet ihm *De natura sonoris Nr. 2*, dessen Uraufführung allerdings von Jorge Mester übernommen wird. Zubin Mehta leitet folgende Uraufführungen: *Kosmogonia* (1970) und *Symphonie Nr. 2* (1980, Krzysztof Penderecki), *Hexameron* (v. Einem, 1970), *Third Essay* (S. Barber, 1978), *Konzert für Sitar und Orchester Nr. 2* (Shankar, 1983), *Tehillim* (Version für Orchester, S. Reich, 1982), *Canti del Sole* (Gesänge an die Sonne, Rands, 1984), *Concerto quaternio* (Schuller, 1984), *Orchesterkonzert* (1986, Husa), *Athanor* (Druckman, 1986), *Vision de David* (Sheriff).

Meier, Johanna
Amerikanische Sopranistin, geb. 13. 2. 1938 Chicago.
Sie studiert bei John Brownlee an der Universität von Miami und geht dann an die Manhattan School of Music nach New York, wo sie 1969 an der New York City Opera als Gräfin in *Capriccio* (R. Strauss) debütiert. 1976 wechselt sie an die Metropolitan Opera, debütiert als Margarethe (*Faust*, Gounod) und wird Mitglied des Ensembles. Sie interpretiert an diesem Haus u.a. die Leonore (*Fidelio*, Beethoven), Senta (*Der fliegende Holländer*), Brünnhilde (*Der Ring des Nibelungen*), Isolde (*Tristan und Isolde*, alle Wagner), die Feldmarschallin (*Der Rosenkavalier*), Chrysotemis (*Elektra*, beide R. Strauss) und die Donna Anna (*Don Giovanni*, Mozart). 1981–83 gastiert sie in Bayreuth

und singt hier als erste amerikanische Sängerin die Isolde. 1983 debütiert sie in *Fidelio* in Wien; 1986 nimmt sie an der Japan-Tournee der Wiener Oper teil.

Meier, Waltraud
Deutsche Mezzosopranistin, geb. 9. 1. 1956 Würzburg.
Sie nimmt zuerst Schauspielunterricht und arbeitet als Chorsängerin an der Würzburger Oper. 1976 debütiert sie als Cherubin (*Le nozze di Figaro*, Mozart). 1978 wird sie vom Nationaltheater Mannheim engagiert und studiert dort die Wagner-Rollen ihres Faches ein (bis 1980), aber auch Carmen (Bizet) und Octavio (*Der Rosenkavalier*, R. Strauss). 1980 debütiert sie am Teatro Colón in Buenos Aires als Fricka (*Der Ring des Nibelungen*, Wagner). 1980–83 gehört sie zum Ensemble der Dortmunder Oper und interpretiert dort die Kundry (*Parsifal*, Wagner), Eboli (*Don Carlos*, Verdi) und Santuzza (*Cavalleria Rusticana*, Mascagni). Die Kundry singt sie auch in Bayreuth (1984–87), am Covent Garden, wo sie 1984 als Eboli debütiert, und in San Francisco (1988). In Paris debütiert sie 1984 als Brangäne (*Tristan und Isolde*, Wagner), an der Met 1987 als Fricka und in Wien 1988 als Venus (*Tannhäuser*, alle Wagner). Ab 1986 ist sie mit einem Gastvertrag an die Stuttgarter Oper gebunden. Sie besticht als die herausragende Wagner-Sängerin ihrer Generation und ist auch als Schauspielerin überdurchschnittlich begabt, was in diesem Repertoire nicht allzu häufig vorkommt.

Melba, Dame Nellie (= Helen Mitchell)
Australische Koloratursopranistin, geb. 19. 5. 1861 Richmond bei Sydney, gest. 23. 2. 1931 Lilydale (Virginia).
Sie gibt in Melbourne 1884 ihr erstes Konzert (ihr Pseudonym erinnert an diese Stadt) und geht dann nach Paris, um sich bei Mathilde Marchesini weiter ausbilden zu lassen. Die berühmte Pariser Gesangslehrerin arbeitet intensiv mit ihr, bis sie den ungewöhnlichen Umfang (b–f^3) ihrer Stimme sicher beherrscht. Ein Jahr später schon debütiert sie am Théâtre de la Monnaie in Brüssel als Gilda (*Rigoletto*, Verdi). 1888 tritt sie zum ersten Mal am Covent Garden auf, als Lucia di Lammermoor (Donizetti). 1889 interpretiert sie in Paris die Ophelia (*Hamlet*, A. Thomas). Sankt Petersburg (1890–91), die Scala (1893) und die Met (ebenfalls 1893, in *Lucia di Lammermoor* und *I Pagliacci*, Der Bajazzo, Leoncavallo) sind weitere wichtige Stationen ihrer Laufbahn. Sie teilt ihre Zeit zwischen Paris, wo sie mit Charles Gounod und ihrem Partner Jean de Reszké die Margarethe (*Faust*) und Juliette (*Roméo et Juliette*) einstudiert (1889–90), Italien (1892–94), den Vereinigten Staaten (1902–10) und London auf, ihrer zweiten künstlerischen Heimat. Hier tritt sie bis zum Ende ihrer aktiven Laufbahn regelmäßig auf und singt mit Partnern wie Enrico Caruso. Sie gibt hier auch 1926 ihre offizielle Abschiedsvorstellung in Anwesenheit des englischen Königshauses. Hier erfindet nicht zuletzt Auguste Escoffier, der berühmte Koch des Savoy, ihr zu Ehren die Nachspeise Pfirsich Melba, die er in einem aus Eis gehauenen Schwan servieren läßt, da die Melba die Nachspeise nach einer Aufführung des *Lohengrin* (Wagner) zum ersten Mal kostet. Sie organisiert 1911 und 1924 die ersten Operntourneen durch Australien. Nach wirklich allerletzten Vorstellungen in Sydney und Melbourne (1928) zieht sie sich nach Sydney zurück. Sie ist die gefeierteste Sopranistin ihrer Generation und kann aufgrund ihrer wunderbaren Technik bis ins hohe Alter ihre außergewöhnliche Stimme zur Geltung bringen. Sie glänzt im französischen und italienischen Repertoire (Gilda; Lakmé, Delibes; Violetta, *La Traviata*, Verdi), aber auch in Rollen, die einen größeren dramatischen Einsatz verlangen wie die Mimi (*La Bohème*), Rosina (*Il barbiere di Siviglia*, Der Barbier von Sevilla, Rossini), Margarethe von Valois (*Les Hugue-

nots, Die Hugenotten, Meyerbeer) sowie die Nedda (*I Pagliazzi*, Der Bajazzo, Leoncavallo).

Melchior, Lauritz (= Lebrecht Hommel)
Amerikanischer Tenor dänischer Herkunft, geb. 20. 3. 1890 Kopenhagen, gest. 18. 3. 1973 Santa Monica (Cal.).
In Kopenhagen studiert er bei Paul Bang und debütiert 1913 als Bariton in der Rolle des Silvio (*I Pagliazzi*, Der Bajazzo, Leoncavallo). Vier Jahre singt er Bariton-Rollen, bevor er sich von Vilhelm Herold auf das Tenor-Fach umschulen läßt und 1918 als Tannhäuser (Wagner) zum ersten Mal eine Rolle seiner neuen Stimmlage interpretiert. 1921–23 perfektioniert er sich in London bei Victor Beigel, in Berlin bei Ernst Grenzebach, in München bei Anna Bahr-Mildenburg und in Bayreuth bei Karl Kittel. Cosima und Siegfried Wagner interessieren sich für ihn und laden ihn 1924 zum ersten Mal ein; bis 1931 gibt er in Bayreuth jeden Sommer Gastspiele. An der Met ist er 1926–50 der hauptsächliche Wagner-Tenor. Die Rolle des Tristan (*Tristan und Isolde*) interpretiert er mehr als 200mal, die des Siegfried (*Der Ring des Nibelungen*) 118mal; er singt auch den Parsifal und Lohengrin, ohne das italienische Repertoire mit Giuseppe Verdi (Radames, *Aida*, und Otello) oder Giacomo Meyerbeer (*Le prophète*, Der Prophet) zu verschmähen. Er wird mit dem Titel eines Kammersängers ausgezeichnet und stiftet aus Anlaß seines 75. Geburtstags die Melchior Heldentenor Foundation, die junge Heldentenöre fördert.

Melichar, Alois
Österreichischer Dirigent und Komponist, geb. 18. 4. 1896 Wien, gest. 9. 4. 1976 München.
Der Schüler von Franz Schreker und Joseph Marx (1917–24) arbeitet als Dirigent vor allem in München und Berlin und leitet die großen klassischen und romantischen Werke. 1927–36 nimmt er für die Deutsche Grammophon mit den Berliner Philharmonikern regelmäßig Schallplatten auf. Nach dem Zweiten Weltkrieg leitet er in Wien für den Österreichischen Rundfunk ein Studio für zeitgenössische Musik (1946–49). Als Komponist schreibt er hauptsächlich Kammer- und Filmmusik.

Melik-Paschajew, Alexander Schamiljewitsch
Georgischer Dirigent, geb. 23. 10. 1905 Tiflis, gest. 18. 6. 1964 Moskau.
Er studiert bei Nikolai N. Tscherepnin am Konservatorium seiner Vaterstadt Klavier und Violine und beginnt seine Laufbahn als Korrepetitor und Konzertmeister 1921 an der Oper in Tiflis, wo er 1924 zum Kapellmeister ernannt wird. 1928–30 geht er zu Alexander W. Gauk an das Konservatorium in Leningrad, um von Grund auf Orchesterleitung zu studieren, und kehrt anschließend nach Tiflis zurück. 1931 geht er an das Bolschoi-Theater nach Moskau, wo sich der Rest seiner Karriere abspielt. Nach langen Kapellmeister-Jahren wird er 1952 zum Chefdirigenten ernannt. 1938 erhält er beim innersowjetischen Dirigenten-Wettbewerb einen 1. Preis. 1954 leitet er die Uraufführung von Dmitri D. Schostakowitschs *Festouvertüre*.

Melkus, Eduard
Österreichischer Violinist, geb. 1. 9. 1928 Baden bei Wien.
Er studiert bei Ernst Moravec in Wien (1949–53) und wird in der Tradition der von Karl Heißler und Georg Hellmesberger begründeten Wiener Geigenschule ausgebildet. Er perfektioniert sich bei Firmin Touche (1953) in Paris, Alexander Schaichet in Zürich (1956) und Peter Rybar in Winterthur (1958). An der Wiener Universität studiert er bei Erich Schenk (1951–53) Musikwissenschaften. 1955–56 ist er als Solo-Bratschist beim Tonhalle-Orchester in Zürich tätig. Gleichzeitig ist er Primgeiger des Neuen Züricher Quartetts (1955–58). Er wendet sich in immer stärkerem Maß der barocken Musik zu

und gründet 1965 die Capella Academica in Wien, die auf alten Instrumenten oder auf Kopien alter Instrumente spielt. Seine Auffassungen unterscheiden sich in wesentlichen Punkten (Verzierung, Vibrato und die bei Melkus sehr frei gehandhabte Abstufung) von der von Nicolaus Harnoncourt. Seine Einspielungen mit Musik von Franz Biber, Antonio Vivaldi, Arcangelo Corelli und Johann Sebastian Bach werden einstimmig begrüßt. Als Kammermusiker spielt er auf modernen Instrumenten auch die großen klassischen und romantischen Werke. 1958 wird er an der Wiener Musikakademie zum Professor ernannt. Er hält an verschiedenen amerikanischen Universitäten master classes ab.
W: *Die Violine. Eine Einführung in die Geschichte der Violine und des Violinspiels* (Stuttgart 1973).

Melles, Carl
Österreichischer Dirigent ungarischer Herkunft, geb. 15. 7. 1926 Budapest.
Er studiert an der Budapester Musikakademie bei János Ferencsik, tritt 1949 zum ersten Mal auf, wird zum Leiter des Budapester Franz-Liszt-Chores ernannt und übernimmt zwei Jahre später das Symphonie-Orchester des Ungarischen Rundfunks. 1954–56 unterrichtet er an der Franz-Liszt-Akademie seiner Vaterstadt. Anschließend läßt er sich in Wien nieder und dirigiert regelmäßig das Symphonie-Orchester des österreichischen Rundfunks. 1958–60 ist er regelmäßig Gast des Orchesters von Radio Luxemburg. Ab dieser Zeit ist er als Gastdirigent tätig (u. a. Bayreuth 1966 und Salzburg). Seit 1980 hat er einen Gastvertrag mit dem Symphonie-Orchester des RTBF Brüssel.

Mendelssohn, Vladimir
Rumänischer Bratschist und Komponist, geb. 29. 11. 1949 Bukarest.
Er stammt aus einer Musikerfamilie, studiert am Konservatorium von Bukarest und geht nach Holland, wo er vom Residenzorchester in Den Haag als Solo-Bratschist engagiert wird. Auf dem Gebiet der Kammermusik spielt er mit dem Alban-Berg-Quartett und dem Kodály-Quartett zusammen. Mit dem Violinisten Jean-Jacques Kantorow und dem Cellisten Herre-Jan Stegenda bildet er das Ludwig-Trio, wieder mit Jean-Jacques Kantorow und Mari Fujiwara das Mozart-Trio und mit David Geringas (Baryton) sowie Emil Klein (Violoncello) das Geringas-Trio. Neben seinen eigenen Kompositionen, hauptsächlich Arbeiten für Kammermusikensembles, kreiert er eine Version für Bratsche und Orchester von Franz Schuberts *Arpeggione-Sonate*.

Meneses, Antonio
Brasilianischer Cellist, geb. 23. 8. 1957.
Als Achtjähriger erhält er ersten Cello-Unterricht. Ab 1973 studiert er bei Antonio Janigro in Düsseldorf; 1974 folgt er seinem Lehrer nach Stuttgart. 1982 gewinnt er in Moskau den Tschaikowskij-Wettbewerb, seine wichtigste Auszeichnung. Unter Herbert von Karajan gibt er verschiedene Konzerte in Berlin, was ihn auf einen Schlag bekannt macht. Unter Herbert von Karajan nimmt er an der Seite von Anne-Sophie Mutter das *Konzert für Violine, Violoncello und Orchester* von Johannes Brahms auf.

Mengelberg, Josef Willem
Niederländischer Dirigent, geb. 28. 3. 1871 Utrecht, gest. 21. 3. 1951 in Zuort (Schweiz).
Er studiert in Utrecht bei Richard Hol, Henri Wilhelm Petri und Anton Averkamp und geht dann an die Kölner Musikhochschule zu Franz Wüllner und Adolf Jensen; er erhält 1. Preise in Klavier, Komposition und Orchesterleitung. Sehr jung debütiert er als Pianist. 1891 übernimmt er die Leitung des Städtischen Konservatoriums in Luzern. Vier Jahre später, 1895, wird er bereits zum Musikdirektor des Concertgebouw-Orchesters in Amsterdam ernannt; erst 1945 tritt er von diesem Posten zurück. 1897 übernimmt er gleich-

zeitig die Leitung der Amsterdamer Toonkunst, ein international bekannter Chor, den er für die Aufführungen von Orchesterwerken mit großen Chören wie die *Matthäus-Passion* von Johann Sebastian Bach heranzieht, die er jedes Jahr aufführt. 1902 lernt er Gustav Mahler kennen. Die beiden Männer befreunden sich, und Mengelberg setzt sich unermüdlich für das Werk Mahlers ein. 1907–20 leitet er die Frankfurter Museumskonzerte und 1921–29 das National Symphony Orchestra in New York. Während dieser Periode vertraut er das Concertgebouw-Orchester verschiedenen principal guest conductors wie Bruno Walter, Karl Muck und Pierre Monteux an. Aufgrund von Meinungsverschiedenheiten mit Arturo Toscanini – 1928–29 leiten Mengelberg und Toscanini das New Yorker Orchester paritätisch – kehrt Mengelberg nach Amsterdam zurück. 1933 richtet die Universität in Utrecht für ihn einen Lehrstuhl ein; von seiner Antrittsvorlesung abgesehen, unterrichtet er allerdings nicht. Aufgrund seiner Zusammenarbeit mit den deutschen Besatzungstruppen wird er 1945 in Holland mit einem Aufführungsverbot belegt. Er geht in die Schweiz, wo er seine letzten Lebensjahre verbringt.

Mengelberg ist einer der wichtigsten Mahler-Interpreten seiner Generation. Aus Anlaß seines fünfundzwanzigjährigen Dienstjubiläums an der Spitze des Concertgebouw-Orchesters führt er 1920 in neun Konzerten alle zehn Symphonien Gustav Mahlers auf. Er setzt sich für die Musik seiner Zeit ein und leitet Uraufführungen von Werken folgender Komponisten: Henk Badings (*Symphonie Nr. 1*, 1930, und *Symphonie Nr. 3*, 1935), Béla Bartók (*Konzert für Violine und Orchester Nr. 2*, 1939, mit Zoltán Székely), Paul Hindemith (*Der Schwanendreher*, 1935, unter Mitwirkung des Komponisten, und *Konzert für Violine und Orchester*, 1940), Zoltán Kodály (Suite aus *Háry János*, 1927, und *Felszállott a páva*, Der Pfau ist aufgeflogen, 1939), Darius Milhaud (*Carnaval d'Aix*, Karneval von Aix, 1926), Max Reger (*Konzert im alten Stil*, 1912) und Ottorino Respighi (*Concerto in modo misolidio*, Konzert in mixolydischer Tonart, 1924).

Menuhin, Hephzibah
Amerikanische Pianistin, geb. 20. 5. 1920 San Francisco, gest. 1. 1. 1981 London.
Sie studiert in Paris bei Marcel Ciampi und debütiert 1934 bei einem Sonatenabend mit ihrem Bruder Yehudi. Sehr schnell wird das ausgeglichene Duo weltweit bekannt. Die beiden spielen bis zum Tod Hephzibahs zusammen, die in England und Australien, wo sie mehrere Jahre verbringt, auch als Solistin auftritt. Sie engagiert sich stark für humanitäre Belange und ist ab 1977 bis zu ihrem Tod Präsidentin der Internationalen Frauenliga für Frieden und Freiheit.

Menuhin, Jeremy
Amerikanischer Pianist, geb. 2. 11. 1951 San Francisco.
Der Sohn von Yehudi Menuhin wird auf der englischen Schule in Florenz, in Eton und in der Schweiz erzogen und erhält gleichzeitig eine umfassende musikalische Ausbildung bei E. Nordi, Marcel Gazelle, Marcel Ciampi, Nadia Boulanger und Hans Swarowsky, bei dem er an der Wiener Musikakademie Orchesterleitung studiert. 1965 debütiert er in Gstaad, doch Yehudi Menuhin weigert sich, seinen Sohn als Wunderkind herumzureichen. Jeremy spielt mit seinem Vater Kammermusik, ohne deshalb auf eine eigene Karriere als Solist zu verzichten.

Menuhin, Yaltah
Amerikanische Pianistin, geb. 7. 10. 1922 San Francisco.
Die jüngere Schwester Yehudi Menuhins studiert in Paris bei Marcel Ciampi und an der Juilliard School of Music in New York bei Carl Friedberg. Sie spielt nicht so häufig mit ihrem Bruder wie ihre bekanntere Schwester Hephzibah, sondern schlägt eine Solisten-Laufbahn

ein oder spielt mit ihrem Mann Joel Ryce, mit dem sie zusammen 1962 beim Harriet Cohen-Wettbewerb einen 1. Preis erhält.

Menuhin, Sir Yehudi
Englischer Violinist amerikanischer Herkunft, geb. 22. 4. 1916 New York.
Er stammt aus einer jüdisch-russischen Familie namens Mnuchin, die über Palästina in die Vereinigten Staaten ausgewandert war. Als Fünfjähriger erhält er in San Francisco von Siegmund Anker, der ihn schon bald Louis Persinger anvertraut, einem Schüler Eugène Ysaÿes, ersten Violin-Unterricht. Das Kind macht erstaunliche Fortschritte und spielt als Siebenjähriger in San Francisco unter Alfred Hertz bereits die *Symphonie espagnole* (Spanische Symphonie, Lalo). 1927 debütiert er in Paris bei den Concerts Lamoureux unter Paul Paray. Er lernt Georges Enescu kennen, der seine weitere musikalische Ausbildung in die Hand nimmt. Menuhins Stil wird wohl von Enescu am stärksten beeinflußt. Gleichzeitig wird er von Adolf Busch in Basel unterrichtet. 1929 gibt er in Berlin unter Bruno Walter ein denkwürdiges Debüt und spielt die »drei B«, die Violin-Konzerte von Johann Sebastian Bach, Ludwig van Beethoven und Johannes Brahms. Die ganze Welt reißt sich um das Wunderkind, und 1935 tritt er bei einer Tournee, die ihn um die ganze Welt führt, in 63 Städten 110mal auf. Er legt dann eine zweijährige Pause ein, in der er öffentlich nicht auftritt. Während des Zweiten Weltkriegs gibt er mehr als 500 Konzerte zugunsten der Alliierten und des Roten Kreuzes. Nach dem Krieg setzt er sich für Wilhelm Furtwängler ein, der unter den Nationalsozialisten die Leitung der Berliner Philharmoniker beibehalten hatte. 1952 lädt Jawaharlal Nehru ihn nach Indien ein; Menuhin entdeckt eine neue geistige Welt, mit deren Hilfe er spätere Krisen überwinden kann. 1956 gründet er in Gstaad in der Schweiz, wo er jedes Jahr mehrere Monate verbringt, ein Festival. 1958 wird er zum künstlerischen Leiter des Festivals von Bath ernannt; er ruft das Bath Festival Orchestra (aus dem später das Menuhin Festival Orchestra entsteht) ins Leben und beginnt als Dirigent eine zweite Karriere. 1959 läßt er sich in London nieder, wo er heute noch lebt. 1963 erfüllt er sich einen seiner liebsten Wünsche und gründet nach dem Vorbild der Moskauer Zentralschule für Musik, bei der die musikalische und die Gymnasial-Ausbildung Hand in Hand gehen, in Stoke d'Abernon in Surrey die Yehudi Menuhin Music School. 1969 gibt er die Leitung des Festivals von Bath ab und übernimmt für drei Jahre die des Festivals von Windsor. 1981 wird er zum Präsidenten und stellvertretenden Dirigenten des Royal Philharmonic Orchestra in London ernannt.

Menuhin hat nie gezögert, wenn es galt, sich für eine humanitäre Sache einzusetzen. So trägt er mitten im Kalten Krieg wesentlich zur Annäherung sowjetischer und westlicher Künstler bei und setzt seinen ganzen Einfluß zugunsten von Mstislav L. Rostropowitsch und Miguel Angel Estrella ein, damit diese die Sowjetunion bzw. Uruguay verlassen können. Während seiner Präsidentschaft des Internationalen Musikrates der UNESCO (1969–75) leistet er einen entscheidenden Beitrag zur Annäherung der Musiker untereinander.

Menuhin hat viele Werke in Auftrag gegeben und/oder uraufgeführt, darunter Kompositionen von Béla Bartók (*Sonate für Violine solo*, 1944), Ernest Bloch (*Zwei Suiten für Violine solo*, 1958), William Walton (*Sonate für Violine und Klavier*, 1950), Frank Martin (*Polyptyque*, Polyptychon, 1973), Andrzej Panufnik (*Konzert für Violine und Kammerorchester*, 1972), Lennox Berkeley (*Konzert für Violine und Streicher*, 1961), Priaulx Rainier (*Konzert für Violine und Orchester*, 1977), Alan Hovhaness (*Konzert für Violine und Orchester*, 1976), Tōru Takemitsu (*Nostalghia*, 1987).

Menuhin spielt zunächst auf einer Stradivari aus dem Jahre 1733, der *Prinz Khevenhüller*, die sich einst im Besitz von Josef Böhm, dem Lehrer Joseph Joachims, befand. 1950 erwirbt er eine weitere Stradivari, die *Soil*, die er 1986 an Itzhak Perlman verkauft. Er spielt außerdem auf einer Guarneri del Gesù aus dem Jahre 1742, der *Lord Willford*.

WW: *Die vollendete Erziehung* (München 1963); *Six Lessons with Yehudi Menuhin* (London 1971, dt. Sechs Violinstunden, 2. Aufl. München 1978); *Theme and Variations* (London 1972, dt. Variationen, München 1979); *Violin and Viola* (London 1975, zusammen mit William Primrose, dt. Violine und Viola). Yehudi Menuhins Musikführer, Frankfurt/M. 1982); *Sir Edward Elgar, My Musical Grandfather* (London 1976); *My Favorite Music Stories* (London 1977); *Unfinished Journey* (London 1977, dt. Unvollendete Reise, München 1976); *The Music of Man* (zusammen mit C. W. Davis, London 1980, dt. Die Musik des Menschen, Genf 1981); *The King, the Cat and the Fiddle* (zusammen mit Christopher Hope und Angela Barrett, London 1983, dt. Vom König, vom Kater und der Fiedel, Berlin 1983); *Life Class* (London 1986, dt. Lebensschule, München 1987); *Die Kunst als Hoffnung für die Menschheit* (München 1986).

Mercier, Jacques
Französischer Dirigent, geb. 11.11. 1945 Metz.
Er studiert Literaturwissenschaft und gleichzeitig am Konservatorium von Paris Schlagzeug und bei Manuel Rosenthal Orchesterleitung (1. Preise in Schlagzeug 1970 und Orchesterleitung 1972). 1972 gewinnt er den Dirigenten-Wettbewerb in Besançon und ein Jahr später den Preis der Fondation de la Vocation. Er wird von den wichtigsten französischen und europäischen Orchestern eingeladen und beschäftigt sich in immer stärkerem Maße mit zeitgenössischer Musik; so leitet er häufig die darauf spezialisierten Ensembles 2e2m und InterContemporain. 1976–82 ist er stellvertretender Leiter des Philharmonischen Orchesters von Lothringen, das in Metz beheimatet ist. 1982 wird er zum Musikdirektor des Orchestre National d'Ile-de-France ernannt.

Er leitet die Uraufführungen von Werken von Alain Bancquart, Claude Ballif (5e *Imaginaire*, 1978), Daniel-Lesur (*La Reine morte*, Die tote Königin, 1988), Gérard Grisey, Cristóbal Halffter, Betsy Jolas (*Liring Ballade*, 1980), René Koering (*Symphonie Nr. 1*, 1974), Michael Levinas, Marcel Mihalovici (*Follia*, 1978), Tristan Murail, Luís de Pablo (*Tinieblas del agua*, Die Dunkelheit des Wassers, 1978; *Konzert für Klavier und Orchester*, 1980, Alfred Schnittke (*Passacaglia*, 1981), Yoshihisa Taira (*Erosion I*, 1980; *Moksa, Vimoksa*, 1983), Iannis Xenakis.

Merlet, Dominique
Französischer Pianist und Organist, geb. 18. 2. 1938 Bordeaux.
Seine Familie ist eng mit dem Komponisten Roger-Ducasse befreundet, der die Anfänge seiner musikalischen Ausbildung überwacht. Am Konservatorium seiner Vaterstadt erhält er 1. Preise in Klavier und Schlagzeug. Als Fünfzehnjähriger geht er an das Pariser Konservatorium, wo er von Jean Doyen und Rose Lejour (Klavier), Nadia Boulanger (Begleitung) und René Le Roy (Kammermusik) unterrichtet wird. In jeder Disziplin wird er mit einem 1. Preis ausgezeichnet. Anschließend perfektioniert er sich in der Schweiz bei Louis Hiltbrand. 1957 gewinnt er den internationalen Genfer Wettbewerb. Seine Vorliebe für Timbres, Differenzierung der sonoren Ebenen und polyphone Musik führen dazu, daß er sich schon früh mit der Orgel beschäftigt. 1956–90 ist er ständiger Organist der Pariser Kirche Notre-Dame des Blancs Manteaux. Seit 1980 gehört er der Orgelkommission der Stadt Paris an. Er gehört zu den wenigen Interpreten, die in einem Konzert Klavier und Orgel spielen können.

Doch seine internationale Karriere macht er vor allem als Pianist. Er beschäftigt sich nicht nur mit den deutschen Romantikern und der französischen Musik des beginnenden 20. Jahrhunderts, sondern spielt auch unbekannte Werke. Mit dem Pariser Trio à cordes und dem Pianisten Désiré N'Kaoua spielt er Kammermusik (Klavierquartette und Klaviermusik für vier Hände).
Er widmet sich intensiv pädagogischen Aufgaben: 1964–69 unterrichtet er am Konservatorium von Straßburg, 1969–72 an dem von Rouen und ab 1974 an dem von Paris. Zu seinen Schülern zählen Jean-Marc Luisada, Frédéric Aguessy, Philippe Cassard, Xu Zhong, Marta Zabaleta, Louise Bessette und viele andere.

Merrill, Robert (= Morris Miller)
Amerikanischer Bariton, geb. 4. 6. 1917 Brooklyn.
Seine Mutter Lillian Miller-Merrill, ebenfalls Sängerin, erteilt ihm ersten Unterricht, bevor er zu Samuel Margolis nach New York geht. 1944 debütiert er in Trenton als Amonasro (*Aida*, Verdi). 1945 gewinnt er den von der Met organisierten Rundfunk-Wettbewerb und wird engagiert; er singt an dem berühmten Haus den Georg Germont (*La Traviata*, Verdi), Lord Henry Ashton (*Lucia di Lammermoor*, Donizetti) und Escamillo (*Carmen*, Bizet). Aufgrund seiner strahlenden Stimme und seiner schauspielerischen Fähigkeiten wird er auf Anhieb zu einer der Stützen der Met. Bei der ersten Vorstellung der Ära Bing erzielt er als Posa (*Don Carlos*, Verdi) einen überragenden Erfolg. Trotz Meinungsverschiedenheiten mit dem genialen, aber nicht immer einfachen Rudolf Bing singt er mehr als 900mal in der Met und gibt hier erst 1975 seine Abschiedsvorstellung. In San Francisco, wo er 1957 als Georg Germont debütiert, gibt er häufig Gastspiele. 1960 singt er zum ersten Mal in Chicago (Amonasro, *Aida*, Verdi) und an der Scala, 1961 in Venedig und 1967 am Covent Garden (ebenfalls als Germont); er ist ständiger Gast am Teatro Colón in Buenos Aires.
WW: *Once More From the Beginning* (New York 1965); *Between Acts* (New York 1977).

Merriman, Nan (= Katherine-Ann Merriman)
Amerikanische Mezzopranistin, geb. 28. 4. 1920 Pittsburgh.
Sie studiert in Los Angeles bei Alexia Bassian Gesang, arbeitet in Hollywood und nimmt 1940 an einer Tournee mit Sir Lawrence Olivier und Vivian Leigh teil: während das Bühnenbild von William Shakespeares *Romeo und Julia* umgebaut wird, singt sie Arien von Giovanni Palestrina und Henry Purcell. 1942 debütiert sie bei der Sommersaison der Oper von Cincinnati als Die Blinde in *La Gioconda* (Ponchielli). Bei einem Gesangswettbewerb gewinnt sie 15 Minuten Sendezeit der NBC. Arturo Toscanini hört sie. Unter seiner Leitung singt sie die Rollen des Orpheus (*Orfeo*, Gluck), der Meg (*Falstaff*), Maddalena (*Rigoletto*) und Emilia (*Otello*, alle Verdi). Als Dorabella (*Così fan tutte*, Mozart) gastiert sie 1953, 1955 und 1959 in Aix-en-Provence; bei den Edinburgher Festspielen nimmt sie an einer Aufführung von *The Rake's Progress* (Der Wüstling, Strawinsky) teil. Sie gibt Gastspiele in Glyndebourne (1956) und der Piccolo Scala (1955–56). 1965 zieht sie sich, noch im vollen Besitz ihrer Kräfte, von der Bühne zurück.

Merritt, Chris
Amerikanischer Tenor, geb. 27. 9. 1952 Oklahoma City.
Er studiert an der Universität seiner Vaterstadt Gesang, Klavier, Tanz und Schauspiel, praktiziert an der Oper von Santa Fe. 1981 debütiert er an der New York City Opera als Lord Arthur Talbot (*I Puritani*, Die Puritaner, Bellini) und feiert auf Anhieb einen Triumph. Er geht nach Deutschland, wird Mitglied der Opern von Augsburg und Kiel, debütiert 1983 an der Pariser

Oper als Amenophis in *Moïse* (Moses) und singt während der Saison 1984–85 an der Seite von Marilyn Horne an der Hamburger Oper den Idreno (*Semiramide*, Semiramis) und am Covent Garden den Uberto (*La donna del lago*, Die Dame vom See). 1985 debütiert er an der Scala (*Il viaggio a Reims*, Die Reise nach Reims, alle Rossini), an der Lyric Opera in Chicago (als Richard Percy in *Anna Bolena*, Donizetti), 1987 in Wien und auf den Festspielen in Pesaro. Er ist einer der gesuchtesten Belcanto-Sänger seiner Generation.

Mesplé, Mady
Französische Sopranistin, geb. 7. 3. 1931 Toulouse.
Sie studiert am Konservatorium ihrer Vaterstadt, erhält 1. Preise in Klavier und Gesang und debütiert 1953 als Lakmé (Delibes) in Lüttich, wo sie ihre ersten großen Rollen einstudiert (Rosina, *Il barbiere di Siviglia*, Der Barbier von Sevilla, Rossini; Olympia, *Les Contes d'Hoffmann*, Hoffmanns Erzählungen, Offenbach; Gilda, *Rigoletto*, Verdi). Zur gleichen Zeit gastiert sie regelmäßig am Théâtre de la Monnaie in Brüssel.

1956 debütiert sie als Lakmé an der Pariser Opéra-Comique und auch bei den Festspielen von Aix-en-Provence (in *Zémire et Azor*, Grétry). 1958 tritt sie zum ersten Mal an der Pariser Oper auf und interpretiert die Schwester Constance (*Les Dialogues des Carmélites*, Die Gespräche der Karmeliterinnen, Poulenc). 1960 feiert sie an diesem Haus als Lucia (*Lucia di Lammermoor*, Donizetti) einen überragenden Erfolg. Ihre internationale Karriere nimmt einen steilen Aufschwung. Sie glänzt im französischen (Lakmé; Olympia; Philine, *Mignon*; Ophelia, *Hamlet*, beide A. Thomas), italienischen (Lucia; Gilda; Norina, *Don Pasquale*, Donizetti; Rosina, Amina, *La sonnambula*, Die Nachtwandlerin, Bellini) und deutschen Repertoire (Die Königin der Nacht, *Die Zauberflöte*, Mozart; Zerbinetta, *Ariadne auf Naxos*, R. Strauss). An der Opéra-Comique ist sie 1960 die Lakmé der 1500. Vorstellung und wirkt 1963 bei der Uraufführung von Gian Carlo Menottis Oper *The Last Savage* (Der letzte Wilde) mit. 1965 wirkt sie an der französischen Erstaufführung von Hans Werner Henzes *Elegie für junge Liebende* mit. Ihr Interesse an der zeitgenössischen Musik erwacht. Betsy Jolas schreibt für sie *Quatuor II* (Quartett II) und Charles Chaynes seine *Quatre Poèmes de Sappho* (Vier Gedichte der Sappho). Pierre Boulez lädt sie mehrmals nach London ein, wo sie in Arnold Schönbergs Oratorium *Die Jakobsleiter* und in Maurice Ravels *L'Enfant et les sortilèges* (Das Kind und die Zauberdinge) auftritt. Sie eröffnet 1971 die Reihe der Liederabende an der Pariser Oper und debütiert ein Jahr später sowohl am Bolschoi (Rosina) wie an der Met (Gilda). Sie unterrichtet zunächst an der Ecole Normale de Musique und gehört heute zum Lehrkörper des Konservatoriums in Lyon. Es gibt wohl kaum eine französische Sängerin ihrer Generation, die mehr aufgenommen hat (Oper, Operette, Lied, Kirchenmusik und zeitgenössische Musik) als sie.

Messager, André Charles-Prosper
Französischer Dirigent und Komponist, geb. 30. 12. 1853 Montluçon, gest. 24. 2. 1929 Paris.
An der Ecole Niedermeyer ist er Schüler von Eugène Gigout (Harmonielehre), Clément Loret und Adam Laussel (Klavier) sowie, nachdem die Schule 1871 aufgrund von Krieg und Commune nach Lausanne flüchten muß, dort auch von Gabriel Fauré (Komposition). 1874 verläßt er die Schule und wird als Nachfolger von Gabriel Fauré Organist an der kleinen Orgel von Saint-Sulpice. Um seinen Lebensunterhalt zu verdienen, arbeitet er als Organist an den Folies-Bergère (1877) und am Eden-Théâtre in Brüssel (1880). Ein Jahr später wird er in Paris Organist der Kirche Saint-Paul, bevor er 1882–84 als Kantor an die Kirche Saint-Marie des Batignolles geht. Während dieser Zeit reist er mit

Gabriel Fauré nach Bayreuth, entdeckt die Musik Richard Wagners und entwickelt sich zu einem der bedeutendsten französischen Interpreten des Meisters. Messager fängt an zu komponieren und erzielt mit Balletten Erfolge, die die Aufmerksamkeit auf ihn lenken. 1894–95 dirigiert er die Concerts du Vaudeville. 1898 wird er zum Musikdirektor der Opéra-Comique ernannt (bis 1903). 1900 leitet er dort die Uraufführung von *Louise* (G. Charpentier) und 1902 die von *Grisélidis* (Massenet); im gleichen Jahr leistet er als Dirigent einen entscheidenden Beitrag zur Durchsetzung von *Pelléas et Mélisande* (Debussy) beim Publikum. 1901–1907 ist er künstlerischer Direktor des Covent Garden. Nach seiner Rückkehr nach Paris übernimmt er die Leitung der Société des Concerts (1908–19) und die Musikdirektion der Pariser Oper (1908–14), an der er 1909 die französische Erstaufführung von *Der Ring des Nibelungen* (Wagner) leitet. 1910 leitet er an der Opéra-Comique die Uraufführung von *Macbeth* von Ernest Bloch. 1918 unternimmt er mit der Société des Concerts die erste große Tournee eines französischen Orchesters in die Vereinigten Staaten. Nach dem Ersten Weltkrieg wird er wieder Musikdirektor an der Opéra-Comique (1919–22). 1924 leitet er die Ballets Russes und verwirklicht die Uraufführung von Darius Milhauds Ballett *Le Train bleu* (Der blaue Zug). Gegen Ende seines Lebens arbeitet er für verschiedene französische Zeitungen und Zeitschriften als Musikkritiker. Als Komponist hinterläßt er vor allem Ballettmusiken und Operetten, in denen er sich als würdiger Nachfolger Jacques Offenbachs erweist.

Mester, Jorge
Amerikanischer Dirigent mexikanischer Herkunft, geb. 10. 4. 1935 Mexico City.
Seine Familie stammt aus Ungarn. Er studiert in seiner Vaterstadt Violine und Bratsche, geht 1952 an die Juilliard School of Music in New York zu Jean Morel (Orchesterleitung, Diplom 1958) und perfektioniert sich anschließend bei Leonard Bernstein am Berkshire Music Center in Tanglewood und bei Albert Wolff in Holland. Er ist zunächst Bratschist im Beaux-Arts-Quartett. Als Dirigent debütiert er 1955 in Mexico City. 1959–60 ist er ständiger Dirigent des Philharmonischen Orchesters von Saint Louis. In Spoleto dirigiert er 1960 die *Salome* (R. Strauss). 1961–62 leitet er das Symphonie-Orchester von Greenwich Village (New York). 1962–68 unterrichtet er an der Juilliard School of Music in New York und leitet das Juilliard Theater Orchestra. 1965 wird er im Lincoln Center in New York zum Leiter der sehr humorvollen P.D.Q. Bach Series ernannt. 1967 übernimmt er die Leitung des Orchesters von Louisville, mit dem er sich besonders für die zeitgenössische amerikanische Musik einsetzt (bis 1979). 1969 wird er zum Musikdirektor des Festivals von Aspen (Col.) ernannt. 1972–75 ist er gleichzeitig Musikdirektor des Philharmonischen Orchesters von Kansas City und unterrichtet am dortigen Konservatorium. 1979 reorganisiert er die Casals-Festspiele auf Puerto Rico und leitet sie bis 1985. 1984 übernimmt er die Musikdirektion des Pasadena Symphony Orchestra. 1971 verwirklicht er die Uraufführung von *De natura sonoris Nr. 2* von Krzysztof Penderecki.

Meunier, Alain
Französischer Cellist, geb. 22. 6. 1942 Paris.
Er studiert am Pariser Konservatorium bei Maurice Maréchal Cello und bei Jacques Février und Joseph Calvet Kammermusik und erhält 1. Preise in Cello, Instrumentalensemble, Kammermusik (mit Christian Ivaldi als Duo-Partner) und Musikästhetik. Anschließend perfektioniert er sich an der Accademia Musicale Chigiana in Siena bei Sergio Lorenzi und Riccardo Brengola in Kammermusik und wird Mitglied in deren Quintetto Chigiano, mit dem er zahlreiche Tourneen durch Europa und die Vereinigten Staaten unternimmt.

Mit Christian Ivaldi bildet er ein ständiges Duo. Ihr Repertoire umfaßt Werke der Renaissance bis zu avantgardistischer Musik. Seit 1979 unterrichtet er selbst an der Accademia Musicale Chigiana in Siena; während des Sommers spielt er in den Theatern und auf den Dorfplätzen der Toskana. Er verwirklicht die Uraufführung von Werken von Maurice Ohana (*L'Anneau du Tamarit*, Der Ring des Tamarit, 1977), Marcel Mihalovici (*Sonate*, 1980), Franco Donatoni (*Lame*, Klingen, 1982), Nguyen Thien Dao (*Konzert für Violoncello und Orchester*, 1983) und François-Bernard Mâche (*Iter Memor*, 1985). 1982 ist er zusammen mit Christian Ivaldi, Sylvie Gazeau und Gérard Caussé Gründungsmitglied des Ivaldi-Quartetts. Er ist Musikdirektor der Musicades in Lyon.

Meven, Peter
Deutscher Bassist, geb. 1. 10. 1929 Köln.
Er studiert am Konservatorium seiner Vaterstadt, debütiert am Stadttheater von Mainz und geht dann über Wiesbaden nach Oldenburg. Seit 1964 gehört er dem Ensemble der Deutschen Oper am Rhein (Düsseldorf-Duisburg) an und gibt viele Gastspiele. So tritt er in Genf als Komtur (*Don Giovanni*, Mozart), in Paris als Daland (*Der fliegende Holländer*) und in Hamburg als Hunding (*Die Walküre*) und König Marke (*Tristan und Isolde*, beide Wagner) auf. Den König Marke interpretiert er auch 1981 in Stuttgart in der Inszenierung von Götz Friedrich. An der Pariser Oper gastiert er in einer konzertanten Aufführung als Hagen (*Götterdämmerung*) und in Genf als Tiresias und Bote in *Ödipus Rex* von Igor Strawinsky.

Meyer, Hannes
Schweizer Organist, geb. 1939 Auenstein.
Er studiert an der Musikakademie in Basel bei Eduard Müller Orgel, Rudolf Moser Theorie, Gotthelf Kurth Gesang und Albert E. Kaiser Orchesterleitung. 1962–66 studiert er bei Hans Vollenweider in Zürich Orgel und arbeitet gleichzeitig als Chorleiter bei der Schweizer Tournee der Staatsoper Berlin und bei den Internationalen Mozartwochen in Interlaken. 1966 erhält er sein Diplom als Organist. Im gleichen Jahr gründet er in Arosa die Konzerte im Bergkirchli, die er bis 1978 leitet; gleichzeitig ist er für die dortigen Internationalen Orgelwochen verantwortlich. Seit 1978 tritt er in der ganzen Welt als Solist auf und spielt auf einer Kopie einer kleinen historischen Orgel des Orgelbauers Hubert Sandter, einem barocken Orgelpositiv aus der Münchner Residenz. 1968 wird er zum künstlerischen Leiter der Orgelkonzerte in La Bobadilla (Spanien) ernannt. 1987 wird er für die beste Musikproduktion mit dem Prix Suisse, dem Schweizer Staatspreis ausgezeichnet; 1987–88 erhält er den Orgelpreis des Schweizerischen Rundfunks. Neben den Meisterwerken der Orgelliteratur spielt er zahlreiche Transkriptionen populärer oder klassischer Kompositionen, die aus seiner eigenen Feder stammen und einem mit dem klassischen Repertoire wenig vertrauten Publikum den Zugang erleichtern sollen.

Meyer, Kerstin
Schwedische Mezzosopranistin, geb. 3. 4. 1928 Stockholm.
Ihre Familie stammt aus Polen. Als Vierzehnjährige beginnt sie mit dem Gesangs-Unterricht. Zwei Jahre später geht sie an das Konservatorium in Stockholm zu Arne Sunnegårdh, Britta von Vegesack und Adelaida von Skilondz und perfektioniert sich anschließend in New York bei Paola Novikova sowie in Mailand bei Giorgio Favaretto, in Wien bei Erik Werba. 1952 debütiert sie an der Oper von Stockholm als Azucena (*Il Trovatore*, Der Troubadour, Verdi). 1953 wird sie von der römischen Oper eingeladen und 1959 vom Liceo in Barcelona sowie von den Festspielen von Drottningholm und von Vancouver. 1960 interpretiert sie an der Scala die Eboli (*Don Carlos*, Ver-

di). Seit 1954 gastiert sie regelmäßig an der Hamburger Staatsoper, wo sie außergewöhnliche Erfolge erringt und zum ersten Mal Wagner-Rollen einstudiert. Auch die Wiener, Münchner und Kopenhagener Oper sowie der Covent Garden laden sie regelmäßig ein. Seit 1956 tritt sie bei den Salzburger Festspielen auf. 1959 unternimmt sie eine ausgedehnte Tournee durch Nordamerika. Ihren größten Erfolg erringt sie als Carmen (Bizet). Seit 1961 gastiert sie an der Met und 1962–65 in Bayreuth. 1974 interpretiert sie bei den Osterfestspielen in Salzburg die Magdalena (*Die Meistersinger von Nürnberg*, Wagner); im gleichen Jahr wird sie von den Edinburgher Festspielen eingeladen. Seit 1985 leitet sie die schwedische Opernschule in Stockholm.

Meyer, Marcelle
Französische Pianistin, geb. 22. 5. 1897 Lille, gest. 18. 11. 1958 Paris.
Sie studiert am Konservatorium von Paris bei Alfred Cortot und Ricardo Viñes, gehört zum Umkreis der Groupe des Six, interpretiert die Werke der Komponisten ihrer Generation (u. a. Milhaud, Strawinsky) und rehabilitiert gleichzeitig die in Vergessenheit geratenen von Jean-Philippe Rameau, François Couperin und Domenico Scarlatti. Sie arbeitet mit Maurice Ravel zusammen und nimmt dessen Gesamtwerk für Klavier auf Schallplatten auf. Marcelle Meyer ist mit dem Schauspieler Pierre Bertin verheiratet. Von Darius Milhaud kreiert sie *Printemps* (Frühling, 1920), *L'Automne* (Herbst, 1932) und *Scaramouche* (1937) und von Igor Strawinsky zusammen mit Francis Poulenc, Georges Auric und Hélène Ralli *Les Noces* (Die Hochzeit, 1923).

Meyer, Paul
Französischer Klarinettist, geb. 5. 3. 1965 Mülhausen (Elsaß).
Der Preisträger des Young Concert Artists-Wettbewerb in New York 1984 und des Internationalen Wettbewerbs in Toulouse 1985 debütiert im Orchester der Oper von Lyon. Claudio Abbado holt ihn als Solo-Klarinettisten an das Jugendorchester der Europäischen Gemeinschaft. Auch als Solist hat er schnell Erfolg. Benny Goodman zeigt ihm in New York die Stücke, die für den amerikanischen Klarinetten-Star komponiert wurden, und ermuntert ihn auf seinem Weg. Mit Jean-Philippe Collard, François-René Duchâble, Augustin Dumay und dem Melos-Quartett spielt er regelmäßig Kammermusik.

Meyer, Sabine
Deutsche Klarinettistin, geb. 30. 3. 1959 Crailsheim.
Die Tochter des Klarinettisten Karl Meyer wird zuerst von ihrem Vater unterrichtet und geht dann zu Otto Hermann an die Stuttgarter und zu Hans Deinzer an die hannoverische Musikhochschule. Sie gewinnt den Münchner Rundfunk-Wettbewerb, wird Mitglied des Symphonie-Orchesters des Bayerischen Rundfunks und beginnt ihre Karriere als Solistin. 1983 holt Herbert von Karajan sie als Solo-Klarinettistin zu den Berliner Philharmonikern. Angesichts der Frauenfeindlichkeit eines großen Teils des Orchesters verläßt sie es trotz Karajans Wunsch, sie zu behalten, nach einem Jahr wieder. Der Streit lenkt die Aufmerksamkeit der Medien auf sie, und ihre Solisten-Karriere nimmt rasch internationale Ausmaße an; sie wird in die Vereinigten Staaten und nach Japan eingeladen. Mit Reiner Wehle und mit ihrem Bruder Wolfgang gründet sie 1983 das Trio di clarone. Mit den Pianisten Rudolf Buchbinder, dem Cellisten Heinrich Schiff und dem Brandis-Quartett sowie dem Quartett von Cleveland spielt sie regelmäßig Kammermusik.

Micheau, Janine
Französische Koloratursopranistin, geb. 17. 4. 1914 Toulouse, gest. 18. 10. 1976 Paris.
Sie studiert an den Konservatorien von Toulouse und Paris und debütiert 1913 an der Pariser Opéra-Comique als Che-

rubin (*Le nozze di Figaro*, Mozart). Sie gehört lange Jahre zur Opéra-Comique und zur Oper, an der sie 1938 an der Uraufführung von *Médée* (Milhaud) mitwirkt und große Erfolge feiert. 1941 kreiert sie an der Opéra-Comique bei der Uraufführung von *Comme ils s'aiment* (Wie sie sich lieben, Lavagne) die Rolle der Caroline und 1950 an der Oper bei der Uraufführung von *Bolivar* (Milhaud) die Rolle der Manuela. Nach dem Zweiten Weltkrieg wird sie auch international tätig. 1948 gastiert sie an der Scala in *L'Enfant et les sortilèges* (Das Kind und die Zauberdinge, Ravel). Parma und andere italienische Städte engagieren sie im französischen Repertoire, in dem sie keine übertrifft (Manon, Massenet; Mélisande, *Pelléas et Mélisande*, Debussy; Juliette, *Roméo et Juliette*, Gounod; Leila, *Les Pêcheurs de perles*, Die Perlenfischer, Bizet). Auch die belgischen, holländischen und südamerikanischen Opernhäuser laden sie ein. 1955 gastiert sie als Eurydike (*Orphée et Euridice*, Gluck) und 1956 als Platäa (*Platée*, Rameau) bei den Festspielen von Aix-en-Provence. Sie ist die bedeutendste französische Koloratursopranistin ihrer Generation. Nach Beendigung ihrer aktiven Laufbahn unterrichtet sie am Konservatorium in Paris sowie am Mozarteum in Salzburg. Darius Milhaud schreibt mehrere Lieder für sie.

Michel, Solange (= Solange Boulesteix)
Französische Mezzosopranistin, geb. 27. 11. 1912 Paris.
Sie studiert zunächst in Bourges und geht dann an das Konservatorium in Paris, wo sie in Gesang einen 2. Preis erhält. Ab 1936 tritt sie in Konzerten und im Französischen Rundfunk auf. Der wichtigste Teil ihrer Karriere spielt sich an der Pariser Oper und der Opéra-Comique ab, deren Dachorganisation sie 27 Jahre angehört. Sie singt alle großen Rollen ihres Repertoires, vor allem Carmen (Bizet), die sie mehr als 700mal in Frankreich interpretiert. Die Scala, der Covent Garden und die wichtigsten deutschen Bühnen laden sie ein, wo sie als geschätzte Vertreterin französischen Gesangs gilt.

Michelin, Bernard
Französischer Cellist, geb. 13. 8. 1918 Saint-Maur.
Er studiert am Konservatorium in Paris und erhält als Dreizehnjähriger einen 1. Preis in Cello. Bald gibt er als Solist unter Charles Münch, Paul Paray, Erich Kleiber und Fritz Busch in vielen europäischen und nord- sowie südamerikanischen Ländern Konzerte. 1963 wird er am Konservatorium von Paris zum Professor ernannt; er unterrichtet auch in Tucuman (Argentinien, 1947–49), Tokio (1960), Santiago de Chile (1965–70), an der Sommerakademie in Nizza (seit 1965), in London (1968–72) und Warschau (1973). In Santiago de Chile gründet er 1965 den internationalen Bernard-Michelin-Wettbewerb. 1946 verwirklicht er die Uraufführung von Marcel Landowskis *Konzert für Violoncello und Orchester*.

Michelucci, Roberto
Italienischer Violinist, geb. 29. 10. 1922 Livorno.
Er studiert am Konservatorium von Florenz und gewinnt in Rom 1922 den 1. Preis der Rassegna Concertisti. Der wichtigste Teil seiner Karriere spielt sich innerhalb des Ensembles I Musici in Rom ab, dessen Konzertmeister er 1967–72 ist. Einen bedeutenden Teil seiner Arbeitszeit räumt er pädagogischen Aufgaben ein.

Migenes, Julia
Amerikanische Sopranistin, geb. 1948 Manhattan (New York).
Ihre Familie stammt zur einen Hälfte aus Griechenland und zur anderen aus Puerto Rico. Als dreieinhalbjähriges Kind debütiert sie in *Madame Butterfly* (Puccini), taucht dann in den Shows der RCA auf und wird in den New Yorker Vororten mit ihrem Bruder und ihrer Schwester als Migenes Kids gefeiert. Sie studiert an der New Yorker High

School of Music and Arts und geht dann an die Juilliard School of Music in New York, wobei sie gleichzeitig in Opern und Musicals auftritt: 1965 debütiert sie an der New York City Opera in Gian Carlo Menottis *The Saint of Bleecker Street* (Die Heilige der Bleecker Street). Anschließend perfektioniert sie sich in Deutschland bei Gisela Ultmann und wird hier rasch vor allem durch Fernsehauftritte bekannt. Sie gibt in San Francisco, Houston und an der Met (Nedda, *I Pagliazzi*, Der Bajazzo, Leoncavallo; Jenny, *Mahagonny*, Weill) Gastspiele, wo sie im Frühjahr 1981 einen bedeutenden Erfolg erzielt, als sie in *Lulu* (Berg) die erkrankte Teresa Stratas vertritt. In Genf tritt sie in *Salome* (R. Strauss) in der Inszenierung von Maurice Béjart auf und in Wien in *Lulu* unter Lorin Maazel. In Francesco Rosis Verfilmung der *Carmen* (Bizet) erzielt sie einen internationalen Erfolg. Ihre Karriere ist eine geschickte Mischung zwischen amerikanischen Shows wie *Von Carmen zum Broadway* und ernsthaften Auftritten als Opernsängerin. Sie nimmt noch an zwei weiteren Musikfilmen teil, *La Vie parisienne* (Pariser Leben, Offenbach) und *La Voix humaine* (Die menschliche Stimme, Poulenc).

Mihály, András
Ungarischer Dirigent und Komponist, geb. 6. 11. 1917 Budapest.
Er studiert an der Franz-Liszt-Akademie in Budapest bei Adolf Schiffer Cello, bei Leo Weiner und Imre Waldbauer Kammermusik und bei Pal Kadosa sowie István Strasser Komposition (1933–38). 1941 wird er Mitglied der kommunistischen Widerstandsbewegung und leitet Arbeiterchöre. 1944 wird er verhaftet. Nach dem Ende des Zweiten Weltkriegs beginnt seine Karriere. Er ist zunächst Solo-Cellist an der Budapester Oper (1946–47) und wird dort später Generalsekretär (1948–49); 1950 wird er an der Budapester Akademie zum Professor für Kammermusik ernannt und 1959 Lektor am Ungarischen Rundfunk, wo er 1962 zum musikalischen Berater aufsteigt. 1968 gründet er das Budapester Kammerensemble, mit dem er hauptsächlich Musik des 20. Jahrhunderts spielt und in der ganzen Welt Gastspiele gibt. Die wichtigsten ungarischen Orchester laden ihn zu Gastdirigaten ein. 1973 wird er von der Budapester Oper, deren künstlerische Leitung er 1978 übernimmt, zum Kapellmeister ernannt.

Mikulka, Vladimir
Französischer Gitarrist tschechoslowakischer Herkunft, geb. 11. 12. 1950 Prag.
Er studiert am Konservatorium seiner Vaterstadt bei Jiří Jirmal. 1970 gewinnt er beim internationalen Gitarren-Wettbewerb in Paris den 1. Preis. Er läßt sich in Frankreich nieder und schlägt eine internationale Karriere als Solo-Gitarrist ein.

Milanov, Zinka (= Zinka Kunc)
Jugoslawische Sopranistin, geb. 17. 5. 1906 Zagreb, gest. 31. 5. 1989 New York.
Sie studiert an der Zagreber Musikakademie bei Milka Ternina und perfektioniert sich anschließend bei Marija Kostrenčić in Zagreb und bei Jacques Stückgold in Berlin. 1927 debütiert sie in Ljubljana (Laibach) als Leonore (*Il trovatore*, Der Troubadour, Verdi). 1928–33 gehört sie zum Ensemble der Zagreber Oper und singt dort die Sieglinde (*Die Walküre*, Wagner), Rachel (*La Juive*, Die Jüdin, Halévy), Marschallin (*Der Rosenkavalier*, R. Strauss) und die Minnie (*La fanciulla del West*, Das Mädchen aus dem goldenen Westen, Puccini). 1936 gastiert sie an der Prager Oper und 1937 bei den Salzburger Festspielen, wo sie im *Requiem* von Giuseppe Verdi unter Arturo Toscanini auftritt. Im gleichen Jahr debütiert sie auch an der Met, wo sie bis zu ihrem Abschied von der Bühne 1966 als 1. Sopranistin engagiert ist. Sie gilt als eine der bedeutensten Verdi-Sängerinnen ihrer Generation; zahlreiche Gastspiele führten sie u. a. nach Chicago, San

Francisco, Buenos Aires und London. Seit 1977 unterrichtet sie am Curtis Institute in Philadelphia.

Milanová, Stoika
Bulgarische Violinistin, geb. 5. 8. 1945 Plovdiv.
Sie studiert zunächst bei ihrem Vater Trendafil Milanov an der Musikhochschule in Sofia und geht dann 1964 zu David F. Oistrach an das Moskauer Konservatorium (bis 1969). 1967 gewinnt sie beim Brüsseler Königin-Elisabeth-Wettbewerb einen 2. Preis und 1970 beim Carl-Flesch-Wettbewerb in London den 1. Preis. Seit dieser Zeit tritt sie als Solistin in internationalem Rahmen auf. Mit Radu Lupu und Malcolm Frager gibt sie regelmäßig Kammermusikabende. Sie spielt auf einer Guarneri del Gesù aus dem Jahre 1737.

Milaschkina, Tamara
Russische Sopranistin, geb. 13. 9. 1934 Astrachan.
Die Schülerin von Elena Katulskaya am Moskauer Konservatorium, wird 1958 vom Bolschoi-Theater engagiert, wo sie schon bald die wichtigsten Rollen des russsischen Repertoires interpretiert (Tatjana, *Eugen Onegin*; Lisa, *Pikowaja dama*, Pique Dame, beide Tschaikowskij; Jaroslawna, *Knjas Igor*, Fürst Igor, Borodin). Sie wird 1962 als erste sowjetische Sängerin von der Scala zu einem Gastspiel eingeladen (*La battaglia di Legnano*, Die Schlacht von Legnano, Verdi). 1971 interpretiert sie die Lisa an der Wiener Oper und 1974 die Tosca (Puccini) an der Deutschen Oper Berlin. Mit dem Bolschoi-Theater unternimmt sie verschiedene Tourneen nach Europa und den Vereinigten Staaten, wo sie als Solistin 1975 an der Met debütiert.

Mildonian, Susanna
Belgische Harfenistin, geb. 2. 7. 1940 Venedig (als Staatenlose).
Ihre Eltern, die dem Mord am armenischen Volk 1915 entkamen, flohen nach Italien. Ihr Bruder und ihre beiden Schwestern studieren am Konservatorium von Venedig, wo sie selbst bei Margherita Cicognari Kurse belegt. 1959 erhält sie einen 1. Preis für Harfe. Im gleichen Jahr gewinnt sie den internationalen israelischen Harfen-Wettbewerb. Sie geht nach Paris, um sich bei Pierre Jamet am Konservatorium zu perfektionieren, wo sie 1962 einen 1. Preis erhält. 1964 gewinnt sie den Genfer Wettbewerb und 1971 beim Marcel-Tournier-Wettbewerb einen 1. Preis. Als Vierzehnjährige gibt sie ihre ersten Konzerte. Mit dem Flötist Maxence Larrieu bildet sie ein Duo. 1964 verwirklicht sie die Uraufführung von Ami Maayamis *Konzert für Harfe und Orchester* und 1976 die von Jean-Michel Damases *Konzert für Flöte, Harfe und Orchester*. Neben den bekannten Werken für Harfe spielt sie auch unbekanntere von Louis Spohr, Heitor Villa-Lobos und Alberto Ginastera. Seit 1971 unterrichtet sie am Konservatorium von Brüssel und seit 1978 an denen von Rotterdam und Tilburg.

Mill, Arnold van
Holländischer Bassist, geb. 26. 3. 1921 Schiedam.
Er studiert an den Konservatorien von Rotterdam und Den Haag und perfektioniert sich anschließend bei Segers de Beyl. 1946 debütiert er am Théâtre de la Monnaie in Brüssel. 1950–51 gehört er zum Ensemble der Oper von Antwerpen, geht dann an die von Wiesbaden (1951–53) und von dort aus nach Hamburg, wo er zum Kammersänger ernannt wird. 1952 gastiert er in Berlin und erzielt als Zacharias (*Nabucco*, Verdi) seinen ersten großen Erfolg. 1953 nimmt er am Maggio Musicale Fiorentini an einer Aufführung der selten gespielten Oper *Agnes von Hohenstaufen* (Spontini) teil. In Hamburg wirkt er an der Uraufführung von Krzysztof Pendereckis *Diabły z Loudun* (Die Teufel von Loudon) mit. Die Opern von Wien, Paris, Lissabon, Rio de Janeiro und Buenos Aires laden ihn

regelmäßig zu Gastspielen ein. Ab 1951 gastiert er bei den Bayreuther Festspielen. Auch das Holland Festival und die Festpiele von Edinburgh laden ihn ein, wo er u. a. 1956 den Abul Hassan (*Der Barbier von Bagdad*, Cornelius) interpretiert. Seine dunkle, kräftige Stimme eignet sich ausgezeichnet für seine Parade-Rollen wie König Marke (*Tristan und Isolde*, Wagner), Ramphis (*Aida*, Verdi), Osmin (*Die Entführung aus dem Serail*) und Komtur (*Don Giovanni*, beide Mozart), die er auf der ganzen Welt interpretiert.

Milnes, Sherrill
Amerikanischer Bariton, geb. 19. 1. 1935 Downers Grove (Chicago).
Sein Vater, ein Priester, arbeitet als Landwirt; seine Mutter ist Klavierlehrerin und Chorleiterin. An der Drake University in Des Moines (Ia.) studiert er Violine, Bratsche, Kontrabaß, Tuba, Klarinette, Klavier und Gesang. Privat nimmt er bei Andrew White, Rosa Ponselle und Hermanus Baer Gesangs-Unterricht (1958–63). 1960 debütiert er als Masetto (*Don Giovanni*, Mozart) in Boston. 1964 wird er von der New York City Opera engagiert und singt dort den Germont (*La Traviata*, Verdi) und Valentin (*Faust*, Gounod). Im gleichen Jahr nimmt er an der amerikanischen Erstaufführung von *L'Ange de feu* (Der feurige Engel, Prokofiew) teil. Robert Bing holt ihn an die Met, wo er an der Seite von Montserrat Caballé, die ebenfalls zum ersten Mal an diesem Haus singt, debütiert. Im ersten Jahr tritt er gleich in sieben verschiedenen Opern auf, darunter in *Faust* (Gounod), *Pikowaja dama* (Pique Dame, Tschaikowskij) und *Aida* (Verdi), ohne einen durchschlagenden Erfolg zu erzielen, der erst etwas später mit *Luisa Miller* und *Il Trovatore* (Der Troubadour, beide Verdi) einsetzt. Sherrill Milnes entwickelt sich zu einem würdigen Nachfolger der großen amerikanischen Verdi-Baritone John-Charles Thomas, Lawrence Tibbett, Leonard Warren und Robert Merrill. 1970 debütiert er in Europa an der Wiener Staatsoper unter der Leitung von Karl Böhm und an der Seite von Christa Ludwig in einer Aufführung von *Macbeth* (Verdi). 1971 nimmt er bei den Salzburger Festspielen an einer Aufführung des *Don Giovanni* (Mozart) teil. Auch in Barcelona und Hamburg tritt er ab 1973 regelmäßig auf. Im gleichen Jahr debütiert er am Covent Garden.

Milstein, Nathan
Amerikanischer Violinist ukrainischer Herkunft, geb. 18. (31.) 12. 1904 Odessa.
Als Vierjähriger erhält er von Pjotr S. Stoljarsky, beim dem auch David F. Oistrach ausgebildet wird, ersten Unterricht. Er debütiert als Zehnjähriger mit Alexander K. Glasunows *Konzert für Violine und Orchester* unter der Leitung des Komponisten. 1915 geht er zu Leopold Auer, dem unbestrittenen Meister der russischen Violinschule, an das Konservatorium von Sankt Petersburg, dessen Einfluß auf ihn wie auf seine berühmten Mitschüler Jascha Heifetz, Mischa Elman und Efrem Zimbalist von entscheidender Bedeutung ist, wie er selbst einräumt. 1923 unternimmt er zusammen mit seinem Freund Vladimir Horowitz, den er einige Jahre später in den Vereinigten Staaten wiederfinden sollte, seine erste große Tournee durch die Sowjetunion. Nach gefeierten Auftritten in Paris und Berlin im Jahre 1925 läßt sich Milstein in Brüssel nieder und perfektioniert sich bei Eugène Ysaÿe. 1929 unternimmt er mit Horowitz und Gregor Piatigorsky eine große Tournee durch die Vereinigten Staaten; im gleichen Jahr läßt er sich dort nieder. Seit dieser Zeit tritt er mit gleichbleibendem Erfolg in der ganzen Welt auf. Er spielt auf einer Stradivari aus dem Jahre 1716, die nach dem berühmten Sammler die *Ex-Goldmann* hieß und die er auf den Vornamen seiner Frau und seiner Tochter *Marie-Thérèse* umtaufte.

Miltcheva, Alexandrina (= Alexandrina Miltcheva-Nonova)
Bulgarische Mezzosopranistin, geb. 27. 11. 1934 Shoumen.
Sie studiert bei G. Cherkin am Konservatorium von Sofia und debütiert 1961 als Dorabella (*Così fan tutte*, Mozart) an der Oper von Varna. 1966 gewinnt sie den internationalen Wettbewerb von Toulouse, Auftakt ihrer internationalen Karriere mit Stationen u. a. in Wien, Paris, Brüssel und London. München folgt 1979, die Arena von Verona 1980 und Salzburg 1983. Ihr Repertoire umfaßt Carmen (Bizet), Adalgisa (*Norma*, Bellini), Dalila (*Samson et Dalila*, Saint-Saëns) und Azucena (*Il Trovatore*, Der Troubadour, Verdi) sowie die Mezzosopran-Rollen in den Opern Gioacchino Rossinis (u. a. *Cenerentola*, Aschenbrödel) und die des russischen Repertoires.

Mintchev, Mintcho
Bulgarischer Violinist, geb. 17. 9. 1950 Gabrovo.
Er fängt 1964 bei Emile Kamilarov mit dem Geigen-Unterricht an und wird 1969 Mitglied von dessen Klasse am Konservatorium von Sofia. 1967 erhält er beim Wieniawski-Wettbewerb in Poznań einen 6. Preis, 1970 beim Paganini-Wettbewerb in Genua einen 2., 1972 beim Carl-Flesch-Wettbewerb in London einen 2. und 1974 beim gleichen Wettbewerb einen 1. Preis. 1974–77 studiert er bei Yehudi Menuhin. Zur Zeit ist er als Konzertmeister an der Bulgarischen Nationalphilharmonie in Sofia tätig.

Minton, Yvonne
Australische Mezzosopranistin, geb. 4. 12. 1938 Sydney.
Sie studiert in ihrer Vaterstadt bei Marjorie Walker, gewinnt 1960 die Canberra Opera Aria Competition und 1961 den Kathleen-Ferrier-Preis und debütiert 1964 am City Literary Institute als Lukretia (*The Rape of Lucretia*, Der Raub der Lukretia, Britten), gastiert bei der Haendel Opera Company und der New Opera Company, debütiert 1965 am Covent Garden und singt dort in der Folge die Marfa (*Chowanschtschina*), Marina (*Boris Godunow*, beide Mussorgskij), Orpheus (*Orfeo*, Gluck), Ascanio (*Benvenuto Cellini*, Berlioz), Dorabella (*Così fan tutte*), Cherubin (*Le nozze di Figaro*), Sextus (*La clemenza di Tito*, Titus, alle Mozart), Geneviève (*Pelléas et Mélisande*, Debussy), Waltraute (*Der Ring des Nibelungen*, Wagner) und den Komponisten (*Ariadne auf Naxos*, R. Strauss). 1970 gastiert sie in Köln und Chicago, 1972 bei den Festspielen von Israel, 1973 an der Met, 1974–77 in Bayreuth (Brangäne, Waltraute, *Tristan und Isolde*, Wagner), ab 1976 an der Pariser Oper (Octavian, *Der Rosenkavalier*, R. Strauss) und ab 1977 auch bei den Salzburger Festspielen. Sie nimmt 1970 an der Uraufführung von *The Knot Garden* (Der Irrgarten, Tippett) und 1979 an der der integralen Fassung von *Lulu* (Berg) an der Pariser Oper teil.

Mintz, Shlomo
Amerikanischer Violinist russischer Herkunft, geb. 30. 10. 1957 Moskau.
Er studiert bei Ilona Feher in Israel, geht 1974 in die Vereinigten Staaten, fällt Isaac Stern auf und perfektioniert sich bei Dorothy DeLay sowie an der Juilliard School of Music in New York. 1973 debütiert er in der Carnegie Hall in New York und 1976 in Europa. 1980 gastiert er zum ersten Mal bei den Salzburger Festspielen. Er tritt mit den wichtigsten Orchestern auf, bewahrt aber immer seine Liebe für die Kammermusik; er spielt regelmäßig die Solo-Sonaten von Johann Sebastian Bach und Niccolò Paganini und tritt zusammen mit Yefim Bronfman und Paul Ostrovsky auf. Ab und zu vertauscht er seine Geige mit einer Bratsche oder dem Taktstock. 1988 wird er zum musikalischen Berater des Israelischen Kammerorchesters ernannt. Seit 1980 spielt er auf einer Guadagnini aus dem Jahre 1752, die er von Henryk Szeryng erhielt.

Mitropoulos, Dimitri
Amerikanischer Dirigent griechischer Herkunft, geb. 1.3. 1896 Athen, gest. 2.11. 1960 Mailand.
Er studiert am Odeon in Athen Klavier und Komposition und perfektioniert sich anschließend in Brüssel bei Paul Gilson (1920–21) und in Berlin bei Ferruccio Busoni (1921–24). 1921–25 ist er gleichzeitig Korrepetitor an der Berliner Oper. Er geht nach Athen zurück und leitet 1927–30 das Orchester des Konservatoriums. 1930 unterrichtet er am Odeon Komposition. Schnell wird er als Dirigent international bekannt. 1930 springt er in Berlin für Egon Petri ein und debütiert als Pianist und als Dirigent: er leitet vom Flügel aus Sergej S. Prokofjews *Konzert für Klavier und Orchester Nr. 3*. 1932–36 leitet er das Symphonie-Orchester von Paris und gibt gleichzeitig Gastdirigate bei den wichtigsten europäischen Orchestern. 1936 stellt er sich in Boston dem amerikanischen Publikum vor. Ein Jahr später übernimmt er die Leitung des Symphonie-Orchesters von Minneapolis, bis er 1949 zu den New Yorker Philharmonikern geht, die er zwei Jahre lang zusammen mit Leopold Stokowski leitet, bevor er 1951 zu deren alleinigem Musikdirektor bestellt wird (bis 1957). 1954–60 dirigiert er als Gast regelmäßig an der Met. Er begeistert sich immer mehr für Operndirigate, löst seinen Vertrag mit den New Yorker Philharmonikern und arbeitet als Gastdirigent mit den Opern in New York, Florenz, Mailand und Wien zusammen. Bei einer Probe mit dem Orchester der Scala zu Gustav Mahlers *Symphonie Nr. 3* stirbt er in Mailand an einem Herzschlag. Unter den zahlreichen Uraufführungen, die er verwirklicht, sind folgende besonders erwähnenswert: *Bacchiana Brasileira Nr. 2* (Villa-Lobos, 1938), *Symphonie Nr. 1* (Diamond, 1941), *Symphonie in Es-Dur* (Hindemith, 1941), *Konzert für Klavier und Orchester Nr. 3* (als Pianist und Dirigent, 1949) und *Symphonie Nr. 4* (1947, beide Krenek), *Medea's Meditation and Dance of Vengeance* (Medeas Meditation und Rachetanz, 1956) und *Vanessa* (1958, beide Barber).

Mödl, Martha
Deutsche Sopranistin, geb. 22.3. 1912 Nürnberg.
Sie arbeitet zunächst als kaufmännische Angestellte, bevor sie als Achtundzwanzigjährige an das Konservatorium ihrer Heimatstadt geht, bei Henriette Klink-Schneider Gesang studiert und sich anschließend bei Otto Mueller in Mailand perfektioniert. 1943 debütiert sie als Hänsel (*Hänsel und Gretel*, Humperdinck) in Remscheid. 1945–49 ist sie als Mezzosopranistin an der Düsseldorfer Oper engagiert und entdeckt erst dann ihre wahre Stimmlage, die des dramatischen Soprans. 1949 geht sie an die Hamburger Oper und wird dort als große Wagner-Interpretin bewundert. Als 1951 die ersten Nachkriegsfestspiele in Bayreuth stattfinden, singt sie die Kundry (*Parsifal*) und die Gutrune (*Der Ring des Nibelungen*). Bis 1957 tritt sie regelmäßig in Bayreuth auf und wird vor allem als Brünnhilde (*Der Ring des Nibelungen*) und Isolde (*Tristan und Isolde*, alle Wagner) gefeiert. Sehr schnell wird sie auch international bekannt. 1950 singt sie am Covent Garden die Carmen (Bizet) und wird 1952 von der Wiener Oper eingeladen. Seit 1953 gehört sie auch zum Ensemble der Stuttgarter Oper. Gastspiele an der Scala, der Pariser Oper und an allen großen deutschen Bühnen folgen. 1955 singt sie anläßlich der Wiedereröffnung der renovierten Wiener Oper die Leonore (*Fidelio*, Beethoven). 1956 debütiert sie an der Met. Im gleichen Jahr wird sie zur Kammersängerin ernannt. 1963 erntet sie als Amme (*Die Frau ohne Schatten*, R. Strauss) bei der Wiedereröffnung der Münchner Oper einen überragenden Erfolg. 1972 nimmt sie in Berlin an der Uraufführung von Wolfgang Fortners *Elisabeth Tudor* teil. In Trier hebt sie *Colloquio col Tango* (Kolloquium mit Tango, Banfield) aus der Taufe. In den siebziger Jahren wendet

sie sich in immer stärkerem Maß dem Charakterfach zu, wobei ihr großes schauspielerisches Talent ihr zustatten kommt. Ihre Mrs. Herring (*Albert Herring*, Britten) an der Hamburger Oper bleibt unvergessen.

Moffo, Anna
Amerikanische Sopranistin, geb. 27. 6. 1932 Wayne (Pa.).
Ihre Familie stammt aus Italien. Sie studiert am Curtis Institute in Philadelphia bei Euphemia Giannini-Gregory, der Schwester der berühmten Dusolina Giannini, und anschließend an der Accademia Nazionale di Santa Cecilia in Rom bei Luigi Ricci und Mercedes Llopart. Das italienische Fernsehen verpflichtet sie für die Rolle der Cho-Cho-San (*Madame Butterfly*, Puccini). 1955 debütiert sie als Norina (*Don Pasquale*, Donizetti) in Spoleto, 1956 singt sie in Aix-en-Provence die Zerlina (*Don Giovanni*, Mozart), 1957 debütiert sie bei den Salzburger Festspielen (Nanetta, *Falstaff*, Verdi), in den Vereinigten Staaten (Chicago) und an der Scala. 1959 tritt sie als Violetta (*La Traviata*, Verdi) zum ersten Mal an der Met auf und gehört siebzehn Spielzeiten lang zum Ensemble. Sie interpretiert hier u. a. Manon (Massenet), Gilda (*Rigoletto*, Verdi), Juliette (*Roméo et Juliette*, Gounod), Nedda (*I Pagliacci*, Der Bajazzo, Leoncavallo), Margarete (*Faust*, Gounod), Mélisande (*Pelléas et Mélisande*, Debussy). 1960 debütiert sie in San Francisco als Amina (*La sonnambula*, Die Nachtwandlerin, Bellini) und 1964 als Gilda am Covent Garden. Wien, Berlin, Mailand und Paris laden sie ein. Mitte der siebziger Jahre erleidet ihre Karriere einen leichten Rückschlag, den sie aber überwinden kann. Im Lauf der Zeit entwickelt sie sich vom lyrischen Sopran zum Koloratursopran.

Mogilewskij, Jewgenij
Ukrainischer Pianist, geb. 16. 9. 1945 Odessa.
Er ist Schüler seiner Mutter an der Musikschule Storliaski in Odessa, bevor er 1963 zu Heinrich G. Neuhaus an das Moskauer Konservatorium geht. Anschließend studiert er bei Stanislas Neuhaus und Jakov I. Zak bis 1971. 1964 gewinnt er beim Brüsseler Königin-Elisabeth-Wettbewerb den 1. Preis und 1966 in London die Harriet-Cohen-Medaille. Er zeichnet sich durch verblüffende Virtuosität aus. Seit 1972 unterrichtet er am Moskauer Konservatorium.

Moiseiwitsch, Benno
Englischer Pianist ukrainischer Herkunft, geb. 10. (22.) 2. 1890 Odessa, gest. 9. 4. 1963 London.
Er studiert bei Dmitri Klimow an der Musikakademie in Odessa und gewinnt als Neunjähriger den Rubinstein-Preis. 1904 übersiedelt er nach Wien und perfektioniert sich bei Theodor Leschetizky. Mit seiner Familie übersiedelt er nach London und debütiert 1908 in Reading (Berkshire). 1909 tritt er in London selbst auf. Zehn Jahre später erringt er in New York große Erfolge. Konzertreisen führen ihn auf alle Kontinente.

Moldoveanu, Vassile
Rumänischer Tenor, geb. 6. 10. 1935 Konstanza.
Er studiert bei Dinu Badescu in Bukarest und debütiert 1966 an der dortigen Oper als Rinuccio in *Gianni Schicchi* (Puccini). Auf den wichtigsten deutschen und österreichischen Bühnen setzt er sich schnell im italienischen Repertoire durch: Edgardo (*Lucia di Lammermoor*, Donizetti) in Stuttgart (1972, ab 1973 gehört er dem Stuttgarter Ensemble an), Rodolfo (*La Bohème*, Puccini) in München (1976), Alfredo (*La Traviata*, Verdi) in Wien (1976), Don Carlos (Verdi) in Hamburg (1978). 1979 debütiert er als Linkerton (*Madame Butterfly*, Puccini) an der Met. Im gleichen Jahr tritt er am Covent Garden auf und ein Jahr später in Zürich (in *Attila*, Verdi). 1982 läßt er sich in Monte Carlo nieder und gastiert an allen wichtigen deutschen und italienischen Bühnen und an der Met.

Molinari-Pradelli, Francesco
Italienischer Dirigent, geb. 4. 7. 1911 Bologna.
Er studiert am Konservatorium seiner Vaterstadt bei Filippo Ivaldi Klavier und Cesare Nordio Komposition und geht dann zu Bernardino Molinari an die Accademia Nazionale di Santa Cecilia in Rom (bis 1938). 1946 debütiert er an der Scala, wo er ab dieser Zeit regelmäßig gastiert. 1951 wird er künstlerischer Leiter der Festspiele in der Arena von Verona und zeichnet auch für die Feierlichkeiten zum 50. Todestag Giuseppe Verdis in Busseto verantwortlich. 1957 debütiert er in San Francisco, 1959 in Wien und 1966 an der Met. Er tritt regelmäßig als Liedbegleiter auf.

Moll, Kurt
Deutscher Bassist, geb. 11. 4. 1938 Buir bei Köln.
Er will zunächst Cellist werden, begeistert sich aber dann auch für den Gesang und studiert beides an der Kölner Musikhochschule. Er debütiert 1961 in Aachen und gastiert dann an verschiedenen deutschen Bühnen. 1969 gibt er in Hamburg sein erstes Gastspiel und wird sofort fest engagiert. 1968 debütiert er in Bayreuth, wo er 1974 den König Marke (*Tristan und Isolde*, Wagner) interpretiert, mit dem er überall auf der Welt große Erfolge erzielt. 1982 debütiert er als Osmin (*Die Entführung aus dem Serail*, Mozart) an der Scala. Im gleichen Jahr tritt er in Paris in *Le nozze di Figaro* (Mozart) und *Parsifal* (Wagner) auf. 1973 debütiert er in München und nimmt im Vatikan in Anwesenheit von Papst Paul VI. an einer Aufführung des *Magnificat* von Johann Sebastian Bach teil. Gastverträge binden ihn an die Münchner, Wiener und Hamburger Oper und an die Salzburger Festspiele. 1974 tritt er in San Francisco, am Covent Garden, am Teatro Colón in Buenos Aires und am Liceo in Barcelona auf. Vor allem als Interpret von Wolfgang Amadeus Mozart (Sarastro, *Die Zauberflöte*, Osmin, Komtur, *Don Giovanni*) und Richard Wagner (Gurnemanz, *Parsifal*, Daland, *Der fliegende Holländer*, Heinrich der Vogeler, *Lohengrin*, und König Marke) ist er auf allen bedeutenden Bühnen der Welt heimisch. 1975 wirkt er an der Uraufführung von Günter Bialas' Oper *Der gestiefelte Kater* mit.

Moll, Philip
Amerikanischer Pianist, geb. 16. 9. 1943 Chicago.
Sein Vater, Violinist im Symphonie-Orchester von Chicago, gibt ihm ersten Geigen- und Klavier-Unterricht. Er studiert in Harvard Literatur (Diplom 1966) und gleichzeitig bei Alexander Tscherepnin, Claude Frank und Leonard Shure Musik. Er geht anschließend an die Universität von Texas und schließt auch dort 1968 mit einem Diplom ab. Ein Jahr später ist er Assistent der Opern-Klasse und erhält ein Stipendium, das ihm einen Studienaufenthalt in München ermöglicht. 1970–78 arbeitet er als Repetitor an der Deutschen Oper Berlin. Während dieser Zeit gibt er in der Bundesrepublik Konzerte. Ab 1975 begleitet er den Flötisten James Galway. Seit 1978 tritt er auch als Solist auf; als Liedbegleiter ist er Partner von Jessye Norman.

Monaco, Mario del
siehe **Del Monaco, Mario**

Montarsolo, Paolo
Italienischer Bassist, geb. 16. 3. 1923 Portici bei Neapel.
Er studiert in Neapel bei Enrico Conti Gesang und geht dann an die Opernschule der Scala. 1950 debütiert er in Bologna als Lunardo (*Quatro rusteghi*, Die vier Grobiane, Wolf-Ferrari) und 1954 an der Scala, nachdem er bereits einige Zeit zur Truppe der Nachwuchssänger der Scala gehört hatte. Jedes Jahr gastiert er an der wichtigsten Bühne Italiens. Vor allem als Buffo erzielt er in den Werken Gioacchino Rossinis, Ermanno Wolf-Ferraris, Gaetano Donizettis und Wolfgang Amadeus Mozarts große Erfolge. 1957 gastiert er als Mu-

stafa (*L'Italiana in Algeri*, Die Italienerin in Algier, Rossini) in Glyndebourne. 1959 wird er von den Opern in Neapel und Rio de Janeiro eingeladen. Die Türen zu den wichtigsten Bühnen Europas sowie Nord- und Südamerikas stehen ihm offen. 1966 tritt er während des Maggio Musicale Fiorentino bei einer Aufführung von *Luisa Miller* (Verdi) auf. 1974 gastiert er an der Deutschen Oper am Rhein (Düsseldorf-Duisburg). In Paris wirkt er an einer Aufführung von *La Cenerentola* (Das Aschenbrödel, Rossini) mit.

Monte, Toti dal
siehe **Dal Monte, Toti**

Monteux, Pierre
Amerikanischer Dirigent französischer Herkunft, geb. 4. 4. 1875 Paris, gest. 1. 7. 1964 Hancock (Me.).
Er stammt aus einer Musikerfamilie und beginnt als Sechsjähriger, Violine zu lernen. Drei Jahre später geht er an das Pariser Konservatorium, studiert dort Kammermusik bei Benjamin Godard, Theorie bei Alexandre Lavignac und Charles Ferdinand Lenepveu und Violine bei Jean-Pierre Maurin und Jean-Baptiste Berthelier und schließt sein Studium 1896 mit einem 1. Preis in Violine ab. Als Zwölfjähriger erhält er zum ersten Mal die Gelegenheit, ein Orchester zu dirigieren. 1889–92 spielt er noch während seiner Ausbildung an den Folies-Bergère die zweite Geige. 1892 gehört er zum Geloso- und etwas später zum Tracol-Quartett. 1893 wird er vom Orchester der Concerts Colonne als Bratschist engagiert (bis 1912) und nimmt mit ihm an der Uraufführung von Claude Debussys *La Mer* (Das Meer) teil. Seine Anfänge als Dirigent verdankt er Camille Saint-Saëns, der bei einer Aufführung seiner *Symphonie Nr. 3* den Orgelpart selbst übernimmt und aus diesem Grund auf das Dirigat verzichtet. 1906 wird er zum 2. Dirigenten der Concerts Colonne ernannt. 1910 gründet er im Casino de Paris die Concerts Berlioz. Er fällt Sergej P. Diaghilew auf, der ihn für die zweite Saison als Nachfolger von Gabriel Pierné als Dirigent an die Ballets Russes holt. Nach einer Tournee durch die Vereinigten Staaten (1916) wird er 1917–19 von der Metropolitan Opera in New York eingeladen. 1919 übernimmt er die Leitung des Symphonie-Orchesters von Boston (bis 1924). Anschließend kehrt er nach Europa zurück, arbeitet als Gastdirigent und gehört zu den wenigen, denen Willem Mengelberg das Orchester des Concertgebouw während seiner Abwesenheit anvertraut. 1929 übernimmt er das Symphonie-Orchester von Paris, das er bis 1937 leitet. 1935–52 erweckt er das Symphonie-Orchester von San Francisco zu neuem Leben. 1937 unterstützt er die Gründung des Symphonie-Orchesters der NBC und leitet die ersten Konzerte, bevor Arturo Toscanini die Direktion übernimmt. 1952–61 arbeitet er als freier Dirigent mit den bedeutendsten Orchestern zusammen. 1961 übernimmt er die Leitung des Symphonie-Orchesters von London, die er bis zu seinem Tod beibehält.
Zahlreiche Werke werden ihm gewidmet, darunter *Symphonie Nr. 1*, »*Jean de la Peur*« (Landowski), *Symphonie Nr. 2* (Migot), *Präludium zum 80. Geburtstag von Pierre Monteux* (Strawinsky). Er leitet verschiedene wichtige Uraufführungen, unter anderem *Petrouschka* (1911), *Le Sacre du printemps* (Das Frühlingsopfer, 1913) und *Rossignol* (Nachtigall, 1914, alle Strawinsky), *Valses nobles et sentimentales* (1912) und *Daphnis et Chloé* (1913, beide Ravel), *Jeux* (Spiele, 1913, Debussy), *Concert champêtre* (Ländliches Konzert, 1929, Poulenc), *Symphonie Nr. 3* (1929, Prokofjew), *Symphonie* (1932, Françaix), *Symphonie Nr. 1* (1933, Rivier), *Suite française* (1935, Daniel-Lesur) und *Symphonie Nr. 2* (1947, Sessions).

Moore, Gerald
Englischer Pianist, geb. 30. 7. 1899 Watford, gest. 13. 3. 1987 Penn (Buckinghamshire).
Er studiert zunächst bei Wallis Bandey an der Musikschule in Watford. 1913 emigriert seine Familie nach Kanada. Am Konservatorium von Toronto setzt er seine Ausbildung bei Michael Hambourg fort und will Solist werden. 1920 kehrt er wieder nach Großbritannien zurück und wird von Sir Landon Ronald zum Klavierbegleiter ausgebildet. Ab 1925 arbeitet er mit John Coates zusammen, dem er, wie er betont, viel verdankt; Fjodor I. Schaljapin, Frida Leider, Elisabeth Schumann, Hans Hotter und vor allem Kathleen Ferrier lassen sich schon bald von ihm begleiten. Später kommen Janet Baker, Christa Ludwig, Victoria de Los Angeles und Dietrich Fischer-Dieskau hinzu. 1967 zieht er sich aus dem Konzertsaal zurück, nimmt aber auf Bitten Daniel Barenboims noch einige Schallplatten auf. Er hält Vorträge und stellt die Mittagskonzerte in der Londoner National Gallery vor. 1949–67 hält er in der ganzen Welt Interpretationskurse ab. Er wird als Begleiter von den größten Sängern seiner Zeit gesucht, denn er ist diskret und strahlt totzdem eine starke Bühnenpräsenz aus; er versteht es, jedem Lied seine eigene Atmosphäre zu verleihen. Gerald Moore hat diesen häufig vernachlässigten Arbeitsbereich des Pianisten ins rechte Licht gerückt.
WW: *The Unshamed Accompanist* (London 1943, dt. Freimütige Bekenntnisse eines Begleiters, München 1961); *Singer and Accompanist* (London 1953); *Am I Too Loud?* (London 1962, dt. Bin ich zu laut?, Tübingen 1963); *The Schubert Song Cycles, with Thoughts on Performance* (London 1975, dt. Schuberts Liederzyklen, Tübingen 1975); *Farewell Recitals* (London 1978, dt. Abschiedskonzert, Kassel und München 1982).

Moore, Grace
Amerikanische Sopranistin, geb. 5. 12. 1901 Nough (Tenn.), gest. 27. 1. 1947 Kopenhagen.
Sie studiert zuerst in Nashville und Washington, bevor sie 1919 nach New York zu Marafioti geht. Sie debütiert in Operetten und Musikrevuen und geht dann 1926 nach Europa, um sich in Antibes bei Richard Berthélémy zu perfektionieren. 1928 debütiert sie an der Opéra-Comique als Mimi (*La Bohème*, Puccini) und in der gleichen Rolle an der Met. 1928–32 und ab 1934 bis zu ihrem Tod bei einem Flugzeugabsturz gehört sie zu den beliebtesten Sängerinnen der Met. Sie zeichnet sich vor allem im italienischen und französischen Repertoire aus. Paris, London, Amsterdam, Stockholm, Berlin und Wien laden sie ein. 1930 dreht sie ihren ersten Film. Auch in ihrer zweiten Karriere als Filmschauspielerin bleibt sie erfolgreich, besonders in *One Night of Love* (1935). Sie wirkt auch an einer Verfilmung von *Louise* (G. Charpentier) mit.
W: *You're Only Human Once* (New York 1944).

Moralt, Rudolf
Deutscher Dirigent, geb. 26. 2. 1902 München, gest. 16. 12. 1958 Wien.
Der Neffe von Richard Strauss studiert in München an der Musikakademie bei Walter Courvoisier und an der Universität. 1919 debütiert er an der Staatsoper München als Korrepetitor; 1923 geht er als Kapellmeister nach Kaiserslautern, bis er 1928 in Brünn am Deutschen Theater zum Generalmusikdirektor ernannt wird. 1932 kehrt er wieder nach Kaiserslautern zurück und geht dann über Braunschweig (1934–36) und Graz (1937–40) an die Wiener Staatsoper, wo er seit 1937 als Gastdirigent wirkt und 1940 zum 1. Kapellmeister ernannt wird. Seit 1952 gastiert er auch bei den Salzburger Festspielen. Obwohl er beim breiten Publikum kaum bekannt ist und viel zu früh stirbt, gehört Moralt zu den wichtigsten Dirigenten seiner Generation, wie seine

ausgezeichneten Mozart-Einspielungen belegen.

Moravec, Ivan
Tschechischer Pianist, geb. 9. 11. 1930 Prag.
Er studiert 1946–50 am Konservatorium von Prag in der Klasse von A. Grünfeldova und geht 1950–51 zu Ilona Štěpánova-Kurzová. 1957–58 besucht er die Interpretationskurse von Arturo Benedetti Michelangeli. Er debütiert in seiner Heimat und spielt 1964 unter George Szell zum ersten Mal in den Vereinigten Staaten. Er unterrichtet an der Prager Akademie.

Moreira-Lima, Arthur
Brasilianischer Pianist, geb. 16. 7. 1940 Rio de Janeiro.
Er studiert zu Beginn bei Lucia Branco in seiner Vaterstadt (1960–62) und geht dann nach Paris zu Marguerite Long und Jean Doyen. Anschließend studiert er bei R. Kehrer am Konservatorium in Moskau. 1965 gewinnt er beim Chopin-Wettbewerb in Warschau den 2. Preis, 1969 beim Wettbewerb in Leeds den 3. und 1970 beim Tschaikowskij-Wettbewerb in Moskau ebenfalls den 3. Preis. Er gibt in Europa und in Nord- sowie Südamerika Konzerte.

Morel, Jean
Französischer Dirigent, geb. 10. 1. 1903 Abbeville, gest. 14. 4. 1975 New York.
Er studiert am Konservatorium von Paris bei Isidore Philipp (Klavier), Noël Gallon, Maurice Emmanuel, Gabriel Pierné und Reynaldo Hahn. Schon bald schlägt er eine pädagogische Laufbahn ein. 1921–36 ist er Professor am amerikanischen Konservatorium in Fontainebleau, ohne deswegen seine Arbeit als Dirigent zu vernachlässigen. 1936–69 dirigiert er das Orchestre National; 1938 löst er Pierre Monteux an der Spitze des Symphonie-Orchesters von Paris ab. Nach Ausbruch des Zweiten Weltkriegs geht er in die Vereinigten Staaten, wo er zuerst am Brooklyn College (1940–43) und dann an der Juilliard School of Music in New York (1949–71) unterrichtet und eine ganze Generation junger Dirigenten beeinflußt. 1942–52 leitet er das New York City Symphony Orchestra; 1942–48 wird er regelmäßig von den Opern in Mexico City, San Francisco, New York City (1944–52) sowie der Met (1956–71) zu Gastdirigaten eingeladen. Mit den New Yorker Philharmonikern nimmt er verschiedene Schallplatten auf.

Morini, Erica
Amerikanische Violinistin österreichischer Herkunft, geb. 5. 1. 1904 Wien.
Sie studiert am Konservatorium von Wien bei Otakar Ševčík Violine und debütiert auf Einladung Arthur Nikischs 1918 mit dem Gewandhausorchester Leipzig und kurz darauf mit den Berliner Philharmonikern. 1920 debütiert sie in den Vereinigten Staaten unter Arthur Bodanzky im Rahmen der Konzerte an der Met und kurz darauf bei einem Solo-Abend in der Carnegie Hall. Erica Morini gilt wie Ida Haendel oder Ginette Neveu als eine der wenigen Geigerinnen von Weltniveau. Sie spielt auf einer Guadagnini, die sich einst im Besitz von Maud Powell befand.

Moroney, Davitt
Englischer Cembalist, geb. 23. 12. 1950 Leicester.
Er studiert bei Thurston Dart am King's College in London, ist aber größtenteils Autodidakt, auch wenn er sich bei Kenneth Gilbert und Gustav Leonhardt perfektionieren kann. 1975 erhält er die Harkness Fellowship, ein Stipendium des Commonwealth Fund of New York, mit dessen Hilfe er seine Studien an der University of Berkeley in Kalifornien fortsetzen kann. 1980 läßt er sich in Paris nieder und beginnt eine Karriere als Solist. Drei Jahre später wird er zum Musikdirektor der Barockwoche in Monaco ernannt. Er spielt die Werke Johann Sebastian Bachs und François Couperins, gräbt die Manuskripte verlorengeglaubter alter Werke aus, denen er neues Leben verleiht, und gibt seine

eigene Ausgabe der *Kunst der Fuge* (Bach) heraus, die er 1986 einspielt.

Morris, James
Amerikanischer Baßbariton, geb. 10. 1. 1947 Baltimore.
Er studiert am Peabody-Konservatorium in Baltimore, erhält von der University of Maryland ein Stipendium, wird Schüler von Rosa Ponselle und schließlich Chorsänger an der Oper von Baltimore – der dortige Chor wird von seiner Lehrerin geleitet. Schon bald vertraut man ihm seine erste Solisten-Rolle an: Crespel in *Les Contes d'Hoffmann* (Hoffmanns Erzählungen, Offenbach). Während er noch bei Nicola Moscona an der Philadelphia Academy of Vocal Arts und privat bei Frank Valentino studiert, singt er an der Met vor und wird als Dreiundzwanzigjähriger engagiert. 1971-75 interpretiert er eher zweitrangige Rollen; 1975 springt er für einen erkrankten Kollegen ein und singt den Don Giovanni (Mozart). Über Nacht wird er zu einem der gefeierten Sänger des Hauses. Wichtige Rollen in *Il barbiere di Siviglia* (Der Barbier von Sevilla, Rossini), *Carmen* (Bizet), *Don Carlos, Luisa Miller, Otello* (alle Verdi), *La Gioconda* (Ponchielli), *I puritani* (Die Puritaner, Bellini), *Peter Grimes* und *Billy Budd* (beide Britten) folgen.
Straßburg (*Les Contes d'Hoffmann*), Florenz (Graf Almaviva in *Le nozze di Figaro*, Mozart), Glyndebourne (Banquo in *Macbeth*, Verdi), Sydney (Don Giovanni, Mozart) laden ihn ein, bevor er sich auf den bedeutendsten Bühnen durchsetzt: so singt er unter Riccardo Muti bei den Salzburger Festspielen 1982 den Guglielmo (*Così fan tutte*, Mozart), den er 1984 auch in Wien interpretiert, und im gleichen Jahr an der Münchner Oper sowie an der Met den Wotan (*Der Ring des Nibelungen*, Wagner) Er gilt als einer der Nachfolger Hans Hotters in den großen Wagner-Rollen.

Morris, Wyn
Englischer Dirigent, geb. 14. 2. 1929 Trlech.
Er studiert an der Royal Academy of Music in London, perfektioniert sich bei Igor Markevitch am Mozarteum Salzburg und wird in Tanglewood mit dem Kussewitzky-Preis ausgezeichnet. 1954 gründet er das Symphonie-Orchester von Wales, das er drei Jahre auch leitet. George Szell lädt ihn als »Beobachter« nach Cleveland ein: er leitet dort ein Kammerorchester und den Orpheus Choir, während er gleichzeitig dem großen Dirigenten assistiert (1957-60). Er kehrt nach Großbritannien zurück und übernimmt die Leitung der Royal Choral Society (1968-70) und der Huddersfield Choral Society (1969-74). Er gilt als Spezialist Gustav Mahlers, dirigiert dessen Sinfonien in London in einem Konzertzyklus und nimmt die *Symphonie Nr. 10* in der Fassung von D. Cooke auf. Immer auf der Suche nach Außergewöhnlichem, spielt er 1988 die *Symphonie Nr. 10* von Ludwig van Beethoven in der Fassung von Barry Cooper ein.

Moser, Edda Elisabeth
Deutsche Sopranistin, geb. 27. 10. 1941 Berlin.
Die Tochter des Musikwissenschaftlers Hans Joachim Moser studiert in Berlin bei Hermann Weissenborn und Gerty König und debütiert 1962 an der dortigen Oper als Kate Linkerton (*Madame Butterfly*, Puccini). 1963 verbringt sie als Chorsängerin am Stadttheater Würzburg und interpretiert Nebenrollen, bis sie Hans Werner Henze kennenlernt, der sie nach London einlädt, wo sie in einem Konzert zwei seiner Kantaten interpretiert. 1968 singt sie unter Herbert von Karajan in Salzburg die Wellgunde (*Der Ring des Nibelungen*, Wagner). Im November des gleichen Jahres debütiert sie mit dem Salzburger Ensemble an der Met. 1968-71 gehört sie zum Ensemble der Städtischen Bühnen Frankfurt und ab 1971 zu dem der Wiener Oper. Ab dem gleichen Jahr ist sie mit einem

Gastvertrag an die Hamburger Oper gebunden. Die Opern in Genf und Paris laden sie ein, während sie im Konzertsaal weiterhin die Werke zeitgenössischer Komponisten, aber auch die Johann Sebastian Bachs interpretiert. 1970 interpretiert sie an der Met die Königin der Nacht (*Die Zauberflöte*, Mozart); diese Rolle wird für mehrere Jahre ihre wichtigste. Noch im gleichen Jahr gastiert sie mit ihr in Moskau, Kiew, Odessa und Tallin. 1971 singt sie bei den Salzburger Festspielen die Aspasia (*Mitridate, re di Ponto*, Mithridates, König von Pontos), in Aix-en-Provence die Donna Anna (*Don Giovanni*) und in Wien die Konstanze (*Die Entführung aus dem Serail*, alle Mozart). Auch bei ihren Münchner Gastspielen erntet sie großen Erfolg.

Mottl, Felix
Österreichischer Dirigent, geb. 24. 8. 1856 Unter-St. Veit bei Wien, gest. 2. 7. 1911 München.
Er kommt als Sopranist ins Löwenburg-Konvikt in Wien und geht dann an das Konservatorium von Wien, wo er unter anderem bei Anton Bruckner studiert. 1876 vermittelt ihn Hans Richter als Assistent nach Bayreuth, wo er 1876 bei den ersten Wagner-Festspielen aktiv an den Vorbereitungen zur Uraufführung des *Ring des Nibelungen* mitarbeitet. 1880 wird er als Nachfolger Felix Otto Dessoffs in Karlsruhe Generalmusikdirektor und leitet hier die ersten vollständigen Aufführungen von *Les Troyens* (Die Trojaner, Berlioz), *Gwendoline* und *Le Roi malgré lui* (König wider Willen, beide Chabrier). 1900 leitet er die Uraufführung des 1. Aktes von *Le Roi Arthus* (König Arthus, Chausson). Ab 1885 dirigiert er regelmäßig in Bayreuth. 1898–1900 leitet er am Covent Garden die Aufführungen der Wagner-Opern. 1903 verläßt er Karlsruhe und geht nach München, wo er zuerst 1. Kapellmeister und ab 1907 bis zu seinem Tod Generalmusikdirektor ist.
Mottl setzt sich nicht nur für Richard Wagner, sondern auch für Hector Berlioz, Franz Liszt und Emmanuel Chabrier ein, den er in Deutschland bekanntmacht. Er orchestriert *Bourrée fantasque* und *Valses romantiques* von Chabrier und die *Wesendonck-Lieder* von Wagner. 1905 leitet er in München die Uraufführung der *Sinfonietta* von Max Reger.

Moyse, Marcel
Französischer Flötist, geb. 17. 5. 1889 Saint-Amour, gest. 1. 11. 1984 Brattleboro (Vt.).
Er studiert am Konservatorium von Paris bei Paul Taffanel, Adolphe Hennebains und Philippe Gaubert und erhält 1906 einen 1. Preis in Flöte. 1908 debütiert er als Orchestermusiker mit dem Orchestre Pasdeloup und dem Orchester der Société des Concerts du Conservatoire. 1908–38 ist er Solo-Flötist an der Opéra-Comique; 1922–33 ist er bei den Concerts Straram in der gleichen Funktion tätig. 1932 wird er am Konservatorium von Paris zum Professor für Flöte ernannt; er unterrichtet bis 1949. 1936–39 ist er Mitglied des Aufsichtsrates des Französischen Rundfunks. 1933 gründet er mit seinem Sohn Louis Moyse, ebenfalls Flötist, und seiner Schwiegertochter Blanche Honegger-Moyse, einer Geigerin, das Moyse-Trio, das weltweit große Erfolge erzielt. Als Solist spielt er unter den wichtigsten Dirigenten seiner Zeit, u. a. Arturo Toscanini, Bruno Walter, Willem Mengelberg, Otto Klemperer und Richard Strauss. 1934 kreiert er das *Konzert für Flöte und Orchester* von Jacques Ibert. Albert Roussel widmet ihm seine *Joueurs de flûte* (Flötenspieler).
Bohuslav Martinů und Darius Milhaud schreiben je ein *Konzert für Flöte, Violine und Orchester*, das er zusammen mit seiner Schwiegertochter aus der Taufe hebt. 1952 gründet er zusammen mit Rudolf Serkin und Adolf Busch die dem Festival von Tanglewood angeschlossene Musikschule. Sein Einfluß auf die jüngeren Flötisten-Generationen ist beträchtlich und der Zulauf zu den Kursen, die er in der Schweiz, Japan und den Vereinigten Staaten gibt, groß.

Mrawinskij, Jewgenij Alexandrowitsch
Russischer Dirigent, geb. 4. 6. 1903 Sankt Petersburg, gest. 20. 1. 1988 Leningrad.
Er studiert am Konservatorium seiner Vaterstadt bei Wladimir Scherbatschow, Alexander W. Gauk und Nikolai A. Malko und arbeitet gleichzeitig als Pianist an der Ballettschule (1921–30). 1931 wird er am Kirow-Theater in Leningrad 2. Kapellmeister; ein Jahr später steigt er zum 1. Kapellmeister auf. 1938 gewinnt er den innersowjetischen Dirigentenwettbewerb und wird daraufhin zum Musikdirektor der Leningrader Philharmoniker ernannt. Gleichzeitig unterrichtet er am dortigen Konservatorium. Mrawinskij formt sein Orchester zu einem der besten der Welt, das sich mit jedem Repertoire auseinandersetzen kann. Er beschäftigt sich vor allem mit dem Werk Peter I. Tschaikowskijs und dem der großen Klassiker des 20. Jahrhunderts, Béla Bartók, Arthur Honegger und Claude Debussy. Er ist eng mit Dmitri D. Schostakowitsch befreundet, bis sie sich aufgrund von politischen Meinungsverschiedenheiten Anfang der sechziger Jahre entzweien, und ist Widmungsträger von dessen *Symphonie Nr. 8*, die er 1943 kreiert. Weitere Uraufführungen von Werken Schostakowitschs: *Symphonie Nr. 5* (1937), *Nr. 6* (1939), *Nr. 9* (1945) und *Nr. 10* (1953), *Pjesn o lesach* (Das Lied von den Wäldern, 1949), *Konzert für Violine und Orchester Nr. 1* (1955) und *Konzert für Violoncello und Orchester Nr. 1* (1959). Von Aram I. Chatschaturjan kreiert er die *Symphonie Nr. 3* (1947) und von Sergej S. Prokofjew die *Symphonie Nr. 6* (1944).

Muck, Karl
Deutscher Dirigent, geb. 22. 10. 1859 Darmstadt, gest. 3. 3. 1940 Heidelberg.
Er studiert an den Konservatorien und Universitäten von Heidelberg und Leipzig. 1880 debütiert er am Gewandhaus als Pianist und geht dann als Chorleiter nach Zürich. Anschließend geht er als Kapellmeister über Salzburg, Brünn und Graz an das Deutsche Theater in Prag (1886–92). Mit dem Ensemble dieses Hauses verwirklicht er 1889 in Moskau und Sankt Petersburg die russische Erstaufführung von Richard Wagners *Der Ring des Nibelungen*. Anschließend verbringt er zwanzig Jahre als 1. Kapellmeister (1892–1908) und Generalmusikdirektor (1908–12) an der Berliner Oper. Während dieser Zeit dirigiert er 103 verschiedene Opern, von denen nicht weniger als 35 zeitgenössische Kompositionen sind. Ab 1901 gastiert er in Bayreuth und dirigiert dort als Hüter der Tradition bis 1930 den *Parsifal*. 1903–06 ist er außerdem bei den Wiener Philharmonikern der Stellvertreter Gustav Mahlers. 1906–07 dirigiert er das Symphonie-Orchester in Boston und wird nach dem Auslaufen seines Berliner Vertrages dessen Musikdirektor (1912–18). 1917 nimmt er mit dem Orchester seine erste Schallplatte auf. Nach der deutschen Niederlage wird er als feindlicher Ausländer verhaftet. Wieder zurück in Europa, leitet er 1922–33 die Hamburger Philharmoniker.

Mühlfeld, Richard
Deutscher Klarinettist, geb. 28. 2. 1856 Salzungen, gest. 1. 6. 1907 Meiningen.
Er erhält eine Ausbildung als Violinist und wird als solcher 1873 Mitglied des Orchesters von Meiningen, das damals von Hans von Bülow geleitet wird. Als Autodidakt lernt er Klarinette und wird 1976 Solo-Klarinettist des Orchesters. 1890 wird er zum Musikdirektor am Hoftheater von Sachsen-Meiningen ernannt. 1884–96 ist er während des Sommers Solo-Klarinettist des Festspielorchesters in Bayreuth. Mühlfeld gilt als der größte Klarinettist seiner Generation. Johannes Brahms schreibt für ihn seine letzten Werke für Klarinette, die er kreiert, *Trio mit Klarinette*, op. 114, und *Quintett mit Klarinette*, op. 115 (1891), *Sonate für Klarinette und Klavier Nr. 1* und *Nr. 2*, op. 120 (1895). Auch Carl Reinecke kompo-

niert für ihn. Er spielt regelmäßig mit dem Joachim-Quartett. Gegen Ende seines Lebens spielt er auf einer Bärmann-Klarinette mit achtzehn Klappen.

Müller, Maria
Deutsche Sopranistin, geb. 29. 1. 1898 Theresienstadt bei Leitmeritz (Böhmen), gest. 15. 3. 1958 Bayreuth.
Sie studiert am Konservatorium von Prag und geht dann zu Erik Schmedes nach Wien. 1919 debütiert sie als Elsa (*Lohengrin*, Wagner) am Stadttheater von Linz. 1920–21 ist sie in Brünn und 1921–23 am Deutschen Theater in Prag, bevor sie 1924–25 an der Münchner Oper engagiert ist. 1925 debütiert sie als Sieglinde (*Die Walküre*, Wagner) an der Met und gehört bis 1935 vor allem als Wagner-Sängerin zum Ensemble der berühmten Oper. 1932 singt sie dort die Maria (*Simone Boccanegra*, Verdi). 1926 gastiert sie an der Städtischen Oper in Berlin und 1927 an der Staatsoper; beide Male erringt sie einen überwältigenden Erfolg. Außerdem wird sie regelmäßig von Wien, Mailand, Paris, London, Hamburg, Dresden, Brüssel und Amsterdam eingeladen. 1930 debütiert sie mit der Elisabeth (*Tannhäuser*) in Bayreuth; bis 1944 gastiert sie dort jeden Sommer und singt die Elsa, Eva (*Die Meistersinger von Nürnberg*), Sieglinde, Senta (*Der fliegende Holländer*) und Gutrune (*Götterdämmerung*, alle Wagner). Auch bei den Salzburger Festspielen gastiert sie regelmäßig. Bis 1945 gehört sie dem Ensemble der Berliner Oper an. Nach dem Zweiten Weltkrieg singt sie an der Städtischen Oper in Berlin (Sieglinde, Elisabeth und Ariadne, *Ariadne auf Naxos*, R. Strauss), bevor sie sich nach Bayreuth zurückzieht.

Müller-Brühl, Helmut
Deutscher Dirigent, geb. 1933 Brühl.
Er studiert Philosophie, Theologie und Musikwissenschaften, bevor er sich der ausübenden Musik widmet und bei Nippes Bratsche, bei Richard Petzoldt Theorie und bei Stefani Orchesterleitung studiert. Anschließend perfektioniert er sich bei Wolfgang Schneiderhan in Luzern. 1958 organisiert er im Brühler Schloß die ersten Konzerte, für die er 1964 das Kölner Kammerorchester gründet. Die Bedeutung des Ensembles übersteigt schnell den ursprünglich beabsichtigten Rahmen. Es wird international bekannt und nimmt mehr als 100 Schallplatten auf. Später gründet Helmut Müller-Brühl die Capella Clementina, die auf alten Instrumenten hauptsächlich barocke Opern und Oratorien interpretiert.

Münch, Charles
Französischer Dirigent, geb. 26. 9. 1891 Straßburg, gest. 6. 11. 1968 Richmond (Va.).
Der Neffe Albert Schweitzers erhält am Konservatorium seiner Heimatstadt, an dem sein Vater Orgel unterrichtet, Geigen-Unterricht. Anschließend perfektioniert er sich in Paris bei Lucien Capet und in Berlin bei Carl Flesch. Als Elsässer wird er von der deutschen Wehrmacht während des Ersten Weltkriegs eingezogen. Erst mit dem Ende des Krieges beginnt seine Karriere. 1919–25 ist er am Straßburger Konservatorium als Professor für Violine tätig und gleichzeitig Konzertmeister im städtischen Orchester.
1925–32 unterrichtet er am Konservatorium von Leipzig, während unter Wilhelm Furtwängler und Bruno Walter Konzertmeister des Gewandhausorchesters ist. In der Thomaskirche leitet er von seinem Platz als Konzertmeister aus manche Konzerte. Doch erst 1932 debütiert er in Paris im eigentlichen Sinn als Dirigent. Er nimmt bei Alfred Szendrei Unterricht und setzt sich schnell als einer der wichtigsten Dirigenten seiner Generation durch: Er gründet die Pariser Philharmoniker, die er 1935–38 leitet, ist Professor für Violine an der Ecole Normale de Musique (1936), leitet die Festspiele der Internationalen Gesellschaft für Neue Musik in Berlin (1937) und ist ständiger Dirigent der Société des Concerts du Conservatoire

(1938–46). 1939 wird er am Pariser Konservatorium zum Professor für Orchesterleitung ernannt.
Nach dem Zweiten Weltkrieg ist er international erfolgreich. Er dirigiert häufig das Orchestre National, mit dem er 1948 eine Tournee durch die Vereinigten Staaten unternimmt. Ein Jahr später wird er an der Spitze des Symphonie-Orchesters von Boston (1949–62) Nachfolger von Sergej A. Kussewitzky. Auch als Leiter des Berkshire Music Center in Tanglewood löst er ihn ab (1951–62). 1956–58 ist er außerdem Präsident und Dirigent der Concerts Colonne. 1967 gründet er das Orchestre de Paris und wird dessen erster Musikdirektor. Er stirbt bei einer Tournee, die er mit diesem Orchester durch die Vereinigten Staaten unternimmt.
Charles Münch, eine der markantesten Persönlichkeiten des 20. Jahrhunderts, zeichnet sich vor allem in der französischen Musik aus, der er weltweit zur Geltung verhilft. Er setzt sich unermüdlich für Hector Berlioz, aber auch für Claude Debussy, Maurice Ravel, Gabriel Fauré und Albert Roussel ein. Er leitet eine erstaunliche Anzahl von Uraufführungen, darunter die *Symphonie Nr. 3* (1946) und *Nr. 4* (1951) von Arthur Honegger und *Paraboles* (1959) von Bohuslav Martinů, die ihm gewidmet sind, sowie *Prayers of Kierkegaard* (Kierkegaards Gebete, 1954) und *Die Natali* (1960, beide Barber), *Ode Symphonique* (1956, Copland), *Symphonie Nr. 2* (1959, Dutilleux), *Symphonische Szenen* (1957, von Einem), *Ouverture de fête* (Festouvertüre, 1942), *Symphonie marine* (1963), *Bostoniana* (1963, alle Ibert), *Symphonie Nr. 1* (1963, Jolivet), *Symphonie Nr. 6* (1955, Milhaud), *Orchesterkonzert Nr. 5* (1955, Petrassi), *Symphonie Nr. 6* (1955, Piston), *Gloria* (1961, Poulenc), *Symphonie Nr. 2* (1958, Schmitt), *Symphonie Nr. 7* (1960, W. Schuman), *Symphonie Nr. 3* (1957, Sessions), *Symphonie Nr. 11* (1956, Villa-Lobos) sowie Werke von Barraud, Rivier, Ropartz, Tansman und anderen.

W: *Je suis chef d'orchestre* (Paris 1954, dt. Ich bin Dirigent, Zürich 1956).

Münch, Fritz (= Ernest Frédéric Münch)
Französischer Chorleiter, geb. 2. 6. 1890 Straßburg, gest. 10. 3. 1970 Niederbronn-les-Bains (Elsaß).
Der ältere Bruder Charles Münchs studiert in seiner Vaterstadt Musik und Theologie, geht zur weiteren Ausbildung nach Berlin und Leipzig und wird Pfarrer. 1924 übernimmt er von seinem Vater die Leitung des Chores der Straßburger Wilhelmskirche (bis 1961). 1929–61 leitet er außerdem das dortige Konservatorium, 1945–49 die städtischen Konzerte und 1949–58 das Institut für Musikwissenschaften. 1951 kreiert er das *Stabat Mater* von Francis Poulenc.

Münchinger, Karl
Deutscher Dirigent, geb. 29. 5. 1915 Stuttgart, gest. 12. 3. 1990 daselbst.
Nach seiner musikalischen Grundausbildung studiert er an der Hochschule für Musik in Stuttgart bei Carl Leonhardt Orchesterleitung und gleichzeitig Komposition (er spielt sogar mit dem Gedanken, Komponist zu werden). Seine Liebe zu dem Werk von Johann Sebastian Bach entsteht in dieser Zeit. Anschließend geht er zu Hermann Abendroth nach Leipzig und zu Clemens Krauss nach Salzburg. Wilhelm Furtwänglers Unterstützung hilft ihm bei seinem Debüt als Leiter des Symphonie-Orchesters von Hannover (1941–43). Direkt nach Ende des Zweiten Weltkriegs gründet er das Stuttgarter Kammerorchester, das schnell international bekannt wird und später entstehenden italienischen Ensembles gleichen Stils als Vorbild dient. Er leitet das Ensemble bis 1987. Münchinger bemüht sich um schnörkelloses, klares Musizieren, bei dem die Tempovorschriften rigoros eingehalten werden; er unterscheidet sich stark von den italienischen Ensembles, die sich viele Freiheiten bei der Auslegung der Partituren er-

lauben, und auch von den jüngeren Bemühungen um eine Interpretation auf alten Instrumenten, die in seinen Augen kaum Bedeutung haben. Ab 1957 führt er auch Werke aus der Klassik auf (Haydn und Mozart). 1966 gründet er ein zweites Orchester, die Klassische Philharmonie Stuttgart. Er führt kaum zeitgenössische Musik auf, leitet allerdings zwei Uraufführungen: *Concerto breve* (1954) von Jean Rivier und *Sinfonie* (1960) von Hermann Reutter.

Mule, Marcel
Französischer Saxophonist, geb. 24. 6. 1901 Aube.
Er studiert am Konservatorium von Paris zunächst Violine und bei Georges Caussade Harmonielehre, bevor er sich dem Saxophon zuwendet. 1923–38 ist er Solo-Saxophonist der Musique de la Garde Républicaine. 1928 gründet er innerhalb dieser Formation ein Saxophon-Quartett, aus dem später das Quatuor de saxophones de Paris hervorgeht. Ab 1942 unterrichtet er am Konservatorium von Paris und ist Präsident oder Mitglied zahlreicher nationaler (Aix-les-Bains) oder internationaler Jurys. Er transkribiert viele Werke für sein Instrument und erweitert so vor allem die ansonsten recht spärliche symphonische Literatur für Saxophon. Verschiedene Komponisten schreiben für ihn, darunter Eugène Bozza (*Concertino für Saxophon und Orchester*), Jacques Ibert (*Concertino da Camera*), Henri Tomasi (*Ballade*) und Pierre Vellones (*Konzert für Saxophon und Orchester*). Mit seinem Quartett kreiert er Werke von Alexander K. Glasunow (*Quartett*) und Jean Françaix (*Petit quatuor*, Kleines Quartett).

Mullowa, Viktoria
Russische Violinistin, geb. 27. 11. 1959 Moskau.
An der Moskauer Zentralschule für Musik studiert sie zunächst bei Wolodar Bronin (1969–78), einem Schüler David F. Oistrachs, und geht dann zu Leonid B. Kogan an das Moskauer Konservatorium. Als Sechzehnjährige gewinnt sie beim Wienawski-Wettbewerb in Poznań (Posen) den 1. Preis. 1981 ist sie auch beim Sibelius-Wettbewerb in Helsinki erfolgreich. Ein Jahr später teilt sie sich beim Tschaikowskij-Wettbewerb in Moskau mit Sergej Stadler den 1. Preis. 1983 benutzt sie eine Finnland-Tournee, um in die Vereinigten Staaten zu emigrieren, wo sie sehr schnell erfolgreich ist, vor allem aufgrund verschiedener Schallplattenaufnahmen und Konzerte unter Seiji Ozawa, Riccardo Muti und Lorin Maazel. Sie spielt auf einer Stradivari, der *Falk*, die bei Sotheby's ersteigert wurde.

Munclinger, Milan
Tschechischer Flötist und Dirigent, geb. 3. 8. 1923 Košice (Kaschau), gest. 30. 3. 1986 Prag.
Er studiert am Konservatorium (1942–48) und an der Kunstakademie (1946–50) in Prag bei Václav Talich, Method Doležil und Pavel Dědeček; gleichzeitig studiert er Komposition bei Karel Janeček und Miroslav Krejčí. Während des Zweiten Weltkriegs ist er Flötist am Gewandhaus-Orchester Leipzig. Als Dirigent debütiert er 1948. 1951 gründet er in Prag das Ensemble Ars Rediviva, mit dem er hauptsächlich barocke und klassische Werke aufführt. Gleichzeitig gehört er dem Prager Bläserquintett an und verfolgt eine Karriere als Flötist. Er spielt eine wesentliche Rolle bei der Wiederbelebung der böhmischen Kunstmusik des 18. Jahrhunderts und unterrichtet bis zu seinem Tod an der Prager Musikakademie.

Mund, Uwe
Österreichischer Dirigent, geb. 30. 3. 1941 Wien.
Er erhält eine Ausbildung als Pianist und gibt als Vierzehnjähriger sein erstes Konzert. Anschließend geht er an die Wiener Musikakademie, wo er bei Hans Petermandl Klavier, bei Hans Jelinek Komposition und bei Hans Swarowsky

Orchesterleitung studiert. Er debütiert als Chorleiter der Wiener Sängerknaben und bleibt dort zwei Jahre. 1963 holt ihn Herbert von Karajan als Chorleiter an die Wiener Oper. Wähend dieser Zeit perfektioniert er sich als Dirigent bei Sommerkursen in Salzburg und Nizza und wird Assistent bei den Festspielen von Salzburg und Bayreuth. 1965 geht er als Korrepetitor nach Freiburg/Br. und wird dort bald zum Chorleiter und Kapellmeister ernannt. 1970 wird er Kapellmeister am Theater am Gärtnerplatz in München; 1973 geht er als 1. Kapellmeister nach Kiel und 1975 in der gleichen Funktion nach Frankfurt. 1977 wird er in Gelsenkirchen zum Musikdirektor ernannt. Auch als Gastdirigent ist er erfolgreich. 1987 wird er Musikdirektor am Teatro Liceo in Barcelona. 1990 geht er als Chefdirigent an die Grazer Oper. 1979 leitet er die Uraufführung von Hans Werner Henzes *Apollo trionfante*.

Munrow, David
Englischer Flötist und Musikwissenschaftler, geb. 12. 8. 1942 Birmingham, gest. 15. 6. 1976 Chesham Bois.
Er studiert an der King Edward's School Klavier, Fagott, Gesang und vor allem Blockflöte, auf der er es zu großer Meisterschaft bringt. Als Achtzehnjähriger geht er, vom British Council Overseas Voluntary Scheme gefördert, nach Südamerika. Er unterrichtet am Markham College in Peru und studiert die sehr lebendige Volksmusiktradition auf dem südamerikanischen Kontinent, vor allem die bolivianischen Flöten, die peruanischen Blasinstrumente und die vielen anderen Instrumente, die fast ausschließlich auf diesem Erdteil gespielt werden. Wieder zurück in Großbritannien, schließt er in Cambridge sein Studium ab und beschäftigt sich an der Universität Birmingham mit Forschungen auf dem Gebiet der Musik des Mittelalters und der Renaissance (1965–68). Er unterrichtet ein Jahr an einem Gymnasium und wird dann als Fagottist Mitglied der Royal Shakespeare Company Wind Band, deren musikalischer Leiter, Guy Woolfenden, ihm schon bald die Möglichkeit bietet, die Sammlung alter Blasinstrumente, die er zusammengetragen hat (u. a. Krummhörner und Rauschpfeifen), zu benutzen. 1967 wird er Dozent für Musikgeschichte an der Universität von Leicester. Im gleichen Jahr gründet er das Early Music Consort of London. 1969 geht er als Professor für Blockflöte an die Royal Academy of Music nach London. Im Mai 1971 beginnt er eine Sendereihe für die BBC; als er 1976 bei einem Verkehrsunfall viel zu früh ums Leben kommt, hat er die 665. Sendung fertiggestellt!
W: *Instruments of the Middle Ages and Renaissance* (London 1976).

Muratore, Lucien
Französischer Tenor, geb. 29. 8. 1876 Marseille, gest. 16. 7. 1954 Paris.
Er studiert am Konservatorium von Marseille Musik, debütiert aber als Schauspieler an der Seite von Sarah Bernhardt. Nach dieser ersten Bühnenerfahrung nimmt er am Pariser Konservatorium das Gesangsstudium wieder auf. 1902 wirkt er an der Opéra-Comique an der Uraufführung von Reynaldo Hahns Oper *La Carmélite* (Die Karmeliterin) mit, sein erster Auftritt als Sänger. 1904 interpretiert er am Théâtre de la Monnaie in Brüssel den Werther (Massenet). 1905 wird er Mitglied der Pariser Oper und muß gleich für den Tenor Augustarello Affre als Renaud in *Armide* (Gluck) einspringen. Kurz darauf debütiert er offiziell als Faust (Gounod), der Beginn einer großartigen Karriere an der Pariser Oper, an der er bei vielen Uraufführungen mitwirkt: *La Catalane* (Die Katalanin, Le Borne), *Monna Vanna* (Février), *Le Miracle* (Das Wunder, Hue), *Roma* und *Ariane* (beide Massenet). Bei der Pariser Erstaufführung von Gabriel Faurés *Pénélope* im Jahre 1913 interpretiert er den Odysseus. Bis 1920 gibt er in der ganzen Welt zahlreiche Gastspiele: Buenos Aires, Chicago (1913–20), New York u. a. In den Vereinigten Staa-

ten wirkt er an Stummfilmen mit. 1933 ist er der Star des Tonfilmes *Le Chanteur inconnu* (Der unbekannte Sänger). In *Orphée aux enfers* (Orpheus in der Unterwelt, Offenbach) beendet er seine Karriere, übernimmt für einige Monate die Leitung der Pariser Opéra-Comique und widmet sich anschließend pädagogischen Aufgaben.

Murray, Ann
Englische Mezzosopranistin, geb. 27. 8. 1949 Manchester.
Sie studiert bei Frederick Cox am Royal College of Music in Manchester und geht dann nach London, um ihr Studium am Opera Center fortzusetzen. Eine Fernsehsendung mit Raymond Leppard macht sie bekannt. Drei Jahre lang ist sie die einzige Sängerin, die von der Gulbenkian-Stiftung ein Stipendium erhält. Sie debütiert an der Scottish Opera und singt dort die Zerlina (*Don Giovanni*, Mozart), den Orlowski (*Die Fledermaus*, R. Strauss) und die Alkeste (Gluck). Anschließend geht sie an die English National Opera, wo sie als Isolier (*Le Comte Ory*, Graf Ory, Rossini), Dido (*Dido and Aeneas*, Purcell) und in der Titelrolle von *La Cenerentola* (Aschenbrödel, Rossini) auftritt. 1976 wechselt sie zum Covent Garden und debütiert dort als Cherubin (*Le nozze di Figaro*, Mozart). Anschließend singt sie verschiedene Hosenrollen, den Siebel (*Faust*, Gounod), Ascanio (*Ascanio in Alba*, Mozart) und Tebaldo (*Don Carlos*, Verdi). Gleichzeitig gibt sie zahlreiche Konzerte. 1978 gastiert sie als Bradamante (*Alcina*, Händel) bei den Festspielen von Aix-en-Provence. An der Kölner Oper interpretiert sie die Titelrollen von *La Cenerentola* und *La Périchole* (Offenbach). In *Les Contes d'Hoffmann* singt sie auch den Niklaus. 1979 gastiert sie in Hamburg als Komponist (*Ariadne auf Naxos*, R. Strauss). Im gleichen Jahr singt sie an der New York City Opera den Sextus (*La clemenza di Tito*, Titus, Mozart). In der gleichen Rolle gastiert sie 1981 in Zürich. 1982 debütiert sie auf den Salzburger Festspielen und 1984 an der Mailänder Scala (in *Lucio Silla*, Mozart).

Muti, Riccardo
Italienischer Dirigent, geb. 28. 7. 1941 Neapel.
Als Kind lernt er Klavier; so beginnt er zunächst am Konservatorium von Neapel bei Vicenzo Vitale, einem Schüler Alfred Cortots, Klavier zu studieren. Für einen erkrankten Studienkollegen springt er als Dirigent des Studentenorchesters ein. Er gewinnt Geschmack am Dirigieren, geht an das Konservatorium in Mailand und studiert bei Antonino Votto Orchesterleitung. 1967 gewinnt er beim Guido Cantelli-Wettbewerb den 1. Preis. Ein Jahr später tritt er beim Maggio Musicale Fiorentino zum ersten Mal auf und dirigiert gleich ein Konzert mit Swjatoslaw T. Richter als Solist. 1969–73 arbeitet er als ständiger Dirigent bei dem Festival, dessen musikalische Leitung er 1973 übernimmt (bis 1982). 1971 debütiert er bei den Salzburger Festspielen. Zwei Jahre später wird er in London Nachfolger von Otto Klemperer an der Spitze des Philharmonia Orchestra (1973–82). 1977 ist er principal guest conductor des Orchesters von Philadelphia, dessen Leitung er 1980 übernimmt (bis 1991). In Florenz dirigiert er 1972 die erste integrale Version von *Guillaume Tell* (Rossini). Er erneuert die Operntradition in dieser Stadt und führt *Agnes von Hohenstaufen* (Spontini), *L'Africaine* (Die Afrikanerin, Meyerbeer), *Attila* und *I masnadieri* (Die Räuber, beide Verdi) auf. Er setzt sich auch für die zeitgenössische Musik ein, vor allem bei seinen Konzerten (Britten, Dallapiccola, Hindemith, Ligeti, Petrassi und Schostakowitsch). 1986 geht er als Nachfolger von Claudio Abbado als Musikdirektor an die Mailänder Scala.

Mutter, Anne-Sophie
Deutsche Violinistin, geb. 29. 6. 1963 Rheinfelden (Baden).
Als Fünfjährige beginnt sie, Klavier zu lernen; etwas später erhält sie dann von

Erna Honigberger, einer Schülerin von Carl Flesch, Geigen-Unterricht. 1970 gewinnt sie beim Wettbewerb Jugend musiziert in Violine und zusammen mit ihrem Bruder Christoph in Klavier zu vier Händen je einen 1. Preis. 1974 nimmt sie ein zweites Mal an dem Wettbewerb teil und gewinnt ihn wieder. Nach dem Tod ihrer Lehrerin geht sie zu Aida Stucki, einer weiteren Flesch-Schülerin, an das Konservatorium in Winterthur (Schweiz). Sie ist dreizehn Jahre alt, als sie Herbert von Karajan auffällt, der sie zum Vorspielen nach Berlin kommen läßt und sie als Solistin für Konzerte mit den Berliner Philharmonikern engagiert. Auch andere berühmte Dirigenten wie Christoph von Dohnányi, Wolfgang Sawallisch, Zubin Mehta und Mstislav L. Rostropowitsch laden sie ein. Ab 1985 bildet sie mit Bruno Giuranna und Mstislav L. Rostropowitsch ein Trio. 1986 vertraut man ihr an der Royal Academy of Music in London eine Geigenklasse an. Sie spielt zunächst auf einem Instrument aus der Hand von Nicola Gagliano. Inzwischen besitzt sie zwei Stradivari, die *Emiliani* (1703), die sie 1979 erwirbt, und die *Lord Dunn-Raven* (1710). Ihr zweiter Bruder Andreas ist ebenfalls Geiger.

Muzio, Claudia (= Claudina Emilia Maria Muzio)
Italienische Sopranistin, geb. 7. 2. 1889 Pavia, gest. 24. 5. 1936 Rom.
Ihr Vater war Regisseur am Covent Garden und anschließend an der Met, ihre Mutter Chorsängerin an der Met. Sie studiert bei Annetta Casaloni in Turin und bei Elettra Callery-Viviani in Mailand und debütiert 1911 in Arezzo in der Titelrolle von *Manon Lescaut* (Puccini). Ein Jahr später erzielt sie in Mailand am Teatro dal Verme einen überragenden Erfolg, so daß sie ein Jahr später wieder von der Scala eingeladen wird, die Desdemona (*Otello*, Verdi) und die Fiora (*L'Amore dei tre re*, Die Liebe der drei Könige, Montemezzi) zu interpretieren. Neapel und London laden sie ein. 1915 gibt sie an der Oper von Havanna ein Gastspiel. Ein Jahr später debütiert sie in *Tosca* (Puccini) an der Met und wird auf Anhieb (bis 1921) deren Primadonna. 1918 kreiert sie dort bei der Uraufführung von Giacomo Puccinis Oper *Il tabarro* (Der Mantel) die Rolle der Georgette und 1920 bei der amerikanischen Erstaufführung von *Eugen Onegin* (Tschaikowskij) die Tatjana. Chicago und Buenos Aires laden sie ein, Havanna zum wiederholten Male, und auch Rio de Janeiro. 1926 kehrt sie nach Italien zurück und feiert einen Triumph nach dem anderen. 1934 gastiert sie von neuem an der Met und interpretiert die Violetta (*La Traviata*, Puccini) und Santuzza (*Cavalleria rusticana*, Mascagni). Im gleichen Jahr nimmt sie an der römischen Oper an der Uraufführung von *Cecilia* von Licino Refice teil; außerdem singt sie, immer noch 1934, zur Eröffnung der Oper in San Francisco die Tosca (Puccini). 1935 unternimmt sie eine ausgedehnte Südamerika-Tournee, die sie aus Gesundheitsgründen im Frühjahr abbrechen muß. Sie ist gezwungen, nach Rom zurückzukehren.

Myung-Wha Chung
siehe **Chung, Myung-Wha**

Myung-Whun Chung
siehe **Chung, Myung-Whun**

N

Nachéz, Tivadar (= Theodor Naschitz)
Ungarischer Violinist, geb. 1. 5. 1859 Budapest, gest. 29. 5. 1930 Lausanne.
Er studiert in Berlin bei Joseph Joachim und in Paris bei Hubert Léonard, so daß er von der französischen wie der deutschen Geigen-Schule gleichermaßen beeinflußt ist. Bis zum Ausbruch des Ersten Weltkriegs lebt er in London, von wo aus er eine rege Konzerttätigkeit in der ganzen Welt ausübt, und geht dann nach Kalifornien. Erst 1926 nimmt er seine Solisten-Tätigkeit wieder auf. Dieser stark virtuos ausgerichtete Geiger verfaßt viele Transkriptionen von klassischen Werken und von ungarischer Volksmusik. 1913 kreiert er zwei bis dahin unbekannte Violin-Konzerte Antonio Vivaldis.

Nafé, Alicia
Argentinische Mezzosopranistin, geb. 4. 8. 1947 Buenos Aires.
Sie studiert zunächst Jura und dann erst Gesang am Städtischen Konservatorium von Buenos Aires und an der Schule des Teatro Colón und perfektioniert sich anschließend mit Hilfe eines Stipendiums an der Musikhochschule in Madrid. Erste Engagements führen sie an das Teatro Real in Madrid und an das Liceo in Barcelona. 1975 nimmt sie in Toledo an einer Aufführung des *Requiems* von Giuseppe Verdi teil. Weitere Engagements führen sie über die Opern in São Paulo (Brasilien), Hongkong, Lissabon und Buenos Aires an die von Madrid. In Deutschland gibt sie in Darmstadt, Frankfurt und Köln Gastspiele und wird 1977 Mitglied der Hamburger Oper (bis 1981). Ihre leidenschaftliche Carmen (Bizet) beeindruckt, aber auch als Dorabella (*Così fan tutte*, Mozart) und im italienischen Repertoire, hier vor allem als Cenerentola (Aschenbrödel, Rossini), die sie 1981 auch in Genf singt, zeichnet sie sich aus. Im gleichen Jahr wirkt sie in Lyon bei den Berlioz-Festspielen an einer Aufführung von *Béatrice et Bénédict* mit. 1975–76 gastiert sie in Bayreuth. Ihre Paraderolle, die Dorabella, singt sie 1982 auch an der Opéra-Comique in Paris und 1984 am Théâtre de la Monnaie in Brüssel.

Nagano, Kent
Amerikanischer Dirigent, geb. 22. 11. 1951 Morro Bay (Ca.).
Seine Eltern waren aus Japan in die Vereinigten Staaten eingewandert. Er wird zunächst von seiner Mutter in Bratsche, Klarinette und Koto unterrichtet und studiert dann in Oxford, an der kalifornischen Universität in Santa Cruz sowie an der Universität von San Francisco in der Absicht, Jurist zu werden. Erst als Einundzwanzigjähriger beschließt er, sich der Musik zu widmen. 1977–79 ist er Schüler von Osbourne McConathy (Orchesterleitung und Musikwissenschaften). Vier Jahre lang arbeitet er als Korrepetitor an der Oper von Boston und dirigiert auch zeitweilig. Anschließend geht er als Dirigent an die Kammeroper von San Francisco und von dort aus an das Oakland Ballet Orchestra und das Berkeley Symphony Orchestra, mit dem er das gesamte Orchesterwerk von Olivier Messiaen aufführt. 1983 engagiert Seiji Ozawa ihn als Assistenten für die Uraufführung von Messiaens Oper *Saint François d'Assise*. Nagano leitet die ersten Aufführungen des Werkes in Deutschland, Holland und Spanien. 1986–89 ist er principal guest conductor des Ensembles InterContemporain, bevor er 1989 musikalischer Leiter der Oper von Lyon wird.

Nakamura, Hiroko
Japanische Pianistin, geb. 25. 6. 1944 Tokio.
Sie studiert an der Toho Music School in Tokio bei Aiko Iguchi (1948–62). 1959 gewinnt sie beim NHK-Mainichi-Wettbewerb den 1. Preis; ein Jahr später debütiert sie unter Hiroyuki Iwaki. 1963–66 perfektioniert sie sich bei Rosina Lhévinne an der Juilliard School of Music in New York und bei Nikita Magaloff, Zbigniew Drzewiecki und Stefan Askenase. 1965 wird sie beim Chopin-Wettbewerb ausgezeichnet, was ihr bei ihrer internationalen Karriere sehr hilft.

Naoumoff, Emile
Französischer Pianist und Komponist bulgarischer Herkunft, geb. 20. 2. 1962 Sofia.
Als Fünfeinhalbjähriger beginnt er mit dem Klavier-Unterricht. Ein Jahr später komponiert er sein erstes Stück, das 1972 in Paris unter Yehudi Menuhin uraufgeführt wird. 1971–79 studiert er in Paris bei Nadia Boulanger. 1975 wird er am Pariser Konservatorium Schüler von Pierre Sancan und erhält 1978 1. Preise in Klavier und Kammermusik. Bei Pierre Dervaux studiert er an der Ecole Normale de Musique Orchesterleitung. Seit 1980 unterrichtet er am Amerikanischen Konservatorium und beginnt eine Laufbahn als Solist, wobei er häufig eigene Kompositionen und Transkriptionen spielt. 1984 wechselt er als Lehrer an das Pariser Konservatorium.

Napier, Marita
Südafrikanische Sopranistin, geb. 16. 2. 1939 Johannesburg.
Sie beginnt ihr Studium in Südafrika und geht dann an die Nordwestdeutsche Musikakademie in Detmold. 1972–73 singt sie an der Oper von San Francisco die Sieglinde und die Freia (*Der Ring des Nibelungen*, Wagner). In der Spielzeit 1973–74 gehört sie zum Ensemble der Oper von Hannover und gastiert regelmäßig in Hamburg. 1967 debütiert sie in Bayreuth als Chorsängerin, erhält 1973 dort kleinere Rollen und singt 1974 die Sieglinde. Nach diesem Erfolg wird sie von den wichtigsten deutschen Bühnen eingeladen. Auch in Genf wirkt sie an einer Aufführung des *Rings* mit. Doch ihr Repertoire beschränkt sich nicht nur auf Rollen des Wagner-Faches. Auch im Konzertsaal ist sie erfolgreich.

Nat, Yves
Französischer Pianist und Komponist, geb. 29. 12. 1890 Béziers, gest. 31. 8. 1956 Paris.
In Béziers erhält er ersten Musikunterricht (Klavier, allgemeine Musiklehre und Harmonielehre). Der Organist der Kathedrale Saint-Nazaire bringt ihm das Werk Johann Sebastian Bachs nahe. Als Siebenjähriger gibt er in der Kathedrale seinen ersten Orgelabend. Als Elfjähriger kann er *Das wohltemperierte Klavier* (Bach) auswendig spielen. Er fällt Gabriel Fauré und Camille Saint-Saëns auf, als er eine *Fantaisie pour orchestre* aus eigener Feder dirigiert. Anschließend geht er über Toulouse an das Konservatorium von Paris, wo er in der Klasse von Louis Diémer 1907 einen 1. Preis erhält. Der begeisterte Claude Debussy nimmt ihn 1908 mit nach London. Er befreundet sich mit Eugène Ysaÿe, der mit ihm bei den Kammermusik-Konzerten des belgischen Hofs auftritt und auch sonst mit ihm Kammermusik spielt. Seine Karriere als Solist wird so bedeutend, daß er seine kompositorische Arbeit einschränken muß. 1934 wird er am Pariser Konservatorium zum Professor ernannt. Er widmet sich seinen pädagogischen Aufgaben genauso intensiv wie der Interpretation des deutschen romantischen Repertoires. Auch heute noch gelten seine Einspielungen der Klaviersonaten Ludwig van Beethovens und der großen Klavierzyklen Robert Schumanns als mustergültig. Als Komponist hinterläßt er hauptsächlich Werke für Klavier, die zu Unrecht vergessen sind.
W: *Carnets* (Paris 1983).

Navarra, André
Französischer Cellist, geb. 13. 10. 1911 Biarritz, gest. 31. 7. 1988 Siena.
1920 beginnt er am Konservatorium in Toulouse sein Studium, gibt als Elfjähriger sein erstes Konzert und erhält als Dreizehnjähriger einen 1. Preis. Anschließend geht er zu Jules Loeb und Charles Tournemire an das Pariser Konservatorium und erhält dort 1927 ebenfalls einen 1. Preis. 1928–35 beschäftigt er sich als Mitglied des Krettly-Quartetts intensiv mit Kammermusik. 1931 debütiert er als Solist mit den Concerts Colonne. 1937 gewinnt er den Wiener Wettbewerb, der Beginn einer internationalen Karriere, bei der sich André Navarra als einer der größten französischen Cellisten durchsetzt. 1949 wird er am Konservatorium von Paris zum Professor ernannt und unterrichtet dort bis 1979. Ab 1953 unterrichtet er außerdem an der Accademia Musicale Chigiana in Siena (bis 1979) und an der Wiener Hochschule für Musik. 1958 wird er an der Nordwestdeutschen Musikakademie in Detmold zum Professor ernannt (bis 1986). Folgende Werke sind ihm gewidmet: *Introït, récit et congé* (Introitus, Solo, Verabschiedung, Schmitt, 1951), *Konzert für Violoncello und Orchester Nr. 1* (Jolivet, 1962), *Konzert für Violoncello und Orchester* (Tisné, 1969). Er kreiert das *Konzert für Violoncello und Orchester* (Pascal, 1960), die *Sonate für Violoncello und Klavier* (Lajtha, 1961) und das *Konzert für Violoncello und Orchester* von Henri Tomasi (1970).

Nazareth, Daniel
Indischer Dirigent, geb. 8. 6. 1948 Bombay.
Als Siebenjähriger erhält er in seiner Vaterstadt ersten Geigen-Unterricht. 1964 schreibt er sich an der Universität Bombay in Volks- und Betriebswirtschaft ein und erhält vier Jahre später sein Diplom. Gleichzeitig studiert er Klavier und Musiktheorie und perfektioniert sich in London. Er debütiert als Dirigent mit dem Kammerorchester von Bombay. 1972–75 studiert er in Wien Komposition und Orchesterleitung. 1974 gewinnt er in Kopenhagen den Nikolai-Malko-Wettbewerb. 1976 perfektioniert er sich als Preisträger der Kussewitzky-Foundation mit Leonard Bernstein in Tanglewood. Ein Jahr später debütiert er in Spoleto als Operndirigent mit einer Aufführung von *Così fan tutte* (Mozart). 1978 gewinnt er beim Ernest-Ansermet-Wettbewerb in Genf den 2. Preis. Die wichtigsten europäischen Orchester laden ihn ein. 1982–85 ist er ständiger Dirigent des Symphonie-Orchesters in Berlin. 1988 wird er zum Musikdirektor des Teatro San Carlo in Neapel ernannt.

Neblett, Carol
Amerikanische Sopranistin, geb. 1. 6. 1946 Modesto (Ca.).
In der Saison 1978–79 taucht sie an der Met auf und singt mit großem Erfolg die Senta (*Der fliegende Holländer*, Wagner). Als sie zu Beginn der nächsten Saison an der Oper von Chicago die Minnie (*La fanciulla del West*, Das Mädchen aus dem goldenen Westen, Puccini) interpretiert, bestätigt sich ihre außergewöhnliche Begabung. In der gleichen Rolle wird sie von den Opern in Melbourne und Sydney eingeladen, bevor sie in Pittsburgh als Turandot, an der Edmonton Opera als Tosca (beide Puccini) und in Baltimore als Violetta (*La Traviata*, Verdi) auftritt. Gleichzeitig baut sie ihre Karriere als Konzertsängerin auf. 1980 gastiert sie an der Met, am Covent Garden, in Chicago, San Francisco und Seattle. Die Schallplattenaufnahme mit Erich Wolfgang Korngolds Oper *Die tote Stadt* macht sie als Marietta in der ganzen Welt bekannt. Die Wiener Oper lädt sie in der gleichen Rolle ein. Bei den Salzburger Festspielen debütiert sie als Vitellia (*La clemenza di Tito*, Titus, Mozart). Sie glänzt im Mozart-Repertoire, aber auch in ganz anders gearteten Rollen wie der Poppea (*L'incoronazione di Poppea*, Die Krönung der Poppea, Monteverdi), der Chrysothemis (*Elektra*) und der

Ariadne (*Ariadne auf Naxos*, beide R. Strauss).

Neel, Louis Boyd
Englischer Dirigent, geb. 19. 7. 1905 Blackheath bei London, gest. 30. 9. 1981 Toronto.
Er studiert Medizin und beginnt, als Arzt in London zu praktizieren, bevor er sich der Musik zuwendet und 1933 das Boyd Neel Orchestra gründet, eines der ersten Streichensembles, das das barocke Repertoire zu neuem Leben erwecken will und gleichzeitig die zeitgenössische Musik pflegt. Ein Jahr später dirigiert er bereits in Glyndebourne und 1937 bei den Salzburger Festspielen, wo die für ihn von Benjamin Britten komponierten *Variations on a Theme of Frank Bridge* uraufgeführt werden. Während des Zweiten Weltkriegs ist Boyd Neel wieder als Arzt tätig. 1945–46 dirigiert er am Sadler's Wells Theatre in London. 1953 läßt er sich in Kanada nieder und wird Dekan am Konservatorium von Toronto (bis 1971). 1960 gründet er das Hart House Orchestra, die kanadische Entsprechung seines englischen Kammerorchesters, und unternimmt mit ihm zahlreiche Tourneen. Nach dem Ausscheiden aus dem Konservatorium fährt er fort, in Kanada und Südafrika zu dirigieren. Er übernimmt die Leitung des Light Opera Festival in Sarnia (Ontario). 1957 geht aus dem Boyd Neel Orchestra das Philo Musica Orchestra of London hervor.
W: *The Story of an Orchestra* (London 1950).

Nef, Isabelle
Schweizer Cembalistin und Pianistin, geb. 27. 9. 1898 Genf, gest. 2. 1. 1976 Bossy.
Sie studiert zunächst am Konservatorium von Genf bei Marie Panthès und geht dann zu Isidore Philipp nach Paris. An der dortigen Schola Cantorum studiert sie bei Vincent d'Indy Komposition. 1923 wird sie Schülerin von Wanda Landowska, bei der sie zwölf Jahre lang Unterricht erhält und mit der sie regelmäßig in den Konzerten für mehrere Cembali von Johann Sebastian Bach auftritt. Sie gibt in ganz Europa Konzerte und gastiert als erste Cembalistin in der Sowjetunion und in Südafrika. 1936 wird sie am Konservatorium von Genf zur Professorin ernannt. Gian Francesco Malipiero schreibt für sie *Dialoghi Nr. 6* und *Konzert für Cembalo und Orchester* und Frank Martin sein *Konzert für Cembalo und Orchester*.

Negri, Vittorio
Italienischer Dirigent, geb. 16. 10. 1923 Mailand.
Acht Jahre lang studiert er am Konservatorium von Mailand Violine, Komposition und Orchesterleitung und debütiert 1952 als Bernhard Paumgartners Assistent in Salzburg; Paumgartner macht ihn auf die venezianische Barockliteratur aufmerksam, zu deren großen Spezialisten sich Vittorio Negri entwickelt. Er macht ein breites Publikum mit den Kompositionen Giovanni Gabrielis und den religiösen Werken Antonio Vivaldis vertraut, die damals völlig unbekannt sind. Er gräbt auch die Opern Vivaldis aus, zuerst *Juditha Triomphans* und anschließend *Tito Manlio*, dessen erste moderne Aufführung er 1979 in der Piccola Scala leitet. Auch das *Requiem* von Domenico Cimarosa erlebt durch ihn eine Renaissance. Mit der Zeit erweitert er sein Repertoire und spielt auch Werke von Joseph Haydn, Wolfgang Amadeus Mozart (*Betulia Liberata*) sowie die Opern von Gioacchino Rossini. Er gehört zu jener Generation von Dirigenten, die zugleich Musikwissenschaftler sind und für die die Entdeckung und Herausgabe verlorengeglaubter Werke genauso wichtig sind wie ihre Aufführung. Er nimmt an zahlreichen Kongressen teil und gründet die italienische Gesellschaft für Musikwissenschaft.

Neidlinger, Gustav
Deutscher Baßbariton, geb. 21. 3. 1910 Mainz, gest. 26. 12. 1991 Stuttgart.
Er studiert bei Otto Rottsieper in

Frankfurt und debütiert in Mainz als Buffo. 1934–36 singt er in Plauen und 1936–50 in Hamburg. Anschließend geht er an die Stuttgarter Oper, wo er 1953 zum Kammersänger ernannt wird. 1952 tritt er zum ersten Mal in Bayreuth auf und singt bis 1975 den Alberich (*Der Ring des Nibelungen*), Klingsor (*Parsifal*), Hans Sachs und den Nachtwächter (beide *Die Meistersinger von Nürnberg*), Kurwenal (*Tristan und Isolde*) und Telramund (*Lohengrin*, alle Wagner). Als ausgesprochener Wagner-Spezialist gastiert er in der ganzen Welt (in Paris, London, Hamburg, Wien, New York und in vielen anderen berühmten Musikzentren). Er begeistert auch in den Opern Carl Maria von Webers sowie als Pizzaro (*Fidelio*, Beethoven).

Nelson, John
Amerikanischer Dirigent, geb. 6. 12. 1941 San José (Costa Rica).
Er beginnt als Siebenjähriger in Costa Rica, wo seine Eltern als Missionare tätig sind, mit dem Klavier-Unterricht und geht dann an das Wheaton College und zu Jean Morel an die Juilliard School of Music in New York (1963–67), wo er den Irving-Berlin-Preis in Orchesterleitung erhält. Er debütiert mit dem New Yorker Kammerorchester. 1972 dirigiert er in der Carnegie Hall bei einer konzertanten Aufführung die integrale Fassung der *Troyens* (Die Trojaner, Berlioz). Die New York City Opera lädt ihn ein, *Carmen* (Bizet) zu dirigieren. An der Oper von Santa Fe leitet er die amerikanische Erstaufführung von Benjamin Brittens *Owen Wingrave*. 1973 debütiert er mit *Les Troyens* an der Met und wird in der Folge einer der ständigen Dirigenten des Hauses. Gleichzeitig leitet er die bedeutendsten amerikanischen Orchester. 1977–87 ist er Musikdirektor des Symphonie-Orchesters von Indianapolis und 1979–80 musikalischer Berater des Orchesters von Louisville. Ab 1981 gastiert er regelmäßig bei den Berlioz-Festspielen in Lyon. Augenblicklich ist er Musikdirektor der Oper von Saint Louis und des Caramoor Festival.

Nelson, Judith
Amerikanische Sopranistin, geb. 10. 9. 1939 Chicago.
Sie erhält ersten Unterricht von Andrea von Ramm vom Studio der frühen Musik in München, bevor sie zu Martial Singher nach Kalifornien geht. Sie wendet sich schnell der Musik des 17. und 18. Jahrhunderts zu und gibt viele Konzerte, von Kammerorchestern oder aber auch nur von einem einfachen Generalbaß begleitet. Sie arbeitet eng mit auf diese Musik spezialisierten Ensembles wie der Academy of Ancient Music von Christopher Hogwood oder dem Complesso Barocco von Alan Curtis zusammen. Doch am liebsten singt sie mit dem Altisten René Jacobs, am Cembalo von William Christie begleitet, Vokal-Duos der Barockzeit, wobei häufig auch Instrumentalisten des Concerto Vocale mitwirken. Ihre Interpretationen der Italiener des 17. Jahrhunderts (u. a. Cesti, Steffani, Monteverdi und Rossi) und Georg Friedrich Händels belegen ihre ausgefeilte Technik und ihre genaue Kenntnis des frühen Gesangs.

Nelsova, Zara
Amerikanische Cellistin kanadischer Herkunft, geb. 24. 12. 1924 Winnipeg.
Ihre Familie stammt aus Rußland. Sie studiert in London bei Herbert Walenn und debütiert 1937 unter der Leitung von Malcolm Sargent. Mit ihren Schwestern bildet sie das Kanadische Trio, mit dem sie zahlreiche Tourneen unternimmt. Sie perfektioniert sich in New York bei Emmanuel Feuermann und in Prades bei Pablo Casals und schlägt auch als Solistin eine internationale Karriere ein. Seit 1962 unterrichtet sie an der Juilliard School of Music in New York. Sie spielt auf einem Stradivari aus dem Jahre 1726, dem *Marquis de Corboron*. 1963–73 ist sie mit dem Pianisten Grant Johannesen verheiratet. Ernest Bloch widmet ihr seine *Suiten für Violoncello solo*.

Nelsson, Woldemar
Deutscher Dirigent ukrainischer Herkunft, geb. 12. 8. 1938 Kiew.
Sein Vater, Dirigent in seiner Heimatstadt, erteilt ihm ersten Geigen-Unterricht. Anschließend läßt er sich am Konservatorium von Nowosibirsk zum Dirigenten ausbilden. 1971 gewinnt er den innersowjetischen Dirigenten-Wettbewerb und erregt Aufsehen. Für drei Jahre wird er Assistent von Kirill P. Kondraschin bei den Moskauer Philharmonikern. Bis 1977 arbeitet er mit den größten sowjetischen Künstlern zusammen. Er emigriert und arbeitet in Deutschland, Großbritannien, England und der Schweiz als Gastdirigent. 1980 wird er mit der Max-Reger-Medaille ausgezeichnet. Im gleichen Jahr wird er Generalmusikdirektor in Kassel (bis 1987). In Bayreuth dirigiert er 1980–82 *Lohengrin* (Wagner). Er leitet die Uraufführungen von *Orpheus*, ein Ballett von Hans Werner Henze (1979) und von *Die schwarze Maske*, eine Oper von Krzysztof Penderecki (Salzburger Festspiele 1986).

Nespoulos, Marthe
Französische Sopranistin, geb. 1. 5. 1894 Paris, gest. 6. 8. 1962 Bordeaux.
Die Schülerin von Jeanne Billa-Azéma in Paris debütiert 1920 an der Oper von Nizza. 1922 singt sie in einer Pariser Kirche die Sopran-Partie in Gabriel Faurés *Requiem*. Daraufhin wird sie von der Pariser Oper engagiert, wo sie in einer Nebenrolle in *Hérodiade* (Massenet) debütiert, sich aber schnell hocharbeitet und an der Oper wie an der Opéra-Comique Hauptrollen übertragen bekommt. Brüssel, Monte Carlo, Nizza und Bordeaux sowie Neapel, Amsterdam, Barcelona und Buenos Aires laden sie ein. Sie gehört zu den wichtigsten französischen lyrischen Sopranistinnen ihrer Generation. Die Mélisande (*Pelléeas et Mélisande*, Debussy) ist ihre wichtigste Rolle. Sie arbeitet an verschiedenen Filmen mit. 1933 wirkt sie an der Pariser Oper an der Uraufführung von Joseph Canteloubes Oper *Vercingétorix* mit. Ein Jahr später zieht sie sich von der Bühne zurück. Ab 1949 unterrichtet sie am Konservatorium von Bordeaux.

Nesterenko, Jewgenij
Russischer Bassist, geb. 8. 1. 1938 Moskau.
Er studiert am Konservatorium von Leningrad und debütiert im Maly-Theater als König Treff (*Ljubow k trjom apelsinam*, Die Liebe zu den drei Orangen, Prokofiew). 1967 gewinnt er beim Tschaikowskij-Wettbewerb in Moskau eine Goldmedaille sowie den Gesangs-Wettbewerb in Sofia und wird Mitglied des Kirow-Theaters in Leningrad, wo er im russischen Repertoire glänzt (Warlaam, *Boris Godunow*, Mussorgskij; ein Waräger, *Sadko*, Rimskij-Korssakow; Kotschubej, *Maseppa*, Tschaikowskij; Kontschak, *Knjas Igor*, Fürst Igor, Borodin), aber auch in *Faust* (Gounod) und in *Il barbiere di Siviglia* (Der Barbier von Sevilla, Rossini). 1971 wird er Mitglied des Bolschoi-Theaters und erweitert dort sein Repertoire um den Boris (*Boris Godunow*, Mussorgskij), Igor (*Knjas Igor*), Philipp II. (*Don Carlos*, Verdi), Mephisto (*Mefistofele*, Boito) und Ruslan (*Ruslan und Ludmila*, Glinka). An der Scala, der Met und am Covent Garden gastiert er als Boris. Einen nicht unbeträchtlichen Teil seiner Arbeitszeit widmet er Liederabenden und pflegt besonders die Werke Dmitri D. Schostakowitschs; er kreiert 1966 die *Fünf Romanzen*, op. 121, sowie 1974 die *Gedichtfolge über Michelangelo*, die ihm gewidmet ist. Er ist Professor für Gesang am Moskauer Konservatorium.

Neuhaus, Heinrich Gustavowitsch
Russischer Pianist, geb. 31. 3. (12. 4.) 1888 Jelisawetgrad (heute Kirowgrad), gest. 10. 10. 1964 Moskau.
Der Neffe des Pianisten und Komponisten Felix M. Blumenfeld und Vetter des Komponisten Karol Szymanowski wird von seinem Vater Gustav, einem ebenfalls geschätzten Pianisten, unterrichtet. Seine Familie stammt aus dem

Rheinland. Sein zweiter Lehrer wird Ferdinand Hiller. Als Neunjähriger gibt er sein erstes Konzert. 1904 unternimmt er seine erste Deutschland-Tournee. In Berlin nimmt er das Studium wieder auf (Klavier bei Karl Heinrich Barth, ein Schüler Hans von Bülows und Carl Tausigs, und Komposition bei Paul Juon), bevor er sich in Wien bei Leopold Godowsky 1912–14 als Pianist perfektioniert. Bei Ausbruch des Ersten Weltkriegs kehrt er nach Rußland zurück. 1918–22 unterrichtet er am Konservatorium von Kiew und geht dann an das von Moskau, wo er bis zu seinem Tod wirkt. 1935–37 leitet er das Konservatorium. Heinrich G. Neuhaus ist vor allem als außergewöhnlich begabte Pädagoge bekanntgeworden. Viele berühmte Schüler verschiedener Generationen haben bei ihm studiert, darunter Swjatoslaw T. Richter, Emil G. Gilels, Jewgenij W. Malinin, Yakov I. Zak, Victor Eresco, Wladimir Krainev und Radu Lupu, deren Gesamtheit nicht nur einen Stil bedeutet, sondern eine Klavierschule. Die wenigen Schallplattenaufnahmen, die erhalten sind, und das Echo auf die Konzerte, die er gibt, belegen, daß er nicht nur als Pädagoge Außergewöhnliches leistet. Bei aller Werktreue legt er Wert auf die natürliche Entwicklung eines Musikstückes und dessen sozusagen selbstverständlichen Ablauf, wobei sein ganzes Bemühen dem Klangbild gilt. Auch sein Sohn Stanislas (1927–80) ist ein bekannter Pianist und Pädagoge.

WW: *Ob iskusstwe fortepiannoj igry* (Moskau 1958, dt. Die Kunst des Klavierspiels, Köln 1967); *Awtobiografitscheskije sapiski* (Autobiographische Notizen, Moskau 1974).

Neuhold, Günter
Östereichischer Dirigent, geb. 2. 11. 1947 Graz.
Er studiert an der Hochschule für Musik seiner Vaterstadt und perfektioniert sich anschließend bei Franco Ferrara an der Accademia Nazionale di Santa Cecilia in Rom und bei Hans Swarowsky in Wien. Der Preisträger des Karl-Böhm-Wettbewerbs in Salzburg, des Hans-Swarowsky-Wettbewerbs in Wien und des Guido-Cantelli-Wettbewerbs in Mailand beginnt an der Oper von Hannover und der von Dortmund zu dirigieren. 1981 wird er zum Musikdirektor des Symphonie-Orchesters »Arturo Toscaninis« in Parma ernannt. 1986 übernimmt er die Leitung des Königlichen Philharmonie-Orchesters von Flandern in Antwerpen. 1989 geht er als Generalmusikdirektor an das Badische Staatstheater in Karlsruhe. Seit 1978 dirigiert er regelmäßig bei den Salzburger Festspielen. Verschiedene Tourneen führen ihn in die Vereinigten Staaten und nach Japan.

Neumann, Václav
Tschechoslowakischer Dirigent, geb. 29. 9. 1920 Prag.
Er studiert am Konservatorium von Prag bei Josef Micka Violine und bei Pavel Dědeček und Method Doležil Orchesterleitung (1940–45). Noch als Student gehört er dem Smetana-Quartett an (1. Geige 1940–43, Bratsche 1943–46). Die gleiche Funktion nimmt er anschließend beim Tschechischen Quartett wahr. Als Orchestermusiker debütiert er 1945 als Bratschist der Tschechischen Philharmonie. 1948 übernimmt er kurzfristig die Leitung eines Konzerts und wird daraufhin als Dirigent engagiert. 1951–54 leitet er das Symphonie-Orchester von Karlovy Vary (Karlsbad) und 1954–56 das von Brno (Brünn), bevor er Chefdirigent des Symphonie-Orchesters (1956–63) und des Philharmonischen Orchesters (1963–64) von Prag wird und 1964 schließlich als Dirigent wieder an die Tschechische Philharmonie zurückkehrt, wo er 1968 als Nachfolger von Karel Ančerl zum Chefdirigenten ernannt wird. 1955–64 dirigiert er als Gast regelmäßig an der Berliner Komischen Oper (DDR). 1964 übernimmt er neben seiner Aufgabe in Prag die Leitung des Leipziger Gewandhaus-Orchesters und 1968 zusätzlich die der dortigen Oper. 1970–72 ist er als

Generalmusikdirektor an der Stuttgarter Oper tätig. Er setzt sich stark für die Musik seiner Heimat und für die von Václav Talich begründete Tradition ein. 1985 leitet er die Uraufführung von Gottfried von Einems *Münchner Symphonie*.

Neumeyer, Fritz
Deutscher Cembalist und Komponist, geb. 2. 7. 1900 Saarbrücken, gest. 16. 1. 1983 Freiburg/Br.
Er studiert in Köln 1919–21 bei Franz Bölsche Musiktheorie und bei Lonny Epstein Klavier, in Berlin 1921–24 bei Alexander von Fielitz Orchesterleitung, Wilhelm Klatte Musiktheorie und James Kwast Klavier und gleichzeitig an den Universitäten von Köln und Berlin Musikwissenschaften. 1924–27 ist er in Saarbrücken als Korrepetitor, Kapellmeister und Chorleiter tätig. 1927 gründet er dort die Saarbrücker Vereinigung für Alte Musik. Gleichzeitig beginnt seine Karriere als Solist und Kammermusiker, vor allem innerhalb des Kammertrios für Alte Musik (mit Gustav Scheck und August Wenzinger), dem er 1935 beitritt und das bis 1965 besteht. 1939–44 ist er Professor an der Berliner Musikhochschule. 1946–69 ist er Professor für historische Klaviere an der Musikhochschule in Freiburg/Br. Seit 1954 ist er Mitglied der Capella Coloniensis und 1960–65 der Wiener Solisten. 1968 bildet er mit Rolf Junghanns ein Cembalo-Duo. Als Komponist hinterläßt er hauptsächlich Lieder, Kompositionen für Chöre und Kammermusik.

Neveu, Ginette
Französische Violinistin, geb. 11. 8. 1919 Paris, gest. 28. 10. 1949 auf den Azoren.
Ihre Mutter, selbst Geigen-Lehrerin, gibt ihr den ersten Unterricht. Als Fünfeinhalbjährige tritt das Wunderkind zum ersten Mal öffentlich auf. Zwei Jahre später spielt sie in der Pariser Salle Gaveau das *Konzert für Violine und Orchester, g-moll* von Max Bruch. In dieser Zeit wird Ginette Neveu von Line Talluel unterrichtet; 1928 erhält sie an der Ecole Supérieure de Musique in Paris einen 1. Preis und gleichzeitig den Ehrenpreis der Stadt Paris. George Enescu übernimmt ihre weitere Ausbildung. Als Elfjährige geht sie zu Jules Boucherit an das Pariser Konservatorium und verläßt es acht Monate später wieder mit einem 1. Preis, den 50 Jahre zuvor von Henryk Wieniawski aufgestellten Rekord egalisierend. Bei Nadia Boulanger studiert sie Komposition. Beim Wiener Wettbewerb fällt sie 1931 Carl Flesch auf, der sie zwei Jahre später als seine Schülerin zu sich nach Berlin holt und ihr 1935 die Reisekosten für die Fahrt nach Warschau vorstreckt, damit sie am Wieniawski-Wettbewerb teilnehmen kann, wo sie, gerade sechzehn Jahre alt, vor David F. Oistrach den 1. Preis erhält. Ihre steile Karriere wird durch den Ausbruch des Zweiten Weltkriegs unterbrochen. Nach Ende des Krieges spielt sie unter Herbert von Karajan und nimmt verschiedene Schallplatten auf. Mit ihrem Bruder Jean spielt sie Kammermusik. Francis Poulenc widmet ihr die *Sonate für Violine und Klavier*. Ihr letztes Konzert findet am 20. Oktober 1949 in Paris statt. Eine Woche später kommt sie zusammen mit ihrem Bruder bei einem Flugzeugabsturz auf den Azoren ums Leben.

Newman, Anthony
Amerikanischer Organist und Komponist, geb. 12. 5. 1941 Los Angeles.
Nach Abschluß seiner Ausbildung in Amerika erhält er von der französischen Regierung ein Stipendium und perfektioniert sich an der Ecole Normale de Musique in Paris. Anschließend studiert er in Harvard Komposition und an der Universität von Boston sowie am Mannes College of Music in New York Orgel. Seine wichtigsten Lehrer sind Leonard Stein in Los Angeles, Leon Kirchner in Boston, Luciano Berio in New York sowie Alfred Cortot und Pierre Cochereau in Paris. Schon früh wird er selbst als Pädagoge tätig und un-

terrichtet an der Juilliard School of Music in New York, an der kalifornischen Universität in San Diego, an der Universität des Staates New York in Purchase (1968–73) sowie an der Universität von Indiana (1978–81). Er gibt kritische Ausgaben von Orgelmusik heraus. Er komponiert für sein Instrument oder Kammermusik.

Ney, Elly
Deutsche Pianistin, geb. 27. 9. 1882 Düsseldorf, gest. 31. 3. 1968 Tutzing.
Sie studiert bei Isidor Seiß am Kölner Konservatorium, erhält 1900 den Mendelssohn-Preis und geht 1903–04 nach Wien, um sich bei Theodor Leschetizky und Emil von Sauer zu perfektionieren. Nach kurzer Unterrichtstätigkeit am Kölner Konservatorium (1906–08) nimmt sie ihre internationale Konzerttätigkeit auf und wird aufgrund ihrer Interpretationen der Werke Frédéric Chopins, Johannes Brahms' und vor allem Ludwig van Beethovens berühmt. 1914 gründet sie mit ihrem ersten Mann, dem Geiger und Dirigenten Willem van Hoogstraten, und dem Cellisten Fritz Otto Reitz das erste Elly-Ney-Trio. 1921–30 verbringt sie als Solistin in den Vereinigten Staaten. Nach ihrer Rückkehr gründet sie mit dem Geiger Wilhelm Stroß und dem Cellisten Ludwig Hoelscher 1931 das zweite Elly-Ney-Trio. Nach dem Zweiten Weltkrieg schränkt sie ihre Konzerttätigkeit ein und arbeitet hauptsächlich als Pädagogin, obwohl sie auch als Achtzigjährige noch nichts von ihrem kräftigen, zupakkenden Stil verloren hat. In zweiter Ehe ist sie ab 1928 mit P. F. Allais aus Chicago verheiratet.
W: *Ein Leben für die Musik* (Darmstadt 1952, unter dem Titel *Erinnerungen und Betrachtungen* auch Aschaffenburg 1957).

Nicolesco, Mariana (= Mariana Nicolescu)
Rumänische Sopranistin, geb. 1948 Brașov.
Sie studiert am Konservatorium von Cluj und perfektioniert sich anschließend an der Accademia Nazionale di Santa Cecilia in Rom bei Jolanda Magnoni. 1972 debütiert sie als Mimi (*La Bohème*, Puccini) an der Oper von Cincinnati. Im gleichen Jahr noch wirkt sie an der Uraufführung von Luciano Berios Oper *Vera Storia* (Wahre Geschichte) an der Mailänder Scala mit. 1977 gibt sie als Violetta (*La Traviata*, Verdi) an der New York City Opera ihr Debüt. Ein Jahr später interpretiert sie an der Met die gleiche Rolle. Sie wird auch von den wichtigsten europäischen Bühnen zu Gastspielen eingeladen.

Nicolet, Aurèle
Schweizer Flötist, geb. 22. 1. 1926 Neuchâtel.
Er studiert 1910–45 am Züricher Konservatorium bei André Jaunet Flöte und bei Willy Burkhard Theorie und geht dann 1945–47 an das Pariser Konservatorium zu Marcel Moyse und Yvonne Drappier, wo er 1947 einen 1. Preis erhält. 1948 gewinnt er beim Genfer Wettbewerb ebenfalls einen 1. Preis. 1945–47 spielt er im Tonhalle-Orchester in Zürich und geht dann als Solo-Flötist an das Symphonie-Orchester von Winterthur (1948–50). Wilhelm Furtwängler holt ihn in der gleichen Funktion zu den Berliner Philharmonikern (1950–58). 1953–65 unterrichtet er an der Musikhochschule in Berlin. In dieser Zeit unterrichtet er auch bei den Sommerkursen des Mozarteums in Salzburg Flöte und Kammermusik. Seit 1965 unterrichtet er an der Musikhochschule in Freiburg/Br. und in Basel. Sein Repertoire umfaßt Werke vom Barock bis zur zeitgenössischen Musik, für die er sich besonders einsetzt. Wir verdanken ihm Uraufführungen von Werken folgender Komponisten: Edison W. Denissow (*Doppelkonzert für Flöte, Oboe und Orchester*, 1979), Paul-Heinz Dittrich, Cristóbal Halffter (*Konzert für Flöte und Orchester*, 1983), Heinz Holliger (*Scardanelli-Zyklus* und *Turmmusik*, beide 1985), Klaus Huber, Rudolf

Kelterborn, György Ligeti (*Doppelkonzert für Flöte, Oboe und Orchester*, 1972), Albert Moeschinger, Tōru Takemitsu (*Eucalypts I*, 1970; *Eucalypts II*, 1971).

Nienstedt, Gerd
Deutscher Baßbariton, geb. 10. 7. 1932 Hannover.
Er studiert 1951–54 bei Otto Köhler an der Akademie für Musik und Theater seiner Vaterstadt, debütiert 1954 in Bremerhaven und geht dann über Gelsenkirchen (1955–59) und Wiesbaden (1959–61) nach Köln (1961–72). 1965–73 ist er gleichzeitig Mitglied der Wiener und der Frankfurter Oper. 1977–78 verbringt er in Wiesbaden. 1962–75 gastiert er regelmäßig in Bayreuth und interpretiert dort den Kothner (*Die Meistersinger von Nürnberg*), Donner, Gunther und Hunding (alle *Der Ring des Nibelungen*), Klingsor (*Parsifal*) und Biterolf (*Tannhäuser*). 1972 gastiert er an der Pariser Oper als König Marke (*Tristan und Isolde*, alle Wagner) und nimmt dort 1978 an der Uraufführung des dritten Aktes von *Lulu* (Berg) teil. 1977–78 ist er Intendant in Wiesbaden, seit 1983 auch der Eutiner Sommerspiele und 1985–87 der Oper in Detmold.

Nikisch, Arthur
Ungarischer Dirigent, geb. 12. 10. 1885 Lébényi Szent Miklos, gest. 23. 1. 1922 Leipzig.
Er studiert am Konservatorium von Wien bei Joseph Hellmesberger Violine, Wilhelm Schenner Klavier und Otto Dessoff Komposition (1866–73) und wird mit Preisen in Komposition, Klavier und Violine ausgezeichnet. 1872 nimmt er als Violinist in Bayreuth an der Aufführung der *Symphonie Nr. 9* von Ludwig van Beethoven unter der Leitung von Richard Wagner teil. 1874–77 ist er Geiger im Wiener Hofopernorchester und spielt unter Johannes Brahms, Franz Liszt und Giuseppe Verdi. 1877 wird er von der Leipziger Oper als Chorleiter engagiert, ein Jahr später zum 2. Kapellmeister und 1882 zum 1. Kapellmeister ernannt (bis 1887). 1889 übernimmt er die Leitung des Symphonie-Orchesters in Boston, kehrt 1893 nach Europa zurück und wird Musikdirektor der Budapester Oper, wo er bis 1895 wirkt, bevor er die Leitung der Berliner Philharmoniker und des Gewandhaus-Orchesters in Leipzig übernimmt; die beiden Stellungen behält er bis zu seinem Tod bei. 1897 leitet er zusätzlich die philharmonischen Konzerte in Hamburg. 1902–07 ist er Studiendirektor am Konservatorium von Leipzig, wo er 1905–06 auch als Operndirektor tätig ist. Gleichzeitig übt er mit namhaften Orchestern Europas, vor allem Englands, viele Gastdirigate aus. 1912 unternimmt er mit dem Symphonie-Orchester von London die erste Tournee eines europäischen Orchesters durch die Vereinigten Staaten. 1921 leitet er die Symphonie-Konzerte in Buenos Aires.
Nikisch wird häufig als der Pionier moderner Orchesterleitung bezeichnet. Er ist der erste, der regelmäßig Gastdirigate für einen oder zwei Abende akzeptiert. Durch diese Tätigkeit leistet er einen entscheidenden Beitrag für die Annäherung der verschiedenen Schulen. 1913 nimmt er Ludwig van Beethovens *Symphonie Nr. 5* mit den Berliner Philharmonikern auf, die erste Einspielung eines so langen Werkes, die zudem das Niveau beweist, auf das er die Berliner Philharmoniker geführt hat. 1884 leitet er die Uraufführung von Anton Bruckners *Symphonie Nr. 7* und 1905 die von Alexander N. Skrjabins *Le divin poème* (Das göttliche Gedicht, Symphonie Nr. 3).

Nikolajewa, Tatjana Petrowna
Russische Pianistin und Komponistin, geb. 4. 5. 1924 Beschiza (bei Brjansk).
Sie studiert ab 1942 an der Moskauer Zentralschule für Musik bei Alexander B. Goldenweiser Klavier und geht dann an das Moskauer Konservatorium, wo sie ab 1947 Klavier und ab 1950 bei Jewgenij K. Golubew Komposition stu-

diert. Ab 1945 tritt sie öffentlich auf und spielt auch schon bald im westlichen Ausland. 1950 gewinnt sie den Bach-Wettbewerb in Leipzig. Ab 1959 unterrichtet sie am Moskauer Konservatorium, wo sie 1965 zur Professorin ernannt wird. Ihr Repertoire ist sehr umfassend; sie spielt mehr als fünfzig Klavierkonzerte von Johann Sebastian Bach bis Dmitri D. Schostakowitsch und auch intensiv Kammermusik. Als Komponistin arbeitet sie in der Hauptsache für ihr Instrument oder Kammermusikensembles. 1952 kreiert sie die *24 Präludien und Fugen* von Schostakowitsch.

Nilsson, Märta Birgit
Schwedische Sopranistin, geb. 17. 5. 1918 Västra Karup (bei Karup).
Sie beginnt ihre Gesangsstudien bei C. Blennon und geht dann an die Königliche Musikhochschule in Stockholm zu Joseph Hislop und Arne Sunnegårdh (1941–46). 1946 debütiert sie als Agathe (*Der Freischütz*, v. Weber) an der Stockholmer Oper. Vorsichtig erweitert sie ihr Repertoire und beschränkt sich mehrere Jahre lang auf das Fach des lyrischen Soprans. 1951 gastiert sie bei den Festspielen von Glyndebourne als Elektra (*Idomeneo*, Mozart) und 1953 an der Wiener Oper als Sieglinde (*Die Walküre*) und Elsa (*Lohengrin*, beide Wagner). Im gleichen Jahr singt sie in Bayreuth das Sopran-Solo in Ludwig van Beethovens *Symphonie Nr. 9*. Während der Saison 1954–55 interpretiert sie mit viel Erfolg an der Münchner Oper die Brünnhilde (*Der Ring des Nibelungen*, Wagner) und die Salome (R. Strauss). Nach ihrem Bayreuther Debüt im Jahre 1957 als Isolde (*Tristan und Isolde*, Wagner) vergleicht man sie mit Kirsten Flagstad. Im folgenden Jahr debütiert sie an der Scala als Turandot (Puccini) und wieder ein Jahr später an der Met. Einladungen zu den Chorégies-Festspielen in Orange, an die Pariser Oper und wieder nach Mailand folgen. Vor allem als Wagner-Sängerin wird sie aufgrund ihres reinen Ansatzes, der gekonnten Pianissimi und ihre nuancenreichen Stimme international geschätzt, glänzt aber auch als Donna Anna (*Don Giovanni*, Mozart), Lady Macbeth (Verdi) und vor allem als Baraks Weib (*Die Frau ohne Schatten*, R. Strauss). Sie singt auch zeitgenössische Musik, vor allem Werke von Paul Hindemith und Rolf Liebermann. 1986 zieht sie sich von der Bühne zurück und widmet sich pädagogischen Aufgaben.

Nimsgern, Siegmund
Deutscher Bariton, geb. 14. 1. 1940 Sankt Wendel (Saar).
Er studiert bei Sibylle Fuchs an der Musikhochschule in Saarbrücken sowie bei Jakob Stämpfli und Paul Lohmann 1960–66 Gesang. 1966 erhält er beim Münchner Rundfunk-Wettbewerb den 2. Preis. 1967 debütiert er an der Oper von Saarbrücken als Lionel (*Orleanskaja dewa*, Die Jungfrau von Orleans, Tschaikowskij). Er bleibt bis 1971 in Saarbrücken und geht dann an die Deutsche Oper am Rhein (Düsseldorf-Duisburg). Erste Gastspiele führen ihn 1973 an die Scala und an den Covent Garden, 1974 nach Montreal, an die Pariser Oper (Amfortas, *Parsifal*, Wagner), nach San Francisco, 1976 nach München, Genf, Chicago und Salzburg und 1978 endlich nach New York. Er singt das Wagner-Repertoire (Wotan, Alberich und Gunther, alle *Der Ring des Nibelungen*, und den Holländer, *Der fliegende Holländer*), aber auch Richard Strauss (Kunrad, *Feuersnot*, und Jochanaan, *Salome*), Christoph Willibald Gluck (Thoas, *Iphigénie en Tauride*) oder Giuseppe Verdi (Jago, *Otello*, und Luna, *Il Trovatore*, Der Troubadour).

Noras, Arto
Finnischer Cellist, geb. 12. 5. 1942 Turku.
Er beginnt als Fünfjähriger sein Studium bei Yrjö Selinan an der Sibelius-Akademie in Helsinki und perfektioniert sich 1962–64 am Konservatorium von Paris bei Paul Tortelier, wo er 1964

einen 1. Preis erhält. Zwei Jahre später erhält er beim Tschaikowskij-Wettbewerb in Moskau den 2. Preis. Seit dieser Zeit führen ihn Konzertreisen durch ganz Europa und die Vereinigten Staaten. 1970 wird er an der Sibelius-Akademie zum Professor ernannt. Sein Repertoire als Solist wie als Kammermusiker ist beträchtlich. Noras gehört dem Sibelius Academy Quartet und dem Trio von Helsinki an. 1980 ruft er die Festspiele von Naantali (Finnland) ins Leben, die er seither leitet. 1977 verwirklicht er die Uraufführung von Aulis Salinnens *Konzert für Violoncello und Orchester*, das ihm gewidmet ist.

Nordica, Lillian B. (= Lillian Norton)
Amerikanische Sopranistin, geb. 12. 12. 1857 Farmington (Me.), gest. 10. 5. 1914 Batavia (heute Djakarta, Indonesien).
Sie studiert am Konservatorium von Boston bei John O'Neil und gibt als Siebzehnjährige ihr erstes Konzert. 1877–78 unternimmt sie mit einer Operntruppe eine Tournee durch die Vereinigten Staaten und Europa, perfektioniert sich dann bei Antonio Sangiovanni in Mailand und debütiert 1879 an der Scala als Donna Elvira (*Don Giovanni*, Mozart). Im gleichen Jahr noch triumphiert sie als Violetta (*La Traviata*, Verdi) in Brescia. 1880 wird sie von der Oper in Sankt Petersburg eingeladen, singt an verschiedenen deutschen Häusern und erzielt in Paris einen bedeutenden Erfolg. 1883 heiratet sie den Amerikaner Frederick A. Gower und zieht sich von der Bühne zurück. Zwei Jahre später kommt ihr Mann bei einem Ballon-Unglück ums Leben; Lillian Nordica setzt ihre Karriere fort und feiert 1887 am Covent Garden einen überwältigenden Triumph. 1891 debütiert sie als Leonore (*Il Trovatore*, Der Troubadour, Verdi) an der Met; bis 1909 ist sie eine der großen Primadonnen dieser Bühne. 1894 gastiert sie als Elsa (*Lohengrin*, Wagner) in Bayreuth. 1896 heiratet sie in zweiter Ehe den ungarischen Bariton Zoltán Dőme, läßt sich aber schnell wieder scheiden. Jedes Jahr gastiert sie am Covent Garden. 1907 triumphiert sie als Gioconda (Ponchielli) am Manhattan Opera House. Die gleiche Rolle interpretiert sie bei der Eröffnung des neuen Opernhauses in Boston. 1909 heiratet sie den Londoner Bankier George W. Young. 1913 beginnt sie in der Carnegie Hall eine Abschiedstournee, die sie um die ganze Welt führt. Ihr Dampfer geht vor Neuguinea unter. Sie wird gerettet, stirbt aber dann in einem Krankenhaus in Batavia an den Folgen.

Nordmann, Marielle
Französische Harfenistin, geb. 24. 1. 1941 Montpellier.
Sie studiert zunächst Klavier. Als Zehnjährige lernt sie Lily Laskine kennen und beschließt, Harfenistin zu werden. Als Zwölfjährige geht sie an das Konservatorium von Paris, studiert Harfe und erhält vier Jahre später einen 1. Preis; 1959 erhält sie einen weiteren 1. Preis, diesmal in der Klasse von Jean Hubeau in Kammermusik. Nach dem Verlassen des Konservatoriums gründet sie mit André Guilbert und Renaud Fontanarosa das Nordmann-Trio, mit dem sie 1960–78 viele internationale Tourneen unternimmt. Auch als Solistin ist sie erfolgreich. Mit ihrer berühmten Professorin, die sie als ihre »geistige« Tochter ansieht, spielt sie Kammermusik, genau wie in letzter Zeit mit ihrem Mann, dem Violinisten Patrice Fontanarosa.

Norena, Eidé (= Karoline Hansen alias Kaja Eidé)
Norwegische Sopranistin, geb. 26. 4. 1884 Horten bei Oslo, gest. 19. 11. 1968 Crans-sur-Sierre (Schweiz).
Sie studiert in Oslo, Weimar und London bei Raimund von Zur Mühlen, geht dann nach Paris und debütiert schließlich in Oslo als Amor in *Orphée et Eurydice* (Gluck). 1909 heiratet sie den bedeutenden norwegischen Schauspieler Egel Naess Eidé und setzt ihre Karriere unter dem Namen Kaja Eidé fort. Nach

einer längeren Pause nimmt sie ihre Karriere unter dem Namen Eidé Norena wieder auf und wird international bekannt. 1924 singt sie in Mailand unter Arturo Toscanini die Gilda (*Rigoletto*, Verdi), in London gastiert sie 1924–37, in Chicago 1926–28 und an der Met 1933–38. Auch an der Pariser Oper gibt sie regelmäßig Gastspiele. Zu ihren wichtigsten Rollen zählen Liu (*Turandot*, Puccini), Juliette (*Roméo et Juliette*, Gounod), Desdemona (*Otello*, Verdi) und die Gilda. 1939 zieht sie sich aus dem aktiven Leben zurück. Leider sind die Reinheit ihrer Stimme und ihre perfekte Intonation nur auf wenigen Schallplatten festgehalten.

Norman, Jessye
Amerikanische Sopranistin, geb. 15.9. 1945 Augusta (Ga.).
Sie singt seit ihrer Kindheit. Im Radio hört sie Rosa Ponselle und Marian Anderson, eine farbige Altistin, und ist fasziniert. Mit Hilfe von Aufnahmen Erna Bergers entdeckt sie das deutsche Lied. 1967–68 studiert sie an der Universität von Michigan bei Pierre Bernac und geht dann an das Peabody Konservatorium in Baltimore. 1968 gewinnt sie beim Münchner Rundfunk-Wettbewerb den 1. Preis und erhält daraufhin einen Dreijahresvertrag der Berliner Oper, wo sie u. a. die Elisabeth (*Tannhäuser*, Wagner) und die Gräfin Almaviva (*Le nozze di Figaro*, Mozart) interpretiert. 1972 debütiert sie unter Claudio Abbado als Aida (Verdi) an der Mailänder Scala und als Kassandra (*Les Troyens*, Die Trojaner, Berlioz) am Covent Garden. Beim Maggio Musicale Fiorentino wirkt sie an Aufführungen der *L'Africaine* (Die Afrikanerin, Meyerbeer) und von *Deborah* (Händel) mit. Im gleichen Jahr beginnt sie mit Liederabenden. Schon bald gilt sie als eine der bedeutendsten Liedsängerinnen ihrer Generation. Sie verfügt über ein breites Repertoire, bei dem besonders die *Wesendoncklieder* (Wagner), die *Gurrelieder* (Schönberg) und die *Altenberglieder* (Berg) hervorzuheben sind. Aber sie beschäftigt sich auch mit dem französischen Lied (Fauré, Duparc, Poulenc) und den Liedern Mussorgskijs, für deren Interpretation sie als Perfektionistin extra Russisch lernt.

Norrington, Roger
Englischer Dirigent, geb. 16.3. 1934 Oxford.
Er studiert an der Universität Cambridge und am Royal College of Music in London und beginnt eine Sänger-Laufbahn. 1962 übernimmt er die Leitung des Schütz Choir in London. 1966–84 ist er 1. Kapellmeister an der Oper von Kent, für die er 1974 eine neue Ausgabe der Partitur von Claudio Monteverdis *L'incoronazione di Poppea* (Die Krönung der Poppea) herausgibt. Er beschäftigt sich vor allem mit der Musik des 18. Jahrhunderts und leitet zwei Ensembles, die auf diesem Gebiet spezialisiert sind, das London Baroque Ensemble (ab 1975) und die London Classical Players (ab 1978). 1985 wird er zum Musikdirektor der Bournemouth Sinfonietta ernannt (bis 1989). Unterdessen beschäftigt er sich damit, die Aufführungsbedingungen für Symphonien zu Beginn des 19. Jahrhunderts zu rekonstruieren, vor allem in bezug auf Ludwig van Beethovens Symphonien und der *Symphonie fantastique* von Hector Berlioz.

Nováes, Guiomar
Brasilianische Pianistin, geb. 28.2. 1896 São João da Boã Vista, gest. 7.3. 1979 São Paulo.
Als Achtjährige spielt sie bereits Klavier. Sie erhält ein Stipendium, um ihr Studium am Konservatorium von Paris bei Isidore Philipp fortzusetzen, wo sie 1911 einen 1. Preis erhält. 1916 debütiert sie in den Vereinigten Staaten. 1922 heiratet sie den Komponisten Octavio Pinto.

Novotná, Jarmila
Tschechoslowakische Sopranistin, geb. 23.11. 1907 Prag.
Emmy Destinn entdeckt die Möglich-

keiten ihrer Stimme und überzeugt sie, bei Hilbert Wawre in Prag zu studieren. Sie debütiert 1942 an Provinzbühnen als Rosina (*Il barbiere di Siviglia*, Der Barbier von Sevilla, Rossini) und Violetta (*La Traviata*, Verdi). Ein Jahr später interpretiert sie bereits an der Prager Nationaloper die Marie (*Prodaná nevěsta*, Die verkaufte Braut, Smetana). Sie perfektioniert sich in Mailand und debütiert in der Arena von Verona 1928 als Gilda (*Rigoletto*, Verdi). 1929–33 gehört sie zum Ensemble der Berliner Oper. Max Reinhardt inszeniert für sie *La belle Hélène* (Die schöne Helena) und *Les Contes d'Hoffmann* (Hoffmanns Erzählungen, beide Offenbach). Anschließend geht sie an die Wiener Oper (1933–38) und gastiert unter Bruno Walter und Arturo Toscanini bei den Salzburger Festspielen (1935–37). 1937 interpretiert sie an der Mailänder Scala die Alice Ford (*Falstaff*, Verdi). Zwei Jahre später debütiert sie in *Madame Butterfly* und 1940 als Mimi (*La Bohème*, beide Puccini) an der Met, wo sie sechzehn Jahre lang zum Ensemble gehört. Sie interpretiert dort die Violetta, Manon (Massenet), Pamina (*Die Zauberflöte*), Donna Elvira (*Don Giovanni*, beide Mozart) und Antonia (*Les Contes d'Hoffmann*), aber auch die wichtigsten Hosenrollen wie Octavian (*Der Rosenkavalier*, R. Strauss), Cherubin (*Le nozze di Figaro*, Mozart) und Orlowski (*Die Fledermaus*, J. Strauß). 1957 nimmt sie Abschied von der Bühne. Bei der Uraufführung von Franz Lehárs Operette *Giuditta* interpretiert sie 1934 die Titelrolle.

Nucci, Leo
Italienischer Bariton, geb. 16. 4. 1942 Castiglione dei Pepoli bei Bologna.
Er studiert in Bologna und bei Marchese in Mailand und gewinnt 1967 den Gesangs-Wettbewerb in Spoleto. Im gleichen Jahr debütiert er dort als Figaro (*Il barbiere di Siviglia*, Der Barbier von Sevilla, Puccini). Sieben Jahre ist er Chorsänger an der Mailänder Scala. Ab 1975 tritt er als Solist an den meisten italienischen Bühnen auf, bevor er 1976 als Figaro von der Scala eingeladen wird, 1977 in Verona an einer Aufführung von *Roméo et Juliette* (Gounod) mitwirkt, ein Jahr später am Covent Garden in *Luisa Miller* (Verdi) gastiert und schließlich an den Opern von München und Berlin erste Gastspiele gibt. Sein Repertoire umfaßt im wesentlichen die Rollen des Belcanto und des italienischen Verismus (*La Traviata, Don Carlos*, beide Verdi, *Lucia di Lammermoor*, Donizetti). 1981 debütiert er als Renato in *Un ballo in maschera* (Ein Maskenball, Verdi) an der Pariser Oper. Gastspiele führen ihn nach San Francisco und den Covent Garden (jeweils *Falstaff*, Verdi), nach Frankfurt (*Rigoletto*, Verdi), Hamburg, an die Met (jeweils *Luisa Miller*) und nach Pesaro (*Il viaggio a Reims*, Rossini). Er ist mit der Sopranistin Adriana Anelli verheiratet.

Oborin, Lew Nikolajewitsch
Russischer Pianist, geb. 29. 8. (11. 9.) 1907 Moskau, gest. 5. 1. 1974 daselbst.

Bis 1921 studiert Oborin bei Elena Gnesina an der Gnesin-Musikschule in Moskau Klavier und geht dann zu Konstantin Igumnow an das Moskauer Konservatorium (bis 1926). 1927 gewinnt er den 1. Chopin-Wettbewerb in Warschau. Er ist ein ausgezeichneter Solist und ein genauso ausgezeichneter Pädagoge, der 1928 am Moskauer Konservatorium zu unterrichten beginnt und dort 1948 zum Professor ernannt wird. Zu seinen wichtigsten Schülern gehören Vladimir D. Ashkenazy und Katarina Nowitskaja. Mit David F. Oistrach und Swjatoslaw Knuschewitzkij bildet er 1940–63 ein Trio; mit David F. Oistrach bildet er auch ein Duo. Aram I. Chatschaturjan widmet ihm 1937 sein *Konzert für Klavier und Orchester*, dessen Uraufführung er selbst übernimmt.

Obraszowa, Jelena
Russische Mezzosopranistin, geb. 7. 7. 1937 Leningrad.

Sie studiert am Konservatorium von Leningrad; ab ihrem zweiten Studienjahr wird sie bereits vom Bolschoi-Theater engagiert und debütiert dort als Marina (*Boris Godunow*, Mussorgskij). In Helsinki erhält sie bei den Weltfestspielen der Jugend eine Goldmedaille und 1962 beim Glinka-Wettbewerb einen 1. Preis. Kurz darauf wirkt sie an Aufführungen von *Pikowaja dama* (Pique Dame, Tschaikowskij) und *Woina i mir* (Krieg und Frieden, Prokofiew) mit. 1967 unternimmt sie mit dem Bolschoi-Theater eine Tournee nach Montreal. 1970 gewinnt sie in Moskau den Tschaikowskij- und in Barcelona den Francisco-Viñas-Wettbewerb. Neben ihren Tourneen mit dem Bolschoi-Theater gastiert sie 1975 als Azucena (*Il Trovatore*, Der Troubadour, Verdi) in San Francisco, 1976 als Charlotte (*Werther*, Massenet) an der Scala und als Amneris (*Aida*, Verdi) an der Met, wo sie in der Folge regelmäßig gastiert. 1975 nimmt sie an der Uraufführung von Kyrill W. Moltschanows Oper *Sori sdes tichije* (Im Morgengrauen ist es noch still) teil und geht mit dieser Oper auch auf eine Amerika-Tournee (Washington und New York). Zu ihren Lieblingsrollen gehören die Marfa (*Chowantschtschina*, Mussorgskij), die Gräfin (*Pikowaja dama*, Pique Dame, Tschaikowskij), die Ljubascha (*Zarskaj newesta*, Die Zarenbraut, Rimskij-Korssakow) und Carmen (Bizet). Im Konzertsaal interpretiert sie die *Tonadillas* (Granados) und die *Siete canciones populares españolas* (Sieben spanische Volkslieder, de Falla) sowie Lieder des deutschen und russischen Repertoires.

Ochman, Wiesław
Polnischer Tenor, geb. 6. 2. 1937 Warschau.

Er studiert am Konservatorium von Warschau bei Gustaw Serafin, Maria Szłapák und Sergiusz Nadygryzowski und debütiert als Edgardo (*Lucia di Lammermoor*, Donizetti) in Bytom (Beuthen). Bis 1963 bleibt er in Bytom und geht dann über die Oper von Kraków (Krakau, 1963) an die polnische Nationaloper in Warschau, wo er große Triumphe feiert, vor allem als Jontek (*Halka*, Moniuszko), Lenski (*Eugen Onegin*, Tschaikowskij), Dimitrij (*Boris Godunow*, Mussorgskij), Cavaradossi (*Tosca*, Puccini) und Hoffmann (*Les Contes d'Hoffmann*, Hoffmanns Erzählungen, Offenbach). Ab 1966 beginnt er eine erfolgreiche internationale Karriere, ohne deshalb seine Bindung an die Warschauer Oper aufzugeben. Er gastiert am Covent Garden, der Pariser Oper, in Hamburg und in Prag. Seit der

Saison 1968–69 gehört er der Warschauer Staatsoper an und interpretiert dort den Ernesto (*Don Pasquale*, Donizetti), Arrigo (*Les Vêpres siciliennes*, Die sizilianische Vesper, Verdi), Narraboth (*Salome*, R. Strauss) und den Dimitrij. Verschiedene erfolgreiche Tourneen führen ihn u.a. nach Nordamerika, wo er 1975 an der Met debütiert (*Les Vêpres siciliennes*). Er gibt auch viele Konzerte, wobei sein Repertoire von der barocken Musik bis zur zeitgenössischen reicht. Er setzt sich besonders für das Werk seines Landsmannes Krzysztof Penderecki ein.

Ochs, Siegfried
Deutscher Chorleiter und Komponist, geb. 19.4.1858 Frankfurt/M., gest. 5.2.1929 Berlin.

Er studiert Medizin und Chemie, bevor er zu Ernst Rudorff, Adolf Schulze, Joseph Joachim und Friedrich Kiel an die Berliner Hochschule für Musik geht. Er wird von der Hochschule ausgeschlossen und studiert dann privat bei Friedrich Kiel und Heinrich Urban weiter. 1882 gründet er in Berlin den Siegfried Ochs'schen Gesangverein, aus dem 1887, als er mit Hans von Bülow eng zusammenarbeitet, der Philharmonische Chor Berlin hervorgeht. Zu seinen Glanzzeiten umfaßt der Philharmonische Chor mehr als 400 aktive Mitglieder. Ab 1920 lehrt er an der Berliner Musikhochschule; aus finanziellen Gründen ist er gezwungen, seinen Chor aufzulösen. Einen Teil der Mitglieder kann er in den Chor der Musikhochschule übernehmen, der sich unter seiner Leitung zu einem der wichtigsten Chöre Deutschlands entwickelt. Er tritt auch als Herausgeber von Kantaten Johann Sebastian Bachs auf und bearbeitet deutsche Volkslieder für Chöre.

WW: *Geschehenes, Gesehenes* (Leipzig und Zürich 1922), *Der deutsche Gesangverein* (4 Bde., Berlin 1923–28); *Über die Art, Musik zu hören* (Berlin 1926).

Odnopossof, Riccardo
Amerikanischer Violinist argentinischer Herkunft, geb. 24.2.1914 Buenos Aires.

Er studiert in seiner Vaterstadt bei Aaron Klasse (1919–26) und geht dann zu Rudolf Deman (1927–28) und, wichtiger noch, zu Carl Flesch nach Berlin (1928–32). 1932 gwinnt er beim Wiener Wettbewerb den 1. Preis und 1937 beim Ysaÿe-Wettbewerb den 2. Preis (den 1. Preis erhält David F. Oistrach). Ab dieser Zeit unternimmt er ausgedehnte Konzertreisen. Die Wiener Philharmoniker engagieren ihn als Konzertmeister. Einen beträchtlichen Teil seiner Arbeitszeit widmet er pädagogischen Aufgaben, zunächst in New York (1944–56), ab 1956 an der Wiener Musikhochschule, wo er u.a. den österreichischen Geiger Josef Sivó ausbildet, und ab 1964 an der Stuttgarter Hochschule für Musik. Er unterrichtet auch an den Sommerakademien in Salzburg und Nizza. Theodor Berger widmet ihm sein *Konzert für Violine und Orchester* und Francisco Mignone seine *Variationen über ein brasilianisches Thema*, die beide von ihm uraufgeführt werden, genau wie Bjarne Brustads *Konzert für Violine und Orchester*.

Östman, Arnold
Schwedischer Dirigent, Pianist und Organist, geb. 24.12.1939 Malmö.

Er studiert an der Universität Lund und geht dann zunächst nach Stockholm und anschließend nach Paris, um Klavier und Orgel zu studieren. Er debütiert als Organist der Klara-Kirche in Stockholm und wird dann Professor an der dortigen Schauspiel- und Musikschule. 1969 wird er zum künstlerischen Leiter der Vadstena-Akademie ernannt und führt wichtige Forschungen auf dem Gebiet barocker Musik durch, die für seine spätere Karriere entscheidend werden. Als Pianist begleitet er Birgit Nilsson und Nicolai Gedda bei deren Liederabenden. 1974 gründet er in Umeå die Norreland Opera, deren Intendant und Musikdirektor er ist. 1979 wird er zum Leiter des Museums in Drottningholm ernannt und ein Jahr später zum Musikdirektor der dortigen Festspiele. Bis 1984 teilt er sich diese Aufgabe mit Sir Charles Farncombe, bevor er sie allein übernimmt. Er leitet dort jedes Jahr Aufführungen von Opern Wolfgang Amadeus Mozarts, bei denen die Orchester auf alten oder nachgebauten Instrumenten spielen. Die Oper in Venedig, der Covent Garden, die Pariser Oper sowie Köln und Bonn laden ihn regelmäßig zu Gastdirigaten ein. Er dreht zwei Filme ohne Dialoge, bei denen der Ton ausschließlich aus Musik besteht: *Christina – Winter Queen of Sweden* (1979) und *Gustav III. – The Player King* (1983); beide werden mit dem Prix Italia ausgezeichnet.

Ötvös, Gabor
Deutscher Dirigent ungarischer Herkunft, geb. 21. 9. 1935 Budapest.
Er studiert an der Franz-Liszt-Akademie seiner Vaterstadt, verläßt Ungarn 1956 und setzt sein Studium in Venedig und Rom fort. Er debütiert als Assistent am Teatro Verdi in Triest (1958–59) und wird dort 1960 zum Musikdirektor ernannt. 1961 geht er als ständiger Dirigent an das Symphonie-Orchester in Hamburg (bis 1967) und anschließend als 1. Kapellmeister an die Frankfurter Oper (1967–72). Während dieser Zeit dirigiert er regelmäßig an der New York City Opera (1969) und an der Met (1971–73). 1972 wird er in Augsburg zum Generalmusikdirektor ernannt, wo er auch als Regisseur auftritt (*Der Ring des Nibelungen*, Wagner). Ab 1981 ist er Chefdirigent der Königlichen Oper in Kopenhagen. Er macht sich vor allem als Opern-Dirigent einen Namen und wird von den führenden Häusern regelmäßig zu Gastdirigaten eingeladen (u. a. Berlin, Buenos Aires, New York City Opera, Met, Canadian Opera Company). In Lyon und am Teatro Colón hat er mit Aufführungen des *Ring des Nibelungen* großen Erfolg.

Ogdon, John Andrew Howard
Englischer Pianist, geb. 27. 1. 1937 Mansfield Woodhouse, gest. 1. 8. 1989 London.
Er studiert 1945 am Royal College of Music in Manchester bei Iso Elinson und ab 1946 bei Claude Biggs, Denis Mathews, Egon Petri, Gordon Green und Ilona Kabos. Außerdem studiert er bei Richard Hall und Thomas Pitfield und ab 1967 bei George Lloyd Komposition. Er lenkt die Aufmerksamkeit der englischen Musikwelt auf sich, als er für einen erkrankten Kollegen einspringt und Johannes Brahms' *Konzert für Klavier und Orchester Nr. 2* vom Blatt spielt. 1958 debütiert er unter der Leitung von Sir Henry Wood mit dem *Konzert für Klavier und Orchester* von Ferruccio Busoni in London. 1961 gewinnt er den Liszt-Preis; 1962 teilt er sich den 1. Platz im Moskauer Tschaikowskij-Wettbewerb mit Vladimir D. Ashkenazy. Sein Repertoire ist sehr umfangreich und verläßt häufig die ausgetretenen Pfade. Er gehört zur Manchester School, ein Ensemble, das sich um zeitgenössische Musik bemüht und mit dem er zahlreiche Uraufführungen verwirklicht. 1976–80 unterrichtet er an der Universität von Bloomington. Er zeichnet für die Uraufführungen von Werken folgender Komponisten verantwortlich: Harrison Birtwistle, Peter Maxwell Davies, Alexander Goehr, Alun Hoddinott (*Konzert für Klavier und Orchester Nr. 3*, 1966; *Sonate für Klavier Nr. 5*, 1968), Gerard Schurmann (*Contrats* für Klavier, 1973; *Konzert für Klavier und Orchester*, 1973) und Malcolm Williamson (*Konzert für Klavier Nr. 3*, 1964). Seit 1960 ist er mit der Pianistin Brenda Lucas verheiratet, mit der er auch als Klavier-Duo auftritt.

Ohlsson, Garrick
Amerikanischer Pianist, geb. 3. 4. 1948 Bronxville (N. Y.).
Er studiert am Konservatorium von Westchester bei Thomas Lishman und geht dann an die Juilliard School of Music in New York zu Sascha Gorodnitzki,

Rosina Lhévinne und Olga Barabini. 1966 gewinnt er den Busoni-Wettbewerb in Bozen sowie den Wettbewerb von Montreal und 1968 den Chopin-Wettbewerb in Warschau. Seit dieser Zeit ist er international erfolgreich. Die außergewöhnliche Spannbreite seiner Hände erlauben ihm eine technische Kunstfertigkeit, die weit über dem Durchschnitt steht. Auch sonst trifft angesichts seiner 194 Zentimeter Größe der Begriff des Riesen am Klavier auf ihn zu. 1984 kreiert er das *Konzert für Klavier und Orchester Nr. 3* von Charles Wuorinen.

Oistrach, David Fjodorowitsch
Ukrainischer Violinist, geb. 17.(30.) 9. 1908 Odessa, gest. 24. 10. 1974 Amsterdam.
Sein Vater ist Chorsänger an der Oper seiner Heimatstadt; er wird von Pjotr S. Stoljarski ausgebildet (zu dessen Schülern auch Nathan Milstein gehört) und verläßt 1926 mit einem 1. Preis das dortige Konservatorium. Noch während seines Studiums debütiert er 1923 in Odessa mit Johann Sebastian Bachs *Konzert für Violine, Streicher und Continuo Nr. 1 a-moll*; ein Jahr später gibt er dort einen Violin-Abend. Nach dem Ausscheiden aus dem Konservatorium wird er praktisch über Nacht in der Sowjetunion bekannt und ab 1927 auch im westlichen Ausland, wo er vor allem aufgrund des 2. Preises beim Henryk-Wieniawski-Wettbewerb (1935) in Warschau und des 1. Preises beim Eugène-Ysaÿe-Wettbewerb (1937) in Brüssel bereits in breiten Publikum ein Begriff wird. David F. Oistrach glänzt nicht nur im russischen Repertoire, sondern auch bei der Wiedergabe der Konzerte von Johann Sebastian Bach, Ludwig van Beethoven, Johannes Brahms oder Felix Mendelssohn Bartholdy. Die zeitgenössischen sowjetischen Komponisten sind ihm zu Dank verpflichtet: Dimitri D. Schostakowitsch komponiert für ihn seine beiden *Konzerte für Violine und Orchester* (1955 bzw. 1967) und seine *Sonate für Violine und Klavier* (1969), Sergej S. Prokofjew seine *Sonate für Violine und Klavier Nr. 2* (1944) und Aram I. Chatschaturjan sowie Dmitri B. Kabalewski jeweils ihr *Konzert für Violine und Orchester*.
Neben seiner Tätigkeit als Solist unterrichtet er seit 1934 bis zu seinem Tod am Moskauer Konservatorium; sein bedeutendster Schüler ist wohl sein Sohn Igor.
Lange vor seinem Tod hat Oistrach bereits mit Herzschwierigkeiten zu kämpfen und vertauscht immer häufiger seine Geige mit dem Taktstock. Auch als Dirigent vor allem von Kammerorchestern, aber auch der großen Formationen der UdSSR, Westeuropas (Berliner Philharmoniker und Wiener Symphoniker, London Symphony Orchestra) und der Vereinigten Staaten leistet er Bedeutendes, genau wie als Bratschist. Denken wir nur an seine Einspielung von Wolfgang Amadeus Mozarts *Sinfonia concertante für Violine, Bratsche und Orchester* mit seinem Sohn als Geiger. Er spielt auf zwei Stradivari, der *Graf von Fontana* (1702, 1953 erworben) und der *Marsick* (um 1710).

Oistrach, Igor Davidowitsch
Ukrainischer Violinist, geb. 27. 4. 1931 Odessa.
Der Sohn David F. Oistrachs lernt schon sehr früh Geige, widmet sich aber erst als Zwölfjähriger ausschließlich diesem Instrument, als er Schüler von Pjotr S. Stoljarski am Konservatorium von Odessa wird, der schon seinen Vater unterrichtete. Anschließend geht er an die Moskauer Zentralschule für Musik zu Walerja I. Merenbljum und an das Moskauer Konservatorium zu seinem Vater. Noch als Student des Konservatoriums gewinnt er 1949 bei den Weltjugendfestspielen in Budapest den 1. Preis. 1952 gewinnt er in Poznań (Posen) den Henryk-Wieniawski-Wettbewerb. 1958 wird er Solist der Moskauer Philharmoniker und beginnt, am Moskauer Konservatorium zu unterrichten. Igor D. Oistrach hat mit dem Erbe seines Vaters zu kämpfen, doch es gelingt

ihm, sich als eigenständiger Virtuose von höchstem Rang durchzusetzen. Mit seiner Frau, der Pianistin Natalia Sertsalowa, spielt er Kammermusik. Ihr Sohn Valerie hat inzwischen eine Karriere als Bratschist begonnen.

Oldham, Arthur William
Englischer Chorleiter und Komponist, geb. 6. 9. 1926 London.
Er studiert ab 1942 am Royal College of Music in London bei Herbert Howells Komposition. Zwei Jahre später geht er als Privatschüler zu Benjamin Britten und beginnt, für Oper und Ballett zu komponieren. Als Chorleiter arbeitet er für verschiedene Londoner Theater; gleichzeitig ist er als Musikdirektor des Rambert Ballet tätig. 1956 wird er an der katholischen Kathedrale von Edinburgh zum Kantor ernannt. 1965 gründet er den Chor der Festspiele von Edinburgh und arbeitet mit den berühmtesten Dirigenten zusammen (u. a. Abbado, Bernstein, Karajan, Muti, Giulini). 1966–74 ist er Chorleiter der Scottish Opera und 1969–76 des London Symphony Orchestra Chorus. 1975 holt ihn Daniel Barenboim nach Paris, wo er den Chor des Orchestre de Paris gründet. Vier Jahre später gründet er im Auftrag von Bernard Haitink auch für das Concertgebouw-Orchester in Amsterdam einen Chor, den er neben dem Pariser Chor gleichzeitig leitet, bis er 1986 nach Edinburgh zurückkehrt und den dortigen Festspielchor wieder übernimmt.

Oleg, Raphaël
Französischer Violinist, geb. 8. 9. 1959 Paris.
Der Sohn des Komponisten Alexandre Oleg beginnt als Siebenjähriger, bei Hélène Arnitz Unterricht zu nehmen, bis er auf Anraten von Henryk Szeryng als Zwölfjähriger in die Klasse von Gérard Jarry am Pariser Konservatorium eintritt. Gleichzeitig studiert er bei Maurice Crut Kammermusik. 1976 erhält er in Violine und Kammermusik 1. Preise. Im Sommer 1976 besucht er die Interpretationskurse von Henryk Szeryng in Genf sowie die von Betsy Jolas gehaltenen Musikanalysekurse. 1977 gewinnt er beim Marguerite Long-Jacques Thibaud-Wettbewerb den 1. Preis und perfektioniert sich bei Pierre Amoyal. Seit dieser Zeit tritt er als Solist auf und wird von Publikum wie Kritik einstimmig als außergewöhnlicher Musiker mit überdurchschnittlicher Begabung und Intelligenz begrüßt. Seit 1984 ist er Professor am Amerikanischen Konservatorium in Fontainebleau. 1986 gewinnt er als erster Franzose beim Tschaikowskij-Wettbewerb in Moskau den 1. Preis. Er spielt auf einem für ihn 1987 von dem Geigenbauer Jacques Fustier in Lyon hergestellten Instrument.

Olivero, Magda
Italienische Sopranistin, geb. 25. 3. 1912 Saluzzo.
Als junges Mädchen geht sie auf die Ballett-Schule. Noch während ihrer Gymnasialzeit besucht sie das Konservatorium von Mailand und studiert dort bei Giorgio Federico Ghedini Klavier, Harmonielehre und Kontrapunkt. Erst relativ spät entdeckt sie ihre Begabung als Sängerin und geht dann zu Luigi Gerussi und Luigi Ricci, die die Grundlagen ihrer soliden Technik legen. 1933 debütiert sie in Turin als Lauretta (*Gianni Schicchi*, Puccini). Kurz darauf interpretiert sie am gleichen Theater die Gilda (*Rigoletto*, Verdi). Sozusagen über Nacht berühmt, wird sie von allen großen italienischen Bühnen eingeladen und verkörpert die zarten, zerbrechlichen Heldinnen wie Liú (*Turandot*), Cho-Cho-San (*Madame Butterfly*), Manon, Schwester Angelica und Mimi (*La Bohème*, alle Puccini). Auch als Margarete (im *Faust* von Gounod wie im *Mefistofele* von Boito), als Adriana Lecouvreur (Cilea) und vor allem als Violetta (*La Traviata*, Verdi) erregt sie Aufsehen. 1941 heiratet sie und nimmt als Adriana – der Komponist Francesco Cilea hält sie für die ideale Interpretin dieser Rolle – Abschied von der Bühne. Zehn Jahre lang singt sie nur im priva-

ten Rahmen. Endlich überzeugt sie Cilea, wieder aktiv zu werden. 1951 debütiert sie beinahe diskret als Mimi, bevor sie noch im gleichen Jahr in Brescia als Adriana einen überwältigenden Erfolg verzeichnet. Francesco Cilea erlebt dies leider nicht mehr. Ihre zweite Karriere verläuft noch triumphaler als ihre erste. Auch als Iris (Mascagni) feiert sie bedeutende Erfolge. Die Scala und die römische Oper laden sie regelmäßig ein, aber auch London, Lissabon, Paris, Brüssel, Amsterdam, Buenos Aires und alle bedeutenden Festspiele. Nur aufgrund ihrer außergewöhnlichen Stimmtechnik ist ihre lange Karriere zu erklären.

Olof, Theo
Holländischer Violinist, geb. 5. 5. 1924 Bonn.
Seine Mutter, die Geigerin Elvira Schmuckler, gibt ihm ab 1929 ersten Unterricht. 1933 geht er nach Amsterdam zu Oskar Back und gibt zwei Jahre später sein erstes Konzert. Nach dem Zweiten Weltkrieg führen ihn Konzertreisen durch ganz Europa, die Vereinigten Staaten und die Sowjetunion. 1951–71 ist er abwechselnd mit Herman Krebbers, mit dem er auch als Duo auftritt, Konzertmeister des Residenz-Orchesters in Den Haag. Die Komponisten Henk Badings (1954), Geza Frid (1952) und Hans Kox schreiben für das Duo *Konzerte für 2 Violinen und Orchester*. 1974 geht er als Konzertmeister an das Concertgebouw-Orchester in Amsterdam. Auch mit der Pianistin Janine Dacosta bildet er ein Duo. Er unterrichtet am Konservatorium von Den Haag und wird dort 1968 zum Professor ernannt. Als Solist setzt er sich in besonderem Maß für die zeitgenössische Musik ein und kreiert Werke von Bruno Maderna (1968), Ton de Leeuw, Heukemans und Jan van Vlijmen. Er spielt auf einer Geige von François-Louis Pique (1797).

Omachi, Yoichiro
Japanischer Dirigent, geb. 22. 8. 1931 Tokio.
Er beginnt sein Studium in Tokio und geht dann zu Hans Swarowsky an die Wiener Musikakademie (1954–56). Anschließend perfektioniert er sich bei Karl Böhm, Herbert von Karajan und Franco Ferrara. Als Assistent Herbert von Karajans unternimmt er 1957–79 mehrere Tourneen mit den Berliner und den Wiener Philharmonikern. 1961–64 leitet er das Philharmonische Orchester von Tokio. 1964 ist er Mitgründer des Tokyo Metropolitan Symphony Orchestra, das er bis 1966 leitet. Ab dieser Zeit arbeitet er in Deutschland und Österreich als Gastdirigent und unternimmt mit den führenden japanischen Orchestern internationale Tourneen.

Onegin, Sigrid (= Elisabeth Elfriede Sigrid Hoffmann)
Schwedische Altistin, geb. 1. 6. 1889 Stockholm, gest. 16. 6. 1943 Magliaso (Schweiz).
Sie studiert in Frankfurt/M. bei Luise Ress, in München bei Eugen Robert Weiß und in Mailand bei Di Ranieri. Anschließend perfektioniert sie sich bei Lilli Lehmann und Margarethe Siems, bevor sie 1912 in Stuttgart als Carmen (Bizet) debütiert. Kurz darauf kreiert sie hier die Rolle der Dryade bei der Uraufführung der 1. Fassung von *Ariadne auf Naxos* (R. Strauss) und wird daraufhin von den wichtigsten deutschen Bühnen zu Gastspielen eingeladen. 1919–22 gehört sie zum Ensemble der Münchner Oper. 1922 debütiert sie als Amneris (*Aida*, Verdi) an der Met. Die Pariser Oper und der Covent Garden (1927) laden sie ein. 1926–31 gehört sie der Städtischen Oper in Berlin an und glänzt hier vor allem in *Don Carlos, Macbeth* und *Un ballo in maschera* (Ein Maskenball, alle Verdi). 1931–32 gastiert sie in *Orphée et Eurydice* (Gluck) bei den Salzburger Festspielen und 1933–34 in Bayreuth als Erda, Fricka und Waltraute (alle *Der Ring des Nibelungen*, Wagner).

W: *Alt-Rhapsodie, Sigrid Onegins Leben und Werk* (herausgegeben von Fr. Penzoldt, Magdeburg 1939; einige Kapitel sind von ihr selbst verfaßt, der Rest stammt von Penzoldt. Neuauflage Neustadt an der Aisch 1953).

Oppitz, Gerhard
Deutscher Pianist, geb. 5. 2. 1953 Frauenau.
Als Zwölfjähriger gibt er sein erstes Konzert. 1973 besucht er die Interpretationskurse von Wilhelm Kempff und Claudio Arrau. 1977 gewinnt er beim Arthur-Rubinstein-Wettbewerb in Tel-Aviv den 1. Preis. Mit dem Violinisten Dmitry Sitkovetsky und dem Cellisten David Geringas spielt er regelmäßig Trios und mit dem Violinisten Gil Shaham Sonaten.

Ormandy, Eugene (= Jenő Blau)
Amerikanischer Dirigent ungarischer Herkunft, geb. 18. 11. 1899 Budapest, gest. 12. 3. 1985 Philadelphia.
Als Fünfjähriger wird er Mitglied der Musikakademie seiner Heimatstadt und beginnt, Violine zu studieren. Zwei Jahre später gibt er sein erstes Konzert. 1908 wird er der Schüler von Jenő Hubay. 1913 erhält er sein Diplom; drei Jahre später beginnt er, Violine zu lehren. 1917 wird er Konzertmeister des Blüthner-Orchesters in Berlin und geht 1921 nach New York, wo er sich im Orchester des Capitol Theater schnell zum Konzertmeister hocharbeitet. 1924 debütiert er im amerikanischen Rundfunk als Dirigent. 1931 springt er für Arturo Toscanini ein und leitet ein Konzert des Orchesters von Philadelphia. Im gleichen Jahr wird er zum Musikdirektor des Symphonie-Orchesters von Minneapolis ernannt. Anschließend übernimmt er zusammen mit Leopold Stokowski die Leitung des Orchesters von Philadelphia, das er 1938-79 in alleiniger Verantwortung leitet. Während dieser langen Zeit formt er das Orchester zu einem der besten der Welt. 1968-77 unterrichtet er am Curtis Institute in Philadelphia. 1973 leitet er die erste Tournee eines amerikanischen Orchesters durch China. Wir verdanken ihm zahlreiche Uraufführungen; die Werke folgender Komponisten sind besonders erwähnenswert: Samuel Barber (*Konzert für Violine und Orchester*, 1941), Béla Bartók (*Konzert für Klavier Nr. 3*, 1946), Benjamin Britten (*Diversions on a Theme*, 1942), Ross Lee Finney (*Symphonie Nr. 2*, 1958; *Symphonie Nr. 3*, 1966), Alberto Ginastera (*Konzert für Harfe und Orchester*, 1963; *Konzert für Streicher*, 1966), Howard Hanson (*Symphonie Nr. 5*, 1955), Roy Harris (*Symphonie Nr. 9*, 1963), Bohuslav Martinů (*Symphonie Nr. 4*, 1945), Gian Carlo Menotti (*Konzert für Violine und Orchester*, 1952; *Symphonie Nr. 1*, 1976), Nicolas Nabokov (*Studies in Solitude*, Studien in der Einsamkeit, 1961), Vincent Persichetti (*Symphonie Nr. 3*, 1947; *Symphonie Nr. 4*, 1954; *Symphonie Nr. 9*, »*Sinfonia Janiculum*«, 1971), Walter Piston (*Symphonie Nr. 7*, 1961), Sergej W. Rachmaninow (*Sinfonische Tänze*, 1941), George Rochberg (*Symphonie Nr. 1*, 1958), Ned Rorem (*Eagles*, Adler, 1959), William Schuman (*Symphonie Nr. 9*, 1969), Roger Sessions (*Symphonie Nr. 5*, 1964).

Orozco, Rafael
Spanischer Pianist, geb. 24. 1. 1946 Córdoba.
Er studiert ab 1952 am Konservatorium seiner Vaterstadt u. a. bei seinem Vater und seinem Onkel. Anschließend geht er an das Konservatorium von Madrid, wo er 1964 mit Diplom abschließt, nachdem er die Wettbewerbe von Bilbao und Jaén gewonnen hatte. Die Begegnung mit Alexis Weissenberg, bei dem er sich an der Accademia Musicale Chigiana in Siena perfektioniert, wird für ihn ausschlaggebend. 1966 gewinnt er den Wettbewerb von Leeds und erhält daraufhin Engagements in London und bei verschiedenen englischen Festspielen. Seine Karriere nimmt schnell internationale Ausmaße an; mit Vorliebe spielt er die Klavierkonzerte Sergej W. Rachmaninows.

Ortiz, Cristina
Englische Pianistin brasilianischer Herkunft, geb. 17. 4. 1950 Salvador (Bahia, Brasilien).
Die Schülerin des Konservatoriums von Rio de Janeiro perfektioniert sich in Paris bei Magda Tagliaferro, bei Rudolf Serkin am Curtis Institute in Philadelphia, bei Lili Kraus in Fort Worth (Tex.) und bei Ilona Kabos in New York. 1965 gewinnt sie beim Wettbewerb von Rio de Janeiro den 1. Preis, genau wie ein Jahr später in Paris beim Tagliaferro- sowie 1969 in Bukarest beim Enescu- und in Fort Worth beim Van-Cliburn-Wettbewerb. 1971 debütiert sie in den Vereinigten Staaten. Sie tritt hauptsächlich in ihrer zweiten Heimat Großbritannien auf.

Osinska, Eva
Polnische Pianistin, geb. 22. 3. 1941 Warschau.
Sie ist Schülerin von Zbigniew Drzewiecki und Ryszard Bakst am Konservatorium von Warschau und perfektioniert sich anschließend bei Vlado Perlemuter und Suzanne Roche am Pariser Konservatorium, wo sie 1972 einen Preis für herausragende Leistungen erhält. Sie gewinnt in Italien den Alfredo-Casella-Wettbewerb und in Spanien den Wettbewerb von Jaén. Sie läßt sich von Arthur Rubinstein, dem sie nahesteht, beraten und geht mit ihm das Klavierwerk Frédéric Chopins durch. Mit Henryk Szeryng spielt sie Sonaten.

Ott, Karin
Schweizer Sopranistin, geb. 13. 12. 1948 Zürich.
Als Sechsjährige beginnt sie mit Klavier-Unterricht und studiert dann Gesang, Violine und Orgel. Nach dem Abitur setzt sie ihre musikalischen Studien am Züricher Opern-Studio fort. Sie debütiert am Theater von Biel-Solothurn und geht anschließend nach Deutschland, wo sie weiter an ihrer Stimme arbeitet und ihr Repertoire erweitert. Mit ihrem Mann, einem Regisseur, studiert sie neue Rollen ein. 1970 gewinnt sie in Reggio nell'Emilia beim Achille-Peri-Wettbewerb einen Preis. Ihre außergewöhnliche Begabung erlaubt ihr, innerhalb eines Tages die Rolle der Parasja (*Sorotschinskaja jarmarka*, Der Jahrmarkt von Sorotschinzy, Mussorgskij) einzustudieren, um eine Aufführung an der Oper in Bayreuth zu retten, und innerhalb von drei Tagen für Zürich die Stimme der Tove in den *Gurreliedern* (Schönberg) zu lernen. Gastspiele führen sie an alle wichtigen Häuser Europas. 1977 gastiert sie als Königin der Nacht (*Die Zauberflöte*, Mozart) an der Pariser Oper. Ab 1978 gehört sie zum Ensemble der Opern von Berlin und Stuttgart und gibt weiterhin regelmäßig Gastspiele in Zürich und Paris.

Otten, Kees
Holländischer Flötist, geb. 28. 12. 1924 Amsterdam.
Er studiert am Amsterdamer Musikgymnasium und am dortigen Konservatorium Klarinette und Flöte und spezialisiert sich auf Blockflöte, die er anfangs in Cabarets spielt, sowie auf Klarinette und Alt-Saxophon. Er debütiert 1946, wird rasch der erste Blockflöten-Solist Hollands und unterrichtet dieses Instrument am Amsterdamer Musikgymnasium und später am Konservatorium von Den Haag. 1963 gründet er das Syntagma Musicum, ein Ensemble, das sich auf die Musik der Renaissance spezialisiert und dem Publikum vergessene Komponisten wie Jacob de Senleches, Francesco Landini, Jacopo da Bologna, Philippus de Caserta, Arnold de Lantins und andere vorstellt. Otten ist ein Vorläufer der Bemühungen um die Musik der Renaissance und des Barocks und um die Wiedergabe dieser Musik auf alten oder nachgebauten Instrumenten.

Otter, Anne-Sofie von
Schwedische Altistin, geb. 9. 5. 1955 Stockholm.
Sie studiert am Konservatorium ihrer Heimatstadt und geht dann zu Erich Werba nach Wien und ab 1981 zu Geof-

frey Parsons und Vera Rosza nach London. 1981–82 gehört sie der Oper in Drottningholm an und geht dann nach Basel, wo sie u. a. den Cherubin (*Le nozze di Figaro*, Mozart), Orpheus (*Orphée et Eurydice*, Gluck) und den Sextus (*La clemenza di Tito*, Titus, Mozart) interpretiert. 1984 gastiert sie beim Festival von Aix-en-Provence in *La finta giardiniera* (Die Gärtnerin aus Liebe, Mozart). Genf, Köln, Berlin (Dorabella, *Così fan tutte*, Mozart) und der Covent Garden (Cherubin) laden sie ein. 1986 gewinnt sie den Preis der Maria-Callas-Stiftung und debütiert noch im gleichen Jahr an der Scala, wieder im Cherubin. Sie gastiert an der Wiener Oper, an der Met (Cherubin) und in Chicago (Octavian, *Der Rosenkavalier*, R. Strauss). Sie tritt auch regelmäßig im Konzertsaal auf.

Otterloo, Jan Willem van
Holländischer Dirigent und Komponist, geb. 27. 12. 1907 Winterwijk (Geldern), gest. 28. 7. 1978 Melbourne.
Er studiert zuerst Medizin, geht dann 1928–32 an das Konservatorium von Amsterdam zu Sem Dresden und studiert Violoncello sowie Komposition. Er beginnt als Cellist beim Orchester von Utrecht, wird am gleichen Orchester 1933 2. und 1937 1. Kapellmeister. Nach dem Zweiten Weltkrieg beginnt seine eigentliche Karriere: 1949 wird er Chefdirigent des Residenz-Orchesters von Den Haag und legt diesen Posten erst 1973 nieder. 1952–55 dirigiert er gleichzeitig das Philharmonische Orchester von Radio Hilversum. Ab 1967 arbeitet er auch regelmäßig in Australien: 1967–68 leitet er das Symphonie-Orchester von Melbourne und anschließend das von Sydney. 1974–77 ist er Generalmusikdirektor in Düsseldorf, ohne seine Verpflichtungen in Australien aufzugeben. Als Komponist hinterläßt er Orchesterwerke und Werke für Violoncello.

Otto, Lisa
Deutsche Sopranistin, geb. 14. 11. 1919 Dresden.
Die Tochter des Sängers Karl Otto studiert 1938–40 an der Hochschule für Musik in Dresden bei Susanne Steinmetz-Prée und debütiert 1941 als Sophie (*Der Rosenkavalier*, R. Strauss). Über Nürnberg (1945) und Dresden (1946–51) kommt sie 1951 an die Städtische Oper in Berlin. Sie spezialisiert sich auf Soubretten-Rollen und gastiert an der Scala, an der Pariser Oper, in Wien und 1953–56 bei den Salzburger Festspielen, wo sie die Despina (*Così fan tutte*), die Blonde (*Die Entführung aus dem Serail*), die Erste Dame der Königin (*Die Zauberflöte*, alle Mozart), das Echo (*Ariadne auf Naxos*) und eine Magd (*Elektra*, beide R. Strauss) interpretiert. 1956 debütiert sie als Blonde auf den Festspielen von Glyndebourne. 1963 wird sie mit dem Titel einer Kammersängerin ausgezeichnet.

Oubradous, Fernand
Französischer Fagottist und Dirigent, geb. 15. 2. 1903 Paris, gest. 9. 1. 1986 Saint-Mandé.
Er studiert 1916–23 am Konservatorium von Paris bei Paul Rougnon (Allgemeine Musiklehre) und Isidore Philipp (Klavier) und privat bei Noël Gallon, André Bloch und Philippe Gaubert (Orchesterleitung). 1922 wechselt er in die Klasse von Eugène Bourdeau (Fagott) und erhält ein Jahr später dort bereits einen 1. Preis. 1925–30 ist er Leiter der Bühnenmusik am Théâtre de l'Atelier in Paris. 1927 gründet er das Trio d'anches de Paris (das Rohrblatt-Trio von Paris in der Besetzung Oboe, Klarinette und Fagott). Er gehört nacheinander verschiedenen Orchestern an: Orchestre National (1934–35), Orchestre de l'Opéra de Paris (1935–53) und als Solo-Fagottist der Société des Concerts du Conservatoire (1936). 1940 verwandelt er die von Paul Taffanel 1889 gegründete Société des Instruments à Vent in die Association des Concerts de chambre de Paris, die auch

unter dem Namen Concerts Oubradous bekannt wird, und wird deren Präsident. 1943 bekommt die Association einen neuen Namen: Concerts symphoniques de chambre de Paris. 1942 übernimmt er am Pariser Konservatorium die Leitung der Klasse für Instrumentalensemble. 1947 wird er künstlerischer Leiter und Dirigent am Grand Théâtre in Lille; 1954–58 unterrichtet er am Mozarteum in Salzburg. 1958 ruft er die Sommerakademie in Nizza ins Leben.

Unter den zahlreichen Uraufführungen, die er leitet, sind folgende besonders hervorzuheben: *Amphytrion* (M. Emmanuel, 1941), *Suite élisabéthaine* (Elisabethanische Suite, Ibert, 1943), *Concerto da camera* (Kammerkonzert, Martinů, 1954), *Symphonie de chambre* (Kammersymphonie, Enescu, 1955), *Dialoghi* für Cembalo und Orchester (Malipiero, 1963), *Deux mouvements à la mémoire de Paul Gilson* (Zwei Sätze zur Erinnerung an Paul Gilson, 1966) und *The Garden's Concertino* (Garten-Concertino, 1973, beide Sauguet) sowie Werke von u. a. Jacques Charpentier, Jean-Michel Damase, Daniel-Lesur, Reynaldo Hahn, Jean Langlais, Henri Martelli und Henri Tomasi.

Ousset, Cécile
Französische Pianistin, geb. 23.1. 1936 Tarbes.
Sehr früh schon beweist sie ihre außerordentliche musikalische Begabung: als Fünfjährige gibt sie in Algier ihr erstes Konzert. Sie geht zu Marcel Ciampi an das Konservatorium von Paris, wo sie 1950 einen 1. Preis erhält, und gewinnt in der Folge zahlreiche internationale Wettbewerbe: Claire Pagès (1953), Marguerite Long-Jacques Thibaud (1953), Genf (1954), Viotti (1955), Königin Elisabeth (1956), Busoni (1959) und Van Cliburn (1962). Ihre Konzertreisen führen sie in zahlreiche Länder. Sie hält in Kanada Sommerkurse ab.

Ozawa, Seiji
Japanischer Dirigent, geb. 1.9. 1935 Hoten (Mandschurei).
Er studiert bei Hideo Saitō an der privaten Tōhō-Musikhochschule in Tokio mit der Absicht, Pianist zu werden. Aufgrund eines Unfalls wendet er sich der Orchesterleitung zu. Er geht nach Europa, gewinnt 1959 den Wettbewerb von Besançon und perfektioniert sich bei Herbert von Karajan. Ein Jahr später gewinnt er den Mitropoulos-Preis in New York. Leonard Bernstein engagiert ihn als Assistenten (1961–62 und 1964–65). Seine Karriere entwickelt sich sehr schnell: er ist nacheinander Direktor der Festspiele von Ravina (1964–68), des Symphonie-Orchesters von Toronto (1965–69), San Francisco (1970–76) und Boston (seit 1974). Als Operndirigent debütiert er 1969 bei den Salzburger Festspielen mit einer Aufführung von *Così fan tutte* (Mozart). Trotz seiner internationalen Karriere bleibt er seiner Heimat verbunden und gründet das New Japan Philharmonic Orchestra, das er regelmäßig dirigiert. Wir verdanken ihm wichtige Uraufführungen: *Konzerte für Violine und Orchester* (v. Einem, 1970), *San Francisco Polyphony* (Ligeti, 1975), *Saint François d'Assise* (Messiaen, 1983), *Musique pour San Francisco* (Milhaud, 1973), *November Steps* (Novemberschritte, 1967), *Crossing* (Kreuzung, 1970), *Cassiopeia* (1971), *Autumn* (Herbst, 1973) sowie *Dream/Window* (Traum/Fenster, 1985, alle Torū Takemitsu), *Polla ta Dhina* (Xenakis, 1974). Ferner verwirklicht er die Uraufführung folgender Werke, die von dem Symphonie-Orchester in Boston aus Anlaß seines hundertjährigen Bestehens in Auftrag gegeben worden waren: *Symphonie Nr. 2* (Maxwell Davies, 1981), *Calls and Cries* (Rufe und Schreie, Balassa, 1982), *Symphonie Nr. 1*, Harbison, 1983).

Ozim, Igor
Jugoslawischer Violinist, geb. 9. 5. 1931 Ljubljana (Laibach).
Er studiert bei Leon Pfeifer am Konservatorium von Ljubljana und geht dann zu Max Rostal an das Royal College of Music in London. 1951 gewinnt er den Carl-Flesch-Wettbewerb in London und 1953 den 1. Preis beim Münchner Rundfunk-Wettbewerb. 1960–63 ist er Professor am Konservatorium von Ljubljana und seit 1965 an der Musikhochschule in Köln. Nach zahlreichen Tourneen durch ganz Europa widmet Ozim heute den pädagogischen Aufgaben viel Zeit. Er setzt sich stark für die zeitgenössische Musik seiner Heimat ein und kreiert viele Werke, die ihm gewidmet sind (Devcic, Krek, Niehaus und Petric) sowie das *Konzert für Violine und Orchester* von Milko Kelemen (1982). Er spielt auf einer Montagnana aus dem Jahre 1773.

P

Pachmann, Wladimir von
Ukrainischer Pianist, geb. 15. (27.) 7. 1848 Odessa, gest. 7. 1. 1933 Rom.
Sein Vater, ein bedeutender Geiger, ist Professor am Konservatorium von Odessa und erteilt Wladimir den ersten Unterricht. 1866–68 besucht er am Wiener Konservatorium die Klasse von Josef Dachs und wird zum Abschluß mit einer Goldmedaille ausgezeichnet. 1869 gibt er eine Reihe von Konzerten, bei denen er viel Erfolg erzielt; er selbst aber ist unzufrieden mit sich, wirft sich mangelnde Technik vor, zieht sich zu neuen Studien zurück und triumphiert anschließend in Leipzig und Berlin. Weiterhin mit sich unzufrieden, zieht er sich für weitere zwei Jahre zurück, bis er sich endlich für reif hält, erneut in der Öffentlichkeit aufzutreten.
Das Publikum, angesichts des außergewöhnlichen, rätselhaften Verhaltens des Virtuosen neugierig geworden, wird in seinen Erwartungen nicht enttäuscht. Pachmann scheut nicht davor zurück, das Publikum zu beschimpfen, falls dieses technische Kunststücke nicht in ausreichendem Maße würdigt, und kommentiert mit zunehmendem Alter während der Konzerte seine Technik, ohne dabei das Spiel zu unterbrechen. Die Massen strömen in seine Konzerte, nicht nur aufgrund des zu erwartenden Schauspiels, sondern auch aufgrund der extremen Sensibilität, mit der er vor allem die Werke Frédéric Chopins interpretiert.

Paderewski, Ignacy Jan
Polnischer Pianist, Komponist und Politiker, geb. 6. (18.) 11. 1860 Kuryłówka (Podlien), gest. 29. 6. 1941 New York.
Schon früh fällt seine Begabung auf, und sein Vater, ein Gutsverwalter, läßt W. Rumowski und Piotr Sowiński als Privatlehrer kommen. 1873 geht er an das Konservatorium von Warschau, wo er bei Juliusz Janotha, Rudolf Strobl, Paweł Schlözer und Jan Śliwiński Klavier und bei Gustav Roguski Harmonielehre sowie Kontrapunkt studiert. 1878 erhält er sein Diplom. Ein Jahr später wird er selbst zum Professor für Klavier am Warschauer Konservatorium ernannt. 1881–83 geht er nach Berlin und studiert bei Friedrich Kiel und Heinrich Urban Komposition. Moritz Moszkowski und Hugo Bock ermutigen ihn und verlegen seine Kompositionen. In Berlin lernt er Richard Strauss, Anton G. Rubinstein und Pablo de Sarasate kennen. 1884 geht er zu Theodor Leschetizky nach Wien; 1885–86 unterrichtet er am Konservatorium von Straßburg Klavier und Komposition und geht dann wieder zurück zu Theodor Leschetizky nach Wien, um sich bei dem berühmten Pädagogen weiter zu perfektionieren. Im Herbst 1887 veranstaltet Leschetizky ein Debütantenkonzert seines Schülers, das großen Erfolg hat. Anschließend tritt er in Deutschland, Polen und England auf. Im November 1890 debütiert er in der New Yorker Carnegie Hall. In den darauffolgenden vier Monaten gibt er in den Vereinigten Staaten mehr als 100 Konzerte, wobei er die Einnahmen oft Wohltätigkeitsorganisationen zukommen läßt. 1896 ruft er in den Vereinigten Staaten eine Stiftung zugunsten junger Komponisten ins Leben; im gleichen Jahr noch gründet er in Warschau zwei Wettbewerbe (Theater und Komposition). 1909–13 leitet er das Warschauer Konservatorium. Ab 1889 wohnt er bereits in der Villa Riond Bosson in Morges (Schweiz). Trotz gesundheitlicher Probleme und schöpferischer Krisen komponiert er immer mehr.
Während seines ganzes Lebens engagiert er sich nicht nur für karitative Aufgaben und die Nachwuchspflege, sondern auch für seine polnische Heimat.

So hält er am 14. Juli 1910 aus Anlaß der 500. Wiederkehr des polnischen Sieges über die Deutschen eine vielbeachtete Rede. Nach dem Ersten Weltkrieg sammelt er in der ganzen Welt Geld, um das Elend seines Volkes lindern zu können. Nach der Unabhängigkeitserklärung Polens und den Versailler Verträgen wird er polnischer Ministerpräsident und Außenminister. 1923 nimmt er seine Konzerttätigkeit wieder auf. Während des Sommers unterrichtet er. Ab 1936 arbeitet er an einer Neuausgabe der Werke Frédéric Chopins, die erst nach dem Zweiten Weltkrieg erscheint. Nach dem deutschen Einfall in Polen reist er in die Vereinigten Staaten, um dort eine Kampagne zugunsten seiner Heimat zu leiten, seine letzte Reise.

Paderewski wird zu Lebzeiten als einer der größten Pianisten betrachtet. Seine stark romantisch geprägte Auffassung von der Musik erregt heute Anstoß, doch zu seiner Zeit ist Enthusiasmus und Leidenschaft bei der Interpretation oft wichtiger als Werktreue und Präzision.

W: *The Paderewski Memoirs* (London 1939).

Pagliughi, Lina
Italienische Sopranistin amerikanischer Herkunft, geb. 27. 5. 1907 Brooklyn, gest. 2. 10. 1980 Rubicone.
Die berühmte Luisa Tetrazzini hört sie bei einem Auftritt als Wunderkind, ist begeistert und kümmert sich um ihre Ausbildung. Als Fünfzehnjährige zieht sie mit ihrer Familie nach Italien und wird Schülerin von Manlio Bavagnoli in Mailand. Als Zwanzigjährige debütiert sie in der Rolle der Gilda (*Rigoletto*, Verdi) am Stadttheater von Mailand und errregt solches Aufsehen, daß die Schallplattenfirma »La voce del Padrone« (Die Stimme seines Herren) sie für die Interpretation der Rolle an der Seite des Baritons Luigi Piazza verpflichtet. Zwanzig Jahre später nimmt sie die Oper mit Giuseppe Taddei und Ferruccio Tagliavini ein zweites Mal auf. 1929 unternimmt sie eine Australien-Tournee. 1930–31 singt sie zusammen mit ihrem Mann, dem Tenor Primo Montanari (1895–1972), an der italienischen Oper in Holland. In der Saison 1930–31 debütiert sie, wieder als Gilda, an der Scala und wird daraufhin von allen wichtigen italienischen Bühnen eingeladen; sie interpretiert die Elvira (*I Puritani*, Die Puritaner, Bellini), Amina (*La sonnambula*, Die Nachtwandlerin, Bellini), Rosina (*Il barbiere di Siviglia*, Der Barbier von Sevilla, Rossini), Violetta (*La Traviata*, Verdi), Fiordiligi (*Così fan tutte*), Konstanze (*Die Entführung aus dem Serail*), die Königin der Nacht (*Die Zauberflöte*, alle Mozart) und die Lucia (*Lucia di Lammermoor*, Donizetti). Mit der Lucia nimmt sie 1947 an der Seite von Beniamino Gigli an der Scala Abschied von der Bühne. Im italienischen Rundfunk tritt sie noch bis 1956 auf; anschließend widmet sie sich dann in Mailand pädagogischen Aufgaben. Ihre makellose Technik erlaubt es ihr, die Möglichkeiten ihrer wunderbaren Stimme bis zum Ende voll zu erhalten.

Paik, Kun Woo
Koreanischer Pianist, geb. 10. 3. 1946 Seoul.
Er gewinnt beim Mitropoulos-Wettbewerb in New York 1961 einen Sonderpreis und perfektioniert sich anschließend bei Rosina Lhévinne an der Juilliard School of Music in New York, bei Ilona Kabos in London und bei Wilhelm Kempff sowie bei Guido Agosti in Italien. 1969 gewinnt er beim Busoni-Wettbewerb in Bozen und 1971 beim Walter-Naumburg-Wettbewerb in New York je einen 1. Preis. Seine Karriere entwickelt sich rasch. Vor allem als Interpret französischer Musik setzt er sich international durch. 1982 erregt er in Paris und 1984 in London mit einem Konzertzyklus, der dem gesamten pianistischen Schaffen von Franz Liszt gewidmet ist, Aufsehen. 1987 verwirklicht er die Uraufführung von Louis Saguers *Konzert für Klavier und Orchester*.

Paillard, Jean-François
Französischer Dirigent, geb. 12. 4. 1928 Vitry-le-François.
Er studiert Mathematik und legt 1950 an der Sorbonne ein Diplom ab. Gleichzeitig studiert er am Konservatorium von Paris Theorie, erhält dort in der Klasse von Norbert Dufourcq einen 1. Preis und besucht privat die Kurse von Igor Markevitch und Edouard Lindenberg. 1951–56 ist er als Musiklehrer tätig. 1952 gründet er während seines Militärdienstes das Ensemble instrumental Jean-Marie Leclair. Er heiratet die Cembalistin Anne-Marie Beckensteiner und läßt sich später wieder scheiden. 1953 gründet er das Kammerorchester Jean-François Paillard, das auf dem Gebiet der Interpretation der Musik des 17. und 18. Jahrhunderts in Frankreich eine wichtige Rolle spielt und mit dem er viele bedeutende Solisten begleitet. Gleichzeitig ist er häufig als Gastdirigent tätig und arbeitet auch als Musikwissenschaftler. Er veranstaltet Kurse für Orchesterleitung und ist insbesondere für die Sommerakademie für Kammermusik in Valence (Departement Drôme) verantwortlich.
W: *La Musique française* (Paris 1960).

Païta, Carlos
Argentinischer Dirigent, geb. 10. 3. 1932 Buenos Aires.
Er besucht die Kurse des Komponisten Jacob Fischer und studiert bei ihm Harmonielehre, Kontrapunkt, Fuge, Orchestrierung und Komposition. Bei Jan Nuchoff, einem Schüler Theodor Leschetizkys, studiert er Klavier. Als Einzelgänger, der auf seine Freiheit bedacht ist, besucht er nie ein Konservatorium. Er assistiert bei Hunderten von Opernaufführungen und Konzerten und lernt dabei sein Handwerk als Dirigent. Mit Wilhelm Furtwängler arbeitet er bei dessen Besuchen in Buenos Aires zusammen. Auch Arthur Rodzinsky übt einen großen Einfluß auf ihn aus. 1956 gibt er am Teatro Colón in Buenos Aires sein erstes Konzert. Kurz darauf wird er an diesem Haus zum Korrepetitor ernannt. 1964 lädt ihn die amerikanische Regierung ein, sich in den Vereinigten Staaten zu perfektionieren. 1966–68 leitet er seine ersten Konzerte in Europa. 1967 wird er zum ständigen Dirigenten des Symphonie-Orchesters des argentinischen Rundfunks ernannt. 1968 schließt er mit der Schallplattenfirma Decca einen Vertrag; seine erste Aufnahme (Wagner) wird von der Académie Charles Gros ausgezeichnet, woraufhin seine eigentliche internationale Karriere beginnt. Er interessiert sich stark für die technische Seite von Einspielungen und benutzt als einer der ersten das neue digitale Verfahren. In London wird das Philharmonic Symphony Orchestra für ihn gegründet. Das Orchester, das zuerst nur Schallplattenaufnahmen verwirklichen soll, gibt unter seiner Leitung auch bald Konzerte und unternimmt 1982 seine erste Tournee. Carlos Païta lebt in Genf.

Pál, Tamás
Ungarischer Dirigent, geb. 16. 9. 1937 Gyula.
Er studiert an der Franz-Liszt-Akademie in Budapest bei I. Ungár Klavier, bei János Viski Komposition und bei András Kórody Orchesterleitung. 1960–75 ist er als Dirigent an der Oper von Budapest tätig, mit der er 1973 bei den Festspielen von Edinburgh auftritt. 1974 erhält er den Franz-Liszt-Preis. Ein Jahr später wird er zum Musikdirektor der Oper von Szeged ernannt, wo er bis 1983 bleibt, bevor er als 1. Kapellmeister an die Budapester Oper zurückkehrt. 1987 übernimmt er die künstlerische Leitung der Budapester Musikwochen und der dortigen Freilichtaufführungen. Pál wird vor allem bekannt als Wiederentdecker vergessener Werke wie des *Falstaff* von Antonio Salieri oder des *Don Sanche ou le Château d'amour* (Don Sanche oder das Liebesschloß) von Franz Liszt.

Páleníček, Josef
Tschechoslowakischer Pianist und Komponist, geb. 19. 7. 1914 Travnik (Jugoslawien), gest. 7. 3. 1991 Prag.
Er studiert am Prager Konservatorium 1927–38 bei Karel Hoffmeister, Otakar Šín und Vítězslav Novák Klavier und Komposition. Kurz vor dem Ausbruch des Zweiten Weltkrieges perfektioniert er sich in Paris bei Diran Alexanian, Alfred Cortot und Albert Roussel. 1934 gründet er das erste Smetana-Trio, aus dem später das Tschechische Trio hervorgeht. Erst 1945 beginnt seine Karriere als Solist. Es gibt niemanden, der die Klavierwerke Leoš Janáčeks so meisterhaft interpretiert wie er. Auch Ludwig van Beethoven steht ihm nahe; mit Alexander Plocek spielt er häufig dessen *Sonaten für Violine und Klavier*. Seit 1963 unterrichtet er an der Prager Kunstakademie. Als Komponist schreibt er für Orchester und für Kammerensembles.

Palm, Siegfried
Deutscher Cellist, geb. 25. 4. 1927 Wuppertal.
Er wird von seinem Vater, dem Cellisten Siegfried Palm, der im Städtischen Orchester mitwirkt, 1933–45 unterrichtet und perfektioniert sich später bei den Salzburger Sommerkursen von Enrico Mainardi (1950–53). 1945 wird er Solo-Cellist im Lübecker Orchester; zwei Jahre später geht er in der gleichen Stellung zum Symphonie-Orchester des NDR nach Hamburg (bis 1962). Gleichzeitig ist er Mitglied im Hamann-Quartett (1951–62). 1962 wird er an der Kölner Hochschule für Musik zum Professor ernannt und übernimmt deren Leitung 1972 (bis 1976). Er unterrichtet auch in Darmstadt (seit 1962), Stockholm (seit 1966), Helsinki (ab 1971), Breukelen (Holland, 1972) und in den Vereinigten Staaten in Darmouth (1969 und 1972) und Marlboro (ab 1970). 1962–68 ist er Solo-Cellist am Symphonie-Orchester des WDR in Köln, bevor er sich ausschließlich seiner Karriere als Solist und Pädagoge widmet. 1965 bildet er mit dem Pianisten Aloys Kontarsky ein Duo; 1967–73 gehört er als Nachfolger von Gaspar Cassadó dem Kölner Trio an (mit dem Geiger Max Rostal und dem Pianisten Heinz Schröter). 1977–81 ist er Intendant der Deutschen Oper Berlin. Anschließend wird er Präsident der Internationalen Gesellschaft für Neue Musik (1982–88) und ab 1988 der Deutschen Gesellschaft für Neue Musik.
Siegfried Palm verfügt über ein außergewöhnliches technisches Können und führt Werke zeitgenössischer Komponisten auf, die bis zu diesem Zeitpunkt für unspielbar gehalten werden. Viele Komponisten schreiben für ihn und bereichern so die Literatur für sein Instrument. Hier eine Auswahlliste der wichtigsten Werke, die ihm gewidmet sind und/oder die er uraufgeführt hat: *Quasi una fantasia* von Xavier Benguerel; *Konzert für Violoncello und Orchester* (1965) von Boris Blacher; *Konzert für Violoncello und Orchester* von Morton Feldmann; *Konzert für Violoncello und Orchester* von Cristóbal Halffter; *Match* für 2 Violoncelli und Schlagzeug (1964) und *Trio* (1988), beide Mauricio Kagel; *Changeant* (Wechselnd) für Violoncello und Orchester (1968) und *Drammatico* (1984), beide Miko Kelemen; *Liaisons* (Verbindungen, 1984) von Rolf Liebermann; *Konzert für Violoncello und Orchester* (1966) von György Ligeti; *Konzert für Violoncello und Orchester* (1984) von Tilo Medek; *Sonate für Violoncello und Orchester* (1964), *Capriccio per Siegfried Palm* (1968) und *Konzert für Violoncello und Orchester*, alle Krzysztof Penderecki; *Monodram* (1983) und *Trio* (1984), beide Wolfgang Rihm; *Tombeau d'Armor III* (Das Grab am Armor III, 1978) von Giuseppe Sinopoli; *Nomas Alpha* (1966) von Iannis Xenakis; *Nore* (1968), *Glissées* (Glissandi, 1971) und *Konzert für Violoncello und Orchester* (1976), alle Ysang Yun; *Konzert für Violoncello und Orchester* von Winfried Zillig; *Canto de speranze* (Lied von der Hoffnung, 1957), *Sonate für Violoncello solo*

(1960), *Konzert für Violoncello und Orchester in Form eines Pas de trois* (1966) und *4 Petites Pièces* (Vier kleine Stücke), alle Bernd Alois Zimmermann. Er spielt auf einem Violoncello von Giovanni Battista Grancino aus dem Jahre 1708, das sich früher im Besitz von Julius Klengel befand.

Palmer, Felicity
Englische Sopranistin, geb. 6. 4. 1944 Cheltenham.
Sie studiert an der Guildhall School of Music in London unter besonderer Berücksichtigung von Lied und Oratorium Gesang und debütiert in England als Konzertsängerin; Tourneen durch Europa schließen sich an. 1970 wird sie mit dem Kathleen Ferrier Memorial Prize ausgezeichnet. Als Opernsängerin debütiert sie 1973 als Susanna (*Le nozze di Figaro*, Figaros Hochzeit, Mozart) in Houston. Im gleichen Jahr unternimmt sie eine bedeutende Tournee mit dem Symphonie-Orchester der BBC. Neben dem englischen Repertoire pflegt sie als Liedsängerin auch das französische, vor allem das Werk von Francis Poulenc; sie singt auch Werke zeitgenössischer Komponisten, so *Poèmes pour Mi* (Gedichte für Mi) von Pierre Boulez unter der Leitung des Komponisten.

Pampuch, Helmut
Deutscher Tenor, geb. 1940 Großmahlendorf.
Er studiert 1957–62 bei Willy Domgraf-Fassbaender am Konservatorium von Nürnberg und debütiert 1963 in Regensburg. Über Braunschweig, Saarbrücken und Wiesbaden kommt er nach Düsseldorf-Duisburg, wo er 1973 Mitglied der Deutschen Oper am Rhein wird. Er ist ein ausgezeichneter Schauspieler und glänzt vor allem als Mime (*Der Ring des Nibelungen*, Wagner). Die Pariser Oper lädt ihn ein, das Grand Théâtre in Genf und die Scala. Auch an den wichtigsten deutschen Bühnen gastiert er, so in Berlin, Hamburg, München und Stuttgart. 1978 debütiert er in kleinen Rollen in *Parsifal* und *Lohengrin* (beide Wagner) in Bayreuth, wo er schon bald den Mimen singt. An der Pariser Oper wirkt er 1979 bei der Uraufführung des dritten Aktes von *Lulu* (Berg) mit.

Panenka, Jan
Tschechoslowakischer Pianist, geb. 8. 7. 1922 Prag.
Er beginnt 1940 sein Studium am Prager Konservatorium in der Klasse von František Maxián; 1946 geht er zu Pawel Sebrjakow an das Leningrader Konservatorium. 1951 gewinnt er in Prag den internationalen Frühjahrs-Wettbewerb. Neben seiner Tätigkeit als Solist (vor allem mit der Tschechischen Philharmonie) spielt er 1957–79 im Trio Suk und tritt mit Josef Suk auch als Duo-Formation auf. Er ist außerdem Partner des Smetana-Quartetts.

Panerai, Rolando
Italienischer Bariton, geb. 17. 10. 1924 Campi Bisenzio (bei Florenz).
Er studiert bei Vito Frazzi und Giacomo Armani in Florenz und geht dann zu Giulia Tess nach Mailand. 1947 debütiert er in *Mosè in Egitto* (Moses in Ägypten, Rossini) am Teatro San Carlo in Neapel. Ein Jahr später gewinnt er den Wettbewerb in Spoleto. Seine Karriere macht rasche Fortschritte. 1951 singt er in Bergamo, in den beiden darauffolgenden Jahren an der Scala und 1955 in Venedig. Bei der szenischen Erstaufführung von Sergej S. Prokofjews *Ognenny angel* (Der feurige Engel) 1955 am Fenice in Venedig singt er den Ruprecht. Das Liceo in Barcelona, die Wiener Oper (1958) und das Covent Garden (1960) laden den Interpreten des italienischen Faches ein, der sich auch für die Musik seiner Zeit einsetzt. So nimmt er 1957 an der Mailänder Scala an der italienischen Erstaufführung von Paul Hindemiths *Mathis der Maler* teil. Zu seinem breiten Repertoire zählen auch der Figaro (*Il barbiere di Siviglia*, Der Barbier von Sevilla, Rossini) und der Guglielmo (*Così fan*

tutte, Mozart). Er gastiert auf vielen Festspielen (u. a. Salzburg und Aix-en-Provence) und wirkt 1962 in Mailand an der Uraufführung von Guido Turchis Oper *Il buon soldato Svejk* (Der gute Soldat Schweijk) mit.

Panizza, Ettore (= Héctor Panizza)
Argentinischer Dirigent und Komponist, geb. 12. 8. 1875 Buenos Aires, gest. 28. 11. 1967 Mailand.
Seine Familie stammt aus Italien. Sein Vater, Solo-Cellist am Teatro Colón in Buenos Aires, erteilt ihm ersten Musikunterricht. Anschließend geht er an das Konservatorium von Mailand und studiert dort bis 1898 bei Vincenzo Ferroni, Amintore Galli und Giuseppe Frugatta. 1899 debütiert er in Rom und sammelt in Bologna, Palermo und Neapel erste Erfahrungen. 1907–11 und wieder 1924 leitet er am Covent Garden das italienische Repertoire und stellt dort erstmals Opern von Ermanno Wolf-Ferrari und Riccardo Zandonai vor. 1916 debütiert er an der Mailänder Scala, wo er 1921–29 als Assistent von Arturo Toscanini arbeitet. 1924 leitet er hier den *Ring des Nibelungen*. 1921 gastiert er am Teatro Colón in Buenos Aires und 1922–24 in Chicago. 1930–32 und 1946–48 arbeitet er jeweils als fester Dirigent der Scala. 1934–42 wird er Nachfolger Tullio Serafins an der Met. 1938 debütiert er an der Staatsoper Berlin. Wir verdanken ihm die Uraufführungen von *Francesca da Rimini* (Zandonai, 1914), *Sly* (Wolf-Ferrari, 1927) und *The Island God* (Der Inselgott, Menotti, 1942). Als Komponist hinterläßt er vor allem verschiedene Opern.
W: *Medio siglo de vida musical* (Buenos Aires 1952).

Panzéra, Charles Auguste Louis
Französischer Bariton, geb. 16. 2. 1896 Genf, gest. 6. 6. 1976 Paris.
Er studiert am Pariser Konservatorium und debütiert 1911 in *Werther* (Massenet) an der Opéra-Comique. Schnell setzt er sich als einer der bedeutendsten Konzertsänger seiner Generation durch. Gabriel Fauré widmet ihm seinen letzten Liederzyklus, *L'Horizon chimérique* (Trügerischer Horizont), und vertraut ihm die Uraufführung an. Er zeichnet sich auch im Werk Claude Debussys aus; 1930 singt er an der Opéra-Comique in Paris den Pelléas (*Pelléas et Mélisande*). In dieser Rolle gastiert er auch häufig im Ausland. Er setzt sich in besonderem Maße für die Musik seiner Zeit ein und singt Lieder von André Caplet, Henri Dutilleux, Arthur Honegger, Charles Koechlin, Raymond Loucheur, Olivier Messiaen, Francis Poulenc, Maurice Ravel und Albert Roussel, ohne das klassische Repertoire mit Franz Schubert, Robert Schumann, Hector Berlioz, Charles Gounod und Henri Duparc zu vernachlässigen. Seine Frau und Partnerin Magdeleine Panzéra-Baillot begleitet ihn am Flügel. Er kreiert verschiedene Werke Arthur Honeggers, darunter das Melodram *Amphion* (Text Paul Valéry, 1931) und das Oratorium *Cris du monde* (Schrei der Welt, 1932).
WW: *L'Art de chanter* (Paris 1950); *L'Amour de chanter* (Paris 1957).

Paraskivesco, Theodor
Französischer Pianist rumänischer Herkunft, geb. 11. 7. 1940 Bukarest.
Er studiert am Konservatorium von Bukarest und erhält dort fünf 1. Preise. 1961 gewinnt er den George-Enescu-Wettbewerb. Mit Hilfe eines Stipendiums der französischen Regierung kann er sich in Paris bei Nadia Boulanger und Yvonne Lefébure perfektionieren. 1970 erhält er den Claude-Debussy-Preis für die beste Interpretation eines Werkes des Komponisten. Kurz darauf spielt er preisgekrönte Aufnahmen des Gesamtwerkes für Klavier von Claude Debussy und Maurice Ravel ein. Er zeichnet sich auch im Werk von Ludwig van Beethoven und Johannes Brahms aus. In jüngster Zeit bildet er mit Jean Estournet und Michel Strauss ein Trio und tritt immer häufiger als Liedbegleiter auf. Seit 1987 ist er am

Pariser Konservatorium Professor für Klavier und für Kammermusik.

Paratore, Anthony
Amerikanischer Pianist, geb. 17. 6. 1946 Boston
und
Paratore, Joseph
Amerikanischer Pianist, geb. 19. 3. 1948 Boston.
Sie studieren an der Universität in Boston und an der Juilliard School of Music in New York bei Rosina Lhévinne und schließen 1970 bzw. 1972 ab. Die Brüder beschließen, ein Klavier-Duo zu gründen und debütieren 1973 in New York. 1974 gewinnen sie beim Münchner Rundfunk-Wettbewerb den 1. Preis. Schnell werden sie als eines der besten Klavier-Duos ihrer Generation bekannt und von den wichtigsten amerikanischen Orchestern eingeladen, bevor sie in Europa gastieren (u. a. auf den Festspielen von Salzburg, Wien, Berlin und Spoleto). Sie kreieren Werke von Gilbert Amy, Aribert Reimann und Wolfgang Rihm, die ihnen gewidmet sind, sowie Alban Bergs Adaptation für Klavier zu vier Händen von Arnold Schönbergs *Kammersinfonie* op. 9 und seinem *Quartett* op. 3. Sie sind Mitarbeiter verschiedener Fachzeitschriften.

Paray, Paul
Französischer Dirigent und Komponist, geb. 24. 5. 1886 Tréport, gest. 10. 10. 1979 Monte Carlo.
Sein Vater dirigiert als Laie den städtischen Musikverein und spielt in seiner Heimatstadt die Orgel. Als Fünfjähriger gewinnt Paul einen Trommel-Wettbewerb in Beauvais; als Zehnjähriger spielt er bei einer Aufführung der *Missa Solemnis* von Ludwig van Beethoven die Pauken. Innerhalb des Knabenchores der Kathedrale von Rouen erhält er seine erste musikalische Ausbildung. Henri Dallier hört ihn an der Orgel improvisieren und überzeugt seine Eltern, ihn aufs Pariser Konservatorium zu schicken. Er studiert dort bei Xavier Leroux Harmonielehre und bei Georges Caussade Kontrapunkt. Um seinen Lebensunterhalt zu sichern, spielt er in kleinen Orchestern Violoncello und in manchen Cabarets als Vertreter von Maurice Yvain Klavier. Er beginnt zu komponieren und erhält 1911 den 1. Großen Rompreis. Nach dem Ersten Weltkrieg, den er als Gefangener in Darmstadt verbringt, übernimmt er die Leitung eines kleines Orchesters im Kasino von Cauterets. Unter den Musikern befinden sich Joseph Calvet und einige Instrumentalisten der Concerts Lamoureux, die ihn mit Camille Chevillard bekanntmachen. 1920 wird er Stellvertreter und 1923 Nachfolger Chevillards an der Spitze der Concerts Lamoureux (bis 1928). 1928–45 ist er Leiter des Orchestre du Casino de Monte-Carlo und dirigiert auch in Vichy und Marseille. 1932 übernimmt er zusätzlich die Leitung der Concerts Colonne in Paris (bis 1940) und dirigiert an der dortigen Oper. Während der deutschen Besatzung zieht er sich nach Monte Carlo zurück und übernimmt sein Amt bei den Concerts Colonne erst nach der Befreiung von Paris wieder (1944–56). 1951 erhält er den Auftrag, das Symphonie-Orchester von Detroit neu zu organisieren, und übernimmt dessen Leitung bis 1963.
Zwischen den beiden Kriegen leitet er eine Reihe bedeutender Uraufführungen: *Requiem* (Duruflé), *Escales* (Stufen) und *Konzert für Violoncello und Orchester* (beide Ibert), *La Naissance de la lyre* (Die Geburt der Leier, Roussel), *In Memoriam* (F. Schmitt) sowie Werke von Claude Delvincourt, Paul Le Flem, Raymond Loucheur, Henri Tomasi und anderen. Als Komponist hinterläßt er Orchesterwerke sowie Kammermusik und Lieder.

Pâris, Alain
Französischer Dirigent, geb. 22. 11. 1947 Paris.
Er studiert Jura (Diplom Paris 1969) und gleichzeitig Klavier. An der Ecole Normale de Musique studiert er 1965–

68 bei Pierre Dervaux Orchesterleitung und bei Georges Dandelot Theorie. 1967 erhält er die Konzertlizenz. Er perfektioniert sich bei Louis Fourestier in Nizza und gewinnt 1968 den Wettbewerb von Besançon. Er ist jüngster Preisträger in der Geschichte dieses Wettbewerbes. Er beginnt, als Gastdirigent die wichtigsten französischen Orchester zu leiten. Paul Paray und Georg Solti geben ihm Ratschläge. Seine Karriere nimmt rasch internationale Ausmaße an, und er dirigiert in fast allen europäischen Ländern. 1976–77 ist er Assistent von Michel Plasson an der Oper von Toulouse; anschließend arbeitet er wieder als Gastdirigent mit den wichtigsten französischen Orchestern und im europäischen Ausland. 1980 gründet er das Ensemble à Vent de Paris, mit dem er vergessene Werke zu neuem Leben erweckt. Wir verdanken ihm verschiedene Erst- und Uraufführungen, darunter Werke von Hugues Dufour, Henryk Górecki, Bruce Mather, Tristan Murail, Luís de Pablo und Yoshihisa Taira. Er ist der Autor vieler Rundfunk- und Fernsehsendungen, vor allem für France Culture, und schreibt Beiträge für *La Musique* und *Le Guide du piano* (beide 1979). 1983–87 ist er 1. Kapellmeister an der Straßburger Oper. 1986 wird er am Straßburger Konservatorium zum Professor für Orchesterleitung ernannt (bis 1989).
W: Alain Pâris ist Herausgeber und Ko-Autor des vorliegenden Werkes.

Parisot, Aldo
Amerikanischer Cellist brasilianischer Herkunft, geb. 30. 9. 1920 Natal (Brasilien).
Als Siebenjähriger erhält er von seinem Stiefvater, Solo-Cellist am Orchester der NBC, ersten Musikunterricht. Er debütiert als Zwölfjähriger und setzt seine Ausbildung an den Konservatorien von Natal und Rio de Janeiro (ab 1940) sowie in den Vereinigten Staaten an der Universität von Yale fort. Fünf Jahre arbeitet er als Solo-Cellist des Brasilianischen Symphonie-Orchesters; gleichzeitig gehört er dem Jarovino-Quartett an. 1945 nimmt er an der brasilianischen Erstaufführung von Johannes Brahms' *Konzert für Violine und Violoncello* teil. Ein Jahr später debütiert er in den Vereinigten Staaten. Heitor Villa-Lobos schreibt für ihn das *Konzert für Violoncello und Orchester Nr. 2*, das er 1955 mit den New Yorker Philharmonikern kreiert. Er ist Professor an der Universität von Yale und zeichnet für weitere wichtige Uraufführungen verantwortlich: *Konzert für Violine, Violoncello und Orchester* (1960, mit Robert Gerle) von Leon Kirchner, *Chôro für Violoncello und Orchester* (1962) von Camargo Guarnieri, *Konzert für Violoncello und Orchester* (1963) und *Sonate für Violoncello und Klaviere Nr. 3* (1964), beide von Claudio Santoro, und das *Konzert für Violoncello und Orchester* (1971) von Alvin Etler. Er spielt auf einem Stradivari, dem *De Munck* aus dem Jahre 1712, das sich einst im Besitz von Emanuel Feuermann befand.

Parnas, Leslie
Amerikanischer Cellist, geb. 22. 11. 1931 Saint Louis.
Als Fünfjähriger beginnt er zunächst mit Klavier-Unterricht, bevor er sich dem Cello zuwendet. Als Vierzehnjähriger gibt er sein erstes Konzert, während er noch bei Gregor Piatigorski am Curtis Institute in Philadelphia studiert. 1957 gewinnt er in Paris beim Pablo-Casals-Wettbewerb den 1. und 1962 beim Tschaikowskij-Wettbewerb in Moskau den 2. Preis. Seine Karriere nimmt rasch einen steilen Aufschwung. Er wird an der Universität von Boston und 1982 am Konservatorium von Saint Louis zum Professor für Violoncello ernannt. Als ständiger Partner von Rudolf Serkin tritt er regelmäßig beim Festival in Marlboro (Ve.) auf. 1973 kreiert er zusammen mit Gregor Piatigorsky die *Suite für zwei Violoncelli und Klavier* von Gian Carlo Menotti. Er spielt auf einem Matteo Goffriller aus dem Jahre 1698, dem *Rosette*.

Parsons, Geoffrey
Australischer Pianist, geb. 15. 6. 1929 Sydney.
Er wird 1941 Schüler von Winifred Burston am Konservatorium von Sydney und debütiert fünf Jahre später in seiner Vaterstadt. Direkt nach seinem Ausscheiden aus dem Konservatorium im Jahre 1948 unternimmt er mit der Sängerin Essie Auckland eine Tournee durch Australien und beschließt, sich in Zukunft als Pianist ausschließlich der Begleitung zu widmen. 1950 geht er zu Peter Dawson nach London, um sich zu perfektionieren. 1955 begleitet er in London Gerhard Hüsch bei einer Aufführung der *Winterreise* (Schubert). Ein Jahr später geht er nach München und perfektioniert sich bei Friedrich Wührer. 1961 begleitet er in London zum ersten Mal Elisabeth Schwarzkopf und wird zu deren ständigem Partner.

Nach dem Tod von Gerald Moore ist er der unbestrittene Star unter den Liedbegleitern. Er spielt weniger dramatisch als sein berühmter englischer Kollege, dafür ausgeglichener und voll verhaltener Kraft, so daß die Sänger sich alle Subtilitäten beim Liedvortrag erlauben können. Geoffrey Parsons begleitet unter anderen Victoria de Los Angeles, Rita Streich, Hans Hotter, Nicolai Gedda sowie die Instrumentalisten Paul Tortelier und Nathan Milstein.

Partridge, Ian
Englischer Tenor, geb. 12. 6. 1938 London.
Er studiert am Royal College of Music in London (1956–58) und wird dann Mitglied des von George Malcolm geleiteten Chores der Kathedrale von Westminster. 1959 geht er an die Guildhall School und studiert dort bei Norman Walter sowie 1963–65 bei Roy Hickman und Stefan Pollmann. Er debütiert 1958 als Solist in *Der Messias* (Händel) und gilt auf Anhieb als einer der zukunftsträchtigsten englischen Oratorien-Tenöre. Er glänzt vor allem in den Passionen von Johann Sebastian Bach (als Evangelist) und in den religiösen Werken von Heinrich Schütz. Sein Repertoire erstreckt sich vom Mittelalter bis zum Barock; er interpretiert aber auch einige romantische Liederzyklen und manchmal auch zeitgenössische Musik. Er arbeitet mit ständigen Ensembles wie dem Purcell Consort of Voices zusammen, aber auch mit Gruppen, die sich nur für einzelne Aufführungen zusammenfinden. Mit seiner Schwester Jennifer Partridge, einer Cembalistin, gibt er Liederabende (*Die schöne Müllerin*, Schubert; *Dichterliebe*, Schumann). Seine Aufnahme der *Madrigale* von Claudio Monteverdi mit dem Hamburger Monteverdi-Chor unter der Leitung von Jürgen Jürgens wird besonders gelobt. Er studiert auch verschiedene Opernrollen ein (darunter Jopas in *Les Troyens*, Die Trojaner, Berlioz, Covent Garden 1969) und interpretiert *On Wenlock Edge* für Tenor und Streichquartett von Ralph Vaughan Williams.

Pasero, Tancredi
Italienischer Bassist, geb. 11. 1. 1893 Turin, gest. 17. 2. 1983 Mailand.
Er studiert in Turin bei Arturo Pessina und debütiert 1917 am Stadttheater von Vizenca als Graf Rudolf (*La sonnambula*, Die Nachtwandlerin, Bellini). Ein Jahr später wird er bereits von der Scala engagiert, deren Mitglied er bis zum Ende seiner aktiven Zeit als Sänger (1953) bleibt. 1926 singt er dort unter Arturo Toscanini den Philipp II. (*Don Carlos*, Verdi). Alle wichtigen italienischen Bühnen laden ihn ein, aber auch der Covent Garden in London und die Opern von Paris, Brüssel und Barcelona. 1929–34 erzielt er an der Met große Erfolge, wo er u. a. 1929 an der lokalen Erstaufführung von *Luisa Miller* (Verdi) teilnimmt. 1935 wirkt er an der Scala an der Uraufführung von *Nerone* (Mascagni) und in Florenz an der von *Orseolo* (Pizzetti) mit. Auch an den Festspielen in Verona sowie am Maggio Musicale Fiorentino nimmt er regelmäßig teil. Seine Karriere dauert genau vierzig Jahre. Er gilt neben Ezio Pinza

als der wichtigste italienische Bassist seiner Generation und als einer der gefeiertsten Interpreten Verdis überhaupt.

Pasquier, Bruno
Französischer Bratschist, geb. 10.12. 1943 Neuilly-sur-Seine.
Er lernt bis zu seinem elften Lebensjahr Geige und geht dann zum Studium der Bratsche an das Konservatorium von Paris, wo er 1961 in der Klasse von Etienne Ginot mit einem 1. Preis ausgezeichnet wird. In der Klasse seines Vaters Pierre Pasquier erhält er 1963 einen 1. Preis in Kammermusik. Mit dem Bernède-Quartett, dem er 1963–67 angehört, erhält er 1965 beim Münchner Rundfunk-Wettbewerb für Streichquartette einen Preis. Er ist Bratschist im Orchester der Garde républicaine und Solo-Bratschist der Concerts Colonne. 1965 wird er Mitglied des Orchesters der Pariser Oper; 1969 wird er dort zum stellvertretenden Solo-Bratschisten und 1972 zum Solo-Bratschisten ernannt. 1970 gründet er mit seinem Bruder Régis und dem Cellisten Roland Pidoux das Nouveau Trio Pasquier, ohne deshalb seine Karriere als Solist aufzugeben. 1983 wird er am Konservatorium von Paris zum Professor für Bratsche und Kammermusik und ein Jahr später am Orchestre National de France zum Solo-Bratschisten ernannt. Er spielt auf einer Bratsche von Magini, die zu Beginn des 17. Jahrhunderts gebaut wurde.

Pasquier, Régis
Französischer Violinist, geb. 10.10. 1945 Fontainebleau.
1958 erhält er als Zwölfjähriger am Konservatorium von Paris 1. Preise in Violine und Kammermusik; ein Jahr später beginnt er mit Tourneen durch Belgien, Holland und Luxemburg eine Karriere als Wunderkind. 1960 gibt er in New York einen Violin-Abend. Er perfektioniert sich bei Isaac Stern und nimmt mit Zino Francescatti Johann Sebastian Bachs *Konzert d-moll für 2 Violinen, Streicher und Continuo* auf. Sich weiter perfektionierend, schafft er es mühelos, die Schwelle zwischen Wunderkind- und Erwachsenen-Karriere zu überwinden. Er reist regelmäßig in die Vereinigten Staaten und arbeitet mit den wichtigsten europäischen Orchestern zusammen. 1977 wird er am Orchestre National de France zum Konzertmeister ernannt; er behält diese Stelle bis 1986 bei. Mit seinem Bruder Bruno und dem Cellisten Roland Pidoux gründet er das Nouveau Trio Pasquier; mit dem Pianisten Jean-Claude Pennetier spielt er Sonaten. Sein Repertoire reicht von den großen klassischen Violin-Konzerten bis zur Musik des 20. Jahrhunderts (Xenakis und Amy). 1985 wird er am Konservatorium von Paris zum Professor für Violine und Kammermusik ernannt. Er spielt einige Jahre auf einer Stradivari, die er verkauft, um eine Montagnana zu erwerben, die er kurz darauf, nachdem er ein zweites Instrument des berühmten Geigenbauers erwerben konnte, an Stéphane Grappelli weitergibt.

Pataky, Koloman von
Ungarischer Tenor, geb. 14.11. 1896 Alsólendra, gest. 28.2. 1964 Hollywood.
Er wird zuerst Offizier, bevor er an der Musikakademie in Budapest studiert und relativ spät als Fünfunddreißigjähriger an der dortigen Oper debütiert. Franz Schalk fällt sein außergewöhnliches Timbre auf und lädt ihn ein, im Sommer 1926 an der Wiener Staatsoper an Aufführungen von *Rigoletto* (Verdi) und *La Bohème* (Puccini) teilzunehmen. Noch im September des gleichen Jahres wird er fest engagiert, bleibt bis 1938 Mitglied der Wiener Staatsoper und singt hier die großen Mozart-Rollen seines Faches, Belmonte (*Die Entführung aus dem Serail*), Ottavio (*Don Giovanni*), Ferrando (*Così fan tutte*), aber auch den Alvaro (*La forza del destino*, Die Macht des Schicksals, Verdi), Raoul (*Les Huguenots*, Die Hugenotten, Meyerbeer), Des Grieux (*Manon*

Lescaut, Puccini), Chapelou (*Le postillon de Longjumeau*, Der Postillon von Longjumeau, Adam) und zahlreiche Rollen aus dem Repertoire des lyrischen, italienischen Fachs wie Nemorino (*L'elisir d'amore*, Der Liebestrank) und Ernesto (*Don Pasquale*, beide Donizetti).
Doch auch international ist er erfolgreich. Die wichtigsten Stationen: Berlin (*Martha*, Flotow, und *Un ballo in maschera*, Ein Maskenball, Verdi), Paris (1928), Salzburg (Ottavio, *Don Giovanni*, Mozart, 1929–38, und Florestan, *Fidelio*, Beethoven, 1936, unter Arturo Toscanini und mit Lotte Lehmann), Glyndebourne (Ottavio unter Fritz Busch, 1936). 1938 wird er Mitglied der Budapester Oper. 1939–40 singt er, wieder in Italien, an der Scala den Hüon von Bordeaux (*Oberon*, v.Weber) und in Rom den Admetos (*Alkeste*, Gluck). Ab 1935 gibt er regelmäßig Gastspiele in Südamerika, wo er in Buenos Aires am Teatro Colón den Pylades (*Iphigénie en Tauride*, Iphigenie auf Tauris, Gluck) und überraschenderweise auch den Walther von Stolzing (*Die Meistersinger von Nürnberg*, Wagner) singt. Beim Ausbruch des Zweiten Weltkriegs beschließt er, in Südamerika zu bleiben; er singt, bis die Amputation eines Beines seiner Karriere ein Ende setzt. Anschließend unterrichtet er in Santiago de Chile und in Kalifornien. Er ist auch als Oratorien- und Liedsänger bekannt geworden, vor allem in den Passionen Johann Sebastian Bachs.

Patanè, Giuseppe
Italienischer Dirigent, geb. 1.1. 1932 Neapel, gest. 30. 5. 1989 München.
Er will wie sein Vater Franco Patanè (1908–68) Dirigent werden und studiert am Konservatorium San Pietro a Majella in seiner Vaterstadt Klavier und Komposition. 1951 debütiert er in Neapel mit einer Aufführung von *La Traviata* (Verdi). 1951–56 ist er hier als 2. Kapellmeister tätig. Anschließend geht er an das Landestheater von Linz (1961–62) und dann an die Deutsche Oper Berlin, wo er sechs Jahre bleibt und anschließend als Gast immer wieder zurückkehrt. 1969 dirigiert er mit viel Erfolg an der Scala den *Rigoletto* (Verdi). Der Covent Garden sowie die römische und die neapolitanische Oper laden ihn ein. 1982–84 leitet er das American Symphony Orchestra in New York. 1983 übernimmt er das Orchester der Festspiele von Verona. Ab 1988 ist er gleichzeitig Dirigent des Rundfunkorchesters München. 1989 wird er zum Musikdirektor der römischen Oper ernannt, stirbt aber während einer Vorstellung von *Il barbiere di Siviglia* (Der Barbier von Sevilla, Rossini) an einem Herzinfarkt, bevor er das Amt übernehmen kann.

Patti, Adelina
Italienische Sopranistin, geb. 10. 2. 1843 Madrid, gest. 27. 7. 1919 Craig-y-Nos (Wales).
Ihre Eltern sind Sänger; schon früh zieht die Familie nach New York, wo die junge Adelina von ihrer Schwester Carlotta, die ebenfalls Sängerin wird, in Klavier und von ihrem Schwager M. Strakosch in Gesang unterrichtet wird. 1850 tritt sie in New York zum ersten Mal in einem Konzert auf. 1859 debütiert sie dann als Lucia (*Lucia di Lammermoor*, Donizetti) auf der Bühne. Zwei Jahre später interpretiert sie am Covent Garden die Amina (*La sonnambula*, Die Nachtwandlerin, Bellini). Sie wird als eine neue Giulia Grisi gefeiert und singt an deren Seite bei ihrem Londoner Comeback-Versuch die Zerlina (*Don Giovanni*. Mozart). Paris, London, Mailand und New York laden die Patti regelmäßig ein, die inzwischen mehr als dreißig Rollen einstudiert hat (von Rossini, Bellini, Verdi, Gounod, Meyerbeer, Donizetti) und bei der Londoner Erstaufführung der *Aida* (Verdi) die Titelrolle übernimmt. Adelina Patti, eine herzergreifende Juliette (*Roméo et Juliette*, Gounod), fühlt sich in dramatischen Rollen genauso zu Hause wie in lyrischen (Leonora, *Il trovatore*, Der Troubadour; Violetta, *La Traviata*; Ai-

da, alle Verdi; Margarethe, *Faust*, Gounod). Sie ist die bestbezahlte Sängerin ihrer Generation und erhält in den Vereinigten Staaten 5000 Dollar Abendgage. In ihren Verträgen wird festgehalten, daß sie keinen Proben beizuwohnen braucht; auch die Größe der Buchstaben, mit denen ihr Name auf den Plakaten gedruckt wird, ist genau festgelegt. Sie heiratet dreimal (beim zweiten Mal den Tenor Ernesto Nicolino). 1906 gibt sie in London ihre Abschiedsvorstellung, tritt aber 1914 bei einer Wohltätigkeitsgala noch einmal auf.

Patzak, Julius
Österreichischer Tenor, geb. 9. 4. 1898 Wien, gest. 26. 1. 1974 Rottach-Egern (Oberbayern).
Er möchte Dirigent werden und studiert an der Wiener Musikakademie bei Franz Schmidt und Guido Adler Kontrapunkt, Komposition und Orchesterleitung und bei Eusebius Mandyczewski allgemeine Musiktheorie. Als Sänger ist er Autodidakt. Er debütiert in Reichenberg als Radames (*Aida*, Verdi) und geht dann über Brno (Brünn) an die Wiener und im gleichen Jahr (1928) noch an die Münchner Oper, der er fast zwanzig Jahre lang angehört (1928–45) und an der er als Riccardo (*Un ballo in maschera*, Ein Maskenball, Verdi) debütiert. 1945–59 ist er Mitglied der Wiener Staatsoper und tritt dort in einem breit angelegten Repertoire auf: er interpretiert die großen Mozart-Rollen (bei den Salzburger Festspielen interpretiert er 1943 den Tamino, *Die Zauberflöte*, und 1945 den Belmonte, *Die Entführung aus dem Serail*), aber auch die Giuseppe Verdis und Giacomo Puccinis. Kammersänger Patzak ist ein unvergleichlicher Evangelist in den Passionen Johann Sebastian Bachs und ein großartiger Liedinterpret; auf diesem Gebiet kann er als Nachfolger Karl Erbs bezeichnet werden, von dem er auch die Rolle des Palestrina (Pfitzner) übernimmt. 1958–59 unterrichtet er an der Musikakademie Wien und ab 1960 am Mozarteum Salzburg Lied und Oratorium. 1966 zieht er sich in sein Haus in Rottach-Egern zurück.

Pauer, Max von
Österreichischer Pianist, geb. 31. 10. 1866 London, gest. 12. 5. 1945 Jugenheim an der Bergstraße.
Sein Vater, der berühmte Pianist, Pädagoge an der Londoner Musikakademie und Verleger Ernst Pauer, bildet ihn aus. 1882–85 studiert er in Karlsruhe bei Vincenz Lachner Theorie und Komposition. Er debütiert in London. Nur wenig später übersiedelt er nach Köln, wo er ab 1887 am Konservatorium Klavier unterrichtet. 1897 übernimmt er die Meisterklassen für Klavier am Stuttgarter Konservatorium, dessen Leitung er 1906 übertragen bekommt. Er reorganisiert es von Grund auf und wandelt es in eine Hochschule für Musik um. 1924 übernimmt er die Leitung des Konservatoriums von Leipzig, das er ebenfalls neu organisiert. 1933 ist dann die Musikhochschule Mannheim an der Reihe. 1934 allerdings gibt er seine Stelle auf und zieht sich zunächst nach Stuttgart und dann nach Jugenheim zurück. Pauer, der vom württembergischen König aufgrund seiner Verdienste um das Musikleben in Stuttgart geadelt wird, ist nicht nur ein hervorragender Pädagoge, sondern auch ein herausragender Pianist mit einer glänzenden, kraftvollen Technik.
W: *Unser seltsames Ich. Lebensschau eines Künstlers* (Stuttgart 1942).

Pauk, György
Englischer Violinist ungarischer Herkunft, geb. 26. 10. 1936 Budapest.
Als Fünfjähriger erhält er ersten Musikunterricht und geht dann zu Ede Zathureczky, Leó Weiner und Zoltán Kodály an die Franz Liszt-Akademie in seiner Vaterstadt. 1950 tritt er zum ersten Mal von einem Orchester begleitet auf. Als Student gibt er bereits Konzerte in ganz Europa. Er gewinnt in Bukarest (1953), Genua (1956), München (1957, zusammen mit Peter Frankl als Sonaten-Partner) und Paris (Long-Thibaud, 1959)

1. Preise. 1958 übersiedelt er nach London, wo er 1961 in der Festival Hall debütiert. Mit dem Pianisten Peter Frankl spielt er regelmäßig Duos; der Cellist Ralph Kirshbaum erweitert das Duo zeitweilig zum Trio. 1964 wird er am Royal College of Music in Manchester zum Professor ernannt. 1980 nimmt er an der Uraufführung von Sir Michael Tippetts Tripelkonzert teil. Istvan Lang widmet ihm sein *Konzert für Violine und Orchester* (1977). Er spielt auf einer Stradivarius aus dem Jahre 1714.

Paul, Tibor
Australischer Dirigent ungarischer Herkunft, geb. 29. 3. 1909 Budapest, gest. 11. 11. 1973 Sydney.
Am Konservatorium von Budapest ist er Schüler von Béla Bartók; außerdem erhält er eine Ausbildung als Klarinettist und tritt als solcher häufig mit dem Lener-Quartett auf. Anschließend studiert er bei Hermann und Felix Weingartner Orchesterleitung. 1930–40 leitet er das Budapester Konzertorchester. 1940–44 ist er Kapellmeister an der Oper von Budapest. Nach dem Zweiten Weltkrieg emigriert er nach Australien und wird ständiger Dirigent am Symphonie-Orchester des Australischen Rundfunks ABC (1951–60). 1954 wird er 1. Kapellmeister an der Oper in Sydney und Professor am dortigen Konservatorium. 1960 kehrt er nach Europa zurück und geht als ständiger Dirigent zum Symphonie-Orchester des irischen Rundfunks in Dublin. Zwei Jahre später wird er dort zum Musikdirektor ernannt (bis 1967). Anschließend arbeitet er vier Jahre als Gastdirigent, bevor er 1971 bis zu seinem Tod die Leitung des Symphonie-Orchesters von Perth übernimmt.

Paumgartner, Bernhard
Österreichischer Dirigent und Musikwissenschaftler, geb. 14. 11. 1887 Wien, gest. 27. 7. 1971 Salzburg.
Der Sohn des Pianisten und Musikschriftstellers Hans Patzak (1843–96) und der Mezzosopranistin und Kammersängerin Rosa Papier (1858–1932) wird zunächst von seinen Eltern in die Musik eingeführt. An der Universität von Wien studiert er Rechtswissenschaften und promoviert 1911 zum Dr. jur.; gleichzeitig studiert er in Wien bei Bruno Walter Theorie und Orchesterleitung, bei Rudolf Dienzl Klavier und bei Karl Stiegler Horn. 1911–12 ist er Solokorrepetitor an der Wiener Oper. 1914–17 ist er Dirigent des Tonkünstlerorchesters. 1915–17 unterrichtet er gleichzeitig an der Wiener Musikakademie. Der Rest seiner Karriere spielt sich in Salzburg innerhalb des Mozarteums ab, dessen Geschicke er lange Jahre bestimmt (1917–38 und 1945–53 Direktor; 1953–59 Präsident), sowie der Festspiele, die er mitbegründet und bei denen er bis zur Übernahme der Präsidentschaft im Jahre 1960 häufig dirigiert. 1922 gründet er das Orchester des Mozarteums und 1952 dessen Camerata Academica. 1938–45 leitet er in Florenz ein Forschungsinstitut der Universität Wien, das sich mit barocker Musik beschäftigt. Seine musikwissenschaftlichen Leistungen, vor allem als Herausgeber von Partituren nach in der Wiener Staatsbibliothek aufbewahrten Handschriften sind beträchtlich und seine Arbeiten über Wolfgang Amadeus Mozart grundlegend.
WW: *Mozart* (Berlin 1927); *Schubert* (Berlin 1943); *J. S. Bach* (Berlin 1950); *Das instrumentale Ensemble von der Antike bis zur Gegenwart* (Zürich 1966); *Salzburg* (Salzburg 1966); *Das kleine Beethoven-Buch* (Salzburg 1968); *Erinnerungen* (Salzburg 1969).

Pavarotti, Luciano
Italienischer Tenor, geb. 12. 10. 1935 Modena.
Er stammt aus einer Musikerfamilie, will aber Lehrer werden und unterrichtet zwei Jahre an der Scuola delle Magistrale, bevor er doch beschließt, Sänger zu werden und ab 1956 bei Arrigo Pola in Modena und ab 1958 bei Ettore Campogalliani in Mantua studiert.

1961 debütiert er in Reggio Emilia und gewinnt als Rodolfo (*La Bohème*, Puccini) den dort ausgeschriebenen internationalen Gesangswettbewerb. Die italienischen Bühnen laden ihn ein. 1962 folgen Amsterdam (Edgardo in *Lucia di Lammermoor*, Donizetti) und kurz darauf der Covent Garden, wo er in *La Bohème* Giuseppe di Stefano ersetzt. Er begeistert das Publikum und erregt Aufsehen. Wien und Zürich laden ihn ein. Ein Jahr später singt er in Glyndebourne den Idomeneo (Mozart). 1965 wirkt er als Partner von Joan Sutherland in den Vereinigten Staaten und Australien an einer Aufführung der *Lucia di Lammermoor* (Donizetti) mit. Gemeinsam interpretieren sie auch *I Puritani* (Die Puritaner, Bellini). 1966 debütiert Pavarotti in *I Capuleti et i Montecchi* an der Mailänder Scala. Am Teatro Liceo in Barcelona, in Paris, an der Met und in London zeichnet er sich in Werken von Gaetano Donizetti und Vincenzo Bellini aus, aber auch in denen Giuseppe Verdis (*Rigoletto, Un ballo in maschera*, Ein Maskenball). Mit berühmten Partnerinnen, Montserrat Caballé 1971 in Barcelona, Ileana Cotrubas 1974 an der Scala, Kiri Te Kanawa 1976 am Covent Garden und vor allem Mirella Freni arbeitet er weiter an seiner Karriere, wobei ihm die Met als der wichtigste Angelpunkt dient. 1981 gründet er in Philadelphia einen Wettbewerb für junge Sänger. Er tritt immer seltener auf der Bühne auf und engagiert sich mehr für Konzerte und Fernsehsendungen. Sein Repertoire tendiert immer mehr zu dem eines Heldentenors. 1987 singt er in San Francisco zum ersten Mal den Canio (*I Pagliacci*, Der Bajazzo, Leoncavallo). In jüngster Zeit interessiert er sich auch für die Regie; 1988 inszeniert er an der Oper von Venedig *La Favorite* (Die Favoritin, Donizetti). Seit einigen Jahren zieht er es vor, in riesigen Hallen aufzutreten und Tausende von Zuschauern an einem Abend förmlich zu verzaubern, wobei seine Auftritte mehr mit Varieté- oder Sportveranstaltungen zu tun haben als mit der traditionellen Oper. Seine Abendgagen sollen inzwischen märchenhafte Höhen erreicht haben.

W: *Io, Luciano Pavarotti* (1981, dt. Ich, Luciano Pavarotti, München 1987).

Pazowski, Arij Moisejewitsch
Russischer Dirigent, geb. 2. 2. 1887 Perm, gest. 6. 1. 1953 Moskau.
Er lernt zunächst Geige; am Konservatorium von Sankt Petersburg studiert er ab 1897 bei P. Krasnokuzki und anschließend bei Leopold von Auer (1900–04). 1905 debütiert er als Geiger und arbeitet in verschiedenen Opernorchestern. 1908–10 ist er Kapellmeister an der Zimin-Oper in Moskau, bevor er nach Charkow, Odessa und Kiew geht. 1916–18 ist er Musikdirektor an der Oper von Petrograd (Leningrad). Anschließend geht er in der gleichen Funktion nach Baku, Swerdlowsk und Charkow, bevor er am Bolschoi-Theater zum ständigen Dirigenten ernannt wird (1923–24 und 1925–28). Als Musikdirektor geht er 1926 nach Kiew zurück (1926–36); 1936 wechselt er als künstlerischer Direktor zum Kirow-Theater nach Leningrad. 1943–48 arbeitet er in der gleichen Funktion am Bolschoi-Theater in Moskau. Ab 1948 kann er aus gesundheitlichen Gründen nicht mehr dirigieren. Er gilt als einer der bedeutendsten sowjetischen Operndirigenten.

W: *Die Niederschriften eines Dirigenten* (auf russisch, Moskau 1966).

Pears, Sir Peter (= Neville Luard)
Englischer Tenor, geb. 22. 6. 1910 Farnham, gest. 3. 4. 1986 Aldeburgh.
1928–29 arbeitet er als Organist am Hertford College, ist dann vier Jahre lang Musikdirektor der Grange School, bevor er ein Stipendium erhält und 1933–34 am Royal College of Music in London studiert. 1934–37 ist er Chorist bei der BBC und nimmt gleichzeitig privat Gesangs-Unterricht bei Elena Gerhardt und Dawson Freer. 1936 lernt er Benjamin Britten kennen, mit dem er 1936 Konzerte zugunsten der republi-

kanischen Bürgerkriegskämpfer in Spanien gibt. 1938 ist er Chorsänger in Glyndebourne. Ein Jahr später reist er mit Britten in die Vereinigten Staaten und nimmt bei der Frau von Artur Schnabel, Therese Behr, Unterricht. 1942 kehrt er nach London zurück und debütiert hier ein Jahr später am Strand Theatre in *Les Contes d'Hoffmann* (Hoffmanns Erzählungen, Offenbach). 1943-46 gehört er zur Sadler's Wells Opera und interpretiert hier den Almaviva (*Il barbiere di Siviglia*, Der Barbier von Sevilla, Rossini), Rodolfo (*La Bohème*, Puccini), Tamino (*Die Zauberflöte*), Ferrando (*Così fan tutte*, beide Mozart). Während dieser Zeit kreiert er *Seven Sonnets of Michelangelo* (Sieben Sonette von Michelangelo, 1942), *Serenade* (1943) und später *Nocturne* (1958), alle Britten. Bei der Uraufführung von *Peter Grimes* (London 1945) erzielt Peter Pears in der Titelrolle einen überragenden Erfolg, und Britten sieht ihn als seinen idealen Interpreten an. Er entwirft speziell für ihn auch in seinen späteren Opern *The Rape of Lucretia* (Der Raub der Lukretia, 1946), *Albert Herring* (1947), *Billy Budd* (1951), *The Turn of the Screw* (Die sündigen Engel, 1954), *Midsummer Night's Dream* (Sommernachtstraum, 1960, Pears ist Ko-Autor), *The Curlew River* (1964), *The Burning Fiery Furnace* (Der brennende Ofen, 1967), *The Prodigal Son* (Der verlorene Sohn, 1967), *Owen Windgrave* (1971) und *Death in Venise* (Der Tod in Venedig, 1973) tragende Rollen.

1948 gründet er die Festspiele von Aldeburgh und leitet sie. Er interpretiert hier Franz Schubert, Robert Schumann, Heinrich Schütz, Henry Purcell und die Passionen von Johann Sebastian Bach. Wir verdanken ihm Uraufführungen von Werken von William Walton (*Troilus und Cressida*, 1954), Witold Lutosławski (*Paroles tissées*, Gewebte Parolen, 1965), Thea Musgrave, Krzysztof Meyer (*Tryptique lyrique*, Lyrisches Tryptichon, 1976), David Bedford und Gordon Grosse. Zusammen mit Britten gibt er das Gesamtwerk von Purcell neu heraus.

Peerce, Jan (= Jacob Pincus Perelmuth)
Amerikanischer Tenor, geb. 3. 6. 1904 New York, gest. 15. 12. 1984 daselbst.
Er tritt zuerst als Sängerknabe in New Yorker Synagogen auf, studiert dann Violine und debütiert als Geiger auf Bällen und in Unterhaltungsorchestern. 1933-39 spielt er in dem Orchester der Radio City Music Hall. 1939 debütiert er als Opernsänger an der Oper von Philadelphia (Herzog von Mantua, *Rigoletto*, Verdi). Ein Jahr später interpretiert er in Baltimore die gleiche Rolle. 1941 debütiert er ebenfalls in dieser Rolle in San Francisco und als Alfredo Germont (*La Traviata*, Verdi) an der Met. Bis 1966 interpretiert er hier die großen Rollen des italienischen und französischen Repertoires (Cavaradossi, *Tosca*; Rodolfo, *La Bohème*, beide Puccini; Riccardo, *Un ballo in maschera*, Ein Maskenball, Verdi; Faust, Gounod; Turiddu, *Cavalleria rusticana*, Mascagni). Ab 1938 ist er Arturo Toscaninis Lieblingstenor. Neben seinen amerikanischen Gastspielen tritt er in Deutschland, den Niederlanden und 1956 am Bolschoi-Theater in Moskau als Gast auf. Er wirkt auch in Musicals und Musical-Filmen mit. Ab 1981 unterrichtet er am Mannes College of Music in New York.

Peeters, Flor
Belgischer Organist und Komponist, geb. 4. 7. 1903 Tielen, gest. 3. 7. 1986 Mechen.
Er studiert 1919-23 am Lemmens-Institut in Mecheln bei Julius van Nuffel Gregorianik und Analyse, bei Lodewijk Mortelmans Kontrapunkt und Fuge und bei Oscar Depuydt Orgel. Anschließend geht er nach Paris und perfektioniert sich bei Charles Tournemire und Marcel Dupré. Sehr früh schon beginnt er zu unterrichten: Mecheln (1923-52), Konservatorium von Gent (1931-48), Tilburg (1935-48) und Antwerpen (1948-68). Das Konservatorium von

Antwerpen leitet er zusätzlich von 1952–68. 1923 wird er zum 1. Organisten an der Kathedrale von Mecheln ernannt. Als Komponist verdanken wir ihm hauptsächlich Kirchenmusik.

Peinemann, Edith
Deutsche Violinistin, geb. 3. 3. 1937 Mainz.
Ihr Vater, Konzertmeister am Städtischen Orchester ihrer Heimatstadt, erteilt ihr ersten Unterricht. 1951–53 wird sie Schülerin von Heinz Stanske in Heidelberg und geht dann nach London zu Max Rostal (bis 1956). 1956 erhält sie beim Münchner Rundfunk-Wettbewerb einen 1. Preis. Yehudi Menuhin gratuliert ihr ausdrücklich. Konzertreisen durch Deutschland, Belgien, England, Holland und Italien schließen sich an. 1964 unternimmt sie ihre erste Tournee durch die Vereinigten Staaten. Im gleichen Jahr wird sie an der Musikhochschule Frankfurt zur Professorin ernannt.
Edith Peinemann setzt die von Joseph Joachim und Carl Flesch begründete deutsche Violinschule fort. Sie glänzt nicht nur in den großen Violinkonzerten, sondern zusammen mit ihrem Partner, dem Pianisten Jörg Demus, auch auf dem Gebiet der Kammermusik.

Pekinel, Güher und **Süher**
Türkische Pianistinnen, geb. 29. 3. 1953 Istanbul.
Die Zwillinge werden zuerst von ihrer Mutter, ebenfalls Pianistin, in Ankara unterrichtet; als Sechsjährige treten sie zum ersten Mal an die Öffentlichkeit. Drei Jahre später werden sie bei Konzerten bereits von einem Orchester begleitet. Anschließend runden sie ihre Ausbildung am Konservatorium von Paris, an der Hochschule für Musik in Frankfurt, am Curtis Institute in Philadelphia (bei Rudolf Serkin) und an der Juilliard School of Music in New York (bei Adele Marcus) ab. Claudio Arrau und Leon Fleisher beraten sie. Sie gewinnen verschiedene internationale Wettbewerbe und beginnen, mit den bedeutendsten Orchestern Europas aufzutreten. 1984 lädt Herbert von Karajan sie zu den Osterfestspielen nach Salzburg ein. Sie verwirklichen die erste Einspielung der Version für zwei Klaviere des *Sacre du printemps* (Frühlingsopfer) von Igor Strawinsky.

Pelliccia, Arrigo
Italienischer Violinist und Bratschist, geb. 20. 2. 1912 Viareggio.
Er studiert bis 1928 bei Arrigo Serato in Bologna und Antonio Guarnieri in Rom, geht dann zu Carl Flesch und kann zu Recht als Vertreter der im 19. Jahrhundert von Verdardi begründeten neuen Bologneser Geigenschule bezeichnet werden. Nach dem Ende des Zweiten Weltkriegs wird er Konzertmeister der Pomeriggi Musicali in Mailand und spielt in dem Trio Santoliquido (mit Ornella Santoliquido, Klavier, und Massimo Amphitheatrof, Violoncello), im Quartett von Rom und im Boccherini-Quintett Bratsche, tritt in den fünfziger und sechziger Jahren als Solist der Virtuosi di Roma auf und verfolgt eine Solisten-Laufbahn als Geiger und Bratscher. Vor allem als Bratscher wird er hoch geschätzt. Seine Einspielungen der *Sonaten für Violine und Bratsche* von Wolfgang Amadeus Mozart (mit dem Geiger Arthur Grumiaux) werden zu Recht gelobt. 1979 tritt er mit dem Trio Santoliquido zum letzten Mal öffentlich auf. Seit dieser Zeit widmet er sich ausschließlich pädagogischen Aufgaben. 1939–59 unterrichtet er am Konservatorium von Neapel und anschließend an der Accademia Nazionale di Santa Cecilia in Rom.

Pennario, Leonard
Amerikanischer Pianist, geb. 9. 7. 1924 Buffalo.
Er wird von Isabella Vengerova und Olga Steeb sowie dem Komponisten Ernst Toch unterrichtet und debütiert als Zwölfjähriger mit dem Symphonie-Orchester von Dallas in dem *Konzert für Klavier und Orchester* von Edvard Grieg. 1943 spielt er in der Carnegie

Hall in New York unter Arthur Rodziński Franz Liszts *Konzert für Klavier und Orchester Nr. 1*. 1952 unternimmt er seine erste Europa-Tournee und fällt aufgrund seiner brillanten Technik auf. Mit Jascha Heifetz und Gregor Piatigorsky spielt er Kammermusik. 1966 kreiert er unter Zubin Mehta mit dem Orchester von Los Angeles das für ihn geschriebene *Konzert für Klavier und Orchester* von Miklòs Rozsa. Seit 1970 beschäftigt er sich in immer stärkerem Maße mit Unterhaltungsmusik.

Pennetier, Jean-Claude
Französischer Pianist, geb. 16. 5. 1942 Châtellerault.
Seit seiner frühesten Kindheit liebt er die Musik. Als Zehnjähriger erhält er am Pariser Konservatorium seine ersten Auszeichnungen für Harmonielehre, allgemeine Musiklehre und Vom-Blatt-Spielen und schließt mit 1. Preisen in Klavier, Kammermusik und Analyse ab. Anschließend gewinnt er beim Gabriel-Fauré-, beim Marguerite Long-Jacques Thibaud- und beim Genfer Wettbewerb jeweils einen 1. Preis. Zahlreiche Konzertreisen durch die ganze Welt schließen sich an. Mit Régis Pasquier bildet er ein Duo und mit Emmanuel Krivine sowie Frédéric Lodéon ein Trio. Auch mit Klaviermusik für vier Hände beschäftigt er sich (mit Ivaldi, Planès, Lee und anderen als Partnern). Mit verschiedenen, zeitgenössische Musik pflegenden Ensembles wie Domaine Musical, Musique vivante, Ars Nova, Musique Plus arbeitet er eng zusammen und nimmt an Festivals der Avantgarde teil (u. a. Royan, La Rochelle). Er wird auch als Dirigent tätig und leitet Konzerte mit den Ensembles InterContemporain, 2e2m und den Orchestern des Französischen Rundfunks. Als Pianist realisiert er die Uraufführungen der Klavierkonzerte von Tullia Nikiprowetzky (1979) und Maurice Ohana (1981) und als Dirigent die von Pascal Duasapins *L'Aven* und Costin Miereanus *Rosenzeit* (beide 1982). Er komponiert auch und steuert zu dem Gemeinschaftswerk *Vol au-dessus de l'océan* (Flug über den Ozean) seinen *Procès de Galilée* (Galileis Prozeß) bei. Seit 1985 ist er am Konservatorium von Paris Professor für Kammermusik.

Perahia, Murray
Amerikanischer Pianist und Dirigent, geb. 19. 4. 1947 New York.
Als Dreijähriger erhält er ersten Klavier-Unterricht. Als Sechsjähriger wird er Abran Chasins vorgestellt, der ihn von seiner Assistentin Jeanette Haien unterrichten läßt. Gleichzeitig geht er auf die New Yorker High School of Performing Arts. 1964 schreibt er sich an der Mannes School of Music in Manhattan ein und studiert Komposition sowie bei Carl Bamberger Orchesterleitung (mit Diplom). Als Pianist geht er schon bald nicht mehr zu seinem Professor, sondern arbeitet allein, von wenigen Stunden bei Mieczysław Horszowski und Artur Balsam abgesehen. In dieser Zeit tritt er fast ausschließlich mit Kammerorchestern auf. 1967 spielt er zum ersten Mal mit Rudolf Serkin, Alexander Schneider und Pablo Casals bei den Festspielen von Marlboro (Ve.). Rudolf Serkin lädt ihn ein, für ein Jahr als sein Assistent an das Curtis Institute in Philadelphia zu kommen. 1968 debütiert er in der Carnegie Hall unter der Leitung von Alexander Schneider. Murray räumt einen beträchtlichen Teil seiner Zeit der Kammermusik ein, vor allem mit dem Guarnieri-, dem Galimir- und dem Budapester Quartett. 1972 gewinnt er als erster amerikanischer Pianist den Wettbewerb von Leeds, Beginn seiner internationalen Karriere. Leonard Bernstein, Riccardo Muti, Georg Solti, Rafael Kubelík, Claudio Abbado, Zubin Mehta, Neville Marriner und Karl Böhm laden ihn zu Konzerten ein.
Vor allem bei den Klavierkonzerten von Wolfgang Amadeus Mozart dirigiert er das Orchester gern vom Flügel aus. Er spielt weiterhin viel Kammermusik, inzwischen mit Alexander Schneider, Pinchas Zukerman, Paul Tortelier und dem

Tenor Peter Pears. 1982 wird er zum Kodirektor des Festivals von Aldeburgh ernannt. 1986 verwirklicht er die Uraufführung der *Zwölf Variationen* von Benjamin Britten.

Perényi, Miklós
Ungarischer Cellist, geb. 5. 1. 1948 Budapest.
Das außergewöhnlich begabte Kind wird noch sehr jung von der Franz-Liszt-Akademie in Budapest aufgenommen und dort von Miklós Zsámboki und Ede Banda unterrichtet. Gleichzeitig besucht er die Kurse Enrico Mainardis in Luzern und Salzburg. 1960 legt er an der Accademia Nazionale di Santa Cecilia in Rom das Diplom ab. Pablo Casals lädt ihn 1965 und 1966 zu seinen Meisterkursen in Zermatt ein. Vier Jahre langt nimmt er an dem Festival in Marlboro (Ve.) teil und spielt dort mit Rudolf Serkin und Pablo Casals. 1970 wird er mit dem Liszt-Preis ausgezeichnet. Seit 1974 ist er Professor an der Franz-Liszt-Akademie in Budapest. Er unternimmt zahlreiche Konzertreisen rund um die Welt. Perényi spielt auf einem Gagliano aus dem Jahre 1730.

Pergamenschikow, Boris
Russischer Cellist, geb. 14. 8. 1948 Leningrad.
Als Sechsjähriger beginnt er am Konservatorium seiner Heimatstadt Komposition und bei Emanuel Fischmann Violoncello zu studieren. 1970 gewinnt er in Moskau den innersowjetischen und in Prag den internationalen Wettbewerb. 1974 erhält er beim Tschaikowskij-Wettbewerb in Moskau den 1. Preis. Seine Karriere nimmt einen raschen Aufschwung, sowohl als Solist wie auch als Kammermusiker – so spielt er regelmäßig mit Gidon Kremer in Lockenhaus. 1977 emigriert er in den Westen. Fünf Jahre später debütiert er in den Vereinigten Staaten. Pergamenschikow unterrichtet an der Musikhochschule in Köln und seit 1987 an der Musikakademie in Basel. Seit 1974 spielt er auf einem Montagnana aus dem Jahre 1735.

Périer, Jean
Französischer Bariton, geb. 2. 2. 1869 Paris, gest. 3. 11. 1954 Neuilly.
1889–92 studiert er am Pariser Konservatorium bei Prosper Bussine und Emile-Alexandre Taskin. 1892 debütiert er als Monostatos (*Die Zauberflöte*, Mozart) an der Pariser Opéra-Comique. Als geborener Komiker entscheidet er sich für die Operette und wirkt an den Uraufführungen von *Véronique* und *Fortunio* (beide Messager, 1898 bzw. 1907) mit. Er singt an verschiedenen, auf dieses Genre spezialisierten Pariser Theatern wie den Menus-Plaisirs, den Folies-Dramatiques und den Bouffes-Parisiens, bevor er 1900 wieder an die Opéra-Comique zurückkehrt und bis 1920 Mitglied des Ensembles bleibt. Er nimmt hier an den Uraufführungen von *Pelléas et Mélisande* (Debussy, 1904), *L'Heure espagnole* (Die spanische Stunde, Ravel, 1911) und *Mârouf, savetier du Caire* (Mârouf, Flickschuster von Kairo, Rabaud, 1914) teil. Von wenigen Gastspielen an der Manhattan Opera, wo er 1908 den Pelléas interpretiert, und in Monte Carlo abgesehen, spielt sich seine Karriere ausschließlich in Paris ab, in Operetten und Opern, aber auch am Theater und im Film. 1923 kreiert er am Théâtre des Variétés *Ciboulette* (R. Hahn). Bis 1938 bleibt er dank des intelligenten Einsatzes seiner im Grunde beschränkten Stimme aktiv.

Périsson, Jean (= Jean-Marie Périsson)
Französischer Dirigent, geb. 6. 9. 1924 Arcachon.
Er studiert in Paris am Konservatorium sowie bei Jean Fournet an der Ecole Normale de Musique. 1952 gewinnt er beim Wettbewerb von Besançon den 1. Preis. Er perfektioniert sich bei Igor Markevitch am Mozarteum in Salzburg und wird von seinem Lehrer zu einer Deutschland- und Österreich-Tournee eingeladen. 1955–56 leitet er das Straßburger Rundfunkorchester und geht dann nach Nizza, wo er Musikdirektor der dortigen Oper und ständiger Dirigent des Philharmonischen Orchesters

wird (1956–65). Dank seiner Bemühungen gehört die Oper von Nizza schon bald zu den führenden Frankreichs; so lädt er z.B. zu Wagnerzyklen die Interpreten Bayreuths ein und führt auch moderne Opern auf. Unter seiner Leitung finden wichtige französische Erstaufführungen statt: *Elegie für junge Liebende* (1965, Henze), *C'est la guerre* (Es ist Krieg, Petrovics, 1966), *Igrok* (Der Spieler, Prokofjew, 1966), *Katarina Ismailowa* (Schostakowitsch, 1964), *Le Serment* (Der Schwur, 1963) und *Le Rossignol de Boboli* (Die Nachtigall von Boboli, Uraufführung 1965, beide Tansman). 1965 geht er an die Pariser Oper. Vier Jahre später leitet er an der Opéra-Comique die französische Erstaufführung von *Katja Kabanowa* (Janáček). 1969–71 dirigiert er in Monte Carlo verschiedene französische Erstaufführungen von Werken von Francis Poulenc und Raffaelo de Banfield. 1972–76 leitet er das Staatsorchester in Ankara; anschließend dirigiert er an der Oper von San Francisco das französische Repertoire. 1982 leitet er in Peking die chinesische Erstaufführung von *Carmen* (Bizet).

Perlea, Ionel
Amerikanischer Dirigent rumänischer Herkunft, geb. 30. 11. (13. 12.) 1900 Ograda, gest. 29. 7. 1970 New York.
Er studiert in München bei Anton Beer-Walbrunn Komposition und bei Karl Kotana Klavier und geht dann nach Leipzig zu Paul Graener, Otto Lohse und Carl Adolf Martienssen. 1919 debütiert er in Bukarest. Anschließend wird er in Leipzig (1922–23) und Rostock (1923–25) Korrepetitor, bevor er 1927 die Leitung der Oper von Cluj übernimmt (bis 1928). Anschließend geht er an die Bukarester Oper und ist dort 1928–32 und 1936–44 1. Kapellmeister und 1929 32 und 1934 36 Musikdirektor. 1936–44 leitet er gleichzeitig das Symphonie-Orchester von Radio Bukarest. 1941–44 unterrichtet er am dortigen Konservatorium Orchesterleitung. 1944 wird er von den Deutschen gefangengenommen (bis 1945). Nach dem Zweiten Weltkrieg verläßt er sein Land. 1945–47 ist er ständiger Dirigent an der römischen Oper. 1949 debütiert er an der Met und 1950 an der Scala. Er läßt sich in den Vereinigten Staaten nieder und übernimmt das Symphonie-Orchester von Connecticut (1955–70). An der Manhattan School of Music in New York unterrichtet er 1952–59 und 1965–70 Orchesterleitung. Sein rechter Arm bleibt nach einem Schlaganfall 1957 gelähmt; ab dieser Zeit dirigiert er nur mit dem linken. Perlea leitet die rumänischen Erstaufführungen von Gustav Mahlers *Symphonie Nr. 2* und Giuseppe Verdis *Requiem*; er macht sich um das Musikleben in seiner Heimat verdient. 1935 leitet er die Uraufführung von Paul Constantinescus Oper *O noapte furtunoasă* (Eine stürmische Nacht).

Perlemuter, Vlado
Französischer Pianist polnischer Herkunft, geb. 13. (26.) 5. 1904 Kowno.
Als Kind erhält er ersten Unterricht von Moritz Moszkowski in Paris. Anschließend geht er zu Alfred Cortot an das Pariser Konservatorium und wird dort mit einem 1. Preis ausgezeichnet. Bis 1927 widmet er sich intensiv dem Studium des Werkes von Maurice Ravel und spielt es auch dem Komponisten vor, der ihm Ratschläge erteilt. Diese Zusammenarbeit führt bei Perlemuter zu einer völlig neuen Auffassung vom Klavierspiel. Mit der gleichen Sorgfalt studiert er das Werk Frédéric Chopins ein, wo er vor allem bei den Interpretationen seiner Etüden, Balladen und Mazurkas absolutes Spitzenniveau erreicht. Perlemuter, ein leidenschaftlicher Verfechter der Kammermusik, spielt vor dem Zweiten Weltkrieg in einer Trio-Formation mit Pierre Fournier und Gabriel Bouillon. Auf dem Festival von Prades spielt er auch mit Pablo Casals zusammen sowie, wenn auch nicht sehr häufig, mit Sándor Végh und Yehudi Menuhin. Seit 1951 unterrichtet er am Konservatorium in Paris und hält in

Manchester, Japan und Kanada master classes ab.
W: *Ravel d'après Ravel. Les Œuvres pour piano, les deux concertos* (Lausanne 1953).

Perlman, Itzhak
Israelischer und amerikanischer Violinist, geb. 31. 8. 1945 Tel Aviv.
Als Vierjähriger erkankt er an Kinderlähmung und kann seine Beine nicht mehr benutzen; trotzdem studiert er an der Musikakademie von Tel Aviv bei Rivkah Goldgart, die aus der Schule von Sankt Petersburg kommt, Violine. Isaac Stern hört den gerade sechs Jahre alt gewordenen Perlman und rät ihm, seine Ausbildung in den Vereinigten Staaten fortzusetzen. Er geht an die Juilliard School of Music in New York und studiert bei Ivan Galamian und Dorothy DeLay, wobei er nebenbei seinen Lebensunterhalt verdienen muß. 1963 debütiert er in der Carnegie Hall in New York und erhält glänzende Kritiken. Ein Jahr später gewinnt er beim Leventritt-Wettbewerb den 1. Preis, der Ausgangspunkt einer glänzenden Karriere. Er gibt viele Konzerte unter der Leitung von Carlo Maria Giulini; mit Vladimir D. Ashkenazy spielt er häufig Sonaten. Ab 1975 unterrichtet er am Brooklyn College. Neben Gidon Kremer ist er wohl der einzige der international renommierten Violinisten, der die ausgetretenen Wege der normalen Programmgestaltung verläßt und auch selten gespielte Werke aufführt. Er kreiert die Violin-Konzerte von Earl Kim (1979) und Robert Starer (1981). Nachdem er einige Jahre auf der *Sinsheimer* gespielt hat, erwirbt er 1986 von Yehudi Menuhin eine zweite Stradivari, die *Soil* aus dem Jahre 1714. Seine schöne Stimme erlaubt es ihm, bei der Einspielung der *Tosca* (Puccini) unter der Leitung von James Levine als Sänger mitzuwirken.

Pernet, André
Französischer Bassist, geb. 6. 1. 1894 Rambervillers (Vogesen), gest. 23. 6. 1966 Paris.
Sehr früh schon begeistert er sich für Musik und Theater, doch seine Familie will aus ihm einen Rechtsanwalt machen. So fängt er mit siebzehn Jahren ein Jura-Studium an, läßt aber heimlich seine Stimme ausbilden. Nach dem Ersten Weltkrieg tritt er dann offiziell in die Klassen von André Gresse (Gesang) und von Emile Dumoutier (Bühne) ein. Nach seiner Ausbildung singt er sechs Jahre lang an Provinzbühnen: zweiter Baß in Nizza, erster Baß in Caen, Straßburg, Deauville, Toulouse, Genf. 1928 endlich debütiert er an der Pariser Oper als Mephisto (*Faust*, Gounod) und wird vom Publikum aufgrund seiner stimmlichen wie schauspielerischen Leistung auf Anhieb gefeiert. Der Mephisto sollte sein Leben lang eine seiner wichtigsten Rollen bleiben. Am gleichen Haus interpretiert er dann Athanaël (*Thaïs*, Massenet), den König (*Aida*, Verdi), Wotan (*Die Walküre*), Gurnemanz (*Parsifal*), König Marke (*Tristan und Isolde*, alle Wagner), Boris Godunow (Mussorgskij), Mephisto (*La Damnation de Faust*, Fausts Verdammung, Berlioz) und Tonio (*I Pagliacci*, Der Bajazzo, Leoncavallo). 1933 gehört er zu dem großartigen Team, das den *Il barbiere di Siviglia* (Der Barbier von Sevilla, Rossini) wieder an der Pariser Oper heimisch werden läßt. 1944 glänzt er unter Bruno Walter als Don Giovanni (Mozart). An der Opéra-Comique interpretiert er einen hinreißenden Basilio (*Il barbiere di Siviglia*) und einen bedrohlichen Baron Scarpia (*Tosca*, Puccini), glänzt in den vier Baß-Rollen in *Les Contes d'Hoffmann* (Hoffmanns Erzählungen, Offenbach), besticht als Collin (*La Bohème*, Puccini) aufgrund seiner schauspielerischen Leistung und überzeugt als humaner Vater in *Louise* (G. Charpentier; diese Rolle interpretiert er auch in dem 1938 gedrehten Musikfilm gleichen Namens).
Während seiner langen Laufbahn kre-

iert er einige wichtige Rollen: 1929 das Ungeheuer in *Persée et Andromède* (Ibert), 1931 den Herzog in *La Duchesse de Padoue* (Die Herzogin von Padua, Le Boucher) und Jozou in *La Vision de Mona* (Monas Vision, Dumas), 1932 Maximilien (Milhaud), 1933 Gobannit in *Vercingétorix* (Canteloube), 1934 Prinz Richard in *Rolande et le mauvais garçon* (Rolande und der böse Bube, Rabaud), 1935 Shylock in *Le Marchand de Venise* (Der Kaufmann von Venedig, R. Hahn), 1936 Œdipe (Enescu) und 1937 Jesus in *La Samaritaine* (Die Samariterin, M. d'Ollone).

Persinger, Louis
Amerikanischer Violinist, geb. 11. 2. 1887 Rochester (Ill.), gest. 31. 12. 1966 New York.
Das Wunderkind gibt als Zwölfjähriger sein erstes Konzert. Er studiert am Konservatorium von Leipzig 1900–04 bei Hans Becker Violine, bei Carl Beving Klavier und bei Arthur Nikisch Orchesterleitung. Anschließend geht er für drei Jahre nach Brüssel zu Eugène Ysaÿe. Das dort Erlernte gibt er später in den Vereinigten Staaten weiter. In Paris perfektioniert er sich bei Jacques Thibaud. Konzertreisen führen ihn durch ganz Europa. 1912 debütiert er in den Vereinigten Staaten. 1914–15 ist er Konzertmeister der Berliner Philharmoniker und 1915–17 des Symphonie-Orchesters von San Francisco, wo er auch Assistent des Dirigenten ist. Er gründet sein eigenes Quartett und leitet 1916–28 die Chamber Music Society of San Francisco. Er ist der erste wichtige Lehrer Yehudi Menuhins und begleitet diesen bei seinen ersten Konzerten am Flügel. 1925 läßt er sich in New York nieder und widmet sich fortan hauptsächlich pädagogischen Aufgaben. Louis Persinger wird einer der wichtigsten amerikanischen Lehrer seines Instruments. 1929–30 unterrichtet er am Cleveland Institute und ab 1930 als Nachfolger Leopold Auers an der Juilliard School of Music in New York, wo er Isaac Stern, Ruggiero Ricci und Arnold Eidus ausbildet.

Pertile, Aureliano
Italienischer Tenor, geb. 9. 11. 1885 Montagnana (Venetien), gest. 11. 1. 1952 Mailand.
Als Knabenalt fällt er in der Kathedrale Santa Maria Assunta Vittorio Orefice auf, der ihn ausbildet. 1911 debütiert er in Vicenza als Lyonel (*Martha*, Flotow). Im gleichen Jahr begeistert er in der Rolle des Vinicius Publikum und Kritik bei der italienischen Erstaufführung von *Quo Vadis* (Nouguès) am Teatro dal Verme in Mailand. Turin engagiert ihn; er tritt dort in der gleichen Oper sowie in *Norma* (Bellini) und *Rigoletto* (Verdi) auf. 1916 debütiert er in *Francesca da Rimini* (Zandonai) an der Scala. 1917–20 verbringt er in Südamerika und hat vor allem am Teatro Colón in Buenos Aires und an der Oper von Rio de Janeiro viel Erfolg. 1923, 25, 26 und 29 gastiert er jeweils wieder am Colón. 1921 debütiert er in *Tosca* (Puccini) an der Met. Innerhalb von zwei Monaten tritt er dort in *Manon Lescaut* (Puccini), *Cavalleria rusticana* (Mascagni), *I Pagliacci* (Der Bajazzo, Leoncavallo), *Aida* (Verdi) und *Boris Godunow* (Mussorgskij) auf. Merkwürdigerweise bleibt dies das einzige Gastspiel an der Met. 1922 lernt er Arturo Toscanini kennen, als er für einen Tenor einspringt, der dem italienischen Dirigenten mißfallen hatte. Pertile ist 1922–37 der bevorzugte Tenor Toscaninis. Alle großen Bühnen (mit Ausnahme von Paris) laden ihn zu Gastspielen ein.
Pertile kreiert zahlreiche Rollen; die wichtigste ist zweifellos die des Nero in Arrigo Boitos Oper *Nerone*. Mit dieser Rolle verabschiedet er sich auch 1946 in Rom von der Bühne, um sich fortan am Konservatorium von Mailand pädagogischen Aufgaben zu widmen.

Pérugia, Noémie
Französische Sopranistin, geb. 7. 11. 1903 Nizza, gest. 25. 3. 1992 Franeker (Niederlande).
Ihre Familie stammt aus Italien. Sie debütiert 1936 in Giuseppe Verdis *Requiem* in Paris. Zwei Jahre später gewinnt

sie den Gabriel-Fauré-Wettbewerb in Paris. Sie interpretiert die Lieder des Komponisten nicht nur in Paris, sondern auch in den Vereinigten Staaten und häufig in Holland. Sie unterrichtet an der Ecole Normale de Musique in Paris und an der dortigen Schola Cantorum sowie an der Akademie Long-Thibaud. Im Auftrag des französischen Außenministeriums unterrichtet sie auch häufig an ausländischen Konservatorien (u. a. London, Amsterdam, Rom, Buenos Aires).

Sie ruft den internationalen Wettbewerb für Interpretation und Begleitung Noémie Pérugia in Paris und den Niederlanden ins Leben; sie ist auch die Gründerin der Gesangsakademie, die ihren Namen trägt, sowie des Amsterdamer Gabriel-Fauré-Wettbewerbs. 1942 kreiert sie den Liederzyklus *Saluste du Bartas* von Arthur Honegger, der ihr gewidmet ist.

Pešek, Libor
Tschechoslowakischer Dirigent, geb. 22. 6. 1933 Prag.
Er studiert bis 1956 an der Kunstakademie Prag bei Václav Smetáček und Václav Neumann und debütiert anschließend als Korrepetitor an den Opern von Plzeň (Pilsen) und Prag. 1959 gründet er das Kammerharmonie-Orchester von Prag, mit dem er zahlreiche Tourneen auch ins Ausland unternimmt. 1963–69 ist er ständiger Dirigent des Symphonie-Orchesters von Nordböhmen und übernimmt dann das Kammerorchester des tschechoslowakischen Staates (1969–77) sowie das Symphonie-Orchester von Ostböhmen. 1969–75 leitet er gleichzeitig das holländische Frysk Orkest (1969–75) und das Philharmonische Orchester von Overijssels (1975–79). Anschließend übernimmt er die Direktion der Slowakischen Philharmonie in Bratislava (Preßburg, 1981–82). Ab 1982 gehört er zu den ständigen Dirigenten der Tschechischen Philharmonie. 1987 wird er zum Chefdirigenten und musikalischen Berater des Royal Liverpool Philharmonic Orchestra ernannt.

Peskó, Zoltán
Italienischer Dirigent ungarischer Herkunft, geb. 15. 2. 1937 Budapest.
Er studiert 1957–62 an der Franz-Liszt-Akademie in Budapest und schließt mit einem Diplom in Komposition ab. Ab 1960 arbeitet er als Komponist und Dirigent mit dem Ungarischen Rundfunk und dem Nationaltheater zusammen; 1963 verläßt er seine Heimat und perfektioniert sich bei Sergiu Celibidache an der Accademia Musicale Chigiana in Siena. 1964–65 geht er zu Goffredo Petrassi und Franco Ferrara an die Accademia Nazionale di Santa Cecilia in Rom und schließlich zu Pierre Boulez nach Basel (1965). 1966 wird er Assistent von Lorin Maazel an der Berliner Oper, wo er 1969–71 als Kapellmeister arbeitet. Gleichzeitig ist er Professor an der Hochschule für Musik in Berlin (1969–72). 1969 debütiert er an der Scala in Mailand. Seit dieser Zeit dirigiert er die wichtigsten italienischen Symphonie-Orchester. 1974–76 ist er Chefdirigent am Teatro Communale von Bologna und geht dann als Kapellmeister an das Fenice in Venedig (1976–77). 1978–82 ist er ständiger Dirigent beim Symphonie-Orchester der RAI in Mailand. Er leitet eine Reihe von wichtigen Uraufführungen, darunter Werke von Sylvano Bussotti (*Il catalogo è questo*, Dies hier ist der Katalog, 1980), Azio Corghi (*Sinfonia*, 1982), Franco Donatoni (*Quattro Estratti*, Vier Auszüge, 1974, *Voci*, Stimmen, 1974, *In Cauda*, 1982, *Tema*, 1982 und *Atem*, 1985), Sandro Gorli (*Viveka*, 1972), André Jolivet (*Bogomilè*, 1982), Ivo Malec (*Ottava bassa*, Tiefe Oktave, 1984), Modest P. Mussorgskij (*Salammbô*, 1980), Wolfgang Rihm (*Dies*, 1985), Dieter Schnebel (*Jowaeggerli*, 1983, *Fünf geistliche Lieder von Bach*, 1985, *Missa*, 1988).

Peters, Reinhard
Deutscher Dirigent, geb. 2. 4. 1926 Magdeburg.
Er studiert Klavier und Violine, arbeitet 1946–49 an der Staatsoper Berlin als Korrepetitor und geht 1949 nach Paris,

um sich bei George Enescu, Jacques Thibaud (Violine) und Alfred Cortot (Klavier) zu perfektionieren. 1951 gewinnt er beim Wettbewerb von Besançon den 1. Preis. Ein Jahr später wird er an der Städtischen Oper Berlin Kapellmeister und geht in der gleichen Funktion 1957 an die Deutsche Oper am Rhein (Düsseldorf-Duisburg), wo er 1960 zum 1. Kapellmeister ernannt wird. 1961-70 ist er Generalmusikdirektor in Münster und geht dann als ständiger Dirigent an die Deutsche Oper Berlin. 1975-79 ist er Chefdirigent der Philharmonia Hungarica in Marl. Er leitet verschiedene Uraufführungen: *Zwischenfälle bei einer Notlandung* (Blacher, 1966), *Melusine* (Reimann, 1970), *Madame Bovary* (Sutermeister, 1967), *Dérives* (Abtriften, Grisey, 1974), *Symphonie Nr. 1* (Yun, 1984) und *Symphonie Nr. 1* (Glanert, 1985).

Peters, Roberta (= Roberta Petermann)
Amerikanische Sopranistin, geb. 4. 5. 1930 New York.
Sie studiert in New York bei William Pierce Hermann Gesang. 1950 springt sie an der Met für eine Kollegin als Zerlina (*Don Giovanni*, Mozart) ein. Bei diesem Debüt feiert sie einen großen Erfolg, so daß sie in der darauffolgenden Saison als Ensemble-Mitglied engagiert wird und in der Folge die Met nicht mehr verläßt. Vor allem als Königin der Nacht (*Die Zauberflöte*, Mozart) feiert sie Triumphe. Chicago und San Francisco sowie die wichtigsten Konzertsäle laden sie ein. 1951 singt sie zum ersten Mal am Covent Garden; 1953 interpretiert sie dort unter Sir Thomas Beecham die Titelrolle in *The Bohemian Girl* (Das Mädchen aus Böhmen, Balfe). Ab 1957 gibt sie auf italienischen Bühnen Gastspiele. 1963-64 interpretiert sie bei den Salzburger Festspielen die Rolle der Königin der Nacht. Roberta Peters war kurze Zeit mit dem Bariton Robert Merrill verheiratet.
W: *A Debut at the Met* (New York 1967).

Petri, Egon
Amerikanischer Pianist deutscher Herkunft, geb. 23. 3. 1881 Hannover, gest. 27. 5. 1962 Berkeley (Ca.).
Sein Vater Henri Willem Petri (1856-1914), ein renommierter Violinist seiner Zeit, erteilt ihm ersten Musikunterricht. Er studiert Orgel, Horn und Musiktheorie (bei Felix Draeseke) sowie Klavier bei Richard Buchmayer und Teresa Carreño. Er beginnt seine Karriere als Violinist in einem Orchester; anschließend spielt er mit seinem Vater in einem Streichquartett. Ferruccio Busoni, ein Freund der Familie, entdeckt seine Begabung als Pianist, unterrichtet ihn und tritt mit ihm als Partner bei Klavier-Duos auf (London 1921). Petri geht Busoni bei dessen Ausgabe der Werke von Johann Sebastian Bach zur Hand. Er reist viel und gibt 1923 in der Sowjetunion Konzerte. In Berlin wird er von der Kritik mit Edwin Fischer und Artur Schnabel verglichen. Seinem Lehrer Busoni folgend, wird er vor allem als Interpret von Bach und Liszt bekannt. 1932 debütiert er in den Vereinigten Staaten; 1938 läßt er sich dort endgültig nieder. Während seines ganzen Lebens widmet er sich auch pädagogischen Aufgaben. So unterrichtet er nacheinander in Manchester (1905-11), Berlin (1921-26), Zakopane (Polen, 1927), an der Cornell University (1940-46) und am Mills College (ab 1947). In Basel hält er verschiedene Kurse; zu seinen dortigen Schülern zählt John Ogdon.

Petrow, Iwan (= Hans Krause)
Russischer Bassist, geb. 23. 2. 1920 Irkutsk.
Er studiert in Moskau an der Alexander-Glasunow-Schule bei A. Minejew, wird Mitglied des Opernensembles Iwan Koslowskij und debütiert 1943 am Bolschoi, wo er kurz darauf zum festen Ensemble-Mitglied ernannt wird. Petrow unternimmt zahlreiche Tourneen durch Europa. Sein weitgespanntes Repertoire reicht vom Don Basilio (*Il barbiere di Siviglia*, Der Barbier von Sevil-

la, Rossini) bis zum René (*Iolanta*, Jolanthe, Tschaikowskij). In der Titelrolle von *Knjas Igor* (Fürst Igor, Borodin) zeichnet er sich aufgrund seiner Leidenschaftlichkeit und als Mephisto (*Faust*, Gounod) aufgrund seiner szenischen und stimmlichen Präsenz aus; in dieser Rolle feiert er 1964 an der Pariser Oper einen Triumph. Weiter gehören Boris Godunow (Mussorgskij) und Philipp II. (*Don Carlos*, Verdi) zu seinen wichtigsten Rollen.

Petrow, Nicolai Arnoldowitsch
Russischer Pianist, geb. 14. 4. 1943 Moskau.
Er stammt aus einer Musikerfamilie, studiert an der Moskauer Zentralschule für Musik bei Tatjana Koster (bis 1961) und geht dann zu Jakob Zak an das Tschaikowskij-Konservatorium in Moskau (bis 1967). 1962 gewinnt er beim Van-Cliburn-Wettbewerb in Fort Worth (Tex.) und 1964 beim Königin-Elisabeth-Wettbewerb in Brüssel je einen 2. Preis. Er beginnt in seiner Heimat eine bedeutende Karriere und tritt ab 1968 als Solist mit den Moskauer Philharmonikern auf. Auslandstourneen führen ihn nach Westeuropa und Japan. Zu seinem Repertoire zählen auch zeitgenössische Werke. So zeichnet er für die Uraufführungen von Rodion K. Schtschedrins *Konzert für Klavier und Orchester Nr. 2* und von Aram I. Chatschaturians *Konzert-Rhapsodie* verantwortlich.

Peyer, Gervase de
Englischer Klarinettist, geb. 11. 4. 1926 London.
Er studiert am Royal College of Music bei Frederick Thurston und geht dann zu Louis Cahuzac an das Pariser Konservatorium. 1955 wird er zum 1. Klarinettisten des Londoner Symphonie-Orchesters ernannt (bis 1971). Er ist Gründungsmitglied des Melos-Ensembles, leitet das London Symphony Wind Ensemble und teilweise auch das Londoner Haydn-Orchester. Er ist mit dem klassischen und romantischen Repertoire vertraut und interessiert sich auch für die zeitgenössische Musik. So nimmt er an Uraufführungen von Werken von Arnold Cooke, Sebastian Forbes, Alun Hoddinott, Thea Musgrave und Joseph Horovitz teil. Seit 1959 unterrichtet er an der Royal Academy of Music. De Peyer schlägt einen Mittelweg zwischen der französischen und deutschen Klarinettenschule ein und legt vor allem auf die saubere, flüssige Phrasierung Wert.

Pfaff, Luca
Schweizer Dirigent, geb. 25. 8. 1944 Olivone (Schweiz).
Er studiert am Mailänder Konservatorium, geht dann nach Wien zu Hans Swarowsky und nach Rom und Siena zu Franco Ferrara. 1978–80 leitet er das Kammerorchester der Accademia Nazionale di Santa Cecilia in Rom. Anschließend übernimmt er in Paris die Leitung des Ensemble Alternance, mit dem er hauptsächlich zeitgenössische Werke aufführt. 1985 wird er zum Musikdirektor des Orchestre Symphonique du Rhin (Mülhausen, Elsaß) ernannt. Er zeichnet für die Uraufführungen von Werken von Carlos Roqué Alsina (*Prima Sinfonia*, 1983), Alain Bancquart (*Tarots d'Ulysse*, Das Tarock des Odysseus, 1984), André Boucourechliev (*La Chevelure de Bérénice*, Die Haarpracht der Bérénice, 1988), Aldo Clementi, René Koering (*La Marche de Radetzky*, Der Radetzky-Marsch, 1988), Ivo Malec und Alfred G. Schnittke (*Kammersymphonie Nr. 4*, 1987) verantwortlich.

Philipp, Isidore
Französischer Pianist ungarischer Herkunft, geb. 2. 9. 1863 Budapest, gest. 20. 2. 1958 Paris.
Seine Familie übersiedelt nach Paris, als Isidore Philipp gerade drei Jahre alt ist. Er studiert am dortigen Konservatorium bei Georges Mathias und erhält 1883 einen 1. Preis; anschließend perfektioniert er sich bei Stephen Heller, Camille Saint-Saëns und Théodore Ritter. Er beginnt eine brillante Karriere, die er allerdings schon bald wieder auf-

gibt, um sich pädagogischen Aufgaben zu widmen. 1890 gründet er mit Jules-Léopold Loeb und Henri Berthelier ein Trio. 1896 nimmt er an der Erneuerung der Société des Instruments à Vent teil.
1903–34 ist er Professor am Pariser Konservatorium und gibt seinen Schülern die bei Camille Saint-Saëns gelernte Technik und Ästhetik weiter: die Bedeutung der Finger wird hier bis zum Extremen gesteigert, das Spiel ist äußerst schmucklos und häufig zu trocken und zu kalt. 1941–55 gibt er in den Vereinigten Staaten Kurse und tritt ab und zu auch als Solist auf. Wir verdanken ihm zahlreiche Transkriptionen und technische Werke. An der Musikzeitschrift *Le Ménestrel* arbeitet er als Kritiker mit. Ferruccio Busoni widmet ihm seine *Toccata*.
W: *La Technique de Liszt* (2 Bände, Paris 1932).

Piatigorsky, Gregor (= Grigorij Pawlowitsch Pjatigorskij)
Amerikanischer Cellist russischer Herkunft, geb. 4. (17.) 4. 1903 Jekaterinoslaw (Südrußland), gest. 6. 8. 1976 Los Angeles.
Er studiert zunächst bei D. P. Gubarjow am Konservatorium seiner Heimatstadt, bevor er zu Alfred von Glehn ans Moskauer Konservatorium und anschließend zu Anatolij A. Brandukow an die Lehranstalt der Moskauer Philharmonischen Gesellschaft geht. Als Neunjähriger gibt er die ersten Konzerte. Als Vierzehnjähriger wird er zum 1. Cellisten am Kaiserlichen Theater ernannt. 1921 verläßt er die Sowjetunion. Er perfektioniert sich bei Julius Klengel in Dresden und ist 1924–29 als 1. Cellist der Berliner Philharmoniker tätig. Sehr schnell nimmt seine Karriere internationale Ausmaße an. Auf dem Gebiet der Kammermusik arbeitet er in wechselnden Formationen mit Sergej W. Rachmaninow, Artur Schnabel, Carl Flesch, Vladimir Horowitz, Nathan Milstein, William Primrose, Arthur Rubinstein und Jascha Heifetz zusammen (Heifetz-Primrose, Horowitz-Milstein, Schnabel-Flesch, Rubinstein-Heifetz). 1926 unterrichtet er am Klindworth-Scharwenka-Konservatorium in Berlin. Seit 1941 ist er neben seiner umfangreichen Konzerttätigkeit als Lehrer am Berkshire Festival Music Center in Tanglewood (bis 1954) tätig; 1942–51 unterrichtet er auch am Curtis Institute in Philadelphia. 1957 leitet er eine Meisterklasse am College of Music der Boston University; 1962–76 ist er an der University of Southern California in Los Angeles und 1967–73 an der Performing Arts Academy des Los Angeles Music Center tätig. An den Konservatorien von Paris und Baltimore sowie an der Universität von Chicago richtet er für sein Instrument wie für das Studienfach Komposition Stipendien ein.
Anton von Webern, Sergej S. Prokofjew, Darius Milhaud, Paul Hindemith, Ernest Bloch, Sir William Turner Walton, Bohuslav Martinů, Aaron Copland, Mario Castelnuovo-Tedesco und Miklós Rózsa widmen ihm Werke, die er zum größten Teil selbst uraufführt. Er besaß zwei Stradivari, das *Batto* aus dem Jahre 1714 und das *Baudiot* (1725) sowie ein Instrument aus der Werkstatt von Nicola Amati (1670), das er am Ende des Zweiten Weltkrieg verkaufte und das in den Besitz des Cellisten des LaSalle-Quartetts überging. Wir verdanken Piatigorsky viele Transkriptionen für sein Instrument.
W: *Cellist* (Garden City bei New York, 1965, dt. Mein Cello und ich und unsere Begegnungen, Tübingen 1968).

Picavet, Bernard
Französischer Pianist, geb. 5. 6. 1943 Croix (Departement Nord).
und
Picavet, Geneviève
Französische Pianistin, geb. 22. 8. 1943 Paris.
Die Geschwister studieren bei Jean Doyen, Aline van Barentzen, Georges Hugon und Claude Pascal am Pariser Konservatorium und beschließen noch als Studenten, ein Klavier-Duo zu gründen. 1966 geben sie ihre ersten Konzer-

te. Neben den bekannten Werken ihres Repertoires beschäftigen sie sich mit weniger bekannten des 19. Jahrhunderts, vor allem aus dem französischen Repertoire (Saint-Saëns, Lefébure-Wély, Herz). Seit einiger Zeit spielen sie auch Klaviermusik zu vier Händen.

Picht-Axenfeld, Edith
Deutsche Pianistin und Cembalistin, geb. 1.1. 1914 Freiburg/Br.
Sie studiert mit großem Erfolg in Lugano, Basel und Berlin unter anderem bei Rudolf Serkin und Albert Schweitzer. 1937 gewinnt sie den Warschauer Chopin-Wettbewerb, der Beginn ihrer aufsehenerregenden internationalen Karriere. Edith Picht-Axenfeld, die sich zeitlebens ihren beiden Instrumenten widmet, beherrscht ein außerordentlich weit gespanntes Repertoire. So fühlt sie sich am Cembalo in den Werken Domenico Scarlattis, William Byrds, François Couperins oder Johann Sebastian Bachs genauso zu Hause wie am Flügel in denen von Maurice Ravel oder Peter I. Tschaikowskij. Dabei vernachlässigt sie die Musik ihrer Zeit keineswegs. Seit 1947 unterrichtet sie am Konservatorium ihrer Vaterstadt. Mit dem Geiger Nicholas Chumachenco und dem Cellisten Alexander Stein tritt sie seit 1971 in einer Trio-Formation auf. Mit dem Oboisten Heinz Holliger und dem Flötisten Aurèle Nicolet spielt sie Sonaten.

Pidoux, Roland
Französischer Cellist, geb. 29. 10. 1946 Paris.
Als Vierzehnjähriger tritt er am Pariser Konservatorium in die Klasse von André Navarra ein, wo er 1965 einen 1. Preis erhält. Im gleichen Jahr wird er auch im Fach Kammermusik in der Klasse von Jean Hubeau mit einem 1. Preis ausgezeichnet, genau wie im darauffolgenden Jahr in der von Joseph Calvet. Zusammen mit Jean-Claude Hartemann und Jean-Pierre Wallez nimmt er 1968 an der Gründung des Ensemble Instrumental de France teil, dessen Solo-Cellist er vier Jahre lang ist. 1969 wird er Mitglied des Orchesters der Pariser Oper, wo er 1971 zum Solo-Cellisten ernannt wird. 1970–78 gehört er außerdem dem Via Nova-Quartett an. Mit Régis und Bruno Pasquier gründet er darüber hinaus 1972 das Pasquier-Trio. 1979 vertraut ihm Harmonia Mundi die Reihe »Les Musiciens« an. 1979–87 ist er als Solo-Cellist des Orchestre National de France tätig. 1987 wird er am Pariser Konservatorium zum Professor für Violoncello ernannt. Er spielt auf einem Stradivari aus dem Jahre 1692.

Pierlot, Pierre
Französischer Oboist, geb. 26. 4. 1921 Paris.
Er studiert am Konservatorium von Valenciennes und geht dann an das von Paris, wo er 1941 einen 1. Preis in Oboe erhält. Im gleichen Jahr wird er Mitglied des Orchesters der Concerts Lamoureux; 1947 wechselt er an das der Opéra-Comique. Gleichzeitig beginnt er eine Solisten-Laufbahn. 1945–68 gehört er dem Quintette à Vent Français an. Ab 1950 ist er gleichzeitig Mitglied des Ensemble Baroque de Paris. 1949 gewinnt er beim internationalen Genfer Wettbewerb einen 1. Preis. 1969–79 unterrichtet er am Pariser Konservatorium. 1985 wird er als Nachfolger von Robert Casier Mitglied des Quintette à Vent de Paris. Er zeichnet für die Uraufführungen von Darius Milhauds *Konzert für Oboe und Orchester* (1958) und von Henri Martellis *Konzert für Oboe und Orchester* (1972) verantwortlich. Sein Sohn Philippe Pierlot ist als Flötist im Orchestre National de France tätig.

Pierné, Henri Constant Gabriel
Französischer Dirigent, Organist und Komponist, geb. 16. 8. 1863 Metz, gest. 17. 7. 1937 Ploujean bei Morlaix (Bretagne).
Seine Eltern, Klavier- und Gesangslehrer, erteilen ihm ersten Klavierunterricht. 1871 tritt er in das Pariser Konservatorium ein, wo er von Albert Lavi-

gnac (allgemeine Musiklehre), Emile Durand (Harmonielehre), Jules Massenet (Komposition) und César Franck (Orgel) unterrichtet wird. In diesen Disziplinen erhält er 1. Preise. 1882 wird er mit dem 1. Großen Rom-Preis ausgezeichnet. Nach dem Tod von César Franck übernimmt er dessen Stelle als Organist an der Pariser Kirche Sainte-Clotilde (1890–98). 1903 wird er stellvertretender Dirigent der Concerts Colonne, deren Leitung er 1910–34 innehat. Der französische Rundfunk engagiert ihn in seinen Anfangsjahren als musikalischen Berater.

Klassisch ausgebildet, widmet sich Gabriel Piérné hauptsächlich den Werken des Repertoires; trotz seiner eher konservativen Einstellung entdeckt er manche Talente und leitet die Uraufführungen von *Oiseau de feu* (Feuervogel, Strawinsky), *Ibéria* und *Khamma* (beide Debussy), *Une barque sur l'océan* (Eine Barke auf dem Ozean, Ravel), der zweiten Suite aus *Protée* (Milhaud), *Pour une fête de printemps* (Für ein Frühlingsfest, Roussel) und *La Ballade de la geôle de Reading* (Die Ballade vom Kerker in Reading, Ibert).

Pierotti, Raquel
Uruguayische Mezzosopranistin, geb. 17. 12. 1952 Montevideo.
Sie studiert in ihrer Heimatstadt Gesang und debütiert in Europa in der Saison 1980–81 in Barcelona als Rosina (*Il barbiere di Siviglia*, Der Barbier von Sevilla, Rossini). Kurz darauf erhält sie von der Scala eine Einladung; mit dem italienischen Ensemble unternimmt sie eine Japan-Tournee. An der Scala singt sie den Cherubin (*Le nozze di Figaro*, Die Hochzeit des Figaro, Mozart), den Sextus (*Giulio Cesare in Egitto*, Julius Cäsar in Ägypten, Händel) und wirkt an Aufführungen des *Falstaff* und von *Nabucco* (beide Verdi) mit; am Théâtre de la Monnaie in Brüssel nimmt sie an einer Aufführung des *Lucio Silla* (Mozart) teil. Sie gastiert auch in Verona. Einen beträchtlichen Teil ihrer Zeit widmet sie Konzertabenden.

Pierre, Francis
Französischer Harfenist, geb. 9. 3. 1931 Amiens.
Er studiert bei Lily Laskine am Konservatorium von Paris und wird 1950 mit einem 1. Preis ausgezeichnet. Anschließend setzt er seine Studien bei Pierre Jamet fort, interessiert sich in immer stärkerem Maß für die Musik seiner Zeit und arbeitet 1960–70 mit Pierre Boulez und Bruno Maderna zusammen. Wir verdanken ihm bei den verschiedenen Avantgarde-Festivals (u. a. in Venedig, Zagreb und Royan) wichtige Uraufführungen von Komponisten wie Sylvano Bussotti, Bernard Rands, Luciano Berio (*Circles*, Kreise, *Sequenza II*, Sequenz II, *Chemins I*, Wege I), Betsy Jolas (*Tranche*, Abschnitt), Miroglio (*Réseaux*, Netze) und Darius Milhaud (*Sonate*). Bei der Gründung des Orchestre de Paris 1967 wird er zu dessen Solo-Harfenisten ernannt. Er gehört den Ensembles Domaine Musical, Ars Nova, Musique Vivante und Inter-Contemporain an und gründet 1972 das Debussy-Trio, das sich mit dem Repertoire für Flöte, Bratsche und Harfe beschäftigt. 1985 wird er am Pariser Konservatorium zum Professor ernannt.

Pierre, Odile
Französische Organistin, geb. 12. 3. 1932 Pont-Audemer.
Als Siebenjährige hört sie in der Kirche Saint-Ouen in Rouen ein Konzert von Marcel Dupré und will selbst Organistin werden. Als Fünfzehnjährige ist sie bereits Organistin und Kantorin der Kirche Barentin, während sie noch am Konservatorium in Rouen studiert, wo sie drei 1. Preise erhält, bevor sie zu Marcel Dupré an das Pariser Konservatorium geht. Als Dreiundzwanzigjährige erhält sie dort 1. Preise in Orgel und Improvisation, in Harmonielehre (bei Maurice Duruflé) und in Fuge (bei Noël Gallon). Elf Jahre lang unterrichtet sie am Konservatorium von Rouen Orgel und Musikgeschichte und unternimmt gleichzeitig ausgedehnte Konzertreisen im In- und Ausland. 1969–79 ist sie

Organistin an der Kirche Madeleine in Paris, an der auch Gabriel Fauré und Camille Saint-Saëns gewirkt haben. 1977 vertritt sie beim internationalen Orgelkongreß in Washington und Philadelphia Frankreich. Sie setzt sich besonders für nicht so bekannte Komponisten wie Charles-Marie Widor und Alexandre Guilmant ein.

Pierri, Alvaro
Uruguayischer Gitarrist, geb. 1953 Montevideo.
Seine Tante Olga Pieni erteilt ihm ersten Gitarren-Unterricht; anschließend setzt er sein Studium am Konservatorium von Montevideo fort. 1974 erhält er beim internationalen Wettbewerb in Porto Alegre in Brasilien und 1976 beim internationalen Gitarren-Wettbewerb in Paris je einen 1. Preis. Er ist Professor an der brasilianischen Universität von Santa Maria; seit 1981 unterrichtet er in Montreal.

Piguet, Michel
Schweizer Oboist, geb. 30.4. 1932 Genf.
Nach dem Abitur studiert er zuerst am Konservatorium seiner Heimatstadt, bevor er an das Pariser geht und bei Olivier Messiaen Musikanalyse studiert. 1956 wird er Mitglied des Züricher Tonhalle-Orchesters, zu dessen Oboen-Solist er 1961 ernannt wird. Mit Christopher Schmidt gründet er das Ensemble Ricercare, das sich auf die Interpretation alter Musik spezialisiert. 1964 verläßt er das Tonhalle-Orchester Zürich und geht als Professor für barocke Oboe an die Schola Cantorum Basiliensis. Am Züricher Konservatorium unterrichtet er gleichzeitig Blockflöte, die er meisterhaft beherrscht. Seine Interpretationen stützen sich auf musikwissenschaftliche Erkenntnisse. Außer dem Ensemble Ricercare gründet er auch das Bläseroktett Il Divertimento.

Pikaisen, Victor
Ukrainischer Violinist, geb. 15. 11. 1933 Kiew.
Er studiert bis 1957 bei David F. Oistrach am Moskauer Konservatorium und perfektioniert sich anschließend privat bis 1960 ebenfalls bei Oistrach. Pikaisen gewinnt in Prag (1949), Paris (1957), Moskau (1958) und Genua (1965) internationale Preise. 1960 tritt er zum ersten Mal als Solist mit den Moskauer Philharmonikern auf. Seit 1966 ist er als Professor am Moskauer Konservatorium tätig. Er gilt als Spezialist der Werke Johann Sebastian Bachs und Niccolò Paganinis.

Pilarczyk, Helga Käthe
Deutsche Sopranistin, geb. 12.3. 1925 Schöningen.
Sie studiert in Braunschweig und Hamburg Klavier und Tanz, bevor sie privat bei Gerhard Dziobek in Hamburg ihre Stimme ausbilden läßt. In Braunschweig debütiert sie 1951 als Mezzosopranistin in der Rolle der Irmentraut (*Der Waffenschmied*, Lortzing). 1953 wird sie Mitglied der Hamburger Staatsoper. Schnell begeistert sie sich für die Musik ihrer Zeit und singt die Rolle der Frau in *Erwartung* (Schönberg), die Lulu und die Marie (*Wozzeck*, beide Berg; sie selbst sagt von der Rolle: »Wir alle sind Marie«), die Mutter in *Il Prigioniero* (Der Gefangene, Dallapiccola), Renata (*L'Ange de feu*, Der feurige Engel, Prokofjew) und die Jokaste (*Oedipus Rex*, Strawinsky). 1955–58 gehört sie zum Ensemble der Züricher Oper und ab 1956 auch zu dem der Städtischen Oper Berlin (bis 1960). 1959 singt sie am Covent Garden die Salome (R. Strauss); bei den Festspielen von Glyndebourne verkörpert sie die Colombina in *Arlecchino* (Busoni). Berlin, München und Washington, wo sie 1960 in *Die Erwartung* auftritt, laden sie ein. 1961 kreiert sie die Titelrolle in Rolf Liebermanns Oper *Penelope*; im gleichen Jahr interpretiert sie an der Met auf englisch die Marie. Die Scala lädt sie 1963 ein; ab 1964 singt sie regelmäßig an der Deutschen Oper am Rhein.

W: *On Singing Modern Opera* (London 1962; deutsch unter dem Titel »Kann man die moderne Oper singen?« in Zeitgenössisches Musiktheater, Hamburg 1964).

Pilou, Jeannette (= Joanna Pilós)
Griechische Sopranistin, geb. Juli 1931 Faijum (Ägypten).
Als Heranwachsende kommt sie nach Mailand und studiert dort Bühnenbild; gleichzeitig nimmt sie bei Carla Castellani Gesangs-Unterricht. Sie debütiert in der Rolle der Violetta (*La Traviata*, Verdi) und wird nacheinander von den Opern in Bologna, Turin, Rom und Venedig (1963) eingeladen. Ihre wichtigsten Rollen sind die Mimi (*La Bohème*, Puccini) und Violetta. In Budapest und Lissabon gibt sie ihre ersten Gastspiele außerhalb Italiens. 1965 wird sie von der Wiener Oper engagiert, der Beginn einer brillanten internationalen Karriere. An der Met nimmt sie an Aufführungen von *Roméo et Juliette* (Gounod) und *La Traviata* teil und und interpretiert in der Inszenierung von Jean-Louis Barrault die Micaëla (*Carmen*, Bizet). Herbert von Karajan lädt sie als Zerlina (*Don Giovanni*, Mozart) zu den Salzburger Festspielen ein. Sie gastiert am Teatro Colón in Buenos Aires und an der Scala in Mailand, singt unter Karl Böhm die Susanna (*Le nozze di Figaro*, Figaros Hochzeit, Mozart) und unter André Cluytens die Mélisande (*Pelléas et Mélisande*, Debussy). An der Pariser Oper debütiert sie 1973 als Eurydike (*Orphée et Eurydice*, Gluck) und wird in der Folge von Rolf Liebermann regelmäßig eingeladen.

Pinnock, Trevor
Englischer Cembalist und Dirigent, geb. 16. 12. 1946 Canterbury.
Als Chorknabe der Kathedrale von Canterbury erhält er seine erste musikalische Ausbildung. Anschließend studiert er bei Ralph Downes und Millicent Silver am Royal College of Music in London Orgel und Cembalo (1964–67) und erhält für beide Instrumente 1. Preise. 1966–72 gehört er dem Galliard Harpsichord Trio an. Als Instrumentalist tätig, gründet er 1973 sein eigenes Ensemble, das auf alten Instrumenten spielende English Concert, und tritt mit ihm im gleichen Jahr während des English Bach Festival zum ersten Mal an die Öffentlichkeit.
Als Instrumentalist ist er international erfolgreich; er tritt in Europa und den Vereinigten Staaten, wo er zweimal von der Universität von Saint Louis zum artist in residence ernannt wird, mit und ohne Orchester auf und spielt zahlreiche Schallplatten ein. Neben der Barockliteratur spielt er auch die Cembalo-Konzerte von Roberto Gerhardt und Manuel de Falla so wie die *Petite Symphonie concertante* von Frank Martin.

Pinza, Ezio (= Fortunio Pinza)
Italienischer Bassist, geb. 18. 5. 1892 Rom, gest. 9. 5. 1957 Stamford (USA).
Er will zuerst Radrennfahrer werden, studiert dann aber bei Ruzza und anschließend bei Alessandro Vezzani am Konservatorium von Bologna Gesang. 1914 debütiert er in Soncino bei Cremona als Orovist (*Norma*, Bellini). Nach dem Ersten Weltkrieg singt er 1920 in Rom den König Marke (*Tristan und Isolde*, Wagner). Zwei Jahre später erlebt er an der Mailänder Scala seinen endgültigen Durchbruch. 1922–24 interpretiert er hier unter der Leitung von Arturo Toscanini den Ramphis (*Aida*, Verdi), Collin (*La Bohème*, Puccini), Raimund (*Lucia di Lammermoor*, Donizetti) und den Tigellino (*Nerone*, Boito, Uraufführung 1924). 1926–49 gehört er dem Ensemble der Met an, wo er als Pontifex Maximus in Gasparo Spontinis *La Vestale* (Die Vestalin) debütiert. Er singt alle großen Baß-Rollen aus der italienischen Opernliteratur (*La forza del destino*, Die Macht des Schicksals, *Simone Boccanegra*, beide Verdi, *Le nozze di Figaro*, Figaros Hochzeit, Mozart), aber auch (auf italienisch) den Boris Godunow (Mussorgskij). Bruno Walter lädt ihn zu den Salzburger Festspielen ein (Don Giovanni, Figaro, *Le*

nozze di Figaro, beide Mozart, Basilio, *Il barbiere di Siviglia*, Der Barbier von Sevilla, Rossini). 1949 verläßt er die Met und widmet sich seiner neuen Karriere als Musical-Sänger am Broadway (*South Pacific* von Rodgers und Hammerstein, *Fanny* von H. Rome etc.). Seine schauspielerische Begabung steht seiner sängerischen in nichts nach, und seine Bühnenpräsenz ist legendär.
W: *An Autobiography* (New York 1958, zusammen mit R. Magidoff).

Piquemal, Michel
Französischer Chorleiter und Bariton, geb. 15. 4. 1947 Paris.
Er stammt aus dem Departement Arriège; 1958 übersiedelt er nach Paris und wird Schüler des Knabenchores von Radio France. Anschließend studiert er bei Françoise Deslogères und Denise Sternberg Klavier, bei Roger Calmel Theorie und bei Jacques Jouineau, dessen Assistent am Kinderchor er 1968–73 ist, Orchesterleitung. Gleichzeitig ist er am Konservatorium von Argenteuil als Professor für Gesang tätig. Er gründet dort den Vittoria-Chor, der sich unter seiner Leitung zu einem der bedeutendsten Oratorien-Chöre der Pariser Region entwickelt. 1978 gründet er das Vokalensemble Michel Piquemal, mit dem er ein weitgespanntes Repertoire, das von der Renaissance bis zur zeitgenössischen Musik reicht, einstudiert. Mit diesem Ensemble verwirklicht er Uraufführungen von Werken von Roger Calmel, Jacques Casterède, Jean-Louis Florentz und François Vercken. Bei Elsa Ruhlmann, Marcelle Gavanier und Ré Coster läßt er seine Stimme ausbilden; Pierre Bernac unterrichtet ihn auf dem Gebiet der französischen Melodie und Susanne Anders sowie Paul Schilawski vom Mozarteum Salzburg auf dem Gebiet des Liedes überhaupt. Er ist heute Professor am Centre d'Etudes polyphoniques de Paris und unterrichtet auch am Knabenchor des Französischen Rundfunks. Er leitet zahlreiche Kurse für Chorgesang, übernimmt 1985 am Konservatorium von Lille die Abteilung für Chor, bevor er im gleichen Jahr im gleichen Fach am Pariser Konservatorium zum Professor ernannt wird. Seit 1987 leitet er den neugegründeten Chœur Régional Vittoria d'Ile-de-France.

Pires, Maria-João
Portugiesische Pianistin, geb. 23. 7. 1944 Lissabon.
Sie debütiert als Vierjährige. 1953 gewinnt sie beim Wettbewerb der portugiesischen Jeunesses Musicales den 1. Preis, 1958 den Elisa-Pedroso-Wettbewerb, 1960 bei den Berliner Jeunesses Musicales einen 2. Preis und im gleichen Jahr in Lissabon den 1. Preis beim dortigen Franz-Liszt-Wettbewerb. Ein Jahr später erhält sie von der Gulbenkian-Stiftung ein Stipendium, das es ihr erlaubt, zu Karl Engel nach München zu gehen, der einzige ihrer Lehrer, der sie, eigenen Aussagen zufolge, nachhaltig beeinflußt hat. 1970 gewinnt sie in Brüssel bei dem aus Anlaß von Beethovens zweihundertstem Geburtstag organisierten Wettbewerb den 1. Preis. In der Folge gibt sie in ganz Europa Konzerte und setzt sich vor allem als Mozart-Interpretin durch, von dem sie fast alle Klavier-Konzerte und sämtliche -Sonaten einspielt. Aufgrund ihrer für eine Pianistin ungewöhnlich kleinen Hände muß sie auf einen bestimmten Teil der Klaviervirtuosen-Literatur verzichten.

Pischner, Hans
Deutscher Cembalist und Musikwissenschaftler, geb. 20. 2. 1914 Breslau.
Er studiert in seiner Heimatstadt Philosophie und bei Bronislaw von Pozniak sowie Gertrud Wertheim Musik (1933–39). Nach dem Zweiten Weltkrieg beginnt er, in Weimar zu unterrichten. Seine Karriere als Solist beschränkt sich in der Hauptsache auf die Länder des Ostblocks: so spielt er u. a. mit David F. Oistrach sämtliche *Sonaten für Violine und Cembalo* von Johann Sebastian Bach ein. 1950 übernimmt er die Leitung der Musikabteilung des Ostberli-

ner Rundfunks (bis 1954) und anschließend die des Kultusministeriums der DDR (1954–56); bis 1963 ist er noch als Vertreter des Kultusministeriums in verschiedenen Angelegenheiten tätig, bevor er die Intendanz der Berliner Staatsoper übernimmt (bis 1984).
WW: *Musik und Musikerziehung in der Geschichte Weimars* (Weimar 1954); *Musik in China* (Berlin 1955); *Die Harmonielehre, Studie zu Rameau* (Leipzig 1963).

Pitz, Wilhelm
Deutscher Chorleiter, geb. 25. 8. 1897 Breinig (heute Stolberg, Rheinland), gest. 21. 11. 1973 Aachen.
Zwanzig Jahre lang ist er Violinist im Orchester der Aachener Oper und arbeitet unter so berühmten Dirigenten wie Leo Blech und Fritz Busch. Er ist knapp dreißig Jahre alt, als der Direktor der Aachener Oper seine besonderen Talente erkennt und ihn zum Chorleiter ernennt. 1933–61 ist er in Aachen als Direktor des Städtischen Chores tätig, der während der Aachener Zeit von Herbert von Karajan (1934–42) aufgrund von Tourneen durch ganz Europa berühmt wird. Nach dem Zweiten Weltkrieg wird Pitz in Aachen zum 1. Opernkapellmeister ernannt. Ab 1949 leitet er gleichzeitig den Kölner Männergesangsverein. Herbert von Karajan empfiehlt ihn kurz darauf den Brüdern Wolfgang und Wieland Wagner, die ihn 1951 zum Leiter des Bayreuther Festspielchores berufen (bis 1971). Paul-André Gaillard und Norbert Balatsch stehen ihm dort als Assistenten zur Seite. Pitz verzeichnet große Erfolge, so daß Walter Legge ihn 1957 zum Chordirektor des Philharmonia Chorus bestellt (bis 1971), den er wie den Bayreuther Chor sehr schnell zu einem Spitzenensemble Europas formt, der von den bedeutendsten Dirigenten gern zu Gastspielen eingeladen wird. Doch Pitz läßt es sich nicht nehmen, seinen Londoner Chor auf Tourneen durch die ganze Welt mit Erfolg auch selbst zu leiten.

Plançon, Pol
Französischer Bassist, geb. 12. 6. 1851 Fumay (Ardennen), gest. 11. 8. 1914 Paris.
Er studiert in Paris bei Giovanni Sbriglia und Gilbert Duprez und debütiert 1877 in Lyon als Saint-Bris (*Les Huguenots*, Die Hugenotten, Meyerbeer). Ab 1880 tritt er auch in Paris auf; 1883–93 gehört er der Pariser Oper, 1891–1904 dem Covent Garden in London und 1893–1908 der New Yorker Met an. Er gilt als der berühmteste Mephisto (*Faust*, Gounod) seiner Zeit und zeichnet sich im französischen, italienischen und deutschen Repertoire aus. 1885 nimmt er als Don Gormas in Paris an der Uraufführung des *Cid*, 1894 in London als Garrado an der von *La Navarraise*, (Die Navareserin, beide Massenet) teil; als Franz I. wirkt er 1890 in Paris an der Uraufführung von Camille Saint-Saëns' Oper *Ascanio* mit.

Planès, Alain
Französischer Pianist, geb. 20. 1. 1948 Lyon.
Als Zwölfjähriger tritt er am Pariser Konservatorium in die Klasse von Jacques Février (Klavier) ein; zum Abschluß seines Studiums wird er mit 1. Preisen in Klavier und Kammermusik ausgezeichnet. Er wird Assistent von Menahem Pressler an der Universität von Indiana in Bloomington (1970–74), arbeitet mit Franco Gulli, György Sebők und William Primrose zusammen und unterrichtet in Cleveland. 1977–84 gehört er dem Ensemble InterContemporain an. Er verwirklicht die erste Einspielung von Claude Debussys *Préludes* nach deren wissenschaftlicher Neuausgabe und setzt sich stark für die Musik seiner Zeit ein. Auf dem Gebiet der Kammermusik spielt er mit János Starker, Alain Meunier, Shlomo Mintz und Robert Tear zusammen. 1986 wird er im Rahmen der *Victoires de la Musique* ausgezeichnet.

Planté, Francis
Französischer Pianist, geb. 2.3. 1839 Orthez, gest. 19.12. 1934 Saint-Avit (Mont-de-Marsan).
Als Wunderkind debütiert er 1854 in der Pariser Salle Pleyel, nachdem er 1850 bereits am Pariser Konservatorium in der Klasse von Antoine-François Marmontel einen 1. Preis erhalten hat. Bei François Emmanuel Bazin studiert er Harmonielehre und erhält 1855 einen 2. Preis. Franz Liszt und Gioacchino Rossini ebnen ihm in Paris den Weg. Mit Jean Delphin Alard und Auguste Franchomme bildet er ein Trio. 1861 zieht er sich vom Konzertleben zurück, studiert intensiv und tritt erst 1872 wieder auf. Aus dem Wunderkind wird einer der bedeutendsten Pianisten seiner Zeit. Vor allem im romantischen Repertoire, in dem seine Virtuosität voll zur Geltung kommt, wird er gefeiert; er trägt aber auch aktiv zu dem wiedererwachenden Interesse am Werk Wolfgang Amadeus Mozarts bei. 1900-15 zieht er sich von neuem zurück. Auch als Lehrer spielt er eine wichtige Rolle. Jean-Jules Roger-Ducasse widmet ihm eine *Etude* (in B-Dur).

Planyavsky, Peter
Österreichischer Organist und Komponist, geb. 9.5. 1947 Wien.
Er studiert ab 1959 an der Musikhochschule seiner Heimatstadt bei Anton Heiler Orgel, Alfred Uhl Komposition, Hans Gillesberger Chorleitung und Kirchenmusik. Er arbeitet als Organist an verschiedenen österreichischen Kirchen, bevor er 1968 zum Kantor und Organisten in der Stiftskirche in Schlägl (Oberösterreich) ernannt wird. Im gleichen Jahr gewinnt er beim Grazer Improvisationswettbewerb den 1. Preis. 1969 wird er am Wiener Stephansdom zum Domorganisten ernannt; gleichzeitig unterrichtet er an der Kirchenmusikschule der Diözese Wien. Seine Karriere als Organist nimmt rasch internationale Ausmaße an. Ab 1973 unterrichtet er an der Wiener Musikhochschule. 1974 gewinnt er beim Nürnberger Improvisationswettbewerb den 1. Preis.

Plasson, Michel
Französischer Dirigent, geb. 2.10. 1933 Paris.
Er stammt aus einer Musiker-Familie und beginnt sehr jung, bei Lazare-Lévy Klavier zu studieren. Am Pariser Konservatorium wird er zum Schlagzeuger ausgebildet (Abschluß mit einem 1. Preis). Anschließend beschäftigt er sich mit Orchesterleitung; 1962 gewinnt er beim Wettbewerb von Besançon den 1. Preis. Ein Jahr später geht er in die Vereinigten Staaten und arbeitet unter Erich Leinsdorf, Pierre Monteux und Leopold Stokowski. Nach seiner Rückkehr wird er zum Musikdirektor der Oper von Metz ernannt und 1968 zum ständigen Dirigenten am Capitole von Toulouse. Nur wenig später wird er Musikdirektor und 1973-82 Generaldirektor des Hauses, das sich unter seiner Leitung zu einem der bedeutendsten französischen Musikzentren entwickelt. 1974 nimmt er aktiv an der Umwandlung des Orchesters des Capitole in ein Orchestre régional teil und bringt es auch auf dem Gebiet der Symphonie auf internationalen Standard.
Er wird von den bedeutendsten Orchestern und Häusern der Welt eingeladen und dirigiert an der Pariser Oper (*Faust*, Gounod), am Covent Garden (*Werther*, Massenet), an der Met (*Les Dialogues des Carmélites*, Die Gespräche der Karmeliterinnen, Poulenc) oder in der neuen Großhalle in Bercy in Paris (*Aida*, Verdi, 1984; *Turandot*, Puccini, 1985; *Nabucco*, Verdi, 1987).
Er zeichnet für verschiedene Uraufführungen verantwortlich, u.a.: *Trois Sonnets de Louise Labbé* (Drei Sonette von Louis Labbé, 1983) von André Bon; *Visages Mycéniens* (Mykenische Gesichter, 1986) von Charles Chaynes; *Symphonie d'ombre et de lumière* (Symphonie aus Schatten und Licht, 1975) von Daniel-Lesur; *Instants passés* (Ver-

strichene Augenblicke, 1989) von Xavier Darasse; *Montségur* (1985) von Marcel Landowski; *Symphonie Nr. 1* (1974) von Aubert Lemeland; *Millions d'oiseaux d'or* (Millionen Goldvögel, 1981) von Serge Nigg. 1987 wird er vom Tonhalle-Orchester in Zürich zum principal guest conductor ernannt.

Plishka, Paul
Amerikanischer Bassist, geb. 28. 8. 1941 Old Forge (Pa.).
Er studiert am Montclair College in New Jersey und debütiert als Ensemble-Mitglied der Patterson Opera Troupe (1961–66). 1967 wird er von der New Yorker Met engagiert; er interpretiert an diesem Haus mehr als fünfzig Rollen, darunter Leporello (*Don Giovanni*, Mozart), Philipp II. (*Don Carlos*, Verdi), Boris, Warlaam und Pimen (alle *Boris Godunow*, Mussorgskij) und Orovesco (*Norma*, Bellini). 1974 debütiert er in *La Damnation de Faust* (Fausts Verdammung, Berlioz) an der Scala. In Straßburg interpretiert er 1975 an der Opéra du Rhin die Rolle des Philipp II. München, Berlin, Frankfurt, Hamburg und Paris laden ihn regelmäßig zu Gastspielen ein.

Plowright, Rosalind
Englische Sopranistin, geb. 21. 5. 1949 Worksop (Sheffield).
Sie studiert am Royal College of Music in Manchester und geht dann an das Opera Centre nach London. 1975 debütiert sie an der English National Opera. 1979 gewinnt sie beim internationalen Wettbewerb in Sofia den 1. Preis. 1980–81 gehört sie zum Ensemble der Berner Oper, wo sie die Rollen der Leonore (*Il trovatore*, Der Troubadour), Abigail (*Nabucco*, beide Verdi), Ariadne (*Ariadne auf Naxos*, R. Strauss) und Alkeste (Gluck) interpretiert. Bei den Festspielen von Torre del Lago singt sie die Manon (*Manon Lescaut*, Puccini). Anschließend feiert sie in Frankfurt/M. und München große Erfolge. 1982 debütiert sie in den Vereinigten Staaten (*Il trovatore* in San Diego); in New York wirkt sie 1983 bei einer konzertanten Aufführung von *Danae* (R. Strauss) mit. 1984 singt sie am Covent Garden die Madeleine (*André Chénier*), die Desdemona (*Otello*, Verdi) und Donna Anna (*Don Giovanni*, Mozart). Bei den Festspielen von Edinburgh und an der Scala interpretiert sie die Elsa (*Lohengrin*, Wagner). 1986 nimmt sie am Covent Garden eine neue Rolle in Angriff: die Senta (*Der fliegende Holländer*, Wagner).

Pludermacher, Georges
Französischer Pianist, geb. 26. 7. 1944 Guéret.
Er studiert am Pariser Konservatorium bei Lucette Descaves und Jacques Février und perfektioniert sich bei den Sommerkursen von Géza Anda in Luzern. 1979 gewinnt er in Zürich den Géza Anda-Wettbewerb, nachdem er bereits 1968 in Lissabon und 1969 in Leeds ausgezeichnet worden war. Ab dieser Zeit spielt er unter der Leitung bedeutender Dirigenten wie Sir Georg Solti, Christoph von Dohnányi oder Pierre Boulez. Auf dem Gebiet der zeitgenössischen Musik arbeitet er mit den Ensembles Domaine Musical oder Musique Vivante zusammen, engagiert sich aber auch für klassische Musik. Wir verdanken ihm zahlreiche Uraufführungen, darunter *Archipel I* für Klavier (Boucourechliev, 1967) und *Synaphai* (Xenakis, 1971). Er ist Klaviersolist des Orchesters der Pariser Oper, spielt mit Yvonne Loriod Klavierduos und unterrichtet am Pariser Konservatorium. Auch mit dem Nouveau Trio Pasquier, mit Michel Portal und Christian Ivaldi spielt er häufig zusammen.

Pogorelich, Ivo
Jugoslawischer Pianist, geb. 20. 10. 1958 Belgrad.
Als Elfjähriger verläßt er seine Familie und geht an die zentrale Musikschule und anschließend an das Tschaikowskij-Konservatorium in Moskau, wo er von Jewgenij Timachin, Gornostaewa und Jewgenij W. Malinin unterrichtet wird.

1977 lernt er Alice Kezeradze kennen, die ihn mit der von Franz Liszt und Alexander I. Siloti begründeten Tradition vertraut macht (1982 heiratet er Alice Kezeradze). 1978 gewinnt er den Casagrande-Wettbewerb in Terni und 1980 den internationalen Wettbewerb in Montreal. Als er im gleichen Jahr beim Chopin-Wettbewerb in Warschau nicht zur Endrunde zugelassen wird, verläßt Martha Argerich unter Protest die Jury.

Polasek, Barbara
Deutsche Gitarristin tschechoslowakischer Herkunft, geb. 8. 3. 1941 Leberek.
Sie studiert in der Tschechoslowakei und fällt 1964 zum ersten Mal international auf, als sie beim Pariser Gitarren-Wettbewerb den 1. Preis erhält. Sie heiratet den Cellisten Ján Palášek, von dem sie sich nach ihrer Übersiedlung in die Bundesrepublik wieder scheiden läßt. 1970 wird sie an der Münchner Musikhochschule zur Professorin ernannt. Ungefähr zehn Jahre lang sieht man sie nur selten im Konzertsaal; erst während der achtziger Jahre nimmt ihre Karriere einen neuen Aufschwung. Barbara Polasek spielt auch Laute.

Polaski, Deborah
Amerikanische Sopranistin, geb. 26. 5. 1949 Richmond Centre (Wis.).
Sie studiert nacheinander am Marion College in Indiana und am Konservatorium der Universität von Cincinnati (Ohio), an dem sie im Fach Gesang 1975 die Prüfung eines Master of Music besteht. 1974–85 besucht sie die Kurse des American Institute of Musical Studies in Graz. Sie wird u. a. von George London, John Alexander, Erna Thiessen und Anna Reynolds unterrichtet. Ihre Karriere entwickelt sich nur langsam. 1976–77 gehört sie der Oper von Gelsenkirchen an, wo sie als Senta (*Der fliegende Holländer*, Wagner) debütiert; die weiteren Stationen: 1977–80 Karlsruhe, 1980–81 Ulm, 1981–83 Hannover, 1983–85 Freiburg/Br. – hier interpretiert sie viele wichtige Rollen des dramatischen Sopranfachs wie Isolde (*Tristan und Isolde*), Kundry, (*Parsifal*, beide Wagner), Leonore (*Fidelio*, Beethoven), Elektra (R. Strauss), Marie (*Wozzeck*, Berg) – Mannheim (1985–87) und Stuttgart (1987–88). Sie wird von Berlin eingeladen, wo sie alle drei Brünnhilden-Rollen interpretiert (*Der Ring des Nibelungen*, Wagner), von Düsseldorf, Genf (1986), Bordeaux, Amsterdam (1987), Rouen, Mailand, San Francisco, Miami und Houston (1988). In diesem Jahr debütiert sie auch als Brünnhilde in Bayreuth. Einige Monate später beschließt sie, ihre Karriere abzubrechen, und tritt in ein Kloster ein.

Poli, Liliana
Italienische Sopranistin, geb. 1. 1. 1935 Florenz.
Sie studiert in Florenz, besucht dort auch die Meisterkurse am Stadttheater, bevor sie als Konzertsängerin beim Maggio Musicale Fiorentino debütiert. Sie interpretiert das klassische wie zeitgenössische Repertoire und interessiert sich auch für Kammer- wie für symphonische Musik. Vor allem aber wird sie aufgrund ihrer Interpretationen zeitgenössischer Musik bekannt; sie singt das Wiener Repertoire und zeichnet für Uraufführungen von Werken von Luigi Nono (*La fabbrica illuminata*, Die beleuchtete Fabrik; *Non consumiamo Marx*, Konsumieren wir Marx nicht) und Sylvano Bussotti (*Il nudo*, Der Akt, *Torso*; *Rara Requiem*). Sie unterrichtet am Konservatorium ihrer Heimatstadt vokale Interpretation.

Pollini, Maurizio
Italienischer Pianist, geb. 5. 1. 1942 Mailand.
Während seiner Kindheit erhält er Privatunterricht, ohne daß seine Eltern an eine spätere Karriere denken. Carlo Lunati bringt ihm die ersten Kenntnisse bei; später geht er an das Mailänder Konservatorium zu Carlo Vidusso. Als Neunjähriger tritt er zum ersten Mal öffentlich auf, ohne daß dies Folgen hätte;

erst 1957 wird die Presse auf ihn aufmerksam, als er in Mailand Frédéric Chopins *Etudes* interpretiert. 1959 erhält er beim Ettore-Pozzoli-Wettbewerb in Seregno den 1. Preis; ein Jahr später gewinnt er den Warschauer Chopin-Wettbewerb und wird vom Präsidenten der Jury, Arthur Rubinstein, ausdrücklich beglückwünscht. Alle Auftritte absagend, zieht er sich zurück, um zu »meditieren«. Er nimmt bei Arturo Benedetti Michelangeli Unterricht. Bei seinen ersten Auftritten nach dieser Reifezeit erzielt er auf Anhieb im In- und Ausland große Erfolge.

Zusammen mit seinem Freund Claudio Abbado gibt er in italienischen Fabriken speziell für Arbeiter Konzerte mit Werken von Ludwig van Beethoven und Frédéric Chopin; er engagiert sich bei antifaschistischen Manifestationen gegen die Diktaturen Südamerikas und gegen den Vietnamkrieg und nimmt in den Arbeitervorstädten von Reggio nell'Emilia an den Konzert- und Vortragsreihen *Musica-Realta* teil.

Neben dem romantischen Repertoire, das er mehrfach auf Schallplatten einspielt, widmet er sich in besonderem Maß der zeitgenössischen Musik und interpretiert vor allem Werke von Pierre Boulez, Karlheinz Stockhausen und Luigi Nono. Pollinis Spielweise stellt den Anhängern liebgewordener Vorurteile viele Probleme: so ist es in der Tat kaum begreifbar, wie man ohne Effekthascherei und ohne den Partituren untreu zu werden so lyrisch und intensiv spielen kann.

1982 debütiert er in Pesaro mit Gioacchino Rossinis *La donna del lago* (Die Frau vom See) als Dirigent. Seine Interpretation des *Wohltemperierten Klaviers* (Bach), das er 1985 aus Anlaß des dreihundertsten Geburtstags des Komponisten in vielen Weltstädten spielt, ist mit der weniger legendärer Pianisten vergleichbar (Fischer, Kempff, Richter), die dieses Werk vollendet beherrschten.

Pommer, Max
Deutscher Dirigent, geb. 2. 2. 1936 Leipzig.
Er studiert an der Leipziger Hochschule für Musik Klavier und Orchesterleitung sowie an der dortigen Karl-Marx-Universität Musikwissenschaften. Anschließend geht er als Schüler zu Herbert von Karajan. 1968 promoviert er zum Dr. phil. 1974 übernimmt er die Leitung des Leipziger Universitätschores; ein Jahr später wird er zu dessen Musikdirektor ernannt. 1979 gründet er mit Mitgliedern des Leipziger Gewandhausorchesters das Neue Bachsche Collegium, mit dem er sich der Barockmusik, besonders aber den Kantaten und Chorwerken Johann Sebastian Bachs widmet. 1987 wird er zum ständigen Dirigenten des Symphonie-Orchesters von Radio Leipzig ernannt (bis 1991) und 1980 mit dem Titel eines Professors ausgezeichnet.

Pommier, Jean-Bernard
Französischer Pianist und Dirigent, geb. 17. 8. 1944 Béziers.
Sein Vater ist Organist. Als Vierjähriger erhält er ersten Musikunterricht von Mina Kosloff; anschließend geht er an das Pariser Konservatorium zu Yves Nat und Pierre Sancan (bis 1961), bevor er sich bei Eugene Istomin perfektioniert. 1954 gibt er in Paris sein erstes Konzert; im gleichen Jahr wird er Mitglied der Maîtrise Notre-Dame. 1960 gewinnt er den Berliner Wettbewerb der Jeunesses musicales und den Preis der Guilde des artistes solistes français. 1962 ist er Preisträger des Moskauer Tschaikowskij-Wettbewerbes. Herbert von Karajan und Pablo Casals laden ihn ein. Seit 1980 arbeitet er auch als Dirigent, vor allem der Northern Sinfonia, des English Chamber Orchestra und des Scottish Chamber Orchestra. Jean-Bernard Pommier gibt in London, Chicago und Tokio master classes. 1990 übernimmt er die künstlerische Leitung des Melbourne Summer Music Festival.

Ponce, Alberto
Spanischer Gitarrist, geb. 13. 3. 1935 Madrid.
Als Siebenjähriger erhält er von seinem Vater ersten Gitarren-Unterricht. Ab 1948 studiert er am Konservatorium von Barcelona neben Gitarre bei Gibert Camins Klavier, bei Juan Massià Kammermusik; auch von Luis Millet, dem Direktor des Orfeó Catalá, von Camacois und Pich Santasusana wird er unterrichtet. Ein Jahr nach seinem Eintritt ins Konservatorium lernt er Emilio Pujol kennen, der ihn tief beeinflußt. Er wird dessen Schüler in Lissabon und folgt ihm auch an die Accademia Musicale Chigiana nach Siena, wo er die Vihuela und alte Musik studiert. Bei dem internationalen Mathilde-Cuervas-Wettbewerb erhält er einen 1. Preis in Vihuela; 1982 gewinnt er den Gitarrenwettbewerb des ORTF und wird an der Ecole Normale de Musique in Paris zum Professor ernannt. Er interessiert sich für die Musik seiner Zeit und beschäftigt sich auch mit anderen Kunstrichtungen. Alberto Ponce gibt in Frankreich und im Ausland viele Sommerkurse. Seine Tourneen führen ihn um die Welt. Zur Zeit unterrichtet er als Professor am Konservatorium von Aubervilliers. Sein weitgespanntes Repertoire reicht über die Klassik und das Werk Fernando Sors bis zur zeitgenössischen Musik. Er zeichnet für die Uraufführungen von Werken von Maurice Ohana (*Si le jour paraît*, Wenn der Tag anbricht; *Planh et Tiento*), Charles Chaynes (*Visions concertantes*, Konzertante Visionen), Felix Ibarondo (*Cristal y pedra*, Kristall und Stein, *Amiruk*) verantwortlich.

Poncet, Tony (= Antoine Poncé)
Französischer Tenor, geb. 23. 12. 1918 Maria (Spanien), gest. 13. 11. 1979 Libourne.
Er beginnt als Sänger in dem Regionalchor von Bagnères-de-Bigorre. 1947 geht er an das Pariser Konservatorium und studiert bei Fernand Francell und Madame Emile Vuillermoz. 1954 erhält er beim Gesangswettbewerb in Cannes den 1. Preis. Ein Jahr später beginnt er seine Karriere in Belgien; er tritt in Lüttich, Gent und am Théâtre de la Monnaie in Brüssel auf. Ab 1958 ist er als Heldentenor an der Pariser Oper und der dortigen Opéra-Comique engagiert. Die französischen Provinzbühnen, vor allem aber die Italiens, laden ihn ein und feiern ihn. Er gibt auch zahlreiche Konzerte. Er zeichnet sich durch eine kräftige Stimme mit erstaunlichen Höhen aus. Zu seinen wichtigsten Rollen zählen der Arnold (*Guillaume Tell*, Wilhelm Tell, Rossini), Canio (*I Pagliacci*, Der Bajazzo, Leoncavallo), Eleazar (*La Juive*, Die Jüdin, Halévy), Vasco (*L'Africaine*, Die Afrikanerin, Meyerbeer), Don José (*Carmen*, Bizet), Radames (*Aida*), Der Herzog von Mantua (*Rigoletto*), Manrico (*Il trovatore*, Der Troubadur, alle Verdi) und Faust (Gounod).

Pons, Juan (= Juan Antonio Pons Alvarez)
Spanischer Bariton, geb. 1946 Cindadela (Menorca).
Er studiert in Barcelona und debütiert dort als Tenor; Richard Tucker offenbart ihm seine eigentliche Stimmlage. Er singt an spanischen Bühnen, bevor er 1980 an der Mailänder Scala als Falstaff (Verdi) debütiert. Schnell nimmt seine Karriere internationale Ausmaße an. In Barcelona wird er in *Hérodiade* (Massenet) und in Paris (1983) als Tonio in *I Pagliacci* (Der Bajazzo, Leoncavallo) gefeiert. Es folgen Gastspiele in München, Orange, Verona (Amonasro, *Aida*, Verdi, 1984) und an der Met (Scarpia, *Tosca*, Puccini, 1986). An der Scala interpretiert er fast alle Verdi- und Puccini-Rollen seines Faches.

Pons, Lily (= Alice-Joséphine Pons)
Amerikanische Koloratursopranistin französischer Herkunft, geb. 12. 4. 1898 Draguignan, gest. 13. 2. 1976 Dallas.
Sie studiert zunächst Klavier und geht als Dreizehnjährige an das Pariser Konservatorium. Einige Jahre später erst

entdeckt sie ihre Begabung als Sängerin und läßt ihre Stimme von Alberto di Gorostiaga ausbilden. Am Théâtre des Variétés spielt sie naive Rollen, bevor sie 1928 in Mülhausen (Elsaß) in *Lakmé* (Delibes) debütiert. Im gleichen Jahr noch nimmt sie als »Mademoiselle Lily Pons, Koloratursopran der Kasinos von Cannes und Deauville« ihre erste Schallplatte auf: zusammen mit Enrico di Mazzei Duos aus *La Bohème* (Puccini) und *Rigoletto* (Verdi) sowie Arien aus *Die Zauberflöte, Le nozze di Figaro* (Figaros Hochzeit, beide Mozart) und *Il barbiere di Siviglia* (Der Barbier von Sevilla, Rossini). Jacques Rouché von der Pariser Oper meint, sie sei noch nicht reif für ein Engagement an sein Haus. So tingelt sie durch die Provinz, bis sie eines abends in Montpellier von Giovanni Zenatello und seiner Frau Maria Gay gehört wird, die ihr eine Empfehlung an den damaligen Leiter der Met, Giulio Gatti-Casazza, mitgeben, der sie auf der Stelle engagiert. Sie debütiert dort 1913 unter der Leitung von Vincenzo Bellezza an der Seite von Beniamino Gigli, Libero de Luca und Ezio Pinza in *Lucia di Lammermoor* (Donizetti). Sie perfektioniert sich bei Giovanni Zenatello und Maria Gay und bleibt der Met bis zu ihrem Abschied von der Bühne im Jahre 1959 verbunden. Gastspiele führen sie nach Chicago und San Francisco, an den Covent Garden, die Pariser Oper und Opéra-Comique, an das Teatro Colón in Buenos Aires und an alle wichtigen Bühnen Lateinamerikas.

Ponselle, Carmella (= Carmella Ponzillo)
Amerikanische Mezzosopranistin, geb. 7.6. 1888 Schenectady (N.Y.), gest. 13.6. 1977 New York.
Die Schwester der sehr viel berühmteren Rosa Ponselle debütiert wie diese in Kabaretts und Vaudevilleaufführungen, bevor sie Opernsängerin wird. 1925–35 gehört sie dem Ensemble der Met an und singt dort vor allem die Amneris (*Aida*), Azucena (*Il Trovatore*, Der Troubadur, beide Verdi) und Santuzza (*Cavalleria rusticana*, Mascagni). Mit ihrer Schwester tritt sie nur einmal gemeinsam auf, und zwar in *La Gioconda* (Ponchielli).

Ponselle, Rosa (= Rosa Ponzillo)
Amerikanische Sopranistin, geb. 22.1. 1897 Meriden (Conn.), gest. 25.5. 1981 Baltimore.
Ihre Eltern stammen aus Italien. Als Zehnjährige singt sie bereits zusammen mit ihrer Schwester Carmella in Kabaretts und in Vaudevilleaufführungen, geht dann nach New York und läßt dort bei William Thorner und anschließend bei Romano Romani ihre Stimme ausbilden. Enrico Caruso, der sie zufällig hört, empfiehlt sie dem Direktor der Met, Giulio Gatti-Casazza. 1918 debütiert sie dort an der Seite Carusos als Leonore (*La forza del destino*, Die Macht des Schicksals, Verdi). Bis zu ihrem Abschied von der Bühne im Jahre 1937 gehört sie dem Ensemble der Met an, ohne an anderen amerikanischen Bühnen Gastspiele zu geben. In Europa singt sie nur am Covent Garden (1929–31) und tritt dort als Norma (Bellini), La Gioconda (Ponchielli) und Fiora (*L'amore de tre re*, Die Liebe der drei Könige, Montemezzi) und während des Maggio Musicale Fiorentino 1933 als Giulia in *La Vestale* (Die Vestalin, Spontini) auf. An der Met interpretiert sie die Rollen der Norma, Gioconda und der Vestalin (die Oper wird für sie wieder ins Programm aufgenommen) sowie die der Donna Anna (*Don Giovanni*, Mozart), Rezia (*Oberon*, v. Weber), Mathilde (*Guillaume Tell*, Wilhelm Tell), Elvira (*Ernani*), Elisabeth (*Don Carlos*), Leonore (*Il Trovatore*, Der Troubadour, Violetta (*La Traviata*), Aida (alle Verdi), Rachel (*La Juive*, Die Jüdin, Halévy), Selika (*L'Africaine*, Die Afrikanerin, Meyerbeer), Rozenn (*Le Roi d'Ys*, Der König von Ys, Lalo), Carmen (Bizet) und Santuzza (*Cavalleria rusticana*, Mascagni). Nach dem Ende ihrer aktiven Laufbahn übersiedelt sie nach Baltimore und un-

terrichtet dort. 1951 wird sie in Baltimore zur künstlerischen Leiterin der Civic Opera ernannt. Aufgrund ihrer außergewöhnlich reichen Stimme, die in allen Höhen gleich ausgeglichen ist, gehört sie zu den bedeutendsten Sängerinnen der Operngeschichte.

Ponti, Michael
Amerikanischer Pianist, geb. 29. 10. 1937 Freiburg/Br.
Er verbringt seine Kindheit in Washington, wo er bei Gilmour MacDonald Klavier studiert. 1955 geht er nach Deutschland und studiert an der Frankfurter Musikhochschule bei Eric Flinsch, einem ehemaligen Assistenten Emil von Sauers. Anschließend perfektioniert er sich in den Meisterklassen von Arthur Rubinstein und Robert Casadesus. Der Preisträger verschiedener internationaler Wettbewerbe (Neapel, München, Brüssel) gewinnt 1964 beim Ferrucio-Busoni-Wettbewerb in Bozen den 1. Preis. Seine Karriere nimmt schnell internationale Ausmaße an; er fällt vor allem aufgrund der Spannbreite seines Repertoires auf, das mehr als 25 Klavierabende und 40 Klavierkonzerte umfaßt. Michael Ponti setzt sich für kaum bekannte Komponisten des 19. Jahrhunderts ein (Moscheles, Alkan, Henselt, Thalberg, Tausig usw.). 1979 gründet er mit dem Violinisten Robert Zimansky und dem Cellisten Jan Palášek ein Trio.

Poole, John
Englischer Organist und Chorleiter, geb. 5. 2. 1934 Birmingham.
Er studiert am Balliol College in Oxford und am Royal College Orgel. Seit 1972 leitet er die BBC Singers und wird vor allem aufgrund seiner Interpretationen der italienischen und englischen Barockliteratur bekannt. 1972–76 leitet er gleichzeitig den symphonischen Chor der BBC.

Popp, Lucia
Österreichische Sopranistin tschechoslowakischer Herkunft, geb. 12. 11. 1939 Uhorská Ves (Ungeraiden, Slowakei).
Sie studiert an den Konservatorien von Brno (Brünn, bei Anna Prosence-Hrusovska) und Prag. 1963 debütiert sie als Königin der Nacht (*Zauberflöte*, Mozart) an der Oper von Bratislava (Preßburg). Noch im gleichen Jahr singt sie nach einem ersten Gastspiel am Theater an der Wien an der Wiener Staatsoper die Barbarina (*Le nozze di Figaro*, Figaros Hochzeit, Mozart). Hier interpretiert sie in der Folge die Konstanze (*Die Entführung aus dem Serail*, Mozart) und die Zerbinetta (*Ariadne auf Naxos*, R. Strauss). Sie wird Mitglied der Kölner Oper. Das Prager Nationaltheater, der Covent Garden und andere wichtige europäische Bühnen laden sie zu Gastspielen ein. 1967 debütiert sie als Königin der Nacht mit großem Triumph an der Met. Sie ist in erster Ehe mit dem Dirigenten Georg Fischer und in zweiter mit dem Direktor der English National Opera, Peter Jonas, verheiratet. Bei den Salzburger Festspielen glänzt sie als Pamina (*Die Zauberflöte*). In Paris singt sie die Susanna (*Le nozze di Figaro*, Figaros Hochzeit, Mozart) und in London die Eva (*Die Meistersinger von Nürnberg*, Wagner). Ihr Repertoire entwickelt sich immer stärker hin zu den großen lyrischen Rollen (Arabella und Daphne, beide R. Strauss).

Popper, David
Tschechoslowakischer Cellist und Komponist, geb. 9. 12. 1843 Prag, gest. 7. 8. 1913 Baden bei Wien.
Er studiert am Konservatorium von Prag bei Julius Goltermann. Ab 1863 unternimmt er als Solist zahlreiche Tourneen durch ganz Europa. 1868 wird er zum 1. Solo-Cellisten an der Wiener Hofoper ernannt und gleichzeitig Mitglied des Hellmesberger-Quartetts. Fünf Jahre später kündigt er diese Engagements auf, reist als Solist durch Europa, häufig von seiner ersten Frau, der Pianistin und Liszt-Schülerin Sophie

Menter begleitet, wird Mitglied des Hubay-Quartetts und wohnt nacheinander in London, Paris, Petersburg und Wien. 1886 wird er an der Budapester Akademie zum Professor ernannt; er behält die Stelle bis zu seinem Tod inne. Als Komponist hinterläßt er hauptsächlich Werke für sein Instrument (Kammermusik und Konzerte). 1886 verwirklicht er die Uraufführung von Johannes Brahms' *Trio Nr. 3*.

Portal, Michel
Französischer Klarinettist, geb. 27. 11. 1935 Bayonne.
Er studiert am Pariser Konservatorium und schließt 1959 mit einem 1. Preis in Klarinette ab; kurz darauf wird er beim internationalen Genfer Wettbewerb mit einem 2. und beim Schweizer Jubilé sowie beim Budapester Wettbewerb jeweils mit 1. Preisen ausgezeichnet. Neben Klarinette studiert Michel Portal bei Pierre Dervaux Orchesterleitung. Er interessiert sich stark für Jazz und gründet eine Free-Jazz-Gruppe, die Portal Unit. 1969 ruft er zusammen mit Carlos Roqué Alsina, Jean-Pierre Drouet und Vinko Globokar die New Phonic Art ins Leben, eine Gruppe, die stark auf Improvisationen ausgerichtet ist. Innerhalb von Radio France leitet er gleichzeitig eine Instrumentalwerkstatt für Laien. Er setzt sich dafür ein, die Grenzen zwischen den einzelnen Musikbereichen abzubauen. Als Solist spielt er klassische Werke, wirkt aber gleichzeitig bei allen wichtigen zeitgenössischen Festivals wie Donaueschingen, Berlin, Venedig, Royan, La Rochelle und Straßburg mit. Er interpretiert, mit den Komponisten eng zusammenarbeitend, Werke von Mauricio Kagel, Karlheinz Stockhausen, Luciano Berio, Pierre Boulez und Vinko Globokar und verwirklicht zahlreiche Uraufführungen. Viele Werke sind ihm gewidmet, darunter *Rendez-Vous* (Alsina) und *Ausstrahlungen* (Globokar). Er realisiert auch Film- und Bühnenmusiken. Portal arbeitet mit wichtigen zeitgenössischen Ensembles zusammen, darunter Diego Massons Ensemble Musique Vivante, mit denen er auch Schallplatten aufnimmt. Sein Publikum liebt wie er die klassische und zeitgenössische Musik sowie den Jazz in gleichem Maß.

Postnikowa, Viktoria
Russische Pianistin, geb. 12. 1. 1944 Moskau.
Sie stammt aus einer Musikerfamilie und wird bereits als Sechsjährige an der Moskauer Zentralschule für Musik in die Klasse von E. B. Musaelian aufgenommen (1950–62). Anschließend geht sie zu Jakow W. Flijer an das Moskauer Konservatorium (1962–65). 1965 ist sie Preisträgerin des Warschauer Wettbewerbs; bei dem von Leeds gewinnt sie 1966 einen 2. Preis. Im darauffolgenden Jahr feiert sie während der Londoner Promenaden-Konzerte sowie in der Festival Hall einen erstaunlichen Erfolg. 1966 heiratet sie den Dirigenten Gennadi N. Roshdestwenski.

Poulet, Gaston
Französischer Violinist und Dirigent, geb. 10. 4. 1892 Paris, gest. 14. 4. 1974 daselbst.
Der Schüler von Narcisse-Augustin Lefort und Jean Huré am Pariser Konservatorium erhält dort 1910 einen 1. Preis im Fach Violine. Pierre Monteux engagiert ihn als Konzertmeister für das Orchester der Ballets Russes. Er nimmt an den Uraufführungen aller wichtigen Ballette der damaligen Zeit teil (*Petruschka*, *Le Sacre du printemps*, Frühlingsopfer, beide Strawinsky; *Jeux*, Spiele, Debussy; *Daphnis et Chloé*, Ravel). 1914 gründet er mit Henri Giraud, Albert Leguillard und Louis Ruyssen ein Quartett, das rasch eine wichtige Stellung innerhalb des französischen Musiklebens einnimmt. Debussy vertraut ihm 1917 die Uraufführung seiner *Sonate für Violine und Klavier* an und übernimmt selbst den Klavierpart. Zwei Jahre später wird er am Pariser Konservatorium zum Professor ernannt. 1929 gründet er die Concerts Poulet und widmet sich ab sofort hauptsächlich der Or-

chesterleitung. Das Ensemble übernimmt die Nachfolge der Kussewitzky- und Golschmann-Orchester, die gerade aufgelöst worden waren. Wie seine Vorgänger, beschäftigt sich auch Poulet intensiv mit der Musik seiner Zeit; so verwirklicht er die französische Erst- oder die Uraufführungen von *Ljubow k trjom apelsinam* (Die Liebe zu den drei Orangen) und *Stalnoj skok* (Kein Eisen), beide von Sergej S. Prokofjew, sowie von Werken von Darius Milhaud, Florent Schmitt und Heitor Villa-Lobos. 1932 wird er zum Direktor des Konservatoriums in Bordeaux ernannt (bis 1944); er dirigiert in dieser Stadt mit großem Erfolg die Concerts Symphoniques. Seine Debüts als Operndirigent leistet er in Genf und am Teatro Colón in Buenos Aires. 1935 fusionieren aus wirtschaftlichen Gründen die Concerts Poulet mit den Concerts Siohan. Während der deutschen Besetzung leitet er die Concerts Colonne, die in Concerts Pierné umgetauft worden waren. 1948–62 ist er am Pariser Konservatorium als Professor für Kammermusik tätig.

Poulet, Gérard
Französischer Violinist, geb. 12. 8. 1938 Bayonne.
Als Fünfjähriger zeigt er bereits seine musikalische Begabung, die von seinem Vater Gaston Poulet entscheidend gefördert wird. Vor Musikern wie George Enescu, Arthur Honegger, Claude Delvincourt, Pierre Fournier und Edwin Fischer gibt er als Zehnjähriger in privatem Kreis sein erstes Konzert. 1949 tritt er in das Pariser Konservatorium ein, an dem er zwei Jahre später in der Klasse von André Asselin einstimmig den 1. Preis erhält. 1950 tritt er in Paris unter seinem Vater zum ersten Mal öffentlich auf. 1956 gewinnt er in Genua den Paganini-Wettbewerb; so erhält er das Recht, auf der Guarneri del Gesù des berühmten Virtuosen zu spielen. Bei Zino Francescatti, Yehudi Menuhin, Nathan Milstein und vor allem Henryk Szeryng, zu dessen Lieblingsschülern er zählt, perfektioniert er sich. 1979 wird er am Pariser Konservatorium zum Professor ernannt. Er spielt auf einer Guarneri del Gesù aus dem Jahre 1731 aus dem Besitz von Henri Marteau. Er gehört dem Stradivarius-Trio an und spielt dabei, wie alle Mitglieder dieses Trios, auf einem Instrument des berühmten Geigenbauers.

Power-Biggs, Edward (=Edward-Power Biggs)
Amerikanischer Organist englischer Herkunft, geb. 29. 3. 1906 Westcliff-on-Sea (Essex), gest. 10. 3. 1977 Boston.
1917–24 studiert er am Hurstpierpoint College und geht dann zu Thomas Threlfall an die Royal Academy of Music nach London (1925–29). 1930 wandert er in die Vereinigten Staaten aus, wo er 1932 als Konzertorganist debütiert. 1930–31 arbeitet er als Organist in Newport und anschließend an der Christ Church in Cambridge (Massachusetts.) In Brookline leitet er den Kirchenchor der Harvard Church. Er unternimmt zahlreiche Tourneen und spielt dabei zeitgenössische Werke von Walter Piston, Roy Harris, Howard Hanson und Benjamin Britten, die von ihm in Auftrag gegeben wurden. 1940 verwirklicht er die Uraufführung von Paul Hindemiths *Sonate für Orgel Nr. 3*. Ab 1942 gibt er wöchentlich ein Orgelkonzert, das von wichtigen amerikanischen Rundfunkanstalten übertragen wird. Neben der zeitgenössischen Musik liebt er vor allem die barocke, die zu seiner Zeit in den Vereinigten Staaten nahezu unbekannt ist und für die er sich besonders einsetzt.

Pradella, Massimo
Italienischer Dirigent, geb. 5. 12. 1925 Ancona.
An der Accademia Nazionale di Santa Cecilia in Rom studiert er Klavier, Violine und bei Goffredo Petrassi Komposition. Ab 1945 spielt er in verschiedenen italienischen Orchestern Violine oder Bratsche. 1951–53 studiert er bei Bernardino Molinari und Fernando Pre-

vitali Orchesterleitung. Ab 1954 dirigiert er. 1959–63 leitet er das Symphonie-Orchester der RAI in Mailand, bevor er als Chefdirigent zum Orchester Alessandro Scarlatti nach Neapel geht (1964–71). Seit dieser Zeit wird er von den wichtigsten italienischen Orchestern als Gastdirigent eingeladen.

Pré, Jacqueline du
siehe Du Pré, Jacqueline

Presti, Ida (= Yvette Montagnon)
Französische Gitarristin, geb. 31. 5. 1924 Suresnes, gest. 24. 4. 1967 Rochester (USA).
Als Sechsjährige erhält sie von ihrem Vater Gitarren- und Klavierunterricht. Als Achtjährige tritt sie zum ersten Mal auf; zwei Jahre später gibt sie ihr erstes Konzert in Paris. Musiker wie Joaquìn Turina und Joaquìn Rodrigo wachen über die Entwicklung des Wunderkindes. Sie nimmt den Mädchennamen ihrer Mutter als Pseudonym an. 1936 wird sie von der Société des Concerts du Conservatoire engagiert. Ihr internationaler Ruf wächst schnell. 1948 verwirklicht sie die französische Erstaufführung von Rodrigos *Concierto de Aranjuez*. 1950 lernt sie Alexandre Lagoya kennen; zwei Jahre später heiratet sie ihn. Das Ehepaar gründet das berühmt werdende Gitarrenduo Presti-Lagoya, dem viele Kompositionen gewidmet sind, darunter *Elégie* (Daniel-Lesur), *Sérénade* (Jolivet), *Sarabande* (Poulenc), *Konzert für zwei Gitarren* (Pierre-Petit), *Les Guitares bien tempérées* (Wohltemperierte Gitarren, Castelnuovo-Tedesco) sowie Werke von Louis Aubert, Henri Tomasi, Federico Morenon Torroba, Heitor Villa-Lobos und Jean Wiéner. Ida Presti veröffentlicht mehrere Werke für Gitarre; sie verfügt über eine ausgefeilte Technik und eine großartige musikalische Begabung.

Preston, Simon
Englischer Organist, Cembalist und Chorleiter, geb. 4. 8. 1938 Bournemouth.
Er studiert am King's College und gleichzeitig bei Charles Trevor an der Royal Academy of Music in London (1956–58). 1962 debütiert er mit Leoš Janáčeks *Glagolsky mše* (Glagolitische Messe) in der Londoner Festival Hall. 1962–67 ist er stellvertretender Organist in der Westminster Abbey und übernimmt dann als 1. Organist die Abbey von S. Alban (bis 1968). 1970 geht er an die Christchurch in Oxford; 1971–74 dirigiert er außerdem den Oxforder Bach-Chor. Seit 1981 ist er Hauptorganist der Westminster Abbey.

Prêtre, Georges
Französischer Dirigent, geb. 14. 8. 1924 Waziers.
Er studiert zuerst am Konservatorium von Douai und dann an dem von Paris, wo er 1944 im Fach Trompete einen 1. Preis erhält. Bei Henri Challan und Maurice Duruflé studiert er Harmonielehre, bevor er sich unter der Anleitung von André Cluytens, Pierre Dervaux und Richard Blareau mit Orchesterleitung beschäftigt. Unter dem Pseudonym Georges Dhérain debütiert er als Operettendirigent, bis er 1946 an der Oper von Marseille, 1948 an der von Lille und 1949–51 an der von Casablanca tätig wird. 1951–55 ist er ständiger Dirigent der Toulouser Oper. 1956 debütiert er mit *Capriccio* (R. Strauss) an der Pariser Opéra-Comique und bleibt dort bis 1959. Anschließend arbeitet er als Gastdirigent mit den wichtigsten Bühnen zusammen: Chicago (1958), Covent Garden (1961), Met (1964), Scala (1965) und Wien. 1962 wird er zum stellvertretenden Leiter des Royal Philharmonic Orchestra ernannt und 1970 zum Musikdirektor der Pariser Oper; diese Stelle gibt er ein Jahr später bereits wieder auf. Seine Karriere spielt sich in der Folge hauptsächlich im Ausland ab: 1986 wird er zum principal guest conductor der Wiener Symphoniker ernannt (bis 1991). Maria Callas und Francis Poulenc betrachteten ihn als ihren bevorzugten Dirigenten. Er zeichnet für die Uraufführungen von *La*

Voix humaine (Die menschliche Stimme, 1959) und *Sept Répons des ténèbres* (Sieben Responsorien der Finsternis, 1963), beide von Francis Poulenc, *Symphonie Nr. 4* (1988) von Marcel Landowski und *Konzert für 15 Solisten und Orchester* (1990) von Jean Françaix verantwortlich.

Previn, André (= Andreas Ludwig Priwin)
Amerikanischer Dirigent, Komponist und Pianist deutscher Herkunft, geb. 6. 4. 1929 Berlin.
Er studiert an den Konservatorien von Berlin und Paris bei Joseph Achron, Mario Castelnuovo-Tedesco und Ernst Toch. 1939 übersiedelt er mit seiner Familie in die Vereinigten Staaten, wo sein Großvater Charles Previn als Musikdirektor bei den Universal Studios in Hollywood tätig ist. Während er noch an der Universität von Kalifornien studiert, macht er sich als Jazzpianist und als Arrangeur für die Filmindustrie einen Namen. Während seines Militärdienstes studiert er bei Pierre Monteux in San Francisco Orchesterleitung. 1963 debütiert er als Dirigent in Saint Louis. 1967 übernimmt er als Nachfolger von Sir John Barbirolli die Leitung des Symphonie-Orchesters von Houston (bis 1969). 1968–79 ist er Chefdirigent und Musikdirektor des Londoner Symphonie-Orchesters. 1976–84 leitet er das Symphonie-Orchester von Pittsburgh. 1985 wird er zum ständigen Dirigenten des Royal Philharmonic Orchestra in London ernannt. 1986–89 ist er Musikdirektor der Philharmoniker von Los Angeles. Previn setzt sich stark für die zeitgenössische englische Musik ein und arbeitet auch im Fernsehen. Er war mit der Schauspielerin Mia Farrow verheiratet. Als Komponist schreibt er hauptsächlich Orchesterwerke und Kammermusik.
WW: *Music Face to Face* (zusammen mit A. Hopkins, London 1971); *Orchestra* (Garden City, New York 1979); *André Previn's Guide to Music* (London 1983).

Previtali, Fernando
Italienischer Dirigent und Komponist, geb. 16. 2. 1907 Adria (Venetien), gest. 1. 8. 1985 Rom.
Er studiert am Konservatorium von Turin bei Samuele Grossi Violoncello, bei Ulisse Matthey Orgel und bei Franco Alfano Komposition. Ab 1928 ist er unter dem Dirigenten Vittorio Gui, dessen Tochter er heiratet, Cellist am Teatro Regio in Turin. 1928–36 arbeitet er beim Aufbau des Orchesters des Maggio Musicale Fiorentino mit und wird zu einem der ständigen Dirigenten dieser Formation ernannt, bevor er das Symphonie-Orchester der RAI in Rom übernimmt und gleichzeitig als künstlerischer Berater der Generaldirektion des italienischen Rundfunks tätig wird. Er behält diese Funktionen bis 1953 bei (von den Jahren 1943–45 abgesehen). 1942–43 und 1946–48 ist er ständiger Dirigent an der Scala. 1953 übernimmt er die Leitung der Accademia Nazionale di Santa Cecilia in Rom (bis 1973) und unterrichtet dort auch Orchesterleitung. 1971 wird er zusätzlich zum Musikdirektor des Teatro Regio von Turin ernannt. Ein Jahr später übernimmt er auch die musikalische Leitung des Teatro San Carlo in Neapel. Previtali veröffentlicht verschiedene Aufsätze, vor allem zum Werk Ferruccio Busonis. Er leitet folgende Uraufführungen: Die Opern *Re Hassan* (König Hassan, 1939) und *Le baccanti* (Die Bacchanten, 1948) von Federico Ghedini, die Oper *Volo di notte* (Nachtflug, 1940) von Luigi Dallapiccola, *Quarto Concerto* (1956) von Goffredo Petrassi sowie *Orchesterkonzert* (1962) und *La visita meravigliosa* (Der wundersame Besuch, 1970) von Nino Rota. Als Komponist schreibt er Kammermusik sowie Orchesterwerke.
W: *Guida allo studio della direzione d'orchestra* (Rom 1951).

Prey, Hermann
Deutscher Bariton, geb. 11. 7. 1929 Berlin.
Als Zehnjähriger tritt er in den Berliner

Mozart-Chor ein. 1948 geht er an die Musikakademie; drei Jahre später gibt er seinen ersten Liederabend. Ein Jahr später debütiert er an der Oper von Wiesbaden als 2. Gefangener in *Fidelio* (Beethoven). 1953 holt ihn Günther Rennert an die Hamburger Oper, wo er verschiedene Mozart-Rollen interpretiert, darunter den Grafen Guglielmo (*Così fan tutte*), sowie den Figaro in *Il barbiere di Siviglia* (Der Barbier von Sevilla, Rossini). 1959 debütiert er bei den Salzburger Festspielen als Barbier (*Die schweigsame Frau*, R. Strauss). Seine Interpretation des Papageno (*Die Zauberflöte*, Mozart) wird von Kritik und Publikum gefeiert. Er wird ab 1960 regelmäßig von der Met eingeladen und singt dort auch den Wolfram (*Tannhäuser*). Bayreuth, Mailand, der Covent Garden (*Le nozze di Figaro*, Figaros Hochzeit, Mozart) und die Festspiele von Aix-en-Provence (Don Giovanni, Mozart, 1962) melden sich. Neben seiner Tätigkeit als Opernsänger engagiert er sich stark für das Lied und setzt sich auf diesem Gebiet auch für wenig beachtete Komponisten wie Hans Pfitzner und Carl Loewe ein. Dabei verschmäht er keineswegs die deutsche komische Oper und die Operette. 1960 nimmt er in Hamburg an der Uraufführung von Hans Werner Henzes Oper *Der Prinz von Homburg* teil. 1962 wird er zum Kammersänger ernannt.

W: *Premierenfieber* (München 1981).

Price, Leontyne (= Mary Violet)
Amerikanische Sopranistin, geb. 10. 2. 1927 Laurel (Miss.).
Sie studiert an der Oak Park High School in Laurel und geht dann an das Negro Central State College in Wilberforce (Ohio), bevor sie mit Hilfe eines Stipendiums an die Juilliard School of Music in New York geht (1949–52) und bei Florence Page Kimball ihre Stimme ausbilden läßt. 1952–54 interpretiert sie am Broadway und auf Tourneen die Porgy (*Porgy and Bess*, Gershwin). 1953 verwirklicht sie die Uraufführung von Samuel Barbers *Hermit Songs* (Die Lieder des Eremiten); ein Jahr später gibt sie in New York ihren ersten Liederabend. 1955–57 und 1960 wirkt sie für die amerikanische Fernsehanstalt NBC an Aufzeichnungen der Opern *Tosca* (Puccini), *Die Zauberflöte* (Mozart), *Les Dialogues des Carmélites* (Die Gespräche der Karmeliterinnen, Poulenc) mit und erzielt beim Publikum einen großen Erfolg. 1957 interpretiert sie an der Oper von San Francisco, zu der sie bis 1959 gehört, mit sensationellem Erfolg die Rolle der Aida (Verdi). 1959 debütiert sie in Wien und am Covent Garden, 1960 an der Scala in Mailand und 1961 an der Met, wo sie sich schnell einen Stammplatz ersingt und Rollen in den Opern *Il Trovatore* (Der Troubadour), *La forza del destino* (Die Macht des Schicksals, beide Verdi), *Madame Butterfly, Tosca, La fanciulla del West* (Das Mädchen aus dem goldenen Westen, alle Puccini) und *Eugen Onegin* (Tschaikowskij) interpretiert. Mit der Scala unternimmt sie unter der Leitung von Herbert von Karajan Tourneen. Sie nimmt 1966 an der Uraufführung von Samuel Barbers *Anthony and Cleopatra* teil. Leontyne Price gilt als die größte zeitgenössische Aida. 1985 tritt sie zum letzten Mal auf der Bühne auf, singt aber weiter im Konzertsaal.

Price, Margaret Berenice
Englische Sopranistin, geb. 13. 4. 1941 Tredegar (Monmoutshire, Wales).
Sie studiert am Trinity College in London und debütiert 1962 an der Welsh National Opera als Cherubin (*Le nozze di Figaro*, Figaros Hochzeit, Mozart). Als sie in der gleichen Rolle 1963 für Teresa Berganza am Covent Garden einspringt, erzielt sie ihren ersten großen Erfolg. Seit dieser Zeit tritt sie dort regelmäßig auf. Bei den Festspielen von Glyndebourne interpretiert sie die Konstanze (*Die Entführung aus dem Serail*) und die Fiordiligi (*Così fan tutte*). 1969 wird sie von der Met und der Oper in San Francisco eingeladen und debütiert dort als Pamina (*Die Zauberflöte*, alle Mozart) und Nanetta (*Falstaff*, Verdi).

1971 feiert sie an der Kölner Oper als Donna Anna (*Don Giovanni*, Mozart) einen bedeutenden Erfolg und gilt ab dieser Zeit als eine der bedeutendsten Mozart-Sängerinnen ihrer Generation. München und Chicago laden sie ein. 1973 singt sie an der Pariser Oper die Gräfin Almaviva (*Le nozze di Figaro*, Figaros Hochzeit, Mozart), die Fiordiligi und etwas später die Desdemona (*Otello*, Verdi); mit diesem Haus unternimmt sie auch eine Tournee durch Nordamerika. An der Met debütiert sie als Gräfin Almaviva. 1973 nimmt sie in Italien an einer Aufzeichnung des *Freischütz* (v. Weber) teil. Sie gehört zum Ensemble der Welsh National Opera und der Münchner Oper und wurde mit dem Titel einer Kammersängerin ausgezeichnet.

Prick, Christof
Deutscher Dirigent, geb. 23. 10. 1946 Hamburg.
Der Sohn des Violinisten Rudolf Prick (1908–88), Konzertmeister der Hamburger Philharmoniker 1934–69, studiert in seiner Heimatstadt bei Wilhelm Brückner-Rüggeberg und debütiert als Assistent an der dortigen Oper. Anschließend geht er als Kapellmeister nach Trier (1970–72) und Darmstadt (1972–74), bevor er in Saarbrücken zum Generalmusikdirektor ernannt wird (1974–77). In der gleichen Funktion arbeitet er anschließend in Karlsruhe (1977–84). 1984 wird er an der Deutschen Oper in Berlin zum Staatskapellmeister ernannt. 1987 übernimmt er in Chicago die musikalische Leitung des Orchesters von Illinois. Außerhalb Deutschlands ist er unter dem Pseudonym Christof Perick erfolgreich. 1987 leitet er die Uraufführung von Wolfgang Rihms Oper *Oedipus*.

Příhoda, Váša
Türkischer Violinist tschechoslowakischer Herkunft, geb. 22. 8. 1900 Vodňany (Böhmen), gest. 26. 7. 1960 Wien.
Schon früh übersiedelt er mit seiner Familie nach Prag, wo er von seinem Vater, Inhaber einer Musikschule, ersten Unterricht erhält. 1910–19 nimmt er Privatunterricht bei Jan Mařák. Er wird in Prag, wo er schon als Dreizehnjähriger öffentlich die Violinkonzerte von Ludwig van Beethoven und Johannes Brahms spielt, als Wunderkind gefeiert. In der Folge erreicht er das Niveau von Fritz Kreisler, Jascha Heifetz und Efrem Zimbalist. Ab 1939 leitet er am Mozarteum in Salzburg Meisterklassen; ab 1950 unterrichtet er an der Wiener Musikhochschule. Příhoda gilt als technisch unfehlbar, vor allem bei der Interpretation der Werke Niccolò Paganinis, und zeichnet sich durch eine große Sensibilität aus, die, auch wenn sie böhmisch geprägt ist, von jedem Anklang an den Kitsch verschont ist. Wir verdanken ihm verschiedene Arrangements berühmter Werke (u. a. der *Zigeunerweisen* von Pablo de Sarasate) und einige Kadenzen (so zu Beethovens *Konzert für Violine und Orchester*). Ruggiero Ricci betrachtete ihn als den »absoluten« Violinisten. Er spielte auf einer Stradivari aus dem Jahre 1710, der *Camposelice*, die er kurz vor seinem Tod dem tschechoslowakischen Staat verkaufte.

Prill, Emil
Deutscher Flötist, geb. 10. 5. 1867 Stettin, gest. 28. 2. 1940 Berlin.
Der Bruder des Dirigenten Paul Prill (1890–1930) und des Violinisten Karl Prill (1864–1931) erhält ersten Unterricht von seinem Vater und geht dann an die Hochschule für Musik in Berlin. 1888 wird er in Charkow zum Professor ernannt. Anschließend geht er als Solo-Flötist zu den Hamburger Philharmonikern und von dort aus in der gleichen Position an die Berliner Oper (1892), wo sich der Rest seiner Karriere abspielt. 1893 wird er an der Berliner Hochschule für Musik zum Professor ernannt. Der herausragende Musiker leistet einen entscheidenden Beitrag zur Wiederentdeckung der Flöte als Instrument für klassische Musik in Deutschland. Er veröffentlichte verschiedene Flötenschulen.

Primrose, William
Schottischer Bratschist, geb. 23. 8. 1903 Glasgow, gest. 1. 5. 1982 Provo (Ut.).
Er nimmt in seiner Heimatstadt bei Camillo Ritter Geigen-Unterricht und geht dann an die Guildhall School of Music nach London. Anschließend studiert er zwei Jahre (1925–27) bei Eugène Ysaÿe, der ihn dazu bringt, die Geige zugunsten der Bratsche aufzugeben. 1930–35 gehört er dem London String Quartet an, bevor er in die Vereinigten Staaten geht und unter Arturo Toscanini Solobratschist am Orchester der NBC wird (1937–42). Ab 1939 tritt er auch als Solist auf. Im gleichen Jahr gründet er das William Primrose Quartet. 1944 gibt er bei Béla Bartók das *Konzert für Bratsche und Orchester* in Auftrag, dessen Uraufführung er 1949 realisiert. Mit Victor Babin, Szymon Goldberg und Nikolai Graudan gründet er innerhalb der Festspiele von Aspen das Festival Quartet (1954–62).

1963 muß er aufgrund eines Herzinfarktes seine Tätigkeit als Solist stark einschränken. Er ist als Pädagoge erfolgreich: 1942–51 unterrichtet er am Curtis Institute in Philadelphia, 1961–65 neben Jascha Heifetz und Gregor Piatigorsky an der University of South California (Los Angeles); 1965 unterrichtet er in Bloomington an der University of Indiana. 1972 erteilt ihm die Universität von Tokio einen Ruf; außerdem gibt er am Suzuki-Institut in Mutsumoto Kurse. 1979 wird er an der Brigham Young University zum Professor ernannt.

Neben dem Bartókschen Bratschenkonzert sind ihm die *Konzerte für Bratsche und Orchester* von Karl Amadeus Hartmann, Darius Milhaud (hier das zweite) und Quincy Porter sowie *Lachrymae*, op. 48 (1950) von Benjamin Britten gewidmet. Er zeichnet für zahlreiche Uraufführungen von Werken von Edmund Rubbra, Peter Racine Fricker, Iain Ellis Hamilton und anderen verantwortlich. Er spielte auf einer Amati aus dem Jahre 1600, einer Andrea Guarneri aus dem Jahre 1697 und abwechselnd auf zwei Stradivari, der *Gibson* (1734) und der *MacDonald* (1700).

WW: *A Method for Violin and Viola Players* (London 1960); *Technique is Memory* (London 1963); *Violon and Viola* (zusammen mit Yehudi Menuhin, London 1976, dt. Violine und Viola. Yehudi Menuhins Musikführer, Bergheim 1978); *Walk on the North Side* (London 1978).

Prin, Yves
Französischer Dirigent, geb. 3. 6. 1933 Sainte-Savine (Aube).
1940 beginnt er mit dem Klavierunterricht; er studiert am Pariser Konservatorium und erhält 1956 in der Klasse von Yves Nat (Klavier) und 1959 in der von Louis Fourestier (Orchesterleitung) je einen 1. Preis. 1966–70 ist er ständiger Dirigent der Société des Concerts Populaires d'Angers. 1968 ist er Assistent von Bruno Maderna am Mozarteum Salzburg. Er ist Gründungsmitglied des Orchestre Philharmonique des Pays de la Loire und wird zu dessen erstem Leiter ernannt (1970–74). 1974 geht er als Musikdirektor an das Atelier Lyrique du Rhin nach Colmar, wo er zusammen mit dem Regisseur Pierre Barrat zahlreiche Uraufführungen verwirklicht. 1978 arbeitet er innerhalb des IRCAM unter Pierre Boulez an der Gruppe »Komposition und Computer« mit. 1981 wird er von Radio France zum Musikproduzenten ernannt und ein Jahr später zum künstlerischen Direktor des Nouvel Orchestre Philharmonique de Radio-France, bevor er Abteilungsleiter für zeitgenössische Musik und Musiktheater wird. Als Dirigent zeichnet er für viele Uraufführungen verantwortlich, darunter für *Histoire de loups* (Wolfsgeschichte, Aperghis, Festspiele von Avignon 1976), *Œdipe* (Boucourechliev, Festspiele von Avignon, 1978), *Procès du jeune chien* (Prozeß des jungen Hundes, Pousseur, Nanterre 1978), *Les Mangeurs d'ombres* (Schattenfresser, Mâche, 1979), *Les Liaisons dangereuses* (Gefährliche Liebschaften, Prey, Festspiele von Aix-en-Provence

1980), *La Conférence des oiseaux* (Die Konferenz der Vögel, Levinas, 1985), *Micromégas* (Méfano, Karlsruhe 1988); außerdem leitet er die französische Erstaufführung von *Nos* (Die Nase, Schostakowitsch, Lille 1979). Prin komponiert auch selbst.

Principe, Rémy (=Remigio Principe)
Italienischer Violinist, geb. 25. 8. 1889 Venedig, gest. 5. 12. 1977 Rom.
Er stammt aus der Bologneser Schule und studiert bei Raffaelo de Guarnieri, der selbst der Schule Federico Sarti – Carlo Verardi angehört. Er perfektioniert sich bei Theodor Kilian in München und bei Lucien Capet in Paris. Neben seiner Solistentätigkeit leistet er auch innerhalb von Orchestern wertvolle Arbeit, vor allem bei der Gründung der ersten italienischen Kammerorchester (ab 1947). 1928–42 ist er Konzertmeister des Orchesters des Augusteo in Rom; während dieser Zeit bildet er mit N. Rossi und Benedetto Mazzacurati ein Trio; er gründet zusammen mit Ettore Gandini, Giuseppe Matteucci und Luigi Chiarappa das Quartetto Italiano, der I Virtuosi di Roma und 1952 der I Musici. Sein Karriere als Pädagoge beginnt in Pesaro und führt ihn über die Accademia Nazionale di Santa Cecilia in Rom (ab 1921) an die Accademia Musicale Chigiana in Siena (1945–46), nach Ankara (1947), wieder zurück an die Accademia Nazionale di Santa Cecilia in Rom und 1956 endlich an das Konservatorium von Venedig. Remy Principe spielte bei der Ausbildung einer ganzen italienischen Violinistengeneration eine entscheidende Rolle.
W: *Il violino* (zusammen mit Giulio Pasquali, Mailand 1926, Neuauflage Mailand 1951).

Printemps, Yvonne
Französische Sopranistin, geb. 25. 7. 1894 Ermont-Eaubonne, gest. 18. 1. 1977 Neuilly-sur-Seine.
Sie debütiert 1910 in Kinderrollen, zunächst in Music Halls, dann in satirischen Revuen und schließlich in Märchenspielen (nach Perrault). Ihre Stimme und ihre schauspielerische Begabung hätten sie direkt zur Opéra-Comique führen können, doch sie wird von Sacha Guitry in *La Revue* 1915 entdeckt und macht den Umweg über die Bouffes-Parisiennes. Sie feiert in *Il faut l'avoir écrit* (Das muß man geschrieben haben, Guitry-Willemetz) und *Le Poilu* (Der Behaarte) große Erfolge. Yvonne Printemps wird Mitglied von Guitrys Ensemble. 1919 heiratet sie Sacha Guitry, der viele Komponisten dazu bringt, für seine Frau zu schreiben: Francis Poulenc (*Margot, A sa guitare*, Für Margots Gitarre, *Les Chemins de l'amour*, Die Wege der Liebe), André Messager (*Debureau, L'Amour masqué*, Maskierte Liebe), Reynaldo Hahn (*Mozart*, 1925, *La Dame aux camélias*, Die Kameliendame, Verfilmung), Albert Willemetz, Oscar Strauss und Maurice Yvain. Sie studiert die Lakmé (Delibes) ein und singt Kompositionen von Franz Schubert, Robert Schumann, Georg Friedrich Händel, Claude Debussy und Gabriel Fauré. Ab 1932 ist ihre Karriere und ihr Leben eng mit Pierre Fresnay verbunden. 1949 interpretiert sie an seiner Seite *La Valse de Paris* (Pariser Walzer, Offenbach) und 1951 *Le Voyage en Amérique* (Die Reise nach Amerika, Poulenc).

Prinz, Alfred
Österreichischer Klarinettist, geb. 4. 6. 1930 Wien.
Er studiert an der Wiener Musikhochschule bei Leopold Wlach Klarinette, Bruno Seidlhofer Klavier, Josef Marx und Alfred Uhl Musiktheorie und Hans Swarowsky Orchesterleitung. 1945 tritt er in das Orchester der Wiener Staatsoper ein. Ein Jahr später wird er Solo-Klarinettist an der Wiener Volksoper. 1955 geht er in der gleichen Funktion zu den Wiener Philharmonikern. 1973 wird er an der Wiener Musikhochschule zum Professor ernannt. 1986 verwirklicht er die Uraufführung von Cesar Bresgens *Konzert für Klarinette und Orchester*. Alfred Prinz tritt auch als Komponist hervor.

Pritchard, Sir John Michael
Englischer Dirigent, geb. 5. 2. 1921 London, gest. 5. 12. 1989 San Francisco.
Sein Vater, ein Violinist, erteilt ihm ersten Unterricht. Später studiert er dann in Italien Klavier, Bratsche und Orchesterleitung. Nach seiner Rückkehr nach England leitet er das Derby String Orchestra (1943–45). 1947 ist er bei den Glyndebourner Festspielen als Korrepetitor tätig; ein Jahr später wird er dort zum Chorleiter ernannt. 1949 springt er für Fritz Busch bei einer Aufführung des *Don Giovanni* (Mozart) ein. Ab dieser Zeit ist seine Karriere eng mit Glyndebourne verknüpft. 1957–63 ist er Musikdirektor des Royal Liverpool Philharmonic Orchestra. Er ruft die Konzertreihe Musica Viva ins Leben, die zur Aufgabe hat, die zeitgenössische Musik dem Publikum nahezubringen. 1962–66 ist er Musikdirektor der Londoner Philharmoniker. 1963 wird er in Glyndebourne zum musikalischen Berater und 1969 zum Musikdirektor (bis 1978) ernannt. 1973 übernimmt er zusätzlich die Leitung der Huddersfield Choral Society. 1978–89 ist er Generalmusikdirektor der Kölner Oper, 1979 principal guest conductor des Symphonie-Orchesters der BBC London, 1981–87 Musikdirektor des Théâtre de la Monnaie in Brüssel, 1982–89 ständiger Chefdirigent des Symphonie-Orchesters der BBC und schließlich ab 1986 Musikdirektor der Oper von San Francisco (die Stelle wurde eigens für ihn geschaffen).
Er zeichnet für die Uraufführungen verschiedener Opernwerke verantwortlich, darunter *Gloriana* (1953) von Benjamin Britten, *The Midsummer Marriage* (Mittsommerhochzeit) und *King Priam* (König Priamus, beide Tippett). Bei den Festspielen von Glyndebourne leitet er die englische Erstaufführung von Hans Werner Henzes *Elegie für junge Liebende*. Auf dem Gebiet der Symphonien kreiert er Werke von Jonathan Lloyd (*Symphonie Nr. 4*, 1988), John McCabe (*The Shadow of Light*, Der Schatten des Lichts, 1979) und William Walton (*Symphonie Nr. 2*, 1960).

Procter, Norma
Englische Altistin, geb. 15. 2. 1928 Cleethorspes.
Die Schülerin von Roy Henderson, Alec Redshaw, Hans Oppenheim und Paul Hamburger gibt 1956 ihr erstes Konzert, mit sie auf Anhieb erfolgreich ist. Die BRD, Belgien, Frankreich, Spanien und Dänemark laden sie schon bald zu Gastspielen ein. 1969–70 nimmt sie am Holland-Festival, an den Bach-Wochen in Ansbach und an den Würzburger Festspielen teil. In der Folge setzt sie sich als eine der großen Bach-Sängerinnen durch. Neben Johann Sebastian Bachs Werken singt sie die Alt-Partien in den religiösen Kompositionen von Georg Friedrich Händel, Ludwig van Beethoven, Felix Mendelssohn Bartholdy, Josef Haydn, Wolfgang Amadeus Mozart und Benjamin Britten. 1960 debütiert sie als Opernsängerin am Covent Garden in der Titelrolle von *Orfeo* (Gluck), die sie in der Folge auch an vielen anderen Bühnen interpretiert. Sie gehört zu den wichtigsten englischen Sängerinnen ihrer Generation.

Prohaska, Felix
Österreichischer Dirigent, geb. 16. 5. 1912 Wien, gest. 29. 3. 1987 daselbst.
Der Sohn des Komponisten Carl Prohaska (1869–1927) wird umfassend musikalisch ausgebildet: er studiert bei Friedrich Wührer und Eduard Steuermann Klavier, bei Gottfried Feist und Oskar Fitz Violine und bei Egon Kornauth, Hans Gál, Joseph Polnauer, Felix Salzer und Oswald Jonas Musiktheorie. 1936–39 unterrichtet er am Grazer Konservatorium und arbeitet gleichzeitig als Korrepetitor an der dortigen Oper. 1939–41 ist er Kapellmeister in Duisburg und 1941–43 in Straßburg. Hier leitet er auch die Opernschule am Konservatorium. 1943–45 ist er als Dirigent an der Deutschen Oper in Prag tätig. 1945–56 ist er 1. Kapellmeister

an der Wiener Oper; am Wiener Konservatorium unterrichtet er 1947–50 gleichzeitig Orchesterleitung. 1955–64 ist er 1. Kapellmeister und stellvertretender Generalmusikdirektor in Frankfurt, kehrt dann an die Wiener Oper zurück (1964–67) und arbeitet endlich an der von Hannover (1965–74), wo er 1961–69 auch die Musikhochschule leitet.

Prohaska, Jaro (= Jaroslav Prohaska)
Österreichischer Baßbariton, geb. 24. 1. 1891 Wien, gest. 28. 9. 1965 München.
1898–1907 ist er Mitglied der Wiener Sängerknaben; 1907 geht er als Organist und Chorleiter an die Sankt-Theklakirche in Wien. Nach dem Ersten Weltkrieg studiert er am Wiener Konservatorium (bei Otto Müller) und an der Wiener Musikakademie. Er debütiert 1920 im Konzertssal und 1922 in Lübeck auf die Bühne. Bis 1925 bleibt er in der Hansestadt, geht dann nach Nürnberg (1925–31) und Berlin (1931–52). 1933–44 nimmt er regelmäßig an den Bayreuther Festspielen teil und interpretiert hier den Sachs (*Die Meistersinger von Nürnberg*), Wotan (*Der Ring des Nibelungen*), Gunther (*Götterdämmerung*), Telramund (*Lohengrin*), Amfortas (*Parsifal*), den Holländer (*Der fliegende Holländer*) und den Donner (*Das Rheingold*, alle Wagner). 1949 singt er bei den Salzburger Festspielen den Ochs (*Der Rosenkavalier*, R. Strauss). Ab 1947 unterrichtet er an der Westberliner Hochschule für Musik; 1952 wird er zum Professor ernannt und übernimmt die Leitung der dem Institut angeschlossenen Opernschule. 1959 wird er emeritiert. Zu seinen Schülern zählt Hermann Prey.

Puchelt, Gerhard
Deutscher Pianist, geb. 18. 2. 1913 Stettin, gest. 27. 8. 1987 Berlin.
Er studiert 1931–35 an der Akademie für Kirchen- und Schulmusik in Berlin. Anschließend arbeitet er als Pianist vor allem auf dem Gebiet der Kammermusik und als Begleiter. 1948–78 ist er Professor an der Hochschule für Musik in Berlin und gibt zahlreiche pädagogische Werke heraus. Er ist der Vater der Violinistin Christiane Edinger.
WW: *Verlorene Klänge. Studien zur deutschen Klaviermusik 1830–89* (Berlin 1969); *Variationen für Klavier im 19. Jahrhundert* (Darmstadt 1973).

Pueyo, Eduardo del
siehe **Del Pueyo, Eduardo**

Pugno, Raoul Stéphane
Französischer Pianist und Komponist, geb. 23. 6. 1852 Montrouge bei Paris, gest. 3. 1. 1914 Moskau.
Bereits als Sechsjähriger tritt er als Pianist öffentlich auf. Fürst Poniatowski ermöglicht es ihm, die Ecole Niedermeyer zu besuchen; am Pariser Konservatorium (1866–69) gewinnt er 1. Preise in Klavier (1866), allgemeiner Musiklehre und Harmonielehre (1867) und Orgel (1869). 1871–92 arbeitet er als Organist und Kantor an der Kirche Saint-Eugène in Paris; seit 1874 ist er gleichzeitig Chorleiter am Théâtre Ventadour. 1892 übernimmt er am Pariser Konservatorium die Klasse für Harmonielehre und 1896 die für Klavier. Gleichzeitig gibt er häufig Klavierabende. Ab 1896 bildet er mit Eugène Ysaÿe ein Duo. 1903 bespielt er verschiedene Walzen. Als Komponist hinterläßt er mehrere Oratorien, eine Oper, Ballette und Klavierwerke.

Puig-Roget, Henriette
Französische Pianistin, Organistin und Komponistin, geb. 9. 1. 1910 Bastia (Korsika).
1919 tritt sie in das Pariser Konservatorium ein und besucht zuerst die Klasse von Sophie Chéné und später die von Isidore Philipp (beide Klavier). 1926 erhält sie einen 1. Preis in Klavier, 1927 1. Preise in Harmonielehre (bei Jean Gallon), Musikgeschichte (Maurice Emmanuel), Begleitung (Abel Estyle), 1928 in Kammermusik (Charles Tournemire) und Fuge (Noël Gallon) und 1930 in Orgel (Marcel Dupré). 1933

wird sie mit dem 2. Großen Rom-Preis ausgezeichnet. Im darauffolgenden Jahr wird sie zur Organistin an der Orgel im Oratorium des Louvre (bis 1979) und an der Großen Synagoge (bis 1951) ernannt. Ab 1935 gibt sie Rundfunk-Konzerte. Bis 1975 ist sie als Pianistin und Organistin Mitglied des Comité de lecture im französischen Rundfunk. 1937–40 und 1946–57 ist sie Chef de chant an der Pariser Oper. 1957 wird sie am Pariser Konservatorium zur Professorin ernannt (Klavierbegleitung). 1979 legt sie den Posten nieder und unterrichtet ab dieser Zeit an der Universität von Tokio. Innerhalb des französischen Rundfunks setzt sie sich besonders für kaum gespielte Komponisten ein (u. a. für d'Indy, Pierné, Grovlez, Le Flem, Emmanuel, Roger-Ducasse, Ladmirault, Koechlin, Tournemire, Sauveplane, Hue, Cras, Martelli, Rosenthal, Barraud, Lemeland, Vierne). 1930 realisiert sie die Uraufführung von *Préludes* von Olivier Messiaen.

Pujol, Emilio
Spanischer Gitarrist und Komponist, geb. 7. 4. 1886 Granadella (Lérida), gest. 15. 11. 1980 Barcelona.
Er studiert in Barcelona und wird 1902 Schüler des Gitarre-Virtuosen Francisco Tarrega. Schon früh schlägt er eine internationale Laufbahn ein. Auch als Pädagoge spielt er eine bedeutende Rolle: er unterrichtet nacheinander in Lissabon, an der Accademia Musicale Chigiana in Siena (1955–62) und in Barcelona und veröffentlicht einige bedeutende pädagogische Werke. Ab 1936 nimmt er aktiv an der Renaissance der Vihuela teil und gibt Werke des 16. Jahrhunderts heraus, die für dieses Instrument komponiert wurden. 1922 zeichnet er für die Uraufführung von Manuel de Fallas *Hommage à Debussy* verantwortlich.

Putnam, Ashley
Amerikanische Sopranistin, geb. 10. 8. 1952 New York.
Sie studiert an der University of Michigan bei Elizabeth Mosher und Willis Patterson und wird auch als Flötistin ausgebildet, bevor sie 1976 als Lucia (*Lucia di Lammermoor*, Donizetti) an der Oper von Virginia (Norfolk) debütiert. Gastspiele in Houston, San Diego und Miami folgen. 1978 interpretiert sie bei den Festspielen von Glyndebourne die Rolle der Musette (*La Bohème*, Puccini). Im gleichen Jahr debütiert sie in *La Traviata* (Verdi) an der New York City Opera. 1983 singt sie bei der amerikanischen Tournee der Met die Lucia. Im gleichen Jahr debütiert sie bei den Festspielen von Aix-en-Provence in *Mitridate* (Mozart). 1985 singt sie in Santa Fe (USA) die Danae (R. Strauss). Auch in den Standardrollen des Koloratursoprans (Gilda, *Rigoletto*, Verdi, Königin der Nacht, *Die Zauberflöte*, Mozart) feiert sie internationale Erfolge.

Puyana, Rafaël
Kolumbianischer Cembalist, geb. 14. 10. 1931 Bogotà.
Als Sechsjähriger erhält er ersten Musikunterricht; später geht er an das Konservatorium von Boston. 1951–59 ist er Schüler von Wanda Landowska in Lakeville (Conn.). Anschließend schlägt er sowohl als Solist (erstes Konzert in New York 1957) wie als Pädagoge eine erfolgreiche Laufbahn ein. Seit 1961 unterrichtet er bei den Sommerkursen Música in Santiago de Compostela. Auch an der Darlington Hall in England sowie am amerikanischen Konservatorium in Fontainebleau und bei den Sommerkursen in Grenada unterrichtet er. Er lebt in Frankreich und ist seit 1960 in Paris kolumbianischer Kulturattaché bei der UNESCO. Verschiedene zeitgenössische Komponisten widmen ihm Werke (McCabe, Mompou, Evett, Orbon). Er besitzt fünf verschiedene Instrumente.

Py, Gilbert
Französischer Tenor, geb. 9. 12. 1933 Sète.
Er kommt in dem Wohnwagen seiner Eltern, die als wandernde Artisten ar-

beiten, auf die Welt. Er soll zunächst die Laufbahn seines Vaters einschlagen, doch seine außergewöhnliche tänzerische Begabung fällt auf: als Vierzehnjähriger debütiert er an der Oper von Montpellier in den *Polowezer Tänzen* (in *Knjas Igor*, Fürst Igor, Borodin). Er interessiert sich immer stärker für Gesang und imitiert sein Idol Luis Mariano. 1955 geht er an das Konservatorium von Nizza, doch sein Lehrer, der aus ihm einen Wagnerschen Heldentenor machen will, verdirbt seine Stimme. Sein eigentliches Debüt findet erst 1964 in Belgien statt: er singt in Verviers den Linkerton (*Madame Butterfly*) und kurz darauf in Tourcoing den Cavaradossi (*Tosca*, beide Puccini). In Belgien und Nordfrankreich feiert er als Canio (*I Pagliacci*, Der Bajazzo, Leoncavallo), Turridu (*Cavalleria Rusticana*, Mascagni), Don José (*Carmen*, Bizet), Samson (*Samson et Dalila*, Saint-Saëns) und Otello (Verdi) große Triumphe. In Lüttich wirkt er an Aufführungen von *Fidelio* (Beethoven), *Hérodiade* (Massenet) und *Otello* und in Gent an denen von *Ernani* (Verdi) und *Faust* (Gounod) mit. 1969 kreiert er in Nizza die Rolle des Raskolnikoff (Sutermeister). Im gleichen Jahr debütiert er an der Pariser Opéra-Comique in *Les Contes d'Hoffmann* (Hoffmanns Erzählungen, Offenbach); an der gleichen Bühne singt er in der Folge den Werther (Massenet) und den Canio. An der Pariser Oper interpretiert er den Don José, Faust (*La Damnation de Faust*, Fausts Verdammung, Berlioz) und Cavaradossi. 1970 nimmt er in Toulouse an der Wiederaufnahme von *La Reine de Saba* (Die Königin von Saba, Gounod) teil. In Deutschland gibt er in *Aida, Il Trovatore* (Der Troubadour, beide Verdi) und *Carmen* Gastspiele. Nach Tourneen durch Nordamerika debütiert er in Palermo, wo er nacheinander den Samson, Don José sowie den Kalaf (*Turandot*, Puccini) interpretiert. 1973 singt er in Turin zum ersten Mal den Lohengrin (Wagner).

Q

Queffélec, Anne
Französische Pianistin, geb. 17. 1. 1948 Paris.
Die Tochter des Schriftstellers Henri Queffélec studiert zunächst an der Ecole Normale de Musique in Paris und geht dann 1964 an das dortige Konservatorium zu Lélia Gousseau. Ein Jahr später erhält sie einen 1. Preis in Klavier und besteht das Abitur. 1966 erhält sie in der Klasse von Jean Hubeau (Kammermusik) ebenfalls einen 1. Preis. Sie perfektioniert sich bei Alfred Brendel, Jörg Demus und Paul Badura-Skoda. 1968 gewinnt sie den Wettbewerb des Bayerischen Rundfunks; ein Jahr später wird sie in Leeds ausgezeichnet. Bis 1984 unterrichtet sie am Konservatorium von Nizza.

Queler, Eve
Amerikanische Dirigentin, geb. 1. 1. 1936 New York.
Als Fünfjährige erhält sie ersten Klavier-Unterricht. Etwas später geht sie zu Isabella Vengerova, bevor sie in New York an der High School of Music and Art und anschließend an der Mannes School of Music Klavier und bei Joseph Rosenstock Theorie und Orchesterleitung studiert. Sie debütiert als Korrepetitorin an der New York City Opera, wo sie kurz darauf zur Assistentin ernannt wird. Anschließend wechselt sie an die Met. 1967 gründet sie in New York die Concert Opera Company, die sich aus Studenten und Musiklehrern zusammensetzt, die in konzertanten Aufführungen bekannte oder vergessene Opern spielt und 1969 mit *Don Giovanni* (Mozart) zum ersten Mal an die Öffentlichkeit tritt. Die Company hat solchen Erfolg, daß einige Aufführungen auf Schallplatten festgehalten werden, u. a. *Le Cid* (Massenet), *Gemma di Vergy* (Donizetti), *Aroldo* (Verdi). 1970–71 ist sie stellvertretende Leiterin der Philharmoniker von Fort Wayne, doch sie setzt sich vor allem als Operndirigentin durch. 1982 kreiert sie an der University of Maryland den National Opera Orchestra Workshop, eine dem Opernrepertoire gewidmete Orchesterwerkstatt.

Quilico, Gino
Kanadischer Bariton, geb. 29. 4. 1955 New York.
Der Sohn des Baritons Louis Quilico wird zuerst von seinem Vater ausgebildet, bevor er an die Universität von Toronto geht. Noch als Student interpretiert er den Figaro (*Il barbiere di Siviglia*, Der Barbier von Sevilla, Rossini) und den Don Giovanni (Mozart). Als Berufssänger debütiert er als Mitglied der Canadian Opera Company in der Rolle des Gobineau in Gian Carlo Menottis Oper *The Medium* (Das Medium); mit diesem Ensemble singt er auch an der Seite seines Vaters den Grafen Almaviva (*Le nozze di Figaro*, Figaros Hochzeit, Mozart), Escamillo (*Carmen*, Bizet) und Paolo (*Simone Boccanegra*, Verdi). Bei dem amerikanischen Opernwettbewerb stößt er 1978 bis ins Finale vor. In Milwaukee singt er den Papageno (*Die Zauberflöte*, Mozart), in Vancouver den Silvio (*I Pagliacci*, Der Bajazzo, Leoncavallo) und in Calgary den Schaunard (*La Bohème*, Puccini). 1979 kommt er als Student der Ecole d'art lyrique der Pariser Oper nach Europa und wird Mitglied des Hauses. An der Opéra-Comique interpretiert er 1980 die Rolle des Morris Townsend (*L'héritière*, Damase) und kurz darauf die des Florestan (*Véronique*, Messager), an der Oper Ned Keene (*Peter Grimes*, Britten), Orest (*Iphigénie en Tauride*, Iphigenie auf Tauris, Gluck) und Albert (*Werther*, Massenet). 1989 debütiert er in Salzburg (*La Cenerentola*, Aschenbrödel, Rossini).

Quilico, Louis
Kanadischer Bariton, geb. 14.1. 1929 Montreal.
Er studiert in Quebec, New York und Rom Gesang. 1952 gewinnt er den nationalen kanadischen Wettbewerb und 1955 den der Met, »Auditions of the Air«. Im gleichen Jahr feiert er als Georg Germont (*La Traviata*, Verdi) an der New York City Opera sein Bühnendebüt. 1959 kommt er nach Europa und interpretiert bei den Festspielen von Spoleto in *Il Duca d'Alba* (Der Herzog von Alba, Donizetti). Als Rigoletto (Verdi) feiert er 1962 am Covent Garden einen überragenden Erfolg. Das Bolschoi und die Pariser Oper laden ihn ebenso ein wie die Pariser Opéra-Comique und die Bühnen von Lissabon, Buenos Aires, Vancouver usw. Nach seiner Rückkehr nach Nordamerika wird er von der Met engagiert, wo er 1962 anläßlich der amerikanischen Erstaufführung von *Pelléas et Mélisande* (Debussy) den Golo singt.

Quinet, Fernand
Belgischer Dirigent, geb. 29.1. 1898 Charleroi, gest. 24.10. 1971 Lüttich.
Er beginnt sein Studium in Charleroi und geht dann zu Edouard Jacobs (Violoncello) und Léo Dubois (Komposition) an das Konservatorium von Brüssel. 1924–38 leitet er das Konservatorium von Charleroi und 1938–63 das von Lüttich. 1960–64 war er Chefdirigent des Symphonie-Orchesters von Lüttich.

Quivar, Florence
Amerikanische Mezzosopranistin, geb. 3.3. 1944 Philadelphia.
Sie studiert an der Musikakademie von Philadelphia und an der Juilliard School of Music in New York, wo sie dem Juilliard Opera Center angehört. 1977 debütiert sie als Marina (*Boris Godunow*, Mussorgskij) an der Met und singt hier in der Folge die Rollen der Suzuki (*Madame Butterfly*, Puccini), Serena (*Porgy and Bess*, Gershwin), Isabella (*L'italiana in Algeri*, Die Italienerin in Algier, Rossini) und Fidès (*Le Prophète*, Der Prophet, Meyerbeer). In Europa interpretiert sie 1982 an der Berliner Staatsoper die Titelrolle in *Orfeo* (Gluck) und 1984 in Florenz die Eboli (*Don Carlos*, Verdi). Als Konzertsängerin debütiert sie 1982 in London und feiert schon bald in internationalem Rahmen Erfolge. 1987 nimmt sie an der Wiedereröffnung des Pariser Théâtre des Champs-Elysées teil (*Benvenuto Cellini*, Berlioz, Konzertfassung). 1989 wirkt sie in Orange an einer Aufführung von *Nabucco* und in Salzburg an einer von *Un ballo in maschera* (Ein Maskenball, beide Verdi) mit.

Rabin, Michael
Amerikanischer Violinist, geb. 2. 5. 1936 New York, gest. 19. 1. 1972 daselbst.
Sein Vater, George Rabin, ist Mitglied der New Yorker Philharmoniker, seine Mutter Pianistin. Er studiert bei Ivan Galamian an der Juilliard School of Music in New York. 1947 tritt er zum ersten Mal an die Öffentlichkeit. Drei Jahre später feiert er in der New Yorker Carnegie Hall einen überragenden Erfolg. Schnell erwirbt er sich internationales Ansehen; trotz seiner Jugend zählt man ihn schon bald neben Mischa Elman und Jascha Heifetz zu den wichtigsten Geigern der Nachkriegszeit. Im Laufe seiner viel zu kurzen Karriere tritt er nicht nur in den Vereinigten Staaten, sondern auch in Europa und vor allem in Israel auf, dem er sich wie viele jüdische Musiker besonders verbunden fühlt.

Dank seiner außerordentlichen Technik und seines warmen Tons wäre er heute sicher auf dem Gipfel seiner Karriere angelangt, wäre er nicht, sechsunddreißigjährig, aufgrund nervöser Erschöpfung gestorben. Paul Creston widmete ihm sein *Konzert für Violine und Orchester Nr. 2* (1960).

Rachlin, Nathan Grigorjewitsch
Ukrainischer Dirigent, geb. 10. 1. 1906 Snowsk (bei Tschernikow).
Er studiert am Konservatorium von Kiew (1923–27) zuerst Trompete und dann Violine. Anschließend studiert er in Kiew an der Musikschule Lysenko bei Walerian Bierdiajew und Alexander Orlow, in Leningrad bei Maximilian Steinberg (1930–32) Orchesterleitung. 1932 übernimmt er die Leitung des Symphonie-Orchesters von Radio Charkow, bevor er 1934 als ständiger Dirigent an das Orchester von Donetz geht. 1937–41 leitet er in Kiew das Ukrainische Staatsorchester. Ab 1939 unterrichtet er gleichzeitig am Konservatorium von Kiew Orchesterleitung; 1947 wird er am gleichen Institut zum Professor ernannt. 1941–45 leitet er das Staatliche Symphonieorchester der Sowjetunion, bevor er 1946 wieder die Leitung des Ukrainischen Staatsorchesters übernimmt (bis 1962). 1966 wird er zum ersten Dirigenten des neugegründeten Orchesters von Kazan ernannt und übernimmt den Lehrstuhl für Orchesterleitung am dortigen Konservatorium. Wir verdanken ihm die Uraufführungen von Dmitri D. Schostakowitschs *Symphonie Nr. 11* (1957) und von Rodion K. Schtschedrins *Symphonie Nr. 1* (1958). Obwohl Rachlin zu den herausragenden sowjetischen Dirigenten seiner Zeit gehört, erhielt er nie eine wirklich bedeutende Aufgabe.

Rachmaninow, Sergej Wassiljewitsch
Russischer Pianist, Dirigent und Komponist, geb. 20. 3. 1873 Oneg, gest. 28. 3. 1943 Beverley Hills.
Er studiert zunächst am Konservatorium von Sankt Petersburg, bevor er 1888 an das von Moskau wechselt, wo er von Sergej I. Tanejew, Antonij A. Arensky in Komposition und von Alexander I. Siloti in Klavier unterrichtet wird. Seine ersten Werke werden vom Publikum günstig aufgenommen: die Oper *Aleko* (Premiere 1893 im Bolschoi-Theater) sowie das *Konzert für Klavier und Orchester in fis* und das *Prélude* op. 3.2. Seine *Symphonie Nr. 1* allerdings erleidet 1897 einen Mißerfolg. Rachmaninow ist zunächst als Pianist und vor allem als Dirigent tätig. 1897–98 ist er 2. Kapellmeister von Marmantows Moskauer privater Operngesellschaft, bevor er ständiger Dirigent am Bolschoi-Theater wird (1904–08). Er unternimmt zahlreiche Tourneen ins Ausland und findet wenig Zeit zum

Komponieren. 1917 verläßt er Rußland und geht über Frankreich in die Schweiz. Mehrere Jahre lang führt er wegen seiner Tourneen ein Nomadenleben. 1933 wird ihm, nachdem er mehrmals heftig gegen das sowjetische Regime Stellung bezogen hat, die Einreise in die Sowjetunion verboten. 1935 läßt er sich endgültig in den Vereinigten Staaten nieder, wo er zuvor schon längere Zeit gelebt hatte.

Rachmaninow gehört sicher zu den herausragenden Pianisten seiner Zeit. Er spielt neben eigenen Werken vor allem Kompositionen von Frédéric Chopin, Robert Schumann und die unzähligen kleinen Pièces, die zur Klavierliteratur seiner Epoche gehören. Seine makellose Technik, vor allem die polyphone Klarheit seines Spiels, erregen die Bewunderung seiner Zeitgenossen. Auch er nahm sich wie fast alle seine Kollegen manche Freiheiten gegenüber dem Urtext heraus, ging allerdings nie so weit wie Ignacy Jan Paderewski. Auch wenn seine musikalischen Überzeugungen heute wohl nicht mehr geteilt werden, steht fest, daß er die Türen zu einem modernen Klavierspiel weit geöffnet hat. Aufnahmen mit Einspielungen seiner eigenen Werke belegen, wie reserviert, beinahe schüchtern der Pianist Rachmaninow mit seinen eigenen Kompositionen umgeht, so daß die Legende, laut der er als Klavier-Virtuose ein Titan sein soll, Lügen gestraft wird.

Radulescu, Michael
Österreichischer Organist rumänischer Herkunft, geb. 19. 6. 1943 Bukarest.
Seine Eltern sind Musiker und führen ihn in die Musik ein. Er studiert in Bukarest bei Mihail Jora Komposition und bei Victor Blickerich Orgel; anschließend geht er an die Salzburger Musikakademie (Cembalo und Orgel) und endlich zu Hans Swarowsky (Orchesterleitung) und Anton Heiller (Orgel) an die Wiener Musikakademie. Er gewinnt verschiedene internationale Komponisten- (Wien 1968, Nürnberg 1971, Wien 1981) und Orgelwettbewerbe (Pisa 1966, Nürnberg 1976) und wird 1970 von der Stadt Stuttgart mit dem Komponistenpreis ausgezeichnet. 1968 wird er an der Wiener Musikakademie zum Professor für Orgel ernannt. Ab 1971 leitet er die Sommerkurse für Orgel in Vaduz (Liechtenstein); seit 1977 unterrichtet er in Innsbruck an der Akademie für Alte Musik. Im Zentrum seiner organistischen und pädagogischen Arbeit steht das Werk Johann Sebastian Bachs. Er erkennt den Einfluß verschiedener Interpreten wie Anton Heiller und Pierre Boulez und verschiedener Komponisten wie Paul Hindemith, Arnold Schönberg und Olivier Messiaen sowie der modalen mittelalterlichen Musik an. Er komponiert für sein Instrument, schreibt aber auch Kammermusik und geistliche Werke für Chöre. Auch als Herausgeber von Partituren alter Musik tritt er in Erscheinung (u. a. Werke von Paul Hofhaimer, des *Apparatus Musico-Organisticus* von Georg Muffat sowie von Orgelmusik vor 1453).

Raës, Alain
Französischer Pianist, geb. 26. 3. 1947 Roubaix.
Seine Eltern sind Professoren für Musik; sie erteilen ihm ersten Unterricht in allgemeiner Musiklehre, Violine und Klavier. Als Fünfzehnjähriger erhält er am Konservatorium von Roubaix einen 1. Preis in Klavier und einen 2. Preis in Violine. Nach dem Abitur geht er an das Pariser Konservatorium, wo er in der Klasse von Lélia Gousseau (Klavier, 1970) und in der von Maurice Crut (Kammermusik, 1972) je einen 1. Preis erhält. Anschließend perfektioniert er sich bei José Iturbi, Paul Badura-Skoda und György Sebők. 1973 gewinnt er beim internationalen Genfer Wettbewerb den Großen Preis. 1975–78 besucht er die Vorlesungen über Musikanalyse von Jacques Castérède. Er begeistert sich für Kammermusik und gründet 1977 zusammen mit dem Geiger Bernard Wacheux und dem Cellisten Philippe Bary das Trio Alpha. Mit dem Klarinettisten Claude Faucomprez

spielt er seit 1980 in Duo-Formationen. Seit 1975 ist er als Professor an den Konservatorien von Lille und Roubaix tätig.

Ragossnig, Konrad
Österreichischer Gitarrist, geb. 6.5. 1932 Klagenfurt.
Er beginnt zunächst am Konservatorium von Klagenfurt mit dem Studium des Violoncello, bevor er zu Karl Scheit an die Wiener Musikakademie geht und Gitarre studiert. 1961 gewinnt er in Paris den internationalen Gitarristen-Wettbewerb. 1960–64 ist er als Professor für Gitarre an der Wiener Musikakademie tätig. Seit 1964 leitet er an der Musikakademie Basel eine Konzertklasse für Gitarre. Walter Feybli gehört zu seinen Schülern. Auch international ist er erfolgreich. Zahlreiche Komponisten schreiben für ihn, darunter Gottfried von Einem (*Drei Etüden für Gitarre*, op. 34, 1970, *Leib- und Seelensongs*, op. 53, 1980), Hans Erich Apostel, Jacques Bondon, Mario Castelnuovo-Tedesco, Armin Schibler und Pierre Wissmer.

Rahbari, Alexander (= Ali Rahbari)
Österreichischer Dirigent iranischer Herkunft, geb. 26.5. 1948 Varamin.
Er studiert am Konservatorium von Teheran Violine und anschließend an der Wiener Musikakademie bei Hans Swarowsky, Karl Österreicher und Gottfried von Einem Orchesterleitung und Komposition. 1962 debütiert er am Radio Teheran als Violinist. Ab 1963 dirigiert er zunächst an der Teheraner Oper und anschließend am Wiener Rundfunk. 1977 verläßt er seine Heimat. Er läßt sich in Österreich nieder. Ein Jahr später gewinnt er beim internationalen Wettbewerb von Besançon den 1. Preis sowie beim internationalen Genfer Wettbewerb die Silbermedaille. 1979 dirigiert er zum ersten Mal die Berliner Philharmoniker. 1989 wird er in Brüssel zum ständigen Dirigenten des Philharmonischen Orchesters des Belgischen Rundfunks ernannt. 1982 leitet er die Uraufführung von *Solarium* von Girolamo Arrigo.

Raimondi, Ruggero
Italienischer Baß-Bariton, geb. 3.10. 1941 Bologna.
Sein Vater begeistert sich für die Oper. Schon früh beginnt Ruggero in Rom bei Maria Teresa Pediconi und Antonio Piervenanzi mit der Ausbildung seiner Stimme. 1964 gewinnt er den Wettbewerb von Spoleto; er debütiert beim dortigen Festival dei due Mondi als Collin (*La Bohème*, Puccini). Im gleichen Jahr springt er in Rom für Nicola Rossi-Lemeni ein und interpretiert die Rolle des Procida (*Les Vêpres siciliennes*, Die sizilianische Vesper, Verdi). Mario Labroca hört ihn und engagiert ihn an die Fenice in Venedig, wo er nach und nach fast alle bedeutenden Rollen seines Faches singt. Die Venezianer sind von der Farbe, der Vitalität und dem Reichtum seiner Stimme begeistert, während Raimondi selbst in immer stärkerem Maß Angst vor Bühnenauftritten bekommt. Er weiß, daß sein Spiel mit seiner Stimme nicht mithalten kann. Als Fünfundzwanzigjähriger nimmt er bei dem Regisseur Piero Faggioni Unterricht. Schon kurze Zeit später wird er von allen wichtigen italienischen Bühnen eingeladen. 1964–69 singt er an der Fenice in Venedig Rollen wie den Mephisto (*Faust*, Gounod) oder den Figaro (*Le nozze di Figaro*, Die Hochzeit des Figaro, Mozart); 1968 debütiert er als Timur (*Turandot*, Puccini) an der Scala. Zwei Jahre später debütiert er in *Ernani* (Verdi) an der Met, der Beginn seiner internationalen Karriere. Er gibt Gastspiele in München, Verona, am Covent Garden (1972), Hamburg (1976), Paris (1979), Genf (1983), Pesaro (1984). Er setzt sich als Don Giovanni (Mozart), den er in Glyndebourne 1969 zum ersten Mal singt, auf allen wichtigen Bühnen durch und erarbeitet die Rolle mit so verschiedenartigen Regisseuren wie Franco Enriquez, Wolfgang Rennert, Maurice Béjart; er übernimmt die Rolle auch bei der Verfilmung der Oper von

Joseph Losey (1979). Herbert von Karajan rät ihm, mehr Gewicht auf die lyrische, farbige Seite seiner Stimme zu legen als auf bloße Kraft und Energie. In Rollen wie Don Carlos, Zaccaria (*Nabucco*), Sparafucile (*Rigoletto*), Banquo (*Macbeth*, alle Verdi), Basilio (*Il barbiere di Siviglia*, Der Barbier von Sevilla, Rossini), Arkel (*Pelléas et Mélisande*, Debussy), Orovesco (*Norma*, Bellini), Don Quichote (Massenet) und Escamillo (*Carmen*, Bizet), den er 1984 bei der Verfilmung der Oper von Francesco Rosi verkörpert, setzt er sich als der wichtigste italienische lyrische Baß seiner Generation durch. An der Pariser Oper sowie an der Scala und in dem Film von Andrzej Zulawski (1989) interpretiert er einen aufgewühlten und aufwühlenden Boris Godunow (Mussorgskij). An der Scala, bei den Festspielen von Pesaro und an der Pariser Oper wirkt er an dem Versuch mit, vergessene Opern Gioacchino Rossinis wiederzubeleben (*Mosè in Egitto*, Moses in Ägypten, *Viaggio a Reims*, Reise nach Reims). 1986 tritt er in Nancy zum ersten Mal als Regisseur auf (*Don Giovanni*). Im gleichen Jahr interpretiert er in Genf zum ersten Mal die Rolle des Falstaff (Verdi).

Ramey, Samuel
Amerikanischer Bass-Bariton, geb. 28. 3. 1942 Colby (Kan.).
Er studiert bei Arthur Newman an der Universität von Wichita (Kansas) und perfektioniert sich anschließend bei Armen Boyajian in New York. 1973 debütiert er in *Carmen* (Bizet) an der New York City Oper; an diesem Haus spielt sich der wesentliche Teil seiner Karriere ab. Er singt hier die großen italienischen und Mozart-Rollen seines Faches, die keine allzu dunkle Färbung erfordern; in *Don Giovanni* (Mozart) allerdings singt er zuerst den Komtur, dann den Masetto und erst dann die Titelrolle. In der Folge wird er von den wichtigsten amerikanischen Bühnen eingeladen (u. a. Philadelphia, Houston und Boston). In Europa debütiert er während des Maggio Musicale Fiorentino. Er nimmt auch an den Festspielen von Glyndebourne teil (1976 Figaro, *Le nozze di Figaro*, Figaros Hochzeit, Mozart; 1977 Nick Shadow, *The Rake's Progress*, Der Wüstling, Strawinsky). In Hamburg debütiert er 1978 als Arkel (*Pelléas et Mélisande*, Debussy), in Aix-en-Provence in *Semiramide* (Rossini), an der Scala, in Wien (1981) und am Covent Garden (1982) als Figaro und in Paris in *Mosè in Egitto* (Moses in Ägypten, Rossini). Für sein Debüt an der Met wählt er 1984 die Rolle des Argante (*Rinaldo*, Händel). Er nimmt regelmäßig an den Rossini-Festspielen in Pesaro teil. 1987 interpretiert er in Salzburg aus Anlaß der Zweihundertjahrfeier der Uraufführung des *Don Giovanni* unter Herbert von Karajan die Titelrolle.

Ramin, Günther Werner Hans
Deutscher Organist, Chorleiter und Dirigent, geb. 15. 10. 1898 Karlsruhe, gest. 27. 2. 1956 Leipzig.
Als Sechsjähriger singt er und spielt Klavier. Die Orgel fasziniert ihn bereits. Als Zehnjähriger wohnt er in Leipzig einer Aufführung der Matthäus-Passion von Johann Sebastian Bach unter der Leitung von Karl Straube bei; die Aufführung wird für ihn zu einer Offenbarung. 1910 wird er Thomaner, verläßt jedoch die Schule auf den Rat Straubes hin 1914 wieder, um am Leipziger Konservatorium bei Karl Straube Orgel, bei Robert Teichmüller Klavier und bei Stephan Krehl Komposition und Musiktheorie zu studieren. Schon früh wird er Straubes Stellvertreter als Thomasorganist. Während des Ersten Weltkrieges ist er Soldat. Nach dem Krieg wird er 1918 einstimmig zum Thomasorganisten ernannt. 1921 wechselt er als Organist zum Gewandhaus und wird gleichzeitig Professor für Orgel am Konservatorium in Leipzig. Ab dieser Zeit gibt er in ganz Deutschland regelmäßig Konzerte. Hans Henny Jahnn führt ihn in den Bau von Barockorgeln ein und ermöglicht es ihm,

auf der Schnitger-Orgel in der Hamburger Jacobikirche zu spielen, was seine weitere Entwicklung als Organist, vor allem aber seine Auseinandersetzung mit dem Bachschen Orgelwerk entscheidend beeinflußt. Seine Interpretationskurse ziehen zahlreiche junge Organisten wie z.B. Helmut Walcha an. Nach und nach beschäftigt sich Ramin auch mit dem Cembalo und dem Clavichord. Als Chorleiter dirigiert Ramin den Dresdner Lehrergesangsverein (1925–35), den Gewandhauschor (1933–34 und 1945-51) und den Berliner Philharmonischen Chor (1935–43). 1939 legt Karl Straube aus Protest gegen das Naziregime sein Amt als Thomaskantor nieder; 1940 akzeptiert Ramin, dessen Nachfolger zu werden, was zum Zerwürfnis mit Straube führt. Ramin selbst bekommt Schwierigkeiten mit den Machthabern und führt gegen deren Willen die Bachschen Werke auf, selbst noch unter dem Bombenhagel, der Leipzig zerstört. Nach dem Zweiten Weltkrieg baut er den Thomaschor wieder auf und führt ihn zu alter Größe. Als Thomaskantor leitet er 1950, 1953 und 1955 die Deutschen Bachfeste. 1952 führt er als erster die originalen Versionen des *Magnificat* und der *Johannes-Passion* von Johann Sebastian Bach auf. Zu seinen zahlreichen Schülern gehören Peter Schreier und Karl Richter.
W: *Gedanken zur Klärung des Orgelproblems* (Kassel 1929).

Rampal, Jean-Pierre Louis
Französischer Flötist, geb. 7.1. 1922 Marseille.
Sein Vater ist Professor für Flöte am Konservatorium in Marseille und erteilt ihm ersten Flötenunterricht. Neben der Musik studiert er Physik, Chemie und Medizin. Am Pariser Konservatorium erhält er in der Klasse von Gaston Crunelle einen 1. Preis und entscheidet sich endgültig für eine musikalische Karriere. 1945 gehört er zu den Gründungsmitgliedern des Quintette à Vent Français; 1955 ruft er mit anderen das Ensemble Baroque de Paris ins Leben. Mit den beiden Formationen trägt er entscheidend zum Wiederaufleben der Barockliteratur für Blasinstrumente bei. Es ist nicht zuletzt Rampals Verdienst, daß die Flöte, die zwei Jahrhunderte lang als Solo-Instrument eher ein Schattendasein führte, wieder in altem Glanz erstrahlt. 1969 wird er am Pariser Konservatorium zum Professor für Flöte ernannt (bis 1980); jedes Jahr gibt er an der Sommerakademie von Nizza Kurse. Sein Einfluß auf Schüler aus aller Welt ist nicht zu unterschätzen.
Er besitzt eine Flöte aus Gold, die früher dem Grafen de Rémusat gehörte und die sich durch einen besonders reinen Ton auszeichnet. Seit einiger Zeit beschäftigt er sich auch mit Orchesterleitung; so wird er seit 1981 regelmäßig vom Scottish Chamber Orchestra eingeladen.
Sein weitgespanntes Repertoire reicht von der Barockliteratur bis zur Musik unserer Zeit. Auch seine zahlreichen Schallplatteneinspielungen spiegeln sein reiches Repertoire wider. Zahlreiche Komponisten widmen ihm Kompositionen: Henry Barraud (*Konzert für Flöte und Orchester*, 1964), Charles Chaynes (*Illuminations pour la flûte de Jade*, Illuminationen für Jadeflöte, 1960), Jean Françaix (*Konzert für Flöte und Orchester*, 1967), André Jolivet (*Konzert für Flöte und Orchester*, 1950 und *Konzertsuite*, 1966), Jean Martinon (*Konzert für Flöte und Orchester*, 1971), Serge Nigg (*Konzert für Flöte und Orchester*, 1961), Francis Poulenc (*Sonate für Flöte und Piano*, 1957), Jean Rivier (*Konzert für Flöte und Orchester*, 1956) und Antoine Tisné (*Konzert für Flöte und Orchester*, 1965). Daneben zeichnet er für viele Uraufführungen verantwortlich, darunter für die von *2 Interludes* von Jacques Ibert (1949), *Sonate für Flöte und Cembalo* von André Jolivet (1950) und für die der *4 Improvisationen* von Maurice Ohana (1962).
W: *La Flûte* (Paris 1978).

Randová, Eva
Tschechoslowakische Mezzosopranistin, geb. 31. 12. 1936 Kolin.
Sie schlägt zuerst eine naturwissenschaftliche Laufbahn ein, bevor sie bei J. Svobová am Konservatorium Ústí Gesang studiert und dann an das Konservatorium von Prag wechselt. Sie debütiert an der Oper von Ostrava (Ostrau) und interpretiert die wichtigsten Rollen ihres Faches (Eboli, *Don Carlos*, Amneris, *Aida*, Azucena, *Il trovatore*, Der Troubadour, alle Verdi, Ortrud, *Lohengrin*, Venus, *Tannhäuser*, beide Wagner, Octavian, *Der Rosenkavalier*, R. Strauss, Carmen, Bizet, Die Hexe und Die fremde Fürstin, beide *Rusalka*, Dvořák). Ab 1969 singt sie an der Prager Staatsoper. Erste Auslandsengagements führen sie nach Nürnberg und Stuttgart, wo sie 1971 Ensemblemitglied wird. 1976 wird sie vom baden-württembergischen Kultusministerium zur Kammersängerin ernannt. Berlin, Wien, Hamburg, München, London und viele andere wichtige Bühnen laden sie zu Gastspielen ein. Seit 1973 tritt sie in Bayreuth auf und interpretiert hier die Rollen der Kundry (*Parsifal*), Fricka, Gutrune und Waltraute (alle *Der Ring des Nibelungen*, beide Wagner). Ab 1973 gastiert sie ebenfalls in Salzburg, wo sie die Floßhilde (*Götterdämmerung*, Wagner), Eboli und Amneris singt. An der Pariser Oper debütiert sie 1975 als Kundry; 1982 singt sie hier die Ortrud (*Lohengrin*, Wagner) und 1984 die Venus. An der Met debütiert sie 1980.

Ránki, Deszö
Ungarischer Pianist, geb. 8. 9. 1951 Budapest.
Er beginnt als Achtjähriger mit dem Studium der Musik und tritt als Dreizehnjähriger in das Béla-Bartók-Konservatorium in Budapest ein. Er gewinnt drei internationale Wettbewerbe (1965, 67, 69) und wird von der Akademie Franz Liszt in Budapest aufgenommen, wo er bei Pál Kadosa und Ferenc Rados studiert. 1969 gewinnt er beim Robert-Schumann-Wettbewerb in Zwickau den 1. Preis, der Beginn seiner Karriere. Von der Kritik und den Kollegen schnell anerkannt, besucht er die Kurse von Géza Anda in Zürich. Er springt in Mailand für den erkrankten Arthur Rubinstein und in Menton für Arturo Benedetti Michelangeli ein und tritt als Solist schon früh mit den bedeutendsten Orchestern auf. 1973 wird er zum Assistenten von Pál Kadosa ernannt; drei Jahre später wird er an der Budapester Musikakademie Franz Liszt Professor für Klavier. 1973 wird er mit dem Franz-Liszt-Preis und 1978 mit dem Kossuth-Preis ausgezeichnet. Sein weitgespanntes Repertoire reicht von Johann Sebastian Bach bis zu Béla Bartók. 1984 verwirklicht er die Uraufführung von Zsolt Durkós *Konzert für Klavier und Orchester*.

Rapf, Kurt
Österreichischer Organist, Dirigent und Komponist, geb. 12. 2. 1922 Wien.
Er studiert 1936–42 an der Musikakademie seiner Heimatstadt Komposition, Orgel und Klavier. Nach dem Zweiten Weltkrieg gründet er 1945 das Collegium Musicum Wien und leitet es bis zu seiner Auflösung im Jahre 1956. 1948 wird er Assistent von Hans Knappertsbusch an der Zürcher Oper. Ein Jahr später kehrt er nach Wien zurück und nimmt an der dortigen Musikakademie seine Unterrichtstätigkeit auf. Im gleichen Jahr beginnt er seine Solistenlaufbahn. 1953–60 ist er in Innsbruck als Musikdirektor tätig. 1970 wird er von der Stadt Wien zum Musikreferenten ernannt. 1970–83 ist er Präsident des Österreichischen Komponistenbundes. Als Organist beschäftigt er sich vor allem mit der österreichischen und deutschen romantischen und postromantischen Literatur.

Raphael, Ghylaine
Französische Sopranistin, geb. 19. 4. 1952 Bühl (Baden).
Sie beginnt ihre musikalische Ausbildung am Konservatorium von Rouen

und wechselt dann an das Konservatorium von Paris in die Klasse von Janine Micheau und anschließend in die von Andréa Guiot, wo sie einen 1. Preis für Gesang erhält. Anschließend studiert sie an der Schule der Pariser Oper bei Elisabeth Grümmer. 1981 wird sie Mitglied der Basler Oper, wo sie vor allem als Gilda (*Rigoletto*, Verdi), Konstanze (*Die Entführung aus dem Serail*, Mozart), Juliette (*Roméo et Juliette*, Gounod) und Manon (Massenet) glänzt. 1985 interpretiert sie an der Pariser Opéra-Comique und in Aix-en-Provence (1985–86) die Zerbinetta (*Ariadne auf Naxos*, R. Strauss), 1985 an der Wiener Volksoper die Konstanze und im gleichen Jahr in Hamburg die Königin der Nacht (*Die Zauberflöte*, Mozart); als Manon gastiert sie 1986 in München und 1987 in Toulouse. 1988 interpretiert sie in Montpellier die Rolle der Margarethe von Valois (*Les Huguenots*, Die Hugenotten, Meyerbeer).

Rattle, Simon
Englischer Dirigent, geb. 19. 1. 1955 Liverpool.
Er studiert 1971–74 in London an der Royal Academy of Music Schlagzeug und wird Mitglied des Royal Liverpool Philharmonic Orchestra. 1970 gründet er die Liverpool Sinfonia, die er bis 1972 leitet. 1973 gewinnt er beim internationalen John-Player-Wettbewerb den 1. Preis. In den zwei darauffolgenden Jahren ist er als Chefassistent am Symphonie-Orchester von Bournemouth und an der dortigen Sinfonietta tätig. 1975 debütiert er bei der Glyndebourne Touring Opera, die in der Wintersaison jungen Künstlern die Möglichkeit zum Auftritt bietet, bevor er 1977 von den Festspielen selbst eingeladen wird. Im gleichen Jahr wird er zum Chefassistenten des BBC Scottish Orchestra und des Royal Liverpool Philharmonic Orchestra ernannt. 1980 wird er 1. Kapellmeister des City of Birmingham Symphony Orchestra. 1981–83 ist er künstlerischer Direktor der South Bank Summer Music-Festspiele in London. Wir verdanken ihm zahlreiche Uraufführungen, darunter Werke von George Benjamin (*At first Light*, Im ersten Licht, 1982), Alexander Goehr (*Eve Dreams in Paradise*, Eva träumt im Paradies, 1989), Oliver Knussen (*Coursing*, Hetzjagd, 1979), Jonathan Lloyd (*Symphonie Nr. 1*, 1989), Peter Maxwell Davies (*Symphonie Nr. 1*, 1978), Detlev Müller-Siemens (*Under Neonlight 1*, Im Neonlicht I, 1981) und Toru Takemitsu (*Through the Rainbow*, Durch den Regenbogen, 1984 und *Riverrun*, Flußlauf, 1985).

Raucheisen, Michael
Deutscher Pianist, geb. 10. 2. 1889 Rain am Lech, gest. 27. 5. 1984 Beatenberg (Schweiz).
Er wird als Streicher ausgebildet und beginnt in München als Geiger und Bratscher des Hoforchesters und der Münchner Kammermusik-Vereinigung zu arbeiten (1906–11). Gleichzeitig bildet er sich an der Akademie für Tonkunst in München weiter und studiert bei Felix Mottl und Hans Bußmeier Klavier, bei Ludwig Felix Maier Orgel, Ludwig Thuille und Theodor Kilian Violine sowie bei Ludwig Vollnhals Kammermusik. 1908 wird er zum stellvertretenden Organisten der Michaels-Hofkirche ernannt. 1912 gründet er am Volkstheater München die Musikalischen Morgenaufführungen und tritt hier bis 1920 als Solist und Begleiter auf. Vor allem als Instrumental- und Liedbegleiter leistet er Außerordentliches. Er ist Partner von u. a. Fritz Kreisler und zahlreichen Sängern wie Julius Patzak, Hans Hotter, Peter Anders, Elisabeth Schwarzkopf, Erna Berger, Tiana Lemnitz, Maria Müller, Rudolf Bockelmann und Maria Ivogün, die er 1933 in zweiter Ehe heiratet. 1920 übersiedelt er nach Berlin. 1940–45 ist er künstlerischer Leiter der Abteilungen Lied und Kammermusik am Reichssender Berlin. Nach dem Ende des Zweiten Weltkriegs pausiert er gezwungenermaßen, bis er in den 50er Jahren seine Karriere als Pianist wieder aufnehmen kann.

Ravier, Charles
Französischer Dirigent, Chorleiter und Komponist, geb. 5. 6. 1932 Savigny-sur-Grosne, gest. 6. 3. 1984 Paris.
Er erhält zunächst privat Geigenunterricht und tritt dann in das Konservatorium von Lyon ein, wo er mit verschiedenen Preisen ausgezeichnet wird (für Bratsche, Harmonielehre, Fuge und Kontrapunkt). Nach dem Konservatorium bildet er sich allein fort und beschäftigt sich mit der Polyphonie des 17. Jahrhunderts. Er gründet das Ensemble Polyphonique, das sich der Musik des Mittelalters und der Renaissance verschreibt und Werke von Don Carlo Gesualdo, Guillaume de Machaut, Pierre de la Rue, Johannes Ockeghem und die *El Cancionero* (eine spanische Schule des 15. und 16. Jahrhunderts) aufführt, ohne deswegen die Musik des 20. Jahrhunderts zu vernachlässigen. Ravier leitet die Uraufführungen folgender Werke: *Orden* (Arrigo), *Antiennes à la Vierge* (Antiphone für die Jungfrau, Ballif), *Requiem* (Bussotti).

Raytscheff, Russlan Petrov (= Ruslan Petrov Rajčev)
Bulgarischer Dirigent, geb. 5. Mai 1924 Mailand.
Der Sohn des Sängers Petr Rajčev studiert am Mailänder Konservatorium bei Carlo Onati Klavier und geht dann nach Wien zu Leopold Reichwein, Emil von Sauer und Karl Böhm (Studienabschluß 1944). Er beginnt an der Wiener Oper als Solorepetitor (1942–43) und geht dann als 1. Kapellmeister an die Oper von Königsberg (1943–44). Nach Kriegsende kehrt er nach Bulgarien zurück und wird 1946 zum Chefdirigenten der Oper von Varna ernannt. 1948 wechselt er an die Sofioter Oper, wo er nacheinander 2. Kapellmeister, 1. Kapellmeister und künstlerischer Leiter (1978–81) ist. 1968 übernimmt er gleichzeitig die Leitung der Staatsphilharmonie von Plovdiv. 1974–78 ist er außerdem als Generalmusikdirektor des Schleswig-Holsteinischen Landestheaters tätig. 1981–89 ist er Musikdirektor der Sofioter Oper; er gibt zahlreiche Gastspiele im Ausland und ist ständiger Gast der Pariser Oper, der Mailänder Scala und der Wiener Oper. 1991 wird er zum Generalmusikdirektor der Mecklenburgischen Staatskapelle in Schwerin ernannt. Sein Repertoire umfaßt mehr als siebzig abendfüllende Opern.

Reach, Pierre
Französischer Pianist, geb. 14. 1. 1948 Neuilly.
Er studiert am Pariser Konservatorium, wo er auch die Meisterklassen besucht. Zu seinen Lehrern zählen Marcel Beaufils, Germaine Devèze, Yvonne Lefébure, Yvonne Loriod, Jacques Février und Jean Hubeau. Er erhält zahlreiche Auszeichnungen; in Royan gewinnt er 1971 beim Olivier-Messiaen-Wettbewerb den 1. Preis. Pierre Reach setzt seine Ausbildung bei Maria Curcio Diamand, einer Schülerin Artur Schnabels, fort. Neben dem klassischen Repertoire interessiert er sich auch für vergessene Werke, so für Charles-Valentin Alkans *Große Sonate* op. 33, die er zu neuem Leben erweckt.

Redel, Kurt
Deutscher Dirigent und Flötist, geb. 8. 10. 1918 Breslau.
Er studiert am Konservatorium von Breslau Orchesterleitung, Flöte, Violine, Komposition und Musikgeschichte. Er beginnt seine Laufbahn 1938 als Soloflötist der Meininger Landeskapelle. Als Zwanzigjähriger wird er Professor für Flöte am Mozarteum Salzburg. 1941 wird er vom Bayerischen Staatsorchester als Soloflötist verpflichtet. 1943 wechselt er an die Musikakademie Detmold (bis 1956). Er nimmt an zahlreichen Sommerakademien zur alten und neuen Musik teil. 1952 gründet er in München das Pro-Arte-Orchester, mit dem er weltweit als Dirigent und Flötist Gastspiele gibt. Er ist Gründer und künstlerischer Leiter der Osterfestspiele in Lourdes sowie der Nuits Musicales in Châteauneuf-du-Pape. Kurt Redel

zeichnet auch für zahlreiche Instrumentierungen verantwortlich und komponiert. Sein Sohn, der Komponist und Schlagzeuger Martin Christoph Redel (geb. 30. 1. 1937 Detmold), gründet 1974 in Detmold das Ensemble für zeitgenössische Musik Kontraste.

Rehfuss, Heinz Julius
Schweizer Bariton, geb. 25. 5. 1917 Frankfurt, gest. 27. 6. 1988 Buffalo (N.Y.).
Sein Vater Carl Rehfuss (1855–1946) ist als lyrischer Bariton, Konzertsänger und Pädagoge tätig; seine Mutter Florentine Rehfuss-Peichert übt als Altistin eine rege Konzerttätigkeit aus. Er verbringt seine Jugend in Neuchâtel, wo sein Vater am Konservatorium unterrichtet, bevor er seine eigene Gesangsschule gründet. Er wird von seinem Vater ausgebildet und debütiert 1938 am Stadttheater von Biel-Solothurn als Bariton und als Bühnenbildner. 1939 wechselt er nach Luzern und 1940 an die Zürcher Oper, wo er insgesamt fast achtzig Rollen interpretiert. Ab 1952 wird er von den wichtigsten europäischen Bühnen wie der Scala, der Pariser, Münchner, Wiener Oper, dem Liceo, der Oper von Monte Carlo, dem Maggio Musicale Fiorentino, den Festspielen von Edinburgh sowie der Biennale von Venedig eingeladen. 1961 nimmt er in Venedig an der Uraufführung von Luigi Nonos *Intolleranza 60* teil. Auch als Bach-Interpret wird er bekannt. Er wirkt an zahlreichen Uraufführungen mit, wird aber vor allem als idealer Interpret des Don Giovanni (Mozart) und des Boris Godunow (Mussorgski) bekannt. Seit 1940 lebt er in Zürich. Als Pädagoge wirkt er nacheinander an der Sommerakademie in Dartington, bei den Darmstädter Ferienkursen für Neue Musik, am Konservatorium in Montreal, an der State University of New York in Buffalo sowie an der Eastman School of Music in Rochester.

Rehkemper, Heinrich
Deutscher Bariton, geb. 23. 5. 1894 Schwerte, gest. 30. 12. 1949 München.
Er studiert am Konservatorium von Hagen und geht dann über Düsseldorf an die Münchner Musikakademie. 1919 debütiert er in Coburg. 1924–26 ist er an der Stuttgarter Oper tätig, bevor er 1926 nach München wechselt. Er zeichnet sich vor allem als Mozart-Interpret aus (Don Giovanni, Figaro, Papageno, *Die Zauberflöte* und Guglielmo, *Così fan tutte*), aber auch als Wolfram (*Tannhäuser*) und Amfortas (*Parsifal*, beide Wagner). Er arbeitet mit den wichtigsten Dirigenten seiner Zeit wie Richard Strauss, Wilhelm Furtwängler, Otto Klemperer, Bruno Walter und Hans Knappertsbusch zusammen. Auch als Liedsänger ist er erfolgreich. 1940–45 unterrichtet er am Mozarteum in Salzburg.

Reichert, Manfred
Deutscher Dirigent, geb. 5. 5. 1942 Karlsruhe.
Er studiert an der Hochschule für Musik in Karlsruhe (1961–65) und geht dann an die Universität Freiburg/Br., wo er Musikwissenschaft studiert (1966–67). 1967–83 ist er Musikredakteur am Südwestfunk Baden-Baden. 1973 gründet er das Ensemble 13 und übernimmt dessen Leitung; mit dieser Formation ruft er in Karlsruhe die Festspiele *Wintermusik* und *Musik auf dem 49ten* ins Leben. 1983–87 ist er dort auch als künstlerischer Leiter der Europäischen Kulturtage Karlsruhe tätig. Seit 1984 unterrichtet er an der dortigen Hochschule für Musik. Er zeichnet für Uraufführungen von Werken von Hans-Jürgen von Bose (*Variationen für Streicher*, 1981), Detlev Müller-Siemens (*Variationen über einen Ländler von Schubert*, 1978) und Wolfgang Rihm (*Chiffre-Zyklus*, 1988, *Gejagte Form*, 1989) verantwortlich.

Reinberger, Jiří
Tschechoslowakischer Organist und Komponist, geb. 14.4. 1914 Brno (Brünn), gest. 28.5. 1977 Prag.
Er studiert am Konservatorium von Brno in der Orgelklasse von Eduard Trägler (Diplom 1932) und in der Kompositionsklasse bei Vilém Petržełka. Am Prager Konservatorium studiert er bei Vitězslav Novák Komposition und bei Bedřich Wiedermann Orgel. Anschließend geht er nach Leipzig und perfektioniert sich bei Karl Straube und Günther Ramin. Neben seiner Solistentätigkeit tritt er besonders als Pädagoge in Erscheinung: 1945–51 ist er Professor für Orgel am Konservatorium von Prag, 1951–71 zunächst Dozent und anschließend Professor an der Prager Kunstakademie. Er erweckt vergessene Werke tschechischer Komponisten zu neuem Leben und setzt sich auch für die zeitgenössische Musik seiner Heimat ein (Uraufführungen von Werken von Aloys Hába, Jan Hanuš, Miroslav Kabeláč, Miloš Sokola). Auf dem Gebiet des Orgelbaus wird er als Fachmann u.a. in Moskau, Leningrad, Budapest, Bukarest tätig. Wir verdanken ihm Symphonien sowie Werke für Orgel und Orchester.

Reinemann, Udo
Deutscher Bariton, geb. 6.8. 1942 Labbeck.
Er wird zuerst als technischer Zeichner ausgebildet (1957–62), während er gleichzeitig bei Geiger-Lindner in Krefeld Klavier- und Gesangs-Unterricht erhält. Anschließend perfektioniert er sich an der Wiener Musikakademie und am Mozarteum Salzburg vor allem bei Erich Werba und Wolfgang Steinbrück (1962–67). 1967 erhält er in Wien einen 1. Preis. Im gleichen Jahr gibt er in Bordeaux sein erstes Konzert. 1970 gewinnt er in Paris den Preis der Fondation Sacha Schneider und eine Medaille beim internationalen Wettbewerb in Genf. Er schließt seine Ausbildung in Paris bei Germaine Lubin und Ré Koster und in London bei Otakar Kraus ab. Als Lied-, Opern- und Oratoriensänger wird er schnell bekannt. 1975 gründet er zusammen mit Anna-Maria Miranda, Clara Wirtz und Jean-Claude Orliac das Vokalensemble Lieder-Quartett. 1978 nimmt er an der Uraufführung von Adrienne Clostres Oper *Nietzsche* und ein Jahr später an der von Nguyen Thien Daos *My Chau Trong Thuy* teil. Er verwirklicht zahlreiche Uraufführungen von Liedern von Henri Sauguet, Xavier Darasse und Gérard Victory. Reinemann realisiert als erster Schallplatteneinspielungen der nachgelassenen Lieder von Hugo Wolff und der Lieder von Clara Schumann. 1987 gründet er das Ensemble Utrechter Vokalsolisten.

Reiner, Fritz
Amerikanischer Dirigent ungarischer Herkunft, geb. 19.12. 1888 Budapest, gest. 15.11. 1963 New York.
Er studiert in Budapest bei István Thomán Klavier und bei Hans Kößler Komposition sowie an der dortigen Universität Jura. Als Dreizehnjähriger tritt er zum ersten Mal als Pianist öffentlich auf. Als Sechzehnjähriger wird er vom Konservatorium in Budapest diplomiert. 1909 debütiert er an der Komischen Oper in Budapest als Korrepetitor. 1910 wird er Kapellmeister am Nationaltheater von Ljubljana; 1911–14 arbeitet er in der gleichen Funktion an der Budapester Volksoper und geht dann als Kapellmeister und späterer Direktor an die Hofoper Dresden. 1922 wandert er in die Vereinigten Staaten aus, wo er das Symphonie-Orchester von Cincinnati leitet (bis 1931). 1931 übernimmt er am Curtis Institut in Philadelphia die Abteilungen für Orchester und Oper (bis 1941). 1938–48 ist er Direktor des Symphonie-Orchesters von Pittsburgh. 1949–53 dirigiert er ständig an der Met, bevor er zum Chefdirigenten des Symphonie-Orchesters von Chicago ernannt wird (bis 1963). Reiner, der aufgrund seines herrischen Charakters von den Orchestern gefürchtet wird, zeichnet sich besonders in den

Werken von Richard Strauss, Béla Bartók und Richard Wagner aus. Wir verdanken ihm die Uraufführungen der Oper *Amelia Goes to the Ball* (Amelia geht zum Ball, 1937) von Gian Carlo Menotti, der zweiten Suite der *Antiche arie e danze per lauto* (Antike Lieder und Tänze für Laute) von Ottorino Respighi (1924), der *Hymn to Apollo* von Arthur Bliss (1927), die ihm gewidmet ist, und des *Konzertes für zwei Klaviere und Orchester* von Béla Bartók (1943).

Reinhardt, Rolf
Deutscher Dirigent, geb. 3. 2. 1927 Heidelberg.
Er ist in seiner Heimatstadt Schüler von Wolfgang Fortner. 1945 debütiert er als Dirigent an der Stuttgarter Oper. Anschließend arbeitet er in Darmstadt. 1954–57 gastiert er regelmäßig in Bayreuth. 1958 wird er zum Generalmusikdirektor am Pfalztheater in Kaiserslautern ernannt. 1959–68 arbeitet er in der gleichen Funktion am Theater von Trier. Er unterrichtet an der Hochschule für Musik in Frankfurt/M. Reinhardt ist Gründungsmitglied des Collegium Aureum, das er in der Anfangszeit auch leitet.

Reinig, Maria
Österreichische Sopranistin, geb. 7. 8. 1903 Wien, gest. 11. 3. 1991 Deggendorf.
Sie arbeitet zunächst als Bankangestellte und studiert Architektur, bevor sie sich erst spät dem Gesangsstudium zuwendet und 1928–30 an der Musikakademie in Wien studiert. Sie debütiert 1930 an der dortigen Staatsoper als Soubrette (bis 1931), arbeitet 1933–35 in Darmstadt, verbringt die darauffolgende Saison in München und kehrt dann an die Staatsoper Wien zurück (1937–58). Bei den Salzburger Festspielen tritt sie 1937–41 auf und interpretiert dort die Eva (*Die Meistersinger von Nürnberg*, Wagner, unter der Leitung von Arturo Toscanini), Euryanthe (v. Weber), Elisabeth (*Tannhäuser*, Wagner), die Gräfin (*Le nozze di Figaro*, Figaros Hochzeit) und Pamina (*Die Zauberflöte*, beide Mozart). Am Covent Garden singt sie 1938 die Elsa und an der Met die Ariadne (*Ariadne auf Naxos*), doch ihre bedeutendste Rolle ist wohl die Marschallin im *Rosenkavalier* (beide R. Strauss). Die Stabilität ihrer Stimme erlaubt ihr, bis 1958 aufzutreten. Seit 1962 unterrichtet sie am Mozarteum Salzburg.

Remoortel, Edouard van
Belgischer Dirigent, geb. 30. 5. 1926 Brüssel, gest. 16. 5. 1977 Paris.
Er studiert am Brüsseler Konservatorium Harmonielehre, Violoncello und Kammermusik (1945–49). Zu seinen Professoren zählen Gaspar Cassadó und Alceo Galliera. Anschließend studiert er am Konservatorium von Genf Orchesterleitung und wird Privatschüler von Josef Krips. Nach seinem Debüt in Genf gastiert er bereits ab 1951 bei den Salzburger Festspielen; mit dem Orchester des Mozarteums unternimmt er ausgedehnte Gastspielreisen. 1958–62 ist er als Musikdirektor des Symphonie-Orchesters von Saint Louis tätig und 1964–70 als musikalischer Berater des Nationalorchesters der Oper von Monte Carlo. Ab 1974 ist er principal guest conductor des Symphonie-Orchesters von Mexiko.

Renaud, Maurice (= Maurice Cronéan)
Französischer Bariton, geb. 24. 7. 1861 Bordeaux, gest. 16. 10. 1933 Paris.
Er studiert an den Konservatorien von Paris und Brüssel und debütiert 1883 am Théâtre Royal de la Monnaie in Brüssel, zu dessen Ensemble er bis 1890 gehört. Er interpretiert dort bei den Uraufführungen von *Sigurd* (1884) den Hohepriester und bei der von *Salammbô* (1890, beide Reyer) den Hamilcar. 1890 geht er an die Opéra-Comique nach Paris; ein Jahr später wechselt er an die dortige Oper und bleibt bis 1902. So ist er jeweils der erste französische Telramund (*Lohengrin*), Alberich (*Der Ring des Nibelungen*), Beckmesser (*Die Meistersinger von Nürn-*

berg, alle Wagner) und Choröbus (*Les Troyens*, Die Trojaner, Berlioz). Er singt an der Scala, am Covent Garden (1897–1904) und in Monte Carlo (1891–1907), wo er 1902 bei der Uraufführung von *Le Jongleur de Notre Dame* (Der Gaukler unserer lieben Frau) den Boniface und 1905 den Chérubin (beide Massenet) interpretiert. 1906–1910 gehört er zum Ensemble der Manhattan Opera und geht 1910–12 zur Met. 1899 gastiert er in Sankt Petersburg und gibt in der Folge Gastspiele in Berlin, Chicago und Boston, wobei er in den Vereinigten Staaten die Rolle des Athanael (*Thaïs*, Massenet) als erster interpretiert. 1912 kehrt er nach Frankreich zurück und widmet sich pädagogischen Aufgaben. Er ist nicht nur ein berühmter Don Giovanni (Mozart), sondern zeichnet sich besonders im großen französischen Repertoire und als Rigoletto (Verdi) sowie als Wolfram (*Tannhäuser*, Wagner) aus.

Rendall, David
Englischer Tenor, geb. 11.10. 1948 London.
Er studiert in London an der Royal Academy of Music und in Salzburg und debütiert 1974 am Covent Garden in einer Aufführung des *Rosenkavalier* (R. Strauss). Am gleichen Haus interpretiert er kurz darauf den Don Ottavio (*Don Giovanni*, Mozart). In der Folge interpretiert er dort u. a. den Almaviva (*Il barbiere di Siviglia*, Der Barbier von Sevilla, Rossini), Rudolf (*La Bohème*, Puccini), Des Grieux (*Manon Lescaut*, Puccini). 1975 debütiert er als Ferrando (*Così fan tutte*, Mozart) in Glyndebourne und auch an der English National Opera, wo er den Alfredo (*La Traviata*), Herzog von Mantua (*Rigoletto*, beide Verdi), Tamino (*Die Zauberflöte*, Mozart) und den Linkerton (*Madame Butterfly*, Puccini) interpretiert. 1978 singt er an der New York City Opera den Rudolph; zwei Jahre später debütiert er als Ernesto (*Don Pasquale*, Donizetti) an der Met. In der Folge interpretiert er hier den Don Ottavio (*Don Giovanni*), Belmonte (*Die Entführung aus dem Serail*), Ferrando (*Così fan tutte*), Idomeneo, Titus (*La clemenza di Tito*, alle Mozart) sowie den Lenski (*Eugen Onegin*, Tschaikowskij). Die bedeutendsten Bühnen holen ihn: u. a. Mailand, Wien, München, Hamburg, Lyon, Buenos Aires, Paris, Aix-en-Provence.

Renié, Henriette
Französische Harfenistin und Komponistin, geb. 18.11. 1875 Hamburg, gest. 1.3. 1956 Paris.
Sie studiert bei Alphonse Hasselmans am Pariser Konservatorium und erhält 1887 einen 1. Preis in Harfe. Anschließend studiert sie bei Charles F. Lenepveu und Théodore Dubois Komposition und Musiktheorie. 1901 debütiert sie bei den Concerts Lamoureux. Während ihrer aktiven Tätigkeit regt sie zahlreiche Komponisten an, für Harfe zu komponieren, darunter Gabriel Fauré, Claude Debussy und Maurice Ravel. Sie selbst komponiert ebenfalls für ihr Instrument. Henriette Renié bringt die Harfe als Solo-Instrument innerhalb von großen Symphonie-Konzerten zu neuem Ansehen. Auch als Pädagogin am Pariser Konservatorium genießt sie bei Schülern aus der ganzen Welt einen ausgezeichneten Ruf.

Renzetti, Donato
Italienischer Dirigent, geb. 30.1. 1950 Mailand.
Er studiert am Konservatorium Giuseppe Verdi in Mailand Komposition und Orchesterleitung. 1976 gewinnt er beim internationalen Gino-Marinuzzi-Wettbewerb den 2. Preis. Im gleichen Jahr besucht er die Kurse von Franco Ferrara an der Accademia Musicale Chigiana in Siena. 1978 gewinnt er beim Ernest-Ansermet-Wettbewerb in Genf die Bronzemedaille. Er wird Assistent von Claudio Abbado an der Scala. 1980 gewinnt er den Guido-Cantelli-Wettbewerb in Mailand. Im gleichen Jahr debütiert er in Salzburg mit dem *Requiem* von Giuseppe Verdi. Ein Jahr später di-

rigiert er in Verona den *Rigoletto* (ebenfalls Verdi). Die meisten italienischen Bühnen laden ihn zu Gastspielen ein. In Paris leitet er am Théâtre Musical eine Aufführung des *Macbeth* (Verdi). 1984 verwirklicht er in Turin die Uraufführung von Azio Corghis Oper *Gargantua*. 1986 wird er zum ständigen Leiter des Regionalorchesters der Toskana ernannt.

Rescigno, Nicola
Italienischer Dirigent, geboren 28. 5. 1916 New York.
Er studiert zuerst in Italien Rechtswissenschaften, genießt dann bei Ildebrando Pizzetti, Giannini und Giorgio Polacco eine fundierte musikalische Ausbildung. Während einer Amerika-Tournee des neapolitanischen Teatro San Carlo debütiert er an der Brooklyner Musikakademie. Er wirkt an der Gründung der Lyric Opera in Chicago mit und wird deren erster musikalischer Direktor (1954–56). Rescigno begleitet Maria Callas bei deren ersten amerikanischen Auftritten und wird von ihr besonders geschätzt. 1957–75 ist er musikalischer Leiter der Dallas Civic Opera und wird anschließend zu deren Generaldirektor ernannt. Seit 1978 dirigiert er auch an der Met. Bei seinen europäischen Gastspielen dirigiert er hauptsächlich das italienische Repertoire. In den Vereinigten Staaten verwirklicht er viele Erstaufführungen von Barock-Opern von Georg Friedrich Händel (*Alcina, Samson, Giulio Cesare*), Claudio Monteverdi (*L'incoronazione di Poppea*, Die Krönung der Poppea) und Antonio Vivaldi (*Orlando Furioso*). 1988 leitet er die Uraufführung von Dominick Argentos Oper *The Aspern Papers* (Die Papiere von Aspern).

Resnik, Regina
Amerikanische Altistin, geb. 30. 8. 1922 New York.
Sie studiert an der Harvard University u. a. bei Fritz Busch Musik und schließt ihr Studium bei Giuseppe Danise ab. 1942 debütiert sie an der New York City Opera als Santuzza (*Cavalleria Rusticana*, Mascagni). 1943 wird sie von der Oper in Mexico City eingeladen. 1945 debütiert sie an der Met, wo sie 1948 bei der amerikanischen Erstaufführung von *Peter Grimes* (Britten) die Rolle der Ellen Orford interpretiert. Chicago, San Francisco, London und Paris laden sie ein. 1953 singt sie bei den Bayreuther Festspielen die Sieglinde (*Die Walküre*, Wagner). In diese Zeit fällt ihre Entscheidung, die Stimmlage zu wechseln. Sie arbeitet intensiv mit Giuseppe Danise und debütiert 1956 in der Rolle der Marina (*Boris Godunow*, Mussorgskij) zum zweiten Mal, diesmal als Altistin, an der Met. Ein Jahr später feiert sie am Covent Garden in London einen überragenden Erfolg. Ab 1958 gastiert sie ständig an der Wiener Oper. 1960 triumphiert sie bei den Salzburger Festspielen als Prinzessin Eboli (*Don Carlos*, Verdi) und in Bayreuth als Frikka (*Der Ring des Nibelungen*, Wagner). Alle großen italienischen Bühnen sowie das Teatro Colón in Buenos Aires laden sie ein. 1958 nimmt sie an der Uraufführung von Samuel Barbers Oper *Vanessa* teil.

Reszké, Edouard de
Polnischer Bassist, geb. 22. 12. 1853 Warschau, gest. 25. 5. 1917 Garnek (Polen).
Er studiert in Warschau bei Ciaffei und in Italien bei Steller und Filippo Coletti und debütiert 1876 bei der französischen Erstaufführung von *Aida* (Verdi) unter der Leitung des Komponisten in der Rolle des Königs. Er wird für zwei Jahre vom Pariser Théâtre des Italiens engagiert. Anschließend entwickelt er sich zusammen mit seinem Bruder Jean zu einem der Stars der Pariser Oper, des Covent Garden (ab 1880) und der Met (ab 1884). Er tritt auch an der Scala auf, wo er 1881 bei der Uraufführung der revidierten Fassung von *Simone Boccanegra* (Verdi) den Fiesco singt. Seine markantesten Rollen sind Mephistopheles (*Faust*, Gounod), Saint-Bris (*Les Huguenots*, Die Hugenotten, Mey-

erbeer), Bruder Laurent (*Roméo et Juliette*, Gounod), Rocco (*Fidelio*, Beethoven), Leporello (*Don Giovanni*), Basilio (*Le nozze di Figaro*, Figaros Hochzeit, beide Mozart) und in späteren Jahren Sachs (*Die Meistersinger von Nürnberg*), Hagen (*Götterdämmerung*), Daland (*Der fliegende Holländer*), Der Wanderer (*Siegfried*) und Heinrich der Vogeler (*Lohengrin*, alle Wagner). 1903 zieht er sich von der Bühne zurück, versucht, als Lehrer zu arbeiten, läßt sich wieder in Polen nieder und stirbt völlig verarmt 1917.

De Reszké, Jean de (= Jan de Reszké)
Polnischer Tenor, geb. 14. 1. 1850 Warschau, gest. 3. 4. 1925 Nizza.
Der Bruder des vorher genannten studiert ebenfalls in Warschau bei Ciaffei und geht dann nach Italien zu Antonio Cotogni. Er debütiert 1874 als Bariton unter dem Pseudonym Giovanni di Reschi in Turin und interpretiert die Rolle des Alfonso (*La Favorita*, Donizetti). Im gleichen Jahr noch singt er in London den Alfonso, den Don Giovanni (Mozart) und den Valentin (*Faust*, Gounod). Er debütiert 1876 an der Pariser Oper an der Seite seines Bruders als Fra Melitone (*La forza del destino*, Die Macht des Schicksals, Verdi) und unterbricht anschließend seine Karriere, um sich bei Jean-Baptiste Sbriglia zum Tenor ausbilden zu lassen. 1879 debütiert er als Tenor in Madrid in der Rolle des Robert le Diable (Meyerbeer), ohne einen großen Erfolg zu verzeichnen. So arbeitet er zunächst hauptsächlich als Konzertsänger, bevor er 1884 bei der französischen Erstaufführung von Jules Massenets Oper *Hérodiade* an der Seite seines Bruders Edouard und seiner Schwester Josephine (1855–91) eine triumphale Rückkehr auf die Bühne feierte. Massenet schreibt den *Cid* für ihn (1885). Er teilt seine Zeit zwischen Paris (bis 1902), London (ab 1887, am Covent Garden 1888–1900) und New York (1891–1901) auf. Zu seinen großen Rollen zählen Romeo (*Roméo et Juliette*, Gounod), Raoul (*Les Huguenots*, Die Hugenotten, Meyerbeer), Faust (Gounod), Vasco da Gama (*L'Africaine*, Die Afrikanerin, Meyerbeer), Don José (*Carmen*, Bizet), Otello (Verdi) sowie die großen Wagner-Rollen seines Faches: Lohengrin, Walther (*Die Meistersinger von Nürnberg*), Tristan (*Tristan und Isolde*) und Siegfried (*Der Ring des Nibelungen*). 1903 zieht er sich von der Bühne zurück. Er unterrichtet in Paris und Nizza. Zu seinen Schülern zählen Minnie Saltzman-Stevens, Bidú Sayão und Dame Maggie Teyte.

Rethberg, Elisabeth (= Lisbeth Sättler)
Amerikanische Sopranistin deutscher Herkunft, geb. 22. 9. 1894 Schwarzenberg (bei Dresden), gest. 6. 6. 1976 Yorktown Heigths (N. Y.).
Sie studiert am Dresdner Konservatorium und debütiert 1915 auf Empfehlung von Fritz Reiner an der dortigen Oper als Arsena (*Zigeunerbaron*, J. Strauß). 1922 debütiert sie als Aida (Verdi) an der Met; sie gehört bis zu ihrem Abschied von der Bühne im Jahre 1942 zum Ensemble der berühmten Oper. Vor allem als Verdi- (Desdemona, *Otello*, Amelia, *Simone Boccanegra*), Wagner- (Sieglinde, *Die Walküre*, Eva, *Die Meistersinger von Nürnberg*, Elisabeth, *Tannhäuser*, Elsa, *Lohengrin*) und Mozart-Sängerin (*Donna Anna*, Don Giovanni) wird sie über alle Maßen geschätzt. 1928 kreiert sie unter Fritz Busch in Dresden mit überragendem Erfolg die Titelrolle in Richard Strauss' *Die ägyptische Helena*. Im gleichen Jahr hebt sie an der Met die Rolle des Rautendelein in Ottorino Respighis *La campana sommersa* (Das überflutete Land) aus der Taufe.

Réti, József
Ungarischer Tenor, geb. 8. 7. 1925 Ploieszti (Rumänien), gest. 7. 11. 1973 Budapest.
Er studiert am Konservatorium seiner Heimatstadt Klavier und Komposition und beschließt 1948, seine Stimme ausbilden zu lassen. 1953 wird er von der

Budapester Nationaloper engagiert, der er bis zu seinem frühen Tod als herausragendes Mitglied angehört. Auch als Oratorien-, Konzert- und Liedsänger wird er gefeiert. Sehr schnell wird er von allen wichtigen europäischen Musikzentren eingeladen, wo er sich einen soliden Ruf verschafft. Ab 1964 ist er als Professor an der Franz-Liszt-Akademie in Budapest tätig. Er ist vor allem als Interpret der Werke von Wolfgang Amadeus Mozart, Gaetano Donizetti, Gioacchino Rossini und Giacomo Puccini bekannt geworden.

Reuter, Rolf
Deutscher Dirigent, geb. 7.10. 1926 Dresden.
Der Sohn des Komponisten und Musikwissenschaftlers Fritz Reuter (1896–1963) wird zuerst von seinem Vater unterrichtet, bevor er an die Dresdner Musikakademie geht und dort bei Ernst Hintze Orchesterleitung, Karl Schütte Klarinette, Theo Other Klavier, Fidelio Fritz Finke Komposition und Herbert Viecenz Kontrapunkt studiert (1948–51). Gleichzeitig arbeitet er als Pianist an der Palucca-Schule in Dresden. 1951–55 ist er als Korrepetitor und Dirigent in Eisenach tätig, bevor er in Meiningen zum Musikdirektor ernannt wird (1955–61). Anschließend geht er als 1. Kapellmeister an die Leipziger Oper (1961), wo er 1963 zum Generalmusikdirektor ernannt wird (bis 1976). 1966–79 unterrichtet er an der Musikhochschule Leipzig Orchesterleitung; gleichzeitig dirigiert er das Studentenorchester. 1981 wird er an der Komischen Oper in Berlin zum Musikdirektor ernannt; er übernimmt eine Professur für Orchesterleitung an der Hochschule für Musik Hanns Eisler. Auch international ist er als Gastdirigent erfolgreich. Unter den zahlreichen Uraufführungen, für die er verantwortlich zeichnet, sind *Guayana Johnny* von Alan Bush (1966) und *Judith* von Siegfried Matthus (1985) besonders hervorzuheben.

Revoil, Fanely
Französische Sopranistin, geb. 25.9. 1910 Marseille.
Sie studiert am Konservatorium ihrer Heimatstadt und geht dann nach Paris, wo sie am Théâtre des Champs-Elysées engagiert wird. Der wichtigste Teil ihrer Karriere spielt sich am Théâtre du Châtelet und an der Pariser Opéra-Comique ab, wo ihre leichte, kristalline Stimme im Operetten-Repertoire glänzt. Am Châtelet wirkt sie an der Uraufführung von *Madame Sans-Gêne* (Frau Dreistigkeit, Pierre-Petit) mit; sie singt hier auch die Titelrolle in *Rose-Marie* (R. Friml). Sie ist eine hervorragende Interpretin der *Véronique* (Messager). An der Opéra-Comique nimmt sie an den Uraufführungen von *Ciboulette* (R. Hahn) und *Fragonard* (Pierné) teil. Außerhalb Frankreichs tritt sie vor allem in London auf. Ab 1958 ist sie als Gesangslehrerin am Konservatorium von Versailles tätig; 1964–76 unterrichtet sie am Konservatorium von Paris Operette.

Rhené-Bâton (= René Bâton)
Französischer Dirigent, geb. 5.9. 1879 Courseulles-sur-Mer (Calvados), gest. 23.9. 1940 Le Mans.
Er studiert am Konservatorium von Paris bei Charles Wilfried de Bériot Klavier und André Gédalge Theorie und debütiert 1907 an der Pariser Opera-Comique als Chorleiter. Anschließend geht er als Chefdirigent zu den Concerts der Société Sainte-Cécile nach Bordeaux und zu der Société des Concerts Populaires nach Angers (1910–12). 1910 leitet er in München das erste Festival zeitgenössischer französischer Musik, das in Deutschland veranstaltet wird. Sergej P. Diaghilew holt ihn für Tourneen der Ballets Russes nach London und Südamerika (1912–13). Während des Ersten Weltkrieges ist er für die Sommerkonzerte des Residenzorchesters von Den Haag in Scheveningen verantwortlich (1914–19) und leitet gleichzeitig die Königliche Holländische Oper (1916–18). Nach seiner Rückkehr

nach Frankreich vertraut ihm Serge Sandberg die Leitung der nach dem Ende des Ersten Weltkriegs neugegründeten Concerts Pasdeloup an; Rhené-Bâton formiert das Orchester von Grund auf neu und führt es zum alten Glanz. Als er wagt, die Werke von Richard Wagner aufs Programm zu setzen und diese auf deutsch singen zu lassen, wird er heftig kritisiert. Bis 1932 ist er Chefdirigent der Concerts Pasdeloup; anschließend dirigiert er das Orchester als Gast bis zu seinem Tod. Wir verdanken ihm zahlreiche Uraufführungen, darunter *Habanera* (1919, Aubert), *Printemps* (Frühling, 1913, Debussy), *Les Agrestides* und *Orgelsymphonie* (beide Migot), *Alborada del gracioso* (1919, Graziöses Morgenständchen) und *Le Tombeau de Couperin* (Couperins Grab, 1920, Orchesterfassung, beide Ravel), *Requiem* (1939, Ropartz) und *Evocations* (1912, Roussel). Außerdem leitet er die französische Erstaufführung von *Sawod* (Die Fabrik, 1931, Mossolow). Albert Roussel widmet ihm seine *Symphonie Nr. 2* (1922) und Arthur Honegger *Le Chant de Nigamon* (Nigamons Lied, 1918).

Rhodes, Jane
Französische Sopranistin, geb. 13. 3. 1929 Paris.
Sie debütiert 1953 an der Oper von Nantes in *La Damnation de Faust* (Fausts Verdammung, Berlioz). Ein Jahr später kreiert sie in Paris bei der konzertanten Uraufführung im Théâtre des Champs-Elysées von *L'Ange de feu* (Der feurige Engel, Prokofjew) die Rolle der Renata. 1956 wirkt sie an der Uraufführung von Marcel Landowkis Oper *Le fou* (Der Verrückte) an der Opéra-Comique mit. 1960 kreiert sie am gleichen Theater Landowskis *Les Adieux* (Der Abschied). Sie gehört seit dieser Zeit zum Ensemble der Pariser Oper und Opéra-Comique, doch erst 1959 wird sie als Carmen (Bizet) in der Produktion von Raymond Rouleau und unter der Leitung ihres späteren Mannes Roberto Benzi weltweit bekannt. Trotz ihrer internationalen Erfolge bleibt sie weiterhin der Pariser Oper verbunden und singt hier die Titelrollen von *Tosca* (Puccini) und *Salome* (R. Strauss). 1961 wirkt sie bei den Festspielen von Aix-en-Provence an einer Aufführung von *L'incoronazione di Poppea* (Die Krönung der Poppea, Monteverdi) mit. Sie singt auch Operetten, u. a. *La belle Hélène* (Die schöne Helena), *La Grande-Duchesse de Gérolstein* (Die Großherzogin von Gerolstein), *La Périchole* (alle Offenbach). Auch als Liedsängerin ist sie erfolgreich.

Ricci, Ruggiero (= Rich Wilson)
Amerikanischer Violinist italienischer Herkunft, geb. 24. 7. 1918 San Francisco.
Als Fünfjähriger erhält er von Louis Persinger Geigenunterricht. Als Zehnjähriger tritt er in seiner Heimatstadt zum ersten Mal öffentlich auf. Ein Jahr später debütiert er in der New Yorker Carnegie Hall mit dem *Konzert für Violine und Orchester* von Felix Mendelssohn Bartholdy. Fritz Kreisler hört ihn und sagt ihm eine große Zukunft voraus. Er perfektioniert sich bei Georg Kulenkampff und Paul Stassevitch (1933–37). 1932 unternimmt er seine erste Europa-Tournee. In der Folge spielt er unter Dirigenten wie Bernardino Molinari, George Szell und Paul Paray. Vor allem aufgrund seiner Interpretationen der Werke Niccolò Paganinis, deren technische Schwierigkeiten ihn anscheinend amüsieren, wird er schnell international berühmt. Aber er zeichnet sich auch in Kompositionen von Camille Saint-Saëns, Peter I. Tschaikowsky und Johannes Brahms aus. Während des Zweiten Weltkriegs pausiert er. 1946 nimmt er in der Carnegie Hall mit großem Erfolg seine Konzerttätigkeit wieder auf. 1949 unternimmt er als einer der ersten amerikanischen Künstler eine Deutschland-Tournee. 1970–73 unterrichtet er an der Universität von Indiana und seit 1975 an der Juilliard School of Music in

New York. Seine Konzerttätigkeit führt ihn mehrmals um die Welt. Er zeichnet für die Uraufführungen der Violinkonzerte folgender Komponisten verantwortlich: Alexander Goehr (1962), Benjamin Lees (1963), Alberto Ginastera (1963) und Gottfried von Einem (1970); 1969 hebt er die *Sonate für Violine und Klavier Nr. 1* von Alun Hoddinott aus der Taufe. Er spielt auf einer Guarneri del Gesù aus dem Jahre 1734, die sich früher im Besitz von Bronislaw Hubermann befand.

Ricciarelli, Katia
Italienische Sopranistin, geb. 16.1. 1946 Rovigo.
Sie erlebt eine schwierige Kindheit: ihr Vater stirbt früh, so daß sie gezwungen ist, im Zirkus zu singen. Nur mühsam verdient sie das Geld für die Ausbildung. Sie studiert am Konservatorium von Venedig bei Iris Adami-Corradetti. 1969 gewinnt sie den Aslico-Wettbewerb in Mailand. Im gleichen Jahr debütiert sie als Mimi (*La Bohème*, Puccini) in Mantua. Im darauffolgenden Jahr gewinnt sie den internationalen Verdi-Preis. Sie wird von der Fenice eingeladen, der römischen Oper, wo sie an einer Aufführung von *Giovanna d'Arco* (Die Jungfrau von Orléans, Verdi) teilnimmt, der Scala, an der sie das *Requiem* von Giuseppe Verdi singt, und der Münchner Oper. Katia Ricciarelli beschäftigt sich hauptsächlich mit den Verdi-Rollen ihres Faches. 1971 gewinnt sie den von der RAI veranstalteten Wettbewerb junger Verdi-Sänger. Ein Jahr später gibt sie in Chicago mit der Rolle der Lucrezia (*I due Foscari*, Die beiden Foscari, Verdi) ihr Debüt in den Vereinigten Staaten. 1973 debütiert sie am Théâtre de la Monnaie in Brüssel, in der Arena von Verona sowie als Liù (*Turandot*, Puccini) an der Wiener Oper; ein Jahr später wird sie zum ersten Mal vom Covent Garden und 1975 von der Met und der Pariser Oper eingeladen, wo sie auch die Amelia (*Un ballo in maschera*, Ein Maskenball) und die Elisabeth von Valois (*Don Carlos*, beide Verdi) interpretiert. An der Met singt sie in den darauffolgenden Jahren die Micaëla (*Carmen*, Bizet), Desdemona (*Otello*), Luisa Miller und die Amelia (alle Verdi). Anschließend gastiert sie am Bolschoi in Moskau, bei den Rossini-Festspielen in Pesaro, zu denen sie regelmäßig eingeladen wird, und an der Deutschen Oper Berlin. Sie wirkt aktiv bei der Wiederentdeckung vergessener Werke von Gioacchino Rossini (*Tancredi, Viaggio a Reims*, Die Reise nach Reims, *Bianco e Falliero*), Gaetano Donizetti (*Caterina Cornaro, Maria de Rohan*), Vincenzo Bellini (*Lucrezia Borgia*), Luigi Cherubini und Giuseppe Verdi (*I due Foscari, Il corsaro*, Der Korsar, *Il battaglia di Legnano*, Die Schlacht von Legnano) mit. In der Verfilmung von *Otello* interpretiert sie unter der Leitung von Franco Zeffirelli 1986 die Desdemona. Im gleichen Jahr heiratet sie den italienischen Fernsehstar Pippo Baudo. 1989 nimmt sie in Versailles an der Aufführung von *André Chénier* (Giordano) teil, die aus Anlaß der Zweihundertjahrfeier der französischen Revolution gegeben wurde.

Richter, Hans (= Janos Richter)
Österreichisch-ungarischer Dirigent, geb. 4.4. 1843 Raab (Ungarn, heute Györ), gest. 5.12. 1916 Bayreuth.
Sein Vater ist Kirchenkapellmeister in Raab, seine Mutter Sängerin (unter dem Namen Josephine Csarinsky). Er wird am Löwenburg-Konvikt in Wien erzogen und gehört vier Jahre lang als Chorknabe der Hofkapelle an. Anschließend studiert er am dortigen Konservatorium bei Karl Heißler Violine, bei Kleinecke Horn und bei Simon Sechter Musiktheorie. 1862–66 arbeitet er als Hornist im Orchester des Gärtnertor-Theaters. Er lernt Richard Wagner kennen, der ihn als Kopist nach Luzern mitnimmt, wo er an den Vorbereitungen zur Drucklegung der *Meistersinger* mitarbeitet (1866–67). Hans von Bülow holt ihn als Chorleiter an die Münchner Oper (1868–69). 1870 leitet er in Brüssel eine denkwürdige *Lohen-*

grin-Aufführung (Wagner). Anschließend geht er nach Triebschen, um von neuem Wagner zu assistieren. Bei der Uraufführung des *Siegfried-Idylls* spielt er das Trompeten- und nicht, wie allgemein angenommen wird, das Horn-Solo. 1871–75 ist er als Kapellmeister am Nationaltheater in Pest tätig. Als die Städte Buda und Pest vereint werden, leitet er 1873 die Festaufführung von Franz Liszts *Christus*. 1875 übersiedelt er nach Wien und übernimmt die Leitung der dortigen philharmonischen Konzerte und wird gleichzeitig Kapellmeister an der Oper (1878 2. und 1893 1. Hofkapellmeister, bis 1897). 1880–90 ist er auch als Konzertdirigent der Gesellschaft der Musikfreunde tätig. Doch den Höhepunkt seiner Karriere stellt wohl die Aufführung des *Ring des Nibelungen* (Wagner) 1876 in Bayreuth dar, mit der das Festspielhaus eingeweiht wird. Bei dieser Gelegenheit leitet er die Uraufführungen der Teile *Siegfried* und *Götterdämmerung*. Auch in der Folge bleibt er Bayreuth eng verbunden.

Während seiner Wiener Zeit gastiert er regelmäßig in England. Er arbeitet mit den Orchestral Estival Concerts in London zusammen (1879–97), dirigiert während der Festspiele von Birmingham (1885–1909) und ist 1904–11 Chefdirigent des Symphonie-Orchesters von London. Am Covent Garden leitet er das deutsche Repertoire. 1912 gibt er dort mit den *Meistersingern* seine Abschiedsvorstellung.

Neben Hans von Bülow gilt Hans Richter als einer der ersten modernen Orchesterleiter. Er beschäftigt sich fast ausschließlich mit der zeitgenössischen deutschen und österreichischen Musik, setzt Richard Wagner sowie Johannes Brahms durch und dirigiert nach einigem Zögern auch das Werk Anton Bruckners. Nur die ungarische Musik, und hier vor allem der junge Béla Bartók, sowie Antonín Dvořák und Edward Elgar finden neben den deutschen Komponisten seinen Beifall. Die französische Musik existiert für ihn nicht.

Neben den bereits erwähnten leitet er weitere wichtige Uraufführungen, darunter die der *Symphonie Nr. 2* und *3* (1877, 1883) von Johannes Brahms, die der *Symphonie Nr. 1, 3, 4* und *8* von Anton Bruckner (1891, 1890, 1888 und 1902) sowie die von *Enigma Variations* (Rätselhafte Variationen, 1899) und von *The Dream of Gerontius* (Der Traum von Gerontius, 1900) von Edward Elgar, der ihm seine *Symphonie Nr. 1* widmet, die 1908 von ihm uraufgeführt wird.

Richter, Karl
Deutscher Chorleiter, Dirigent, Organist und Cembalist, geb. 15. 10. 1926 Plauen (Vogtland), gest. 15. 2. 1981 München.
Karl Richter, Sohn eines evangelischen Pfarrers im Erzgebirge, wird 1938 Kreuzschüler in Dresden und studiert nach dem Krieg am Konservatorium von Leipzig bei Rudolf Mauersberger und Kobler sowie am dortigen Institut für Kirchenmusik bei Karl Straube und Günther Ramin, die ihm die große deutsche Tradition der Bach-Interpretation vermitteln. Als Zwanzigjähriger wird ihm die Leitung des Chores der Dresdner Christ-Kirche übertragen. 1949–50 ist er Thomanerorganist. 1951 wechselt er nach München und wird Kantor an der dortigen Markus-Kirche. Gleichzeitig beginnt er an der Münchner Musikhochschule zu unterrichten, an der er 1956 zum Professor ernannt wird. 1951 gründet er den Münchner Bach-Chor und 1953 das Münchner Bach-Orchester, die sich schnell einen internationalen Ruf erwerben. Das Werk Johann Sebastian Bachs steht im Mittelpunkt der Arbeit Karl Richters, auch wenn sich die Horizonte nach und nach erweitern. 1968 leitet er in Moskau und Leningrad Aufführungen der *Mathäus-Passion* und der *Messe in h-moll*, damals ein keineswegs gebräuchliches Unterfangen. Von den musikwissenschaftlichen Revolutionen der jüngeren Barockforschung läßt sich Karl Richter nicht irritieren, dessen Orchester auf modernen Instrumenten spielt

und der sein ganzes Bemühen darauf ausrichtet, diese Intensität zu erreichen, die die Qualität der deutschen Bach-Interpretation ausmacht.

Richter, Swjatoslaw Teofilowitsch
Ukrainischer Pianist, geb. 7. (20.) 3. 1915 Schitomir.

Swjatoslaw T. Richter stammt aus einer deutsch-slawischen Familie; sein Vater ist Komponist und Organist. Er begeistert sich in seiner Jugend für die Oper und debütiert als Begleiter. Als Zweiundzwanzigjähriger wird er Schüler von Heinrich G. Neuhaus, dem sein außergewöhnliches pianistisches Talent sofort auffällt.

Richter bleibt sieben Jahre in der berühmten Klasse von Neuhaus am Moskauer Konservatorium; Emil G. Gilels gehört zu seinen Studiengefährten. 1945 erhält er in Moskau den 1. Preis im Allunionswettbewerb für Pianisten. Er befreundet sich mit Mstislaw L. Rostropowitsch und Sergej S. Prokofjew, dessen *Sonate Nr. 6* er 1942 zur Uraufführung bringt. Von Prokofjew kreiert er außerdem noch die *Sonate Nr. 7* und *9*, die ihm gewidmet ist, sowie 1950 zusammen mit Rostropowitsch die *Sonate für Violoncello und Klavier* und zwei Jahre später ebenfalls mit Rostropowitsch die *Sinfonia Concertante* für Violoncello und Orchester des gleichen Komponisten – sein einziger Auftritt als Dirigent. 1969 folgt die wichtige Uraufführung von Dmitri D. Schostakowitschs *Sonate für Violine und Klavier* (zusammen mit D. Oistrach).

Sein unglaubliches Gedächtnis erlaubt es ihm, pro Saison zehn bis fünfzehn verschiedene Konzertprogramme einzustudieren. Er sagt selbst: »Normalerweise folge ich der Intuition und dem Herz. Ich höre etwas, das mich fasziniert, und eigne es mir an. Bei manchen Komponisten bin ich zeitweilig wie gelähmt. Ich habe lange gebraucht, mich mit Mozart auseinanderzusetzen, während ich mich bei Haydn und Bach immer wie zu Hause fühlte. Chopin löste in mir die Liebe zur Musik aus; als ich meinen Vater hörte, der die fünfte *Nocturne* spielte, war ich tief bewegt und beschloß, Musiker zu werden.«

Als Achtjähriger begann Richter zu komponieren; zwölf Jahre später hörte er damit wieder auf. Auch die Malerei hat ihn, eigenen Aussagen zufolge, beeinflußt, vor allem das Werk von Robert Falk, Piet Mondrian und Kasimir S. Malewitsch. Richter malt selbst. Der sensible und intelligente Künstler wird 1945 bei dem sowjetischen Pianistenwettbewerb in Moskau mit dem 1. Preis ausgezeichnet.

1960 gibt er sein erstes Gastspiel in den Vereinigten Staaten; ein Jahr später debütiert er in England, Frankreich und Österreich. 1964 gehört er zu den Gründern des Festival de la Grange de Meslay in der Touraine, wo er seither jedes Jahr auftritt. Sein weitgespanntes Repertoire umfaßt alle bekannten Werke für Klavier, aber auch viele unbekannte Stücke, die er dem Publikum nahebringt. Jede seiner Interpretationen gleicht einer Neuschöpfung des Werkes. Richter sucht ständig nach dem Absoluten, der Perfektion. Vor Auftritten hat er auch heute noch Lampenfieber, obwohl er sonst eher ausgeglichen und heiter ist. Für ihn, der als einer der letzten großen Klaviervirtuosen gilt, zählt nur die Ernsthaftigkeit bei der Interpretation. »Die Gedanken, das Herz, die nackte Wahrheit des Komponisten muß immer spürbar bleiben.«

Mit David F. Oistrach, Mstislaw L. Rostropowitsch und Oleg Kagan spielt er regelmäßig Kammermusik. Er tritt auch als Begleiter von seiner Frau Nina Dorliac, von Elisabeth Schwarzkopf und von Dietrich Fischer-Dieskau in Erscheinung. Seit 1983 inszeniert er auch Opern; so führt er als erster in der Sowjetunion die Werke Benjamin Brittens auf.

W: *S. S. Prokofjew* (Moskau 1961).

Richter-Haaser, Hans
Deutscher Pianist, geb. 6. 1. 1912 Dresden, gest. 13. 12. 1980 Bielefeld.

Seine Eltern, ebenfalls Pianisten, erteilen ihm ersten Klavier-Unterricht; sie legen besonderen Wert auf Fingersatz und musikalische Strukturen. Als Dreizehnjähriger geht er zu Hans Schneider an das Dresdner Konservatorium, wo er auch Violine und Orchesterleitung studiert. 1928 tritt er mit Franz Schuberts *Wanderer-Phantasie* zum ersten Mal öffentlich auf. 1930 wird er mit dem Bechstein-Preis ausgezeichnet. Bis 1939 ist er als freischaffender Pianist und Dirigent tätig. 1946 wird er Chefdirigent des Symphonie-Orchesters in Detmold. Ein Jahr später ernennt ihn die neugegründete Nordwestdeutsche Musikakademie in Detmold zum Dozenten; 1955 übernimmt er hier eine Professur (bis 1963). 1953 beginnt mit einem Konzert in Holland, das von Paul van Kempen geleitet wird, seine internationale Karriere. Schnell wird er zu den großen deutschen Pianisten gerechnet. Vor allem seine Beethoven-Interpretationen bestechen aufgrund ihrer Kraft und Schnörkellosigkeit.

Rickenbacher, Karl Anton
Schweizer Dirigent, geb. 20. 5. 1940 Basel.
Er studiert in Berlin und wird von Herbert von Karajan und Pierre Boulez bei seinem Werdegang unterstützt. Rickenbacher debütiert am RIAS Berlin, bevor er 1966–69 als Kapellmeister an der Zürcher Oper tätig ist. 1969 wechselt er als 1. Kapellmeister an die Oper in Fribourg, bevor er Musikdirektor des westfälischen Symphonie-Orchesters in Recklinghausen wird (1976–85). 1978–80 ist er gleichzeitig ständiger Gast des Scottish Symphony Orchestra in Glasgow. Anschließend wird er principal guest conductor des philharmonischen Orchesters des belgischen Rundfunks in Brüssel (1987). Er zeichnet für die Uraufführung von Werken von Werner Egk (*Ouvertüre*, 1980) und Roger Tessier verantwortlich.

Ridderbusch, Karl
Deutscher Bassist, geb. 29. 5. 1932 Recklinghausen.
Er will ursprünglich Ingenieur werden. Von Rudolf Schock entdeckt, der seine Ausbildung teilweise finanziert, studiert er ab 1955 am Konservatorium von Duisburg und 1957–61 an der Folkwangschule in Essen bei Clemens Kaiser-Breme. Sein erstes Engagement führt ihn nach Münster (Philipp II., *Don Carlos*, Verdi; Komtur, *Don Giovanni*, Mozart; Mathis, *Mathis der Maler*, Hindemith). Anschließend wechselt er über Essen (1963–65) nach Düsseldorf (Sparafucile, *Rigoletto*, Verdi; Boris, *Boris Godunow*, Mussorgskij; Hunding, *Die Walküre*, Wagner). 1967 tritt er erstmals in Bayreuth auf, der Beginn seiner internationalen Laufbahn. Er interpretiert dort folgende große Wagner-Rollen: Heinrich der Vogeler (*Lohengrin*), Fasolt, Fafner, Hagen (alle *Der Ring des Nibelungen*), Pogner, Sachs (beide *Die Meistersinger von Nürnberg*), Hunding, Daland (*Der fliegende Holländer*), Titurel (*Parsifal*), König Marke (*Tristan und Isolde*). Als Marke debütiert er 1967 an der Pariser Oper, an der er 1978 auch den Ochs (*Der Rosenkavalier*, R. Strauss) interpretiert. 1968 nimmt er an den Salzburger Osterfestspielen teil und singt dort Wagner und Beethoven. Er ist regelmäßiger Gast der Scala und der Met sowie der Wiener, Münchner, Berliner und Hamburger Oper.

Riefling, Robert
Norwegischer Pianist, geb. 17. 9. 1911 Oslo.
Er studiert in Oslo bei Nils Larsen, in Hannover bei Karl Leimer und in Berlin, wo er die Kurse Edwin Fischers besucht, und perfektioniert sich anschließend an der Stuttgarter Hochschule für Musik bei Wilhelm Kempff. 1925 debütiert er in Oslo. 1938 gewinnt er beim Eugène-Ysaÿe-Wettbewerb in Brüssel einen Preis. Während seiner Karriere setzt er sich stark für zeitgenössische skandinavische Komponisten ein.

1967–73 unterrichtet er am Konservatorium von Kopenhagen und ab 1973 an dem von Oslo. Er zeichnet für die Uraufführungen von Werken von Klaus Egge, Johannes M. Rivertz und Harald Sigurd Johan Sæverud verantwortlich.

Riegel, Kenneth
Amerikanischer Tenor, geb. 29. 4. 1938 Womelsdorf (Pa.).
Er debütiert 1965 an der Oper von Santa Fe in einer Aufführung von *König Hirsch* (Henze). Drei Jahre später singt er zum ersten Mal in New York (*L'Heure espagnole,* Die spanische Stunde, Ravel). Nach und nach laden ihn alle wichtigen nordamerikanischen Bühnen ein. Sein weitgespanntes Repertoire reicht von Ferrando (*Così fan tutte,* Mozart) und Alfredo (*La Traviata,* Verdi) über verschiedene Tenor-Rollen Hector Berlioz' bis zu der Titelrolle in Hans Werner Henzes Oper *Der junge Lord.* 1978 debütiert er an der Pariser Oper in *Les Contes d'Hoffmann* (Hoffmanns Erzählungen, Offenbach). Im gleichen Jahr interpretiert er in Joseph Loseys Verfilmung des *Don Giovanni* (Mozart) den Don Ottavio. Im gleichen Jahr kreiert er bei der Uraufführung der dreiaktigen Version von *Lulu* (Berg) unter der Leitung von Pierre Boulez die Rolle des Alwa. Er nimmt an der Pariser Neueinstudierung von *Oedipus Rex* (Strawinsky) unter Seiji Ozawa teil; unter dem gleichen Dirigenten wirkt er in Tanglewood, Salzburg und Berlin an Aufführungen von *La Damnation de Faust* (Fausts Verdammung, Berlioz) mit. 1983 gehört er an der Pariser Oper zum Uraufführungsensemble von Olivier Messiaens *Saint François d'Assise* (Der Heilige Franz von Assisi).

Rieger, Fritz
Deutscher Dirigent, geb. 28. 6. 1910 Oberaltstadt (Böhmen), gest. 30. 9. 1978 Bonn.
Am Prager Konservatorium studiert er bei Franz Langer Klavier, Fidelio Fritz Finke Komposition sowie bei George Szell Orchesterleitung. Sehr früh beginnt er eine Pianisten-Karriere, die er abbricht, als er 1931 am Deutschen Theater in Prag zum Kapellmeister ernannt wird (bis 1938). 1939–41 wirkt er als Opernchef in Aussig, 1941–45 als Operndirektor am Staatstheater Bremen und 1947–50 als Opernchef am Nationaltheater Mannheim. Während des Zweiten Weltkriegs wird er auch wieder als Pianist tätig und gründet ein Trio. 1949 wird er als Nachfolger Hans Rosbauds an die Spitze der Münchner Philharmoniker berufen und gleichzeitig zum Generalmusikdirektor der Stadt München ernannt (bis 1967). 1972 wird er als Nachfolger Willem van Otterloos Chefdirigent des Symphonie-Orchesters von Melbourne.

Rigutto, Bruno
Französischer Pianist, geb. 12. 8. 1945 Charenton.
Er studiert bei Lucette Descaves am Pariser Konservatorium und erhält 1. Preise in Klavier (1962) und Kammermusik (1963). Gleichzeitig besucht er die Kurse von Marguerite Long. Er perfektioniert sich bei Samson François. 1965 erhält er beim Pariser Marguerite-Long-Jacques-Thibaud-Wettbewerb den 1. Preis; ein Jahr später wird er beim Tschaikowskij-Wettbewerb in Moskau ausgezeichnet. Auf dem Gebiet der Kammermusik spielt er u. a. mit Jean-Pierre Wallez, Pierre Amoyal, Augustin Dumay und Arto Noras zusammen. 1989 wird er am Pariser Konservatorium zum Professor ernannt. Er komponiert für Film und Fernsehen.

Rilling, Helmuth
Deutscher Dirigent, Chorleiter und Organist, geb. 29. 5. 1933 Stuttgart.
Er stammt aus einer Musiker-Familie. Seine erste musikalische Ausbildung erhält er an den evangelisch-theologischen Seminaren Schöntal an der Jagst und Urach in Württemberg; anschließend geht er zu Karl Gerock (Orgel), Johann Nepomuk David (Komposition) und Hans Grischkat (Chorleitung) an

die Hochschule für Musik in Stuttgart (1952–55). Er perfektioniert sich bei Fernando Germani in Rom und an der Accademia Musicale Chigiana in Siena. Noch als Student gründet er 1954 seinen ersten, vierzig Mitglieder umfassenden Chor, die Gächinger Kantorei, mit der er auch international bekannt wird. Ab 1957 ist er Organist und Kantor an der Stuttgarter Gedächtniskirche. 1963–66 baut er die Spandauer Kantorei wieder auf und unterrichtet gleichzeitig an der Spandauer Kirchenmusikschule Chorleitung und Orgel. 1969 wird er als Nachfolger von Kurt Thomas Leiter der Frankfurter Kantorei (bis 1981). Ab 1966 ist er Dozent für Chorleitung an der Frankfurter Musikhochschule, wo er 1969 zum Professor ernannt wird (bis 1986). Seit 1965 ist er auch Dirigent des Bach-Collegium Stuttgart, das häufig zusammen mit der Gächinger Kantorei auftritt. Gastspielreisen mit den beiden Ensembles führen ihn um die Welt. Ab 1972 arbeitet er an einer Gesamteinspielung der Kantaten Johann Sebastian Bachs. 1981 gründet er die Bach-Akademie Stuttgart, die er selbst dirigiert; nach diesem Modell entstehen weitere Bach-Akademien in Japan (1983), Argentinien, Polen, der Tschechoslowakei, Rußland, Ungarn. 1988 leitet er die Uraufführung der *Messa per Rossini*, die von 13 italienischen Komponisten (allen voran Verdi) geschrieben wurde und die an dessen 1. Todestag uraufgeführt werden sollte.

Ringart, Anna
Französische Mezzopranistin, geb. 15. 1. 1937 Paris.
Sie studiert Klavier bei Marcel Ciampi, Schauspielerei in der Schauspielschule Charles Dullin und Gesang bei Irène Joachim und Marguerite Liszt in Paris sowie bei Giorgina Delvigo in Mailand. 1966 geht sie nach Deutschland und setzt ihr Studium an der Hamburger Musikhochschule bei Lula Anders-Mysz-Gmeiner, der Frau von Peter Anders, fort. Ihre Karriere beginnt relativ spät auf deutschen Bühnen (Lübeck, Koblenz, Düsseldorf, Hamburg). Seit 1973 gehört sie zum Ensemble der Pariser Oper, wo sie unter der Leitung von u. a. Georg Solti, Seiji Ozawa, Karl Böhm und Pierre Boulez auftritt. Ihr Repertoire reicht von Wolfgang Amadeus Mozart bis zu Arnold Schönberg. Sie wirkt an zahlreichen Festivals zeitgenössischer Musik mit. Mit fünf weiteren Musikern gründet sie das Kammermusikensemble Contrastes.

Ringeissen, Bernard
Französischer Pianist, geb. 15. 5. 1934 Paris.
Als Zehnjähriger erhält er von Georges de Lausnay zunächst privat und ab 1947 in dessen Klasse am Pariser Konservatorium Klavier-Unterricht. Vier Jahre später wird er mit einem 1. Preis ausgezeichnet und beginnt, in Frankreich sowie im europäischen Ausland eine Karriere als Solist aufzubauen, während er die Interpretations-Kurse von Marguerite Long besucht und sich bei Jacques Février perfektioniert. 1954 gewinnt er den internationalen Wettbewerb von Genf und ein Jahr später den Marguerite-Long-Jacques-Thibaud-Wettbewerb in Paris. Sein Repertoire umfaßt viele selten gespielte Werke (u. a. von Saint-Saëns, Strawinsky, Alkan, R. Hahn, C. Cui und Balakirew), die er auch auf Schallplatten aufzeichnet.

Risler, Edouard Joseph
Französischer Pianist, geb. 23. 2. 1873 Baden-Baden, gest. 22. 7. 1929 Paris.
Sein Vater ist Elsässer, seine Mutter Deutsche. Er studiert am Pariser Konservatorium bei Louis Diémer und Théodore Dubois (1883–1890) und perfektioniert sich anschließend in Deutschland bei Karl Klindworth, Eugen d'Albert und Bernhard Stavenhagen. 1896-97 ist er unter Felix Mottl als Korrepetitor in Bayreuth tätig. Sein Stellvertreter und Nachfolger ist niemand anderer als Alfred Cortot, auf den er einen bedeutenden Einfluß ausübt. Er setzt sich schnell als einer der großen französischen Pianisten durch,

der sich für die Musik seiner Zeit und für die deutsche Romantik begeistert. Als Pianist liebt er große Zyklen und spielt Ludwig van Beethovens *32 Sonaten für Klavier* (zum ersten Mal in Paris, später dann auch in anderen Hauptstädten), das Gesamtwerk für Klavier von Frédéric Chopin und *Das wohltemperierte Klavier* von Johann Sebastian Bach. Ab 1906 unterrichtet er auch. 1923 wird er am Pariser Konservatorium zum Professor ernannt. Alexis Chabrier widmet ihm seine *Bourrée fantastique* (Fantastische Bourrée) und Enrique Granados sein *Coloquio en la reja* (Gespräch hinter Gittern), das zu den *Goyescas* gehört. Er zeichnet für zahlreiche Uraufführungen verantwortlich, darunter für *Quelques danses* (Einige Tänze, 1897) von Ernest Chausson, *Sonate* (1901) und *Variations, Interlude et Finale sur un thème de Rameau* (1903) von Paul Dukas sowie *Barcarolle Nr. 6* (1897), die ihm gewidmet ist, *Dolly* (1898, zusammen mit Alfred Cortot), *Impromptu Nr. 4* (1907) und *Barcarolle Nr. 8* (1907), alle Gabriel Fauré.

Ristenpart, Karl
Deutscher Dirigent, geb. 26. 1. 1900 Kiel, gest. 24. 12. 1967 Lissabon.
Sein Vater, ein berühmter Astronom, nimmt ihn mit nach Chile, wo er seine Kindheit verbringt. Nach dem Tod des Vaters kehrt die Familie Ristenpart 1913 nach Deutschland zurück. Der junge Karl lebt in Berlin und wird von seinem Stiefvater Hermann Scherchen gefördert. Er studiert zunächst an der Humboldt-Universität Musikwissenschaften und geht dann an das Sternsche Konservatorium zu Alexander von Fielitz (1924–28), bevor er in Wien bei Hugo Kauder sein Studium abschließt (1929). 1930 heiratet er eine Cembalistin. Zwei Jahre später gründet er sein erstes Kammerorchester. Während des Hitler-Regimes hat er Schwierigkeiten bei der Berufsausübung. 1946 wird er von den Alliierten beauftragt, das RIAS-Kammerorchester und den RIAS-Kammerchor ins Leben zu rufen, die er sieben Jahre lang leitet. Das Werk Johann Sebastian Bachs steht dabei im Mittelpunkt seines Interesses. Mit dem damals noch völlig unbekannten, jungen Berliner Bariton, Dietrich Fischer-Dieskau, nimmt er zahlreiche Schallplatten auf. 1953 gründet er das Saarländische Kammerorchester, aus dem das Kammerorchester des Saarländischen Rundfunks hervorgeht. Er beschäftigt sich vor allem mit Barockmusik und arbeitet mit vielen französischen Interpreten zusammen. Ristenpart spielt eine bedeutende Rolle in der Interpretationsgeschichte des Werkes von Johann Sebastian Bach in der Nachkriegszeit.

Ritter-Ciampi, Gabrielle
Französische Sopranistin, geb. 2. 11. 1886 Paris, gest. 18. 7. 1974 Paimpol.
Die Tochter Cécile Ritters, Star-Sopranistin am Trianon-Lyrique, und des Baritons Ezio Ciampi, einem der bevorzugten Partner von Adelina Patti, und Nichte des Pianisten Théodore Ritter debütiert sechzehnjährig als Pianistin. 1917 debütiert sie dann als Sängerin am Trianon-Lyrique in der Oper *Paul et Virginie* (Massé), die von ihrer Mutter vierzig Jahre zuvor am gleichen Theater uraufgeführt worden war. Sie wirkt dort in der Folge an Aufführungen von *Le Pré aux clercs* (Die Studentenwiese, Hérold), *Il barbiere di Siviglia* (Der Barbier von Sevilla, Rossini) und *La Traviata* (Verdi) mit. Sie fällt Albert Carré bei einer Wiederaufnahme von Mozarts *Der Schauspieldirektor* auf, der ihr 1919 die Rolle der Gräfin (*Le nozze di Figaro*, Figaros Hochzeit, Mozart) anvertraut. Sie feiert einen überwältigenden Triumph und wird daraufhin von der Opéra-Comique engagiert, an der sie die Rollen der Rosina (*Il barbiere di Siviglia*), Philine (*Mignon*, Thomas), die drei Sopran-Rollen in *Les Contes d'Hoffmann* (Hoffmanns Erzählungen, Offenbach), Louise (Charpentier), Manon (Massenet) und Eurydice (Gluck) interpretiert. Sie nimmt an diesem Haus an den französischen Erstaufführungen

von *Così fan tutte* (Leitung André Messager) und der *Entführung aus dem Serail* (beide Mozart, Leitung Reynaldo Hahn) teil und kreiert dabei die Rollen der Fiordiligi und der Konstanze. Hahn schreibt für sie in seiner Oper *Le Oui des jeunes filles* (Das Ja der jungen Mädchen) die Rolle der Dona Irène. Jacques Rouché testet sie an der Seite von Mattia Battistini in zwei denkwürdigen Aufführungen des *Rigoletto* (Verdi) und engagiert sie dann an die Pariser Oper, wo sie in unterschiedlichsten Rollen wie Marguerite (*Faust*, Gounod), Thaïs, Esclarmonde (beide Massenet), Mathilde (*Guillaume Tell*, Wilhelm Tell, Rossini), Elvira (*Don Giovanni*, Mozart) oder der Königin (in *Les Huguenots*, Die Hugenotten, Meyerbeer und in *Solotoj petuschok*, Der goldene Hahn, Rimskij-Korssakow) Erfolge verzeichnet. Sie interpretiert als erste an der Pariser Oper die Rolle der Tamina (*Die Zauberflöte*, Mozart). Die zahlreichen Schallplatteneinspielungen, die überliefert sind, belegen ihre hohe Gesangskultur.

Rivoli, Gianfranco
Französischer Dirigent italienischer Herkunft, geb. 2. 6. 1921 Mailand.
Er studiert am Konsertorium Giuseppe Verdi in Mailand. 1937 gewinnt er den in Bologna ausgeschriebenen nationalen Wettbewerb für Kompositionen für Klavier. 1938–40 leitet er das Mailänder Universitätsorchester. Die wichtigsten italienischen und ausländischen Bühnen und Orchester laden ihn ein, das italienische Repertoire (symphonische Werke und Opern) zu dirigieren. So leitet er 1948–50 die Ballettaufführungen an der Mailänder Scala. 1968–71 ist er künstlerischer Direktor und ständiger Dirigent des Kammerorchesters der Gulbenkian-Stiftung in Lissabon. 1967–77 leitet er das Angelicum in Mailand. Er nimmt an zahlreichen Festspielen, darunter vor allem an dem von Lissabon, teil. Er arbeitet für europäische und nordamerikanische Rundfunk- und Fernsehanstalten und setzt sich, auch im Konzertsaal, ständig für die zeitgenössische Musik ein. Wir verdanken ihm Uraufführungen von Werken von Bruno Bettinelli, Luciano Chailly, Gian Francesco Malipiero und anderen. Er ist häufiger Gast der Pariser Oper. Bei den Festspielen von Aix-en-Provence dirigiert er eine vielbeachtete Aufführung der *L'incoronazione di Poppea* (Die Krönung der Poppea, Monteverdi). In der New Yorker Carnegie Hall führt er einige Werke Vincenzo Bellinis konzertant auf. 1982 wird er von der Oper in Avignon damit beauftragt, die Regionalisierung des Orchesters einzuleiten, übt diese Funktion aber nur einige Monate aus. 1983–87 unterrichtet er am Pariser Konservatorium Orchesterleitung.

Robert, Georges
Französischer Organist, geb. 12. 4. 1928 Saint-Paul-de-Léon.
Georges Robert ist Sohn des Organisten der Kathedrale von Saint-Paul-de-Léon und wird zunächst von seinem Vater unterrichtet. 1941 geht er zu Gaston Litaize und Gaston Régulier an das Institut National des Jeunes Aveugles nach Paris. An dem gleichen Institut tritt er 1943 in die Klasse von André Marchal ein. 1946 wechselt er an das Pariser Konservatorium und wird Schüler von Yves Nat. Er wird mit 1. Preisen in Klavier (1950), Kontrapunkt (1951), Fuge (Klasse von Simon Plé-Caussade) und Orgel (Klasse von Marcel Dupré, 1953) ausgezeichnet. 1954 wird er am Institut National des Jeunes Aveugles zum Professor für Klavier ernannt; etwas später wird er dort Professor für Orgel. Seit 1948 ist er Titularorganist der Großen Orgel in Notre-Dame de Versailles. Er unterrichtet auch am dortigen Konservatorium.

Robert, Guy
Französischer Lautenspieler, geb. 22. 3. 1943 Tarbes.
Als vollkommener Autodidakt bringt er sich Gitarre und anschließend Laute bei, von den Musikwissenschaftlern der

Société de musique d'autrefois (Antoine Geoffroy Dechaume und Béatrice de Chambure) beraten. 1967 ist er Preisträger der Fondation de la vocation. Er tritt als Solist auf, aber auch als Liedbegleiter. 1974 gründet er zusammen mit Jean Belliard das Ensemble Guillaume de Machaut. Er verwirklicht Uraufführungen von Werken von Georges Aperghis, Georges Couroupos, Jean-Pierre Guézec und anderen. Wir verdanken ihm die Musik zu dem Film *Perceval le Gallois* (Parsifal, der Gallier, Eric Rohmer, 1978).

Robeson, Paul
Amerikanischer Bassist, geb. 9. 4. 1898 Princeton, gest. 23. 1. 1976 Philadelphia.
Der Sohn eines schwarzen Methodisten-Pfarrers stößt aufgrund seiner Hautfarbe schon früh auf Schwierigkeiten. Er studiert an der Rutgers University und in Columbia Rechtswissenschaften, gibt dies aber bald wieder auf, um sich ganz dem Amateurtheater zu widmen. Eugene O'Neill überträgt ihm 1923 die Titelrolle in *The Emperor Jones* (Kaiser Jones). Er sieht im Negro Spiritual eine ausgezeichnete Waffe im Kampf der schwarzen Bevölkerung der Vereinigten Staaten um die völlige Erlangung der Bürgerrechte. 1925 gibt er in New York sein erstes Konzert. Ein einziges Lied, *Ol' Man River*, das er 1928 in dem Musical *Show Boat* (Kern) interpretiert, macht ihn in der ganzen Welt bekannt. In der Carnegie Hall und in London sind seine Konzerte ständig ausverkauft. Er spielt den Othello von William Shakespeare und wirkt in mehreren Filmen mit, bevor er in den 50er Jahren in den Vereinigten Staaten aufgrund seiner Zugehörigkeit zur dortigen kommunistischen Partei und seines Kampfes für den Frieden und die Bürgerrechte der Schwarzen nicht mehr beschäftigt wird.

Robillard, Louis
Französischer Organist, geb. 10. 12. 1939 Beyrouth.
Sein Vater ist Organist. Er studiert zunächst ein Jahr Rechtswissenschaften, bevor er in Paris in die Schola Cantorum und später in das Konservatorium eintritt, wo er 1967 auf einstimmigen Beschluß der Jury 1. Preise in Harmonielehre, Orgel und Improvisation erhält. Im gleichen Jahr noch wird ihm die Orgel-Klasse am Konservatorium von Lyon anvertraut. Er schlägt eine glänzende Laufbahn als Solist und Improvisator ein und wird von allen großen in- und ausländischen Orgel-Festspielen eingeladen. Seine Interpretationen des Orgelwerks von Franz Liszt und Max Reger gelten als beispielhaft. Er ist Titularorganist der Orgel in der Kirche Saint-François de Sales in Lyon.

Robin, Jacqueline
Französische Pianistin, geb. 11. 12. 1917 Saint-Ashen.
Als Zehnjährige tritt sie in das Konservatorium von Paris ein und studiert bei Henri Rabaud, Noël Gallon und Lazare-Lévy Klavier. Sie wird mit insgesamt fünf 1. Preisen ausgezeichnet. Sie ist die bevorzugte Interpretin Gabriel Faurés und verwirklicht zahlreiche Uraufführungen von Werken des Komponisten. 1966–86 unterrichtet sie am Pariser Konservatorium.

Robin, Mado (= Madeleine Marie Robin)
Französische Koloratursopranistin, geb. 29. 12. 1918 Yzeures-sur-Creuse (bei Tours), gest. 10. 12. 1960 Paris.
Sie ist noch nicht einmal dreizehn Jahre alt, als sie von Titta Ruffo entdeckt wird. Ihre Eltern vertrauen sie Madame Fourestier zur Ausbildung an. Als Neunzehnjährige gewinnt sie den von der Pariser Oper ausgeschriebenen Sopranistinnen-Wettbewerb. Aufgrund des Ausbruchs des Zweiten Weltkriegs kommt sie nicht in den Genuß des verdienten Engagements. Sie perfektioniert sich bei Mario Podestà, der schnell

entdeckt, daß seine Schülerin das viergestrichene C erreicht, was vor ihr keiner Sopranistin gelungen ist. Er bemüht sich, seiner Schülerin das notwendige Rüstzeug mitzugeben, um diese außergewöhnliche Begabung sinnvoll einzusetzen. 1942 debütiert sie in der Pariser Salle Gaveau. Das Publikum ist hingerissen. 1945 wird sie in das Ensemble der Pariser Oper aufgenommen und wirkt an Aufführungen von *Rigoletto* (Verdi), *Castor et Pollux* (Rameau), *Die Zauberflöte* und *Die Entführung aus dem Serail* (beide Mozart) mit. Ein Jahr später wechselt sie an die Opéra-Comique und entwickelt sich dort schnell zum Publikumsliebling. Sie interpretiert die Rollen der Leila (*Les Pêcheurs de perles*, Die Perlenfischer, Bizet), Olympia (*Les Contes d'Hoffmann*, Hoffmanns Erzählungen, Offenbach), Lakmé (Delibes) und vor allem der Rosina (*Il barbiere di Siviglia*, Der Barbier von Sevilla, Rossini). Die Provinzbühnen reißen sich um sie, und der Abend, an dem sie in Marseille an der Seite des Tenors Giuseppe Traverso die Lucia (*Lucia di Lammermoor*, Donizetti) singt, geht in die lokale Operngeschichte ein. 1954 debütiert sie in den Vereinigten Staaten und interpretiert in San Francisco die Gilda (*Rigoletto*) und die Lucia. Die großen europäischen Bühnen laden sie ein. 1959 führt sie eine triumphal verlaufende Tournee durch die Sowjetunion. Im Sommer 1960 tritt sie in Vichy in *Lakmé* ein letztes Mal auf. Trotz ihrer außergewöhnlichen Begabung ist Mado Robin stets eine einfache, natürliche Frau geblieben. Alle Staralüren waren ihr fremd.

Robles, Marisa
Englische Harfenistin spanischer Herkunft, geb. 4. 5. 1937 Madrid.
Sie studiert am Konservatorium von Madrid und wird dort mit 1. Preisen in Harfe, Theorie und Komposition ausgezeichnet (1953). 1954 debütiert sie mit dem Spanischen Nationalorchester. Sie unterrichtet kurze Zeit am Konservatorium von Madrid Harfe, bevor sie nach England übersiedelt (1959). 1963 debütiert sie in London. Seit 1971 unterrichtet sie am Royal College of Music in London Harfe. Mit ihrem Mann, dem Flötisten Christopher Hyde-Smith, dem Trio Robles und dem Ensemble Robles-Delmé spielt sie Kammermusik.

Rodde, Anne-Marie
Französische Sopranistin, geb. 21. 11. 1943 Clermont-Ferrand.
Seit ihrer frühesten Kindheit will sie Opernsängerin werden. Als Fünfzehnjährige tritt sie in das Konservatorium in Clermont-Ferrand in die Klasse von Madame Passini ein. Mit 1. Preisen in Lied- und Operngesang ausgezeichnet, wechselt sie zu Irène Joachim und Louis Noguéra an das Pariser Konservatorium. Auch hier erhält sie 1. Preise in Lied- und Operngesang. Aufgrund ihrer schlanken Gestalt eignet sie sich besonders für Hosenrollen. So debütiert sie als Amor (*Orphée et Euridice*, Gluck), Yniold (*Pelléas et Mélisande*, Debussy), 1. Knabe (*Die Zauberflöte*, Mozart, Festspiele von Aix-en-Provence, 1971). Mit Barberina (*Le nozze di Figaro*, Figaros Hochzeit, Mozart) interpretiert sie in Grenoble, Angers und in Aix (1972) ihre erste weibliche Rolle. Im gleichen Jahr fällt sie in Paris in Darius Milhauds *Cantate nuptiale* (Hochzeitskantate) und vor allem in *Solowej/Le Rossignol* (Die Nachtigall, Strawinsky) auf. In London wirkt sie an der englischen Erstaufführung von Jean-Philippe Rameaus letzter Oper *Les Boréades* mit. In Rom interpretiert sie 1982 die Mélisande (*Pelléas et Mélisande*) und in Montreal 1984 die Susanne (*Le nozze di Figaro*). Am Théâtre Musical de Paris wirkt sie an Aufführungen von *Cendrillon* (Aschenbrödel, Massenet) und *Les Indes galantes* (Galantes Indien, Rameau) mit, bevor sie 1984 an der Pariser Oper die Sophie (*Der Rosenkavalier*, R. Strauss) singt. Im darauffolgenden Jahr singt sie an der Opéra du Rhin in Straßburg die Titelrolle in *La finta giardiniera* (Die Gärtnerin aus Liebe, Mozart). Ihr weitgespanntes Repertoire

reicht vom *Messias* (Händel) über *Die Zauberflöte* (Mozart), Oscar (*Un ballo in maschera*, Ein Maskenball), *Falstaff* (beide Verdi) und *Ariadne auf Naxos* (R. Strauss) bis zu *L'Enfant et les sortilèges* (Das Kind und die Zauberdinge, Ravel).

Rodgers, Joan
Englische Sopranistin.
Sie studiert am Royal College of Music in London Gesang und perfektioniert sich anschließend bei Elisabeth Schwarzkopf, Galina P. Wischniewskaja, Hugues Cuenod und Sir Peter Pears. 1981 erhält sie ein Stipendium der Kathleen Ferrier Foundation. Im gleichen Jahr gewinnt sie den Wettbewerb von Ostende. Sie debütiert auf den Festspielen von Aix-en-Provence als Pamina (*Die Zauberflöte*, Mozart). Im darauffolgenden Jahr gastiert sie dort in *La finta giardiniera* (Die Gärtnerin aus Liebe) und *Mitridate, re di Ponto* (Mithridates, König von Ponto, beide Mozart). Während der Mozart-Festspiele des Orchestre de Paris interpretiert sie die Zerlina (*Don Giovanni*) und die Despina (*Così fan tutte*).

Rodziński, Artur
Amerikanischer Dirigent polnischer Herkunft, geb. 1.1. 1892 Split (Dalmatien), gest. 27.11. 1958 Boston.
Er studiert zunächst in Lwów (Lemberg) und anschließend in Wien Musik und Rechtswissenschaften (mit Abschluß zum Dr. jur.). Josef Marx und Franz Schreker unterrichten ihn in Komposition, Franz Schalk in Orchesterleitung sowie Emil von Sauer und Jerzy Lalewicz in Klavier. Er debütiert an der Oper von Lemberg als Chorleiter. 1921–25 lebt er in Warschau und dirigiert hier an der Oper und der Philharmonie. Dann verläßt er seine Heimat und wandert in die Vereinigten Staaten aus, wo er am Orchester von Philadelphia Chef-Assistent von Leopold Stockowski wird (1926–29); gleichzeitig arbeitet er am Curtis Institute in den Abteilungen für Oper und Orchester. Anschließend wird er zum Leiter des philharmonischen Orchesters von Los Angeles (1929–33) und des Orchesters von Cleveland (1933–43) ernannt. Seine moderne Programmgestaltung fällt auf. So leitet er 1935 die nordamerikanische Erstaufführung von *Ledi Makbet Mzenskogo ujesda* (Lady Macbeth des Mzensker Landkreises, Schostakowitsch). Salzburg und Wien sowie die New Yorker Philharmoniker laden ihn regelmäßig ein. 1937 erhält er den Auftrag, für Arturo Toscanini das Symphonie-Orchester des N.B.C. zusammenzustellen. 1942 übernimmt er die Leitung der New Yorker Philharmoniker, die er von Grund auf neu strukturiert. 1947 muß er aufgrund von Meinungsverschiedenheiten mit dem Orchestermanager den Abschied nehmen. Er übernimmt das Symphonie-Orchester von Chicago und arbeitet bis zu seinem Lebensende als Gastdirigent.
Rodzinski gilt als großer Orchestererzieher, der die von ihm geleiteten Ensembles stark prägt. Wir verdanken ihm mehrere Uraufführungen, darunter die der *Metamorphosen* (Hindemith, 1934), *Memorial to Lidice* (Martinů, 1943), *Ode an Napoleon* (Schönberg, 1944), *Symphonie Nr. 4* (W. Schuman, 1942) sowie der Ballettsuite *Appalachian Spring* (Frühling der Appalachen) von Aaron Copland (1945). 1953 führt er in Florenz als erster außerhalb der Sowjetunion Sergej S. Prokofjews Oper *Woina i mir* (Krieg und Frieden) auf.

Rögner, Heinz
Deutscher Dirigent, geb. 16.1. 1929 Leipzig.
Als Fünfjähriger erhält er ersten Klavierunterricht. An der Staatlichen Hochschule für Musik studiert er bei Hugo Steurer, O. Gutschlicht und Egon Bölsche Klavier, Bratsche und Orchesterleitung (1947–51). Direkt nach Studienabschluß wird er vom Nationaltheater in Weimar als Korrepetitor und 2. Kapellmeister engagiert (1951–54). Anschließend unterrichtet er an der Musikhochschule Leipzig Orchesterlei-

tung (1954–58). 1958–62 ist er ständiger Dirigent des Großen Orchesters von Radio Leipzig und 1962–73 Generalmusikdirektor der Deutschen Oper Berlin. 1973 übernimmt er die Leitung des Symphonie-Orchesters von Radio Berlin und ein Jahr später zusätzlich den dortigen Chor. Er unterrichtet an der Hochschule für Musik Hanns Eisler, wo er 1981 zum Professor ernannt wird. 1984 wird er außerdem zum Chefdirigenten des Yomiuri Nippon Symphony Orchestra in Tokio ernannt. Er ist mit der Sängerin Sieglinde Jahn verheiratet. Heinz Rögner zeichnet für die Uraufführungen von *Twill by Twilight* (Köper im Zwielicht, 1988) von Toru Takemitsu und *Symphonie Nr. 3* (1982) von Mikis Theodorakis verantwortlich.

Roesgen-Champion, Marguerite
Schweizer Cembalistin und Komponistin, geb. 25. 1. 1894 Genf, gest. 30. 6. 1976 daselbst.
Sie studiert bei Ernest Bloch und Emile Jaques-Dalcroze am Genfer Konservatorium, spezialisiert sich auf Cembalo und gibt viele Konzerte, vor allem in Paris, wobei sie eigene Werke zur Uraufführung bringt, darunter 1931 das *Concerto moderne* für Cembalo und Orchester. 1915–26 unterrichtet sie am Konservatorium von Genf.

Rösel, Peter
Deutscher Pianist, geb. 2. 2. 1945 Dresden.
Er studiert an der Hochschule für Musik Carl Maria von Weber in Dresden bei Ingeborg Finke-Siegmund (1960–64) und geht dann nach Moskau an das Tschaikowskij-Konservatorium in die Klassen von Dmitrij Bachkirow und Lew N. Oborin (1964–69). 1963 gewinnt er beim internationalen Robert-Schumann-Wettbewerb in Zwickau den 2. Preis; 1966 gewinnt er in Moskau den Tschaikowskij-Wettbewerb. Zwei Jahre später wird er beim Wettbewerb von Montreal mit einem 2. Preis ausgezeichnet. Er setzt sich vor allem im romantischen Repertoire schnell als einer der wichtigsten Pianisten der DDR international durch. 1976 wird er Solist des Gewandhaus-Orchesters in Leipzig. 1985 erhält er den Titel eines Professors.

Rössel-Majdan, Hildegard
Österreichische Altistin, geb. 21. 1. 1921 Mossbierbaum.
Sie studiert an der Wiener Akademie für Musik und darstellende Kunst Gesang. Ab 1951 gehört sie der Wiener Staatsoper an; sie ist aber vor allem als Konzert- und Oratoriensängerin erfolgreich und gilt als sensible Interpretin der Kantaten Johann Sebastian Bachs sowie der Symphonien Gustav Mahlers. Sie arbeitet mit so herausragenden Dirigenten wie Herbert von Karajan, Hermann Scherchen und Otto Klemperer zusammen. 1962 wird sie zur Kammersängerin ernannt. Bis 1972 unterrichtet sie an der Musikakademie Graz das Oratorienfach und geht dann als Professorin für Sologesang an die Wiener Musikhochschule.

Rössler, Almut
Deutsche Organistin und Chorleiterin, geb. 12. 6. 1932 Beverungen.
Sie studiert bei Michael Schneider in Detmold und Gaston Litaize in Paris Orgel, bei Hans Richter-Haaser Klavier und bei Kurt Thomas Chorleitung. Ihre Karriere nimmt schnell internationale Ausmaße an. Vor allem auf dem Gebiet der zeitgenössischen Musik setzt sie sich durch. Wir verdanken ihr Uraufführungen von Werken von Jürg Baur (*Orgel-Suite*, 1980), Johann Nepomuk David, André Jolivet, Giselher Klebe (*Orgelkonzert*, 1980), Kondo, Leitner, Olivier Messiaen (*Le Mystère de la Sainte Trinité*, Das Mysterium der Heiligen Dreieinigkeit, 1972; *Le Livre du Saint Sacrement*, Das Buch vom Heiligen Sakrament, 1986). Sie ist Kantor an der Johanneskirche in Düsseldorf und Professorin für Orgel am dortigen Robert-Schumann-Institut. Sie gründet und leitet die Johannes-Kantorei, die sich der Musik a capella sowie den großen Ora-

torien von Johann Sebastian Bach bis Frank Martin widmet. Almut Rössler gilt als eine der hervorragendsten Interpretinnen der Musik Olivier Messiaens, über den sie zahlreiche Aufsätze veröffentlicht. 1968, 72, 79 und 86 leitet sie die Messiaen-Festwochen in Düsseldorf. In Japan und den Vereinigten Staaten (Yale, Michigan), wo sie 1986 als Organistin des Jahres ausgezeichnet wird, hält sie master classes.

Rogé, Pascal
Französischer Pianist, geb. 6. 4. 1951 Paris.
Sein Großvater ist Geiger und seine Mutter Organistin. Sie erteilt dem knapp Vierjährigen Klavier-Unterricht. Als Zehnjähriger gibt er sein erstes Konzert mit Orchester. Im gleichen Jahr tritt er in das Pariser Konservatorium ein, das er 1966 mit 1. Preisen in Klavier (Klasse Lucette Descaves) und Kammermusik (Klasse Pierre Pasquier) wieder verläßt. Die folgenden drei Jahre ist er Schüler von Julius Katchen. 1967 gewinnt er beim internationalen Wettbewerb in Bukarest einen Preis. 1971 wird er beim Marguerite Long-Jacques Thibaud-Wettbewerb mit dem 1. Preis ausgezeichnet. Er tritt in Frankreich wie im Ausland als Solist vor allem mit Werken von Maurice Ravel und Claude Debussy erfolgreich auf.

Rogg, Lionel
Schweizer Organist und Cembalist, geb. 21. 4. 1936 Genf.
Er belegt am Konservatorium von Genf die Kurse für Harmonielehre, Kontrapunkt, Komposition (Charles Chaix), Orgel (Pierre Segond, 1. Preis für Virtuosität 1956), Klavier (André Perret, Nikita Magaloff, 1. Preis für Virtuosität 1957). Anschließend perfektioniert er sich in Paris bei André Marchal. Er wird bei den Internationalen Wettbewerben von München (1959) und Gent (1963) ausgezeichnet. 1961 spielt er in der Victoria Hall in Genf in einer Konzertserie das Gesamtwerk für Orgel von Johann Sebastian Bach, das er dreimal auf Schallplatten einspielt. Dietrich Buxtehude, François Couperin, Nicolas de Grigny, Georg Friedrich Händel, Franz Liszt und Wolfgang Amadeus Mozart gehören neben Bach zu seinen bevorzugten Komponisten. Er unterrichtet als Professor am Konservatorium von Genf Kontrapunkt und Fuge (1960–72), Formen und Stile (1971–79) und Orgel (seit 1965). In Cambridge und Oxford sowie an der Harthwestern University und der Colorado State University hält er Interpretationskurse ab.
Als Cembalist arbeitet er mit Künstlern wie Michel Debost, Danielle Borst, Bernard Schenkel und anderen zusammen. In Genf spielt er in einer Konzertreihe *Das wohltemperierte Klavier* (Bach). Unter Dirigenten wie Michel Corboz und Horst Stein spielt er auch als Continuo-Cembalist.
Sein Repertoire reicht von Jan Pieterszoon Sweelink, Gottfried und Samuel Scheidt und Girolamo Frescobaldi bis zu Jehan Alain, Paul Hindemith und György Ligeti.

Rohan, Jindřich
Tschechoslowakischer Dirigent, geb. 14. 5. 1919 Brno (Brünn), gest. 14. 2. 1978 Prag.
Er studiert am Konservatorium und an der Musikakademie in Prag und debütiert als Dirigent des Symphonie-Orchesters der tschechoslowakischen Armee. 1954 wird er zum Chefassistenten und anschließend zu einem der ständigen Dirigenten des Symphonie-Orchesters von Prag ernannt. 1960 wird er Dozent an der Musikakademie in Prag. Als leidenschaftlicher Verteidiger der zeitgenössischen Musik seiner Heimat setzt er sich besonders für die Werke von Svatopluk Havelka, Jan Tausinger und Lubomír Železný ein.

Rolfe Johnson, Anthony
Englischer Tenor, geb. 5. 11. 1940 Tackley (Oxfordshire).
Er studiert an der Guildhall School of Music in London und erhält 1972 ein Stipendium der Eva Turner Founda-

tion. 1973 debütiert er mit der English Opera Group. 1974–76 gastiert er bei den Festspielen von Glyndebourne. 1977 wird er mit dem John Christie-Preis ausgezeichnet. Er schlägt zunächst eine Karriere als Oratorien- und Konzertsänger ein (Oratorien von Georg Friedrich Händel, Kantaten und Passionen von Johann Sebastian Bach), bevor er regelmäßig mit der English National Opera und der Welsh National Opera auftritt. 1983 wirkt er bei den Salzburger Mozartwochen an einer Aufführung von *La finta semplice* (Die verstellte Einfalt) mit. Im darauffolgenden Jahr sieht man ihn in Aix-en-Provence (*La finta giardiniera*, Die Gärtnerin aus Liebe); er debütiert noch im gleichen Jahr an der Scala in der Titelrolle von *Lucio Silla*. 1986 wirkt er am gleichen Haus an einer Aufführung von *La clemenza di Tito* (Titus, alle Mozart) mit. Er setzt sich auf den wichtigsten europäischen Bühnen als Mozart-Tenor, aber auch in Belcanto-Rollen durch.

Rollez, Jean-Marc
Französischer Kontrabassist, geb. 7.7. 1931 Croix.
Er studiert zunächst Klavier, begeistert sich aber dann für den Kontrabaß, den er zunächst am Konservatorium von Roubaix studiert, wo er mit einem 1. Preis ausgezeichnet wird. Anschließend wechselt er an das Konservatorium von Paris und erhält auch dort einen 1. Preis. Er gehört nacheinander den Orchestern der Oper von Monte Carlo, dem philharmonischen Orchester des ORTF, dem Orchester der Concerts Lamoureux, Pasdeloups (Solist), der Opéra-Comique sowie der Pariser Oper (Solist) an. Am Institut des Hautes Etudes Musicales in Montreux wird er zum Professor ernannt. Neben seiner Arbeit als Orchestermusiker tritt er auch als Solist in Erscheinung und gibt in Paris viele Konzerte, wobei er vergessene Werke von Giovanni Bottesini zu neuem Leben erweckt. 1978 wird er am Konservatorium von Paris zum Professor ernannt.

Romansky, Ljubomir Stojanov
Deutscher Dirigent bulgarischer Herkunft, geb. 8. (21.) 1. 1912 Sofia, gest. 9. 6. 1989 Gelsenkirchen.
Er studiert in Sofia und Berlin Literatur und Musik (bei Arnold Schering, Clemens Krauss und Clemens Schmalstich) und debütiert 1940 als Kapellmeister an der Oper von Frankfurt/M. 1946 wird er zum musikalischen Oberleiter der Oper von Wiesbaden ernannt. 1948 übernimmt er die Leitung der Frankfurter Singakademie, die sich unter ihm zu einem der bedeutendsten deutschen Chöre entwickelt. Weltweit setzt sich die Frankfurter Singakademie für das Werk von Carl Orff ein. Er wird regelmäßig vom Orchester des Nordwestdeutschen Rundfunks eingeladen und geht 1950 als 1. Kapellmeister an die Oper von Gelsenkirchen, wo er 1968 zum Generalmusikdirektor ernannt wird. Er leitet die Uraufführungen von Hans Werner Henzes *Fünf Madrigale* (1950) und von Bernd Alois Zimmermanns *Photoptosis* (1969).

Romero, Pepe
Amerikanischer Gitarrist spanischer Herkunft, geb. 8. 3. 1944 Málaga.
Er wird von seinem Vater Celedonio Romero (geb. 2. 3. 1918 Málaga) unterrichtet, der als Professor und Konzertgitarrist tätig ist, und debütiert im Teatro Lope de Vega in Sevilla. Pepe Romero wird zunächst als Mitglied des berühmten Gitarren-Quartetts Los Romeros bekannt, in dem neben ihm sein Vater sowie seine Brüder Celin Romero (geb. 23. 11. 1940 Málaga) und Angel Romero (geb. 17. 8. 1946 Málaga) spielen. Dieses Quartett wird um 1968 gegründet. Die »königliche Familie der Gitarre«, wie die Romeros von der amerikanischen Presse getauft werden, lebt heute in den Vereinigten Staaten. Pepe Romero tritt auch als Solist in Erscheinung und spielt klassische Werke sowie Flamencos. Er leitet die Gitarren-Klasse der University of South California.
Zu den zahlreichen Werken, die speziell

für die Romeros komponiert wurden, zählen das *Concerto andalou* (Andalusisches Konzert, Rodrigo, 1967) sowie das *Concerto iberico* (Spanisches Konzert, Torroba, 1976). Pepe Romero verwirklicht 1983 die Uraufführung von *Concierto para una Fiesta* (Konzert für einen Stierkampf) von Joaquín Rodrigo.

Ronald, Sir Landon (= Landon Ronald Russell)
Englischer Dirigent und Komponist, geb. 7. 6. 1873 London, gest. 14. 8. 1938 daselbst.
Der Sohn des Komponisten Henry Russell (1812–1900) studiert am Royal College of Music in London Klavier und Komposition (1884–91). 1891 wird er von Luigi Mancinelli als Korrepetitor an den Covent Garden engagiert. Als Dirigent debütiert er dort 1896 mit *Faust* (Gounod), nachdem er vorher mit der Augustus Harris Opera Company Tourneen unternommen und am Theater in der Drury Lane bereits Opern dirigiert hatte. 1894 begleitet er Nellie Melba bei einer Tournee durch die Vereinigten Staaten. 1898–1902 dirigiert er in London Operetten. 1904–07 ist er ständiger Gast des Symphonie-Orchesters von London. Er wird von den Berliner und Wiener Philharmonikern und anderen wichtigen europäischen Orchestern eingeladen und arbeitet 1909–43 als Chefdirigent des Orchesters der Royal Albert Hall und 1916–20 des Scottish National Orchestra. Als Gastdirigent begleitet er anschließend die berühmtesten Solisten seiner Zeit wie Fritz Kreisler oder Alfred Cortot. Er beschäftigt sich auch mit pädagogischen Aufgaben und wird zum Principal der Guildhall School of Music in London ernannt (1910–38). Sir Edward Elgar widmet ihm sein symphonisches Gedicht *Falstaff*. Als Komponist hinterläßt er vor allem Operetten und Lieder, die zu Beginn des Jahrhunderts beachtlichen Erfolg haben.
WW: *Variations on a Personal Theme* (London 1922, Autobiographie); *Myself and Others* (London 1931, Autobiographie).

Rooley, Antony
Englischer Lautenspieler, geb. 10. 6. 1944 Leeds.
Er studiert an der Royal Academy of Music in London bei Hector Quine Gitarre (1965–68), bevor er ein Jahr später am gleichen Institut selbst zum Professor ernannt wird (bis 1971). Wie viele seiner Zeitgenossen entdeckt er seine Liebe zu alten Instrumenten. Als Autodidakt bringt er sich das Lautenspiel bei. 1969 gründet er zusammen mit James Tyleer das Consort of Musicke, dessen Besetzung variabel ist und hauptsächlich aus Violen und Zupfinstrumenten und einem Kern aus sechs Sängern besteht. Seit 1972 dirigiert er das Rooley Consort, das sich ausschließlich der Musik der Renaissance widmet. Er ist der wichtigste englische Lautenspieler der Generation der 70er Jahre, die sich der Renaissance-Musik auf Instrumenten der Epoche verschrieben hat. Er bildet zahlreiche Schüler aus und veröffentlicht die vollständigen Werke von John Dowland. 1976 übernimmt er die Leitung des Early Music Centre in London.

Rooy, Anton van (= Antonius Maria Josephus van Rooy)
Niederländischer Baßbariton, geb. 1. 1. 1870 Rotterdam, gest. 28. 11. 1932 München.
Er studiert bei Julius Stockhausen in Frankfurt/M. und debütiert 1897 in Bayreuth als Wotan (*Der Ring des Nibelungen*, Wagner). Ein Jahr später debütiert er an der Berliner Oper und am Covent Garden, wo er fast alle großen Wagner-Rollen seines Faches singt (bis 1908 und 1912–13). In Bayreuth gastiert er bis 1902 und interpretiert dort neben dem Wotan die Rolle des Hans Sachs (*Die Meistersinger von Nürnberg*, 1899) und des Holländers (*Der fliegende Holländer*, 1901–02, beide Wagner). 1898 debütiert er an der Met, an der er bis 1907 regelmäßig gastiert. Neben

den Wagner-Rollen gehören die des Escamillo (*Carmen*, Bizet), Jochanaan (*Salome*, R. Strauss) und Valentin (*Faust*, Gounod) zu seinem Repertoire. 1903 nimmt er an der Met an der ersten Vorstellung des *Parsifal* (Wagner) außerhalb von Bayreuth teil, die ohne die Erlaubnis der Familie Wagner abgehalten wird. Er wird daraufhin von Bayreuth nicht mehr eingeladen. Ab 1909 gehört er zum Ensemble der Frankfurter Oper. 1914 zieht er sich von der Bühne zurück, nachdem er in Paris ein letztes Mal den Hans Sachs gesungen hat. Er gilt als einer der bedeutendsten Wotan-Interpreten der Jahrhundertwende und wird auch als Liedsänger bekannt.

Rosand, Aaron
Amerikanischer Violinist, geb. 15. 3. 1927 Hammond.
Schon früh fasziniert ihn sein Instrument. Seine Eltern lassen ihn von Leon Sametini ausbilden, einem Schüler Eugène Ysaÿes; anschließend geht er an das Curtis Institute in Philadelphia zu Efrem Zimbalist. Er erhält auch von William Primrose Unterricht. Zimbalist und etwas später Antoine Ysaÿe, der ihn als seinen »geistigen Sohn« betrachtet, fördern ihn, soweit sie es vermögen. In den Vereinigten Staaten bereits seit langem bekannt, wird er erst 1963 in Europa bei einer Tournee durch die Bundesrepublik »entdeckt«. Ab 1971 unterrichtet er an der Sommerakademie in Nizza. Er lehrt auch am Peabody Conservatory in Baltimore, an der Mannes School of Music in New York sowie ab 1981 am Curtis Institute of Philadelphia. Er spielt auf der Guarneri von Paul Kochański (1741), die, ein ausgesprochen seltener Fall, nie restauriert wurde. Rosand, der sich vor allem im romantischen Repertoire auszeichnet (Mendelssohn Bartholdy, Sibelius usw.), versteht es besser als manche seiner Konkurrenten oder Vorgänger, das bei den Virtuosen in den Vereinigten Staaten so beliebte *presto agitato* zu vermeiden.

Rosbaud, Hans
Österreichischer Dirigent, geb. 22. 7. 1895 Graz, gest. 29. 12. 1962 Lugano.
Er besucht zunächst die Schule des Musikvereins in Graz und studiert anschließend am Hochschen Konservatorium in Frankfurt bei Alfred Hoehn Klavier und bei Bernhard Sekles Komposition. 1921 wird er zum Leiter der Städtischen Musikschule und Dirigenten der städtischen Symphonie-Konzerte ernannt (bis 1930). Ab 1929 ist er bereits Leiter der Musikabteilung und 1. Kapellmeister am Frankfurter Rundfunk (bis 1937). Hier leitet er seine ersten bedeutenden Uraufführungen von Werken von Arnold Schönberg und Béla Bartók. Anschließend wird er in Münster (1937–41) und Straßburg (1941–44) Generalmusikdirektor. 1945 übernimmt er die künstlerische Leitung der Münchner Philharmoniker; 1948 geht er in der gleichen Funktion zum Orchester des Südwestfunks Baden-Baden, das er zu einem der besten Ensembles für zeitgenössische Musik formt und bis zu seinem Tod leitet. Die Festspiele in Donaueschingen und Aix-en-Provence, wo er seit der Gründung mitwirkt, verdanken ihm viel. 1950 dirigiert er zusätzlich das Tonhalle-Orchester in Zürich, zu dessen musikalischem Leiter er 1958 ernannt wird.

Hans Rosbaud setzt sich unermüdlich für die Musik seiner Zeit ein, beschränkt sich aber nicht darauf: seine Interpretationen von Werken Wolfgang Amadeus Mozarts, vor allem seine Aufführungen in Aix-en-Provence prägen eine ganze Generation. Die Liste der Uraufführungen, für die er verantwortlich zeichnet, ist beeindruckend und beweist, wie vielseitig und offen dieser Dirigent ist: *Konzert für Klavier Nr. 2* (1933, Bartók), *Polyphonie* und *2 Improvisationen zu Mallarmé* (1951 und 1958, Boulez), *Tartiniana* und *An Mathilde* (1951 und 1955, Dallapiccola), *Fantasie über B. A. C. H.* und *Impromptus* (1950 und 1957, Fortner), *Symphonie Nr. 2* und *Symphonie Nr. 4* (1948 und 1950, Hartmann), *Symphonie Nr. 3*

(1951, Henze), *Monopartita* (1951, Honegger), *Konzert für Harfe und Orchester* (1952, Jolivet), *Le Réveil des oiseaux* (Das Erwachen der Vögel) und *Chronochromie* (1953 und 1960, Messiaen), *Sinfonia-partita* (1951, Mihalovici), *Récréation concertante* (Konzertante Zerstreuung, 1953, Petrassi), *4 Gesänge op. 22* und *Moses und Aron* (Konzertversion Hamburg 1954, Bühnenversion Zürich 1957, Schönberg), *Metastasis* (1955, Xenakis). Pierre Boulez widmet ihm *Le Marteau sans Maître* (Der Hammer ohne Meister) und Bernd Alois Zimmermann seine Oper *Die Soldaten*.

Rosé, Arnold Josef (= Arnold Josef Rosenblum)
Österreichischer Violinist, geb. 24.10. 1863 Iaszi (Rumänien), gest. 25. 8. 1946 London.
Er studiert am Konservatorium der Gesellschaft der Musikfreunde bei Karl Heißler Violine (1874–77) und gibt 1879 mit dem Gewandhausorchester sein Debüt als Solist. 1881 wird er Konzertmeister an der Wiener Hofoper, der er bis 1938 angehört. Im gleichen Jahr wird er auch bei den Wiener Philharmonikern zum Konzertmeister ernannt (ebenfalls bis 1938). 1902 heiratet er Justine, die Schwester Gustav Mahlers; er wird an der Wiener Oper zu einem der engsten Mitarbeiter des Komponisten. Doch er wird vor allem aufgrund des Quartetts bekannt, das seinen Namen trägt und das er 1882 gründet. Dieses Quartett gilt als würdiger Nachfolger der Quartette Joachim und Hellmensberger. Nach dem Einmarsch Hitlers in Österreich emigriert Rosé nach England und musiziert dort bis 1945. Nach dem Ende des Zweiten Weltkriegs kehrt er nach Wien zurück und ist 1945–46 wieder Mitglied der Wiener Philharmoniker. Er gibt die Violinsonaten von Johann Sebastian Bach und Ludwig van Beethoven heraus sowie dessen *Streichquartett* op. 18. Max Reger widmet ihm seine *Suite im alten Stil*. Sein Bruder Eduard nimmt zwei Jahrzehnte lang im Weimarer Hofopernorchester die Stelle eines 1. Violoncellisten ein. Seine Tochter Alma ist eine begabte Violinistin und sein Sohn Alfred ein in den Vereinigten Staaten bekannter Musiktherapeut.

Rose, Leonard
Amerikanischer Cellist, geb. 27. 7. 1918 Washington, gest. 16. 11. 1984 Cronton-on-Hudson (N. Y.).
Er studiert am Konservatorium von Miami, dann in New York und geht später an das Curtis Institute in Philadelphia zu Felix Salmond (1934–38). 1938 debütiert er als 2. Solist im Orchester der NBC und wird dann Solo-Cellist des Orchesters von Cleveland (1939–43) und der New Yorker Philharmoniker (1943–51). Seine Karriere als Solist beginnt 1944 mit einem Konzert in New York. Mit Isaac Stern und Eugene Istomin bildet er ein Trio. Mit Gary Graffman spielt er Sonaten. Er widmet einen beträchtlichen Teil seiner Zeit pädagogischen Aufgaben. Er ist Professor am Institute of Cleveland, am Curtis Institute (1936–63) und seit 1948 an der Juilliard School of Music in New York. Er wird zu Recht als der Chef der amerikanischen Cellisten-Schule betrachtet. Er spielt auf einem Nicola Amati aus dem Jahre 1662. 1962 kreiert er William Schumans *A Song of Orpheus* (Ein Lied von Orpheus).

Rosen, Albert
Tschechoslowakischer Dirigent, geb. 14. 2. 1924 Wien.
Er studiert in Wien und Prag, wo er auch debütiert. 1949–56 ist er Assistent und Chorleiter an der Oper von Plzeň (Pilsen). Anschließend geht er als Kapellmeister an die Nationaloper Prag (1960–71), ist 1965–67 gleichzeitig 1. Kapellmeister am dortigen Smetana-Theater und wird 1968 zum Chefdirigenten des Symphonie-Orchesters des irischen Rundfunks in Dublin ernannt, nachdem er bereits bei zahlreichen Gastdirigaten mit englischen Orchestern erfolgreich gewirkt hatte. 1981

gibt er in San Francisco mit Leoš Janáčeks Oper *Jenůfa* sein Debüt in den Vereinigten Staaten. Im gleichen Jahr wird er vom Western Australian Symphony Orchestra in Perth zum principal guest conductor ernannt. 1898 kehrt er als principal guest conductor an das National Symphony Orchestra of Ireland nach Dublin zurück.

Rosen, Charles
Amerikanischer Pianist, geb. 5. 5. 1927 New York.
Als Vierjähriger erhält er ersten Klavier-Unterricht. 1934–38 besucht er die Juilliard School of Music in New York. 1938–44 ist er Schüler von Moritz Rosenthal und anschließend (bis 1952) von Hedwig Kanner-Rosenthal. Er studiert gleichzeitig an der Universität von Princeton, wo er 1951 promoviert. Im gleichen Jahr beginnt seine Karriere als Pianist mit der Schallplatteneinspielung von Claude Debussys *Préludes*. Rosen beschäftigt sich auch mit mathematischen Studien. Nach Princeton hält er sich für kurze Zeit in Paris auf und unterrichtet dann am Massachusetts Institute of Technology Sprachen (1953–55), ohne deshalb seine Tätigkeit als Pianist aufzugeben. Er gibt in den Vereinigten Staaten und in Europa regelmäßig Konzerte. Seit 1971 unterrichtet er an der State University des Staates New York in Stony Brook. 1961 realisiert er zusammen mit Ralph Kirkpatrick die Uraufführung von *Konzert für Klavier, Cembalo und Orchester* von Elliott Carter.
WW: *The classical Style, Haydn, Mozart, Beethoven* (London und New York 1971); *Arnold Schönberg* (New York 1978); *Sonata Forms* (New York 1980).

Rosenfeld, Edmond
Französischer Pianist und Dirigent, geb. 27. 6. 1938 Paris.
Er studiert zunächst in Agen bei Pierino Lunghi Klavier und geht dann an das Pariser Konservatorium zu Marcel Ciampi, Jacques Février, Aline van Barentzen und Nadia Boulanger. Julius Katchen ermutigt ihn, die Solistenlaufbahn einzuschlagen. 1959 gibt er in Paris seinen ersten Klavierabend. 1967 verwirklicht er die französische Erstaufführung von Leonard Bernsteins *The Age of Anxiety* (Das Zeitalter der Angst). Nach zahlreichen Tourneen durch die Vereinigten Staaten wird er 1972 mit der musikalischen Programmgestaltung für das Maison de la Culture in Amiens beauftragt. Er gründet das Solistenensemble Pupitre 14, das er bis 1983 leitet. Seit 1959 ist er mit Isabelle Aboulker, einer Nichte Jacques Févriers, verheiratet, die als Opernkomponistin tätig ist.

Rosenstock, Joseph
Amerikanischer Dirigent polnischer Herkunft, geb. 27. 1. 1895 Krakau, gest. 17. 10. 1985 New York.
Er studiert an den Konservatorien von Krakau und Wien (bis 1920) und wird Schüler von Franz Schreker. An der Musikakademie Berlin lernt er Fritz Busch kennen, der ihm rät, die Dirigentenlaufbahn einzuschlagen, und ihn als seinen Assistenten nach Stuttgart holt. 1922 debütiert er als Kapellmeister in Darmstadt und wird dort 1925 zum Generalmusikdirektor ernannt (bis 1927). In der gleichen Funktion geht er dann an die Oper von Wiesbaden (1927–29). Ab 1929 dirigiert er an der Met den deutschen Repertoire, muß aber ein Jahr später den Vertrag wegen gesundheitlicher Schwierigkeiten auflösen. Wieder zurück in Deutschland, wird er in Mannheim Generalmusikdirektor (1930–33) und übernimmt dann die musikalische Leitung des Jüdischen Kulturbundes in Berlin (1933–36). 1936 verläßt er Deutschland und übernimmt das NHK Symphonie-Orchester in Tokio (1936–41 und 1945–46); gleichzeitig ist er Leiter der Musikabteilung des japanischen Rundfunks. Von Tokio aus geht er in die Vereinigten Staaten und dirigiert an der New York City Opera (1948–56), deren musikalischer Direktor er 1952–56 ist. Er leitet hier die amerikanische Erstaufführung

von *Wozzeck* (Berg). 1949–53 ist er Leiter des Festivals von Aspen (Col.). 1956–57 übernimmt er wieder das NHK Symphonie-Orchester, bevor er als Generalmusikdirektor der Kölner Oper nach Deutschland zurückkehrt (1958–61). 1965 läßt er sich in Salt Lake City (Ut.) nieder, wo er zuweilen auch als Dirigent tätig wird. Er beendet seine Karriere in den Vereinigten Staaten als Gastdirigent der Met (1961–68) und der Oper von San Francisco.

Rosenthal, Manuel
Französischer Dirigent und Komponist, geb. 18. 6. 1904 Paris.
Als Neunjähriger erhält er ersten Violin-Unterricht. Sein Vater stirbt, so daß er gezwungen ist, zum Unterhalt der Familie beizutragen. Er verläßt die Schule und spielt in einem Kino-Orchester Violine, während er sich gleichzeitig bei Alterman perfektioniert. 1918 wird er am Pariser Konservatorium Schüler von Jules Boucherit. Er gehört den Orchestern Pasdeloup und Lamoureux an, bevor er Mitglied des Symphonie-Orchesters von Paris wird. Zu dieser Zeit beginnt er, sich mit Komposition zu beschäftigen. Maurice Ravel hört in der Société de Musique Internationale seine ersten Werke und beschließt, ihn als einen seiner wenigen Schüler zu akzeptieren, während Jean Huré ihn in Kontrapunkt und Fuge unterrichtet. 1928 debütiert er mit den Concerts Pasdeloups als Dirigent. Bei der Gründung des Orchestre National wird er als 4. Schlagzeuger engagiert. Er fällt Désiré-Emile Inghelbrecht auf, der ihn zu seinem Stellvertreter ernennt. 1944–47 ist er musikalischer Leiter dieses Orchesters, bevor er als Chefdirigent zum Symphonie-Orchester von Seattle in die Vereinigten Staaten geht (1948–51). Anschließend arbeitet er lange Jahre als Gastdirigent, bis er 1962 am Konservatorium von Paris zum Professor für Orchesterleitung ernannt wird (bis 1974) und 1964–67 als musikalischer Leiter des Symphonie-Orchesters von Lüttich tätig wird.

Die Liste der von ihm geleiteten Uraufführungen ist beeindruckend und umfaßt Werke von André Jolivet, Olivier Messiaen, Charles Koechlin, Marcel Mihalovici, Darius Milhaud und Jean Rivier. Er leitet die französischen Erstaufführungen von Werken von Béla Bartók (*Divertimento, Le Prince de bois*, Der hölzerne Prinz, *Konzert für Violine und Orchester Nr. 2*), Benjamin Britten (*Zwischenspiele zu Peter Grimes*), Sergej S. Prokofjew (*Symphonie Nr. 2*), Richard Strauss (*Metamorphosen*) und Igor Strawinsky (*Symphonie in C*). Sein eigenes kompositorisches Schaffen ist sehr breit angelegt.

Rosenthal, Moriz
Polnischer Pianist, geb. 17. 12. 1862 Lwów (Lemberg), gest. 3. 9. 1946 New York.
Er studiert am Konservatorium von Lemberg bei Karol Mikuli, der als sein Partner fungiert, als er als Zehnjähriger sein erstes Konzert gibt. Von Lemberg aus geht er nach Wien und besucht die Kurse Raphael Jossefys, bevor er zu Franz Liszt nach Weimar geht, der sich für ihn einsetzt und ihn mit nach Rom nimmt (1876–80). Nach ersten Konzerten bricht er seine Pianisten-Laufbahn wieder ab und studiert an der Universität Wien Philosophie und Ästhetik (1880–86). 1884 nimmt er seine Konzerttätigkeit wieder auf. Von Wien aus bereist er fast die ganze Welt und gilt schon bald als der führende Pianist seiner Zeit. 1938 läßt er sich in den Vereinigten Staaten nieder, wo er am Curtis Institute in Philadelphia zum Professor ernannt wird.
W: *Schule des höheren Klavierspiels* (Berlin 1892).

Roshdestwenskij, Gennadi Nikolajewitsch
Russischer Dirigent, geb. 4. 5. 1931 Moskau.
Der Sohn des Dirigenten Nikolaj P. Anossow (1900–62) und der Sängerin Natalja P. Roshdestwenskaja, deren Namen er annimmt, studiert am Kon-

servatorium von Moskau bei Lew N. Oborin Klavier und bei seinem Vater Orchesterleitung. Als Zwanzigjähriger debütiert er am Bolschoi-Theater mit einer Aufführung von *Stschelkuntschik* (Der Nußknacker, Tschaikowskij). Zehn Jahre lang verbringt er an diesem Theater als Assistent von Jurij Faijew und dirigiert Ballette. 1961 wird er zum künstlerischen Direktor des Symphonie-Orchesters des sowjetischen Rundfunks ernannt (bis 1974), 1964-70 ist er gleichzeitig Chefdirigent des Bolschoi-Theaters. 1972 übernimmt er die musikalische Leitung der Moskauer Kammeroper. 1974-77 ist er künstlerischer Direktor der Stockholmer Philharmoniker und geht dann als Chefdirigent zum Symphonie-Orchester der BBC nach London (1978-81) und zum Symphonie-Orchester von Wien (1981-83), wo er auch am Konservatorium Orchesterleitung unterrichtet. 1982 wird er zum Leiter des neugegründeten Symphonie-Orchesters des Moskauer Kultusministeriums ernannt. Ab 1987 unterrichtet er Orchesterleitung an der Accademia Musicale Chigiana in Siena. 1991 übernimmt er die Leitung der Stockholmer Philharmoniker. Roshdestwenskij gilt heute als einer der bedeutendsten Interpreten russischer und zeitgenössischer sowjetischer Musik. Er ist mit der Pianistin Viktoria Postnikowa verheiratet.
Edison W. Denissow widmet ihm seine *Symphonie für zwei Streichorchester und Schlagzeug*, die er 1962 zur Uraufführung bringt. Wir verdanken ihm noch weitere Uraufführungen, darunter Werke von Juri M. Buzko (*Belyje notschi*, Weiße Nächte, 1970), Roberto Gerhard (Konzertversion von *Don Quijote*, 1989), Alfred G. Schnittke (*Symphonie Nr. 2 »Sankt Florian«*, 1980; *Seid nüchtern und wachet*, 1983; *Peer Gynt*, Ballett, 1989), Dmitri D. Schostakowitsch (*Igroki*, Der Spieler, 1978), Rodion K. Schtschedrin (*Symphonie Nr. 2*, 1965; *Carmen-Suite*, 1967, *Poetoria*, 1968).
WW: *Technik der Orchesterleitung* (Leningrad 1974); *Überlegungen zur Musik* (Moskau 1975).

Ros Marbá, Antoni
Spanischer Dirigent, geb. 2. 4. 1937 Barcelona.
Er studiert bei Eduardo Toldrá am Konservatorium seiner Heimatstadt, bevor er zu Sergiu Celibidache an die Accademia Musicale Chigiana in Siena und zu Jean Martinon nach Düsseldorf geht. 1965 wird er zu einem der ständigen Dirigenten des Symphonie-Orchesters des spanischen Rundfunks ernannt. 1967-77 leitet er das Orchester von Barcelona. Auch außerhalb Spaniens ist er erfolgreich. So ist er zwei Jahre lang principal guest conductor des Nationalorchesters von Mexiko. 1978-81 ist er musikalischer Leiter des spanischen Nationalorchesters; 1979 übernimmt er gleichzeitig die Leitung des niederländischen Kammerorchesters. 1981-86 wird er zum zweiten Mal Chefdirigent des Orchesters von Barcelona.

Ross, Elise
Amerikanische Sopranistin, geb. 28. 4. 1947 New York.
Ihre Karriere beginnt 1970, als sie mit dem Juilliard Ensemble und dem philharmonischen Orchester von Los Angeles Werke von Luciano Berio interpretiert. Anschließend unternimmt sie in Europa mit dem London Sinfonietta Tourneen. In Berios szenischer Messe *Passagio* (Durchzug) singt sie 1963 die Rolle der »Sie«. Auf den Festspielen von Royan, Bath, Venedig und Warschau nimmt sie an zahlreichen Uraufführungen teil und zeichnet sich auch als intelligente Schauspielerin aus, vor allem in *La Passion selon Sade* (Die Passion nach Sade, Bussotti). 1981 kreiert sie bei der Uraufführung von *Le Racine* (Bussotti) die Rolle der Phädra. Sie interessiert sich auch für die Musik von 1900 bis 1933 und singt Lieder der zweiten Wiener Schule sowie des Berliner Kabaretts. Sie arbeitet häufig mit dem Ensemble InterContemporaine zusammen. Mit Liedern von Richard

Strauss, Robert Schumann und Wolfgang Amadeus Mozart beweist sie, daß ihr Interesse nicht ausschließlich der zeitgenössischen Musik gilt. Sie ist mit dem Dirigenten Simon Rattle verheiratet.

Ross, Scott
Amerikanischer Cembalist und Organist, geb. 1.3. 1951 Pittsburgh, gest. 14.6. 1989 Assas (bei Montpellier).
Als Vierzehnjähriger läßt er sich in Frankreich nieder und studiert 1965–68 am Konservatorium von Nizza bei René Saorgin Orgel und bei Huguette Grémy-Chauliac Cembalo (1. Preis 1968). Anschließend wechselt er an das Pariser Konservatorium (1969–71) zu Robert Veyron-Lacroix (Cembalo) und Laurence Boulay (Generalbaß). Am Konservatorium von Antwerpen wird er in der Klasse von Kenneth Gilbert 1972 mit dem Special Hoger Diploma ausgezeichnet. 1971 gewinnt er beim internationalen Wettbewerb von Brügge den 1. Preis. In unregelmäßigen Abständen besucht er auch die Orgel-Kurse von Michel Chapuis. Sein Repertoire umfaßt hauptsächlich die Musik des 17. Jahrhunderts (Bach, Couperin, Rameau, Scarlatti), wobei seine besondere Liebe der französischen Musik des 17. und 18. Jahrhunderts gilt. 1973 wird er an der Universität von Laval in Quebec zum Professor ernannt. 1974–80 ist er als Gastprofessor an der okzitanischen Akademie für alte Musik und 1980 an der von Semur-en-Auxois (Burgund) tätig. Zusammen mit Kenneth Gilbert veröffentlicht er die *Pièces de clavecin* (Cembalostücke) von Jean-Henri d'Anglebert und das Gesamtwerk für Cembalo von Domenico Scarlatti. Stark von der französischen Philosophie des 18. Jahrhunderts beeinflußt, versucht er, in seinen Interpretationen, die auf den neuesten musikwissenschaftlichen Erkenntnissen beruhen, absolute Strenge mit größtmöglicher Lebendigkeit zu verbinden. 1975 spielt er das Gesamtwerk von Jean-Philippe Rameau, 1978 das von François Couperin und 1985 aus Anlaß des zweihundertsten Geburtstags des Komponisten das von Domenico Scarlatti (32 Compact Discs) ein.

Rossi, Mario
Italienischer Dirigent, geb. 29.3. 1902 Rom.
Er studiert bis 1925 an der Accademia Nazionale di Santa Cecilia in Rom bei Ottorino Respighi und Giacomo Setaccioli. 1926–36 ist er als 2. Kapellmeister am Augusteo in Rom tätig, das zu dieser Zeit von Bernardino Molinari geleitet wird. 1936–44 ist er Leiter des Maggio Musicale Fiorentino. Anschließend übernimmt er das Symphonie-Orchester der RAI in Turin (1946–69). Er unterrichtet auch am dortigen Konservatorium. Für seinen Einsatz für die zeitgenössische Musik wird er mit dem Schönberg-Preis ausgezeichnet. Er verwirklicht zahlreiche Uraufführungen, darunter Werke von Gian Francesco Malipiero (*Antonio e Cleopatra*, 1938; *I Capricci di Callot*, 1942, *Vergilii Aeneis*, Konzertversion, 1946) und Goffredo Petrassi (*Tre Cori*, Drei Chöre, 1932).

Rossi-Lemeni, Nicola (= Nicola Rossi Lemeni Makedon)
Italienischer Bassist, geb. 6.11. 1920 Istanbul, gest. 12.3. 1991 Bloomington (Ind.).
Sein Vater ist Italiener und seine Mutter Xenia Lemeni-Macedon, die am Konservatorium von Odessa unterrichtet, Russin. Er wächst in Italien auf und studiert zunächst Rechtswissenschaften. Ohne besondere Ausbildung debütiert er in Venedig an der Fenice als Warlaam (*Boris Godunow*, Mussorgskij). 1946 triumphiert er an der Oper von Triest als Philipp II. (*Don Carlos*, Verdi). Die Persönlichkeit Tullio Serafins, dessen Tochter Vittoria er 1949 heiratet, beeinflußt ihn sehr. Seit 1946 wirkt er an den Festspielen von Verona mit. 1950 debütiert er an der Scala und an der römischen Oper. Mit beiden Häusern bleibt er lange verbunden. 1951

gibt er in San Francisco mit *Boris Godunow* sein Nordamerika-Debüt. Zwei Jahre später beginnt er an der Met eine atemberaubende Karriere. 1956 singt er zum ersten Mal in Chicago. 1958 wirkt er an der Uraufführung von Ildebrando Pizzettis Oper *L'assassinio nella catedrale* (Mord im Dom) mit und kreiert die Rolle des Tomaso Becket. Er ist in zweiter Ehe mit der Sopranistin Virginia Zeani verheiratet. Nicola Rossi-Lemeni unterrichtet an der Indiana University in Bloomington. Auch als Dichter setzt er sich durch: er veröffentlicht 2 Gedichtbände (*Impeti, Le Orme*) und arbeitet an verschiedenen literarischen Zeitschriften mit.

Rostal, Max
Englischer Violinist österreichischer Herkunft, geb. 7. 8. 1905 Teschen, gest. 6. 8. 1991 Bern.
Max Rostal studiert in Wien bei Arnold J. Rosé und in Berlin bei Carl Flesch. Bereits als Sechsjähriger tritt das Wunderkind öffentlich auf. An der Hochschule für Musik in Berlin studiert er außerdem bei Emil Bohnke und Matyas Seibel Komposition. 1927 wird er Konzertmeister des philharmonischen Orchesters in Oslo. Anschließend holt Carl Flesch ihn als Assistent an die Musikhochschule nach Berlin (1928–30), bevor er dort zum Professor ernannt wird (1930–33). 1934 verläßt Rostal Deutschland und läßt sich in London nieder, wo er 1944–58 an der Guildhall School unterrichtet. Zu seinen Schülern gehören Mitglieder des Amadeus-Quartetts. 1957 übersiedelt er nach Bern in die Schweiz und lehrt am dortigen Konservatorium. Gleichzeitig unterrichtet er am Konservatorium von Köln (bis 1982). 1960–73 spielt er in einem Klavier-Trio mit Heinz Schröter und Gaspar Cassadó, der nach dessen Tod durch Siegfried Palm ersetzt wird. Max Rostal, der eine ganze Generation von Geigern prägt, verwirklicht die englischen Erstaufführungen von Aram I. Khatschaturjans *Konzert für Violine und Orchester* und von Béla Bartóks *Konzert für Violine und Orchester Nr. 2.* Er spielt auf einer Stradivari aus dem Jahre 1698 und einer Guarneri del Gesù aus dem Jahre 1733, der *Charles Reade*.

Rostropowitsch, Mstislav Leopoldowitsch
Aserbaidschanischer Cellist, Dirigent und Pianist, geb. 27. 3. 1927 Baku.
Er ist Sohn und Enkel von Cellisten und erhält von seiner Mutter, der Pianistin Sofia N. Fedetowa-Rostropowitsch als Vierjähriger ersten Klavier-Unterricht. Als Achtjähriger geht er an die Moskauer Zentralschule für Musik; zwei Jahre später wechselt er an das dortige Konservatorium (1937–48). Seine Lehrer sind Semyon M. Kozolupow, Wissarion J. Schebal und Dmitri D. Schostakowitsch. Noch während seines Studiums gewinnt er 1945 beim Allsowjetischen Wettbewerb den 1. Preis; 1947 und 1949 ist er Preisträger bei den internationalen Wettbewerben von Prag und Budapest. Ein Jahr später teilt er sich in Prag den 1. Preis mit einem anderen sowjetischen Cellisten, Daniel B. Schafran. Er unterrichtet am Konservatorium von Leningrad.
Erst 1964 beginnt mit einem Konzert in der Bundesrepublik seine internationale Karriere, auch wenn seine innersowjetische Laufbahn bereits bedeutend ist: seit 1948 ist er Dozent am Konservatorium von Moskau, wo er 1959 zum Professor für Violoncello und Kontrabaß ernannt wird. 1955 heiratet er die Sopranistin Galina P. Wischniewskaja, die er häufig am Klavier begleitet. Die Oper fasziniert ihn; 1967 dirigiert er am Bolschoi-Theater *Eugen Onegin* (Tschaikowskij), der Beginn seiner Laufbahn als Dirigent.
Sein Leben und seine Kunst gehen ineinander auf. Mit der Stimme seines Violoncellos, bei der Liedbegleitung auf dem Klavier oder als Dirigent verfolgt er die immer gleichen Ziele, die ihn für Alexander I. Solschenizyn, das heißt, für die Freiheit des Ausdrucks und die Kunst ohne Grenzen haben Stellung be-

ziehen lassen. Diejenigen, die ihn bei einem Konzert haben beobachten können, werden sein Gesicht nie vergessen, das jede Gefühlsnuance spiegelt.
Auch als Pädagoge leistet er Außergewöhnliches. Hat er seinen Schülern die Technik des Cello-Spiels beigebracht, dann setzt er sich ans Klavier, um mit ihnen von dort aus über Interpretationsprobleme zu sprechen und sie nicht zu stark zu beeinflussen.
Der Violoncellist Rostropowitsch hat viele Komponisten zu Kompositionen angeregt und viele Uraufführungen verwirklicht, darunter *Konzert für Violoncello und Orchester* von Sir Arthur Bliss, *Sinfonia concertante, Sonate für Violoncello und Klavier* sowie *Drei Suiten* von Benjamin Britten, *Konzert für Violoncello und Orchester* von Tichon N. Chrennikow, *Tout un monde lointain* (Weit entfernte Welt) von Henri Dutilleux, *Konzert für Violoncello und Orchester Nr. 2* von Cristóbal Halffter, *Konzert für Violoncello und Orchester Nr. 2* von André Jolivet, *Konzert für Violoncello und Orchester* von Witold Lutosławski, *Concerto per Mstislav Rostropowitsch* von Virgilio Mortari, *Sonate* von Maurice Ohana, *Variationen für Violoncello und Orchester* von Walter Piston, *Sinfonia concertante* sowie *Sonate für Violoncello und Klavier* von Sergej S. Prokofjew, *Mélodie concertante* von Henri Sauguet, *Konzert für Violoncello und Orchester Nr. 2* von Alfred G. Schnittke, *Konzerte für Violoncello und Orchester Nr.1* und *2* von Dmitri D. Schostakowitsch, *Konzert für Violoncello und Orchester* von Boris I. Tischtschenko, *Passacaglia* von Sir William Walton, *Sonate* von Jean Wiéner und das Gemeinschaftswerk der Komponisten Conrad Beck, Luciano Berio, Benjamin Britten, Pierre Boulez, Henri Dutilleux, Wolfgang Fortner, Alberto Ginastera, Cristóbal Halffter, Hans Werner Henze, Heinz Holliger, Klaus Huber und Witold Lutosławski, *Hommage à Paul Sacher*.
Dmitri D. Schostakowitsch schrieb: »Was immer Rostropowitsch spielt, Bach oder Hindemith, wir hören immer einen intensiven, klaren und mächtigen Ausdruck unserer Zeit. Es handelt sich immer um die Interpretation eines heutigen Menschen.«
Auch als Kammermusiker leistet er Außergewöhnliches. Lange spielt er in einem Trio mit Emil G. Gilels und Leonid B. Kogan und Sonaten mit Swjatoslaw T. Richter. Auch mit Wladimir S. Horowitz, Yehudi Menuhin und Martha Argerich spielt er regelmäßig zusammen.
1974 verläßt er die Sowjetunion. 1978 wird ihm die sowjetische Staatsbürgerschaft entzogen. 1977 wird er Nachfolger von Antal Dorati an der Spitze des National Symphony Orchestra von Washington. Im gleichen Jahr wird er zum künstlerischen Leiter der Festspiele von Aldeburgh ernannt, die von Benjamin Britten gegründet und bis zu dessen Tod geleitet worden waren. 1983 gründet er in Snape das Rostropowitsch-Festival. 1990 kehrt er in seine Heimat zurück und unternimmt mit dem Symphonie-Orchester von Washington eine Tournee durch die Sowjetunion. Er erhält wieder einen sowjetischen Paß.
Auch als Dirigent ist er für zahlreiche Uraufführungen verantwortlich: *Drei Meditationen* (1977) von Leonard Bernstein, *Un enfant appelle* (Ein Kind ruft, 1979) und *La Prison* (Das Gefängnis, 1983) für Sopran, Violoncello und Orchester von Marcel Landowski, *Timbre, espace, mouvement* (Timbre, Raum, Bewegung, 1979) von Henri Dutilleux, *Novelette* (Kleine Novelle, 1980) von Witold Lutosławski, *Symphonie Nr. 9* von Peter Mennin, *Prolog und Phantasie* (1982) von Sir William Walton, *Vox humana* (Menschliche Stimme, 1983) von Jacob Druckman, *Polnisches Requiem* (1984) von Krzysztof Penderecki, *Praise We Great Men* (Loben wir große Männer, 1985) von Benjamin Britten. Sein Instrument, ein Stradivari aus dem Jahre 1711, befand sich früher im Besitz von Jean Pierre Duport, dessen Namen es trägt, und Auguste Joseph Franchomme.

Roswaenge, Helge
Belgischer Tenor, geb. 29. 8. 1897 Kopenhagen, gest. 19. 6. 1972 München.
Er studiert an der Technischen Hochschule in Kopenhagen, wo er für ein Kaffee-Surrogat diplomiert wird, und läßt von dänischen und deutschen Gesangslehrern seine Stimme ausbilden. Nacheinander wird er in Neustrelitz (1921–22), Altenburg (1922–24), Basel (1924–26) und Köln (1926–29) engagiert, bevor er 1929 an die Staatsoper Berlin geht und 1930 von der Wiener Oper engagiert wird, wo er bis zum Ende der 50er Jahre bleibt und sich der wichtigste Teil seiner Karriere abspielt. Er singt hier die großen Mozart-Rollen genau wie die *Dreigroschenoper* (Weill). 1932 debütiert er bei den Salzburger Festspielen, wo er als unvergleichlicher Tamino (*Die Zauberflöte*, Mozart) unvergessen ist, vor allem unter der Leitung von Arturo Toscanini (1937), und 1934 in Bayreuth als Parsifal (Wagner). Er tritt auch als Liedsänger in Erscheinung und setzt sich besonders für Hugo Wolf und die skandinavischen Komponisten ein. Er ist mehrfach zum Kammersänger ernannt worden.
WW: *Skratta Pajazzo* (Kopenhagen 1945, dt. Lache, Bajazzo, Wien und München 1953, Autobiographie); *Mach es besser, mein Sohn* (Leipzig 1962, Autobiographie); *Leitfaden für Gesangsbeflissene* (München 1964).

Roth, Daniel
Französischer Organist, geb. 31. 10. 1942 Mulhouse (Elsaß).
Aus Bewunderung für Albert Schweitzer beschließt er, Organist zu werden. Er studiert zunächst am Konservatorium seiner Heimatstadt und tritt dann in das von Paris ein, wo er mit 1. Preisen in Harmonielehre (Klasse von Maurice Duruflé, 1962), Kontrapunkt und Fuge (Klasse von Marcel Bitsch, 1963), Orgel und Improvisation (Klasse von Rolande Falcinelli, 1963) und Begleitung (Klasse von Henriette Puig-Roget, 1970) ausgezeichnet wird. Bei Marie-Claire Alain studiert er die Interpretation alter Musik. Er ist Preisträger verschiedener internationaler Wettbewerbe, wird 1964 in Nizza mit dem Preis der SACEM für Orgelkomposition ausgezeichnet, ebenfalls 1964 in Arnhem (Holland) mit dem Preis für Interpretation, 1968 in Paris mit dem Preis für Improvisation, vergeben von der Gesellschaft der Orgelfreunde und 1971 mit dem Preis des internationalen Orgelwettbewerbes in Chartres.
Er ist Mitglied der Pariser Orgelkommission und Titularorganist der Großen Orgel der Basilika Sacré-Cœur (1973–83), wo er bereits 1963–73 als Stellvertreter von Rolande Falcinelli gearbeitet hatte. 1973–79 unterrichtet er am Konservatorium von Marseille Orgel; er lehrt regelmäßig an der Sommerakademie in Haarlem (Holland). 1974–76 ist er Professor an der American Catholic University und artist in residence am National Shrine, beide Washington. 1983 wird er Nachfolger von Jean-Jacques Grünewald als Titularorganist von Saint-Sulpice in Paris. 1988 wird er an der Musikhochschule Saarbrücken zum Professor ernannt.

Rothenberger, Anneliese
Deutsche Sopranistin, geb. 19. 6. 1924 Mannheim.
Sie studiert an der Musikakademie Mannheim sowie bei verschiedenen Privatlehrern, darunter Erika Müller, und debütiert 1943 am Stadttheater von Koblenz, an dem sie auch als Schauspielerin auftritt. 1946 wechselt sie an die Hamburger Oper, der sie bis 1956 angehört. 1953 feiert sie mit der Hamburger Oper bei den Festspielen von Edinburgh einen bedeutenden Erfolg. Während ihrer Zeit in Hamburg arbeitet sie regelmäßig für den Rundfunk. 1956 geht sie an die Deutsche Oper Düsseldorf-Duisburg. Ab 1953 wird sie häufig von Wien eingeladen, wo sie 1958 festes Ensemblemitglied wird. Seit 1954 nimmt sie jedes Jahr an den Salzburger Festspielen teil, wo sie 1957 bei der europäischen Erstaufführung von Rolf Liebermanns Oper *Die Schule der Frau-*

en die Rolle der Agnes interpretiert. 1960 triumphiert sie an der Scala und kurz darauf als Zdenka (*Arabella*, R. Strauss) an der Met. Alle großen europäischen sowie nord- und südamerikanischen Bühnen laden sie ein. In Deutschland und Österreich, wo sie bei einem breiten Publikum sehr beliebt ist, dreht sie mehrere Musikfilme. In England wirkt sie an dem in englischer Sprache gedrehten Film *Fledermaus 1955* mit. 1967 kreiert sie bei der Uraufführung von Heinrich Sutermeisters Oper *Madame Bovary* die Titelrolle. Drei Jahre später unternimmt sie eine triumphal verlaufende Tournee durch die Sowjetunion.

W: *Melodie meines Lebens* (Autobiographie, München 1972).

Rother, Artur Martin
Deutscher Dirigent, geb. 12.10. 1885 Stettin, gest. 22. 9. 1972 Aschau (Chiemgau).
Er studiert zuerst bei seinem Vater und dann bei Hugo Kaun in Berlin. 1905 debütiert er als Pianist. Im darauffolgenden Jahr wird er von der Oper in Wiesbaden als Korrepetitor und Chorleiter engagiert und steigt schon bald an diesem Haus zum 1. Kapellmeister auf. 1907–14 ist er Assistent bei den Bayreuther Festspielen. Nachdem er in verschiedenen deutschen Opernhäusern dirigiert hatte, wird er 1927 Generalmusikdirektor in Dessau. 1935 wechselt er in der gleichen Position an die Städtische Oper Berlin (bis 1943 und 1953–58), die nach dem Zweiten Weltkrieg in Deutsche Oper umgetauft wird. 1946–49 dirigiert er das Symphonie-Orchester des Berliner Rundfunks.

Rotzsch, Hans-Joachim
Deutscher Tenor und Chorleiter, geb. 25. 4. 1929 Leipzig.
Er studiert am Kirchenmusikalischen Institut und an der Musikhochschule in Leipzig bei Günther Ramin, Amadeus Webersinke und Johannes Weyrauch (1949–53). Privat nimmt er bei Fritz Polster Gesangs-Unterricht. Er beginnt seine Laufbahn als Oratorien-Sänger und singt vor allem mit dem Leipziger Thomanerchor die Passionen, Oratorien und Kantaten Johann Sebastian Bachs. Ab 1953 gehört er den Leipziger Bachsolisten an. 1961 beginnt er, an der Leipziger Hochschule für Musik zu unterrichten; vier Jahre später übernimmt er die Leitung des dortigen Universitätschores. 1972 wird er zum Professor und als Nachfolger von Erhard Mauersberger gleichzeitig zum Thomas-Kantor ernannt.

Rouleau, Joseph
Kanadischer Bassist, geb. 28. 2. 1929 Mantane (Quebec).
Während seines Studiums am Konservatorium der Provinz Quebec gibt er schon sehr früh im Rahmen der Jeunesses musicales seine erste Konzertreihe. Er schließt mit verschiedenen Preisen sein Studium ab und erhält ein Stipendium der Regionalregierung, das ihm erlaubt, sich in Mailand und Rom zu perfektionieren (1952–55). Er gewinnt in den Vereinigten Staaten den von dem New Orleans Experimental Theatre of Opera ausgeschriebenen Wettbewerb und debütiert 1956 an der New Orleans Opera Company. Anschließend singt er am Covent Garden vor und wird angenommen. Während seiner ersten Saison tritt er an der Seite von u. a. Maria Callas, Joan Sutherland und Marilyn Horne in sieben verschiedenen Rollen auf. Gleichzeitig wird er von der Scottish Opera eingeladen. Die Pariser Oper, das Théâtre de la Monnaie in Brüssel und deutsche sowie holländische Bühnen melden sich genau wie das Liceo in Lissabon und das Teatro Colón in Buenos Aires. In die Vereinigten Staaten zurückgekehrt, wird er von der New York City Opera, der Canadian Opera Company sowie der Oper von Quebec eingeladen. Er unternimmt drei wichtige Tourneen durch die Sowjetunion, wo er von der Kritik mit Fjodor I. Schaljapin verglichen wird. Er zeichnet sich im russischen und italienischen Fach, aber auch in Werken von Hector Berlioz,

Marc-Antoine Charpentier, Claude Debussy, Jacques Offenbach und Léo Delibes aus.

Rouvier, Jacques
Französischer Pianist, geb. 18. 1. 1947 Marseille.
Er studiert am Pariser Konservatorium bei Aline van Barentzen und Jean Hubeau und wird mit 1. Preisen in Klavier (1965) und Kammermusik (1967) ausgezeichnet. Anschließend perfektioniert er sich bei Vlado Perlemutter und Pierre Sancan und später bei Jean Fassina. Er gewinnt viele wichtige Preise und Wettbewerbe, darunter den Viotti-Wettbewerb in Vercelli und den Wettbewerb von Barcelona (1967), den Marguerite Long-Jacques Thibaud-Wettbewerb (1971) sowie den Ravel-Preis der europäischen Rundfunkunion. Er ist auch Preisträger der Fondation de la vocation. Er schlägt eine Solistenlaufbahn ein und zeichnet sich vor allem im Werk von Maurice Ravel aus. Mit Jean-Jacques Kantorow spielt er dessen *Sonaten für Violine und Klavier*. An der Ravel-Akademie in Saint-Jean-de-Luz und in Kanada hält er master classes ab. Seit 1979 ist er Professor am Pariser Konservatorium.

Rowicki, Witold
Polnischer Dirigent, geb. 26. 2. 1914 Taganrog (am Asowschen Meer, Rußland), gest. 1. 10. 1989 Washington.
Er studiert am Konservatorium von Krakau bei Artur Malawski Violine und bei M. J. Piotrowski sowie bei Bolesław Wallek-Walewski Komposition. 1938 erhält er sein Konzertreifediplom für Violine, debütiert aber bereits fünf Jahre zuvor als Dirigent. Bis 1945 arbeitet er hauptsächlich als Instrumentalist, spielt viel Kammermusik und arbeitet 1942-44 mit Paul Hindemiths Bruder Rudolf zusammen. 1945 wird er mit der Neugründung des Symphonie-Orchesters des polnischen Rundfunks beauftragt, das während des Zweiten Weltkriegs aufgelöst worden war und das er bis 1950 leitet. 1950-55 sowie 1958-77 ist er künstlerischer Direktor der Warschauer Nationalphilharmonie. Gleichzeitig unterrichtet er an der dortigen Musikhochschule (1952-54) und ist Chefdirigent der Krakauer Philharmoniker (1957-59). 1965-70 ist er Direktor des Wielki-Theaters. Auch international ist er erfolgreich; er arbeitet mit den größten europäischen Orchestern zusammen. Witold Lutosławski widmet ihm sein *Konzert für Orchester* (1954) und Tadeusz Baird seine *Cztery eseje* (4 Essays, 1958). 1961 leitet er die Uraufführung von Lutosławskis *Jeux vénitiens* (Venezianische Spiele). Er zeichnet außerdem für die Uraufführungen der meisten Werke Bairds sowie einiger Werke von Grazyna Bacewicz sowie von François-Bernard Mâche verantwortlich. 1983-85 leitet er das Symphonie-Orchester von Bamberg.

Rubinstein, Arthur
Amerikanischer Pianist polnischer Herkunft, geb. 28. 1. 1887 Łódź, gest. 20. 12. 1982 Genf.
Das Wunderkind gibt mit fünf Jahren sein erstes Konzert. Er wird zuerst von Alexander Rózycki in Warschau unterrichtet und hat auch Gelegenheit, bei Ignacy Jan Paderewski Stunden zu nehmen. Anschließend geht er nach Berlin und studiert bei Heinrich Barth, Robert Kahn und Max Bruch weiter. Sein erstes wichtiges Konzert gibt er 1897 unter Joseph Joachim in Paris. Unter Sergej A. Kussewitzky unternimmt er eine ausgedehnte Rußland-Tournee. 1906 debütiert er in den Vereinigten Staaten. Im gleichen Jahr übersiedelt er nach Paris. Während des Ersten Weltkriegs lebt er in England. Mit Eugène Ysaÿe spielt er Sonaten. 1932 heiratet er Aniela, die Tochter des polnischen Dirigenten Emil Młynarski (1870-1935). Ab 1937 wird er vor allem mit seinen Interpretationen des Werkes von Frédéric Chopin weltweit bekannt, wobei er im Konzertsaal sicher größere Ausstrahlung besitzt als im Schallplattenstudio. Während des Zweiten Weltkriegs lebt er in den Vereinigten Staaten. Mit Jascha Heifetz

und Emanuel Feuermann (später Gregor Piatigorsky) bildet er ein Trio. 1954 verläßt er Hollywood und kehrt nach Paris zurück. Selbst in hohem Alter gibt er noch Konzerte und wirkt dabei äußerst vital. Igor Strawinsky transkribiert für ihn drei Tänze aus *Petruschka* und schreibt für ihn *Piano Rag Music*. Unter den ihm gewidmeten Partituren sind die *Sinfonia concertante* von Karol Szymanowski, *Cancion y danza Nr. 6* von Federico Mompou, Werke von Heitor Villa-Lobos, Germaine Tailleferre und vor allem die *Fantasia Baetica* (1920) von Manuel de Falla erwähnenswert.
WW: *My Young Years* (New York und London 1973, dt. Erinnerungen. Die frühen Jahre, Frankfurt/M. 1973); *My Many Years* (New York 1980).

Rubio, Consuelo
Spanische Sopranistin, geb. 15.3. 1927 Madrid, gest. 1.3. 1981 daselbst.
Sie studiert am Konservatorium und wird 1948 bei ihrem Studienabschluß mit einem 1. Preis ausgezeichnet. Im gleichen Jahr debütiert sie in Madrid. In Spanien verschafft sie sich sowohl während der Festspiele in Grenada als auch am Liceo in Barcelona einen soliden Ruf. 1953 gewinnt sie beim internationalen Wettbewerb in Genf den 1. Preis. Im darauffolgenden Jahr erringt sie am Teatro Colón in Buenos Aires als Mimi (*La Bohème*, Puccini) und Eva (*Die Meistersinger von Nürnberg*, Wagner) einen überwältigenden Triumph. In der Folge wird sie in ganz Europa auf der Bühne oder im Konzertsaal stürmisch gefeiert. 1958 interpretiert sie bei den Festspielen von Aix-en-Provence die Rolle der Donna Elvira (*Don Giovanni*, Mozart). Sie erweitert ihr Repertoire und studiert die großen, dramatischen Rollen ihres Faches ein. So singt sie 1957 in Glyndebourne mit großem Erfolg die Alkeste (Gluck) und 1959 am Teatro Massimo in Palermo die Titelrolle von *Beatrice di Tenda* (Bellini) sowie die Rosario (*Goyescas*, Granada). In der Spielzeit 1960-61 ist sie Gast der Wiener Oper. 1962 wird sie von Chicago eingeladen. Bei der Festvorstellung aus Anlaß der Wiedereröffnung des Großen Theaters in Genf singt sie im Dezember 1962 die Eboli (*Don Carlos*, Verdi). Auch als Liedsängerin (hier vor allem des spanischen Liedes) und Interpretin von Zarzuelas verschafft sie sich einen Namen.

Rudel, Julius
Amerikanischer Dirigent österreichischer Herkunft, geb. 6.3. 1921 Wien.
Er beginnt sein Studium an der Wiener Musikakademie, emigriert 1938 in die Vereinigten Staaten und setzt sein Studium an der Mannes School of Music in New York fort. 1943 wird er von der New York City Opera als Korrepetitor engagiert. Er debütiert 1944 als Dirigent mit einer Aufführung des *Zigeunerbarons* von Johann Strauß. 1957-69 ist er künstlerischer Leiter der New York City Opera. Mit Hilfe eines weitgespannten Repertoires, das von Claudio Monteverdi bis zu Leoš Janáček reicht, verschafft er seinem Haus einen bedeutenden Ruf. Als er 1979 die künstlerische Leitung abgibt, bleibt er Chefdirigent (1979-81). Er ist gleichzeitig musikalischer Leiter des Caramoor Festival (Staat New York) und musikalischer Berater des Wolf Trap Farm Park for the Performing Arts (Distrikt Columbia) und 1974-78 Direktor des Kennedy Center in Washington.
Er gibt in den Vereinigten Staaten, Israel und Europa viele Gastspiele. 1980-83 ist er Chefdirigent des philharmonischen Orchesters von Buffalo. Er leitet die Uraufführungen vieler Opern amerikanischer Komponisten und auch die von *Bomarzo* (1967) von Alberto Ginastera.

Rudolf, Max
Amerikanischer Dirigent deutscher Herkunft, geb. 15.6. 1902 Frankfurt/M.
Er studiert am Hochschen Konservatorium in Frankfurt bei Eduard Jung Klavier und bei Bernhard Sekles Komposition (1914-22) und debütiert als Chorleiter in Freiburg/Br (1922-23). An-

schließend geht er als 1. Kapellmeister nach Darmstadt (1923–26). 1929–35 ist er Kapellmeister an der Deutschen Oper in Prag, 1935–40 ständiger Gastdirigent des Symphonie-Orchesters von Göteborg und des Symphonie-Orchesters des Schwedischen Rundfunks. 1940 läßt er sich in den Vereinigten Staaten nieder, wo seine Karriere eng mit der Met verbunden ist, an der er 1945–58 dirigiert; 1950–58 ist er künstlerischer Berater des Hauses. Anschließend übernimmt er die Leitung des Symphonie-Orchesters von Cincinnati (1958–70) und leitet 1963–70 die Mai-Festspiele in dieser Stadt. Er zieht nach Philadelphia und unterrichtet 1970–73 und wieder ab 1983 am dortigen Curtis Institute. Zwischenzeitlich leitet er das Symphonie-Orchester von Dallas (1973–74), arbeitet als Gast wieder an der Met (1973–75) und ist musikalischer Berater des Symphonie-Orchesters von New Jersey (1975).
W: *The Grammar of Conducting* (New York 1950).

Rudy, Mikhail
Französischer Pianist usbekischer Herkunft, geb. 3. 4. 1953 Taschkent.
Er beginnt als Fünfjähriger mit dem Klavierunterricht. 1963 tritt er in die Klasse von Jakow W. Flijer am Moskauer Konservatorium ein. 1971 ist er Preisträger des Leipziger Bach-Wettbewerbs. 1975 schließt er sein Studium ab. Im gleichen Jahr gewinnt er in Paris den Marguerite Long-Preis. 1975–76 gibt Rudy in mehr als hundert sowjetischen und westeuropäischen Städten Konzerte. 1977 beschließt er während einer Konzertreise durch Frankreich, nicht in die Sowjetunion zurückzukehren, und läßt sich in Paris nieder. Seine Karriere nimmt einen raschen Aufschwung. Mit Isaac Stern und Mstislav L. Rostropowitsch spielt er zum 90. Geburtstag von Marc Chagall Ludwig van Beethovens *Konzert für Violine, Violoncello, Klavier und Orchester*. Im gleichen Jahr debütiert er unter Lorin Maazel in den Vereinigten Staaten. Herbert von Karajan lädt ihn 1988 zu den 20. Salzburger Osterfestspielen ein. Sein weitgespanntes Repertoire umfaßt auch Werke von Zeitgenossen wie Olivier Messiaen.

Rübsam, Wolfgang
Deutscher Organist, geb. 16. 10. 1946 Gießen.
Er studiert bei Helmut Walcha in Frankfurt/M., bei Robert Anderson an der Southern Methodist University in Dallas (bis 1971) und bei Marie-Claire Allain in Paris (1971–74). 1973 gewinnt er in Chartres den Großen Preis für Interpretation. Er setzt sich rasch mit wichtigen Schallplatteneinspielungen durch. Er ist Professor für Kirchenmusik und Orgel an der Northwestern University of Evanston (Ill.).

Rühlmann, François
Belgischer Dirigent, geb. 11. 1. 1868 Brüssel, gest. 8. 6. 1948 Paris.
Er studiert am Konservatorium von Brüssel Oboe und bei Joseph Dupont Orchesterleitung. Sieben Jahre lang gehört er zum Orchester des dortigen Théâtre de la Monnaie. 1892 debütiert er als Dirigent in Rouen; drei Jahre später geht er als Kapellmeister an das Theater von Lüttich. 1896 finden wir ihn in der gleichen Funktion in Antwerpen und 1898–1904 am Théâtre de la Monnaie in Brüssel. 1905 geht er als 1. Kapellmeister an die Pariser Opéra-Comique, wo er ein Jahr später zum Musikdirektor ernannt wird (bis 1908 und 1910–13). Kurz vor dem Ausbruch des Ersten Weltkriegs wird er von André Caplet an die Pariser Oper geholt, kann aber dieses Amt nur kurze Zeit ausüben. 1920 kehrt er als Musikdirektor an das Théâtre de la Monnaie nach Brüssel zurück. 1923 wird er zum zweiten Mal zum 1. Kapellmeister der Opéra-Comique ernannt. Er leitet dort die Uraufführungen von *Ariane et Barbe-Bleue* (Ariadne und Blaubart, 1907, Lukas), *L'Heure espagnole* (Die spanische Stunde, 1911, Ravel), *Mârouf, savetier de Caire* (Mârouf, Flickschuster

von Kairo, 1914, Rabaud) und an der Pariser Oper die von *La Légende de saint Christophe* (Die Legende des Heiligen Christoph, 1920, d'Indy), *Guercœur* (1931, Magnard) und *Maximilien* (1932, Milhaud).

Ruffo, Titta (= Ruffo Cafiero Titta)
Italienischer Bariton, geb. 9. 6. 1877 Pisa, gest. 5. 7. 1953 Florenz.
Er studiert an der Accademia Nazionale di Santa Cecilia in Rom bei Venceslao Persichini und in Mailand bei Senatore Sparapani und Vincenzo Casini. 1898 debütiert er in Rom als Heerrufer des Königs (*Lohengrin*, Wagner). Nach Engagements an verschiedenen italienischen Bühnen verbringt er mehrere Jahre in Südamerika und erwirbt sich dort einen guten Ruf. 1903 debütiert er in *Rigoletto* (Verdi) an der Scala. Im gleichen Jahr noch singt er am Covent Garden den Enrico (*Lucia di Lammermoor*, Donizetti) und den Figaro (*Il barbiere di Siviglia*, Der Barbier von Sevilla, Rossini). Paris und Wien laden ihn ein. 1908–1931 ist er regelmäßiger Gast des Teatro Colón in Buenos Aires; in der gleichen Zeit gastiert er in Philadelphia (*Rigoletto*, 1912), Chicago (1912–14 und 1919–21), New York (er debütiert 1922 als Figaro an der Met und singt dort regelmäßig bis 1929). In Rom setzt er sich als einer der bedeutendsten Verdi-Sänger seiner Zeit durch. 1937 wird er aufgrund seiner antifaschistischen Haltung inhaftiert. Nach seiner Freilassung zieht er nach Florenz, wo er sich vor allem pädagogischen Aufgaben widmet. Seine Interpretation des Scarpia (*Tosca*, Puccini) ist unvergessen.

Ruhland, Konrad
Deutscher Chorleiter und Musikwissenschaftler, geb. Landau/Isar.
Als Chorsänger macht er in der Passauer Kathedrale seine ersten Erfahrungen. Er studiert an der Universität München als Schüler von Thrasybulos Georgiades und Göllner Musikwissenschaften. Er beschäftigt sich mit dem Problem der Notation in der Monodie und Polyphonie des Mittelalters und mit Fragen der musikalischen Morphologie sowie der Aufführungspraxis der Musik dieser Zeit. Gleichzeitig studiert er Spätlatein, Theologie und die Geschichte und Entwicklung der liturgischen Riten, was ihm bei seinen musikwissenschaftlichen Forschungen zugute kommt und in direktem Zusammenhang mit seinen Interpretationen steht, nicht nur auf zahlreichen internationalen Kolloquien, Seminaren und Sommerakademien, sondern auch mit seiner täglichen Arbeit als Chorleiter. 1956 gründet er in München die Capella Antiqua, die er auch leitet. Das Repertoire dieses Vokalensembles ist weit gespannt und reicht von den gregorianischen und verwandten Monodien bis zu den Madrigalen des Frühbarock, wobei die Musik des Mittelalters und der Renaissance im Mittelpunkt steht, der er sich stilistisch gesehen auf neuem Weg nähert.

Ruiz-Pipo, Antonio
Französischer Pianist, Komponist und Musikwissenschaftler spanischer Herkunft, geb. 7. 4. 1934 Granada.
Er studiert 1948–50 in Barcelona (gregorianischer Choral, Orgel, Harmonielehre, Kammermusik, Klavier bei Alicia de Larrocha). Gleichzeitig studiert er bei Manuel Blancafort, Xavier Montsalvate und Maurice Ohana Komposition und ist Mitglied des Manuel-de-Falla-Kreises, in dem sich in Barcelona junge Komponisten zusammengeschlossen haben. 1951 läßt er sich in Frankreich nieder, lernt Yves Nat kennen und perfektioniert sich bei Alfred Cortot (1952). Seine musikwissenschaftlichen Arbeiten sind ihm bei der Interpretation der Werke spanischer Komponisten des 18. Jahrhunderts und der Romantik hilfreich. Als erster realisiert er eine Gesamtaufnahme der Werke für Klavier von Georges Bizet. Er ist Gründer und musikalischer Leiter des Festival des Nuits Musicales in Banoguil (Departement Lot, 1962–74). 1976 erhält er den internationalen Kompositions-Preis von Saragossa sowie den National-

preis Padre Soler. Er ist Professor für Klavier und musikalische Ästhetik an der Ecole Normale de Musique in Paris und hält in Wien Vorlesungen zum Problem der Interpretation spanischer Musik. Für Radio France und den Madrider Rundfunk produziert er Sendungen und arbeitet auch mit dem kanadischen Rundfunk zusammen. Als Komponist ist er ebenso erfolgreich.

Rupp, Franz
Amerikanischer Pianist deutscher Herkunft, geb. 24. 2. 1901 Schongau, gest. 27. 5. 1992 New York.
1915 beginnt er, an der Münchner Musikakademie bei August Schmid-Lindner Klavier zu studieren. Drei Jahre später gibt er sein erstes Konzert. Er zeichnet sich vor allem als Begleiter und als Kammermusiker aus. So ist er Partner von Lotte Lehmann, Elisabeth Schumann, Heinrich Schlusnus, Georg Kulenkampff, Pablo Casals und Fritz Kreisler (mit dem er 1935-36 als erster die *Zehn Sonaten für Violine und Klavier* von Ludwig van Beethoven einspielt). 1938 verläßt er Deutschland und läßt sich in den Vereinigten Staaten nieder, wo er fünfundzwanzig Jahre lang Marian Anderson begleitet. Am Curtis Institute in Philadelphia leitet er eine Klasse für Liedbegleitung und Kammermusik.

Russell Davies, Dennis
Amerikanischer Dirigent, geb. 16. 4. 1944 Toledo (Oh.).
Er studiert an der Juilliard School of Music in New York bei Robert Goldsand, Lonny Epstein und Sascha Gorodnitzki Klavier und bei Jorge Mester und Jean Morel Orchesterleitung. Er debütiert 1961 als Pianist und unterrichtet an der Juilliard School of Music in New York 1968-71. 1968 gründet er in New York mit Luciano Berio The Ensemble, mit dem er sich der zeitgenössischen Musik widmet. 1971-80 ist er Musikdirektor des Kammerorchesters von Saint Paul (Minn.). 1968-72 leitet er das Symphonie-Orchester von Norwalk und 1968-74 das Juilliard Ensemble. 1974 debütiert er als Operndirigent in Europa. 1974 wird er Leiter des Festivals von Cabrillo und 1975 des White Mountain Festival of the Arts. 1976 übernimmt er bei der Gründung des American Composers Orchestra (New York) die Leitung dieses neuen Ensembles, das zur Aufgabe hat, die Werke amerikanischer Komponisten zu fördern. Er wird regelmäßig von der Stuttgarter Oper eingeladen und übernimmt deren musikalische Leitung 1978. Im gleichen Jahr dirigiert er in Bayreuth Richard Wagners Oper *Der fliegende Holländer*. 1987 verläßt er Stuttgart und wird musikalischer Leiter der Bonner Oper sowie des Orchesters der Beethovenhalle. 1990 legt er die musikalische Leitung der Bonner Oper und 1992 die des Orchesters der Beethovenhalle wieder nieder, um 1990 die musikalische Direktion des philharmonischen Orchesters von Brooklyn (New York) zu übernehmen. Er leitet die Uraufführungen zahlreicher Werke von Luciano Berio, die ihm zum Teil gewidmet sind, wie *Opera* (1970), und Kompositionen von Michael Denhoff, Hans Werner Henze (*Die englische Katze*, 1983), Mauricio Kagel (*Musik für Tasteninstrumente und Orchester*, 1989), Arvo Pärt (*Te Deum*, 1985), John Cage, Bruno Maderna, Elliott Carter, Morton Feldman.

Růžičková, Zuzana
Tschechoslowakische Cembalistin, geb. 14. 1. 1927 Plzeň (Pilsen).
1947-51 studiert sie an der Prager Musikakademie bei A. Šín und František Rauch Klavier und bei Oldřich Kredba Cembalo. 1956 gewinnt sie beim Münchner Rundfunkwettbewerb einen Preis, Beginn ihrer internationalen Karriere. Zwei Jahre später geht sie nach Paris und perfektioniert sich bei Marguerite Roesgen-Champion. Unter der Leitung von Jean Witold gibt sie ihre ersten Konzerte. 1961 gründet sie mit Václav Neumann das Prager Solisten-Ensemble. Sie spielt mit Josef Suk, Ja-

nós Starker, Pierre Fournier und Jean-Pierre Rampal Musik der Barockzeit (Couperin, Purcell und Bach). Daneben liebt sie aber auch die Musik von Béla Bartók, Bohuslav Martinů und Francis Poulenc. Seit 1951 unterrichtet sie an der Kunstakademie Prag und an der Musikhochschule in Bratislava Cembalo. Ihr Mann, der Komponist Viktor Kalabis, widmet ihr 1963 *Sechs kanonische Inventionen für 2 Stimmen* und sein *Konzert für Cembalo und Orchester* und Jan Rychlík 1960 seine *Homaggi gravicembalistici*.

Rysanek, Leonie
Österreichische Sopranistin, geb. 14. 11. 1926 Wien.
Sie studiert bei Alfred Jerger und Rudolf Grossmann, ihrem ersten Mann. 1949 debütiert sie in Innsbruck als Agathe (*Der Freischütz*, v. Weber). 1950–52 gehört sie dem Ensemble der Saarbrücker Oper an. Ihre Interpretation der Sieglinde (*Die Walküre*, Wagner) bei der Wiedereröffnung der Bayreuther Festspiele 1951 macht sie berühmt. München (1952) und Wien (1954) laden sie ein. Am Covent Garden gastiert sie ab 1953, in San Francisco ab 1957 und an der Met ab 1959. Die berühmte Wagner-Sängerin (in Bayreuth interpretiert sie die Elsa, *Lohengrin*, Elisabeth, *Tannhäuser*, Senta, *Der fliegende Holländer* und die Kundry, *Parsifal*) ist auch eine bedeutende Interpretin der Leonore (*Fidelio*, Beethoven) und eine große Verdi-Sängerin (Amelia, *Un ballo in maschera*, Ein Maskenball, Elisabeth von Valois, *Don Carlos*, Lady Macbeth, *Macbeth*, Desdemona, *Otello*) und eine ideale Interpretin von Richard Strauss. So singt sie 1972 an der Pariser Oper die Kaiserin in *Frau ohne Schatten*, die Titelrolle von *Die ägyptische Helena* und von *Daphne*, Chrysothemis (*Elektra*), die Marschallin (*Der Rosenkavalier*), Ariadne (*Ariadne auf Naxos*), und in jüngerer Zeit die Salome und die Titelrolle von *Elektra* (im Film 1981 unter Karl Böhm) sowie 1988 in Marseille die Klytämnestra (*Elektra*). Ihre Schwester Lotte Rysanek, geb. 18. 3. 1926, gehört als lyrische Sopranistin dem Ensemble der Wiener Oper an.

S

Sabata, Victor de
siehe **De Sabata, Victor**

Sabran, Gersende de
Französische Pianistin, geb. 29. 7. 1942 Ansouis.
Sie stammt aus einer Musikerfamilie und erhält als Sechsjährige ersten Musikunterricht. Sie ist Schülerin von Yvonne Lefébure am Konservatorium von Paris, an dem sie mit 1. Preisen in Kammermusik und Klavier ausgezeichnet wird. Schon früh wird sie von der Musik Wolfgang Amadeus Mozarts angezogen, dessen Werke sie häufig spielt. Sie ist mit dem Herzog von Orléans, dem Sohn des Grafen von Paris, verheiratet.

Sacher, Paul
Schweizer Dirigent, geb. 28. 4. 1906 Basel.
Er studiert an der Universität Basel bei Karl Nef Musikwischaften und besucht gleichzeitig das dortige Konservatorium, wo er sich von Rudolf Moser und Felix Weingartner zum Dirigenten ausbilden läßt. 1926 gründet er das Kammerorchester Basel, mit dem er hauptsächlich alte Musik aufführt. Zwei Jahre später ruft er den Basler Kammerchor ins Leben und 1944 die Schola Cantorum Basiliensis, an der musikwissenschaftliche Forschungen mit möglichst werkgetreuen Aufführungen verbunden werden. Er beginnt, sich für die zeitgenössische Musik zu interessieren und entwickelt sich im Lauf der Zeit zu einem ihrer leidenschaftlichsten Verfechter. 1931 wird er zum Mitglied des Komitees der Schweizer Tonkünstlervereinigung ernannt, deren Präsident er 1946–55 ist. 1935–46 leitet er die Schweizer Sektion der International Society for Contemporary Music. 1941 gründet er in Zürich das Collegium Musicum, ein Kammerorchester, das die Aktivitäten des Basler Kammerorchesters ergänzt. 1954 verschmilzt die Schola Cantorum Basiliensis mit dem Basler Konservatorium und der Basler Musikschule zur Musikakademie der Stadt Basel, die er bis 1969 leitet.
Paul Sacher widmet einen bedeutenden Teil seiner Arbeitskraft der Musik seiner Zeit, gibt bei Komponisten unterschiedlichster Stilrichtungen Kompositionen in Auftrag und begeistert das Publikum für diese Musik. Während seines aktiven Lebens erteilt er mehr als hundert Aufträge und leitet mehr als zweihundert Uraufführungen. Die wichtigsten Werke, die auf seine Anregung hin geschaffen werden, sind *Musik für Saiteninstrumente, Schlagzeug und Celesta* (1937) und *Sonate für zwei Klaviere und Schlagzeug* (1938) von Béla Bartók, *Lichter und Schatten* (1982) von Conrad Beck, *Corale* (Choral, 1982) von Luciano Berio, *Mystère de l'instant* (Geheimnis des Augenblicks, 1989) von Henri Dutilleux, *Prismen* (1975) und *Variationen für Kammerorchester* (1980) von Wolfgang Fortner, *Sonata per archi* (Sonate für Streicher, 1958), *Cantata della fiaba estrema* (1965), *Doppelkonzert für Oboe, Harfe und Orchester* (1966), *Konzert für Violine und Orchester Nr. 2* (1972) von Hans Werner Henze, *Symphonie »Die Harmonie der Welt«* (1952) von Paul Hindemith, *Quartett* (1973) und *Atembogen* (1975) von Heinz Holliger, *La Danse de morts* (Totentanz, 1940), *Symphonie Nr. 2* und *Nr. 4* (1942 und 1947) sowie *Une cantate de Noël* (Eine Weihnachtskantate, 1953) von Arthur Honegger, *Symphonie concertante für Oboe* (1951) von Jacques Ibert, *Doppelkonzert für Oboe, Harfe und Orchester* (1980) von Witold Lutosławski, *Symphonie Nr. 6* (1949) von Gian Francesco Malipiero, *Der Cornet* (1945), *Petite symphonie concertante* (1946), *Konzert für Violine Nr. 1*

(1952), *Etüden für Streicher* (1956) und *Konzert für Violoncello und Orchester* von Frank Martin, *Doppelkonzert* (1940), *Concerto da camera* (1942) und *Toccata e due canzoni* von Bohuslav Martinů, *Sinfonia giocosa* (1951) von Marcel Mihalovici, *Orchesterkonzert Nr. 2* (1952) von Goffredo Petrassi, *Gebild* (1984) von Wolfgang Rihm, *Concerto in D* (Basler Concerto, 1947) und *A Sermon, a Narrative and a Prayer* (Eine Predigt, eine Geschichte und ein Gebet, 1962) von Igor Strawinsky, *Metamorphosen* (1946) von Richard Strauss, *Eucalypts I* (Eukalyptus I, 1970) von Toru Takemitsu sowie Werke von Boris Blacher, Rodney Bennett, Willy Burkhard, Alfredo Casella, Ernst Krenek, Rolf Liebermann, André François Marescotti, Sir Michael Tippett und anderen. Zu den wichtigsten von ihm geleiteten Uraufführungen gehören *Jeanne d'Arc au bûcher* (Johanna auf dem Scheiterhaufen, 1938) von Arthur Honegger, *The Greek Passion* (Griechische Passion, 1961) von Bohuslav Martinů und die *Cantata academica* von Benjamin Britten. Zu seinem 70. Geburtstag widmeten ihm zwölf verschiedene Komponisten (Conrad Beck, Luciano Berio, Pierre Boulez, Benjamin Britten, Henri Dutilleux, Wolfgang Fortner, Alberto Ginastera, Cristóbal Halffter, Hans Werner Henze, Heinz Holliger, Klaus Huber und Witold Lutosławski) Werke für Violoncello solo, die von Mstislaw L. Rostropowitsch in Auftrag gegeben und uraufgeführt wurden.
W: *Adolf Hamm (1882–1938), Organist am Münster zu Basel* (Basel 1942).

Sack, Erna Dorothea Luise (= Erna Weber)
Deutsche Koloratursopranistin, geb. 6. 2. 1898 Berlin-Spandau, gest. 2. 3. 1972 Wiesbaden.
Sie studiert in Prag und Berlin Gesang. 1928 wird sie von der Berliner Oper in einer kleinen Alt-Rolle engagiert. Zwei Jahre später wird sie Mitglied des Ensembles des Stadttheaters von Bielefeld. Hier wechselt sie ihre Stimmlage und wird Koloratursopranistin. 1932 geht sie ans Staatstheater von Wiesbaden, 1934 nach Breslau und 1935 nach Dresden. Hier kreiert sie bei der Uraufführung der Oper *Die schweigsame Frau* von Richard Strauss die Rolle der Isotta. Seit 1933 gibt sie regelmäßig an der Berliner Oper Gastspiele. Man feiert sie auch in Mailand, London, Paris, Wien, Hamburg, München und bei den Salzburger Festspielen. 1936 unternimmt sie eine triumphal verlaufende Tournee durch Nordamerika. Während des Zweiten Weltkriegs tritt sie vor allem in der Schweiz, in Schweden und der Türkei auf. Sie läßt sich in Kalifornien nieder. 1947 beginnt sie in Brasilien eine Tournee um die Welt, die fünf Jahre dauern sollte. 1954–55 bestreitet sie in Nordamerika zwei große Konzertserien. Seit 1953 kehrt sie jedes Jahr nach Deutschland zurück; 1956 übersiedelt sie nach Murnau/Obb. und 1966 nach Wiesbaden. Erna Sack wird häufig als »deutsche Nachtigall« bezeichnet. Sie erreicht das viergestrichene C, wobei ihre Stimme vier Oktaven umfaßt; wir kennen nur eine einzige andere Sängerin, die Sopranistin Lucrezia Agujari (1743–83), die einen vergleichbaren Stimmumfang aufweisen konnte. Eine Stadt der Vereinigten Staaten trägt ihren Namen.

Sádlo, Miloš (= Miloš Zàtvrzskỳ)
Tschechoslowakischer Cellist, geb. 13. 4. 1912.
Er studiert zunächst Geige und anschließend bei dem berühmten Pädagogen Karel Pravoslav Sádlo, dessen Namen er aus Dankbarkeit annimmt, privat Violoncello. 1938–41 geht er, nachdem er bereits längere Zeit als Cellist tätig ist, in Sádlos Klasse am Prager Konservatorium. Miloš Sádlo beginnt seine Karriere als Kammermusiker: 1931–33 gehört er dem Prager Quartett an. 1944 gründet er mit Václav Plocek und Josef Páleníček das Tschechische Trio, mit dem er bis 1954 musiziert. Später gehört er dem Trio Suk (1956–60) sowie dem Prager Trio (1966–73)

an, bevor er 1973 wieder Mitglied des Tschechischen Trios wird. 1949–53 ist er Solo-Cellist der Tschechischen Philharmonie. Seit 1950 unterrichtet er an der Prager Musikakademie, wo er 1953 zum Professor ernannt wird. Als Solist spielt er hauptsächlich das alte und moderne tschechische Repertoire. Aram I. Khatschaturian widmet ihm sein *Konzert für Violoncello und Orchester* (1947). Emil Axmann, Václav Dobiáš, Viktor Kalabis, Julius Kalaš, Ivan Řezáč und Wladimir Sommer komponieren für ihn. Er verwirklicht die Uraufführung von Bohuslav Martinůs *Konzert für Violoncello und Orchester* (1956, dritte Version) sowie Werke von Grazuyna Bacewicz und Pančo Wladigerow. Er spielt auf einem Gagliano aus dem Jahre 1750.

Safonow, Wassili Iljitsch
Russischer Pianist und Dirigent, geb. 25.1. (6.2.) 1852 in der Kosakensiedlung Ischtscherskaja Staniza (am Terek), gest. 27.2. 1918 Kislowodsk (Kaukasus).
Er studiert als Schüler des Alexander-Lyzeums von Sankt Petersburg bei Theodor Leschetitzky sowie später am dortigen Konservatorium bei Louis Brassin Klavier sowie bei Nikolai I. Zaremba und Sieke Theorie und Komposition (bis 1880). Er debütiert als Pianist und unternimmt mit dem Cellisten Karl J. Dawidow mehrere Tourneen. Ab 1881 unterrichtet er am Konservatorium von Sankt Petersburg; 1885 wird er am Moskauer Konservatorium zum Professor ernannt und übernimmt 1889 als Nachfolger von Serge I. Tanejew die Leitung des Hauses (bis 1905). Zu seinen Schülern zählen Josef Lhévinne, Alexander N. Skrjabin und Nikolai K. Medtner. Zu dieser Zeit beginnt er in immer stärkerem Maße, sich mit Orchesterleitung zu beschäftigen. 1890–1905 leitet er die Symphonie-Konzerte der Moskauer Abteilung der Kaiserlich-Russischen Musikgesellschaft. Er setzt sich im In- und Ausland für Peter I. Tschaikowskij ein. Um die Jahrhundertwende unternimmt er als Dirigent die ersten Auslandstourneen. 1906–09 ist er Chefdirigent der New Yorker Philharmoniker; gleichzeitig leitet er das dortige National Conservatory. 1909 kehrt er als Dirigent der Symphonie-Konzerte der Petersburger Abteilung der Kaiserlich-Russischen Musikgesellschaft nach Rußland zurück. Safonow ist einer der ersten Dirigenten, der auf den Taktstock verzichtet.
W: *Nowaja formula* (Moskau 1916, dt. Neue Formeln für das Klavier-Spiel, Mainz 1931).

Sage, Joseph
Französischer Counter-Tenor, geb. 10.6. 1935 Paris.
Sein Stimmumfang umfaßt mehr als drei Oktaven und erlaubt ihm ein weitgespanntes Repertoire, das von der Polyphonie des Mittelalters bis zur zeitgenössischen Musik reicht. Er studiert bei Charles Ravier, dem er, eigener Aussage zufolge, »alles verdankt«. Seit 1959 ist er der Counter-Tenor des Ensemble Polyphonique von Paris. Er nimmt an allen wichtigen europäischen Festspielen alter Musik teil und wirkt an Uraufführungen zeitgenössischer Opern mit, so an der von *Orden* und *Addio Garibaldi* von Girolamo Arrigo sowie *Der Flaschenteufel* von Heinrich Sutermeister und hebt viele von Charles Ravier revidierte Fassungen liturgischer Dramen aus der Taufe. Mit Michel Sanvoisin gründet er 1965 das Ensemble Ars Antiqua, das inzwischen mehr als 2 000 Konzerte gegeben hat. Für das Fernsehen nimmt er *Le nozze di Figaro* (Figaros Hochzeit, Mozart) auf und singt den Cherubin mit der realen Oktave.

Saint-Martin, Léonce de
Französischer Organist und Komponist, geb. 31.10. 1886 Albi, gest. 10.6. 1954 Paris.
Als Fünfjähriger erhält er Unterricht in Klavier und Allgemeiner Musiklehre. Als Vierzehnjähriger wird er in Albi zum stellvertretenden Organisten der Kirche Sainte-Cécile ernannt. Er stu-

diert Rechtswissenschaften, beschäftigt sich aber nach Abschluß seines Studiums wieder mit Musik, wird Schüler von Adolphe Marty, Professor am Institut Nationale des Jeunes Aveugles und gleichzeitig Organist an der Kirche Saint-François-Xavier in Paris. Nach dem Ersten Weltkrieg, den er als Soldat verbringt, wird er Schüler von Louis Vierne (Orgel) und Berdelin (Komposition). Ab 1920 spielt er aushilfsweise in der Pariser Kathedrale Notre-Dame. 1924 wird er offiziell zum Stellvertreter Louis Viernes an der großen Cavaillé-Coll-Orgel der Pariser Kathedrale ernannt. Nach Viernes Tod (1937), wird Léonce de Saint-Martin zum Titularorganisten von Notre-Dame ernannt. Er übt dieses Amt bis zu seinem Tod aus. In Frankreich wie im Ausland gibt er regelmäßig Konzerte, wobei er in der Hauptsache Werke von Johann Sebastian Bach, Felix Mendelssohn Bartholdy, Franz Liszt und César Franck interpretiert. Auch im französischen Rundfunk spielt er regelmäßig Orgel. Als Komponist hinterläßt er vor allem Werke für sein Instrument.

Saint-Saëns, Charles-Camille
Französischer Pianist, Organist und Komponist, geb. 9. 10. 1835 Paris, gest. 16. 12. 1921 Alger.
Das Wunderkind studiert bei Camille-Mary Stamaty Klavier; als Siebenjähriger beginnt er bei Pierre Maleden mit dem Kompositions- und bei Alexandre Boëly mit dem Orgel-Unterricht. 1846 tritt er in der Pariser Salle Pleyel mit Klavierkonzerten von Wolfgang Amadeus Mozart und Ludwig van Beethoven zum ersten Mal öffentlich auf. 1848 wird er am Pariser Konservatorium Schüler von François Benoist (Orgel) und Fromental Halévy. 1853 wird er an der Pariser Kirche Saint Sulpice zum Organisten ernannt. Wenige Monate später wechselt er an die Kirche Saint-Merri. Vier Jahre später übernimmt er die Orgel der Madeleine und bleibt dort bis 1876. Franz Liszt hört seine Improvisationen und hält ihn für den größten lebenden Organisten. 1861–64 unterrichtet er an der Ecole Niedermeyer Klavier. Gabriel Fauré und André Messager gehören zu seinen Schülern. 1871 gründet er zusammen mit Romain Bussine die Société Nationale de Musique, die er bis 1886 leitet.
Wie einige Aufnahmen belegen, besitzt er bis ins hohe Alter eine außergewöhnlich ausgefeilte Technik. Sein eher nüchternes und klares Spiel steht in starkem Gegensatz zu den Gefühlsüberschwängen der romantischen Klavier-Schule. Marcel Proust schätzt vor allem seine Interpretationen der Werke Wolfgang Amadeus Mozarts. Camille Saint-Saëns gräbt vergessene Werke von Johann Sebastian Bach, Wolfgang Amadeus Mozart und verschiedener französischer Komponisten des 18. Jahrhunderts aus. Wir verdanken ihm eine Ausgabe der Kompositionen für Cembalo von Jean-Philippe Rameau (1895–1914 erscheinen insgesamt 17 Bände). Er setzt sich auch für Zeitgenossen, vor allem für Robert Schumann und Franz Liszt ein. César Franck widmet ihm *Prélude, choral et fugue* sowie sein *Quintett*, Franz Liszt seinen *Mephisto-Walzer Nr. 2*, Paul Dukas eine *Sonate*, Gabriel Fauré *Pénélope* und Reynaldo Hahn *Le Bal de Béatrice d'Este* (Der Ball der Beatrice d'Este).
WW: *Harmonie et mélodie* (Paris 1855); *Charles Gounod et le »Don Juan« de Mozart* (Paris 1893); *Portraits et souvenirs* (Paris 1909); *Au courant de la vie* (Paris 1916); *Divagations sérieuses* (Paris 1922).

Sainz de la Maza, Regino
Spanischer Gitarrist, geb. 7. 9. 1896 Burgos, gest. 26. 11. 1981.
Er beginnt mit dem Studium der Musik in seiner Heimatstadt und geht dann an die Kunstakademie von San Sebastian, wo er bei Germán Cendoya Klavier und bei Pagola Harmonielehre studiert. Etwas später besucht er die Gitarrenklasse von Fortea am Konservatorium von Madrid. Tomás Bretón und Emilio Serrano vermitteln ihm ein Stipendium, mit

dessen Hilfe er sein Studium in Barcelona fortsetzen kann. 1919 beginnt seine eigentliche Karriere. 1925 besucht er auf einer Europa-Tournee auch Paris. 1931 wird er am Konservatorium von Madrid zum Professor ernannt. 1937 unternimmt er seine erste Tournee durch die Vereinigten Staaten. 1940 kreiert er in Madrid das für ihn geschriebene *Concierto de Aranjuez* von Joaquín Rodrigo. In der Folge führt er dieses Werk in der ganzen Welt auf. 1956 wird er Mitglied der Königlichen Kunstakademie von San Fernando.

Salminen, Matti
Finnischer Bassist, geb. 7. 7. 1945 Turku.
Er studiert in Helsinki an der Akademie Jean Sibelius, in Rom und in der Bundesrepublik. 1969 debütiert er an der finnischen Nationaloper als Philipp II. (*Don Carlos*, Verdi). 1972–76 gehört er dem Ensemble der Kölner Oper an. 1973 debütiert er als Fafner (*Der Ring des Nibelungen*, Wagner) an der Scala und 1976 in der gleichen Rolle in Bayreuth, wo er in der Folge den Fasold, Hunding (beide *Der Ring des Nibelungen*), Daland (*Der fliegende Holländer*) und König Marke (*Tristan und Isolde*) interpretiert. Bei dem berühmten Monteverdi-Zyklus an der Züricher Oper singt er den Seneca (*L'incoronazione di Poppea*, Die Krönung der Poppea). 1977–78 interpretiert er in Paris die Rollen des Hunding und Fasold. In der gleichen Spielzeit tritt er in Hamburg, München, Savonlinna, Wexford, Wien und anderen wichtigen Musikzentren auf. 1981 debütiert er als König Marke an der Met. In der darauffolgenden Saison interpretiert er an dem berühmten Haus den Sarastro (*Die Zauberflöte*, Mozart), Rocco (*Fidelio*, Beethoven) und Hermann (*Tannhäuser*, Wagner). 1984 singt er in Zürich den Boris Godunow (Mussorgskij).

Salmond, Felix Adrian Norman
Englischer Cellist, geb. 19. 11. 1888 London, gest. 19..?.. 1952 New York.
Er studiert bei William Edward Whitehouse am Royal College of Music in London und bei Edouard Jacobs in Brüssel. Ab und zu tritt er mit dem London String Quartett auf und verwirklicht mit diesem die Uraufführungen von *Quartett in e-moll* und *Quintett* (1919) von Edward Elgar, bevor er im gleichen Jahr dessen *Konzert für Violoncello und Orchester* aus der Taufe hebt. Felix Salmond arbeitet sowohl als Solist wie auch als Kammermusiker. 1922 läßt er sich in den Vereinigten Staaten nieder, wo er 1937 mit Carl Friedberg und Daniel Karpilowsky das New Yorker Trio gründet. Felix Salmond ist auch ein bedeutender Pädagoge und unterrichtet am Curtis Institute in Philadelphia (1925–42) und an der Juilliard School of Music in New York (1924–52).

Salonen, Esa-Pekka
Finnischer Dirigent, geb. 30. 6. 1958 Helsinki.
Er wird in seiner Heimatstadt an der Musikakademie Jean Sibelius als Hornist ausgebildet (1973–77), bevor er sich dem Studium der Komposition (bei Einojuhani Rautavaara) und Orchesterleitung (bei Jorma Panula) zuwendet. In Italien besucht er die Kurse von Franco Donatoni und Niccolò Castiglioni, bevor er 1979 als Dirigent debütiert. Er wird von fast allen wichtigen skandinavischen Orchestern eingeladen. Mit einer Aufführung des *Wozzeck* (Berg) beginnt er an der Stockholmer Oper seine Karriere als Operndirigent. 1985 wird er zum Chefdirigenten des Symphonie-Orchesters von Radio Stockholm ernannt. Er beginnt, vor allem als principal guest conductor des Philharmonia Orchestra in London, eine internationale Karriere. Er ist auch principal guest conductor der Osloer Philharmoniker, künstlerischer Berater des New Stockholm Chamber Orchestra und wird regelmäßig von der London Sinfonietta

eingeladen. 1992 wird er die musikalische Leitung des philharmonischen Orchesters von Los Angeles übernehmen. Unter den Uraufführungen, die wir ihm verdanken, sind besonders *Grammaire des rêves* (Grammatik der Träume, 1989) von Kaija Saariaho und *The Circles of Light* (Lichtkreise, 1986) von Robert Saxton erwähnenswert.

Salzédo, Carlos
Amerikanischer Harfenist und Komponist französischer Herkunft, geb. 6. 4. 1885 Arcachon, gest. 17. 8. 1961 Waterville (Me.).
Er studiert am Konservatorium von Bordeaux (1891–94) und geht dann an das Pariser Konservatorium zu Alphonse Hasselmanns (Harfe) und Charles Wilfried de Bériot (Klavier); in beiden Fächern wird er 1901 mit 1. Preisen ausgezeichnet. 1909 geht er als Solo-Harfenist an die Metropolitan Opera nach New York (bis 1913). 1913 gründet er mit dem Flötisten Georges Barrère und dem Cellisten Paul Kéfer das Trio de Lutèce. Er wird in den Vereinigten Staaten als Solist wie als Pädagoge bekannt und verbreitet die französische Harfenschule. 1920 gründet er die Eolian Review und ein Jahr später zusammen mit Edgar Varèse die International Composer's Guild. 1924 wird er am Curtis Institute in Philadelphia zum Professor für Harfe ernannt. 1931 gründet er in Camden im amerikanischen Bundesstaat Maine die Salzédo Harp Colony. Als Komponist hinterläßt er hauptsächlich Werke für sein Instrument.

Sammons, Albert
Englischer Violinist, geb. 23. 2. 1886 London, gest. 24. 8. 1957 daselbst.
Er studiert bei seinem Vater und verschiedenen Londoner Lehrern, bringt sich aber das Wesentliche selbst bei. 1908–17 ist er Primgeiger des London String Quartett. Sir Thomas Beecham hört ihn im Hotel Waldorf in London Geige spielen und engagiert ihn als Konzertmeister. Später wird er Konzertmeister der Londoner Philharmoniker. 1919 verwirklicht er die Uraufführung des *Konzerts für Violine und Orchester* von Frederick Delius, das ihm gewidmet ist. 1939–56 unterrichtet er am Royal College of Music in London. Er spielt zuerst auf einer Guadagnini, dann auf einer Stradivari und schließlich auf einer Goffriller aus dem Jahre 1696.

Samossud, Samuil Abramowitsch
Georgischer Dirigent, geb. 2. (14.) 5. 1884 Tiflis, gest. 6. 11. 1964 Moskau.
Er studiert am Konservatorium seiner Heimatstadt bei W. Dobroholow Violoncello und bei Sacharij P. Paliaschwili Komposition. 1906 legt er sein Diplom ab. Anschließend perfektioniert er sich in Prag und Paris. Er spielt in verschiedenen Orchestern, bis er 1910 an der Oper von Sankt Petersburg debütiert. 1917–19 ist er als Dirigent am Mariinski-Theater in Petrograd (Leningrad) tätig. Noch während seiner Arbeit am Mariinski-Theater wird er zum künstlerischen Direktor des Maly-Theaters in der gleichen Stadt (1918–36) ernannt, wo er sich als einer der bedeutendsten Opern-Dirigenten seiner Generation durchsetzt. 1936 geht er als künstlerischer Leiter und Chefdirigent an das Bolschoi-Theater nach Moskau und anschließend in der gleichen Funktion an das Stanislawskij-Nemirowitsch-Dantschenko-Operntheater, ebenfalls in Moskau (1943–50). Erst relativ spät wendet er sich dem symphonischen Gebiet zu. 1953–57 leitet er die Moskauer Philharmoniker; anschließend übernimmt er als Chefdirigent das Symphonie-Orchester des Moskauer Rundfunks. Auch pädagogisch ist er erfolgreich, vor allem 1920–36 in Leningrad. Die meisten sowjetischen Dirigenten der Generation nach ihm haben von ihm gelernt. Er setzt sich leidenschaftlich für die Musik seiner Zeit ein: Wir verdanken ihm folgende Uraufführungen: *Nos* (Die Nase, 1930), *Ledi Makbet Mzenskowo ujesda* (Lady Macbeth von Minsk, 1945), *Symphonie Nr. 7* (1947, alle Schostakowitsch), *Semja Ta-*

rassa (Die Familie Taras, 1947, Kabalewski), die ersten acht Szenen aus *Wojina i mir* (Krieg und Frieden, 1944) und *Symphonie Nr. 7* (1952, beide Prokofjew).

Sancan, Pierre
Französischer Pianist, geb. 24. 10. 1916 Mazamet (Tarn).

Er beginnt an der Musikschule in Meknès (Marokko) Klavier zu studieren und erhält als Fünzehnjähriger – er ist gleichzeitig mit seiner Mannschaft marokkanischer Meister in Basketball – einen 1. Preis. 1932–34 geht er an das Konservatorium von Toulouse und anschließend an das von Paris, wo er bei Yves Nat Klavier, Noël Gallon Fuge, Henri Büsser Komposition und Roger Désormière sowie Charles Münch, der ihm 1943 vorschlägt, an der Société des Concerts sein Assistent zu werden, Orchesterleitung studiert. 1937–39 erhält er in allen Studienfächern 1. Preise. 1943 wird er in dem Fach Komposition mit dem 1. Großen Rompreis ausgezeichnet. Wieder aus Rom zurück, beginnt er eine internationale Solistenlaufbahn. Mit Raymond Gallois-Montbrun bildet er ein Duo. 1956 wird er als Nachfolger von Yves Nat am Konservatorium von Paris zum Professor ernannt (bis 1985). Zu seinen Schülern zählen u. a. Jean-Bernard Pommier, Michel Beroff, Jean-Philippe Collard, Jacques Rouvier, Daniel Varsano und Olivier Gardon. Er ist der Autor einer Oper, mehrerer Ballette sowie zahlreicher Werke für Klavier.

Sanderling, Kurt
Deutscher Dirigent, geb. 19. 9. 1912 Arys (Ostpreußen).

Er studiert in Königsberg und Berlin (1922–31), debütiert als Korrepetitor an der Städtischen Oper Berlin (1931–33) und geht dann zum dortigen Jüdischen Kulturbund. 1936 verläßt er Deutschland und geht als Assistent zu Georges Sébastian an den Moskauer Rundfunk (bis 1939), wo er 1937 als Dirigent debütiert. 1939–42 ist er Dirigent des philharmonischen Orchesters von Charkow, bevor er zusammen mit Jewgenij A. Mrawinskij die Leitung der Leningrader Philharmoniker übernimmt. 1945–47 unterrichtet er auch am dortigen Konservatorium. 1960 kehrt er nach Berlin zurück und wird Chefdirigent des städtischen Berliner Symphonie-Orchesters (bis 1977). 1964–67 leitet er gleichzeitig die Staatskapelle Dresden. Seit 1977 arbeitet er als international gefragter Gastdirigent. Ab 1979 arbeitet er regelmäßig mit dem Nippon Symphony Orchestra in Tokio zusammen. Seine zweite Frau Barbara ist als Solo-Kontrabassistin des Berliner Symphonie-Orchesters tätig. Sein Sohn Thomas ist ebenfalls Dirigent. Kurt Sanderling zeichnet für zahlreiche Uraufführungen von Werken von Siegfried Matthus, Ernst Hermann Meyer, Rudolf Wagner-Régeny und Dieter Zechlin verantwortlich.

Sanderling, Thomas
Deutscher Dirigent, geb. 2. 10. 1942 Nowosibirsk.

Der Sohn des Dirigenten Kurt Sanderling beginnt seine musikalische Ausbildung am Leningrader Konservatorium mit dem Studium der Violine. 1960 geht er an die Berliner Hochschule für Musik Hanns Eisler. Zwei Jahre später debütiert er als Dirigent. 1963–64 ist er in Sondershausen und 1964–66 in Reichenbach tätig. 1966 wird er nach Leningrad und Moskau eingeladen und lernt Dmitri D. Schostakowitsch kennen. Im gleichen Jahr wird er in Halle/Saale zum Musikdirektor ernannt und macht sich als Dirigent der Opern Georg Friedrich Händels einen Namen. 1978 wird er 1. Kapellmeister an der Berliner Staatsoper; ebenfalls 1978 debütiert er mit einer Aufführung der *Zauberflöte* (Mozart) an der Wiener Staatsoper. In der Folge wird er immer häufiger in Westeuropa eingeladen. 1983 übersiedelt er in die Bundesrepublik. 1984–86 ist er künstlerischer Leiter der Amsterdamer Philharmoniker; während dieser Zeit gastiert er an zahlreichen wichtigen Opernhäusern (Frankfurt/M., München, Berlin, Venedig usw.) und dirigiert wichtige Symphonie-Orchester in Europa, den Vereinigten Staaten und Japan. 1987 verlegt er seinen Wohnsitz nach London.

Sándor, György
Amerikanischer Pianist ungarischer Herkunft, geb. 21. 9. 1912 Budapest.
Er studiert in Budapest am Konservatorium Franz Liszt bei Béla Bartók Klavier und bei Zoltán Kodály Komposition. 1930 debütiert er in seiner Heimatstadt. 1937 tritt er in der Wigmore Hall in London mit großem Erfolg auf. Im gleichen Jahr zieht er in die Vereinigten Staaten, wo er 1939 ein vielbeachtetes Debüt gibt. Tourneen führen ihn bis nach Südamerika und Australien. 1946 kreiert er unter der Leitung von Eugene Ormandy mit dem Orchester von Philadelphia Béla Bartóks *Konzert für Klavier und Orchester Nr. 3*; im selben Jahr führt er in der Carnegie Hall in New York die Klavierfassung der *Tanzsuiten* des gleichen Komponisten zum ersten Mal öffentlich auf. 1956–61 unterrichtet er an der Southern Methodist University und 1961–81 an der University of Michigan in Ann Arbor, wo er die Klavierabteilung leitet. Seit 1982 gibt er an der Juilliard School of Music in New York Kurse. Er führt in den Vereinigten Staaten, am Konservatorium von Paris, am Salzburger Mozarteum, in Assisi und in Jerusalem regelmäßig master classes durch und gehört vielen internationalen Jurys an.
W: *On Piano Playing* (New York 1981).

Santi, Nello
Italienischer Dirigent, geb. 22. 11. 1931 Adria (Venetien).
Er studiert bei Coltro und Arrigo Pedrollo am Liceo musicale von Padua Komposition. Er interessiert sich schon früh für die Oper und studiert die gängigen Werke. 1951 debütiert er mit *Rigoletto* (Verdi) am Teatro Verdi in Padua. Mit Beniamino Gigli unternimmt er eine Spanien-Tournee. 1960 debütiert er am Covent Garden sowie in Wien mit *La Traviata* und bei den Salzburger Festspielen mit *Don Carlos* (beide Verdi). 1962–64 dirigiert er an der Met und gibt weltweit Konzerte. In Paris leitet er eine Aufführung von *Les Vêpres siciliennes* (Die sizilianische Vesper, Verdi). 1958–69 ist er als Musikdirektor an der Züricher Oper tätig. 1986 übernimmt er die Leitung des Symphonie-Orchesters des Basler Rundfunks. Santi, der sich auf Verdi spezialisiert hat, ist in der Lage, die meisten Rollen selbst zu singen (er hat als Sänger begonnen). Bei den Proben arbeitet er meist ohne Partitur.

Santos, Turibio
Brasilianischer Gitarrist, geb. 7. 3. 1943 São Luís (Maranhão).
Als Zehnjähriger interessiert er sich für Gitarre und nimmt bei Antonio Rebello und Oscar Caceres Unterricht. 1962 tritt er in Rio de Janeiro zum ersten Mal öffentlich auf. Im darauffolgenden Jahr spielt er die *Zwölf Etüden* für Gitarre von Heitor Villa-Lobos, die er als erster auf Schallplatte aufnimmt, und wirkt an der Uraufführung von dessen *Sexteto místico* (Mystisches Sextett) mit. 1964 gründet er mit Oscar Caceres ein Gitarren-Duo. 1965 läßt er sich in Europa nieder; im gleichen Jahr gewinnt er beim internationalen Gitarren-Wettbewerb des französischen Rundfunks den 1. Preis. Er perfektioniert sich bei Andrés Segovia und Julian Bream. Er übt eine rege Konzert-Tätigkeit aus und setzt sich für die zeitgenössische Musik ein. Leo Brouwer, Edino Krieger, Georges Migot, Marlos Nobre und André Jolivet, dessen *2 Konzertetüden* er 1970 zur Uraufführung bringt, schreiben für ihn.

Sanzogno, Nino
Italienischer Dirigent und Komponist, geb. 13. 4. 1911 Venedig, gest. 4. 5. 1983 Mailand.
Er studiert am Liceo musicale seiner Heimatstadt bei Francesco de Guarnieri

und Mezio Agostini und perfektioniert sich anschließend bei Hermann Scherchen und Gian Francesco Malipiero. Er ist Violinist im Quartetto Guarnieri, leitet dann die Gruppo Instrumentale Italiano und wird anschließend Kapellmeister an der Fenice in Venedig sowie des Orchesters der Pomeriggi Musicali in Mailand. Ab 1939 dirigiert er an der Mailänder Scala, wo er 1962–65 als Musikdirektor wirkt. Er leitet die Tourneen des Hauses nach Wien (1955), Johannesburg (1956), Edinburgh (1957), Brüssel (1958) und Moskau (1964). 1955 leitet er die Festaufführung zur Einweihung der Piccola Scala (*Il matrimonio segreto*, Die heimliche Ehe, Cimarosa). Er setzt sich in besonderem Maße für die Musik seiner Zeit ein und zeichnet bei der Biennale in Venedig oder an der Scala für wichtige Uraufführungen verantwortlich: *Il Cordovano* (Der Mann aus Córdoba, 1949, Petrassi), *L'allegra brigata* (Die fröhliche Brigade, 1950, Malipiero), *David* (szenische Version, 1955, Milhaud), *Symphonie Nr.1* (1957, Hartmann), *Les Dialogues des carmélites* (Die Gespräche der Karmeliterinnen, 1957, Poulenc). Auch als Komponist ist er erfolgreich. Er unterrichtet mehrmals bei den Darmstädter Sommerkursen.

Saorgin, René
Französischer Organist, geb. 31.10. 1928 Cannes.
Er beginnt mit seinem Studium am Konservatorium von Nizza und wechselt dann an das von Paris, wo er in der Klasse von Maurice Duruflé Harmonielehre studiert und in der von Noël Gallon einen 1. Preis in Kontrapunkt und Fuge erhält. Gleichzeitig perfektioniert er sein Orgelspiel bei Maurice Duruflé und Gaston Litaize, bevor er zu Fernando Germani an die Accademia Musicale Chigiana in Siena geht. Beim internationalen Orgel-Wettbewerb in Gent erhält er 1958 den 1. Preis. 1951–54 ist er als Organist an der Pariser Kirche Saint-Pierre-de-Montmartre tätig. Seit 1954 unterrichtet er am Konservatorium von Nizza und ist gleichzeitig Titular-Organist an der Großen Orgel der dortigen Kirche Saint-Jean-Baptiste. 1969–71 leitet er das Konservatorium von Ajaccio (Korsika).
Er ist, was die Interpretation klassischer Werke und die Kenntnisse seines Instruments anbelangt, weitgehend Autodidakt; wie viele Organisten seiner Generation greift er auf die Quellen der Orgelliteratur zurück, ein in Frankreich vor allem in den Jahren 1955–60 häufiges Unterfangen. Er gehört zu den wenigen französischen Organisten, die sich für die italienische und die deutsche Orgel-Tradition interessieren (Frescobaldi, Buxtehude). Er gehört der Orgelkommission des französischen Kultusministeriums an. 1984 wird er zum Organisten der Kathedrale von Monaco ernannt.
W: *Les Orgues historiques du comté de Nice* (1980).

Sarabia, Guillermo
Mexikanischer Bariton, geb. 1937 Mazatlán, gest. 19.9.1985 Amsterdam.
Er läßt am Züricher Opern-Studio seine Stimme bei Herbert Graf und Dusolina Giannini ausbilden. Anschließend perfektioniert er sich bei Ria Ginster. 1965 debütiert er in Detmold in *Doktor Faustus* (Busoni). Gastspiele in Hamburg, Köln, München und Stuttgart schließen sich an, bevor er 1967 Mitglied der Deutschen Oper am Rhein (Düsseldorf-Duisburg) wird. 1973 debütiert er als Amonasro in *Aida* (Verdi). Die wichtigsten Bühnen der Vereinigten Staaten laden ihn ein. 1979 debütiert er als Wozzeck (Berg) an der Mailänder Scala und als Jago (*Otello*, Verdi) an der Pariser Oper. Gastspiele in Barcelona, Glasgow und bei den Festspielen von Edinburgh (1983) folgen. 1985 stirbt er während einer Vorstellung in Amsterdam. Seine dunkle Stimme eignet sich sowohl für Verdi- wie für Wagner- (Telramund, *Lohengrin*, Der Holländer) und Strauss-Rollen (Jochanaan, *Salome*). Auch als Escamillo (*Carmen*, Bizet), Pizzaro (*Fidelio*, Beethoven) und

Don Giovanni (Mozart) ist er erfolgreich. Sein besonderes Interesse gilt der Wiederbelebung vergessener Opern (*L'Africaine*, Die Afrikanerin, Meyerbeer; *Les Pêcheurs de perles*, Die Perlenfischer, Originalfassung, Bizet; *Eine florentische Tragödie*, Zemlinsky).

Sarasate, Pablo de (= Pablo Martín Melitón Sarasate y Navascuez)
Spanischer Violinist und Komponist, geb. 10. 3. 1844 Pamplona, gest. 20. 9. 1908 Biarritz.
Er beginnt als Fünfjähriger, Violine zu lernen, und gibt als Achtjähriger sein erstes Konzert. Ein privates Stipendium ermöglicht es ihm, nach Madrid zu gehen und bei M. R. Sáez sowie bei Manuel Rodriguez zu studieren. Königin Isabella fördert ihn, so daß er am Pariser Konservatorium ab 1856 bei Delphin Alard Violine und bei Henri Reber Harmonielehre studieren kann. Ein Jahr später wird er in dem Fach Violine mit einem 1. Preis ausgezeichnet. Er unternimmt Tourneen durch Europa und zweimal (1867–71 sowie 1889–90) durch Amerika. Seine makellose Technik wird allseits bewundert. Er sucht den reinen Ton und spielt mit einem stärker angelegten Vibrato als seine Vorgänger. Seine technischen Möglichkeiten veranlassen Komponisten, für ihn zu schreiben, so Max Bruch (*Konzert für Violine Nr. 2* und *Schottische Phantasie*), Antonín Dvořák (*Mazurek*, op. 49), Joseph Joachim (*Variationen für Violine und Orchester*), Edouard Lalo (*Symphonie espagnole*, Spanische Symphonie, und *Konzert für Violine und Orchester in f-moll*), Camille Saint-Saëns (*Konzerte für Violine und Orchester Nr. 1 und 3*, *Introduktion und Rondo Capriccioso*) und Henryk Wieniawski (*Konzert für Violine und Orchester Nr. 2*). Diese Werke belegen die technischen Möglichkeiten Sarasates, der seiner Zeit weit vorauseilt. Neben seiner Solisten-Karriere, die den Hauptteil seiner Zeit in Anspruch nimmt, spielt er mit Turban (später ersetzt durch Armand Parent), Louis van Waefelghem und Jules Delsart in einem Quartett vor allem die Streichquartette von Johannes Brahms, dessen Violinkonzert Sarasate nie spielen will.
Als Komponist hinterläßt er Stücke für Violine im spanischen Stil, die eine hohe Virtuosität erfordern. Er spielt auf zwei Stradivari, der *Boissier* aus dem Jahre 1713, ein Geschenk von Königin Isabella, und einer namenlosen aus dem Jahre 1724, die sich heute in der Musikinstrumentensammlung des Pariser Konservatoriums befindet. Außerdem spielt er auf einer Guarneri del Gesù aus dem Jahre 1742, die einst Ferdinand David gehörte und sich später im Besitz von Jascha Heifetz befand.

Saraste, Jukka-Pekka
Finnischer Dirigent, geb. 22. 4. 1956 Helsinki.
Er studiert an der Musikakademie Jean Sibelius in Helsinki Violine und Orchesterleitung und debütiert 1980 an der Spitze des philharmonischen Orchesters von Helsinki. Ab 1985 ist er principal guest conductor des Symphonie-Orchesters des finnischen Rundfunks, dessen Chefdirigent er 1987 wird. Im gleichen Jahr wird er zum ständigen Dirigenten des Scottish Chamber Orchestra ernannt.

Sargent, Sir Harold Malcolm Watts
Englischer Dirigent, geb. 29. 4. 1895 Ashford (Kent), gest. 3. 10. 1967 London.
Sein Vater ist Amateur-Organist und -Chorleiter. Malcolm Sargent studiert Klavier und Orgel und singt in verschiedenen Chören. Als Sechzehnjähriger wird er in der Kathedrale von Peterborough als Organist Assistent von Keeton (bis 1914); 1914–24 ist er Titular-Organist an der Kirche von Melton Mowbray. Während dieser Zeit studiert er in Durham Musikwissenschaft; er promoviert 1919. 1919–21 ist er Schüler von Benno Moiseiwitsch (Klavier). Sir Henry Wood lädt ihn ein, sein Orchester in Leicester sowie bei den Promenaden-Konzerten der Queens Hall

zu dirigieren. Er beschließt, in der Zukunft ausschließlich als Dirigent tätig zu werden. 1923 wird er Dozent am Royal College of Music in London, 1927–28 Chefassistent der Ballets Russes in London und 1929–40 Musikdirektor der Courtauld-Sargent Concerts. 1933–34 muß er aufgrund einer schweren Erkrankung pausieren. Erst Ende der 30er Jahre nimmt er mit einigen Konzerten mit den Londoner Philharmonikern seine Konzerttätigkeit wieder auf. Nacheinander leitet er das Hallé Orchestra in Manchester (1939–42), das Royal Liverpool Philharmonic Orchestra (1942–48) sowie das Symphonie-Orchester der BBC (1950–57). Von 1948 bis zu seinem Tod ist er für die berühmten Promenaden-Konzerte, die sogenannten Proms, verantwortlich. Auch als Chorleiter ist er erfolgreich. 1928–67 leitet er die Royal Choral Society, ab 1932 die Huddersfield Choral Society, ab 1941 die Liverpool Welsh Society und ab 1947 die Leeds Philharmonic Society.

Zeitlebens setzt sich Sir Malcolm intensiv für die zeitgenössische englische Musik ein und leitet eine Reihe bedeutender Uraufführungen, darunter *At the Boar's Head* (Am Kopf des Ebers, 1925) von Gustav Holst, *Hugh the Drover* (Hugh, der Viehtreiber, 1924), *Sir John in Love* (Der verliebte Sir John, 1929), *Riders to the Sea* (Auf dem Weg zur See, 1937) und *Symphonie Nr. 9* (1958, alle von Ralph Vaughan Williams) und *Belshazar's Feast* (Belsazars Fest, 1931) sowie *Troilus and Cressida* (1954) von Sir William Walton.

W: *The Outline of Music* (zusammen mit M. Cooper, London 1962).

Sarroca, Suzanne
Französische Sopranistin, geb. 21. 4. 1927 Carcassonne.
Als sie als Fünfzehnjährige Sacha Guitrys Film *La Malibran* sieht, beschließt sie, tief beeindruckt, Sängerin zu werden. 1946 beginnt sie am Konservatorium von Toulouse mit dem Studium und verläßt es zwei Jahre später mit zwei 1. Preisen. 1949 debütiert sie als Charlotte (*Werther*, Massenet) am Theater ihrer Heimatstadt; kurz darauf interpretiert sie die gleiche Rolle am Capitole in Toulouse. Anschließend wird sie vom Théâtre de la Monnaie in Brüssel eingeladen, die Carmen (Bizet) zu singen. 1952 wird sie von dem Pariser Opernverband engagiert und debütiert an der Opéra-Comique in *Tosca* (Puccini) und an der Oper in *Les Indes galantes* (Rameau). Sehr schnell werden ihr die wichtigsten Hauptrollen ihres Faches anvertraut: Marina (*Boris Godunow*, Mussorgskij), Senta (*Der fliegende Holländer*, Wagner), Rezia (*Oberon*, v. Weber), Aida (Verdi), Kerkeb (Samuel-Rousseau), und Margarethe (*La Damnation de Faust*, Fausts Verdammung, Berlioz). Aber erst aufgrund eines ungewöhnlichen Zwischenfalls wird sie wirklich bekannt: Als 1958 zum ersten Mal nach zwei Jahren in der Pariser Oper wieder Aida gegeben wird, befindet sie sich im Saal. Die Sängerin auf der Bühne erleidet am Ende des 1. Aktes einen Schwächeanfall. Eine Viertelstunde später steht Suzanne Sarroca auf der Bühne und singt die Oper triumphal zu Ende. Ihr großartiger Octavian (*Der Rosenkavalier*, R. Strauss) und eine weitere »Aushilfe« als Aida, diesmal für Renata Tebaldi, machen sie endgültig zum international gefragten Star: Genf, New York, London, Wien, Hamburg, Lissabon, Rio de Janeiro und andere wichtige Musikzentren melden sich. Trotzdem bleibt sie Paris, Marseille, Toulouse und Straßburg treu. In jüngster Zeit fügt sie ihrem ohnehin schon umfangreichen Repertoire noch die Marschallin (*Der Rosenkavalier*), *La Voix humaine* (Die menschliche Stimme, Poulenc) und *Erwartung* (Schönberg) hinzu. 1983–85 leitet sie in Straßburg das Centre d'insertion professionnelle d'art lyrique.

Sass, Sylvia
Ungarische Sopranistin, geb. 21. 7. 1951 Budapest.
Sie studiert bei Olga Revghegyi an der

Musikakademie Franz Liszt in Budapest, debütiert als Frasquita (*Carmen*, Bizet) an der Budapester Staatsoper und erhält 1971 beim internationalen Gesangswettbewerb in Wien 6 Preise. Ein Jahr später wird sie beim Kodály-Wettbewerb mit dem Großen Preis ausgezeichnet, ex aequo mit Ilona Tokody. Auch beim Moskauer Wettbewerb ist sie mit einer Silbermedaille erfolgreich. Die großen Opernhäuser laden sie ein, darunter der Covent Garden (*I Lombardi alla prima crociata*, Die Lombarden beim ersten Kreuzzug, Verdi, 1976) und die Met (*Tosca*, Puccini, 1977). Sie lernt Maria Callas kennen und perfektioniert sich bei der großen Sängerin. Ihr Repertoire umfaßt Werke von Johann Sebastian Bach bis Olivier Messiaen und von Vincenzo Bellini bis Béla Bartók. Als Lied-, Oratorien- und Opernsängerin tritt sie bei den großen internationalen Festspielen wie Salzburg, Prag und Aix-en-Provence auf.

Satanowski, Robert
Polnischer Dirigent, geb. 20. 6. 1918 Łódź.
Er studiert zunächst mit Abschluß an der Technischen Hochschule in Warschau (1935–39), bevor er zu Bohdan Wodicko an die Warschauer Musikakademie geht und dort bis 1951 Komposition und Orchesterleitung studiert. Direkt nach Studienabschluß wird er von der Nationalphilharmonie von Lublin als Dirigent engagiert (1951–54). Anschließend wird er künstlerischer Leiter der pommerischen Philharmonie in Bydgoszcz (Bromberg, 1954–58).
1958–60 studiert er bei Walter Felsenstein in Berlin Opernregie und perfektioniert sich gleichzeitig bei Herbert von Karajan. 1960–62 ist er Musikdirektor an der Oper von Karl-Marx-Stadt (Chemnitz); 1961 übernimmt er außerdem die Leitung der Nationalphilharmonie in Poznań (Posen). Er gründet 1962 das dortige Kammerorchester und leitet es bis 1969. Gleichzeitig ist er Musikdirektor an der Posener Oper (1963–69). 1969–76 arbeitet er als Generalmusikdirektor in Krefeld. Anschließend kehrt er als Musikdirektor der Krakauer (1975–77) und Breslauer Oper (1977–82) nach Polen zurück. 1981 wird er zum Generaldirektor und künstlerischen Leiter der Warschauer Oper ernannt, mit der er Tourneen in alle europäischen Hauptstädte unternimmt. Er ist mehrfach zum Präsidenten des polnischen Musikverbandes gewählt worden. Wir verdanken ihm Uraufführungen von Werken von Witold Rudziński (*Manekiny*, Die Mannequins, Kammeroper, 1981), Edward Bogusławski (*Sonata Belzebuba*, Beelzebub-Sonate, 1977) und Zbigniew Bargielski (*W małym dworku*, In einem kleinen Schloß, 1981).

Sauer, Emil Georg Konrad von
Deutscher Pianist, geb. 8. 10. 1862 Hamburg, gest. 27. 4. 1942 Wien.
Er wird zuerst von seiner Mutter in Klavier und von August Ferdinand Riccius in Theorie unterrichtet, geht dann zu Nikolai Rubinstein an das Moskauer Konservatorium und wird anschließend Schüler von Ludwig Deppe und Franz Liszt in Weimar. Im Jahre 1882 nimmt er seine vielbejubelte Konzerttätigkeit auf, die ihn mehrmals um die Welt führt und erst 1936 endet. 1901–07, 1915–21 und ab 1930 bis zu seinem Tod leitet er die Meisterschule für Klavierspiel der Wiener Musikakademie. Zwischendurch unterrichtet er in Dresden, wobei seine Solistenkarriere immer im Vordergrund steht. Zu seinen zahlreichen Schülern gehören Elly Ney, Stefan Askenaze und Jorge Bolét. Auch als Herausgeber der Klavierwerke Johannes Brahms' und Frédéric Chopins sowie pädagogischer Werke von Adolph Kullak, Johann Pišna und Louis Plaidy ist er erfolgreich. Enrique Granados widmet ihm *Los Requiebros* (Schmeicheleien) aus seinem Zyklus *Goyescas*.
W: *Meine Welt. Bilder aus dem Geheimfach meiner Kunst und meines Lebens* (Stuttgart und Berlin 1901).

Savall, Jordi
Spanischer Gambenspieler, geb. 1. 8. 1941 Igualada (Barcelona).
Er studiert bis 1966 am Konservatorium von Barcelona Violoncello, wendet sich dann der alten Musik zu, lernt das Gambenspiel und perfektioniert sich bei Wieland Kuijken in Brüssel und August Wenzinger an der Schola Cantorum Basiliensis (1966–70). 1973 wird er an dieser Schule, an der er 1974 das Ensemble Hesperión XX ins Leben ruft, zum Professor für Viola da Gamba ernannt. Mit diesem Ensemble widmet er sich, zusammen mit seiner Frau, der Sopranistin Montserrat Figueras, der alten spanischen Musik. Seine Interpretationen zeichnen sich durch besondere Werktreue und Frische aus. Schon bald erweitert er sein Repertoire, und er beschäftigt sich auch mit der französischen Musik dieser Zeit sowie dem Werk Johann Sebastian Bachs. Als erster spielt er 1985 *Die Kunst der Fuge* in einem geschlossenen Zyklus auf Instrumenten aus dem Barock. 1987 und 1988 gründet er zwei weitere Ensembles, die sich mit alter Musik beschäftigen, die Capella Reial in Barcelona und das deutsche Barock-Collegium in Heidelberg, das aus fünfzehn Sängern zusammengesetzt ist.

Sawallisch, Wolfgang
Deutscher Dirigent, geb. 26. 8. 1923 München.
Er studiert an der Musikhochschule seiner Heimatstadt bei Hans Sachsse (Klavier), Wolfgang Ruoff (Theorie) und Josef Haas (Komposition). 1947 wird er in Augsburg zum Korrepetitor ernannt; schnell werden ihm Dirigate anvertraut. Er steigt zum 1. Kapellmeister auf. 1949 gewinnt er beim internationalen Genfer Wettbewerb zusammen mit dem Violinisten Gerhard Seitz den 2. Preis im Fach Sonate. 1951 perfektioniert er sich bei den Salzburger Festspielen bei Igor Markevitch und wird in der Folge dessen Assistent (1952–53). 1952 debütiert er bei den Berliner Philharmonikern. Ein Jahr später verläßt er Augsburg und geht als Generalmusikdirektor nach Aachen (1953–58). Anschließend übt er in Wiesbaden (1958–60) und Köln (1960–63) die gleiche Funktion aus. In Köln unterrichtet er auch an der Musikhochschule. 1957 wird er eingeladen, in Bayreuth den *Tristan* (Wagner) zu dirigieren. Bis 1962 wird er von der Festspielleitung regelmäßig zu Gastdirigaten eingeladen. 1960–70 ist er Chefdirigent der Wiener Symphoniker und 1961–72 auch Generalmusikdirektor der Hamburger Philharmoniker. 1963 übernimmt er darüber hinaus die Stelle eines musikalischen Beraters der Deutschen Oper Berlin, wo er während jeder Spielzeit verschiedene Neueinstudierungen leitet. Zu Beginn der 70er Jahre verläßt er Hamburg und Berlin zugunsten von Genf und München: er wird Generalmusikdirektor des Orchestre de la Suisse Romande (1970–80) sowie Generalmusikdirektor (1971–93) und Staatsoperndirektor (1982–93) der Bayerischen Staatsoper in München. 1993 übernimmt er die musikalische Leitung des Orchesters von Philadelphia.
Auch als Liedbegleiter wird er bekannt (Elisabeth Schwarzkopf, Margaret Price, Dietrich Fischer-Dieskau, Hermann Prey). Wir verdanken ihm Uraufführungen von Werken von Günter Bialas (*Neun Bagatellen*, 1985), Gottfried von Einem (*Der Zerrissene*, 1964, *Ludi Leopoldini*, 1980), Lorenzo Ferrero, Wolfgang Fortner (*In seinem Garten liebt Don Perlimplín Belisa*, 1962), Wilhelm Killmayer (*Hölderlin-Lieder*, 1986), Richard Wagner (*Symphonie Nr. 2 in E*, 1988), Gerhard Wimberger (*Konzert für Klavier und Orchester Nr. 2*, 1984) und Ysang Yun.
W: *Im Interesse der Deutlichkeit. Mein Leben mit der Musik* (Hamburg 1988).

Sayão, Bidú (= Balduina de Oliveira)
Brasilianische Sopranistin, geb. 11. 5. 1902 Niterói (bei Rio de Janeiro).
Sie beginnt mit ihrem Gesangsstudium in Rio de Janeiro und geht dann zu Elena Theodorini nach Bukarest. In Rumä-

nien tritt sie auch zum ersten Mal öffentlich auf. Anschließend perfektioniert sie sich in Vichy und Nizza bei Jean de Reszké (1923–25). Sie kehrt in ihre Heimat zurück und debütiert dort 1926 als Rosina (*Il barbiere di Siviglia*, Der Barbier von Sevilla, Rossini). In der gleichen Rolle debütiert sie 1928 in Rom am Teatro Costanzi. Die wichtigsten italienischen Bühnen laden sie ein. Sie interpretiert die Gilda (*Rigoletto*, Verdi), Carolina (*Il matrimonio segreto*, Die heimliche Ehe, Cimarosa) und die Lucia (*Lucia di Lammermoor*) und Norina (*Don Pasquale*, beide Donizetti). Als Rosina debütiert sie 1930 an der Scala und als Juliette (*Roméo et Juliette*, Gounod) 1931 an der Pariser Oper. Sie gibt bedeutende Gastspiele in Südamerika, bevor sie 1937 zum ersten Mal an der Met auftritt (in *Manon Lescaut*, Puccini). Sie gehört schnell zu den beliebtesten Sängerinnen des Hauses und interpretiert dort in dreizehn Spielzeiten zwölf verschiedene Rollen (u. a. Mimi, *La Bohème*, Puccini, Violetta, *La Traviata* und Gilda, *Rigoletto*, beide Verdi, Susanna, *Le nozze di Figaro*, Figaros Hochzeit, und Zerlina, *Don Giovanni*, beide Mozart, Mélisande, *Pelléas et Mélisande*, Debussy). 1946–52 singt sie auch regelmäßig an der Oper von San Francisco. Sie ist zunächst mit dem Impressario Walter Mocchi und dann mit dem Bariton Giuseppe Danise verheiratet. 1952 nimmt sie ihren Abschied von der Bühne, tritt aber bis 1958 noch im Konzertsaal auf. Heitor Villa-Lobos widmet ihr seine *Bachianas Brasileiras Nr. 5*.

Schafran, Daniel Borissowitsch (= Daniil Borissowitsch Schafran)
Russischer Cellist, geb. 13. 11. 1923 Petrograd (St. Petersburg).
Sein Vater Boris S. Schafran, Solo-Cellist der Leningrader Philharmoniker, erteilt ihm ersten Unterricht. Anschließend geht er zu Alexander Strimmer. Als Zehnjähriger debütiert er unter der Leitung von Albert Coates mit den Leningrader Philharmonikern. 1937 gewinnt er beim Moskauer und 1950 beim Prager Wettbewerb je einen 1. Preis (in Prag ex aequo mit Mstislaw L. Rostropowitsch). Dmitri B. Kabalewski widmet ihm sein *Konzert für Violoncello und Orchester*, dessen Uraufführung er 1949 verwirklicht.
Zahlreiche Konzertreisen führen den Cellisten, der zu den wichtigsten sowjetischen Vertretern seines Faches zählt, um die ganze Welt. Er spielt auf einem Amati aus dem Jahre 1630. Er ist mit der Pianistin Nina Musinian verheiratet, mit der er häufig Kammermusikabende gibt.

Schaljapin, Fjodor Iwanowitsch
Russischer Baßbariton, geb. 1. (13.) 2. 1873 Ometewa (Kasan, Wolga), gest. 12. 4. 1938 Paris.
Seine früheste Kindheit verläuft unglücklich. Seine ersten musikalischen Erfahrungen macht er als Chorknabe. Als Zwölfjähriger arbeitet er an verschiedenen Häusern als Statist. Anschließend trägt er mit Gelegenheitsarbeiten und als Kopist zum Unterhalt seiner Familie bei. Als Siebzehnjähriger wird er ohne Ausbildung vom Panajew-Theater engagiert. Er lernt den Tenor Dmitri A. Ussatow kennen, der ihn in Tiflis ausbildet und zu einem Engagement an der dortigen Oper verhilft (Melnikin, *Russalka*, Dargomyshski). 1895 debütiert er in Sankt Petersburg am Mariinski-Theater als Mephisto (*Faust*, Gounod). Das Publikum ist von seiner in allen Lagen schönen Stimme und seinem intensiven, den Rahmen des Gewöhnlichen sprengenden Spiel begeistert. 1896 singt er an der Oper von Nischnij Nowgorod, bevor er Mitglied der Kastnaja-Oper in Moskau wird, wo seine triumphale Karriere beginnt. Er lernt Nikolaj A. Rimskij-Korssakow kennen und befreundet sich mit ihm. Der Mäzen Marmantow unterstützt ihn. Er lernt Maxim Gorki und 1898 Sergej W. Rachmaninow kennen, der ihn in die Harmonielehre einführt. Im gleichen Jahr heiratet er die italienische Tänzerin Iola Tornaghi. Er lernt die ge-

samte Partitur des *Boris Godunow* (Mussorgskij) auswendig und holt von dem Historiker Kliutscheski zusätzliche Informationen ein. Seine Interpretation des Boris prägt eine ganze Generation. 1899 wird er Mitglied des Bolschoi-Theaters. Gastspiele führen ihn 1901 an die Scala und 1907 an die Met. Sergej P. Diaghilew lädt ihn 1909 nach Paris ein, wo er im Théâtre Sarah Bernhardt mit dem Boris einen triumphalen Erfolg erzielt. 1914 kehrt er nach Rußland zurück. Nach Überwindung vieler Schwierigkeiten kann er 1921 wieder eine Gastspielreise in die Vereinigten Staaten unternehmen. 1922 läßt er sich in Paris nieder. Bis 1929 singt er regelmäßig an der Met und gibt mit *Boris Godunow* und *Knjas Igor* (Fürst Igor, Borodin) auch am Covent Garden Gastspiele. Seine Karriere endet unglücklich auf Provinzbühnen, auf denen er an Vorstellungen, die seiner unwürdig sind, teilnimmt.

Der legendäre Bassist besitzt in Wirklichkeit nicht die tiefe Baß-Stimme, die ihm die Legende zuschreibt, verfügt aber über die Fähigkeit, die Probleme, die ihm manche Rollen stellen, hervorragend zu verbergen. Ohne ihn hätte Modest P. Mussorgskijs Oper *Boris Godunow* beim Publikum sicher nicht die bis heute andauernde allgemeine Beliebtheit erlangt. Gegen Ende seines Lebens spielt er in Georg Wilhelm Pabsts Verfilmung des *Don Quijote* die Hauptrolle und kreiert dabei gleichzeitig Lieder von Jacques Ibert. 1910 hat er bereits die Titelrolle der gleichnamigen Oper von Jules Massenet aus der Taufe gehoben.

WW: *Pages from my Life* (New York 1926, dt. Mein Werden, Berlin 1928); *Maska i duscha* (Paris 1932, dt. Ohne Maske, Berlin 1933).

Schalk, Franz
Österreichischer Dirigent, geb. 27. 5. 1863 Wien, gest. 3. 9. 1931 Edlach.

Er studiert 1875–81 am Konservatorium der Gesellschaft der Musikfreunde in Wien bei Karl Heißler und Joseph Hellmesberger d. Ä. Violine, bei Julius Epstein Klavier und bei Anton Bruckner Musiktheorie. Er debütiert in Czernowitz und ist 1888 in Reichenberg, 1890–95 in Graz und 1895–98 in Prag als Kapellmeister tätig. Die Spielzeit 1898–99 verbringt er an der Met. Anschließend geht er über die Berliner Oper (1899–1900) an die Wiener, wo er unter dem Intendanten Gustav Mahler 1900–1918 als 1. Kapellmeister wirkt. Die Philharmoniker laden ihn regelmäßig zu Gastdirigaten ein. 1904–21 ist er Dirigent und Leiter der Gesellschaft der Musikfreunde. 1909–1929 leitet er die Kapellmeisterschule an der Wiener Staatsakademie und 1918–1929 die Wiener Staatsoper, wobei Richard Strauss ihm 1919–24 gleichberechtigt zur Seite steht. Er nimmt an der Gründung der Salzburger Festspiele teil und dirigiert dort bis zu seinem Lebensende. Wir verdanken ihm die Uraufführungen der zweiten Version von *Ariadne auf Naxos* (1916) und von *Die Frau ohne Schatten* (1919, beide R. Strauss) sowie der *Symphonie Nr. 5* von Anton Bruckner (1894). Aufgrund seiner Schnitte und Neuinstrumentierungen der *Symphonien Nr. 3, 4* und *5* des gleichen Komponisten erlangt er eine traurige Berühmtheit. Zusammen mit Franz Schreker vollendet er die Orchestrierung der beiden einzigen, ganz geschriebenen Sätze von Gustav Mahlers *Symphonie Nr. 10*.

W: *Briefe und Betrachtungen* (Wien und Leipzig 1935).

Scheit, Karl
Österreichischer Gitarrist, geb. 21. 4. 1909 Schönbrunn (Schlesien).

Der Sohn eines Militärmusikdirigenten studiert in Wien bei Miguel Llobet, bevor er sich bei Andrés Segovia und Népomucède David perfektioniert. 1932–38 unterrichtet er an der Bundeserziehungsanstalt in Wien, 1938–58 am Wiener Konservatorium und seit 1933 außerdem an der dortigen Musikakademie, wo er 1953 zum Professor ernannt wird. Konrad Ragossnig gehört zu seinen Schülern. Neben seiner pädagogischen Tätigkeit konzertiert er seit 1929 in ganz Europa.

Schellenberger, Hansjörg
Deutscher Oboist, geb. 13.2. 1948 München.
Er gewinnt bei dem Wettbewerb Jugend musiziert 1965 einen 1. Preis. Zwei Jahre später beginnt er bei M. Clement an der Hochschule für Musik in München mit dem Studium. Er gewinnt verschiedene internationale Wettbewerbe und wird 1971 vom Symphonie-Orchester des WDR in Köln engagiert, wo er 1975 zum Solo-Oboisten ernannt wird. 1977 wechselt er zu den Berliner Philharmonikern und wird dort 1980 zum Solo-Oboisten befördert. Ab 1981 unterrichtet er an der Berliner Hochschule der Künste. 1984 gehört er zu den Gründungsmitgliedern des Ensembles Wien-Berlin, das sich aus den wichtigsten Solisten der Philharmoniker der beiden Städte zusammensetzt.

Scherbaum, Adolf
Deutscher Trompeter österreichischer Herkunft, geb. 23.8. 1909 Eger.
Er studiert 1923–29 am Konservatorium von Prag und debütiert anschließend in einem mährischen Orchester. Nacheinander ist er Solo-Trompeter an der Oper von Brno (Brünn, 1929), am Orchester von Brünn (1931–39), der Tschechischen Philharmonie (1939–41), der Berliner Philharmoniker (1941–45), der Slowakischen Philharmonie in Bratislava (Preßburg, 1945–51) und des Orchesters des NDR in Hamburg (1951–67). Nach dem Ende des Zweiten Weltkriegs schlägt er neben seiner Orchestertätigkeit auch eine Laufbahn als Solist ein. Er bemüht sich, die Spielmöglichkeiten in den hohen Registern zu verbessern, was ihm vor allem bei der Barockmusik, insbesondere der Johann Sebastian Bachs, zugute kommt. Er gehört zu den Wegbereitern eines neuen Interpretationsstils der alten Musik und benutzt als erster die Bach-Trompete in B für Partien, die eigentlich für D-Trompeten geschrieben sind. Scherbaum gründet ein Barock-Ensemble. Er interessiert sich auch für Instrumentenbau und ruft die bis 1971 existierende Firma Scherbaum und Göttner ins Leben. 1955 verwirklicht er die Uraufführung von Bernd Alois Zimmermanns *Konzert für Trompete und Orchester.* Er ist Professor für Trompete an der Musikhochschule in Saarbrücken.

Scherchen, Hermann
Deutscher Dirigent, geb. 21.6. 1891 Berlin, gest. 12.6. 1966 Florenz.
Er ist Autodidakt. 1907–10 ist er Bratschist im Berliner Blüthner-Orchester und aushilfsweise bei den Berliner Philharmonikern. Er lernt Arnold Schönberg kennen, mit dessen *Pierrot lunaire* er 1912 debütiert. 1914 wird er Dirigent des Symphonie-Orchesters von Riga. Während des Ersten Weltkriegs ist er in Rußland interniert. 1918 kehrt er nach Berlin zurück, gründet die Neue Musikgesellschaft und ein Streichquartett, das seinen Namen trägt. Ein Jahr später ruft er die der zeitgenössischen Musik gewidmete Zeitschrift Melos ins Leben. 1920 wird er an der Berliner Musikhochschule Lektor. 1921 übernimmt er in Leipzig das Orchester des Konzertvereins; 1922–24 leitet er als Nachfolger von Wilhelm Furtwängler die Frankfurter Museumskonzerte. Ab 1923 arbeitet er regelmäßig mit dem Orchester von Winterthur zusammen (bis 1947) und leitet sogar einige Zeit das dortige Collegium Musicum. 1923 ist er Gründungsmitglied der internationalen Gesellschaft für zeitgenössische Musik, für die er auch als Dirigent in Erscheinung tritt. 1928 läßt er sich in Königsberg nieder, wo er bis 1931 Generalmusikdirektor und bis 1933 Chefdirigent des Symphonie-Orchesters des Ostfunks ist. 1933 verläßt er Deutschland und arbeitet als Gastdirigent in verschiedenen Ländern. In Brüssel, Wien und der Schweiz ruft er Orchester und Zeitschriften ins Leben, die alle den Namen Ars Viva oder Musica Viva

tragen und sich mit zeitgenössischer Musik beschäftigen. 1944–50 leitet er das Orchester von Radio Zürich, das während seiner Tätigkeit in Radio Beromünster umgetauft wird. Nach dem Zweiten Weltkrieg hält er auf der Biennale von Venedig und in Darmstadt Kurse. 1950 gründet er in Zürich den Verlag Ars Viva, der drei Jahre später von Schott übernommen wird und in dem er vergessene oder unbekannte Werke alter und zeitgenössischer Komponisten veröffentlicht. Er interessiert sich auch für elektro-akustische Musik und gründet 1954 mit Unterstützung der UNESCO in Gravesano (Schweiz) ein Tonstudio. 1959–60 leitet er die Nordwestdeutsche Philharmonie, sein letztes festes Engagement.

Scherchen gehört sicher zu den wichtigsten Persönlichkeiten innerhalb des Musiklebens des 20. Jahrhunderts. Er spürt neue Talente auf, ohne deshalb die Tradition zu vergessen. Seine Mozart-Interpretationen und die der Romantiker sind auch heute noch unübertroffen. Scherchen gehört zu den wenigen Dirigenten, die ohne Taktstock dirigieren. Er zeichnet für viele wichtige Uraufführungen verantwortlich, darunter befinden sich Werke von Arnold Schönberg (*Kammersymphonie Nr. 1*, 1911), Alban Berg (*Drei Bruchstücke aus der Oper Wozzek*, 1924, *Der Wein*, 1929, und *Konzert für Violine und Orchester*, 1936), Alois Hába (*Matka*, Die Mutter, 1930), Karl Amadeus Hartmann (*Miserae*, 1934, und *Symphonische Ouvertüre*, 1947), Albert Roussel (*Aeneas*, 1935), Anton von Webern (*Variationen* op. 30, 1943), Richard Strauss (*Symphonie für 13 Bläser*, 1946), Luigi Dallapiccola (*Il prigioniero*, Der Gefangene, 1950, und *Canti di liberazione*, Gesänge der Befreiung, 1955), Paul Dessau (*Das Verhör des Lukullus*, 1951), Karlheinz Stockhausen (*Kontrapunkte I*, 1953), Edgar Varèse (*Déserts*, Wüsten, 1954), Hans Werner Henze (*König Hirsch*, 1956), Boris Blacher (*Abstrakte Oper Nr. 1*, 1957), Iannis Xenakis (*Pithoprakta*, 1957, *Achorripsis*, 1958, und *Terretektorh*, 1966), Claude Ballif (*A Cor et à cri*, Horn und Schrei, 1962).

WW: *Lehrbuch des Dirigierens* (Leipzig 1929, Mainz 1956 und 1972); *Das moderne Musikempfinden* (Zürich 1946); *Musik für jedermann* (Winterthur 1950); *Alles hörbar machen* (Briefe, 1972).

Schiff, András
Ungarischer Pianist, geb. 21. 12. 1953 Budapest.
Sehr früh beginnt er mit dem Musikstudium. 1968 wird er bei dem vom ungarischen Fernsehen veranstalteten Wettbewerb für junge Talente mit dem 1. Preis ausgezeichnet. 1974 ist er beim Tschaikowskij-Wettbewerb in Moskau und 1975 bei dem in Leeds erfolgreich und wird schnell international bekannt. 1968–75 wird er von Pál Kadosa und Ferenc Rados unterrichtet, bevor er sich bei George Malcolm perfektioniert. Zur Zeit unterrichtet er an der Franz-Liszt-Akademie in Budapest. Gelegentlich spielt er auch auf einem Pianoforte. Er gehört zu den wenigen Pianisten des ausgehenden 20. Jahrhunderts, die sich intensiv mit dem Werk Johann Sebastian Bachs auseinandersetzen, dessen Kompositionen er auf einem modernen Flügel spielt.

Schiff, Heinrich
Österreichischer Cellist und Dirigent, geb. 18. 11. 1952 Gmunden.
Er studiert an der Wiener Hochschule für Musik und perfektioniert sich bei Tobias Kuhne und André Navarra, bevor er 1972 debütiert. Sehr früh wird er von wichtigen Festspielen wie Edinburgh, Salzburg oder Berlin eingeladen. Er beherrscht das klassische Repertoire, spielt aber auch zeitgenössische Werke und zeichnet für zahlreiche Uraufführungen von Werken verschiedener Komponisten wie Richard Rodney Bennett (*Sonnets of Orpheus*, 1979), Helmut Eder (*... wo die Trompete das Thema beginnt*, 1981), Hans Werner Henze (*Capriccio*, 1983, und *Sieben*

Liebeslieder, 1986), Wilhelm Killmayer (*Sostenuto*, 1984, *Phantasien* für Violoncello und Klavier, 1989). Er spielt auf einem Stradivari aus dem Jahre 1698. Heinrich Schiff widmet sich auch der Orchesterleitung und ist ständiger Dirigent der Northern Sinfonia (Newcastle).

Schillings, Max von
Deutscher Dirigent und Komponist, geb. 19. 4. 1868 Düren, gest. 24. 7. 1933 Berlin.
Er studiert in Bonn als Schüler von Karl Joseph Brambach und Otto von Königslöw und geht dann nach München, wo er zunächst drei Jahre lang Rechtswissenschaften, Kunstgeschichte und Philosophie studiert, bevor er sich auf Anraten von Richard Strauss endgültig der Musik zuwendet. Er debütiert 1892 als Assistent der Bayreuther Festspielleitung. 1902 übernimmt er die Leitung des dortigen Festspielchors. 1903 wird er von der Münchner Hochschule für Musik zum Professor ernannt. Zu seinen Schülern zählen Wilhelm Furtwängler und Robert Heger. 1908 geht er als Generalmusikdirektor an die Stuttgarter Oper (bis 1918). Während dieser Zeit zeichnet er für 45 Uraufführungen verantwortlich. 1923 heiratet er in zweiter Ehe die Sopranistin Barbara Kemp (1881–1959). 1919–25 ist er Intendant der Preußischen Staatsoper in Berlin. 1924–31 arbeitet er regelmäßig mit der German Opera Company in den Vereinigten Staaten zusammen. 1926–33 leitet er die Zoppoter Waldoper, bevor er 1933 zum Generalintendanten der Städtischen Oper in Berlin ernannt wird. 1932 wurde er zum Vorsitzenden des Reichsverbandes Deutscher Tonkünstler und der Genossenschaft Deutscher Tonsetzer sowie zum Präsidenten der Preußischen Akademie der Künste gewählt. Als Komponist wurde er bekannter denn als Interpret. Er hinterläßt vier Opern, Szenenmusik, Instrumentalwerke und zahlreiche Lieder und Chöre.

Schiøtz, Aksel
Dänischer Tenor, geb. 1. 9. 1906 Roskilde, gest. 19. 4. 1975 Kopenhagen.
Er studiert zuerst Sprachen und wird als Lehrer tätig, bevor er im Kopenhagener Universitätschor und in dem von Mogens Wöldike geleiteten Palästrina-Chor 1931 seine Stimme entdeckt und sich von dem Chorleiter, aber auch von Agnete Zacharian und Waldemar Linke als Sänger ausbilden läßt. 1936–38 singt er im dänischen Rundfunk, fällt den Verantwortlichen der Schallplattenfirma EMI auf und geht anschließend zu John Forsell, der auch Jussi Bjoerling ausgebildet hat, nach Stockholm, um sich zu perfektionieren. Sein eigentliches Debüt findet an der Königlichen Oper in Kopenhagen statt, wo er den Ferrando (*Così fan tutte*, Mozart) interpretiert. In der gleichen Stadt übernimmt er unter der Leitung von Fritz Busch die Tenorrolle in Franz Joseph Haydns *Die Jahreszeiten*. Während der Weltausstellung 1939 gastiert er zum ersten Mal in den Vereinigten Staaten. Er weigert sich, unter der deutschen Besatzungsmacht aufzutreten, gibt aber Konzerte vor dänischen Widerstandskämpfern, bei denen er ausschließlich dänische Lieder singt. Schiøtz wird zu einem Nationalheld. 1945 muß er, nachdem er für die EMI mehr als hundert Schallplatten aufgenommen hat, aufgrund einer Krankheit drei Jahre unterbrechen. 1948 kann er wieder in Kopenhagen und New York auftreten. Er wechselt die Stimmlage und singt in der Hauptsache Lieder für Bariton. Ab 1955 unterrichtet er in den Vereinigten Staaten und Kanada.
W: *The Singer and his Art* (New York 1969).

Schipa, Tito (= Raffaele Attilio Amadeo Schipa)
Italienischer Tenor, geb. 2. 1. 1889 Lecce, gest. 16. 12. 1965 New York.
Er arbeitet zunächst als Komponist, debütiert aber dann 1911 in Vercelli als Alfred (*La Traviata*, Verdi). Der größte Teil seiner Karriere spielt sich in den

Vereinigten Staaten ab. 1920–32 gehört er in Chicago der Civic Opera und 1932–35 sowie 1940–41 in New York der Met an. Nach seiner Rückkehr nach Italien im Jahre 1941 singt er bis 1950 regelmäßig an der Mailänder Scala und der Oper von Rom. In Italien, den Vereinigten Staaten und Budapest wird er auch als Pädagoge tätig. Er gilt als einer der besten lyrischen Tenöre seiner Generation. Zu seinen wichtigsten Rollen zählen Cavaradossi (*Tosca*, Puccini), Edgar (*Lucia di Lammermoor*, Donizetti) und der Herzog von Mantua (*Rigoletto*, Verdi).

Schippers, Thomas
Amerikanischer Dirigent, geb. 9. 3. 1930 Kalamazoo (Mich.), gest. 16. 12. 1977 New York.
Er studiert am Curtis Institute in Philadelphia (1944–45), an der University of Yale sowie an der Juilliard School of Music in New York und bei Olga Samaroff sowie bei Eugene Ormandy (1946–47). Er debütiert mit der Lemonade Opera Company. 1950 vertraut ihm Gian Carlo Menotti die Leitung seiner Oper *The Consul* an, als diese nach der Uraufführung in Philadelphia auf einer Europa-Tournee gespielt wird. 1951–54 arbeitet er als Kapellmeister an der New York City Opera. 1955 debütiert er bei den New Yorker Philharmonikern, an der Met und an der Scala, an der er auch in der Folge regelmäßig dirigiert, u. a. 1962 *Medea* (Cherubini) mit Maria Callas. In Spoleto gründet er zusammen mit Menotti, der ihn zum Musikdirektor ernennt (1958–76), das Festival dei due Mondi. 1963 debütiert er in Bayreuth mit einer Aufführung der *Meistersinger* (Wagner). Zu dieser Zeit gehört er zu den ständigen Dirigenten der Met. 1966 leitet er anläßlich der Einweihung des Lincoln Center die Uraufführung von Samuel Barbers Oper *Anthony and Cleopatra*. Später wendet er sich in immer stärkerem Maß dem symphonischen Gebiet zu und übernimmt 1970 die musikalische Leitung des Symphony-Orchesters von Cincinnati (bis 1977). Ab 1972 unterrichtet er am dortigen College Conservatory of Music. Wir verdanken ihm weitere wichtige Uraufführungen von Werken von Gian Carlo Menotti (*Amahl and the Night Visitors*, Amahl und die nächtlichen Besucher, 1951, *The Sainte of Bleecker Street*, Die Heilige der Bleecker Street, 1954, *The Death of the Bishop of Brindisi*, Der Tod des Bischofs von Brindisi, Kantate, 1963), Aaron Copland (*The Tender Land*, Zartes Land, 1954), Samuel Barber (*Andromache's Farewell*, Andromaches Abschied, 1963) und Manuel de Falla (*Atlántida*, Atlantis, szenische Uraufführung an der Scala, Mailand 1962).

Schlusnus, Heinrich
Deutscher Bariton, geb. 6. 8. 1888 Braubach, gest. 18. 6. 1952 Frankfurt/M.
Er besteht 1909 erfolgreich die Postassistentenprüfung, bevor er seine Stimme bei Alexander Wellig in Frankfurt/M. und Louis Bachner (ab 1919) in Berlin ausbilden läßt. 1912 debütiert er in Frankfurt/M. als Konzertsänger. Im Ersten Weltkrieg wird er gleich zu Beginn verwundet. 1915 feiert er in Hamburg als Heerrufer (*Lohengrin*, Wagner) sein Bühnendebüt. 1915–17 gehört er der Nürnberger Oper und 1917–45 der Staatsoper Berlin an. Schnell entwickelt er sich zum wichtigsten Verdi-Bariton seiner Generation. Die Bühnen von Amsterdam (1919), Barcelona (1922), Chicago (1927), Bayreuth (1933) und Paris (1937) laden ihn ein. Ab 1918 tritt er auch regelmäßig als Liedersänger auf. Nach dem Zweiten Weltkrieg singt Schlusnus noch bis 1949 vornehmlich in Südamerika.

Schmid, Erich
Schweizer Dirigent, geb. 1. 1. 1907 Balsthal (Kanton Solothurn).
Er studiert bei Bernard Sekles am Hochschen Konservatorium in Frankfurt/M. (1927–30) und geht dann nach Berlin zu Arnold Schönberg (1930–31). Er arbeitet drei Jahre freiberuflich mit dem Südwestfunk Baden-Baden zusam-

men. 1934 kehrt er in die Schweiz zurück, wo er in Glarus zum Generalmusikdirektor ernannt wird (bis 1949). Anschließend übernimmt er die Leitung des Tonhalle-Orchesters in Zürich (1949–57) und des Orchesters von Radio Beromünster (1957–70). 1963–70 unterrichtet er am Konservatorium der Stadt Basel Orchesterleitung und arbeitet gleichzeitig für den Basler Rundfunk, vor allem auf dem Gebiet der zeitgenössischen Musik. 1979 wird er vom Symphonie-Orchester von Birmingham zum principal guest conductor ernannt. Wir verdanken ihm neben vielen Uraufführungen von Werken Schweizer Komponisten auch die der *Symphonie Nr. 3* von Karl Amadeus Hartmann (1950) sowie eine Orchestrierung der *Six Epigraphes antiques* (Sechs antike Inschriften) von Claude Debussy.

Schmidt, Annerose
Deutsche Pianistin, geb. 5. 10. 1936 Wittenberg.
Sie studiert zuerst bei ihrem Vater, dem Direktor der Musikhochschule von Wittenberg, und geht dann zu Hugo Steurer an die Leipziger Hochschule für Musik (1956–59). Ab 1959 verfolgt sie vor allem in der DDR eine Solisten-Karriere. 1955 wird sie beim Chopin-Wettbewerb in Warschau ausgezeichnet. Ein Jahr später erhält sie beim Berliner Robert-Schumann-Wettbewerb den 1. Preis. Der Kunstpreis der DDR, der Schumann-Preis der Stadt Zwickau sowie der Nationalpreis werden ihr 1961, 1964 bzw. 1965 verliehen. Sie zeichnet für die Uraufführungen der Klavierkonzerte von Siegfried Thiele, Siegfried Matthus sowie Wolfgang Rihm (1988) verantwortlich. 1989 verwirklicht sie die Uraufführung der 1841 von Clara Schumann komponierten *Sonate für Klavier* in g-moll.

Schmidt, Trudeliese
Deutsche Mezzosopranistin, geb. 7. 11. 1941 Saarbrücken.
Sie macht zuerst eine Verkäuferinnen-Lehre und kann ihre Stimme nur in ihrer Freizeit ausbilden. 1965 debütiert sie an der Saarbrücker Oper. Über Wiesbaden geht sie an die Deutsche Oper am Rhein und beginnt eine brillante internationale Karriere. Hamburg und München nehmen sie in ihre Ensembles auf. Sie spezialisiert sich auf Hosenrollen (Octavian, *Der Rosenkavalier*, Der Komponist, *Ariadne auf Naxos*, beide Richard Strauss; Cherubin, *Le nozze di Figaro*, Figaros Hochzeit, Mozart; Hänsel, *Hänsel und Gretel*, Humperdinck). Ab 1972 wird sie regelmäßig von der Frankfurter Oper eingeladen. 1974 gastiert sie beim Holland-Festival und 1975 in Bayreuth. Mit großem Erfolg tritt sie in Moskau und Leningrad auf. Mit der Bayerischen Staatsoper unternimmt sie eine große Japan-Tournee. Ihre dunkle Stimme und ihre knabenhafte Gestalt lassen die Hosenrollen glaubhaft werden, doch auch in reinen Frauenrollen kann sie ihr Publikum überzeugen: Dorabella (*Cosi fan tutte*, Mozart), Colombina (*Arlequino*, Harlekin, Busoni) sowie die Titelrolle in Leoš Janáčeks Oper *Příhody lišky bystroušky* (Das schlaue Füchslein).

Schmidt-Gaden, Gerhard Alfred Joseph
Deutscher Chorleiter, geb. 19. 6. 1937 Karlsbad.
Er studiert zunächst in München und geht dann zu Kurt Thomas nach Leipzig (1956–59). Bei Helge Roswaenge (München), Otto Iro (Wien) und Mario Tonelli (Florenz) nimmt er Gesangs-Unterricht. Als Achtzehnjähriger gründet er seinen ersten Chor. Damals arbeitet er eng mit Carl Orff zusammen. 1956 gründet er den Tölzer Knabenchor, der sich unter seiner Leitung zu einem der besten und gefragtesten Kinderchöre der Welt entwickelt. Zusammen mit seiner Frau Helga widmet er diesem Chor den größten Teil seiner Arbeitskraft. Seit 1966 unterrichtet er am Mozarteum in Salzburg Chorleitung und Chorgesang. Er hält u. a. in der Schweiz, in Japan und in den Niederlanden master classes ab. Seit 1975 arbei-

tet er eng mit Nicolaus Harnoncourt zusammen und nimmt mit seinem Chor an zahlreichen Aufnahmen zu dessen Gesamteinspielung der Kantaten von Johann Sebastian Bach teil. 1984–89 leitet er an der Scala den Coro di voci bianchi.

Schmidt-Isserstedt, Paul Hans Ernst
Deutscher Dirigent, geb. 5. 5. 1900 Berlin, gest. 28. 5. 1973 Holm bei Hamburg.
Er studiert zunächst in Heidelberg und Münster und geht dann an die Musikhochschule in Berlin zu Franz Schreker. Gleichzeitig studiert er an den jeweiligen Universitäten Musikwissenschaften und promoviert 1923 zum Dr. phil. 1923–28 arbeitet er als Opernkapellmeister in Wuppertal. Anschließend geht er an die Oper von Rostock (1928–31) und Darmstadt (1931–33). 1935 wird er an der Hamburger Oper zum 1. Kapellmeister ernannt. 1943 geht er nach Berlin und übernimmt die künstlerische Leitung der Deutschen Oper. Ein Jahr später wird er dort zum Generalmusikdirektor ernannt. 1945 kehrt er nach Hamburg zurück und gründet das Symphonie-Orchester des NDR, das er bis 1971 leitet und das sich unter seiner Führung zu einem der besten deutschen Orchester entwickelt. 1955–64 ist er gleichzeitig Chefdirigent der Stockholmer Philharmoniker. Auch als Gastdirigent ist er international erfolgreich: mehr als 120 Orchester laden ihn zu Gastdirigaten ein.
Er zeichnet sich als Mozart-Dirigent sowie als Interpret des deutschen romantischen Repertoires aus, beschäftigt sich aber auch intensiv mit der Musik seiner Zeit. Wir verdanken ihm u. a. die Uraufführungen von Werken von Gottfried von Einem (*Stundenlied*, 1959), Karl Amadeus Hartmann (*Symphonie Nr. 7*, 1959), André Jolivet (*Symphonie Nr. 2*, 1959).

Schmitz, Paul
Deutscher Dirigent, geb. 16. 4. 1898 Hamburg.
Er studiert in Mannheim und Frankfurt/M. und debütiert 1919 als Solorepetitor in Kiel (bis 1921). In der gleichen Funktion geht er nach Weimar (1921–23), bevor er als 2. Kapellmeister in Stuttgart (1927–33) und 1. Staatskapellmeister in München (1927–33) tätig ist. 1933 wird er als Generalmusikdirektor an die Leipziger Oper berufen (bis 1951); gleichzeitig ist er dort auch als ständiger Gastdirigent des Gewandhauses tätig. Darüber hinaus leitet er hier auch die Opernhaus-Konzerte und das Gewandhaus-Kammerorchester, mit dem er zahlreiche nationale und internationale Tourneen durchführt. 1951–63 ist er musikalischer Oberleiter am Staatstheater Kassel, wo er zum Generalmusikdirektor befördert wird und auch nach seinem Ausscheiden noch als Gast bis 1966 tätig ist. 1964–73 ist er wiederum Generalmusikdirektor am Leipziger Opernhaus und Gastdirigent des Gewandhausorchesters. Seit 1966 lebt er in München.

Schnabel, Artur
Amerikanischer Pianist österreichischer Herkunft, geb. 17. 4. 1882 Lipnik bei Bielitz, gest. 15. 8. 1951 Morschach (Schweiz).
Er studiert in Wien bei Hans Schmitt (1889–1891) und anschließend bei Theodor Leschetizky Klavier (bis 1897) sowie bei Eusebius Mandyczewski, der ihn Johannes Brahms vorstellt, Musiktheorie (1891–1897). Sehr schnell lehnt er es ab, Werke zu spielen, die sich nur durch ihre Virtuosität auszeichnen, und studiert damals nur selten gespielte Werke wie die *Sonaten* von Franz Schubert oder die *Bagatellen* und *Variationen* von Ludwig van Beethoven ein. Das Klavier ist für ihn ein Mittel und kein Selbstzweck. 1900 übersiedelt er nach Berlin, wo er bis 1933 seinen ständigen Wohnsitz hat. Er heiratet die Altistin Therese Behr (1876–1959), mit der er zahlreiche Konzerte gibt. Auch

mit Carl Flesch und Hugo Becker und später mit Pablo Casals, Emanuel Feuermann, Pierre Fournier, Paul Hindemith, Bronislaw Hubermann, William Primrose, Joseph Szigeti und vor allem dem Pro-Arte-Quartett, mit dem er einige herausragende Schallplatten aufnimmt, spielt er Kammermusik. Er nimmt an der Uraufführung von Arnold Schönbergs *Pierrot lunaire* teil. 1925–30 unterrichtet er an der Berliner Hochschule für Musik; Clifford Curzon und Peter Frankl gehören u. a. zu seinen Schülern. Zum hundertsten Todestag von Ludwig van Beethoven spielt er 1927 in Berlin in einer Konzertreihe alle 32 Klaviersonaten. 1932 wiederholt er dieses mörderische Unterfangen in Berlin, 1934 in London und 1936 in New York. 1933 verläßt er Deutschland und läßt sich in England nieder. Regelmäßig unterrichtet er bei den Sommerkursen in Tremezzo am Comer See. 1939 übersiedelt er in die Vereinigten Staaten, wo er in Ann Arbour an der University of Michigan unterrichtet (1940–45). Doch in den Vereinigten Staaten ist er nicht so erfolgreich wie in Europa, da er sich weigert, sein Repertoire dem damals vorherrschenden Geschmack anzupassen. Nach dem Ende des Zweiten Weltkriegs zieht er in die Schweiz. Bis zu seinem Lebensende ist er im Konzertsaal und im Aufnahmestudio aktiv tätig. Sein Sohn Karl-Ulrich Schnabel (geb. 1909) ist ebenfalls Pianist und arbeitet hauptsächlich in den Vereinigten Staaten, wo er auch unterrichtet. Als Komponist hinterläßt Artur Schnabel vor allem Werke für sein Instrument.
WW: *Reflections on Music* (Manchester, USA, 1933); *Music and the Line of Most Resistance* (Princeton 1942); *My Life and Music* (London 1961).

Schneeberger, Hansheinz
Schweizer Violinist, geb. 16.10. 1926 Bern.
Als Sechsjähriger spielt er bereits Geige. Er studiert zuerst an der Musikschule und anschließend am Konservatorium seiner Heimatstadt, an dem er 1944 sein Diplom ablegt. Anschließend perfektioniert er sich bei Luc Balmer und in Luzern bei Carl Flesch sowie in Paris 1946–47 bei Boris Kamensky. 1948–58 arbeitet er als Professor am Konservatorium von Biel. 1952 gründet er sein eigenes Streichquartett, das bis 1959 besteht. 1952–58 arbeitet er gleichzeitig als Professor am Konservatorium von Bern. 1959–61 ist er als Konzertmeister des Symphonie-Orchesters des NDR Hamburg tätig. 1961 geht er als Professor an die Musikakademie in Basel und arbeitet weiterhin als Solist. Wir verdanken ihm zwei wichtige Uraufführungen, die des *Konzertes für Violine und Orchester* von Frank Martin (1952) und die des *Konzertes für Violine und Orchester Nr.1* von Béla Bartók (1958).

Schnéevoigt, Georg Lennart
Finnischer Dirigent und Cellist, geb. 8.11. 1872 Viipuri (heute Wiborg, UdSSR), gest. 28.11. 1947 Malmö.
Er studiert zunächst in Helsinki und wird dann Schüler von Carl Schröter in Sondershausen, Julius Klengel in Leipzig und Robert Fuchs in Wien. 1895–1903 ist er Solo-Cellist des philharmonischen Orchesters in Helsinki; gleichzeitig unterrichtet er an der dortigen Orchesterschule und am Musikinstitut Violoncello. 1901 debütiert er als Dirigent in Riga. 1904–08 leitet er das Kaim-Orchester in München und geht dann nach Kiew, wo er das dortige Symphonie-Orchester übernimmt (1908–09). 1909 gründet er das Symphonie-Orchester in Riga und leitet es bis 1914; auch für die Gründung (1912) des Symphonie-Orchesters von Helsinki ist er verantwortlich. Dieses Orchester wird unter ihm 1914 mit dem von Robert Kajanus gegründeten philharmonischen Orchester von Helsinki zum Orchester der Stadt Helsinki zusammengeschlossen; die beiden Gründerdirigenten leiten das Orchester bis 1941 gemeinsam. 1915–24 ist er gleichzeitig Chefdirigent des Symphonie-Orchesters von Stock-

holm. 1918 ruft er die Osloer Philharmoniker ins Leben und leitet sie bis 1927. Auch in Düsseldorf (1924–26), Los Angeles (1927–29) und Malmö (1930–47) ist er in leitender Position tätig. 1907 heiratet er die Pianistin Sigrid Ingeborg Sungren (1878–1953), die ab 1910 am Musikinstitut von Helsinki Klavier unterrichtet.

Schneider, Alexander
Amerikanischer Violinist russischer Herkunft, geb. 21. 10. 1908 Wilna.
Als Zehnjähriger beginnt er seine Ausbildung am Konservatorium von Wilna und geht dann zu Adolph Rebner nach Frankfurt und zu Carl Flesch nach Berlin. 1925 wird er Konzertmeister der Museumskonzerte in Frankfurt. 1933 emigriert er in die Vereinigten Staaten. Im gleichen Jahr übernimmt er innerhalb des Budapester Quartetts die zweite Violine, bis er 1944 als Geiger zum Albeneri-Trio wechselt und dort zusammen mit Benar Heifetz und Erich Itor Kahn musiziert. Anschließend wird er Mitglied des New York Piano Quartet (in der Besetzung Mieczysław Horszowski, Klavier, Milton Katims, Bratsche und Frank Miller, Violoncello). Gleichzeitig spielt er mit Ralph Kirkpatrick bzw. Eugene Istomin Sonaten. 1950 nimmt er an den Festspielen in Prades teil, die dem 200. Todestag Johann Sebastian Bachs gewidmet sind. Ab dieser Zeit ist er nicht nur in Prades, sondern auch bei den Festspielen vor Perpignan, Marlboro und Israel tätig. 1957 organisiert er in Puerto Rico die Casals-Festspiele, wobei er eng mit Pablo Casals zusammenarbeitet. 1955 wird er ein zweites Mal Mitglied des Budapester Quartetts (bis 1964). Obwohl die Kammermusik einen zentralen Platz in seiner Karriere einnimmt, ist er auch als Solist außerordentlich erfolgreich. 1972 gründet er das Kammerensemble Brandenburg Players. 1946 wirkt er an der Uraufführung von Darius Milhauds *Sonate für Violine und Cembalo* mit.

Schneider, Michael
Deutscher Organist und Chorleiter, geb. 4. 3. 1909 Weimar.
Er studiert an der Musikhochschule seiner Heimatstadt bei Bruno Hinze-Reinhold Klavier, Friedrich Martin Orgel und Richard Wetz Komposition (1927–30). Anschließend geht er zu Karl Straube, Kurt Thomas und Robert Teichmüller an das kirchenmusikalische Institut in Leipzig (1930–31).
Sofort nach Abschluß seines Studiums wird er in Weimar, wo er 1931–34 an der Musikhochschule unterrichtet, zum Organisten ernannt. Anschließend geht er als Organist und Kantor an die Matthäus-Kirche (1934–36) nach München. 1936–41 ist er als Professor für Orgel und Leiter der Abteilung für evangelische Kirchenmusik an der Kölner Musikhochschule tätig und dirigiert gleichzeitig den Kölner Bachverein. 1942–44 leitet er die Berliner Kantorei und 1944–45 den Berliner Bruckner-Chor. 1945 geht er zurück nach München und wird an der Markus-Kirche Organist und Kantor (bis 1951). Ab 1948 unterrichtet er auch an der Münchner Musikhochschule. 1951–59 leitet er den Musikverein der Stadt Bielefeld; 1951 geht er als Professor für Orgel und Leiter der Abteilung für evangelische Kirchenmusik an die Nordwestdeutsche Musikakademie in Detmold, an der er 1953–57 gleichzeitig als stellvertretender Direktor tätig ist. 1958 kehrt er nach Berlin zurück und wird Professor an der dortigen Musikhochschule (bis 1965). Anschließend wird er Leiter der Abteilung für evangelische Kirchenmusik und Professor für Orgel an der Kölner Musikhochschule und gleichzeitig Organist des Gürzenich-Orchesters. 1975 gibt er seine pädagogischen Verpflichtungen auf, behält nur eine Klasse an der Kölner Musikhochschule und widmet sich verstärkt seiner Karriere als Solist. Er tritt mit großem Erfolg im In- und Ausland auf und gilt als einer der wichtigsten Vertreter der deutschen, neo-klassizistischen Orgel-Schule. Wir verdanken ihm Ur-

aufführungen von Werken von Johann Nepomuk David, Karl Höller, Frank Michael Beyer und anderer Komponisten.
W: *Orgeltechnik des frühen 19. Jahrhunderts, dargestellt an den Orgelschulen der Zeit* (Köln 1940, Nachdrucke Regensburg 1941 und 1964).

Schneider, Peter
Österreichischer Dirigent, geb. 26. 3. 1939 Wien.
Mit den Wiener Sängerknaben reist er als Kind um die Welt. Später studiert er dann bis 1959 an der Wiener Musikakademie bei Hans Swarowsky Orchesterleitung und bei Karl Schiske Komposition. Er unterrichtet in Salzburg und Heidelberg, wo er 1961 zum 1. Kapellmeister ernannt wird. 1968 geht er in der gleichen Funktion an die Deutsche Oper am Rhein (Düsseldorf-Duisburg). Gleichzeitig beginnt er als Gastdirigent, Opern zu dirigieren. 1978–85 ist er Generalmusikdirektor in Bremen. 1981 debütiert er mit dem *Fliegenden Holländer* (Wagner) in Bayreuth. Zwei Jahre später leitet er als Nachfolger von Sir Georg Solti den *Ring des Nibelungen* (Wagner). Die deutschen Opernhäuser laden ihn regelmäßig ein. Ab 1985 gibt er ständig Gastdirigate an der Wiener Oper, mit der er 1986 eine Japan-Tournee unternimmt. 1985–87 ist er Generalmusikdirektor in Mannheim. 1993 übernimmt er als Generalmusikdirektor die Nachfolge von Wolfgang Sawallisch an der Münchner Staatsoper; 1989 leitet er die Uraufführung von Gerhard Wimbergers *Nachtmusik-Trauermusik-Finalmusik*.

Schneider, Urs
Schweizer Dirigent, geb. 16. 5. 1939 Sankt Gallen.
Er beginnt als Sechsjähriger, Geige zu lernen. Als Fünfzehnjähriger gründet er das Pro Musica Orchestra, das siebzig Musiker umfaßt, und gibt mit ihm bis 1963 in der Schweiz Konzerte. 1961 erhält er an der Züricher Musikhochschule sein Diplom als Violinist. Anschlie-ßend studiert er bei Rafael Kubelík in Luzern, Igor Markevitch in Madrid, Otto Klemperer in London und in Zürich Orchesterleitung. 1962 gründet er das Ostschweizer Kammerorchester Camerata Helvetica, das er bis 1984 leitet. Gleichzeitig ist er als Gastdirigent im In- und Ausland erfolgreich. 1967–83 leitet er gleichzeitig die Camerata Stuttgart. 1967–68 steht er zusätzlich an der Spitze des Symphonie-Orchesters und der Oper von Shreveport (La.) in den Vereinigten Staaten. 1971–73 ist er Nachfolger von Bernhard Paumgartner an der Spitze der Camerata Academica des Salzburger Mozarteums. 1982–86 ist er als Musikdirektor des Symphonie-Orchesters von Haifa tätig.

Schneiderhan, Wolfgang Eduard
Österreichischer Violinist, geb. 28. 5. 1915 Wien.
Er tritt als Wunderkind 1920 zum ersten Mal an die Öffentlichkeit; 1922–28 studiert er in Pisek bei Otakar Ševčík, der als Begründer der tschechisch-wienerischen Geigenschule gilt, 1925 außerdem bei Julius Winkler in Wien. Als Siebzehnjähriger wird er Konzertmeister des Symphonie-Orchesters Wien (1933–37) und geht dann in der gleichen Funktion zu den Wiener Philharmonikern (1937–50). In der gleichen Zeit beschäftigt er sich auch intensiv mit Kammermusik, und zwar mit dem von ihm gegründeten und seinen Namen tragenden Streichquartett (1937–51), und dann – etwas später – in einem Trio (zusammen mit Edwin Fischer, Klavier, und Enrico Mainardi, Violoncello, 1949–56). Mit Carl Seemann, Wilhelm Kempff und in seinen letzten Jahren mit Walter Klien bildet er verschiedene Duo-Formationen. Der ausgezeichnete Mozart-Interpret wirkt 1955 an der Gründung der Festival Strings of Lucerne mit, seinem damaligen Wohnsitz. Während seines ganzen Lebens räumt er pädagogischen Aufgaben einen breiten Raum ein: Mozarteum Salzburg (1936–56), Wiener Musikakademie (1939–51), Konservatorium von Lu-

zern (ab 1949) und Stockholm (1964). 1948 heiratet er die Sopranistin Irmgard Seefried. Hans Werner Henze komponiert *Ariosi* (1964) und Frank Martin *Maria-Tryptichon* (1968) für das Paar.

Schneidt, Hanns-Martin
Deutscher Dirigent, geb. 6. 12. 1930 Kitzingen.
Als Zehnjähriger wird er Mitglied des Leipziger Thomaner-Chores. Günther Ramin unterrichtet ihn in Klavier und Musiktheorie. 1949–52 studiert an der Münchner Musikakademie und Universität bei Karl Höller, Friedrich Högner, Kurt Eichhorn, Li Stadelmann und Maria Landes-Hindemith. Ab 1952 besucht er die musikwissenschaftlichen Vorlesungen von Rudolf von Ficker. Noch während seines Studiums wird er an der Münchner Erlöserkirche zum Kantor und Organisten ernannt. 1955 geht er nach Berlin und übernimmt die Leitung der dortigen Kirchenmusikschule. Er gründet an der Neuen Kaiser-Wilhelm-Gedächtniskirche den Bach-Chor und leitet gleichzeitig das Berliner Bach-Collegium sowie die Spandauer Kantorei. 1963 geht er als 1. Kapellmeister nach Wuppertal und wird dort 1975 zum Generalmusikdirektor ernannt. 1971–78 ist er als Professor für Orchesterleitung an der Hamburger Hochschule für Musik tätig. Er arbeitet regelmäßig mit den Regensburger Domspatzen zusammen. 1985 wird er an der Münchner Hochschule für Musik zum Professor für Orchesterleitung und evangelische Kirchenmusik ernannt. Im gleichen Jahr übernimmt er die Leitung des Münchner Bach-Chores; ab dieser Zeit gibt er an der Münchner Oper regelmäßig Gastdirigate.

Schnitzler, Claude
Französischer Dirigent und Organist, geb. 3. 9. 1949 in Eckbolsheim bei Straßburg.
Er studiert am Straßburger Konservatorium Orgel, Cembalo, Theorie und Orchesterleitung und geht dann an das Salzburger Mozarteum, um sich als Dirigent bei Bruno Maderna zu perfektionieren. 1971 wird er Titular-Organist der Großen Orgel der Straßburger Kathedrale. Ein Jahr später wird er an der Straßburger Opéra du Rhin zum Chorleiter ernannt. 1975–79 ist er Chefassistent von Alain Lombard am gleichen Haus. 1980–82 ist er als Kapellmeister an der Opéra du Rhin tätig, bevor er regelmäßig an der Pariser Oper und Opéra-Comique dirigiert. 1981 leitet er die Uraufführung von Pierre Hasquenophs Oper *Comme il vous plaira* (Wie es euch gefällt) und 1984 die von Prodromidès Oper *H. H. Ulysse*. 1986–88 leitet er die Oper von Rennes, 1988–89 ist er 1. Kapellmeister an der Opéra du Rhin und geht dann wieder nach Rennes zurück, um die Leitung des Orchestre de Bretagne zu übernehmen (1990).

Schock, Rudolf Johann
Deutscher Tenor, geb. 4. 9. 1915 Duisburg, gest. 13. 11. 1986 Düren-Gürzenich.
Er studiert in Köln und Hannover Gesang und wird 1933 in Duisburg Mitglied des Opernchores (bis 1937). Am Braunschweiger Theater interpretiert er seine ersten Rollen (1937–40). Er wird eingezogen. 1943–44 singt er am Deutschen Opernhaus Charlottenburg und 1945–46 an der Oper in Hannover, bevor er 1946 wieder nach Berlin zurückgeht und an der dortigen Staatsoper Mitglied wird (bis 1948). Er wird von Wien, Hamburg, München und London eingeladen, wirkt an den Salzburger (1948), Edinburgher (1952) und Bayreuther Festspielen (1958) mit und gehört ab 1953 zur Wiener Staatsoper, wo er zum Kammersänger ernannt wird. Seiner Mitwirkung in Film und Fernsehen sowie seiner Tätigkeit als Operettentenor verdankt er seine große Popularität.
W: *Ach, ich hab in meinem Herzen...*, Erinnerungen (München 1985).

Schöffler, Paul
Österreichischer Bariton deutscher Herkunft, geb. 15. 9. 1897 Dresden, gest. 21. 11. 1977 Amersham (England).
Er studiert zunächst am Konservatorium von Dresden und perfektioniert sich anschließend bei Waldemar Staegemann in Dresden, Ernst Grenzebach in Berlin und Mario Sammarco in Mailand. 1925–37 gehört er zum Ensemble der Dresdner Oper und geht dann an die Wiener Staatsoper, der er bis zu seinem Tod treu bleibt. Zu seinem Repertoire gehören die Rollen des Hans Sachs (*Die Meistersinger von Nürnberg*), mit dem er 1943–44 in Bayreuth debütiert, Kurwenal (*Tristan und Isolde*), Der Holländer (*Der fliegende Holländer*), die letzte Rolle, die er 1956 in Bayreuth interpretiert, Wotan, Donner und Gunther (alle *Der Ring des Nibelungen*, Wagner), Schwanda (*Schwanda der Dudelsackpfeifer*, Weinberger), mit der er 1934 am Covent Garden debütiert, die Titelrollen von *Cardillac*, den er 1926 unter Fritz Busch in Dresden kreiert, sowie von *Mathis der Maler* (beide Hindemith) und der Barak (*Die Frau ohne Schatten*, R. Strauss). 1947 kreiert er unter der Leitung von Ferenc Fricsay in Salzburg bei der Uraufführung von Gottfried von Einems Oper *Dantons Tod* die Rolle des Danton und 1952 bei der Uraufführung von *Die Liebe der Danae* die des Jupiter; 1950 debütiert er bereits als Jochanaan (*Salome*, beide R. Strauss) an der Met. Selbst in Nebenrollen, die er bis in die 70er Jahre hinein interpretiert, beweist er eine erstaunliche Bühnenpräsenz mit sicherer Stimmführung. 1970 wird er zum Kammersänger ernannt. Auch als Liedsänger ist er sehr erfolgreich.

Schöne, Lotte (= Charlotte Bodenstein)
Französische Sopranistin österreichischer Herkunft, geb. 15. 12. 1891 Wien, gest. 22. 12. 1978 Paris.
Sie studiert in Wien bei Johannes Ress, Luise Ress und Marie Brossement und debütiert 1912 an der Wiener Volksoper als Brautjungfer in *Der Freischütz* (v. Weber). Sie bleibt dem Ensemble bis 1925 verbunden und singt ab 1917 außerdem an der Wiener Staatsoper. 1922–34 feiert sie bei den Salzburger Festspielen in verschiedenen Rollen (Zerlina, *Don Giovanni*, Blondchen, *Die Entführung aus dem Serail*, Despina, *Così fan tutte*, alle Mozart) Triumphe. 1927 holt sie Bruno Walter an die Städtische Oper nach Berlin. 1933 emigriert sie nach Frankreich, wo sechs Jahre später ihre Karriere an der Pariser Oper und der dortigen Opéra-Comique (Mélisande, *Pelléas et Mélisande*, Debussy, Zerlina, *Don Giovanni*, Susanna, *La nozze di Figaro*, Figaros Hochzeit, beide Mozart) durch den Ausbruch des Zweiten Weltkriegs unterbrochen wird. 1945 nimmt sie ihre Arbeit als Konzertsängerin wieder auf und gibt 1948 sogar in Berlin ein Gastspiel. Ab 1953 widmet sie sich in Paris ausschließlich pädagogischen Aufgaben. Zu ihrem Repertoire gehören außerdem die Rollen der Liu (*Turandot*), Mimi (*La Bohème*, beide Puccini), Marzelline (*Fidelio*, Beethoven), Oskar (*Un ballo in maschera*, Ein Maskenball), Gilda (*Rigoletto*, beide Verdi), Micaëla (*Carmen*, Bizet), Sophie (*Der Rosenkavalier*, R. Strauss) und Pamina (*Die Zauberflöte*, Mozart).

Schöne, Wolfgang
Deutscher Baßbariton, geb. 9. 2. 1940 Bad Gandersheim (Harz).
Er studiert ab 1964 an der Musikhochschule in Hannover und geht dann zu Naan Pöld an die in Hamburg, wo er 1969 sein Diplom ablegt. Er ist bei den internationalen Wettbewerben von Berlin, Bordeaux, s'Hertogenbosch und Rio de Janeiro erfolgreich und debütiert 1970. Seine Karriere nimmt rasch einen steilen Aufschwung. Er interpretiert in Stuttgart, Hamburg und Wien die Rollen des Wolfram (*Tannhäuser*, Wagner) und Guglielmo (*Così fan tutte*, Mozart). 1973 wird er Mitglied der Stuttgarter Oper, wo er 1978 mit dem Titel eines Kammersängers ausgezeichnet wird. Er ist in mehr als fünfzig verschiedenen

Rollen auf den wichtigsten europäischen Bühnen erfolgreich (u. a. Golo, *Pelléas et Mélisande*, Debussy, Berlin; Don Giovanni, Mozart, Stuttgart, Salzburger Festspiele, Wiener Oper) und bestreitet gleichzeitig eine bedeutende Karriere als Konzert- und Oratoriensänger (Schöne verfügt über ein umfangreiches Liedrepertoire und hat mehr als fünfzig Kantaten sowie die Passionen von Johann Sebastian Bach einstudiert). 1980 wirkt er bei der Uraufführung von Hermann Reutters *Hamlet* und 1983 bei der von Hans Werner Henzes *Die englische Katze* mit.

Schønwandt, Michael
Dänischer Dirigent, geb. 10. 9. 1953 Kopenhagen.
Als Sechsjähriger beginnt er, Klavier zu lernen. Er studiert Komposition, Musikwissenschaften und Orchesterleitung und erhält ein Stipendium des British Council, mit dessen Hilfe er sein Studium in London an der Royal Academy of Music fortsetzen kann (1975–77). 1979 wird er an der königlich-dänischen Oper in Kopenhagen zum Kapellmeister ernannt. 1984–87 arbeitet er hauptsächlich als Gastdirigent des Théâtre de la Monnaie in Brüssel. 1985 debütiert er am Covent Garden und an der Pariser Oper und zwei Jahre später mit einer Aufführung der *Meistersinger von Nürnberg* (Wagner) in Bayreuth. Seit 1988 ist er principal guest conductor des philharmonischen Orchesters in Nizza.

Schoonbroodt, Hubert
Belgischer Organist und Chorleiter, geb. 8. 8. 1941 Eupen.
Er studiert am Konservatorium von Verviers und geht dann anschließend nach Paris, wo er sowohl am Konservatorium wie auch am Institut supérieur de musique sacrée (Institut Lemmens) studiert. Bei Pierre Froidebise in Lüttich und Antoine Geoffroy-Dechaume in Paris erweitert er seine Kenntnisse in der Interpretation alter Musik. 1962 wird er als Kantor und Organist am Grand Séminaire in Lüttich Nachfolger von Pierre Froidebise. 1969 wird er am Konservatorium von Lüttich zum Professor für Orgel ernannt. In der gleichen Eigenschaft geht er 1982 an das Brüsseler Konservatorium. 1974–88 ist er Musikdirektor des nationalen Vokalensembles Willy Mommer (Königliches Männerquartett Eupen). 1975 ruft er die Camerata Leodiensis ins Leben. Zwei Jahre später übernimmt er die Leitung des Universitätschores in Lüttich. 1982 gründet er den Kammerchor Schola Academica Leodiensis. Er beschäftigt sich intensiv mit der Wiederentdeckung alter belgischer Musik und zeichnet für zahlreiche neuzeitliche Erstaufführungen von Werken von Lambert Cahumont, Henri Dumont, Jean-Noël Hamal, Antoine Mahaut und Pierre van Maldere verantwortlich. Einen beträchtlichen Teil seiner Arbeitszeit widmet er der Restaurierung alter Orgeln.

Schorr, Friedrich
Amerikanischer Bassist österreichisch-ungarischer Herkunft, geb. 2. 9. 1888 Nagyvárad (Ungarn), gest. 14. 8. 1953 Farmington (Conn.).
Er studiert in Wien zunächst Jura, bevor er bei Adolf Robinson seine Stimme ausbilden läßt. 1911 debütiert er in Graz als Wotan (*Die Walküre*, Wagner). 1916–18 singt er in Prag, 1918–23 in Köln und 1923–31 in Berlin. 1923 debütiert er in New York und 1924 an der Met, deren Ensemble er bis 1943 angehört. Er wird hier vor allem als Wotan gefeiert, den er 1925–31 auch bei den Bayreuther Festspielen interpretiert. 1924–33 gibt er am Covent Garden regelmäßig Gastspiele. Neben dem Wotan glänzt er vor allem als Hans Sachs (*Die Meistersinger von Nürnberg*) und als Holländer (*Der fliegende Holländer*, beide Wagner). Nach seinem Abschied von der Bühne im Jahre 1943 widmet er sich der Regie sowie pädagogischen Aufgaben.

Schostakowitsch, Maxime Dmitrijewitsch
Russischer Dirigent und Pianist, geb. 10. 5. 1938 Leningrad.
Der Sohn des Komponisten Dmitri D. Schostakowitsch studiert Klavier an der Moskauer Zentralschule für Musik bei Jakow W. Flijer und Orchesterleitung am Konservatorium von Leningrad bei Nikolaij Rabinowitsch, bei Alexander W. Gauk am Moskauer Konservatorium sowie privat bei Gennadi N. Roshdestwenskij. Anschließend perfektioniert er sich bei Igor Markevitch. 1963 wird er Assistent der Moskauer Philharmoniker und 1965 des Symphonie-Orchesters von Moskau. Ein Jahr später gewinnt er den innersowjetischen Wettbewerb junger Dirigenten. 1971 wird er ständiger Dirigent des Symphonie-Orchesters von Radio Moskau; er behält diese Stelle bei, bis er 1981 seine Heimat verläßt und in die Vereinigten Staaten emigriert. 1986 übernimmt er die Leitung des philharmonischen Orchesters von New Orleans. Sein Vater widmet ihm *Präludien op. 2* (Nr.2–5) und das *Konzert für Klavier und Orchester Nr. 2*, das er 1957 kreiert. Auch das *Concertino für zwei Klaviere* (1954), *Oktjabr* (Oktober, symphonische Dichtung, 1967) und *Symphonie Nr. 15* (alles Werke seines Vaters) wurden von ihm uraufgeführt.

Schreier, Peter
Deutscher lyrischer Tenor, geb. 29. 7. 1935 Gauernitz bei Meißen.
Sein Vater, ein Volksschullehrer, leitet einen Chor und erkennt früh die Begabung seines Sohnes. Am Ende des Zweiten Weltkriegs wird er Mitglied des Dresdner Kreuzchors. Rudolf Mauersberger empfiehlt ihm, eine Karriere als Solist anzustreben. Nach dem Abitur studiert er am Dresdner Konservatorium bei Herbert Winkler Gesang, Martin Flämig Chorleitung und Ernst Hintze Orchesterleitung (1956–59). 1959 wird er bereits an das Nachwuchsstudio der Dresdner Oper verpflichtet. Am Großen Haus debütiert er zwei Jahre später als 1. Gefangener (*Fidelio*, Beethoven). 1963 geht er an die Berliner Staatsoper. 1966 debütiert er als Stimme eines jungen Seemanns in Bayreuth (*Tristan und Isolde*, Wagner). Auch als Mozart-Sänger zeichnet er sich aus. Zeitlebens bleibt er seinen ersten musikalischen Erfahrungen im Kreuzchor treu und singt die Passionen Johann Sebastian Bachs. Als Evangelist gibt er in der *Matthäus-Passion* von Johann Sebastian Bach in Perugia sein erstes großes Gastspiel in Westeuropa. Seit 1967 nimmt er an den Salzburger Festspielen teil, wo er alle großen Mozart-Rollen seines Fachs interpretiert. Er singt dort auch den David (*Die Meistersinger*, Wagner, Leitung Herbert von Karajan) und den Loge (*Das Rheingold*, Wagner). Im gleichen Jahr debütiert er als Tamino (*Die Zauberflöte*, Mozart) an der Met, wo er in der Folge auch den Don Ottavio (*Don Giovanni*) und den Almaviva (*Le nozze di Figaro*, Figaros Hochzeit, beide Mozart) interpretiert. Ab diesem Jahr gastiert er regelmäßig an der Wiener Oper. 1968 debütiert er an der Mailänder Scala (Idamante in *Idomeneo*, Mozart) und am Teatro Colón in Buenos Aires. Seit 1969 arbeitet er auch als Dirigent. Einen bedeutenden Teil seiner Zeit widmet er seiner Tätigkeit als Liedinterpret. Er zeichnet für die Uraufführungen von Werken von Paul Dessau (*Einstein*, 1974), Gottfried von Einem (*Liebes- und Abendlieder*, op. 48, 1978; *Leib- und Seelensongs*, op. 53, 1980), Wilhelm Killmayer (*Hölderlin-Lieder*, 1986), Carl Orff (*De temporum fine commoedia*, 1973) und Heinrich Sutermeister (*Consolatio philosophiae*, 1979) verantwortlich.

W: *Aus meiner Sicht* (Wiesbaden 1983).

Schröder, Jaap
Holländischer Violinist, geb. 31. 12. 1925 Amsterdam.
Er studiert zunächst am Konservatorium seiner Heimatstadt und geht dann zu Jacques Thibaud nach Paris (1948). An der Sorbonne und an der Amsterda-

mer Universität studiert er auch Musikwissenschaften. Er beginnt seine Karriere als Konzertmeister des Kammerorchesters des Niederländischen Rundfunks (1950–63); 1952–69 ist er zweiter Violinist des Niederländischen Streichquartetts. Anschließend gründet er verschiedene Kammermusikensembles, die er von seinem Platz als Konzertmeister aus leitet: Quadro Amsterdam (1960–66), Concerto Amsterdam (1961–70), Quartett Esterházy (1973–81). Er unterrichtet am Konservatorium von Amsterdam (seit 1963), an der Schola Cantorum Basiliensis, an der University of Yale (seit 1982), an der Juilliard School of Music in New York und bei den Sommerkursen am Mozarteum in Salzburg. 1982 ruft er in Washington das Smithson Quartet ins Leben, das im Rahmen der Smithsonian Institution die Aktivitäten des Esterházy-Quartetts fortsetzt. Als Gastdirigent leitet er regelmäßig verschiedene Kammerorchester. Er spielt auf einer Geige von Jacobus Steiner aus dem Jahre 1665.

Schröder-Feinen, Ursula
Deutsche Sopranistin, geb. 21. 7. 1936 Gelsenkirchen.
Sie studiert bei Maria Helm in Gelsenkirchen und geht dann an die Folkwangschule nach Essen. Nach einem ersten Engagement im Chor der Oper von Gelsenkirchen debütiert sie dort in der Operette *Der Vogelhändler* von Carl Zeller; kurz darauf interpretiert sie am gleichen Haus die Titelrolle von *Aida* (Verdi). 1968 geht sie von Gelsenkirchen an die Deutsche Oper am Rhein (Düsseldorf-Duisburg) und bleibt dort bis 1972. Sie gibt in Berlin, Hamburg und München Gastspiele. 1970 debütiert sie an der Met in der Rolle der Chrysothemis (*Elektra*, R. Strauss). In Wien, Prag und Salzburg setzt sie sich als große Wagner- und Strauss-Interpretin durch und glänzt vor allem als Färberin (*Die Frau ohne Schatten*, R. Strauss). In Bayreuth interpretiert sie 1971–75 die Senta (*Der fliegende Holländer*), Ortrud (*Lohengrin*), Brünnhilde (*Siegfried*) und Kundry (*Parsifal*, alle Wagner). 1973 interpretiert sie bei der ersten kanadischen Aufführung von Richard Strauss' Oper *Salome* in Montreal die Titelrolle. Zwei Jahre später debütiert sie an der Pariser Oper. Ab dieser Zeit finden wir sie an allen bedeutenden Opernhäusern: Scala, Chicago, Los Angeles, San Francisco usw. Zu ihren Repertoire-Rollen zählten u. a. die Tosca, Turandot (beide Puccini), Jenůfa (Janáček), Isolde (*Tristan und Isolde*, Wagner), Leonore (*Fidelio*, Beethoven) und Alceste (Gluck).

Schuch, Ernst von
Österreichischer Dirigent, geb. 23. 11. 1846 Graz, gest. 10. 5. 1914 Kötzschenbroda bei Dresden.
Er studiert in Graz nebeneinander Jura und Musik, lernt Violine und bei Eduard Stolz Klavier. Anschließend geht er zu Otto Dessoff nach Wien. Er debütiert als Kapellmeister in Breslau (1867–68) und geht dann über Würzburg (1868–70), Graz (1870–71) und Basel (1871–72) nach Dresden, wo sich der wichtigste Teil seiner Karriere abspielt. 1872 wird er zum musikalischen Leiter von Bernhard Pollinis italienischer Oper ernannt und erzielt solche Erfolge, daß er ein Jahr später als Dirigent neben dem alternden Julius Rietz (bis 1879) und dessen Nachfolger Franz Wüllner (bis 1882) an die Hofoper verpflichtet wird. 1877 wird er zum Königlichen Staatskapellmeister und 1889 zum Generalmusikdirektor der Hofoper ernannt (bis 1914). 1884–1914 dirigiert er ständig die Konzerte der Staatskapelle. Der herausragende Orchestererzieher leitet wichtige Uraufführungen, darunter folgende Werke von Richard Strauss: *Feuersnot* (1901), *Salome* (1905), *Elektra* (1909), *Der Rosenkavalier* (1912). Die Dresdner Hofoper verwirklicht während seiner Leitung insgesamt 51 Uraufführungen. Schuch setzt sich auch stark für die französische Musik seiner Zeit ein. 1875 heiratet er die Koloratursopranistin Clementine Schuch-Proska (1850–1932), die 1873–

1904 der Dresdner Oper angehört. 1898 wird er in den Adelsstand erhoben. Seine Tochter Liesel von Schuch (1891–1990) gehört 1914–35 als Koloratursopranistin ebenfalls der Dresdner Oper an.

Schüchter, Wilhelm
Deutscher Dirigent, geb. 15. 12. 1911 Bonn, gest. 27. 5. 1974 Dortmund.
Er studiert in Köln bei Hermann Abendroth und Philipp Jarnach und debütiert 1937 in Coburg. Anschließend geht er an die Würzburger Oper (1937–40), bevor er als Nachfolger von Herbert von Karajan in Aachen Generalmusikdirektor wird (1940–42). 1942–43 ist er als ständiger Dirigent an der Städtischen Oper in Berlin tätig. Nach dem Ende des Zweiten Weltkriegs wird er Stellvertreter von Hans Schmidt-Isserstedt am Symphonie-Orchester des NDR Hamburg (ab 1947), geht dann als ständiger Leiter zum Symphonie-Orchester des WDR in Köln, wird künstlerischer Leiter des Symphonie-Orchesters des NHK in Tokio (1959–62) und kehrt als Generalmusikdirektor (1962) und künstlerischer Leiter (1965–74) der Dortmunder Oper, die sich unter ihm zu einer der besten Deutschlands entwickelt, nach Europa zurück.

Schulz, Wolfgang
Österreichischer Flötist, geb. 26. 2. 1946 Linz.
Er studiert in Wien bei Herbert Recnicek und perfektioniert sich anschließend bei Aurèle Nicolet. 1964 wird er beim Wettbewerb des Bayerischen Rundfunks ausgezeichnet; er beginnt eine dreifache Karriere als Solist, Orchester- und Kammermusiker. 1968 gründet er zusammen mit dem Fagottisten Milan Turković und dem Pianisten Helmut Deutsch das Trio Vienna. 1970 wird er zum Solo-Flötisten der Wiener Philharmoniker ernannt. Ab 1979 unterrichtet er als Professor für Flöte an der Wiener Hochschule für Musik. 1984 wirkt er an der Gründung des Ensembles Wien-Berlin mit, in dem sich die wichtigsten Solisten der philharmonischen Orchester der beiden Städte zusammengefunden haben. Innerhalb der Wiener Philharmoniker gründet er außerdem das Wiener Flötentrio und das Kammermusikensemble Wiener Bläsersolisten. Seine Frau Ulla, Violinistin und Bratschistin, gehört dem Wiener Kammerorchester an. Auch seine beiden Brüder sind Musiker: Walther (geb. 1944) ist als Solo-Cellist des Wiener Symphonie-Orchesters und Gerhard (geb. 1951) seit 1978 als zweiter Violinist des Alban Berg-Quartetts tätig.

Schumann, Elisabeth
Amerikanische Sopranistin deutscher Herkunft, geb. 13. 6. 1888 Merseburg (Saale), gest. 23. 4. 1952 New York.
Ihr Vater, ein Organist, erteilt ihr ersten Musikunterricht. Sie wird von Natalie Hänisch in Dresden, Marie Dietrich in Berlin und vor allem von Alma Schadow in Hamburg ausgebildet. 1909 debütiert sie an der Hamburger Oper als Hirte (*Tannhäuser*, Wagner) und wird auf Anhieb Mitglied des Hauses (bis 1919). Ihre Interpretation der Sophie (*Der Rosenkavalier*, R. Strauss) macht sie berühmt. Mit dieser Rolle debütiert sie an der Met (1914–15) und am Covent Garden (1924 unter Bruno Walter, zusammen mit Lotte Lehmann und Richard Mayr). Richard Strauss verpflichtet sie an die Wiener Oper (1918–38); der Komponist begleitet sie bei einer Konzerttournee durch die Vereinigten Staaten (1921). Die große Mozart-Sängerin singt 1922 bei den ersten Salzburger Festspielen die Despina (*Così fan tutte*), Susanne (*Le nozze di Figaro*, Figaros Hochzeit) und die Blonde (*Die Entführung aus dem Serail*, alle Mozart). Bei einer berühmt gewordenen Aufführung der *Fledermaus* (J. Strauß) singt sie 1930 am Covent Garden unter Bruno Walter an der Seite von Maria Olszewska und Gerhard Hüsch die Adele. 1938 ist sie gezwungen, Österreich zu verlassen. Sie emigriert in die Vereinigten Staaten und unterrichtet zunächst am Curtis Insti-

tute in Philadelphia und später bei den Sommerakademien in Bryanston. 1947 nimmt sie an den ersten Edinburgher Festspielen teil. Ihrer Stimme scheint das Alter nichts anhaben zu können, denn noch als Sechzigjährige nimmt sie Schallplatten auf und begeistert auf der Bühne.
W: *German Song* (London 1948).

Schumann-Heink, Ernestine (= Ernestine Rössler)
Amerikanische Altistin tschechischer Herkunft, geb. 15. 6. 1861 Lieben bei Prag, gest. 17. 11. 1936 Hollywood.
Die Tochter eines österreichischen Offiziers und einer italienischen Laien-Sängerin geht zunächst in Prag aufs Gymnasium, bevor sie bei Marietta von Leclair in Graz Gesang studiert. Sie debütiert hier 1876 während einer Aufführung von Ludwig van Beethovens *Symphonie Nr. 9*, bevor sie nach Dresden geht und sich dort bei Karl Krebs und Franz Wüllner perfektioniert. Sie ist auch Schülerin von Giovanni Baptista Lamperti. 1878 debütiert sie als Azucena (*Il trovatore*, Der Troubadour, Verdi) in Dresden und wird sofort Mitglied des Ensembles. Anschließend gehört sie der Berliner Kroll-Oper (1882–83) sowie der Hamburger Oper (1883–98) an, wo ihre erstaunliche, drei Oktaven umfassende Stimme ihr die Interpretation der verschiedenartigsten Rollen erlaubt (u. a. Orfeo, *Orfeo ed Euridice*, Gluck, Ulrica, *Un ballo in maschera*, Ein Maskenball, Amneris, *Aida* und anläßlich der deutschen Erstaufführung Mrs. Quickly, *Falstaff*, alle Verdi). 1892 debütiert sie unter der Leitung von Gustav Mahler in den Rollen der Fricka, Erda und Waltraute (*Der Ring des Nibelungen*, Wagner) am Covent Garden. 1898 bricht sie einen bereits unterschriebenen Vertrag mit der Kroll-Oper, um in den Vereinigten Staaten arbeiten zu können. Im gleichen Jahr wird sie Mitglied der Oper von Chicago. Ein Jahr später debütiert sie an der Met und wird Mitglied des berühmten Hauses (bis 1932). 1896–1914 gastiert sie als Erda, Waltraute (beide *Der Ring des Nibelungen*), Magdalena (*Die Meistersinger von Nürnberg*, und Mary (*Der fliegende Holländer*, alle Wagner) bei den Bayreuther Festspielen. Ihr Repertoire umfaßt mehr als 150 Rollen. 1909 kreiert sie in Dresden bei der Uraufführung von *Elektra* (R. Strauss) die Rolle der Klytemnästra. Der Komponist hatte ihr bereits die *Drei Gesänge* op. 43 (1899) gewidmet.

Schunk, Robert
Deutscher Tenor, geb. 1948 Neu-Isenburg bei Frankfurt/M.
Er studiert in der Klasse von Martin Gründler an der Frankfurter Musikhochschule (1966–73) und wird am Ende seines Studiums von der Karlsruher Oper engagiert. 1975 wechselt er nach Bonn und interpretiert dort den Hoffmann (*Les Contes d'Hoffmann*, Hoffmanns Erzählungen, Offenbach), den Kaiser in *Die Frau ohne Schatten* (R. Strauss) und den Florestan (*Fidelio*, Beethoven). 1977–79 gehört er zum Ensemble der Dortmunder Oper, an der er das große Wagner-Repertoire seines Faches einstudiert (die Titelrolle in *Parsifal*, der Steuermann, *Der fliegende Holländer*, Melot, *Tristan*, Walther, *Tannhäuser*). Daneben interpretiert er den Max (*Der Freischütz*, v. Weber) und den Don José (*Carmen*, Bizet). Ab 1979 gastiert er auf allen großen europäischen Bühnen. Ab 1977 wird er von Bayreuth eingeladen, wo er nacheinander den Walther, den Siegmund (*Walküre*) in der Produktion von Pierre Boulez und Patrice Chéreau bei der Festaufführung, die zum hundertsten Geburtstag der Premiere der Oper gegeben wird, und den Erik (*Der fliegende Holländer*) in der Inszenierung von Harry Kupfer interpretiert.

Schuricht, Carl
Deutscher Dirigent, geb. 3. 7. 1880 Danzig, gest. 7. 1. 1967 Corseaux-sur-Vevey (am Genfer See).
Er stammt aus einer Musikerfamilie: sein Vater ist Orgelbauer und seine

Mutter, Amanda Wusinowska, Sängerin. Als Elfjähriger beginnt er zu komponieren. Er erhält Klavier-Unterricht und geht dann an die Musikhochschule in Berlin, um bei Engelbert Humperdinck Komposition und bei Ernst Rudorff Klavier zu studieren (1901–03). Anschließend geht er zu Max Reger nach Leipzig. Franz Mannstädt macht ihn in Wiesbaden mit der Orchesterleitung vertraut. Er debütiert in Mainz als Korrepetitor, steigt dort zum Kapellmeister auf und geht dann über Dortmund, Goslar und Zwickau nach Frankfurt/M., wo er 1909 die Leitung des Rühlschen Gesangvereins übernimmt. Drei Jahre später wird er Kapellmeister in Wiesbaden, wo er bis 1922 als 1. Dirigent und 1922–44 als Generalmusikdirektor tätig ist. 1930–39 leitet er außerdem die Sommerkonzerte in Scheveningen und 1933–34 den Chor der Berliner Philharmoniker. 1937–44 ist er zudem als Gastdirigent des Symphonie-Orchesters des Hessischen Rundfunks in Frankfurt tätig. 1944 verläßt er aus politischen Gründen Deutschland und geht in die Schweiz, wo er von Ernest Ansermet warmherzig aufgenommen wird. Bis zu seinem Lebensende wirkt er als Gastdirigent. So leitet er 1956 an der Seite von André Cluytens die erste Amerika-Tournee der Wiener Philharmoniker. 1957–58 nimmt er als erster mit einem französischen Orchester, der Société des Concerts du Conservatoire, Ludwig van Beethovens *Symphonien* geschlossen auf. 1965 dirigiert er bei den Salzburger Festspielen sein letztes, Mozart gewidmetes Konzert.

Schwalbé, Michel
Französischer Violinist, geb. 27. 10. 1919 Radom (Polen).
Als Schüler von Moritz Frenkel gehört er zu den wenigen, die heute noch in der Tradition Leopold von Auers stehen. Nach seinem Studium an der Musikakademie in Warschau perfektioniert er sich bei George Enescu und Pierre Monteux in Paris. Als Zehnjähriger gibt er sein erstes Konzert. Er studiert auch bei Jules Boucherit aus der französisch-belgischen Schule und vereint so die Vorzüge der beiden großen Geigenschulen. 1938 wird er zum Studienabschluß mit zahlreichen 1. Preisen ausgezeichnet, doch der Ausbruch des Zweiten Weltkriegs verzögert seine Karriere. 1944–46 ist er Konzertmeister des Orchestre de la Suisse Romande; während dieser Zeit gewinnt er auch den Wettbewerb von Scheveningen. 1946 gründet er in Zürich das Schwalbé-Streichquartett, das bis 1948 besteht. Im gleichen Jahr wird er am Genfer Konservatorium als Nachfolger von Joseph Szigeti zum Professor ernannt (bis 1957). In dieser Zeit übt er auch als Solist eine rege Tätigkeit aus. 1957 holt ihn Herbert von Karajan als Konzertmeister zu den Berliner Philharmonikern (bis 1984). Seit 1960 hält er bei den Sommerakademien des Mozarteums in Salzburg Kurse. 1963 wird er an der Hochschule für Musik in Berlin zum Professor ernannt (bis 1984). Er spielt auf einer Stradivari aus dem Jahre 1709, der *King Maximilian*.

Schwarz, Hanna
Deutsche Mezzosopranistin, geb. 15. 8. 1943 Hamburg.
Sie studiert in Essen und debütiert 1870 als Maddalena (*Rigoletto*, Verdi) in Hannover. 1972 wirkt sie an den Eutiner Festspielen mit. Ein Jahr später wird sie Mitglied der Hamburger Staatsoper. Sie singt dort den Cherubin (*Le nozze di Figaro*, Figaros Hochzeit), Dorabella (*Così fan tutte*, beide Mozart), Dulcinea (*Don Quichotte*, Massenet), Cenerentola (Aschenbrödel, Rossini), Mrs. Quickly (*Falstaff*, Verdi), Marfa (*Chowanschtschina*, Mussorgskij) und Octavian (*Der Rosenkavalier*, R. Strauss). 1975 debütiert sie in Bayreuth in kleineren Rollen, doch ein Jahr später schon singt sie dort die Erda und später dann die Fricka (beide *Das Rheingold*) sowie die Brangäne (*Tristan und Isolde*, alle Wagner). 1976 debütiert sie als Preziosilla (*La forza del destino*, Die Macht des Schicksals, Ver-

di) an der Pariser Oper, an der sie 1979 an der ersten integralen Aufführung von Alban Bergs *Lulu* teilnimmt. Seit 1977 wird sie von San Francisco (Frikka), seit 1978 von Berlin (Cherubin), Washington, Stuttgart, London und anderen wichtigen Musikzentren eingeladen.

Schwarz, Reinhard
Deutscher Dirigent, geb. 12. 5. 1936 Berlin.
Er studiert am Städtischen Konservatorium in Berlin (1950–58) und perfektioniert sich anschließend in den Dirigierkursen Herbert von Karajans (1958–60). Er ist nacheinander Kapellmeister an der Oper von Wuppertal (1965–69), Frankfurt/M. (1969–71), bevor er 1971 in Hagen zum Generalmusikdirektor ernannt wird. In der gleichen Funktion geht er später an die Städtischen Bühnen Krefeld/Mönchengladbach, bis er 1988 Chefdirigent des Münchner Gärtnerplatztheaters wird, wo er im gleichen Jahr die Uraufführung von Volker David Kirchners Oper *Das kalte Herz* leitet.

Schwarz, Rudolf
Englischer Dirigent österreichischer Herkunft, geb. 29. 4. 1905 Wien.
Er studiert in seiner Heimatstadt und beginnt seine aktive Laufbahn als Bratschist der Wiener Philharmoniker. Als Achtzehnjähriger debütiert er als Korrepetitor an der Düsseldorfer Oper, wo er ein Jahr später zum Kapellmeister ernannt wird. 1927–33 ist er unter Josef Krips Kapellmeister an der Karlsruher Oper. 1936–41 arbeitet er als musikalischer Leiter des Jüdischen Kulturbundes in Berlin. 1943–45 ist er in einem Arbeitslager in Belsen interniert. Nach dem Ende des Zweiten Weltkriegs geht er nach England und reorganisiert das Symphonie-Orchester von Bournemouth, das er bis 1951 leitet. Anschließend übernimmt er die musikalische Direktion des City of Birmingham Symphony Orchestra (1951–57) und des Symphony-Orchesters der BBC (1957–62). Ab 1964 ist er principal guest conductor des Symphonie-Orchesters von Bergen (Norwegen); im gleichen Jahr wird er zum Chefdirigenten und 1967 zum Musikdirektor der Northern Sinfonia in Newcastle ernannt (bis 1974).

Schwarzkopf, Elisabeth
Englische Sopranistin deutscher Herkunft, geb. 9. 12. 1915 Jarotschin bei Poznán (Posen).
Sie studiert an der Berliner Hochschule für Musik bei Lula Mysz-Gmeiner. Gleichzeitig lernt sie Klavier, Harmonielehre und Kontrapunkt. 1938 debütiert sie am Deutschen Opernhaus in Berlin-Charlottenburg als Blumenmädchen (*Parsifal*, Wagner). Anschließend singt sie am gleichen Haus den 1. Knaben in der *Zauberflöte* (Mozart), die Stimme eines Waldvogels in *Siegfried* (Wagner) sowie die Valencienne in *Die lustige Witwe* (Léhar). Ab 1941 interpretiert sie wichtigere Rollen, so den Oscar (*Un ballo in maschera*, Ein Maskenball, Verdi) und die Zerbinetta (*Ariadne auf Naxos*, R. Strauss). Sie fällt Maria Ivogün auf, die sie als Schülerin akzeptiert und mit ihr vor allem das Lied- und Kammermusik-Repertoire einstudiert. 1942 wird sie von Karl Böhm an die Wiener Oper eingeladen, wo sie allerdings erst 1944 nach einer längeren, krankheitsbedingten Pause als Koloratursopranistin ihr wirkliches Debüt feiert. Sie singt hier die Rosina (*Il barbiere di Siviglia*, Der Barbier von Sevilla), die Blonde (*Die Entführung aus dem Serail*, Mozart) und die Zerbinetta. Kurz nach Ende des Zweiten Weltkriegs fällt sie Walter Legge auf, der für ihre ersten Schallplattenaufnahmen verantwortlich zeichnet und sie heiratet. 1947 unternimmt sie ihre erste erfolgreiche England-Tournee. Bis 1951 singt sie regelmäßig am Covent Garden. 1947 wird sie auch von Herbert von Karajan zum ersten Mal zu den Salzburger Festspielen eingeladen, wo sie als Susanna (*Le nozze di Figaro*, Figaros Hochzeit, Mozart) debütiert. Karajan holt sie auch an die Scala, wo sie

die Pamina (*Die Zauberflöte*), Fiordiligi (*Così fan tutte*), Elvira (*Don Giovanni*, alle Mozart), Elsa (*Lohengrin*), Elisabeth (*Tannhäuser*, beide Wagner), Mélisande (*Pelléas et Mélisande, Debussy*), Margarethe (*Faust*, Gounod), Alice Ford (*Falstaff*, Verdi) und die Marschallin (*Der Rosenkavalier*, R. Strauss) interpretiert. 1950 singt sie unter der Leitung von Wilhelm Furtwängler die Marzelline (*Fidelio*, Beethoven). 1951 kreiert sie auf Bitten Igor Strawinskys bei der Uraufführung von dessen Oper *The Rake's Progress* (Der Wüstling) die Rolle der Ann Trulove. Sie wirkt unter Victor de Sabata an der Festaufführung von Giuseppe Verdis *Requiem* mit, die aus Anlaß des fünfzigsten Todestages des Komponisten gegeben wird. 1952 nimmt sie an der Uraufführung von Conrad Becks *Der Tod zu Basel* und 1953 an der von Carl Orffs *Trionfo di Afrodite* (Der Triumph der Aphrodite) teil. In den Vereinigten Staaten verläuft ihre Karriere langsamer als in Europa. So debütiert sie 1951 mit dem *Rosenkavalier* in San Francisco und erst 1964 an der Met. Als Fünfundvierzigjährige beschließt sie, nur noch ihre Lieblingsrollen zu singen (u. a. Elvira, Gräfin Almaviva, *Le nozze di Figaro*, Figaros Hochzeit, Mozart, Fiordiligi, die Marschallin) und alle anderen Angebote abzulehnen. Ab 1971 gibt sie nur noch Liederabende. 1979, nach dem Tod ihres Mannes, hört sie mit ihrer aktiven Karriere auf und beschäftigt sich intensiv mit pädagogischen Aufgaben. 1981 inszeniert sie am Théâtre de la Monnaie in Brüssel den *Rosenkavalier*.
WW: Legge, Walter/Schwarzkopf, Elisabeth: *On and Off the Record* (New York 1982, dt. Gehörtes – Ungehörtes, Memoiren, 1982); *Die Stimme meines Herrn: Walter Legge* (1982).

Schweitzer, Albert
Französischer Organist, Musikwissenschaftler, Philosoph, Pastor, Theologe und Arzt, geb. 14. 1. 1875 Kaysersberg (Elsaß), gest. 4. 9. 1965 Lambaréné (Gabun).

Albert Schweitzer studiert, was seine musikalische Ausbildung anbelangt, bei Charles-Marie Widor 1893–98 in Paris Orgel; später gibt er zusammen mit seinem Lehrer das Orgelwerk Johann Sebastian Bachs neu heraus.
Der leidenschaftliche Organist übt trotz einer sicher nicht in allen Punkten einwandfreien Technik einen entscheidenden Einfluß auf die Musikentwicklung und vor allem den Orgelbau seiner Zeit aus; er plädiert zusammen mit vielen anderen für eine Abkehr von der symphonischen Orgel, wie sie von Cavaillé-Coll gebaut wird, und für eine Rückkehr zur polyphonen Orgel, möchte aber dabei die von Cavaillé-Croll eingeführte große Rezital-Tastatur beibehalten. Auch mit seinen zahlreichen Schriften übt er, vor allem, was die Interpretation der Werke Johann Sebastian Bachs anbelangt, einen bedeutenden Einfluß aus.
WW: *Eugène Münch* (Mulhouse 1898); *J. S. Bach, le musicien-poète* (Leipzig 1905); *Deutsche und französische Orgelbaukunst und Orgelkunst* (Leipzig 1906); *Aus meiner Kindheit und Jugendzeit* (Bern 1924); *Aus meinem Leben und Denken* (Hamburg 1931); *Aufsätze zur Musik* (Kassel 1988).

Scimone, Claudio
Italienischer Dirigent, geb. 23. 12. 1934 Padua.
Er studiert bei Carlo Zecchi, Dimitri Mitropoulos und Franco Ferrara. 1952–57 arbeitet er als Kritiker für die Gazetta del Veneto. 1959 gründet er das Ensemble I Solisti Veneti, das er seither leitet. 1961–67 unterrichtet er am Konservatorium von Venedig und 1967–74 am Konservatorium von Verona Kammermusik. 1974–83 leitet er das Konservatorium von Padua. Er stellt zusammen mit Pietro Spada musikwissenschaftliche Forschungen an, mit dem Ziel, das gebräuchliche Repertoire von Kammermusikensembles zu erweitern. Dabei interessiert er sich besonders für die Musik des 18. Jahrhunderts. Schon bald erweitert er sein Tätigkeitsgebiet auf die italienischen Symphoniker des 19. Jahrhun-

derts. So spielt er häufig Ouvertüren von Luigi Cherubini, Giacomo Puccini und Vinzenco Bellini. Als erster nimmt er sämtliche *Symphonien* von Muzio Clementi auf. Auch die Werke Giuseppe Tartinis bringt er einem breiteren Publikum näher. Er rekonstruiert Antonio Vivaldis Oper *Orlando Furioso* (Der wütende Orlando), die er 1979 in Verona und 1981 in Aix-en-Provence aufführt. Neben seiner Tätigkeit an der Spitze seines Ensembles übt er viele Gastdirigate aus. So leitet er 1979–86 das Orchester der Gulbenkian-Stiftung in Lissabon, wo er 1981 Gioacchino Rossinis Oper *Mosè in Egitto* (Moses in Ägypten) mit Erfolg neu entdeckt und aufführt. Im gleichen Jahr debütiert er mit einer Aufführung von Gaetano Donizettis *L'elisir d'amore* (Der Liebestrank) am Covent Garden. Neben seinen musikwissenschaftlichen Ausgrabungen vergißt er die zeitgenössische Musik keineswegs. Zahlreiche Werke von Georges Aperghis (*Ascoltare stanca*), André Bon, Charles Chaynes (*Visions concertantes*, Konzertante Visionen), Marius Constant (*Traits*, Züge), Domenico Guaccero, Diego Masson, Luís de Pablo (*Dejame hablar*, Laßt uns sprechen), Paolo Renosto, Richard Sturzenegger und anderer Komponisten sind ihm gewidmet.
W: *Segno, significato, interpretazione* (Padua 1970).

Sciutti, Graziella
Italienische Sopranistin, geb. 17. 4. 1932 Turin.
Sie studiert in Rom. 1951 fällt sie in Aix-en-Provence in *The Telephone* (Menotti) auf. Sie spezialisiert sich auf Mozart und die Musik des 18. Jahrhunderts, singt aber auch mit viel Erfolg Werke von Gioacchino Rossini und Gaetano Donizetti. Ab 1955 tritt sie an der Scala und der Piccola Scala, wo sie in *Il matrimonio segreto* (Die heimliche Ehe, Cimarosa) einen bedeutenden Erfolg verzeichnet, in Wien, am Covent Garden und an der Met auf. Auch die Festspiele von Salzburg, Glyndebourne (1954–59), Edinburgh und das Holland Festival laden sie ein. Aufgrund ihrer ausgezeichneten Stimmtechnik und ihrer schauspielerischen Fähigkeiten glänzt sie auch in zeitgenössischen Opern wie *Les Caprices de Marianne* (Mariannes Launen, Sauguet, Aix-en-Provence 1954), *La Donna è mobile* (Die launenhafte Herrin, Malipiero, Piccola Scala, 1957) und *La scuola delle mogli* (Die Schule der Frauen, Mortari, 1959). Sie begeistert ihr Publikum in Soubretten-Rollen.

Scotti, Antonio
Italienischer Bariton, geb. 25. 1. 1866 Neapel. gest. 26. 2. 1936 daselbst.
Er studiert in Neapel bei Triffani Paganini und debütiert 1889 in Malta als Amonasro (*Aida*, Verdi). Er singt in Italien, Spanien und Südamerika. 1899 debütiert er mit *Don Giovanni* (Mozart) an der Scala und an der Met, wo er bis 1933 auftritt. Zu seinen wichtigsten Rollen gehören Iago (*Otello*), Falstaff (beide Verdi), Scarpia (*Tosca*) und Sharpless (*Madame Butterfly*, beide Puccini). 1919–22 leitet er in den Vereinigten Staaten die Scotti Grand Opera Company.

Scotto, Renata
Italienische Sopranistin, geb. 24. 2. 1933 Savona.
Als Kind singt sie in der Kirche im Chor oder auch als Solistin. Sie erlebt Tito Gobbi in *Rigoletto* (Verdi) und beschließt, Sängerin zu werden. Obwohl sie erst elf Jahre alt ist, will sie unbedingt vorsingen. Als Fünfzehnjährige trägt sie die schwierige Arie »Stride la vampa« aus der Oper *Il Trovatore* (Der Troubadour, Verdi) öffentlich vor: sie war davon überzeugt, eine Alt-Stimme zu haben. Als Sechzehnjährige erhält sie von ihren Eltern endlich die Erlaubnis, nach Mailand zu gehen und bei Emilio Ghirardini und Annibale Merline, vor allem aber bei der großen spanischen Sopranistin Mercedes Llopart ihre Stimme ausbilden zu lassen. Als Neunzehnjährige wird sie am Mailänder

Konservatorium mit einem 1. Preis ausgezeichnet. Im gleichen Jahr interpretiert sie am dortigen Teatro Nuovo eine denkwürdige Violetta (*La Traviata*, Verdi). Im Dezember 1954 tritt sie an der Seite von Renata Tebaldi und Mario del Monaco unter der Leitung von Carlo Maria Giulini in der Hosenrolle des Walter in Alfredo Catalanis Oper *La Wally* zum ersten Mal an der Scala auf. Die bedeutenden italienischen Bühnen laden sie ein. Ihren wirklichen Durchbruch erlebt sie allerdings außerhalb Italiens am 3. September 1957 in Edinburgh: sie springt in *La sonnambula* (Die Nachtwandlerin, Bellini) für die erkrankte Maria Callas ein. Über Nacht wird sie zu einer international gefeierten Sängerin und interpretiert in Chicago 1960 die Rolle der Mimi (*La Bohème*) und am Covent Garden 1962 die Cho-Cho-San (*Madame Butterfly*, beide Puccini), mit der sie 1965 auch an der Met triumphiert. An diesem Haus wird sie bis 1987 gefeiert und interpretiert hier u.a. die Gilda (*Rigoletto*), Violetta (*La Traviata*, beide Verdi), Lucia (*Lucia di Lammermoor*, Donizetti), Amina (*La sonnambula*, Die Nachtwandlerin, Bellini) und Vitellia (*La clemenza di Tito*, Mozart).
Sie könnte sich mit diesem brillanten Repertoire begnügen, doch im Laufe der Zeit studiert sie auch schwerere Rollen ein, die sie mit überragendem Erfolg interpretiert: u.a. Leonora (*Il Trovatore*, Der Troubadour), Maria Boccanegra (*Simone Boccanegra*), Desdemona (*Otello*), Abigail (*Nabucco*), Elena (*Les Vêpres siciliennes*, Die sizilianische Vesper, alle Verdi), Margarethe (*Faust*, Gounod), Norma (Bellini) und Manon Lescaut (Puccini). In jüngster Zeit fügt sie diesem beeindruckenden Repertoire, das sie auch mit viel Erfolg auf Schallplatten einspielt, die Rollen der Nedda (*I Pagliacci*, Der Bajazzo, Leoncavallo), Santuzza (*Cavalleria rusticana*, Sizilianische Bauernehre, Mascagni) und Tosca (Puccini) hinzu. 1986 debütiert sie mit *Madame Butterfly* als Regisseurin.

Sébastian, Georges (= György Sebestyén)
Französischer Dirigent ungarischer Herkunft, geb. 17.8. 1903 Budapest, gest. 12.4. 1989 La Hauteville (Departement Yvelines).
Er studiert in seiner Heimatstadt zunächst Violine und Klavier und geht dann zum Kompositionsstudium zu Leó Weiner, Zoltán Kodály und Béla Bartók. 1921 wird er von der Bayerischen Staatsoper als Korrepetitor engagiert. Bruno Walter führt ihn in die Kunst des Dirigierens ein. 1923 verläßt er München und geht als stellvertretender Kapellmeister an die Met. Anschließend geht er über Hamburg und Leipzig, wo er als 1. Kapellmeister fungiert, zu Bruno Walter an die Berliner Oper (1927-30). 1931-37 verbringt er als Musikdirektor des Moskauer Rundfunks und Dirigent des dortigen philharmonischen Orchesters in Moskau. 1935 dirigiert er zum ersten Mal die Orginalversion von *Boris Godunow* (Mussorgskij). 1938 geht er in die Vereinigten Staaten. Er arbeitet an der Oper von San Francisco, ist für ein Musikprogramm des CBS verantwortlich und dirigiert auch am Stadttheater von Rio de Janeiro. 1940-45 ist er gleichzeitig Chefdirigent des philharmonischen Orchesters von Scranton. Nach dem Zweiten Weltkrieg kehrt er nach Europa zurück. 1947 dirigiert er zum ersten Mal an der Pariser Oper und wird daraufhin regelmäßig eingeladen. So ist er für die Pariser Debüts von Maria Callas und Renata Tebaldi verantwortlich. Im französischen Rundfunk dirigiert er als erster alle *Symphonien* von Anton Bruckner und Gustav Mahler in Werkzyklen. Auch als Spezialist des Werkes von Richard Wagner und der deutschen Postromantik ist er hervorgetreten.

Sebastiani, Pía
Argentinische Pianistin und Komponistin, geb. 27.2. 1925 Buenos Aires.
Ihr Vater, ein aus Italien eingewanderter Harfenist und Musikpädagoge, erteilt ihr ersten Klavier-Unterricht. An-

schließend geht sie zu Jerzy Lalewicz an das Konservatorium von Buenos Aires. Von dort aus wechselt sie zu Olivier Messiaen und Gilardo Gilardi nach Paris, wo sie Komposition studiert. Sie perfektioniert sich am Berkshire Music Center in Tanglewood bei Aaron Copland und Darius Milhaud. Als Pianistin debütiert sie am Teatro Colón in Buenos Aires. Kurz darauf triumphiert sie in der New Yorker Carnegie Hall. Sie komponiert Orchesterwerke, Kammermusik, Lieder und Klavierstücke.

Sebestyén, János
Ungarischer Organist und Cembalist, geb. 2. 3. 1931 Budapest.

Er studiert an der Akademie Franz Liszt in Budapest Orgel und Cembalo und schließt 1955 mit Diplom ab. Er transkribiert zahlreiche Klavierwerke für Cembalo, um auf diese Weise ein zeitgenössisches Repertoire für sein Instrument zu schaffen. Bedeutende ungarische Komponisten schreiben für ihn. 1971 wird er an der Akademie Franz Liszt zum Professor ernannt. Wir verdanken ihm die erste vollständige Ausgabe von Franz Liszts Werken für Orgel. Er ist Preisträger des Franz-Liszt-Preises (1952) und des Erkel-Preises.

Sebők, György
Amerikanischer Pianist ungarischer Herkunft, geb. 2. 11. 1922 Szeged.

Er studiert bei György Sándor, Arnold Székely, Leó Weiner, Zoltán Kodály und Paul Weingartner. Als Vierzehnjähriger tritt er unter Ferenc Fricsay zum ersten Mal öffentlich auf. 1942 legt er an der Akademie Franz Liszt in Budapest sein Diplom als Musikpädagoge ab. 1946 tritt er unter George Enescu zum ersten Mal im Ausland auf. 1951 gewinnt er den internationalen Berliner Wettbewerb sowie den Liszt-Preis. Seine internationale Karriere nimmt einen steilen Aufschwung. Mit Arthur Grumiaux und János Starker gibt er zahlreiche Kammermusikabende. 1948–56 ist er als Professor am Konservatorium Béla Bartók tätig. Seit 1962 unterrichtet er in den Vereinigten Staaten an der Universität von Indiana in Bloomington. In der ganzen Welt hält er zahlreiche Interpretationskurse ab.

Seefried, Irmgard
Deutsche Sopranistin, geb. 9. 10. 1919 Köngetried (Bayern), gest. 24. 11. 1988 Wien.

Sie studiert in Augsburg und München Gesang. Herbert von Karajan holt sie nach Aachen, wo sie 1938 die Tempelsängerin (*Aida*, Verdi) interpretiert. 1943 singt sie unter der Leitung von Karl Böhm an der Wiener Oper die Eva (*Die Meistersinger von Nürnberg*, Wagner). Auf Wunsch von Richard Strauss, der seinen achtzigsten Geburtstag feiert, interpretiert sie 1944 die Rolle des Komponisten (*Ariadne auf Naxos*). Ab 1946 triumphiert sie bei den Salzburger Festspielen als Susanna (*Le nozze di Figaro*, Figaros Hochzeit), Pamina (*Die Zauberflöte*) und Zerlina (*Don Giovanni*, alle Mozart). 1953 wird sie von der Met eingeladen. In der Folge erweitert die herausragende Mozart-Sängerin ihr Repertoire, entdeckt Georg Friedrich Händel (*Giulio Cesare*) und Henry Purcell (*Dido and Aeneas*). Aber sie interessiert sich auch für die zeitgenössische Musik, interpretiert Francis Poulenc (*Les Dialogues des Carmélites*, Die Gespräche der Karmeliterinnen) und singt, sehr spät, 1966 in Stuttgart die Marie (*Wozzeck*, Berg). In der Mitte der 60er Jahre zieht sie sich von der Bühne zurück und widmet sich fast ausschließlich dem Lied und pädagogischen Aufgaben, vor allem bei den Interpretationskursen in Royaumont. Sie ist mit dem Violinisten Wolfgang Schneiderhan verheiratet. Hans Werner Henze schreibt für das Paar *Ariosi* (1964) und Frank Martin *Maria Triptychon* (1968). Sie zeichnet auch für die Uraufführungen der *Motetten Nr. 2, 8* und *11* von Paul Hindemith (1951) und der lyrischen Phantasie *Von der Liebe* von Gottfried von Einem (1961) verantwortlich.

Seemann, Carl
Deutscher Pianist, geb. 8. 5. 1910 Bremen, gest. 26. 11. 1983 Flensburg.
Er studiert bei Günther Ramin, Kurt Thomas und Carl Adolf Martienssen am Kirchenmusikalischen Institut des Leipziger Konservatoriums und debütiert als Organist an der St. Nikolai-Kirche in Flensburg. Anschließend übernimmt er die Orgel im Dom von Verden an der Aller. Erst 1936 wird seine Begabung als großer Pianist entdeckt. Ab dieser Zeit unterrichtet er an der Nordmark-Musikschule in Kiel. 1942 wird er an der Landesmusikschule in Straßburg zum Direktor der Klavier-Abteilung ernannt. 1946 geht er als Professor für Klavier an die Musikhochschule in Freiburg/Br. (bis 1974), deren Direktor er 1964–74 ist. Mit der Pianistin Edith Picht-Axenfeld und dem Violinisten Wolfgang Schneiderhan gibt er regelmäßig Kammermusikabende.

Segal, Uri
Israelischer Dirigent, geb. 7. 3. 1944 Jerusalem.
Als Siebenjähriger erhält er ersten Geigen-Unterricht; später geht er an die Rubin Academy of Music in Jerusalem, wo er bei Mendi Rodan Orchesterleitung studiert. Anschließend perfektioniert er sich an der Guildhall School of Music in London und an der Accademia Musicale Chigiana in Siena. 1969 gewinnt er in New York den Mitropoulos-Preis. 1969–70 ist er Assistent von Leonard Bernstein und George Szell bei den New Yorker Philharmonikern. In der darauffolgenden Saison debütiert er mit den bedeutendsten Orchestern der Welt (Berlin, Chicago, Amsterdam und das Israelische Staatsorchester). Mehrere Jahre lang arbeitet er als Gastdirigent. 1973 dirigiert er in Santa Fe seine erste Oper (*Der fliegende Holländer*, Wagner). 1979–83 ist er Chefdirigent der Philharmonia Hungarica und 1979–82 des Symphonie-Orchesters von Bournemouth. 1982–84 ist er Chefdirigent des Israelischen Kammerorchesters. 1989 übernimmt er die Leitung des neugegründeten Orchesters der Präfektur von Osaka; 1990 wird er zum Musikdirektor des Symphonie-Orchesters von Chautauqua (New York) ernannt.

Segerstam, Leif Selim
Finnischer Dirigent und Komponist, geb. 2. 3. 1944 Vaasa.
Er studiert 1952–63 an der Sibelius-Akademie in Helsinki Violine, Klavier, Orchesterleitung und Komposition; seine wichtigsten Lehrer sind Sven Einar Englund und Joonas Kokkonen. Anschließend perfektioniert er sich an der Juilliard School of Music in New York bei Hall Overton, Vincent Persichetti, Louis Persinger und Jean Morel. 1965 wird er an der Finnischen Nationaloper zum Kapellmeister ernannt (bis 1968). Anschließend geht er an die Königliche Oper in Stockholm (1968–72), deren musikalische Direktion er 1971–72 ausübt. Über Berlin, wo er 1972–73 als 1. Kapellmeister tätig ist, kehrt er als Generalmusikdirektor an die Finnische Nationaloper nach Helsinki zurück (1973–74). 1975–82 ist er ständiger Leiter des Symphonie-Orchesters des österreichischen Rundfunks in Wien und 1977–87 Chefdirigent des Symphonie-Orchesters von Radio Helsinki. Seit 1972 ist er regelmäßig Gast der Salzburger Festspiele. 1983–89 leitet er die pfälzische Philharmonie in Ludwigshafen und geht dann zum Symphonie-Orchester des Dänischen Rundfunks in Kopenhagen (1989). Er zeichnet für Uraufführungen von Werken von Helmut Eder (*Symphonie Nr. 5*, 1980), Volker David Kirchner (*Bildnisse I*, 1984) und Gerhard Wimberger (*Memento vivere*, 1975) verantwortlich. Er komponiert für Orchester und Kammermusikensembles.

Segovia, Andrés
Spanischer Gitarrist, geb. 21. 2. 1893 Linarès bei Jaén, gest. 2. 6. 1987 Madrid.
Er wächst bei seinem Onkel auf, der ihn als Zehnjährigen am Musikinstitut von

Granada einschreibt. Privat erhält er Gitarren-Unterricht. Rafael de Montis, ein Schüler Eugen d'Alberts, ermutigt ihn. 1909 gibt er in Granada sein erstes Konzert. 1916 spielt er in Barcelona und Madrid. Sehr schnell wird ihm bewußt, daß für sein Instrument ein neues Repertoire benötigt wird. Er perfektioniert sich selbständig und improvisiert, von schwierigen Übungen ausgehend. Er entdeckt die Transkriptionen Francisco Tárregas – einer der ersten Gitarristen, der klassische Werke für sein Instrument bearbeitet – und transkribiert, von ihm beeinflußt, selbst Werke von Johann Sebastian Bach, Mazurkas von Frédéric Chopin sowie Stücke von Robert Schumann und Felix Mendelssohn Bartholdy. Segovia unternimmt verschiedene Tourneen durch Lateinamerika. 1924 wird er in Paris gefeiert. Neben seiner ausgedehnten Konzerttätigkeit arbeitet er auch als Pädagoge. So unterrichtet er u. a. 1950–64 an der Accademia Musicale Chigiana in Siena.

Segovia ist einer der maßgeblichen Künstler, die die Gitarre wieder »hoffähig« machen. Dabei stößt er in Sevilla und Madrid zunächst auf Unverständnis. Vor allem die Schüler Tárregas kritisieren ihn, denn seine Erneuerungen (so die mit dem Fingernagel angerissenen Saiten) werden nicht verstanden. Er befreundet sich mit Miguel Llobet, einem Schüler Tárregas, der Isaac Albéniz, Enrique Granados und Claude Debussy zu seinen Bekannten zählt. Segovia lernt Gaspar Cassadó kennen, dessen Freundschaft ihn auf seinem Weg bestärkt. Schließlich heiratet er Paquita Madriguera, eine Pianistin und Schülerin Enrique Granados'.

Die Gitarre ist ein eher intimes Instrument. Trotzdem gelingt es Segovia, vor einem atemlos lauschenden Publikum zu spielen, das häufig Tausende umfaßt. Viele wichtige Komponisten schreiben Werke für ihn: Mario Castelnuovo-Tedesco (*Konzerte für Gitarre und Orchester Nr. 1* und *2, Variations plaisantes*), André Jolivet (*Le Tombeau de Robert de Visée*, Das Grab Robert de Visées), Frank Martin (*Guitarre*), Georges Migot (*Hommage à Claude Debussy*), Darius Milhaud (*Segoviana*), Manuel Ponce (*Concerto del Sur*, Konzert aus dem Süden, *Sechs Präludien, Suite in a-moll, Drei Sonaten, Variationen über La Folia*), Joaquín Rodrigo (*Tres piezas españolas*, Drei spanische Stücke, *Fantaisie pour un gentilhomme*, Phantasie für einen Edelmann), Albert Roussel (*Segovia*), Alexandre Tansman (*Variations über ein Thema von Skrjabin*) und Heitor Villa-Lobos (*Zwölf Etüden; Konzert für Gitarre und Orchester*).

Seibel, Klauspeter
Deutscher Dirigent, geb. 7. 5. 1936 Offenbach am Main.

Er studiert am Konservatorium von Nürnberg (1948–56) und an der Hochschule für Musik in München (1956–58) bei Kurt Eichhorn sowie Karl Höller. 1957 debütiert er als Kapellmeister am Münchner Gärtnerplatztheater (bis 1963) und geht dann an die Oper in Freiburg/Br. (1963–65). Anschließend arbeitet er jeweils als 1. Kapellmeister in Lübeck (1965–67), Kassel (1967–71) und Frankfurt/M. (1971–75), bevor er als Generalmusikdirektor wieder nach Freiburg zurückkehrt (1975–81), die musikalische Leitung des Nürnberger Symphonie-Orchesters übernimmt und anschließend als Generalmusikdirektor in Kiel tätig ist (1987).

Seidel, Toscha
Amerikanischer Violinist ukrainischer Herkunft, geb. 5. (17.) 11. 1899 Odessa, gest. 15. 11. 1962 Rosemead (Cal.).

Er erhält zunächst bei Max Fiedelmann in Odessa, dann am Sternschen Konservatorium in Berlin sowie bei Leopold Auer in Sankt Petersburg Geigenunterricht (bis 1912). 1914 debütiert er in Norwegen. 1918 unternimmt er eine Tournee durch die Vereinigten Staaten und läßt sich dort nieder. Sechs Jahre später nimmt er die amerikanische Staatsbürgerschaft an. Ab 1930 wird er Musikdirektor der CBS. und hört auf, Konzerte zu geben. Ab 1938 wirkt er in

Hollywood an verschiedenen Filmen mit. Nach dem Zweiten Weltkrieg unterrichtet er am Konservatorium von Los Angeles. Er gehört wie Jascha Heifetz oder Nathan Milstein zu den großen Vertretern der russischen Geigenschule. Leider muß er aufgrund einer Geisteskrankheit seine Arbeit einstellen. Er verbringt seinen Lebensabend in einer Heilanstalt.

Seidlhofer, Bruno
Österreichischer Pianist, geb. 5. 9. 1905 Wien, gest. 19. 2. 1982 daselbst.
Er studiert an der Wiener Musikakademie bei Franz Schmidt, der selbst Schüler von Theodor Leschetizky ist, Klavier und bei Alban Berg Komposition. Seine Karriere als Solist verläuft relativ unauffällig, da er als einer der wichtigsten Vertreter der österreichischen Klavierschule den größten Teil seiner Schaffenskraft pädagogischen Aufgaben widmet. Ab 1938 unterrichtet er an der Akademie für Musik in Wien, wo er 1956 zum Professor ernannt wird. 1962 übernimmt er gleichzeitig eine Professur an der Musikhochschule in Köln. Zu seinen Schülern zählen u. a. Friedrich Gulda, Nelson Freire, Alfred Brendel und Rudolf Buchbinder.

Seifert, Gerd (= Gerd-Heinrich Seifert)
Deutscher Hornist, geb. 17. 10. 1931 Hamburg.
Er studiert 1944–49 an der Hochschule für Musik in Hamburg bei Albert Döscher Horn. Die Hamburger Philharmoniker engagieren ihn als stellvertretenden Horn-Solisten (1947–49). Anschließend geht er als Solist zum Symphonie-Orchester Düsseldorf (1949–64). 1956 gewinnt er beim Münchner Rundfunkwettbewerb den 1. Preis in Horn. Ab 1961 übernimmt er in Bayreuth regelmäßig das Horn-Solo in *Siegfried* (Wagner). 1964 wechselt er als Solist zu den Berliner Philharmonikern und spielt auch in deren Kammermusikensembles (Berliner Philharmonisches Oktett, 13 Bläser). Neben seiner Arbeit als Orchestermusiker gibt er zahlreiche Konzerte und ist auch als Pädagoge erfolgreich (Hochschule für Musik in Düsseldorf, 1954–65, Hochschule für Musik in Berlin, seit 1964).

Seinemeyer, Meta
Deutsche Sopranistin, geb. 5. 9. 1895 Berlin, gest. 19. 8. 1929 Dresden.
Sie studiert am Sternschen Konservatorium in Berlin und bei Ernst Grenzebach und debütiert 1918 am Deutschen Opernhaus. Ab 1923 gehört sie zur deutschen Truppe der Met, wo sie als Eva (*Die Meistersinger von Nürnberg*, Wagner) debütiert. Ab 1924 bis zu ihrem Tod tritt sie regelmäßig in Dresden auf (Margarethe, *Faust*, Gounod, und alle großen Verdi-Rollen ihres Faches). Ab 1927 gibt sie in Wien Gastspiele (*Tosca*, Puccini, und *Aida*, Verdi). Kurz bevor sie an Leukämie stirbt, triumphiert sie noch in London als Sieglinde (*Die Walküre*), Elsa (*Lohengrin*) und Eva (*Die Meistersinger von Nürnberg*, alle Wagner). Sie gilt als eine der bedeutendsten lyrischen Sopranistinnen ihrer Generation, und ihre Interpretationen der Leonore (*La forza del destino*, Die Macht des Schicksals), Aida und Elisabeth (*Don Carlos*, alle Verdi) gelten als beispielhaft. Sie spielt bei der Verdi-Renaissance in Deutschland eine entscheidende Rolle, ohne deswegen das Wagner-Repertoire zu vernachlässigen. 1925 kreiert sie in Dresden bei der Uraufführung von Ferruccio Busonis Oper *Doktor Faust* die Rolle der Herzogin von Parma. Wenige Monate vor ihrem Tod heiratet sie den Dirigenten Frieder Weißmann (1893–1984).

Šejna, Karel
Tschechoslowakischer Dirigent, geb. 1. 11. 1896 Zálezly, gest. 17. 12. 1982 Prag.
Er studiert am Prager Konservatorium bei František Černý 1914–20 Kontrabaß und gleichzeitig bei Karel Boleslav Jirák Komposition. 1921 wird er als Kontrabaß-Solist Mitglied der Tschechischen Philharmonie. Im darauffolgenden Jahr debütiert er als Dirigent.

1929–36 leitet er den Hlahol-Chor. Ab 1935 übernimmt er zeitweilig Dirigate mit den Tschechischen Philharmonikern. 1937 wird er zum 2. Kapellmeister und 1949 vorübergehend zum künstlerischen Direktor des führenden Orchesters der Tschechoslowakei ernannt, bei dem er 1950–65 unter Karel Ančerl wieder als stellvertretender Dirigent arbeitet.

Selva, Blanche
Französische Pianistin, geb. 29. 1. 1884 Brive, gest. 3. 12. 1942 Saint-Amand-Tallende.
Sie studiert bis 1895 am Pariser Konservatorium Klavier. Als Dreizehnjährige gibt sie ihr erstes Konzert; sie wird als Wunderkind gefeiert. Bei Vincent d'Indy an der Pariser Schola Cantorum studiert sie Komposition. Der Schöpfer von *Fervaal* übt auf ihre zukünftige Karriere einen entscheidenden Einfluß aus; sie entwickelt sich zur hauptsächlichsten Interpretin seines Werks. 1904 spielt sie (auf dem Flügel) in Paris in einem siebzehn Konzerte umfassenden Zyklus alle Werke Johann Sebastian Bachs für Cembalo. Auch als Pädagogin ist sie erfolgreich. So unterrichtet sie zunächst an der Pariser Schola Cantorum (1901–22) und anschließend in Straßburg, Prag und Barcelona, wo sie ihre eigene Akademie gründet. Sie setzt sich stark für die Musik ihrer Zeit ein und wirkt an vielen Konzerten des französischen Komponistenverbandes mit. D'Indy widmet ihr seine *Sonate für Klavier* (1908 uraufgeführt) sowie *Thème varié, Fugue et Chanson* (1926 uraufgeführt), Jean-Jules Roger-Ducasse seine *Rythmes*. 1906, 1907 und 1909 verwirklicht sie die Uraufführungen der einzelnen Abschnitte von Isaac Albéniz' *Iberia* (der zweite ist ihr gewidmet), 1925 die von d'Indys *Quintett* sowie die *Suite für Klavier* von Albert Roussel und zahlreiche Werke Déodat de Séveracs, dessen treue Interpretin sie wird.
WW: *La Sonate* (Paris 1913); *L'Enseignement musical de la technique de piano* (Paris 1922); *Las Sonatas de Beethoven* (Barcelona 1927); *Déodat de Séverac* (Paris 1930).

Semkov, Jerzy
Polnischer Dirigent, geb. 12. 10. 1928 Radomsko/Tschenstochau.
Er studiert bei Artur Malawski am Konservatorium von Krakau (1946–51) und geht dann zu Boris Chajkin an das Leningrader Konservatorium (1951–53). 1954–56 ist er Assistent von Jewgenij A. Mrawinskij bei den Leningrader Philharmonikern. Gleichzeitig perfektioniert er sich bei Erich Kleiber in Prag und bei Bruno Walter. 1956–58 arbeitet er als Dirigent am Bolschoi-Theater. Anschließend übernimmt er in Warschau die künstlerische Leitung der polnischen Nationaloper (1959–61). Er wird auch international bekannt. 1966–75 ist er 1. Kapellmeister an der Kopenhagener Oper, bevor er nach Venedig an die Venice geht. Er dirigiert bei den Festspielen von Aix-en-Provence und übernimmt 1975 die Leitung des Symphonie-Orchesters von Saint Louis (USA). Anschließend wird er zum Chef des Symphonie-Orchesters der RAI in Rom (1979–82) und zum Musikdirektor des Philharmonischen Orchesters von Rochester (USA, 1985–89) ernannt.

Sénéchal, Michel
Französischer Tenor, geb. 11. 2. 1927 Paris.
Als Kind singt er als Altist zunächst in dem Chor einer Maristen-Schule und anschließend in dem der Kirche von Taverny. Nach dem Stimmbruch bildet sich seine klare, helle Tenor-Stimme heraus. Er studiert am Pariser Konservatorium bei Gabriel Paulet. 1950 erhält er für die Interpretation der Kavatine in *Faust* (Gounod) einen 1. Preis. Der Leiter des Théâtre de la Monnaie in Brüssel, der dem Wettbewerb beiwohnt, engagiert ihn auf Anhieb für die jungen Tenor-Rollen. Zwei Jahre später schließt die Monnaie, und Sénéchal kehrt nach Frankreich zurück, wo er an verschiedenen Provinzbühnen gastiert.

1952 gewinnt er beim internationalen Genfer Wettbewerb den 1. Preis. Die Festspiele in Aix-en-Provence, denen er 23 Jahre lang treu bleibt, engagieren ihn. Er feiert hier vor allem in der Titelrolle von *Platée* (Rameau) einen überragenden Erfolg. Auch als Almaviva (*Il barbiere di Siviglia*, Der Barbier von Sevilla) oder als unnachahmlicher Graf Ory (beide Rossini) und als frischer, unverbrauchter Vincent (*Mireille*, Gounod) leistet er Überdurchschnittliches. Karajan lädt ihn nach Salzburg ein. Er wird einer der wichtigsten Sänger Rolf Liebermanns an der Pariser Oper, wo er neben seiner Solisten-Karriere auch als Leiter der Gesangsschule pädagogisch tätig ist.

Serafin, Tullio
Italienischer Dirigent, geb. 1. 9. 1878 Rottanova di Carvazere (Venezien), gest. 2. 2. 1968 Rom.
Er studiert am Mailänder Konservatorium und wird zunächst als Violinist Mitglied des Orchesters der Mailänder Scala, bevor er 1900 in Ferrara als Dirigent debütiert. 1903 wechselt er nach Turin. Ab 1909 dirigiert er an der Scala, 1913 leitet er die Eröffnungsvorstellung der ersten Festspiele von Venedig. Er setzt sich intensiv für die Renaissance der italienischen Oper ein und fördert die großen Interpreten seiner Zeit wie Beniamino Gigli, Rosa Ponselle und Maria Callas, die er in Verona zum ersten Mal hört, sofort mit Engagements versorgt und schließlich zu »der Callas« macht. Etwas später hilft er in Palermo Joan Sutherland bei deren Karriere. 1934–43 und ab 1962 ist er Chefdirigent und künstlerischer Leiter der römischen Oper. Während der deutschen Besatzung setzt er zeitgenössische Werke auf das Programm (u.a. *Wozzek*, Berg, und *Volo di notte*, Nachtflug, Dallapiccola). 1924–34 dirigiert er regelmäßig an der Met und 1956–58 an der Oper von Chicago. Walter Legge bittet ihn, einen Großteil des italienischen Opernrepertoires auf Schallplatten einzuspielen und dabei mit den bedeutendsten Sängerinnen und Sängern seiner Zeit zusammenzuarbeiten, u. a. mit Maria Callas, Victoria de Los Angeles, Christa Ludwig, Elisabeth Schwarzkopf, Franco Corelli und Tito Gobbi. Er gastiert an den wichtigsten internationalen Bühnen. An der Met leitet er verschiedene Ur- und amerikanische Erstaufführungen wie die von *Turandot* (Puccini) und *La Vida breve* (Das kurze Leben, de Falla). Während des Maggio Musicale Fiorentino dirigiert er wichtige Aufführungen von selten gespielten Opern Gioacchino Rossinis (u. a. *Mosè in Egitto*, Moses in Ägypten, *Semiramide*, Semiramis, *Armida*, *La donna del lago*, Die Frau vom See).
Er zeichnet für viele Uraufführungen verantwortlich, darunter Opern von Franco Alfano (*Risurrezione*, Auferstehung, 1904, *Cyrano de Bergerac*, 1936), Louis Gruenberg (*Empereur Jones*, Kaiser Jones), Howard Hanson (*Merry Mount*, Der fröhliche Berg, 1934), Gian Francesco Malipiero (*Ecuba*, 1941, *Vergilii Aeneis*, szenische Version, 1958), Italo Montemezzi (*L'Amore di tre re*, Die Liebe der drei Könige, 1913), Ildebrando Pizzetti (*Orsèolo*, 1935) und Deems Taylor (*Peter Ibbetson*, 1931, *The King's Henchman*, Der Helfershelfer des Königs, 1937). Seine Frau, die Sopranistin polnischer Herkunft Elena Radowska (1876–1964), arbeitet vor allem an der Met und der Scala.
W: *Stile, tradizioni e convenzioni del melo dramma italiano del Settecento e del'Ottocento* (zusammen mit Alceo Toni, 2 Bde., Mailand 1958–64).

Serebrier, José
Amerikanischer Dirigent und Komponist uruguayischer Herkunft, geb. 3. 12. 1938 Montevideo.
Er studiert zunächst bei Juan Fabbri Violine und wechselt dann zu Guido Santórsola und Carlos Estrada an das Konservatorium in Montevideo. 1949 beginnt er in seiner Heimatstadt mit seiner Ausbildung zum Dirigenten. 1956

geht er in die Vereinigten Staaten und perfektioniert sich am Curtis Institute in Philadelphia bei Vittorio Giannini (Komposition, bis 1958) und an der Universität von Minnesota bei Antal Dorati (Orchesterleitung, 1958–60), der ihn zu seinem Assistenten ernennt. Anschließend perfektioniert er sich noch in Maine bei Pierre Monteux und vier Jahre lang in Tanglewood, wo er mit Aaron Copland zusammenarbeitet. 1962–66 ist er Chefassistent des American Symphony Orchestra in New York. Gleichzeitig übernimmt er die musikalische Leitung des American Shakespeare Festival (1962–64). 1965 debütiert er in New York. 1966–68 unterrichtet er an der Universität von Michigan, bevor er vom Orchester von Cleveland zu dessen composer in residence ernannt wird. Auf diese Weise kann er das berühmte Orchester regelmäßig dirigieren (1968–70). 1982 wird er zum principal guest conductor des Symphonie-Orchesters von Adelaide in Australien ernannt. 1984 gründet er das International Festival of the Americas und wird dessen künstlerischer Leiter. 1969 heiratet er die amerikanische Sopranistin Carole Farley.

Serkin, Peter
Amerikanischer Pianist, geb. 24. 7. 1947 New York.
Der Sohn des Pianisten Rudolf Serkin tritt zum ersten Mal als Zwölfjähriger während des Festivals in Malboro und im gleichen Jahr noch in New York öffentlich auf. Sechs Jahre lang studiert er am Curtis Institute in Philadelphia bei seinem Vater, bei Lee Luvisi und bei Mieczyslaw Horszowski. 1961 gibt er mit dem Orchester von Philadelphia sein erstes Konzert. Anschließend spielt er unter Seiji Ozawa und Eugene Ormandy sowie zusammen mit dem Guarnieri-, dem Galimir- und dem Budapester Quartett und mit seinem Vater Kammermusik. 1971 verwirklicht er die Uraufführung eines Stückes von Luciano Berio für elektrisches Klavier und Cembalo. Mit dem Klarinettisten Richard Stoltzman, der Violinistin Ida Kavafian und dem Cellisten Fred Sherry gründet er die Gruppe Tashi, für die verschiedene Komponisten arbeiten. Er zeichnet für Uraufführungen von Werken von Goddard Lieberson (*Konzert für Klavier und Orchester*, 1983) und Toru Takemitsu (*Arc part I* und *II*, zweite Version, Bogen Teil I und II, 1977, *Riverrun*, Bachlauf, 1985) verantwortlich. Seit 1987 unterrichtet er an der Juilliard School of Music in New York.

Serkin, Rudolf
Amerikanischer Pianist österreichischer Herkunft, geb. 28. 3. 1903 Eger (Böhmen), gest. 9. 12. 1991 Guilford (Vt., USA).
Der Sohn des russischen Sängers Mordechai Serkin erhält schon sehr früh von Richard Robert Klavier-Unterricht. Als Fünfjähriger verblüfft das Wunderkind bereits mit seinen vielfältigen Gaben seine Umwelt. Später studiert er bei Arnold Schönberg Komposition. 1915 debütiert er mit den Wiener Philharmonikern. Als Siebzehnjähriger lernt er den Violinisten Adolf Busch kennen. Trotz des Altersunterschiedes befreunden sie sich. Rudolf Serkin spielt mit Adolf und dessen Bruder Hermann Busch regelmäßig Kammermusik. 1933 wandern die Buschs und Serkin in die Schweiz aus. Im gleichen Jahr debütiert Serkin in den Vereinigten Staaten. Arturo Toscanini engagiert ihn 1934 und 1936 als Solist. 1935 heiratet er Adolf Buschs älteste Tochter Irene. 1939 läßt er sich in den Vereinigten Staaten nieder; er nimmt die amerikanische Staatsbürgerschaft an. Pablo Casals bittet ihn 1950, an den ersten Festspielen in Prades mitzuwirken. Um diese Zeit gründet er zusammen mit seinem Schwiegervater das Marlboro Festival und die dortige Musikschule. Ab 1939 unterrichtet er am Curtis Institute in Philadelphia, das er 1968–77 leitet. Rudolf Serkin gehört sicher zu den wichtigsten Poeten in der Geschichte des Klavierspiels. Mit seinem klaren, warmen Spiel zeichnet er

sich vor allem in den Werken Johann Sebastian Bachs und der Deutschen Romantik aus. Reine Virtuosität interessiert ihn nicht. Er spielt praktisch keine Werke von Franz Liszt, was der damaligen Auffassung entspricht, der Komponist sei nicht »ernsthaft«. Ist er dagegen von einem Werk überzeugt, dann spielt er auch technisch schwierige und dem Publikum unbekannte wie das *Klavierkonzert* von Max Reger. Bis ins hohe Alter engagiert er sich für die Kammermusik. Von den zahlreichen Pianisten, die mit ihm gearbeitet haben, kann man nur Murray Perahia als seinen wirklichen Schüler bezeichnen. Bohuslav Martinů widmet ihm seine *Sonate für Klavier*, deren Uraufführung er 1957 verwirklicht.

Serow, Eduard
Russischer Dirigent, geb. 9.9. 1937 Moskau.
Als Sechsjähriger beginnt er, Geige und Klavier zu lernen. Er singt in dem Kinderchor von Alexander W. Sweschnikow. Anschließend geht er an das Moskauer Gnessin-Institut und studiert Orchesterleitung. Er debütiert als Dirigent an der Ballettschule von Kiew und perfektioniert sich am dortigen Konservatorium bei Professor Kaperstein. Er dirigiert regelmäßig das Symphonie-Orchester des ukrainischen Rundfunks, bevor er als Assistent von Jewgenij A. Mrawinskij zu den Leningrader Philharmonikern geht. 1969 gewinnt er den Herbert-von-Karajan-Wettbewerb in Berlin. Er übernimmt die Leitung des philharmonischen Orchesters von Uljanowsk; gleichzeitig leitet er das aus Mitgliedern der Leningrader Philharmonie gebildete Kammerorchester, mit dem er alte und zeitgenössische Musik aufführt.

Setrak
Französischer Pianist türkischer Herkunft, geb. 17.3. 1931 Istanbul.
Er studiert in Istanbul. 1946 zieht er nach Paris, wo er sich an der Ecole Normale de Musique bei Alfred Cortot und anschließend am Konservatorium bei Marguerite Long perfektioniert. 1953 erhält er in der Klasse von Yvonne Lefébure einen 1. Preis für Klavier. Er perfektioniert sich auch mit Georges de Lausnay. In der Klasse von Eugène Bigot (Orchesterleitung) wird er ebenfalls mit einem 1. Preis ausgezeichnet. Er schlägt eine internationale Karriere ein und interessiert sich hauptsächlich für kaum gespielte Werke. 1967 nimmt er unter dem Namen Yves Petit die französische Staatsbürgerschaft an. 1981 realisiert er bei den Festspielen von Lyon die erste moderne Aufführung der *Fantasie nach Themen Lelios*, die Franz Liszt nach Hector Berlioz schrieb und die lange vergessen war. Setrak wird durch besondere Werktreue bekannt.

Ševčík, Otakar
Tschechoslowakischer Violinist, geb. 22.3. 1852 Horaždowice (Böhmen), gest. 18.1. 1934 Pisek.
Er wird zunächst von seinem Vater unterrichtet und geht dann zu Anton Bennewitz an das Prager Konservatorium (1866–70). Zunächst ist er Konzertmeister des Mozarteum-Orchesters in Salzburg (1870–73), bevor er in der gleichen Funktion an das Theater an der Wien geht. Bei zahlreichen Tourneen erwirbt er sich schnell einen Ruf als ausgezeichneter Virtuose. Gleichzeitig leistet er als Pädagoge Außergewöhnliches: 1875–92 Konservatorium von Kiew, 1892–1906 Konservatorium von Prag, 1908–18 Musikakademie Wien, 1919–24 wieder Konservatorium von Prag. Mit seinem Quartett verwirklicht er 1927 die Uraufführung von Bohuslav Martinůs *Streichquartett Nr. 1*. Er gilt als der Vater der tschechoslowakischen Geigenschule. Zu seinen Schülern zählen so herausragende Persönlichkeiten wie Jan Kubelík, Rudolf Kolisch, Efrem Zimbalist, Wolfgang Schneiderhan, Marie Hall und Erica Morini.

Sgrizzi, Luciano
Italienischer Cembalist und Komponist, geb. 30.10. 1910 Bologna.
Sein Onkel, ein Amateurmusiker, er-

teilt ihm ersten Unterricht. Zuerst soll er Geiger werden, erhält aber als Siebenjähriger bereits Klavier-Unterricht. Er lernt so rasch, daß er als Zwölfjähriger bereits an der Accademia Filarmonica in Bologna sein Diplom ablegen kann. Anschließend studiert er am Konservatorium in Bologna Klavier und Harmonielehre (1920–21), Orgel und Komposition, wobei er sich das meiste als Autodidakt selbst beibringt. Als Solist tritt er regelmäßig in Italien, aber auch in Lateinamerika auf; seitdem er neun Jahre alt ist, komponiert er regelmäßig. 1927–31 perfektioniert er sich in Orgel und Komposition bei Luigi Ferrari-Trecate am Konservatorium von Parma, wo er zum Abschluß seines Studiums mit einem 1. Preis in Klavier ausgezeichnet wird. Von der faschistischen Entwicklung in Italien abgestoßen, nimmt er ein Angebot aus der Schweiz an. In den kommenden Jahren arbeitet er als Pianist und Komponist, wobei Literatur und Geschichte einen beträchtlichen Platz in seinem Schaffen einnehmen. 1934–37 studiert er jeweils im Winter bei Albert Bertelin in Paris. Er lernt Léonce de Saint Martin, Organist von Notre-Dame, und Georges Migot kennen. Seine Kompositionen werden immer häufiger gespielt.
Den Zweiten Weltkrieg verbringt er in der Schweiz. Es scheint, als ob er die Lust an der Musik verloren habe. 1947 beginnt er seine Zusammenarbeit mit Radio Lugano; er verfaßt literarische Chroniken und stellt Musikwerke vor. Erst in dieser Zeit nimmt er seine Arbeit als Instrumentalist und Komponist wieder auf und verwirklicht zahlreiche Ur- und Erstaufführungen italienischer und Schweizer Komponisten. 1948 spielt er zum ersten Mal auf einem Cembalo. Er macht so rasche Fortschritte auf diesem Instrument, daß er kurz darauf bereits Konzerte geben kann. 1958–60 verwirklicht er für Edwin Loehrer und die Società Cameristica von Lugano Konzerte alter Musik, die die Schallplattenfirmen aufmerksam werden lassen. Trotz seiner Erfolge bleibt er Radio Lugano bis 1974 treu. Ab 1965 spielt er auch auf einem Pianoforte. 1970 verliert er ein Auge. Trotz dieser Behinderung kann er seine musikwissenschaftlichen Forschungen fortsetzen und zahlreiche unbekannte Werke italienischer und französischer Komponisten dem Publikum vorstellen. Auch als Herausgeber von Partituren verschafft er sich einen Namen.

Shaffer, Elaine
Amerikanische Flötistin, geb. 1925 Altoona (Penn.), gest. 1973 London.
Sie studiert am Curtis Institute in Philadelphia und debütiert als Solo-Flötistin des Symphonie-Orchesters von Houston. Gleichzeitig schlägt sie eine Karriere als Solistin ein und arbeitet eng mit Yehudi Menuhin bei dessen Festival in Bath zusammen. Ernest Bloch schreibt für sie *Modale Suite* für Flöte und Streichorchester. Sie war mit dem Dirigenten Efrem Kurtz verheiratet.

Shafran, Daniil
siehe **Schafran, Daniel Borissowitsch**

Shaham, Gil
Amerikanischer Violinist, geb. 19. 2. 1971 im amerikanischen Bundesstaat Illinois.
Er ist zwei Jahre alt, als seine Familie nach Israel zieht. Als Siebenjähriger beginnt er, an der Rubin Academy of Music in Jerusalem bei Samuel Bernstein Geige zu lernen. Anschließend wird er Schüler von Chaim Taub und geht dann in die Vereinigten Staaten zu Dorothy DeLay und Jens Ellerman im amerikanischen Bundesstaat Colorado (1980–81), bevor er sich ab 1982 an der Juilliard School of Music in New York perfektioniert. In der Saison 1988–89 gelingt ihm mit Konzerten mit dem Symphonie-Orchester von London, dem Orchestre de Paris und den Berliner Philharmonikern sein internationaler Durchbruch.

Shallon, David
Israelischer Dirigent, geb. 15.10. 1950 Tel Aviv.
Er studiert Violine und Horn und spielt in verschiedenen Orchestern. Bei Noam Sheriff studiert er Orchesterleitung und Komposition und geht dann zu Hans Swarowsky nach Wien, wo er zwei Jahre später seine Diplomprüfung ablegt. 1974–79 ist er als Assistent von Leonard Bernstein tätig, bevor mit einem Konzert von Gustav Mahlers *Symphonie Nr. 3* in Wien seine eigentliche Karriere beginnt. 1979 dirigiert er an der Wiener Staatsoper Ludwig van Beethovens *Fidelio*. Die wichtigsten deutschen und österreichischen Orchester laden ihn zu Gastdirigaten ein. 1980 debütiert er in den Vereinigten Staaten. Ab 1983 arbeitet er regelmäßg mit der Jungen Deutschen Philharmonie zusammen. 1987 wird er zum Chefdirigenten des Symphonie-Orchesters von Düsseldorf ernannt (bis 1993). 1980 zeichnet er für die Uraufführung von Gottfried von Einems Oper *Jesu Hochzeit* verantwortlich.

Shaw, Robert Lawson
Amerikanischer Chorleiter und Dirigent, geb. 30. 4. 1916 Red Bluff.
Der Sohn eines Ministers studiert am Ponoma College in Claremont Literatur, Philosophie und Theologie. Als er für den erkrankten Dirigenten des Glee Club einspringt, entscheidet sich sein weiterer Lebensweg. 1941 gründet er in New York den Collegiate Chorale, den er bis 1954 leitet, und 1948 den Robert Shaw Chorale, der sich zu einem der wichtigsten amerikanischen Chöre entwickelt und von Arturo Toscanini sowie Fritz Reiner zu Konzerten eingeladen wird. Der Chor existiert bis 1966. 1942–45 leitet er den Chor des Berkshire Music Centers und 1946–50 den der Julllard School of Music in New York. Für seinen eigenen Chor bittet er Paul Hindemith, das Requiem *When Lilacs Last in the Dooryard Bloom'd* zu schreiben. 1944 übernimmt er zusätzlich die Leitung des RCA Victor Chorale. 1946 gründet er zusammen mit Julius Herford in Anchorage, Alaska, ein Musikfestival. Auch als Orchesterleiter ist er erfolgreich: 1953–57 ist er Musikdirektor des Symphonie-Orchesters von San Diego. Anschließend geht er als stellvertretender Leiter zum Orchester von Cleveland, wo er eng mit George Szell zusammenarbeitet und gleichzeitig den Cleveland Orchestra Chorus leitet (1956–67), bevor er Musikdirektor des Symphonie-Orchesters von Atlanta wird. Auf Veranlassung von Präsident Jimmy Carter wird er zum Mitglied des National Council of Arts ernannt. Er verwirklicht zahlreiche Uraufführungen, darunter Werke von Samuel Barber, Leonard Bernstein (*Missa brevis*, 1988), Benjamin Britten, Aaron Copland, Darius Milhaud und Ned Rorem (*Symphonie für Streichorchester*, 1986).

Shicoff, Neil
Amerikanischer Tenor, geb. 2.6. 1949 New York.
Er studiert in Delaware bei L. Richie und an der Juilliard School of Music in New York bei Jenny Tourel Gesang und debütiert 1975 im Kennedy Center von Washington als Narraboth (*Salome*, R. Strauss). 1976 debütiert er an der Met als Rinuccio in *Gianni Schicchi* (Puccini). In der Folge wirkt er an diesem Haus an Aufführungen von *Rigoletto* (Verdi), *La Bohème* (Puccini), *Der Rosenkavalier* (R. Strauss) und *Werther* (Massenet) mit, in dessen Titelrolle ihm der internationale Durchbruch gelingt. Er interpretiert den Werther auch bei den Festspielen in Aix-en-Provence (1979) sowie an den Opern von München und Paris (1984). Ab 1977 gastiert er am Covent Garden in London (*Madame Butterfly*, *La Bohème*, beide Puccini, *Macbeth*, Verdi), in Wien (*Rigoletto*) und San Francisco (*Lucia di Lammermoor*, Donizetti). 1982 debütiert er in einer Aufführung von *Roméo et Juliette* (Gounod) an der Pariser Oper. Er interpretiert die Rolle des Hoffmann (*Les Contes d'Hoffmann*, Hoffmanns Erzählungen, Offenbach) sowohl in der

von Choudens (Hamburg, Toronto) wie in der von Oeser herausgegebenen Fassung, deren Erstaufführung er 1979 in Florenz realisiert. 1986 debütiert er an der Mailänder Scala als Lenskij (*Eugen Onegin*, Tschaikowskij). Im gleichen Jahr interpretiert er in Paris die Titelrolle von *Don Carlos* (Verdi). 1989 interpretiert er in der neuen Pariser Allzweckhalle Bercy den Don José (*Carmen*, Bizet).

Shirley-Quirk, John
Englischer Bariton, geb. 28. 8. 1931 Liverpool.
Er studiert bei Roy Henderson und debütiert 1961 beim Festival von Glyndebourne in der Rolle des Arztes (*Pelléas et Mélisande*, Debussy). Nach einem kurzen Gastspiel bei der Scottish Opera wird er Mitglied der English Opera Group (1964-76). Ab 1973 gehört er gleichzeitig dem Ensemble des Covent Garden an. Ab dieser Zeit ist er auch international erfolgreich. Er wirkt an den Uraufführungen von *Church Parables* (Kirchenparabeln), *Owen Wingrave* und *Death in Venice* (Der Tod in Venedig, alle Britten) sowie von *The Ice Break* (Der Eisbruch, Tippett) mit. Sein Repertoire umfaßt u.a. Don Alfonso (*Così fan tutte*), Don Giovanni (beide Mozart), Eugen Onegin (Tschaikowskij), Pimen (*Boris Godunow*, Mussorgskij) und Arkel (*Pelléas et Mélisande*, Debussy).

Shumsky, Oscar
Amerikanischer Violinist, geb. 23. 3. 1917 Philadelphia.
Als Achtjähriger tritt er unter der Leitung von Leopold Stokowski mit dem Orchester von Philadelphia als Wunderkind auf. Anschließend studiert er bei Leopold Auer und Efrem Zimbalist am Curtis Institute in seiner Heimatstadt und erhält 1938 sein Diplom, nachdem er bereits 1936 in Europa (Wien) debütiert hatte. Er spielt unter der Leitung von Arturo Toscanini im Symphonie-Orchester des NBC (1939-42) und ist Primgeiger im Primrose-Quartett. Nach dem Zweiten Weltkrieg ist er sowohl als Solist wie als Pädagoge tätig. Er unterrichtet zunächst am Peabody Conservatory in Baltimore und geht dann 1953 an die Juilliard School of Music in New York. 1961-65 unterrichtet er am Curtis Institute in Philadelphia und ab 1975 an der Yale School of Music. In den Vereinigten Staaten zählt er zu den führenden Violinisten seiner Generation, während er in Europa weniger bekannt wird. Ab 1959 greift er zuweilen auch zum Taktstock und spielt auch öfters Bratsche. 1959-67 leitet er das Canadian Stratford Festival. Quincy Porter widmet ihm Kompositionen für Klavier und Violine. Er spielt auf einer Stradivari aus dem Jahre 1715, der *Duke of Cambridge*, die sich einst im Besitz von Pierre Rode befand.

Siepi, Cesare
Italienischer Bassist, geb. 10. 2. 1923 Mailand.
Als Jugendlicher liebt er das Boxen und den gregorianischen Choral. Er bildet sich weitgehend als Autodidakt und studiert nur kurz am Mailänder Konservatorium. Als Achtzehnjähriger debütiert er in Schio in der Nähe von Venedig als Sparafucile (*Rigoletto*, Verdi). 1944 wird er als Antifaschist in der Schweiz interniert. Er singt im Internierungslager und perfektioniert sich in Lugano. 1946 wirkt er zunächst in Venedig und dann unter Tullio Serafin an der Mailänder Scala. 1948 nimmt er an der Seite von Arturo Toscanini an einer Ehrung Arrigo Boitos teil. 1950 interpretiert er am Covent Garden den Pistol (*Falstaff*, Verdi). Alle großen Bühnen laden ihn ein. Im gleichen Jahr noch debütiert er an der Met. 1953-58 singt er regelmäßig bei den Salzburger Festspielen. Er ist ein beachtenswerter Philipp II. (*Don Carlos*, Verdi) und Don Giovanni (Mozart), den er mehrmals unter der Leitung von Wilhelm Furtwängler interpretiert. In seinen späteren Jahren studiert er für die Met Wagner-Rollen ein. Er gilt als einer der großen italienischen Bassisten der Generation nach Ezio Pinza.

Siki, Béla
Schweizer Pianist ungarischer Herkunft, geb. 21. 2. 1923 Budapest.
Er studiert bei Ernst von Dohnányi und Leó Weiner an der Musikakademie in Budapest und geht dann zu Dinu Lipatti an das Genfer Konservatorium. 1943 wird er mit dem Franz Liszt-Preis ausgezeichnet. Fünf Jahre später wird er beim internationalen Genfer Wettbewerb mit einem 2. Preis ausgezeichnet. 1945 debütiert er in Budapest. 1965 wird er an der Washington University in Seattle zum Professor ernannt. Er gilt als einer der bedeutendsten Spezialisten der Werke von Béla Bartók und Franz Liszt.

Silja, Anja (= Anja Silja Regina Langwagen)
Deutsche Sopranistin, geb. 17. 4. 1935 Berlin.
Ihre Eltern sind Schauspieler; ihr Großvater erteilt der Achtjährigen ersten Gesangs-Unterricht. Zwei Jahre später gibt sie im Titania-Palast in Berlin ein erstes und kurz darauf ein zweites Konzert. Als Fünfzehnjährige gibt sie ihren ersten Liederabend. 1956 debütiert sie als Opernsängerin erfolgreich am Staatstheater Braunschweig als Rosina (*Il barbiere di Siviglia*, Der Barbier von Sevilla, Rossini). Nach einem kurzen Zwischenspiel an der Städtischen Oper in Berlin geht sie 1958 nach Stuttgart und ein Jahr darauf nach Frankfurt. 1959 interpretiert sie bei den Festspielen von Aix-en-Provence die Rolle der Königin der Nacht (*Die Zauberflöte*, Mozart). 1960–61 triumphiert sie bei den Bayreuther Festspielen als Senta (*Der fliegende Holländer*, Wagner). Wieland Wagner macht sie zum Mittelpunkt seiner Inszenierungen. Bis zu seinem Tod im Jahre 1966 gastiert sie jedes Jahr in Bayreuth und interpretiert hier die Rollen der Elisabeth (*Tannhäuser*), Eva (*Die Meistersinger von Nürnberg*), Elsa (*Lohengrin*), und Freia (*Das Rheingold*). 1967 singt sie an der Oper von Paris und in Genf die Brünnhilde (*Die Walküre*, alle Wagner). Seit 1962 gehört sie ständig dem Ensemble des Stuttgarter Staatstheaters an und singt hier die Titelrolle in Wieland Wagners Inszenierung von *Salome* (R. Strauss); diese Rolle interpretiert sie auch in Wien, Brüssel und Paris. In Frankfurt und 1966 bei den Festspielen von Edinburgh ist sie, ebenfalls in einer Inszenierung von Wieland Wagner, als Lulu (Berg) erfolgreich. Sie ist unter Christoph von Dohnányi Mitglied der Frankfurter Oper und folgt diesem nach Hamburg, als er 1975 die dortige Generalintendanz übernimmt. In Hamburg interpretiert sie als dramatische Sopranistin neben den Rollen der Lulu und der Salome auch die der Marie (*Wozzek*, Berg), Medea (Cherubini) und Renata (*Ognennyi angel*, Der feurige Engel, Prokofjew).

Sills, Beverly (= Belle Silbermann)
Amerikanische Koloratursopranistin, geb. 25. 5. 1929 New York.
Ihre Stimme wird früh entdeckt. Als Siebzehnjährige singt sie in einer Schüleraufführung die Micaëla (*Carmen*, Bizet). Anschließend nimmt sie bei Estelle Liebling in New York Gesangs-Unterricht und arbeitet dann an amerikanischen Rundfunkanstalten, wo sie mit Erfolg bei Operetten- und Musicalaufführungen mitwirkt. 1948 debütiert sie an der Oper von Philadelphia als Frasquita (*Carmen*, Bizet). Anschließend unternimmt sie mit der Charles Wagner Company eine Tournee durch die Vereinigten Staaten; auf dem Programm steht *La Traviata* (Verdi). 1953 singt sie in San Francisco die Elena (*Mefistofele*, Boito). 1955 wird sie von der New York City Opera engagiert und debütiert hier als Rosalinde (*Die Fledermaus*, J. Strauss). Mit diesem Ensemble feiert sie als Königin Elisabeth (*Roberto Devereux*), Königin Maria (*Maria Stuarda*) sowie in den Titelrollen von *Anna Bolena*, *Lucia di Lammermoor* (alle Donizetti), *Norma* (Bellini) und als Königin in *Solotoj petuschok* (Der goldene Hahn, Rimskij-Korssakow) Triumphe. Die wichtigsten nordamerikanischen

Bühnen laden sie ein. 1967 debütiert sie in Europa als Königin der Nacht (*Die Zauberflöte*, Mozart) an der Wiener Oper. 1969 ist sie an der Mailander Scala in einer vergessenen Oper Gioacchino Rossinis, *Le siège de Corinthe* (Die Belagerung von Korinth), erfolgreich. 1974 wird sie von der Met engagiert und wirkt dort unter anderem an einer Aufführung von *Thaïs* (Massenet) mit. Kurz darauf zieht sie sich von der Bühne zurück und übernimmt die Leitung der New York City Opera (1979–89). Dank ihrer großen internationalen Bühnenerfahrung kann sie das ihr anvertraute Haus weiterentwickeln. Sie zeichnet für die Uraufführungen zahlreicher Werke verantwortlich und ruft einen Wettbewerb für einaktige Opern ins Leben; die preisgekrönten Werke werden von ihrem Haus uraufgeführt.
W: *Bubbles: A Self-portrait* (New York 1976, überarbeitete Neuauflage New York 1981 unter dem Titel *Bubbles: An Encore*).

Siloti, Alexander Illjitsch
Ukrainischer Pianist und Dirigent, geb. 27. 9. (9. 10.) 1863 bei Charkow, gest. 8. 12. 1945 New York.
Er studiert am Moskauer Konservatorium bei Nikolai S. Zwerew und Nikolai G. Rubinstein Klavier sowie bei Peter I. Tschaikowskij Theorie (1876–81). 1880 debütiert er in Moskau. 1883–86 perfektioniert er sich bei Franz Liszt in Weimar. Sofort nach seiner Rückkehr nach Moskau wird er am dortigen Konservatorium zum Professor ernannt (1888–91); einer seiner berühmtesten Schüler ist Sergej W. Rachmaninow. In der Folge schließen sich zahlreiche Tourneen und kurze Aufenthalte in europäischen Hauptstädten an, so in Frankfurt/M., Antwerpen und Leipzig (1897). 1901–02 leitet er die Konzerte der Moskauer Philharmoniker. 1903 gründet er in Sankt Petersburg sein eigenes Orchester, das bis zur Revolution besteht. 1919 verläßt er die Sowjetunion und läßt sich nach einem kurzen Zwischenaufenthalt in London 1922 in New York nieder. Ab dieser Zeit widmet er sich in der Hauptsache pädagogischen Aufgaben. So unterrichtet er 1925–41 an der Juilliard School of Music in New York. Er zeichnet für zahlreiche Transkriptionen von Werken Johann Sebastian Bachs und Antonio Vivaldis verantwortlich. Während seiner aktiven Dirigentenzeit leitet er verschiedene Uraufführungen, darunter Werke von Anatoli K. Ljadow (*Kikimora*, 1909, *Is Apokalipsia*, Aus der Offenbarung, 1912) und Igor Strawinsky (*Scherzo fantastique*, op. 3, 1909).
W: *Wospominanija i pisma* (Erinnerungen und Briefe, Leningrad 1963).

Silvestri, Constantin
Englischer Dirigent und Komponist rumänischer Herkunft, geb. 31. 5. 1913 Bukarest, gest. 23. 2. 1969 London.
Er studiert bis 1935 in Bukarest bei Fiorica Muzicescu Klavier und bei Mihail Jora sowie bei Constantin Brailoiu Komposition. 1935–46 verfolgt er eine Karriere als Pianist und arbeitet gleichzeitig zunächst als Korrepetitor und dann als Kapellmeister an der Oper von Bukarest (1939–44). Nach dem Ende des Zweiten Weltkriegs übernimmt er die künstlerische Direktion der Bukarester Philharmoniker (1947–53) und unterrichtet am dortigen Konservatorium (1948–59). 1955–57 ist er künstlerischer Direktor der Bukarester Oper, bevor er als Chefdirigent das Symphonie-Orchester des rumänischen Rundfunks übernimmt (1958–59). Dann zieht er nach Paris und arbeitet als Gastdirigent. Während dieser Zeit entstehen die meisten Schallplatteneinspielungen, die auch heute noch hörenswert sind. Ab 1961 bis zu seinem Tod lebt er in England und leitet das Symphonie-Orchester von Bournemouth. Als Komponist schreibt er hauptsächlich Kammermusik. Er zeichnet für zahlreiche Uraufführungen verantwortlich, darunter Werke von Paul Constantinescu (*Naszterea Domnului*, Die Geburt des Herrn, Weihnachtsoratorium, 1947, *Konzert für Streichorchester*, 1956), Ion Dumi-

trescu (*Konzert für Streichorchester*, 1956), Georges Migot (*Symphonie Nr. 2*, 1961), Marcel Mihalovici (*Ouverture tragique*, 1958) und Anatol Vieru (*Orchesterkonzert Nr. 1*, 1956).

Simionato, Giuletta
Italienische Mezzosopranistin, geb. 12. 5. 1910 Forlì.
Ihre Begabung wird schnell erkannt. Sie läßt ihre Stimme bei Ettore Lucatello in Rovigo und bei Guido Palumbo in Padua ausbilden. 1928 interpretiert sie in Montagnana die Lola (*Cavalleria Rusticana*, Mascagni). 1935 gewinnt sie vor 385 Konkurrentinnen bei dem vom Stadttheater Florenz ausgeschriebenen Wettbewerb den 1. Preis und wird auf Anhieb für die Uraufführung von Ildebrando Pizzettis Oper *Orsèolo* engagiert. Trotz des großen Erfolgs dieser Aufführung wird es zunächst still um sie. Ebe Stignani, Cloë Elmo und Fedora Barbieri nehmen die klassischen und romantischen Rollen und Gianna Pederzini die des Koloratur-Mezzosoprans für sich in Anspruch, so daß für die Konkurrentin zunächst kein Platz bleibt. Erst die nachlassenden Kräfte der Pederzini erlauben es ihr, sich nach und nach in Hauptrollen einen Namen zu verschaffen. Am 2. Oktober 1947 gelingt ihr an der Mailänder Scala mit einer beispielhaften Interpretation der Titelrolle von *Mignon* (A. Thomas) der entscheidende Durchbruch. Sie setzt sich in den Rollen des Koloratur-Mezzosoprans durch, die Gioacchino Rossini für Isabelle Colbran geschrieben hatte: Rosina (*Il barbiere di Siviglia*, Der Barbier von Sevilla), Isabella (*L'Italiana in Algeri*, Die Italienerin in Algier), Isolier (*Le Comte Ory*, Der Graf Ory), Tancredi und vor allem Angelina (*La Cenerentola*, Aschenbrödel). Nach und nach interpretiert sie auch die anderen, von ihren Kolleginnen beanspruchten Rollen: Charlotte (*Werther*, Massenet), Amneris (*Aida*), Azucena (*Il Trovatore*, Der Troubadour, beide Verdi), Dalila (*Samson et Dalila*, Saint-Saëns), Carmen (Bizet; diese Rolle singt sie mehr als zweihundert Mal), Adalgisa (*Norma*, Bellini), Santuzza (*Cavalleria Rusticana*, Mascagni), Jeanne Seymour (*Anna Bolena*, Donizetti) und jene außerordentliche Valentine (*Les Huguenots*, Die Hugenotten, Meyerbeer), deren Wiederaufname 1962 mit Joan Sutherland und Franco Corelli einen der Glanzpunkte in der Geschichte der Scala darstellt, an der sie 1939–66 regelmäßig gastiert. 1953 debütiert sie am Covent Garden; 1954–61 gehört sie zum Ensemble der Oper von Chicago; 1957–63 singt sie regelmäßig bei den Festspielen von Salzburg und 1959–62 an der Met. 1966 zieht sie sich nach einer Vorstellung von *La clemenza di Tito* (Mozart) an der Piccola Scala von der Bühne zurück. Eiserne Nerven, eine unbestechliche Musikalität, eine großartige Stimmtechnik und eine außergewöhnliche schauspielerische Begabung zeichnen diese bemerkenswerte Sängerin aus.

Simon, Abbey
Amerikanischer Pianist, geb. 8. 1. 1922 New York.
Er studiert am Curtis Institute in Philadelphia bei David Saperton und Joseph Hofmann und perfektioniert sich bei Leopold Godowsky in New York, bevor er 1940 debütiert. Der erstaunlich virtuose Pianist unterrichtet seit 1977 an der Juilliard School of Music in New York.

Simon, Albert
Ungarischer Dirigent, geb. 18. 8. 1926 Makó.
Er studiert an der Musikakademie Franz Liszt in Budapest bei János Ferencsik und László Somogyi und geht dann zu George Georgescu und Constantin Silvestri an das Bukarester Konservatorium 1953–55 ist er als Dirigent in Szeged und 1955–58 an der Nationaloper in Budapest tätig. 1959–69 leitet er in Budapest ein Jugendorchester. 1969 übernimmt er an der Musikakademie Franz Liszt in Budapest die Klasse für symphonische Musik; gleichzeitig

wird er Dirigent des Kammerorchesters der Akademie. In dieser Zeit gründet er das Uj Zenei Stúdio, ein Ensemble zeitgenössischer Musik, das die Klassiker des 20. Jahrhunderts und Werke zeitgenössischer ungarischer Komponisten einem breiteren Publikum näherzubringen versucht.

Simoneau, Léopold
Kanadischer Tenor, geb. 3. 5. 1918 Quebec.

Er studiert am Levis College und an der Universität seiner Heimatstadt, bevor er zu Paul Althouse nach New York geht und dort seine Stimme ausbilden läßt. Er debütiert 1941 an den Variétés Lyriques in Montreal. Ab 1945 gibt er auf verschiedenen amerikanischen Bühnen Gastspiele (Central City Opera, Colorado; Philadelphia; New Orleans). 1949 debütiert er als Vincent (*Mireille*, Gounot) an der Pariser Opéra-Comique und als Tamino (*Die Zauberflöte*, Mozart) an der dortigen Oper. Bis 1955 gehört er den Ensembles der beiden Bühnen an; 1953 nimmt er an der Opéra-Comique an der französischen Erstaufführung von Igor Strawinskys *The Rake's Progress* (Der Wüstling) teil. Ab 1950 wird er bei den Festspielen von Aix-en-Provence gefeiert, wo er vor allem als Ottavio (*Don Giovanni*), Ferrando (*Così fan tutte*, beide Mozart) und Apollo (*Orfeo*, Monteverdi) glänzt. Ein Jahr später debütiert er als Idamantes (*Idomeneo*, Mozart) in Glyndebourne. 1952 folgt die Scala, 1953 die Münchner Oper, 1954–61 Chicago, 1956 die Salzburger Festspiele, 1957 die Wiener Oper und 1963 endlich die Met. Er setzt sich vor allem im Mozart-Repertoire sowie als Orpheus (Gluck), aber auch als Alfredo (*La Traviata*, Verdi) und als Nadir (*Les Pêcheurs de perles*, Die Perlenfischer, Bizet) durch. 1971 zieht er sich von der Bühne zurück und übernimmt für kurze Zeit die Leitung der Quebecer Oper. Seit dieser Zeit unterrichtet er. 1974 heiratet er die Koloratursopranistin Pierrette Alarie (geb. 9. 11. 1921 Montreal).

Simonow, Jurij Iwanowitsch
Sowjetischer Dirigent, geb. 4. 3. 1941 Saratow.

Der Sohn eines Opernsängers studiert am Konservatorium von Leningrad bei Nikolaj Rabinowitsch und J. Kramarow (1956–68) Bratsche und Orchesterleitung. 1966 gewinnt er beim nationalen sowjetischen Dirigentenwettbewerb und zwei Jahre später beim internationalen Wettbewerb der Accademia Nazionale di Santa Cecilia in Rom jeweils den 1. Preis. 1969 debütiert er als ständiger Dirigent des philharmonischen Orchesters von Kislowodsk (bis 1969) und arbeitet gleichzeitig als Assistent Jewgenij A. Mrawinskijs in Leningrad (1968–69). Anschließend geht er nach Moskau an das Bolschoi-Theater, wo er zuerst Ballettaufführungen (1969–70) dirigiert, bevor er zum Chefdirigenten aufsteigt (1970). 1975 wird er am Moskauer Konservatorium zum Professor für Orchesterleitung ernannt. 1972 leitet er die Uraufführung von Rodion K. Schtschedrins Ballett *Anna Karenina*.

Singher, Martial
Französischer Bariton, geb. 14. 8. 1904 Oloron-Sainte-Marie (Basses-Pyrénées), gest. 10. 3. 1990 Santa Barbara (Cal.).

Er studiert zunächst Philologie, bevor er am Konservatorium von Paris in der Klasse von André Gresse seine Stimme ausbilden läßt. 1930 debütiert er bei einem Gastspiel der Pariser Oper an der Amsterdamer Oper mit Orest (*Iphigénie en Tauride*, Iphigenie auf Tauris, Gluck). Bis 1940 gehört er zu den beliebtesten Sängern der Pariser Oper und ab 1937 auch der dortigen Opéra-Comique. Wir verdanken ihm die Uraufführung von Maurice Ravels Liedzyklus *Don Quichotte à Dulcinée* (Don Quijote an Dulcinella, 1934). 1937 nimmt er an den Festspielen in Glyndebourne teil; im gleichen Jahr singt er auch am Covent Garden. Ein Jahr später wird er vom Maggio Musicale Fiorentino eingeladen. Gastspielreisen führen ihn nach Holland, Belgien, in die Schweiz, nach Schweden und Portugal sowie nach

Nord- und Südamerika. 1936–40 wird er jedes Jahr vom Teatro Colón in Buenos Aires eingeladen. 1940 heiratet er Margareta Rut Busch, die Tochter des Dirigenten Fritz Busch. Im gleichen Jahr wirkt er in Basel an der Uraufführung von Arthur Honeggers Oratorium *La Danse des morts* (Totentanz) mit. Nach der Besetzung Frankreichs durch deutsche Truppen emigriert er nach Nordamerika. Die Met engagiert ihn auf der Stelle, auch wenn er erst 1943 seine offizielle Arbeitserlaubnis bekommt. Sowohl im Konzertsaal wie auf der Bühne feiert er in seiner neuen Heimat Triumphe. Er lebt in Scarsdale in der Nähe von New York und unterrichtet 1951–55 am New Yorker Mannes College sowie 1954–68 am Curtis Institute in Philadelphia. 1962 übernimmt er die Leitung der Opernabteilung der Universität von Santa Barbara und behält sie bis 1981 bei. Zu seinen Schülern zählen u. a. Jeannine Altmeyer, Judith Blegen, Benita Valente und James King.

Sinopoli, Giuseppe
Italienischer Dirigent und Komponist, geb. 2. 11. 1946 Venedig.

Er studiert am Konservatorium von Venedig Musik und gleichzeitig an der Universität von Padua Medizin. 1972 promoviert er mit einer Arbeit über kriminelle Anthropologie und im Bereich Psychiatrie mit einer Arbeit über die Physiologie des akustisch-mentalen Bereichs. Von seinem Musikstudium in Venedig enttäuscht (1965–67), besucht er 1968 die Sommerkurse in Darmstadt, wo er bei Bruno Maderna und Karlheinz Stockhausen Kurse belegt. 1969–73 ist er Schüler von Franco Donatoni an der Accademia Musicale Chigiana in Siena und wird schließlich dessen Assistent. Ab 1972 belegt er auch bei Hans Swarowsky in Wien Kurse. Er läßt sich in der österreichischen Hauptstadt nieder und unterrichtet gleichzeitig am B.-Marcello-Konservatorium in Venedig. 1975 gründet er das Ensemble Bruno Maderna. Ab dieser Zeit arbeitet er sowohl als Dirigent als auch als Komponist. 1983 wird er zum Chefdirigenten des Orchesters der Accademia Nazionale di Santa Cecilia in Rom und 1984 des dortigen philharmonischen Orchesters ernannt. 1985 debütiert er mit *Tosca* (Puccini) an der Met und mit *Tannhäuser* (Wagner) in Bayreuth. Ab 1990 ist er Chefdirigent der Deutschen Oper in Berlin. 1992 geht er nach Dresden und übernimmt die musikalische Leitung der dortigen Staatskapelle.

Siohan, Robert Lucien
Französischer Dirigent, Komponist und Musikschriftsteller, geb. 27. 2. 1894 Paris, gest. 16. 7. 1985 daselbst.

Er studiert 1909–22 am Pariser Konservatorium und wird mit dem Halphen- und dem Blumenthal-Preis ausgezeichnet. Er debütiert als Bratscher in der Société des Concerts, bevor er sich der Orchesterleitung zuwendet. 1924 leitet er die erste Pariser Aufführung von Arthur Honeggers *Roi David* (König David). 1929 gründet er sein eigenes Orchester: die Concerts Siohan entwickeln sich zu einem der dynamischsten Ensembles der französischen Hauptstadt, das sich viel mit zeitgenössischer Musik beschäftigt und auch jüngeren Interpreten eine Chance einräumt. 1935 fusionieren die Concerts Siohan aus wirtschaftlichen Gründen mit den Concerts Poulet, bevor sie sich ein Jahr später ganz auflösen. 1934 verwirklichen die Concerts Siohan noch die wichtige Uraufführung von Olivier Messiaens *L'Ascension* (Himmelfahrt). 1932–46 leitet Siohan den Chor der Pariser Oper. 1948–62 ist er Professor für Prima-vista-Spiel am Pariser Konservatorium und 1962 im französischen Kultusministerium Inspecteur général de la musique. Neben seiner Arbeit als Pädagoge und Komponist ist er als Kritiker für die Zeitungen *Le Monde* und *Combat* tätig.

WW: *La Musique étrangère contemporaine* (Paris 1954–84); *Evolution actuelle de l'art musical* (Paris 1956); *Stra-*

vinski (Paris 1959, dt. Reinbek bei Hamburg 1960); *Histoire du public musical* (Paris 1967).

Sitkovetsky, Dmitry
Amerikanischer Violinist aserbaidschanischer Herkunft, geb. 27.12.1954 Baku.
Der Sohn der Pianistin Bella Davidovich und des früh verstorbenen Violinisten Julian G. Sitkowezki studiert 1961-72 an der Moskauer Zentralschule bei Jurij Jankelewitsch. Beim Prager Wettbewerb gewinnt er den 1. Preis. 1972 geht er an das Moskauer Konservatorium und studiert dort weiterhin bei Jankelewitsch, aber auch bei Igor Besrodny. Gleichzeitig studiert er bei Josef Andrassian Komposition und Philosophie. 1977 emigriert er in die Vereinigten Staaten. 1977-79 perfektioniert er sich bei Ivan Galamian an der Juilliard School of Music in New York. Beim Wiener Kreissler-Wettbewerb erhält er 1979 den 1. Preis. Seine Karriere entwickelt sich schnell: 1980 debütiert er mit den Berliner Philharmonikern und 1983 mit dem Symphonie-Orchester von Chicago. Ein Jahr später übernimmt er die künstlerische Leitung des Korsholm Music Festival in Vaasa (Finnland). Mit seiner Mutter und mit Bruno Canino spielt er Sonaten und mit dem Pianisten Gerhard Oppitz sowie dem Cellisten David Geringas Trios.

Sivó, Josef
Österreichischer Violinist ungarischer Herkunft, geb. 26.11.1931 Arad.
Als Fünfjähriger erhält er ersten Violin-Unterricht; später geht er dann an die Budapester Musikakademie Franz Liszt, wo er 1956 seine Diplomprüfung ablegt. Im gleichen Jahr zieht er nach Wien und perfektioniert sich bei George Enescu und Riccardo Odnoposoff. 1960 wird er Mitglied der Wiener Philharmoniker, die ihn 1964 zu ihrem Konzertmeister ernennen (bis 1971). 1965-67 ist er gleichzeitig Primgeiger des Quartetts des Musikvereins. Anschließend beginnt er eine Solisten-Karriere, die ihn um die ganze Welt führt. Ab 1965 unterrichtet er an der Wiener Hochschule für Musik, wo er 1971 zum Professor ernannt wird. Er spielt auf einer Petrus Guarneri aus dem Jahre 1694.

Skrowaczewski, Stanislaw
Amerikanischer Dirigent und Komponist polnischer Herkunft, geb. 3.10.1923 Lvóv (Lemberg).
Er studiert an der Musikakademie seiner Heimatstadt und am Konservatorium von Krakau und übernimmt 1946 die Leitung des philharmonischen Orchesters von Wroclaw (Breslau). 1947 geht er nach Paris und perfektioniert sich bei Nadia Boulanger, Arthur Honegger und Paul Kletzki. 1949 kehrt er nach Polen zurück und wird zum Leiter der Staatlichen Philharmonie in Kattowice ernannt (bis 1954); 1955-57 ist er Chefdirigent der Krakauer Philharmoniker. 1956 gewinnt er beim internationalen Dirigentenwettbewerb der Accademia Nazionale di Santa Cecilia in Rom den 1. Preis. Aufgrund dieses Erfolges wird er 1957-59 zu einem der maßgeblichen Dirigenten der Nationalphilharmonie in Warschau berufen. 1960 verläßt er seine Heimat und wird Nachfolger Antal Doratis an der Spitze des Symphonie-Orchesters von Minneapolis (aus dem das Orchester von Minnesota hervorgeht). Erst 1979 legt er dieses Amt nieder, um sich Gastdirigaten und Kompositionsaufgaben widmen zu können. 1983 übernimmt er als Chefdirigent des Hallé Orchestra in Manchester wieder eine feste Stelle. 1987-88 ist er gleichzeitig Musikdirektor des Kammerorchesters von Saint Paul (Minnesota). Wir verdanken ihm die Uraufführungen von Jacob Druckmans *Incenters* (Kreismittelpunkte, 1973), Gottfried von Einems *Wiener Symphonie* (1977) und Krzysztof Penderekis *Als Jakob erwachte* (1974). Als Komponist verdanken wir ihm Symphonien, Instrumentalkonzerte, Kammer- und Filmmusik.

Slătinaru, Maria (= Maria Slătinaru-Nistor)
Rumänische Sopranistin, geb. 25. 5. 1938 Iaszi.
Sie studiert am Konservatorium von Bukarest bei Arta Florescu und Aurel Alexandrescu und debütiert 1969 an der dortigen Oper als Elisabeth von Valois (*Don Carlos*, Verdi). Sie ist Preisträgerin des Moskauer Tschaikowskij- (1966) und des Bukarester Enescu-Wettbewerbes (1967) sowie der Wettbewerbe von Toulouse (1968) und San Francisco (1969), wird von zahlreichen deutschen Bühnen, aber auch von Zürich, Lüttich, Toulouse und der Pariser Oper eingeladen, wo sie 1982 in *Il Tabarro* (Der Mantel) debütiert und kurz darauf die Titelrolle von *Tosca* (beide Puccini) interpretiert.
Ihr Repertoire umfaßt alle großen italienischen Spinto-Rollen, aber auch die Elsa (*Lohengrin*), Sieglinde (*Die Walküre*) und Elisabeth (*Tannhäuser*, alle Wagner). Sie ist auf allen großen Bühnen zu Hause (Wien, München, Hamburg, Venedig) und debütiert 1983 in San Francisco, wo sie an Aufführungen von *La Gioconda* (Ponchielli), *Tosca* (Puccini) und *La forza del destino* (Die Macht des Schicksals, Verdi) mitwirkt. 1986 debütiert sie als Tosca an der Met.

Slatkin, Leonard
Amerikanischer Dirigent, geb. 1. 9. 1944 Los Angeles.
Der Sohn des Violinisten und Dirigenten Felix Slatkin und der Cellistin Eleanor Aller beginnt in Los Angeles als Dreijähriger mit dem Klavier- und Geigen-Unterricht. Später studiert er zunächst bei seinem Vater Orchesterleitung und geht dann zu Walter Süsskind, dem Leiter des Aspen Festivals. Anschließend perfektioniert er sich in der Juilliard School of Music in New York bis 1968 bei Jean Morel (Orchesterleitung) und Mario Castelnuovo-Tedesco (Komposition). Er debütiert in der New Yorker Carnegie Hall. Als Dreiundzwanzigjähriger wird er Chefassistent beim Symphonie-Orchester von Saint Louis. 1974 springt er für den erkrankten Ricardo Muti ein und dirigiert die New Yorker Philharmoniker. Zwischenzeitlich setzt er seine Karriere in Saint Louis fort: 1971 wird er dort zum Dirigenten, 1974 zum Chefdirigenten, 1975 zum principal guest conductor und 1979 zum Musikdirektor ernannt. 1977–79 ist er außerdem als musikalischer Leiter und 1979–89 als musikalischer Berater des philharmonischen Orchesters von New Orleans tätig; gleichzeitig leitet er die Sommerspielzeiten des Orchesters von Minnesota. Leonard Slatkin unterrichtet an der Juilliard School of Music in New York. Wir verdanken ihm Uraufführungen von Werken von John Adamas, Dominick Argento, Jacob Druckman (*Mirage*, Fata Morgana, 1976), Alberto Ginastera (*Symphonie Nr. 2*, 1983; *Popol Vuh*, 1989), Steve Reich (*Three Movements*, Drei Sätze, 1986) und Joseph Schwantner.

Slezak, Leo
Österreichischer Tenor, geb. 18. 8. 1873 Schönberg (Mähren), gest. 1. 6. 1946 Rottach-Egern.
Der Bariton Adolf Robinson, bei dem er kurz studiert, entdeckt ihn. 1896 debütiert er in Brno (Brünn) als Lohengrin (Wagner). 1898–99 singt er an der Hofoper in Berlin Nebenrollen und geht dann nach Breslau (1899), wo er seine spätere Frau, die Schauspielerin Elsa Wertheim, kennenlernt. 1900 debütiert er, wieder als Lohengrin, am Covent Garden, wo er – es ist die Zeit des Burenkrieges – kaum beachtet wird. 1901 holt ihn Gustav Mahler an die Wiener Staatsoper, wo seine glanzvolle Karriere als Heldentenor beginnt. 1907 unterbricht er für kurze Zeit und geht zu Jean de Reszké nach Paris, um seine nicht ganz einwandfreie Technik zu verbessern. 1909 erfolgt mit Othello (Verdi) sein zweites, diesmal erfolgreiches Londoner Debüt. Im gleichen Jahr debütiert er auch an der Met, wo er während der darauffolgenden vier Jahre unter Arturo Toscanini und Gustav Mahler

u. a. den Tannhäuser, Lohengrin, Walter (*Die Meistersinger von Nürnberg*, alle Wagner), Manrico (*Il Trovatore*, Der Troubadour), Radames (*Aida*, beide Verdi) und den Hermann (*Pikowaja dama*, Pique Dame, Tschaikowskij) interpretiert. 1910 gastiert er mit der Met in Paris. 1933 feiert er mit *I Pagliacci* (Der Bajazzo, Leoncavallo) in Wien Abschied von der Bühne. Seine kräftige, warme Stimme und seine sorgfältige Aussprache lassen ihn auch zu einem gesuchten Liedersänger werden, obwohl sein Gefühlsüberschwang, der ihm bei seiner zweiten Karriere als Filmdarsteller zugute kommt, manchmal störend wirkt. Sein komödiantisches Naturell zeigt sich auch in seinen heute noch gerne gelesenen Memoiren.

WW: *Meine sämtlichen Werke* (Berlin 1922); *Der Wortbruch* (Berlin 1928); *Rückfall* (Berlin 1930); *Mein Lebensmärchen* (München 1948); *Wann geht der nächste Schwan?* (München 1970).

Slobodjanik, Alexander
Sowjetischer Pianist, geb. 5. 9. 1941 Kiew.
Er studiert am Konservatorium von Moskau bei Gornostaewa und Heinrich G. Neuhaus. Noch als Student gewinnt er beim Chopin-Wettbewerb in Warschau einen Preis. 1964 schließt er sein Studium mit dem Diplom ab; die englische Organisation der internationalen Musikpreise, damals von Zoltán Kodály geleitet, verleiht ihm für sein glanzvolles Debüt als Pianist einen Sonderpreis. 1966 wird er beim Tschaikowskij-Wettbewerb in Moskau ausgezeichnet. Er spielt hauptsächlich Werke von Frédéric Chopin, Alexander N. Skjrabin und Sergej S. Prokofjew.

Slovák, Ladislav
Tschechoslowakischer Dirigent, geb. 10. 9. 1919 Bratislava (Preßburg).
Er erhält zuerst von Alexander Albrecht Unterricht und geht dann an das Konservatorium seiner Heimatstadt zu Antonín Ledvina und Štefan Németh. 1942 erhält er sein Diplom als Organist. Anschließend studiert er bis 1945 bei Kornel Schimpl Orchesterleitung. Radio Bratislava engagiert ihn für die Produktion von Musiksendungen (1946–61); 1948–55 leitet er gleichzeitig den Rundfunkchor. 1949–53 perfektioniert er sich bei Václav Talich. 1954–55 geht er als Assistent Jewgenij A. Mrawinskijs zu den Leningrader Philharmonikern. 1955 wird er zum Leiter des Symphonie-Orchesters von Radio Bratislava ernannt; 1961 übernimmt er die Slowakische Philharmonie (bis 1981), die sich unter ihm zu einem der führenden Orchester von Zentraleuropa entwickelt. 1972–75 leitet er gleichzeitig das Symphonie-Orchester von Prag »FOK«. Er wird regelmäßig von ausländischen Orchestern eingeladen. So ist er 1966 und 1972–73 principal guest conductor des South Australian Symphony Orchestra in Adelaide. Wir verdanken ihm Uraufführungen von Werken slowakischer Komponisten wie Alexander Moyzes und Eugen Suchoň.

Smetáček, Václav
Tschechoslowakischer Dirigent, geb. 30. 9. 1906 Brno (Brünn), gest. 18. 2. 1986 Prag.
Er studiert am Prager Konservatorium bei Ladislav Skuhrovský, Jaroslav Křička, Method Doležil und Pavel Dědeček Oboe, Komposition und Orchesterleitung (1922–30). Gleichzeitig studiert er an der Prager Universität, wo er 1933 mit einer Arbeit über Smetana promoviert, Musikwissenschaften. 1928 gründet er das Prager Bläserquintett, dem er bis 1955 angehört. 1930–33 ist er als Oboist in der Tschechischen Philharmonie tätig, bevor er 1934 die Leitung des Orchesters von Radio Prag übernimmt (bis 1943). Gleichzeitig dirigiert er auch den Hlahol-Chor (1934–46). 1942 wird er zum Chefdirigenten des Prager Orchesters ernannt, das 1946 in Symphonie-Orchester »FOK« und 1952 in Symphonie-Orchester von Prag »FOK« umbenannt wird und das er bis 1972 leitet. 1945–66 unterrichtet er am Prager Konservatorium. Er gehört zu den her-

ausragenden Musikern seines Landes und setzt sich zeitlebens für die zeitgenössische tschechische Musik ein. Er realisiert zahlreiche Uraufführungen von Werken von Miloslav Kabeláč, Jiří Pauer und Vladimir Sommer. Wir verdanken ihm eine Orchestration von Bedřich Smetanas *Mládí* (Die Jugend).

Smith, Hopkinson
Amerikanischer Lautenspieler, geb. 7. 12. 1946 New York.
Er studiert an der Harvard University und erweitert ab 1972 bei Emilio Pujol und Alfred Deller seine Kenntnisse in alter Musik und Ästhetik; gleichzeitig besucht er die Kurse von Eugen M. Dombois an der Basler Schola Cantorum (1973–75). Anschließend tritt er in Europa und Nordamerika mit verschiedenen Ensembles als Solist auf und wirkt an mehr als dreißig Aufnahmen alter Musik mit. Er spielt auf verschiedenen alten Instrumenten. Seit 1976 unterrichtet er an der Basler Schola Cantorum Laute, Basso continuo, Improvisation und Interpretation.

Smola, Emmerich
Deutscher Dirigent, geb. 8. 7. 1922 Bergreichenstein (Böhmerwald).
Er ist Schüler von Theodor Seidl in Prag und beginnt seine Laufbahn als Organist und Chorleiter (1945–46), bevor er als Kontrabassist zum Rundfunkorchester des Südwestfunks nach Kaiserslautern geht (1947–48). 1948–51 leitet er dort das SWF Studio-Orchester und ist auch für die Programmgestaltung zuständig, bevor er zum Chefdirigenten des großen Rundfunkorchesters ernannt wird (1951–87). Er gehört zu den Verantwortlichen des Bereiches Musik des Südwestfunks und wird 1974 zum Direktor der Musikprogramme ernannt.

Socholow, Grigorij
Russischer Pianist, geb. 18. 4. 1950 Leningrad.
Er studiert zunächst am Konservatorium seiner Heimatstadt bei L. Zelikman und gibt als Zwölfjähriger sein erstes Konzert. 1966, noch vor Abschluß seines Studiums, gewinnt er beim Moskauer Tschaikowskij-Wettbewerb den 1. Preis. Innerhalb der Sowjetunion entwickelt sich seine Karriere rasch, und ab den 80er Jahren tritt er auch immer häufiger im Westen auf.

Södergren, Inger
Schwedische Pianistin, geb. 25. 1. 1947 Köping.
Sie erhält in Schweden eine Ausbildung zur Pianistin und geht dann nach Paris, um sich bei Nadia Boulanger und Yvonne Lefébure zu perfektionieren. 1977 wird sie beim Printemps Musical von einem breiteren Publikum entdeckt. 1979 feiert man sie aufgrund einer bemerkenswerten Schallplattenaufnahme von Robert Schumanns *Carnaval*. Inger Södergren kann sich für den ersten Satz einer Beethoven-Sonate oder einige Takte einer Komposition von Alban Berg begeistern und den Rest herunterspielen – aufgrund dieser schwankenden Leistungen, aber auch aufgrund ihrer radikalen, sehr persönlichen Interpretationen (hierin ist sie Glenn Gould verwandt) unterscheidet sie sich von allen anderen Pianisten ihrer Generation.

Söderström, Elisabeth
Schwedische Sopranistin, geb. 7. 5. 1927 Stockholm.
Sie studiert an der Königlich-Schwedischen Musikakademie und privat bei Adelaida von Skilondz und debütiert 1947 in Stockholm in *Bastien und Bastienne* (Mozart). 1950 wird sie Mitglied der Stockholmer Oper. Sie interpretiert dort u. a. die Regina (*Mathis der Maler*, Hindemith). 1955 debütiert sie bei den Salzburger Festspielen und zwei Jahre später in Glyndebourne, wo sie als Mozart- (Suzanna, *Le nozze di Figaro*, Figaros Hochzeit) und Strauss-Sängerin (Der Komponist, *Ariadne auf Naxos*, Octavian, *Der Rosenkavalier*, Die Gräfin, *Capriccio*) regelmäßig gastiert. 1959 singt sie zum ersten Mal an der

Met. Sie interessiert sich für die Musik ihrer Zeit und erzielt in *Elegie für junge Liebende* von Hans Werner Henze oder in *The Turn of the Screw* (Die sündigen Engel) von Benjamin Britten große Erfolge. 1969 triumphiert sie unter Pierre Boulez als Mélisande (*Pelléas et Mélisande*, Debussy) am Covent Garden. Sie setzt ihre klare, helle Stimme vorteilhaft bei dramatischen Rollen ein. Ganz besonders liegen ihr die Opern Leoš Janáčeks (*Věc Makropulos*, Die Sache Makropulos, *Katja Kabanowa* und *Jenůfa*) und Alban Bergs (*Wozzek*) am Herzen. Darüber vernachlässigt sie das klassische Repertoire nicht und zeichnet sich in Ludwig van Beethovens *Missa Solemnis* und unter der Leitung von Nicolaus Harnoncourt in Claudio Monteverdis *L'incoronazione di Poppea* (Die Krönung der Poppea) aus. Bei Otto Klemperers Schallplattenaufnahme von *Le nozze di Figaro* (Figaros Hochzeit, Mozart) erntet sie einen besonderen Erfolg. 1984 tritt sie zum ersten Mal an der Pariser Oper auf (*Der Rosenkavalier*, R. Strauss). 1988 wirkt sie in Dallas an der Uraufführung von Dominick Argentos Oper *Aspern Papers* (Die Papiere von Aspern) mit. 1992 übernimmt sie die musikalische Leitung des Schloßtheaters Drottningholm.

Söllscher, Göran
Schwedischer Gitarrist, geb. 31. 12. 1955 Växjö.
Er verbringt seine Kindheit in Kalmar an der Westküste Schwedens, wo er in der städtischen Musikschule ersten Unterricht erhält (1965–70). Anschließend nimmt er bei Per-Olof Johnson Privatunterricht und geht dann an das Konservatorium von Malmö (1957–77). 1976–79 setzt er seine Ausbildung an der Königlichen Musikakademie in Kopenhagen bei Per-Olof Johnson fort. 1978 gibt der mit verschiedenen Stipendien Geförderte in Stockholm sein erstes Konzert. Im gleichen Jahr gewinnt er den internationalen Wettbewerb des französischen Rundfunks. Seine internationale Karriere entwickelt sich rasch mit Tourneen durch Großbritannien, China und die Bundesrepublik. Er spielt fast ausschließlich auf einer Gitarre aus der Werkstatt von José Ramirez (Madrid), aber auch auf einer elfsaitigen, von Georg Bolin (Stockholm) speziell für ihn gefertigten, bei der sechs Saiten für die Bildung der Lautenakkorde der Renaissance-Zeit und die fünf Baßsaiten für die Bildung eines diatonischen Akkordes benutzt werden.

Sofronizkij, Wladimir Wladimirowitsch
Russischer Pianist, geb. 25. 4. (8. 5.) 1901 Sankt Petersburg, gest. 29. 8. 1961 Moskau.
Er studiert 1916–21 am Konservatorium von Petrograd bei Leonid W. Nikolajew und schließt mit einem Diplom ab. Nach seiner Ausbildung heiratet er eine Tochter Alexander N. Skrjabins und entwickelt sich zu einem der bedeutendsten Interpreten des Komponisten. Da er sich mit den offiziellen Richtlinien, das sowjetische Musikleben betreffend, nicht anfreunden kann, kann er zwischen den beiden Weltkriegen nur wenige Tourneen durch Westeuropa durchführen. 1936–42 unterrichtet er am Konservatorium von Leningrad und 1942–61 an dem von Moskau. Dieser herausragende Pianist, der an Drogen- und Alkoholmißbrauch stirbt, ist in Westeuropa nahezu unbekannt geblieben.

Solchany, Georges
Französischer Pianist ungarischer Herkunft, geb. 13. 9. 1922 Budapest, gest. 27. 7. 1988 Paris.
Er studiert bis 1940 am Konservatorium seiner Heimatstadt und besucht anschließend die Meisterklasse Ernst von Dohnányis an der Franz-Liszt-Akademie (1941–43). 1942 wird er mit dem Großen Liszt-Preis ausgezeichnet. Im November 1946 läßt er sich in Paris nieder und beginnt von hier aus eine brillante internationale Karriere. 1952 wird ihm der 1. Große Preis beim Alfredo-Casella-Wettbewerb zugesprochen. Er widmet sich hauptsächlich der Kammer-

musik und ist Partner von David F. Oistrach, Leonid B. Kogan, des Vegh- und des Ungarischen Quartetts. Er wirkt auch als Pianist des Ungarischen Trios.

Solomon (= Solomon Cutner)
Englischer Pianist, geb. 9. 8. 1902 London, gest. 2. 2. 1988 daselbst.
Sehr früh besucht er zusammen mit seinem Vater Konzerte. Er studiert in der Royal Academy of Music bei einer Schülerin Clara Schumanns, Mathilde Verne, die den jungen Pianisten nachhaltig prägt, der als Achtjähriger in der Londoner Queen's Hall das *Klavierkonzert Nr. 1* von Peter I. Tschaikowskij öffentlich aufführt. Er gibt auch in der Folge als Wunderkind viele Konzerte.
1917 beschließen seine Eltern, die Konzerttätigkeit des Sohnes einzustellen, damit dieser sich umfassend ausbilden kann. Sie schicken ihn nach Paris zu Lazare-Lévy und Marcel Dupré. Nach fünfjährigem Studium beginnt Solomon, der seinen Vornamen zum Pseudonym wählt, sein Instrument zu hassen, logische Folge eines zu intensiven Studiums. Sein Freund Sir Henry Wood empfiehlt ihm, sich für einige Zeit zurückzuziehen. Solomon befolgt den Rat. Nachdem er seine Tätigkeit als Pianist wieder aufgenommen hat, zieht er sein Publikum schnell in seinen Bann. 1928 nimmt er seine erste Schallplatte auf. Während des Zweiten Weltkriegs gibt er an allen Fronten zugunsten der Alliierten Wohltätigkeitskonzerte. 1955 bildet er mit dem Geiger Zino Francescatti und dem Cellisten Pierre Fournier während der Festspiele von Edinburgh ein herausragendes Trio. Der Tod seines Vaters nimmt ihn stark mit. Aufgrund einer schweren Erkrankung bricht er 1956 seine Karriere ab. Rudolf Serkin, selbst einer der großen Pianisten seiner Zeit, sieht in ihm einen der großen Meister dieses Jahrhunderts. Seine Schallplattenaufnahmen belegen seine bescheidene Haltung den Partituren gegenüber. Er selbst bezeichnet sich als »klassischen Pianisten«, dem alles Virtuosentum fremd ist. 1939 verwirklicht er die Uraufführung von Arthur Bliss' *Konzert für Klavier und Orchester*, das ihm genauso gewidmet ist wie die *Sonate für Bratsche und Klavier* des gleichen Komponisten.

Soltesz, Stefan
Österreichischer Dirigent ungarischer Herkunft, geb. 6. 1. 1949 Nyiregyhaza.
Seine Familie zieht während seiner Kindheit nach Wien, wo er als Vierjähriger ersten Klavier-Unterricht erhält. 1959-63 gehört er den Wiener Sängerknaben an. Anschließend studiert er an der Wiener Musikakademie bei Alfred Uhl Komposition, bei Dieter Weber Klavier sowie bei Hans Swarowsky, Reinhold Schmidt und Friedrich Cerha Orchesterleitung (1963-72). Er beginnt als Korrepetitor an der Wiener Oper und wird dort später zum Kapellmeister ernannt (1971-83). Gleichzeitig ist er Assistent von Karl Böhm und bei den Salzburger Festspielen von Herbert von Karajan (1978-83). Er ist nacheinander als 1. Kapellmeister in Graz (1979-82), Hamburg (1983-85) und an der Deutschen Oper in Berlin (1985-88) tätig, bevor er 1988 am Braunschweiger Staatstheater zum Generalmusikdirektor ernannt wird.

Solti, Sir Georg (= Georg Stein)
Englischer Dirigent ungarischer Herkunft, geb. 21. 10. 1912 Budapest.
Er studiert an der Franz-Liszt-Akademie in Budapest bei Ernst von Dohnányi, Zoltán Kodály und Béla Bartók Klavier und Komposition und gibt als Zwölfjähriger sein erstes Konzert. 1930 arbeitet er als Assistent und 1934-39 als Kapellmeister an der Oper von Budapest. 1936-37 ist er während des Sommers Assistent von Arturo Toscanini bei den Salzburger Festspielen, eine für den jungen Musiker markierende Begegnung. Nach dem Ausbruch des Zweiten Weltkriegs emigriert er nach Zürich und nimmt seine Tätigkeit als Pianist wieder auf. 1942 gewinnt er beim internationalen Genfer Wettbewerb den 1. Preis.
Erst nach Ende des Zweiten Weltkrigs beginnt seine Karriere wirklich. Fast

fünfundzwanzig Jahre lang ist er fast ausschließlich als Operndirigent tätig. 1947-51 ist er Generalmusikdirektor der Münchner Oper und 1952-61 an der Frankfurter. 1961-71 verleiht er als Musikdirektor dem Covent Garden neuen Glanz. 1951 dirigiert er zum ersten Mal in Salzburg (*Idomeneo*, Mozart). Ende der 50er Jahre nimmt er seine ersten Schallplatten auf (*Der Ring des Nibelungen*, Wagner, mit den Wiener Philharmonikern). 1961 wird er zum Musikdirektor des philharmonischen Orchesters von Los Angeles ernannt, tritt aber die Stelle gar nicht an, da die Orchesterverwaltung, ohne ihn zu fragen, einen Assistenten ernannt hatte (dabei handelt es sich bei diesem Assistenten um Zubin Mehta!). 1969 übernimmt er die Leitung des Symphonie-Orchesters von Chicago. Seine zweite Karriere als Dirigent symphonischer Musik beginnt. Er behält diese Stelle bis 1991 bei. 1972-75 ist er gleichzeitig Direktor des Orchestre de Paris. 1973 ernennt ihn Rolf Liebermann zum musikalischen Berater der Pariser Oper. 1979-83 ist er Direktor der Londoner Philharmoniker. 1983 dirigiert er aus Anlaß des hundertsten Todestages Richard Wagners in Bayreuth den *Ring des Nibelungen*, ohne seinen gewohnten Leistungsstandard zu erreichen. Er zeichnet sich vor allem im deutschen und österreichischen postromantischen Repertoire und in der zeitgenössischen ungarischen Musik (Bartók, Kodály) aus. 1992 übernimmt er als Nachfolger Herbert von Karajans die künstlerische Leitung der Salzburger Osterfestspiele.

Wir verdanken ihm zahlreiche Uraufführungen, darunter Werke von Gilbert Amy (*D'un espace déployé*, Entfalteter Raum, 1973), Boris Blacher (*Requiem*, 1959; *Collage für Orchester*, 1968), David del Tredici (*Final Alice*, 1976), Gottfried von Einem (*Philadelphia Symphony*, 1961), Hans Werner Henze (*Heliogabalus Imperator*, 1972), Rolf Liebermann (*L'Ecole des femmes*, Die Schule der Frauen, zweite Version, 1957), Witold Lutosławski (*Symphonie Nr. 3*, 1983), Andrzej Panufnik (*Symphonie Nr. 10*, 1990), George Rochberg (*Symphonie Nr. 5*, 1986), Iannis Xenakis (*Noomena*, 1976).

Somogyi, László
Ungarischer Dirigent, geb. 25. 6. 1907 Budapest.
Er studiert an der Franz-Liszt-Akademie in Budapest bei Zoltán Kodály und Leo Weiner, bevor er selbst dort Professor für Orchesterleitung wird. Schon in jungen Jahren dirigiert er die meisten Orchester seines Landes. Seine eigentliche Karriere beginnt allerdings erst nach dem Zweiten Weltkrieg. In dieser Zeit gehört er zu den führenden Musikern seines Landes. 1945-50 leitet er die Ungarische Nationalphilharmonie und 1951-56 ist er Chefdirigent des Rundfunk-Symphonie-Orchesters von Budapest. Gleichzeitig dirigiert er regelmäßig an der Budapester Oper und formiert an der Musikakademie Franz Liszt die junge ungarische Dirigentengeneration. 1956 verläßt er sein Land und arbeitet in Europa als Gastdirigent. 1961 debütiert er in den Vereinigten Staaten. Kurz danach übernimmt er die Direktion des philharmonischen Orchesters von Rochester (1964-69). Anschließend zieht er nach Genf und nimmt seine Tätigkeit als Gastdirigent sowie als Lehrer wieder auf.

Sondeckis, Saulius
Litauischer Dirigent, geb. 11. 10. 1928.
Am Staatskonservatorium von Wilna (Litauen) wird er bis 1952 zum Violinisten ausgebildet; anschließend geht er an das Moskauer Konservatorium (1952-57). 1955 übernimmt er bereits die Leitung des Streichorchesters der Musikschule Konstantin Tschurlionis in Wilna. 1963 gründet er mit ehemaligen Schülern das Litauische Kammerorchester, mit dem er sich dem barocken und klassischen Repertoire widmet. Gleichzeitig besucht er die Meisterkurse von Igor Markevitch in Moskau. Am Staatskonservatorium von Wilna leitet er eine

Klasse für Streichinstrumente. 1967 erhält er mit seinem Kammerorchester beim Berliner Herbert-von-Karajan-Wettbewerb die Goldmedaille. Er wird auch international tätig und beschränkt sich dabei nicht auf das Repertoire von Kammerorchestern. Saulius Sondeckis ist Mitglied zahlreicher internationaler Jurys. Er bereichert das Repertoire seines Orchesters mit zahlreichen Auftragskompositionen. Wir verdanken ihm die Uraufführungen von Werken von Feliksas Bajors (*Wortfolge*), Vytantas Barkanskas (*Intimitische Komposition*), Bronius Kutawitschius (*Variationen zu Dzukija*) und Arvo Pärt (*Tabula Rasa*).

Soriano, Gonzalo
Spanischer Pianist, geb. 14. 3. 1913 Alicante, gest. 14. 4. 1972 Madrid.
Er ist zuerst als Maler und Bildhauer tätig, bevor er beschließt, Musiker zu werden. Er studiert zunächst in Madrid bei José Cubiles und anschließend in Paris bei Alfred Cortot und Wanda Landowska Klavier. 1929 debütiert er in Alicante, doch seine junge Karriere wird durch den spanischen Bürgerkrieg unterbrochen. Als Solist spezialisiert er sich auf das spanische Repertoire. Aber er tritt auch als Begleiter von Victoria de Los Angeles in Erscheinung. Zahlreiche Komponisten, darunter Oscar Esplà, Joaquín Rodrigo, Federico Mompou und Cristóbal Halffter schreiben für ihn.

Sotin, Hans
Deutscher Bassist, geb. 10. 9. 1939 Dortmund.
Er studiert zunächst Chemie, bevor er beschließt, Sänger zu werden. Er läßt seine Stimme privat bei Friedrich Wilhelm Hezel und anschließend bei Dieter Jacob am Dortmunder Konservatorium ausbilden und debütiert 1962 in Eutin. Über Essen geht er 1964 an die Hamburger Staatsoper, wo er alle wichtigen Baß-Rollen interpretiert. 1970 gastiert er in Glyndebourne als Sarastro (*Die Zauberflöte*, Mozart). Ein Jahr später singt er in Chicago den Großinquisitor (*Don Carlos*, Verdi). Wolfgang Wagner lädt ihn nach Bayreuth ein, wo er 1972 abwechselnd den Fafner (*Das Rheingold*) und den Landgraf (*Tannhäuser*) und später den Titurel, Gurnemanz (beide *Parsifal*) und den Wotan (*Der Ring des Nibelungen*) interpretiert. 1973 debütiert er in Wien als König Marke (*Tristan und Isolde*, alle Wagner). Im gleichen Jahr wird er in Hamburg, zu dessen Ensemble er immer noch gehört, zum Kammersänger ernannt. 1976 interpretiert er an der Scala den Baron Ochs (*Der Rosenkavalier*, R. Strauss). Hans Sotin zählt heute zu den gefragtesten Wagner-Bassisten, der auch aufgrund seiner darstellerischen Begabung besticht. Auch als Sarastro (*Die Zauberflöte*, Mozart) und in den Passionen Johann Sebastian Bachs ist er erfolgreich. Er nimmt an Uraufführungen von Werken von Milko Kelemen und Giselher Klebe teil.

Soudant, Hubert
Niederländischer Dirigent, geb. 16. 3. 1946 Maastricht.
Er studiert zunächst Horn, bevor er beschließt, Dirigent zu werden. Als Einundzwanzigjähriger wird er zum Chefassistenten der Orchester des niederländischen Rundfunks ernannt (1967-70). Gleichzeitig perfektioniert er sich bei Franco Ferrara in Italien und bei Jaap Spaanderman in Holland. Er gewinnt verschiedene internationale Auszeichnungen (Besançon 1971, Karajan-Wettbewerb 1973, Cantelli-Wettbewerb 1975) und wird von Orchestern aus Holland, Großbritannien, der Bundesrepublik, Belgien, Italien, den skandinavischen Ländern, Südafrika und Japan eingeladen. Mit den Londoner Philharmonikern nimmt er verschiedene Schallplatten auf. Er arbeitet mehrmals mit den Orchestern des französischen Rundfunks zusammen und dirigiert als erster in Frankreich 1973 auf dem Straßburger Musikfestival mit dem Nouvel Orchestre Philharmonique Gustav Mahlers *Symphonie Nr. 10*. 1981–

83 ist er Chefdirigent dieses Orchesters. 1982 übernimmt er zusätzlich die Leitung des Symphonie-Orchesters von Utrecht. 1988 wird er zum Musikdirektor des Symphonie-Orchesters der Region Emilia-Romagna ernannt. Er zeichnet für viele Uraufführungen verantwortlich, darunter Werke von Frank Michael Beyer (*Notre-Dame Musik*, 1984), Philippe Capdenat (*Simple-double-triple*, 1980), Marius Constant (*Nana-Symphonie*, 1980), Betsy Jolas, René Koering (*Elseneur*, 1980), Gérard Masson, Francis Miroglio und Michel Philipot (*Komposition Nr. 4*, 1982).

Soukupová, Věra
Tschechoslowakische Mezzosopranistin, geb. 12. 4. 1932 Prag.
Sie ist Schülerin der Prager Musikhochschule und läßt gleichzeitig ihre Stimme privat bei Louis Kadeřábék und A. Mustanová-Linková ausbilden. 1956 legt sie ihre Diplomprüfung als Sängerin ab. Zwei Jahre später wird sie beim internationalen Wettbewerb in Toulouse ausgezeichnet und 1963 beim internationalen Wettbewerb von Rio de Janeiro (1. Preis). 1957–60 gehört sie in Plzeň (Pilsen) dem Theater J. K. Tyl an und geht dann an die Prager Oper (1960–63). Nach dieser Zeit betätigt sie sich in immer stärkerem Maße als Konzertsängerin und wird von vielen europäischen Veranstaltern eingeladen. 1966 gastiert sie in Bayreuth und ab 1968 regelmäßig in Hamburg. Zu Beginn ihrer Karriere interpretiert sie die Dalila (*Samson et Dalila*, Saint-Saëns), Aida und Amneris (Verdi) sowie die Carmen (Bizet), später nimmt sie an Aufführungen der *Glagolská mše* (Glagolitische Messe, Janáček), von *Oedipus Rex* (Strawinsky) und Werken von Antonín Dvořák und Gustav Mahler teil. Sie engagiert sich auch für die Musik des 20. Jahrhunderts und macht Komponisten ihrer Heimat bekannt (Jaroslav Křička, Viktor Kalabis, Petr Eben und Eugen Suchoň).

Soustrot, Bernard
Französischer Trompeter, geb. 3. 9. 1954 Lyon.
Der Bruder von Marc Soustrot beginnt als Neunjähriger am Konservatorium seiner Heimatstadt mit seiner Ausbildung. 1970 nimmt Maurice André ihn in seine Trompeten-Klasse am Pariser Konservatorium auf. Beim internationalen Wettbewerb in Prag gewinnt er 1974 einen 1. Preis; ein Jahr später wird er vom Pariser Konservatorium mit einem 1. Preis ausgezeichnet. 1975 ist er Preisträger beim internationalen Genfer Wettbewerb und ein Jahr später beim Festival junger Solisten in Paris (Maurice-André-Wettbewerb). 1975–76 ist er Solo-Trompeter des Rundfunksymphonie-Orchesters in Stuttgart, bevor er in der gleichen Funktion an das Nouvel Orchestre Philharmonique von Radio France geht (1976–81). Ab dieser Zeit arbeitet er als international gefragter Solist. 1977 zeichnet er für die Uraufführung von Marcel Landowskis Werk *Au bout du chagrin une fenêtre ouverte* (Am Ende des Leids ein offenes Fenster) verantwortlich.

Soustrot, Marc
Französischer Dirigent, geb. 15. 4. 1949 Lyon.
Der Bruder Bernard Soustrots studiert am Konservatorium von Lyon 1962–69 Klavier, Posaune und Kammermusik und setzt dann sein Studium am Pariser Konservatorium bei Paul Bernard (Posaune), Christian Lardé (Kammermusik), Claude Ballif (Musikanalyse), Manuel Rosenthal und Georges Tzipine (Orchesterleitung) 1969–76 fort. 1974 gewinnt er beim Wettbewerb in London und 1975 bei dem in Besançon je einen 1. Preis. 1974–76 arbeitet er als Assistent André Previns bei dem Symphonie-Orchester von London. Wieder nach Frankreich zurückgekehrt, wird er stellvertretender Dirigent (1976) und schließlich Musikdirektor (1978) des philharmonischen Orchesters der Pays de la Loire. Ab 1986 ist er gleichzeitig künstlerischer Leiter der Oper von

Nantes (bis 1990). Wir verdanken ihm Uraufführungen von Werken von Claude Ballif (*Fantasio grandioso*, 1977), Alain Louvier (*Orchesterkonzert*, 1987) und Maurice Ohana (*Konzert für Klavier und Orchester Nr. 1*, 1981).

Souzay, Gérard (= Gérard Tisserand)
Französischer Bariton, geb. 8.12.1918 Angers.
Er studiert privat bei Pierre Bernac und am Pariser Konservatorium Gesang. 1945 debütiert er im Konzertsaal. Er zeichnet sich nicht nur als Sänger deutscher Lieder aus (vor allem seine Interpretation der *Dichterliebe* von Robert Schumann mit Alfred Cortot am Klavier, 1956, wird berühmt), sondern auch im französischen Repertoire (u. a. Ravel, Poulenc, Fauré). Als Oratoriensänger interpretiert er in Boston unter Charles Münch Arthur Honeggers *La Danse des Morts* (Totentanz), singt den Christus in Johann Sebastian Bachs Passionen und nimmt 1956 an der Uraufführung von Igor Strawinskys *Canticum Sacrum* unter der Leitung des Komponisten teil. Seine großen Bühnenrollen sind u. a. Orfeo (Gluck und Monteverdi, letzteres unter Leopold Stokowski 1960 in New York), Golo (*Pelléas et Mélisande*, Debussy, 1962 an der Oper in Rom und der Opéra-Comique in Paris zum hundertsten Geburtstag des Komponisten), Don Giovanni (Mozart, 1963 Pariser Oper), Graf Almaviva (*Le nozze di Figaro*, Figaros Hochzeit, Mozart; mit dieser Rolle debütiert er 1965 an der Met), Wolfram (*Tannhäuser*, Wagner), Pollux (Rameau). Er gibt am Mannes College in New York und an der University of Indiana, an der er bis 1985 unterrichtet, Interpretationskurse.

Soyer, Roger
Französischer Bassist, geb. 1.1.1939 Paris.
Er studiert zunächst privat bei Georges Daum und geht dann zu Georges Jouatte und Louis Musy an das Pariser Konservatorium. Er erhält 1. Preise in Gesang, komischer Oper (1962) und Oper (1963). Mit einem Ausschnitt aus der *Opéra d'Aran* (Arans Oper) von Gilbert Bécaud gewinnt er den Palmarès de la Chanson des französischen Rundfunks. 1962 debütiert er an der Piccola Scala in Mailand in *Les Mamelles de Tirésias* (Die Brüste des Tiresias, Poulenc) als Opernsänger. Man vertraut ihm zunächst kleinere Rollen an, bis er an der Seite von Maria Callas den Sciarrone (*Tosca*, Puccini) einstudieren kann und dabei Entscheidendes lernt. 1964 interpretiert er in Aix-en-Provence den Pluto (*Orfeo*, Monteverdi); im gleichen Jahr wirkt er in Paris unter der Leitung von Pierre Boulez an einer Aufführung von *Hippolyte et Aricie* (Rameau) mit. Er gastiert noch mehrmals in Aix-en-Provence und singt hier den Arkel (*Pelléas et Mélisande*, Debussy), Don Giovanni (Mozart, eine seiner Lieblingsrollen) und den Basilio (*Il barbiere di Siviglia*, Der Barbier von Sevilla, Rossini). 1968 debütiert er als Ralph (*La jolie fille de Perth*, Das schöne Mädchen aus Perth, Bizet) bei den Festspielen von Wexford. In Miami singt er den Bruder Laurent in *Roméo et Juliette* (Gounod). 1973 glänzt er bei den Edinburgher Festspielen als Don Giovanni. Während Rolf Liebermanns Intendantenzeit interpretiert er an der Pariser Oper u. a. den Ferrando (*Il Trovatore*, Der Troubadour, Verdi), Procida (*Les Vêpres siciliennes*, Die sizilianische Vesper, Verdi) und den Mephisto (*Faust*, Gounod). Hier nimmt er 1972 an der Uraufführung von Stanton Coes Oper *South* (Der Süden) teil.

Špaček, Jozef
Tschechoslowakischer Bassist, geb. 14.9.1935 Žďarná.
Er studiert Architektur; gleichzeitig läßt er an der Musikakademie von Bratislava (Preßburg) bei Anna Korínska seine Stimme ausbilden (1961–66). Er beginnt seine Karriere an der dortigen Oper und wechselt dann an die Nationaloper nach Prag (1969–75). Mit seinen Lieblingsrollen, u. a. Leporello

(*Don Giovanni*), Figaro (*Le nozze di Figaro*, Figaros Hochzeit, beide Mozart), Don Pasquale (Donizetti), Pimen (*Boris Godunow*, Mussorgskij) sowie dem tschechischen Repertoire (*Russalka*, Dargomyshski), *The Greek Passion* (Griechische Passion, Martinů) gastiert er auch in den westlichen Ländern erfolgreich.

Spalding, Albert
Amerikanischer Violinist, geb. 15. 8. 1888 Chicago, gest. 26. 5. 1953 New York.
Er studiert in Florenz und Paris bei Ulpiano Chiti, Juan Buitrago, Augustin Lefort und Antonio Scontrino und debütiert 1905 in Paris sowie 1908 in New York. Seine diskrete, nüchterne, dabei sensible Spielweise wird sehr geschätzt; zwischen den beiden Weltkriegen gehört er zu den beliebtesten Geigern. 1941 realisiert er Samuel Barbers *Konzert für Violine und Orchester*. Er spielt auf einer Stradivari aus dem Jahre 1732, die sich einst im Besitz von Joseph Joachim befunden hat.
WW: *Rise to Follow* (New York 1943); *A Fiddle, a Sword, and a Lady* (New York 1953).

Spencer, Robert
Englischer Lautenspieler, Gitarrist und Baryton, geb. 9. 5. 1932 Ilford.
Nach einer kurzen Tätigkeit als Bibliothekar beginnt er 1955 bei Walter Gerwig und Julian Bream Laute zu studieren; gleichzeitig läßt er an der Londoner Guildhall School of Music seine Stimme ausbilden. Anschließend perfektioniert er sich drei Jahre lang an der Dartington School of Music. 1960 wird er als Lautenspieler Mitglied im Julian Bream Consort, ohne deshalb seine Solistentätigkeit in Europa und Nordamerika aufzugeben. Im gleichen Jahr heiratet er die Mezzosopranistin Jill Nott-Bower, mit der er in der Folge Konzerte gibt. Auch mit James Bowman spielt er Kammermusik. Mit dem Londoner Early Music Consort nimmt er regelmäßig Schallplatten auf und spielt dabei die Theorbe oder Chitaronne. Er besitzt zahlreiche alte Instrumente und veröffentlicht regelmäßig Artikel in Fachzeitschriften. Alan Ribout widmet seiner Frau und ihm einen eigens für sie komponierten Liederzyklus.

Spierer, Leon
Deutscher Violinist, geb. 14. 1. 1928 Berlin.
Er wächst in Buenos Aires auf, studiert in London und beginnt seine Karriere nach dem Zweiten Weltkrieg mit Engagements in Nürnberg und Stockholm. Schnell gibt er in der ganzen Welt Gastspiele; in der Regel hält er in Großstädten, in denen er Konzerte gibt, auch Interpretationskurse ab. 1963 wird er zum Konzertmeister der Berliner Philharmoniker ernannt und steigt kurz darauf zum 1. Konzertmeister auf. Als Solist setzt er sich stark für zeitgenössische Musik ein. 1979 verwirklicht er die Uraufführung von Jean Françaix' *Konzert für Violine und Orchester Nr. 2*.

Spivakov, Vladimir
Baschkirischer Violinist, geb. 12. 9. 1944 Ufa.
Er stammt aus einer Musikerfamilie und beginnt als Siebenjähriger, am Konservatorium von Leningrad bei L. Sigal, einem Schüler Leopold Auers, Violine zu studieren. 1957 gewinnt er beim Leningrader Wettbewerb den 1. Preis. Im gleichen Jahr tritt er am Tschaikowskij-Konservatorium in Moskau in die Meisterklasse von Jurij Jankelewitsch ein. Er ist bei internationalen Wettbewerben erfolgreich: 3. Preis beim Marguerite-Long-Jacques-Thibaud-Wettbewerb 1965; 1. Preis beim Interpretationswettbewerb in Montreal 1968; 2. Preis beim Paganini-Wettbewerb in Genua 1969; 2. Preis beim Tschaikowskij-Wettbewerb in Moskau 1970. 1975 unternimmt er eine Tournee durch die Vereinigten Staaten, die ihn auf einen Schlag im Westen bekannt macht. 1977 spielt er in London Peter I. Tschaikowskijs *Konzert für Violine und Orchester*; die Schallplattenfirma EMI schließt dar-

aufhin einen Vertrag mit ihm. Spivakov ist ein hundertprozentiger Vertreter der sowjetischen Geigenschule mit einer makellosen Technik. Er spielt auf einer Violine von Francesco Gobetti aus dem 18. Jahrhundert. In der Sowjetunion realisiert er die Uraufführung einer *Sonate für Violine und Klavier* des Komponisten Arvo Pärt.

Spivakovsky, Tossy
Amerikanischer Violinist ukrainischer Herkunft, geb. 22.1. (4.2.) 1907 Odessa.
Er studiert bei Arrigo Serato und Willy Heß an der Berliner Hochschule für Musik und gibt als zehnjähriges Wunderkind sein erstes Konzert. 1920–33 unternimmt er zahlreiche Tourneen durch Europa. 1926–33 ist er gleichzeitig Konzertmeister der Berliner Philharmoniker, die damals von Wilhelm Furtwängler geleitet werden. Mit seinem Bruder Jascha (Klavier) und Edmond Kurz (Violoncello) bildet er ein Trio. 1933–39 ist er als Professor am Konservatorium von Melbourne tätig und gibt gleichzeitig als Solist viele Konzerte in Australien. 1940 läßt er sich in den Vereinigten Staaten nieder, wo er 1942–45 als Konzertmeister des Orchesters von Cleveland arbeitet. 1943 verwirklicht er die amerikanische Erstaufführung von Béla Bartóks *Konzert für Violine und Orchester Nr. 2*, die einzige Aufführung dieses Konzertes, der Bartók selbst beiwohnen konnte. Er zeichnet für Uraufführungen von Werken von Leonard Bernstein, Leon Kirchner, Frank Martin, Gian Carlo Menotti, Carl Nielsen, William Schuman, Miklós Rósza und Roger Sessions verantwortlich.

Spoorenberg, Elsa (= Elsa von Ulsen Spoorenberg)
Niederländische Sopranistin, geb. 11.4. 1925 Jogyakarta (Java).
Sie studiert bei Aaltje Noordewier-Reddingius in Hilversum und bei Berthe Seroen in Amsterdam Gesang und gleichzeitig am Konservatorium von Amsterdam Violine. 1947 debütiert sie anläßlich eines Radiokonzertes mit Wolfgang Amadeus Mozarts Motette *Exultate Jubilate*. Zwei Jahre später debütiert sie an der Wiener Oper auf der Bühne. In der österreichischen Hauptstadt ist sie sowohl in der Oper wie auch im Konzertsaal äußerst erfolgreich. Auch andere österreichische, deutsche und skandinavische Bühnen laden sie ein, doch das Zentrum ihrer Arbeit bleibt Wien. Erst 1958 wechselt sie an die Amsterdamer Oper. 1961 triumphiert sie unter der Leitung von Ernest Ansermet als Mélisande (*Pelléas et Mélisande*, Debussy) an der Hamburger Staatsoper.

Stabile, Mariano
Italienischer Bariton, geb. 12.5. 1888 Palermo, gest. 11.1. 1968 Mailand.
Er studiert in Rom bei Antonio Cotogni und debütiert 1909 in Palermo als Amonasro (*Aida*, Verdi). Ab 1922 singt er an der Scala, 1926–31 am Covent Garden, 1935–39 bei den Salzburger Festspielen. Sein Repertoire umfaßt mehr als sechzig Rollen, in deren Mittelpunkt Falstaff (Verdi) steht, zu dessen großen Interpreten er zählt. 1932 kreiert er die Titelrolle des *Belfagor* (Respighi).

Stabrawa, Daniel
Polnischer Violinist, geb. 1955 Krakau.
Er studiert in seiner Heimatstadt, wo er nach seiner Ausbildung am Rundfunk-Symphonie-Orchester zum Konzertmeister ernannt wird. Er gewinnt verschiedene internationale Wettbewerbe und beginnt von Berlin aus, wo er 1983 Mitglied der Philharmoniker wird, eine Karriere als Solist. 1988 wird er zum ersten Konzertmeister und zum Primgeiger des Philharmonia-Quartett Berlin ernannt.

Stade, Frederica von
Amerikanische Koloratur-Mezzosopranistin, geb. 1.6. 1945 Somerville (N.J.).
Als Zwanzigjährige beschließt sie, Sängerin zu werden, und läßt ihre Stimme von Sebastian Engelberg, Paul Berl und Otto Guth in New York ausbilden. Ru-

dolf Bing holt sie an die Met, wo sie als einer der Knaben in der *Zauberflöte* (Mozart) debütiert und während der drei darauffolgenden Jahre 20 Rollen interpretiert. 1973 wird sie mit dem Cherubin (*Le nozze di Figaro*, Figaros Hochzeit, Mozart), den sie an der Pariser Oper in der Inszenierung von Giorgio Strehler interpretiert, auch in Europa bekannt. Sie singt die Rolle anschließend in Glyndebourne und unter Herbert von Karajan bei den Salzburger Festspielen. 1975 debütiert sie als Rosina (*Il barbiere di Siviglia*, Der Barbier von Sevilla, Rossini) am Covent Garden. Beim Holland Festival singt sie den Octavian (*Der Rosenkavalier*, R. Strauss). 1976 kehrt sie mit *Cenerentola* (Aschenbrödel, Rossini) wieder nach Paris zurück und singt dort in der Inszenierung von Jorge Lavelli auch die Mélisande (*Pelléas et Mélisande*, Debussy). Ihre leichte, helle Stimme erlaubt ihr auch die Interpretation von reinen Sopran-Rollen. Sie fühlt sich in Mozart- und Rossini-Rollen wohl, interessiert sich aber auch für die französische Musik, vor allem für Jules Massenet (Charlotte, *Werther*, und *Cendrillon*, Aschenbrödel). 1985 interpretiert sie die Mélisande an der Scala. 1988 wirkt sie in Dallas an der Uraufführung von Dominick Argentos Oper *Aspern Papers* (Die Papiere von Aspern) mit.

Stader, Maria
Schweizer Sopranistin, geb. 5. 11. 1911 Budapest.
Als Vierjährige übersiedelt sie mit ihren Eltern in die Schweiz. 1933–39 studiert sie in Karlsruhe bei Hans Keller, geht dann nach Zürich zu Ilona Durigo, nach Mailand zu Giannina Arangi-Lombardi und nach New York zu Therese Schnabel-Behr. 1939 gewinnt sie beim internationalen Genfer Wettbewerb den 1. Preis, doch aufgrund des ausbrechenden Zweiten Weltkriegs kann sie davon nicht profitieren. Auch nach dem Krieg tritt sie nur selten auf Bühnen auf (u. a. als Königin der Nacht, *Die Zauberflöte*, Mozart, 1949–50 am Covent Garden), wird dafür aber als Konzertsängerin um so bekannter. Alle großen europäischen Musikzentren laden sie ein. Mehrere Tourneen führen sie nach Kanada und in die Vereinigten Staaten. Während der Salzburger Festspiele ist sie mit ihren Konzerten besonders erfolgreich. Sie gilt aufgrund ihrer Schallplattenaufnahmen als eine der besten Interpretinnen Wolfgang Amadeus Mozarts, auch wenn sie dessen Opern kaum auf der Bühne singt. Sie unterrichtet an der Musikakademie Zürich bis 1951 Gesang und hält ab dieser Zeit am Züricher Opernstudio Meisterklassen ab. Sie ist mit dem Dirigenten Hans Erismann verheiratet.

Stadler, Sergej
Russischer Violinist, geb. 20. 5. 1962 Leningrad.
Er erhält zuerst von seinem Vater Unterricht und geht dann 1969 an das Leningrader Konservatorium zu Boris Sergejew, Michael Waiman und Boris Gutnikow. Er perfektioniert sich bei Leonid B. Kogan. Als Zwölfjähriger tritt er zum ersten Mal mit einem Orchester auf. 1977 gewinnt er beim internationalen Prager Wettbewerb »Concertino Prag« den 1. Preis. Anschließend besucht er die Meisterkurse bei Viktor Tretjakow am Moskauer Konservatorium. 1979 wird er beim Marguerite Long-Jacques-Thibaud-Wettbewerb genau wie ein Jahr später beim internationalen Jean-Sibelius-Wettbewerb in Helsinki mit dem 2. Preis ausgezeichnet. 1982 teilt er sich mit Viktoria Mullova beim Moskauer Tschaikowskij-Wettbewerb den 1. Preis. Er setzt sich schnell als eine der markantesten Persönlichkeiten der neuen sowjetischen Violinisten-Generation durch. Neben dem traditionellen Virtuosen-Repertoire spielt er weniger bekannte Werke russischer Komponisten. Sergej M. Slonimski widmet ihm sein *Konzert für Violine und Orchester*, das er 1984 zur Uraufführung bringt. Er spielt auf einer Stradivari aus dem Jahre 1712, die sechzehn Jahre lang eines der bevorzugten Instrumente David F. Oistrachs war.

Stadlmair, Hans
Österreichischer Dirigent und Komponist, geb. 3. 5. 1929 Neuhofen.
Er studiert bei Alfred Uhl Komposition und bei Clemens Krauss Orchesterleitung. Er leitet den Stuttgarter Opernchor, bevor er 1956 das von Christoph Stepp 1950 gegründete Münchner Kammerorchester übernimmt. Tourneen führen ihn mit seinem Orchester um die ganze Welt. Wir verdanken ihm eine Version für Streicher des Adagios aus Gustav Mahlers *Symphonie Nr. 10*, die er auch auf Schallplatte aufnimmt. Als Komponist arbeitet er viel für Streichorchester.

Staier, Andreas
Deutscher Cembalist, geb. 13. 9. 1955 Göttingen.
Er studiert an der Hochschule für Musik in Hannover Klavier, Cembalo und Fagott. 1979 und 1981 wird er bei den Wettbewerben des Deutschen Musikrats ausgezeichnet. Mit Hilfe eines Stipendiums perfektioniert er sich bei Ton Koopman am Konservatorium von Amsterdam, wo ihm 1982 einstimmig eine Auszeichnung zugesprochen wird. 1983–86 gehört er dem Kölner Ensemble Musica Antiqua an. Um diese Zeit beginnt er am Cembalo und am Pianoforte eine Solistenkarriere, die ihn um die Welt führt.
1986 gehört er zu den Gründungsmitgliedern des Ensembles »Les Adieux«, das sich auf die Musik des 18. Jahrhunderts spezialisiert und auf alten Instrumenten musiziert. 1987 wird er an der Schola Cantorum Basiliensis zum Professor für Pianoforte ernannt.

Stapp, Olivia
Amerikanische Sopranistin, geb. 31. 5. 1940 New York.
Sie studiert bei Ettore Campogalliani, Rodolfo Ricci und Oren Brown. 1960 debütiert sie während des Festival dei due Mondi in Spoleto als Beppe (*L'amico Fritz*, Mascagni). Ab 1972 gehört sie dem Ensemble der New York City Opera an. Auch international ist sie sehr gefragt. Ihr weitgespanntes Repertoire enthält die großen Rollen des dramatischen Soprans; so fällt sie 1982 in Paris als Lady Macbeth (*Macbeth*, Verdi) auf. Im gleichen Jahr debütiert sie in New York an der Metropolitan Opera. Ein Jahr später gibt sie in *Turandot* (Puccini) an der Scala ihren Einstand; mit der gleichen Oper gastiert sie 1985 im Pariser Sportpalast Bercy. 1971 kreiert sie bei der Uraufführung von Eatons Oper *Herakles* die Rolle der Dejarine.

Starker, Janos
Amerikanischer Cellist ungarischer Herkunft, geb. 5. 7. 1924 Budapest.
Als Sechsjähriger erhält er in Budapest ersten Musik-Unterricht. 1933 tritt er zum ersten Mal in der Öffentlichkeit auf. Nach Studien bei Adolf Cziffer an der Franz-Liszt-Musikhochschule in Budapest und an der Wiener Musikakademie ist er 1945–46 als Solo-Cellist an der Budapester Oper und dem dortigen philharmonischen Orchester tätig. 1946 verläßt er Ungarn. Nach zahlreichen Konzert- und Kammermusikabenden in den wichtigsten europäischen Städten läßt er sich 1948 in den Vereinigten Staaten nieder, wo er Solocellist des Symphonie-Orchesters von Dallas (1948–49), der Met (1949–53) und des Symphonie-Orchesters von Chicago wird (1953–58). Anschließend ist er als Solist tätig. Er unterrichtet ab 1958 an der University of Indiana und ist musikalischer Berater zahlreicher amerikanischer Kammer- und Symphonie-Orchester. Ab 1973 hält er während der Luzerner Festspiele regelmäßig Meisterklassen ab. Sowohl als Kammermusiker wie als Solist ist sein Repertoire weitgespannt und reicht von Antonio Vivaldi bis Béla Bartók. Seine besondere Liebe gilt der ungarischen Musik des 20. Jahrhunderts. So setzt er sich vor allem für das Werk von Béla Bartók und für das von Zoltán Kodály ein, dessen *Sonate für Violoncello solo*, op. 8., er weltweit bekannt macht. 1969 realisiert er die Uraufführung von Miklós Rószas

Konzert für Violoncello und Orchester. Vor allem mit den Pianisten Julius Katchen und György Sebők spielt er Kammermusik. Er besitzt ein Matteo Goffriller (um 1705) und ein Guarneri, das *Nova* (1707).

Stefano, Giuseppe di
siehe **Di Stefano, Giuseppe**

Stefanov, Vassil Ivanov
Bulgarischer Dirigent, geb. 24. 4. (7. 5.) 1913 Schumen.
Er studiert bei Sascha Popov an der Musikakademie von Sofia Violine (1929-33) und später bei Václav Talich in Prag Orchesterleitung (1947). Er debütiert als Violinist, bevor er zum zweiten Dirigenten des philharmonischen Orchesters von Sofia ernannt wird (1946-54). 1948 gründet er das Symphonie-Orchester des bulgarischen Rundfunks, das er bis 1980 als Chefdirigent leitet. 1954 gründet er außerdem das Symphonie-Orchester von Schumen; 1957 übernimmt er die Leitung des ausschließlich aus Frauen bestehenden Streichorchesters des Sofioter Konservatoriums. Ab 1961 übernimmt er gleichzeitig den Sofioter Männerchor. 1981 wird er zum künstlerischen Direktor der Philharmonie von Burgas (Bulgarien) ernannt.

Stefańska-Łukowicz, Elzbieta
Polnische Cembalistin und Pianistin, geb. 7. 9. 1943 Krakau.
Sie wird von ihrer Mutter Halina Czerny-Stefańska an der Krakauer Musikhochschule unterrichtet. Sehr früh schon tritt sie als Solistin oder als Duo-Partnerin ihrer Mutter auf. 1965 wird sie beim internationalen Genfer Wettbewerb mit einem 2. Preis ausgezeichnet. 1973 erhält sie den Preis der Stadt Krakau. Sie ist Professorin an der Musikakademie in Krakau und gehört dem Warschauer Barock-Trio an. Sie ist mit dem Pianisten Jerzy Łukowicz (geb. 1. 4. 1936 Krakau) verheiratet.

Stein, Horst Walter
Deutscher Dirigent, geb. 2. 5. 1928 Elberfeld.
Er studiert bei Kurt Thomas an der Kölner sowie an der Frankfurter Musikhochschule (1940-47) und debütiert 1947 als Kapellmeister an den Städtischen Bühnen in Wuppertal. 1951-55 arbeitet er in der gleichen Funktion an der Hamburger Staatsoper. Während des Sommers ist er in den Jahren 1952-54 Assistent in Bayreuth. 1955-61 geht er an die Berliner Staatsoper, kehrt dann wieder nach Hamburg zurück (1961-64) und wird schließlich in Mannheim Generalmusikdirektor (1963-70). 1969 leitet er in Bayreuth den *Parsifal* und im darauffolgenden Jahr zum ersten Mal den *Ring des Nibelungen* (beide Wagner). 1970-72 ist er 1. Kapellmeister der Wiener Oper und geht dann als Generalmusikdirektor nach Hamburg zurück (1972-77). Ab 1975 ist er musikalischer Berater Wieland Wagners in Bayreuth und 1980-85 Musikdirektor des Orchestre de la Suisse Romande. 1985 übernimmt er die Direktion der Bamberger Sinfoniker und ab 1987 die des Symphonie-Orchesters von Basel. 1954 leitet er die Uraufführung der szenischen Version von Bohuslav Martinůs *The Marriage* (Die Hochzeit), 1971 die von *Der Besuch der alten Dame* von Gottfried von Einem und 1987 die der *Symphonie* von Rudolf Kelterborn.

Steinbach, Fritz
Deutscher Dirigent, geb. 17. 6. 1855 Grünsfeld (Baden), gest. 13. 8. 1916 München.
Er studiert am Konservatorium von Leipzig und perfektioniert sich anschließend bei Vincenz Lachner in Karlsruhe sowie bei Gustav Nottebohm in Wien. 1880-86 ist er als 2. Kapellmeister in Mainz tätig; gleichzeitig unterrichtet er in Frankfurt (1883-86). Anschließend übernimmt er als Nachfolger von Hans von Bülow und Richard Strauss das Orchester von Meiningen (1886-1902). Mit diesem Orchester spielt er 1902 in

London mit großem Erfolg alle Symphonien Johannes Brahms'. Anschließend wird er als Nachfolger Franz Wüllners Leiter des Kölner Gürzenich-Orchesters (1903–14). Gleichzeitig steht er dem dortigen Konservatorium vor. Zu seinen Schülern zählt u. a. Fritz Busch. Er setzt sich stark für die Musik von Johannes Brahms ein und leitet 1909 in München die ersten Brahms-Festspiele. Max Reger widmet ihm seine *Variationen über ein Thema Hillers*, die er 1907 zur Uraufführung bringt.

Steinberg, Pinchas
Amerikanischer Dirigent israelischer Herkunft, geb. 12. 2. 1945 New York.
Er beginnt schon früh, Violine zu lernen, und perfektioniert sich in New York. 1964 nimmt er an dem Festival von Tanglewood teil. Anschließend wird er Dozent an der berühmten University of Indiana. 1967 wird er zum stellvertretenden Chefdirigenten der Oper von Chicago ernannt, an der er für Ferdinand Leitner einspringt, der bei einer Aufführung des *Don Giovanni* (Mozart) einen Schwächeanfall erleidet. 1971 geht er nach Berlin, um bei Boris Blacher Komposition zu studieren. Im darauffolgenden Jahr gewinnt er den internationalen Wettbewerb von Florenz. Die wichtigsten europäischen Orchester laden ihn zu Gastdirigaten ein. 1979 dirigiert er in Frankfurt zum ersten Mal auf europäischem Boden eine Oper. Anschließend wird er regelmäßig von Stuttgart, Hamburg und Berlin eingeladen. Der Covent Garden meldet sich, die Pariser Oper sowie San Francisco und weitere wichtige Häuser. 1985–89 ist er als Generalmusikdirektor in Bremen tätig. 1989 übernimmt er die Leitung des Symphonie-Orchesters des österreichischen Rundfunks in Wien.

Steinberg, William (– Hans Wilhelm Steinberg)
Amerikanischer Dirigent deutscher Herkunft, geb. 1. 8. 1899 Köln, gest. 16. 5. 1978 New York.
Er studiert zunächst Klavier und Violine und geht dann zu Hermann Abendroth an das Kölner Konservatorium, um Orchesterleitung zu studieren. 1924 wird er Assistent Otto Klemperers an der Kölner Oper. Ein Jahr später wechselt er an das Deutsche Landestheater in Prag. 1929–33 ist er musikalischer Leiter der Frankfurter Oper und der dortigen Museumskonzerte; 1930 leitet er hier die Uraufführung von Arnold Schönbergs Oper *Von Heute auf Morgen*. Während dieser Zeit gastiert er regelmäßig an der Berliner Oper. Das nationalsozialistische Regime bereitet ihm größte Schwierigkeiten; er darf nur noch Konzerte für den jüdischen Kulturbund dirigieren. So verläßt er Deutschland und gründet 1936 mit Bronislav Hubermann das Symphonie-Orchester Palästinas, das er zwei Jahre lang als Chefdirigent auch leitet. Anschließend holt ihn Arturo Toscanini als stellvertretender Dirigent des Orchesters der NBC nach New York (1938–41). 1944–48 ist er ständiger Gastdirigent der Oper von San Francisco. 1945–53 leitet er das philharmonische Orchester von Buffalo, 1952–76 das Symphonie-Orchester von Pittsburgh und 1958–60 die Londoner Philharmoniker. 1964–68 ist er als senior guest conductor der New Yorker Philharmoniker und 1969–72 als musikalischer Leiter des Symphonie-Orchesters von Boston tätig. Wir verdanken ihm zahlreiche Uraufführungen, darunter Werke von Aaron Copland (Ballett-Suite *Billy the Kid*, 1940), Lukas Foss (*Choralsymphonie*, 1958), Paul Hindemith (*Pittsburgh Symphony*, 1959) und Roger Sessions (*Symphonie Nr. 8*).

Stern, Isaac
Amerikanischer Violinist ukrainischer Herkunft, geb. 21. 7. 1920 Kremenetz.
Er ist ein Jahr alt, als seine Familie sich in den Vereinigten Staaten niederläßt. Als Siebenjähriger erhält er Klavier-Unterricht; später studiert er Violine bei Louis Persinger (1928–31), bevor er zu Naoum Blinder an das Konservato-

rium von San Francisco (1932–37) geht. Als Elfjähriger gibt er unter Pierre Monteux mit dem Symphonie-Orchester von San Francisco sein erstes Konzert. 1937 debütiert er mit viel Erfolg in New York. Doch bevor er endgültig seine Solisten-Laufbahn einschlägt, perfektioniert er sich weitere zwei Jahre lang bei Blinder in San Francisco, bis er 1939 wieder in New York auftritt. Stern engagiert sich in immer stärkerem Maße für die Musik seiner Zeit, nimmt Aufgaben innerhalb des National Council der Vereinigten Staaten wahr, ist Beirat der Carnegie Hall und unterstützt junge Komponisten und Interpreten. Vor allem auf dem Gebiet der Kammermusik leistet er Außergewöhnliches. 1950–52 gastiert er als Partner Pablo Casals auf dem Festival von Prades und 1953–67 auf dem von Puerto Rico. 1961 gründet er mit dem Pianisten Eugene Istomin und dem Cellisten Leonard Rose ein Trio.

Er zeichnet für die Uraufführungen zahlreicher Werke verantwortlich, die zum Teil für ihn geschrieben wurden und ihm gewidmet sind, darunter Kompositionen von Leonard Bernstein (*Serenade*, 1954), Peter Maxwell Davies (*Konzert für Violine und Orchester*, 1985), Henri Dutilleux (*Konzert für Violine und Orchester*, 1985), Krzysztof Penderecki (*Konzert für Violine und Orchester*, 1977), George Rochberg (*Konzert für Violine und Orchester*, 1975) und William Schuman (*Konzert für Violine und Orchester*, 1950). 1981 wird seine China-Reise, bei der er vor allem als Pädagoge wirkt, im Film festgehalten. Er besitzt zwei Guarneri del Gesù, die *Vicomte de Panette* (1737) und die aus dem Besitz Eugène Ysaÿes (1740).

Sternefeld, Daniel
Belgischer Dirigent, geb. 27. 11. 1905 Antwerpen, gest. 2. 6. 1986 Uccle bei Brüssel.
Er studiert am Konservatorium von Antwerpen und perfektioniert sich anschließend bei Paul Gilson in Brüssel sowie bei Bernhard Paumgartner, Clemens Krauss und Herbert von Karajan am Mozarteum in Salzburg, bevor er an der Oper von Antwerpen debütiert. 1935 wird er dort zum 1. Kapellmeister ernannt. 1947 geht er als Dirigent zum Symphonie-Orchester des belgischen Rundfunks und wird dort 1958 zum Chefdirigenten ernannt (bis 1970). 1949–71 ist er als Professor am Konservatorium von Antwerpen tätig.

Steuermann, Edward (= Eduard Steuermann)
Amerikanischer Pianist und Komponist polnischer Herkunft, geb. 18. 6. 1892 Sambor (bei Lwow, Lemberg), gest. 11. 11. 1964 New York.
Er erhält ersten Klavier-Unterricht von seiner Mutter Augusta Amster-Steuermann, nimmt 1904–1910 in Lemberg Privatunterricht bei Vilém Kurz und geht dann nach Berlin zu Ferruccio Busoni (1911–12), Engelbert Humperdinck und Arnold Schönberg (1912–14). Schönberg vertraut ihm 1912 bei der Uraufführung von *Pierrot lunaire* den Klavierpart an. Nach seinem Studium kehrt er in seine Heimat zurück und unterrichtet an der Paderewski-Schule in Lwow sowie am jüdischen Konservatorium von Krakau (1932–36). 1936 emigriert er in die Vereinigten Staaten, wo er 1948–63 am Konservatorium von Philadelphia und 1952–64 an der Juilliard School of Music in New York unterrichtet. Daneben hält er zahlreiche Meisterklassen u. a. in Salzburg, Darmstadt und Israel ab. Er gehört zu den wichtigsten Interpreten der Musik der zweiten Wiener Schule und gilt als Schüler Busonis als ein wichtiger Vermittler der Klaviertradition. Zu seinen Schülern zählen u. a. Alfred Brendel, Joseph Kalichstein, Moura Lympany, Lili Kraus und Lorin Hollander. Von seinen Uraufführungen sind vor allem die der Werke Arnold Schönbergs nennenswert: neben *Pierrot lunaire* realisiert er die von *Klavier-Suite* op. 25 (1923), *Septett* op. 29 (1927), *Ode to Napoleon Buonaparte*, op. 41 b

und *Konzert für Klavier und Orchester* op. 42 (beide 1944).

Stevens, Denis William
Englischer Musikwissenschaftler und Chorleiter, geb. 2. 3. 1922 High Wycombe (Buckinghamshire).
Er studiert bei Reginald Owen Morris (1940–42), Egon Wellesz (1946–49) und Hugh Allen (Studienabschluß mit MA, 1947) am Jesus College in Oxford. Als Violinist und Bratschist gehört er 1946–49 dem Londoner Philharmonia Orchestra an. Er wird auch als Kammermusiker tätig und produziert 1949–54 für die BBC Sendungen über das ausgehende Mittelalter, die Renaissance und das Barock. Er gehört zum Redaktionsstab des *Dictionary of Music and Musicians* (Grove) an, übernimmt 1962 eine Gastprofessur in Berkeley (Kalifornien), bevor er 1963–64 an der Staatsuniversität von Pennsylvania unterrichtet. 1964–74 ist er als Professor für Musikwissenschaften an der Universität von Columbia tätig. 1974 hält er an der Universität von Santa Barbara und 1976–77 an der von Seattle Vorlesungen zur Geschichte der Musik. Er ist Mitbegründer der Ambrosians Singers, die er 1956–60 leitet, sowie Präsident und künstlerischer Leiter der Accademia Monteverdiana. Er arbeitet eng mit Vokalensembles wie der Schola Cantorum in London (Adam de la Halle), dem Jaye Consorts of Viols (Gesualdo, Instrumentalstücke) und natürlich mit den von ihm gegründeten Gruppen zusammen. Sein Einfluß ist vor allem in den Vereinigten Staaten, wo er als einer der wichtigsten Pioniere auf dem Gebiet der alten Musik angesehen wird, beträchtlich. Stevens veröffentlicht zahlreiche musikwissenschaftliche Arbeiten und leitet die Reihen *The Mulliner Book* sowie *Early Tudor Organ Music*. Er ist Mitglied der Plainsong and Mediaeval Music Society sowie seit 1961 der Londoner Royal Academy of Music.

Stewart, Thomas
Amerikanischer Baß-Bariton, geb. 29. 8. 1928 San Saba (Tex.).
Er studiert zunächst an der Baylor University und geht dann an die Juilliard School of Music in New York zu Mack Harrell, wo er als La Roche in *Capriccio* (R. Strauss) debütiert. Er wird Mitglied der New York City Opera und erhält ein Stipendium der Fulbright Foundation, mit dessen Hilfe er sich in Europa perfektionieren kann. 1958 debütiert er an der Berliner Oper als Escamillo (*Carmen*, Bizet), an der er in der Folge vor allem als Don Giovanni (Mozart) glänzt. 1960 debütiert er, wieder als Escamillo, am Covent Garden und in Bayreuth, wo er bis 1975 regelmäßig gastiert und den Amfortas (*Parsifal*), Donner, Wotan, Gunther (alle *Der Ring des Nibelungen*), den Holländer (*Der fliegende Holländer*) sowie den Heerrufer (*Lohengrin*, alle Wagner) interpretiert. Daneben gibt er Gastspiele in Paris (1967, Wotan), bei den Osterfestspielen in Salzburg (1967–73, Wotan, Gunther), an der Met, wo er den Kurwenal (*Tristan und Isolde*) und Hans Sachs (*Die Meistersinger von Nürnberg*, beide Wagner) interpretiert sowie bei den Chorégies in Orange, bei denen er 1974 den Jochanaan (*Salome*, R. Strauss) und 1980 den Holländer singt. Er tritt auch als Lied- und Oratoriensänger auf. Thomas Stewart ist mit der Sopranistin Evelyn Lear verheiratet.

Stich-Randall, Teresa
Amerikanische Sopranistin, geb. 24. 12. 1927 West Hartford (Conn.).
Als Elfjährige wird sie Mitglied der Musikschule von Hartford; vier Jahre später singt sie die Aida (Verdi). In den Kirchen ihrer Heimatstadt sammelt sie als Solistin erste Erfahrungen. 1945 beginnt sie ihr Studium an der Columbia University in New York; sie nimmt an den Uraufführungen von Virgil Thomsons *The Mother of Us All* (Die Mutter von uns allen), Otto Luenings *Evangelina* und Ernest Blochs *Macbeth* teil.

1946 wirkt sie unter Arturo Toscanini für die NBC an Aufführungen von *Aida* und *Falstaff* (beide Verdi) mit. Mit Hilfe eines Stipendiums der Fulbright Foundation kann sie sich perfektionieren. 1951 wird sie beim Lausanner und beim Genfer Wettbewerb ausgezeichnet. Im gleichen Jahr tritt sie in Florenz in *Oberon* (v. Weber) auf. 1952 gastiert sie bei den Salzburger Festspielen und debütiert in *La Traviata* (Verdi) an der Wiener Oper, wo sie in der gleichen Spielzeit noch in acht weiteren Rollen auftritt. 1953 gastiert sie bei dem Festival von Aix-en-Provence, wo sie vor allem als Mozart-Sängerin große Erfolge erzielt. Zwei Jahre später debütiert sie in Chicago und 1961 als Fiordiligi (*Così fan tutte*, Mozart) an der Met. 1962 wird sie mit dem Titel einer Kammersängerin ausgezeichnet. Als Liedsängerin beschäftigt sie sich in erster Linie mit Kompositionen von Franz Schubert.

Stiedry, Fritz
Amerikanischer Dirigent österreichischer Herkunft, geb. 11. 10. 1883 Wien, gest. 9. 8. 1968 Zürich.
Er studiert in Wien an der Universität Rechtswissenschaften und an der Musikakademie bei Eusebius Mandyczewski Komposition. Gustav Mahler empfiehlt ihn Ernst von Schuch, der ihn als Assistent an die Dresdner Oper holt (1907–08). Anschließend arbeitet er nacheinander in Teplitz, Poznań (Posen) und Prag, bis er 1913 in Kassel zum 2. Kapellmeister ernannt wird. 1914–23 wirkt er als 1. Kapellmeister an der Berliner Oper. 1924 wird er als Nachfolger Felix von Weingartners Direktor der Wiener Volksoper (bis 1925), bevor er nach Berlin zurückkehrt und 1928–33 Chefdirigent der Städtischen Oper wird. Die politische Entwicklung in Deutschland zwingt ihn zur Emigration. 1933–37 finden wir ihn als künstlerischen Direktor des philharmonischen Orchesters in Leningrad. 1938 zieht er in die Vereinigten Staaten. 1941 arbeitet er an der New Opera Company in New York, 1945–46 an der Oper von Chicago und 1946–58 an der Metropolitan Opera in New York, wo er vor allem die Opern Richard Wagners und Giuseppe Verdis dirigiert. Ab und zu kommt er nach Europa zurück. So leitet er 1947 in Glyndebourne eine unvergeßliche Aufführung von *Orphée et Eurydice* (Gluck) mit Kathleen Ferrier in der Titelrolle. Er zeichnet für verschiedene Uraufführungen von Werken von Arnold Schönberg (*Die glückliche Hand*, 1924, *Kammersymphonie Nr. 2*, 1940), Dmitri D. Schostakowitsch (*Konzert für Klavier, Trompete und Orchester*, 1933) und Kurt Weill (*Die Bürgschaft*, 1923) verantwortlich.

Stignani, Ebe
Italienische Mezzosopranistin, geb. 11. 7. 1903 Neapel, gest. 5. 10. 1974 Imola.
Sie studiert bei Agostino Roche am Konservatorium San Pietro a Majella in Neapel. Der Direktor des neapolitanischen Teatro San Carlo hört sie bei einer Schüleraufführung und vertraut ihr 1925 die Rolle der Amneris (*Aida*, Verdi) an. Sie erzielt einen solchen Erfolg, daß Arturo Toscanini auf sie aufmerksam wird, der sie 1926 nach Busseto zu einer Aufführung zu Ehren Giuseppe Verdis (sie singt die Meg Page in *Falstaff*) und anschließend an die Scala einlädt, wo sie im Dezember 1926 in der Rolle der Eboli (*Don Carlos*, Verdi) debütiert. Nach ihrer Arie »O don fatale« muß die Aufführung minutenlang unterbrochen werden, da die Begeisterung des Publikums keine Grenzen kennt. Bis 1953 ist sie als Mezzosopranistin eine der Publikumslieblinge der Scala, der sie eng verbunden bleibt, auch wenn sie in Europa sowie in Nord- und Südamerika regelmäßig Gastspiele gibt. Ihr weitgespanntes Repertoire umfaßt mehr als sechzig Rollen und reicht von Arsace (*Semiramide*, Rossini) über die Ulrica (*Un ballo in maschera*, Ein Maskenball, Verdi) bis zu Santuzza (*Cavalleria rusticana*, Mascagni).

Stilwell, Richard
Amerikanischer Bariton, geb. 6. 5. 1942 Saint Louis.
Er studiert an der University of Indiana in Bloomington Gesang und geht dann zu Daniel Ferro nach New York. Sofort nach Beendigung seines Wehrdienstes debütiert er an der New York City Opera als Pelléas (*Pelléas et Mélisande*, Debussy). In der gleichen Rolle debütiert er unter Sir Colin Davis am Covent Garden. Anschließend nimmt er in Houston an einer Aufführung der *Bohème* (Puccini) teil, bevor er wieder nach Europa zurückkehrt, um bei den Festspielen von Glyndebourne an einer in russisch gesungenen Aufführung von *Eugen Onegin* (Tschaikowskij) mitzuwirken. Raymond Leppard lädt ihn ein, in San Francisco an einer Aufführung von *L'incoronazione di Poppea* (Die Krönung der Poppea, Monteverdi) teilzunehmen, bevor er in John Dexters Produktion von *Così fan tutte* (Mozart) an der Met debütiert. 1976 wirkt er an der New York City Opera an einer Aufführung von *Il ritorno d'Ulisse in patria* (Die Heimkehr des Odysseus, Monteverdi) mit; im gleichen Jahr kreiert er an der Oper von Baltimore bei der Uraufführung von Thomas Pasatieris Oper *Ines de Castro* die männliche Hauptrolle. Jean-Pierre Ponnelle lädt ihn trotz seiner Jugend ein, in Glyndebourne den Falstaff (Verdi) zu interpretieren. Er wird vom Publikum und der Kritik einhellig gefeiert. Bei den Festspielen in Aix-en-Provence interpretiert er schließlich zum ersten Mal den *Don Giovanni* (Mozart). Die Scala, die Genfer Oper, die Fenice in Venedig sowie die wichtigsten europäischen und amerikanischen Bühnen laden ihn zu Gastspielen ein. 1988 wirkt er in Dallas an der Uraufführung von Dominick Argentos Oper *Aspern Papers* (Die Papiere von Aspern) mit.

Stilz, Manfred
Deutscher Cellist und Flötist, geb. 13. 9. 1946 Saarbrücken.
Sein Vater ist der Direktor der Musikhochschule seiner Heimatstadt. Er studiert zunächst mit viel Erfolg Germanistik und wird mit dem Scheffel-Preis ausgezeichnet. Erst nach Abschluß dieses Studiums beschäftigt er sich mit Flöte und Violoncello. In beiden Instrumenten erhält er bei den Wettbewerben der Jeunesse musicale mehrmals 1. Preise. 1966 gewinnt er den internationalen Wettbewerb der Bundesrepublik in Blockflöte. 1970 wird er am Pariser Konservatorium, wo er sich bei André Navarra perfektioniert, mit 1. Preisen in Violoncello und Kammermusik ausgezeichnet. In dieser Zeit gründet er das Ravel-Trio, das 1972 den Belgrader Wettbewerb gewinnt und weltweit auftritt. Gleichzeitig verfolgt er eine Solisten-Karriere. Als Professor für Blockflöte unterrichtet er an der Pariser Ecole Normale de Musique und als Professor für Violoncello nacheinander an den Konservatorien von Moulins, Boulogne, Châteauroux und Rouen. Er ist Mitglied des Ensemble Instrumental de France und des Ensemble Orchestral de Paris. Bei einem von France Musique organisierten Konzert spielt Manfred Stilz sogar an einem Abend seine beiden Instrumente. Er besitzt ein Violoncello aus der Werkstatt von Lorenzo Ventapane (Neapel 1810) und verschiedene Blockflöten von Dolmetsch, Coolsma und von Hueue.

Stock, Frederick (= Friedrich A. Stock)
Amerikanischer Dirigent deutscher Herkunft, geb. 11. 11. 1872 Jülich, gest. 20. 10. 1942 Chicago.
Er studiert am Konservatorium von Köln bei Georg Joseph Japha Violine und bei Engelbert Humperdinck sowie Franz Wüllner Komposition. 1891–95 ist er als Geiger im Kölner Gürzenich-Orchester tätig; anschließend geht er als Bratscher an das Chicago Symphony Orchestra, wo er ab 1901 als stellvertretender Dirigent tätig ist. Ab 1903 ist er für die Konzerte außerhalb Chicagos verantwortlich, bevor er 1905 als Nachfolger von Theodor Thomas die Leitung des Orchesters ganz übernimmt und

diese Stellung bis zu seinem Tod beibehält. Er setzt sich für die Musik seiner Zeit ein, spielt Werke von Claude Debussy, Maurice Ravel, Gustav Mahler, Paul Hindemith und Sergej S. Prokofjew, dessen *Konzert für Klavier und Orchester Nr. 3* er 1921 mit dem Komponisten am Flügel zur Uraufführung bringt. Er versucht, das Publikum für die neue Musik zu begeistern und beschäftigt sich auch mit Konzerten für Kinder. Er zeichnet für zahlreiche Uraufführungen verantwortlich. Zum 50. Geburtstag des Orchesters werden bei Darius Milhaud, Igor Strawinsky, Zoltán Kodály, William Walton, Reinhold Glière, Alfredo Casella, Roy Harris und Nikolaj Mjaskowskij Kompositionen in Auftrag gegeben und unter seiner Leitung uraufgeführt.

Stokowski, Leopold Anthony
Amerikanischer Dirigent englischer Herkunft, geb. 18. 4. 1882 London, gest. 13. 9. 1977 Nether Wallop bei Hampshire.
Sein Vater ist Pole und seine Mutter Irin. Er studiert zunächst am Queen's College in Oxford und geht dann zu Charles Parry und Charles Stanford an das Royal College of Music nach London. Anschließend perfektioniert er sich in Paris und München. 1900 debütiert er als Organist an der Kirche St. James in Piccadilly. 1905 geht er nach New York und wird Organist an der Kirche St. Bartholomew (bis 1908). In Paris macht er erste Erfahrungen als Dirigent, als er für einen erkrankten Kollegen einspringt. Anschließend leitet er in London einige Konzerte. 1909 wird er zum Dirigenten des Symphonie-Orchesters von Cincinnati ernannt. 1912 wechselt er zum Orchester von Philadelphia, das er während seiner langen Arbeit (bis 1938) zu einem der bedeutendsten amerikanischen Orchester formt. Er interessiert sich stark für akustische Probleme und verbessert entscheidend die Bedingungen, unter denen sein Orchester auftritt. 1924–27 unterrichtet er am Curtis Institute in Philadelphia. Er setzt sich stark für die Musik seiner Zeit ein und leitet eine Reihe bedeutender amerikanischer Erstaufführungen, darunter Werke von Igor Strawinsky (*Ödipus Rex* und *Le Sacre du printemps*, Das Frühlingsopfer), Arnold Schönberg (*Gurre-Lieder*), Alban Berg (*Wozzek*) und Gustav Mahler (*Symphonie Nr. 8, »Symphonie der Tausend«*). Er interessiert sich auch für den Film und wirkt an Walt Disneys Produktion *Fantasia* mit (1940). 1939 gründet er das All American Youth Orchestra, das er bis 1941 leitet, eines der ersten Jugendorchester überhaupt. 1941–44 lädt ihn Arturo Toscanini regelmäßig zu Gastdirigaten des Orchesters der NBC ein. 1944 gründet er das New York City Symphony Orchestra und leitet es ein Jahr. Anschließend übernimmt er das Hollywood Bowl Symphony Orchestra (1945–47). 1946–50 arbeitet er als guest conductor der New Yorker Philharmoniker. Erst 1955 bindet er sich wieder, als er die Direktion des Symphonie-Orchesters von Houston übernimmt (bis 1961); von hier aus geht er nach New York und leitet das American Symphony Orchestra (1962–72). 1972 kehrt er nach Großbritannien zurück und nimmt noch viele Schallplatten auf. 1911–1923 ist er mit der Pianistin Olga Samaroff (1882–1943) verheiratet, einer der bedeutendsten amerikanischen Klavierpädagoginnen.

Leopold Stokowski ist vor allem aufgrund seiner begeisternden Musikvermittlung bekannt geworden. Bezeichnend für ihn ist die Freiheit, mit der er Partituren interpretiert; gegen Ende seiner Laufbahn wird er aus diesem Grund in immer stärkerem Maß kritisiert. Als Pionier nimmt er 1917 seine erste Schallplatte auf. Während seines Lebens leitet er mehr als zweitausend Ur- oder amerikanische Erstaufführungen. Besonders intensiv setzt er sich für das Werk des Komponisten Charles Ives ein. Hier ein Ausschnitt aus der Liste der von ihm verwirklichten Uraufführungen: *Symphonie Nr. 4* (1944, Antheil), *Quattro poemi* (Vier Gedichte,

1955, Henze), *Symphonie Nr. 4* (Ives, 1965), *Sinfonia elegiaca* (Elegische Symphonie, 1957) und *Universal prayer* (Universelles Gebet, 1970, beide Panufnik), *Rhapsodie über ein Thema von Paganini* (1934) und *Symphonie Nr. 3* (1936, beide Rachmaninow), *Konzert für Violine und Orchester* (1940, Schönberg), *Intégrales* (1925), *Amériques* (1926) und *Arcana* (1927, alle Varèse).
W: *Music for All of Us* (New York 1943).

Stoljarski, Pjotr Solomonowitsch
Ukrainischer Violinist und Pädagoge, geb. 30. 11. 1871 Lipovets, gest. 24. 4. 1944 Swerdlowsk.
Er erhält zunächst von seinem Vater Geigen-Unterricht und geht dann nach Warschau zu Stanisław Barcewicsz und nach Odessa zu Emil Młynarski und Josef Karbulka. 1898–1919 gehört er dem Opernorchester von Odessa an. 1911 gründet er dort seine erste Geigen-Schule. Zu Beginn der 20er Jahre beginnt er, am Konservatorium von Odessa zu unterrichten, wo er 1923 zum Professor ernannt wird. 1933 gründet er seine zweite Geigen-Schule, die Kindern vorbehalten ist und seinen Namen trägt. Während des Zweiten Weltkriegs lebt er in Swerdlowsk und trifft dort seinen alten Schüler David F. Oistrach wieder, der ihm die Ausbildung seines Sohnes Igor anvertraut. Ohne eine wirkliche Solisten-Karriere eingeschlagen zu haben, ist Stoljarski ein wichtiges Glied in der russischen Geigen-Tradition: sein Lehrer Josef Karbulka ist selbst Schüler von Otakar Ševčík und vermittelt ihm die Grundlagen des tschechischen Geigen-Spiels, die er an David F. Oistrach weiterreicht. Oistrach wiederum bildet so wichtige Violinisten wie Viktor Pikaisen, Gidon Kremer und Oleg Kagan aus. Zu Stoljarskis Schülern gehören neben Oistrach und Oistrachs Sohn Igor auch Nathan Milstein und Elisabeth Gilels, die Frau Leonid B. Kogans.

Stolz, Robert Elisabeth
Österreichischer Dirigent und Komponist, geb. 25. 8. 1880 Graz, gest. 27. 6. 1975 Berlin.
Sein Vater Jacob Stolz, Dirigent und Schüler Anton Bruckners, und seine Mutter, die Pianistin Ida Bondy, erteilen ihm ersten Musik-Unterricht. Als Siebenjähriger spielt er vor Johannes Brahms. Anschließend geht er an das Wiener Konservatorium zu Robert Fuchs und an das Berliner zu Engelbert Humperdinck. 1897 wird er in Graz zum Korrepetitor ernannt. Ein Jahr später geht er als 2. Kapellmeister nach Marburg an der Drau. 1899 lernt er Johann Strauß kennen, der ihm empfiehlt, die Komponistenlaufbahn einzuschlagen, und ihn auf seine Begabung für die leichte Musik hinweist. Robert Stolz setzt sich sein ganzes Leben für die Musik von Johann Strauß ein, dessen silbernen Dirigentenstab er besaß. Noch im Jahre 1899 wird seine erste Operette gedruckt. 1902 geht er als 1. Kapellmeister an das Salzburger Theater. Er heiratet Grete Holm, eine beliebte Sängerin des Theaters von Brno (Brünn), dessen Leitung er 1903 übernimmt. 1907 wird er 1. Kapellmeister am Theater an der Wien, wo er die Uraufführungsserie von Franz Lehárs Operette *Die lustige Witwe* nach der 420. Vorstellung übernimmt. Die Wiener Operette befindet sich auf ihrem Höhepunkt. Stolz komponiert viel, schreibt Schlager und erste Filmmusiken. Während des Ersten Weltkriegs zieht er nach Berlin. Für den Film *Spring Parade* (gedreht 1934) wird ihm 1941 der Oscar verliehen. Für Fred Astaire schreibt er 1936 die Musik zu dem Film *Rise and Shine*. Im gleichen Jahr kehrt er nach Wien zurück. Nach Hitlers Einmarsch in Österreich flieht er 1938 über die Schweiz nach Paris und von dort aus 1940 in die Vereinigten Staaten, wo er für den erkrankten Bruno Walter einspringt. 1943 schreibt er für den René-Clair-Film *It happened tomorrow* die Musik. Im Oktober 1946 kehrt er nach Wien zurück, wo er trotz seines fortgeschrittenen Alters weiterhin komponiert und dirigiert.

Stolze, Gerhard Wolfgang
Deutscher Tenor, geb. 1. 10. 1926 Dessau, gest. 11. 3. 1979 Garmisch-Partenkirchen.

Nach dem Ende des Zweiten Weltkriegs, den er als Soldat verbringt, wird er zuerst Schauspieler am Stadttheater Bautzen, an der Dresdner Komödie und innerhalb einer Wandertruppe, bevor er in Dresden bei Willy Bader und Rudolf Dittrich Gesangs-Unterricht nimmt. 1949 debütiert er an der Dresdner Oper in *Die Meistersinger von Nürnberg* (Wagner). Er gehört zu dem Ensemble, das in Bayreuth 1951 die ersten Nachkriegsfestpiele veranstaltet, und feiert hier bedeutende Erfolge. Zehn Jahre lang gastiert er regelmäßig auf dem grünen Hügel und interpretiert den Mimen (*Der Ring des Nibelungen*) sowie den David (*Die Meistersinger von Nürnberg*, beide Wagner). Bis 1953 gehört er der Dresdner und 1953–61 der Ostberliner Oper an. Ab 1956 wird er regelmäßig von der Stuttgarter und der Wiener Oper eingeladen. Ab 1959 gastiert er bei den Salzburger Festspielen. 1960 kreiert er bei der Uraufführung von Frank Martins Oratorium *Le Mystère de la Nativité* (Das Mysterium der Geburt) die Rolle des Satans und ein Jahr später in Wien bei der von Carl Orffs *Ödipus der Tyrann* die Titelrolle. Ab 1961 gehört er zum Ensemble der Wiener Staatsoper. Er gastiert auf allen großen europäischen und nordamerikanischen Bühnen. Seine überragende schauspielerische Begabung und seine geschmeidige Stimmführung prädestinieren ihn für Buffo-Rollen, in denen er sich auszeichnet.

Storck, Klaus
Deutscher Cellist, geb. 11. 2. 1928 Berlin.

Er studiert bei Hans Münch-Holland in Detmold und bei Enrico Mainardi und gibt als Zwölfjähriger sein erstes Konzert. Er schlägt eine internationale Solistenkarriere ein. Daneben unterrichtet er 1954–58 an der Hochschule für Musik in Mainz, 1958–65 in Essen, 1964–71 als Professor in Köln und ab 1973 an der Hochschule für Musik in Hannover. 1970–75 bildet er mit Alfons Kontarsky und Saschko Gawriloff ein Trio und mit Alfons Kontarsky ein Duo. Auch mit seiner Frau, der Harfenistin Helga Storck (geb. 21. 5. 1940 Mechtal, Oberschlesien), die als Solistin den Münchner Philharmonikern angehört, spielt er regelmäßig Kammermusik.

Stoutz, Edmond de
Schweizer Dirigent, geb. 18. 12. 1920 Zürich.

Als Dreijähriger erhält er von Amie Münch in Niederbronn (Elsaß) ersten Klavier-Unterricht. Später lernt er Oboe, Violoncello und Schlagzeug. Während seiner Schulzeit dirigiert er ein Zürcher Gymnasial-Orchester. Nach seinem Abitur studiert er zunächst zwei Jahre lang Jura, bevor er sich endgültig für die Musik entscheidet und sich am Zürcher Konservatorium einschreibt. Er perfektioniert sich als Dirigent in Lausanne, Salzburg und Wien. 1946 gründet er ein privates Kammerorchester, das 1951 in Zürcher Kammerorchester umgetauft wird. Mit diesem Orchester unternimmt er Tourneen durch die ganze Welt; er spielt viele Schallplatten ein und wirkt an zahlreichen Funk- und Fernsehsendungen mit. 1962 gründet er außerdem den gemischten Zürcher Konzertchor. Stoutz setzt sich mit seinen Ensembles für die zeitgenössische Musik ein und leitet viele Uraufführungen, darunter Werke von Walter Gieseler (*Konzert für Streichorchester*, 1958), Paul Huber (*Divertimento für Streicher*, 1959), Peter Mieg (*Kammerkonzert für Streicher, Klavier und Schlagzeug*, 1953, *Konzert für Cembalo und Orchester*, 1954, *Concerto Veneziano*, 1955, *Mit Nacht und Tag*, 1962), Paul Müller (*Sinfonie in D*, op. 53, 1953), Giovanni Ugolini (*Konzert für Streichorchester*, 1961), Wladimir Vogel (*Goethe-Aphorismen* für Sopran und Streicher), Ernst Widmer (*Hommages*, 1961) und Mario Zafred (*Sinfonia breve für Streicher*, 1955).

Stracciari, Riccardo
Italienischer Bariton, geb. 26. 6. 1875 Casalecchio di Reno (bei Bologna), gest. 10. 10. 1955 Rom.

Er studiert am Konservatorium von Bologna bei Umberto Masetti und debütiert in Bologna 1899 in Lorenzo Perosis Oratorium *La resurrezione di Cristo* (Die Auferstehung Christi). Ein Jahr später debütiert er als Marcel (*La Bohème*, Puccini) auf der Bühne. Die italienischen Opernhäuser melden sich umgehend, aber auch das San Carlos in Lissabon sowie Kairo und Santiago. Ab 1904 gastiert er häufig an der Scala. 1906–08 gehört er der Met an, wo er als Georg Germont (*La Traviata*, Verdi) debütiert. Der wichtigste Teil seiner Karriere spielt sich allerdings weiterhin an der Scala ab, wo er 1906 an der italienischen Erstaufführung von Peter I. Tschaikowskijs *Pikowaja dama* (Pique Dame) mitwirkt, und am Teatro Costanzi in Rom. Auch in Südamerika, wo er auf allen großen Bühnen, vor allem aber im Teatro Colón auftritt, ist er sehr beliebt. 1917–19 gehört er zum Ensemble der Oper von Chicago. Erst 1944 nimmt er seinen Bühnenabschied, um sich fortan pädagogischen Aufgaben zu widmen. Boris Christoff und Alexander Svéd gehören zu seinen Schülern.

Straram, Walther (=Walther Marrast)
Französischer Dirigent, geb. 9. 7. 1876 London, gest. 24. 11. 1933 Paris.

Er studiert Violine und beginnt seine Laufbahn 1892 als Geiger im Orchestre Lamoureux. 1896 wird er an der Oper von Lyon zum Chorleiter ernannt. Anschließend geht er in der gleichen Funktion an die Pariser Oper und an die dortige Opéra-Comique. André Caplet holt ihn als Assistent an die Bostoner Oper (1909–13). Nach seiner Rückkehr verwirklicht er 1914 die Uraufführung von Caplets *Inscriptions champêtres* (Feldzeichen). Nach dem Ersten Weltkrieg arbeitet er am Théâtre des Champs-Elysées und am Théâtre du Vieux-Colombier, wo er 1918 Arthur Honeggers symphonische Dichtung *Le Dit des jeux du monde* zur Uraufführung bringt. 1925 gründet er sein eigenes Orchester. Acht Jahre lang versammelt er die hervorragendsten Pariser Instrumentalisten um sich, um der Musik seiner Zeit zu dienen. Sein Orchester gilt als eines der besten der französischen Hauptstadt; Arturo Toscanini wählt es, um mit ihm sein Pariser Debüt zu realisieren. 1929 übernimmt Straram die Leitung des Théâtre des Champs-Elysées. Zwei Jahre später erhält er für seine Aufnahme von Claude Debussys *Prélude à l'après-midi d'un faune* (Vorspiel zum Nachmittag eines Fauns) den ersten Schallplattenpreis, der je vergeben wurde, den Prix Candide. Bei dieser Einspielung realisiert Marcel Moyse das Flöten-Solo.
Er verwirklicht viele Uraufführungen, darunter die von *Le Bal vénitien* (Venezianischer Ball, 1930, Delvincourt), *Prélude pour la Tempête* (Vorspiel zum Sturm, 1923, Honegger), *Offrandes oubliées* (Vergessene Opfer, 1931) und *Hymne* (1933, beide Messiaen), *Agamemnon* (1924, Milhaud), *Boléro* (1928, Ravel), *Prélude, marine et chanson* (Vorspiel, Marinestück und Chanson, 1931, Ropartz), *Konzert* op. 34 (1927) und *Kleine Suite* (1930, beide Roussel) sowie Werke von Conrad Beck, Alfredo Casella, Marcel Dupré, Jean Rivier und anderer. An französischen Erstaufführungen sind *Kammerkonzert* (1927, Berg), *Kammermusik für Klavier und Orchester* (1929) und *Konzert für Orgel und Orchester* op. 46, Nr. 2 (1930, beide Hindemith) sowie *Passacaglia* (1923) und *5 Stücke* op. 10 (1929, beide v. Webern) erwähnenswert.

Stratas, Teresa (= Anastasia Strataki)
Kanadische Sopranistin, geb. 26. 5. 1938 Toronto.

Ihre Familie ist griechischer und amerikanischer Herkunft. Sie studiert am Konservatorium von Toronto bei Irene Jessner sowie an der dortigen Universität bei Herman Gerger-Torel. 1958 debütiert sie in Toronto als Mimi (*La Bo-*

hème, Puccini). Ein Jahr später gewinnt sie den von der Met ausgeschriebenen Wettbewerb »Auditions of the Air«. Die Met engagiert sie für die Spielzeit 1960–61. 1961 gastiert sie bei den Festspielen von Athen im Theater Herodes-Attikus. 1962 wirkt sie an der Mailänder Scala an der szenischen Uraufführung von *L'Atlantida* (de Falla) mit. 1963 singt sie in Moskau am Bolschoi-Theater und 1966 in Berlin (*La Traviata*, Verdi). Im gleichen Jahr noch debütiert sie in Paris und interpretiert mit der American Opera Society *Giovanna d'Arco* (Die Jungfrau von Orleans, Verdi); ein Jahr später gastiert sie zum ersten Mal am San Carlos in Lissabon. Der Covent Garden sowie die Münchner und Hamburger Opern melden sich. Sie feiert auf den europäischen und nordamerikanischen Bühnen und Konzertsälen Triumphe, die 1979 bei der Uraufführung der integralen Fassung von *Lulu* (Berg) unter Pierre Boulez in der Regie von Patrice Chéreau kulminieren, bei der sie die Titelrolle mit überwältigendem Erfolg kreiert. 1982 spielt und singt sie in Franco Zefirellis Film *La Traviata* die Violetta. Ein Jahr später beschließt sie, ihre Karriere zu unterbrechen und an der Seite von Mutter Theresa in den Slums von Kalkutta zu arbeiten. 1986 kehrt sie in dem Musical *Rags* wieder an den Broadway zurück.

Straube, Montgomery Rufus Karl Siegfried
Deutscher Organist und Chorleiter, geb. 6. 1. 1873 Berlin, gest. 27. 4. 1950 Leipzig.
Sein Vater Johann Straube ist Organist an der Hl. Kreuzkirche in Berlin und Orgelbauer. Karl Straube studiert in seiner Heimatstadt bei Otto Dienel, bringt sich aber das Wesentliche selbst bei. 1895 wird er als stellvertretender Organist an die Berliner Kaiser-Wilhelm-Gedächtniskirche berufen. Zwei Jahre später übernimmt er die Orgel in der Kathedrale von Wesel. Er befreundet sich mit Max Reger. 1902 geht er als Thomas-Organist nach Leipzig. Ein Jahr später übernimmt er die Leitung des Bach-Vereins und wird zusätzlich Organist im Gewandhaus. 1904 organisiert er die ersten Bach-Festspiele. 1917 beginnt er, als Professor für Orgel am Konservatorium von Leipzig zu unterrichten; 1918 wird er zum Thomaskantor ernannt. Ein Jahr später gründet er innerhalb des Leipziger Konservatoriums das Kirchenmusikalische Institut der Evangelisch-Lutherischen Landeskirche Sachsens. 1920 werden der Bach-Chor und der Gewandhaus-Chor zusammengelegt; Straube übernimmt die Leitung des neugebildeten Chores (bis 1932). 1931–37 dirigiert er die den Kantaten Johann Sebastian Bachs gewidmeten Sonntagskonzerte mit dem Thomanerchor und dem Gewandhausorchester, die das musikalische Leben Leipzigs markieren.
Er spielt eine entscheidende Rolle bei der Wiederentdeckung des Bachschen Werkes; seine Interpretationen bemühen sich um Partiturtreue und geben den musikwissenschaftlichen Forschungen der zweiten Hälfte des 20. Jahrhunderts wertvolle Anregungen. Wir verdanken ihm die Herausgabe wichtiger Chor- und Orgelliteratur. Max Reger widmet ihm seine Phantasie über *Wachet auf, ruft uns die Stimme* (1900).
W: *Briefe eines Thomaskantors* (Stuttgart 1952).

Strauss, Paul
Amerikanischer Dirigent, geb. 29. 6. 1922 Chicago.
Er studiert zunächst Violine und lernt dann zusätzlich Klavier und Bratsche, bevor er an die North Western University geht und dort Musiktheorie, Komposition und Orchesterleitung studiert. 1939–41 ist er an dieser Universität als Assistent tätig. Er perfektioniert sich bei Frederick Stock als Dirigent. 1946–48 ist er Assistent von Dimitri Mitropoulos in Minneapolis, bevor er als musikalischer Leiter 1953 an das American Ballet Theater wechselt. 1954–56 dirigiert er das Rundfunkorchester von Ra-

dio Zürich. Die wichtigsten Musikzentren laden ihn ein. So leitet er u. a. in Florenz die italienische Erstaufführung von Dmitri D. Schostakowitschs *Katerina Ismailowa*. 1967–77 ist er als musikalischer Leiter des Symphonie-Orchesters von Lüttich tätig, bevor er wieder als Gastdirigent arbeitet.

Strauss, Richard Georg
Deutscher Dirigent und Komponist, geb. 11. 6. 1864 München, gest. 8. 9. 1949 Garmisch-Partenkirchen.
Der Sohn eines Hornisten am Münchner Hoforchester studiert bei August Tombo Klavier, bei Benno Walter Violine und bei dem Kapellmeister Friedrich Wilhelm Meyer Musiktheorie und Komposition. Er lernt Hans von Bülow kennen, eine für seine Entwicklung entscheidende Begegnung: er wird 1885 dessen Assistent und anschließend Nachfolger in Meiningen. 1886 kehrt er nach München zurück und wird 3. Kapellmeister an der Münchner Oper (1886–89), bevor er als Assistent Hermann Levis nach Bayreuth geht. Anschließend wird er 3. Kapellmeister in Weimar. 1894 wird er als 1. Kapellmeister Nachfolger Levis an der Münchner Oper. Gleichzeitig leitet er die Berliner Philharmoniker (1893–95) und debütiert als Dirigent in Bayreuth (*Tannhäuser*, Wagner, 1894). Erst während der Spielzeiten 1933 und 1934 kehrt er nach Bayreuth zurück, um dort den *Parsifal* (Wagner) zu dirigieren. 1898 wird er als 1. Hofkapellmeister an der Berliner Oper Nachfolger von Felix Weingartner; er wird 1908 an diesem Haus zum Generalmusikdirektor ernannt (bis 1918). 1917–20 unterrichtet er an der Berliner Musikhochschule; 1919 übersiedelt er bereits nach Wien, wo er die musikalische Leitung der Oper übernimmt (1919–24). Nach Beendigung dieses Vertrags arbeitet er als Gastdirigent. 1933 wird er von den Nationalsozialisten zum Leiter der Reichsmusikkammer ernannt, gibt aber 1935 dieses Amt wieder ab, da er aufgrund eines Briefes an Stefan Zweig, der von der Gestapo abgefangen wird, politische Schwierigkeiten zu befürchten hat. Das Libretto zu *Die schweigsame Frau* (Uraufführung Dresden 1935) stammt von Stefan Zweig. Obwohl seine Schwiegertochter Jüdin ist, wird ihm gestattet, in Deutschland zu bleiben, allerdings unter ständiger Überwachung. Seine letzten Lebensjahre (1945–49) verbringt er in der Schweiz; erst wenige Monate vor seinem Tod kehrt er nach Deutschland zurück.
Richard Strauss dirigiert hauptsächlich eigene Werke sowie das deutsche romantische Repertoire. Die meisten seiner symphonischen Dichtungen werden unter seiner Leitung auf Schallplatte aufgenommen. Auch als Interpret der Werke Wolfgang Amadeus Mozarts und Ludwig van Beethovens leistet er Außergewöhnliches, wobei seine vitale, energische Auffassung der eher reflektierenden deutschen Tradition entgegensteht. Er leitet die Uraufführung von Jean Sibelius' *Konzert für Violine und Orchester* und Engelbert Humperdincks *Hänsel und Gretel*.

Streich, Rita
Deutsche Koloratursopranistin, geb. 18. 12. 1920 Barnaul (bei Nowosibirsk), gest. 20. 3. 1987 Wien.
Ihr Vater ist als Kriegsgefangener in Sibirien interniert. Während ihrer Kindheit zieht ihre Familie nach Deutschland. Sie studiert in Berlin bei Willy Domgraf-Fassbänder, Maria Ivogün und Erna Berger Gesang. 1943 debütiert sie am Stadttheater von Aussig. 1946 wechselt sie an die Staatsoper von Berlin, wo sie als Olympia (*Les Contes d'Hoffmann*, Hoffmanns Erzählungen, Offenbach) und Blonde (*Die Entführung aus dem Serail*, Mozart) erste Erfolge erzielt. 1950 geht sie an die Städtische Oper von Berlin und 1953 an die Wiener Staatsoper. 1952 gastiert sie zum ersten Mal bei den Bayreuther Festspielen. Ab 1954 nimmt sie regelmäßig an den Salzburger Festspielen teil. Im gleichen Jahr debütiert sie an der Oper von Rom als Sophie (*Der Ro-

senkavalier, R. Strauss). Die Scala, der Covent Garden, die Oper von Chicago und die Festspiele von Aix-en-Provence sowie von Glyndebourne laden sie ein. 1957 unternimmt sie eine ausgedehnte Tournee durch Nordamerika und gastiert dabei auf allen bedeutenden Bühnen. Sie ist auch eine einfühlsame Liedsängerin. Ihr mit einem kleinen Schuß Frechheit versetzter Humor zeichnet ihre Interpretationen aus. Ab 1974 unterrichtet sie an der Folkwang-Hochschule in Essen. Während der Festspielzeiten hält sie am Salzburger Mozarteum Meisterklassen ab. 1983 übernimmt sie die Leitung des Perfektionszentrums für Sänger in Nizza.

Streicher, Ludwig
Österreichischer Kontrabassist, geb. 26. 6. 1920 Wien.
Er studiert an der Wiener Musikakademie und debütiert als Solobassist (1940–43) und Solocellist (1943–44) am Staatstheater von Krakau. 1945 wird er Mitglied der Wiener Philharmoniker (bis 1973). Ab 1958 gehört er außerdem der Wiener Hofmusikkapelle an. Ab 1966 unterrichtet er an der Wiener Hochschule für Musik; 1973 wird er dort zum Professor ernannt. Um diese Zeit beginnt seine Karriere als Solist. Er trägt entscheidend dazu bei, den Kontrabaß aus der bloßen Funktion eines Begleitinstrumentes zu befreien, und gibt viele bisher unveröffentlichte Werke für sein Instrument heraus. Er spielt auf einem Instrument von Gabriel Lemböck, das im 19. Jahrhundert in Wien hergestellt wurde. Ludwig Streicher zeichnet für Uraufführungen von Werken von Paul Angerer, Gottfried von Einem (*Sonata enigmatica*, Rätselhafte Sonate, 1988), Marcel Rubin und Erich Urbanner verantwortlich. Sein Sohn Wolfgang (geb. 1958) ist Violinist und Konzertmeister des Stuttgarter Kammerorchesters.

Stryja, Karol
Polnischer Dirigent, geb. 2. 2. 1915 Cieszyn.
Er studiert am Konservatorium von Kattowitz Bratsche und spielt 1947–51 unter der Leitung von Grzegorz Fitelberg im Rundfunksymphonie-Orchester von Kattowitz; gleichzeitig nimmt er bei Fitelberg Unterricht in Orchesterleitung. 1951 wird er zum 2. und zwei Jahre später zum Chefdirigenten der Schlesischen Nationalphilharmonie in Kattowitz ernannt, an deren Spitze er den wichtigsten Teil seiner Karriere absolviert. 1968–83 leitet er zusätzlich das Symphonie-Orchester von Odense (Dänemark). Er ist Professor für Orchesterleitung an der Musikakademie von Kattowitz und Gründer des dortigen internationalen Grzegorz-Fitelberg-Wettbewerbes für Dirigenten, der seit 1979 alle vier Jahre ausgeschrieben wird, sowie des internationalen Carl-Nielsen-Wettbewerbes für Violinisten in Odense (gegründet 1980).

Studer, Cheryl
Amerikanische Sopranistin, geb. 24. 10. 1955 Midland (Michigan).
Sie studiert zunächst in den Vereinigten Staaten am Konservatorium von Ohio und an der University of Tennessee und gewinnt 1978 den von der Metropolitan Opera in New York ausgeschriebenen Wettbewerb »Auditions of the Air«. Anschließend setzt sie ihr Studium an der Hochschule für Musik in Wien und bei Hans Hotter fort. 1980 debütiert sie in der Münchner Oper als 1. Dame (*Die Zauberflöte*, Mozart) und schließt sich für zwei Jahre deren Ensemble an. 1983–85 verbringt sie in Darmstadt, wo sie fast alle Mozart-Rollen ihres Faches singt, außerdem Micaëla (*Carmen*, Bizet), Desdemona (*Otello*, Verdi), Tatjana (*Eugen Onegin*, Tschaikowskij) und Eva (*Die Meistersinger von Nürnberg*, Wagner). 1984 debütiert sie mit Micaëla in den Vereinigten Staaten (Oper von Chicago). Ab 1985 gehört sie zum Ensemble der Deutschen Oper Berlin. Im gleichen Jahr debütiert sie als Elisa-

beth (*Tannhäuser*, Wagner) bei den Bayreuther Festspielen. Bis 1987 singt sie die Elisabeth, 1988 dann die Elsa (*Lohengrin*, Wagner). 1986 debütiert sie an der Pariser Oper als Pamina (*Die Zauberflöte*, Mozart); 1987 singt sie hier die Chrysothemis (*Elektra*, R. Strauss). Im gleichen Jahr tritt sie als Donna Anna (*Don Giovanni*, Mozart) zum ersten Mal an der Mailänder Scala auf, wo sie 1988 als Mathilde (*Guillaume Tell*, Wilhelm Tell, Rossini) gastiert. Sie gilt als eine der besten lyrischen Sopranistinnen ihrer Generation, die vor allem in Wagner- und Strauss-Rollen glänzt.

Stutzmann, Nathalie
Französische Altistin, geb. 6. 5. 1965 Suresnes.
Die Tochter der Sopranistin Christiane Stutzmann (geb. 1939) studiert Klavier, Fagott, Kammermusik, Gesang und Operndarstellung am Konservatorium von Nancy, wo sie in sämtlichen Studienfächern mit 1. Preisen ausgezeichnet wird. 1983 ist sie Preisträgerin des internationalen Gesang-Wettbewerbs in Brüssel. Anschließend perfektioniert sie sich an der Schule der Pariser Oper, wo sie bei Hans Hotter, Christa Ludwig und Daniel Ferro studiert. Das seltene Timbre ihrer Stimme fällt auf. 1986 debütiert sie an der Pariser Oper in *Dido and Aeneas* (Purcell). Unter bedeutenden Dirigenten (Michel Corboz, Seiji Ozawa, Michel Plasson und Mstislav L. Rostropovitch) gibt sie Konzerte, wobei das Lied-Repertoire einen bedeutenden Platz einnimmt.

Süsskind, Hans Walter (= Hans Walter Süßkind)
Englischer Dirigent und Pianist tschechoslowakischer Herkunft, geb. 1. 5. 1913 Prag, gest. 25. 3. 1980 Berkeley.
Er studiert an der Prager Akademie für musische Künste bei den Komponisten Josef Suk und Alois Hába Komposition und bei Karel Hoffmeister Klavier und geht dann zu George Szell nach Berlin zum Studium der Orchesterleitung. 1934–38 arbeitet er zunächst als Assistent von Szell am Deutschen Theater in Prag. Er läßt sich anschließend in London nieder, wo er als Pianist des Tschechischen Trios arbeitet (1938–42), das in London beheimatet ist. 1943–45 ist er Chefdirigent der Carl Rosa Opera Company. Anschließend dirigiert er gleichzeitig am Londoner Sadler's Wells Theater (1946–54) und als Chefdirigent des Scottish National Orchestra in Glasgow (1946–52). 1953 übernimmt er das Symphonie-Orchester von Melbourne (bis 1955) und wird 1956 Musikdirektor des Symphonie-Orchesters von Toronto (1956–65), bevor er 1968 zum Symphonie-Orchester von Saint Louis in die Vereinigten Staaten geht, wo er seit 1962 bereits künstlerischer Leiter des Festivals von Aspen ist (bis 1968). 1969 übernimmt er die Leitung des Festivals von Mississippi. 1978–80 ist er Direktor des Symphonie-Orchesters von Cincinnati. Er leitet viele kanadische Erstaufführungen der Symphonien von Anton Bruckner und Gustav Mahler.

Suitner, Otmar
Österreichischer Dirigent, geb. 16. 5. 1922 Innsbruck.
Er studiert am Konservatorium seiner Heimatstadt und geht dann zu Clemens Krauss an das Mozarteum Salzburg (1940–42). 1942 debütiert er am Landestheater Salzburg und dirigiert hier bis 1944. Anschließend arbeitet er als Pianist, bevor er 1952 in Remscheid zum Städtischen Musikdirektor ernannt wird. 1957–60 ist er als Generalmusikdirektor des Pfalzorchesters Ludwigshafen tätig, bevor er in der gleichen Funktion die Leitung der Dresdner Staatskapelle übernimmt (1960–64). 1964 wird er zum Generaldirektor der Staatsoper Berlin ernannt (bis 1989). Während der Spielzeiten 1965–67 dirigiert er in Bayreuth Richard Wagners Opern *Der fliegende Holländer* und *Der Ring des Nibelungen*. Er verwirklicht die Uraufführungen folgender Werke von Paul Dessau: *Puntilla* (1966), *Einstein* (1974)

und *Leonce und Lena* (1979). Bis 1988 unterrichtet er an der Hochschule für Musik in Wien Orchesterleitung.

Suk, Josef
Tschechoslowakischer Violinist, geb. 8. 8. 1929 Prag.
Der Urenkel Antonín Dvořáks und der Enkel des Komponisten Josef Suk erhält bis 1950 Privatunterricht im Geigenspiel von Jaroslav Kocian; 1945–51 besucht er außerdem die Violin-Klasse von Norbert Kubát und Karel Šneberg am Prager Konservatorium sowie 1951–53 die von Maria Hlouňová und Alexander Plocek an der dortigen Akademie für musische Künste. 1950–51 ist er bereits Primgeiger des Prager Quartetts, bevor er 1951 das Trio Suk gründet, das bis heute besteht. Gleichzeitig schlägt er eine internationale Solistenkarriere als Violinist und Bratschist ein. Bis 1968 spielt er mit Julius Katchen regelmäßig Sonaten. 1974 gründet er in Prag das aus zwölf Streichern bestehende Kammerorchester Suk, dessen künstlerischer Leiter er ist. Sein Repertoire setzt sich vor allem aus klassischer und romantischer sowie tschechischer Literatur zusammen. Er spielt nacheinander auf einer Guarneri del Gesù, der *Prinz von Oranje*, einer Andrea Stradivari, der *Libon* (1729), früher im Besitz von Jan Kubelík, und der Stradivari von Váša Přihoda, der *Camposelice* (1710). 1973 realisiert er die Uraufführung von Bohuslav Martinůs *Konzert für Violine und Orchester Nr. 1*.

Suliotis, Elena
Griechische Sopranistin, geb. 28. 5. 1943 Athen.
Sie studiert in Buenos Aires und Mailand, bevor sie 1964 am Teatro San Carlo in Neapel in *Cavalleria rusticana* (Mascagni) debütiert. Sie singt bald darauf an allen wichtigen Bühnen Italiens, so in Triest (*Un Ballo in maschera*, Ein Maskenball) und an der Scala (*Nabucco*) sowie am Covent Garden (*Macbeth*, alle Verdi). Die Stimme der ausgezeichneten Schauspielerin und starken Persönlichkeit nimmt früh Schaden, da die Sängerin in ihrer Jugendzeit viel zu anstrengende Rollen interpretierte.

Supervia, Conchita
Spanische Koloraturmezzosopranistin, geb. 8. 12. 1895 Barcelona, gest. 30. 3. 1936 London.
Sie studiert in Barcelona und debütiert 1910 in Buenos Aires in *Gli amanti di Teruel* (Die Liebenden von Teruel, Bretón). Hier kreiert sie bei der südamerikanischen Erstaufführung von *Der Rosenkavalier* (R. Strauss) die Rolle des Octavian. Nach langer Tätigkeit in den Vereinigten Staaten gewinnt sie mit den Opern *Der Rosenkavalier* (R. Strauss), *L'italiana in Algeri* (Die Italienerin in Algier), *Cenerentola* (Aschenbrödel), *Il barbiere di Seviglia* (Der Barbier von Sevilla, alle Rossini) sowie *Carmen* (Bizet) 1924 die Gunst des Mailänder Publikums und von hier aus die ganz Italiens. Anschließend erobert sie Paris. Ihre sprühende Carmen wird zuweilen (zu Unrecht) kritisiert, doch ihre Interpretationen der Rossini-Rollen, die sie mit unwahrscheinlichem Schwung in den Original-Lagen singt, werden uneingeschränkt anerkannt. Ihre schauspielerische Begabung, ihr leidenschaftliches Temperament, ihr sehr persönliches Timbre sowie ihre ungewöhnliche Freundlichkeit machen sie zu einer der fesselndsten Sängerinnen ihrer Generation.

Suske, Karl
Deutscher Violinist, geb. 15. 3. 1934 Reichenberg.
Er studiert ab 1948 an der Musikhochschule von Weimar, bevor er zu Gerhard Bosse an die von Leipzig geht. 1954 erhält er sein Diplom als Bratschist. Zwei Jahre später wird er zum Konzertmeister des Gewandhaus-Orchesters ernannt. Gleichzeitig gehört er dem Gewandhaus-Quartett an. 1962 geht er als Konzertmeister an die Berliner Staatskapelle. Er wird Primgeiger des Berliner Streichquartetts, mit dem

er sich 1966 beim internationalen Genfer Wettbewerb auszeichnet. 1976 kehrt er nach Leipzig zurück, wo er im Orchester seine frühere Funktion übernimmt und im Quartett zum Primgeiger ernannt wird. In seiner Heimat tritt er häufig auch als Solist auf.

Suthaus, Heinrich Ludwig
Deutscher Tenor, geb. 12.12. 1906 Köln, gest. 7.9. 1971 Berlin.
1922–28 studiert er am Konservatorium von Köln und debütiert am Ende seiner Studienzeit am Stadttheater Aachen, wo er bis 1931 bleibt, als Walther (*Die Meistersinger von Nürnberg*, Wagner). 1932–41 gehört er dem Ensemble der Stuttgarter Oper an, geht dann nach Berlin und wird zunächst Mitglied der Staatsoper, wo er an der deutschen Erstaufführung von Nikolaj A. Rimskij-Korssakows Oper *Sadko* mitwirkt. 1948 wechselt er an die Städtische Oper Berlin. Gleichzeitig gehört er dem Ensemble der Wiener Staatsoper an. 1950 gastiert er auf dem Festival von Glyndebourne als Bacchus (*Ariadne auf Naxos*, R. Strauss); die gleiche Rolle interpretiert er anschließend an der Oper von San Francisco. 1955 unternimmt er eine triumphal verlaufende Tournee durch die Sowjetunion und singt in Moskau den Florestan (*Fidelio*, Beethoven), Loge (*Der Ring des Nibelungen*) und den Walther (*Die Meistersinger von Nürnberg*, beide Wagner). Der ausgezeichnete Wagner-Tenor wird häufig vom Covent Garden, der Pariser Oper, der Mailänder Scala sowie den Opern in München und Hamburg eingeladen. Als Siegmund (*Die Walküre*, Wagner) bleibt er in Bayreuth unvergessen.

Sutherland, Dame Joan
Australische Sopranistin, geb. 7.11. 1926 Point Piper (bei Sydney).
Sie studiert bei John und Aida Dickens in Sydney. 1947 debütiert sie in Sydney in der Titelrolle von Henry Purcells Oper *Dido and Aeneas*. 1950 nimmt sie an einer Aufführung von Eugen Goossens Oper *Judith* teil; ein Jahr später geht sie nach London, um sich an der Royal Academy of Music bei Clive Carey zu perfektionieren. 1952 debütiert sie am Covent Garden als 1. Dame (*Die Zauberflöte*, Mozart). 1953 interpretiert sie als Partnerin von Maria Callas in Vincenzo Bellinis *Norma* die Rolle der Clothilde. Nach und nach setzt sie sich als Aida, Amelia (*Un ballo in maschera*, Ein Maskenball, beide Verdi), Agathe (*Der Freischütz*, v. Weber) und Eva (*Die Meistersinger von Nürnberg*, Wagner) durch. 1958–59 arbeitet sie weiter an der Entwicklung ihrer Stimme und studiert erste Koloratur-Rollen ein: Lucia di Lammermoor (Donizetti), Amina (*La sonnambula*, Die Nachtwandlerin, Bellini) und Violetta (*La Traviata*, Verdi). 1959 gastiert sie zum ersten Mal an der Wiener Oper; im gleichen Jahr wirkt sie an der Hamburger Oper an einer Aufführung von *Giulio Cesare* (Julius Cäsar, Händel) mit. 1960 gastiert sie in Genua, Palermo und Venedig. Ein Jahr später triumphiert sie an der Mailänder Scala als Lucia di Lammermoor und als Beatrice di Tenda (Bellini). Paris, Glyndebourne, Edinburgh, Köln, Barcelona und San Francisco laden sie ein. Sie wird ab dieser Zeit zu den bedeutendsten Sopranistinnen ihrer Generation gerechnet. 1961 debütiert sie an der Met als Lucia di Lammermoor. Sie heiratet den Dirigenten Richard Bonynge, mit dem sie viele Schallplatten aufnimmt, darunter viele bekannte Werke, aber auch unbekannte, wie u.a. *Montezuma* (Graun) oder *Griselda* (Bononcini). Sie zeichnet sich durch eine perfekte Stimmtechnik und virtuose Koloraturen aus, so daß man vergißt, daß das Stimmaterial nicht einheitlich schön ist und daß die hohen Töne ihres erstaunlich großen Stimmumfangs zuweilen etwas scharf angesungen werden. 1990 nimmt sie in Sydney mit einer Aufführung von *Les Huguenots* (Die Hugenotten, Meyerbeer) ihren Abschied von der Bühne. Damit ging eine der längsten Karrieren der Operngeschichte zu Ende (sie stand insgesamt 32 Jahre auf der Bühne). Einige Jahre

will sie noch Konzerte geben. 1955 wirkt sie an der Uraufführung von Michael Tippets *The Midsummer Marriage* (Hochzeit im Sommer) mit.

Suzuki, Shin'ichi
Japanischer Violinist und Pädagoge, geb. 17. 10. 1898 Nagoya.
Der Sohn eines japanischen Instrumentenbauers, der sich zum größten Geigenhersteller seines Landes emporgearbeitet hat (Masakichi Suzuki), studiert in seiner Heimatstadt Wirtschaft, während er gleichzeitig bei einem Schüler Joseph Joachims, Ko Ando, Geigen-Unterricht nimmt. 1921–29 studiert er in Berlin bei Karl Klinger, ebenfalls ein Schüler Joachims. Wieder in Japan zurück, gründet er zusammen mit drei seiner Brüder das Suzuki-Quartett. 1930 wird er zum Präsidenten der Musikschule Teikoku ernannt. Er gründet das Streichorchester Tokio, das er selbst leitet und mit dem er das japanische Publikum mit Werken des Barocks und der Klassik aus dem europäischen Kulturkreis vertraut macht. Ab 1933 unterrichtet er. Nach dem Zweiten Weltkrieg gründet er in Matsumoto die Yoji Kyoiku Doshirai (eine Gruppe, die sich mit Kindererziehung beschäftigt). 1950 ruft er dann die Saino Kyoiku Kenkyu-Kai ins Leben. Er unterrichtet Klassen mit sechzig Kindern in Violine und greift auf die Methode kollektiver Nachahmung zurück, die beim Sprachunterricht angewendet wird. Er hat mit seiner Methode beträchtlichen Erfolg, so daß sie innerhalb von kurzer Frist auch bei der Unterrichtung von Violoncello, Flöte, Klavier und anderen Instrumenten Anwendung findet. Ab 1964 führt er Tourneen durch den Westen durch, um seine Methode vorzustellen.

Svanholm, Set Karl Victor
Schwedischer Tenor, geb. 2. 9. 1904 Västerås, gest. 4. 10. 1964 Saltsjö-Duvnäs.
Er ist zunächst als Organist in Tilberag (1922) und Säby (1924) tätig, bevor er 1927 in Stockholm Gesang studiert und sich 1929–30 bei John Forsell perfektioniert. 1930 debütiert er als Bariton in der Rolle des Silvio (*I Pagliacci*, Der Bajazzo, Leoncavallo) an der Stockholmer Oper, wo er kurz darauf den Figaro (*Il barbiere di Siviglia*, Der Barbier von Sevilla, Rossini) interpretiert. Einige Jahre später nimmt er sein Studium wieder auf und wechselt 1936 ins Tenorfach, in dem er als Radames (*Aida*, Verdi) debütiert. 1937 studiert er seine erste Wagner-Oper ein; auf diesem Gebiet sollte er sich während seiner Karriere auszeichnen. 1938 gastiert er in Salzburg (*Tannhäuser*, Wagner), anschließend in Berlin, Budapest, Mailand und endlich 1942 in Bayreuth (Siegfried, *Götterdämmerung*, Erik, *Der fliegende Holländer*, beide Wagner). 1946–56 gastiert er an der Met, in Rio und in San Francisco und 1948–57 am Covent Garden. 1956–63 ist er Direktor der Stockholmer Oper. 1930–40 unterrichtet er am Stockholmer Konservatorium. Außer in den Wagner-Rollen zeichnet er sich besonders als Otello (Verdi), Radames und Peter Grimes (Benjamin Britten) aus.

Swarowsky, Hans
Österreichischer Dirigent, geb. 16. 9. 1899 Budapest, gest. 10. 9. 1975 Salzburg.
Er studiert 1920–27 in Wien bei Richard Strauss, Arnold Schönberg, Anton von Webern und Felix von Weingartner. Er wird nacheinander Kapellmeister in Stuttgart, Hamburg (1932) und Berlin (1935). 1936 erteilen ihm die Nationalsozialisten Dirigierverbot. So arbeitet er 1937–40 als Dirigent an der Zürcher Oper und 1940–44 als Dramaturg bei den Salzburger Festspielen. 1944 wird das Dirigierverbot aufgehoben, so daß er die Leitung der Philharmonie von Krakau übernehmen kann (bis 1945). 1945–47 ist er Dirigent der Wiener Symphoniker; 1946–48 ist er als Chefdirigent und 1948–49 als Musikdirektor der Grazer Oper tätig. 1949 wird er an der Wiener Hochschule für Musik zum Professor ernannt. Schüler aus aller Welt, darunter Claudio Abba-

do, Zubin Mehta und Ralf Weikert kommen zu ihm. 1957–59 leitet er das Scottish National Orchestra; gegen Ende seines Lebens nehmen seine pädagogischen Aufgaben und seine Arbeit als Herausgeber alter Musik einen immer stärkeren Raum ein. 1946 leitet er die Uraufführung der *Großen Suite aus dem Rosenkavalier* von Richard Strauss.
W: *Wahrung der Gestalt* (Wien 1979).

Swetlanow, Jewgenij Fjodorowitsch
Russischer Dirigent und Komponist, geb. 6. 9. 1928 Moskau.
Er studiert am Gnessin-Institut in Moskau (bis 1951) und bei Alexander W. Gauk und Juri A. Schaporin am Moskauer Konservatorium. 1953 debütiert er als Dirigent am Moskauer Rundfunk, dem er zwei Jahre lang angehört. 1955 wird er Assistent am Bolschoi-Theater, wo er sich langsam hocharbeitet, bis er 1962 zum 1. Dirigenten ernannt wird (bis 1965). Seit 1965 ist er Chefdirigent des staatlichen Symphonie-Orchesters der Sowjetunion. Er zeichnet sich vor allem im romantischen russischen Repertoire aus und »entstaubt« das Werk Peter I. Tschaikowskijs auch im Westen aufsehenerregende Weise. Als Komponist zeichnet er sich durch symphonische Dichtungen, Instrumentalkonzerte, Sonaten und Lieder aus.

Székely, Zoltán
Amerikanischer Violinist ungarischer Herkunft, geb. 8. 12. 1903 Kocs.
Er studiert bis 1921 bei Jenő Hubay und Zoltán Kodály an der Musikakademie in Budapest. Als Achtzehnjähriger spielt er bereits mit Béla Bartók Sonaten: 1923 treten sie zum ersten Mal gemeinsam in Budapest auf. Fünfzehn Jahre arbeiten sie zusammen und zeichnen u. a. für die ungarische Erstaufführung von Claude Debussys *Sonate für Violine und Klavier* verantwortlich. Einige Monate nach der Gründung des Ungarischen Streichquartetts ersetzt Székely Sándor Végh als Primgeiger, eine Funktion, die er bis zur Auflösung des Quartetts im Jahre 1970 beibehalten sollte. Mit dem Quartett zusammen übersiedelt er gegen Ende der 30er Jahre nach Holland und 1950 in die Vereinigten Staaten. 1938–40 unterrichtet er am Konservatorium von Amsterdam. Aufgrund der Besetzung Hollands wird seine Karriere als Solist unterbrochen, deren Höhepunkt 1932 die Uraufführung der *Rhapsodie Nr. 2* und 1939 die des *Konzertes für Violine und Orchester Nr. 2* (beide Bartók) darstellen. Fünfunddreißig Jahre lang widmet er sich mit seinem Quartett, das zu den besten des Jahrhunderts gehört und bei der Interpretation der Musik Béla Bartóks und Ludwig van Beethovens einen neuen Maßstab setzt, der Kammermusik. Nach der Auflösung des Quartetts, die auf einstimmigen Beschluß erfolgt, widmet er sich als Solist wieder den großen Violin-Werken Bartóks. Er spielt auf einer Stradivari aus dem Jahre 1718, der *Michelangelo*. Als Komponist schreibt er fast ausschließlich Kammermusik.

Szell, George
Amerikanischer Dirigent ungarischer Herkunft, geb. 7. 7. 1897 Budapest, gest. 30. 7. 1970 Cleveland.
Er wird in Wien von Richard Robert, Eusebius Mandyczewski und Karl Prohaska und in Leipzig von Max Reger unterrichtet. Als Zehnjähriger debütiert er als Pianist mit den Wiener Symphonikern. Als Siebzehnjähriger leitet er selbst die Aufführung einer seiner Kompositionen durch die Berliner Philharmoniker. Richard Strauss holt ihn als Korrepetitor an die Berliner Oper (1914–17). Anschließend wird er als Nachfolger Otto Klemperers von der Straßburger Oper als Chefdirigent engagiert (1917–19) und geht dann über das Deutsche Theater in Prag (1919–21), Darmstadt (1921–22) und Düsseldorf (1922–24) als 1. Kapellmeister an die Staatsoper Berlin (1924–29). Gleichzeitig leitet er das Rundfunksymphonie-Orchester und unterrichtet an der Berliner Hochschule für Musik (1927–30). Anschließend geht er als

Generalmusikdirektor nach Prag zurück (1930–36). 1936–39 leitet er das Scottish National Orchestra und 1937–39 gleichzeitig das Residenzorchester von Den Haag. 1939 unterrichtet er an der Mannes School in New York, wo er vom Ausbruch des Zweiten Weltkriegs überrascht wird. 1941–42 dirigiert er auf Einladung von Arturo Toscanini Konzerte des Symphonie-Orchesters der NBC. In den Jahren 1940–42 spielt er als Pianist mit Paul Hindemith und Rudolf Serkin als Partnern auch Kammermusik. 1942–46 arbeitet er regelmäßig an der Met, bevor er 1946 das Orchester von Cleveland übernimmt, das er bis 1970 leitet und zu einem der besten Orchester der Welt macht. Nach dem Zweiten Weltkrieg ist er häufig Gast der Salzburger Festspiele, wo er 1954 *Penelope*, 1957 *Die Schule der Frauen* von Rolf Liebermann und 1955 *Irische Legende* von Werner Egk zur Uraufführung bringt. 1958 ist er principal guest conductor des Concertgebouw-Orchesters Amsterdam. 1969 wird er zum principal guest conductor und musikalischen Berater der New Yorker Philharmoniker ernannt.

Szell geht als Dirigent mit sich und seinen Musikern unerbittlich streng um. Seine autoritäre Art wird nicht von allen Orchestern akzeptiert, führt aber zu herausragenden Ergebnissen. Neben den oben genannten Uraufführungen zeichnet er für zahlreiche andere verantwortlich; darunter befinden sich Werke von Samuel Barber (*Night Flight*, Nachtflug, 1964), Boris Blacher (*Music for Cleveland*, Musik für Cleveland, 1957), Paul Creston, Henri Dutilleux (*Métaboles*, Veränderungen, 1965), Gottfried von Einem (*Ballade* op. 23, 1958), Bohuslav Martinů, Peter Mennin (*Symphonie Nr. 7*, 1964), Walter Piston (*Symphonic Prelude*, Symphonisches Vorspiel, 1961), George Rochberg (*Symphonie Nr. 2*, 1959) und William Walton (*Partita*, 1958).

Szeryng, Henryk
Mexikanischer Violinist polnischer Herkunft, geb. 22. 9. 1918 Zelazowa Wola (bei Warschau), gest. 3. 3. 1988 Kassel.

Seine Mutter erteilt ihm ersten Klavier-Unterricht, doch das Kind bevorzugt schon bald die Geige. Bronislaw Hubermann hört ihn und empfiehlt, ihn zur Ausbildung zu Carl Flesch nach Berlin zu schicken (1928–32). Er erhält dort auch Unterricht von Willy Heß. 1935 interpretiert er in Warschau unter der Leitung von Bruno Walter das *Konzert für Violine und Orchester* von Ludwig van Beethoven. Er perfektioniert sich am Pariser Konservatorium bei Gabriel Bouillon und Nadia Boulanger und erhält dort 1937 einen 1. Preis. Nachdem Deutschland Polen den Krieg erklärt hatte, meldet er sich als Freiwilliger bei der polnischen Armee auf französischem Boden und wird Verbindungsoffizier sowie Dolmetscher (Szeryng spricht acht Sprachen) des polnischen Premierministers, des Generals Sikorski. Er tritt häufig vor alliierten Soldaten auf und gibt regelmäßig Wohltätigkeitsabende. Von der Bereitwilligkeit, mit der Mexiko polnischen Emigranten Asyl bietet, begeistert, nimmt er 1946 die mexikanische Staatsbürgerschaft an. 1948–56 unterrichtet er an der Musikschule der Universität von Mexico City. Er wird 1956 mit dem Titel »Botschafter des guten Willens« ausgezeichnet. Seine Reisen werden fortan durch einen Diplomatenpaß erleichtert. 1954 lernt er Arthur Rubinstein kennen, der ihm bei seiner internationalen Karriere hilft. Er spielt alle großen Violin-Konzerte. 1971 interpretiert er als erster Niccolò Paganinis *Violinkonzert Nr. 3*, nachdem das Manuskript, das man lange als verloren angesehen hatte, wiedergefunden worden war. Er setzt sich für die Musik seiner Zeit ein und spielt Werke, die häufig für ihn geschrieben werden, u. a. von Trujillo Carillo, Ramírez Carlos Chávez, Rodolfo Halffter, Roman Haubenstock-Ramati, Bruno Maderna, Jean Martinon, Krzysztof Penderecki und Manuel Ponce. Er besitzt eine beeindruckende Instrumentensammlung. Gegen Ende seines Lebens spielt er auf einer Guarneri del Gesù aus dem Jahre 1743, die *Herzog*, und auf einer Stradivari. 1972 schenkt er die Stradivari *King David*, die sich einst im Besitz von Charles Münch befand, dem israelischen Staat. Zwei Jahre später schenkt er dem mexikanischen Staat eine Guarneri aus dem Jahre 1685, die *Sanctae Theresiae*, die für den Konzertmeister des mexikanischen Nationalorchesters bestimmt ist, und Shlomo Mintz eine Guadagnini.

Szigeti, Joseph
Amerikanischer Violinist ungarischer Herkunft, geb. 5. 9. 1892 Budapest, gest. 19. 2. 1973 Luzern.
Er nennt sich nach der ungarischen Stadt, in der seine Großeltern lebten, Maramos-Sziget. Er studiert bei Jenő Hubay an der Budapester Musikakademie und debütiert 1905 in Berlin. Joseph Joachim bietet ihm an, sich bei ihm zu perfektionieren, doch er lehnt ab. 1907–13 lebt er in Großbritannien, realisiert 1909 die Uraufführung von Herbert Hamilton Hartys *Konzert für Violine und Orchester* und spielt mit Myra Hess sowie Ferruccio Busoni Kammermusik. Der Komponist übt einen bedeutenden Einfluß auf den jungen Geiger aus. Anschließend zieht er in die Schweiz, wo er 1917–24 am Konservatorium von Genf unterrichtet. Seine Karriere nimmt von der Schweiz aus einen bedeutenden Aufschwung. 1924 zeichnet er für die sowjetische Erstaufführung von Sergej S. Prokofjews *Konzert für Violine und Orchester* verantwortlich. Er spielt mit den größten Musikern seiner Zeit zusammen, darunter Egon Petri und Mieczyslawa Horszowski, mit denen er auch mehrere Schallplatten aufnimmt. 1938 kreiert er in Cleveland Ernest Blochs *Konzert für Violine und Orchester Nr. 1*, das ihm gewidmet ist. Im gleichen Jahr nimmt er die französische Staatsbürgerschaft an. Zwei Jahre später läßt er sich in den Vereinigten Staaten nieder, wo er seit einigen Jahren häufig gastiert. 1939 hebt er mit Benny Goodman Béla Bartóks *Contrasts* aus der Taufe; ein Jahr später nimmt er in Washington an einem denkwürdigen Konzert mit dem Komponisten teil. Nach dem Zweiten Weltkrieg unternimmt er wieder Tourneen durch Europa. 1950 wirkt er an den Festspielen von Prades mit, die Pablo Casals ins Leben gerufen hat. Mit seinem Schwiegersohn Nikita Magaloff und mit Claudio Arrau, mit dem er die zehn *Sonaten für Violine und Klavier* von Ludwig van Beethoven aufnimmt, spielt er regelmäßig Kammermusik. 1952 zeichnet er für die Uraufführung von Frank Martins *Konzert für Violine und Orchester* verantwortlich. Gegen Ende seines Lebens akzeptiert er einige wenige Schüler. Er übernimmt den Jury-Vorsitz in verschiedenen internationalen Wettbewerben. 1960 läßt er sich endgültig in der Schweiz nieder. Béla Bartók widmet ihm seine *Rhapsodien Nr. 1* und die *Contrasts*, Ernest Bloch sein *Konzert für Violine und Orchester* sowie *La Nuit exotique* (Exotische Nacht), Sergej S. Prokofjew die *Melodie* op. 35, Nr. 5, Alan Rawsthorne seine *Sonate für Violine und Klavier*, Eugène Ysaÿe seine *Sonate* op. 27, Nr. 1 und Herbert Hamilton Harty sowie Alfredo Casella ihre Violinkonzerte. Szigetis Repertoire umfaßt viele Werke aus dem 20. Jahrhundert, so die Violinkonzerte von Alban Berg, Ferruccio Busoni und Darius Milhaud sowie Werke von Albert Roussel, Igor Strawinsky und Sergej S. Prokofjew. Wir verdanken ihm ebenfalls die Wiederentdeckung von Hector Berlioz' *Rêverie et caprice* (Träumerei und Laune). Sein Leben lang behält er eine archaische Bogenhaltung bei, wobei sein Ellenbogen sich dicht am Körper befindet. Szigeti spielt auf einer Guarneri, die sich einst im Besitz von Henri Petri befand.
WW: *With Strings attached* (New York 1947, dt. Zwischen den Saiten, Rüschlikon-Zürich 1962); *A Violonist's Notebook* (London 1964).

Szostek-Radkowa, Krystyna
Polnische Mezzosopranistin, geb. 14. 3. 1933 Kattowitz.
Sie studiert am Konservatorium seiner Heimatstadt bei A. Lenczewska und Madame Faryaszewska und ist Preisträgerin der internationalen Gesangswettbewerbe in Toulouse (1958), Genf (1959), Vercelli (1960) und Sofia (1961). 1957–62 gehört sie der Oper von Bytom (Beuthen) an, bevor sie Mitglied der Warschauer Oper wird und rasch einen internationalen Ruf gewinnt: Die Häuser von Wien, Moskau, Leningrad, Hamburg, Budapest und Bukarest laden sie ein. Mit dem Kammerorchester und den Philharmonikern von Warschau unternimmt sie als Solistin zahlreiche Tourneen durch Ost- und Westeuropa sowie Südamerika. Sie wirkt an zahlreichen Festspielen mit (Montreux, Rom, Zagreb, Warschauer Herbst), gibt Konzerte in Paris, interpretiert am Théâtre de la Monnaie in Brüssel die Eboli (*Don Carlos*), Amneris (*Aida*, beide Verdi) und Ortrud (*Lohengrin*), an der Oper von Lyon die Kundry (*Parsifal*, beide Wagner) und Preziosilla (*La forza del destino*, Die Macht des Schicksals, Verdi) sowie 1981 an der Pariser Oper die Ulrica (*Un ballo in maschera*, Ein Maskenball, Verdi).

T

Tabachnik, Michel
Schweizer Dirigent und Komponist, geb. 10. 11. 1942 Genf.
Er studiert am Konservatorium von Genf Musiktheorie und Orchesterleitung. 1964 besucht er bei den Darmstädter Ferienkursen für Neue Musik Vorlesungen von Pierre Boulez, Henri Pousseur und Karlheinz Stockhausen; ein Jahr später geht er zu Pierre Boulez nach Basel, den er schon bald als seinen wichtigsten Lehrer betrachtet. Bis 1971 arbeitet er als dessen Assistent. Seine ersten Kompositionen (*Supernovae* oder *Frise*) stehen ganz unter dem Einfluß von Pierre Boulez. Als Dirigent spezialisiert er sich auf die zeitgenössische Musik; er zeichnet sich durch zahlreiche Uraufführungen aus. 1973–75 leitet er das Orchester der Gulbenkian-Stiftung in Lissabon, 1976–77 das Ensemble InterContemporain in Paris und 1975–81 das Orchestre Philharmonique de Lorraine in Metz. Ab 1983 wird er von der kanadischen Nationaloper regelmäßig zu Gastdirigaten eingeladen. Er übernimmt die musikalische Direktion des Orchestre des Jeunes in Quebec und des Symphonie-Orchesters der Universität von Toronto. Unter den von ihm geleiteten Uraufführungen nehmen die Werke von Iannis Xenakis einen besonderen Platz ein: *Synaphai* (1971), *Eridanos* (1973), *Antikhton* (1974), *Cendrées* (1974), *Erikthon* (1974), *Empreintes* (1975), *Phlegra* (1976), *Jonchaies* (1977), *Aïs* (1981), *Nekuia* (1982). Er zeichnet auch für die Uraufführungen von Werken von Carlos Roqué Alsina (*Approach*, Annäherung, 1973; *Señales*, 1977), André Boucourechliev (*Konzert für Klavier und Orchester*, 1975), Pierre Boulez (*Messagesquisses*, 1977), Didier Denis (*Urbicande Symphonie*, 1988), Gérard Grisey (*Jour, Contrejour*, Tag, Gegenlicht, 1989), Paul Méfano (*Signes-oubli*, Zeichen-Vergessen, 1972), Luís de Pablo (*Eléphants ivres*, Trunkene Elefanten, 1974), Manfred Christoph Redel (*Bruckner-Essay*, 1983), Michèle Reverdy (*Le Cercle du vent*, Der Windkreis, 1989) verantwortlich.

Tacchino, Gabriel
Französischer Pianist, geb. 4. 4. 1934 Cannes.
Er studiert am Konservatorium von Nizza, bevor er sich an dem von Paris 1947–53 bei Jean Batalla, Jacques Février, Marguerite Long und Francis Poulenc perfektioniert. Er gewinnt zahlreiche internationale Wettbewerbe: Viotti (Vercelli, 1953), Busoni (1954), Genf (ex aequo mit Malcolm Frager, 1955), Casella (Neapel, 1956). Herbert von Karajan hört ihn und lädt ihn zu einem Konzert mit den Berliner Philharmonikern ein, der Auftakt zu seiner internationalen Karriere. Mit Jean-Pierre Wallez spielt er Kammermusik. 1975 wird er am Pariser Konservatorium zum Professor ernannt; ab dieser Zeit gibt er auch Kurse an der Sommerakademie von Nizza. Er ist musikalischer Berater der Stadt Cannes und seit der Gründung des Festival des Nuits du Suquet (Cannes) dessen Leiter. Als Konzertist räumt er dem Werk Francis Poulencs einen besonderen Platz ein.

Tachezi, Herbert
Österreichischer Organist, geb. 12. 2. 1930 Wiener Neustadt.
Er studiert am Wiener Konservatorium Orgel, Klavier, Komposition und Musikpädagogik. Gleichzeitig studiert er an der dortigen Universität Germanistik. Anschließend geht er zu Fritz Neumeyer nach Freiburg/Br. und studiert dort Cembalo. Er wird bei verschiedenen internationalen Orgel-Wettbewerben ausgezeichnet, darunter in Genf (1955), Innsbruck (1958) und Wien

(1963). Nicolaus Harnoncourt engagiert ihn für sein Ensemble Concentus Musicus, für das er am Cembalo oder an der Orgel regelmäßig die Continuo-Partie übernimmt. Auch als Solist ist er erfolgreich. Für seine Schallplattenaufnahmen von Werken aus der Renaissance, dem Barock, Rokoko und der Klassik erhält er zahlreiche Preise. Am Wiener Konservatorium ist er Professor für Orgel, Musiktheorie und Improvisation. Er ist auch Organist der Hofmusikkapelle und komponiert für Orgel, Klavier und für kammermusikalische Formationen.

Taddei, Giuseppe
Italienischer Bariton, geb. 26. 6. 1916 Genua.
Er studiert an den Konservatorien von Genua und Rom und debütiert als Zwanzigjähriger an der römischen Oper. Sein Talent wird schnell erkannt, doch aufgrund des Zweiten Weltkriegs muß er seine Karriere unterbrechen: er leistet aktiven Widerstand gegen das faschistische Regime und wird 1942 von den Deutschen verhaftet. Erst 1945 beginnt er wieder zu singen. 1946 wird er Mitglied der Wiener Staatsoper (bis 1948), wo er in den beiden Figaro-Rollen (*Le nozze di Figaro*, Figaros Hochzeit, Mozart; *Il barbiere di Siviglia*, Der Barbier von Sevilla, Rossini), als Rigoletto und Amonasro (*Aida*, beide Verdi) gefeiert wird. 1947 debütiert er als Scarpia (*Tosca*, Puccini) in London (Cambridge Theatre). 1948 wirkt er bei den Salzburger Festspielen an einer Aufführung von *Le nozze di Figaro* mit. Im gleichen Jahr debütiert er an der Mailänder Scala, zu deren Ensemble er 1948–51 und 1955–61 gehört. 1955 debütiert er in der Arena von Verona und beim Maggio Musicale Fiorentina. 1957 singt er zum ersten Mal in den Vereinigten Staaten (*Macbeth*, Verdi, San Francisco). 1960–67 gastiert er regelmäßig am Covent Garden. Auch in Paris, Buenos Aires, Rio de Janeiro und anderen wichtigen Musikzentren gibt er regelmäßig Gastspiele. Taddei zeichnet sich sowohl in komischen wie in dramatischen Rollen aus und verfügt über ein breit angelegtes Repertoire mit mehr als siebzig Rollen, das von Wolfgang Amadeus Mozart (u. a. Papageno, *Die Zauberflöte*, Figaro, Leporello, *Don Giovanni*) über die wichtigsten Rollen Giuseppe Verdis bis zu Giacomo Puccini (vor allem Scarpia) reicht. Er gilt als einer der besten Interpreten des Falstaff (Verdi) seiner Generation, den er 1981 bei den Salzburger Festpielen unter Herbert von Karajan interpretiert und mit dem er 1985 an der Met debütiert.

Taffanel, Claude Paul
Französischer Flötist und Dirigent, geb. 16. 9. 1844 Bordeaux, gest. 22. 11. 1908 Paris.
Sein Vater Simon Taffanel erteilt ihm ersten Unterricht in allgemeiner Musiklehre und Flöte. Anschließend geht er zu Vincent-Joseph Dorus und Napoléon-Henri Reber an das Pariser Konservatorium. 1860 erhält er einen 1. Preis in Flöte, 1862 in Harmonielehre und 1865 in Fuge. 1862–64 gehört er dem Orchester der Opéra-Comique an. 1864 geht er als 2. Flötist an die Pariser Oper, wo er 1871 zum Soloflötisten ernannt wird (bis 1890). Ab 1865 ist er gleichzeitig 2. Flötist der Société des Concerts, wo er 1869–92 ebenfalls das Amt des Soloflötisten ausübt. Gleichzeitig tritt er als Solist in ganz Europa auf. 1879 gründet er die Société de Musique de Chambre pour Instruments à Vent, ein Ensemble, das sich aus zehn Instrumentalisten zusammensetzt und sich um ein langvergessenes Repertoire bemüht. Charles Gounod (*Kleine Symphonie für Blasinstrumente*), Vincent d'Indy (*Chansons et danses*, Lieder und Tänze), Sylvio Lazzari und Théodore Dubois komponieren für das Ensemble. Taffanels Karriere als Dirigent beginnt 1890, als er an der Pariser Oper zum 3. Kapellmeister ernannt wird. 1892–1901 ist er Chefdirigent der Société des Concerts du Conservatoire. 1893 wird er als Nachfolger von Edouard Colonne Musikdirektor der Pariser Oper (bis

1905). Im gleichen Jahr wird er am Pariser Konservatorium zum Professor für Flöte ernannt. Taffanel gilt als der Vater der modernen französischen Flötenschule und unternimmt als einer der ersten Flötisten Konzertreisen (bis zur Jahrhundertwende wird die Flöte vor allem als Orchesterinstrument angesehen). Zu seinen Schülern gehört Philippe Gaubert. Gabriel Fauré schreibt für ihn seine *Phantasie für Flöte*. Auch George Enescu, Camille Saint-Saëns und Benjamin Godard komponieren für ihn. Paul Taffanel zeichnet für die Uraufführung der drei letzten Stücke aus Giacomo Verdis *Quattro Pezzi Sacri* (Vier geistliche Stücke) verantwortlich.

Tagliaferro, Magda
Französische Pianistin, geb. 19. 1. 1894 Petropolis (Brasilien), gest. 9. 9. 1986 Rio de Janeiro.

Als Fünfjähriger erhält sie von ihrem Vater ersten Klavier-Unterricht. Sie ist als Wunderkind erfolgreich, bevor sie Schülerin von Antonin Marmontel am Pariser Konservatorium wird. Sie debütiert mit großem Erfolg in der Pariser Salle Erard. 1908 wird sie am Konservatorium mit einem 1. Preis für Klavier ausgezeichnet. Anschließend wird sie »für den Rest ihres Lebens« Schülerin von Alfred Cortot. Alfred Cortot, Jacques Thibaud und Pablo Casals »adoptieren« sie. Mit Gabriel Fauré und dem Quatuor Capet spielt sie ebenfalls Kammermusik. Die französische Regierung schickt sie 1940 in die Vereinigten Staaten, wo sie das amerikanische Publikum mit französischer Musik vertraut machen soll. Doch sie lehnt den Auftrag ab und zieht vor, während des Zweiten Weltkrieges in Rio de Janeiro zu bleiben, wo sie zahlreiche, der Musik ihrer Heimat gewidmete Konzerte gibt und unterrichtet. Die brasilianischen Musiker nennen diese Zeit auch »Die Revolution Tagliaferros«. Wieder zurück in Frankreich, hält sie ab 1959 in der Salle Cortot öffentliche Kurse ab. Ab 1957 hält sie am Salzburger Mozarteum Kurse; seit 1968 unterrichtet sie auch an der Universität von Tokio. Ein Artikel des New Yorker Kritikers Harold Schonberg, der im Mai 1979 in der *New York Times* erscheint, veranlaßt sie, ein Engagement in der Carnegie Hall anzunehmen, nachdem sie 39 Jahre lang alle amerikanischen Einladungen abgelehnt hatte. Ihr Erfolg ist umwerfend und nur mit dem von Vladimir Horowitz zu vergleichen. Reynaldo Hahn widmet ihr sein *Konzert für Klavier und Orchester*, Heitor Villa-Lobos sein *Momo precoce* (Frühreifes Kind) und Georges Migot ein Stück aus seinem Zyklus *Zodiaque* (Tierkreis).

Tagliavini, Luigi-Ferdinando
Italienischer Organist, Cembalist und Musikwissenschaftler, geb. 7. 10. 1929 Bologna.

Er studiert an den Konservatorien von Bologna und Paris; seine Professoren sind Ireneo Fuser und Marcel Dupré (beide Orgel), Napoleone Fanti (Klavier) und Riccardo Nielsen (Komposition); 1951 promoviert er an der Universität von Padua mit einer Arbeit über die Texte der Bach-Kantaten. 1952–54 unterrichtet er am Konservatorium von Bologna; 1953–60 ist er am gleichen Institut als Bibliothekar tätig. 1954–64 unterrichtet er am Konservatorium von Bozen als Professor für Orgel und geht dann nach Parma. Ab 1959 gibt er während des Sommers an der Universität von Haarlem Orgel-Unterricht; während des Restes des Jahres lehrt er an der Universität von Bologna Musikgeschichte, wo er eine bedeutende Musikinstrumentensammlung aufbaut. 1963 lädt ihn die Universität von Cornell und 1969 die Universität des Staates New York in Buffalo zu Gastprofessuren ein. Ab 1965 unterrichtet er auch an der Universität von Freiburg Musikgeschichte. Er arbeitet an drei Bänden der Neuen Mozart-Ausgabe mit (*Ascanio in Alba*, Kassel 1956; *Betulia liberata*, Kassel 1960; *Mitridate re di Ponto*, Kassel 1966) und ist Herausgeber der *Monumenti di Musica Italiana* sowie der Fachzeitschrift *Organo*, die er

1960 zusammen mit Renato Lunelli gründet. Mit Marie-Claire Alain spielt er Musik für zwei Orgeln.

Taillon, Jocelyne
Französische Mezzosopranistin, geb. 19. 5. 1941 Doudeville.
1966 gewinnt sie beim Wettbewerb in Monte Carlo den 1. Preis und schlägt daraufhin die Laufbahn einer Konzertsängerin ein. 1968 debütiert sie als Opernsängerin mit viel Erfolg in Bordeaux (*Ariane et Barbe-Bleue*, Ariadne und Blaubart, Dukas). In Genf nimmt sie kurz darauf an einer Aufführung von Ernest Blochs Oper *Macbeth* teil. 1970 gastiert sie beim Holland-Festival und ein Jahr später beim Festival von Glyndebourne (Geneviève in *Pelléas et Mélisande*, Debussy). Im gleichen Jahr noch interpretiert sie am Théatre de la Monnaie in Brüssel und später dann an der Met, in Göteborg und in Genf ebenfalls die Geneviève. An der Pariser Oper nimmt sie u. a. an Aufführungen von *Il trovatore* (Der Troubadour, Verdi), *Parsifal* (Wagner), *Elektra* (R. Strauss), *Faust* (Gounod), *Moses und Aron* (Schönberg), *La forza del destino* (Die Macht des Schicksals, Verdi), *Ariane et Barbe-Bleue*, *Madame Butterfly* (Puccini) und an der Opéra-Comique an denen von *Le Comte Ory* (Der Graf Ory, Rossini), *The Rake's Progress* (Der Wüstling, Strawinsky) sowie *Le Médecin malgré lui* (Der Arzt wider Willen, Gounod) teil. Am Teatro Colón in Buenos Aires sowie an der Pariser Oper interpretiert sie die Rolle der Mrs. Quickly (*Falstaff*, Verdi) und in Marseille, an der Met sowie in San Francisco die der Erda (*Rheingold*, Wagner). Bei den Salzburger Festspielen gastiert sie in *Les Contes d'Hoffmann* (Hoffmanns Erzählungen) und *Il San'Alessio* (Landi). Zur Saisoneröffnung der Met interpretiert sie 1983 die Anna (*Les Troyens*, Die Trojaner, Berlioz).

Talich, Václav
Tschechoslowakischer Dirigent, geb. 28. 5. 1883 Kroměříž (Kremsier, Mähren), gest. 16. 3. 1961 Beroun (Brünn).
Er studiert 1897–1903 am Konservatorium vor Prag bei Otakar Ševčik und Jan Mařák Violine; anschließend läßt er sich, während er ab 1903 als Konzertmeister bei den Berliner Philharmonikern tätig ist, in Leipzig bei Arthur Nikisch und Max Reger zum Dirigenten ausbilden. 1905–1907 unterrichtet er in Tiflis Violine. 1908 wird er zum Dirigenten der Slowenischen Philharmonie in Ljubljana (Laibach) ernannt; 1911 übernimmt er zusätzlich die Leitung der dortigen Oper. 1912 wechselt er an die Oper von Plzeň (Pilsen), wo er bis 1915 bleibt. Vier Jahre später übernimmt er die Direktion der Tschechischen Philharmonie in Prag, die er bis 1941 beibehält. Unter seiner Leitung entwickelt sich das Orchester zu einem der bedeutendsten Europas. Außerdem leitet er 1926–36 die Stockholmer Philharmoniker; 1935–45 ist er Intendant des Prager Nationaltheaters. 1945 wird er entlassen, übernimmt aber in der Saison 1947–48 erneut die Intendanz. 1949 gründet er in Bratislava (Preßburg) die Slowakische Philharmonie, die er drei Jahre leitet. 1952 kehrt er als künstlerischer Berater des Rundfunkorchesters und der Tschechischen Philharmonie nach Prag zurück (1952–54).

Václav Talich widmet einen beträchtlichen Teil seiner Arbeitszeit pädagogischen Aufgaben. So unterrichtet er am Prager Konservatorium (1932–45), in Bratislava sowie an der Prager Kunstakademie (1946–48) und prägt die Generation der tschechoslowakischen Dirigenten, die seine Nachfolge antreten. Zu seinen Schülern zählen Karel Ančerl, Ladislav Slovák und Sir Charles Mackerras. Talich reorchestriert Passagen in einigen Opern Leoš Janáčeks. Josef Suk widmet ihm seinen *Epilog*, Bohuslav Martinů seine Oper *Julietta*, deren Uraufführung er 1938 leitet, sowie *Mirandolina* (1959) und die *Partita für Streicher*.

Talmi, Yoav
Israelischer Dirigent, geb. 28. 4. 1943 Kibbuz Merhavia.
Er studiert an der Akademie Rubin in Tel Aviv bei Gary Bertini und geht dann an die Juilliard School of Music in New York; anschließend perfektioniert er sich in Tanglewood und am Mozarteum in Salzburg. Er debütiert als Musikdirektor des Kammerorchesters von Kentucky und geht dann als stellvertretender Leiter zum Orchester von Louisville (1968–70) und anschließend zum Israelischen Kammerorchester (1970–72). 1969 wird er in Tanglewood mit dem Koussewitzky-Preis ausgezeichnet. Vier Jahre später ist er Preisträger der Rupert Foundation in London. 1974–80 ist er als künstlerischer Direktor des Gelders Orkester in Arnhem (Niederlande) tätig und 1979–89 künstlerischer Berater sowie ständiger Gastdirigent der Münchner Philharmoniker. 1984–89 ist er Chefdirigent des Israelischen Kammerorchesters. 1990 wird er zum Musikdirektor des Symphonie-Orchesters von San Diego (USA) ernannt.

Talvela, Martti
Finnischer Bassist, geb. 4. 2. 1935 Hiitola, gest. 22. 7. 1989 Jura.
Er studiert zunächst am Konservatorium in Lahti und geht dann zu Carl Martin Oehmann nach Stockholm. 1960 debütiert er an der Oper von Helsinki als Sparafucile (*Rigoletto*, Verdi). Er fällt Wieland Wagner auf, der ihn nach Bayreuth einlädt, wo er 1962–70 regelmäßig gastiert und den Titurel (*Parsifal*), Hunding, Fasolt (beide *Der Ring des Nibelungen*), König Marke (*Tristan und Isolde*), Daland (*Der fliegende Holländer*) und den Hermann (*Tannhäuser*, alle Wagner) interpretiert. Ab 1962 gehört er dem Ensemble der Deutschen Oper in Berlin an. 1963 debütiert er an der Scala, 1967 bei den Salzburger Osterfestspielen (Hunding, Fasolt), 1968 bei den dortigen Sommerfestspielen (Komtur, *Don Giovanni*, Sarastro, *Die Zauberflöte*, Osmin, *Die Entführung aus dem Serail*, alle Mozart). Ab 1968 gastiert er an der Met, ab 1970 am Covent Garden (Hunding, Hagen, *Götterdämmerung*, Gurnemanz, *Parsifal*, alle Wagner, Dosifei, *Chowantschtschina*, Mussorgskij) und ab 1974 an der Pariser Oper (Gurnemanz, Sarastro, Padre Guardino, *La forza del destino*, Die Macht des Schicksals, Verdi). 1973–79 leitet er das Festival von Savonlinna (Finnland) und interpretiert dort den Boris (*Boris Godunow*, Mussorgskij) sowie den Paavo (*Last Temptations*, Letzte Versuchung, J. Kokkonen), den er bereits bei der Helsinkier Uraufführung im Jahre 1975 kreiert hat. 1970 wird er in Berlin zum Kammersänger ernannt.

Tamagno, Francesco
Italienischer Tenor, geb. 28. 12. 1850 Turin, gest. 31. 8. 1905 Varese.
Er studiert in seiner Heimatstadt bei Carlo Pedrotti und in Mailand bei Luigi Vannuccini und debütiert 1869 in Palermo, wo er 1874 mit seiner Interpretation des Riccardo (*Un ballo in maschera*, Ein Maskenball, Verdi) seinen ersten großen Erfolg erzielt. 1877 lädt ihn die Scala ein, wo er bis 1901 regelmäßig gastiert. 1880 kreiert er dort bei der Uraufführung von Amilcare Ponchiellis Oper *Il figliuol prodigo* (Der verlorene Sohn) die Rolle des Azael, 1881 bei der Uraufführung der überarbeiteten Fassung von Giuseppe Verdis *Simone Boccanegra* den Adorno und 1885 bei der von Ponchiellis Oper *Marion Delorme* die Rolle des Didier; 1887 schließlich ist er der erste Otello (Verdi). 1889–1901 gastiert er regelmäßig in London, 1891–95 in New York und 1894–1903 in Monte Carlo. Auch als Samson (*Samson et Dalila*, Saint-Saëns), Ernani, Don Carlos, Radames (*Aida*, alle Verdi), Faust (Gounod) und Arnold (*Guillaume Tell*, Wilhelm Tell, Rossini) ist er erfolgreich. Er gilt als der größte »tenore di forza« aller Zeiten.

Tamayo, Arturo (= Arturo Tamayo Ballesteros)
Spanischer Dirigent, geb. 3. 8. 1946 Madrid.
Er studiert am Konservatorium in Madrid bei A. Barrera Harmonielehre sowie bei Francesco Calés und Gerardo Gombeau Komposition und wird in diesem Fach mit einem Ehrenpreis ausgezeichnet; bis 1964 studiert er gleichzeitig Jura. Ab 1967 gibt er in Spanien Konzerte; in diesem Jahr übernimmt er die Leitung der Grupo Koan (bis 1971). 1970 perfektioniert er sich bei Pierre Boulez in Basel; ein Stipendium ermöglicht es ihm, 1971–76 an der Musikhochschule in Freiburg/Br. bei Francis Travis Orchesterleitung und bei Wolfgang Fortner sowie bei Klaus Huber Komposition zu studieren. Anschließend geht er zu Witold Rowicki nach Wien. Ab 1974 ist er Assistent von Klaus Huber in Freiburg. Er leitet das Ensemble des Instituts für Neue Musik, mit dem er sich mit großem Erfolg für die zeitgenössische Musik einsetzt. Seit 1979 leitet er an der Freiburger Musikhochschule eine Klasse für Interpretation zeitgenössischer Musik. Ab 1982 dirigiert er regelmäßig an der Deutschen Oper in Berlin, wo er 1983 die Uraufführung von Wolfgang Rihms Ballett *Tutuguri* leitet. Bei den Schwetzinger Festspielen zeichnet er 1984 für die Uraufführung von Rudolf Kelterborns Oper *Ophelia* verantwortlich. Weitere Uraufführungen: *Miroir* (Spiegel) von André Boucourechliev (1988), *Carceri d'Invenzione III* (Erfundene Gefängnisse III) von Bryan Ferneyhough (1986), *La Cloche fêlée* (Die gesprungene Glocke) von Michael Levinas (1990), *La Célestine* von Maurice Ohana (1988), *La noche triste* (Traurige Nacht) von Jean Prodromidès (1989) und *Unbenannt III* von Wolfgang Rihm (1990).

Tappy, Eric
Schweizer Tenor, geb. 19. 5. 1931 Lausanne.
Er studiert zunächst Pädagogik, legt das Examen als Grundschullehrer ab und geht erst dann an das Genfer Konservatorium zu Fernando Capri; 1958 wird er mit einem 1. Preis in Virtuosität ausgezeichnet. Anschließend perfektioniert er sich bei Ernst Reicher am Mozarteum in Salzburg und bei Eva Liebenberg in Hilversum. Er debütiert in Straßburg unter Fritz Münch in der Johannes-Passion von Johann Sebastian Bach als Evangelist. Im gleichen Jahr wirkt er in Genf unter Ernest Ansermet an der Uraufführung von Frank Martins Oratorium *Le Mystère de la Nativité* (Das Mysterium der Geburt Christi) mit. 1964 debütiert er an der Pariser Opéra-Comique in der Titelrolle von *Zoroastre* (Rameau). 1972 singt er an der Kölner Oper den Tamino (*Die Zauberflöte*); 1973–74 interpretiert er am Covent Garden *La clemenza di Tito* (beide Mozart). Mit dieser Rolle gastiert er ein Jahr später auch bei den Festspielen von Aix-en-Provence. 1975 feiert er an der Oper von San Francisco als Nero (*L'incoronazione di Poppea*, Die Krönung der Poppea, Monteverdi) sein amerikanisches Debüt. Ab 1977 wird er regelmäßg von den Salzburger Festspielen eingeladen, wo er u. a. den Tamino interpretiert und an einer Aufführung von *Il San Alessio* (Landi) mitwirkt. In der Saison 1977–78 interpretiert er in San Francisco und Chicago den Idomeneo (Mozart) und in Lyon den Ormindo (Cavalli); im gleichen Jahr wirkt er in Genf an einer Aufführung von *Iphigénie en Tauride* (Iphigenie auf Tauris, Gluck) mit, wo er in der Folge unter der Leitung von Herbert Graf wichtige Rollen wie den Seibel (*Faust*, Gounod), Pelléas (*Pelléas et Mélisande*, Debussy), Lenskij (*Eugen Onegin*, Tschaikowskij), Belmonte (*Die Entführung aus dem Serail*), Ferrando (*Così fan tutte*) und Don Ottavio (*Don Giovanni*, alle Mozart) interpretiert, den er 1980 auch bei der Produktion von Maurice Béjart verkörpert. 1980 wirkt er in Rom unter Jean-Pierre Ponnelle an der Verfilmung von *Il clemenza di Tito* mit.

Unter der Leitung von Hugues Cuenod studiert er auch das barocke Repertoire ein, so daß er zu den wenigen Sängern gehört, die von Monteverdi bis zur zeitgenössischen Musik sämtliche Epochen sicher beherrschen. 1962 nimmt er an der Uraufführung von Klaus Hubers *Soliloquia*, 1963 an der von Frank Martins *Monsieur de Pourceaugnac* und 1966 an der von *Pilate* (Pilatus, ebenfalls Martin) teil. Im Sommer 1981 beschließt er, auf dem Höhepunkt seiner Karriere angelangt, nicht mehr aufzutreten und sich ausschließlich pädagogischen Aufgaben sowie der Regie zu widmen. Er leitet das Centre professionnel d'art lyrique in Lyon (bis 1990).

Tarr, Edward Hankins
Amerikanischer Trompeter und Musikwissenschaftler, geb. 15. 6. 1936 Norwich (Conn.).
Er studiert bei Roger Voisin in Boston (1953) und geht dann zu Adolph Herseth an die Universität von Chicago (1957–59). 1959–64 studiert er bei Leo Schrade in Basel Musikwissenschaften und an der Schola Cantorum Basiliensis Musik. Sein Repertoire reicht von der barocken bis zur zeitgenössischen Musik (Kagel, Berio, Stockhausen). 1967 gründet er das Edward Tarr Brass Ensemble, das auf alten Instrumenten spielt und sich mit der Musik aus der Renaissance und dem Barock beschäftigt. 1968–70 unterrichtet er an der Rheinischen Musikschule in Köln. 1969 ist er Solotrompeter des Orchesters der RAI in Rom. Seit 1972 unterrichtet er an der Schola Cantorum Basiliensis; ein Jahr später wird er in Freiburg/Br. Dozent für Blechbläserkammermusik. Mauricio Kagel widmet ihm *Atem* und *Morceau de concours* (Wettbewerbsstück).

Tate, Jeffrey
Englischer Dirigent, geb. 28. 4. 1943 Salisbury.
Er studiert zunächst Medizin (mit Abschluß), nimmt an den Kursen des London Opera Center (1970–71) teil und beschließt dann, sich endgültig der Musik zu widmen. 1971–77 ist er Chorleiter am Covent Garden, wird dann Chefassistent und arbeitet in beiden Funktionen mit Dirigenten wie Georg Solti, Colin Davis, Rudolf Kempe und John Pritchard zusammen. Er ist nacheinander Assistent von Herbert von Karajan in Salzburg und von James Levine an der Met sowie von John Pritchard bei dessen Mozart-Zyklus in Köln. Immer häufiger werden ihm wichtige Produktionen anvertraut: *Don Giovanni* (Mozart) an der Met (1983), *Parsifal* (Wagner) in Nizza und *Ariadne auf Naxos* (R. Strauss) in Paris (beide 1984), die er ein Jahr später auch am Covent Garden betreut, sowie die Uraufführung von *Il ritorno d'Ulisse in patria* (Die Heimkehr des Odysseus, Monteverdi-Henze) bei den Salzburger Festspielen 1985. Im gleichen Jahr wird er Chefdirigent des English Chamber Orchestra. 1986 wird er zusätzlich 1. Kapellmeister am Covent Garden und, ab 1989, Musikdirektor der Rotterdamer Philharmoniker. 1990 übernimmt er die Leitung des Jugendorchesters der Europäischen Gemeinschaft. 1987 leitet er die Uraufführung von Rolf Liebermanns Oper *Der Wald*. An den Folgen einer Kinderlähmung leidend, dirigiert er im Sitzen.

Tátrai, Vilmos
Ungarischer Violinist, geb. 10. 7. 1912 Kispest.
Er studiert am Budapester Konservatorium bei Vilmos Kladivko, Imre Waldbauer und Desző Rados Violine sowie bei László Lajtha Kammermusik. 1931–33 spielt er in verschiedenen Theaterorchestern, geht dann zum Städtischen Orchester von Budapest (1933–36) und anschließend an das dortige Rundfunkorchester, bis er als Konzertmeister zum Städtischen Orchester der ungarischen Hauptstadt zurückkehrt (1938–78), das nach dem Krieg zum Staatlichen Symphonie-Orchester Ungarns umgewandelt wird. 1945–46 ist er zweiter Violinist beim Waldbauer-

Kerpely-Quartett; 1946 gründet er das Tátrai-Quartett, mit dem er als Primarius Konzertreisen um die ganze Welt unternimmt. 1947–54 unterrichtet er am Budapester Béla-Bartók-Konservatorium Kammermusik und Violine; ab 1965 ist er in der gleichen Funktion an der Franz-Liszt-Akademie für Musik tätig. 1957 gründet er das Ungarische Kammerorchester, ein Ensemble aus elf Streichern, das er von seinem Platz als Konzertmeister aus leitet. 1967 verwirklicht er die Uraufführung von Helmut Eders *Konzert für Violine und Orchester Nr. 2*.

Tatsumi, Akiko
Japanische Violinistin, geb. 4.4. 1947 Hiroshima.
Sie studiert bei Saburo Sumi und Hideo Saitō an der Toho Gakuen Music Academy und zeichnet sich in verschiedenen internationalen Wettbewerben aus, was ihr ermöglicht, ihre Karriere im südostasiatischen Raum noch vor dem Abschluß ihres Studiums zu beginnen. Direkt nach ihrer Diplomprüfung beginnt sie 1970, an ihrer Schule zu unterrichten. Im gleichen Jahr gründet sie ein Streichquartett. 1977 debütiert sie in Deutschland, wo sie auch mit Saschko Gawriloff zusammen auftritt. 1962 springt sie für den erkrankten Augustin Dumay ein und verwirklicht die Uraufführung von Isang Yuns *Konzert für Violine und Orchester Nr. 1*. Vom gleichen Komponisten kreiert sie 1983 die *Sonate für zwei Violinen* (zusammen mit Saschko Gawriloff) und 1987 das *Konzert für Violine und Orchester Nr. 2*.

Tauber, Richard (= Ernst Seiffert)
Englischer Tenor österreichischer Herkunft, geb. 16.5. 1891 Linz, gest. 8.1. 1948 London.
Der Sohn einer Sängerin und eines Schauspielers will Dirigent werden und studiert am Hochschen Konservatorium in Frankfurt/M., bevor er in Freiburg/ Br. bei Carl Beines seine Stimme ausbilden läßt. 1910 dirigiert er zum ersten Mal. Drei Jahre später debütiert er als Sänger in Chemnitz (Tamino, *Die Zauberflöte*, Mozart) mit so großem Erfolg, daß er im gleichen Jahr noch einen Fünfjahres-Vertrag mit der Dresdner Oper abschließen kann. Sein Berliner Debüt gibt er als Bacchus (*Ariadne auf Naxos*, R. Strauss). Richard Strauss engagiert ihn als Don Ottavio (*Don Giovanni*) für die ersten Salzburger Festspiele 1922. Er singt dort auch den Belmonte (*Die Entführung aus dem Serail*, beide Mozart). 1926 tritt er ein zweites Mal in Salzburg auf. Richard Tauber ist häufig Gast der Münchner und der Wiener Oper, wo er 1926 bei der lokalen Premiere von *Turandot* (Puccini) den Kalaf interpretiert. Ab 1925 tritt er immer häufiger in Wiener Operetten auf und wird vom Publikum stürmisch gefeiert. Franz Lehár schreibt für ihn den *Zarewitsch* (Berlin, 1927). Auch in *Friederike* (Berlin 1928) und im *Land des Lächelns* (Berlin 1929), in dem er über 700 Mal auftritt, sowie in *Die Welt ist schön* (Berlin 1930) und in *Judith* (Wien 1934) erweist er sich als Publikumsliebling; ein zweischneidiger Erfolg, denn nach seiner Emigration nach London 1938 sind ihm aufgrund seiner Tätigkeit als Operetten-Sänger die Türen vom Covent Garden verschlossen, zumal seine Stimme durch die übermäßigen Belastungen (allein mehr als 400 Schallplattenaufnahmen!) stark angegriffen ist. Dabei belegen Einspielungen von Schubert-Abenden aus den Jahren 1922 und 1927 die große Stimmkultur, über die er als junger Sänger verfügt hat.

Tchakarov, Emil
Bulgarischer Dirigent, geb. 29.6. 1948 Burgas, gest. 8.4. 1991 Paris.
Er studiert am Konservatorium von Sofia und leitet 1965–72 das dortige Jugendorchester. 1968–70 leitet er gleichzeitig das Kammerorchester des bulgarischen Rundfunks. 1971 wird er in Berlin beim Herbert-von-Karajan-Wettbewerb mit dem 1. Preis ausgezeichnet. Er wird bei den Salzburger Festspielen und bei den Tourneen der Berliner Philhar-

moniker Assistent des berühmten Dirigenten. 1972 perfektioniert er sich bei Franco Ferrara und 1974 bei Eugen Jochum, während er gleichzeitig eine internationale Karriere einschlägt. In seiner Heimat wird er zum Leiter der Plowdiwer Philharmoniker ernannt. 1985–86 leitet er zusätzlich das philharmonische Orchester Flandern in Antwerpen.

Tear, Robert
Englischer Tenor, geb. 8. 3. 1939 Barry (Glamorgan).
1957–60 gehört er dem Chor des King's College in Cambridge an und anschließend zwei Jahre lang, in London weiterstudierend, dem Chor der Saint Paul's Cathedral. Er beginnt seine Karriere als Oratoriensänger. 1968 unternimmt er eine Tournee durch Nordamerika und interpretiert dabei die Tenorrolle in Hector Berlioz' *L'Enfance du Christ* (Kindheit Christi). Anschließend gastiert er im Fernen Osten. Im gleichen Jahr noch debütiert er bei den Festspielen von Edinburgh. Kurz darauf nimmt er zum ersten Mal an einer Opernaufführung teil; auch auf diesem Gebiet hat er rasch Erfolg und wird vor allem vom Covent Garden regelmäßig eingeladen. Ab 1964 arbeitet er auch mit der von Benjamin Britten gegründeten English Opera Group zusammen. Gastspiele führen ihn nach Frankreich, Belgien und Italien, vor allem aber in die Bundesrepublik Deutschland. 1970 nimmt er am Covent Garden an der Uraufführung von Sir Michael Tippets *The Knot Garden* (Der Irrgarten) und 1979 an der Pariser Oper an der Uraufführung der von Friedrich Cerha ergänzten Fassung von Alban Bergs *Lulu* teil.

Tebaldi, Renata
Italienische Sopranistin, geb. 1. 2. 1922 Pesaro.
Sie studiert am Konservatorium von Parma bei Italo Brancucci und Ettore Campogalliani und geht dann zu Carmen Melis nach Pesaro. 1944 debütiert sie als Helena (*Mefistofele*, Boito) in Rovigo. Im gleichen Jahr singt sie in Parma und Triest (*Otello*, Verdi). 1946 wird sie von Arturo Toscanini eingeladen, an der Vorstellung zur Wiedereröffnung der Scala teilzunehmen, 1949–54 und 1959 gehört sie dem Ensemble des berühmten Hauses an. Sie erweitert ihr Repertoire (Puccini, Giordano, Spontini, Wagner, Boito, Verdi) und glänzt als Violetta (*La Traviata*) und Elisabeth (*Don Carlos*, beide Verdi). In Lissabon triumphiert sie 1949 in *Don Giovanni* (Mozart); auch am Covent Garden (1950), an der Pariser Oper, am Teatro Colón in Buenos Aires und an der Met (1955) wird sie gefeiert. Die perfekte Musikerin, die zunächst Klavier studiert hat, wird häufig Maria Callas gegenübergestellt. Sie zieht sich eine Zeitlang von der Bühne zurück, wagt 1959 ein Comeback und besticht von neuem aufgrund ihrer Phrasierungskunst und ihrer intelligenten Interpretationen. Sie arbeitet mit den wichtigsten Dirigenten ihrer Generation wie Georg Solti, Victor de Sabata, Arturo Toscanini und Herbert von Karajan zusammen.

Te Kanawa, Dame Kiri
Neuseeländische Sopranistin, geb. 6. 3. 1944 Gisborne.
Sie beginnt ihr Studium in Auckland (bis 1966). Als Fünfzehnjährige beginnt sie, an Wettbewerben teilzunehmen, und zwar mit Partien einer Mezzosopranistin! In Melbourne wird sie mit einem 1. Preis ausgezeichnet. Sie erhält ein Stipendium und kann ihr Studium am London Opera Center bei Véra Rosza, einer der bedeutendsten Stimmpädagoginnen ihrer Generation, fortsetzen, wo sie jene Perfektion erreicht, die die wirklich großen Sänger und Sängerinnen auszeichnet. 1971 debütiert sie am Covent Garden als Blumenmädchen (*Parsifal*, Wagner); im gleichen Jahr noch singt sie dort die Gräfin in *Le nozze di Figaro* (Figaros Hochzeit, Mozart). Schnell wird sie international bekannt. 1972 interpretiert sie in Lyon und San Francisco und 1973–74 in Glyndebourne die gleiche Rolle. 1974

debütiert sie an der Met als Desdemona (*Otello*, Verdi); ein Jahr später singt sie dort die Donna Elvira (*Don Giovanni*, Mozart) und die Gräfin. 1975 feiert sie an der Pariser Oper unter Georg Solti als Donna Elvira einen Triumph. Anschließend studiert sie weitere große Mozartrollen ein, die Fiordiligi (*Così fan tutte*) und die Pamina (*Die Zauberflöte*), bevor sie sich an die großen Verdi-Rollen heranwagt: Amelia (*Simone Boccanegra*), mit der sie 1978 an der Scala debütiert, Violetta (*La Traviata*) und Desdemona, mit der sie an der Wiener Oper ihren Einstand gibt. Sie singt auch Giacomo Puccini (Mimi, *La Bohème*, Tosca), Richard Strauss (Die Marschallin, *Der Rosenkavalier*, Arabella) und das französische Repertoire (Micaëla, *Carmen*, Bizet, Marguerite, *Faust*, Gounod). Bei Joseph Loseys Verfilmung des *Don Giovanni* interpretiert sie die Donna Elvira. Ab 1982 gibt sie auch Konzerte. Das englische Fernsehen widmet ihr alljährlich zu Weihnachten eine Sendung. Ihr Leben wurde verfilmt.

Temirkanow, Jurij
Russischer Dirigent, geb. 10.12. 1938 Zaragej.
Er studiert zunächst Violine; 1953 geht er an das Konservatorium von Leningrad und studiert neben Violine auch Bratsche und bei Ilja Mussin sowie Nikolaj Rabinowitsch Orchesterleitung. 1962 erhält er sein Diplom als Geiger und 1965 als Dirigent. Er beginnt an der Leningrader Oper als Kapellmeister. 1966 erhält er beim innersowjetischen Wettbewerb für Dirigenten, der seit 30 Jahren nicht mehr ausgetragen wurde, den 1. Preis und wird daraufhin von den meisten sowjetischen Orchestern zu Gastdirigaten eingeladen. An der Leningrader Oper wird er zum Chefdirigenten ernannt. Anschließend geht er als Jewgenij A. Mrawinskijs Stellvertreter zu den Leningrader Philharmonikern und übernimmt die Musikdirektion des Symphonie-Orchesters von Leningrad (1968–77). Er wird auch im Ausland rasch bekannt. 1977–88 ist er künstlerischer Direktor und Chefdirigent des Kirow-Theaters in Leningrad. 1977 gibt er seine ersten Gastspiele in Großbritannien. 1979 wird er zum principal guest conductor des Royal Philharmonic Orchestra ernannt (1979–80 und 1985). Außerdem gibt er ständig Gastdirigate in Birmingham und Bournemouth. Mit dem Symphonie-Orchester der BBC unternimmt er Tourneen. 1988 wird er Mrawinskijs Nachfolger als künstlerischer Direktor der Leningrader Philharmoniker.

Tennstedt, Klaus
Deutscher Dirigent, geb. 6.6. 1926 Merseburg.
Er studiert am Leipziger Konservatorium bei Walter Davisson Violine und bei A. Rhoden Klavier. 1948 beginnt er seine Karriere als Konzertmeister des Orchesters von Halle, dessen Chefdirigent er 1952 wird. 1954–57 arbeitet er als 1. Kapellmeister an der Oper von Chemnitz und 1958–62 als Generalmusikdirektor an der Landesoper von Dresden, bevor er die Leitung des Mecklenburgischen Staatstheaters von Schwerin übernimmt (1962–71). Dann verläßt er die DDR und geht nach Skandinavien. Er dirigiert an der Oper von Göteborg und am Schwedischen Rundfunk, bevor er in die Bundesrepublik geht, wo er 1972 in Kiel zum Generalmusikdirektor ernannt wird. 1979–81 ist er Chefdirigent des Symphonie-Orchesters des NDR Hamburg. Plötzlich verläuft seine Karriere auch in internationalem Rahmen. Er wird zum principal guest conductor der Londoner Philharmoniker und des Orchesters von Minnesota ernannt. 1983 wird er Chefdirigent der Londoner Philharmoniker, bis er 1987 das Amt aus gesundheitlichen Gründen niederlegen muß.

Tertis, Lionel
Englischer Bratschist, geb. 29.12. 1876 West Hartlepool, gest. 22.2. 1975 Wimbledon.
Der Sohn eines Russen und einer Polin,

die beide die englische Staatsbürgerschaft annahmen, studiert am Trinity College in London zunächst Klavier und dann bei Carrodus Violine. Anschließend geht er an das Leipziger Konservatorium, bevor er sich an der Royal Academy of Music in London bei Alexander Mackenzie perfektioniert. Als Neunzehnjähriger wendet er sich der Bratsche zu, hauptsächlich, um in Streichquartetten mitspielen zu können. 1900–04 ist er Solo-Bratschist des Queen's Hall Orchestra; 1909 geht er in der gleichen Funktion zu Sir Thomas Beecham. Ab 1901 unterrichtet er an der Royal Academy of Music in London Bratsche, wo er mehrere Generationen englischer Bratschisten heranzieht. 1924–29 ist er an der gleichen Schule für die Klasse für Ensembles zuständig. Zahlreiche Komponisten schreiben für ihn, darunter Sir Arnold Bax, Sir Arthur Bliss, Frank Bridge, Gustav Holst (*Lyric Mouvement*, Lyrischer Satz, 1934), Ralph Vaughan Williams (*Suite für Bratsche und Orchester*) und Sir William Walton (*Konzert für Bratsche und Orchester*, 1930). Als Anhänger großer Instrumente spielt er zunächst auf einer Montagnana, bevor er nach eigenen Angaben eine Bratsche bauen läßt, das 43 cm lange »Tertis-Modell«. Er realisiert zahlreiche Arrangements für Bratsche.
WW: *Beauty of Tone in String Playing* (London 1938); *Cinderella No More* (London 1953); *My Viola and I* (London 1974).

Teyte, Dame Maggie (= Margaret Tate) *Englische Sopranistin, geb. 17. 4. 1888 Wolverhampton (Stafford), gest. 26. 5. 1976 London.*
Sie stammt aus einer musizierenden Familie und studiert am Royal College of Music in London; anschließend perfektioniert sie sich bei Jean de Reszké und Reynaldo Hahn in Paris (1903–07). Sie debütiert 1905 in Paris bei einer konzertanten Aufführung des *Don Giovanni* (Mozart), bei der sie die Zerline singt; zwei Jahre später interpretiert sie diese Rolle an der Oper von Monte Carlo. 1908–10 gehört sie dem Ensemble der Pariser Opéra-Comique an und muß singen, was ihr aufgetragen wird, bis sie von Claude Debussy zur Nachfolgerin von Mary Garden bestimmt wird, die die Rolle der Mélisande (*Pelléas et Mélisande*) kreiert hatte. 1910 interpretiert sie diese Rolle unter Sir Thomas Beecham auch in London. 1907 nimmt sie an der Pariser Opéra-Comique an der Uraufführung von P.-L. Hillemachers *Circé* teil. Ein Jahr später wirkt sie unter Felix Mottl in München an der Uraufführung von Ermanno Wolf-Ferraris Oper *Il segreto di Susanna* (Susannens Geheimnis) mit. 1911 debütiert sie als Cherubin (*Le nozze di Figaro*, Figaros Hochzeit, Mozart) in Philadelphia; 1912–14 gehört sie dem Ensemble der Oper von Chicago und 1915–16 dem der Oper von Boston an. In der Zeit nach dem Ersten Weltkrieg widmet sie sich in Europa wie in Nordamerika im wesentlichen dem französischen Lied und hier vor allem Debussy; Alfred Cortot und Gerald Moore begleiten sie häufig. 1922–23 feiert sie am Covent Garden in *Madame Butterfly* (Puccini), *Hänsel und Gretel* (Humperdinck) und *Le nozze di Figaro* Triumphe; sie nimmt auch an der Uraufführung von Gustav Holsts Oper *The Perfect Fool* (Der perfekte Narr) teil. Nach dieser Saison heiratet sie und zieht sich fast vollständig vom Konzertleben zurück. 1930 und 1937 versucht sie in London und 1938–39 in Amerika ein Comeback, doch ihre Schallplatten mit Aufnahmen französischer Lieder sind ein viel tauglicheres Instrument, um die Erinnerung an sie wach zu halten. 1948, als Sechzigjährige, feiert sie an der New York City Opera als Mélisande, der Rolle ihrer Anfänge, noch einmal einen bedeutenden Triumph. 1951 nimmt sie am Londoner Mermaid Theatre an der Seite von Kirsten Flagstadt in einer Aufführung von *Didon and Aeneas* (Purcell) ihren Abschied von der Bühne. Bis 1954 gibt sie noch einige Konzerte in England und Nordamerika. Überspitzt

ausgedrückt, könnte man sagen, daß sie die französische Musik sich besser zu eigen macht als die ihres Landes. Joseph Canteloube und George Enescu widmen ihr Lieder.
W: *Star on the Door* (London 1958).

Thibaud, Jacques
Französischer Violinist, geb. 27. 9. 1880 Bordeaux, gest. 1. 9. 1953 bei einem Flugzeugabsturz in der Nähe von Barcelonnette (Basses Alpes).
Er erhält ersten Geigen-Unterricht von seinem Vater und geht dann zu Martin Marsick an das Pariser Konservatorium, wo er 1896 mit einem 1. Preis ausgezeichnet wird. Er debütiert als Violinist im Orchester des Théâtre du Châtelet und fällt kurz darauf Edouard Colonne auf, der ihn in sein Orchester holt. Er springt für den erkrankten Konzertmeister Guillaume Rémy ein und spielt mit überragendem Erfolg den Solo-Part im Prélude zu *Le Déluge* (Die Sintflut) von Camille Saint-Saëns, Beginn seiner internationalen Karriere. Nach Triumphen in Paris und Berlin, wo er unter Arthur Nikisch spielt, wollen alle europäischen Hauptstädte den französischen Geiger hören. Er ist weiterhin eng mit Eugène Ysaÿe befreundet, bei dem er sich nach seinem Konservatoriums-Besuch perfektioniert, und kann als einer seiner Erben betrachtet werden. Auch als Kammermusiker leistet er Außergewöhnliches. 1905 gründet er mit Alfred Cortot und Pablo Casals ein Trio, das bald zu den wichtigsten Kammermusikensembles der ersten Hälfte des 20. Jahrhunderts zählt. 1943 ruft er zusammen mit Marguerite Long den berühmten Wettbewerb für Geiger und Pianisten ins Leben, der seinen Namen trägt. Er unterrichtet an der Ecole Normale de Musique in Paris; an der Accademia Musicale Chigiana in Siena hält er 1951–52 Sommerkurse.
Verschiedene Komponisten schreiben für ihn: George Enescu (*Sonate für Violine und Orchester Nr. 2*), Enrique Granados (*Danza española*, Spanischer Tanz und Sonate für Violine und Klavier*), Eugène Ysaÿe (*Sonate für Violine Nr. 2*). 1925 zeichnet Thibaud zusammen mit Robert Krettly, Maurice Vieux und Anton Hekking für die Uraufführung von Gabriel Faurés *Streichquartett* verantwortlich. Sein Instrument, eine Stradivari aus dem Jahre 1709, die sich früher im Besitz von René Baillot befunden hatte, wurde bei dem Flugzeugabsturz, bei dem er ums Leben kam, zerstört.
W: *Parla il mio violino* (Mailand 1946).

Thibaud, Pierre
Französischer Trompeter, geb. 22. 6. 1929 Proissans.
Er studiert zunächst am Konservatorium von Bordeaux, wo er in den Fächern Violine und Trompete mit 1. Preisen ausgezeichnet wird. Anschließend tritt er am Konservatorium von Paris in die Klasse von Eugène Foveau ein, wo er ebenfalls einen 1. Preis erhält (Kornett). Er ist nacheinander Solo-Trompeter im Orchester der Pariser Oper, des Ensemble Ars Nova, des Domaine Musical, des Ensemble Musique vivante, des Ensemble Itinéraire, des Ensemble Musique Plus, des Kammerorchesters Fernand Oubradous, der Concerts Lamoureux, der Concerts Colonne und der Musique de la Garde Républicaine. Er gründet das Brass Quintett Ars Nova, gehört der Société des Concerts du Conservatoire an und ist Solo-Trompeter des I. R. C. A. M. Thibaud ist nicht nur als Orchestermusiker tätig, sondern wird als Solist von den bedeutendsten europäischen Orchestern eingeladen und zeichnet sich vor allem im zeitgenössischen Repertoire aus (Berio, Constant, Enescu, Honegger, Messiaen, Tisné, Varèse, Xenakis). 1975 wird er am Konservatorium von Paris zum Professor für Trompete ernannt.

Thill, Georges
Französischer Tenor, geb. 14. 12. 1897 Paris, gest. 16. 10. 1984 Lorgues (Var).
Er studiert zwei Jahre am Pariser Konservatorium und geht dann zu Fernando

de Luca nach Neapel (1921–23), um seine Schwächen bei tiefen Tönen zu beseitigen. 1924 debütiert er an der Pariser Oper mit Nicias (*Thaïs*, Massenet) und dem Herzog von Mantua (*Rigoletto*, Verdi) und wird vom Publikum auf Anhieb gefeiert. Sechzehn Jahre gehört er dem Haus an und interpretiert hier wichtige Rollen wie die des Admetos (*Alkeste*, Gluck), Aeneas (*Dido and Aeneas*, Purcell), Parsifal, Tannhäuser (beide Wagner) und Samson (*Samson et Dalila*, Saint-Saëns). 1928 debütiert er am Covent Garden (als Samson) und in Verona, 1929 am Teatro Colón in Buenos Aires und an der Scala (jeweils mit Kalaf, *Turandot*, Puccini), 1931 an der Met (mit Romeo, *Roméo et Juliette*, Gounod, und Lakmé, Delibes). Sein Repertoire umfaßt insgesamt fünfzig wichtige Rollen, hauptsächlich aus dem französischen und italienischen Repertoire. Er wirkt an vielen Uraufführungen mit, darunter an der von *Naïla* (Gaubert, 1927), *Le Miracle* (Das Wunder, Hue, 1927), *La Tour de feu* (Der Feuerturm, Lazzari, 1928), *Satan* (Guinsbourg, 1930), *Vercingétorix* (Canteloube, 1933) und *Rolande* (Rabaud, 1934). 1953 nimmt er mit *I Pagliacci* (Der Bajazzo, Leoncavallo) seinen Abschied von der Bühne. Georges Thill wirkt an mehr als 150 Schallplattenaufnahmen und an verschiedenen Verfilmungen (darunter eine von *Louise*, Charpentier, Regie Abel Gance) mit und gilt als der bedeutendste französische Tenor des 20. Jahrhunderts.

Thiollier, François-Joël
Französischer und amerikanischer Pianist, geb. 12. 11. 1943 Paris.
Seit mehreren Generationen finden sich in seiner Familie Musiker. Seine Mutter, eine Pianistin, erteilt ihm ersten Unterricht. Als Fünfjähriger tritt er in New York zum ersten Mal öffentlich auf. 1951–53 studiert er bei Robert Casadesus am Konservatorium von Paris. Anschließend geht er zu Sascha Gorodnitzki an die Juilliard School of Music in New York (1953–62), die er als Achtzehnjähriger, mit sämtlichen Auszeichnungen versehen, verläßt. Anschließend zeichnet er sich bei zahlreichen internationalen Wettbewerben aus: Casella, Viotti und Busoni, alle 1964, Mailand und Montreal, beide 1965, Tschaikowskij 1966 (den er als erster nichtsowjetischer Pianist gewinnt), Brüssel 1968. Er spielt mit dem Violinisten Augustin Dumay Kammermusik und nimmt an verschiedenen Produktionen des I.R.C.A.M. teil.

Thiry, Louis
Französischer Organist, geb. 15. 2. 1935 Fléville (bei Nancy).
Er studiert am Konservatorium von Nancy Orgel, wird dort 1952 mit einem 1. Preis ausgezeichnet und geht dann nach Paris zu André Marchal. Bei Simone Plé-Caussade studiert er am dortigen Konservatorium Fuge und Kontrapunkt und erhält in beiden Disziplinen je einen 2. Preis. 1956–58 studiert er bei Rolande Falcinelli und wird mit 1. Preisen in Orgel und Improvisation ausgezeichnet. 1951–72 ist er Organist in Saint-Martin (Metz). 1971 wird er am Konservatorium von Rouen zum Professor für Orgel ernannt. Er zeichnet sich als Interpret Olivier Messiaens aus, nachdem er die Partituren mit dem Komponisten selbst durchgearbeitet hatte, verschmäht aber keineswegs die klassischen Werke, die er auf zum Teil überraschende Weise interpretiert.

Thomas, Jess Floyd
Amerikanischer Tenor, geb. 4. 8. 1927 Hot Springs (S. Dak.).
Er studiert zunächst Psychologie und legt an der Universität von Stanford sein Diplom als Psychoanalytiker ab, bevor er unter dem Einfluß von Otto Schulman, der ihn auch unterrichtet, beschließt, seine Stimme ausbilden zu lassen. 1957 debütiert er in San Francisco als Malcolm (*Macbeth*, Verdi), geht 1958 nach Karlsruhe und 1962 nach Stuttgart, nachdem er 1961 bereits in Stuttgart und München gastiert hatte. Im gleichen Jahr debütiert er auch in

Bayreuth, wo er bis 1976 regelmäßig auftritt (Parsifal, Lohengrin, Stolzing, *Die Meistersinger von Nürnberg*, Tannhäuser, Siegfried, *Der Ring des Nibelungen*, alle Wagner). 1961 debütiert er auch in Berlin (Radames, *Aida*, Verdi, in der Inszenierung von Wieland Wagner), 1962 an der Met (Stolzing), 1964 in Wien (als Kaiser in *Die Frau ohne Schatten*) und in Salzburg (Bacchus, *Ariadne auf Naxos*, beide R. Strauss). 1963 wird er Mitglied der Bayerischen Staatsoper und dort zum Kammersänger ernannt. Seit 1965 gehört er auch der Wiener und seit 1969 der Berliner Oper an. 1969 und 1970 interpretiert er bei den Salzburger Osterfestspielen den Siegfried (*Der Ring des Nibelungen*). Als Siegmund (*Die Walküre*, 1967) und Tristan (*Tristan und Isolde*, 1972, alle Wagner) gastiert er an der Pariser Oper. 1966 wirkt er anläßlich der Einweihung des neuen Saals der Met im Lincoln Center in New York an der Uraufführung von Samuel Barbers Oper *Antony and Cleopatra* mit. Sein Repertoire umfaßt hauptsächlich Werke von Richard Wagner und Richard Strauss.
W: *Kein Schwert verhieß mir der Vater. Das Opernbuch meines Lebens* (Wien 1986).

Thomas, Kurt
Deutscher Chorleiter und Komponist, geb. 25. 5. 1904 Tönning (Schleswig), gest. 31. 3. 1973 Bad Oeynhausen.
Er studiert am Konservatorium von Leipzig bei Karl Straube, Hermann Grabner und Max Hochkofler Kirchenmusik und geht dann nach Darmstadt, um dort bei Arnold Mendelssohn Komposition zu studieren. Ab 1925 unterrichtet er, erst 21 Jahre alt, am Konservatorium von Leipzig Musiktheorie und Komposition. 1927 wird er mit dem Beethoven-Preis ausgezeichnet. 1928 übernimmt er die Leitung des Chores des Leipziger kirchenmusikalischen Institutes. Er ist nacheinander als Professor an der Musikhochschule von Berlin (1934–39), als Direktor des Musischen Gymnasiums in Frankfurt/M. (1939–45), als Kantor der Frankfurter Dreikönigskirche (1945–46), als Professor für Chorleitung an der Nordwestdeutschen Musikakademie in Detmold (1947–55) und endlich als Thomaskantor in Leipzig (1957–60) tätig. Seit 1961 ist er Dirigent des Kölner Bachvereins und der Frankfurter Kantorei (bis 1969) und seit 1965 Dozent für Chorleitung an der Schleswig-holsteinischen Musikakademie in Lübeck. Sein *Lehrbuch der Chorleitung* (Leipzig 1935) wurde in viele Sprachen übersetzt.

Thomson, Jean César
Belgischer Violinist, geb. 18. 3. 1857 Lüttich, gest. 22. 8. 1931 Bissone (Lugano).
Er studiert am Konservatorium von Lüttich (1864–68) und perfektioniert sich anschließend bei Henri Vieuxtemps, Henry Wieniawski, Hubert Léonard und Lambert-Joseph Massart. Er arbeitet zunächst als Kammermusiker für den Baron von Dervies in Lugano und unternimmt Tourneen durch Italien. Benjamin Bilse engagiert ihn 1879 als Konzertmeister für sein Berliner Orchester. 1882 geht er in der gleichen Funktion zu den neugegründeten Berliner Philharmonikern. 1882–98 ist er als Professor für Violine am Konservatorium von Lüttich tätig, bevor er als Nachfolger Eugène Ysaÿes an das Konservatorium von Brüssel geht. Mit Charles Lamoureux, Léon van Hout und Joseph Jacob gründet er ein Streichquartett. Nach dem Ersten Weltkrieg ist seine Tätigkeit als Pädagoge bedeutender als die des Instrumentalisten. 1914–24 ist er als Professor am Pariser Konservatorium tätig. 1924–27 verbringt er in den Vereinigten Staaten, wo er an der Juilliard School of Music in New York unterrichtet und die französisch-belgische Geigen-Schule bekanntmacht.

Thorborg, Kerstin
Schwedische Mezzosopranistin, geb. 19. 5. 1896 Venjan, gest. 12. 4. 1970 Hedemora.
Sie studiert am Konservatorium von

Stockholm und debütiert an der dortigen königlichen Oper 1924 als Ortrud (*Lohengrin*, Wagner). Bis 1930 bleibt sie dem Haus verbunden. 1931–32 gehört sie der Oper in Nürnberg, 1932–33 der Oper von Prag und 1933–35 der Städtischen Oper Berlin an; sie gastiert an der Wiener Oper und bei den Salzburger Festspielen, wo sie 1935 die Brangäne (*Tristan und Isolde*, Wagner), 1936 den Orpheus (*Orphée et Eurydice*, Gluck) und die Magdalena (*Die Meistersinger von Nürnberg*, Wagner) und 1937 die Eglantine (*Euryanthe*, v. Weber) interpretiert. 1935–38 ist sie Mitglied der Wiener Oper und 1936–50 der Met, wo sie als Fricka (*Die Walküre*, Wagner) debütiert. Am Covent Garden, in Paris, Brüssel, München und Berlin wird sie bei Gastspielen gefeiert. Konzerttourneen führen sie durch Europa, Kanada und die Vereinigten Staaten. Ab 1950 widmet sie sich in Stockholm pädagogischen Aufgaben. Auch als Liedsängerin, vor allem mit Gustav Mahlers *Lied von der Erde* – sie interpretiert den Zyklus unter Bruno Walter – ist sie bedeutend.

Tibbett, Lawrence Mervil
Amerikanischer Bariton, geb. 16.11. 1896 Bakersfield (Cal.), gest. 15.7. 1960 New York.
Er studiert bei Frank La Forge und Basil Ruysdael Gesang, wird von der Met zum Vorsingen eingeladen, scheitert und erhält bei einem zweiten Versuch für die Saison 1923–24 einen Vertrag. Er debütiert merkwürdigerweise als Lowitzkij (*Boris Godunow*, Mussorgskij) – Fjodor I. Schaljapin interpretiert an diesem Abend die Hauptrolle. Sechs Tage später interpretiert er, wieder an der Seite Schaljapins, den Valentin (*Faust*, Gounod). Er verlängert um eine Saison und feiert bei der Wiederaufnahme des *Falstaff* (Verdi) als Ford einen überragenden Erfolg: an einem Abend wird er zum Star. Bis 1950 gehört er ununterbrochen dem Ensemble der Met an und singt 50 verschiedene Rollen bei insgesamt 396 Aufführungen. 1927 kreiert er bei der Uraufführung von *The King's Henchman* (Der Gefolgsmann des Königs, Taylor) die Rolle des Edgar, 1931 bei der von *Peter Ibbetson* (Taylor) die Titelrolle, 1933 bei der von *The Emperor Jones* (Kaiser Jones, Gruenberg) ebenfalls die Titelrolle und 1934 bei der von *Merry Mount* (Der lustige Berg, Hanson) die Rolle des Wrestlin Bradford.
Er ist für seine kräftige Stimme mit dem hinreißenden Timbre und seine schauspielerische Begabung berühmt und gastiert in der ganzen Welt. Einzig seinem Instinkt vertrauend, kommt es allerdings manchmal beinahe zu Bühnenkatastrophen, vor allem während der letzten zehn Jahre seiner aktiven Tätigkeit, als er sich häufig mit niveaulosen Sendungen oder Produktionen kompromitiert.

Tietjen, Heinz
Deutscher Dirigent, geb. 24.6. 1881 Tanger, gest. 30.11. 1967 Baden-Baden.
Er ist Schüler von Arthur Nikisch und interessiert sich seit seinen Anfängen nicht nur für Orchesterleitung, sondern auch für Regie. 1904–07 arbeitet er am Theater von Trier, dessen Intendant er 1907–1919 ist, in beiden Berufen. 1919–22 leitet er das Theater von Saarbrücken und 1922–24 das von Breslau, bis er 1925 die Intendanz der Deutschen Oper in Berlin und 1930 die der Staatsoper Berlin übernimmt (bis 1945). Nach dem Tod von Siegfried Wagner wird er gleichzeitig künstlerischer Leiter der Bayreuther Festspiele (1931–44), wo er als einziger inszeniert und jedes Jahr verschiedene Opern auch dirigiert. Nach dem Krieg ist er 1948–54 Intendant der Städtischen Oper Berlin und 1956–59 der Hamburger Staatsoper. Tietjen gehört zu den wenigen Dirigenten, die auch als Intendant erfolgreich sind. Richard Strauss widmet ihm seine *Liebe der Danae*.

Tilney, Colin
Englischer Cembalist, geb. 31.10.1933 London.
Er studiert zunächst Klavier und Sprachen und dann am King's College in Cambridge Musik. Mary Potts unterrichtet ihn hier in Cembalo; anschließend perfektioniert er sich bei Gustav Leonhardt in Amsterdam. Seit 1960 tritt er als Solist auf. 1971 debütiert er in den Vereinigten Staaten. Auch als Herausgeber von Partituren für Cembalo ist er gefragt.

Tilson-Thomas, Michael (= Michael Tomashevsky)
Amerikanischer Dirigent und Pianist, geb. 21.12.1944 Hollywood.
Er studiert an der Universität von Südkalifornien bei Ingolf Dahl Komposition, John Crown Klavier und Alice Ehlers Cembalo. 1966 perfektioniert er sich als Assistent für Orchesterleitung in Bayreuth und am Berkshire Music Center in Tanglewood, wo er zwei Jahre später mit dem Koussewitzky-Preis ausgezeichnet wird. 1968–69 leitet er dort das Jugendorchester, bevor er zum Chefassistenten des Symphonie-Orchesters von Boston ernannt wird (1969–70). 1971 wird er zum Musikdirektor des philharmonischen Orchesters von Buffalo ernannt (bis 1980). Während dieser Zeit unterrichtet er am dortigen Konservatorium Orchesterleitung. Tilson Thomas, der als der kommende Star unter den amerikanischen Dirigenten angesehen wird, interessiert sich für die unterschiedlichsten Bereiche der Musik, von den Gregorianik über die klassische und zeitgenössische symphonische Musik bis zum Jazz. Bei seiner Programmgestaltung berücksichtigt er in starkem Maß die Musik seiner Heimat. 1969–70 gehört der ausgezeichnete Pianist den Boston Symphony Chamber Players an. Ab 1988 ist er als Chefdirigent des Symphonie-Orchesters von London tätig. Er zeichnet für die Uraufführungen von Werken von Olivier Knussen (*Symphonie Nr. 3*, 1979, *Flourish with Fireworks*, Tusch mit Feuerwerken, 1988), Colin Matthews (*Quatrains*, Vierzeiler, 1988) und Steve Reich (*The Four Sections*, Die vier Sektionen, 1987) verantwortlich.

Tipo, Maria (= Maria Luisa Tipo)
Italienische Pianistin, geb. 23.12.1931 Neapel.
Ihre Mutter, die Pianistin Ersilla Cavallo, unterrichtet sie im Klavierspiel. Als Vierjährige spielt sie in Neapel zum ersten Mal in der Öffentlichkeit. Sie perfektioniert sich bei Alfredo Casella und Guido Agosti. 1949 gewinnt sie den internationalen Wettbewerb in Genf. Arthur Rubinstein entdeckt sie beim Brüsseler Concours Reine Elisabeth, wo sie 1952 einen 2. Preis erhält, und ebnet ihr vor allem in den Vereinigten Staaten, wo sie zwölf Jahre lang regelmäßig auftritt, den Weg. Nach Ablauf dieser Zeit beschließt sie, ihre Konzerttätigkeit einzuschränken und sich auch pädagogischen Aufgaben zu widmen. Sie unterrichtet nacheinander an den Konservatorien von Bozen, Florenz und Genf, wo sie 1984 eine Meisterklasse übernimmt. Zu Beginn der 80er Jahre setzt sie sich international endgültig durch. 1988 wird sie zum Mitglied der Accademia Nazionale di Santa Cecilia in Rom ernannt. Sie war mit dem Pianisten Alessandro Specchi verheiratet.

Toczyska, Stefania
Polnische Mezzosopranistin, geb. 19.2.1943 Grudziadz.
Sie studiert bei Romuald Toczyski am Konservatorium von Gdanks und zeichnet sich bei verschiedenen internationalen Wettbewerben aus (Toulouse 1972, Paris 1973, s'-Hertogenbosch, 1974). 1973 debütiert sie als Carmen (Bizet) an der Oper von Gdansk, wechselt allerdings schnell an die Oper von Warschau. Ihre Karriere nimmt im westlichen Ausland rasch einen steilen Aufschwung: Verona (1980), München (1983), Basel (1983, Venus, *Tannhäuser*, Wagner), Covent Garden (1983 und 1984, Azucena, *Il Trovatore*, Der Troubadur, Amneris, *Aida*, beide Ver-

di), Orange (1984), Genf (1984, *L'italiana in Algeri*, Die Italienerin in Algier, Rossini), Chicago (1986, Anna Bolena, Donizetti), Paris (Bercy, 1989, Carmen). Auch als Konzertsängerin ist sie erfolgreich; ihr Repertoire auf diesem Gebiet reicht von den Passionen Johann Sebastian Bachs bis zu denen Krzysztof Pendereckis.

Töpper, Herta
Österreichische Altistin, geb. 19. 4. 1924 Graz.
Sie studiert am Konservatorium ihrer Heimatstadt und debütiert am dortigen Stadttheater, dem sie bis 1951 angehört. 1952 geht sie an die Münchner Oper, an der sie 1957 an der Uraufführung von Paul Hindemiths *Die Harmonie der Welt* mitwirkt. 1951–52 singt sie bei den Bayreuther Festspielen die Brangäne (*Tristan*) und verschiedene Alt-Rollen in *Der Ring des Nibelungen* (beide Wagner). Sie ist durch einen Gastvertrag an die Wiener Oper gebunden und tritt regelmäßig bei den Salzburger Festspielen auf. Die Scala, der Covent Garden, das Théâtre de la Monnaie in Brüssel, Amsterdam, Rom und Zürich laden sie ein. 1960 interpretiert sie an der Oper von San Francisco den Octavian (*Der Rosenkavalier*, R. Strauss). Ein Jahr später debütiert sie an der Met. Seit 1949 ist sie mit dem Komponisten Franz Mixa verheiratet. Sie setzt sich auch als herausragende Interpretin Johann Sebastian Bachs und anderer Oratorien-Komponisten durch. Zu ihren Lieblingsrollen gehören Carmen (Bizet) und Judith (*A Kékszakállú herceg vára*, Ritter Blaubarts Burg, Bártok).

Toldrá, Eduardo
Spanischer Dirigent, geb. 7. 4. 1895 Villanueva y Geltrú (Provinz Barcelona), gest. 31. 5. 1962 Barcelona.
Er studiert am Konservatorium von Barcelona bei Luis Millet Musiktheorie, bei L. Gálvez Violine und bei Enrique Morera sowie bei Antonio Nicolau Komposition. Er debütiert als Orchestermusiker und schlägt ab 1912 eine Solisten-Laufbahn ein. Im gleichen Jahr gründet er mit L. Recasens (2. Violine), L. Sánchez (Bratsche) und A. Planás (Violoncello) das Quartet Renaixement, das bis 1921 besteht. Als Dirigent debütiert er 1916. 1921 wird er am Konservatorium von Barcelona zum Professor für Violine ernannt. 1924–35 leitet er das Symphonie-Orchester der Studenten Barcelonas. 1944 übernimmt er als Chefdirigent das Orchester der Stadt Barcelona, mit dem er international bekannt wird. 1961 leitet er konzertant die Uraufführung von Manuel de Fallas letzter Komposition, *L'Atlantide*.

Tomlison, John
Englischer Bassist, geb. 22. 9. 1943 Accrington (Lancashire).
Er studiert an der Universität von Manchester Maschinenbau; mit Hilfe eines Stipendiums studiert er anschließend am Royal Manchester College of Music. Er debütiert bei der Herbsttournee der Festspiele von Glyndebourne und wird Mitglied der Kent Opera, bevor er 1974–81 der English National Opera angehört. Er erarbeitet sich ein breites Repertoire, bei dem Wagner-Rollen im Vordergrund stehen (Fasolt, Hunding und Hagen, *Der Ring des Nibelungen*, König Marke, *Tristan und Isolde*), aber auch Mozart- (Figaro, *Le nozze di Figaro*, Figaros Hochzeit, Leporello, *Don Giovanni*, Sarastro, *Die Zauberflöte*) und Verdi-Rollen (Ramphis, *Aida*) nicht vergessen werden. Er glänzt als Boris Godunow (Mussorgskij). Ab 1976 gastiert er regelmäßig am Covent Garden (Ferrando, *Così fan tutte*, Mozart, Leporello, Collin, *La Bohème*, Puccini, Don Basilio, *Il barbiere di Siviglia*, Der Barbier von Sevilla, Rossini). Ab dieser Zeit gastiert er in San Francisco, Genf, Paris, Stuttgart, Wien, Orange, Aix-en-Provence usw. 1987–88 unternimmt er mit der Deutschen Oper eine Japan-Tournee und interpretiert dabei Hunding, Hagen und Rocco (*Fidelio*, Beethoven); während der gleichen Saison singt er an der Pariser Oper

den Pimen (*Boris Godunow*, Mussorgskij). 1988 debütiert er in Bayreuth als Wotan (*Der Ring des Nibelungen* und in Salzburg als Rocco und Bartolo (*Le nozze di Figaro*, Figaros Hochzeit, Mozart).

Tomova-Sintow, Anna
Bulgarische Sopranistin, geb. 22. 9. 1941 in Stara Zagara.
Sie studiert am Konservatorium von Sofia und debütiert 1967 an der Leipziger Oper. 1972 wird sie zur Kammersängerin ernannt; im gleichen Jahr wechselt sie an die Berliner Oper, wo sie zum ersten Mal die Gräfin Almaviva (*Le nozze di Figaro*, Figaros Hochzeit, Mozart) interpretiert. Sie zeichnet sich im Mozart- (Donna Anna, *Don Giovanni*, Fiordiligi, *Così fan tutte*) und im Strauss-Repertoire (Arabella, Die Marschallin, *Der Rosenkavalier*, Ariadne, *Ariadne auf Naxos*) aus. Aber auch als Elsa (*Lohengrin*, Wagner) und im italienischen Fach setzt sie sich durch. So ist sie eine stolze Aida, eine bewegende Desdemona (*Otello*, beide Verdi) und eine hinreißende Tosca (Puccini). 1973 wird sie von Herbert von Karajan eingeladen, bei den Salzburger Festspielen an der Uraufführung von Carl Orffs *De Temporum fine comedia* mitzuwirken. Im darauffolgenden Jahr nimmt sie in Paris an einer Aufführung von Giuseppe Verdis *Requiem* teil. Im gleichen Jahr debütiert sie als Donna Anna in München und San Francisco. 1975 singt sie am Covent Garden die Fiordiligi und an der Scala die *Vier letzten Lieder* von Richard Strauss, mit denen sie 1982 auch bei den Salzburger Osterfestspielen einen großen Erfolg erzielt. 1977 debütiert sie an der Wiener Oper als Gräfin Almaviva und ein Jahr später als Donna Anna an der Met. In Berlin und anschließend an der Met interpretiert sie zum ersten Mal die Marschallin, während sie für München Aida einstudiert und in San Francisco an einer Aufführung des *Don Carlos* (Verdi) mitwirkt. In Paris begeistert sie als Leonore (*La forza del destino*, Die Macht des Schicksals, Verdi) und Elsa, die sie auch an der Scala unter Claudio Abbado interpretiert. 1984 singt sie dort die Elisabeth (*Tannhäuser*). 1988 wird sie in Wien zur Kammersängerin ernannt.

Torkanowsky, Werner
Amerikanischer Dirigent deutscher Herkunft, geb. 30. 3. 1926 Berlin.
Er ist sechs Jahre alt, als seine Familie nach Israel emigriert. Seine Mutter unterrichtet ihn in Klavier, und Mitglieder des kurz zuvor gegründeten Symphonie-Orchesters von Palästina erteilen ihm Unterricht in Violine. 1948 zieht er nach New York und nimmt bei Raphael Bronstein, einem Mitglied des Symphonie-Orchesters von Pittsburgh, weiter Geigen-Unterricht. Anschließend studiert er bei Pierre Monteux Orchesterleitung (1954–59). Er debütiert 1960 als Dirigent; drei Jahre später übernimmt er das philharmonische Orchester von New Orleans, das er bis 1977 leitet. 1982 wird er von der Carnegie-Mellon University zum Professor ernannt. Im gleichen Jahr übernimmt er die Leitung des Symphonie-Orchesters von Bangor (Maine).

Tortelier, Maud (= Maud Martin)
Französische Cellistin, geb. 26. 9. 1926 Paris.
Als Zwölfjährige wird sie am Pariser Konservatorium zugelassen, wo sie von Pierre Fournier und Maurice Maréchal in Violoncello und von Joseph Calvet in Kammermusik unterrichtet wird. 1945 wird sie in beiden Disziplinen mit 1. Preisen ausgezeichnet. Ihre Karriere beginnt. 1946 heiratet sie den großen Cellisten Paul Tortelier. 1947 erhält sie den Victor-Lyon-Preis, der nur alle sechs Jahre vergeben wird und an dem nur Preisträger des Pariser Konservatoriums mitmachen dürfen. Ihre Karriere führt sie um die Welt. Die Auftritte mit ihrem Mann bei Konzerten, bei denen zwei Violoncelli zum Einsatz kommen, sowie die Aufführung des *Konzertes für Violoncello und Orchester* von Aram I. Chatschaturjan unter der Leitung des

Komponisten stellen die Höhepunkte ihrer Karriere dar. 1956–69 unterrichtet sie am Pariser Konservatorium. Mehrere ihrer Kinder sind Musiker geworden: Yan-Pascal, Maria de La Pau und Pomone (geb. 4.2. 1959), der 1981 am Pariser Konservatorium in der Klasse von Jean-Pierre Rampal im Fach Flöte mit einem 1. Preis ausgezeichnet wird.

Tortelier, Paul
Französischer Cellist und Dirigent, geb. 21. 3. 1914 Paris, gest. 18. 12. 1990 Villarceaux (Departement Val d'Oise).
Als Sechsjähriger beginnt er, Violoncello zu spielen. 1926 tritt er in das Pariser Konservatorium ein und studiert bei Louis Feuillard und Gérard Hekking Violoncello, bei Jean Gallon Harmonielehre und bei Noël Gallon Kontrapunkt. Er wird in Violoncello (1930) und Harmonielehre (1935) mit 1. Preisen ausgezeichnet. Zunächst schlägt er eine Laufbahn als Orchestermusiker ein und wird Solo-Cellist des Orchesters von Monte Carlo (1935–37), Solo-Cellist des Symphonie-Orchesters von Boston (1937–40) und endlich Solo-Cellist der Société des Concerts du Conservatoire (1945–47). 1946 heiratet er die Cellistin Maud Martin. Nach dem Zweiten Weltkrieg beginnt seine Karriere als Solist. Er spielt unter den größten Dirigenten, bildet mit Arthur Rubinstein und Isaac Stern ein Trio und tritt häufig mit seiner Frau und seinen Kindern auf. Er unterrichtet am Pariser Konservatorium (1957–69), an der Folkwang-Hochschule in Essen (1972–75) und am Konservatorium von Nizza (1978–80). Seit 1980 ist er Honorarprofessor des Zentralkonservatoriums von Peking. Auch als Dirigent ist er erfolgreich. Karl Amadeus Hartmann, Jean Hubeau, André Lavagne und Emil Passani widmen ihm *Konzerte für Violoncello und Orchester*, deren Uraufführung er verwirklicht. Seine Cello-Schule *How I play, How I teach* (dt. Mein Spiel – Mein Unterricht, Freiburg/Br. 1978) wird allgemein anerkannt. Als Komponist schreibt er hauptsächlich für sein Instrument, aber auch Symphonien und verschiedene Cello- und Klavierkonzerte. Er ist der Erfinder eines speziellen Stachels, mit dessen Hilfe man das Instrument stärker geneigt halten kann als mit den herkömmlichen.
W: *Paul Tortelier. A Self Portrait* (1984, dt. Paul Tortelier, *Ein Selbstporträt, Gespräche mit David Blum*).

Tortelier, Yan-Pascal
Französischer Violinist und Dirigent, geb. 19. 4. 1947 Paris.
Der Sohn des Cellisten Paul Tortelier beginnt als Vierjähriger, Klavier und Violine zu lernen; schon bald kommen die Fächer Harmonielehre, Fuge und Kontrapunkt dazu. Henri Challon und Nadia Boulanger sind seine ersten Lehrer. Anschließend perfektioniert er sich in Violine bei André Proffit, Line Talluel und Dominique Hoppenot. 1961 erhält er in der Klasse von René Benedetti einen 1. Preis in Violine. Bei Franco Ferrara an der Accademia Musicale Chigiana in Siena studiert er Orchesterleitung. 1970 erhält er in Tanglewood den C. D. Jackson Prize; zwei Jahre später ist er Preisträger des internationalen Tibor-Varga-Wettbewerbes. Ab dieser Zeit arbeitet er als Violinist und als Dirigent und widmet gleichzeitig einen beträchtlichen Teil seiner Zeit dem Trio Tortelier. Als Gastdirigent arbeitet er vor allem in Großbritannien. 1974–82 ist er Konzertmeister und stellvertretender Dirigent am Orchestre National du Capitole in Toulouse. Mit dem Trio Tortelier verwirklicht er 1977 bei den Luzerner Festspielen die Uraufführung von Edvard Griegs *Trio in c-moll*. 1988 wird er zum Chefdirigenten des Ulster Orchestra (Irland) ernannt. Yan-Pascal Tortelier spielt auf einem Instrument von Carlo Bergonzi (Cremona 1727).

Toscanini, Arturo
Italienischer Dirigent, geb. 25. 3. 1867 Parma, gest. 16. 1. 1957 Riverdale (New York).
Er stammt aus einer bescheidenen, von

republikanischen Idealen erfüllten Familie und beginnt 1876 am Konservatorium seiner Heimatstadt bei Leandro Caranini Violoncello und bei Giusto Dacci Komposition zu studieren. 1884 tritt er zum ersten Mal als Violoncellist, Dirigent und Komponist an die Öffentlichkeit. 1884–85 arbeitet er bereits als Korrepetitor, obwohl er erst 1885 seine Examen mit Auszeichnung ablegt. Er wird Korrepetitor einer italienischen Operntruppe, die eine Tournee durch Brasilien unternimmt. Als am 30. Juni 1886 mehrere Dirigenten ausfallen, springt er ein und dirigiert *Aida* (Verdi) auswendig. Angesichts des unwahrscheinlichen Erfolges vertraut ihm der Impresario auch die Leitung der elf weiteren Opern an, die während der Tournee aufgeführt werden. Wieder zurück in Italien, wird er vom Teatro Regio in Turin eingeladen (1886). Er läßt sich als 2. Violoncellist von der Scala engagieren, um der Uraufführung von Giuseppe Verdis *Otello* beiwohnen zu können.

In den folgenden Jahren dirigiert er in Italien mit mittelmäßigen Truppen und Orchestern sämtliche Repertoire-Opern. Während dieser harten Lehrzeit faßt er den Entschluß, Partituren unter allen Umständen zu respektieren. 1890–91 ist er als stellvertretender Dirigent am Teatro Liceo in Barcelona tätig. 1892 wird er von einem Impresario mit der Uraufführung von Ruggero Leoncavallos *I Pagliacci* (Der Bajazzo) betraut. Er dirigiert immer häufiger in Turin und leitet dort 1896 auch sein erstes Symphonie-Konzert. Im gleichen Jahr zeichnet er in Turin für die Uraufführung von Giacomo Puccinis *La Bohème* und zwei Jahre später während der dortigen Weltausstellung für die italienische Erstaufführung von drei der *Quattro pezzi sacri* (Vier geistliche Stükke, Verdi) verantwortlich. Zu seiner großen Freude lernt er den Komponisten kennen. 1898–1903 ist er Direktor der Mailänder Scala und trägt während dieser Zeit die Verantwortung für die italienischen Erstaufführungen vieler bedeutender Opern (*Die Meistersinger*, 1898, *Siegfried*, 1899, beide Wagner, *Eugen Onegin*, 1900, Tschaikowskij, *Euryanthe*, 1902, v. Weber, *Pelléas et Mélisande*, 1902, Debussy). 1900 verwirklicht er die Uraufführung von *Zaza* (Leoncavallo) und 1902 die von *Germania* (Franchetti). Toscanini leitet die Anfänge Enrico Carusos und Fjodor I. Schaljapins.

In künstlerischen Fragen ist er unnachgiebig; so schafft er sich Feinde und muß die Direktion der Scala abgeben, die er 1906–08 ein zweites Mal innehat, bevor er die Leitung der Met übernimmt (1908–15). Uraufführungen (*La fanciulla del West*, Das Mädchen aus dem goldenen Westen, Puccini, 1910, *Madame Sans-Gêne*, Giordano, 1915) und amerikanische Erstaufführungen (*Ariane et Barbe-Bleue*, Ariadne und Blaubart, Dukas, 1911, *Boris Godunow*, Mussorgskij, 1913, *L'amore dei tre re*, Die Liebe der drei Könige, Montemezzi, 1914) lösen einander ab. Nach Schwierigkeiten mit der Leitung des Hauses reicht er seinen Abschied ein und kehrt nach Italien zurück.

Während des Ersten Weltkriegs dirigiert er an der Front und setzt trotz der feindseligen Haltung des Publikums auch deutsche Werke aufs Programm. 1920 wird er zum dritten Mal Direktor der Scala (bis 1929) und setzt sich wieder intensiv für die zeitgenössische Musik ein. Während dieser Zeit leitet er folgende Uraufführungen: *Debora e Jaele* (1922) und *Fra Gherardo* (Bruder Gherardo, 1920) von Ildebrando Pizzetti, *Nerone* (1924) von Arrigo Boito, *La cena delle beffe* (Das Mahl der Spötter, 1924) von Umberto Giordano, *I cavalieri di Ekebú* (Die Reiter von Ekebú, 1925) von Riccardo Zandonai und *Turandot* (1926), die Giacomo Puccini unvollendet hinterließ. 1920 nimmt er seine erste Schallplatte auf.

Seine ablehnende Haltung dem italienischen Faschismus gegenüber veranlaßt ihn, immer häufiger im Ausland zu dirigieren. 1927 gibt er sein erstes Rundfunkkonzert. 1928–36 ist er als Musikdirektor der New Yorker Philharmoniker tätig. 1929 debütiert er in Bayreuth; im gleichen Jahr leitet er die Uraufführung von Ottorino Respighis symphonischer Dichtung *Feste romane* (Römische Feste). 1930 feiert er in Paris, Wien und Berlin Triumphe. Aus Protest gegen die Judenverfolgung in Deutschland weigert er sich, ein zweites Mal in Bayreuth zu dirigieren. Bis zum Anschluß Österreichs gastiert er regelmäßig in Salzburg. 1937 bricht er mit Wilhelm Furtwängler, dem er vorwirft, dem Nazi-Regime gegenüber zu nachsichtig zu sein. Ostentativ dirigiert er das Symphonie-Orchester Palästinas.

Die NBC beschließt, für ihn ein Orchester zu gründen. Artur Rodziński und Pierre Monteux übernehmen die ersten Proben. Am Weihnachtsabend 1937 wird die erste Sendung mit der neugegründeten Formation unter Toscaninis Leitung ausgestrahlt. Siebzehn Jahre lang bietet Toscanini einmal in der Woche dem breiten amerikanischen Publikum einen Einblick in sein breitgefächertes Repertoire: insgesamt werden 117 Opern von 53 Komponisten und 480 symphonische Werke von 175 Komponisten ausgestrahlt. Er setzt sich dabei auch für jüngere Komponisten ein (Uraufführung von *First Essay* und *Adagio* von Samuel Barber, 1938, amerikanische Erstaufführung der *Symphonie Nr. 7* von Dmitri D. Schostakowitsch, 1942). Nach dem Zweiten Weltkrieg kehrt er nach Italien zurück. Er leitet 1946 das Festkonzert zur Wiedereröffnung der Scala, wird 1948 von der italienischen Republik zum Senator auf Lebenszeit ernannt und setzt sich für den jungen Dirigenten Guido Cantelli ein. Am 4. April 1954 dirigiert er sein letztes Konzert. Seine Zornesausbrüche sind berühmt geblieben, aber auch seine leidenschaftliche, strenge Art zu dirigieren. Als Operndirigent setzte er vor allem bei den Interpretationen der Opern Giuseppe Verdis unerreichbare Maßstäbe, denen seine Leistungen auf dem symphonischen Gebiet in nichts nachstehen. Ferruccio Busoni widmet ihm seine Oper *Turandot*, Zoltán Kodály seine *Symphonie »in memoriam«* und die zweite Fassung des *Nyári este* (Sommerabend), den er auf Toscaninis Anregung hin umgearbeitet hat.

Tourel, Jennie (= Jennie Davidowitsch) *Amerikanische Mezzosopranistin russischer Herkunft, geb. 22. 6. 1900 Sankt Petersburg, gest. 23. 11. 1973 New York.*
Als Sechsjährige lernt sie Flöte und als Achtjährige Klavier; bevor sie ihre Begabung als Sängerin erkennt, will sie Instrumentalistin werden. 1926–28 wird sie in Paris von Anna El-Tour (von dem Namen ihrer Lehrerin leitet sich ihr Künstlername ab) ausgebildet. 1931 debütiert sie dort mit der Opéra russe. 1933–40 gehört sie dem Ensemble der Opéra-Comique an und singt unter anderem Carmen (Bizet) und Mignon (A. Thomas), mit der sie 1937 an der Met debütiert. Als emigrierte Russin findet sie nur mit Mühe Engagements; ab und zu singt sie an der Oper von Montreal, an der New Opera Company und an der New York City Opera. 1942 wirkt sie unter Arturo Toscanini und Sergej A. Kussewitzky an einer Aufführung von *Roméo et Juliette* (Gounod) und unter Leopold Stokowski an einer von *Alexander Newski* (Prokofjew) mit und erzielt ihren Durchbruch in Amerika. Ab 1944 gehört sie dem Ensemble der Met an und interpretiert hier Carmen, Mignon, Adalgisa (*Norma*, Bellini), und Rosina (*Il barbiere di Siviglia*, Der Barbier von Sevilla, Rossini). 1947 gastiert sie in London, 1949 in Israel und 1951 in Venedig, wo sie an der Uraufführung von Igor Strawinskys *The Rake's Progress* (Der Wüstling) mitwirkt. Sie zeichnet auch für die Uraufführung von *Jeremiah Symphony* von Leonard Bernstein – der Komponist begleitet sie häufig bei Konzertabenden – und der Zweitfassung des *Marienlebens* von Paul Hindemith verantwortlich. Ab 1963 unterrichtet sie an der Juilliard School of Music in New York und ab 1969 zusätzlich an der Ruben Academy of Music in Jerusalem.

Tournemire, Charles Arnaud
Französischer Organist und Komponist, geb. 22.1.1870 Bordeaux, gest. 3.11. 1939 Arcachon.
Er studiert zunächst am Konservatorium von Bordeaux und geht dann nach Paris, wo er von Charles de Bériot in Klavier, Antoine Taudou in Harmonielehre und von César Franck sowie Charles-Marie Widor in Orgel ausgebildet wird. 1891 erhält er einen 1. Preis in Orgel. Nach einem kurzen Zwischenspiel an der Orgel von Saint-Nicolas-du-Chardonnet übernimmt er als Nachfolger Gabriel Piernés die der Basilika Sainte-Clotilde und behält diese Funktion bis zu seinem Tod bei. Ab 1919 unterrichtet er am Pariser Konservatorium Ensemblemusik. Von der Gregorianik geprägt – er besucht regelmäßig das Kloster Solesmes, die französische Hochburg gregorianischer Musik, um zu meditieren –, komponiert er 1927–32 den Zyklus *Orgue mystique*, der die 51 Offizien des liturgischen Jahres auslegt. Von deren freien Phrasierungen und harmonischem Kolorit ausgehend, kann man sich eine Vorstellung von seinen Orgel-Improvisationen machen, für die er berühmt ist. Zu seinen Schülern zählen Maurice Duruflé, Daniel-Lesur und vor allem Olivier Messiaen.

Tournier, Marcel Lucien
Französischer Harfenist, geb. 5.6. 1879 Paris, gest. 12.5.1951 daselbst.
Er studiert am Pariser Konservatorium bei Raphael Martenot und Alphonse Hasselmans Harfe und wird dort 1899 mit einem 1. Preis ausgezeichnet. Der Schüler von Georges Caussade und Charles Edouard Lenepveu erhält 1909 für seine Kantate *La Roussalka* den 2. Großen Rompreis und für eine weitere Kantate, *Laure et Pétrarque* (Laura und Petrarca), den Rossini-Preis. 1912–48 arbeitet er als Professor für Harfe am Pariser Konservatorium und bildet zwischen den beiden Weltkriegen praktisch alle wichtigen französischen Harfenisten aus. Er erweitert die Möglichkeit seines Instruments (Akkordglissandi, Pedalglissandi, enharmonische Verwechslungen, Flageolettkombinationen). Wir verdanken ihm auch eine Vereinfachung der Notierung von Glissandi. Als Komponist schreibt er hauptsächlich für sein Instrument, aber auch für Klavier, Violine, Violoncello und Stimme.

Touvron, Guy
Französischer Trompeter, geb. 15.2. 1950 Vichy.
Als Sechzehnjähriger wird er Schüler von Maurice André am Pariser Konservatorium, wo er 1968 in Kornett und 1969 in Trompete je einen 1. Preis erhält. Auch bei internationalen Wettbewerben ist er erfolgreich (München 1971, Prag 1974 und Genf 1975). 1969–72 ist er Solo-Trompeter an der Oper von Lyon, 1972–75 des Philharmonischen Orchesters von Radio France und ab 1975 des Orchesters von Lyon. Trotz seiner Orchesterverpflichtungen und trotz seiner pädagogischen Aufgaben – 1974 wird er am Konservatorium von Lyon zum Professor ernannt – gibt er in der ganzen Welt zahlreiche Konzerte. 1974 gründet er ein Bläserquintett, das seinen Namen trägt. Er unterrichtet auch an der Musikakademie Tibor Varga in Sitten (Schweiz).

Traubel, Helen
Amerikanische Sopranistin, geb. 20.6. 1899 Saint Louis (Mo.), gest. 28.7. 1972 Santa Monica (Cal.).
Sie studiert in ihrer Heimatstadt bei Vetta Karst und debütiert 1925 als Konzertsängerin mit dem Symphonie-Orchester von Saint Louis. Erst 1937 betritt sie anläßlich der Uraufführung von Walter Damroschs Oper *The Man without a Country* (Der Mann ohne Land) an der Met eine Bühne. Zwei Jahre später interpretiert sie in Chicago die Sieglinde (*Die Walküre*, Wagner). Nach Kirsten Flagstadts Abschied von der Met wird sie die 1. Wagner-Sopranistin des berühmten Hauses (1941–53). 1950 singt sie zum ersten Mal die Marschallin (*Der Rosenkavalier*,

R. Strauss), auch wenn ihr Repertoire weiterhin hauptsächlich auf die Werke Richard Wagners beschränkt bleibt. Sie gastiert in Chicago, San Francisco, Philadelphia und am Teatro Colón in Buenos Aires. In Europa gibt sie nach dem Zweiten Weltkrieg ausschließlich Konzerte. Ab 1953 singt sie auch Operetten und Musicals, was zum Bruch mit Rudolf Bing, dem Direktor der Met, führt. Sie verläßt das Haus und widmet sich ganz dem neuen Repertoire, wo sie vor allem in *Pipe Dream* (Pfeifentraum, R. Rogers) 1955 am Broadway einen großen Erfolg erzielt. 1954 wirkt sie in dem Film *Deep in my Heart* und 1961 in *The Ladie's Man* mit.
W: *Saint Louis Woman* (New York 1959) und zahlreiche Kriminalromane, darunter auch *The Metropolitan Opera Murders* (New York 1964).

Tretjakow, Viktor
Russischer Violinist, geb. 17. 10. 1946 Krasnojarsk.
Seine Mutter erteilt ihm ersten Musikunterricht. Als Sechsjähriger besucht er die Musikschule in Irkutsk und wird dort von Jurij Gordin unterrichtet, der ihn bereits ein Jahr später (1953) an die Moskauer Zentralschule schickt. 1966 erhält er beim Moskauer Tschaikowskij-Wettbewerb den 1. Preis. Seine internationale Karriere beginnt. 1983 übernimmt er die Leitung des Staatlichen Kammerorchesters der UdSSR (das frühere Moskauer Kammerorchester). Er hält am Moskauer Konservatorium Meisterkurse ab.

Trouard, Raymond
Französischer Pianist, geb. 9. 8. 1916 Etampes.
1929 beginnt er sein Studium am Pariser Konservatorium bei André Bloch, Joseph Mozpain, Victor Staub, Emil von Sauer, Marcel Dupré, Paul Dukas, Philippe Gaubert und Bruno Walter und erhält 1933 einen 1. Preis in Klavier sowie 1937 einen 2. Preis in Orchesterleitung. Er perfektioniert sich bei Yves Nat, Sergej W. Rachmaninow, Manuel Infante und Maurice Ravel. 1935 gibt er seinen ersten Klavierabend. 1939 wird er mit dem Großen Preis Louis Diémer ausgezeichnet. Philippe Gaubert und Pierre Monteux leiten seine ersten Konzerte. 1969 wird er am Pariser Konservatorium zum Professor ernannt. Während seiner international verlaufenden Karriere spielt er hauptsächlich das klassische Repertoire.

Troyanos, Tatiana
Amerikanische Mezzosopranistin, geb. 12. 9. 1938 New York.
Sie studiert an der Juilliard School of Music in New York und debütiert 1963 an der New York City Opera, wo sie von Rolf Liebermann entdeckt wird, der sie 1965 an die Hamburger Staatsoper holt. Sie debütiert dort als Komponist (*Ariadne auf Naxos*, R. Strauss) und wird auf Anhieb vom Publikum gefeiert. Ein Jahr später interpretiert sie bei den Festspielen von Aix-en-Provence die gleiche Rolle. Ab dieser Zeit hält sie enge Verbindungen zur Pariser Oper. 1967 gastiert sie mit großem Erfolg in Montreal. Bei dem Festival von Tanglewood übernimmt sie die Alt-Partie in Giuseppe Verdis *Requiem*. Bei den Salzburger Festspielen interpretiert sie den Cherubin (*Le nozze di Figaro*, Figaros Hochzeit) und vor allem den Sextus (*La clemenza di Tito*, Titus, beide Mozart), mit dem sie einen überragenden Erfolg erzielt. Die hervorragende Schauspielerin zeichnet sich als Florence Pike in *Albert Herring* (Britten) genauso aus wie in *Diabły z Loudun* (Die Teufel von Loudun, Penderecki), an deren Uraufführung sie in Hamburg mitwirkt (1969) oder in Hosenrollen wie Octavian (*Der Rosenkavalier*, R. Strauss), Cherubin oder der Komponist. 1967 debütiert sie am Covent Garden (als Octavian), 1971 in Chicago (*Werther*, Massenet), 1976 an der Met (Octavian) und 1977 an der Scala (Adalgisa, *Norma*, Bellini). Sie gastiert häufig an der Met und interpretiert dort die Eboli (*Don Carlos*), Amneris (*Aida*, beide Verdi), Santuzza (*Cavalleria rusti-*

cana, Mascagni), Venus (*Tannhäuser*), Brangäne (*Tristan und Isolde*, beide Wagner) und Giulietta (*Les Contes d'Hoffmann*, Hoffmanns Erzählungen, Offenbach). Ihre Carmen (Bizet) ist musikalisch wie schauspielerisch ein Ereignis.

Tucker, Richard (= Reuben Ticker)
Amerikanischer Tenor, geb. 28. 8. 1913 Brooklyn, gest. 8. 1. 1975 Kalamazoo (Mich.).
Der Sohn eines rumänischen Emigranten erhält von dem Kantor einer jüdischen Synagoge in New York ersten Gesangs-Unterricht. Zunächst Textilkaufmann, heiratet er die Schwester des Tenors Jan Peerce. Der Erfolg seines Schwagers gibt ihm Auftrieb, so daß er sich ernsthaft an die Ausbildung seiner Stimme macht und bei Donald Martino, Borghetti und Paul Althouse studiert. 1945 debütiert er in *La Gioconda* (Ponchielli) an der Met. Bis zu seinem Tod bleibt er Mitglied des berühmten Hauses, an dem er über sechshundert Mal auftritt und mehr als dreißig Rollen interpretiert. 1947 debütiert er als Enzo (*La Gioconda*) an der Seite von Maria Callas, die ebenfalls ihr italienisches Debüt feiert, in der Arena von Verona. 1946–64 gehört er außerdem der Oper von Chicago an. 1954–55 gastiert er in San Francisco, 1957–58 am Covent Garden, 1958 in Wien, ab 1960 am Teatro Colón in Buenos Aires und 1969 an der Scala.

Tuckwell, Barry
Australischer Hornist und Dirigent, geb. 5. 3. 1931 Melbourne.
Er debütiert als Fünfzehnjähriger in Melbourne und Sydney, während er noch am Konservatorium von Sydney bei Alan Mann studiert. 1947–50 ist er im Symphonie-Orchester von Sydney tätig. Anschließend geht er nach England und perfektioniert sich bei Dennis Brain. 1951–53 ist er Mitglied des Hallé Orchestra in Manchester und 1953–54 des Scottish National Orchestra, bevor er Solo-Hornist des Bournemouth Symphony Orchestra (1954–55) und des London Symphony Orchestra (1955–68) wird. Er gründet 1948 das Tuckwell Wind Quintet und zeichnet für viele Uraufführungen verantwortlich, darunter für die von *Sonate für Horn und Klavier* von Iain Hamilton, *Notturno and Voyage* (Notturno und Reise) sowie *Actaeon* von Gordon Bennett sowie die *Konzerte für Horn und Orchester* von Don Banks, Alun Hoddinott, Robin Holloway und Thea Musgrave. 1962 wird er in den Vereinigten Staaten zum Musikdirektor der Maryland Symphonie ernannt. 1963–74 unterrichtet er an der Royal Academy of Music in London. Anschließend widmet er sich ausschließlich seiner Karriere als Solist. Er gilt heute als einer der besten Vertreter der englischen Horn-Schule, die in der Tradition von Dennis Brain steht. In Australien ist er öfters als Dirigent tätig und leitet 1981 das Symphonie-Orchester von Tasmanien.
WW: *Playing the Horn* (London 1978); *Horn* (London 1983).

Tureck, Rosalyn
Amerikanische Pianistin, geb. 14. 12. 1914 Chicago.
Sie debütiert als neunjähriges Wunderkind, bevor sie bei Sophie Brilliant Liven (1925–29), Jan Chiapusso (1929–31) und Gavin Williamson studiert und sich anschließend bei Olga Samaroff an der Juilliard School of Music in New York perfektioniert (1932–35). Sie beschäftigt sich fast ausschließlich mit der Musik Johann Sebastian Bachs, die sie auf dem Klavier, aber auch auf dem Cembalo, der Orgel und sogar dem Synthesizer spielt, und widmet sich intensiv pädagogischen Aufgaben: 1935–42 unterrichtet sie am Konservatorium von Philadelphia, 1940–43 an der Mannes School in New York, 1943–55 und ab 1972 an der Juilliard School of Music in New York und 1966–72 an der kalifornischen Universität. 1966 ruft sie die International Bach Society ins Leben.
W: *An Introduction to the Performance of Bach* (London 1959–60).

Turkovíc, Milan
Österreichischer Fagottist jugoslawischer Herkunft. geb. 14. 9. 1939 Zagreb.
Er studiert in Wien und debütiert im Orchester des Mozarteums in Salzburg. 1961–67 verbringt er in der Bundesrepublik, zunächst als Mitglied der Philharmonia Hungarica in Marl und anschließend als Solo-Fagottist der Bamberger Symphoniker. 1967 geht er in der gleichen Funktion zu den Wiener Symphonikern. Er behält diese Stelle bis 1984 bei. Ab dieser Zeit widmet er sich ausschließlich seiner Karriere als Solist und als Pädagoge am Mozarteum Salzburg. Er spielt mit Nicolaus Harnoncourts Concentus Musicus in Wien zusammen und gründet 1968 mit dem Pianisten Helmut Schulz und dem Flötisten Wolfgang Schulz das Wiener Trio. Er gehört dem Ensemble Wien-Berlin an. 1968 zeichnet er für die Uraufführung von Helmut Eders *Konzert für Fagott und Orchester* verantwortlich.

Turner, Dame Eva
Englische Sopranistin, geb. 10. 3. 1892 Oldham, gest. 16. 6. 1990 London.
Sie studiert an der Royal Academy of Music in London und debütiert 1916 in den Chören Carl Rosas. Als Solistin debütiert sie als Edelknabe in *Tannhäuser* (Wagner). Mit Richard Broad studiert sie das Repertoire ihres Faches ein. Sie singt Arturo Toscanini vor, der sie 1924 für die Rolle der Freia (*Das Rheingold*, Wagner) verpflichtet. 1928–48 singt sie regelmäßig am Covent Garden und gibt Gastspiele in Chicago, Buenos Aires, Lissabon und anderen wichtigen Musikzentren. Sie zeichnet sich als Wagner- und Verdi-Sängerin aus, glänzt aber auch als Turandot (Puccini). 1950–59 unterrichtet sie an der Universität von Oklahoma und ab 1959 an der Royal Academy of Music in London. 1938 wirkt sie an der Uraufführung von Ralph Vaughan Williams' *Serenade to Music* mit.

Turnovský, Martin
Tschechoslowakischer Dirigent, geb. 28. 9. 1928 Prag.
Er studiert an der Prager Musikakademie bei Robert Brock Klavier und bei Karel Ančerl Orchesterleitung (1948–52). 1956 perfektioniert er sich bei George Szell. 1952 debütiert er an der Spitze des Symphonie-Orchesters von Prag. 1958 gewinnt er den Wettbewerb von Besançon. 1960–63 leitet er das philharmonische Orchester von Brno (Brünn) und geht dann als Musikdirektor an das Rundfunksinfonieorchester von Plzeň (Pilsen, 1963–67). 1965–68 unternimmt er mit den verschiedenen Prager Orchestern zahlreiche Auslandstourneen. 1966–68 ist er als Kapellmeister an der Oper von Dresden und gleichzeitig als Musikdirektor der dortigen Staatskapelle tätig. 1968 übersiedelt er nach Österreich und arbeitet als Gastdirigent. 1975–80 ist er 1. Kapellmeister an der Oper von Oslo und 1978–83 sowie 1985–86 Chefdirigent der Bonner Oper.

U

Uchida, Mitsuko
Japanische Pianistin, geb. 20. 12. 1948 Tokio.
Sie verläßt Tokio 1961 und zieht nach Wien, wo sie an der Hochschule für Musik bei Richard Hauser studiert (1961–68). 1969 gewinnt sie den Beethoven-Wettbewerb. Sie perfektioniert sich bei Wilhelm Kempff und Stefan Askenase und erhält 1970 beim internationalen Chopin-Wettbewerb in Warschau sowie 1975 in Leeds je einen 2. Preis. Ab 1972 wohnt sie in London, wo ihre internationale Karriere beginnt. 1982 spielt sie in Tokio in einem Konzertzyklus sämtliche *Sonaten für Klavier* von Wolfgang Amadeus Mozart. 1984 debütiert sie mit den Berliner Philharmonikern; 1985–86 spielt sie in London in einem Konzertzyklus mit dem English Chamber Orchestra sämtliche *Konzerte für Klavier und Orchester* Mozarts. Diese beiden großen Zyklen, die sie auch auf Schallplatte aufnimmt, verhelfen ihr zu internationalem Ruf. Neben Mozart gilt ihre Liebe Ludwig van Beethoven, Benjamin Britten und Arnold Schönberg.

Ughi, Uto
Italienischer Violinist, geb. 21. 1. 1944 Busto Arsizio (bei Varese).
Seine Eltern ermutigen ihn schon früh, Geige zu lernen. Er lernt George Enescu an der Accademia Musicale Chigiana in Siena kennen und geht als Zwölfjähriger nach Paris, um zwei Jahre lang bei ihm Unterricht zu nehmen. Anschließend geht er an das Genfer Konservatorium zu einem Schüler Carl Fleschs, um seine Technik zu perfektionieren, bevor er in Wien seine Ausbildung in Kammermusik abrundet. Enescus Rat folgend, bemüht er sich, nicht zu früh in den Sog des internationalen Konzertbetriebes zu geraten, und unternimmt häufig mit dem Pianisten Lamar Crowson als Partner wohldosierte Tourneen durch die Vereinigten Staaten, Südamerika und Südafrika. Ab 1979 arbeitet er in Venedig an der Organisation eines Musikfestivals mit. Er spielt auf einer Stradivari aus dem Jahre 1791, der *Kreutzer*.

Uhde, Hermann
Deutscher Bariton, geb. 20. 7. 1914 Bremen-Rockwinkel, gest. 10. 10. 1965 Kopenhagen.
Er studiert in seiner Heimatstadt bei Philip Kraus und debütiert dort 1936 als Titurel (*Parsifal*, Wagner). 1936–38 ist er, Baß-Rollen interpretierend, in Bremen, 1938–40 in Freiburg/Br. und 1940–42 in München tätig. Erst 1942–44 studiert er in den Niederlanden Bariton-Rollen ein: Figaro (*Il barbiere di Siviglia*, Der Barbier von Sevilla, Rossini), Scarpia (*Tosca*, Puccini), Escamillo (*Carmen*, Bizet), Don Giovanni (Mozart). Von den Aliierten gefangengenommen, kann er erst 1947 seine Karriere in Hannover fortsetzen. Nacheinander gehört er den Opern in Hamburg (1948–50), Wien (1950–51) und München (1951–60) an. Er interpretiert hier den Gunther (*Götterdämmerung*), Kurwenal (*Tristan und Isolde*), Telramund (*Lohengrin*), den Holländer (*Der fliegende Holländer*), Klingsor (*Parsifal*) und Wotan (*Das Rheingold*, alle Wagner). 1949–61 nimmt er auch an den Salzburger Festspielen teil und kreiert hier 1949 bei der Uraufführung von Carl Orffs *Antigone* die Rolle des Kreon und die des Elis Fröbom in Rudolf Wagner-Régenys Oper *Das Bergwerk zu Falun*. 1953–60 gastiert er regelmäßig am Covent Garden und 1955–60 an der Met. Neben dem Wagner-Repertoire interpretiert er den Pizzaro (*Fidelio*, Beethoven), Wozzek (Berg), den Großinquisitor (*Don Carlos*, Verdi). Bei einer Aufführung von *Faust III* (Bentzon)

stirbt er am Königlichen Theater in Kopenhagen auf offener Bühne.

Uhl, Fritz
Österreichischer Tenor, geb. 2. 4. 1928 Wien-Matzleinsdorf.
1947 beginnt er bei Elisabeth Rado in Wien seine Ausbildung. Noch während seines Studiums unternimmt er eine Tournee mit Operetten durch Holland. 1950 beginnt dann seine eigentliche Karriere in Graz. 1952 wechselt er an das Stadttheater Luzern und ein Jahr später an das Oberhausener Theater. Hier macht er sich als Wagner-Tenor einen Namen. 1957 wird er Mitglied der Münchner Oper; er gastiert regelmäßig und mit großem Erfolg in Wien und Stuttgart. 1958 feiert er als Erik (*Der fliegende Holländer*) und später als Loge und Siegmund (beide *Der Ring des Nibelungen*, alle Wagner) in Bayreuth Triumphe. 1961 wird er zum Kammersänger ernannt. Gastspiele führen ihn u. a. nach San Francisco, Buenos Aires und an den Covent Garden. 1968-85 gastiert er auch regelmäßig bei den Salzburger Festspielen.

Unger, Gerhard
Deutscher Tenor, geb. 26. 11. 1916 Bad Salzungen.
Er studiert am Konservatorium in Berlin, kann allerdings erst nach dem Ende des Zweiten Weltkriegs debütieren: ab 1945 tritt er als Konzert- und Oratoriensänger auf. 1947 wird er Mitglied des Nationaltheaters in Weimar und wechselt von dort 1949 an die Berliner Oper, wo er als lyrischer Tenor wie als Tenorbuffo vom Publikum gefeiert wird. Er wird von Wien, Dresden und anderen wichtigen europäischen Musikzentren eingeladen. 1951-52 interpretiert er in Bayreuth eine seiner besten Rollen, David (*Die Meistersinger von Nürnberg*, Wagner). Er gastiert auch bei den Salzburger Festspielen. Konzertreisen, bei denen er vor allem das Werk Johann Sebastian Bachs interpretiert, führen ihn durch ganz Europa. 1961 wechselt er an die Stuttgarter Oper; ab 1963 ist er ständiger Gast in Hamburg.

Uninsky, Alexander
Amerikanischer Pianist ukrainischer Herkunft, geb. 2. 2. 1910 Kiew, gest. 19. 12. 1972 Dallas.
Er studiert an den Konservatorien von Kiew und Moskau und geht dann nach Paris. 1932 wird er beim internationalen Chopin-Wettbewerb in Warschau mit einem 1. Preis ausgezeichnet. Im gleichen Jahr beginnt seine internationale Karriere, bei der er vorwiegend Werke von Frédéric Chopin interpretiert. 1943 läßt er sich in den Vereinigten Staaten nieder. 1955 wird er am Konservatorium von Toronto zum Professor ernannt. Anschließend geht er in der gleichen Funktion an die Southern Methodist University nach Dallas.

Ursuleac, Viorica
Rumänische Sopranistin, geb. 26. 3. 1894 Czernowitz (Bukowina), gest. 22. 10. 1985 Ehrwald (Österreich).
Sie studiert an der Musikakademie Wien bei Filip Forsten und Franz Steiner und perfektioniert sich anschließend in Berlin bei Lilli Lehmann. 1922 debütiert sie in Agram als Charlotte (*Werther*, Massenet). Sie gehört nacheinander der Oper von Czernowitz an (1923-24), der Volksoper Berlin (1924-26, unter Felix von Weingartner), der Frankfurter Oper (1926-30, unter Clemens Krauss, den sie heiratet), der Wiener Oper (1930-35), der Staatsoper Berlin (1935-37) und dem Bayerischen Nationaltheater in München (1937-44), wo sie sich zusammen mit ihrem Mann besonders für das Werk ihres Freundes Richard Strauss einsetzt. Sie wirkt an den Uraufführungen verschiedener Werke des Komponisten mit: *Arabella* (1933), *Friedenstag* (1938), *Capriccio* (1942) und *Die Liebe der Danae* (1944). Auch in *Elektra, Der Rosenkavalier, Die Frau ohne Schatten, Ariadne auf Naxos, Die Ägyptische Helena* tritt sie auf. Aus Dankbarkeit widmet Richard Strauss ihr seinen *Friedenstag* so-

wie mehrere Lieder. Viorica Ursuleac interpretiert auch Rollen von Richard Wagner (Senta, *Der fliegende Holländer*, Sieglinde, *Die Walküre*), Giacomo Puccini (Tosca, Turandot) und Giuseppe Verdi (Elisabeth von Valois, *Don Carlos*). Sie wirkt auch an Uraufführungen von Opern von Bernhard Sekles, Ernst Krenek und Eugen d'Albert mit.

Ihr Repertoire umfaßt 80 Rollen. Sie tritt hauptsächlich in Deutschland und Österreich auf und wirkt 1930–34 und 1942–43 an den Salzburger Festspielen mit. Von den wenigen Auftritten im Ausland seien die am Covent Garden (1934) und am Teatro Colón in Buenos Aires (1948) erwähnt.

V

Vajnar, František
Tschechoslowakischer Dirigent, geb. 15. 9. 1930 Strašice u Rokycan.
Er studiert am Prager Konservatorium Violine und Orchesterleitung. 1950–53 ist er Mitglied des Orchesters des Prager Nationaltheaters und übernimmt dann die Leitung der Oper der tschechoslowakischen Armee in Prag (1953–55). Anschließend ist er am Karlina-Theater in Prag (1955–60) und an der Oper in Ostrava (Ostrau, 1960–62) tätig. 1962–73 wirkt er als Direktor am Nejedly-Theater in Ústi nam Labem. Anschließend geht er als Kapellmeister an das Prager Nationaltheater (1973–79), bevor er zum 1. Dirigenten des Symphonie-Orchesters des Tschechoslowakischen Rundfunks ernannt wird (1979–85). Gleichzeitig ist er ständiger Gast der Tschechischen Nationalphilharmonie. Er unterrichtet an der Prager Kunstakademie. 1985 wird er zum künstlerischen Direktor des Prager Nationaltheaters ernannt.

Valdes, Maximiano
Chilenischer Dirigent, geb. 17. 6. 1949 Santiago.
Er beginnt am Konservatorium seiner Heimatstadt mit dem Studium von Klavier, Violine und Musikgeschichte. 1979 geht er an die Accademia Nazionale di Santa Cecilia nach Rom und studiert dort zusätzlich Komposition und Orchesterleitung. 1973 wird er im Fach Klavier ausgezeichnet. Anschließend widmet er sich ausschließlich der Orchesterleitung und perfektioniert sich bei Franco Ferrara in Bologna, Siena und Venedig. 1976–80 ist er als Assistent am Theater La Fenice in Venedig tätig. 1977 besucht er die master classes von Leonard Bernstein und Seiji Ozawa in Tanglewood. Ein Jahr später ist er Preisträger der Rupert Foundation in London; 1980 gewinnt er beim Malko-Wettbewerb in Kopenhagen und beim Vittorio-Gui-Wettbewerb in Florenz je einen 1. Preis. In England und Skandinavien gibt er Gastdirigate. Auch die Pariser Oper lädt ihn ein. 1984 wird er zum principal guest conductor des Spanischen Nationalorchesters ernannt. 1986–87 leitet er gleichzeitig das Symphonie-Orchester von Euskadi (San Sebastian). 1989 wird er Musikdirektor des Philharmonic Orchestra in Buffalo (USA). Er realisiert 1989 die Uraufführung von Renaud Gagneux' *Te Deum*.

Valente, Benita
Amerikanische Sopranistin, geb. 19. 10. 1939 Delano (Cal.).
Sie studiert zunächst bei Lotte Lehmann und Martial Singher in Santa Barbara und geht dann nach Philadelphia an das Curtis Institute, wo sie 1960 mit einem Diplom abschließt. 1959 debütiert sie bei den Festspielen in Marlboro. 1962 geht sie nach Deutschland. Ein Jahr später debütiert sie als Pamina (*Die Zauberflöte*, Mozart) an der Met und wird dort ab 1974 regelmäßig eingeladen; sie interpretiert an dem berühmten Haus die Gilda (*Rigoletto*), Violetta (*La Traviata*, beide Verdi), Orfeo (Gluck), Almirena (*Rinaldo*, Händel) und Ilia (*Idomeneo*, Mozart). Ihre wichtigsten Stationen in Europa sind Dortmund, Zürich, Straßburg, Amsterdam und Spoleto.

Valentini-Terrani, Lucia
Italienische Mezzosopranistin, geb. 29. 8. 1946 Padua.
Sie studiert in Padua Musik, erhält zahlreiche Diplome und Auszeichnungen und debütiert 1969 am Teatro Grande in Brescia in der Titelrolle von *La Cenerentola* (Aschenbrödel, Rossini). 1972 gewinnt sie bei dem von der RAI organisierten Gesangswettbewerb den 1. Preis. Ein Jahr später singt sie an der

Scala in der Produktion von Jean-Pierre Ponnelle und Claudio Abbado die Cenerentola und wird gefeiert. Ihre internationale Laufbahn beginnt: 1974 interpretiert sie an der Met sowie an der Scala die Isabella (*L'italiana in Algeri*); später studiert sie die Rollen der Rosina (*Il barbiere di Siviglia*, Der Barbier von Sevilla, beide Rossini) und Charlotte (*Werther*, Massenet) ein. 1979 interpretiert sie in Los Angeles unter Carlo Maria Giulini das *Requiem* von Giuseppe Verdi. 1979-80 nimmt sie an der Mailänder Scala unter Claudio Abbado an der Vorstellung zur Saisoneröffnung teil und singt die Marina (*Boris Godunow*, Mussorgskij). 1982 feiert sie in Los Angeles als Mrs. Quickly (*Falstaff*, Verdi) einen Triumph. Sie besitzt die dramatische Kraft einer Marie Delna und die virtuose Stimme einer Isabella Colbran. Auch als Konzertsängerin ist sie überdurchschnittlich erfolgreich.

Valletti, Cesare
Italienischer Tenor, geb. 18.12.1921 Rom.
Er beginnt sein Studium in Rom, bevor er sich bei Tito Schipa perfektioniert und 1947 in Bari als Alfredo Germont (*La Traviata*, Verdi) debütiert. Sehr schnell feiert er vor allem als Mozart-Sänger sowie in den klassischen Belcanto-Rollen auf den bedeutendsten italienischen Bühnen Triumphe. Ab 1950 singt er an der Scala und an der römischen Oper. Auch das Ausland meldet sich: der Covent Garden, die Wiener Oper, das Teatro Colón in Buenos Aires sowie die Opern von Paris, Amsterdam, San Francisco, Chicago und Rio de Janeiro laden ihn ein. 1953 debütiert er als Don Ottavio (*Don Giovanni*, Mozart) an der Met, an der er bis 1962 regelmäßig gastiert. Auch bei den Festspielen von Glyndebourne und Aix-en-Provence ist er erfolgreich. 1960 debütiert er bei den Salzburger Festspielen mit einem Abend deutscher Lieder und wird stürmisch gefeiert. 1967 beschließt er, seine Laufbahn zu beenden, macht aber ein Jahr später eine Ausnahme und wirkt beim Caramoor Festival bei einer Aufführung von *L'incoronazione di Poppea* (Die Krönung der Poppea, Monteverdi) mit.

Vallin, Ninon (= Eugénie Vallin-Pardo)
Französische Sopranistin, geb. 8.9.1886 Montalieu, gest. 22.11.1961 Lyon.
Die Tochter eines Notars erhält von Nonnen, die ihre außergewöhnliche Begabung feststellen, ersten Gesangs-Unterricht. Ihre Eltern schicken sie ans Konservatorium von Lyon. Sie fällt André Gédalge auf, der sich auf einer Inspektionsreise in Lyon befindet und sie ermutigt, ihr Studium in Paris fortzusetzen. Sie befolgt den Rat. Gabriel Pierné, Direktor der Concerts Colonne, engagiert sie zur Probe. Sie debütiert an der Seite Felia Litvinnes, die die Kundry interpretiert, als Blumenmädchen in Richard Wagners *Parsifal*, hat Erfolg, erhält kleinere Rollen in *Szenen aus Goethes Faust* von Robert Schumann und den Oratorien von Johann Sebastian Bach und wird von Rodolphe Plamondon, dem damals wohl besten Lehrer, weiter ausgebildet. In einigen Provinzstädten gibt sie Konzerte. Dann winkt ihr das Glück: für die Uraufführung von *Le Martyre de Saint Sebastien* (Debussy) im Théâtre du Châtelet werden Sängerinnen für die Rollen der sieben Koryphäen gesucht. Sie stellt sich einer aus bedeutenden Persönlichkeiten bestehenden Jury und wird engagiert. Erst am Morgen der Uraufführung wird ihr mitgeteilt, Claude Debussy bestehe darauf, daß sie alle Soli sänge. Über Nacht wird sie berühmt. Albert Carré holt sie an die Opéra-Comique, wo sie 1912 an der Seite von Marthe Chenal und Léon Beyle als Micaëla (*Carmen*, Bizet) debütiert. Anschließend interpretiert sie an diesem Haus mit gleichem Erfolg die Rollen der Mignon (A. Thomas) und Mimi (*La Bohème*, Puccini). Sie verträgt sich nicht mit dem Nachfolger Carrés und geht an das Teatro Colón nach Buenos Aires, der Beginn einer strahlenden, internationalen

Karriere, die über Montevideo und sämtliche große europäische Bühnen nach New York führt. Die Pariser applaudieren ihr bei ihren regelmäßigen Auftritten an der Opéra-Comique, wo sie in *Manon, Werther* (beide Massenet), *Le nozze di Figaro* (Figaros Hochzeit, Mozart), *Le roi d'Ys* (Der König von Ys, Lalo), *I Pagliacci* (Der Bajazzo, Leoncavallo) und *La vida breve* (Das kurze Leben, de Falla) auftritt und bei der Uraufführung von *Cadeaux de Noël* (Weihnachtsgeschenke, X. Leroux) die Rolle der Clara, bei der von *Maria Egiziaca* (Maria, die Ägypterin, Respighi) die Titelrolle und bei der von *La Sorcière* (Die Hexe, C. Erlanger) die Rolle der Manuela interpretiert. An der Pariser Oper debütiert sie erst 1920. Sie wirkt dort an Aufführungen von *Thaïs* (Massenet) und *La damnation de Faust* (Fausts Verdammung, Berlioz) mit. 1935 nimmt sie am gleichen Haus an einer denkwürdigen Aufführung von Gabriel Faurés *Requiem* teil. 1914 verwirklicht sie die Uraufführung von Claude Debussys *Trois Poèmes de Mallarmé* (Drei Gedichte Mallarmés).

Van Barentzen, Aline
siehe **Barentzen, Aline van**

Van Beinum, Eduard
siehe **Beinum, Eduard van**

Van Cliburn,
siehe **Cliburn, van**

Van Dam, José
siehe **Dam, José van**

Vandernoot, André
Belgischer Dirigent, geb. 2. 6. 1927 Watermael-Boitsfort (bei Brüssel).
Er studiert am Konservatorium in Brüssel. 1951 wird er beim Internationalen Dirigenten-Wettbewerb in Besançon ausgezeichnet. Anschließend perfektioniert er sich an der Wiener Musikakademie. 1954–60 ist er ständiger Dirigent des belgischen National-Orchesters. Anschließend teilt er seine Zeit zwischen dem Théâtre de la Monnaie in Brüssel und der Koninklijke Vlaamse Opera in Antwerpen auf, bevor er die Leitung des Belgischen Nationalorchesters übernimmt (1973–75). 1977–83 ist er principal guest conductor der Antwerpener Philharmoniker, bevor er 1987 in Brüssel die Leitung des Symphonie-Orchesters des Belgischen Rundfunks übernimmt.

Vandeville, Jacques
Französischer Oboist, geb. 16. 10. 1930 Paris.
Jacques Vandeville hat weder in seiner Jugend Oboe gelernt noch am Pariser Konservatorium studiert noch bei berühmten Professoren irgendwelche Auszeichnungen oder 1. Preise erhalten. Er studiert ... Bilanzbuchhaltung. Ab 1949 bringt er sich selbst Oboe bei und erreicht in wenigen Jahren höchstes Niveau. 1954 nimmt er am Wettbewerb des Bayerischen Rundfunks teil und wird mit einem 2. Preis ausgezeichnet. Drei Jahre später erhält er beim internationalen Moskauer Wettbewerb einen 1. Preis und eine Silbermedaille. 1959 triumphiert er bei den Wettbewerben in Prag, Wien und Genf, wo er jeweils mit einem 1. Preis ausgezeichnet wird. Er wird zum Solo-Oboisten des Nouvel Orchestre Philharmonique de Radio France ernannt. Mit dem Ensemble à Vent de Paris spielt er Kammermusik. Mit Daniel Fournier bildet er ein Oboe-Laute-Duo. Er interessiert sich besonders für die Musik des 18. Jahrhunderts, aber auch für die zeitgenössische Musik. Jacques Vandeville zeichnet für die französischen Erstaufführungen von Bruno Madernas *Konzert für Oboe und Orchester Nr. 3*, für Krzysztof Pendereckis *Capriccio* und für die Uraufführungen von Maurice Ohanas *Sarc*, Claude Ballifs *Solfegietto*, François Serrettes *Dora*, Antoine Tisnés *Dinos* und Jacques Charpentiers *Konzert für Oboe und Orchester* verantwortlich; die Partituren sind ihm gewidmet.

Van de Wiele, Aimée
siehe **Wiele, Aimée van de**

Van Dyck, Ernest
siehe **Dyck, Ernest van**

Van Egmond, Max
siehe **Egmond, Max van**

Vaness, Carol
Amerikanische Sopranistin, geb. 27.7. 1952 Los Angeles.
Sie studiert zunächst an der polytechnischen Universität und dann in Northridge bei D. Scott an der Staatsuniversität von Kalifornien. 1977 debütiert sie als Vitellia (*La clemenza di Tito*, Titus, Mozart) in San Francisco. Zwei Jahre später interpretiert sie an der New York City Opera die gleiche Rolle. In der Folge singt sie hier die Mimi (*La Bohème*, Puccini), Leila (*Les Pêcheurs de perles*, Die Perlenfischer, Bizet) und andere wichtige Rollen. 1981 debütiert sie in Europa (Bordeaux). Ein Jahr später singt sie beim Festival von Glyndebourne die Donna Anna (*Don Giovanni*, Mozart) und am Covent Garden die Mimi. Die wichtigsten europäischen Bühnen laden sie ein (Paris, München, Berlin, Wien). 1984 debütiert sie als Armida (*Rinaldo*, Händel) an der Met. Anschließend interpretiert sie an dem berühmten Haus wichtige Mozart-Rollen ihres Faches (Fiordiligi, *Così fan tutte*, Vitellia, Gräfin Almaviva, *Le nozze di Figaro*, Figaros Hochzeit). 1985 debütiert sie an der Australian Opera, wo sie in der Folge wichtige Verdi-Rollen singt (Violetta, *La Traviata*, Amelia, *Un ballo in maschera*, Ein Maskenball). Auch Blanche de la Force (*Les Dialogues des Carmélites*, Die Gespräche der Karmeliterinnen, Poulenc), Manon (Massenet) und Ariadne (*Ariadne auf Naxos*, R. Strauss) gehören zu ihren Rollen.

Van Immerseel, Jos
siehe **Immerseel, Jos van**

Van Kempen, Paul
siehe **Kempen, Paul van**

Van Keulen, Isabelle
siehe **Keulen, Isabelle van**

Van Mill, Arnold
siehe **Mill, Arnold van**

Van Otterloo, Willem
siehe **Otterloo, Willem van**

Van Remoortel, Edouard
siehe **Remoortel, Edouard van**

Van Rooy, Anton
siehe **Rooy, Anton van**

Vanzo, Alain
Französischer Tenor, geb. 2.4. 1928 Monaco.
Als Kind singt er im Kirchenchor. Gerade achtzehn Jahre alt, gründet er ein kleines Orchester, »Le Bastringue«. Anschließend wird er Mitglied des Vinitzky-Orchesters, spielt dort verschiedene Instrumente und singt Lieder und Operetten-Arien. Gleichzeitig arbeitet er unermüdlich an seiner Stimme. In *Le Chanteur de Mexico* (Der Sänger von Mexiko, F. Lopez) wechselt er sich mit Luis Mariano am Théâtre du Châtelet ab. Bei dem berühmten, 1954 von Mario Podesta organisierten Wettbewerb, bei dem auf einen Schlag fünf Tenöre entdeckt werden, schneidet er »cum laude« ab. Zunächst werden ihm kleinere Rollen anvertraut, doch schon bald interpretiert er den Nadir (*Les Pêcheurs de perles*, Die Perlenfischer, Bizet), den Herzog von Mantua (*Rigoletto*, Verdi), Ottavio (*Don Giovanni*, Mozart), Gérald (*Lakmé*, Delibes), Rodolphe (*La Traviata*, Verdi, und *La Bohème*, Puccini). Die französischen Bühnen reißen sich um den neuen Tito Schipa. Nach und nach studiert er mit gleichbleibendem Erfolg schwerere Rollen ein, wie z.B. Des Grieux (*Manon Lescaut*, Puccini), Edgardo (*Lucia di Lammermoor*, Donizetti), Turiddu (*Cavalleria rusticana*, Mascagni), Mylio (*Le Roi d'Ys*, Der

König von Ys, Lalo), Romeo (*Roméo et Juliette*), Faust (beide Gounod), Werther (Massenet) und Don José (*Carmen*, Bizet). Im Ausland tritt er u. a. am Covent Garden (1961–63) und in Wexford auf. Bei einer Amerika-Tournee der Pariser Oper singt er 1976 den Faust. 1985 interpretiert er am gleichen Haus die Titelrolle in *Robert le diable* (Robert der Teufel, Meyerbeer). Dem talentierten Komponisten verdanken wir zahlreiche Lieder, eine Operette, *Le Pêcheur d'étoiles* (Der Sternenfischer, Lille 1972) und eine Oper, *Les Chouans* (Avignon 1982).

Varady, Julia
Deutsche Sopranistin rumänischer Herkunft, geb. 1. 9. 1941 Oradea.
Als Sechsjährige erhält sie Violin-Unterricht und besucht das Konservatorium von Cluj. Als Vierzehnjährige entdeckt sie ihre Stimme, läßt sich am gleichen Konservatorium als Sängerin ausbilden und studiert gleichzeitig Musikpädagogik. Sie debütiert 1962 an der Oper von Cluj als Altistin und interpretiert u. a. Orphée (Gluck) und Fiordiligi (*Così fan tutte*, Mozart). 1970 wechselt sie an die Frankfurter Oper. Ein Jahr später erringt sie während der Münchner Festspiele als Vitellia (*La clemenza di Tito*, Titus, Mozart) einen überragenden Erfolg. Sie wechselt von Frankfurt nach München, gehört gleichzeitig dem Ensemble der Berliner Oper an und wird schon bald von allen wichtigen deutschen Bühnen, vom Covent Garden in London, dem Teatro Colón in Buenos Aires und der Pariser Oper zu Gastspielen eingeladen. Sie zeichnet sich als Mozart-Sängerin aus (Fiordiligi, Dona Elvira, *Don Giovanni*, Gräfin Almaviva, *Le nozze di Figaro*, Figaros Hochzeit, Vitellia, Elektra, *Idomeneo*, Cecilio, *Lucio Silla*) und spielt die meisten Opern des Salzburger Komponisten unter Karl Böhm auf Schallplatten ein. Auch im italienischen Repertoire kann sie sich durchsetzen (Madame Butterfly, Liu, *Turandot*, beide Puccini, Leonore, *Il trovatore*, Der Troubadour, und *La forza del destino*, Die Macht des Schicksals, Elisabeth, *Don Carlos*, alle Verdi). Auch als Arabella, Ariadne (*Ariadne auf Naxos*, beide R. Strauss) und als Tatjana (*Eugen Onegin*, Tschaikowskij) ist sie erfolgreich. 1977 heiratet sie Dietrich Fischer-Dieskau. 1957 nimmt sie an der Uraufführung von Gottfried von Einems Kantate *An die Nachgeborenen* und 1982 an der von Aribert Reimanns *Requiem* teil.

Varga, Tibor
Englischer Violinist ungarischer Herkunft, geb. 4. 7. 1921 Győr.
Er studiert 1931–38 an der Akademie Franz Liszt in Budapest bei Jenő Hubay und in Berlin bei Carl Flesch. Bereits als Zwölfjähriger beginnt er mit einer Karriere, die ihn um die Welt führt. 1939–43 studiert er an der Universität Budapest Philosophie. Sein weitgespanntes Repertoire reicht von der klassischen Musik über die romantische bis zur zeitgenössischen. Er setzt sich besonders für das Werk Arnold Schönbergs, Béla Bartóks und Alban Bergs ein. 1954 gründet Tibor Varga in Detmold, wo er seit 1949 als Professor an der Musikakademie unterrichtet, ein Kammerorchester, das seinen Namen trägt und das er bis 1988 leitet. 1964 gründet er in Sion (Schweiz) das Festival Tibor Varga, bei dem ab 1965 auch Interpretationskurse für verschiedene Instrumente abgehalten werden. 1989 wird er in Annecy zum Musikdirektor des Orchestre des Pays de Savoie ernannt. Er spielt auf einer Guarneri aus dem Jahre 1733. 1950 verwirklicht er die Uraufführung von Boris Blachers *Konzert für Violine und Orchester* und ein Jahr später die von Conrad Becks *Kammerkonzert*.
Sein Sohn Gilbert Varga ist als Dirigent tätig, zunächst am Symphonie-Orchester von Hof und anschließend als Leiter der Philharmonia Hungarica.

Varnay, Ibolyka Astrid Maria
Amerikanische Mezzosopranistin schwedischer Herkunft, geb. 25. 4. 1918 Stockholm.
Ihr Vater, Alexander Varnay (1889–1924), war ein ungarischer Tenor, der in Stockholm und Oslo als Regisseur arbeitete, und ihre Mutter, Maria Yavor-Varnay eine bedeutende Koloratursopranistin. Astrid ist zwei Jahre alt, als ihre Eltern in die Vereinigten Staaten übersiedeln. Sie wird zunächst von ihrer Mutter ausgebildet, bevor sie bei Paul Althouse in New York Unterricht nimmt und dann zu Hermann Weigert (1890–1955) geht, den sie 1944 heiratet. 1941 springt sie an der Met für die erkrankte Lotte Lehmann ein und interpretiert die Sieglinde (*Die Walküre*, Wagner). Sie setzt sich auf Anhieb als eine der größten dramatischen Sopranistinnen nicht nur ihrer Generation, sondern des 20. Jahrhunderts überhaupt durch und glänzt insbesondere als Wagner-Interpretin. Vor allem an der Met wächst ihr Ruhm von Jahr zu Jahr.

1948 unternimmt sie ihre erste Europa-Tournee und gastiert am Covent Garden in London sowie beim Maggio musicale fiorentino in Florenz. Ab der Wiederaufnahme der Bayreuther Festspiele im Jahre 1951 gehört sie dem dortigen Ensemble an und interpretiert fast zwanzig Jahre lang die wichtigsten Rollen ihres Faches wie Brünnhilde (*Der Ring des Nibelungen*), Isolde (*Tristan und Isolde*) und Ortrude (*Lohengrin*, alle Wagner). Sie gehört zu den Lieblingssängerinnen Wieland Wagners, mit dem sie nicht nur in Bayreuth, sondern auch bei vielen anderen Inszenierungen in der ganzen Welt zusammenarbeitet. Sie wird von der Scala eingeladen, dem Covent Garden, der Wiener Oper, dem Teatro Colón in Buenos Aires, von Chicago, San Francisco und anderen bedeutenden Bühnen. 1951 triumphiert sie beim Maggio musicale fiorentino als Lady Macbeth (*Macbeth*, Verdi) und bei den Salzburger Festspielen als Elektra (R. Strauss). 1976 interpretiert sie mit der gleichen Überzeugungskraft in Paris die Rolle der Klytämnestra. Sie wirkt bei der schweizerischen Erstaufführung von *Der Besuch der alten Dame* (v. Einem) und der Uraufführung von Aribert Reimanns *Lear* (1978) mit. Im Jahre 1967 wird sie in München zur Kammersängerin ernannt. Ab 1970 unterrichtet sie am Konservatorium von Düsseldorf.

Varviso, Silvio
Schweizer Dirigent, geb. 26. 2. 1924 Zürich.
Der Sohn eines Sängers besucht zunächst die Universität seiner Heimatstadt, bevor er an das dortige Konservatorium geht und bei Walter Frey Klavier sowie bei Paul Müller(-Zürich) und H. Rogner Orchesterleitung studiert. Anschließend perfektioniert er sich bei Clemens Krauss in Wien. 1944 debütiert er am Stadttheater von Sankt Gallen, wo er zwei Jahre später zum Kapellmeister ernannt wird. 1940 geht er als Assistent an die Oper von Basel, wo er 1950 zum 1. Kapellmeister und 1956 zum Musikdirektor ernannt wird (bis 1962). 1965–71 ist er als 1. Kapellmeister an der Oper von Stockholm tätig. Die wichtigsten Bühnen laden ihn zu Gastdirigaten ein: Berlin (1958–61), Met (1962–83), Paris, Covent Garden, Bayreuth (1969–74). 1972 wird er in Stuttgart zum Generalmusikdirektor ernannt, von wo aus er 1980 als Musikdirektor an die Pariser Oper geht. Ein Jahr später schon löst er seinen Vertrag aufgrund interner Schwierigkeiten auf. 1990 wird er zum principal guest conductor der flandrischen Oper in Antwerpen ernannt.

Vásáry, Tamás
Ungarischer Pianist und Dirigent, geb. 11. 8. 1933 Debrecen.
Sein Vater ist Senator im ungarischen Parlament und sein Onkel Bürgermeister. Als Achtjähriger tritt er zum ersten Mal öffentlich auf. Ernst von Dohnányi erklärt sich bereit, ihn in die Meisterklasse der Budapester Musikakademie aufzunehmen und persönlich über

seine Ausbildung zu wachen, doch aufgrund der geschichtlichen Entwicklung kommt es erst sehr viel später dazu. Seine Familie läßt sich am Ende des Zweiten Weltkriegs in Budapest nieder, wo sein Vater zum Staatssekretär und sein Onkel zum Minister ernannt wird. Tamás Vásáry studiert bei Zoltán Kodály und Ernst von Dohnányi. 1948 gewinnt er beim Franz-Liszt-Wettbewerb in Budapest den 1. Preis. Im gleichen Jahr werden sein Vater und sein Onkel ihrer Funktionen enthoben. Der junge Tamás muß zum Unterhalt seiner Familie, die ab 1951 unter Hausarrest steht, beitragen. Er spielt in Cabarets, tritt bei Operetten-Abenden als Begleiter auf und gehört verschiedenen Jazz-Formationen an. Zoltán Kodály verschafft ihm einen Lehrauftrag an der Budapester Akademie und überläßt ihm großzügig die Hälfte seiner Schüler. Trotz der schwierigen Umstände ist Vásáry bei mehreren internationalen Wettbewerben erfolgreich: Warschau und Paris (1955), Brüssel (1956), Rio de Janeiro (1957). Nach dem ungarischen Aufstand 1956 verläßt er mit seiner Familie seine Heimat. 1958 läßt er sich in der Schweiz nieder.

Obwohl Clara Haskil sich für ihn einsetzt, denkt er daran, mit der Musik aufzuhören, denn er ist die erste Zeit nahezu arbeitslos. Annie Fischer macht ihn mit Ferenc Fricsay bekannt. Die Deutsche Grammophon verleiht ihm ein Stipendium. Sein »zweites Debüt« 1961 in London wird stark beachtet. Kurz darauf gibt er in New York unter George Szell ein Konzert; er wird von Publikum und Kritik gefeiert. In der Folge tritt er überall auf der Welt auf und spielt hauptsächlich die Musik Franz Liszts und Frédéric Chopins. 1979–82 ist er Musikdirektor der Northern Sinfonia in Newcastle und seit 1989 der Bournemouth Sinfonietta.

Vaurabourg, Andrée
Französische Pianistin und Komponistin, geb. 8. 9. 1894 Toulouse, gest. 18. 7. 1980 Paris.
Sie studiert zunächst am Konservatorium ihrer Heimatstadt und geht dann nach Paris, wo sie 1908–13 bei Raoul Pugno privat Klavier und am Konservatorium bei André Gédalge Komposition studiert. In dessen Kontrapunkt-Klasse lernt sie Arthur Honegger kennen, den sie 1926 heiratet. Nach ihrer Heirat hört sie auf zu komponieren (Lieder, Kammermusik und Orchesterwerke), um sich ganz dem Werk ihres Mannes zu widmen. So zeichnet sie für die Uraufführungen folgender Werke Arthur Honeggers verantwortlich: *Toccata et Variations* für Klavier (1916), *7 Pièces brèves* (7 kurze Stücke, 1920), *Le Cahier romand* (Das romanische Heft, 1924), *Chanson de Fagus* (Fagus' Lied, 1926), *Rhapsodie* für zwei Flöten, Klarinette und Klavier (1917), die beiden *Sonaten für Violine und Klavier* (1918 und 1920), die *Sonate für Violoncello und Klavier* (1921) und das *Concertino* für Klavier und Orchester (1925, unter Kussewitzky). Sie unterrichtet am Pariser Konservatorium Fuge und Kontrapunkt; Pierre Boulez gehört zu ihren Schülern. 1971 ruft sie den Arthur-Honegger-Preis ins Leben, mit dem ein Einzel- oder das Gesamtwerk eines Komponisten ausgezeichnet werden soll.

Veasey, Josephine
Englische Mezzosopranistin, geb. 10. 7. 1930 Peckham.
Sie studiert bei Audrey Langford und wird 1949 Mitglied des Chores von Covent Garden. Sie debütiert am gleichen Haus als Cherubino (*Le nozze di Figaro*, Figaros Hochzeit, Mozart). Kurz darauf interpretiert sie die Preziosilla (*La forza del destino*, Die Macht des Schicksals, Verdi); als Carmen (Bizet) beweist sie zum ersten Mal ihre dramatische Begabung. Als Georg Solti sie 1960 hört, empfiehlt er ihr, sich mit dem Werk Richard Wagners auseinanderzusetzen. 1963 interpretiert sie die Waltraute und 1964 die Fricka (beide *Der Ring des Nibelungen*, Wagner). Ihre warme, ausdrucksvolle Stimme eig-

net sich auch vorzüglich für die Interpretation der Dorabella (*Così fan tutte*, Mozart), die sie u.a. auf den Festspielen von Aix-en-Provence singt. Nach und nach erweitert sich ihr Repertoire: Prinzessin Eboli (*Don Carlos*, Verdi), Iphigenie (*Iphigenie auf Tauris*, Gluck), Octavio (*Der Rosenkavalier*, R. Strauss), Marina (*Boris Godunow*, Mussorgskij) und Brangäne (*Tristan und Isolde*, Wagner), die sie unter Georg Solti zum ersten Mal interpretiert, kommen hinzu. 1968 debütiert sie an der Met. 1969 nimmt sie beim Festival von Glyndebourne an einer Aufführung des *Werther* (Massenet) und bei den Salzburger Festspielen unter Herbert von Karajan an der des *Ring des Nibelungen* teil, bei der sie die Fricka interpretiert. 1972 singt sie am Covent Garden unter Colin Davis in *Les Troyens* (Die Trojaner, Berlioz) abwechselnd die Rolle der Dido und der Kassandra. Obwohl sie sich kaum für zeitgenössische Musik interessiert, wirkt sie 1962 an der Uraufführung von Michael Tippets *King Priam* (König Priamos) und 1976 an der von Hans Werner Henzes *We Come to the River* (Wir kommen zum Fluß) mit. Im Konzertsaal interpretiert sie das *Requiem* von Giuseppe Verdi und von Hector Berlioz *La Damnation de Faust* (Fausts Verdammung), *L'Enfance du Christ* (Christi Kindheit) und *Les Nuits d'été* (Sommernächte). 1982 zieht sie sich vom aktiven Leben zurück.

Vecsey, Franz von
Ungarischer Violinist, geb. 23.3. 1893 Budapest, gest. 6.4. 1935 Rom.
Er wird von Jenő Hubay und Zoltán Kodály ausgebildet und setzt die Tradition Joachim-Boehm-Rode-Viotti fort. Bereits als Zehnjähriger erlebt er einen beispiellosen Erfolg. Er befreundet sich mit Joseph Joachim, unter dessen Direktion er 1904 das *Konzert für Violine und Orchester* von Ludwig van Beethoven interpretiert. Als Geigenvirtuose der alten Schule feiert er in der ganzen Welt Erfolge, bevor er als Zweiundzigjähriger viel zu früh stirbt. Jean Sibelius widmet ihm sein *Konzert für Violine und Orchester*.

Végh, Sándor
Französischer Violinist ungarischer Herkunft, geb. 17.5. 1912 Kolozsvár/Cluj (Klausenburg).
Als Sechsjähriger erhält er ersten Klavierunterricht, bevor er 1924 an das Budapester Konservatorium geht und von Nándor Zsolt, Imre Waldbauer und Leo Weiner ausgebildet wird. Ab 1926 studiert er bei Jenő Hubay Violine und bei Zoltán Kodály Komposition. 1927 gibt er unter der Leitung des Komponisten ein Richard-Strauss-Konzert. Im gleichen Jahr wird er mit dem Hubay- und dem Reményi-Preis ausgezeichnet. Gegen Ende seines Studiums (1930) beginnt er eine Solistenlaufbahn (bis 1934). 1931–33 gehört er neben Ilonka Krauss und László Vincze dem Ungarischen Trio an. Er ist eines der Gründungsmitglieder des Ungarischen Streichquartetts, in dem er zuächst die 1. und dann die 2. Violine spielt. 1936 verwirklicht dieses Quartett in Barcelona die Uraufführung von Béla Bartóks *Streichquartett Nr. 5*. 1940 gründet er sein eigenes Quartett, das seinen Namen trägt. 1941–46 ist er Professor an der Budapester Musikakademie. 1946 wird das Quartett beim Genfer Wettbewerb einstimmig mit dem 1. Preis ausgezeichnet. Végh emigriert nach Frankreich. 1952 lernt er Pablo Casals kennen, der ihn fördert. Casals lädt ihn ein, in Zermatt Sommerkurse abzuhalten (1952–62) und am Festival von Prades mitzuwirken (1953–69). Neben seiner Tätigkeit als Primarius seines Quartetts ist er ein gefragter Lehrer: er unterrichtet am Konservatorium von Basel (1953–63), von Freiburg im Breisgau (1954–62), Düsseldorf (1962–79) und seit 1971 am Mozarteum in Salzburg. Sein Quartett stellt das Zentrum seiner Tätigkeit dar; dabei dürfen wir aber seine Arbeit als Solist nicht vergessen, bei der er mit Musikern wie Ernst von Dohnányi, Willem Mengelberg, Ferenc Fric-

say, Josef Krips, István Kertész, Wilhelm Kempff, Rudolf Serkin, Pablo Casals und anderen zusammenarbeitet. Auch als Dirigent wird er bekannt. So leitet er 1968–71 das Kammerorchester Sándor Végh, 1974–77 das Festival-Orchester von Marlboro und seit 1979 die Camerata Academica des Mozarteums in Salzburg. 1962 gründet er das Kammermusik-Festival in Cervo (Italien). 1971 ruft er in Prussia Cove (Großbritannien) das internationale Musiker-Seminar ins Leben. Sándor Végh spielt auf der *Paganini*, einer Stravidari aus dem Jahre 1724, die sich einst im Besitz des berühmten Geigenvirtuosen befand.

Veilhan, Jean-Claude
Französischer Flötist und Klarinettist, geb. 9. 2. 1940 Nizza.
Am Konservatorium von Versailles erhält er einen 1. Preis in Klarinette und ein Jahr später an der Pariser Ecole Normale de Musique in der Klasse von Jean Françaix die Konzertreife in Kammermusik. Die alte Musik zieht ihn an; er studiert als Autodidakt Flöte und beschäftigt sich gleichzeitig mit den alten Abhandlungen, das Instrument betreffend. Ab 1970 gehört er dem Ensemble polyphonique von Charles Ravier und der von der Comtesse de Chambure ins Leben gerufenen Société de Musique Ancienne an. Er gehört zum Ensemble von Jean-Claude Malgoire, La Grande Ecurie et la Chambre du Roy. Gleichzeitig unternimmt er als Flötist (Blockflöte) verschiedene Europa-Tourneen. Mit den Ensembles Domaine Musical und Ars Nova wirkt er an Uraufführungen zeitgenössischer Musik mit; auch dabei spielt er auf alten Instrumenten. Er bringt die Mozart-Klarinette zu neuem Ansehen.
W: *Les Règles de l'interprétation musicale à l'époque baroque* (Paris 1977).

Vejzovic, Dunja
Jugoslawische Sopranistin, geb. 20. 10. 1943 Zagreb.
Sie studiert an der Kunstakademie Zagreb Graphik, besucht gleichzeitig die dortige Musikakademie, beschließt endlich, Sängerin zu werden und schließt ihr Studium am Konservatorium von Stuttgart, am Mozarteum in Salzburg und am Konservatorium von Weimar ab. Sie debütiert am Nationaltheater in Zagreb. Anschließend geht sie an die Oper von Nürnberg und 1978–79 an die von Frankfurt/M. In der gleichen Saison debütiert sie bei den Bayreuther Festspielen als Kundry (*Parsifal*, Wagner). Die gleiche Rolle interpretiert sie auch unter Herbert von Karajan bei den Salzburger Osterfestspielen. Die Opern von Zagreb, Hamburg, Düsseldorf, Stuttgart sowie der Maggio musicale fiorentino laden sie zu Gastspielen ein. An der Pariser Oper interpretiert sie die Rolle der Medea (Cherubini).

Veltri, Michelangelo
Argentinischer Dirigent, geb. 16. 8. 1940 Buenos Aires.
Er wird als Pianist ausgebildet und arbeitet als Korrepetitor an den wichtigsten argentinischen Bühnen, bevor er zu dirigieren beginnt. In Mailand perfektioniert er sich bei Ettore Panizza. 1965 debütiert er als Dirigent in Europa. Ein Jahr später wird er zum Musikdirektor des Liceo in Barcelona ernannt. 1970 dirigiert er zum ersten Mal an der Mailänder Scala (*Don Carlos*, Verdi) und der Wiener Oper. Ein Jahr später lädt ihn die Met ein (*Rigoletto*, Verdi), an der er bis 1983 regelmäßig das italienische Repertoire dirigiert und mit der er auch Tourneen unternimmt. 1984 debütiert er am Covent Garden. Im gleichen Jahr wird er zum musikalischen Berater der Oper von Avignon ernannt. 1986–87 ist er künstlerischer Direktor des gleichen Hauses.

Verdière, René
Französischer Tenor, geb. 26. 7. 1899 Tournehem, gest. 6. 5. 1981 Paris.
1917 wird er eingezogen. Nach der Entlassung aus dem Wehrdienst geht er zunächst an die Städtische Musikschule von Calais und anschließend an das Pa-

riser Konservatorium, wo er 1926 mit je einem 1. Preis in Gesang, Oper und Komische Oper ausgezeichnet wird. Im gleichen Jahr debütiert er an der Pariser Oper als Max (*Der Freischütz*, v. Weber). Aufgrund seines Erfolges erhält er sofort neue Rollen: Padmavâti (Roussel), Samson (*Samson et Dalila*, Saint-Saëns) und Siegmund (*Die Walküre*, Wagner). 1930 wird er von der Pariser Opéra-Comique engagiert, wo er vom damals sehr kritischen Publikum auf Anhieb gefeiert wird. Er wirkt an diesem Haus an Aufführungen von *Carmen* (Bizet), *Werther* (Massenet), *Louise* (G. Charpentier), *I Pagliacci* (Der Bajazzo, Leoncavallo), *Cavalleria Rusticana* (Mascagni), *Quand la cloche sonnera* (Wenn die Glocke läutet, Bachelet) und *Tosca* (Puccini) und an den Uraufführungen von *Gargantua* (Mariotte) und *»93«* (Silver) mit. 1940 wird er eingezogen. Erst 1945 kann er wieder auftreten. Innerhalb von kurzer Zeit entwickelt er sich zu einem der beliebtesten Sänger der Pariser Oper, der im Mittelpunkt vieler wichtiger Aufführungen steht: *Die Meistersinger von Nürnberg, Der fliegende Holländer, Lohengrin, Tannhäuser* (alle Wagner), *Boris Godunow* (Mussorgskij), *Hérodiade* (Massenet), *Samson et Dalila* (Saint-Saëns), *La damnation de Faust* (Fausts Verdammung, Berlioz), *Les Indes galantes* (Rameau).

Verrett, Shirley
Amerikanische Mezzosopranistin, geb. 31. 5. 1931 New Orleans.
Ab 1955 beginnt sie bei Anna Fitziu in Chicago, ihre Stimme ausbilden zu lassen und geht dann zu Marion Székely-Fresski an die Juilliard School of Music nach New York. Sie wird mit dem Farbigen vorbehaltenen Marian-Anderson-Preis ausgezeichnet. 1962 debütiert sie als Carmen (Bizet) auf dem Festival dei Due Mondi in Spoleto. 1963 wird sie von der Oper in Kiew und dem Moskauer Bolschoi-Theater eingeladen, wo sie einen überwältigenden Triumph feiert. Auch als Liedersängerin wird sie in ihrer Heimat wie in Europa bekannt. 1964 gibt sie an der Mailänder Scala und am Covent Garden Gastspiele. 1972 interpretiert sie an der Oper von San Francisco die Rolle der Selika in *L'Africaine* (Die Afrikanerin, Meyerbeer). Ab 1968 gehört sie dem Ensemble der Met an, wo sie zu ihrem Einstand mit einer hinreißenden Carmen glänzt. Ihre unwahrscheinliche Stimme erlaubt ihr, sowohl *Les Dialogues des Carmélites* (Die Gespräche der Karmeliterinnen, Bizet) als auch die Rollen der Preziosilla (*La forza del destino*, Die Macht des Schicksals), Federica (*Luisa Miller*), Prinzessin Eboli (*Don Carlos*), Frederica (*Luise Miller*, alle Verdi) und Orsini (*Lucrezia Borgia*, Donizetti) einzustudieren. An der Pariser Oper wirkt sie an Aufführungen von *Il trovatore* (Der Troubadour, Verdi) und *Iphigenie auf Tauris* (Gluck) mit. Zu Beginn ihrer Karriere nahm sie unter den Namen Shirley Verrett-Carter viele Platten auf.

Vescovo, Pierre del
siehe **Del Vescovo, Pierre**

Veyron-Lacroix, Robert
Französischer Cembalist, geb. 13. 12. 1922 Paris, gest. 3. 4. 1991 Garches (Departement Hauts-de-Seine).
Er studiert am Pariser Konservatorium bei Samuel Rousseau und Yves Nat und erhält 1. Preise in den Fächern Klavier, Cembalo und Musiktheorie. 1949 gibt er für Radio France sein erstes Konzert; seit dieser Zeit arbeitet er als Solist oder, mit Jean-Pierre Rampal als Partner, als Kammermusiker. Er unterrichtet an der Pariser Schola Cantorum (1956) und 1959 an der Sommerakademie von Nizza, bevor er 1967 am Pariser Konservatorium zum Professor ernannt wird. Sein Repertoire reicht von der alten Musik bis zu den Klassikern des 20. Jahrhunderts (de Falla, Poulenc). Er verwirklicht die Uraufführung der *Sonate für Flöte und Piano* von André Jolivet (1958), des *Konzerts für Cembalo und Orchester* von Jean Fran-

çaix (1960), der *Carillons* (Glockenspiele) von Maurice Ohana (1961) und des *Konzerts für Cembalo und Orchester* von Darius Milhaud (1969).

Vezzani, César
Französischer Tenor, geb. 8. 8. 1886 Bastia, gest. 11. 11. 1951 Marseille.
Er studiert am Konservatorium von Paris und debütiert 1911 an der Opéra-Comique in der Titelrolle von *Richard Cœur de Lion* (Richard Löwenherz, Grétry). Bis zum Ausbruch des Ersten Weltkriegs gehört er zu den beliebtesten Sängern des Hauses und interpretiert u. a. Don José (*Carmen*, Bizet), Turiddu (*Cavalleria rusticana*, Mascagni), Canio (*I pagliacci*, Der Bajazzo, Leoncavallo), Des Grieux (*Manon*, Massenet) und Cavaradossi (*Tosca*, Puccini). Von der Front zurückgekehrt, nimmt er in Marseille seine Tätigkeit als Sänger wieder auf. Von hier aus führen ihn Gastspiele nach Belgien, Nordafrika und zu allen wichtigen Bühnen Frankreichs mit Ausnahme der Pariser Oper, an der er nie auftritt. *Manon, Faust* (Gounod), *Werther, Hériodade* (beide Massenet), und *Carmen* (Bizet) gehören zu seinen bevorzugten Opern. Er ist ein ausgesprochen schlechter Schauspieler, doch das Publikum so liebt seine Stimme, so daß er seine Arien häufig zwei-, dreimal wiederholen muß. Aufgrund seiner ehernen Stimme liegen ihm Eléazar (*La Juive*, Die Jüdin, Halévy), Vasco da Gama (*L'Africaine*, Die Afrikanerin, Meyerbeer), Arnold (*Wilhelm Tell*, Rossini), Lohengrin, Siegfried und Siegmund (beide *Der Ring des Nibelungen*, alle Wagner) sowie Sigurd (Reyer), seine Lieblingsrolle. Während einer Probe dieser Oper in Toulon erleidet er einen Herzinfarkt.

Vianna da Motta, José
Portugiesischer Pianist, Dirigent und Komponist, geb. 22. 4. 1868 San Tomé, gest. 31. 5. 1948 Lissabon.
Er studiert zunächst am Konservatorium von Lissabon und geht dann mit Hilfe eines königlichen Stipendiums nach Berlin, wo er bei Xaver Schwarwenka Klavier und bei Philippe Scharwenka Komposition studiert. 1885 perfektioniert er sich bei Franz Liszt in Weimar und 1887 bei Hans von Bülow in Frankfurt. Bis 1914 hat er seinen Hauptwohnsitz in Berlin. Ab 1902 unternimmt er Konzertreisen durch Europa und Südamerika. 1915–17 ist er Nachfolger Bernhard Stavenhagens an der Spitze des Genfer Konservatoriums. 1919–38 leitet er das Konservatorium von Lissabon. Gleichzeitig dirigiert er dort die Symphonie-Konzerte. Ein wichtiger internationaler Wettbewerb, der in Lissabon ausgeschrieben wird, trägt seinen Namen. Mit Eugène Ysaÿe, Pablo de Sarasate, Marcelle Sembrich und Amalie Joachim-Weiss spielt er Kammermusik.
WW: *Zur Einführung in Richard Wagners Bühnenweihfestspiel Parsifal* (Bayreuth 1897); *Música et Músicos Alemañes* (Coimbra 1941); *Vida de Liszt* (Porto 1945).

Viardot, Pauline Michelle Ferdinande
(= Pauline Garcia)
Französische Mezzosopranistin, geb. 18. 7. 1821 Paris, gest. 18. 5. 1910 daselbst.
Die Tochter des spanischen Tenors Manuel Garcias und Schwester der Malibran zeigt bereits als Kind eine auffallende Begabung. Sie studiert bei ihrem Vater Gesang, bei Meysenberg und Franz Liszt Klavier sowie bei Antonín Reicha Komposition. Sie gibt 1837 in Brüssel und 1838 in Paris Klavierkonzerte, bevor sie als Desdemona (*Otello*, Rossini) in London debütiert. In dieser Rolle gastiert sie noch im gleichen Jahr am Théâtre Italien in Paris. Sie schart die wichtigsten Schriftsteller und Künstler ihrer Zeit um sich, die sie in ihrem Salon empfängt, nachdem sie 1840 Louis Viardot, den Direktor des Théâtre Italien, geheiratet hatte. Drei Jahre später unternimmt sie ihre erste Rußland-Tournee und befreundet sich mit den dortigen Intellektuellen und Künstlern, die sie in Frankreich bekannt

macht (vor allem Turgenjew). 1849 kreiert sie an der Pariser Oper die Rolle der Fides (*Le Prophète*, Der Prophet), die Giacomo Meyerbeer ihr auf den Leib geschrieben hat. Zwei Jahre später kreiert sie die Sapho von Charles Gounod. 1859 adaptiert Hector Berlioz die Rolle des Orphée (*Orphée et Euridice*, Orpheus und Eurydike) für ihre Stimme, ihre schönste und wichtigste Rolle, in der sie auch als Schauspielerin glänzt. Daneben feiert sie u. a. in *Semiramide* (Semiramis, Rossini), *Norma* (Bellini), *Lucia di Lammermoor*, *Don Pasquale* (beide Donizetti), *La Juive* (Die Jüdin, Halévy), *Don Giovanni* (Mozart; sie interpretiert in dieser Oper sowohl die Rolle der Zerlina als auch der der Donna Anna) und *Iphigénie en Tauride* (Iphigenie auf Tauris, Gluck) Triumphe. Auch als ausgezeichnete Liedsängerin, die sich selbst am Klavier begleitet, ist sie begehrt. Sie singt Lieder und Melodien von Benedetto Marcello, Giovanni Paisiello, Franz Schubert, Peter I. Tschaikowskij und anderen. Sie tritt auch häufig in Deutschland auf, vor allem in Berlin. 1863 zieht sie sich nach Baden-Baden zurück, lebt vom Oktober 1870 bis Juli 1871 in London und zieht dann nach Paris und Bougival, wo sie komponiert, unterrichtet und junge Talente fördert, vor allem Jules Massenet und Gabriel Fauré, der ihr seine ersten Liedkompositionen widmet. Zu ihren wichtigsten Schülerinnen zählen Désiré Artôt, Aglaja Orgéni, Marianne Brandt und Antoinette Sterling. Ihre gewaltige Stimme (vom C bis zum dreigestrichenen F) war den vielen Anforderungen leider nicht immer gewachsen und zeigte bei Belastungen Schwächen. In dieser Hinsicht war ihre Schwester weitaus bedeutender. Dafür aber war sie als Schauspielerin unerreichbar. Alfred de Musset meinte, sie besäße die Begabung großer Künstler, erst zu fühlen und dann sich auszudrücken. Camille Saint-Saëns widmet ihr *Samson et Dalila* sowie einige Lieder (darunter *La Cloche*, Die Glocke), Gabriel Fauré *La Chanson du pêcheur* (Das Lied des Fischers) und *Barcarolle* op. 1, Nr. 3, und César Franck *Souvenance* (Erinnerung). Robert Schumann widmet ihr den *Heinezyklus* op. 24. 1879 kreiert sie die *Alt-Rhapsodie* von Johannes Brahms. Als Komponistin hinterläßt sie verschiedene Operetten (darunter *Cendrillon*, Aschenbrödel, das 1971 in Newport wiederaufgenommen wurde), Lieder und verschiedene Arrangements für Stimmen der *Mazurkas* von Frédéric Chopin, die den Beifall des Komponisten fanden.

Vickers, Jon (= Jonathan Stewart) *Kanadischer Tenor, geb. 29. 11. 1926 Prince Albert (Saskatchewan).*
Er arbeitet zunächst als Kaufmann und singt als Amateur, bevor er sich 1949–56 am Konservatorium von Toronto bei George Lambert ausbilden läßt. 1954 debütiert er an der Canadian Opera Company, 1957 in Europa am Covent Garden in *Un ballo in maschera* (Ein Maskenball, Verdi). Kurz darauf fällt er aufgrund seiner Interpretation des Äneas (*Les Troyens*, Die Trojaner, Berlioz) auf. Sehr schnell ist er international gefragt: 1958 debütiert er als Siegmund (*Die Walküre*, Wagner) in Bayreuth (er sollte hier nur noch ein zweites Mal auftreten, 1964), 1959 in Wien und an der Scala und 1960 an der Met. Im darauffolgenden Jahr wird er von der Pariser Oper eingeladen; er interpretiert hier nacheinander den Parsifal (Wagner), Otello (Verdi) und Nero (*L'incoronazione di Poppea*, Die Krönung der Poppea, Monteverdi). Bei den Festspielen von Orange beeindruckt er das Publikum in den Rollen des Herodes (*Salome*, R. Strauss), Tristan (*Tristan und Isolde*, Wagner), Florestan (*Fidelio*, Beethoven), Sever (*Norma*, Bellini) und Otello. Ludwig van Beethoven, Giuseppe Verdi, Hector Berlioz, Giacomo Puccini und Benjamin Britten (Peter Grimes) sind seine bevorzugten Komponisten. Er legt großen Wert auf tief empfundene Emotionen, Ausdrucksstärke und wahre Dramatik. Er bevorzugt suchende, unruhige Helden,

die seiner eigenen Persönlichkeit entsprechen. Seine Stimme mit dem ganz persönlichen, nur ihm eigenen Timbre hat nicht das Brio der italienischen Tenöre, ist aber überzeugend und voller Leidenschaft.

Vidal, Pierre
Französischer Organist und Komponist, geb. 7. 4. 1927 Clichy.
Obwohl er bereits als Sechsjähriger von der Orgel angezogen wird, kann er erst als Sechzehnjähriger bei Marcel Dupré Unterricht nehmen. Vier Jahre später geht er an das Pariser Konservatorium und besucht dort die Harmonie-Kurse von Henri Challan. Er ist aber hauptsächlich Autodidakt, der durch die Musik von Johann Sebastian Bach sowie die Texte von Albert Schweitzer und Boris de Schloezer stark geprägt wird. Er analysiert die Interpretationen von Wilhelm Furtwängler, Willem Mengelberg, Wanda Landowska und des jungen Karl Münchinger. André Marchal beeindruckt ihn nach dem Zweiten Weltkrieg an der Großen Orgel des Palais de Chaillot, während die ersten Einspielungen Helmut Walchas ihm die Möglichkeiten der Orgel und die Wichtigkeit des Anschlags auch auf diesem Instrument zeigen. Michel Chapuis nimmt ihn mit an das Straßburger Konservatorium, wo ihm 1967 eine der vier Orgelklassen anvertraut wird. 1956–70 ist er Organist der Kirche Saint-Jean-Baptiste in dem Pariser Viertel Belleville. Als Komponist verdanken wir ihm ausschließlich Werke für sein Instrument.
WW: *Bach et la machine orgue* (Paris 1973); *Passions, images et structures dans l'œuvre d'orgue* (Paris 1977).

Viderø, Finn
Dänischer Organist und Komponist, geb. 15. 8. 1906 Fuglebjerg.
Er studiert am Konservatorium von Kopenhagen Orgel und Komposition, das er 1926 nach einem glänzenden Examen verläßt. Er perfektioniert sich 1930 in Leipzig und 1936 in Paris. Er ist nacheinander Organist verschiedener Kirchen in Kopenhagen: 1928–39 an der reformierten deutsch-französischen, 1940–46 an der Jägersborg-Kirche, 1947–70 an der Trinitatiskirche, ab 1971 an der Andreaskirche. 1929 promoviert er an der Universität Kopenhagen. 1935–45 unterrichtet er dort Musiktheorie, Orgel- und Cembalospiel. Nach dem Zweiten Weltkrieg wird er von der Yale University häufig zu Vorträgen eingeladen; 1959–60 unterrichtet er in Yale und 1967–68 an der Staatsuniversität von Nord-Texas. 1965–67 ist er Professor an den Konservatorien von Esbjerg und Odense, bevor er 1968 am Kopenhagener Konservatorium einen Lehrstuhl für Orgel übernimmt. Viderø ist der berühmteste dänische Organist seiner Generation. 1961 wird er mit der Bach-Medaille Harriet Cohen ausgezeichnet; 1964 erhält er den Buxtehude-Preis, 1970 den Preis des Memorial Ludwig Schytte und 1970 den Prix Gramex. Er gibt nicht nur Orgelwerke verschiedener Jahrhunderte heraus, sondern auch eine Adaption gregorianischer Choräle mit dänischem Text. Als Komponist schreibt er Orgelwerke und Kantaten.

Vierne, Louis
Französischer Organist und Komponist, geb. 8. 10. 1870 Poitiers, gest. 2. 6. 1937 Paris.
Von seinem Onkel Charles Collin, Organist an der Kirche Saint-Denis-du-Saint-Sacrement, erhält er ersten Musikunterricht. Am Institut Nationale des Jeunes Aveugles wird er von Louis Lebel (Orgel), Adolphe Marty (Kontrapunkt und Fuge) und Henri Adam (Violine) ausgebildet. Er lernt im Institut César Franck kennen und geht zu ihm an das Konservatorium von Paris. Zeitlebens bleibt er seinem Lehrer eng verbunden. Nach dem Tod Francks schließt er seine Ausbildung bei Charles-Marie Widor 1894 mit einem 1. Preis in Orgel ab. Widor bietet ihm an, an der Orgel der Pariser Kirche Saint-Sulpice sein Stellvertreter zu wer-

den und ihn gleichzeitig am Konservatorium zu vertreten, wo er bis 1911 mit großem Erfolg unterrichtet. 1900 übernimmt er die große Orgel von Notre-Dame. Während einiger Jahre leitet er auch die Meisterklasse für Orgel an der Pariser Schola Cantorum. Viele bedeutende französische Organisten werden von ihm geprägt. Zu seinen wichtigsten Schülern gehören Joseph Bonnet, Marcel Dupré, Maurice Duruflé, Albert Schweitzer, Nadia Boulanger, Edouard Souberbielle, André Fleury und Bernard Gavoty. Als Interpret wie als Improvisateur wird er schnell auch außerhalb Frankreichs berühmt. Vor allem in den Jahren 1920–30 unternimmt er ausgedehnte Auslandstourneen. Als Komponist hinterläßt er ein breitgefächertes Werk, bei dem sein Instrument im Mittelpunkt steht.

Vieux, Maurice Edgard
Französischer Bratschist und Komponist, geb. 14. 4. 1884 Valenciennes, gest. 28. 4. 1951 Paris.
Sein Vater erteilt ihm noch vor Leport und Laforge ersten Musikunterricht. Anschließend geht er an das Konservatorium von Paris, wo er 1902 einen 1. Preis erhält. 1907 wird er Mitglied des Orchesters der Pariser Oper, wo er ein Jahr später zum Solisten ernannt wird. Bis 1949 gehört er dem Orchester an. Während dieser Zeit ist er auch Solo-Bratschist der Société des Concerts du Conservatoire und spielt in den Orchestern der Concerts Pasdeloup, Colonne, Walter Straram und dem Symphonie-Orchester des Französischen Rundfunks. Lange Zeit gehört er auch dem Quartett Firmin Touche an. 1918 übernimmt er als Nachfolger seines Lehrers Laforge die Bratschisten-Klasse am Konservatorium von Paris. Maurice Vieux bildet zahlreiche bedeutende Bratschisten aus. Neben seiner Tätigkeit als Orchestermusiker verfolgt er eine internationale Solistenkarriere und spielt mit großen Musikern seiner Generation wie Fritz Kreisler, Eugène Ysaÿe, Pablo de Sarasate, Marguerite Long, Georges Enescu, Pablo Casals und Jacques Thibaud zusammen.
Der außerordentliche begabte Musiker macht sein Instrument, das bisher als »Bariton-Geige« abschätzig betrachtet wurde, zu einem beliebten Solo-Instrument. Er regt Komponisten wie Camille Saint-Saëns, Gabriel Fauré, Claude Debussy, Darius Milhaud, Gustave Samazeuilh und Jean Françaix zu Kompositionen für sein Instrument an. Als Komponist hinterläßt Vieux, der Konzerte Giuseppe Tartinis und Franz Anton Hoffmeisters transkribierte, Etüden für sein Instrument.

Villabella, Miguel
Spanischer Tenor, geb. 20. 12. 1892 Bilbao, gest. 28. 6. 1954 Paris.
Sein Vater, ein bekannter Opern-Bariton, besteht auf einer soliden Allgemeinausbildung und verbietet ihm den direkten Weg zum Sänger. Villabella zieht nach Frankreich, wo sich seine ganze Karriere abspielt und er im Lauf der Zeit zum »französischsten« Tenor wird.
Um seine Ausbildung zu bezahlen, arbeitet er als »Sandwichmann« in der Rue des Jeûneurs. Gleichzeitig ist er sportlich tätig und stellt mit 28,767 km/h einen Geschwindigkeitsweltrekord auf Rollschuhen auf. Nach dem Ausbruch des Ersten Weltkriegs kehrt er nach Spanien zurück und studiert bei Lucien Fugère. Nach sechsmonatiger harter Arbeit stellt er sich in San Sebastian in einer Teil-Aufführung des *Rigoletto* (Verdi) dem Publikum vor. 1917 kehrt er nach Frankreich zurück und singt in Krankenhäusern. Er perfektioniert sich bei Jacques Isnardon. Ein Jahr später debütiert er in Poitiers als Mario Cavaradossi (*Tosca*, Puccini). In der Rolle des Spoletta (ebenfalls *Tosca*) debütiert er zwei Jahre später an der Pariser Opéra-Comique. Im gleichen Jahr interpretiert er dort die Titelrolle in *Fortunio* (Messager) und wird vom Publikum begeistert gefeiert. Man reißt sich um Karten, um ihn in *Lakmé* (Delibes), *La Bohème, Tosca* (beide Pucci-

ni), *Manon* (Massenet), *Le Roi d'Ys* (Der König von Ys, Lalo), *Il barbiere di Siviglia* (Der Barbier von Sevilla, Rossini), *La Traviata* (Verdi), *Mireille* (Gounod) oder *La Dame blanche* (Die weiße Dame, Boieldieu) zu feiern. An der Opéra-Comique kreiert er die Rollen des Tacimon (*Les Indes galantes*, Das galante Indien, Rameau) und des Max d'Ollone (*Les Uns et les autres*, Die einen und die anderen, Mezzetin). 1928 singt er während einer Gala-Vorstellung der *Madame Butterfly* (Puccini) zum ersten Mal an der Pariser Oper. Er interpretiert an diesem Haus in der Folge die Rollen des Faust, Romeo (*Roméo et Juliette*, beide Gounod), Alfred Germont (*La Traviata*), Herzog von Mantua (*Rigoletto*), Castor (*Castor et Pollux*, Rameau) und 1934 unter Bruno Walter die des Don Ottavio (*Don Giovanni*, Mozart). Er nimmt hier an den Uraufführungen von *Persée et Andromède* (Perseus und Andromeda, Ibert), *Virginie* (Bruneau) und *L'Illustre Frégona* (Der berühmte Frégona, Laparra) teil.

Vilma, Michèle
Französische Mezzosopranistin, geb. 23. 2. 1932 Rouen.
Sie hat spanische Vorfahren und studiert am Konservatorium ihrer Heimatstadt, wo sie mit einem 1. Preis ausgezeichnet wird. Sie debütiert als Léonore (*La Favorite*, Donizetti) in Verviers und als Dalila (*Samson et Dalila*, Saint-Saëns) sowie Amneris (*Aida*, Verdi) in Rouen. Mehrere Städte in Nordfrankreich und Belgien laden sie zu Gastspielen ein. Sie erarbeitet sich ein breit angelegtes Repertoire (u. a. Charlotte, *Werther*, die Titelrolle in *Hérodiade*, Dulcinea, *Don Quichotte*, alle Massenet, die Titelrolle in *Carmen*, Bizet, Azucena, *Il trovatore*, Der Troubadour, Verdi), mit dem sie nach und nach in ganz Europa gastiert. In Nizza singt sie an der Seite von Mario del Monaco die Dalila. In Deutschland wird sie als Carmen gefeiert. 1970 interpretiert sie an der Pariser Oper die Prinzessin Eboli (*Don Carlos*, Verdi). In Marseille triumphiert sie an der Seite von Régine Crespin als Laura (*La Gioconda*, Ponchielli); mit der gleichen Partnerin interpretiert sie an der Pariser Oper die Fricka (*Die Walküre*, Wagner). Auch die Mére Marie de l'Incarnation (*Les Dialogues des Carmélites*, Die Gespräche der Karmeliterinnen, Poulenc) gehört zu ihren Standardrollen. Sie gastiert bei den Festspielen von Bayreuth (*Die Walküre*) und an der Met (*Tristan und Isolde*, Wagner). In Toulouse interpretiert sie zum ersten Mal die Klytämnestra (*Elektra*, R. Strauss) und in Lyon sowie anschließend in Paris die Küsterin (*Jenůfa*, Janáček). Sie ist eine ausgezeichnete, leidenschaftliche Schauspielerin, die auch Nebenrollen ihren Stempel aufdrückt.

Vinay, Ramón
Chilenischer Tenor französisch-italienischer Herkunft, geb. 31. 8. 1912 Chillán.
Er studiert zunächst Violine und entdeckt beinahe zufällig, daß er über eine ausgesprochen schöne Stimme verfügt. Er gewinnt einen Amateur-Wettbewerb und debütiert 1938 an der Oper von Mexico City als Bariton in der Rolle des Grafen von Luna (*Il trovatore*, Der Troubadour, Verdi). Kurz darauf wird ihm bewußt, daß er in Wirklichkeit die Stimme eines Tenors hat. Er nimmt sein Studium wieder auf und debütiert 1943 in seinem eigentlichen Fach als Don José (*Carmen*, Bizet). Kurz darauf studiert er seine Star-Rolle ein, Otello (Verdi), die er über zweihundertfünfzig Mal interpretiert. Auch als Tristan (*Tristan und Isolde*, Wagner), Canio (*I pagliazzi*, Der Bajazzo, Leoncavallo) und Samson (*Samson et Dalila*, Saint-Saëns) leistet er Erstaunliches. 1946–61 singt er an der Met, 1947–48 an der Mailänder Scala (Otello, Verdi), 1953–60 am Covent Garden und 1952–62 bei den Bayreuther Festspielen (Siegmund, *Die Walküre*, Parsifal, Tristan und Telramund, *Lohengrin*, alle Wagner). Gegen Ende seiner Karriere interpretiert er von neuem Bariton-Rollen (insbesondere Telramund, Bartolo, *Le nozze di Fi-*

garo, Figaros Hochzeit, Mozart, und Jago, *Otello*, Verdi). Bei Arturo Toscaninis berühmter Aufnahme des *Otello* interpretiert er die Titelrolle.

Vincent, Jo (= Johanna Marie van Ijzer-Vincent)
Niederländische Sopranistin, geb. 6.3. 1898 Amsterdam.
Die Tochter von Jacobus Vincent, Glockenspielmeister am niederländischen Hof, studiert bei Catherina van Rennes und Cornelia van Zanten Gesang. Sie debütiert 1921 und entwickelt sich schnell zur bekanntesten Konzert-Sopranistin ihrer Heimat. Ein einziges Mal tritt sie auf der Bühne auf, 1939 in Scheveningen, wo sie die Rolle der Gräfin in *Le nozze di Figaro* (Figaros Hochzeit, Mozart) interpretiert. Auch in Großbritannien wird sie bekannt. Sie beschäftigt sich in der Hauptsache mit der Musik Johann Sebastian Bachs, Ludwig van Beethovens und Gustav Mahlers. 1949 nimmt sie an der Uraufführung von Benjamin Brittens *Spring Symphony* (Frühlings-Symphonie) teil. 1953 beendet sie ihre aktive Laufbahn und widmet sich nur noch pädagogischen Aufgaben.

Viñes y García Roda, Ricardo Javier
Spanischer Pianist, geb. 5.2. 1875 Lérida, gest. 29.4. 1943 Barcelona.
Sein Vater ist Rechtsanwalt, seine Mutter Musikerin. Ab 1882 studiert er bei einem Organisten aus Lérida, Joaquín Terraza, Klavier und Musiktheorie. 1885 geht er an das Konservatorium von Barcelona, wo er in der Klasse von Juan Pujol 1887 einen 1. Preis bekommt. Anschließend geht er an das Pariser Konservatorium und studiert dort bei Charles de Bériot Klavier (1. Preis 1894), bei Benjamin Godard Kammermusik und bei Alexandre Lavignac Theorie. Er debütiert 1895. 1888 lernt er bereits Maurice Ravel kennen und befreundet sich mit ihm. Er entwickelt sich zu dem bevorzugten Pianisten der jungen Komponisten-Generation. 1905 gibt er in vier berühmt gewordenen Konzerten einen Überblick über die Literatur für Klavier von Antonio de Cabezón bis Claude Debussy. Ein Jahr später wird er Mitglied des Conseil supérieur des Pariser Konservatoriums. 1930–35 verbringt er in Südamerika. Wieder nach Paris zurückgekehrt, kreiert er die Werke des jungen Olivier Messiaen, bevor er sich nach Barcelona zurückzieht.

Zu den Werken, die ihm gewidmet sind, zählen *Pièces froides* (Kalte Stücke, Satie), *Noches en los jardines de España* (Nächte in spanischen Gärten, de Falla), *Menuet antique* (Antikes Menuett, Uraufführung 1898) und *Oiseaux tristes* (Traurige Vögel, Uraufführung 1906, beide Ravel), *Poissons d'or* (Goldfische, Uraufführung 1908, Debussy), *El Fandango de Candill* (Fandango aus Candill, Ausschnitt aus den *Goyescas*, Granados), *Rigaudon* (Delannoy), *Eau courante* (Fließendes Wasser) und *Romance sans paroles* (Romanze ohne Worte, beide Durey), *Vers le mas en fête* (Zum festlich geschmückten Landhaus) und *Loin du cimetière au printemps* (Weit entfernt vom Friedhof im Frühling, Ausschnitte aus *En Languedoc*, In der Languedoc, Séverac). Er ist für weitere Uraufführungen verantwortlich: *Pour le piano* (Für das Klavier, 1902), *Estampes* (Drucke, 1904), *Masques* (Masken, 1905), *L'Isle joyeuse* (Die fröhliche Insel, 1905), *Images I* (Bilder I, 1906), *Images II* (Bilder II, 1908), *3 Préludes* aus dem *Libro I* (1911) und *3 Préludes* aus dem *Libro II* (1913, alle Debussy), *Sites auriculaires* (Vorhöfe des Herzens, 1898), *Pavane pour une infante défunte* (Pavane für eine gestorbene Infantin, 1902), *Jeux d'eau* (Wasserspiele, 1902), *Miroirs* (Spiegel, 1906), *Gaspard de la Nuit* (1909, alle Ravel), *Cuatro piezas españoles* (Vier spanische Stücke, 1908, de Falla) sowie verschiedene Kompositionen von Isaac Albéniz und Henri Sauguet.

Vintschger, Jürg von
Schweizer Pianist, geb. 23.5. 1934 Sankt Gallen.
1952–54 studiert er an der Wiener Musikakademie bei Bruno Seidlhofer Klavier sowie bei Erwin Ratz und Karl Schiske Musiktheorie, bevor er zu Carlo Zecchi nach Rom geht. 1954 debütiert er in Wien, 1963 in den Vereinigten Staaten und 1969 in Südamerika. Er bemüht sich um ein wenig bekanntes Repertoire und setzt sich besonders für die schweizerischen Komponisten Arthur Honegger und Frank Martin ein.

Vinzing, Ute
Deutsche Sopranistin, geb. 9.9. 1936 Wuppertal.
Sie studiert zunächst in ihrer Heimatstadt Musik und läßt sich dann in Düsseldorf zur Sängerin ausbilden. 1966 gewinnt sie den Berliner Gesangswettbewerb und debütiert als Marie in *Prodaná Nevěsta* (Die verkaufte Braut, Smetana) in Lübeck, wo sie auch ihre ersten Wagner-Rollen einstudiert (Senta, *Der fliegende Holländer*, Elisabeth, *Tannhäuser*, beide Wagner). Ab 1972 gastiert sie in Hamburg, München, Berlin, Wien, Genf, Buenos Aires, Seattle und Moskau (Bolschoi). 1977 gastiert sie an der Pariser Oper als Brünnhilde (*Walküre*) und 1985 als Isolde (*Tristan und Isolde*). 1984 debütiert sie als Elektra (R. Strauss) an der Met.

Vischer, Antoinette
Schweizer Cembalistin, geb. 13.2. 1909 Basel, gest. 28.12. 1973 daselbst.
Schon früh wird ihre musikalische Begabung gefördert. Sie eignet sich eine solide musikalische Ausbildung an und perfektioniert sich als Pianistin bei Melle Schradeck und Egon Petri. 1929 gibt sie unter der Leitung von Paul Sacher ihr erstes Konzert. Ab 1931 beschäftigt sie sich unter dem Einfluß von Wanda Landowska, deren Schülerin sie wird, mit dem Cembalo. In der Folge tritt sie nur sporadisch als Solistin auf. Sie wird weniger aufgrund ihres Talentes bekannt als aufgrund der Werke, die für sie geschrieben werden.
Während ihres sehr mondänen Lebens öffnet sie ihre Salons den Komponisten ihrer Zeit, die sich mit zahlreichen und substantiellen Werken für das Cembalo bedanken: *Musik für Cembalo* (Liebermann, 1952), *Sonate für Cembalo* und *2 Impromptus* (Martinů, 1958 und 1959), *Carillons pour les heures du jour et de la nuit* (Glockenspiele für Tag- und Nachtstunden, Ohana, 1960), *Dialogues* (Malec, 1961), *La Chace* (Huber, 1963), *Rounds* (Ringe, Berio, 1964), *Babai* (Donatoni, 1964), *Etude* (Blacher, 1964) *A Single Petal of a Rose* (Ein einzelnes Blütenblatt einer Rose, Duke Ellington, 1965), *9 Rare Bits* (Neun seltene Stückchen, Earle Browne, 1965), *Kleines Stück für Klavier, Cembalo und Kontrabaß* (Solal, 1966), *Siu Yang Yin* (Yun, 1966), *Suite op. 100* (A. Tscherepnin, 1966), *Imaginario I* (de Pablo, 1967), *Continuum* (Ligeti, 1968), *Mutações* (Veränderungen, Santoro, 1968), *Labyrinthos* (Aperghis, 1968), *Catch* (Haubenstock-Ramati, 1968), *Morsicat(h)y* (Berberian, 1969), *HPSCHD* (Cage, 1969), *2 Capriccios* (von Einem, 1969), *Recitativarie* (Kagel, 1973).

Vito, Gioconda de
siehe **De Vito, Gioconda**

Vix, Geneviève
Französische Sopranistin, geb. 31.12. 1879, gest. 25.8. 1939 Paris.
1904 erhält sie am Pariser Konservatorium im Fach Oper einen 1. und 1908 im Fach Komische Oper einen 2. Preis. 1906 debütiert sie an der Opéra-Comique in *Louise* (G. Charpentier). 1911 nimmt sie am gleichen Haus an der Uraufführung von *L'Heure espagnole* (Die spanische Stunde, Ravel) und 1913 an der von *Francesca da Rimini* (Leoni) teil. Während des Ersten Weltkriegs tritt sie in Spanien auf; 1917 wirkt sie in Chicago an Aufführungen von *Manon* (Massenet), *Monna Vanna*

(Henri Février) und *Thaïs* (Massenet) mit; im gleichen Jahr heiratet sie den Prinzen Naryschkine. 1921 nimmt sie in Monte Carlo an der Uraufführung von *Les Demoiselles de Saint-Cyr* (Die Fräulein von Saint-Cyr, Chapuis) teil. Am gleichen Haus interpretiert sie 1923 Hauptrollen in *I Pagliacci* (Der Bajazzo, Leoncavallo) und *La Navarraise* (Die Navarreserin, Massenet) und 1925 die Mélisande (*Pelléas et Mélisande*, Debussy), die sie auch in Rio de Janeiro singt. Wieder in Paris, wirkt sie an der Opéra-Comique an Aufführungen von *Angelo* (A. Bruneau) und an der dortigen Oper an Aufführungen von *Salome* (R. Strauss) und *La Mégère apprivoisée* (Der Widerspenstigen Zähmung, Goetz) mit.

Vogel, Siegfried
Deutscher Bassist, geb. 16. 3. 1937 Chemnitz.
Als man seine Begabung entdeckt, ist er achtzehn Jahre alt. Er nimmt in Dresden Privatunterricht (1955–56) und bewirbt sich anschließend am dortigen Konservatorium um die Aufnahme in die Chor-Klasse, wird aber sofort in die Gesangs-Klasse übernommen. Er schließt seine Ausbildung am Dresdner Opern-Studio ab und beginnt dort 1961 seine Karriere vor allem als Mozart-Interpret. 1965 wird er von der Staatsoper Berlin engagiert, wo er den Figaro (*Le nozze di Figaro*, Figaros Hochzeit), Leporello (*Don Giovanni*), Don Alfonso (*Così fan tutte*, alle Mozart), aber auch den Hunding (*Die Walküre*, Wagner), Basilio (*Il barbiere di Siviglia*, Der Barbier von Sevilla, Rossini) und Escamillo (*Carmen*, Bizet) interpretiert. Mit dem Ensemble unternimmt er zahlreiche Tourneen durch Europa und feiert besonders in Paris große Triumphe. Nach und nach wird er von westeuropäischen Bühnen zu Gastspielen eingeladen, so vom Théâtre de la Monnaie in Brüssel, wo er 1980 bei der Béjart-Produktion des *Don Giovanni* mitwirkt. Auch in den Oratorien und Kantaten Johann Sebastian Bachs zeichnet er sich aus.

Voicu, Ion
Rumänischer Violinist und Komponist, geb. 8. 10. 1925 Bukarest.
Ab 1938 studiert er bei George Enacovici am Konservatorium von Bukarest und debütiert 1940 in seiner Heimatstadt bei Radio-Konzerten. 1955–57 perfektioniert er sich in Moskau bei Abram Yampolski und David F. Oistrach. Ab 1949 ist er als Konzertmeister der Bukarester Philharmoniker tätig; gleichzeitig unternimmt er als Solist Tourneen mit verschiedenen Orchestern. 1963 debütiert er in England. 1973 wird er zum künstlerischen Leiter des philharmonischen Orchesters George Enescu ernannt, nachdem er vier Jahre zuvor bereits das Bukarester Kammerorchester gegründet hatte. Mehrere Jahre lang spielte er auf einer Stradivari. Als Komponist schreibt er für sein Instrument Virtuosen-Stücke.

Völker, Franz
Deutscher Tenor, geb. 31. 1. 1899 Neu-Isenburg, gest. 4. 12. 1965 Darmstadt.
Er arbeitet als Kassierer in einer Bank, gewinnt einen lokalen Gesangs-Wettbewerb und läßt sich erst dann eineinhalb Jahre lang als Sänger ausbilden. Clemens Krauss lädt ihn zum Vorsingen ein und engagiert ihn auf Anhieb an die Frankfurter Oper, wo er 1926 als Florestan (*Fidelio*, Beethoven) debütiert. 1931 verläßt Krauss Frankfurt und geht nach Wien; Völker folgt ihm, bleibt bis 1935 dort und wechselt dann nach Berlin. 1931 tritt er zum ersten Mal bei den Salzburger Festspielen auf; bis 1939 interpretiert er dort die Rollen des Florestan, Belmonte (*Die Entführung aus dem Serail*, Mozart), Hüon von Bordeaux (*Oberon*), Max (*Freischütz*, beide v. Weber), des Kaisers (*Die Frau ohne Schatten*) und Menelas (*Die ägyptische Helena*, beide R. Strauss). In Bayreuth singt er 1933–42 den Siegmund (*Der Ring des Nibelungen*), Lohengrin, Parsifal und Erik (*Der fliegende Holländer*, alle Wagner). Er gilt als der größte Interpret des Lohengrin, den er auf allen internationalen Bühnen verkörpert

(Scala, Covent Garden, Paris usw.).
1942 geht er von Berlin nach München, wo er bis 1952 Mitglied der Bayerischen Staatsoper bleibt. Anschließend beschäftigt er sich mit pädagogischen Aufgaben. 1958 wird er an der Stuttgarter Musikhochschule zum Professor ernannt. Während seiner aktiven Laufbahn interpretiert er neben den bereits genannten Rollen den Otello, Radames (*Aida*), Don Carlos, Alvaro (*La forza del destino*, Die Macht des Schicksals, Manrico (*Il trovatore*, Der Troubadour, alle Verdi), Don José (*Carmen*, Bizet), Bacchus (*Ariadne auf Naxos*, R. Strauss) und Dalibor (Smetana).

Vondenhoff, Bruno
Deutscher Dirigent, geb. 16. 5. 1902 Köln, gest. 7. 7. 1982 Frankfurt/M.
Er studiert an den Universitäten von Köln und Bonn sowie an der Kölner Musikhochschule und beginnt seine Karriere als Theaterkapellmeister in Coburg, Münster und Danzig, bis er zum Musikalischen Oberleiter in Gera und zum Operndirektor in Königsberg ernannt wird, wo er auch Symphonie-Konzerte dirigiert und am Konservatorium eine Klasse übernimmt. Anschließend ist er als Generalmusikdirektor in Halle (1933–37), Freiburg/Br. (1938–44) und Frankfurt/M. (1945–55) tätig. In Frankfurt ist er ab 1950 auch Intendant der Oper. Bis 1967 leitet er gleichzeitig die Opernschule an der Frankfurter Musikhochschule.

Vonk, Hans
Holländischer Dirigent, geb. 18. 6. 1942 Amsterdam.
Er studiert Musik und Jura; am Amsterdamer Konservatorium läßt er sich in Klavier und Orchesterleitung ausbilden und erhält 1964 in beiden Fächern seine Diplome. Anschließend perfektioniert er sich bei Hermann Scherchen, dessen Kurse an der Accademia Musicale Chigiana in Siena, in Salzburg und in Hilversum er besucht. 1966–69 ist er Dirigent beim Niederländischen Nationalballett. Dann holt ihn Bernhard Haitink als Assistent an das Concertgebouw (1969–73). Nach Gastdirigaten bei verschiedenen holländischen Orchestern übernimmt er 1973 die Leitung des philharmonischen Orchesters von Radio Hilversum (bis 1979). Ab 1976 ist er gleichzeitig Musikdirektor der Niederländischen Oper und stellvertretender Leiter des Royal Philharmonic Orchestra. 1980 übernimmt er das Residenz-Orchester in Den Haag. Im gleichen Jahr debütiert er mit Igor Strawinskys *The Rake's Progress* (Der Wüstling) an der Scala. 1985 wird er zum Musikdirektor der Dresdner Staatskapelle und der dortigen Staatsoper ernannt (bis 1989). 1991 wird er zum Chefdirigenten des Symphonie-Orchesters des WDR Köln ernannt.

Von Stade, Frederica
siehe **Stade, Frederica von**

Votto, Antonino
Italienischer Dirigent, geb. 30. 10. 1896 Plaisance, gest. 9. 9. 1985 Mailand.
Er studiert in Neapel bei Alessandro Longo Klavier und bei Camillo de Nardis Komposition und debütiert 1919 als Pianist in Triest; er wird am dortigen Konservatorium zum Professor ernannt. Im gleichen Jahr noch wechselt er an das Konservatorium von Mailand (1919–21). Gleichzeitig arbeitet er für Arturo Toscanini als Korrepetitor an der Mailänder Scala; 1923 debütiert er dort mit einer Aufführung von *Manon Lescaut* (Puccini) als Dirigent. 1925–29 ist er 2. Kapellmeister des berühmten Hauses. Schnell ist er auch international gefragt: ab 1924 dirigiert er am Covent Garden und anderen europäischen Bühnen das italienische Repertoire. 1928 wird er 1. Kapellmeister in Triest. 1941–67 unterrichtet er am Konservatorium von Mailand; Claudio Abbado und Riccardo Muti gehören zu seinen Schülern. Ab 1948 ist er 1. Kapellmeister an der Mailänder Scala, wo er regelmäßig Vorstellungen mit Maria Callas dirigiert. 1960 debütiert er in den Vereinigten Staaten (Chicago).

Vronsky, Vitya (= Victoria Vronsky)
Amerikanische Pianistin ukrainischer Herkunft, geb. 22. 8. 1909 Jewpatorija (Krim).
Sie studiert in Berlin bei Egon Petri und Artur Schnabel Klavier und bei Franz Schreker Komposition. Dann geht sie zu Alfred Cortot nach Paris. Sie heiratet den Pianisten Victor Babin, mit dem sie ab 1933 eines der berühmtesten Klavier-Duos der Mitte des 20. Jahrhunderts bildet.

W

Waart, Edo de
siehe **De Waart, Edo**

Waechter, Eberhard
Österreichischer Bariton, geb. 9. 7. 1929 Wien, gest. 29. 3. 1992 Wien.
Nach dem Abitur studiert er ab 1947 am Wiener Konservatorium Klavier und Theorie der Musik; 1950 entscheidet er sich, von Elisabeth Rado seine Stimme ausbilden zu lassen. 1953 debütiert er an der Wiener Volksoper als Silvio (*I pagliacci*, Der Bajazzo, Leoncavallo). 1955 wird er von der Wiener Staatsoper engagiert; seine erfolgreiche internationale Karriere beginnt. Er wird von der Scala, dem Covent Garden und den Opern in München, Stuttgart, Rom, Berlin und Brüssel eingeladen. Jedes Jahr gastiert er bei den Salzburger Festspielen, wo man ihn als einen der großen Mozart-Interpreten schätzt. Ab 1958 setzt er sich in Bayreuth als außergewöhnlicher Amfortas (*Parsifal*) und beeindruckender Wolfram (*Tannhäuser*, beide Wagner) durch. Auch die Festspiele von Edinburgh und von Glyndebourne laden ihn ein. 1956 nimmt er an der Wiener Oper an der Uraufführung von Frank Martins *La Tempête* (Der Sturm) und 1971 am gleichen Haus an der von *Der Besuch der alten Dame* (von Einem) teil. 1960 holt ihn die Met. Der bedeutende Interpret der Musik von Richard Strauss (u. a. *Salome, Arabella, Capriccio*) hat sich auch in einigen großen Operetten ausgezeichnet, so in *Die Fledermaus* (J. Strauß), die er unter Herbert von Karajan auch auf Schallplatten aufnimmt. 1987 wird er Intendant der Wiener Volksoper und 1991 der Wiener Staatsoper.

Wagner, Robert
Österreichischer Dirigent, geb. 20. 4. 1915 Wien.
Er studiert in Wien; nach seiner Doktorarbeit über Franz Schmidt geht er als Generalmusikdirektor nach Münster (bis 1961) und Innsbruck (1960–1966). 1965–70 ist er Präsident des Mozarteums in Salzburg. Als Gast dirigiert er in Österreich und im Ausland.

Wagner, Roger
Amerikanischer Chorleiter, geb. 16. 1. 1914 Le Puy (Frankreich).
Sein Vater ist Komponist und Organist an der Kathedrale von Dijon. 1921 emigriert er mit seiner Familie in die Vereinigten Staaten. Nach einem kurzen Aufenthalt in New York übersiedelt die Familie nach Los Angeles, wo sein Vater als Organist und Leiter des Kirchenchores von St. Brendan tätig ist. 1932 kehrt er nach Frankreich zurück und setzt seine musikalische Ausbildung in Montmorency und bei Marcel Dupré fort. 1937 übersiedelt er wieder in die USA, wo er zunächst bei der Metro Goldwyn Mayer als Chorleiter arbeitet, bevor er als Kantor an die St. Joseph Church in Los Angeles geht; diese Stelle sollte er mehr als zwanzig Jahre innehaben. 1946 gründet er den Roger Wagner Chorale, der in ganz Amerika mit den wichtigsten Orchestern zusammen auftritt. Bedeutende Sängerinnen und Sänger wie Marilyn Horne, Caroll Neblett, Karan Armstrong und Theodore Uppman gehören eine Zeitlang seinem Chor an. 1953 leitet er in der Festival Hall die Feierlichkeiten zur Krönung von Königin Elizabeth II. 1956 unternimmt er mit seinem Chor eine erste, ganz Amerika umfassende Tournee; 1959 besucht er Mexiko, Zentralamerika und Südamerika und 1965 Japan. Im gleichen Jahr gründet er den Chor des Symphonie-Orchesters von

Los Angeles. 1973 leitet er das Konzert zur Einweihung des Kennedy Center in Washington. 1977–79 dirigiert er regelmäßig französische Chöre. Er ist auch als Sportler bekannt geworden und hat bei den Olympischen Spielen 1936 am Zehnkampf teilgenommen.

Wagner, Siegfried
Deutscher Dirigent und Komponist, geb. 6. 6. 1869 Tribschen (Luzern), gest. 4. 8. 1930 Bayreuth.
Siegfried ist der einzige Sohn von Cosima und Richard Wagner. Seine Geburt wird normalerweise mit der Entstehung des *Siegfried-Idylls* in Verbindung gebracht, das allerdings erst ein Jahr später zu Cosimas Geburtstag entsteht. Nach einer ersten musikalischen Ausbildung geht er nach Berlin, um dort Architektur und Malerei zu studieren. Auf einer Reise nach Asien im Jahre 1892 entscheidet er sich endgültig für die Musik. Er studiert bei Julius Kniese in Bayreuth, Ernst Humperdinck in Frankfurt und Felix Mottl in Karlsruhe. Auch Hans Richter, einer der von seinem Vater bevorzugten Dirigenten, unterrichtet ihn. 1894 geht er als Assistent nach Bayreuth; zwei Jahre später leitet er dort abwechselnd mit Hans Richter den *Ring des Nibelungen*. 1901 zeichnet er für seine erste Inszenierung verantwortlich (*Der fliegende Holländer*). Fünf Jahre später übernimmt er die künstlerische Leitung der Festspiele. 1915 heiratet er Winifred Williams Klindworth, die 1930–44 die Festspiele leitet. Die beiden Söhne Wieland und Wolfgang führen die Familientradition fort. Als Dirigent wird Siegfried Wagner häufig kritisiert. Im engen Kreis Bayreuths aufgewachsen, verficht er vor allem die Familientradition. Als Regisseur dagegen ist er ein bedeutender Erneuerer, der auch vor Inszenierungsexperimenten nicht zurückschreckt.
WW: *Erinnerungen* (Stuttgart 1923); *Reisetagebuch* (Bayreuth 1935, Privatdruck).

Wakasugi, Hiroshi
Japanischer Dirigent, geb. 31. 5. 1935 Tokio.
Er studiert bei Noboru Kaneko und Hideo Saitō. 1965 wird er in Tokio zum ständigen Leiter des Yomiuri Nippon Symphonie Orchestra ernannt (bis 1975), bevor er den Japan Choir, den Bach Guild und das Kyoto City Municipal Symphony Orchestra übernimmt (1975–77). 1977 wird er zum Chefdirigenten des Symphonie-Orchesters des Westdeutschen Rundfunks Köln ernannt (bis 1983); 1982–86 ist er Generalmusikdirektor der Deutschen Oper am Rhein (Düsseldorf-Duisburg). Anschließend geht er in der gleichen Funktion an das Tonhalle-Orchester in Zürich (1987–91) und zum Tokyo Metropolitan Symphony Orchestra (ab 1987). Er zeichnet für die Uraufführungen von Werken von Alexander Goehr, Wilhelm Killmayer, Rainer Lischke (*Akzente*, 1984), Toru Takemitsū (*Winter*, 1971), Gerhard Wimberger (*Programm*, 1978) und Isang Yun (*Exemplum in memoriam Kwangju*, 1981) sowie für die von Volker David Kirchners Oper *Belshazar* (1986) verantwortlich.

Walcha, Helmut
Deutscher Organist und Cembalist, geb. 27. 10. 1907 Leipzig, gest. 11. 8. 1991 Frankfurt/M.
Helmut Walcha, Sohn eines Postbeamten, erblindet als Sechzehnjähriger. Er wird Schüler Günther Ramins am Leipziger Konservatorium und entdeckt schnell seine Vorliebe zur Musik Johann Sebastian Bachs. 1929 wird er Organist der Friedenskirche in Frankfurt/M. (bis 1938). Er entfaltet eine rege Tätigkeit und ist einer der ersten, der regelmäßige Orgelzyklen durchführt. 1938 übernimmt er an der Frankfurter Musikhochschule eine Professur für Orgel. Nach dem Zweiten Weltkrieg gründet er das Institut für Kirchenmusik. Seit 1946 ist er Organist der Dreikönigskirche in Frankfurt. Als Interpret der Orgelmusik Bachs wird er in der ganzen Welt bekannt. Wir verdanken

ihm nicht nur die Neuausgaben von vielen Partituren Johann Sebastian Bachs und Georg Friedrich Händels, sondern auch 25 *Choralvorspiele* aus eigener Feder sowie musikwissenschaftliche Studien über die Orgel und einen Aufsatz über Max Reger.

Waldbauer, Imre
Ungarischer Violinist, geb. 13. 4. 1892 Budapest, gest. 3. 12. 1953 Iowa City.
Er wird zuerst von seinem Vater Joseph Waldbauer, einem berühmten österreichischen Musikpädagogen und Mitglied des Hubay-Quartetts, unterrichtet. Anschließend geht er zu Jenő Hubay an die Budapester Musikakademie. 1909 gründet er das Waldbauer-Kerpely-Quartett, das bis 1940 besteht, über viele Jahre hindurch das wichtigste ungarische Streichquartett ist und die ersten vier *Streichquartette* Béla Bartóks (das zweite ist dem Quartett gewidmet) sowie die von Zoltán Kodály, László Lajtha und Leo Weiner aus der Taufe hebt. Das Quartett trägt entscheidend dazu bei, zeitgenössische Musik beim Publikum durchzusetzen. 1918 wird er an der Budapester Musikakademie Professor für Violine und Kammermusik. Nach dem Zweiten Weltkrieg läßt er sich in den Vereinigten Staaten nieder, wo er an der Universität von Iowa zum Professor ernannt wird. Er zählt zu den bedeutendsten Pädagogen seiner Zeit.

Waldhans, Jiří
Tschechoslowakischer Dirigent, geb. 17. 4. 1923 Brno (Brünn).
Er studiert bei Bohumír Liška bis 1948 am Konservatorium von Brno Orchesterleitung. Anschließend geht er als Korrepetitor und Chorleiter an die Oper von Ostrava (Ostrau, 1949–51). 1951–54 leitet er das Symphonie-Orchester von Brno. 1956 perfektioniert er sich bei Igor Markevitch am Mozarteum in Salzburg. 1955–62 ist er Chefdirigent des Symphonie-Orchesters von Ostrava und 1962–80 des philharmonischen Orchesters von Brno. Er unterrichtet an der Janáček-Akademie in Brno.

Walevska, Christine
Amerikanische Violoncellistin, geb. 8. 3. 1948 Los Angeles.
Ihre Mutter erteilt ihr ersten Unterricht; ihr Vater, Experte für alte Musikinstrumente, schenkt ihr ihr erstes Cello, ein Bernardel aus dem Jahre 1842. Sie studiert zunächst bei Gregor Piatigorski und geht dann zu Maurice Maréchal an das Pariser Konservatorium. 1962 wird sie mit 1. Preisen in Cello und Kammermusik ausgezeichnet. Ihre Karriere spielt sich in Europa, im Orient und in den Vereinigten Staaten ab. Sie zeichnet unter Hans Schmidt-Isserstedt für die europäische Erstaufführung von William Schumans *Phantasie für Violoncello und Orchester* (1968) und für die Uraufführungen von Werken von Jesse Erlich (1970), Laurindo Almeida (1969) und Aram I. Khatschaturian (*Stück für Violoncello solo*; das Stück ist ihr gewidmet) verantwortlich. Sie hat von Camille Saint-Saëns sämtliche Werke für Violoncello auf Schallplatte aufgenommen. Sie spielt auf einem Carlo Bergonzi aus dem Jahre 1740.

Wallat, Hans
Deutscher Dirigent, geb. 18. 10. 1929 Berlin.
Er studiert am Konservatorium von Schwerin und ist nacheinander als 1. Kapellmeister an den Stadttheatern von Stendal (1950–51), Meiningen (1951–52) und Schwerin (1953–56) tätig, bis er Musikdirektor des Theaters von Cottbus wird (1956–58). Anschließend geht er als 1. Kapellmeister an die Oper von Leipzig (1958–61), Stuttgart (1961–64) und an die Deutsche Oper in Berlin (1964–65). 1965–70 ist er dort Generalmusikdirektor in Bremen und 1970–80 in der gleichen Funktion in Mannheim tätig. Ab 1968 wird er von der Wiener Staatsoper regelmäßig zu Gastdirigaten eingeladen. 1970 debütiert er in Bayreuth und 1971 an der Met. Hans Wallat zeichnet sich vor allem im deutschen Opern-Repertoire aus. 1979–85 ist er Generalmusikdirektor in Dortmund. Anschließend geht er als Chefdirigent

nach Hamburg, bevor er 1986 zum Generalmusikdirektor der Deutschen Oper am Rhein (Düsseldorf-Duisburg) ernannt wird.

Wallberg, Heinz
Deutscher Dirigent, geb. 16. 3. 1923 Herringen.
Er studiert in Dortmund und Köln Musik und debütiert als Instrumentalist (Violine und Solo-Trompete) im Kölner und Darmstädter Orchester. Anschließend arbeitet er als Dirigent in Münster, Trier und Hagen. 1954 wird er in Augsburg zum Musikdirektor ernannt und ein Jahr später in Bremen zum Generalmusikdirektor. In der gleichen Funktion ist er 1960-74 in Wiesbaden und ab 1975 in Essen tätig. Gleichzeitig leitet er das Niederösterreichische Tonkünstlerorchester Wien (1964-75) und ist ständiger Gast der Wiener Oper. 1975-82 ist er Chefdirigent des Bayerischen Rundfunkorchesters und der Essener Philharmoniker (1975-91).
Er zeichnet für die Uraufführungen von Werner Egks Oper *Die Versuchung des Heiligen Antonius* (1976), von Rudolf Wagner-Régenys Oper *Das Bergwerk zu Falun* (1961) sowie der ersten Version von Claude Ballifs *Voyage autour de mon oreille* (Reise um mein Ohr, 1959) verantwortlich.

Wallenstein, Alfred
Amerikanischer Dirigent und Violoncellist, geb. 7. 10. 1898 Chicago, gest. 8. 2. 1983 New York.
Er studiert Cello und debütiert 1912 in Los Angeles. Vier Jahre später wechselt er zum Symphonie-Orchester von San Francisco und 1919 zum philharmonischen Orchester von Los Angeles. Er perfektioniert sich bei Julius Klengel in Leipzig. Rasch setzt er sich als einer der bedeutendsten amerikanischen Cellisten durch. 1922-29 arbeitet er als Solo-Cellist des Symphonie-Orchesters von Chicago und geht dann in der gleichen Funktion zu Arturo Toscanini und den New Yorker Philharmonikern (1929-36). Erst um diese Zeit beginnt er, sich mit Orchesterleitung zu beschäftigen. Er arbeitet zunächst mit Rundfunkorchestern zusammen, bevor er die Leitung des philharmonischen Orchesters von Los Angeles (1943-56) und des Symphony of the Air Orchestra (1961-63) übernimmt. Gegen Ende seines Lebens beschäftigt er sich in immer stärkerem Maße mit pädagogischen Aufgaben und unterrichtet an der Juilliard School of Music in New York.

Wallez, Jean-Pierre
Französischer Violinist und Dirigent, geb. 18. 3. 1939 Lille.
Er stammt aus einer Musikerfamilie; als Zwölfjähriger wird er am Konservatorium seiner Heimatstadt mit einem 1. Preis in Violine ausgezeichnet. Anschließend geht er an das Pariser Konservatorium, wo er bei Gabriel Bouillon, Jacques Février und Joseph Calvet seine Ausbildung fortsetzt. 1956 schließt er mit 1. Preisen in Violine und Kammermusik ab. Er perfektioniert sich bei Léon Nauwinck, Henryk Szeryng und Yehudi Menuhin. 1957 gewinnt er den Marguerite Long-Jacques Thibaud-Wettbewerb, 1958 den internationalen Wettbewerb von Genf und 1960 den Paganini-Wettbewerb. Er ist 1961-63 Mitglied des Orchesters der Société des Concerts du Conservatoire und geht dann an die Pariser Opéra-Comique sowie an die dortige Oper (1962-74). 1975-77 ist er als Konzertmeister des Orchestre de Paris tätig. Er gründet das Ensemble Instrumental de France (das er 1968-83 leitet) und ist ab der Gründung des Festivals von Albi im Jahre 1974 dessen künstlerischer Direktor (bis 1991); 1978 ruft er das Ensemble Orchestral de Paris ins Leben, das er bis 1986 dirigiert. Er ist darüber hinaus Direktor der Sommerakademie in Albi und hält in verschiedenen Ländern master classes ab. Er setzt sich für vergessene französische Barockmusik ein, zeichnet aber auch für viele Uraufführungen verantwortlich. Als Violonist: *Concerto de Molines* (Bondon, 1968) und *Konzert für Violine und Or-*

chester (Nikiprowetzki, 1982). Mit dem Ensemble Instrumental de France: *Suite enchaînée* (Martinů), *Yin-Yang* (Jolivet) und Werke von André Bon. Mit dem Ensemble Orchestral de Paris: Werke von Claude Bolling, Philippe Capdenat, Gerald Finzi, Jean Guillou, Alain Louvier, Patrice Sciortino sowie das *Magnificat* von Jean-Louis Florentz und *Un enfant appelle* (Ein Kind ruft) von Marcel Landowski. 1985 wird er vom Konservatorium in Toulouse zum Professor ernannt und ein Jahr später zum principal guest conductor des Symphonie-Orchesters von Südjütland (Dänemark). 1987 wechselt er als Professor an das Genfer Konservatorium; gleichzeitig nimmt er die Einladung zum principal guest conductor des Wallonischen Kammerorchesters (Belgien) an. Jean-Pierre Wallez ist mit der Sängerin Michèle Pena verheiratet.

Wallfish, Raphael
Englischer Violoncellist, geb. 15. 6. 1953 London.
Als Achtjähriger erhält er ersten Cello-Unterricht; anschließend studiert er bei Amarylis Fleming, Amadeo Baldovino (in Rom), Derek Simpson (an der Royal Academy of Music in London) und Gregor Piatigorsky (Kalifornien). 1977 gewinnt er den internationalen Wettbewerb Gaspar Cassadó in Florenz. Seine Karriere entwickelt sich rasch; er tritt als Solist, mit dem Amadeus-Quartett oder auch mit seinem Vater, dem Pianisten Peter Wallfish, in der ganzen Welt auf. Er spielt in der Regel Werke, die im normalen Konzertbetrieb vernachlässigt werden; so entdeckt er eine *Romance* für Violoncello und Orchester von Richard Strauss, die vergessen war. Er unterrichtet an der Royal Academy of Music und an der Guildhall School of Music in London.

Walter, Bruno (= Bruno Walter Schlesinger)
Amerikanischer Dirigent deutscher Herkunft, geb. 15. 9. 1876 Berlin, gest. 17. 2. 1962 Beverly Hills.
Er studiert am Sternschen Konservatorium in Berlin Klavier. Als Neunjähriger tritt er zum ersten Mal an die Öffentlichkeit. 1889 besucht er ein Konzert Hans von Bülows und beschließt, Dirigent zu werden. 1893 debütiert er als Korrepetitor an der Kölner Oper; im gleichen Jahr noch dirigiert er eine Aufführung des *Waffenschmied* (Lortzing). Ein Jahr später wechselt er nach Hamburg und lernt Gustav Mahler kennen, der dort als Musikdirektor tätig ist. Die beiden Männer freunden sich an. Mahler schlägt Bruno Walter Schlesinger vor, seinen Namen zu ändern. Trotz ihrer guten Zusammenarbeit lehnt Bruno Walter es ab, Mahler an die Wiener Oper zu folgen. Statt dessen verbringt er die darauffolgende Saison in Breslau, die anschließende in Preßburg und zwei weitere in Riga, bevor er 1900 an die Berliner Oper geht. Endlich gibt er Mahlers Drängen nach und geht als Kapellmeister an die Wiener Oper (1901–13). Er wirkt während dieser Zeit in der einen oder anderen Form an allen bedeutenden Aufführungen mit und erlebt so die von Mahler geforderte Erneuerung des Musiktheaters aus erster Hand. Nach dem Tod seines Freundes (1911) verwirklicht er die Uraufführung von zwei posthumen Werken: *Das Lied von der Erde* (1911) und die *Symphonie Nr. 9* (1912). 1913–22 ist er Generalmusikdirektor der Münchner Oper, wo er nicht nur das Repertoire erneuert und sich für die Musik seiner Zeit einsetzt, sondern sich auch vom Mahlerschen Einfluß befreit. In dieser Zeit zeichnet er für die Uraufführungen von Erich Korngolds Opern *Violanta* und *Der Ring des Polykrates* (beide 1916) sowie von Hans Pfitzners *Palestrina* verantwortlich. 1923 unternimmt er seine erste Amerika-Tournee. Ab 1919 bis 1933 wird er von den Berliner Philharmonikern regelmäßig zu Konzertzyklen

eingeladen. Bei einem dieser Konzerte stellt er Yehudi Menuhin dem deutschen Publikum vor. Auch in England ist er erfolgreich. 1924-31 dirigiert er am Covent Garden das deutsche Repertoire. 1925 wird er zum Musikdirektor der Städtischen Oper in Berlin berufen, wo er auch inszeniert. Er gehört zu den Gründungsmitgliedern der Salzburger Festspiele, bei denen er regelmäßig dirigiert, bis die Nationalsozialisten ihn zwingen, Europa zu verlassen. 1928 entdecken die Pariser Wolfgang Amadeus Mozarts Opern unter seiner Leitung. Ein Jahr später verläßt er Berlin und geht als Nachfolger Wilhelm Furtwänglers zum Gewandhausorchester nach Leipzig (1929-33). Nach der Machtübernahme der Nationalsozialisten geht er zunächst nach Österreich. 1934-39 ist er am Concertgebouw Amsterdam tätig, wo er 1934 die *Symphonie Nr. 2* von Kurt Weill zur Uraufführung bringt; 1935 wird er principal guest conductor und ein Jahr später künstlerischer Berater der Wiener Oper. 1938 zeichnet er für die Uraufführung von Egon Wellesz' *Prosperos Beschwörungen* verantwortlich. Im gleichen Jahr verläßt er Österreich und geht nach Frankreich; 1939 läßt er sich endgültig in den Vereinigten Staaten nieder. Er beschäftigt sich mit der jungen amerikanischen Musik und hebt 1942 Samuel Barbers *Second Essay* aus der Taufe.

1947-49 ist er als künstlerischer Berater der New Yorker Philharmoniker tätig, arbeitet aber hauptsächlich als Gastdirigent an der Met, für die NBC, in Philadelphia und Los Angeles. In Europa dirigiert er nach dem Zweiten Weltkrieg vor allem in Wien und Salzburg. Gegen Ende seines Lebens wird für ihn in Los Angeles ein Elite-Orchester zusammengestellt, das Columbia Symphony Orchestra, mit dem er den wichtigsten Teil seines Repertoires in Stereo auf Schallplatten aufnimmt.

Bruno Walter wurde häufig als Bindeglied zwischen Wilhelm Furtwängler und Arturo Toscanini angesehen, dem Trio großer Dirigenten. Sein Sinn für das Maß scheint dies zu bestätigen, doch sein Temperament und seine innere Auffassung der Musik hat nichts mit der seiner beiden jüngeren Kollegen zu tun. »Seine« Musik blieb immer zutiefst humanistisch. Er sagte einmal, er versuche, manche schnelle Sätze Mozarts so fröhlich zu spielen, daß man versucht sei zu weinen. Er hat Mozart entstaubt und von der romantischen Interpretationsweise befreit. Auch für Gustav Mahlers Musik setzte er sich zeitlebens ein und bereitete ihm gegen alle Schwierigkeiten den Weg. Erich Korngold widmet ihm 1945 sein *Streichquartett Nr. 5*.

WW: *Von den moralischen Kräften der Musik* (Wien 1935); *Gustav Mahler* (Wien 1936, Neuausgabe Stuttgart 1987); *Theme and Variations* (New York 1944, dt. Thema und Variationen, Neuausgabe Frankfurt/M. 1988); *Von der Musik und vom Musizieren* (Frankfurt/M. 1957, Neuausgabe 1986); *Briefe 1894-1962*, herausgegeben von L. Lindt (Frankfurt/M. 1969).

Wand, Günter
Deutscher Dirigent, geb. 7. 1. 1912 Elberfeld.

Er studiert zunächst in Wuppertal und geht dann nach Köln, wo er an der Universität und an der Musikhochschule bei Philipp Jarnach, Franz von Hösslin und Paul Baumgartner studiert. Er ist in Wuppertal und Allenstein zunächst Korrepetitor und anschließend Kapellmeister und geht dann als 1. Kapellmeister nach Detmold und Köln (1939-44). 1944-45 leitet er das Orchester des Salzburger Mozarteums. 1945 wird er in Köln zum Generalmusikdirektor ernannt (bis 1975), wo er ab 1946 auch die Gürzenich-Konzerte leitet. Unter seiner Führung entwickelt sich die Kölner Oper und das Opernorchester zu einem der besten Deutschlands. Er wird sogar zum Chef auf Lebenszeit ernannt, gibt aber seine Stelle ab, nachdem er 1974 als principal guest conductor zum Symphonie-Orchester von Bern geht. 1982 übernimmt er die Leitung des

Symphonie-Orchesters des NDR Hamburg. Nach seinem Ausscheiden im Jahre 1991 wird er von dem Orchester zum Ehrenpräsidenten ernannt. Der große, diskrete, aller Publizität abholde Mann ist lange nicht so bekannt, wie er es verdiente, denn er arbeitet kaum außerhalb der Grenzen Deutschlands. 1949 leitet er die Uraufführung von Hermann Reutters *Pandora* und 1957 die von Wolfgang Fortners *Bluthochzeit*.

Warren, Leonard (= Leonard Varenov)
Amerikanischer Bariton, geb. 21. 4. 1911 New York, gest. 4. 3. 1960 daselbst.
Der Sohn eines russischen Emigranten soll eigentlich den Pelzhandel seines Vaters übernehmen. Als Vierundzwanzigjähriger entdeckt er seine Stimme. Er singt an der Radio City Music Hall vor und wird Chormitglied. Gleichzeitig besucht er die Kurse der Greenwich House Music School. 1937 singt er an der Met vor und wird auf der Stelle engagiert, obwohl er über kein Repertoire verfügt. Er perfektioniert sich bei Sidney Dietch in New York, bei Giuseppe Pais in Rom und bei Riccardo Piccozzi in Mailand, bevor er 1939 an der Met als Paolo Albiani (*Simone Boccanegra*, Verdi) debütiert. Als er 1943 für den erkrankten Lawrence Tibbett einspringt und zum ersten Mal den Rigoletto (Verdi) singt – in dieser Rolle ist er unübertrefflich –, wird er berühmt. 21 Jahre lang gehört er der Met an, interpretiert aber insgesamt nur 25 Rollen, darunter neben dem bereits erwähnten Rigoletto den Amonasro (*Aida*), Falstaff, Simone Boccanegra (alle Verdi), Scarpia (*Tosca*, Puccini), Tonio (*I pagliacci*, Der Bajazzo, Leoncavallo), Barnaba (*La Gioconda*, Ponchielli) und den unvergeßlichen Macbeth (Verdi), mit dem ihm 1959 ein strahlendes Comeback gelingt, der eigentliche Höhepunkt seiner Karriere. Am 4. März 1960 singt er den Don Carlos (*La forza del destino*, Die Macht des Schicksals, Verdi). Nach der Arie »Urnafatale« bricht er tot zusammen.

Seine großartige und umfangreiche Stimme (vom tiefen G bis zum hohen H) eignete sich vorzüglich für Schallplattenaufnahmen, so daß wir über viele Zeugnisse seiner Kunst, darunter Gesamteinspielungen von *Macbeth* und *Rigoletto*, verfügen.

Watanabe, Akeo
Japanischer Dirigent, geb. 5. 6. 1919 Tokio, gest. 22. 6. 1990 daselbst.
Er beginnt seine Studien an der Musikakademie von Tokio, wo er bei Hideo Saitô studiert, und geht dann zu E. Mogilewski, Josef Rosenstock, Manfred Gurlitt, Helmut Fellmer und Jean Morel an die Juilliard School of Music in New York. In der Saison 1945–46 debütiert er mit dem Symphonie-Orchester von Tokio. 1948–56 leitet er das philharmonische Orchester von Tokio; anschließend gründet er das Japan Philharmonic Symphony Orchestra, das er 1956–68 leitet, bevor er zum Musikdirektor des Symphonie-Orchesters von Kioto ernannt wird (1970–72) und dann in der gleichen Funktion zum Tokyo Metropolitan Symphony Orchestra (1972), dem Japan Philharmonic Symphony Orchestra und dem Symphonie-Orchester Hiroshimas geht.
Akeo Watanabe ist einer der Gründer der japanischen Dirigentenschule; er widmet einen beträchtlichen Teil seiner Zeit pädagogischen Aufgaben und unterrichtet an der Kunstuniversität Tokio zunächst Violine und anschließend Orchesterleitung (1962–67).

Watkinson, Carolyn
Englische Mezzosopranistin, geb. 19. 3. 1949 Preston.
Sie studiert am Royal Manchester College of Music in London und geht dann an das Muzieklyceum und das Konservatorium von Den Haag. Die Konzertsängerin spezialisiert sich auf Barockmusik und arbeitet mit den Ensembles Syntagma Musicum, der Gächinger Kantorei Helmuth Rillings und der Grande Ecurie et la Chambre du Roy von Jean-Claude Malgloire zusammen.

Auf der Bühne interpretiert sie die Phädra in *Hippolyte et Aricie* (Rameau) am Covent Garden, bei den Festspielen von Versailles (1978), der Netherlands Opera, und die Rolle des Nero (*L'incoronazione di Poppea*, Die Krönung der Poppea, Monteverdi) am Théâtre de la Monnaie in Brüssel sowie 1979 in Spoleto, die Rosina (*Il barbiere di Siviglia*, Der Barbier von Sevilla, Rossini) in Stuttgart, den Cherubin (*Le nozze di Figaro*, Figaros Hochzeit, Mozart) bei den Ludwigsburger Festspielen (1984) und die Rolle des Ariodante (Händel) 1981 an der Mailänder Scala.

Watson, Claire
Amerikanische Sopranistin, geb. 3. 2. 1927 New York, gest. 16. 7. 1986 Utting/Ammersee.
Sie studiert zunächst bei Elisabeth Schumann in New York und geht dann zu Eduard Lichtenstein an das Konservatorium von Amsterdam. 1951 debütiert sie am Stadttheater Graz, dem sie bis 1956 angehört. 1956–58 singt sie an der Frankfurter Oper, bevor sie zur Münchner geht, der sie bis zum Ende ihrer aktiven Laufbahn angehört. Sie wird von wichtigen Bühnen der ganzen Welt zu Gastspielen eingeladen: Wien, London, Brüssel, Hamburg, Stuttgart usw. 1961 wird sie zur Kammersängerin ernannt. 1966 debütiert sie bei den Salzburger Festspielen. Im Mozartschen wie im Wagnerschen Repertoire (Eva, *Die Meistersinger von Nürnberg*, Elsa von Brabant, *Lohengrin*) zeichnet sie sich genauso aus wie in dem von Richard Strauss, vor allem in *Capriccio*, in dem sie eine subtile, raffinierte Gräfin singt. Ab 1976 tritt sie kaum noch auf. Sie war mit dem amerikanischen Tenor David Thaw verheiratet.

Watts, André
Amerikanischer Pianist, geb. 20. 6. 1946 Nürnberg.
Der Sohn einer ungarischen Mutter und eines farbigen Amerikaners studiert bei Leon Fleisher am Peabody Institute in Baltimore und in Philadelphia. Als Neunjähriger gibt er sein erstes Konzert. 1963 debütiert er offiziell unter der Leitung von Leonard Bernstein. Ab 1966 gibt er auch in Europa regelmäßig Konzerte.

Watts, Helen Josephine
Englische Altistin, geb. 7. 12. 1927 Milford Haven.
Sie studiert bei Caroline Hatchard und Frederick Jacobson an der Royal Academy of Music in London Gesang und debütiert 1953, als sie für die BBC an einer Aufführung von *Orphée et Eurydice* (Orpheus und Eurydike, Gluck) mitwirkt. Ab 1955 singt sie bei den Londoner »Promenade-Konzerten« und erweist sich als bemerkenswerte Bach- und Oratorien-Sängerin; als Mitglied der Handel Opera Society wirkt sie an Aufführungen von *Theodora* (1958), *Semele* (1959) und *Rinaldo* (1961) mit. 1964 interpretiert sie in der Sowjetunion unter der Leitung des Komponisten Benjamin Britten *The Rape of Lucretia* (Der Raub der Lukretia). Für den Covent Garden studiert sie das Wagnersche Repertoire ein und singt dort 1965–66 die 1. Norne (*Götterdämmerung*) und 1967–71 die Erda (*Der Ring des Nibelungen*). 1966 interpretiert sie in New York *A Mass of Life* von Frederick Delius. 1970 debütiert sie mit großem Erfolg als Liedsängerin in der Carnegie Hall und singt unter der Leitung von Georg Solti die *Kindertotenlieder* von Gustav Mahler.

Wayenberg, Daniel Ernest Joseph Carel
Niederländischer Pianist und Komponist, geb. 11. 10. 1929 Paris.
Sein Vater war Journalist; seine Mutter, eine gebürtige Russin, hatte bei Leopold Auer am Konservatorium von Sankt Petersburg Violine studiert. Er selbst studiert in Den Haag bei Ary Verhaar und ab 1947 in Paris bei Marguerite Long. Seine Karriere beginnt 1949, als er beim Marguerite Long-Jacques Thibaud-Wettbewerb einen 2. Preis erringt. 1951 verwirklicht er unter Rafael Kubelík beim Festival von

Besançon die Uraufführung von Staellerts *Konzert für Klavier und Orchester.* Zwei Jahre später debütiert er in den Vereinigten Staaten. Daniel Wayenberg ist auch als Komponist erfolgreich.

Weber, Ludwig
Österreichischer Bassist, geb. 29.7. 1899 Wien, gest. 9.12.1974 daselbst.
Er studiert in Wien bei Alfred Roller Theatertechniken und bei Alfred Boruttau Gesang und singt gleichzeitig im Chor der Wiener Oratoriengesellschaft mit. 1920 debütiert er an der Wiener Volksoper, deren Ensemble er fünf Jahre angehört, bevor er nach Wuppertal (1925–27), Düsseldorf (1927–32) und Köln (1932–33) geht. 1931 wirkt er bei den Münchner Wagner-Festspielen mit. 1933–45 gehört er der Bayerischen Staatsoper an; anschließend beendet er seine Karriere in Wien.
Der berühmte Wagner-Sänger (in Paris interpretiert er ab 1930 am Théâtre des Champs-Elysées die Wagner-Rollen seines Faches) gehört 1951–61 den Bayreuther Festspielen an (Guernemanz und Titurel, beide *Parsifal,* Fasolt und Hagen, beide *Der Ring des Nibelungen,* König Marke, *Tristan und Isolde,* Pogner und Kothner, beide *Die Meistersinger von Nürnberg,* Heinrich der Vogeler, *Lohengrin*) und gibt an der Scala, am Covent Garden, am Teatro Colón in Buenos Aires und beim Maggio musicale fiorentino regelmäßig Gastspiele. Aber auch als Mozart-Sänger wird er berühmt; so nimmt er als Komtur (*Don Giovanni*), Sarastro (*Die Zauberflöte*) und Osmin (*Die Entführung aus dem Serail*) 1939–47 an den Salzburger Festspielen teil. Auch als Konzert- und Oratoriensänger wird er gefeiert. Ab 1961 unterrichtet er am Mozarteum in Salzburg. 1938 nimmt er an der Uraufführung von *Der Friedenstag* (R Strauss) teil.

Weber, Margit
Schweizer Pianistin, geb. 24.2.1924 Ebnat-Kappel (Sankt-Gallen).
Sie studiert zunächst Orgel bei Heinrich Funk in Zürich und anschließend Klavier bei Max Egger und Walter Lang. Direkt nach ihrem Studium beginnt sie eine glänzende europäische Karriere; ab 1956 tritt sie auch in den Vereinigten Staaten und in Kanada auf. Die zeitgenössische Musik nimmt in ihrem Repertoire einen bedeutenden Platz ein. Bohuslav Martinů widmet ihr seine *Fantaisie concertante* (1958) und Igor Strawinsky seine *Klavier- und Orchestersätze* (1965). Sie zeichnet für folgende Uraufführungen verantwortlich: *Konzert für Klavier und Orchester* (Moeschinger, 1962), *Ballade* op. 78 (Schibler, 1963), *Epigramme* (Fortner, 1964) und *Konzert für Klavier und Orchester Nr. 6* von Alexander Tscherepnin (1965). 1971 wird sie an der Zürcher Hochschule für Musik zum Professor ernannt.

Wedernikow, Alexander Fillipowitsch
Russischer Bassist, geb. 23.12.1927 Mokino (Ural).
Er studiert erst an der Bergbauschule, bevor er 1949 in das Moskauer Konservatorium eintritt, wo er bei R. Alpert-Chassina seine Stimme ausbilden läßt. 1956 gewinnt er 1. Preise beim innersowjetischen Wettbewerb in Moskau sowie beim Schumann-Wettbewerb in Berlin. Im gleichen Jahr debütiert er als Solist am Kirow-Theater in Leningrad; zwei Jahre später singt er zum ersten Mal am Bolschoi-Theater in Moskau (Iwan Sussanin, *Ein Leben für den Zar,* Glinka). Er spezialisiert sich auf das russische und italienische Repertoire, das er an der Scala studiert, und zeichnet sich auch als Konzert- und Oratoriensänger aus.

Weigle, Jörg-Peter
Deutscher Dirigent, geb. 28.3.1953 Greifswald.
Als Siebenjähriger erhält er ersten Musikunterricht; 1963–71 ist er Mitglied des Leipziger Thomanerchores, die beiden letzten Jahre als Chorpräfekt. 1973–78 studiert er an der Berliner Hochschule für Musik Hanns Eisler bei Horst Förster (Orchesterleitung), Diet-

rich Knothe (Chorleitung) und Ruth Zechlin (Kontrapunkt). Er perfektioniert sich in Weimar und Wien (1976–78), bevor er 1. Dirigent des Staatlichen Sinfonieorchesters Neubrandenburg wird (1977–80). Ab 1980 ist er Chorleiter von Radio Leipzig, wo er 1985 zum Chefdirigenten ernannt wird (bis 1987). 1986 übernimmt er bei den Dresdner Philharmonikern die gleiche Funktion. 1988 zeichnet er für die Uraufführung von Rainer Lischkas *Begegnungen* verantwortlich.

Weikert, Ralf
Österreichischer Dirigent, geb. 10. 11. 1940 St. Florian (bei Linz).
Er studiert zunächst am Linzer Konservatorium Klavier und Chorleiterleitung und geht dann 1960 nach Wien, wo er bei Hans Swarowsky Orchesterleitung und bei Hanns Jelinek Komposition studiert. 1965 gewinnt er beim Malko-Wettbewerb in Kopenhagen den 1. Preis. Ein Jahr später wird er an der Bonner Oper zum 1. Kapellmeister ernannt, wo er 1968 zum Chefdirigenten aufsteigt. Ab 1972 dirigiert er regelmäßig an der Oper von Kopenhagen. 1975 wird er in Wien mit dem Karl-Böhm-Preis ausgezeichnet. 1977–81 ist er als 1. Kapellmeister an der Frankfurter Oper tätig. 1981 übernimmt er die Leitung des Salzburger Mozarteum-Orchesters, bevor er 1983 zum Musikdirektor der Zürcher Oper ernannt wird.
Er ist hauptsächlich als Operndirigent bekannt geworden, vor allem der Werke Wolfgang Amadeus Mozarts, doch seit seiner Ernennung in Salzburg beschäftigt er sich in immer stärkerem Maß auch mit symphonischer Musik. 1985 zeichnet er für die Uraufführung von Rudolf Kelterborns Oper *Der Kirschgarten* verantwortlich.

Weikl, Bernd (= Bernhard Weikl)
Deutscher Bariton, geb. 29. 7. 1942 Wien.
Er studiert zunächst Wirtschaftswissenschaften, bevor er am Konservatorium von Mainz (1962–65) und an der Hochschule für Musik in Hannover (1965–67) seine Stimme ausbilden läßt. 1968 gewinnt er den Berliner Gesangswettbewerb; im gleichen Jahr wird er Mitglied der Oper von Hannover. 1970–73 gehört er dem Ensemble der Deutschen Oper am Rhein Düsseldorf-Duisburg an. 1972 erzielt er bei den Salzburger Osterfestspielen als Melot (*Tristan*), bei den Bayreuther Festspielen als Wolfram (*Tannhäuser*, beide Wagner) und an den Opern von Wien und Prag die ersten großen Erfolge. 1973 wird er Mitglied der Hamburger Staatsoper. Ab 1975 tritt er regelmäßig bei den Bayreuther Festspielen auf (1976–80 als Amfortas, *Parsifal*, 1977–78 als Wolfram, *Tannhäuser*, 1981–86 als Hans Sachs, *Die Meistersinger von Nürnberg*, alle Wagner); seit 1977 gastiert er regelmäßig in München und an der Met. Sein Repertoire umfaßt hauptsächlich die großen Bariton-Rollen Richard Wagners (Amfortas, *Parsifal*, Hans Sachs, *Die Meistersinger von Nürnberg*, Der Heerrufer des Königs, *Lohengrin*). 1976 nimmt er an der Uraufführung von Gottfried von Einems Oper *Kabale und Liebe* teil.

Weingartner, Felix von (= Felix Edler von Münzberg)
Schweizer Dirigent und Komponist österreichischer Herkunft, geb. 2. 6. 1863 Zara (Dalmatien), gest. 7. 5. 1942 Winterthur.
Nach dem Tod seines Vaters im Jahre 1886 übersiedelt die Familie nach Graz. Sein erster Lehrer ist Wilhelm Mayer (Pseudonym W. A. Remy), der Dirigent des Steirischen Musikvereins. 1881–1883 studiert er an der Universität und am Konservatorium von Leipzig Philosophie und Musik (Klavier und Komposition bei Oscar Paul und Hermann Zopff); während dieser Zeit entstehen seine ersten Kompositionen. 1882 lernt er bei der Uraufführung des *Parsifals* in Bayreuth Richard Wagner kennen. Im darauffolgenden Jahr wird er Schüler und Freund von Franz Liszt in Weimar; in dieser Stadt wird 1884

seine erste Oper, *Sakuntala*, uraufgeführt. Im gleichen Jahr wird er an der Oper von Königsberg zum 2. Kapellmeister ernannt (bis 1885). Anschließend ist er in Danzig (1885–87), Hamburg (1887–89) und Mannheim (1889–91) tätig.
1891–98 ist er Hofkapellmeister der Berliner Oper und geht dann nach München, um die Leitung der Kaim-Konzerte zu übernehmen (1898–1903). 1902 dirigiert er bei den Mainzer Festspielen sämtliche Symphonien Ludwig van Beethovens, neben Hector Berlioz einer seiner Lieblingskomponisten. Er ist Mitherausgeber der Gesamtwerke von Berlioz, wie später der von Haydn, und dirigiert 1903 in Grenoble das Festspielorchester, das aus Anlaß von Berlioz' 100. Geburtstag zusammengestellt worden war. 1904 wird er in die Vereinigten Staaten eingeladen. 1908 übernimmt er als Nachfolger Gustav Mahlers die Leitung der Wiener Hofoper (bis 1911). Gleichzeitig übernimmt er die Wiener Philharmoniker, die er bis 1928 leitet. 1912–14 erfüllt er viele Verpflichtungen als Gastdirigent. 1914–19 ist er in Darmstadt Generalmusikdirektor und 1919–24 Leiter der Wiener Volksoper. Während dieser Zeit zieht er in die Schweiz und beginnt wieder stärker zu komponieren. Gleichzeitig unterrichtet er an der Franz-Liszt-Musikakademie in Budapest. 1927 wird er zum Direktor des Städtischen Orchesters in Basel ernannt; hier übernimmt er 1933 auch die Leitung der Musikhochschule. 1935 zeichnet er für die Uraufführung der kurz zuvor wiederentdeckten *Symphonie* von Berlioz verantwortlich. 1935 übernimmt er zum zweiten Mal die Leitung der Wiener Oper, gibt sie aber bereits ein Jahr später wieder ab, um sich nach Lausanne zurückzuziehen. 1941 konstruiert er mit einer unbekannten Bühnenmusik Franz Schuberts und einem Text des Kritikers Otto Mag die Oper *Schneewittchen*, kann aber die Uraufführung 1941 aus gesundheitlichen Gründen nicht mehr selbst dirigieren, sondern überläßt den Dirigentenstab (1940 hatte er in London zum letzten Mal dirigiert) seinem Schüler Alexander Krannhals. Als Komponist hinterläßt er ein reichhaltiges Werk.

WW: *Die Lehre von der Wiedergeburt und das musikalische Drama* (Kiel und Leipzig 1895); *Über das Dirigieren* (Leipzig 1895); *Die Symphonien nach Beethoven* (Leipzig 1897); *Carl Spitteler* (Berlin und Leipzig 1904); *Ratschläge für die Aufführung klassischer Symphonien* (3 Bände, Leipzig 1906–1918); *Akkorde* (Gesammelte Aufsätze, Leipzig 1912); *Bô Yin Râ* (Leipzig 1927); *Franz Schubert und sein Kreis* (Leipzig 1929); *Lebenserinnerungen* (2 Bände, Wien 1923 und 1929); *Unwirkliches und Wirkliches* (Wien 1936).

Weir, Gillian
Neuseeländische Organistin und Cembalistin, geb. 17.1.1941 Martinborough.
Sie studiert zunächst bei Ralph Downes am Royal College of Music in London und geht dann zu Anton Heiller nach Wien und zu Marie-Claire Alain nach Paris. 1964 gewinnt sie beim internationalen Orgelwettbewerb in Saint-Albans den 1. Preis; ein Jahr spielt sie Francis Poulencs *Konzert für Orgel und Orchester* in der Royal Festival Hall in London. In der Folge tritt sie häufig in Europa, den Vereinigten Staaten, Australien und Neuseeland auf und interpretiert zahlreiche zeitgenössische Werke. 1973 zeichnet sie in Großbritannien für die britische Erstaufführung von Olivier Messiaens *Méditations sur le mystère de la Trinité* (Meditationen über das Mysterium der Dreieinigkeit) verantwortlich. Seit diesem Jahr unterrichtet sie an der Universität von Cambridge. Ihr Spiel zeichnet sich durch hohe Musikalität und intellektuelles Einfühlungsvermögen in die zu spielenden Werke aus. Sie gibt auch Cembalo-Abende; so führte sie öfters Johann Sebastian Bachs *Klavierübung* in der Öffentlichkeit auf.

Weisbach, Hans
Deutscher Dirigent, geb. 19. 7. 1885 Glogau, gest. 23. 4. 1961 Wuppertal.
Er studiert 1904–08 an der Hochschule für Musik und der Universität Berlin und beginnt unter Felix Mottl als Korrepetitor an der Münchner Oper. Er arbeitet auf verschiedenen Posten in Frankfurt, Worms, Wiesbaden, Hagen und Barmen, bevor er zum Generalmusikdirektor in Düsseldorf ernannt wird (1926–33). Anschließend wird er als Nachfolger Carl Schurichts Chefdirigent des Symphonie-Orchesters von Radio Leipzig (1933–39). 1938–45 ist er Musikdirektor der Wiener Konzertgesellschaft; 1947 wird er in Wuppertal zum Generalmusikdirektor ernannt. Er setzte sich besonders für die Werke Anton Bruckners ein.

Weissenberg, Alexis
Französischer Pianist bulgarischer Herkunft, geb. 29. 7. 1929 Sofia.
Seine Mutter führt ihn in die Musik ein; er studiert zunächst am Konservatorium seiner Heimatstadt bei Pantcho Wladigerow; 1943 geht er an das Konservatorium von Jerusalem zu Professor Schröder, einem Schüler Artur Schnabels. 1946–47 perfektioniert er sich an der Juilliard School of Music in New York bei Olga Samaroff; gleichzeitig nimmt er Unterricht bei Artur Schnabel und Wanda Landowska. 1947 gewinnt er den Leventritt-Wettbewerb sowie den 1. Preis beim Youth Competition des Orchesters von Philadelphia und debütiert unter der Leitung von George Szell in der New Yorker Carnegie Hall. 1950 gibt er seine ersten Konzerte in Europa. 1967 tritt er mit Herbert von Karajan und den Berliner Philharmonikern und 1968 bei den Salzburger Festspielen auf. Er unterrichtet in Harvard, Tanglewood, Ravina und an der Accademia Musicale Chigiana in Siena.

Welitsch, Ljuba (= Ljuba Veličkova)
Rumänische Sopranistin, geb. 10. 7. 1913 Borisowo.
Sie studiert in Sofia bei G. Zlater-Cherkin und debütiert 1934 an der dortigen Oper. Anschließend perfektioniert sie sich in Wien bei Theo Lierhammer. 1936 wird sie vom Grazer Stadttheater engagiert, wo sie die Nedda (*I pagliacci*, Der Bajazzo, Leoncavallo) und die Musette (*La Bohème*, Puccini) interpretiert. Anschließend geht sie über Hamburg (1940–43), Dresden und Berlin nach München, wo sie mit Clemens Krauss zusammenarbeitet. 1945 kehrt sie wieder nach Wien zurück, singt an der Volksoper und ab 1946 an der Staatsoper. 1946–50 nimmt sie an den Salzburger Festspielen teil (u. a. als Donna Anna, *Don Giovanni*, Mozart); 1947–52 gastiert sie regelmäßig am Covent Garden, darunter in der berühmten Produktion der *Salome* (R. Strauss) von Peter Brook und Salvador Dalì, 1948–49 in Glyndebourne und 1949–52 an der Met. Trotz herausragender Leistungen als Tosca (Puccini), Aida und Amelia (*Un ballo in maschera*, Ein Maskenball, beide Verdi) bleibt sie vor allem als die bedeutendste Interpretin der Salome in Erinnerung, die sie 1944 unter dem Komponisten zum ersten Mal gesungen hatte. Sie zieht sich früh von der Bühne zurück und widmet sich in einer zweiten Karriere Film und Fernsehen.

Weller, Walter
Österreichischer Dirigent und Violinist, geb. 30. 11. 1939 Wien.
Er studiert an der Musikhochschule seiner Heimatstadt bei Ernst Moravec und Franz Samohyl Violine; anschließend wendet er sich der Orchesterleitung zu und studiert bei Karl Böhm und Horst Stein. Er perfektioniert sich bei Josef Krips und George Szell. Ab 1956 ist er Mitglied der Wiener Philharmoniker, deren Konzertmeister er 1961–69 ist.
Er ist zweiter Violinist im Quartett des Wiener Konzerthauses, bevor er 1958 sein eigenes Quartett gründet, das international berühmt wird. An der Wiener Musikakademie unterrichtet er 1964–66 Kammermusik. 1968 debütiert er an der Spitze der Wiener Philharmoniker

als Dirigent. Im darauffolgenden Jahr wird er von der Wiener Staatsoper und der Volksoper engagiert. 1970 löst er sein Quartett auf. 1971 wird er in Duisburg zum Generalmusikdirektor ernannt; 1975–78 ist er künstlerischer Leiter des in Wien beheimateten Niederösterreichischen Tonkünstlerorchesters. Gleichzeitig arbeitet er regelmäßig in England, wo er 1977 die Leitung des Royal Liverpool Philharmonic Orchestra übernimmt; 1980 geht er in der gleichen Funktion zum Royal Philharmonic Orchestra nach London (bis 1985). 1988 leitet er in London die Uraufführung des einzigen, von Barry Douglas rekonstruierten Satzes von Ludwig van Beethovens *Symphonie Nr. 10*.

Welser-Möst, Franz
Österreichischer Dirigent, geb. 16. 8. 1960 Linz.
Er studiert bei Balduin Sulzer und debütiert 1985 bei den Salzburger Festspielen. Im gleichen Jahr noch übernimmt er die Leitung des österreichischen Jugendorchesters. 1986 wird er zum ständigen Leiter des Norrköping Symphony Orchestra und ein Jahr später des Collegium Musicum von Winterthur ernannt. Schon früh wird er von bedeutenden Orchestern eingeladen (Berliner Philharmoniker, Concertgebouw Amsterdam, Londoner Philharmoniker). 1987 debütiert er an der Wiener Staatsoper als Operndirigent; drei Jahre später dirigiert er zum ersten Mal am Covent Garden. 1991 wird er zum Musikdirektor der Staatsphilharmonie Rheinland-Pfalz ernannt. Ab 1992 ist er Chefdirigent der Londoner Philharmoniker.

Wenkel, Ortrun
Deutsche Altistin, geb. 25. 10. 1942 Buttstädt (Thüringen).
Sie studiert zunächst an der Franz-Liszt-Hochschule in Weimar und geht dann zu Paul Lohmann an die Frankfurter Musikhochschule. Sie debütiert als Konzertsängerin und nimmt ab 1964 an zahlreichen auf alte Musik spezialisierten Festspielen teil (English Bach Festival, Flandrische Festspiele, Festival du Marais, Amsterdam, Berlin, Buenos Aires, Hamburg, London, New York usw.). 1971 besucht sie die Opernkurse Elsa Caveltis und wirkt im gleichen Jahr noch in Heidelberg an einer Aufführung von *Orphée et Eurydice* (Orpheus und Eurydike, Gluck) mit. 1975 gastiert sie an der Münchner Staatsoper und bei den Bayreuther Festspielen (Schwertleite, Erda, 1. Norne, alle *Der Ring des Nibelungen*, Wagner). Ihr Repertoire umfaßt unter anderem *Il ritorno d'Ulisse in patria* (Die Heimkehr des Odysseus, Monteverdi), *Daphne* (R. Strauss) und *Xerxes* (Händel).

Wenzinger, August
Schweizer Violoncellist und Gambist, geb. 14. 11. 1905 Basel.
Er studiert an der Universität Basel klassische Philologie, Philosophie und Musikwissenschaften. 1915 beginnt er am Konservatorium seiner Heimatstadt Cello zu studieren, beschäftigt sich aber schon bald auch mit der Gambe. 1927–29 studiert er an der Musikhochschule Köln bei Paul Grümmer und Philipp Jarnach, bevor er nach Berlin zu Emanuel Feuermann geht. 1929–34 ist er als Solo-Cellist des Städtischen Orchesters in Bremen tätig. Dank des Kammermusikkreises Schenk-Wenzinger, des ersten Ensembles, das Barockmusik auf alten Instrumenten spielt, wird er auch als Gambenspieler bekannt. Gleichzeitig leitet er in Hagen (Westfalen) das Ensemble Kabeler Kammermusik. 1934 geht er an die Schola Cantorum Basiliensis als Professor für Instrumentalensemble und Leiter des Gambenquartetts. 1936 wird er Solocellist der Allgemeinen Musikgesellschaft, Professor für Violoncello an der Basler Akademie und Mitglied des Basler Quartetts. Er besucht die Vereinigten Staaten (1953–54), hält dort Vorträge über alte Musik und gibt Konzerte. 1954–58 leitet er am Kölner Rundfunk die Cappella Coloniensis, die ebenfalls auf alte,

auf zeitgenössischen Instrumenten gespielte Musik spezialisiert ist. Ab dieser Zeit organisiert er in Hannover Aufführungen barocker Opern und leitet das Hamburger Kammerorchester. Er ist Autor von Unterrichtswerken für seine Instrumente, für die er auch komponiert.

Werba, Erik
Österreichischer Pianist und Komponist, geb. 23. 5. 1918 Baden bei Wien, gest. 9. 4. 1992 Hinterbrühl bei Wien.
Er studiert an der Wiener Musikakademie bei Oskar Dachs Klavier und bei Josef Marx Komposition und gleichzeitig an der Universität bei Robert Lach, Egon Wellesz und Erich Schenk Musikwissenschaften (wo er 1940 mit einer Dissertation über die *Rolle des Sängers bei Homer, Hesiod und Pindar* abschließt). 1949–90 ist er Professor für Lied und Oratorium an der Wiener Musikakademie (1964–71 auch an der von Graz), 1945–65 musikwissenschaftlicher Publizist zunächst an der Zeitschrift *Musikerziehung* und später an der *Österreichischen Musikzeitung*, wobei er sich besonders mit Wolfgang Amadeus Mozart, Hugo Wolf, Josef Marx und Gustav Mahler beschäftigt; er wird als Begleiter vor allem von Irmgard Seefried, Christa Ludwig, Walter Berry, Peter Schreier und Nicolai Gedda bekannt. In Salzburg, Gent, Stockholm, Tokio und Helsinki unterrichtet er auch Liedbegleitung. Als Komponist arbeitet er hauptsächlich für die Stimme, z. B. das Singspiel *Trauben für die Kaiserin* (1949).
W: *Hugo Wolf und seine Lieder* (Wien 1984).

Werner, Fritz
Deutscher Dirigent, Chorleiter und Komponist, geb. 15. 12. 1898 Berlin, gest. 22. 12. 1977 Heidelberg.
Er stammt aus einer Musikfamilie und studiert ab 1920 am Berliner Konservatorium Klavier, Orgel und Musikgeschichte bei Wolfgang Reimann, Arthur Egidi, Fritz Heitmann und Kurt Schubert. 1932–35 studiert er bei Georg Alfred Schumann ausschließlich Komposition. 1936–40 ist er Organist und Kantor an der Potsdamer Nikolaikirche. Anschließend geht er als Musikdirektor zum Rundfunk im besetzten Frankreich. 1946–64 ist er Organist der Kilianskirche in Heilbronn. 1947 gründet er den Heinrich-Schütz-Chor, mit dem er viele Tourneen unternimmt und ab 1956 Schallplatten einspielt, vor allem Kompositionen Johann Sebastian Bachs, von dem er viele Werke wiederentdeckt. Auch für die Musik von Heinrich Schütz setzt er sich ein. Bei seinen Interpretationen versucht er, einen historischen Kontext herzustellen und dabei die große deutsche Chor-Tradition zu bewahren. 1973 beendet er seine Laufbahn.

Werthen, Rudolf
Belgischer Violinist und Dirigent, geb. 16. 7. 1946 Mechelen.
Er beginnt sein Studium am Konservatorium von Gent als Schüler Robert Hosselets. Anschließend geht er an das Brüsseler Konservatorium zu André Gertler. 1968 ist er Preisträger des Königin-Elisabeth-Wettbewerbes. Er perfektioniert sich bei Henryk Szeryng und gewinnt bei verschiedenen internationalen Wettbewerben 1. Preise (Brüssel, Amsterdam, Wien usw.). In Bratislava ist er Preisträger der internationalen Tribüne junger Interpreten. Nach seiner Tätigkeit als Konzertmeister des Symphonie-Orchesters des Norddeutschen Rundfunks in Hamburg arbeitet er als Dirigent; er ist musikalischer Leiter der Flandrischen Oper in Antwerpen.

Wich, Günter
Deutscher Dirigent, geb. 23. 5. 1928 Bamberg.
1948–52 studiert er in Freiburg/Br. bei Gustav Scheck Flöte; erst anschließend beschäftigt er sich mit Orchesterleitung. Er beginnt am dortigen Stadttheater als Volontär und wird dann zum 1. Kapellmeister ernannt (bis 1959). 1959–61 ist

er als musikalischer Oberleiter in Graz tätig und ab 1961 als Generalmusikdirektor in Hannover. Von hier aus wechselt er 1965 in der gleichen Funktion an die Deutsche Oper am Rhein Düsseldorf-Duisburg, wo er 1980 zum Musikdirektor ernannt wird. 1971 leitet er an diesem Haus eine vielbeachtete Aufführung von den *Soldaten* (Zimmermann). 1969–73 unterrichtet er an der Folkwang-Hochschule in Essen Orchesterleitung. Sein weitgespanntes Repertoire reicht von der alten Musik, die er mit dem Ensemble Cappella Coloniensis spielt, bis hin zur zeitgenössischen.

Widor, Charles-Marie
Französischer Organist und Komponist, geb. 21. 2. 1844 Lyon, gest. 12. 3. 1937 Paris.
Der Sohn eines Organisten springt bereits als Zwölfjäriger für seinen Vater ein; kurz darauf wird er Organist der Kirche Saint-François in Lyon. Sein Großvater ungarischer Abstammung war im Elsaß Orgelbauer gewesen. Dank der Vermittlung von Aristide Cavaillé-Coll geht er nach Brüssel, um sich bei François-Joseph Fétis und Jacques-Nicolas Lemmens zu perfektionieren, bevor er in Paris Nachfolger von Louis Lefébure-Wély an der Orgel der Pariser Kirche Saint-Sulpice wird (1869). Er sollte dieses Amt vierundsechzig Jahre ausüben. Am Pariser Konservatorium übernimmt er 1890 die Orgelklasse von César Franck (bis 1896) und die Klasse für Kontrapunkt und Fuge von Théodore Dubois. Ab 1905 unterrichtet er Komposition. 1910 wird er Mitglied der Académie des Beaux-Arts, zu deren »secrétaire perpétuel« er 1914 ernannt wird. Sein Einfluß auf die Kunst der Orgelimprovisation in der Tradition César Francks ist beträchtlich. Mit Widor erreicht das symphonische Orgelspiel einen einsamen Höhepunkt. Unter seinen zahlreichen Schülern sind vor allem Charles Tournemire, Louis Vierne und Marcel Dupré (sein Nachfolger an der Orgel von Saint-Sulpice) erwähnenswert. Er sah sich über seinen Lehrer Lemmens der Tradition Johann Sebastian Bachs verpflichtet (Widor-Lemmens-Hesse-Forkel-J. S.Bach).
WW: *La Technique de l'orchestre moderne* (Paris 1904); *Initiation musicale* (Paris 1923); *L'Orgue moderne* (Paris 1928).

Wiele, Aimée van de
Belgische Cembalistin und Komponistin, geb. 8. 3. 1907 Brüssel, gest. 2. 11. 1991 Paris.
Nach dem Studium am Konservatorium ihrer Heimatstadt geht sie nach Paris, um sich bei Wanda Landowska im Fach Cembalo zu perfektionieren. Gleichzeitig studiert sie bei André Pirro Musikwissenschaften. Neben ihrer Laufbahn als Solistin tritt sie auch als Komponistin hervor, wobei sie in der Regel für ihr Instrument schreibt. 1967 zeichnet sie für die Uraufführung von Georges Migots *Konzert für Cembalo und Orchester* verantwortlich.

Wiener, Jean
Französischer Pianist und Komponist, geb. 19. 3. 1896 Paris, gest. 7. 6. 1982 daselbst.
Als Fünfzehnjähriger lernt er Darius Milhaud kennen, der zu seinem Lehrer und Freund wird. 1913 tritt er am Pariser Konservatorium in die Klasse von André Gedalge ein. Er entdeckt den Jazz und setzt sich ab 1920 für dessen Verbreitung ein. Er gründet die Concerts Wiener (erstes Konzert am 21. Dezember 1921) und beginnt zu komponieren, wobei er stark vom Jazz geprägt ist (*Sonatine syncopée* für Klavier, 1921). 1922 führen die Concerts Wiener Arnold Schönbergs *Pierrot lunaire* in Frankreich zum ersten Mal geschlossen auf (Leitung Darius Milhaud, am Klavier Jean Wiener). Im gleichen Jahr beginnt er, mit Clément Doucet ein Klavier-Duo zu bilden, das ab 1925 an die Öffentlichkeit tritt und bis 1939 mehr als 2 000 Konzerte gibt (Klassik und Jazz). 1928 verwirklicht er die fran-

zösische Erstaufführung von George Gershwins *Rhapsody in blue*. Ab 1933 komponiert Wiener für den Film. Der außerordentliche Anschlag Wieners, sein angeborener Sinn für Improvisation, der sich schon in seiner Kindheit zeigte, und seine unversiegbare Phantasie lassen ihn zu einem der bedeutendsten Pianisten seines Genres werden. Sein Name bleibt mit dem Cabaret *Bœuf sur le toit* verbunden, das Jean Cocteau 1923 gründete und in dem Wiener mit dem schwarzen Saxophonisten Vance Lowry zusammengespielt hat.
W: *Allegro appassionato* (Paris 1978).

Wilhelmj, Emil Daniel Friedrich Viktor August
Deutscher Violinist, geb. 21.9. 1845 Usingen, gest. 22.1. 1908 London.
Als Achtjähriger beginnt er, von Konrad Fischer in Wiesbaden unterrichtet und von Franz Liszt unterstützt, eine Wunderkindkarriere, bevor er 1861 in das Leipziger Konservatorium eintritt und Schüler von Ferdinand David, Moritz Hauptmann und Ernst Friedrich Richter wird (bis 1864). 1865 beginnt er eine rege Konzerttätigkeit, die ihn durch ganz Europa führt. Richard Wagner holt ihn 1876 für die Uraufführung des *Rings des Nibelungen* als Konzertmeister nach Bayreuth. 1878–82 unternimmt er eine Tournee um die Welt. Nach seiner Rückkehr gründet er in Biebrich am Rhein eine »Hochschule für Violine«. 1885 lädt ihn der türkische Sultan ein, vor den Frauen seines Harems zu spielen, eine Ehre, die bis zu diesem Zeitpunkt keinem Musiker zuteil geworden war. Ab 1886 widmet er sich ausschließlich pädagogischen Aufgaben; er unterrichtet zunächst in Blasewitz bei Dresden, bis er 1894 einen Ruf der Londoner Guildhall School of Music annimmt. 1895 heiratet er in zweiter Ehe die Pianistin Mariella Mausch. Der Virtuose im romantischen Sinn des Wortes realisiert für seinen persönlichen Gebrauch zahlreiche Transkriptionen oder Adaptionen, die lange nach ihm noch gespielt wurden, vor allem seine einsätzige Version von Niccolò Paganinis *Konzert für Violine und Orchester Nr. 1* und seine *Air auf der G-Saite* nach der Air aus der *Suite für Orchester Nr. 3* von Johann Sebastian Bach. Er spielte auf einer Stradivari aus dem Jahre 1725.

Wiłkomirska, Wanda
Polnische Violinistin, geb. 11.1. 1929 Warschau.
Sie stammt aus einer musikalischen Familie: ihr Vater erteilt ihr, als sie fünf Jahre alt ist, ersten Unterricht. Zwei Jahre später tritt sie zum ersten Mal an die Öffentlichkeit. Sie wird von Eugenia Umińska, Irena Dubiska und Tadeusz Wroński ausgebildet. Sie erhält aus der Musikhochschule von Łódź ein Ehrendiplom und perfektioniert sich anschließend bei Ede Zathureczky in Budapest und bei Henryk Szeryng in Paris. Sie ist Preisträgerin der Wettbewerbe von Genf (1947), Budapest (1949), Leipzig (1950) und des Wieniawski-Wettbewerbs in Poznań (Posen). Ab 1945 läßt sie das Wiłkomirska-Trio wieder aufleben, das ab 1915 in der Formation Marie Wiłkomirska Klavier, Micha Violine und Kazimierz Violoncello und ab 1956 mit Wanda als Violinistin große Erfolge erzielte.
Einen bedeutenden Teil ihrer Zeit widmet sie der zeitgenössischen Musik; so zeichnet sie für die Uraufführung von Tadeusz Bairds *Expressioni Varianti* (1958), von Krzysztof Pendereckis *Capriccio* (1967) und von Hans Vogts *Sonate für Violine und Klavier* (1986) verantwortlich und setzt sich besonders für das Werk Karol Szymanowskis ein. Sie spielt auf einer Gagliano aus dem Jahre 1747.

Willcocks, Sir David
Englischer Dirigent, Chorleiter und Organist, geb. 30.12. 1919 Newquay.
Er ist zunächst Chorsänger der Westminster Abbey (1929–33), bevor er an das Clifton College, an das Royal College of Music und endlich an das King's

College in Cambridge geht und Orgel studiert. Nach seinem Militärdienst kehrt er ans King's College zurück (1945–47). 1947–50 ist er Organist an der Kathedrale von Salisbury und 1950–57 an der von Worcester. Dreimal leitet er die Three Festival Choirs (1951, 54, 57). 1952 leitet er die englische Erstaufführung von Maurice Duruflés und die Uraufführung von Julius Harrisons *Requiem*. 1950–57 ist er außerdem Chorleiter der Stadt Birmingham und 1956–74 der Bradford Festival Choral Society. 1957 kehrt er nach Cambridge zurück, wo er als Nachfolger von Boris Ord zum Hauptorganisten ernannt wird. Er leitet dort auch den Chor des King's College (1957–73), mit dem er Tourneen in die Vereinigten Staaten, nach Kanada und Afrika unternimmt. 1960 übernimmt er zusätzlich die Leitung des Londoner Bach-Chores, mit dem er verschiedene Werke von Fricker Matthias, Iain Hamilton und Michael Kelly zur Uraufführung bringt. 1963 dirigiert er an der Mailänder Scala und 1965 in Japan Benjamin Brittens *War Requiem* (Kriegs-Requiem). 1966–68 ist er Präsident des Royal College of Organists und 1974–84 Direktor des Royal College of Music.

Williams, John Christopher
Australischer Gitarrist, geb. 24.4.1942 Melbourne.
Als Siebenjähriger erhält er von seinem Vater, einem Gitarre-Lehrer, ersten Unterricht. 1952 zieht er mit seiner Familie nach London. Er lernt Andrés Segovia kennen, der ihn unterrichtet. 1954 erhält er an der Accademia Musicale Chigiana in Siena einen Preis. 1956–69 studiert er an der Royal Academy of Music in London Klavier, Harmonielehre und Geschichte der Musik. 1958 gibt er in der Londoner Wigmore Hall sein erstes Konzert. Seine internationale Karriere nimmt rasch einen steilen Aufschwung. 1960–73 ist er Professor am Royal College of Music. 1984–85 leitet er das South Bank Summer Music Festival in London und 1987 das Melbourne Arts Festival. Er bildet gerne außergewöhnliche Kammermusikgruppen, so mit Julian Bream, Rafael Puyana oder dem Paganini-Trio (Violine, Violoncello und Gitarre). Tore Takemitsu (*Konzert für Gitarre, Liebesoboe und Orchester*, 1984), Leo Brouwer (*Konzert für Gitarre und Orchester Nr. 4*, 1987), Stephen Dogson, John Duarte, André Previn, Peter Sculthorpe (*Nourlangie* für Gitarre und Orchester, 1989) und Federico Moreno Torroba schreiben für ihn. Er gründet das Ensemble The Height Below, mit dem er Jazz, Pop sowie klassische Musik spielt.

Winbergh, Gösta
Schwedischer Tenor, geb. 30.12.1943 Stockholm.
Er studiert an der Musikakademie seiner Heimatstadt bei Carl Martin Oehman, Hjördis Schymberg und Erik Saedén und geht dann an die Stockholmer Opernschule. Ein Jahr später debütiert er in Göteborg als Rodolfo (*La Bohème*, Puccini). 1973–80 gehört er dem Ensemble der Königlichen Oper Stockholm an und singt auch bei den Festspielen von Drottningholm (Ferrando, *Così fan tutte*, Mozart, David, *Die Meistersinger von Nürnberg*, Wagner). 1981 schließt er einen langfristigen Vertrag mit der Zürcher Oper. Gastspiele führen ihn nach Glyndebourne (Belmonte, *Die Entführung aus dem Serail*, Mozart), Stuttgart, Genf (*Salome*, R. Strauss, 1983), München, Hamburg, Paris, Covent Garden, Salzburg (Tamino, *Die Zauberflöte*, Mozart, 1984), Scala (Tamino, 1985) usw. Neben den Mozart-Rollen, mit denen er bekannt wird, singt er auch den Des Grieux (*Manon Lescaut*, Puccini), Lenski (*Eugen Onegin*, Tschaikowskij), Almaviva (*Il barbiere di Siviglia*, Der Barbier von Sevilla, Rossini) und Alfredo (*La Traviata*, Verdi) und widmet einen beträchtlichen Teil seiner Zeit dem Konzert; 1985 nimmt er vor Papst Johannes Paul II. in Rom an einer Aufführung von Wolfgang Amadeus Mozarts *Messe in c-moll* teil.

Windgassen, Wolfgang Fritz Hermann
Deutscher Tenor, geb. 26. 6. 1914 Annemasse, gest. 8. 9. 1974 Stuttgart.
Er studiert zunächst bei seinem Vater, dem Tenor Fritz Windgassen, und anschließend bei Maria Ranzow und Alfons Fischer. Nach seinem Debüt als Alvaro (*La forza del destino*, Die Macht des Schicksals, Verdi) 1941 in Pforzheim wird er 1945 Mitglied der Stuttgarter Oper, an der er regelmäßig die Heldentenorrollen interpretiert und wo er 1972 zum Operndirektor ernannt wird. 1951 debütiert er in Bayreuth und entwickelt sich dort zu einem der wichtigsten Sänger des »Neuen Bayreuth«; er interpretiert hier bis 1970 mit Ausnahme des Rienzi alle Tenor-Rollen Wagners (Rienzi singt er allerdings in Stuttgart). 1951 wird er zum Kammersänger ernannt. Als praktisch einziger Heldentenor seiner Generation interpretiert er den Siegfried (*Der Ring des Nibelungen*), Tristan (*Tristan und Isolde*) und Tannhäuser (alle Wagner) überall auf der Welt: an der Met (1954), am Covent Garden (1955), in Wien, Mailand, Paris usw. Neben den Wagner-Rollen glänzt er als Otello (Verdi), Don José (*Carmen*, Bizet), Kaiser (*Die Frau ohne Schatten*, R. Strauss), Eisenstein (*Die Fledermaus*, J. Strauß) und Florestan (*Fidelio*, Beethoven). Während seiner letzten Lebensjahre inszeniert er auch, vor allem als Operndirektor der Stuttgarter Oper (1972-74).

Winkelmann, Hermann (= Hermann Winckelmann)
Deutscher Tenor, geb. 8. 3. 1849 Braunschweig, gest. 18. 1. 1912 Mauer bei Wien.
Der Klavierbauer studiert in Hannover Gesang und debütiert 1875 in Sondershausen als Manrico (*Il trovatore*, Der Troubadour, Verdi). Anschließend geht er über Altenburg und Darmstadt nach Hamburg, wo er 1879 an der Uraufführung von Anton Rubinsteins *Nero* teilnimmt. 1882 debütiert er in Wien. Die Interpretationen der Titelrollen von *Lohengrin* und *Tannhäuser* (beide Wagner) unter Hans Richter lassen Richard Wagner auf ihn aufmerksam werden. So wirkt er am 26. 7. 1882 an der Uraufführung des *Parsifal* mit und singt bis 1891 regelmäßig in Bayreuth, unter anderem den Walther (*Die Meistersinger von Nürnberg*) und den Tannhäuser. Er verbreitet die Musik Richard Wagners in der ganzen Welt, so ab 1882 in London (wo er als erster die Rollen des Tristan, *Tristan und Isolde*, und Walther interpretiert) und ab 1884 in den Vereinigten Staaten; bis 1906 singt er regelmäßig an der Wiener Oper; auch hier hebt er den Tristan und den Otello (Verdi) aus der Taufe.

Winkler, Johannes
Deutscher Dirigent, geb. 6. 4. 1950 Radeberg, gest. 19. 6. 1989 Magdeburg.
Er studiert Klavier und singt ab seinem achten Lebensjahr im Dresdner Kreuzchor. Rudolf Mauersberger schlägt ihm vor, sich mit Orchesterleitung zu beschäftigen, die er an der Dresdner Hochschule für Musik bei Rudolf Neuhaus studiert. Gleichzeitig studiert er Klavier, Fagott und bei Karl-Rudi Griesbach Komposition. 1974-76 perfektioniert er sich bei Arvid Jansons am Konservatorium von Leningrad. Ab 1976 dirigiert er die meisten Orchester der ehemaligen DDR, vor allem die Dresdner Philharmoniker. 1983-85 ist er Musikdirektor des Mecklenburgischen Staatstheaters in Schwerin, bevor er in der gleichen Funktion an die Leipziger Oper geht (1985-89). 1983 zeichnet er für die Uraufführung von Jörg Herchets *Komposition für Orchester I/II*, 1987 für die von Wolfgang Strauß' *Symphonie Nr. 5* und 1989 für die von Ruth Zechlins *Kristallisation* verantwortlich. Ein Verkehrsunfall setzt seiner Karriere ein viel zu frühes Ende.

Winschermann, Helmut
Deutscher Oboist und Dirigent, geb. 22. 3. 1920 Mühlheim an der Ruhr.
Er studiert in Essen und Paris und beginnt als Oboist im Orchester von Oberhausen. 1945-51 ist er Solo-Oboist des

Rundfunkorchesters in Frankfurt. 1951 beginnt er an der Detmolder Musikakademie, Oboe zu unterrichten; 1956 wird er dort zum Professor ernannt. Mit Kurt Redel und Konrad Lechner gründet er das Ensemble Pro Arte, das 1954 in Collegium Instrumental Detmold umgetauft wird. Er spielt auch mit der Cappella Coloniensis sowie dem saarländischen und dem Stuttgarter Kammerorchester. 1960 gründet er die Deutschen Bachsolisten, mit denen er im In- und Ausland auftritt.

Wischniewskaja, Galina
Russische Sopranistin, geb. 25.10. 1926 Leningrad.
Ihre Eltern sterben während der Belagerung von Leningrad. Sie wird von ihrer Großmutter aufgezogen, einer leidenschaftlichen Opernliebhaberin, studiert Gesang und macht mit Operetten von Wolfgang Zeller erste Bühnenerfahrungen. Anschließend perfektioniert sie ihre Stimme bei der Sängerin Vera Garina, ihrer ersten wirklichen Lehrerin. 1953 singt sie in Moskau beim Bolschoi-Theater vor und wird sofort genommen. Sie singt zunächst kleinere Rollen, bis sie endlich die Tatjana (*Eugen Onegin*, Tschaikowskij) interpretieren darf, von der sie seit langem träumt. Sie wird schnell berühmt und interpretiert Cho-Cho-San (*Madame Butterfly*, Puccini), Cherubin (*Le nozze di Figaro*, Figaros Hochzeit, Mozart), Leonora (*La forza del destino*, Die Macht des Schicksals), Aida (beide Verdi) und Margarete (*Faust*, Gounod). 1962 debütiert sie an der Scala und 1963–64 am Covent Garden an der Seite von Jon Vickers und Giulietta Simionato. Zwanzig Jahre lang interpretiert sie am Bolschoi-Theater das große russische, italienische, französische und deutsche Repertoire. Sie hat einen Sinn für Operntradition, für Strenge und dramatische Kraft und zeichnet sich nicht nur in *Eugen Onegin*, sondern auch in *Lady Macbeth von Mzensk* (Schostakowitsch) aus, die sie verfilmt. Sie wirkt an der Uraufführung von Sergej S. Prokofjews *Woina i mir* (Krieg und Frieden) mit. Komponisten schreiben für sie, so Benjamin Britten (*The Poet's Echo*, Das Echo des Poeten) und Dmitri D. Schostakowitsch (*Satiren* op. 109 und *Sieben Romanzen* nach Gedichten von Alexander A. Blok). Sie heiratet Mstislav L. Rostropowitsch, der sie bei ihren Liederabenden begleitet. 1963 nimmt sie in London an der Uraufführung von Benjamin Brittens *The War Requiem* (Das Kriegs-Requiem) teil (die Sopran-Rolle ist für sie geschrieben). Ihre Freundschaft mit Alexander I. Solschenizyn macht ihr ein weiteres Auftreten in der Sowjetunion unmöglich.

1974 geht sie ins Exil. Sie gibt Liederabende, tritt 1976 in Edinburgh und 1978 in Paris auf, wo sie in einer Konzertversion unter Rostropowitsch die *Tosca* (Puccini) interpretiert. 1982 feiert sie in *Eugen Onegin* in Paris ihren Bühnenabschied. Sie zeichnet noch für weitere Uraufführungen verantwortlich: *Symphonie Nr. 14* (Schostakowitsch, 1969), *Un enfant appelle* (Ein Kind ruft, 1979) und *La Prison* (Das Gefängnis, 1983, beide Landowski), *Polnisches Requiem* (Penderecki, 1984). 1978 wird ihr wegen antisowjetischer Propaganda die sowjetische Staatsbürgerschaft entzogen; 1982 wird sie Schweizerin, bevor sie 1990 wieder die sowjetische Staatsbürgerschaft annimmt.

Wisłocki, Stanisław
Polnischer Dirigent, geb. 7.7. 1921 Rzeszów.
Er studiert am Konservatorium von Lwów bei Severyn Barbag und geht dann zu George Simonis und F. Mihail nach Bukarest (1939–45); 1942–45 perfektioniert er sich bei George Enescu. Damals ist er in der rumänischen Hauptstadt bereits als Pianist und Dirigent bekannt (Debüt 1940). 1940 kehrt er nach Polen zurück und gründet das Warschauer Kammerorchester. 1947 gründet er das philharmonische Orchester von Poznań (Posen), dessen künstlerischer Direktor er bis 1958 bleibt.

Ab 1948 unterrichtet er in Posen und 1955–58 am Warschauer Konservatorium. 1960–68 ist er als Dirigent an der Nationalphilharmonie in Warschau tätig und 1978–81 als künstlerischer Direktor des Symphonie-Orchesters des polnischen Rundfunks in Katowice (Kattowitz).

Wit, Antoni
Polnischer Dirigent, geb. 7. 2. 1944 Cracovie (Krakau).
Er studiert an der Musikhochschule seiner Heimatstadt bis 1967 bei Henryk Czyż Orchesterleitung und bei Krzysztof Penderecki Komposition. Anschließend perfektioniert er sich in Paris bei Nadia Boulanger und Pierre Dervaux. Bis 1969 studiert er gleichzeitig Jura. 1964 debütiert er in Krakau. 1967–69 ist er Assistent an der Nationalphilharmonie in Warschau und 1970–72 Dirigent des philharmonischen Orchesters in Poznań (Posen). Während dieser Zeit ist er regelmäßig Gast des Warschauer Großen Theaters. 1971 wird er beim Karajan-Wettbewerb in Berlin mit einem 2. Preis ausgezeichnet. 1973 perfektioniert er sich in Tanglewood bei Stanisław Skrowaczewski und Seiji Ozawa. 1974–77 ist er künstlerischer Leiter der Pommerschen Philharmonie in Bydgoszcz und geht dann in der gleichen Funktion zum Symphonie-Orchester des polnischen Rundfunks in Krakau (1977–83), bevor er 1983 die Leitung des Rundfunkorchesters in Katowice übernimmt. Er zeichnet für die Uraufführungen von Rolf Liebermanns *Cosmopolitan Greetings* (Kosmopolitische Grüße, 1989), Krzysztof Pendereckis *Lacrimosa* (1980) sowie zahlreicher Werke junger polnischer Komponisten verantwortlich.

Wittgenstein, Paul
Amerikanischer Pianist österreichischer Herkunft, geb. 5. 11. 1887 Wien, gest. 3. 3. 1961 Manhasset (N. Y.).
Der Enkel von Joseph Joachims ist Schüler von Theodor Leschetizky und Joseph Labor und debütiert 1913 in Wien. Nach dem Ausbruch des Ersten Weltkriegs muß er an die Front und verliert seinen rechten Arm. Trotzdem gibt er seinen Wunsch, Pianist zu werden, nicht auf, studiert das sehr begrenzte Repertoire für die linke Hand ein und bittet Komponisten um Werke. Schon in der Saison 1916–17 tritt er in Wien wieder auf. Ravel komponiert für ihn sein *Konzert für die linke Hand*, Richard Strauss widmet ihm *Parergon zur Symphonia domestica* op. 73 und *Panathenäenzug* op. 74, Franz Schmidt seine *Konzertanten Variationen für Klavier und Orchester über ein Thema von Beethoven*, Benjamin Britten seine *Diversions on a theme* (Ableitungen von einem Thema). Sergej S. Prokofjew schreibt für ihn und widmet ihm sein *Konzert für Klavier und Orchester Nr. 4*, doch dieser weigert sich, das Werk aufzuführen, behält aber die Partitur. Prokofjew schreibt eine zweite Version des Konzertes. Auch Paul Hindemith und Erich Korngold komponieren für ihn. 1931–38 ist er Professor für Klavier am Neuen Wiener Konservatorium. Nach einer ersten Tournee durch die Vereinigten Staaten 1934–35 läßt er sich 1938 in New York nieder und gründet die Schule für die linke Hand, für die er auch Unterrichtsmaterial herausgibt. 1940–45 unterrichtet er am Manhattanville College of the Sacred Heart.

Wittrisch, Hermann Marcel
Deutscher Tenor, geb. 1. 10. 1901 Antwerpen, gest. 3. 6. 1955 Stuttgart.
Er studiert in München und Leipzig und debütiert 1925 in Halle als Konrad (*Hans Heiling*, Marschner). Anschließend geht er über Braunschweig (1927–29) nach Berlin (1929–44), wo er 1934 zum Kammersänger ernannt wird, und später nach Stuttgart (1950–55). 1937 interpretiert er in Bayreuth den Lohengrin (Wagner). Gastspiele führen ihn nach Wien, Mailand, London, Buenos Aires und Rio de Janeiro. Er wirkt in vielen Filmoperetten mit, ist aber auch als bedeutender Tamino (*Die Zauber-

flöte, Mozart) Parsifal und Siegmund (*Der Schatz des Nibelungen*, beide Wagner) bekannt.

Wixell, Ingvar
Schwedischer Bariton, geb. 7.5. 1931 Luleå.
Er studiert an der Stockholmer Musikakademie bei Dagmar Gustafsson und debütiert 1952 in Gävle als Konzertsänger. Erst 1955 wendet er sich dem Bühnenfach zu und interpretiert am Rikstheater von Stockholm den Papageno (*Die Zauberflöte*, Mozart). Ein Jahr später wird er Ensemblemitglied der Königlichen Oper in Stockholm, 1967 debütiert er in Berlin und Chicago (Belcore, *L'elisir d'amore*, Der Liebestrank, Donizetti). Die Scala meldet sich, der Covent Garden und die Salzburger Festspiele (1966–69), bei denen er einen hinreißenden Pizarro (*Fidelio*, Beethoven) interpretiert. 1971 debütiert er in Bayreuth. In Hamburg singt er den Scarpia (*Tosca*, Puccini) und den Rigoletto (Verdi), den er 1973 auch an der Met interpretiert. 1988 feiert er am Covent Garden als Parsifal (Wagner) einen Triumph.

Wlach, Leopold
Österreichischer Klarinettist, geb. 9.9. 1902 Wien, gest. 7.5. 1956 daselbst.
Er studiert an der Musikhochschule seiner Heimatstadt (Abschluß 1923). Drei Jahre später unternimmt er mit einem Instrumentalensemble eine Weltreise. 1928 wird er Mitglied des Wiener Opernorchesters und der Wiener Philharmoniker, wo er schnell zum Solo-Klarinettisten aufsteigt. Er gehört zu den aktivsten Mitgliedern des Bläser-Ensembles der Wiener Philharmoniker, unterrichtet bis zu seinem Tod an der Wiener Musikakademie und bildet dort seine Nachfolger bei den Philharmonikern, Alfred Boskovsky (Studienjahr 1941) und Alfred Prinz (1955), aus. Er hält in der ganzen Welt master classes ab. Mit dem Pianisten Jörg Demus spielt er Kammermusik. In den 30er und 40er Jahren ist er besonders erfolgreich.

Wlassenko, Lew
Georgischer Pianist, geb. 24.12. 1928 Tiflis.
Zunächst erhält er Unterricht von seiner Mutter, bis er in die Klasse von Jakow W. Flijer am Moskauer Konservatorium eintritt. 1956 ist er Preisträger des internationalen Franz Liszt-Wettbewerbes in Budapest; zwei Jahre später erhält er beim Tschaikowskij-Wettbewerb in Moskau einen 2. Preis. Ab dieser Zeit kann er immer häufiger auch im westlichen Ausland auftreten, nachdem er in der Sowjetunion bereits viel Erfolg hatte. Als er am Moskauer Konservatorium zum Professor ernannt wird, schränkt er seine Konzerttätigkeit allerdings erheblich ein.

Wöss, Kurt
Österreichischer Dirigent, geb. 2.5. 1914 Linz, gest. 4.12. 1987 Dresden.
Er studiert in Wien bei Felix Weingartner Orchesterleitung und gleichzeitig an der Universität u.a. bei Egon Wellesz und Alfred Orel Musikwissenschaften. 1938 wird er an der Musikakademie zum Professor ernannt (bis 1948). Seine Karriere als Dirigent beginnt relativ spät: 1948–51 leitet er das Niederösterreichische Tonkünstlerorchester in Wien, 1951–54 das Symphonie-Orchester des NHK in Tokio und 1956–60 das Symphonie-Orchester von Melbourne sowie die australische Nationaloper. 1961 kehrt er in seine Heimat zurück und leitet die Linzer Oper; anschließend wird er dort zum Musikdirektor des Bruckner-Orchesters ernannt (1966–75). 1974 kehrt er als Musikdirektor der Fumiwara Opera und des philharmonischen Orchesters von Tokio nach Japan zurück. Er stirbt während der Proben an einer Bruckner-Symphonie mit den Dresdner Philharmonikern. Der bedeutende Interpret der Musik Anton Bruckners leitet die Uraufführung von Gottfried von Einems *Bruckner Dialog* (1974).
W: *Ratschläge zur Aufführung der Symphonien Anton Bruckners* (Linz 1974).

Wohlfarth, Erwin
Deutscher Tenor, geb. 13. 1. 1931 Nürnberg, gest. 28. 11. 1968 Hamburg.
Er studiert bei Willi Domgraf-Fassbaender am Konservatorium seiner Heimatstadt und debütiert 1956 als Adam (*Der Vogelhändler*, Zeller) in Aachen. Er gibt in Berlin, Moskau und Paris Gastspiele; 1960–61 nimmt er an den Salzburger Festspielen teil (*La finta semplice, Die Entführung aus dem Serail*, beide Mozart). Im gleichen Jahr noch wird er Mitglied der Hamburger Staatsoper. Gastspiele führen ihn nach Wien, Mailand und London. 1963–67 singt er in Bayreuth den Mimen (*Das Rheingold*), David (*Die Meistersänger von Nürnberg*), den Hirten (*Tannhäuser*, alle Wagner) sowie einige kleinere Rollen. Seine wichtigste Rolle, den Mimen, interpretiert er 1968 auch bei den Salzburger Osterfestspielen.

Wolff, Albert
Französischer Dirigent, geb. 19. 1. 1884, gest. 21. 2. 1970 Paris.
Er studiert am Pariser Konservatorium bei Paul-Antoine Vidal, André Gedalge sowie Xavier Leroux und wird mit 1. Preisen in Harmonielehre und Begleitung ausgezeichnet. Er debütiert als Pianist bei den Concerts-Rouge. 1907–11 ist er als Organist an der Kirche Saint-Thomas d'Aquin tätig, bevor er als Korrepetitor 1908 an die Opéra-Comique geht. Drei Jahre später wird er hier zum Kapellmeister ernannt. Er unternimmt mit dem Haus eine große Argentinientournee. Der Erste Weltkrieg unterbricht seine Karriere. 1919 fährt er nach New York, wo er an der Met zwei Spielzeiten lang das französische Repertoire dirigiert. Zurück in Paris, wird er als Musikdirektor der Opéra-Comique Nachfolger André Messagers (1922–24). Anschließend beschäftigt er sich in immer stärkerem Maße mit symphonischer Musik: 1925–28 ist er als 2. Dirigent der Concerts Pasdeloup, 1928–34 als 1. Dirigent der Concerts Lamoureux und 1934–70 als Präsident der Concerts Pasdeloup tätig. Der Ausbruch des Zweiten Weltkriegs überrascht ihn in Argentinien, wo er bis 1945 regelmäßig am Teatro Colón in Buenos Aires dirigiert. Nach seiner Rückkehr wird er Direktor der Opéra-Comique, bleibt aber nur eine Saison (1945–46). 1949 debütiert er an der Pariser Oper, wo er in der Folge regelmäßig zu Gastdirigaten eingeladen wird.
Albert Wolff war ein großer Förderer der zeitgenössischen französischen Musik: in New York hatte er 22 Werke französischer Komponisten zur Erstaufführung gebracht. Er zeichnet für folgende Uraufführungen verantwortlich: *Der 80. Psalm* und *Symphonie Nr. 4* von Albert Roussel, *La Brebis égarée* (Das verirrte Schäfchen) von Darius Milhaud, *Les Mamelles de Tiresias* (Die Brüste des Tiresias) von Francis Poulenc, *Madame Bovary* von Emmanuel Bondeville, *Symphonie Nr. 1* von Marcel Landowski und Werke von Louis Aubert, Pietro Coppola, Henri Rabaud, Jean Rivier, Florent Schmitt und Henri Tomasi. Als Komponist hinterläßt Albert Wolff ein nicht unbedeutendes Werk, bestehend aus einer Oper, einem Requiem, Instrumentalkonzerten und symphonischen Werken.

Wolff, Fritz
Deutscher Tenor, geb. 28. 10. 1894 München, gest. 18. 1. 1957 daselbst.
Er studiert bei Heinrich König in Würzburg und debütiert 1925 bei den Bayreuther Festspielen in der Rolle des Loge, den er dort bis 1941 regelmäßig interpretiert. 1925 singt er in Bayreuth außerdem den Hagen (beide *Der Ring des Nibelungen*, Wagner). 1928–43 gehört er der Berliner Oper an. Er glänzt als Parsifal, Stolzing (*Die Meistersinger von Nürnberg*), Melot (*Tristan und Isolde*), die er alle auch in Bayreuth interpretiert, und Lohengrin (alle Wagner). Während des Krieges gerät er in sowjetische Gefangenschaft. Fast blind kehrt er zurück und widmet sich ab 1946 bis zu seinem Tod pädagogischen Aufgaben.

Wood, Sir Henry Joseph
Englischer Dirigent, geb. 3.3. 1869 London, gest. 19. 8. 1944 Hitchin (Hertfordshire).
Seine Mutter erteilt ihm ersten Musikunterricht. Als Zehnjähriger spielt er bereits in der St. Mary Church Orgel. Drei Jahre später wird er in der St. John Church in Fulham zum Organisten ernannt. Ab 1886 studiert er an der Royal Academy of Music in London bei Ebenezer Prout Komposition und bei Manuel Patricio Garcas Gesang. 1888 unternimmt er mit der Arthur Ronsbey Opera Compagny eine Tournee. Anschließend wird er am Savoy Theatre zum Assistenten ernannt, bevor er am Cristal Palace Opern dirigiert. 1894 lernt er anläßlich der Wagner-Aufführungen in der Queen's Hall Felix Mottl kennen. Ein Jahr später wird er zum ersten Mal aufgefordert, die Promenade Concerts zu dirigieren. Bis 1944 stehen diese Sommerkonzerte, denen er internationales Renommee verschafft, im Mittelpunkt seiner Arbeit.
1899 gründet er das Nottingham City Orchestra. Im daraufolgenden Jahr übernimmt er die Leitung der Wolverhampton Festival Choral Society. 1901–02 dirigiert er das Orchester der Queen's Hall. 1902–11 leitet er die Festspiele von Sheffield. 1908 gründet er in Birmingham ein Orchester. So spielt er zu Beginn des Jahrhunderts im englischen Musikleben eine ausschlaggebende Rolle. Ab 1923 unterrichtet er an der Royal Academy of Music. Er macht das englische Publikum mit der jungen europäischen Musik vertraut und spielt Werke von Claude Debussy, Arnold Schönberg und Maurice Ravel, setzt sich aber auch für die zeitgenössische englische Musik ein. Er leitet die englischen Erstaufführungen von Gustav Mahlers *Symphonie Nr. 1, 4, 7, 8* sowie *Das Lied von der Erde* und 1912 die Uraufführung der Originalfassung von Arnold Schönbergs *Vier Stücken* op. 16. Unter den zahlreichen Werken englischer Komponisten, die er zur Uraufführung bringt, seien folgende erwähnt: *Symphonie Nr. 3* (Bax, 1930), *Konzert für Klavier und Orchester* (Britten, 1938), *Musikserenade* (Vaughan Williams, 1938, ihm gewidmet). Er war mit der russischen Sopranistin Olga Urusowa verheiratet.
WW: *The Gentle Art of Singing* (4 Bde, London 1927–28); *Handbook of Miniature Orchestral and Chamber Music Scores* (London 1937); *My Life of Music* (London 1938); *About Conducting* (London 1945).

Woodward, Roger
Australischer Pianist, geb. 20.12. 1944 Sydney.
Er studiert am Konservatorium von Sydney und an der Musikakademie in Warschau und widmet sich fast ausschließlich zeitgenössischer Musik. 1970 gewinnt er in den Niederlanden den internationalen Gaudeamus-Wettbewerb für zeitgenössische Musik. Er arbeitet mit zahlreichen Komponisten zusammen, von denen Jean Barraqué, Pierre Boulez, Sylvano Bussotti, John Cage, Krzysztof Penderecki, Karlheinz Stockhausen und Iannis Xenakis erwähnenswert sind. Xenakis widmet ihm *Mists* (1981) und *Keqrops* (1986).

Wührer, Friedrich
Österreichischer Pianist, geb. 29.6. 1900 Wien, gest. 27.12. 1975 Mannheim.
Er studiert an der Musikakademie Wien 1915–20 bei Franz Schmidt Klavier, bei Joseph Marx Theorie und bei Ferdinand Löwe Orchesterleitung. Gleichzeitig studiert er bis 1923 an der Universität Jura und Musikwissenschaften. In diesem Jahr beginnt seine Laufbahn als Konzertpianist und kurz darauf als gesuchter Pädagoge, zunächst an der Wiener Musikakademie, ab 1934 an der Musikhochschule Mannheim, 1936 in Kiel und am Mozarteum in Salzburg und 1955 endlich in München, nachdem er zwischenzeitlich wieder in Wien und Mannheim unterrichtet hatte. Erich Werba gehört zu seinen Schülern.
Er gehört verschiedenen musikalischen

Gesellschaften an, so der Max-Reger-, der Hans-Pfitzner- und der Franz-Schmidt-Gesellschaft, ist künstlerischer Direktor des Wiener akademischen Richard-Wagner-Vereins und ständiger Mitarbeiter des Mannheimer Mozart-Vereins. Er begeistert sich für die Wiener Musik und die Postromantik und setzt sich für die Werke Arnold Schönbergs, Anton Weberns, Alban Bergs, Béla Bartóks, Paul Hindemiths und Igor Strawinskys ein. Hans Pfitzner widmet ihm seine *Sechs Etüden* op. 51.
W: *Meisterwerke der Klaviermusik* (Wilhelmshaven 1965).

Wüllner, Franz
Deutscher Dirigent, geb. 28. 1. 1832 Münster, gest. 7. 9. 1902 Braunfels.
Er studiert Klavier und Komposition bei Karl Arnold und Anton Schindler; anschließend bildet er sich bei Christoph Keßler, Siegfried Dehn, Karl Friedrich Rungenhagen und August Grell weiter. Er lernt Johannes Brahms und Joseph Joachim kennen und debütiert 1852. 1856–58 ist er Professor am Münchner Konservatorium. Anschließend geht er als Musikdirektor nach Aachen (1858–64), bevor er in München zum Hofdirigenten ernannt wird (1864). Hier reorganisiert er 1867 die Hochschule für Musik, bevor er als Nachfolger Hans von Bülows 1869 die Leitung der Münchner Oper übernimmt. Im gleichen Jahr leitet er die Uraufführung vom *Rheingold* und ein Jahr später die der *Walküre* (beide Wagner). 1877 wird er in Dresden zum 1. Dirigenten und Leiter des Konservatoriums ernannt. 1882 wird er dort zudem Musikdirektor der Oper. 1883–84 dirigiert er mehrere Konzerte mit den jungen Berliner Philharmonikern. 1884 übernimmt er die Leitung des Kölner Konservatoriums und des dortigen Gürzenich-Orchesters. 1895 leitet er die Uraufführung von *Till Eulenspiegel* und *Don Quichotte* (beide R. Strauss). Die Karriere seines Sohnes, des Baritons Ludwig Wüllner (1858–1938), bleibt auf Deutschland beschränkt.

Wunderlich, Fritz
Deutscher Tenor, geb. 26. 9. 1930 Kusel, gest. 17. 9. 1966 Heidelberg.
Der Sohn eines Dirigenten und einer Violinistin studiert zunächst Horn und leitet (wie Julius Patzak) ein Tanzorchester, um sein Studium zu finanzieren, während er bei Margarete von Winterfeldt an der Musikhochschule in Freiburg/Br. seine Stimme ausbilden läßt.
Seine kurze Karriere zeichnet sich durch seine Verkörperung des Tamino (*Die Zauberflöte*, Mozart) aus. Mit dieser Rolle debütiert er 1955 in Stuttgart; in dieser Rolle tritt er auch zum letzten Mal auf, 1966 in Edinburgh (mit dem gleichen Ensemble). Er wird von der Frankfurter Oper (1958) und den Salzburger Festspielen eingeladen (Henry, *Die schweigsame Frau*, 1959, R. Strauss, und Tamino, 1960) und gehört ab 1960 dem Ensemble der Münchner Oper an. Zwei Jahre später schon wird er zum Kammersänger ernannt. Er studiert das italienische Repertoire ein und ist ständiger Gast der Wiener Oper, des Covent Garden und der Städtischen Oper Berlin. Auch das Festival von Aix-en-Provence, die Ansbacher Festspiele (hier interpretiert er den Evangelisten in Johann Sebastian Bachs *Matthäus-Passion*) und Florenz laden ihn ein. 1960 nimmt er in Stuttgart an der Uraufführung von Carl Orffs *Ödipus, der Tyrann* teil (er singt den Tiresias) und fünf Jahre später in München an der von Werner Egks Oper *Die Verlobung in San Domingo*. Hier nimmt er auch die Rolle des Palestrina (Pfitzner) auf, die von seinen berühmten Vorgängern Karl Erb und Julius Patzak bereits interpretiert worden war. Trotz seiner kurzen Karriere gilt Fritz Wunderlich aufgrund des großen Stimmumfangs und seines einmaligen Timbres als der bedeutendste deutsche lyrische Tenor seiner Generation.

Y

Yakar, Rachel
Französische Sopranistin, geb. 3. 3. 1936 Lyon.
Sie studiert am Konservatorium von Paris und ist vier Jahre lang Schülerin von Germaine Lubin. 1963 debütiert sie in Straßburg; 1964 wird sie Mitglied des Ensembles der Deutschen Oper am Rhein Düsseldorf-Duisburg, wo sie sich zunächst auf das barocke Repertoire spezialisiert (Bach, Cavalieri, Cavalli, Händel, Lully, Monteverdi, Purcell). Doch sie interpretiert auch Freia und Gerhilde (beide *Der Ring des Nibelungen*, Wagner, 1976, Bayreuth), die Mélisande (*Pelléas et Mélisande*, Debussy, 1976 Düsseldorf und 1978 Straßburg), die Marschallin (*Der Rosenkavalier*, R. Strauss, Glyndebourne) und Jenůfa (Janáček, 1981, Paris). Auch als Mozart-Sängerin wird sie bekannt: Elvira (*Don Giovanni*, München 1974, Glyndebourne 1977), die 1. Dame (*Die Zauberflöte*, Salzburg und Zürich, 1978), Konstanze (*Die Entführung aus dem Serail*, Zürich), Ilia (*Idomeneo*, Zürich) und Celia (*Lucio Silla*, Zürich). In Zürich wirkt sie auch an dem berühmten Monteverdi-Zyklus von Jean-Pierre Ponnelle und Nicolaus Harnoncourt mit (Poppea in *L'incoronazione di Poppea*). 1983 wirkt sie in Aix-en-Provence an einer Aufführung von *Hippolyte et Aricie* (Rameau) mit.

Yamada, Kazuo
Japanischer Dirigent, geb. 19. 10. 1912 Tokio, gest. 13. 8. 1991 Yokohama.
Er studiert 1930–34 an der Kunstuniversität und dem Konservatorium seiner Heimatstadt Komposition bei Klaus Pringsheim und Klavier bei L. Sirota und Paul Weingarten. Bei Joseph Rosenstock belegt er 1936 privat Dirigierkurse. 1937–38 arbeitet er am Symphonie-Orchester des NHK in Tokio als Chef-Assistent und 1938–51 als 1. Dirigent. Während dieser Zeit leitet er die japanischen Erstaufführungen von *Sacre du printemps* (Strawinsky) sowie der *Symphonie der Tausend* (Mahler) und verschiedener Werke Alban Bergs, Anton Weberns, Luigi Nonos und André Jolivets. Als Gast dirigiert er regelmäßig das Symphonie-Orchester von Tokio und die dortigen Philharmoniker. 1960–62 ist er Professor für Orchesterleitung an der Kunstuniversität von Tokio (wo Ken-Ichiro Kobayashi zu seinen Schülern gehört). 1972–76 ist er Musikdirektor des Symphonie-Orchesters von Kyoto, dessen musikalischer Berater er anschließend wird. Er nimmt einen wichtigen Platz im musikalischen Leben seiner Heimat ein, vor allem bei der Gründung neuer Orchester, und ist Präsident der japanischen Gustav-Mahler-Gesellschaft.

Yankoff, Ventislav
Französischer Pianist bulgarischer Herkunft, geb. 24. 3. 1924 Sofia.
Er studiert bis zum elften Lebensjahr am Konservatorium seiner Heimatstadt und geht dann nach Berlin zu Carl Adolf Martienssen. 1942 legt er sein Abschlußexamen ab. Anschließend perfektioniert er sich bei Wilhelm Kempff, Marguerite Long und Edwin Fischer. 1946 läßt er sich in Paris nieder. 1949 gewinnt er beim Marguerite-Long-Jacques-Thibaud-Wettbewerb den 1. Preis. Er macht rasch Karriere und beschäftigt sich hauptsächlich mit klassischen Werken. 1977 wird er am Pariser Konservatorium zum Professor ernannt.

Yasunaga, Toru
Japanischer Violinist, geb. 14. 11. 1951 Fukuoka.
Er beginnt als Siebenjähriger, Geige zu lernen. Ab 1963 wird er von Toshiya Etoh unterrichtet und schließt an der Musikakademie Toho mit einem Di-

plom ab. 1971 erhält er einen 1. Preis in Violine und bei der 40. All Japan Music Competition den Preis Leu Cadia. Er beginnt eine Karriere als Solist. 1977 kommt er nach Berlin, um sich bei Michael Schwalbé zu perfektionieren. 1977 wird er Mitglied der Berliner Philharmoniker, wo er schon bald die Stelle eines 1. Konzertmeisters übernimmt.

Yepes, Narciso
Spanischer Gitarrist, geb. 14. 11. 1927 Lorca (Murcia).
Es ist vier Jahre alt, als sein Vater ihm auf einem Jahrmarkt eine Gitarre kauft. 1933 erhält er auf einer »richtigen« Gitarre ersten Unterricht. 1940 tritt er in das Konservatorium von Valencia ein, wo er 1943 in die Klasse des Pianisten Vicente Asenio wechselt. Er fällt dem Dirigenten Ataulfo Argenta auf, der ihn 1946 nach Madrid einlädt. Ein Jahr später gibt der junge Gitarrist unter seiner Leitung sein erstes Konzert. 1950 geht er nach Paris und studiert bei George Enescu und Walter Gieseking. 1952 schreibt er die Musik zu René Cléments Film *Jeux interdits*. 1955 nimmt er als erster Joaquìn Rodrigos *Concierto de Aranjuez* auf Schallplatte auf.
1964 läßt er sich eine zehnsaitige Gitarre bauen, auf der er ab dieser Zeit alle Konzerte gibt. Er beschäftigt sich mit vielen in Vergessenheit geratenen Kompositionen für sein Instrument, spielt aber auch zeitgenössische Musik. Verschiedene Werke sind ihm gewidmet, so die Gitarrenkonzerte von Maurice Ohana (1962), Lleonardo Balada und Jean Françaix (1984), die *Hommage à la Seguédille* von Federico Moreno Torroba und die *Symphonie concertante* von Ernesto Halffter.

Yordanoff, Luben
Monegassischer Violinist bulgarischer Herkunft, geb. 6. 12. 1926 Sofia.
Er beginnt mit dem Studium in Sofia und geht 1946 nach Paris, wo er am Konservatorium studiert und mit 1. Preisen in Violine (Klasse von René Benedetti) und Kammermusik (Klasse von Pierre Pasquier) abschließt. 1951 und 1955 wird er beim Brüsseler Concours Reine Elisabeth mit 1. Preisen ausgezeichnet. Seine Solistenlaufbahn führt ihn um die Welt. 1958–67 ist er Konzertmeister des Nationalorchesters der Oper von Monte Carlo. 1967 geht er in der gleichen Funktion zum eben gegründeten Orchestre de Paris (bis 1991). Auch dem Domaine Musical gehört er seit dessen Gründung an.
Wir verdanken ihm folgende Uraufführungen: *Konzert für Violine und Orchester* von André Jolivet und *Concerto royal* von Darius Milhaud. Seit 1978 unterrichtet er am Pariser Konservatorium Kammermusik.

Yo-Yo Ma
siehe **Ma, Yo-Yo**

Ysaÿe, Eugène Auguste
Belgischer Violinist, Dirigent und Komponist, geb. 16. 7. 1858 Lüttich, gest. 12. 5. 1931 Brüssel.
Der Sohn eines Violinisten am Königlichen Theater von Lüttich erhält 1865–68 von Désiré Heynberg am Konservatorium seiner Heimatstadt ersten Violinunterricht; 1872–74 studiert er am gleichen Institut bei Rodolphe und Léon Massard. 1873 ist er Schüler von Henryk Wieniawski und 1876–79 in Paris von Henri Vieuxtemps. 1879–82 ist er Konzertmeister des Bilse-Orchesters in Berlin und lernt während dieser Zeit die Spitzen des damaligen Musiklebens kennen. Anton Rubinstein nimmt ihn auf Tournee mit nach Skandinavien und Rußland, für den jungen Ysaÿe ein wichtiges Element seiner musikalischen Ausbildung. Nach seiner Rückkehr 1883 läßt er sich in Paris nieder und befreundet sich mit den großen, damals in der französischen Hauptstadt lebenden Komponisten (Franck, d'Indy, Chausson, Fauré...), die für ihn schreiben und für die er sich unermüdlich einsetzt. 1886 wird er am Brüsseler Konservatorium zum Professor ernannt (bis 1898). Im gleichen Jahr gründet er mit Mathieu Crickboom, Léon van Hout und

Joseph Jacob das Ysaÿe-Quartett. Mit Raoul Pugno spielt er Sonaten.

1894 unternimmt er eine erste Tournee durch die Vereinigten Staaten, bei der er das Angebot, die Leitung der New Yorker Philharmoniker zu übernehmen, ausschlägt. Nach seiner Rückkehr gründet er 1895 in Brüssel das Orchestre des Concerts Ysaÿe, das sich schon bald zum Mittelpunkt des Musiklebens in der belgischen Hauptstadt entwickelt. Die Tourneen häufen sich, und die Arbeit als Dirigent nimmt einen immer größer werdenden Teil seiner Zeit in Beschlag. 1918 übernimmt er die Leitung des Symphonie-Orchesters von Cincinnatti und unterrichtet am Konservatorium dieser Stadt. 1922 kehrt er wieder nach Europa zurück und wird zum Hofkapellmeister und musikalischen Berater von Königin Elisabeth ernannt. Schmerzen in der rechten Hand und die Amputation des rechten Fußes zwingen ihn, seine Laufbahn als Konzertmusiker aufzugeben. Nur Pablo Casals gelingt es, ihn 1927 aus Anlaß des 100. Todestags Ludwig van Beethovens noch einmal zu einem Auftritt in der Öffentlichkeit zu bewegen. Ansonsten widmet er sich der Komposition sowie pädagogischen Aufgaben. Der Erbe einer großen Instrumentalistentradition hat es verstanden, auch den Erfordernissen seiner Zeit zu entsprechen und mit dem Exzeß romantischen Violinspiels zu brechen. Seine Schüler haben seine Lehren verbreitet, vor allem Louis Persinger, der erste Lehrer Yehudi Menuhins, Mathieu Crickboom, Gabriel Bouillon und Joseph Gingold. Jacques Thibaud, Nathan Milstein, Fritz Kreisler und William Primrose sind von ihm geprägt worden, ohne im eigentlichen Sinn seine Schüler gewesen zu sein.

Ysaÿe wurden zahlreiche Partituren gewidmet, die er uraufführte, darunter die *Sonate für Violine und Klavier* von César Franck (1886) und die von Guillaume Lekeu, das *Konzert für Violine und Orchester* sowie *Poème* (Gedicht) von Ernest Chausson, das *Streichquartett* von Claude Debussy (1893), das *Quintett Nr. 1* für Klavier und Streicher von Gabriel Fauré (1906), die *Sonate für Violine und Klavier* von Albéric Magnard (1902) sowie Werke von Ferruccio Busoni, Fritz Kreisler und Sylvio Lazzari.

Als Komponist schrieb er hauptsächlich für sein Instrument. Er spielte zunächst auf einer Guadagnini und erwarb dann eine Guarneri del Gesù, die sich heute im Besitz von Isaac Stern befindet, und eine Stradivari, die *Herkules* (1732), die ihm in Petersburg 1908 gestohlen wurde und nie wieder auftauchte.

Zabaleta, Nicanor
Spanischer Harfenist, geb. 7. 1. 1907 San Sebastian.
Sein Vater, der Maler Pedro Zabaleta, schenkt ihm zu seinem siebten Geburtstag eine kleine Harfe. Er studiert zunächst am Konservatorium seiner Heimatstadt, geht dann nach Madrid und schließlich 1923 nach Paris. Von Marcel Tournier gefördert, studiert er hier auch bei Eugène Cools und Samuel Rousseau Komposition und Orchesterleitung. Nachdem er mehrere Jahre als Harfenist in Bilbao verbracht hatte, unternimmt er 1933 eine erfolgreiche Tournee durch die Vereinigten Staaten und Lateinamerika. Schnell wächst sein Ruf. 1959–62 leitet er an der Accademia Musicale Chigiana in Siena eine Meisterklasse. Dieser große Instrumentalist trägt erheblich zur Erweiterung des Repertoires seines Instruments bei: er entdeckt in Bibliotheken vergessene Werke spanischer Komponisten des 16. und 17. Jahrhunderts, komponiert Arrangements und regt Komponisten dazu an, für sein Instrument zu schreiben. Unter den vielen Uraufführungen sind folgende besonders erwähnenswert: die Harfenkonzerte von Jean-Michel Damasse (1951), Darius Milhaud (1954), Heitor Villa-Lobos (1954), Joaquín Rodrigo (1955) und Alberto Ginastera (1965), die Harfensonaten von Peggy Glanville-Hicks (1951), Germaine Tailleferre (1953), Alan Hovhaness (1955) und Ernst Krenek (1956), die *Partita* von Salvador Bacarisse (1956), das *Capriccio für Harfe und Streichorchester* von Walter Piston und das *Concertino »Autumn«* (Herbst-Concertino) von Virgil Thomson (1964). Er spielt auf einer nach seinen Anweisungen von Joseph Obermayer konstruierten Harfe.

Zacharias, Christian
Deutscher Pianist, geb. 27. 4. 1950 Jamshedpur (Indien).
Er beginnt als Siebenjähriger mit dem Klavier-Unterricht. 1960–68 studiert er bei der emigrierten Russin Irene Slawin an der Karlsruher Musikhochschule. 1969 erhält er beim internationalen Genfer Wettbewerb den 2. Preis. Ein Jahr später geht er nach Paris, wo er sich drei Jahre lang bei Vlado Perlemuter privat perfektioniert. 1973 gewinnt er den van-Cliburn-Wettbewerb und zwei Jahre später in Paris den Maurice-Ravel-Wettbewerb. Seine Karriere entwickelt sich schnell; mit dem Violinisten Ulf Hoelscher und dem Cellisten Heinrich Schiff bildet er ein Klavier-Trio.

Zacher, Gerd
Deutscher Organist, geb. 6. 7. 1929 Meppen (Emsland).
Er studiert in Detmold bei Günter Bialas, Hans Heintze, Michael Schneider und Kurt Thomas, geht dann nach Hamburg, wo er bei Theodor Kaufmann Klavier und Komposition studiert, und besucht die Sommerkurse Olivier Messiaens in Darmstadt.
Eine erste Stelle als Kantor und Organist führt ihn 1954 an die deutsche Kirche in Santiago de Chile; in dieser Stadt debütiert er auch als Pianist wie als Dirigent. 1957 kehrt er nach Deutschland zurück und wird Kantor und Organist der Luther-Kirche in Hamburg-Wellingsbüttel (bis 1970). Anschließend geht er als Professor an die Folkwang-Hochschule nach Essen, wo er das Institut für Kirchenmusik leitet. Gleichzeitig ist er als Organist an der Immanuel-Kirche in Wuppertal tätig. Vor allem auf dem Gebiet der zeitgenössischen Musik zeichnet er sich aus. Zu den wichtigen Uraufführungen, die wir ihm verdanken, zählen *Variationen III* (Cage, 1963), *Vagas animula* (Englert, 1969),

Intersektion 3 (Feldmann, 1953), *Interferenzen* (Hambraeus, 1962), *Improvisation* (Kagel, 1962), *Volumina* (Ligeti, 1962) sowie Kompositionen von Juan Allende-Blin, Dieter Schnebel, Dieter Schönbach und Isang Yun.
Sein Repertoire umfaßt nicht nur zeitgenössische Werke oder die Klassiker des 20. Jahrhunderts wie Charles Ives, Arnold Schönberg und Olivier Messiaen, sondern auch selten gespielte Werke von Komponisten des 16. Jahrhunderts wie Antonio de Cabezon und Alessandro Frescobaldi und Kompositionen von Johann Sebastian Bach, Franz Liszt und Johannes Brahms.
Als Komponist bevorzugt er die serielle Schreibweise. Auch bei Gottesdiensten scheut er nicht davor zurück, zeitgenössische Werke zu spielen.

Zagrosek, Lothar
Deutscher Dirigent, geb. 13. 11. 1942 Waging.
Er stammt aus einer Musikerfamilie und wird als Kind Mitglied der Regensburger Domspatzen. 1955–56 holt ihn Georg Solti für Aufführungen der *Zauberflöte* (Mozart) nach Salzburg. Er studiert in Wien bei Hans Swarowsky Orchesterleitung und geht dann nach München und Salzburg. Er ist nacheinander in Salzburg, Kiel und Darmstadt Kapellmeister und wird bei den Wettbewerben in Rom, Mailand und Kopenhagen ausgezeichnet, bevor er 1972 in Solingen zum Generalmusikdirektor ernannt wird. 1977 geht er in der gleichen Funktion nach Mönchengladbach, wo er während seiner fünfjährigen Arbeit einen Wagner- und einen Mozart-Zyklus dirigiert. 1982–87 ist er in Wien Chefdirigent des Symphonie-Orchesters des Österreichischen Rundfunks und 1986–89 Musikdirektor der Pariser Oper. 1990 wird er zum 1. Kapellmeister der Leipziger Oper ernannt. Er setzt sich an der Spitze der London Sinfonietta, zu deren ständigen Gastdirigenten er zählt, in besonderem Maß für die zeitgenössische Musik ein.
Zu den von ihm verantworteten Uraufführungen zählen: *Geburt des Tanzes* von Frank Michael Beyer (1989), *Lightness and Weight* (Helle und Gewicht) von Jonathan Harvey (1987), *Salammbô* von Josef Matthias Hauer (1983), *Der Meister und Margarita* von York Höller (1989), *Überstehen und Hoffen* von Wilhelm Killmayer (1978), *Symeon, der Stylit* von Ernst Krenek (1988), *Symphonie Nr. 2* von Jonathan Lloyd (1988), *Dies* (1986) und *Die Eroberung von Mexiko* (1989) von Wolfgang Rihm, *Markus-Passion* von Robert Schollum (1983), *Lieder auf der Flucht* von Manfred Trojahn (1989) sowie *Muak* (1978) und *Kammersinfonie II* (1989) von Isang Yun.

Zallinger, Meinhard von
Österreichischer Dirigent, geb. 25. 2. 1897 Wien, gest. 24. 9. 1990 Salzburg.
Er studiert in Innsbruck am Konservatorium sowie an der Universität Jura und am Salzburger Mozarteum und beginnt seine Laufbahn als Dirigent des Mozarteum-Orchesters (1920–22). Über München (1926–29) geht er als Kapellmeister nach Köln (1929–35) und wieder zurück nach München (1935–44), wird Generalmusikdirektor des Orchesters von Duisburg, das damals in Prag beheimatet ist, und geht dann als Musikdirektor zunächst an das Landestheater Salzburg (1947–49) und anschließend über Graz (1949–50) an die Wiener Volksoper (1950–53). 1953–56 ist er Generalmusikdirektor der Komischen Oper in Ost-Berlin. Anschließend geht er als Staatskapellmeister ein drittes Mal nach München (1956–73). Gleichzeitig leitet er die Sommerakademie des Mozarteums in Salzburg (1956–68).

Zanelli, Renato (= Renato Morales)
Chilenischer Bariton und Tenor, geb. 1. 4. 1892 Valparaiso (Chile), gest. 25. 3. 1935 Santiago de Chile.
Sein jüngster Bruder machte unter dem Namen Carlo Morelli eine beachtenswerte Karriere als Bariton. Er selbst wächst in der Schweiz und in Italien in

Internaten auf, bevor er 1915 in Santiago de Chile bei Angelo Querez Gesang studiert. Ein Jahr später debütiert er bereits an der dortigen Oper in der Rolle des Valentin (*Faust*, Gounod). Nach ersten Erfolgen auf dieser Bühne gibt er Gastspiele in Montevideo und wird schließlich 1918 von Andrea de Segurola entdeckt, der ihn nach Nordamerika einlädt. 1919 debütiert er als Amonasro (*Aida*, Verdi) an der Met. Bis 1923 gehört er dem Haus an; gleichzeitig tritt er bei der Sommeroper von Ravinia in der Nähe von Chicago und 1922 bei der Scotti Opera Company auf. Anschließend geht er nach Mailand und studiert bei Dante Lari und Fernando Tanara; er wechselt die Stimmlage und läßt sich zum Tenor ausbilden. 1924 findet sein zweites Debüt am Teatro San Carlo in Neapel in der Rolle des Raoul (*Les Huguenots*, Die Hugenotten, Meyerbeer) statt. Auch in seiner neuen Stimmlage wird er auf Anhieb gefeiert, vor allem in der Titelrolle des *Otello* (Verdi, u. a. 1928, Covent Garden). 1927 interpretiert er in Parma den *Lohengrin* (Wagner). Er wird regelmäßig von der Mailänder Scala, dem Teatro Costanzi in Rom, dem Teatro Colón in Buenos Aires und der Oper von Santiago eingeladen. 1934 führt er trotz schwerer Krankheit eine Nordamerika-Tournee durch. Ein Jahr darauf tritt er kurz vor seinem Tod ein letztes Mal an der Oper von Santiago de Chile auf. Renato Zanelli ist ein Sonderfall in der Operngeschichte, in die er als brillanter Bariton wie auch als brillanter Tenor eingegangen ist.

Zanotelli, Hans
Deutscher Dirigent, geb. 23. 8. 1927 Wuppertal.
Er studiert in Köln und debütiert 1945 als Korrepetitor in Solingen. 1950–51 ist er als Kapellmeister in Wuppertal, 1951–54 in Düsseldorf, 1954–55 in Bonn und 1955–57 in Hamburg tätig. Anschließend wird er in Darmstadt (1957–63) und Augsburg (1963–72) Generalmusikdirektor. 1964–67 ist er gleichzeitig ständiger Gastdirigent der Dresdner sowie 1968–71 der Münchner und Stuttgarter Oper. 1971–85 ist er Musikdirektor der Stuttgarter Philharmoniker, bevor er als Generalmusikdirektor nach Kiel geht (1985–87).

Zecchi, Carlo
Italienischer Pianist und Dirigent, geb. 8. 7. 1903 Rom, gest. 1. 9. 1984 Salzburg.
Er studiert bei Francesco Bajardi Klavier und bei Giacomo Settacioli, Alessandro Bustini und Licinio Refice Komposition und perfektioniert sich 1923 bei Ferruccio Busoni und Artur Schnabel in Berlin. Dabei ist er zu dieser Zeit für seiner Interpretationen der Sonaten von Domenico Scarlatti, der Konzerte Wolfgang Amadeus Mozarts, der Werke Frédéric Chopins, Robert Schumanns, Franz Liszts und Claude Debussys bereits berühmt. 1928 beginnt er, bei Hans Münch und Carlo Luigi Guarnieri Orchesterleitung zu studieren und gibt seine Laufbahn als Konzertpianist auf. Mit dem Cellisten Enrico Mainardi allerdings spielt er weiterhin Kammermusik, und das Wiener Kammerorchester, das er 1964–76 leitet, dirigiert er teilweise auch vom Flügel aus. Jeden Sommer hält er seit 1948 an der Accademia Nazionale di Santa Cecilia in Rom und an der Salzburger Sommerakademie Meisterklassen ab.

Zedda, Alberto
Italienischer Dirigent, geb. 2. 1. 1928 Mailand.
Er studiert am Konservatorium seiner Heimatstadt bei Alceo Galliera Orgel, bei R. Fait Komposition und bei Antonio Votto sowie bei Carlo Maria Giulini Orchesterleitung. In Cremona hört er Vorlesungen zur Musikpaläographie. Er debütiert 1956. 1957–59 leitet er das Symphonie-Orchester des Oberlin College in Cincinnati, wo er auch unterrichtet. 1961–63 verbringt er als Kapellmeister an der Deutschen Oper Berlin. Anschließend arbeitet er als Gastdirigent mit den wichtigsten italienischen

und amerikanischen Bühnen, so mit der New York City Opera. Ab Mitte der 60er Jahre beschäftigt er sich in erster Linie mit musikwissenschaftlichen Forschungen und gibt bei Ricordi eine kritische Neuausgabe der Opern von Gioacchino Rossini heraus. Bis 1980 ist er als Musikdirektor des Symphonie-Orchesters von San Remo tätig.

Zednik, Heinz
Österreichischer Tenor, geb. 21. 2. 1940 Wien.
Er studiert bei Maria Wissmann privat und gleichzeitig am Wiener Konservatorium bei Klein und Karl Hudez Gesang. 1964 debütiert er am Stadttheater von Graz als Trabuco (*La forza del destino*, Die Macht des Schicksals, Verdi). Von Graz aus geht er an die Wiener Staatsoper. Gastspiele führen ihn an die bedeutendsten internationalen Bühnen. Ab 1970 singt er in Bayreuth (David, *Die Meistersinger von Nürnberg*, Wagner, und verschiedene kleinere Rollen); doch dann kommen der Mime und der Loge (beide *Der Ring des Nibelungen*, Wagner), zwei Glanzrollen, in denen er zu den besten seiner Generation zählt. 1981 debütiert er an der Met und 1983 bei den Salzburger Festspielen (Valzacchi, *Der Rosenkavalier*, R. Strauss). 1976 nimmt er in Wien an der Uraufführung von Gottfried von Einems *Kabale und Liebe* und 1984 in Salzburg an der von Luciano Berios *Un re in ascolta* teil. Nicht zuletzt seine schauspielerische Begabung ist bemerkenswert.

Zehetmair, Thomas
Österreichischer Violinist, geb. 23. 11. 1961 Salzburg.
Seine Eltern, beide Geiger, geben dem Fünfjährigen ersten Unterricht, bevor er am Mozarteum bei seinem Vater Helmut Zehetmair und bei Franz Samohyl Violine studiert. Während er eine Karriere als Wunderkind beginnt, studiert er gleichzeitig Komposition. Er perfektioniert sich ab 1981 bei Max Rostal, Nathan Milstein und Nicolaus Harnoncourt. 1975 gewinnt er beim Wettbewerb »Jugend musiziert« und 1978 beim internationalen Mozart-Wettbewerb je einen 1. Preis. Im darauffolgenden Jahr debütiert er im Wiener Musikverein. Seine internationale Karriere entwickelt sich rasch. Er tritt regelmäßig bei den Salzburger Festspielen auf und spielt, selbst dirigierend, die Violinkonzerte Josef und Michael Haydns und Wolfgang Amadeus Mozarts, für die er eigene Kadenzen schreibt. Sein Repertoire enthält auch zeitgenössische Werke, die für ihn geschrieben wurden. Er spielt auf einer Johannes Baptista Guadagnini aus dem Jahre 1751. 1989 zeichnet er für die Uraufführungen von Karl Amadeus Hartmanns *Sonaten für Violine solo Nr. 1 und 2* verantwortlich.

Zeitlin, Zvi
Amerikanischer Violinist russischer Herkunft, geb. 21. 2. 1923 Dubrowna (Gouvernement Mogilew).
Er studiert an der Juilliard School of Music in New York bei Leopold Jacobson, Louis Persinger und Ivan Galamian und an der Universität von Jerusalem. 1939 debütiert er mit dem Symphonie-Orchester von Palästina. 1951 gibt er in New York sein erstes Konzert auf amerikanischem Boden. Er unterrichtet an der Eastman School of Music in Rochester, an der Academy of Santa Barbara und der University of Rochester (1975). Paul Ben Haim widmet ihm sein *Konzert für Violine und Orchester*, dessen Uraufführung er 1962 verwirklicht. Er setzt sich für sonst selten gespielte Werke von Pietro Nardini (von dem er sechs Violinkonzerte herausgibt), George Rochberg und Arnold Schönberg ein. Er spielt auf einer Stradivari aus dem Jahre 1734, der *Conte Doria*. Mit dem Pianisten Barry Snyder und dem Cellisten Robert Sylvester zusammen gründet er das Eastman Trio.

Zeltser, Mark
Russischer Pianist, geb. 3. 4. 1947 Kischinjow.
Er stammt aus einer Musikerfamilie (sein Großvater, Violinist und Dirigent,

war ein Freund Jascha Heifetz' und dirigierte Konzerte mit Fjodor I. Schaljapin in Paris und Berlin). Seine Mutter, eine Pianistin und Sängerin, die am Konservatorium seiner Heimatstadt lehrt, erteilt ihm ersten Unterricht. Als Neunjähriger debütiert er mit viel Erfolg in Kischinjow. Jakow W. Flijer holt ihn zu sich an das Moskauer Konservatorium. Er gewinnt unter anderem den Marguerite-Long-Jacques-Thibaud- und den Ferruccio-Busoni-Wettbewerb. 1971 verläßt er das Konservatorium und unternimmt seine erste Tournee. 1976 läßt er sich mit seiner Familie in den Vereinigten Staaten nieder, nachdem die sowjetischen Behörden ihm das Ausreisevisum erteilt hatten. 1977 springt er während der Salzburger Festspiele bei einem Konzert unter der Leitung von Herbert von Karajan für Martha Argerich ein. Das Jahr 1979 verbringt er in Berlin, wo Karajan ihn zu sämtlichen Abonnement-Konzerten einlädt. Ein Jahr später spielt er zum ersten Mal mit den New Yorker Philharmonikern.

Zenatello, Giovanni
Italienischer Tenor, geb. 22. 2. 1876 Verona, gest. 11. 2. 1949 New York.
Er studiert in seiner Heimatstadt und debütiert als Tonio in *I pagliacci* (Der Bajazzo, Leoncavallo). Kurz darauf singt er den Canio (*I pagliacci*) und entwickelt sich rasch zu einem der gefeiertsten italienischen und südamerikanischen Tenöre (Debüt an der Scala 1903 in *La Damnation de Faust*, Fausts Verdammung, Berlioz). Über zwanzig Jahre lang ist er einer der großen internationalen Sängerstars. Er interpretiert seine Paraderolle, Otello (Verdi), über fünfhundert Mal. Auch in *Carmen* (Bizet), *Un ballo in maschera* (Ein Maskenball, Verdi), *Les Huguenots* (Die Hugenotten, Meyerbeer), *Andrea Chenier* (Giordano) und *Aida* (Verdi) zeichnet er sich aus. Bei der Uraufführung von *Madame Butterfly* (Puccini) am 17. 2. 1904 interpretiert er die Rolle des Linkerton. Er wirkt auch an den Uraufführungen von *La figlia di Jorio* (Jorios Tochter, Franchetti), *Siberia* (Sibirien, Giordano) und *Gloria* (Cilea) mit. Die Krankheit zwingt ihn zu einem frühen Rücktritt von der aktiven Laufbahn. Er widmet sich bis ans Ende seines Lebens pädagogischen Aufgaben. Zu seinen bekanntesten Schülern gehören Lily Pons und Nino Martini. Die Wirkung seiner Tenor-Stimme beruhte darauf, daß er die Bariton-Färbung seiner ursprünglichen Stimmlage weitgehend beibehalten hatte. Er war einer der ersten, der Schallplatten aufnahm, heute gesuchte Raritäten.

Zender, Hans
Deutscher Dirigent und Komponist, geb. 22. 11. 1936 Wiesbaden.
Er studiert 1956–59 an der Musikhochschule in Frankfurt und geht dann nach Freiburg/Br. (1959–63), wo er Klavier, Komposition und Orchesterleitung belegt; zu seinen Lehrern zählen Edith Picht-Axenfeld und Wolfgang Fortner. 1959 beginnt er an den Freiburger Städtischen Bühnen zunächst als Korrepetitor; schon bald steigt er zum Kapellmeister auf. 1963–64 geht er als Stipendiat der Villa Massimo nach Rom zu Bernd Alois Zimmermann. Nach seiner Rückkehr wird er 1. Kapellmeister in Bonn (1964–68) und Generalmusikdirektor in Kiel (1969–72). 1972–84 verbringt er als Chefdirigent des Symphonie-Orchesters des Saarländischen Rundfunks in Saarbrücken. Anschließend ist er als Generalmusikdirektor in Hamburg tätig (1984–86), bevor er 1987 die Leitung des Kammerorchesters des niederländischen Rundfunks in Hilversum übernimmt. Auch international ist er erfolgreich; er gilt als einer der herausragendsten deutschen Interpreten zeitgenössischer Musik. 1975 leitet er die Aufführungen des *Parsifal* (Wagner) in Bayreuth; ab 1976 verbindet ihn ein Gastvertrag mit der Hamburger Oper. Als Komponist ist er stark von Pierre Boulez beeinflußt; er komponiert für alle Bereiche der Musik. 1988 wird er an der Musikhochschule Frankfurt/M. zum Professor für Komposition ernannt.

Wir verdanken ihm Uraufführungen u. a. folgender Komponisten: Carlos Roqué Alsina (*Suite indirecte*, 1989), Gilbert Amy (*Refrains*, 1972), Hans Jürgen von Bose (*Die Leiden des jungen Werther*, 1986), Earle Brown (*Time Spans*, Zeitspannen, 1972), Aldo Clementi (*Elegia*, 1981), Franco Donatoni (*To Earle Two*, Für Earle Zwei), Wolfgang Fortner (*Machaut Balladen*, 1973), York Höller (*Magische Klanggestalt*, 1986), Heinz Holliger (*Der magische Tänzer*, 1970), Klaus Huber (*Die Enge des Marktes – Implosion – Stäubchen von Licht*, 1986), Mauricio Kagel (*Ein Brief*, 1986), Henri Pousseur (*Nacht der Nächte*, 1985), Aribert Reimann (*Wolkenloses Christfest*, 1974), Wolfgang Rihm (*Elegia; Abgesangsszene*, 1983; *Sinfonie-Stücke*, 1985), Dieter Schnebel (*Compositio*, 1971; *Webern-Variationen*, 1973), Toru Takemitsū (*Gémeaux*, Zwillinge, 1972), Isang Yun (*Geisterliebe*, 1971; *Ouvertüre*, 1973; *Symphonie Nr. 5*, 1987; *Impression für kleines Orchester*, 1987).

Ziegler, Klaus Martin
Deutscher Chorleiter und Organist, geb. 23. 2. 1929 Freiburg/Br.
Er studiert in Karlsruhe bei Gerhard Nestler und in Heidelberg bei Wolfgang Fortner und Hermann Meinhard Poppen sowie privat bei Siegfried Reda Orchesterleitung und Kirchenmusik. 1954–60 ist er Kantor in Karlsruhe und Leiter der Kirchenmusikabteilung an der dortigen Musikhochschule. 1960 wechselt er als Kantor an die Martinskirche in Kassel, wo er 1967 zum Kirchenmusikdirektor ernannt wird. Er widmet sich weiterhin pädagogischen Aufgaben und ist 1968–70 Leiter der Kirchenmusikschule Schlüchtern sowie 1970–81 Dozent für Chorleitung und Neue Musik an der Kirchenmusikschule Hertord. 1981–87 ist er künstlerischer Leiter des Südfunkchores Stuttgart. 1965 gründet er das Vokalensemble Kassel, das er bis heute leitet. Im gleichen Jahr ruft er die Wochen für geistliche Musik der Gegenwart, »neue musik in der kirche«, ins Leben und leitet sie bis 1983. Seit 1985 ist er für das Programm der »Kasseler Musiktage« verantwortlich. Wir verdanken ihm als Organist und Dirigent zahlreiche Uraufführungen, darunter Werke von Wolfgang Dauner, Edison W. Denisov, Wolfgang Fortner, Hans-Joachim Hespos, Adriana Hölszky, Klaus Huber, Marek Kopelent, Dieter Schnebel, Mathias Spahlinger, Isang Yun und Udo Zimmermann.

Zimbalist, Efrem Alexandrowitsch
Amerikanischer Violinist und Komponist russischer Herkunft, geb. 9. (21). 4. 1889 Rostow am Don, gest. 22. 2. 1985 Reno (Nevada).
Sein Vater, Geiger und Dirigent an der Rostower Oper, erteilt ihm ersten Unterricht, bis er 1901 am Petersburger Konservatorium in der Klasse von Leopold Auer zugelassen wird. 1907 wird er mit dem Rubinstein-Preis ausgezeichnet und beginnt noch im gleichen Jahr in Berlin und London mit Ludwig van Beethovens *Konzert für Violine und Orchester* eine internationale Karriere. 1910 spielt er unter Arthur Nikisch mit dem Leipziger Gewandhausorchester das *Konzert für Violine und Orchester* von Peter I. Tschaikowskij. Ein Jahr später emigriert er in die Vereinigten Staaten, wo er die amerikanische Erstaufführung von Alexander K. Glasunows *Konzert für Violine und Orchester* realisiert. 1928 wird er am Curtis Institute in Philadelphia zum Professor ernannt. Er gilt neben Jascha Heifetz und Mischa Elman als der herausragendste Vertreter der russischen Violin-Schule Leopold Auers. 1949 gibt er in New York sein Abschiedskonzert, tritt aber trotzdem noch zweimal öffentlich auf: 1952 hebt er Gian Carlo Menottis *Konzert für Violine und Orchester*, das ihm gewidmet ist, aus der Taufe, und 1955 spielt er in Philadelphia Beethovens Violinkonzert. In erster Ehe ist er mit der rumänischen Sopranistin Alma Gluck (1884–1938) verheiratet; aus dieser Ehe stammt sein Sohn, der

Schauspieler Efrem Zimbalist jun. In zweiter Ehe heiratet er Mary Louise Curtis Bok, die Gründerin des Curtis Institute in Philadelphia.

Als Komponist hinterläßt er eine Oper, Instrumentalkonzerte, symphonische Musik und Kammermusik.

Er trägt eine berühmte Sammlung kostbarer Musikinstrumente zusammen, darunter die letzte von Stradivari hergestellte Geige, die *Schwan* (1735).

Zimerman, Krystian
Polnischer Pianist, geb. 7. 12. 1956 Zabrze.
Als Fünfjähriger beginnt er mit dem Klavier-Unterricht. In Katowice wird er von Andrej Jasinski unterrichtet, seinem einzigen Lehrer. Die Teilnahme am Beethoven-Wettbewerb in Wien 1975 macht ihn bekannt. Im gleichen Jahr wird er in Warschau beim Chopin-Wettbewerb mit dem 1. Preis ausgezeichnet. Er zieht sich ein Jahr vom Konzertleben zurück, um sein Repertoire zu erweitern, das bis dahin fast ausschließlich Werke von Frédéric Chopin enthält. Nach der Wiederaufnahme seiner Solisten-Tätigkeit feiert er in Stuttgart, München und Berlin Triumphe. 1976 lernt er in Paris Arthur Rubinstein kennen. Nach einem Jahr intensiver Arbeit in London (1980) gibt er vor allem mit Herbert von Karajan viele Konzerte; er zählt zu den wichtigsten Pianisten des ausgehenden 20. Jahrhunderts. Regelmäßig legt er Jahre ohne Konzerttätigkeit ein, um sein Repertoire erweitern und über die Musik und seinen Beruf nachdenken zu können. 1988 realisiert er die Uraufführung von Witold Lutosławskis *Konzert für Klavier und Orchester*.

Zimmermann, Erich
Deutscher Tenor, geb. 29. 11. 1892 Meißen, gest. 24. 2. 1968 Berlin.
Er arbeitet zunächst als Porzellan-Maler und wird dann Schüler der Dresdner Oper, an der er 1918 debütiert. Über Dortmund, Braunschweig und Leipzig kommt er 1925 nach München. 1931 wechselt er nach Wien und 1934 nach Berlin (bis 1944), wo er 1936 zum ersten Tenorbuffo ernannt wird. 1925–44 singt er in Bayreuth; er gilt als der größte Mime (*Das Rheingold*) und David (*Die Meistersinger von Nürnberg*) seiner Zeit. Er interpretiert hier außerdem den Loge (*Das Rheingold*) und den Steuermann (*Der fliegende Holländer*, alle Wagner). Nach dem Ende des Zweiten Weltkriegs kehrt er nach Dresden (1946–50) und Berlin zurück, wo er erst kurz vor seinem Tod seine aktive Karriere beendet.

Er ist nicht nur ein Wagner-, sondern auch ein Mozart-Sänger und glänzt als Monostatos (*Die Zauberflöte*) und Pedrillo (*Die Entführung aus dem Serail*). Auch sein Jacquino (*Fidelio*, Beethoven) und sein Valcacchi (*Der Rosenkavalier*, R. Strauss) werden gelobt.

Zimmermann, Frank-Peter
Deutscher Violinist, geb. 27. 2. 1965 Duisburg.
Als Fünfjähriger erhält er ersten Violin-Unterricht; er studiert bei Waleri Gradow an der Musikhochschule in Freiburg/Br. und bei Saschko Gawriloff in Berlin. Anschließend perfektioniert er sich bei Hermann Krebbers in Amsterdam. 1976 gewinnt er bei dem Wettbewerb »Jugend musiziert« den 1. Preis. 1981 wird er aufgrund einer Sendung des RIAS Berlin in der ganzen Welt bekannt. Engagements in England, Frankreich, den Vereinigten Staaten und Japan, wo er unter Lorin Maazel und Daniel Barenboim auftritt, folgen. 1983 debütiert er mit den Wiener Philharmonikern bei den Salzburger Festspielen.

Zimmermann, Margarita
Argentinische Mezzosopranistin, geb. 3. 10. 1942 Buenos Aires.
Sie debütiert 1976 als Konzertsängerin in ihrer Heimatstadt am Teatro Colón, perfektioniert sich bei Gérard Souzay in Aix-en-Provence und Genf und debütiert während der Saison 1977–78 in Europa als Cherubin (*Le nozze di Figaro*, Figaros Hochzeit) am Théâtre de la

Monnaie in Brüssel und als Idamante (*Idomeneo*, beide Mozart) in Lyon. Am Teatro Colón wirkt sie an Aufführungen von *Dido and Aeneas* (Purcell) und *Così fan tutte* (Mozart) mit. 1980 debütiert sie als Cherubin am Covent Garden; im gleichen Jahr interpretiert sie während des Berlioz-Festivals in Lyon die Dido (*Les Troyens*, Die Trojaner). 1981 läßt sie sich in Venedig nieder und gastiert an der dortigen Oper in *Agrippina* (Händel), *Idomeneo*, *Orphée et Euridice* (Gluck), *Don Quichotte* (Massenet). Ihre Karriere nimmt einen steilen Aufschwung: Rosina (*Il barbiere di Siviglia*, Der Barbier von Sevilla, Rossini) in San Francisco, Carmen (Bizet) an der Pariser Oper, Poppea (*L'incoronazione di Poppea*, Die Krönung der Poppea, Monteverdi) in Lyon, Charlotte (*Werther*, Massenet) in Philadelphia und Calbo (*Maometto II*, Rossini) am Théatre du Châtelet in Paris. Auch als Oratorien- und Liedsängerin ist sie erfolgreich. 1988 interpretiert sie in Berlin und in der Pariser Mehrzweckhalle Bercy Carmen.

Zimmermann, Tabea
Deutsche Bratschistin, geb. 8. 10. 1966 Lahr.
Als Dreijährige beginnt sie Bratsche und als Fünfjährige Klavier zu lernen. Die Schülerin Ulrich Kochs schließt ihr Studium an der Musikhochschule Saarbrücken 1985 ab und perfektioniert sich ab 1986 bei Sándor Végh am Mozarteum in Salzburg. Sie ist Preisträgerin der internationalen Wettbewerbe in Genf (1982), Paris (Maurice Vieux, 1983) und Budapest (1984), und beginnt eine internationale Karriere, die sie in die Vereinigten Staaten, nach Australien und in die meisten europäischen Länder führt. Sie nimmt regelmäßig an den Festspielen von Salzburg und von Lockenhaus teil. Seit 1988 unterrichtet sie an der Musikhochschule von Saarbrücken. Sie spielt auf einer Bratsche von Etienne Vatelot (1980), die sie beim Maurice-Vieux-Wettbewerb in Paris 1983 gewonnen hat. 1990 realisiert sie die Uraufführung von Volker David Kirchners *Schibboleth*.

Zinman, David
Amerikanischer Dirigent, geb. 9. 7. 1936 New York.
Er studiert bis 1958 am Oberlin Conservatory Violine und danach bis 1963 Musiktheorie an der Universität von Minnesota. Bei Pierre Monteux studiert er Orchesterleitung (1958–62) und arbeitet 1961–64 als dessen Assistent. 1964–69 ist er Leiter des niederländischen Kammerorchesters. Er arbeitet regelmäßig als Gastdirigent und übernimmt 1974 die Leitung des philharmonischen Orchesters von Rochester (bis 1985) und 1979–82 außerdem die der Rotterdamer Philharmoniker. 1985 wird er zum Musikdirektor des Symphonie-Orchesters von Baltimore ernannt.

Zöller, Karlheinz
Deutscher Flötist, geb. 24. 8. 1928 Höhr-Grenzhausen.
Er studiert an den Musikhochschulen von Frankfurt/M. und Detmold und gewinnt noch während seiner Ausbildung bei einem vom Hessischen Rundfunk ausgeschriebenen Wettbewerb den 1. Preis. Ab 1950 tritt er als Solist auf und spielt Kammermusik. 1960–69 ist er Solo-Flötist der Berliner Philharmoniker und wird Mitglied von deren Solistenensemble. Gleichzeitig unterrichtet er an der Berliner Musikhochschule. 1969 verläßt er die Berliner Philharmoniker und nimmt eine Professur an der Hamburger Musikhochschule an, arbeitet als Solist und kehrt dann wieder als Solo-Flötist zu den Berliner Philharmonikern sowie als Lehrer an die dortige Musikhochschule zurück. Wir verdanken ihm verschiedene Uraufführungen, darunter György Ligetis *Doppelkonzert für Flöte und Oboe* (1972) und die *Flötenkonzerte* von Isang Yun (1977) und Manfred Trojahn (1983).

Zukerman, Pinchas
Israelischer Violinist, Bratschist und Dirigent, geb. 16. 7. 1948 Tel Aviv.
Seine Familie entkam dem Warschauer Ghetto und dem Konzentrationslager in Auschwitz. Als Achtjähriger tritt er in das israelische Konservatorium ein; die amerikanisch-israelische Stiftung ermöglicht ihm, seine Studien an der Musikakademie von Tel Aviv fortzusetzen, wo er bei Ilona Feher Violine studiert. Während des ersten Israel-Festivals lernt er 1961 Pablo Casals und Isaac Stern kennen. Auf ihren Rat hin schreibt er sich ein Jahr später an der Juilliard School of Music in New York ein, wo er sich dank der Rubinstein Foundation bei Ivan Galamian und bei Isaac Stern selbst perfektionieren kann. 1966 debütiert er während des amerikanischen Festival of Two Worlds in Spoleto (Südkarolina). Ein Jahr später wird er mit dem Leventritt-Preis ausgezeichnet. 1969 nimmt er an dem Pablo-Casals-Festival auf Puerto Rico teil. Im gleichen Jahr debütiert er in Europa. Seine internationale Karriere als Violinist und Bratschist, aber auch als Dirigent, vor allem ab 1971 mit dem English Chamber Orchestra, nimmt einen steilen Aufschwung. 1980–87 leitet er das Kammerorchester von St. Paul (USA).
1968 heiratet er die Flötistin Eugenia Rich-Zukerman (geb. 25. 9. 1944 Cambridge, Mass.), von der er sich 1985 wieder scheiden läßt. Er spielt häufig mit Daniel Barenboim Kammermusik. Zusammen mit der Cellistin Jacqueline du Pré formieren sie häufig auch ein Trio. Er spielt abwechselnd auf einer Stradivari und einer Guarneri del Gesù aus dem Jahre 1739, die sich einst im Besitz von Samuel Dushkin befand. Seine Bratsche ist eine Stradivari aus dem Jahre 1690, die *Toskana*, die mehr als dreißig Jahre lang dem Bratscher des Budapester Quartetts gehört hatte.

Zylis-Gara, Teresa
Polnische Sopranistin, geb. 23. 1. 1935 Landvarov (Wilna).
Sie besucht neun Jahre lang als Schülerin von Olga Ogina das Konservatorium von Łódź. 1954 gewinnt sie beim Warschauer Gesangs-Wettbewerb den 1. Preis. Der polnische Rundfunk und die Krakauer Philharmoniker engagieren sie daraufhin. 1956 debütiert sie an der Krakauer Oper als Madame Butterfly (Puccini). 1958 gewinnt sie den Wettbewerb in Toulouse und 1960 den Wettbewerb der ARD in München. Sie beschließt, sich in Deutschland niederzulassen. Nach einem ersten Engagement in Oberhausen geht sie 1962 nach Dortmund und 1965 nach Düsseldorf. Frankfurt, Hamburg, Köln, Hannover, München und Wien laden sie zu Gastspielen ein. Auch als Konzertsängerin ist sie in den Werken Johann Sebastian Bachs, Georg Friedrich Händels, Wolfgang Amadeus Mozarts und Johannes Brahms' erfolgreich. Ihr Opernrepertoire umfaßt die Rollen Mozarts, sowie die der italienischen Veristen und die von Richard Strauss und von Peter I. Tschaikowskij. 1967 erzielt sie bei den Festspielen von Glyndebourne als Donna Elvira (*Don Giovanni*, Mozart) einen überwältigenden Triumph. 1967–68 singt sie am Covent Garden und am Teatro Colón in Buenos Aires. 1970 debütiert sie an der Met und 1973–74 am Liceo in Barcelona. Bei den Chorégies in Orange interpretiert sie 1979 die Liù (*Turandot*, Puccini); außerdem gibt sie einen Liederabend mit Werken Frédéric Chopins. Sie bleibt ihrer Heimat eng verbunden und kehrt häufig an die Warschauer Oper zurück. Von den Wagner-Rollen ihres Faches singt sie die Elisabeth (*Tannhäuser*) und Sieglinde (*Der Ring des Nibelungen*).

# Zweiter Teil:
Ensembles

Basel

Opernhäuser

De Nederlandse Opera (Amsterdam)
Gegründet 1964 als Nachfolgeorganisation der 1903 ins Leben gerufenen Nederlandse Opera, die kein eigenes Gebäude besaß und ihrerseits Nachfolgerin der Hollandse Opera war. Die Einweihung des neuen Gebäudes, des Muziektheater, ging 1986 Hand in Hand mit einer grundlegenden Reform; so gingen die Amsterdamer Philharmoniker, das Niederländische Kammerorchester und das Symphonie-Orchester von Utrecht im Niederländischen philharmonischen Orchester auf.
Künstlerische Leiter: Maurice Huisman (1964–70), Hans de Roo, Jan van Vlijmen (1986–88), Pierre Audi (seit 1986).
Generalmusikdirektoren: Michael Gielen (1973–76), Hans Vonk (1976–86), Hartmut Haenchen (seit 1986).
Uraufführungen: Werke von Louis Andriessen und Robert Wilson (*De Materie*), Philip Glas (*Satyagraha*, 1980), Otto Ketting (*Dummies*, 1974), Hans Kox (*Dorian Gray*, 1974), Theo Loevendie (*Naima*, 1985), Bruno Maderna (*Satyricon*, 1973), Peter Schat (*Houdini*, 1977, *Aap verslaat de knekelgeest*, 1980), Joop Stokkermans (*De engel van Amsterdam*, 1975), Victor Ullmann (*De kaiser van Atlantis*, 1975).

Gran Teatro del Liceo (Barcelona)
Das Gran Teatro del Liceo wird am 4. April 1847 im Beisein von Königin Isabella II. eingeweiht; das Teatro de Santª Cruz und das Teatro de la Ciudad gehen in ihm auf. 1861 wird es bei einem Brand zerstört. Noch im gleichen Jahr wird mit dem Neubau begonnen, der 1862 abgeschlossen ist.
Direktor: Juan Antonio Pamias (1947–80). Nach seinem Ausscheiden wird die Oper von einer Stiftung geleitet, dem Consortium, in dem Vertreter der Generalität Kataloniens, der Stadtverwaltung von Barcelona, des spanischen Kultusministeriums, der Verwaltung der Provinz Barcelona sowie der Sociedad del Gran Teatro sitzen.
Leitende Dirigenten: Josep Sabater Sust (1913–53), Carlos Suriñach (1944–47), Michelangelo Veltri (seit 1966), Uwe Mund (seit 1987).
Chorleiter: Romano Gandolfi (seit 1982).
Uraufführungen: Werke von Manuel de Falla (*Atlántida*, Konzertversion, 1961), Xavier Montsaltvatge (*Una voz en off*, 1986), Joseph Soler (*Edipo y Yocasta*, 1986).

Stadttheater Basel
Das Theater auf dem Blömlein wird am 4. Oktober 1834 mit einer Aufführung von Eduard von Schenks *Die Krone von Zypern* eingeweiht. 1873 findet in dem Haus die letzte Vorstellung statt; ab 1875 ist die neue, von dem Architekten J. J. Stehlin-Burckhardt gebaute Oper funktionsfähig. 1892 übernimmt die Gesellschaft der Theateraktionäre die Leitung. Die Stadt Basel beschließt, eine ständige Truppe zu engagieren und ein neues Haus zu bauen, das am 20. September 1909 mit einer Vorstellung des *Tannhäuser* (Wagner) eingeweiht wird. Ab 1921 wird das Basler Stadttheater von einer Genossenschaft geleitet. Das heutige, 1975 eingeweihte Stadttheater wurde von den Architekten Felix Schwarz und Rolf Gutmann entworfen.
Intendanten: Leo Melitz (1909–19), Ernst Lert (1919–20), Otto Henning (1921–25), Oskar Wälterlin (1925–32), Egon Neudegg (1932–42), Oskar Wälterlin (1942–44), Egon Neudegg (1944–49), Gottfried Becker (1949–50), Friedrich Schramm (1950–52), Albert Wiesner (1953–54), Hermann Wedekind (1954–60), Adolf Zogg (1960–62), Friedrich Schramm (1962–68),

Werner Düggelin (1968–75), Hans Hollmann (1975–78), Horst Statkus (1978–88), Frank Baumbauer (seit 1988).

Generalmusikdirektoren: Ernst von Schuch (1871–72), Adolf Prümers (1903–10), Ernst Lert (1919–20), Alexander Krannhals (1934–53), Gottfried Becker (1953–56), Silvio Varviso (1956–62), Armin Jordan (1973–88), Michael Boder (seit 1989).

Uraufführungen: Werke von Heinz Holliger (*Der magische Tänzer*, 1970), Arthur Honegger (*Jeanne d'Arc au bûcher*, 1938), Rolf Liebermann (*Leonore 40/45*), Heinrich Sutermeister (*Titus Feuerfuchs*).

Deutsche Oper Berlin

Die Geschichte dieser Bühne beginnt 1912 mit der Einweihung des Deutschen Opernhauses in Charlottenburg. Als 1925 Charlottenburg in die Hauptstadt des Deutschen Reiches eingemeindet wird, wird das Haus in Städtische Oper umgetauft. 1933 erhält die von Joseph Goebbels geförderte Bühne wieder ihren ehemaligen Namen Deutsches Opernhaus, während die Deutsche Staatsoper von Hermann Göring unterstützt wird. 1943 wird das Gebäude bei einem Bombenangriff zerstört; bis 1945 finden die Vorstellungen im Admiralspalast statt. Anschließend zieht die Deutsche Oper in das Theater des Westens um. Unter dem heutigen Namen Deutsche Oper bezieht das Ensemble den an der Stelle der alten Charlottenburger Oper errichteten Neubau.

Intendanten: Georg Hartmann (1912–23), Leo Blech (1923–24), Heinz Tietjen (1925–30), Carl Ebert (1931–33), Max von Schillings (1933), Wilhelm Rode (1934–44), Michael Bohnen (1945–47), H. von Hamm, Kelch und Robert Heger (1947), Paproth (1948), Heinz Tietjen (1948–54), Carl Ebert (1954–61), Gustav Rudolf Sellner (1961–72), Egon Seefehlner (1972–76), Siegfried Palm (1976–81), Götz Friedrich (seit 1981).

Generalmusikdirektoren: Bruno Walter (1925–29), Artur Rother (1935–43 und 1953–58), Karl Dammer (1937–43), Richard Kraus (1954–61), Lorin Maazel (1965–71), Jesús López Cobos (1981–90).

Musikalische Oberleitung: Rudolf Krasselt, Eduard Möricke und Ignatz Waghalter (1912–23), Leo Blech (1923–24), Max von Schillings (1933), Hans Schmidt-Isserstedt (1943–45), Robert Heger (1945–46), Gerd Albrecht (1972–74).

Chefdirigenten: Fritz Stiedry (1928–33), Heinrich Hollreiser (1961–65), Wolfgang Sawallisch (musikalischer Berater, 1963–65), Giuseppe Sinopoli (1990–91).

Uraufführungen: Werke von Frank Michael Beyer (*Orpheus-Stationen*, Ballett, 1988), Boris Blacher (*Preußisches Märchen*, 1952; *Rosamunde Floris*, 1960; *Tristan*, Ballett, 1965; *200 000 Taler*, 1969; *Habemeajaja*, 1987), Hans-Jürgen von Bose (*Die Nacht aus Blei*, Ballett, 1981), Marius Constant (*Der blaue Engel*, Ballett, 1985), Luigi Dallapiccola (*Ulysse*, 1968), Claude Debussy (*La Chute de la maison Usher*, Bühnenfassung, 1979), Werner Egk (*Circe*, 1948), Wolfgang Fortner (*Die weiße Rose*, Ballett, 1951; *Corinna*, 1958; *Elisabeth Tudor*, 1972), Roman Haubenstock-Ramati (*Amerika*, 1966), Hans Werner Henze (*König Hirsch*, 1956; *Der junge Lord*, 1965; *Einhorn*, Ballett, 1986), Arthur Honegger (*La Danse des morts*, Bühnenfassung, 1949), Klaus Huber (*Jot*, 1973), Mauricio Kagel (*Aus Deutschland*, 1981), Rudolf Kelterborn (*Ophelia*, 1984), Giselher Klebe (*Alkmene*, 1961), Darius Milhaud (*Fiesta*, 1958; *L'Orestie*, vollständige Fassung, 1963), Marc Neikrug (*Los Alamos*, Auftrag, 1988), Luigi Nono (*Der rote Mantel*, Ballett, 1954; *Memento*, Ballett, 1969), Aribert Reimann (*Melusine*, 1971; *Die Gespenstersonate*, 1984), Wolfgang Rihm (*Tutuguri*, Ballett, 1982; *Oedipus*, 1987), Franz Schreker (*Der Schmied von Gent*, 1932), Humphrey

Searle (*Tagebuch eines Irren*, 1958), Kurt Weill (*Die Bürgschaft*, 1923).

Deutsche Staatsoper (Berlin)
Die Königliche Oper Unter den Linden wird 1742 mit *Cesare e Cleopatra* von Johann Gottlieb Graun eingeweiht. Die Oper bleibt mehr als 200 Jahre in dem gleichen Gebäude. 1919 wird aus der Königlichen Oper die Staatsoper. 1941 wird das Haus durch Bomben teilweise zerstört; wenige Monate später wird es bereits wieder bespielt, bevor es 1945 völlig zerstört wird. Erst 1955 wird das neue Gebäude eingeweiht. Zwischenzeitlich finden die Vorstellungen im Admiralspalast statt.
Intendanten und Dirigenten bis 1918: Carl Heinrich Graun (1742–59), Johann Friedrich Reichardt (1775–94), August Wilhelm Iffland (1796–1814), Carl von Brühl (1815–28, er trug als erster offiziell den Titel Intendant), Gasparo Spontini (1819–41, Generalmusikdirektor), Giacomo Meyerbeer (1842–46), Otto Nicolai, Felix Mendelssohn Bartholdy (1851–86, Dirigenten), Botho von Hülsen (Direktor), Bolko von Hochberg (1886–1903), Georg von Hülsen-Haeseler (1903–14).
Generalmusikdirektoren bis 1918: Felix Weingartner (1891–98), Carl Muck (1898–1912), Richard Strauss (ab 1898 1. Kapellmeister, ab 1912 Musikdirektor und 1914–18 Intendant).
Intendanten ab 1918: Franz Winter (1918–19), Max von Schillings (1919–25), Heinz Tietjen (1925–45), Ernst Legal (1945–52), Heinrich Allmeroth (1952–54), Max Burghardt (1954–63), Hans Pischner (1963–84), Günter Rimkus (seit 1984).
Generalmusikdirektoren ab 1918: Leo Blech (1918–23), Erich Kleiber (1923–34), Wilhelm Furtwängler (1934–35), Clemens Krauss (1935–36). Ab 1936 lag die musikalische Leitung nicht mehr in der Hand eines einzigen Mannes. Mehrere ständige Dirigenten hatten unter dem Intendanten Tietjen, der die ausschlaggebende Rolle innehatte, unterschiedlich großen Einfluß: Robert Heger (1933–45), Werner Egk (1935–38 und 1940–41), Hans Swarowski (1935–36), Johannes Schüler (1935–49), Karl Elmendorff (1938–42), Herbert von Karajan (1939–45), Paul van Kempen (1940–42). Nach dem Zweiten Weltkrieg lösten sich verschiedene Chefdirigenten ab: Karl Schmidt (1945–46), Joseph Keilberth, Leopold Ludwig und Karl Fischer (1948–51), Arnold Quennet und Hans Lowlein (1950–51), Karl-Egon Gluckselig (1951–53), Walter Lutze (1951–54), bevor Erich Kleiber 1954 zum neuen Generalmusikdirektor ernannt wurde, ein Jahr später allerdings aus politischen Gründen wieder abdankte. Franz Konwitschny wird sein Nachfolger (1955–62), unterstützt von Lovro von Matačić (1956–58) und Horst Stein (1955–61). Heinz Fricke (1961–71) und Heinz Rögner (1961–73) arbeiten als ständige Dirigenten am Haus, während Helmut Seydelmann 1962 ein kurzes Intermezzo als Generalmusikdirektor gibt. Seit 1964 füllt Otmar Suitner diese Funktion aus (bis 1989). Heinz Fricke wird 1971 zum 1. Kapellmeister und später zum stellvertretenden Generalmusikdirektor ernannt. Siegfried Kurz ist sein Assistent. 1992 wird Daniel Barenboim zum Generalmusikdirektor ernannt.
Musikalische Leiter: George Szell (1923–27), Otto Klemperer (1931–33), Alexander von Zemlinsky (1931–33) und Fritz Zweig (1931–33).
Uraufführungen: In der zweiten Hälfte des 19. Jahrhunderts sind insgesamt nur drei Uraufführungen zu verzeichnen; das Haus spielt hauptsächlich Repertoire-Opern. Ab 1919 dagegen werden in 12 Jahren 12 Uraufführungen durchgeführt, darunter *Zwingburg* (Krenek, 1924), *Wozzeck* (Berg, 1925), *Der singende Teufel* (Schreker, 1928), *Christophe Colomb* (Milhaud, 1930), *Das Herz* (Pfitzner, 1931). Während des Regimes der Nationalsozialisten werden *Der Prinz von Homburg* (Graener, 1935) und *Peer Gynt* (Egk, 1938) uraufgeführt. Unter den Uraufführungen aus der Zeit nach dem Zweiten Welt-

krieg sind folgende erwähnenswert: *Die Verurteilung des Lukullus* (1951), *Puntila* (1966) und *Einstein* (1974, alle Dessau) sowie *Der Revisor* (Egk, 1957).

Komische Oper Berlin
1905 von Hans Gregor gegründet, schließt das Haus bereits 1911 nach der Uraufführung von *Romeo und Julia auf dem Dorfe* (1907, Delius) und der wichtigen deutschen Erstaufführung von *Pelléas et Mélisande* (1908, Debussy) wieder. 1913 wird es unter dem Namen Kurfürstenoper von Maximilian Moris wieder eröffnet. Erst nach dem Zweiten Weltkrieg erlebt das Haus seine Blütezeit, nachdem es 1947 in das ehemalige Metropoltheater umgezogen war. Im gleichen Jahr übernimmt Walter Felsenstein die Leitung; erst 1975 wird er von Joachim Herz (1975–81) abgelöst. Seit 1981 leitet Werner Rackwitz als Intendant die Geschicke des Hauses, der noch im Jahr seiner Ernennung Harry Kupfer zum Oberregisseur beruft.
Generalmusikdirektoren: Meinhard von Zallinger (1953–56), Václav Neumann (1956–60), Kurt Masur (1960–64), Zdeněk Košler (1967–71), Rolf Reuter (seit 1981).
Uraufführungen: Unter den Uraufführungen ist besonders Siegfried Matthus' *Judith* erwähnenswert.

Kroll Oper Berlin
Das 1844 von Joseph Kroll gegründete Haus widmet sich zunächst Marionetten-Aufführungen und volkstümlichen Konzerten. Erst später werden hier auch Komische Opern und Operetten aufgeführt, wobei das Haus der Staatsoper nie Konkurrenz machen kann. Jacques Offenbach und Albert Lortzing dirigieren eigene Werke. 1886 wird es vom Hoftheater übernommen und erhält den Namen Neues Königliches Opernhaus. 1900–01 ist Bruno Walter dort als Kapellmeister tätig. An der Kroll Oper werden hauptsächlich selten gespielte Werke sowie zeitgenössische Musik gespielt. 1914 wird es zerstört. Am 1. Januar 1924 findet die Wiedereröffnung des inzwischen zur Staatsoper gehörenden Hauses statt (Staatsoper am Platz der Republik).
1927 wird sie wieder autonom; Otto Klemperer übernimmt die Leitung. Er engagiert Alexander von Zemlinsky und Fritz Zweig als ständige Dirigenten, Ernst Legal, Gustav Gründgens und Hans Curjel als Regisseure und Ewald Dülberg, László Moholy-Nagy, Teo Otto und Oskar Schlemmer als Bühnenbildner. Dieses Team spielt im Berliner Musikleben eine wichtige Rolle und trägt entscheidend zur Erneuerung des Musiktheaters bei. Das Repertoire reicht vom 18. Jahrhundert bis zur Moderne; es finden hier die deutschen oder Berliner Erstaufführungen von Paul Hindemiths *Cardillac* und *Neues vom Tage* (beide 1928), von Igor Strawinskys *Mavra* und *Ödipus Rex* (beide 1930) und von Leoš Janáčeks *Z mrtvého domu* (Aus einem Totenhaus, 1931) statt. Doch die Arbeit muß schon bald aus wirtschaftlichen (die Krise von 1929) und politischen Gründen (heftiger Widerstand der Rechten) eingestellt werden.

Oper der Stadt Bonn
In der Geschichte Bonns spielt die Oper eine wechselhafte Rolle. Seit dem Beginn des 18. Jahrhunderts gaben reisende Truppen Gastspiele. Mit der Einweihung des Stadttheaters im Jahre 1965 erhält die Oper ein festes Haus; ab 1982 versucht man hier, mit den besten deutschen Opern zu rivalisieren.
Intendanten: Karl Pempelfort (1965–70), Hans Joachim Heyse (1970–80), Jean-Claude Riber (1980–90); Giancarlo del Monaco (ab 1992).
Generalmusikdirektoren: Ulrich Weder (1962–65), Ralf Weikert (1968–77), Jan Krenz (1979–82), Gustav Kuhn (1982–85), Dennis Russel Davies (seit 1987).

Theater der Freien Hansestadt Bremen
Die frühesten belegten Opern-Vorstellungen finden in Bremen im Jahre 1695 im alten Komödienhaus auf dem Reit-

hof statt; 1792 zieht die Oper ins Schauspielhaus um. 1843 wird ein Stadttheater gebaut. Das 1943 zerbombte Schauspielhaus wird nach dem Krieg von dem Architekten Hans Storn wieder aufgebaut und als Theater am Goetheplatz am 27. August 1950 eingeweiht.

Intendanten: Willi Hanke (1950–55), Albert Lippert (1956–61), Kurt Hübner (1962–72), Peter Stolzenberg (1973–78), Arno Wüstenhöfer (1979–85), Tobias Richter (1985–1992).

Generalmusikdirektoren und 1. Kapellmeister: Anton Seidl (1883–85), Karl Eduard Nößler (1885–93), Julius Ruthardt (1893–98), Karl Panzner (1899–1905), Egon Pollak (1905–10), Klaus Pringsheim (1915–18), Manfred Gurlitt (1914–27), Peter Hermann Adler (1929–32), Fritz Rieger (1944–45), Helmut Schnackenburg (1945–53), Paul van Kempen (1953–55), Heinz Wallberg (1955–61), Walter Kämpfel (1961–65), Hans Wallat (1965–70), Hermann Michael (1970–78), Peter Schneider (1978–85), Pinchas Steinberg (1985–89), Marcello Viotti (seit 1990).

Uraufführungen: Werke von Manfred Gurlitt (*Wozzeck*, 1926) und Richard Mohaupt (*Die Bremer Stadtmusikanten*, 1949).

Théâtre de la Monnaie (Bruxelles)
Im Jahre 1700 wird der erste Saal des Théâtre de la Monnaie gebaut, dessen Name auf eine im gleichen Haus untergebrachte Münze zurückzuführen ist. Die Oper wird in Gegenwart des Königs mit einer Aufführung von *Atys* (Lully) eingeweiht. 1830 wird die Monnaie nach einer Aufführung von *La Muette de Portici* (Die Stumme von Portici, Auber) zum belgischen Revolutionstheater. 1855 brennt das Gebäude ab. Das heutige Theater, das dritte, das diesen Namen trägt, wird ein Jahr später gebaut. Ab dem Ende des 19. Jahrhunderts werden hier fast alle wichtigen französischen Opern noch vor Paris aufgeführt. *Carmen* (Bizet) wird im Gegensatz zu Paris, wo die Premiere in der Opéra-Comique zu einem totalen Mißerfolg wurde, in Brüssel auf Anhieb gefeiert. Nach dem Ersten Weltkrieg wird die Monnaie von dem Pianisten und Dirigenten Corneil de Thoran geprägt, der bis zu seinem Tod im Jahre 1953 der Leitung des Hauses angehört. Um den Tenor Joseph Rogatchevsky scharen sich Rita Gorr, Gabriel Bacquier und Michel Trempont. Maurice Huisman holt Maurice Béjart, der in Brüssel sein berühmt gewordenes Ballett des 20. Jahrhunderts gründet, das bis 1987 mit der Monnaie eng verbunden ist. Gérard Mortier reformiert als Intendant das Haus gründlich und stellt das Orchester sowie den Chor, der von Gunther Wagner geleitet wird, neu zusammen, wobei er das Star-System strikt ablehnt. Nach dem Weggang von Maurice Béjart formiert Marc Morris eine neue Ballettgruppe.

Intendanten: Auguste Nourrit (1847–48), A. Quélus (1849–50), Ch. L. Hanssens jun. (1850–52), Théodor Letellier (1852–58), J. B. Quélus (1958–61), Théodor Letellier (1861–69), Jules Henry Vachot (1869–72), François-Hippolyte Avrillon (1872–73), A.-D. Campocasso (1873–75), Oscar Stoumon und Edouard Calabresi (1875–85), Verdhurt (1885–86), Joseph Dupont und Lapissida (1886–89), Oscar Stoumon und Edouard Calabresi (1889–1900), Maurice Kufferath und Guillaume Guidé (1900–14, 1914–18 war das Theater von den Deutschen okkupiert), Maurice Kufferath, Corneil de Thoran und Jean van Glabekke (1918–19), Corneil de Thoran und Jean van Glabekke (1919–21), Corneil de Thoran, Jean van Glabekke und Paul Spaak (1921–36), Corneil de Thoran und Jean van Glabekke (1936–43), Corneil de Thoran (1943–53), Georges Dalman (1953), Joseph Rogatchevsky (1953–59), Maurice Huisman (1959–81), Gérard Mortier (1981–92), Bernard Foccroule (ab 1992).

Musikdirektoren und 1. Kapellmeister: Joseph Dupont (1. Kapellmeister, 1872–88), Sylvain Dupuis (1. Kapell-

meister, 1900–11), Maurice Basdin (1. Kapellmeister, 1919–46 und 1949–59), René Defossez (1. Kapellmeister, 1952–59), André Vandernoot (1. Kapellmeister, 1959–73), Sir John Pritchard (Musikdirektor, 1981–87), Sylvain Camberling (1981–87 1. Kapellmeister, 1987–92 Musikdirektor), Antonio Pappano (ab 1992).
Uraufführungen: *Hériodade* (Massenet, 1881), *Sigurd* (Reyer, 1884), *Gwendoline* (Chabrier, 1886), *Jocelyn* (B. Godard, 1888), *Salammbô* (Reyer, 1890), *Fervaal* (1897) und *L'Etranger* (1903, beide d'Indy), *Le Roi Arthus* (Chausson, 1903), *Les Malheurs d'Orphée* (Milhaud, 1926), *Antigone* (A. Honegger, 1927), *Igrok/Le Joueur* (Prokofjew, 1929), *Passion de Gilles de Rais* (Boesmans, 1983), *Das Schloß* (Laporte, 1986).

Magyar Állami Operaház (Budapest)
(Ungarische Staatsoper)
Das Haus wurde 1837 gegründet. Bis 1884 finden die Aufführungen im Nationaltheater statt; dann erhält die Königliche Ungarische Oper ihr eigenes Haus. Nach der Abschaffung der Monarchie wird sie in Ungarische Staatsoper umgetauft.
Intendanten ab 1945: Pál Komáromi (1945–46), Aladár Tóth (1946–56), Imre Palló (1957–58), Kálmán Nádasdy (1959–66), Miklós Lukács (1967–78), András Mihály (1978–86), Emil Petrovics (seit 1986).
Generalmusikdirektoren und 1. Kapellmeister: Ferenc Erkel (1834–74), Hans Richter (1871–75), Sándor Erkel (1876–86, 1. Kapellmeister 1874–1900), Gustav Mahler (1888–1891), Arthur Nikisch (1893–1895), István Kerner (1895–1929, 1919–20 Operndirektor), 1927–29 Musikdirektor), Egisto Tango (1913–19), Sergio Failoni (1928–48), Issay A. Dobrowen (1936–39), Otto Klemperer (Musikdirektor 1947–50), János Ferencsik (Musikdirektor 1950–73 und 1978–84), István Kertész (1955–58), András Kórody (1946–73, 1. Kapellmeister 1973–86), Ervin Lukász (Musikdirektor seit 1987), János Kovacs (1. Kapellmeister seit 1986).
Uraufführungen: Werke von Sándor Balassa (*The Man outside*, 1978), Béla Bartók (*A Kékszakállú herceg vára*, Ritter Blaubarts Burg, 1918), Attila Bozay (*Csongor és Tünde*, 1986), Ernő Dohnányi (*Der Tenor*, 1929), Zsolt Durkó (*Moses*, 1977), Ferenc Erkel (*Sarolta*, 1862), Jenő Hubay (*Anna Karenina*, 1932; *István Király*, 1885), Zoltán Kodály (*Hary János*, 1926), István Láng (*Mario und der Zauberer*, Ballett, 1964), Emil Petrovics (*C'est la guerre*, 1966; *Bün és bünhodés*, Schuld und Sühne, 1969), Sándor Szokolay (*Vérnász*, Die Bluthochzeit, 1964; *Hamlet*, 1968; *Samson*, 1973; *Ecce Homo*, 1987).

Teatro Colón (Buenos Aires)
Das erste Gebäude des Teatro Colón wird 1857 eingeweiht und 1888 wieder abgerissen. Das neue, weitaus größere und heute noch bespielte Theater mit 4000 Plätzen wird am 25. Mai 1908 mit einer Aufführung von *Aida* (Verdi) eröffnet. Seit der Gründung wird an der größten südamerikanischen Oper das Stagione-Verfahren angewendet; die bedeutendsten europäischen und nordamerikanischen Sänger werden jeweils für eine Spielzeit engagiert, die zu Beginn von Mai bis August und ab 1936 von April bis November dauert. Seit 1936 gibt es auch eine Sommerspielzeit (Februar-März). Seit der Ausdehnung der Spielzeit verfügt das Haus über ein eigenes Orchester (98 Mitglieder), einen Chor (100 Mitglieder) und seit 1925 bereits über ein eigenes Ballett. Das Orchester, bis 1948 das einzige in Buenos Aires, gibt auch regelmäßig Symphonie-Konzerte. Erich Kleiber und Fritz Busch dirigieren die Formation häufig. Bis 1930 wird das Haus an Impressarios vermietet, die europäische Truppen zu Gastspielen einladen, nachdem 1925 der Versuch, die Oper von der Stadt zu verwalten, gescheitert war. 1931 wird die Oper unabhängig und engagiert die Künstler auf eigene Rech-

nung. 1967 ruft das Teatro Colón eine Kammeroper ins Leben. Während einer Saison werden im Durchschnitt 90 Opernaufführungen, 30 Ballette und 80 Konzerte gegeben.

Intendanten: Cesar Ciacchi (1908–13), Leopoldo Longinotti (1914), Walter Mocchi und Faustino da Rosa (1915–18 und 1922–24), Camillo Bonetti (1919–21), Ottavio Scotto (1926–28), Faustino da Rosa (1929), Emilio Ferone (1930), Max Hofmüller (1931), Juan José Castro (1933), Athos Palma (1934–36), Floro M. Ugarte (1937–43 und 1946), Ferruccio Calusio (1944 und 1952), Luis V. Ochaa (1945), Cirilo Grass Díaz (1946–49), Horacio Caillet Bois (1949–50), Julio C. Traversa (1950–51), Pedro Valenti Costa (1952–54), Arturo López (1954), Eduardo Castillo (1954–55), Floro M. Ugarte (1956), Jorge d'Urbano (1956–57), Orlando Tarrió (1958), Ernesto S. Goldenstein (1958), Juan P. Montero (1958–66), Enzo Valenti Ferro (1967–72), Felix Perez Constanzó (1973), Bruno C. Jacovella (1973), Elvio H. Romeo (1973–74), Enrique Sivieri (1974–75), Guillermo Gallacher (1978–82), Leandro Vivet (1982–83), Alberto B. Alonso (1983), Cecilio Madanes (1984-), Ricardo Szwarcer.

Künstlerische Direktoren: In der Regel wird diese Funktion von den Intendanten mit übernommen; hier werden nur die künstlerischen Direktoren aufgeführt, die nicht Intendanten waren: Emile A. Napolitano (1946–48), Ferruccio Calusio (1948–49 und 1965–66), Pedro Valenti Costa (1949), Carlos Suffern (1949–50), Juan Emilio Martini (1955), Rafael González (1956–57), Roberto Caamaño (1961–63), Robert Kinsky (1964), Carlos Suffren (1970–72), Antonio Pini (1973), Luis Zubilaga (1973), Carlos Malloyer (1973), Claudio Guidi-Drei (1976), Juan Emilio Martini (1976–77), Enzo Valenti Ferro (1978–82), Renato Cesari (1982–83), Antonio Pini (1984-), René Casentino, Juan Pedro Calderon.

Kapellmeister: Das Stagione-System wird durch zusätzlich engagierte Dirigenten ergänzt, die für einen Teil des Repertoires verantwortlich sind: Hier die wichtigsten:
Luigí Mancinelli (1908–09 und 1913), Edoardo Vitale (1910–11), Arturo Toscanini (1912), Tullio Serafin (unregelmäßig 1914–51), Felix Weingartner (1922), Fritz Reiner (1926), Emil Cooper, Grzegorz Fitelberg (1929 und 1948), George Sébastian (1931 und 1964–65), Ernest Ansermet (1931), Fritz Busch (1933–45), Erich Kleiber (1937–49), Albert Wolff (1938–46), Karl Böhm (1950–53), Alberto Erede (1953–56), Carlo-Felice Cillario (1954–62), Sir Thomas Beecham (1958), Ferdinand Leitner (1958–67), Fernando Previtali (1960–67), Jean Fournet (1961–66), Bruno Bartoletti seit 1963, István Kertész, Sir John Pritchard, Georges Prêtre u.a. Hier die wichtigsten argentinischen Dirigenten: Ferruccio Calusio, Paolantonio, Ettore Panizza, Robert Kinsky, Juan Emilio Martini, Juan José Castro, Mario Benzecry, Michelangelo Veltri.

Chorleiter: Achille Consoli und Cesar A. Stiattesi, Rafael Terragnolo (1926–57), Tullio Buni (1951–67), Romano Gandolfi (1968–70), Tullio Boni (1971–73), Alberto Balzanelli (1974–82), Andrès Maspero (seit 1983).

Uraufführungen: Werke von Héctor Panizza (*Aurora*), Carlos López Buchardo (*El sueño de Alma*, 1914), Pascual de Rogatis (*Huemac*, 1916), Frenos (*Espoile*, 1928), Felipe Boero (*Tucumán*, 1918; *El matrero*, 1929), Alberto Ginastera (*Don Rodrigo*, 1964).

Lyric Opera of Chicago
Das 1910 von Andreas Dippel gegründete Haus nennt sich 1922–32 Civic Opera Company. 1929 wird ein neues Gebäude eingeweiht, doch aufgrund wirtschaftlicher Schwierigkeiten muß die Oper 1932 schließen. Ungefähr zwanzig Jahre lang treten in Chicago nur in anderen Städten beheimatete Opernensembles auf. 1954 gründet Carol Fox die heute noch bestehende Lyric

Opera of Chicago, die sich schnell als eines der wichtigsten Opernensembles der Vereinigten Staaten durchsetzt. In der Sommersaison wirkt das Ensemble an den Festspielen von Ravinia mit.
Intendanten: Andreas Dippel (1910–21), Mary Garden (1921–22), Samuel Insull (1922–32), Fausto Cleva (1944–46), Carol Fox (1954–81), Ardis Krainik (seit 1981).
Musikdirektoren: Cleofonte Campanini (1910–19), Gino Marinuzzi (1919–20), Giorgio Polacco (1920–30), Nicola Rescigno (1954–56), Bruno Bartoletti (seit 1964–85 1. Kapellmeister, seit 1985 künstlerischer Direktor).
Uraufführungen: Werke von Ruggiero Leoncavallo (*Edipo Re*, König Ödipus, 1920), Krzysztof Penderecki (*Das verlorene Paradies*, 1978) und Sergej S. Prokofjew (*Ljubow k trjom apelsinam*, Die Liebe zu den drei Orangen, 1921).

Dallas Civic Opera
Das 1957 gegründete Haus nimmt eine Tradition auf, die bis ins Jahr 1883 zurückreicht (Einweihung des Dallas Opera House mit Peter I. Tschaikowskijs *Iolanta*). Während der ersten Hälfte des 20. Jahrhunderts empfängt Dallas ausschließlich Gastspieltruppen, vor allem die Ensembles aus Chicago und die Met. Die Aufführungen finden in der Fair Parc Music Hall statt. Franco Zeffirelli inszeniert hier häufig mit Maria Callas in den Hauptrollen.
Intendanten: Lawrence Kelly (1957–74), Plato S. Karayanis.
Musikdirektoren: Nicola Rescigno (seit 1957).
Uraufführung: *Aspern Papers* von Dominick Argento (1988).

Staatsoper Dresden
Die frühesten Opern-Aufführungen in Dresden sind 1627 nachweisbar. 1841 wird nach den Plänen von Gottfried Semper (1803–79) die Städtische Oper errichtet, die 1869 abbrennt und originalgetreu wieder aufgebaut wird (Einweihung 1878). Bei den Bombardierungen der Stadt im Jahr 1945 bleiben nur die äußeren Mauern des Gebäudes erhalten. Ab 1948 wird der Opernbetrieb in einem provisorischen Gebäude wieder aufrechterhalten; erst 1985 zieht die Oper wieder in den rekonstruierten und modernisierten Semper-Bau ein.
Intendanten: Hans Dieter Mäder, Heinrich Allmeroth, Horst Seeger (1973–84), Siegfried Köhler (1984), Gerd Schönfelder (1985–90), Christoph Albrecht (seit 1990).
Generalmusikdirektoren: Ernst von Schuch (1889–1914, bereits ab 1873 1. Kapellmeister), Fritz Reiner (1914–21), Fritz Busch (1922–33), Karl Böhm (1934–42), Karl Elmendorff (1943–44), Joseph Keilberth (1945–50), Rudolf Kempe (1950–53), Franz Konwitschny (1953–55), Rudolf Neuhaus (1955–60, mit Lovro von Matačič als 1. Kapellmeister), Otmar Suitner (1960–64), Kurt Sanderling (1964–67), Martin Turnovski (1967–68), Siegfried Kurz (1971–75), Herbert Blomstedt (1975–85), Hans Vonk (1985–91), Giuseppe Sinopoli (ab 1992).
Uraufführungen: Werke von Juri Buzko (*Die weißen Nächte*, 1973), Ferruccio Busoni (*Doktor Faust*, 1925), Ernő Dohnányi (*Tante Simona*, 1913), Joseph Hass (*Hiobs Hochzeiten*, 1944), Paul Hindemith (*Cardillac*, 1926), Rainer Kunad (*Maître Pathelin oder Die Hammelkomödie*, 1969; *Vincent*, 1979), Siegfried Matthus (*Die Weise von Liebe und Tod des Cornets Christoph Rilke*, 1985), Ferdinand Paer (*Sargino ossia l'allievo dell'amore*, 1803; *Leonora ossia l'amor coniugale*, 1804), Anton G. Rubinstein (*Feramors*, 1863), Max von Schillings (*Moloch*, 1906), Othmar Schoeck (*Penthesilea*, 1927), Franz Schubert (*Der vierjährige Posten*, 1869), Richard Strauss (*Feuersnot*, 1901; *Salome*, 1905; *Elektra*, 1909; *Der Rosenkavalier*, 1911; *Intermezzo*, 1924; *Die ägyptische Helena*, 1928; *Arabella*, 1933; *Die schweigsame Frau*, 1935; *Daphne*, 1938), Heinrich Sutermeister (*Romeo und Julia*, 1940), Richard Wagner (*Rienzi*, 1842; *Der fliegende Holländer*, 1843; *Tannhäuser*,

1845), Kurt Weill (*Der Protagonist*, 1926), Udo Zimmermann (*Levins Mühle*, 1973; *Der Schuhu und die fliegende Prinzessin*, 1976), Ermanno Wolf-Ferrari (*L'amore medico*, Der Liebhaber als Arzt, 1913).

Deutsche Oper am Rhein (Düsseldorf-Duisburg)
Die Deutsche Oper am Rhein entsteht 1956 aus dem Zusammenschluß der Opernensembles der beiden Städte, wobei vor allem die Düsseldorfer eine reiche Vergangenheit aufweist, die bereits 1875 gegründet, 1906 umgewandelt, 1944 bei der Bombardierung der Stadt zerstört und 1956 neugegründet wird. Wichtige Zyklen finden an der neugegründeten, gemeinsamen Oper statt, so ein Zyklus der Musik des 20. Jahrhunderts (Schönberg, Berg, Hindemith, Dallapiccola, Brecht-Weill, Strawinsky, B. A. Zimmermann), ein religiöser (Rossini, Puccini, R. Strauss) und Zyklen, die den Komponisten Leoš Janáček, Wolfgang Amadeus Mozart und Richard Wagner gewidmet sind.
Intendanten: Karl Scherbarth (1873–76), Karl Erdmann (1876–77), Albert Schirmer (1877–80), Karl Simons (1881–89), Rainer Simons und dessen Frau (1889–90), Eugen Staegemann (1891–98), dessen Frau (1898–1900), Heinrich Gottinger (1900–03), Ludwig Zimmermann (1903–20), Willi Becker (1920–25), Heinz Hille (1925–27), Walter Bruno Iltz (1927–36 und 1951–55), Otto Krauss (1937–44), Wolfgang Langhoff (1945–46), Gustaf Gründgens (1947–51), Eugen Szenkar, Walter Schoppmann und Fritz Landsittel (1955–56), Hermann Juch (1956–64), Grischa Barfuss (1964–85), Kurt Horres (seit 1985).
Generalmusikdirektoren: Heinrich Hollreiser (1942–45), Eugen Szenkar, Alberto Erede (1958–62), Günter Wich (1965–80), Hiroshi Wakasugi (1982–86), Hans Wallat (seit 1986).
Uraufführungen: Werke von Alexander Goehr (*Sehet die Sonne*, Auftrag zum fünfundzwanzigjährigen Bestehen der Deutschen Oper am Rhein), Giselher Klebe (*Die Räuber*, 1957; *Die tödlichen Wünsche*, 1959; *Das Märchen von der schönen Lilie*, 1969) und Peter Ronnefeld (*Die Ameise*, 1961).

Maggio Musicale Fiorentino
und **Teatro Comunale** (Florenz)
Der 1933 von Vittorio Gui ins Leben gerufenene Maggio Musicale Fiorentino ergänzt die Spielzeit des 1864 unter dem Namen Teatro Politeama Fiorentino Vittorio Emmanuele gegründeten Teatro Comunale. Florenz gehört zu den ältesten Opernstädten Europas; hier wurde 1597 die Oper *Dafne* von Jacopo Peri uraufgeführt. Ein Jahrhundert später werden am Hoftheater regelmäßig Opern aufgeführt. 1656 wird das Teatro della Pergola eröffnet, in dem die Uraufführungen von Werken von Gaetano Donizetti (*Parisina*, 1833, und *Rosmonda d'Inghilterra*, 1834) und Giuseppe Verdi (*Macbeth*, 1847) stattfinden.
Intendanten: Mario Labroca (1936–44), Pariso Votto (1944–64), Remigio Paone (1965–70), Nicola Pinto (1970–74), Massimo Bogianckino (1976–82), Francesco Romano (1982–86), Giorgio Vidusso (1986–90), Massimo Bogianckino (seit 1990).
Künstlerische Direktoren: Vittorio Gui (1933–36), Francesco Siciliani (1948–57), Roman Vlad (1963–64), Luciano Alberti (1966–75), Flavio Testi (1976–77), Luciano Alberti (1978–84), Bruno Bartoletti (seit 1988).
1. Kapellmeister: Vittorio Gui (1933–36), Mario Rossi (1937–44), Ettore Gracis (1948–50), Bruno Bartoletti (1957–64), Riccardo Muti (1969–81), Zubin Mehta (seit 1985).
Uraufführungen: Werke von Henk Badings (*Orest*, 1954), Valentino Bucchi (*Il contrabbasso*, 1954), Sylvano Bussotti (*L'ispirazione*, 1988), Alfredo Casella (*Il deserto tentato*, 1937), Mario Castelnuovo-Tedesco (*Il mercanto di Venezia*, 1961), Luigi Dallapiccola (*Volo di notte*, 1940; *Il prigioniero*, 1950), Vito Frazzi (*Re Lear*, 1939; *Don Chi-*

sciotte, 1952), Gian Francesco Malipiero (*Il figluolo prodigo*, 1957, *Antonio e Cleopatra*, 1968), Luigi Nono (*Das atmende Klarsein*, 1981), Ildebrando Pizzetti (*Orsèolo*, 1935; *Vanna Lupa*, 1949; *Ifigenia*, 1950), Salvatore Sciarrino (*Aspern*, 1978), Fabio Vacchi (*Girotondo*, Auftrag, 1982).

Städtische Bühnen Frankfurt am Main
1698 werden in Frankfurt die ersten Opern aufgeführt. Im 17. Jahrhundert gibt es in Frankfurt kein Hoftheater; nur fahrende Truppen führen in Frankfurt Opern auf. 1782 wird das Städtische Comödienhaus eingeweiht, in dem hauptsächlich Opern von Wolfgang Amadeus Mozart gespielt werden. Unter der Leitung von Johann Cannabich wird das Haus in Deutschland vor allem aufgrund der verschwenderischen Ausstattungen von Giorgio Fuentes bekannt. Nach und nach werden Werke von Carl Maria von Weber, Giacomo Meyerbeer, Jacques Frommental Halévy, Richard Wagner und Giuseppe Verdi ins Repertoire aufgenommen. 1880 wird in Anwesenheit von Wilhelm I. die Alte Oper eingeweiht. Während des ersten Jahrzehnts des 20. Jahrhunderts ist die Bühne der zeitgenössischen Musik gegenüber besonders aufgeschlossen. So finden hier die deutschen Erstaufführungen von *Pelléas et Mélisande* (Debussy) und *Louise* (G. Charpentier) statt. Nach der Zerstörung der Alten Oper während des Zweiten Weltkrieges finden die Aufführungen bis 1951 in der Börse und anschließend im Schauspielhaus statt; 1981 wird die Alte Oper wiedereröffnet.
Intendanten: Emil Claar (1880–1900), Paul Jensen (1900–1911), Robert Volkner (1912–17), Karl Zeiss (1917–20), Ernst Lert (1920–23), Clemens Krauss (1924–29), Josef Turnau (1929–33), Hans Meissner (1933–44), Harry Buckwitz (1951–68), Christoph von Dohnányi (1968–77), Michael Gielen (1977–87), Gary Bertini (1987–92), Martin Steinhoff (geschäftsführender Intendant ab 1992), Sylvain Cambreling (musikalischer Berater ab 1991, Intendant und Generalmusikdirektor ab 1993).
Generalmusikdirektoren: Otto Dessoff (1881–92), Ludwig Rottenberg (1893–1924), Clemens Krauss (1924–29), William Steinberg (1929–33), Bertil Wetzelsberger (1933–37), Franz Konwitschny (1937–45), Bruno Vondenhoff (1945–51), Sir Georg Solti (1952–61), Lovro von Matačić (1961–66), Theodore Bloomfield (1966–68), Christoph von Dohnányi (1968–77), Michael Gielen (1977–87), Gary Bertini (1987–1992), Sylvain Cambreling (seit 1991 Berater und ab 1993 GMD).
Uraufführungen: Werke von John Cage (*Europeras I* und *II*, 1987), Werner Egk (*Die Zaubergeige*, 1935; *Columbus*, 1942), Friedrich von Flotow (*Rübezahl*, 1853), Hans Werner Henze (*Das Ende einer Welt*, 1965; *Ein Landarzt*, 1965), Paul Hindemith (*Sancta Susanna*, 1922), Heinz Holliger (*What where*, 1989), Gustav Albert Lortzing (*Die Opernprobe*, 1851), Carl Orff (*Carmina Burana*, 1937; *Die Kluge*, 1943), Hermann Reutter (*Doktor Johannes Faustus*, 1937; *Odysseus*, 1942), Arnold Schönberg (*Von heute auf morgen*, 1930), Franz Schreker (*Der Schatzgräber*, 1920), Louis Spohr (*Zemire und Azor*, 1819), Carl Maria von Weber (*Silvana*, 1810), Hans Zender (*Stephen Climax*, 1986).

Grand Théâtre de Genève
Das Genfer Grand Théâtre, das das alte, 1782–83 gebaute Haus ersetzt, wird am 2. Oktober 1879 mit einer Festvorstellung des *Guillaume Tell* (Verdi) eingeweiht. 1889–91 und 1926–34 wird es von der Stadt Genf verwaltet und 1934–62 von der Société Romande de Spectacles. Am 1. Mai 1951 brennt das Haus ab. Bis zur Wiedereröffnung im Jahre 1962 finden die Vorstellungen im Grand Casino statt. Das Theater arbeitet nach dem Stagione-Prinzip. Es verfügt über kein ständiges Opernensemble, dafür aber über ein Ballett. Während einer Saison werden ungefähr

75 Vorstellungen gegeben. Das Orchestre de la Suisse Romande bestreitet den größten Teil der Aufführungen. Intendanten: Louis Bernard (1879–81), Tancrède Gravière (1881–82 und 1884–85), Louis Bellier (1882–83), Olive Lafon (1883–84), Louis Bernard (1885–86), J. Gally zusammen mit einigen Künstlern (1886–87), F. Eyrin-Ducastel (1891–96), François Dauphin (1889–96), Maurius Poncet (1896–1901), Emile Huguet und Sabin-Bressy (1901–04), Emile Huguet (1904–08 und 1920–21), Constantin Bruni (1908–17 und 1925–26), Michel Chabance (1917–29), Louis Barras (1921–25), Guy Beckmans, Charles Denizot und Albert Paychère (1926–32), Victor Andréossi, Henri Peillex und Oreste Tempia (1932–34), Philippe Albert (1935–41 und 1944–54), Edouard Naville (1941–43), Marius Bertherat (1943–44), Gilbert Burnand (1954–62), Marcel Lamy (1962–65), Herbert Graf (1965–73), Jean-Claude Riber (1973–80), Hugues Gall (seit 1980).

Uraufführungen: Werke von Frank Martin (*Monsieur de Pourceaugnac*, 1963), Heinrich Sutermeister (*Raskolnikow*, 1965), Darius Milhaud (*La Mère coupable*, 1966), Girolamo Arrigo (*Il Ritorno di Casanova*, 1985), Rolf Liebermann (*Der Wald*, 1987).

Glyndebourne Festival

John Christie gründet die Festpiele 1934 zusammen mit seiner Frau Audrey Mildmay. Die Aufführungen finden in einem kleinen Theater (ursprünglich 300, heute 800 Plätze) auf dem Besitz des Gründers statt. Zu Beginn werden ausschließlich Mozart-Opern gespielt; heute haben auch zeitgenössische Opern Eingang ins Repertoire gefunden. Jede Spielzeit umfaßt sechs Opern. Nach der Unterbrechung durch den Zweiten Weltkrieg werden die Festspiele 1946 wieder aufgenommen, ein Jahr später aber von neuem unterbrochen. Erst ab 1950 kann wieder regelmäßig gespielt werden; seit dieser Zeit sichern private und industrielle Mäzene die Finanzierung. Seit 1968 wird die elfwöchige Saison (Mai–August) durch die im Herbst stattfindende Glyndebourne Touring Opera, die in Großbritannien Gastspiele gibt, verlängert. Das Festival lädt regelmäßig junge Sänger ein, von denen die meisten inzwischen berühmt geworden sind (Kathleen Ferrier, Janet Baker, Thomas Allen u. a.). Bis 1964 spielt in Glyndebourne das Royal Philharmonic Orchestra, danach das London Philharmonic Orchestra. Bei den Herbsttourneen arbeiten die Festspiele mit der Northern Sinfonia (1968–73), der Bournemouth Sinfonietta (1974–87) und der London Sinfonietta (seit 1987) unter der Leitung von Graeme Jenkins (seit 1985) zusammen.

Künstlerische Leiter: Carl Ebert (1934–59), Günther Rennert (1960–67), Franco Enriquez (1968–69), John Cox (1970–81), Sir Peter Hall (seit 1983).

Musikalische Leiter: Fritz Busch (1934–51), Vittorio Gui (1951–60), Sir John Pritchard (1960–77), Bernard Haitink (1977–88), Andrew Davis (seit 1988).

Verwaltungsleiter: Alfred Nightingale (1934–35), Rudolf Bing (1935–49), Moran Caplat (1949–81), Brian Dickie (seit 1981).

Uraufführungen: Werke von Benjamin Britten (*The Rape of Lukretia*, 1946; *Albert Hering*, 1947), Oliver Knussen (*Where the Wild Things Are*, 1984), Nicholas Maw (*The Rising of the Moon*, 1970), Nigel Osborne (*The Electrification of the Soviet Union*, 1987). Richard Strauss realisierte für Glyndebourne eine Version seines *Rosenkavaliers* mit kleiner Besetzung.

Vereinigte Bühnen Graz

Gegründet 1899.

Intendanten: Otto Purschian (1899–1903), Alfred Cavar (1903–08), Heinrich Hagin (1908–11), Julius Grevenberg (1911–23), Theo Modes (1923–26), Karl Lustig-Prean (1926–28), Josef Geissel (1928–30), Felix Knüpfer (1930–32), Helmuth Ebbs (1932–33 und 1946–49), Herbert Furreg (1933–

36), Viktor Pruschka (1936–38), Willi Hanke (1938–39), Rudolf Meyer (1939–44), Aloys Stadlmayer und Bernhard Michl (1945), Harry Schürmann (1945–46), Alfred Huttig (1949–50), Viktor Pruschka (1950–53), Fritz Zaun (1953–54), André Diehl (1954–65), Karl Heinz Haberland (1965–68), Reinhold Schubert (1968–72), Carl Nemeth (1972–90), Gundula Janowitz (seit 1990).

Generalmusikdirektoren: Oswald Kabasta (1926–31), Rudolf Moralt (1937–40 und 1945–46), Hans Swarowsky (1948–49), Meinhard von Zallinger (1949–50), Herbert Adler (1950–52), Fritz Zaun (1953–54), André Diehl (1954–59), Günther Wich (1959–61), Berislav Klobučar (1961–73), vakant bis 1981, Niksa Bareza (1981–90), Uwe Mund (ab 1990).

Das Ensemble umfaßt 35 Sänger und ungefähr 20 Gastsänger und der Chor 41 Choristen.

Uraufführungen: Werke von Waldemar Bloch (*Das Käthchen von Heilbronn*, 1958), Darius Milhaud (*Christophe Colomb*, neue Version, 1965), György Ligeti (*Aventures et nouvelles aventures*, 1970), Ivan Eröd (*Orpheus ex Machina*, 1978), Sergej S. Prokofjew (*Maddalena*, 1981), Friedrich Cerha (*Der Rattenfänger*, 1987).

Hamburgische Staatsoper
Die 1677 als Theater auf dem Gänsemarkt gegründete Oper wird am 2. Januar 1678 unter der Leitung von Gerhard Schott, Peter Lütjens und Johann Adam Reinken mit Johann Theiles *Adam und Eva oder Der erschaffene, gefallene und wiederauferstandene Mensch* eröffnet. 1684–87 verhindert die Kirche Opernaufführungen. Reinhard Keiser gehört zu den ersten wichtigen Direktoren (er schreibt für Hamburg 116 Opern), bevor Johann Mattheson (der 1697–1705 hier als Sänger tätig ist), Georg Friedrich Händel (1703–05) und Georg Philipp Telemann (1722–38) die Geschicke des Hauses leiten; während der Amtszeit Telemanns wird jedes Jahr eines seiner Werke aufgeführt. Italienische Truppen folgen, vor allem die Pietro Mingottis. 1767 übernimmt Gotthold Ephraim Lessing die Leitung des Theaters; fünf Jahre später wird er von Friedrich Ludwig Schröder abgelöst. Die beiden erarbeiten die Grundlagen der deutschen Oper. 1809 geht das Haus in städtischen Besitz über. Nach Plänen von Carl Friedrich Schinkel wird ein neues Haus errichtet, das am 3. Mai 1827 in der Dammtorstraße eingeweiht wird. 1851 erhält es den Namen Große Oper. 1874 wird ein neuer Saal gebaut, der ab 1920 ausschließlich der Oper vorbehalten ist. 1933 wird aus der Großen Oper ein Staatstheater. Nach der Zerstörung im Jahre 1943 zieht die Oper in das Thalia-Theater um; am 6. Januar 1946 erhält die Hamburgische Staatsoper wieder ein eigenes Haus, das 1949 vergrößert wird; am 15. Oktober 1955 werden die neuen, von Gerhard Weber entworfenen Räume eingeweiht.

Intendanten: Martin Haller (bis 1873), Bernhard Pollini (1873–97), Max Bachur und Franz Bittong (1898–1912), Hans Loewenfeld (1912–21), Leopold Sachse (1921–31), Albert Ruch (1931–33 und 1945–46), Heinrich K. Strohm (1933–40), Alfred Noller (1940–45), Günther Rennert (1946–56), Heinz Tiedje (1956–59), Rolf Liebermann (1959–73 und 1985–88), August Everding (1973–77), Christoph von Dohnányi (1977–84), Kurt Horres (1984–85), Peter Ruzicka (seit 1988).

Generalmusikdirektoren: Hans von Bülow (1887–91), Gustav Mahler (1891–97), Felix Weingartner (1912–14), Egon Pollak (1917–31), Karl Böhm (1931–33), Eugen Jochum (1933–44), Arthur Grüber (1946–51), Leopold Ludwig (1951–71), Horst Stein (1971–77), Christoph von Dohnányi (1977–84), Hans Zender (1984–86), Gerd Albrecht (seit 1986).

Uraufführungen: Werke von Günther Bialas (*Der gestiefelte Kater oder Wie man das Spiel spielt*, Auftrag, 1975), Antonio Bibalo (*Das Lächeln am Fuße* der Leiter, Auftrag, 1965; Pinocchio, Ballett, Auftrag, 1969), Boris Blacher (Zwischenfälle bei einer Notlandung, Auftrag, 1966), Paul Burkhard (Ein Stern geht auf aus Jaakob, Auftrag, 1970), Marius Constant (Candide, Ballett, Auftrag, 1971), Gottfried von Einem (Der Zerrissene, 1964), Friedrich von Flotow (Alessandro Stratella, 1844; Die Matrosen, 1845), Alexander Goehr (Arden muß sterben, Auftrag, 1967), Georg Friedrich Händel (Almira, 1705; Nero, 1705), Pierre Henry (Kyldex I, 1973), Hans Werner Henze (Der Prinz von Homburg, 1960), Mauricio Kagel (Staatstheater, Auftrag, 1971), Reinhard Keiser (Adanis, 1697; Nebucadnezar, 1704; Octavia, 1705; Croesus, 1711; Achilles, 1716; Circe, 1734), Milko Kelemen (Der Belagerungszustand, Auftrag, 1970), Giselher Klebe (Figaro läßt sich scheiden, Auftrag, 1963; Jacobowsky und der Oberst, Auftrag, 1965), Erich Wolfgang Korngold (Die tote Stadt, 1920; Das Wunder der Heliane, 1927), Ernst Krenek (Pallas Athene weint, 1955; Der goldene Bock, Auftrag, 1964; Das kommt davon oder Wenn Sardakai auf Reisen geht, Auftrag, 1970), Johann Mattheson (Die Plejaden, 1699; Der edelmüthige Porsenna, 1702; Die unglückselige Cleopatra, 1704; Boris Goudenow, 1710; Enrico IV., 1711), Gian Carlo Menotti (Help! Help! The Globolinks!, Auftrag, 1968), Diether de la Motte (So oder so, Auftrag, 1975), Krzysztof Penderecki (Die Teufel von Loudun, Auftrag, 1969), Henri Pousseur (Nacht der Nächte, Auftrag, 1985), Hermann Reutter (Saul, 1947), Wolfgang Rihm (Die Eroberung von Mexiko, 1989), Alfred G. Schnittke (Peer Gynt, Ballett, 1989), Gunther Schuller (The Visitation, Auftrag, 1966), Humphrey Searle (Hamlet, Auftrag, 1969), Igor Strawinsky (The Flood, erste szenische Aufführung, 1963), Josef Tal (Ashmedai, Auftrag, 1971), Georg Philipp Telemann (Der geduldige Socrates, 1721; Ulysses, 1721; Belsazar, 1723; Pimpinone, 1725; Calypso oder Sieg der Weisheit, 1727; Aesopus bei Hofe, 1729; Die Flucht des Aeneas, 1731), Udo Zimmermann (Die weiße Rose, 1984).

Niedersächsisches Staatstheater Hannover

1672 finden im Ballhof und ab 1678 im Kleinen Komödienhaus in Hannover die ersten Opernaufführungen statt. Das Schloßopernhaus wird am 30. Januar 1689 mit einer Vorstellung von Agostino Steffanis Enrico Leone eingeweiht; Steffani wird als erster Musikdirektor in Hannover tätig (1689–98). Im 17. Jahrhundert treten in Hannover viele Wandertruppen auf. 1830 wird Heinrich Marschner zum Hofmusikdirektor ernannt. Am 1. September 1852 wird das von Georg Ludwig Laves gebaute Hoftheater mit einem Festspiel von August von Perglass eingeweiht. Im Juli 1943 wird das Theater ausgebombt; am 30. November 1950 wird der Neubau eingeweiht.
Intendanten: Rudolf Krassell, Johannes Schuber, Kurt Erhardt (1943–65), Reinhard Lehmann (1965–72), Günter Roth (1972–79), Hans-Peter Lehmann (seit 1980).
Generalmusikdirektoren: Heinrich Marschner (1830–59), Karl Ludwig Fischer (1859–77, 1859–65 zusammen mit Bernhard Scholz), Hans von Bülow (1877–79), Ernst Frank (1879–87), Karl Horner (1887–1900), Emil Abrányi (1907–10), Friedrich W. Weigmann (1911–12), Carl Leonhardt (1912–20), Arno Grau und Franz Konwitschny (1945–49), Johannes Schüler (1949–60), Günter Wich (1961–65), Georg Alexander Albrecht (seit 1965).
Uraufführungen: Werke von Hans Werner Henze (Boulevard Solitude, 1952), Alfred Koerppen (Ein Abenteuer auf dem Friedhof, Auftrag, 1980), Jan Meyerowitz (Die Doppelgängerin, 1967), Diether de la Motte (Der Aufsichtsrat, 1970), Egon Wellesz (Die Prinzessin Girnara, 1921), Ermanno Wolf-Ferrari (Gli Dei a Tebe, 1943).

Opernhäuser

Houston Grand Opera
Das Haus wurde 1955 gegründet; 1966–87 fanden die Aufführungen in der Jones Hall statt, bevor die eigentliche Oper 1987 in dem Wortham Center, das nach einem der wichtigsten Mäzene der Oper, einem Versicherungsunternehmer, benannt wurde, ihre Heimat findet. Aus diesem Anlaß bestellte die Oper bei John Adams das Werk *Nixon in China*, das einen Tag nach der Einweihung uraufgeführt wurde.
Generaldirektoren: Walter Herbert (1955–72), R. David Gockley (seit 1973).
Musikdirektor: John DeMain (seit 1979).
Uraufführungen: u. a. Werke von John Adams (*Nixon in China*, 1987), Leonard Bernstein (*A Quiet Place*, 1983), Sir Michael Tippett (*New Year*, 1989).

Badisches Staatstheater Karlsruhe
1787 wird das Markgräflich-Badische Hoftheater eröffnet; allerdings finden in der Stadt bereits seit einem Jahrhundert Opern-Aufführungen statt. 1790 wird das Theater in Großherzoglich-Badisches Hoftheater umbenannt, 1919 dann in Badisches Landestheater und 1933 in Badisches Staatstheater. Das Haus wurde 1944 zerstört; seit 1975 ist die Oper in einem modernen Neubau untergebracht.
Intendanten: Georg Ludwig Freiherr von Edelsheim (1787–96), Karl Baron von Geusau (1796–1808), Eberhard Freiherr von Stetten (1808–10), Karl Ludwig Freiherr von Stockhorn-Starein (1810–12), Karl Wilhelm Adolf Baron von Ende (1812–16), Karl Freiherr von Hacke (1816–17), Franz Xaver Chevalier du Boys de Gresse (1817–19), Karl Freiherr von Gayling-Altheim (1819–22), Josef Freiherr von Auffenberg (1822–33), August Graf zu Leiningen-Neudenau (1833–39), Wilhelm Ludwig Freiherr von Gemmingen-Michelfeld (1839–43), Josef Freiherr von Auffenberg (1843–49), Johann Baron von Tschudy (1849–51), Eduard Devrient (1852–70), Wilhelm Kaiser (1870–72), Georg Köberle (1872–73), Gustav Gans Edler zu Putlitz (1873–89), Albert Bücklin (1889–1904), August Bassermann (1904–19), Stanislaus Fuchs (1919–20), Hans Bartning (1920–21), Robert Volkner (1921–26), Hans Waag (1926–33), Karl Asal (1933), Hans Herbert Himmighoffen (1933–44), Hans Herbert Michels (1945–46), Erich Weidner (1946), Erwin Hahn (1946–47), Otto Matzerath (1947–48), Hans Schulz-Dornburg (1948), Heinrich Köhler-Helffrich (1948–49), Heinz Wolfgang Wolff (1949–53), Paul Rose (1953–62), Waldemar Leitgeb (1962–63), Hans-Georg Rudolph (1963–77), Günter Könemann (seit 1977).
Generalmusikdirektoren: Johann Brandl (1810–24), Ferdinand Simon Gassner (1830–51), Wilhelm Kalliwoda (1853–75), Felix Mottl (1880–1903), Fritz Cortolezis (1913–25), Ferdinand Wagner (1925–26), Josef Krips (1926–33), Klaus Nettstraetter (1933–35), Joseph Keilberth (1935–40, ab 1931 bereits Kapellmeister), Otto Matzerath (1940–55), Alexander Krannhals (1955–61), Arthur Grüber (1962–76), Héctor Urbón (1976–77), Christof Prick (1977–84), José Maria Collado (1984–89), Günter Neuhold (seit 1989).
Unter den 1. Kapellmeistern sind Johann Melchior Molter (1722–33 und 1743–65), Franz Danzi (1812–24), Hermann Levi (1863–72), Otto Dessoff (1875–80) und Rudolf Schwarz (1927–33) besonders wichtig.
Uraufführungen: Werke von Eugen d'Albert (*Der Rubin*, 1893), Hector Berlioz (*La Prise de Troie*, 1890), Karl-Heinz Füssl (*Celestina*, 1976), Jacques Frommenthal Halévy (*Noah*, 1885), Rudolf Kelterborn (*Kaiser Jovian*, 1967), Rainer Kunad (*Der Meister und Margarita*, 1984), Siegfried Matthus (*Graf Mirabeau*, 1989), Paul Méfano (*Micromégas*, 1988), Carl Orff (*Tanz der Spröden*, 1925), Emil Nikolaus Reznicek (*Till Eulenspiegel*, 1902), Max von Schillings (*Ingwelde*, 1894), Franz Schubert (*Fierabras*, 1897), Ro-

bert Schumann (*Der Corsar*, Fragment, 1981), Siegfried Wagner (*Banadietrich*, 1910; *Schwarzschwanenreich*, 1918; *Der Friedensengel*, 1926).

Staatstheater Kassel

In Kassel lassen sich die ersten Opernaufführungen um 1700 nachweisen, die in dem zu Beginn des 17. Jahrhunderts errichteten Ottoneum stattfinden. Schauspiele wurden seit 1594 aufgeführt, und musikalisches Leben (in Form von Konzerten) läßt sich ab 1502 belegen. Prinz Maximilian läßt sich in seinem Schloß eine neue Hofoper bauen, die 1764 eingeweiht wird. Im Februar 1814 wird dann das Hoftheater eingeweiht; gleichzeitig wird die bis dahin dominierende italienische Oper durch die deutsche abgelöst. Nach der Zerstörung des Hoftheaters bei der Bombardierung der Stadt im Jahre 1943 zieht die Oper in die Stadthalle um, bis 1959 das derzeitige Gebäude bezogen werden kann.

Direktoren und Intendanten: Karl Feige (1815–48), Josias von Heeringen (1848–66), Adolph Freiherr von und zu Gilsa (1875–1906), Graf von Byland-Rheydt (1909–19), Walter Sieg (1919–25), Paul Bekker (1925–27), Ernst Legal (1927–28), Max Berg-Ehlert (1929–32), Edgar Klitsch (1932–33), Baron von Holthoff-Faßmann (1933–35), Franz Ulbrich (1935–45), Hans Carl Müller (1945–50), Paul Rose (1950–51), Edgar Klitsch (1951–53), Hermann Schaffner (1953–62), Günter Skopnik (1962–66), Ulrich Brecht (1966–72), Peter Läffler (1972–75), Gian Carlo del Monaco (1980–82), Tobias Richter (1982–83), Manfred Beilharz (1983–91), Michael Leinert (seit 1991).

Generalmusikdirektoren: Ruggiero Fedeli (1701–21), Fortunatus Chelleri (1725–57), Ignatio Fiorillo (1763–80), Joh. C. Friedrich Reichardt (1807), Felice Blangini (1809–13), Carl Wilhelm Guhr (1814–21), Louis Spohr (1822–57), Carl Reiss (1857–81), Wilhelm Treiber (1881–83), Gustav Mahler (1883–85), Franz Beier und Richard Laugs (1913–35; Laugs dirigierte noch bis 1941), Robert Heger (1935–44), Richard Kolz (1945–48), Karl Elmendorff (1948–51), Paul Schmitz (1951–63, dirigierte noch bis 1966), Christoph von Dohnányi (1963–66), Gerd Albrecht (1966–72), James Lockhart (1972–80), Woldemar Nelsson (1980–87), Adam Fischer (seit 1987).

Uraufführungen: Werke von Joseph Haas (*Tobias Wunderlich*, 1937), Peter Michael Hamel (*Menschentraum*, 1981), Walter Haupt (*Marat*, 1984), Hans Werner Henze (*König Hirsch*, 2. Fassung, 1963; *Der heiße Ofen*, 1989), Ernst Krenek (*Orpheus*, 1926), Hermann Reutter (*Doktor Johannes Faustus*, 1947), Louis Spohr (*Jessonda*, 1823; *Die Kreuzfahrer*, 1845), Rudolf Wagner-Régeny (*Prometheus*; mit diesem Werk wurde 1959 der Neubau eingeweiht).

Leningradskij gossndarstwennyi akademitscheskij teatr opery i baleta imensi S. M. Kirowa (Leningrad)
(Leningrader Staatliches Akademisches Opern- und Ballettheater S. M. Kirow, früher Mariinski teatr, Marientheater)
Siehe **Mariinski teatr** (Sankt Petersburg)

Oper der Stadt Köln
1822 wurde in Köln die erste ständige Oper gegründet. Sobald Ringelhardt ist ihr erster Leiter (1822–32); vor allem Ferdinand Hiller prägte die Geschicke des Hauses als Städtischer Kapellmeister (1850–84). 1872 wird das Theater in der Glockengasse eröffnet; 1902 zieht die Oper an das Theater am Habsburger Ring um (Opernhaus am Rudolfplatz), das mit dem dritten Akt der *Meistersinger von Nürnberg* (Wagner) eröffnet wird. Das Haus wird am 14. Mai 1944 bei der Bombardierung der Stadt zerstört. Die neue Oper am Offenbachplatz wird am 18. Mai 1957 mit einer Vorstellung des *Oberon* (v. Weber) eröffnet. Während des Wiederaufbaus finden die Vorstellungen in der

Universität und in den Kammerspielen statt.

Intendanten: Otto Purschian (1903–05), Max Martersteig (1905–11), Fritz Rémond (1911–28), Max Hofmüller (1928–33), Alexander Spring (1933–44), Karl Pempelfort (1945–47), Herbert Maisch (1947–59), Oscar Fritz Schuh (1959–65), Arno Assmann (1965–70), Claus Helmut Drese (1970–75), Michael Hampe (seit 1975).

Generalmusikdirektoren: Otto Lohse (1904–11), Gustav Brecher (1911–16), Otto Klemperer (1917–24), Fritz Zaun (1929–39), Günter Wand (1939–44), Richard Kraus (1948–53), Otto Ackermann (1953–58), Joseph Rosenstock (1958–60), Wolfgang Sawallisch (1960–63), István Kertész (1964–73), Sir John Pritchard (1977–89), James Conlon (seit 1989).

Uraufführungen: Werke von Wolfgang Fortner (*Bluthochzeit*, 1957), Karl Amadeus Hartmann (*Simplicius Simplicissimus*, 1949), Mauricio Kagel (*Camera obscura*, *Kantrimiusik*, 1978), Erich Wolfgang Korngold (*Die tote Stadt*, 1920), Nicolas Nabokov (*Rasputin's Ende*, 1959), Egon Wellesz (*Die Opferung des Gefangenen*, 1926), Alexander von Zemlinsky (*Der Zwerg*, 1921), Bernd Alois Zimmermann (*Die Soldaten*, 1965).

Opernhaus Leipzig

1693–1720 werden in Leipzig im Theater am Brühl von einem ständigen Ensemble Opern aufgeführt; Nikolaus Adam Strungk (1693–1700) und Georg Philipp Telemann (1704–20), der knapp zwanzig Opern für Leipzig komponiert, sind die wichtigsten Leiter jener Zeit. Im 18. Jahrhundert bestreiten vor allem italienische Wandertruppen das Opernprogramm, so die von Angelo und Pietro Mingotti. Nach und nach setzt sich das Singspiel durch. Mit dem Bau des Theaters auf der Rannischen Bastei (1766) und des Städtischen Theaters (1817) wird die Entwicklung der Oper in Leipzig vor allem unter der Leitung von E. T. A. Hoffmann entschieden gefördert. 1826 findet kurz nach der Londoner Premiere die deutsche Erstaufführung des *Oberon* (v. Weber) statt. Angelo Neumann stellt Ende des 19. Jahrhunderts eines der bedeutendsten deutschen Wagner-Ensembles zusammen, das von London, Venedig, Brüssel und anderen wichtigen Musikzentren eingeladen wird. Diese Tradition besteht bis zum Zweiten Weltkrieg. In Leipzig wird, vielleicht aus Opposition zum Traditionalismus des Gewandhauses, die zeitgenössische Musik gepflegt. 1867 wird das von C. F. Langhans entworfenen Theater am Augustusplatz eingeweiht, das bei der Bombardierung der Stadt am 3. Februar 1943 zerstört wird. 1945–60 finden die Opern-Aufführungen im Theater von Dreilinden statt; am 9. Oktober 1960 wird das am alten Platz errichtete neue Haus mit einer Vorstellung der *Meistersinger von Nürnberg* (Wagner) eingeweiht. Seit 1840 spielt das Gewandhaus-Orchester als »Orchester der Leipziger Oper« im Orchestergraben der dortigen Oper.

Intendanten: Angelo Neumann (1876–82), Max Staegemann (1882–1905), Gustav Brecher (1924–33), Joachim Herz (1960–76), Gert Bahner (1976–86), Uwe Wand (1986–90), Udo Zimmermann (seit 1990).

Generalmusikdirektoren und 1. Kapellmeister: Friedrich Schneider (1810–21), Heinrich Alois Präger (1821–28), Heinrich Dorn (1829–31), Albert Lortzing (1844–49), Julius Rietz (1847–54), A. F. Riccius (1854–64), Gustav Schmidt (1865–76), Josef Sucher (1876–78), Arthur Nikisch (1878–89), Anton Seidl (1. Kapellmeister, 1879–82), Gustav Mahler (1886–88), Emil Paur (1891–93), Karl Panzner (1893–99), Artur Gorter (1899–1902), Richard Hagel (1902–10), Egon Pollak (1910–12), Otto Lohse (1912–23), Paul Schmitz (1933–51 und 1964–73), Rudolf Kempe (1936–42), Helmut Seydelmann (1952–62), Hanns Wallat (1958–61), Rolf Reuter (1962–79),

Vacláv Neumann (1964–67), Gerd Bahner (1974–78), André Rieu (1. Kapellmeister, 1981–83), Johannes Winkler (1985–89), Lothar Zagrosek (1. Kapellmeister, seit 1990).

Uraufführungen: Werke von Boris Blacher (*Die Nachtschwalbe*, 1948), Alan Bush (*Guyana Johnny*, 1966), Fritz Geissler (*Der zerbrochene Krug*, 1971; *Der Schatten*, 1975), Ernst Krenek (*Johnny spielt auf*, 1927; *Leben des Orest*, 1930), Franz Lehár (*Kukuška*, 1896), Albert Lortzing (*Zar und Zimmermann*, 1837; *Der Wildschütz*, 1842), Carl Orff (*Catulli Carmina*, 1943), Robert Schumann (*Genoveva*, 1850), Karl Ottomar Treibmann (*Der Idiot*, 1988), Kurt Weill (*Aufstieg und Fall der Stadt Mahagonny*, 1930), Felix Weingartner (*Orestes*, 1902).

Landestheater Linz
Das 1803 gegründete Haus wurde 1958 rekonstruiert.
Intendanten: Kurt Wöss (Operndirektor, 1964–67), Alfred Stögmüller (1968–86), Roman Zeilinger (seit 1986).
Generalmusikdirektoren: Georg-Ludwig Jochum (1940–45), Kurt Wöss (1961–69), Peter Lacovich (1969–74), Theodor Guschlbauer (1975–83), Roman Zeilinger (1983–85), Manfred Mayrhofer (1985–92), Martin Sieghart (ab 1992).

English National Opera (London)
Das Sadler's Wells Theatre wurde 1765 gebaut; nach seiner Renovierung im Jahre 1925 wird es 1931 in ein Opernhaus umgewandelt und fusioniert mit der Old Vic Opera. Schnell setzt sie sich als zweite englische Bühne durch und spezialisiert sich auf Aufführungen englischer Komponisten und auf zeitgenössische Musik und unternimmt viele Tourneen durch das Land. Die meisten englischen Sänger gehören der English National Opera an, bevor sie zum Covent Garden gehen. 1968 zieht sie in einen Saal im London Coliseum um; 1974 erhält sie ihren jetzigen Namen. Der *Ring des Nibelungen* (Wagner) unter der Leitung von Sir Reginald Goodall und ein Janáček-Zyklus gehören zu den Höhepunkten dieses Hauses.

Intendanten: Lilian Baylis (1931–37), Tyrone Guthrie (1940–43), Joan Cross (1943–45), Clive Carey (1946–47), Norman Tucker (1948–66, zusammen mit James Robertson und Michael Mudie, 1953, und James Robertson, 1953–54), Stephen Arlen (1966–72), Earl of Harewood (1972–85), Peter Jonas (1985–93).

Musikdirektoren: Charles Corri (1. Kapellmeister, 1931–35), Warwick Braithwaite (1. Kapellmeister, 1932–40), Lawrance Collingwood (1. Kapellmeister, 1940–47), James Robertson (1946–54), Sir Alexander Gibson (1957–59), Sir Colin Davis (1961–65), Bryan Balkwill (1966–69), Sir Charles Mackerras (1970–78), Sir Charles Groves (1978–79), Mark Elder (seit 1979).

Uraufführungen: Werke von Richard Rodney Bennett (*The Mines of Sulphur*, 1965), Lennox Berkeley (*Nelson*, 1953), Harrison Birtwistle (*The Mask of Orpheus*, 1986), Benjamin Britten (*Peter Grimes*, 1945).

Royal Opera House, Covent Garden (London)
Das heute bespielte Haus wird 1858 an der gleichen Stelle wie die beiden vorhergegangenen Opernhäuser errichtet. Seit 1946 residiert hier die Königliche Oper (bis 1968 Covent Garden Opera) und das Königliche Ballett (bis 1956 Sadler's Wells Ballett). Am 7. Dezember 1732 wird das erste Haus eröffnet, in dem verschiedene Werke Georg Friedrich Händels uraufgeführt werden (u.a. *Ariodante, Alcina, Atalante, Berenice*) und in dem 1743 die Londoner Erstaufführung des *Messias* (Händel) stattfindet. Am 18. September 1809 wird das zweite Theater eingeweiht, nachdem das erste am 19. September 1808 abgebrannt war. In diesem Haus, das 1847 in das Italienische Theater umgewandelt wird, wird am 12. April 1826 *Obe-*

ron (v. Weber) aus der Taufe gehoben. Am 5. März 1856 brennt auch dieses Haus ab; am 15. Mai 1858 wird das derzeitige Haus mit einer Vorstellung der *Hugenotten* (Meyerbeer) eingeweiht. 1896–1924 wird das Haus vom Syndikat der Großen Oper verwaltet, das mit verschiedenen Impresarios und Musikdirektoren zusammenarbeitet. 1897–1900 ist Maurice Grau gleichzeitig Chef des Covent Garden und der Met. 1901–04 leitet André Messager den Covent Garden und die Pariser Opéra-Comique; drei Jahre arbeitet er in London als Impresario weiter und beschäftigt nacheinander die Musikdirektoren Neil Forsythe, Hans Richter und Percy Pitt. Die beiden letztgenannten arbeiten an dem Projekt einer englischen Oper. Unter Hans Richter findet 1908 eine denkwürdige Aufführung des *Ring des Nibelungen* (Wagner) statt. 1910 führt Sir Thomas Beecham eine Frühjahrs- und Herbstsaison ein und macht die Werke Richard Strauss' sowie *Romeo und Julia auf dem Dorf* von Frederick Delius und *The Wreckers* (Die Strandräuber) von Ethel Smyth bekannt. Während des Ersten Weltkriegs bleibt der Covent Garden geschlossen. Beecham, der während des Krieges die Beecham Opera Company gegründet hatte, übernimmt wieder die Leitung des Covent Garden. Aufgrund wirtschaftlicher Schwierigkeiten wird das Haus 1922–24 der British National Opera Company angeschlossen. 1923 findet die Uraufführung von *The Perfect Fool* (Der perfekte Narr) von Gustav Holst statt. Die Verwaltung von Covent Garden beschließt, wieder ein internationales Programm durchzuführen. 1924–31 leitet Bruno Walter brillante Aufführungen aus der deutschen Opernliteratur mit Elisabeth Schumann, Lauritz Melchior, Friedrich Schorr und Richard Mayr. Die italienische Oper ist 1929–31 mit Rosa Ponselle, Beniamino Gigli, Aureliano Pertile, Mariano Stabile und Ezio Pinza ebenfalls ausgezeichnet repräsentiert. Während der Wirtschaftskrise übernimmt Beecham wieder das Haus; 1932 zeichnet er für eine vielbeachtete Wagner-Saison verantwortlich. 1933–39 leiten Thomas Beecham und Geoffrey Toye den Covent Garden gemeinsam. Die Werke Richard Wagners und Wolfgang Amadeus Mozarts werden unter Wilhelm Furtwängler, Felix Weingartner, Fritz Reiner, Thomas Beecham und anderen bedeutenden Dirigenten aufgeführt.

Während des Zweiten Weltkriegs finden im Covent Garden Bälle statt. 1945–75 gibt ein englisches Sängerensemble im Stagione-Verfahren mehr als 4000 Vorstellungen. John Sutherland, Josephine Veasey, Gwyneth Jones, Yvonne Minton, Jon Vickers und Sir Geraint Evans setzen sich auch international durch.

Am Covent Garden finden zahlreiche englische Erstaufführungen von Werken von Alban Berg, Leoš Janáček, Arnold Schönberg u. a. statt. Einige der Aufführungen machen Geschichte, so der *Don Carlos* (Verdi) von Carlo Maria Giulini und Luchino Visconti zum hundertjährigen Bestehen der Oper, *Les Troyens* (Die Trojaner) von Hector Berlioz unter der Leitung von Raffael Kubelík und später Sir Colin Davis, oder *Pelléas et Mélisande* (Debussy) unter der Leitung von Pierre Boulez sowie den Produktionen von Peter Hall 1965–71.

Intendanten: Sir David Webster (1946–71), Sir John Tooley (1971–88), Jeremy Isaacs (seit 1988).

Musikdirektoren: Karl Rankl (1946–51), Rafael Kubelík (1955–58), Sir Georg Solti (1961–71), Sir Colin Davis (1971–86), Bernhard Haitink (seit 1987).

Uraufführungen: Werke von Richard Rodney Bennett (*Victory*, 1970), Arthur Bliss (*The Olympians*, 1949), Benjamin Britten (*Billy Budd*, 1951; *Gloriana*, 1953, zur Krönung von Elizabeth II.), Hans Werner Henze (*We come to the River*, 1976), Nicholas Maw (*The World in the Evening*, 1988), Peter Maxwell Davies (*Taverner*, 1972), Gustav Holst (*The Perfect Fool*, 1923), Jules Massenet (*La Navarraise*, 1894),

John Taverner (*Therese*, 1979), Sir Michael Tippett (*The Midsummer Marriage*, 1955; *King Priam*, 1962; *The Knot Garden*, 1970; *The Ice-Break*, 1977), Ralph Vaughan Williams (*The Pilgrim's Progress*, 1951), William Walton (*Troilus and Cressida*, 1954), Carl Maria von Weber (*Oberon*, 1826).

Opéra de Lyon
Als die Erben Jean-Baptiste Lullys der Stadt Lyon das Privileg verleihen, Opern aufzuführen (damals genehmigungspflichtig!), gründet die Stadt ihre eigene Oper. Die Premiere von *Phaeton* (Lully) findet am 3. oder 7. Januar 1688 im Saal des Jeu de Paume statt. Nachdem dieser Saal abgebrannt war, leitet Nicolas Levasseur in den Ställen des Hôtel de Chaponay die Opernvorstellungen. 1754-56 baut Soufflot das erste wirkliche Theater; der heute bespielte Bau stammt aus den Jahren 1826-31 (Architekten Chenavart und Pollet). Man nennt ihn auch die Wiege des französischen Wagnerismus, denn hier wurden in Frankreich die *Meistersinger von Nürnberg* (1896) und *Der Ring des Nibelungen* (1904) erstaufgeführt. Zahlreiche wichtige Werke werden hier noch vor Paris gespielt: *Sigurd* (Reyer, 1885), *Gwendoline* (Chabrier, 1893), *André Chénier* (Giordano, 1897), *Boris Godounow* (Mussorgskij, französische Version, 1913). 1942 wird das Theater von der Stadt übernommen; drei Jahre später wird das Konzessions-System wieder eingeführt. Unter der Direktion von Paul Camerlo zeichnet sich eine grundlegende Erneuerung der Lyoner Oper ab, die sich wiederum intensiv mit dem Werk Richard Wagners auseinandersetzt, sich aber auch mit zeitgenössischen Werken beschäftigt (französische Erstaufführungen von Arnold Schönbergs *Erwartung* und Hans Werner Henzes *Prinz von Homburg*). Louis Erlo verstärkt diese Politik noch. Das Repertoire-System wird zugunsten des Stagione-Systems aufgegeben. Luciano Berios *Opera* und *Passagio* (1979), Richard Strauss' *Die schweigsame Frau* (1981), Luigi Nonos *Al gran sole carico d'amoré* (1982) und Bernd Alois Zimmermanns *Soldaten* (1983) erleben hier ihre französischen Erstaufführungen. 1983 erhält die Lyoner Oper ihr eigenes Orchester; bis dahin bestreitet das Orchestre National de Lyon auch das Opernprogramm.

Intendanten: Alexis Singier, Tournié (1898-1902), Mondaud (1902-03), Broussman (1903-06), Flon und Landouzy (1906-09), Valcourt (1909-12), Beyle (1912-20), Moncharmont (1920-24), Moncharmont und Valcourt (1924-27), Valcourt (1927-33), Maurice Carrié (1933-39 und 1945-46), Camille Boucoiran (1939-41), Billet (1941), Charles Romette (1941-42), Roger Lalande (1942-44), Maurice Carrié jun. und Deloger (1946-47), Camille Boucoiran (1947-49), Paul Camerlo (1949-69), Louis Erlo (seit 1969, Ko-Direktion zunächst mit Louis Aster und ab 1980 mit Jean-Pierre Brossmann).

Musikdirektoren und 1. Kapellmeister: Joseph Hainl (1835-39), François Hainl (1841-63), Joseph Luigini (1863-71), Mangin (1871-72), Joseph Luigini (1873-75), Alexandre Luigini (1877-97), Bovy, Ryder, A. Amalou, André Cluytens (1942-44), Georges Lauweryns, Pierre Cruchon, Otto Akkermann, Edmond Carrière, Alain Lombard (1961-65), Serge Baudo (1969-71), Theodor Guschlbauer (1971-75), John Eliot Gardiner (1983-88), Kent Nagano (seit 1988).

Uraufführungen: Werke von Georges Aperghis (*Jacques le fataliste et son maître*, 1974; *L'Echarpe rouge*, 1984), Richard Gavin Bryars (*Medea*, 1984), Antoine Duhamel (*Les Oiseaux*, 1971; *Gambara*, 1978; *Les Travaux d'Hercule*, 1981; *Quatre-vingt-treize*, 1989), André Jolivet (*Dolorès*, 1960), Joseph Kosma (*Les Kanuts*, 1964; *Les Hussards*, 1969), Alexandre Luigini (*Le Rêve de Nicette*, 1870; *Ballet égyptien*, 1875; *Les Caprices de Margot*, 1877; *La Reine des fleurs*, 1878), Antoine Mariotte (*Salome*, 1908), Bohuslav

Martinů (*Trojí Přání*, Drei Wünsche, 1973), Maurice Ohana (*Autodafé*, 1972), Claude Prey (*Jonas*, 1969; *Young Libertad*, 1976), Jean Prodromidès (*Passion selon nos doutes*, 1971).

Teatro Lírico Nacional (Madrid)
1985 wird die Rechtsform des Teatro Lírico Nacional geschaffen, das bis zur Eröffnung des Teatro Real im Jahre 1991 in den Räumen des Teatro Lírico Nacional La Zarzuela untergebracht ist. Der Neubau des Teatro Real wird am 19. November 1850 an der Stelle der ehemaligen Madrider Oper De los Caños del Peral in Anwesenheit von Königin Isabel II., einer begeisterten Anhängerin des Belcanto, mit einer Vorstellung von Gaetano Donizettis *La Favorite* (mit Marietta Alboni) eröffnet. Bis 1925 gehört das Teatro Real zu den bedeutendsten Opern-Bühnen Europas. Giuseppe Verdi studiert 1863 *La forza del destino* (Die Macht des Schicksals) ein. Die Ballettabende werden von Gastspieltruppen bestritten. Das ohne ständigen Dirigenten arbeitende Orchester umfaßt 90 bis 100 Musiker. Am 5. April 1925 muß das Gebäude nach einer Aufführung von *La Bohème* (Puccini) aus Sicherheitsgründen geschlossen werden. Erst am 13. Oktober 1966 wird es als Konzertsaal wiedereröffnet, in dem Opernaufführungen unmöglich sind. Erst 1985 beschließt der spanische Kultusminister den Bau eines eigenen Madrider Opernhauses (die Eröffnung ist für 1991 vorgesehen). Das Spanische National-Ballett arbeitet inzwischen bereits im Teatro Real (Leitung Ray Barra und Maia Plissetskaya).
Uraufführungen: Werke von Tomás Bretón (*Los amantes de Teruel*, 1889; *Tabaré*, 1913), Ruperto Chapí y Lorente (*Margarita la Ternera*, 1909), Juan Lamotte de Grignon (*Hesperia*, 1909), Joaquín Turina (*Jardín de Oriente*, 1923), Federico Moreno Torroba (*La Virgen de Mayo*).
Das »Teatro Lírico Nacional La Zarzuela« wird am 10. Oktober 1856 eingeweiht und 1909 bei einem Brand stark beschädigt; erst 1913 kann es wieder bespielt werden. 1954 geht es in den Besitz des Spanischen Komponistenverbandes über. 1956 wird es zum hundertsten Geburtstag gründlich renoviert. 1966 kauft es die Madrider Vereinigung der Opernfreunde, bevor es 1974 in Staatsbesitz gelangt. Es wird ein weiteres Mal renoviert, so daß Opern, Zarzuelas und Ballette gezeigt werden können. 1987 erhält es seinen heutigen Namen.
Uraufführungen: Zarzuelas von Francisco Asenjo Barbieri (*Pan y toros*, 1864; *El barberillo de Lavapiés*, 1874), Ruperto Chapí y Lorente (*La tempestad*, 1882; *La bruja*, 1887; *El Rey que rabió*, 1891), Jerónimo Giménez (*El baile de Luis Alonso*, 1896; *La boda de Luis Alonso*, 1897, *La tempranica*, 1900) und Opern von Federico Moreno Torroba (*El poeta*, 1980) und Luís de Pablo (*Kíu*, 1983).
Generalintendant: José Antonio Campos (1985–90), Emilio Sagi (seit 1990).
Operndirektoren: Miguel Angel Gómez Martínez (1985–90), Antoni Ros Marbá (seit 1990).
Chefdirigent: Miguel Roa.
Chorleiter: José Perera.
Das Madrider Symphonie-Orchester Arbos bestreitet die Aufführungen des Teatro Lírico Nacional; es zählt 104 Mitglieder.

Nationaltheater Mannheim
Ab 1742 werden in dem Schloßtheater, das in diesem Jahr eingeweiht wird, Opernvorstellungen gegeben. Ab 1779 verfügt die Oper über ein eigenes Haus. Von den musikalischen Leitern der Frühzeit sind Carlo Grua (1742–53) und Ignaz Holzbauer (1753–78) erwähnenswert.
Intendanten: Wolfgang Heribert von Dalberg (1779–1802), Friedrich Anton von Venningen (1803–16), Peter Friedrich und Sebastian Haub (Hofkommisäre, 1816–19), Wilhelm Heilwich von Ungern-Sternberg (1819–21), Carl von Luxburg (1821–36), Philipp von Hertling (1836–37), Karl von Kronfels (1831–39).
1839–90 wird das Theater nicht von In-

tendanten, sondern von einem Hoftheaterkomitee mit einem Oberregisseur an der Spitze geleitet: Philipp Jakob Düringer (1843–53), Johann Friedrich Meyer (1853–57), Heinrich Barthels (1857–58), August Wolff (1856–67), Julius Werther (1868–73 und 1877–84), August Wolff (1873–76), Otto Devrient (1876–77), Jocza Savits (1884–85), Max Mardersteig (1885–90).

Intendanten ab 1890: Carl von Stengel (1890–92), Aloys Sprach (1892–95), August Bassermann (1895–1904), Julius Hofmann (1904–06), Carl Hagemann (1906–10 und 1915–20), Ferdinand Gregori (1910–12), Ludwig Landmann (1912–13 und 1914–15), Alfred Bernau (1913–14), Saladin Schmitt (1920–21), Adolf Kraetzer (1921–23), Francesco Sioli (1924–30), Herbert Maisch (1930–33), Friedrich Brandenburg (1933–45), Carl Onno Eisenbart (1945–46), Erich Kronen (1946–47), Richard Dornseiff (1947–49), Richard Payer (1949–50), Hans Schüler (1951–63), Ernst Dietz (1963–72), Michael Hampe (1972–75), Arnold Petersen (1975–92), Klaus Schultz (ab 1992).

Generalmusikdirektoren (bis 1877 leitende Kapellmeister, 1877–1923 1. Kapellmeister, ab 1923 Generalmusikdirektoren): Ignaz Fränzl (1778–1804), Peter Ritter (1804–23), Michael Frey (1823–32), Joseph Eschborn (1832–34), Franz Lachner (1834–36), Vinzenz Lachner (1836–72), Ernst Frank (1872–77), Franz Fischer (1877–80), Emil Paur (1880–89), Felix Weingartner (1889–91), Karl Frank (1891–92), Hugo Röhr (1892–96), Emil Nikolaus von Reznicek (1896–99), Willibald Kähler (1899–1906), Hermann Kutzschback (1906–09), Arthur Bodanzky (1909–15), Wilhelm Furtwängler (1915–20), Franz von Hößlin (1920–22), Erich Kleiber (1922–23), Richard Lert (1923–28), Erich Orthmann (1928–30), Joseph Rodenstock (1930–33), Philipp Wüst (1933–36), Karl Elmendorff (1936–43), Eugen Bodart (1943–44), Richard Laugs (1. Kapellmeister, 1945–47), Fritz Rieger (1. Kapellmeister, 1947–50), Eugen Szenkar (Operndirektor, 1950–51), Herbert Albert (1952–63), Horst Stein (1963–70), Hans Wallat (1970–80), Wolfgang Rennert (1980–85), Peter Schneider (1985–87), Friedemann Layer (1987–90), Miguel Angel Gómez Martinez (seit 1990).

Uraufführungen: Werke von Günther Bialas (*Hero und Leander*, 1966), Boris Blacher (*Abstrakte Oper Nr. 1*, Bühnenfassung, 1953), Max Bruch (*Die Loreley*, 1863), Hermann Goetz (*Der Widerspenstigen Zähmung*, 1874; *Francesco da Rimini*, 1877), Karl Amadeus Hartmann (*Simplicius Simplicissimus*, zweite Version, 1957), Paul Hindemith (*Das lange Weihnachtsmal*, 1961), Giselher Klebe (*Der jüngste Tag*, 1980), Zygmunt Krauze (*Die Kleider*, 1982), Bohuslav Martinů (*Zweimal Alexander*, 1964), Claudio Monteverdi – Carl Orff (*Orfeo*, 1925), Detlev Müller-Siemens, *Die Menschen,* 1990, Jacques Offenbach (*Der Goldschmied von Toledo*, 1919), Wolfgang Rihm (*Die Hamletmaschine*, 1987), Ernst Toch (*Egon und Emilie*, 1928), Hans Vogt (*Die Athenerkomödie*, 1964), Egon Wellesz (*Alkestis*, 1924; *Das Wunder der Diana*, Ballett, 1924), Gerhard Wimberger (*Schaubudengeschichte*, 1954), Hugo Wolf (*Der Corregidor*, 1896).

Opéra de Marseille

Am 26. Januar 1685 wird in der Rue Pavillon ein Theater errichtet, dem von Jean-Baptiste Lully das Recht verliehen wird, in Marseille Opern aufzuführen. 1692 brennt das Gebäude ab. Pierre Gautier zeichnet für den Neubau in der Rue Saint-Ferréol verantwortlich, der 1738 durch einen dritten ersetzt wird. Am 31. Oktober 1787 wird das Grand Théâtre mit einer Vorstellung von *La Mélomanie*, einer komischen Oper von Stanislas Champain und Edouard Grenier, eingeweiht. Marseille ist, von Paris einmal abgesehen, nach Bordeaux die zweite französische Stadt, die über eine eigene Oper verfügt. Am 13. November 1911 brennt das Gebäude völlig ab; nur die Säulen und einige tragende Außenmauern bleiben erhalten. Die derzeitige Städtische Oper wird auf dem gleichen Grundstück errichtet und 1924 eingeweiht. Bis 1945 wird sie privat und anschließend von der Stadt verwaltet. Die Marseiller Oper verwirklicht zahlreiche bedeutende französische Erstaufführungen, so die von *Aida* (Verdi), *Don Quichotte* (Massenet), *Lulu* (Berg), *The Turn of the Screw* (Die sündigen Engel, Britten), *Die Teufel von Loudun* (Penderecki) und *Russalka* (Dvořák).

Intendanten: André Beaussier (1787–1806), Laurent Garet (1789–91), Philippe Brulo (1806–07), Prat (1810–15), Armand Verteuil (1815–18), Langle (1818–20), Chapus (1820–28), Bernardy (1828–30), Cauderet (1830–31), Eléonor Rey (1831–37), Auguste Bremens (1837–41), Clevisseau (1841–42), Provini (1842–47), Adolphe Allemand (1847), Chabrillat und Tronchet (1847–59), Letellier (1859–60), Montelli (1860–61), Halandier (1861–64), M. Husson (1864–71 und 1874–76), Pilot (1871–72), M. Campocasso (1876–81, 1885–86 und 1889–92), Bernard (1881–84), Elbert (1884–85), Rondil (1886–88), Stoumon-Calabresi (1888–89), Dufour (1892–93), Lestellier (1893–94), Mobisson (1894–97), Charley (1897–98), Lan (1898–1900), Lan und Albert (1900–01), Vinzentini und Joël Fabre (1901–03), Henri Valcourt (1903–08), Amédée Saugey (1908–14), eine Künstlergemeinschaft (1914–19), Victor Audisio (1919–20), Raoul Audier und Maurice Durand (1924–25; 1920–25 war das Haus aufgrund des Brandes geschlossen), Daniel Prunet (1925–33), Bienvenu Molinetti (1933–36), Maurice Carrié (1936–40), Romette et Dubos (1940–41), Paul Bastide (1941–45), Jean Marny (1945–49), Michel Leduc (1949–61), Louis Ducreux (1961–65 und 1968–72), Bernard Lefort (1965–68), Reynald Giovaninetti (1972–75), Jacques Karpo (1975–91).

Musikdirektoren: Henri Tomasi (1940–44), Jean Triq, Victor Reinshagen (1963–68), Reynald Giovaninetti (1. Kapellmeister 1968–72, Musikdirektor 1972–75), Janós Furst (1982–89), Andrea Giorgi (seit 1990).

Uraufführungen: Werke von Claude Arrieu (*Cadet Roussel*, 1953), Paul Bastide (*L'Idylle à l'étoile*, 1899), Pascal Bentoiu (*Hamlet*, 1974), Kenton Coe (*Sud*, 1965), Daniel-Lesur (*Andréa del Sarto*, 1969), Xavier Leroux (*Theodora*, 1909), Ernest Reyer (*Erostrate*, 1899), Louis Saguer (*Mariana Pineda*, 1970).

Teatro alla Scala di Milano (Mailand)
Die am 3. August 1778 mit Antonio Salieris *Europa riconosciuta* eingeweihte Mailänder Scala ersetzt das zwei Jahre zuvor abgebrannte Teatro Ducale. Das neoklassizistische Gebäude steht auf dem Platz, an dem sich früher die Kirche Santa Maria alla Scala befand, die dem Theater ihren Namen gibt. Während des 19. Jahrhunderts wird die Oper hauptsächlich von Impresarios wie Balocchino und Crivelli geleitet, bevor es von der Kaiserlich-Königlichen Theaterverwaltung übernommen wird, die Direktoren wie Domenico Barbajy (1826–32) oder Bartolomeo Merelli (1836–50) einsetzt. Später werden wieder private Impresarios zu Verwaltern der Scala ernannt (Merelli, 1860–63). Giulio Gatti-Casazza ist der erste große Intendant in der Geschichte der Scala. Er renoviert die Verwaltung des Hauses von Grund auf und bringt als erster Musik seiner Zeit zur Aufführung. 1943 wird das Gebäude ausgebombt; der 1946 eingeweihte Neubau ist ein originalgetreuer Nachbau. Seit 1921 wird die Scala von einer Ente Autonomo verwaltet, in der die verschiedenen Subventionsgeber zusammengefaßt sind. Arturo Toscaninis Persönlichkeit drückt der Scala in der ersten Hälfte des 20. Jahrhunderts ihren Stempel auf. 1898–1903 und 1906–08 ist er 1. Kapellmeister, bevor er als künstlerischer Direktor ein Triumvirat leitet, zu dem

außer ihm Emilio Caldara und Luigi Albertini gehören (1921–29).
Während jeder Saison, die am 7. Dezember beginnt, werden ungefähr 100 Vorstellungen gegeben; im Herbst findet eine symphonische Saison statt. Das Orchester umfaßt 137 Instrumentalisten. Der Chor, der unter Toscanini von Vittore Veneziani geleitet wurde (1921–54), umfaßt 107 Choristen. Die späteren Chordirektoren: Norberto Mola (1954–63), Roberto Benaglio (1963–71), Romano Gandolfi (1971–83), Giulio Bertola (seit 1983).
Generalintendanten: Erardo Trentinaglia (1931–35), Jenner Mataloni (1935–41), Carlo Gatti (1941–44), Gino Marinuzzi (1944–45, 1934–35 bereits 1. Kapellmeister), Antonio Ghiringhelli (1948–72, 1945–48 bereits außerordentlicher Kommissar), Paolo Grassi (1972–77), Carlo Maria Badini (1977–90), Carlo Fontana (seit 1990).
Künstlerische Direktoren: Mario Rossi (1945), Tullio Serafin (1946–47), Mario Labroca (1947–49), Francesco Siciliani (1957–66), Victor de Sabata (1953–57 künstlerischer Generalintendant, 1957–63 künstlerischer Berater), Gianandrea Gavazzeni (1966–68), Luciano Chailly (1968–71), Massimo Bogianckino (1972–75), Francesco Siciliani (künstlerischer Berater 1975–76), Claudio Abbado (1977–79), Francesco Siciliani (1980–83), Cesare Mazzonis (seit 1983).
Generalmusikdirektoren: Franco Capuana (1949–51), Carlo Maria Giulini (1951–56), Guido Cantelli (1956), Nino Sanzogno (1962–65), Claudio Abbado (1968–86), Riccardo Muti (seit 1986).
Zu den ständigen Dirigenten, die einen bedeutenden Teil ihrer Karriere an der Scala verbrachten, gehören Tullio Serafin (1910–1947, Musikdirektor 1910–13), Franco Ghione, Antonio Guarnieri (1929–50), Franco Capuana (1937–40), Fernando Previtali (1942–43 und 1946–48), Francesco Molinari-Pradelli (seit 1946), Antonino Votto (seit 1948), Nello Santi und Alberto Erede.

Uraufführungen: Werke von Vincenzo Bellini (*Il pirata*, 1827; *Norma*, 1831), Luciano Berio (*Passagio*, 1963; *La vera storia*, 1982; *Un re in ascolto*, 1986), Arrigo Boito (*Mefistofele*, 1868; *Nerone*, 1924), Sylvano Bussotti (*Le Racine*, 1980; *Cristallo di Rocca*, 1983), Luciano Chailly (*Era proibito*, 1961), Francesco Cilea (*Adrienne Lecouvreur*, 1902), Azio Corghi (*Blimunda*, 1990), Franco Donatoni (*Atem*, 1985), Gaetano Donizetti (*Lucrezia Borgia*, 1833; *Gemma di Vergy*, 1834), Manuel de Falla (*Atlántida*, 1962), Giorgio Federico Ghedini (*Le baccanti*, 1948), Umberto Giordano (*André Chénier*, 1896), Gian Francesco Malipiero (*L'allegra brigata*, 1950), Giacomo Manzoni (*Doktor Faustus*, 1989), Pietro Mascagni (*Nerone*, 1935), Darius Milhaud (*David*, 1954), Italo Montemezzi (*L'amore dei tre re*, 1913), Luigi Nono (*Al gran sole carico d'amore*, 1975; *Prometeo*, 1985), Carl Orff (*Trionfo di Afrodite*, 1953), Goffredo Petrassi (*Il Cordovano*, 1949), Ildebrando Pizzetti (*Fedra*, 1915; *Debora e Jaele*, 1922; *L'oro*, 1947; *Assassinio nella cattedrale*, 1958; *Il calzare d'argento*, 1961), Amilcare Ponchielli (*La Gioconda*, 1876), Francis Poulenc (*Les Dialogues des carmélites*, 1957), Giacomo Puccini (*Edgar*, 1889; *Madame Butterfly*, 1904; *Turandot*, 1926), Ottorino Respighi (*Belfagor*, 1923), Gioacchino Rossini (*Il turco in Italia*, 1814; *La gazza ladra*, 1817), Nino Rotà (*La notte di un nevrastenico*, 1960), Karlheinz Stockhausen (*Samstag aus Licht*, 1984; *Montag aus Licht*, 1988), Flavio Testi (*Riccardo III*, 1987), Giuseppe Verdi (*Oberto*, 1839; *Un giorno di regno*, 1840; *Nabucco*, 1842; *Il lombardi alla prima crociata*, 1843; *Otello*, 1887; *Falstaff*, 1893).

Gossudarstwennyi akdemitschesky Bolschoj teatr Rossii (Moskwa)
Staatliches Akademisches Theater der Republik Rußland (Bolschoi-Theater, Moskau)
1776 gründet Katherina II. eine aus Sängern und Schauspielern bestehende

Truppe, die vier Jahre später ihr eigenes Theater erhält, das Petrowsky, das erste öffentliche Theater Moskaus. Vorher werden nur am Hof Theater- und Opernaufführungen gegeben. 1805 brennt das Petrowsky ab. 1825 wird das Bolschoi Petrowsky eingeweiht. 1853 brennt der große Saal des Neuen Hauses aus und wird von A. K. Kavos renoviert; drei Jahre später wird das Theater wieder der Öffentlichkeit übergeben. Die Bühne ist überdimensional groß. Nach der Revolution 1917 wird das Bolschoi am 8. April 1918 wiedereröffnet. Das Teatr Filial, in dem die 1880 gegründete russische Opernkompanie untergebracht war, sowie die Zimin-Oper werden dem Bolschoi angeschlossen. Unter den großen Direktoren, die den Ruf des Bolschoi begründet haben, ist vor allem Sawa I. Mamontow erwähnenswert, der es verstanden hat, den kitschigen Stil der verstaubten Aufführungen abzuschaffen und international bedeutende Künstler einzuladen. Sein Nachfolger ist Michael Tschukali, dem Josef Tumanow als künstlerischer Direktor beiseite steht. 1960 wird das Filial wieder eröffnet. Vier Jahre später unternimmt das Bolschoi seine erste Europa-Tournee und gibt auch in der Scala ein Gastspiel. Das Ballettensemble ist größer als das Opernensemble. Seit 1961 werden vom Bolschoi auch in dem Chramlewsko Dwortse, einem 6000 Plätze fassenden Saal, und der Piatijruschnia, die 2155 Plätze umfaßt, Vorstellungen gegeben.

Intendanten: Friedrich Scholtz (1815–24), Alexej Verstowskij (1824–62).

Musikdirektoren und Kapellmeister: Hyppolit Altani (1882–1906), Nikolai Klenowski (1. Kapellmeister, 1883–93), Váša Suk (1. Kapellmeister, 1881–84), Sergej W. Rachmaninow (1. Kapellmeister, 1904–06), Váša Suk (1906–33), Issay A. Dobrowen (1. Kapellmeister, 1919–23), Samuil A. Samossud (1936–43), Arij M. Pazowski (1943–48), Nikolai S. Golowanow (1948–53), Alexander S. Melik-Paschajew (1953–62), Gennadi N. Roshdestwenskij (1964–70), Jurij Simonow (seit 1970).

2. Kapellmeister: Mark Ermler (seit 1957), Alexander Kopylow, Alexander Lazarew, Fouat Mansurow und Algis Djuraitis.

Chorleiter: Alexander Rybnow.

Das Bolschoi wird von einem Gremium geleitet, dem die wichtigsten Solisten, Dirigenten, Chorleiter und einige Persönlichkeiten, die nicht direkt mit dem Theater zu tun haben, angehören. Zur Zeit ist Wladimir Kotzomin künstlerischer Leiter.

Uraufführungen: Werke von Tichon N. Chrennikow (*Mat*, Die Mutter, 1957), Cesar A. Cui (*Angelo*, 2. Version, 1901; *Mateo Falcone*, 1907), Alexander S. Dargomyshski (*Esmeralda*, 1847), Sergej W. Rachmaninow (*Aleko*, 1893; *Francesca da Rimini*, 1906; *Skupoi ryzar*, Der geizige Ritter, 1906), Anton G. Rubinstein (*Kulikowskaja bitwa*, Kulikower Schlacht, 1852), Juri A. Schaporin (*Dekabristy*, Die Dekabristen, 1953), Rodion K. Schtschedrin (*Mjortwyje duschi*, Tote Seelen, 1977), Alexander Spendiarow (*Almast*, 1930), Peter I. Tschaikowskij (*Wojewoda*, Der Wojwode, 1869; *Maseppa*, 1884; *Tscherewitschki*, Pantöffelchen, zweite Version, 1887).

Kamernij opernij teatr (Moskwa)
Kammeropernthéater (Moskau)
Gegründet 1972.
Gründer und Intendant: Boris A. Pokrowski.
Musikdirektoren: Gennadi N. Roshdestwenski, Lew Osowski.
Uraufführungen: Werke von Alexander N. Cholminow (*Wanka; Swadba*, Die Hochzeit), Tichon N. Chrennikow (*Mnogo schuma is-sa serdez...*, Viel Lärm aus Leidenschaft).

Bayerische Staatsoper – Nationaltheater (München)
Die ersten Opernaufführungen finden in München 1651 in einer umgebauten Kornhalle statt. Bis zur Eröffnung des

Hoftheaters im Jahre 1818 ist das 1753 gebaute Cuvilliés-Theater in der Alten Residenz Sitz der Oper. Das Hoftheater wird 1823 bei einem Brand zerstört, 1852 der Neubau eingeweiht und 1943 ausgebombt. Das heutige Gebäude wird erst 1963 eingeweiht. 1945–63 fanden die Opernvorstellungen im Münchner Prinzregententheater statt.
Im 19. Jahrhundert nimmt die Bühne unter Franz Lachner einen steilen Aufschwung und entwickelt sich zu einem der bedeutendsten Opernhäuser Deutschlands. Hans von Bülow (1867–69) und Franz Wüllner (1869–71) sind würdige Nachfolger Lachners. 1865 werden *Tristan und Isolde*, 1868 *Die Meistersinger von Nürnberg*, 1869 *Das Rheingold* und 1870 *Die Walküre* (alle Richard Wagner) an der Münchner Oper uraufgeführt. 1872 wird Hermann Levi zum 1. Kapellmeister ernannt; 1894 steigt er zum Generalmusikdirektor auf und ist bis 1896 als solcher aktiv (den Titel behält er bis 1900). Richard Strauss ist 1886–89 und 1894–98 1. Kapellmeister. Das Haus ist dem Werk Richard Wagners besonders verpflichtet. Bruno Walter und Karl Böhm setzen sich für das Mozart-Repertoire ein. Clemens Krauss fördert das Werk von Richard Strauss, das bis heute an der Münchner Oper gepflegt wird.
Generalmusikdirektoren ab 1900: Felix Mottl (1907–11, ab 1903 bereits 1. Kapellmeister), Bruno Walter (1913–22), Hans Knappertsbusch (1922–36), Clemens Krauss (1937–43), Ferdinand Leitner (1944–46), Georg Solti (1947–51), Rudolf Kempe (1952–54), Ferenc Fricsay (1955–59), Joseph Keilberth (1959–68, 1. Kapellmeister bereits seit 1951), Wolfgang Sawallisch (1971–93).
Intendanten: Rudolf Hartmann (1952–67), Günther Rennert (1967–77), August Everding (1977–82), August Everding (Generalintendant ab 1982) und Wolfgang Sawallisch (Operndirektor 1982–93), Peter Jonas (ab 1993).
Uraufführungen: Werke von Werner Egk (*Die Verlobung in San Domingo*, 1963), Lorenzo Ferrero (*Night*, Auftrag, 1986), Hans Werner Henze (*Elegie für junge Liebende*, 1961), Paul Hindemith (*Die Harmonie der Welt*, 1957), Volker David Kirchner (*Belshazar*, 1986), Erich Wolfgang Korngold (*Der Ring des Polykrates*, 1916; *Violanta*, 1916), Wolfgang Amadeus Mozart (*La Finta Giardiniera*, 1775; *Idomeneo*, 1781), Carl Orff (*Der Mond*, 1939), Hans Pfitzner (*Palestrina*, 1917), Aribert Reimann (*Lear*, 1978; *Troades*, Auftrag, 1968), Richard Strauss (*Friedenstag*, 1938; *Capriccio*, 1942), Heinrich Sutermeister (*Le Roi Bérenger*, 1985), Henri Tomasi (*Miguel Mañara*, 1965), Richard Wagner (*Tristan und Isolde*, 1865; *Die Meistersinger von Nürnberg*, 1868; *Das Rheingold*, 1869; *Die Walküre*, 1870), Carl Maria von Weber (*Abu Hassan*, 1811), Ermanno Wolf-Ferrari (*Le donne curiose*, 1903; *I quatro rusteghi*, 1906; *Il segreto di Susanna*, 1909), Isang Yun (*Sim Tjong*, 1972), Alexander von Zemlinsky (*Sarema*, 1897).

Staatstheater am Gärtnerplatz (München)

Das 1865 gegründete Haus, die zweite Opernbühne in der Bayerischen Landeshauptstadt, widmet sich vor allem der Operette und Werken ausländischer Komponisten, die in deutscher Sprache aufgeführt werden.
Intendanten: Curth Hurrle (1946–51), Rudolf Hartmann (1952–55), Willy Duvoisin (1955–58), Arno Assmann (1959–63), Kurt Pscherer (1964–83), Hellmuth Matiasek (seit 1983).
Musikdirektoren: Kurt Eichhorn (1956–67), Ulrich Weder (1968–71 1. Kapellmeister, 1971–73 Musikdirektor), Franz Allers (1973–76), Wolfgang Bothe (1976–1988), Reinhard Schwarz (seit 1988).
Uraufführungen: Werke von Hans Jürgen von Bose (*Werther-Szenen*, 1986, in Schwetzingen), Wilfried Hiller (*Der Goggolori*, 1985; *Die Jagd nach dem Schlarg*, 1988), Volker David Kirchner (*Das kalte Herz*, 1988).

Opernhäuser

Teatro San Carlo di Napoli (Neapel)
Das 1737 eingeweihte Theater brennt 1816 ab, wird innerhalb von sechs Monaten wiederaufgebaut und 1844 sowie 1929 gründlich renoviert.

Generalintendanten: Pasquale di Constanzo (1946–75), Carlo Lessona (Intendant), Francesco Canessa (1983–87 und ab 1990), Renzo Giacchieri (1988–90).

Künstlerische Leiter: Francesco Siciliani (1941–42 und 1948–49), Ugo Rapalo (1946–47), Carlo Jochino, Guido Pannain, Lucio Parisi, Elio Boncompagni, Roberto de Simone (1983–88), Nicola Parente (seit 1988).

Musikdirektoren: Vittorio Gui (1912–15), Franco Capuana (1930–37), Francesco Molinari-Pradelli, Franco Mannino (1969–70), Fernando Previtali (1972–), Elio Boncompagni, Daniel Oren (1984–85 und seit 1990), Daniel Nazareth (1989–90).

Uraufführungen: Werke von Vincenzo Bellini (*Bianca e Fernando*, 1826), Gaetano Donizetti (*Il castello di Kenilworth*, 1829; *Pazzi per progetto*, 1830; *Maria Stuarda*, 1834; *Lucia di Lammermoor*, 1835; *Roberto Devereux*, 1837; *Poliuto*, 1848), Gian Francesco Malipiero (*La vita è sogno*, 1943), Saverio Mercadante (*La vestale*, 1849; *Gli Orazi ed I Curiazi*, 1846), Modest P. Mussorgskij (*Salammbô*, Bühnenfassung, 1983), Giovanni Pacini (*L'ultimo giorno di Pompei*, 1825), Giovanni Paisiello (*Pirro*, 1787), Renzo Rosselini (*La Guerra*, 1956), Gioacchino Rossini (*Elisabetta, Regina d'Inghilterra*, 1815; *Armida*, 1817; *Mosè in Egitto*, 1818; *La donna del lago*, 1819; *Maometto II.*, 1820), Giuseppe Verdi (*Alzira*, 1845; *Luisa Miller*, 1849).

Metropolitan Opera (New York)
Der erste Saal wird am 22. Oktober 1883 mit *Faust* (Gounod) eingeweiht. Seit 1966 verfügt die Met im Lincoln Center über einen neuen Saal mit 3800 Plätzen.

Die wichtigste Opernbühne der Vereinigten Staaten beschäftigt sich zunächst vor allem mit deutschen Kompositionen, die in der Originalsprache aufgeführt werden. Giulio Gatti-Casazza und Arturo Toscanini führen das italienische Repertoire ein, während sich Albert Wolff um das französische kümmert. Unter Gatti-Casazzas Leitung werden an der Met 17 Werke ur- und 103 erstaufgeführt. Edward Johnson fördert insbesondere die amerikanischen Sänger und Komponisten. Die Met findet ihre Identität und ist nicht mehr Gastoper für die bedeutendsten europäischen Sänger. Rudolf Bing erneuert die Arbeitsbedingungen, bricht mit der Routine und beschäftigt sich mit einer neuen Konzeption der Oper. Die Saison dauert nun 45 und nicht mehr nur 30 Wochen. 1986 wird die jährliche Tournee des Ensembles durch die Vereinigten Staaten eingestellt.

Intendanten: Henry Abbey (1883–84 und 1891–92), Leopold Damrosch (1884–85), Edmond C. Stanton (1885–91), John B. Schoeffel und Maurice Grau (1892–97), Maurice Grau (1898–1903), Henrich Conried (1903–08), Andreas Dippel und Giulio Gatti-Casazza (1908–1910), Giulio Gatti-Casazza (1910–35), Herbert Witherspoon (1935), Edward Johnson (1935–50), Rudolf Bing (1950–72), Göran Gentele (1972; er stirbt noch vor Amtsantritt); Schuyler Chapin (1972–75), Anthony A. Bliss (1975–85), Bruce Crawford (1986–89), Hugh Southern (seit 1989).

Kapellmeister: Leopold Damrosch (1884–85), Anton Seidl (1885–91), Walter Damrosch (1885–96 und 1900–03), Felix Mottl (1904), Gustav Mahler (1907–08), Arturo Toscanini (1908–15), Arthur Bodanzky (1915–39), Albert Wolff (1919–21), Tullio Serafin (1924–34), Sir Thomas Beecham (1941–44), Bruno Walter (1941–46 und 1955–59), Max Rudolf (künstlerischer Berater 1950–58), George Szell (1942–45), Fritz Stiedry (1946–58), Fritz Busch (1945–50), Fritz Reiner (1949–53).

Musikdirektoren: Rafael Kubelík

(1973–74), James Levine (1975–86, seither künstlerischer Direktor). Uraufführungen: Werke von Samuel Barber (*Vanessa*, 1958; *Anthony and Cleopatra*, 1966, zur Einweihung des Neuen Saales im Lincoln Center), John Corigiliano (*La Mère coupable*, nach Beaumarchais, 1983, Auftrag zum 100. Geburtstag der Met), Walter Damrosch (*Cyrano de Bergerac*, 1913; *The Man without a Country*, 1937), Jacob Druckmann (*Medea*, 1983, Auftrag zum 100. Geburtstag der Met), Umberto Giordano (*Madame Sans-Gêne*, 1915), Philip Glass (*The Voyage*, 1922, Auftrag zum 500. Geburtstag der Entdeckung Amerikas), Enrique Granados (*Goyescas*, 1916) Louis Gruenberg (*The Emperor Jones*, 1933), Howard Harold Hanson (*Merry Mount*, 1934), Engelbert Humperdinck (*Die Königskinder*, 1910), Martin David Levy (*Mourning becomes Electra*, 1967), Gian Carlo Menotti (*The Island God*, 1942), Giacomo Puccini (*La fanciulla del west*, 1910; Das Tryptichon *Il tabarro, Suor Angelica* und *Gianni Schicchi*, 1918). An der Met wurde 1896 der *Parsifal* (Wagner) zum ersten Mal außerhalb Bayreuths aufgeführt.

New York City Opera
Das 1944 gegründete Haus ist seit 1966 im Lincoln Center untergebracht. Die zweite New Yorker Opernbühne beschäftigt sich hauptsächlich mit selten gespielten Werken und mit zeitgenössischen Opern vor allem amerikanischer Komponisten. Hier fanden die amerikanischen Erstaufführungen von Béla Bartóks *A Kékszakállú herceg vára* (Ritter Blaubarts Burg), Richard Strauss' *Die schweigsame Frau*, Sergej S. Prokofjews *L'Ange de feu*, Frank Martins *La Tempête*, Gottfried von Einems *Dantons Tod* und Carl Orffs *Der Mond* statt.
Künstlerische Leiter: Lászlo Halász (1943–51), Joseph Rosenstock (1951–55), Erich Leinsdorf (1956), Julius Rudel (1957–79), Beverly Sills (1979–89), Christopher Keene (seit 1989).

Musikdirektoren: Julius Rudel (1979–83), Christopher Keene (1983–86), Sergiu Comissiona (seit 1987).
Uraufführungen: Werke von Aaron Copland (*The Tender Land*, 1954), Carlisle Floyd (*Susannah*, 1958; *The Passion of Jonathan Wade*, 1962), Leon Kirchner (*Lily*, 1977), Gian Carlo Menotti (*The Most Important Man*, 1971), David Tamkin (*The Dybbuk*, 1951).

Opéra de Nice (Nizza)
Die Ursprünge der Oper von Nizza reichen ins 18. Jahrhundert zurück. Damals wird ein Holzbau, das Théâtre Maccarini, bespielt. 1787 erwirbt die Société des Quarante, ein Zusammenschluß verschiedener adliger Familien, die Oper von Nizza, die erst nach vielen Umwegen in den Besitz der Stadt gelangt. Dem Neubau der Oper dient das Teatro San Carlo in Neapel als Vorbild. Das zunächst königliche und dann kaiserliche Haus – Napoleon III. präsidiert hier einem von Johann Strauß geleiteten Ball – wird 1870 endgültig städtisch. Am 23. März 1881 brennt das Haus ab. François Aune errichtet an gleicher Stelle eine neue Oper und zieht, so hat es zumindest den Anschein, Charles Garnier, den Architekten der Pariser Oper, als Berater hinzu. Die Einweihung findet am 7. Februar 1885 statt. Zahlreiche Gastspiele ausländischer Truppen sichern seit jeher ein hohes Niveau. Wichtige französische Erstaufführungen finden hier statt, unter anderem Werke von Michail I. Glinka (*Ein Leben für den Zaren*), Hans Werner Henze (*Elegie für junge Liebende*), Amilcare Ponchielli (*La Gioconda*), Giacomo Puccini (*Manon Lescaut*), Dmitri D. Schostakowitsch (*Katerina Ismailowa*) und Peter I. Tschaikowskij (*Eugen Onegin*).
Künstlerische Leiter: Edoardo Sonzogno (1887–88), Raoul Gunsbourg (1889–91), Thomas Salignac (1913–14), Ferdinand Aymé (1950–82), Pierre Médecin (seit 1982).
Musikdirektoren: Cleofonte Campanini (1885–87), Leopoldo Mugnone (1887–

88), Alexandre Luigini (1888–89 und 1897–98), Auguste Vianesi (1892–93), Philippe Flon (1912–14), Albert Wolff (1930–32 und 1934–37), Georges Lauweryns (1932–34), Richard Blareau, Pierre Dervaux, Jean Périsson (1956–65), Paul Jamin (1965–76), Antonio de Almeida (1976–78), Pierre Dervaux (1979–82), Berislav Klobucar (1982–88), Spiros Argiris (1988–90), Klaus Weise (seit 1990).

Uraufführungen: Werke von Hector Berlioz (*La Prise de Troie*, französische Erstaufführung, 1980), Alberto Bruno-Tedeschi (*Sencondatto*, 1987), Gabriel Dupont (*La Glu*, 1910), Vincent d'Indy (*Le Chant de la cloche*, erste szenische Aufführung, 1931), Xavier Leroux (*William Ratcliff*, 1905), Jules Massenet (*Marie-Magdeleine*, Bühnenfassung, 1903), Albert Wolff (*Le Marchand des masques*, 1914; *Sœur Béatrice*, 1948).

Opéra-Comique (Paris)
Die 1715 gegründete Pariser Komische Oper verzeichnet von Anfang an einen großen Erfolg. 1745–52 wird sie geschlossen, bevor sie in Saint-Germain wiedereröffnet wird. 1762 fusioniert sie mit der Comédie Italienne. 1783 zieht sie in die Rue Favart um; seit dieser Zeit heißt sie auch Salle Favart. Nach dem Brand am 25. Mai 1887 zieht sie in das Theater Sarah Bernhardt und von dort 1898 in das Théâtre du Château d'Eau, bevor am 7. Februar 1898 die neue Salle Favart eröffnet wird.

1972 beschließt das Kultusministerium, die Opéra-Comique zu schließen. Unter der Bezeichnung Salle Favart beherbergt sie einige Jahre lang das von Louis Erlo geleitete Opéra-Studio, bis Rolf Liebermann den Bau als Annex der Pariser Oper benutzt und dort selten gespielte französische Werke und Uraufführungen zeigt. 1982 nimmt das Haus unter der Leitung von Alain Lombard und dessen Nachfolger an der Spitze der Pariser Oper wieder eine regelmäßige Tätigkeit auf; unter Thierry Fouquet erlangt die Opéra-Comique ab 1990 eine gewisse Unabhängigkeit von der Opéra-Bastille.

Direktoren: Charles Guilbert de Pixérécourt (1824–27), Eric Bernard (1827–28), Michel Ambroise Gimel (1828). Paul-Auguste Ducis (1828–30), Alexandre Singier (1830–31), Emile Lubbert (1831–32), Emile Laurent (1832), Paul Dutreich (1832–44), François-Louis Crosnier (1834–45), Alexandre Basset (1845–48), Emile Perrin (1848–57), Nestor Roqueplan (1857–60), Alfred Beaumont (1860–62), Emile Perrin (1862), Adolphe de Leuven (1862–74), Camille du Locle (1874–76), Emile Perrin (1876), Léon Carvalho (1876–87 und 1891–98), Albert Carré (1898–1913), Pierre Barthélemy Gheusi, Emile und Vincent Isola (1914–18), Albert Carré und die Brüder Isola (1919–25), Louis Masson und Georges Ricou (1925–31), Louis Masson (1931–32), Pierre Barthélemy Gheusi (1932–36), ein aus 14 Mitgliedern bestehendes Komitee unter der Leitung von Antoine Mariotte (1936–39), Henri Büsser (1939–40). Anschließend wird die Opéra-Comique vom R. T. L. N. verwaltet, das heißt, sie wird der Pariser Oper unterstellt, behält aber einen eigenen Direktor bei: Max d'Ollone (1941–44), Lucien Muratore (1944), Roger Désormière, Pierre Jamin, Louis Musy und Emile Rousseau (1944), Albert Wolff (1945–46), Henry Malherbe (1946–48), Emmanuel Bondeville (1948–51), Louis Beydts (1952–53), Maurice Defers (1953), François Agostini (1954–59), Marcel Lamy (1959–62), Hervé Dugardin (1962–65), Eugène Germain (1965–68), Jean Giraudeau (1968–71), Bernard Lefort (1971–72), Thierry Fouquet (seit 1990).

Musikdirektoren: Frédérick Kreubé (1818–28), Pierre Crémont (1828–32), Henry Valentino (1832–36), Narcisse Girard (1836–47), Théodore Labarre (1847–49), Théophile Tilmant (1847–68), Adolphe Deloffre (1868–75), André Messager (1898–1904 und 1919–22), Alexandre Luigini (1904–06), François Rühlmann (1906–08 und

1910–13), Gustave Doret (1909), Paul Vidal (1914–19), Albert Wolff (1922–24), Désiré-Emile Inghelbrecht (1924–25 und 1932–33), Maurice Frigara (1925–32), Paul Bastide (1932–36), Eugène Bigot (1936–44), André Cluytens (1947–53), Jean Fournet (1953–57), 1957–68 unbesetzt, Jean-Claude Hartemann (1968–72).

Uraufführungen: Werke von Adolphe Adam (*Le Chalet*, 1830; *Le Postillon de Longjumeau*, 1836), Georges Aperghis (*Je vous dit que je suis mort*, 1979), Daniel François Esprit Auber (*Fra Diavolo*, 1830), Henri Barraud (*La Farce de Maître Pathelin*, 1948), Hector Berlioz (*La Damnation de Faust*, konzertant, 1863), Georges Bizet (*Carmen*, 1875), Ernest Bloch (*Macbeth*, 1910), Adrien Boieldieu (*La Dame blanche*, 1825), Emmanuel Bondeville (*L'Ecole des maris*, 1935; *Madame Bovary*, 1951), Alexis Emmanuel Chabrier (*Le Roi malgré lui*, 1887), Gustave Charpentier (*Louise*, 1900), Nguyen Thien Dao (*My Chau Trong Thuy*, 1978), Claude Debussy (*Pelléas et Mélisande*, 1902), Léo Délibes (*Lakmé*, 1883), Paul Dukas (*Ariane et Barbe-Bleue*, 1907), César Franck (*Stradella*, 1985), Pierre Henry (*Les Noces chymiques*, 1980), Jacques Ibert (*Persée et Andromède*, 1929), Edouard Lalo (*Le Roi d'Ys*, 1888), Albéric Magnard (*Bérénice*, 1911), Jules Massenet (*Manon*, 1884; *Grisélidis*, 1901), Gian Carlo Menotti (*The Last Savage*, 1963), Giacomo Meyerbeer (*Dinorah*, 1859), Darius Milhaud (*La Brébis égarée*, 1923; *Le Pauvre Matelot*, 1927), Jacques Offenbach (*Les Contes d'Hoffmann*, 1881), Francis Poulenc (*Les Mamelles de Tirésias*, 1947; *La Voix humaine*, 1959), Claude Prey (*Mots croisés*, 1978), Henri Rabaud (*Marouf*, 1914), Maurice Ravel (*L'Heure espagnole*, 1911), Ambroise Thomas (*Mignon*, 1886).

Opéra de Paris

Die Pariser Oper wird 1661 als Académie Royale de Danse gegründet; 1669 wird die Académie royale de Musique angeschlossen. 1672 übernimmt Jean-Baptiste Lully die Leitung der Académie royale de Musique et de Danse. Ab 1673 finden die Opernaufführungen im großen Saal des Palais Royal statt; die Pariser Oper heißt nacheinander Théatre de l'Opéra (1791), Théâtre des Arts (1794), Académie impériale de Musiques (1804), Académie royale de Musique (1814, nur nicht während der Cent Jours). Nach den Reformen von Napoleon I. im Jahre 1807 nehmen die beiden Theater die Namen Opéra und Opéra-Comique an, wobei auch die Bezeichnung Grand Opéra häufig gebraucht wird. Das Palais Garnier ist seit dem Neubau der Opéra Bastille ausschließlich dem Ballett vorbehalten.

Die Pariser Oper wechselt mehrfach die Adresse: ab 1781 ist sie im Théâtre de la Porte-Saint-Martin untergebracht, zieht 1794 in das Théâtre Montansier und 1820–21 in die erste Salle Favart und das Théâtre Louvois. Ab 1821 finden die Opernaufführungen im Saal an der Rue Le Peletier statt, der 1822 bereits Gasbeleuchtung erhält. Am 29. Oktober 1873 brennt das Gebäude ab; am 5. Januar 1875 wird der Palais Garnier am Place de l'Opéra eingeweiht, der nach seinem Architekten benannt ist.

Direktoren: Halanzier (1875–79), Auguste-Emmanuel Vaucorbeil (1879–84), Ritt und Pedro Gailhard (1885–91), Bertrand (1892–93), Bertrand und Pedro Gailhard (1893–98), Pierre Barthélemy Gheusi und Pedro Gailhard (1907), Broussan und André Messager (1908–14), Jacques Rouché (1915–39). 1939 wird die Réunion des Théâtres Lyriques Nationaux (R. T. L. N.) ins Leben gerufen, in der die Verwaltung der Opéra und der Opéra-Comique zusammengefaßt werden.

Direktoren der R. T. L. N.: Jacques Rouché (1940–44), Maurice Lehmann (1945–46 und 1951–55), Georges Hirsch (1946–51 und 1956–59), Jacques Ibert (1955–56), A. M. Julien (1959–62), Georges Auric (1962–68), André Chabaud (1968–69), René Nicoly

Opernhäuser

(1969–71), Daniel-Lesur (1971–72), Rolf Liebermann (1973–80), Paul Puaux, Jean-Pierre Leclerc, Alain Lombard und Georges-François Hirsch (1982–83), Massimo Bogianckino (1983–85), Jean-Louis Martinoty (1986–89).

Direktoren der Associations des Théâtres de l'Opéra de Paris: Generalintendant Pierre Bergé (seit 1988).

Generaldirektor: Dominique Meyer (1989–90), Philippe Bélaval (seit 1990).

Verwaltungspräsidenten: Georges-François Hirsch (Bastille, 1889–91), Jean-Albert Cartier (Garnier, 1989–91), Georges-François Hirsch (Bastille und Garnier, seit 1991).

Künstlerische Leiter der R.T.L.N.: Philippe Gaubert (1940–41), Marcel Samuel-Rousseau (1942–44), Reynaldo Hahn (1945–46), Henri Büsser (1946–51), Emmanuel Bondeville (1951–59), Bernard Lefort (1971–72).

Musikdirektoren: Louis Loiseau de Persuis (1816–17), Rodolphe Kreutzer (1824–27), Narcisse Girard (1855–56), François-Auguste Gevaert (1867–70), Georges Hainl (1872–73), Edouard Deldevez (1875–76), Charles Lamoureux (1877–78), Ernest Altes (1878–87), Auguste Vianesi (1887–91), Edouard Colonne (1892–93), Paul Taffanel (1893–1905), Paul Vidal (1906–14), Camille Chevillard (1915–23), Philippe Gaubert (1924–39), François Rühlmann (1940–46), Henri Büsser (1947–51), 1951–59 unbesetzt, Emmanuel Bondeville (1959–70), Sir Georg Solti (musikalischer Berater 1973–74), 1974–80 unbesetzt, Silvio Varviso (1980–81), Alain Lombard (1981–83), Lothar Zagrosek (1986–89).

Musikdirektor der Opéra-Bastille: Myung-Whun Chung (seit 1989)

Chorleiter der R.T.L.N.: Pierre-Louis Dietsch (1840–60), Victor Massé (1860–70 und 1871–75), Léo Delibes (1870–71), Hustache (1875–78), Jules Cohen (1878), Antoine-Emile-Louis Marmontel (2. Kapellmeister, 1878–89), Paul Vidal (2. Kapellmeister, 1889–91), Léon Lepot-Delahaye, Gabriel Roy, Augustin Savard (1891–93), Claudius Blanc (1894–1900), Eugène-Henri Mestres (2. Kapellmeister, 1898–), Paul Curet gen. Puget (1908–), Jean Gallon (1909–14), Félix Leroux (1908–), Alexis Chadeigne (1909–15), Carpentier, André Lepitre, Omer Letorey, Eugène Picheran, Robert Siohan (1932–46), René Duclos (1946–64), Jean Laforge (1964–87), Andrea Giorgi (1987–90), Günter Wagner (seit 1991).

Uraufführungen: Unter anderem Werke von Daniel François Esprit Auber (*La Muette de Portici*, 1828), Alban Berg (*Lulu*, dreiaktige, von Friedrich Cerha vervollständigte Version, 1979), Hector Berlioz (*Benvenuto Cellini*, 1838), Konrad Boehmer (*Doktor Faustus*, 1985), Alfred Bruneau (*Messidor*, 1897), Charles Chaynes (*Erzsebet*, 1983), Daniel-Lesur (*Ondine*, 1982), Edisson W. Denissow (*L'Ecume du jour*, 1986), Gaetano Donizetti (*La Favorite*, 1840), Maurice Emmanuel (*Salamine*, 1929), George Enescu (*Œdipe*, 1936), Christoph Willibald Gluck (*Iphigénie en Tauride*, 1779), Reynaldo Hahn (*Le Marchand de Venise*, 1935), Jacques Halévy (*La Juive*, 1835), York Höller (*Le Maître et Marguerite*, 1989), Vincent d'Indy (*La Légende de saint Christophe*, 1920), Albéric Magnard (*Guercœur*, 1931), Jules Massenet (*Le Cid*, 1885; *Thaïs*, 1894), Olivier Messiaen (*Saint François d'Assise*, 1983), Giacomo Meyerbeer (*Robert le diable*, 1831; *Les Huguenots*, 1836; *Le Prophète*, 1849; *L'Africaine*, 1865), Darius Milhaud (*Maximilien*, 1932; *Bolivar*, 1950), Maurice Ohana (*La Célestine*, 1988), Jean-Philippe Rameau (*Hippolyte et Aricie*, 1733; *Les Indes galantes*, 1735; *Castor et Pollux*, 1737; *Les Fetes d'Hébé*, 1739), Gioacchino Rossini (*Le Comte Ory*, 1828; *Guillaume Tell*, 1829), Albert Roussel (*Padmâvati*, 1923; *La Naissance de la lyre*, 1925), Camille Saint-Saëns (*Henri VIII*, 1883; *Ascanio*, 1890), Henri Sauguet (*La

Chartreuse de Parme, 1939), Gasparo Spontini (*La Vestale*, 1807), Igor Strawinsky (*Solowej*, Die Nachtigall, 1914; *Baika*, Der Fuchs, 1921; *Mawra*, 1922; *Perséphone*, 1934), Ambroise Thomas (*Hamlet*, 1868), Giuseppe Verdi (*Les Vêpres siciliennes*, 1855; *Don Carlos*, 1867), Richard Wagner (*Tannhäuser*, Pariser Version, 1861).

Balletturaufführungen: Unter anderem Werke von Adolphe Adam (*Giselle*, 1841), Léo Delibes (*Coppélia*, 1870; *Sylvia*, 1876), Jacques Ibert (*Le Chevalier errant*, 1950), André Jolivet (*Guignol et Pandore*, 1944), Edouard Lalo (*Namouna*, 1882), Raymond Loucheur (*Hop frog*, 1953), André Messager (*Les deux pigeons*, 1886), Jacques Offenbach (*Le Papillon*, 1860), Gabriel Pierné (*Cydalise et le chèvrepied*, 1923), Francis Poulenc (*Les Animaux modèles*, 1942), Maurice Ravel (*Boléro*, 1928), Albert Roussel (*Bacchus et Ariane*, 1931; *Aeneas*, 1938), Florence Schmitt (*Oriane et le prince d'amour*, 1938), Richard Strauss (*Josephslegende*, 1914), Igor Strawinsky (*L'Oiseau de feu*, 1910; *Pulcinella*, 1920).

Opera Národního divadla v Praze (Praha)
(Staatsoper Prag)
Schon lange vor der Gründung der Staatsoper im Jahre 1881 werden in Prag regelmäßig Opern aufgeführt: *Don Giovanni* (1787) und *La clemenza di Tito* (1791, beide Mozart) werden hier zum ersten Mal gespielt; Carl Maria von Weber und Bedřich Smetana sind in dieser traditionsreichen Stadt als Musikdirektoren tätig. Das 1887 eingeweihte Deutsche Theater funktioniert bis 1945. Die wichtigsten Direktoren sind Angelo Neumann (1887–1910) und Alexander von Zemlinsky (1911–27). Unter den an diesem Theater tätigen Dirigenten sind Anton Seidl, Gustav Mahler, Otto Klemperer, William Steinberg, George Szell und Joseph Keilberth erwähnenswert. Nach dem Zweiten Weltkrieg dient das Theater unter dem Namen Smetana-Theater der Staatsoper als zweiter Saal. Auch das 1783 eingeweihte Tyl-Theater ist der Staatsoper angeschlossen.

Künstlerische Leiter: František Šubert (1883–1900), Karel Kovařovic (1900–20), Otakar Ostrčil (1921–35), Václav Talich (1935–44 und 1947–48), Otakar Jeremiáš (1945–47 und 1948–49), Ladislav Boháč (1950 und 1953–55), Jaroslav Vogel (1950–51 und 1958–64), Václav Kašlík, M. Budíková, O. Kozák (1951), Jiří Pauer (1952–53, 1956–58 und 1965–67), Jan Seidel, Hanuš Thein (1964–65 und 1967–68), Jaroslav Krombholc (1968–71), Václav Holzknecht (1971–73), Ladislav Šin (1973–76), Miloš Konvalinka (1976–79), Zdeněk Košler (1980–85), František Vajnar (1985–90), Ivo Žídek (seit 1990).

Uraufführungen: Werke von Pavel Bořkovec, Jan Cikker (*Vzkriesenie*, Auferstehung, 1962), Antonín Dvořák (*Jakobín*, Der Jakobiner, 1889; *Čert a Kača*, Teufelskäthe, 1899; *Rusalka*, 1901; *Husitská*, dramatische Ouvertüre zur Einweihung des Staatstheaters am 18. November 1883), Zdeněk Fibich (*Nevěsta Messinská*, Die Braut von Messina, 1884; *Hippodamia*, 1890; *Bouře*, Der Sturm, 1895; *Šárka*, 1898), Leoš Janáček (*Výlet pana Broučka do měsíce*, Der Ausflug des Herrn Brouček auf den Mond, 1920; *Výlet pana Broučka do XV. století*, Der Ausflug des Herrn Brouček ins 15. Jahrhundert, 1920), Jaroslav Křička (*Dobře to dopadlo aneb Tlustý pradědeček, lupiči a detektývové, Es ist gut gelungen oder Der dicke Urgroßvater, Räuber und Detektive*, 1932), Bohuslav Martinů (*Istar*, Ballett, 1924; *Julietta*, 1938; *Mirandolina*, 1959), Jiří Pauer (*Zuzana Vojířová*, 1959), Bedřich Smetana (*Libuše*, zur Einweihung des Nationaltheaters 1881; *Čertova stěna*, Die Teufelswand, 1882), Eugen Suchoň (*Krútňava*, 1953), Zbyněk Vostrák, Jaromir Weinberger (*Švanda dudák*, Schwanda, der Dudelsackpfeifer, 1927).

Aufträge zum hundertjährigen Bestehen der Prager Staatsoper 1984: Werke von Jan Fischer (*Kopernikus*), Ivo Jirá-

Opernhäuser

sek (*Meister Hieronymus*), Josef Páleniček (*Bukett*, Ballett), Václav Riedlbauch (*Macbeth*, Ballett).

Saarländisches Staatstheater (Saarbrücken)
Das 1938 gegründete Staatstheater greift auf eine bereits im 18. Jahrhundert vorhandene Tradition zurück. Ab 1897 werden in Saarbrücken regelmäßig im damals eingeweihten Neuen Theater Opern gespielt; unter den Direktoren ist vor allem Heinz Tietjen erwähnenswert. Der 1945 zerbombte Bau wird 1947 wiedererrichtet.
Intendanten: Bruno von Niessen (1938–44), Willy Schüller (1950–52), Günther Stark (1954–60), Hermann Wedekind (1961–76), Günther Pentzoldt (1977–80), Lothar Trautmann (1981–87), Martin Peleikis (1988–91), Kurt-Josef Schildknecht (seit 1991).
Opern- und Generalmusikdirektoren: Bruno von Niessen (1938–47), Philipp Wüst (1947–64), Siegfried Köhler (1964–74), Christof Prick (1974–77), Matthias Kuntzsch (1977–86), Jiři Kout (1986–92), Jun Märkl (1. Kapellmeister ab 1991 und Generalmusikdirektor ab 1992).

Salzburger Landestheater
Als 1775 das Salzburger Landestheater gegründet wird, existiert bereits eine Opern-Tradition, die bis ins Jahr 1611 nachweisbar ist (eine Aufführung von Caneggis *Andromeda* ist belegbar); damals werden hauptsächlich Freiluftaufführungen veranstaltet. Ab 1877 werden im Landestheater Mozart-Festspiele veranstaltet. Auch die Salzburger Festspiele finden von 1922 bis zur Einweihung des Großen Festspielhauses im Jahre 1960 hier statt. Das Ensemble besteht aus fünfzehn fest engagierten Sängern.
Intendanten: Karl Wahr (1775–76), Wolfgang Rössl (1776), Pietro Rosa (1776), 1776–77 geschlossen, Andreas Schopf (1777), 1777–78 geschlossen, Franz Xaver Heigel (1778–79), Johann Heinrich Böhm (1779–80), Emanuel Schikaneder (1780–81 und 1786), Franz Heinrich Bulla (1781–82), Johann Nepomuk Perchtold (1782–83), Alexander Pochet (Karneval 1783), Felix Berner (Juni 1783), Ernst Kühne (1783–84), Ludwig Schmidt (1784–85), Gastspieltruppe (1785–86), Franz Xaver Felder (1786–87), 1787–89 geschlossen, Friedrich Häusler (1789–90), Julius Konstantin Thym (1791), Alois Fürchtegott Hofmann (1791–93), Friederike Voltolini (1793–94), Franz Xaver Glöggl (1794–95), Ensemble von Franz Anton und Edmund von Weber (1795–96), Lorenz Hübner und Josef Tomaselli (1796–98), Gottfried Edler von Tönniges (1798–1800), Vincenz Heuberger (1801–03), Carl Freiherr v. Mandl (1803–04), Anton Ferrari (1804–22), Carl Christl (1822–23), Katharina Hain (1823–30 und 1837–46), Joseph Glöggl (1830–37), Katharina Hain und Joseph Boulet (1846–47), Joseph Boulet (1847–48), Wenzel Bielczizky (1848–51), Gottfried Denemy und Karl Clement (1851–53), Gottfried Denemy (1853–57), Anton Zöllner (1857–60), Josef M. Kotzky (1860–72), Heinrich Jenke (1872–79), Leopold Müller (1879–86), Julius Laska (1886–87), Albert Sigismund Rosenthal (1887–90), Heinrich Jenke (1890), Anton C. Lechner (1890–1892, 1898–99 mit Toni Petzner, 1899–1902), Toni Petzner (1902–03), Paul Blasel (1903–06), Karl Weiss (1906–09), Karl Astner (1909–20), Franz Müller (1920–22), Paul Blasel (1922–32), Alexander Strial, Paul Blasel und Hermann Wlach (1932–33), Franz Wettig, Richard Feits und Heinrich Froschhauser (1933–36), Franz Wettig (Generalkommissar, 1936–37), Herbert Furreg (1937–42), Erwin Kerber (1942–43), Peter Stanchina (1943–44 und 1951–57), 1944–45 geschlossen, Johannes von Hamme (1945–46 und 1947–49), Alfred Bernau (1946–47), Otto Emmerich Groh (1949–50), Hanns Schulz-Dornburg (1950), Fritz Klingenbeck (1957–62), Helmuth Matiasek (1962–64), Fritz Herterich (1964–67), Gandolf Bush-

beck (1967–74), Karlheinz Haberland (1974–81), Federik Mirdita (1981–86), Lutz Hochstraate (seit 1986).
Musikdirektoren und 1. Kapellmeister: Henry Krips (1934–35), Paul Walter (1945–54), Meinhard von Zallinger (1947–49), Mladen Bašić (1959–68), Theodor Guschlbauer (1966–68), Paul Angerer (1967–72), Leopold Hager (1969–81), Ralf Weikert (1981–84), Hans Graf (seit 1984).
Uraufführungen: Werke von Matthias Braun (*Alles Gute, Georg Trakl*, 1984), Jean Françaix (*Pierrot ou Les Secrets de la nuit*, Ballett, 1988), Franz Hummel (*König Ubu*, 1984).

San Francisco Opera Company
Die Oper wird 1923 von Gaetano Merola gegründet. Das heutige Gebäude, das War Memorial Opera House, wird 1932 eingeweiht. In San Francisco haben bedeutende amerikanische und europäische Sänger debütiert (Muzio, Gigli, Pons, Pinza, Tebaldi, Flagstad, Schorr, Melchior).
Intendanten: Gaetano Merola (1923–53), Kurt Herbert Adler (1953–81), Terence McEwen (1982–88), Lofti Mansouri (seit 1989).
Musikdirektoren (die Stelle wurde 1986 geschaffen): Sir John Pritchard (1986–89), Donald C. Runnicles (ab 1992).
Uraufführungen: Werke von Dello Joio (*Blood Moon*, 1961) und Andrew W. Imbrie (*Angle of Repose*, 1976). Amerikanische Erstaufführungen: Werke von Leoš Janáček (*Věc Makropulos*, Die Sache Makropulos, 1966), Francis Poulenc (*Les Dialogues des carmélites*, 1957), Aribert Reimann (*Lear*, 1981), Hermann Reutter (*Hamlet-Sinfonie*, 1983), Dmitri D. Schostakowitsch (*Katerina Ismailowa*, 1964), Richard Strauss (*Die Frau ohne Schatten*, 1959), Sir Michael Tippett (*The Midsummer Marriage*, 1983).

Mariinski teatr (St. Peterburg)
(Marientheater, Sankt Petersburg)
Das Marientheater wird 1757 in Sankt Petersburg gegründet. Hier wird Ende des 18. Jahrhunderts ein russisches Repertoire erarbeitet. Das derzeitige Gebäude wird 1860 eingeweiht. 1917 wird das Marientheater in ein Staatstheater umgewandelt und erhält den Namen Kirow-Theater. Das Ballett gehört zu den berühmtesten Rußlands; sein Ruf geht auf den Ballettdirektor Marius Petipa zurück.
Künstlerischer Direktor: M. E. Krastin.
Musikdirektoren: Konstantin Liadow (vor 1869), Eduard F. Naprawnik (1869–1916), Wladimir A. Dranischnikow (1916–30), Daniil Pochitonow, Ary Pazowski (1936–43), Boris E. Chajkin (1943–54), Sergej Jeltsin (1954–56 und 1960–61), Eduard Grikurow (1956–60), Konstantin Simeonow (1966–75), F. Fedotow (1973–76), Jurij Temirkanow (1976–88), Walerie Gergiew (seit 1988).
Kapellmeister: Nicolaj A. Malko (1908–18), Albert Coates (1911–18), Grzegorz Fitelberg (1914–21), Alexander W. Gauk (1923–31) und Jewgenij Mrawinski (1932–38) gehören zu den wichtigsten Kapellmeistern des Theaters.
Uraufführungen: Werke von Alexander P. Borodin (*Knjas Igor*, Fürst Igor, 1890), Cesar A. Cui (*William Ratcliff*, 1869; *Angelo*, 1. Version, 1876; *Kawkaski plennik*, Der Gefangene im Kaukasus, 1883; *Sarazin*, Der Sarazene, 1899; *Kapitanskaja dotschka*, Die Hauptmannstochter, 1911), Alexander S. Dargomyshski (*Kamenny gost*, Der steinerne Gast, 1872), Michael I. Glinka (*Schisn sa Zarja*, Ein Leben für den Zar, 1836; *Russlan i Ljudmila*, 1842), Modest P. Mussorgskij (*Boris Godunow*, 2. Fassung, 1874; *Chowanschtschina*, 1886), Eduard Naprawnik (*Harold*, 1886; *Dubrowski*, 1895; *Francesca da Rimini*, 1902); Andrej P. Petrow (*Pjotr I*, Peter I., 1975), Nikolaj A. Rimskij-Korssakow (*Pskowitjanka*, Das Mädchen von Pskow, 1873; *Maiskaja notcha*, Mainacht, 1880; *Snegurotschka*, Schneeflöckchen, 1882; *Mlada*, 1892; *Notsch pered Roshdest-

wom, Die Nacht vor Weihnachten, 1895; *Serwilija*, 1902; *Skasanije o newidimom grade Kiteshe i dewe Fewronii*, Die Legende von der unsichtbaren Stadt Kitesh und der Jungfrau Fewronija, 1907), Anton G. Rubinstein (*Demon*, Der Dämon, 1875; *Kupez Kalaschnikow*, Kaufmann Kalaschnikow, 1880; *Gorjuscha*, 1889), Alexander N. Serow (*Judif*, Judith, 1863; *Rogneda*, 1865; *Wrashja sila*, Des Feindes Macht, 1871), Sergej I. Tanejew (*Oresteja*, Orestie, 1895), Peter I. Tschaikowskij (*Orpritschnik*, 1874; *Kusnez Wakula*, Der Schmied Wakula, 1876; *Orleanskaja dewa*, Die Jungfrau von Orleans, 1881; *Tscharodeijka*, Die Zauberin, 1887; *Pikowaja dama*, Pique Dame, 1890; *Iolanta*, Jolanthe, 1892), Giuseppe Verdi (*La forza del destino*, Die Macht des Schicksals, 1862).

Am Kirow-Theater fanden auch wichtige Ballett-Uraufführungen statt, darunter Werke von Aram I. Chatschaturjan (*Gayaneh*, 1942; *Spartak*, 1953), Sergej S. Prokofjew (*Romeo i Dschuljetta*, Romeo und Julia, 1940), Dmitrij D. Schostakowitsch (*Bolt*, Der Bolzen, 1931).

Sofia Narodnij teatr
(Oper der Stadt Sofia)
Die Oper wird 1891 gegründet, stellt ein Jahr später ihre Arbeit bereits wieder ein und öffnet im Jahre 1907 von neuem. Aus dem Ensemble sind bedeutende Sänger wie Nicolai Ghiauroff, Nicolai Ghiuseleff oder Boris Christoff hervorgegangen. Die Sofioter Oper führt Werke internationaler Komponisten in bulgarischer Sprache, aber auch die heimischer Autoren auf (Chadjiev, Marin Goleminov, Constantin Iliev, Emanuil Manolov, Lubomir Pipkov, Vesselin Stoyanov, Pantscho Wladigeroff).

Intendanten: Dragomir Kazakov, Lubomir Pipkov (1944–47), Constantin Iliev (1949–52), Dimiter Uzunov, Dimiter Petkov (1954–62 und 1975–78), Marin Goleminov (1965–67), Ivan Marinov (1967–75), Russlan Raitchev (1978–81), Svetozar Donev (seit 1981).

Musikdirektoren: Angel Bukorestliev, Issai Dobrowen (1927–28), Constantin Iliev (1949–52), Russlan Raitchev (1981–89).

Opéra du Rhin (Strasbourg)
1603 wird in Straßburg das erste Theater eröffnet, der Zimmerhof; allerdings werden hier bereits seit Mitte des 16. Jahrhunderts Opern aufgeführt. 1805–21 wird an der Place de Broglie eine Oper gebaut, die 1870 während der Belagerung Straßburgs abbrennt und 1872–73 nach den alten Plänen originalgetreu wieder aufgebaut wird. 1888 wird die rückwärtige Fassade abgeändert.

1972 wird aus dem Théâtre de Strasbourg die Opéra du Rhin, die vom französischen Staat sowie den Städten Straßburg, Colmar und Mülhausen subventioniert wird (in Mülhausen ist das Ballet du Rhin und in Colmar das der zeitgenössischen Oper gewidmete Atelier lyrique beheimatet). Auch die Region trägt zur Finanzierung der Oper bei.

Intendanten: Alexander Hessler (1873–81 und 1886–90), Alois Prasch (1890–92), Franz Krükl (1892–99), Joseph Engel (1899–1903), Maximilian Wilhelmi (1903–13), Anton Otto (1913–16), Paul Legband (1916–19), Henri Villefranck (1919–26), André Calmettes (1927–32), Albert Pfrimmer (1932–34), Paul Bastide (1934–39 und 1945–48); 1939–40 ist das Theater geschlossen, 1940–44 unter deutscher Verwaltung, 1944–45 wieder geschlossen, Roger Lalande (1948–53), Pierre Deloger (1953–55), Frédéric Adam und Ernest Bour (1955–60), Frédéric Adam (1960–72), Pierre Barrat (1972–74), Alain Lombart (1974–80), René Terrasson (1980–91), Laurent Spielmann (seit 1991).

Musikdirektoren und Kapellmeister: Otto Lohse (1897–1904), Hans Pfitzner (1908–19), Wilhelm Furtwängler (1910–11), Ernest Münch (1910–14),

Otto Klemperer (1914-17), George Szell (1917-19), Paul Bastide (1919-39), Josef Krips (1932-33), Hermann Scherchen (1933-34), Hans Rosbaud (1942-43), Paul Bastide (1945-48), Ernest Bour (1955-60), Frédéric Adam (1960-72), Alain Lombard (1972-82), Theodor Guschlbauer (Musikdirektor, 1983-89), Alain Pâris (1. Kapellmeister, 1983-87), Claude Schnitzler (1. Kapellmeister, 1987-89), Friedrich Haider (seit 1991).

Uraufführungen: Werke von Georges Aperghis (*Liebestod*, 1982), Girolamo Arrigo (*Addio Garibaldi*, 1972), Renaud Gagneux (*Orphée*, 1989), Pierre Hasquenoph (*Comme il vous plaira*, 1982), René Koering (*La Marche de Radetzky*, 1988), Marcel Landowski (*Le Feu*, 1956), Jean Martinon (*Hécube*, 1956), Claude Prey (*Les Liaisons dangereuses*, 1973), Jean Prodromidès (*H. H. Ulysse*, 1984), Henri Tomasi (*Les Noces de cendre*, 1956).

Staatstheater Stuttgart

Im 16. Jahrhundert werden in dem Neuen Lusthaus die ersten Opernvorstellungen gegeben. 1753-71 verpflichtet der Herzog von Württemberg Nicoló Jommelli als Hofkapellmeister. 1812-15 wird das Hoftheater errichtet, das 1902 abbrennt. Das derzeit bespielte Haus wird 1912 eingeweiht; im gleichen Jahr findet hier die Uraufführung der 1. Version von Richard Strauss' *Ariadne auf Naxos* und 1946 die deutsche Erstaufführung von Paul Hindemiths *Mathis der Maler* statt. Unter den Regisseuren, die den Ruf der Stuttgarter Oper mitbegründet haben, sind vor allem Wieland Wagner und Günther Rennert erwähnenswert.

Intendanten: Joachim Gans Edler zu Putlitz (1892-1918), Victor Stephany (1918-20), Albert Kehm (1920-33 und 1945-46), Otto Krau (1933-37), Gustav Deharde (1937-44), Bertil Wetzelsberger (1946-50), Walter Erich Schäfer (1950-72), Hans Peter Doll (1972-85), Wolfgang Gönnenwein (seit 1985).

Generalmusikdirektoren: Max von Schillings (1908-18), Fritz Busch (1918-22), Carl Leonhardt (1922-37), Herbert Albert (1937-44), Philipp Wüst (1944-45), Bertil Wetzelsberger (1946-49), Ferdinand Leitner (1949-69), Václav Neumann (1970-73), Silvio Varviso (1972-80), Dennis Russell Davies (1980-87), Luis Garcia Navarro (1987-92), Gabriele Ferro (ab 1992).

Uraufführungen: Werke von Francis Burt (*Valpone*, 1960), Werner Egk (*Die Zaubergeige*, 2. Version, 1954; *Der Revisor*, 1957; *17 Tage und vier Minuten*, 1963), Philip Glass (*Akhnaten*, 1984), Hans Werner Henze (*Die englische Katze*, 1983), Paul Hindemith (*Mörder, Hoffnung der Frauen*, 1921; *Das Nusch-Nuschi*, Ballett, 1921), Leoš Janáček (*Osud*, erste szenische Aufführung), Mauricio Kagel (*Die Erschöpfung der Welt*, 1980), Giselher Klebe (*Das Mädchen aus Domrémy*, 1976), György Ligeti (*Rondeau*, 1977), Albert Lortzing (*Hans Sachs*, 1934), Marcel Mihalovici (*Phèdre*, 1951; *Krapp*, 1960), Carl Orff (*Die Bernauerin*, 1947; *Comœdia de Christi Resurrectione*, 1957; *Ödipus der Tyrann*, 1959; *Ludus de nato Infante mirificus*, 1960; *Ein Sommernachtstraum*, 1964; *Prometheus*, 1968), Hermann Reutter (*Der verlorene Sohn*, 1929; *Don Juan und Faust*, 1950; *Hamlet*, 1980), Max von Schillings (*Mona Lisa*, 1915), Franz Schreker (*Das Spielwerk und die Prinzessin*, 1912), Richard Strauss (*Ariadne auf Naxos*, 1. Version, 1912), Egon Wellesz (*Scherz, List und Rache*, 1928), Alexander von Zemlinsky (*Eine florentinische Tragödie*, 1917).

Canadian Opera Company of Toronto

Die Oper wird 1953 gegründet. 1853 findet in Toronto die erste Opernaufführung statt (*Norma*, Bellini, Royal Lyceum). Das Royal Lyceum Theater und das Grand Opera House werden in der zweiten Hälfte des 19. Jahrhunderts von Gastspieltruppen bespielt. 1934-41 gibt die Opera Guild of Toronto Vorstellungen, ohne wirklich einen Ensemble-Betrieb aufzunehmen. 1946 wird die Royal Conservatory Opera gegründet, die 1950 ihre erste Spielzeit bestreitet. Der Erfolg führt 1959 dazu, die vom Konservatorium unabhängige Canadian Opera Company zu gründen. Seit 1961 verfügt das Haus im O'Keefe Centre über einen eigenen Saal. Die Truppe unternimmt Gastspielreisen durch ganz Kanada.

Künstlerische Leiter: Herman Geiger-Torel (1959–76), Lofti Mansouri (1976–88), Brian Dickie (seit 1988).

Uraufführungen: Werke von Healy Willan (*Deirdre*, 1966), Charles Wilson (*Heloise and Abelard*, 1972).

Théâtre du Capitole (Toulouse)

Die 1736 gegründete Oper erhält 1880 ein neues Haus, das 1917 abbrennt. Nur die Fassade wird gerettet. Der Neubau wird 1974 von Grund auf renoviert. Die Karriere vieler bedeutender französischer Sänger beginnt am Capitole.

Intendanten: Maurice Carrier (1924–32), Campo-Casso (1933–34), Henri Combaux und Jean Cadayé (1935–37), Jean Cadayé (1937–41), Jeanne Bourguignon und Valentin Marquety (1942–44), Jean Boyer (1944–45), Claudine Rougenet (1945–47), Louis Izar (1947–67), Gabriel Couret (1967–71), Auguste Rivière, Gérard Serkoyan und Michel Plasson (1971–73), Michel Plasson (1973–82), Jacques Doucet (1982–90), Nicolas Joël (seit 1990).

Kapellmeister: Unter den seit 1945 an dem Haus tätigen Kapellmeistern sind Jean Triq, Georges Prêtre, Roger Albin, Paul Ethuin und Henri Gallois besonders erwähnenswert.

Uraufführungen: Werke von André Casanova (*Le Bonheur dans le crime*, 1973), Marcel Landowski (*Montségur*, 1985), Tolia Nikiprowetzki (*Les Noces d'ombre*, 1974), Manuel Rosenthal (*Hop, Signor*, 1962), Henri Tomasi (*L'Elixier du révérend Père Gaucher* und *Le Silence de la mer*, beide 1964).

Teatro La Fenice di Venezia (Venedig)

Das Theater wird am 16. Mai 1792 mit Giovanni Paisiellos *I Giuochi d'Agrigento* (Die Spiele von Agrigent) eröffnet, brennt 1836 ab, wird ein Jahr später wieder aufgebaut und 1854 sowie 1938 renoviert. Seit 1936 hat es die Rechtsform einer Ente Autonomo. Die Spielzeit ist außergewöhnlich kurz (drei Monate) und wird durch Symphonie-Konzerte sowie die Biennale ergänzt. Als das Fenice gebaut wird, ist in Venedig die Oper bereits seit zwei Jahrhunderten heimisch. Vor der Errichtung des Fenice finden die Vorstellungen im 1774 zerstörten Teatro San Benedetto statt.

Intendanten: Goffredo Petrassi (1937–40), Virgilio Mortari (1946–47 und 1955–63), Erardo Trentinaglia (1947), Floris Luigi Ammannati, Lamberto Trezzini (bis 1986), Giuseppe la Monaca (1986–88), Lorenzo Jorio (seit 1989).

Künstlerische Leiter: Mario Labroca (1946–47 und nach 1959), Floris Luigi Ammannati, Sylvano Bussotti (1976–77), Italo Gomez (bis 1987), Gianni Tangucci (seit 1987).

Musikdirektoren: Nino Sanzogno (1937–39), Oliviero de Fabritiis, Giacomo Morelli, Ettore Gracis (1959–70), Jesús López Cobos (1970–71), Zoltán Pesko (1976–78), Eliahu Inbal (1985–88), Vjekoslav Sutej (seit 1990).

Uraufführungen: Werke von Vincenzo Bellini (*I Capuleti e i Montecchi*, 1830; *Beatrice di Tende*, 1833), Benjamin Britten (*The Turn of the Screw*, 1954), Sylvano Bussoti (*Lorenzaccio*, 1973), Niccolò Castiglioni (*The Fair Prince*, 1981), Domenico Cimarosa (*Gli Orazi e i Curiazi*, 1796), Luigi Dallapiccola (*Marsia*, 1948), Gaetano Donizetti (*Anna Bolena*, 1830; *Belisario*, 1836; *Maria di Rudenz*, 1838), Giorgio Federico Ghedini (*Re Hassan*, 1939), Ruggero Leoncavallo (*La Bohème*, 1897), Pietro Mascagni (*Le maschere*, 1901), Luigi Nono (*Intolleranza*, 1960), Sergej S. Prokofjew (*Ognenny angel*, Der feurige Engel, 1955), Gioacchino Rossini (*Tancredi*, 1813; *Semiramide*, 1823), Igor Strawinsky (*The Rake's progress*, 1951), Giuseppe Verdi (*Ernani*, 1844; *Attila*, 1846; *Rigoletto*, 1851; *La Traviata*, 1853; *Simone Boccanegra*, 1857).

Wielki teatr (Warszawa)
(Großes Theater, Warschau)
Im 18. Jahrhundert werden in der polnischen Hauptstadt die ersten Opern aufgeführt. 1833 wird das Wielki teatr eingeweiht, das 1945 abbrennt. Bis zur Einweihung des Neubaus am 18. November 1965 finden die Opernaufführungen im Saal Roma statt.
Künstlerische Leiter: Ján Krenz (1968–73), Antoni Wicherek (1973–81), Robert Satanowski (1981–91).
Musikdirektoren: Joseph Elsner (bis 1824), Karol Kurpiński (1824–40), Tomasz Nidecki (1840–52), Ignacy Dobrzyński (1852–53), Stanislaw Moniuszko (1858–72), Adam Minchejmer (1882–1890), Emil Młynarski (1898–1903, 1919–29, 1932–33), Jerzy Semkov (1959–61), Bohdan Wodiczko (1961–64), Zdzislaw Göryński (1966–68), Ján Krenz (1968–73), Antoni Wicherek (1973–81), Robert Satanowski (1981–91).
Uraufführungen: Werke von Tadeusz Baird (*Jutro*, 1966), Zbigniew Bargielski (*Malyy ksiaze*, Der kleine Prinz, 1970), Karol Szymanowski (*Mandragora*, Ballett, 1920; *Hagith*, 1922; *Król Roger*, König Roger, 1926).

Hessisches Staatstheater (Wiesbaden)
1765 wird in Wiesbaden die erste Oper aufgeführt. Das 1894 gegründete Hessische Staatstheater hieß zuvor Herzoglich-Nassauisches Hoftheater und ab 1866 Königliches Hoftheater. Das Gebäude umfaßt drei Säle: Das Große Haus (Oper), das Kleine Haus (Schauspiel und Ballett-Aufführungen) und seit 1963 das im Keller liegende Studio. Seit 1896 finden im Mai die Internationalen Festspiele mit Gästen aus aller Welt statt.
Intendanten: Georg von Hülsen (1894–1903), Kurt von Mutzenbecher (1903–18), Ernst Legal (1918–20), Carl Hagemann (1920–26 und 1945), Paul Bekker (1926–32), Max Berg-Ehlert (1932–33), Carl von Schirach (1933–43), Max Spilcker (1943–44), Otto Heuning (1946–49), Heinrich Köhler-Helffrich (1949–53), Friedrich Schramm (1953–62), Claus Helmut Drese (1962–68), Alfred Erich Sistig (1968–75), Peter Ebert (1975–77), Werner Böntgen und Gerd Nienstedt (1977–78), Christoph Groszer (1978–86), Claus Leininger (seit 1986).
Generalmusikdirektoren: Franz Mannstaedt (1894–1924), Otto Klemperer (1924–27), Joseph Rosenstock (1927–29), Erich Böhlke (1929–31), Karl Rankl (1931–32), Karl Elmendorff (1932–36 und 1951–55), Ljubomir Romansky (1946–47), Arthur Apelt (1955–58), Wolfgang Sawallisch (1958–60), Heinz Wallberg (1960–73), Siegfried Köhler (1974–88), Ulf Schirmer (seit 1988).
Uraufführungen: Werke von Herbert Baumann (*Alice im Wunderland*), Ferdinand Hiller (*Die Katakomben*, 1862), Volker David Kirchner (*Die Trauung*, 1975; *Passion*, Ballett, 1984; *Euphorion*, 1988), Ernst Krenek (*Der Diktator*; *Schwergewicht oder die Ehre der Nation*; *Das geheime Königreich*, alle 1928), Gerd Kühr (*Stallerhof*), Darius Milhaud (*L'Abandon d'Arian*, 1928; *La Délivrance de Thésée*, 1928), György Ránki (*Der Wundertrank oder Der Streit der Fischer*), Hermann Reutter (*Topsy*, Ballett, 1950).

Wiener Staatsoper
Ab Ende des 18. Jahrhunderts werden in dem 1708 gebauten Kärntnertortheater, dem Kaiserlichen Hofopernhaus nächst dem Kärntnertor, Opernaufführungen in italienischer Sprache gegeben, während die Singspiele in dem 1787 eingeweihten und in einem Vorort Wiens liegenden Theater auf der Wieden gezeigt werden. Emmanuel Schikaneder tritt für den Bau des Theaters an der Wien innerhalb der Stadtmauern

ein (1801), in dem nach der Eröffnung die Singspiele abgehalten werden. 1805 wird hier *Fidelio* (Beethoven) uraufgeführt. Die neue Oper am Ring, das Werk der Architekten August von Siccardsburg und Eduard van der Nüll, wird am 25. Mai 1869 mit einer Aufführung des *Don Giovanni* (Mozart) eingeweiht. Ohne Unterbrechung werden hier bis zum Herbst 1944 Opern gespielt. Am 12. März 1945 wird der Bau zerbombt. Bis zur Einweihung des Neubaus am 5. November 1955 (mit *Fidelio* von Ludwig van Beethoven) finden die Opernaufführungen in der Volksoper und im Theater an der Wien statt. Das ca. 230 Sänger umfassende Ensemble gehört zu den bedeutendsten der Welt. Berühmte Sänger gehörten und gehören ihm an, die zum Teil bis ins hohe Alter aktiv sind. Gustav Mahler zählt zu den wichtigsten Erneuerern der Wiener Oper; er legt besonderen Wert auf die szenische Gestaltung und auf die Proben. Er setzt durch, daß während der Vorstellung im Saal die Lichter gelöscht werden, was vom Publikum nicht so einfach hingenommen wird, da ein nicht unbeträchtlicher Teil der Besucher eher gesehen werden als der Aufführung beiwohnen will. Mahler verlegt auch den Platz des Dirigenten von der seitlichen Rampe vors Orchester. Später bemühen sich Herbert von Karajan (vor allem bei einer mit der Scala koproduzierten Aufführungsserie), Lorin Maazel und Claudio Abbado, die Wiener Staatsoper vor der Erstarrung in der Tradition zu bewahren. Die Wiener Philharmoniker gehen aus dem Orchester der Wiener Staatsoper hervor und verwirklichen auch heute noch die Opernaufführungen. Im Jahr werden ungefähr 300 Vorstellungen im Repertoire-System gegeben.

Intendanten: Karl Eckert (erster Kapellmeister in der Geschichte der Wiener Staatsoper, 1857–60 Intendant), Matteo Slavi (1861–67), Franz von Dingelstedt (1867–70; er holt 1869–70 Johann von Herbeck als Musikdirektor), Johann von Herbeck (1870–75), Franz Jauner (1875–80), Wilhelm Jahn (1881–97, mit Hans Richter 1893–97 als Musikdirektor), Gustav Mahler (1897–1907), Felix Weingartner (1908–11 und 1935–36), Hans Gregor (1911–18), Franz Schalk (1918–29; 1919–24 teilt er die Stelle mit Richard Strauss), Clemens Krauss (1929–34), Erwin Kerber (1936–40, mit Bruno Walter als musikalischem Berater, 1936–38), Heinrich Karl Strohm (1940–41), Lothar Müller (1941–42), Karl Böhm (1943–45 und 1954–56), Franz Salmhofer (1945–54), Herbert von Karajan (1956–64; 1962–63 teilt er die Stelle mit Walter Erich Schäfer und 1963–64 mit Egon Hilpert), Egon Hilpert (1964–68), Heinrich Reif-Gintl (1968–72), Rudolf Gamsjäger (1972–76), Egon Seefehlner (1976–82 und 1984–86), Lorin Maazel (1982–84), Claus-Helmut Drese (1986–91 mit Claudio Abbado als Musikdirektor, 1986–91), Eberhard Waechter (1991–92).

Kapellmeister: Unter den Kapellmeistern, deren Namen mit der Wiener Oper verbunden sind, sind besonders Franz Lachner, Wilhelm Gericke, Robert Heger, Josef Krips, Wilhelm Loibner, Rudolf Moralt, Lovro von Matačić, Leopold Ludwig, János Ferencsik, Clemens Krauss, Heinrich Hollreiser, Berislav Klobucar, Ernst Märzendorfer, Horst Stein, Theodor Guschlbauer, Miguel-Angel Gómez Martinez und Stefan Soltesz erwähnenswert.

Chorleiter während der letzten Jahre: Norbert Balatsch (1978–84), Walter Hagen-Groll (1984–88), Helmut Froschauer (seit 1988).

Uraufführungen: Werke von Friedrich Cerha (*Baal*, 1981), Gottfried von Einem (*Medusa*, Ballett, 1957; *Der Besuch der alten Dame*, 1971; *Kabale und Liebe*, 1976), Karl Goldmark (*Die Königin von Saba*, 1875), Frank Martin (*The Tempest*, 1956), Jules Massenet (*Werther*, 1892), Jacques Offenbach (*Les Fées du Rhin*, 1862), Franz Schmidt (*Notre-Dame*, 1914), Franz Schreker (*Das Spielwerk und die Prin-

zessin, 1912), Richard Strauss (*Ariadne auf Naxos*, 2. Version, 1916; *Die Frau ohne Schatten*, 1919), Rudolf Wagner-Régeny (*Johanna Balk*, 1941).

Wiener Volksoper
Die aus Anlaß des 50. Geburtstags von Kaiser Franz-Joseph 1898 gegründete Wiener Volksoper heißt zunächst Kaiserjubiläums-Stadttheater. Viele bedeutende Sänger haben an diesem Haus debütiert (u. a. von Manowarda, Jeritza, Slezak, Bahr-Mildenburg, Tauber, List, Welitsch). *Tosca* (Puccini, 1907) und *Salome* (R. Strauss, 1910) erleben in diesem Haus ihre Wiener Erstaufführung. Das Theater wird 1957 und 1973 gründlich renoviert.
Intendanten: Adam Müller-Guttenbrunn (1898–1903; unter ihm werden keine Opern aufgeführt), Rainer Simons (1903–17), Raoul Mader (1917–19), Felix Weingartner (1919–24), August Markowsky und Fritz Stiedry (künstlerischer Leiter, 1924–25), Hugo Gruder-Guntram (1925), Hermann Frischler (1925–28), 1928–29 ist die Volksoper geschlossen, Otto Ludwig (1929–31; während seiner Amtszeit zeigt die Volksoper als Neues Wiener Schauspielhaus ausschließlich Theaterstücke), Leo Kraus (1931–34, von neuem werden Opern aufgeführt), Karl Lustig-Prean und Jean Ernest (1934–38).
Intendanten der Städtischen Volksoper (ab 1938): Anton Baumann (1938–41), Oskar Jölli (1941–45, das Haus nennt sich inzwischen Opernhaus der Stadt Wien), Alfred Jerger (1945), Franz Salmhofer (1945–46), Hermann Juch (1946–63; 1945–55 beherbergt die Volksoper die ausgebombte Staatsoper), Albert Moser (1963–73), Karl Dönch (1973–87), Eberhard Waechter (1987–91).

Opernhaus Zürich
Das 1833 gegründete Haus bezieht das heute noch bespielte Gebäude im Jahre 1891. In den letzten Jahren fallen vor allem die Monteverdi- und Mozart-Zyklen Jean-Pierre Ponnelles und Nicolaus Harnoncourts international auf.
Intendanten: Paul Schroetter (1891–96), Alfred Reucker (1901–21), Paul Trede (1921–32), Karl Schmid-Bloss (1932–47), Hans Zimmermann (1947–56), Karl-Heinz Krahl (1956–60), Herbert Graf (1960–62), Hermann Juch (1964–57), Claus-Helmut Drese (1975–86), Christoph Groszer (1986–91), Alexander Pereira (seit 1991).
Musikdirektoren: Max Conrad (1. Kapellmeister), Victor Reinshagen (1. Kapellmeister), F. Widmer, Robert Denzler (1915–27 1. Kapellmeister, 1934–47 Musikdirektor), Hans Swarowsky (1937–40), Otto Ackermann (1948–53), Hans Rosbaud (1955–58), Christian Vöchting, Ferdinand Leitner (1969–83), Ralf Weikert (seit 1983).
Uraufführungen: Alban Berg (*Lulu*, 1937), Ferruccio Busoni (*Arlecchino*, 1917), Paul Hindemith (*Mathis der Maler*, 1938; *Cardillac*, 2. Version, 1952), Arthur Honegger (*Jeanne d'Arc au bûcher*, 1. szenische Aufführung, 1942), Rudolf Kelterborn (*Die Errettung Thebens*, 1963; *Ein Engel kommt nach Babylon*, 1977; *Der Kirschgarten*, 1984), Giselher Klebe (*Ein wahrer Held*, 1975), Bohuslav Martinů (*Griechische Passion*, 1961), Arnold Schönberg (*Moses und Aaron*, 1957), Heinrich Sutermeister (*Niobe*, 1946; *Madame Bovary*, 1947).

Chöre und Vokalensembles

Chœur de l'abbaye Notre-Dame d'Argentan
Ein Benediktiner-Chor, der sich in erster Linie mit der traditionellen römischen Gregorianik beschäftigt. Dom Gajard leitet den Chor häufig, auch wenn sein Name auf verschiedenen Schallplattenaufnahmen verschwiegen wird.

Orfeó Catalá (Barcelona)
Der 100 bis 125 Mitglieder umfassende, aus Amateuren bestehende Chor wird 1891 von Lluís Millet und Amadeu Vives gegründet. Er beschäftigt sich mit Oratorien und a capella-Werken und zeichnet für die spanischen Erstaufführungen von Felix Mendelssohn Bartholdys *Elias* und von Francis Poulencs *Stabat Mater* verantwortlich.
Chorleiter: Lluís Millet Pagès (1891–1941), Francesc Pujol (1941–45), Lluís Maria Millet (1946–77), Lluís Millet Loras (1977–81), Simon Johnson (1981–83 und seit 1986), Salvador Mas (1983–85).
Uraufführung: *El Pesebre* (Die Krippe, Pablo Casals).

Berliner Singakademie
Der am 24. Mai 1791 von Carl Friedrich Christian Fasch gegründete Chor tritt zunächst in der Marienkirche und ab 1793 an der Akademie der Künste auf. 1829 zieht er in ein eigenes Gebäude, in dem er bis zum Ende des Zweiten Weltkriegs untergebracht ist. Die Berliner Singakademie spielt eine bedeutende Rolle bei der Wiederentdeckung der Werke Johann Sebastian Bachs; so verwirklicht sie als erste nach dem Tod des Thomaskantors unter der Leitung von Fasch eine Aufführung der Kantate *Komm, Jesu, komm* (BWV 229) und bringt 1829 die *Matthäus-Passion*, 1833 die *Johannes-Passion*, 1834 die *H-moll-Messe* sowie 1857 das *Weihnachtsoratorium* zur Aufführung. Die beiden Passionen werden übrigens von Felix Mendelssohn Bartholdy geleitet. Seit der Gründung der Berliner Philharmoniker arbeitet die Berliner Singakademie häufig mit dem berühmten Orchester zusammen.
Chorleiter: Carl Friedrich Christian Fasch (1791–1800), Carl Friedrich Zelter (1800–32), Carl Friedrich Rungenhagen (1833–51), Eduard Grell (1853–76), Martin Blumner (1876–1900), Georg Schumann (1900–50), Matthieu Lange (1950–73), Hans Hilsdorf (seit 1973).
Uraufführung: Hans Werner Henzes *Musen Siziliens* (1966).

Chor der St.-Hedwigs-Kathedrale Berlin
Der 1800 gegründete Chor ist bis 1933 ein reiner Männerchor. 1930 wird er der offizielle Chor der St.-Hedwigs-Kathedrale. Nach dem Zweiten Weltkrieg wird der Chor unter Beibehaltung seines alten Namens der Johannes-Basilika angegliedert (die St.-Hedwigs-Kathedrale liegt in Ost-Berlin). Der Chor tritt mit allen großen Berliner Orchestern auf und gibt in der Philharmonie eigene Abonnement-Konzerte. Der Erwachsenenchor umfaßt 140 und der Kinderchor 60 Mitglieder.
Chorleiter: Gerth (vor 1830), Karl Adam Bader (1845–67), Rudolf Wekker (1867–1914), Pius Kalt (1915–29), Pabel (1929–33), Karl Forster (1933–63), Anton Lippe (1964–74), Roland Bader (1974–91).

Ernst-Senff-Chor (Berlin)
Der 1966 als Kammerchor Ernst Senff gegründete Chor umfaßt 45 Mitglieder; 1987 wird ihm eine zweite Formation angeschlossen, der Ernst-Senff-Chor mit 140 Sängerinnen und Sängern. Die beiden Chöre treten regelmäßig mit den Berliner Orchestern auf, singen Orato-

rien und Opern, aber auch a capella-Werke.
Chorleiter: Ernst Senff.
Uraufführungen: u. a. Werke von Ernst Krenek (*Feiertags-Kantate*, 1975), Wolfgang Rihm (*Symphonie Nr. 3*, 1979), Werner Thärichen (*Batrachomyomachia*, 1977; *Der allmächtige Vater*, 1983), Isang Yun (*Der weise Mann*, 1955).

Philharmonischer Chor Berlin
Der am 5. Dezember 1882 gegründete Chor gehört zu den bedeutendsten deutschen Oratorien-Chören. Er ist von den Berliner Philharmonikern, mit denen er wie mit den anderen Berliner Orchestern auch regelmäßig auftritt, unabhängig und führt eigene Konzerte durch. Ungefähr 130 Laiensängerinnen und -sänger gehören dem Chor an.
Chorleiter: Siegfried Ochs (1881–1929), Otto Klemperer (1929–33), Carl Schuricht (1933–34), Günter Ramin (1935–43), Hans Chemin-Petit (1943–81), Uwe Gronostay (seit 1982).
Uraufführungen: Werke von Max Bruch (*Heldenfeier*, 1915), Hans Chemin-Petit (*Der 98. Psalm*, 1962), Paul Hindemith (*Das Unaufhörliche*, 1931), Hugo Wolf (*Elfenlied* und *Der Feuerreiter*, 1894).
Auftragskompositionen: Werke von Hans Chemin-Petit (*Kassandra*, 1982), Heinz Werner Zimmermann (*The Hebrew Children's Hallelujah*, 1986).

RIAS-Kammerchor (Berlin)
Der gemischte Kammerchor besteht aus 35 Mitgliedern und wird 1948 vom RIAS gegründet.
Chorleiter: Herbert Froitzheim (1948–54), Günther Arndt (1954–72), Uwe Gronostay (1972–87), Marcus Creed (seit 1987).
Uraufführungen: Werke von Boris Blacher (*Requiem*, 1960), Hans Werner Henze (*Chorfantasie*, 1964; *Cantata della fiaba estrema*, 1967), Mauricio Kagel (*Sankt-Bach-Passion*, 1985), Darius Milhaud (*Huit poèmes de Jorge Guillen*, 1958), Carl Orff (*De temporum fine comoedia*, 1973), Arvo Pärt (*Sieben Magnificat-Antiphonen*, 1988), Krzysztof Penderecki (*Dimensionen der Zeit und der Stille*, zweite Version, 1961), Aribert Reimann (*Verrà la morte*, 1967; *Requiem*, 1982), Dieter Schnebel (*Missa*, 1988), Werner Thärichen (*Der allmächtige Vater*, 1968).
Auftrag: *Nunc dimittis* Aribert Reimann (1984).

Rundfunkchor Berlin
1973 werden die 1945 von Helmut Koch gegründete Solistenvereinigung des Deutschlandsenders und der 1948 gegründete Große Chor des Berliner Rundfunks zum Rundfunkchor Berlin vereint.
Chorleiter: Helmut Koch (1945–75), Heinz Rögner (1975–82), Dietrich Knothe (seit 1982).
Uraufführungen: Werke von Reiner Bredemeyer (*Das große Karthago*, 1982), Paul Dessau (*Deutsches Miserere*, 1966), Fritz Geißler (*Schöpfer Mensch*, 1973), Günter Kochan (*Das Friedensfest*, 1979), Siegfried Köhler (*Das Reich des Menschen*, 1966; *Symphonie Nr. 5*, »Pro Pace«, 1984), Siegfried Matthus (*Laudate Pacem*, 1976), Ernst Hermann Meyer (*Lied vom großen Anderswerden*, 1981), Mikis Theodorakis (*Symphonie Nr. 3*, 1982; *Sadduzäer Passion*, 1983; *Symphonie Nr. 7*, »Frühlingssymphonie«, 1984).

Sternscher Gesangsverein (Berlin)
Der 1847 gegründete Chor wird 1912 wieder aufgelöst. Neben der Singakademie der bedeutendste Chor des ausgehenden 19. und des beginnenden 20. Jahrhunderts in Berlin. Er beschäftigt sich hauptsächlich mit der Musik der Romantik (u. a. Mendelssohn Bartholdy, Bruch, Brahms) und zeichnet 1856 für die Berliner Erstaufführung von Ludwig van Beethovens *Missa Solemnis* verantwortlich.
Chorleiter: Julius Stern (1847–74), Julius Stockhausen (1874–78), Max Bruch (1878–80), Ernst Rudorff (1880–90), Friedrich Gernsheim

(1890–1904), Oskar Fried (1904–1911), Fröbe (1911–12).

Chor der Abtei St. Martin (Beuron)
Der von Dom Maurus Pfaff geleitete Benediktiner-Chor beschäftigt sich hauptsächlich mit dem gregorianischen Repertoire, wobei die Interpretationen weicher, geschmeidiger sind als die der in Frankreich von der Abtei Solesmes begründeten Tradition.

Slovenský Filharmonický sbor (Bratislava)
(Chor der slowakischen Philharmonie, Preßburg)
Der Chor wird 1946 als Ensemble von Radio Bratislava gegründet und 1957 der slowakischen Philharmonie angeschlossen.
Chorleiter: Ladislav Slovák (1946–55), Ján Maria Dobrodinský (1956–76), Valentin Iljin, Lubomír Mátl (1979–81), Pavol Baxa (1981–82), Stefan Klimo (1982–85), Pavol Procházka (seit 1985).

Pěvecké Sdružení moravských učitelů (Brno)
(Mährischer Lehrerchor, Brünn)
Der 1903 gegründete Amateurchor besteht aus siebzig Männern und wird vom Tschechischen Lehrerverband getragen. Neben den Vokalwerken von Antonín Dvořák, Joseph Foerster, Leoš Janáček, Vítězslav Novák, Bedrich Smetana und Josef Suk gehören zeitgenössische Werke von tschechischen, aber auch ausländischen Komponisten zu seinem Repertoire.
Chorleiter: Ferdinand Vach (1903–36), Jan Šoupal (1936–64), Oldřich Halma (1964–73), Lubomír Mátl (seit 1975).

Budapesti Korús (Budapest)
Der von Lajos Bardós 1941 gegründete Chor geht aus der Verschmelzung des seit 1916 bestehenden Palestrina- und des seit 1921 bestehenden Cäcilia-Chores hervor. 1948 wird ihm die 1918 gegründete Budapester Chorvereinigung angeschlossen.
Chorleiter: Lájos Bardos (1941–47), Miklós Forrai (1948–78), Sándor Margittay (1978–83), Mátyás Antal (seit 1983).

A Magyar Rádió és Televizió Énekkara (Budapest)
(Budapester Rundfunkchor)
Dem 1950 gegründeten Chor gehören 75 Berufssängerinnen und -sänger an. Seit 1958 wird er von Ferenc Spaszon geleitet.

Corul Madrigal (Bucureşti)
Der Chor wird im Rahmen des Bukarester Konservatoriums 1963 von Marin Constantin gegründet und heute noch von ihm geleitet.
Uraufführungen: U. a. Werke von Myriam Marbe, Stefan Niculescu, Tiberiu Olah und Anatalol Vieru.

King's College Choir (Cambridge)
König Heinrich VI. rief den Chor im 15. Jahrhundert ins Leben. Heute gehören ihm dreißig Sänger an: sechzehn Kinder, die die Sopranpartien singen, und vierzehn Erwachsene, die alle am College studieren. Zwölf der vierzehn Erwachsenen erhalten Stipendien. Seit der Jahrhundertwende ersetzen Studenten nach und nach die Geistlichen – der letzte scheidet 1928 aus –, die bis dahin die männlichen Partien übernommen hatten. Der Chor wird ständig erneuert, wobei nur Angehörige des Colleges in Frage kommen; die Kinder singen vor dem Stimmbruch durchschnittlich drei bis vier Jahre im Chor, während die Erwachsenen in der Regel drei Jahre bleiben. Das Höchstalter beträgt 23 Jahre.
Chorleiter: A. H. Mann (1876–1929), Boris Ord (1929–57), Sir David Willcocks (1957–73), Philip Ledger (1973–82), Stephen Cleobury (seit 1982).

Saint John's College Choir (Cambridge)
Dem 1511 gegründeten Chor gehören zur Zeit zwanzig Kinder an, die die Sopran-Partien übernehmen, außerdem vier Counter-Tenöre, vier Tenöre und sechs Bässe. Alle Sänger sind Schüler

oder Studenten des Saint John's College und erhalten ein Stipendium. Der Chor wird vom College subventioniert. Das Repertoire des Chores umfaßt mehr als tausend Werke vom 15. bis zum 20. Jahrhundert, darunter sechzig Messen.

Chorleiter: Lusmere (gegen 1661–81), Hawkins (1681–82), Thomas Williams (1682–1729), Bernard Turner (1729–77), William Tireman (1777), Jonathan Sharpe (1777–99), John Clarke-Whitfeld (1799–1820), William Beale (1820–21), Samuel Matthews (1821–32), Alfred Bennet jun. (1856–57), Thomas Attwood Walmisley (1832–56), George Mursell Garrett (1857–97), Edward Thomas Sweeting (1897–1901), Cyril Bradley Rootham (1901–38), Robin Orr (1938–51), George Guest (seit 1951).

Uraufführungen: *3 Motetten* von Lennox Berkeley, *A Sequence for Saint Michael* von Herbert Howells, *Solomon! Where is Thy Throne* von John McCabe, *Magnificat et nunc dimittis* von Sir Michael Tippett sowie *Anthems* von Alun Hoddinott, William Mathias und Robin Ott.

Akademischer Chor Cluj-Napoca
siehe **Philharmonie von Cluj-Napoca**

Dresdner Kreuzchor
Die Kreuzkirche im niederländischen Händlerviertel in Dresden sowie die Kreuzschule wurden vor 1216 gegründet. Man weiß nur wenig über die Zeit vor der Reformation; die herausragenden Persönlichkeiten waren wohl die Rektoren Cunradus und Petrus Dresdensis (1409–12).

Chorleiter (Kantoren): Sebaldus Baumann (1540–53), Johannes Selner (1553–60), Andreas Lando (1560–61), Andreas Petermann (1561–86), Caspar Füger (1586), Basilius Köhler (1586–89), Bartolomäus Petermann (1589–1606), Christoph Lisberger (1606–12), Samuel Rüling (1612–15), Christoph Neander (1615–25), Michael Lohr (1625–54), Jacob Beutel (1654–94), Basilius Petriz (1694–1715), Johann Zacharias Grundig (1715–20), Theodor Christlieb Reinhold (1720–55), Gottfried August Homilius (1755–85), Christian Ehregott Weinlig (1785–1813), Gottlob August Krill (1813), Christian Theodor Weinlig (1814–17), Friedrich Christian Hermann (1818–22), Friedrich Wilhelm Agthe (1822–28), Ernst Julius Otto (1828–75), Friedrich Oskar Wermann (1875–1906), Otto Richter (1906–30), Rudolf Mauersberger (1930–71), Martin Flämig (1971–91), Gothardt Stier (seit 1991).

Uraufführungen: Werke von Wolfgang Fortner (*Drei geistliche Gesänge*, 1934; *Eine deutsche Liedmesse*, 1935) Siegfried Köhler (*Symphonie Nr. 5 »pro Pace«*; 1984), Mikis Theodorakis (*Den Kindern, getötet in Kriegen*, 1983).

Philharmonischer Chor Dresden
Der 1967 gegründete Chor arbeitet hauptsächlich mit den Dresdner Philharmonikern zusammen und besteht aus zwei Ensembles, dem Erwachsenenchor, der auch als Kammerchor auftritt, und dem Kinderchor.

Chorleiter: Wolfgang Berger (1967–74; Kinderchor 1967–91), Hartmut Haenchen (1974–76), Herwig Saffert (1976–80), Matthias Geissler (seit 1980), Jürgen Becker (Kinderchor, seit 1991).

Uraufführung: *Symphonie Nr. 5 »Pro Pace«* von Siegfried Köhler (1984).

Städtischer Musikverein Düsseldorf
Der Amateurchor mit mehr als zweihundert Sängerinnen und Sängern wird 1818 gegründet und gehört zu den wichtigsten musikalischen Einrichtungen Düsseldorfs. Wichtige Werke des 20. Jahrhunderts werden von diesem Chor uraufgeführt oder sofort nach ihrer Uraufführung ins Repertoire übernommen und bei weltweiten Tourneen interpretiert. Bis 1924 arbeitet der Chor unter der Leitung des Musikdirektors des Städtischen Musikvereins, der ab 1964 gleichzeitig das Symphonie-Orchester Düsseldorfs dirigiert.

Musikdirektoren bis 1924: Johann Au-

gust Friedrich Burgmüller (1818–24), Ferdinand Ries (1824–33), Felix Mendelssohn Bartholdy (1833–35), Julius Rietz (1835–47), Ferdinand Hiller (1847–50), Robert Schumann (1850–54), Julius Tausch (1854–90), Julius Buths (1890–1908), Karl Panzner (1908–23).
Chorleiter ab 1924: Josef Neyses (1924–25), Michel Rühl (1929–51 und 1953–61), Reinhard Zilcher (1951–53), Bernhard Zimmermann (1962–64), Hartmut Schmidt (seit 1964).
Uraufführungen: u.a. Werke von Gustav Mahler (*Sinfonie Nr. 8*, die »*Sinfonie der Tausend*«), Arnold Schönberg (*Gurrelieder*) und Krzysztof Penderecki (*Te Deum*).

Klosterchor Maria Einsiedeln
Ein Benediktinerchor, der von Pater Roman Bannwart geleitet wird und sich mit der gregorianischen Liturgie beschäftigt. Die Interpretationen in Einsiedeln weichen von denen in Solesmes, der französischen Hochburg gregorianischen Gesangs, vor allem auf rhythmischem Gebiet ab. Einsiedeln integriert in immer stärkerem Maß Solisten in seine Chorarbeit und weicht auch in diesem Punkt von anderen gregorianischen Chören ab.

Chor des Cäcilienvereins (Frankfurt)
Der 150 Sänger umfassende Amateurchor wird 1818 gegründet. Bismarck singt in seinen Reihen, bevor er sich für die politische Laufbahn entscheidet.
Chorleiter: Johann Nepomuk Schelble (1818–36), Carl Voigt (1836 und 1838), Felix Mendelssohn Bartholdy (1836), Ferdinand Hiller (1836–37 und 1840), Ferdinand Ries (1837–38), Carl Guhr (1838–39), Franz Josef Messer (1840–60), Franz Friedrich (1860), Christian Carl Müller (1860–93), August Grüters (1893–1909), Willem Mengelberg (1909–20, von Carl Lembke und ab 1911 von Ferdinand Bischof assistiert), Stefan Temesvary (1921–26), Klaus Nettstraeter (1926–31), Hermann von Schmeidel (1931–34), Paul Belker (1934–37), Hugo Holle (1937–40), Kurt Thomas (1940–44 und 1950–56), Ljubomir Romansky (1945), Bruno Vondenhoff (1945–50), Kurt Thomas (1950–56), Martin Stephani (1957–59), Theodor Egel (1960–80), Enoch von Guttenberg (1980–87), Christian Kabitz (seit 1988).

Frankfurter Kantorei
Ein gemischter Chor, der bis 1969 von Kurt Thomas und anschließend von Helmuth Rilling (1969–81) geleitet wird.

Frankfurter Singakademie
Der 160 Sänger umfassende Amateurchor wird 1922 von Fritz Gambke in Frankfurt gegründet. Von Anfang an setzt er sich nicht nur für das klassische und romantische Repertoire ein, sondern auch für die zeitgenössische Musik und bringt Werke von Arnold Schönberg, Igor Strawinsky, Leoš Janáček, Paul Hindemith und vor allem Carl Orff, für dessen Schaffen er sich in besonderem Maß engagiert. Er arbeitet mit den wichtigsten deutschen Orchestern zusammen und wird häufig zu Auslandstourneen eingeladen.
Chorleiter: Fritz Gambke (1922–46), Ljubomir Romansky (1946–85), Karl Rarichs (seit 1985).
Uraufführungen: Anton Bruckner (*Sinfonischer Chor*, Real. Fritz Oeser, 1953), Willy Burkhardt (*Psalmenkantate*, 1953), Johannes Driessler (*Gaudia Mundana*, 1953), Harald Genzmer (*Messe in E*, 1953), Fritz Geißler (*Hymne auf Karl Marx*, 1983), Gottfried Glöckner (*Pacem cantamus*, 1983), Hans Werner Henze (*Fünf Madrigale*, 1947), Paul Hindemith (*Eine lichte Mitternacht. Über das Frühjahr*, 1930), Otto Jochum (*Der jüngste Tag*, Oratorium, 1932), Carl Orff (*Carmina Burana*, 1936), Gabriel Pierné (*Saint François d'Assise*, 1927).

Collegium Vocale de Gand (Gent)
Der Chor wird 1969 von Philippe Herreweghe gegründet und bis heute von

ihm geleitet. Das Collegium gehört zu den ersten Chören, die zu Beginn der 70er Jahre auf dem Gebiet des barocken Chorsingens neue Wege beschreiten. Es arbeitet regelmäßig mit der Chapelle Royale zusammen. Sein Repertoire besteht in der Hauptsache aus Werken der Barockliteratur.

Chor des Norddeutschen Rundfunks (Hamburg)
Der 1946 gegründete Chor heißt bis 1955 Chor des Nordwestdeutschen Rundfunks (damals wird der NWDR in den NDR und WDR aufgeteilt). Er besteht aus 45 Berufssängerinnen und -sängern. Sein Repertoire umfaßt a cappella-Werke der alten Musik, die barocken und klassischen Oratorien, die großen Choral-Symphonien sowie Werke der zeitgenössischen Musik. Vor allem auf dem letztgenannten Gebiet zeichnet er sich schon bald aus; viele Komponisten arbeiten für ihn. Gelegentlich wirkt er auch an Opernaufführungen mit, zum ersten Mal 1972 an der Fenice in Venedig anläßlich einer Aufführung von Sylvano Bussottis *Lorenzaccio*. 1981 beginnt in der Hamburger Michaeliskirche der Konzertzyklus »NDR Motette«, bei der das Ensemble unter den bedeutendsten Chorleitern aus aller Welt auftritt.
Chorleiter: Max Thurn (1946–66), Helmut Franz (1966–78), Alexander Sumski (1978–80), Roland Bader (1983–86), Heribert Beissel und Horst Neumann (ständige Gastdirigenten), Horst Neumann (seit 1991).
Uraufführungen: Werke von Jürgen von Bose, Gottfried von Einem (*Das Stundenlied*, 1959), Ulrich Engelmann (*Commedia burana*, 1973), Hans Werner Henze (*Das Floß der Medusa*, 1968), Wilhelm Killmayer (*Cantetto*, 1971), Volker David Kirchner (*Babel-Requiem*, 1980), Maurice Ohana (*Cantigas*, 1957), Luís de Pablo (*Retratos de la Conquista*, 1980), Krzysztof Penderecki (*Utrenja I*, 1970, und *II*, 1971; *Auferstehung*, 1971; *Kosmogonia*, zweite Version, 1971), Max Reger (*Dies Irae*, 1979), Arnold Schönberg (*Moses und Aaron*, 1954; *Die Jakobsleiter*, 1962), Karlheinz Stockhausen (*Atmen gibt das Leben*..., 1975), Igor Strawinsky (*Threni*, 1958) und Isang Yun.

Monteverdi-Chor (Hamburg)
Der Amateurchor wird 1955 von Jürgen Jürgens gegründet und seither auch geleitet. Zu Beginn beschäftigt er sich hauptsächlich mit den Werken Claudio Monteverdis und baut dabei auf den musikwissenschaftlichen Forschungen seines Leiters auf. 1961 wird Jürgen Jürgens zum Musikdirektor der Universität Hamburg ernannt. Der Universitätschor und das Universitätsorchester entstehen, die zusammen mit dem Monteverdi-Chor die Akademische Musikpflege bestreiten. 1969 wird die Hamburger Camerata Academica ins Leben gerufen, die ab 1977 auf alten Instrumenten spielt und eng mit dem Monteverdi-Chor zusammenarbeitet. Das Repertoire erstreckt sich inzwischen von der mittelalterlichen bis zur zeitgenössischen Musik; die Sänger sind weiterhin Amateure.

Vokalensemble Kassel
Das 1965 von Klaus Martin Ziegler gegründete Vokalensemble wird von diesem bis heute geleitet. Im Repertoire stehen a cappella-Werke neben Chorwerken mit Kammerensemblebegleitung von Johann Sebastian Bach bis zur zeitgenössischen Musik.
Uraufführungen: Werke von Roman Haubenstock-Ramati, Klaus Huber, Arvo Pärt, Dieter Schnebel, Isang Yun und Udo Zimmermann.

Philharmonischer Chor Kattowitz
siehe **Państwowa Filharmonia Śląska** (Katowice)

Chœur de l'abbaye de Kergonan
Ein Benediktinerchor, der bei der Interpretation des gregorianischen Gesangs dem Vorbild von Solesmes folgt, auch wenn die Stimmen lange nicht so gesucht wirken wie die von Solesmes.

Chöre und Vokalensembles

Kölner Kammerchor

Der 1970 von Peter Neumann gegründete und bis heute von ihm geleitete Chor setzt sich aus zwanzig bis fünfundvierzig Laiensängerinnen und -sängern zusammen und beschäftigt sich hauptsächlich mit der Musik des 17. und des 18. Jahrhunderts, aber auch mit der romantischen. 1982 ist er beim dreißigsten Concorso Polifonica Internazionale »Guido d'Arezzo« erfolgreich. Er tritt regelmäßig mit dem ebenfalls von Peter Neumann gegründeten Instrumentalensemble Collegium Cartusianum auf.

Kölner Rundfunkchor

Als 1955 der Nordwestdeutsche Rundfunk in den Norddeutschen und Westdeutschen Rundfunk aufgeteilt wird, wird der Kölner Rundfunkchor ins Leben gerufen, der aus achtundvierzig Sängern besteht. Zu Beginn beschäftigt er sich vornehmlich mit zeitgenössischer Musik, erweitert dann aber sein Repertoire und greift auf die Musik der früheren Jahrhunderte zurück.
Chorleiter: Herbert Schernus (1962–89), Norbert Brochhagen (seit 1989 ständiger Gastdirigent).
Uraufführungen: Werke von Pierre Boulez (*Le Visage nuptial*, 1957), Paul-Heinz Dittrich (*Hohes Lied*, 1984), Wolfgang Fortner (*Die Pfingstgeschichte*, 1964), Karl Amadeus Hartmann (*Ghetto*, 1966; *Friede Anno 48*, 1968), Hans Werner Henze (*Novae de Infinito Laudes*, 1963), Heinz Holliger (*Gesänge der Frühe*, 1988), Mauricio Kagel (*Liturgien*, 1990), Krzysztof Penderecki (*Sankt-Lukas-Passion*, 1966; *Utrenja I*, 1970, und *II*, 1971), Steve Reich (*The Desert Music*, 1984), Arnold Schönberg (*Modern Psalm*, 1956; *Die Jacobsleiter*, 1962), Bernd Alois Zimmermann (*Requiem für einen jungen Dichter*, 1969).

Gewandhauschor Leipzig

Der Chor wurde 1869 aus Anlaß der Uraufführung von Johannes Brahms' *Deutschem Requiem* gegründet. 1920 wird er von Karl Straube in den 1875 gegründeten Bach-Verein integriert und erhält so eine solide Basis. Er trägt ab dieser Zeit den Namen Gewandhaus-Chorvereinigung. 1932 wird er wieder in Gewandhauschor umgetauft. Er umfaßt 140 Mitglieder und arbeitet auf symphonischem Gebiet eng mit dem Gewandhausorchester zusammen. Bei a-capella-Werken tritt er auch in einer kleineren Besetzung (60 Mitglieder) auf. 1973 wird der Gewandhaus-Kinder- und Jugendchor ins Leben gerufen, dem ungefähr 170 Kinder und Jugendliche zwischen dem 6. und 25. Lebensjahr angehören.
Chorleiter: Carl Reinecke (1869–95), Arthur Nikisch (1895–1920), Karl Straube (1920–32), Günther Ramin (1933–34 und 1945–51), Heinz Fricke (1954–57), Kurt Thomas (1957–60), Hans-Joachim Rotzsch und Wolf Reinhold (1960–61), Erhard Mauersberger (1961–64), Andreas Pieske (1965–80), Georg Christoph Biller (seit 1980).
Uraufführungen: Werke von Michael Baumgartl (*Psalmen-Motette*, 1984), Johannes Brahms (*Ein deutsches Requiem*, vollständige Version, 1869), Peter Dorn (*Goethe-Kantate*, 1967), Ottmar Gerster (*Symphonie Nr. 3*, 1965), Thomas Heyn (*Drei Stücke über Lutherlieder*, 1984), Friedrich Schenker (*Michelangelo-Sinfonie*, 1985), Siegfried Thiele (*Gesänge an die Sonne*, 1981).

Rundfunkchor Leipzig

Der gemischte Chor wird 1946 als Nachfolgeorganisation des Kammerchors des Leipziger Rundfunks gegründet und umfaßt 62 Mitglieder.
Chorleiter: Heinrich Werle (1946), Karl Hessel (1947–48), Herbert Kegel (1949–78), Wolf-Dieter Hauschild (1978–80), Jörg-Peter Weigle (1980–88), Gert Frischmuth (seit 1988).
Uraufführungen: Werke von Boris Blacher, Paul Dessau, Hans Eisler, Fritz Geißler u. a.

Thomanerchor Leipzig

Der Chor wurde am 20. März 1212 zusammen mit einer Schule für zwölf Knaben gegründet. 1519 übernimmt der

Stadtrat die Leitung von Schule und Chor. Die Liste der Leipziger Thomaskantoren kann bis ins 15. Jahrhundert zurückverfolgt werden. Der Chor setzt sich ausschließlich aus Knaben zusammen und hat es verstanden, über die Jahrhunderte hinweg die Tradition religiöser Chormusik hochzuhalten.

Thomaskantoren: Ludwig Götze (1470?–1505?), Johannes Scharnagel (1505?–1515?), Georg Rhau (1519–1520), Johannes Hermann (1531–36), Wolfgang Jünger (1536–39), Johann Bruckner (gegen 1540), Ulrich Lange (1540–49), Wolfgang Figulus (1549–51), Melchior Heger (1553–64), Valentin Otto (1564–94), Sethus Calvisius (1594–1615), Johann Hermann Schein (1616–30), Tobias Michael (1631–57), Sebastian Knüpfer (1657–76), Johann Schelle (1677–1701), Johann Kuhnau (1701–22), Johann Sebastian Bach (1723–50), Gottlob Harrer (1750–55), Johann Friedrich Doles (1756–89), Johann Adam Hiller (1789–1800), August Eberhard Müller (1801–10), Johann Gottfried Schicht (1810–23), Christian Theodor Weinlig (1823–42), Moritz Hauptmann (1842–68), Ernst Friedrich Richter (1868–79), Friedrich Wilhelm Rust (1880–92), Gustav Schreck (1892–1918), Karl Straube (1918–39), Günther Ramin (1940–56), Kurt Thomas (1957–60), Erhard Mauersberger (1961–72), Hans-Joachim Rotzsch (seit 1972).

Chœur de l'abbaye de Ligugé
Ein Benediktinerchor, der in der Tradition von Solesmes das traditionelle gregorianische Repertoire pflegt; zur Zeit wird der Chor von Olivier Bossard geleitet.

Chor der Gulbenkian-Stiftung (Lisboa)
Dem 1964 gegründeten Chor gehören 100 Sängerinnen und Sänger an. Das Repertoire reicht von den frühen a-cappella-Polyphonien bis zur zeitgenössischen Musik.
Chorleiter: Olga Violante (1964–69), Michel Corboz (seit 1969).

Uraufführungen: Werke von Olivier Messiaen (*La Transfiguration*, 1969), Iannis Xenakis (*Cendrées*, 1974) und von portugiesischen Komponisten.

Ambrosian Singers (London)
Dem 1952 gegründeten gemischten Chor gehören 150 Berufssängerinnen und -sänger an. Im Gründungsjahr realisiert er für den britischen Rundfunk eine Serie von Denis Stevens, *The History of Western Music*. Zunächst beschäftigt sich der Chor hauptsächlich mit klassischer Musik, erweitert aber dann sein Programm und nimmt auch romantische und zeitgenössische Werke ins Repertoire. Er arbeitet eng mit Rundfunk und Fernsehen zusammen, nimmt Schallplatten auf und unternimmt zahlreiche Konzerttourneen. Je nach Auftritt nennt sich der Chor Ambrosian Opera Chorus, Ambrosian Consort, Ambrosian Singers oder John McCarthy Singers usw. Insgesamt realisiert er bisher unter 69 verschiedenen Namen 110 Schallplattenaufnahmen, 17 Opern für das Fernsehen und mehrere Filme. Zu seinen Mitgliedern gehörten unter anderem Janet Baker, Heather Harper, Margaret Price, Gwyneth Jones, Helen Watts, Robert Tear und John Shirley-Quirk.
Chorleiter: John McCarthy (seit 1952).

The Bach Choir (London)
Dem 1876 gegründeten, gemischten Chor gehören ca. 300 Laiensängerinnen und -sänger an. Der Chor widmet sich in der Hauptsache dem Werk Johann Sebastian Bachs und den großen Oratorien; er zeichnet für die englische Erstaufführung von Bachs *Messe in h-moll* verantwortlich.
Chorleiter: Otto Goldschmidt, Charles Villiers Stanford, Walford Davies, Hugh Allen, Ralph Vaughan Williams (1920–28), Sir Adrian Boult (1929–31), Reginald Jacques (1932–60), Sir David Willcocks (seit 1960).

BBC Singers (London)
Dem 1924 als Wireless Chorus gegrün-

deten Chor gehören 24 Berufssänger an. 1935 wird er in BBC Chorus umgetauft, bis er 1973 seinen heutigen Namen erhält.
Chorleiter: Stanford Robinson (1924–32), Cyril Dalmaine (1932–34), Leslie Woodgate (1934–61), Peter Gelhorn (1961–72), John Poole (1972–89), Stephen Jackson (seit 1989).
Uraufführungen: Werke von Benjamin Britten (*Hymn to Saint Cecilia*, 1942), Hans Werner Henze (*Orpheus behind the Wire*, 1985, *Der Idiot*, 1991), Oliver Knussen (*Frammenti da »Chiara«*, 1986), Jonathan Lloyd (*Missa Brevis*, 1989), Gerhard Schurmann (*The Double Heart*, 1977), Giles Swayne (*Cry*, 1980), Phyllis Tate (*To Words by Joseph Beaumont*, 1973).

BBC Symphony Chorus (London)
Während seines ersten Konzertes am 23. November 1928 nimmt der Chor unter der Leitung des Komponisten an der Uraufführung von Sir Granville Bantocks *The Pilgrim's Progress* teil; damals nennt er sich noch National Chorus. 1932 erhält er den Namen BBC Chorus und 1935 BBC Choral Society, bevor er 1977 in BBC Symphony Chorus umgetauft wird. Ihm gehören 170 Amateursängerinnen und -sänger an.
Chorleiter: Stanford Robinson (1928–32), Cyril Dalmaine (1932–34), Leslie Woodgate (1934–61), Peter Gelhorn (1961–72), John Poole (1972–76), Brian Wright (1976–85), Gareth Morrell (1985–89), Stephen Jackson (seit 1989).
Uraufführungen: Werke von Granville Bantock (*The Pilgrim's Progress*, 1928; Béla Bartók (*Cantata profana*, 1934), Roberto Gerhard (*The Plague*, 1964), Jonathan Lloyd (*The Double Heart*, 1977).

John Alldis Choir (London)
Der 1962 von John Alldis gegründete Chor, dem 16 Mitglieder angehören, verfügt vor allem auf dem Gebiet der zeitgenössischen Musik über ein breites Repertoire. Unter der Leitung von Pierre Boulez nimmt der Chor Sämtliche Werke für Chor von Anton Webern auf; daneben stehen die wichtigsten Werke von Arnold Schönberg, György Ligeti, Igor Strawinsky, Sylvano Bussotti und Edgar Varèse, aber auch die jüngerer Komponisten wie David Bedford und Michael Finnissy auf seinem Programm. Der Chor arbeitet eng mit dem IRCAM in Paris zusammen und gibt häufig Konzerte in der französischen Hauptstadt.
Chorleiter: John Alldis (seit 1962).

Hilliard Ensemble (London)
Dem 1976 gegründeten Vokalensemble gehören die vier Sänger David James, Roger Covey-Crump, John Potter und Paul Hillier an. Das Ensemble beschäftigt sich hauptsächlich mit der frühen Musik, interpretiert aber auch Werke aus der Barockzeit und zeitgenössische Werke.
Uraufführungen: Werke von Heinz Holliger (*Variazioni su nulla*, 1988) und Arvo Pärt (*Berliner Messe*, 1990).

King's Singers (London)
Alle Mitglieder des Vokalensembles kommen, von Anthony Holt einmal abgesehen, der an der Christ Church in Oxford ausgebildet wurde, vom King's College in Cambridge. Das Repertoire umfaßt Werke der Renaissance, aber auch zeitgenössische Kompositionen von Krzysztof Penderecki, Luciano Berio, Richard Rodney Bennett, Paul Patterson, Malcolm Williamson und Peter Dickinson. Dem 1968 gegründeten männlichen Vokalensemble gehören folgende Sänger an:
Counter-Tenor: Nigel Perrin, Alastair Hume.
Tenor: Alastair Thompson (bis 1978), anschließend Bill Ives.
Bariton: Anthony Holt und Simon Carrington.
Baß: Brian Kay.

Monteverdi Choir (London)
Der aus 30 halb-professionellen Sänge-

rinnen und Sängern bestehende gemischte Chor wurde 1964 aus Anlaß einer Aufführung der *Vesperae Mariae Virginis* von Claudio Monteverdi im King's College in Cambridge gegründet; sein Repertoire reicht bis zur Musik Georg Friedrich Händels.
Chorleiter: John Eliot Gardiner.

Philharmonia Chorus (London)
Walter Legge gründet 1957 den gemischten Chor, dem 200 Sängerinnen und Sänger angehören, der ursprünglich zusammen mit dem Philharmonia Orchestra ausschließlich Schallplatten einspielen sollte. 1964–77 heißt der Chor New Philharmonia Chorus; während dieser Zeit beginnt die ausgedehnte Konzerttätigkeit des Chores im In- und Ausland. Nach 1977 tritt er wieder unter seinem alten Namen auf.
Chorleiter: Wilhelm Pitz (1957–71), Walter Hagen-Groll (1971–74), Norbert Balatsch (1974–79), Heinz Mende (1979–84), Horst Neumann (seit 1984).

Pro Cancione Antiqua (London)
Das Vokalensemble, das 1968 von Mark Brown, Paul Esswood und James Griffett gegründet wird, setzt sich aus Counter-Tenören, Tenören und Bässen zusammen und wird bei Bedarf durch Instrumentalisten ergänzt.
Je nach Werk nehmen 4 bis 15 Sänger an den Aufführungen teil. Das Ensemble beschäftigt sich mit religiöser und profaner Musik vom 9. Jahrhundert bis zum Barock. Bedeutende Spezialisten alter Musik arbeiten mit der Formation; 1969–77 ist Bruno Turner und ab 1977 Mark Brown ihr künstlerischer Berater.

Pro Musica Chorus (London)
Dem 1981 von Germaine und Charles Spencer gegründeten Chor gehören 150 Sängerinnen und Sänger an, die zum größten Teil in London Schulen und Musikakademien besuchen. Der Chor übt seit 1982 auch im Ausland auf dem Gebiet der Oper und des Oratoriums eine rege Konzerttätigkeit aus.
Chorleiter: John McCarthy (seit 1981).

Royal Choral Society (London)
Bei dem ersten Konzert des 1871 unter dem Namen Royal Albert Hall Choral Society gegründeten Chores treten unter der Leitung von Charles Gounod 1000 Sänger auf (1873); 1888 erhält der Chor seinen heutigen Namen. Giuseppe Verdi dirigiert die englische Erstaufführung seines *Requiems*, die von dem Chor verwirklicht wurde; das Ensemble realisiert auch die englische Premiere von Richard Wagners *Parsifal*. Dem Chor, der zahlreiche Aufträge an englische Komponisten erteilt, gehören heute 250 Sängerinnen und Sänger an.
Chorleiter: Charles Gounod (1871–73), Joseph Barnby (1873–96), Frank Bridge (1896–1922), Sir Malcolm Sargent (1928–67), Wyn Morris (1968–69), Meredith Davies (1973–85), Laszlo Heltay (seit 1985).

Manécanterie Concinite de Louvain (Löwen)
Der Kinderchor wird 1972 gegründet. Ursprünglich soll er die Gottesdienste der Kirche Saint-Quentin in Löwen ausschmücken, doch schon bald erweitert sich sein Tätigkeitsfeld und gibt Konzerte im In- und Ausland.
Chorleiter: Karel Aerts (1972–86), Florian Heyerick (seit 1987).

Roger Wagner Chorale (Los Angeles)
Der 1946 von Roger Wagner gegründete gemischte Chor wird heute noch von ihm geleitet und ist auch unter dem Namen Los Angeles Chorale bekannt. Sein Repertoire enthält Werke der zeitgenössischen amerikanischen Musik, schließt aber auch Kompositionen der französischen Renaissance und des 20. Jahrhunderts nichtamerikanischen Ursprungs mit ein.

Chœur de l'Orchestre de Lyon
Der 1979 gegründete Chor erhält 1981 den Status eines staatlichen Regional-Chores. Seit der Gründung wird er von Bernard Tétu geleitet. Dem Kammerchor gehören 30 und dem Oratorien-

chor bis zu 90 Laiensängerinnen und -sänger an.

Ensemble Vocal de Lyon
Dem 1962 gegründeten und von Guy Cornut geleiteten Chor gehören 60 Laiensängerinnen und -sänger an; er tritt a capella oder zusammen mit Kammerorchestern auf.

Maîtrise Gabriel Fauré (Marseille)
Der 1963 gegründete Mädchenchor unternimmt bereits kurz nach seiner Entstehung Auslandstourneen, die ihn bis nach Amerika, Rußland, Südafrika und Japan führen. Das Repertoire des Chores, dem 35 Mädchen angehören, reicht vom 16. bis zum 20. Jahrhundert (Olivier Messiaen, Georges Migot, Darius Milhaud, Francis Poulenc).
Chorleiter: Thérèse Farré-Fizzio.

Escolanía del Monasteria de Montserrat
(Chor der Schule des Klosters Montserrat)
Das männliche Vokalensemble beschäftigt sich unter der Leitung von Pater Gregori Estrada mit dem traditionellen und dem spanisch geprägten Repertoire des gregorianischen Chorals. Die berühmte katalanische Abtei verfügt außerdem über einen Kinderchor, der unter der Leitung von Don Ireneu Segarra auch mit Instrumentalensembles zusammen auftritt, wobei ein Teil der Instrumentalisten aus Mönchen besteht; diese Gruppierung beschäftigt sich mit der religiösen Musik aller Zeiten und führt viele Werke auf, die für die berühmte Abtei komponiert wurden.

Kapella imeni A. A. Jurlowa (Moskau)
(Alexander Jurlow-Chor)
Dem 1919 gegründeten gemischten Chor gehören 100 Laiensängerinnen und -sänger an. Bis 1942 heißt das Ensemble Glinka-Chor und von 1942 bis 1973 Russisch-Akademischer Chor der UdSSR.
Chorleiter: Alexander Sweschnikow (1941-58), Alexander Jurlow (1958-73), Jurij Uchow (1973-81), Stanislas Gusew (seit 1981).
Uraufführungen: Werke von Tichon N. Chrennikow, Andrej I. Eschpai, Karlos Palacio, Dmitri D. Schostakowitsch, Rodion K. Schtschedrin und Georgij W. Swiridow (*Patetitscheskaja Oratorija*, Pathetisches Oratorium).

Moskowskij Kamernij Kapella
(Moskau)
(Moskauer Kammerchor)
Der Chor wird 1972 gegründet und von Wladimir Minin geleitet. Unter den zahlreichen Uraufführungen, die wir ihm verdanken, befinden sich Werke von Waleri A. Gawrilin, Roman S. Ledenew, Wladimir I. Rubin und Georgij W. Swiridow.

Kamernij Kapella Ministerstva Kultury Rossii
Kammerchor des russischen Kultusministeriums (Moskau)
Dem 1971 gegründeten Chor gehören ungefähr 40 Sängerinnen und Sänger an; wir verdanken ihm die Wiederentdeckung der russischen Liturgie- und Chormusik des 18. Jahrhunderts.
Chorleiter: Walerij Polianski.
Uraufführungen: Werke von Bronner, Edison W. Denisow, Alfred G. Schnittke (*Requiem*, 1975; *Choral Concerto*, 1987; *Die Geschichte des Dr. Johann Faustus*), Nikolaj N. Sidelnikow.

Chor des Bayerischen Rundfunks
(München)
Dem 1946 in München gegründeten Bayerischen Rundfunkchor gehören 48 Berufssängerinnen und -sänger an.
Chorleiter: Robert Seiler (1946-49), Josef Kluger (1949-58), Kurt Prestel (1958-63), Wolfgang Schubert (1963-69), Heinz Mende und Joseph Schmidhuber (1969-81), Gordon Kembes (1981-84), Hans Peter Rauscher (seit 1986).
Uraufführungen: Werke von Wilhelm Killmayer (*Canti amorosi*, 1958; *Romantische Chorlieder*, 1966), Rafael Kubelík (*Messe für Sopran und Kam-*

merchor, 1979; *Kantate ohne Worte*, 1981), Hans Pfitzner (*Urworte orphisch*, Kantate, 1952).

Münchener Bach-Chor
Der von Karl Richter 1951 gegründete Chor erhält 1954 seinen endgültigen Namen. Er steht in der Tradition der Leipziger Chorschule und beschäftigt sich vor allem mit den Passionen, Oratorien und Kantaten Johann Sebastian Bachs, interpretiert aber auch Werke von Heinrich Schütz, Friedrich Händel, Josef Haydn und Wolfgang Amadeus Mozart. Er besteht aus ca. 120 Laiensängerinnen und -sängern und arbeitet hauptsächlich mit dem 1953 ebenfalls von Karl Richter gegründeten Münchener Bach-Orchester zusammen.
Chorleiter: Karl Richter (1951–81), Ekkehard Tietze (1981–84), Hanns-Martin Schneidt (seit 1985).

Philharmonischer Chor München
Dem 1946 gegründeten Chor gehören 150 Laiensängerinnen und -sänger an; er arbeitet vor allem mit den Münchner Philharmonikern zusammen.
Chorleiter: Rudolf Lamy (1946–62), Rudolf Zöbeley, Josef Schmidhuber (bis 1990), Joshard Daus (seit 1990).

New College Choir Oxford
Der 1379 gegründete Chor setzt sich aus 30 Sängern zusammen und beschäftigt sich vor allem mit der Musik des 16. bis 18. Jahrhunderts, scheut aber auch vor Ausflügen auf das Gebiet der zeitgenössischen Musik nicht zurück.
Chorleiter: Sir David Lumsden (1958–76), Edward Higginbottom (seit 1976).

Agrupación coral de cámara de Pamplona
(Kammerchor von Pampluna)
Das 1946 gegründete gemischte Ensemble besteht aus 18 Laiensängerinnen und -sängern und widmet sich vor allem der Alten Musik, führt aber auch einige zeitgenössische Werke auf (vor allem von Arrano Beltza). Der Chor tritt in ganz Europa auf und ist Preisträger verschiedener internationaler Wettbewerbe.
Chorleiter: Luis Morondo.

A Sei Voci (Paris)
Das 1978 gegründete Vokalensemble besteht aus 6 Sängern (2 Counter-Tenöre, 2 Tenöre und 2 Bässe) und bemüht sich um das polyphone Repertoire vom Mittelalter bis zur Gegenwart. Die künstlerische Leitung wird gemeinschaftlich ausgeübt und von Rachid Safir koordiniert. Zu den wichtigsten Wiederentdeckungen alter Musik des Ensembles gehören die *Lamentationes* von Christobál de Morales, das *Office des ténèbres de la Semaine sainte* von Marco Antonio Ingegneri, die *Tiraca musicale* von Battista Croce und *Musicque* von Guillaume Costeley.
Uraufführungen: Werke von Alain Bancquart, Bernard Cavanna (*Io*, 1981), Laurent Cuniot (*L'Exil au miroir*, 1984), Gérard Geay, Ton de Leeuw (*Chimères*, 1985; *Les Chants de Kabir*, 1986), Robert Pascal, Guy Reibel, Christian Villeneuve.

Chœur national (Paris)
Dem 1967 gegründeten gemischten Chor gehören zwischen 60 und 70 Laiensängerinnen und -sänger an. Der Chor ist eine Nachfolgeorganisation des berühmten Studentenchors »La Faluche«: die Studenten wollten nach dem Eintritt ins Berufsleben weitersingen und gründeten dafür diesen Chor, der schnell international berühmt wird und mit den wichtigsten Orchestern auftritt: 1971–76 arbeitet er eng mit dem Orchestre de Paris zusammen, anschließend mit dem Ensemble Orchestral de Paris, La Grande Ecurie et la Chambre du Roi, dem Kammerorchester Lausanne u. a.
Chorleiter: Jacques Grimbert.
Uraufführungen: u. a. Werke von Jacques Charpentier (*Te Deum*, 1978), Maldonado (*Misa para un mondo nuevo*, 1977), Mikis Theodorakis (*Canto general*, 1975).

Chöre und Vokalensembles

Chœur de l'Orchestre de Paris
Der 1975 gegründete, gemischte Chor, dem 220 Laiensängerinnen und -sänger angehören, wird vom Orchestre de Paris finanziert. Er tritt häufig unter Daniel Barenboim auf, als dieser Chefdirigent des Orchestre de Paris ist, aber auch unter Claudio Abbado, Pierre Boulez, Carlo Maria Giulini, Zubin Mehta und Seiji Ozawa.
Chorleiter: Arthur Oldham.
Uraufführung: *Messe de l'aurore* von Marcel Landowski (1980).

Chœur de Radio-France (Paris)
Dem 1947 gegründeten Chor gehören 120 Berufssängerinnen und -sänger an. Er bestreitet das gesamte Chorprogramm von Radio-France und arbeitet mit sämtlichen Instrumentalensembles des Hauses zusammen. Zahlreiche Dirigenten, darunter Yvonne Gouverné, Jean Gitton, Jean-Paul Kreder und Stéphane Caillat haben mit dem Chor gearbeitet, ohne direkte Funktionen zu übernehmen.
Chorleiter: René Alix (1947–66), Marcel Couraud (1967–75), Jacques Jouineau (1977–86), Michel Tranchant (1986–91), François Polgar (seit 1991).

Chœur Régional Vittoria d'Ile-de-France (Paris)
Der 1987 gegründete Chor gibt ein Jahr später seine ersten Konzerte. Er umfaßt 80 Laiensängerinnen und -sänger, von denen die Hälfte zuvor der Chorale Vittoria d'Argenteuil angehörten. Der Chor arbeitet eng mit dem Orchestre National d'Ile-de-France zusammen, auf dem Gebiet des Oratoriums auch mit allen anderen Pariser Orchestern.
Chorleiter: Michel Piquemal.

Chorale Philippe Caillard (Paris)
Der 1944 gegründete Chor ist vor allem zwischen 1955 und 1970 hervorgetreten, als er mit dem Orchester Jean-François Paillard viele Schallplatten mit Musik der französischen Renaissance und des Frühbarocks aufnimmt und dafür mit zahlreichen Schallplattenaufnahmen ausgezeichnet wird (vor allem für die *Missa Pange Lingua* von Josquin des Prés). 1977 wird der Chor als Ensemble Jean Bridier wieder ins Leben gerufen.

Ensemble Vocal Michel Piquemal (Paris)
Das 1978 gegründete gemischte Vokalensemble setzt sich aus 16 bis 20 Laiensängerinnen und -sängern zusammen, die zum Teil von der Chorale Vittoria d'Argenteuil und von dem Quatur Vocal M. Piquemal kommen. Sein Repertoire erstreckt sich über die Renaissance und die romantische Chormusik mit Klavierbegleitung bis zu zeitgenössischen Werken. Roger Calmel (*Cantate des chemins retrouvés* und *Passion selon le livre de Jean*), Jacques Castérède (*Liturgie de la vie et de la mort*), Jean-Louis Florentz (*Magnificat*) und François Vercken (*Six instants poétiques*) komponieren für das Ensemble.
Chorleiter: Michel Piquemal.

Ensemble Vocal Stéphane Caillat (Paris)
Dem 1954 gegründeten gemischten Chor gehören zur Zeit 25 Laiensängerinnen und -sänger ständig an (bei manchen Aufführungen wirken bis zu 120 Amateure mit). Das Repertoire erstreckt sich vom 15. bis zum 20. Jahrhundert. Auf dem Gebiet der zeitgenössischen Musik setzt sich das Ensemble besonders für die Musik François Bayles, André Bons, Maurice Duruflés, Ivo Malecs, Maurice Ohanas, Guy Reibels und Michel Zbars ein.
Chorleiter: Stéphane Caillat.

Groupe Vocal de France (Paris)
Die Groupe Vocal de France wird 1976 vom französischen Kultusministerium und der Stadt Paris gemeinsam gegründet. Das Repertoire des Ensembles (es besteht aus 12 ständigen und vier zeitweilig mit ihm zusammenarbeitenden Berufssängerinnen und -sängern) reicht von Josquin des Prés bis Iannis Xenaxis.
Chorleiter: Marcel Couraud (1976–78), John Alldis (1978–83), Michel Tranchant (1983–86), Marie-Claude Vallin,

Guy Reibel, Boris de Vinogradow und Henri Farge (1986–87), Guy Reibel (1987–90), John Poole (seit 1990).

Uraufführungen: Werke von Girolamo Arrigo (*O notte, o dolce tempo*, 1989), Alain Bancquart (*Voix*, 1981), Didier Denis, Edison Denisow, Hugues Dufourt, Pascal Dusapin, Jacques Lenot, Patrick Marcland, Paul Méfano, Francis Miroglio, Luís de Pablo (*Como Moises es el Viejo*, 1985), Stefan Niculescu, Martial Solal.

Maîtrise de Radio-France (Paris)
In dem 1946 von Henry Barraud und Maurice David gegründeten Mädchenchor erhalten die Mitglieder nicht nur Musik-, sondern auch Schulunterricht. Ab dem 16. Lebensjahr gehören sie der eigentlichen Maîtrise an und treten a capella oder mit den verschiedenen Instrumentalensembles von Radio-France auf, mit denen sie enge Beziehungen unterhalten. Nach Schulabschluß treten ein Teil der Mädchen in den Chor von Radio-France ein, während andere sich zu Musiklehrerinnen ausbilden lassen.
Chorleiter: Jacques Besson, Marcel Couraud, Jacques Jouineau, Henri Farge (1979–84), Michel Lasserre de Rozel (1984–89), Marie-Claude Vallin (1989), Denis Dupays (seit 1989).
Uraufführungen: Werke von Henry Barraud (*La Fée aux miettes*, 1968; *Enfance à Combourg*, 1977), Mauricio Kagel (*Vom Hörenzagen*, 1977), Matsumoto (*Tô-i-Koé*, 1976), Claude Prey (*Le Cœur révélateur*, 1964; *Ionas*, 1966), Guy Reibel (*Oracle et Empreinte*, 1975), Louis Saguer (*L'Ombre d'un froid*, 1969).

Petits Chanteurs à la Croix de Bois (Paris)
Der Chor wird 1906 von Pariser Studenten gegründet. Unter Mgr. Maillet entwickelt sich das Vokalensemble zu einem der international bekanntesten Jugendchöre. Das Repertoire setzt sich aus religiösen und profanen Werken zusammen, darunter viele Volkslieder, die während der internationalen Tourneen des Chores gesammelt wurden.
1947 gründet Mgr. Maillet die internationale Vereinigung »Pueri cantori«, der heute mehr als 10 000 Kinder aus der ganzen Welt angehören.
Chorleiter: Mgr. Maillet (1924–63), Abbé Delsinne (1963–78), Bernard Houdy (seit 1978).

Société des Chanteurs de Saint-Eustache (Paris)
Dem 1944 von R. P. Emile Martin gegründeten Amateurchor gehören ungefähr hundert ständige Sängerinnen und Sänger an. Seit 1980 wird der Chor von der Stadt Paris unterstützt.
Chorleiter: R. P. Emile Martin (1944–89), Denis Dupays (1989), Michel Plockyn (seit 1989).
Uraufführungen: Werke von Jacques Bondon (*La Réssurection*, 1975), André Lavagne (*Der 41. Psalm*, 1968) und ungefähr 100 Kompositionen von R. P. Emile Martin.

Pěvecký sbor Československho rozhéasu (Praha)
(Chor des tschechoslowakischen Rundfunks, Prag)
Dem 1935 gegründeten gemischten Chor gehören 80 Berufssänger an; der Chor wird von Radio Prag finanziert. Die bedeutendsten in- und ausländischen Dirigenten arbeiten mit der Formation zusammen.
Chorleiter: Jan Kühn (1935–45), Jiři Pinkas (1945–46), Jan Kasal (1957–59), Václav Jiráček (1960–61), Jan Tausinger (1962), Milan Mály (1963–86, assistiert von Ladislav Cerny), Pavel Kühn (seit 1986).

Pražský Filharmonický sbor (Praha)
(Prager Philharmonischer Chor)
Dem 1935 gegründeten gemischten Chor gehören 80 Berufssängerinnen und -sänger an. Er beschäftigt sich vor allem mit den großen Chorwerken mit Orchester (Oratorien, Kantaten, Opern). Dieses aus dem Chor des tschechischen Rundfunks hervorgegan-

gene Vokalensemble hat sich 1951 vom Rundfunk gelöst; heute gehört es zur Tschechischen Philharmonie.
Chorleiter: Jan Kühn (1935–58), Joseph Veselka (1958–81), Lubomír Mátl (seit 1981).

Regensburger Domspatzen
Der 975 ins Leben gerufene Knabenchor tritt die Nachfolge eines bereits 739 in Regensburg von Bonifatius gegründeten Kinderchores an. Heute gehören ihm ungefähr 300 Kinder an, die in drei Chöre aufgeteilt sind. Zusammen mit dem Domchor gestalten sie unter dem Domkapellmeister die Messen im Regensburger Dom; der Chor, dem ein Internat angeschlossen ist, kümmert sich nicht nur um die musikalische, sondern auch um die allgemeine schulische Erziehung der Knaben, wobei sich der Schulunterricht, was die Zeiten anbelangt, nach den Tourneen und den Schallplattenaufnahmen richtet.
Chorleiter: Joseph Schrems, Franz Xaver Engelhart (bis 1924), Theobald Schrems (1924–63), Georg Ratzinger (seit 1964).

Mormon Tabernacle Choir (Salt Lake City)
Dem 1849 gegründeten Chor gehören 320 Sängerinnen und Sänger an; wir verdanken ihm mehr als 150 Schallplattenaufnahmen und Tourneen durch mehr als 20 Länder.
Chorleiter: John Parry (1849–54), Stephen Goddard (1854–56), James Smithies (1856–62), Charles John Thomas (1862–65), Robert Sands (1865–69), George Careless (1869–80), Ebenezer Beesley (1880–89), Even Stephens (1889–1916), Anthony C. Lund (1916–35), J. Spencer Cornwall (1935–57), Richard P. Condie (1957–74), Jay E. Welch (1974), Jerold D. Ottley (seit 1975).

Gossudarstwennaja Akademitscheskaja Kapella imeni M. J. Glinka (St. Petersburg)
Akademischer Staatschor Glinka (Sankt Petersburg)
Der ehemalige Kirchenchor des Zaren wurde wahrscheinlich 1479 gegründet; er wirkt in Rußland an allen Oratorien-Aufführungen der Philharmonischen Gesellschaft sowie an den russischen Erstaufführungen der Oratorien Joseph Haydns, an der von Ludwig van Beethovens *Missa Solemnis* (1824) sowie an der von Hector Berlioz' *Requiem* mit. 1917 wird der Chor in »Akademischer Chor des Volkes« umgetauft.
Chorleiter: Michail I. Glinka (1837-), Michail G. Klimow (1917–35, 1922–30 Direktor), Palladij Bogdanow, Georgij A. Dmitrewskij, Jelisaweta Kudrijawtsewa, Wladislaw Tscherhutschenko (zur Zeit).

Orféo Donostiarra (San Sebastian)
Der 1897 gegründete Amateurchor ist ursprünglich ein reiner Männerchor. 1909 wird er in einen gemischten Chor umgewandelt, dem heute 150 Sängerinnen und Sänger angehören. 1983 wird ihm eine Gesangsschule für Kinder (4 bis 9 Jahre) und 1985 eine zweite Gesangsschule für Erwachsene angeschlossen.
Chorleiter: Luzuriaga und Oñate (1897–1902), Secundino Esnaola (1902–29), Juan Gorostidi (1929–68), Antxon Ayestaran (1968–86), Jose Antonio Sainz (seit 1987).

Coro de la Abadía de Santo Domingo de Silos
Ein Mönchschor, der neben den traditionellen Meßgesängen in lateinischer Sprache auch die alten iberischen, farbenreichen Choralwerke singt.
Chorleiter: Dom Ismael Fernández de La Cuesta.

Bolgarska Chorova Kapela »Swietoslav Obretenov« (Sofia)
(Bulgarischer Nationalchor »Swetoslav Obretenov«)
Dem 1944 auf die Initiative des bulgarischen Komponisten Swetoslaw Obretenov gegründeten Chor gehören 150 Berufssänger an.
Chorleiter: Georgi Robev (seit 1966).

Chœur de l'abbaye de Solesmes
Der berühmte französische Mönchschor beschäftigt sich ausschließlich mit dem gregorianischen Gesang. Seit dem 19. Jahrhundert beschäftigt sich Solesmes auch wissenschaftlich mit dem religiösen Liedgut des Hochmittelalters. Ab 1930 belegen viele Schallplatten die überragende Stellung, die der Abtei bei der Ausführung gregorianischer Choräle zukommt. Ein kleiner Chor mit ausgewählten Sängern interpretiert das melismatische Chorgut, während der aus allen Mönchen der Abtei bestehende Gesamtchor die Liturgie singt. Die Schule von Solesmes hat Mönchschöre auf der ganzen Welt beeinflußt.
Chorleiter: Dom Pothier (1835–1923), Dom Mocquereau (1849–1930), Dom Gajard (1885–1972), Dom Claire (der derzeitige musikalische Leiter).

Gächinger Kantorei (Stuttgart)
Dem 1954 von Helmuth Rilling gegründeten gemischten Chor gehören ungefähr 100 Laiensängerinnen und -sänger an. Das Repertoire umfaßt Werke vom Mittelalter bis zur Gegenwart. Der Chor tritt häufig zusammen mit dem 1965 ebenfalls von Hellmuth Rilling gegründeten Bach-Collegium Stuttgart auf. Die Gächinger Kantorei zeichnet für eine Gesamtaufnahme der Kantaten und Oratorien Johann Sebastian Bachs verantwortlich.
Chorleiter: Hellmuth Rilling (seit 1954).

Kammerchor Stuttgart
Der 1968 gegründete Chor beschäftigt sich mit dem Repertoire für Kammerchor von Heinrich Schütz bis zur zeitgenössischen Musik. Auf dem Gebiet der barocken und klassischen Literatur arbeitet der Chor eng mit dem 1982 von Frieder Bernius gegründeten Barockorchester Stuttgart zusammen.
Chorleiter: Frieder Bernius.
Uraufführungen: Werke von G. Bennett (*Kinnah*), Arthur Dangel (*Eva, Orpheus*) und Augustin Kropfreiter (*Stabat Mater, Magnificat*).

Schola Cantorum Stuttgart
Die 1960 von Clytus Gottwald gegründete Schola Cantorum Stuttgart wird bis zu ihrer Auflösung im Jahre 1990 von ihm geleitet; sie beschäftigt sich mit polyphonen Werken des 15. und 16. Jahrhunderts, vor allem aber mit zeitgenössischen Kompositionen.
Uraufführungen: Werke von Alban Berg (*Chöre aus dem Nachlaß*, 1982), Pierre Boulez (*Cummings ist der Dichter*, 1970), Sylvano Bussotti (*Rara Requiem*, 1971), John Cage (*Song Books I-II*, 1972), Friedrich Cerha (*Verzeichnis*, 1970), Paul-Heinz Dittrich, Jean-Claude Eloy (*Kamala*, 1975), Morton Feldman, Vinko Globokar, Gérard Grisey (*Les Chants de l'Amour*, 1985), Roman Haubenstock-Ramati (*Chorographie*, 1971), Heinz Holliger (*Dona nobis pacem*, 1971; *Psalm*, 1972; *Scardanelli-Zyklus*, 1985), Klaus Huber, Mauricio Kagel (*Halelujah*, 1969), Helmut Lachenmann (*Consolatio I*, 1968; *Consolatio II*, 1969), György Ligeti (*Lux aeterna*, 1966; *Páiné*, 1983), Tomas Marco (*Transfiguracion*, 1980), Krzysztof Penderecki (*Canticum canticorum Salomonis*, 1974; *Magnificat*, 1974), Steve Reich, Peter Ruzicka, Dieter Schnebel (*Missa est*, 1968; *Maulwerke*, 1974; *Contrapunctus XI*, 1976), Karlheinz Stockhausen, Hans Zender (*Canto IV*, 1971; *Canto V*, 1974).

Südfunk-Chor (Stuttgart)
Dem 1946 vom Süddeutschen Rundfunk gegründeten gemischten Chor gehören 36 Sängerinnen und Sänger an.
Chorleiter: Otto Werner Müller (1946–47), Walter Kretschmar (1947–51), Hermann Josef Dahmen (1951–75), Marinus Voorberg (1975–81), Klaus Martin Ziegler (1981–87), Rupert Huber (1988–89 ständiger Gastdirigent, seit 1990 Chorleiter).
Aufträge: Werke von Paul-Heinz Dittrich (*Memento mori*, 1988), Wolfgang Fortner (*In seinem Garten liebt Don Perlimplin Belisa*, 1962; *Vier Petrarca-Sonette*, 1980), Mauricio Kagel (*Sankt-*

Bach-Passion, 1985, Liturgien, 1990), Helmut Lachenmann (Les Consolations, 1978), Krzysztof Penderecki (Agnus Dei, 1982; Polnisches Requiem, 1984), Hermann Reutter (Der Tod des Empedokles, 1966), Manfred Trojahn (Quattro madrigali per voci e strumenti, 1984), Isang Yun (O Licht..., 1981).

Uraufführungen: Werke von Ulrich Gasser (PassionII/Stationen, 1980), Mauricio Kagel (Liturgien, 1990), Wilhelm Killmayer (Canti amorosi, 1957; Sappho, 1961; Lauda, 1968), Norbert Linke (Canticum III, 1973), Luigi Nono (Al grande sole..., 1975), Hermann Reutter (Der große Kalender, zweite Version, 1970), Dieter Schnebel (Missa, 1988).

Tölzer Knabenchor
Der 1956 von Gerhard Schmidt-Gaden gegründete Knabenchor wird heute noch von ihm geleitet. Ihm gehören zwischen 100 und 150 Kinder an, die in drei Zentren in München, Benediktbeuren und Bad Tölz ausgebildet werden (Beginn der Ausbildung mit sechs Jahren). Der zum Tölzer Knabenchor gehörende Kammerchor wird 1990 aufgelöst. Die Männerstimmen werden von ehemaligen Mitgliedern des Knabenchors gesungen. Die Einnahmen aus Konzerten, Opernverpflichtungen und Schallplattenaufnahmen reichen aus, um die Kosten zu decken, die die Ausbildung der Knaben verursacht (6 Gesangslehrer und Chorleiter). 1981 erhielt der Chor den Ernst-Siemens-Preis für Musik.
Chorleiter: Gerhard Schmidt-Gaden (seit 1956).
Uraufführungen: Werke von Tilo Medek (So ein Struwwelpeter, 1983), Claudio Monteverdi/Hans Werner Henze (Il ritorno d'Ulisse in patria, 1985), Krzysztof Penderecki (Lukas-Passion, 1966; Utrenja, 1970; Auferstehung, 1971).

Chorale Elisabeth Brasseur (Versailles)
1920 gründet Elisabeth Brasseur für die Messen in der Kirche Sainte-Jeanne-d'Arc de Versailles, wo sie als Organistin tätig ist, den Frauenchor Elisabeth Brasseur. 1934 tritt der Chor zum ersten Mal in einem Konzert auf. 1943 wird der Frauenchor in einen gemischten umgewandelt und erhält seinen heutigen Namen. Er zeichnet für die französischen Erstaufführungen von Igor Strawinskys Requiem Canticles (1967) und Gian Carlo Menottis Ballett The Unicorn, the Gorgon and the Manticorn (1974) verantwortlich.
Chorleiter: Elisabeth Brasseur (1920–72), Catherine Brilli (1972–82), Michel Aunay (seit 1982).
Uraufführungen: u. a. Werke von René Alix (2 Motets, 1967), Gilbert Bécaud (Cantate de l'enfant à l'étoile, 1962), Jacques Charpentier (4 psaumes de Toukaram, 1967), André Jolivet (La Vérité de Jeanne, 1959), Darius Milhaud (Symphonie Nr. 3, 1953), Petro Petridis (Oratorio byzantin, 1964), Florent Schmitt (A Contre-Voix, 1947).

Polnischer philharmonischer Nationalchor (Warschau)
Der Chor wird 1952 von Zbigniew Soja gegründet.
Chorleiter: Zbigniew Soja (1952–55), Roman Kuklewicz (1955–71), Józef Bok (1971–74), Anton Szalínski (1974–78), Henryk Wojnarowski (seit 1978).
Uraufführungen: Werke von Krzysztof Penderecki (Stabat Mater, 1962; Cantata in honorem Almae Matris Universitatis Iagellonicae, 1964).

Chor des Österreichischen Rundfunks (Wien)
Dem 1955 vom österreichischen Rundfunk gegründeten Chor gehören 48 Berufssängerinnen und -sänger an.
Chorleiter: Gottfried Preinfalk, Erwin Ortner.
Uraufführungen: Werke von Friedrich Cerha (An die Herrscher der Welt, Kantate, 1988), Helmut Eder (Non sum qualis eram..., 1976; Missa est, 1986), Gottfried von Einem (Die träumenden Knaben, 1973), Ernst Krenek (Symeon der Stylit, 1988; Opus sine nomine, op. 238, 1990), György Ligeti (Clocks and Clouds, 1973), Krzysztof Pende-

recki (*Magnificat*, 1974), Egon Wellesz (*Canticum sapientiae*, 1969), Gerhard Wimberger (*Memento vivere*, 1975; *Sonetti in vita e i morte di Madonna Laura*, 1983), Hans Zender (*Animula*, 1989).

Wiener Sängerknaben

Das 1924 in seiner heutigen Form von Josef Schmitt gegründete Ensemble blickt auf eine 500jährige Tradition zurück (1498 ist bereits ein Knabenchor im Dienst der Hofkapelle nachweisbar). Die Liste seiner Chorleiter umfaßt mehrere hundert Namen. Die Wiener Sängerknaben setzen sich aus vier Chören mit je 24 zwischen 10 und 14 Jahre alten Mitgliedern zusammen, die alle zur Schule gehen. Der Chor finanziert sich selbst.

Chorleiter der letzten Jahre: Ferdinand Grossmann, Hans Gillesberger, Uwe Christian Harrer.

Wiener Singakademie

Dem 1858 gegründeten gemischten Chor gehören 12 Sängerinnen und Sänger an.

Chorleiter: Johannes Brahms (1863–72), Richard Heuberger, Hermann Grädener, Ferdinand Löwe, Bruno Walter, Anton Konrath, Hans Gillesberger, Agnes Grossmann (1983–87), Walter Hagen-Groll (1987–89), Herbert Böck (seit 1989).

Wiener Singverein

Der gemischte Laienchor mit 240 Mitgliedern wird 1858 gegründet.

Chorleiter: Johann von Herbeck (1858, 1860–70), Josef Hellmesberger (1859, 1870–71), Anton Rubinstein (1871–72), Johannes Brahms (1872–75), Johann von Herbeck (1876–78), Eduard Kremser (1878–80), Wilhelm Gericke (1881–84 und 1890–95), Hans Richter (1884–90), Richard von Perger (1895–1900), Ferdinand Löwe (1900–04), Franz Schalk (1904–21), Wilhelm Furtwängler (1921–30 und 1946–50), Leopold Reichwein (1921–28), Robert Heger (1928–34), Oswald Kabasta (1934–45), Herbert von Karajan (1950–89, assistiert von Helmuth Froschauer).

Uraufführungen: u.a. Werke von Johannes Brahms (*Ein deutsches Requiem; Alt-Rhapsodie; Schicksalslied*), Anton Bruckner (*Te Deum; Der 150. Psalm*), Franz Schmidt (*Das Buch der Sieben Siegel; Gilgamesch*), Franz Schubert (*Messe in A-Dur*), Alfred Uhl (*Wer einsam ist, der hat es gut*).

Windsbacher Knabenchor

Der Knabenchor wurde 1946 gegründet; ihm gehören 80 Mitglieder an.

Chorleiter: Hans Thamm (1946–77), Karl-Friedrich Behringer (seit 1976).

Symphonieorchester

Amsterdams Philharmonisch Orkest
Das 1953 gegründete Orchester geht 1986 im Niederländischen Philharmonischen Orchester auf.
Chefdirigenten: Anton Kersjes, Ken-Ichiro Bobayashi, Thomas Sanderling (1984–86).

Royal Concertgebouw Orkest (Amsterdam)
Das 1888 gegründete Orchester wird nach dem am 3. November 1888 eingeweihten Konzertsaal benannt, in dem es auftritt.
Musikdirektoren: Willem Kes (1888–95), Willem Mengelberg (1895–1945), Eduard van Beinum (1945–59), Bernard Haitink (1961–88), Riccardo Chailly (seit 1988).
Ständige Gastdirigenten: Karl Muck (1921–25), Pierre Monteux (1925–34), Bruno Walter (1934–39), Eduard van Beinum (1939–45), Eugen Jochum (1961–64), Kyrill P. Kondraschin (1979–81).
Aufträge zum 50. Geburtstag des Orchesters: Henk Badings (*Symphonische Variationen*, 1938) Béla Bartók (*Konzert für Violine und Orchester Nr. 2*, 1939), Alfredo Casella (*Orchesterkonzert*, 1938), Zoltán Kodály (*Variationen zu einem ungarischen Volkslied*, 1939), Ernst Krenek (*Konzert für Klavier und Orchester Nr. 2*, 1938), Darius Milhaud (*Cantate nuptiale*, 1939).
Aufträge zum 60. Geburtstag des Orchesters: Henk Badings (*Symphonie Nr. 5*, 1948), Benjamin Britten (*Spring Symphony*, 1949).
Aufträge zum 100. Geburtstag des Orchesters: Luciano Berio (*Renderin*, 1989), Ton de Leeuw, Rudolf Escher, Robert Heppener (*Boog*, 1988), Tristan Keuris, Wim Laman, Chiel Meijering, Arne Nordheim (*Magma*, 1988), Alfred G. Schnittke (*Concerto grosso Nr. 4*; *Symphonie Nr. 5*, 1988), Paul Termos, Geert van Keulen (*Armonia*, 1988).
Weitere Aufträge: Witold Lutosławski (*Mi-Parti*, 1976).
Uraufführungen: Werke von Henk Badings (*Symphonie Nr. 1*, 1930; *Nr. 2*, 1932; *Nr. 3*, 1935), Luciano Berio (*Formazioni*, 1987), Paul Hindemith (*Konzert für Bratsche und Orchester*, 1935; *Konzert für Violine und Orchester*, 1940), Guillaume Landré (*Symphonie Nr. 3*, 1951; *Variazioni senza tema*, 1968), Darius Milhaud (*Konzert für Bratsche und Orchester Nr. 1*, 1929), Willem Pijper (*Symphonie Nr. 1*, 1919; *Nr. 2*, 1922; *Nr. 3*, 1926), Alfred G. Schnittke (*Konzert für Bratsche und Orchester*, 1986), Charles Tournemire (*Symphonie Nr. 3 »Moscou«*, 1913), Matthijs Vermeulen (*Symphonie Nr. 2*, 1956; *Nr. 3*, 1939; *Nr. 5*, 1949; *Nr. 7*, 1967).

Nederlands Philharmonisch Orkest (Amsterdam)
Das Orchester entsteht 1986 aus der Vereinigung des Philharmonischen Orchesters von Amsterdam, des Kammerorchesters der Niederlande und des Symphonie-Orchesters von Utrecht. Ihm gehören 170 Musiker an. Die Aufführungen der Niederländischen Oper werden von dem Orchester bestritten; daneben gibt es Symphonie-Konzerte.
Chefdirigent: Hartmut Haenchen (seit 1986).

Orchestre Philharmonique des Pays de la Loire (Angers-Nantes)
Das 1971 gegründete Orchester wird von den Städten Angers und Nantes gemeinsam getragen. Es tritt entweder als großes Orchester mit 100 Musikern oder als zwei kleinere Ensembles mit je 60 Musikern auf. Das Orchester bestreitet die symphonische und die Opern-Saison in den beiden Städten und tritt in der ganzen

Region auf. Es ist die Nachfolgeorganisation der »Société des Concerts Populaires d'Angers«.
Musikdirektoren: Pierre Dervaux (1971–78), Marc Soustrot (seit 1978).
Ständige Dirigenten und deren Stellvertreter: Jean-Claude Casadesus (1971–75), Yves Prin (1971–73), André Girard (1976–78), Marc Soustrot (1976–78), Patrick Juzeau (1978–80), François Bilger (1978–91).
Uraufführungen: Werke von Philippe Capdenat (*Symphonèmes*, 1975), Marius Constant, Pascal Dusapin (*La Rivière*, 1983), Alain Louvier (*Orchesterkonzert*, 1987), Patrick Marcland (*Failles*, 1978), Maurice Ohana (*Konzert für Klavier und Orchester*, 1981), Luís de Pablo (*Je mange, tu manges*, 1973), Giacinto Scelsi (*Hymnos*, 1983), Roger Tessier, Antoine Tisné, Pierre Wissmer (*Variations sur un Noël imaginaire*, 1977), Isang Yun (*Konzert für Violoncello und Orchester*, 1976).

Koninklijk Filharmonisch Orkest van Vlaanderen (Antwerpen)
Das 1955 gegründete Orchester tritt bis 1983 unter dem Namen »Antwerpener Philharmoniker« auf.
Chefdirigenten: Steven Candael (1956–59), Eduard Flipse (1959–70), Enrique Jordá (1970–75), Valère-Xavier Lenaerts (1975–77), André Vandernoot (principal guest conductor, 1977–83), Emil Tschakarow (1985–86), Günter Neuhold (1986–91), Muhai Tang (seit 1991).
Uraufführungen: Werke von Luc Brewaeys (*Symphonie Nr. 2*), Frits Celis (*Preludio e Narrazione* für Sopran und Orchester), Jan Decadt (*Monographie*), André Delvaux (*Mouvements symphoniques*), Rafaël d'Haene (*Preludia* für Orchester), Jacqueline Fontyn (*In the Green Shade*), François Glorieux (*Manhattan, Divertimento*), Willem Kersters (*Symphonie Nr. 4 »Apokalypse«; Laudes*), Jef Maes (*Symphonie Nr. 2* und *Nr. 3; Concertante ouverture*; Suite *Tu auras nom*), Louis Marischal (*Kerstsymfonie*), Renaat Veremans (*Symphonie Nr. 3*).

Atlanta Symphony Orchestra
Das 1944 gegründete Orchester ist das bedeutendste im Südwesten der Vereinigten Staaten und spielt in der Region eine wichtige Rolle.
Chefdirigenten: Henry Sopkin (1944–66), Robert Shaw (1966–88), Yoel Levi (seit 1988).
Uraufführungen: Werke von Leonard Bernstein (*Missa brevis*, 1988), Morton Gould (*Soundings*, 1969), Karel Husa (*Symphonic Suite*, 1984), Ned Rorem (*Symphonie für Streicher*, 1986), Billy Taylor (*Peaceful Warrior*, 1983), George Walker (*Address for Orchestra*, 1981).

Sinfonieorchester des Südwestfunks Baden-Baden
Das Orchester wird 1946 von Heinrich Strobel gegründet. Es ist stark an der zeitgenössischen Musik engagiert und bestreitet jedes Jahr die Festspiele in Donaueschingen.
Chefdirigenten: Gotthold Ephraim Lessing (1946–48), Hans Rosbaud (1948–62), Ernest Bour (1964–79), Kazimierz Kord (1980–86), Michael Gielen (seit 1986).
Aufträge, die vom Südwestfunk im Namen des Orchesters an folgende Komponisten vergeben werden: Carlos Roqué Alsina (*Überwindung*, 1970), Gilbert Amy (*Chant*, 1968), Luciano Berio (*Quaderni*, 1960; *Epifanie*, 1961; *Chemins*, 1965), Boris Blacher (*Orchester-Ornament*, op. 44, 1953), Pierre Boulez (*Poésie pour pouvoir*, 1955; *Pli selon pli – Portrait de Mallarmé*, 1960; *Figures-Doubles-Prismes*, 1964), Sylvano Bussotti (*Opus Cygne*, 1979), Luigi Dallapiccola (*An Mathilde*, 1955), Paul-Heinz Dittrich (*Areae sonantes*, 1973), Brian Ferneyhough (*Carceri d'Invenzioni III*, 1985), Wolfgang Fortner (*An die Nachgeborenen*, 1948; *Fantasie über die Tonfolge b-a-c-h*, 1950; *Mouvements*, 1954; *Impromptus*, 1957), Vinko Globokar (*Mosaik*, 1979), Jean-Pierre Guézec (*Assemblages*, 1967), Cristóbal Halffter (*Sinfonia para tres grupos instrumentales*, 1962; *Lineas y puntos*, 1967; *Planto por las víctimas de la vio-*

lencia, 1971; *Elegien auf den Tod dreier spanischen Dichter*, 1975; *Variationen über den Nachhall eines Schreis*, 1977; *Konzert für Violoncello und Orchester Nr. 2*, 1986), Roman Haubenstock-Ramati (*Petite musique de nuit* für Orchester, 1959; *Vermutungen über ein dunkles Haus*, 1964), Hans Werner Henze (*Konzert für Klavier und Orchester Nr. 1*, 1947; *Symphonie Nr. 3*, 1951; *Nachtstücke und Arien*, 1957), Heinz Holliger (*Pneuma*, 1970; *Scardanelli-Zyklus*, 1985), Betsy Jolas (*Musique d'hiver*, 1971), André Jolivet (*Konzert für Harfe und Orchester*, 1952), Giselher Klebe (*Sinfonie* op. 16, 1953), Marek Kopolent (*Plauderstündchen* für Alt-Saxophon und Orchester, 1975; *Il canto de li Augei*, 1980), Zygmunt Krauze (*Konzert für Klavier und Orchester*, 1976), Helmut Lachenmann (*Schwankungen am Rand*, 1975; *Tanzsuite mit Deutschlandlied*, 1978), Rolf Liebermann (*Konzert für Jazzband und Orchester*, 1954), György Ligeti (*Atmosphères*, 1961; *Lontano*, 1967), Gian Francesco Malipiero (*Elegia-Capriccio*, 1953), Olivier Messiaen (*Le Réveil des oiseaux*, 1953; *Chronochromie*, 1960), Luigi Nono (*Due espressioni*, 1953; *Incontri*, 1955; *Varianti*, 1957), Luís de Pablo (*Iniciativas*, 1966; *Heterogeneo*, 1970), Krzysztof Penderecki (*Anaklasis*, 1960; *Fluorescences*, 1962; *Sonate für Violoncello und Orchester*, 1964; *Capriccio für Violine und Orchester*, 1967), Goffredo Petrassi (*Récréation concertante*, 1953), Wolfgang Rihm (*Morphonie*, 1973; *Sub-Kultur*, 1975; *Klangbeschreibung I–III*, 1986), Peter Ruzicka (*Feed back*, 1972), Henri Sauguet (*Concerto d'Orphée für Violine und Orchester*, 1953), Dieter Schnebel (*Diapason*, 1977; *Jowaeggerli*, 1983), Alfred G. Schnittke (*Passacaglia*, 1981), Salvatore Sciarrino (*Un'immagine di Arpocrate* für Klavier, Chor und Orchester, 1978), Kazimierz Serocki (*Segmenti*, 1962; *Sinfonische Fresken*, 1964; *Fantasia elegiaca* für Orgel und Orchester, 1972; *Pianophonie*, 1978), Giuseppe Sinopoli (*Tombeau d'Armor I*, 1975; *Tombeau d'Armor III*, 1978), Karlheinz Stockhausen (*Spiel*, 1952; *Punkte*, 1963; *Trans*, 1971), Manfred Trojahn (*Symphonie Nr. 2*, 1978), Robert Wittinger (*Symphonie Nr. 2*, 1979), Iannis Xenakis (*ATA*, 1985), Isang Yun (*Réak*, 1966), Bernd Alois Zimmermann (*Konzert für Violine und Orchester*, 1950; *Konzert für Oboe und Orchester*, 1952).

Uraufführungen: Werke von Pierre Boulez (*Le Marteau sans maître*, 1953), Werner Egk (*La Tentation de saint Antoine*, 1947; *Abraxas*, 1948; *Sonate für Orchester*, 1948; *Allegria*, 1952), Jean-Claude Eloy (*Etude III*, 1962), Wolfgang Fortner (*Symphonie*, 1948; *Die weiße Rose*, Ballett, 1950), Karl Amadeus Hartmann (*Symphonie Nr. 2*, 1950), Roman Haubenstock-Ramati (*Recitativo ed Aria* für Cembalo und Orchester, 1955), Paul Hindemith (*Konzert für Horn und Orchester*, 1949), Giselher Klebe (*Die Zwitschermaschine*, 1950), Jonathan Lloyd (*Symphonie Nr. 2*, 1988), Marcel Mihalovici (*Sinfonia partita*, 1951), Detlev Müller-Siemens (*Konzert für Klavier und Orchester*, 1981), Wolfgang Rihm (*Dies*, 1985), Iannis Xenakis (*Metastaseis*, 1954), Bernd Alois Zimmermann (*Canti di speranza*, 1958; *Concerto pour violoncello et orchestre en forme de »pas de trois«*, 1968).

Baltimore Symphony Orchestra
Gegründet 1914.
Chefdirigenten: Gustav Strube (1914–30), George Siemonn (1930–35), Ernest Schelling (1935–38), Werner Janssen (1938–41), Howard Barlow (1941–42), Reginald Stewart (1942–52), Massimo Freccia (1952–59), Peter Herman Adler (1959–68), Brian Prestman (1968–69), Sergiu Comissiona (1970–84), Leon Fleisher (Dirigent »in residence«, 1974–77), David Zinman (seit 1985).

Auftragskompositionen: Dominick Argento (*Le Tombeau d'Edgar Poe*, 1986), Jacob Druckman (*Prism*, 1980), Ross Lee Finney (*Symphonie Nr. 4*,

1974), Lukas Foss (*Folksongs for Orchestra*, 1976), Leon Kirchner (*Konzert für Violine, Violoncello und Orchester*, 1960), Henri Lazaroff (*Orchesterkonzert*, 1978), Robert Hall Lewis (*Symphonie Nr. 2*, 1971; *Invenzione*, 1988), George Rochberg (*Imago Mundi*, 1974), Gunther Schuller (*Triplum II*, 1975), Roger Sessions (*Rhapsodie*, 1970), Alexandre Tansman (*Symphonie Nr. 5*, 1943), Charles Wuorinen (*Crossfire*, 1985).

Bamberger Symphoniker
Das 1946 gegründete Orchester tritt die Nachfolge des ehemaligen »Deutschen Philharmonischen Orchesters« in Prag (1939–45) an.
Chefdirigenten: Josef Keilberth (1940–45), Herbert Albert (1947–48), Georg-Ludwig Jochum (1948–50), Joseph Keilberth (1950–68), Eugen Jochum (1968–73), James Loughran (1978–83), Witold Rowicki (1983–85), Horst Stein (seit 1985).
Uraufführungen: Werke von Gottfried von Einem (*Nachtstück*, 1962), Rudolf Kelterborn (*Symphonie*, 1987), Fred Lohse (*Sinfonietta*, 1986, Auftrag).

Orquesta de la Ciutat de Barcelona
Das Orchester wird 1944 als »Orchester von Barcelona« gegründet und erhält 1968 seinen heutigen Namen. Ihm gehören 95 Musiker an. Das Orchester zeichnet für viele Uraufführungen katalanischer Komponisten verantwortlich.
Musikdirektoren: Eduardo Toldrá (1944–62), Rafael Ferrer (1962–68), Antoni Ros-Marbà (1968–78), Salvador Mas (1978–81), Franz Paul Decker (1986–91), García Navarro (seit 1991).

Basler Sinfonie-Orchester
Zu Beginn des 19. Jahrhunderts gibt es in Basel bereits ein Symphonie-Orchester, das 1921 in die »Basler Orchester Gesellschaft (BOB)« umgewandelt wird. Das Orchester gibt nicht nur Symphonie-Konzerte, sondern verwirklicht auch die Opern-Aufführungen am Basler Theater.

Musikdirektoren: Ernst Reiter (1839–46), August Walter (1846–96), Alfred Volkland (1896–1902), Hermann Suter (1902–26), Felix Weingartner (1927–35), Hans Münch (1935–47), Walter Müller von Kulm (1947–69), Leopold Ludwig (musikalischer Berater, 1969–70), Moshe Atzmon (1972–77), Horst Stein (seit 1987).
Uraufführungen: Werke von Conrad Beck (*Nachklänge*, 1986), Georges Bizet (*Symphonie in C*, 1935), Heinz Holliger (*Turm-Musik*, 1985; *Zwei Liszt-Transkriptionen*, 1987), Krzysztof Penderecki (*Konzert für Violine und Orchester*, 1977), Robert Suter (*Der abwesende Gott*, 1988), Heinrich Sutermeister (*Missa da Requiem*, erste öffentliche Aufführung, 1954).

Radio-Sinfonieorchester Basel
Das 1938 als Schweizer Radioorchester gegründete Ensemble heißt ab 1945 »Radioorchester Beromünster« und hat seinen Sitz in Zürich; 1970 wird es nach Basel verlegt und erhält seinen heutigen Namen.
Chefdirigenten: Hans Haug (1938–44), Hermann Scherchen (1945–50), Paul Burkhard (1950–57), Erich Schmid (1957–70), Jean-Marie Auberson (1971–74), Matthias Bamert (1977–83), Nello Santi (seit 1986).
Uraufführung: *Turandot*, vier Episoden für Orchester, von Gottfried von Einem, 1954.

Orchester der Festspiele Bayreuth
Das Orchester wird jedes Jahr für die Festspiele Bayreuth neu zusammengestellt; die besten Instrumentalisten der bedeutendsten deutschen Orchester finden sich in Bayreuth ein, allerdings ohne die Mitglieder der Berliner Philharmoniker, deren Ferientermine nicht mit dem Bayreuther Spielplan übereinstimmen.

Filharmonski Orchestar Beograda (Belgrad)
Das 1923 gegründete Orchester wird 1951 Staatsorchester.

Chefdirigenten: Stefan Hristić (1923–38), Josef Krips (1938–39), Krešimir Baranović (1951–61), Živojin Zdravković (1961–77), Angel Šurev (1977–84), Jovan Sajnović (seit 1984).

Berliner Philharmoniker
Das 1882 gegründete Orchester spielt seit seiner Gründung in dem Konzertsaal an der Bernburger Straße; der Saal wird bei der Bombardierung Berlins im Jahre 1944 zerstört. 1963 wird der heutige Konzertsaal eingeweiht. 1987 erhalten die Philharmoniker wieder einen eigenen Kammermusiksaal.
Unter-Formationen der Berliner Philharmoniker: »Philharmonisches Oktett Berlin«, 64 »Solisten der Berliner Philharmoniker«, »Westphal-Quartett« (gegründet 1958), »Brandis-Quartett« (gegründet 1976), »Philharmonisches Duo« (Jörg Baumann, Violoncello, Klaus Stoll, Kontrabaß), »Ensemble Wien-Berlin« (zusammen mit den Solisten der Wiener Philharmoniker), »12 Violoncellisten der Berliner Philharmoniker« (dieses Ensemble regt Boris Blacher, Wolfgang Fortner, Helmut Eder, Werner Thärichen, Jean Françaix, Marcel Rubin, Iannis Xenakis und andere zu Kompositionen an).
Musikdirektoren: Franz Wüllner (1883–84), Karl Klindworth, Hans von Bülow (1887–93), Richard Strauss (1893–95), Arthur Nikisch (1895–1922), Wilhelm Furtwängler (1922–45 und 1948–54), Leo Borchard (1945), Sergiù Celibidache (1945–48), Herbert von Karajan (1955–89), Claudio Abbado (seit 1989).
Konzertmeister: César Thomson (1882), Enrique Fernandez Arbós (1886–87), Bram Eldering (1891–94), Louis Persinger (1914–15), Licco Amar (1916–20). Zu Furtwänglers Zeiten: Tossy Spivakovsky (1926–27), Szymon Goldberg (1930–34), Siegfried Borries (1933–40 und 1945–61), Saschko Gawriloff (1948–49) und Gerhard Taschner (1941–50). In der Ära Karajan amtieren insgesamt drei Konzertmeister zum Teil gleichzeitig: Michel Schwalbé (1957–84), Thomas Brandis (1962–83), Leon Spierer (seit 1963); Schwalbé und Brandis werden 1988 durch Toru Yasunaga und Daniel Stabrawa abgelöst.
Zu den wichtigsten Instrumentalisten, die als Solisten Karriere machen, zählen die Flötisten Aurèle Nicolet (1950–59) und James Galway (1969–75), die Violoncellisten Gregor Piatigorsky (1924–29) und Wolfgang Boettcher (1958–76) und der Trompeter Adolf Scherbaum (1943–45).
1982 nimmt das Orchester die erste Frau in seine Reihen auf, die Schweizer Violinistin Madeleine Caruzzo. Kurz darauf wird Sabine Meyer für ein Jahr als Solo-Klarinettistin engagiert.
Aufträge zum fünfzigsten Geburtstag des Orchesters: Paul Hindemith (*Philharmonisches Konzert*, 1932), Arthur Honegger (*Mouvement symphonique Nr. 3*, 1933), Sergej S. Prokofjew (*Konzert für Klavier und Orchester Nr. 5*, 1932).
Aufträge zum 100. Geburtstag des Orchesters: Hans-Jürgen von Bose (*Idyllen*, 1983), Hans Werner Henze (*Symphonie Nr. 7*, 1984), Siegfried Matthus (*Konzert für Trompete, Becken und Orchester*, 1983), Detlev Müller-Siemens (*Konzert für Bratsche und Orchester*, 1984), Krzysztof Penderecki (*Konzert für Violoncello und Orchester Nr. 2*, 1983), Aribert Reimann (*Drei Lieder nach Gedichten von Edgar Allan Poe*, 1982), Alfred G. Schnittke (*Konzert für Violine, Violoncello und Orchester*, 1983), Gunther Schuller (*Orchesterkonzert*, 1984), Manfred Trojahn (*Konzert für Flöte und Orchester*, 1983), Isang Yun (*Symphonie Nr. 1*, 1984), Udo Zimmermann (*Pax Questosa*, 1982).
Uraufführungen: Werke von Eugen d'Albert (*Konzert für Klavier und Orchester Nr. 1*, 1884; *Esther-Ouvertüre*, 1887), Kurt Atterberg (*Sinfonia funebre*, 1923; *Konzert für Klavier und Orchester*, 1936), Mili A. Balakirew (*Konzert für Klavier und Orchester*, 1911), Samuel Barber (*Symphonie*

Nr. 2, zweite Version, 1947), Alban Berg (*Kammerkonzert*, 1927; drei Stükke aus der *Lyrischen Suite*, 1929), Frank Michael Beyer (*Versi*, 1968; *Griechenland*, 1982), Boris Blacher (*Concertante Musik*, 1937; *Hamlet*, 1940; *Konzert für Klavier und Orchester* op. 42, 1952), Leo Brouwer (*Exaedros II*, 1970), Max Bruch (*Doppelkonzert für Bratsche, Klarinette und Orchester*, 1940), Ferruccio Busoni (*Konzert für Klavier und Orchester*, 1904; *Turandot-Suite*, 1905; *Nocturne symphonique*, 1914; *Fantaisie indienne*, 1914, *Zigeunerlied*, 1923), Frederick Delius (*Lebenstanz*, 1912), Gottfried von Einem (*Capriccio*, 1943), Wolfgang Fortner (*Sinfonia concertante*, 1936), Jean Françaix (*Konzert für Klavier und Orchester Nr. 2*, 1936), Wilhelm Furtwängler (*Symphonie Nr. 2*, 1948; *Nr. 3*, 1956), Detlev Glanert (*Symphonie Nr. 1*, 1985; *Mitternachtstanz*, 1988 zum 150. Geburtstag des Verlages Bote & Bock), Alois Hába (*Frühlings-Ouvertüre*, 1920), Cristóbal Halffter (*Tres Poemas de la Lírica Española*, 1986), Paul Hindemith (*Sonate* op. 25, Nr. 1, 1922; *Mathis der Maler*, 1934), Karl Höller (*Konzert für Violine und Orchester*, 1938; *Konzert für Violoncello und Orchester*, 1941), Hans Werner Henze (*Antifone*, 1962; *Symphonie Nr. 1*, zweite Version, 1964; *Symphonie Nr. 4*, 1963; *Fantasia per orchestra*, 1967; *Telemanniana*, 1967), Mieczyslaw Karłowicz (*Rhapsodie italienne*, 1921), Volker David Kirchner (*Konzert für Violine und Orchester*, 1984), Ernst Krenek (*Symphonie* op. 7, 1922), Zoltán Kodály (*Nyári este*, Sommerabend, zweite Version, 1931), György Ligeti (*Doppelkonzert für Flöte, Oboe und Orchester*, 1922), Witold Lutosławski (*Les Espaces du sommeil*, 1978), Gustav Mahler (*Symphonie Nr. 2*, 1895), Frank Martin (*Passacaille*, neue Version, 1963), Jean Martinon (*Konzert für Flöte und Orchester*, 1971), Bohuslav Martinů (*Fantasia concertante* für Klavier und Orchester, 1959), Luigi Nono (*Epitaffio per Federico García Lorca*, 1957), Ernst Pepping (*Symphonie Nr. 3*, 1948; *Serenade*, 1948; *Konzert für Klavier und Orchester*, 1951), Hans Pfitzner (*Kleine Symphonie*, op. 44, 1939), Sergej S. Prokofjew (*Symphonie Nr. 1*, 1926), Max Reger (*Variationen über ein Thema Ludwig van Beethovens*, 1917), Aribert Reimann (*Konzert für Violoncello und Orchester*, 1961; *Ein Totentanz*, 1961; *Konzert für Klavier und Orchester Nr. 1*, 1962), Ottorino Respighi (*Concerto gregoriano*, 1922), Wolfgang Rihm (*Symphonie Nr. 3*, 1979), Alfred G. Schnittke (*Konzert für Violine und Orchester Nr. 4*, 1984), Arnold Schönberg (*Variationen* op. 31, 1928), Gunter Schuller (*Konzert für zwei Klaviere und Orchester*, 1968), Robert Schumann (*Konzert für Violine und Orchester*, 1937), Jan Sibelius (*Pohjolas Tochter*, 1908), Vlachopoulos (*Symposion*, 1984), Anton Webern (*Passacaglia*, 1923), Egon Wellesz (*Symphonie Nr. 1*, 1948), Isang Yun (*Ouvertüre für großes Orchester*, 1973; *Doppelkonzert für Oboe und Harfe*, 1977; *Symphonie Nr. 5*, 1987, zum 750. Geburtstag der Stadt Berlin).

Berliner Sinfonie-Orchester
Das Orchester wird 1952 in der ehemaligen DDR gegründet.
Unter-Formation: »Berliner Oktett«.
Seit 1984 hat das Berliner Sinfonie-Orchester in dem zum Konzerthaus umgebauten Schauspielhaus Berlin seine Heimat gefunden.
Chefdirigenten: Hermann Hildebrandt (1952–59), Gerhard Hegert (1959–60), Václav Smetáček (principal guest conductor, 1959–60), Kurt Sanderling (ist gleichzeitig künstlerischer Direktor, 1960–77), Günter Herbig (1977–83), Claus-Peter Flor (1984–92), Michael Schønwandt (seit 1992).
Uraufführungen: Werke von Reiner Bredemeyer (*Fünf Lieder nach Texten von Karl Mickel*, 1982), Max Butting (*Serenade*, 1963), Fritz Geißler (*Konzert für Flöte und Orchester*, 1978), Günter Kochan (*Divertimento für Orchester*, 1965; *Symphonie Nr. 5*, 1987),

Siegfried Kurz (*Orchestervariationen op. 33*, 1968), Siegfried Matthus (*Orchester-Serenade*, 1974; *Hyperion-Fragmente für Baß und Orchester*, 1980), Ernst Hermann Meyer (*Serenata Pensiorosa*, 1965; *Sinfonischer Prolog*, 1984), Manfred Schubert (*Orchestermusik 1966*, 1967), Siegfried Thiele (*Introduktion und Tokkata*, 1969), Rudolf Wagner-Régeny (*Einleitung und Ode*, 1967), Ruth Zechlin (*Thema mit fünf Veränderungen*, 1971).

Berliner Staatskapelle
Die 1570 gegründete Staatskapelle ist in erster Linie das Orchester der Deutschen Staatsoper Berlin, gibt aber auch Symphonie-Konzerte, die nicht immer von den Generalmusikdirektoren oder den Chefdirigenten der Oper geleitet werden. Während mancher Spielzeiten gab es mehrere Chefdirigenten.
Unter-Formationen der Berliner Staatskapelle: »Berliner Streichquartett«, »Erben-Quartett«, »Löwe-Quartett«.
Chefdirigenten: Felix Weingartner (1891–98 Oper, 1898–1908 Konzerte), Richard Strauss (1898–1918 Oper und Konzerte, 1918–20 Konzerte), Wilhelm Furtwängler (1920–22, Konzerte), Hermann Abendroth (1922–23, Konzerte), Bruno Walter (1923–34, Konzerte), Erich Kleiber (1922–34, Konzerte), Clemens Krauss (1935–36, Konzerte), Herbert von Karajan (1938–44, Oper und Konzerte), Joseph Keilberth (1950–51, Oper und Konzerte), Franz Konwitschny (1955–62, Oper und Konzerte), Helmut Seydelmann (1962–64, Oper und Konzerte), Otmar Suitner (1964–89, Oper und Konzerte), Daniel Barenboim (seit 1992, Oper und Konzerte).
Uraufführungen: Werke von Boris Blacher (*Symphonie*, 1938), Victor Bruns (*Symphonie Nr. 4*, 1971), Paul Dessau (*Orchestermusik 1955*, 1956; *Symphonie Nr. 2*, 1962; *Meer der Stürme, Musik für Orchester Nr. 2*, 1967; *Lenin, Musik für Orchester Nr. 3*, 1970), Hanns Eisler (*Deutsche Sinfonie*, 1959; *Gesang der Abgeschiedenen*, 1979), Gottfried von Einem (*Orchesterkonzert*, 1944), Siegfried Kurtz (*Symphonie Nr. 1*, 1979), Ernst Hermann Meyer (*Konzert für Violine und Orchester*, 1964; *Symphonie in H*, 1969), Robert Nessler (*Symphonie Nr. 1*, 1966), Johannes Paul Thilmann, Rudolf Wagner-Régeny (*Mythologische Figurinen*, 1952; *Drei Orchestersätze*, zweite Version, 1953; *Acht Kommentare zu einer Weise des Guillaume de Machaut*, 1968), Ruth Zechlin (*Symphonie Nr. 3*, 1972; *Reflexionen*, 1979).

Berliner Symphoniker
Das Orchester wird 1966 im Westteil der Stadt gegründet und nennt sich bis 1991 »Symphonisches Orchester Berlin« (SOB).
Chefdirigenten: Carl A. Bünte (1966–73), Theodor Bloomfield (1973–82), Daniel Nazareth (1982–85), Alun Francis (seit 1989).
Uraufführungen: Werke von Gerald Humel (*Porträt in Schwarz-Weiß*, 1984), Clemens August Kiel (*Konzert für Flöte und Orchester*, 1989), Friedrich Metzler (*Konzert für Violoncello und Orchester*, 1984), Leo Zeyen (Orchestersuite *Medea*, 1987).

Radio-Symphonie-Orchester Berlin
Das Orchester wird 1946 im Westteil der Stadt gegründet. Bis 1956 trägt es die Bezeichnung RIAS in seinem Namen.
Chefdirigenten: Ferenc Fricsay (1948–54 und 1959–63), Lorin Maazel (1964–75), Riccardo Chailly (1982–89), Vladimir D. Ashkenazy (seit 1989).
Uraufführungen: Werke von Carlos Roqué Alsina (*Approach*, 1973), Frank Michel Beyer (*Rondeau imaginaire*, 1972; *Mysteriensonate*, 1987), Boris Blacher (*Orchesterkonzert*, 1950; *Konzert für Klavier und Orchester Nr. 3*, 1961), Hans Jürgen von Bose (*Labyrinth I*, 1987), Luciano Chailly (*Es-Konzert*, 1984), Werner Egk (*Suite française*, 1950), Hans Werner Henze (*Scènes de ballet*, 1950), Paul Hindemith (*Lustige Sinfonietta*, 1980), Györ-

gy Ligeti (*Ramifications*, erste Version, 1969), Gustav Mahler (*Symphonisches Präludium*, 1981), Allan Pettersson (*Konzert für Bratsche und Orchester*, 1988), Aribert Reimann (*Lieder auf der Flucht*, 1960; *Ein apokalyptisches Fragment*, 1987), Wolfgang Rihm (*Abgesangsszenen*, 1983; *Roter und schwarzer Tanz*, 1985; *Umriß*, 1986), Arnold Schönberg (*Frühlings Tod*, 1984), Karlheinz Stockhausen (*Luzifer's Tanz*, 1987), Manfred Trojahn (*Erstes Seebild*, 1980; *Symphonie Nr. 3*, Auftrag, 1985; *5 Epigramme*, 1987), Isang Yun (*Bara*, 1962; *Fluktuationen*, 1964; *Namo*, 1971; *Symphonie Nr. 2*, 1984), Bernd Alois Zimmermann (*Antiphonen*, 1962; *Musique pour le souper du Roi Ubu*, 1968).

Rundfunk-Sinfonieorchester Berlin
Das Orchester wird 1925 unter dem Namen »Berliner Funk-Orchester« gegründet und dient ab 1946 dem ehemaligen DDR-Rundfunk.
Chefdirigenten: Oscar Fried (1925–26), Emil Bohnke (1926–28), Ernst Kunwald (1928–31), Bruno Seidler-Winkler (1925–33), Otto Frickhöfer (1933–45), Arthur Rother (1946–49), Hermann Abendroth (1953–56), Rolf Kleinert (1956–73), Heinz Rögner (seit 1973).

Berner Symphonieorchester
Das Orchester wird 1877 gegründet und trägt bis 1965 den Namen Berner Stadtorchester. Es gibt nicht nur Symphonie-Konzerte, sondern ist auch als Orchester der Berner Oper tätig.
Chefdirigenten: Adolf Reichel (1877–84), Carl Munzinger (1884–1909), Fritz Brun (1904–41), Luc Balmer (1941–64), Paul Kletzki (1965–68), Charles Dutoit (1968–78), Gustav Kuhn (1979–82), Peter Maag (1984–91), Dimitri Kitajenko (seit 1991).
Uraufführungen: Werke von Ross Lee Finney (*Konzert für Klavier und Orchester Nr. 1*, 1951), Rudolf Kelterborn (*Erinnerungen an Orpheus*, 1979), Ernst Krenek (*Die Nachtigall*, 1931), Frank Martin (*Konzert für sieben Blasinstrumente*, 1949), Armin Schibler (*Dialogues concertants*, 1987), Heinrich Sutermeister (*Die Alpen*, 1948; *Marche fantasque*, 1950; *Quadrifoglio*, 1977), Pierre Wissmer (*Symphonie Nr. 4*, 1964).

City of Birmingham Symphony Orchestra
Gegründet 1920.
Chefdirigenten: Appleby Matthews (1920–24), Sir Adrien Boult (1924–30), Leslie Heward (1930–43), George Weldon (1944–51), Rudolf Schwarz (1951–57), Andrzej Panufnik (1957–59), Sir Adrien Boult (1959–60), Hugo Rignold (1960–68), Louis Frémaux (1969–78), Simon Rattle (seit 1980).
Aufträge: Werke von Don Banks (*Divisions for Orchestra*, 1965), Richard Rodney Bennett (*Konzert für Klavier und Orchester*, 1968; *Konzert für Violine und Orchester*, 1976), Lennox Berkeley (*Symphonie Nr. 2*, 1959), Arthur Bliss (*Meditations on a Theme of John Blow*, 1955), Peter Racine Fricker (*Symphonie Nr. 4*, 1967), Alexander Goehr (*Eve Dreams in Paradise*, 1989), Alun Huddinott (*Konzert für Violine und Orchester*, 1961), John McCabe (*Symphonie Nr. 2*, 1971), Roger Marsh (*Still*, 1981, zum 60. Geburtstag des Orchesters), Tristan Murail (*Time and Again*, 1986), Thea Musgrave (*Orchesterkonzert*, 1968), Andrzej Panufnik (*Konzert für Klavier und Orchester*, 1952), Alan Rawsthorne (*Symphonie Nr. 2*, 1959), Edmund Rubbra (*Symphonie Nr. 7*, 1957), Humphrey Searle (*Symphonie Nr. 4*, 1962; *Labyrinth*, 1971), John Taverner (*Palintropos*, 1979), Sir Michael Tippett (*Konzert für Klavier und Orchester*, 1956).
Uraufführungen: Werke von Benjamin Britten (*Gloriana-Suite*, 1954; *War Requiem*, 1962; *An American Overture*, 1983), Hans Gál (*Symphonie Nr. 3*, 1952), Gordon Jacob (*Sinfonietta*, 1942), Nicola LeFanu (*Columbia Falls*, 1975), Jonathan Lloyd (*Symphonie Nr. 1*, 1989), John McCabe (*Notturni

ed Alba, 1970), Toru Takemitsu (*Vers l'arc-en-ciel*, *Palma*, 1984), Egon Wellesz (*Symphonie Nr. 7*, 1968).

Bochumer Symphoniker
Das Orchester wird 1919 gegründet.
Unter-Formationen: »Bläserquintett der Bochumer Symphoniker« (Peter Conradi, Flöte; Inge Meier, Oboe; Thomas Budack, Klarinette; Alan Leighton, Horn; Axel Fürch, Fagott, als Gast).
Musikdirektoren: Hermann Meissner (1949), Franz Paul Decker (1956–64), Yvon Baarspul (1964–70), Othmar Mága (1971–82), Gabriel Chmura (1982–87), Eberhard Kloke (seit 1987).
Uraufführungen: Werke von Jean Françaix (*Thème et variations*, 1974), Paul Hindemith (*Kammermusik Nr. 3* für Violoncello und Orchester, 1925), Bruno Liberda (*Konzert für sechs Klaviere und Orchester*, 1990), Detlev Müller-Siemens (*Konzert für Horn und Orchester*, 1990).

Orchester der Beethovenhalle Bonn
Das Orchester wird 1907 als »Städtisches Orchester Bonn« gegründet und erhält 1945 seinen derzeitigen Namen. Die ehemalige Beethovenhalle wird im Oktober 1944 ausgebombt, der Neubau an der gleichen Stelle 1959 eingeweiht.
Musikdirektoren: Heinrich Sauer (1907–), Hugo Grüters (bis 1922), Max Anton (1922–30), Hermann Abendroth (1930–33), Gustav Classens (1933–49), Otto Volkmann (1949–57), Volker Wangenheim (1957–59), Jan Krenz (1979–82), Gustav Kuhn (1983–85), Dennis Russell Davies (1987–92).

Orchestre National de Bordeaux-Aquitaine
Das Orchester wird 1974 im Rahmen der Dezentralisierung des französischen Kulturlebens gegründet und nimmt in Bordeaux die alte Tradition des »Orchestre des Concerts du Conservatoire« auf. Es gibt Konzerte in der ganzen Region Aquitaine und dient in Bordeaux gleichzeitig als Opernorchester.
Musikdirektoren: Roberto Benzi (1974–87), Alain Lombard (seit 1988).
Uraufführungen: *103 Regards dans l'eau* von Marius Constant (1982), Ezequiel Izovich (*Pièges*, 1989).

Boston Symphony Orchestra
Das Orchester wird 1881 von Henry Lee Higginson gegründet und spielt in der Symphony Hall, die 1900 eingeweiht wird. Während des Sommers arbeitet das Orchester beim Festival in Tanglewood. Die wichtigsten Solisten unterrichten bei dieser Gelegenheit am Berkshire Music Center. Das »Boston Pops Orchestra«, das Konzerte mit leichter Musik gibt und von 1929 bis 1979 nacheinander von Arthur Fiedler und John Williams geleitet wird, und die »Boston Symphony Chamber Players« sind aus dem Orchester hervorgegangen. Die erste Schallplattenaufnahme des Orchesters (unter Karl Muck) stammt aus dem Jahre 1917.
Musikdirektoren und Chefdirigenten: Sir Georg Henschel (1881–84), Wilhelm Gericke (1884–89 und 1898–1906), Arthur Nikisch (1889–93), Emil Paur (1893–98), Karl Muck (1906–08 und 1912–18), Max Fiedler (1908–12), Henri Rabaud (1918–19), Pierre Monteux (1919–24), Serge A. Kussewitzky (1924–49), Charles Münch (1949–62), Erich Leinsdorf (1962–69), William Steinberg (1969–72), Seiji Ozawa (seit 1973).
Aufträge zum 50. Geburtstag des Orchesters: Pierre-Octave Ferroud (*Symphonie in A*), Howard Hanson (*Symphonie Nr. 2 »Romantic«*), Paul Hindemith (*Konzertmusik*), Arthur Honegger (*Symphonie Nr. 1*), Sergej S. Prokofjew (*Symphonie Nr. 4*), Ottorino Respighi (*Metamorphoseon modi XII*), Albert Roussel (*Symphonie Nr. 3*), Florent Schmitt (*Symphonie concertante*), Igor Strawinsky (*Symphonie de psaumes*).
Aufträge zum 75. Geburtstag des Orchesters: Samuel Barber (*Die Natali*), Leonard Bernstein (*Symphonie Nr. 3 »Kaddisch«*), Henri Dutilleux (*Symphonie Nr. 2*), Gottfried von Einem (*Sym-

phonische Szenen), Howard Hanson (*Elegie*), Edward Hill (*Ode*), Jacques Ibert (*Bostoniana*), Bohuslav Martinů (*Symphonie Nr. 6 »Sinfonische Fantasien«*), Darius Milhaud (*Symphonie Nr. 6*), Walter Piston (*Symphonie Nr. 6*), William Schuman (*Symphonie Nr. 7*), Roger Sessions (*Symphonie Nr. 3*), Heitor Villa-Lobos (*Symphonie Nr. 11*).

Aufträge zum 100. Geburtstag des Orchesters: Sandór Balassa (*Calls and Cries*), Leonard Bernstein (*Divertimento*), John Corigliano (*Promenade Overture*), Peter Maxwell Davies (*Symphonie Nr. 2*), John Harbison (*Symphonie Nr. 1*), Peter Lieberson (*Konzert für Klavier und Orchester*), Andrzej Panufnik (*Sinfonia votiva*), Roger Sessions (*Orchesterkonzert*), Sir Michael Tippett (*The Mask of Time*), Charles Wilson (*Sinfonia*) sowie Volker David Kirchner und Donald Martino.

Uraufführungen: Werke von Samuel Barber (*Prayers of Kierkegaard*, 1954), Béla Bartók (*Concerto für Orchester*, 1943), Aaron Copland (*Symphonie Nr. 3*, 1946; *Ode Symphonique*, 1956), Paul Hindemith (*Thema mit vier Variationen »The four Temperaments«*, 1940; *Konzert für Violoncello und Orchester*, 1941), Arthur Honegger (*Symphonie Nr. 3*, 1946; *Symphonie Nr. 4*, 1951), André Jolivet (*Symphonie Nr. 1*, 1953), Gian Francesco Malipiero (*Symphonie Nr. 4*, 1948), Bohuslav Martinů (*Concerto grosso*, 1941; *Symphonie Nr. 1*, 1942; *Symphonie Nr. 3*, 1945; *Concerto grosso*, 1959; *Parabeln*, 1959), Darius Milhaud (*Symphonie Nr. 3*, 1946), Goffredo Petrassi (*Orchesterkonzert Nr. 5*, 1955), Walter Piston (*Symphonie Nr. 3*, 1948), Francis Poulenc (*Gloria*, 1961), Albert Roussel (*Suite in F*, 1927), Florent Schmitt (*Symphonie Nr. 2*, 1958), William Schuman (*Symphonie Nr. 3*, 1941; *Symphonie Nr. 5*, 1943), Igor Strawinsky (*Ode*, 1943).

Bournemouth Symphony Orchestra
Das Orchester wird 1893 von Dan Godfrey gegründet.
Chefdirigenten: Dan Godfrey (1893–1934), Richard Austin (1934–38), Rudolf Schwarz (1947–51), Sir Charles Groves (1951–61), Constantin Silvestri (1962–69), George Hurst (1969–71), Paavo Berglund (1972–79), Uri Segal (1980–82), Rudolf B. Barschaj (1982–88), Andrew Litton (seit 1988).
Zu seinem 75. Geburtstag vergibt das Orchester folgenden Auftrag: *Symphonie Nr. 7* von Malcolm Williamson (1969).

Filarmonica »Gheorghe Dima« din Braşov (Philharmonie »Gheorghe Dima« in Kronstadt)
Das am 6. Mai 1878 als »Kronstädter Philharmonische Gesellschaft« gegründete Orchester nimmt eine Tradition auf, die bis ins Jahr 1756 zurückreicht, in dem ein »Collegium Musicum« gegründet wird, dem 1818 die »Capelei orăşzeneşti« folgt. Franz Lehár, in die Kronstädter Garnison abkommandiert, debütiert mit diesem Orchester als Dirigent. Alle großen Chorwerke des symphonischen Repertoires erleben in Kronstadt ihre rumänische Erstaufführung. Seit dem 19. Jahrhundert gibt es hier einen bedeutenden Chor, der eng mit dem Orchester zusammenarbeitet. Das Orchester nimmt den Namen eines rumänischen, aus Kronstadt stammenden Komponisten an, Gheorghe Dima, und wird 1948 verstaatlicht.
Chefdirigenten: Anton Brandner (1878–87), Rudolf Lassel (1887–1918), Paul Richter (1918–35), Dinu Niculescu (1946–63), Ilarion Ionescu-Galaţşi (1963–84), Ràzvan Cernat (seit 1984).

Slovenská Filharmonie (Bratislava)
(Slowakische Philharmonie, Preßburg)
Das Orchester wird 1949 von Václav Talich gegründet.
Unter-Formationen des Orchesters: »Slowakisches Quartett« (1957 gegründet), »Slowakisches Kammerorchester«

(1960 gegründet und bis 1966 aus Mitgliedern der Slowakischen Philharmonie bestehend, anschließend unabhängig), »Chor der Slowakischen Philharmonie« (dem Chor, der regelmäßig mit der Slowakischen Philharmonie zusammenarbeitet, gehören 120 Mitglieder an. Das Repertoire besteht zu 50 Prozent aus Werken des 20. Jahrhunderts.)
Chefdirigenten: Václav Talich (1949–52), Tibor Frešo (1952–53), Ludovít Rajter (1954–60), Ladislav Slovák (1961–81), Libor Pešek und Bystrík Režucha (1981–82), Vladimir Verbitsky (1982–84), Bystrík Režucha (1984–90), Aldo Ceccato (1990–91), Ondrej Lenárd (seit 1991).
Uraufführungen: Werke von Charles Chaynes (*Konzert für Orgel und Orchester*, 1969), Ján Cikker (*Spomienky*, Erinnerungen, 1947), Dezider Kardoš (*Orchesterkonzert*, 1957; *Hrdinská balada*, Heldenballade, 1959), Alexander Moyzes (*Symphonie Nr. 10*, 1978), Eugen Suchoň (*Metamorfózy*, Metamorphosen, 1952; *Symfonietta rustica*, 1956).

Symphonický Orchestr Československo Rozhlásu (Bratislava)
(Tschechoslowakisches Rundfunksinfonieorchester Preßburg)
Das 1928 auf Initiative von Oskár Nedbal und Miloš Rippeldt gegründete Orchester nimmt ein Jahr später seine Arbeit auf.
Chefdirigenten: František Dyk (1929–39), Kornel Schimpl (1939), František Babušek (1942–52), Richard Týnský (1952–54), Ladislav Slovák (1955–61), Václav Jiráček (1961–62), Otakar Trhlík (1962–68), Ludovít Rajter (1968–77), Ondrej Lenárd (1977–90), Adrien Leaper (seit 1990).
Uraufführungen: Werke von Ján Cikker, Alexander Moyzes, Eugen Suchoň und anderen.

Philharmonisches Staatsorchester der Freien Hansestadt Bremen
Das Orchester wird 1812 als »Gesellschaft für Privatkonzerte« gegründet und 1888 unter Max Erdmannsdörfer in die »Philharmonische Gesellschaft« umgewandelt und gleichzeitig strukturell stark reformiert. Nach dem Zweiten Weltkrieg erhält es seinen heutigen Namen.
Musikdirektoren: Wilhelm Friedrich Riem (1814–57), Karl Martin Reinthaler (1857–87), Max Erdmannsdörfer (1888–95), Ernst Wendel (1909–35), Helmut Schnackenburg (1937–44 und 1945–53), Fritz Rieger (1944–45), Paul van Kempen (1953–55), Heinz Wallberg (1955–61), Walter Kämpfel (1961–65), Hans Wallat (1965–70), Hermann Michael (1970–78), Peter Schneider (1978–85), Pinchas Steinberg (1985–89), Marcello Viotti (seit 1990).
Uraufführung: *Ein deutsches Requiem* von Johannes Brahms (die ersten vier Abschnitte, 1868).

Státní Filharmonie (Brno)
(Staatliche Philharmonie Brünn)
Das 1956 gegründete Orchester interessiert sich in besonderem Maß für die mährischen Komponisten der Vergangenheit und Gegenwart.
Chefdirigenten: Břetislav Bakala (1956–58), Jaroslav Vogel (1959–61), Jiří Waldhans (1961–78), František Jílek (1978–83), Petr Vronský (1983–91), Leoš Svárovsky (seit 1991).

BRT Filharmonisch Orkest (Bruxelles)
In dem 1978 gegründeten Orchester schließen sich die flämischen Musiker des »Grand Orchestre Symphonique de la RTB-BRT« und des »Orchestre de Chambre du BRT«, die in diesem Jahr aufgelöst werden, zusammen.
Chefdirigenten: Fernand Terby (1978–), Karl Anton Rickenbacher (principal guest conductor, 1987–88), Alexander Rabari (seit 1989).
Uraufführungen: Werke von Karel Goeyvaerts (*Litanies*), Francisco Guerrero (*Datura fastuosa*), André Laporte (*Transit*), M. Weddington (*Fire in the Lake*).

Orchestre National de Belgique
(Bruxelles)
Gegründet 1936.
Chefdirigenten: Erich Kleiber (1936–39, nur für die Konzerte der »Société Philharmonique de Bruxelles«), Désiré Defauw (1937), André Cluytens (1960–67), Michael Gielen (1969–72), André Vandernoot (1973–75), Georges Octors (1975–83), Mendi Rodan (1983–89), Ronald Zollman (seit 1989). Ab dem Zweiten Weltkrieg bis 1960 arbeiten nur Gastdirigenten mit dem Orchester. Die wichtigsten sind Edouard van Remoortel und André Vandernoot.
Uraufführungen: Werke von Henri Pousseur (*L'Effacement du prince Igor*, 1971), Frédéric van Rossum (*Polyptyque*, 1986).

Orchestre Symphonique de la RTBF
(Bruxelles)
Das 1935 gegründete Orchester löst das seit 1923 bestehende Orchestre de l'INR ab. Bis 1960 trägt das Orchester den Namen »INR«; anschließend erhält es den Namen »Grand Orchestre Symphonique de la RTB-BRT«. 1978 wird das Orchester in ein wallonisches und ein flämisches aufgeteilt und die Kammerorchester in die jeweiligen Ensembles integriert: Das »Nouvelle Orchestre Symphonique de la RTBF« und das »BRT Filharmonisch Orkest« bestehen jetzt nebeneinander. 1985 erhält das Orchester seinen derzeitigen Namen. 1991 wird es aufgelöst.
Chefdirigenten: Franz André (1935–58), Daniel Sternefeld (1958–70), Irwin Hoffmann (1973–76), Edgar Doneux (1978–84), Alfred Walter (1984–87), André Vandernoot (1987–91).
Uraufführungen: Werke von Pierre Boulez (*Domaines*, 1968), Raymond Chevreuille (*Symphonie Nr. 4*, 1954), André Jolivet (*Konzert für Schlagzeug und Orchester*, 1959), Charles Koechlin (*Le Livre de la jungle*, 1946; *Symphonie Nr. 1*, 1946; *Le Docteur Fabricius*, 1949; *Le Buisson ardent*, 1957), Darius Milhaud (*Les Euménides*, 1949; *Symphonie Nr. 7*, 1955), Henri Sauguet (*Konzert für Klavier und Orchester Nr. 1*, 1935; *Symphonie Nr. 1* »*Expiatoire*«, 1947; *Symphonie Nr. 3* »*INR*«, 1955), Alexandre Tansman (*Orchesterkonzert*, 1954). Neben den oben zitierten Werken kamen viele Arbeiten belgischer Komponisten zur Uraufführung.

A Budapesti Filharmóniai Társaság Zenekara (Budapest)
(Philharmonisches Orchester von Budapest)
Das Orchester wird 1853 gegründet; nach der Eröffnung der Budapester Oper im Jahre 1884 wird es das Budapester Opernorchester, gibt aber weiterhin regelmäßig Symphonie-Konzerte. Am Ende des 19. Jahrhunderts arbeiten Arthur Nikisch, Edouard Colonne, Hans Richter, Ferdinand Löwe, Carl Muck, Felix Mottl und Gustav Mahler als Gastdirigenten regelmäßig mit dem Orchester.
Chefdirigenten: Ferenc Erkel (1853–71), Hans Richter (1871–75), Sándor Erkel (1875–1900), István Kerner (1900–18), Ernő von Dohnányi (1919–44), Otto Klemperer (1947–50), János Ferencsik (1960–68), András Kórody (1968–86), Erich Bergel (seit 1988).
Uraufführungen: Werke von Béla Bartók (*Kossuth*, 1904; *Orchester-Suite Nr. 2*, 1909, *Bilder*, 1913; *Vier Orchester-Stücke* op. 12, 1922; *Tanz-Suite*, 1923; Suite aus *Der wunderbare Mandarin*, 1928; Suite aus *Der holzgeschnitzte Prinz*, 1931; *Ungarische Bilder*, 1932), Johannes Brahms (*Konzert für Klavier und Orchester Nr. 2*, 1881), Zoltán Kodály (*Psalmus hungaricus*, 1923; *Galántai táncok*, Tänze aus Galánta, 1933, zum 80. Geburtstag des Orchesters), Gustav Mahler (*Symphonie Nr. 1*, 1889).

A Magyar Rádió és Televízió Szimfónikus Zenekara (Budapest)
(Ungarisches Radio-Symphonieorchester)
Gegründet 1947.
Chefdirigenten: János Ferencsik (1947–

51), László Somogyi (1951–56), György Lehel (Musikdirektor, 1962–89), András Ligeti (Chefdirigent ab 1985, Musikdirektor ab 1990).

Magyar Állami Hangversenyzenekar (Budapest)
(Ungarische Nationalphilharmonie)
Das 1923 gegründete Orchester wird nach dem Zweiten Weltkrieg von Ferenc Fricsay und László Somogyi reorganisiert. 1949 wird es in den Rang der Nationalphilharmonie erhoben.
Musikdirektoren: László Somogyi (1945–52), János Ferencsik (1952–84), Ken-Ichiro Kobayashi (seit 1987).
Uraufführung: *Symphonie Nr. 4* von Gottfried von Einem (1988).

Buffalo Philharmonic Orchestra
Gegründet 1937.
Chefdirigenten: Franco Autori (1937–45), William Steinberg (1945–53), Josef Krips (1954–63), Lukas Foss (1963–70), Michael Tilson-Thomas (1971–78), Julius Rudel (1980–83), Gary L. Good (1983–89), Maximiano Valdes (seit 1989).

Filarmonica »George Enescu« din București (Bukarest)
Das Orchester wird 1868 als »Rumänische Philharmonische Gesellschaft« gegründet. 1906–20 fungiert es als »Orchester des Ministeriums für Öffentliche Aufklärung«, 1920–45 als »Philharmonisches Orchester Bukarest«, 1945–55 als »Staatsphilharmonie Bukarest«, bevor es 1955 seinen derzeitigen Namen erhält. Enescu hat während seines Lebens das Orchester regelmäßig geleitet, vor allem während der beiden Weltkriege. 1917 gründet er mit nach Jassy geflüchteten Musikern das »Symphonie-Orchester Jassy«, das bis 1918 besteht. 1926–28 gibt Hermann Scherchen mit dem Orchester 22 Konzerte.
Unter-Formation: »Kammerorchester der Bukarester Philharmonie ›George Enescu‹«; das Kammerorchester setzt sich aus Mitgliedern der Philharmonie zusammen und wird nacheinander von Mircea Cristescu, seinem Gründer, und Nicolae Iliescu, dem Konzertmeister des großen Orchesters, geleitet.
Musikdirektoren: George Cocea (1944–45), Emanoil Ciomac (1945–47), Constantin Silvestri (1947–53), George Georgescu (1954–64), Mircea Basarab (1964–68), Dumitru Capoianu (1968–73), Ion Voicu (1973–82), Mihaï Brediceanu (1982–90), Dan Grigore (1990), Cristian Mandeal (seit 1991).
Chefdirigenten: Eduard Wachmann (1868–1906), Dimitri Dinicu (1906–20), George Georgescu (1920–44), Constantin Silvestri (1947–53), Theodor Rogalski (1950–54), Mircea Basarab (1954–86), Mihaï Brediceanu (1958–90), Mircea Cristescu, Cristian Mandeal (seit 1987), Horia Andreescu (Stellvertreter, seit 1987).
Uraufführungen: Werke von Alain Bancquart (*Symphonie Nr. 4*, 1987), Paul Constantinescu (*Oratorio byzantin*, 1946), George Enescu (*Rhapsodies roumaines Nr. 1* und *2*, 1903; *Orchestersuite Nr. 1*, 1903; *Intermezzi* (1903); *Symphonie Nr. 2*, 1915; *Orchestersuite Nr. 2*, 1916; *Symphonie Nr. 3*, 1919), Valentin Gheorghiu, Mihail Jora (*Symphonie in C*, 1937), Dinu Lipatti, Marcel Mihalovici, Șerban Nichifor (*Symphonie Nr. 2 »Via Lucis«*, 1985), Stefan Niculescu (*Fragmente 1*, 1976), Tiberiu Olah (*Symphonie Nr. 2*, 1988), Aurel Stroe (*Monumentum*, 1964).

Orchestra Națională Radio București
(Nationalorchester von Radio Bukarest)
Das Orchester wird 1928 als Studio-Orchester gegründet und gibt 1932 sein erstes Konzert. Bis 1990 nennt sich die Formation »Orchestra Sinfonică a Radioteleviziunii Române«.
Chefdirigenten: Theodor Rogalski (1930–51), Constantin Bobescu, Ionel Perlea (1936–44), Emanuel Elenescu (1952), Mendi Rodan (1953–58), Constantin Silvestri (1958–59), Iosif Conta (1954–86), Paul Popescu (seit 1979 Ka-

pellmeister, seit 1986 Chefdirigent), Ludovic Bács, Cristian Brancusi.

Uraufführungen: Werke von Liana Alexandra (*Symphonie Nr. 2*, 1978; *Nr. 3*, 1982), George Enescu (*Vox Maris*, 1964), Mihail Jora, Marcel Mihalovici (*Ouverture tragique*, 1958; *Symphonie Nr. 5*, 1971), Ştefan Niculescu (*Scene*, 1965), Tiberiu Olah (*Columna infinita*, 1965), Aurel Stroe (*Laudes I*, 1966), Anatol Vieru (*Odă tăcerii*, Ode an die Stille, 1968).

Orchestre de Provence-Alpes-Côtes d'Azur (Cannes)

Das Orchester wird 1975 unter dem Namen »Orchestre de Provence-Côte d'Azur« als Nachfolgeorganisation des »Orchestre de Chambre Nice-Côte d'Azur de l'O.R.T.F.« gegründet. Seit 1980 hat es seinen Sitz in Cannes. Das Orchester besteht aus 40 Instrumentalisten.

Chefdirigent: Philippe Bender (seit 1975).

Uraufführungen: Werke von Claude Ballif, Jacques Charpentier, Fouad, Alain Fourchotte, Jean-Etienne Marie und Maurice Ohana.

BBC Welsh Symphony Orchestra (Cardiff)

Das 1935 gegründete Orchester nennt sich bis 1974 »BBC Welsh Orchestra«.

Chefdirigenten: John Carewe (1966–71), Boris Brott (1972–79), Bryden Thomson (1979–84 und ab 1988), Erich Bergel (1984–89), Tadaaki Otaka (seit 1989).

Uraufführungen: Werke von Edward Harper (*Konzert für Klarinette und Orchester*, 1982), Alun Hoddinott (*Landscapes*, 1976; *Lanterne des morts*, 1981).

Chicago Symphony Orchestra

Das Orchester wird 1891 als »Chicago Orchestra« von Theodore Thomas gegründet. 1906 erhält es den Namen »Theodore Thomas Orchestra« und 1912 den bis heute gültigen. Die Orchestra Hall, in der es seine Konzerte gibt, wird 1904 eingeweiht; sie bietet 2600 Sitzplätze.

Chefdirigenten und Musikdirektoren: Theodore Thomas (1891–1905), Frederick Stock (1905–42), Désiré Defauw (1943–47), Artur Rodziński (1947–48), Rafael Kubelík (1950–53), Fritz Reiner (1953–63), Jean Martinon (1963–68), Sir Georg Solti (1969–91), Daniel Barenboim (seit 1991).

Aufträge zum 50. Geburtstag des Orchesters: Alfredo Casella (*Sinfonia per orchestra*), Reinhold Glière (*La Fête ferganaise*, Ouvertüre), Roy Harris (*American Creed*), Zoltán Kodály (*Orchesterkonzert*), Nicolas Miaskovski (*Symphonie Nr. 22*), Darius Milhaud (*Symphonie Nr. 1*), Igor Strawinsky (*Symphonie in C*), William Walton (*Scapino*, Ouvertüre).

Aufträge zum 75. Geburtstag des Orchesters: Jean Martinon (*Symphonie Nr. 4*), Gunther Schuller (*Orchesterkonzert*, ursprünglich unter dem Titel *Gala Music*).

Andere Auftragskompositionen: Werke von Easley Blackwood (*Symphonie Nr. 4*, 1979), David del Tredici (*Final Alice*, 1977; *March to Tonality*, 1985), Donald Erb (*Konzert für Blechbläser und Orchester*, 1987), William Ferris (*Acclamations*, 1982), Morton Gould (*Konzert für Flöte und Orchester*, 1985), Hans Werner Henze (*Heliogabalus Imperator*, 1972), Karel Husa (*Konzert für Trompete und Orchester*, 1988), Loretta Jankowski (*Lustrations*, 1979), Witold Lutosławski (*Symphonie Nr. 3*, 1983), Bruno Maderna (*Aura*, 1971), Richard Manners (*Konzert für Violine und Orchester*, 1980), Goffredo Petrassi (*Ottavo Concerto*, 1972), George Rochberg (*Symphonie Nr. 5*, 1985), Gunther Schuller (*Konzert für Flöte und Orchester*, 1989), William Schuman (*On Freedom's Ground*, 1988), Alan Stout (*Passion*, 1975), Ellen Taaffe Zwilich (*Konzert für Posaune und Orchester*, 1989), Sir Michael Tippett (*Symphonie Nr. 4*, 1978).

Uraufführungen: Werke von Benjamin Britten (*Occasional Overture*, 1983;

Quatre Chansons françaises, 1983), John Corigliano (*Campane di Ravello*, 1988), Jacob Druckman (*Windows*, 1972), Roy Harris (*Symphonie Nr. 7*, 1952), Hans Werner Henze (*Konzert für Kontrabaß und Orchester*, 1967; *Arien des Orpheus*, 1982), Rafael Kubelík (*A Symphonic Peripeteia für Orgel und Orchester*, 1985), Ezra Laderman (*A Mass for Cain*, 1984), George Lloyd (*Symphonie Nr. 7*, 1989), Darius Milhaud (*Konzert für Klavier und Orchester Nr. 2*, 1941), Dominic Muldowney (*Konzert für Klavier und Orchester*, 1985), Sergej S. Prokofjew (*Konzert für Klavier und Orchester Nr. 3*, 1921), Wolfgang Rihm (*Tutuguri II, Musik nach Artaud*, 1982), Wilhelm Stenhammar (*Symphonie Nr. 1*, 1986), Toru Takemitsu (*Cassiopeia*, 1971).

Cincinnati Symphony Orchestra
Gegründet 1895; 1907 wird das Orchester aufgelöst und 1909 neu gegründet.
Chefdirigenten: Anton Seidl und Henryk Schradieck (1895–96), Frank van der Stucken (1896–1907), Leopold Stokowski (1909–12), Ernst Kunwald (1912–17), Eugène Ysaÿe (1918–22), Fritz Reiner (1922–31), Sir Eugene Goossens (1931–47), Thor Johnson (1947–58), Max Rudolf (1958–70), Thomas Schippers (1970–77), Walter Süsskind (1978–80), Michael Gielen (1980–87), Jesús López-Cobos (seit 1987).
Uraufführungen: Werke von Isaac Albéniz (*Suite española*, Orchestrierung von José Iturbi, 1957), Arthur Bliss (*Hymn to Apollo*, 1927), Ernest Bloch (*America*, 1928), Benjamin Britten (*Scottish Ballad*, 1941), Elliott Carter (*Remembrance*, 1989), Robert Casadesus (*Symphonie Nr. 2*, 1940), Aaron Copland (*Lincoln Portrait*, 1942), Henry Cowell (*Variations for Orchestra*, 1956), George Crumb (*Variazioni*, 1965), Norman Dello Joio (*Fantasy and Variations für Klavier und Orchester*, 1962), Camargo Guarnieri (*Samba, Catareté, Maxixe*, drei brasilianische Tänze, 1948), Roy Harris (*Cumberland Concerto*, 1951), Hans Werner Henze (*Moralities*, 1968), Peter Mennin (*Pied Piper of Hamelin*, 1969), Ottorino Respighi (*Antiche arie e danze*, Suite Nr. 2, 1924), Vittorio Rieti (*Konzert für zwei Klaviere und Orchester*, 1952), Ned Rorem (*Air, Music*, 1976, Auftrag zur Zweihundertjahrfeier der Vereinigten Staaten; *Doppelkonzert in zehn Sätzen für Violoncello, Klavier und Orchester*, 1981), Gunther Schuller (*Konzert für Horn und Orchester*; 1945; *Konzert für Klavier und Orchester*, 1962), William Schuman (*Credendum*, 1955), Jaromir Weinberger (*Lincoln Symphony*, 1941).

Cleveland Orchestra
Gegründet 1918.
Chefdirigenten: Nikolai Sokoloff (1918–33), Artur Rodziński (1933–43), Erich Leinsdorf (1943–46), George Szell (1946–70), Lorin Maazel (1972–82), Christoph von Dohnányi (seit 1984).
Auftragskompositionen zum 40. Geburtstag des Orchesters: Boris Blacher (*Music for Cleveland*, 1957), Paul Creston (*Toccata* op. 68, 1957), Henri Dutilleux (*Métaboles*, 1965), Gottfried von Einem, Alvin Etler, Howard Hanson (*Mosaics*, 1958), Bohuslav Martinů (*The Rock*, 1958), Peter Mennin (*Konzert für Klavier und Orchester*, 1958), Robert Moevs.
Auftrag zum 50. Geburtstag des Orchesters: Donald Erb (*Christmas Music*, 1967).
Andere Auftragskompositionen: Werke von Jacob Druckman, Roy Harris, Gerald Humel, George Walker, Charles Wuorinen.
Uraufführungen: Werke von Ernest Bloch (*Konzert für Violine und Orchester*, 1938), Jacob Druckman (*Chiaroscuro*, 1977), Morton Gould (*Burchfield Gallery*, 1981), Howard Hanson (*Bold Island Suite*, 1962), Paul Hindemith (*Konzert für Klavier und Orchester*, 1947), Bohuslav Martinů (*Symphonie Nr. 2*, 1943; *Rhapsodie-Konzert für Bratsche und Orchester*, 1953), Peter Mennin (*Symphonie Nr. 7* »Variation

Symphony«, 1964), Jean Rivier (*Ouverture pour un Don Quichotte*, 1929), William Schuman (*Symphonie Nr. 4*, 1942), Manfred Trojahn (*Variationen für Orchester*, 1987), William Walton (*Konzert für Violine*, 1939).

Filharmonica din Cluj-Napoca
(Philharmonie von Klausenburg)
Das 1955 gegründete Orchester nimmt eine alte symphonische Tradition in der Hauptstadt Transsylvaniens auf; vor allem das »Symphonie-Orchester Ardealul« (1935–40) war weit über die engeren Landesgrenzen hinaus bekanntgeworden.
Unter-Formationen: »Akademischer Chor Cluj-Napoca«, »Kammerorchester Cluj-Napoca« (1966 von Mircea Cristescu und dem Konzertmeister des Orchesters, Stefan Ruha, gegründet), »Napoca-Quartett« (1964 gegründet), »Bläser Ensemble Cluj-Napoca«, »Collegium Musicum Academicum Cluj-Napoca« (1967 von dem Flötisten Gavril Costea gegründet), »Ars Nova Cluj-Napoca«.
Chefdirigenten: Antonin Ciolan (1955–79), Erich Bergel (1959–72), Emil Simon (seit 1960), Christian Mandeal (1982–88).
Uraufführungen: Die 1968 von dem Komponisten Cornel Tzăranu gegründete Unter-Formation »Ars Nova« verwirklicht die Uraufführungen zahlreicher Werke rumänischer Komponisten wie u.a. Mihai Moldovan, Ştefan Niculescu, Tiberiu Olah, Aurel Stroe, Cornel Ţăranu und Anatol Vieru sowie die rumänischen Erstaufführungen von Werken international bedeutender Komponisten wie u.a. Luciano Berio, Pierre Boulez, John Cage, Karlheinz Stockhausen und Edgar Varèse.

Dallas Symphony Orchestra
Dem 1900 gegründeten Orchester gehören zunächst 40 Mitglieder an. 1945 wird es grundlegend reformiert und in ein großes Symphonie-Orchester umgewandelt.
Chefdirigenten: Hans Kreisig (1900–05), Walter Fried (1905–11 und 1918–24), Carl Venth (1911–14), Paul van Katwijk (1925–38), Jacques Singer (1938–42), Antal Dorati (1945–49), Walter Hendl (1949–58), Paul Kletzki (1958–61), Sir Georg Solti (1961–62), Donald Johanos (1962–70), Anshel Brusilow (1970–73), Max Rudolf (1973–74), Louis Lane (1975–77; das Orchester war während der vorausgegangenen Saison nicht aufgetreten), Eduardo Mata (seit 1977).
Auftragskompositionen: Peter Menin (*Symphonie Nr. 5*, 1950) und Darius Milhaud (*Symphonie Nr. 11*, 1960).
Uraufführungen: Werke von Donald Erb (*The Seventh Trumpet*, 1969), Ross Lee Finney (*Konzert für Violine und Orchester Nr. 2*, 1976), Paul Hindemith (*Sinfonia serena*, 1947), Wlodzimierz Kotoński (*Sirocco*, 1981), Bohuslav Martinů (*Konzert für Klavier und Orchester Nr. 3*, 1949), Gunther Schuller (*Symphonie Nr. 1*, 1965), William Schuman (*Symphonie Nr. 6*, 1949), Pierre Wissmer (*L'Enfant et la rose*, 1961).

Het Residentie Orkest (Den Haag)
Das 1904 gegründete Orchester wird während seiner Geschichte zuweilen auch als »Philharmonie von Den Haag« bezeichnet. Der neue Konzertsaal, der Dr. Anton Philipszaal, zu dessen Bau das Orchester selbst die notwendigen Mittel beisteuert, wird 1987 eingeweiht.
Chefdirigenten: Henri Viotta (1904–17), Peter van Anrooy (1917–35), Georg Szell (1937–38; principal guest conductor), Frits Schuurman (1938–49), Willem van Otterloo (1949–73), Jean Martinon (1974–76), Ferdinand Leitner (1976–80), Hans Vonk (1980–92), Jewgenij F. Swetlanow (seit 1992).
Chefdirigenten der Sommerkonzerte in Scheveningen: Rhené-Bâton (1915–19), Carl Schuricht (1924–39).
Konzertmeister: Theo Olof und Herman Krebbers, gefolgt von Jaring Walta und Zino Vinnikov.
Uraufführung: *Symphonie Nr. 5* von Charles Tournemire (1920).

Denver Symphony Orchestra

Das Orchester wird 1921 als »Civic Symphony Orchestra« gegründet.
Chefdirigenten: Raffaelo Cavallo (1903–11), Horace E. Tureman (1921–44), Saul Aston (1944–64), Vladimir Golschmann (1964–74), Brian Prestman (1970–78), Gaetano Delogu (1979–86), Philippe Entremont (1986–89).

Detroit Symphony Orchestra

Das Orchester wird 1914 gegründet und bis 1924 von der »Detroit Symphony Society« verwaltet. Während der 40er Jahre macht es eine schwierige Periode durch. 1951 wird es auf Anregung des Industriellen John B. Ford jun. gründlich renoviert.
Chefdirigenten: Weston Gales (1914–17), Ossip S. Gabrilowitsch (1919–36), Franco Ghione (1936–40), Victor Kolar (1940–42), Karl Krueger (1943–49), Paul Paray (1951–63), Sixten Ehrling (1963–73), Aldo Ceccato (1973–77), Antal Dorati (1977–81), Gary Bertini (1981–84), Günther Herbig (1984–89), Neeme Järvi (seit 1990).
Uraufführungen: Werke von Luciano Berio (*Oria*, 1971), Paul Creston (*Chthonic Ode*, 1967), Klaus Egge (*Sinfonia seriale sopra B. A. C. H–E. G. G. E*, 1968), Donald Erb (*Klangfarbenfunk I*, 1970), William Flanagan (*Narrative for Orchestra*, 1964), Vagn Holmboe, Ulysses Simpson Kay, Ernst Krenek (*Horizon Circled*, 1967), William Piston (*Three New England Sketches*, 1959), Ned Rorem (*Lions*, 1965), Carlos Surinach, Jaromir Weinberger (*A Bird's Opera*, 1961), Eugene Zádor (*Studies for Orchestra*, 1970).

Philharmonisches Orchester der Stadt Dortmund

Das 1887 gegründete Orchester gibt jedes Jahr verschiedene Abonnement-Serien mit Symphonie-Konzerten; gleichzeitig dient es den Städtischen Bühnen Dortmund als Opern- und Ballett-Orchester.
Musikdirektoren: Georg Hüttner (1887–1919), Wilhelm Sieben (1920–51), Rolf Agop (1952–62), Wilhelm Schüchter (1962–74), Marek Janowski (1975–79), Hans Wallat (1979–85), Klaus Weise (1985–90).
Aufträge zum 100. Geburtstag des Orchesters: Jürg Baur (*Symphonie Nr. 2*, 1988), Wilfried Maria Danner (*Meditationen über Kirchenfenster von Marc Chagall*, 1987), Cristóbal Halffter (*Dortmunder Variationen*, 1987).

Dresdner Philharmonie

Das Orchester wird am 29. November 1870 gegründet und trägt bis 1915 den Namen »Orchester des Gewerbehauses Dresden«.
Chefdirigenten: Hermann Mannsfeldt (1870–86), Ernst Stahl (1886–1890), August Trenkler (1890–1903), Willy Olsen (1903–15), Edwin Lindner (1915–23), Eduard Mörike (1924–29), Paul Scheinpflug (1929–30), Werner Ludwig (1932–34), Paul van Kempen (1934–42), Carl Schuricht (1943–44), Heinz Bongartz (1947–64), Horst Förster (1964–67), Kurt Masur (1967–72), Günther Herbig (1972–77), Herbert Kegel (1977–85), Jörg-Peter Weigle (seit 1986).
Uraufführungen und Aufträge: Werke von Tadeusz Baird (*Goethe-Briefe*, Auftrag, 1971), Siegfried Köhler (*Symphonie Nr. 5 »Pro pace«*, 1985), Rainer Kunad (*Konzert für Orgel und Orchester*, 1971; *Konzert für Klavier und Orchester*, 1971: *Salomonische Stimmen*, 1984, Auftrag), Rainer Lischka (*Begegnungen*, 1988), Krzysztof Meyer (*Kontraste, Konflikte*, 1977, Auftrag), Wolfgang Rihm (*Konzert für Klavier und Orchester*, 1988), Richard Strauss (*Eine Alpensymphonie*, 1915), Wolfgang Strauss (*Symphonie Nr. 5*, 1987), Mikis Theodorakis (*Frühlingssinfonie*, 1984), Rudolf Wagner-Régeny (*An die Sonne*, 1970, Auftrag).

Dresdner Staatskapelle

Die Dresdner Staatskapelle wird 1548 als Hofkantorei gegründet. Heute ist die Staatskapelle Symphonie-Orchester

und gleichzeitig Opernorchester der Stadt Dresden.
Unter-Formation: Die »Dresdner Kammersolisten« (gegründet 1965) bestehen aus sieben Solisten der Dresdner Staatskapelle und werden von dem Solo-Flötisten Johannes Walter geleitet.
Musikdirektoren: Johann Walter (1548–54), Matthäus Le Maistre (1554–68), Antonio Scandello (1568–80), Giovanni Battista Pinelli (1580–86), (erstmals werden in der Geschichte der Staatskapelle Instrumente erwähnt), Georg Forster (1586–87), Rogier Michael (1587–1615), Michael Praetorius (1613–17), Heinrich Schütz (1617–72), G. A. Bontempi, Carlo Pallavicino, C. C. Dedeking (1666–72), Marco Gioseffo Peranda (1672–75), Sebastiano Cherici (1675), Vincenzo Albrici (1675–80), Christoph Bernhard (1681–92), Nikolaus Adam Strungk (1692–97), Jan Zelenka, Giovanni Alberto Ristori, Antonio Lotti (1717–19), Johann David Heinichen, Johann Hasse (1731–63), Johann Georg Schürer, Domenico Firschietti, Johann Gottlieb Neumann (1776–1801), Joseph Schuster, Franz Seydelmann, Ferdinando Paer (1802–06), Francesco Morlacchi (1810–17), Carl Maria von Weber (1817–24), Heinrich Marschner (1824–26), Karl Gottlieb Reissiger (1826–59, 1843–49 von Richard Wagner und 1850 von Karl August Krebs assistiert), Julius Rietz (1874–77, bereits ab 1860 1. Kapellmeister), Franz Wüllner (1877–84), Ernst von Schuch (1884–1914), Fritz Reiner (1914–21), Fritz Busch (1922–33), Karl Böhm (1934–42), Karl Elmendorff (1943–44), Joseph Keilberth (1945–50), Rudolf Kempe (1950–53), Franz Konwitschny (1953–55), Lovro von Matačić (1956–58), Otmar Suitner (1960–64), Kurt Sanderling (1964–67), Martin Turnovsky (1967–68), Herbert Blomstedt (1975–85), Hans Vonk (1985–89), Giuseppe Sinopoli (seit 1991).
Uraufführungen: Werke von Henk Badings (*Variations symphoniques*, 1937), Anton Bruckner (*Symphonie Nr. 3*, Originalversion von 1873, 1946), Paul Dessau (*Sinfonischer Marsch*, 1954; *Orchestermusik Nr. 4*, 1973), Paul-Heinz Dittrich (*Konzert mit mehreren Instrumenten Nr. 3*, 1979), Fidelio F. Finke (*Suite Nr. 2*, 1948; *Nr. 8*, 1962), Jean Françaix (*Jeu Poétique*, 1972), Fritz Geißler (*Symphonie Nr. 7*, 1973), Karl Höller (*Konzert für Violine und Orchester*, op. 47, 1949), Siegfried Kurz (*Konzert für Trompete und Orchester*, 1957; *Konzert für Klavier und Orchester*, 1964), Siegfried Matthus (*Kleines Orchesterkonzert*, 1964; *Dresdner Sinfonie*, 1969), Ernst Hermann Meyer (*Konzert für Harfe und Orchester*, 1969), Ernst Pepping (*Symphonie Nr. 1*, 1939), Hans Pfitzner (*Konzert für Klavier und Orchester*, 1923), Max Reger (*Suite romantique*, 1912), Richard Strauss (*Tanzsuite nach kleinen Stücken von F. Couperin*, Konzertversion, 1923; *Parergon zur Symphonia Domestica*, 1925; *Sonatine für 16 Blasinstrumente »Aus der Werkstatt eines Invaliden«*, 1944), Kurt Striegler (*Requiem*, 1956), Heinrich Sutermeister (*Konzert für Klavier und Orchester Nr. 1*, 1944), Johannes Paul Thilmann (*Dresdner Kantate*, 1951; *Ornamente*, 1973), Rudolf Wagner-Régeny (*Orchestermusik mit Klavier*, 1936).

National Symphony Orchestra of Ireland (Dublin)
Das Orchester wird 1946 als »Radio Telefís Eireann Symphony Orchestra« gegründet und 1989 grundlegend reformiert. Sein Aufgabenbereich wird erweitert; gleichzeitig wird die Zahl der festangestellten Musiker beträchtlich erhöht.
Chefdirigenten: Michel Bowles (1946–47), Jean Martinon (1947–50), Milan Horvat (1952–60), Tibor Paul (1961–67), Albert Rosen (1968–80), Colman Pearce (1979–84), Bryden Thomson (1984–89), George Hurst (seit 1989).

Düsseldorfer Symphoniker
Das 1846 gegründete Orchester tritt die Nachfolge der privaten Konzertgesellschaft an, die ab 1833 von Felix Men-

delssohn Bartholdy und ab 1850 von Robert Schumann geleitet wird.
Chefdirigenten: Julius Tausch (1864–90), Julius Buths (1890–1908), Karl Panzner (1908–24), Georg Schnéevoigt (1924–26), Hans Weisbach (1926–33), Hugo Balzer (1933–45), Heinrich Hollreiser (1945–51), Eugen Szenkar (1951–59), Jean Martinon (1959–66), Rafael Frühbeck de Burgos (1966–71), Henryk Czyz (1971–74), Willem van Otterloo (1974–77), Bernhard Klee (1977–87), David Shallon (1987–93).

Duisburger Sinfoniker
Gegründet 1877.
Chefdirigenten: Hermann Brandt (1877–93), Walter Josephson (1899–1920), Paul Scheinpflug (1920–28), Eugen Jochum (1930–32), Otto Volkmann (1933–45), Richard Hillenbrand (1945–46), Georg Ludwig Jochum (1946–70), Walter Weller (1971–72), Miltiades Caridis (1975–81), Lawrence Foster (1982–86), Alexander Lazarew (seit 1988).
Uraufführungen: Werke von Jürg Baur (*Musik für Orchester*, 1954; *Piccolo mondo*, 1963; *Duisburg-Sinfonie »Pathetica«*, 1983), Benjamin Britten (*Rothschilds Geige* nach Tschechow, ergänzt und orchestriert von Dmitri D. Schostakowitsch, 1984), Wilfried Maria Danner (*Les Couleurs de la nuit*, 1985), Diether de la Motte (*Echo-Konzert* für Violoncello und Orchester, 1976; *Orchesterkonzert Nr. 2*, 1980), Harald Genzmer (*Der Zauberspiegel*, Ballett-Suite, 1966), Paul Hindemith (*Orchesterkonzert*, op. 38, 1925), Karl Höller (*Petite Symphonie*, 1966; *Concerto grosso für zwei Violinen und Orchester*, 1966; *Sonate für Orchester*, 1967), Giselher Klebe (*Symphonie Nr. 5*, 1977; *Konzert für Orgel und Orchester*, 1980), Gunther Raphael (*Sinfonia breve*, 1950), Wolfgang Rihm (*Konzert für Klavier und Orchester*, 1991), Richard Strauss (*»Das Tal«*, 1903).

Philharmonie Essen
Das 1892 gegründete Orchester veranstaltet in Essen die Symphonie-Konzerte und ist gleichzeitig als Opern-Orchester der städtischen Oper tätig. Seit 1985 hat das Orchester einen ausschließlich für die Oper zuständigen Generalmusikdirektor (Guido Ajmone-Marsan).
Musikdirektoren: Georg Hendrik Witte (1899–1911), Hermann Abendroth (1911–16), Max Fiedler (1916–33), Johannes Schüler (1933–36), Albert Bittner (1936–43), Gustav König (1943–75), Heinz Wallberg (1975–91), Wolf-Dieter Hauschild (seit 1991).
Uraufführungen: Werke von Gustav Mahler (*Symphonie Nr. 6*, 1906), Max Reger (*Sinfonietta*, op. 90, 1905; *Vier Tondichtungen nach A. Böcklin*, op. 128, 1913), Franz Schmidt (*8 Gesänge aus der »Eschenhuser Elegie«*, 1949).

Orchestra del Maggio Musicale Fiorentino (Florenz)
Das Orchester wird 1929 von Vittorio Gui als »Orchestra Stabile di Firenze« gegründet und erhält erst 1933 seinen heutigen Namen. Neben den Mai-Festspielen verwirklicht das Orchester die Opernaufführungen in Florenz und gibt Symphonie-Konzerte.
Chefdirigenten: Vittorio Gui (1929–36), Mario Rossi (1936–44), Igor Markevitch (1944–46), Bruno Bartoletti (1957–64), Riccardo Muti (1973–82), Zubin Mehta (seit 1985).

Museumsorchester (Frankfurt/M.)
Das 1808 gegründete Orchester ist nach der Museumsgesellschaft benannt, einer Kulturstiftung des 18. Jahrhunderts. Nach dem Erlöschen der Stiftung werden die musikalischen Aktivitäten von den Instrumentalisten der Oper weiterbetrieben, während die anderen von der Stiftung geförderten künstlerischen Aktivitäten eingestellt werden. Zu den wichtigsten Dirigenten, die im 19. Jahrhundert mit dem Museumsorchester arbeiten, zählen Louis Spohr (1818–19) und Carl Guhr (1821–48). 1924 nimmt Clemens Krauss die alte Tradition auf und veranstaltet die Symphonie-Kon-

zerte von neuem im Museum. Seit 1924 ist der Generalmusikdirektor der Frankfurter Oper gleichzeitig Chefdirigent des Museumsorchesters, das mit dem Opernorchester identisch ist.
Chefdirigenten: Gustav Friedrich Kogel (1891–1903), Siegmund von Hausegger (1903–06), Willem Mengelberg (1907–20), Wilhelm Furtwängler (1920–22), Hermann Scherchen (1922–24), Clemens Krauss (1924–29), Georg-Ludwig Jochum (1934–37), Franz Konwitschny (1937–45), Bruno Vondenhoff, Sir Georg Solti (1952–61), Lovro von Matačić (1961–66), Theodore Bloomfield (1966–68), Christoph von Dohnányi (1968–75), Michael Gielen (1975–87), Gary Bertini (1987–92).
Uraufführungen: *Also sprach Zarathustra* (1896) und *Ein Heldenleben* (1899) von Richard Strauss.

Radio-Sinfonie-Orchester Frankfurt
Das 1929 gegründete Orchester zeichnet sich vor allem auf dem Gebiet der zeitgenössischen Musik aus, auf dem sich der Hessische Rundfunk besonders engagiert.
Chefdirigenten: Hans Rosbaud (1929–37), Otto Frickhoeffer (1937–45), Kurt Schröder (1946–53), Otto Matzerath (1955–61), Dean Dixon (1961–74), Eliahu Inbal (1974–90), Dmitri G. Kitajenko (seit 1990).
Aufträge: Werke von Conrad Beck (*Concertino für Klarinette, Fagott und Orchester*, 1954), Boris Blacher (*Abstrakte Oper Nr. 1*, 1953), Lorenzo Ferrero (*Arioso*, 1977), Wolfgang Fortner (*Der Wald*, 1953), Karl Amadeus Hartmann (*Gesangsszene* für Bariton und Orchester, 1964), Hans Werner Henze (*5 Neapolitanische Lieder*, 1956), Giselher Klebe (*Konzert für Violine, Violoncello und Orchester*, 1954; *Kantate*, 1960), Helmut Lachenmann (*Air* für Schlagzeug und großes Orchester, 1969), Marcel Mihalovici (*Le Retour*, 1954), Luigi Nono (*Diario polacco 1958*, 1959), Henri Pousseur (*Réponse pour sept musiciens*, 1960), Steve Reich (*Oktett*, 1979), Hermann Reutter (*Die Brücke von San Louis Rey*, 1954), Dieter Schnebel (*Schubert-Phantasie*, 1979), Wladimir Vogel (*Spiegelungen für Orchester*, 1953), Isang Yun (*Konzert für Violine und Orchester Nr. 1*, 1982), Hans Zender (*Schachspiel*, 1970), Bernd Alois Zimmermann (*Présence*, 1961).
Uraufführungen: Werke von Béla Bartók (*Konzert für Klavier und Orchester Nr. 2*, 1933), Xavier Benguerel (*Konzert für Schlagzeug und Orchester*, 1977), Niccoló Castiglioni (*A Solemn Music II*, 1966), Claude Debussy (*La Chute de la maison Usher*, 1977), Andrej J. Eschpai (*Konzert für Violine und Orchester*, 1977), Morton Feldman (*Violin and Orchestra*, 1984), Jean Françaix (*Konzert für Kontrabaß und Orchester*, 1974), Paul Hindemith (*Drei Orchesterlieder*, op. 9, 1974), Klaus Huber (*Kontrafaktur nach Perotin*, 1973; *Turnus 73/74*, 1974), Charles Koechlin (*Offrande musicale sur le nom de Bach*, 1973), Darius Milhaud (*Konzert für Bratsche und Orchester Nr. 1*, 1930), Detlev Müller-Siemens (*Symphonie Nr. 1*, 1981), Carl Orff (*Carmina Burana*, 1937), Hermann Reutter (*Konzert für Klavier und Orchester*, 1929), Arnold Schönberg (*Begleitmusik zu einer Lichtspielszene*, 1930; *Vier Lieder*, op. 22, 1932), Franz Schubert (*Sechs deutsche Tänze*, Orchestrierung von Anton Webern, 1932), Kazimierz Serocki (*Concerto alla cadenza per flauto a becco e orchestra*, 1975), Richard Strauss (*Kampf und Sieg*, 1930), Isang Yun (*Symphonische Szene*, 1961).

Orchestre de la Suisse Romande (Genf)
Das Orchester wird 1918 von Ernest Ansermet gegründet. Es besteht aus 115 Mitgliedern und gibt in Genf, Lausanne und anderen Städten der romanischen Schweiz Abonnementskonzerte; darüber hinaus spielt es für die »Radio-Télévision Suisse Romande« und fungiert im Grand Théâtre in Genf als Opernorchester.
Chefdirigenten: Ernest Ansermet (1918–67), Paul Kletzki (1967–70),

Wolfgang Sawallisch (1970–80), Horst Stein (1980–85), Armin Jordan (ab 1985).

Uraufführungen: Werke von Benjamin Britten (*Cantata misericordia*, 1963), Marius Constant (*Candide*, 1971), Heinz Holliger (*Tonscherben*, 1985), Arthur Honegger (*Horace victorieux*, 1921; *Chant de joie*, 1923), Frank Martin (*Konzert für Klavier und Orchester Nr. 1*, 1936; *Symphonie*, 1938; *In Terra Pax*, 1945; *Golgotha*, 1948; *Le Mystère de la Nativité*, 1959; *Les Quatre Eléments*, 1964), Darius Milhaud (*Konzert für Violine, Flöte und Orchester*, 1940), Heinrich Sutermeister (*Konzert für Violoncello Nr. 2*, 1974; *Ecclesia*, 1975; *Konzert für Klarinette*, 1979; *Consolatio Philosophiae*, 1980), Anatol Vieru (*Konzert für Violoncello*, 1963), Pierre Wissmer (*Konzert für Violine und Orchester Nr. 1*, 1944; *Symphonie Nr. 2*, 1963; *Triptyque romand*, 1973).

BBC Scottish Symphony Orchestra (Glasgow)

Das 1935 gegründete Orchester nennt sich bis 1980 »BBC Scottish Orchestra«.

Chefdirigenten: Ian Whyte (1935–60), Norman Del Mar (1960–65), James Loughran (1965–71), Christopher Seaman (1971–77), Karl Anton Rickenbacher (1978–80), Jerzy Maksymiuk (seit 1983).

Uraufführungen: Werke von Malcolm Arnold (*Symphonic Study »Machines«*, 1984), Jonathan Lloyd (*Everything Returns*, 1979), John McCabe (*Concerto funebre* für Bratsche und Orchester, 1971), Thea Musgrave (*Theme and Interludes*, 1962), Gilles Tremblay (*Katadrone*, 1988), Malcolm Williams (*Sinfonia concertante*, 1964).

Royal Scottish Orchestra (Glasgow)

Das 1890 als »Scottish Orchestra« gegründete Orchester nimmt 1950 den Namen »Scottish National Orchestra« an; 1991 erhält es seine heutige Bezeichnung. 1916–19 ruht die Orchestertätigkeit. Das Ensemble wirkt an den Aufführungen der 1962 gegründeten Scottish Opera mit. 1960 ruft Sir Alexander Gibson die Konzertreihe Musica Nova ins Leben, bei der zahlreiche zeitgenössische Kompositionen vorgestellt werden. Das Orchester verwirklicht die englischen Erstaufführungen von mehreren Werken Hans Werner Henzes und von *Gruppen* von Karlheinz Stockhausen.

Chefdirigenten: Sir Georg Henschel (1893–95), Willem Kes (1895–98), Max Bruch (1898–1900), Sir Frederic Cowen (1900–1910), Emil Młynarski (1910–16), Sir Landon Ronald (1919–20), Václav Talich (1926), Sir John Barbirolli (1933–36), George Szell (1936–39), Aylmer Buesst (1939–40), Warwick Braithwaite (1940–45), Walter Süsskind (1946–52), Karl Rankl (1952–57), Hans Swarowsky (1957–59), Sir Alexander Gibson (1959–84), Neeme Järvi (1984–89), Tadaaki Otaka (seit 1989).

Uraufführungen: Werke von Martin Dalby (*Symphonie Nr. 1*, 1970), Brian Ferneyhough (*The World is a Man*, 1979), Edward Harper (*Symphony*, 1979), Thea Musgrave (*Konzert für Bratsche und Orchester*, 1973), Colin Matthews (*Fourth Sonata*, 1976), Toru Takemitsu (*Night Signal*, 1987).

Göteborgs Symfoniker

In Göteborg existiert vor der Gründung des Orchesters im Jahre 1905 bereits eine sehr alte »Symphonische Gesellschaft«, die 1856–61 von Bedřich Smetana geleitet wird.

Musikdirektoren: Wilhelm Stenhammar (1905–22), Tor Mann (1922–39), Issay A. Dobrowen (1941–53), Dean Dixon (1953–60), 1961–67 gibt es keine Chefdirigenten, sondern nur zwei principal guest conductors, Alberto Erede (1961–67) und Othmar Mága (1963–67), Sergiu Comissiona (1967–73 mit Norman Del Mar als principal guest conductor, 1968–73), Sixten Ehrling (1974–76), Charles Dutoit (1976–79), Neeme Järvi (seit 1982).

Philharmonisches Staatsorchester Hamburg

Das 1828 gegründete Orchester heißt zunächst »Philharmonische Konzertgesellschaft«. 1886–1910 hat es einen schweren Konkurrenzkampf mit den von der Berliner Konzertagentur Wolff organisierten Konzerten der »Berliner Philharmoniker« und des »Hamburger Opernorchesters« zu bestehen. 1934 fusioniert es mit dem »Opernorchester«; diese Fusion ist die Basis der »Hamburger Staatsphilharmonie«. Das Ensemble besteht zur Zeit aus 134 Musikern und dient als Opern- wie als Symphonie-Orchester.

Musikdirektoren und Chefdirigenten: Friedrich Wilhelm Grund (1828–63), Julius Stockhausen (1863–67), Julius von Bernuth (1867–95), Richard Barth (1895–1904), Max Fiedler (1904–08), José Eibenschütz (1908–10), Siegmund von Hausegger (1910–20), Gerhard von Keussler (1920–22), Eugen Papst und Carl Muck (1922–33), Eugen Jochum (1934–49), Joseph Keilberth (1950–59), Wolfgang Sawallisch (1961–72), Aldo Ceccato (1972–83), Hans Zender (1984–86), Gerd Albrecht (seit 1988).

Uraufführungen: Werke von Johannes Brahms (Serenade Nr. 2, 1860), Walter Braunfels, Paul Hindemith (*Konzertmusik für Bratsche und Orchester*, op. 48, 1930), Karl Höller, York Höller (*Magische Klanggestalt*, 1986), Klaus Huber, Mauricio Kagel (*Ein Brief*, 1986), Krzysztof Meyer (*Symphonie Nr. 2*, 1982), Luigi Nono (*A Carlo Scarpa architetto – ai suoi infiniti possibili*, 1985), Henri Pousseur (*Nacht der Nächte*, Auftrag, 1985), Aribert Reimann (*Sieben Fragmente*, 1988), Peter Ruzicka, Dieter Schnebel (*Sinfonie-Stück*, 1985), Heinrich Sutermeister, Isang Yun, Hermann Zilcher, Udo Zimmermann (*Nouveau Divertissement*, 1988).

Sinfonieorchester des Norddeutschen Rundfunks (Hamburg)

Das Orchester wird 1945 als »Sinfonieorchester des NWDR« gegründet; nach der Trennung von Norddeutschem und Westdeutschem Rundfunk im Jahre 1955 erhält es seinen derzeitigen Namen.

Chefdirigenten: Hans Schmidt-Isserstedt (1945–70), Moshe Atzmon (1972–75), Klaus Tennstedt (1979–81), Günter Wand (1982–91), John Eliot Gardiner (seit 1991).

Auftrag: *Threni. Id est Lamentationes Jeremias Prophetae* von Igor Strawinsky.

Uraufführungen: Werke von Pierre Boulez (*Deux improvisations sur Mallarmé*, 1958), Sylvano Bussotti (*Bergkristall*, 1973), Gottfried von Einem (*Das Stundenlied*, op. 26, 1959), Wolfgang Fortner (*Chant de naissance*, 1959), Karl Amadeus Hartmann (*Symphonie Nr. 7*, 1959), Hans Werner Henze (*Ein Landarzt*, 1951; *Das Ende einer Welt*, 1953; *Tancredi*, 1953; *Drei sinfonische Etüden*, 1965; *Das Floß der Medusa*, 1968), André Jolivet (*Symphonie Nr. 2*, 1959), György Ligeti (*Apparitions*, 1960), Goffredo Petrassi (*Konzert für Flöte und Orchester*, 1961), Arnold Schönberg (*Moses und Aaron*, 1954), Kazimierz Serocki (*Ad libitum*, 1977), Karlheinz Stockhausen (*Mixtur*, 1965), Igor Strawinsky (*Movements*, 1960), Heinrich Sutermeister (*Konzert für Klavier und Orchester Nr. 2*, 1954), Isang Yun (*Colloïdes sonores*, 1961; *Konzertante Figuren*, 1973).

Rundfunkorchester Hannover des NDR

Das Orchester wird 1950 als »Rundfunkorchester Hannover des NWDR« gegründet und erhält 1955 nach der Trennung des Norddeutschen und Westdeutschen Rundfunks seinen derzeitigen Namen.

Chefdirigenten: Willy Steiner (1950–75), Bernhard Klee (1976–79), Zdeněk Mácal (1980–83), Aldo Ceccato (1985–89), Bernhard Klee (seit 1991).

Uraufführungen: Werke von Rudolf Kelterborn, Volker David Kirchner (*Symphonie Nr. 1 »Totentanz«*, 1982),

Symphonieorchester

Giselher Klebe, Martin Christoph Redel (*Bruckner-Essay*, 1983), Isang Yun.

Helsingin Kaupunginorkesteri – Helsingfors Stadsorkester (Helsinki)
(Philharmonisches Orchester Helsinki)
Finnische Kompositionen beanspruchen ein Viertel des Programms dieses Orchesters, das zu 98 % von der Stadt Helsinki finanziert wird. Bis 1963 arbeitet es auch als Opernorchester; heute verfügt die Helsinkier Oper über ein eigenes Ensemble. Das Orchester fußt auf einer weit zurückreichenden Tradition: Es wird 1882 als »Helsingfors orkesterförening« gegründet, nennt sich einige Jahre später »Helsingfors filharmoniska orkester« und fusioniert 1914 mit dem »Helsingfors symfonieorkester«; nach der Fusion erhält es seinen heutigen Namen.
Chefdirigenten: Robert Kajanus (1882–1932), Georg Schnéevoigt (1914–16 und 1932–41), Armas Järnefeldt (1941–45), Martti Similä (1944–50), Tauno Hannikainen (1951–65), Jorma Panula (1965–72), Paavo Berglund (1975–79), Ulf Söderblom (1978–79), Okko Kamu (1981–88), Sergiu Comissiona (seit 1990).
Aufträge: Werke von Einar Englund (*Konzert für zwölf Violoncelli*, 1981), Joonas Kokkonen (*Requiem*, 1981), Pehr Henrik Nordgren (*Konzert für Bratsche und Orchester*, 1979).
Uraufführungen: Werke von Aulis Sallinen (*Symphonie Nr. 1*, 1971), Jean Sibelius (*Symphonie Nr. 1*, 1899; *Nr. 2*, 1902; *Nr. 6*, 1923).

Radion Sinfoniaorkesteri
(Radiosinfonieorchester Helsinki)
Das Orchester wird 1927 als Studio-Orchester gegründet, gibt aber bereits ab 1929 öffentliche Konzerte.
Chefdirigenten: Erkki Linko (1927–29), Toivo Haapanen (1929–50), Nils-Eric Fougstedt (1950–61), Paavo Berglund (1962–71), Okko Kamu (1971–77), Leif Segerstam (1977–87), Jukka-Pekka Saraste (seit 1987).
Uraufführungen: Werke von Aulis Sallinen (*Konzert für Kammerorchester*, 1960; *Symphonie Nr. 3*, 1975; *Konzert für Violoncello und Orchester*, 1977), Andrzej Panufnik (*Heroic Overture*, 1952, aus Anlaß der Olympischen Spiele).

Nordwestdeutsche Philharmonie
(Herford)
Das 1950 gegründete Orchester erfüllt in Nordrhein-Westfalen vor allem regionale Aufgaben.
Musikdirektoren und Chefdirigenten: Rolf Agop (1950–52), Eugen Papst (1952–53), Wilhelm Schüchter (1953–56), Hermann Scherchen und Kurt Brass (1956–61), Hermann Hildebrandt (1961–63), Richard Kraus (1963–69), Werner Andreas Albert (1969–71), Erich Bergel (1971–74), János Kulka (1975–87), Alun Francis (seit 1987).

Radio Filharmonisch Orkest
(Hilversum)
Gegründet 1945.
Chefdirigenten: Albert van Raalte (1945–52), Paul van Kempen und Willem van Otterloo (1952–55), Bernard Haitink (1957–61), Jean Fournet (1961–73), Hans Vonk (1973–79), Sergiu Comissiona (1982–87), Edo de Waart (seit 1989).
Uraufführungen: Werke von Bruno Maderna (*Konzert für Oboe und Orchester*, 1973), Luís de Pablo (*Adagio*, 1984), Karlheinz Stockhausen (*Festival*, 1980), Iannis Xenakis (*Empreintes*, 1975; *Anemoessa*, 1979).

Houston Symphony Orchestra
Das Orchester wird 1913 gegründet und stellt 1918 seine Arbeit bis zur Neugründung 1931 ein.
Chefdirigenten: Julian Paul Blitz (1913–16), Paul Berge (1916–18), Uriel Nespoli (1931–33), Frank Saint-Leger (1933–35), Ernst Hoffmann (1936–47), Efrem Kurtz (1948–54), Ferenc Fricsay (1954), Sir Thomas Beecham (1954–55), Leopold Stokowski (1955–61), Sir John Barbirolli (1961–67), André Previn (1967–69),

Lawrence Foster (1971–78), Sergiu Comissiona (1980–88), Christoph Eschenbach (seit 1988).
Uraufführungen: Werke von Elliott Carter (*A Celebration of some 100 × 150 Notes*, 1987), Ramírez Carlos Chávez (*Clio*, symphonische Ode, 1970), Henry Cowell (*Symphonie Nr. 5*, 1955; *Nr. 12*, 1960), Jacob Druckman (*Paean*, 1987), Alan Hovhaness (*Symphonie Nr. 12*, 1955), Aram I. Chatschaturjan (*Festive Poem*, 1955), Jacques Offenbach/Manuel Rosenthal (*Offenbachiana*, 1952), Andrzej Panufnik (*Sinfonia elegiaca*, 1957), André Previn (*Konzert für Violoncello und Orchester*, 1967), Heitor Villa-Lobos (*Konzert für Gitarre und Orchester*, 1956).

Filharmonica »Moldava« din Iaşi
(Philharmonie »Moldau« von Jassy)
In der Hauptstadt der Region Moldau herrscht seit 1893 ein reges symphonisches Leben. Unter den ersten Dirigenten, die in Jassy arbeiten, sind vor allem Eduard Caudella und Antonin Ciolan erwähnenswert. 1917 gründet George Enescu mit Mitgliedern der Bukarester Philharmoniker, die aus der rumänischen Hauptstadt geflüchtet sind, ein Symphonie-Orchester. Das heutige Orchester wird 1942 als Staatsorchester gegründet.
Musikdirektoren und Chefdirigenten: George Enescu (1942), Antonin Ciolan, George Pavel, Carol Nosek (1942–44), Emanuel Elenescu (1945–46), Achim Stoia (1948–61), Gheorghe Vintilá (1960–86), Ion Baciu (1962–87), Gheorghe Costin (seit 1988).

Jerusalem Symphony Orchestra
Das Orchester wird 1936 als »Kammerorchester von Radio Palästina« gegründet. 1938 wird es von Crawford McNair und Karel Salomon reformiert und beträchtlich vergrößert. 1948 nennt es sich »Kol Israel Orchestra«, bevor es seinen heutigen Namen erhält. Das Orchester gehört dem Israelischen Rundfunk an, spielt viel zeitgenössische Musik und arbeitet vor allem mit israelischen Dirigenten und Solisten zusammen.
Chefdirigenten: Michael Taube, Georg Singer, Heinz Freudenthal, Shalom Ronly-Riklis, Mendi Rodan (1963–72), Lukas Foss (1972–75), Gary Bertini (1977–86), David Robertson (1986–88), Lawrence Foster (1988–91), David Shallon (seit 1991).
Uraufführungen: Werke von Luigi Dallapiccola (*Exhortatio*, 1971), Darius Milhaud (*David*, 1954), Igor Strawinsky (*Abraham and Isaac*, 1964).

Państwowa Filharmonia Śląska (Katowice)
(Schlesische Philharmonie, Kattowitz)
Gegründet 1945.
Unter-Formationen: »Philharmonischer Chor Kattowitz« (dem von Jan Wojtacha 1974 gegründeten und seither von ihm geleiteten Chor gehören 70 Sänger und Sängerinnen an); »Schlesisches Kammerorchester«, 1981 gegründet und von Aureli Błaszczok (1981) sowie von Wincety Hawel (seit 1981) geleitet. Dem Ensemble gehören 15 Instrumentalisten an, die alle Mitglieder der »Schlesischen Philharmonie« sind.
Chefdirigenten: Jan Niwiński (1945), Witold Krzemieński (1945–49), Stanisław Skrowaczewski (1949–53), Karol Stryja (seit 1953).

Wielka Orkiestra Symfoniczna Radia i Telewizji Polskiej (Katowice)
(Großes Polnisches Rundfunksinfonieorchester, Kattowitz)
Das Orchester wurde 1935 in Warschau von Grzegorz Fitelberg gegründet, 1939 aufgelöst und 1945 in Kattowitz neugegründet.
Chefdirigenten: Grzegorz Fitelberg (1935–39), Witold Rowicki (1945–47), Grzegorz Fitelberg (1947–53), Jan Krenz (1953–68), Bohdan Wodiczko (1968–69), Kazimierz Kord (1969–73), Tadeusz Strugała (1975–76), Jerzy Maksymiuk (1976–77), Stanisław Wislocki (1978–81), Jacek Kapsrzyk (1981–82), Antoni Wit (seit 1983).

Symphonieorchester

Uraufführungen: Werke von Grazyna Bacewicz (*Symphonische Variationen*, 1958; *Musik für Streicher*, 1959), Tadeusz Baird (*Konzert für Oboe und Orchester*, 1973), Henryk Mikołaj Górecki (*Symphonie »1959«*, 1960; *Scontri*, 1960; *Refrain*, 1966), Klaus Huber (*Tenebrae*, 1968), Wojciech Kilar (*Ode in memoriam Béla Bartók*, 1958; *Exodus*, 1981; *Angelus*, 1984), Wlodzimierz Kotoński, Zygmunt Krauze, Witold Lutosławski (*Symphonie Nr. 1*, 1947; *Petite Suite*, 1951; *Musique funèbre*, 1958; *Symphonie Nr. 2*, 1967), Krzysztof Meyer, Krzysztof Penderecki (*Kanon*, 1962), Kazimierz Serocki (*Symphonie Nr. 1*, 1952; *Sinfonietta*, 1956; *Freski symfoniczne*, Sinfonische Fresken, 1964).

Gürzenich Orchester (Köln)

Das Orchester wird 1857 anläßlich der Einweihung des gleichnamigen Kölner Konzertsaals als Nachfolgeorganisation der »Musikalischen Gesellschaft« gegründet, die 1827 mit dem »Singverein« fusioniert und die »Konzertgesellschaft« bildet; 1888 wird das Orchester von der Stadt Köln übernommen. Der Gürzenich wird im Zweiten Weltkrieg zerstört und der Neubau 1955 eingeweiht. Der neue Saal des Kölner Orchesters wird im November 1986 eröffnet. Das Orchester dient als Opernorchester und führt daneben viele Symphonie-Konzerte durch.

Musikdirektoren: Konradin Kreutzer (1840–42), Heinrich Dorn (1843–49), Ferdinand Hiller (1850–84), Franz Wüllner (1884–1902), Fritz Steinbach (1902–14), Hermann Abendroth (1915–34), Eugen Papst (1936–44), Günter Wand (1946–75), Jurij Ahronowitsch (1975–86), Marek Janowski (1986–90), James Conlon (seit 1990).

Uraufführungen: Werke von Johannes Brahms (*Doppelkonzert für Violine, Violoncello und Orchester*, 1887), Gustav Mahler (*Symphonie Nr. 5*, 1904), Max Reger (*Variationen über ein Thema von J. A. Hiller*, 1907), Hermann Reutter (*Pandora*, 1949), Richard Strauss (*Till Eulenspiegel*, 1895; *Don Juan*, 1898), Bernd Alois Zimmermann (*Sinfonia prosodica*, 1964).

Kölner Rundfunk-Sinfonie-Orchester

Das 1945 gegründete Orchester tritt die Nachfolge des 1926 gegründeten und 1926–32 von Wilhelm Buschkötter geleiteten, ehemaligen Orchester des Reichssenders an.

Chefdirigenten: Wilhelm Schüchter, Christoph von Dohnányi (1964–69), Zdeněk Maćal (1970–74), Hiroshi Wakasugi (1977–83), Gary Bertini (1983–91), Hans Vonk (seit 1991).

Aufträge: Werke von Luciano Berio (*Coro*, 1976), Edison W. Denissow (*Doppelkonzert für Flöte, Oboe und Orchester*, 1979), Wolfgang Fortner (*Aulodie*, erste Version, 1960).

Uraufführungen: Werke von Pierre Boulez (*Visage nuptial*, 1957), Luigi Dallapiccola (*Canti di liberazione*, 1955), Gottfried von Einem (*Orchestermusik*, op. 9, 1947), Vinko Globokar (*Miserere*, 1982), Karl Amadeus Hartmann (*Symphonie Nr. 8*, 1963), Hans Werner Henze (*Sieben Liebeslieder*, 1986), György Ligeti (*Konzert für Klavier und Orchester*, 1980), Arvo Pärt (*Te Deum*, 1985), Steve Reich (*Tehilim*, erste Version, 1981; *The Desert Music*, 1984), Dieter Schnebel (*Fünf geistliche Lieder von Bach*, 1985), Arnold Schönberg (*Moderner Psalm*, op. 50c, 1956), Gerhard Wimberger (*Programm*, 1978), Iannis Xenakis (*Antikhton*, 1974), Isang Yun (*Exemplum*, 1981), Ruth Zechlin (*Kristallisation*, 1989).

Danmarks Radios Symfoniorkester (Kopenhagen)

Gegründet 1925.

Musikdirektoren und Chefdirigenten: Launy Grøndahl (1925–55), Erik Tuxen, Nicolai A. Malko (1929–32), Fritz Busch, Thomas Jensen, Lamberto Gardelli (1955–61), Miltiades Caridis (1962–66), Jan Krenz (1966–68), Herbert Blomstedt (1968–78), Lamberto Gardelli (1986–89), Leif Segerstam (seit 1989).

Uraufführungen und Aufträge: Werke von Niels Viggo Bentzon, Peter Maxwell Davies (*Salome*, 1978), Pelle Gudmundsen-Holmgreen, Vagn Holmboe, Axel Borup Jørgensen, Rued Langgård, Per Nørgård (*Symphonie Nr. 3*), Erik Norby (*Regnbueslangen*).

Państwowa Filharmonia im Karola Szymanoswkiego (Kraków)

(Krakauer Philharmonie »Karol Szymanowski«)
Künstlerische Leiter: Zygmunt Latoszewski (1945), Jan Maklakiewicz (1945–47), Walerian Bierdiajew (1947–49), Bogdan Wodiczko (1951–55), Bronisław Rukowski (1955–56), Jerzy Gert (1957–62), Andrezj Markowski (1962–65), Henry Czyz (1965–68), Jerzy Katlewicz (1968–80), Tadeusz Strugała (1981–86), Krzysztof Penderecki und Gilbert Levine (1988–91), Roland Bader (seit 1991).
Chefdirigenten: Zygmunt Latoszewski (1945), Walerian Bierdiajew (1945–49), Witold Krzemieński (1949–51), Bogdan Wodiczko (1951–55), Stanisław Skrowaczewski (1955–57), Witold Rowicki (1957–59), Andrzej Markowski (1959–65), Henryk Czyz (1965–68), Jerzy Katlewicz (1968–80), Tadeusz Strugała (1981–86), Gilbert Levine (1988–91), Roland Bader (seit 1991).
Uraufführungen: Werke von Grazyna Bacewicz (*Symphonie Nr. 1*, 1948; *Konzert für Violine und Orchester Nr. 4*, 1952; *Symphonie Nr. 3*, 1952; *Nr. 4*, 1954; *Pensieri notturni*, 1957), Henryk Mikołaj Górecki (*Beatus Vir*, 1979), Witold Lutosławski (*Jeux vénitiens*, 1961), Krzysztof Meyer (*Symphonie Nr. 1*, 1964), Andrzej Panufnik (*Divertimento*, 1948; *Sinfonia rustica*, 1949; *Concerto in modo antico*, 1951), Krzysztof Penderecki (*Die Psalmen des Davids*, 1959; *Fonogramy*, 1961; *Dies Irae*, 1967).

Kyoto-shi Kokyogakudan (Kyoto)

(Philharmonisches Orchester Kyoto)
Gegründet April 1956.
Chefdirigenten: Carl Caelius (1956–61), Joachim Kauffmann (1961–63), Tadashi Mori (1963–66), Yuzo Toyama (1967–70), Akeo Watanabe (1970–72), Kazuo Yamada (1972–76, anschließend musikalischer Berater), Niklaus Wyss (1976–78), Stewart Kershaw (1978–80), Fulvio Vernizzi (1982–84), Ken-Ichiro Kobayashi (1985–90), Michiyoshi Inoue (seit 1990).
Uraufführung: *Dream/Window* von Toru Takemitsu, 1985.

Gewandhausorchester (Leipzig)

Das Orchester wird 1781 gegründet und im oberen Saal des im gleichen Jahr eingeweihten Gewandhauses untergebracht. 1743 ist von der Leipziger Kaufmannschaft bereits eine »Große Konzert-Gesellschaft« ins Leben gerufen worden, die als Vorläufer des Gewandhausorchesters betrachtet werden kann, dem zu Beginn 27 Musiker angehören und das vom Konzertmeister dirigiert wird. Der zweite Gewandhaus-Saal, zwischen 1881 und 1884 gebaut, wird bei der Bombardierung Leipzigs am 20. Februar 1944 zerstört. Am 8. Oktober 1981 wird der neue Saal zum 200. Geburtstag des Orchesters eingeweiht. Heute gehören dem Orchester 200 Musiker an. Das Orchester gibt regelmäßig Symphonie-Konzerte, ist für die Kirchenmusik in Sankt Thomas zuständig und fungiert schließlich als Orchester der Leipziger Oper.
Unter-Formationen: 1808 wird die erste Unter-Formation gegründet, das »Gewandhausquartett«. Zu Beginn des 20. Jahrhunderts entsteht auf Veranlassung von Arthur Nikisch das »Bläser-Quintett« und 1963 auf Anregung von Orchestermitgliedern das »Bach Collegium«, das von folgenden Konzertmeistern geleitet wird: Gerhard Bosse (1963–87), Christian Funke (seit 1987), Franz Michael Erben (seit 1990); 1979 wird das »Neue Bach Collegium Musicum Leipzig« ins Leben gerufen und von Max Pommer (1979–88) sowie Burkhard Glaetzner (seit 1988) geleitet.
Konzertmeister: Johann Adam Hiller (1781–85), Johann Gottfried Schicht

Symphonieorchester

(1785–1810), Johann Philipp Schulz (1810–27), Christian August Pohlenz (1827–35).

Chefdirigenten: Felix Mendelssohn Bartholdy (1835–47), Julius Rietz (1848–52 und 1854–60), Niels Gade und Ferdinand David (1852–53), Ferdinand David (1853–54), Carl Reinecke (1860–95), Arthur Nikisch (1895–1922), Wilhelm Furtwängler (1922–28), Bruno Walter (1929–33), Hermann Abendroth (1934–45), Herbert Albert (1946–48), Franz Konwitschny (1949–62), Václav Neuman (1964–68), Kurt Masur (seit 1970).

Konzertmeister der Neuzeit: Edgar Wollgandt (1903–47), Charles Münch (1925–32), Kurt Striehler (1933–35), Gerhard Bosse (1955–87), Manfred Scherzer (1973–75), Karl Suske (seit 1976), Christian Funke (seit 1979), Franz Michael Erben (seit 1990).

Aufträge zum 200. Geburtstag des Orchesters: Reiner Bredemeyer (*Vier Stücke für Orchester*), Gija Kantschelli (*Symphonie Nr. 6*), Siegfried Matthus (*Holofernes*), Minoru Miki (*Sinfonie der zweiten Welt*, Uraufführung 1984), Friedrich Schlenker (*Symphonie »Michelangelo«*, Uraufführung 1985), Siegfried Thiele (*Gesänge an die Sonne*).

Uraufführungen: Werke von Ludwig van Beethoven (*Konzert für Klavier und Orchester Nr. 5*, 1811), Boris Blacher (*Variationen über ein Thema von Paganini*, 1947), Johannes Brahms (*Konzert für Violine und Orchester*, 1879), Anton Bruckner (*Symphonie Nr. 7*, 1884), Ferruccio Busoni (*Konzertstück für Klavier*, 1890), Bernd Franke (*Chagall-Musik*, 1988), Felix Mendelssohn Bartholdy (*Symphonie Nr. 1*, 1827; *Nr. 2*, 1840; *Nr. 3*, 1842; *Konzert für Klavier und Orchester Nr. 2*, 1837; *Ouvertüre zu »Ruy Blas«*, 1839, *Konzert für Violine und Orchester Nr. 2*, 1845), Max Reger (*Konzert für Violine und Orchester*, 1908; *Konzert für Klavier und Orchester*, 1910), Alfred G. Schnittke (*Symphonie Nr. 1*, 1981), Arnold Schönberg (*5 Orchesterstücke*, zweite Version, 1922), Franz Schubert (*Symphonie Nr. 9*, 1839), Robert Schumann (*Symphonie Nr. 1*, 1841; *Nr. 2*, 1846; *Nr. 4*, 1841; *Konzert für Klavier und Orchester*, 1846), Louis Spohr (*Symphonie Nr. 1*, 1811), Richard Wagner (Ouvertüre zu *Christoph Columbus*, 1835; Ouvertüre zu *Die Meistersinger von Nürnberg*, 1868).

Rundfunk-Sinfonieorchester Leipzig

Das 1924 gegründete Orchester tritt die Nachfolge der seit 1915 existierenden und 1921–22 von Hermann Scherchen geleiteten »Orchester des Konzertvereins« an.

Chefdirigenten: Alfred Sendrey (1924–32), Carl Schuricht (1931–33), Hans Weisbach (1934–39), A. Merten (1939–45), Fritz Schröder (1945–46), Gerhart Wiesenhütter (1946–48), Hermann Abendroth und Gerhard Pflüger (1949–56), Herbert Kegel (1953–77), Wolf-Dieter Hauschild (1978–85), Max Pommer (1987–91).

Leningradskij akademitscheskij sinfoniceskij orkestr (Leningrad) (Leningrader Philharmoniker)
siehe **Gosudarstvennyj filarmonii orkestr Sankt Peterburgskij**

Symphonie-Orchester Leningrad
siehe **Philharmonisches Orchester Sankt Petersburg**

Orchestre Philharmonique de Liège (Lüttich)

Das 1960 gegründete Orchester nennt sich zunächst »Orchestre de Liège«, bevor es 1980 seinen heutigen Namen annimmt. Die aus 10 Musikern bestehende »Philharmonietta Nova« ist aus dem Orchester hervorgegangen.

Chefdirigenten: Fernand Quinet (1960–64), Manuel Rosenthal (1964–67), Paul Strauss (1967–77), Pierre Bartholomée (seit 1977).

Uraufführungen: Werke von Pierre Bartholomée (*Polytophonie*, 1985), Luciano Berio (*Cena*, 1979), Philippe Boesmans (*Konzert für Violine und Orchester*, 1980), Joan Guinjoan (*Phantasie für Violine und Orchester, 1986), York Höller (Traumspiel, 1983), Francis Miroglio (Deltas, 1987), Tristan Murail (Time and Again, 1987), Luís de Pablo (Viatges y flors, 1985), Henri Pousseur (La Passion selon Guignol, 1983), Guy Reibel (Musaïque, 1987), Franz Schubert (Symphonie Nr. 10, 1983), Toru Takemitsu (To the Edge of Dream, 1983), Mikis Theodorakis (Konzert für Sopran, Gitarre und Orchester, 1987), Iannis Xenakis (Lichens I, 1984).

Orchestre National de Lille

Das 1975 gegründete Orchester tritt die Nachfolge des 1928 entstandenen »Orchestre Radio-Symphonique de Lille« an und nennt sich bis 1982 »Orchestre Philharmonique de Lille«.

Die wichtigsten Dirigenten des Radio-Sinfonieorchesters Lille: Henri Hestel, Maurice Soret, Victor Clovez (1953-), Jean Giardino und Maurice Suzan (1968–73). Das Orchester gibt in Lille und in der Region Nord/Pas-de-Calais regelmäßig Symphonie-Konzerte; bei seinen Tourneen besuchte es bisher mehr als zwanzig Länder auf vier Kontinenten.

Musikdirektor: Jean-Claude Casadesus (seit 1975).

Uraufführungen: Werke von Pierre Ancellin (Filius Hominis, 1989), Alain Bancquart (Simple, 1977), Georges Bizet (Clovis et Clotilde, 1988), André Bon (Ode, 1979), Eugène Bozza, Philippe Capdenat (Sinfonia sui cenci, 1982), Renaud Gagneux (L'Ombre du souvenir, 1984), Betsy Jolas (Liring Ballade, 1980), Milko Kelemen (Mageïa, 1979), Marcel Landowski (La Prison, 1983), Jacques Lenot, Ivo Malec (Arco 22, 1977), Kasimierz Serocki (Forte et piano, 1978), Yoshihisa Taira (Erosion I), Ton That Tiet, François Vercken (Facettes, 1986), Iannis Xenakis (Pithoprakta, 1984; Tracées, 1987), Michel Zbar (Cérémonial nocturne).

Bruckner-Orchester Linz

Das 1903 gegründete Orchester heißt bis 1967 »Orchester des Landestheater Linz«. Auch nach der Umbenennung dient es dem Landestheater von Linz als Opernorchester; außerdem gibt es im Linzer Brucknerhaus sowie in Oberösterreich regelmäßig Symphonie-Konzerte. Vor 1961 arbeitet das Orchester ausschließlich mit Gast-Dirigenten. Die wichtigsten: Hans Knappertsbusch, Georg-Ludwig Jochum und Carlo Zecchi.

Musikdirektoren und Chefdirigenten: Kurt Wöss (1961–75; ab 1965 Musikdirektor), Theodor Guschlbauer (1975–83), Roman Zeilinger (1983–85), Manfred Mayrhofer (1985–92), Martin Sieghart (ab 1992).

Uraufführung: Symphonie Nr. 9 von Marcel Rubin.

Orquesta de camara Gulbenkian
(Lisboa)
(Orchester der Gulbenkian-Stiftung Lissabon)

Das Orchester besteht bei seiner Gründung 1962 aus elf Streichern und einem Cembalisten; seit 1971 gehören ihm 50 Musiker an.

Chefdirigenten: Lamberto Baldi (1962–63), Urs Voegelin (1963–64), Renato Ruotolo (1964–65), Trajan Popesco (1965), Adrian Sunshine (1966–67), Gianfranco Rivoli (1968–71), Werner Andreas Albert (1971–73), Michel Tabachnik (1973–75), Juan Pablo Izquierdo (1976–77), Claudio Scimone (1979–86), Muhai Tang (seit 1988).

Aufträge: Werke von Attila Bozay (Variationen für Orchester), Zygmunt Krauze (Konzert für Violine und Orchester), Darius Milhaud (Musique pour Lisbonne), Emmanuel Nunes (Purlieu, Dan Wo, Fermata, Es webt, Ruf, Stretti), Krzysztof Penderecki (Canticum Canticorum Salomonis) sowie Werke von Braga-Santos, Brandao, Pierre Capdeville, Jorge Rosado Peixinho und anderen.

Uraufführungen: Werke von André Boucourechliev (Konzert für Klavier und Orchester, 1975), Iannis Xenakis (Cendrées, 1974).

Symphonieorchester

Royal Liverpool Philharmonic Orchestra
Gegründet 1840.
Chefdirigenten: John Russell (1840–44), Zeugheer Herrman (1844–65), Alfred Melon (1865–67), Julius Benedict (1867–80), Max Bruch (1880–83), Sir Charles Hallé (1883–95), Sir Frederic Cowen (1895–1913), Sir Henry Wood und Sir Thomas Beecham (principal guest conductors, 1913–42), Sir Malcolm Sargent (1942–48), Hugo Rignold (1948–54), Paul Kletzki (1954–55), Efrem Kurtz (1955–57), Sir John Pritchard (1957–63), Sir Charles Groves (1963–77), Walter Weller (1977–80), David Atherton (1980–83), Marek Janowski (1983–87), Libor Pešek (seit 1987).
Aufträge zum 150. Geburtstag des Orchesters: Werke von Paul McCarthy (*Liverpool Oratorio*, 1991), Dominic Muldowney (*Konzert für Violine und Orchester*, 1991).
Weitere Aufträge: Werke von Edward Cowie (*Konzert für Orchester*, 1982), Sir Michael Tippett (*Symphonie Nr. 1*, 1945), William Walton (*Symphonie Nr. 2*, 1960).
Uraufführungen: Werke von Benjamin Britten (*Variationen und Fuge über ein Thema von Purcell*, 1946), David Bedford (*Symphonie Nr. 1*, 1985), Ludwig van Beethoven (*Symphonie Nr. 10*, unvollendet, 1988), Edward Cowie (*American Symphony*, 1984), Edward Elgar (*Pomp and Circumstance Nr. 1*, 1901), Alun Hoddinott (*Sinfonia Fidei*, 1977), Gerard Schurmann (*Konzert für Violine und Orchester*, 1978), Giles Swayne (*Orlando's Music*, 1976), William Walton (*Gloria*, 1961).

BBC Symphony Orchestra (London)
Gegründet 1930.
Chefdirigenten: Sir Adrian Boult (1930–50), Sir Malcolm Sargent (1950–57), Rudolf Schwarz (1957–63), Antal Dorati (1963–67), Sir Colin Davis (1967–71), Pierre Boulez (1971–75), Rudolf Kempe (1975–76), Gennadi N. Roshdestwenski (1978–81), Sir John Pritchard (1982–89), Andrew Davis (seit 1989).
Uraufführungen: Werke von Béla Bartók (*Cantata profana*, 1934), George Benjamin (*Ringed by the Flat Horizon*, 1980), Harrison Birtwistle (*Earth Dances*, 1986), Boris Blacher (*Orchester-Fantasie*, 1956), Ernest Bloch (*Sinfonia breve* und *Concerto grosso Nr. 2*, 1953), Pierre Boulez (*Livre*, Version für Streichorchester, 1968; *Eclat-Multiples*, 1970; *Rituel*, 1975), Benjamin Britten (*Konzert für Klavier und Orchester*, 1938; *Nocturne für Tenor, 7 Soloinstrumente und Streichorchester*, 1958), Gordon Crosse (*Celebration*, 1972), Peter Maxwell Davies (*Blind Man's Buff*, 1972), Roberto Gerhard (*Collages*, 1961; *Konzert für Orchester*, 1965), Jonathan Harvey (*Madonna of Winter and Spring*, 1968), York Höller (*Konzert für Klavier und Orchester*, 1985), Herbert Howells (*Konzert für Streicher*, 1938), Charles Koechlin (*Seven Stars Symphony*, 1966), Oliver Knussen (*Symphonie Nr. 3*, 1987), Jonathan Lloyd (*Symphonie Nr. 4*, 1988), Colin Matthews (*Sonate Nr. 5 »Landscape«*, 1983), David Matthews (*In the Dark Time*, 1985), Nicholas Maw (*Odyssey*, 1987), Andrzej Panufnik (*Heroic Overture*, überarbeitete Version, 1955; *Rhapsody*, 1957; *Polonia*, 1959; *Symphonie Nr. 9*, 1987), Francis Poulenc (*Sinfonietta*, 1948), Alfred G. Schnittke (*Symphonie Nr. 2*, 1980), Sir Michael Tippett (*Fantasia concertante*, 1953), Ralph Vaughan Williams (*Symphonie Nr. 4*, 1935), William Walton (*Symphonie Nr. 1*, 1935), Anton Webern (Orchestrierung von Johann Sebastian Bachs *Musikalischem Opfer*, 1935).

London Philharmonic Orchestra
Das Orchester wird 1932 von Sir Thomas Beecham gegründet; seit 1939 verwaltet es sich selbst. 1933–39 dient es im Covent Garden und seit 1964 bei den Festspielen von Glyndebourne als Opernorchester.
Chefdirigenten: Sir Thomas Beecham (1932–39), Eduard van Beinum (1948–

50), Sir Adrian Boult (1951–57), William Steinberg (1958–60), Sir John Pritchard (1962–66), Bernard Haitink (1967–79), Sir Georg Solti (1979–83), Klaus Tennstedt (1983–87), Franz Welser-Möst (seit 1992).

Aufträge: Werke von Malcolm Arnold (*Philharmonic Concerto*, 1976), David Bedford (*Star Clusters, Nebulae and Places in Devon*, 1972), Peter Maxwell Davies (*Second Fantasia on John Taverner's »In Nomine«*, 1965), Peter Racine Fricker (*Symphonie Nr. 3*, 1960), Alexander Goehr (*Metamorphosis/Dance*, 1974), Iain Hamilton (*Orchesterkonzert*, 1973), John McCabe (*Orchesterkonzert*, 1973), Robert Simpson (*Symphonie Nr. 6*, 1980).

Uraufführungen: Werke von Malcolm Arnold (*English Dances*, 1952), Raffaelo de Banfield (*For Ophelia*, 1977), Benjamin Britten (*Our Hunting Fathers*, 1936), Witold Lutosławski (*Paroles tissées*, 1965), Bohuslav Martinů (*Konzert für Streichquartett und Orchester*, 1932), Nicholas Maw (*The Rising of the Moon*, Orchestersuite, 1972), SirMichael Tippet (*A Child of Our Time*, 1944), Ralph Vaughan Williams (*The Shepherds of the Delectable Mountains*, 1922; *Symphonie Nr. 5*, 1943).

London Symphony Orchestra
Instrumentalisten, die im Streit mit dem Dirigenten Sir Henry Wood das Orchester der Queen's Hall verlassen, gründen 1904 das »London Symphony Orchestra« und optieren von Anfang an für das Prinzip der Selbstverwaltung. 1912 unternimmt das Londoner Symphonie-Orchester als erstes europäisches Ensemble eine Tournee durch die Vereinigten Staaten (unter Arthur Nikisch). Bei der Durchführung der zweiten Tournee durch Nordamerika hat das Orchester unwahrscheinliches Glück: Eigentlich sollten die Musiker auf der Titanic die Reise antreten; in letzter Minute erst wurden die Reservierungen geändert. Das »London Symphony Orchestra« kann einen Rekord verbuchen: es ist das Orchester mit den meisten Schallplattenaufnahmen. 1982 verläßt es die Royal Festival Hall und zieht in den neuen Saal des Barbican Centre. 70% des Haushaltes wird aus den Einnahmen bestritten, 20% steuert die Regierung und 10% privates Mäzenatentum bei. Von 1911–50 arbeitet das Orchester ohne Chefdirigent; während dieser Zeit leiten Edward Elgar, Albert Coates und Sir Hamilton Harty als Gäste die meisten Konzerte.

Chefdirigenten: Hans Richter (1904–11), Josef Krips (1950–54), Pierre Monteux (1961–64), István Kertész (1965–68), André Previn (1968–79), Claudio Abbado (Musikdirektor und Chefdirigent 1979–88; Musikdirektor 1988–89), Michael Tilson Thomas (Chefdirigent 1988–89, Musikdirektor seit 1989).

Uraufführungen: Werke von Arthur Bliss (*Metamorphic Variations*, 1973), Aaron Copland (*Music for a Great City*, 1964), Gordon Crosse (*Epiphany Variations*, 1976), Edward Elgar (*Konzert für Violoncello und Orchester*, 1919), Hans Werner Henze (*Ariosi*, 1964; *Tristan*, 1974), Oliver Knussen (*Konzert für Orchester op. 5*, 1970), Andrzej Panufnik (*Sinfonia di sfere*, 1976; *Concerto festivo*, 1979; *Concertino*, 1980), Krzysztof Penderecki (*Symphonie Nr. 1*, 1973), Sir Michael Tippett (*Konzert für Violine, Bratsche, Violoncello und Orchester*, 1980), William Walton (*Belshazar's Feast*, 1931; *Symphonie Nr. 1*, 1934; *Varii Caprici*, 1976).

The Philharmonia (London)
Walter Legge gründet das Orchester 1945 als reines Studioorchester, das ausschließlich Schallplatten einspielen soll; nur die besten Instrumentalisten der Londoner Orchester werden aufgenommen. 1964 wird das Orchester in »New Philharmonia Orchestra« umgetauft und beginnt, Konzerte zu geben. 1977 nimmt es seinen ursprünglichen Namen wieder an, »Philharmonia Orchestra«, bevor es 1988 seine derzeitige Bezeichnung erhält.

Chefdirigenten: Herbert von Karajan

Symphonieorchester

(bis 1959), Otto Klemperer (1955–73; 1971–73 ist Lorin Maazel sein Stellvertreter), Riccardo Muti (1973–82, seit 1979 Musikdirektor), Giuseppe Sinopoli (seit 1984 Chefdirigent, seit 1987 Musikdirektor). Die wichtigsten Gastdirigenten: Arturo Toscanini, Wilhelm Furtwängler, Carlo Maria Giulini, Guido Cantelli.
Uraufführungen: Werke von Benjamin Britten (*Praise we Great Men*, 1985), Peter Maxwell Davies (*Symphonie Nr. 1*, 1978), David Matthews (*Symphonie Nr. 2*, 1982), Richard Strauss (*Walzersuite aus dem Rosenkavalier*, 1946; *Vier letzte Lieder*, 1950).

Royal Philharmonic Orchestra
(London)
Das Orchester wird 1946 von Sir Thomas Beecham gegründet. 1947–63 spielt es bei den Opernfestspielen in Glyndebourne.
Chefdirigenten: Sir Thomas Beecham (1946–61), Rudolf Kempe (1961–63, Musikdirektor 1964–75), Antal Dorati (1975–78), Walter Weller (1980–85), André Previn (seit 1985), Vladimir Ashkenazy (Musikdirektor seit 1987).
Aufträge: Werke von Harrison Birtwistle (*The Triumph of Time*, 1972), Gordon Crosse (*Symphonie Nr. 2*, 1975), John McCabe (*Symphonie Nr. 3*, 1978; *The Shadow of Light*, 1979), Thea Musgrave (*Peripeteia*, 1981).
Uraufführungen: Werke von Howard Blake (*Toccata*, 1976), Peter Maxwell Davies (*Konzert für Violine und Orchester*, 1986), Jonathan Harvey (*Persephone Dream*, 1972), Alun Hoddinott (*Variants*, 1966; *Investiture Dances*, 1969; *Symphonie Nr. 5*, 1973), Paul Patterson (*Fusions*, 1974; *Missa Maria*, 1983), William Walton (*Variations on a Theme by Hindemith*, 1963).

Los Angeles Philharmonic Orchestra
Das Orchester wird 1919 von William Andrew Clark jun. als Nachfolgeorganisation des 1898 von Harley Hamilton gegründeten »Los Angeles Symphony Orchestra« ins Leben gerufen. Das Orchester spielt während des Winters im Dorothy-Chandler-Pavillon (Kammermusikkonzerte) und während des Sommers auf der berühmten Freilichtbühne Hollywood Bowl (Klassik, leichte Musik und Jazz); die Sommersaison wird 1922 von Alfred Hertz ins Leben gerufen. Seit 1969 gibt das Orchester, von Ernest Fleischmann dazu angeregt, zahlreiche Konzerte zeitgenössischer Musik und arbeitet auf diesem Gebiet eng mit Pierre Boulez zusammen. 1939–43, 1959–62 und 1984–86 arbeiten die Philharmoniker mit Gastdirigenten.
Chefdirigenten: Walter Henry Rothwell (1919–27), Georg Schnéevoigt (1927–29), Artur Rodziński (1929–33), Otto Klemperer (1933–39), Alfred Wallenstein (1943–56), Eduard van Beinum (1956–59), Zubin Mehta (1962–77), Carlo Maria Giulini (1978–84), André Previn (1986–89), Esa-Pekka Salonen (seit 1992).
Uraufführungen: Werke von Paul Creston (*Konzert für Violine und Orchester Nr. 2*, 1960), Gottfried von Einem (*Hexameron*, 1970), Howard Hanson (*Symphonic Rhapsody*, 1919), Ezra Ladermann (*Symphonie Nr. 4*, 1981), Krzysztof Penderecki (*Kosmogonia*, 1970), Arnold Schönberg (*Suite für Streichorchester*, 1935), Toru Takemitsu (*Riverrun*, 1985).

Louisville Orchestra
Das 1866 gegründete Orchester setzt sich in besonderem Maß für die zeitgenössische Musik ein und vergibt zahlreiche Aufträge.
Chefdirigenten: Robert Whitney (1937–66), Jorge Mester (1967–79), Akira Endo (seit 1980), Lawrence Leighton Smith.
Aufträge: Werke von Boris Blacher (*Studie in Pianissimo*, 1954), Elliott Carter (*Variationen für Orchester*, 1956), Carlos Chavez (*Symphonie Nr. 4*, 1953), Aaron Copland (*Variationen für Orchester*, 1958), Luigi Dalla-

piccola (*Variazione per orchestra*, 1953), Gottfried von Einem (*Meditationen*, 1954), Paul Hindemith (*Sinfonietta*, 1950), Arthur Honegger (*Suite archaïque*, 1951), Jacques Ibert (*Louisville-Concert*, 1953), André Jolivet (*Suite transocéane*, 1955), Bohuslav Martinů (*Trois estampes*, 1958), Darius Milhaud (*Kentuckiana*, 1945; *Ouverture méditerranéenne*, 1954), Heitor Villa-Lobos (*Erosão*, 1950).

Staatsphilharmonie Rheinland-Pfalz (Ludwigshafen)
Das Orchester wird 1919 in Ludwigshafen gegründet. Es gibt als Staatsorchester in ganz Rheinland-Pfalz regelmäßig Symphonie-Konzerte und unternimmt Tourneen durch Deutschland und das Ausland. Ab und zu dient es auch als Ballett- und Opernorchester.
Chefdirigenten: Ludwig Rüth (1919–20), Ernst Boehe (1920–38), Karl Friederich (1939–43), Franz Konwitschny (1943–44), Heinz Bongartz (1944–45), Bernhard Conz (1947–51), Karl Rucht (1951–57), Otmar Suitner (1957–60), Christoph Stepp (1960–78), Christoph Eschenbach (1979–83), Leif Segerstam (1983–89), Franz Welser-Möst (1991).
Uraufführungen: Werke von Theo Brandmüller (*Dramma per musica*, 1982), Werner Egk (*Sonate für Orchester Nr. 2*, 1969; *Spiegelzeit*, 1979), Volker David Kirchner (*Bildnisse II*, 1984), Giselher Klebe (*Lied ohne Worte*), Wolfgang Ludewig, Wolfgang Rihm, Leif Segerstam, Manfred Trojahn (*Prozessionen*), Robert Wittinger (*Konzert für Violine und Orchester*), Udo Zimmermann.

Orchestra della Svizzera Italiana (Lugano)
Das 1933 gegründete Orchester ist bis 1991 als Rundfunkorchester tätig und nennt sich während dieser Zeit »Orchestra della Radiotelevisione della Svizzera Italiana«.
Chefdirigenten: Leopoldo Casella (1933–67), Otmar Nussio (1938–69), Marc Andreae (1969–90).

Aufträge: Werke von Sylvano Bussotti (*Il catalogo è questo III*, 1984), Salvatore Sciarrino (*Autoritratto della notte*, 1983).
Uraufführungen: Werke von Conrad Beck, Morton Feldman, Giorgio Federico Ghedini (*Contrappunti*, 1962), Vinko Globokar, Rudolf Kelterborn, Ernst Krenek, Richard Strauss (*Duett-Concertino für Klarinette und Fagott mit Streichern und Harfe*, 1948), Wladimir Vogel, Gerhard Wimberger (*Concertino für Orchester*, 1982).

Schweizerisches Festspielorchester Luzern
Das Orchester wird jedes Jahr aus den besten Instrumentalisten der schweizerischen Orchester zusammengestellt. Ursprünglich hatte Ernest Ansermet es 1943 ins Leben gerufen, um den Musikern außerhalb der Wintersaison Arbeit zu verschaffen; die bezahlten Gagen stellten eine nicht zu unterschätzende Aufbesserung des Gehalts der Musiker dar.
Aufträge aus Anlaß des 50. Geburtstags der Festspiele 1988: Rudolf Kelterborn (*Gesänge der Liebe*), Rafael Kubelík (*Invokation*), Krzysztof Penderecki (*Passacaglia und Rondo*).

Orchestre National de Lyon
Das 1969 unter dem Namen »Orchestre Philharmonique Rhône-Alpes« gegründete Orchester tritt die Nachfolge des »Orchestre de la Société des Grands Concerts de Lyon« an, das 1905 von Georges M. Witkowski ins Leben gerufen wurde. In den 30er Jahren wird in Lyon ein zweites Orchester gegründet, das »Trigintuor«, das aus 30 Instrumentalisten besteht. 1938 fusionieren die beiden Orchester zur »Association Philharmonique«. 1983 erhält die Lyoner Oper ein eigenes Orchester; bis dahin übernimmt die »Association Philharmonique« auch die Opernaufführungen. 1984 erhält es seinen eigenen Namen. Das Orchester ist der Träger des inzwischen eingestellten Berlioz-Festival. Es unternimmt zahlreiche Auslandstour-

Symphonieorchester

neen. Seit 1975 spielt es in einem eigenen Saal, dem Auditorium Maurice Ravel.
Musikdirektoren: Georges M. Witkowski (1905–44), Jean Witkowski (1944–53), Robert Proton de la Chapelle (1953–68), Louis Frémaux (1969–71), Serge Baudo (1971–87), Emmanuel Krivine (seit 1987).
Ständige Dirigenten und deren Stellvertreter: Jacques Houtmann (1969–71), Sylvain Cambreling (1975–81), Claude Gaultier (1981–82), Emmanuel Krivine (principal guest conductor, 1983–85), Claude Bardon (Stellvertreter, 1985–86).
Uraufführungen: Werke von Jean-Guy Bailly (*La Perle*, 1984), Michel Legrand (*Concertoratorio*, Auftrag zur Zweihundertjahrfeier der Französischen Revolution, 1989), Serge Nigg (*Fastes pour l'imaginaire*, 1974), Maurice Ohana (*Autodafé*, 1972; *Le Livre des prodiges*, 1979).

Orchestre Symphonique de Radio-Télé Luxembourg (RTL)
Dem 1933 gegründeten Orchester gehören zunächst 40 und inzwischen 75 Instrumentalisten an. In erster Linie dient es Radio Luxembourg als Rundfunkorchester, gibt aber auch Konzerte und macht Schallplattenaufnahmen.
Chefdirigenten: Henri Pensis (1933–58), Louis de Froment (1958–80), Leopold Hager (seit 1980).

Orquesta Nacional de España (Madrid)
Das 1940 gegründete Orchester übernimmt die Nachfolge eines während des spanischen Bürgerkrieges 1938 in Barcelona ins Leben gerufenen und von Bartolomé Pérez Casas geleiteten »Orquesta Nacional de Concierto«. Seit 1966 spielt das Orchester im Teatro Real; 1988 bezieht es einen eigenen Konzertsaal, das Auditorio Nacional, das mit einer Aufführung von Manuel de Fallas Oper *Atlántida* eingeweiht wird.
Chefdirigenten: Bartolomé Pérez Casas (1940–47), Ataulfo Argenta (1947–58), Rafael Frühbeck de Burgos (1962–77), Antoni Ros-Marbà (1977–81), Jesús López Cobos (1981–83 stellvertretender Chefdirigent, 1984–89 Musikdirektor), Aldo Ceccato (seit 1991).
Uraufführungen: Werke von Roberto Gerhard (*Don Quixote*, Konzertversion, 1989), Luis Iturrizaga (*Konzert für Oboe und Orchester*, 1989), Tomás Marco (*Symphonie Nr. 4*, 1988), Luís de Pablo (*Eléphants ivres*, 1. Teil, 1973), Claudio Prieto (*Konzert für Violoncello und Orchester*, 1988), Pierre Wissmer (*Symphonie Nr. 3*, 1956).

Orquesta Sinfónica de Madrid – Orquesta Arbós
Das 1903 von Enrique Fernandez Arbós gegründete Orchester hat in den 60er und 70er Jahren große Überlebensschwierigkeiten, bis es 1981 unter der Leitung von Jorge Rubio neu gegründet wird und als Opernorchester im Teatro Lírico Nacional wirkt (augenblicklicher Musikdirektor der Oper: Miguel Gomez Martinez).
Chefdirigenten: Enrique Fernandez Arbós (1903–36), Enrique Jordá (1940–45), Francesco Mander (1949–51), 1952–58 vakat, Vicente Spiteri (1958–81), Jorge Rubio (seit 1981).
Uraufführung: *Konzert für Violine und Orchester Nr. 2* von Sergej S. Prokofjew (1931).

Orquesta Sinfónica de la Radiotelevision Española (Madrid)
Gegründet 1965.
Chefdirigenten: Igor Markevitch (1965–72), Enrique García-Asensio (seit 1966), Antoni Ros-Marbà (1966–68), Odón Alonso (1968–84), Miguel-Ángel Gómez-Martinez (1984–87), Arpad Jóo (1989–91), Sergiu Comissiona (seit 1991).
Uraufführung: *Módulos III* für 17 Blasinstrumente von Luis de Pablo (1967).

Orchestra filarmonica della Scala (Mailand)
Das Orchester wird 1982 von Claudio Abbado gegründet und setzt sich hauptsächlich aus Mitgliedern des Orchesters der Mailänder Scala zusammen, ist aber

nicht von der Oper abhängig, sondern finanziert sich selbständig. Das Orchester trägt die symphonische Saison der Scala und komplettiert die Aktivitäten der Instrumentalisten des berühmten Hauses.
Chefdirigenten: Claudio Abbado (1982–86), Riccardo Muti (seit 1986).

Orchestra sinfonica di Milano della RAI
Gegründet 1950.
Chefdirigenten: Carlo Maria Giulini (1950–51), Nino Sanzogno, Massimo Pradella (1959–63), Franco Caracciolo (1964–71), Bruno Maderna (1971–73), Zoltán Pesko (1978–82), Vladimir Delman (seit 1989).
Aufträge: Werke von Edison W. Denissow (*Konzert für Fagott, Violoncello und Orchester*, 1984), Franco Donatoni (*In Cauda*, 1983), Giacomo Manzoni (*Ode per orchestra*, 1983), Zoltán Pesko (Orchestrierung von *Salammbô* von Modest P. Mussorgskijs unvollendeter Oper, 1980), Giampaolo Testoni (*Sinfonia*, 1984).
Uraufführungen: Werke von Bruno Bettinelli (*Symphonie Nr. 5*, 1975), Sylvano Bussotti (*Il catalogo è questo*, endgültige Fassung, 1980), Niccoló Castiglione (*Le favole d'Esopo*), Riccardo Malipiero (*Mirages*, 1970).

Orchestra stabile dell'Angelicum
(Mailand)
Das Orchester wird 1941 von Padre Enrico Zucca gegründet.
Künstlerische Direktoren: Ennio Gerelli (1941–50), Umberto Cattini (1950–59), Riccardo Allorto (1959–67 und 1977–88), Bruno Martinotti (1967–72), Luciano Chailly (1973–76), Gianfranco Rivoli (1976–77), Guido Turchi (1988–90), Marc Andreae (seit 1990).
Chefdirigenten: Carlo Felice Cillario (1959–64), Antonio Janigro (1965–67), Bruno Martinotti (1967–72), Gianfranco Rivoli (1976–77), Angelo Ephrikian (1977–82), Vittorio Parisi (1984–87), Marc Andreae (seit 1990).
Uraufführungen: Werke von Jorge Antuñes (*Isomerism*, 1971), Paolo Castaldi (*Doktor Faust*, 1970), Niccolò Castiglioni (*Elegia*, 1957; *Sinfonietta*, 1982), Aldo Clementi (*Sinfonia da camera*, 1974), Vittorio Fellagara (*Variazioni*, 1961), Armando Gentilucci (*Fantasia Nr. 2*, 1969), Giorgio Federico Ghedini (*Lectio Jeremiae Prophetae*, 1962), Riccardo Malipiero (*Canti*, 1982), Alessandro Sbordoni (*Le Geste et le symbole*, 1982), Flavio Testi (*Cantata seconda*, 1973; *Cantata terza*, 1974).

BBC Philharmonic Orchestra
(Manchester)
Das Orchester wird 1934 in Manchester als »BBC Northern Orchestra« gegründet und nimmt später den Namen »BBC Northern Symphony Orchestra« an, bis es 1980 die heutige Bezeichnung erhält.
Chefdirigenten: T. H. Morrison (1934–44), Charles Groves (1944–54), John Hopkins (1954–57), George Hurst (1957–68), Bryden Thomson (1968–73), Raymond Leppard (1973–80), Edward Downes (1980–91), Yan Pascal Tortelier (seit 1991).
Uraufführungen: Werke von Peter Maxwell Davies (*Symphonie Nr. 3*, Auftrag zum 50. Geburtstag des Orchesters 1984), Stephen Dodgson (*Essay Nr. 4*), John McCabe (*Fire at Durilgai*, Auftrag), David Matthews (*Chaconne for Orchestra*), Paul Patterson (*Symphonic Study II*, 1971), Giles Swayne (*Pentecost-Music*, 1981).

Hallé Orchestra (Manchester)
Gegründet 1858.
Chefdirigenten: Sir Charles Hallé (1858–95), Sir Frederic Cowen (1896–99), Hans Richter (1899–1911), Michael Belling (1912–14), Sir Thomas Beecham (1914–20), Sir Hamilton Harty (1921–33), Sir Thomas Beecham und Sir Malcolm Sargent (1933–39), Sir John Malcolm (1939–42), Sir John Barbirolli (1943–70), James Loughran (1970–83), Stanislaw Skrowaczewski (1984–92), Kent Nagano (seit 1992).
Uraufführungen: Werke von Malcolm Arnold (*Symphonie Nr. 1*, 1951; *Nr. 5*, 1961), Arnold Bax (*November Woods*,

1920; *Konzert für die linke Hand*, 1950), Richard Rodney Bennett (*Sonnets of Orpheus* für Violoncello und Orchester, 1979), Gordon Crosse (*Play Ground*, 1978), Edward Elgar (*In the South*, 1904; *Symphonie Nr. 1*, 1908), Peter Racine Fricker (*Symphonie Nr. 1*, 1950; *Litany*, 1956), Iain Hamilton (*Symphonie Nr. 2*, 1953; *Symphonic Variations*, 1956), Alun Hoddinott (*Symphonie Nr. 3*, 1968; *Nr. 4*, 1969), Herbert Howells (*Konzert für Streichorchester*, zweite Version, 1974), Constant Lambert (*Le Rio Grande*, erste öffentliche Aufführung, 1929), John McCabe (*Variationen über ein Thema von Hartmann*, 1965; *Symphonie Nr. 1 »Elegy«*, 1966; *The Chagall Windows*, 1975), David Matthews (*Symphonie Nr. 3*, 1985), Humphrey Searle (*Symphonie Nr. 5*, 1964), Ralph Vaughan Williams (*Dona Nobis Pacem*, Kantate, 1936; *Symphonie Nr. 7 »Antartica«*, 1953; *Symphonie Nr. 8*, 1956).

Nationaltheater-Orchester Mannheim
siehe **Nationaltheater Mannheim**

Philharmonia Hungarica (Marl)
Das 1957 von aus Ungarn geflüchteten Musikern gegründete Orchester wird von der Bundesrepublik Deutschland, dem Land Nordrhein-Westfalen und der Stadt Marl finanziert. Die ersten zwei Jahre arbeitet das Orchester in Wien, bevor es nach Marl übersiedelt. Es zeichnet sich durch zahlreiche Schallplattenaufnahmen aus (unter anderem sämtliche Symphonien Josef Haydns unter Antal Dorati).
Chefdirigenten: Zoltán Rozsnyai (1957–60), Miltiades Caridis (1960–67), Alois Springer (1968–75), Reinhard Peters (1975–79), Uri Segal (1979–85), Gilbert Varga (1985–91), Georg Alexander Albrecht (seit 1992).
Uraufführungen: Werke von Gottfried von Einem (*Hunyady László*, zum 25. Geburtstag des Orchesters, 1982), Giselher Klebe (*Konzert für Klarinette und Orchester*, 1986).

Orchester des Meininger Theaters
Das seit dem 17. Jahrhundert existierende »Meininger Hoforchester« wird 1918 aufgelöst und 1924 als »Meininger Landeskapelle« neu gegründet. 1945 erhält es seinen heutigen Namen.
Musikdirektoren und Chefdirigenten: Georg Caspar Schürmann (1702–07), Johann Ludwig Bach (1711–31), Johann Matthäus Feiler (1778-), Eduard Grund (1829–57), Jean-Joseph Bott (1857–66), Adolf Büchner (1866–80), Hans von Bülow (1880–85), Richard Strauss (1885–86), Fritz Steinbach (1886–1902), Wilhelm Berger (1903–11), Max Reger (1911–14), Fritz Stein (1914–18), Peter Schmitz (1922–26), Heinz Bongartz (1926–30), Günter Raphael (1930–34), Gerhard Pflüger (1940–44), Robert Hanell, Rolf Reuter (1955–61), Olaf Koch (1961–67), Wolfgang Hocke (seit 1967).
Uraufführungen: Werke von Johannes Brahms (*Symphonie Nr. 4*, 1885), Richard Strauss (*Konzert für Horn und Orchester Nr. 1*, 1885).

Melbourne Symphony Orchestra
Das 1888 gegründete Orchester wird 1932 vom australischen Rundfunk (ABC) übernommen.
Chefdirigenten: Marshall Hall, Alberto Zelman (1906–27), Fritz Hart (1927–32), Sir Bernard Heinze (1933–49), Alceo Galliera (1950–51), Juan-José Castro (1951–53), Walter Süsskind (1953–55), Kurt Wöss (1956–60), Georges Tzipine (1960–65), Willem van Otterloo (1967–68), Fritz Rieger (1968–71), Hiroyuki Iwaki (seit 1974).

Philharmonie de Lorraine (Metz)
1975 fusioniert das »Orchestre Radio-Symphonique de Strasbourg« und das »Orchestre Municipal de Metz« zum »Orchestre Philharmonique de Lorraine«, das 1984 aufgelöst und zwei Jahre später unter dem heutigen Namen neu gegründet wird.
Musikdirektoren: Michel Tabachnik (1975–81), Emmanuel Krivine (1981–83), Gérard Akoka (1983–84), Jacques Houtmann (seit 1984).

Uraufführungen: Werke von Gilbert Amy (*Stretto*, 1977), John Cage (*Dreißig Stücke für fünf Orchester*, 1981), André Casanova (*Ein Musikalisches Opfer*, 1986), Pascal Dusapin (*La Rivière*, 1979; *L'Aveu*, 1982), Heinz Holliger (*Trema*, 1981), Michael Levinas (*Ouverture pour une fête étrange*, 1979), Costin Miereanu (*Rosenzeit*, 1982), Luís de Pablo, Iannis Xenakis (*A Colone*, 1977).

Orquesta Filharmonica de la Ciudad de Mejico (Mexiko)
Das Orchester wird 1978 auf Initiative von Carmen Romano de Lopez Portillo, der Gattin des damaligen mexikanischen Präsidenten, gegründet und vom Sozialministerium gefördert.
Musikdirektoren: Fernando Lozano (1978–83), Enrique Batiz (seit 1983).

Minnesota Orchestra (Minneapolis)
Das Orchester wird 1903 von Emil Oberhoffer als »Minnesota Symphony Orchestra« gegründet; 1964 erhält es seinen heutigen Namen.
Musikdirektoren und Chefdirigenten: Emil Oberhoffer (1903–22), Henry Verbrugghen (1923–31), Eugene Ormandy (1931–36), Dimitri Mitropoulos (1937–49), Antal Dorati (1949–60), Stanislaw Skrowaczewski (1960–79), Sir Neville Marriner (1979–86), Edo de Waart (seit 1986).
Uraufführungen: Werke von Dominick Argento (*Casa Guidi*, 1986), Béla Bartók (*Konzert für Bratsche und Orchester*, 1949), David Diamond (*Rounds*, 1942), Jacob Druckman (*Incenters*, 1973), Gottfried von Einem (*Wiener Symphonie*, 1977), Iván Erőd (*Minnesota Sinfonietta*, 1986), Ross Lee Finney (*Variationen für Orchester*, 1965), Paul Hindemith (*Symphonie in Es*, 1941), Ernst Krenek (*Konzert für Klavier und Orchester Nr. 3*, 1946), Peter Mennin (*Symphonic Mouvements*, 1971), Roman Palester (*Symphonie Nr. 4*, zweite Version, 1973), Roger Sessions (*Symphonie Nr. 4*, 1960), Sándor Veress (*Sinfonia minneapolitana*, 1953).

Orchestre Philharmonique de Monte-Carlo
Das Orchester wird 1856 von Alexandre Hermann gegründet; unter Eusèbe Lucas wird es ab 1863 international bedeutsam. Bis 1980 trägt es den Namen »Orchestre National de l'Opéra de Monte-Carlo«. Neben Symphonie-Konzerten wirkt es an der Oper von Monte Carlo an Ballett- und Opernaufführungen mit. Seine Geschichte ist eng mit der der Ballets Russes von Sergej P. Diaghilew und der Compagnie René Blums verbunden.
Chefdirigenten: Alexandre Hermann (1856–59), Carlo Allegri (1860), Eusèbe Lucas (1861–76), Roméo Accursi (1877–85), Arthur Steck (1886–94), Léon Jehin (1895–1928), Paul Paray (1929–45), Henri Tomasi (1946–53), Louis Frémaux (1956–65), Edouard van Remoortel (1966–68), Igor Markevitch (1968–73), Lovro von Matačić (1973–79), Lawrence Foster (1979–89), Gianluigi Gelmetti (1990–92), Lawrence Foster (seit 1992).
Uraufführungen: Werke von Gabriel Fauré (*Pénélope*, 1913; *Masques et bergamasques*, Ballettversion, 1919), Arthur Honegger/Jacques Ibert (*L'Aiglon*, 1937), Jules Massenet (*Le Jongleur de Notre-Dame*, 1902; *Chérubin*, 1905; *Thérèse*, 1907; *Don Quichotte*, 1910), Andrzej Panufnik (*Sinfonia sacra*, 1964), Krzysztof Penderecki (*Le Songe de Jacob*, 1974), Giacomo Puccini (*La Rondine*, 1917), Maurice Ravel (*L'Enfant et les sortilèges*, 1925), Renzo Rossellini (*La Reine morte*, 1973).

Orchestre Philharmonique de Montpellier
Dem 1979 gegründeten Orchester gehören zunächst 40, heute 75 Instrumentalisten an. Es verwirklicht die Opernaufführungen in Montpellier und realisiert die symphonische Saison in Montpellier und der Region Languedoc-Roussillon.
Musikdirektoren: Louis Bertholon (1979–83), Cyril Dietrich (1984–89), Gianfranco Masini (seit 1991).

Uraufführungen: Werke von Charles Chaynes (*Bluthochzeit*, 1988), Ornette Colemann (*Skies of America*, 1985).

Orchestre Symphonique de Montréal
Das Orchester wird 1934 als »Société des Concerts symphoniques« in Montreal gegründet und nimmt erst 1953 seinen heutigen Namen an. Der von dem Orchester ausgeschriebene Wettbewerb existiert bereits seit 1937.
Chefdirigenten: Wilfried Pelletier (1935–40), Désiré Defauw (1940–48), Igor Markevitch (1958–61), Zubin Mehta (1961–67), Franz-Paul Decker (1967–75), Rafael Frühbeck de Burgos (1975–77), Charles Dutoit (seit 1977).
Uraufführungen: Werke von Malcolm Forsyth (*Konzert für Trompete und Orchester*, 1988), Harry Freedman (*Royal Flush*, 1982), Serge Garant (*Phrases II*, 1979), Michel Longtin (*La Route des pélérins reclus*, 1985), Pierre Mercure (*Lignes et points*), Clermont Pépin (*Implosions, Symphonie Nr. 5*, 1983), André Prévost (*Fantasmes*, 1964), Gilles Tremblay (*Fleuves*, 1977), Robert Turner (*Konzert für Bratsche und Orchester*, 1988), Claude Vivier (*Orion*, 1980).

Akademičeskij sinfoničeskij orkestr Moskowskoj gosudarstvennoj filarmonii (Moskwa)
(Moskauer Philharmoniker)
Gegründet 1926.
Chefdirigenten: Nikolaj S. Golowanow (1926–29), Samuel A. Samossud (1953–57), Eugen Szenkar (1934–37), Abram Stasewitsch (1937), Kyrill P. Kondraschin (1957–60, 1960–76 künstlerischer Direktor), Dmitri G. Kitajenko (1976–90), Wasilij Sinaiski (seit 1990).
Uraufführungen: Werke von Dmitri B. Kabalewski (*Symphonie Nr. 2*, 1934), Nikolaj J. Mjaskowski (*Symphonie Nr. 21*, 1940), Sergej S. Prokofjew (*Alexander Newskij*, 1939; *Iwan Grosnyi*, Iwan der Schreckliche, 1945), Dmitri D. Schostakowitsch (*Symphonie Nr. 4*, 1961; *Nr. 13*, 1964; *Kasn Stepana Rasina*, Die Hinrichtung des Stenka Rasin, 1964; *Konzert für Violine und Orchester Nr. 2*, 1967), Rodion K. Schtschedrin (*Symphonie Nr. 1*, 1958; *Orchesterkonzert Nr. 1*, 1963), Moissej S. Weinberg (*Symphonie Nr. 4*, 1963).

Bol'soj sinfoničeskij orkestr centralnogo televidenija u radioveščanija (BSO) (Moskwa)
(Großes Symphonie-Orchester des russischen Rundfunks, Moskau)
Gegründet 1930.
Chefdirigenten: Alexander Orlow (1930–37), Nikolaj S. Golowanow (1937–53), Alexander W. Gauk (1953–61), Gennadi N. Roshdestwenskij (1961–74), Wladimir Fedossejew (seit 1974); folgende Dirigenten hatten feste Verträge mit dem Moskauer Rundfunk, ohne direkt dem Orchester zugeordnet zu sein: Alexander W. Gauk (1933–36), Kurt Sanderling (1936–41), Konstantin Iwanow (1941–46), Samuel A. Samossud (1943–50), Juri Ahronowitsch (1964–72) und Maxim D. Schostakowitsch (1971–81).
Uraufführungen: Werke von Arno A. Babadshanjan, Juri M. Buzko, Aram I. Chatschaturjan (Suite aus *Spartak*, Spartakus), Nikolaj J. Mjaskowski (*Symphonie Nr. 27*), Sergej S. Prokofjew (*Symphonie Nr. 7*, 1952), Dmitri D. Schostakowitsch (*Symphonie Nr. 15*, 1972; *Suite zu Gedichten von Michelangelo*, 1975), Rodion K. Schtschedrin (*Symphonie Nr. 2*, 1965), Otar Taktakischwili, Boris Tschaikowskij.

Gosudarstvennyi sinfoničeskij orkestr Ministerstva Kul'tury Rossii (Moskwa)
(Staatliches Symphonie-Orchester des Kultusministeriums der Republik Rußland, Moskau)
Das 1982 gegründete Orchester beschäftigt sich in erster Linie mit Schallplattenaufnahmen, wobei große Zyklen bevorzugt werden (Gesamtaufnahmen der Symphonien von Anton Bruckner und Dmitri D. Schostakowitsch), und gibt Konzerte; 1984 reist es zum ersten Mal ins Ausland (Finnland).

Musikdirektor und Chefdirigent: Gennadi N. Roshdestwenskij.

Gosudarstvennyi sinfoničeskij orkestr Rossii (Moskwa)
(Staatliches Symphonie-Orchester der Republik Rußland, Moskau)
Gegründet 1936.
Chefdirigenten: Erich Kleiber (1936), Alexander W. Gauk (1936–41), Nathan G. Rachlin (1941–45), Konstantin Iwanow (1946–65), Jewgenij F. Swetlanow (seit 1965).
Uraufführungen: Werke von Henri Sauguet (*Mélodie concertante* für Violoncello und Orchester, 1964), Alfred G. Schnittke (*Konzert für Violine und Orchester Nr. 3*, 1980), Dmitri D. Schostakowitsch (*Symphonie Nr. 8*, 1943; *Nr. 11*, 1957; *Nr. 12*, 1961; *Konzert für Klavier und Orchester Nr. 2*, 1957; *Ouvertüre über russische und kirgisische Themen*, 1963; *Konzert für Violoncello und Orchester Nr. 2*, 1966; *Oktjahr*, Oktober, 1967).

Novyi moskovskij simfoničeskij orkestr musylkal'nogo centra Stasa Namina (Moskwa)
(Moskauer Symphonieorchester)
Dem 1943 gegründeten Orchester gehören ursprünglich 25 Musiker an, weist heute allerdings die Mitgliederzahl eines richtigen Symphonie-Orchesters auf.
Chefdirigenten; Lew P. Steinberg, Nikolai P. Anossow, Lew Ginsburg, Veronika Dudarowa (1960–89), Pawel Kohan (seit 1989).

Perviy Simfonichieskiy Ansambl bes Dirizhora – Persimfans (Moskwa)
(Symphonie-Orchester ohne Dirigent, Moskau)
Das herausragende Ensemble besteht 1922–32, spielt prinzipiell ohne Dirigent und setzt sich aus den bedeutendsten Solisten der sowjetischen Orchester der damaligen Zeit zusammen; die Proben vor den Konzerten sind ungewöhnlich lang.

Orchestre Symphonique de Mulhouse
(Mülhausen, Elsaß)
Das 1972 gegründete Orchester, dem 56 Instrumentalisten angehören, tritt die Nachfolge des »Orchestre Municipal« an; bis 1979 heißt es »Orchestre Régional de Mulhouse«. Es gibt Konzerte in der ganzen Region, nimmt an den Aufführungen der »Opéra du Rhin« teil und bestreitet die symphonische Saison in Mülhausen.
Musikdirektoren: Serge Zehnacker (1972–75), Paul Capolongo (1975–85), Luca Pfaff (seit 1985).

Bayerisches Staatsorchester (München)
siehe **Bayerische Staatsoper**

Münchner Philharmoniker
Das 1893 von Franz Kaim gegründete Orchester heißt zunächst »Kaim-Orchester« und anschließend »Orchester des Münchner Konzertvereins«, bis es 1924 neu gegründet wird und den heutigen Namen annimmt.
Musikdirektoren und Chefdirigenten: Hans Winderstein (1893–95), Hermann Zumpe (1895–97), Ferdinand Löwe (1897–98), Felix Weingartner und Siegmund von Hausegger (1898–1903), Peter Raabe (1903–04), Georg Schnéevoigt (1904–07), Hans Pfitzner (1907–08 und 1919–20), Ferdinand Löwe und Paul Prill (1908–14), Siegmund von Hausegger (1920–38), Oswald Kabasta (1938–45), Hans Rosbaud (1945–48), Fritz Rieger (1949–67), Rudolf Kempe (1967–76), Sergiù Celibidache (seit 1979).
Uraufführungen: Werke von Günther Bialas (*Konzert für Violine und Orchester*, 1949; *Preisungen*, 1964; *Lamento di Orlando*, 1986), Hans Jürgen von Bose (*Symbol*, 1988), Walter Braunfels, Cesar Bresgen (*Totentanz*, 1958), Anton Bruckner (*Symphonie Nr. 5*, 1935; *Nr. 6* und *Nr. 9*, 1932, jeweils die erste Fassung), Johann Nepomuk David (*Symphonische Variationen über ein Thema von Heinrich Schütz*, 1943), Werner Egk (*Vier italienische Lieder*, 1932; *Columbus*, 1934), Gott-

Symphonieorchester

fried von Einem (*Münchner Symphonie*, 1985), Harald Genzmer (*Symphonie Nr. 3*, 1986), Joseph Haas, Peter Michael Hamel (*Sinfonie in sechs Teilen*, 1988), Karl Höller (*Hymnen für Orchester*, 1934; *Sweelinck-Variationen* op. 56, 1951), Rudolf Kelterborn (*Symphonie Nr. 2*, 1970), Wilhelm Killmayer (*Konzert für Klavier und Orchester*, 1956), Gustav Mahler (*Symphonie Nr. 4*, 1901, und *Nr. 8*, 1910; *Das Lied von der Erde*, 1911), Joseph Marx, Siegfried Matthus (*Die Windsbraut*, 1986), Luigi Nono (*Camminantes... Ayacucho*, 1987), Hans Pfitzner (*Symphonie* op. 36a, 1933), Max Reger (*Symphonische Rhapsodie für Violine und Orchester* op. 147, 1932), Wolfgang Rihm (*Unbenannt*, 1986), Armin Schibler (*Konzert für Klavier und Orchester*, 1970), Alfred G. Schnittke (*Konzert für Violoncello und Orchester*, 1986), Ferit Tüzün, Hugo Wolf (*Scherzo und Finale*, 1940), Ermanno Wolf-Ferrari (*Konzert für Violine und Orchester*, 1944).

Münchner Rundfunkorchester

Das 1952 gegründete Orchester ist die zweite Formation des Bayerischen Rundfunks; ihm gehören 72 Instrumentalisten an.

Chefdirigenten: Werner Schmidt-Boelke (1952–67), Kurt Eichhorn (1967–75), Heinz Wallberg (1975–81), Lamberto Gardelli (1982–85), Giuseppe Patané (1988–89), Roberto Abbado (seit 1992).

Sinfonieorchester des Bayerischen Rundfunks

Das 1949 gegründete Orchester ist die erste Formation des Bayerischen Rundfunks; ihm gehören 115 Instrumentalisten an.

Unter-Formationen: Dem »Koeckert-Quartett« und dem »Münchner Nonetto« gehören Orchestermitglieder an.

Chefdirigenten: Eugen Jochum (1949–60), Rafael Kubelík (1961–79), Sir Colin Davis (1983–92).

Uraufführungen: Werke von Hans-Jürgen von Bose (*Symphonie Nr. 1*, 1978), Gottfried von Einem (*Tanz-Rondo* op. 27, 1959), Brian Ferneyhough (*Epicycle*, 1974), Cristóbal Halffter (*Konzert für Klavier und Orchester*, 1988), Karl Amadeus Hartmann (*Symphonie Nr. 3* und *Nr. 4*, beide 1948; *Nr. 6*, 1953; *Symphonische Hymnen*, 1975), Wilhelm Killmayer (*Vier symphonische Dichtungen*, 1981), Ernst Krenek (*Der Zauberspiegel*, 1967), Carl Orff (*De temporum fine comoedia*, neue Version, 1980), Arvo Pärt (*Johannespassion*, 1982), Gunther Schuller (*Konzert für Klavier und Orchester*, 1981), Manfred Trojahn (*Variationen für Orchester*, 1987), Heinz Windbeck (*Symphonie Nr. 3 »Grodek«*, 1988), Iannis Xenakis (*Pièce 000 für Bariton, Schlagzeug, Orgel und Orchester*, 1980; *AIS für Bariton, Schlagzeug, Orgel und Orchester*, 1981), Isang Yun (*Konzert für Klarinette und Orchester*, 1982).

New Orleans Symphony

Das 1936 unter dem Namen »New Orleans Civic Symphony Orchestra« gegründete Orchester nennt sich ab 1940 »New Orleans Symphony Association«, ab 1951 »New Orleans Philharmonic Symphony«, bevor es in der Mitte der 80er Jahre seinen heutigen Namen erhält.

Chefdirigenten: Arthur Zack (1936–39), Ole Windingstad (1939–44), Massimo Freccia (1944–52), Alexander Hilsberg (1952–61), Werner Torkanowsky (1962–77), Leonard Slatkin (1977–80), Philippe Entremont (1980–86), Maxim D. Schostakowitsch (1986–91).

Uraufführungen: Werke von Howard Hanson (*Summer Seascape*, 1959), Darius Milhaud (*Musique pour La Nouvelle-Orléans*, 1968), Gunther Schuller (*American Triptych*, 1965).

NBC Symphony Orchestra New York

Das Orchester wird 1937 von der National Broadcasting Corporation, dem wichtigsten amerikanischen Rundfunk-

sender, für Arturo Toscanini gegründet, der es bis 1954 leitet. Nach seinem Weggang wird das Orchester aufgelöst. Die Musiker bilden eine Kooperative und schließen sich zum »Symphony of the Air Orchestra« zusammen, das zehn Jahre lang besteht und von Léon Barzin ab 1956 geleitet wird.
Uraufführungen: Werke von George Antheil (*Symphonie Nr. 4*, 1944), Samuel Barber (*Adagio für Streichorchester*, 1938; *Erster Essay für Orchester*, 1938), Aaron Copland (*Billy the Kid*, Orchestersuite, 1940; *Konzert für Klarinette und Orchester*, 1950), Howard Hanson (*Symphonie Nr. 3*, 1938), Arnold Schönberg (*Konzert für Klavier und Orchester*, 1944).

New York Philharmonic Orchestra
Das 1842 gegründete Orchester heißt bis 1892 »New York Philharmonic Society«. 1928 fusioniert es mit dem »New York Symphony Orchestra« und nennt sich, bevor es zu Beginn der 50er Jahre seinen heutigen Namen annimmt, »New York Philharmonic Symphonic Orchestra«.
Chefdirigenten bis 1892: Theodor Eisfeld (1852–65), Carl Bergmann (1855–56), Carl Bergmann und Theodor Eisfeld (1856–66), Carl Bergmann (1866–76), Theodore Thomas (1877–91).
Chefdirigenten ab 1892: Anton Seidl (1892–98), Emil Paur (1898–1902), Walter Damrosch (1902–03), 1903–06 Gastdirigenten, darunter Sir Henry Wood, Felix von Weingartner, Richard Strauss und Fritz Steinbach, Wassili I. Safonow (1906–09), Gustav Mahler (1909–11), Josef Stransky (1911–23), Willem Mengelberg (1923–29), Arturo Toscanini (1928–36), Sir John Barbirolli (1936–42), Artur Rodziński (1943–47), Bruno Walter (1947–49), Leopold Stokowski und Dimitri Mitropoulos (1949–51), Dimitri Mitropoulos (1951–57), Leonard Bernstein (1958–69), George Szell (Berater, 1969–70), Pierre Boulez (1971–77), Zubin Mehta (1978–91), Kurt Masur (seit 1991).
Aufträge zur Einweihung des Lincoln Center 1962: Werke von Samuel Barber (*Andromache's Farewell*), Aaron Copland (*Connotations*), Alberto Ginastera (*Konzert für Violine und Orchester*), Hans Werner Henze (Symphonie Nr. 5), Paul Hindemith (*Konzert für Orgel Nr. 3*), Darius Milhaud (*Ouverture Philharmonique*), William Schuman (*Symphonie Nr. 8*).
Aufträge zum 125. Geburtstag des Orchesters (1967): Werke von Elliott Carter (*Orchesterkonzert*), Aaron Copland (*Inscape*), Roberto Gerhard (*Symphony Nr. 4*), Darius Milhaud (*Promenade Concert*), Rodion P. Schtschedrin (*Orchesterkonzert Nr. 2*), Toru Takemitsu (*November Steps*), William Walton (*Capriccio burlesco*).
Auftrag zur Zweihundertjahrfeier der USA: *Symphonie für 3 Orchester* von Elliott Carter.
Uraufführungen: Werke von Samuel Barber (*Zweiter Essay für Orchester*, 1942; *Dritter Essay für Orchester*, 1978), Béla Bartók (*Konzert für zwei Klaviere und Orchester*, 1943), Leonard Bernstein (*Candide Overture*, 1957; *Chichester Psalms*, 1965), Arthur Bliss (*Konzert für Klavier und Orchester*, 1939), Ernest Bloch (*America*, 1928), Benjamin Britten (*Konzert für Violine und Orchester*, 1940; *Sinfonia da Requiem*, 1951), Mario Castelnuovo-Tedesco (*Konzert für Violine und Orchester Nr. 2*, 1933), Carlos Chávez (*Konzert für Klavier und Orchester Nr. 1*, 1942; *Symphonie Nr. 6*, 1964; *Konzert für Violine und Orchester*, 1965), Aaron Copland (*Appalachian Spring*, Orchestersuite, 1945), Paul Creston (*Symphonie Nr. 2*, 1945), David Diamond (*Symphonie Nr. 1*, 1941; *Nr. 5*, 1966; *Nr. 8*, 1960; *Nr. 9*, 1985), Claude Debussy (*Children's Corner*, Orchestrierung von André Caplet, 1910), Jacob Druckman (*Lamia*, zweite Version, 1975; *Konzert für Bratsche und Orchester*, 1978; *Aureole*, 1979; *Athanor*, 1986), Antonín Dvořák (*Symphonie e-moll »Aus der Neuen Welt«*, 1893), George Enescu (*Suite Nr. 3 Villageoise*, 1939), Morton Feldman (*Coptic Light*,

1986), Paul Hindemith (*Symphonische Metamorphosen über Themen von Carl Maria von Weber*, 1944), Karel Husa (*Konzert für Orchester*, 1986), Charles Ives (*Symphonie Nr. 2*, 1951), Leon Kirchner (*Music for Orchestra*, 1960), Zoltán Kodály (*Háry-János-Suite*, 1927), Barbara Kolb (*Soundings*, 1975), Ernst Krenek (*Symphonie Nr. 4*, 1947), Bohuslav Martinů (*Memorial to Lidice*, 1943; *Konzert für Klavier und Orchester Nr. 4*, 1956), Peter Mennin (*Symphonie Nr. 3*, 1947), Gian Carlo Menotti (*Konzert für Violoncello und Orchester*, 1983), Olivier Messiaen (*Hymne*, 1947), Darius Milhaud (*Carnaval d'Aix*, 1926; *Konzert für Violoncello Nr. 2*, 1945; *Le Bal martiniquais*, 1945), Krzysztof Penderecki (*Symphonie Nr. 2*, 1980), Bernard Rands (*Canti del sole*, 1983), Steve Reich (*Tehillim*, Orchesterversion, 1982), Ottorino Respighi (*Konzert für Klavier und Orchester*, 1925; *Feste romane*, 1929), Ned Rorem (*Symphonie Nr. 3*, 1959), Arnold Schönberg (*Ode to Napoleon Bonaparte*, 1944), Gunther Schuller (*Concerto quaternio*, 1984), William Schuman (*Symphonie Nr. 1*, 1936; *Nr. 2*, 1938; *Nr. 8*, 1962; *Song of Orpheus*, 1962; *Three Colloquies*, 1980), Ravi Shankar (*Konzert für Sitar Nr. 2*, 1982), Richard Strauss (*Symphonie op. 12*, 1884), Igor Strawinsky (*Symphonie in drei Sätzen*, 1946), Toru Takemitsu (*Arc part I and II*, zweite Version, 1977), Heitor Villa-Lobos (*Konzert für Violoncello und Orchester Nr. 2*, 1954), William Walton (Orchestersuite Nr. 2 *Façade*, 1939).

New York Symphony Orchestra

Das Orchester wird 1878 von Leopold Damrosch als »New York Symphony Society« gegründet. 1928 fusioniert es mit dem »New York Philharmonic Orchestra«.

Chefdirigenten: Leopold Damrosch (1878–85), Walter Damrosch (1885–94 und 1902–28).

Uraufführungen: Werke von George Gershwin (*Konzert für Klavier und Orchester in f*, 1924; *An American in Paris*, 1928), Vincent d'Indy (*Poème des rivages*, 1921), Sergej W. Rachmaninow (*Konzert für Klavier und Orchester Nr. 3*, 1909), Jean Sibelius (*Tapiola*, 1926).

Orchestre Philharmonique de Nice

Das 1945 gegründete Orchester wird 1982 auf Initiative von Jacques Charpentier, Generalmusikdirektor der Stadt, unter der künstlerischen Leitung von Pierre Médecin von Grund auf neu strukturiert; gleichzeitig wird die Zahl der Instrumentalisten auf 114 erhöht. Als Kammerorchester tritt es unter seinem Konzertmeister Jacques-Francis Manzone oder dem Solo-Klarinettisten Claude Crousier mit reduzierter Mitgliederzahl auf. Es wirkt an den Aufführungen in der Oper von Nizza mit und ist gleichzeitig für die Symphonie-Konzerte in der Stadt verantwortlich.

Chefdirigenten und Musikdirektoren: Georges Lauwerys, Richard Blareau, Pierre Dervaux, Jean Périsson (1956–65), Paul Jamin (1965–76), Antonio de Almeida (1976–78), Pierre Dervaux (1979–82), Berislav Klobučar (1982–88), Spiros Agriris (1988), Michael Schønwandt (seit 1988 principal guest conductor), Klaus Weise (seit 1990).

Philharmonisches Orchester der Stadt Nürnberg

Das Orchester wird 1965 gegründet; seine Vorläufer sind das 1890 von Hans Winderstein gegründete erste »Philharmonische Orchester Nürnberg« (wichtige Dirigenten: Wilhelm Bruch, Robert Heger, Ferdinand Wagner und Fritz Rieger) und das »Städtische Orchester« (wichtigster Dirigent: Bertil Wetzelsberger).

Chefdirigenten: Hans Gierster (1965–88), Christian Thielemann (seit 1988).

Uraufführungen: Werke von Tadeusz Baird (*Concerto lugubre* für Bratsche und Orchester, 1976), Boris Blacher (*Konzert für Trompete und Orchester*, 1971; *Stars and Strings*, 1973), Werner Egk (*Moira*, 1972), Wolfgang Fortner

(*Prolegomena*, 1971), Jean Françaix (*La Ville mystérieuses*, 1974), Paul Hindemith (*Neues vom Tage*, Ouvertüre, 1930), Werner Jacob (*Tempus Dei – Des Menschen Zeit*, 1979), Wilhelm Killmayer (*Sinfonie III*, 1974), György Ligeti (*Melodien*, 1971), Krzysztof Penderecki (*Kosmogonia*, zweite Version, 1971), Aribert Reimann (*Zyklus für Bariton und Orchester*, 1971; *Konzert für Klavier und 19 Instrumente*, 1973), Isang Yun (*Dimensionen*, 1971), Hans Zender (*Canto IV*, 1971), Bernd Alois Zimmermann (*Stille und Umkehr*, 1971).

Osaka Filamoni Kokyogakudan
Das 1960 gegründete Orchester ersetzt das »Symphonie-Orchester von Kansai«.
Musikdirektor: Takashi Asahina.

Filharmonisk Selskap Orkester (Oslo)
Gegründet 1919.
Chefdirigenten: Georg Schnéevoigt (1919–21), Johan Halvorsen (1919–20), Ignaz Neumark (1919–21), Jose Eibenschütz (1921–27), Issaj A. Dobrowen (1927–31), Odd Grüner-Hegge (1931–33 und 1945–62), Olav Kielland (1933–45), Øivin Fjeldstad (1962–69), Herbert Blomstedt (1962–68), Miltiades Caridis (1969–76), Okko Kamu (1976–79), Mariss Jansons (seit 1979).

National Arts Centre Orchestra (Ottawa)
Dem 1969 gegründeten Orchester gehören 46 Instrumentalisten an.
Chefdirigenten: Mario Bernardi (1969–82), Franco Mannino (1982–86), Gabriel Chmura (1987–90).
Aufträge: *Elegie* von Tadeusz Taird (1973 zum 500. Todestag von Kopernikus), *Antinomie* op. 23 von Jacques Hetu (1977).

Nouvel Orchestre Philharmonique de Radio-France (Paris)
siehe **Orchestre Philharmonique de Radio-France** (Paris)

Orchestre Colonne (Paris)
Das Orchester wird im März 1873 in Paris von Edouard Colonne und Georges Hartmann unter dem Namen »Concert National« gegründet; im November des gleichen Jahren wird es in »Association Artistique«, 1910 in »Orchestre des Concerts Colonne« und 1979 in »Orchestre Colonne« umbenannt. Es verwaltet sich selbst und nimmt seit 1980 an Opern- und Ballettaufführungen des Théâtre Musical de Paris (Châtelet) teil.
Präsidenten-Chefdirigenten: Edouard Colonne (1873–1910), Gabriel Pierné (1910–34), Paul Paray (1934–40 und 1944–56), Gaston Poulet (1940–44), Charles Münch (1956–58), Pierre Dervaux (1958–92).
Musikdirektor: Philippe Entremont (1988–90).
Uraufführungen: Werke von Alain Bancquart (*Baroques*, 1974), Emmanuel Bondeville (*Symphonie chorégraphique*, 1965), André Caplet (*Le Miroir de Jésus*, 1923), Ernest Chausson (*Soir de fête*, 1898), Claude Debussy (*Danses pour harpe*, 1904; *Khamma*, 1924), Claude Delvincourt, Maurice Duruflé (*Trois Danses*, 1936), Maurice Emmanuel (*Symphonie Nr. 2*, 1935), George Enescu (*Poème roumain*, 1898; *Symphonie Nr. 1*, 1906; *Symphonie concertante für Violoncello und Orchester*, 1909), Jacques Ibert (*Ballade de la geôle de Reading*, 1922; *Le Chevalier errant*, 1952), Vincent d'Indy (*Jour d'été à la montagne*, 1906), André Jolivet (*Guignol et Pandore*, 1949), Marcel Landowski (*Edina*, 1946), Darius Milhaud (*Protée*, Orchestersuite Nr. 2, 1920; *Suite pour harmonica*, 1947), Maurice Ohana (*L'Anneau du Tamarit*, 1977), Paul Paray, Henri Rabaud (*Procession nocturne*, 1899), Maurice Ravel (*Une barque sur l'océan*, 1907; *Rhapsodie espagnole*, 1908; *Tzigane*, 1924), Albert Roussel (*Pour une fête de printemps*, 1921), Camille Saint-Saëns (*Konzert für Klavier und Orchester Nr. 4*, 1875; *Danse macabre*, 1875; *Suite algérienne*, 1886), Gustave Sama-

zeuilh, Florent Schmitt (*In memoriam*, 1935), Alexander N. Tscherepnin (*Symphonie Nr. 1*, 1927).

Orchestre des Concerts Lamoureux (Paris)

Das Orchester wird 1881 von Charles Lamoureux gegründet. Es spielt vor allem für die Verbreitung der Musik Richard Wagners in Frankreich eine bedeutende Rolle; das Orchester verwaltet sich selbst. 1969–75 arbeitet das Orchester mit Gastdirigenten.

Chefdirigenten: Charles Lamoureux (1881–97), Camille Chevillard (1897–1923), Paul Paray (1923–28), Albert Wolff (1928–34), Eugène Bigot (1935–51), Jean Martinon (1951–57), Igor Markevitch (1957–62), Jean-Baptiste Mari (1962–69), Jean-Pierre Jacquillat (1975–77), Jean-Claude Bernède (künstlerischer Berater 1979–83; Präsident-Chefdirigent 1983–91), Walentin Koschin (seit 1992 Principal guest conductor).

Uraufführungen: Gilbert Amy (*Refrains*, 1972), Lili Boulanger (*Deux Psaumes*, 1923), Pierre Boulez (*Doubles*, 1958), Joseph Canteloube (*Chants d'Auvergne*, 1924), André Caplet (*Prières*, 1922), Emmanuel Chabrier (*España*, 1883; *La Sulamite*, 1885; *Joyeuse marche*, 1890; *Briséis*, 1897; *Bourrée fantasque*, 1898), Ernest Chausson (*Viviane*, 1888), Charles Chaynes (*Peintures noires*, 1975), Claude Debussy (*Trois Nocturnes*, 1901; *La Mer*, 1905; *L'Enfant prodigue*, 1908), Maurice Duruflé (*Messe cum jubilo*, 1966), Gabriel Fauré (*Pavane*, 1888; *Dolly*, 1907), Jean Françaix, César Franck (*Les Éolides*, 1882), Jacques Ibert (*Escales*, 1924; *Konzert für Violoncello und Orchester*, 1926; *Symphonie marine*, 1963), Vincent d'Indy (*Saugefleurie*, 1885; *Le Chant de la cloche*, 1886; *Symphonie sur un chant montagnard français*, 1887; *Wallenstein*, 1888; *La Forêt enchantée*, 1891; *Symphonie Nr. 2*, 1904), Albéric Magnard (*Symphonie Nr. 3*, 1904; *Hymne à Vénus*, 1906), Marcel Mihalovici (*Esercizio per archi*, 1962), Gabriel Pierné (*Paysages franciscains*, 1924), Francis Poulenc, Maurice Ravel (*Valses nobles et sentimentales*, 1912; *La Valse*, 1920; *Menuet antique*, 1930; *Konzert in G*, 1932), Jean Rivier, Albert Roussel (*Psaume 80*, 1929), Florent Schmitt (*Le Palais hanté*, 1905; *Musique en plein air*, 1906; *Rhapsodie viennoise*, 1911; *Rêves*, 1918; *Antoine et Cléopâtre*, Orchestersuiten, 1920), Henri Tomasi, Charles Tournemire (*Symphonie Nr. 4*, 1914).

Orchestre des Concerts Pasdeloup (Paris)

Das 1861 von Jules Pasdeloup unter dem Namen »Concerts Populaires« gegründete Orchester besteht bis 1884 und wird 1919 von Serge Sandberg unter seinem heutigen Namen neu gegründet.

Chefdirigenten: Jules Pasdeloup (1861–84), Rhené-Bâton (1919–33), Albert Wolff (1934–70), Gérard Devos (1970–90).

Stellvertretende Chefdirigenten: André Caplet (1922–25), Albert Wolff (1925–28), Désiré-Emile Inghelbrecht (1928–32), Gérard Devos (1963–70).

Uraufführungen: Werke von Louis Aubert (*Habanera*, 1919), Jacques Charpentier (*Symphonie Nr. 5*, 1977), Henri Duparc (*Lénore*, 1877), Edouard Lalo (Ouvertüre zu *Le Roi d'Ys*, 1876), Marcel Landowski (*Symphonie Nr. 1*, 1949; *Les Noces de la nuit*, 1962), Jean Martinon (*Symphonie Nr. 2*, 1946), Georges Migot (*Symphonie Nr. 1*, 1922), Darius Milhaud (*Konzert für Klavier und Orchester Nr. 1*, 1931), Maurice Ravel (*Ma mère l'Oye*, 1912; *Alborada del gracioso*, 1919; *Le Tombeau de Couperin*, 1929), Albert Roussel (*Symphonie Nr. 2*, 1922, *Nr. 4*, 1935), Camille Saint-Saëns (*Le Rouet d'Omphale*, 1872), Henri Sauguet (*Symphonie Nr. 4*, 1971), Henri Tomasi (*Chant pour le Viet-Nam*, 1969).

Orchestre des Concerts Straram (Paris)

Walther Straram gründet das Orchester

1925 und leitet es bis zu seinem Tod. Das Orchester setzt sich aus den besten Instrumentalisten der anderen Pariser Orchester zusammen, widmet sich hauptsächlich der Musik seiner Zeit und verwirklicht zahlreiche Uraufführungen (siehe die Biographie Walther Strarams im ersten Teil). Private Mäzene finanzieren es. Arturo Toscanini gibt mit diesem Orchester sein Pariser Debüt, und Igor Strawinsky nimmt mit ihm *Sacre du printemps* auf. Nach dem Tod des Gründers wird das Orchester 1933 aufgelöst.

Orchestre Lyrique de l'O. R. T. F. (Paris)
Das Orchester, dem 60 Musiker angehören, wird 1941 gegründet und hat zur Aufgabe, vergessene oder neue Werke, die vom französischen Rundfunk in Auftrag gegeben werden, einzustudieren. Es heißt nacheinander »Orchestre Radio-Lyrique« und »Orchestre Lyrique de la R. T.F.«, bis es seinen endgültigen Namen erhält. 1975 geht das Orchester im »Nouvel Orchestre Philharmonique de Radio France« auf.
Chefdirigenten: Jules Gressier (1941–58), Pierre Michel Le Conte (1960–73).
Uraufführungen: Werke von Girolamo Arrigo (*Nel fuggi del tempio*, 1975), Tony Aubin (*Goya*, 1963), Jacques Bondon (*La Nuit foudroyée*, 1964; *Mélusine au rocher*, 1969; *Ana et l'Albatros*, 1972), Henri Büsser (*La Carosse du saint Sacrement*, 1959; *La Vénus d'Ille*, 1962), Pierre Capdevielle (*La Fille de l'homme*, 1967), Marc Carles (*Métaphonies*, 1969), André Casanova (*Le Livre de la foi jurée*, 1966), Michel Decoust (*Et, ée*, 1973), Yvonne Desportes (*Le Rossignol et l'Orvet*, 1959), Paul Le Flem (*La Maudite*, 1967), Louis Ganne (*Rhodope*, 1962), Désiré-Emile Inghelbrecht (*De l'autre côté du miroir*, 1968), Manfred Kelkel (*Alraune*, 1965), Ivo Malec (*Un contre tous*, 1971), Henri Martelli (*La Chanson de Roland*, 1967), Claude Prey (*Jonas*, 1966; *La Noirceur du lait*, 1975), Henri Sauguet (*Chant pour une ville meurtrié*, 1968), Patrice Sciortino (*Atsmoek*, 1968), Henri Tomasi (*Princesse Pauline*, 1962; *Le Silence de la mer*, 1963; *L'Elixir du Révérend Père Gaucher*, 1969), Gérard Victory (*Chatterton*, 1970).

Orchestre National de France (Paris)
Das auf Initiative des französischen Postministers im Februar 1934 gegründete Orchester, dem 80 Musiker angehören, gibt im März des gleichen Jahres im Saal des Ancien Conservatoire sein erstes Konzert. 1936 dirigiert Arturo Toscanini das Orchester zweimal in der Oper. Während des Zweiten Weltkriegs flieht das Orchester zunächst nach Rennes und dann nach Marseille. 1943 kehrt es nach Paris zurück und tritt ab dieser Zeit einmal wöchentlich im Théâtre des Champs-Elysées unter bedeutenden Dirigenten wie André Cluytens und Charles Münch auf, der zu seinem Ehrenpräsidenten ernannt wird. Seit seiner Gründung verwirklicht das Orchester Radio-Einspielungen und gilt gleichzeitig als Prestige-Orchester, das die französische Musik im In- und Ausland repräsentiert und an zahlreichen internationalen Festspielen teilnimmt. 1973–75 gibt Sergiu Celibidache mit dem Orchester zahlreiche Konzerte, genau wie Isaac Stern im Mai-Juni 1980. Zur Zeit gehören 116 Musiker dem Orchester an.
Musikdirektoren: Maurice Le Roux (1961–67), Jean Martinon (1968–73), Serge Blanc (1973–75), Alain Bancquart (1975–76), Alain Moëne (1977–83), Lorin Maazel (1988–90, seit 1977 bereits principal guest conductor), Charles Dutoit (seit 1991).
Chefdirigenten: Désiré-Emile Inghelbrecht (1934–44), Manuel Rosenthal (1944–47), Roger Désormière (1947–51).
Konzertmeister: Henri Bronschwack (bis 1975), Patrice Fontanarosa (1976–85), Régis Pasquier (1977–86), Bertrand Walter (seit 1988), Maxime Tholance (1988–90).
Uraufführungen: Carlos Roqué Alsina (*Konzert für Klavier und Orchester*,

1985), Gilbert Amy (*Antiphonies*, 1965), Girolamo Arrigo (*Thamos*, 1966; *Solarium*, 1982), Claude Ballif (*A Cor et à cri*, 1965), Alain Bancquart (*Symphonie*, 1981), Luciano Berio (*Formazioni*, endgültige Version, 1987), André Bon (*Trois Sonnets de Louise Labbé*, 1983), Pierre Boulez (*Le Soleil des eaux*, 1949), Earle Brown (*Modul 1 and 2*, 1967), Philippe Capdenat (*Nadira*, 1984), Jacques Charpentier (*Konzert für Ondes Martenot und Orchester*, 1964; *Symphonie Nr. 6*, 1979), Charles Chaynes (*Konzert für Violine und Orchester*, 1961), Maurice Constant (*24 préludes*, 1958; *Les Chants de Maldoror*, 1964), Xavier Darasse (*Instants passés*, 1989), Marius Delannoy (*Abraham et l'ange*, 1960), Pascal Dusapin (*Tre Scalini*, 1983), Henri Dutilleux (*Symphonie Nr. 1*, 1951; *Konzert für Violine und Orchester*, 1985), Jean-Claude Éloy (*Kamakala*, 1971), Luc Ferrari (*Histoire du plaisir et de la désolation*, 1982), Paul Le Flem (*Symphonie Nr. 2*, 1958), Jean Françaix (*La Dame dans la lune*, 1960), Renaud Gagneux (*Konzert für Tuba, Klavier und Orchester*, 1984), Jean-Pierre Guézec (*Orchestersuite für Mondrian*, 1965), Cristóbal Halffter (*Officium defunctorum*, 1979; *Parafrasis*, 1985), Pierre Hasquenoph (*Symphonie Nr. 4*, 1961), Georges Hugon (*Konzert für Klavier und Orchester*, 1962), André Jolivet (*Konzert für Ondes Martenot*, 1949; *Symphonie Nr. 1*, 1954; *Symphonie für Streichorchester*, 1962; *Konzert für Violoncello und Orchester Nr. 1*, 1962), Charles Koechlin (*La Cité nouvelle*, 1962), György Kurtág (*Konzert für Flöte und Orchester*, 1987), László Lajtha (*Symphonie Nr. 8*, 1961), Marcel Landowski (*Symphonie Nr. 2*, 1965; *Konzert für Trompete und Orchester*, 1977; *Symphonie Nr 4*, 1988), Michaël Levinas (*La Cloche fêlée*, 1990), Raymond Loucheur (*Symphonie Nr. 3*, 1945), Ivo Malec (*Sygma*, 1964; *Ottava bassa*, 1984), Jean-Louis Martinet (*Mouvements symphoniques Nr. 3*, 1956; *Nr. 4* und *Nr. 5*, beide 1961; *Nr. 6*, 1963; *Symphonie*, 1964), Diego Masson (*Konzert für Klavier und Orchester*, 1978), Paul Méfano (*La Cérémonie*, 1970), Marcel Mihalovici (*Sinfonia Variata*, 1962), Darius Milhaud (*Symphonie Nr. 3*, 1947; *Nr. 4*, 1948; *Pacem in terris*, 1963), Marc Monnet (*Pouf!*, 1984), Serge Nigg (*Konzert für Klavier und Orchester Nr. 2*, 1973), Emmanuel Nunes (*Tif Ereth*, 1985), Maurice Ohana (*Trois Graphiques*, 1964), Francis Poulenc (*Konzert für Klavier und Orchester*, 1949; *Sept Repons de ténèbres*, 1963), Jean Rivier (*Symphonie Nr. 6*, 1958; *Nr. 7*, 1962), Manuel Rosenthal (*Deux Etudes en Camaïeu*, 1972), Yoshihisa Taira (*Meditationen*, 1978), Alexandre Tansman (*Le faux Messie*, 1961), Roger Tessier (*Coalescence*, 1988), Henri Tomasi (*Konzert für Violine und Orchester*, 1964), Gilles Tremblay (*Rivers*, 1980), Iannis Xenakis (*S-T-48*, 1968; *Jonchaies*, 1977).

Orchestre National d'Ile-de-France (Paris)

Das 1974 gegründete Orchester gibt in den sieben Departements, die die Region Ile-de-France bilden, Abonnementskonzerte. Seit 1983 wirkt es an Opern- und Ballettaufführungen und seit 1986 an Filmen mit.

Chefdirigenten: Jean Fournet (1974–82), Jacques Mercier (seit 1982).

Konzertmeister: Gérard Jarry und Michel Benedetto.

Uraufführungen: Werke von Thérèse Brenet (*Hapax*, 1978), Daniel-Lesur (*La Reine morte*, 1988), Michel Fusté-Lambezat (*Espaces éphémères*, 1979), Renaud Gagneux (*Ricercare*, 1989), Patrice Sciortino (*Cercile*, 1983), Alexandre Tansman (*Les dix commandements*, 1981).

Orchestre de Paris

Das 1967 gegründete Orchester tritt die Nachfolge des »Orchestre de la Société des Concerts du Conservatoire« an. Die Saison der Symphonie-Konzerte, die nacheinander im Théatre des Champs-Elysées, dem Palais des Congrès und heute in der Salle Pleyel stattfinden, werden ab 1975 durch Kammermusikabende ergänzt, bei denen die Solisten mit den wichtigsten Instrumentalisten zusammenspielen.

Musikdirektoren: Charles Münch (1967–68), Herbert von Karajan (Berater 1969–71), Sir Georg Solti (1972–75), Daniel Barenboim (1975–89), Semyon Bychkov (seit 1989).

Chefdirigenten: Serge Baudo (1967–71, mit dem Assistenten Jean-Pierre Jacquillat, 1967–70), Claude Badon (Stellvertreter, 1984–85).

Konzertmeister: Luben Yordanoff (1962–92), Jacques-Francis Manzone (1967–76), Jean-Jacques Kantorow (1976–78), Alain Moglia (1978–90), Philippe Aïche (seit 1990), Luc Héry (seit 1992).

Aufträge: Werke von Luciano Berio (*Concerto II*, 1988), Pierre Boulez (*Notations I*, 1980), Edison W. Denissow (*Symphonie*, 1988), Hugues Dufourt (*Surgir*, 1985), Hans Werner Henze (*Fandango*, 1986), Marcel Landowski (*Messe de l'aurore*, zum zehnjährigen Bestehen des Orchesters, 1977).

Uraufführungen: Werke von Gilbert Amy (*D'un espace déployé*, 1973; *Missa cum jubilo*, 1988), Georges Barboteux (*Limites*, 1971), Luciano Berio (*Bewegung III*, 1983), Jacques Bondon (*Concerto solaire*, 1976), Philippe Capdenat (*Wahazzin*, 1972), Marius Constant (*Par le feu*, 1969), George Crumb (*Starchild*, 1977), Daniel-Lesur (*D'Ombre et de lumière*, 1975), Jacques Delécluse (*Kalei*, 1983), Henri Dutilleux (*Tout un monde lointain*, 1971), Jean-Claude Eloy (*Fluctuante immunable*, 1977), Georges Hugon (*Symphonie Nr. 3*, 1981), André Jolivet (*Konzert für Violine und Orchester*, 1973), Jacques Lenot (*Pour mémoire III*, 1983), Olivier Messiaen (*La Transfiguration*, 1969), Claude Pichaureau (*La grande menace*, 1974), Pierre-Petit (*La Storia*, 1971), Richard Wagner (*La Descente de la courtille*, 1983), Iannis Xenakis (*Noomena*, 1974).

Orchestre Philharmonique de Paris
Gegründet 1935, aufgelöst 1938.
Chefdirigent: Charles Münch (1935–38).
Uraufführungen: Werke von Jean Françaix (*Musique de cour*, 1937), Darius Milhaud (*Les Amours de Ronsard*, 1935), Jean Rivier (*Symphonie Nr. 2*, 1938), Florent Schmitt (*Oriane et le prince d'amour*, 1937).

Orchestre Philharmonique de l'O. R. T. F. (Paris)
Das 1937 gegründete Orchester geht 1976 zusammen mit anderen Formationen von Radio-France im »Nouvel Orchestre Philharmonique de Radio-France« auf; es heißt nacheinander »Orchestre Radio-Symphonique« (1937–55), »Orchestre Symphonique de Radio-Paris« (während der deutschen Besatzung), »Orchestre Radio-Symphonique de Paris« (1955–59) und »Orchestre Philharmonique de la R. T. F.«, bis es 1964 seinen letzten Namen annimmt, unter dem es hier verzeichnet ist. Als Radio-Orchester zeichnet es sich durch zahlreiche französische Erst- oder Uraufführungen aus.

Chefdirigenten: Eugène Bigot (1945–65), Charles Bruck (1965–70).

Uraufführungen: Werke von Alain Abbott (*Nombres invisibles*, 1973), Jorge Antuñez (*Catastrophe ultra-violette*, 1974), Georges Aperghis (*Libretto*, 1969), Claude Ballif (*Voyage dans mon oreille*, 1968), Henry Barraud (*Symphonie concertante für Trompete und Orchester*, 1966; *Trois études*, 1969; *Ouverture pour un opéra interdit*, 1972), Jacques Bondon (*Konzert für Violine und Orchester*, 1964; *Lumières et formes animées*, 1970), John Cage (*The Seasons*, 1971), André Casanova (*Règnes; Symphonie Nr. 3*, 1973), Charles Chaynes (*Orchesterkonzert Nr. 2*, 1964; *Konzert für Orgel und Orchester*, 1970), Adrienne Clostre (*De Patribus Deserti*, 1962), Nguyen Thien Dao (*Koskom*, 1972), Michel Decoust (*Si...et si...seulement*, 1972), Philippe Drogoz (*Soleil*, 1968; *Antinomies II*,

1970), Jacob Druckman (*Windows*, 1974), Morton Feldman (*The Viola in my Life*, 1971), Paul Le Flem (*Symphonie Nr. 3*), Jean-Pierre Guézec (*Formes*, 1967), Jean Guillou (*Judith Symphonie*, 1971), Désiré-Emile Inghelbrecht (*Les Heures claires*, 1964), André Jolivet (*Le Cœur de la matière*, 1965; *Songe à nouveau rêvé*, 1971), René Koering (*Vocero*, 1973), Janos Komivès (*Konzert für Streichquartett und Orchester*, 1970), Marcel Landowski (*Konzert für Klavier und Orchester Nr. 2*, 1963), Raymond Loucheur (*Symphonie Nr. 3*, 1972), Ivo Malec (*Séquences*, 1963; *Oral*, 1967), Henri Martelli (*Suite symphonique Nr. 3*, 1972), Jean-Louis Martinet (*Les Amours*, 1962), Paul Méfano (*Incidences*, 1967), Patrice Mestral (*Dimensions-insertions*, 1973), Darius Milhaud (*Invocation à l'ange Raphaël*, 1962), Georges Migot (*Orchestersuite in fünf Teilen*, 1962), Alain Moëne (*Chroniques*, 1972), Serge Nigg (*Le Chant du dépossédé*, 1965; *Visages d'Axel*, 1967; *Fulgur*, 1969), Tolia Nikiprowetzky (*Hommage à Antonio Gaudi*, 1967), Luís de Pablo (*Eléphants ivres III* und *IV*, 1974), Jean Rivier (*Christus Rex*, 1968), Louis Saguer (*Suite Sefardi*, 1963), Michel Tabachnik (*Mondes*, 1973; *Movimenti*, 1974), Alexandre Tansman (*Psaumes*, 1963), Ton That Tiet (*Ngu Hanh II*, 1974), Nikolai N. Tscherepnin (*Konzert für Klavier und Orchester Nr. 5*, 1964), Antoine Tisné (*Konzert für Klavier und Orchester*, 1964; *Symphonie Nr. 2*, 1966; *Konzert für Violoncello und Orchester*, 1969), Anatol Vieru (*Ecran*, 1971), Pierre Wissmer (*Symphonie Nr. 4*, 1965; *Nr. 5*, 1971), Iannis Xenakis (*Erikhton; Nommos Gamma*, 1974).

Orchestre Philharmonique de Radio-France (Paris)

Das am 1. Januar 1976 unter dem Namen »Nouvel Orchestre Philharmonique de Radio-France« gegründete Ensemble nimmt 1989 seinen heutigen Namen an. Es besteht aus 137 Musikern; falls zur Erfüllung verschiedener Verpflichtungen zur selben Zeit Bedarf nach weiteren Musikern besteht, wird der Stamm mit freien Mitarbeitern aufgestockt. Das Orchester, das aus den Mitarbeitern des »Orchestre Philharmonique«, des »Orchestre Lyrique« und des »Orchestre de Chambre« des staatlichen Rundfunks gebildet wird, erfüllt die früher getrennt gestellten Aufgaben: Symphonie-Konzerte, konzertante Opern-Aufführungen, Kammermusik, religiöse und zeitgenössische Musik. Es nimmt an zahlreichen Festspielen teil.

Musikdirektoren: Gilbert Amy (1976–81), Yves Prin (1982–83), Marek Janowski (seit 1988).

Chefdirigenten: Gilbert Amy (1976–81), Hubert Soudant (1981–83), Emmanuel Krivine (Stellvertreter des Chefdirigenten, 1981–83), Marek Janowski (seit 1983).

Konzertmeister: Roland Daugareil, Guy Comenthal und Jacques Prat.

Uraufführungen: Werke von Alain Bancquart (*Tarots d'Ulysse*, 1984), André Bon (*Fresques*, 1988), André Boucourechliev (*Miroir*, 1988), Charles Chaynes (*Pour un monde noir*, 1978), Marius Constant (*Nana-Symphonie*, 1980; *Konzert für Orgel und Orchester*, 1987), Daniel-Lesur (*Dialogues dans la nuit*, 1988), Didier Denis (*Urbicande-Symphonie*, 1988), Hugues Dufourt (*La Mort de Procris*, 1986), Graciane Finzi (*Trames*), Jean-Louis Florentz (*Requiem de la Vierge*, 1988), Gérard Grisey (*Jour-Contre-jour*, 2. Version, 1989), Manfred Kelkel (*Symphonie Nr. 1*, 1985), René Koering (*Elseneur*, 1980; *La Messe d'Avila*, 1984), Zygmunt Krauze (*Arabesque*, 1984), François-Bernard Mâche (*Andromède*, 1980), Jean-Etienne Marie (*Marana Tha*, 1988), Patrice Mestral (*Aigues vives*, 1984; *Konzert für Violine und Orchester*, 1987), Francis Miroglio (*Magnétiques*, 1982), Serge Nigg (*Mirrors for William Blake*, 1979; *Du clair au sombre*, 1987), Tolia Nikiprowetzky (*Ode funèbre*, 1988), Louis Saguer (*Konzert für Klavier und Orchester*,

1981), Martial Solal (*Konzert für Klavier und Orchester*, 1981), Akira Tamba (*Chréode*, 1979), Ton That Tiet (*Kiem Ai*, 1982).

Orchestre de la Société des Concerts du Conservatoire (Paris)
Das 1828 gegründete Orchester wird 1967 aufgelöst und durch das »Orchestre de Paris« ersetzt. Es verwaltet sich selbst; 1949–67 nimmt es an den Festspielen in Aix-en-Provence teil und verwirklicht Opern-Aufführungen sowie Symphonie-Konzerte.
Chefdirigenten: François Habeneck (1828–49), Narcisse Girard (1849–60), Alexandre Tilmant (1860–68), Georges Hainl (1868–72), Edouard Deldevez (1872–85), Jules Garcin (1885–92), Paul Taffanel (1895–1901), Georges Marty (1901–08), André Messager (1908–18), Philippe Gaubert (1918–38), Charles Münch (1938–46), André Cluytens (1946–67).
Uraufführungen: Werke von Tony Aubin, Emmanuel Bondeville (*Gaultier-Garguille*, 1952), Emmanuel Chabrier (*Ode à la musique*, 1893), Maurice Emmanuel, Gabriel Fauré (*Masques et bergamasques*, Konzertversion, 1919), Jean Françaix (*L'Apocalypse*, 1942), César Franck (*Symphonie*, 1889), Philippe Gaubert, Jacques Ibert (*Konzert für Flöte und Orchester*, 1934; *Ouverture de fête*, 1942), Vincent d'Indy (*Diptyque méditerranéen*, 1926), André Jolivet (*Complaintes du soldat*, 1943; *Poèmes intimes* und *Danses rituelles*, 1944), Marcel Landowski, Jean Martinon (*Psaume*, 1943), Olivier Messiaen (*Trois petites liturgies de la présence divine*, 1945; *Trois Tâlâ*, 1949; *Et Expecto ressurrectionem mortuorum*, 1965), Jean Rivier, Guy Ropartz, Camille Saint-Saëns (*Konzert für Violoncello und Orchester Nr. 1*, 1873).

Orchestre Symphonique de la Garde Républicaine (Paris)
Das Orchester entsteht 1948, als man die Bläser der »Musique de la Garde Républicaine« durch Streicher ergänzt.
Unter-Formationen: Ein Blasorchester (77 Musiker), ein Streichorchester (13 bzw. 24 Musiker), ein »Mozart«-Orchester (40 Musiker), ein Streichquartett und ein Saxophonquintett.
Chefdirigenten: Jean Paulus (1848–73), Adolphe Sellenick (1873–84), Gustave Wettge (1884–93), Gabriel Parès (1893–1910), Guillaume Balay (1911–27), Pierre Dupont (1927–45), François-Julien Brun (1945–69), Raymond Richard (1969–72), Roger Boutry (seit 1973).

Orchestre Symphonique de Paris
Das Orchester wird 1928 von der Prinzessin Edmond de Polignac und von Gabrielle Chanel gegründet und 1938 nach dem Versiegen der Spendengelder der Mäzene wieder aufgelöst.
Chefdirigenten: Alfred Cortot, Ernest Ansermet und Louis Fourestier (1928–29), Pierre Monteux (1929–38), Jean Morel (1938).
Uraufführungen: Werke von Marcel Delannoy (*Symphonie*, 1934), Pierre-Octave Ferroud (*Symphonie in A*, 1931), Arthur Honegger (*Rugby*, 1928), Jacques Ibert (*Divertissement*, 1930), Charles Koechlin (*La Course de printemps*, 1932), Igor Markevitch (*Concerto grosso*, 1930), Henri Martelli, Nicolas Nabokov (*Symphonie lyrique*, 1930), Francis Poulenc (*Concert champêtre*, 1929), Sergej S. Prokofjew (*Symphonie Nr. 2*, 1930; *Nr. 3*, 1929), Jean Rivier (*Symphonie Nr. 1*, 1932), Manuel Rosenthal, Henri Sauguet, Florent Schmitt, Igor Strawinsky (*Capriccio für Klavier und Orchester*, 1929).

Philadelphia Orchestra
Das Orchester wird 1900 von Fritz Scheel gegründet und nimmt 1917 unter Leopold Stokowski seine erste Schallplatte auf (einen *Ungarischen Tanz* von Johannes Brahms). Das Orchester realisiert 1925 die erste »elektrische« Schallplatteneinspielung und gibt auch das erste direkt übertragene Rundfunkkon-

zert (1927). Als erstes amerikanisches Orchester bietet es 1963 seinen Musikern Jahresverträge an.
Chefdirigenten: Fritz Scheel (1900–07), Carl Pohlig (1907–12), Leopold Stokowski (1912–38), Eugene Ormandy (1936–80), Riccardo Muti (1980–92), Wolfgang Sawallisch (ab 1993).
Aufträge zum 200. Geburtstag der amerikanischen Verfassung: Milton Babbit (*Transfigured Notes*), Christopher Rouse (*Phaeton*), Ralph Shapey (*Sinfonia concertante*), Steven Stucky (*Konzert für Orchester*), Nicholas Thorne (*Revelations*), Stanley Waldon (*Invisible Cities*).
Uraufführungen: Werke von Samuel Barber (*Konzert für Violine und Orchester*, 1941; *Symphonie Nr. 1*, revidierte Version, 1944; *Medea*, Orchestersuite, 1947), Béla Bartók (*Konzert für Klavier und Orchester Nr. 3*, 1946), Ernest Bloch (*Symphonische Suite*, 1945), Benjamin Britten (*Diversions on a Theme*, 1942), Marius Constant (*Chaconne et marche militaire*, 1968), Paul Creston (*Symphonie Nr. 3*, 1950), Norman Dello Joio (*Songs of Remembrance*, 1977), David Del Tredici (*All in the Golden Afternoon*, 1981), Gottfried von Einem (*Philadelphia Symphony*, 1962), Ross Lee Finney (*Symphonie Nr. 2*, 1958; *Nr. 3*, 1964), Jean Françaix (*L'Horloge de Flore*, 1961), Alberto Ginastera (*Konzert für Harfe und Orchester*, 1965; *Konzert für Streichorchester*, 1966), Howard Hanson (*Symphonie Nr. 5 »Sinfonia sacra«*, 1955), Roy Harris (*Symphonie Nr. 3*, 1963), Paul Hindemith (*Konzert für Klarinette und Orchester*, 1950), Ezra Laderman (*Konzert für Violine und Orchester*, 1980; *Konzert für Flöte, Fagott und Orchester*, 1983), Bohuslav Martinů (*Konzert für zwei Klaviere und Orchester*, 1943; *Symphonie Nr. 4*, 1945), Gian Carlo Menotti (*Apocalypse*, 1952; *Konzert für Violine und Orchester*, 1952; *Symphonie Nr. 1*, 1976; *A Song of Hope*, 1980), Darius Milhaud (*Suite für Violine und Orchester*, 1945), Nicolas Nabokov (*Studies in Solitude*, 1961), Vincent Persichetti (*Symphonie Nr. 3*, 1947; *Nr. 4*, 1954), Walter Piston (*Symphonie Nr. 7*, 1960; *Lincoln Center Festival Overture*, 1962), André Previn (*Reflections*, 1981), Sergej W. Rachmaninow (*Konzert für Klavier und Orchester Nr. 4*, 1927; *Symphonie Nr. 3*, 1936; *Symphonische Tänze*, 1941), Georg Rochberg (*Symphonie Nr. 1*, 1958), Ned Rorem (*Eagles*, 1959; *Sunday Morning*, 1978), Arnold Schönberg (*Konzert für Violine und Orchester*, 1940), William Schuman (*Symphonie Nr. 9*, 1969), Roger Session (*Symphonie Nr. 5*, 1964), Stanislaw Skrowaczewski (*Konzert für Violine und Orchester*, 1958), Edgar Varèse (*Amériques*, 1926; *Arcana*, 1927), Anton Webern (*Drei Orchesterstücke*, posthum, 1967).

Pittsburgh Symphony Orchestra
Das Orchester wird 1895 gegründet, 1910 aufgelöst und 1926 neu gegründet.
Chefdirigenten: Frederic Askar (1895–98), Victor Herbert (1898–1904), Emil Paur (1904–10), Antonio Modarelli (1930–37), Otto Klemperer (1937–38), Fritz Reiner (1938–48), William Steinberg (1952–76), André Previn (1976–84), Lorin Maazel (Berater 1984–88, Musikdirektor seit 1988).
Uraufführungen: Werke von Leonard Bernstein (*Jeremiah Symphony*, 1944; *Fancy Free Suite*, 1945), Lukas Foss (*Symphony of Chorales*, 1958), John Harbison (*Ulysee's Bow*, 1984), Paul Hindemith (*Pittsburgh Symphony*, 1959), Darius Milhaud (*Konzert für zwei Klaviere und Orchester*, 1942).

Česka Filharmonie (Praha)
(Tschechische Philharmonie, Prag)
Das Orchester wird 1894 als Unterorganisation des Prager »Nationaltheaterorchesters« gegründet. Das erste Konzert leitet Antonín Dvořák am 4. Januar 1896. Seit 1945 ist es Staatsorchester. Zahlreiche tschechische Werke, von Dvořák bis zur zeitgenössischen Musik, werden von dem Orchester uraufgeführt.
Chefdirigenten: Ludvík Vítězslav Čěhanský (1901–02), Vilém Zemánek

(1903–18), Oskar Nedbal und Karel Kovarovic (1918–19), Václav Talich (1919–41), Rafael Kubelík (1942–48), Karel Šejna (1949, Interims-Dirigent), Karel Ančerl (1950–68 mit Václav Talich 1952–54 als Berater), Václav Neumann (1968–90), Jiří Bělohlávek (1990–93), Gerd Albrecht (ab 1994).
Uraufführungen: Werke von Leoš Janáček (*Šumařovo dítě*, Das Musikantenkind, Orchesterballade, 1917; *Sinfonietta*, 1926), Otmar Mácha (*Sinfonietta Nr. 2*, 1982), Gustav Mahler (*Symphonie Nr. 7*, 1908), Bohuslav Martinů (*Schwindende Mitternacht*, 1923, *Konzert für Klavier und Orchester Nr. 1*, 1926; *Nr. 2*, 1934; *Partita für Streichorchester*, 1932; *Symphonie Nr. 5*, 1947; *Feldmesse*, 1946; *Konzert für Violoncello und Orchester*, 1949).

Symphonický Orchestr Ceskoslovensklo rozhlásu (Praha)
(Tschechoslowakisches Rundfunksinfonieorchester, Prag)
Der Name des 1926 gegründeten Orchesters wird während seiner Geschichte mehrmals geändert. Zu Beginn zählt es 22, heute 105 Musiker.
Chefdirigenten: Otakar Jeremiáš (1929–47), Karel Ančerl (1947–50), Alois Klíma (1952–72), Jaroslav Krombholc (1973–77), František Vajnar (1979–85), Vladimir Válek (seit 1985).
Aufträge: Werke von Bohuslav Martinů (*Komödie auf der Brücke*, 1937), Minčev (*Konzertante Musik*) und Miloš Sokola (*Symphonisches Triptychon*), beides Aufträge zum 50. Geburtstag des Orchesters 1976.
Uraufführungen: Werke von Jan Zdeněk Bartoš (*Rundfunkmusik*), Jaroslav Doubrava (*Symphonie Nr. 2*), Ilja Hurník (*Konzert für Orchester*), Joaroch (*Der alte Mann und das Meer*), Zdeněk Šesták (*Symphonie Nr. 2*), Dmitri D. Schostakowitsch (*Orchestersuite aus Lady Macbeth des Mzensker Landkreises*, 1935).

Symphonický Orchestre hl.m. Prahy, FOK
(Prager Symphonieorchester FOK)
36 arbeitslose Musiker schließen sich 1936 zu einem Orchester zusammen, das zunächst Salonmusik spielt. Schon bald spezialisiert es sich auf Film- und Opernmusik und nimmt den Namen Symphonisches Orchester FOK Film, Oper, Konzert an (bis heute hat sich die Abkürzung im Namen des Orchesters erhalten). Während der ersten acht Arbeitsjahre nimmt das Orchester über 800 Filmmusiken auf. Trotz der harten Konkurrenz, die die beiden anderen Prager Symphonie-Orchester darstellen, kann sich das Orchester behaupten. 1946 nimmt es seinen heutigen Namen an. Seit 1952 ist es Staatsorchester.
Chefdirigenten: Rudolf Pekárek (1934–48), Václav Smetáček (1942–72), Ladislav Slovák (1972–76), Jindřich Rohan (1976–77), Jiří Bělohlávek (1976–90), Petr Altrichter (seit 1990).
Uraufführungen: Werke von Jiří Dvořáček (*Symfonietta*), Petr Eben (*Vox clamantis*), Jan Fischer (*Die Musik*), Ivan Řezáč (*Vivace*), Evžen Zámečník (*Preludio deciso*).

Orchestre de Bretagne (Rennes)
Das 1989 gegründete Regionalorchester tritt die Nachfolge des »Orchestre de la Ville de Rennes« an, das 1981 und 1986 bereits tiefgreifend restrukturiert worden war. Dem Orchester gehören heute 40 Mitglieder an; je nach Bedarf kann die Zahl auf 60 erhöht werden. Es bestreitet die Opernaufführungen in Rennes und die Symphonie-Konzerte in den wichtigsten Städten der Bretagne.
Musikdirektoren des Städtischen Orchesters: Jean-Claude Bernède (1981–85), Claude Schnitzler (1986–89).
Musikdirektor: Claude Schnitzler (seit 1989).

Rochester Philharmonic Orchestra
Das Orchester wird 1922 von George Eastman als Nachfolgeorganisation des erst seit einem Jahr bestehenden »Rochester Symphonic Orchestra« gegründet.

Musikdirektoren und Chefdirigenten: Arthur Alexander (1923), Albert Coates (1923–25), Sir Eugene Goossens (1925–31), José Iturbi (1936–44), Erich Leinsdorf (1947–56), Theodore Bloomfield (1958–63), Lázslo Somogyi (1964–69), Samuel Jones (1969–72), Walter Hendl (1972–74), David Zinman (1974–85), Jerzy Semkow (1985–89), Mark Elder (seit 1989).

Uraufführungen: Werke von Leonard Bernstein (*Facsimile*, 1947), Elliott Carter (*Symphonie Nr. 1*, 1944), David Diamond (*Psalm*, 1937; *Variations on an Original Theme*, 1940; *Konzert für Violoncello und Orchester*, 1942), Donald Erb (*Konzert für Violoncello und Orchester*, 1976), Ross Lee Finney (*Overture for a Drama*, 1941), Peter Mennin (*Sinfonia für Kammerorchester*, 1947).

Orchestra dell'Accademia Nazionale di Santa Cecilia (Roma)
Das Orchester existiert seit 1895, wird aber erst 1908 unter der Leitung des Grafen Enrico di San Martino zu einer ständigen Einrichtung. Bis 1936 heißt es nach dem Ort, in dem es regelmäßig auftritt, »Orchestra dell'Augusteo«. Nach dem Abbruch des Teatro Augusteo spielt es 1936–46 im Teatro Adriano, dann im Teatro Argentina und schließlich im Auditorio della Conciliazione.

Chefdirigenten: Bernardino Molinari (1912–44), Fernando Previtali (1953–73), Igor Markevitch (1973–75), Giuseppe Sinopoli (1983–87).

Uraufführungen: Werke von Samuel Barber (*Symphonie Nr. 1*, erste Version, 1936), Bruno Bettinelli (*Symphonie Nr. 6*, 1977), Franco Donatoni (*Voci*, 1974), Giorgio Federico Ghedini (*Marinaresca e baccanale*, 1936; *Konzertouvertüre*, 1965), Gian Francesco Malipiero (*Missa pro mortuis*, 1938; *Santa Eufrosina*, 1942), Goffredo Petrassi (*Konzert für Klavier und Orchester*, 1939; *Magnificat*, 1941; *Propos d'Alain »L'Homme de Dieu«*, 1961; *Orationes Christi*, 1975), Ildebrando Pizzetti (*Preludio a un altro giorno*, 1952), Ottorino Respighi (*Le fontane di Roma*, 1917; *Antiche arie e danze*, Orchestersuite Nr. 2, 1917; *I pini di Roma*, 1924), Nino Rota (*Symphonie Nr. 1*, 1940; *Orchesterkonzert*, 1962).

Orchestra sinfonica di Roma della RAI
Erst 1958 gibt das als Studio-Orchester konzipierte Ensemble sein erstes öffentliches Konzert.

Chefdirigenten: Fernando Previtali (1936–53), Ferrucio Scaglia, Massimo Freccia (1959–65), Armando La Rosa-Parodi (1965–77), Thomas Schippers (1977), Peter Maag (1978–79), Jerzy Semkov (1979–82, GMD), Gianluigi Gelmetti (künstlerischer Direktor, 1980–84), Gabriele Ferro (1988–91), Paolo Olmi (seit 1991).

Uraufführungen: Werke von Claudio Ambrosini (*Doppio concerto grosso*, 1988), Bruno Bartolozzi (*Konzert für Orchester*, 1956), Luciano Berio (*Allelujah II*, 1958), Sylvano Bussotti (*I Semi di Gramsci*, 1972), Niccolò Castiglioni (*Sinfonia in C*, 1971; *Sacro concerto*, 1982), Aldo Clementi (*Cent soupirs*, 1983), Peter Maxwell Davies (*Prolation*, 1959), Lorenzo Ferrero (*Prima Sinfonia*, 1984), Giorgio Federico Ghedini (*Concerto dell'albatro*, 1945), Barbara Kolb (*Crosswinds*, 1970), Goffredo Petrassi (*Quarto Concerto*, 1956; *Orationes Christi*, 1975), Guido Turchi (*Rapsodia »Intonazioni sull'inno II di Novalis«*, 1970).

Rotterdams Philharmonisch Orkest
Das Orchester wird im Juni 1918 auf Initiative von Jules Zagwijn gegründet; bei der Bombardierung durch die deutsche Luftwaffe wird im Mai 1940 der Konzertsaal, die Bibliothek und ein Großteil der Instrumente zerstört. Das Orchester, dem 105 Musiker angehören, gibt in Rotterdam im Saal »de Doelen« und in anderen holländischen Städten gut hundert Konzerte pro Jahr und unternimmt zahlreiche Tourneen rund um die Welt. Zu 85 % wird es vom Staat und der Stadt Rotterdam subventioniert.

Chefdirigenten: Willem Feltzer (1918–

28), Alexander Schmuller (1928–30), Eduard Flipse (1930–62), Franz-Paul Decker (1962–68), Jean Fournet (1968–73), Edo de Waart (1973–79), David Zinman (1979–82), James Conlon (1983–89), Jeffrey Tate (ab 1991).
Aufträge: Werke von Tadeusz Baird (*Sinfonia breve*, 1968), Luciano Berio (*Chemins IIc*, 1974; *Encore*, 1978), Frank Martin (*Erasmi Monumentum*, 1968), Per Nørgård (*Twilight*, 1977) Alexandre Tansman (*Le Tombeau d'Erasme*, 1970) sowie zahlreiche Werke holländischer Komponisten.
Uraufführungen: Werke von Michael Haydn (*Missa hispanica*, 1966), Leoš Janáček (*Šumařovo dítě*, 1930 und Orchestersuite aus *Z Mrtvého Domu*, Aus einem Totenhause, 1933), Toru Takemitsu (*Gitimalya*, 1974).

Rundfunk-Sinfonieorchester Saarbrücken
Gegründet 1936, nach dem Zweiten Weltkrieg 1946 neu gegründet.
Chefdirigenten: Rudolf Michl (1946–71), Hans Zender (1971–84), Myung Whun Chung (1984–90), Marcello Viotti (seit 1991).
Aufträge: Werke von Frank Michael Beyer (*Notre Dame Musik*, 1984), Niccolò Castiglioni (*Konzert für Cembalo und Orchester »Couplets«*, 1979), Morton Feldman (*Flute and Orchestra*, 1978), Nikolaus A. Huber (*4 Stücke für Orchester*, 1988), Helmut Lachenmann (*Accanto; Harmonica für Tuba und Orchester*, 1983; *Staub*, 1987), Aribert Reimann (*Loqui*, 1969), Wolfgang Rihm (*Tutuguri IV*, 1982; *Monodrama für Violoncello und Orchester*, 1983; *Spur*, 1985), Tona Scherchen (*L'Illégitime*, 1986), Salvatore Sciarrino (*Variationen für Violoncello und Orchester*, 1986), Isang Yun (*Symphonie Nr. 3*, 1985), Hans Zender (*Lo-Shu V* für Flöte und Orchester, 1987).
Uraufführungen: Werke von Boris Blacher (*Musica giocosa*, 1959), William Bolcom (*Konzert für Violine und Orchester*, 1984), Theo Brandmüller (*Si j'étais Domenico*, 1986), Michael Gielen (*Mitbestimmungsmodell*), Jonathan Harvey (*Timepieces*, 1988), Mauricio Kagel (*Quodlibet*, 1988), Milko Kelemen (*Konzert für Violine und Orchester*, 1982), Wolfgang Rihm (*Chiffre*, 1983), Hans Zender (*Lo-Shu III*, 1983).

Saint Louis Symphony Orchestra
Das 1881 gegründete Orchester ist das zweitälteste der nordamerikanischen. Die wichtigsten principal guest conductors sind Erich Leinsdorf, Erich Bergel, Max Rudolf und Raymond Leppard. 1978 wird es als »Orchestra in residence« zu den Athener Festspielen eingeladen.
Chefdirigenten: Joseph Otten (1881–94), Alfred Ernst (1894–1907), Max Zach (1907–21), Rudolph Ganz (1921–27), Vladimir Golschmann (1931–58), Edouard van Remoortel (1958–62), Eleazar de Carvalho (1963–68), Walter Süsskind (1968–75), Jerzy Semkov (1975–79), Leonard Slatkin (seit 1979).
Aufträge: Werke von David Del Tredici (*In Memory of a Summer Day*, 1982), Alberto Ginastera, William Schuman, (*American Hymn*, 1983), Robert Wykes.
Uraufführungen: Werke von David Amram (Konzert für Violine und Orchester, 1982), Jacob Druckman (*Mirage*, 1976), Donald Erb (*Prismatic Variations*, 1984), Alberto Ginastera (*Symphonie Nr. 2*, 1983; *Popol Vuh*, 1989), Bohuslav Martinů (*Suite concertante für Violine und Orchester*, 1945; *Intermezzo*, 1950, dem Orchester gewidmet), Darius Milhaud (*Introduktion und Allegro über ein Thema von Couperin*, 1941; *Konzert für Marimba, Vibraphon und Orchester*, 1949), Steve Reich (*Three Movements*, 1986), Joseph Schwanter (*Konzert für Klavier und Orchester*, 1988), Alexandre Tansman (*Rhapsodie polonaise*, 1941), *Symphonie Nr. 7*, 1947; *Ricercari*, 1949), John Williams (*Konzert für Violine und Orchester*, 1982).

Utah Symphony Orchestra
(Salt Lake City)
Gegründet 1940.
Chefdirigenten: Hans Heniot (1940–45), Werner Janssen (1946–47), Maurice Abravanel (1947–79), Varujan Kojian (1980–83), Joseph Silverstein (seit 1983).

Mozarteum-Orchester (Salzburg)
Dem 1922 von Bernhard Paumgartner gegründeten Orchester gehören ursprünglich 40 Musiker an; 1938 übernimmt es das »Orchester des Domvereins« und erreicht die Größe eines Symphonie-Orchesters. Es verwirklicht die Salzburger Opernaufführungen und gibt gleichzeitig Abonnements-Konzerte.
Chefdirigenten: Bernhard Paumgartner (1922–38 und 1945–69), Günter Wand (1944–45), Mladen Bašíc (1959–68), Leopold Hager (1969–81), Ralf Weikert (1981–84), Hans Graf (seit 1984).
Uraufführungen: Werke von Helmut Eder (*Metamorphosen*, 1971; *Divertimento für Koloratursopran und Orchester*, 1976; *Serenade* op. 69 Nr. 1, 1977; *Concertino für Orchester*, 1986), Jean Françaix (*Cassation*, 1975), Wilhelm Killmayer (*Nachtgedanken*, 1973), Siegfried Matthus (*Divertimento und Triangel-Konzert*, 1985), Gerhard Wimberger (*Multiplay*, 1974).

San Francisco Symphony
Das Orchester wird 1911 gegründet und verdankt seinen Weltruf der Arbeit von Pierre Monteux.
Chefdirigenten: Henry Hadley (1911–15), Alfred Hertz (1915–29), Basil Cameron und Issaj A. Dobrowen (1929–31), Issaj A. Dobrowen (1931–34), Pierre Monteux (1935–52), Enrique Jordá (1954–63), Josef Krips (1963–70), Seiji Ozawa (1970–76), Edo de Waart (1976–85), Herbert Blomstedt (seit 1985).
Uraufführungen: Werke von John Adams (*Harmonium*, 1981; *Harmonielehre*, 1985), Howard Hanson (*Exaltation*, 1920), John Harbison (*Symphonie Nr. 2*, 1987), Roy Harris (*Symphonie Nr. 8*, 1961), Leon Kirchner (*Toccata*, 1956), György Ligeti (*San Francisco Polyphony*, 1975), Darius Milhaud (*Musique pour San Francisco*), Steve Reich (*Variations for Winds, Strings and Keyboards*, 1980; *Four Sections*, 1987), Toru Takemitsu (*A Flock Descends in the Pentagonal Garden*, 1977), William Walton (*Improvisation über ein Impromptu von Benjamin Britten*, 1970).

Gosudarstvennyi filarmonii orkestr Sankt Peterburgskij.
(Philharmonisches Orchester Sankt Petersburg)
Das 1921 gegründete Orchester tritt die Nachfolge des seit 1883 bestehenden »Symphonischen Hoforchesters« an (wichtigster Dirigent: Hugo Warlich), das 1917–20 unter Sergej A. Kussewitzky als Staatliches Symphonieorchester auftritt.
Unter-Formationen: »Symphonie-Orchester von Sankt Petersburg« (1953 gegründet und von Arvid Jansons, Juri Temirkanow, 1968–76, Alexander Dmitrijew geleitet), »Kammerorchester von Sankt Petersburg« (geleitet von Eduard Serow), »Tanejew-Quartett« (dem wir die Uraufführung von Dmitri D. Schostakowitschs *Streichquartett Nr. 15* verdanken).
Chefdirigenten: Emil Cooper (1921–23), Nikolai A. Malko (1926–29), Alexander W. Gauk (1930–33), Fritz Stiedry (1933–37), Jewgenij A. Mrawinskij (1938–88), Kurt Sanderling (1941–60), Juri Temirkanow (seit 1988).
Uraufführungen: Werke von Sergej S. Prokofjew (*Symphonie Nr. 6*, 1944), Dmitri D. Schostakowitsch (*Symphonie Nr. 1*, 1926; *Nr. 2*, 1927; *Nr. 3*, 1930; *Nr. 5*, 1937; *Nr. 6*, 1945; *Nr. 9*, 1945; *Nr. 10*, 1953; *Pjesn o lesach*, Das Lied von den Wäldern, 1949; *Konzert für Klavier und Orchester Nr. 1*, 1933; *Konzert für Violine und Orchester Nr. 1*, 1955; *Konzert für Violoncello und Orchester Nr. 1*, 1959; *Igroki*, Die Spieler, 1978).

Orquesta Sinfónica de Euzkadi
(San Sebastian)
Gegründet 1982 in San Sebastian.
Künstlerische Direktoren und Chefdirigenten: Enrique Jordá (1982–83), Patrick Juzeau, Maximiano Valdes (1986), Matthias Kuntzsch (1987–89), Miguel-Ángel Gómez-Martinez (seit 1989).
Uraufführungen: Werke von Pascual Aldave (*Akelarre*, 1987), Luis Aramburu (*Fantasie für Violoncello und Orchester*, 1986), Carmelo Bernaola (*Konzertante Variationen Nr. 2*, 1986), Juan Cordero Castaños (*Erreka Mari*, Oper, 1986).

Sofiiska Darjavna Filharmonia
(Philharmonisches Orchester Sofia)
Das 1928 gegründete Orchester umfaßt zu Beginn 70 Instrumentalisten; 1928–35 trägt es die Bezeichnung »Akademisches Symphonie-Orchester« und 1936–44 »Königlich-Militärisches Symphonie-Orchester«. 1944 wird es verstaatlicht. Heute gehören ihm 110 Musiker an.
Chefdirigenten: Sacha Popov, Vladi Simeonov, Dimiter Manolov, Athanas Margaritov (1945–47), Constantin Iliev (1956–88), Dobrin Petkov, Emil Tabakov (seit 1987).

Sinfonitschen Orkestr na Balgarskoto Radio I Telewisia (Sofia)
(Sinfonie-Orchester des bulgarischen Rundfunks)
Das Orchester wird 1948 von Vassil Stefanov gegründet, der es bis 1980 leitet. Es räumt der zeitgenössischen Musik einen breiten Platz ein.

Stockholms Filharmoniska Orkester
Das im Mai 1902 gegründete Orchester wird zu 40% von der Regierung und zu 38% von der Stadt finanziert; 22 % der Einnahmen stammen aus dem Kartenverkauf.
Chefdirigenten: Tor Aulin (1902–09), Erich Ochs (1914–15), Georg Schnéevoigt (1915–24), Wilhelm Sieben (1925–26), Václav Talich (1926–36), Adolf Wiklund (1936–37), Fritz Busch (1937–40), Carl von Garaguly (1940–42 principal guest conductor, 1942–55 Chefdirigent), Hans Schmidt-Isserstedt (1955–64), Sergiu Comissiona (1964–66 principal guest conductor), Antal Dorati (1966–74), Gennadi N. Roshdestwenski (1974–77), Juri Ahronowitsch (1982–87), Paavo Berglund (1987–91), Gennadi N. Roshdestwenskij (seit 1991).
Aufträge: Werke von Daniel Börtz (*Symphonie Nr. 4*, 1977), Ingvar Lidholm (*Poesis*, 1964; *Kontakion*, 1979), Jan W. Morthenson (*Konzert für Orgel und Orchester*, 1982), Gustav Allan Pettersson (*Symphonie Nr. 14*, 1981), Lars-Erik Rosell (*Konzert für Orgel und Orchester*, 1982), Sven-David Sandström (*Konzert für Flöte und Orchester*, 1981), Karl-Erik Welin (*Schwedisches Requiem*, 1977).
Uraufführungen: Werke von Franz Berwald (*Symphonie »Singulière«*, 1905), Karl-Birger Blomdahl (*Symphonie Nr. 1*, 1945; *Konzert für Violine und Orchester*, 1947; *Sisyphos*, 1954; *Anabase*, 1956, *Fioriture*, 1961), Gunnar Bucht (*Au-delà*, 1979; *Konzert für Violine und Orchester*, 1980; *Symphonie Nr. 9*, 1990), Gunnar de Frumerie (*Konzert für Klarinette und Orchester*, 1958), Anders Eliasson (*Symphonie Nr. 2*, 1990), Lars-Erik Larsson (*Divertimento*, 1937; *Symphonie Nr. 2*, 1937; *Nr. 3*, 1946; *Musik för orkester*, 1948), Bo Nilsson, Arne Nordheim, Gösta Nystroem (*Sinfonia seria*, 1963), Moses Pergament, Wilhelm Peterson-Berger (*Symphonie Nr. 1*, 1904; *Nr. 4*, 1930; *Nr. 5*, 1934, *Konzert für Violine und Orchester*, 1929), Gustav Allan Pettersson (*Symphonie Nr. 7*, 1968; *Nr. 8*, 1972; *Nr. 12*, 1977, *Nr. 16*, 1983), Hilding Rosenberg (*Variotioner och passacaglia över eget tema*, 1924; *Kammarsymfoni*, 1924; *Sinfonia da chiesa*, 1926; *Konzert für Violine und Orchester Nr. 1*, 1927; *Konzert für Trompete und Orchester*, 1929; *Konzert für Klavier und Orchester*, 1951; *Symfoniskametamorfoser*, 1967), Lars Sandberg (*Den-

dron, 1989), Sven-David Sandström, Jan Sibelius (*Symphonie Nr. 7*, 1924).

Sveriges Radio Symfonieorkester (Stockholm)
Dem 1936 gegründeten Orchester gehören zunächst 20 Musiker an, erweitert sich aber schon bald zu einem Symphonie-Orchester. Während der ersten Jahre wird es hauptsächlich von Nils Grevillius dirigiert.
Chefdirigenten: Stig Westerberg (1957–62), Sergiu Celibidache (1962–71), Herbert Blomstedt (1977–82), Esa-Pekka Salonen (seit 1984 principal guest conductor).
Uraufführung: *Requiem* von György Ligeti (1965).

Orchestre Philharmonique de Strasbourg
Das 1972 gegründete Orchester tritt die Nachfolge des »Orchestre Municipal de Strasbourg« an, bestreitet einen Teil der Opernaufführungen der »Opéra du Rhin«, gibt in Straßburg Abonnementskonzerte und spielt im Rahmen der Dezentralisierung in vielen Städten des Elsaß. Seit 1988 spielt der Konzertmeister des Ensembles auf einer Guadagnini, die dem Orchester von der Banque Populaire zur Verfügung gestellt wurde.
Chefdirigenten: Joseph Hasselmans (1855–), Franz Stockhausen (1875–1907), Robert Heger (1907–08), Hans Pfitzner (1908–14), Otto Klemperer (1914–17), George Szell (1917–19), Guy Ropartz (1919–29), Paul Bastide (1929–40), Fritz Münch (1945–49), Ernest Bour (1950–64), Alceo Galliera (1964–72).
Musikdirektoren: Alain Lombard (1972–83), Theodor Guschlbauer (seit 1983).

Orchestre Radio Symphonique de Strasbourg
Das Orchester wird 1930 gegründet, 1939 aufgelöst und nach dem Zweiten Weltkrieg wieder aufgebaut. Als 1975 die O.R.T.F. aufgelöst wird, fusioniert es mit dem »Orchestre Municipal de Metz« zum »Orchestre Philharmonique de Lorraine«. Es widmet sich hauptsächlich der zeitgenössischen Musik.
Chefdirigenten: René Montfeuillard, Maurice Devillers, Ernest Bour, Victor Clovez, Louis Martin, Jean Périsson (1955–56), Jacques Pernoo (1956–57), Charles Bruck (1957–66), Roger Albin (1966–73).
Uraufführungen: Werke von André Boucourechliev (*Faces*, 1972), Charles Koechlin (*Symphonie Nr. 2*, 1958), Marcel Landowski (*Symphonie Nr. 3*, 1965), Serge Nigg (*Jérôme-Bosch-Symphonie*, 1960).

Radio-Sinfonieorchester Stuttgart
Neben seiner Rundfunkarbeit nimmt das 1946 gegründete Orchester regelmäßig an den Schwetzinger Festspielen teil, wo es in Zusammenarbeit mit verschiedenen deutschen Opernhäusern (Stuttgart, Köln, Berlin, Deutsche Oper am Rhein usw.) für verschiedene Opern- und Balletturaufführungen verantwortlich zeichnet.
Chefdirigenten: Hans Müller-Kray (1948–69), 1969–83 arbeitet das Orchester mit Gastdirigenten, darunter Sergiu Celibidache und Michael Gielen, Neville Marriner (1983–89), Gianluigi Gelmetti (ab 1989).
Uraufführungen: Werke von Hans-Jürgen von Bose (*Die Leiden des jungen Werthers*, 1986), Friedrich Cerha (*Nachtgesang*, 1986), Werner Egk (*Der Revisor*, Orchestersuite, 1981), Febel (*Variationen für Orchester*, 1980), Wolfgang Fortner (*In seinem Garten liebt Don Perlimplin Belisa*, 1962), Karl Amadeus Hartmann (*Symphonie Nr. 5*, 1951), Hans Werner Henze (*Symphonie Nr. 2*, 1949; *Undine*, 1959), Helmut Lachenmann (*Consolations I–IV*, 1967, 1968 und 1973), Rolf Liebermann (*Liaison*, 1984), Krzysztof Penderecki (*Polnisches Requiem*, 1984), Hermann Reutter (*Figurationen zu Hofmannsthals »Jedermann«*, 1972), Wolfgang Rihm (*Dis Kontur*, 1974; *Magma*, 1987), Giuseppe Sinopoli (*Kammerkonzert*, 1979).

Staatsorchester Stuttgart
siehe **Staatstheater Stuttgart**

Stuttgarter Philharmoniker
Gegründet 1924.
Chefdirigenten: Leo Blech (1924–29), Efrem Kurtz und Emil Kahn (1929–33), Albert Hitzig (1933–38), Gerhard Maasz (1938–44), Willy Steffen und Hermann Hildebrandt (1946–49), Willem van Hoogstraaten (1949–54), Hans Hörner (1954–63), Antonio de Almeida (1963–64), Alexander Paulmüller (1964–70), Hans Zanotelli (1971–85), Wolf-Dieter Hauschild (1985–91), Carlos Calmar (seit 1991).
Uraufführungen: Werke von Hans Georg Pflüger (*Konzert für Horn und Orchester*, Auftrag 1983), Isang Yun (*Konzert für Violine und Orchester Nr. 2*, 1987).

Sydney Symphony Orchestra
Gegründet 1946.
Chefdirigenten: Sir Eugene Goossens (1947–56), Nicolai A. Malko (1956–61), Dean Dixon (1964–67), Moshe Atzmon (1969–72), Willem van Otterloo (1972–78), Louis Frémaux (1979–82), Sir Charles Mackerras (1928–85), Zdeněk Mácal (1986–88), Stuart Challenger (1988–91).
Uraufführungen: Werke von Peter Sculthorpe, Malcolm Williamson, Alfred Hill, Richard Meale, Ross Edwards und Graham Hair.

Israel Philharmonic Orchestra
(Tel Aviv)
Das Orchester wird 1936 von Bronislaw Hubermann in Tel Aviv als »Symphonie-Orchester Palästinas« gegründet. Arturo Toscanini leitet das erste Konzert. 1946 wird es in »Philharmonisches Orchester Palästinas« umgetauft, bevor es 1948 seinen endgültigen Namen erhält. Zu Beginn setzt sich das Orchester hauptsächlich aus russischen und amerikanischen Einwanderern zusammen; heute stellen in Israel ausgebildete Instrumentalisten mehr als 50 % der Mitarbeiter. Die jungen Musiker werden innerhalb des »Junior Philharmonic Orchestra« herangebildet.
Unter-Formationen: »Junior Philharmonic Orchestra«; »New Israel Quartett«.
Gastdirigenten: Dean Dixon (1950–51), Jean Martinon (1958–60), Carlo Maria Giulini, Josef Krips, Gary Bertini (1960).
Musikalische Berater: William Steinberg (1936–38), Leonard Bernstein (1947–49, 1988 zum laureate conductor ernannt), Bernardino Molinari, Jean Martinon (1958–60), Zubin Mehta (1968–77; erster Chefdirigent).
Musikdirektor: Zubin Mehta (seit 1977; 1981 wird er zum Musikdirektor auf Lebenszeit ernannt).
Aufträge zum 50. Geburtstag des Orchesters 1986: *Jubilee Games* von Leonard Bernstein und *David's Vision* von Noam Sheriff.
Uraufführungen: Werke von Leonard Bernstein (*Serenade*, 1954; *Symphonie Nr. 3*, 1963; *Ode for Jerusalem*, 1973; *Toastet-Halif*, Musical, 1982; *Orchesterkonzert*, 1989), Paul-Ben Haim (*The Sweet Palmist of Israel*, 1956).

Junior Philharmonic Orchestra
(Tel Aviv)
siehe **Israel Philharmonic Orchestra**

Filarmonica »Banatul« din Timişoara
(Philharmonisches Orchester »Banatul« von Timişoara)
Das Orchester wird 1871 in Temeswar gegründet (der damalige Name für Timişoara) und spielt eine bedeutende Rolle im musikalischen Leben im Westen Rumäniens. Johannes Brahms, Béla Bartók, Pablo de Sarasate und Fritz Kreisler haben das Orchester dirigiert oder als Solist mit ihm gespielt und Bruno Walter dort debütiert; er blieb zwei Jahre. Im April 1947 wird das Orchester verstaatlicht.
Chefdirigenten: George Pavel (1947–48), Mircea Popa (1947–64), Nicolae Bohoc (1959–85), Remus Georgescu (seit 1968), Richard Oschanitzky (seit 1988).

Symphonieorchester

NHK Kokyogakudan (Tokio)
Das Orchester wird 1926 von Hidemaro Konoye gegründet; ein Jahr später wird es das »Radiosinfonieorchester Tokio«; ab 1942 heißt es »Japanisches Symphonie-Orchester«, bevor es 1951 seinen heutigen Namen erhält.
Chefdirigenten: Hidemaro Konoye (1926–35), Joseph König (1927–29), Nicolai Schifferblatt (1929–35), Joseph Rosenstock (1936–46 und 1956–57), Kazuo Yamada und Hisatada Otaka (1942–51), Kurt Wöss (1951–54), Niklaus Aeschbacher (1954–56), Wilhelm Loibner (1957–59), Wilhelm Schüchter (1959–62), Alexander Rumpf (1964–65), Hiroyuki Iwaki (seit 1969, Musikdirektor auf Lebenszeit).
Uraufführungen: *Arc part I*, 1963; *Arc part II*, 1964, *Marginalia*, 1976, alle von Toru Takemitsu.

Shin Nihon Filamoni Kokyogakudan (Tokio)
(Neues Japanisches Philharmonie-Orchester)
Gegründet 1972.
Musikdirektoren: Kazuhiro Koizumi (1975–80), Michiyoshi Inoue (1983–88).
Chefdirigent: Seiji Ozawa (seit 1972).
Uraufführungen: Werke von Maki Ishii (*Search in Grey I*, 1979), Toru Takemitsu (*Autumn*, 1973), Isang Yun (*Dialog – Schmetterling und Atombombe*, 1983).

Tokyo Filamoni Kokyogakudan
(Philharmonisches Orchester Tokio)
Das 1940 gegründete Orchester nennt sich zunächst »Central Symphony Orchestra« und ab 1941 »Symphonie-Orchester Tokio«, bis es bei seiner Neugründung 1947 seinen heutigen Namen annimmt.
Chefdirigenten und Musikdirektoren: Akeo Watanabe (1947–54), Yoichiro Omachi (1961–65), Kurt Wöss (1974), Tadaaki Otaka (seit 1974).
Uraufführungen: Werke von Toshi Ichiyanagi (*Symphonie »Berlin Renshi«*, 1988), Toru Takemitsu (*Orion and Pleiades*, 1984).

Tokyo Kokyogakudan
(Symphonie-Orchester von Tokio)
Das 1946 gegründete Orchester nennt sich zunächst »Tōhō Symphony Orchestra« und nimmt seinen heutigen Namen erst 1951 an.
Musikdirektoren: Kazuyoshi Akiyama (seit 1964).
Uraufführungen: Werke von Luís de Pablo (*Senderos del aire*, 1988), Toru Takemitsu (*Requiem*, 1957).

Tokyo-to Kokyogakudan (Tokio)
(Städtisches Symphonie-Orchester)
Das Orchester wird 1964 anläßlich der Olympischen Spiele gegründet; es zählt 150 ständige Mitglieder, die je nach Programm oder Anlaß in verschiedenen Formationen auftreten können.
Musikdirektoren und Chefdirigenten: Yichori Omachi (1964–66), Akeo Watanabe (1972-), Moshe Atzmon, Ken-Ichiro Kobayashi, Kazuhiro Koizumi (1984–87), Hiroshi Wakasugi (seit 1987).
Uraufführung: *Symphonie Nr. 4* von Isang Yun (1986).

Yomiuri Nippon Kokyogakudan (Tokio)
Das Orchester wird 1962 von der Zeitung Yomiuri gegründet. Es verwirklicht die japanischen Erstaufführungen wichtiger Werke des 20. Jahrhunderts (*War Requiem* von Britten, *Lukas-Passion* von Penderecki, *Gurrelieder* von Schönberg). 1967 unternimmt es eine Tournee durch die Vereinigten Staaten und 1971 sowie 1981 durch Europa.
Chefdirigenten: Willis Page (1962–63), Otto Matzerath (1963), Hiroshi Wakasugi (1965–75), Rafael Frühbeck de Burgos (1980–83), Heinz Rögner (seit 1984).
Ständige Gastdirigenten: Kurt Masur und Kurt Sanderling.
Uraufführungen: Werke von Akira Miyoshi (*En soi lointain*, 1982, Auftrag zum 20. Geburtstag des Orchesters), Toru Takemitsu (*Winter*, 1971).

Toronto Symphony
Gegründet 1922.
Chefdirigenten: Luigi von Kunits (1923–31), Sir Ernest MacMillan (1931–56), Walter Süsskind (1956–65), Seiji Ozawa (1965–69), Karel Ančerl (1963–73), Victor Feldbrill (1973–74), Andrew Davis (1975–88), Günther Herbig (1988–89 künstlerischer Berater, seit 1990 Musikdirektor).
Aufträge: Werke von John Beckwith (*Place of Meeting*, 1967), Harry Freedman (*Graphic 1*, 1971; *Orchesterkonzert*, 1982), Lothar Klein (*Musica Antiqua*, 1976), Luigi Nono (*Per bastiana Tai-Yang Cheng*, 1967), Robert Murray Schafer (*No Longer than Ten Minutes*, 1971; *Konzert für Harfe und Orchester*, 1988), Harry Somers (*Stereophony*, 1963; *Elegy, Transformation, Jubilation*, 1981).
Uraufführungen: Werke von Michael Colgrass (*Chaconne für Bratsche und Orchester*, 1984), Paul Creston (*Frontiers*, 1943), Andrew Davis (*La Serenissima*, 1981; *Chansons innocentes*, 1984), Jacques Hétu (*Apocalypse*, op. 14, 1967).

Orchestre National du Capitole de Toulouse
Das Orchester wird 1974 als Regionalorchester gegründet und tritt die Nachfolge eines seit dem 19. Jahrhundert bestehenden Ensembles an, das die Opernaufführungen im Toulouser Capitole bestritt. Ab 1945 realisiert dieses Orchester vor allem unter André Cluytens und Georges Prêtre auch Symphonie-Konzerte. 1980 wird es zum Staatsorchester erhoben. Es verwirklicht weiterhin die Opernaufführungen im Capitole, gibt Abonnement-Konzerte in der Halle aux Grains, wirkt an zahlreichen Festspielen mit (Aix-en-Provence, Bordeaux, Nîmes, Montreux) und unternimmt regelmäßig Auslandstourneen (USA, Deutschland, Österreich usw.).
Musikdirektor: Michel Plasson (seit 1974).
Uraufführungen: Werke von Charles Chaynes (*Visage mycéniens*, 1986), Xavier Darasse (*Instants éclatés*, 1983), Marcel Landowski (*Montségur*, 1985), Aubert Lemeland (*Symphonie Nr. 1*, 1975), Serge Nigg (*Millions d'oiseaux d'or*, 1981), Antoine Tisné (*Cosmogonie*, 1978).

Orchestra sinfonica di Torino della RAI (Turin)
Gegründet 1932.
Chefdirigenten: Attilio Parelli und Arrigo Pedrollo (1932–34), Armando La Rosa-Parodi (1934–44), Alberto Erede (1945–46), Mario Rossi (1946–49), Piero Bellugi (1969–72), Wilfried Boettcher (1974–76, principal guest conductor und künstlerischer Berater), Roman Vlad (1976–81, künstlerischer Direktor), 1976–90 kein Chefdirigent, Aldo Ceccato (seit 1990).
Uraufführungen: Werke von Alberto Bruni Tedeschi (*Concerto per il principe Eugenio*, 1951; *Concerto primo*, 1960; *Secondo concerto*, 1963), Niccolò Castiglioni (*Sinfonia con giardino*, 1979), Luciano Chailly (*Kinder-Requiem*, 1979), Luigi Dallapiccola (*Cinque frammenti di Saffo*, 1947; *Il prigioniero*, Konzertversion, 1949; *Tartiniana seconda*, 1957), Nguyen Thien Dao (*Konzert für Violoncello und Orchester*, 1983), Vittorio Fellagara (*Requiem di Madrid*, 1959), Bruno Maderna (*Composizione Nr. 1*, 1950), Giacomo Manzoni (*Suite Robespierre*, 1976), Marcel Mihalovici (*Interlude de Phèdre*, 1951), Darius Milhaud (*Symphonie Nr. 5*, 1953), Wolfgang Rihm (*Zeichen*, 1986), Roman Vlad (*Le Ciel est vide*, 1954), Mario Zafred (*Terza Sinfonia »Canto del Carso«*, 1950).

Filharmonia Narodova (Warschau)
Das 1901 gegründete Orchester wird 1948 zum Staatsorchester erhoben.
Künstlerische Leiter: Jan Maklakiewicz (1947), Władysław Raczkowski und Zdzisław Górzyński (1948–50), Witold Rowicki (1950–55 und 1958–77), Bohdan Wodiczko (1955–58), Kazimierz Kord (seit 1977).
Chefdirigenten: Emil Młynarski (1901–

07), Grzegorz Fitelberg (1907–11 und 1924–34), Mieczysław Mierzejewski und Tadeusz Wilczak (1947–50), Witold Rowicki (1950–55), Arnold Rezler (1955–57), Stanisław Skrowaczewski (1957–59), Witold Rowicki (1958–77), Stanisław Wisłocki (Stellvertreter, 1960–68), Andrzej Markowski (Stellvertreter, 1971–78), Kazimierz Kord (seit 1977).
Uraufführungen: Werke von Tadeusz Baird (*Cassation*, 1956; *Quatre Essais*, 1958; *Expressions*, 1959; *Exhortation*, 1960; *Symphonie Nr. 3*, 1968), Grazyna Bacewicz (*Orchesterkonzert*, 1962), Friedrich Cerha (*Spiegel I*, 1968), Henryk Mikołaj Górecki (*Symphonie Nr. 2*, 1973), François-Bernard Mâche (*La Peau du silence*, 1969), Andrzej Panufnik (*Ouverture tragique*, 1943; *Old Polish Suite*, 1951).

National Symphonic Orchestra (Washington)
Gegründet 1931.
Chefdirigenten: Hans Kindler (Gründer, 1931–49), Howard Mitchell (1949–69), Antal Dorati (1970–77), Mstislav. L. Rostropowitsch (seit 1977).
Uraufführungen: Werke von Stephen Albert (*Symphonie »River Run«*, 1985), Richard Rodney Bennett (*Zodiac*, 1976), Leonard Bernstein (*Slava, a Political Overture*, 1977; *Songfest*, 1977; *Three Meditations* für Violoncello und Orchester, 1977), Paul Creston (*Symphonie Nr. 4*, 1952; *Nr. 5*, 1956), Jacob Druckman (*Vox Humana*, 1983), Henri Dutilleux (*Timbres, espace, mouvement*, 1978), Alberto Ginastera (*Konzert für Violoncello Nr. 1*, revidierte Version, 1978), George Enescu (*Konzertouvertüre*, 1949), Ezra Laderman (*Symphonie Nr. 5 »Isaiah«*, 1983), Marcel Landowski (*Un enfant appelle loin, très loin*, Konzert für Sopran, Violoncello und Orchester, 1979), Witold Lutosławski (*Novelette*, 1980), Peter Mennin (*Symphonie Nr. 9 »Sinfonia Capricciosa«*, 1981), Krzysztof Penderecki (*Lux Aeterna*, 1983), Aulis Sallinen (*Shadows*, 1982; *Symphonie Nr. 5 »Washington's Mosaics«*, 1985), Gunther Schuller (*Konzert für Fagott*, 1985), William Schuman (*Symphonie Nr. 10*, 1976), Alexandre Tansman (*Symphonie Nr. 5*, 1943), William Walton (*Prologo e fantasia*, 1982).

Niederösterreichisches Tonkünstlerorchester (Wien)
Gegründet 1945.
Chefdirigenten: Kurt Wöss (1948–51), Gustav Koslik (1952–63), Heinz Wallberg (1964–75), Walter Weller (1975–79), Miltiades Caridis (1979–85), Isaac Karabtschevsky (seit 1988).
Uraufführung: *Symphonie Nr. 9* von Marcel Rubin (1985).

ORF-Symphonie-Orchester (Wien)
Das 1969 gegründete Orchester tritt die Nachfolge des 1945 ins Leben gerufenen »Großen Symphonie-Orchesters von Radio Wien« an.
Chefdirigenten: Max Schönherr (1945–69), Milan Horvat (1969–75), Leif Segerstam (1975–81), Lothar Zagrosek (1982–87), Pinchas Steinberg (seit 1989).
Uraufführungen: Werke von Friedrich Cerha (*Spiegel*, 1972; *Requiem für Hollensteiner*, 1984), Helmut Eder (*Symphonie Nr. 2*, 1962; *Non sum qualis eram*, 1976; *Symphonie Nr. 5*, 1980; *Konzert für Violine und Orchester Nr. 3*, 1983; *Missa est*, 1986), Hans Werner Henze (*Il vitalino Raddoppiato*, 1978), André Jolivet (*Konzert für Ondes Martenot und Orchester*, 1948), György Ligeti (*Clocks and Clouds*, 1973), Frank Martin (*Ballade für Bratsche und Orchester*, 1973), Krzysztof Penderecki (*Magnificat*, 1974), Wolfgang Rihm (*Dies*, 1986), Alfred G. Schnittke (*(K)ein Sommernachtstraum*, 1985), Robert Schollum (*Markus-Passion*, 1983), Erich Urbanner (*Konzert Wolfgang Amadeus*, 1973).

Wiener Philharmoniker
Dem 1842 gegründeten Orchester, das sich seit 1908 selbst verwaltet, gehören 140 Musiker an. Neben seiner Tätigkeit

an der Wiener Oper gibt es zahlreiche Symphonie-Konzerte. Tourneen führen es um die ganze Welt. Seit 1925 nimmt es regelmäßig an den Salzburger Festspielen teil. Hans Richter (Horn), Artur Nikisch (Violine) und Franz Schmidt (Violoncello) gehörten dem Orchester an, bevor sie ihre eigentliche Karriere begannen. Zwischen 1848 und 1860 macht das Orchester eine schwierige Phase durch und gibt nur zweitweilig Konzerte. 1860 werden die »Philharmonischen Konzerte« ins Leben gerufen.

Unter-Formationen: »Barylli-Quartett« (1951–60), »Musikverein – Quartett«, »Weller-Quartett«, »Wiener philharmonisches Streichquartett« (1960–75), »Wiener Oktett«.

Chefdirigenten: Otto Nicolai (1842–48), Carl Eckert (1854–57), Otto Dessoff (1860–75), Hans Richter (1875–98), Gustav Mahler (1898–1901), Joseph Hellmesberger jun. (1901–03), Felix Weingartner (1908–27), Wilhelm Furtwängler (1927–30), Clemens Krauss (1930–33). Ab diesem Jahr nur noch ständige Gastdirigenten: Bruno Walter (1933–38), Josef Krips (1945–47), Wilhelm Furtwängler (1947–54), Karl Böhm (1954–56 und 1971–81), Herbert von Karajan (1956–64), Claudio Abbado (seit 1971), Lorin Maazel (1982–84). Ab 1986 dirigiert Claudio Abbado als Musikdirektor der Wiener Oper und Generalmusikdirektor der Stadt Wien regelmäßig die Konzerte der Wiener Philharmoniker (bis 1991).

Konzertmeister (eine Auswahl): Arnold Rosé (1881–1938), Wolfgang Schneiderhan (1937–50), Willi Boskovsky (1939–71), Riccardo Odnoposoff, Walter Weller (1961–69), Josef Sivó (1964–71); zur Zeit amtieren Gerhart Hetzel (seit 1969), Rainer Küchl (seit 1971), Erich Binder (seit 1974) und Werner Hink (seit 1974).

Uraufführungen: Werke von Béla Bartók (*Orchestersuite Nr. 1*, 1905), Boris Blacher (*Collage für Orchester*, 1968), Arthur Bliss (*Music for strings*, 1935), Johannes Brahms (*Variationen über ein Thema von Haydn*, 1873; *Symphonie Nr. 2*, 1877; *Nr. 3*, 1883; *Ouverture tragique*, 1880), Anton Bruckner (*Symphonie Nr. 3*, 1877; *Nr. 4*, 1888; *Nr. 6*, 1899; *Nr. 8*, 1892), Alfredo Casella (*Paganiniana*, 1942, Auftrag zum 100. Geburtstag des Orchesters), Helmut Eder (*Symphonie Nr. 4 »Choral-Symphonie«*, 1977), Gottfried von Einem (*Konzert für Violine und Orchester*, 1970), Giselher Klebe (*Notturno*, 1988), Bohuslav Martinů (*Les Fresques de Piero della Francesca*, 1956), Krzysztof Penderecki (*Die schwarze Maske*, 1986), Wolfgang Rihm (*Abreise*, 1988), Marcel Rubin (*Symphonie Nr. 6*, 1975), Arnold Schönberg (*Kammersymphonie*, op. 9, 1907), Richard Strauss (Orchestersuite aus *Der Bürger als Edelmann*, 1920; *Panathenäenzug*, 1926; *Divertimento*, op. 86, 1943; *Konzert für Horn und Orchester Nr. 2*, 1943), Ernst Toch (*Symphonie Nr. 1*, 1950), Gerhard Wimberger (*Nachtmusik-Trauermusik-Finalmusik*, 1989).

Wiener Symphoniker

Das Orchester wird 1900 als »Orchester des Konzertvereins« gegründet. 1914–19 schließt es sich mit dem »Wiener Tonkünstlerorchester« zusammen. 1919 trennen sich die beiden Orchester wieder und das des Konzertvereins nimmt seinen heutigen Namen an. 1922 fusionieren die beiden Orchester endgültig, organisieren aber weiterhin ihre Konzerte selbständig.

Chefdirigenten: Ferdinand Löwe (1900–25, Konzertverein), Wilhelm Furtwängler (1919–20, Tonkünstler), Clemens Krauss (1923–34, Tonk.), Rudolf Nilius und Leopold Reichwein (1927–28), Oswald Kabasta, Hans Weisbach, Hans Swarowsky (1946–47), Herbert von Karajan (1948–49), bis 1960 Gastdirigenten, Wolfgang Sawallisch (1960–70), Josef Krips (1970–73), Carla Maria Giulini (1973–76), bis 1981 Gastdirigenten, Gennadi N. Roshdestwenskij (1981–83), Georges Prêtre (1986–91, principal guest conductor), Rafael Frühbeck de Burgos (seit 1991).

Uraufführungen: Werke von Anton

Symphonieorchester

Bruckner (*Symphonie Nr. 9*, 1903), Boris Blacher (*Poème*, 1976; *Präludium und Konzertarie*, 1985), Helmut Eder (*Konzert A. B.*, 1984), Werner Egk (*Furchtlosigkeit und Wohlwollen*, 1959), Gottfried von Einem (*An die Nachgeborenen*, Kantate, op. 42, 1975; *Ludi Leopoldini*, 1980), Karl Amadeus Hartmann (*Symphonie Nr. 1*, 1957), Roman Haubenstock-Ramati (*Imaginaire*, 1989), Maurice Ravel (*Konzert für die linke Hand*, 1932), Arnold Schönberg (*Pelleas und Melisande*, 1905; *Gurrelieder*, 1913), Richard Strauss (Große Orchestersuite aus *Der Rosenkavalier*, 1946).

Sinfonieorchester Wuppertal

Das 1862 gegründete Orchester heißt zunächst »Elberfelder Kapelle«; 1886 wird es zum »Städtisches Orchester«; 1919 fusioniert es mit dem »Städtischen Orchester Barmen« und entwickelt sich zu einem großen Symphonie-Orchester.
Musikdirektoren: Richard Schulz (1862–65), Willy Gutkind (1865–83), Julius Buths (1883–1901), Hans Haym (1901-), Otto Klemperer (1913–14), Erich Kleiber (1919–21), Hermann von Schmeidel (1921–24), Hans Weisbach, Franz von Hoesslin (1926–32, erster Generalmusikdirektor), Hellmut Schnakkenburg (1932–37), Fritz Lehmann (1938–46), Hans Weisbach (1947–55), Hans Georg Ratjen (1955–59), Martin Stephani (1959–63), Hanns-Martin Schneidt (1963–68), Peter Gülke (seit 1986).
Uraufführungen: Werke von Wolfgang Fortner (*Orchestersuite*, 1930), Johannes Wallmann (*Axial*), Gerhard Wimberger (*Motus*, 1978).

Zagrebačka Filharmonija (Zagreb)

Das 1919 gegründete Orchester nimmt eine bis ins Jahr 1871 zurückreichende Tradition auf.
Chefdirigenten: bis 1956 Gastdirigenten, Milan Horvat (1956–70), Lovro von Matačić (1970–80), Pavle Dešpalj (1980–88), Pavel Kogan (1988–90, Chefdirigent und Musikdirektor), Kazushi Ohno (seit 1990, Musikdirektor).

Tonhalle-Orchester Zürich

Gegründet 1868.
Chefdirigenten: Friedrich Hegar (1868–1906), Volkmar Andreae (1906–49), Erich Schmid (1949–57), Hans Rosbaud (1950–62), Rudolf Kempe (1965–72), Gerd Albrecht (1975–80), Christoph Eschenbach (1982–86), Hiroshi Wakasugi (1987–91), Claus Peter Flor (seit 1991 principal guest conductor).
Auftragskompositionen: Werke von Tadeusz Baird (*Canzona*, 1982), Luciano Berio (*Eindrücke*, 1974), Willy Burkhard (*Fantasia Mattutina*, 1950), Cristóbal Halffter (*Versus para orquesta*, 1985), Josef Haselbach (*Nocturne*, 1984), Hans Werner Henze (*Barcarola*, 1980), Arthur Honegger (*Monopartita*, 1951), Aribert Reimann (*Variationen für Orchester*, 1976), Armin Schibler (*Konzert 77*, 1978), Robert Suter (*Marcia funebre*, 1982), Wladimir Vogel (*Modigliani Kantate*, 1966).
Uraufführungen (zwischen 1908 und 1988 115 Orchester- und 35 Kammermusikwerke): u. a. Werke von Ferrucio Busoni (*Concertino für Klarinette und Orchester*, 1918; *Sarabande und Cortège*, 1919), Karl Amadeus Hartmann (*Kammerkonzert*, 1969), Arthur Honegger (*Symphonie Nr. 3* »liturgique«, 1946), Marcel Mihalovici (*Sinfonia variata*, 1962), Aribert Reimann (*Lear Symphonie*, 1980), Camille Saint-Saëns (*Symphonie de jeunesse en la*, 1974), Othmar Schoeck (*Konzert für Violoncello*, 1948), Richard Strauss (*Konzert für Oboe und Orchester*, 1946), Heinrich Sutermeister (*Konzert für Violoncello Nr. 1*, 1956; *Te Deum*, 1975), William Walton (*Portsmouth Point Overture*, 1926).

Basel

Kammerorchester und spezialisierte Instrumentalensembles

Le Sinfonietta (Amiens)
Bis 1984 heißt das 1972 gegründete Ensemble »Pupitre 14«, nennt sich dann »Ensemble Instrumental de Picardie« und nimmt 1985 seinen heutigen Namen an. Zu Beginn gehören ihm 14, heute 24 Instrumentalisten an; somit weist es die Struktur eines Kammerorchesters auf. 1974 erhielt es den Status eines Regionalorchesters. Charles Chaynes, Pierre Hasquenoph und Alexandre Tansman komponieren für das Ensemble.
Musikdirektoren: Edmond Rosenfeld (1972–83), Alexandre Myrat (1984–89), Patrick Fourmillier (seit 1989).

Het Nederlands Kamerorkest (Amsterdam)
Das 1955 gegründete Ensemble wird 1985 in das »Nederlands Philharmonisch Orkest« integriert.
Chefdirigenten: Szymon Goldberg (1955–79), Antoni Ros-Marbá (1979–85).
Gastdirigenten: David Zinman (1964–69) und Kees Bakels.
Auftragskompositionen: Werke von Jurriaan Andriessen (*Omaggio a Sweelinck*, 1968), André Douw (*Styx*), Hans Kox (*Six One-act Plays*, 1971).

The Deller Consort (Ashford, Kent)
Die Musiker (5 bis 6 Sänger und 1 Lautenspieler) des 1950 gegründeten Ensembles werden im Lauf der Zeit mehrfach ausgewechselt, was zu einer Bereicherung des Stils und des Repertoires führt; The Deller Consort beschäftigt sich mit der Musik des elisabethanischen Zeitalters bis zur Gegenwart, von Claudio Monterverdi bis zu Benjamin Britten. Mark Deller interessiert sich für die Musik des Spätmittelalters und des Barocks, besonders für die Madrigale des 16. und 17. Jahrhunderts.
Musikalische Leitung: Alfred Deller (1950–79), Mark Deller (seit 1979).

Musiker: Tracey Chadwell, Elisabeth Priday, Mark Deller, John Mark Ainsley, Maurice Bevan und Robert Spencer.

Diabolus in Musica (Barcelona)
Joan Guinjoan und Juli Panyella gründen 1965 in Barcelona das Kammerensemble mit schwankender Mitgliederzahl, das sich mit Werken des 20. Jahrhunderts befaßt und regelmäßig Werke uraufführt.
Uraufführungen: Mehr als 70 Werke, unter anderem von Ramón Barce (*Musica funebre*), Francisco Cano (*Quinteto Hedonista*), Joan Guinjoan (*Magma*), Carlos Guinovart (*Discantus*), Joaquim Homs (*Nonet*), Tomás Marco (*Arbor*), Xavier Montsalvatge (*Sum Vermis*), Josep Soler (*La morte de Savonarola*).

Basler Kammerorchester
Das Kammerorchester wird 1926 von Paul Sacher gegründet und bis zu seiner Auflösung 1987 von ihm geleitet. Es besteht aus 30 Instrumentalisten und kann notfalls bis zur Größe eines Symphonie-Orchesters erweitert werden. Das Repertoire umfaßt Werke vor allem aus dem 18. Jahrhundert und vor allem der Gegenwart. Die Zahl der Uraufführungen, die wir dem Ensemble zu verdanken haben, ist beträchtlich.
Uraufführungen: Werke von Béla Bartók (*Musik für Saiteninstrumente, Schlagzeug und Celesta*, 1937; *Divertimento*, 1940; *Konzert für Violine Nr. 1*, 1958), Conrad Beck (*Symphonie Nr. 5*, 1930; *Orchestersuite Nr. 2*, 1946; *Hommages*, 1966), Boris Blacher (*Dialog*, 1951), Pierre Boulez (*Figures, Doubles, Prismes*, Auszug, 1964), Benjamin Britten (*Cantata academica*, 1960), Wolfgang Fortner (*The Creation*, 1955; *Triplum*, 1966; *Prismen*, 1975), Cristóbal Halffter (*Doppelkonzert für Violine, Bratsche und Orchester*, 1986), Hans

Werner Henze (*Konzert für Violine Nr. 2*, 1972; *Compases para preguntas ensimismadas*, 1971), Paul Hindemith (*Symphonie »Die Harmonie der Welt«*, 1952), Heinz Holliger (*Atembogen*, 1975), Arthur Honegger (*Jeanne d'Arc au bûcher*, 1938; *La Danse des morts*, 1939, *Une Cantate de Noël*, 1953; *Symphonie Nr. 4*, 1947), Jacques Ibert (*Symphonie concertante für Oboe und Orchester*, 1951), Riccardo Malipiero (*Symphonie Nr. 6*, 1949), Frank Martin (*Der Cornet*, 1945; *Etudes für Streichorchester*, 1956; *Konzert für Violine und Orchester Nr. 1*, 1952; *Konzert für Violoncello*, 1967), Bohuslav Martinů (*Doppelkonzert*, 1940; *Concerto da camera für Violine und Orchester*, 1942; *Toccata e due Canzone*, 1947; *Sinfonia concertante*, 1950; *Das Gilgamesch-Epos*, 1958), Richard Meale (*Evocations für Oboe*, 1975), Marcel Mihalovici (*Sinfonia giocosa*, 1951), Goffredo Petrassi (*Konzert für Orchester Nr. 2*, 1952), Igor Strawinsky (*Konzert für Streichorchester*, 1947; *A Sermon, a Narrative and a Prayer*, 1962), Sir Michael Tippett (*Ritual Dances*, 1953), Sándor Verress (*Deux Essais*, 1986).

Ensemble Ricercare (Basel)
siehe **Schola Cantorum Basiliensis**

Hesperion XX (Basel)
Das Ensemble Alter Musik wird 1974 von Jordi Savall (Streichinstrumente), Montserrat Figueras (Gesang), Lorenzo Alpert (Blas- und Schlaginstrumente) und Hopkinson Smith (Zupfinstrumente) im Rahmen der Schola Cantorum Basiliensis, an der sie die entsprechenden Lehrstühle innehaben, gegründet. Das Ensemble beschäftigt sich in der Hauptsache mit der spanischen Musik vor 1800 und gräbt viele vergessene Werke aus. Die Besetzung und die Stärke des Ensembles wechselt je nach Programm. Hesperion XX nimmt als erstes Ensemble 1985 Johann Sebastian Bachs *Kunst der Fuge* auf alten Instrumenten ohne Cembalo auf.

Linde Consort (Basel)
Das Ensemble Alter Musik wird von Hans Martin Linde im Rahmen der Schola Cantorum Basiliensis gegründet und beschäftigt sich in der Hauptsache mit der Musik des Barock und der Klassik.

Schola Cantorum Basiliensis
Paul Sacher gründet 1933 diese Akademie Alter Musik, an der nach und nach auch andere Gebiete unterrichtet werden. 1954 fusioniert sie mit der Basler Musikschule und dem dortigen Konservatorium und bildet die neue Einheit »Musik-Akademie der Stadt Basel«.
Zu Beginn der 70er Jahre wird die Spezialisierung innerhalb der Akademie noch stärker vorangetrieben. Verschiedene Ensembles bilden sich: das »Ensemble mittelalterlicher Musik«, das »Streicherensemble« und viele andere.
Viele Professoren der Schola Cantorum Basiliensis gründen ihre eigenen Ensembles, so Hans Martin Linde (»Linde Consort«), Michel Piquet (»Ensemble Ricercare«, Edward Tarr (»Edward Tarr Brass Ensemble«), Jordi Savall (»Hesperion XX«), Jaap Schröder (»Smithson String Quartet«), René Jacobs (»Concerto Vocale«), Bruce Dickey, Christophe Coin, Andreas Staier, Conrad Steinmann, Dominique Vellard, Bob Young.
Seit 1980 erscheint die Schallplattenserie »Schola Cantorum Basiliensis – Documenta«. Seit 1977 wird jedes Jahr ein »Basler Jahrbuch für historische Musikpraxis« veröffentlicht.

Berliner Kammerorchester
Das Ensemble wird 1945 im Ostteil der Stadt gegründet.
Chefdirigenten: Helmut Koch (1945–75), seither ohne ständigen Leiter.

Europäisches Kammerorchester (Berlin)
Dem 1981 gegründeten Orchester gehören 45 vor allem englische, deutsche und skandinavische Instrumentalisten an, die zuvor im Jugendorchester der

Europäischen Gemeinschaft mitgewirkt haben. Das Orchester wird nicht subventioniert und lebt von Sponsoren und den Einnahmen aus Schallplattenaufnahmen; zu Beginn wird es von James Judd, dem Assistenten Claudio Abbados, geleitet. Die Stadt Berlin stellt dem Ensemble den Kammermusiksaal der Philharmonie zur Verfügung, in dem die Proben stattfinden (zehn Tage pro Monat). Das Orchester verwaltet sich selbst und hat keinen Chefdirigenten. Claudio Abbado, Nikolaus Harnoncourt und Sir Georg Solti arbeiten häufig als Gastdirigenten mit dem Ensemble.

Solisten der Berliner Philharmonie
siehe **Berliner Philharmoniker**

Zwölf Violoncellisten der Berliner Philharmoniker
siehe **Berliner Philharmoniker**

Camerata Bern
Das 1962 gegründete Ensemble besteht aus 15 Streichern und einem Cembalisten und wird vom Konzertmeister geleitet. Es beschäftigt sich mit der Musik für Streichorchester vom Barock bis zur Moderne.
Musikdirektoren: Alexander van Wijnkoop, Thomas Füri (1979–92).
Uraufführungen: Werke von Edison W. Denisow (*Variationen zu Johann Sebastian Bachs Choral »Es ist genug«*, 1989), Isang Yun (*Gong-Hu*, 1975).

The Boston Camerata
Das 1954 von Narcissa Williamson gegründete Ensemble ist mehrere Jahre lang eine Unterabteilung der Instrumentensammlung des Bostoner Kunstmuseums. 1968 wird es unabhängig; seither leitet es Joel Cohen. Das Ensemble beschäftigt sich mit der Musik der Renaissance und des Barock und entwickelt sich in kurzer Zeit zu dem bedeutendsten der Vereinigten Staaten auf diesem Gebiet. Während des Winters bezieht es im Conservatory of New England (Boston) Quartier, während es im Sommer Tourneen durch Europa unternimmt. Je nach Programm wirken bis zu sechzehn Instrumentalisten und Sänger an den Konzerten mit. Bedeutende Schallplattenaufnahmen des Ensembles: Werke von Marc-Antoine Charpentier (*Mitternachtsmesse*), Henry Purcell (*Dido and Aeneas*), und von anonymen Autoren *Tristan und Isolde* sowie *L'Homme armé*.

Bournemouth Sinfonietta
Die 1968 gegründete Sinfonietta setzt sich aus 30 Mitgliedern zusammen, die nicht zum Symphonie-Orchester von Bournemouth gehören. 1974–78 nimmt das Ensemble an den Herbsttourneen des Festivals von Glyndebourne teil. Es arbeitet regional (im Süden und Westen Großbritanniens), national (London) und international (auf Tourneen).
Chefdirigenten: George Hurst (1968–71), Maurice Gendron (1971–73), Kenneth Montgomery (1973–76), Volker Wangenheim (1977–80), Ronald Thomas (1980–83), Norman del Mar (1983–85), Roger Norrington (1985–89), Tamás Vásáry (seit 1989).
Uraufführungen: Werke von Robin Holloway (*Ballad*, 1985), Joaquín Rodrigo (*Cántico de San Francisco Asis*, 1986).

Slovenský Komorní Orchestr
(Bratislava)
(Slowakisches Kammerorchester, Preßburg)
Das 1960 im Rahmen der »Slowakischen Philharmonie« gegründete Ensemble ist seit 1966 unabhängig. Es besteht aus elf Streichern und arbeitet ohne Dirigent.
Künstlerischer Direktor und Konzertmeister: Bohdan Warchal (gleichzeitig Konzertmeister der »Slowakischen Philharmonie«).

La Petite Bande (Brüssel)
Mit dem 1972 von Sigiswald Kuijken gegründeten Barockorchester spielen auch seine Brüder und bedeutende Künstler wie Gustav Leonhardt. Das Ensemble zeichnet sich durch sein stän-

diges Bemühen um eine möglichst authentische Wiedergabe aus. Zu Beginn stand das französische Repertoire (Lully, Campra und Georg Muffat mit seinen Werken im französischen Stil) und die sich daraus ergebenden stilistischen Überlegungen im Vordergrund; nach einigen Jahren erschloß sich das Ensemble auch das italienische Repertoire (Corelli, Vivaldi und Georg Muffat mit seinen Werken im italienischen Stil). Heute interpretiert das Ensemble auch die Opern Jean-Philippe Rameaus sowie Werke Johann Sebastian Bachs, Georg Friedrich Händels, Joseph Haydns und Antonio Vivaldis.

Orchestre de Chambre de la RTB Bruxelles
Das Orchester wird 1932 als »Orchestre de Chambre de la Radio« gegründet. Ende 1977 wird es in das »Nouvel Orchestre Symphonique de la RTBF« integriert und stellt seine Arbeit ein.
Chefdirigenten: Franz André, Paul Gason, André Souris, André Joassin, Georges Béthume, Edgar Doneux (1949–77).

Liszt Ferenc Kamarazenekar
(Budapest)
(Kammerorchester Franz Liszt)
Dem 1963 gegründeten Orchester gehören 16 Streicher und ein Cembalist an, zu Beginn Studenten der Franz-Liszt-Musikakademie in Budapest. Kurz darauf löst sich das Orchester von der Akademie und wird unabhängig. Es spielt unter der Leitung seines Konzertmeisters ohne Dirigent.
Künstlerische Leitung: Frigyes Sándor (1963–79), János Rolla (seit 1979).

Magyar Kamarazenekar (Budapest)
(Ungarisches Kammerorchester)
Dem 1957 von Vilmos Tátrai gegründeten Ensemble gehören 11 Streicher an, die ohne Dirigent spielen.

Orchestra de Camerǎ Bucuresti
Das Ensemble wurde 1969 von Ion Voicu gegründet, der es bis heute leitet. Instrumentalisten der wichtigsten Bukarester Orchester gehören dem Kammerensemble an, das seine Selbständigkeit bis heute bewahrt hat.

Kammerorchester der Bukarester Philharmonie »George Enescu«
siehe **Bukarester Philharmonie »George Enescu«**

The Academy of Ancient Music
(Cambridge)
Das 1973 von Christopher Hogwood gegründete Ensemble wählt den Namen einer Instrumentalgruppe aus dem 19. Jahrhundert, die sich der Alten Musik widmete. Der Cembalist Hogwood, der das Ensemble einer alten Tradition gemäß von seinem Instrument aus leitet, interessiert sich besonders für die Musik des Barock. Die Instrumentalisten sind alle Spezialisten der Musik des 17. und 18. Jahrhunderts. Die Zahl der Musiker ist je nach Programm variabel.

The Cambridge Buskers
Der Flötist Michael Copley, der 33 verschiedene Flöten spielt, und der Akkordeonist Dag (David) Ingram bilden ein humoristisches Duo. Die beiden lernen sich in Cambridge kennen, wo Michael Copley Musik und Dag Ingram Französisch und Russisch studiert. Ihre Karriere beginnt im Londoner Bahnhof King's Cross: die beiden haben kein Geld mehr und spielen, um sich die Fahrkarten nach Cambridge leisten zu können. Aufgrund des Erfolges studieren sie ein Programm mit Melodien aus dem klassischen Repertoire ein, das sie zunächst in den Straßen, der Underground, in Clubs, auf Sportplätzen und schließlich in Theatern und Konzertsälen spielen. Ihre Karriere schließt viele Zwischenfälle ein; so landen sie bei einer Frankreichtournee im Polizeikommissariat. Inzwischen werden sie weltweit eingeladen und haben mehrere Schallplatten produziert. Sie zeichnen für ihre Transkriptionen selbst verantwortlich, mit Ausnahme derjenigen, die ihnen Karlheinz Stockhausen widmete, dem sie zu-

fällig in einem Kölner Einkaufszentrum begegneten. Zu ihrem Repertoire gehören *Sämtliche Sinfonien* Ludwig van Beethovens in 45 Sekunden, die Kompositionen, die Ludwig XIV. bei Marc-Antoine Charpentier für die Eurovision bestellte, die *Brandenburgischen Konzerte* usw.

Orchestre d'Auvergne
(Clermont-Ferrand)
Das 1981 gegründete Ensemble gibt im Mai 1982 seine ersten Konzerte. Es besitzt den Status eines Regionalorchesters und setzt sich aus 20 Streichern zusammen.
Musikdirektoren: Jean-Louis Barbier (1981–84), Detlef Kieffer (1984–85), Jean-Jacques Kantorow (seit 1985).

Ars Nova Cluj-Napoca
siehe **Philharmonie von Cluj-Napoca**

Bläser-Ensemble von Cluj-Napoca
siehe **Philharmonie von Cluj-Napoca**

Collegium Musicum Academicum Cluj-Napoca
siehe **Philharmonie von Cluj-Napoca**

Kammerorchester Cluj-Napoca
siehe **Philharmonie von Cluj-Napoca**

Dresdner Kammersolisten
siehe **Dresdner Staatskapelle**

Deutsche Bachsolisten (Düsseldorf)
Das Kammerorchester wird 1960 von Helmut Winschermann gegründet und seither von ihm geleitet. Es beschäftigt sich mit der Musik des 18. Jahrhunderts.

Scottish Chamber Orchestra
(Edinburgh)
Dem 1974 gegründeten Ensemble gehören 37 Instrumentalisten an.
Künstlerische Direktoren und Chefdirigenten: Roderick Brydon (1974–83), Raymond Leppard (principal guest conductor seit 1979) und Peter Maxwell Davies (Chefdirigent), Jukka-Pekka Saraste (Chefdirigent seit 1987).

Uraufführungen: Werke von George Benjamin (*A Mind of Winter*, 1981), Gordon Crosse (*Symphonie Nr. 1*, 1976; *Dreamsongs*, 1979), Peter Maxwell Davies (*Konzert für Oboe und Orchester*, 1988; *Symphonie Nr. 4*, 1989), Iain Hamilton, Edward Harper (*Fern Hill*, 1977; *Fantasia V*, 1985), Toru Takemitsu (*Nostalghia*, 1987).

Ensemble Modern (Frankfurt/M.)
Das 1980 gegründete Ensemble hat seit 1985 seinen Sitz in Frankfurt. Die 20 Instrumentalisten spielen in der Regel ohne Dirigent und beschäftigen sich mit der Musik des 20. Jahrhunderts vom Duo bis zum Kammerorchester. Als Gäste haben Ernest Bour, Friedrich Cerha, Peter Eötvös, Heinz Holliger, Elgar Howarth, Lothar Zagrosek und Hans Zender mit dem Ensemble gearbeitet. Seit 1988 veranstaltet das Ensemble Modern in der Alten Oper eigene Abonnementskonzerte.
Uraufführungen: Werke von Hans Jürgen von Bose (*63 Dream Palace*, 1990), Michael Gielen (*Pflicht und Neigung*, 1989), Heiner Goebbels, Nikolaus A. Huber, Ernst Krenek, György Kurtág (*Doppelkonzert*, 1990), Emmanuel Nunes (*Quodlibet*, 1991), Steve Reich, Aribert Reimann (Orchestration zu Robert Schumanns *Gedichte der Maria Stuart*, op. 135, 1988), Michèle Reverdy (*Le Précepteur*, 1990), Mark-Anthony Turnage, Isang Yun (*Mugung-Dong*, 1986; *Impression für kleines Orchester*, 1987; *Kammersinfonie II*, 1989), Hans Zender (*Fūrin no Kyō*, 1989).

Consortium Classicum
(Freiburg im Breisgau)
Der Klarinettist Dieter Klöcker gründet das Ensemble 1966 in Detmold mit dem Ziel, die Kammermusik für Blasinstrumente (mit und ohne Streicher) des ausgehenden 18. und des 19. Jahrhunderts zu interpretieren. Die Zusammensetzung des Ensembles variiert je nach Programm; den Grundstock bildet ein Bläser-Oktett (2 Oboen, 2 Klarinetten, 2 Fagotte, 2 Hörner). Klöckner stellt in

Bibliotheken und Musikantiquariaten Nachforschungen an und entdeckt ein erstaunlich reichhaltiges Repertoire für dieses aus dem Rahmen fallende Ensemble. Seit 1976 arbeitet das Collegium Classicum insbesondere auf dem Gebiet der Sinfonia concertante regelmäßig mit der Londoner »Academy-of-St-Martin-in-the-Fields« zusammen. Ebenfalls seit 1976 sind die Mitglieder Professoren an der Freiburger Musikhochschule. Das Repertoire hat sich inzwischen bis aufs 20. Jahrhundert erweitert. Albrecht Gürsching, Harald Heilmann, Manfred Niehaus und Helge Jörns komponieren für das Ensemble.

Ensemble Instrumental de Grenoble
Dem 1972 gegründeten Kammerensemble gehören sechzehn Streicher und ein Cembalist an. Es ist als Regionalorchester anerkannt und wirkt in Grenoble, durch Professoren des dortigen Konservatoriums verstärkt, an Aufführungen von Opern und Symphoniekonzerten mit.
Musikdirektoren: Stéphane Cardon (1972–84), Alain Dubois (1984–85), Marc Tardue (seit 1985).

Camerata Lysy, Gstaad
Dem 1977 gegründeten Ensemble gehören 18 Instrumentalisten an; das Repertoire reicht vom Duo bis zum Kammerorchester.
Musikdirektor: Alberto Lysy.
Uraufführungen: Werke von Silvano Picchi (*Sinfonia breve*), André Prévost (*Cantata for Strings*), Antonio Taoriello (*Musica por violon, piano y cuerdas*, Auftrag).

Württembergisches Kammerorchester Heilbronn
Das 1961 von Jörg Faerber gegründete Ensemble beschäftigt sich hauptsächlich mit der Musik des Barock und der Klassik. Es unternimmt weltweite Tourneen und veröffentlicht zahlreiche Schallplattenaufnahmen (bisher mehr als 300).
Musikdirektor: Jörg Faerber (seit 1961).
Uraufführung: *Kammersymphonie Nr. 2* von Martin Christoph Redel (1973).

Ensemble 13 (Karlsruhe)
Das Ensemble wird 1973 von Manfred Reichert gegründet und seither von ihm geleitet. Die Zahl der Ausführenden schwankt je nach den gespielten Werken. Es spezialisiert sich auf die zeitgenössische Musik und arbeitet mit den Komponisten Wolfgang Rihm, Luigi Nono und Iannis Xenakis, die im Rahmen der Karlsruher Wintermusik Kurse geben, eng zusammen. Seit 1983 findet der von dem Ensemble ins Leben gerufene Konzertzyklus »Musik auf dem 49ten« in Karlsruhe statt.
Uraufführungen: Werke von Hans-Jürgen von Bose (*Variationen für Streicher*, 1981), Jean Françaix (*Konzert für Gitarre und Orchester*, 1984), Detlev Müller-Siemens (*Variationen über einen Ländler von Schubert*, 1978), Wolfgang Rihm (*Chiffre-Zyklus*, 1988; *Gejagte Form*, 1989).

Śląska Orkiesta Kameralna (Katowice)
(Schlesisches Kammerorchester)
siehe **Państwowa Filharmonia Śląska** (Katowice)
(Schlesische Philharmoniker)

Camerata Köln
Das Ensemble für Barockmusik wird 1976 gegründet und setzt sich aus sieben Instrumentalisten zusammen, die alle Professoren an Konservatorien sind (Frankfurt, Wien, Stuttgart). Sie spielen auf alten Instrumenten und bemühen sich, Werktreue mit moderner künstlerischer Haltung zu vereinen.
Instrumentalisten: Michael Schneider (Flöten), Karl Kaiser (Querflöte), Hans-Peter Westermann (Oboe), Michael McCraw (Fagott), Mary Utiger (Violine), Rainer Zipperling (Violoncello und Viola da gamba), Harald Hoeren (Cembalo).

Capella Clementina (Köln)
siehe **Kölner Kammerorchester**

Cappella Coloniensis
Das aus 40 Musikern bestehende Ensemble wird vom WDR Köln finanziert und widmet sich der Musik des 18. Jahrhunderts.
Chef- und Gastdirigenten: August Wenzinger (1954–58), Eigel Kruttge, Marcel Couraud, Ferdinand Leitner, Hanns-Martin Schneidt, John Eliot Gardiner, Gabriele Ferro und andere.

Collegium Aureum (Köln)
Das Ensemble wird 1964 von der Schallplattenfirma Harmonia Mundi und dem Konzertmeister des Ensembles, Franzjosef Maier, gegründet.
Es spielt barocke und klassische Musik auf Originalinstrumenten und gilt als eines der Pionier-Ensembles auf diesem Gebiet. Collegium Aureum arbeitet häufig mit dem »Deller Consort« zusammen. Seit 1976 beschäftigt sich das Ensemble auch mit der Musik des 19. Jahrhunderts, benutzt dabei moderne Instrumente, bewahrt aber seinen Interpretationsstil.

Concerto Köln
Das barocke Kammerorchester wird 1985 gegründet; die Basis des Ensembles setzt sich aus 14 Streichern, 7 Bläsern und 1 Cembalisten zusammen. Das Orchester wird von seinem Konzertmeister Werner Ehrhardt geleitet. Die sehr jungen Instrumentalisten, die bei der Gründung im Durchschnitt nicht einmal 25 Jahre alt waren, stammen aus verschiedenen Ländern (Deutschland, Frankreich, Italien, USA, Schweden usw.). Concerto Köln arbeitet regelmäßig mit René Jacobs, Ton Koopman, Frans Brüggen und Philippe Herreweghe zusammen. Alle Musiker benutzen Originalinstrumente aus dem Barock.
Die Solisten des Ensembles, Werner Ehrhardt, Andrea Keller, Christine Angot und Werner Matzke bilden eine Unter-Formation, das »Quartetto Köln«.

Kölner Kammerorchester
Das 1964 von Helmut Müller-Brühl gegründete Ensemble, das bis heute von ihm geleitet wird, heißt zunächst »Orchester der Brühler Schloßkonzerte«. Nach und nach beschränkt sich das Kammerorchester nicht mehr auf die im Schloß Brühl gegebenen Konzerte; heute zählt es zu den reiselustigsten Kammerorchestern Deutschlands und nimmt zahlreiche Schallplatten auf. Es spielt barocke und klassische Musik auf modernen Instrumenten. Spielt es auf alten Instrumenten, nennt es sich »Capella Clementina«. Je nach Programm wirken 18 bis 40 Musiker an den Konzerten mit. Ein erstes »Kölner Kammerorchester« war 1920 von Hermann Abendroth gegründet worden.

Musica Antiqua Köln
Das Ensemble Alter Musik wird 1973 gegründet; es spielt barocke und klassische Werke auf Originalinstrumenten. Den Kern des Ensembles bilden 2 Violinen, 1 Cembalo und 1 Gambe (oder Violone). Seit 1983 nimmt das Ensemble unter der Leitung ihres 1. Violinisten und künstlerischen Leiters Reinhard Goebel häufig auch die Form eines Kammerorchesters an.

Orchestre de Chambre de Lausanne
Das 1942 gegründete Ensemble, dem 35 bis 38 Musiker angehören, hat einen Vertrag mit Radio Suisse Romande, veranstaltet eigene Abonnement-Konzerte und arbeitet mit der Stadt Lausanne, der dortigen Oper und dem Kanton Wallis zusammen.
Chefdirigenten: Victor Desarzens (1942–73), Armin Jordan (1973–85), Lawrence Foster (1985–90), Jesús López Cobos (seit 1990).
Uraufführungen: Werke von Raffaele d'Alessandro (*Concerto grosso*, 1949), Luciano Berio (*Requies*, 1984), Frank Martin, Bohuslav Martinů, Heinrich Sutermeister (*Divertimento Nr. 2*, 1960), Julien-François Zbinden (*Symphonie Nr. 1*, 1953; *Orchalau-Concerto*, 1963; *La Solitude*, 1985).

Kammerorchester

Bach Collegium Leipzig
siehe Gewandhausorchester Leipzig

Capella Fidicinia am Musikinstrumenten-Museum der Karl-Marx-Universität Leipzig
Hans Grüß gründet das Kammerorchester 1957 und leitet es bis heute. Es setzt sich aus Instrumentalisten der verschiedenen Leipziger und anderer Orchester der ehemaligen DDR zusammen, die auf Originalinstrumenten des Leipziger Musikinstrumenten-Museums spielen. Das Repertoire reicht vom Mittelalter bis zu Johann Sebastian Bach.

Neues Bach Collegium Musicum Leipzig
siehe Gewandhausorchester Leipzig

Kammerorchester Leningrad
siehe **Philharmonisches Orchester Sankt Petersburg**

The Academy of St-Martin-in-the-Fields (London)
Das 1956 gegründete Orchester hat ursprünglich zur Aufgabe, während der Mittagszeit in der Londoner Kirche St-Martin-in-the-Fields Konzerte zu geben. Der großen Formation gehören 40 bis 50 Musiker, der kleinen 16 Streicher an. 1975 wird dem Orchester ein Chor angeschlossen, der von Laszlo Heltay geleitet wird.
Chefdirigenten: Neville Marriner (seit 1956, große Formation), Iona Brown (Konzertmeister, kleine Formation, seit 1974), Kenneth Sillito (Konzertmeister, kleine Formation, seit 1980).
Uraufführungen: Werke von Richard Rodney Bennett (*Music for Strings*, 1977; *Metamorphoses*, 1980, Auftrag), Peter Maxwell Davies (*Sinfonia concertante*, 1983), William Walton (*Sonata for Strings*, 1972).

Amadeus Ensemble (London)
siehe **Amadeus Quartet**

The Consort of Musicke (London)
Das Ensemble Alter Musik wird 1969 von Anthony Rooley und James Tyler gegründet. Ab 1972 ist Rooley allein für die Leitung verantwortlich. Im Zentrum der Gruppe stehen sechs Sänger, die im Lauf der Zeit mehrfach ausgewechselt werden. Je nach Programm ergänzen weitere Sänger oder Instrumentalisten den Kern.
Sänger (zur Zeit): Emma Kirby und Evelyn Tubb (Sopran), Mary Nichols (Alt), Andrew King und Rufus Müller (Tenor), Alan Ewing (Baß).

The Early Music Consort of London
Das Ensemble Alter Musik wird von David Munrow 1967 gegründet. Ihm gehören fünf Interpreten an: James Bowman (Counter-Tenor), Oliver Brookes (Viola), Christopher Hogwood (Cembalo), James Tyleer (Laute) und David Munrow (Blasinstrumente). Das Publikum nimmt seine Interpretationen der Musik des Mittelalters und der Renaissance begeistert auf, und einige Schallplatten werden mehrfach ausgezeichnet. Das Ensemble interessiert sich auch für zeitgenössische Musik und zeichnet für die Uraufführungen von Werken von Peter Dickinson, Elisabeth Lutyens und Peter Maxwell Davies verantwortlich.

English Chamber Orchestra (London)
Das 1948 von Arnold Goldsbrough, Lawrence Leonard und Quintin Ballardie gegründete Ensemble, das einzige ständige Kammerorchester Londons, nimmt seinen heutigen Namen erst 1960 an. Vor 1985 hat es keine Chefdirigenten, dafür aber prominente Gäste wie Benjamin Britten, Daniel Barenboim, Murray Perahia, Raymond Leppard oder Wladimir D. Ashkenazy. Seit 1961 spielt es regelmäßig bei den Festspielen von Aldeburgh. Seit seiner Gründung wird das Orchester von drei Konzertmeistern geleitet, Emmanuel Hurwitz, Kenneth Sillito und José Luis Garcia. 1985 wird Jeffrey Tate zum ersten Chefdirigenten des Orchesters ernannt.
Uraufführungen: Werke von Malcolm Arnold, Richard Rodney Bennett

(*Konzert für Kontrabaß und Orchester*, 1978), Harrison Birtwistle, Howard Blake (*Konzert für Klarinette und Orchester*, 1984), Benjamin Britten (*A Midsummer Night's Dream*, 1960; *Church Paraboles*, 1964, 1966 und 1968; *Sinfonia concertante für Violoncello und Orchester*, 1964; *Owen Wingrave*, 1971), Peter Maxwell Davies (*Sinfonia*, 1962), Alexander Goehr (*Sinfonia*, 1980), Hans Werner Henze, Alun Hoddinott (*Concerto grosso Nr. 1*, 1965), Robin Holloway (*Ode*, 1980; *Second Idyll*, 1983), Gustav Holst (*Capriccio*, 1968), Gordon Jacob (*Konzert für Bratsche und Orchester Nr. 2*, 1981), Jonathan Lloyd (*Canticle*, 1970), David Matthews (*Serenade*, 1984; *Variations for Strings*, 1987), Nicholas Maw, Andrzej Panufnik (*Landscape*, 1965), Giles Swayne (*Symphonie*, 1984), John Tavener.

The English Concert (London)
Das Ensemble wird 1973 von Trevor Pinnock gegründet und seither von ihm geleitet. Ursprünglich gehören ihm nur 5 Streicher, 1 Flötist und 1 Cembalist an; inzwischen hat das Ensemble die Größe eines Kammerorchesters. Trevor Pinnock dirigiert vom Cembalo aus Werke des 17. und 18. Jahrhunderts. 1978–85 nimmt das Ensemble das Gesamtwerk für Orchester von Johann Sebastian Bach und Georg Friedrich Händel auf Schallplatten auf. 1983 gründet The English Concert aus Anlaß der ersten modernen Aufführung von Jean-Philippe Rameaus *Acante et Céphise* einen eigenen Chor.

The London Early Music Group
Das Ensemble wird 1976 von James Tyleer gegründet und seither von ihm geleitet. Es beschäftigt sich mit der Musik der Renaissance und des Barock für Streicher und Sänger. Zum Kern der Truppe gehören James Tyleer, Duncan Druce, Nancy Roth, Penelope Veryard, Peter Vel und Barry Mason; bei Bedarf werden Instrumentalisten und Sänger zusätzlich engagiert.

London Mozart Players
Das 1949 gegründete Ensemble beschäftigt je nach Programm 19 bis 45 Instrumentalisten. Das Repertoire reicht von der Klassik bis zur Moderne mit einer besonderen Betonung der Musik Wolfgang Amadeus Mozarts und Franz Josef Haydns.
Musikdirektoren: Harry Blech (1949–84), Jane Glover (seit 1984).
Uraufführungen: Werke von Alun Hoddinott (*Divertimento for Orchestra*, 1969; *French Suite for Small Orchestra*, 1977), Gordon Jacob, William Mathias, Paul Patterson, Alan Rawsthorne, Gerhard Schurmann (*Variants*, 1971), Malcolm Williamson.

London Sinfonietta
Das Ensemble wird 1968 von David Atherton und Nicholas Snowman gegründet; es beschäftigt sich ausschließlich mit zeitgenössischer Musik. Dem Ensemble gehören 14 Instrumentalisten an.
Innerhalb von 20 Jahren vergibt die London Sinfonietta 82 Aufträge, realisiert 191 Uraufführungen und gilt wohl zu Recht als das Ensemble, das die zeitgenössische Musik am intensivsten vertritt. 1979 wird ein von Terry Edwards geleitetes Vokalensemble der Gruppe angeschlossen, die London Sinfonietta Voices, außerdem ein Chor. Seit 1981 beschäftigt es sich intensiv mit pädagogischen Projekten und Konzerten. Seit 1984 arbeitet die London Sinfonietta eng mit David Freemans Opera Factory zusammen und wirkt an zahlreichen Opernaufführungen auch am Covent Garden mit. Das Ensemble realisiert seit 1987 die Herbsttournee der Festspiele von Glyndebourne. Es ist auf dem Campus der Kingston Polytechnic zu Hause.
Künstlerische Leiter: David Atherton (1968–73), Michael Vyner (1973–88), Michael Vyner und Paul Crossley (1988–89), David Atherton und Paul Crossley (seit 1989).
Chefdirigenten: Die London Sinfonietta kennt keinen Chefdirigenten, dafür

aber bedeutende Gastdirigenten und dirigierende Komponisten wie David Atherton, Elgar Howarth, Diego Masson, Simon Rattle, Esa-Pekka Salonen, Lothar Zagrosek, Luciano Berio, Oliver Knussen, Witold Lutosławski oder Hans Werner Henze.

Auftragskompositionen: Werke von Gilbert Amy (*Seven Sites*, 1975), Don Banks (*Meeting Place*, 1970), David Bedford (*The Garden of Love*, 1970), Richard Rodney Bennett (*Jazz Pastoral*, 1970; *Dream Dancing*, 1986), Harrison Birtwistle (*Verses for Ensembles*, 1969; *Meridian*, 1971; *Secret Theatre*, 1984), Hans Jürgen von Bose, Earle Brown (*Centering*, 1973), Elliott Carter (*In Sleep, in Thunder*, 1982), Martin Dalby, Peter Maxwell Davies, Edison W. Denissow, Brian Ferneyhough (*Carceri d'Invenzione I*, 1982), Michael Finnissy, Hans Werner Henze (*Das Wunder der Rose*, 1982), Alun Hoddinott, Robin Holloway (*Concertino Nr. 3*, 1976; *Aria*, 1980; *Doppelkonzert für Klarinette, Saxophon und Orchester*, 1988), Oliver Knussen (*Coursing*, 1979), György Kurtág, Elisabeth Lutyens, Detlev Müller-Siemens (*Under Neon-Light I*, 1981), Thea Musgrave, Nigel Osborne, Paul Patterson (*Cracowian Counterpoints*, 1977), Steve Reich, Aribert Reimann (*Invenzioni for 12 Players*, 1979), Robert Saxton (*The Circles of Light*, 1986), Alfred G. Schnittke, Toru Takemitsu (*Rain Coming*, 1982), John Taverner (*A Celtic Requiem*, 1969), Iannis Xenakis (*Phlegra*, 1976; *Thallein*, 1985, *Waarg*, 1988).

Uraufführungen: Werke von Richard Rodney Bennett (*Commedia I, Sonnet Sequence*), Luciano Berio (*E Vó*, 1972; *Recital I*, 1972), Harrison Birtwistle (*Songs by Myself*, 1984), Pierre Boulez (»...explosante-fixe...«, 1974), *Dérive*, 1984), Edison W. Denissow (*Canon*), Roberto Gerhard (*Sardana Nr. 1*), Hans Werner Henze (*Voices*, 1974; *We Come to the River*, 1976), Jonathan Lloyd (*Konzert für Bratsche und Orchester*, 1981), Witold Lutosławski (*Chain 1*, 1983), Karlheinz Stockhausen (*Ylem*, 1973), Igor Strawinsky (*Song without Name*), John Taverner (*Chamber Concerto*. 1968), Sir Michael Tippett (*Songs for Dov*).

Musica Reservata (London)
Das Ensemble Alter Musik wird Mitte der 50er Jahre von dem Musikwissenschaftler Michael Morrow gegründet, der auch die künstlerische Leitung übernimmt. John Beckett dirigiert vom Cembalo aus das Ensemble, in dem John Sothcott (Blockflöte) und Grayston Burgess (Counter-Tenor) mitwirken.

Los Angeles Chamber Orchestra
Dem 1969 gegründeten Ensemble gehören 40 Instrumentalisten an.
Chefdirigenten: Neville Marriner (1969–79), Gerard Schwarz (1979–86), Iona Brown (1987–92), Christof Prick (seit 1991).
Uraufführungen: Werke von Paul Creston (*Sâdhanâ*, 1981, Auftrag), Joseph Schwanter (*Distant Runes and Incantations*, 1983).

Philharmonietta Nova (Lüttich)
siehe **Orchestre Philharmonique de Liège**

Festival Strings Luzern
Das 1955 gegründete Ensemble setzt sich aus 13 Streichern und 1 Cembalisten zusammen. Seit 1986 sind die Festival Strings eine Stiftung, die von der Stadt und dem Kanton Luzern unterhalten wird.
Gründer und Chefdirigent: Rudolf Baumgartner.
Uraufführungen (die meisten Kompositionen sind Rudolf Baumgartner gewidmet): Werke von Conrad Beck (*Die Sonnenfinsternis*, Kantate, 1967), Jean Françaix (*Six Préludes pour orchestre à cordes*, 1964), Klaus Huber (*Alveare vernat* für Flöte und Orchester, 1965), Milko Kelemen (*Fünf Essays für Streicher*, 1961), Rudolf Kelterborn (*Variationen für Oboe und Streicher*, 1961; *Musik für Klarinette und Streicher*,

1961), Joonas Kokkonen (*Sinfonia da camera*, 1962; *Metamorphosen*, 1977), Rafael Kubelík (*Quattro forme per archi*, 1966), Ivo Malec (*Lumina*, 1968), Frank Martin (*Et la vie l'emporta*, Kammerkantate, 1975), Bohuslav Martinů (*Concerto pour trio avec piano et orchestre de chambre*, 1963), Marcel Mihalovici (*Musique nocturne pour clarinette et orchestre de chambre*, 1963), Maurice Ohana (*Silenciaire* für Schlagzeug und Streicher, zusammen mit den Percussions de Strasbourg, 1969), Krzysztof Penderecki (*Capriccio für Oboe und Streicher*, 1965), Heinrich Sutermeister (*Poème funèbre*, 1965), Nikolai N. Tscherepnin (*Vom Spaß und vom Ernst*, Kantate, 1964), Iannis Xenakis (*Aroura*, 1977).

Atrium Musicae (Madrid)
Das 1964 gegründete Ensemble wird von Gregorio Paniagua geleitet. Es spielt auf originalen oder nachgebauten Instrumenten Musik aus dem Mittelalter und der Renaissance, wobei die Instrumente von den Musikern selbst nachgebaut werden. Seit 1971 ist dem Ensemble ein Quartett angeschlossen, das »Paniagua-Quartett«.

Grupo Koan (Madrid)
Das Ensemble setzt sich in besonderem Maß für die zeitgenössische Musik ein.
Musikdirektoren: Arturo Tamayo (1967–71), José Ramón Encinar (seit 1973).

Bläser-Ensemble Mainz
Das Ensemble wird 1967 von Klaus Rainer Schöll gegründet, der es bis heute leitet. Es besteht aus zwei Flötisten, zwei Oboisten, zwei Klarinettisten, zwei Fagottisten und zwei Hornisten; je nach Bedarf werden weitere Instrumentalisten hinzugezogen. Das Repertoire reicht von Andrea Gabrieli bis zur Moderne. Das Ensemble hat mehr als 40 Aufträge erteilt.
Uraufführungen: Werke von Werner Egk (*Divertissement für 11 Bläser*, 1974), Jean Françaix (14 Werke), Volker David Kirchner, György Ligeti (*Sechs Miniaturen*, 1976), Carl Orff, Heinrich Sutermeister, Friedrich K. Wanek, Gerhard Wimberger, Friedrich Zehm.

I Musici de Montréal
Das Ensemble wird 1984 von Juli Turowski gegründet, dem früheren Violoncellisten des Borodin-Trios. Das Ensemble besteht aus 20 Streichern, die bei Bedarf durch Bläser ergänzt werden. Elena Turowski, die Frau des Leiters, ist die Konzertmeisterin des Ensembles. 1987 erhält die Gruppe die vom Canadian Music Council vergebene Auszeichnung »Ensemble des Jahres«.

Moskowskij Kamernij Orkestr (Moskau)
Dem 1956 gegründeten Ensemble gehören 11 bis 16 Streicher an.
Chefdirigenten: Rudolf B. Barschaj (1956–77), Igor Besrodny (1977–83), Viktor Tretjakow (seit 1983).
Uraufführungen: Werke von Edison W. Denissow, Alfred G. Schnittke, Dmitri D. Schostakowitsch (*Symphonie Nr. 14*, 1969), Georgij W. Swiridow, Boris A. Tschaikowskij, Moissej S. Weinberg.

Cappella Antiqua (München)
Konrad Ruhland gründet das Vokal- und Instrumentalensemble 1956 und leitet es auch. Die Zahl der Sänger und Instrumentalisten schwankt je nach aufgeführtem Werk. So treten bei gregorianischen Gesängen (und ähnlichen Monodien) 12 Choristen/Solisten, bei italienischen Madrigalen dagegen 16 Musiker auf. Die Interpretation der Hymnen, Sequenzen und Responsorien unterscheidet sich grundlegend von der in Solemnes. Dabei scheint die Adaption der modalen Rhythmik des ausgehenden Mittelalters beim Singen lyrischer Formen (Hymnen, Sequenzen...) sich von selbst zu verstehen, auch wenn nicht behauptet wird, dies sei die einzig mögliche Art, diese Musik zum Klingen zu bringen.

Münchner Kammerorchester

Gegründet 1950.
Chefdirigenten: Christoph Stepp (1950–56), Hans Stadlmair (seit 1956). Uraufführungen: Werke von Helmut Eder (*Konzert für Violine und Orchester Nr. 1*, 1964; *Memento*, 1971), Wilhelm Killmayer (*Fin al punto*, 1971).

Studio der frühen Musik (München)

Gegründet 1960 in München, aufgelöst 1977.
Das zu Beginn von dem Lautenspieler Thomas Binckley und von Sterling Jones, der verschiedene alte Saiteninstrumente spielt, geleitete Vokal- und Instrumentalensemble erlangt auf dem Gebiet der Interpretation mittelalterlicher Musik rasch internationale Bedeutung (die beiden Gründungsmitglieder hatten sich beim Studium der Musikwissenschaften an der Staatsuniversität von Illinois, Urbana, kennengelernt). Binckley und Jones arbeiten auch am Collegium Musicum von George Hunter mit und nehmen mit diesem Werke von Guillaume de Machaut auf. Thomas Binkley erweitert seine Instrumentenpalette der Zupf- und Blasinstrumente (Lauten, Vihuela da mano, sarrazenische Gitarren, Krummhörner, Baßposaunen, Dulzian) und ist für die historischen und musikwissenschaftlichen Aspekte der Programme und für Transkriptionen verantwortlich. Sterling Jones spielt Leier, Fiedel, Rubebe, Viola, aber auch Krummhorn und Dulzian und perfektioniert sich bei Nadia Boulanger in Paris an der dortigen Ecole Normale de Musique sowie in Heidelberg. Die Begegnung mit der Estin Andrea van Ramm, die sich in Freiburg, Mailand und München zur Mezzosopranistin ausbilden läßt, wird für das Quartett entscheidend. Sie spezialisiert sich auf die Interpretation der Musik des Mittelalters und der Renaissance. Ihre virtuose Vokaltechnik unterstützt ihr außergewöhnliches Timbre. Zeitweilig spielt sie auch Organetto, Krummhorn und Dulzian. Als vierter Partner gehören nacheinander Nigel Rogers (1960–64), Willard Cobb (1964–70) und Richard Lewitt (seit 1970) zu dem Quartett, drei Tenöre, die auch in der Lage sind, Rollen von Counter-Tenören zu singen. Dieses vom Goethe-Institut unterstützte Ensemble tritt in der ganzen Welt auf; das Repertoire reicht von John Dowland über Guillaume de Machaut, Francesco Landini, Pierre Abélard, Johannes Ciconia bis zu Guillaume Dufay. 1972–77 arbeitet das Quartett gelegentlich mit der Schola Cantorum Basiliensis zusammen. Der Interpretationsstil des Ensembles schließt die Einflüsse der über Andalusien nach Europa vorgedrungenen arabischen Tradition mit ein.

Orpheus Chamber Orchestra (New York)

Das Kammerorchester, dem 26 Instrumentalisten angehören, die ohne Dirigenten spielen, wird 1972 von dem Violoncellisten Julian Fifer gegründet. Nach ersten Erfolgen in der Carnegie Hall unternimmt es Reisen um die Welt. Die Proben werden gemeinschaftlich gestaltet. Jeder Instrumentalist arbeitet auch als Solist.

I Solisti Veneti (Padua)

Das Ensemble wird 1959 von Claudio Scimone, der die musikalische Leitung ausübt, in Padua gegründet. Es besteht aus 11 Streichern und 1 Cembalisten und beschäftigt sich in der Hauptsache mit der Musik Antonio Vivaldis und der der venezianischen Meister, aber auch mit zeitgenössischer Musik.
Uraufführungen: Werke von Georges Aperghis (*Ascoltare stanca*, 1972), Xavier Benguerel, Sylvano Bussotti (*Marbre pour cordes*, 1967), Philippe Capdenat (*Tahar*, 1975), Luciano Chailly, Charles Chaynes (*Visions concertantes*, 1976), Marius Constant (*Strings*, 1972; *Traits »Cadavres exquis«*, 1976), Franco Donatoni (*Asar*, 1967; *Solo*, 1969), Sandro Gorli (*Serenata*, 1975), Jacques Lenot (*Versant-Traces*, 1972), Riccardo Malipiero (*Cassazione II*, 1967), Giacomo Man-

zoni (*Spiel*, 1969), Gérard Masson (*Bleu loin*, 1973), Luís de Pablo (*Déjame hablar*, 1975).

Ars Antiqua de Paris
Das 1965 gegründete Ensemble tritt mit 3 bis 10 Musikern auf. Das Repertoire reicht von den Melodien der Troubadoure bis zu den Instrumentalstücken des 17. und 18. Jahrhunderts. Das Ensemble, in dem Sänger (bis zu einem Gesangsquartett) und Instrumentalisten (Blockflöte, Krummhorn, Musette, Stockfagott, Oboe, Laute, Psalterium, Viola, Schlagzeug usw.) zusammenwirken, feierte 1986 sein 2 500. Konzert.
Musiker: Zur Zeit gehören Michel Sanvoisin (Gründungsmitglied, Blasinstrumente), Joseph Sage (Gründungsmitglied (Counter-Tenor und Schlagzeug), Raymond Cousté (Laute) und Elisabeth Matiffa (Violen) dem Ensemble an; Mitglieder in früheren Jahren: Marielle Nordmann (Harfe, 1968–69), Jean und Mireille Reculard (Violen, 1968–74), Jean-Patrice Brosse (Cembalo, 1974), Philippe Matharel (Blasinstrumente, 1974–75), Kléber Besson (Laute, 1972–77), Lucie Valentin (Violen, 1975–76), Jean-Pierre Nicolas (Blasinstrumente, 1975–76).

Ars Rediviva (Paris)
Claude Crussard (1893–1947) gründet das Ensemble Alter Musik 1935. Zu Beginn gehören ihm 6 Instrumentalisten (3 Geigen, 1 Bratsche, 1 Violoncello und 1 Klavier) an. Claude Crussard übernimmt auf dem Klavier und später auf dem Cembalo das Continuo, Dominique Blot ist 1912–47 1. Violinist des Ensembles. Im Lauf der Zeit vergrößert sich die Gruppe. Ars Rediviva ist eines der ersten französischen Ensembles, das sich intensiv mit der Musik des 17. und 18. Jahrhunderts beschäftigt. Die Musiker haben viele Werke von Komponisten dieser Zeit (Leclair, Campra, Telemann, Lully, Vivaldi, Pergolesi) wieder zum Leben erweckt und mußten dazu die Partituren häufig selbst kopieren. Folgende Solisten traten mit Ars Rediviva regelmäßig auf: René Le Roy, Isabelle Nef, Irène Joachim, Fernand Caratgé, Germaine Cernay. Alle Mitglieder des Ensembles kamen am 1. Februar 1957 bei einem Flugzeugabsturz über Cintra (Portugal) ums Leben.

Les Arts Florissants (Paris)
William Christie gründet das Vokal- und Instrumentalensemble 1979, das er seither ununterbrochen leitet. Sein Interpretationsstil gründet sich auf die deklamatorische Rhetorik, deren Prinzipien von den Komponisten der Renaissance und vor allem des Barock beschrieben wurden. Der Name des Ensembles ist einer Komposition Marc-Antoine Charpentiers entlehnt, die genau 300 Jahre vor der Gründung des Ensembles uraufgeführt wurde.
Das Repertoire setzt sich aus unbekannten Werken des 17. und 18. Jahrhunderts zusammen, deren Manuskript-Partituren häufig in der Pariser Bibliothèque Nationale aufbewahrt werden. Die wichtigsten Realisierungen auf dem Gebiet der Oper: *Actéon* (Marc-Antoine Charpentier, Chambord 1981), *Les Arts florissants* (Marc-Antoine Charpentier, Versailles 1982, zum Gipfeltreffen der sieben bedeutendsten Industrieländer), *Pygmalion* (Jean-Philippe Rameau, Paris 1983), *Médée* (Marc-Antoine Charpentier, Paris 1984), *Atys* (Lully, Paris 1987).

La Chapelle Royale (Paris)
Philippe Herreweghe gründet das Vokal- und Instrumentalensemble 1977 in Paris und leitet es seither. 1980 erzielt es mit einer neuen, alles bisherige über den Haufen werfenden Interpretation von Johann Sebastian Bachs *Matthäus-Passion* einen überwältigenden Erfolg. Zwischen 16 und 30 Sänger und 2 bis 30 Instrumentalisten treten je nach Programm auf. Das Repertoire umfaßt Werke aus der Renaissance, dem Barock und der Klassik. Seit kurzem schließt es auch Werke der zeitgenössischen Musik ein; Nicholas Bannann (*Magnificat*, 1986), Maurice Delaistier

und Klaus Huber schreiben für das Ensemble.

Collectif Musical 2e2m (Paris)
Das Ensemble wird 1971 in Champigny gegründet und widmet sich unter der Leitung seines musikalischen Direktors Paul Méfano hauptsächlich der zeitgenössischen Musik. Sein Name beruht auf dem Motto, das sich das Ensemble gegeben hat: Etude et Expression des Modes Musicaux.
Seit 1975 besteht innerhalb des Ensembles ein Streichquartett, das »Quatuor Français 2e2m« (Daniel Rémy und Alain Chomarat, Violinen, Jean-François Benatar, Bratsche, David Simpson, Violoncello).
Uraufführungen: Werke von Gilbert Amy (*Seven Sites*, 1975), Georges Auric (*Imaginées III*, 1981), Claude Balliff (*5ᵉ Imaginaire*, 1979), Luciano Berio (*O King*, 1974), Charles Chaynes (*Caractères illisibles*, 1980), Aldo Clementi (*Concerto 2e2m*, 1983), Xavier Darasse (*Romanesque*, 1980; *Organum IV*, 1981), Edison W. Denissow (*Quintett*, 1980), Paul-Heinz Dittrich (*Die anonyme Stimme*, 1974; *Konzert für Oboe und Orchester*, 1976; *Kammermusik IV*, 1981), Franco Donatoni (*Diario*, 1978; *Le Ruisseau sur l'escalier*, 1981; *Small*, 1982), Henri Dutilleux (*Ainsi la nuit*, 1977), Brian Ferneyhough (*Funérailles I* und *II*, 1977 und 1980), Vinko Globokar (*Limites*, 1976), Klaus Huber (*Senfkorn*, 1982), Ivo Malec (*Vox Vocis F*, 1979), Paul Méfano (*Eventails*, 1977; *Madrigal*, 1977; *A Bruno Maderna*, 1980; *Traits suspendus*, 1980), Alfred G. Schnittke (*Dialogue*, 1980; *Kammersinfonie Nr. 4*, 1987), Giuseppe Sinopoli (*Konzert für Klavier und Orchester*, 1978), Yoshihisa Taira (*Eveil*, 1974), Manfred Trojahn (*Nachtwandlung*, 1985), Iannis Xenakis (*Komboi*, 1981), Isang Yun (*Oktett*, 1978).

Domaine Musical (Paris)
Das 1954 gegründete Ensemble wird 1973 wieder aufgelöst. Das Orchester widmet sich der Verbreitung der zeitgenössischen Musik von den Klassikern (Wiener Schule, Edgar Varèse) bis zur Avantgarde.
Chefdirigenten: Pierre Boulez (1954–67), Gilbert Amy (1967–73).
Uraufführungen: Carlos Roqué Alsina (*Textes*, 1968), Gilbert Amy (*Jeux et formes*, 1972), Girolamo Arrigo (*La Cantata Hurbinek*, 1970), Sylvano Bussotti (*Rara Requiem*, 1969), Jean-Claude Eloy (*Etude III*, 1962; *Equivalences*, 1963; *Polychromies*, 1964), Betsy Jolas (*D'un opéra de voyage*, 1967; *Lassus Ricercare*, 1971), Paul Méfano (*Paraboles*, 1965), Olivier Messiaen (*Oiseaux exotiques*, 1956; *Catalogue d'oiseaux*, 1959; *Haï-Kaïs*, 1966), Patrice Mestral (*Unité*, 1970), Iannis Xenakis (*Eonta*, 1964).

Ensemble Ars Nova (Paris)
Das Ensemble wird 1963 von Marius Constant gegründet und von ihm geleitet. Es verfolgt die ästhetischen Strömungen aufmerksam und wagt sich an kollektive Improvisationen. Der französische Rundfunk unterstützt das Ensemble; so nennt es sich »Ars Nova de l'O. R. T. F.«. Schallplattenaufnahmen, audiovisuelle Arbeiten und pädagogisch ausgerichtete Konzerte ergänzen seine Arbeit. Das Ensemble nimmt an wichtigen Festspielen zeitgenössischer Musik teil. Darius Milhaud widmet dem Ensemble 1970 seine Komposition *Musique pour Ars Nova*.
1969 entsteht innerhalb des Ensembles eine neue Formation, das »Quintette de cuivres Ars Nova«, das nicht mehr von Marius Constant abhängig ist.
Uraufführungen: Werke von Jorge Antunes, Claude Balliff (*Imaginaire 1*, 1966), Sylvano Bussotti (*Pièce de chair II*, 1970; *Rara Requiem*, 2. Version, 1970), Charles Chaynes (*Séquences pour l'Apocalypse*, 1972), Marius Constant (*Stress*, 1982, zusammen mit Martial Solal), Ngyen Thien Dao (*Nho*, 1970; *Hoang-Hon*, 1980), Franco Donatoni (*Souvenir*, 1972), Jean-Claude Eloy (*Faisceaux-diffractions*, 1971),

Luis Antonio Escobar, André Jolivet (*12 Inventions*, 1967), György Ligeti (*Konzert für Violoncello und Orchester*, 1969; *Ramifications*, 1969), François-Bernard Mâche (*Rituel d'oubli*, 1970), Ivo Malec (*Lumina*, 1969), Olivier Messiaen (*Des canyons aux étoiles*, 1975, europäische Erstaufführung), Maurice Ohana (*Signes*, 1965; *Chiffres*, 1971), Luís de Pablo (*Parafrasis*, 1969), Dmitri D. Schostakowitsch (Musik zu dem Film *Das neue Babylon*, nur 1929 einmal aufgeführt, 1975), Martial Solal (*Stress*, 1982, zusammen mit Marius Constant), Yoshihisa Taira (*Maya*, 1973), Iannis Xenakis (*Polyptope*, 1968).

Ensemble Baroque de Paris
Das Ensemble wird 1952 gegründet und beschäftigt sich mit der Musik des 18. und des beginnenden 19. Jahrhunderts. Die Instrumentalisten: Zunächst Jean-Pierre Rampal, später Maxence Larrieu (Flöte), Robert Veyron-Lacroix (Cembalo), Pierre Pierlot (Oboe), Robert Gendre (Violine), Paul Hongne (Fagott).

Ensemble Guillaume Dufay (Paris)
Das Vokal- und Instrumentalensemble wird 1973 von Arsène Bedois gegründet, dem Kantor und Organisten der Großen Orgel der Kirche Saint-Thomas-d'Aquin in Paris. Es spezialisiert sich auf die Musik vom Mittelalter bis zur Renaissance und setzt sich aus sechs Sängern (2 Altisten, 2 Tenöre und 2 Baritone) zusammen. Dazu kommen je nach Werk verschiedene Instrumentalisten (Fiedel, Streichinstrument, Laute oder Flöte, Krummhorn, Schalmei); das Ensemble tritt auch zusammen mit den »Saqueboutiers« aus Toulouse auf, einem Bläserensemble.

Ensemble Guillaume de Machaut (Paris)
Das Vokal- und Instrumentalensemble wird 1973 von Jean Belliard gegründet und seither von ihm geleitet. 5 bis 9 Musiker bestreiten die Konzerte je nach Programm (2 alte Baßposaunen, 2 Kornette, Bombardon, Fiedel, Zink usw.), die den Counter-Tenor Jean Belliard begleiten. Das Repertoire reicht vom Gregorianischen Choral über die Ars antiqua und die Ars nova bis zur Musik Guillaume Dufays.

Ensemble Instrumental de France (Paris)
Dem 1968 gegründeten Ensemble gehören 11 Streicher und 1 Cembalist an; es wird vom 1. Violinisten geleitet. Die meisten der Instrumentalisten arbeiten zusätzlich mit dem »Ensemble Orchestral de Paris«; das Ensemble Instrumental bewahrt aber seine Unabhängigkeit.
Musikdirektoren: Jean-Pierre Wallez (1968–83), Philip Bride (seit 1983).
Uraufführungen: Werke von André Bon (*Concertare*, 1976), André Jolivet (*Yin-Yang*, 1975), Jean Martinon (*Suite enchaînée*).

Ensemble Instrumental de Paris
siehe **Quintette à vent de Paris**

Ensemble InterContemporain (Paris)
Gegründet 1976.
Musikdirektoren: Michel Tabachnik (1976–77), Peter Eötvös (1979–92), David Robertson (seit 1992).
Das Ensemble wird 1976 auf Initiative von Pierre Boulez (Vorsitzender des Verwaltungsrates) und Jean Maheu (Musikdirektor) gegründet. Ihm gehören 31 Musiker an, die alle auch als Solisten auftreten. Das Ensemble Inter-Contemporain hat die Aufgabe, die Suche nach neuen musikalischen Ausdrucksmöglichkeiten zu fördern, das Publikum über die instrumentalen Techniken und die Orchesterarbeit aufzuklären, die zur Verbreitung zeitgenössischer Musik notwendig sind, und junge Instrumentalisten auszubilden. Das Ensemble arbeitet eng mit dem IRCAM zusammen.
Unter-Formationen: »Quatuor Inter-Contemporain«, 1979 gegründet: Jacques Ghestem und Sylvie Gazeau, Violine, Gérard Caussé, Bratsche, Philippe

Muller, Violoncello; seit 1986: Jacques Ghestem, Jeanne-Marie Conquer, Garth Knox, Crichan Larson, seit 1992: Jacques Ghestem und Jeanne-Marie Conquer, Violine, Christophe Desjardins, Bratsche, Jean-Quihen Quiyras, Violoncello.

»Trio InterContemporain«, 1980 gegründet: Maryvonne Le Dizès-Richard, Violine, Jean Sulem, Bratsche, Pierre Strauch, Violoncello (Uraufführungen von Werken von Devillers und Kanach).

»Sextuor Schoenberg«, 1981 gegründet: Maryvonne Le Dizès-Richard und Marie-Josèphe Calvi, Violine, Davia Binder und Michel Pons, Bratsche, Pierre Strauch und Dominique Mougin, Violoncello.

Uraufführungen: Das Ensemble realisiert innerhalb von 12 Jahren mehr als 200 Uraufführungen (Stand 1988). Hier die wichtigsten Werke von unter anderem Gilbert Amy (*La Variation ajoutée*, 1984), Georges Aperghis (*Je vous dis que je suis mort*, 1979), Luciano Berio (*Chemins V*, 1980), Pierre Boulez (*Répons*, 1981; »...explosante-fixe...«, neue Version, 1991), Elliott Carter (*Penthode*, 1985), Edison W. Denissow (*Hommage à Pierre*, 1985), Paul-Heinz Dittrich (*Konzert mit mehreren Instrumenten Nr. 6*, 1986), Franco Donatoni (*Tema*, 1983; *Cadeau*, 1985), Jacob Druckman (*Animus IV*, 1977), Hugues Dufort (*Antiphysis*, 1978; *L'Heure des traces*, 1986), Pascal Dusapin (*Hop*, 1985), Peter Eötvös (*Chinese Opera*, 1986), Brian Ferneyhough (*Carceri d'invenzione II*, 1985), Lorenzo Ferrero (*Ombres*, 1984), Phil Glass (*Music in Similar Motion*, 1981), Gérard Grisey (*Modulations*, 1988), Jonathan Harvey (*Bhakti*, 1982), York Höller (*Arcus*, 1978; *Improvisation sur le nom de Pierre Boulez*, 1985), Betsy Jolas (*Onze Lieder*, 1977), Helmut Lachenmann (*Mouvement – Vor der Erstarrung*, 1984), Jacques Lenot (»*Celui qui est couronné*«, 1989), Michael Levinas (*La Voix des voix*, 1984), Philippe Manoury (*Zeitlauf*, 1983), Olivier Messiaen (*Un vitrail et des oiseaux*, 1988), Tristan Murail (*Désintégrations*, 1983), Luís de Pablo (*Tornasol*, 1982), Wolfgang Rihm (*Chiffres V*, 1984), Karlheinz Stockhausen (*Michaels Reise um die Erde*, 1978; *Kathinkas Gesang*, 1985), Ton-That Tiet (*Chu Ky V*, 1983), Iannis Xenakis (*Jalons*, 1987), Frank Zappa (*The Perfect Stranger – Naval Aviation – Dupree's Paradise*, 1984).

Ensemble Mosaïques (Paris)
1984 gegründet, vereint das Ensemble 20 Musiker, die alle auf Originalinstrumenten aus dem Barock spielen und die Ergebnisse der musikwissenschaftlichen Erkenntnisse mit den auf modernen Instrumenten erworbenen technisch-praktischen Errungenschaften zu verbinden suchen. Das Kammerorchester spielt ohne Dirigenten; die Proben werden von dem Violoncellisten Christophe Coin geleitet.

Unter-Formation: »Quatuor Mosaïque« mit Erich Hoebarth und Andrea Bischof (Violine), Anita Mitterer (Bratsche) und Christophe Coin (Violoncello).

Musikdirektor: Christophe Coin.
Künstlerischer Direktor: Nicolas Bomsel.

Ensemble Musique Vivante (Paris)
Das 1966 von Diego Masson gegründete und seither von ihm geleitete Ensemble widmet sich der zeitgenössischen Musik. Es verfügt über keine ständigen Mitglieder, sondern lädt dem jeweiligen Programm entsprechend die besten Instrumentalisten ein, die verfügbar sind. Im Lauf der Jahre hat sich ein Kern regelmäßig mitarbeitender Musiker herausgebildet, die aus den unterschiedlichsten Bereichen stammen: Carlos Roqué Alsina, Vinko Globokar, Jean-Pierre Drouet, Sylvie Gazeau, Jean-François Jenny Clark, Michel Portal, Pierre Thibaud.

Uraufführungen: Werke von Luciano Berio (*Laborintus II*, 1982), Pierre Boulez (*Domaines*, 1970; »...explo-

sante fixe...«, zweite Version, 1972), Vinko Globokar (*Fluide*), Karlheinz Stockhausen (*Stop*, 1969; *Momente*, endgültige Version, 1972).

Ensemble Orchestral de Paris
Gegründet 1978.
Künstlerische Direktoren und Chefdirigenten: Jean-Pierre Wallez (1978–86), Armin Jordan (seit 1986 principal guest conductor).
Uraufführungen: Werke von Claude Bolling (*Suite für Kammerorchester und Klavier-Jazz-Trio*, 1981), Philippe Capdenat (*Cassation*, 1979), Graciane Finzi (*Konzert für zwei Violinen und Orchester*, 1981), Jean-Louis Florentz (*Ténéré*, 1979; *Magnificat*, 1980), Jean Guillou (*Concerto grosso*, 1981), Tolia Nikiprowetzki (*Konzert für Violine und Orchester*, 1982; *Konzert für Trompete und Orchester*, 1988), Patrice Sciortino (*Kaleidophone*, 1979).

La Grande Ecurie et la Chambre du Roy (Paris)
Das Instrumentalensemble wird 1967 von Jean-Claude Malgoire gegründet und trägt den Namen eines zur Zeit von Ludwig XIV. berühmten Ensembles. Es beschäftigt sich hauptsächlich mit der Musik des Barock. Nach und nach ersetzen originale oder nachgebaute Instrumente die modernen Geigen; gleichzeitig ändert sich der Interpretationsstil grundlegend. Die Aufnahme von Jean-Philippe Rameaus *Les Indes galantes* wird in Japan mit dem Großen Kunstpreis ausgezeichnet, für die *Leçons de Ténèbres* von Marc-Antoine Charpentier erhält die Gruppe 1978 den Deutschen Schallplattenpreis. Jean-Claude Malgoire hat sich vorgenommen, wichtige Werke des 17. und 18. Jahrhunderts in beispielhaften Schallplattenaufnahmen dem Publikum vertraut zu machen; die Werke Georg Friedrich Händels nehmen dabei einen besonderen Platz ein.

L'Itinéraire (Paris)
Das Ensemble, das 1973 von verschiedenen Komponisten und Instrumentalisten gegründet wird, beschäftigt sich ausschließlich mit zeitgenössischer Musik. Drei verschiedene Formationen haben sich unter einem gemeinsamen Dach zusammengefunden: ein »klassisches« Ensemble mit 20 Instrumentalisten, eine elektro-akustische Gruppe und ein Kammermusikensemble. Tristan Murail, Michael Levinas, Roger Tessier, Patrice Bocquillon und José Augusto Mannis teilen sich die künstlerische Leitung.
Uraufführungen: ungefähr 250 Kompositionen, darunter Werke von Gilbert Amy (*Ecrits sur toile*, 1983), Alain Bancquart (*L'Amant déserté*, 1978), François Bousch, Michel Decoust (*Je, qui d'autre*, 1987), Hugues Dufourt (*Saturne*, 1979), Pascal Dusapin, Peter Eötvös (*Intervalles intérieurs*, 1982), Jean-Louis Florentz (*Tindé*, 1977), Gérard Grisey (*Périodes*, 1974; *Partiels*, 1976; *Jour-Contrejour*, 1. Version, 1979; *Accord perdu*, 1987), Jonathan Harvey (*Valley of Aosta*, 1989), Betsy Jolas (*D'un opéra de poupée*, 1982), Claude Lefebvre, Michael Levinas (*Appels*, 1974; *Les Voix dans un vaisseau d'airain*, 1978; *Concerto pour un piano espace n° 2*, 1980; *La Conférence des oiseaux*, 1985; *Arcade III et la montée des oiseaux*, 1987), François-Bernard Mâche (*Tempora*, 1989), Ivo Malec, Costin Miereanu (*Labyrinthe d'Adrien*, 1981; *Sept minutes autour de moi*, 1982), Tristan Murail (*Les treize couleurs du soleil couchant*, 1978; *Ethers*, 1979; *Mémoire-érosion*, 1979; *Random access memory*, 1984), François Nicolas (*Deutschland*, 1989), Luís de Pablo, Yoshihisa Taira, Roger Tessier (*Clair obscur*, 1978; *Diffraction*, 1982; *Motion*, 1984), Claude Vivier (*Trois airs pour un opéra imaginaire*, 1983).

Les Ménestriers (Paris)
Aus Anlaß des 700. Todestages des Heiligen Ludwig wird das Ensemble 1970 gegründet. 1982 wird es wieder aufgelöst. Es besteht aus fünf Musikern,

die auf nachgebauten Instrumenten spielten: Bernard Pierrot (Laute, Bariton), Yves Audard (Blockflöte, Krummhorn, Stockfagott, Tenor), Jean-Pierre Batt (Baßgambe, Krummhorn, Maultrommel), Julien Skowron (Soprangambe, Fiedel, Rubebe, Counter-Tenor), Daniel Dossmann (Pandora, Cister, Schlagzeug, Bariton). Das Ensemble realisiert die Musik für Bertrand Taverniers Film *Que la fête commence*.

New Phonic Art (Paris)
1969 gründen vier Musiker in Paris (Carlos Roqué Alsina, Klavier, Vinko Globokar, Posaune, Jean-Pierre Drouet, Schlagzeug, und Michel Portal, Klarinette) ein Ensemble, das am 18. April 1969 in der Westberliner Akademie der Künste sein erstes Konzert gibt. Seither tritt es in ganz Europa sowie in Nord- und Südamerika auf. Das Repertoire setzt sich aus Improvisationen und aus Werken für Ensemble oder Solisten zusammen, die häufig von den beiden Komponisten der Gruppe, Alsina und Globokar, geschrieben werden. Auch bei der Auswahl durchkomponierter Werke improvisieren sie: so wählt die Gruppe häufig erst kurz vor Konzertbeginn je nach Publikum die zu spielenden Werke aus. In dem Repertoire des Ensembles befinden sich Werke von Alban Berg, Luciano Berio, Guy Reibel, Karlheinz Stockhausen, Igor Strawinsky und Paul Zonn.
Uraufführungen: Werke von Carlos Roqué Alsina (*Etude pour Zarb solo*), Vinko Globokar (*Correspondances pour quatre solistes*, 1969), Mauricio Kagel, Thomas Kessler.

Orchestre de Chambre Jean-François Paillard (Paris)
Das aus 13 Mitgliedern bestehende Ensemble wird 1953 von Jean-François Paillard gegründet. Nähere Angaben in der Biographie des Chefdirigenten des Ensembles.
Uraufführungen: Werke von Francis Miroglio (*Elipses*, 1974), Tristan Murail (*La Dérive des continents*, 1974), Michel Zbar (*Apex II*, 1974).

Orchestre de Chambre de l'O. R. T. F. (Paris)
Das 1952 von Pierre Capdevielle gegründete Ensemble besteht aus 24 Streichern und spielt eine wichtige Rolle bei der Verbreitung der zeitgenössischen französischen Musik. Nach der Auflösung der O. R. T. F. heißt das Ensemble »Orchestre de Chambre de Radio France«, bevor es 1976 in das »Nouvel Orchestre Philharmonique de Radio France« integriert wird.
Chefdirigenten: Pierre Capdevielle (1952–64), André Girard (1964–73).

Orchestre de Chambre Paul Kuentz (Paris)
Das 1951 gegründete Ensemble besteht aus 11 Streichern und 1 Cembalisten. Das Repertoire basiert auf Werken des 18. Jahrhunderts und Kompositionen für Streichorchester des 20. Jahrhunderts. Seit 1972 arbeitet es mit der »Chorale Paul Kuentz« zusammen.
Uraufführungen: Werke von Jacques Castérède, Jacques Charpentier, Charles Chaynes, Henri Dubois, Georges Hugon, François Serrette, Michel Zbar.

Südwestdeutsches Kammerorchester Pforzheim
Das Orchester wird 1950 von Friedrich Tilegant gegründet und besteht aus 15 Streichern.
Chefdirigenten: Friedrich Tilegant (1950–68), György Terebesi (1968–69), Räto Tschupp (1969–71), Paul Angerer (1971–86), Vladislav Czarnecki (seit 1986).
Uraufführungen: Werke von Frank Michael Beyer (*Concertino a tre*, 1974), Boris Blacher (*Divertimento für Streicher*, 1977), Martin Christoph Redel (*Traumtanz*, op. 30. 1982).

Ars Rediviva (Prag)
Das Ensemble wird von Milan Munclinger 1951 gegründet und bis zu seinem

Tod im Jahre 1986 geleitet. Das Repertoire besteht aus Werken des Barock und der Klassik und reicht vom Trio bis zum Kammerorchester, wobei den tschechoslowakischen Komponisten (Franz, Friedrich Ludwig, Friedrich Wilhelm und Georg Benda, Joseph Mysliveček, Johann Rössler, Johann Stamitz) ein besonderer Platz eingeräumt wird.
Chefdirigenten: Milan Munclinger (1951–86), František Sláma (seit 1986).

Československý Komorní Orchestr (Prag)
(Tschechoslowakisches Kammerorchester)
Das Orchester wird 1957 von Otakar Stejskal mit 12 Streichern aus seiner Violin- und Kammermusikklasse am Prager Konservatorium gegründet. Die Komponisten František Bartoš, Luboš Fišer und Julius Kalaš schreiben für das Ensemble.

Česky Komorní Orchestr (Prag)
(Tschechisches Kammerorchester)
Das 1946 von Václav Talich gegründete Orchester stellt während dessen langer Krankheit seine Tätigkeit ein. Die Mitglieder gründen das Ensemble »Ars Rediviva« und das »Vlach«-, »Smetana«-, »Czapari«- sowie »Kocia-Quartett«. 1957 gründet Joseph Vlach das Orchester von neuem; zur Zeit gehören ihm 24 Musiker an.

Pražský Komorní Orchestr (Prag)
(Prager Kammerorchester)
Das Ensemble wird 1951 als Unter-Formation des Symphonie-Orchesters des Tschechoslowakischen Rundfunks gegründet. Es arbeitet ohne feste Dirigenten, lädt aber ab und zu vor allem für Schallplattenaufnahmen Gastdirigenten ein. 1965 wird es als Staatsorchester selbständig. Zu Beginn widmet es sich vor allem der tschechischen Musik des 17. Jahrhunderts, wendet sich dann aber schnell der zeitgenössischen zu.
Auftragskompositionen: Werke von František Bartoš (*Symphonie-Kammermusik*), Josef Ceremuga (*Concerto da camera*), Oldřich Flosman (*Partita*), Ivo Jirásek (*Mozartiana*), Miloslav Kabeláč (*Symphonie Nr. 4 »Camerata«*), Siegfried Kurz (*Sommermusik*), Zdeněk Lukáš (*Concerto grosso*), Karel Reiner (*Rede*), Tomáš Vačkář (*Furiant*).

Pražští Madrigalisté (Prag)
(Prager Madrigalisten)
Das Ensemble wird 1956 gegründet. Seit 1977 sind die Prager Madrigalisten als Kammermusikensemble der »Tschechischen Philharmonie« angeschlossen. Sie bestehen aus 8 Sängern und Instrumentalisten, die auf originalen und modernen Instrumenten spielen. Das Repertoire des Ensembles erstreckt sich von der alten bis zur zeitgenössischen Musik. Zahlreiche Komponisten haben für das Ensemble gearbeitet (Pavel Bořkovec, Petr Eben, Luboš Fišer, Václav Kučera, Jan Rychlík, Ladislav Vycpálek).
Chefdirigenten: Miroslav Venhoda (1956–81), Svatopluk Jányš (1981–87), Pavel Baxa (1987–88), Libor Mathauser (seit 1989).

Ensemble Boccherini (Rom)
siehe **I Virtuosi di Roma**

I Musici di Roma
Das Ensemble, das sich aus elf Streichern und 1 Cembalisten zusammensetzt, wird 1952 von Studenten der Accademia Nazionale di Santa Cecilia in Rom unter der Leitung ihres Professors Remy Principe gegründet. Das Ensemble spielt ohne Dirigent und wird von dem jeweiligen 1. Violinisten geleitet. Bis 1977 bleibt das Ensemble unverändert und stützt sich auf den Generalbaß (Lucio Buccarella, Kontrabaß, und dessen Frau Maria Teresa Garatti, Cembalo). Seit 1977 werden einige Musiker ausgewechselt. Von Anfang an wirft das Ensemble ein neues Licht auf die eben wiederentdeckte italienische Barockmusik, interpretiert aber auch Werke des 20. Jahrhunderts.
1. Violine: Felix Ayo (1952–67), Roberto Michelucci (1967–72), Salvatore Accardo (1972–77), Pina Carmirelli

(1977–86), Federico Agostini (seit 1986).

I Solisti Italiani (Rom)
siehe **I Virtuosi di Roma**

I Virtuosi di Roma
Renato Fasano baut dieses Ensemble ab 1947 mit Instrumentalisten der Scuola Veneziana (dem kurz zuvor gegründeten ersten modernen italienischen Streicher-Ensemble) auf.
Im Gegensatz zu »I Musici« spielen sie unter einem Chefdirigenten, Renato Fasano, der das Ensemble bis zu seinem Tod im Jahre 1980 leitet. Das Ensemble widersetzt sich dem deutschen Barock-Stil, wie er von Karl Münchinger vertreten wird. Luigi Ferro, der die meisten Geiger des Ensembles ausbildet, bleibt bis zu Beginn der 60er Jahre 1. Violinist des Ensembles und wird dann von Cesare Ferraresi und Mozzatto ersetzt. Ab dem Ende der 60er Jahre scheint das Ensemble zu stagnieren und von seiner Vergangenheit zu leben.
1980 teilt sich das Ensemble auf: »I nuovi Virtuosi di Roma« entstehen, die ohne Dirigent spielen, und das »Ensemble Boccherini«, das von dem rumänischen Dirigenten Octavian Anghel geleitet wird. Kurz darauf ändert das Ensemble seinen Namen in »I Solisti Italiani«; neun der zwölf Musiker haben bereits unter Fasano gespielt. Giovanni Guglielmo übernimmt die Rolle des 1. Violinisten.

Ensemble Orchestral de Haute-Normandie (Rouen)
Das 1984 ins Leben gerufene Ensemble ersetzt das 1963 gegründete »Orchestre de Chambre de Rouen«.
Chefdirigenten: Albert Beaucamp (1963–67), Jean-Sébastien Béreau (1967–73), Jean-Claude Bernède (1973–81), Jean-Pierre Berlingen (seit 1982).

Kammerorchester des Saarländischen Rundfunks (Saarbrücken)
Das Orchester wird 1954 gegründet und 1971 wieder aufgelöst. 1960 nimmt es seinen endgültigen Namen an. Der 1. Violinist, Georg-Friedrich Hendel, macht als Solist Karriere. 1971 fusioniert das Kammerorchester mit dem »Symphonie-Orchester des Saarländischen Rundfunks«.
Chefdirigenten: Karl Ristenpart (1954–67), Antonio Janigro (1968–71).
Uraufführung: *Ramifications* (zweite Version) von György Ligeti.

Saint Paul Chamber Orchestra
Das 1968 gegründete Ensemble ist das einzige nordamerikanische Kammerorchester, das seine Musiker das ganze Jahr über unter Vertrag nimmt.
Chefdirigenten: Leopold Sipe (1968–71), Dennis Russell Davies (1971–80), Pinchas Zukerman (1980–87), Stanislaw Skrowaczewski (1987–88), Christopher Hogwood (Musikdirektor) und Hugh Wolff (Chefdirigent, beide seit 1988).
Auftragskompositionen: Werke von William Bolcom (*Commedia*, 1977), Mary Ellen Childs (*Decet*, 1988), Marc Neikrug (*Chetro Ketl*, 1986), Tobias Picker (*The Encantadas*, 1986).
Uraufführungen: Werke von John Adams (*The Wound-Dresser*, 1989), John Cage (*Quartet for 24 Musicians*, 1977), Jacob Druckman (*Lamia*, dritte Version, 1986), Per Nørgård (*Remembering Child*, 1986), George Perle (*Sinfonietta*, 1988), Michael Torke (*Ash*, 1898), Jan Vandervelde (*Clockwork Concerto*, 1987).

Camerata Academica des Mozarteums Salzburg
Dem 1952 von Bernhard Paumgartner gegründeten Kammerorchester gehören Mitglieder und Schüler des Mozarteums an.
Chefdirigenten: Bernhard Paumgartner (1952–69), Urs Schneider (1971–73), Antonio Janigro (1974), Sándor Végh (seit 1979).

Kammerorchester Sankt Petersburg
siehe **Philharmonisches Orchester Sankt Petersburg**

Sofiiski Solisti (Sofioter Solisten)
Dem 1962 gegründeten Ensemble gehören 15 Streicher und 1 Cembalist ein. Mehr als 200 barocke oder zeitgenössische Werke wurden von dem Ensemble wiederendeckt oder uraufgeführt, darunter zahlreiche Werke bulgarischer Komponisten (Marin Goleminov, Kurktchiiski, Lazar Nikolov, Simeon Pironkoff, Pantscho Wladigeroff).
Chefdirigenten: Dobirne Petkov, Michail Angelov, Vassil Kazandžiev (1963–79), Emil Tabakov (seit 1979).

Percussions de Strasbourg
Dem von Georges van Gucht (Gründungsmitglied) geleiteten Ensemble gehören 6 Schlagzeuger an: Jean Paul Bernard, Guillaume Blaise, Christian Hamoy, Keiko Nakamura, Claire Talibart, Vincent Vergnais. Sie spielen auf ca. 500 Instrumenten, die zusammen 3,5 Tonnen wiegen und 25 m^3 in Anspruch nehmen. Als sich die Gruppe, von Pierre Boulez ermutigt, formt, gibt es noch kein Repertoire für sie. Doch die Komponisten lassen sich nicht lange bitten; innerhalb kurzer Zeit schreiben sie für die Percussions de Strasbourg zahlreiche Werke für Schlagzeug (mit oder ohne andere Instrumente), so daß die Gruppe heute über 150 Stücke im Repertoire hat, was gleichbedeutend ist mit 150 Uraufführungen. Dazu gehören Werke von Georges Aperghis, Claude Ballif (*Cendres*, 1972), Jean Barraqué (*Chant après chant*, 1966), Pierre Boulez, André Boucourechliev, John Cage, Jean-Claude Eloy, Betsy Jolas, André Jolivet (*Cérémonial*, 1969), Ivo Malec, Olivier Messiaen (*7 Hai Kai*, 1963; *Couleurs de la cité céleste*, 1964; *Et expecto resurrectionem mortuorum*, 1965), Serge Nigg, Maurice Ohana (*Etudes chorégraphiques*, 1963), Luís de Pablo, Krzysztof Penderecki, Kazimierz Serocki, Tona Scherchen, Karlheinz Stockhausen, Yoshihida Taira und Iannis Xenaxis (*Pléiades*, 1979). Edgare Varèse erlaubt ihnen persönlich, seine *Ionisation*, die eigentlich für dreizehn Schlagzeuger geschrieben ist, zu sechst zu spielen, und Iannis Xenakis erfindet für sie ein Instrumentalensemble mit 109 verschiedenen Metall-Tönen (Si-Xen). 1965 realisiert die Gruppe das erste reine Schlagzeug-Konzert. Seit 1981 unterhalten die Percussions de Strasbourg eine eigene Schlagzeugerschule, in der sie die von ihnen entwickelte Methode »Percustra«, die ganz allgemein in die Musik einführt, anwenden.

Barockorchester Stuttgart
siehe **Kammerchor Stuttgart**

Stuttgarter Kammerorchester
Das 1947 von Karl Münchinger gegründete Stuttgarter Kammerorchester ändert nach dem Tod seines Gründers seine Arbeitsweise grundlegend. Es arbeitet mit der Internationalen Bach-Akademie Stuttgart und dessen Direktor Helmuth Rilling eng zusammen. Nachdem zu Beginn hauptsächlich barocke Werke gespielt worden waren – die Aufnahme der *Brandenburgischen Konzerte* von Johann Sebastian Bach gilt heute noch als Meilenstein in der Geschichte der Schallplatte –, erweitert sich das Repertoire; inzwischen beschäftigt sich das Stuttgarter Kammerorchester auch mit zeitgenössischer Musik. Das Orchester wird von der Stadt Stuttgart und dem Land Baden-Württemberg finanziert.
Musikdirektoren: Karl Münchinger (1947–87), Martin Sieghart (seit 1990).
Uraufführungen: Werke von Hermann Reutter (*Concertino für Klavier und Orchester* op. 69, 1947; *Sinfonie für Streichorchester*, 1960).

Philharmonische Bläservereinigung (Stuttgart)
siehe **Stuttgarter Bläserquintett**

Israel Chamber Orchestra (Tel Aviv)
Bereits 1930 hatte Karel Salmon im »Israelischen Streichorchester« gegründet, damals allerdings in Jerusalem. Das heute bestehende, 1960 in Tel Aviv gegründete Orchester hat mit dem früheren nichts zu tun.
Musikdirektoren: Sergiu Comissiona

(1960–64), Gary Bertini (1965–75), Luciano Berio (1975–77), Rudolf B. Barschaj (1977–81), Uri Segal (1982–84), Yoav Talmi (1984–89), Shlomo Mintz (seit 1989).

Kamernij Orkestr (Tiflis)
Gegründet 1960.
Künstlerischer Direktor: Liana Issakadze (seit 1980).

Tokyo Soloists
Das Ensemble, dem 11 Streicher und 1 Cembalist angehören, wird 1963 von Yasushi Akamatsu gegründet. In der Regel spielt das Ensemble ohne Chef, lädt aber zu besonderen Gelegenheiten Gäste ein. Das Repertoire reicht von der Musik des Barock bis zum 20. Jahrhundert. Das Kammerorchester gibt ca. 100 Konzerte pro Jahr.

Orchestre de Chambre National de Toulouse
Louis Auriacombe gründet 1951 das Kammerorchester, dem 11 Streicher und 1 Cembalist angehören, und leitet es bis 1971. Ab dieser Zeit spielt das Orchester ohne Chefdirigent und wird von seinem 1. Violinisten geleitet (Georges Armand, 1971–86, Bojidar Bratoev, 1987–88). 1988 übernimmt Augustin Dumay die musikalische Oberleitung. Auf dem Programm stehen hauptsächlich Werke aus dem 18. und dem 20. Jahrhundert. André Boucourechliev widmet dem Orchester *Ombres* und Jean-Pierre Guézec *Successif-simultané*. Es wird 1976 als erstes westliches Orchester in die Volksrepublik China eingeladen.

Les Saqueboutiers de Toulouse
Das Ensemble alter Blasinstrumente wird 1974 gegründet; ein Teil der Mitglieder gehörte vorher dem »Ensemble de Cuivres de Toulouse« an. Es setzt sich aus 2 Kornetts oder 3 Baßtrombonen und 1 Positivorgel (Jan Willem Jansen) zusammen und kann je nach Bedarf durch Sänger ergänzt werden. Das Repertoire reicht vom Mittelalter bis zum 17. Jahrhundert; die Instrumentalisten spielen auf Kopien von Originalinstrumenten.
Musikdirektoren: Jean-Pierre Mathieu und Jean-Pierre Canihac (seit 1974).

Sinfonia Varsovia
siehe **Warszawaska Orkiestra Kameralna** (Warschau)

Fistulatores et Tubicinatores Varsovienses (Warschau)
Das Vokal- und Instrumentalensemble wird von Kazimierz Piwkowski 1964 gegründet und Mitte der 80er Jahre wieder aufgelöst. Es interpretiert die Musik des Mittelalters, der Renaissance und des Barock und spielt auf Instrumenten, die Piwkowski selbst nach Originalen und den Beschreibungen von Virdung (1511) und Praetorius (1619) nachbaut. Das Ensemble trägt bei seinen Auftritten historische Trachten.

Polska Filharmonica Kameralna (Warschau)
Das Kammerorchester wird 1980 von Wojcieh Rajski gegründet und seither von ihm geleitet. Das Ensemble besteht aus Solisten; innerhalb von wenigen Jahren setzt es sich als bestes polnisches Kammerorchester durch.

Warszawaska Orkiestra Kameralna (Warschau)
(Warschauer Kammerorchester)
Jerzy Maksymiuk gründet das Orchester 1972 und leitet es, bis es 1986 aufgelöst wird. Ab dieser Zeit spielt es unter dem Namen »Sinfonia Varsovia« unter Gastdirigenten in wechselnder Besetzung mit bis zu 35 Mitgliedern. Neben seiner Konzerttätigkeit dient es der Warschauer Kammeroper als Orchester.
Uraufführungen: Werke von Harrison Birtwistle (*Still Movement*, 1984), Augustyn Bloch, Zbigniew Bujarski, Yoriaki Matsudaïra, Krzysztof Meyer (*Symphonie Nr. 5*, 1978), Paul Patterson (*Sinfonia for Strings*, 1983), Kazimierz Sikorski (*Strings in the Earth*, 1981).

Capella Academica (Wien)
Eduard Melkus gründet 1965 das Ensemble, das sich dem Repertoire des 18. Jahrhunderts widmet. Es spielt ohne Dirigenten unter der Leitung des 1. Violinisten auf Originalinstrumenten und berücksichtigt bei der stilistischen Gestaltung die Ergebnisse der jüngsten musikwissenschaftlichen Forschungen. Die Capella beschränkt sich nicht auf Konzerte, sondern nimmt auch an Opernaufführungen teil; als eines der ersten Ensembles spielt sie Opern des 18. Jahrhunderts auf Originalinstrumenten.

Clemencic Consort (Wien)
Das 1968 von René Clemencic gegründete Vokal- und Instrumentalensemble beschäftigt sich mit der Musik des Mittelalters, der Renaissance, des Barock und des 20. Jahrhunderts. Das Ensemble spielt mit wechselnder Besetzung in Formationen von 6 bis 45 Mitgliedern. Bei Opern- und Oratorienaufführungen aus der Barockzeit tritt es als »Barockorchester des Clemencic Consort« auf. Das Ensemble hat wichtige Literatur des Mittelalters und der Neuzeit zu neuem Leben erweckt, so unter anderem *Carmina Burana, Le Jeu de Daniel, Le Roman de Fauvel*, verschiedene mittelalterliche Messen und Kantaten und die Bühnenwerke *Il trionfo della religione* von Antonio Caldara, *Testoride Argonauta* von João de Carvalho, *L'eternità soggetta al tempo* von Antonio Draghi, *Il lutto dell'universo* von Leopold I., *L'Orfeo* von Antonio Sartorio, *Asinaria Festa* und *La púrpura de la rosa* von Tomás de Torrejón y Velasco (konzertante Aufführungen) und *L'Assalone* von Pietro Andrea Ziani.

Concentus Musicus Wien
Das Ensemble wird 1953 von Nicolaus Harnoncourt gegründet. Die meisten Musiker gehören gleichzeitig den Wiener Symphonikern an und spielen im Rahmen des Concentus Musicus auf alten oder nachgebauten Instrumenten. Vier Jahre arbeitet das Orchester an einer neuen Ausdrucksform, die die alte Musik vom Spätmittelalter bis zum Barock lebendiger vermitteln soll, bis es 1957 sein erstes Konzert gibt. 1960 unternimmt die Gruppe ihre erste Tournee. Mit einer Aufnahme der *Brandenburgischen Konzerte* von Johann Sebastian Bach gelingt ihr der internationale Durchbruch. In der Folge entwickelt sich das Ensemble zu einem der weltweit bekanntesten auf dem Gebiet der Barockmusik. Andere, von den gleichen Überlegungen ausgehende Interpreten wie Gustav Leonhardt arbeiten eng mit Nikolaus Harnoncourt zusammen. Zusammen spielen sie *Sämtliche Kantaten* von Johann Sebastian Bach und Friedrich Händel ein. Neben den beiden Meistern gehören Claudio Monteverdi, Jean-Philippe Rameau, François Couperin, Henry Purcell, Johann Fux, Heinrich Biber und Wolfgang Amadeus Mozart zu den bevorzugten Komponisten des Concentus Musicus.

Ensemble die Reihe (Wien)
Das 1958 von Friedrich Cerha und Kurt Schwertsik gegründete Ensemble widmet sich ausschließlich der zeitgenössischen Musik; je nach Programm wirken bis zu 40 Musiker an den Konzerten mit.
Musikdirektoren: Friedrich Cerha (1958–88), Karl Gruber (seit 1988).
Uraufführungen: Werke von HK Gruber (*Konzert für Violine und Orchester*, 1979; *Frankenstein!*, 1979), György Ligeti (*Aventures*, 1963; *Kammerkonzert*, 1970), Krzysztof Penderecki (*Dimensionen der Zeit und der Stille*, 2. Version, 1961).

Ensemble Wien-Berlin
siehe **Berliner Philharmoniker**

Musica Antiqua Wien
Dem 1959 gegründeten Ensemble Alter Musik gehören 20 Instrumentalisten und Sänger an. Das Repertoire reicht vom Mittelalter bis zum Frühbarock. Das Ensemble spielt auf Originalinstrumenten oder Kopien.

Kammerorchester

Künstlerische Direktoren: Bernhard Klebel, Thomas Schmoegner.

Wiener Kammerorchester
Dem 1946 gegründeten Ensemble gehören je nach Programm 22 bis 36 Instrumentalisten (Streicher und Bläser) an.
Chefdirigenten: Franz Litschauer (1946–52), Heinrich Hollreiser (1952–56), Paul Angerer (1956–63), Carlo Zecchi (1964–76), Philippe Entremont (seit 1976).

Wiener Kammervirtuosen
siehe **Wiener Oktett**

Litauisches Kammerorchester (Wilna)
Das Ensemble wird 1960 gegründet und seit Beginn von Saulius Sondeckis geleitet. Die Mitglieder sind in der Regel junge Musiker, die soeben das litauische Staatskonservatorium verlassen haben. Das Kammerorchester realisiert bis heute mehr als 150 Uraufführungen.

Zagrebački solisti (Zagreb)
(Zagreber Solisten)
Das Orchester wird im Januar 1954 von Antonio Janigro gegründet, der es bis 1968 leitet. Nach seinem Abgang wird das Orchester von seinen 1. Violinisten geleitet (Dragutin Hrdjok, 1968–74, Tonko Ninič, seit 1974). Dem Ensemble gehören 11 Streicher und 1 Cembalist an. Komponisten wie Gottfried von Einem (*Concerto carintico*, 1989), Milan Horvat, Milko Kelemen, Ivo Malec, Parać und Stjepan Šulek arbeiten für das Kammerorchester.

Collegium Musicum Zürich
Das Streichorchester, dem 20 Instrumentalisten angehören, wird 1941 von Paul Sacher als Ergänzung des Basler Kammerorchesters gegründet; die Züricher interpretieren die rein kammermusikalischen Werke, während die Basler sich mit den größeren beschäftigen. Das Repertoire der beiden Orchester umfaßt die Musik des Barock, der Klassik und des 20. Jahrhunderts.
Uraufführungen: Werke von Conrad Beck (*Lichter und Schatten*, 1982), Harrison Birtwistle (*Endless Parade*, 1987), Luciano Berio (*Corale*, 1982), Willy Burkhard (*Konzert für Violine und Orchester*, 1945; *Piccola sinfonia giocosa*, 1949), Elliott Carter (*Konzert für Oboe und Concertino*, 1988), Henri Dutilleux (*Mystère de l'instant*, 1989), Wolfgang Fortner (*Ballet blanc*, 1958), Hans Werner Henze (*Sonata per archi*, 1958; *Konzert für Oboe, Harfe und Orchester*, 1966; *Cantata della fiaba estrema*, 1965), Arthur Honegger (*Symphonie Nr. 2*, 1942; *Concerto da camera*, 1949), Rudolf Kelterborn (*4 Nachtstükke*, 1963), Witold Lutosławski (*Doppelkonzert für Oboe, Harfe und Orchester*, 1980; *Chain II*, Dialog für Violine und Orchester, 1986), Frank Martin (*Petite Symphonie concertante*, 1946; *Ballade für Violoncello*, 1950; *3 Danses*, 1970), Richard Strauss (*Metamorphosen*, 1946), Toru Takemitsu (*Eucalypts*, 1970), Sir Michael Tippett (*Divertimento »Sellinger's Round«*, 1954), Wladimir Vogel (*Traumgesicht 1982*, 1985).

Zürcher Kammerorchester
Das Ensemble, dem 24 Streicher angehören, wird 1954 von Edmond de Stoutz gegründet, der es seither leitet; von 1946–54 existiert es bereits als Privatorchester.
Uraufführungen: Werke von Rudolf Kelterborn (*Kammersinfonie II*, 1964), Frank Martin (*Polyptyque*, dem Orchester gewidmet, 1973), Peter Mieg, Paul Müller, Krzysztof Penderecki (*Intermezzo*, 1973), Wladimir Vogel, Mario Zafred.

Kammermusikensembles

Duos

Philharmonisches Duo Berlin
siehe **Berliner Philharmoniker**

Trios

Amadeus-Klaviertrio
siehe **Amadeus Quartet**

Beaux-Arts Trio (USA)
Gegründet 1955.
Violine: Daniel Guilet (1955–68), Isidore Cohen (seit 1968).
Violoncello: Bernard Greenhouse (1955–87), Peter Wiley (seit 1987).
Klavier: Menahem Pressler (seit 1955).
Menahem Pressler (16. 12. 1923 Magdeburg) ist ein ehemaliger Schüler Egon Petris. Bernard Greenhouse (3. 1. 1916 Newark) studiert bei Pablo Casals und spielt auf einem Stradivari aus dem Jahre 1707. Isidore Cohen (16. 12. 1922 New York) gehört 1958–66 dem »Juilliard String Quartet« an. 1970 und in den folgenden Jahren nehmen sie sämtliche Trios Franz Joseph Haydns auf.

Trio di Bolzano
Gegründet 1941, aufgelöst 1974.
Violine: Giannino Carpi (1941–74).
Violoncello: Antonio Valisi (1941–53), Sante Amadori (1953–74).
Klavier: Nunzio Montanari (1941–74).

Borodin-Trio
Gegründet 1976
Violine: Rostislaw Dubinski.
Violoncello: Juli Turowski.
Klavier: Luba Edina.
Das Trio wird von Rostislaw Dubinski, dem ehemaligen Primgeiger des »Borodin-Quartetts«, gegründet, nachdem dieser die UdSSR verlassen hatte, nach England emigriert und von dort aus in die Vereinigten Staaten eingewandert war. Luba Edina ist seine Frau. Die beiden sind heute amerikanische Staatsbürger. Juli Turowski, kanadischer Staatsbürger, leitet außerdem das Ensemble »I Musici di Montréal«.

Clementi-Trio (Köln)
Gegründet 1979.
Violine: Konstantin Gockel (1979–85), Daniel Spektor (seit 1985).
Violoncello: Manuel Gerstner.
Klavier: Deborah Richards.
Das Ensemble nennt sich nach einem der fruchtbarsten Komponisten auf dem Gebiet des Klaviertrios, Muzio Clementi. Das Repertoire des Clementi-Trios erstreckt sich über drei Jahrhunderte Musik und schließt auch zeitgenössische Werke ein. Zahlreiche Komponisten schrieben für das Trio. Daniel Spektor spielt auf einer Geige von Giovanni Florentinus Guidante (Bologna, 1752) und Manuel Gerstner auf einem Violoncello von Raffaele Fiorini (Bologna, 1891).
Uraufführungen: Werke von Clarence Barlowe, Aldo Clementi (*Trio*, 1988), Morton Feldman (*Trio*, 1980), Lorenzo Ferrero (*My Blues*, 1984), Doris Hays, Dieter Schnebel (*Lieder ohne Worte*, 1980/82/86), Manfred Stahnke, Kevin Volans.

Deutsches Streichtrio
Gegründet 1972.
Violine: Hans Kalafusz.
Bratsche: Christian Hedrich, Jürgen Weber.
Violoncello: Reiner Ginzel.
Uraufführungen: Werke von Nikolaus Brass (*Morgenlob*), Arthur Dangel (*Streichtrio Nr. 2*), Adriana Hölszky (*Innere Welten*), Milko Kelemen (*Memories*), Joachim Krebs (*Streichtrio Nr. 1*), Hans Peter Jahn (*Kammermusiktheater*, op. 21), Anton Ruppert

(*Streichtrio*), Ernst Sauter (*Essay*), Carlo Veerhoff (*Streichtrio*, op. 56).

Trio Deslogères (Paris)
Gegründet 1968.
Ondes Martenot: Françoise Deslogères.
Klavier: Anne-Marie Lavilléon, Claude Bonneton, Guy Teston, Gilles Bérard.
Schlagzeug: Alain Jacquet, Michel Gastaud.
Die Originalität dieses von Françoise Deslogères gegründeten Trios hat viele Komponisten zu Werken angeregt. Die Verwendung der menschlichen Stimme und zusätzlicher Schlagzeuginstrumente erweitert die Möglichkeiten dieses Trios erheblich.
Uraufführungen: Werke von Pierre Ancelin (*Ombres et Silhouettes*, 1977), François Bousch (*Trio*, 1988), Sylvano Bussoti (*Brève*, 1969), Roger Calmel (*Stabat Mater*, 1972), Philippe Capdenat (*Souple, Double, Triple avec orchestre*, 1980), Charles Chaynes (*Tarquinia*, 1973), Raymond Depraz (*Trio*, 1968), M. Goldmann (*Hevel 4*, 1971), Jean-Paul Holstein (*Suite en bleu*, 1974), Nicole Lachartre (*Résonance et paradoxe*, 1972), Marcel Landowski (*Concerto en trio*, 1976), Alain Louvier (*Houles*, 1971), Pierrette Mari (*Les Travaux d'Hercule*, 1973), Jean-Louis Petit (*Fragment IV*, 1988), Claude Pichaureau (*Nepenthèse*, 1972), A. Piechowska (*Illuminations*, 1978), Roger Tessier (*Cheliak*, 1977), Antoine Tisné (*Visions des temps immémoriaux*, 1967), Alain Weber (*Syllepse*, 1970).

Trio Fontenay (Hamburg)
Gegründet 1980.
Violine: Wolf Harden.
Violoncello: Niklas Schmidt.
Klavier: Wolf Harden.
Das Trio nennt sich nach einer Straße in der Nähe der Musikhochschule Hamburgs, in der es sein erstes Konzert gibt. Es arbeitet mit dem »Amadeus-Quartet« in Köln und dem »Beaux-Arts Trio« in Luzern zusammen. 1982 gewinnt es den Wettbewerb Jugend musiziert, ein Jahr später den Felix-Mendelssohn-Bartholdy-Preis der Stiftung Preußischer Kulturbesitz Berlin und 1985 beim Bonner Wettbewerb den 1. Preis.

Trio à Cordes Français (Paris)
Gegründet 1959.
Violine: Gérard Jarry.
Bratsche: Serge Collot.
Violoncello: Michel Tournus.
Uraufführungen: Werke von Charles Chaynes (*Quatre poèmes de Sappho*) und Betsy Jolas (*Quatuor II*).

Haydn-Trio Wien
Gegründet 1968.
Violine: Heinz Medjimorec.
Violoncello: Michael Schnitzler.
Klavier: Walter Schulz.
Das Ensemble widmet sich zunächst den Trios Franz Joseph Haydns, die damals kaum gespielt werden, weitet dann aber angesichts seines internationalen Erfolges (Debüt in New York 1979 und in Japan 1984) sein Repertoire rasch aus, bis es mehr als 100 Werke einstudiert hat, praktisch die ganze Literatur für Klavier-Trio. Ab 1976 gibt es im Konzerthaus Wien eigene Abonnements-Konzerte. Es hält in London, den Vereinigten Staaten (Bloomington), am Mozarteum in Salzburg und in Tokio master classes ab.

Trio InterContemporain (Paris)
siehe **Ensemble InterContemporain**

Trio Italiano d'Archi (Rom)
Gegründet 1958.
Violine: Franco Gulli (seit 1958).
Bratsche: Bruno Giuranna (seit 1958).
Violoncello: Amadeo Baldovino (1958–62), Giacinto Caramia (seit 1962).
Vor allem aufgrund der Gesamtaufnahme der Beethoven-Trios setzt sich dieses Streichtrio als eines der wenigen international durch.

Münchner Klaviertrio
Gegründet 1982.
Violine: Ilona Then-Bergh.

Violoncello: Gerhard Zank.
Klavier: Carl-Heinz März (1982–84), Michael Schaefer (seit 1985).

Trio à Cordes de Paris
Gegründet 1966.
Violine: Charles Frey (seit 1966).
Bratsche: Davia Binder (1966–71), Jean Verdier (1971–82), Michel Michalakakos (seit 1982).
Violoncello: Bernard Escavi (1966–68), Jean Grout (seit 1968).
Zu dem Trio gesellen sich gelegentlich der Flötist Patrick Gallois und/oder der Pianist Dominique Merlet. Bei allen Konzerten, während der großen Festspiele wie in den entlegensten Winkeln, spielt das Trio mindestens ein zeitgenössisches Werk. So ist die große Zahl an Uraufführungen erklärbar.
Seit 1983 widmen sich die drei Instrumentalisten des Trios dank einer Übereinkunft zwischen Radio France und dem französischen Kultusministerium ausschließlich der Kammermusik, die erste Formation, der dies in Frankreich möglich ist. Charles Frey spielt auf einer Violine von Nicolas Gagliano (1763), Michel Michalakakos auf einer Bratsche von Gasparo da Salo und Jean Grout auf einem Violoncello von Bernardel (1839). Claude Ballif widmet Charles Frey *Cahier de violon* (1980) und Emmanuel Nunes *Einspielung*.
Uraufführungen: Werke von Georges Aperghis, Claude Ballif (*Trio* op. 28, 1968; *Trio* op. 43, Nr. 2, 1969; *Quatuor avec percussion*, 1977), Alain Bancquart (*Thrène I*, 1968; *Jeux pour lumière* für Streichtrio und Orchester, 1969; *Ecorces III*, 1969; *Uni et désunie* für 2 Streichtrios, 1970; *Thrène II*, 1977, *Cérémonial*, 1985), Aldo Clementi, Gérard Condé (*Trio Nr. 1*, 1982, *Nr. 2*, 1988), Xavier Darasse (*Trio*, 1982), Edison W. Denissow (*Trio*, 1969; *Sopran-Quartett*, 1980), Pascal Dusapin, Joan Guinjoan (*Trio*, 1984), Eugene Kurtz (*Time and Again*, 1985), Gérard Massias, Emmanuel Nunes, Maurice Ohana (*Stream* für Trio und Baß, 1971), Yoshihira Taira (*Diaptase*, 1974), Roger Tessier, Ton That Tiet.

Trio Pasquier (Paris)
Gegründet 1927, aufgelöst 1974.
Violine: Jean Pasquier.
Bratsche: Pierre Pasquier.
Violoncello: Etienne Pasquier.
Das auf Initiative von Pierre Pasquier gegründete Trio setzt sich in besonderem Maß für die französische Musik ein. Unter den zahlreichen Partnern, die mit dem Trio auftreten, sind Marguerite Long und Jean-Pierre Rampal besonders hervorzuheben.
Uraufführungen: Werke von Jean Françaix (*Trio*, 1934), André Jolivet (*Trio*, 1938), Bohuslav Martinů (*Zweites Streichtrio*, 1935), David Milhaud (*Trio*, 1947), Gabriel Pierné (*Trio*, op. 90, auf die Namen Jean-Pierre-Etienne), Jean Rivier (*Trio*, 1934), Florent Schmitt (*Trio*, 1948).

Nouveau Trio Pasquier (Paris)
Gegründet 1970.
Violine: Régis Pasquier.
Bratsche: Bruno Pasquier.
Violoncello: Roland Pidoux.
Ab 1972 gibt das Trio seine ersten Konzerte. Es spielt häufig zusammen mit dem Pianisten Jean-Claude Pennetier und unternimmt zahlreiche Tourneen durchs In- und Ausland.

Trio Ravel (Paris)
Gegründet 1969.
Violine: Christian Crenne.
Violoncello: Manfred Stilz.
Klavier: Chantal de Buchy.
Zwei Jahre lang perfektioniert sich das Trio bei Maurice Crut, Mstislaw L. Rostropowitsch, Yehudi Menuhin, János Starker, Joseph Gingold und György Sebők. 1972 gewinnt es beim internationalen Wettbewerb von Belgrad einen Großen Preis.

Smetana-Trio
siehe **Tschechoslowakisches Trio**

Kammermusikensembles

Stuttgarter Klaviertrio
Gegründet 1968.
Violine: Rainer Kußmaul.
Violoncello: Peter Hahn (1968–81), Claus Kanngießer (seit 1981).
Klavier: Monika Leonhard (seit 1968).
Rainer Kußmaul spielt auf einer Violine von Andrea Guarneri (Cremona 1692) und Claus Kanngießer auf einem Violoncello von Francesco Pressenda (1841).

Suk-Trio (Prag)
Gegründet 1951.
Violine: Josef Suk.
Violoncello: Săsa Večtomov (1951–52), Josef Chuchro (1952–56), Miloš Sádlo (1956–60), Josef Chuchro (seit 1960).
Klavier: Jiří Hunička (1951–52), Josef Hála (1952–56), František Maxián (1956–57), Jan Panenka (1957–79), Josef Hála (seit 1979).

Trio di Trieste
Gegründet 1933.
Violine: Renato Zanettovich (seit 1933).
Violoncello: Libera Lana (1933–62), Amedeo Baldovino (seit 1962).
Klavier: Dario de Rosa (seit 1933).
Das Trio, das sich aus drei Studenten des Konservatoriums von Triest zusammensetzt, gibt 1933 sein erstes Konzert. Es setzt sich schnell in Europa und ab 1948 auch in den Vereinigten Staaten und dem Fernen Osten durch. Während seiner 55jährigen Tätigkeit gibt es mehr als 3 500 Konzerte; es spielt hauptsächlich Werke von Joseph Haydn, Wolfgang Amadeus Mozart und den Romantikern. Die Mitglieder des Trios unterrichten seit 1981 an der Accademia Musicale Chigiana in Siena. Renato Zanettovich spielt auf einer Guarneri del Gesù und Amedeo Baldovino auf einem Stradivari aus dem Jahre 1711, dem Mala.

Tschechoslowakisches Trio (Prag)
Gegründet 1934, aufgelöst 1991.
Violine: Alexander Plocek (1934–67), Ivan Štraus (1967–69), Jiří Tomášek (1979–91).
Violoncello: František Smetana (1934–44), Miloš Sádlo (1944–54), Saša Večtomov (1954–77), Marek Jerie (1977–79), Saša Večtomov (1979–89), Miloš Sádlo (1989–91).
Klavier: Josef Páleníček (1934–91).
Das Trio nennt sich zunächst »Smetana-Trio« und nimmt erst 1945 seinen heutigen Namen an.

Wiener Schubert-Trio
Gegründet 1985.
Violine: Boris Kuschnir.
Violoncello: Martin Hornstein.
Klavier: Claus-Christian Schuster.
Das Trio perfektioniert sich beim »Beaux-Arts Trio« und gewinnt 1985 beim Internationalen Wettbewerb Sergio Lorenzi in Triest den 1. Preis. Jeder Spieler der Gruppe leitet am Konservatorium von Wien, wo das Ensemble als »trio in residence« fungiert, eine Kammermusikklasse.
Uraufführungen: Werke von Paul Kont (*En rose et noir*, 1990), Erich Urbanner (*Klaviertrio*, 1991).

Wiener Streichtrio
Gegründet 1972.
Violine: Thomas Kakuska (1972–81), Jan Pospichal (seit 1981).
Bratsche: Tomislav Sestak (1972–81), Wolfgang Klos (seit 1981).
Violoncello: Wilfried Rehm.
Alle Mitglieder des Trios sind Solisten der »Wiener Symphoniker«. Sie spielen auf einer Violine von Louis Germain (1865), einer Bratsche von G. B. Ceruti (1780) und einem Violoncello von F. Garimberti (1925).
Uraufführungen: Werke von Rainer Bischof (*Streichtrio* op. 26, 1991), Friedward Blume (*Trio* op. 21, 1985), Adolf Busch (*Trio* op. 24, 1988), Gottfried von Einem (*Trio* op. 74, 1985), Kurt Rapf (*Trio*, 1976; *Klavierquartett*, 1987), Wilhelm Stärk (*Trio*, op. 73,

1982), Richard Strauss (*Variationen für Streichtrio*, 1986), Egon Wellesz (*Streichtrio*, 1962), Leopold von Zenetti (*Trio*, 1980).

Yuval-Trio (Tel Aviv)
Gegründet 1969.
Violine: Uri Pianka.
Violoncello: Simca Heled.
Klavier: Jonathan Zak.
Das Trio nennt sich nach dem ersten Musiker in der Geschichte, Iubal aus dem Alten Testament. Uri Pianka ist auch Konzertmeister des »Houston Symphony Orchestra«.

Quartette

Aeolian String Quartet (London)
Gegründet 1927, aufgelöst 1981.
1. Violine: George Stratton (1927–44), Max Salpeter (1944–46), Alfred Cave (1946–52), Sydney Humphreys (1952–70), Emanuel Hurwitz (1970–81).
2. Violine: William Manuel (1927–31), David Carl Taylor (1932–41), Teddy Virgo (1941–43), Irene Richards (1943–44), Colin Sauer (1944–46 und 1952–53), Leonard Dight (1946–52), Trevor Williams (1953–61), Robert Cooper (1961–62), Raymond Keenlyside (1961–82).
Bratsche: Lawrence Leonard (1927–32), Watson Forbes (1932–64), Margaret Major (1964–81).
Violoncello: John Moore (1927–56), Derek Simpson (1956–81).
Das Ensemble nennt sich zunächst »Stratton String Quartet«, bevor es 1944 seinen endgültigen Namen annimmt. 1976 beginnt das Aeolian String Quartet mit der Aufnahme *Sämtlicher Streichquartette* Franz Joseph Haydns. Es ist lange Zeit »quartet in residence« an der University of Newcastle upon Tyne. Emanuel Hurwitz spielt auf einer Violine der Brüder Amati, auf der zuvor bereits Alfred Cave spielte, Raymond Keenlyside auf einer Pietro Guarneri, Margaret Major auf einer Amati und Derek Simpson auf einem Andrea Guarneri.
Uraufführungen: Unter den Uraufführungen ist das *Streichquartett Nr. 1* von Andrzej Panufnik (1976) besonders erwähnenswert.

Alban-Berg-Quartett (Wien)
Gegründet 1970.
1. Violine: Günter Pichler (seit 1970).
2. Violine: Klaus Mätzl (1970–78), Gerhard Schulz (seit 1978).
Bratsche: Hatto Beyerle (1970–81), Thomas Kakuska (seit 1981).
Violoncello: Valentin Erben (seit 1970).
Schon der Name des berühmten Quartetts weist darauf hin, daß es sich in der Wiener Musik zu Hause fühlt, sei es im Repertoire des 18. und 19. Jahrhunderts oder im zeitgenössischen. Bis 1971 perfektioniert sich das Ensemble beim »LaSalle String Quartet« in Cincinnati. Sehr schnell wird es dann als das führende Quartett seiner Generation angesehen, im Repertoire der Wiener Schule, aber auch im klassischen Quartett-Programm mit Werken von Franz Joseph Haydn, Wolfgang Amadeus Mozart, Ludwig van Beethoven, Antonín Dvořák und Leoš Janáček. Es setzt sich auch für zeitgenössische Kompositionen ein. Die beiden Violinisten spielen auf einer Stradivari aus dem Jahre 1719 und einer J. B. Vuillaume (1850), der Bratschist auf einer Lorenzo Storioni (1780) und der Violoncellist auf einem Francesco Ruggieri (1680).
Uraufführungen: Werke von Alban Berg (*Variationen über ein originales Thema*, 1985), Luciano Berio (*Quartett*, 1988), Gottfried von Einem (*Streichquartett Nr. 1*, 1976), Roman Haubenstock-Ramati (*Streichquartett Nr. 1*, Auftrag, 1974; *Nr. 2*, 1978), Fritz Leitermeyer (*Streichquartett Nr. 3*, 1974), Wolfgang Rihm (*Streichquartett Nr. 4*, Auftrag, 1983), Alfred G. Schnittke (*Streichquartett Nr. 4*, 1989), Erich Urbanner (*Streichquartett Nr. 3*, dem Alban-Berg-Quartett gewidmet, 1973), Gerhard Wimberger (*Streichquartett*, 1980).

Kammermusikensembles

Allegri String Quartet (London)
Gegründet 1953.
1. Violine: Eli Goren (1953–68), Hugh Maguire (1968–77), Peter Carter (seit 1977).
2. Violine: James Barton (1953–63), Peter Thomas (1963–68), David Roth (seit 1968).
Bratsche: Patrick Ireland (1953–77), Prunella Pacey (1977-), Keith Lovell, Patrick Ireland (seit 1988).
Violoncello: William Pleeth (1953–68), Bruno Schrecker (seit 1968).
Mit der Unterstützung des Radcliffe Trust gibt es Konzerte und hält Kurse.
1975 spielt es auf dem Cheltenham Festival *Sämtliche Streichquartette* Ludwig van Beethovens.
Auftragskompositionen: Werke von Martin Dalby (*Streichquintett*, 1972), Nicola LeFanu, Elizabeth Maconchy, Peter Sculpthorpe, Robert Sherlaw-Johnson (*Elegy*, 1988).

Amadeus-Ensemble
siehe **Amadeus Quartet**

Amadeus Quartet (London)
Gegründet 1947, aufgelöst 1987.
1. Violine: Norbert Brainin.
2. Violine: Siegmund Nissel.
Bratsche: Peter Schidlof.
Violoncello: Martin Lovett.
Im März 1938 emigrieren drei junge Wiener nach England und lernen dort einen jungen englischen Cellisten kennen. Sie gründen ein Quartett, dessen Namen auf ihre Herkunft und auf ihre Liebe zu Mozart hinweist. 1948 gibt das Quartett sein erstes Konzert; 1952 unternimmt es bereits Tourneen um die Welt. Eine Aufnahme von Ludwig van Beethovens *Sämtlichen Streichquartetten* macht sie berühmt. 1967 sind sie an der University of York »quartet in residence«. Ihr Repertoire beschränkt sich in der Hauptsache auf das 17. und 18. Jahrhundert. Sie arbeiten mit Musikern wie Cecil Aronowitz, William Pleeth, Hephzibah Menuhin, Christoph Eschenbach und Emil G. Gilels zusammen, um ihr Repertoire zu erweitern.
Jedes Mitglied des Quartetts spielt auf einem wertvollen Instrument (drei Stradivari und ein Guarneri). 1981 erscheinen ihre *Erinnerungen*. Das Amadeus Quartet gehört zu den bedeutendsten Kammermusikensembles der Nachkriegszeit. Benjamin Britten widmet ihm 1975 sein *Streichquartett Nr. 3*. Nach dem Tod von Peter Schidlof lösen die drei Überlebenden nach 40jähriger Konzerttätigkeit, während der die Mitglieder niemals wechselten, das Quartett auf. Sie arbeiten als Trio weiter, entweder als »Amadeus-Ensemble« oder in Zusammenarbeit mit dem Pianisten Georges Pludermacher als »Amadeus-Klaviertrio«.

Amar-Quartett (Frankfurt)
gegründet 1921, aufgelöst 1929.
1. Violine: Licco Amar.
2. Violine: Walter Kaspar.
Bratsche: Paul Hindemith.
Violoncello: Rudolf Hindemith (1921–22), Maurits Frank (1922–29).
Das Ensemble, das sich eigentlich nur getroffen hatte, um Paul Hindemiths *Zweites Streichquartett* zu interpretieren, entwickelt sich zu einem der berühmtesten Quartette der 20er Jahre, das sich vor allem bei der Wiedergabe der Musik des beginnenden 20. Jahrhunderts auszeichnet. Es tritt häufig in Donaueschingen auf, wo Licco Amar auch Interpretationskurse hält.
Uraufführungen: Werke von Paul Hindemith (*Streichquartett Nr. 2*, 1921; *Nr. 3*, 1922; *Nr. 6*, 1923; *Minimax*, 1923; *Quintett für Klarinette und Streicher*, 1923), Anton Webern (*Sechs Bagatellen* op. 9, 1924).

Quatuor Arcana (Paris)
Gegründet 1975.
1. Violine: Dominique Barbier (seit 1975).
2. Violine: Hubert Chachereau (seit 1975).
Bratsche: Serge Soufflard (seit 1975).
Violoncello: Willie Guillaume (1975–82), Michel Poulet (1982–86), François Holl (seit 1986).

Das Quartett wird von der Menuhin Foundation und beim internationalen Wettbewerb Carlo Jachino in Rom ausgezeichnet (1976). In seinem breitgefächerten Repertoire nimmt die französische und die zeitgenössische Musik einen besonderen Stellenwert ein. Es wirkt an der ersten Gesamtaufnahme der *Streichquartette* von Darius Milhaud mit.
Uraufführung: *Viertes Streichquartett* von Marcel Mihalovici (1983).

Arditti String Quartet (London)
Gegründet 1974.
1. Violine: Irvin Arditti (seit 1974).
2. Violine: Alexander Mackenzie (1974–83), Alexander Balenescu (1983–85), David Alberman (seit 1985).
Bratsche: Levine Andrade (1974–90), Garth Knox (seit 1990).
Violoncello: Rohan de Saram (seit 1974).
Vier junge Studenten der Royal Academy of Music gründen das Quartett, das sich schnell als eines der besten Ensembles auf dem Gebiet der zeitgenössischen Kammermusik durchsetzt. Das Quartett arbeitet mit den Komponisten, deren Werke es aufführt, eng zusammen, so mit Brian Ferneyhough, Jonathan Harvey, Klaus Huber, Luís de Pablo, Wolfgang Rihm, Salvatore Sciarrino, Iannis Xenakis und Isang Yun. Seit 1982 geben die Mitglieder des Quartetts in Darmstadt Sommerkurse über Interpretationsfragen zeitgenössischer Kammermusik sowie über moderne Instrumentaltechniken. Sie spielen auf Instrumenten von Landolphi und Testori (Violinen), Nigel Harris (Bratsche) und Andrea Guarneri (Violoncello).
Uraufführungen: Werke von Georges Aperghis (*10 pièces*, 1985), Claude Ballif (*Streichquartett Nr. 4*, 1990), Alain Bancquart (*Mémoire*, 1985), Zbigniew Bargielski (*Drittes Streichquartett »Stilleben mit Geschrei«*, 1985), Luciano Berio (*Divertimento* für Trio, 1987), Philippe Boesmans (*Streichquartett*, 1989), Hans Jürgen von Bose (*Streichquartett Nr. 3*, 1989), Benjamin Britten (*Quartettino*, 1983), Gavin Bryars (*Between the National & the Bristol*, 1985), Sylvano Bussotti (*Andante favorito, Porträt*, 1988), John Cage (*Music für 4*, 1988), Aldo Clementi (*Streichquartett*, 1988), Peter Maxwell Davies (*Quartettsatz*, 1983), Paul Heinz Dittrich (*Streichquartett Nr. 1*, 1986; *Nr. 2*, 1989), Pascal Dusapin (*Streichquartett Nr. 1*, 1983; *Nr. 2*, 1989), Morton Feldman (*Violin and String Quartet*, 1990), Brian Ferneyhough (*Streichquartett Nr. 2*, 1980; *Nr. 3*, 1987; *Nr. 4*, 1989), Philip Glass (*Streichquartett Nr. 2 »Mishima«*, 1985), Alexander Goehr (*Streichquartett Nr. 4*, 1990), Sofia Gubaidulina (*Streichquartett Nr. 3*, 1987), Jonathan Harvey (*Streichquartett Nr. 2*, 1979; *Nr. 3*, 1989), Paul Hindemith (*Streichquartett 1915*, 1986), Klaus Huber (*Streichquartett Nr. 3 »Dialektische Fantasie«*, 1984), Mauricio Kagel (*Streichquartett, 3. Teil*, 1987), Helmut Lachenmann (*Streichquartett Nr. 2*, 1989), François-Bernard Mâche (*Streichquartett »Eridan«*, 1987), Ivo Malec (*Arco 4*, 1987), Conlon Nancarrow (*Streichquartett Nr. 3*, 1988), Maurice Ohana (*Streichquartett Nr. 2*, 1982), Luís de Pablo (*Fragmento*, 1986; *Streichquartett*, 1988), Henri Pousseur (*Chroniques berlinoises*, 1977; *Streichquartett Nr. 2*, 1989), Horatiu Radulescu (*Streichquartett*, 1987), Wolfgang Rihm (*Streichquartett Nr. 5 »Ohne Titel«*, 1983; *Nr. 6 »Blaubuch«*, 1986; *Klarinettenquintett*, 1988; *Streichquartett Nr. 8*, 1989), Nicolai Roslavets (*Music for String Quartet*, 1991), Sven-David Sandstrøm, (*Farewell*, 1987), Giacinto Scelsi (*Streichquartett Nr. 5*, 1985; *Streichtrio*, 1986), Alfred G. Schnittke (*Streichquartett Nr. 2*), Salvatore Sciarrino (*Codex Purpureus* für Streichtrio, 1983), Bent Sorensen (*Streichquartett*, 1988), Ivan Wyschnegradsky (*Streichquartett Nr. 3*, 1987), Iannis Xenakis (*Tetras*, 1983; *Akea*, Klavierquintett, 1986), Isang Yun (*Flötenquintett*, 1987).

Kammermusikensembles

Artis-Quartett (Wien)
Gegründet 1980.
1. Violine: Peter Schuhmayer.
2. Violine: Johannes Meissl.
Bratsche: Herbert Kefer.
Violoncello: Othmar Müller.
Das Quartett wird von jungen Studenten der Wiener Musikakademie gegründet; 1983 ist es bei dem internationalen Wettbewerb von Cambridge und 1984 bei dem von Evian erfolgreich. Dank eines Friedlander-Stipendiums kann es sich 1984–85 beim »LaSalle String Quartet« in Cincinnati perfektionieren. Ab 1985 wird das Quartett international bekannt. Seit 1988 veranstaltet es eigene Abonnements-Konzerte im Brahms-Saal des Wiener Musikvereins.
Uraufführungen: Werke von Helmut Eder (*Streichquartett Nr. 4*, 1991) und Thomas Larcher (*Streichquartett*, 1990).

Quatuor Athenäum-Enescu (Paris)
Gegründet 1978.
1. Violine: Constantin Bogdanas (seit 1978).
2. Violine: Florin Szigeti (seit 1978).
Bratsche: Liviu Stanese (1978–89), Dan Jarca (seit 1989).
Violoncello: Dorel Fodoreanu (seit 1978).
Vier nach Frankreich emigrierte rumänische Musiker gründen das Ensemble zunächst als »Athenäum-Quartett«, bevor es sich nach dem großen rumänischen Komponisten nennt. Nach den Ereignissen von 1989 nimmt das Quartett seinen ursprünglichen Namen wieder an, der sich vom größten Bukarester Konzertsaal ableitet. Es perfektioniert sich bei Sándor Végh, bevor es beim internationalen Kammermusikwettbewerb von Paris mit dem 1. Großen Preis ausgezeichnet wird.
Uraufführungen: Werke von Jésus Guridi (*Streichquartett Nr. 2*, 1985), Philippe Hersant (*Streichquartett Nr. 3*), Serge Nigg (*Streichquartett*, 1983), Henri Sauguet (*Méditation*, 1983), Nicolas Zourabichvéli (*Streichquartett*, 1984).

Auryn-Quartett (Köln)
Gegründet 1981.
1. Violine: Matthias Lingenfelder.
2. Violine: Jens Oppermann.
Bratsche: Stewart Eaton.
Violoncello: Andreas Arndt.
Vier junge Instrumentalisten des Jugendorchesters der Europäischen Gemeinschaft gründen das Quartett; sie perfektionieren sich beim »Amadeus Quartet« an der Kölner Musikhochschule und beim »Guarneri String Quartet« an der University of Maryland (1986–87). Sie werden bei den internationalen Wettbewerben von Portsmouth und München (1982) sowie beim Wettbewerb Junger Interpreten in Bratislava (1987) ausgezeichnet. Der Name ist Michael Endes Roman *Die unendliche Geschichte* entlehnt (Auryn ist ein Amulett, das seinem Träger Einbildungsgabe verleiht und ihm hilft, seine Träume zu verwirklichen).
Uraufführungen: Werke von Günter Bialas, Hans-Jürgen von Bose, Berthold Goldschmidt (*Quartett Nr. 3*, 1989), Wolfgang Rihm, Manfred Trojahn (die meisten dieser Werke wurden für das Auryn-Quartett geschrieben).

Barchet-Quartett (Budapest)
Gegründet 1952, aufgelöst 1962.
1. Violine: Reinhold Barchet.
2. Violine: Will Beh.
Bratsche: Hermann Hirschfelder.
Violoncello: Helmut Reiman.
Das Quartett wird vor allem aufgrund der Aufnahme *Sämtlicher Streichquartette* von Wolfgang Amadeus Mozart Ende der 50er Jahre bekannt.

Bartholdy-Quartett (Karlsruhe)
Gegründet 1968.
1. Violine: Joshua Epstein, Antonio Perez.
2. Violine: Max Speermann.
Bratsche: Jörg-Wolfgang Jahn.
Violoncello: Anne-Marie Dengler.
Die Mitglieder des Ensembles unterrichten an den Konservatorien von Würzburg und Karlsruhe. Ihre Vorliebe für die Streichquartette Felix Mendels-

sohn Bartholdys veranlaßt sie, ihr Ensemble nach dem Komponisten zu benennen. Sie spielen auf einer Guidantus (Bologna 1738), einer Guadagnini (Turin 1779), einer Ceruti (Cremona 1897), und einem Guadagnini (Parma 1762).
Uraufführung: *Streichquartett Nr. 2* von Wolfgang Rihm.

Bartók-Quartett (Budapest)
Gegründet 1957.
1. Violine: Péter Komlós.
2. Violine: Sándor Devich (1957–82), Béla Banfalvy (1982–85), Géza Hargitai (seit 1985).
Bratsche: Géza Németh.
Violoncello: Károly Botvay (1957–77), László Mező (seit 1977).
Vier Schüler Leo Weiners an der Franz-Liszt-Musikakademie in Budapest schließen sich zum »Komlós-Quartett« zusammen; 1963 erhält es von der Witwe Béla Bartóks die Erlaubnis, sich nach ihrem Mann zu nennen. 1964 gewinnt das Ensemble den internationalen Preis von Lüttich. Es setzt sich besonders für die zeitgenössischen ungarischen Komponisten ein (Durkó, Bozay, Kadosa, Soproni, Farkas, Szabó, Láng usw.) und spielt in der ganzen Welt in Konzertzyklen *Sämtliche Streichquartette* Béla Bartóks und Ludwig van Beethovens. 1981 gewinnt es den Preis der UNESCO. Ihre Instrumente stammen aus der Hand von Guarneri del Gesù (1736), Guadagnini (1774), Storioni (1787) und Montagnana (1730).

Barylli-Quartett (Wien)
Gegründet 1951, aufgelöst 1960.
1. Violine: Walter Barylli (1951–60).
2. Violine: Otto Strasser (1951–60).
Bratsche: Rudolf Streng (1951–60).
Violoncello: Richard Krotschak (1951–54), Emanuel Brabec (1954–59), Robert Scheiwen (1959–60).
Das von Instrumentalisten der Wiener Philharmoniker gegründete Ensemble tritt zuweilen auch unter dem Namen »Musikvereinsquartett« auf. Als Walter Barylli 1960 aufhört zu spielen, gründen Otto Strasser, Rudolf Streng und Robert Scheiwen zusammen mit Willy Boskovsky das »Wiener Philharmonische Streichquartett«.
Uraufführung: *Streichquartett Nr. 7* (1953) von Egon Wellesz.

Beethoven-Quartett (Moskau)
Gegründet 1923, aufgelöst 1975.
1. Violine: Dmitri Tziganow (1923–75).
2. Violine: Wassilij Schirinski (1923–60), Nicolas Zabaknikov (1960–75).
Bratsche: Wadim Borissowski (1923–60), Fjodor S. Drushinin (1960–75).
Violoncello: Sergej Schirinski (1923–75).
Das Ensemble heißt zunächst »Streichquartett des Moskauer Konservatoriums«, bevor es 1931 seinen endgültigen Namen annimmt. 1927 spielt es aus Anlaß des 100. Todestages des Komponisten Ludwig van Beethovens *Sämtliche Streichquartette*. Das Ensemble hat fast alle Streichquartette von Dmitri D. Schostakowitsch zur Uraufführung gebracht. 1980 gründet der Altist Fedor Drujinin das »Neue Beethoven-Quartett«.
Uraufführungen: Werke von Dmitri D. Schostakowitsch (*Quintett*, 1940, und *Trio Nr. 2*, 1944, mit dem Komponisten am Klavier; außerdem das *Streichquartett Nr. 2*, 1944; *Nr. 3*, 1946; *Nr. 4*, 1953; *Nr. 5*, 1953; *Nr. 6*, 1956; *Nr. 7*, 1960; *Nr. 8*, 1960; *Nr. 9*, 1964; *Nr. 10*, 1964; *Nr. 11*, 1966; *Nr. 12*, 1968; *Nr. 13*, 1970; *Nr. 14*, 1973). Die Streichquartette *Nr. 3* und *Nr. 5* sind dem Quartett, *Nr. 13* Wadim Borissowski, *Nr. 11* Wassilij Schirinski, *Nr. 12* Dmitri Tziganow und *Nr. 14* sowie *Nr. 15* Sergej Schirinski gewidmet.

Berliner Streichquartett
siehe **Berliner Staatskapelle**

Quatuor Bernède (Paris)
Gegründet 1963, aufgelöst 1991.
1. Violine: Jean-Claude Bernède (1963–91).
2. Violine: Jacques Prat (1963–67), Gérard Montmayeur (1967–70), Marcel Charpentier (1970–91).

Bratsche: Bruno Pasquier (1963–67), Guy Chêne (1967–70), Michel Laléouse (1970–89), Serge Collot (1989–91).
Violoncello: Paul Boufil (1963–76), Jean-Claude Ribéra (1976–79), Pierre Penassou (1979–91).
Uraufführungen: Werke von Claude Ballif (*Streichquartett Nr. 3*, 1970), Michel Philippot (*Streichquartett Nr. 2*, 1983), Iannis Xenakis.

Berner Streichquartett
Gegründet 1971.
1. Violine: Alexander van Wijnkoop (seit 1971).
2. Violine: Eva Zurbrügg (1971–79), Christine Ragaz (seit 1979).
Bratsche: Heinrich Forster (1971–77), Henrik Crafoord (seit 1977).
Violoncello: Walter Grimmer (1971–85), Angela Schwarz (seit 1985).
Das von der Bernischen Musikgesellschaft gegründete Quartett setzt sich aufgrund seines Repertoires durch, das von Johann Sebastian Bachs *Die Kunst der Fuge* bis zur zeitgenössischen Musik reicht. Vor allem darin erreicht das Quartett, das eng mit den Komponisten zusammenarbeitet, Spitzenniveau, ohne deshalb auf dem Gebiet der Klassik und Romantik zu verlieren.
Uraufführungen: Werke von Brian Ferneyhough (*Streichquartett Nr. 1* »*Sonatas*«, 1975), Heinz Holliger (*Streichquartett*, 1973), Klaus Huber (*Streichquartett Nr. 2*, 1985), Helmut Lachenmann (*Tanzsuite mit Deutschlandlied* für Streichquartett und Orchester, 1980), Jacques Lenot (*Sept Fragments*, 1977), Heinz Marti (*Streichquartett*, 1987), Fritz Vaegelin (*In memoriam F. Z.*, 1985).
1915 war bereits ein erstes »Berner Streichquartett« ins Leben gerufen worden, das die Musik seiner Zeit sehr aktiv verbreitet hatte (Uraufführungen von Werken von Conrad Beck, Hans Haug, Otmar Schoek). Die damalige Besetzung:
1. Violine: Alphonse Brun.
2. Violine: Walter Garraux, Theo Hug.

Bratsche: Hans Blume, Walter Kaegi.
Violoncello: Lorenz Lehr, Richard Stürzenegger.

Böhmisches Streichquartett
siehe **Tschechisches Streichquartett**

Borodin-Quartett (Moskau)
Gegründet 1946.
1. Violine: Rostislaw Dubinski (1946–76), Michail Kopelman (seit 1976).
2. Violine: Jaroslaw Alexandrow (1946–74), Andrej Abramenkow (seit 1974).
Bratsche: Dmitri Schebalin (seit 1946).
Violoncello: Walentin Berlinski (seit 1946).
Bis 1955 tritt das Ensemble unter dem Namen »Quartett der Moskauer Philharmoniker« auf. Es spielt häufig mit Swjatoslaw T. Richter, Emil G. Gilels, Leonid B. Kogan, David F. Oistrach und Heinrich G. Neuhaus zusammen. Aufgrund der Gesamtaufnahmen der Streichquartette von Dmitri D. Schostakowitsch, Alfred G. Schnittke, Moissej S. Weinberg, Wissarion J. Schebalin und Anatoli N. Alexandrow wird das Quartett international bekannt.

Brahms-Quartett Hamburg
Gegründet 1974.
1. Violine: Uwe-Martin Haisberg.
2. Violine: Günther Marx, Alexander Troester (seit 1986).
Bratsche: Rainer Johannes Kimstedt.
Violoncello: Dieter Göttl.
Das Ensemble gewinnt 1977 den Deutschen Musikwettbewerb in Bonn und perfektioniert sich anschließend beim »LaSalle String Quartet« in Cincinnati. Zu Beginn spezialisiert es sich auf die romantische Kammermusik, erweitert sein Repertoire aber bald und spielt auch Werke der Wiener Schule sowie zeitgenössische Musik. Seit 1983 gründet es in Hamburg in Zusammenarbeit mit dem NDR eigene Abonnementskonzerte, »Die Reihe«. Die Mitglieder sind Professoren an den Konservatorien von Lübeck (Haisberg) und Berlin (Kimstedt) oder Solisten der beiden

wichtigsten Hamburger Orchester, der Philharmoniker (Troester) und des NDR-Sinfonieorchesters (Göttl).
Uraufführungen: Werke von Wolfgang Ludewig (*Streichquartett Nr. 3*, 1981), Arnold Schönberg (drei Sätze aus unveröffentlichten Quartetten, 1984).

Brandis-Quartett Berlin
Gegründet 1976.
1. Violine: Thomas Brandis.
2. Violine: Peter Brem.
Bratsche: Wilfried Strehle.
Violoncello: Wolfgang Boettcher.
Die Mitglieder dieses Streichquartetts sind gleichzeitig Solisten der Berliner Philharmoniker. Thomas Brandis (1983) und Wolfgang Boettcher (1976) haben inzwischen die Philharmoniker verlassen, um sich ihren pädagogischen Aufgaben an der Musikhochschule Berlin und dem Quartett zu widmen.
Uraufführungen: Werke von Frank Michael Beyer (*Streichfantasie zu einem Motiv von J. S. Bach*, 1978), Helmut Eder (*Klarinettenquintett*, 1984), Gottfried von Einem (*Streichquartett Nr. 3*, 1981), Giselher Klebe (*Streichquartett Nr. 3*, 1983).

Budapester Streichquartett
Gegründet 1917, aufgelöst 1967.
1. Violine: Emil Hauser (1917–32), Josef D. Roisman (1932–67).
2. Violine: Alfred Indig (1917), Imre Pogány (1917–32), Josef D. Roisman (1927–32), Jac Gorodetzky (1932–33), Alexander I. Schneider (1933–44), Edgar Ortensky (1944-), Jac Gorodetzky (bis 1955), Alexander I. Schneider (1955–67).
Bratsche: István Ipolyi (1917–36), Boris J. Kroyt (1936–67).
Violoncello: Hary Són (1917–30), Mischa Schneider (1930–67).
Zu Beginn besteht das Quartett aus Musikern des Opernorchesters von Budapest; trotz des Mitwirkens russischer Instrumentalisten ab der 30er Jahre behält es seinen Namen bei. 1938 läßt es sich in den Vereinigten Staaten nieder und wird »quartet in residence« der Library of Congress in Washington (1940–62) und hat damit das Privileg, auf den Stradivari der Whittall Collection (*Betts* aus dem Jahre 1704, *Castelbarco* aus den Jahren 1697, Violine, und 1699, Bratsche, und *Cassavetti* aus dem Jahre 1727) zu spielen. 1962–67 ist es »quartet in residence« der University of Buffalo, an der die Mitglieder des Quartetts gleichzeitig unterrichten.
Uraufführungen: Werke von Paul Hindemith (*Streichquartett Nr. 6*, 1946), Darius Milhaud (*Streichquartett Nr. 11*, 1942; *Nr. 12*, 1945; *Nr. 13*, 1947; *Nr. 14*, 1948; *Nr. 17*, 1951), Alexandre Tansman (*Streichquartett Nr. 5*, 1941). Béla Bartók und Paul Hindemith widmen dem Budapester Streichquartett jeweils ihr *Streichquartett Nr. 5*.

Bulgarisches Quartett (Sofia)
siehe **Dimov-Quartett**

Bulgarisches Rundfunkquartett (Sofia)
Gegründet 1973.
1. Violine: Georgi Tilev, Vassil Valtchev.
2. Violine: Vladimir Lazov, Peter Monuilov.
Bratsche: Svetoslav Marinov, Dimiter Penkov, Dragomir Sakariev.
Violoncello: Iontcho Bairov.
1978 erhält das Quartett beim internationalen Wettbewerb in Colmar den 2. Preis sowie den Preis des bulgarischen Komponistenverbandes. Werke von Marine Goleminov, Jules Levy, Pentcho Stoyanov, Dimiter Sagaev und Michail Pekov sind ihm gewidmet.

Busch-Quartett
Gegründet 1913, aufgelöst 1952.
1. Violine: Adolf Busch (1913–52).
2. Violine: Fritz Rothschild (1913), Karl Reitz (1919–21), Gösta Andreasson (1921–45), Ernest Drucker (1946), Bruno Straumann (1946–52).
Bratsche: Karl Doktor (1913), Emil Bohnke (1919–21), Karl Doktor (1921–45), Hugo Gottesmann (1946–52).
Violoncello: Paul Grümmer (1913–30), Hermann Busch (1930–52).

Das Ensemble heißt zunächst »Konzertvereinsquartett«, denn alle Mitglieder gehören dem Konzertvereinsorchester an. Ferdinand Löwe, der damalige Chefdirigent, hatte die Bildung des Quartetts angeregt. Zu Beginn des Ersten Weltkriegs wird es aufgelöst und 1919 als »Busch-Quartett« neu gegründet. Zu Beginn des Zweiten Weltkriegs emigrieren Adolf und Hermann Busch in die Vereinigten Staaten, kurz darauf von den anderen Quartettmitgliedern gefolgt. Karl Doktors Krankheit und Gösta Andreassons Überbeanspruchung führen 1945 zur Auflösung; 1946 kommt es zur Neugründung. Nach dem Tod von Adolf Busch im Jahre 1952 wird das Quartett endgültig aufgelöst. Das Busch-Quartett ist als würdiger Nachfolger des »Joachim-Quartetts« ohne Zweifel eine der wichtigsten Quartettvereinigungen der ersten Hälfte dieses Jahrhunderts. In den 20er und 30er Jahren wird es mit seinem unermüdlichen Einsatz für die deutsche Romantik (Beethoven, Schubert, Brahms, Reger usw.) weltweit bekannt. Rudolf Serkin gibt häufig und mit großem Erfolg mit dem Quartett Kammermusikabende.

Quatuor Calvet (Paris)
Gegründet 1919, aufgelöst 1950.
1. Violine: Joseph Calvet (1919–50).
2. Violine: Léon Pascal (1919–40), Jean Champeil (1944–50).
Bratsche: Daniel Guilevitch (1919–40), Maurice Husson (1944–50).
Violoncello: Paul Mas (1919–40), Manuel Recasens (1944–50).
Auf Anregung von Nadia Boulanger spielt das Quartett 1928 in Frankreich zweimal hintereinander in einer Aufführungsserie *Sämtliche Streichquartette* Ludwig van Beethovens. Es setzt sich für die französische Musik seiner Zeit ein und verwirklicht zahlreiche Uraufführungen. Nach dem Zweiten Weltkrieg erlebt es eine zweite, allerdings kurze Blütezeit.
Uraufführungen: Werke von Marcel Delannoy (*Streichquartett*), Jean Françaix (*Streichquartett*, 1937), Guy-Ropartz (*Streichquartett Nr. 3*, 1925; *Nr. 4*, 1935), Reynaldo Hahn (*Streichquartett*), Vincent d'Indy (*Sextett*, 1929; *Streichquartett Nr. 3*, 1930), Henri Sauguet (*Streichquartett Nr. 2*, 1949), Florent Schmitt (*Streichquartett*, 1948).

Quatuor Capet (Paris)
Gegründet 1893, aufgelöst 1928.
1. Violine: Lucien Capet (1893–1928).
2. Violine: Giron (1893–99), Firmin Touche (1903), André Touret (1903–09), Maurice Hewitt (1909–28).
Bratsche: Henri Casadesus (1893–99, 1903–05 und 1909–14), Edouard Nadaud (1903), Louis Bailly (1906–09), Henri Benoit (1918–28).
Violoncello: Charles-Joseph Furet (1893–99), Cros Saint-Ange (1903), Louis Hasselmans (1903–09), Marcel Casadesus (1909–14), Camille Delobelle (1918–28).
Sofort nach dem Erhalt des 1. Preises am Konservatorium (1893) gründet Lucien Capet sein eigenes Streichquartett. Die Existenz des Quartetts läßt sich in fünf Abschnitte einteilen: Der erste (1893–99) endet mit der Ernennung Capets in Bordeaux zum Professor. Der zweite ist ephemer: Nach seiner Rückkehr nach Paris spielt das Ensemble 1903 mit Touche, Nadaud und Saint-Ange, bevor der dritte Abschnitt mit Touret, Bailly und Hasselmans beginnt (bis 1909). Der vierte Abschnitt (1909–14) wird durch den Ersten Weltkrieg abgeschlossen, in dem Marcel Casadesus fällt. Der fünfte Abschnitt, 1918–28, ist der bedeutendste. Einige 1925 in London aufgenommene Schallplatten zeugen davon. Vor allem die Interpretationen *Sämtlicher Streichquartette* Ludwig van Beethovens, die von dem Quartett inklusive der *Großen Fuge* regelmäßig gespielt werden, machen das Ensemble berühmt.

Carl Nielsen Kvartetten (Odense)
Gegründet 1963.
1. Violine: Peder Elbæk.
2. Violine: Jørgen Larsen.
Bratsche: Verner Skovlund.

Violoncello: Folmer Bisgaard (1963–78), Svend Winsløv (seit 1978).

Carmina-Quartett (Zürich)
Gegründet 1984.
1. Violine: Matthias Enderle.
2. Violine: Karin Heeg (1984–87), Susanne Frank (seit 1987).
Bratsche: Wendy Champney.
Violoncello: Stephan Goerner.
Das Quartett perfektioniert sich bei Sándor Végh, Nicolaus Harnoncourt, Mitgliedern des Juilliard und des Amadeus Quartet und in der Yehudi-Menuhin-Akademie in Gstaad. Es wird bei den internationalen Wettbewerben in Portsmouth, München, Paris und Zürich ausgezeichnet und erzielt bei dem Paolo-Borciani-Wettbewerb in Italien 1987 einen 2. Preis, was den Start der internationalen Karriere erleichtert. Drei Mitglieder des Quartetts spielen auf Stradivari, die ihnen von der Habisreutinger Foundation zur Verfügung gestellt werden, auf der Geige *Aurea*, der Bratsche *Gustav Mahler* und dem Cello *Bonamy Dobree*.
Uraufführungen: Werke von Gottfried von Einem (*Flötenquartett*, 1990), Ernst Krenek (*Streichtrio*, 1987), Peter Mieg (*Streichtrio*, 1985), Peter Wettstein (*Streichtrio*, 1985; *Streichquartett*, 1987).

Cherubini-Quartett (Düsseldorf)
Gegründet 1978.
1. Violine: Christoph Poppen (seit 1978).
2. Violine: Harald Schoneweg (seit 1978).
Bratsche: Hariolf Schlichtig (seit 1978).
Violoncello: Klaus Kämper (1978–79), Manuel Fischer-Dieskau (seit 1989).
Das Quartett perfektioniert sich bei Kurt Schäffer, Sándor Végh und Mitgliedern des »Amadeus Quartett«. Unter anderem wird es beim Internationalen Wettbewerb Karl Klinger in Hannover (1979) und bei dem in Evian (1981) mit je einem 1. Preis ausgezeichnet. Der Cellist ist der dritte Sohn Dietrich Fischer-Dieskaus und Irmgard Poppens.

Chilingirian String Quartet (London)
Gegründet 1971.
1. Violine: Levon Chilingirian (seit 1971).
2. Violine: Mark Butler (seit 1971).
Bratsche: Csaba Erlelyi (1971–87), Louise Williams (seit 1987).
Violoncello: Philippe de Groote.
Das Quartett perfektioniert sich bei Siegmund Nissel vom »Amadeus String Quartet« und läßt sich von dem Musikwissenschaftler Hans Heinrich Keller beraten. 1973–76 ist es »quartet in residence« der University of Liverpool. 1976 kehrt es nach London zurück. Im gleichen Jahr gewinnt es in New York den Wettbewerb junger Konzertisten. Längere Zeit geben die Mitglieder an der University of Sussex Interpretationskurse, bevor sie 1968 zum »quartet in residence« des Royal College of Music in London ernannt werden.
Chilingirian spielt auf einer Stradivari aus dem Jahre 1727, Butler auf einer Pressenda aus dem Jahre 1846, Williams auf einer Martin Hilsden von 1986 und de Groote auf einem Cappa aus dem Jahre 1697.
Uraufführungen: Werke von Alain Daniel (*Quartettsatz*, 1988), Frédérick Martin (*Closer*, 1988).

Cleveland String Quartet
Gegründet 1969.
1. Violine: Donald Weilerstein (1969–89), William Preucil (seit 1989).
2. Violine: Peter Salaff (seit 1969).
Bratsche: Martha Stronging-Katz (1969–80), Atar Arad, James Dunham.
Violoncello: Paul Katz (seit 1969).
1969–71 ist das Ensemble »quartet in residence« des Institute of Music in Cleveland, woher es seinen Namen bezieht. In der Saison 1971–72 gibt das Quartett seine ersten Konzerte. 1971 nimmt das Quartett das Angebot an, die Nachfolge des »Neuen Budapester Streichquartetts« als »quartet in residence« an der Staatsuniversität von New York in Buffalo anzutreten. Das Repertoire des Cleveland String Quartet erstreckt sich vom 18. bis zum 20. Jahr-

hundert (Ives, Barber, Slominsky). Das Quartett spielt auf vier Stradivari, die der Sammlung Corcoran in Washington gehören. Die Instrumente waren im 19. Jahrhundert von Niccolò Paganini zusammengetragen und von E. Hermann für das »Paganini-Quartett« erworben worden, das von 1946 bis 1966 auf ihnen spielte. Die Sammlung Corcoran konnte die Instrumente nur unter der ausdrücklichen Bestimmung kaufen, sie auf keinen Fall einzeln weiterzuverkaufen. Das Cleveland String Quartet ist aufgrund der Aufnahmen *Sämtlicher Streichquartette* Ludwig van Beethovens und Johannes Brahms' bekanntgeworden. Martha Strongining-Katz ist die Frau von Paul Katz; William Preucil, ehemals Konzertmeister des Orchesters von Cleveland, der Schwiegersohn von János Starker. Maurice Hewitt hatte 1934 ein erstes Cleveland String Quartet gegründet, das bis 1934 bestand.
Uraufführung: *Streichquartett* von John Harbison (1985), *Entre-temps* für Oboe und Streichquartett von Toru Takemitsu (1986).

Concord String Quartet (New York)
Gegründet 1971, aufgelöst 1988.
1. Violine: Mark Sokol.
2. Violine: Andrew Jennings.
Bratsche: Joan Kochanowski.
Violoncello: Normann Fischer.
Das Quartett beschäftigt sich hauptsächlich mit zeitgenössischer Musik; seit 1974 ist es »quartet in residence« des Darmouth College in New Hampshire.
Uraufführungen: Werke von Jakob Druckman (*Streichquartett Nr. 3*, 1981), Lukas Foss (*Streichquartett Nr. 3*, 1977), Hans Werner Henze (*Streichquartett Nr. 3*, *Nr. 4* und *Nr. 5*, alle 1976), Ezra Laderman (*Doppelquartett*, 1986, zusammen mit dem Juilliard String Quartet), George Rochberg (*Klavierquintett*, 1975; *Streichquartett Nr. 4*, 1977; *Nr. 5* und *Nr. 6*, 1978; *Nr. 7*, 1979; *Streichquintett*, 1982).

Quatuor Cynearte
siehe **Quatuor Via Nova**

Dansk Kvartet (Kopenhagen)
Gegründet 1949, aufgelöst 1983.
1. Violine: Arne Svendsen (1949–83).
2. Violine: Reidar Knudsen (1949–54), Hans Nielsen (1954–59), Palle Heichelmann (1959–77), Wladimir Marschwinski (1977–83).
Bratsche: Knud Frederiksen (1949–83).
Violoncello: Jørgen Jensen (1949–59), Pierre René Honnens (1959–77), Gert von Bülow (1977–79), Niels Ullner (1979–83).
Es spielt zunächst unter der Bezeichnung »Neues Dänisches Quartett«, um sich von dem bereits existierenden »Dänischen Quartett« (Flöte, Violine, Violoncello, Klavier mit Holger Gilbert Jespersen, Erling Bloch, A. und L. Christiansen) zu unterscheiden.
Auftrag: *Streichquartett* op. 26, 1966, von Sven Westergaard.
Der Sohn Knud Frederiksens gründet 1985 mit Solisten des Symphonie-Orchesters des Dänischen Rundfunks und des Orchesters der Königlich-Dänischen Oper ein neues Quartett, das den gleichen Namen trägt.
1. Violine: Tim Frederiksen.
2. Violine: Arne Balk Møller.
Bratsche: Claus Myrup.
Violoncello: Nils Sylvest Jeppesen (1985–88), Henrik Brendstrup (seit 1988).

Deutsches Quartett Prag
Siehe **Koeckert-Quartett**

Dimov-Quartett (Sofia)
Gegründet 1956.
1. Violine: Dimo Dimov (seit 1956).
2. Violine: Alexander Tomov (1956–78), Nanko Dimitrov (seit 1978).
Bratsche: Dimiter Tchiklikov (seit 1956).
Violoncello: Dimiter Kozev (seit 1956).
Das Quartett tritt auch unter dem Namen »Bulgarisches Quartett« auf. Seit 1964 hat es den Status eines Staatsquartetts. 1963 gewinnt es beim Leo-Weiner-Wettbewerb in Budapest den 2., 1964 in Lüttich ebenfalls den 2. und 1965 beim Münchner Rundfunkwettbewerb den

1. Preis. Ab 1972 unterrichten die Mitglieder des Quartetts an der Musikakademie in Sofia. Das Quartett hat mehr als 70 Schallplatten eingespielt, für ein Streichquartett eine ausgesprochen beeindruckende Anzahl. Nach dem Sturz des Kommunismus in Bulgarien ist Dimo Dimov 1990-91 bulgarischer Kultusminister.

Doležal-Streichquartett (Prag)
Gegründet 1972.
1. Violine: Milan Pucklický (1972-80), Bohuslav Matoušek (1980-85), Boris Monoszon (1985-90), Jiří Fišer (seit 1990).
2. Violine: Josef Kekula (1972-85), Jiří Fišer (1985-90), Vladimir Kučera (seit 1990).
Bratsche: Karel Doležal (seit 1972).
Violoncello: Vladimir Leixner (1972-85), Bohuslav Pavlas (1985-86), Petr Hejný (seit 1990).
Es perfektioniert sich bei den Mitgliedern des »Smetana-Quartetts« und bei Rafael Hillyer vom »Juilliard String Quartet«. 1975 gewinnt es den Wettbewerb vom Prager Frühling, 1977 den von Bordeaux und 1978 den von New York (Young Concert Artists). Boris Monoszon, Schüler des Moskauer Konservatoriums, war zuvor Primarius des »Slowakischen Quartetts« in Bratislava. Die drei Mitglieder, die das Doležal-Quartett 1985 verlassen, gründen mit dem Bratscher Jan Pěruška das »Stamic-Quartett«.
Uraufführungen: Werke von Oldřich Flosman, Václav Lídl, Jiří Pauer, Klement Slavický.

Drolc-Quartett (Berlin)
Gegründet 1947, aufgelöst 1973.
1. Violine: Eduard-Josef Drolc.
2. Violine: Heinz Böttger, Jürgen Paarmann, Walter Peschke.
Bratsche: Siegbert Überschaer, Stefano Passagio.
Violoncello: Heinrich Majowski, Georg Donderer.
Uraufführung: *Streichquartett* von Bruno Maderna (1955).

Éder-Quartett (Budapest)
Gegründet 1972.
1. Violine: Pál Éder (1972-86), János Salmeczi (seit 1986).
2. Violine: Ildikó Hegyi (1972-77), Erika Tóth (1977-86), Ildikó Hegyi (seit 1986).
Bratsche: Zoltán Tóth (1972-84), Sándor Papp (seit 1984).
Violoncello: György Éder.
In dem Quartett finden sich vier ehemalige Schüler András Mihálys von der Budapester Franz-Liszt-Akademie zusammen. 1976 gewinnt das Ensemble beim Wettbewerb von Evian den 1. und 1977 beim Münchner Rundfunkwettbewerb den 2. Preis. 1978 besuchen die vier Instrumentalisten die Kurse von Rafael Hillyer und des »Tokyo String Quartet« an der University of Yale.
Uraufführung: *Streichquartett Nr. 2* von Cristóbal Halffter.

Emerson String Quartet (New York)
Gegründet 1976.
1. und 2. Violine: Eugen Drucker und Philippe Setzer (gleichberechtigt).
Bratsche: Lawrence Dutton.
Violoncello: David Finckel.
Die vier Musiker lernen sich an der Juilliard School of Music in New York kennen und besuchen gemeinsam die Festspiele von Marlboro, bei deren Workshops sie zusammenarbeiten. Sie werden mit dem Naumburg Foundation Award for Chamber Music ausgezeichnet. Ihr Quartett trägt den Namen des amerikanischen Philosophen Waldo Emerson, des Vaters des amerikanischen Transzendentalismus. Die beiden Violinisten spielen abwechselnd 1. und 2. Geige, in der Geschichte des Streichquartetts ein höchst seltener Fall. 1985 wird das Ensemble zum »quartet in residence« des Lincoln Centers in New York ernannt. Die beiden Violinisten spielen auf einer Stradivari (1686) bzw. einer Sanctus Seraphin (1734), der Bratschist auf einer Pietro Giovanni Mantegazza (1796) und der Cellist auf einem Guadagnini (1754).
Uraufführungen: Werke von Mario Da-

vidovsky (*Streichquartett Nr. 4*, 1980), John Harbison (*Streichquartett Nr. 2*, 1987), George Tsoutakis (*Streichquartett*, 1984), Maurice Wright (*Streichquartett*, 1983).

Endellion String Quartet (London)
Gegründet 1979.
1. Violine: Andrew Watkinson.
2. Violine: Ralph de Souza.
Bratsche: Garfield Jackson.
Violoncello: David Waterman.
Das Ensemble ist »quartet in residence« an der University of Surrey in Südostengland.
Uraufführung: *Streichquartett Nr. 2* von Colin Matthews (1990), *Streichquartett Nr. 4* von David Matthews (1980).

Enescu-Quartett
siehe **Quatuor Athenäum-Enescu**

Erben-Quartett
siehe **Berliner Staatskapelle**

Esterházy String Quartet (Amsterdam)
Gegründet 1973, aufgelöst 1981.
1. Violine: Jaap Schröder (1973–81).
2. Violine: Alda Stuurop (1973–81).
Bratsche: Wiel Peeters (1973–77), Linda Ashworth (1977–81).
Violoncello: Wouter Möller (1973–81).
Das Quartett hat es sich zur Aufgabe gemacht, den Interpretationsstil und den Klang der klassischen Epoche wiederzufinden. Es stützt sich auf die ästhetischen Vorstellungen der Epoche und benutzt wertvolle alte Instrumente: Violinen von Januarius Gaglione (Neapel, 1730), Francesco Gobetti (Venedig, 1710), Antonio Stradivari (Cremona, 1709), Domenico Montagnana (Venedig, 1739), Bratschen von Joseph Klotz (1780), Joannes Tononi (Bologna, 1699), Cello von Joannes Franciscus Celonatius (Turin, 1742). Jaap Schröder, der Gründer des Quartetts, studiert an der Sorbonne und in Amsterdam Musikwissenschaften und unterrichtet an der Schola Cantorum Basiliensis.

Fine Arts Quartet (Chicago-Milwaukee)
Gegründet 1946.
1. Violine: Leonard Sorkin (1946–82), Ralph Evans (seit 1982).
2. Violine: Joseph Stepansky (1946–54), Abram Loft (1954–79), Laurence Shapiro (1979–83), Efim Boico (ab 1983).
Bratsche: Shepard Lehnoff (1946–52), Irving Ilmer (1952–63), Gerald Stanick (1963–68), Bernard Zaslav (1968–80), Jerry Horner (seit 1980).
Violoncello: George Sopkin (1946–79), Wolfgang Laufer (seit 1979).
1946–54 wird das Quartett von der American Broadcasting Company in Chicago unterstützt. 1965 wird es zum »quartet in residence« der University of Wisconsin (Milwaukee) ernannt. Evans spielt auf einer Guadagnini (1778), Boico auf einer Amati (1583), Horner auf einer Goffriller (1730) und Laufer auf einem Ruggeri (1696). Es zeichnet sich durch Einspielungen von Werken zeitgenössischer amerikanischer Komponisten aus (Babbitt, Crawford, Husa, Shifrin, Wuorinen).
Uraufführungen: Werke von Milton Babbit, Karel Husa, Seymour Shifrin, Egon Wellesz (*Klarinettenquintett*, 1959), Charles Wuorinen.

Fitzwilliam String Quartet (York)
Gegründet 1971, aufgelöst 1988.
1. Violine: Christopher Rowland.
2. Violine: Jonathan Sparey.
Bratsche: Alan George.
Violoncello: Ion Davies.
Das englische Ensemble wird sofort nach der Gründung zum »quartet in residence« der University of York ernannt. Es spezialisiert sich auf die Kammermusik Dmitri D. Schostakowitschs, zu dessen bedeutendstem westlichen Interpreten es sich entwickelt. Der Komponist schickte dem Ensemble die Partituren seiner drei letzten Quartette sofort nach Fertigstellung; das Fitzwilliam String Quartet realisiert jeweils die westliche Erstaufführung. 1974 wird das Ensemble »quartet in

residence« in Warwick; 1977 geht es an die University of York zurück.
Uraufführung: *Streichquartett Nr. 3* von David Matthews (1980).

Quatuor Flonzaley (Lausanne-USA)
Gegründet 1902, aufgelöst 1928.
1. Violine: Adolfo Betti (1902–28).
2. Violine: Alfred Pochon (1902–28).
Bratsche: Ugo Ara (1902–17), Louis Bailly (1917–24), Félicien d'Archambeau (1924–28).
Violoncello: Iwan d'Archambeau (1902–24), N. Moldovan (1924–28).
Der amerikanische Bankier Edward J. de Coppet gründet das Quartett für Privataufführungen; der Name des Quartetts verweist auf die Residenz des Bankiers in der Nähe von Lausanne. 1904 unternimmt das Ensemble seine erste Tournee durch Europa. Der wichtigste Teil seiner Karriere spielt sich anschließend in den Vereinigten Staaten ab, wo es mit Harold Bauer und Ossip S. Gabrilowitsch Schallplatten aufnimmt.
Uraufführungen: Ernest Bloch (*Streichquartett Nr. 1*, 1916), George Enescu (*Streichquartett Nr. 1*, 1921, das Werk ist dem Quartett gewidmet), Igor Strawinsky (*Drei Stücke für Streichquartett*, 1915; *Concertino*, 1920).

Quatuor Français 2e2m
siehe **Collectif Musical 2e2m**

Franz-Schubert-Quartett (Wien)
Gegründet 1972.
1. Violine: Florian Zwiauer (seit 1972).
2. Violine: Michel Gebauer (1972–83), Harvey Thurmer (seit 1983).
Bratsche: Thomas Riebl (1972–83), Hartmut Pascher (seit 1983).
Violoncello: Rudolf Leopold (1972–83), Vincent Stadlmair (seit 1983).
Beim internationalen Rundfunkwettbewerb in München gewinnt das Quartett 1974 den 1. Preis genau wie ein Jahr später den der Mozart-Gesellschaft für seine Interpretation der Streichquartette Wolfgang Amadeus Mozarts. Seit 1978 nimmt es regelmäßig an der Schubertiade in Hohenems teil.

Uraufführung: *Streichquartett Nr. 4* von Gottfried von Einem (1982).

Gabrieli String Quartet (London)
Gegründet 1966.
1. Violine: Kenneth Sillito (1966–87), John Georgiadis (seit 1987).
2. Violine: Claire Simpson (1966–69), Brendan O'Reilly (seit 1969).
Bratsche: Ian Jewel (seit 1966).
Violoncello: Keith Harvey (seit 1966).
Das Quartett debütiert 1967 in London; 1971 wird es zum »quartet in residence« der University of Essex ernannt. Es widmet sich der Musik des 20. Jahrhunderts und wird darin von der Gulbenkian-Stiftung Lissabon unterstützt.
Uraufführungen: Werke von William Alwyn, Benjamin Britten, Alan Bush, Gordon Crosse (*Studies for String Quartet, Set 1*, 1973), Daniel Jones, John McCabe (*Streichquartett Nr. 3*, 1979), Nicholas Maw (*Streichquartett Nr. 2*, 1983), Andrzej Panufnik (*Streichquartett Nr. 2*, 1980).

Gewandhaus-Quartett (Leipzig)
Gegründet 1808.
1. Violine: Edgar Wollgandt (1903–47), Kurt Striehler (1947–55), Gerhard Bosse (1955–77), Karl Suske (seit 1977).
2. Violine: Karl Wolschke (1905–41), Karl Suske (1954–62), Günther Glaß (1962–77), Giorgio Kröhner (1977–89), Conrad Suske (seit 1989).
Bratsche: Carl Herrmann (1904–), Dietmar Hallmann (seit 1969).
Violoncello: Julius Klengel (1881–1924), Hans Münch-Holland (1924–33), Friedemann Erben (1955–73), Jürnjakob Timm (seit 1973).
Das vom Konzertmeister Heinrich August Matthäi gegründete Quartett wird während des ersten Jahrhunderts seiner Existenz von den Persönlichkeiten der Konzertmeister des Gewandhausorchesters geprägt: Bartolommeo Campagnoli (Konzertmeister bis 1827) und Ferdinand David (Konzertmeister 1835–73). Arthur Nikisch reformiert die Funktionsweise des Quartetts 1905 und ver-

leiht ihm größere Stabilität. Die wichtigsten Solisten des Gewandhausorchesters gehören dem Quartett an, dessen Aktivitäten eng mit dem Orchester verbunden sind.

Uraufführungen: Werke von Johann Sebastian Bach (*Die Kunst der Fuge*, instrumentiert von Wolfgang Graeser, 1927), Paul-Heinz Dittrich (*Streichquartett 82*, 1986), Günter Neubert (*Kammersinfonie für Nonett*, zusammen mit dem Gewandhaus-Bläserquintett, 1981), Max Reger (*Klaviertrio*, op. 102, 1908; *Streichsextett*, op. 118, 1911; *Klavierquartett*, op. 133, 1915), Siegfried Thiele (*Streichquartett*, 1983).

Giovane Quartetto Italiano
Gegründet 1982.
1. Violine: Alessandro Simoncini.
2. Violine: Luigi Mazza.
Bratsche: Demetrio Comuzzi.
Violoncello: Luca Simoncini.

Das Quartett erhält von den Mitgliedern des »Quartetto Italiano« die Erlaubnis, deren Namen zu benutzen. Ein Stipendium der italienischen Regierung ermöglicht es den vier Streichern, ihre pädagogischen Verpflichtungen aufzugeben und sich ausschließlich dem Quartettspiel zu widmen.

Glinka Kwartett (Amsterdam)
Gegründet 1980, aufgelöst 1990.
1. Violine: Zino Vinnikov (1980–90).
2. Violine: Kees Hülsmann (1980–87), Ilja Warenberg (1987–90).
Bratsche: Misha Geller (1980–84), Rainer Moog (1984–90).
Violoncello: Dimitri Ferschtmann (1980–90).

Zino Vinnikov, einstmals Konzertmeister der Leningrader Philharmonie (heute: St. Petersburger Philharmonie) und Dimitri Ferschtmann gehören bis zu ihrer Emigration nach Holland im Jahre 1979 bzw. 1978 dem 1966 gegründeten »Quartett des Komponistenverbandes der UdSSR« an, das später in »Glinka-Quartett« umbenannt wird. Zino Vinnikov ist gleichzeitig Konzertmeister des Residenz-Orchesters in Den Haag und Dimitri Ferschtmann Solo-Violoncellist des Niederländischen Radiosymphonieorchesters. Rainer Moog ist 1974–78 Solo-Bratscher der Berliner Philharmoniker.

Uraufführung: *Streichquartett* von Herbert Willy (1988).

Guarneri String Quartet (New York)
Gegründet 1964.
1. Violine: Arnold Steinhardt.
2. Violine: John Dalley.
Bratsche: Michael Tree.
Violoncello: David Soyer.

Während des Festivals von Marlboro gründet Arnold Steinhardt, damals Konzertmeister des Orchesters von Cleveland, das Quartett. John Dalley kommt vom Oberlin-Quartett, Michael Tree und David Soyer vom New Music Quartet; Tree und Soyer gehörten auch dem Marlboro Trio an. Das Quartett arbeitet häufig mit Arthur Rubinstein zusammen. Ab 1975 geben sie in New York jährlich eine Konzertreihe, *Guarneri and Friends*. 1982 werden sie vom Bürgermeister der Stadt New York ausgezeichnet. Sie unterrichten am Curtis Institute in Philadelphia sowie an den Universitäten von Südflorida und Maryland. Arnold Steinhardt spielt nacheinander auf Instrumenten von Pressenda, Seraphin, Guadagnini, Guarneri del Gésu und Storioni (die Storioni befand sich zuvor im Besitz der Primgeiger Emil Hauser und Joseph Roisman des Budapester Streichquartetts), John Dalley auf einer Geige von Nicolas Lupot (1810), Michael Tree auf einer Bratsche von Domenico Busan (1780; das Instrument gehörte zuvor dem Bratscher des Ungarischen Streichquartetts) und einer Bratsche von Deconet und David Soyer auf einem Cello von Montagnana und anschließend auf einem Andrea Guarneri (1669).

Hagen-Quartett (Salzburg)
1. Violine: Lukas Hagen.
2. Violine: Angelika Hagen, Annette Bik (1981–87), Rainer Schmidt (seit 1987).

Bratsche: Veronika Hagen.
Violoncello: Clemens Hagen.
Die Geschwister Hagen gründen ihr Quartett bereits während ihrer Jugend, als sie bei Helmut Zehetmair und Wilfried Tachezi am Mozarteum Salzburg studieren. Sie gewinnen den Henryk-Szeryng- und den Christian-Richter-Steiner-Preis und bleiben auch bei den Wettbewerben in Portsmouth (1982) und Evian (1983, je ein 1. Preis) erfolgreich. Seit 1981 wirkt das Quartett regelmäßig an Gidon Kremers Festspielen in Lockenhaus mit.

Hollywood String Quartet
Gegründet 1948, aufgelöst 1961.
1. Violine: Felix Slatkin (1948–61).
2. Violine: Paul Shure (1948–61).
Bratsche: Paul Robyn (1948–54), Alvin Dinkin (1954–61).
Violoncello: Eleanor Aller (1948–61).
Felix Slatkin, der Gründer des Quartetts, leitet, nachdem er im Symphonie-Orchester von Saint Louis gespielt hatte, das Studio-Orchester der 20th Century Fox. Alle Mitglieder des Quartetts stammen übrigens aus den großen Studio-Orchestern Hollywoods. Die Cellistin Eleanor Aller war mit dem Primgeiger Felix Slatkin verheiratet.

Hungarian String Quartet
Gegründet 1935, aufgelöst 1970.
1. Violine: Sándor Végh (1935), Zoltán Székely (1935–70).
2. Violine: Peter Szervánsky (1935), Sándor Végh (1935–40), Alexander Moskowsky (1940–59), Michael Kuttner (1959–79).
Bratsche: Dénes Koromzay (1935–70).
Violoncello: Vilmos Palotai (1935–56), Gabriel Magyar (1956–70).
Seit seiner Gründung in Budapest setzt sich das Quartett in besonderem Maß für die zeitgenössische Musik ein, vor allem für die Kompositionen Béla Bartóks, dessen *Streichquartett Nr. 5* es während seiner ersten Saison in Ungarn uraufführt. 1936 und 1937 nimmt das Quartett an den Festspielen der internationalen Gesellschaft für Neue Musik teil. 1937 übersiedelt es nach Holland; ab 1950 ist es »quartet in residence« der University of South California. Sein Repertoire reicht von der Klassik bis zum 20. Jahrhundert. Die Komponisten Willem Pijper, Mario Castelnuovo-Tedesco, Bernard van Dieren und Endre Szervánsky schreiben regelmäßig für das Quartett. 1944–45 spielt es die *Streichquartette* Ludwig van Beethovens ein, deren Aufnahme das Quartett weltweit berühmt macht. Zoltán Székely spielt auf einer Stradivari aus dem Jahre 1718, der *Michelangelo*, Michael Kuttner auf einer Guarneri aus dem Jahre 1704, der *Santa Theresa*, Dénes Koromzay auf einer Michel Deconet und Gabriel Magyar auf einem Alessandro Gagliano aus dem Jahre 1706.
Ein erstes »Hungarian String Quartett« war 1910 auf Veranlassung von Béla Bartók und Zoltán Kodály mit Imre Waldbauer und János Temesvary (Violinen), Antal Molnar (1910–12) und Egon Kenton (1912–23, Bratsche) und Janő Kerpely (Violoncello) gegründet worden.
Uraufführungen: *Streichquartette Nr. 1* und *Nr. 2* von Sándor Veress und das *Klavierquintett Nr. 1* von Darius Milhaud (1951, mit Egon Petri am Flügel).

Quatuor InterContemporain (Paris)
siehe **Ensemble InterContemporain**

Quartetto Italiano
Gegründet 1945, aufgelöst 1981.
1. Violine: Paolo Borciani (1945–81).
2. Violine: Elisa Pegreffi (1945–81).
Bratsche: Lionello Forzanti (1945–46), Piero Farulli (1946–79), Dino Asciolla (1979–81).
Violoncello: Franco Rossi (1945–81).
Bei seiner Gründung nennt sich das Quartett zunächst »Nuovo Quartetto Italiano«, um sich von dem ersten »Quartetto Italiano« mit Remy Principe, Ettore Gardini, Giuseppe Matteucci und Luigi Chiarappa zu unterscheiden. Erst 1951 nimmt es seinen heutigen Namen an.
Uraufführungen: Werke von Bucchi,

Sylvano Bussoti (*I Semi di Gramsci*), Giorgio Ghedini.
Werk: *Il Quartetto* von Paolo Borciani (1973).

Janáček-Quartett (Brno)
Gegründet 1947.
1. Violine: Jiří Trávníček (1947–73), Bohumil Smeijkal (seit 1973).
2. Violine: Miroslav Matyás (1947–52), Adolf Sýkora (seit 1952).
Bratsche: Jiří Kratochvíl (1947–89), Ladislav Kyselák (seit 1989).
Violoncello: Karel Krafka (1947–84), Břetyslav Vybíral (seit 1984).
Das Ensemble spielt regelmäßig die Streichquartette Leoš Janáčeks. Seit 1956 gehört es als Kammermusikensemble dem Philharmonischen Orchester Brünns an.

Joachim-Quartett
Berliner Besetzung:
1. Violine: Joseph Joachim (1869–1907).
2. Violine: Ernst Schiever (1869–70), Heinrich de Ahna (1871–92), Johann Kruse (1892–97), Karol Halíř (1897–1907).
Bratsche: Heinrich de Ahna (1869–70), Eduard Rappoldi (1871–77), Emmanuel Wirth (1877–1906), Karl Klinger (1906–07).
Violoncello: Wilhelm Müller (1869–79), Robert Hausmann (1879–1907).
Joseph Joachim gründet vier Streichquartette, die seinen Namen tragen: in Weimar (1851–52), Hannover (1852–66), London (1859–97) und Berlin (1869–1907). Obwohl Joachim nur sechs Wochen pro Jahr in London verbringt, arbeitet das dortige Quartett regelmäßig (2. Violine: Franz Ries, 1858–97; Bratsche: Ludwig Straus, 1871–93, Johann Kruse, 1893–97; Violoncello: Alfredo Piatti, 1859–97). Während seiner Abwesenheit übernimmt Wilma Norman-Neruda die 1. Violine. Mit seinen verschiedenen Ensembles führt Joachim regelmäßig *Sämtliche Streichquartette* Ludwig van Beethovens auf.

Uraufführungen: Werke von Johannes Brahms (*Streichquartett Nr. 2*, 1873; *Nr. 3*, 1876; *Klarinetten-Quintett*, 1891), Luigi Cherubini, Eugen D'Albert, Ernst von Dohnányi, Antonín Dvořák und Niels Gade.

Juilliard String Quartet (New York)
Gegründet 1946.
1. Violine: Robert Mann (seit 1946).
2. Violine: Robert Koff (1946–58), Isidore Cohen (1958–66), Earl Carlyss (1966–86), Joel Smirnoff (seit 1986).
Bratsche: Rafael Hillyer (1946–69), Samuel Rhodes (seit 1969).
Violoncello: Arthur Winograd (1946–55), Claus Adam (1955–74), Joel Krosnick (seit 1974).
William Schuman regt Robert Mann zur Gründung des Quartetts an, dessen Mitglieder an der Juilliard School of Music in New York unterrichten. Das erste Konzert findet am 10. Oktober 1946 im Beisein von Yehudi Menuhin und Zoltán Kodály statt. Artur Schnabel ist begeistert. Schon bei den ersten Konzerten widmet das Quartett einen Teil des Programms der zeitgenössischen Musik und amerikanischen Komponisten. Schnell wird das Ensemble auch außerhalb der Vereinigten Staaten bekannt. 1961 unternimmt es als erstes amerikanisches Streichquartett eine Tournee durch die Sowjetunion. 1962 wird es zum Quartett der Library of Congress in Washington ernannt und erhält damit das Privileg, auf den wertvollen Stradivari zu spielen, die Gertrude Clark 1936 den Vereinigten Staaten vermachte. Zahlreiche bekannte Musiker wie Myra Hess, Leonard Bernstein, Claudio Arrau, Rudolf Firkušný, Dietrich Fischer-Dieskau, Jean-Pierre Rampal, Benny Goodman, Artie Shaw und Albert Einstein treten zusammen mit dem Quartett auf. Zahlreiche junge Quartette besuchen seine master classes. Das Repertoire des Juilliard String Quartet umfaßt mehr als 400 Werke.
Uraufführungen: Werke von Easley Blackwood (*Streichquartett Nr. 2*, 1960), Elliott Carter (*Streichquartett*

Nr. 2, 1960), Henry Dixon Cowell (*Streichquartett Nr. 5*, 1956), Jacob Druckman (*Streichquartett Nr. 2*, 1966), Irving Fine (*Streichquartett*, 1953), Frohne (*Streichquartett*, 1969), Alberto Ginastera (*Streichquartett Nr. 2*, 1959), Ezra Laderman (*Doppelquartett*, 1986, zusammen mit dem Concord String Quartet), Peter Mennin (*Streichquartett Nr. 2*, 1952), Seymour Shifrin (*Streichquartett Nr. 3*, 1967).

Kamper-Kvarda-Quartett
siehe **Wiener Konzerthaus-Quartett**

Kneisel String Quartet
(Boston-New York)
Gegründet 1885, aufgelöst 1917.
1. Violine: Franz Kneisel (1885–1917).
2. Violine: Emanuel Fiedler (1885–87), Otto Roth (1887–90), Karl Ondříček (1899–1902), Julius Theodorowicz (1902–07), Julius Roentgen (1907–12), Hans Letz (1912–17).
Bratsche: Louis Svečenski (1885–1917).
Violoncello: Fritz Giese (1885–89), Anton Hekking (1889–91), Alwin Schroeder (1891–1907), Willem Willeke (1907–17).
Das Quartett besteht zunächst ausschließlich aus Mitgliedern des Symphonie-Orchesters von Boston. 1903 macht es sich selbständig. Zwei Jahre später übersiedelt es nach New York. Die Bedeutung des Ensembles nimmt ständig zu: das Kneisel String Quartet spielt in den Vereinigten Staaten eine wichtige Rolle bei der Verbreitung klassischer Kammermusik.

Kocian-Quartett (Prag)
Gegründet 1972.
1. Violine: Pravoslav Kohout (1972–75), Pavel Hůla (seit 1975).
2. Violine: Jan Odstrčil (seit 1972).
Bratsche: Jiří Najnar (seit 1972).
Violoncello: Václav Bernášek (seit 1972).
Das Quartett, das von Schülern Antonín Kohouts und dem Violoncellisten des Smetana-Quartetts gegründet wird, nennt sich zunächst »Neues Streichquartett«. Ein Jahr nach seiner Gründung gewinnt es den internationalen Budapester Wettbewerb. 1975 nimmt es seinen heutigen Namen an. Seit 1987 fungiert es als eines der Kammermusikensemble der Tschechischen Philharmonie.

Kodály-Quartett (Budapest)
Gegründet 1966.
1. Violine: Attila Falvay (1966–70), Károly Duska (1970–75), Mihály Barta (1975–79), Attila Falvay (seit 1979).
2. Violine: Tamás Szabó (seit 1966).
Bratsche: Gábor Fias (seit 1966).
Violoncello: János Devich (seit 1966).
Die vier Gründungsmitglieder des Ensembles sind Absolventen der Musikhochschule Franz Liszt in Budapest. Szabó, Fias und Devich erhalten 1966 als Mitglieder des »Sebestyen-Quartett« den Spezialpreis des Genfer Wettbewerbes. 1968 gewinnt das Quartett unter dem gleichen Namen beim Leo-Weiner-Wettbewerb den 1. Preis. 1970 erst nimmt es den heutigen Namen an.

Koeckert-Quartett (München)
Gegründet 1939.
1. Violine: Rudolf Koeckert (1939–82), Rudolf Joachim Koeckert (seit 1982).
2. Violine: Willi Buchner (1939–65), Rudolf Joachim Koeckert (1965–82), Antonio Spiller (seit 1982).
Bratsche: Oskar Riedl (1939–75), Franz Schessl (seit 1975).
Violoncello: Josef Merz (1939–76), Hermar Stiehler (seit 1976).
Das Ensemble nennt sich zunächst »Sudetendeutsches Quartett« und »Deutsches Quartett Prag«, bevor es 1947 seinen heutigen Namen annimmt. Die Mitglieder des Quartetts sind Solisten des Symphonie-Orchesters des Bayerischen Rundfunks und der Münchner Philharmoniker. Rudolf Koeckert entdeckt 1950 in Bamberg das *Quartett in c-moll* von Anton Bruckner und gibt es 1956 heraus. Rudolf Joachim Koeckert ist der Sohn Rudolf Koeckerts.

Uraufführungen: Werke von Günter Bialas, Alberto Ginastera, Paul Hindemith, Ernst Krenek und Winfried Zillig.

Quartetto Köln
siehe Concerto Köln

Kolisch-Quartett (Wien-USA)
Gegründet 1922, aufgelöst 1942.
1. Violine: Rudolf Kolisch (1922–42).
2. Violine: Felix Khuner (1922–42).
Bratsche: Eugen Lehner (1922–39), Stefan Auber (1939–42).
Violoncello: Benar Heifetz (1922–39), Jascha Veissi (1939–42).
Bis 1927 tritt das Quartett als »Wiener Streichquartett« auf. Es zeichnet sich vor allem durch seinen Einsatz für die zeitgenössische Musik aus. 1935 läßt es sich in den Vereinigten Staaten nieder.
Uraufführungen: Werke von Béla Bartók (*Streichquartett Nr. 5*, 1935, und *Nr. 6*, 1941), Alban Berg (*Suite lyrique*, 1927), Händel-Schönberg (*Konzert für Streichquartett und Orchester*), Darius Milhaud (*La Création du monde*, Version für Klavier und Streichquartett), Alexandre Tansman (*Streichquartett Nr. 4*; das Werk ist dem Ensemble gewidmet), Arnold Schönberg (*Streichquartett Nr. 3*, 1927; *Nr. 4*, 1937), Anton Webern (*Trio*, 1927).

Komlós-Quartett
siehe Bartók-Quartett

Quartett des Komponistenverbandes der UdSSR
siehe Glinka Kwartett

Konzertvereins-Quartett
siehe Busch-Quartett

Quatuor Krettly (Paris)
1. Violine: Robert Krettly.
2. Violine: René Costard, Max Bigot.
Bratsche: François Broos, G. Taine, M. Quattrocchi, Roger Metchen.
Violoncello: André Navarra (1928–35), Jules Lemaire, Jacques Neilz.
Das Quartett ist zwischen den beiden Weltkriegen tätig und setzt sich in besonderem Maß für die französische Musik ein (Honegger, Milhaud). Im Dezember 1928 nimmt es das *Streichquartett* von Gabriel Fauré auf, dessen Uraufführung von Robert Krettly verwirklicht worden war.
Uraufführungen: Werke von Marcel Delannoy (*Streichquartett*, 1931), Charles Koechlin (*Streichquartett Nr. 3*, 1925), Alexandre Tansman (*Streichquartett Nr. 3*, 1927), Virgil Thomson (*Streichquartett Nr. 1*, 1931).

Kreuzberger Streichquartett (Berlin)
Gegründet 1970.
1. Violine: Friedegund Riehm (1970–80), Winfried Rüssman (1980–82), Ilan Gronich (seit 1982).
2. Violine: Rainer Johannes Kimstedt (1970–80), Friedegund Riehm (seit 1980).
Bratsche: Hans Joachim Greiner (seit 1970).
Violoncello: Barbara Brauckmann (1970–76), Peter Gerschwitz (1976–83), Dietmar Schwalke (seit 1983).
Der Name des Quartetts verweist auf ein Berliner Stadtviertel. Das Ensemble perfektioniert sich bei Johannes Bastian in Berlin, Dusan Pandula in Prag und Raphael Hillyer sowie Sándor Végh an der University of Yale. 1974 erringt es beim internationalen Genfer Wettbewerb einen 1. Preis. Zu seinem Repertoire zählen Werke zeitgenössischer Komponisten wie Rolf Gehlhaar, Werner Heider, Hans Werner Henze, Marek Kopelent.
Uraufführungen: Werke von Volker David Kirchner (*Streichquartett*, 1984), Krzysztof Penderecki (*Der unterbrochene Gedanke*, 1988), Aribert Reimann (*Unrevealed*, 1981).

Kronos String Quartet (San Francisco)
Gegründet 1973.
1. Violine: David Harrington (seit 1973).
2. Violine: James Shaellenberger (1973–75), Roy Lewis (1975–77), Ella Gray (1977–78), John Sherba (seit 1978).

Bratsche: Tim Kilian (1973–76), Michael Jones (1976–77), Hawle Dutt (seit 1977).
Violoncello: Walter Gray (1973–78), Joan Dutcher Jeanrenaud (seit 1978).
Das 1973 in Seattle gegründete Quartett wird 1982 »quartet in residence« der University of South California. Es beschäftigt sich in erster Linie mit der Musik des 20. Jahrhunderts und verwirklicht mehr als 200 Uraufführungen.
Uraufführungen: Unter anderem Werke von John Cage, Dresher, Henryk Mikołaj Górecki (*Streichquartett Nr. 1 »Already it is Dusk«*, 1989), István Márta (*Streichquartett*, 1989), Pauline Oliveros, Steve Reich (*Different Trains*, 1988; das Werk ist dem Quartett gewidmet), Terry Riley, Aulis Sallinen (*Streichquartett Nr. 5 »Pieces of Mosaic«*, 1984), Peter Sculthorpe (*Streichquartett Nr. 1 »Jabiru Dreaming«*, 1990).

Küchl-Quartett
siehe **Musikverein-Quartett**

LaSalle String Quartet (Cincinnati)
Gegründet 1946, aufgelöst 1988.
1. Violine: Walter Levin (1946–88).
2. Violine: Henry Meyer (1946–88).
Bratsche: Peter Kamnitzer (1946–88).
Violoncello: Richard Kapuscinski (1946–55), Jack Kirstein (1955–75), Lee Fiser (1975–88).
Die Schüler der Juilliard School of Music in New York bitten die Direktion, einen Lehrstuhl für Quartettspiel einzurichten und erhalten als erste das von diesem Lehrstuhl vergebene Diplom. 1949–53 ist es »quartet in residence« des Colorado College und anschließend der University of Cincinnati, an der sie Kammermusikspiel unterrichten (die Mitglieder des späteren »Alban-Berg-Quartetts« gehören zu ihren Schülern). In Europa wird das Ensemble 1969 bei den Wiener Festspielen vor allem aufgrund der schnörkellosen, verinnerlichten Interpretationen der Kammermusik von Arnold Schönberg bekannt.
Das Quartett gibt eine Vielzahl von Kompositionen in Auftrag, deren Uraufführungen es verwirklicht. Seit 1958 spielen die Mitglieder auf Instrumenten von Amati (1648, 1682, 1619 und 1670).
Uraufführungen: Werke von Hans Erich Apostel, Earle Brown, Herbert Brün, Giuseppe Giorgio Englert, Franco Evangelisti, Gottfried Michael Koenig, György Ligeti (*Streichquartett Nr. 2*, 1969), Witold Lutosławski (*Streichquartett Nr. 1*, 1965), Luigi Nono (*Fragmente-Stille, an Diotima*), Krzysztof Penderecki (*Streichquartett Nr. 1*, 1962), Henri Pousseur, Hilding Rosenberg, Guido Turchi (*Streichquartett Nr. 1*, 1947).

Léner-Quartett (Budapest)
Gegründet 1918, aufgelöst 1948.
1. Violine: Jenő Léner.
2. Violine: Joseph Smilvitz.
Bratsche: Sándor Roth.
Violoncello: Imre Hartmann.
Die Mitglieder dieses Quartetts sind zwischen 1894 und 1895 in Ungarn auf die Welt gekommen. Léner, Smilvitz und Roth studieren an der Budapester Musikakademie bei Jenő Hubay, Hartmann bei David Popper. Die Streicher gehören zunächst dem Orchester der Budapester Oper an, bevor sie sich der Kammermusik widmen. Das Ensemble debütiert 1920 in Wien; Tourneen führen es durch Europa und die Vereinigten Staaten. Die Pianistin Olga Hoeser-Léner tritt häufig mit dem Quartett auf.

Lindsay String Quartet (London)
Gegründet 1966.
1. Violine: Peter Cropper (seit 1966).
2. Violine: Michael Adamson (1966–72), Ronald Birks (seit 1972).
Bratsche: Roger Bigley (1966–85), Robin Ireland (seit 1985).
Violoncello: Bernard Gregor-Smith (seit 1966).
Die vier Streicher studieren an der Royal Academy of Music in London bei Sidney Griller. Nach der Gründung ihres Quartetts perfektionieren sie sich 1977 bei Sándor Végh an der University

of Keele, nach dessen Gründer, Lord Lindsay, sich das Quartett ab diesem Aufenthalt nennt, bei Alexander Moskowsky, dem zweiten Violinisten des »Ungarischen Quartetts« sowie in Budapest bei Vilmos Tátrai. Das Ensemble gewinnt 1969 den Lütticher Wettbewerb; 1974 wird es »quartet in residence« der University of Sheffield und 1979 der University of Manchester. 1984 gründet es das Festival von Sheffield, das jedes Jahr einem Komponisten gewidmet ist und seit 1987 in London stattfindet.
Die Mitglieder spielen auf alten, von der Royal Academy of Music oder privaten Leihgebern zur Verfügung gestellten Instrumenten: Peter Cropper auf einer Stradivari aus dem Jahre 1718, der *Maurin*, Ronald Birks auf einer Stradivari aus dem Jahre 1696, der *Archinto*, und Bernard Gregor-Smith auf einem Ruggieri aus dem Jahre 1694.
Uraufführungen: Werke von Jean Françaix (*Quintett für Klarinette und Streicher*, 1978), Sir Michael Tippett (*Streichquartett Nr. 4*, 1979; *Nr. 5*, 1992).

Löwe-Quartett
siehe **Berliner Staatskapelle**

Quatuor Loewenguth (Paris)
Gegründet 1929, aufgelöst 1983.
1. Violine: Alfred Loewenguth (1929–83).
2. Violine: Alfred Fueri (1929–58), Jacques Gotkovski (1958–68), Jean-Pierre Sabouret (1968–76), Philippe Langlois (1976–83).
Bratsche: Jack Georges (1929–41), Roger Roche (1941–74), Jean-Claude Dewaele (1974–79), Jacques Borsarello (1979–83).
Violoncello: Jacques Neilz (1929–32), Pierre Basseux (1932–59), Roger Loewenguth (1959–83).
Das Quartett setzt sich mehr als ein halbes Jahrhundert lang für die französische Streichquartettschule von Claude Debussy bis Jean Martinon ein.

Uraufführungen: Werke von Georges Delerue (*Streichquartett*, 1950), Jean Martinon (*Streichquartett Nr. 1*, 1950), Georges Migot (*Streichquartett Nr. 2*, 1959), Darius Milhaud (*Streichquartett Nr. 3*, 1956), Roger-Ducasse (*Streichquartett Nr. 2*, 1953).

London String Quartet
Gegründet 1908, aufgelöst 1935.
1. Violine: Albert Sammons (1908–17), James Levey (1917–27), John Pennington (1927–35).
2. Violine: Thomas W. Petre (1908–14), H. Wynn Reeves, Herbert Kinsey, Edwin Virgo, Thomas W. Petre (1919–35).
Bratsche: H. Waldo-Warner (1908–29), Philip Sainton (1929–30), William Primrose (1930–35).
Violoncello: C. Warwick-Evans (1908–35).
Das von C. Warwick-Evans gegründete Kammermusikensemble gibt nach zweijähriger Vorbereitungszeit 1910 als »New String Quartet« sein erstes Konzert. Ein Jahr später nimmt es seinen endgültigen Namen an. 1917 spielt es seine erste Schallplatte ein, das *Streichquartett* von Maurice Ravel. Ab 1920 unternimmt es jedes Jahr eine Tournee durch Nordamerika. Es setzt sich besonders für die Musik von Frederick Delius und Herbert Howells ein und verwirklicht die englische Erstaufführung von Arnold Schönbergs *Streichquartett Nr. 2*.
1958–61 arbeitet ein weiteres Quartett unter dem gleichen Namen (mit Erich Gruenberg, Lionel Bentley, Keith Cummings und Douglas Cameron), das 1950–56 bereits unter dem Namen »New London String Quartet« bekannt geworden war.

Mannheimer Streichquartett
Gegründet 1975.
1. Violine: Alfred Oppelcz (seit 1975).
2. Violine: Claudia Hohorszt (seit 1975).
Bratsche: Ulrich Knörzer (1975–90), Niklas Schwarz (seit 1990).

Violoncello: Armin Fromm (seit 1975).
Das Quartett wird 1976 bei dem Wettbewerb »Jugend musiziert« und 1977 mit dem Mozart-Preis der Stadt Mannheim ausgezeichnet. Es perfektioniert sich zunächst bei Günter Kehr und dem »Amadeus-Quartett«, bevor es zum »LaSalle-Quartett« und zum »Melos-Quartett« geht (1980–82). 1983 gewinnt es den Karl-Klinger-Wettbewerb in Hannover, 1984 den von Evian und 1985 den Felix-Mendelssohn-Bartholdy-Preis der Stiftung Preußischer Kulturbesitz sowie den 1. Preis beim Deutschen Wettbewerb in Bonn.

Quatuor Margand (Paris)
Gegründet 1958.
1. Violine: Michèle Margand (seit 1958).
2. Violine: Anka Moravek (1958–64), Thérèse Rémy (1964–80), Marie-Christine Desmonts (1980–84), Brigitte Roh (seit 1984).
Bratsche: Nicole Gendreau (1958–68), Françoise Douchet (1968–83), Sylvie Versterman (seit 1983).
Violoncello: Claudine Lasserre (seit 1958).
Das nur aus Frauen zusammengesetzte Streichquartett wird 1958 am Pariser Konservatorium in der Klasse von Jean Calvet mit einem 1. Preis für Kammermusik ausgezeichnet. Zwei Jahre später erhält es beim Viotti-Wettbewerb in Vercelli ebenfalls einen 1. Preis. Es setzt sich besonders für die zeitgenössische französische Musik ein und zeichnet für zahlreiche Uraufführungen verantwortlich (Werke von Bailly, Bancquart, Chaynes, Lemeland und anderen).

Medici String Quartet (London)
Gegründet 1971.
1. Violine: Paul Robertson.
2. Violine: David Matthews.
Bratsche: Ivo-Jan van der Werff.
Violoncello: Anthony Lewis.
Die Mitglieder des Quartetts sind »artists in residence« des Kingston Polytechnic und das Quartett selbst »quartet in residence« des Taliesin Arts Centre, Swansea.
Uraufführungen: Werke von Richard Rodney Bennett, Alan Bush, Wilfried Josephs, William Mathias, David Matthews (*Streichquartett Nr. 2*, 1982).

Melos-Quartett (Stuttgart)
Gegründet 1965.
1. Violine: Wilhelm Melcher.
2. Violine: Gerhard Ernst Voss.
Bratsche: Hermann Voss.
Violoncello: Peter Buck.
Kurz nach seiner Gründung zeichnet sich das Quartett beim Villa-Lobos-Wettbewerb in Rio de Janeiro aus, vertritt Deutschland in Paris beim Weltkongreß »Jugend musiziert« und erhält beim Genfer Wettbewerb einen 2. Preis. 1975 werden die vier Mitglieder an der Stuttgarter Musikhochschule zu Professoren ernannt. Ihr Name Melos setzt sich aus der ersten Silbe des Namens des Primgeigers und dem Namen der Gebrüder Voss zusammen.
Wilhelm Melcher spielt auf einer Carlo Tononi, Gerhard Ernst Voss auf einer Domenico Montagnana, Herbert Voss auf einer Landolfi und Peter Buck auf einem Ruggeri aus dem Jahre 1682.
Uraufführungen: Werke von Hans-Jürgen von Bose (*Streichquartett Nr. 2*, 1978), Wolfgang Fortner (*Streichquartett Nr. 4*, 1977), Hans Georg Pflüger (*Streichquartett*, 1985).

Quatuor Mosaïques (Paris)
siehe **Ensemble Mosaïques**

Streichquartett des Moskauer Konservatoriums
siehe **Beethoven-Quartett**

Streichquartett der Moskauer Philharmoniker
siehe **Borodin-Quartett**

Muir String Quartet (Boston)
Gegründet 1979.
1. Violine: Joseph Genualdi (1979–85), Lucy Stolzman (1985–87), Peter Zazofsky (seit 1987).

2. Violine: Bayla Keyes (seit 1979).
Bratsche: Steven Ansell (seit 1979).
Violoncello: Michael Reynolds (seit 1979).
Die Mitglieder des Quartetts lernen sich am Curtis Institute in Philadelphia kennen, wo sie beim »Budapester Streichquartett« und dem »Guarneri-Quartett« studieren. Sie nennen sich nach dem berühmten amerikanischen Naturforscher Muir, dem Gründer der amerikanischen Nationalparks. 1980 gewinnen sie beim Wettbewerb von Evian den 1. Preis und im darauffolgenden Jahr den Großen Preis der Naumburg Foundation in New York. 1983 wird das Streichquartett vom amerikanischen Fernsehen als »Quartett des Jahres« ausgezeichnet. Es ist »quartet in residence« der Bostoner Universität.

Musikverein-Quartett Wien
(Küchl-Quartett)
Gegründet 1973.
1. Violine: Reiner Küchl (seit 1973).
2. Violine: Peter Wächter (1973–80), Eckhard Seifert (seit 1980).
Bratsche: Peter Götzel (1973–87), Heinz Koll (seit 1987).
Violoncello: Franz Bartolomey (seit 1973).
Das von dem Konzertmeister der Wiener Philharmoniker gegründete Streichquartett arbeitet zwei Jahre, bevor es zum ersten Mal auftritt und bei den Wiener und Salzburger Festspielen große Erfolge erzielt. 1978 wird es mit der Mozartmedaille der Wiener Mozartgemeinde ausgezeichnet. Unter den Solisten, die mit dem Quartett auftreten, sind besonders André Previn, Lynn Harrell und Paul Badura-Skoda erwähnenswert.
Uraufführung: *Streichquartett Nr. 2* von Gottfried von Einem (1978).

Musikvereinsquartett (Wien)
siehe **Barylli-Quartett**

Napoca-Quartett
siehe **Philharmonie von Cluj-Napoca**

Neues Dänisches Quartett
siehe **Dansk Kvartet**

Neues Niederländisches Streichquartett
siehe **Niederländisches Streichquartett**

Neues Prager Quartett
siehe **Prager Quartett**

Neues Streichquartett
siehe **Kocian-Quartett**

New Hungarian String Quartet
Gegründet 1976, aufgelöst 1984.
1. Violine: Andor Tóth.
2. Violine: Richard Young.
Bratsche: Dénes Koromzay.
Violoncello: Andor Toth jun.
Dénes Koromzay, der Bratscher des »Hungarian String Quartet« von 1935 bis zu seiner Auflösung im Jahre 1970, gründet das neue Ensemble, das in den Vereinigten Staaten als »quartet in residence« der University of Oberlin arbeitet.

New Israel Quartet
siehe **Israel Philharmonic Orchestra** (Tel Aviv)

New London String Quartet
siehe **London String Quartet**

New String Quartet
siehe **London String Quartet**

Niederländisches Streichquartett
(Amsterdam)
Gegründet 1952, aufgelöst 1969.
1. Violine: Nap de Klÿn (1952–69).
2. Violine: Jaap Schröder (1952–69).
Bratsche: Paul Godwin (1952–69).
Violoncello: Carel van Leeuwen Boomkamp (1952–66), Michel Roche (1962–69).
Das Quartett realisiert zahlreiche Uraufführungen von Werken niederländischer Komponisten. 1960 wird es mit der Elisabeth-Sprague-Coolidge-Medaille ausgezeichnet. Kees Hülsmann (ehemals 2. Violinist des »Glinka-Quartetts«), Mieke Biesta, Gerrit Oldeman

und Marien van Staalen gründen das »Neue Niederländische Streichquartett«.

Nuovo Quartetto Italiano
siehe **Quartetto Italiano**

Orford String Quartet (Toronto)
Gegründet 1965.
1. Violine: Andrew Dawes (seit 1965).
2. Violine: Kenneth Perkins (seit 1965).
Bratsche: Terence Helmer (1965–86), Robert Levine (1986–87), Sophie Renshaw (seit 1987).
Violoncello: Marcel Saint Cyr (1965–80), Denis Brott (1980–88), Desmond Hoebig (seit 1988).
Nachdem das Quartett beim Stockholmer Wettbewerb mit einem 1. Preis ausgezeichnet worden war, setzt es sich rasch auf internationaler Ebene als die wichtigste kanadische Formation durch. Es ist »quartet in residence« der University of Toronto.

Orlando Kwartet (Amsterdam)
Gegründet 1975.
1. Violine: Istvan Parkanyi, John Harding.
2. Violine: Heinz Oberdorfer.
Bratsche: Ferdinand Erblich.
Violoncello: Stefan Metz.
Dem von dem Rumänen Stefan Metz gegründeten Quartett gehören außerdem zwei Deutsche und ein Ungar an; es residiert in Holland. 1976 gewinnt es beim internationalen Carlo-Jachino-Wettbewerb in Rom den 1. Preis. Es perfektioniert sich bei Zoltán Székely, Sándor Végh und Joseph Calvet. 1978 gewinnt das Quartett beim Europäischen Rundfunkwettbewerb in Helsinki den 1. Preis. Seit 1982 organisiert das Quartett jeden Sommer in der romanischen Abtei von Kerkrade (Holland) ein Festival.
Uraufführung: *Streichquartett Nr. 3* von Alfred G. Schnittke.

Quatuor de l'O. R. T. F. (Paris)
Gegründet 1941, aufgelöst 1973.
1. Violine: Jacques Dumont (1941–73).
2. Violine: Maurice Crut (1941–57), Louis Perlemuter (1957–67), Jacques Dejean (1967–73).
Bratsche: Léon Pascal (1941–70), Serge Collot (1970), Marc Carles (1970–73).
Violoncello: Robert Salles (1941–67), Jean-Claude Ribéra (1967–73).
Das Quartett wird von Léon Pascal in Marseille gegründet und nennt sich nacheinander »Quatuor Pascal« und »Quatuor Pascal de l'O. R. T. F.«, bevor es seinen endgültigen Namen annimmt. Es nimmt für den französischen Rundfunk 138 Streichquartette auf und spielt *Sämtliche Streichquartette* Wolfgang Amadeus Mozarts und Ludwig van Beethovens auf Schallplatten ein.
Uraufführungen: U.a. Werke von Pierre Capdevielle, Georges Dandelot, Edoardo de Guarnieri, Pierre Hasquenoph, André Jolivet, Serge Lancen, Henri Martelli, Jacques Murgier, Henri Sauguet, Jean Rivier.

Panocha-Quartett (Prag)
Gegründet 1968.
1. Violine: Jiří Panocha.
2. Violine: Pavel Zejfart.
Bratsche: Miroslav Sehnoutka.
Violoncello: Jaroslav Kuhlan.
Joseph Micka regt die Mitglieder des Kammerorchesters des Prager Konservatoriums an, ein Streichquartett zu gründen. 1971 wird es beim Wettbewerb von Kroměříž (Tschechoslowakei) mit einem 3. Preis ausgezeichnet. Das Ensemble perfektioniert sich in Weimar, bevor es 1974 beim dortigen Wettbewerb den 1. Preis erhält. Der 2. Preis beim Prager Wettbewerb (1975) und die Goldmedaille beim Wettbewerb junger Musiker in Bordeaux schließen sich an. Das Quartett zeichnet für die Gesamtaufnahme der *Streichquartette* von Bohuslav Martinů verantwortlich.

Kammermusikensembles

Quatuor Parent (Paris)
Gegründet 1892, aufgelöst 1913.
1. Violine: Armand Parent (1892–1913).
2. Violine: Fernand Luquin (1901), Emile Loiseau (1903–13).
Bratsche: Charles Baretti (1897–1903), Maurice Vieux (1904–06).
Violoncello: Frédéric Denayer (1897–1901), Louis Fournier (1904–13).
Das Quatuor Parent spielt im Pariser Musikleben des beginnenden 20. Jahrhunderts eine entscheidende Rolle. Es führt als erstes französisches Quartett Ludwig van Beethovens *Sämtliche Streichquartette* in Zyklen auf.

Quatuor Parrenin (Paris)
Gegründet 1944.
1. Violine: Jacques Parrenin (seit 1944).
2. Violine: Marcel Charpentier (1944–70), Jacques Ghestem (1970–80), John Cohen (seit 1980).
Bratsche: Serge Collot (1944–57), Michel Walès (1957–64), Denes Marton (1964–70), Gérard Caussé (1970–80), Jean-Claude Dewaele (seit 1980).
Violoncello: Pierre Penassou (1944–80), René Benedetti (seit 1980).
Die Gründungsmitglieder des Quartetts stammen alle aus der Klasse für Kammermusik von Joseph Calvet am Pariser Konservatorium. 1944–49 ist das Ensemble das offizielle Streichquartett von Radio Luxemburg: während dieser Zeit gibt es pro Woche ein Konzert und interpretiert dabei das klassische, romantische und zeitgenössische Repertoire. Als einziges französisches Quartett seiner Zeit spielt es sämtliche Streichquartette der Wiener Schule und Béla Bartóks. Das Quartett ist Mitglied der Domaine Musical und des Internationalen Ensembles zeitgenössischer Musik in Darmstadt. Es zeichnet für mehr als 150 Uraufführungen verantwortlich.
Uraufführungen: u. a. Werke von Claude Ballif, François Bayle, Luciano Berio, Ernest Bloch, André Boucourechliev, Pierre Boulez, Benjamin Britten, Aaron Copland, Alberto Ginastera, Cristóbal Halffter, Hans Werner Henze, Betsy Jolas, György Ligeti, Bruno Maderna, Paul Méfano, Darius Milhaud, Maurice Ohana, Krzysztof Penderecki, Jean Rivier, Iannis Xenakis.

Quatuor Pascal (Paris)
siehe **Quatuor de l'O. R. T. F.**

Prager Quartett
Gegründet 1956.
1. Violine: Břetislav Novotný (seit 1956).
2. Violine: Miroslav Richter (1956–57), Karel Přibyl (seit 1957).
Bratsche: Hubert Šimáček (1956–61), Jaroslav Karlovský (1961–68), Lubomír Malý (seit 1968).
Violoncello: Zdeněk Konićek (1956–68), Jan Širc (1968–84), Saša Večtomov (1984–89), Jan Širc (seit 1989).
1958 gewinnt das Quartett den Lütticher Wettbewerb. Drei Jahre später wird es zum Kammermusikensemble des Symphonie-Orchesters von Prag ernannt. Es setzt sich in besonderem Maß für die tschechische Musik und die Werke Antonín Dvořáks ein, dessen *Sämtliche Streichquartette* es aufnimmt. Der Bratscher und der Cellist der Gründungsformation rufen in Deutschland zusammen mit den Geigern Czapary und Adolphe Mandeau das »Neue Prager Quartett« ins Leben.
In den 30er Jahren existierte bereits ein »Prager Quartett« (R. Zita, Herbert Berger, Ladislav Černý, Miloš Sádlo).

Quartett des Prager Konservatoriums
siehe **Smetana-Quartett**

Quatuor Pro Arte (Brüssel–USA)
Gegründet 1912, aufgelöst 1944.
1. Violine: Alphonse Onnou (1912–40), Antonio Brosa (1940–44)
2. Violine: Laurent Halleux (1912–44).
Bratsche: Germain Prévost (1912–44).
Violoncello: Robert Maas (1912–44).
Das in Brüssel gegründete Streichquartett gibt 1913 sein erstes Konzert; aufgrund des Ersten Weltkrieges muß es seine Arbeit kurz darauf einstellen. Ab

1921 veranstaltet das Ensemble dank der Unterstützung von Paul Collaer und Arthur Prévost in der belgischen Hauptstadt die Konzertreihe »Pro Arte«. Die zeitgenössische Musik nimmt einen wichtigen Platz im Repertoire des Ensembles ein. 1923 nimmt es in Salzburg an den Festspielen des Internationalen Komponistenverbands teil. Elisabeth Sprague-Coolidge beauftragt Alfredo Casella, Arthur Honegger, Bohuslav Martinů und Darius Milhaud, Werke für die Formation zu komponieren. 1932 wird es zum belgischen Hofquartett ernannt, bevor es in die Vereinigten Staaten emigriert. Nach 1944 gründet Rudolf Kolisch an der Madison University ein neues Quartett mit dem gleichen Namen, das bis 1967 besteht.

Zu Beginn seiner Karriere ist das Quartett vor allem aufgrund seiner Interpretationen zeitgenössischer Werke berühmt; nach den Aufnahmen der Quintette Wolfgang Amadeus Mozarts und Robert Schumanns (zusammen mit Artur Schnabel) wird es auch auf diesen Gebieten bekannt. Sein strenger, raffinierter Stil kontrastiert mit der romantischen Wärme des Busch- bzw. des Léner-Quartetts.

Uraufführungen: Werke von Arthur Honegger (*Les Pâques à New York*, 1924; *Streichquartett Nr. 2*, 1936; *Nr. 3*, 1937; das zweite Streichquartett ist ihm gewidmet), Bohuslav Martinů (*Streichquintett*, 1928), Darius Milhaud (*Streichquartett Nr. 6*, 1923, *Nr. 7*, 1925, *Nr. 8*, 1933, und *Nr. 9*, 1935), Albert Roussel (*Streichquartett*, 1932), Alexandre Tansman (*Streichquartett Nr. 2*, 1924). Béla Bartók schrieb sein *Streichquartett Nr. 4* (1928) und Bohuslav Martinů sein *Konzert für Streichquartett und Orchester* (uraufgeführt 1932) sowie sein *Streichquartett Nr. 5* (1938) für das »Pro-Arte-Quartett«.

Pro-Arte-Quartett Salzburg
Gegründet 1973.
1. Violine: Harald Herzl.
2. Violine: Brigitte Schmid.
Bratsche: Peter Langgartner.
Violoncello: Barbara Lübke.
Uraufführung: *Streichquartett Nr. 6* von Rafael Kubelík.

Rosé String Quartet (Wien-London)
Gegründet 1882, aufgelöst 1945.
1. Violine: Arnold Rosé (1882–1945).
2. Violine: Julius Eggard (1882–84), Anton Loh (1884–90), August Siebert (1890–97), Siegmund Bachrich (1897–1905), Paul Fischer (1905–38).
Bratsche: Anton Loh (1882–84), Siegmund Bachrich (1884–95), Hugo von Steiner (1895–1901), Anton Ruzitska (1901–30), Max Handl (1930–38).
Violoncello: Eduard Rosé (1882–84), Reinhold Hummer (1884–1901), Friedrich Buxbaum (1901–21), Anton Walter (1921–30), Friedrich Buxbaum (1930–45).

Das Quartett spielt bei der Verbreitung der Kammermusik der Wiener Schule eine entscheidende Rolle, zeichnet aber auch für Uraufführungen von Werken von Johannes Brahms, Hans Pfitzner und Max Reger verantwortlich. 1938 emigrieren Rosé und Buxbaum nach London und gründen dort ein zweites »Rosé-Quartett«, das bis 1945 existiert.

Uraufführungen: Werke von Johannes Brahms (*Streichquintett Nr. 2*, 1890), Arnold Schönberg (*Verklärte Nacht*, 1903; *Kammersymphonie Nr. 1*, 1907; *Streichquartett Nr. 1*, op. 7, 1907; *Nr. 2*, op. 10, 1908), Anton Webern (*5 Sätze*, op. 5, 1910).

Salomon String Quartet (London)
Gegründet 1982.
1. Violine: Simon Standage.
2. Violine: Micaela Comberti.
Bratsche: Trevor Jones.
Violoncello: Jennifer Ward Clarke.
Die Mitglieder des Ensembles spielen auf Kopien nach alten Stradivari, von David Rubio 1984 und 1986 und Rowland Ross 1984 gefertigt; bei dem Cello handelt es sich um ein Forster (1791).

Sebestyen-Quartett
siehe **Kodály-Quartett**

Kammermusikensembles

Quatuor Sine Nomine (Lausanne)
Gegründet 1975.
1. Violine: Patrick Genet (seit 1975).
2. Violine: Nicolas Pache (1975–82), François Gottraux (seit 1982).
Bratsche: Jean-Christophe Jaermann (1975–82), Nicolas Pache (seit 1982).
Violoncello: Marc Jaermann (seit 1975).
Das Quartett perfektioniert sich in Lausanne bei Rose Dumur-Hemmerling und bei Mitgliedern des Stuttgarter »Melos-Quartetts«. 1985 gewinnt es beim Wettbewerb von Evian den 1. Preis und 1987 beim Paolo-Borciani-Wettbewerb in Italien den Preis der Kritik.
Uraufführungen: Werke von Jean Balissat, William Blank, Henri Scolari.

Slowakisches Quartett
siehe **Slovenská Filharmonie**
(Bratislava)

Smetana-Quartett (Prag)
Gegründet 1940, aufgelöst 1989.
1. Violine: Václav Neumann (1940–43), Jaroslav Rybenský (1943–46), Jiří Novák (1946–89).
2. Violine: Joseph Vlach (1940–43), Lubomír Kostecký (1943–89).
Bratsche: Jiří Neumann (1940–43), Václav Neumann (1943–46), Jaroslav Rybenský (1946–55), Milan Škampa (1956–89).
Violoncello: Antonín Kohout (1940–89).
Das unter dem Namen »Quartett des Prager Konservatoriums« gegründete Ensemble gewinnt 1946 beim Genfer Wettbewerb den 3. und 1951 beim Prager Wettbewerb den 1. Preis; im gleichen Jahr wird es zum Kammermusikensemble der Tschechischen Philharmonie ernannt. Neben den Werken Bedřich Smetanas gehören Kompositionen von Antonín Dvořák, Leoš Janáček, Bohuslav Martinů, Jiří Pauer, Sergej S. Prokofjew, Dmitri D. Schostakowitsch und Vladimír Sommer zu seinem Repertoire. Bis 1972 spielen die Musiker auf tschechischen Instrumenten (darunter auf der Bratsche *Homolka* Antonín Dvořáks) und ab dieser Zeit auf italienischen, die ihnen von der tschechoslowakischen Regierung zur Verfügung gestellt werden: einer Stradivari aus dem Jahre 1729 (der *Libon*), einer Ruggieri aus dem Jahre 1694, einer Bratsche aus dem Jahre 1680 und einem Cello aus der Werkstatt Grancinos (1710). 1967 werden die vier Mitglieder an der Kunstakademie von Prag zu Professoren ernannt. 1945–89 geben sie mehr als 4 000 Konzerte.

Smithson String Quartet (Washington)
Gegründet 1982.
1. Violine: Jaap Schröder.
2. Violine: Marylin McDonald.
Bratsche: Judson Griffin.
Violoncello: Kenneth Slowik.
Das Quartett, das nach der Auflösung des »Esterhazy Quartet« gegründet wird, tritt dessen stilistische Nachfolge an. Es ist »quartet in residence« der Smithsonian Institution und unternimmt regelmäßig Tourneen durch Nordamerika und Europa. Die Streicher spielen auf Geigen von Gioffredo Cappa (1684), Jacobus Stainer (1665), einer Bratsche von J. Michael Alban (um 1710) und einem Cello von Paul François Grosset (1784) sowie auf vier Stradivari aus der Sammlung des Smithsonian Museums.

Sonare Quartett (Frankfurt/M.)
Gegründet 1980.
1. Violine: Laurentin Dinka (1980–84), Yumiko Noda (1984–85), Jacek Klimkiewicz (seit 1985).
2. Violine: Laurentius Bonitz (seit 1980).
Bratsche: Frowald Eppinger, Reiner Schmidt, Hideko Kobayashi (seit 1988).
Violoncello: Eric Plumettaz (1980–87), Emil Klein (seit 1987).
Das Quartett gewinnt 1982 den Wettbewerb von Evian und beschäftigt sich mit dem breiten Publikum unbekannten Werken von Louis Spohr, Michael Haydn und Ernst Krenek, dessen *Sämt-*

liche Streichquartette es aufnimmt. Sie spielen auf Geigen von Januarius Gagliano (Neapel 1770), Carlo Giuseppe Testore (Mailand 1705), einer Bratsche von Vincenzo Panormo (London 1790) und einem Cello von Matteo Goffriller (Venedig 1690).

Stamic-Quartett (Prag)
Gegründet 1985.
1. Violine: Bohuslav Matoušek.
2. Violine: Josef Kekula.
Bratsche: Jan Pěruška.
Violoncello: Vladimír Leixner.
Die vier Gründungsmitglieder gehören der Tschechischen Philharmonie an und perfektionieren sich beim »Smetana-Quartett«. 1986 gewinnen sie beim internationalen Salzburger Wettbewerb den 1. Preis. Die beiden Geiger und der Cellist gehörten zuvor dem »Doležal-Quartett« an. Bohuslav Matoušek ist Schüler von Arthur Grumiaux, Nathan Milstein und Wolfgang Schneiderhan und ist 1977–78 als Konzertmeister des Symphonie-Orchesters von Tokio tätig.
Uraufführung: *Streichquartett Nr. 3* (1986) von Helmut Eder.

Stratton String Quartet
siehe **Aeolian String Quartet**

Sudetendeutsches Quartett
siehe **Koeckert-Quartett**

Suk-Quartett (Prag)
Gegründet 1968.
1. Violine: Antonín Novák (1968–79), Ivan Štraus (seit 1979).
2. Violine: Vojtěch Jousa (seit 1968).
Bratsche: Karel Rehák (seit 1968).
Violoncello: Jan Štros (seit 1968).
Das Quartett zeichnet sich durch die Aufnahme der *Sämtlichen Streichquartette* von Josef Suk aus und beschäftigt sich intensiv mit Werken zeitgenössischer tschechischer Komponisten (Bárta, Foerster, Hába, Klusák, Martinů, Pauer, Slavický).
Uraufführung: *Streichquartett* von Renaud Gagneux (1987).

Takács String Quartet
(Budapest-Boulder)
Gegründet 1975.
1. Violine: Gábor Takász-Nagy.
2. Violine: Károly Schranz.
Bratsche: Gábor Ormai.
Violoncello: András Fejér.
Das Quartett setzt sich aus vier ehemaligen Schülern der Budapester Musikakademie Franz Liszt zusammen. 1977 gewinnt es beim internationalen Wettbewerb in Evian den 1. Preis. Das Ensemble perfektioniert sich bei Mitgliedern des »Amadeus Quartet«; 1979 gewinnt es beim internationalen Wettbewerb von Portsmouth wiederum einen 1. Preis. Anschließend perfektioniert es sich bei Zoltán Székely in Kanada, dem Primgeiger des »Ungarischen Quartetts«, bevor es 1986 in Boulder zum »quartet in residence« der University of Colorado ernannt wird.

Talich-Quartett (Prag)
Gegründet 1962.
1. Violine: Jan Talich (1964–75), Petr Messiereur (seit 1975).
2. Violine: Jan Kvapil (seit 1962).
Bratsche: Karel Doležal (1964–75), Jan Talich (seit 1975).
Violoncello: Evžen Rattay (seit 1962).
Das Quartett bildet sich unter der Leitung von Josef Micka innerhalb des Prager Konservatoriums; Micka fördert später auch das »Panocha-Quartett«. Jan Talich ist der Neffe Václav Talichs.

Tanejew-Quartett (St. Petersburg)
siehe **Philharmonisches Orchester Sankt Petersburg**

Tátrai-Quartett (Budapest)
Gegründet 1946.
1. Violine: Vilmos Tátrai (seit 1946).
2. Violine: Albert Rényi (1946–55), Mihály Szücs (1955–68), István Várkonyi (seit 1968).
Bratsche: József Iványi (1946–59), György Konrád (seit 1952).
Violoncello: Vera Dénes (1946–52), Ede Banda (seit 1952).
Das Ensemble wird von Mitgliedern des

Städtischen Orchesters von Budapest gegründet. 1948 gewinnt es den Béla-Bartók-Wettbewerb. Es setzt sich besonders für die ungarische Musik ein. Das Repertoire des Quartetts umfaßt 70 Werke.

Tel Aviv String Quartet
Gegründet 1959.
1. Violine: Chaim Taub (seit 1959).
2. Violine: Uri Pianka (1959–63), Menahem Brener (1963–71), Efim Boico (1971–83), Lazar Schuster (seit 1983).
Bratsche: Daniel Benyamini (seit 1959).
Violoncello: Uzi Wiesel (seit 1959).
Das Tel Aviv String Quartet setzt sich in Israel schnell durch und beginnt ab 1962 mit Tourneen rund um die Welt. Die Mitglieder des Quartetts sind gleichzeitig Solisten des Philharmonischen Orchesters von Israel und Professoren am Konservatorium von Tel Aviv. Sie treten regelmäßig zusammen mit Daniel Barenboim, Radu Lupu und Christoph Eschenbach auf.
Uraufführungen: Werke von Yardena Alotin, Tzvi Avni, Mordecai Seter (*Ricercar, Elegie* und *Streichquartett Nr. 1*), Zeev Steinberg, Josef Tal (*Streichquartett Nr.1*).

Tokyo String Quartet
Gegründet 1969.
1. Violine: Koichiro Harada (1969–81), Peter Oundjian (seit 1981).
2. Violine: Yoshiko Nakura (1969–74), Kikuei Ikeda (seit 1974).
Bratsche: Kazuhide Isomura (seit 1969).
Violoncello: Sadao Harada (seit 1969).
Die Gründungsmitglieder sind Studenten der Musikakademie von Tokio, wo sie bei Robert Mann und Raphael Hillyer (Mitglieder des »Juilliard String Quartet«) ihr Examen ablegen. 1970 werden sie beim Coleman-Wettbewerb in Pasadena und beim Münchner Rundfunkwettbewerb mit je einem 1. Preis ausgezeichnet. Seit 1978 ist das Ensemble »quartet in residence« der Yale University. Seit 1978 spielen sie auf Amatis, die ihnen von der Corcoran Gallery in Washington zur Verfügung gestellt werden (aus den Jahren 1656, 1662, 1663 und 1677).
Uraufführung: *Streichquartett* von Susumu Yoshida (1988).
Auftragskompositionen zum 10. Geburtstag des Quartetts: Werke von Benjamin Lees, Tod Machover (*Streichquartett*, 1982), Krzysztof Penderecki und Toru Takemitsu (*Streichquartett Nr. 1 »A Way a Done«*, 1981).

Tschechisches Streichquartett (Prag)
Gegründet 1892, aufgelöst 1933.
1. Violine: Karel Hoffmann (1892–1933).
2. Violine: Josef Suk (1892–1933).
Bratsche: Oskar Nedbal (1892–1906), Jiří Herold (1902–33).
Violoncello: Otto Berger (1892–97), Hanuš Wihan (1897–1913), Ladislav Zelenka (1913–33).
Das Streichquartett wird von vier Schülern Hanuš Wihans am Prager Konservatorium gegründet und aufgrund seiner Interpretationen tschechischer Kammermusik, vor allem des *Zweiten Streichquartetts* von Bedřich Smetana, weltweit bekannt. 1902 gibt es sein 1000. Konzert. Ab 1922 sind die vier Mitglieder Professoren am Prager Konservatorium. Das Ensemble tritt auch unter dem Namen »Böhmisches Streichquartett« auf.
Uraufführung: *Streichquartett Nr. 1* von Leoš Janáček (1924); das Quartett ist dem Ensemble gewidmet.

Végh-Quartett
Gegründet 1940, aufgelöst 1980.
1. Violine: Sándor Végh (1940–80).
2. Violine: Sándor Zöldy (1940–78), Philip Naegele (1978–80).
Bratsche: Georges Janzer (1940–78), Bruno Giuranna (1978–80).
Violoncello: Paul Szabó (1940–80).
1946 gewinnt das Quartett beim Genfer Wettbewerb den 1. Preis. Das Végh-Quartett gehört zu den bedeutendsten kammermusikalischen Formationen seiner Zeit. 1972 schickt die NASA eine ihrer Aufnahmen in den Weltraum.

Uraufführungen: Werke von Karl Amadeus Hartmann (*Streichquartett Nr. 1*, 1946; *Nr. 2*, 1949), Sándor Veress (*Konzert für Streichquartett und Orchester*, 1962), Pierre Wissmer (*Streichquartett Nr. 2*, 1949).

Vermeer String Quartet (Chicago)
Gegründet 1969.
1. Violine: Shmuel Ashkenazi (seit 1969).
2. Violine: Pierre Ménard (seit 1969).
Bratsche: Nobuko Imai (1969–78), Jerry Horner (1978–80), Bernard Zaslav (1980–85), Richard Young (seit 1985).
Violoncello: Marc Johnson (seit 1969).
Shmuel Ashkenazi gründet das Quartett während des Festivals von Marlboro; seine Gründungsmitglieder sind Professoren an der University of North Illinois in De Kalb. 1973 unternimmt es seine erste Europa-Tournee.

Quatuor Via Nova (Paris)
Gegründet 1968.
1. Violine: Jean Mouillère (seit 1968).
2. Violine: Jean-Pierre Sabouret (1968), Hervé Le Floch (1968–71), Alain Moglia (1971–75), Jean-Pierre Sabouret (1975–89).
Bratsche: René Jeannerey (1968–69), Gérard Caussé (1969–71), Claude Naveau (1971–89), Pierre Frank (seit 1989).
Violoncello: René Benedetti (1968–71), Roland Pidoux (1971–78), Jean-Marie Gamard (seit 1978).
Während der Festspiele von Cyrnearte treffen sich vier Jahre lang die jungen Musiker, bis sie sich entschließen, ein ständiges Quartett zu bilden. Sie nennen sich zuerst nach dem Festival, bevor sie ihren heutigen Namen annehmen. Seit 1976 wird das Quartett vom französischen Kultusministerium unterstützt. Neben dem klassischen Repertoire spielen sie auch selten aufgeführte Werke (von u. a. Chausson, Roussel, Caplet), wobei die zeitgenössische Musik einen bedeutenden Platz einnimmt.
Uraufführungen: Werke von André Casanova (*Streichquartett Nr. 3*, 1989), Jacques Castérède (*Streichquartett »Pro tempore passionis«*, 1989), Yves Claoué, Graciane Finzi, Jean-Paul Holstein, Alain Moène (*Fluides*, 1969), Antoine Tisné.

Vlach-Quartett (Prag)
Gegründet 1949, aufgelöst 1975.
1. Violine: Josef Vlach (1949–75).
2. Violine: Václav Snítil (1949–70), Jiří Hanzl (1970–75).
Bratsche: Soběslav Soukup (1949–53), Josef Kodousek (1953–75).
Violoncello: Viktor Moučka (1949–75).
Beim internationalen Lütticher Wettbewerb fällt das Quartett 1955 zum ersten Mal auf. 1957–67 ist es das Kammermusikensemble des Symphonie-Orchesters des Tschechoslowakischen Rundfunks in Prag. Neben dem klassischen Repertoire beschäftigt es sich intensiv mit der zeitgenössischen tschechischen Musik (Bárta, Hlobil, Hurník, Janáček, Kalabis, Krejčí, Martinů, Rychlík).

Voces-Quartett (Jassy)
Gegründet 1969.
1. Violine: Bujor Prelipceanu (seit 1969).
2. Violine: Anton Diaconu (seit 1969).
Bratsche: Gheorghe Haag (1973–86), Gheorghe Stanciu (seit 1986).
Violoncello: Dan Prelipceanu (seit 1969).
Das Quartett perfektioniert sich bei Mitgliedern des »Amadeus Quartet« sowie bei Wilhelm Berger, Vilmos Tátrai und Uzi Wiesel. 1974 gewinnt es beim internationalen Wettbewerb von Colmar den 1. und 1979 beim Karl-Klinger-Wettbewerb von Hannover den 2. Preis. Mehrere rumänische Komponisten arbeiten für das Ensemble (Bughici, Păutza, Spătărelu). Es zeichnet für die Gesamtaufnahme der Kammermusik George Enescus verantwortlich.

Vogler-Quartett (Berlin)
Gegründet 1984.
1. Violine: Tim Vogler.

2. Violine: Franz Reinecke.
Bratsche: Stefan Fehlandt.
Violoncello: Stephan Forck.
Das Quartett wird von Studenten der Hochschule für Musik Hans Eisler gegründet. 1986 gewinnt es bei dem internationalen Wettbewerb von Evian den 1. Preis.

Westphal-Quartett (Berlin)
Gegründet 1958.
1. Violine: Hans Joachim Westphal (seit 1958).
2. Violine: Heinz Ortleb (seit 1958).
Bratsche: Dieter Gerhardt (seit 1958).
Violoncello: Wolfgang Boettcher (1958–63), Jörg Baumann (seit 1966).
Die Mitglieder des Quartetts sind Solisten der Berliner Philharmoniker.

Wiener Konzerthaus-Quartett
Gegründet 1934, aufgelöst 1967.
1. Violine: Anton Kamper.
2. Violine: Karl Maria Titze, Walter Weller.
Bratsche: Erich Weiss, Fritz Händschke.
Violoncello: Franz Kvarda, Ludwig Beinl.
Dem Quartett, das im Wiener Konzerthaus auftritt, gehören Mitglieder der Wiener Philharmoniker an; es nennt sich zunächst nach den Gründungsmitgliedern »Kamper-Kvarda-Quartett«.

Wiener Philharmonisches Streichquartett
Gegründet 1960, aufgelöst 1975.
1. Violine: Willi Boskovsky.
2. Violine: Otto Strasser.
Bratsche: Rudolf Streng.
Violoncello: Robert Scheiwen.
Das Quartett tritt die Nachfolge des 1960 aufgelösten »Barylli-Quartetts« an, nachdem dessen Primgeiger in den Ruhestand getreten war.

Wiener Streichquartett
siehe **Kolisch-Quartett**

Quatuor Ysaÿe (Brüssel)
Gegründet 1886, aufgelöst zu Beginn des 20. Jahrhunderts.
1. Violine: Eugène Ysaÿe.
2. Violine: Mathieu Crickboom.
Bratsche: Lucien van Hout.
Violoncello: Joseph Jacob.
Das Quartett spielt im belgischen und Pariser Musikleben vor allem aufgrund seiner Uraufführungen eine bedeutende Rolle.
Uraufführungen: Werke von Ernest Chausson (*Konzert für Streichquartett und Orchester*, 1893), Claude Debussy (*Streichquartett*, 1893), Gabriel Fauré (*Klavierquintett Nr. 1*, 1906; zu diesem Zeitpunkt war das Quartett bereits aufgelöst und traf sich nur zur Uraufführung, wobei Edouard Dern die 2. Violine übernahm), Vincent d'Indy (*Streichquartett Nr. 1*, 1891), Guy Ropartz (*Streichquartett Nr. 1*).

Quatuor Ysaÿe (Paris)
Gegründet 1984.
1. Violine: Christophe Giovaninetti (seit 1984).
2. Violine: Tommasini (1984–85), Luc-Marie Aguera (seit 1985).
Bratsche: Miguel da Silva (seit 1984).
Violoncello: Carlos Dourthe (1984–86), Michel Poulet (seit 1986).
Das Quartett studiert bei Jean Hubeau und Jean-Claude Pennetier am Pariser Konservatorium und perfektioniert sich anschließend beim »Amadeus-« und beim »Alban-Berg-Quartett«. 1988 gewinnt es beim internationalen Wettbewerb von Portsmouth den 2. und bei dem von Evian den 1. Preis.

Quintette

Albert-Schweitzer-Quintett (Hamburg)
Gegründet 1978.
Flöte: Angela Tetzlaff.
Oboe: Christiane Dimigen.
Klarinette: Diemut Schneider.
Horn: Silke Schurak.
Fagott: Eckart Hübner.
Noch im Gründungsjahr wird das Quin-

tett beim Wettbewerb »Jugend musiziert« ausgezeichnet; später ist es Preisträger der internationalen Wettbewerbe in Belgrad (1982) und München (1985). Schnell setzt es sich als eines der wichtigsten deutschen Bläser-Quintette durch; 1987 nimmt es die 25 für eine solche Formation geschriebenen Quintette Anton Reichas auf Schallplatten auf.

Quintette de cuivres Ars Nova (Paris)
Gegründet 1964.
Trompeten: Pierre Thibaud, Jacques Lecouintre, Bernard Jeannouteau.
Horn: Georges Barboteu.
Posaune: Camille Verdier.
Tuba: Élie Reynaud.
Das aus dem »Ensemble Ars Nova« hervorgegangene Quintett setzt sich für die Literatur des 17. Jahrhunderts bis hin zu zeitgenössischen Werken ein.
Uraufführungen: Werke von Claude Ballif, Georges Barboteu, René Koering, Raymond Loucheur, Alain Weber.

Bläserquintett Aulos (Stuttgart)
Gegründet 1980.
Flöte: Evamarie Müller, Peter Rijkx.
Oboe: Diethelm Jonas.
Klarinette: Karl Theo Adler.
Horn: Diethmar Ullrich.
Fagott: Ralf Sabow.
Die meisten Mitglieder des Quintetts gehören dem Symphonie-Orchester des Süddeutschen Rundfunks an. Es wird bei den internationalen Wettbewerben von Colmar und Martigny (Schweiz, 1983) ausgezeichnet.
Uraufführungen: Werke von Jean Françaix (*Bläserquintett Nr. 2*, 1987), Aubert Lemeland (*Bläserquintett Nr. 3*, 1983), Johan Magnus Sjöberg (*Face it*, 1989).

Bläserquintett der Bochumer Symphoniker
siehe **Bochumer Symphoniker**

Quintette à Vent Français (Paris)
Gegründet 1945, aufgelöst 1968.
Flöte: Jean-Pierre Rampal (1945–65), Maxence Larrieu (1965–68).
Oboe: Pierre Pierlot (1945–68).
Klarinette: Jacques Lancelot (1945–68).
Horn: Manem (1945–48), Gilbert Coursier (1948–68).
Fagott: Maurice Allard (1945–48), Paul Hongne (1948–68).
Uraufführungen: Werke von Claude Arrieu, Marcel Bitsch, Jean-Michel Damase, Georges Migot.

Ensemble Instrumental à Vent de Paris
siehe **Quintette à Vent de Paris**

Quintette Instrumental de Paris
siehe **Quintette Pierre Jamet**

Leipziger Bläserquintett
siehe **Gewandhausorchester Leipzig**

Quintette Marie-Claire Jamet (Paris)
Gegründet 1959, aufgelöst 1976.
Violine: Henri Roses, José Sanchez, Hervé Le Floch (1970–76).
Bratsche: Colette Lequien (1959–76).
Violoncello: Pierre Degenne (1959–76).
Flöte: Christian Lardé (1959–76).
Harfe: Marie-Claire Jamet (1959–76).
Das Quintett wird als Nachfolgeorganisation des »Quintette Pierre Jamet« gegründet.
Uraufführungen: Werke von Jacques Castérède, Jean-Michel Damase, Luc Ferrari, Reynald Giovaninetti, Gian Francesco Malipiero.

Quintett Musica Nova (Bukarest)
Gegründet 1965.
Das von der Pianistin Hilda Jerea gegründete Quintett setzt sich aus den Solisten der Bukarester Philharmonie zusammen (besonders erwähnenswert der Klarinettist Aurelian-Octav Popa), die in wechselnden Formationen spielen (in der Regel Klavier, Violine, Bratsche, Violoncello und Klarinette oder Saxophon). Nach dem Tod von Hilda Jerea

im Jahre 1980 übernimmt der Geiger Mircea Opreanu die Leitung; nach 1987 ist das Quintett kaum noch tätig.

Das Quintett zeichnet für mehr als 100 Uraufführungen verantwortlich, wobei die Werke rumänischer Komponisten wie Georges Enescu, Ludovic Feldman, Myriam Marbé, Ştefan Niculescu, Tiberiu Olah und Aurel Stroe im Vordergrund stehen. Daneben verwirklicht es die rumänischen Erstaufführungen bedeutender Werke von Aaron Copland, Charles Ives, Witold Lutosławski und Olivier Messiaen.

Quintette à Vent de Paris
Gegründet 1944.
Flöte: Jacques Castagner (seit 1944).
Oboe: Robert Casier (1944–85), Pierre Pierlot (seit 1985).
Klarinette: André Boutard (seit 1944).
Horn: Michel Bergès (1944–85), Pascal Proust (seit 1985).
Fagott: Gérard Faisandier (1944–69), Paul Hongne (1969–82), André Rabot (seit 1982).

Das Ensemble nennt sich zunächst »Ensemble Instrumental à Vent de Paris«; damals existiert das 1929 gegründete erste »Quintette à Vent de Paris« mit Roger Cortet (Flöte), Louis Grommer (Oboe), André Vacellier (Klarinette), René Reumont (Horn) und Gabriel Grandmaison (Fagott) noch. Nach dessen Auflösung nimmt das »Ensemble Instrumental à Vent de Paris« seinen heutigen Namen an. Es setzt sich für die französische Musik für Blasinstrumenten-Ensembles ein. 1951 wird es in Buenos Aires und 1954 in Genf ausgezeichnet.
Uraufführungen: Werke von Roger Boutry, Charles Chaynes, Yvonne Desportes und Jean Rivier.

Quintette Pierre Jamet (Paris)
Gegründet 1922, aufgelöst 1958.
Flöte: René Le Roy (1922–40), Gaston Crunelle (1945–58).
Violine: René Bas (1922–58).
Bratsche: Pierre Grout (1922–40), Georges Blanpain, Etienne Ginot, Pierre Ladhuie.
Violoncello: Roger Boulmé (1922–40), Marcel Flécheville, Robert Krapansky.
Harfe: Pierre Jamet (1922–58).

Bis 1940 heißt das von Pierre Jamet gegründete Ensemble »Quintette Instrumental de Paris«.
Uraufführungen: Werke von Jean Cras (*Quintett*, 1928), Jean Français (*Quintett*, 1927), Vincent d'Indy (*Suite en parties*, 1925), André Jolivet (*Chant de Linos*, 1945), Charles Koechlin (*Primavera*, 1943), Gian Francesco Malipiero (*Sonate a cinque*, 1934), Gabriel Pierné (*Variations libres et final; Voyage au pays du tendre*, beide 1926), Guy Ropartz (*Prélude, Marine et Chansons*, 1928), Albert Roussel (*Sérénade*, 1925), Florent Schmitt (*Suite en rocaille*, 1937).

Residenz-Quintett (München)
Gegründet 1969.
Flöte: Bernhard Walter (1969–77), Hermann Klemeuer (seit 1977).
Oboe: Hagen Wangenheim (seit 1969).
Klarinette: Rupert Kreipl (1969–78), Hans Schöneberger (seit 1979).
Horn: Olaf Klamand (seit 1969).
Fagott: Josef Peters (seit 1969).

Das von Olaf Klamand ins Leben gerufene Ensemble setzt sich aus den Solisten der wichtigsten Münchner Orchester zusammen (Symphonie-Orchester des Bayerischen Rundfunks, Münchner Philharmoniker, Staatsopernorchester).
Uraufführungen: Werke von Werner Egk (*5 Stücke für Bläserquintett*, 1975), H. L. Hirsch, Heino Hübl, Meinrad Schmitt (*Herbstmusik für Bläserquintett*, 1985), Karl Sternberg (*Bläserquintett*, 1978).

Stuttgarter Bläserquintett
Gegründet 1960.
Flöte: Willy Freivogel (seit 1960).
Oboe: Klaus Ebach (1960–62), Sigurd Michael (seit 1962).
Klarinette: Karl Singer (1960–70), Rainer Schumacher (seit 1970).
Horn: Willi Rütten (1960–62), Friedhelm Pütz (seit 1962).
Fagott: Hermann Herder (seit 1960).

Das Quintett wird 1970 beim Wettbewerb von Colmar mit einem 1. Preis ausgezeichnet. Seit 1974 tritt es auch als »Stuttgarter Nonett« und seit 1978 als »Philharmonische Bläservereinigung« auf, um ein weiterreichendes Repertoire spielen zu können. Das Quintett setzt sich in besonderem Maß für die zeitgenössische Musik ein und zeichnet für mehr als 130 Uraufführungen verantwortlich (davon mehr als 40 Aufträge). Es spielt häufig mit dem Pianisten Dennis Russell Davies zusammen. 1982–83 nimmt es als erstes Ensemble *Sämtliche Bläserquintette* von Franz Danzi auf.

Quintette à Vent Taffanel (Paris)
Gegründet 1970.
Flöte: Jean-François Blondeau (1970–83), Maurice Pruvot (1983-), J. Hervé Liepvre, Jemma Rooyakkers.
Oboe: Jean-Claude Jaboulay (seit 1970).
Klarinette: Richard Vieille (seit 1970).
Horn: Jacques Adnet (seit 1970).
Fagott: François Carry (seit 1970).
Das Ensemble wird bereits während der Studienzeit am Pariser Konservatorium mit einem 1. Preis für Kammermusik ausgezeichnet. 1973 gewinnt es den Wettbewerb von Colmar und ein Jahr später den von Belgrad.

Ensemble Wien-Berlin
Gegründet 1983.
Flöte: Wolfgang Schulz.
Oboe: Hansjörg Schellenberger.
Klarinette: Karl Leister.
Horn: Milan Turković.
Fagott: Günter Högner.
Das Bläserquintett setzt sich aus den wichtigsten Solisten der Wiener und Berliner Philharmoniker zusammen.

Sextette

Sextuor Schoenberg
siehe **Ensemble InterContemporain**

Oktette

Berliner Oktett
siehe **Berliner Sinfonie-Orchester**

Berliner philharmonisches Oktett
Das Oktett wird von Wilhelm Furtwängler gegründet.
Heutige Besetzung:
1. Violine: Hans Maile.
2. Violine: Rainer Mehne.
Bratsche: Wilfried Strehle.
Violoncello: Peter Steiner.
Kontrabaß: Rainer Zepperitz.
Klarinette: Alois Brandhofer.
Horn: Gerd Seifert.
Fagott: Hans Lemke.
Das Oktett setzt sich aus einem Streichquintett mit Kontrabaß, einer Klarinette, einem Horn und einem Fagott zusammen. Die wichtigsten Solisten der Berliner Philharmoniker gehörten dem Ensemble an, für das verschiedene zeitgenössische Komponisten arbeiten.
Uraufführungen: Werke von Boris Blacher, Hans Werner Henze, Paul Hindemith und anderen.

Octuor de Paris
Gegründet 1965, aufgelöst 1982.
1. Violine: Jean Leber (1965–82).
2. Violine: Alain Moglia (1965–70), Jean Verdier (1970–74), Gérard Klam (1974–82).
Bratsche: Michel Valès (1965–69), Jean-Louis Bonafous (1969–82).
Violoncello: Michel Renard (1965–70), Michel Tournus (1970–75), Philippe Muller (1975–78), Paul Boufil (1978–82).
Kontrabaß: Jacques Cazauran (1965–68), Gabin Lauridon (1968–82).
Klarinette: Guy Deplus (1965–82).
Horn: Daniel Bourgue (1965–82).
Fagott: Jean-Pierre Laroque (1965–82).
Das »Octuor de Paris« vereint als erstes ständiges französisches Ensemble, dem Beispiel seiner berühmten Berliner und Wiener Kollegen folgend, Streicher und Bläser. Sein Repertoire erstreckt sich

Kammermusikensembles

vom Quartett bis zum Oktett und vom 18. bis zum 20. Jahrhundert. Das Ensemble, das sich aus Musikern des Orchesters der Pariser Oper zusammensetzt, wird zu Beginn vom französischen Kultusministerium unterstützt.
Uraufführungen: Werke von Claude Ballif (*Septett*), Alain Bancquart (*Oktett »made in USA«*), Marius Constant, Jean Françaix, Betsy Jolas (*Oktett »How now«*), François-Bernard Mâche, Jean Martinon, Michel Philippot, Edouard Sciortino und Iannis Xenakis (*Anactoria*); die meisten dieser Kompositionen sind dem Ensemble gewidmet.

Wiener Oktett

Gegründet 1947, aufgelöst Anfang der 70er Jahre.
1. Violine: Willi Boskovsky.
2. Violine: Philipp Mattheis, Wilhelm Hübner.
Bratsche: Günther Breitenbach.
Violoncello: Nikolaus Hübner.
Kontrabaß: Johann Krump.
Klarinette: Alfred Boskovsky.
Horn: Joseph Veleba.
Fagott: Rudolf Hanzl.
Dem von Willi und Alfred Boskovsky gegründeten Ensemble gehören Mitglieder der Wiener Philharmoniker an. Die Zusammensetzung entspricht dem *Oktett* von Franz Schubert und dem *Septett* von Ludwig van Beethoven. Das Repertoire erweitert sich rasch und reicht von Wolfgang Amadeus Mozart bis zu Paul Hindemith, Benjamin Britten und Egon Wellesz. Das Oktett besteht bis zum Beginn der 70er Jahre.
Uraufführung: *Oktett* (1947) von Egon Wellesz.

1973 wird das »Neue Wiener Oktett« gegründet, das zunächst unter dem Namen »Wiener Kammervirtuosen« auftritt und nach der Auflösung des »Wiener Oktetts« seinen heutigen Namen annimmt. Auch diese Vereinigung setzt sich aus Musikern der Wiener Philharmoniker zusammen, vor allem den Mitgliedern des Wiener Streichquartetts, dem Klarinettisten Peter Schmidl und dem Hornisten Günter Högner.

Nonette

Stuttgarter Nonetto
siehe **Stuttgarter Bläserquintett**

Bratsche

Register der Interpreten

Akkordeon
Ingram, Dag 926

Baryton
Geringas, David **271**, 478
Spencer, Robert **693**

Bratsche
Ahna, Heinrich de 316, 966
Andrade, Levine 953
Angot, Christine 929
Ansell, Steven 972
Ara, Ugo 963
Arad, Atar 959
Archambeau, Félicien d' 963
Aronowitz, Cecil **28**
Asciolla, Dino 965
Ashworth, Linda 962
Auber, Stefan 968
Bachrich, Siegmund 975
Bailly, Louis 958, 963
Baretti, Charles 974
Barschaj, Rudolf B. **45**, 68, 460, 871, 944
Baschmet, Jurij **48**
Benatar, Jean-François 936
Benoit, Henri 958
Benyamini, Daniel 978
Beyerle, Hatto 951
Bianchi, Luigi 12
Bigley, Roger 969
Binder, Davia 938, 949
Blanpain, Georges 982
Blume, Hans 956
Bohnke, Emil 104, 957
Bonafous, Jean-Louis 983
Borisowskij, Wadim 45, 48, 955
Borsarello, Jacques 970
Breitenbach, Günther 984
Broos, François 968
Carles, Marc 973
Casadesus, Henri 958
Caussé, Gérard **126**, 267, 345, 485, 937, 974, 979
Champney, Wendy 959
Chêne, Guy 956
Christ, Wolfram **136**, 382
Collot, Serge **145**, 948, 956, 973, 974
Comuzzi, Demetrio 964
Crafoord, Henrik 956
Desjardins, Christophe 938
Dewaele, Jean-Claude 970, 974
Dinkin, Alvin 965
Dittler, Herbert 367
Doktor, Karl 104, 192, 957, 958

Doktor, Paul **192**
Doležal, Karel 961, 977
Douchet, Françoise 971
Drushinin, Fjodor S. 48, 955
Dunham, James 959
Dutt, Hawle 969
Dutton, Lawrence 961
Eaton, Stewart 954
Eibenschütz, Ilona 354
Eppinger, Frowald 976
Erblich, Ferdinand 973
Erlelyi, Csaba 959
Farulli, Piero 965
Fehlandt, Stefan 980
Fias, Gábor 967
Franck, Pierre 979
Forbes, Watson 951
Forster, Heinrich 956
Forzanti, Lionello 965
Frederiksen, Knud 960
Fukai, Hirofumi **252**
Geller, Misha 964
Gendreau, Nicole 971
George, Alan 962
Georges, Jack 970
Gerhardt, Dieter 980
Ghedin, Alfonso 33
Ginot, Etienne 541, 982
Giuranna, Bruno **281**, 303, 506, 948, 978
Godwin, Paul 972
Goebels, Franzpeter **283**
Götzel, Peter 972
Golan, Ron **284**
Gottesmann, Hugo 957
Graham, John 258
Greiner, Hans Joachim 968
Griffin, Judson 976
Grout, Pierre 982
Guilevitch, Daniel 958
Gutschlicht, O. 610
Haag, Gheorghe 979
Händschke, Fritz 980
Hagen, Veronika 965
Hallmann, Dietmar 963
Hamari, Julia **309**
Handl, Max 975
Hedrich, Christian 947
Helmer, Terence 973
Herrmann, Carl 963
Hillyer, Rafael 961, 966, 968, 978
Hindemith, Paul 14, 16, 228, 242, 285, **326**, 376, 652, 715, 952
Hirschfelder, Hermann 954
Hoffman, Toby 330
Horner, Jerry 962, 979
Hout, Léon van 731, 791

Hout, Lucien van 980
Husson, Maurice 958
Ilmer, Irving 962
Imai, Nobukoi 979
Ipolyi, István 957
Ireland, Patrick 952
Ireland, Robin 969
Isomura, Kazuhide 978
Iványi, Jószef 977
Jackson, Garfield 962
Jaermann, Jean-Christophe 976
Jahn, Jörg-Wolfgang 954
Janzer, Georges 299, 978
Jarca, Dan 954
Jeannerey, René 979
Jewel, Ian 963
Jones, Michael 969
Jones, Trevor 975
Kaegi, Walter 956
Kakuska, Thomas 950, 951
Kamnitzer, Peter 969
Karlovský, Jaroslaw 974
Kashkashian, Kim **366**
Katims, Milton **367**, 653
Kefer, Herbert 954
Kenton, Egon 965
Kilian, Tim 969
Kimstedt, Rainer Johannes 956, 968
Klinger, Karl 966
Klos, Wolfgang 950
Knörzer, Ulrich 970
Knox, Gath 938, 953
Kobayashi, Hideko 976
Koch, Ulrich 136, **381**, 415, 800
Kochanowski, Joan 960
Kodousek, Josef 979
Koll, Heinz 972
Konrad, György 977
Koromzay, Dénes 965, 973
Kramarow, J. 681
Kratchovíl, Jiří 966
Kroyt, Boris J. 957
Kruse, Johann 966
Kyselák, Ladislav 966
Ladhuie, Pierre 982
Laforge 759
Laléousse, Michel 956
Langgartner, Peter 975
Leguillard, Albert 570
Lehner, Eugen 968
Lehnoff, Shepard 962
Leonard, Lawrence 951
Leone, Giovanbattista 281
Leport 759
Lequien, Colette 145, 159, 981
Lesueur, Max 252

Register

Levine, Robert 973
Loh, Anton 975
Lovell, Keith 952
Major, Margaret 951
Malý, Lubomír 974
Marinov, Svetoslav 957
Marton, Denes 974
Matteucci, Giuseppe 577, 965
McInnes, Donald **474**
Mendelssohn, Vladimir 252, 271, 363, **478**
Metchen, Roger 968
Michalakakos, Michel 949
Mitterer, Anita 938
Molnar, Antal 965
Moog, Rainer 964
Myrup, Claus 960
Nadaud, Edouard 958
Najnar, Jiří 967
Naveau, Claude 979
Nedbal, Oskar 978
Németh, Géza 955
Neumann, Jiří 976
Neumann, Václav **513**, 629, 808, 821, 839, 888, 911, 976
Nippes 501
Ormai, Gábor 977
Pacey, Prunella 952
Pache, Nicolas 976
Papp, Sándor 961
Paris, Massimo 119
Pascal, Léon 126, 958, 973
Pascher, Hartmut 963
Pasquier, Bruno **541**, 557, 949, 956
Passagio Stefano 961
Pelliccia, Arrigo **547**
Penkov, Dimiter 957
Peruška, Jan 961, 977
Peeters, Wiel 962
Pillney, Karl Hermann 283
Pons, Michel 938
Prévost, Germain 974
Primrose, William 161, 284, 285, 414, 481, 562, **576**, 615, 652, 792, 970
Principe, Rémy 33, 185, 281, **577**, 965
Quattrocchi, M. 968
Rappoldi, Arrigo Eduard 866
Rehák, Karel 977
Renshaw, Sophie 973
Rhodes, Samuel 966
Riebl, Thomas 963
Robyn, Paul 965
Roche, Roger 970
Rossi, N. 577
Roth, Sándor 969
Rybenský, Jaroslav 976
Sainton, Philip 970
Sakariev, Dragomir 957
Sánchez, L. 734

Schebalin, Dmitri 956
Schidlof 952
Schlichtig, Hariolf 959
Schmid, Georg 368
Schmidt, Reiner 976
Schulz, Ulla 660
Schwarz, Niklas 970
Sehnoutka, Miroslav 973
Sestak, Tonislav 950
Siff, Hans 95
Silva, Miguel da 980
Šimáček, Hubert 974
Škampa, Milan 976
Skovlund, Verner 958
Souflard, Serge 952
Soukup, Soběslav 979
Speelman, Simon 95
Stanciu, Gheroghe 979
Stanese, Liviu 954
Stanick, Gerald 962
Straus, Ludwig 966
Strehle, Wilfried 92, 957, 983
Streng, Rudolf 82, 955, 980
Stronging-Katz, Martha 959
Sulem, Jean 938
Svećenski, Louis 967
Taine, G. 968
Talich, Jan 977
Tertis, Lionel 171, **727**
Tchilikov, Dimiter 960
Tóth, Zoltán 961
Trampler, Walter 366
Tree, Michael 964
Tuttle, Karen 366
Überschaer, Siegbert 961
Valès, Michel 983
Verdier, Jean 949, 983
Vesterman, Sylvie 971
Vieux, Maurice Edgard **759**, 974
Voss, Hermann 971
Waefelghem, Louis van 188, 462, 640
Waldo-Warner, H. 970
Walès, Michel 974
Weber, Jürgen 947
Weiss, Erich 980
Werff, Ivo-Jan van der 971
Williams, Louise 959
Wirth, Emmanuel 966
Young, Richard 972, 979
Zak, Jonathan 951
Zaslav, Bernard 962, 979
Zimmermann, Tabea 382, **800**
Zukerman, Pinchas 138, 201, 202, 257, 364, **801**, 942

Cembalo
Ahlgrimm, Isolde **8**
Andreae, Hans 21
Bailleux, Odile **38**

Beckensteiner, Anne-Marie 534
Beckett, John 932
Bilgram, Hedwig **69**
Boulay, Laurence **84**, 95
Boyer, Pierre 30
Brosse, Jean-Patrice **95**, 935
Challan, Annie 87
Chojnacka, Elisabeth **135**
Chorzempa, Daniel **136**
Christie, William **136**, 511, 935
Crussard, Claude 935
Curtis, Alan **160**, 347, 417, 511
Dähler, Jörg Ewald **163**
Dart, Thurston Robert **167**, 201
Delfosse, Michèle 200
Dolmetsch, Arnold **192**
Downes, Ralph 560, 776
Dreyfus, Huguette **198**
Ehlers, Alice 733
Garatti, Maria Teresa 941
Geoffroy-Dechaume, Antoine 657
Gerlin, Ruggero 95, 198, **272**, 410
Gilbert, Kenneth **277**, 341, 497, 620
Goverts, Hans **291**
Grémy-Chauliac, Huguette **294**, 620
Haudebourg, Brigitte **315**
Hoeren, Harald 928
Hogwood, Christopher **332**, 511, 926, 930
Huys, Johann 323
Immerseel, Jos van **341**
Ivaldi, Christian 170, 267, **344**, 484, 485, 548, 564
Junghans, Rolf 514
Kästner, Hannes **361**
Kipnis, Igor **374**, 468
Kirkpatrick, Ralph 138, **374**, 410, 617, 653
Koopman, Ton 323, **388**, 696, 929
Kredba, Oldřich 629
Lagacé, Mireille 407
Lacour, Marcel de 315
Landowska, Wanda 152, 161, 272, 374, **410**, 510, 580, 590, 690, 758, 762, 777, 780
Lehrndorfer, Franz Xaver **420**
Leonhardt, Gustav 38, 51, 98, 107, 277, 310, 323, 332, 347, 400, **423**, 454, 497, 733, 925, 945
Leppard, Raymond 39, 332, 424, 505, 702, 895, 913, 927

Malcolm, Sir George 288, **453**, 540, 645, 895
Masson, J. 198
Moroney, Davitt **497**
Müller, Eduard 292, 423, 485
Nef, Isabelle **510**, 9357
Neumeyer, Fritz 347, **514**, 718
Partridge, Jennifer 540
Petit, Françoise 95
Picht-Axenfeld, Edith 289, **557**, 668, 797
Pinnock, Trevor **560**, 931
Pischner, Hans **561**
Potts, Mary 733
Preston, Simon **572**
Puyana, Rafaël 332, 410, 412, **580**
Richter, Karl 69, 309, 588, **601**, 845
Roche, Martin 217
Roesgen-Champion, Marguerite **611**, 629
Rogg, Lionel **612**
Ross, Scott 38, **620**
Ruf, Hugo 58, 435
Růžičková, Zuzana **629**
Sebestyén, János **667**
Sgrizzi, Luciano 78, **674**
Silver, Millicent 560
Staier, Andreas **696**, 924
Stefańska-Łukowicz, Elzbieta 162, **697**
Tagliavini, Luigi-Ferdinando **720**
Tilney, Colin **733**
Veyron-Lacroix, Roger 95, 293, 294, 315, 620, **755**, 937
Vischer, Antoinette **762**
Walcha, Helmut 38, 391, 588, 627, 758, **767**
Wallace, Lucille 161
Weir, Gillian **776**
Werin, Janny van 293
Wiele, Aimée van de 135, 410, **780**

Chorleiter
Aerts, Karel 853
Agthe, Friedrich Wilhelm 847
Alix, René **13**, 856
Alldis, John **13**, 852, 856
Allen, Sir Hugh 86, 700, 851
Antal, Mátyás 846
Arndt, Günther **28**, 296, 845
Aunay, Michel 860
Avestaran, Antxon 858
Bach, Johann Sebastian 851
Bader, Karl Adam 844
Bader, Roland **36**, 844, 849, 887
Balatsch, Norbert **39**, 562, 842, 853
Balzanelli, Alberto 811
Bannwart, Pater Roman 848
Bárdos, Lajos 239, 846
Barnby, Joseph 853
Baumann, Sebaldus 847
Baxa, Pavel 846, 941
Beale, William 847
Becker, Jürgen 847
Bedois, Arsène 409, 937
Beesley, Ebenezer 858
Behringer, Karl-Friedrich 861
Beissel, Herbibert 849
Belker, Paul 848
Benaglio, Roberto 827
Bennet, Alfred jun. 847
Berger, Wolfgang 847
Bernius, Frieder 859
Bertola, Giulio 827
Besson, Jacques 857
Beutel, Jacob 847
Biller, Georg Christoph 850
Bischof, Ferdinand 848
Blanc, Claudius 834
Blumner, Martin 844
Böck, Herbert 861
Bogdanow, Palladij 858
Bok, Józef 860
Boni, Tullio 811
Bossard, Olivier 851
Boult, Sir Adrian Cedric **86**, 290, 340, 370, 851, 869, 890, 891
Brahms, Johannes 271, 322, 516, 789, 861, 917
Brasseur, Elisabeth 860
Bridge, Frank 853
Brilli, Catherine 860
Brochhagen, Norbert 850
Bruch, Max 845, 882, 890
Bruckner, Johann 851
Buni, Tullio 811
Burgmüller, Johann August Friedrich 848
Buths, Julius 848, 880, 922
Caillard, Philippe **109**
Caillat, Stéphane **110**, 856
Calvisius, Sethus 851
Careless, George 858
Carpentier 834
Cerny, Ladislav 857
Chardeigne, Alexis 834
Chemin-Petit, Hans 845
Claire, Dom 859
Clarke-Whitfeld, John 847
Cleobury, Stephen 846
Cohen, Jules 834
Condie, Richard P. 858
Consoli, Achille 811
Constantin, Marin 846
Corboz, Michel 99, **150**, 213, 340, 612, 710, 851
Cornut, Guy 854
Cornwall, J. Spencer 858
Couraud, Marcel **154**, 291, 856, 857, 929
Creed, Marcus 845
Curet, Paul, gen. Puget 834
Dahmen, Hermann Josef 858
Dalmaine, Cyril 852
Daus, Joshard 855
David, Johann Nepomuk 234, 283, 307
Davies, Meredith **168**, 853
Davies, Walford 851
Degner, Erich W. 316
Delibes, Léo 834
Delsinne, Abbé 857
Devos, Louis **186**
Dietsch, Pierre-Louis 834
Dmitrewskij, Georgij A. 858
Dobrodinský, Ján Maria 846
Doles, Johann Friedrich 851
Duclos, René 407, 834
Dupays, Denis 857
Egel, Theodor 328, 848
Engelhart, Franz Xaver 858
Ericson, Eric **214**
Esnaola, Secundino 858
Estrada, Pater Gregori 854
Farge, Henri 857
Farré-Fizzio, Thérèse 854
Fasch, Carl Friedrich Christian 854
Figulus, Wolfgang 851
Fischer-Dieskau, Klaus 232
Flämig, Martin **234**, 658, 847
Forrai, Miklós **239**, 846
Forster, Karl **240**, 844
Franz, Heinz 849
Fricke, Heinz **248**, 807, 850
Fried, Oskar 846
Friedrich, Franz 848
Frischmuth, Gert 850
Fröbe 846
Froitzheim, Herbert 845
Froschauer, Helmut 842, 861
Fügerm, Caspare 847
Furtwängler, Wilhelm 4, 18, 37, 44, 54, 81, 121, 127, 153, 185, 213, 232, 235, 242, **253**, 276, 287, 292, 306, 328, 364, 378, 401, 446, 480, 501, 502, 515, 534, 592, 646, 648, 664, 677, 694, 738, 758, 771, 807, 822, 825, 838, 847, 861, 866, 868, 881, 888, 892, 920

Register

Gaillard, Paul-André **257**, 562
Gajard, Dom 859
Gallon, Jean 834
Gambke, Fritz 848
Gandolfi, Romano 805, 811, 827
Gardiner, John Eliot **263**, 823, 852, 883, 929
Garrett, Georg Mursell 847
Geissler, Matthias 847
Gellhorn, Peter 852
Gericke, Wilhelm 861
Gernsheim, Friedrich 845
Gerth 844
Gillesberger, Hans 213, 563, 861
Giorgi, Andrea 826, 834
Gitton, Jean 856
Glinka, Michail I. 858
Goddard, Stephen 858
Goldschmidt, Otto 851
Gönnenwein, Wolfgang **283**
Götze, Ludwig 851
Gorostidi, Juan 858
Gothardt 847
Gottwald, Clytus **291**, 859
Gounod, Charles 853
Gouverné, Yvonne 856
Grabner, Hermann 11, 731
Grädener, Hermann 394, 861
Grell, Eduard 844
Grimbert, Jacques **295**, 855
Grischkat, Hans 604
Gronostay, Uwe **296**, 845
Grossmann, Agnes 861
Grossmann, Ferdinand 213, **296**, 861
Grüters, August 848
Grundig, Zacharias 847
Guest, George **300**, 847
Guhr, Franz Josef Messer 848
Gusew, Stanislas 854
Guttenberg, Ennoch von 848
Haenchen, Hartmut **306**, 805, 847, 862
Hagen-Groll, Walter **307**, 842, 852, 861
Halma, Oldřich 846
Harrer, Gottlob 851
Harrer, Uwe Christian 861
Hauptmann, Moritz 851
Hauschild, Wolf-Dieter **315**, 850, 880, 888, 917
Hawkins 847
Heger, Melchior 851
Heger, Robert **316**, 648, 806, 807, 819, 861, 902, 916
Heintze, Hans Paul Heinrich Werner **318**

Hellmesberger, Josef 32, 94, 210, 253, 380, 395, 616, 645, 861, 921
Heltay, Laszlo 853
Herbeck, Johann von 861
Hermann, Friedrich Christian 847
Hermann, Johannes 851
Herreweghe, Philippe **323**, 417, 935
Hessel, Karl 850
Heuberger, Richard 394, 861
Heyerick, Florian 853
Higginbottom, Edward 855
Hiller, Ferdinand 513, 819, 848, 886
Hiller, Johann Adam 851, 887
Hilsdorf, Hans 844
Hochkofler 731
Holle, Hugo 848
Homilius, Gottfried August 847
Houdy, Bernard 857
Huber, Rupert 859
Hustache 834
Ilijn, Valentin 846
Jackson, Stephen 852
Jacques, Reginald 851
Jányš, Svatopluk 941
Jiráček, Václav 857, 872
Johnson, Simon 844
Jouineau, Jacques 856
Jünger, Wolfgang 851
Jürgens, Jürgen **358**, 540, 849
Jurlow, Alexander 854
Kabasta, Oswald **361**, 816, 861, 899, 921
Kabitz, Christian 848
Kalt, Pius 844
Karajan, Herbert von 3, 15, 37, 41, 50, 55, 63, 81, 90, 94, 103, 106, 109, 111, 118, 120, 153, 157, 181, 187, 199, 200, 211, 215, 242, 245, 247, 253, 260, 269, 273, 282, 284, 297, 299, 303, 313, 322, 328, 334, 350, 351, 359, 361, **364**, 369, 392, 399, 401, 428, 435, 441, 443, 444, 478, 486, 498, 504, 506, 514, 525, 528, 530, 547, 560, 562, 566, 574, 587, 603, 611, 627, 642, 658, 660, 662, 663, 667, 672, 688, 689, 695, 699, 718, 724, 726, 735, 753, 754, 766, 777, 799, 807, 842, 861, 866, 868, 891, 907, 921
Kasal, Jan 857

Kegel, Herbert **367**, 850, 878, 888
Kembes, Gordon 854
Klemperer, Otto 44, 75, 124, 140, 169, 248, 280, 292, 371, **377**, 423, 499, 505, 592, 610, 654, 687, 714, 807, 808, 810, 820, 835, 839, 841, 845, 873, 892, 910, 916, 922
Klimo, Stefan 845
Klimow, Michail G. 858
Kluger, Josef 854
Knothe, Dietrich 775, 845
Knüpfer, Sebastian 851
Kobler 601
Koch, Helmut 383, 845, 924
Köhler, Basilius 847
Kollreutter, Hans Joachim 364
Konrath, Anton 861
Kreder, Jean-Paul 856
Kremser, Eduard 861
Kretschmar, Walter 859
Krill, Gottlob August 847
Kudrijawtsewa, Jelisaweta 858
Kühn, Jan 857, 858
Kühn, Pavel 857
Kuhnau, Johann 851
Kuklewicz, Roman 860
La Cuesta, Dom Ismael Fernández de 858
Laforge, Jean **407**, 834
Lamy, Rudolf 855
Lando, Andres 847
Lange, Matthieu 844
Lange, Ulrich 851
Ledger, Philip 846
Lehrndorfer, Franz 420
Lembke, Carl 848
Lepitre, André 834
Lepot-Delahaye, Léon 834
Leroux, Félix 834
Letorey, Omer 834
Lippe, Anton 844
Lisberger, Christoph 847
Loehrer, Edwin **434**
Löwe, Ferdinand 788, 861, 899, 921, 958
Lohr, Michael 847
Lumsden, Sir David 855
Lund, Anthony C. 858
Lusmere 847
Luzuriaga 858
Maillet, Monsignore 857
Mály, Milan 857
Mann, A. H. 846
Margittay, Sándor 846
Marmontel, Antoine-Emile-Louis 834
Martienssen, Carl Adolf 668
Martin, Emile R. P. 857

Mas, Salvador **465**, 844, 865
Maspero, Andrès 811
Massé, Victor 834
Mathauser, Libor 941
Mátl, Lubomír 846, 858
Matthews, Samuel 847
Mauersberger, Erhard **471**, 624, 850, 851
Mauersberger, Rudolf 234, **471**, 601, 658, 783, 847
McCarthy, John 851
Mende, Heinz 853, 854
Mendelssohn Bartholdy, Felix 844, 848, 880
Mengelberg, Willem 18, 56, 96, 165, 269, 276, 336, 410, 431, 478, 495, 499, 753, 758, 848, 862, 881, 901
Messer, Franz Joseph 848
Mestres, Eugène-Henri 834
Michael, Tobias 851
Millet, Lluís Maria 844
Millet Loras, Lluís 844
Millet Pagès, Lluís 567, 844
Minin, Wladimir 854
Mocquereau, Dom 859
Mola, Norberto 827
Morrell, Gareth 852
Morondo, Luis 855
Morris, Wyn 853
Müller, August Eberhard 851
Müller, Christian Carl 848
Müller, Otto Werner 859
Münch, Fritz 87, **502**, 723, 916
Nagler, Franciscus 234
Neander, Christoph 847
Nettstraeter, Klaus 818, 848
Neumann, Horst 849, 853
Neumann, Peter 850
Neyses, Josef 848
Nikisch, Arthur 86, 142, 256, 270, 317, **516**, 552, 721, 729, 732, 798, 810, 820, 850, 866, 870, 887, 891, 921, 963
Ochs, Siegfried 334, **522**, 845
Oldham, Arthur William **525**, 856
Oñate 858
Ord, Boris 424, 846
Orr, Robin 847
Ortner, Erwin 860
Ottley, Jerold D. 858
Otto, Ernst Julius 847
Otto, Valentin 851
Pabel 844
Panzner, Karl 809, 820, 848, 880
Parry, John 858
Perera, José 824

Perger, Richard von 861
Petermann, Andreas 847
Petermann, Bartolomäus 847
Petriz, Basilius 847
Pfaff, Dom Maurus 846
Picheran, Eugène 834
Pieske, Andreas 850
Pinkas, Jiří 857
Piquemal, Michel **561**, 856
Pitz, Wilhelm 39, 307, **562**, 853
Plockyn, Michel 857
Polgar, François 856
Polianski, Walerij 854
Poole, John **569**, 852, 857
Pothier, Dom 859
Preinfalk, Gottfried 860
Prestel, Kurt 854
Preston, Simon **572**
Procházka, Pavol 846
Pujol, Francesc 844
Ramin, Günther 292, 306, 318, 361, 374, 375, **587**, 593, 601, 624, 655, 668, 767, 845, 850, 851
Rarichs, Karl 848
Ratzinger, Georg 858
Rauscher, Hans Peter 854
Ravier, Charles **591**, 631, 633, 754
Reibel, Guy 857
Reichwein, Leopold 591, 861, 921
Reinecke, Carl 850, 888
Reinhold, Theodor Christlieb 847
Reinhold, Wolf 850
Rhau, Georg 851
Richter, Friedrich 851
Richter, Hans 94, 152, 191, 210, 362, 462, 499, **600**, 767, 783, 810, 822, 842, 861, 873, 891, 895, 921
Richter, Karl 69, 309, 588, **601**, 854
Richter, Otto 847
Ries, Ferdinand 848
Rietz, Julius 425, 659, 820, 848, 879, 888
Rilling, Helmuth 213, 296, **604**, 707, 859, 943
Robev, Georgi 858
Robinson, Stanford 852
Rögner, Heinz **610**, 751, 807, 845, 869, 918
Rössler, Almut **611**
Romansky, Ljubomir Stojanow 613, 841, 848
Rootham, Cyril Bradley 847
Rotzsch, Hans-Joachim **624**, 850, 851
Roy, Gabriel 834

Rozel, Michel Lasserre de 857
Rubinstein, Anton 105, 138, 250, 256, 331, 336, 382, 424, 427, 532, 791, 861
Rudorff, Ernst 845
Rühl, Michel 848
Rüling, Samuel 847
Ruhland, Konrad **628**, 923
Rungenhagen, Karl Friedrich 789, 844
Rust, Friedrich Wilhelm 851
Rybnow, Alexander 828
Saffert, Herwig 847
Sainz, Jose Antonio 858
Sands, Robert 858
Sargent, Sir Malcolm 287, 511, **640**, 853, 890, 895
Savard, Augustin 834
Schalk, Franz 861
Scharnagel, Johannes 851
Schein, Johann Hermann 851
Schelble, Johann Nepomuk 848
Schelle, Johann 851
Schernus, Herbert 850
Schicht, Johann Gottfried 851
Schmeidel, Hermann von 848
Schmidhuber, Joseph 854, 855
Schmidt, Hartmut 848
Schmidt-Gaden, Gerhard Alfred Joseph **650**, 860
Schmitt, Josef 861
Schneider, Michael **653**
Schneidt, Hans-Martin **655**, 855, 922, 929
Schoonbrodt, Hubert **657**
Schreck, Gustav 851
Schrems, Joseph 858
Schrems, Theobald 858
Schubert, Wolfgang 854
Schumann, Georg 844
Schumann, Robert 848, 880
Schuricht, Carl 11, 26, 32, 401, **661**, 777, 845, 878, 888
Segarra, Don Ireneu 854
Seiler, Robert 854
Selner, Johannes 847
Senff, Ernst 845
Sharpe, Jonathan 846
Siohan, Robert 834
Slovák, Ladislav 721, 846, 872, 911
Smithies, James 858
Soja, Zbigniew 860
Šoupal, Jan 846
Spaszon, Ferenc 846

Register

Stanford, Charles Villiers 851
Stephani, Martin 848
Stephens, Even 858
Stern, Julius 845
Stevens, Dennis William **700**, 851
Stiattesi, A. 811
Stier, Alfred 234, 367
Stockhausen, Julius 614, 845, 883
Straube, Karl 234, 318, 417, 587, 588, 593, 601, 653, **707**, 731, 850, 851
Sumski, Alexander 849
Sweeting, Edward Thomas 847
Sweschnikow, Alexander 854
Szalínski, Anton 860
Tausch, Julius 848, 880
Tausinger, Jan 857
Temesvary, Stefan 848
Terragnolo, Rafael 811
Tétu, Bernard 853
Thamm, Hans 861
Thomas, Charles John 858
Thomas, Kurt 127, 291, 359, 605, 611, 650, 653, 668, 697, **731**, 793, 848, 850, 851
Thurn, Max 849
Tietze, Ekkehard 855
Tireman, William 847
Tranchant, Michel 856
Tscherhutschenko, Wladislaw 858
Turner, Bernhard 847
Turner, Bruno 853
Uchow, Jurij 854
Vach, Ferdinand 846
Vallin, Marie-Claude 856, 857
Vaughan Williams, Ralph 851
Veneziani, Vittore 827
Venhoda, Miroslaw 941, 991
Veselka, Joseph 57, 447, 858
Vidal, Paul 834
Vinogradow, Boris de 857
Violante, Olga 851
Voigt, Carl 848
Voorberg, Marinus 859
Wagner, Günter 834
Wagner, Roger 766, 853
Walmisley, Thomas Attwood 847
Walter, Bruno 3, 4, 109, 213, 227, 240, 280, 339, 345, 373, 380, 420, 421, 441, 451, 478, 480, 499, 501, 520, 544, 551, 560, 592, 656, 660, 666, 671, 704, 715, 732, 740, 760, **770**, 806, 808, 822, 829, 830, 842, 861, 862, 868, 888, 901, 917, 921
Webersinke, Amadeus 624
Wecker, Rudolf 844
Weigle, Jörg-Peter **744**, 850, 878
Weinlig, Christian Ehregott 847
Weinlig, Christian Theodor 847, 851
Welch, Jay E. 858
Werle, Heinrich 850
Wermann, Friedrich Oskar 847
Werner, Fritz **779**
Weyrauch, Johannes 624
Willcocks, Sir David **781**, 846, 851
Williams, Thomas 847
Wöldike, Mogens 648
Wojnarowski, Henryk 860
Wojtacha, Jan 885
Woodgate, Leslie 852
Wright, Brian 852
Zelter, Carl Friedrich 844
Ziegler, Klaus Martin **798**, 849, 859
Zilcher, Reinhard 848
Zimmermann, Bernhard 848
Zöbeley, Rudolf 855

Dirigenten
Abbado, Claudio **3**, 26, 61, 117, 120, 129, 172, 227, 231, 257, 264, 322, 486, 505, 519, 525, 549, 566, 595, 713, 747, 764, 827, 842, 856, 866, 891, 895, 921, 925
Abbado, Roberto 900
Abendroth, Hermann **3**, 52, 209, 248, 297, 315, 322, 502, 660, 868, 869, 870, 880, 886, 888, 929
Abrányi, Emil 817
Abravanel, Maurice de **4**, 914
Accursi, Roméo 897
Ackermann, Otto **5**, 820, 823, 843
Adam, Frédéric 289, 839
Adler, Kurt **5**
Adler, Kurt Herbert **6**, 816
Adler, Peter Hermann 809, 864
Aeschbacher, Niklaus 918
Agiris, Spiros 902
Agop, Rolf 878, 884
Ahronowitsch, Jurij **8**, 886, 898, 915

Ajmone-Marsan, Guido 880
Akiyama, Kazuyoshi 918
Akoka, Gérard **9**, 896
Albert, Herbert **11**, 825, 839, 865, 888
Albert, Werner Andreas 884, 889
Alberth, Rudolf **11**
Alberti, Luciano 813
Albin, Roger **11**, 840, 916
Albrecht, George Alexander **11**, 817, 883, 896, 911
Albrecht, Gerd **12**, 376, 806, 816, 819, 922
Albrici, Vincenzo 879
Alexander, Arthur 912
Allegri, Carlo 897
Allen, Sir Hugh 86, 700, 851
Allers, Franz **14**, 829
Allorto, Riccardo 895
Almeida, Antonio de **14**, 902, 917
Alonso, Odón **15**, 894
Altani 828
Altes, Ernest 834
Altrichter, Petr 911
Amaducci, Bruno **16**
Amalou, A. 823
Amy, Gilbert **18**, 908, 936
Ančerl, Karel **18**, 390, 513, 671, 721, 742, 911, 919
André, Franz **20**, 873, 926
Andreae, Marc **21**, 893, 895
Andreae, Volkmar 6, **21**, 179, 922
Andreescu, Horia 874
Angelov, Michail 943
Angerer, Paul **22**, 837, 940, 946
Anghel, Octavian 942
Anossow, Nikolaj P. **23**, 190, 618, 898
Anrooy, Peter van 877
Ansermet, Ernest **23**, 32, 75, 145, 159, 179, 186, 241, 254, 284, 287, 290, 446, 662, 694, 723, 811, 881, 893, 909
Anton, Max 870
Apelt, Arthur 841
Appia, Edmond **24**
Arena, Maurizio **25**
Argenta, Ataúlfo **26**, 791, 894
Argiris, Spiros **26**
Arndt, Günther **28**, 296, 845
Asahina, Takashi 903
Ashkenazy, Wladimir D. **30**, 310, 311, 362, 521, 551, 868, 892, 930
Askar, Frederic 910

Dirigenten

Atherton, David **31**, 890, 931, 932
Atzmon, Moshe **31**, 865, 883, 917, 918
Auberson, Jean-Marie **32**, 865
Aulin, Tor 915
Auriacombe, Louis **33**, 944
Austin, Richard 871
Autori, Franco 874
Averkamp, Anton 478
Baarspul, Yvon 870
Babušek, František 872
Bach, Johann Ludwig 896
Baciu, Ion 885
Bács, Ludovic 875
Bader, Roland **36**, 844, 847, 887
Badon, Claude 907
Bahner, Gerd 821
Bakala, Břetislav 447, 872
Bakaleinikoff, Wladimir 446
Bakels, Kees 923
Balay, Guillaume 909
Baldi, Lamberto 889
Balkwill, Bryan 821
Balmer, Luc 869
Balzer, Hugo 880
Bamberger, Carl **41**, 96, 549
Bamert, Matthias **41**, 865
Banquart, Alain 905
Baranović, Krešimir 866
Barbag, Seberyn 784
Barbier, Jean-Louis 927
Barbirolli, Sir John **42**, 322, 440, 882, 884, 895, 901
Barcewicz, Stanislaw 704
Bardon, Claude **43**, 894
Barenboim, Daniel 9, **43**, 84, 201, 444, 496, 525, 799, 801, 807, 856, 868, 875, 907, 930, 978
Bareza, Niksa 816
Barlow, Howard 864
Barschaj, Rudolf B. **45**, 68, 460, 871, 944
Barth, Richard 883
Bartholomée, Pierre **46**, 888
Bartoletti, Bruno **47**, 811, 812, 813, 880
Barzin, Léon **47**, 340, 367, 901
Basarab, Mircea **47**, 874
Basdin, Maurice 810
Bašić, Mladen 837, 914
Bastide, Paul 833, 839, 916
Batiz, Enrique 897
Baudo, Serge **50**, 113, 147, 188, 823, 894, 907
Baumgartner, Rudolf **52**, 932
Bavagnoli 466
Baxa, Pavel 846, 941
Beaucamp, Albert **52**, 846, 942

Becker, Gottfried 806
Bedford, Stuart 104
Beecham, Sir Thomas **54**, 90, 100, 140, 142, 174, 197, 288, 324, 336, 369, 422, 440, 441, 554, 636, 728, 811, 822, 830, 884, 890, 892, 895
Beier, Franz 819
Beinum, Eduard van **56**, 241, 307, 862, 890, 892
Bellezza, Vincenzo 568
Belliard, Jean 608
Belling, Michael 895
Bellugi, Piero **57**, 919
Bělohlávek, Jiří **57**, 911
Bender, Philippe **58** 875
Benedict, Julius 890
Benzecry, Mario 811
Benzi, Roberto **60**, 599, 870
Béreau, Jean-Sébastien 188, 942
Berge, Paul 884
Bergel, Erich **61**, 873, 875, 877, 884, 913
Berger, Wilhelm 896
Berglund, Paavo **62**, 871, 884, 915
Bergmann, Carl 901
Berio, Luciano 944
Berlingen, Jean-Claude 942
Bernard, André **64**
Bernardi, Mario 903
Bernède, Jean-Claude **64**, 904, 912, 942, 955
Bernhard, Christoph 879
Bernstein, Leonard 55, 57, 59, **65**, 117, 172, 176, 186, 212, 245, 295, 338, 356, 364, 365, 367, 435, 446, 474, 484, 509, 525, 530, 548, 668, 676, 746, 901, 917, 966
Bernuth, Julius von 883
Bertholon, Louis 897
Bertini, Gary **67**, 722, 814, 878, 881, 885, 886, 917, 944
Besrodny, Igor 48, **68**, 253, 683, 933
Béthume, Georges 926
Bierdiajew, Walerian 584, 887
Bigot, Eugène 25, **68**, 251, 292, 399, 675, 833, 904, 907
Bilger, François 863
Bilse, Benjamin **69**, 731
Bittner, Albert 880
Blanc, Serge 905
Blangini, Felice 819
Blareau, Richard **73**, 572, 902
Blaszczock, Aureli 885

Blech, Harry 931
Blech, Leo 71, **73**, 422, 562, 806, 807, 817
Blitz, Julian Paul 884
Bloh, Fritz von 401
Blomstedt, Herbert **74**, 812, 879, 886, 903, 914, 916
Bloomfield, Theodore **74**, 814, 868, 881, 912
Blumer, Theodor 368
Bobescu, Constantin 874
Bodanzky, Artur **75**, 254, 421, 825, 830
Bodard, Eugen 825
Boder, Michael 806
Boehe, Ernst 893
Böhlke, Erich 841
Böhm, Karl 5, 55, **76**, 207, 209, 240, 248, 328, 355, 364, 367, 436, 490, 528, 549, 560, 591, 605, 630, 663, 667, 688, 750, 777, 811, 812, 816, 829, 842, 879, 921
Bölsche, Egon 610
Boettcher, Wilfried **77**, 866, 919, 957, 980
Bohnke, Emil 869
Bohoc, Nicolae 917
Boncompagni, Elio 830
Bondeville, Emmanuel 834
Bongartz, Heinz **78**, 467, 878, 893, 896
Bonicioli, Ricardo 466
Bontempi, G. A. 879
Bonynge, Richard **79**, 94, 335, 712
Borchard, Leo 866
Boskovsky, Willi **81**, 393, 921, 955, 980, 984
Bosquet, Emile 141
Bothe, Wolfgang 829
Bott, Jean-Joseph 896
Boulanger, Nadia 21, 26, 39, 44, 67, 70, **83**, 94, 97, 143, 148, 154, 159, 160, 161, 189, 217, 239, 263, 277, 362, 374, 409, 418, 430, 445, 465, 479, 508, 537, 617, 683, 686, 715, 736, 759, 785, 934, 958
Boulez, Pierre 9, 15, 18, 59, 67, 77, **84**, 101, 122, 212, 291, 295, 299, 333, 356, 466, 475, 483, 553, 558, 564, 576, 585, 603, 604, 605, 661, 687, 692, 707, 723, 752, 852, 856, 890, 892, 901, 936, 937
Boult, Sir Adrien Cedric **86**, 290, 340, 370, 851, 869, 890, 891
Bour, Ernest **86**, 389, 839, 863, 916, 927

Register

Boutry, Roger **89**, 909
Bovy 823
Bowles, Michel 879
Brahms, Johannes 271, 322, 516, 789, 861, 917
Braithwaite. Warwick 821, 882
Brambach, Joseph 648
Brancusi, Cristian 875
Brandl, Johann 818
Brandner, Anton 671
Brandt, Hermann 880
Brass, Kurt 884
Braunfels, Walter 52, 297
Brecher, Gustav 820
Brediceanu, Mihal **92**, 874
Bride, Philip 937
Brock, Robert 57, 742
Brode, Max 334
Brott, Boris 875
Brown, Iona 932
Brown, Mark 853
Bruch, Max 854, 882, 890
Bruch, Wilhelm 902
Bruck, Charles **97**, 907, 916
Bruckner, Anton 704
Brückner-Rüggeberg, Wilhekm 215, 575
Bruggen, Frans **97**, 107, 400, 929
Brun, François-Julien **98**, 909
Brun, Fritz 869
Brusilow, Anshel **100**, 877
Brydon, Roderick 927
Büchner, Adolf 896
Bülow, Hans von 103, 164, 354, 500, 513, 522, 600, 601, 697, 708, 756, 770, 789, 816, 817, 829, 866, 896
Bünte, Carl A. 868
Büsser, Henri 834
Buesst, Aylmer 882
Bugeanu, Constantin 456
Burkhard, Paul 865
Busch, Fritz 62, **104**, 124, 190, 195, 214, 368, 422, 487, 542, 562, 578, 596, 597, 617, 648, 656, 682, 698, 810, 811, 815, 830, 839, 879, 886, 915
Buschkötter, Wilhelm 886
Busoni, Ferruccio 4, 7, 10, 53, 90, **105**, 193, 282, 314, 395, 492, 554, 699, 716, 793
Buths, Julius 880, 922
Bychkov, Semyon **106**, 907
Caelius, Carl 887
Caetani, Oleg 459
Caldwell, Sarah 410
Calmar, Carlos 917
Calusio, Ferruccio 811

Cambreling, Philippe 113
Cambreling, Sylvain 112, **113**, 182, 814, 894
Cameron, Basil 914
Campanini, Cleofonte 812, 831
Candael, Steven 863
Canihac, Jean-Pierre 944
Cantelli, Guido **115**, 738, 827, 892
Capdevielle, Pierre **115**, 940
Caplet, André 63, **116**, 706, 904
Capoianu, Dumitru 874
Capolongo, Paul **117**, 899
Capuana, Franco 118, 827, 830
Caracciolo, Franco **118**, 129, 895
Cardon, Stéphane **118**, 928
Carewe, John 875
Caridis, Miltiades **118**, 880, 886, 896, 903, 920
Cariven, Marcel **119**
Carrière, Edmond 823
Carvalho, Eleazar de **121**, 475, 913
Casadesus, Jean-Claude **122**, 182, 188, 863, 889
Casas, Bartolomé Pérez 894
Casella, Alfredo 210, 229, 251
Cadella, Leopoldo 893
Cassadó Valls, Joaquín 125
Castro, Juan José 811, 896
Cattini, Umberto 895
Caudella, Eduard 885
Ceccato, Aldo **127**, 227, 872, 878, 883, 894, 919
Čehanský, Vítězslav 910
Celibidache, Sergiu 9, **127**, 214, 261, 268, 292, 315, 320, 450, 553, 619, 866, 899, 916
Cerha, Friedrich 927, 945
Cernat, Ràzvan 871
Cerniatinski, N. 139
Chabrun, Daniel **129**
Chailly, Luciano 895
Chailly, Riccardo **129**, 862, 868
Chajkin, Boris E. **130**, 375, 385, 671, 837
Chalabala, Zdeněk **130**
Challenger, Stuart 917
Charpentier, Jacques 902
Chelleri, Fortunatus 819
Cherici, Sebastino 879
Chevillard, Camille P. A. **133**, 418, 458, 538, 834, 904
Chmura, Gabriel **134**, 182, 227, 870, 903
Chorafas, Dimitri **135**

Christie, William **136**, 511, 935
Chung, Myung-Whun **138**, 834, 913
Cigna, Gina 372
Cillario, Carlo Felice **139**, 811, 895
Ciolan, Antonon 877, 855
Ciomac, Emanoil 874
Classens, Gustav 870
Cleva, Fausto 425
Clovez, Victor 889, 916
Cluytens, Alphons 141
Cluytens, André 60, 73, 135, **141**, 156, 183, 251, 560, 572, 662 , 823, 833, 873, 909, 919
Coates, Albert 56, **142**, 145, 287, 644, 837, 891, 912
Cocea, George 874
Cohen, Joel 952
Collado, José Maria Cerbera **144**, 818
Collingwood, Lawrence Arthur **145**, 821
Collins, Anthony **145**
Colombo, Pierre **145**
Colonne, Edouard 94, 116, **146**, 719, 729, 834, 903
Comissiona, Sergiu **146**, 831, 864, 882, 884, 885, 894, 915, 943
Conlon, James **148**, 820, 886, 913
Conrad, Max 843
Constant, Marius **148**, 180, 299, 936
Conta, Iosif **149**, 874
Conz, Bernhard 893
Cooper, Emil 811, 914
Coppola, Piero **149**
Corboz, Michel 99, **150**, 213, 340, 612, 710, 851
Corri, Charles 821
Cortolezis, Fritz 818
Cortot, Alfred 29, 35, 70, 81, 98, 124, 138, **151**, 161, 177, 188, 210, 211, 237, 238, 241, 242, 244, 274, 294, 302, 314, 317, 319, 365, 406, 407, 410, 418, 426, 430, 433, 446, 459, 465, 486, 505, 514, 535, 550, 554, 605, 606, 614, 628, 674, 690, 692, 720, 728, 729, 765, 909
Costin, Gheorghe 885
Cotte, Roger **154**
Couraud, Marcel **154**, 291, 856, 857, 929
Cowen, Sir Frederic 882, 890, 895
Craft, Robert **155**, 335
Crémont, Pierre 832

Dirigenten

Cristescu, Mircea **157**, 874
Cruchon, Pierre 823
Curtis, Alan **160**, 347, 417, 511
Czarnecki, Vladislav 940
Cziffra, Georges 162
Czyż, Henryk **162**, 785, 880, 887
Dähler, Jörg Ewald **163**
Damrosch, Leopold 164, 830, 902
Dammer, Karl 806
Damrosch, Walter Johannes **164**, 830, 901, 902
Danon, Oskar 144, **165**
Danzi, Franz 818
David, Ferdinand 888
Davies, Meredith **168**, 853
Davies, Peter Maxwell 927
Davis, Andrew **169**, 226, 815, 890, 919
Davis, Sir Colin 129, **169**, 702, 724, 753, 821, 822, 890, 900
Decker, Franz-Paul **170**, 865, 870, 898, 913
Dědeček, Pavel 378, 398, 503, 513, 685
Dedeking, C. C. 879
De Fabritiis, Oliviero **170**, 840
Defauw, Désiré **171**, 873, 875, 898
Defossez, René **171**
Delacôte, Jacques **172**
Deldevez, Edouard 834, 909
Delman, Vladimir 895
Del Mar, Norman René **174**, 882, 925
Deloffre, Adolphe 832
Delogu, Gaëtano **176**, 226
Delvincourt, Claude 417, 571
DeMain, John 818
Denzler, Robert **179**, 843
Dervaux, Pierre 43, 64, 110, 113, 122, 134, **181**, 183, 447, 508, 539, 570, 572, 785, 863, 902, 903
De Sabata, Victor 71, 83, 111, 127, **182**, 441, 664, 726
Desarzens, Victor 99, **182**, 929
Désormière, Roger 11, 128, **183**, 269, 279, 353, 463, 637, 905
Dešpalj, Pavel 922
Dessoff, Felix Otto 271, 499, 659, 814, 818, 921
Devilliers, Maurice 916
Devos, Gérard **185**, 904

De Waart, Edo **186**, 226, 884, 897, 913, 914
Dickie, Brian 840
Diederich, Cyril **188**, 897
Diehl, André 816
Dinicu, Dimitri 314, 874
Dixon, Dean **190**, 881, 882, 917
Djemil, Eniss 274
Djuraitis, Algis **190**, 828
Dmitriew, Alexander **190**, 914
Dobrowen, Issay A. **190**, 341, 810, 828, 882, 903, 914
Dobrzyński, Ignacy 841
Dohnányi, Christoph von **191**, 464, 506, 564, 678, 814, 816, 819, 876, 881, 886
Dohnányi, Ernst von 18, 44, 53, 162, **191**, 230, 238, 365, 426, 452, 678, 687, 688, 751, 752, 753, 873
Doležil, Method 378, 390, 503, 513, 685
Donath, Klaus 194
Dondeyne, Désiré **195**
Doneux, Edgard **195** , 873, 926
Dorati, Antal 31, 67, **195**, 290, 36, 622, 673, 683, 877, 878, 891, 892, 897, 915, 920
Doret, Gustave 833
Dorn, Heinrich 820, 886
Downes, Edward **197**, 895
Dranischnikow, Wladimir A. 837
Dubois, Alain 928
Dudarowa, Veronika 899
Dupont, Joseph 627, 809
Dupont, Pierre 909
Dupuis, Sylvain 809
Dutoit, Charles 26, **203**, 869, 882, 898
Dyk, František 872
Eckert, Karl 842, 921
Egk, Werner 807
Ehrling, Sixten **207**, 432, 878, 882
Eibenschütz, José 883, 903
Eichhorn, Kurt Peter **207**, 251, 260, 655, 669, 829, 900
Eisfeld, Theodor 901
Elder, Mark **208**, 821, 912
Elenescu, Emanuel 874, 855
Elgar, Edward 891
Elmendorff, Karl Eduard Maria **209**, 333, 807, 812, 819, 825, 841, 879
Elsner, Joseph 841

Encinar, José Ramón 933
Endo, Akira 892
Enescu, George 81, 83, 138, 182, **210**, 235, 242, 274, 280, 299, 305, 307, 312, 357, 430, 462, 480, 514, 554, 571, 662, 667, 683, 743, 759, 791, 874, 885
Entremont, Philiippe **211**, 455, 900, 903, 946
Eötvös, Peter **212**, 927, 937
Ephrikian, Angelo **212**, 228, 896
Erdély, Miklós **214**
Erdmannsdörfer, Max 872
Erede, Alberto **214**, 811, 813, 827, 882
Erismann, Hans 695
Erkel, Ferenc 810, 873
Erkel, Sándor 810, 873
Ermler, Mark **215**, 828
Ernst, Alfred 913
Eschborn, Joseph 825
Eschenbach, Christoph **215**, 245, 365, 885, 893, 922, 952, 973, 978
Etcheverry, Jésus **217**, 312
Ethuin, Paul **218**, 840
Evrard, Jane **219**
Faerber, Jörg **222**, 928
Faijew, Jurij 619
Failoni, Sergio 810
Falchi, Stanislao 301
Farncombe, Sir Charles **223**, 523
Fasano, Renato 942
Fedeli, Ruggieroi 819
Fedossejew, Wladimir **224**, 898
Fedotow, F. 837
Feiler, Johann Matthäus 896
Feldbrill, Victor 919
Fellmer, Helmut 772
Feltzer, Willem 912
Ferencsik, János 214, **225**, 381, 389, 401, 478, 680, 810, 873, 874
Fernández Arbós, Enrique **226**, 866, 894
Ferrara, Franco 9, 21, 25, 129, 134, 144, 169, 176, 186, **226**, 230, 239, 262, 268, 292, 299, 338, 371, 444, 459, 465, 513, 528, 553, 555, 595, 664, 690, 726, 736, 746
Ferrer, Rafael 865
Ferro, Gabriele 226, **227**, 839, 912, 929
Fiedler, Arthur **228**, 870
Fiedler, Max **229**, 381, 870, 880, 883

Register

Fielitz, Alexander von 514, 606
Fiorillo, Ignatio 819
Firschietti, Domenico 879
Fischer, Adam **230**, 819
Fischer, Franz 825
Fischer, Georg 569
Fischer, István **231**
Fischer, Karl 807
Fischer, Karl Ludwig 817
Fischer-Dieskau, Matthias 232
Fistoulari, Anatol G. **233**
Fitelberg, Grzegorz 162, **233**, 396, 709, 811, 837, 885
Fjeldstad, Øivin **234**, 903
Flagstad, Michael 234
Fleischer, Anton 225
Fleisher, Leon 101, **235**, 332, 547, 773, 864
Flipse, Eduard **237**, 863, 913
Flon, Philippe 832
Flor, Claus Peter **237**, 867, 922
Förster, Horst 774, 878
Fongstedt, Nils-Eric 884
Forrai, Miklós **239**, 846
Forster, Georg 879
Forsythe, Neil 822
Foss, Lukas 874, 885
Foster, Lawrence **240**, 880, 885, 897, 929
Fourestier, Louis 50, 89, 117, 129, 135, 158, 183, **241**, 246, 251, 278, 295, 341, 357, 424, 539, 576, 909
Fourmillier, Patrick 923
Fournet, Jean 148, 182, 186, **241**, 338, 409, 549, 811, 833, 884, 906, 913
Fränzl, Ignaz 825
Francis, Alun 868, 884
Frank, Ernst 817, 825
Frank, Karl 825
Freccia, Massimo **245**, 864, 900, 912
Freitas Branco, Pedro da Costa 246
Frémaux, Louis 110, **246**, 869, 894, 897, 917
Frešo, Tibor 872
Freudenthal, Heinz 885
Frey, Michael 825
Fricke, Heinz **248**, 807, 850
Frickhöfer, Otto 869, 881
Fricsay, Ferenc 18, **248**, 306, 401, 435, 447, 656, 667, 752, 753, 829, 868, 884
Fried, Oskar **249**, 869
Fried, Walter 877

Friederich, Karl 893
Friedheim, Arthur 141, **250**
Frigara, Maurice 833
Froment, Louis de **251**, 894
Frühbeck de Burgos, Rafael 120, **251**, 880, 894, 898, 918, 921
Füri, Thomas 925
Fulton, Thomas **253**
Furst, Janós 826
Furtwängler, Wilhelm 4, 18, 37, 44, 54, 81, 121, 127, 153, 185, 213, 232, 235, 242, **253**, 276, 287, 292, 306, 328, 364, 378, 401, 446, 480, 501, 502, 515, 534, 592, 646, 648, 664, 677, 694, 738, 758, 771, 807, 822, 825, 838, 847, 866, 868, 881, 888, 892, 920
Gabrilowitsch, Ossip S. **256**, 425, 878, 963
Gade, Niels 888
Gales, Weston 878
Galliera, Alceo 203, **260**, 475, 896, 916
Gallois, Henri 840
Gamba, Piero **261**
Ganz, Rudolph 913
Garaguly, Carl von **261**, 915
García Asensio, Enrique **261**, 894
García Navarro, Luis **261**, 830, 865
Garcin, Jules 909
Gardelli, Lamberto **262**, 886, 900
Gardiner, John Eliot **263**, 823, 852, 883, 929
Gason, Paul 926
Gassner, Ferdinand Simon 818
Gaubert, Philippe 98, 167, 183, 241, 259, **265**, 441, 499, 529, 720, 740, 834, 909
Gaultier, Claude 894
Gauk, Alexander W. 190, **265**, 385, 477, 500, 658, 714, 837, 898, 899, 914
Gavazzeni, Gianandrea **265**
Geiger-Torel, Herman 840
Gelmetti, Gianluigi **268**, 897, 912, 916
Gendron, Maurice 211, **269**, 925
Georgescu, George 148, **270**, 680, 874
Georgescu, Remus 917
Gerelli, Ennio 895
Gergiew, Walery **270**, 837
Gericke, Wilhelm **271**, 870
Gerster, Ottmar 315

Gevaert, François-Auguste 834
Ghione, Franco 827, 878
Giardino, Jean 889
Gibault, Claire **274**
Gibson, Sir Alexander **274**, 821, 882
Gielen, Michael Andreas **275**, 805, 814, 863, 873, 876, 881, 916
Gierster, Hans 902
Gilson, Paul 482, 699
Ginsburg, Lew 416, 899
Giorgi, Andrea 826, 834
Giovaninetti, Reynald **278**, 826
Girard, André **278**, 863, 940
Girard, Narcisse 832, 834, 909
Giulini, Carlo Maria 13, 100, 111, 138, 153, 245, 247, 264, **280**, 290, 322, 444, 525, 551, 666, 795, 827, 856, 892, 895, 917, 921
Glaetzner, Burkhard 887
Glover, Jane 931
Gluckselig, Karl-Egon 807
Godfrey, Dan 871
Godowsky, Leopold 78, 190, **282**, 513, 680
Goehr, Walter **283**
Gönnenwein, Wolfgang **283**
Goldberg, Szymon 40, 228, 236, **284**, 293, 327, 393, 575, 866, 923
Goldsbrough, Arnold 930
Golowanow, Nicolaij S. **285**, 828, 898
Golschmann, Vladimir **286**, 913
Gómez-Martínez, Miguel-Angel **287**, 894, 915
Good, Gary L. 874
Goodall, Sir Reginald **287**, 821
Goossens, Sir Eugene **288**, 876, 912, 917
Gorter, Adolf 820
Górzyński, Zdisław 396, 841, 919
Grabner, Hermann 11, 731
Gracis, Ettore **292**, 813, 840
Graf, Hans **292**, 837, 914
Graf, Herbert 723
Grädener, Hermann 394
Grau, Arno 817
Graudan, Joanna 240
Gressier, Jules **294**, 905
Grevilius, Nils 917
Grigore, Dan 874
Grikurow, Eduard 837
Grøndahl, Launy 886

994

Dirigenten

Grossmann, Ferdinand 213, **296**, 861
Groves, Sir Charles **296**, 821, 871, 890, 895
Grua, Carlo 824
Gruber, Karl 945
Grüber, Arthur **297**, 816, 818
Grüner-Hegge, Odd 903
Grüters, Hugo 870
Grund, Friedrich Wilhelm 883, 896
Guadagno, Anton **299**
Guarino, Piero 129
Guarnieri, Antonio 212, 292, 449, 547, 827
Guarnieri, Carlo Luigi 795
Guarnieri, Francesco 638
Gülke, Peter **300**, 922
Guest, George **300**, 847
Guhr, Carl Wilhelm 819, 880
Gui, Vittorio 151, **301**, 309, 573, 813, 815, 830, 880
Guinjoan, Joan 923
Gurlitt, Manfred **303**, 772, 809
Guschlbauer, Theodor 274, **303**, 821, 823, 837, 839, 889, 916
Gutheil, Gustav 304
Gutkind, Willy 922
Haapanen, Tovio 884
Haas, Joseph 355
Habeneck, François 909
Hadley, Henry 914
Haenchen, Hartmut **306**, 805, 847, 862
Hagel, Richard 820
Hager, Leopold **307**, 837, 894, 914
Hahn, Reynaldo 196, 294, 607, 728
Haider, Friedrich 839
Hainl, François 823
Hainl, Georges 909
Hainl, Joseph 823, 834
Haitink, Bernard 245, **307**, 326, 386, 525, 764, 815, 822, 862, 884, 891
Halffter, Cristóbal **309**
Hall, Marshall 896
Hallé, Sir Charles 890, 895
Halvorsen, Johan 903
Hanell, Robert 896
Hannikainen, Tauno 884
Harnoncourt, Nicolaus 51, 144, 213, 231, **310**, 323, 347, 414, 417, 454, 478, 651, 687, 719, 742, 796, 925, 945, 959
Hart, Fritz 896
Hartemann, Jean-Claude **312**, 557, 833

Harth, Sidney **312**
Harty, Sir Hamilton **312**, 891, 895
Hasse, Johann 879
Hasselmans, Joseph 916
Haug, Hans 865, 922
Hauschild, Wolf-Dieter **315**, 850, 880, 888, 917
Hausegger, Siegmund von **316**, 354, 355, 881, 883, 899
Haym, Hans 922
Hawel, Wincety 885
Hegar, Friedrich 922
Heger, Robert **316**, 648, 806, 807, 819, 861, 902, 916
Hegert, Gerhard 867
Heiller, Anton **318**, 407, 435, 563, 585, 776
Heinichen 879
Heinze, Sir Bernard 896
Hellmesberger, Joseph jun. 32, 94, 210, 353, 380, 395, 616, 645, 861, 921
Hendl, Walter **321**, 877, 912
Heniot, Hans 914
Henschel, Sir George **322**, 870, 882
Herbeck, Johann von 842
Herbert, Victor 910
Herbig, Günther **322**, 867, 878, 878, 919
Herrman, Zeugheer 890
Hertz, Alfred 480, 892, 914
Hestel, Henri 889
Heuberger, Richard 394, 861
Heward, Leslie 869
Hewitt, Maurice **325**
Hildebrandt, Hermann 867, 884, 917
Hillenbrand, Richard 880
Hiller, Ferdinand 513, 819, 848, 886
Hilsberg, Sir Alexander 900
Hindemith, Paul 14, 16, 228, 242, 285, **326**, 376, 652, 715, 952
Hintze, Ernst 403, 598, 658
Hitzig, Albert 917
Hocke, Wolfgang 896
Hodeir, André 199
Hörner, Hans 36, 917
Hoesslin, Franz von **330**, 410, 446, 771, 825, 922
Hoffman, Irwin 330, 873
Hoffmann, Ernst 884
Hogwood, Christopher **332**, 511, 926, 942
Hol, Richard 478

Holliger, Heinz 88, 99, **333**, 557, 921, 927
Hollreiser, Heinrich **333**, 806, 813, 880, 946
Holzbauer, Ignaz 824
Hoogstraten, Willem van 515, 917
Hopkins, John 895
Horenstein, Jascha **334**
Houtmann, Jacques **338**, 894, 896
Horvat, Milan 879, 920
Howarth, Elgar **338**, 927, 932
Hristič, Stefan 866
Hüttner, Georg 878
Humperdinck, Engelbert 73, 249
Hupka, Felix 307
Hurst, George 263, **340**, 871, 879, 895, 925
Iliescu, Nicolae 874
Iliev, Constantin **341**, 915
Inbal, Eliahu 115, **341**, 840, 881
Inghelbrecht, Désiré-Emile 69, 159, 259, 314, **342**, 348, 461, 618, 833, 904, 905
Inoue, Mischiyoschi **342**, 887, 918
Ionescu-Galați, Ilarion 871
Irving, Robert 465
Isle, Félix Mécène Marié de l' 260
Issakadze, Liana **343**, 944
Iturbi, José 125, 159, **344**, 585, 912
Iwaki, Hiroyuki **345**, 508, 896, 918
Iwanow, Konstantin **346**, 898, 899
Izquierdo, Juan Pablo 889
Jacobs, René 136, **347**, 389, 417, 511, 924, 929
Jacquillat, Jean-Pierre **347**, 904, 907
Järnefelt, Edvard Armas 106, 884
Järvi, Neeme **347**, 432, 878, 882
Jamin, Paul 902
Janigro, Antonio 178, 242, **349**, 895, 942, 946
Janowski, Marek **350**, 878, 886, 890, 908
Jansons, Arvid 292, 322, **351**, 783, 914
Jansons, Mariss **351**, 903
Janssen, Werner 864, 914
Jányš, Svatopluk 941
Jarnach, Philipp 170, 660, 771, 778

Jehin, Léon 897
Jeltsin, Sergej 837
Jenkins, Graeme 815
Jensen, Adolf 478
Jensen, Thomas 886
Jeremiáš, Otakar 911
Jílek, František 447, 872
Jiráček, Václav 857, 872
Joachim, Joseph 10, 25, 32, 103, 191, 209, 221, 226, 259, 316, 324, 338, 339, 353, 462, 481, 507, 522, 547, 616, 625, 693, 713, 716, 753, 785, 789, 966
Joassin, André 926
Jochum, Eugen 107, 337, **354**, 355, 726, 816, 852, 865, 880, 883, 900
Jochum, Georg Ludwig 354, **355**, 821, 865, 880, 881, 889
Johanos, Donald 877
Johnson, Thor 876
Jones, Samuel 912
Jordá, Enrique **356**, 863, 894, 914, 915
Jordan, Armin 99, **356**, 806, 882, 929, 939
Josephson, Walter 880
Jouineau, Jacques 561, 856
Judd, James 925
Jürgens, Jürgen **358**, 540, 849
Juzeau, Patrick 863, 915
Kabasta, Oswald **361**, 816, 861, 899, 921
Kähler, Willibald 825
Kämpfel, Walter 809, 872
Kahn, Emil 917
Kaiser, Albert E. 485
Kajanus, Robert **362**, 652, 884
Kalliwoda, Wilhelm 818
Kamu, Okko **362**, 884
Kander, Hugo 606
Kaneko, Noboru 767
Kantorow, Jean-Jacques 252, 315, **363**, 478, 625, 907, 921, 927
Kaperstein 674
Kapsrzyk, Jacek 885
Karabtchevsky, Isaac **364**, 920
Karajan, Herbert von 3, 15, 37, 41, 50, 55, 63, 81, 90, 94, 103, 106, 109, 111, 118, 120, 153, 157, 181, 187, 199, 200, 211, 215, 242, 245, 247, 253, 260, 269, 273, 282, 284, 297, 299, 303, 313, 322, 328, 334, 350, 351, 359, 361, **364**, 369, 392, 399, 401, 428, 435, 441, 443, 444, 478, 486, 498, 504, 506, 514, 525, 528, 530, 547, 560, 562, 566, 574, 587, 603, 611, 627, 642, 658, 660, 688, 662, 663, 667, 672, 689, 695, 699, 718, 724, 726, 735, 753, 754, 766, 777, 799, 807, 842, 861, 866, 868, 891, 907, 921
Kasprzyk, Jacek 366
Kastalski, Alexander D. 285
Katims, Milton **367**, 653
Katlewicz, Jerzy 887
Katwijk, Paul van 877
Kauffmann, Joachim 887
Kazandžiev, Vasil Ivanov **367**, 943
Kegel, Herbert **367**, 850, 878, 888
Kehr, Günter **368**
Keilberth, Joseph 290, 292, **368**, 369, 807, 812, 818, 829, 835, 865, 868, 879, 883
Kempe, Rudolf 75, 140, 245, **368**, 724, 812, 820, 829, 879, 892, 899, 922
Kempen, Paul van 274, **369**, 410, 450, 603, 807, 809, 872, 878, 884
Kerner, István 810, 873
Kershaw, Stewart 887
Kersjes, Anton 862
Kertész, István **371**, 754, 810, 811, 820, 891
Kes, Willem 862, 882
Keussler, Gerhard von 883
Kieffer, Detlef 927
Kielland, Olav 903
Kikuchi, Yoshinori **372**
Kindler, Hans 920
Kinsky, Robert 811
Kirshbaum, Joseph 374
Kitajenko, Dmitri G. **375**, 869, 881, 898
Kittel, Karl 477
Klas, Eri **375**
Klee, Bernhard **375**, 469, 880, 883
Kleiber, Carlos **376**
Kleiber, Erich 6, 54, 73, 238, 248, **376**, 393, 422, 487, 671, 807, 810, 811, 825, 868, 873, 899, 921
Kleinert, Rolf 869
Klemperer, Otto 44, 75, 124, 140, 169, 248, 280, 292, 371, **377**, 423, 499, 505, 592, 610, 654, 687, 714, 807, 808, 810, 820, 835, 839, 841, 873, 892, 910, 916, 922
Klenowski, Nikolai 828
Kletzki, Paul **378**, 683, 869, 877, 881, 890
Klíma, Alois 57, **378**, 911
Klindworth, Karl 605, 866
Klobučar, Berislav **379**, 816, 902
Kloke, Eberhard 870
Knappertsbusch, Hans 5, 350, **380**, 589, 592, 829
Kniese, Julius 767, 889
Koch, Helmut 383, 845, 924
Koch, Olaf 896
Kobayashi, Ken-Ichiro **381**, 790, 862, 874, 887, 918
Köhler, Siegfried **383**, 836, 841
Koellreutter, Hans Joachim 364
König, Gustav 880
König, Joseph 918
Königslöw, Otto von 648
Kogan, Pavel **384**
Kogel, Gustav Friedrich 881
Kohan, Pawel 899
Koizumi, Kazuhiro **384**, 918
Kojian, Varujan 914
Kókai, Rezső 214
Kolar, Victor 878
Kolz, Richard 819
Kondraschin, Kyrill P. 130, 375, **385**, 459, 460, 512, 862, 898
Konoye, Hidemaro **387**, 918
Konoye, Hidetake 387
Kontarsky, Bernhard **388**
Konwitschny, Franz **388**, 468, 807, 812, 814, 817, 868, 879, 881, 888, 893
Koopman, Ton 323, **388**, 696, 929
Kopylow, Alexander 828
Kord, Kazimierz **389**, 863, 885, 919, 920
Kórody, András **389**, 534, 810, 873
Koschin, Walentin 904
Košler, Zdeněk **390**, 808
Koslik, Gustav 920
Kostelanetz, André **390**
Kout, Jiří **390**, 836
Kovacs, János 810
Kovarovic, Karel 911
Krannhals, Alexander 776, 806, 818
Krasselt, Rudolf 806
Kraus, Richard **393**, 806, 820, 884
Krauss, Clemens 19, 82, 105, 145, 234, 292, 337, 379, **394**, 435, 502, 613, 695, 699, 710, 744, 751, 763, 777, 807, 814, 829, 842, 868, 880, 881, 921

Krebs, Karl August 879
Kreisig, Hans 877
Krenz, Jan **396**, 808, 841, 870, 885, 886
Kreubé, Frédéick 832
Kreutzer, Konradin 886
Kreutzer, Rodolphe 834
Krips, Henry **396**
Krips, Josef 44, 113, 141, 178, 396, **397**, 594, 662, 754, 777, 818, 837, 839, 866, 874, 891, 914, 917, 921
Krivine, Emmanuel **397**, 894, 896, 908
Krombholc, Jaroslav **398**, 835, 911
Krueger, Karl 878
Kruttge, Eigel 929
Krzemieński, Witold 885, 887
Kubelík, Rafael 17, 57, **398**, 549, 654, 773, 822, 830, 875, 900, 911
Kudrjawzwa, E. 190
Kuentz, Paul 198, **399**
Kuhn, Gustav **399**, 808, 869, 870
Kuijken, Sigiswald 107, 359, **400**, 925
Kulka, János **401**, 884
Kunits, Luigi von 919
Kuntzsch, Matthias **401**, 836, 915
Kunwald, Ernst 869, 876
Kurpiński, Karol 841
Kurtz, Efrem **402**, 675, 884, 890, 917
Kurz, Siegfried **402**, 807, 812
Kussewitzky, Sergej A. 14, 65, 121, 124, 366, **403**, 411, 441, 446, 502, 625, 738, 752, 870, 914
Kutzschback, Hermann 825
Labarre, Théodore 832
Lachner, Franz 825, 829
Lachner, Vinzenz 425, 697, 825
Lacovich, Peter 821
Lajtha, László 225
Lamberts, Constant 174
Lamoureux, Charles 123, 133, 146, 152, 731, 834, 904
Lane, Louis **410**, 877
La Rosa-Parodi, Armando 912, 919
Lassel, Rudolf 871
Latoszewski, Zygmunt 887
Laugs, Richard 819, 825
Lauweryns, Georges 823, 902
Layer, Friedemann 825

Lazarew, Alexander **416**, 828, 880
Leaper, Adrien 872
Lechner, Konrad 359, 784
Le Conte, Pierre-Michel **417**, 905
Lehel, György **418**, 874
Lehmann, Fritz 381. **419**, 922
Leinsdorf, Erich 163, **421**, 468, 563, 870, 876, 912, 913
Leitner, Ferdinand 307, **422**, 698, 811, 829, 839, 843, 877, 929
Lenaerts, Valère-Xavier 863
Lenárd, Ondrej 782
Leonhardt, Carl 502, 817, 839
Leppard, Raymond 39, 332, **424**, 505, 702, 895, 913, 927
Le Roux, Maurice **424**, 905, 930
Leroux, Xavier 116, 119, 123, 128
Lert, Ernst 806, 825
Lessing, Gotthold Ephraim 261, 863
Levi, Hermann **425**, 708, 818, 829
Levi, Yoel 863
Levine, Gilbert 887
Levine, James 253, **425**, 551, 724, 831
Lewis, Henry **426**, 335
Liadow, Konstantin 837
Ligeti, András 874
Lindenberg, Edouard 146, 295, **429**, 534
Lindner, Edwin 878
Linko, Erkki 884
Liška, Bohumír 57, 768
Litschauer, Franz 946
Litton, Andrew **432**, 871
Lockhart, James **433**, 819
Loehrer, Edwin **434**
Löwe, Ferdinand 788, 861, 899, 921, 958
Lohse, Otto 380, 820, 838
Loibner, Wilhelm **435**, 918
Lombard, Alain **435**, 655, 823, 834, 839, 870, 916
Lombardi, Vincenzo 120
López Cobos, Jesus **438**, 806, 840, 876, 894, 929
Lortzing, Albert 820
Lotti, Antonio 879
Loughran, James **440**, 865, 882, 895
Lowlein, Hans 807
Lozano, Fernando 897
Lucas, Eusèbio 897

Ludwig, Leopold **443**, 807, 816, 865
Ludwig, Werner 878
Luigini, Alexandre 832
Luigini, Joseph 823
Lukács, Ervin **443**, 810
Lutze, Walter 807
Lysy, Alberto **444**
Maag, Peter 440, **446**, 869, 912
Maasz, Gerhard 917
Maazel, Lorin 61, 133, 189, 191, 267, 315, 349, **446**, 488, 503, 553, 627, 799, 806, 842, 868, 876, 892, 905, 910, 921
Maćal, Zdeněk **447**, 883, 886, 917
Mackerras, Sir Charles 297, **448**, 721, 821, 917
MacMillan, Sir Ernest 919
Maderna, Bruno 399, **449**, 465, 475, 558, 576, 655, 895
Madey, Boguslaw 453
Märkl, Jun 836
Maerzendorfer, Ernst **449**
Mága, Othmar **450**, 870, 882
Mahler, Gustav 75, **450**, 472, 500, 645, 661, 684, 701, 770, 776, 810, 816, 819, 820, 835, 842, 901, 921
Maier, Franzjosef **451**
Maistre, Matthäus le 879
Maklakiewicz, Jan 919
Maksymiuk, Jerzy **453**, 882, 885, 944
Malawski, Artur 671
Malcolm, Sir George 288, **453**, 540, 647, 895
Malgoire, Jean-Claude 417, **454**, 754, 772, 939
Malko, Nicolaj A. 130, 174, **455**, 500, 837, 886, 91, 9174
Mancinelli, Luigi 49, 614, 811
Mandeal, Christian **456**, 874, 877
Mander, Francesco **456**, 894
Mandyczewski, Eusebius 714
Mangin 823
Mann, Tor 882
Mannino, Franco **456**, 830, 903
Mannsfeldt, Hermann 878
Mannstädt, Franz 662, 841
Manolov, Dimiter 915
Mansouri, Lofti 840
Mansurow, Fouat 828
Marek, Czeslaw 446

Margaritov, Athanas 915
Mari, Jean-Baptiste 904
Marinuzzi, Gino 812
Markevitch, Igor 9, 33, 44, 64, 74, 84, 110, 160, 193, 274, **459**, 498, 534, 549, 643, 654, 658, 689, 768, 880, 894, 897, 898, 904, 912
Markiz, Lev **460**
Markowski, Andrzej **460**, 887, 920
Marriner, Sir Neville **460**, 549, 897, 816, 930, 932
Marschner, Heinrich 817, 879
Martin, Louis 916
Martinez, Miguel Angel Gómez 825
Martini, Juan Emilio 811
Martinon, Jean 9, **463**, 619, 875, 877, 879, 880, 904, 905, 917
Martinotti, Bruno 895
Marty, Georges 265, **464**, 909
Marty, Jean-Pierre **465**
Mas, Salvador **465**, 844, 865
Masini, Gianfranco **465**, 897
Massini, Egizzio **466**
Masson, Diego 199, 299, **466**, 570, 932, 939
Masur, Kurt 237, **467**, 808, 878, 888, 901, 918
Mata, Eduardo **468**, 877
Matačić, Lovro von 75, 303, 379, 401, **468**, 807, 812, 814, 879, 881, 897
Mathauser, Libor 941
Mathieu, Jean-Pierre 944
Matthews, Appleby 869
Matzerath, Paul Otto **470**, 818, 811, 918
Mauceri, John **470**
Mayer, Wilhelm 775
Mayrhofer, Manfred 821, 889
McConathy, Osbourne 507
Méfano, Paul **474**, 936
Mehta, Zubin 240, 280, 312, **475**, 506, 549, 689, 714, 813, 856, 880, 892, 898, 901, 917
Meissner, Hermann 870
Melichar, Alois 477
Melik-Paschajew, Alexander S. 265, **477**, 828
Melles, Carl **478**
Melon, Alfred 890
Mendelssohn Bartholdy, Felix 807, 844, 848, 880, 888
Mengelberg, Willem 18, 56, 96, 165, 269, 276, 336, 369, 410, 431, **478**, 495, 499, 753, 758, 848, 862, 881, 901
Menuhin, Sir Yehudi 64, 70, 104, 125, 185, 200, 210, 217, 243, 268, 270, 288, 290, 350, 363, 370, 371, 397, 445, 453, 479, **480**, 491, 508, 547, 550, 551, 571, 675, 769, 771, 792, 949
Mercier, Jacques **481**
Merten, A. 888
Messager, André 265, **483**, 607, 634, 787, 822, 832, 909
Mester, Jorge **484**, 629, 892
Meyerbeer, Giacomo 807
Michael, Hermann 809, 872
Michael, Rigier 879
Michl, Rudolf 913
Mierzejewski, Mieczysław 920
Mihail, F. 784
Mihály, András **488**
Milhaud, Darius 212, 242
Minchejmer, Adam 841
Mintz, Shlomo 95, **491**, 562, 716, 944
Mitchell, Howard 920
Mitropoulos, Dimitri 35, 47, 65, 123, 139, 424, **492**, 664, 707, 897, 901
Młynarski, Emil 336, 378, 382, 625, 704, 841, 882, 919
Modarelli, Antonio 910
Moène, Alain 905
Möricke, Eduard 806, 878
Mogilewski, E. 772
Molinari, Bernardino 118, 280, 299, 494, 571, 599, 620, 830, 912, 917
Molinari-Pradelli, Francesco **494**, 827
Molter, Johann Melchior 818
Moniuszko, Stanislaw 841
Monteux, Pierre 74, 97, 100, 124, 155, 219, 340, 356, 460, 478, **495**, 497, 563, 570, 573, 662, 673, 699, 735, 738, 740, 800, 862, 870, 891, 909, 914
Montfeuillard, René 916
Montgomery, Kenneth 925
Moralt, Rudolf **496**, 816
Morel, Jean 148, 425, 484, **497**, 511, 629, 668, 685, 772, 909
Mori, Tadashi 887
Morlacchi, Francesco 879
Morris, Wyn **498**
Morrison, T. H. 895
Moser, Rudolf 631
Mottl, Felix 3, 204, 253, 330, 455, **499**, 590, 605, 728, 767, 777, 788, 818, 829, 830
Mrawinskij, Jewgenij A. 190, 265, 347, 351, **500**, 637, 671, 675, 681, 685, 727, 837, 914
Muck, Karl 11, 249, 303, 422, 478, **500**, 807, 862, 870, 883
Müller, Hans Udo 339
Müller-Brühl, Helmut **501**, 929
Müller-Kray, Hans 916
Müller von Kulm, Walter 865
Müller-Zürich, Paul 751
Münch, Charles 43, 50, 154, 173, 183, 242, 279, 288, 403, 421, 431, 463, 487, **501**, 637, 692, 716, 795, 870, 889, 903, 907, 909, 916
Münch, Ernest 838
Münch, Fritz 88, **502**, 723, 916
Münch, Hans 865
Münchinger, Karl 401, **502**, 758, 942, 943
Mugnone, Leopoldo 831
Munclinger, Milan **503**, 940, 941
Mund, Uwe **503**, 805, 816
Munzinger, Carl 21, 869
Musiescu, Fiorica 92
Mussin, Ilja 270, 727
Muti, Riccardo 115, 264, 370, 503, **505**, 525, 549, 685, 764, 813, 827, 880, 892, 895, 910
Myrat, Alexandre 183, 923
Nagano, Kent **507**, 823, 895
Naprawnik, Eduard F. 837
Nazareth, Daniel **509**, 830, 868
Nedbal, Oskar 468, 872, 911
Neel, Louis Boyd **510**
Negri, Vittorio **510**
Nelson, John **511**
Nelsson, Woldemar **512**, 819
Nespoli, Uriel 884
Nestler, Gerhard 798
Nettstraetter, Klaus 818, 848
Neuhaus, Rudolf 306, 783, 812
Neuhold, Günter **513**, 818, 863
Neumann, František 130
Neumann, Johann Gottlieb 879

Dirigenten

Neumann, Václav 513, 553, 629, 808, 821, 839, 888, 911, 976
Neumark, Ignaz 903
Nicolai, Otto 807, 921
Niculescu, Dinu 871
Nidecki, Tomasz 841
Niessen, Bruno von 836
Nikisch, Arthur 86, 142, 256, 270, 317, **516**, 552, 721, 729, 732, 798, 810, 820, 850, 866, 870, 887, 891, 921, 963
Nilius, Rudolf 921
Niwiński, Jan 885, 888
Nößler, Eduard 809
Norrington, Roger **519**, 925
Nosek, Carol 885
Nottebohm, Gustav 697
Nussio, Otmar 893
Oberhofer, Emil 897
Ochs, Erich 915
Octors, Georges 873
Österreicher, Karl 262, 465, 586
Östman, Arnold **522**
Ötvös, Gabor **523**
Olsen, Willy 878
Olmi, Paolo 912
Omachi, Yoichiro **526**, 918
Oppenheim, Hans 578
Oren, Daniel 830
Orlow, Alexander 584, 898
Ormandy, Eugene 100, 122, 293, **527**, 649, 673, 897, 910
Orthmann, Erich 825
Oschanitzky, Richard 917
Osowskij, Lew 828
Otaka, Tadaaki 875, 882, 918
Otten, Joseph 913
Otterloo, Jan Willem van **529**, 604, 877, 880, 884, 896, 917
Oubradous, Fernand 88, 125, 165, 175, 180, 409, 410, 435, **529**
Ozawa, Seiji 45, 384, 503, 506, **530**, 604, 605, 673, 710, 746, 785, 856, 870, 914, 918, 919
Paci, Mario 243
Paer, Ferdinando 879
Page, Willis 918
Paillard, Jean-François **534**, 940
Païta, Carlos **534**
Pál, Tamás **534**
Pallavicino, Carlo 879
Paniagua, Gregorio 933
Panizza, Ettore **537**, 754, 811
Panufnik, Andrzej 869

Panula, Jorma 635, 884
Panyella, Juli 923
Panzner, Karl 809, 820, 848, 880
Paolantonio 811
Papst, Eugen 170, 883, 884, 886
Paray, Paul 17, 58, 75, 167, 207, 480, 487, **538**, 539, 599, 878, 897, 903, 904
Parelli, Attilio 919
Parès, Gabriel 909
Pâris, Alain 182, **538**, 839
Parisi, Vittorio 895
Pasdeloup, Jules 146, 904
Patanè, Franco 542, 900
Patanè, Giuseppe **542**
Paul, Tibor **544**, 879
Paulmüller, Alexander 917
Paulus, Jean 909
Paumgartner, Bernhard 307, 364, 510, **544**, 654, 699, 914, 942
Paur, Emil 443, 820, 825, 870, 901, 910
Pavel, George 885, 917
Pazowski, Arij M. **545**, 828, 837
Pearce, Colman 879
Pedrollo, Arrigo 115, 919
Pekárek, Rudolf 911
Pelletier, Wilfried 898
Pensis, Henri 894
Peranda, Marco Gioseffo 879
Périsson, Jean 98, **549**, 916
Perlea, Ionel **550**, 874
Pernoo, Jacques 916
Persuis, Louis Loiseau de 834
Pešek, Libor **553**, 872, 890
Peskó, Zoltán 226, **553**, 840, 895
Peters, Reinhard 553 , 896
Petkov, Dobrin 915, 943
Pfaff, Luca **555**, 899
Pfitzner, Hans 253, 377, 838, 899, 916
Pflüger, Gerhard 316, 888, 896
Pich Santasusana, Juan 567
Pierné, Gabriel 411, 418, 495, 497, **557**, 739, 747, 903
Pinelli, Giovanni Battista 879
Pinnock, Trevor **560**, 931
Pitt, Percy 822
Plasson, Michel 147, 539, **563**, 710, 919
Pochitonow, Daniil 837
Pohlig, Carl 910
Polacco, Giorgio 596, 811
Pollak, Egon 809, 816, 820

Pommer, Max **566**, 887, 888
Pommier, Jean-Bernard **566**, 637
Popa, Mircea 917
Popesco, Trajan 889
Popescu, Paul 874
Popov, Sacha 915
Poppen, Hermann Meinhard 798
Porta, José 182
Poulet, Gaston 219, 435, 462, **570**, 571, 903
Pradella, Massimo **571**, 895
Präger, Heirnich Alois 820
Praetorius, Michael 879
Prestman, Brian 864
Prêtre, Georges 435, **572**, 811, 840, 919, 921
Previn, André 30, 138, 250, **573**, 691, 884, 891, 892, 910, 972
Previtali, Fernando 168, 371, 571, **573**, 811, 827, 912, 972
Prick, Christof **575**, 818, 836, 932
Prill, Paul 575, 899
Prin, Yves **576**, 863, 908
Pringsheim, Klaus 809
Pritchard, Sir John 308, **578**, 724, 811, 815, 820, 837, 890, 890, 891
Prohaska, Felix **578**
Prohaska, Karl 714
Proton de la Chapelle, Robert 894
Prümers, Adolf 806
Prüwer, Julius 14, 422
Queler, Eve **582**
Quennet, Arnold 807
Quinet, Fernand **583**, 888
Raabe, Peter 899
Raalte, Albert van 884
Rabaud, Henri 870
Rabinowitsch, Nikolaj 347, 375, 658, 681
Rachid, Safir 855
Rachlin, Nathan G. 8, **584**, 899
Rachmaninow, Sergej W. 395, 556, **584**, 679, 740, 828
Raczkowski, Wladyslaw 919
Rahbari, Alexander **586**
Rajski, Wojcieh 944
Rajter, L'udovít 872
Ramin, Günther 292, 306, 318, 361, 374, 375, **587**, 593, 601, 624, 655, 668, 767, 845, 850, 851
Rankl, Karl 822, 841, 882
Rapf, Kurt **589**
Raphael, Günter 896
Ratjen, Hans Georg 822

Register

Rattle, Simon **590**, 620, 869, 932
Ravier, Charles **591**, 631, 633, 754
Raytscheff, Russlan Petrov **591**
Reda, Siegfried 798
Redel, Kurt 315, **591**, 784
Reger, Max 86, 330, 714, 721, 896
Reichardt, J. C. Friedrich 819
Reichel, Adolf 869
Reichert, Manfred **592**, 928
Reichwein, Leopold 591, 861, 921
Reinecke, Carl 850, 888
Reiner, Fritz 65, 105, 312, 321, **593**, 597, 676, 81, 812, 822, 830, 875, 876, 879, 910
Reinhardt, Rolf **594**
Reinshagen, Victor 826, 843
Reinthaler, Karl Martin 872
Reiss, Carl 819
Reissiger, Karl Gottlieb 879
Reiter, Ernst 865
Remoortel, Edouard van **594**, 873, 897, 913
Remy, W. A. 775
Rennert, Wolfgang 825
Renzetti, Donato **595**
Rescigno, Nicola **596**, 812
Reuter, Rolf 237, **598**, 808, 820, 896
Rezler, Arnold 920
Reznicek, Emil Nikolaus von 825
Režucha, Bystrík 672
Rhené-Bâton **598**, 904
Riccius, A. F. 820
Richard, Raymond 909
Richter, Hans 94, 152, 191, 210, 362, 462, 499, **600**, 767, 783, 810, 822, 842, 861, 873, 891, 895, 921
Richter, Karl 69, 309, 588, **601**, 854
Richter, Paul 871
Rickenbacher, Karl Anton **603**, 872, 882
Rieger, Fritz **604**, 809, 825, 872, 895, 899, 902
Riem, Wilhelm Friderich 872
Rietz, Julius 425, 659, 820, 848, 879, 888
Rieu, André 821
Rignold, Hugo 869, 890
Rilling, Helmuth 213, 246, **604**, 772, 859, 943
Risler, Edouard 152, 188, 228

Ristenpart, Karl 349, **606**, 942
Ristori, Giovanni Alberti 879
Rivoli, Gianfranco **607**, 889, 895
Roa, Miguel 824
Robert, Richard 314, 714
Robertson, David 885, 937
Robertson, James 821
Rodan, Mendi 668, 873, 874, 885
Rodenstock, Joseph 825
Rodziński, Artur 47, 65, 534, 548, **610**, 738, 875, 876, 892, 901
Rögner, Heinz **610**, 751, 807, 845, 869, 918
Röhr, Hugo 825
Rogalski, Theodor 874
Rohan, Jindřich **612**, 911
Romansky, Ljubomir Stojanov **613**, 841, 848
Ronald, Sir Landon 496, **614**, 882
Ronly-Riklis, Shalom 885
Ropartz, Guy 916
Rosbaud, Hans 11, 87, 395, 604, **615**, 839, 843, 863, 881, 899, 922
Rosen, Albert **616**, 879
Rosenfeld, Edmond **617**, 923
Rosenstock, Joseph 582, **617**, 772, 790, 820, 841, 918
Rosenthal, Manuel 118, 274, 295, 395, 481, **618**, 691, 888, 905
Roshdestwenskij, Gennadi N. 23, 570, **618**, 658, 828, 890, 898, 899, 915, 921
Ros Marbá, Antoni 465, **619**, 865, 894, 923
Rossi, Mario **620**, 813, 880, 919
Rostropowitsch, Mstislaw L. 40, 46, 185, 201, 270, 271, 281, 320, 370, 432, 434, 452, 480, 506, 602, **621**, 627, 632, 644, 710, 784, 920, 941
Rother, Arthur Martin **624**, 806, 869
Rothwell, Walter Henry 892
Rottenberg, Ludwig 814
Rowicki, Witold 460, **625**, 723, 865, 885, 887, 919, 920
Rozsnyai, Zoltán 896
Rubinstein, Anton G. 105, 138, 250, 256, 331, 336, 382, 424, 427, 532, 791, 861

Rubio, Jorge 894
Rucht, Karl 893
Rudel, Julius **626**, 831, 874
Rudolf, Max 332, 425, 468, **626**, 830, 876, 877, 913
Rühlmann, François **627**, 832, 834
Rüth, Ludwig 893
Ruhland, Konrad **628**, 933
Rumpf, Alexander 918
Runnicles, Donald C. 837
Ruotolo, Renato 889
Russell Davies, Dennis **629**, 808, 839, 875, 942, 983
Russell, John 890
Ruthardt, Julius 809
Ryder 823
Sacher, Paul 160, 242, 333, **631**, 762, 923, 924, 946
Safonow, Wassili I. **633**, 901
Saint-Leger, Frank 884
Saitō, Hideo 345, 530, 725, 767, 772
Sajnović, Jovan 866
Salmhofer, Franz 842
Salonen, Esa-Pekka **635**, 892, 916, 932
Samossud, Samuil A. **636**, 828, 898
Sanderling, Kurt 8, **637**, 812, 867, 879, 898, 914, 918
Sanderling, Thomas **637**, 862
Santi, Nello **638**, 827, 865
Sanzogno, Nino **638**, 827, 840, 895
Saradschwe, Konstantin 130
Saraste, Jukka-Pekka **640**, 884, 927
Sargent, Sir Malcolm 287, 511, **640**, 853, 890, 895
Satanowski, Robert **642**, 841
Sauer, Heinrich 870
Sawallisch, Wolfgang 31, 55, 290, 350, 375, 506, **643**, 654, 806, 820, 829, 841, 882, 883, 910, 921
Scaglia, Ferrucio 912
Scandello, Antonio 879
Schalk, Franz 245, 364, 372, 394, 541, 610, **645**, 842
Schaporin, Juri A. 714
Scheel, Fritz 910
Scheinpflug, Paul 878, 880
Schelling, Ernest 864
Scherbatschow, Wladimir 500
Scherchen, Hermann 18, 87, 118, 145, 159, 182, 197, 257, 315, 322, 381, 401, 449, 459, 465, 606,

Dirigenten

610, 639, **646**, 764, 839, 865, 874, 881, 884, 888
Schiff, Heinrich 329, 486, **647**, 793
Schifferblatt, Nicolai 918
Schillings, Max von 253, 316, **648**, 806, 807, 839
Schimpl, Kornel 685, 872
Schindler, Anton 789
Schippers, Thomas **649**, 876, 912
Schirmer, Ulf 841
Schmeidel, Hermann von 922
Schmid, Erich **649**, 848, 865, 922
Schmid, Reinhold 262, 438
Schmidt, Franz 435, 921
Schmidt, Gustav 820
Schmidt, Karl 807
Schmidt-Boelke, Werner 900
Schmidt-Isserstedt, Hans 290, **651**, 660, 768, 806, 883, 915
Schmitz, Paul **651**, 819, 829
Schmitz, Peter 896
Schmuller, Alexander 913
Schnackenburg, Helmut 809, 872
Schnéevoigt, Georg Lennart **652**, 880, 884, 892, 899, 903, 915
Schneider, Friedrich 820
Schneider, Peter **654**, 809, 825
Schneider, Urs **654**, 942
Schneidt, Hanns-Martin **655**, 855, 922, 929
Schnitzler, Claude **655**, 839, 911
Schöll, Klaus Rainer 933
Schönherr, Max 920
Scholz, Bernhard 817
Schønwandt, Michael **657**, 867, 902
Schostakowitsch, Maxime D. **658**, 898, 900
Schradieck, Henryk 876
Schröder, Fritz 888
Schröder, Kurt 881
Schuch, Ernst von 142, **659**, 701, 806, 812, 879
Schüchter, Wilhelm **660**, 878, 884, 886, 918
Schüler, Johannes 807, 817, 880
Schürer, Johann Georg 879
Schürmann, Georg Caspar 896
Schütz, Heinrich 879
Schulz, Richard 922
Schumann, Robert 848, 880
Schuricht, Carl 11, 26, 32, 401, **661**, 777, 845, 878, 888
Schuster, Joseph 879
Schuurmann, Frits 877
Schwarz, Gerard 932
Schwarz, Reinhold **663**, 829
Schwarz, Rudolf **663**, 818, 869, 871, 890
Scimone, Claudio 228, **664**, 889, 934
Seaman, Christopher 882
Sébastian, Georges 637, **666**, 811
Segal, Uri **668**, 896, 944
Segerstam, Leif Selim **668**, 884, 886, 893, 920
Seibel, Klauspeter **669**
Seidl, Anton 164, 809, 820, 830, 835, 876, 901
Seidler-Winkler, Bruno 869
Šejna, Karel **670**, 911
Sellenick, Adolphe 909
Semkov, Jerzy **671**, 841, 912, 913
Sendrey, Alfred 888
Serafin, Tullio 25, 47, 110, 175, 262, 276, 299, 537, 620, **672**, 677, 811, 827, 830
Serebrier, José 223, **672**
Serow, Eduard **674**, 914
Setaccioli, Giacomo 301
Seydelmann, Franz 879
Seydelmann, Helmut 807, 820, 868
Shallon, David **676**, 880, 885
Shaw, Robert Lawson **676**, 863
Sheriff, Noam 676
Sherman, Alec 36
Sieben, Wilhelm 878, 915
Sieghart, Martin 821, 889, 943
Siemonn, George 864
Siloti, Alexander I. 285, 341, 565, 584, **679**
Silverstein, Joseph 914
Silvestri, Constantin 146, 148, **679**, 680, 871, 874
Simeonow, Konstantin 837
Simeonow, Vladi 915
Similä, Martti 884
Simon, Albert **680**
Simon, Emil 877
Simonis, George 784
Simonovitch, Konstantin 299
Simonow, Jurij I. **681**, 828
Sinaiski, Wassilij 898
Singer, Georg 885
Singer, Jacques 877
Sinopoli, Giuseppe **682**, 806, 812, 879, 891, 912
Siohan, Robert Lucien **682**
Sipe, Leopold 942
Sitt, Hans 471
Siziliani, Francesco 813
Skrowaczewski, Stanislaw **683**, 785, 885, 887, 895, 897, 942
Slatkin, Felix 684
Slatkin, Leonard **684**, 900, 913
Slovák, Ladislav **685**, 721, 872, 911
Smetáček, Václav 553, **685**, 867, 911
Smetana, Bedřich 882
Smith, Lawrence Leighton 892
Smola, Emmerich **686**
Söderblom, Ulf 884
Sokoloff, Nikolai 876
Soldan, Kurt 467
Soltesz, Stefan **688**
Solti, Sir Georg 17, 36, 37, 44, 191, 197, 287, 356, 401, 467, 539, 549, 564, 605, **688**, 724, 752, 753, 773, 814, 922, 829, 834, 875, 877, 881, 891, 907, 925
Somogyi, László 371, 401, 418, 443, 680, **689**, 794, 874, 912
Sondeckis, Saulius **689**, 946
Sopkin, Henry 863
Soret, Maurice 889
Soudant, Hubert 226, **690**, 908
Souris, André 926
Soustrot, Marc **691**, 863
Spaanderman, Jaap 690
Spiteri, Vicente 894
Spohr, Louis 819, 880
Spontini, Gasparo 807
Springer, Alois 896
Stadlmair, Hans **696**, 934
Stahl, Ernst 878
Stasewitsch, Abram 898
Steck, Arthur 897
Stefani 501
Stefanov, Vassil Ivanov **697**, 915
Steffen, Willy 917
Stein, Fritz 127, 896
Stein, Horst 612, **697**, 777, 807, 816, 825, 865, 882
Steinbach, Fritz 79, 104, 209, 380, **697**, 886, 896, 901
Steinberg, Lew P. 899
Steinberg, Maximilian 584
Steinberg, Pinchas **698**, 809, 872, 920
Steinberg, William 452, **698**, 814, 835, 870, 874, 891, 910, 917

Register

Steiner, Willy 883
Stenhammar, Wilhelm 882
Stephani, Martin 922
Stepp, Christoph 696, 893, 934
Sternefeld, Daniel **699**, 873
Stewart, Reginald 864
Stiedry, Fritz 375, **701**, 806, 831, 843, 914
Stock, Frederick **702**, 707, 875
Stockhausen, Franz 316, 916
Stockhausen, Julius 614, 845, 883
Stoessel, Albert 190
Stoia, Achim 884
Stokowski, Leopold 41, 446, 458, 482, 528, 563, 610, 677, 691, **703**, 738, 876, 884, 901, 910
Stolz, Jacob 704
Stolz, Robert Elisabeth **704**
Stoutz, Edmond de **705**, 946
Stransky, Josef 901
Straram, Walther 63, 102, **706**
Straube, Karl 234, 318, 417, 587, 588, 593, 601, 653, **707**, 731
Strauß, Johann 704
Strauss, Paul **707**, 888
Strauss, Richard 73, 124, 254, 319, 441, 452, 499, 532, 592, 645, 697, **708**, 714, 807, 829, 842, 866, 868, 896, 901
Strawinsky, Igor 124, 212
Striegler, Kurt 368
Strube, Gustav 864
Strugała, Tadeusz 885, 887
Strungk, Nikolaus Adam 879
Stryja, Karol **709**, 885
Stucken, Frank van der 876
Šubert, František 835
Sucher, Josef 820
Süsskind, Hans Walter 684, **710**, 876, 882, 896, 915, 919
Suitner, Otmar 465, **710**, 807, 812, 868, 879, 893
Suk, Váša 828
Sulzer, Balduin 778
Sunshine, Adrian 889
Suriñach, Carlos 805
Šurev, Angel 866
Sust, Joseph Sabater 805
Sutej, Vjekoslav 840
Suter, Hermann 865
Suzan, Maurice 889
Svárovsky, Leoš 872
Swarowsky, Hans 3, 26, 118, 134, 172, 178, 190, 230, 231, 262, 268, 287, 351, 399, 415, 438, 465, 475, 479, 503, 513, 527, 555, 577, 585, 586, 654, 676, 688, **713**, 775, 794, 807, 816, 843, 882
Sweschnikow, Alexander W. 674
Swetlanow, Jewgenij F. 265, **714**, 877, 899
Szell, George 14, 74, 123, 176, 215, 314, 425, 447, 498, 599, 604, 668, 676, 710, **714**, 742, 752, 777, 807, 830, 835, 839, 876, 882, 901, 916
Szendrei, Alfred 501
Szenkar, Eugen 813, 825, 880, 898
Tabachnik, Michel **718**, 889, 896, 937
Tabakov, Emil 915, 943
Taffanel, Paul 265, 464, 499, 529, **719**, 834, 909
Talich, Václav 18, 341, 398, 448, 514, 697, **721**, 835, 871, 872, 882, 910, 915, 941
Talmi, Yoav **722**, 944
Tamayo, Arturo **723**, 933
Tanejew, Serge I. 190
Tang, Muhai 863, 889
Tango, Egisto 810
Tardue, Marc 928
Tate, Jeffrey **724**, 913, 930
Taube, Michael 885
Tausch, Julius 848, 880
Tchakarov, Emil **725**
Teichmüller, Robert 11, 142, 471, 587, 653
Temirkanow, Jurij 270, **727**, 837, 914
Tennstedt, Klaus **727**, 883, 891
Terby, Fernand 872
Terebesi, György 940
Testi, Flavio 813
Thielemann, Christian 902
Thomas, Ronald 925
Thomas, Theodore 702, 875, 901
Thomson, Bryden 875, 879, 895
Thuile, Ludwig 3
Tietjen, Heinz 293, 386, **732**
Tilegant, Friedrich 940
Tilmant, Alexandre 909
Tilmant, Théophile 832
Tilson-Thomas, Michael **733**, 891
Toldrá, Eduardo 619, **734**, 865
Tomasi, Henri 826, 897
Torkanowsky, Werner **735**, 900
Tortelier, Paul 201, 239, 317, 339, 517, 540, 548, 735, **736**
Tortelier, Yan-Pascal **736**, 895
Toscanini, Arturo 6, 9, 19, 35, 42, 49, 71, 114, 115, 117, 123, 139, 163, 165, 181, 182, 196, 254, 280, 297, 301, 321, 327, 336, 339, 359, 367, 373, 415, 421, 446, 458, 478, 482, 488, 495, 499, 518, 520, 528, 537, 542, 546, 552, 560, 576, 610, 623, 673, 676, 677, 684, 688, 701, 703, 706, 715, 726, **736**, 738, 742, 761, 764, 769, 771, 811, 826, 827, 830, 892, 901, 917
Toyama, Yuzo 887
Toye, Geoffrey 822
Travis, Francis 723
Treiber, Wilhelm 819
Trenkler, August 878
Trhlík, Otakar 872
Triq, Jean 826, 840
Tschakarow, Emil 226, 863
Tscherepnin, Nikolai N. 265, 402, 455, 477
Tschupp, Räto 940
Tuckwell, Barry **741**
Turchi, Guido 895
Turnovský, Martin **742**, 879
Tuxen, Erik 886
Tyler, James 614, 930, 931
Týnský, Richard 872
Tzipine, Georges 691, 896
Ueter, Carl 347, 364
Unger, Ernst 238
Urbón, Héctor 818
Vajnar, František **746**, 911
Valdes, Maximiano **746**, 874, 915
Válek, Vladimir 911
Valentino, Henry 832
Vandernoot, André **748**, 863, 873
Varga, Gilbert **750**, 896
Varviso, Silvio **751**, 806, 834, 839
Vásáry, Tamás **751**, 925
Végh, Sándor 52, 274, 418, 550, 714, **753**, 800, 942, 954, 959, 965, 968, 973, 978
Veltri, Michelangelo **754**, 805, 811
Venhoda, Miroslav 941, 991
Venth, Carl 877
Verbitsky, Vladimir 872
Verbrugghen, Henry 897

Vernizzi, Fulvio 887
Veselka, Josef 57, 447, 858
Vianesi, Auguste 832, 834
Vianna da Motta, José **756**
Vidal, Paul 834
Vintilá, Gheorghe 885
Viotta, Henri 877
Viotti, Marcello 809, 872, 813, 913
Vitale, Edoardo 811
Vlad, Roman 813, 919
Vöchting, Christian 843
Voegelin, Urs 889
Vogel, Jaroslav 872
Voicu, Ion **763**, 874, 926
Volkland, August 865
Volkmann, Otto 870, 880
Vondenhoff, Bruno **764**, 814, 881
Vonk, Hans **764**, 805, 812, 877, 879, 884, 886
Votto, Antonino 25, 505, **764**, 795, 827
Vronský, Petr 872
Wachmann, Eduard 874
Waghalter, Ignatz 806
Wagner, Ferdinand 818, 902
Wagner, Richard 879
Wagner, Robert 449, **766**
Wagner, Siegfried **767**
Wakasugi, Hiroshi **767**, 813, 886, 918, 922
Waldhans, Jiří **768**, 872
Wallat, Hans **768**, 809, 813, 820, 825, 872, 878
Wallberg, Heinz **769**, 809, 841, 872, 880, 900, 920
Wallenstein, Alfred 378, 425, **769**, 892
Wallez, Jean-Pierre 95, 238, 557, 604, 718, **769**, 937, 939
Walter, Alfred 873
Walter, August 865
Walter, Bruno 3, 4, 109, 213, 227, 240, 280, 339, 345, 373, 380, 420, 421, 441, 451, 478, 480, 499, 501, 520, 544, 551, 560, 592, 656, 660, 666, 671, 704, 715, 732, 740, 760, **770**, 806, 808, 822, 829, 830, 842, 861, 862, 868, 888, 901, 917, 921
Walter, Johann 879
Walter, Paul 837
Wand, Günter 8, 375, **771**, 820, 883, 886, 914
Wangenheim, Volker 870, 925
Warlich, Hugo 914
Watanabe, Akeo 346, 381, **772**, 887, 918

Weber, Carl Maria von 879
Weber, Ludwig 279
Weder, Ulrich 808, 829
Weigle, Jörg-Peter **774**, 850, 878
Weigmann, Friedrich W. 817
Weikert, Ralf **775**, 808, 837, 843, 914
Weingartner, Felix von 20, 214, 254, 296, 316, 339, 397, 441, 544, 631, 701, 708, 713, 744, **775**, 786, 811, 816, 822, 825, 842, 843, 865, 868, 899, 901, 920
Weingartner, Hermann 544
Weisbach, Hans 470, **777**, 880, 888, 921, 922
Weise, Klaus 878, 902
Weismann, Julius 383
Weißmann, Frieder 670
Weldon, George 869
Weller, Walter 423, **777**, 880, 890, 892, 920, 921
Welser-Möst, Franz **778**, 891, 893
Wendel, Ernst 872
Wenzinger, August 429, 642, **778**, 929
Werner, Fritz 779
Werthen, Rudol **779**
Westerberg, Stig 916
Wettge, Gustave 909
Wetzelsberger, Bertil 814, 839, 902
Whitney, Robert 892
Whyte, Ian 882
Wich, Günter **779**, 813, 816, 817
Wicherek, Antoni 841
Widmer, F. 843
Wiesenhütter, Gerhart 888
Wijnkoop, Alexander van 925
Wiklund, Adolf 915
Wilczak, Tadeusz 920
Wilkomirski, Kazimierz 396
Willcocks, Sir David **781**, 846, 851
Williams, John 870
Williamson, Narcissa 925
Wimberger, Gerhard 307
Winderstein, Hans 899
Windingstad, Ole 900
Winkler, Johannes **783**, 821
Winschermann, Helmut 289, **783**, 927
Wisłocki, Stanislaw **784**, 885, 920
Wit, Antoni 182, **785**, 885, 920
Witkowski, Georges M. 893, 894

Witkowski, Jan 894
Witte, Georg Hendrik 880
Witold, Jan 629
Wodiczko, Bohdan 841, 885, 887, 919
Wöss, Kurt **786**, 821, 889, 896, 918, 920
Wolff, Albert 20, 69, 96, 185, 207, 484, **787**, 811, 830, 833, 904
Wolff, Hugh 942
Wollgandt, Edgar 82
Wood, Sir Henry 161, 523, 640, 688, **788**, 890, 891, 901
Woolfenden, Guy 504
Wüllner, Franz 21, 478, 659, 661, 698, **789**, 829, 866, 879, 886
Wüst, Philipp 825, 836, 839
Wyss, Niklaus 887
Yamada, Kazuo 372, 381, **790**, 887, 918
Ysaÿe, Eugène 47, 53, 157, 257, 278, 319, 350, 480, 490, 508, 576, 579, 615, 625, 699, 729, 731, 759, **791**, 876, 980
Zach, Max 913
Zack, Arthur 900
Zagrosek, Lothar **794**, 821, 834, 920, 927, 932
Zallinger, Meinhard von **794**, 808, 816, 837
Zanotelli, Hans **795**, 915
Zaun, Fritz 816, 820
Zdravković, Živojin 866
Zecchi, Carlo 299, 349, 452, 475, 664, 762, **795**, 889, 946
Zedda, Alberto **795**
Zehnacker, Serge 899
Zeilinger, Roman 821, 889
Zelenka, Jan 879
Zelman, Alberto 896
Zemánek, Vilém 910
Zemlinsky, Alexander von 807, 808
Zender, Hans **797**, 816, 883, 913, 927
Zinman, David **800**, 864, 912, 913 , 923
Zollmann, Ronald 873
Zukerman, Pinchas 138, 201, 202, 257, 364, 548, **801**, 942
Zumpe, Hermann 899
Zweig, Fritz 28, 240, 807, 808

Fagott
Allard, Maurice **13**, 981
Bourdeau, Eugène 529
Carry, François 983

Faisandier, Gérard 982
Fürch, Axel 870
Grandmaison, Gabriel 982
Hanzl, Rudolf 982
Herder, Hermann 982
Högner, Günter 983
Hongne, Paul 937, 981, 982
Hübner, Eckart 980
Laroque, Jean-Pierre 982
Lemke, Hans 982
McCraw, Michael 928
Oubradous, Fernand 88, 125, 165, 175, 180, 409, 410, 435, **529**
Peters, Josef 982
Rabot, André 982
Sabow, Ralf 981
Turkovíc, Milan 660, **742**
Wallez, Amaury 170

Flöte
Adorján, András **6**, 198
Artaud, Pierre-Yves **30**
Audard, Yves 940
Barrère, Georges 636
Blaquart, Gaston 241
Blondeau, Jean-François 983
Bourdin, Roger **87**, 131
Brüggen, Frans **97**, 107, 400, 929
Bruscalupi, Virgilio 47
Caratgé, Fernand 87, 935
Castagner, Jacques 89, 982
Clemencic, René **140**, 417, 945
Collette, Johannes 140
Conradi, Peter 870
Copley, Michael 926
Cortet, Roger 292, 982
Cranesse, Gaston 154
Creati, Giambattista 267
Crunelle, Gaston 30, 170, 218, 260, 412, 588, 982
Debost, Michel 95, **170**, 315, 612
Dorus, Vincent-Joseph 719
Drappier, Yvonne 515
Freivogel, Willy 982
Gallois, Patrick 949
Galway, James 88, **260**, 494, 866
Gazzelloni, Severino 114, **267**
Graf, Peter-Lukas **292**
Guilbert, André 268
Hennebains, Adolphe 499
Hervé, J. 983
Hyde-Smith, Christopher 609
Jaunet, Alfred 292, 515
Kaiser, Karl 928
Klemeuer, Hermann 982
Kuijken, Barthold 107, **400**

Lardé, Christian 30, 198, 348, **412**, 691, 981
Larrieu, Maxence 294, **412**, 489, 937, 981
Le Roy, René 481, 935, 982
Linde, Hans-Martin **429**, 924
Marion, Alain 25, **458**
Masson 87
Matharel, Philippe 935
Moyse, Louis 499
Moyse, Marcel 87, 98, 241, 260, 292, **499**, 515, 706
Müller, Evamarie 981
Mule, Pol 87
Munclinger, Milan **503**, 940, 941
Munrow, David 332, **504**, 930
Nicolas, Jean-Pierre 935
Nicolet, Aurèle 6, 99, 292, **515**, 557, 660, 866
Otten, Kees 97, **528**
Pierlot, Philippe 557
Prill, Emil **575**
Pruvot, Maurice 983
Rampal, Jean-Pierre 6, 25, 87, 170, 212, 260, 268, **588**, 630, 736, 755, 937, 966, 981
Rampal, Joseph 412, 459
Reber, Napoléon-Henri 719
Recnicek, Herbert 660
Redel, Kurt 315, **591**, 784
Rich-Zukerman, Eugenia 801
Rijkx, Peter 981
Rooyakkers, Jemma 983
Sanvoisin, Michel 633, 935
Scheck, Gustav 289, 429, 514, 779
Schneider, Michael 928
Schulz, Wolfgang **660**, 742, 983
Shaffer, Elaine 402, **675**
Sothcott, John 932
Staeps, Hans Ulrich 140
Steinmann, Conrad 924
Stilz, Manfred **702**
Taffanel, Paul 265, 464, 499, 529, **719**, 834, 909
Taffanel, Simon 265, 719
Tassinari, Arrigo 267
Tetzlaff, Angela 980
Tortelier, Pomone 736
Vuillain, Jean-Claude **754**
Vester, Frans 400
Walter, Bernhard 982
Walter, Johannes 879. 982
Zöller, Karlheinz **800**

Gambe
Batt, Jean-Pierre 940
Brookes, Oliver 930

Charbonnier, Jean-Louis **132**
Coin, Christophe **144**, 924, 938
Dupré, Desmond **201**
Jones, Sterling 934
Kuijken, Sigiswald 107, 359, **400**, 925
Kuijken, Wieland 107, 359, **400**, 643
Matiffa, Elisabeth 935
Reculard, Mireille 935
Savall, Jordi 132, 144, 229, 389, **643**, 924
Skowron, Julien 940
Sláma, František 941
Tyleer, James 614, 930, 931
Valentin, Lucie 935
Wenzinger, August 429, 642, **778**, 929
Zipperling, Rainer 928

Gesang: Alt
Alcock, Merle 224
Anderson, Marian **19**, 190, 519, 629
Arangi-Lombardi, Giannina 695
Behr, Therese 546, 651
Besalla-Ludwig, Eugenie 443
Billa, Azéma, Jeanne 512
Brandt, Marianne 757
Branzell, Karin 200
Bugarinovič, Melania **101**
Burmeister, Annelies **102**
Capuana, Maria **118**
Cavelti, Elsa 778
Cvejič, Biserka **161**
Delna, Maria **176**, 747
Dominguez, Oralia **194**
Dunn, Mignon 91, **200**
Durigo, Ilona 695
Erler-Schnaudt, Anna 328
Ferrier, Kathleen Mary **227**, 496, 701, 815
Finnilä, Birgit **229**
Forrester, Maureen **239**
Gay, Maria 568
Hamari, Julia **309**
Heynis, Aafje 257, **326**
Höffgen, Barbara 328
Höffgen, Marga **328**
Janda, Therese 91
Jung, Helene 103
Liebenberg, Eva 723
Madeira, Jean 91, **448**
Marchisio, Barbara 163
Matzenauer, Margarete 470
Metcalfe, Susan 124
Mysz-Gmeiner, Lula 19, 605, 663
Nichols, Mary 930
Onegin, Sigrid **526**

Olszewska, Maria 660
Otter, Annie-Sofie von 528
Procter, Norma **578**
Rehfuss-Peichert, Florentine 592
Resnik, Regina **596**
Reynolds, Anna 565
Rössel-Majdan, Hildegard **611**
Schimon-Regan, Anna 392
Schnabel-Behr, Theresa 695
Schumann-Heink, Ernestine **661**
Simionato, Giulietta 102, 784
Sterling, Antoinette 757
Stutzmann, Nathalie **710**
Töpper, Herta **734**
Watts, Helen Josephine 773
Wenkel, Ortrun **778**
West, Lucretia 332
Winterfeld, Margarete von 789
Wirtz, Clara 593

Gesang: Bariton
Ahlersmeyer, Matthieu **7**
Allen, Thomas **13**, 815
Bacquier, Gabriel **36**, 345, 809
Baer, Olaf **37**
Bastianini, Ettore **48**
Battistini, Mattia **49**, 472, 607
Baugé, André **51**
Becht, Hermann **53**
Beckmans, José **53**
Benoît, Jean-Christophe **59**
Bernac, Pierre 17, **63**, 94, 398, 519, 561, 692
Bevan, Maurice 923
Bianco, René **68**, 156
Björling, Sigurd **71**
Blanc, Ernest **72**
Blankenheim, Toni **73**
Bogtman, Laurens 326
Bourbon, Jean 463
Bourdin, Roger 83, **87**
Boyce, Bruce 411
Brambaroff, Christo 26
Bratt, Gillis 234
Braun, Victor **92**
Brendel, Wolfgang **93**
Brownlee, John 71, 475
Brumbarov, Christo 189
Bruns, Paul 193
Brzezinski, Waclaw 372
Bruson, Renato **100**
Cachemaille, Gilles **109**
Cambon, Charles **112**
Capecchi, Renato **115**
Cappucilli, Piero **117**, 189, 238
Carey, Clive 712
Carrington, Simon 852
Ciampi, Ezio 606
Coletti, Filippo 596
Cotogni, Antonio 276, 414, 597, 694
Dam, José van **164**
Danise, Giuseppe 596, 644
De Gorgoza, Emilio 148
De Luca, Giuseppe **177**
Dens, Michel **179**
Dőme, Zoltán 518
Domgraf-Fassbaender, Willy **193**, 224, 536, 708, 787
Dossmann, Daniel 940
Dufranne, Hector **199**
Duhan, Hans 379
Eddy, Nelson **205**
Endrèze, Arthur 72, **209**
Evans, Sir Geraint **218**, 822
Fischer-Dieskau, Dietrich 44, 178, 211, 215, **231**, 257, 328, 496, 602, 606, 643, 750, 959, 966
Fondary, Alain **238**
Forsell, John 70, 648, 713
Forstén, Filip 744
Frantz, Ferdinand 245
Fugère, Lucien **252**, 263, 759
Galeffi, Carlo 117
Garcias, Manuel 463, 756, 788
Ghiardinim, Emilio 665
Glettenberg, Clemens 156
Glossop, Peter **281**
Gobbi, Tito 63, 222, 260, **282**, 345, 665, 672
Grossmann, Rudolf 630
Haas, Julien 216
Hale, Robert **308**
Hampson, Thomas **309**
Harrell, Mack 311, 700
Henderson, Roy 227, 229, 326, 578, 677
Henschel, Sir George **322**
Hirte, Klaus **328**
Hoffmann, Baptiste 58
Holt, Anthony 852
Hüsch, Gerhard 292, **339**, 540, 660
Huttenlocher, Philippe **340**
Jansen, Jacques 158, **351**
Janssen, Herbert **351**
Kaschmann, Giuseppe 35
Kerns, Robert **371**
Kraus, Otakar 27, 169, **393**, 593
Kruysen, Bernard **398**
Lafont, Jean-Philippe **406**
Lasalle, Jean 463
Lassner, Oskar 75
Lierhammer, Theo 205
Lohmann, Paul 517, 778
MacNeill, Cornell **448**
Magini-Coletti, Antonio 457
Manugerra, Matteo **457**
Massard, Robert **465**
Massini, Enrico 466
Masurok, Jurij 31, **467**
Maurane, Camille 158, 178, **471**
Maurel, Victor 209, 432, **471**
Mazura, Franz **473**
McDaniel, Barry **473**
McIntyre, Donald **474**
Merrill, Robert **482**, 490, 554
Migai, Sergej 467
Milnes, Sherrill **490**
Montesanto, Luigi 189
Morelli, Carlo 794
Musy, Louis 692
Nimsgern, Siegmund **517**
Nucci, Leo **520**
Otto, Karl 529
Panerai, Rolando **536**
Panzéra, Charles August Louis **537**
Périer, Jean **549**
Persichini, Venceslao 49
Pessina, Arturo 549
Petit, Albert 463
Piazza, Luigi 533
Pierrot, Bernard 940
Pini-Corsi, Antonio 163
Piquemal, Michel **561**, 856
Pons, Juan **567**, 837
Prey, Hermann 211, 332, **573**, 579, 643
Quilico, Gino **582**
Quilico, Louis 582, **583**
Rehfuss, Carl 592
Rehfuss, Heinz Julius **592**
Rehkemper, Heinrich **592**
Reinemann, Udo 441
Renaud, Maurice **594**
Robinson, Adolf 657, 685
Rouard, Edouard 259
Ruffo, Titta 608, **628**
Sammarco, Mario 656
Sandoz, Paul 99
Sarabia, Guillermo **639**
Schneidemantel, Karl 75
Schellenberg, Arno 284
Schlusnus, Heinrich 629, **649**
Schöffler, Paul 402, **656**
Schorr, Friedrich 330, 421, 822, 837
Scotti, Antonio 49, **665**
Shirley-Quirck, John **677**, 851
Singher, Martial 15, 296, 373, 511, **681**, 746
Souzay, Gérard 17, 39, 64, 158, 345, **692**, 799
Stabile, Mariano **694**

Register

Staegemann, Waldemar 656
Steiner, Franz 744
Steward, Thomas 416
Stilwell, Richard 702
Stockhausen, Julius 614, 883
Stracciari, Riccardo 137, 706
Stroesco, Constantin 154
Svéd, Alexander 706
Taddei, Giuseppe 533, 719
Taskin, Emile-Alexandre 549
Thöny, Herbert 350
Thomas, John-Charles 490
Tibbett, Lawrence Mervil 490, 732, 772
Trenpont, Michel 809
Uhde, Hermann 743
Uppman, Theodore 766
Valentino, Frank 498
Waechter, Eberhard 766, 842, 843
Warren, Leonard 71, 490, 772
Weede, Robert 296
Weikl, Bernd 775
Weiß, Eugen Robert 526
Weissenborn, Hermann 498
Welitsch, Alexander 81, 843
Widmer, Kurt 229
Wixell, Ingvar 786
Wüllner, Ludwig 789
Zanelli, Renato 794

Gesang: Baß

Adam, Theo 5
Allin, Norman 426
Andersen, Magnus 80
Arié, Raphael 26
Baccaloni, Salvatore 35
Bader, Willy 705
Bastin, Jules 48
Bender, Paul 293, 334
Böhme, Kurt 77
Bohnen, Franz Michael 78
Bordon, Fred 68, 218
Borg, Kim 80, 470
Cabanel, Paul 108, 357
Cangalovic, Miroslav 114
Cassinelli, Antonio 134
Christoff, Boris 17, 137, 345, 706, 838
Conrad, Doda 148
Corena, Fernando 151
Cvejič, Nikola 467
Dean, Stafford 169
Delmas, Jean-François 174
Depraz, Xavier 180
De Segurola, Andrea 795
Díaz, Justino 187
Dubulle, Auguste 259
Engen, Kieth 211
Estes, Simon 216
Ewing, Alan 930
Frick, Gottlob 248
Furlanetto, Ferruccio 253
Ghiauroff, Nicolai 273, 838
Ghiuseleff, Nicolai 273, 838
Glynne, Howell 169
Greindl, Josef 53, 58, 293, 428
Gresse, André 87, 551, 681
Hillier, Paul 852
Hines, Jerome 327
Höffgen, Martin 328
Isnardon, Jacques 87, 759
Journet, Marcel 358
Kaiser-Breme, Clemens 603
Kay, Brian 852
Keller, Hans 695
Kipnis, Alexander 373, 374
Kopčák, Sergej 389
List, Emmanuel 431, 843
Lloyd, Ronert 433
Lorenz, Max 438, 441
Manowarda, Josef von 456, 843
Marcoux, Vanni 196, 457
Mars, Jacques 461
Mayr, Richard 472, 660, 822
Meven, Peter 485
Mill, Arnold van 489
Moll, Kurt 494
Montarsolo, Paolo 494
Moscona, Nicola 498
Nesterenko, Jewgenij 512
Obin, Louis-Henri 174
Pasero, Tancredi 540
Pernet, André 551
Petrow, Iwan 554
Pinza, Ezio 72, 187, 421, 540, 560, 568, 677, 822, 837
Plançon, Pol 562
Plishka, Paul 564
Popoff, Michail 389
Ramey, Samuel 587
Reszké, Edouard de 432, 596
Ridderbusch, Karl 603
Robeson, Paul 608
Rossi-Lemeni, Nicola 586, 620
Rouleau, Raymond 351
Ruysdael, Basil 732
Salminen, Matti 635
Schorr, Friedrich 657
Siepi, Cesare 56, 677
Sotin, Hans 690
Soyer, Roger 692
Špaček, Jozef 692
Stämpfli, Jakob 518
Talvela, Martii 257, 722
Tomlison, John 734
Vogel, Adolf 213, 379
Vogel, Siegfried 763
Weber, Ludwig 774

Wedernikow, Alexander F. 774
Zaccaria, Nicola 335

Gesang: Baßbariton

Bailley, Norman 38
Bender, Paul 58
Berry, Walter 67, 257, 779
Bockelmann, Rudolf 75, 590
Bruscantini, Sesto 99, 359
Burchuladze, Paata 102
Crass, Franz 156, 376
Dawson, Peter 158
Edelmann, Otto 205
Egmond, Max van 206
Gottlieb, Peter 290
Hotter, Hans 337, 496, 498, 540, 590, 710
Jerger, Alfred 430, 630
Kelemen, Zoltán 338
Krause, Tom 257, 393
Kunz, Erich 402
Linke, Waldemar 648
London, George 411, 436, 565
Morris, James 498
Neidlinger, Gustav 510
Nienstedt, Gerd 516
Noguéra, Louis 216, 609
Paulus, Alfred 474
Pernet, André 259
Prohaska, Jaro 579
Raimondi, Ruggiero 202, 586
Rooy, Anton van 614
Rouleau, Joseph 624
Saedén, Erik 782
Schaljapin, Fjodor I. 35, 54, 137, 142, 149, 233, 337, 442, 496, 624, 644, 732, 737
Schöne, Wolfgang 656
Stewart, Thomas 700

Gesang: Counter-Tenor

Belliard, Jean 57
Bowman, James 89, 693, 930
Burgess, Graystone 932
Deller, Alfred 173, 174, 201, 295, 400, 417, 686, 923
Deller, Mark 174, 923
Hume, Alastair 852
Jacobs, René 136, 347, 389, 417, 511, 924, 929
James, David 852
Ledroit, Henri 417
Perrin, Nigel 852
Safir, Rachid 855
Sage, Joseph 633, 935
Skowron, Julien 940
Thomas, John Patrick 136

Gesang: Koloratursopran

Alarie, Pierrette 681
Augér, Arleen **33**, 287
Berton, Lilliane **67**
Dal Monte, Toti **163**, 170
Gonzalez, Irma, 24
Gruberova, Edita 297
Hempel, Frieda **320**
Köth, Erika **383**
Melba, Dame Nellie **476**, 614
Micheau, Janine 158, **486**, 590
Pons, Lily 390, **567**
Robin, Mado **608**
Sack, Erna Dorothea Luise **632**
Schuch, Liesel von 660
Schuch-Proska, Clementine 659
Sills, Beverly **678**
Stade, Frederica von **694**
Streich, Rita 345, 540, **708**
Tetrazzini, Luisa 533
Verton, Liliane 67
Yavor-Varnay, Maria 751

Gesang: Mezzosopran

Arkhipowa, Irina **27**
Arrauzau, Francine **29**
Artôt, Désiré 757
Baker, Dame Janet **39**, 44, 815, 851
Baltsa, Agnes **40**
Barbieri, Fedora **42**, 153, 680
Bathori, Jeanne **48**, 64
Berberian, Cathy **60**, 114, 345
Berbié, Jane **60**
Boulanger, Marie-Julie 84
Bouvier, Hélène **89**
Brandt, Marianne **91**
Branzell, Karin **91**
Bumbry, Grace **101**, 332
Cernay, Germaine **128**, 935
Colbran, Isabelle 680, 747
Cortez, Viorica **151**
Cossotto, Fiorenza **153**
Croiza, Claire **157**, 351, 471
Denize, Nadine **178**
Dunn, Mignon **200**
Dupuy, Martine **202**
Elmo, Cloe 153, 680
Ewing, Maria **219**
Fassbaender, Brigitte 193, **224**
Fremstadt, Olive 419
Galli-Marié, Célestine Laurence **260**
Gerhardt, Elena 545
Gilly, Renée 415
Gorr, Rita **289**, 435, 809
Grey, Madeleine **294**

Gutheil-Schoder, Marie **303**
Hesse, Ruth **325**
Höngen, Elisabeth **329**
Hoffman, Grace **330**
Horne, Marilyn 108, 159, **335**, 426, 483, 624, 766
Joachim-Weiss, Amalie 756
Killebrew, Gwendolyn **373**
Klose, Margarete **379**, 441
Kolassi, Irma **385**
Lamandier, Esther **409**
Lenya, Lotte **423**
Lindenstrand, Sylvia **429**
Linko-Malmio, Liisa 469
Lipovšek, Marjana **430**
Loewe-Destinn, Marie 184
Ludwig, Christa 67, 257, 383, **443**, 490, 672, 710, 779
Malibran, Maria-Felicia 756
Marchesi, Mathilde 112, 263, 402
Meier, Waltraud **476**
Merriman, Nan **482**
Meyer, Kerstin **485**
Michel, Solange **487**
Miltcheva, Alexandrina **491**
Minton, Yvonne **491**, 822
Murray, Anne 411, **505**
Nafé, Alicia **507**
Nott-Bower, Jill 693
Obraszowa, Jelena W. 30, 190, **521**
Papier, Rosa 544
Pederzini, Gianna 680
Pierotti, Raquel **558**
Ponselle, Carmella **568**
Quivar, Florence **583**
Ramm, Andrea von 511, 934
Randová, Eva **589**
Ranzow, Maria 783
Rapp, Bodi 326
Ringart, Anna **605**
Ritter, Hertha 316
Sayão 71
Scharley, Denise 156
Schmidt, Trudeliese **650**
Schwarz, Hanna **662**
Shirai, Mitsuko 328
Simionato, Giulietta 153, **680**
Soukupová, Věra **691**
Stignani, Ebe 680, **701**
Supervia, Conchita 54, **711**
Szostek-Radkowa, Krystyna **717**
Taillon, Jocelyne **721**
Thorborg, Kerstin **731**
Toczyska, Stefania **733**
Tourel, Jennie 39, 219, 248, 321, 365, 676, **738**
Troyanos, Tatiana **740**
Valentini-Terrani, Lucia **746**

Varnay, Ibolyka Astrid Maria 72, **751**
Vavrdova, Jamila 204
Veasey, Josephine **752**, 822
Verrett, Shirley **755**
Viardot, Pauline Michelle Ferdinande 91, 432, **756**
Vilma, Michèle **760**
Watkinson, Carolyn **772**
Watts, Helen 851
Warfield, Sandra 473
Zimmermann, Margarita **799**
Zacharias, Agnete 648
Zanten, Cornelia van 761

Gesang: Sopran

Adami-Corradetti, Iris 600
Agujari, Lucrezia 632
Albanese, Licia **9**
Albani, Dame Emma **9**, 335
Alda, Frances 141
Alliot-Lugaz, Colette **14**
Altmeyer, Janine **15**, 682
Ameling, Elly **17**, 39, 257
Anderson, June **19**
Anelli, Adriana 520
Anfuso, Nella **21**
Angelici, Marta **22**
Arangi-Lombardi, Gianina 269
Armstrong, Karan **27**, 766
Armstrong, Sheila **28**
Arroyo, Martina **29**, 332
Augér, Arleen **33**, 287
Azéma, Annee 143
Bahr-Mildenburg, Anna 293, 430, 477, 843
Baldassare-Tedeschi, Giuseppina 9
Balslev, Lisbeth **40**
Barrientos, Maria **45**, 259
Barstow, Josephine **46**
Battle, Kathleen **50**
Behrens, Hildegard **55**, 365
Beňačková-Čápová, Gabriela **57**
Berganza, Teresa **61**, 574
Berger, Erna **62**, 590, 708
Bise, Juliette 109, 340
Bjoner, Ingrid **71**
Blegen, Judith **73**, 682
Boesch, Ruthilde 297
Bori, Lucrezia **80**
Borkh, Inge **80**
Borst, Danielle 612
Boué, Geori **82**
Braun, Helena 245
Bréval, Lucienne **93**
Brothier, Yvonne **96**
Brouwenstijn, Gré **96**
Brown, Anne 248
Brumaire, Jacqueline **98**
Brunner, Evelyn **99**

Register

Bunlet, Marcelle **102**, 159
Burrowes, Norma E. **103**
Caballé, Montserrat **108**, 120, 151, 264, 287, 466, 490, 545
Callas, Maria 56, 62, 63, 108, **110**, 128, 150, 153, 185, 189, 247, 260, 269, 572, 596, 624, 642, 666, 672, 692, 712, 726, 741, 764, 812
Calvé, Emma **112**
Caniglia, Maria **114**
Capsir, Mercedes **117**
Caron, Rose **119**
Carosio, Margherita 110
Carteri, Rosanna **120**
Castelani, Carla 560
Cebotari, Maria **126**
Cerquetti, Anita **128**
Chadwell, Tracey 923
Chenal, Marthe **133**, 747
Chiara, Maria **134**
Cigna, Gina **139**
Clemens, Clara 256
Command, Michèle **147**
Cotrubas, Ileana **154**, 545
Crespin, Régine 17, **156**, 161, 345, 435, 441, 760
Cross, Joan **158**
Cuberli, Lella **158**, 202
Danco, Suzanne **165**
Della Casa, Lisa **173**
Dernesch, Helga **181**
Destinn, Emmy **184**, 519
Deutekom, Cristina **184**
Devries, Fides 432
Dietrich, Marie 660
Dimitrova, Ghena **189**
Donat, Zdislava **194**
Donath, Helen **194**
Doria, Renée 156, **196**
Dorliac, Nina 602
Duval, Denise **203**
Dvořáková, Ludmilla **204**
Eda-Pierre, Christiane **205**
Eggerth, Martha 372
Esposito, Andrée **216**
Evstatieva, Stefka **219**
Falcon, Ruth **222**
Farley, Carole **222**, 673
Farrar, Geraldine 140, **223**, 419
Farrell, Eileen **224**
Favero, Mafalda 71
Fernandez, Wilhelmenia **225**
Figueras, Montserrat **229**, 643, 924
Fitziu, Anna 755
Flagstad, Karen-Marie 235
Flagstad, Kirsten **234**, 350, 416, 421, 517, 739, 837
Foster Jenkins, Florence **241**
François, Andrée **244**

Frateur, Lucie 347
Freni, Mirella **247**, 310, 545
Freund, Marya 148, **247**
Fuchs, Marta **252**
Fuchs, Sibylle 517
Gadsky, Johanna Emilia Agnes **256**
Gall, Yvonne **259**
Galli-Curci, Amelita **259**
Garcisanz, Isabel **262**
Garden, Mary **263**, 345, 728
Garner, Françoise **264**
Gasdia, Cecilia **264**
Gencer, Leyla **269**
Geszty, Sylvia **272**
Giannini, Dusolina 493, 639
Giannini-Gregory, Euphemia 493
Giebel, Agnes **275**
Ginster, Ria 639
Gluck, Alma 798
Goltz, Christel **286**
Gomez, Jill **286**
Grist, Reri **295**
Grümmer, Elisabeth **297**, 376, 590
Gueden, Hilde **299**
Günther, Ida von 345
Guiot, Andréa **302**, 590
Gulbranson, Ellen **302**
Gustafsson, Dagmar 786
Hänisch, Natalie 660
Hájossyová, Magdalena **308**
Harper, Heather **311**, 851
Harwood, Elizabeth **313**
Hatchard, Caroline 773
Heldy, Fanny **319**
Hendricks, Barbara 13, **321**
Hertzberg, Bruta 428
Herzog, Colette **323**
Hidalgo, Elvira de 110, **326**
Hillebrecht, Hildegard **326**
Hoerner, Germaine **329**
Hüni-Mihaček, Felice **443**
Hunter, Rita **339**
Ivogün, Maria 213, **345**, 590, 663, 708
Janowitz, Gundula 257, **350**, 365
Jarsky, Iréne **352**
Jeritza, Maria **352**, 372, 843
Jessner, Irene 706
Joachim, Irène **353**, 609, 935
Jones, Gwyneth **356**, 822, 851
Jurinac, Sena 99, **359**
Juyol, Suzanne **360**
Kabaiwanska, Raina **361**
Katulskaya, Elena 489
Kemp, Barbara 648
Kenny, Yvonne **370**
Kern, Adele **299**
Kiby, Emma 930

Kisselova, Elena 219
Knie, Roberta **380**
Konetzni, Anny **386**
Konetzni, Hilde **386**
Korsoff, Lucette 139
Koshetz, Nina 432
Krüger, Emmy 419
Kurz, Selma **402**
Lagrange, Michèle **408**
Laki, Krisztina **408**
Larsén-Todsen, Nanny **413**
Lawrence, Marjorie Florence **415**
Lear, Evelyn **416**, 700
Leblanc, Georgette **416**
Ledroit, Michèle 417
Lehmann, Lilli 223, 302, 414, **419**, 441, 526, 744
Lehmann, Lotte 15, 27, 38, 101, 157, 256, 356, 370, 386, **420**, 542, 629, 660, 746, 751
Lehmann, Marie 419
Lehmann-Löw, Maria-Theresia 419
Leider, Frida **421**, 496
Lemnitz, Tiana **422**, 590
Lewis, Mary 78
Liebling, Estelle 678
Ligabue, Ilva Palmina **427**
Ligendza, Catarina **428**
Lind, Jenny 321
Lindholm, Berit Maria **429**
Lipp, Wilma **430**
Litvinne, Felia **432**, 747
Llopart, Mercedes 392, 665
Loose, Emmy 402, **437**
Lorengar, Pilar **438**
Los Angeles, Victoria de **440**, 540, 672, 690
Lott, Felicity **440**
Lubin, Germaine 102, 248, 357, 360, 370, 419, 432, **441**, 593, 790
Lublin, Eliane **441**
Lukomska, Halina **444**
MacDonald, Jeannette 205
Malfitano, Catherine **454**
Maliponte, Adriana **455**
Mallinger, Mathilde 420
Marchesi, Blanche 302
Martienssen-Lohmann, Franziska 326
Martinelli, Germaine **463**
Marton, Eva **464**
Masterson, Valerie **466**
Mastilovic, Danica **467**
Mathis, Edith 376, **468**
Mattila, Karita **469**
Matzenauer, Margarete **470**
Meier, Johanna **475**
Melis, Carmen 455, 726
Mesplé, Mady 17, **483**
Metcalfe, Susan 124

Michael, Audrey 32
Migenes, Julia **487**
Milanov, Zinka **488**
Milaschkina, Tamara **489**
Miolan-Carvalho, Marie 112
Miranda, Anna-Maria 593
Mödl, Martha **492**
Moffo, Anna **493**
Moore, Grace **496**
Moser, Edda Elisabeth **498**
Müller, Maria **501**, 590
Muzio, Claudia **506**, 837
Napier, Marita **508**
Neblett, Carol **509**, 766
Nelson, Judith 138, **511**
Neshdanowa, Antonina W. 285
Nespoulos, Marthe **512**
Nicolesco, Mariana **515**
Nilsen, Flora 103
Nilsson, Birgit 29, 429, **517**, 522
Nordica, Lillian B. **518**
Norena, Eidé **518**
Norman, Jessye 39, 257, 494, **519**
Noordewier-Reddingius, Aalthe 326, 694
Novotná, Jarmila **519**
Olivero, Magda **525**
Orgeni, Aglaja 757
Ornelas, Marta 194
Ott, Karin **528**
Ottein, Angeles 262, 438
Otto, Lisa **529**
Pagliughi, Lina **533**
Palmer, Felicity **536**
Patti, Adelina 335, 339, **542**, 606
Patti, Carlotta 542
Pena, Michèle 770
Pérugia, Noémie **552**
Peters, Roberta 554
Pierrick, Louise 236
Pilarczyk, Helga Käthe **559**
Pilou, Jeannette **560**
Plowrigth, Rosalind **564**
Polaski, Deborah **565**
Poli, Liliana **565**
Ponselle, Rosa 490, 498, 519, **568**, 672, 822
Popp, Lucia **569**
Price, Leontyne **574**
Price, Margaret 434, **574**, 643, 851
Priday, Elisabeth 923
Printemps, Yvonne **577**
Putnam, Ashley **580**
Radowska, Elena 672
Raphanel, Ghylaine **589**
Reinig, Maria **594**
Ress, Luise 58, 526, 656
Reszké, Josephine de 597
Rethberg, Elisabeth **596**

Revoil, Fanely **598**
Rhodes, Jane 60, **599**
Ricciarelli, Katia 253, **600**
Ritter, Cécile 606
Ritter-Ciampi, Gabrielle **606**
Rodde, Anne-Marie **609**
Rodgers, Joan **610**
Roshdestwenskaja, Natalja P. 618
Ross, Elise **619**
Rothenberger, Anneliese **623**
Rubio, Consuelo **626**
Ruhlmann, Elsa 561
Rysanek, Leonie 72, **630**
Rysanek, Lotte 630
Saltzman-Stevens, Minnie 597
Sarrocca, Suzanne 156, **641**
Sass, Sylvia 219, **641**
Sasson, Deborah 332
Sayão, Bidú 597, **643**
Schech, Marianne 222
Schöne, Lotte **656**
Schröder-Feinen, Ursula **659**
Schumann, Elisabeth 61, 496, 629, **660**, 773, 822
Schwarzkopf, Elisabeth 27, 160, 328, 345, 441, 540, 590, 602, 609, 643, **663**, 672
Schymberg, Hjördis 782
Sciutti, Graziella **665**
Scotto, Renata **665**
Seefried, Irmgard 402, 655, **667**, 779
Seinemeyer, Meta **670**
Sembrich, Marcelle 352, 756
Seroen, Berthe 694
Siems, Margarethe 526
Silja, Anja 181, 191, **678**
Skilondz, Adelaida von 80, 485, 686
Slătinaru, Maria **684**
Söderström, Elisabeth **686**
Spoorenberg, Elsa **694**
Stader, Maria **695**
Stapp, Olivia **696**
Steber, Eleanor 219
Stich-Randall, Teresa **700**
Storchio, Rosina 415
Stratas, Teresa 488, **706**
Studer, Cheryl **709**
Stutzmann, Christiane 710
Suliotis, Elena **711**
Sutherland, Joan 79, 335, 545, 624, 680, **712**, 822
Tariol-Baugé 51
Tebaldi, Renata 36, 110, 290, 641, 666, **726**, 837
Te Kanawa, Dame Kiri 545, **726**
Ternina, Mika 488

Tess, Giulia 42, 536
Teyte, Dame Maggie 597, **728**
Theodorini, Elenea 643
Thursby, Emma 223
Tomowa-Sintow, Anna **735**
Traubel, Helen **739**
Tubb, Evelyn 930
Turner, Dame Eva 380, **742**
Ursuleac, Viorica 394, **744**
Urusowa, Olga 788
Valente, Benita 682, **746**
Vallin, Ninon 350, **747**
Vaness, Caroil **749**
Varady, Julia 232, **750**
Vejzovic, Dunja **754**
Vincent, Jo **761**
Vinzing, Ute **762**
Vix, Geneviève **762**
Watson, Claire **773**
Welitsch, Ljuba **777**
Wischniewskaja, Galina P. 185, 610, 621, **784**
Yakar, Rachel 790
Yeend, Frances 411, 436
Zeani, Virginia 621
Zylis-Gara, Teresa **801**

Gesang: Tenor

Affre, Augustarello 504
Ahnsjö, Claes-Håkan **8**
Ainsley, Mark 923
Aler, John **12**
Alexander, John 565
Althouse, Paul 681, 741, 751
Altmeyer, Theo **15**
Ahra, Luigi **16**
Anders, Peter **19**, 590
Aragall, Giacomo **24**
Araiza, Francisco **24**
Atlantow, Wladimir A. **31**
Audard, Yves 940
Badescu, Dinu 493
Badiali, Wladimiro 24
Beirer, Hans **56**
Bergonzi, Carlo **62**, 133
Beyle, Léon 747
Beyron, Einar 428
Björling, David 70
Björling, Gösta 70
Björling, Jussi **70**, 648
Björling, Olle 70
Blachut, Beno **71**
Blake, Rockwell **72**
Bonisolli, Franco **79**
Borgatti, Giuseppe 193
Boruttau, Alfred 774
Brewer, Bruce **94**
Brillioth, Helge **94**
Burrows, Stuart **104**
Carpi, Fernando 165, 218, 306, 393, 723
Carreras, José **120**, 189, 253

Register

Caruso, Enrico 49, 71, 80, 121, 175, 259, 276, 463, 476, 568, 737
Cassily, Richard 126
Chauvet, Guy 132
Clément, Edmond 140
Coates, John 496
Cobb, Willard 934
Corazza, Rémy 149
Corelli, Franco 100, 150, 672, 680
Cossutta, Carlo 153
Covey-Crump, Rogers 852
Cox, Jean 155
Crimi, Giulio 282
Cuenod, Hugues 143, 159, 345, 610, 724
Cupido, Alberto 160
David, Léon 442
Del Monaco, Mario 175, 361, 667, 760
De Luca, Libero 177, 568
Dermota, Anton 104, 181, 287, 402
Devos, Louis 186, 347
Di Mazzei, Enrico 568
Di Stefano, Giuseppe 111, 189, 545
Dittrich, Rudolf 5, 705
Domingo, Placido 134, 189, 193, 407
Dubois, Gabriel 59
Duprez, Gilbert 562
Dyck, Ernest van 204
Engel, Emile 49
Errolle, Ralph 187
Equiluz, Kurt 213
Erb, Karl 213, 345, 543, 789
Escalaïs, Léon 442
Fleta, Miguel 117, 236
Fleta, Pierre 236
Francell, Fernand 567
Gallos, Hermann 67
Gedda, Nicolai 39, 267, 522, 540, 779
Gigli, Beniamino 9, 113, 127, 170, 276, 463, 533, 568, 638, 672, 822, 837
Giraudeau, Jean 279
Goldberg, Reiner 284
Gonzalez, Dalmacio 287
Graarud, Grüner 205
Grobe, Donald 296
Haefliger, Ernst 17, 163, 306
Herold, Vilhelm 477
Herrmann, Theo 218
Hofmann, Peter 331
Holm, Richard 24
Hollweg, Werner 334
Hopf, Hans 58, 334
Hyde, Walter 218
Isle, Felix Mécène Marié d' 260

Ives, Bill 852
Jagel, Frederick 187
Jerusalem, Siegfried 353
Jobin, Raoul 354
Jouatte, Georges 104, 238, 357, 692
Jung, Manfred 359
Kalisch, Paul 419
Kemter, Johannes 383
Kiepura, Jan 372
King, Andrew 930
King, James 373, 682
Kmentt, Waldemar 379
König, Klaus 383
Kohmann, Antoni 422
Kollo, René 385
Konya, Sándor 388
Kraus, Alfredo 392
Kraus, Ernst 392, 393
Krebs, Helmut 395
Lakes, Gary 408
Lance, Albert 156, 409
Langridge, Philip 411
Lanza, Mario 411, 436
Laubenthal, Horst Rüdiger 414
Laubenthal, Paul Rudolf 414
Lauri-Volpi, Giacomo 117, 414
Lazzarini, Quirino 276
Lehmann, Karl-August 419
Leliwa, Tadeusz 372
Lennartsin, Torsten 71
Lewis, Richard 426
Lewitt, Richard 934
Lichtenstein, Eduard 773
Lima, Luis 428
Lorenz, Max 155, 373
Luccioni, José 54, 156, 238, 354, 442
Ludwig, Anton 443
Ludwig, Walter 104
Maison, René 452
Mariano, Luis 196, 580, 749
Marti, Bernabé 108
Martinelli, Giovanni 463
Masset, Nicolas-Jean-Jacques 119
McCormack, John Count 473
McCracken, James 473
Melchior, Lauritz 421, 441, 477, 822, 837
Merritt, Chris 482
Moldoveanu, Vassile 493
Montanari, Orimo 533
Müller, Rufus 930
Muratore, Lucien 504
Nicolino, Ernesto 543
Ochman, Wieslaw 521
Oehmann, Carl Martin 267, 782
Offermanns, Peter 325
Orliac, Jean-Claude 593

Pampuch, Helmut 536
Partridge, Ian 540
Pataky, Koloman von 541
Patzak, Julius 306, 402, 543, 590, 789
Pavarotti, Luciano 193, 310, 544
Pears, Sir Peter 92, 426, 545, 549, 610
Peerce, Jan 546, 741
Pertile, Aureliano 552, 822
Petrow, Wladimir 24
Pola, Arrigo 544
Poncet, Tony 567
Potter, John 852
Py, Gilbert 580
Rajčv, Petr 591
Rendall, David 595
Reszké, Jean de 209, 476, 596, 597, 644, 684, 728
Réti, József 597
Riavez, José 161
Riegel, Kenneth 604
Römer, Matthäus 337
Rösler, Endre 464
Rogatschevsky, Joseph 809
Rogers, Nigel 417, 934
Rolfe Johnson, Anthony 612
Rosati, Enrico 91, 276, 411, 414
Roswaenge, Helge 623, 650
Rotzsch, Hans-Jocahim 624
Sbriglia, Jean-Baptiste 597
Sbriglia, Giovanni 562
Schiøtz, Aksel 648
Schipa, Tito 16, 196, 648, 747, 749
Schmedes, Erik 386, 501
Schock, Rudolf 603, 655
Schreier, Peter 257, 588, 658, 779
Schunk, Robert 661
Sénéchal, Michael 671
Sens, Maurice 139
Shicoff, Neil 676
Simoneau, Léopold 104, 681
Slezak, Leo 684, 843
Stolze, Gerhard Wolfgang 705
Suthaus, Heinrich Ludwig 712
Svanholm, Set Karl Victor 713
Székelyhidy, Ferenc 388
Tagliavini, Ferruccio 533
Tamagno, Francesco 457, 722
Tappy, Eric 723
Tauber, Richard 725, 843
Tear, Robert 562, 726, 851
Teittinen, Heikki 80
Thaw, David 773
Thill, Georges 259, 729
Thomas, Jess Floyd 730

Thompson, Alastair 852
Traverso, Giuseppe 609
Tucker, Richard 567, **741**
Uhl, Fritz **744**
Unger, Gerhard **744**
Ussatow, Dmitri A. 644
Valletti, Cesare **747**
Vanzo, Alain **749**
Varnay, Alexander 751
Vellard, Dominique 924
Verdière, René **754**
Vezzani, César 218, **756**
Vickers, Jon **757**, 784, 822
Villabella, Miguel **759**
Vidal, Melchiorre 80
Vinay, Ramón **760**
Völker, Franz **763**
Walter, Georg A. 231
Weißenborn, Hermann 231, 328, 329
Winbergh, Gösta **782**
Windgassen, Wolfgang Fritz Hermann 248, **783**
Winkelmann, Hermann **783**
Wittrisch, Hermann Marcel **785**
Wohlfarth, Erwin **787**
Wolff, Fritz **787**
Wunderlich, Fritz **789**
Zanello, Renato **794**
Zednik, Heinz **796**
Zenatello, Giovanni 110, 568, **797**
Zimmermann, Erich **799**
Zur Mühlen, Raimund von 247, 518

Gitarre
Alegre, Magin 433
Andia, Rafaël **19**
Anido, Maria-Luisa **22**, 33
Aussel, Roberto **33**
Ayertaran, Ramon 109
Barrios, Augustin Pio **45**
Barrueco, Manuel **45**
Behrend, Siegfried **55**
Bitetti, Ernesto **70**
Borges, Raúl 187
Bream, Julian **92**, 453, 638, 782
Brouwer, Leo **96**
Caceres, Oscar **109**, 638
Davezac, Betho **168**
David, Népomucède 645
Diaz, Alirio 168, **187**
Diponio 273
Dumond, Arnaud **200**
Dupré, Desmond **201**
Escalada, Gustavo Josa 45
Feybli, Walter 586
Fortea 634
Ghiglia, Oscar **273**
Jirmal, Jiří 488
Johnson, Per-Olof 687

Lagoya, Alexandre **407**, 572
La Maza, Regino Sainz de 187
Llobet Soles, Miguel 22, **433**, 645, 669
Manjon, Antonio Gimenez 45
Mason, Barry 931
McLaughlin, John 406
Mikulka, Vladimir **488**
Perrot 92
Pieni, Olga 559
Pierri, Alvaro **559**
Pimentel, Clement 187
Polasek, Barbara **565**
Pomponio, Graciela 22, 70
Ponce, Alberto 19, 200, **567**
Presti, Ida 408, **572**
Pujol, Emilio 19, 200, 567, **580**, 686, 761
Puyana, Rafal 782
Quine, Hector 614
Ragossnig, Konrad **586**, 645
Rapat, Atilio 109
Rebello, Antonio 638
Romero, Angel 613
Romero, Celedonio 613
Romero, Celin 613
Romero, Pepe **613**
Sainz de la Maza, Regino 634
Sanchez, Marin 109
Santos, Turibio 109, **638**
Sarate, Martínez 22, 33
Scheit, Karl 586, **645**
Segovia, Andrés 92, 168, 187, 273, 638, 645, **668**, 782
Söllscher, Göran **687**
Spencer, Robert **693**
Tárrega, Francisco 433, 580, 669
Williams, John Christopher 200, **782**
Yepes, Narciso 200, **791**

Glockenspiel
Vincent, Jacobus 761

Harfe
Beltrando, Sylvia 30
Cambreling, Frédérique **112**, 113
Caussade, Georges 739
Challan, Annie **130**
Cicognari, Margherita 489
Cotelle, Suzanne 131
Devos, Gérard 112
Ellis, Osian **208**
Galais, Bernard 257
Géliot, Martine **268**
Grandjany, Marcel Georges Lucien **293**
Grémy-Chauliac, Huguette 294

Hasselmans, Alphonse 348, 595, 636, 739
Hasselmans, Jean 413
Hoffman, Deborah 330
Holliger, Ursula **333**
Jamet, Marie-Claire **348**, 412, 981
Jamet, Pierre 112, 268, **348**, 489, 558, 982
Laskine, Lilly 130, 412, **413**, 518, 558
Martenot 739
Marty, Georges 413
Mildonian, Susanna **489**
Nordmann, Marielle 239, 315, **518**, 935
Pierre, Francis **558**
Renié, Henriette 293, **594**
Robles, Marisa **609**
Salzédo, Carlos **636**
Stockhausen, Franz 316, 916
Storck, Helga 705
Tassu-Spencer, Marie-Angélique 348
Tournier, Marcel 185, 257, **739**, 793
Zabaleta, Nicanor **793**

Harmonika
Adler, Larry **6**

Horn
Adnet, Jacques 983
Barboteu, Georges **43**, 981
Baumann, Hermann **51**
Bergès, Michel 982
Biehling, Karl 164
Bourgue, Daniel **88**, 983
Brain, Aubrey 140
Brain, Dennis **90**, 140, 174, 741
Civil, Alan **140**
Coursier, Gilbert 25, 981
Damm, Peter **164**
Del Vescovo, Pierre **177**
Devemy, Jean 88
Döscher, Albert 660
Högner, Günter **328**, 984
Huth, Fritz 51
Klamand, Olaf 982
Kleinecke 600
Leighton, Alan 870
Mann, Alan 741
Manem 981
Proust, Pascal 982
Pütz, Friedhelm 982
Reumont, René 982
Richter, Hans 94, 152, 191, 210, 362, 462, 499, 600, 767, 783, 810, 822, 842, 873, 891, 895, 921
Rütten, Willi 982
Schurak, Silke 980

Register

Seiber, Mátyás 174
Seifert, Gerd **670**, 983
Stemm, Willy von 140
Stiegler, Karl 544
Tuckwell, Barry **741**
Turković, Milan 983
Ullrich, Diethmar 981
Veleba, Joseph 984

Klarinette
Adler, Karl Theo 981
Arrignon, Michel 27
Balassa, György 63
Berkes, Kálmán 63
Boeykens, Walter 77
Boskovsky, Alfred **81**, 82, 984
Boutard, André **88**, 982
Brandhofer, Alois 983
Brunner, Eduard **99**
Brymer, Jack **100**
Budack, Thomas 870
Busoni, Ferdinando 105
Cahuaz, Louis 99, 179, 555
Crousier, Claude 902
Dangain, Guy **165**
Delécluse, Ulysse 165, **173**
De Peyer, Gervase **179**
Deplus, Guy 9, **180**, 983
Deinzer, Hans 486
Faucomprez, Claude 585
Geuser, Heinrich 422
Glazer, David **281**
Goodman, Benny **288**, 486, 716, 966
Hacker, Alan **305**
Hermann, Otto 486
Klöcker, Dieter 927
Kovács, Béla 63
Kreipl, Rupert 982
Lancelot, Jacques **409**, 981
Lefèvre, P. 180
Leister, Karl **422**, 983
Meyer, Karl 486
Meyer, Paul **486**
Meyer, Sabine **486**, 866
Meyer, Wolfgang 486
Mühlfeld, Richard **500**
Périer, Auguste 88, 180, 409
Peyer, Gervase de **555**
Polatschek, Victor 281
Popa, Aurelian-Octav 981
Portal, Michel 199, 564, **570**, 938, 940
Prinz, Alfred **577**
Schmidl, Peter 984
Schneider, Diemut 980
Schütte, Karl 368, 598
Schumacher, Rainer 982
Singer, Karl 982
Stoltzman, Richard 406, 673
Thurston, Frederick 179, 555

Vacellier, André 982
Vécseim, István 63
Veilhan, Jean-Claude **754**
Vieille, Richard 983
Wlach, Leopold 81, 577, **786**

Klavier
Abbado, Marcello 33
Achron, Joseph 573
Achuccaro, Joaquín **5**
Adler, Clarence 321
Aeschbacher, Adrian **6**
Afanassiew, Walerij P. **7**
Agosti, Guido 7, 27, 533, 733
Aguessy, Frédéric **7**, 482
Aimard, Pierre-Laurent **8**
Aisberg, Iljia S. 196
Akl, Walid **8**
Akoka, Pierre **9**
Albert, Eugen d' **10**, 36, 191, 231, 605
Alexejew, Dmitrij **12**
Alsina, Carlos Roqué 199, 570, 938, 940
Ambrosini, Jean-Claude **17**, 88
Anda, Géza **18**, 564, 589
Andersen, Diane 272
Andreae-Keller, Lis 21
Anfossi, Giovanni 59
Aniołkiewicz, Czesław 325
Ansorge, Konrad 253
Appiani, Vincenzo 259
Arco, Annie d' **25**
Arens, Rolf-Dieter **25**
Argerich, Martha **26**, 31, 70, 246, 452, 565, 622, 797
Armengaud, Jean-Pierre **27**
Arnold, Karl 789
Arrau, Claudio **29**, 260, 393, 432, 527, 547, 716, 966
Asenio, Vicente 791
Ashkenazy, Wladimir D. **30**, 310, 311, 362, 521, 551, 869, 892, 930
Askenase, Stefan 26, **30**, 508, 523, 743
Ascher, Patrizia 304
Auric, Georges 228
Austbö, Haakon 33
Ax, Emmanuel **34**, 446
Aye, Rose 211
Azaïs, Julien **34**, 69
Babin, Victor **35**, 285, 576, 765
Bachauer, Gina **35**
Back, Gordon 363
Backhaus, Wilhelm 10, **36**
Badura-Skoda, Paul 25, **37**, 178, 225, 231, 242, 279, 349, 582, 585, 972
Bächer, Mihály 391
Bajardi, Francesco 272, 795
Bakst, Ryszard 528
Baldwin, Dalton **39**
Ballista, Antonio **40**, 114
Balsam, Artur **40**, 548
Bandey, Wallis 496
Barabini, Olga 524
Barbier, Jean Noël **41**
Barbizet, Pierre 7, **43**, 227
Barenboim, Daniel 9, **43**, 84, 201, 444, 496, 525, 799, 801, 807, 856, 868, 875, 907, 930, 978
Barentzen, Aline van **44**, 314, 344, 367, 556, 617, 625
Barth, Karl Heinrich 316, 369, 513, 625
Bartók, Béla 195, 248, 272, 391, 638, 688, 714, 917, 965
Baschkirow, Dmitrij A. 12, **48**, 68, 285, 611
Bascourret de Gueraldi, Blanche 294, 317
Bauer, Harold **51**, 125, 395, 963
Baumgartner, Paul **52**, 93, 404, 412, 771
Beaufils, Marcel 591
Beltz, Hans 382
Benedetti Michelangeli, Arturo 26, **59**, 63, 178, 198, 310, 378, 497, 566, 589
Benjamin, Arthur 287
Benvenutti, Joseph 199
Bérard, Gilles 948
Berchot, Erik **61**
Berger-Weyerald, Hilde 181
Bériot, Charles Wilfried de 598, 636, 739, 761
Berman, Lazar **63**, 285
Bernfeld, Emmanuel 92
Bernstein, Leonard 55, 57, 59, **65**, 117, 172, 176, 186, 212, 245, 295, 338, 356, 364, 365, 367, 435, 446, 474, 484, 509, 525, 530, 548, 668, 676, 746, 901, 917, 966
Beroff, Michel **66**, 144, 200, 329, 637
Bessette, Louise 482
Biggs, Claude 523
Billard, Marie-José 34, **69**
Billier, Sylvaine 78
Biret, Idil **69**, 369
Bishop-Kovacevitch, Stephen 26, **70**, 324
Blancard, Jeanne 183
Bloch, André 740

Blumenfeld, Felix M. 265, 336, 512
Blumenthal, Felicja **74**
Bolét, Jorge **78**
Bondy, Ida 704
Bonneton, Claude 948
Bos, Coenraad von 339
Boschi, Hélène **81**
Boukoff, Yuri **83**
Boutry, Roger **89**, 909
Bowen, York 469
Brailowski, Alexander **90**, 450
Brambilia, Perez de 138
Branco, Lucià 246, 497
Brassin, Louis 171, 633
Braunfels, Walter 52, 297
Breithaupt, Rudolf Maria 303
Brendel, Alfred 37, **93**, 101, 225, 231, 582, 670, 699
Britten, Benjamin 445
Brock, Robert 57, 742
Bronfman, Yefim **95**, 330, 429, 491
Bronstein, Cecilia de 217
Browning, John **97**
Brumberg, Leonid **98**
Brunhoff, Thierry de **98**
Bruno, Carlo 33
Brzoniowski 83
Buchbinder, Rudolf **101**, 486, 670
Buchmayr, Richard 554
Buchy, Chantal de 949
Bucquet, Marie-Françoise **101**
Bülow, Hans von 103, 164, 354, 500, 513, 522, 600, 601, 697, 708, 756, 770, 789, 816, 817, 829, 866, 896
Bunin, Stanislaw A. **102**
Burston, Winifred 540
Busoni, Ferruccio 4, 7, 10, 53, 90, **105**, 193, 282, 314, 395, 492, 554, 699, 716, 795
Bußmeier, Hans 590
Cabos, Ilona 217
Calaze, Ebzo 114
Camins, Gilbert 567
Campanella, Michele **113**
Canino, Bruno 40, 60, **114**, 683
Cantacuzène, Madeleine 430
Carreño, Teresa 11, 554
Casadesus, Gaby **122**
Casadesus, Jean **122**
Casadesus, Robert 122, **123**, 188, 189, 244, 305, 320, 355, 458, 569, 730
Casadesus, Rose 123

Casella, Alfredo 210, 229, 251, 733
Cassard, Philippe 482
Castronuovo, Oreste 217
Causeret, Charlotte 239
Cavallo, Enrica 303
Cavallo, Ersilla 733
Cecchi, Ada 406
Cecchi, Carlo 12
Cendoya, Germán 634
Chapart, Jeanne 358
Chasins, Abran 548
Chéné, Sophie 198, 579
Cherkassky, Shura **133**
Chiapusso, Jan 741
Chorzempa, Daniel **136**
Chung, Myung-Whun **138**, 834, 913
Ciampi, Marcel **138**, 317, 318, 439, 465, 479, 530, 605, 617
Ciani, Dino **138**
Ciccolini, Aldo **139**
Cliburn, Van **141**
Coates, Helen 65
Cohen, Harriet **143**, 469
Collard, André 144
Collard, Catherine **144**
Collard, Jean-Philippe **144**, 200, 322, 486, 637
Cortot, Alfred 29, 35, 70, 81, 98, 124, 138, **151**, 161, 177, 188, 210, 211, 237, 238, 241, 242, 244, 274, 294, 302, 314, 317, 319, 365, 406, 410, 418, 426, 430, 433, 446, 459, 465, 486, 505, 514, 535, 550, 554, 605, 606, 614, 628, 674, 690, 692, 720, 728, 729, 765, 909
Coveille, Ambroise 444
Craxton, Harold 469
Crown, John 733
Crussard, Claude 935
Cubiles, José **159**, 690
Curzio, Maria 217, 433, 591
Curzon, Sir Clifford **161**, 410, 652
Czerny, Carl 424
Czerny-Stefańska, Halina **161**, 697
Cziffra, Georges **162**
Dachs, Josef 532, 779
Dacosta, Janine 526
Dähler, Jörg Ewald **163**
Dalberto, Michel **163**, 322
Darré, Jeanne-Marie **166**
Davidovich, Bella 162, **168**, 341, 683
Davies, Fanny 25
Dawsin, Peter 540
Decombes, Emile 151

De Greef, Arthur **171**, 197, 350
De Groot, Cor **172**
Delaborde, Elie-Miriam 44
Delavrancea, Cella 444
Delente, Gail 432
Delorme, Danièle 394
Del Pueyo, Eduardo **176**
Del Vecchio, Marta 138
Demarquez, Suzanne 435
Demus, Jörg 37, **178**, 225, 548, 582, 786
Denza, Paolo 139
De Rosa, Dario 950
Descaves, Lucette 9, **183**, 211, 239, 294, 358, 406, 436, 564, 604, 612
Deslogères, Françoise **183**, 561, 948
Deutsch, Helmut 660
Devetzi, Vasso **185**
Devèze, Germaine 591
Devoyon, Pascal **186**
Deyanova, Marta **187**
Dichter, Cipa 188
Dichter, Joseph 378
Dichter, Misha **187**
Diémer, Louis 122, 123, 128, 138, 151, 159, **188**, 198, 201, 257, 426, 436, 508, 605
Dienzl, Rudolf 544
Dikov, Anton **189**
Dobrowen, Issay A. **190**, 341, 810, 828, 882, 903, 914
Dohnányi, Ernst von 18, 44, 53, 162, **191**, 230, 238, 365, 426, 452, 678, 687, 688, 751, 752, 753, 878
Dorfmann, Ania **196**
Dorrell, William 469
Doucet, Clément **197**, 780
Doyen, Ginette 242
Doyen, Jean 34, 69, 70, **198**, 203, 211, 315, 407, 436, 481, 497, 557
Draeseke, F. A. B. 164
Drenikow, Iwan **198**
Drzewiecki, Zdigniew 74, 162, 208, 243, 310, 396, 508, 528
Duchâble, François-René **199**, 365, 486
Dunois, Théodore 605
Dussaut, Thérèse **202**
Edina, Luba 947
Egorov, Juri **206**
Ekier, Jan Stanislaw **207**
Elinson, Iso 523
Emerich, Paul 421
Enescu, George 81, 83, 138, 182, **210**, 235, 242, 274, 280, 299, 305, 307,

Register

312, 357, 430, 462, 480, 514, 554, 571, 662, 667, 683, 743, 759, 791, 874, 885
Engel, Karl **211**, 401, 561
Engerer, Brigitte 183, **211**
Entcheva, Luba 189
Entremont, Philippe **211**, 455, 900, 903, 946
Epstein, Julius 450, 645
Epstein, Lonny 514, 629
Erbiceanu, Constanţa 273
Erdmann, Eduard 52, 387
Eresco, Victor **214**, 513
Eschenbach, Christoph **215**, 245, 365, 885, 893, 922, 952, 973, 978
Eschenbach, Wallydore 215
Estrella, Miguel Angel **217**, 480
Estyle, Abel 222, 358, 439, 579
Evans, Lindley 79
Evstigneef-Roy, Jacqueline 7
Fanti, Napoleone 720
Farnadi, Edith **223**
Fasina, Jean 625
Fedetowa-Rostropowitsch, Sofia N. 621
Fellegi, Ádám **225**
Feltsman, Wladimir **225**, 341
Ferenczy, György 162
Ferté, Armand 181
Février, Jacques 8, 27, 34, 69, 70, 125, **228**, 344, 358, 437, 484, 561, 564, 591, 605, 617, 718, 769
Fiedler, Max **229**, 381, 870, 880, 883
Finke-Siegmund, Ingeborg 611
Firkušný, Rudolf **230**, 966
Fischer, Annie **230**, 412
Fischer, Edwin 10, 37, 44, 83, 93, 178, **231**, 292, 393, 401, 412, 452, 469, 554, 565, 571, 603, 654, 790
Fischermann, Jascha 414
Fizdale, Robert **233**, 284
Flagstad-Johnsrud, Marie 234
Fleisher, Leon 101, **235**, 332, 547, 773
Flier, Jakow W. 168, 225, 341, 390, 570, 627, 658, 786, 797
Flipse, Marinus **237**
Flisch, Eric 569
Foldes, Andor **238**
Foll, Ferdinand 5
Fonda, Jean **238**

Fontanarosa, Frédérique **239**
Fou Ts'ong **243**, 310
Frager, Malcolm **243**, 452, 489
Francesch, Homero **244**, 249
François, Samson **244**, 347, 436, 604
Frank, Claude 332, 494
Frankl, Peter **245**, 375, 543, 544, 652
Frantz, Justus 66, 215, **245**
Freeman, Woldemar 35
Freire, Nelson **246**, 670
Frémy, Gérard **246**
Frey, Emil 6
Frey, Walter 751
Friedberg, Carl 236, 243, **249**, 479, 635
Friedheim, Arthur 141, **250**
Friedman, Ignaz **250**
Frugatta, Giuseppe 537
Frugoni, Orazio **251**
Fryer, Herbert 79
Gabos, Gábor **256**
Gabrilowitsch, Ossip S. **256**, 425, 878, 963
Gadomski, Julian 382
Gage, Irwin **256**, 350
Gaillard, Marius-François 142, **257**
Gardon, Olivier **264**, 637
Gaveau, Colette 454
Gawrilow, Andrej **266**
Gazelle, Marcel 138, 323, 479
Gebhard, Heinrich 65
Gelber, Bruno-Leonardo **268**, 474
Gentil, Jules 279
Genty, Jacques 75
Geoffroy-Dechaume, Antoine 657
Ghedini, Giorgio Federico 525
Gheorghiu, Valentin 273
Gianoli, Reine 27, 231, **274**
Gieseking, Walter 178, 238, **275**, 305, 329, 791
Gilels, Elena 277
Gilels, Emil G. 7, 46, 98, **277**, 455, 474, 513, 602, 622, 952
Giraudeau-Basset, Madeleine 199
Girod, Marie-Catherine **279**
Giuranna, Barbara 281
Glasunow, Alexander K. 319
Glazer, Frank **281**
Glenn, Carrol 431
Glińska-Wasowska, Maria 325

Gnesina, Elena 521
Godowsky, Leopold 78, 90, **282**, 513, 680
Goebels, Franzpeter 125, **283**
Goedicke, Alexander F. 130
Gold, Arthur 233, **284**
Goldberg, Josef 74
Goldenweiser, Alexander B. 48, 63, **285**, 341, 516
Goldsand, Robert 629
Golup, David 364
Goodson, Katherine 161
Gornostaewa 564, 685
Gorodnitzki, Sascha 523, 629, 730
Gorog, André **289**
Gotkovsky, Ivar 290
Gould, Glenn Herbert **291**, 411, 412, 686
Gousseau, Lelia 33, **291**, 585
Graffman, Gary **292**, 336, 616
Grainger, Percy 250
Granados, Enrique 123, 157
Graubin, Daina 293
Graubin, Hilse 293
Gray, Julian de 332
Green, Gordon 523
Grünfeldova, A. 497
Grundeis, Sigfried 467
Gueraldi, Blanche Bascouret de 33, 98
Gulda, Friedrich 26, 100, **302**, 670
Guller, Youra **302**, 314
Gutiérrez, Horacio **304**
Haas, Monique **305**
Haas, Werner **305**
Haebler, Charlotte von 305
Haebler, Ingrid **305**
Haien, Jeanette 548
Hála, Josef 137, 950
Hambourg, Mark **309**
Hambourg, Michael 309, 496
Handman, Dorel **310**
Hansen, Eliza 215, 245
Hara, Chieko 126
Harasiewicz, Adam **310**
Harden, Wolf 948
Haskil, Clara 18, 124, 159, 160, 260, 299, 302, **314**, 450, 752
Hauser, Richard 743
Heidsieck, Eric 138, **317**, 369
Heidsieck, Tania 138, 317
Heisser, Jean-François **318**
Helffer, Claude 11, **320**
Heller, Stephen 555
Henriot, Nicole 437
Hernádi, Lajos 225, 244

Klavier

Herzog, Gerty 324
Hess, Dame Myra 25, **324**, 469, 966
Hesse-Bukowska, Barbara **325**
Hiller, Ferdinand 513, 819, 848, 886
Hiltbrand, Louis 203, 481
Hinze-Reinhold, Bruno 653
Hirzel-Langenhan, Anna 412
Hoehn, Alfred 615
Höll, Hartmut **328**
Höesser-Léner, Olga 969
Hoffman, Joel 330
Hoffmann, Ludwig 244
Hoffmeister, Karel 535, 710
Hofmann, Josef Casimir 133, **331**, 336, 395, 680
Hokanson, Leonard 332, 472
Hol, Richard 478
Hollander, Lorin **332**, 699
Horak, Marina 33
Horbowski, Wladimir 203, 324
Horowitz, Vladimir 26, 106, 144, 206, 293, **335**, 349, 490, 556, 622, 720
Horszowski, Mieczysław **336**, 344. 548, 653, 673, 716
Hubeau, Jean 64, 126, 132, 134, 144, 163, 211, 264, **338**, 406, 518, 557, 582, 591, 625, 980
Huber, Hans 231
Huber, Yvonne 407
Hubička, Jiří 950
Huerrero, Alberto 291
Hugon, Georges 556
Hutcheson, Ernest 233
Igumnow, Konstantin N. **341**, 521
Iliev, Dianko 9
Infante, Manuel 740
Isserli, Julius 340
Istomin, Eugene 124, **344**, 566, 616, 699
Iturbi, Amparo 344
Iturbi, José 125, 159, **344**, 585, 912
Ivaldi, Christian 170, 267, **344**, 484, 485, 548, 564
Ivaldi, Filippo 494
Jacquinot, Marcel 27
Janis, Byron 336, **349**
Janopoulo, Tasso **350**
Janotha, Juliusz 532
Jasinski, Andrej 799
Jerea, Hilda 981
Jerome, Reed 136
Johannesen, Grant **355**, 511
Jones, Maureen 119

Jora, Mihail 273
Joscheles, Alexander 452
Jossefy, Raphal 618
Joy, Geneviève 7, 8, 183, **358**
Jung, Eduard 626
Kabos, Ilona 245, 362, 371, 523, 528, 533
Kadosa, Pál 382, 589, 647
Kahn, Claude **362**
Kahn, Erich Itor 40, 653
Kalichstein, Joseph **362**, 412, 699
Kálmán, György 443
Kanner-Rosenthal, Hedwig 332, 617
Kantor, Pawlowna 375
Kapell, William 317, **363**
Kardos, Pál 212
Károlyi, Julian Julius von **365**
Kars, Jean-Rodolphe **366**
Katchen, Julius 124, **366**, 465, 612, 617, 697, 711
Katsaris, Cyprien **367**
Kaufmann, Theodor 793
Kazuro-Trombini, Margerita 325
Kehrer, E. 497
Kellet, Oswin 25
Kelzy, Laura 136
Kempff, Wilhelm 64, 70, 101, 124, 178, 242, 317, **369**, 401, 428, 432, 527, 533, 566, 603, 654, 743, 754, 790
Kempter, Lothar 316
Kentner, Louis Philip 125, **370**
Kerschbaumer, Walter 178
Keßler, Christoph 789
Kezeradze, Alice 565
Kissin, Jewgenij **375**
Klas, Anna 375
Kleczyński, Jan 410
Klien, Beatrice 378
Klien, Walter **378**, 654
Klimow, Dmitri 493
Klindworth, Karl 605, 866
Knorr, Iwan 249
Kocsis, Zoltán 63, **382**
Koczalski, Raoul von 283, **382**
König, W. 470
Kontarsky, Alfons 26, 125, 266, **387**, 388, 705
Kontarsky, Aloys 125, 266, **387**, 388, 535
Kontarsky, Bernhard **388**
Koslof, Mina 566
Koster, Tatjana 555
Kotana, Karl 550
Krainew, Wladimir **391**, 513

Kraus, Lili 82, 285, **392**, 528, 699
Krause, Martin 29, 231, **393**
Kreutzer, Leonod 319
Kroeber-Asche, Lili 395
Kundera, Ludvík 404
Kurz, Vilém 230, 699
Kvapil, Radoslav **404**
Kwast, James 249, 377, 514
Kyriakou, Rena **405**
Labèque, Katia 200, 299, **406**
Labèque, Marielle 200, 299, **406**
Labor, Joseph 785
La Bruchollerie, Monique de 7, 367, **406**
Lalewicz, Jerzy 610, 667
Landowska, Wanda 152, 161, 272, 374, **410**, 510, 580, 590, 690, 758, 762, 777, 780
Langer, Franz 467, 604
Langer-Rühl, Hilde 257
Laparra, Raoul 176
La Pau, Maria de 239, 736
Laretei, Käbi **412**
Larrocha, Alicia de **413**, 628
Larsen, Nils 603
Lateiner, Jacob **414**
Lausnay, Georges de 605, 674
Laussel, Adam 483
Lavilla, Felix 61
Lavilléon, Anne-Marie 948
Lazare-Lévy 17, 41, 273, 291, 305, 314, 338, **426**, 439, 462, 563, 608, 688
Lee, Noel 78, 344, 398, **417**, 548
Lefébure, Yvonne 7, 8, 81, 144, 244, 333, **418**, 430, 437, 537, 591, 631, 674, 686
Lefeld, Jerzy 453
Leimer, Karl 276, 603
Lejour, Rose 362, 481
Leonardi, Leonardo 450
Leonhard, Monika 950
Leonskaja, Elisabeth **423**
Leschetizky, Theodor 44, 90, 196, 250, 256, 309, 336, **424**, 493, 515, 532, 534, 633, 651, 670, 785
Levine, David 289
Levine, James 253, **425**, 551, 724, 831
Levitzki, Mischa **426**
Lévy, Lazare 17, 41, 273, 291, 305, 314, 338, **426**, 439, 462, 563, 608, 688
Lhévinne, Josef 284, 336, 349, **427**, 633

Lhévinne, Rosina 97, 141, 187, 284, 349, 425, 508, 524, 533, 538
Lies, Otto 237
Lill, John **428**
Lipatti, Dinu 210, 251, 314, 349, **430**, 433, 450, 678
Lipatti, Madeleine 26, 39, 84
Lishman, Thomas 523
List, Eugene **431**
Liszt, Franz 172, 250, 516, 618, 756, 775, 781
Lively, David **432**
Liven, Sophie Brillant 741
Llacuna, Teresa **433**
Lockhart, James **433**, 819
Long, Kathleen 95
Long, Marguerite 25, 44, 83, 96, 122, 142, 152, 166, 183, 185, 198, 203, 211, 217, 228, 244, 267, 291, 305, 310, 315, 362, 406, **436**, 458, 497, 604, 605, 674, 718, 729, 759, 773, 790
Longo, Alessandro 764
Lorenzi, Sergio 119, 484
Lorenzoni, Renzo 265
Loret, Clément 483
Loriod, Yvonne 8, 9, 138, 144, 217, **439**, 564, 591
Lucas, Brenda 523
Lucchesini, Andrea **442**
Luisada, Jean-Marc 482
Łukowicz, Jerzy 697
Lunati, Carlo 565
Lunghi, Pierino 617
Lupu, Radu **444**, 452, 489, 513, 978
Luvisi, Lee 673
Lympany, Moura **444**, 469, 699
MacDonald, Gilmour 569
März, Carl-Heinz 949
Magaloff, Nikita 26, 163, 238, 305, **450**, 508, 612, 716
Magiera, Leone 247
Maisenberg, Oleg **452**
Malats, Joaquín 344
Malcuzyński, Witold **454**
Malinin, Jewgenij W. **454**, 513, 564
Manchon, Jeanne 366
Marchwinski, Jerzy 401
Marcus, Adele 22, 349, 547
Marek, Ludwik 382
Margalit, Israela 447
Marmontel, Antoine François 188, 436, 563
Marshall, Frank 413
Martienssen, Carl Adolf 550, 790

Marty, Jean-Pierre **465**
Mathias, Georges 133, 555
Matthay, Tobias Augustus 161, 324, 444, **469**
Matthews, Denis James **469**, 523
Mausch, Mariella 781
Maxián, František 536, 950
McDermott, Brenda 469
Mdviani, Marina **474**
Medtner, Nikolai K. 633
Meerovitch, Juliette 357
Menter, Sophie 469
Menuhin, Hephzibah 138, 364, **479**, 952
Menuhin, Jeremy 138, **479**
Menuhin, Yaltah 138, **479**
Mercier, Sylvie 369
Merlet, Dominique 7, **481**, 949
Meyer, Marcelle 273, **486**
Meysenberg 756
Micault, Jean 27
Michalowski, Alexander 410, 426
Mikuli, Karol 30, 382, 618
Miroschnikowa, Jolanta 390
Mirski, Kazsimierz 310
Mogilewskij, Jewgenij **493**
Moiseiwitsch, Benno 425, **493**, 640
Moll, Philip **494**
Montanari, Nunzio 947
Montis, Rafael de 668
Moore, Gerald 257, 309, **496**, 728
Moravec, Ivan **497**
Moreira-Lima, Arthur **497**
Morgan, Orlando 324
Morpain, Joseph 294, 314
Moscheles, Ignaz 322
Moszowski, Moritz 550
Mounier, Germaine 8, 61
Müller, Hans Udo 339
Müller, Paul 52
Münch, Amie 705
Mugellini, Bruno 7
Musaelian, E. B. 570
Musinian, Nina 644
Mutter, Christoph 906
Muziescu, Florica 430, 444, 679
Nakamura, Hiroko **508**
Naoumoff, Emile **508**
Nardi, Rio 47
Nassedkin, Alexej 304
Nat, Yves 83, 129, 178, 181, 183, 246, 274, 294, 358, 362, 424, **508**, 566, 607, 628, 637, 740, 755
Nef, Isabelle **510**, 935
Neitzel, Otto 78
Németh-Šamorínsky, Štefan 379

Neuhaus, Gustav 512
Neuhaus, Heinrich G. 98, 168, 214, 247, 266, 277, 341, 391, 404, 444, 455, 493, **512**, 602, 685
Neuhaus, Stanislaw 211, 391, 444, 493, 513
Neveu, Jean 514
Ney, Elly 79, 250, 425, **515**
Niessing, Paul 398
Nikolajew, Leonid W. 687
Nikolajewa, Tatjana P. 285, **516**
N'Kaoua, Désiré 482
Nordi, E. 479
Nováes, Guiomar **519**
Novák, Vítěczslav 535
Nowitskaja, Katarina 521
Nuchoff, Jan 534
Obino, Nise 246
Obolenska 238
Oborin, Lew N. 30, 341, 381, **521**, 611, 619
Östman, Arnold **522**
Ogdon, John Andrew Howard **523**, 554
Ohlsson, Garrick **523**
Oliveira, Jocy de 122
Onati, Carlo 591
Oppitz, Gerhard 271, 369, **527**, 683
Orozco, Rafael **527**
Ortiz, Cristina **528**
Osborne, Tamara 217
Osinska, Eva **528**
Ostrovsky, Paul 491
Other, Theo 598
Ousset, Cécile 139, **530**
Overton, Hall 668
Paci, Mario 243
Pachmann, Wladimir von **532**
Paderewski, Ignacy Jan 10, 51, 161, 314, 454, **532**, 584, 625
Paik, Kun Woo **533**
Páleníček, Josef **535**, 632, 950
Panenka, Jan 137, **536**, 950
Panthès, Marie 510
Panzéra-Baillot, Magdeleine 537
Paperitz, Benjamin Robert 322
Papst, Paul A. 285
Paraskivesco, Theodor **537**
Paratore, Anthony **538**
Paratore, Joseph **538**
Parent, Hortense 48
Parsons, Geoffrey 38, 529, **540**
Pascal, Claude 556
Pascal, Julian 324
Pattison, Lee 97

Patzak, Hans 544
Pauer, Ernst 543
Pauer, Max von 365, **543**
Paul, Oscar 775
Paur, Emil 443, 820, 825, 870, 901, 910
Pazofsky, Felix 302
Pekinel, Güher **547**
Pekinel, Süher **547**
Pembaur, Josef d. J. 307, 318, 365
Pennario, Leonard **547**
Pennetier, Jean-Claude 183, 474, 541, **548**, 980
Pelischek, Panka 198
Perahia, Murray **548**
Perlemuter, Vlado 17, 97, 163, 217, 318, 528, **550**, 625, 793
Perret, André 612
Petermandl, Hans 503
Petri, Egon 492, 523, **554**, 716, 762, 765, 947
Petrow, Nicolai A, **555**
Philipp, Isidore 115, 152, 166, 181, 196, 405, 406, 450, 497, 510, 519, 529, **555**, 579
Picavet, Bernard **556**
Picavet, Geneviève **556**
Picht-Axenfeld, Edith 289, **557**, 668, 797
Pillney, Karl Hermann 283
Pires, Maria-João **561**
Planès, Alain 548, **562**
Planté, Francis **563**
Pludermacher, Georges 183, **564**
Pogorelich, Ivo 455, **564**
Pollini, Maurizio **565**
Polnauer, Josef 275
Pommier, Jean-Bernard **566**, 637
Ponti, Michael **569**
Postnikowa, Viktoria **570**, 619
Poulenc, Francis 228, 242, 412, 486
Pozniak, Bronislaw von 561
Pressler, Menahem 562, 947
Previn, André 30, 138, 250, **573**, 811, 827, 912, 972
Prokulin, Wassilij P. 285
Puchalskij 90
Puchelt, Gerhard 206, **579**
Pugno, Stéphane Raoul 152, 318, 463, **579**, 752
Puig-Roget, Henriette 318, 344, **579**, 623
Quast, Daniel 53
Queffélec, Anne 144, **582**
Rachmaninow, Sergej W. 395, 556, **584**, 679, 740, 828

Raës, Alain **585**
Rados, Ferenc 382, 589, 647
Ránki, Deszö 63, 382, **589**
Rauch, František 629
Raucheisen, Michael 339, 345, 421, **590**
Reach, Pierre **591**
Reckendorf, Alois 36
Reedie, Charles 161
Reinecke, Carl 362, 393
Reingbal, Berta M. 277
Reisenberg, Nadia 432
Rhoden, A. 727
Richards, Deborah 947
Richter, Elena 192
Richter, Swjatoslaw T. 63, 98, 242, 266, 362, 382, 455, 505, 513, 566, **602**, 622
Richter-Haaser, Hans **602**, 611
Riefling, Robert **603**
Rigutto, Bruno 239, **604**
Ringeissen, Bernard 310, **605**
Risler, Edouard Joseph 152, 188, 228, **605**
Ritter, Théodore 555, 606
Robert, Richard 314, 714
Robin, Jacqueline 358, **608**
Roche, Suzanne 528
Rösel, Peter **611**
Rogé, Pascal 183, **612**
Ronald, Sir Landon 496, **614**, 882
Rosen, Charles **617**
Rosenfeld, Edmond **617**, 923
Rosenthal, Moriz 78, 617, **618**
Rostropowitsch, Mstislaw L. 40, 46, 185, 201, 270, 271, 281, 320, 370, 432, 434, 452, 480, 506, 602, **621**, 627, 632, 644, 710, 784, 920, 949
Roussel, Albert 535
Rouvier, Jacques **625**, 637
Rózycki, Alexander 625
Rubinstein, Anton G. 105, 138, 250, 256, 331, 336, 382, 424, 427, 532, 791
Rubinstein, Arthur 29, 44, 125, 199, 228, 317, 413, 528, 556, 566, 569, 589, **625**, 715, 733, 736, 799, 964
Rubinstein, Nikolai G. 679
Rudorff, Ernst 73, 522, 662
Rudy, Mikail 341, **627**
Ruiz-Pipo, Antonio **628**
Rumowski, W. 532
Rupp, Franz **629**

Russel Davies, Denis **629**, 808, 839, 875, 942, 983
Ryce, Joel 480
Sabran, Gersende de **631**
Safonow, Wassili I. 427, **633**
Saint-Saëns, Camille 172, 276, 495, 555, 556, 559, **634**
Sak, Jakow I. 7
Samaroff, Olga 22, 363, 431, 649, 703, 741, 777
Sancan, Pierre 27, 144, 203, 508, 566, 625, **637**
Sándor, György 438, 667
Santoliquido, Ornella 547
Saperton, David 321, 366, 680
Sarkissowa, Zatjana 13
Sauer, Emil von 30, 78, 406, 515, 569, 591, 610, 740
Savoff, Sava 163, 324, 333
Scaramuzza, Vicente 26, 217, 268
Schaefer, Michael 949
Scharrer, Irene 324
Schatz, Tatjana 211
Schiff, András **647**
Schlenker, Heinrich 41
Schlözer, Pawel 532
Schmidek, Kurt 257
Schmid-Lindner, August 629
Schmidt, Annerose **650**
Schmidt, Franz 670, 788
Schmidt-Neuhaus, Hans-Otto 25, 285
Schmidt-Schlesicke, Ida 369
Schmitt, Hans 651
Schmitz-Goht, Else 375, 385
Schnabel, Artur 6, 35, 53, 161, 230, 231, 235, 236, 242, 281, 310, 319, 332, 392, 422, 425, 433, 546, 554, 556, 591, **651**, 765, 777, 795, 964
Schnabel, Karl-Ulrich 332, 652
Schneider, Hans 603
Schoenberg, Karl-Heinz Diener von 367
Scholz, Steniz 306
Schostakowitsch, Maxime D. **658**, 898, 900
Schradeck, Melle 762
Schröter, Heinz 535, 621
Schubert, Kurt 779
Schulz, Helmut 742
Schulz, Walter 948
Schumann, Clara 138, 243, 249, 462, 688
Schuster, Claus-Christian 950

Schwarwenka, Xaver 756
Sebastiani, Pia **666**
Sebők, György 279, 562, 585, **667**, 697, 949
Sebrjakow, Pawel 536
Seemann, Carl 654, **668**
Seidlhofer, Bruno 101, 246, 302, 318, 577, **670**, 761
Seiß, Isidor 515
Selva, Blanche 41, **671**
Serkin, Peter **673**
Serkin, Rudolf 78, 95, 104, 119, 124, 293, 305, 344, 363, 412, 499, 528, 538, 547, 548, 549, 557, **673**, 688, 715, 754, 958
Serrano, Emilio 634
Sertsalowa, Natalia 525
Setrak **674**
Sevilla, Jean-Paul 138
s'Gravamoer, Bosch van 176
Shure, Leonard 494
Siki, Béla 433, **678**
Siloti, Alexander I. 285, 341, 565, 584, **679**
Silvestri, Renzo 456
Simon, Abbey **680**
Šín, A. 629
Šín, Otakar 535
Sirota, L. 790
Skrjabin, Alexander N. 633
Slawin, Irene 793
Śliwiński, Jan 532
Slobodjanik, Alexander **685**
Snyder, Barry 796
Socholow, Grigorij **686**
Södergren, Inger **686**
Sofronizkij, Wladimir W. 63, **687**
Solchany, Georges **687**
Solomon 242, 324, **688**
Soriano, Gonzalo **690**
Sowiński, Piotr 532
Specchi, Alessandro 733
Spivakovsky, Jascha 694
Stadelmann, Li 655
Staier, Andreas **696**, 924
Stamaty, Camielle-Mary 634
Staub, Victor 740
Stavenhagen, Bernhard 605, 756
Steeb, Olga 547
Stefańska-Łukowicz, Elzbieta 162, **697**
Stefański, Ludwig 162
Štěpánova-Kurzová, Ilona 497
Sternberg, Denise 561
Steuermann, Augusta Amster 699
Steuermann, Edward 22, 93, 100, 362, 392, 444, 578, **699**

Steurer, Hugo 244, 610, 650
Stohr, Richard 404
Stojowski, Sigismund 426
Stolz, Eduard 659
Stoyanov, Andrey 83
Strobl, Rudolf 532
Strub-Moresco, Marialuisa 412
Süsskind, Hans Walter 684, **710**, 876, 882, 896, 915, 919
Sungren, Sigrid Ingeborg 653
Swerew, Nikolaj 341
Szatmari, Tibor 238
Szegedi, Ernő 245
Székely, Arnold 230, 370, 443
Tacchino, Gabriel **718**
Tagliaferro, Magda 178, 217, 407, 528, **720**
Tarnowski, Serge 304
Tausig, Carl 513
Teichmüller, Robert 11, 142, 471, 587, 653
Teston, Guy 948
Thibaudet, Jean-Yves 183
Thiollier, François-Joël **730**
Thomán, István 593
Thomán, Stefan 191
Thoran, Corneil de 809
Tilson-Thomas, Michael **733**, 891
Timakhin, Jewgenij 225, 564
Tipo, Maria 442, **733**
Tissot 436
Tombo, August 708
Torra, Juan 413
Traey, Eugène 341
Trouard, Raymond 163, **740**
Tschaikowskij, André 31
Tscherepnin, Alexander 494
Tschulajew, Nikolaj 385
Turczyński, Józef 161, 454
Tureck, Rosalyne 94, **741**
Uchida, Mitsuko **743**
Ungár, I. 534
Uninsky, Alexander **744**
Vardi, Arie 95
Varsano, Daniel 637
Vásáry, Tamás **751**, 925
Vaurabourg, Andrée **752**
Vengerova, Isabella 65, 293, 414, 547, 582
Verhaar, Ary 773
Verne, Mathilde 95, 444, 688
Vianna da Motta, José **756**
Vidusso, Carlo 565
Vieuxtemps, Jeanne 7
Viñes y García Roda, Ricardo Javier 486, **761**

Vintschger, Jürg von **762**
Vitale, Vincenzo 113, 505
Vogler, Heinz 25
Vronsky, Vitya 35, **765**
Wallfish, Peter 770
Watts, André **773**
Wayenberg, Daniel Ernest Joseph Carel **773**
Weber, Dieter 688
Weingarten, Paul 405, 444, 790
Weinreich, Otto 471
Weiß-Busoni, Anna 105
Weissenberg, Alexis 527, **777**
Weitzman, Franz 467
Wenzel, Ernst Ferdinand 393
Werba, Erich 24, 257, 485, 528, 593, **779**
Westenholz, Elisabeth 322
Wiener, Jean **780**
Wiłkomirska, Marie 781
Willaume, Germaine 294
Williamson, Gavon 741
Wittgenstein, Paul 228, **785**
Wladigerow, Pančo 198, 777
Wlassenko, Lew 214, 341, **786**
Woodward, Roger **788**
Wührer, Friedrich 69, 540, 578, **788**
Yankoff, Ventislav 369, **790**
Yvain, Maurice 538
Zabaleta, Marta 482
Zacharias, Christian 329, **793**
Zak, Jakov I. 493, 513, 555
Zak, Jonathan 951
Zecchi, Carlo 299, 349, 452, 475, 664, 762, **795**, 889, 946
Zelikman, L. 686
Zeltser, Mark **796**
Zhong, Xu 482
Zimerman, Krystian **799**
Zwerew, Nikolai S. 679

Kontrabaß
Buccarella, Lucio 941
Cazauran, Jacques 983
Clark, Jean-François Jenny 938
Karr, Gary **365**
Krump, Johann 984
Lauridon, Gabin 983
Rambušek, Josef 403
Reinshagen, Harmann 365
Rejto, Gabor 365
Rollez, Jean-Marc **613**
Sanderling, Barbara 637
Streicher, Ludwig **709**
Stoll, Klaus 866
Zepperitz, Rainer 983

Orgel

Laute
Besson, Kléber 935
Binckley, Thomas 934
Bream, Julian **92**, 693
Cohen, Joel **143**
Cousté, Raymond 935
Dumond, Arnaud **200**
Dupré, Desmond **201**
Fournier, Daniel 748
Gerwig, Walter 693
Junghänel, Konrad **359**
Mason, Barry 931
Pierrot, Bernard 940
Polasek, Barbara **565**
Robert, Guy **607**
Rooley, Antony **614**
Smith, Hopkinson 389, **686**, 924
Spencer, Robert **693**
Tyleer, James 614, 930, 931

Oboe
Bajeux, Pierre 454
Baudo, Etienne 50, 88, 125, 454
Bourgue, Maurice **88**
Casier, Robert **125**, 294, 557, 982
Cassagnaud, Emile 333
Clement, M. 646
De Lancie, John **172**
Dimigen, Christiane 980
Ebach, Klaus 982
Faber, Lothar **221**
Glaetzner, Burkhard **281**
Goossens, Leon **288**
Goritzki, Ingo **289**
Grommer, Louis 982
Henry, Michel 38
Holliger, Heinz 88, 99, **333**, 557, 921, 927
Jaboulay, Jean-Claude 983
Jonas, Diethelm 981
Koch, Lothar **381**
König, Johannes 368
Lamorlette, Roland 454
Malgoire, Jean-Claude 417, **454**, 754, 772, 939
Maugras, Gaston 170
Meier, Inge 870
Michael, Sigurd 982
Pierlot, Pierre 25, 333, **557**, 981, 982
Piguet, Michel **559**, 924
Rothwell, Evelyn 42
Schellenberger, Hansjörg **646**, 983
Schenkel, Bernard 612
Skuhrovský, Ladislav 685
Tabuteau, Marcel 172
Vaudeville, Jacques **748**
Wätzig, Hans-Werner 281
Wangenheim, Hagen 982
Westermann, Hans-Peter 928
Winschermann, Helmut 289, **783**, 927
Wunderer, Alexander 364

Ondes Martenot
Citanova, Darius 462
Clément, Christine 439
Deslogères, Françoise **183**, 561, 948
Hartmann, Antoinette 439
Hartmann, Valérie 439
Loriod, Jeanne **439**, 462
Martenot, Ginette 183, 439, **462**
Martenot, Maurice 154, 183, 439, 462
Murail, Tristan 439
Raynaud, Philippe 439

Orgel
Alain, Marie-Claire **9**, 38, 58, 185, 201, 391, 435, 621, 627, 721, 776
Albrecht, Alexander 685
Albrecht, G. 229
Alix, René **13**, 856
Allen, Hugh 700
Anderson, Robert 38, 627
Andriessen, Hendrik 172
Bailleux, Odile **38**
Baker, George C. **38**
Baker, Phil 38
Barbier, René 250
Beaucamp, Henri 52
Benbow, Charles **58**
Benoist, François 188, 634
Bilgram, Hedwig **69**
Blickerich, Victor 585
Boëllmann, Léon 147, 276
Boëly, Alexandre 634
Bonnet, Georges 79
Bonnet, Joseph **79**, 759
Borrel, Emile 131
Boulanger, Nadia 21, 26, 39, 44, 67, 70, **83**, 94, 97, 143, 148, 154, 159, 160, 161, 189, 217, 239, 263, 277, 362, 374, 409, 418, 430, 445, 465, 479, 508, 537, 617, 683, 686, 715, 736, 759, 785, 934, 958
Boyer, Jean **90**
Brasseur, Elisabeth 860
Brosse, Jean-Patrice **95**
Brunold, Paul 154
Cassadó Valls, Joaquín 125
Cellier, Alexandre 128, 154
Chaisemartin, Suzanne 337
Chapelet, Francis **131**
Chapuis, Michel 38, 90, **131**, 337, 620, 758
Chauvet, Alexis 301
Chorzempa, Daniel **136**
Cochereau, Pierre 142, 176, 201, 337, 418, 514
Collin, Charles 758
Commette, Edouard **147**
Costa, Jean **153**
Crozier, Catherine 243
Cunningham, G. D. 90
Dallier, Henri 83, 538
Darasse, Xavier 90, **166**
Daveluy, Raymond **167**
De Klerk, Albert **172**
Delafosse, Paul 142
Delvallée, Georges **177**
Demessieux, Jeanne **178**
Depuydt 546
Devernay, Edouard 185
Devernay, Yves **185**
Dienel, Otto 707
Downes, Ralph 560, 776
Dubois 436
Dupré, Marcel 131, 143, 154, 177, 178, **201**, 221, 236, 243, 246, 280, 298, 301, 356, 411, 431, 546, 558, 579, 607, 688, 720, 740, 758, 759, 767, 780
Duruflé, Maurice 143, 166, 171, **202**, 639, 739, 759
Duruflé-Chevalier, Marie 202
Egger, Max 774
Egidi, Arthur 779
Eisenberg, Matthias **207**
Ericson, Eric **214**
Falcinelli, Rolande 166, 186, **222**, 258, 343, 418, 621, 730
Faltin, Richard 362
Fauré, Gabriel 483, 559, 634
Fellot, Jean 38
Ferrari-Trecate, Luigi 675
Fétis, François-Joseph 80
Fischer, Walter 319
Fischer-Dieskau, Klaus 232
Fleury, André 236, 759
Forkelm, Johann-Nikolaus 780
Forstner, Karl 191
Fox, Virgil **243**
Franck, César 411, 558, 739, 758, 780
Friedberg, Carl 236, 243, **249**, 479
Froidebise, Pierre Jean Marie **250**
Funk, Heinrich 774
Fuser, Ireneo 720
Galard, Jean **258**
Galliera, Alceo 795
Gavoty, Bernard 759
Geoffroy-Dechaume, Antoine 657

Register

Germani, Fernando **272**, 605, 639
Gerock, Karl 604
Gigout, Eugène 147, 236, **276**, 457, 483
Gil, Jean-Louis **277**
Girod, Marie-Louise 142, 177, **280**
Grell, August 789
Grünenwald, Jean-Jacques **298**, 623
Guest, George **300**
Guillou, Jean **301**
Guilmant, Alexandre 79, 83, 128, 201, 241, 277, **301**
Guilmant, Jean-Baptiste 301
Harty, Sir Hamilton 312
Haselböck, Hans 313
Haselböck, Martin 313
Heiller, Anton **318**, 407, 435, 563, 585, 776
Heimann, Wolfgang 382
Heintze, Hans **318**, 434
Heitmann, Fritz **318**, 779
Hesse, Adolf 780
Högner, Friedrich 655
Horst, Anton van der 172
Houbard, François-Henri 337
Huré, Jean 236
Hurford, Peter 169
Isler, Ernst 434
Isoir, André 38, 277, **343**
Jacob, Werner **347**
Joulain, Jeanne 185, 418
Kästner, Hannes **361**
Kahlöfer, Helmut 434
Kee, Piet 169
Keeton 640
Kempff, Wilhelm sen. 369
Klinda, Ferdinand **379**
Köhler, Ernst 382
Köhler, Johannes-Ernst 379, **382**
Koopman, Ton 323, **388**, 696, 929
Kraft, Walter 347
Krapp, Edgar 64, **391**
Lagacé, Bernard **407**
Lang, Walter 774
Langlais, Jean 38, 313, **411**
Lebel, Louis 758
Ledvina, Antonín 685
Lefébure-Wély, Louis 780
Lefebvre, Philippe **418**
Lefèvre, Gustave 276
Lehotka, Gábor **420**
Lehrndorfer, Franz Xaver 391, **420**
Lemmens, Jacques-Nicolas 301, 780

Leonhardt, Gustav 38, 51, 98, 107, 277, 310, 323, 332, 347, 400, **423**, 454, 497, 733, 925, 945
Letendre, Conrad 167, 407
Litaize, Gaston 222, 277, **431**, 434, 607, 611, 639
Lockhart, James **433**, 819
Lohmann, Heinz **434**
Lohmann, Ludgers **434**
Lunelli, Renato 721
Maier, Ludwig Felix 590
Malengrau, Roger 251
Malherbe, René 131
Manari, Raffaele 272
Marchal, André 79, 154, 177, 407, 411, **457**, 607, 612, 730, 758
Marichal, Jacques 131
Martin, Friedrich 653
Marty, Adolphe 634
Matthey, Ulisse 573
Merlet, Dominique 7, **481**, 949
Meyer, Hannes **485**
Middelschulte, Wilhelm 243
Middleton, Hubert 424
Müller, Eduard 292, 423, 485
Németh, Štefan 685
Neudörffer-Opitz, Julius 248
Neuville 147
Newman, Anthony **514**
Östman, Arnold 522
Ord, Boris 783
Orr, Robin 300
Pach, Walter 313
Pécsy, Sebestyén 420
Peeters, Flor 341, **546**
Pierné, Gabriel 411, 418, 495, 497, **557**, 739, 747
Pierre, Odile **558**
Pierront, Noëlie 258
Planyavsky, Peter **563**
Poole, John **569**
Power-Biggs, Edward **571**
Preston, Simon **572**
Puig-Roget, Henriette 318, 344, **579**, 623
Radulescu, Michael **585**
Ramin, Günther 292, 306, 318, 361, 374, 375, **587**, 593, 601, 624, 655, 688, 767, 845, 850, 851
Rapf, Kurt **589**
Reboulot, Antoine 38
Régulier, Gaston 607
Reimann, Wolfganng 779
Reinberger, Jiří 379, **593**
Richter, Karl 69, 309, 588, **601**, 854
Riegler, Skaliský, Ernest 379

Rilling, Helmuth 213, 296, **604**, 772, 859, 943
Robert, Georges **607**
Robert, Louis 243
Robillard, Louis **608**
Rössler, Almut **611**
Rogg, Lionel **612**
Ross, Scott **620**
Roth, Daniel **623**
Rübsam, Wolfgang **627**
Ruello, Victor 418
Saint-Martin, Léonce de 143, **633**, 675
Saint-Saëns, Camille 172, 276, 495, 555, 556, 559, **634**
Saorgin, René 620, **639**
Schneider, Michael 58, 434, 611, **653**, 793
Schnitzler, Claude **655**, 839, 911
Schoonbrodt, Hubert **657**
Schweitzer, Albert 501, 557, 623, **664**, 759
Sebestyén, János **667**
Segond, Pierre 612
Souberbielle, Edouard 38, 131, 343, 759
Stein, Leonard 514
Stockmeier, Wolfgang 435
Straube, Karl 234, 318, 471, 587, 588, 593, 601, 653, **707**, 731, 850, 851
Tachezi, Herbert **718**
Tagliavini, Luigi-Ferdinando **720**
Terraza, Joaquín 761
Threlfall, Thomas 571
Thiry, Louis **730**
Tiler, Hug 167
Tournemire, Charles 79, 202, 236, 251, 305, 411, 509, 546, 579, **739**, 780
Trägler, Eduard 593
Verschraengen, G. 323
Vidal, Paul 68, 96
Vidal, Pierre **758**
Viderø, Finn **758**
Vierne, Louis 79, 83, 143, 201, 202, 634, **758**, 780
Vollenweider, Hans 485
Walcha, Helmut 38, 391, 588, 627, 758, **767**
Walter, Karl Josef 178
Weir, Gillian **776**
Widor, Charles-Marie 83, 128, 147, 201, 301, 664, 739, 758, **780**
Wiedermann, Bedřich 593
Willcocks, Sir David **781**, 846, 851
Witkowski, Georges-Martin 147
Zacher, Gerd **793**
Ziegler, Klaus Martin **798**

Posaune
Bernard, Paul 691
Globokar, Vinko 199, 570, 938, 940
Verdier, Camille 981

Saxophon
Deffayet, Daniel **171**
Kientzy, Daniel **371**
Londeix, Jean-Marie **435**
Lowry, Vance 781
Marsalis, Branford 461
Mule, Marcel 171, **435**, **503**

Schlagzeug
Alpert, Lorenzo 924
Bernard, Jean Paul 943
Blaise, Guillaume 943
Caskel, Christoph **125**
Coquillat, W. 199
Dossmann, Daniel 940
Drouet, Jean-Pierre **199**, 299, 406, 570, 938, 940
Fink, Siegfried **229**
Gastaud, Michel 948
Gualda, Sylvio **299**, 406
Gucht, Georges van 943
Hamouy, Christian 943
Jacquet, Alain 948
Nakamura, Keiko 943
Pricha, W. 125
Redel, Martin Christoph 592
Sage, Joseph 935
Samuel-Rousseau, Marcel 181
Silvestre, Gaston 199
Talibart, Claire 943
Vergnais, Vincent 943
Wagner, Alfred 229

Sitār
Shankar, Ravi 268

Trompete
André, Lionel 20
André, Maurice **20**, 69, 412, 691, 739
André, Nicolas 20
Bernard, André **64**
Calvayrac, Albert **111**
Delmotte, Roger **175**
Dokschitser, Timofej **192**
Foveaux, Eugène 175, 729
Güttler, Ludwig **304**
Hersetz, Adolph 724
Howarth, Elgar **338**
Jeannouteau, Bernard 981
Lecouintre, Jacques 981
Männel, Armin 304
Marsalis, Wynton **461**
Sabarich, Raymond 112
Scherbaum, Adolf **646**, 866
Soustrot, Bernard 20, **691**

Tabakow, Mikhail 192
Tarr, Edward Hankins **724**, 924
Thibaud, Pierre **729**, 938, 981
Touvron, Guy 20, **739**
Voisin, Roger 724
Wasilewskij, Iwan 192

Tuba
Hoffnung, Gerard **331**
Reynaud, Elie 981

Violine
Abbado, Michelangelo 119
Abel, Jenny 332
Abramenkow, Andrej 956
Accardo, Salvatore **4**, 12, 114, 244, 941
Achron, Joseph **4**
Adamson, Michael 969
Agostini, Federico 119, 942
Aguera, Marie 980
Ahna, Heinrich de 316, 966
Aïche, Philippe 907
Akamatsu, Yasushi 944
Alard, Jean Delphin 563, 640
Alberman, David 953
Alexandrow, Jaroslaw 956
Alterman 618
Amar, Liko **16**, 327, 866, 952
Ambrosio, Luigi d' 4
Amoyal, Pierre **17**, 66, 238, 317, 525, 604
Ando, Ko 713
Andreasson, Gösta 104, 957, 958
Andriejewskij, Felix 56, 293
Anker, Siegmund 480
Appia, Edmond 257
Arányi, Jelly d' **25**, 221, 338
Arditti, Irvin 953
Arjava, Vainö 362
Armand, Georges 944
Arnitz, Hélène 525
Ashkenazi, Shmuel 979
Astruc, Yvonne 4, 138
Asselin, André 217, 571
Auber, Jacques 395
Auclair, Michèle 32
Auer, Leopold 4, 17, **32**, 94, 202, 208, 258, 292, 317, 354, 382, 490, 545, 662, 669, 677, 693, 773, 798
Ayo, Felix **34**, 941
Bachrich, Siegmund 975
Back, Oskar 394, 526
Bak, Adolf 258
Balenescu, Alexander 953
Balmer, Luc 652
Banfalvy, Béla 955
Barbier, Dominique 952

Barcewicz, Stanislas 233, 704
Barchet, Reinhold 954
Bardon, Claude **43**
Bare, Emil 16
Barta, Mihály 967
Barton, James 952
Barylli, Walter 955
Bas, René 982
Batalla, Jean 718
Becker, Jean 53
Beh, Will 954
Belkin, Boris **56**, 452
Bell, Joshua 278
Benedetti, René 78, 226, 397, 460, 791
Benedetto, Michel 906
Bennewitz, Anton 674
Bentley, Lionel 970
Benvenuti, Joseph 315
Bernard, Claire **64**
Bernède, Jean-Claude **64**, 904, 912, 942, 955
Bernstein, Samuel 675
Berthelier, Baptiste 495
Besrodny, Igor 48, **68**, 253, 683, 933
Betti, Adolfo 963
Bigot, Max 968
Bik, Annette 964
Binder, Erich 921
Birks, Ronald 969
Bischof, Andrea 938
Bistesi, Charles 226
Bleuzet, Louis 188
Blinder, Naoum 698, 699
Blot, Dominique 935
Bobescú, Lola **75**
Böhm, Joseph 353, 481, 753
Böttger, Heinz 961
Bogdanas, Constantin 954
Boico, Efim 962, 9787
Bonaldi, Clara **78**
Bondarenko, P. 396
Bonitz, Laurentius 976
Borciani, Paolo 965
Borries, Siegfried Paul Otto **81**, 866
Boskovsky, Willi **81**, 393, 921, 955, 980, 984
Bosse, Gerhard **82**, 711, 887, 888
Botschkowa, Irina 349
Boucherit, Jules 32, 215, 618, 662
Bouillon, Gabriel 267, 343, 550, 715, 769, 792
Brainin, Norbert 952
Brandis, Thomas **91**, 866, 957
Bratoev, Bojidar 944
Braun, Joachim 361
Brehm, Peter 92, 957

Register

Brener, Menahem 978
Brengola, Riccardo 484
Brero, Vittorio 206
Bress, Hyman **93**
Briggs, Rawdon 95
Brilli, Jacqueline 279
Brodsky, Adolf D. **94**
Bronfstein, Raphael 735
Bronin, Wolodar 503
Bronschwack, Henri 905
Brosa, Antonio **95**, 974
Brown, Iona 930
Brun, Alphonse 956
Brusilow, Anshel **100**
Buchner, Willi 967
Buitrago, Juan 693
Burmester, Andreas J. A. W. 103
Burmester, Willy **103**
Busch, Adolf 90, **104**, 334, 480, 499, 673, 957, 958
Butler, Mark 959
Calvet, Joseph 17, 34, 64, 69, 78, 226, 239, 267, 279, 315, 344, 439, 484, 538, 557, 735, 769, 958, 971, 973
Calvi, Marie-Josèphe 938
Campagnoli, Bartolommeo 963
Campoli, Alfredo **113**, 338, 453
Capet, Lucien 24, **116**, 152, 258, 290, 357, 392, 501, 577, 958
Carlyss, Earl 966
Carmirelli, Pina **119**, 185, 941
Carpi, Giannino 947
Carrodus 728
Carter, Peter 952
Caruzzo, Madeleine 866
Casadesus, Marius 370
Caspar, Walter 16
Cave, Alfred 951
Chachereau, Hubert 952
Champeil, Jean 958
Charlier, Olivier **132**
Charmy, Roland 200
Charpentier, Marcel 955, 974
Chilingirian, Levon 959
Chiti, Ulpiano 693
Chomarat, Alain 936
Chumachenco, Nicholas 557
Chung, Kyung-Wha **137**, 398
Cillario, Carlo Felice **139**, 811, 895
Cohen, Isidore 947, 966
Cohen, John 974
Comberti, Michael 975
Comenthal, Guy 908
Conquer, Jeanne-Marie 938

Consolini, Angelo 139
Cooper, Robert 951
Corti, Mario 282
Costard, René 968
Courtois, Catherine 144
Crenne, Christian 949
Crickboom, Mathieu 95, 123, **157**, 791, 792, 980
Cropper, Peter 969
Crowson, Lamar 743
Crut, Maurice 279, 525, 585, 949, 973
Cusano, Felice 450
Czapary 974
Dalessio 466
Dalley, John 964
Daugareil, Roland 908
David, Ferdinand 318, 353, 640, 781, 963
Davisson, Walter 82, 234, 266, 727
Dawes, Andrew 973
De Guarnieri, Antonio 212, 292, 449, 547
De Guarnieri, Raffaelo 577
Dejean, Jacques 973
DeLay, Dorothy 363, 428, 491, 551, 675
Deman, Rudolf 421, 522
Desmonts, Marie-Christine 971
Devich, Sándor 955
De Vita, Gioconda 119, **185**
Diaconu, Anton 979
Dight, Leonard 951
Dimitrov, Nanko 960
Dimov, Dimo 960
Dinka, Laurentin 976
Distler, Evelyn 91
Dittler, Herbert 367
Dont, Jacob 32
Doukan, Pierre 132, **197**
Drolc, Eduard-Josef 961
Drucker, Ernest 957
Drucker, Eugene 961
Dubinski, Rostislaw 947, 956
Dubiska, Irena 781
Dubois, Alfred 298
Dumay, Augustin 66, 144, 163, **199**, 322, 406, 486, 604, 725, 730, 944
Dumont, Jacques 973
Dushkin, Samuel 33, **202**, 801
Duska, Károly 967
Éder, Pál 961
Edinger, Christiane **206**, 579
Eggard, Julius 975
Ehrhardt, Werner 929
Elbæk, Peder 958
Eldering, Bram 81, 104, 470, 866
Ellerman, Jens 675

Elman, Mischa 33, **208**, 490, 584, 798
Emanuele, V. 281
Enacovici, George 763
Enderle, Matthias 959
Enescu, George 81, 83, 138, 182, **210**, 235, 242, 274, 280, 299, 305, 307, 312, 357, 430, 462, 480, 514, 554, 571, 662, 667, 683, 743, 759, 791, 874, 885
Epstein, Josgua 954
Erben, Franz Michael 887
Erlih, Devy **215**
Estournet, Jean **217**, 537
Estrada, Carlos 672
Etoh, Toshiya 252, 790
Evans, Ralph 962
Evrard, Jane **219**
Fabbri, Juan 672
Fachiri, Adila 25, **221**
Falvay, Attila 967
Feher, Ilona 491, 801
Feist, Gottfried 311, 578
Feld, Jindřich 398
Fernández Arbós, Enrique **226**, 866
Ferraresi, Cesare 942
Ferras, Christian 17, 43, 210, **226**, 267, 370
Ferro, Luigi 212, **228**, 942
Fiedelmann, Alexander 208
Fiedelmann, Max 669
Fiedler, Emmanuel 967
Fiedler, Arthur **228**
Fillipini, Rocco 144
Fischer, Konrad 781
Fischer, Paul 975
Fišer, Jiří 961
Fitz, Oskar 578
Flesch, Carl 53, **235**, 258, 278, 280, 284, 307, 392, 401, 430, 462, 501, 506, 514, 522, 547, 556, 621, 652, 653, 715, 743, 750
Fodor, Eugene **237**
Fontanarosa, Patrice **239**, 518, 905
Fournier, Jean 52, 132, **242**
Francescatti, René 243, 541, 571
Francescatti, Zino 40, 122, 123, 242, **243**, 350, 362, 688
Frank, Susanne 959
Frasca-Colombier, Monique 399
Frederiksen, Tim 960
Frenkel, Moritz 662
Frey, Charles 949
Fried, Miriam 244, **249**, 278
Friedman, Erick **250**, 258, 317, 425

Fuchs, Josef 40, 206, 210, 312
Fueri, Alfred 970
Funke, Christian 253, 887
Galamian, Ivan 116, 137, 237, 249, 250, 252, **258**, 290, 329, 363, 412, 551, 584, 683, 796, 801
Galimir, Felix **258**, 363
Gallois-Montbrun, Raymond 637
Gálvez, L. 734
Ganaye, Jean-Baptiste 202
Gandini, Ettore 577
García, José Luis 261, 930
Garcin, Jules 462
Gardini, Ettore 965
Garraux, Walter 956
Gautier, Jeanne 358
Gawriloff, Saschko **266**, 283, 289, 387, 705, 725, 799, 866
Gazeau, Sylvie **267**, 345, 485, 937, 938
Gebauer, Michel 963
Gendre, Robert 937
Genet, Patrick 976
Genualdi, Joseph 971
Gerle, Robert **271**
Gertler, André 223, **272**, 779
Geyer, Stefi 52
Gheorghiu, Stefan 273, 458
Ghestem, Jacques 937, 938, 974
Gilels, Elisabeth 384, 704
Gimpel, Bronislav **277**
Gingold, Josef 249, 267, **278**, 329, 412, 792, 949
Giovaninetti, Christophe 980
Girard, Narcisse 146
Giraud, Henri 570
Giron 958
Gitlis, Ivry 210, **280**, 452
Glazer, Esther 330
Gniewek, Raymond 74
Goebel, Reinhard **283**, 929
Gockel, Konstantin 947
Goldberg, Szymon 40, 228, 236, **284**, 293, 327, 393, 575, 866, 923
Goldgart, Rivkah 551
Gordin, Jurij 740
Goren, Eli 952
Gorodetzky, Jac 957
Gotkovski, Jacques 970
Gotkovsky, Nell **290**
Gottraux, François 976
Gradow, Waleri 799
Graf, Vera 421
Graffmann, Vladimir 278, 292
Granados, Galvez 123

Grappelli, Stéphane 370, 541
Gratch, Eduard 455
Graubin, Eva **293**
Gray, Ella 968
Gridenko, Tatjana **295**, 396
Grillet, Laurent 188
Gronich, Ilan 968
Grosse, Siegfried 367
Grümmer, Detlev 298
Grün, Jakob M. 235, 380
Gruenberg, Erich 391
Grumiaux, Arthur 200, 210, **298**, 314, 547, 667, 977
Guglielmo, Giovanni 942
Guilbert, André 518
Guilet, Daniel 947
Gulli, Franco 281, **303**, 562, 948
Guntner, Kurt 332, 472
Guth, Peter 211
Gutnikow, Boris **304**, 695
Haendel, Ida **307**, 497
Hagen, Angelika 964
Hagen, Lukas 964
Haisberg, Uwe-Martin 956
Halíř, Karols 966
Hall, Marie 674
Hallé, Charles 95
Halleux, Laurent 974
Hambourg, Jan 309
Hansen, Cecilia 33
Hanzl, Jiří 979
Harada, Koichiro 978
Harden, Wolf 948
Harding, John 973
Hargitai, Géza 955
Harnoncourt, Alice 311
Harrington, David 968
Harth, Sidney **312**
Harth, Teresa Testa 312
Haskil, Jeanne 314
Hasson, Maurice **315**
Hauptmann, Eva 91
Hauptmann, Moritz 781
Hauser, Emil 957, 964
Heerg, Karin 959
Hegner, Anna 326
Hegyi, Ildikó 961
Heichelmann, Palle 960
Heifetz, Jascha 4, 5, 17, 33, 93, 237, 250, **317**, 338, 363, 490, 556, 575, 576, 584, 625, 640, 670, 797, 798
Heifetz, Ravin 317
Heißler, Karl 477, 600, 616, 645
Hellmesberger, Georg 477
Hellmesberger, Joseph 32, 94, 210, 353, 380, 395, 616, 645, 921
Hendel, Georg Friedrich 942

Henrotte, Pierre 47
Herman, Stefan 401
Héry, Luc 907
Herzl, Harald 975
Herzogenberg, Heinrich von 226
Heß, Willy 53, 104, 229, **324**, 694, 715
Hetzel, Gerhart 921
Hewitt, Maurice **325**, 958
Heynberg, Désiré 791
Hilf, Hans 266
Hiller, Johann Adam 851, 887
Hink, Werner 921
Hlouňová, Maria 711
Hoebarth, Erich 938
Hoelscher, Ulf 278, **329**, 793
Hoffmann, Karel 978
Hollander, Max 332
Holmes, Henry 192
Holmes, Ralph 469
Honegger-Moyse, Blanche 499
Honigberger, Erna 506
Hoogstraten, Willem van 515, 917
Hoppenot, Dominique 736
Hosselet, Robert 779
Hrdjok, Dragutin 946
Hubay, Jenő 25, 221, 223, 261, **272**, **338**, 527, 714, 716, 750, 753, 768, 969
Hubermann, Bronislaw 125, 223, 250, 280, **339**, 600, 652, 715, 917
Hübner, Wilhelm 984
Hülsmann, Kees 964
Hug, Theo 956
Hůla, Pavel 967
Humphreys, Sydney 951
Huré, Jean 570
Hurwitz, Emmanuel 930, 951
Ikeda, Kikuei 978
Iliescu, Nicolae 874
Indig, Alfred 957
Ishii, Shizuko **343**
Isnar, Jeanne 252
Issakadze, Liana **343**, 944
Isselmann, Wilhelm 451
Jacobson, Leopold 796
Jampolski, Abram I. 349, 384, 460
Jankelewitsch, Jurij 56, 293, 295, **349**, 384, 460, 683, 693
Japha, Georg Joseph 702
Jarry, Gérard 525, 906, 948
Jennings, Andrew 960
Joachim, Joseph 10, 25, 32, 103, 191, 209, 221, 226, 259, 316, 324, 338, 339,

Register

353, 462, 481, 507, 522, 547, 616, 625, 693, 713, 716, 753, 785, 789, 966
Jourdan-Morhange, Hélène **357**
Jousa, Vojtěch 977
Kagan, Oleg 304, **361**, 602, 704
Kakuska, Thomas 950, 951
Kalasfusz 947
Kamenski, Boris 242, 652
Kamenski, Jacques 32
Kamilarov, Emile 491
Kamper, Anton 980
Kamu, Okko **362**
Kang, Dong-Suk **363**
Kantorow, Jean-Jacques 252, 315, **363**, 478, 625, 907, 921, 927
Kaplan, Mark **363**
Karbulka, Josef 704
Karlovský, Jaroslav 974
Karpilowsky, Daniel 635
Kaspar, Walter 327, 952
Kavafian, Ida 673
Keenlyside, Raymond 951
Kehr, Günter **368**
Kekula, Josef 961, 977
Keller, Andrea 929
Kennedy, Nigel **370**
Keyes, Bayla 972
Khuner, Felix 968
Kilian, Theodor 577, 590
Kimstedt, Rainer Johannes 956, 968
Kinsey, Herbert 970
Kirshbaum, Joseph 374
Kladivko, Vilmos 724
Klam, Gérard 983
Klasse, Aaron 522
Klimkiewicz, Jacek 976
Klinger, Karl 713
Klÿn, Nap de 972
Kneisel, Franz **380**, 967
Knitzer, Joseph 312
Knudsen, Reidar 960
Koch, Ulrich 136, **381**, 415, 800
Kochánski, Paul **382**
Kocian, Jaroslav 711
Koeckert, Rudolf Joachim 967
Koff, Robert 966
Kogan, Leonid B. 46, 277, 363, **383**, 390, 503, 622, 688, 695, 704
Kogan, Pavel **384**
Kohne, Ridley 32
Kohout, Pravoslav 967
Kolisch, Rudolf **385**, 674, 968
Komlós, Péter 955
Kopelman, Michail 956
Korsakow, Andrej 390

Kostecký, Lubomír 976
Kovács, Dénes **391**
Kovacz, Martin 266
Krasner, Louis **391**
Krasnokuzki, P. 545
Krebbers, Herman 237, **394**, 526, 799, 877
Kreisler, Fritz 103, 202, 235, 317, 319, 350, **395**, 575, 590, 599, 614, 629, 759, 792, 917
Kremer, Gidon 7, 26, 99, 293, 294, 308, 370, **396**, 452, 549, 551, 704
Kresz, Géza von 261
Krettly, Robert 242, 968
Krivine, Emmanuel **397**, 548, 894, 896, 908
Kruse, Johann 308, 966
Kubát, Norbert 722
Kubelík, Jan 138, 298, 308, **398**, 674, 711
Kučera, Vladimir 961
Küchl, Rainer **399**, 921, 972
Kuijken, Sigiswald 107, 359, **400**, 925
Kulenkampff, Georg 231, 325, 369, **400**, 422, 452, 599, 629
Kulka, Konstanty Andrzej **401**
Kuttner, Michael 965
Kuschnir, Boris 950
Kusnetzow, Boris 361
Kußmaul, Rainer 950
Kvapil, Jan 977
Lamoureux, Charles 123, 133, 146, 152, 731, 834, 904
Lange, Gustav Fr. 234
Langlois, Philippe 970
Laredo, Jaime 258, 278, 362, 412
Larsen, Jørgen 988
Lautenbacher, Susanne **415**
Lazov, Vladimir 957
Leber, Jean 983
Le Dizès-Richard, Maryvonne 938
Le Floch, Hervé 979, 981
Lefort, Narcisse-Augustin 570, 693
Léner, Jenő 969
Léonard, Hubert 461, 462, 507, 731
Leonhardt, Marie 283
Letz, Hans 967
Levey, James 970
Levin, Walter 969
Lewis, Roy 968
Lin, Chio-Liang 95, **428**
Loeb, Jules Leopold 556
Loewenguth, Alfred 339, 970

Loft, Abram 962
Loh, Anton 975
Loiseau, Emile 974
Lotto, Izydor 339
Luquin, Fernand 974
Lysy, Alberto **444**
Mackenzie, Alexander 953
Madriguera, Paquita 669
Mätzl, Klaus 951
Maguire, Hugh 952
Maier, Franzjosef **451**, 929
Maile, Hans 983
Makanowitzky, Paul 329
Malawski, Artur 625
Malkin, Elias 317
Malý, Lubomír 974
Mandeau, Adolphe 974
Mann, Robert 363, 966, 978
Manuel, William 951
Manzone, Jacques-Francis 902, 907
Mařák, Jan 14, 575, 671
Marcovici, Silvia **458**
Margand, Michèle 971
Markiz, Lev **460**
Marriner, Sir Neville **460**
Marschner, Wolfgang **461**
Marschwinski, Wladimir 960
Marsick, Martin Pierre Joseph **461**, 729
Marteau, Henri 16, 24, 53, 261, **462**, 571
Marx, Günter 956
Massard, Léon 791
Massard, Rodolphe 791
Massart, Joseph 395, 461, 731
Masurat, Bruno 329
Mathhai, Heinrich August 963
Matoušek, Bohuslav 961, 977
Mattheis, Philipp 984
Matyás, Miroslav 966
Maurin, Jean-Pierre 116, 495
Mazza, Luigi 964
McDonald, Marylin 976
Medjimorec, Heinz 948
Meergerhin, Eugène 47
Mehne, Reiner 983
Mehta, Melhi 475
Meissl, Johannes 954
Melcher, Wilhelm 971
Melkus, Eduard 198, **477**, 945
Ménard, Pierre 979
Menuhin, Sir Yehudi 64, 70, 104, 125, 185, 200, 210, 217, 243, 268, 270, 288, 290, 350, 363, 370, 371, 397, 445, 453, 479, **480**,

491, 508, 547, 550, 551, 571, 675, 769, 771, 792, 949
Mercier, Louise 397
Merenbljum, Walerja I. 524
Merckel, Henri 339
Messiereur, Petr 977
Meyer, Henry 969
Michalowicz, Mieczyslaw 284, 339
Michelucci, Roberto **487**, 941
Micka, Josef 513
Milanov, Trendafil 489
Milanová, Stoika **489**
Milstein, Nathan 33, 40, 185, 206, 250, 254, 336, 350, **490**, 524, 540, 556, 571, 670, 704, 792, 795, 977
Mintchev, Mintcho **491**
Mintz, Shlomo 95, **491**, 562, 716, 944
Młynarski, Emil 336, 378, 382, 625, 704, 841, 882, 919
Moglia, Alain 907, 979, 983
Molique, Bernhard 462
Møller, Arne Balk 960
Monasterio, Jesús de 123
Monoszon, Boris 961
Montmayeur, Gérard 955
Moňuilov, Peter 957
Moravec, Ernst 311, 477, 777
Moravek, Anka 971
Morini, Erica 40, **497**, 674
Moskowsky, Alexxander 965, 970
Mossel, Max 308
Mouillère, Jean 979
Mozzatto 942
Münch, Charles 43, 50, 154, 173, 183, 242, 279, 288, 403, 421, 431, 463, 487, **501**, 637, 692, 716, 795, 870, 888, 903, 907, 909, 916
Mullova, Viktoria 163, **503**, 695
Mutter, Andreas 506
Mutter, Anne-Sophie 281, 365, **505**
Nachéz, Tivadar **507**
Nadaud, Charles-Gustave 357
Naegele, Philip 978
Nakura, Yoshiko 978
Nauwinck, Léon 769
Neumann, Václav **513**, 553, 629, 808, 821, 839, 888, 911, 976
Neveu, Ginette 236, 497, **514**

Nielsen, Hans 960
Niemann, Gustav Adolf 362
Nikisch, Arthur 86, 142, 256, 270, 317, **516**, 552, 721, 729, 732, 798, 810, 820, 866, 870, 887, 891, 921
Ninič, Tonko 946
Nissel, Siegmund 952, 959
Noda, Yumiko 976
Novák, Antonín 977
Novák, Jiří 976
Novotný, Břetislav 974
Oberdorfer, Heinz 973
Odnoposof, Riccardo **522**, 683, 921
Odstrčil, Jan 967
Oistrach, David F. 46, 124, 260, 290, 343, 361, 375, 380, 396, 489, 490, 503, 514, 521, 522, **524**, 559, 561, 602, 688, 695, 704, 763
Oistrach, Igor D. **524**, 704
Oleg, Raphaël **525**
Olof, Theo 394, **526**, 877
Ondříček, Karl 967
Onnou, Alphonse 974
Oppelcz, Alfred 970
Oppermann, Jens 954
Opreanu, Mircea 982
O'Reilly, Brendan 963
Ortleb, Heinz 980
Otensky, Edgar 957
Oundjian, Peter 978
Ozim, Igor **531**
Paarmann, Jürgen 961
Pache, Nicolas 976
Paganini, Niccolò 243, 298, 398, 754
Panocha, Jiří 973
Parent, Armand 640, 974
Parkanyi, Istvan 973
Parrenin, Jacques 974
Pascal, Léon 126, 958, 973
Pashkus, Théodore 280, 303
Pasquier, Jean 949
Pasquier, Pierre 203, 239, 318, 358, 541, 612, 791
Pasquier, Régis 318, **541**, 548, 557, 905, 949
Pauk, György 245, 375
Pegreffi, Elisa 965
Peinemann, Edith 178, **547**
Pelliccia, Arrigo **547**
Pennington, John 970
Perez, Antonio 954
Perkins, Kenneth 973
Perlemuter, Louis 973
Perlman, Itzhak 30, 114, 258, 311, **551**
Persinger, Louis 480, 599, 668, 698, 792, 796, 866
Peschke, Walter 961

Petre, Thomas W. 970
Petri, Henri Wilhelm 478, 554, 716
Pfeifer, Leon 531
Pianka, Uri 951, 978
Pichler, Günter 951
Pikaisen, Viktor **559**, 704
Pikler, Robert 428
Plocek, Alexander 535, 632, 711, 950
Pochon, Alfred 963
Pogányi, Imre 957
Poggioni, Emilio 29
Pohlenz, Christian August 888
Politzer, Adolf 51
Pollak, Robert 278
Popov, Sascha 697
Poppen, Christoph 959
Pospichal, Jan 950
Poulet, Gaston 219, 435, 462, **570**, 571, 903
Poulet, Gérard 322, **571**
Powell, Maud 497
Prat, Jacques 908, 955
Prelipceanu, Bujor 979
Preucil, William 959
Přibyl, Karel 974
Prick, Rudolf 575
Příhoda, Váša **575**, 711
Prill, Karl 575
Principe, Rémy 33, 185, 281, **577**, 965
Proffit, André 736
Pucklický, Milan 961
Rabin, Michael 258, **584**
Rados, Desző 724
Ragaz, Christine 956
Rascin, Maurice 400
Rebner, Adolf 327, 653
Recasens, L. 734
Reed, William Henry 287
Reeves, H. Wynn 970
Reinecke, Franz 980
Reitz, Karl 104, 957
Rémy, Antoine 462
Rémy, Daniel 936
Rémy, Guillaume 202, 729
Rémy, Thérèse 971
Rényi, Albert 977
Reynal, Marcel 64
Ricci, Ruggiero 575, **599**
Richards, Irene 751
Richter, Ernst Friedrich 781
Richter, Miroslav 974
Rieger, Otto 62
Richm, Friedegund 968
Ries, Franz 966
Ritter, Camillo 576
Rivarde, Achille 28, 145
Robertson, Paul 971
Rode, Pierre 677, 753
Rodriguez, Manuel 640
Roentgen, Julius 967

Register

Roh, Brigitte 971
Roisman, Josef D. 957, 964
Rolla, János 926
Rosand, Aaran **615**
Rosé, Alma 616
Rosé, Arnold 395, **616**, 621, 921, 975
Roses, Henri 981
Rostal, Max 91, 236, 266, 329, 531, 535, 547, **621**, 796
Roth, Brigitte 971
Roth, David 952
Roth, Otto 967
Rothschild, Fritz 957
Rowland, Christopher 962
Rüssmann, Winfried 968
Ruha, Stefan 877
Rybar, Peter 477
Rybenský, Jaroslav 976
Sabouret, Alain 27
Sabouret, Jean-Pierre 970, 979
Saéz, M. R. 640
Salaff, Peter 959
Salmeczi, János 961
Salpeter, Max 951
Sametini, Leon 615
Sammons, Albert **636**, 970
Samohyl, Franz 399, 777, 796
Sanchez, José 981
Sándor, Frigyes 926
Santórsola, Guido 672
Sarasate, Pablo de 182, 188, 247, 318, 430, 53, **640**, 759, 917
Sarti, Federico 577
Sauer, Colin 951
Sauzay, Charles-Eugène 146
Schäffer, Kurt 959
Schaichet, Alexander 477
Scherzer, Manfred 888
Schicht, Johann Philipp 888
Schiever, Ernst 966
Schirinski, Wasilij 955
Schkolnikowa, Nelly 349
Schmid, Brigitte 975
Schmidt, Rainer 964
Schmuckler, Elvira 526
Schneeberger, Hansheinz **652**
Schneider, Alexander I. 124, 374, 548, **653**, 957
Schneiderhan, Wolfgang 52, 231, 370, 378, 452, 501, **654**, 667, 674, 921, 977
Schoneweg, Harald 959
Schranz, Károly 977
Schröder, Jaap 51, **658**, 924, 962, 972, 976
Schuhmayer, Peter 954
Schulz, Gerhard 660
Schulz, Johann Philipp 888

Schulz, Ulla 660
Schuster, Lazar 978
Schwalbé, Michel **662**, 791, 866
Scontrino, Antonio 693
Seidel, Toscha **669**
Seifert, Eckhard 972
Serato, Arrigo 119, 303, 547, 694
Sergejew, Boris 695
Ševčík, Otakar 308, 385, 392, 398, 497, 654, **674**, 704, 721
Setzer, Philippe 961
Shaellenberger, James 968
Shaham, Gil 527, **675**
Shapiro, Laurence 962
Sherba, John 968
Shumsky, Oscar 278, **677**
Shure, Paul 965
Siebert, August 975
Sigal, L. 693
Sillito, Kenneth 930, 963
Šimáček, Hubert 974
Simoncini, Alessandro 964
Simpson, Claire 963
Sitkovetsky, Dmitry 168, 271, 349, 527, **683**
Sitkowezki, Julian G. 683
Sivó, Josef 522, **683**, 921
Sivoris, Ernesto Camillo 243
Slatkin, Felix 684, 965
Smeijkal, Bohumil 966
Smilvitz, Joseph 969
Smirnoff, Joel 966
Smit, Johan 171
Šneberg, Karel 711
Snítil, Václav 979
Sokol, Mark 960
Sorkin, Leonard 962
Souza, Ralph de 962
Spalding, Albert **693**
Sparey, Jonathan 962
Spektor, Daniel 947
Spierer, Leon **693**, 866
Spiller, Antonio 967
Spiller, Ljerko 444
Spirakov, Vladimir 349, **693**
Spivakovsky, Tossy **694**, 866
Spohr, Louis 324
Stabrawa, Daniel **694**, 866
Stadler, Sergej 304, 503, **695**
Standage, Simon 975
Stanske, Heinz 547
Stassevitch, Paul 599
Stefanato, Angelo 114
Steinhardt, Arnold 964
Stejskal, Otakar 941
Stepansky, Joseph 962
Stern, Isaac 185, 206, 290, 344, 363, 428, 446, 491, 541, 551, 616, 627, **698**, 736, 792, 801

Stoljarsky, Pjotr S. 490, 524, **704**
Stolzman, Lucy 971
Strasser, Otto 82, 955, 980
Stratton, George 951
Straumann, Bruno 957
Štraus, Ivan 950, 977
Streicher, Wolfgang 709
Striehler, Kurt 888
Stucki, Aida 506
Sturesteps, Voldemar 293, 396
Stuurop, Alda 962
Suhonen, Onni 382
Suk, Josef 101, 178, 230, 366, 536, 629, **711**, 950, 978
Sumi, Saturô 343
Suske, Karl **711**, 888
Suzuki, Shin'ichi 713
Svendsen, Arne 960
Svendsen, Johan 362
Sýkora, Adolf 966
Szabó, Tamás 967
Szanto, Jani 100
Székely, Zoltán **714**, 965, 973
Szenthelyi, Miklós 63
Szervánsky, Peter 965
Szeryng, Henryk 25, 64, 163, 200, 236, 237, 260, 267, 306, 315, 325, 350, 370, 397, 415, 491, 525, 528, 571, **715**, 769, 779, 781
Szigeti, Florin 954
Szigeti, Joseph 124, 125, 161, 242, 252, 290, 337, 338, 363, 450, 652, 662, **716**
Szücs, Mihály 977
Takász-Nagy Gábor 977
Talich, Jan 977
Talluel, Line 239, 315, 435, 514, 736
Taschner, Gerhard 223, 329, 866
Tátrai, Vilmos **724**, 926, 970, 977, 979
Tatsumi, Akiko **725**
Taub, Chaim 675, 978
Taylor, David Carl 951
Temesvary, János 965
Ten-Bergh, Ilona 948
Theodorowicz, Julius 967
Thibaud, Jacques 32, 51, 124, 138, 152, 159, 210, 235, 237, 242, 244, 280, 311, 314, 350, 458, 462, 463, 554, 658, 720, **729**, 759
Tholance, Maxime 905
Thomas, Peter 952
Thomson, Jean César 19, 382, **731**, 866

Thurmer, Harvey 963
Titze, Karl Maria 980
Tilev, Georgi 957
Tomášek, Jiří 950
Tommasini 980
Tomov, Alexander 960
Tortelier, Yan-Pascal, **736**, 895
Tóth, Andor 972
Tóth, Erika 961
Touche, Firmin 477, 958
Touret, André 135, 958
Tourret, M. 171
Trávníček, Jiří 966
Tretjakow, Victor 349, 695, **740**, 933
Troester, Alexander 956
Turowski, Elena 933
Tziganow, Dmitri 955
Ughi, Uto **743**
Umińska, Eugenia 781
Utiger, Mary 928
Valtchev, Vassil 957
Varga, Tibor **750**
Várkonyi, István 977
Vecsey, Franz von **753**
Végh, Sándor 52, 274, 418, 550, 714, **753**, 800, 942, 954, 959, 965, 968, 973, 978
Verardi, Carlo 577
Verdier, Jean 983, 949
Vieuxtemps, Henri 190, 226, 731, 791
Vinnikov, Zino 877, 964
Viotti, Giovanni Battista 398, 753
Virgo, Edwin 970
Virgo, Teddy 951
Vlach, Joseph 976, 979
Vogler, Tim 979
Voicu, Ion **763**, 874, 962
Voss, Gerhard Ernst 971
Wacheux, Bernard 585
Wächter, Peter 972
Waefelghem, Louis van 188, 462, 640
Waiman, Michael 695
Waldbauer, Imre 488, 724, 753, **768**, 965
Waldbauer, Joseph 768
Wallez, Jean-Pierre 95, 238, 557, 604, 718, **769**, 937, 939
Walta, Jaring 877
Walter, Benno 708
Walter, Bertrand 905
Warchal, Bohdan 925
Warenberg, Ilja 964
Watkinson, Andrew 962
Weilerstein, Donald 959
Weller, Walter 423, **777**, 880, 890, 892, 920, 921, 980

Wenzinger, August 429, 642, **778**, 929
Werthen, Rudolf **779**
Westphal, Hans Joachim 980
Whippler, Harold 237
Wieniawski, Henryk 32, 338, 514, 731, 791
Wihans, Hanuš 978
Wijnkoop, Alexander van 956
Wilhelmj, Emil 308, **781**
Wiłkomirska, Wanda **781**
Williams, Trevor 951
Winkler, Julius 654
Wittenberg, Alfred 319
Wolfsthal, Josef 327
Wollgandt, Edgar 888
Woodhouse, Charles 171
Wroński, Tadeusz 781
Yajima, Hiroko 258
Yasunaga, Toru **790**, 866
Yampolski, Abram 68, 763
Yordanoff, Luben 17, **791**, 907
Young, Richard 972, 979
Ysaÿe, Antoine 615
Ysaÿe, Eugène 47, 53, 157, 257, 278, 319, 350, 480, 490, 508, 576, 579, 615, 625, 699, 729, 731, 759, **791**, 876, 980
Zabaknikow, Nicolas 955
Zacharias, Helmut 401
Zanettovich, Renato 950
Zathureczky, Ede 223, 391, 543, 781
Zazofsky, Peter 971
Zehetmair, Helmut 796
Zehetmair, Thomas **796**, 965
Zeitlin, Lew 45
Zeitlin, Zvi **796**
Zejfart, Pavel 973
Zimansky, Robert 569
Zimbalist, Efrem 33, 100, 490, 575, 615, 674, 677, **798**
Zimmermann, Frank-Peter **799**
Zöldy, Sándor 978
Zsolt, Nándor 753
Zukerman, Pinchas 138, 201, 202, 257, 364, 548, **801**, 942
Zukofsky, Paul 257
Zurbrügg, Eva 956
Zwiauer, Florian 963

Violoncello
Adam, Claus 966
Albin, Roger **11**
Aldulescu, Radu **12**, 273
Alexanian, Diran 349, 535

Aller, Eleanor 684, 965
Altobelli, Vincenzo 33
Amadori, Sante 947
Amphitheatrof 547
Archambeau, Iwan d' 963
Arndt, Andreas 954
Aronson, Leo 374
Bairov, Iontcho 957
Baldovino, Amadeo 281, 303, 770, 948, 950
Banda, Ede 549, 977
Barthe, Jean 268
Bartolomey, Franz 972
Bary, Philippe 585
Basseux, Pierre 970
Baumann, Jörg 866, 980
Bazelaire, Paul 11, 242
Becker, Hugo **53**, 95, 236, 298, 329, 451, 652
Beinl, Ludwig 980
Benedetti, René 974, 979
Benedetti, Umberto 11
Berger, Otto 978
Berlinski, Walentin 956
Bernášek, Václav 967
Berthelier, Henri 556
Bisgaard, Folmer 959
Blees, Thomas 415
Boettcher, Wilfried **77**, 866, 919, 957, 980
Boettcher, Wolfgang **77**, 92
Botvay, Károly 955
Boufil, Paul 956
Boulmé, Roger 982
Brabec, Emanuel 310
Brandukow, Antalolij A. 556
Brauckmann, Barbara 968
Brendstrup, Henrik 960
Brott, Denis 973
Buck, Peter 971
Bülow, Georg Ulrich von 322, 960
Busch, Hermann 104, 673, 957, 958
Buxbaum, Friedrich 41
Bylsma, Anner **98**, **107**
Cameron, Douglas 970
Caramia, Giacinto 948
Caranini, Leandro 737
Carr, Colin 364
Casadesus, Marcel 958
Casals, Pablo 51, 52, 104, **123**, 125, 138, 152, 157, 201, 211, 250, 269, 274, 289, 299, 311, 314, 337, 344, 349, 366, 367, 381, 395, 401, 418, 445, 463, 468, 511, 548, 549, 551, 566, 629, 652, 653, 673, 699, 716, 720, 729, 753, 754, 759, 792, 801
Cassadó, Gaspar 12, **125**, 159, 269, 413, 450, 535, 621

Register

Castro, Washington 14
Chakoskaja, Natalia 455
Chevillard, Pierre-Alexandre 133, 319
Chiarappa, Luigi 577, 965
Chiffoleau, Yvan 134
Chomitzer, Michael 48, 68, **135**
Chuchro, Josef **137**, 950
Chung, Myung-Wha **138**
Clarke, Jennifer Ward 975
Coin, Christophe **144**, 924, 938
Crepax, Gilberto 349
Czako, Eva 299
Cziffer, Adolf 696
Dariel, Franky 217
Davies, Ion 962
Dawidow, Karl J. 633
Decroos, Jean 394
Degenne, Pierre 981
Delobelle, Camille 958
Delsart, Jules 462, 639
Denayer, Frédéric 974
Dénes, Vera 977
Dengler, Anne-Marie 954
Devich, János 967
Dimitrescu, Constantin 270
Dobroholow, W. 636
Doehard, Emile 171
Donderer, Georg 961
Dourthe, Carlos 980
Dumont, Jean 234
Duport, Jean Pierre 622
Du Pré, Jacqueline 44, **201**, 446, 801
Eder, György 961
Eddy, Timothy 258
Erben, Friedemann 963
Erben, Valentin 951
Escavi, Bernard 949
Fejér, András 977
Ferraresi, Cesare 114
Ferschtman, Dimitri 964
Feuermann, Emanuel **228**, 269, 285, 317, 327, 378, 511, 539, 626, 652, 778
Feuillard, Louis 738
Fifer, Julian 934
Finckel, David 961
Fischer, Normann 960
Fischer-Dieskau, Manuel 959
Fischmann, Emanuel 549
Fiser, Lee 969
Flachot, Reine **234**
Flecheville, Marcel 982
Fleming, Amarylis 770
Fodoreanu, Dorel 954
Fontanarosa, Renaud **239**, 518
Forck, Stephan 980
Fournier, Louis 210, 974
Fournier, Pierre 17, 77, 161, 238, **242**, 260, 274, 305, 339, 349, 370, 374, 551, 571, 652, 688, 735
Franchomme, Auguste 563, 622
Frank, Maurits 327, 375, 952
Fromm, Armin 971
Fuchs, Karl 95
Fuchs, Robert 652
Fujiwara, Mari **252**, 363, 478
Furet, Charles-Joseph 958
Gamard, Jean-Marie 979
Garcia, José 123
Gendron, Maurice 211, **269**
Georgian, Karin **270**, 391
Gefardy, Jean 236, 395
Geringas, David **271**, 478, 527, 683
Gerschwitz, Peter 968
Gerstner, Manuel 947
Giardelli, Claire 132
Giese, Fritz 967
Giese, Joseph 319
Ginsburg, Lew S. 346
Ginzel, Reiner 947
Glehn, Alfred von 556
Göttl, Dieter 956
Goltermann, Julius 569
Goritzki, Johannes 289
Graudan, Nikolai 285, 576
Gray, Walter 969
Greenhouse, Bernard 947
Gregor-Smith, Bernard 969
Grimmer, Walter 956
Grossi, Samuele 573
Groote, Philippe de 959
Grout, Jean 949
Grümmer, Paul 104, **298**, 310, 378, 398, 778, 957
Grützmacher, Fritz 53
Gubarjow, D. P. 556
Guillaume, Willie 952
Gutmann, Natalia **304**, 362
Hagen, Clemens 965
Hahn, Peter 950
Hambourg, Boris 309
Harada, Sadao 978
Harnoncourt, Nicolaus 51, 144, 213, 231, **310**, 323, 347, 414, 417, 454, 478, 651, 687, 719, 743, 796, 945, 959
Harrell, Lynn 200, **311**, 406, 972
Hartmann, Imre 969
Harvey, Keith 963
Hasselmans, Louis 958
Hausmann, Robert 53, **316**
Hegar, Emil 377
Heifetz, Benar 653, 968
Hekking, André 242, **319**
Hekking, Anton **319**, 967
Hekking, Gérard 234, 269, **319**, 736
Hekking, Robert 319
Heled, Simca 951
Helmerson, Frans **320**
Henkel, Christoph **322**
Heß, Karl 53
Hindemith, Rudolf 16, 327, 625, 952
Hoebig, Desmond 973
Hoelscher, Ludwig 53, **329**, 378, 422, 472, 515
Hoffman, Gary 95, **330**, 429
Holl, François 952
Honnens, Pierre René 960
Hornstein, Martin 950
Hübner, Nikolaus 82, 984
Hummer, Reinhold 975
Jacquard, Leron Jacques 319
Jacob, Joseph 731, 792, 980
Jacobs, Edouard 583, 635
Jaermann, Marc 976
Janigro, Antonio 178, 242, **349**, 895, 942, 946
Jeanrenaud, John Dutcher 969
Jensen, Jørgen 960
Jeppesen, Nils Sylvest 960
Jerie, Marek 950
Johnson, Marc 979
Kämper, Klaus 959
Kahngießer, Claus 950
Kapuscinski, Richard 969
Katz, Paul 959
Kéfer, Paul 636
Kerpely, Janó 865
Kirshbaum, Ralph 245, **374**
Kirstein, Jack 969
Klein, Emil 271, 976
Klengel, Julius 95, 142, 228, 298, 329, **377**, 536, 556, 652, 769, 963
Knuschewitzkij, Swatoslaw 135, **380**, 521
Kohout, Antonín 967, 976
Konicéк, Zdeněk 974
Kozev, Dimiter 960
Kozopulow, Semyon M. 380, 621
Krafka, Karel 966
Krapansky, Robert 982
Krosnick, Joel 966
Kündinger, Kanut 53
Kuhlan, Jaroslav 973
Kuhne, Tobias 647
Kurtz, Edmond 694
Kvarda, Franz 980
Lamping, Wilhelm 329
Lana, Libero 950
Lasserre, Claudine 971
Laufer, Wolfgang 962
Leeuwen Boomkamp, Carel van 107, 972

Violoncello

Lehr, Lorenz 956
Leixner, Vladimir 961, 977
Lemaire, Jules 968
Leopold, Rudolf 963
Lévy, André 358
Lewis, Anthony 971
Lodéon, Frédéric 95, 144, 200, 406, **434**, 548
Loeb, Jules 509
Loewenguth, Roger 970
Lovett, Martin 952
Lübke, Barbara 975
Ma, Yo Yo 200, 201, **446**
Maas, Robert 974
Maggio Ormezowski, Franco **450**
Magrini, Giuseppe 451
Magyar, Gabriel 965
Mainardi, Enrico 53, 231, 401, **451**, 535, 548, 654, 705, 795
Maisky, Misha 246, **452**
Majowski, Heinrich 961
Mangot, Jean 269
Maréchal, Maurice 170
Mas, Paul 958
339, 484, 735, 768
Matzke, Werner 929
May, Angelica 332, **472**
Mazzacurati, Benedetto 577
Medjimorec, Heinz 948
Meneses, Antonio **478**
Merz, Josef 967
Metz, Stefan 973
Meunier, Alain 267, 345, **484**, 562
Mezö, László 955
Michelin, Bernard **487**
Möller, Wouter 962
Moldovan, N. 963
Montañez, Marta 124
Moore, John 951
Moučka, Viktor 979
Mougin, Dominique 938
Müller, Othmar 954
Müller, Theodor 316
Müller, Wilhelm 966
Münch-Holland, Hans 705, 963
Muller, Philippe 938
Navarra, André 25, 134, 144, 270, 289, 339, 450, **509**, 557, 647, 702, 968
Neilz, Jacques 968, 970
Nelsova, Zara 355, **511**
Noras, Arto 517, 604
Odero, Stéphane 269
Paláček, Ján 565, 569
Palm, Siegfried 266, 388, **535**, 621
Palm, Siegfried sen. 535
Palotai, Vilmos 965
Parisot, Aldo 374, **539**
Parnas, Leslie **539**

Pasquier, Etienne 949
Pavlas, Bohuslav 961
Penassou, Pierre 956, 974
Perényi, Miklós **549**
Pergamenschikow, Boris **549**
Piatigorsky, Gregor 138, 236, 311, 317, 378, 414, 490, 539, **556**, 576, 625, 768, 770, 866
Piatti, Alfredo 53, 316, 354, 375, 966
Pidoux, Roland 541, **557**, 949, 979
Planás, A. 734
Pleeth, William 201, 320, 952
Plumettaz, Eric 976
Poppen, Irmgard 232
Popper, David **569**, 969
Poulet, Michel 952, 980
Prelipceanu, Dan 979
Quiyras, Jean-Quihen 938
Rattay, Evžen 977
Recasens, Manuel 958
Rehm, Wilfried 950
Reichardt, Walter 472
Reiman, Helmut 954
Renard, Michel 983
Reynolds, Michael 972
Ribéra, Jean-Claude 956, 973
Ricci, Ruggiero 70
Rietz, Julius 425, 659, 820, 848, 879, 888
Robinson, Sharon 362, 412
Roche, Michel 972
Rosé, Edouard 616
Rose, Leonard 311, 330, 344, 446, **616**, 698
Rossi, Franco 965
Rostropowitsch, Mstislaw L. 40, 46, 185, 201, 270, 271, 281, 320, 370, 432, 434, 452, 480, 506, 602, **621**, 627, 632, 644, 710, 784, 920, 949
Ruyssen, Louis 570
Sádlo, Karel Pravoslav 137, 632, 950
Sádlo, Miloš **632**
Saint-Ange, Cros 958
Saint Cyr, Marcel 973
Salles, Robert 973
Salmond, Felix Adrian Norman 25, 616, **635**
Saram, Rohan de 953
Schafran, Boris S. 644
Schafran, Daniel B. 621, **644**
Scheiwen, Robert 82, 955, 980
Schiff, Heinrich 329, 486, **647**, 793
Schiffer, Adolf 488

Schirinsky, Sergej 955
Schmidt, Franz 435, 921
Schmidt, Niklas 948
Schnéevoigt, Georg Lennart **652**, 880, 884, 892, 899, 903, 915
Schneider, Mischa 957
Schnitzler, Michael 948
Scholz, János 446
Schrecker, Bruno 952
Schroeder, Alwin 967
Schröter, Carl 652
Schulz, Walther 660
Schwalke, Dietmar 968
Schwarz, Angela 956
Selinan, Yrjö 517
Selmi, Giuseppe 320
Sherry, Fred 673
Sifter, Carl 363
Simoncini, Luca 964
Simpson, David 936
Simpson, Derek 770, 936, 951
Sirbu, Marianne 114
Širc, Jan 974
Sláma, František 941
Slowik, Kenneth 976
Smetana, František 950
Són, Harry 957
Sopkin, George 962
Soyer, David 964
Stadlmair, Vincent 963
Starker, János 101, 267, 322, 330, 562, 629, 667, **696**, 949, 960
Stegenga, Herre-Jan 363, 478
Stein, Alexander 557
Steiner, Peter 983
Stiehler, Hermar 967
Stilz, Manfred **702**, 949
Storck, Klaus 266, 387, **705**
Strano, Francesco 119
Strauch, Pierre 938
Strauss, Michel 537
Strimmer, Alexander 644
Štros, Jan 977
Stützenegger, Richard 956
Suggia, Guilhermina 25, 124
Sylvester, Robert 796
Szabó, Paul 978
Timm, Jürnjakob 963
Tortelier, Maud 239, **735**
Tortelier, Paul 201, 239, 317, 339, 517, 540, 548, 735, **736**
Tóth, Andor jun. 972
Tournus, Michel 948
Troester, Arthur 77
Turowski, Juli 933, 947
Ullner, Niels 960
Valisi, Antonio 947
Vecchi, Guido 320

Register

Večtomov, Sáa 950, 974
Veissi, Jascha 968
Vybíral, Břetyslav 966
Walenn, Herbert 511
Walevska, Christine **768**
Wallenstein, Alfred 378, 425, **769**
Wallfish, Raphael **770**
Walter, Anton 228
Warwick-Evans, C. 970

Waterman, David 962
Wenzinger, August 429, 642, **778**, 929
Whitehouse, William Edward 635
Wiesel, Uzi 978
Wihan, Hanuš 978
Wiley, Peter 947
Willeke, Willem 967
Winograd, Arthur 966

Winsløv, Svend 959
Wiłkomirska, Kazimierz 781
Zank, Gerhard 949
Zelenka, Ladislav 978
Zipperling, Rainer 928
Zsámboki, Miklós 549

Zimbal
Fábián, Martá **221**
Gerencsér, Ferenc 221

Register der Kammerorchester und spezialisierten Instrumentalensembles

Academy of Ancient Music, The 926
Academy of St-Martin-in-the-Fields, The 930
Amadeus-Quartet 952
Ars Antiqua de Paris 935
Ars Nova Cluj-Napoca 877
Ars Rediviva (Paris) 935
Ars Rediviva (Prag) 940
Arts Florissants, Les 935
Atrium Musicae 933
Bach Collegium Leipzig 887
Barockorchester Stuttgart 859
Basler Kammerorchester 923
Berliner Kammerorchester 924
Bläser-Ensemble Cluj-Napoca 877
Bläser-Ensemble Mainz 933
Boston Camerata, The 925
Bournemouth Sinfonietta 925
Cambridge Buskers, The 926
Camerata Academica des Mozarteums Salzburg 942
Camerata Bern 925
Camerata Köln 928
Camerata Lysy, Gstaad 928
Capella Academica 945
Cappella Antiqua 933
Capella Clementina 929
Cappella Coloniensis 929
Capella Fidicinia 933
Chapelle Royale, La 935
Československý Komorní Orchestr 941
Česky Komorní Orchestr 941
Clemecic Consort 945
Collectif Musical 2e2m 936
Collegium Aureum 929
Collegium Musicum Academicum Cluj-Napoca 877
Concentus Musicus Wien 945
Concerto Köln 929
Consort of Musicke, The 930
Consortium Classicum 927

Diabolus in Musica 923
Domaine Musical 936
Deller Cousort, The 855
Deutsche Bachsolisten 927
Dresdner Kammersolisten 879
Early Music Consort of London, The 930
English Chamber Orchestra 930
English Concert, The 931
Ensemble Ars Nova 936
Ensemble Baroque de Paris 937
Ensemble Boccherini 942
Ensemble die Reihe 945
Ensemble 13 928
Ensemble Guillaume Dufay 937
Ensemble Guillaume de Machaut 937
Ensemble Instrumental de France 937
Ensemble Instrumental de Grenoble 928
Ensemble Instrumental à Vent de Paris 982
Ensemble InterContemporain 937
Ensemble Modern 927
Ensemble Mosaïques 938
Ensemble Musique Vivante 938
Ensemble Orchestral de Haute-Normandie 942
Ensemble Orchestral de Paris 939
Ensemble Ricerare 924
Ensemble Wien-Berlin 866
Europäisches Kammerorchester 924
Festival Strings Luzern 932
Fistulatores et Tubicinatores Varsovienses 944
Grande Ecurie et la Chambre du Roy, La 939
Grupo Koan 933
Hesperion XX 924
Het Nederlands Kamerorkest 923
Israel Chamber Orchestra 943
Itinéraire, L' 939
Kamernij Orkestr 944
Kammerorchester der Bukarester Philharmonie »George Enescu« 874

Kammerorchester Cluj-Napoca 877
Kammerorchester des Saarländischen Rundfunks 942
Kammerorchester von Sankt Petersburg 914
Kölner Kammerorchester 929
Linde Consort 924
Liszt Ferenc Kamarazenekar 926
Litauisches Kammerorchester 946
London Early Music Group, The 931
London Mozart Players 931
London Sinfonietta 931
Los Angeles Chamber Orchestra 932
Magyar Kamarazenekar 926
Ménestriers, Les 939
Moskowskij Karmernij Orkestr 933
Münchner Kammerorchester 934
Musica Antiqua Köln 929
Musica Antiqua Wien 945
Musica Reservata 932
Musici de Montréal, I 933
Musici di Roma, I 941
Neues Bach Collegium Musicum Leipzig 887
New Phonic Art 940
Orchestra de Cameră Bucuresti 926
Orchestre d'Auvergne 927
Orchestre de Chambre Jean François Paillard 940
Orchestre de Chambre de Lausanne 929
Orchestre de Chambre National de Toulouse 944
Orchestre de Chambre de l'O. R. T. F. 940
Orchestre de Chambre Paul Kuentz 940
Orchestre de Chambre de la RTB Bruxelles 926
Orpheus Chamber Orchestra 934
Percussions de Strasbourg 943
Petite Bande, La 925
Philharmonietta Nova 888

Philharmonische Bläservereinigung Stuttgart 983
Polska Filharmonica Kameralna 944
Pražský Komorní Orchestr 941
Pražští Madrigalisté 941
Saint Paul Chamber Orchestra 942
Saqueboutiers de Toulouse, Les 944
Schola Cantorum Basiliensis 924
Scottish Chamber Orchestra 927
Sinfonietta, Le 923
Sinfonia Varsovia 944
Śląska Orkiesta Kameralna 885
Slovenský Komorní Orchestr 925
Sofiiski Solisti 943
Solisten der Berliner Philharmoniker 866
Solisti Italiani, I 942
Solisti Veneti, I 934
Studio der frühen Musik 934
Stuttgarter Kammerorchester 943
Südwestdeutsches Kammerorchester Pforzheim 940
Tokyo Soloists 944
Virtuosi di Roma, I 942
Warszawaska Orkiestra Kameralna 944
Wiener Kammerorchster 946
Wiener Kammervirtuosen 984
Württembergisches Kammerorchester Heilbronn 928
Zagrebački solisti 946
Žürcher Kammerorchester 946
Zwölf Violoncellisten der Berliner Philharmoniker 866

Register der Chöre und Vokalensembles

Agrupación coral de cámera de Pamplona 855
Akademischer Chor Cluj-Napoca 877
A Magyar Rádió és Televizió Énekkara 846
Ambrosian Singers 851
A Sei Voce 855
Bach Choir, The 851
BBC Singers 851
BBC Symphony Chorus 852
Berliner Singakademie 844
Bolgarska Chorova Kapela »Swietoslav Obretenov« 858
Budapesti Korús 846
Chœur national 855
Chœur de l'abbaye Notre Dame d'Argentan 844
Chœur de l'abbaye de Kergonan 849
Chœur de l'abbaye de Ligugé 851
Chœur de l'abbaye de Solesmes 859
Chœur de l'Orchestre de Lyon 853
Chœur de l'Orchestre de Paris 856
Chœur de Radio-France 856
Chœur Régional Vittoria d'Ilde-de-France 856
Chor der Abtei St. Martin 846
Chor des Bayerischen Rundfunks 854
Chor des Cäcilienvereins 848
Chor der Gulbenkian-Stiftung 851
Chor des Norddeutschen Rundfunks 849
Chor des Österreichischen Rundfunks 860
Chor der St.-Hedwigs-Kathedrale Berlin 844
Chorale Elisabeth Brasseur 860
Chorale Philippe Caillard 856
Collegium Vocale de Gand 848

Coro de la Abadía de Santo Domingo de Silos 858
Corul Madrigal 846
Dresdner Kreuzchor 847
Ensemble Vocal de Lyon 854
Ensemble Vocal Michel Piquemal 856
Ensemble Vocal Stéphane Caillat 856
Ernst-Senff-Chor 844
Escolanía del Monasteria de Montserrat 854
Frankfurter Kantorei 848
Frankfurter Singakademie 848
Gächinger Kantorei 859
Gewandhauschor Leipzig 850
Gossudarstwennaja Akademitscheskaja Kapella imeni M. J. Glinka 858
Groupe Vocal de France 856
John Alldis Choir 852
Hilliard Ensemble 852
Kamernij Kapella Ministerstva Kultury Rossii 854
Kammerchor Stuttgart 859
Kapella imeni A. A. Jurlowa 854
King's College Choir 846
King's Singers 852
Klosterchor Maria Einsiedeln 848
Kölner Kammerchor 850
Kölner Rundfunkchor 850
Maîtrise Gabriel Fauré 854
Maîtrise de Radio-France 857
Manécanterie Concinite de Louvain 853
Monteverdi Choir 852
Monteverdi-Chor 849
Mormon Tabernacle Choir 858
Moskowskij Kamernij Kapella 854
Münchner Bach-Chor 855
New College Choir Oxford 855
Orféo Catalá 844

Orféo Donostiarra 858
Petits Chanteurs à la Croix de Bois 857
Pěvecké Sdružení moravských učitelů 846
Pěvecký sbor Československého rozhéasu 857
Philharmonia Chorus 853
Philharmonischer Chor Berlin 845
Philharmonischer Chor Dresden 847
Philharmonischer Chor Kattowitz 885
Philharmonischer Chor München 855
Polnischer philharmonischer Nationalchor 860
Pražský Filharmonický sbor 857
Pro Cancione Antiqua 853
Pro Musica Chorus 853
Regensburger Domspatzen 858
RIAS-Kammerchor 845
Roger Wagner Chorale 853
Royal Choral Society 853
Rundfunkchor Berlin 845
Rundfunkchor Leipzig 850
Saint John's College Choir 846
Schola Cantorum Stuttgart 859
Slovenský Filharmonický sbor 846
Société des Chanteurs de Saint-Eustache 857
Städtischer Musikverein Düsseldorf 847
Sternscher Gesangsverein 845
Südfunk-Chor 859
Thomanerchor Leipzig 850
Tölzer Knabenchor 860
Vokalensemble Kassel 849
Wiener Sängerknaben 861
Wiener Singakademie 861
Wiener Singverein 861
Windsbacher Knabenchor 861